Santa Biblia

ANTIGUO Y NUEVO TESTAMENTOS

Antigua Versión de
Casiodoro de Reina (1569)
Revisada por Cipriano de Valera (1602)
Otras Revisiones: 1862, 1909 y 1960

Revisión de 1960
con Referencias

SOCIEDADES
BÍBLICAS
UNIDAS

Sociedades Bíblicas Unidas es una fraternidad mundial de Sociedades Bíblicas nacionales que sirven en más de 200 países. Su propósito es poner al alcance de cada persona la Biblia completa o parte de ella en el idioma que pueda leer y entender, a un precio que pueda pagar y en el formato adecuado. Sociedades Bíblicas Unidas distribuye cerca de 600 millones de Escrituras cada año. Lo invitamos a participar en este ministerio con sus oraciones y ofrendas. La Sociedad Bíblica de su país le proporcionará con agrado más información acerca de sus actividades.

Catálogo	Cubierta	ISBN
RVR060e	rústica negro	1-932507-20-5
RVR062e	vinil negro	1-932507-21-3
RVR063e	dura negro	1-57697-909-1
RVR067e	piel fabricada negro	1-932507-22-1
RVR060e Bicentenario	rústica en colores	1-932507-10-8
RVR063e Bicentenario	dura en colores	1-932507-11-6
RVR067e Bicentenario	piel fabricada negro	1-932507-23-X
RVR069e Bicentenario	piel genuina negro	1-932507-30-2
RVR069e Bicentenario	piel genuina café claro	1-932507-31-0

ABS-06/09-300,000-2,230,000-DP14

ÍNDICE

Antiguo Testamento

Nuevo Testamento

ÍNDICE ALFABÉTICO DE LOS LIBROS Y SUS ABREVIATURAS

Antiguo Testamento

Nuevo Testamento

LIBRO PRIMERO DE MOISÉS
GÉNESIS

La creación

1 1 En el principio creó Dios los cielos y la tierra.

2 Y la tierra estaba desordenada y vacía, y las tinieblas estaban sobre la faz del abismo, y el Espíritu de Dios se movía sobre la faz de las aguas.

3 Y dijo Dios: Sea la luz;[a] y fue la luz.

4 Y vio Dios que la luz era buena; y separó Dios la luz de las tinieblas.

5 Y llamó Dios a la luz Día, y a las tinieblas llamó Noche. Y fue la tarde y la mañana un día.

6 Luego dijo Dios: Haya expansión en medio de las aguas, y separe las aguas de las aguas.

7 E hizo Dios la expansión, y separó las aguas que estaban debajo de la expansión, de las aguas que estaban sobre la expansión. Y fue así.

8 Y llamó Dios a la expansión Cielos.[b] Y fue la tarde y la mañana el día segundo.

9 Dijo también Dios: Júntense las aguas que están debajo de los cielos en un lugar, y descúbrase lo seco. Y fue así.

10 Y llamó Dios a lo seco Tierra, y a la reunión de las aguas llamó Mares. Y vio Dios que era bueno.

11 Después dijo Dios: Produzca la tierra hierba verde, hierba que dé semilla; árbol de fruto que dé fruto según su género, que su semilla esté en él, sobre la tierra. Y fue así.

12 Produjo, pues, la tierra hierba verde, hierba que da semilla según su naturaleza, y árbol que da fruto, cuya semilla está en él, según su género. Y vio Dios que era bueno.

13 Y fue la tarde y la mañana el día tercero.

14 Dijo luego Dios: Haya lumbreras en la expansión de los cielos para separar el día de la noche; y sirvan de señales para las estaciones, para días y años,

15 y sean por lumbreras en la expansión de los cielos para alumbrar sobre la tierra. Y fue así.

16 E hizo Dios las dos grandes lumbreras; la lumbrera mayor para que señorease en el día, y la lumbrera menor para que señorease en la noche; hizo también las estrellas.

17 Y las puso Dios en la expansión de los cielos para alumbrar sobre la tierra,

18 y para señorear en el día y en la noche, y para separar la luz de las tinieblas. Y vio Dios que era bueno.

19 Y fue la tarde y la mañana el día cuarto..

20 Dijo Dios: Produzcan las aguas seres vivientes, y aves que vuelen sobre la tierra, en la abierta expansión de los cielos.

21 Y creó Dios los grandes monstruos marinos, y todo ser viviente que se mueve, que las aguas produjeron según su género, y toda ave alada según su especie. Y vio Dios que era bueno.

22 Y Dios los bendijo, diciendo: Fructificad y multiplicaos, y llenad las aguas en los mares, y multiplíquense las aves en la tierra.

23 Y fue la tarde y la mañana el día quinto.

24 Luego dijo Dios: Produzca la tierra seres vivientes según su género, bestias y serpientes y animales de la tierra según su especie. Y fue así.

25 E hizo Dios animales de la tierra según su género, y ganado según su género, y todo animal que se arrastra sobre la tierra según su especie. Y vio Dios que era bueno.

26 Entonces dijo Dios: Hagamos al hombre a nuestra imagen,[c] conforme a nuestra semejanza; y señoree en los peces del mar, en las aves de los cielos, en las bestias, en toda la tierra, y en todo animal que se arrastra sobre la tierra.

27 Y creó Dios al hombre a su imagen, a imagen de Dios lo creó; varón y hembra los creó.[d]

28 Y los bendijo Dios,[e] y les dijo: Fructificad y multiplicaos; llenad la tierra, y sojuzgadla, y señoread en los peces del mar, en las aves de los cielos, y en todas las bestias que se mueven sobre la tierra.

29 Y dijo Dios: He aquí que os he dado toda planta que da semilla, que está sobre toda la tierra, y todo árbol en que hay fruto y que da semilla; os serán para comer.

30 Y a toda bestia de la tierra, y a todas las aves de los cielos, y a todo lo que se arrastra sobre la tierra, en que hay vida, toda planta verde les será para comer. Y fue así.

31 Y vio Dios todo lo que había hecho, y he aquí que era bueno en gran manera. Y fue la tarde y la mañana el día sexto.

2 1 Fueron, pues, acabados los cielos y la tierra, y todo el ejército de ellos.

2 Y acabó Dios en el día séptimo la obra que hizo; y reposó el día séptimo de toda la obra que hizo.[a]

3 Y bendijo Dios al día séptimo, y lo santificó,[b] porque en él reposó de toda la obra que había hecho en la creación.

El hombre en el huerto del Edén

4 Estos son los orígenes de los cielos y de la tierra cuando fueron creados, el día que Jehová Dios hizo la tierra y los cielos,

5 y toda planta del campo antes que fuese en la tierra, y toda hierba del campo antes que naciese;

1.3: [a] 2 Co. 4.6. **1.6-8:** [b] 2 P. 3.5. **1.26:** [c] 1 Co. 11.7.
1.27: [d] Mt. 19.4; Mr. 10.6. **1.27-28:** [e] Gn. 5.1-2.
2.2: [a] He. 4.4, 10. **2.2-3:** [b] Ex. 20.11.

porque Jehová Dios aún no había hecho llover sobre la tierra, ni había hombre para que labrase la tierra,

6 sino que subía de la tierra un vapor, el cual regaba toda la faz de la tierra.

7 Entonces Jehová Dios formó al hombre del polvo de la tierra, y sopló en su nariz aliento de vida, y fue el hombre un ser viviente.[c]

8 Y Jehová Dios plantó un huerto en Edén, al oriente; y puso allí al hombre que había formado.

9 Y Jehová Dios hizo nacer de la tierra todo árbol delicioso a la vista, y bueno para comer; también el árbol de vida[d] en medio del huerto, y el árbol de la ciencia del bien y del mal.

10 Y salía de Edén un río para regar el huerto, y de allí se repartía en cuatro brazos.

11 El nombre del uno era Pisón; éste es el que rodea toda la tierra de Havila, donde hay oro;

12 y el oro de aquella tierra es bueno; hay allí también bedelio y ónice.

13 El nombre del segundo río es Gihón; éste es el que rodea toda la tierra de Cus.

14 Y el nombre del tercer río es Hidekel; éste es el que va al oriente de Asiria. Y el cuarto río es el Eufrates.

15 Tomó, pues, Jehová Dios al hombre, y lo puso en el huerto de Edén, para que lo labrara y lo guardase.

16 Y mandó Jehová Dios al hombre, diciendo: De todo árbol del huerto podrás comer;

17 mas del árbol de la ciencia del bien y del mal no comerás; porque el día que de él comieres, ciertamente morirás.

18 Y dijo Jehová Dios: No es bueno que el hombre esté solo; le haré ayuda idónea para él.

19 Jehová Dios formó, pues, de la tierra toda bestia del campo, y toda ave de los cielos, y las trajo a Adán para que viese cómo las había de llamar; y todo lo que Adán llamó a los animales vivientes, ese es su nombre.

20 Y puso Adán nombre a toda bestia y ave de los cielos y a todo ganado del campo; mas para Adán no se halló ayuda idónea para él.

21 Entonces Jehová Dios hizo caer sueño profundo sobre Adán, y mientras éste dormía, tomó una de sus costillas, y cerró la carne en su lugar.

22 Y de la costilla que Jehová Dios tomó del hombre, hizo una mujer, y la trajo al hombre.

23 Dijo entonces Adán: Esto es ahora hueso de mis huesos y carne de mi carne; ésta será llamada Varona,[1] porque del varón[2] fue tomada.

24 Por tanto, dejará el hombre a su padre y a su madre, y se unirá a su mujer, y serán una sola carne.[e]

25 Y estaban ambos desnudos, Adán y su mujer, y no se avergonzaban.

Desobediencia del hombre

3 1 Pero la serpiente[a] era astuta, más que todos los animales del campo que Jehová Dios había hecho; la cual dijo a la mujer: ¿Conque Dios os ha dicho: No comáis de todo árbol del huerto?

2 Y la mujer respondió a la serpiente: Del fruto de los árboles del huerto podemos comer;

3 pero del fruto del árbol que está en medio del huerto dijo Dios: No comeréis de él, ni le tocaréis, para que no muráis.

4 Entonces la serpiente dijo a la mujer: No moriréis;

5 sino que sabe Dios que el día que comáis de él, serán abiertos vuestros ojos, y seréis como Dios, sabiendo el bien y el mal.

6 Y vio la mujer que el árbol era bueno para comer, y que era agradable a los ojos, y árbol codiciable para alcanzar la sabiduría; y tomó de su fruto, y comió; y dio también a su marido, el cual comió así como ella.

7 Entonces fueron abiertos los ojos de ambos, y conocieron que estaban desnudos; entonces cosieron hojas de higuera, y se hicieron delantales.

8 Y oyeron la voz de Jehová Dios que se paseaba en el huerto, al aire del día; y el hombre y su mujer se escondieron de la presencia de Jehová Dios entre los árboles del huerto.

9 Mas Jehová Dios llamó al hombre, y le dijo: ¿Dónde estás tú?

10 Y él respondió: Oí tu voz en el huerto, y tuve miedo, porque estaba desnudo; y me escondí.

11 Y Dios le dijo: ¿Quién te enseñó que estabas desnudo? ¿Has comido del árbol de que yo te mandé no comieses?

12 Y el hombre respondió: La mujer que me diste por compañera me dio del árbol, y yo comí.

13 Entonces Jehová Dios dijo a la mujer: ¿Qué es lo que has hecho? Y dijo la mujer: La serpiente me engañó,[b] y comí.

14 Y Jehová Dios dijo a la serpiente: Por cuanto esto hiciste, maldita serás entre todas las bestias y entre todos los animales del campo; sobre tu pecho andarás, y polvo comerás todos los días de tu vida.

15 Y pondré enemistad entre ti y la mujer, y entre tu simiente y la simiente suya; ésta te herirá en la cabeza, y tú le herirás en el calcañar.

16 A la mujer dijo: Multiplicaré en gran manera los dolores en tus preñeces; con dolor darás a luz los hijos; y tu deseo será para tu marido,[3] y él se enseñoreará de ti.

17 Y al hombre dijo: Por cuanto obedeciste a la voz de tu mujer, y comiste del árbol de que te mandé diciendo: No comerás de él; maldita será

2.7: [c] 1 Co. 15.45. **2.9:** [d] Ap. 2.7; 22.2, 14. **2.23:** [1] Heb. *Ishshah.* [2] Heb. *Ish.* **2.24:** [e] Mt. 19.5; Mr. 10.7-8; 1 Co. 6.16; Ef. 5.31. **3.1:** [a] Ap. 12.9; 20.2. **3.13:** [b] 2 Co. 11.3. **3.16:** [3] O, *tu voluntad será sujeta a tu marido.*

la tierra por tu causa; con dolor comerás de ella todos los días de tu vida.

18 Espinos y cardos te producirá,[c] y comerás plantas del campo.

19 Con el sudor de tu rostro comerás el pan hasta que vuelvas a la tierra, porque de ella fuiste tomado; pues polvo eres, y al polvo volverás.

20 Y llamó Adán el nombre de su mujer, Eva,[4] por cuanto ella era madre de todos los vivientes.

21 Y Jehová Dios hizo al hombre y a su mujer túnicas de pieles, y los vistió.

22 Y dijo Jehová Dios: He aquí el hombre es como uno de nosotros, sabiendo el bien y el mal; ahora, pues, que no alargue su mano, y tome también del árbol de la vida,[d] y coma, y viva para siempre.

23 Y lo sacó Jehová del huerto del Edén, para que labrase la tierra de que fue tomado.

24 Echó, pues, fuera al hombre, y puso al oriente del huerto de Edén querubines, y una espada encendida que se revolvía por todos lados, para guardar el camino del árbol de la vida.

Caín y Abel

4 1 Conoció Adán a su mujer Eva, la cual concibió y dio a luz a Caín, y dijo: Por voluntad de Jehová he adquirido[5] varón.

2 Después dio a luz a su hermano Abel. Y Abel fue pastor de ovejas, y Caín fue labrador de la tierra.

3 Y aconteció andando el tiempo, que Caín trajo del fruto de la tierra una ofrenda a Jehová.

4 Y Abel trajo también de los primogénitos de sus ovejas, de lo más gordo de ellas. Y miró Jehová con agrado a Abel y a su ofrenda;[a]

5 pero no miró con agrado a Caín y a la ofrenda suya. Y se ensañó Caín en gran manera, y decayó su semblante.

6 Entonces Jehová dijo a Caín: ¿Por qué te has ensañado, y por qué ha decaído tu semblante?

7 Si bien hicieres, ¿no serás enaltecido? y si no hicieres bien, el pecado está a la puerta; con todo esto, a ti será su deseo, y tú te enseñorearás de él.[6]

8 Y dijo Caín a su hermano Abel: Salgamos al campo. Y aconteció que estando ellos en el campo, Caín se levantó contra su hermano Abel, y lo mató.[b]

9 Y Jehová dijo a Caín: ¿Dónde está Abel tu hermano? Y él respondió: No sé. ¿Soy yo acaso guarda de mi hermano?

10 Y él le dijo: ¿Qué has hecho? La voz de la sangre de tu hermano clama a mí desde la tierra.

11 Ahora, pues, maldito seas tú de la tierra, que abrió su boca para recibir de tu mano la sangre de tu hermano.

12 Cuando labres la tierra, no te volverá a dar su fuerza; errante y extranjero serás en la tierra.

13 Y dijo Caín a Jehová: Grande es mi castigo para ser soportado.

14 He aquí me echas hoy de la tierra, y de tu presencia me esconderé, y seré errante y extranjero en la tierra; y sucederá que cualquiera que me hallare, me matará.

15 Y le respondió Jehová: Ciertamente cualquiera que matare a Caín, siete veces será castigado. Entonces Jehová puso señal en Caín, para que no lo matase cualquiera que le hallara.

16 Salió, pues, Caín de delante de Jehová, y habitó en tierra de Nod,[7] al oriente de Edén.

17 Y conoció Caín a su mujer, la cual concibió y dio a luz a Enoc; y edificó una ciudad, y llamó el nombre de la ciudad del nombre de su hijo, Enoc.

18 Y a Enoc le nació Irad, e Irad engendró a Mehujael, y Mehujael engendró a Metusael, y Metusael engendró a Lamec.

19 Y Lamec tomó para sí dos mujeres; el nombre de la una fue Ada, y el nombre de la otra, Zila.

20 Y Ada dio a luz a Jabal, el cual fue padre de los que habitan en tiendas y crían ganados.

21 Y el nombre de su hermano fue Jubal, el cual fue padre de todos los que tocan arpa y flauta.

22 Y Zila también dio a luz a Tubal-caín, artífice de toda obra de bronce y de hierro; y la hermana de Tubal-caín fue Naama.

23 Y dijo Lamec a sus mujeres:
Ada y Zila, oíd mi voz;
Mujeres de Lamec, escuchad mi dicho:
Que un varón mataré por mi herida,
Y un joven por mi golpe.
24 Si siete veces será vengado Caín,
Lamec en verdad setenta veces siete
lo será.

25 Y conoció de nuevo Adán a su mujer, la cual dio a luz un hijo, y llamó su nombre Set:[8] Porque Dios (dijo ella) me ha sustituido otro hijo en lugar de Abel, a quien mató Caín.

26 Y a Set también le nació un hijo, y llamó su nombre Enós. Entonces los hombres comenzaron a invocar el nombre de Jehová.

Los descendientes de Adán

5 1 Este es el libro de las generaciones de Adán. El día en que creó Dios al hombre, a semejanza de Dios lo hizo.

2 Varón y hembra los creó;[a] y los bendijo,[b] y llamó el nombre de ellos Adán, el día en que fueron creados.

3 Y vivió Adán ciento treinta años, y engendró

3.17-18: [c] He. 6.8. **3.20:** [4] El nombre en hebreo se asemeja a la palabra que se usa para *viviente.* **3.22:** [d] Ap. 22.14.
4.1: [5] Heb. *qanah,* adquirir. **4.4:** [a] He. 11.4.
4.7: [6] O, *a ti será sujeto.* **4.8:** [b] Mt. 23.35; Lc. 11.51; 1 Jn. 3.12.
4.16: [7] Esto es, *Errante.* **4.25:** [8] Esto es, *Sustitución.*
5.2: [a] Mt. 19.4; Mr. 10.6. **5.1-2:** [b] Gn. 1.27-28.

un hijo a su semejanza, conforme a su imagen, y llamó su nombre Set.

4 Y fueron los días de Adán después que engendró a Set, ochocientos años, y engendró hijos e hijas.

5 Y fueron todos los días que vivió Adán novecientos treinta años; y murió.

6 Vivió Set ciento cinco años, y engendró a Enós.

7 Y vivió Set, después que engendró a Enós, ochocientos siete años, y engendró hijos e hijas.

8 Y fueron todos los días de Set novecientos doce años; y murió.

9 Vivió Enós noventa años, y engendró a Cainán.

10 Y vivió Enós, después que engendró a Cainán, ochocientos quince años, y engendró hijos e hijas.

11 Y fueron todos los días de Enós novecientos cinco años; y murió.

12 Vivió Cainán setenta años, y engendró a Mahalaleel.

13 Y vivió Cainán, después que engendró a Mahalaleel, ochocientos cuarenta años, y engendró hijos e hijas.

14 Y fueron todos los días de Cainán novecientos diez años; y murió.

15 Vivió Mahalaleel sesenta y cinco años, y engendró a Jared.

16 Y vivió Mahalaleel, después que engendró a Jared, ochocientos treinta años, y engendró hijos e hijas.

17 Y fueron todos los días de Mahalaleel ochocientos noventa y cinco años; y murió.

18 Vivió Jared ciento sesenta y dos años, y engendró a Enoc.

19 Y vivió Jared, después que engendró a Enoc, ochocientos años, y engendró hijos e hijas.

20 Y fueron todos los días de Jared novecientos sesenta y dos años; y murió.

21 Vivió Enoc sesenta y cinco años, y engendró a Matusalén.

22 Y caminó Enoc con Dios, después que engendró a Matusalén, trescientos años, y engendró hijos e hijas.

23 Y fueron todos los días de Enoc trescientos sesenta y cinco años.

24 Caminó, pues, Enoc con Dios,[c] y desapareció, porque le llevó Dios.

25 Vivió Matusalén ciento ochenta y siete años, y engendró a Lamec.

26 Y vivió Matusalén, después que engendró a Lamec, setecientos ochenta y dos años, y engendró hijos e hijas.

27 Fueron, pues, todos los días de Matusalén novecientos sesenta y nueve años; y murió.

28 Vivió Lamec ciento ochenta y dos años, y engendró un hijo;

29 y llamó su nombre Noé,[g] diciendo: Este nos aliviará de nuestras obras y del trabajo de nuestras manos, a causa de la tierra que Jehová maldijo.

30 Y vivió Lamec, después que engendró a Noé, quinientos noventa y cinco años, y engendró hijos e hijas.

31 Y fueron todos los días de Lamec setecientos setenta y siete años; y murió.

32 Y siendo Noé de quinientos años, engendró a Sem, a Cam y a Jafet.

La maldad de los hombres

6 1 Aconteció que cuando comenzaron los hombres a multiplicarse sobre la faz de la tierra, y les nacieron hijas,

2 que viendo los hijos de Dios que las hijas de los hombres eran hermosas, tomaron para sí mujeres, escogiendo entre todas.

3 Y dijo Jehová: No contenderá mi espíritu con el hombre para siempre, porque ciertamente él es carne; mas serán sus días ciento veinte años.

4 Había gigantes en la tierra en aquellos días,[a] y también después que se llegaron los hijos de Dios a las hijas de los hombres, y les engendraron hijos. Estos fueron los valientes que desde la antigüedad fueron varones de renombre.

5 Y vio Jehová que la maldad de los hombres era mucha en la tierra, y que todo designio de los pensamientos del corazón de ellos era de continuo solamente el mal.

6 Y se arrepintió Jehová de haber hecho hombre en la tierra, y le dolió en su corazón.

7 Y dijo Jehová: Raeré de sobre la faz de la tierra a los hombres que he creado, desde el hombre hasta la bestia, y hasta el reptil y las aves del cielo; pues me arrepiento de haberlos hecho.

8 Pero Noé halló gracia ante los ojos de Jehová.[b]

Noé construye el arca

9 Estas son las generaciones de Noé: Noé, varón justo,[c] era perfecto en sus generaciones; con Dios caminó Noé.

10 Y engendró Noé tres hijos: a Sem, a Cam y a Jafet.

11 Y se corrompió la tierra delante de Dios, y estaba la tierra llena de violencia.

12 Y miró Dios la tierra, y he aquí que estaba corrompida; porque toda carne había corrompido su camino sobre la tierra.

13 Dijo, pues, Dios a Noé: He decidido el fin de todo ser, porque la tierra está llena de violencia a causa de ellos; y he aquí que yo los destruiré con la tierra.

14 Hazte un arca de madera de gofer; harás aposentos en el arca, y la calafatearás con brea por dentro y por fuera.

5.24: [c] He. 11.5; Jud. 14. **5.29:** [g] Esto es, *Consuelo,* o *Descanso.*
6.4: [a] Nm. 13.33. **6.5-8:** [b] Mt. 24.37; Lc. 17.26.
6.9: [c] 2 P. 2.5.

15 Y de esta manera la harás: de trescientos codos la longitud del arca, de cincuenta codos su anchura, y de treinta codos su altura.

16 Una ventana harás al arca, y la acabarás a un codo de elevación por la parte de arriba; y pondrás la puerta del arca a su lado; y le harás piso bajo, segundo y tercero.

17 Y he aquí que yo traigo un diluvio de aguas sobre la tierra, para destruir toda carne en que haya espíritu de vida debajo del cielo; todo lo que hay en la tierra morirá.

18 Mas estableceré mi pacto contigo, y entrarás en el arca tú, tus hijos, tu mujer, y las mujeres de tus hijos contigo.

19 Y de todo lo que vive, de toda carne, dos de cada especie meterás en el arca, para que tengan vida contigo; macho y hembra serán.

20 De las aves según su especie, y de las bestias según su especie, de todo reptil de la tierra según su especie, dos de cada especie entrarán contigo, para que tengan vida.

21 Y toma contigo de todo alimento que se come, y almacénalo, y servirá de sustento para ti y para ellos.

22 Y lo hizo así Noé;[d] hizo conforme a todo lo que Dios le mandó.

El diluvio

7 1 Dijo luego Jehová a Noé: Entra tú y toda tu casa en el arca; porque a ti he visto justo delante de mí en esta generación.

2 De todo animal limpio tomarás siete parejas, macho y su hembra; mas de los animales que no son limpios, una pareja, el macho y su hembra.

3 También de las aves de los cielos, siete parejas, macho y hembra, para conservar viva la especie sobre la faz de la tierra.

4 Porque pasados aún siete días, yo haré llover sobre la tierra cuarenta días y cuarenta noches; y raeré de sobre la faz de la tierra a todo ser viviente que hice.

5 E hizo Noé conforme a todo lo que le mandó Jehová.

6 Era Noé de seiscientos años cuando el diluvio de las aguas vino sobre la tierra.

7 Y por causa de las aguas del diluvio entró Noé al arca,[a] y con él sus hijos, su mujer, y las mujeres de sus hijos.

8 De los animales limpios, y de los animales que no eran limpios, y de las aves, y de todo lo que se arrastra sobre la tierra,

9 de dos en dos entraron con Noé en el arca; macho y hembra, como mandó Dios a Noé.

10 Y sucedió que al séptimo día las aguas del diluvio vinieron sobre la tierra.

11 El año seiscientos de la vida de Noé, en el mes segundo, a los diecisiete días del mes, aquel día fueron rotas todas las fuentes del grande abismo, y las cataratas de los cielos fueron abiertas,[b]

12 y hubo lluvia sobre la tierra cuarenta días y cuarenta noches.

13 En este mismo día entraron Noé, y Sem, Cam y Jafet hijos de Noé, la mujer de Noé, y las tres mujeres de sus hijos, con él en el arca;

14 ellos, y todos los animales silvestres según sus especies, y todos los animales domesticados según sus especies, y todo reptil que se arrastra sobre la tierra según su especie, y toda ave según su especie, y todo pájaro de toda especie.

15 Vinieron, pues, con Noé al arca, de dos en dos de toda carne en que había espíritu de vida.

16 Y los que vinieron, macho y hembra de toda carne vinieron, como le había mandado Dios; y Jehová le cerró la puerta.

17 Y fue el diluvio cuarenta días sobre la tierra; y las aguas crecieron, y alzaron el arca, y se elevó sobre la tierra.

18 Y subieron las aguas y crecieron en gran manera sobre la tierra; y flotaba el arca sobre la superficie de las aguas.

19 Y las aguas subieron mucho sobre la tierra; y todos los montes altos que había debajo de todos los cielos, fueron cubiertos.

20 Quince codos más alto subieron las aguas, después que fueron cubiertos los montes.

21 Y murió toda carne que se mueve sobre la tierra, así de aves como de ganado y de bestias, y de todo reptil que se arrastra sobre la tierra, y todo hombre.

22 Todo lo que tenía aliento de espíritu de vida en sus narices, todo lo que había en la tierra, murió.

23 Así fue destruido todo ser que vivía sobre la faz de la tierra, desde el hombre hasta la bestia, los reptiles, y las aves del cielo; y fueron raídos de la tierra, y quedó solamente Noé, y los que con él estaban en el arca.

24 Y prevalecieron las aguas sobre la tierra ciento cincuenta días.

8 1 Y se acordó Dios de Noé, y de todos los animales, y de todas las bestias que estaban con él en el arca; e hizo pasar Dios un viento sobre la tierra, y disminuyeron las aguas.

2 Y se cerraron las fuentes del abismo y las cataratas de los cielos; y la lluvia de los cielos fue detenida.

3 Y las aguas decrecían gradualmente de sobre la tierra; y se retiraron las aguas al cabo de ciento cincuenta días.

4 Y reposó el arca en el mes séptimo, a los diecisiete días del mes, sobre los montes de Ararat.

5 Y las aguas fueron decreciendo hasta el mes décimo; en el décimo, al primero del mes, se descubrieron las cimas de los montes.

6.22: [d] He. 11.7. **7.7:** [a] Mt. 24.38-39; Lc. 17.27.
7.11: [b] 2 P. 3.6.

6 Sucedió que al cabo de cuarenta días abrió
Noé la ventana del arca que había hecho,
7 y envió un cuervo, el cual salió, y estuvo yendo
y volviendo hasta que las aguas se secaron sobre
la tierra.
8 Envió también de sí una paloma, para ver si
las aguas se habían retirado de sobre la faz de la
tierra.
9 Y no halló la paloma donde sentar la planta de
su pie, y volvió a él al arca, porque las aguas es-
taban aún sobre la faz de toda la tierra. Enton-
ces él extendió su mano, y tomándola, la hizo
entrar consigo en el arca.
10 Esperó aún otros siete días, y volvió a enviar
la paloma fuera del arca.
11 Y la paloma volvió a él a la hora de la tarde; y
he aquí que traía una hoja de olivo en el pico; y
entendió Noé que las aguas se habían retirado
de sobre la tierra.
12 Y esperó aún otros siete días, y envió la palo-
ma, la cual no volvió ya más a él.
13 Y sucedió que en el año seiscientos uno de
Noé, en el mes primero, el día primero del mes,
las aguas se secaron sobre la tierra; y quitó Noé
la cubierta del arca, y miró, y he aquí que la faz
de la tierra estaba seca.
14 Y en el mes segundo, a los veintisiete días del
mes, se secó la tierra.
15 Entonces habló Dios a Noé, diciendo:
16 Sal del arca tú, y tu mujer, y tus hijos, y las
mujeres de tus hijos contigo.
17 Todos los animales que están contigo de toda
carne, de aves y de bestias y de todo reptil que
se arrastra sobre la tierra, sacarás contigo; y va-
yan por la tierra, y fructifiquen y multiplíquense
sobre la tierra.
18 Entonces salió Noé, y sus hijos, su mujer, y las
mujeres de sus hijos con él.
19 Todos los animales, y todo reptil y toda ave,
todo lo que se mueve sobre la tierra según sus
especies, salieron del arca.
20 Y edificó Noé un altar a Jehová, y tomó de
todo animal limpio y de toda ave limpia, y ofre-
ció holocausto en el altar.
21 Y percibió Jehová olor grato; y dijo Jehová en
su corazón: No volveré más a maldecir la tierra
por causa del hombre; porque el intento del co-
razón del hombre es malo desde su juventud; ni
volveré más a destruir todo ser viviente, como he
hecho.
22 Mientras la tierra permanezca, no cesarán la
sementera y la siega, el frío y el calor, el verano y
el invierno, y el día y la noche.

Pacto de Dios con Noé

9 1 Bendijo Dios a Noé y a sus hijos, y les
dijo: Fructificad y multiplicaos, y llenad la
tierra.[a]
2 El temor y el miedo de vosotros estarán sobre
todo animal de la tierra, y sobre toda ave de los
cielos, en todo lo que se mueva sobre la tierra, y
en todos los peces del mar; en vuestra mano son
entregados.
3 Todo lo que se mueve y vive, os será para man-
tenimiento: así como las legumbres y plantas
verdes, os lo he dado todo.
4 Pero carne con su vida, que es su sangre, no
comeréis.[b]
5 Porque ciertamente demandaré la sangre de
vuestras vidas; de mano de todo animal la de-
mandaré, y de mano del hombre; de mano del va-
rón su hermano demandaré la vida del hombre.
6 El que derramare sangre de hombre,[c] por el
hombre su sangre será derramada; porque a
imagen de Dios es hecho el hombre.[d]
7 Mas vosotros fructificad y multiplicaos;[e] pro-
cread abundantemente en la tierra, y multipli-
caos en ella.
8 Y habló Dios a Noé y a sus hijos con él, di-
ciendo:
9 He aquí que yo establezco mi pacto con voso-
tros, y con vuestros descendientes después de
vosotros;
10 y con todo ser viviente que está con vosotros;
aves, animales y toda bestia de la tierra que está
con vosotros, desde todos los que salieron del
arca hasta todo animal de la tierra.
11 Estableceré mi pacto con vosotros, y no ex-
terminaré ya más toda carne con aguas de dilu-
vio, ni habrá más diluvio para destruir la tierra.
12 Y dijo Dios: Esta es la señal del pacto que yo
establezco entre mí y vosotros y todo ser vivien-
te que está con vosotros, por siglos perpetuos:
13 Mi arco he puesto en las nubes, el cual será
por señal del pacto entre mí y la tierra.
14 Y sucederá que cuando haga venir nubes so-
bre la tierra, se dejará ver entonces mi arco en
las nubes.
15 Y me acordaré del pacto mío, que hay entre
mí y vosotros y todo ser viviente de toda carne;
y no habrá más diluvio de aguas para destruir
toda carne.
16 Estará el arco en las nubes, y lo veré, y me
acordaré del pacto perpetuo entre Dios y todo ser
viviente, con toda carne que hay sobre la tierra.
17 Dijo, pues, Dios a Noé: Esta es la señal del
pacto que he establecido entre mí y toda carne
que está sobre la tierra.

Embriaguez de Noé

18 Y los hijos de Noé que salieron del arca fue-
ron Sem, Cam y Jafet; y Cam es el padre de Ca-
naán.

9.1: [a] Gn. 1.28. **9.4:** [b] Lv. 7.26-27; 17.10-14; 19.26; Dt. 12.16, 23; 15.23. **9.6:** [c] Ex. 20.13. [d] Gn. 1.26. **9.7:** [e] Gn. 1.28.

19 Estos tres son los hijos de Noé, y de ellos fue
llena toda la tierra.
20 Después comenzó Noé a labrar la tierra, y
plantó una viña;
21 y bebió del vino, y se embriagó, y estaba des-
cubierto en medio de su tienda.
22 Y Cam, padre de Canaán, vio la desnudez de
su padre, y lo dijo a sus dos hermanos que esta-
ban afuera.
23 Entonces Sem y Jafet tomaron la ropa, y la
pusieron sobre sus propios hombros, y andando
hacia atrás, cubrieron la desnudez de su padre,
teniendo vueltos sus rostros, y así no vieron la
desnudez de su padre.
24 Y despertó Noé de su embriaguez, y supo lo
que le había hecho su hijo más joven,
25 y dijo:
Maldito sea Canaán;
Siervo de siervos será a sus hermanos.
26 Dijo más:
Bendito por Jehová mi Dios sea Sem,
Y sea Canaán su siervo.
27 Engrandezca Dios a Jafet,
Y habite en las tiendas de Sem,
Y sea Canaán su siervo.
28 Y vivió Noé después del diluvio trescientos
cincuenta años.
29 Y fueron todos los días de Noé novecientos
cincuenta años; y murió.

Los descendientes de los hijos de Noé

10 1 Estas son las generaciones de los hijos
de Noé: Sem, Cam y Jafet, a quienes na-
cieron hijos después del diluvio.
2 Los hijos de Jafet: Gomer, Magog, Madai, Ja-
ván, Tubal, Mesec y Tiras.
3 Los hijos de Gomer: Askenaz, Rifat y Togarma.
4 Los hijos de Javán: Elisa, Tarsis, Quitim y Do-
danim.
5 De éstos se poblaron las costas, cada cual se-
gún su lengua, conforme a sus familias en sus
naciones.
6 Los hijos de Cam: Cus, Mizraim, Fut y Canaán.
7 Y los hijos de Cus: Seba, Havila, Sabta, Raama
y Sabteca. Y los hijos de Raama: Seba y Dedán.
8 Y Cus engendró a Nimrod, quien llegó a ser el
primer poderoso en la tierra.
9 Este fue vigoroso cazador delante de Jehová;
por lo cual se dice: Así como Nimrod, vigoroso
cazador delante de Jehová.
10 Y fue el comienzo de su reino Babel, Erec,
Acad y Calne, en la tierra de Sinar.
11 De esta tierra salió para Asiria, y edificó Níni-
ve, Rehobot, Cala,
12 y Resén entre Nínive y Cala, la cual es ciudad
grande.
13 Mizraim engendró a Ludim, a Anamim, a
Lehabim, a Naftuhim,
14 a Patrusim, a Casluhim, de donde salieron los
filisteos, y a Caftorim.
15 Y Canaán engendró a Sidón su primogéni-
to, a Het,
16 al jebuseo, al amorreo, al gergeseo,
17 al heveo, al araceo, al sineo,
18 al arvadeo, al zemareo y al hamateo; y des-
pués se dispersaron las familias de los cananeos.
19 Y fue el territorio de los cananeos desde Si-
dón, en dirección a Gerar, hasta Gaza; y en di-
rección de Sodoma, Gomorra, Adma y Zeboim,
hasta Lasa.
20 Estos son los hijos de Cam por sus familias,
por sus lenguas, en sus tierras, en sus naciones.
21 También le nacieron hijos a Sem, padre de
todos los hijos de Heber, y hermano mayor de
Jafet.
22 Los hijos de Sem fueron Elam, Asur, Arfaxad,
Lud y Aram.
23 Y los hijos de Aram: Uz, Hul, Geter y Mas.
24 Arfaxad engendró a Sala, y Sala engendró a
Heber.
25 Y a Heber nacieron dos hijos: el nombre del
uno fue Peleg,[10] porque en sus días fue repartida
la tierra; y el nombre de su hermano, Joctán.
26 Y Joctán engendró a Almodad, Selef, Hazar-
mavet, Jera,
27 Adoram, Uzal, Dicla,
28 Obal, Abimael, Seba,
29 Ofir, Havila y Jobab; todos estos fueron hijos
de Joctán.
30 Y la tierra en que habitaron fue desde Mesa
en dirección de Sefar, hasta la región mon-
tañosa del oriente.
31 Estos fueron los hijos de Sem por sus familias,
por sus lenguas, en sus tierras, en sus naciones.
32 Estas son las familias de los hijos de Noé por
sus descendencias, en sus naciones; y de éstos
se esparcieron las naciones en la tierra después
del diluvio.

La torre de Babel

11 1 Tenía entonces toda la tierra una sola
lengua y unas mismas palabras.
2 Y aconteció que cuando salieron de oriente,
hallaron una llanura en la tierra de Sinar, y se
establecieron allí.
3 Y se dijeron unos a otros: Vamos, hagamos ladri-
llo y cozámoslo con fuego. Y les sirvió el ladrillo
en lugar de piedra, y el asfalto en lugar de mezcla.
4 Y dijeron: Vamos, edifiquémonos una ciudad y
una torre, cuya cúspide llegue al cielo; y hagá-
monos un nombre, por si fuéremos esparcidos
sobre la faz de toda la tierra.
5 Y descendió Jehová para ver la ciudad y la to-
rre que edificaban los hijos de los hombres.

10.25: [10] Esto es, *División.*

6 Y dijo Jehová: He aquí el pueblo es uno, y todos éstos tienen un solo lenguaje; y han comenzado la obra, y nada les hará desistir ahora de lo que han pensado hacer.
7 Ahora, pues, descendamos, y confundamos allí su lengua, para que ninguno entienda el habla de su compañero.
8 Así los esparció Jehová desde allí sobre la faz de toda la tierra, y dejaron de edificar la ciudad.
9 Por esto fue llamado el nombre de ella Babel, porque allí confundió[11] Jehová el lenguaje de toda la tierra, y desde allí los esparció sobre la faz de toda la tierra.

Los descendientes de Sem

10 Estas son las generaciones de Sem: Sem, de edad de cien años, engendró a Arfaxad, dos años después del diluvio.
11 Y vivió Sem, después que engendró a Arfaxad, quinientos años, y engendró hijos e hijas.
12 Arfaxad vivió treinta y cinco años, y engendró a Sala.
13 Y vivió Arfaxad, después que engendró a Sala, cuatrocientos tres años, y engendró hijos e hijas.
14 Sala vivió treinta años, y engendró a Heber.
15 Y vivió Sala, después que engendró a Heber, cuatrocientos tres años, y engendró hijos e hijas.
16 Heber vivió treinta y cuatro años, y engendró a Peleg.
17 Y vivió Heber, después que engendró a Peleg, cuatrocientos treinta años, y engendró hijos e hijas.
18 Peleg vivió treinta años, y engendró a Reu.
19 Y vivió Peleg, después que engendró a Reu, doscientos nueve años, y engendró hijos e hijas.
20 Reu vivió treinta y dos años, y engendró a Serug.
21 Y vivió Reu, después que engendró a Serug, doscientos siete años, y engendró hijos e hijas.
22 Serug vivió treinta años, y engendró a Nacor.
23 Y vivió Serug, después que engendró a Nacor, doscientos años, y engendró hijos e hijas.
24 Nacor vivió veintinueve años, y engendró a Taré.
25 Y vivió Nacor, después que engendró a Taré, ciento diecinueve años, y engendró hijos e hijas.
26 Taré vivió setenta años, y engendró a Abram, a Nacor y a Harán.

Los descendientes de Taré

27 Estas son las generaciones de Taré: Taré engendró a Abram, a Nacor y a Harán; y Harán engendró a Lot.
28 Y murió Harán antes que su padre Taré en la tierra de su nacimiento, en Ur de los caldeos.
29 Y tomaron Abram y Nacor para sí mujeres; el nombre de la mujer de Abram era Sarai, y el nombre de la mujer de Nacor, Milca, hija de Harán, padre de Milca y de Isca.
30 Mas Sarai era estéril, y no tenía hijo.
31 Y tomó Taré a Abram su hijo, y a Lot hijo de Harán, hijo de su hijo, y a Sarai su nuera, mujer de Abram su hijo, y salió con ellos de Ur de los caldeos, para ir a la tierra de Canaán; y vinieron hasta Harán, y se quedaron allí.
32 Y fueron los días de Taré doscientos cinco años; y murió Taré en Harán.

Dios llama a Abram

12 1 Pero Jehová había dicho a Abram: Vete de tu tierra y de tu parentela, y de la casa de tu padre, a la tierra que te mostraré.[a]
2 Y haré de ti una nación grande, y te bendeciré, y engrandeceré tu nombre, y serás bendición.
3 Bendeciré a los que te bendijeren, y a los que te maldijeren maldeciré; y serán benditas en ti todas las familias de la tierra.[b]
4 Y se fue Abram, como Jehová le dijo; y Lot fue con él. Y era Abram de edad de setenta y cinco años cuando salió de Harán.
5 Tomó, pues, Abram a Sarai su mujer, y a Lot hijo de su hermano, y todos sus bienes que habían ganado y las personas que habían adquirido en Harán, y salieron para ir a tierra de Canaán; y a tierra de Canaán llegaron.
6 Y pasó Abram por aquella tierra hasta el lugar de Siquem, hasta el encino de More; y el cananeo estaba entonces en la tierra.
7 Y apareció Jehová a Abram, y le dijo: A tu descendencia daré esta tierra.[c] Y edificó allí un altar a Jehová, quien le había aparecido.
8 Luego se pasó de allí a un monte al oriente de Bet-el, y plantó su tienda, teniendo a Bet-el al occidente y Hai al oriente; y edificó allí altar a Jehová, e invocó el nombre de Jehová.
9 Y Abram partió de allí, caminando y yendo hacia el Neguev.

Abram en Egipto

10 Hubo entonces hambre en la tierra, y descendió Abram a Egipto para morar allá; porque era grande el hambre en la tierra.
11 Y aconteció que cuando estaba para entrar en Egipto, dijo a Sarai su mujer: He aquí, ahora conozco que eres mujer de hermoso aspecto;
12 y cuando te vean los egipcios, dirán: Su mujer es; y me matarán a mí, y a ti te reservarán la vida.
13 Ahora, pues, di que eres mi hermana,[d] para que me vaya bien por causa tuya, y viva mi alma por causa de ti.
14 Y aconteció que cuando entró Abram en

11.9: [11] Compárese la palabra hebrea *balal,* confundir.
12.1: [a] Hch. 7.2-3; He. 11.8. **12.3:** [b] Gá. 3.8.
12.7: [c] Hch. 7.5; Gá. 3.16. **12.13:** [d] Gn. 20.2; 26.7.

Egipto, los egipcios vieron que la mujer era her-
mosa en gran manera.
15 También la vieron los príncipes de Faraón, y
la alabaron delante de él; y fue llevada la mujer
a casa de Faraón.
16 E hizo bien a Abram por causa de ella; y él
tuvo ovejas, vacas, asnos, siervos, criadas, asnas
y camellos.
17 Mas Jehová hirió a Faraón y a su casa con gran-
des plagas, por causa de Sarai mujer de Abram.
18 Entonces Faraón llamó a Abram, y le dijo:
¿Qué es esto que has hecho conmigo? ¿Por qué
no me declaraste que era tu mujer?
19 ¿Por qué dijiste: Es mi hermana, poniéndome
en ocasión de tomarla para mí por mujer? Aho-
ra, pues, he aquí tu mujer; tómala, y vete.
20 Entonces Faraón dio orden a su gente acerca
de Abram; y le acompañaron, y a su mujer, con
todo lo que tenía.

Abram y Lot se separan

13 1 Subió, pues, Abram de Egipto hacia el
Neguev, él y su mujer, con todo lo que te-
nía, y con él Lot.
2 Y Abram era riquísimo en ganado, en plata y
en oro.
3 Y volvió por sus jornadas desde el Neguev ha-
cia Bet-el, hasta el lugar donde había estado an-
tes su tienda entre Bet-el y Hai,
4 al lugar del altar que había hecho allí antes; e
invocó allí Abram el nombre de Jehová.
5 También Lot, que andaba con Abram, tenía
ovejas, vacas y tiendas.
6 Y la tierra no era suficiente para que habitasen
juntos, pues sus posesiones eran muchas, y no
podían morar en un mismo lugar.
7 Y hubo contienda entre los pastores del gana-
do de Abram y los pastores del ganado de Lot; y
el cananeo y el ferezeo habitaban entonces en la
tierra.
8 Entonces Abram dijo a Lot: No haya ahora al-
tercado entre nosotros dos, entre mis pastores y
los tuyos, porque somos hermanos.
9 ¿No está toda la tierra delante de ti? Yo te rue-
go que te apartes de mí. Si fueres a la mano iz-
quierda, yo iré a la derecha; y si tú a la derecha,
yo iré a la izquierda.
10 Y alzó Lot sus ojos, y vio toda la llanura del
Jordán, que toda ella era de riego, como el huer-
to de Jehová,[a] como la tierra de Egipto en la di-
rección de Zoar, antes que destruyese Jehová a
Sodoma y a Gomorra.
11 Entonces Lot escogió para sí toda la llanura
del Jordán; y se fue Lot hacia el oriente, y se
apartaron el uno del otro.
12 Abram acampó en la tierra de Canaán, en
tanto que Lot habitó en las ciudades de la llanu-
ra, y fue poniendo sus tiendas hasta Sodoma.
13 Mas los hombres de Sodoma eran malos y pe-
cadores contra Jehová en gran manera.
14 Y Jehová dijo a Abram, después que Lot se
apartó de él: Alza ahora tus ojos, y mira desde el
lugar donde estás hacia el norte y el sur, y al
oriente y al occidente.
15 Porque toda la tierra que ves, la daré a ti y a
tu descendencia para siempre.[b]
16 Y haré tu descendencia como el polvo de la
tierra; que si alguno puede contar el polvo de
la tierra, también tu descendencia será con-
tada.
17 Levántate, ve por la tierra a lo largo de ella y
a su ancho; porque a ti la daré.
18 Abram, pues, removiendo su tienda, vino y
moró en el encinar de Mamre, que está en He-
brón, y edificó allí altar a Jehová.

Abram liberta a Lot

14 1 Aconteció en los días de Amrafel rey de
Sinar, Arioc rey de Elasar, Quedorlaomer
rey de Elam, y Tidal rey de Goim,
2 que éstos hicieron guerra contra Bera rey de
Sodoma, contra Birsa rey de Gomorra, contra
Sinab rey de Adma, contra Semeber rey de Ze-
boim, y contra el rey de Bela, la cual es Zoar.
3 Todos éstos se juntaron en el valle de Sidim,
que es el Mar Salado.
4 Doce años habían servido a Quedorlaomer, y
en el decimotercero se rebelaron.
5 Y en el año decimocuarto vino Quedorlaomer,
y los reyes que estaban de su parte, y derrotaron
a los refaítas en Astarot Karnaim, a los zuzitas
en Ham, a los emitas en Save-quiriataim,
6 y a los horeos en el monte de Seir, hasta la lla-
nura de Parán, que está junto al desierto.
7 Y volvieron y vinieron a En-mispat, que es Ca-
des, y devastaron todo el país de los amalecitas,
y también al amorreo que habitaba en Hazezon-
tamar.
8 Y salieron el rey de Sodoma, el rey de Gomo-
rra, el rey de Adma, el rey de Zeboim y el rey de
Bela, que es Zoar, y ordenaron contra ellos bata-
lla en el valle de Sidim;
9 esto es, contra Quedorlaomer rey de Elam, Ti-
dal rey de Goim, Amrafel rey de Sinar, y Arioc
rey de Elasar; cuatro reyes contra cinco.
10 Y el valle de Sidim estaba lleno de pozos de
asfalto; y cuando huyeron el rey de Sodoma y el
de Gomorra, algunos cayeron allí; y los demás
huyeron al monte.
11 Y tomaron toda la riqueza de Sodoma y de
Gomorra, y todas sus provisiones, y se fueron.
12 Tomaron también a Lot, hijo del hermano de
Abram, que moraba en Sodoma, y sus bienes, y
se fueron.

13.10: [a] Gn. 2.10. **13.15:** [b] Hch. 7.5.

13 Y vino un e los que escaparon, y lo anun-
ció a Abram e ebreo, que habitaba en el enci-
nar de Mam el amorreo, hermano de Escol y
hermano d Aner, los cuales eran aliados de
Abram.
14 Oyó A am que su pariente estaba prisione-
ro, y ar a sus criados, los nacidos en su casa,
trescie os dieciocho, y los siguió hasta Dan.
15 Y ó sobre ellos de noche, él y sus siervos, y
les acó, y les fue siguiendo hasta Hoba al nor-
te Damasco.
1 Y recobró todos los bienes, y también a Lot su
ariente y sus bienes, y a las mujeres y demás
gente.

Melquisedec bendice a Abram

17 Cuando volvía de la derrota de Quedorlao-
mer y de los reyes que con él estaban, salió el
rey de Sodoma a recibirlo al valle de Save, que
es el Valle del Rey.
18 Entonces Melquisedec,[a] rey de Salem y sacer-
dote del Dios Altísimo, sacó pan y vino;
19 y le bendijo, diciendo: Bendito sea Abram del
Dios Altísimo, creador de los cielos y de la tierra;
20 y bendito sea el Dios Altísimo, que entregó
tus enemigos en tu mano. Y le dio Abram los
diezmos de todo.
21 Entonces el rey de Sodoma dijo a Abram:
Dame las personas, y toma para ti los bienes.
22 Y respondió Abram al rey de Sodoma: He al-
zado mi mano a Jehová Dios Altísimo, creador
de los cielos y de la tierra,
23 que desde un hilo hasta una correa de calza-
do, nada tomaré de todo lo que es tuyo, para
que no digas: Yo enriquecí a Abram;
24 excepto solamente lo que comieron los jóve-
nes, y la parte de los varones que fueron conmi-
go, Aner, Escol y Mamre, los cuales tomarán su
parte.

Dios promete a Abram un hijo

15 1 Después de estas cosas vino la palabra
de Jehová a Abram en visión, diciendo:
No temas, Abram; yo soy tu escudo, y tu galar-
dón será sobremanera grande.
2 Y respondió Abram: Señor Jehová, ¿qué me
darás, siendo así que ando sin hijo, y el mayor-
domo de mi casa es ese damasceno Eliezer?
3 Dijo también Abram: Mira que no me has
dado prole, y he aquí que será mi heredero un
esclavo nacido en mi casa.
4 Luego vino a él palabra de Jehová, diciendo:
No te heredará éste, sino un hijo tuyo será el
que te heredará.
5 Y lo llevó fuera, y le dijo: Mira ahora los cielos,
y cuenta las estrellas, si las puedes contar. Y le
dijo: Así será tu descendencia.[a]
6 Y creyó a Jehová, y le fue contado por justicia.[b]
7 Y le dijo: Yo soy Jehová, que te saqué de Ur de
los caldeos, para darte a heredar esta tierra.
8 Y él respondió: Señor Jehová, ¿en qué conoce-
ré que la he de heredar?
9 Y le dijo: Tráeme una becerra de tres años, y
una cabra de tres años, y un carnero de tres
años, una tórtola también, y un palomino.
10 Y tomó él todo esto, y los partió por la mitad,
y puso cada mitad una enfrente de la otra; mas
no partió las aves.
11 Y descendían aves de rapiña sobre los cuer-
pos muertos, y Abram las ahuyentaba.
12 Mas a la caída del sol sobrecogió el sueño a
Abram, y he aquí que el temor de una grande
oscuridad cayó sobre él.
13 Entonces Jehová dijo a Abram: Ten por cierto
que tu descendencia morará en tierra ajena, y
será esclava allí, y será oprimida cuatrocientos
años.[c]
14 Mas también a la nación a la cual servirán,
juzgaré yo; y después de esto saldrán con gran
riqueza.[d]
15 Y tú vendrás a tus padres en paz, y serás se-
pultado en buena vejez.
16 Y en la cuarta generación volverán acá; por-
que aún no ha llegado a su colmo la maldad del
amorreo hasta aquí.
17 Y sucedió que puesto el sol, y ya oscurecido, se
veía un horno humeando, y una antorcha de fue-
go que pasaba por entre los animales divididos.
18 En aquel día hizo Jehová un pacto con Abram,
diciendo: A tu descendencia daré esta tierra,[e]
desde el río de Egipto hasta el río grande, el río
Eufrates;
19 la tierra de los ceneos, los cenezeos, los cad-
moneos,
20 los heteos, los ferezeos, los refaítas,
21 los amorreos, los cananeos, los gergeseos y
los jebuseos.

Agar e Ismael

16 1 Sarai mujer de Abram no le daba hijos;
y ella tenía una sierva egipcia, que se lla-
maba Agar.
2 Dijo entonces Sarai a Abram: Ya ves que Jeho-
vá me ha hecho estéril; te ruego, pues, que te
llegues a mi sierva; quizá tendré hijos de ella. Y
atendió Abram al ruego de Sarai.
3 Y Sarai mujer de Abram tomó a Agar su sierva
egipcia, al cabo de diez años que había habitado
Abram en la tierra de Canaán, y la dio por mujer
a Abram su marido.
4 Y él se llegó a Agar, la cual concibió; y cuando
vio que había concebido, miraba con desprecio
a su señora.

14.18-20: [a] He. 7.1-10. **15.5:** [a] Ro. 4.18; He. 11.12.
15.6: [b] Ro. 4.3; Gá. 3.6; Stg. 2.23. **15.13:** [c] Ex. 1.1-14; Hch. 7.6.
15.14: [d] Ex. 12.40-41; Hch. 7.7. **15.18:** [e] Hch. 7.5.

5 Entonces Sarai dijo a Abram: Mi afrenta sea sobre ti; yo te di mi sierva por mujer, y viéndose encinta, me mira con desprecio; juzgue Jehová entre tú y yo.
6 Y respondió Abram a Sarai: He aquí, tu sierva está en tu mano; haz con ella lo que bien te parezca. Y como Sarai la afligía, ella huyó de su presencia.
7 Y la halló el ángel de Jehová junto a una fuente de agua en el desierto, junto a la fuente que está en el camino de Shur.
8 Y le dijo: Agar, sierva de Sarai, ¿de dónde vienes tú, y a dónde vas? Y ella respondió: Huyo de delante de Sarai mi señora.
9 Y le dijo el ángel de Jehová: Vuélvete a tu señora, y ponte sumisa bajo su mano.
10 Le dijo también el ángel de Jehová: Multiplicaré tanto tu descendencia, que no podrá ser contada a causa de la multitud.
11 Además le dijo el ángel de Jehová: He aquí que has concebido, y darás a luz un hijo, y llamarás su nombre Ismael,[12] porque Jehová ha oído tu aflicción.
12 Y él será hombre fiero; su mano será contra todos, y la mano de todos contra él, y delante de todos sus hermanos habitará.
13 Entonces llamó el nombre de Jehová que con ella hablaba: Tú eres Dios que ve; porque dijo: ¿No he visto también aquí al que me ve?
14 Por lo cual llamó al pozo: Pozo del Viviente-que-me-ve. He aquí está entre Cades y Bered.
15 Y Agar dio a luz un hijo a Abram, y llamó Abram el nombre del hijo que le dio Agar, Ismael.
16 Era Abram de edad de ochenta y seis años, cuando Agar dio a luz a Ismael.

La circuncisión, señal del pacto

17 1 Era Abram de edad de noventa y nueve años, cuando le apareció Jehová y le dijo: Yo soy el Dios Todopoderoso; anda delante de mí y sé perfecto.
2 Y pondré mi pacto entre mí y ti, y te multiplicaré en gran manera.
3 Entonces Abram se postró sobre su rostro, y Dios habló con él, diciendo:
4 He aquí mi pacto es contigo, y serás padre de muchedumbre de gentes.
5 Y no se llamará más tu nombre Abram,[13] sino que será tu nombre Abraham,[14] porque te he puesto por padre de muchedumbre de gentes.[a]
6 Y te multiplicaré en gran manera, y haré naciones de ti, y reyes saldrán de ti.
7 Y estableceré mi pacto entre mí y ti, y tu descendencia después de ti en sus generaciones, por pacto perpetuo,[b] para ser tu Dios, y el de tu descendencia después de ti.
8 Y te daré a ti, y a tu descendencia después de ti, la tierra en que moras, toda la tierra de Canaán en heredad perpetua;[c] y seré el Dios de ellos.
9 Dijo de nuevo Dios a Abraham: En cuanto a ti, guardarás mi pacto, tú y tu descendencia después de ti por sus generaciones.
10 Este es mi pacto, que guardaréis entre mí y vosotros y tu descendencia después de ti: Será circuncidado todo varón de entre vosotros.[d]
11 Circuncidaréis, pues, la carne de vuestro prepucio, y será por señal del pacto entre mí y vosotros.
12 Y de edad de ocho días será circuncidado todo varón entre vosotros por vuestras generaciones; el nacido en casa, y el comprado por dinero a cualquier extranjero, que no fuere de tu linaje.
13 Debe ser circuncidado el nacido en tu casa, y el comprado por tu dinero; y estará mi pacto en vuestra carne por pacto perpetuo.
14 Y el varón incircunciso, el que no hubiere circuncidado la carne de su prepucio, aquella persona será cortada de su pueblo; ha violado mi pacto.
15 Dijo también Dios a Abraham: A Sarai tu mujer no la llamarás Sarai, mas Sara[15] será su nombre.
16 Y la bendeciré, y también te daré de ella hijo; sí, la bendeciré, y vendrá a ser madre de naciones; reyes de pueblos vendrán de ella.
17 Entonces Abraham se postró sobre su rostro, y se rió, y dijo en su corazón: ¿A hombre de cien años ha de nacer hijo? ¿Y Sara, ya de noventa años, ha de concebir?
18 Y dijo Abraham a Dios: Ojalá Ismael viva delante de ti.
19 Respondió Dios: Ciertamente Sara tu mujer te dará a luz un hijo, y llamarás su nombre Isaac;[16] y confirmaré mi pacto con él como pacto perpetuo para sus descendientes después de él.
20 Y en cuanto a Ismael, también te he oído; he aquí que le bendeciré, y le haré fructificar y multiplicar mucho en gran manera; doce príncipes engendrará, y haré de él una gran nación.
21 Mas yo estableceré mi pacto con Isaac, el que Sara te dará a luz por este tiempo el año que viene.
22 Y acabó de hablar con él, y subió Dios de estar con Abraham.
23 Entonces tomó Abraham a Ismael su hijo, y a todos los siervos nacidos en su casa, y a todos los comprados por su dinero, a todo varón entre los domésticos de la casa de Abraham, y circuncidó la carne del prepucio de ellos en aquel mismo día, como Dios le había dicho.

16.11: [12] Esto es, *Dios oye.* **17.5:** [13] Esto es, *Padre enaltecido.* [14] Entendido aquá, *Padre de una multitud.* [a] Ro. 4.17. **17.7:** [b] Lc. 1.55. **17.8:** [c] Hch. 7.5. **17.10:** [d] Hch. 7.8. **17.15:** [15] Esto es, *Princesa.* **17.19:** [16] Esto es, *Risa.*

24 Era Abraham de edad de noventa y nueve años cuando circuncidó la carne de su prepucio.

25 E Ismael su hijo era de trece años, cuando fue circuncidada la carne de su prepucio.

26 En el mismo día fueron circuncidados Abraham e Ismael su hijo.

27 Y todos los varones de su casa, el siervo nacido en casa, y el comprado del extranjero por dinero, fueron circuncidados con él.

Promesa del nacimiento de Isaac

18 1 Después le apareció Jehová en el encinar de Mamre, estando él sentado a la puerta de su tienda en el calor del día.

2 Y alzó sus ojos y miró, y he aquí tres varones que estaban junto a él; y cuando los vio, salió corriendo de la puerta de su tienda a recibirlos, y se postró en tierra,

3 y dijo: Señor, si ahora he hallado gracia en tus ojos, te ruego que no pases de tu siervo.

4 Que se traiga ahora un poco de agua, y lavad vuestros pies; y recostaos debajo de un árbol,

5 y traeré un bocado de pan, y sustentad vuestro corazón, y después pasaréis; pues por eso habéis pasado cerca de vuestro siervo. Y ellos dijeron: Haz así como has dicho.

6 Entonces Abraham fue de prisa a la tienda a Sara, y le dijo: Toma pronto tres medidas de flor de harina, y amasa y haz panes cocidos debajo del rescoldo.

7 Y corrió Abraham a las vacas, y tomó un becerro tierno y bueno, y lo dio al criado, y éste se dio prisa a prepararlo.

8 Tomó también mantequilla y leche, y el becerro que había preparado, y lo puso delante de ellos; y él se estuvo con ellos debajo del árbol, y comieron.

9 Y le dijeron: ¿Dónde está Sara tu mujer? Y él respondió: Aquí en la tienda.

10 Entonces dijo: De cierto volveré a ti; y según el tiempo de la vida, he aquí que Sara tu mujer tendrá un hijo.[a] Y Sara escuchaba a la puerta de la tienda, que estaba detrás de él.

11 Y Abraham y Sara eran viejos, de edad avanzada; y a Sara le había cesado ya la costumbre de las mujeres.

12 Se rió, pues, Sara entre sí, diciendo: ¿Después que he envejecido tendré deleite, siendo también mi señor[b] ya viejo?

13 Entonces Jehová dijo a Abraham: ¿Por qué se ha reído Sara diciendo: ¿Será cierto que he de dar a luz siendo ya vieja?

14 ¿Hay para Dios alguna cosa difícil?[c] Al tiempo señalado volveré a ti, y según el tiempo de la vida, Sara tendrá un hijo.

15 Entonces Sara negó, diciendo: No me reí; porque tuvo miedo. Y él dijo: No es así, sino que te has reído.

Abraham intercede por Sodoma

16 Y los varones se levantaron de allí, y miraron hacia Sodoma; y Abraham iba con ellos acompañándolos.

17 Y Jehová dijo: ¿Encubriré yo a Abraham lo que voy a hacer,

18 habiendo de ser Abraham una nación grande y fuerte, y habiendo de ser benditas en él todas las naciones de la tierra?

19 Porque yo sé que mandará a sus hijos y a su casa después de sí, que guarden el camino de Jehová, haciendo justicia y juicio, para que haga venir Jehová sobre Abraham lo que ha hablado acerca de él.

20 Entonces Jehová le dijo: Por cuanto el clamor contra Sodoma y Gomorra se aumenta más y más, y el pecado de ellos se ha agravado en extremo,

21 descenderé ahora, y veré si han consumado su obra según el clamor que ha venido hasta mí; y si no, lo sabré.

22 Y se apartaron de allí los varones, y fueron hacia Sodoma; pero Abraham estaba aún delante de Jehová.

23 Y se acercó Abraham y dijo: ¿Destruirás también al justo con el impío?

24 Quizá haya cincuenta justos dentro de la ciudad: ¿destruirás también y no perdonarás al lugar por amor a los cincuenta justos que estén dentro de él?

25 Lejos de ti el hacer tal, que hagas morir al justo con el impío, y que sea el justo tratado como el impío; nunca tal hagas. El Juez de toda la tierra, ¿no ha de hacer lo que es justo?

26 Entonces respondió Jehová: Si hallare en Sodoma cincuenta justos dentro de la ciudad, perdonaré a todo este lugar por amor a ellos.

27 Y Abraham replicó y dijo: He aquí ahora que he comenzado a hablar a mi Señor, aunque soy polvo y ceniza.

28 Quizá faltarán de cincuenta justos cinco; ¿destruirás por aquellos cinco toda la ciudad? Y dijo: No la destruiré, si hallare allí cuarenta y cinco.

29 Y volvió a hablarle, y dijo: Quizá se hallarán allí cuarenta. Y respondió: No lo haré por amor a los cuarenta.

30 Y dijo: No se enoje ahora mi Señor, si hablare: quizá se hallarán allí treinta. Y respondió: No lo haré si hallare allí treinta.

31 Y dijo: He aquí ahora que he emprendido el hablar a mi Señor: quizá se hallarán allí veinte. No la destruiré, respondió, por amor a los veinte.

32 Y volvió a decir: No se enoje ahora mi Señor, si hablare solamente una vez: quizá se hallarán allí diez. No la destruiré, respondió, por amor a los diez.

18.10: [a] Ro. 9.9. **18.12:** [b] 1 P. 3.6. **18.14:** [c] Lc. 1.37.

33 Y Jehová se fue, luego que acabó de hablar a Abraham; y Abraham volvió a su lugar.

Destrucción de Sodoma y Gomorra

19 1 Llegaron, pues, los dos ángeles a Sodoma a la caída de la tarde; y Lot estaba sentado a la puerta de Sodoma. Y viéndolos Lot, se levantó a recibirlos, y se inclinó hacia el suelo,

2 y dijo: Ahora, mis señores, os ruego que vengáis a casa de vuestro siervo y os hospedéis, y lavaréis vuestros pies; y por la mañana os levantaréis, y seguiréis vuestro camino. Y ellos respondieron: No, que en la calle nos quedaremos esta noche.

3 Mas él porfió con ellos mucho, y fueron con él, y entraron en su casa; y les hizo banquete, y coció panes sin levadura, y comieron.

4 Pero antes que se acostasen, rodearon la casa los hombres de la ciudad, los varones de Sodoma, todo el pueblo junto, desde el más joven hasta el más viejo.

5 Y llamaron a Lot, y le dijeron: ¿Dónde están los varones que vinieron a ti esta noche? Sácalos, para que los conozcamos.

6 Entonces Lot salió a ellos a la puerta, y cerró la puerta tras sí,

7 y dijo: Os ruego, hermanos míos, que no hagáis tal maldad.

8 He aquí ahora yo tengo dos hijas que no han conocido varón; os las sacaré fuera, y haced de ellas como bien os pareciere; solamente que a estos varones no hagáis nada, pues que vinieron a la sombra de mi tejado.

9 Y ellos respondieron: Quita allá; y añadieron: Vino este extraño para habitar entre nosotros, ¿y habrá de erigirse en juez? Ahora te haremos más mal que a ellos. Y hacían gran violencia al varón, a Lot, y se acercaron para romper la puerta.

10 Entonces los varones alargaron la mano, y metieron a Lot en casa con ellos, y cerraron la puerta.

11 Y a los hombres que estaban a la puerta de la casa hirieron con ceguera desde el menor hasta el mayor, de manera que se fatigaban buscando la puerta.

12 Y dijeron los varones a Lot: ¿Tienes aquí alguno más? Yernos, y tus hijos y tus hijas, y todo lo que tienes en la ciudad, sácalo de este lugar;

13 porque vamos a destruir este lugar, por cuanto el clamor contra ellos ha subido de punto delante de Jehová; por tanto, Jehová nos ha enviado para destruirlo.

14 Entonces salió Lot y habló a sus yernos, los que habían de tomar sus hijas, y les dijo: Levantaos, salid de este lugar; porque Jehová va a destruir esta ciudad. Mas pareció a sus yernos como que se burlaba.

15 Y al rayar el alba, los ángeles daban prisa a Lot, diciendo: Levántate, toma tu mujer, y tus dos hijas que se hallan aquí, para que no perezcas en el castigo de la ciudad.

16 Y deteniéndose él, los varones asieron de su mano, y de la mano de su mujer y de las manos de sus dos hijas, según la misericordia de Jehová para con él; y lo sacaron y lo pusieron fuera de la ciudad.[a]

17 Y cuando los hubieron llevado fuera, dijeron: Escapa por tu vida; no mires tras ti, ni pares en toda esta llanura; escapa al monte, no sea que perezcas.

18 Pero Lot les dijo: No, yo os ruego, señores míos.

19 He aquí ahora ha hallado vuestro siervo gracia en vuestros ojos, y habéis engrandecido vuestra misericordia que habéis hecho conmigo dándome la vida; mas yo no podré escapar al monte, no sea que me alcance el mal, y muera.

20 He aquí ahora esta ciudad está cerca para huir allá, la cual es pequeña; dejadme escapar ahora allá (¿no es ella pequeña?), y salvaré mi vida.

21 Y le respondió: He aquí he recibido también tu súplica sobre esto, y no destruiré la ciudad de que has hablado.

22 Date prisa, escápate allá; porque nada podré hacer hasta que hayas llegado allí. Por eso fue llamado el nombre de la ciudad, Zoar.[17]

23 El sol salía sobre la tierra, cuando Lot llegó a Zoar.

24 Entonces Jehová hizo llover sobre Sodoma y sobre Gomorra azufre y fuego de parte de Jehová desde los cielos;

25 y destruyó las ciudades, y toda aquella llanura, con todos los moradores de aquellas ciudades,[b] y el fruto de la tierra.

26 Entonces la mujer de Lot[c] miró atrás, a espaldas de él, y se volvió estatua de sal.

27 Y subió Abraham por la mañana al lugar donde había estado delante de Jehová.

28 Y miró hacia Sodoma y Gomorra, y hacia toda la tierra de aquella llanura miró; y he aquí que el humo subía de la tierra como el humo de un horno.

29 Así, cuando destruyó Dios las ciudades de la llanura, Dios se acordó de Abraham, y envió fuera a Lot de en medio de la destrucción, al asolar las ciudades donde Lot estaba.

30 Pero Lot subió de Zoar y moró en el monte, y sus dos hijas con él; porque tuvo miedo de quedarse en Zoar, y habitó en una cueva él y sus dos hijas.

31 Entonces la mayor dijo a la menor: Nuestro padre es viejo, y no queda varón en la tierra que

19.16: [a] 2 P. 2.7. **19.22:** [17] Esto es, *Pequeña*.
19.24-25: [b] Mt. 10.15; 11.23-24; Lc. 10.12; 17.29; 2 P. 2.6; Jud. 7.
19.26: [c] Lc. 17.32.

entre a nosotras conforme a la costumbre de toda la tierra.

32 Ven, demos a beber vino a nuestro padre, y durmamos con él, y conservaremos de nuestro padre descendencia.

33 Y dieron a beber vino a su padre aquella noche, y entró la mayor, y durmió con su padre; mas él no sintió cuándo se acostó ella, ni cuándo se levantó.

34 El día siguiente, dijo la mayor a la menor: He aquí, yo dormí la noche pasada con mi padre; démosle a beber vino también esta noche, y entra y duerme con él, para que conservemos de nuestro padre descendencia.

35 Y dieron a beber vino a su padre también aquella noche, y se levantó la menor, y durmió con él; pero él no echó de ver cuándo se acostó ella, ni cuándo se levantó.

36 Y las dos hijas de Lot concibieron de su padre.

37 Y dio a luz la mayor un hijo, y llamó su nombre Moab, el cual es padre de los moabitas hasta hoy.

38 La menor también dio a luz un hijo, y llamó su nombre Ben-ammi, el cual es padre de los amonitas hasta hoy.

Abraham y Abimelec

20 1 De allí partió Abraham a la tierra del Neguev, y acampó entre Cades y Shur, y habitó como forastero en Gerar.

2 Y dijo Abraham de Sara su mujer: Es mi hermana.[a] Y Abimelec rey de Gerar envió y tomó a Sara.

3 Pero Dios vino a Abimelec en sueños de noche, y le dijo: He aquí, muerto eres, a causa de la mujer que has tomado, la cual es casada con marido.

4 Mas Abimelec no se había llegado a ella, y dijo: Señor, ¿matarás también al inocente?

5 ¿No me dijo él: Mi hermana es; y ella también dijo: Es mi hermano? Con sencillez de mi corazón y con limpieza de mis manos he hecho esto.

6 Y le dijo Dios en sueños: Yo también sé que con integridad de tu corazón has hecho esto; y yo también te detuve de pecar contra mí, y así no te permití que la tocases.

7 Ahora, pues, devuelve la mujer a su marido; porque es profeta, y orará por ti, y vivirás. Y si no la devolvieres, sabe que de cierto morirás tú, y todos los tuyos.

8 Entonces Abimelec se levantó de mañana y llamó a todos sus siervos, y dijo todas estas palabras en los oídos de ellos; y temieron los hombres en gran manera.

9 Después llamó Abimelec a Abraham, y le dijo: ¿Qué nos has hecho? ¿En qué pequé yo contra ti, que has atraído sobre mí y sobre mi reino tan grande pecado? Lo que no debiste hacer has hecho conmigo.

10 Dijo también Abimelec a Abraham: ¿Qué pensabas, para que hicieses esto?

11 Y Abraham respondió: Porque dije para mí: Ciertamente no hay temor de Dios en este lugar, y me matarán por causa de mi mujer.

12 Y a la verdad también es mi hermana, hija de mi padre, mas no hija de mi madre, y la tomé por mujer.

13 Y cuando Dios me hizo salir errante de la casa de mi padre, yo le dije: Esta es la merced que tú harás conmigo, que en todos los lugares adonde lleguemos, digas de mí: Mi hermano es.

14 Entonces Abimelec tomó ovejas y vacas, y siervos y siervas, y se los dio a Abraham, y le devolvió a Sara su mujer.

15 Y dijo Abimelec: He aquí mi tierra está delante de ti; habita donde bien te parezca.

16 Y a Sara dijo: He aquí he dado mil monedas de plata a tu hermano; mira que él te es como un velo para los ojos de todos los que están contigo, y para con todos; así fue vindicada.

17 Entonces Abraham oró a Dios; y Dios sanó a Abimelec y a su mujer, y a sus siervas, y tuvieron hijos.

18 Porque Jehová había cerrado completamente toda matriz de la casa de Abimelec, a causa de Sara mujer de Abraham.

Nacimiento de Isaac

21 1 Visitó Jehová a Sara, como había dicho, e hizo Jehová con Sara como había hablado.

2 Y Sara concibió[a] y dio a Abraham un hijo en su vejez, en el tiempo que Dios le había dicho.

3 Y llamó Abraham el nombre de su hijo que le nació, que le dio a luz Sara, Isaac.

4 Y circuncidó Abraham a su hijo Isaac[b] de ocho días, como Dios le había mandado.

5 Y era Abraham de cien años cuando nació Isaac su hijo.

6 Entonces dijo Sara: Dios me ha hecho reír, y cualquiera que lo oyere, se reirá conmigo.

7 Y añadió: ¿Quién dijera a Abraham que Sara habría de dar de mamar a hijos? Pues le he dado un hijo en su vejez.

Agar e Ismael son echados de la casa de Abraham

8 Y creció el niño, y fue destetado; e hizo Abraham gran banquete el día que fue destetado Isaac.

9 Y vio Sara que el hijo de Agar la egipcia, el cual ésta le había dado a luz a Abraham, se burlaba de su hijo Isaac.

10 Por tanto, dijo a Abraham: Echa a esta sierva y a su hijo, porque el hijo de esta sierva no ha de heredar con Isaac mi hijo.[c]

20.2: [a] Gn. 12.13; 26.7. **21.2:** [a] He. 11.11. **21.4:** [b] Gn. 17.12; Hch. 7.8. **21.10:** [c] Gá. 4.29-30.

11 Este dicho pareció grave en gran manera a Abraham a causa de su hijo.

12 Entonces dijo Dios a Abraham: No te parezca grave a causa del muchacho y de tu sierva; en todo lo que te dijere Sara, oye su voz, porque en Isaac te será llamada descendencia.[d]

13 Y también del hijo de la sierva haré una nación, porque es tu descendiente.

14 Entonces Abraham se levantó muy de mañana, y tomó pan, y un odre de agua, y lo dio a Agar, poniéndolo sobre su hombro, y le entregó el muchacho, y la despidió. Y ella salió y anduvo errante por el desierto de Beerseba.

15 Y le faltó el agua del odre, y echó al muchacho debajo de un arbusto,

16 y se fue y se sentó enfrente, a distancia de un tiro de arco; porque decía: No veré cuando el muchacho muera. Y cuando ella se sentó enfrente, el muchacho alzó su voz y lloró.

17 Y oyó Dios la voz del muchacho; y el ángel de Dios llamó a Agar desde el cielo, y le dijo: ¿Qué tienes, Agar? No temas; porque Dios ha oído la voz del muchacho en donde está.

18 Levántate, alza al muchacho, y sostenlo con tu mano, porque yo haré de él una gran nación.

19 Entonces Dios le abrió los ojos, y vio una fuente de agua; y fue y llenó el odre de agua, y dio de beber al muchacho.

20 Y Dios estaba con el muchacho; y creció, y habitó en el desierto, y fue tirador de arco.

21 Y habitó en el desierto de Parán; y su madre le tomó mujer de la tierra de Egipto.

Pacto entre Abraham y Abimelec

22 Aconteció en aquel mismo tiempo que habló Abimelec,[e] y Ficol príncipe de su ejército, a Abraham, diciendo: Dios está contigo en todo cuanto haces.

23 Ahora, pues, júrame aquí por Dios, que no faltarás a mí, ni a mi hijo ni a mi nieto, sino que conforme a la bondad que yo hice contigo, harás tú conmigo, y con la tierra en donde has morado.

24 Y respondió Abraham: Yo juraré.

25 Y Abraham reconvino a Abimelec a causa de un pozo de agua, que los siervos de Abimelec le habían quitado.

26 Y respondió Abimelec: No sé quién haya hecho esto, ni tampoco tú me lo hiciste saber, ni yo lo he oído hasta hoy.

27 Y tomó Abraham ovejas y vacas, y dio a Abimelec; e hicieron ambos pacto.

28 Entonces puso Abraham siete corderas del rebaño aparte.

29 Y dijo Abimelec a Abraham: ¿Qué significan esas siete corderas que has puesto aparte?

30 Y él respondió: Que estas siete corderas tomarás de mi mano, para que me sirvan de testimonio de que yo cavé este pozo.

31 Por esto llamó a aquel lugar Beerseba;[18] porque allí juraron ambos.

32 Así hicieron pacto en Beerseba; y se levantó Abimelec, y Ficol príncipe de su ejército, y volvieron a tierra de los filisteos.

33 Y plantó Abraham un árbol tamarisco en Beerseba, e invocó allí el nombre de Jehová Dios eterno.

34 Y moró Abraham en tierra de los filisteos muchos días.

Dios ordena a Abraham que sacrifique a Isaac

22 1 Aconteció después de estas cosas, que probó Dios a Abraham, y le dijo: Abraham. Y él respondió: Heme aquí.

2 Y dijo: Toma ahora tu hijo, tu único, Isaac, a quien amas, y vete a tierra de Moriah, y ofrécelo allí en holocausto sobre uno de los montes que yo te diré.

3 Y Abraham se levantó muy de mañana, y enalbardó su asno, y tomó consigo dos siervos suyos, y a Isaac su hijo; y cortó leña para el holocausto, y se levantó, y fue al lugar que Dios le dijo.

4 Al tercer día alzó Abraham sus ojos, y vio el lugar de lejos.

5 Entonces dijo Abraham a sus siervos: Esperad aquí con el asno, y yo y el muchacho iremos hasta allí y adoraremos, y volveremos a vosotros.

6 Y tomó Abraham la leña del holocausto, y la puso sobre Isaac su hijo, y él tomó en su mano el fuego y el cuchillo; y fueron ambos juntos.

7 Entonces habló Isaac a Abraham su padre, y dijo: Padre mío. Y él respondió: Heme aquí, mi hijo. Y él dijo: He aquí el fuego y la leña; mas ¿dónde está el cordero para el holocausto?

8 Y respondió Abraham: Dios se proveerá de cordero para el holocausto, hijo mío. E iban juntos.

9 Y cuando llegaron al lugar que Dios le había dicho, edificó allí Abraham un altar, y compuso la leña, y ató a Isaac su hijo, y lo puso en el altar[a] sobre la leña.

10 Y extendió Abraham su mano y tomó el cuchillo para degollar a su hijo.

11 Entonces el ángel de Jehová le dio voces desde el cielo, y dijo: Abraham, Abraham. Y él respondió: Heme aquí.

12 Y dijo: No extiendas tu mano sobre el muchacho, ni le hagas nada; porque ya conozco que temes a Dios, por cuanto no me rehusaste tu hijo, tu único.

13 Entonces alzó Abraham sus ojos y miró, y he aquí a sus espaldas un carnero trabado en un zarzal por sus cuernos; y fue Abraham y tomó el carnero, y lo ofreció en holocausto en lugar de su hijo.[b]

21.12: [d] Ro. 9.7; He. 11.18. **21.22:** [e] Gn. 26.26.
21.31: [18] Esto es, *Pozo de siete*, o *Pozo del juramento*.
22.9: [a] Stg. 2.21. **22.1-13:** [b] He. 11.17-19.

14 Y llamó Abraham el nombre de aquel lugar,
Jehová proveerá.[19] Por tanto se dice hoy: En el
monte de Jehová será provisto.
15 Y llamó el ángel de Jehová a Abraham por
segunda vez desde el cielo,
16 y dijo: Por mí mismo he jurado, dice Jehová,
que por cuanto has hecho esto, y no me has
rehusado tu hijo, tu único hijo;
17 de cierto te bendeciré, y multiplicaré[c] tu des-
cendencia como las estrellas del cielo y como la
arena que está a la orilla del mar;[d] y tu descen-
dencia poseerá las puertas de sus enemigos.
18 En tu simiente serán benditas todas las nacio-
nes de la tierra,[e] por cuanto obedeciste a mi voz.
19 Y volvió Abraham a sus siervos, y se levanta-
ron y se fueron juntos a Beerseba; y habitó
Abraham en Beerseba.
20 Aconteció después de estas cosas, que fue
dada noticia a Abraham, diciendo: He aquí que
también Milca ha dado a luz hijos a Nacor tu
hermano:
21 Uz su primogénito, Buz su hermano, Kemuel
padre de Aram,
22 Quesed, Hazo, Pildas, Jidlaf y Betuel.
23 Y Betuel fue el padre de Rebeca. Estos son los
ocho hijos que dio a luz Milca, de Nacor herma-
no de Abraham.
24 Y su concubina, que se llamaba Reúma, dio a
luz también a Teba, a Gaham, a Tahas y a Maaca.

Muerte y sepultura de Sara

23 1 Fue la vida de Sara ciento veintisiete
años; tantos fueron los años de la vida
de Sara.
2 Y murió Sara en Quiriat-arba, que es Hebrón,
en la tierra de Canaán; y vino Abraham a hacer
duelo por Sara, y a llorarla.
3 Y se levantó Abraham de delante de su muer-
ta, y habló a los hijos de Het, diciendo:
4 Extranjero y forastero soy entre vosotros;[a]
dadme propiedad para sepultura entre voso-
tros,[b] y sepultaré mi muerta de delante de mí.
5 Y respondieron los hijos de Het a Abraham, y
le dijeron:
6 Oyenos, señor nuestro; eres un príncipe de
Dios entre nosotros; en lo mejor de nuestros se-
pulcros sepulta a tu muerta; ninguno de noso-
tros te negará su sepulcro, ni te impedirá que
entierres tu muerta.
7 Y Abraham se levantó, y se inclinó al pueblo
de aquella tierra, a los hijos de Het,
8 y habló con ellos, diciendo: Si tenéis voluntad de
que yo sepulte mi muerta de delante de mí, oíd-
me, e interceded por mí con Efrón hijo de Zohar,
9 para que me dé la cueva de Macpela, que tiene
al extremo de su heredad; que por su justo pre-
cio me la dé, para posesión de sepultura en me-
dio de vosotros.
10 Este Efrón estaba entre los hijos de Het; y res-
pondió Efrón heteo a Abraham, en presencia de
los hijos de Het, de todos los que entraban por la
puerta de su ciudad, diciendo:
11 No, señor mío, óyeme: te doy la heredad, y te
doy también la cueva que está en ella; en pre-
sencia de los hijos de mi pueblo te la doy; sepul-
ta tu muerta.
12 Entonces Abraham se inclinó delante del pue-
blo de la tierra,
13 y respondió a Efrón en presencia del pueblo
de la tierra, diciendo: Antes, si te place, te ruego
que me oigas. Yo daré el precio de la heredad;
tómalo de mí, y sepultaré en ella mi muerta.
14 Respondió Efrón a Abraham, diciéndole:
15 Señor mío, escúchame: la tierra vale cuatro-
cientos siclos de plata; ¿qué es esto entre tú y
yo? Entierra, pues, tu muerta.
16 Entonces Abraham se convino con Efrón, y
pesó Abraham a Efrón el dinero que dijo, en pre-
sencia de los hijos de Het, cuatrocientos siclos
de plata, de buena ley entre mercaderes.
17 Y quedó la heredad de Efrón que estaba
en Macpela al oriente de Mamre, la heredad
con la cueva que estaba en ella, y todos los ár-
boles que había en la heredad, y en todos sus
contornos,
18 como propiedad de Abraham, en presencia
de los hijos de Het y de todos los que entraban
por la puerta de la ciudad.
19 Después de esto sepultó Abraham a Sara su
mujer en la cueva de la heredad de Macpela al
oriente de Mamre, que es Hebrón, en la tierra
de Canaán.
20 Y quedó la heredad y la cueva que en ella ha-
bía, de Abraham, como una posesión para se-
pultura, recibida de los hijos de Het.

Abraham busca esposa para Isaac

24 1 Era Abraham ya viejo, y bien avanzado
en años; y Jehová había bendecido a
Abraham en todo.
2 Y dijo Abraham a un criado suyo, el más viejo
de su casa, que era el que gobernaba en todo lo
que tenía: Pon ahora tu mano debajo de mi
muslo,
3 y te juramentaré por Jehová, Dios de los cielos
y Dios de la tierra, que no tomarás para mi hijo
mujer de las hijas de los cananeos, entre los cua-
les yo habito;
4 sino que irás a mi tierra y a mi parentela, y to-
marás mujer para mi hijo Isaac.
5 El criado le respondió: Quizá la mujer no que-
rrá venir en pos de mí a esta tierra. ¿Volveré,
pues, tu hijo a la tierra de donde saliste?

22.14: [19] Heb. *Jehová-jireh.* **22.16-17:** [c] He. 6.13-14.
22.17: [d] He. 11.12. **22.18:** [e] Hch. 3.25.
23.4: [a] He. 11.13. [b] Hch. 7.16.

6 Y Abraham le dijo: Guárdate que no vuelvas a
mi hijo allá.
7 Jehová, Dios de los cielos, que me tomó de la
casa de mi padre y de la tierra de mi parentela, y
me habló y me juró, diciendo: A tu descenden-
cia daré esta tierra; él enviará su ángel delante
de ti, y tú traerás de allá mujer para mi hijo.
8 Y si la mujer no quisiere venir en pos de ti, se-
rás libre de este mi juramento; solamente que
no vuelvas allá a mi hijo.
9 Entonces el criado puso su mano debajo del
muslo de Abraham su señor, y le juró sobre este
negocio.

10 Y el criado tomó diez camellos de los ca-
mellos de su señor, y se fue, tomando toda clase
de regalos escogidos de su señor; y puesto en
camino, llegó a Mesopotamia, a la ciudad de
Nacor.
11 E hizo arrodillar los camellos fuera de la ciu-
dad, junto a un pozo de agua, a la hora de la tar-
de, la hora en que salen las doncellas por agua.
12 Y dijo: Oh Jehová, Dios de mi señor Abraham,
dame, te ruego, el tener hoy buen encuentro, y
haz misericordia con mi señor Abraham.
13 He aquí yo estoy junto a la fuente de agua, y
las hijas de los varones de esta ciudad salen por
agua.
14 Sea, pues, que la doncella a quien yo dijere:
Baja tu cántaro, te ruego, para que yo beba, y
ella respondiere: Bebe, y también daré de beber
a tus camellos; que sea ésta la que tú has desti-
nado para tu siervo Isaac; y en esto conoceré
que habrás hecho misericordia con mi señor.

15 Y aconteció que antes que él acabase de
hablar, he aquí Rebeca, que había nacido a Be-
tuel, hijo de Milca mujer de Nacor hermano de
Abraham, la cual salía con su cántaro sobre su
hombro.
16 Y la doncella era de aspecto muy hermoso,
virgen, a la que varón no había conocido; la cual
descendió a la fuente, y llenó su cántaro, y se
volvía.
17 Entonces el criado corrió hacia ella, y dijo: Te
ruego que me des a beber un poco de agua de tu
cántaro.
18 Ella respondió: Bebe, señor mío; y se dio pri-
sa a bajar su cántaro sobre su mano, y le dio a
beber.
19 Y cuando acabó de darle de beber, dijo: Tam-
bién para tus camellos sacaré agua, hasta que
acaben de beber.
20 Y se dio prisa, y vació su cántaro en la pila, y
corrió otra vez al pozo para sacar agua, y sacó
para todos sus camellos.
21 Y el hombre estaba maravillado de ella, ca-
llando, para saber si Jehová había prosperado
su viaje, o no.
22 Y cuando los camellos acabaron de beber, le
dio el hombre un pendiente de oro que pesaba
medio siclo, y dos brazaletes que pesaban diez,
23 y dijo: ¿De quién eres hija? Te ruego que me
digas: ¿hay en casa de tu padre lugar donde po-
semos?
24 Y ella respondió: Soy hija de Betuel hijo de
Milca, el cual ella dio a luz a Nacor.
25 Y añadió: También hay en nuestra casa paja y
mucho forraje, y lugar para posar.
26 El hombre entonces se inclinó, y adoró a
Jehová,
27 y dijo: Bendito sea Jehová, Dios de mi amo
Abraham, que no apartó de mi amo su miseri-
cordia y su verdad, guiándome Jehová en el ca-
mino a casa de los hermanos de mi amo.
28 Y la doncella corrió, e hizo saber en casa de
su madre estas cosas.

29 Y Rebeca tenía un hermano que se llamaba
Labán, el cual corrió afuera hacia el hombre, a
la fuente.
30 Y cuando vio el pendiente y los brazaletes en
las manos de su hermana, que decía: Así me ha-
bló aquel hombre, vino a él; y he aquí que esta-
ba con los camellos junto a la fuente.
31 Y le dijo: Ven, bendito de Jehová; ¿por qué
estás fuera? He preparado la casa, y el lugar
para los camellos.

32 Entonces el hombre vino a casa, y Labán
desató los camellos; y les dio paja y forraje, y
agua para lavar los pies de él, y los pies de los
hombres que con él venían.
33 Y le pusieron delante qué comer; mas él dijo:
No comeré hasta que haya dicho mi mensaje. Y
él le dijo: Habla.
34 Entonces dijo: Yo soy criado de Abraham.
35 Y Jehová ha bendecido mucho a mi amo, y él
se ha engrandecido; y le ha dado ovejas y vacas,
plata y oro, siervos y siervas, camellos y asnos.
36 Y Sara, mujer de mi amo, dio a luz en su vejez
un hijo a mi señor, quien le ha dado a él todo
cuanto tiene.
37 Y mi amo me hizo jurar, diciendo: No toma-
rás para mi hijo mujer de las hijas de los cana-
neos, en cuya tierra habito;
38 sino que irás a la casa de mi padre y a mi pa-
rentela, y tomarás mujer para mi hijo.
39 Y yo dije: Quizá la mujer no querrá seguirme.
40 Entonces él me respondió: Jehová, en cuya
presencia he andado, enviará su ángel contigo,
y prosperará tu camino; y tomarás para mi hijo
mujer de mi familia y de la casa de mi padre.
41 Entonces serás libre de mi juramento, cuan-
do hayas llegado a mi familia; y si no te la die-
ren, serás libre de mi juramento.
42 Llegué, pues, hoy a la fuente, y dije: Jehová,
Dios de mi señor Abraham, si tú prosperas aho-
ra mi camino por el cual ando,
43 he aquí yo estoy junto a la fuente de agua;

sea, pues, que la doncella que saliere por agua,
a la cual dijere: Dame de beber, te ruego, un
poco de agua de tu cántaro,
44 y ella me respondiere: Bebe tú, y también
para tus camellos sacaré agua; sea ésta la mujer
que destinó Jehová para el hijo de mi señor.
45 Antes que acabase de hablar en mi corazón,
he aquí Rebeca, que salía con su cántaro sobre
su hombro; y descendió a la fuente, y sacó agua;
y le dije: Te ruego que me des de beber.
46 Y bajó prontamente su cántaro de encima de
sí, y dijo: Bebe, y también a tus camellos daré
de beber. Y bebí, y dio también de beber a mis
camellos.
47 Entonces le pregunté, y dije: ¿De quién eres
hija? Y ella respondió: Hija de Betuel hijo de Nacor,
que le dio a luz Milca. Entonces le puse un
pendiente en su nariz, y brazaletes en sus brazos;
48 y me incliné y adoré a Jehová, y bendije a
Jehová Dios de mi señor Abraham, que me había
guiado por camino de verdad para tomar la
hija del hermano de mi señor para su hijo.
49 Ahora, pues, si vosotros hacéis misericordia y
verdad con mi señor, declarádmelo; y si no, declarádmelo;
y me iré a la diestra o a la siniestra.
50 Entonces Labán y Betuel respondieron y dijeron:
De Jehová ha salido esto; no podemos hablarte
malo ni bueno.
51 He ahí Rebeca delante de ti; tómala y vete, y
sea mujer del hijo de tu señor, como lo ha dicho
Jehová.
52 Cuando el criado de Abraham oyó sus palabras,
se inclinó en tierra ante Jehová.
53 Y sacó el criado alhajas de plata y alhajas de
oro, y vestidos, y dio a Rebeca; también dio cosas
preciosas a su hermano y a su madre.
54 Y comieron y bebieron él y los varones que
venían con él, y durmieron; y levantándose de
mañana, dijo: Enviadme a mi señor.
55 Entonces respondieron su hermano y su madre:
Espere la doncella con nosotros a lo menos
diez días, y después irá.
56 Y él les dijo: No me detengáis, ya que Jehová
ha prosperado mi camino; despachadme para
que me vaya a mi señor.
57 Ellos respondieron entonces: Llamemos a la
doncella y preguntémosle.
58 Y llamaron a Rebeca, y le dijeron: ¿Irás tú con
este varón? Y ella respondió: Sí, iré.
59 Entonces dejaron ir a Rebeca su hermana, y
a su nodriza, y al criado de Abraham y a sus
hombres.
60 Y bendijeron a Rebeca, y le dijeron: Hermana
nuestra, sé madre de millares de millares, y posean
tus descendientes la puerta de sus enemigos.
61 Entonces se levantó Rebeca y sus doncellas, y
montaron en los camellos, y siguieron al hombre;
y el criado tomó a Rebeca, y se fue.
62 Y venía Isaac del pozo del Viviente-que-me-ve;
porque él habitaba en el Neguev.
63 Y había salido Isaac a meditar al campo, a la
hora de la tarde; y alzando sus ojos miró, y he
aquí los camellos que venían.
64 Rebeca también alzó sus ojos, y vio a Isaac, y
descendió del camello;
65 porque había preguntado al criado: ¿Quién
es este varón que viene por el campo hacia nosotros?
Y el criado había respondido: Este es mi
señor. Ella entonces tomó el velo, y se cubrió.
66 Entonces el criado contó a Isaac todo lo que
había hecho.
67 Y la trajo Isaac a la tienda de su madre Sara, y
tomó a Rebeca por mujer, y la amó; y se consoló
Isaac después de la muerte de su madre.

Los descendientes de Abraham y Cetura

25 1 Abraham tomó otra mujer, cuyo nombre
era Cetura,
2 la cual le dio a luz a Zimram, Jocsán, Medán,
Madián, Isbac y Súa.
3 Y Jocsán engendró a Seba y a Dedán; e hijos
de Dedán fueron Asurim, Letusim y Leumim.
4 E hijos de Madián: Efa, Efer, Hanoc, Abida y
Elda. Todos estos fueron hijos de Cetura.
5 Y Abraham dio todo cuanto tenía a Isaac.
6 Pero a los hijos de sus concubinas dio Abraham
dones, y los envió lejos de Isaac su hijo, mientras
él vivía, hacia el oriente, a la tierra oriental.

Muerte y sepultura de Abraham

7 Y estos fueron los días que vivió Abraham:
ciento setenta y cinco años.
8 Y exhaló el espíritu, y murió Abraham en buena
vejez, anciano y lleno de años, y fue unido a
su pueblo.
9 Y lo sepultaron Isaac e Ismael sus hijos en la
cueva de Macpela, en la heredad de Efrón hijo
de Zohar heteo, que está enfrente de Mamre,
10 heredad que compró Abraham de los hijos de
Het;[a] allí fue sepultado Abraham, y Sara su mujer.
11 Y sucedió, después de muerto Abraham, que
Dios bendijo a Isaac su hijo; y habitó Isaac junto
al pozo del Viviente-que-me-ve.

Los descendientes de Ismael

12 Estos son los descendientes de Ismael hijo
de Abraham, a quien le dio a luz Agar egipcia,
sierva de Sara;
13 estos, pues, son los nombres de los hijos de
Ismael, nombrados en el orden de su nacimiento:
El primogénito de Ismael, Nebaiot; luego Cedar,
Adbeel, Mibsam,
14 Misma, Duma, Massa,

25.10: [a] Gn. 23.3-16.

15 Hadar, Tema, Jetur, Nafis y Cedema.
16 Estos son los hijos de Ismael, y estos sus nom-
bres, por sus villas y por sus campamentos; doce
príncipes por sus familias.
17 Y estos fueron los años de la vida de Ismael,
ciento treinta y siete años; y exhaló el espíritu
Ismael, y murió, y fue unido a su pueblo.
18 Y habitaron desde Havila hasta Shur, que
está enfrente de Egipto viniendo a Asiria; y mu-
rió en presencia de todos sus hermanos.

Nacimiento de Jacob y Esaú

19 Estos son los descendientes de Isaac hijo
de Abraham: Abraham engendró a Isaac,
20 y era Isaac de cuarenta años cuando tomó
por mujer a Rebeca, hija de Betuel arameo de
Padan-aram, hermana de Labán arameo.
21 Y oró Isaac a Jehová por su mujer, que era esté-
ril; y lo aceptó Jehová, y concibió Rebeca su mujer.
22 Y los hijos luchaban dentro de ella; y dijo: Si es
así, ¿para qué vivo yo? Y fue a consultar a Jehová;
23 y le respondió Jehová:

Dos naciones hay en tu seno,
Y dos pueblos serán divididos
desde tus entrañas;
El un pueblo será más fuerte
que el otro pueblo,
Y el mayor servirá al menor.[b]

24 Cuando se cumplieron sus días para dar a
luz, he aquí había gemelos en su vientre.
25 Y salió el primero rubio, y era todo velludo
como una pelliza; y llamaron su nombre Esaú.
26 Después salió su hermano, trabada su mano
al calcañar de Esaú; y fue llamado su nombre
Jacob.[20] Y era Isaac de edad de sesenta años
cuando ella los dio a luz.

Esaú vende su primogenitura

27 Y crecieron los niños, y Esaú fue diestro en
la caza, hombre del campo; pero Jacob era va-
rón quieto, que habitaba en tiendas.
28 Y amó Isaac a Esaú, porque comía de su caza;
mas Rebeca amaba a Jacob.
29 Y guisó Jacob un potaje; y volviendo Esaú
del campo, cansado,
30 dijo a Jacob: Te ruego que me des a comer de
ese guiso rojo, pues estoy muy cansado. Por tan-
to fue llamado su nombre Edom.[21]
31 Y Jacob respondió: Véndeme en este día tu
primogenitura.
32 Entonces dijo Esaú: He aquí yo me voy a morir;
¿para qué, pues, me servirá la primogenitura?
33 Y dijo Jacob: Júramelo en este día. Y él le
juró, y vendió a Jacob su primogenitura.[c]
34 Entonces Jacob dio a Esaú pan y del guisado
de las lentejas; y él comió y bebió, y se levantó y
se fue. Así menospreció Esaú la primogenitura.

Isaac en Gerar

26 1 Después hubo hambre en la tierra,
además de la primera hambre que hubo
en los días de Abraham; y se fue Isaac a Abime-
lec rey de los filisteos, en Gerar.
2 Y se le apareció Jehová, y le dijo: No descien-
das a Egipto; habita en la tierra que yo te diré.
3 Habita como forastero en esta tierra, y estaré
contigo, y te bendeciré; porque a ti y a tu des-
cendencia daré todas estas tierras, y confirmaré
el juramento que hice a Abraham tu padre.
4 Multiplicaré tu descendencia como las estre-
llas del cielo, y daré a tu descendencia todas es-
tas tierras; y todas las naciones de la tierra serán
benditas en tu simiente,[a]
5 por cuanto oyó Abraham mi voz, y guardó mi
precepto, mis mandamientos, mis estatutos y
mis leyes.
6 Habitó, pues, Isaac en Gerar.
7 Y los hombres de aquel lugar le preguntaron
acerca de su mujer; y él respondió: Es mi her-
mana;[b] porque tuvo miedo de decir: Es mi mu-
jer; pensando que tal vez los hombres del lugar
lo matarían por causa de Rebeca, pues ella era
de hermoso aspecto.
8 Sucedió que después que él estuvo allí muchos
días, Abimelec, rey de los filisteos, mirando por
una ventana, vio a Isaac que acariciaba a Rebe-
ca su mujer.
9 Y llamó Abimelec a Isaac, y dijo: He aquí ella
es de cierto tu mujer. ¿Cómo, pues, dijiste: Es
mi hermana? E Isaac le respondió: Porque dije:
Quizá moriré por causa de ella.
10 Y Abimelec dijo: ¿Por qué nos has hecho esto?
Por poco hubiera dormido alguno del pueblo
con tu mujer, y hubieras traído sobre nosotros el
pecado.
11 Entonces Abimelec mandó a todo el pueblo,
diciendo: El que tocare a este hombre o a su mu-
jer, de cierto morirá.
12 Y sembró Isaac en aquella tierra, y cosechó
aquel año ciento por uno; y le bendijo Jehová.
13 El varón se enriqueció, y fue prosperado, y se
engrandeció hasta hacerse muy poderoso.
14 Y tuvo hato de ovejas, y hato de vacas, y mu-
cha labranza; y los filisteos le tuvieron envidia.
15 Y todos los pozos que habían abierto los cria-
dos de Abraham su padre en sus días, los filis-
teos los habían cegado y llenado de tierra.
16 Entonces dijo Abimelec a Isaac: Apártate de
nosotros, porque mucho más poderoso que no-
sotros te has hecho.
17 E Isaac se fue de allí, y acampó en el valle
de Gerar, y habitó allí.

25.23: [b] Ro. 9.12. **25.26:** [20] Esto es, *el que toma por el calcañar, o el que suplanta.* **25.30:** [21] Esto es, *Rojo.* **25.33:** [c] He. 12.16. **26.3-4:** [a] Gn. 22.16-18. **26.7:** [b] Gn. 12.13; 20.2.

18 Y volvió a abrir Isaac los pozos de agua que habían abierto en los días de Abraham su padre, y que los filisteos habían cegado después de la muerte de Abraham; y los llamó por los nombres que su padre los había llamado.

19 Pero cuando los siervos de Isaac cavaron en el valle, y hallaron allí un pozo de aguas vivas,

20 los pastores de Gerar riñeron con los pastores de Isaac, diciendo: El agua es nuestra. Por eso llamó el nombre del pozo Esek,[22] porque habían altercado con él.

21 Y abrieron otro pozo, y también riñeron sobre él; y llamó su nombre Sitna.[23]

22 Y se apartó de allí, y abrió otro pozo, y no riñeron sobre él; y llamó su nombre Rehobot,[24] y dijo: Porque ahora Jehová nos ha prosperado, y fructificaremos en la tierra.

23 Y de allí subió a Beerseba.

24 Y se le apareció Jehová aquella noche, y le dijo: Yo soy el Dios de Abraham tu padre; no temas, porque yo estoy contigo, y te bendeciré, y multiplicaré tu descendencia por amor de Abraham mi siervo.

25 Y edificó allí un altar, e invocó el nombre de Jehová, y plantó allí su tienda; y abrieron allí los siervos de Isaac un pozo.

26 Y Abimelec[c] vino a él desde Gerar, y Ahuzat, amigo suyo, y Ficol, capitán de su ejército.

27 Y les dijo Isaac: ¿Por qué venís a mí, pues que me habéis aborrecido, y me echasteis de entre vosotros?

28 Y ellos respondieron: Hemos visto que Jehová está contigo; y dijimos: Haya ahora juramento entre nosotros, entre tú y nosotros, y haremos pacto contigo,

29 que no nos hagas mal, como nosotros no te hemos tocado, y como solamente te hemos hecho bien, y te enviamos en paz; tú eres ahora bendito de Jehová.

30 Entonces él les hizo banquete, y comieron y bebieron.

31 Y se levantaron de madrugada, y juraron el uno al otro; e Isaac los despidió, y ellos se despidieron de él en paz.

32 En aquel día sucedió que vinieron los criados de Isaac, y le dieron nuevas acerca del pozo que habían abierto, y le dijeron: Hemos hallado agua.

33 Y lo llamó Seba; por esta causa el nombre de aquella ciudad es Beerseba hasta este día.

34 Y cuando Esaú era de cuarenta años, tomó por mujer a Judit hija de Beeri heteo, y a Basemat hija de Elón heteo;

35 y fueron amargura de espíritu para Isaac y para Rebeca.

Jacob obtiene la bendición de Isaac

27 1 Aconteció que cuando Isaac envejeció, y sus ojos se oscurecieron quedando sin vista, llamó a Esaú su hijo mayor, y le dijo: Hijo mío. Y él respondió: Heme aquí.

2 Y él dijo: He aquí ya soy viejo, no sé el día de mi muerte.

3 Toma, pues, ahora tus armas, tu aljaba y tu arco, y sal al campo y tráeme caza;

4 y hazme un guisado como a mí me gusta, y tráemelo, y comeré, para que yo te bendiga antes que muera.

5 Y Rebeca estaba oyendo, cuando hablaba Isaac a Esaú su hijo; y se fue Esaú al campo para buscar la caza que había de traer.

6 Entonces Rebeca habló a Jacob su hijo, diciendo: He aquí yo he oído a tu padre que hablaba con Esaú tu hermano, diciendo:

7 Tráeme caza y hazme un guisado, para que coma, y te bendiga en presencia de Jehová antes que yo muera.

8 Ahora, pues, hijo mío, obedece a mi voz en lo que te mando.

9 Ve ahora al ganado, y tráeme de allí dos buenos cabritos de las cabras, y haré de ellos viandas para tu padre, como a él le gusta;

10 y tú las llevarás a tu padre, y comerá, para que él te bendiga antes de su muerte.

11 Y Jacob dijo a Rebeca su madre: He aquí, Esaú mi hermano es hombre velloso, y yo lampiño.

12 Quizá me palpará mi padre, y me tendrá por burlador, y traeré sobre mí maldición y no bendición.

13 Y su madre respondió: Hijo mío, sea sobre mí tu maldición; solamente obedece a mi voz y ve y tráemelos.

14 Entonces él fue y los tomó, y los trajo a su madre; y su madre hizo guisados, como a su padre le gustaba.

15 Y tomó Rebeca los vestidos de Esaú su hijo mayor, los preciosos, que ella tenía en casa, y vistió a Jacob su hijo menor;

16 y cubrió sus manos y la parte de su cuello donde no tenía vello, con las pieles de los cabritos;

17 y entregó los guisados y el pan que había preparado, en manos de Jacob su hijo.

18 Entonces éste fue a su padre y dijo: Padre mío. E Isaac respondió: Heme aquí; ¿quién eres, hijo mío?

19 Y Jacob dijo a su padre: Yo soy Esaú tu primogénito; he hecho como me dijiste: levántate ahora, y siéntate, y come de mi caza, para que me bendigas.

20 Entonces Isaac dijo a su hijo: ¿Cómo es que la hallaste tan pronto, hijo mío? Y él respondió: Porque Jehová tu Dios hizo que la encontrase delante de mí.

26.20: [22] Esto es, *Contención.* **26.21:** [23] Esto es, *Enemistad.* **26.26:** [c] Gn. 21.22. **26.22:** [24] Esto es, *Lugares amplios* o *espaciosos.*

21 E Isaac dijo a Jacob: Acércate ahora, y te pal-
paré, hijo mío, por si eres mi hijo Esaú o no.
22 Y se acercó Jacob a su padre Isaac, quien le
palpó, y dijo: La voz es la voz de Jacob, pero las
manos, las manos de Esaú.
23 Y no le conoció, porque sus manos eran vello-
sas como las manos de Esaú; y le bendijo.
24 Y dijo: ¿Eres tú mi hijo Esaú? Y Jacob respon-
dió: Yo soy.
25 Dijo también: Acércamela, y comeré de la
caza de mi hijo, para que yo te bendiga; y Jacob
se la acercó, e Isaac comió; le trajo también vino,
y bebió.
26 Y le dijo Isaac su padre: Acércate ahora, y bé-
same, hijo mío.
27 Y Jacob se acercó, y le besó; y olió Isaac el
olor de sus vestidos, y le bendijo, diciendo:
Mira, el olor de mi hijo,
Como el olor del campo
que Jehová ha bendecido;
28 Dios, pues, te dé del rocío del cielo,
Y de las grosuras de la tierra,
Y abundancia de trigo y de mosto.
29 Sírvante pueblos,
Y naciones se inclinen a ti;
Sé señor de tus hermanos,
Y se inclinen ante ti los hijos de tu madre.
Malditos los que te maldijeren,
Y benditos los que te bendijeren.[a,b]
30 Y aconteció, luego que Isaac acabó de bende-
cir a Jacob, y apenas había salido Jacob de de-
lante de Isaac su padre, que Esaú su hermano
volvió de cazar.
31 E hizo él también guisados, y trajo a su padre,
y le dijo: Levántese mi padre, y coma de la caza
de su hijo, para que me bendiga.
32 Entonces Isaac su padre le dijo: ¿Quién eres tú?
Y él le dijo: Yo soy tu hijo, tu primogénito, Esaú.
33 Y se estremeció Isaac grandemente, y dijo:
¿Quién es el que vino aquí, que trajo caza, y me
dio, y comí de todo antes que tú vinieses? Yo le
bendije, y será bendito.
34 Cuando Esaú oyó las palabras de su padre,
clamó con una muy grande y muy amarga ex-
clamación, y le dijo: Bendíceme también a mí,
padre mío.
35 Y él dijo: Vino tu hermano con engaño, y
tomó tu bendición.
36 Y Esaú respondió: Bien llamaron su nombre
Jacob, pues ya me ha suplantado dos veces: se
apoderó de mi primogenitura,[c] y he aquí ahora
ha tomado mi bendición. Y dijo: ¿No has guar-
dado bendición para mí?
37 Isaac respondió y dijo a Esaú: He aquí yo le
he puesto por señor tuyo, y le he dado por sier-
vos a todos sus hermanos; de trigo y de vino le
he provisto; ¿qué, pues, te haré a ti ahora, hijo
mío?
38 Y Esaú respondió a su padre: ¿No tienes más
que una sola bendición, padre mío? Bendíceme
también a mí, padre mío. Y alzó Esaú su voz, y
lloró.[d]
39 Entonces Isaac su padre habló y le dijo:
He aquí, será tu habitación en grosuras
de la tierra,
Y del rocío de los cielos de arriba;
40 Y por tu espada vivirás, y a tu hermano
servirás;
Y sucederá cuando te fortalezcas,
Que descargarás su yugo de tu cerviz.[e,f]

Jacob huye de Esaú

41 Y aborreció Esaú a Jacob por la bendición
con que su padre le había bendecido, y dijo en
su corazón: Llegarán los días del luto de mi pa-
dre, y yo mataré a mi hermano Jacob.
42 Y fueron dichas a Rebeca las palabras de
Esaú su hijo mayor; y ella envió y llamó a Jacob
su hijo menor, y le dijo: He aquí, Esaú tu her-
mano se consuela acerca de ti con la idea de
matarte.
43 Ahora pues, hijo mío, obedece a mi voz; le-
vántate y huye a casa de Labán mi hermano en
Harán,
44 y mora con él algunos días, hasta que el enojo
de tu hermano se mitigue;
45 hasta que se aplaque la ira de tu hermano
contra ti, y olvide lo que le has hecho; yo envia-
ré entonces, y te traeré de allá. ¿Por qué seré
privada de vosotros ambos en un día?
46 Y dijo Rebeca a Isaac: Fastidio tengo de mi
vida, a causa de las hijas de Het. Si Jacob toma
mujer de las hijas de Het, como éstas, de las hi-
jas de esta tierra, ¿para qué quiero la vida?

28 1 Entonces Isaac llamó a Jacob, y lo ben-
dijo, y le mandó diciendo: No tomes mu-
jer de las hijas de Canaán.
2 Levántate, ve a Padan-aram, a casa de Betuel,
padre de tu madre, y toma allí mujer de las hijas
de Labán, hermano de tu madre.
3 Y el Dios omnipotente te bendiga, y te haga
fructificar y te multiplique, hasta llegar a ser
multitud de pueblos;
4 y te dé la bendición de Abraham,[a] y a tu des-
cendencia contigo, para que heredes la tierra en
que moras, que Dios dio a Abraham.
5 Así envió Isaac a Jacob, el cual fue a Padan-
aram, a Labán hijo de Betuel arameo, hermano
de Rebeca madre de Jacob y de Esaú.
6 Y vio Esaú cómo Isaac había bendecido a
Jacob, y le había enviado a Padan-aram, para
tomar para sí mujer de allí; y que cuando le

27.29: [a] Gn. 12.3. **27.27-29:** [b] He. 11.20.
27.36: [c] Gn. 25.29-34. **27.38:** [d] He. 12.17.
27.40: [e] 2 R. 8.20; 2 Cr. 21.8. **27.39-40:** [f] He. 11.20.
28.4: [a] Gn. 17.4-8.

bendijo, le había mandado diciendo: No tomarás mujer de las hijas de Canaán;

7 y que Jacob había obedecido a su padre y a su madre, y se había ido a Padan-aram.

8 Vio asimismo Esaú que las hijas de Canaán parecían mal a Isaac su padre;

9 y se fue Esaú a Ismael, y tomó para sí por mujer a Mahalat, hija de Ismael hijo de Abraham, hermana de Nebaiot, además de sus otras mujeres.

Dios se aparece a Jacob en Bet-el

10 Salió, pues, Jacob de Beerseba, y fue a Harán.

11 Y llegó a un cierto lugar, y durmió allí, porque ya el sol se había puesto; y tomó de las piedras de aquel paraje y puso a su cabecera, y se acostó en aquel lugar.

12 Y soñó: y he aquí una escalera que estaba apoyada en tierra, y su extremo tocaba en el cielo; y he aquí ángeles de Dios que subían y descendían por ella.[b]

13 Y he aquí, Jehová estaba en lo alto de ella, el cual dijo: Yo soy Jehová, el Dios de Abraham tu padre, y el Dios de Isaac; la tierra en que estás acostado te la daré a ti y a tu descendencia.[c]

14 Será tu descendencia como el polvo de la tierra, y te extenderás al occidente, al oriente, al norte y al sur; y todas las familias de la tierra serán benditas en ti y en tu simiente.[d]

15 He aquí, yo estoy contigo, y te guardaré por dondequiera que fueres, y volveré a traerte a esta tierra; porque no te dejaré hasta que haya hecho lo que te he dicho.

16 Y despertó Jacob de su sueño, y dijo: Ciertamente Jehová está en este lugar, y yo no lo sabía.

17 Y tuvo miedo, y dijo: ¡Cuán terrible es este lugar! No es otra cosa que casa de Dios, y puerta del cielo.

18 Y se levantó Jacob de mañana, y tomó la piedra que había puesto de cabecera, y la alzó por señal, y derramó aceite encima de ella.

19 Y llamó el nombre de aquel lugar Bet-el,[25] aunque Luz[26] era el nombre de la ciudad primero.

20 E hizo Jacob voto, diciendo: Si fuere Dios conmigo, y me guardare en este viaje en que voy, y me diere pan para comer y vestido para vestir,

21 y si volviere en paz a casa de mi padre, Jehová será mi Dios.

22 Y esta piedra que he puesto por señal, será casa de Dios; y de todo lo que me dieres, el diezmo apartaré para ti.

Jacob sirve a Labán por Raquel y Lea

29 1 Siguió luego Jacob su camino, y fue a la tierra de los orientales.

2 Y miró, y vio un pozo en el campo; y he aquí tres rebaños de ovejas que yacían cerca de él, porque de aquel pozo abrevaban los ganados; y había una gran piedra sobre la boca del pozo.

3 Y juntaban allí todos los rebaños; y revolvían la piedra de la boca del pozo, y abrevaban las ovejas, y volvían la piedra sobre la boca del pozo a su lugar.

4 Y les dijo Jacob: Hermanos míos, ¿de dónde sois? Y ellos respondieron: De Harán somos.

5 El les dijo: ¿Conocéis a Labán hijo de Nacor? Y ellos dijeron: Sí, le conocemos.

6 Y él les dijo: ¿Está bien? Y ellos dijeron: Bien, y he aquí Raquel su hija viene con las ovejas.

7 Y él dijo: He aquí es aún muy de día; no es tiempo todavía de recoger el ganado; abrevad las ovejas, e id a apacentarlas.

8 Y ellos respondieron: No podemos, hasta que se junten todos los rebaños, y remuevan la piedra de la boca del pozo, para que abrevemos las ovejas.

9 Mientras él aún hablaba con ellos, Raquel vino con el rebaño de su padre, porque ella era la pastora.

10 Y sucedió que cuando Jacob vio a Raquel, hija de Labán hermano de su madre, y las ovejas de Labán el hermano de su madre, se acercó Jacob y removió la piedra de la boca del pozo, y abrevó el rebaño de Labán hermano de su madre.

11 Y Jacob besó a Raquel, y alzó su voz y lloró.

12 Y Jacob dijo a Raquel que él era hermano de su padre, y que era hijo de Rebeca; y ella corrió, y dio las nuevas a su padre.

13 Así que oyó Labán las nuevas de Jacob, hijo de su hermana, corrió a recibirlo, y lo abrazó, lo besó, y lo trajo a su casa; y él contó a Labán todas estas cosas.

14 Y Labán le dijo: Ciertamente hueso mío y carne mía eres. Y estuvo con él durante un mes.

15 Entonces dijo Labán a Jacob: ¿Por ser tú mi hermano, me servirás de balde? Dime cuál será tu salario.

16 Y Labán tenía dos hijas: el nombre de la mayor era Lea, y el nombre de la menor, Raquel.

17 Y los ojos de Lea eran delicados, pero Raquel era de lindo semblante y de hermoso parecer.

18 Y Jacob amó a Raquel, y dijo: Yo te serviré siete años por Raquel tu hija menor.

19 Y Labán respondió: Mejor es que te la dé a ti, y no que la dé a otro hombre; quédate conmigo.

20 Así sirvió Jacob por Raquel siete años; y le parecieron como pocos días, porque la amaba.

21 Entonces dijo Jacob a Labán: Dame mi mujer, porque mi tiempo se ha cumplido, para unirme a ella.

22 Entonces Labán juntó a todos los varones de aquel lugar, e hizo banquete.

28.12: [b] Jn. 1.51. **28.13:** [c] Gn. 13.14-15.
28.14: [d] Gn. 12.3; 22.18. **28.19:** [25] Esto es, *Casa de Dios.*
[26] Esto es, *Almendro.*

23 Y sucedió que a la noche tomó a Lea su hija, y se la trajo; y él se llegó a ella.

24 Y dio Labán su sierva Zilpa a su hija Lea por criada.

25 Venida la mañana, he aquí que era Lea; y Jacob dijo a Labán: ¿Qué es esto que me has hecho? ¿No te he servido por Raquel? ¿Por qué, pues, me has engañado?

26 Y Labán respondió: No se hace así en nuestro lugar, que se dé la menor antes de la mayor.

27 Cumple la semana de ésta, y se te dará también la otra, por el servicio que hagas conmigo otros siete años.

28 E hizo Jacob así, y cumplió la semana de aquélla; y él le dio a Raquel su hija por mujer.

29 Y dio Labán a Raquel su hija su sierva Bilha por criada.

30 Y se llegó también a Raquel, y la amó también más que a Lea; y sirvió a Labán aún otros siete años.

Los hijos de Jacob

31 Y vio Jehová que Lea era menospreciada, y le dio hijos; pero Raquel era estéril.

32 Y concibió Lea, y dio a luz un hijo, y llamó su nombre Rubén,[27] porque dijo: Ha mirado Jehová mi aflicción; ahora, por tanto, me amará mi marido.

33 Concibió otra vez, y dio a luz un hijo, y dijo: Por cuanto oyó[28] Jehová que yo era menospreciada, me ha dado también éste. Y llamó su nombre Simeón.

34 Y concibió otra vez, y dio a luz un hijo, y dijo: Ahora esta vez se unirá[29] mi marido conmigo, porque le he dado a luz tres hijos; por tanto, llamó su nombre Leví.

35 Concibió otra vez, y dio a luz un hijo, y dijo: Esta vez alabaré[30] a Jehová; por esto llamó su nombre Judá; y dejó de dar a luz.

30 1 Viendo Raquel que no daba hijos a Jacob, tuvo envidia de su hermana, y decía a Jacob: Dame hijos, o si no, me muero.

2 Y Jacob se enojó contra Raquel, y dijo: ¿Soy yo acaso Dios, que te impidió el fruto de tu vientre?

3 Y ella dijo: He aquí mi sierva Bilha; llégate a ella, y dará a luz sobre mis rodillas, y yo también tendré hijos de ella.

4 Así le dio a Bilha su sierva por mujer; y Jacob se llegó a ella.

5 Y concibió Bilha, y dio a luz un hijo a Jacob.

6 Dijo entonces Raquel: Me juzgó Dios, y también oyó mi voz, y me dio un hijo. Por tanto llamó su nombre Dan.[31]

7 Concibió otra vez Bilha la sierva de Raquel, y dio a luz un segundo hijo a Jacob.

8 Y dijo Raquel: Con luchas de Dios he contendido[32] con mi hermana, y he vencido. Y llamó su nombre Neftalí.

9 Viendo, pues, Lea, que había dejado de dar a luz, tomó a Zilpa su sierva, y la dio a Jacob por mujer.

10 Y Zilpa sierva de Lea dio a luz un hijo a Jacob.

11 Y dijo Lea: Vino la ventura; y llamó su nombre Gad.[33]

12 Luego Zilpa la sierva de Lea dio a luz otro hijo a Jacob.

13 Y dijo Lea: Para dicha mía; porque las mujeres me dirán dichosa; y llamó su nombre Aser.[34]

14 Fue Rubén en tiempo de la siega de los trigos, y halló mandrágoras en el campo, y las trajo a Lea su madre; y dijo Raquel a Lea: Te ruego que me des de las mandrágoras de tu hijo.

15 Y ella respondió: ¿Es poco que hayas tomado mi marido, sino que también te has de llevar las mandrágoras de mi hijo? Y dijo Raquel: Pues dormirá contigo esta noche por las mandrágoras de tu hijo.

16 Cuando, pues, Jacob volvía del campo a la tarde, salió Lea a él, y le dijo: Llégate a mí, porque a la verdad te he alquilado por las mandrágoras de mi hijo. Y durmió con ella aquella noche.

17 Y oyó Dios a Lea; y concibió, y dio a luz el quinto hijo a Jacob.

18 Y dijo Lea: Dios me ha dado mi recompensa,[35] por cuanto di mi sierva a mi marido; por eso llamó su nombre Isacar.

19 Después concibió Lea otra vez, y dio a luz el sexto hijo a Jacob.

20 Y dijo Lea: Dios me ha dado una buena dote; ahora morará[36] conmigo mi marido, porque le he dado a luz seis hijos; y llamó su nombre Zabulón.

21 Después dio a luz una hija, y llamó su nombre Dina.

22 Y se acordó Dios de Raquel, y la oyó Dios, y le concedió hijos.

23 Y concibió, y dio a luz un hijo, y dijo: Dios ha quitado mi afrenta;

24 y llamó su nombre José,[37] diciendo: Añádame Jehová otro hijo.

Tretas de Jacob y de Labán

25 Aconteció cuando Raquel hubo dado a luz a José, que Jacob dijo a Labán: Envíame, e iré a mi lugar, y a mi tierra.

26 Dame mis mujeres y mis hijos, por las cuales he servido contigo, y déjame ir; pues tú sabes los servicios que te he hecho.

27 Y Labán le respondió: Halle yo ahora gracia en tus ojos, y quédate; he experimentado que Jehová me ha bendecido por tu causa.

28 Y dijo: Señálame tu salario, y yo lo daré.

29.32: [27] Esto es, *Ved, un hijo.* **29.33:** [28] Heb. *shama.* **29.34:** [29] Heb. *lawah.* **29.35:** [30] Heb. *hodah.* **30.6:** [31] Esto es, *El juzgó.* **30.8:** [32] Heb. *niftal.* **30.11:** [33] Esto es, *Fortuna.* **30.13:** [34] Esto es, *Feliz.* **30.18:** [35] Heb. *sakar.* **30.20:** [36] Heb. *zabal.* **30.24:** [37] Esto es, *El añade.*

29 Y él respondió: Tú sabes cómo te he servido, y cómo ha estado tu ganado conmigo.

30 Porque poco tenías antes de mi venida, y ha crecido en gran número, y Jehová te ha bendecido con mi llegada; y ahora, ¿cuándo trabajaré también por mi propia casa?

31 Y él dijo: ¿Qué te daré? Y respondió Jacob: No me des nada; si hicieres por mí esto, volveré a apacentar tus ovejas.

32 Yo pasaré hoy por todo tu rebaño, poniendo aparte todas las ovejas manchadas y salpicadas de color, y todas las ovejas de color oscuro, y las manchadas y salpicadas de color entre las cabras; y esto será mi salario.

33 Así responderá por mí mi honradez mañana, cuando vengas a reconocer mi salario; toda la que no fuere pintada ni manchada en las cabras, y de color oscuro entre mis ovejas, se me ha de tener como de hurto.

34 Dijo entonces Labán: Mira, sea como tú dices.

35 Y Labán apartó aquel día los machos cabríos manchados y rayados, y todas las cabras manchadas y salpicadas de color, y toda aquella que tenía en sí algo de blanco, y todas las de color oscuro entre las ovejas, y las puso en mano de sus hijos.

36 Y puso tres días de camino entre sí y Jacob; y Jacob apacentaba las otras ovejas de Labán.

37 Tomó luego Jacob varas verdes de álamo, de avellano y de castaño, y descortezó en ellas mondaduras blancas, descubriendo así lo blanco de las varas.

38 Y puso las varas que había mondado delante del ganado, en los canales de los abrevaderos del agua donde venían a beber las ovejas, las cuales procreaban cuando venían a beber.

39 Así concebían las ovejas delante de las varas; y parían borregos listados, pintados y salpicados de diversos colores.

40 Y apartaba Jacob los corderos, y ponía con su propio rebaño los listados y todo lo que era oscuro del hato de Labán. Y ponía su hato aparte, y no lo ponía con las ovejas de Labán.

41 Y sucedía que cuantas veces se hallaban en celo las ovejas más fuertes, Jacob ponía las varas delante de las ovejas en los abrevaderos, para que concibiesen a la vista de las varas.

42 Pero cuando venían las ovejas más débiles, no las ponía; así eran las más débiles para Labán, y las más fuertes para Jacob.

43 Y se enriqueció el varón muchísimo, y tuvo muchas ovejas, y siervas y siervos, y camellos y asnos.

31

1 Y oía Jacob las palabras de los hijos de Labán, que decían: Jacob ha tomado todo lo que era de nuestro padre, y de lo que era de nuestro padre ha adquirido toda esta riqueza.

2 Miraba también Jacob el semblante de Labán, y veía que no era para con él como había sido antes.

3 También Jehová dijo a Jacob: Vuélvete a la tierra de tus padres, y a tu parentela, y yo estaré contigo.

4 Envió, pues, Jacob, y llamó a Raquel y a Lea al campo donde estaban sus ovejas,

5 y les dijo: Veo que el semblante de vuestro padre no es para conmigo como era antes; mas el Dios de mi padre ha estado conmigo.

6 Vosotras sabéis que con todas mis fuerzas he servido a vuestro padre;

7 y vuestro padre me ha engañado, y me ha cambiado el salario diez veces; pero Dios no le ha permitido que me hiciese mal.

8 Si él decía así: Los pintados serán tu salario, entonces todas las ovejas parían pintados; y si decía así: Los listados serán tu salario; entonces todas las ovejas parían listados.

9 Así quitó Dios el ganado de vuestro padre, y me lo dio a mí.

10 Y sucedió que al tiempo que las ovejas estaban en celo, alcé yo mis ojos y vi en sueños, y he aquí los machos que cubrían a las hembras eran listados, pintados y abigarrados.

11 Y me dijo el ángel de Dios en sueños: Jacob. Y yo dije: Heme aquí.

12 Y él dijo: Alza ahora tus ojos, y verás que todos los machos que cubren a las hembras son listados, pintados y abigarrados; porque yo he visto todo lo que Labán te ha hecho.

13 Yo soy el Dios de Bet-el, donde tú ungiste la piedra, y donde me hiciste un voto.[a] Levántate ahora y sal de esta tierra, y vuélvete a la tierra de tu nacimiento.

14 Respondieron Raquel y Lea, y le dijeron: ¿Tenemos acaso parte o heredad en la casa de nuestro padre?

15 ¿No nos tiene ya como por extrañas, pues que nos vendió, y aun se ha comido del todo nuestro precio?

16 Porque toda la riqueza que Dios ha quitado a nuestro padre, nuestra es y de nuestros hijos; ahora, pues, haz todo lo que Dios te ha dicho.

Jacob huye de Labán

17 Entonces se levantó Jacob, y subió sus hijos y sus mujeres sobre los camellos,

18 y puso en camino todo su ganado, y todo cuanto había adquirido, el ganado de su ganancia que había obtenido en Padan-aram, para volverse a Isaac su padre en la tierra de Canaán.

19 Pero Labán había ido a trasquilar sus ovejas; y Raquel hurtó los ídolos de su padre.

20 Y Jacob engañó a Labán arameo, no haciéndole saber que se iba.

31.13: [a] Gn. 28.18-22.

21 Huyó, pues, con todo lo que tenía; y se levan-
tó y pasó el Eufrates, y se dirigió al monte de Ga-
laad.
22 Y al tercer día fue dicho a Labán que Jacob
había huido.
23 Entonces Labán tomó a sus parientes consi-
go, y fue tras Jacob camino de siete días, y le al-
canzó en el monte de Galaad.
24 Y vino Dios a Labán arameo en sueños aque-
lla noche, y le dijo: Guárdate que no hables a Ja-
cob descomedidamente.
25 Alcanzó, pues, Labán a Jacob; y éste había
fijado su tienda en el monte; y Labán acampó
con sus parientes en el monte de Galaad.
26 Y dijo Labán a Jacob: ¿Qué has hecho, que
me engañaste, y has traído a mis hijas como pri-
sioneras de guerra?
27 ¿Por qué te escondiste para huir, y me enga-
ñaste, y no me lo hiciste saber para que yo te des-
pidiera con alegría y con cantares, con tamborín
y arpa?
28 Pues ni aun me dejaste besar a mis hijos y mis
hijas. Ahora, locamente has hecho.
29 Poder hay en mi mano para haceros mal; mas
el Dios de tu padre me habló anoche diciendo:
Guárdate que no hables a Jacob descomedida-
mente.
30 Y ya que te ibas, porque tenías deseo de la casa
de tu padre, ¿por qué me hurtaste mis dioses?
31 Respondió Jacob y dijo a Labán: Porque tuve
miedo; pues pensé que quizá me quitarías por
fuerza tus hijas.
32 Aquel en cuyo poder hallares tus dioses, no
viva; delante de nuestros hermanos reconoce lo
que yo tenga tuyo, y llévatelo. Jacob no sabía
que Raquel los había hurtado.
33 Entró Labán en la tienda de Jacob, en la tien-
da de Lea, y en la tienda de las dos siervas, y no
los halló; y salió de la tienda de Lea, y entró en
la tienda de Raquel.
34 Pero tomó Raquel los ídolos y los puso en una
albarda de un camello, y se sentó sobre ellos; y
buscó Labán en toda la tienda, y no los halló.
35 Y ella dijo a su padre: No se enoje mi señor,
porque no me puedo levantar delante de ti;
pues estoy con la costumbre de las mujeres. Y él
buscó, pero no halló los ídolos.
36 Entonces Jacob se enojó, y riñó con Labán;
y respondió Jacob y dijo a Labán: ¿Qué transgre-
sión es la mía? ¿Cuál es mi pecado, para que con
tanto ardor hayas venido en mi persecución?
37 Pues que has buscado en todas mis cosas,
¿qué has hallado de todos los enseres de tu casa?
Ponlo aquí delante de mis hermanos y de los tu-
yos, y juzguen entre nosotros.
38 Estos veinte años he estado contigo; tus ove-
jas y tus cabras nunca abortaron, ni yo comí car-
nero de tus ovejas.
39 Nunca te traje lo arrebatado por las fieras: yo
pagaba el daño; lo hurtado así de día como de
noche, a mí me lo cobrabas.
40 De día me consumía el calor, y de noche la
helada, y el sueño huía de mis ojos.
41 Así he estado veinte años en tu casa; catorce
años te serví por tus dos hijas, y seis años por tu
ganado, y has cambiado mi salario diez veces.
42 Si el Dios de mi padre, Dios de Abraham y te-
mor de Isaac, no estuviera conmigo, de cierto
me enviarías ahora con las manos vacías; pero
Dios vio mi aflicción y el trabajo de mis manos, y
te reprendió anoche.
43 Respondió Labán y dijo a Jacob: Las hijas
son hijas mías, y los hijos, hijos míos son, y las
ovejas son mis ovejas, y todo lo que tú ves es
mío: ¿y qué puedo yo hacer hoy a estas mis hi-
jas, o a sus hijos que ellas han dado a luz?
44 Ven, pues, ahora, y hagamos pacto tú y yo, y
sea por testimonio entre nosotros dos.
45 Entonces Jacob tomó una piedra, y la levantó
por señal.
46 Y dijo Jacob a sus hermanos: Recoged pie-
dras. Y tomaron piedras e hicieron un majano, y
comieron allí sobre aquel majano.
47 Y lo llamó Labán, Jegar Sahaduta;[38] y lo lla-
mó Jacob, Galaad.[39]
48 Porque Labán dijo: Este majano es testigo
hoy entre nosotros dos; por eso fue llamado su
nombre Galaad;
49 y Mizpa,[40] por cuanto dijo: Atalaye Jehová en-
tre tú y yo, cuando nos apartemos el uno del otro.
50 Si afligieres a mis hijas, o si tomares otras
mujeres además de mis hijas, nadie está con no-
sotros; mira, Dios es testigo entre nosotros dos.
51 Dijo más Labán a Jacob: He aquí este majano,
y he aquí esta señal, que he erigido entre tú y yo.
52 Testigo sea este majano, y testigo sea esta
señal, que ni yo pasaré de este majano contra ti,
ni tú pasarás de este majano ni de esta señal
contra mí, para mal.
53 El Dios de Abraham y el Dios de Nacor juzgue
entre nosotros, el Dios de sus padres. Y Jacob
juró por aquel a quien temía Isaac su padre.
54 Entonces Jacob inmoló víctimas en el mon-
te, y llamó a sus hermanos a comer pan; y co-
mieron pan, y durmieron aquella noche en el
monte.
55 Y se levantó Labán de mañana, y besó sus hi-
jos y sus hijas, y los bendijo; y regresó y se volvió
a su lugar.

Jacob se prepara para el encuentro con Esaú

32 1 Jacob siguió su camino, y le salieron al
encuentro ángeles de Dios.

31.47: [38] Arameo, *El majano del testimonio.* [39] Heb. *El majano del testimonio.* **31.49:** [40] Esto es, *Atalaya*

2 Y dijo Jacob cuando los vio: Campamento de
Dios es este; y llamó el nombre de aquel lugar
Mahanaim.[41]
3 Y envió Jacob mensajeros delante de sí a Esaú
su hermano, a la tierra de Seir, campo de Edom.
4 Y les mandó diciendo: Así diréis a mi señor
Esaú: Así dice tu siervo Jacob: Con Labán he
morado, y me he detenido hasta ahora;
5 y tengo vacas, asnos, ovejas, y siervos y sier-
vas; y envío a decirlo a mi señor, para hallar gra-
cia en tus ojos.
6 Y los mensajeros volvieron a Jacob, diciendo:
Vinimos a tu hermano Esaú, y él también viene a
recibirte, y cuatrocientos hombres con él.
7 Entonces Jacob tuvo gran temor, y se angustió; y
distribuyó el pueblo que tenía consigo, y las ovejas
y las vacas y los camellos, en dos campamentos.
8 Y dijo: Si viene Esaú contra un campamento y
lo ataca, el otro campamento escapará.
9 Y dijo Jacob: Dios de mi padre Abraham, y
Dios de mi padre Isaac, Jehová, que me dijiste:
Vuélvete a tu tierra y a tu parentela, y yo te haré
bien;
10 menor soy que todas las misericordias y que
toda la verdad que has usado para con tu siervo;
pues con mi cayado pasé este Jordán, y ahora
estoy sobre dos campamentos.
11 Líbrame ahora de la mano de mi hermano, de
la mano de Esaú, porque le temo; no venga aca-
so y me hiera la madre con los hijos.
12 Y tú has dicho: Yo te haré bien, y tu descen-
dencia será como la arena del mar,[a] que no se
puede contar por la multitud.
13 Y durmió allí aquella noche, y tomó de lo que le
vino a la mano un presente para su hermano Esaú:
14 doscientas cabras y veinte machos cabríos,
doscientas ovejas y veinte carneros,
15 treinta camellas paridas con sus crías, cua-
renta vacas y diez novillos, veinte asnas y diez
borricos.
16 Y lo entregó a sus siervos, cada manada de
por sí; y dijo a sus siervos: Pasad delante de mí,
y poned espacio entre manada y manada.
17 Y mandó al primero, diciendo: Si Esaú mi
hermano te encontrare, y te preguntare, diciendo:
¿De quién eres? ¿y adónde vas? ¿y para quién es
esto que llevas delante de ti?
18 entonces dirás: Es un presente de tu siervo
Jacob, que envía a mi señor Esaú; y he aquí tam-
bién él viene tras nosotros.
19 Mandó también al segundo, y al tercero, y a
todos los que iban tras aquellas manadas, di-
ciendo: Conforme a esto hablaréis a Esaú, cuan-
do le hallareis.
20 Y diréis también: He aquí tu siervo Jacob vie-
ne tras nosotros. Porque dijo: Apaciguaré su ira
con el presente que va delante de mí, y después
veré su rostro; quizá le seré acepto.
21 Pasó, pues, el presente delante de él; y él dur-
mió aquella noche en el campamento.

Jacob lucha con el ángel en Peniel

22 Y se levantó aquella noche, y tomó sus dos
mujeres, y sus dos siervas, y sus once hijos, y
pasó el vado de Jaboc.
23 Los tomó, pues, e hizo pasar el arroyo a ellos
y a todo lo que tenía.
24 Así se quedó Jacob solo; y luchó con él un va-
rón hasta que rayaba el alba.
25 Y cuando el varón vio que no podía con él,
tocó en el sitio del encaje de su muslo, y se desco-
yuntó el muslo de Jacob mientras con él luchaba.
26 Y dijo: Déjame, porque raya el alba. Y Jacob
le respondió: No te dejaré, si no me bendices.
27 Y el varón le dijo: ¿Cuál es tu nombre? Y él
respondió: Jacob.
28 Y el varón le dijo: No se dirá más tu nombre
Jacob,[b] sino Israel;[42] porque has luchado con
Dios y con los hombres, y has vencido.
29 Entonces Jacob le preguntó, y dijo: Declára-
me ahora tu nombre. Y el varón respondió: ¿Por
qué me preguntas por mi nombre? Y lo bendijo
allí.
30 Y llamó Jacob el nombre de aquel lugar, Pe-
niel;[43] porque dijo: Vi a Dios cara a cara, y fue li-
brada mi alma.
31 Y cuando había pasado Peniel, le salió el sol;
y cojeaba de su cadera.
32 Por esto no comen los hijos de Israel, hasta
hoy día, del tendón que se contrajo, el cual está
en el encaje del muslo; porque tocó a Jacob este
sitio de su muslo en el tendón que se contrajo.

Reconciliación entre Jacob y Esaú

33 1 Alzando Jacob sus ojos, miró, y he aquí
venía Esaú, y los cuatrocientos hombres
con él; entonces repartió él los niños entre Lea
y Raquel y las dos siervas.
2 Y puso las siervas y sus niños delante, luego a
Lea y sus niños, y a Raquel y a José los últimos.
3 Y él pasó delante de ellos y se inclinó a tierra
siete veces, hasta que llegó a su hermano.
4 Pero Esaú corrió a su encuentro y le abrazó, y
se echó sobre su cuello, y le besó; y lloraron.
5 Y alzó sus ojos y vio a las mujeres y los niños, y
dijo: ¿Quiénes son éstos? Y él respondió: Son
los niños que Dios ha dado a tu siervo.
6 Luego vinieron las siervas, ellas y sus niños, y
se inclinaron.
7 Y vino Lea con sus niños, y se inclinaron; y
después llegó José y Raquel, y también se incli-
naron.
8 Y Esaú dijo: ¿Qué te propones con todos estos

32.2: [41] Entendido aquí, *Dos campamentos.* **32.12:** [a] Gn. 22.17.
32.28: [b] Gn. 35.10. [42] Esto es, *El que lucha con Dios, o Dios lucha.* **32.30:** [43] Esto es, *El rostro de Dios.*

grupos que he encontrado? Y Jacob respondió:
El hallar gracia en los ojos de mi señor.
9 Y dijo Esaú: Suficiente tengo yo, hermano
mío; sea para ti lo que es tuyo.
10 Y dijo Jacob: No, yo te ruego; si he hallado
ahora gracia en tus ojos, acepta mi presente,
porque he visto tu rostro, como si hubiera visto
el rostro de Dios, pues que con tanto favor me
has recibido.
11 Acepta, te ruego, mi presente que te he traí-
do, porque Dios me ha hecho merced, y todo lo
que hay aquí es mío. E insistió con él, y Esaú lo
tomó.
12 Y Esaú dijo: Anda, vamos; y yo iré delante de
ti.
13 Y Jacob le dijo: Mi señor sabe que los niños
son tiernos, y que tengo ovejas y vacas paridas;
y si las fatigan, en un día morirán todas las
ovejas.
14 Pase ahora mi señor delante de su siervo, y yo
me iré poco a poco al paso del ganado que va
delante de mí, y al paso de los niños, hasta que
llegue a mi señor a Seir.
15 Y Esaú dijo: Dejaré ahora contigo de la gente
que viene conmigo. Y Jacob dijo: ¿Para qué esto?
Halle yo gracia en los ojos de mi señor.
16 Así volvió Esaú aquel día por su camino a
Seir.
17 Y Jacob fue a Sucot, y edificó allí casa para sí,
e hizo cabañas para su ganado; por tanto, llamó
el nombre de aquel lugar Sucot.[44]

18 Después Jacob llegó sano y salvo a la ciu-
dad de Siquem, que está en la tierra de Canaán,
cuando venía de Padan-aram; y acampó delante
de la ciudad.
19 Y compró una parte del campo,[a] donde plan-
tó su tienda, de mano de los hijos de Hamor pa-
dre de Siquem, por cien monedas.[45]
20 Y erigió allí un altar, y lo llamó El-Elohe-Is-
rael.[46]

La deshonra de Dina vengada

34 1 Salió Dina la hija de Lea, la cual ésta
había dado a luz a Jacob, a ver a las hijas
del país.
2 Y la vio Siquem hijo de Hamor heveo, príncipe
de aquella tierra, y la tomó, y se acostó con ella,
y la deshonró.
3 Pero su alma se apegó a Dina la hija de Lea, y
se enamoró de la joven, y habló al corazón de
ella.
4 Y habló Siquem a Hamor su padre, diciendo:
Tómame por mujer a esta joven.
5 Pero oyó Jacob que Siquem había amancillado
a Dina su hija; y estando sus hijos con su ganado
en el campo, calló Jacob hasta que ellos viniesen.
6 Y se dirigió Hamor padre de Siquem a Ja-
cob, para hablar con él.
7 Y los hijos de Jacob vinieron del campo cuan-
do lo supieron; y se entristecieron los varones, y
se enojaron mucho, porque hizo vileza en Israel
acostándose con la hija de Jacob, lo que no se
debía haber hecho.
8 Y Hamor habló con ellos, diciendo: El alma de
mi hijo Siquem se ha apegado a vuestra hija; os
ruego que se la deis por mujer.
9 Y emparentad con nosotros; dadnos vuestras
hijas, y tomad vosotros las nuestras.
10 Y habitad con nosotros, porque la tierra esta-
rá delante de vosotros; morad y negociad en
ella, y tomad en ella posesión.
11 Siquem también dijo al padre de Dina y a los
hermanos de ella: Halle yo gracia en vuestros
ojos, y daré lo que me dijereis.
12 Aumentad a cargo mío mucha dote y dones, y
yo daré cuanto me dijereis; y dadme la joven
por mujer.

13 Pero respondieron los hijos de Jacob a Si-
quem y a Hamor su padre con palabras engaño-
sas, por cuanto había amancillado a Dina su
hermana.
14 Y les dijeron: No podemos hacer esto de dar
nuestra hermana a hombre incircunciso, porque
entre nosotros es abominación.
15 Mas con esta condición os complaceremos: si
habéis de ser como nosotros, que se circuncide
entre vosotros todo varón.
16 Entonces os daremos nuestras hijas, y toma-
remos nosotros las vuestras; y habitaremos con
vosotros, y seremos un pueblo.
17 Mas si no nos prestareis oído para circuncida-
ros, tomaremos nuestra hija y nos iremos.
18 Y parecieron bien sus palabras a Hamor, y a
Siquem hijo de Hamor.
19 Y no tardó el joven en hacer aquello, porque
la hija de Jacob le había agradado; y él era el
más distinguido de toda la casa de su padre.

20 Entonces Hamor y Siquem su hijo vinieron
a la puerta de su ciudad, y hablaron a los varo-
nes de su ciudad, diciendo:
21 Estos varones son pacíficos con nosotros, y
habitarán en el país, y traficarán en él; pues he
aquí la tierra es bastante ancha para ellos; noso-
tros tomaremos sus hijas por mujeres, y les
daremos las nuestras.
22 Mas con esta condición consentirán estos
hombres en habitar con nosotros, para que sea-
mos un pueblo: que se circuncide todo varón en-
tre nosotros, así como ellos son circuncidados.
23 Su ganado, sus bienes y todas sus bestias se-
rán nuestros; solamente convengamos con ellos,
y habitarán con nosotros.
24 Y obedecieron a Hamor y a Siquem su hijo to-
dos los que salían por la puerta de la ciudad, y

33.17: [44] Esto es, *Cabañas.* **33.19:** [a] Jos. 24.32; Jn. 4.5. [45] Heb. cien *kesitas.* **33.20:** [46] Esto es, *Dios, el Dios de Israel.*

circuncidaron a todo varón, a cuantos salían por la puerta de su ciudad.

25 Pero sucedió que al tercer día, cuando sentían ellos el mayor dolor, dos de los hijos de Jacob, Simeón y Leví, hermanos de Dina, tomaron cada uno su espada, y vinieron contra la ciudad, que estaba desprevenida, y mataron a todo varón.

26 Y a Hamor y a Siquem su hijo los mataron a filo de espada; y tomaron a Dina de casa de Siquem, y se fueron.

27 Y los hijos de Jacob vinieron a los muertos, y saquearon la ciudad, por cuanto habían amancillado a su hermana.

28 Tomaron sus ovejas y vacas y sus asnos, y lo que había en la ciudad y en el campo,

29 y todos sus bienes; llevaron cautivos a todos sus niños y sus mujeres, y robaron todo lo que había en casa.

30 Entonces dijo Jacob a Simeón y a Leví: Me habéis turbado con hacerme abominable a los moradores de esta tierra, el cananeo y el ferezeo; y teniendo yo pocos hombres, se juntarán contra mí y me atacarán, y seré destruido yo y mi casa.

31 Pero ellos respondieron: ¿Había él de tratar a nuestra hermana como a una ramera?

Dios bendice a Jacob en Bet-el

35 1 Dijo Dios a Jacob: Levántate y sube a Bet-el, y quédate allí; y haz allí un altar al Dios que te apareció cuando huías de tu hermano Esaú.[a]

2 Entonces Jacob dijo a su familia y a todos los que con él estaban: Quitad los dioses ajenos que hay entre vosotros, y limpiaos, y mudad vuestros vestidos.

3 Y levantémonos, y subamos a Bet-el; y haré allí altar al Dios que me respondió en el día de mi angustia, y ha estado conmigo en el camino que he andado.

4 Así dieron a Jacob todos los dioses ajenos que había en poder de ellos, y los zarcillos que estaban en sus orejas; y Jacob los escondió debajo de una encina que estaba junto a Siquem.

5 Y salieron, y el terror de Dios estuvo sobre las ciudades que había en sus alrededores, y no persiguieron a los hijos de Jacob.

6 Y llegó Jacob a Luz, que está en tierra de Canaán (esta es Bet-el), él y todo el pueblo que con él estaba.

7 Y edificó allí un altar, y llamó al lugar El-bet-el,[47] porque allí le había aparecido Dios, cuando huía de su hermano.

8 Entonces murió Débora, ama de Rebeca, y fue sepultada al pie de Bet-el, debajo de una encina, la cual fue llamada Alón-bacut.[48]

9 Apareció otra vez Dios a Jacob, cuando había vuelto de Padan-aram, y le bendijo.

10 Y le dijo Dios: Tu nombre es Jacob; no se llamará más tu nombre Jacob,[b] sino Israel será tu nombre; y llamó su nombre Israel.

11 También le dijo Dios: Yo soy el Dios omnipotente: crece y multiplícate; una nación y conjunto de naciones procederán de ti, y reyes saldrán de tus lomos.

12 La tierra que he dado a Abraham y a Isaac, la daré a ti, y a tu descendencia después de ti daré la tierra.[c]

13 Y se fue de él Dios, del lugar en donde había hablado con él.

14 Y Jacob erigió una señal en el lugar donde había hablado con él, una señal de piedra, y derramó sobre ella libación, y echó sobre ella aceite.

15 Y llamó Jacob el nombre de aquel lugar donde Dios había hablado con él, Bet-el.[d]

Muerte de Raquel

16 Después partieron de Bet-el; y había aún como media legua de tierra para llegar a Efrata, cuando dio a luz Raquel,[e] y hubo trabajo en su parto.

17 Y aconteció, como había trabajo en su parto, que le dijo la partera: No temas, que también tendrás este hijo.

18 Y aconteció que al salírsele el alma (pues murió), llamó su nombre Benoni;[49] mas su padre lo llamó Benjamín.[50]

19 Así murió Raquel, y fue sepultada en el camino de Efrata, la cual es Belén.

20 Y levantó Jacob un pilar sobre su sepultura; esta es la señal de la sepultura de Raquel hasta hoy.

21 Y salió Israel, y plantó su tienda más allá de Migdal-edar.

Los hijos de Jacob

22 Aconteció que cuando moraba Israel en aquella tierra, fue Rubén y durmió con Bilha la concubina de su padre; lo cual llegó a saber Israel. Ahora bien, los hijos de Israel fueron doce:

23 los hijos de Lea: Rubén el primogénito de Jacob; Simeón, Leví, Judá, Isacar y Zabulón.

24 Los hijos de Raquel: José y Benjamín.

25 Los hijos de Bilha, sierva de Raquel: Dan y Neftalí.

26 Y los hijos de Zilpa, sierva de Lea: Gad y Aser. Estos fueron los hijos de Jacob, que le nacieron en Padan-aram.

35.1: [a] Gn. 28.11-17. **35.7:** [47] Esto es, *Dios de Bet-el.* **35.8:** [48] Esto es, *La encina del llanto.* **35.10:** [b] Gn. 32.28. **35.11-12:** [c] Gn. 17.4-8. **35.14-15:** [d] Gn. 28.18-19. **35.16:** [e] Jer. 31.15. **35.18:** [49] Esto es, *Hijo de mi tristeza.* [50] Esto es, *Hijo de la mano derecha.*

Muerte de Isaac

27 Después vino Jacob a Isaac su padre a
Mamre, a la ciudad de Arba, que es Hebrón,
donde habitaron Abraham e Isaac.[f]
28 Y fueron los días de Isaac ciento ochenta
años.
29 Y exhaló Isaac el espíritu, y murió, y fue reco-
gido a su pueblo, viejo y lleno de días; y lo se-
pultaron Esaú y Jacob sus hijos.

Los descendientes de Esaú

36 1 Estas son las generaciones de Esaú, el
cual es Edom:
2 Esaú tomó sus mujeres[a] de las hijas de Ca-
naán: a Ada, hija de Elón heteo, a Aholibama,
hija de Aná, hijo de Zibeón heveo,
3 y a Basemat hija de Ismael, hermana de Ne-
baiot.[b]
4 Ada dio a luz a Esaú a Elifaz; y Basemat dio a
luz a Reuel.
5 Y Aholibama dio a luz a Jeús, a Jaalam y a
Coré; estos son los hijos de Esaú, que le nacie-
ron en la tierra de Canaán.
6 Y Esaú tomó sus mujeres, sus hijos y sus hijas,
y todas las personas de su casa, y sus ganados, y
todas sus bestias, y todo cuanto había adquirido
en la tierra de Canaán, y se fue a otra tierra, se-
parándose de Jacob su hermano.
7 Porque los bienes de ellos eran muchos; y no
podían habitar juntos, ni la tierra en donde mo-
raban los podía sostener a causa de sus ganados.
8 Y Esaú habitó en el monte de Seir; Esaú es Edom.
9 Estos son los linajes de Esaú, padre de Edom,
en el monte de Seir.
10 Estos son los nombres de los hijos de Esaú:
Elifaz, hijo de Ada mujer de Esaú; Reuel, hijo de
Basemat mujer de Esaú.
11 Y los hijos de Elifaz fueron Temán, Omar,
Zefo, Gatam y Cenaz.
12 Y Timna fue concubina de Elifaz hijo de Esaú,
y ella le dio a luz a Amalec; estos son los hijos de
Ada, mujer de Esaú.
13 Los hijos de Reuel fueron Nahat, Zera, Sama
y Miza; estos son los hijos de Basemat mujer de
Esaú.
14 Estos fueron los hijos de Aholibama mujer de
Esaú, hija de Aná, que fue hijo de Zibeón: ella
dio a luz a Jeús, Jaalam y Coré, hijos de Esaú.
15 Estos son los jefes de entre los hijos de
Esaú: hijos de Elifaz, primogénito de Esaú: los
jefes Temán, Omar, Zefo, Cenaz,
16 Coré, Gatam y Amalec; estos son los jefes de
Elifaz en la tierra de Edom; estos fueron los hi-
jos de Ada.
17 Y estos son los hijos de Reuel, hijo de Esaú:
los jefes Nahat, Zera, Sama y Miza; estos son los
jefes de la línea de Reuel en la tierra de Edom;
estos hijos vienen de Basemat mujer de Esaú.
18 Y estos son los hijos de Aholibama mujer de
Esaú: los jefes Jeús, Jaalam y Coré; estos fueron
los jefes que salieron de Aholibama mujer de
Esaú, hija de Aná.
19 Estos, pues, son los hijos de Esaú, y sus jefes;
él es Edom.
20 Estos son los hijos de Seir horeo, morado-
res de aquella tierra: Lotán, Sobal, Zibeón, Aná,
21 Disón, Ezer y Disán; estos son los jefes de los
horeos, hijos de Seir, en la tierra de Edom.
22 Los hijos de Lotán fueron Hori y Hemam; y
Timna fue hermana de Lotán.
23 Los hijos de Sobal fueron Alván, Manahat,
Ebal, Sefo y Onam.
24 Y los hijos de Zibeón fueron Aja y Aná. Este
Aná es el que descubrió manantiales en el de-
sierto, cuando apacentaba los asnos de Zibeón
su padre.
25 Los hijos de Aná fueron Disón, y Aholibama
hija de Aná.
26 Estos fueron los hijos de Disón: Hemdán,
Esbán, Itrán y Querán.
27 Y estos fueron los hijos de Ezer: Bilhán, Zaa-
ván y Acán.
28 Estos fueron los hijos de Disán: Uz y Arán.
29 Y estos fueron los jefes de los horeos: los jefes
Lotán, Sobal, Zibeón, Aná,
30 Disón, Ezer y Disán; estos fueron los jefes de
los horeos, por sus mandos en la tierra de Seir.
31 Y los reyes que reinaron en la tierra de
Edom, antes que reinase rey sobre los hijos de
Israel, fueron estos:
32 Bela hijo de Beor reinó en Edom; y el nombre
de su ciudad fue Dinaba.
33 Murió Bela, y reinó en su lugar Jobab hijo de
Zera, de Bosra.
34 Murió Jobab, y en su lugar reinó Husam, de
tierra de Temán.
35 Murió Husam, y reinó en su lugar Hadad hijo
de Bedad, el que derrotó a Madián en el campo
de Moab; y el nombre de su ciudad fue Avit.
36 Murió Hadad, y en su lugar reinó Samla de
Masreca.
37 Murió Samla, y reinó en su lugar Saúl de
Rehobot junto al Eufrates.
38 Murió Saúl, y en lugar suyo reinó Baal-hanán
hijo de Acbor.
39 Y murió Baal-hanán hijo de Acbor, y reinó
Hadar en lugar suyo; y el nombre de su ciudad
fue Pau; y el nombre de su mujer, Mehetabel
hija de Matred, hija de Mezaab.
40 Estos, pues, son los nombres de los jefes de
Esaú por sus linajes, por sus lugares, y sus nom-
bres: Timna, Alva, Jetet,
41 Aholibama, Ela, Pinón,
42 Cenaz, Temán, Mibzar,

35.27: [f] Gn. 13.18. **36.2:** [a] Gn. 26.34. **36.3:** [b] Gn. 28.9.

43 Magdiel e Iram. Estos fueron los jefes de Edom según sus moradas en la tierra de su posesión. Edom es el mismo Esaú, padre de los edomitas.

José es vendido por sus hermanos

37 1 Habitó Jacob en la tierra donde había morado su padre, en la tierra de Canaán.
2 Esta es la historia de la familia de Jacob: José, siendo de edad de diecisiete años, apacentaba las ovejas con sus hermanos; y el joven estaba con los hijos de Bilha y con los hijos de Zilpa, mujeres de su padre; e informaba José a su padre la mala fama de ellos.
3 Y amaba Israel a José más que a todos sus hijos, porque lo había tenido en su vejez; y le hizo una túnica de diversos colores.
4 Y viendo sus hermanos que su padre lo amaba más que a todos sus hermanos, le aborrecían, y no podían hablarle pacíficamente.

5 Y soñó José un sueño, y lo contó a sus hermanos; y ellos llegaron a aborrecerle más todavía.
6 Y él les dijo: Oíd ahora este sueño que he soñado:
7 He aquí que atábamos manojos en medio del campo, y he aquí que mi manojo se levantaba y estaba derecho, y que vuestros manojos estaban alrededor y se inclinaban al mío.
8 Le respondieron sus hermanos: ¿Reinarás tú sobre nosotros, o señorearás sobre nosotros? Y le aborrecieron aun más a causa de sus sueños y sus palabras.
9 Soñó aun otro sueño, y lo contó a sus hermanos, diciendo: He aquí que he soñado otro sueño, y he aquí que el sol y la luna y once estrellas se inclinaban a mí.
10 Y lo contó a su padre y a sus hermanos; y su padre le reprendió, y le dijo: ¿Qué sueño es este que soñaste? ¿Acaso vendremos yo y tu madre y tus hermanos a postrarnos en tierra ante ti?
11 Y sus hermanos le tenían envidia,[a] mas su padre meditaba en esto.

12 Después fueron sus hermanos a apacentar las ovejas de su padre en Siquem.
13 Y dijo Israel a José: Tus hermanos apacientan las ovejas en Siquem: ven, y te enviaré a ellos. Y él respondió: Heme aquí.
14 E Israel le dijo: Ve ahora, mira cómo están tus hermanos y cómo están las ovejas, y tráeme la respuesta. Y lo envió del valle de Hebrón, y llegó a Siquem.
15 Y lo halló un hombre, andando él errante por el campo, y le preguntó aquel hombre, diciendo: ¿Qué buscas?
16 José respondió: Busco a mis hermanos; te ruego que me muestres dónde están apacentando.
17 Aquel hombre respondió: Ya se han ido de aquí; y yo les oí decir: Vamos a Dotán. Entonces José fue tras de sus hermanos, y los halló en Dotán.
18 Cuando ellos lo vieron de lejos, antes que llegara cerca de ellos, conspiraron contra él para matarle.
19 Y dijeron el uno al otro: He aquí viene el soñador.
20 Ahora pues, venid, y matémosle y echémosle en una cisterna, y diremos: Alguna mala bestia lo devoró; y veremos qué será de sus sueños.
21 Cuando Rubén oyó esto, lo libró de sus manos, y dijo: No lo matemos.
22 Y les dijo Rubén: No derraméis sangre; echadlo en esta cisterna que está en el desierto, y no pongáis mano en él; por librarlo así de sus manos, para hacerlo volver a su padre.
23 Sucedió, pues, que cuando llegó José a sus hermanos, ellos quitaron a José su túnica, la túnica de colores que tenía sobre sí;
24 y le tomaron y le echaron en la cisterna; pero la cisterna estaba vacía, no había en ella agua.

25 Y se sentaron a comer pan; y alzando los ojos miraron, y he aquí una compañía de ismaelitas que venía de Galaad, y sus camellos traían aromas, bálsamo y mirra, e iban a llevarlo a Egipto.
26 Entonces Judá dijo a sus hermanos: ¿Qué provecho hay en que matemos a nuestro hermano y encubramos su muerte?
27 Venid, y vendámosle a los ismaelitas, y no sea nuestra mano sobre él; porque él es nuestro hermano, nuestra propia carne. Y sus hermanos convinieron con él.
28 Y cuando pasaban los madianitas mercaderes, sacaron ellos a José de la cisterna, y le trajeron arriba, y le vendieron a los ismaelitas por veinte piezas de plata. Y llevaron a José a Egipto.[b]

29 Después Rubén volvió a la cisterna, y no halló a José dentro, y rasgó sus vestidos.
30 Y volvió a sus hermanos, y dijo: El joven no parece; y yo, ¿adónde iré yo?
31 Entonces tomaron ellos la túnica de José, y degollaron un cabrito de las cabras, y tiñeron la túnica con la sangre;
32 y enviaron la túnica de colores y la trajeron a su padre, y dijeron: Esto hemos hallado; reconoce ahora si es la túnica de tu hijo, o no.
33 Y él la reconoció, y dijo: La túnica de mi hijo es; alguna mala bestia lo devoró; José ha sido despedazado.
34 Entonces Jacob rasgó sus vestidos, y puso cilicio sobre sus lomos, y guardó luto por su hijo muchos días.
35 Y se levantaron todos sus hijos y todas sus hijas para consolarlo; mas él no quiso recibir consuelo, y dijo: Descenderé enlutado a mi hijo hasta el Seol.[51] Y lo lloró su padre.
36 Y los madianitas lo vendieron en Egipto a Potifar, oficial de Faraón, capitán de la guardia.

37.11: [a] Hch. 7.9. **37.28:** [b] Hch. 7.9.
37.35: [51] Nombre hebreo del lugar de los muertos.

Judá y Tamar

38 1 Aconteció en aquel tiempo, que Judá
se apartó de sus hermanos, y se fue a un
varón adulamita que se llamaba Hira.
2 Y vio allí Judá la hija de un hombre cananeo, el
cual se llamaba Súa; y la tomó, y se llegó a ella.
3 Y ella concibió, y dio a luz un hijo, y llamó su
nombre Er.
4 Concibió otra vez, y dio a luz un hijo, y llamó
su nombre Onán.
5 Y volvió a concebir, y dio a luz un hijo, y llamó
su nombre Sela. Y estaba en Quezib cuando lo
dio a luz.
6 Después Judá tomó mujer para su primogéni-
to Er, la cual se llamaba Tamar.
7 Y Er, el primogénito de Judá, fue malo ante los
ojos de Jehová, y le quitó Jehová la vida.
8 Entonces Judá dijo a Onán: Llégate a la mujer
de tu hermano, y despósate con ella, y levanta
descendencia a tu hermano.
9 Y sabiendo Onán que la descendencia no ha-
bía de ser suya, sucedía que cuando se llegaba a
la mujer de su hermano, vertía en tierra, por no
dar descendencia a su hermano.
10 Y desagradó en ojos de Jehová lo que hacía, y
a él también le quitó la vida.
11 Y Judá dijo a Tamar su nuera: Quédate viuda
en casa de tu padre, hasta que crezca Sela mi
hijo; porque dijo: No sea que muera él también
como sus hermanos. Y se fue Tamar, y estuvo en
casa de su padre.
12 Pasaron muchos días, y murió la hija de
Súa, mujer de Judá. Después Judá se consoló, y
subía a los trasquiladores de sus ovejas a Tim-
nat, él y su amigo Hira el adulamita.
13 Y fue dado aviso a Tamar, diciendo: He aquí
tu suegro sube a Timnat a trasquilar sus ovejas.
14 Entonces se quitó ella los vestidos de su viu-
dez, y se cubrió con un velo, y se arrebozó, y se
puso a la entrada de Enaim junto al camino de
Timnat; porque veía que había crecido Sela, y
ella no era dada a él por mujer.
15 Y la vio Judá, y la tuvo por ramera, porque
ella había cubierto su rostro.
16 Y se apartó del camino hacia ella, y le dijo:
Déjame ahora llegarme a ti: pues no sabía que
era su nuera; y ella dijo: ¿Qué me darás por lle-
garte a mí?
17 El respondió: Yo te enviaré del ganado un ca-
brito de las cabras. Y ella dijo: Dame una prenda
hasta que lo envíes.
18 Entonces Judá dijo: ¿Qué prenda te daré?
Ella respondió: Tu sello, tu cordón, y tu báculo
que tienes en tu mano. Y él se los dio, y se llegó a
ella, y ella concibió de él.
19 Luego se levantó y se fue, y se quitó el velo de
sobre sí, y se vistió las ropas de su viudez.
20 Y Judá envió el cabrito de las cabras por me-
dio de su amigo el adulamita, para que éste
recibiese la prenda de la mujer; pero no la halló.
21 Y preguntó a los hombres de aquel lugar, di-
ciendo: ¿Dónde está la ramera de Enaim junto
al camino? Y ellos le dijeron: No ha estado aquí
ramera alguna.
22 Entonces él se volvió a Judá, y dijo: No la he
hallado; y también los hombres del lugar dije-
ron: Aquí no ha estado ramera.
23 Y Judá dijo: Tómeselo para sí, para que no
seamos menospreciados; he aquí yo he enviado
este cabrito, y tú no la hallaste.
24 Sucedió que al cabo de unos tres meses fue
dado aviso a Judá, diciendo: Tamar tu nuera ha
fornicado, y ciertamente está encinta a causa de
las fornicaciones. Y Judá dijo: Sacadla, y sea
quemada.
25 Pero ella, cuando la sacaban, envió a decir a
su suegro: Del varón cuyas son estas cosas, es-
toy encinta. También dijo: Mira ahora de quién
son estas cosas, el sello, el cordón y el báculo.
26 Entonces Judá los reconoció, y dijo: Más jus-
ta es ella que yo, por cuanto no la he dado a Sela
mi hijo. Y nunca más la conoció.
27 Y aconteció que al tiempo de dar a luz, he
aquí había gemelos en su seno.
28 Sucedió cuando daba a luz, que sacó la mano
el uno, y la partera tomó y ató a su mano un hilo
de grana, diciendo: Este salió primero.
29 Pero volviendo él a meter la mano, he aquí
salió su hermano; y ella dijo: ¡Qué brecha te has
abierto! Y llamó su nombre Fares.[52]
30 Después salió su hermano, el que tenía en
su mano el hilo de grana, y llamó su nombre
Zara.

José y la esposa de Potifar

39 1 Llevado, pues, José a Egipto, Potifar
oficial de Faraón, capitán de la guardia,
varón egipcio, lo compró de los ismaelitas que
lo habían llevado allá.
2 Mas Jehová estaba con José,[a] y fue varón prós-
pero; y estaba en la casa de su amo el egipcio.
3 Y vio su amo que Jehová estaba con él, y que
todo lo que él hacía, Jehová lo hacía prosperar
en su mano.
4 Así halló José gracia en sus ojos, y le servía; y
él le hizo mayordomo de su casa y entregó en su
poder todo lo que tenía.
5 Y aconteció que desde cuando le dio el encar-
go de su casa y de todo lo que tenía, Jehová ben-
dijo la casa del egipcio a causa de José, y la
bendición de Jehová estaba sobre todo lo que
tenía, así en casa como en el campo.
6 Y dejó todo lo que tenía en mano de José, y
con él no se preocupaba de cosa alguna sino del

38.29: [52] Esto es, *Rotura*, o *Brecha*. **39.2:** [a] Hch. 7.9.

pan que comía. Y era José de hermoso semblante y bella presencia.

7 Aconteció después de esto, que la mujer de su amo puso sus ojos en José, y dijo: Duerme conmigo.

8 Y él no quiso, y dijo a la mujer de su amo: He aquí que mi señor no se preocupa conmigo de lo que hay en casa, y ha puesto en mi mano todo lo que tiene.

9 No hay otro mayor que yo en esta casa, y ninguna cosa me ha reservado sino a ti, por cuanto tú eres su mujer; ¿cómo, pues, haría yo este grande mal, y pecaría contra Dios?

10 Hablando ella a José cada día, y no escuchándola él para acostarse al lado de ella, para estar con ella,

11 aconteció que entró él un día en casa para hacer su oficio, y no había nadie de los de casa allí.

12 Y ella lo asió por su ropa, diciendo: Duerme conmigo. Entonces él dejó su ropa en las manos de ella, y huyó y salió.

13 Cuando vio ella que le había dejado su ropa en sus manos, y había huido fuera,

14 llamó a los de casa, y les habló diciendo: Mirad, nos ha traído un hebreo para que hiciese burla de nosotros. Vino él a mí para dormir conmigo, y yo di grandes voces;

15 y viendo que yo alzaba la voz y gritaba, dejó junto a mí su ropa, y huyó y salió.

16 Y ella puso junto a sí la ropa de José, hasta que vino su señor a su casa.

17 Entonces le habló ella las mismas palabras, diciendo: El siervo hebreo que nos trajiste, vino a mí para deshonrarme.

18 Y cuando yo alcé mi voz y grité, él dejó su ropa junto a mí y huyó fuera.

19 Y sucedió que cuando oyó el amo de José las palabras que su mujer le hablaba, diciendo: Así me ha tratado tu siervo, se encendió su furor.

20 Y tomó su amo a José, y lo puso en la cárcel, donde estaban los presos del rey, y estuvo allí en la cárcel.

21 Pero Jehová estaba con José[b] y le extendió su misericordia, y le dio gracia en los ojos del jefe de la cárcel.

22 Y el jefe de la cárcel entregó en mano de José el cuidado de todos los presos que había en aquella prisión; todo lo que se hacía allí, él lo hacía.

23 No necesitaba atender el jefe de la cárcel cosa alguna de las que estaban al cuidado de José, porque Jehová estaba con José, y lo que él hacía, Jehová lo prosperaba.

José interpreta dos sueños

40 1 Aconteció después de estas cosas, que el copero del rey de Egipto y el panadero delinquieron contra su señor el rey de Egipto.

2 Y se enojó Faraón contra sus dos oficiales, contra el jefe de los coperos y contra el jefe de los panaderos,

3 y los puso en prisión en la casa del capitán de la guardia, en la cárcel donde José estaba preso.

4 Y el capitán de la guardia encargó de ellos a José, y él les servía; y estuvieron días en la prisión.

5 Y ambos, el copero y el panadero del rey de Egipto, que estaban arrestados en la prisión, tuvieron un sueño, cada uno su propio sueño en una misma noche, cada uno con su propio significado.

6 Vino a ellos José por la mañana, y los miró, y he aquí que estaban tristes.

7 Y él preguntó a aquellos oficiales de Faraón, que estaban con él en la prisión de la casa de su señor, diciendo: ¿Por qué parecen hoy mal vuestros semblantes?

8 Ellos le dijeron: Hemos tenido un sueño, y no hay quien lo interprete. Entonces les dijo José: ¿No son de Dios las interpretaciones? Contádmelo ahora.

9 Entonces el jefe de los coperos contó su sueño a José, y le dijo: Yo soñaba que veía una vid delante de mí,

10 y en la vid tres sarmientos; y ella como que brotaba, y arrojaba su flor, viniendo a madurar sus racimos de uvas.

11 Y que la copa de Faraón estaba en mi mano, y tomaba yo las uvas y las exprimía en la copa de Faraón, y daba yo la copa en mano de Faraón.

12 Y le dijo José: Esta es su interpretación: los tres sarmientos son tres días.

13 Al cabo de tres días levantará Faraón tu cabeza, y te restituirá a tu puesto, y darás la copa a Faraón en su mano, como solías hacerlo cuando eras su copero.

14 Acuérdate, pues, de mí cuando tengas ese bien, y te ruego que uses conmigo de misericordia, y hagas mención de mí a Faraón, y me saques de esta casa.

15 Porque fui hurtado de la tierra de los hebreos; y tampoco he hecho aquí por qué me pusiesen en la cárcel.

16 Viendo el jefe de los panaderos que había interpretado para bien, dijo a José: También yo soñé que veía tres canastillos blancos sobre mi cabeza.

17 En el canastillo más alto había de toda clase de manjares de pastelería para Faraón; y las aves las comían del canastillo de sobre mi cabeza.

18 Entonces respondió José, y dijo: Esta es su interpretación: Los tres canastillos tres días son.

19 Al cabo de tres días quitará Faraón tu cabeza de sobre ti, y te hará colgar en la horca, y las aves comerán tu carne de sobre ti.

39.21: [b] Hch. 7.9.

20 Al tercer día, que era el día del cumpleaños de Faraón, el rey hizo banquete a todos sus sirvientes; y alzó la cabeza del jefe de los coperos, y la cabeza del jefe de los panaderos, entre sus servidores.
21 E hizo volver a su oficio al jefe de los coperos, y dio éste la copa en mano de Faraón.
22 Mas hizo ahorcar al jefe de los panaderos, como lo había interpretado José.
23 Y el jefe de los coperos no se acordó de José, sino que le olvidó.

José interpreta el sueño de Faraón

41 1 Aconteció que pasados dos años tuvo Faraón un sueño. Le parecía que estaba junto al río;
2 y que del río subían siete vacas, hermosas a la vista, y muy gordas, y pacían en el prado.
3 Y que tras ellas subían del río otras siete vacas de feo aspecto y enjutas de carne, y se pararon cerca de las vacas hermosas a la orilla del río;
4 y que las vacas de feo aspecto y enjutas de carne devoraban a las siete vacas hermosas y muy gordas. Y despertó Faraón.
5 Se durmió de nuevo, y soñó la segunda vez: Que siete espigas llenas y hermosas crecían de una sola caña,
6 y que después de ellas salían otras siete espigas menudas y abatidas del viento solano;
7 y las siete espigas menudas devoraban a las siete espigas gruesas y llenas. Y despertó Faraón, y he aquí que era sueño.
8 Sucedió que por la mañana estaba agitado su espíritu, y envió e hizo llamar a todos los magos de Egipto, y a todos sus sabios; y les contó Faraón sus sueños, mas no había quien los pudiese interpretar a Faraón.
9 Entonces el jefe de los coperos habló a Faraón, diciendo: Me acuerdo hoy de mis faltas.
10 Cuando Faraón se enojó contra sus siervos, nos echó a la prisión de la casa del capitán de la guardia a mí y al jefe de los panaderos.
11 Y él y yo tuvimos un sueño en la misma noche, y cada sueño tenía su propio significado.
12 Estaba allí con nosotros un joven hebreo, siervo del capitán de la guardia; y se lo contamos, y él nos interpretó nuestros sueños, y declaró a cada uno conforme a su sueño.
13 Y aconteció que como él nos los interpretó, así fue: yo fui restablecido en mi puesto, y el otro fue colgado.
14 Entonces Faraón envió y llamó a José. Y lo sacaron apresuradamente de la cárcel, y se afeitó, y mudó sus vestidos, y vino a Faraón.
15 Y dijo Faraón a José: Yo he tenido un sueño, y no hay quien lo interprete; mas he oído decir de ti, que oyes sueños para interpretarlos.
16 Respondió José a Faraón, diciendo: No está en mí; Dios será el que dé respuesta propicia a Faraón.
17 Entonces Faraón dijo a José: En mi sueño me parecía que estaba a la orilla del río;
18 y que del río subían siete vacas de gruesas carnes y hermosa apariencia, que pacían en el prado.
19 Y que otras siete vacas subían después de ellas, flacas y de muy feo aspecto; tan extenuadas, que no he visto otras semejantes en fealdad en toda la tierra de Egipto.
20 Y las vacas flacas y feas devoraban a las siete primeras vacas gordas;
21 y éstas entraban en sus entrañas, mas no se conocía que hubiesen entrado, porque la apariencia de las flacas era aún mala, como al principio. Y yo desperté.
22 Vi también soñando, que siete espigas crecían en una misma caña, llenas y hermosas.
23 Y que otras siete espigas menudas, marchitas, abatidas del viento solano, crecían después de ellas;
24 y las espigas menudas devoraban a las siete espigas hermosas; y lo he dicho a los magos, mas no hay quien me lo interprete.
25 Entonces respondió José a Faraón: El sueño de Faraón es uno mismo; Dios ha mostrado a Faraón lo que va a hacer.
26 Las siete vacas hermosas siete años son; y las espigas hermosas son siete años: el sueño es uno mismo.
27 También las siete vacas flacas y feas que subían tras ellas, son siete años; y las siete espigas menudas y marchitas del viento solano, siete años serán de hambre.
28 Esto es lo que respondo a Faraón. Lo que Dios va a hacer, lo ha mostrado a Faraón.
29 He aquí vienen siete años de gran abundancia en toda la tierra de Egipto.
30 Y tras ellos seguirán siete años de hambre; y toda la abundancia será olvidada en la tierra de Egipto, y el hambre consumirá la tierra.
31 Y aquella abundancia no se echará de ver, a causa del hambre siguiente la cual será gravísima.
32 Y el suceder el sueño a Faraón dos veces, significa que la cosa es firme de parte de Dios, y que Dios se apresura a hacerla.
33 Por tanto, provéase ahora Faraón de un varón prudente y sabio, y póngalo sobre la tierra de Egipto.
34 Haga esto Faraón, y ponga gobernadores sobre el país, y quinte la tierra de Egipto en los siete años de la abundancia.
35 Y junten toda la provisión de estos buenos años que vienen, y recojan el trigo bajo la mano de Faraón para mantenimiento de las ciudades; y guárdenlo.

36 Y esté aquella provisión en depósito para el país, para los siete años de hambre que habrá en la tierra de Egipto; y el país no perecerá de hambre.

José, gobernador de Egipto

37 El asunto pareció bien a Faraón y a sus siervos,
38 y dijo Faraón a sus siervos: ¿Acaso hallaremos a otro hombre como éste, en quien esté el espíritu de Dios?
39 Y dijo Faraón a José: Pues que Dios te ha hecho saber todo esto, no hay entendido ni sabio como tú.
40 Tú estarás sobre mi casa,[a] y por tu palabra se gobernará todo mi pueblo; solamente en el trono seré yo mayor que tú.
41 Dijo además Faraón a José: He aquí yo te he puesto sobre toda la tierra de Egipto.
42 Entonces Faraón quitó su anillo de su mano, y lo puso en la mano de José, y lo hizo vestir de ropas de lino finísimo, y puso un collar de oro en su cuello;
43 y lo hizo subir en su segundo carro, y pregonaron delante de él: ¡Doblad la rodilla!;[53] y lo puso sobre toda la tierra de Egipto.
44 Y dijo Faraón a José: Yo soy Faraón; y sin ti ninguno alzará su mano ni su pie en toda la tierra de Egipto.
45 Y llamó Faraón el nombre de José, Zafnat-panea; y le dio por mujer a Asenat, hija de Potifera sacerdote de On. Y salió José por toda la tierra de Egipto.

46 Era José de edad de treinta años cuando fue presentado delante de Faraón rey de Egipto; y salió José de delante de Faraón, y recorrió toda la tierra de Egipto.
47 En aquellos siete años de abundancia la tierra produjo a montones.
48 Y él reunió todo el alimento de los siete años de abundancia que hubo en la tierra de Egipto, y guardó alimento en las ciudades, poniendo en cada ciudad el alimento del campo de sus alrededores.
49 Recogió José trigo como arena del mar, mucho en extremo, hasta no poderse contar, porque no tenía número.
50 Y nacieron a José dos hijos antes que viniese el primer año del hambre, los cuales le dio a luz Asenat, hija de Potifera sacerdote de On.
51 Y llamó José el nombre del primogénito, Manasés;[54] porque dijo: Dios me hizo olvidar todo mi trabajo, y toda la casa de mi padre.
52 Y llamó el nombre del segundo, Efraín;[55] porque dijo: Dios me hizo fructificar en la tierra de mi aflicción.

53 Así se cumplieron los siete años de abundancia que hubo en la tierra de Egipto.
54 Y comenzaron a venir los siete años del hambre,[b] como José había dicho; y hubo hambre en todos los países, mas en toda la tierra de Egipto había pan.
55 Cuando se sintió el hambre en toda la tierra de Egipto, el pueblo clamó a Faraón por pan. Y dijo Faraón a todos los egipcios: Id a José, y haced lo que él os dijere.[c]
56 Y el hambre estaba por toda la extensión del país. Entonces abrió José todo granero donde había, y vendía a los egipcios; porque había crecido el hambre en la tierra de Egipto.
57 Y de toda la tierra venían a Egipto para comprar de José, porque por toda la tierra había crecido el hambre.

Los hermanos de José vienen por alimentos

42 1 Viendo Jacob que en Egipto había alimentos, dijo a sus hijos: ¿Por qué os estáis mirando?
2 Y dijo: He aquí, yo he oído que hay víveres en Egipto; descended allá, y comprad de allí para nosotros, para que podamos vivir, y no muramos.[a]
3 Y descendieron los diez hermanos de José a comprar trigo en Egipto.
4 Mas Jacob no envió a Benjamín, hermano de José, con sus hermanos; porque dijo: No sea que le acontezca algún desastre.
5 Vinieron los hijos de Israel a comprar entre los que venían; porque había hambre en la tierra de Canaán.

6 Y José era el señor de la tierra, quien le vendía a todo el pueblo de la tierra; y llegaron los hermanos de José, y se inclinaron a él rostro a tierra.
7 Y José, cuando vio a sus hermanos, los conoció; mas hizo como que no los conocía, y les habló ásperamente, y les dijo: ¿De dónde habéis venido? Ellos respondieron: De la tierra de Canaán, para comprar alimentos.
8 José, pues, conoció a sus hermanos; pero ellos no le conocieron.
9 Entonces se acordó José de los sueños que había tenido acerca de ellos,[b] y les dijo: Espías sois; por ver lo descubierto del país habéis venido.
10 Ellos le respondieron: No, señor nuestro, sino que tus siervos han venido a comprar alimentos.
11 Todos nosotros somos hijos de un varón; somos hombres honrados; tus siervos nunca fueron espías.
12 Pero José les dijo: No; para ver lo descubierto del país habéis venido.

41.40: [a] Hch. 7.10. **41.43:** [53] *Abrek,* probablemente una palabra egipcia semejante en sonido a la palabra hebrea que significa *arrodillarse.* **41.51:** [54] Esto es, *El que hace olvidar.* **41.52:** [55] De una palabra hebrea que significa *fructífero.* **41.54:** [b] Hch. 7.11. **41.55:** [c] Jn. 2.5. **42.2:** [a] Hch. 7.12. **42.9:** [b] Gn. 37.5-10.

13 Y ellos respondieron: Tus siervos somos doce
hermanos, hijos de un varón en la tierra de Ca-
naán; y he aquí el menor está hoy con nuestro
padre, y otro no parece.
14 Y José les dijo: Eso es lo que os he dicho, afir-
mando que sois espías.
15 En esto seréis probados: Vive Faraón, que no
saldréis de aquí, sino cuando vuestro hermano
menor viniere aquí.
16 Enviad a uno de vosotros y traiga a vuestro
hermano, y vosotros quedad presos, y vuestras
palabras serán probadas, si hay verdad en voso-
tros; y si no, vive Faraón, que sois espías.
17 Entonces los puso juntos en la cárcel por tres
días.
18 Y al tercer día les dijo José: Haced esto, y vi-
vid: Yo temo a Dios.
19 Si sois hombres honrados, quede preso en la
casa de vuestra cárcel uno de vuestros herma-
nos, y vosotros id y llevad el alimento para el
hambre de vuestra casa.
20 Pero traeréis a vuestro hermano menor, y se-
rán verificadas vuestras palabras, y no moriréis.
Y ellos lo hicieron así.
21 Y decían el uno al otro: Verdaderamente
hemos pecado contra nuestro hermano, pues vi-
mos la angustia de su alma cuando nos rogaba,
y no le escuchamos; por eso ha venido sobre
nosotros esta angustia.
22 Entonces Rubén les respondió, diciendo: ¿No
os hablé yo y dije: No pequéis contra el joven,[c] y
no escuchasteis? He aquí también se nos de-
manda su sangre.
23 Pero ellos no sabían que los entendía José,
porque había intérprete entre ellos.
24 Y se apartó José de ellos, y lloró; después vol-
vió a ellos, y les habló, y tomó de entre ellos a
Simeón, y lo aprisionó a vista de ellos.
25 Después mandó José que llenaran sus sacos
de trigo, y devolviesen el dinero de cada uno de
ellos, poniéndolo en su saco, y les diesen comi-
da para el camino; y así se hizo con ellos.
26 Y ellos pusieron su trigo sobre sus asnos, y
se fueron de allí.
27 Pero abriendo uno de ellos su saco para dar
de comer a su asno en el mesón, vio su dinero
que estaba en la boca de su costal.
28 Y dijo a sus hermanos: Mi dinero se me ha de-
vuelto, y helo aquí en mi saco. Entonces se les
sobresaltó el corazón, y espantados dijeron el
uno al otro: ¿Qué es esto que nos ha hecho
Dios?
29 Y venidos a Jacob su padre en tierra de Ca-
naán, le contaron todo lo que les había aconteci-
do, diciendo:
30 Aquel varón, el señor de la tierra, nos habló
ásperamente, y nos trató como a espías de la
tierra.
31 Y nosotros le dijimos: Somos hombres honra-
dos, nunca fuimos espías.
32 Somos doce hermanos, hijos de nuestro pa-
dre; uno no parece, y el menor está hoy con
nuestro padre en la tierra de Canaán.
33 Entonces aquel varón, el señor de la tierra,
nos dijo: En esto conoceré que sois hombres
honrados: dejad conmigo uno de vuestros her-
manos, y tomad para el hambre de vuestras
casas, y andad,
34 y traedme a vuestro hermano el menor, para
que yo sepa que no sois espías, sino hombres
honrados; así os daré a vuestro hermano, y ne-
gociaréis en la tierra.
35 Y aconteció que vaciando ellos sus sacos,
he aquí que en el saco de cada uno estaba el ata-
do de su dinero; y viendo ellos y su padre los
atados de su dinero, tuvieron temor.
36 Entonces su padre Jacob les dijo: Me habéis
privado de mis hijos; José no parece, ni Simeón
tampoco, y a Benjamín le llevaréis; contra mí
son todas estas cosas.
37 Y Rubén habló a su padre, diciendo: Harás
morir a mis dos hijos, si no te lo devuelvo; entré-
galo en mi mano, que yo lo devolveré a ti.
38 Y él dijo: No descenderá mi hijo con vosotros,
pues su hermano ha muerto, y él solo ha queda-
do; y si le aconteciere algún desastre en el cami-
no por donde vais, haréis descender mis canas
con dolor al Seol.

Los hermanos de José regresan con Benjamín

43 **1** El hambre era grande en la tierra;
2 y aconteció que cuando acabaron de co-
mer el trigo que trajeron de Egipto, les dijo su pa-
dre: Volved, y comprad para nosotros un poco de
alimento.
3 Respondió Judá, diciendo: Aquel varón nos
protestó con ánimo resuelto, diciendo: No ve-
réis mi rostro si no traéis a vuestro hermano con
vosotros.
4 Si enviares a nuestro hermano con nosotros,
descenderemos y te compraremos alimento.
5 Pero si no le enviares, no descenderemos; por-
que aquel varón nos dijo: No veréis mi rostro si
no traéis a vuestro hermano con vosotros.
6 Dijo entonces Israel: ¿Por qué me hicisteis tan-
to mal, declarando al varón que teníais otro
hermano?
7 Y ellos respondieron: Aquel varón nos preguntó
expresamente por nosotros, y por nuestra familia,
diciendo: ¿Vive aún vuestro padre? ¿Tenéis otro
hermano? Y le declaramos conforme a estas pala-
bras. ¿Acaso podíamos saber que él nos diría: Ha-
ced venir a vuestro hermano?
8 Entonces Judá dijo a Israel su padre: Envía al

42.22: [c] Gn. 37.21-22.

joven conmigo, y nos levantaremos e iremos, a
fin de que vivamos y no muramos nosotros, y tú,
y nuestros niños.
9 Yo te respondo por él; a mí me pedirás cuenta.
Si yo no te lo vuelvo a traer, y si no lo pongo de-
lante de ti, seré para ti el culpable para siempre;
10 pues si no nos hubiéramos detenido, cierta-
mente hubiéramos ya vuelto dos veces.
11 Entonces Israel su padre les respondió:
Pues que así es, hacedlo; tomad de lo mejor de
la tierra en vuestros sacos, y llevad a aquel va-
rón un presente, un poco de bálsamo, un poco
de miel, aromas y mirra, nueces y almendras.
12 Y tomad en vuestras manos doble cantidad
de dinero, y llevad en vuestra mano el dinero
vuelto en las bocas de vuestros costales; quizá
fue equivocación.
13 Tomad también a vuestro hermano, y levan-
taos, y volved a aquel varón.
14 Y el Dios Omnipotente os dé misericordia de-
lante de aquel varón, y os suelte al otro vuestro
hermano, y a este Benjamín. Y si he de ser priva-
do de mis hijos, séalo.
15 Entonces tomaron aquellos varones el presen-
te, y tomaron en su mano doble cantidad de dine-
ro, y a Benjamín; y se levantaron y descendieron a
Egipto, y se presentaron delante de José.
16 Y vio José a Benjamín con ellos, y dijo al
mayordomo de su casa: Lleva a casa a esos hom-
bres, y degüella una res y prepárala, pues estos
hombres comerán conmigo al mediodía.
17 E hizo el hombre como José dijo, y llevó a los
hombres a casa de José.
18 Entonces aquellos hombres tuvieron temor,
cuando fueron llevados a casa de José, y decían:
Por el dinero que fue devuelto en nuestros cos-
tales la primera vez nos han traído aquí, para
tendernos lazo, y atacarnos, y tomarnos por
siervos a nosotros, y a nuestros asnos.
19 Y se acercaron al mayordomo de la casa de
José, y le hablaron a la entrada de la casa.
20 Y dijeron: Ay, señor nuestro, nosotros en rea-
lidad de verdad descendimos al principio a
comprar alimentos.
21 Y aconteció que cuando llegamos al mesón y
abrimos nuestros costales, he aquí el dinero de
cada uno estaba en la boca de su costal, nuestro
dinero en su justo peso; y lo hemos vuelto a
traer con nosotros.
22 Hemos también traído en nuestras manos
otro dinero para comprar alimentos; nosotros
no sabemos quién haya puesto nuestro dinero
en nuestros costales.
23 El les respondió: Paz a vosotros, no temáis;
vuestro Dios y el Dios de vuestro padre os dio el
tesoro en vuestros costales; yo recibí vuestro di-
nero. Y sacó a Simeón a ellos.
24 Y llevó aquel varón a los hombres a casa de
José; y les dio agua, y lavaron sus pies, y dio de
comer a sus asnos.
25 Y ellos prepararon el presente entretanto que
venía José a mediodía, porque habían oído que
allí habrían de comer pan.
26 Y vino José a casa, y ellos le trajeron el pre-
sente que tenían en su mano dentro de la casa, y
se inclinaron ante él hasta la tierra.
27 Entonces les preguntó José cómo estaban, y
dijo: ¿Vuestro padre, el anciano que dijisteis, lo
pasa bien? ¿Vive todavía?
28 Y ellos respondieron: Bien va a tu siervo nues-
tro padre; aún vive. Y se inclinaron, e hicieron
reverencia.
29 Y alzando José sus ojos vio a Benjamín su her-
mano, hijo de su madre, y dijo: ¿Es éste vuestro
hermano menor, de quien me hablasteis? Y dijo:
Dios tenga misericordia de ti, hijo mío.
30 Entonces José se apresuró, porque se con-
movieron sus entrañas a causa de su hermano,
y buscó dónde llorar; y entró en su cámara, y
lloró allí.
31 Y lavó su rostro y salió, y se contuvo, y dijo:
Poned pan.
32 Y pusieron para él aparte, y separadamente
para ellos, y aparte para los egipcios que con él
comían; porque los egipcios no pueden comer
pan con los hebreos, lo cual es abominación a
los egipcios.
33 Y se sentaron delante de él, el mayor confor-
me a su primogenitura, y el menor conforme a
su menor edad; y estaban aquellos hombres ató-
nitos mirándose el uno al otro.
34 Y José tomó viandas de delante de sí para
ellos; mas la porción de Benjamín era cinco ve-
ces mayor que cualquiera de las de ellos. Y be-
bieron, y se alegraron con él.

La copa de José

44 1 Mandó José al mayordomo de su casa,
diciendo: Llena de alimento los costales
de estos varones, cuanto puedan llevar, y pon el
dinero de cada uno en la boca de su costal.
2 Y pondrás mi copa, la copa de plata, en la boca
del costal del menor, con el dinero de su trigo. Y
él hizo como dijo José.
3 Venida la mañana, los hombres fueron despe-
didos con sus asnos.
4 Habiendo ellos salido de la ciudad, de la que
aún no se habían alejado, dijo José a su mayor-
domo: Levántate y sigue a esos hombres; y
cuando los alcances, diles: ¿Por qué habéis vuel-
to mal por bien? ¿Por qué habéis robado mi
copa de plata?
5 ¿No es ésta en la que bebe mi señor, y por la
que suele adivinar? Habéis hecho mal en lo que
hicisteis.
6 Cuando él los alcanzó, les dijo estas palabras.

7 Y ellos le respondieron: ¿Por qué dice nuestro señor tales cosas? Nunca tal hagan tus siervos.
8 He aquí, el dinero que hallamos en la boca de nuestros costales, te lo volvimos a traer desde la tierra de Canaán; ¿cómo, pues, habíamos de hurtar de casa de tu señor plata ni oro?
9 Aquel de tus siervos en quien fuere hallada la copa, que muera, y aun nosotros seremos siervos de mi señor.
10 Y él dijo: También ahora sea conforme a vuestras palabras; aquel en quien se hallare será mi siervo, y vosotros seréis sin culpa.
11 Ellos entonces se dieron prisa, y derribando cada uno su costal en tierra, abrió cada cual el costal suyo.
12 Y buscó; desde el mayor comenzó, y acabó en el menor; y la copa fue hallada en el costal de Benjamín.
13 Entonces ellos rasgaron sus vestidos, y cargó cada uno su asno y volvieron a la ciudad.
14 Vino Judá con sus hermanos a casa de José, que aún estaba allí, y se postraron delante de él en tierra.
15 Y les dijo José: ¿Qué acción es esta que habéis hecho? ¿No sabéis que un hombre como yo sabe adivinar?
16 Entonces dijo Judá: ¿Qué diremos a mi señor? ¿Qué hablaremos, o con qué nos justificaremos? Dios ha hallado la maldad de tus siervos; he aquí, nosotros somos siervos de mi señor, nosotros, y también aquel en cuyo poder fue hallada la copa.
17 José respondió: Nunca yo tal haga. El varón en cuyo poder fue hallada la copa, él será mi siervo; vosotros id en paz a vuestro padre.

Judá intercede por Benjamín

18 Entonces Judá se acercó a él, y dijo: Ay, señor mío, te ruego que permitas que hable tu siervo una palabra en oídos de mi señor, y no se encienda tu enojo contra tu siervo, pues tú eres como Faraón.
19 Mi señor preguntó a sus siervos, diciendo: ¿Tenéis padre o hermano?
20 Y nosotros respondimos a mi señor: Tenemos un padre anciano, y un hermano joven, pequeño aún, que le nació en su vejez; y un hermano suyo murió, y él solo quedó de los hijos de su madre; y su padre lo ama.
21 Y tú dijiste a tus siervos: Traédmelo, y pondré mis ojos sobre él.
22 Y nosotros dijimos a mi señor: El joven no puede dejar a su padre, porque si lo dejare, su padre morirá.
23 Y dijiste a tus siervos: Si vuestro hermano menor no desciende con vosotros, no veréis más mi rostro.
24 Aconteció, pues, que cuando llegamos a mi padre tu siervo, le contamos las palabras de mi señor.
25 Y dijo nuestro padre: Volved a comprarnos un poco de alimento.
26 Y nosotros respondimos: No podemos ir; si nuestro hermano va con nosotros, iremos; porque no podremos ver el rostro del varón, si no está con nosotros nuestro hermano el menor.
27 Entonces tu siervo mi padre nos dijo: Vosotros sabéis que dos hijos me dio a luz mi mujer;
28 y el uno salió de mi presencia, y pienso de cierto que fue despedazado, y hasta ahora no lo he visto.
29 Y si tomáis también a éste de delante de mí, y le acontece algún desastre, haréis descender mis canas con dolor al Seol.
30 Ahora, pues, cuando vuelva yo a tu siervo mi padre, si el joven no va conmigo, como su vida está ligada a la vida de él,
31 sucederá que cuando no vea al joven, morirá; y tus siervos harán descender las canas de tu siervo nuestro padre con dolor al Seol.
32 Como tu siervo salió por fiador del joven con mi padre, diciendo: Si no te lo vuelvo a traer, entonces yo seré culpable ante mi padre para siempre;
33 te ruego, por tanto, que quede ahora tu siervo en lugar del joven por siervo de mi señor, y que el joven vaya con sus hermanos.
34 Porque ¿cómo volveré yo a mi padre sin el joven? No podré, por no ver el mal que sobrevendrá a mi padre.

José se da a conocer a sus hermanos

45 1 No podía ya José contenerse delante de todos los que estaban al lado suyo, y clamó: Haced salir de mi presencia a todos. Y no quedó nadie con él, al darse a conocer José a sus hermanos.[a]
2 Entonces se dio a llorar a gritos; y oyeron los egipcios, y oyó también la casa de Faraón.
3 Y dijo José a sus hermanos: Yo soy José; ¿vive aún mi padre? Y sus hermanos no pudieron responderle, porque estaban turbados delante de él.
4 Entonces dijo José a sus hermanos: Acercaos ahora a mí. Y ellos se acercaron. Y él dijo: Yo soy José vuestro hermano, el que vendisteis para Egipto.
5 Ahora, pues, no os entristezcáis, ni os pese de haberme vendido acá; porque para preservación de vida me envió Dios delante de vosotros.
6 Pues ya ha habido dos años de hambre en medio de la tierra, y aún quedan cinco años en los cuales ni habrá arada ni siega.
7 Y Dios me envió delante de vosotros, para preservaros posteridad sobre la tierra, y para daros vida por medio de gran liberación.
8 Así, pues, no me enviasteis acá vosotros, sino

45.1: [a] Hch. 7.13.

Dios, que me ha puesto por padre de Faraón y por señor de toda su casa, y por gobernador en toda la tierra de Egipto.

9 Daos prisa, id a mi padre y decidle: Así dice tu hijo José: Dios me ha puesto por señor de todo Egipto; ven a mí, no te detengas.

10 Habitarás en la tierra de Gosén, y estarás cerca de mí, tú y tus hijos, y los hijos de tus hijos, tus ganados y tus vacas, y todo lo que tienes.

11 Y allí te alimentaré, pues aún quedan cinco años de hambre, para que no perezcas de pobreza tú y tu casa, y todo lo que tienes.[b]

12 He aquí, vuestros ojos ven, y los ojos de mi hermano Benjamín, que mi boca os habla.

13 Haréis, pues, saber a mi padre toda mi gloria en Egipto, y todo lo que habéis visto; y daos prisa, y traed a mi padre acá.

14 Y se echó sobre el cuello de Benjamín su hermano, y lloró; y también Benjamín lloró sobre su cuello.

15 Y besó a todos sus hermanos, y lloró sobre ellos; y después sus hermanos hablaron con él.

16 Y se oyó la noticia en la casa de Faraón, diciendo: Los hermanos de José han venido. Y esto agradó en los ojos de Faraón y de sus siervos.

17 Y dijo Faraón a José: Di a tus hermanos: Haced esto: cargad vuestras bestias, e id, volved a la tierra de Canaán;

18 y tomad a vuestro padre y a vuestras familias y venid a mí, porque yo os daré lo bueno de la tierra de Egipto, y comeréis de la abundancia de la tierra.

19 Y tú manda: Haced esto: tomaos de la tierra de Egipto carros para vuestros niños y vuestras mujeres, y traed a vuestro padre, y venid.

20 Y no os preocupéis por vuestros enseres, porque la riqueza de la tierra de Egipto será vuestra.

21 Y lo hicieron así los hijos de Israel; y les dio José carros conforme a la orden de Faraón, y les suministró víveres para el camino.

22 A cada uno de todos ellos dio mudas de vestidos, y a Benjamín dio trescientas piezas de plata, y cinco mudas de vestidos.

23 Y a su padre envió esto: diez asnos cargados de lo mejor de Egipto, y diez asnas cargadas de trigo, y pan y comida, para su padre en el camino.

24 Y despidió a sus hermanos, y ellos se fueron. Y él les dijo: No riñáis por el camino.

25 Y subieron de Egipto, y llegaron a la tierra de Canaán a Jacob su padre.

26 Y le dieron las nuevas, diciendo: José vive aún; y él es señor en toda la tierra de Egipto. Y el corazón de Jacob se afligió, porque no los creía.

27 Y ellos le contaron todas las palabras de José, que él les había hablado; y viendo Jacob los carros que José enviaba para llevarlo, su espíritu revivió.

28 Entonces dijo Israel: Basta; José mi hijo vive todavía; iré, y le veré antes que yo muera.

Jacob y su familia en Egipto

46 1 Salió Israel con todo lo que tenía, y vino a Beerseba, y ofreció sacrificios al Dios de su padre Isaac.

2 Y habló Dios a Israel en visiones de noche, y dijo: Jacob, Jacob. Y él respondió: Heme aquí.

3 Y dijo: Yo soy Dios, el Dios de tu padre; no temas de descender a Egipto, porque allí yo haré de ti una gran nación.

4 Yo descenderé contigo a Egipto, y yo también te haré volver; y la mano de José cerrará tus ojos.

5 Y se levantó Jacob de Beerseba; y tomaron los hijos de Israel a su padre Jacob, y a sus niños, y a sus mujeres, en los carros que Faraón había enviado para llevarlo.

6 Y tomaron sus ganados, y sus bienes que habían adquirido en la tierra de Canaán, y vinieron a Egipto,[a] Jacob y toda su descendencia consigo;

7 sus hijos, y los hijos de sus hijos consigo; sus hijas, y las hijas de sus hijos, y a toda su descendencia trajo consigo a Egipto.

8 Y estos son los nombres de los hijos de Israel, que entraron en Egipto, Jacob y sus hijos: Rubén, el primogénito de Jacob.

9 Y los hijos de Rubén: Hanoc, Falú, Hezrón y Carmi.

10 Los hijos de Simeón: Jemuel, Jamín, Ohad, Jaquín, Zohar, y Saúl hijo de la cananea.

11 Los hijos de Leví: Gersón, Coat y Merari.

12 Los hijos de Judá: Er, Onán, Sela, Fares y Zara; mas Er y Onán murieron en la tierra de Canaán. Y los hijos de Fares fueron Hezrón y Hamul.

13 Los hijos de Isacar: Tola, Fúa, Job y Simrón.

14 Los hijos de Zabulón: Sered, Elón y Jahleel.

15 Estos fueron los hijos de Lea, los que dio a luz a Jacob en Padan-aram, y además su hija Dina; treinta y tres las personas todas de sus hijos e hijas.

16 Los hijos de Gad: Zifión, Hagui, Ezbón, Suni, Eri, Arodi y Areli.

17 Y los hijos de Aser: Imna, Isúa, Isúi, Bería, y Sera hermana de ellos. Los hijos de Bería: Heber y Malquiel.

18 Estos fueron los hijos de Zilpa, la que Labán dio a su hija Lea, y dio a luz éstos a Jacob; por todas dieciséis personas.

19 Los hijos de Raquel, mujer de Jacob: José y Benjamín.

20 Y nacieron a José en la tierra de Egipto Manasés y Efraín, los que le dio a luz Asenat, hija de Potifera sacerdote de On.[b]

21 Los hijos de Benjamín fueron Bela, Bequer, Asbel, Gera, Naamán, Ehi, Ros, Mupim, Hupim y Ard.

45.9-11: [b] Hch. 7.14. **46.6:** [a] Hch. 7.15.
46.20: [b] Gn. 41.50-52.

22 Estos fueron los hijos de Raquel, que nacie-
ron a Jacob; por todas catorce personas.
23 Los hijos de Dan: Husim.
24 Los hijos de Neftalí: Jahzeel, Guni, Jezer y
Silem.
25 Estos fueron los hijos de Bilha, la que dio La-
bán a Raquel su hija, y dio a luz éstos a Jacob;
por todas siete personas.
26 Todas las personas que vinieron con Jacob a
Egipto, procedentes de sus lomos, sin las muje-
res de los hijos de Jacob, todas las personas fue-
ron sesenta y seis.
27 Y los hijos de José, que le nacieron en Egipto,
dos personas. Todas las personas de la casa de
Jacob, que entraron en Egipto, fueron setenta.[c]
28 Y envió Jacob a Judá delante de sí a José,
para que le viniese a ver en Gosén; y llegaron a
la tierra de Gosén.
29 Y José unció su carro y vino a recibir a Israel su
padre en Gosén; y se manifestó a él, y se echó so-
bre su cuello, y lloró sobre su cuello largamente.
30 Entonces Israel dijo a José: Muera yo ahora,
ya que he visto tu rostro, y sé que aún vives.
31 Y José dijo a sus hermanos, y a la casa de su
padre: Subiré y lo haré saber a Faraón, y le diré:
Mis hermanos y la casa de mi padre, que esta-
ban en la tierra de Canaán, han venido a mí.
32 Y los hombres son pastores de ovejas, porque
son hombres ganaderos; y han traído sus ovejas
y sus vacas, y todo lo que tenían.
33 Y cuando Faraón os llamare y dijere: ¿Cuál es
vuestro oficio?
34 entonces diréis: Hombres de ganadería han
sido tus siervos desde nuestra juventud hasta
ahora, nosotros y nuestros padres; a fin de que
moréis en la tierra de Gosén, porque para los
egipcios es abominación todo pastor de ovejas.

47 1 Vino José y lo hizo saber a Faraón, y
dijo: Mi padre y mis hermanos, y sus
ovejas y sus vacas, con todo lo que tienen, han
venido de la tierra de Canaán, y he aquí están
en la tierra de Gosén.
2 Y de los postreros de sus hermanos tomó cinco
varones, y los presentó delante de Faraón.
3 Y Faraón dijo a sus hermanos: ¿Cuál es vuestro
oficio? Y ellos respondieron a Faraón: Pastores
de ovejas son tus siervos, así nosotros como
nuestros padres.
4 Dijeron además a Faraón: Para morar en esta
tierra hemos venido; porque no hay pasto para
las ovejas de tus siervos, pues el hambre es gra-
ve en la tierra de Canaán; por tanto, te rogamos
ahora que permitas que habiten tus siervos en la
tierra de Gosén.
5 Entonces Faraón habló a José, diciendo: Tu pa-
dre y tus hermanos han venido a ti.
6 La tierra de Egipto delante de ti está; en lo me-
jor de la tierra haz habitar a tu padre y a tus her-
manos; habiten en la tierra de Gosén; y si en-
tiendes que hay entre ellos hombres capaces,
ponlos por mayorales del ganado mío.
7 También José introdujo a Jacob su padre, y
lo presentó delante de Faraón; y Jacob bendijo a
Faraón.
8 Y dijo Faraón a Jacob: ¿Cuántos son los días de
los años de tu vida?
9 Y Jacob respondió a Faraón: Los días de los
años de mi peregrinación son ciento treinta
años; pocos y malos han sido los días de los años
de mi vida, y no han llegado a los días de los
años de la vida de mis padres en los días de su
peregrinación.
10 Y Jacob bendijo a Faraón, y salió de la presen-
cia de Faraón.
11 Así José hizo habitar a su padre y a sus her-
manos, y les dio posesión en la tierra de Egipto,
en lo mejor de la tierra, en la tierra de Ramesés,
como mandó Faraón.
12 Y alimentaba José a su padre y a sus herma-
nos, y a toda la casa de su padre, con pan, según
el número de los hijos.
13 No había pan en toda la tierra, y el hambre
era muy grave, por lo que desfalleció de hambre
la tierra de Egipto y la tierra de Canaán.
14 Y recogió José todo el dinero que había en la
tierra de Egipto y en la tierra de Canaán, por los
alimentos que de él compraban; y metió José el
dinero en casa de Faraón.
15 Acabado el dinero de la tierra de Egipto y de
la tierra de Canaán, vino todo Egipto a José, di-
ciendo: Danos pan; ¿por qué moriremos delante
de ti, por haberse acabado el dinero?
16 Y José dijo: Dad vuestros ganados y yo os
daré por vuestros ganados, si se ha acabado el
dinero.
17 Y ellos trajeron sus ganados a José, y José les
dio alimentos por caballos, y por el ganado de
las ovejas, y por el ganado de las vacas, y por as-
nos; y les sustentó de pan por todos sus ganados
aquel año.
18 Acabado aquel año, vinieron a él el segundo
año, y le dijeron: No encubrimos a nuestro
señor que el dinero ciertamente se ha acabado;
también el ganado es ya de nuestro señor; nada
ha quedado delante de nuestro señor sino nues-
tros cuerpos y nuestra tierra.
19 ¿Por qué moriremos delante de tus ojos, así
nosotros como nuestra tierra? Cómpranos a no-
sotros y a nuestra tierra por pan, y seremos no-
sotros y nuestra tierra siervos de Faraón; y
danos semilla para que vivamos y no muramos,
y no sea asolada la tierra.
20 Entonces compró José toda la tierra de
Egipto para Faraón; pues los egipcios vendieron

46.27: [c] Hch. 7.14.

cada uno sus tierras, porque se agravó el ham-
bre sobre ellos; y la tierra vino a ser de Faraón.
21 Y al pueblo lo hizo pasar a las ciudades, des-
de un extremo al otro del territorio de Egipto.
22 Solamente la tierra de los sacerdotes no com-
pró, por cuanto los sacerdotes tenían ración de
Faraón, y ellos comían la ración que Faraón les
daba; por eso no vendieron su tierra.
23 Y José dijo al pueblo: He aquí os he compra-
do hoy, a vosotros y a vuestra tierra, para Fa-
raón; ved aquí semilla, y sembraréis la tierra.
24 De los frutos daréis el quinto a Faraón, y las
cuatro partes serán vuestras para sembrar las
tierras, y para vuestro mantenimiento, y de los
que están en vuestras casas, y para que coman
vuestros niños.
25 Y ellos respondieron: La vida nos has dado;
hallemos gracia en ojos de nuestro señor, y sea-
mos siervos de Faraón.
26 Entonces José lo puso por ley hasta hoy sobre
la tierra de Egipto, señalando para Faraón el
quinto, excepto sólo la tierra de los sacerdotes,
que no fue de Faraón.
27 Así habitó Israel en la tierra de Egipto, en la
tierra de Gosén; y tomaron posesión de ella, y se
aumentaron, y se multiplicaron en gran manera.
28 Y vivió Jacob en la tierra de Egipto diecisiete
años; y fueron los días de Jacob, los años de su
vida, ciento cuarenta y siete años.
29 Y llegaron los días de Israel para morir, y llamó
a José su hijo, y le dijo: Si he hallado ahora gracia
en tus ojos, te ruego que pongas tu mano debajo
de mi muslo, y harás conmigo misericordia y
verdad. Te ruego que no me entierres en Egipto.
30 Mas cuando duerma con mis padres, me lle-
varás de Egipto y me sepultarás en el sepulcro
de ellos. Y José respondió: Haré como tú dices.
31 E Israel dijo: Júramelo. Y José le juró. Enton-
ces Israel se inclinó sobre la cabecera de la cama.

Jacob bendice a Efraín y a Manasés

48 1 Sucedió después de estas cosas que di-
jeron a José: He aquí tu padre está enfer-
mo. Y él tomó consigo a sus dos hijos, Manasés
y Efraín.
2 Y se le hizo saber a Jacob, diciendo: He aquí tu
hijo José viene a ti. Entonces se esforzó Israel, y
se sentó sobre la cama,
3 y dijo a José: El Dios Omnipotente me apare-
ció en Luz en la tierra de Canaán, y me bendijo,
4 y me dijo: He aquí yo te haré crecer, y te multi-
plicaré, y te pondré por estirpe de naciones; y
daré esta tierra a tu descendencia después de ti
por heredad perpetua.[a]
5 Y ahora tus dos hijos Efraín y Manasés, que te
nacieron en la tierra de Egipto, antes que vinie-
se a ti a la tierra de Egipto, míos son; como Ru-
bén y Simeón, serán míos.
6 Y los que después de ellos has engendrado, se-
rán tuyos; por el nombre de sus hermanos serán
llamados en sus heredades.
7 Porque cuando yo venía de Padan-aram, se me
murió Raquel en la tierra de Canaán, en el cami-
no, como media legua de tierra viniendo a Efra-
ta;[b] y la sepulté allí en el camino de Efrata, que
es Belén.
8 Y vio Israel los hijos de José, y dijo: ¿Quié-
nes son éstos?
9 Y respondió José a su padre: Son mis hijos,
que Dios me ha dado aquí. Y él dijo: Acércalos
ahora a mí, y los bendeciré.
10 Y los ojos de Israel estaban tan agravados por
la vejez, que no podía ver. Les hizo, pues, acer-
carse a él, y él les besó y les abrazó.
11 Y dijo Israel a José: No pensaba yo ver tu ros-
tro, y he aquí Dios me ha hecho ver también a tu
descendencia.
12 Entonces José los sacó de entre sus rodillas, y
se inclinó a tierra.
13 Y los tomó José a ambos, Efraín a su derecha,
a la izquierda de Israel, y Manasés a su izquier-
da, a la derecha de Israel; y los acercó a él.
14 Entonces Israel extendió su mano derecha, y
la puso sobre la cabeza de Efraín, que era el me-
nor, y su mano izquierda sobre la cabeza de Ma-
nasés, colocando así sus manos adrede, aunque
Manasés era el primogénito.
15 Y bendijo a José, diciendo: El Dios en cuya
presencia anduvieron mis padres Abraham e
Isaac, el Dios que me mantiene desde que yo soy
hasta este día,
16 el Angel que me liberta de todo mal, bendiga
a estos jóvenes; y sea perpetuado en ellos mi
nombre, y el nombre de mis padres Abraham e
Isaac, y multiplíquense en gran manera en me-
dio de la tierra.
17 Pero viendo José que su padre ponía la
mano derecha sobre la cabeza de Efraín, le cau-
só esto disgusto; y asió la mano de su padre,
para cambiarla de la cabeza de Efraín a la cabe-
za de Manasés.
18 Y dijo José a su padre: No así, padre mío, por-
que éste es el primogénito; pon tu mano dere-
cha sobre su cabeza.
19 Mas su padre no quiso, y dijo: Lo sé, hijo mío,
lo sé; también él vendrá a ser un pueblo, y será
también engrandecido; pero su hermano menor
será más grande que él, y su descendencia for-
mará multitud de naciones.
20 Y los bendijo[c] aquel día, diciendo: En ti ben-
decirá Israel, diciendo: Hágate Dios como a
Efraín y como a Manasés. Y puso a Efraín antes
de Manasés.
21 Y dijo Israel a José: He aquí yo muero; pero

48.3-4: [a] Gn. 28.13-14. **48.7:** [b] Gn. 35.16-19.
48.20: [c] He. 11.21.

Dios estará con vosotros, y os hará volver a la tierra de vuestros padres.
22 Y yo te he dado a ti una parte más que a tus hermanos, la cual tomé yo de mano del amorreo con mi espada y con mi arco.

Profecía de Jacob acerca de sus hijos

49 1 Y llamó Jacob a sus hijos, y dijo: Juntaos, y os declararé lo que os ha de acontecer en los días venideros.
2 Juntaos y oíd, hijos de Jacob,
Y escuchad a vuestro padre Israel.
3 Rubén, tú eres mi primogénito,
mi fortaleza, y el principio de mi vigor;
Principal en dignidad, principal en poder.
4 Impetuoso como las aguas,
no serás el principal,
Por cuanto subiste al lecho de tu padre;
Entonces te envileciste,
subiendo a mi estrado.
5 Simeón y Leví son hermanos;
Armas de iniquidad sus armas.
6 En su consejo no entre mi alma,
Ni mi espíritu se junte en su compañía.
Porque en su furor mataron hombres,
Y en su temeridad desjarretaron toros.
7 Maldito su furor, que fue fiero;
Y su ira, que fue dura.
Yo los apartaré en Jacob,
Y los esparciré en Israel.
8 Judá, te alabarán tus hermanos;
Tu mano en la cerviz de tus enemigos;
Los hijos de tu padre se inclinarán a ti.
9 Cachorro de león, Judá;
De la presa subiste, hijo mío.
Se encorvó, se echó como león,
Así como león viejo: ¿quién lo despertará?[a]
10 No será quitado el cetro de Judá,
Ni el legislador de entre sus pies,
Hasta que venga Siloh;
Y a él se congregarán los pueblos.
11 Atando a la vid su pollino,
Y a la cepa el hijo de su asna,
Lavó en el vino su vestido,
Y en la sangre de uvas su manto.
12 Sus ojos, rojos del vino,
Y sus dientes blancos de la leche.
13 Zabulón en puertos de mar habitará;
Será para puerto de naves,
Y su límite hasta Sidón.
14 Isacar, asno fuerte
Que se recuesta entre los apriscos;
15 Y vio que el descanso era bueno,
y que la tierra era deleitosa;
Y bajó su hombro para llevar,
Y sirvió en tributo.
16 Dan juzgará a su pueblo,
Como una de las tribus de Israel.
17 Será Dan serpiente junto al camino,
Víbora junto a la senda,
Que muerde los talones del caballo,
Y hace caer hacia atrás al jinete.
18 Tu salvación esperé, oh Jehová.
19 Gad, ejército lo acometerá;
Mas él acometerá al fin.
20 El pan de Aser será substancioso,
Y él dará deleites al rey.
21 Neftalí, cierva suelta,
Que pronunciará dichos hermosos.
22 Rama fructífera es José,
Rama fructífera junto a una fuente,
Cuyos vástagos se extienden
sobre el muro.
23 Le causaron amargura,
Le asaetearon,
Y le aborrecieron los arqueros;
24 Mas su arco se mantuvo poderoso,
Y los brazos de sus manos
se fortalecieron
Por las manos del Fuerte de Jacob
(Por el nombre del Pastor, la Roca de Israel),
25 Por el Dios de tu padre,
el cual te ayudará,
Por el Dios Omnipotente,
el cual te bendecirá
Con bendiciones de los cielos de arriba,
Con bendiciones del abismo que está abajo,
Con bendiciones de los pechos y del vientre.
26 Las bendiciones de tu padre
Fueron mayores que las bendiciones
de mis progenitores;
Hasta el término de los collados eternos
Serán sobre la cabeza de José,
Y sobre la frente del que fue apartado
de entre sus hermanos.
27 Benjamín es lobo arrebatador;
A la mañana comerá la presa,
Y a la tarde repartirá los despojos.

Muerte y sepelio de Jacob

28 Todos éstos fueron las doce tribus de Israel,
y esto fue lo que su padre les dijo, al bendecirlos;
a cada uno por su bendición los bendijo.
29 Les mandó luego, y les dijo: Yo voy a ser reu-
nido con mi pueblo. Sepultadme con mis padres
en la cueva que está en el campo de Efrón el he-
teo,
30 en la cueva que está en el campo de Macpela,
al oriente de Mamre en la tierra de Canaán, la
cual compró Abraham con el mismo campo de
Efrón el heteo, para heredad de sepultura.[b]
31 Allí sepultaron a Abraham[c] y a Sara su mujer;
allí sepultaron a Isaac[d] y a Rebeca su mujer; allí
también sepulté yo a Lea.

49.9: [a] Nm. 24.9. **49.30:** [b] Gn. 23.3-20.
49.31: [c] Gn. 25.9-10. [d] Gn. 35.29.

32 La compra del campo y de la cueva que está
en él, fue de los hijos de Het.
33 Y cuando acabó Jacob de dar mandamientos
a sus hijos, encogió sus pies en la cama, y expi-
ró,[e] y fue reunido con sus padres.

50 1 Entonces se echó José sobre el rostro
de su padre, y lloró sobre él, y lo besó.
2 Y mandó José a sus siervos los médicos que
embalsamasen a su padre; y los médicos embal-
samaron a Israel.
3 Y le cumplieron cuarenta días, porque así cum-
plían los días de los embalsamados, y lo lloraron
los egipcios setenta días.
4 Y pasados los días de su luto, habló José a
los de la casa de Faraón, diciendo: Si he hallado
ahora gracia en vuestros ojos, os ruego que ha-
bléis en oídos de Faraón, diciendo:
5 Mi padre me hizo jurar, diciendo: He aquí que
voy a morir; en el sepulcro que cavé para mí en
la tierra de Canaán, allí me sepultarás;[a] ruego,
pues, que vaya yo ahora y sepulte a mi padre, y
volveré.
6 Y Faraón dijo: Ve, y sepulta a tu padre, como él
te hizo jurar.
7 Entonces José subió para sepultar a su padre;
y subieron con él todos los siervos de Faraón, los
ancianos de su casa, y todos los ancianos de la
tierra de Egipto,
8 y toda la casa de José, y sus hermanos, y la
casa de su padre; solamente dejaron en la tierra
de Gosén sus niños, y sus ovejas y sus vacas.
9 Subieron también con él carros y gente de a
caballo, y se hizo un escuadrón muy grande.
10 Y llegaron hasta la era de Atad, que está al
otro lado del Jordán, y endecharon allí con
grande y muy triste lamentación; y José hizo a
su padre duelo por siete días.
11 Y viendo los moradores de la tierra, los cana-
neos, el llanto en la era de Atad, dijeron: Llanto
grande es este de los egipcios; por eso fue llama-
do su nombre Abel-mizraim,[56] que está al otro
lado del Jordán.
12 Hicieron, pues, sus hijos con él según les ha-
bía mandado;
13 pues lo llevaron sus hijos a la tierra de Ca-
naán, y lo sepultaron en la cueva del campo de
Macpela, la que había comprado Abraham con
el mismo campo, para heredad de sepultura, de
Efrón el heteo, al oriente de Mamre.[b]
14 Y volvió José a Egipto, él y sus hermanos, y
todos los que subieron con él a sepultar a su pa-
dre, después que lo hubo sepultado.

Muerte de José

15 Viendo los hermanos de José que su padre
era muerto, dijeron: Quizá nos aborrecerá José,
y nos dará el pago de todo el mal que le hicimos.
16 Y enviaron a decir a José: Tu padre mandó
antes de su muerte, diciendo:
17 Así diréis a José: Te ruego que perdones ahora
la maldad de tus hermanos y su pecado, porque
mal te trataron; por tanto, ahora te rogamos que
perdones la maldad de los siervos del Dios de tu
padre. Y José lloró mientras hablaban.
18 Vinieron también sus hermanos y se postra-
ron delante de él, y dijeron: Henos aquí por sier-
vos tuyos.
19 Y les respondió José: No temáis; ¿acaso estoy
yo en lugar de Dios?
20 Vosotros pensasteis mal contra mí, mas Dios
lo encaminó a bien, para hacer lo que vemos
hoy, para mantener en vida a mucho pueblo.
21 Ahora, pues, no tengáis miedo; yo os susten-
taré a vosotros y a vuestros hijos. Así los conso-
ló, y les habló al corazón.
22 Y habitó José en Egipto, él y la casa de su
padre; y vivió José ciento diez años.
23 Y vio José los hijos de Efraín hasta la tercera
generación; también los hijos de Maquir hijo de
Manasés fueron criados sobre las rodillas de José.
24 Y José dijo a sus hermanos: Yo voy a morir;
mas Dios ciertamente os visitará, y os hará subir
de esta tierra a la tierra que juró a Abraham, a
Isaac y a Jacob.
25 E hizo jurar José a los hijos de Israel, dicien-
do: Dios ciertamente os visitará, y haréis llevar
de aquí mis huesos.[c]
26 Y murió José a la edad de ciento diez años; y
lo embalsamaron, y fue puesto en un ataúd en
Egipto.

LIBRO SEGUNDO DE MOISÉS

ÉXODO

Aflicción de los israelitas en Egipto

1 1 Estos son los nombres de los hijos de Is-
rael que entraron en Egipto con Jacob; cada
uno entró con su familia:
2 Rubén, Simeón, Leví, Judá,
3 Isacar, Zabulón, Benjamín,
4 Dan, Neftalí, Gad y Aser.
5 Todas las personas que le nacieron a Jacob
fueron setenta. Y José estaba en Egipto.
6 Y murió José, y todos sus hermanos, y toda
aquella generación.

49.33: [e] Hch. 7.15. **50.5:** [a] Gn. 47.29-31.
50.11: [56] Esto es, *Pradera de Egipto,* o *Llanto de Egipto.*
50.13: [b] Hch. 7.16. **50.25:** [c] Ex. 13.19; Jos. 24.32; He. 11.22.

7 Y los hijos de Israel fructificaron y se multipli-
caron,[a] y fueron aumentados y fortalecidos en
extremo, y se llenó de ellos la tierra.
8 Entretanto, se levantó sobre Egipto un nue-
vo rey que no conocía a José;[b] y dijo a su pueblo:
9 He aquí, el pueblo de los hijos de Israel es ma-
yor y más fuerte que nosotros.
10 Ahora, pues, seamos sabios[c] para con él, para
que no se multiplique, y acontezca que viniendo
guerra, él también se una a nuestros enemigos y
pelee contra nosotros, y se vaya de la tierra.
11 Entonces pusieron sobre ellos comisarios de
tributos que los molestasen con sus cargas; y
edificaron para Faraón las ciudades de almace-
naje, Pitón y Ramesés.
12 Pero cuanto más los oprimían, tanto más se
multiplicaban y crecían, de manera que los egip-
cios temían a los hijos de Israel.
13 Y los egipcios hicieron servir a los hijos de Is-
rael con dureza,
14 y amargaron su vida con dura servidumbre,
en hacer barro y ladrillo, y en toda labor del
campo y en todo su servicio, al cual los obliga-
ban con rigor.
15 Y habló el rey de Egipto a las parteras de
las hebreas, una de las cuales se llamaba Sifra, y
otra Fúa, y les dijo:
16 Cuando asistáis a las hebreas en sus partos, y
veáis el sexo, si es hijo, matadlo; y si es hija, en-
tonces viva.
17 Pero las parteras temieron a Dios, y no hicie-
ron como les mandó el rey de Egipto, sino que
preservaron la vida a los niños.
18 Y el rey de Egipto hizo llamar a las parteras y
les dijo: ¿Por qué habéis hecho esto, que habéis
preservado la vida a los niños?
19 Y las parteras respondieron a Faraón: Porque
las mujeres hebreas no son como las egipcias;
pues son robustas, y dan a luz antes que la par-
tera venga a ellas.
20 Y Dios hizo bien a las parteras; y el pueblo se
multiplicó y se fortaleció en gran manera.
21 Y por haber las parteras temido a Dios, él
prosperó sus familias.
22 Entonces Faraón mandó a todo su pueblo, di-
ciendo: Echad al río a todo hijo que nazca,[d] y a
toda hija preservad la vida.

Nacimiento de Moisés

2 1 Un varón de la familia de Leví fue y tomó
por mujer a una hija de Leví,
2 la que concibió, y dio a luz un hijo; y vién-
dole que era hermoso, le tuvo escondido tres
meses.[a]
3 Pero no pudiendo ocultarle más tiempo, tomó
una arquilla de juncos y la calafateó con asfalto
y brea, y colocó en ella al niño y lo puso en un
carrizal a la orilla del río.
4 Y una hermana suya se puso a lo lejos, para
ver lo que le acontecería.
5 Y la hija de Faraón descendió a lavarse al río, y
paseándose sus doncellas por la ribera del río,
vio ella la arquilla en el carrizal, y envió una
criada suya a que la tomase.
6 Y cuando la abrió, vio al niño; y he aquí que el
niño lloraba. Y teniendo compasión de él, dijo:
De los niños de los hebreos es éste.
7 Entonces su hermana dijo a la hija de Faraón:
¿Iré a llamarte una nodriza de las hebreas, para
que te críe este niño?
8 Y la hija de Faraón respondió: Ve. Entonces fue
la doncella, y llamó a la madre del niño,
9 a la cual dijo la hija de Faraón: Lleva a este
niño y críamelo, y yo te lo pagaré. Y la mujer
tomó al niño y lo crió.
10 Y cuando el niño creció, ella lo trajo a la hija
de Faraón, la cual lo prohijó,[b] y le puso por
nombre Moisés,[1] diciendo: Porque de las aguas
lo saqué.[2]

Moisés huye de Egipto

11 En aquellos días sucedió que crecido ya
Moisés, salió a sus hermanos, y los vio en sus
duras tareas,[c] y observó a un egipcio que gol-
peaba a uno de los hebreos, sus hermanos.
12 Entonces miró a todas partes, y viendo que
no parecía nadie, mató al egipcio y lo escondió
en la arena.
13 Al día siguiente salió y vio a dos hebreos que
reñían; entonces dijo al que maltrataba al otro:
¿Por qué golpeas a tu prójimo?
14 Y él respondió: ¿Quién te ha puesto a ti por
príncipe y juez sobre nosotros? ¿Piensas matar-
me como mataste al egipcio?[d] Entonces Moisés
tuvo miedo, y dijo: Ciertamente esto ha sido
descubierto.
15 Oyendo Faraón acerca de este hecho, procuró
matar a Moisés; pero Moisés huyó de delante de
Faraón, y habitó en la tierra de Madián.[e]
16 Y estando sentado junto al pozo, siete hijas
que tenía el sacerdote de Madián vinieron a sa-
car agua para llenar las pilas y dar de beber a las
ovejas de su padre.
17 Mas los pastores vinieron y las echaron de
allí; entonces Moisés se levantó y las defendió, y
dio de beber a sus ovejas.
18 Y volviendo ellas a Reuel su padre, él les dijo:
¿Por qué habéis venido hoy tan pronto?
19 Ellas respondieron: Un varón egipcio nos de-
fendió de mano de los pastores, y también nos
sacó el agua, y dio de beber a las ovejas.

1.7: [a] Hch. 7.17. **1.8:** [b] Hch. 7.18. **1.10:** [c] Hch. 7.19.
1.22: [d] Hch. 7.19. **2.2:** [a] Hch. 7.20; He. 11.23.
2.10: [b] Hch. 7.21. [1] Heb. *Mosheh.* [2] Heb. *mashah.*
2.11: [c] He. 11.24. **2.11-14:** [d] Hch. 7.23-28.
2.15: [e] Hch. 7.29; He. 11.27.

20 Y dijo a sus hijas: ¿Dónde está? ¿Por qué habéis dejado a ese hombre? Llamadle para que coma.

21 Y Moisés convino en morar con aquel varón; y él dio su hija Séfora por mujer a Moisés.

22 Y ella le dio a luz un hijo; y él le puso por nombre Gersón, porque dijo: Forastero[3] soy en tierra ajena.

23 Aconteció que después de muchos días murió el rey de Egipto, y los hijos de Israel gemían a causa de la servidumbre, y clamaron; y subió a Dios el clamor de ellos con motivo de su servidumbre.

24 Y oyó Dios el gemido de ellos, y se acordó[f] de su pacto con Abraham, Isaac y Jacob.

25 Y miró Dios a los hijos de Israel, y los reconoció Dios.

Llamamiento de Moisés

3 1 Apacentando Moisés las ovejas de Jetro su suegro, sacerdote de Madián, llevó las ovejas a través del desierto, y llegó hasta Horeb, monte de Dios.

2 Y se le apareció el Angel de Jehová en una llama de fuego en medio de una zarza;[a] y él miró, y vio que la zarza ardía en fuego, y la zarza no se consumía.

3 Entonces Moisés dijo: Iré yo ahora y veré esta grande visión, por qué causa la zarza no se quema.

4 Viendo Jehová que él iba a ver, lo llamó Dios de en medio de la zarza, y dijo: ¡Moisés, Moisés! Y él respondió: Heme aquí.

5 Y dijo: No te acerques; quita tu calzado de tus pies, porque el lugar en que tú estás, tierra santa es.

6 Y dijo: Yo soy el Dios de tu padre, Dios de Abraham, Dios de Isaac, y Dios de Jacob. Entonces Moisés cubrió su rostro, porque tuvo miedo de mirar a Dios.

7 Dijo luego Jehová: Bien he visto la aflicción de mi pueblo que está en Egipto, y he oído su clamor a causa de sus exactores; pues he conocido sus angustias,

8 y he descendido para librarlos de mano de los egipcios, y sacarlos de aquella tierra a una tierra buena y ancha, a tierra que fluye leche y miel, a los lugares del cananeo, del heteo, del amorreo, del ferezeo, del heveo y del jebuseo.

9 El clamor, pues, de los hijos de Israel ha venido delante de mí, y también he visto la opresión con que los egipcios los oprimen.

10 Ven, por tanto, ahora, y te enviaré a Faraón, para que saques de Egipto a mi pueblo, los hijos de Israel.

11 Entonces Moisés respondió a Dios: ¿Quién soy yo para que vaya a Faraón, y saque de Egipto a los hijos de Israel?

12 Y él respondió: Ve, porque yo estaré contigo; y esto te será por señal de que yo te he enviado: cuando hayas sacado de Egipto al pueblo, serviréis a Dios sobre este monte.

13 Dijo Moisés a Dios: He aquí que llego yo a los hijos de Israel, y les digo: El Dios de vuestros padres[b] me ha enviado a vosotros. Si ellos me preguntaren: ¿Cuál es su nombre?, ¿qué les responderé?

14 Y respondió Dios a Moisés: YO SOY EL QUE SOY.[c] Y dijo: Así dirás a los hijos de Israel: YO SOY me envió a vosotros.

15 Además dijo Dios a Moisés: Así dirás a los hijos de Israel: Jehová,[4] el Dios de vuestros padres, el Dios de Abraham, Dios de Isaac y Dios de Jacob, me ha enviado a vosotros. Este es mi nombre para siempre; con él se me recordará por todos los siglos.

16 Ve, y reúne a los ancianos de Israel, y diles: Jehová, el Dios de vuestros padres, el Dios de Abraham, de Isaac y de Jacob, me apareció diciendo: En verdad os he visitado, y he visto lo que se os hace en Egipto;

17 y he dicho: Yo os sacaré de la aflicción de Egipto a la tierra del cananeo, del heteo, del amorreo, del ferezeo, del heveo y del jebuseo, a una tierra que fluye leche y miel.

18 Y oirán tu voz; e irás tú, y los ancianos de Israel, al rey de Egipto, y le diréis: Jehová el Dios de los hebreos nos ha encontrado; por tanto, nosotros iremos ahora camino de tres días por el desierto, para que ofrezcamos sacrificios a Jehová nuestro Dios.

19 Mas yo sé que el rey de Egipto no os dejará ir sino por mano fuerte.

20 Pero yo extenderé mi mano, y heriré a Egipto con todas mis maravillas que haré en él, y entonces os dejará ir.

21 Y yo daré a este pueblo gracia en los ojos de los egipcios, para que cuando salgáis, no vayáis con las manos vacías;

22 sino que pedirá cada mujer a su vecina y a su huéspeda alhajas de plata, alhajas de oro, y vestidos, los cuales pondréis sobre vuestros hijos y vuestras hijas; y despojaréis a Egipto.[d]

4 1 Entonces Moisés respondió diciendo: He aquí que ellos no me creerán, ni oirán mi voz; porque dirán: No te ha aparecido Jehová.

2 Y Jehová dijo: ¿Qué es eso que tienes en tu mano? Y él respondió: Una vara.

3 El le dijo: Echala en tierra. Y él la echó en tierra, y se hizo una culebra; y Moisés huía de ella.

4 Entonces dijo Jehová a Moisés: Extiende tu mano, y tómala por la cola. Y él extendió su mano, y la tomó, y se volvió vara en su mano.

5 Por esto creerán que se te ha aparecido Jeho-

2.22: [3] Heb. *ger.* **2.24:** [f] Gn. 15.13-14. **3.2-10:** [a] Hch. 7.30-34. **3.13:** [b] Ex. 6.2-3. **3.14:** [c] Ap. 1.4, 8. **3.15:** [4] El nombre Jehová representa el nombre divino YHWH que aquí se relaciona con el verbo *hayah,* ser. **3.21-22:** [d] Ex. 12.35-36.

vá, el Dios de tus padres, el Dios de Abraham,
Dios de Isaac y Dios de Jacob.
6 Le dijo además Jehová: Mete ahora tu mano
en tu seno. Y él metió la mano en su seno; y
cuando la sacó, he aquí que su mano estaba le-
prosa como la nieve.
7 Y dijo: Vuelve a meter tu mano en tu seno. Y él
volvió a meter su mano en su seno; y al sacarla
de nuevo del seno, he aquí que se había vuelto
como la otra carne.
8 Si aconteciere que no te creyeren ni obedecie-
ren a la voz de la primera señal, creerán a la voz
de la postrera.
9 Y si aún no creyeren a estas dos señales, ni oye-
ren tu voz, tomarás de las aguas del río y las de-
rramarás en tierra; y se cambiarán aquellas aguas
que tomarás del río y se harán sangre en la tierra.
10 Entonces dijo Moisés a Jehová: ¡Ay, Señor!
nunca he sido hombre de fácil palabra, ni antes,
ni desde que tú hablas a tu siervo; porque soy
tardo en el habla y torpe de lengua.
11 Y Jehová le respondió: ¿Quién dio la boca al
hombre? ¿o quién hizo al mudo y al sordo, al
que ve y al ciego? ¿No soy yo Jehová?
12 Ahora pues, ve, y yo estaré con tu boca, y te
enseñaré lo que hayas de hablar.
13 Y él dijo: ¡Ay, Señor! envía, te ruego, por me-
dio del que debes enviar.
14 Entonces Jehová se enojó contra Moisés, y
dijo: ¿No conozco yo a tu hermano Aarón, levi-
ta, y que él habla bien? Y he aquí que él saldrá a
recibirte, y al verte se alegrará en su corazón.
15 Tú hablarás a él, y pondrás en su boca las pa-
labras, y yo estaré con tu boca y con la suya, y os
enseñaré lo que hayáis de hacer.
16 Y él hablará por ti al pueblo; él te será a ti en
lugar de boca, y tú serás para él en lugar de Dios.
17 Y tomarás en tu mano esta vara, con la cual
harás las señales.

Moisés vuelve a Egipto

18 Así se fue Moisés, y volviendo a su suegro
Jetro, le dijo: Iré ahora, y volveré a mis herma-
nos que están en Egipto, para ver si aún viven. Y
Jetro dijo a Moisés: Ve en paz.
19 Dijo también Jehová a Moisés en Madián: Ve
y vuélvete a Egipto, porque han muerto todos
los que procuraban tu muerte.
20 Entonces Moisés tomó su mujer y sus hijos, y
los puso sobre un asno, y volvió a tierra de Egipto.
Tomó también Moisés la vara de Dios en su mano.
21 Y dijo Jehová a Moisés: Cuando hayas vuelto
a Egipto, mira que hagas delante de Faraón to-
das las maravillas que he puesto en tu mano;
pero yo endureceré su corazón, de modo que no
dejará ir al pueblo.
22 Y dirás a Faraón: Jehová ha dicho así: Israel
es mi hijo, mi primogénito.
23 Ya te he dicho que dejes ir a mi hijo, para que
me sirva, mas no has querido dejarlo ir; he aquí
yo voy a matar a tu hijo, tu primogénito.[a]
24 Y aconteció en el camino, que en una posa-
da Jehová le salió al encuentro, y quiso matarlo.
25 Entonces Séfora tomó un pedernal afilado y
cortó el prepucio de su hijo, y lo echó a sus pies,
diciendo: A la verdad tú me eres un esposo de
sangre.
26 Así le dejó luego ir. Y ella dijo: Esposo de san-
gre, a causa de la circuncisión.
27 Y Jehová dijo a Aarón: Ve a recibir a Moisés
al desierto. Y él fue, y lo encontró en el monte de
Dios, y le besó.
28 Entonces contó Moisés a Aarón todas las pa-
labras de Jehová que le enviaba, y todas las se-
ñales que le había dado.
29 Y fueron Moisés y Aarón, y reunieron a todos
los ancianos de los hijos de Israel.
30 Y habló Aarón acerca de todas las cosas que
Jehová había dicho a Moisés, e hizo las señales
delante de los ojos del pueblo.
31 Y el pueblo creyó; y oyendo que Jehová había
visitado a los hijos de Israel, y que había visto su
aflicción, se inclinaron y adoraron.

Moisés y Aarón ante Faraón

5 1 Después Moisés y Aarón entraron a la pre-
sencia de Faraón y le dijeron: Jehová el Dios
de Israel dice así: Deja ir a mi pueblo a celebrar-
me fiesta en el desierto.
2 Y Faraón respondió: ¿Quién es Jehová, para
que yo oiga su voz y deje ir a Israel? Yo no co-
nozco a Jehová, ni tampoco dejaré ir a Israel.
3 Y ellos dijeron: El Dios de los hebreos nos ha
encontrado; iremos, pues, ahora, camino de tres
días por el desierto, y ofreceremos sacrificios a
Jehová nuestro Dios, para que no venga sobre
nosotros con peste o con espada.
4 Entonces el rey de Egipto les dijo: Moisés y Aa-
rón, ¿por qué hacéis cesar al pueblo de su traba-
jo? Volved a vuestras tareas.
5 Dijo también Faraón: He aquí el pueblo de la
tierra es ahora mucho, y vosotros les hacéis ce-
sar de sus tareas.
6 Y mandó Faraón aquel mismo día a los cuadri-
lleros del pueblo que lo tenían a su cargo, y a sus
capataces, diciendo:
7 De aquí en adelante no daréis paja al pueblo
para hacer ladrillo, como hasta ahora; vayan
ellos y recojan por sí mismos la paja.
8 Y les impondréis la misma tarea de ladrillo que
hacían antes, y no les disminuiréis nada; porque
están ociosos, por eso levantan la voz diciendo:
Vamos y ofrezcamos sacrificios a nuestro Dios.
9 Agrávese la servidumbre sobre ellos, para que

4.23: [a] Ex. 12.29.

se ocupen en ella, y no atiendan a palabras
mentirosas.
10 Y saliendo los cuadrilleros del pueblo y sus
capataces, hablaron al pueblo, diciendo: Así ha
dicho Faraón: Yo no os doy paja.
11 Id vosotros y recoged la paja donde la halléis;
pero nada se disminuirá de vuestra tarea.
12 Entonces el pueblo se esparció por toda la tie-
rra de Egipto para recoger rastrojo en lugar de
paja.
13 Y los cuadrilleros los apremiaban, diciendo:
Acabad vuestra obra, la tarea de cada día en su
día, como cuando se os daba paja.
14 Y azotaban a los capataces de los hijos de Is-
rael que los cuadrilleros de Faraón habían pues-
to sobre ellos, diciendo: ¿Por qué no habéis
cumplido vuestra tarea de ladrillo ni ayer ni hoy,
como antes?
15 Y los capataces de los hijos de Israel vinie-
ron a Faraón y se quejaron a él, diciendo: ¿Por
qué lo haces así con tus siervos?
16 No se da paja a tus siervos, y con todo nos di-
cen: Haced el ladrillo. Y he aquí tus siervos son
azotados, y el pueblo tuyo es el culpable.
17 Y él respondió: Estáis ociosos, sí, ociosos, y
por eso decís: Vamos y ofrezcamos sacrificios a
Jehová.
18 Id pues, ahora, y trabajad. No se os dará paja,
y habéis de entregar la misma tarea de ladrillo.
19 Entonces los capataces de los hijos de Israel
se vieron en aflicción, al decírseles: No se dismi-
nuirá nada de vuestro ladrillo, de la tarea de
cada día.
20 Y encontrando a Moisés y a Aarón, que esta-
ban a la vista de ellos cuando salían de la pre-
sencia de Faraón,
21 les dijeron: Mire Jehová sobre vosotros, y juz-
gue; pues nos habéis hecho abominables delan-
te de Faraón y de sus siervos, poniéndoles la
espada en la mano para que nos maten.

Jehová comisiona a Moisés y a Aarón

22 Entonces Moisés se volvió a Jehová, y dijo:
Señor, ¿por qué afliges a este pueblo? ¿Para qué
me enviaste?
23 Porque desde que yo vine a Faraón para ha-
blarle en tu nombre, ha afligido a este pueblo; y
tú no has librado a tu pueblo.
6 1 Jehová respondió a Moisés: Ahora verás
lo que yo haré a Faraón; porque con mano
fuerte los dejará ir, y con mano fuerte los echa-
rá de su tierra.
2 Habló todavía Dios a Moisés, y le dijo: Yo soy
JEHOVÁ.
3 Y aparecí a Abraham, a Isaac y a Jacob como
Dios Omnipotente,[a] mas en mi nombre JEHOVÁ
no me di a conocer a ellos.
4 También establecí mi pacto con ellos, de dar-
les la tierra de Canaán, la tierra en que fueron
forasteros, y en la cual habitaron.
5 Asimismo yo he oído el gemido de los hijos de
Israel, a quienes hacen servir los egipcios, y me
he acordado de mi pacto.
6 Por tanto, dirás a los hijos de Israel: Yo soy
JEHOVÁ; y yo os sacaré de debajo de las tareas
pesadas de Egipto, y os libraré de su servidum-
bre, y os redimiré con brazo extendido, y con
juicios grandes;
7 y os tomaré por mi pueblo y seré vuestro Dios;
y vosotros sabréis que yo soy Jehová vuestro
Dios, que os sacó de debajo de las tareas pesa-
das de Egipto.
8 Y os meteré en la tierra por la cual alcé mi
mano jurando que la daría a Abraham, a Isaac y
a Jacob; y yo os la daré por heredad. Yo JEHOVÁ.
9 De esta manera habló Moisés a los hijos de
Israel; pero ellos no escuchaban a Moisés a cau-
sa de la congoja de espíritu, y de la dura servi-
dumbre.
10 Y habló Jehová a Moisés, diciendo:
11 Entra y habla a Faraón rey de Egipto, que
deje ir de su tierra a los hijos de Israel.
12 Y respondió Moisés delante de Jehová: He
aquí, los hijos de Israel no me escuchan; ¿cómo,
pues, me escuchará Faraón, siendo yo torpe de
labios?
13 Entonces Jehová habló a Moisés y a Aarón y
les dio mandamiento para los hijos de Israel, y
para Faraón rey de Egipto, para que sacasen a
los hijos de Israel de la tierra de Egipto.
14 Estos son los jefes de las familias de sus pa-
dres: Los hijos de Rubén, el primogénito de Is-
rael: Hanoc, Falú, Hezrón y Carmi; estas son las
familias de Rubén.
15 Los hijos de Simeón: Jemuel, Jamín, Ohad,
Jaquín, Zohar, y Saúl hijo de una cananea. Estas
son las familias de Simeón.
16 Estos son los nombres de los hijos de Leví por
sus linajes: Gersón, Coat y Merari. Y los años
de la vida de Leví fueron ciento treinta y siete
años.
17 Los hijos de Gersón: Libni y Simei, por sus fa-
milias.
18 Y los hijos de Coat: Amram, Izhar, Hebrón y
Uziel. Y los años de la vida de Coat fueron cien-
to treinta y tres años.
19 Y los hijos de Merari: Mahli y Musi. Estas son
las familias de Leví por sus linajes.[b]
20 Y Amram tomó por mujer a Jocabed su tía, la
cual dio a luz a Aarón y a Moisés. Y los años de
la vida de Amram fueron ciento treinta y siete
años.
21 Los hijos de Izhar: Coré, Nefeg y Zicri.
22 Y los hijos de Uziel: Misael, Elzafán y Sitri.
23 Y tomó Aarón por mujer a Elisabet hija de

6.2-3: [a] Ex. 3.13-15. **6.16-19:** [b] 1 Cr. 6.16-19.

Aminadab, hermana de Naasón; la cual dio a luz a Nadab, Abiú, Eleazar e Itamar.

24 Los hijos de Coré: Asir, Elcana y Abiasaf. Estas son las familias de los coreítas.

25 Y Eleazar hijo de Aarón tomó para sí mujer de las hijas de Futiel, la cual dio a luz a Finees. Y estos son los jefes de los padres de los levitas por sus familias.

26 Este es aquel Aarón y aquel Moisés, a los cuales Jehová dijo: Sacad a los hijos de Israel de la tierra de Egipto por sus ejércitos.

27 Estos son los que hablaron a Faraón rey de Egipto, para sacar de Egipto a los hijos de Israel. Moisés y Aarón fueron éstos.

28 Cuando Jehová habló a Moisés en la tierra de Egipto,

29 entonces Jehová habló a Moisés, diciendo: Yo soy JEHOVÁ; di a Faraón rey de Egipto todas las cosas que yo te digo a ti.

30 Y Moisés respondió delante de Jehová: He aquí, yo soy torpe de labios; ¿cómo, pues, me ha de oír Faraón?

7 1 Jehová dijo a Moisés: Mira, yo te he constituido dios para Faraón, y tu hermano Aarón será tu profeta.

2 Tú dirás todas las cosas que yo te mande, y Aarón tu hermano hablará a Faraón, para que deje ir de su tierra a los hijos de Israel.

3 Y yo endureceré el corazón de Faraón, y multiplicaré en la tierra de Egipto mis señales y mis maravillas.[a]

4 Y Faraón no os oirá; mas yo pondré mi mano sobre Egipto, y sacaré a mis ejércitos, mi pueblo, los hijos de Israel, de la tierra de Egipto, con grandes juicios.

5 Y sabrán los egipcios que yo soy Jehová, cuando extienda mi mano sobre Egipto, y saque a los hijos de Israel de en medio de ellos.

6 E hizo Moisés y Aarón como Jehová les mandó; así lo hicieron.

7 Era Moisés de edad de ochenta años, y Aarón de edad de ochenta y tres, cuando hablaron a Faraón.

La vara de Aarón

8 Habló Jehová a Moisés y a Aarón, diciendo:

9 Si Faraón os respondiere diciendo: Mostrad milagro; dirás a Aarón: Toma tu vara, y échala delante de Faraón, para que se haga culebra.

10 Vinieron, pues, Moisés y Aarón a Faraón, e hicieron como Jehová lo había mandado. Y echó Aarón su vara delante de Faraón y de sus siervos, y se hizo culebra.

11 Entonces llamó también Faraón sabios y hechiceros, e hicieron también lo mismo los hechiceros de Egipto con sus encantamientos;

12 pues echó cada uno su vara, las cuales se volvieron culebras; mas la vara de Aarón devoró las varas de ellos.

13 Y el corazón de Faraón se endureció, y no los escuchó, como Jehová lo había dicho.

La plaga de sangre

14 Entonces Jehová dijo a Moisés: El corazón de Faraón está endurecido, y no quiere dejar ir al pueblo.

15 Ve por la mañana a Faraón, he aquí que él sale al río; y tú ponte a la ribera delante de él, y toma en tu mano la vara que se volvió culebra,

16 y dile: Jehová el Dios de los hebreos me ha enviado a ti, diciendo: Deja ir a mi pueblo, para que me sirva en el desierto; y he aquí que hasta ahora no has querido oír.

17 Así ha dicho Jehová: En esto conocerás que yo soy Jehová: he aquí, yo golpearé con la vara que tengo en mi mano el agua que está en el río, y se convertirá en sangre.[b]

18 Y los peces que hay en el río morirán, y hederá el río, y los egipcios tendrán asco de beber el agua del río.

19 Y Jehová dijo a Moisés: Di a Aarón: Toma tu vara, y extiende tu mano sobre las aguas de Egipto, sobre sus ríos, sobre sus arroyos y sobre sus estanques, y sobre todos sus depósitos de aguas, para que se conviertan en sangre, y haya sangre por toda la región de Egipto, así en los vasos de madera como en los de piedra.

20 Y Moisés y Aarón hicieron como Jehová lo mandó; y alzando la vara golpeó las aguas que había en el río, en presencia de Faraón y de sus siervos; y todas las aguas que había en el río se convirtieron en sangre.

21 Asimismo los peces que había en el río murieron; y el río se corrompió, tanto que los egipcios no podían beber de él. Y hubo sangre por toda la tierra de Egipto.

22 Y los hechiceros de Egipto hicieron lo mismo con sus encantamientos; y el corazón de Faraón se endureció, y no los escuchó; como Jehová lo había dicho.

23 Y Faraón se volvió y fue a su casa, y no dio atención tampoco a esto.

24 Y en todo Egipto hicieron pozos alrededor del río para beber, porque no podían beber de las aguas del río.

25 Y se cumplieron siete días después que Jehová hirió el río.

La plaga de ranas

8 1 Entonces Jehová dijo a Moisés: Entra a la presencia de Faraón y dile: Jehová ha dicho así: Deja ir a mi pueblo, para que me sirva.

2 Y si no lo quisieres dejar ir, he aquí yo castigaré con ranas todos tus territorios.

7.3:[a] Hch. 7.36. **7.17:**[b] Ap. 16.4.

3 Y el río criará ranas, las cuales subirán y entra-
rán en tu casa, en la cámara donde duermes, y
sobre tu cama, y en las casas de tus siervos, en
tu pueblo, en tus hornos y en tus artesas.
4 Y las ranas subirán sobre ti, sobre tu pueblo, y
sobre todos tus siervos.
5 Y Jehová dijo a Moisés: Di a Aarón: Extiende
tu mano con tu vara sobre los ríos, arroyos y es-
tanques, para que haga subir ranas sobre la tie-
rra de Egipto.
6 Entonces Aarón extendió su mano sobre las
aguas de Egipto, y subieron ranas que cubrieron
la tierra de Egipto.
7 Y los hechiceros hicieron lo mismo con sus en-
cantamientos, e hicieron venir ranas sobre la
tierra de Egipto.
8 Entonces Faraón llamó a Moisés y a Aarón, y
les dijo: Orad a Jehová para que quite las ranas
de mí y de mi pueblo, y dejaré ir a tu pueblo
para que ofrezca sacrificios a Jehová.
9 Y dijo Moisés a Faraón: Dígnate indicarme
cuándo debo orar por ti, por tus siervos y por tu
pueblo, para que las ranas sean quitadas de ti y
de tus casas, y que solamente queden en el río.
10 Y él dijo: Mañana. Y Moisés respondió: Se
hará conforme a tu palabra, para que conozcas
que no hay como Jehová nuestro Dios.
11 Y las ranas se irán de ti, y de tus casas, de tus
siervos y de tu pueblo, y solamente quedarán en
el río.
12 Entonces salieron Moisés y Aarón de la pre-
sencia de Faraón. Y clamó Moisés a Jehová to-
cante a las ranas que había mandado a Faraón.
13 E hizo Jehová conforme a la palabra de Moi-
sés, y murieron las ranas de las casas, de los cor-
tijos y de los campos.
14 Y las juntaron en montones, y apestaba la tierra.
15 Pero viendo Faraón que le habían dado repo-
so, endureció su corazón y no los escuchó, como
Jehová lo había dicho.

La plaga de piojos

16 Entonces Jehová dijo a Moisés: Di a Aarón:
Extiende tu vara y golpea el polvo de la tierra, para
que se vuelva piojos por todo el país de Egipto.
17 Y ellos lo hicieron así; y Aarón extendió su
mano con su vara, y golpeó el polvo de la tierra,
el cual se volvió piojos, así en los hombres como
en las bestias; todo el polvo de la tierra se volvió
piojos en todo el país de Egipto.
18 Y los hechiceros hicieron así también, para
sacar piojos con sus encantamientos; pero no
pudieron. Y hubo piojos tanto en los hombres
como en las bestias.
19 Entonces los hechiceros dijeron a Faraón:
Dedo de Dios es éste. Mas el corazón de Faraón
se endureció, y no los escuchó, como Jehová lo
había dicho.

La plaga de moscas

20 Jehová dijo a Moisés: Levántate de maña-
na y ponte delante de Faraón, he aquí él sale al
río; y dile: Jehová ha dicho así: Deja ir a mi pue-
blo, para que me sirva.
21 Porque si no dejas ir a mi pueblo, he aquí yo
enviaré sobre ti, sobre tus siervos, sobre tu pue-
blo y sobre tus casas toda clase de moscas; y las
casas de los egipcios se llenarán de toda clase de
moscas, y asimismo la tierra donde ellos estén.
22 Y aquel día yo apartaré la tierra de Gosén, en
la cual habita mi pueblo, para que ninguna clase
de moscas haya en ella, a fin de que sepas que
yo soy Jehová en medio de la tierra.
23 Y yo pondré redención entre mi pueblo y el
tuyo. Mañana será esta señal.
24 Y Jehová lo hizo así, y vino toda clase de mos-
cas molestísimas sobre la casa de Faraón, sobre las
casas de sus siervos, y sobre todo el país de Egip-
to; y la tierra fue corrompida a causa de ellas.
25 Entonces Faraón llamó a Moisés y a Aarón,
y les dijo: Andad, ofreced sacrificio a vuestro
Dios en la tierra.
26 Y Moisés respondió: No conviene que haga-
mos así, porque ofreceríamos a Jehová nuestro
Dios la abominación de los egipcios. He aquí, si
sacrificáramos la abominación de los egipcios
delante de ellos, ¿no nos apedrearían?
27 Camino de tres días iremos por el desierto, y
ofreceremos sacrificios a Jehová nuestro Dios,
como él nos dirá.
28 Dijo Faraón: Yo os dejaré ir para que ofrezcáis
sacrificios a Jehová vuestro Dios en el desierto,
con tal que no vayáis más lejos; orad por mí.
29 Y respondió Moisés: He aquí, al salir yo de tu
presencia, rogaré a Jehová que las diversas clases
de moscas se vayan de Faraón, y de sus siervos, y
de su pueblo mañana; con tal que Faraón no falte
más, no dejando ir al pueblo a dar sacrificio a
Jehová.
30 Entonces Moisés salió de la presencia de Fa-
raón, y oró a Jehová.
31 Y Jehová hizo conforme a la palabra de Moi-
sés, y quitó todas aquellas moscas de Faraón, de
sus siervos y de su pueblo, sin que quedara una.
32 Mas Faraón endureció aun esta vez su cora-
zón, y no dejó ir al pueblo.

La plaga en el ganado

9 1 Entonces Jehová dijo a Moisés: Entra a la
presencia de Faraón, y dile: Jehová, el Dios
de los hebreos, dice así: Deja ir a mi pueblo,
para que me sirva.
2 Porque si no lo quieres dejar ir, y lo detienes
aún,
3 he aquí la mano de Jehová estará sobre tus ga-
nados que están en el campo, caballos, asnos,
camellos, vacas y ovejas, con plaga gravísima.

4 Y Jehová hará separación entre los ganados de Israel y los de Egipto, de modo que nada muera de todo lo de los hijos de Israel.
5 Y Jehová fijó plazo, diciendo: Mañana hará Jehová esta cosa en la tierra.
6 Al día siguiente Jehová hizo aquello, y murió todo el ganado de Egipto; mas del ganado de los hijos de Israel no murió uno.
7 Entonces Faraón envió, y he aquí que del ganado de los hijos de Israel no había muerto uno. Mas el corazón de Faraón se endureció, y no dejó ir al pueblo.

La plaga de úlceras

8 Y Jehová dijo a Moisés y a Aarón: Tomad puñados de ceniza de un horno, y la esparcirá Moisés hacia el cielo delante de Faraón;
9 y vendrá a ser polvo sobre toda la tierra de Egipto, y producirá sarpullido con úlceras en los hombres y en las bestias, por todo el país de Egipto.
10 Y tomaron ceniza del horno, y se pusieron delante de Faraón, y la esparció Moisés hacia el cielo; y hubo sarpullido que produjo úlceras[a] tanto en los hombres como en las bestias.
11 Y los hechiceros no podían estar delante de Moisés a causa del sarpullido, porque hubo sarpullido en los hechiceros y en todos los egipcios.
12 Pero Jehová endureció el corazón de Faraón, y no los oyó, como Jehová lo había dicho a Moisés.

La plaga de granizo

13 Entonces Jehová dijo a Moisés: Levántate de mañana, y ponte delante de Faraón, y dile: Jehová, el Dios de los hebreos, dice así: Deja ir a mi pueblo, para que me sirva.
14 Porque yo enviaré esta vez todas mis plagas a tu corazón, sobre tus siervos y sobre tu pueblo, para que entiendas que no hay otro como yo en toda la tierra.
15 Porque ahora yo extenderé mi mano para herirte a ti y a tu pueblo de plaga, y serás quitado de la tierra.
16 Y a la verdad yo te he puesto para mostrar en ti mi poder, y para que mi nombre sea anunciado en toda la tierra.[b]
17 ¿Todavía te ensoberbeces contra mi pueblo, para no dejarlos ir?
18 He aquí que mañana a estas horas yo haré llover granizo muy pesado, cual nunca hubo en Egipto, desde el día que se fundó hasta ahora.
19 Envía, pues, a recoger tu ganado, y todo lo que tienes en el campo; porque todo hombre o animal que se halle en el campo, y no sea recogido a casa, el granizo caerá sobre él, y morirá.
20 De los siervos de Faraón, el que tuvo temor de la palabra de Jehová hizo huir sus criados y su ganado a casa;
21 mas el que no puso en su corazón la palabra de Jehová, dejó sus criados y sus ganados en el campo.
22 Y Jehová dijo a Moisés: Extiende tu mano hacia el cielo, para que venga granizo en toda la tierra de Egipto sobre los hombres, y sobre las bestias, y sobre toda la hierba del campo en el país de Egipto.
23 Y Moisés extendió su vara hacia el cielo, y Jehová hizo tronar y granizar, y el fuego se descargó sobre la tierra; y Jehová hizo llover granizo sobre la tierra de Egipto.
24 Hubo, pues, granizo, y fuego[c] mezclado con el granizo, tan grande, cual nunca hubo en toda la tierra de Egipto desde que fue habitada.
25 Y aquel granizo hirió en toda la tierra de Egipto todo lo que estaba en el campo, así hombres como bestias; asimismo destrozó el granizo toda la hierba del campo, y desgajó todos los árboles del país.
26 Solamente en la tierra de Gosén, donde estaban los hijos de Israel, no hubo granizo.
27 Entonces Faraón envió a llamar a Moisés y a Aarón, y les dijo: He pecado esta vez; Jehová es justo, y yo y mi pueblo impíos.
28 Orad a Jehová para que cesen los truenos de Dios y el granizo, y yo os dejaré ir, y no os detendréis más.
29 Y le respondió Moisés: Tan pronto salga yo de la ciudad, extenderé mis manos a Jehová, y los truenos cesarán, y no habrá más granizo; para que sepas que de Jehová es la tierra.
30 Pero yo sé que ni tú ni tus siervos temeréis todavía la presencia de Jehová Dios.
31 El lino, pues, y la cebada fueron destrozados, porque la cebada estaba ya espigada, y el lino en caña.
32 Mas el trigo y el centeno no fueron destrozados, porque eran tardíos.
33 Y salido Moisés de la presencia de Faraón, fuera de la ciudad, extendió sus manos a Jehová, y cesaron los truenos y el granizo, y la lluvia no cayó más sobre la tierra.
34 Y viendo Faraón que la lluvia había cesado, y el granizo y los truenos, se obstinó en pecar, y endurecieron su corazón él y sus siervos.
35 Y el corazón de Faraón se endureció, y no dejó ir a los hijos de Israel, como Jehová lo había dicho por medio de Moisés.

La plaga de langostas

10 1 Jehová dijo a Moisés: Entra a la presencia de Faraón; porque yo he endurecido su corazón, y el corazón de sus siervos, para mostrar entre ellos estas mis señales,
2 y para que cuentes a tus hijos y a tus nietos las cosas que yo hice en Egipto, y mis señales

9.10: [a] Ap. 16.2. **9.16:** [b] Ro. 9.17. **9.24:** [c] Ap. 8.7; 16.21.

que hice entre ellos; para que sepáis que yo soy Jehová.

3 Entonces vinieron Moisés y Aarón a Faraón, y le dijeron: Jehová el Dios de los hebreos ha dicho así: ¿Hasta cuándo no querrás humillarte delante de mí? Deja ir a mi pueblo, para que me sirva.

4 Y si aún rehúsas dejarlo ir, he aquí que mañana yo traeré sobre tu territorio la langosta,

5 la cual cubrirá la faz de la tierra, de modo que no pueda verse la tierra; y ella comerá lo que escapó, lo que os quedó del granizo; comerá asimismo todo árbol que os fructifica en el campo.

6 Y llenará tus casas, y las casas de todos tus siervos, y las casas de todos los egipcios, cual nunca vieron tus padres ni tus abuelos, desde que ellos fueron sobre la tierra hasta hoy. Y se volvió y salió de delante de Faraón.

7 Entonces los siervos de Faraón le dijeron: ¿Hasta cuándo será este hombre un lazo para nosotros? Deja ir a estos hombres, para que sirvan a Jehová su Dios. ¿Acaso no sabes todavía que Egipto está ya destruido?

8 Y Moisés y Aarón volvieron a ser llamados ante Faraón, el cual les dijo: Andad, servid a Jehová vuestro Dios. ¿Quiénes son los que han de ir?

9 Moisés respondió: Hemos de ir con nuestros niños y con nuestros viejos, con nuestros hijos y con nuestras hijas; con nuestras ovejas y con nuestras vacas hemos de ir; porque es nuestra fiesta solemne para Jehová.

10 Y él les dijo: ¡Así sea Jehová con vosotros! ¿Cómo os voy a dejar ir a vosotros y a vuestros niños? ¡Mirad cómo el mal está delante de vuestro rostro!

11 No será así; id ahora vosotros los varones, y servid a Jehová, pues esto es lo que vosotros pedisteis. Y los echaron de la presencia de Faraón.

12 Entonces Jehová dijo a Moisés: Extiende tu mano sobre la tierra de Egipto para traer la langosta, a fin de que suba sobre el país de Egipto, y consuma todo lo que el granizo dejó.

13 Y extendió Moisés su vara sobre la tierra de Egipto, y Jehová trajo un viento oriental sobre el país todo aquel día y toda aquella noche; y al venir la mañana el viento oriental trajo la langosta.

14 Y subió la langosta sobre toda la tierra de Egipto, y se asentó en todo el país de Egipto en tan gran cantidad como no la hubo antes ni la habrá después;

15 y cubrió la faz de todo el país, y oscureció la tierra;[a] y consumió toda la hierba de la tierra, y todo el fruto de los árboles que había dejado el granizo; no quedó cosa verde en árboles ni en hierba del campo, en toda la tierra de Egipto.

16 Entonces Faraón se apresuró a llamar a Moisés y a Aarón, y dijo: He pecado contra Jehová vuestro Dios, y contra vosotros.

17 Mas os ruego ahora que perdonéis mi pecado solamente esta vez, y que oréis a Jehová vuestro Dios que quite de mí al menos esta plaga mortal.

18 Y salió Moisés de delante de Faraón, y oró a Jehová.

19 Entonces Jehová trajo un fortísimo viento occidental, y quitó la langosta y la arrojó en el Mar Rojo; ni una langosta quedó en todo el país de Egipto.

20 Pero Jehová endureció el corazón de Faraón, y éste no dejó ir a los hijos de Israel.

La plaga de tinieblas

21 Jehová dijo a Moisés: Extiende tu mano hacia el cielo, para que haya tinieblas[b] sobre la tierra de Egipto, tanto que cualquiera las palpe.

22 Y extendió Moisés su mano hacia el cielo, y hubo densas tinieblas sobre toda la tierra de Egipto, por tres días.

23 Ninguno vio a su prójimo, ni nadie se levantó de su lugar en tres días; mas todos los hijos de Israel tenían luz en sus habitaciones.

24 Entonces Faraón hizo llamar a Moisés, y dijo: Id, servid a Jehová; solamente queden vuestras ovejas y vuestras vacas; vayan también vuestros niños con vosotros.

25 Y Moisés respondió: Tú también nos darás sacrificios y holocaustos que sacrifiquemos para Jehová nuestro Dios.

26 Nuestros ganados irán también con nosotros; no quedará ni una pezuña; porque de ellos hemos de tomar para servir a Jehová nuestro Dios, y no sabemos con qué hemos de servir a Jehová hasta que lleguemos allá.

27 Pero Jehová endureció el corazón de Faraón, y no quiso dejarlos ir.

28 Y le dijo Faraón: Retírate de mí; guárdate que no veas más mi rostro, porque en cualquier día que vieres mi rostro, morirás.

29 Y Moisés respondió: Bien has dicho; no veré más tu rostro.

Anunciada la muerte de los primogénitos

11 1 Jehová dijo a Moisés: Una plaga traeré aún sobre Faraón y sobre Egipto, después de la cual él os dejará ir de aquí; y seguramente os echará de aquí del todo.

2 Habla ahora al pueblo, y que cada uno pida a su vecino, y cada una a su vecina, alhajas de plata y de oro.

3 Y Jehová dio gracia al pueblo en los ojos de los egipcios. También Moisés era tenido por gran varón en la tierra de Egipto, a los ojos de los siervos de Faraón, y a los ojos del pueblo.

4 Dijo, pues, Moisés: Jehová ha dicho así: A la medianoche yo saldré por en medio de Egipto,

10.14-15: [a] Ap. 9.2-3. **10.21:** [b] Ap. 16.10.

5 y morirá todo primogénito en tierra de Egipto, desde el primogénito de Faraón que se sienta en su trono, hasta el primogénito de la sierva que está tras el molino, y todo primogénito de las bestias.
6 Y habrá gran clamor por toda la tierra de Egipto, cual nunca hubo, ni jamás habrá.
7 Pero contra todos los hijos de Israel, desde el hombre hasta la bestia, ni un perro moverá su lengua, para que sepáis que Jehová hace diferencia entre los egipcios y los israelitas.
8 Y descenderán a mí todos estos tus siervos, e inclinados delante de mí dirán: Vete, tú y todo el pueblo que está debajo de ti; y después de esto yo saldré. Y salió muy enojado de la presencia de Faraón.
9 Y Jehová dijo a Moisés: Faraón no os oirá, para que mis maravillas se multipliquen en la tierra de Egipto.
10 Y Moisés y Aarón hicieron todos estos prodigios delante de Faraón; pues Jehová había endurecido el corazón de Faraón, y no envió a los hijos de Israel fuera de su país.

La Pascua

12 1 Habló Jehová a Moisés y a Aarón en la tierra de Egipto, diciendo:
2 Este mes os será principio de los meses; para vosotros será éste el primero en los meses del año.
3 Hablad a toda la congregación de Israel, diciendo: En el diez de este mes tómese cada uno un cordero según las familias de los padres, un cordero por familia.
4 Mas si la familia fuere tan pequeña que no baste para comer el cordero, entonces él y su vecino inmediato a su casa tomarán uno según el número de las personas; conforme al comer de cada hombre, haréis la cuenta sobre el cordero.
5 El animal será sin defecto, macho de un año; lo tomaréis de las ovejas o de las cabras.
6 Y lo guardaréis hasta el día catorce de este mes, y lo inmolará toda la congregación del pueblo de Israel entre las dos tardes.
7 Y tomarán de la sangre, y la pondrán en los dos postes y en el dintel de las casas en que lo han de comer.
8 Y aquella noche comerán la carne asada al fuego, y panes sin levadura; con hierbas amargas lo comerán.
9 Ninguna cosa comeréis de él cruda, ni cocida en agua, sino asada al fuego; su cabeza con sus pies y sus entrañas.
10 Ninguna cosa dejaréis de él hasta la mañana; y lo que quedare hasta la mañana, lo quemaréis en el fuego.
11 Y lo comeréis así: ceñidos vuestros lomos, vuestro calzado en vuestros pies, y vuestro bordón en vuestra mano; y lo comeréis apresuradamente; es la Pascua[a] de Jehová.
12 Pues yo pasaré aquella noche po a tierra de Egipto, y heriré a todo primogénito la tierra de Egipto, así de los hombres como las bestias; y ejecutaré mis juicios en todos l dioses de Egipto. Yo Jehová.
13 Y la sangre os será por señal en las casa n-de vosotros estéis; y veré la sangre y pasar e vosotros, y no habrá en vosotros plaga de m tandad cuando hiera la tierra de Egipto.
14 Y este día os será en memoria, y lo celebraréis como fiesta solemne para Jehová durante vuestras generaciones; por estatuto perpetuo lo celebraréis.
15 Siete días comeréis panes sin levadura; y así el primer día haréis que no haya levadura en vuestras casas; porque cualquiera que comiere leudado desde el primer día hasta el séptimo, será cortado de Israel.
16 El primer día habrá santa convocación, y asimismo en el séptimo día tendréis una santa convocación; ninguna obra se hará en ellos, excepto solamente que preparéis lo que cada cual haya de comer.
17 Y guardaréis la fiesta de los panes sin levadura,[b] porque en este mismo día saqué vuestras huestes de la tierra de Egipto; por tanto, guardaréis este mandamiento en vuestras generaciones por costumbre perpetua.
18 En el mes primero comeréis los panes sin levadura, desde el día catorce del mes por la tarde hasta el veintiuno del mes por la tarde.
19 Por siete días no se hallará levadura en vuestras casas; porque cualquiera que comiere leudado, así extranjero como natural del país, será cortado de la congregación de Israel.
20 Ninguna cosa leudada comeréis; en todas vuestras habitaciones comeréis panes sin levadura.
21 Y Moisés convocó a todos los ancianos de Israel, y les dijo: Sacad y tomaos corderos por vuestras familias, y sacrificad la pascua.
22 Y tomad un manojo de hisopo, y mojadlo en la sangre que estará en un lebrillo, y untad el dintel y los dos postes con la sangre que estará en el lebrillo; y ninguno de vosotros salga de las puertas de su casa hasta la mañana.
23 Porque Jehová pasará hiriendo a los egipcios; y cuando vea la sangre en el dintel y en los dos postes, pasará Jehová aquella puerta, y no dejará entrar al heridor en vuestras casas para herir.[c]
24 Guardaréis esto por estatuto para vosotros y para vuestros hijos para siempre.
25 Y cuando entréis en la tierra que Jehová os dará, como prometió, guardaréis este rito.
26 Y cuando os dijeren vuestros hijos: ¿Qué es este rito vuestro?,

12.1-13: [a] Lv. 23.5; Nm. 9.1-5; 28.16; Dt. 16.1-2. **12.14-20:** [b] Ex. 23.15; 34.18; Lv. 23.6-8; Nm. 28.17-25; Dt. 16.3-8. **12.23:** [c] He. 11.28.

27 vosotros responderéis: Es la víctima de la
pascua de Jehová, el cual pasó por encima de
las casas de los hijos de Israel en Egipto, cuando
hirió a los egipcios, y libró nuestras casas. Entonces el pueblo se inclinó y adoró.
28 Y los hijos de Israel fueron e hicieron puntualmente así, como Jehová había mandado a
Moisés y a Aarón.

Muerte de los primogénitos

29 Y aconteció que a la medianoche Jehová
hirió a todo primogénito[d] en la tierra de Egipto, desde el primogénito de Faraón que se sentaba sobre su trono hasta el primogénito del cautivo que estaba en la cárcel, y todo primogénito de los animales.
30 Y se levantó aquella noche Faraón, él y todos
sus siervos, y todos los egipcios; y hubo un gran clamor en Egipto, porque no había casa donde no hubiese un muerto.
31 E hizo llamar a Moisés y a Aarón de noche, y
les dijo: Salid de en medio de mi pueblo vosotros y los hijos de Israel, e id, servid a Jehová, como habéis dicho.
32 Tomad también vuestras ovejas y vuestras
vacas, como habéis dicho, e idos; y bendecidme también a mí.
33 Y los egipcios apremiaban al pueblo, dán-
dose prisa a echarlos de la tierra; porque decían: Todos somos muertos.
34 Y llevó el pueblo su masa antes que se leuda-
se, sus masas envueltas en sus sábanas sobre sus hombros.
35 E hicieron los hijos de Israel conforme al
mandamiento de Moisés, pidiendo de los egipcios alhajas de plata, y de oro, y vestidos.
36 Y Jehová dio gracia al pueblo delante de los
egipcios, y les dieron cuanto pedían; así despojaron a los egipcios.[e]

Los israelitas salen de Egipto

37 Partieron los hijos de Israel de Ramesés a
Sucot, como seiscientos mil hombres de a pie, sin contar los niños.
38 También subió con ellos grande multitud de
toda clase de gentes, y ovejas, y muchísimo ganado.
39 Y cocieron tortas sin levadura de la masa que
habían sacado de Egipto, pues no había leudado, porque al echarlos fuera los egipcios, no habían tenido tiempo ni para prepararse comida.
40 El tiempo que los hijos de Israel habitaron
en Egipto fue cuatrocientos treinta años.[f]
41 Y pasados los cuatrocientos treinta años, en
el mismo día todas las huestes de Jehová salieron de la tierra de Egipto.
42 Es noche de guardar para Jehová, por haber-
los sacado en ella de la tierra de Egipto. Esta noche deben guardarla para Jehová todos los hijos de Israel en sus generaciones.
43 Y Jehová dijo a Moisés y a Aarón: Esta es la
ordenanza de la pascua; ningún extraño comerá de ella.
44 Mas todo siervo humano comprado por dine-
ro comerá de ella, después que lo hubieres circuncidado.
45 El extranjero y el jornalero no comerán de ella.
46 Se comerá en una casa, y no llevarás de aque-
lla carne fuera de ella, ni quebraréis hueso suyo.[g]
47 Toda la congregación de Israel lo hará.
48 Mas si algún extranjero morare contigo, y
quisiere celebrar la pascua para Jehová, séale circuncidado todo varón, y entonces la celebrará, y será como uno de vuestra nación; pero ningún incircunciso comerá de ella.
49 La misma ley será para el natural, y para el
extranjero que habitare entre vosotros.
50 Así lo hicieron todos los hijos de Israel;
como mandó Jehová a Moisés y a Aarón, así lo hicieron.
51 Y en aquel mismo día sacó Jehová a los hijos
de Israel de la tierra de Egipto por sus ejércitos.

Consagración de los primogénitos

13 1 Jehová habló a Moisés, diciendo:
2 Conságrame todo primogénito. Cual-
quiera que abre matriz entre los hijos de Israel, así de los hombres como de los animales, mío es.[a]
3 Y Moisés dijo al pueblo: Tened memoria de
este día, en el cual habéis salido de Egipto, de la casa de servidumbre, pues Jehová os ha sacado de aquí con mano fuerte; por tanto, no comeréis leudado.
4 Vosotros salís hoy en el mes de Abib.
5 Y cuando Jehová te hubiere metido en la tierra
del cananeo, del heteo, del amorreo, del heveo y del jebuseo, la cual juró a tus padres que te daría, tierra que destila leche y miel, harás esta celebración en este mes.
6 Siete días comerás pan sin leudar, y el séptimo
día será fiesta para Jehová.
7 Por los siete días se comerán los panes sin le-
vadura, y no se verá contigo nada leudado, ni levadura, en todo tu territorio.
8 Y lo contarás en aquel día a tu hijo, diciendo:
Se hace esto con motivo de lo que Jehová hizo conmigo cuando me sacó de Egipto.
9 Y te será como una señal sobre tu mano, y
como un memorial delante de tus ojos, para que la ley de Jehová esté en tu boca; por cuanto con mano fuerte te sacó Jehová de Egipto.
10 Por tanto, tú guardarás este rito en su tiempo
de año en año.

12.29: [d] Ex. 4.22-23. **12.35-36:** [e] Ex. 3.21-22. **12.40:** [f] Gn. 15.13; Gá. 3.17. **12.46:** [g] Nm. 9.12; Sal. 34.20; Jn. 19.36. **13.2:** [a] Lc. 2.23.

11 Y cuando Jehová te haya metido en la tie-
rra del cananeo, como te ha jurado a ti y a tus
padres, y cuando te la hubiere dado,
12 dedicarás a Jehová todo aquel que abriere
matriz,[b] y asimismo todo primer nacido de tus
animales; los machos serán de Jehová.
13 Mas todo primogénito de asno redimirás con
un cordero; y si no lo redimieres, quebrarás su
cerviz. También redimirás al primogénito de tus
hijos.
14 Y cuando mañana te pregunte tu hijo, dicien-
do: ¿Qué es esto?, le dirás: Jehová nos sacó con
mano fuerte de Egipto, de casa de servidumbre;
15 y endureciéndose Faraón para no dejarnos ir,
Jehová hizo morir en la tierra de Egipto a todo
primogénito, desde el primogénito humano
hasta el primogénito de la bestia; y por esta cau-
sa yo sacrifico para Jehová todo primogénito
macho, y redimo al primogénito de mis hijos.
16 Te será, pues, como una señal sobre tu mano,
y por un memorial delante de tus ojos, por cuan-
to Jehová nos sacó de Egipto con mano fuerte.

La columna de nube y de fuego

17 Y luego que Faraón dejó ir al pueblo, Dios
no los llevó por el camino de la tierra de los filis-
teos, que estaba cerca; porque dijo Dios: Para
que no se arrepienta el pueblo cuando vea la
guerra, y se vuelva a Egipto.
18 Mas hizo Dios que el pueblo rodease por el
camino del desierto del Mar Rojo. Y subieron los
hijos de Israel de Egipto armados.
19 Tomó también consigo Moisés los huesos de
José, el cual había juramentado a los hijos de Is-
rael, diciendo: Dios ciertamente os visitará, y
haréis subir mis huesos de aquí con vosotros.[c]
20 Y partieron de Sucot y acamparon en Etam, a
la entrada del desierto.
21 Y Jehová iba delante de ellos de día en una
columna de nube para guiarlos por el camino, y
de noche en una columna de fuego para alum-
brarles, a fin de que anduviesen de día y de no-
che.
22 Nunca se apartó de delante del pueblo la co-
lumna de nube de día, ni de noche la columna
de fuego.

Los israelitas cruzan el Mar Rojo

14 1 Habló Jehová a Moisés, diciendo:
2 Di a los hijos de Israel que den la vuelta
y acampen delante de Pi-hahirot, entre Migdol y
el mar hacia Baal-zefón; delante de él acampa-
réis junto al mar.
3 Porque Faraón dirá de los hijos de Israel: Ence-
rrados están en la tierra, el desierto los ha ence-
rrado.
4 Y yo endureceré el corazón de Faraón para que
los siga; y seré glorificado en Faraón y en todo
su ejército, y sabrán los egipcios que yo soy
Jehová. Y ellos lo hicieron así.
5 Y fue dado aviso al rey de Egipto, que el pue-
blo huía; y el corazón de Faraón y de sus siervos
se volvió contra el pueblo, y dijeron: ¿Cómo he-
mos hecho esto de haber dejado ir a Israel, para
que no nos sirva?
6 Y unció su carro, y tomó consigo su pueblo;
7 y tomó seiscientos carros escogidos, y todos
los carros de Egipto, y los capitanes sobre ellos.
8 Y endureció Jehová el corazón de Faraón rey de
Egipto, y él siguió a los hijos de Israel; pero los hi-
jos de Israel habían salido con mano poderosa.
9 Siguiéndolos, pues, los egipcios, con toda la
caballería y carros de Faraón, su gente de a ca-
ballo, y todo su ejército, los alcanzaron acampa-
dos junto al mar, al lado de Pi-hahirot, delante
de Baal-zefón.
10 Y cuando Faraón se hubo acercado, los hi-
jos de Israel alzaron sus ojos, y he aquí que los
egipcios venían tras ellos; por lo que los hijos de
Israel temieron en gran manera, y clamaron a
Jehová.
11 Y dijeron a Moisés: ¿No había sepulcros en
Egipto, que nos has sacado para que muramos
en el desierto? ¿Por qué has hecho así con noso-
tros, que nos has sacado de Egipto?
12 ¿No es esto lo que te hablamos en Egipto, di-
ciendo: Déjanos servir a los egipcios? Porque
mejor nos fuera servir a los egipcios, que morir
nosotros en el desierto.
13 Y Moisés dijo al pueblo: No temáis; estad fir-
mes, y ved la salvación que Jehová hará hoy con
vosotros; porque los egipcios que hoy habéis
visto, nunca más para siempre los veréis.
14 Jehová peleará por vosotros, y vosotros esta-
réis tranquilos.
15 Entonces Jehová dijo a Moisés: ¿Por qué cla-
mas a mí? Di a los hijos de Israel que marchen.
16 Y tú alza tu vara, y extiende tu mano sobre el
mar, y divídelo, y entren los hijos de Israel por
en medio del mar, en seco.
17 Y he aquí, yo endureceré el corazón de los
egipcios para que los sigan; y yo me glorificaré
en Faraón y en todo su ejército, en sus carros y
en su caballería;
18 y sabrán los egipcios que yo soy Jehová,
cuando me glorifique en Faraón, en sus carros y
en su gente de a caballo.
19 Y el ángel de Dios que iba delante del cam-
pamento de Israel, se apartó e iba en pos de ellos;
y asimismo la columna de nube que iba delante
de ellos se apartó y se puso a sus espaldas,
20 e iba entre el campamento de los egipcios y el
campamento de Israel; y era nube y tinieblas
para aquéllos, y alumbraba a Israel de noche, y

13.12: [b] Lc. 2.23. **13.19:** [c] Gn. 50.25; Jos. 24.32.

en toda aquella noche nunca se acercaron los unos a los otros.

21 Y extendió Moisés su mano sobre el mar, e
hizo Jehová que el mar se retirase por recio
viento oriental toda aquella noche; y volvió el
mar en seco, y las aguas quedaron divididas.
22 Entonces los hijos de Israel entraron por en
medio del mar,[a] en seco, teniendo las aguas
como muro a su derecha y a su izquierda.
23 Y siguiéndolos los egipcios, entraron tras
ellos hasta la mitad del mar, toda la caballería
de Faraón, sus carros y su gente de a caballo.
24 Aconteció a la vigilia de la mañana, que Jeho-
vá miró el campamento de los egipcios desde la
columna de fuego y nube, y trastornó el campa-
mento de los egipcios,
25 y quitó las ruedas de sus carros, y los trastor-
nó gravemente. Entonces los egipcios dijeron:
Huyamos de delante de Israel, porque Jehová
pelea por ellos contra los egipcios.
26 Y Jehová dijo a Moisés: Extiende tu mano so-
bre el mar, para que las aguas vuelvan sobre los
egipcios, sobre sus carros, y sobre su caballería.
27 Entonces Moisés extendió su mano sobre el
mar, y cuando amanecía, el mar se volvió en
toda su fuerza, y los egipcios al huir se encon-
traban con el mar; y Jehová derribó a los egip-
cios en medio del mar.
28 Y volvieron las aguas, y cubrieron los carros y
la caballería, y todo el ejército de Faraón que ha-
bía entrado tras ellos en el mar; no quedó de
ellos ni uno.
29 Y los hijos de Israel fueron por en medio del
mar, en seco, teniendo las aguas por muro a su
derecha y a su izquierda.
30 Así salvó Jehová aquel día a Israel de mano
de los egipcios; e Israel vio a los egipcios muer-
tos a la orilla del mar.
31 Y vio Israel aquel grande hecho que Jehová
ejecutó contra los egipcios; y el pueblo temió a
Jehová, y creyeron a Jehová y a Moisés su siervo.

Cántico de Moisés y de María

15 1 Entonces cantó Moisés y los hijos de Israel este cántico[a] a Jehová, y dijeron:
Cantaré yo a Jehová, porque se ha
magnificado grandemente;
Ha echado en el mar al caballo y al jinete.
2 Jehová es mi fortaleza y mi cántico,
Y ha sido mi salvación.[b]
Este es mi Dios, y lo alabaré;
Dios de mi padre, y lo enalteceré.
3 Jehová es varón de guerra;
Jehová es su nombre.
4 Echó en el mar los carros de Faraón
y su ejército;
Y sus capitanes escogidos fueron
hundidos en el Mar Rojo.
5 Los abismos los cubrieron;
Descendieron a las profundidades
como piedra.
6 Tu diestra, oh Jehová, ha sido
magnificada en poder;
Tu diestra, oh Jehová, ha quebrantado
al enemigo.
7 Y con la grandeza de tu poder has
derribado a los que se levantaron
contra ti.
Enviaste tu ira; los consumió como
a hojarasca.
8 Al soplo de tu aliento se amontonaron
las aguas;
Se juntaron las corrientes como
en un montón;
Los abismos se cuajaron en medio del mar.
9 El enemigo dijo:
Perseguiré, apresaré, repartiré despojos;
Mi alma se saciará de ellos;
Sacaré mi espada, los destruirá
mi mano.
10 Soplaste con tu viento; los cubrió el mar;
Se hundieron como plomo
en las impetuosas aguas.
11 ¿Quién como tú, oh Jehová,
entre los dioses?
¿Quién como tú, magnífico en santidad,
Terrible en maravillosas hazañas,
hacedor de prodigios?
12 Extendiste tu diestra;
La tierra los tragó.
13 Condujiste en tu misericordia a este
pueblo que redimiste;
Lo llevaste con tu poder
a tu santa morada.
14 Lo oirán los pueblos, y temblarán;
Se apoderará dolor de la tierra
de los filisteos.
15 Entonces los caudillos de Edom
se turbarán;
A los valientes de Moab les sobrecogerá
temblor;
Se acobardarán todos los moradores
de Canaán.
16 Caiga sobre ellos temblor y espanto;
A la grandeza de tu brazo enmudezcan
como una piedra;
Hasta que haya pasado tu pueblo,
oh Jehová,
Hasta que haya pasado este pueblo
que tú rescataste.
17 Tú los introducirás y los plantarás
en el monte de tu heredad,
En el lugar de tu morada, que tú has
preparado, oh Jehová,

14.22: [a] He. 11.29. **15.1:** [a] Ap. 15.3.
15.2: [b] Sal. 118.14; Is. 12.2.

En el santuario que tus manos,
oh Jehová, han afirmado.
18 Jehová reinará eternamente y para siempre.
19 Porque Faraón entró cabalgando con sus ca-
rros y su gente de a caballo en el mar, y Jehová hizo
volver las aguas del mar sobre ellos; mas los hijos
de Israel pasaron en seco por en medio del mar.
20 Y María la profetisa, hermana de Aarón, tomó
un pandero en su mano, y todas las mujeres salie-
ron en pos de ella con panderos y danzas.
21 Y María les respondía:
Cantad a Jehová, porque en extremo
se ha engrandecido;
Ha echado en el mar al caballo y al jinete.

El agua amarga de Mara

22 E hizo Moisés que partiese Israel del Mar
Rojo, y salieron al desierto de Shur; y anduvie-
ron tres días por el desierto sin hallar agua.
23 Y llegaron a Mara, y no pudieron beber las
aguas de Mara, porque eran amargas; por eso le
pusieron el nombre de Mara.[5]
24 Entonces el pueblo murmuró contra Moisés,
y dijo: ¿Qué hemos de beber?
25 Y Moisés clamó a Jehová, y Jehová le mostró
un árbol; y lo echó en las aguas, y las aguas se
endulzaron. Allí les dio estatutos y ordenanzas,
y allí los probó;
26 y dijo: Si oyeres atentamente la voz de Jeho-
vá tu Dios, e hicieres lo recto delante de sus
ojos, y dieres oído a sus mandamientos, y guar-
dares todos sus estatutos, ninguna enfermedad
de las que envié a los egipcios te enviaré a ti;
porque yo soy Jehová tu sanador.
27 Y llegaron a Elim, donde había doce fuentes
de aguas, y setenta palmeras; y acamparon allí
junto a las aguas.

Dios da el maná

16 1 Partió luego de Elim toda la congrega-
ción de los hijos de Israel, y vino al de-
sierto de Sin, que está entre Elim y Sinaí, a los
quince días del segundo mes después que salie-
ron de la tierra de Egipto.
2 Y toda la congregación de los hijos de Israel
murmuró contra Moisés y Aarón en el desierto;
3 y les decían los hijos de Israel: Ojalá hubiéra-
mos muerto por mano de Jehová en la tierra de
Egipto, cuando nos sentábamos a las ollas de
carne, cuando comíamos pan hasta saciarnos;
pues nos habéis sacado a este desierto para ma-
tar de hambre a toda esta multitud.
4 Y Jehová dijo a Moisés: He aquí yo os haré
llover pan del cielo;[a] y el pueblo saldrá, y reco-
gerá diariamente la porción de un día, para que
yo lo pruebe si anda en mi ley, o no.
5 Mas en el sexto día prepararán para guardar el
doble de lo que suelen recoger cada día.
6 Entonces dijeron Moisés y Aarón a todos los
hijos de Israel: En la tarde sabréis que Jehová os
ha sacado de la tierra de Egipto,
7 y a la mañana veréis la gloria de Jehová; por-
que él ha oído vuestras murmuraciones contra
Jehová; porque nosotros, ¿qué somos, para que
vosotros murmuréis contra nosotros?
8 Dijo también Moisés: Jehová os dará en la tar-
de carne para comer, y en la mañana pan hasta
saciaros; porque Jehová ha oído vuestras mur-
muraciones con que habéis murmurado contra
él; porque nosotros, ¿qué somos? Vuestras mur-
muraciones no son contra nosotros, sino contra
Jehová.
9 Y dijo Moisés a Aarón: Di a toda la congre-
gación de los hijos de Israel: Acercaos a la pre-
sencia de Jehová, porque él ha oído vuestras
murmuraciones.
10 Y hablando Aarón a toda la congregación de
los hijos de Israel, miraron hacia el desierto, y
he aquí la gloria de Jehová apareció en la nube.
11 Y Jehová habló a Moisés, diciendo:
12 Yo he oído las murmuraciones de los hijos de
Israel; háblales, diciendo: Al caer la tarde come-
réis carne, y por la mañana os saciaréis de pan, y
sabréis que yo soy Jehová vuestro Dios.
13 Y venida la tarde, subieron codornices que
cubrieron el campamento; y por la mañana des-
cendió rocío en derredor del campamento.
14 Y cuando el rocío cesó de descender, he aquí
sobre la faz del desierto una cosa menuda, redon-
da, menuda como una escarcha sobre la tierra.
15 Y viéndolo los hijos de Israel, se dijeron unos
a otros: ¿Qué es esto? porque no sabían qué era.
Entonces Moisés les dijo: Es el pan que Jehová
os da para comer.
16 Esto es lo que Jehová ha mandado: Recoged
de él cada uno según lo que pudiere comer; un
gomer por cabeza, conforme al número de vues-
tras personas, tomaréis cada uno para los que
están en su tienda.
17 Y los hijos de Israel lo hicieron así; y recogie-
ron unos más, otros menos;
18 y lo medían por gomer, y no sobró al que ha-
bía recogido mucho, ni faltó al que había recogi-
do poco;[b] cada uno recogió conforme a lo que
había de comer.
19 Y les dijo Moisés: Ninguno deje nada de ello
para mañana.
20 Mas ellos no obedecieron a Moisés, sino
que algunos dejaron de ello para otro día, y
crió gusanos, y hedió; y se enojó contra ellos
Moisés.
21 Y lo recogían cada mañana, cada uno según
lo que había de comer; y luego que el sol calen-
taba, se derretía.

15.23: [5] Esto es, *Amargura.* **16.4:** [a] Jn. 6.31.
16.18: [b] 2 Co. 8.15.

22 En el sexto día recogieron doble porción de
comida, dos gomeres para cada uno; y todos los
príncipes de la congregación vinieron y se lo hi-
cieron saber a Moisés.
23 Y él les dijo: Esto es lo que ha dicho Jehová:
Mañana es el santo día de reposo,* el reposo con-
sagrado a Jehová;[c] lo que habéis de cocer, coced-
lo hoy, y lo que habéis de cocinar, cocinadlo; y
todo lo que os sobrare, guardadlo para mañana.
24 Y ellos lo guardaron hasta la mañana, según
lo que Moisés había mandado, y no se agusanó,
ni hedió.
25 Y dijo Moisés: Comedlo hoy, porque hoy es
día de reposo* para Jehová; hoy no hallaréis en
el campo.
26 Seis días lo recogeréis; mas el séptimo día es
día de reposo;* en él no se hallará.
27 Y aconteció que algunos del pueblo salieron
en el séptimo día a recoger, y no hallaron.
28 Y Jehová dijo a Moisés: ¿Hasta cuándo no
querréis guardar mis mandamientos y mis leyes?
29 Mirad que Jehová os dio el día de reposo,* y
por eso en el sexto día os da pan para dos días.
Estése, pues, cada uno en su lugar, y nadie salga
de él en el séptimo día.
30 Así el pueblo reposó el séptimo día.
31 Y la casa de Israel lo llamó Maná;[6] y era
como semilla de culantro, blanco, y su sabor
como de hojuelas con miel.[d]
32 Y dijo Moisés: Esto es lo que Jehová ha man-
dado: Llenad un gomer de él, y guardadlo para
vuestros descendientes, a fin de que vean el pan
que yo os di a comer en el desierto, cuando yo os
saqué de la tierra de Egipto.
33 Y dijo Moisés a Aarón: Toma una vasija y pon
en ella un gomer de maná,[e] y ponlo delante de
Jehová, para que sea guardado para vuestros
descendientes.
34 Y Aarón lo puso delante del Testimonio para
guardarlo, como Jehová lo mandó a Moisés.
35 Así comieron los hijos de Israel maná cuaren-
ta años, hasta que llegaron a tierra habitada;
maná comieron hasta que llegaron a los límites
de la tierra de Canaán.[f]
36 Y un gomer es la décima parte de un efa.

Agua de la roca

17 1 Toda la congregación de los hijos de Is-
rael partió del desierto de Sin por sus
jornadas, conforme al mandamiento de Jeho-
vá, y acamparon en Refidim; y no había agua
para que el pueblo bebiese.
2 Y altercó el pueblo con Moisés, y dijeron: Da-
nos agua para que bebamos. Y Moisés les dijo:
¿Por qué altercáis conmigo? ¿Por qué tentáis a
Jehová?
3 Así que el pueblo tuvo allí sed, y murmuró
contra Moisés, y dijo: ¿Por qué nos hiciste subir
de Egipto para matarnos de sed a nosotros, a
nuestros hijos y a nuestros ganados?
4 Entonces clamó Moisés a Jehová, diciendo:
¿Qué haré con este pueblo? De aquí a un poco
me apedrearán.
5 Y Jehová dijo a Moisés: Pasa delante del pue-
blo, y toma contigo de los ancianos de Israel; y
toma también en tu mano tu vara con que gol-
peaste el río, y ve.
6 He aquí que yo estaré delante de ti allí sobre
la peña en Horeb; y golpearás la peña, y sal-
drán de ella aguas, y beberá el pueblo. Y Moi-
sés lo hizo así en presencia de los ancianos de
Israel.
7 Y llamó el nombre de aquel lugar Masah[7] y Me-
riba,[8] por la rencilla de los hijos de Israel, y por-
que tentaron a Jehová, diciendo: ¿Está, pues,
Jehová entre nosotros, o no?[a]

Guerra con Amalec

8 Entonces vino Amalec y peleó contra Israel
en Refidim.
9 Y dijo Moisés a Josué: Escógenos varones, y
sal a pelear contra Amalec; mañana yo estaré
sobre la cumbre del collado, y la vara de Dios en
mi mano.
10 E hizo Josué como le dijo Moisés, peleando
contra Amalec; y Moisés y Aarón y Hur subieron
a la cumbre del collado.
11 Y sucedía que cuando alzaba Moisés su
mano, Israel prevalecía; mas cuando él bajaba
su mano, prevalecía Amalec.
12 Y las manos de Moisés se cansaban; por lo
que tomaron una piedra, y la pusieron debajo
de él, y se sentó sobre ella; y Aarón y Hur soste-
nían sus manos, el uno de un lado y el otro de
otro; así hubo en sus manos firmeza hasta que
se puso el sol.
13 Y Josué deshizo a Amalec y a su pueblo a filo
de espada.
14 Y Jehová dijo a Moisés: Escribe esto para
memoria en un libro, y di a Josué que raeré del
todo la memoria de Amalec de debajo del cielo.[b]
15 Y Moisés edificó un altar, y llamó su nombre
Jehová-nisi;[9]
16 y dijo: Por cuanto la mano de Amalec se levan-
tó contra el trono de Jehová, Jehová tendrá gue-
rra con Amalec de generación en generación.

Jetro visita a Moisés

18 1 Oyó Jetro sacerdote de Madián, suegro
de Moisés, todas las cosas que Dios ha-

* Aquí equivale a *sábado*.
16.23: [c] Ex. 20.8-11. **16.31:** [6] Esto es, *¿Qué es esto?* [d] Nm. 11.7-8. **16.33:** [e] He. 9.4. **16.35:** [f] Jos. 5.12.
17.1-7: [a] Nm. 20.2-13. **17.7:** [7] Esto es, *Prueba.* [8] Esto es, *Rencilla.* **17.14:** [b] Dt. 25.17-19; 1 S. 15.2-9.
17.15: [9] Esto es, *Jehová es mi estandarte.*

bía hecho con Moisés, y con Israel su pueblo, y cómo Jehová había sacado a Israel de Egipto.

2 Y tomó Jetro suegro de Moisés a Séfora la mujer de Moisés, después que él la envió,

3 y a sus dos hijos;[a] el uno se llamaba Gersón, porque dijo: Forastero[10] he sido en tierra ajena;[b]

4 y el otro se llamaba Eliezer,[11] porque dijo: El Dios de mi padre me ayudó, y me libró de la espada de Faraón.

5 Y Jetro el suegro de Moisés, con los hijos y la mujer de éste, vino a Moisés en el desierto, donde estaba acampado junto al monte de Dios;

6 y dijo a Moisés: Yo tu suegro Jetro vengo a ti, con tu mujer, y sus dos hijos con ella.

7 Y Moisés salió a recibir a su suegro, y se inclinó, y lo besó; y se preguntaron el uno al otro cómo estaban, y vinieron a la tienda.

8 Y Moisés contó a su suegro todas las cosas que Jehová había hecho a Faraón y a los egipcios por amor de Israel, y todo el trabajo que habían pasado en el camino, y cómo los había librado Jehová.

9 Y se alegró Jetro de todo el bien que Jehová había hecho a Israel, al haberlo librado de mano de los egipcios.

10 Y Jetro dijo: Bendito sea Jehová, que os libró de mano de los egipcios, y de la mano de Faraón, y que libró al pueblo de la mano de los egipcios.

11 Ahora conozco que Jehová es más grande que todos los dioses; porque en lo que se ensoberbecieron prevaleció contra ellos.

12 Y tomó Jetro, suegro de Moisés, holocaustos y sacrificios para Dios; y vino Aarón y todos los ancianos de Israel para comer con el suegro de Moisés delante de Dios.

Nombramiento de jueces

13 Aconteció que al día siguiente se sentó Moisés a juzgar al pueblo; y el pueblo estuvo delante de Moisés desde la mañana hasta la tarde.

14 Viendo el suegro de Moisés todo lo que él hacía con el pueblo, dijo: ¿Qué es esto que haces tú con el pueblo? ¿Por qué te sientas tú solo, y todo el pueblo está delante de ti desde la mañana hasta la tarde?

15 Y Moisés respondió a su suegro: Porque el pueblo viene a mí para consultar a Dios.

16 Cuando tienen asuntos, vienen a mí; y yo juzgo entre el uno y el otro, y declaro las ordenanzas de Dios y sus leyes.

17 Entonces el suegro de Moisés le dijo: No está bien lo que haces.

18 Desfallecerás del todo, tú, y también este pueblo que está contigo; porque el trabajo es demasiado pesado para ti; no podrás hacerlo tú solo.

19 Oye ahora mi voz; yo te aconsejaré, y Dios estará contigo. Está tú por el pueblo delante de Dios, y somete tú los asuntos a Dios.

20 Y enseña a ellos las ordenanzas y las leyes, y muéstrales el camino por donde deben andar, y lo que han de hacer.

21 Además escoge tú de entre todo el pueblo varones de virtud, temerosos de Dios, varones de verdad, que aborrezcan la avaricia; y ponlos sobre el pueblo por jefes de millares, de centenas, de cincuenta y de diez.

22 Ellos juzgarán al pueblo en todo tiempo; y todo asunto grave lo traerán a ti, y ellos juzgarán todo asunto pequeño. Así aliviarás la carga de sobre ti, y la llevarán ellos contigo.

23 Si esto hicieres, y Dios te lo mandare, tú podrás sostenerte, y también todo este pueblo irá en paz a su lugar.

24 Y oyó Moisés la voz de su suegro, e hizo todo lo que dijo.

25 Escogió Moisés varones de virtud de entre todo Israel, y los puso por jefes sobre el pueblo, sobre mil, sobre ciento, sobre cincuenta, y sobre diez.

26 Y juzgaban al pueblo en todo tiempo; el asunto difícil lo traían a Moisés, y ellos juzgaban todo asunto pequeño.

27 Y despidió Moisés a su suegro, y éste se fue a su tierra.

Israel en Sinaí

19 1 En el mes tercero de la salida de los hijos de Israel de la tierra de Egipto, en el mismo día llegaron al desierto de Sinaí.

2 Habían salido de Refidim, y llegaron al desierto de Sinaí, y acamparon en el desierto; y acampó allí Israel delante del monte.

3 Y Moisés subió a Dios; y Jehová lo llamó desde el monte, diciendo: Así dirás a la casa de Jacob, y anunciarás a los hijos de Israel:

4 Vosotros visteis lo que hice a los egipcios, y cómo os tomé sobre alas de águilas, y os he traído a mí.

5 Ahora, pues, si diereis oído a mi voz, y guardareis mi pacto, vosotros seréis mi especial tesoro[a] sobre todos los pueblos; porque mía es toda la tierra.

6 Y vosotros me seréis un reino de sacerdotes,[b] y gente santa.[c] Estas son las palabras que dirás a los hijos de Israel.

7 Entonces vino Moisés, y llamó a los ancianos del pueblo, y expuso en presencia de ellos todas estas palabras que Jehová le había mandado.

8 Y todo el pueblo respondió a una, y dijeron: Todo lo que Jehová ha dicho, haremos. Y Moisés refirió a Jehová las palabras del pueblo.

18.3: [a] Hch. 7.29. [10] Heb. *ger.* **18.2-3:** [b] Ex. 2.21-22.
18.4: [11] Heb. *Eli,* mi Dios; *ezer,* ayuda. **19.5:** [a] Dt. 4.20; 7.6; 14.2; 26.18; Tit. 2.14. **19.6:** [b] Ap. 1.6; 5.10. **19.5-6:** [c] 1 P. 2.9.

s Jehová dijo a Moisés: He aquí, yo
en una nube espesa, para que el pue-
ientras yo hablo contigo, y también
para que te crean para siempre.
Y Moisés refirió las palabras del pueblo a Jehová.
10 Y Jehová dijo a Moisés: Ve al pueblo, y santifí-
calos hoy y mañana; y laven sus vestidos,
11 y estén preparados para el día tercero, por-
que al tercer día Jehová descenderá a ojos de
todo el pueblo sobre el monte de Sinaí.
12 Y señalarás término al pueblo en derredor, di-
ciendo: Guardaos, no subáis al monte, ni toquéis
sus límites; cualquiera que tocare el monte, de
seguro morirá.
13 No lo tocará mano, porque será apedreado o
asaeteado; sea animal o sea hombre, no vivirá.[d]
Cuando suene largamente la bocina, subirán al
monte.
14 Y descendió Moisés del monte al pueblo, y
santificó al pueblo; y lavaron sus vestidos.
15 Y dijo al pueblo: Estad preparados para el
tercer día; no toquéis mujer.
16 Aconteció que al tercer día, cuando vino la
mañana, vinieron truenos y relámpagos,[e] y es-
pesa nube sobre el monte, y sonido de bocina
muy fuerte; y se estremeció todo el pueblo que
estaba en el campamento.
17 Y Moisés sacó del campamento al pueblo para
recibir a Dios; y se detuvieron al pie del monte.
18 Todo el monte Sinaí humeaba, porque Jeho-
vá había descendido sobre él en fuego;[f] y el
humo subía como el humo de un horno, y todo
el monte se estremecía en gran manera.
19 El sonido de la bocina iba aumentando en ex-
tremo; Moisés hablaba, y Dios le respondía con
voz tronante.
20 Y descendió Jehová sobre el monte Sinaí, so-
bre la cumbre del monte; y llamó Jehová a Moi-
sés a la cumbre del monte, y Moisés subió.
21 Y Jehová dijo a Moisés: Desciende, ordena al
pueblo que no traspase los límites para ver a
Jehová, porque caerá multitud de ellos.
22 Y también que se santifiquen los sacerdotes
que se acercan a Jehová, para que Jehová no
haga en ellos estrago.
23 Moisés dijo a Jehová: El pueblo no podrá subir
al monte Sinaí, porque tú nos has mandado di-
ciendo: Señala límites al monte, y santifícalo.
24 Y Jehová le dijo: Ve, desciende, y subirás tú, y
Aarón contigo; mas los sacerdotes y el pueblo
no traspasen el límite para subir a Jehová, no
sea que haga en ellos estrago.
25 Entonces Moisés descendió y se lo dijo al
pueblo.

Los Diez Mandamientos

20 1 Y habló Dios todas estas palabras, di-
ciendo:
2 Yo soy Jehová tu Dios, que te saqué de la tierra
de Egipto, de casa de servidumbre.
3 No tendrás dioses ajenos delante de mí.
4 No te harás imagen, ni ninguna semejanza
de lo que esté arriba en el cielo, ni abajo en la
tierra, ni en las aguas debajo de la tierra.
5 No te inclinarás a ellas, ni las honrarás;[a] por-
que yo soy Jehová tu Dios, fuerte, celoso, que vi-
sito la maldad de los padres sobre los hijos hasta
la tercera y cuarta generación de los que me
aborrecen,
6 y hago misericordia a millares, a los que me
aman y guardan mis mandamientos.[b]
7 No tomarás el nombre de Jehová tu Dios en
vano;[c] porque no dará por inocente Jehová al
que tomare su nombre en vano.
8 Acuérdate del día de reposo* para santifi-
carlo.[d]
9 Seis días trabajarás, y harás toda tu obra;
10 mas el séptimo día es reposo* para Jehová
tu Dios; no hagas en él obra alguna,[e] tú, ni tu
hijo, ni tu hija, ni tu siervo, ni tu criada, ni tu
bestia, ni tu extranjero que está dentro de tus
puertas.
11 Porque en seis días hizo Jehová los cielos y la
tierra, el mar, y todas las cosas que en ellos hay,
y reposó en el séptimo día; por tanto, Jehová
bendijo el día de reposo* y lo santificó.[f]
12 Honra a tu padre y a tu madre,[g] para que
tus días se alarguen en la tierra que Jehová tu
Dios te da.[h]
13 No matarás.[i]
14 No cometerás adulterio.[j]
15 No hurtarás.[k]
16 No hablarás contra tu prójimo falso testi-
monio.[l]
17 No codiciarás[m] la casa de tu prójimo, no co-
diciarás la mujer de tu prójimo, ni su siervo, ni
su criada, ni su buey, ni su asno, ni cosa alguna
de tu prójimo.

El terror del pueblo

18 Todo el pueblo observaba el estruendo y
los relámpagos, y el sonido de la bocina, y el
monte que humeaba; y viéndolo el pueblo, tem-
blaron, y se pusieron de lejos.

* Aquí equivale a *sábado*.

19.12-13: [d] He. 12.18-20. **19.16:** [e] Ap. 4.5.
19.16-18: [f] Dt. 4.11-12. **20.4-5:** [a] Ex. 34.17; Lv. 19.4; 26.1; Dt. 4.15-18; 27.15. **20.5-6:** [b] Ex. 34.6-7; Nm. 14.18; Dt. 7.9-10.
20.7: [c] Lv. 19.12. **20.8:** [d] Ex. 16.23-30; 31.12-14.
20.9-10: [e] Ex. 23.12; 31.15; 34.21; 35.2; Lv. 23.3.
20.11: [f] Gn. 2.1-3; Ex. 31.17. **20.12:** [g] Dt. 27.16; Mt. 15.4; 19.19; Mr. 7.10; 10.19; Lc. 18.20; Ef. 6.2. [h] Ef. 6.3.
20.13: [i] Gn. 9.6; Lv. 24.17; Mt. 5.21; 19.18; Mr. 10.19; Lc. 18.20; Ro. 13.9; Stg. 2.11. **20.14:** [j] Lv. 20.10; Mt. 5.27; 19.18; Mr. 10.19; Lc. 18.20; Ro. 13.9; Stg. 2.11.
20.15: [k] Lv. 19.11; Mt. 19.18; Mr. 10.19; Lc. 18.20; Ro. 13.9. **20.16:** [l] Ex. 23.1; Mt. 19.18; Mr. 10.19; Lc. 18.20; Ro. 13.9. **20.17:** [m] Ro. 7.7; 13.9.

19 Y dijeron a Moisés: Habla tú con nosotros, y
nosotros oiremos; pero no hable Dios con nosotros, para que no muramos.[n]
20 Y Moisés respondió al pueblo: No temáis;
porque para probaros vino Dios, y para que su
temor esté delante de vosotros, para que no
pequéis.
21 Entonces el pueblo estuvo a lo lejos, y Moisés se acercó a la oscuridad en la cual estaba
Dios.
22 Y Jehová dijo a Moisés: Así dirás a los hijos de
Israel: Vosotros habéis visto que he hablado desde el cielo con vosotros.
23 No hagáis conmigo dioses de plata, ni dioses
de oro os haréis.
24 Altar de tierra harás para mí, y sacrificarás
sobre él tus holocaustos y tus ofrendas de paz,
tus ovejas y tus vacas; en todo lugar donde yo
hiciere que esté la memoria de mi nombre, vendré a ti y te bendeciré.
25 Y si me hicieres altar de piedras, no las labres
de cantería;[o] porque si alzares herramienta sobre él, lo profanarás.
26 No subirás por gradas a mi altar, para que tu
desnudez no se descubra junto a él.

Leyes sobre los esclavos

21 1 Estas son las leyes que les propondrás.
2 Si comprares siervo hebreo, seis años
servirá; mas al séptimo saldrá libre, de balde.
3 Si entró solo, solo saldrá; si tenía mujer, saldrá
él y su mujer con él.
4 Si su amo le hubiere dado mujer, y ella le diere
hijos o hijas, la mujer y sus hijos serán de su
amo, y él saldrá solo.
5 Y si el siervo dijere: Yo amo a mi señor, a mi
mujer y a mis hijos, no saldré libre;
6 entonces su amo lo llevará ante los jueces, y le
hará estar junto a la puerta o al poste; y su amo
le horadará la oreja con lesna, y será su siervo
para siempre.[a]
7 Y cuando alguno vendiere su hija por sierva,
no saldrá ella como suelen salir los siervos.
8 Si no agradare a su señor, por lo cual no la
tomó por esposa, se le permitirá que se rescate,
y no la podrá vender a pueblo extraño cuando la
desechare.
9 Mas si la hubiere desposado con su hijo, hará
con ella según la costumbre de las hijas.
10 Si tomare para él otra mujer, no disminuirá
su alimento, ni su vestido, ni el deber conyugal.
11 Y si ninguna de estas tres cosas hiciere, ella
saldrá de gracia, sin dinero.

Leyes sobre actos de violencia

12 El que hiriere a alguno, haciéndole así morir, él morirá.[b]
13 Mas el que no pretendía herirlo, sino que
Dios lo puso en sus manos, entonces yo te señalaré lugar al cual ha de huir.[c]
14 Pero si alguno se ensoberbeciere contra su
prójimo y lo matare con alevosía, de mi altar lo
quitarás para que muera.
15 El que hiriere a su padre o a su madre, morirá.
16 Asimismo el que robare una persona y la
vendiere, o si fuere hallada en sus manos, morirá.[d]
17 Igualmente el que maldijere a su padre o a su
madre, morirá.[e]
18 Además, si algunos riñeren, y uno hiriere a
su prójimo con piedra o con el puño, y éste no
muriere, pero cayere en cama;
19 si se levantare y anduviere fuera sobre su
báculo, entonces será absuelto el que lo hirió;
solamente le satisfará por lo que estuvo sin trabajar, y hará que le curen.
20 Y si alguno hiriere a su siervo o a su sierva
con palo, y muriere bajo su mano, será castigado;
21 mas si sobreviviere por un día o dos, no será
castigado, porque es de su propiedad.
22 Si algunos riñeren, e hirieren a mujer embarazada, y ésta abortare, pero sin haber muerte,
serán penados conforme a lo que les impusiere el
marido de la mujer y juzgaren los jueces.
23 Mas si hubiere muerte, entonces pagarás vida
por vida,
24 ojo por ojo, diente por diente,[f] mano por
mano, pie por pie,
25 quemadura por quemadura, herida por herida, golpe por golpe.

Leyes sobre responsabilidades de amos y dueños

26 Si alguno hiriere el ojo de su siervo, o el ojo
de su sierva, y lo dañare, le dará libertad por razón de su ojo.
27 Y si hiciere saltar un diente de su siervo, o un
diente de su sierva, por su diente le dejará ir
libre.
28 Si un buey acorneare a hombre o a mujer, y
a causa de ello muriere, el buey será apedreado,
y no será comida su carne; mas el dueño del
buey será absuelto.
29 Pero si el buey fuere acorneador desde tiempo
atrás, y a su dueño se le hubiere notificado, y no
lo hubiere guardado, y matare a hombre o mujer,
el buey será apedreado, y también morirá su
dueño.
30 Si le fuere impuesto precio de rescate, entonces dará por el rescate de su persona cuanto le
fuere impuesto.

20.18-19: [n] He. 12.18-19. **20.25:** [o] Dt. 27.5-7; Jos. 8.31.
21.2-6: [a] Lv. 25.39-46. **21.12:** [b] Lv. 24.17.
21.13: [c] Nm. 35.10-34; Dt. 19.1-13; Jos. 20.1-9.
21.16: [d] Dt. 24.7. **21.17:** [e] Lv. 20.9; Mt. 15.4; Mr. 7.10.
21.24: [f] Lv. 24.19-20; Dt. 19.21; Mt. 5.38.

31 Haya acorneado a hijo, o haya acorneado a hija, conforme a este juicio se hará con él.

32 Si el buey acorneare a un siervo o a una sierva, pagará su dueño treinta siclos de plata, y el buey será apedreado.

33 Y si alguno abriere un pozo, o cavare cisterna, y no la cubriere, y cayere allí buey o asno,

34 el dueño de la cisterna pagará el daño, resarciendo a su dueño, y lo que fue muerto será suyo.

35 Y si el buey de alguno hiriere al buey de su prójimo de modo que muriere, entonces venderán el buey vivo y partirán el dinero de él, y también partirán el buey muerto.

36 Mas si era notorio que el buey era acorneador desde tiempo atrás, y su dueño no lo hubiere guardado, pagará buey por buey, y el buey muerto será suyo.

Leyes sobre la restitución

22 **1** Cuando alguno hurtare buey u oveja, y lo degollare o vendiere, por aquel buey pagará cinco bueyes, y por aquella oveja cuatro ovejas.

2 Si el ladrón fuere hallado forzando una casa, y fuere herido y muriere, el que lo hirió no será culpado de su muerte.

3 Pero si fuere de día, el autor de la muerte será reo de homicidio. El ladrón hará completa restitución; si no tuviere con qué, será vendido por su hurto.

4 Si fuere hallado con el hurto en la mano, vivo, sea buey o asno u oveja, pagará el doble.

5 Si alguno hiciere pastar en campo o viña, y metiere su bestia en campo de otro, de lo mejor de su campo y de lo mejor de su viña pagará.

6 Cuando se prendiere fuego, y al quemar espinos quemare mieses amontonadas o en pie, o campo, el que encendió el fuego pagará lo quemado.

7 Cuando alguno diere a su prójimo plata o alhajas a guardar, y fuere hurtado de la casa de aquel hombre, si el ladrón fuere hallado, pagará el doble.

8 Si el ladrón no fuere hallado, entonces el dueño de la casa será presentado a los jueces, para que se vea si ha metido su mano en los bienes de su prójimo.

9 En toda clase de fraude, sobre buey, sobre asno, sobre oveja, sobre vestido, sobre toda cosa perdida, cuando alguno dijere: Esto es mío, la causa de ambos vendrá delante de los jueces; y el que los jueces condenaren, pagará el doble a su prójimo.

10 Si alguno hubiere dado a su prójimo asno, o buey, u oveja, o cualquier otro animal a guardar, y éste muriere o fuere estropeado, o fuere llevado sin verlo nadie;

11 juramento de Jehová habrá entre ambos, de que no metió su mano a los bienes de su prójimo; y su dueño lo aceptará, y el otro no pagará.

12 Mas si le hubiere sido hurtado, resarcirá a su dueño.

13 Y si le hubiere sido arrebatado por fiera, le traerá testimonio, y no pagará lo arrebatado.

14 Pero si alguno hubiere tomado prestada bestia de su prójimo, y fuere estropeada o muerta, estando ausente su dueño, deberá pagarla.

15 Si el dueño estaba presente no la pagará. Si era alquilada, reciba el dueño el alquiler.

Leyes humanitarias

16 Si alguno engañare a una doncella que no fuere desposada, y durmiere con ella, deberá dotarla y tomarla por mujer.

17 Si su padre no quisiere dársela, él le pesará plata conforme a la dote de las vírgenes.[a]

18 A la hechicera[b] no dejarás que viva.

19 Cualquiera que cohabitare con bestia, morirá.[c]

20 El que ofreciere sacrificio a dioses excepto solamente a Jehová, será muerto.[d]

21 Y al extranjero no engañarás ni angustiarás, porque extranjeros fuisteis vosotros en la tierra de Egipto.

22 A ninguna viuda ni huérfano afligiréis.[e]

23 Porque si tú llegas a afligirles, y ellos clamaren a mí, ciertamente oiré yo su clamor;

24 y mi furor se encenderá, y os mataré a espada, y vuestras mujeres serán viudas, y huérfanos vuestros hijos.

25 Cuando prestares dinero a uno de mi pueblo, al pobre que está contigo, no te portarás con él como logrero, ni le impondrás usura.[f]

26 Si tomares en prenda el vestido de tu prójimo, a la puesta del sol se lo devolverás.

27 Porque sólo eso es su cubierta, es su vestido para cubrir su cuerpo. ¿En qué dormirá? Y cuando él clamare a mí, yo le oiré, porque soy misericordioso.[g]

28 No injuriarás a los jueces,[12] ni maldecirás al príncipe de tu pueblo.[h]

29 No demorarás la primicia de tu cosecha ni de tu lagar.

Me darás el primogénito de tus hijos.

30 Lo mismo harás con el de tu buey y de tu oveja; siete días estará con su madre, y al octavo día me lo darás.

31 Y me seréis varones santos. No comeréis carne destrozada por las fieras[i] en el campo; a los perros la echaréis.

22.16-17: [a] Dt. 22.28-29. **22.18:** [b] Dt. 18.10-11.
22.19: [c] Lv. 18.23; 20.15-16; Dt. 27.21. **22.20:** [d] Dt. 17.2-7.
22.21-22: [e] Ex. 23.9; Lv. 19.33-34; Dt. 24.17-18; 27.19.
22.25: [f] Lv. 25.35-38; Dt. 15.7-11; 23.19-20.
22.26-27: [g] Dt. 24.10-13. **22.28:** [12] O, a *Dios.* [h] Hch. 23.5.
22.31: [i] Lv. 17.15.

23 1 No admitirás falso rumor.[a] No te concer-
tarás con el impío para ser testigo falso.
2 No seguirás a los muchos para hacer mal, ni
responderás en litigio inclinándote a los más
para hacer agravios;
3 ni al pobre distinguirás en su causa.[b]
4 Si encontrares el buey de tu enemigo o su
asno extraviado, vuelve a llevárselo.
5 Si vieres el asno del que te aborrece caído de-
bajo de su carga, ¿le dejarás sin ayuda? Antes
bien le ayudarás a levantarlo.[c]
6 No pervertirás el derecho de tu mendigo en
su pleito.
7 De palabra de mentira te alejarás, y no matarás al
inocente y justo; porque yo no justificaré al impío.
8 No recibirás presente; porque el presente ciega a
los que ven, y pervierte las palabras de los justos.[d]
9 Y no angustiarás al extranjero; porque voso-
tros sabéis cómo es el alma del extranjero, ya
que extranjeros fuisteis en la tierra de Egipto.[e]
10 Seis años sembrarás tu tierra, y recogerás
su cosecha;
11 mas el séptimo año la dejarás libre, para que
coman los pobres de tu pueblo; y de lo que que-
dare comerán las bestias del campo; así harás
con tu viña y con tu olivar.[f]
12 Seis días trabajarás, y al séptimo día reposa-
rás,[g] para que descanse tu buey y tu asno, y tome
refrigerio el hijo de tu sierva, y el extranjero.
13 Y todo lo que os he dicho, guardadlo. Y nom-
bre de otros dioses no mentaréis, ni se oirá de
vuestra boca.

Las tres fiestas anuales

14 Tres veces en el año me celebraréis fiesta.
15 La fiesta de los panes sin levadura guardarás.[h]
Siete días comerás los panes sin levadura, como
yo te mandé, en el tiempo del mes de Abib, por-
que en él saliste de Egipto; y ninguno se presen-
tará delante de mí con las manos vacías.
16 También la fiesta de la siega, los primeros
frutos de tus labores,[i] que hubieres sembrado en
el campo, y la fiesta de la cosecha a la salida del
año, cuando hayas recogido los frutos de tus la-
bores del campo.[j]
17 Tres veces en el año se presentará todo varón
delante de Jehová el Señor.
18 No ofrecerás con pan leudo la sangre de mi
sacrificio, ni la grosura de mi víctima quedará
de la noche hasta la mañana.
19 Las primicias de los primeros frutos de tu
tierra traerás a la casa de Jehová tu Dios.[k] No
guisarás el cabrito en la leche de su madre.[l]

El Angel de Jehová enviado para guiar a Israel

20 He aquí yo envío mi Angel delante de ti
para que te guarde en el camino, y te introduzca
en el lugar que yo he preparado.
21 Guárdate delante de él, y oye su voz; no le
seas rebelde; porque él no perdonará vuestra re-
belión, porque mi nombre está en él.
22 Pero si en verdad oyeres su voz e hicieres
todo lo que yo te dijere, seré enemigo de tus
enemigos, y afligiré a los que te afligieren.
23 Porque mi Angel irá delante de ti, y te lle-
vará a la tierra del amorreo, del heteo, del fere-
zeo, del cananeo, del heveo y del jebuseo, a los
cuales yo haré destruir.
24 No te inclinarás a sus dioses, ni los servirás,
ni harás como ellos hacen; antes los destruirás
del todo, y quebrarás totalmente sus estatuas.
25 Mas a Jehová vuestro Dios serviréis, y él ben-
decirá tu pan y tus aguas; y yo quitaré toda en-
fermedad de en medio de ti.
26 No habrá mujer que aborte, ni estéril en tu
tierra; y yo completaré el número de tus días.
27 Yo enviaré mi terror delante de ti, y conster-
naré a todo pueblo donde entres, y te daré la
cerviz de todos tus enemigos.
28 Enviaré delante de ti la avispa, que eche fuera
al heveo, al cananeo y al heteo, de delante de ti.
29 No los echaré de delante de ti en un año, para
que no quede la tierra desierta, y se aumenten
contra ti las fieras del campo.
30 Poco a poco los echaré de delante de ti, hasta
que te multipliques y tomes posesión de la tierra.
31 Y fijaré tus límites desde el Mar Rojo hasta el
mar de los filisteos, y desde el desierto hasta el
Eufrates; porque pondré en tus manos a los mo-
radores de la tierra, y tú los echarás de delante
de ti.
32 No harás alianza con ellos, ni con sus dioses.
33 En tu tierra no habitarán, no sea que te hagan
pecar contra mí sirviendo a sus dioses, porque
te será tropiezo.

Moisés y los ancianos en el Monte Sinaí

24 1 Dijo Jehová a Moisés: Sube ante Jeho-
vá, tú, y Aarón, Nadab, y Abiú, y setenta
de los ancianos de Israel; y os inclinaréis desde
lejos.
2 Pero Moisés solo se acercará a Jehová; y ellos
no se acerquen, ni suba el pueblo con él.
3 Y Moisés vino y contó al pueblo todas las pa-
labras de Jehová, y todas las leyes; y todo el
pueblo respondió a una voz, y dijo: Haremos to-
das las palabras que Jehová ha dicho.
4 Y Moisés escribió todas las palabras de Jeho-
vá, y levantándose de mañana edificó un altar al

23.1: [a] Ex. 20.16; Lv. 19.11-12; Dt. 5.20. **23.3:** [b] Lv. 19.15.
23.4-5: [c] Dt. 22.1-4. **23.6-8:** [d] Lv. 19.15; Dt. 16.19.
23.9: [e] Ex. 22.21; Lv. 19.33-34; Dt. 24.17-18; 27.19.
23.10-11: [f] Lv. 25.1-7. **23.12:** [g] Ex. 20.9-11; 31.15; 34.21; 35.2;
Lv. 23.3; Dt. 5.13-14. **23.15:** [h] Ex. 12.14-20; Lv. 23.6-8;
Nm. 28.17-25. **23.16:** [i] Lv. 23.15-21; Nm. 28.26-31.
[j] Lv. 23.39-43. **23.19:** [k] Dt. 26.2. [l] Dt. 14.21.

pie del monte, y doce columnas, según las doce
tribus de Israel.
5 Y envió jóvenes de los hijos de Israel, los cua-
les ofrecieron holocaustos y becerros como sa-
crificios de paz a Jehová.
6 Y Moisés tomó la mitad de la sangre, y la puso
en tazones, y esparció la otra mitad de la sangre
sobre el altar.
7 Y tomó el libro del pacto y lo leyó a oídos del
pueblo, el cual dijo: Haremos todas las cosas
que Jehová ha dicho, y obedeceremos.
8 Entonces Moisés tomó la sangre y roció sobre
el pueblo, y dijo: He aquí la sangre del pacto[a]
que Jehová ha hecho con vosotros sobre todas
estas cosas.[b]
9 Y subieron Moisés y Aarón, Nadab y Abiú, y
setenta de los ancianos de Israel;
10 y vieron al Dios de Israel; y había debajo de
sus pies como un embaldosado de zafiro, seme-
jante al cielo cuando está sereno.
11 Mas no extendió su mano sobre los príncipes
de los hijos de Israel; y vieron a Dios, y comie-
ron y bebieron.
12 Entonces Jehová dijo a Moisés: Sube a mí
al monte, y espera allá, y te daré tablas de pie-
dra, y la ley, y mandamientos que he escrito para
enseñarles.
13 Y se levantó Moisés con Josué su servidor, y
Moisés subió al monte de Dios.
14 Y dijo a los ancianos: Esperadnos aquí hasta
que volvamos a vosotros; y he aquí Aarón y Hur
están con vosotros; el que tuviere asuntos, acu-
da a ellos.
15 Entonces Moisés subió al monte, y una
nube cubrió el monte.
16 Y la gloria de Jehová reposó sobre el monte
Sinaí, y la nube lo cubrió por seis días; y al
séptimo día llamó a Moisés de en medio de la
nube.
17 Y la apariencia de la gloria de Jehová era
como un fuego abrasador en la cumbre del
monte, a los ojos de los hijos de Israel.
18 Y entró Moisés en medio de la nube, y subió
al monte; y estuvo Moisés en el monte cuarenta
días y cuarenta noches.[c]

La ofrenda para el tabernáculo

25 1 Jehová habló a Moisés, diciendo:
2 Di a los hijos de Israel que tomen para
mí ofrenda; de todo varón que la diere de su vo-
luntad, de corazón, tomaréis mi ofrenda.
3 Esta es la ofrenda que tomaréis de ellos: oro,
plata, cobre,
4 azul, púrpura, carmesí, lino fino, pelo de cabras,
5 pieles de carneros teñidas de rojo, pieles de te-
jones, madera de acacia,
6 aceite para el alumbrado, especias para el
aceite de la unción y para el incienso aromático,
7 piedras de ónice, y piedras de engaste para el
efod y para el pectoral.
8 Y harán un santuario para mí, y habitaré en
medio de ellos.
9 Conforme a todo lo que yo te muestre, el dise-
ño del tabernáculo, y el diseño de todos sus
utensilios, así lo haréis.

El arca del testimonio

10 Harán también un arca de madera de aca-
cia, cuya longitud será de dos codos y medio, su
anchura de codo y medio, y su altura de codo y
medio.
11 Y la cubrirás de oro puro por dentro y por
fuera, y harás sobre ella una cornisa de oro alre-
dedor.
12 Fundirás para ella cuatro anillos de oro, que
pondrás en sus cuatro esquinas; dos anillos a un
lado de ella, y dos anillos al otro lado.
13 Harás unas varas de madera de acacia, las
cuales cubrirás de oro.
14 Y meterás las varas por los anillos a los lados
del arca, para llevar el arca con ellas.
15 Las varas quedarán en los anillos del arca; no
se quitarán de ella.
16 Y pondrás en el arca el testimonio que yo te
daré.
17 Y harás un propiciatorio de oro fino, cuya
longitud será de dos codos y medio, y su anchu-
ra de codo y medio.
18 Harás también dos querubines de oro; labra-
dos a martillo los harás en los dos extremos del
propiciatorio.
19 Harás, pues, un querubín en un extremo, y
un querubín en el otro extremo; de una pieza
con el propiciatorio harás los querubines en sus
dos extremos.
20 Y los querubines extenderán por encima las
alas, cubriendo con sus alas el propiciatorio; sus
rostros el uno enfrente del otro, mirando al pro-
piciatorio los rostros de los querubines.
21 Y pondrás el propiciatorio encima del arca, y
en el arca pondrás el testimonio que yo te daré.
22 Y de allí me declararé a ti, y hablaré contigo
de sobre el propiciatorio, de entre los dos queru-
bines que están sobre el arca del testimonio, todo
lo que yo te mandare para los hijos de Israel.

La mesa para el pan de la proposición

23 Harás asimismo una mesa de madera de
acacia; su longitud será de dos codos, y de un
codo su anchura, y su altura de codo y medio.
24 Y la cubrirás de oro puro, y le harás una cor-
nisa de oro alrededor.
25 Le harás también una moldura alrededor, de

24.8: [a] Mt. 26.28; Mr. 14.24; Lc. 22.20; 1 Co. 11.25; He. 10.29. [b] He. 9.19-20. **24.18:** [c] Dt. 9.9.

un palmo menor de anchura, y harás a la mol-
dura una cornisa de oro alrededor.
26 Y le harás cuatro anillos de oro, los cuales
pondrás en las cuatro esquinas que correspon-
den a sus cuatro patas.
27 Los anillos estarán debajo de la moldura,
para lugares de las varas para llevar la mesa.
28 Harás las varas de madera de acacia, y las cu-
brirás de oro, y con ellas será llevada la mesa.
29 Harás también sus platos, sus cucharas, sus
cubiertas y sus tazones, con que se libará; de oro
fino los harás.
30 Y pondrás sobre la mesa el pan de la proposi-
ción delante de mí continuamente.[a]

El candelero de oro

31 Harás además un candelero de oro puro;
labrado a martillo se hará el candelero; su pie,
su caña, sus copas, sus manzanas y sus flores,
serán de lo mismo.
32 Y saldrán seis brazos de sus lados; tres brazos
del candelero a un lado, y tres brazos al otro lado.
33 Tres copas en forma de flor de almendro en
un brazo, una manzana y una flor; y tres copas
en forma de flor de almendro en otro brazo, una
manzana y una flor; así en los seis brazos que
salen del candelero;
34 y en la caña central del candelero cuatro co-
pas en forma de flor de almendro, sus manzanas
y sus flores.
35 Habrá una manzana debajo de dos brazos del
mismo, otra manzana debajo de otros dos bra-
zos del mismo, y otra manzana debajo de los
otros dos brazos del mismo, así para los seis bra-
zos que salen del candelero.
36 Sus manzanas y sus brazos serán de una pie-
za, todo ello una pieza labrada a martillo, de
oro puro.
37 Y le harás siete lamparillas, las cuales encen-
derás para que alumbren hacia adelante.
38 También sus despabiladeras y sus platillos,
de oro puro.
39 De un talento de oro fino lo harás, con todos
estos utensilios.
40 Mira y hazlos conforme al modelo que te ha
sido mostrado en el monte.[b]

El tabernáculo

26 1 Harás el tabernáculo de diez cortinas
de lino torcido, azul, púrpura y carmesí;
y lo harás con querubines de obra primorosa.
2 La longitud de una cortina de veintiocho co-
dos, y la anchura de la misma cortina de cuatro
codos; todas las cortinas tendrán una misma
medida.
3 Cinco cortinas estarán unidas una con la otra,
y las otras cinco cortinas unidas una con la otra.
4 Y harás lazadas de azul en la orilla de la última
cortina de la primera unión; lo mismo harás en
la orilla de la cortina de la segunda unión.
5 Cincuenta lazadas harás en la primera cortina,
y cincuenta lazadas harás en la orilla de la corti-
na que está en la segunda unión; las lazadas es-
tarán contrapuestas la una a la otra.
6 Harás también cincuenta corchetes de oro,
con los cuales enlazarás las cortinas la una con
la otra, y se formará un tabernáculo.
7 Harás asimismo cortinas de pelo de cabra para
una cubierta sobre el tabernáculo; once cortinas
harás.
8 La longitud de cada cortina será de treinta co-
dos, y la anchura de cada cortina de cuatro co-
dos; una misma medida tendrán las once
cortinas.
9 Y unirás cinco cortinas aparte y las otras seis
cortinas aparte; y doblarás la sexta cortina en el
frente del tabernáculo.
10 Y harás cincuenta lazadas en la orilla de la
cortina, al borde en la unión, y cincuenta laza-
das en la orilla de la cortina de la segunda
unión.
11 Harás asimismo cincuenta corchetes de
bronce, los cuales meterás por las lazadas; y
enlazarás las uniones para que se haga una
sola cubierta.
12 Y la parte que sobra en las cortinas de la tien-
da, la mitad de la cortina que sobra, colgará a
espaldas del tabernáculo.
13 Y un codo de un lado, y otro codo del otro
lado, que sobra a lo largo de las cortinas de la
tienda, colgará sobre los lados del tabernáculo a
un lado y al otro, para cubrirlo.
14 Harás también a la tienda una cubierta de
pieles de carneros teñidas de rojo, y una cubier-
ta de pieles de tejones encima.
15 Y harás para el tabernáculo tablas de ma-
dera de acacia, que estén derechas.
16 La longitud de cada tabla será de diez codos,
y de codo y medio la anchura.
17 Dos espigas tendrá cada tabla, para unirlas
una con otra; así harás todas las tablas del ta-
bernáculo.
18 Harás, pues, las tablas del tabernáculo; vein-
te tablas al lado del mediodía, al sur.
19 Y harás cuarenta basas de plata debajo de las
veinte tablas; dos basas debajo de una tabla
para sus dos espigas, y dos basas debajo de otra
tabla para sus dos espigas.
20 Y al otro lado del tabernáculo, al lado del
norte, veinte tablas;
21 y sus cuarenta basas de plata; dos basas deba-
jo de una tabla, y dos basas debajo de otra tabla.
22 Y para el lado posterior del tabernáculo, al
occidente, harás seis tablas.

25.30: [a] Lv. 24.5-8. **25.40:** [b] Hch. 7.44; He. 8.5.

23 Harás además dos tablas para las esquinas del tabernáculo en los dos ángulos posteriores;

24 las cuales se unirán desde abajo, y asimismo se juntarán por su alto con un gozne; así será con las otras dos; serán para las dos esquinas.

25 De suerte que serán ocho tablas, con sus basas de plata, dieciséis basas; dos basas debajo de una tabla, y dos basas debajo de otra tabla.

26 Harás también cinco barras de madera de acacia, para las tablas de un lado del tabernáculo,

27 y cinco barras para las tablas del otro lado del tabernáculo, y cinco barras para las tablas del lado posterior del tabernáculo, al occidente.

28 Y la barra de en medio pasará por en medio de las tablas, de un extremo al otro.

29 Y cubrirás de oro las tablas, y harás sus anillos de oro para meter por ellos las barras; también cubrirás de oro las barras.

30 Y alzarás el tabernáculo conforme al modelo que te fue mostrado en el monte.

31 También harás un velo de azul, púrpura, carmesí y lino torcido; será hecho de obra primorosa, con querubines;

32 y lo pondrás sobre cuatro columnas de madera de acacia cubiertas de oro; sus capiteles de oro, sobre basas de plata.

33 Y pondrás el velo debajo de los corchetes, y meterás allí, del velo adentro, el arca del testimonio; y aquel velo os hará separación entre el lugar santo y el santísimo.

34 Pondrás el propiciatorio sobre el arca del testimonio en el lugar santísimo.

35 Y pondrás la mesa fuera del velo, y el candelero enfrente de la mesa al lado sur del tabernáculo; y pondrás la mesa al lado del norte.

36 Harás para la puerta del tabernáculo una cortina de azul, púrpura, carmesí y lino torcido, obra de recamador.

37 Y harás para la cortina cinco columnas de madera de acacia, las cuales cubrirás de oro, con sus capiteles de oro; y fundirás cinco basas de bronce para ellas.

El altar de bronce

27 1 Harás también un altar de madera de acacia de cinco codos de longitud, y de cinco codos de anchura; será cuadrado el altar, y su altura de tres codos.

2 Y le harás cuernos en sus cuatro esquinas; los cuernos serán parte del mismo; y lo cubrirás de bronce.

3 Harás también sus calderos para recoger la ceniza, y sus paletas, sus tazones, sus garfios y sus braseros; harás todos sus utensilios de bronce.

4 Y le harás un enrejado de bronce de obra de rejilla, y sobre la rejilla harás cuatro anillos de bronce a sus cuatro esquinas.

5 Y la pondrás dentro del cerco del altar abajo; y llegará la rejilla hasta la mitad del altar.

6 Harás también varas para el altar, varas de madera de acacia, las cuales cubrirás de bronce.

7 Y las varas se meterán por los anillos, y estarán aquellas varas a ambos lados del altar cuando sea llevado.

8 Lo harás hueco, de tablas; de la manera que te fue mostrado en el monte, así lo harás.

El atrio del tabernáculo

9 Asimismo harás el atrio del tabernáculo. Al lado meridional, al sur, tendrá el atrio cortinas de lino torcido, de cien codos de longitud para un lado.

10 Sus veinte columnas y sus veinte basas serán de bronce; los capiteles de las columnas y sus molduras, de plata.

11 De la misma manera al lado del norte habrá a lo largo cortinas de cien codos de longitud, y sus veinte columnas con sus veinte basas de bronce; los capiteles de sus columnas y sus molduras, de plata.

12 El ancho del atrio, del lado occidental, tendrá cortinas de cincuenta codos; sus columnas diez, con sus diez basas.

13 Y en el ancho del atrio por el lado del oriente, al este, habrá cincuenta codos.

14 Las cortinas a un lado de la entrada serán de quince codos; sus columnas tres, con sus tres basas.

15 Y al otro lado, quince codos de cortinas; sus columnas tres, con sus tres basas.

16 Y para la puerta del atrio habrá una cortina de veinte codos, de azul, púrpura y carmesí, y lino torcido, de obra de recamador; sus columnas cuatro, con sus cuatro basas.

17 Todas las columnas alrededor del atrio estarán ceñidas de plata; sus capiteles de plata, y sus basas de bronce.

18 La longitud del atrio será de cien codos, y la anchura cincuenta por un lado y cincuenta por el otro, y la altura de cinco codos; sus cortinas de lino torcido, y sus basas de bronce.

19 Todos los utensilios del tabernáculo en todo su servicio, y todas sus estacas, y todas las estacas del atrio, serán de bronce.

Aceite para las lámparas

20 Y mandarás a los hijos de Israel que te traigan aceite puro de olivas machacadas, para el alumbrado, para hacer arder continuamente las lámparas.

21 En el tabernáculo de reunión, afuera del velo que está delante del testimonio, las pondrá en orden Aarón y sus hijos para que ardan delante de Jehová desde la tarde hasta la mañana, como estatuto perpetuo de los hijos de Israel por sus generaciones.

Las vestiduras de los sacerdotes

28 1 Harás llegar delante de ti a Aarón tu hermano, y a sus hijos consigo, de entre los hijos de Israel, para que sean mis sacerdotes; a Aarón y a Nadab, Abiú, Eleazar e Itamar hijos de Aarón.

2 Y harás vestiduras sagradas a Aarón tu hermano, para honra y hermosura.

3 Y tú hablarás a todos los sabios de corazón, a quienes yo he llenado de espíritu de sabiduría, para que hagan las vestiduras de Aarón, para consagrarle para que sea mi sacerdote.

4 Las vestiduras que harán son estas: el pectoral, el efod, el manto, la túnica bordada, la mitra y el cinturón. Hagan, pues, las vestiduras sagradas para Aarón tu hermano, y para sus hijos, para que sean mis sacerdotes.

5 Tomarán oro, azul, púrpura, carmesí y lino torcido,

6 y harán el efod de oro, azul, púrpura, carmesí y lino torcido, de obra primorosa.

7 Tendrá dos hombreras que se junten a sus dos extremos, y así se juntará.

8 Y su cinto de obra primorosa que estará sobre él, será de la misma obra, parte del mismo; de oro, azul, púrpura, carmesí y lino torcido.

9 Y tomarás dos piedras de ónice, y grabarás en ellas los nombres de los hijos de Israel;

10 seis de sus nombres en una piedra, y los otros seis nombres en la otra piedra, conforme al orden de nacimiento de ellos.

11 De obra de grabador en piedra, como grabaduras de sello, harás grabar las dos piedras con los nombres de los hijos de Israel; les harás alrededor engastes de oro.

12 Y pondrás las dos piedras sobre las hombreras del efod, para piedras memoriales a los hijos de Israel; y Aarón llevará los nombres de ellos delante de Jehová sobre sus dos hombros por memorial.

13 Harás, pues, los engastes de oro,

14 y dos cordones de oro fino, los cuales harás en forma de trenza; y fijarás los cordones de forma de trenza en los engastes.

15 Harás asimismo el pectoral del juicio de obra primorosa, lo harás conforme a la obra del efod, de oro, azul, púrpura, carmesí y lino torcido.

16 Será cuadrado y doble, de un palmo de largo y un palmo de ancho;

17 y lo llenarás de pedrería en cuatro hileras de piedras; una hilera de una piedra sárdica, un topacio y un carbunclo;

18 la segunda hilera, una esmeralda, un zafiro y un diamante;

19 la tercera hilera, un jacinto, una ágata y una amatista;

20 la cuarta hilera, un berilo, un ónice y un jaspe. Todas estarán montadas en engastes de oro.

21 Y las piedras serán según los nombres de los hijos de Israel, doce según sus nombres; como grabaduras de sello cada una con su nombre, serán según las doce tribus.

22 Harás también en el pectoral cordones de hechura de trenzas de oro fino.

23 Y harás en el pectoral dos anillos de oro, los cuales pondrás a los dos extremos del pectoral.

24 Y fijarás los dos cordones de oro en los dos anillos a los dos extremos del pectoral;

25 y pondrás los dos extremos de los dos cordones sobre los dos engastes, y los fijarás a las hombreras del efod en su parte delantera.

26 Harás también dos anillos de oro, los cuales pondrás a los dos extremos del pectoral, en su orilla que está al lado del efod hacia adentro.

27 Harás asimismo los dos anillos de oro, los cuales fijarás en la parte delantera de las dos hombreras del efod, hacia abajo, delante de su juntura sobre el cinto del efod.

28 Y juntarán el pectoral por sus anillos a los dos anillos del efod con un cordón de azul, para que esté sobre el cinto del efod, y no se separe el pectoral del efod.

29 Y llevará Aarón los nombres de los hijos de Israel en el pectoral del juicio sobre su corazón, cuando entre en el santuario, por memorial delante de Jehová continuamente.

30 Y pondrás en el pectoral del juicio Urim y Tumim,[a] para que estén sobre el corazón de Aarón cuando entre delante de Jehová; y llevará siempre Aarón el juicio de los hijos de Israel sobre su corazón delante de Jehová.

31 Harás el manto del efod todo de azul;

32 y en medio de él por arriba habrá una abertura, la cual tendrá un borde alrededor de obra tejida, como el cuello de un coselete, para que no se rompa.

33 Y en sus orlas harás granadas de azul, púrpura y carmesí alrededor, y entre ellas campanillas de oro alrededor.

34 Una campanilla de oro y una granada, otra campanilla de oro y otra granada, en toda la orla del manto alrededor.

35 Y estará sobre Aarón cuando ministre; y se oirá su sonido cuando él entre en el santuario delante de Jehová y cuando salga, para que no muera.

36 Harás además una lámina de oro fino, y grabarás en ella como grabadura de sello, SANTIDAD A JEHOVÁ.

37 Y la pondrás con un cordón de azul, y estará sobre la mitra; por la parte delantera de la mitra estará.

38 Y estará sobre la frente de Aarón, y llevará Aarón las faltas cometidas en todas las cosas santas, que los hijos de Israel hubieren consa-

28.30: [a] Nm. 27.21; Esd. 2.63; Neh. 7.65.

grado en todas sus santas ofrendas; y sobre su
frente estará continuamente, para que obten-
gan gracia delante de Jehová.
39 Y bordarás una túnica de lino, y harás una
mitra de lino; harás también un cinto de obra de
recamador.
40 Y para los hijos de Aarón harás túnicas;
también les harás cintos, y les harás tiaras para
honra y hermosura.
41 Y con ellos vestirás a Aarón tu hermano, y a
sus hijos con él; y los ungirás, y los consagrarás
y santificarás, para que sean mis sacerdotes.
42 Y les harás calzoncillos de lino para cubrir su
desnudez; serán desde los lomos hasta los muslos.
43 Y estarán sobre Aarón y sobre sus hijos cuando
entren en el tabernáculo de reunión, o cuando se
acerquen al altar para servir en el santuario, para
que no lleven pecado y mueran. Es estatuto perpe-
tuo para él, y para su descendencia después de él.

Consagración de Aarón y de sus hijos

29 1 Esto es lo que les harás para consagrar-
los, para que sean mis sacerdotes: Toma un
becerro de la vacada, y dos carneros sin defecto;
2 y panes sin levadura, y tortas sin levadura ama-
sadas con aceite, y hojaldres sin levadura untadas
con aceite; las harás de flor de harina de trigo.
3 Y las pondrás en un canastillo, y en el canastillo
las ofrecerás, con el becerro y los dos carneros.
4 Y llevarás a Aarón y a sus hijos a la puerta del
tabernáculo de reunión, y los lavarás con agua.
5 Y tomarás las vestiduras, y vestirás a Aarón la
túnica, el manto del efod, el efod y el pectoral, y
le ceñirás con el cinto del efod;
6 y pondrás la mitra sobre su cabeza, y sobre la
mitra pondrás la diadema santa.
7 Luego tomarás el aceite de la unción, y lo de-
rramarás sobre su cabeza, y le ungirás.
8 Y harás que se acerquen sus hijos, y les vestirás
las túnicas.
9 Les ceñirás el cinto a Aarón y a sus hijos, y les ata-
rás las tiaras, y tendrán el sacerdocio por derecho
perpetuo. Así consagrarás a Aarón y a sus hijos.
10 Después llevarás el becerro delante del ta-
bernáculo de reunión, y Aarón y sus hijos pon-
drán sus manos sobre la cabeza del becerro.
11 Y matarás el becerro delante de Jehová, a la
puerta del tabernáculo de reunión.
12 Y de la sangre del becerro tomarás y pondrás
sobre los cuernos del altar con tu dedo, y derra-
marás toda la demás sangre al pie del altar.
13 Tomarás también toda la grosura que cubre
los intestinos, la grosura de sobre el hígado, los
dos riñones, y la grosura que está sobre ellos, y
lo quemarás sobre el altar.
14 Pero la carne del becerro, y su piel y su estiér-
col, los quemarás a fuego fuera del campamen-
to; es ofrenda por el pecado.
15 Asimismo tomarás uno de los carneros, y
Aarón y sus hijos pondrán sus manos sobre la
cabeza del carnero.
16 Y matarás el carnero, y con su sangre rociarás
sobre el altar alrededor.
17 Cortarás el carnero en pedazos, y lavarás sus
intestinos y sus piernas, y las pondrás sobre sus
trozos y sobre su cabeza.
18 Y quemarás todo el carnero sobre el altar; es
holocausto de olor grato[a] para Jehová, es ofren-
da quemada a Jehová.
19 Tomarás luego el otro carnero, y Aarón y
sus hijos pondrán sus manos sobre la cabeza del
carnero.
20 Y matarás el carnero, y tomarás de su sangre y
la pondrás sobre el lóbulo de la oreja derecha de
Aarón, sobre el lóbulo de la oreja de sus hijos, so-
bre el dedo pulgar de las manos derechas de ellos,
y sobre el dedo pulgar de los pies derechos de
ellos, y rociarás la sangre sobre el altar alrededor.
21 Y con la sangre que estará sobre el altar, y el
aceite de la unción, rociarás sobre Aarón, sobre
sus vestiduras, sobre sus hijos, y sobre las vestidu-
ras de éstos; y él será santificado, y sus vestiduras,
y sus hijos, y las vestiduras de sus hijos con él.
22 Luego tomarás del carnero la grosura, y la
cola, y la grosura que cubre los intestinos, y la
grosura del hígado, y los dos riñones, y la grosu-
ra que está sobre ellos, y la espaldilla derecha;
porque es carnero de consagración.
23 También una torta grande de pan, y una torta
de pan de aceite, y una hojaldre del canastillo
de los panes sin levadura presentado a Jehová,
24 y lo pondrás todo en las manos de Aarón, y en
las manos de sus hijos; y lo mecerás como ofren-
da mecida delante de Jehová.
25 Después lo tomarás de sus manos y lo harás
arder en el altar, sobre el holocausto, por olor
grato delante de Jehová. Es ofrenda encendida a
Jehová.
26 Y tomarás el pecho del carnero de las con-
sagraciones, que es de Aarón, y lo mecerás por
ofrenda mecida delante de Jehová; y será por-
ción tuya.
27 Y apartarás[13] el pecho de la ofrenda mecida, y
la espaldilla de la ofrenda elevada, lo que fue
mecido y lo que fue elevado del carnero de las
consagraciones de Aarón y de sus hijos,
28 y será para Aarón y para sus hijos como esta-
tuto perpetuo para los hijos de Israel, porque es
ofrenda elevada; y será una ofrenda elevada de
los hijos de Israel, de sus sacrificios de paz, por-
ción de ellos elevada en ofrenda a Jehová.
29 Y las vestiduras santas, que son de Aarón,
serán de sus hijos después de él, para ser ungi-
dos en ellas, y para ser en ellas consagrados.

29.18: [a] Ef. 5.2; Fil. 4.18. **29.27:** [13] O, *santificarás*.

30 Por siete días las vestirá el que de sus hijos tome su lugar como sacerdote, cuando venga al tabernáculo de reunión para servir en el santuario.

31 Y tomarás el carnero de las consagraciones, y cocerás su carne en lugar santo.

32 Y Aarón y sus hijos comerán la carne del carnero, y el pan que estará en el canastillo, a la puerta del tabernáculo de reunión.

33 Y comerán aquellas cosas con las cuales se hizo expiación, para llenar sus manos para consagrarlos; mas el extraño no las comerá, porque son santas.

34 Y si sobrare hasta la mañana algo de la carne de las consagraciones y del pan, quemarás al fuego lo que hubiere sobrado; no se comerá, porque es cosa santa.

35 Así, pues, harás a Aarón y a sus hijos, conforme a todo lo que yo te he mandado; por siete días los consagrarás.

36 Cada día ofrecerás el becerro del sacrificio por el pecado, para las expiaciones; y purificarás el altar cuando hagas expiación por él, y lo ungirás para santificarlo.

37 Por siete días harás expiación por el altar, y lo santificarás, y será un altar santísimo: cualquiera cosa que tocare el altar, será santificada.

Las ofrendas diarias

38 Esto es lo que ofrecerás sobre el altar: dos corderos de un año cada día, continuamente.

39 Ofrecerás uno de los corderos por la mañana, y el otro cordero ofrecerás a la caída de la tarde.

40 Además, con cada cordero una décima parte de un efa de flor de harina amasada con la cuarta parte de un hin de aceite de olivas machacadas; y para la libación, la cuarta parte de un hin de vino.

41 Y ofrecerás el otro cordero a la caída de la tarde, haciendo conforme a la ofrenda de la mañana, y conforme a su libación, en olor grato; ofrenda encendida a Jehová.

42 Esto será el holocausto continuo por vuestras generaciones, a la puerta del tabernáculo de reunión, delante de Jehová, en el cual me reuniré con vosotros, para hablaros allí.

43 Allí me reuniré con los hijos de Israel; y el lugar será santificado con mi gloria.

44 Y santificaré el tabernáculo de reunión y el altar; santificaré asimismo a Aarón y a sus hijos, para que sean mis sacerdotes.

45 Y habitaré entre los hijos de Israel, y seré su Dios.

46 Y conocerán que yo soy Jehová su Dios, que los saqué de la tierra de Egipto, para habitar en medio de ellos. Yo Jehová su Dios.

El altar del incienso

30 1 Harás asimismo un altar para quemar el incienso; de madera de acacia lo harás.

2 Su longitud será de un codo, y su anchura de un codo; será cuadrado, y su altura de dos codos; y sus cuernos serán parte del mismo.

3 Y lo cubrirás de oro puro, su cubierta, sus paredes en derredor y sus cuernos; y le harás en derredor una cornisa de oro.

4 Le harás también dos anillos de oro debajo de su cornisa, a sus dos esquinas a ambos lados suyos, para meter las varas con que será llevado.

5 Harás las varas de madera de acacia, y las cubrirás de oro.

6 Y lo pondrás delante del velo que está junto al arca del testimonio, delante del propiciatorio que está sobre el testimonio, donde me encontraré contigo.

7 Y Aarón quemará incienso aromático sobre él; cada mañana cuando aliste las lámparas lo quemará.

8 Y cuando Aarón encienda las lámparas al anochecer, quemará el incienso; rito perpetuo delante de Jehová por vuestras generaciones.

9 No ofreceréis sobre él incienso extraño, ni holocausto, ni ofrenda; ni tampoco derramaréis sobre él libación.

10 Y sobre sus cuernos hará Aarón expiación una vez en el año con la sangre del sacrificio por el pecado para expiación; una vez en el año hará expiación sobre él por vuestras generaciones; será muy santo a Jehová.

El dinero del rescate

11 Habló también Jehová a Moisés, diciendo:

12 Cuando tomes el número de los hijos de Israel conforme a la cuenta de ellos, cada uno dará a Jehová el rescate de su persona, cuando los cuentes, para que no haya en ellos mortandad cuando los hayas contado.

13 Esto dará todo aquel que sea contado; medio siclo,[a] conforme al siclo del santuario. El siclo es de veinte geras. La mitad de un siclo será la ofrenda a Jehová.

14 Todo el que sea contado, de veinte años arriba, dará la ofrenda a Jehová.

15 Ni el rico aumentará, ni el pobre disminuirá del medio siclo, cuando dieren la ofrenda a Jehová para hacer expiación por vuestras personas.

16 Y tomarás de los hijos de Israel el dinero de las expiaciones, y lo darás para el servicio del tabernáculo de reunión; y será por memorial a los hijos de Israel delante de Jehová, para hacer expiación por vuestras personas.

La fuente de bronce

17 Habló más Jehová a Moisés, diciendo:

18 Harás también una fuente de bronce, con su base de bronce,[b] para lavar; y la colocarás entre

30.13: [a] Ex. 38.25-26; Mt. 17.24. **30.18:** [b] Ex. 38.8.

el tabernáculo de reunión y el altar, y pondrás en ella agua.
19 Y de ella se lavarán Aarón y sus hijos las manos y los pies.
20 Cuando entren en el tabernáculo de reunión, se lavarán con agua, para que no mueran; y cuando se acerquen al altar para ministrar, para quemar la ofrenda encendida para Jehová,
21 se lavarán las manos y los pies, para que no mueran. Y lo tendrán por estatuto perpetuo él y su descendencia por sus generaciones.

El aceite de la unción, y el incienso

22 Habló más Jehová a Moisés, diciendo:
23 Tomarás especias finas: de mirra excelente quinientos siclos, y de canela aromática la mitad, esto es, doscientos cincuenta, de cálamo aromático doscientos cincuenta,
24 de casia quinientos, según el siclo del santuario, y de aceite de olivas un hin.
25 Y harás de ello el aceite de la santa unción; superior ungüento, según el arte del perfumador, será el aceite de la unción santa.
26 Con él ungirás el tabernáculo de reunión, el arca del testimonio,
27 la mesa con todos sus utensilios, el candelero con todos sus utensilios, el altar del incienso,
28 el altar del holocausto con todos sus utensilios, y la fuente y su base.
29 Así los consagrarás, y serán cosas santísimas; todo lo que tocare en ellos, será santificado.
30 Ungirás también a Aarón y a sus hijos, y los consagrarás para que sean mis sacerdotes.
31 Y hablarás a los hijos de Israel, diciendo: Este será mi aceite de la santa unción por vuestras generaciones.
32 Sobre carne de hombre no será derramado, ni haréis otro semejante, conforme a su composición; santo es, y por santo lo tendréis vosotros.
33 Cualquiera que compusiere ungüento semejante, y que pusiere de él sobre extraño, será cortado de entre su pueblo.
34 Dijo además Jehová a Moisés: Toma especias aromáticas, estacte y uña aromática y gálbano aromático e incienso puro; de todo en igual peso,
35 y harás de ello el incienso, un perfume según el arte del perfumador, bien mezclado, puro y santo.
36 Y molerás parte de él en polvo fino, y lo pondrás delante del testimonio en el tabernáculo de reunión, donde yo me mostraré a ti. Os será cosa santísima.
37 Como este incienso que harás, no os haréis otro según su composición; te será cosa sagrada para Jehová.
38 Cualquiera que hiciere otro como este para olerlo, será cortado de entre su pueblo.[c]

Llamamiento de Bezaleel y de Aholiab

31 1 Habló Jehová a Moisés, diciendo:
2 Mira, yo he llamado por nombre a Bezaleel hijo de Uri, hijo de Hur, de la tribu de Judá;
3 y lo he llenado del Espíritu de Dios, en sabiduría y en inteligencia, en ciencia y en todo arte,
4 para inventar diseños, para trabajar en oro, en plata y en bronce,
5 y en artificio de piedras para engastarlas, y en artificio de madera; para trabajar en toda clase de labor.
6 Y he aquí que yo he puesto con él a Aholiab hijo de Ahisamac, de la tribu de Dan; y he puesto sabiduría en el ánimo de todo sabio de corazón, para que hagan todo lo que te he mandado;
7 el tabernáculo de reunión, el arca del testimonio, el propiciatorio que está sobre ella, y todos los utensilios del tabernáculo,
8 la mesa y sus utensilios, el candelero limpio y todos sus utensilios, el altar del incienso,
9 el altar del holocausto y todos sus utensilios, la fuente y su base,
10 los vestidos del servicio, las vestiduras santas para Aarón el sacerdote, las vestiduras de sus hijos para que ejerzan el sacerdocio,
11 el aceite de la unción, y el incienso aromático para el santuario; harán conforme a todo lo que te he mandado.

El día de reposo como señal

12 Habló además Jehová a Moisés, diciendo:
13 Tú hablarás a los hijos de Israel, diciendo: En verdad vosotros guardaréis mis días de reposo;* porque es señal entre mí y vosotros por vuestras generaciones, para que sepáis que yo soy Jehová que os santifico.
14 Así que guardaréis el día de reposo,* porque santo es a vosotros; el que lo profanare, de cierto morirá; porque cualquiera que hiciere obra alguna en él, aquella persona será cortada de en medio de su pueblo.
15 Seis días se trabajará, mas el día séptimo es día de reposo* consagrado a Jehová; cualquiera que trabaje en el día de reposo,* ciertamente morirá.[a]
16 Guardarán, pues, el día de reposo* los hijos de Israel, celebrándolo por sus generaciones por pacto perpetuo.
17 Señal es para siempre entre mí y los hijos de Israel; porque en seis días hizo Jehová los cielos y la tierra, y en el séptimo día cesó y reposó.

* Aquí equivale a *sábado*.

30.22-38: [c] Ex. 37.29. **31.13:**
31.15: [a] Ex. 20.8-11; 23.12; 34.21; 35.2; Lv. 23.3; Dt. 5.12-14.

El becerro de oro

18 Y dio a Moisés, cuando acabó de hablar
con él en el monte de Sinaí, dos tablas del testi-
monio, tablas de piedra escritas con el dedo de
Dios.

32 1 Viendo el pueblo que Moisés tardaba en
descender del monte, se acercaron en-
tonces a Aarón, y le dijeron: Levántate, haznos
dioses que vayan delante de nosotros; porque a
este Moisés, el varón que nos sacó de la tierra de
Egipto, no sabemos qué le haya acontecido.[a]
2 Y Aarón les dijo: Apartad los zarcillos de oro
que están en las orejas de vuestras mujeres, de
vuestros hijos y de vuestras hijas, y traédmelos.
3 Entonces todo el pueblo apartó los zarcillos
de oro que tenían en sus orejas, y los trajeron a
Aarón;
4 y él los tomó de las manos de ellos, y le dio for-
ma con buril, e hizo de ello un becerro de fundi-
ción.[b] Entonces dijeron: Israel, estos son tus
dioses, que te sacaron de la tierra de Egipto.
5 Y viendo esto Aarón, edificó un altar delante
del becerro; y pregonó Aarón, y dijo: Mañana
será fiesta para Jehová.
6 Y al día siguiente madrugaron, y ofrecieron
holocaustos, y presentaron ofrendas de paz; y se
sentó el pueblo a comer y a beber, y se levantó a
regocijarse.[c]
7 Entonces Jehová dijo a Moisés: Anda, des-
ciende, porque tu pueblo que sacaste de la tierra
de Egipto se ha corrompido.
8 Pronto se han apartado del camino que yo les
mandé; se han hecho un becerro de fundición, y
lo han adorado, y le han ofrecido sacrificios, y
han dicho: Israel, estos son tus dioses, que te sa-
caron de la tierra de Egipto.
9 Dijo más Jehová a Moisés: Yo he visto a este
pueblo, que por cierto es pueblo de dura cerviz.
10 Ahora, pues, déjame que se encienda mi ira
en ellos, y los consuma; y de ti yo haré una na-
ción grande.
11 Entonces Moisés oró en presencia de Jehová
su Dios, y dijo: Oh Jehová, ¿por qué se encenderá
tu furor contra tu pueblo, que tú sacaste de la tie-
rra de Egipto con gran poder y con mano fuerte?
12 ¿Por qué han de hablar los egipcios, dicien-
do: Para mal los sacó, para matarlos en los mon-
tes, y para raerlos de sobre la faz de la tierra?
Vuélvete del ardor de tu ira, y arrepiéntete de
este mal contra tu pueblo.
13 Acuérdate de Abraham, de Isaac y de Israel tus
siervos, a los cuales has jurado por ti mismo, y les
has dicho: Yo multiplicaré vuestra descendencia
como las estrellas del cielo;[d] y daré a vuestra des-
cendencia toda esta tierra de que he hablado, y la
tomarán por heredad para siempre.[e]
14 Entonces Jehová se arrepintió del mal que
dijo que había de hacer a su pueblo.[f]
15 Y volvió Moisés y descendió del monte, tra-
yendo en su mano las dos tablas del testimonio,
las tablas escritas por ambos lados; de uno y
otro lado estaban escritas.
16 Y las tablas eran obra de Dios, y la escritura
era escritura de Dios grabada sobre las tablas.
17 Cuando oyó Josué el clamor del pueblo que
gritaba, dijo a Moisés: Alarido de pelea hay en el
campamento.
18 Y él respondió: No es voz de alaridos de fuer-
tes, ni voz de alaridos de débiles; voz de cantar
oigo yo.
19 Y aconteció que cuando él llegó al campa-
mento, y vio el becerro y las danzas, ardió la ira
de Moisés, y arrojó las tablas de sus manos, y las
quebró al pie del monte.
20 Y tomó el becerro que habían hecho, y lo que-
mó en el fuego, y lo molió hasta reducirlo a pol-
vo, que esparció sobre las aguas, y lo dio a beber
a los hijos de Israel.
21 Y dijo Moisés a Aarón: ¿Qué te ha hecho
este pueblo, que has traído sobre él tan gran pe-
cado?
22 Y respondió Aarón: No se enoje mi señor; tú
conoces al pueblo, que es inclinado a mal.
23 Porque me dijeron: Haznos dioses que vayan
delante de nosotros; porque a este Moisés, el va-
rón que nos sacó de la tierra de Egipto, no sabe-
mos qué le haya acontecido.
24 Y yo les respondí: ¿Quién tiene oro? Apartad-
lo. Y me lo dieron, y lo eché en el fuego, y salió
este becerro.
25 Y viendo Moisés que el pueblo estaba de-
senfrenado, porque Aarón lo había permitido,
para vergüenza entre sus enemigos,
26 se puso Moisés a la puerta del campamento,
y dijo: ¿Quién está por Jehová? Júntese conmi-
go. Y se juntaron con él todos los hijos de Leví.
27 Y él les dijo: Así ha dicho Jehová, el Dios de
Israel: Poned cada uno su espada sobre su mus-
lo; pasad y volved de puerta a puerta por el
campamento, y matad cada uno a su hermano,
y a su amigo, y a su pariente.
28 Y los hijos de Leví lo hicieron conforme al di-
cho de Moisés; y cayeron del pueblo en aquel
día como tres mil hombres.
29 Entonces Moisés dijo: Hoy os habéis consa-
grado a Jehová, pues cada uno se ha consagra-
do en su hijo y en su hermano, para que él dé
bendición hoy sobre vosotros.
30 Y aconteció que al día siguiente dijo Moi-
sés al pueblo: Vosotros habéis cometido un gran
pecado, pero yo subiré ahora a Jehová; quizá le
aplacaré acerca de vuestro pecado.
31 Entonces volvió Moisés a Jehová, y dijo: Te

32.1: [a] Hch. 7.40. **32.4:** [b] Hch. 7.41. **32.6:** [c] 1 Co. 10.7.
32.13: [d] Gn. 22.16-17. [e] Gn. 17.8.
32.11-14: [f] Nm. 14.13-19.

ruego, pues este pueblo ha cometido un gran
pecado, porque se hicieron dioses de oro,
32 que perdones ahora su pecado, y si no, ráeme
ahora de tu libro que has escrito.[g]
33 Y Jehová respondió a Moisés: Al que pecare
contra mí, a éste raeré yo de mi libro.
34 Ve, pues, ahora, lleva a este pueblo a donde
te he dicho; he aquí mi ángel irá delante de ti;
pero en el día del castigo, yo castigaré en ellos
su pecado.
35 Y Jehová hirió al pueblo, porque habían
hecho el becerro que formó Aarón.

La presencia de Dios prometida

33 **1** Jehová dijo a Moisés: Anda, sube de
aquí, tú y el pueblo que sacaste de la
tierra de Egipto, a la tierra de la cual juré a
Abraham,[a] Isaac[b] y Jacob,[c] diciendo: A tu des-
cendencia la daré;
2 y yo enviaré delante de ti el ángel, y echaré
fuera al cananeo y al amorreo, al heteo, al fere-
zeo, al heveo y al jebuseo
3 (a la tierra que fluye leche y miel); pero yo no
subiré en medio de ti, porque eres pueblo de
dura cerviz, no sea que te consuma en el camino.
4 Y oyendo el pueblo esta mala noticia, vistie-
ron luto, y ninguno se puso sus atavíos.
5 Porque Jehová había dicho a Moisés: Di a los
hijos de Israel: Vosotros sois pueblo de dura cer-
viz; en un momento subiré en medio de ti, y te
consumiré. Quítate, pues, ahora tus atavíos,
para que yo sepa lo que te he de hacer.
6 Entonces los hijos de Israel se despojaron de
sus atavíos desde el monte Horeb.
7 Y Moisés tomó el tabernáculo, y lo levantó
lejos, fuera del campamento, y lo llamó el Ta-
bernáculo de Reunión. Y cualquiera que busca-
ba a Jehová, salía al tabernáculo de reunión que
estaba fuera del campamento.
8 Y sucedía que cuando salía Moisés al taber-
náculo, todo el pueblo se levantaba, y cada cual
estaba en pie a la puerta de su tienda, y miraban
en pos de Moisés, hasta que él entraba en el
tabernáculo.
9 Cuando Moisés entraba en el tabernáculo, la
columna de nube descendía y se ponía a la puer-
ta del tabernáculo, y Jehová hablaba con Moisés.
10 Y viendo todo el pueblo la columna de nube
que estaba a la puerta del tabernáculo, se levan-
taba cada uno a la puerta de su tienda y adoraba.
11 Y hablaba Jehová a Moisés cara a cara, como
habla cualquiera a su compañero. Y él volvía al
campamento; pero el joven Josué hijo de Nun,
su servidor, nunca se apartaba de en medio del
tabernáculo.
12 Y dijo Moisés a Jehová: Mira, tú me dices a
mí: Saca este pueblo; y tú no me has declarado
a quién enviarás conmigo. Sin embargo, tú di-
ces: Yo te he conocido por tu nombre, y has
hallado también gracia en mis ojos.
13 Ahora, pues, si he hallado gracia en tus ojos,
te ruego que me muestres ahora tu camino,
para que te conozca, y halle gracia en tus ojos; y
mira que esta gente es pueblo tuyo.
14 Y él dijo: Mi presencia irá contigo, y te daré
descanso.
15 Y Moisés respondió: Si tu presencia no ha de
ir conmigo, no nos saques de aquí.
16 ¿Y en qué se conocerá aquí que he hallado
gracia en tus ojos, yo y tu pueblo, sino en que tú
andes con nosotros, y que yo y tu pueblo seamos
apartados de todos los pueblos que están sobre
la faz de la tierra?
17 Y Jehová dijo a Moisés: También haré esto
que has dicho, por cuanto has hallado gracia en
mis ojos, y te he conocido por tu nombre.
18 El entonces dijo: Te ruego que me muestres
tu gloria.
19 Y le respondió: Yo haré pasar todo mi bien
delante de tu rostro, y proclamaré el nombre de
Jehová delante de ti; y tendré misericordia del
que tendré misericordia, y seré clemente para
con el que seré clemente.[d]
20 Dijo más: No podrás ver mi rostro; porque no
me verá hombre, y vivirá.
21 Y dijo aún Jehová: He aquí un lugar junto a
mí, y tú estarás sobre la peña;
22 y cuando pase mi gloria, yo te pondré en una
hendidura de la peña, y te cubriré con mi mano
hasta que haya pasado.
23 Después apartaré mi mano, y verás mis espal-
das; mas no se verá mi rostro.

El pacto renovado

34 **1** Y Jehová dijo a Moisés: Alísate dos ta-
blas de piedra como las primeras, y escri-
biré sobre esas tablas las palabras que estaban
en las tablas primeras que quebraste.
2 Prepárate, pues, para mañana, y sube de ma-
ñana al monte de Sinaí, y preséntate ante mí so-
bre la cumbre del monte.
3 Y no suba hombre contigo, ni parezca alguno
en todo el monte; ni ovejas ni bueyes pazcan de-
lante del monte.
4 Y Moisés alisó dos tablas de piedra como las
primeras; y se levantó de mañana y subió al
monte Sinaí, como le mandó Jehová, y llevó en
su mano las dos tablas de piedra.
5 Y Jehová descendió en la nube, y estuvo allí
con él, proclamando el nombre de Jehová.
6 Y pasando Jehová por delante de él, proclamó:
¡Jehová! ¡Jehová! fuerte, misericordioso y piado-
so; tardo para la ira, y grande en misericordia y
verdad;

32.32: [g] Ap. 3.5. **33.1:** [a] Gn. 12.7. [b] Gn. 26.3. [c] Gn. 28.13.
33.19: [d] Ro. 9.15.

7 que guarda misericordia a millares, que perdona la iniquidad, la rebelión y el pecado, y que de ningún modo tendrá por inocente al malvado; que visita la iniquidad de los padres sobre los hijos y sobre los hijos de los hijos, hasta la tercera y cuarta generación.[a]
8 Entonces Moisés, apresurándose, bajó la cabeza hacia el suelo y adoró.
9 Y dijo: Si ahora, Señor, he hallado gracia en tus ojos, vaya ahora el Señor en medio de nosotros; porque es un pueblo de dura cerviz; y perdona nuestra iniquidad y nuestro pecado, y tómanos por tu heredad.

10 Y él contestó: He aquí, yo hago pacto delante de todo tu pueblo; haré maravillas que no han sido hechas en toda la tierra, ni en nación alguna, y verá todo el pueblo en medio del cual estás tú, la obra de Jehová; porque será cosa tremenda la que yo haré contigo.

Advertencia contra la idolatría de Canaán

11 Guarda lo que yo te mando hoy; he aquí que yo echo de delante de tu presencia al amorreo, al cananeo, al heteo, al ferezeo, al heveo y al jebuseo.
12 Guárdate de hacer alianza con los moradores de la tierra donde has de entrar, para que no sean tropezadero en medio de ti.
13 Derribaréis sus altares, y quebraréis sus estatuas, y cortaréis sus imágenes de Asera.[b]
14 Porque no te has de inclinar a ningún otro dios, pues Jehová, cuyo nombre es Celoso, Dios celoso es.
15 Por tanto, no harás alianza con los moradores de aquella tierra; porque fornicarán en pos de sus dioses, y ofrecerán sacrificios a sus dioses, y te invitarán, y comerás de sus sacrificios;
16 o tomando de sus hijas para tus hijos, y fornicando sus hijas en pos de sus dioses, harán fornicar también a tus hijos en pos de los dioses de ellas.

17 No te harás dioses de fundición.[c]

Fiestas anuales

18 La fiesta de los panes sin levadura guardarás;[d] siete días comerás pan sin levadura, según te he mandado, en el tiempo señalado del mes de Abib; porque en el mes de Abib saliste de Egipto.
19 Todo primer nacido, mío es;[e] y de tu ganado todo primogénito de vaca o de oveja, que sea macho.
20 Pero redimirás con cordero el primogénito del asno; y si no lo redimieres, quebrarás su cerviz. Redimirás todo primogénito de tus hijos;[f] y ninguno se presentará delante de mí con las manos vacías.

21 Seis días trabajarás, mas en el séptimo día descansarás;[g] aun en la arada y en la siega, descansarás.
22 También celebrarás la fiesta de las semanas, la de las primicias de la siega del trigo,[h] y la fiesta de la cosecha a la salida del año.[i]
23 Tres veces en el año se presentará todo varón tuyo delante de Jehová el Señor, Dios de Israel.
24 Porque yo arrojaré a las naciones de tu presencia, y ensancharé tu territorio; y ninguno codiciará tu tierra, cuando subas para presentarte delante de Jehová tu Dios tres veces en el año.

25 No ofrecerás cosa leudada junto con la sangre de mi sacrificio, ni se dejará hasta la mañana nada del sacrificio de la fiesta de la pascua.[j]
26 Las primicias de los primeros frutos de tu tierra llevarás a la casa de Jehová tu Dios.[k] No cocerás el cabrito en la leche de su madre.[l]

Moisés y las tablas de la ley

27 Y Jehová dijo a Moisés: Escribe tú estas palabras; porque conforme a estas palabras he hecho pacto contigo y con Israel.
28 Y él estuvo allí con Jehová cuarenta días y cuarenta noches; no comió pan, ni bebió agua; y escribió en tablas las palabras del pacto, los diez mandamientos.

29 Y aconteció que descendiendo Moisés del monte Sinaí con las dos tablas del testimonio en su mano, al descender del monte, no sabía Moisés que la piel de su rostro resplandecía, después que hubo hablado con Dios.
30 Y Aarón y todos los hijos de Israel miraron a Moisés, y he aquí la piel de su rostro era resplandeciente; y tuvieron miedo de acercarse a él.
31 Entonces Moisés los llamó; y Aarón y todos los príncipes de la congregación volvieron a él, y Moisés les habló.
32 Después se acercaron todos los hijos de Israel, a los cuales mandó todo lo que Jehová le había dicho en el monte Sinaí.
33 Y cuando acabó Moisés de hablar con ellos, puso un velo sobre su rostro.
34 Cuando venía Moisés delante de Jehová para hablar con él, se quitaba el velo hasta que salía; y saliendo, decía a los hijos de Israel lo que le era mandado.
35 Y al mirar los hijos de Israel el rostro de Moisés, veían que la piel de su rostro era resplandeciente; y volvía Moisés a poner el velo sobre su rostro, hasta que entraba a hablar con Dios.[m]

34.6-7: [a] Ex. 20.5-6; Nm. 14.18; Dt. 5.9-10; 7.9-10.
34.13: [b] Dt. 16.21. **34.17:** [c] Ex. 20.4; Lv. 19.4; Dt. 5.8; 27.15.
34.18: [d] Ex. 12.14-20; Lv. 23.6-8; Nm. 28.16-25.
34.19: [e] Ex. 13.2. **34.20:** [f] Ex. 13.13.
34.21: [g] Ex. 20.9-10; 23.12; 31.15; 35.2; Lv. 23.3; Dt. 5.13-14.
34.22: [h] Lv. 23.15-21; Nm. 28.26-31. [i] Lv. 23.39-43.
34.25: [j] Ex. 12.10. **34.26:** [k] Dt. 26.2. [l] Dt. 14.21.
34.29-35: [m] 2 Co. 3.7-16.

Reglamento del día de reposo

35 1 Moisés convocó a toda la congregación de los hijos de Israel y les dijo: Estas son las cosas que Jehová ha mandado que sean hechas:

2 Seis días se trabajará, mas el día séptimo os será santo, día de reposo* para Jehová; cualquiera que en él hiciere trabajo alguno, morirá.[a]

3 No encenderéis fuego en ninguna de vuestras moradas en el día de reposo.*

La ofrenda para el tabernáculo

4 Y habló Moisés a toda la congregación de los hijos de Israel, diciendo: Esto es lo que Jehová ha mandado:

5 Tomad de entre vosotros ofrenda para Jehová; todo generoso de corazón la traerá a Jehová; oro, plata, bronce,

6 azul, púrpura, carmesí, lino fino, pelo de cabras,

7 pieles de carneros teñidas de rojo, pieles de tejones, madera de acacia,

8 aceite para el alumbrado, especias para el aceite de la unción y para el incienso aromático,

9 y piedras de ónice y piedras de engaste para el efod y para el pectoral.

La obra del tabernáculo

10 Todo sabio de corazón de entre vosotros vendrá y hará todas las cosas que Jehová ha mandado:

11 el tabernáculo, su tienda, su cubierta, sus corchetes, sus tablas, sus barras, sus columnas y sus basas;

12 el arca y sus varas, el propiciatorio, el velo de la tienda;

13 la mesa y sus varas, y todos sus utensilios, y el pan de la proposición;

14 el candelero del alumbrado y sus utensilios, sus lámparas, y el aceite para el alumbrado;

15 el altar del incienso y sus varas, el aceite de la unción, el incienso aromático, la cortina de la puerta para la entrada del tabernáculo;

16 el altar del holocausto, su enrejado de bronce y sus varas, y todos sus utensilios, y la fuente con su base;

17 las cortinas del atrio, sus columnas y sus basas, la cortina de la puerta del atrio;

18 las estacas del tabernáculo, y las estacas del atrio y sus cuerdas;

19 las vestiduras del servicio para ministrar en el santuario, las sagradas vestiduras de Aarón el sacerdote, y las vestiduras de sus hijos para servir en el sacerdocio.

El pueblo trae la ofrenda

20 Y salió toda la congregación de los hijos de Israel de delante de Moisés.

21 Y vino todo varón a quien su corazón estimuló, y todo aquel a quien su espíritu le dio voluntad, con ofrenda a Jehová para la obra del tabernáculo de reunión y para toda su obra, y para las sagradas vestiduras.

22 Vinieron así hombres como mujeres, todos los voluntarios de corazón, y trajeron cadenas y zarcillos, anillos y brazaletes y toda clase de joyas de oro; y todos presentaban ofrenda de oro a Jehová.

23 Todo hombre que tenía azul, púrpura, carmesí, lino fino, pelo de cabras, pieles de carneros teñidas de rojo, o pieles de tejones, lo traía.

24 Todo el que ofrecía ofrenda de plata o de bronce traía a Jehová la ofrenda; y todo el que tenía madera de acacia la traía para toda la obra del servicio.

25 Además todas las mujeres sabias de corazón hilaban con sus manos, y traían lo que habían hilado: azul, púrpura, carmesí o lino fino.

26 Y todas las mujeres cuyo corazón las impulsó en sabiduría hilaron pelo de cabra.

27 Los príncipes trajeron piedras de ónice, y las piedras de los engastes para el efod y el pectoral,

28 y las especias aromáticas, y el aceite para el alumbrado, y para el aceite de la unción, y para el incienso aromático.

29 De los hijos de Israel, así hombres como mujeres, todos los que tuvieron corazón voluntario para traer para toda la obra, que Jehová había mandado por medio de Moisés que hiciesen, trajeron ofrenda voluntaria a Jehová.

Llamamiento de Bezaleel y de Aholiab

30 Y dijo Moisés a los hijos de Israel: Mirad, Jehová ha nombrado a Bezaleel hijo de Uri, hijo de Hur, de la tribu de Judá;

31 y lo ha llenado del Espíritu de Dios, en sabiduría, en inteligencia, en ciencia y en todo arte,

32 para proyectar diseños, para trabajar en oro, en plata y en bronce,

33 y en la talla de piedras de engaste, y en obra de madera, para trabajar en toda labor ingeniosa.

34 Y ha puesto en su corazón el que pueda enseñar, así él como Aholiab hijo de Ahisamac, de la tribu de Dan;

35 y los ha llenado de sabiduría de corazón, para que hagan toda obra de arte y de invención, y de bordado en azul, en púrpura, en carmesí, en lino fino y en telar, para que hagan toda labor, e inventen todo diseño.

36 1 Así, pues, Bezaleel y Aholiab, y todo hombre sabio de corazón a quien Jehová dio sabiduría e inteligencia para saber hacer

* Aquí equivale a *sábado.*

35.2: [a] Ex. 20.8-11; 23.12; 31.15; 34.21; Lv. 23.3; Dt. 5.12-14.

toda la obra del servicio del santuario, harán todas las cosas que ha mandado Jehová.

Moisés suspende la ofrenda del pueblo

2 Y Moisés llamó a Bezaleel y a Aholiab y a todo varón sabio de corazón, en cuyo corazón había puesto Jehová sabiduría, todo hombre a quien su corazón le movió a venir a la obra para trabajar en ella.
3 Y tomaron de delante de Moisés toda la ofrenda que los hijos de Israel habían traído para la obra del servicio del santuario, a fin de hacerla. Y ellos seguían trayéndole ofrenda voluntaria cada mañana.
4 Tanto, que vinieron todos los maestros que hacían toda la obra del santuario, cada uno de la obra que hacía,
5 y hablaron a Moisés, diciendo: El pueblo trae mucho más de lo que se necesita para la obra que Jehová ha mandado que se haga.
6 Entonces Moisés mandó pregonar por el campamento, diciendo: Ningún hombre ni mujer haga más para la ofrenda del santuario. Así se le impidió al pueblo ofrecer más;
7 pues tenían material abundante para hacer toda la obra, y sobraba.

Construcción del tabernáculo

8 Todos los sabios de corazón de entre los que hacían la obra, hicieron el tabernáculo de diez cortinas de lino torcido, azul, púrpura y carmesí; las hicieron con querubines de obra primorosa.
9 La longitud de una cortina era de veintiocho codos, y la anchura de cuatro codos; todas las cortinas eran de igual medida.
10 Cinco de las cortinas las unió entre sí, y asimismo unió las otras cinco cortinas entre sí.
11 E hizo lazadas de azul en la orilla de la cortina que estaba al extremo de la primera serie; e hizo lo mismo en la orilla de la cortina final de la segunda serie.
12 Cincuenta lazadas hizo en la primera cortina, y otras cincuenta en la orilla de la cortina de la segunda serie; las lazadas de la una correspondían a las de la otra.
13 Hizo también cincuenta corchetes de oro, con los cuales enlazó las cortinas una con otra, y así quedó formado un tabernáculo.
14 Hizo asimismo cortinas de pelo de cabra para una tienda sobre el tabernáculo; once cortinas hizo.
15 La longitud de una cortina era de treinta codos, y la anchura de cuatro codos; las once cortinas tenían una misma medida.
16 Y unió cinco de las cortinas aparte, y las otras seis cortinas aparte.
17 Hizo además cincuenta lazadas en la orilla de la cortina que estaba al extremo de la primera serie, y otras cincuenta lazadas en la orilla de la cortina final de la segunda serie.
18 Hizo también cincuenta corchetes de bronce para enlazar la tienda, de modo que fuese una.
19 E hizo para la tienda una cubierta de pieles de carneros teñidas de rojo, y otra cubierta de pieles de tejones encima.
20 Además hizo para el tabernáculo las tablas de madera de acacia, derechas.
21 La longitud de cada tabla era de diez codos, y de codo y medio la anchura.
22 Cada tabla tenía dos espigas, para unirlas una con otra; así hizo todas las tablas del tabernáculo.
23 Hizo, pues, las tablas para el tabernáculo; veinte tablas al lado del sur, al mediodía.
24 Hizo también cuarenta basas de plata debajo de las veinte tablas: dos basas debajo de una tabla, para sus dos espigas, y dos basas debajo de otra tabla para sus dos espigas.
25 Y para el otro lado del tabernáculo, al lado norte, hizo otras veinte tablas,
26 con sus cuarenta basas de plata; dos basas debajo de una tabla, y dos basas debajo de otra tabla.
27 Y para el lado occidental del tabernáculo hizo seis tablas.
28 Para las esquinas del tabernáculo en los dos lados hizo dos tablas,
29 las cuales se unían desde abajo, y por arriba se ajustaban con un gozne; así hizo a la una y a la otra en las dos esquinas.
30 Eran, pues, ocho tablas, y sus basas de plata dieciséis; dos basas debajo de cada tabla.
31 Hizo también las barras de madera de acacia; cinco para las tablas de un lado del tabernáculo,
32 cinco barras para las tablas del otro lado del tabernáculo, y cinco barras para las tablas del lado posterior del tabernáculo hacia el occidente.
33 E hizo que la barra de en medio pasase por en medio de las tablas de un extremo al otro.
34 Y cubrió de oro las tablas, e hizo de oro los anillos de ellas, por donde pasasen las barras; cubrió también de oro las barras.
35 Hizo asimismo el velo de azul, púrpura, carmesí y lino torcido; lo hizo con querubines de obra primorosa.
36 Y para él hizo cuatro columnas de madera de acacia, y las cubrió de oro, y sus capiteles eran de oro; y fundió para ellas cuatro basas de plata.
37 Hizo también el velo para la puerta del tabernáculo, de azul, púrpura, carmesí y lino torcido, obra de recamador;
38 y sus cinco columnas con sus capiteles; y cubrió de oro los capiteles y las molduras, e hizo de bronce sus cinco basas.

Mobiliario del tabernáculo

37 1 Hizo también Bezaleel el arca de madera de acacia; su longitud era de dos codos y medio, su anchura de codo y medio, y su altura de codo y medio.
2 Y la cubrió de oro puro por dentro y por fuera, y le hizo una cornisa de oro en derredor.
3 Además fundió para ella cuatro anillos de oro a sus cuatro esquinas; en un lado dos anillos y en el otro lado dos anillos.
4 Hizo también varas de madera de acacia, y las cubrió de oro.
5 Y metió las varas por los anillos a los lados del arca, para llevar el arca.
6 Hizo asimismo el propiciatorio de oro puro; su longitud de dos codos y medio, y su anchura de codo y medio.
7 Hizo también los dos querubines de oro, labrados a martillo, en los dos extremos del propiciatorio.
8 Un querubín a un extremo, y otro querubín al otro extremo; de una pieza con el propiciatorio hizo los querubines a sus dos extremos.
9 Y los querubines extendían sus alas por encima, cubriendo con sus alas el propiciatorio; y sus rostros el uno enfrente del otro miraban hacia el propiciatorio.

10 Hizo también la mesa de madera de acacia; su longitud de dos codos, su anchura de un codo, y de codo y medio su altura;
11 y la cubrió de oro puro, y le hizo una cornisa de oro alrededor.
12 Le hizo también una moldura de un palmo menor de anchura alrededor, e hizo en derredor de la moldura una cornisa de oro.
13 Le hizo asimismo de fundición cuatro anillos de oro, y los puso a las cuatro esquinas que correspondían a las cuatro patas de ella.
14 Debajo de la moldura estaban los anillos, por los cuales se metían las varas para llevar la mesa.
15 E hizo las varas de madera de acacia para llevar la mesa, y las cubrió de oro.
16 También hizo los utensilios que habían de estar sobre la mesa, sus platos, sus cucharas, sus cubiertos y sus tazones con que se había de libar, de oro fino.

17 Hizo asimismo el candelero de oro puro, labrado a martillo; su pie, su caña, sus copas, sus manzanas y sus flores eran de lo mismo.
18 De sus lados salían seis brazos; tres brazos de un lado del candelero, y otros tres brazos del otro lado del candelero.
19 En un brazo, tres copas en forma de flor de almendro, una manzana y una flor, y en otro brazo tres copas en figura de flor de almendro, una manzana y una flor; así en los seis brazos que salían del candelero.
20 Y en la caña del candelero había cuatro copas en figura de flor de almendro, sus manzanas y sus flores,
21 y una manzana debajo de dos brazos del mismo, y otra manzana debajo de otros dos brazos del mismo, y otra manzana debajo de los otros dos brazos del mismo, conforme a los seis brazos que salían de él.
22 Sus manzanas y sus brazos eran de lo mismo; todo era una pieza labrada a martillo, de oro puro.
23 Hizo asimismo sus siete lamparillas, sus despabiladeras y sus platillos, de oro puro.
24 De un talento de oro puro lo hizo, con todos sus utensilios.

25 Hizo también el altar del incienso, de madera de acacia; de un codo su longitud, y de otro codo su anchura; era cuadrado, y su altura de dos codos; y sus cuernos de la misma pieza.
26 Y lo cubrió de oro puro, su cubierta y sus paredes alrededor, y sus cuernos, y le hizo una cornisa de oro alrededor.
27 Le hizo también dos anillos de oro debajo de la cornisa en las dos esquinas a los dos lados, para meter por ellos las varas con que había de ser conducido.
28 E hizo las varas de madera de acacia, y las cubrió de oro.

29 Hizo asimismo el aceite santo de la unción, y el incienso puro, aromático, según el arte del perfumador.[a]

38 1 Igualmente hizo de madera de acacia el altar del holocausto; su longitud de cinco codos, y su anchura de otros cinco codos, cuadrado, y de tres codos de altura.
2 E hizo sus cuernos a sus cuatro esquinas, los cuales eran de la misma pieza, y lo cubrió de bronce.
3 Hizo asimismo todos los utensilios del altar; calderos, tenazas, tazones, garfios y palas; todos sus utensilios los hizo de bronce.
4 E hizo para el altar un enrejado de bronce de obra de rejilla, que puso por debajo de su cerco hasta la mitad del altar.
5 También fundió cuatro anillos a los cuatro extremos del enrejado de bronce, para meter las varas.
6 E hizo las varas de madera de acacia, y las cubrió de bronce.
7 Y metió las varas por los anillos a los lados del altar, para llevarlo con ellas; hueco lo hizo, de tablas.

8 También hizo la fuente de bronce y su base de bronce,[a] de los espejos de las mujeres que velaban a la puerta del tabernáculo de reunión.

El atrio del tabernáculo

9 Hizo asimismo el atrio; del lado sur, al mediodía, las cortinas del atrio eran de cien codos, de lino torcido.

37.29: [a] Ex. 30.22-38. **38.8:** [a] Ex. 30.18.

10 Sus columnas eran veinte, con sus veinte basas de bronce; los capiteles de las columnas y sus molduras, de plata.

11 Y del lado norte cortinas de cien codos; sus columnas, veinte, con sus veinte basas de bronce; los capiteles de las columnas y sus molduras, de plata.

12 Del lado del occidente, cortinas de cincuenta codos; sus columnas diez, y sus diez basas; los capiteles de las columnas y sus molduras, de plata.

13 Del lado oriental, al este, cortinas de cincuenta codos;

14 a un lado cortinas de quince codos, sus tres columnas y sus tres basas;

15 al otro lado, de uno y otro lado de la puerta del atrio, cortinas de quince codos, con sus tres columnas y sus tres basas.

16 Todas las cortinas del atrio alrededor eran de lino torcido.

17 Las basas de las columnas eran de bronce; los capiteles de las columnas y sus molduras, de plata; asimismo las cubiertas de las cabezas de ellas, de plata; y todas las columnas del atrio tenían molduras de plata.

18 La cortina de la entrada del atrio era de obra de recamador, de azul, púrpura, carmesí y lino torcido; era de veinte codos de longitud, y su anchura, o sea su altura, era de cinco codos, lo mismo que las cortinas del atrio.

19 Sus columnas eran cuatro, con sus cuatro basas de bronce y sus capiteles de plata; y las cubiertas de los capiteles de ellas, y sus molduras, de plata.

20 Todas las estacas del tabernáculo y del atrio alrededor eran de bronce.

Dirección de la obra

21 Estas son las cuentas del tabernáculo, del tabernáculo del testimonio, las que se hicieron por orden de Moisés por obra de los levitas bajo la dirección de Itamar hijo del sacerdote Aarón.

22 Y Bezaleel hijo de Uri, hijo de Hur, de la tribu de Judá, hizo todas las cosas que Jehová mandó a Moisés.

23 Y con él estaba Aholiab hijo de Ahisamac, de la tribu de Dan, artífice, diseñador y recamador en azul, púrpura, carmesí y lino fino.

Metales usados en el santuario

24 Todo el oro empleado en la obra, en toda la obra del santuario, el cual fue oro de la ofrenda, fue veintinueve talentos y setecientos treinta siclos, según el siclo del santuario.

25 Y la plata de los empadronados de la congregación fue cien talentos y mil setecientos setenta y cinco siclos, según el siclo del santuario;

26 medio siclo[b] por cabeza, según el siclo del santuario; a todos los que pasaron por el censo, de edad de veinte años arriba, que fueron seiscientos tres mil quinientos cincuenta.[c]

27 Hubo además cien talentos de plata para fundir las basas del santuario y las basas del velo; en cien basas, cien talentos, a talento por basa.

28 Y de los mil setecientos setenta y cinco siclos hizo los capiteles de las columnas, y cubrió los capiteles de ellas, y las ciñó.

29 El bronce ofrendado fue setenta talentos y dos mil cuatrocientos siclos,

30 del cual fueron hechas las basas de la puerta del tabernáculo de reunión, y el altar de bronce y su enrejado de bronce, y todos los utensilios del altar,

31 las basas del atrio alrededor, las basas de la puerta del atrio, y todas las estacas del tabernáculo y todas las estacas del atrio alrededor.

Hechura de las vestiduras de los sacerdotes

39 1 Del azul, púrpura y carmesí hicieron las vestiduras del ministerio para ministrar en el santuario, y asimismo hicieron las vestiduras sagradas para Aarón, como Jehová lo había mandado a Moisés.

2 Hizo también el efod de oro, de azul, púrpura, carmesí y lino torcido.

3 Y batieron láminas de oro, y cortaron hilos para tejerlos entre el azul, la púrpura, el carmesí y el lino, con labor primorosa.

4 Hicieron las hombreras para que se juntasen, y se unían en sus dos extremos.

5 Y el cinto del efod que estaba sobre él era de lo mismo, de igual labor; de oro, azul, púrpura, carmesí y lino torcido, como Jehová lo había mandado a Moisés.

6 Y labraron las piedras de ónice montadas en engastes de oro, con grabaduras de sello con los nombres de los hijos de Israel,

7 y las puso sobre las hombreras del efod, por piedras memoriales para los hijos de Israel, como Jehová lo había mandado a Moisés.

8 Hizo también el pectoral de obra primorosa como la obra del efod, de oro, azul, púrpura, carmesí y lino torcido.

9 Era cuadrado; doble hicieron el pectoral; su longitud era de un palmo, y de un palmo su anchura, cuando era doblado.

10 Y engastaron en él cuatro hileras de piedras. La primera hilera era un sardio, un topacio y un carbunclo; esta era la primera hilera.

11 La segunda hilera, una esmeralda, un zafiro y un diamante.

12 La tercera hilera, un jacinto, una ágata y una amatista.

38.26: [b] Mt. 17.24. **38.25-26:** [c] Ex. 30.11-16.

13 Y la cuarta hilera, un berilo, un ónice y un jas-
pe, todas montadas y encajadas en engastes de
oro.
14 Y las piedras eran conforme a los nombres de
los hijos de Israel, doce según los nombres de
ellos; como grabaduras de sello, cada una con
su nombre, según las doce tribus.
15 Hicieron también sobre el pectoral los cordo-
nes de forma de trenza, de oro puro.
16 Hicieron asimismo dos engastes y dos anillos
de oro, y pusieron dos anillos de oro en los dos
extremos del pectoral,
17 y fijaron los dos cordones de oro en aquellos
dos anillos a los extremos del pectoral.
18 Fijaron también los otros dos extremos de
los dos cordones de oro en los dos engastes que
pusieron sobre las hombreras del efod por de-
lante.
19 E hicieron otros dos anillos de oro que pusie-
ron en los dos extremos del pectoral, en su ori-
lla, frente a la parte baja del efod.
20 Hicieron además dos anillos de oro que pu-
sieron en la parte delantera de las dos hombre-
ras del efod, hacia abajo, cerca de su juntura,
sobre el cinto del efod.
21 Y ataron el pectoral por sus anillos a los ani-
llos del efod con un cordón de azul, para que es-
tuviese sobre el cinto del mismo efod y no se
separase el pectoral del efod, como Jehová lo
había mandado a Moisés.
22 Hizo también el manto del efod de obra de
tejedor, todo de azul,
23 con su abertura en medio de él, como el cue-
llo de un coselete, con un borde alrededor de la
abertura, para que no se rompiese.
24 E hicieron en las orillas del manto granadas
de azul, púrpura, carmesí y lino torcido.
25 Hicieron también campanillas de oro puro, y
pusieron campanillas entre las granadas en las
orillas del manto, alrededor, entre las granadas;
26 una campanilla y una granada, otra campa-
nilla y otra granada alrededor, en las orillas del
manto, para ministrar, como Jehová lo mandó a
Moisés.
27 Igualmente hicieron las túnicas de lino fino
de obra de tejedor, para Aarón y para sus hijos.
28 Asimismo la mitra de lino fino, y los adornos
de las tiaras de lino fino, y los calzoncillos de
lino, de lino torcido.
29 También el cinto de lino torcido, de azul, púr-
pura y carmesí, de obra de recamador, como
Jehová lo mandó a Moisés.
30 Hicieron asimismo la lámina de la diade-
ma santa de oro puro, y escribieron en ella como
grabado de sello: SANTIDAD A JEHOVÁ.
31 Y pusieron en ella un cordón de azul para co-
locarla sobre la mitra por arriba, como Jehová
lo había mandado a Moisés.

La obra del tabernáculo terminada

32 Así fue acabada toda la obra del tabernácu-
lo, del tabernáculo de reunión; e hicieron los hi-
jos de Israel como Jehová lo había mandado a
Moisés; así lo hicieron.
33 Y trajeron el tabernáculo a Moisés, el taber-
náculo y todos sus utensilios; sus corchetes, sus
tablas, sus barras, sus columnas, sus basas;
34 la cubierta de pieles de carnero teñidas de
rojo, la cubierta de pieles de tejones, el velo del
frente;
35 el arca del testimonio y sus varas, el propicia-
torio;
36 la mesa, todos sus vasos, el pan de la proposi-
ción;
37 el candelero puro, sus lamparillas, las lampa-
rillas que debían mantenerse en orden, y todos
sus utensilios, el aceite para el alumbrado;
38 el altar de oro, el aceite de la unción, el in-
cienso aromático, la cortina para la entrada del
tabernáculo;
39 el altar de bronce con su enrejado de bronce,
sus varas y todos sus utensilios, la fuente y su
base;
40 las cortinas del atrio, sus columnas y sus ba-
sas, la cortina para la entrada del atrio, sus cuer-
das y sus estacas, y todos los utensilios del
servicio del tabernáculo, del tabernáculo de
reunión;
41 las vestiduras del servicio para ministrar en el
santuario, las sagradas vestiduras para Aarón el
sacerdote, y las vestiduras de sus hijos, para mi-
nistrar en el sacerdocio.
42 En conformidad a todas las cosas que Jehová
había mandado a Moisés, así hicieron los hijos
de Israel toda la obra.
43 Y vio Moisés toda la obra, y he aquí que la ha-
bían hecho como Jehová había mandado; y los
bendijo.

Moisés erige el tabernáculo

40 1 Luego Jehová habló a Moisés, dicien-
do:
2 En el primer día del mes primero harás levan-
tar el tabernáculo, el tabernáculo de reunión;
3 y pondrás en él el arca del testimonio, y la cu-
brirás con el velo.
4 Meterás la mesa y la pondrás en orden; mete-
rás también el candelero y encenderás sus
lámparas,
5 y pondrás el altar de oro para el incienso de-
lante del arca del testimonio, y pondrás la corti-
na delante a la entrada del tabernáculo.
6 Después pondrás el altar del holocausto de-
lante de la entrada del tabernáculo, del taber-
náculo de reunión.
7 Luego pondrás la fuente entre el tabernáculo
de reunión y el altar, y pondrás agua en ella.

8 Finalmente pondrás el atrio alrededor, y la cortina a la entrada del atrio.

9 Y tomarás el aceite de la unción y ungirás el tabernáculo, y todo lo que está en él; y lo santificarás con todos sus utensilios, y será santo.

10 Ungirás también el altar del holocausto y todos sus utensilios; y santificarás el altar, y será un altar santísimo.

11 Asimismo ungirás la fuente y su base, y la santificarás.

12 Y llevarás a Aarón y a sus hijos a la puerta del tabernáculo de reunión, y los lavarás con agua.

13 Y harás vestir a Aarón las vestiduras sagradas, y lo ungirás, y lo consagrarás, para que sea mi sacerdote.

14 Después harás que se acerquen sus hijos, y les vestirás las túnicas;

15 y los ungirás, como ungiste a su padre, y serán mis sacerdotes, y su unción les servirá por sacerdocio perpetuo, por sus generaciones.

16 Y Moisés hizo conforme a todo lo que Jehová le mandó; así lo hizo.

17 Así, en el día primero del primer mes, en el segundo año, el tabernáculo fue erigido.

18 Moisés hizo levantar el tabernáculo, y asentó sus basas, y colocó sus tablas, y puso sus barras, e hizo alzar sus columnas.

19 Levantó la tienda sobre el tabernáculo, y puso la sobrecubierta encima del mismo, como Jehová había mandado a Moisés.

20 Y tomó el testimonio y lo puso dentro del arca, y colocó las varas en el arca, y encima el propiciatorio sobre el arca.

21 Luego metió el arca en el tabernáculo, y puso el velo extendido, y ocultó el arca del testimonio, como Jehová había mandado a Moisés.

22 Puso la mesa en el tabernáculo de reunión, al lado norte de la cortina, fuera del velo,

23 y sobre ella puso por orden los panes delante de Jehová, como Jehová había mandado a Moisés.

24 Puso el candelero en el tabernáculo de reunión, enfrente de la mesa, al lado sur de la cortina,

25 y encendió las lámparas delante de Jehová, como Jehová había mandado a Moisés.

26 Puso también el altar de oro en el tabernáculo de reunión, delante del velo,

27 y quemó sobre él incienso aromático, como Jehová había mandado a Moisés.

28 Puso asimismo la cortina a la entrada del tabernáculo.

29 Y colocó el altar del holocausto a la entrada del tabernáculo, del tabernáculo de reunión, y sacrificó sobre él holocausto y ofrenda, como Jehová había mandado a Moisés.

30 Y puso la fuente entre el tabernáculo de reunión y el altar, y puso en ella agua para lavar.

31 Y Moisés y Aarón y sus hijos lavaban en ella sus manos y sus pies.

32 Cuando entraban en el tabernáculo de reunión, y cuando se acercaban al altar, se lavaban, como Jehová había mandado a Moisés.

33 Finalmente erigió el atrio alrededor del tabernáculo y del altar, y puso la cortina a la entrada del atrio. Así acabó Moisés la obra.

La nube sobre el tabernáculo

34 Entonces una nube cubrió el tabernáculo de reunión, y la gloria de Jehová llenó el tabernáculo.

35 Y no podía Moisés entrar en el tabernáculo de reunión, porque la nube estaba sobre él, y la gloria de Jehová lo llenaba.

36 Y cuando la nube se alzaba del tabernáculo, los hijos de Israel se movían en todas sus jornadas;

37 pero si la nube no se alzaba, no se movían hasta el día en que ella se alzaba.

38 Porque la nube de Jehová estaba de día sobre el tabernáculo, y el fuego estaba de noche sobre él, a vista de toda la casa de Israel, en todas sus jornadas.

LIBRO TERCERO DE MOISÉS

LEVÍTICO

Los holocaustos

1 1 Llamó Jehová a Moisés, y habló con él desde el tabernáculo de reunión, diciendo:

2 Habla a los hijos de Israel y diles: Cuando alguno de entre vosotros ofrece ofrenda a Jehová, de ganado vacuno u ovejuno haréis vuestra ofrenda.

3 Si su ofrenda fuere holocausto vacuno, macho sin defecto lo ofrecerá; de su voluntad lo ofrecerá a la puerta del tabernáculo de reunión delante de Jehová.

4 Y pondrá su mano sobre la cabeza del holocausto, y será aceptado para expiación suya.

5 Entonces degollará el becerro en la presencia de Jehová; y los sacerdotes hijos de Aarón ofrecerán la sangre, y la rociarán alrededor sobre el altar, el cual está a la puerta del tabernáculo de reunión.

6 Y desollará el holocausto, y lo dividirá en sus piezas.

7 Y los hijos del sacerdote Aarón pondrán fuego

sobre el altar, y compondrán la leña sobre el fuego.

8 Luego los sacerdotes hijos de Aarón acomodarán las piezas, la cabeza y la grosura de los intestinos, sobre la leña que está sobre el fuego que habrá encima del altar;

9 y lavará con agua los intestinos y las piernas, y el sacerdote hará arder todo sobre el altar; holocausto es, ofrenda encendida de olor grato para Jehová.

10 Si su ofrenda para holocausto fuere del rebaño, de las ovejas o de las cabras, macho sin defecto lo ofrecerá.

11 Y lo degollará al lado norte del altar delante de Jehová; y los sacerdotes hijos de Aarón rociarán su sangre sobre el altar alrededor.

12 Lo dividirá en sus piezas, con su cabeza y la grosura de los intestinos; y el sacerdote las acomodará sobre la leña que está sobre el fuego que habrá encima del altar;

13 y lavará las entrañas y las piernas con agua; y el sacerdote lo ofrecerá todo, y lo hará arder sobre el altar; holocausto es, ofrenda encendida de olor grato para Jehová.

14 Si la ofrenda para Jehová fuere holocausto de aves, presentará su ofrenda de tórtolas, o de palominos.

15 Y el sacerdote la ofrecerá sobre el altar, y le quitará la cabeza, y hará que arda en el altar; y su sangre será exprimida sobre la pared del altar.

16 Y le quitará el buche y las plumas, lo cual echará junto al altar, hacia el oriente, en el lugar de las cenizas.

17 Y la henderá por sus alas, pero no la dividirá en dos; y el sacerdote la hará arder sobre el altar, sobre la leña que estará en el fuego; holocausto es, ofrenda encendida de olor grato para Jehová.

Las ofrendas

2 1 Cuando alguna persona ofreciere oblación a Jehová, su ofrenda será flor de harina, sobre la cual echará aceite, y pondrá sobre ella incienso,

2 y la traerá a los sacerdotes, hijos de Aarón; y de ello tomará el sacerdote su puño lleno de la flor de harina y del aceite, con todo el incienso, y lo hará arder sobre el altar para memorial; ofrenda encendida es, de olor grato a Jehová.

3 Y lo que resta de la ofrenda será de Aarón y de sus hijos; es cosa santísima de las ofrendas que se queman para Jehová.

4 Cuando ofrecieres ofrenda cocida en horno, será de tortas de flor de harina sin levadura amasadas con aceite, y hojaldres sin levadura untadas con aceite.

5 Mas si ofrecieres ofrenda de sartén, será de flor de harina sin levadura, amasada con aceite,

6 la cúal partirás en piezas, y echarás sobre ella aceite; es ofrenda.

7 Si ofrecieres ofrenda cocida en cazuela, se hará de flor de harina con aceite.

8 Y traerás a Jehová la ofrenda que se hará de estas cosas, y la presentarás al sacerdote, el cual la llevará al altar.

9 Y tomará el sacerdote de aquella ofrenda lo que sea para su memorial, y lo hará arder sobre el altar; ofrenda encendida de olor grato a Jehová.

10 Y lo que resta de la ofrenda será de Aarón y de sus hijos; es cosa santísima de las ofrendas que se queman para Jehová.

11 Ninguna ofrenda que ofreciereis a Jehová será con levadura; porque de ninguna cosa leuda, ni de ninguna miel, se ha de quemar ofrenda para Jehová.

12 Como ofrenda de primicias las ofreceréis a Jehová; mas no subirán sobre el altar en olor grato.

13 Y sazonarás con sal toda ofrenda que presentes, y no harás que falte jamás de tu ofrenda la sal del pacto de tu Dios; en toda ofrenda tuya ofrecerás sal.

14 Si ofrecieres a Jehová ofrenda de primicias, tostarás al fuego las espigas verdes, y el grano desmenuzado ofrecerás como ofrenda de tus primicias.

15 Y pondrás sobre ella aceite, y pondrás sobre ella incienso; es ofrenda.

16 Y el sacerdote hará arder el memorial de él, parte del grano desmenuzado y del aceite, con todo el incienso; es ofrenda encendida para Jehová.

Ofrendas de paz

3 1 Si su ofrenda fuere sacrificio de paz, si hubiere de ofrecerla de ganado vacuno, sea macho o hembra, sin defecto la ofrecerá delante de Jehová.

2 Pondrá su mano sobre la cabeza de su ofrenda, y la degollará a la puerta del tabernáculo de reunión; y los sacerdotes hijos de Aarón rociarán su sangre sobre el altar alrededor.

3 Luego ofrecerá del sacrificio de paz, como ofrenda encendida a Jehová, la grosura que cubre los intestinos, y toda la grosura que está sobre las entrañas,

4 y los dos riñones y la grosura que está sobre ellos, y sobre los ijares; y con los riñones quitará la grosura de los intestinos que está sobre el hígado.

5 Y los hijos de Aarón harán arder esto en el altar, sobre el holocausto que estará sobre la leña que habrá encima del fuego; es ofrenda de olor grato para Jehová.

6 Mas si de ovejas fuere su ofrenda para sacrificio de paz a Jehová, sea macho o hembra, la ofrecerá sin defecto.

7 Si ofreciere cordero por su ofrenda, lo ofrecerá delante de Jehová.
8 Pondrá su mano sobre la cabeza de su ofrenda, y después la degollará delante del tabernáculo de reunión; y los hijos de Aarón rociarán su sangre sobre el altar alrededor.
9 Y del sacrificio de paz ofrecerá por ofrenda encendida a Jehová la grosura, la cola entera, la cual quitará a raíz del espinazo, la grosura que cubre todos los intestinos, y toda la que está sobre las entrañas.
10 Asimismo los dos riñones y la grosura que está sobre ellos, y la que está sobre los ijares; y con los riñones quitará la grosura de sobre el hígado.
11 Y el sacerdote hará arder esto sobre el altar; vianda es de ofrenda encendida para Jehová.

12 Si fuere cabra su ofrenda, la ofrecerá delante de Jehová.
13 Pondrá su mano sobre la cabeza de ella, y la degollará delante del tabernáculo de reunión; y los hijos de Aarón rociarán su sangre sobre el altar alrededor.
14 Después ofrecerá de ella su ofrenda encendida a Jehová; la grosura que cubre los intestinos, y toda la grosura que está sobre las entrañas,
15 los dos riñones, la grosura que está sobre ellos, y la que está sobre los ijares; y con los riñones quitará la grosura de sobre el hígado.
16 Y el sacerdote hará arder esto sobre el altar; vianda es de ofrenda que se quema en olor grato a Jehová; toda la grosura es de Jehová.
17 Estatuto perpetuo será por vuestras edades, dondequiera que habitéis, que ninguna grosura ni ninguna sangre comeréis.

Ofrendas por el pecado

4 1 Habló Jehová a Moisés, diciendo:
2 Habla a los hijos de Israel y diles: Cuando alguna persona pecare por yerro en alguno de los mandamientos de Jehová sobre cosas que no se han de hacer, e hiciere alguna de ellas;
3 si el sacerdote ungido pecare según el pecado del pueblo, ofrecerá a Jehová, por su pecado que habrá cometido, un becerro sin defecto para expiación.
4 Traerá el becerro a la puerta del tabernáculo de reunión delante de Jehová, y pondrá su mano sobre la cabeza del becerro, y lo degollará delante de Jehová.
5 Y el sacerdote ungido tomará de la sangre del becerro, y la traerá al tabernáculo de reunión;
6 y mojará el sacerdote su dedo en la sangre, y rociará de aquella sangre siete veces delante de Jehová, hacia el velo del santuario.
7 Y el sacerdote pondrá de esa sangre sobre los cuernos del altar del incienso aromático, que está en el tabernáculo de reunión delante de Jehová; y echará el resto de la sangre del becerro al pie del altar del holocausto, que está a la puerta del tabernáculo de reunión.
8 Y tomará del becerro para la expiación toda su grosura, la que cubre los intestinos, y la que está sobre las entrañas,
9 los dos riñones, la grosura que está sobre ellos, y la que está sobre los ijares; y con los riñones quitará la grosura de sobre el hígado,
10 de la manera que se quita del buey del sacrificio de paz; y el sacerdote la hará arder sobre el altar del holocausto.
11 Y la piel del becerro, y toda su carne, con su cabeza, sus piernas, sus intestinos y su estiércol,
12 en fin, todo el becerro sacará fuera del campamento a un lugar limpio, donde se echan las cenizas, y lo quemará al fuego sobre la leña; en donde se echan las cenizas será quemado.

13 Si toda la congregación de Israel hubiere errado, y el yerro estuviere oculto a los ojos del pueblo, y hubieren hecho algo contra alguno de los mandamientos de Jehová en cosas que no se han de hacer, y fueren culpables;
14 luego que llegue a ser conocido el pecado que cometieren, la congregación ofrecerá un becerro por expiación, y lo traerán delante del tabernáculo de reunión.
15 Y los ancianos de la congregación pondrán sus manos sobre la cabeza del becerro delante de Jehová, y en presencia de Jehová degollarán aquel becerro.
16 Y el sacerdote ungido meterá de la sangre del becerro en el tabernáculo de reunión,
17 y mojará el sacerdote su dedo en la misma sangre, y rociará siete veces delante de Jehová hacia el velo.
18 Y de aquella sangre pondrá sobre los cuernos del altar que está delante de Jehová en el tabernáculo de reunión, y derramará el resto de la sangre al pie del altar del holocausto, que está a la puerta del tabernáculo de reunión.
19 Y le quitará toda la grosura y la hará arder sobre el altar.
20 Y hará de aquel becerro como hizo con el becerro de la expiación; lo mismo hará de él; así hará el sacerdote expiación por ellos, y obtendrán perdón.
21 Y sacará el becerro fuera del campamento, y lo quemará como quemó el primer becerro; expiación es por la congregación.

22 Cuando pecare un jefe, e hiciere por yerro algo contra alguno de todos los mandamientos de Jehová su Dios sobre cosas que no se han de hacer, y pecare;
23 luego que conociere su pecado que cometió, presentará por su ofrenda un macho cabrío sin defecto.
24 Y pondrá su mano sobre la cabeza del macho

cabrío, y lo degollará en el lugar donde se de-
güella el holocausto, delante de Jehová; es ex-
piación.
25 Y con su dedo el sacerdote tomará de la san-
gre de la expiación, y la pondrá sobre los cuer-
nos del altar del holocausto, y derramará el
resto de la sangre al pie del altar del holocausto,
26 y quemará toda su grosura sobre el altar,
como la grosura del sacrificio de paz; así el
sacerdote hará por él la expiación de su pecado,
y tendrá perdón.
27 Si alguna persona del pueblo pecare por
yerro, haciendo algo contra alguno de los man-
damientos de Jehová en cosas que no se han de
hacer, y delinquiere;
28 luego que conociere su pecado que cometió,
traerá por su ofrenda una cabra, una cabra sin
defecto, por su pecado que cometió.
29 Y pondrá su mano sobre la cabeza de la
ofrenda de la expiación, y la degollará en el lu-
gar del holocausto.
30 Luego con su dedo el sacerdote tomará de la
sangre, y la pondrá sobre los cuernos del altar
del holocausto, y derramará el resto de la san-
gre al pie del altar.
31 Y le quitará toda su grosura, de la manera
que fue quitada la grosura del sacrificio de paz;
y el sacerdote la hará arder sobre el altar en olor
grato a Jehová; así hará el sacerdote expiación
por él, y será perdonado.[a]
32 Y si por su ofrenda por el pecado trajere
cordero, hembra sin defecto traerá.
33 Y pondrá su mano sobre la cabeza de la ofren-
da de expiación, y la degollará por expiación en
el lugar donde se degüella el holocausto.
34 Después con su dedo el sacerdote tomará de
la sangre de la expiación, y la pondrá sobre los
cuernos del altar del holocausto, y derramará el
resto de la sangre al pie del altar.
35 Y le quitará toda su grosura, como fue quita-
da la grosura del sacrificio de paz, y el sacerdote
la hará arder en el altar sobre la ofrenda encen-
dida a Jehová; y le hará el sacerdote expiación
de su pecado que habrá cometido, y será perdo-
nado.

5 1 Si alguno pecare por haber sido llamado a
testificar, y fuere testigo que vio, o supo, y
no lo denunciare, él llevará su pecado.
2 Asimismo la persona que hubiere tocado cual-
quiera cosa inmunda, sea cadáver de bestia in-
munda, o cadáver de animal inmundo, o cadáver
de reptil inmundo, bien que no lo supiere, será
inmunda y habrá delinquido.
3 O si tocare inmundicia de hombre, cualquiera
inmundicia suya con que fuere inmundo, y no lo
echare de ver, si después llegare a saberlo, será
culpable.
4 O si alguno jurare a la ligera con sus labios ha-
cer mal o hacer bien, en cualquiera cosa que el
hombre profiere con juramento, y él no lo en-
tendiere; si después lo entiende, será culpable
por cualquiera de estas cosas.
5 Cuando pecare en alguna de estas cosas, con-
fesará aquello en que pecó,
6 y para su expiación traerá a Jehová por su pe-
cado que cometió, una hembra de los rebaños,
una cordera o una cabra como ofrenda de ex-
piación; y el sacerdote le hará expiación por su
pecado.
7 Y si no tuviere lo suficiente para un cordero,
traerá a Jehová en expiación por su pecado que
cometió, dos tórtolas o dos palominos, el uno
para expiación, y el otro para holocausto.
8 Y los traerá al sacerdote, el cual ofrecerá pri-
mero el que es para expiación; y le arrancará
de su cuello la cabeza, mas no la separará por
completo.
9 Y rociará de la sangre de la expiación sobre la
pared del altar; y lo que sobrare de la sangre lo
exprimirá al pie del altar; es expiación.
10 Y del otro hará holocausto conforme al rito;
así el sacerdote hará expiación por el pecado de
aquel que lo cometió, y será perdonado.
11 Mas si no tuviere lo suficiente para dos tórto-
las, o dos palominos, el que pecó traerá como
ofrenda la décima parte de un efa de flor de hari-
na para expiación. No pondrá sobre ella aceite, ni
sobre ella pondrá incienso, porque es expiación.
12 La traerá, pues, al sacerdote, y el sacerdote
tomará de ella su puño lleno, para memoria de
él, y la hará arder en el altar sobre las ofrendas
encendidas a Jehová; es expiación.
13 Y hará el sacerdote expiación por él en cuan-
to al pecado que cometió en alguna de estas co-
sas, y será perdonado; y el sobrante será del
sacerdote, como la ofrenda de vianda.

Ofrendas expiatorias

14 Habló más Jehová a Moisés, diciendo:
15 Cuando alguna persona cometiere falta, y pe-
care por yerro en las cosas santas de Jehová,
traerá por su culpa a Jehová un carnero sin de-
fecto de los rebaños, conforme a tu estimación
en siclos de plata del siclo del santuario, en
ofrenda por el pecado.
16 Y pagará lo que hubiere defraudado de las
cosas santas, y añadirá a ello la quinta parte, y
lo dará al sacerdote; y el sacerdote hará expia-
ción por él con el carnero del sacrificio por el pe-
cado, y será perdonado.
17 Finalmente, si una persona pecare, o hiciere
alguna de todas aquellas cosas que por manda-
miento de Jehová no se han de hacer, aun sin ha-
cerlo a sabiendas, es culpable, y llevará su pecado.

4.27-31: [a] Nm. 15.27-28

18 Traerá, pues, al sacerdote para expiación, según tú lo estimes, un carnero sin defecto de los rebaños; y el sacerdote le hará expiación por el yerro que cometió por ignorancia, y será perdonado.

19 Es infracción, y ciertamente delinquió contra Jehová.

6 **1** Habló Jehová a Moisés, diciendo:

2 Cuando una persona pecare e hiciere prevaricación contra Jehová, y negare a su prójimo lo encomendado o dejado en su mano, o bien robare o calumniare a su prójimo,

3 o habiendo hallado lo perdido después lo negare, y jurare en falso; en alguna de todas aquellas cosas en que suele pecar el hombre,

4 entonces, habiendo pecado y ofendido, restituirá aquello que robó, o el daño de la calumnia, o el depósito que se le encomendó, o lo perdido que halló,

5 o todo aquello sobre que hubiere jurado falsamente; lo restituirá por entero a aquel a quien pertenece, y añadirá a ello la quinta parte, en el día de su expiación.

6 Y para expiación de su culpa traerá a Jehová un carnero sin defecto de los rebaños, conforme a tu estimación, y lo dará al sacerdote para la expiación.

7 Y el sacerdote hará expiación por él delante de Jehová, y obtendrá perdón de cualquiera de todas las cosas en que suele ofender.[a]

Leyes de los sacrificios

8 Habló aún Jehová a Moisés, diciendo:

9 Manda a Aarón y a sus hijos, y diles: Esta es la ley del holocausto: el holocausto estará sobre el fuego encendido sobre el altar toda la noche, hasta la mañana; el fuego del altar arderá en él.

10 Y el sacerdote se pondrá su vestidura de lino, y vestirá calzoncillos de lino sobre su cuerpo; y cuando el fuego hubiere consumido el holocausto; apartará él las cenizas de sobre el altar, y las pondrá junto al altar.

11 Después se quitará sus vestiduras y se pondrá otras ropas, y sacará las cenizas fuera del campamento a un lugar limpio.

12 Y el fuego encendido sobre el altar no se apagará, sino que el sacerdote pondrá en él leña cada mañana, y acomodará el holocausto sobre él, y quemará sobre él las grosuras de los sacrificios de paz.

13 El fuego arderá continuamente en el altar; no se apagará.

14 Esta es la ley de la ofrenda: La ofrecerán los hijos de Aarón delante de Jehová ante el altar.

15 Y tomará de ella un puñado de la flor de harina de la ofrenda, y de su aceite, y todo el incienso que está sobre la ofrenda, y lo hará arder sobre el altar por memorial en olor grato a Jehová.

16 Y el sobrante de ella lo comerán Aarón y sus hijos; sin levadura se comerá en lugar santo; en el atrio del tabernáculo de reunión lo comerán.

17 No se cocerá con levadura; la he dado a ellos por su porción de mis ofrendas encendidas; es cosa santísima, como el sacrificio por el pecado, y como el sacrificio por la culpa.

18 Todos los varones de los hijos de Aarón comerán de ella. Estatuto perpetuo será para vuestras generaciones tocante a las ofrendas encendidas para Jehová; toda cosa que tocare en ellas será santificada.

19 Habló también Jehová a Moisés, diciendo:

20 Esta es la ofrenda de Aarón y de sus hijos, que ofrecerán a Jehová el día que fueren ungidos: la décima parte de un efa de flor de harina, ofrenda perpetua, la mitad a la mañana y la mitad a la tarde.

21 En sartén se preparará con aceite; frita la traerás, y los pedazos cocidos de la ofrenda ofrecerás en olor grato a Jehová.

22 Y el sacerdote que en lugar de Aarón fuere ungido de entre sus hijos, hará igual ofrenda. Es estatuto perpetuo de Jehová; toda ella será quemada.

23 Toda ofrenda de sacerdote será enteramente quemada; no se comerá.

24 Y habló Jehová a Moisés, diciendo:

25 Habla a Aarón y a sus hijos, y diles: Esta es la ley del sacrificio expiatorio: en el lugar donde se degüella el holocausto, será degollada la ofrenda por el pecado delante de Jehová; es cosa santísima.

26 El sacerdote que la ofreciere por el pecado, la comerá; en lugar santo será comida, en el atrio del tabernáculo de reunión.

27 Todo lo que tocare su carne, será santificado; y si salpicare su sangre sobre el vestido, lavarás aquello sobre que cayere, en lugar santo.

28 Y la vasija de barro en que fuere cocida, será quebrada; y si fuere cocida en vasija de bronce, será fregada y lavada con agua.

29 Todo varón de entre los sacerdotes la comerá; es cosa santísima.

30 Mas no se comerá ninguna ofrenda de cuya sangre se metiere en el tabernáculo de reunión para hacer expiación en el santuario; al fuego será quemada.

7 **1** Asimismo esta es la ley del sacrificio por la culpa; es cosa muy santa.

2 En el lugar donde degüellan el holocausto, degollarán la víctima por la culpa; y rociará su sangre alrededor sobre el altar.

3 Y de ella ofrecerá toda su grosura, la cola, y la grosura que cubre los intestinos,

4 los dos riñones, la grosura que está sobre ellos,

6.1-7: [a] Nm. 5.5-8.

y la que está sobre los ijares; y con los riñones quitará la grosura de sobre el hígado.
5 Y el sacerdote lo hará arder sobre el altar, ofrenda encendida a Jehová; es expiación de la culpa.
6 Todo varón de entre los sacerdotes la comerá; será comida en lugar santo; es cosa muy santa.
7 Como el sacrificio por el pecado, así es el sacrificio por la culpa; una misma ley tendrán; será del sacerdote que hiciere la expiación con ella.
8 Y el sacerdote que ofreciere holocausto de alguno, la piel del holocausto que ofreciere será para él.
9 Asimismo toda ofrenda que se cociere en horno, y todo lo que fuere preparado en sartén o en cazuela, será del sacerdote que lo ofreciere.
10 Y toda ofrenda amasada con aceite, o seca, será de todos los hijos de Aarón, tanto de uno como de otro.

11 Y esta es la ley del sacrificio de paz que se ofrecerá a Jehová:
12 Si se ofreciere en acción de gracias, ofrecerá por sacrificio de acción de gracias tortas sin levadura amasadas con aceite, y hojaldres sin levadura untadas con aceite, y flor de harina frita en tortas amasadas con aceite.
13 Con tortas de pan leudo presentará su ofrenda en el sacrificio de acciones de gracias de paz.
14 Y de toda la ofrenda presentará una parte por ofrenda elevada a Jehová, y será del sacerdote que rociare la sangre de los sacrificios de paz.
15 Y la carne del sacrificio de paz en acción de gracias se comerá en el día que fuere ofrecida; no dejarán de ella nada para otro día.
16 Mas si el sacrificio de su ofrenda fuere voto, o voluntario, será comido en el día que ofreciere su sacrificio, y lo que de él quedare, lo comerán al día siguiente;
17 y lo que quedare de la carne del sacrificio hasta el tercer día, será quemado en el fuego.
18 Si se comiere de la carne del sacrificio de paz al tercer día, el que lo ofreciere no será acepto, ni le será contado; abominación será, y la persona que de él comiere llevará su pecado.

19 Y la carne que tocare alguna cosa inmunda, no se comerá; al fuego será quemada. Toda persona limpia podrá comer la carne;
20 pero la persona que comiere la carne del sacrificio de paz, el cual es de Jehová, estando inmunda, aquella persona será cortada de entre su pueblo.
21 Además, la persona que tocare alguna cosa inmunda, inmundicia de hombre, o animal inmundo, o cualquier abominación inmunda, y comiere la carne del sacrificio de paz, el cual es de Jehová, aquella persona será cortada de entre su pueblo.

22 Habló más Jehová a Moisés, diciendo:
23 Habla a los hijos de Israel, diciendo: Ninguna grosura de buey ni de cordero ni de cabra comeréis.
24 La grosura de animal muerto, y la grosura del que fue despedazado por fieras, se dispondrá para cualquier otro uso, mas no la comeréis.
25 Porque cualquiera que comiere grosura de animal, del cual se ofrece a Jehová ofrenda encendida, la persona que lo comiere será cortada de entre su pueblo.
26 Además, ninguna sangre comeréis en ningún lugar en donde habitéis, ni de aves ni de bestias.
27 Cualquiera persona que comiere de alguna sangre, la tal persona será cortada de entre su pueblo.[a]

28 Habló más Jehová a Moisés, diciendo:
29 Habla a los hijos de Israel y diles: El que ofreciere sacrificio de paz a Jehová, traerá su ofrenda del sacrificio de paz ante Jehová.
30 Sus manos traerán las ofrendas que se han de quemar ante Jehová; traerá la grosura con el pecho; el pecho para que sea mecido como sacrificio mecido delante de Jehová.
31 Y la grosura la hará arder el sacerdote en el altar, mas el pecho será de Aarón y de sus hijos.
32 Y daréis al sacerdote para ser elevada en ofrenda, la espaldilla derecha de vuestros sacrificios de paz.
33 El que de los hijos de Aarón ofreciere la sangre de los sacrificios de paz, y la grosura, recibirá la espaldilla derecha como porción suya.
34 Porque he tomado de los sacrificios de paz de los hijos de Israel el pecho que se mece y la espaldilla elevada en ofrenda, y lo he dado a Aarón el sacerdote y a sus hijos, como estatuto perpetuo para los hijos de Israel.
35 Esta es la porción de Aarón y la porción de sus hijos, de las ofrendas encendidas a Jehová, desde el día que él los consagró para ser sacerdotes de Jehová,
36 la cual mandó Jehová que les diesen, desde el día que él los ungió de entre los hijos de Israel, como estatuto perpetuo en sus generaciones.

37 Esta es la ley del holocausto, de la ofrenda, del sacrificio por el pecado, del sacrificio por la culpa, de las consagraciones y del sacrificio de paz,
38 la cual mandó Jehová a Moisés en el monte de Sinaí, el día que mandó a los hijos de Israel que ofreciesen sus ofrendas a Jehová, en el desierto de Sinaí.

Consagración de Aarón y de sus hijos

8 1 Habló Jehová a Moisés, diciendo:
2 Toma a Aarón y a sus hijos con él, y las vestiduras, el aceite de la unción, el becerro de la

7.26-27: [a] Gn. 9.4; Lv. 17.10-14; 19.26; Dt. 12.16, 23; 15.23.

expiación, los dos carneros, y el canastillo de los
panes sin levadura;
3 y reúne toda la congregación a la puerta del
tabernáculo de reunión.
4 Hizo, pues, Moisés como Jehová le mandó, y
se reunió la congregación a la puerta del taber-
náculo de reunión.
5 Y dijo Moisés a la congregación: Esto es lo
que Jehová ha mandado hacer.
6 Entonces Moisés hizo acercarse a Aarón y a
sus hijos, y los lavó con agua.
7 Y puso sobre él la túnica, y le ciñó con el cinto; le
vistió después el manto, y puso sobre él el efod, y
lo ciñó con el cinto del efod, y lo ajustó con él.
8 Luego le puso encima el pectoral, y puso den-
tro del mismo los Urim y Tumim.
9 Después puso la mitra sobre su cabeza, y sobre
la mitra, en frente, puso la lámina de oro, la dia-
dema santa, como Jehová había mandado a
Moisés.
10 Y tomó Moisés el aceite de la unción y un-
gió el tabernáculo y todas las cosas que estaban
en él, y las santificó.
11 Y roció de él sobre el altar siete veces, y ungió
el altar y todos sus utensilios, y la fuente y su
base, para santificarlos.
12 Y derramó del aceite de la unción sobre la ca-
beza de Aarón, y lo ungió para santificarlo.
13 Después Moisés hizo acercarse los hijos de
Aarón, y les vistió las túnicas, les ciñó con cin-
tos, y les ajustó las tiaras, como Jehová lo había
mandado a Moisés.
14 Luego hizo traer el becerro de la expiación,
y Aarón y sus hijos pusieron sus manos sobre la
cabeza del becerro de la expiación,
15 y lo degolló; y Moisés tomó la sangre, y puso
con su dedo sobre los cuernos del altar alrededor,
y purificó el altar; y echó la demás sangre al pie
del altar, y lo santificó para reconciliar sobre él.
16 Después tomó toda la grosura que estaba so-
bre los intestinos, y la grosura del hígado, y los
dos riñones, y la grosura de ellos, y lo hizo arder
Moisés sobre el altar.
17 Mas el becerro, su piel, su carne y su estiér-
col, lo quemó al fuego fuera del campamento,
como Jehová lo había mandado a Moisés.
18 Después hizo que trajeran el carnero del
holocausto, y Aarón y sus hijos pusieron sus ma-
nos sobre la cabeza del carnero;
19 y lo degolló; y roció Moisés la sangre sobre el
altar alrededor,
20 y cortó el carnero en trozos; y Moisés hizo ar-
der la cabeza, y los trozos, y la grosura.
21 Lavó luego con agua los intestinos y las pier-
nas, y quemó Moisés todo el carnero sobre el al-
tar; holocausto de olor grato, ofrenda encendida
para Jehová, como Jehová lo había mandado a
Moisés.
22 Después hizo que trajeran el otro carnero, el
carnero de las consagraciones, y Aarón y sus hijos
pusieron sus manos sobre la cabeza del carnero.
23 Y lo degolló; y tomó Moisés de la sangre, y la
puso sobre el lóbulo de la oreja derecha de Aa-
rón, sobre el dedo pulgar de su mano derecha, y
sobre el dedo pulgar de su pie derecho.
24 Hizo acercarse luego los hijos de Aarón, y
puso Moisés de la sangre sobre el lóbulo de sus
orejas derechas, sobre los pulgares de sus ma-
nos derechas, y sobre los pulgares de sus pies
derechos; y roció Moisés la sangre sobre el altar
alrededor.
25 Después tomó la grosura, la cola, toda la
grosura que estaba sobre los intestinos, la gro-
sura del hígado, los dos riñones y la grosura de
ellos, y la espaldilla derecha.
26 Y del canastillo de los panes sin levadura, que
estaba delante de Jehová, tomó una torta sin le-
vadura, y una torta de pan de aceite, y una hojal-
dre, y las puso con la grosura y con la espaldilla
derecha.
27 Y lo puso todo en las manos de Aarón, y en
las manos de sus hijos, e hizo mecerlo como
ofrenda mecida delante de Jehová.
28 Después tomó aquellas cosas Moisés de las
manos de ellos, y las hizo arder en el altar sobre
el holocausto; eran las consagraciones en olor
grato, ofrenda encendida a Jehová.
29 Y tomó Moisés el pecho, y lo meció, ofrenda
mecida delante de Jehová; del carnero de las
consagraciones aquella fue la parte de Moisés,
como Jehová lo había mandado a Moisés.
30 Luego tomó Moisés del aceite de la unción,
y de la sangre que estaba sobre el altar, y roció
sobre Aarón, y sobre sus vestiduras, sobre sus
hijos, y sobre las vestiduras de sus hijos con él; y
santificó a Aarón y sus vestiduras, y a sus hijos y
las vestiduras de sus hijos con él.
31 Y dijo Moisés a Aarón y a sus hijos: Hervid
la carne a la puerta del tabernáculo de reunión;
y comedla allí con el pan que está en el canasti-
llo de las consagraciones, según yo he manda-
do, diciendo: Aarón y sus hijos la comerán.
32 Y lo que sobre de la carne y del pan, lo que-
maréis al fuego.
33 De la puerta del tabernáculo de reunión no
saldréis en siete días, hasta el día que se cum-
plan los días de vuestras consagraciones; por-
que por siete días seréis consagrados.
34 De la manera que hoy se ha hecho, mandó
hacer Jehová para expiaros.
35 A la puerta, pues, del tabernáculo de reunión
estaréis día y noche por siete días, y guardaréis
la ordenanza delante de Jehová, para que no
muráis; porque así me ha sido mandado.
36 Y Aarón y sus hijos hicieron todas las cosas
que mandó Jehová por medio de Moisés.

Los sacrificios de Aarón

9 1 En el día octavo, Moisés llamó a Aarón y a
sus hijos, y a los ancianos de Israel;
2 y dijo a Aarón: Toma de la vacada un becerro
para expiación, y un carnero para holocausto,
sin defecto, y ofrécelos delante de Jehová.
3 Y a los hijos de Israel hablarás diciendo: To-
mad un macho cabrío para expiación, y un be-
cerro y un cordero de un año, sin defecto, para
holocausto.
4 Asimismo un buey y un carnero para sacrificio
de paz, que inmoléis delante de Jehová, y una
ofrenda amasada con aceite; porque Jehová se
aparecerá hoy a vosotros.
5 Y llevaron lo que mandó Moisés delante del ta-
bernáculo de reunión, y vino toda la congrega-
ción y se puso delante de Jehová.
6 Entonces Moisés dijo: Esto es lo que mandó
Jehová; hacedlo, y la gloria de Jehová se os apa-
recerá.
7 Y dijo Moisés a Aarón: Acércate al altar, y haz
tu expiación y tu holocausto, y haz la reconcilia-
ción por ti y por el pueblo; haz también la ofren-
da del pueblo, y haz la reconciliación por ellos,
como ha mandado Jehová.
8 Entonces se acercó Aarón al altar y degolló
el becerro de la expiación que era por él.
9 Y los hijos de Aarón le trajeron la sangre; y él
mojó su dedo en la sangre, y puso de ella sobre
los cuernos del altar, y derramó el resto de la
sangre al pie del altar.
10 E hizo arder sobre el altar la grosura con los
riñones y la grosura del hígado de la expiación,
como Jehová lo había mandado a Moisés.
11 Mas la carne y la piel las quemó al fuego fue-
ra del campamento.
12 Degolló asimismo el holocausto, y los hijos
de Aarón le presentaron la sangre, la cual roció
él alrededor sobre el altar.
13 Después le presentaron el holocausto pieza por
pieza, y la cabeza; y lo hizo quemar sobre el altar.
14 Luego lavó los intestinos y las piernas, y los
quemó sobre el holocausto en el altar.
15 Ofreció también la ofrenda del pueblo, y
tomó el macho cabrío que era para la expiación
del pueblo, y lo degolló, y lo ofreció por el peca-
do como el primero.
16 Y ofreció el holocausto, e hizo según el rito.
17 Ofreció asimismo la ofrenda, y llenó de ella
su mano, y la hizo quemar sobre el altar, ade-
más del holocausto de la mañana.
18 Degolló también el buey y el carnero en sa-
crificio de paz, que era del pueblo;[a] y los hijos de
Aarón le presentaron la sangre, la cual roció él
sobre el altar alrededor;
19 y las grosuras del buey y del carnero, la cola,
la grosura que cubre los intestinos, los riñones,
y la grosura del hígado;
20 y pusieron las grosuras sobre los pechos, y él
las quemó sobre el altar.
21 Pero los pechos, con la espaldilla derecha, los
meció Aarón como ofrenda mecida delante de
Jehová, como Jehová lo había mandado a Moisés.
22 Después alzó Aarón sus manos hacia el
pueblo y lo bendijo;[b] y después de hacer la ex-
piación, el holocausto y el sacrificio de paz, des-
cendió.
23 Y entraron Moisés y Aarón en el tabernáculo
de reunión, y salieron y bendijeron al pueblo; y
la gloria de Jehová se apareció a todo el pueblo.
24 Y salió fuego de delante de Jehová, y consu-
mió el holocausto con las grosuras sobre el al-
tar; y viéndolo todo el pueblo, alabaron, y se
postraron sobre sus rostros.

El pecado de Nadab y Abiú

10 1 Nadab y Abiú, hijos de Aarón, tomaron
cada uno su incensario, y pusieron en
ellos fuego, sobre el cual pusieron incienso, y
ofrecieron delante de Jehová fuego extraño,
que él nunca les mandó.
2 Y salió fuego de delante de Jehová y los que-
mó, y murieron delante de Jehová.
3 Entonces dijo Moisés a Aarón: Esto es lo que
habló Jehová, diciendo: En los que a mí se acer-
can me santificaré, y en presencia de todo el
pueblo seré glorificado. Y Aarón calló.
4 Y llamó Moisés a Misael y a Elzafán, hijos de
Uziel tío de Aarón, y les dijo: Acercaos y sacad a
vuestros hermanos de delante del santuario,
fuera del campamento.
5 Y ellos se acercaron y los sacaron con sus túni-
cas fuera del campamento, como dijo Moisés.
6 Entonces Moisés dijo a Aarón, y a Eleazar e
Itamar sus hijos: No descubráis vuestras cabe-
zas, ni rasguéis vuestros vestidos en señal de
duelo, para que no muráis, ni se levante la ira
sobre toda la congregación; pero vuestros her-
manos, toda la casa de Israel, sí lamentarán por
el incendio que Jehová ha hecho.
7 Ni saldréis de la puerta del tabernáculo de
reunión, porque moriréis; por cuanto el aceite
de la unción de Jehová está sobre vosotros. Y
ellos hicieron conforme al dicho de Moisés.
8 Y Jehová habló a Aarón, diciendo:
9 Tú, y tus hijos contigo, no beberéis vino ni si-
dra cuando entréis en el tabernáculo de reu-
nión, para que no muráis; estatuto perpetuo
será para vuestras generaciones,
10 para poder discernir entre lo santo y lo profa-
no, y entre lo inmundo y lo limpio,
11 y para enseñar a los hijos de Israel todos los
estatutos que Jehová les ha dicho por medio de
Moisés.

9.18: [a] Lv. 3.1-11. **9.22:** [b] Nm. 6.22-26.

12 Y Moisés dijo a Aarón, y a Eleazar y a Ita-
mar sus hijos que habían quedado: Tomad la
ofrenda que queda de las ofrendas encendidas a
Jehová, y comedla sin levadura junto al altar,
porque es cosa muy santa.
13 La comeréis, pues, en lugar santo; porque
esto es para ti y para tus hijos, de las ofrendas
encendidas a Jehová, pues que así me ha sido
mandado.[a]
14 Comeréis asimismo en lugar limpio, tú y tus
hijos y tus hijas contigo, el pecho mecido y la es-
paldilla elevada, porque por derecho son tuyos
y de tus hijos, dados de los sacrificios de paz de
los hijos de Israel.
15 Con las ofrendas de las grosuras que se han de
quemar, traerán la espaldilla que se ha de elevar
y el pecho que será mecido como ofrenda mecida
delante de Jehová; y será por derecho perpetuo
tuyo y de tus hijos, como Jehová lo ha mandado.[b]
16 Y Moisés preguntó por el macho cabrío de
la expiación, y se halló que había sido quemado;
y se enojó contra Eleazar e Itamar, los hijos que
habían quedado de Aarón, diciendo:
17 ¿Por qué no comisteis la expiación en lugar
santo? Pues es muy santa,[c] y la dio él a vosotros
para llevar la iniquidad de la congregación,
para que sean reconciliados delante de Jehová.
18 Ved que la sangre no fue llevada dentro del
santuario; y vosotros debíais comer la ofrenda
en el lugar santo, como yo mandé.
19 Y respondió Aarón a Moisés: He aquí hoy han
ofrecido su expiación y su holocausto delante de
Jehová; pero a mí me han sucedido estas cosas,
y si hubiera yo comido hoy del sacrificio de ex-
piación, ¿sería esto grato a Jehová?
20 Y cuando Moisés oyó esto, se dio por satisfe-
cho.

Animales limpios e inmundos

11 1 Habló Jehová a Moisés y a Aarón, di-
ciéndoles:
2 Hablad a los hijos de Israel y decidles: Estos
son los animales que comeréis de entre todos los
animales que hay sobre la tierra.
3 De entre los animales, todo el que tiene pezu-
ña hendida y que rumia, éste comeréis.
4 Pero de los que rumian o que tienen pezuña, no
comeréis éstos: el camello, porque rumia pero no
tiene pezuña hendida, lo tendréis por inmundo.
5 También el conejo, porque rumia, pero no tie-
ne pezuña, lo tendréis por inmundo.
6 Asimismo la liebre, porque rumia, pero no tie-
ne pezuña, la tendréis por inmunda.
7 También el cerdo, porque tiene pezuñas, y es
de pezuñas hendidas, pero no rumia, lo tendréis
por inmundo.
8 De la carne de ellos no comeréis, ni tocaréis su
cuerpo muerto; los tendréis por inmundos.
9 Esto comeréis de todos los animales que vi-
ven en las aguas: todos los que tienen aletas y es-
camas en las aguas del mar, y en los ríos, estos
comeréis.
10 Pero todos los que no tienen aletas ni esca-
mas en el mar y en los ríos, así de todo lo que se
mueve como de toda cosa viviente que está en
las aguas, los tendréis en abominación.
11 Os serán, pues, abominación; de su carne no
comeréis, y abominaréis sus cuerpos muertos.
12 Todo lo que no tuviere aletas y escamas en las
aguas, lo tendréis en abominación.
13 Y de las aves, éstas tendréis en abomina-
ción; no se comerán, serán abominación: el águi-
la, el quebrantahuesos, el azor,
14 el gallinazo, el milano según su especie;
15 todo cuervo según su especie;
16 el avestruz, la lechuza, la gaviota, el gavilán
según su especie;
17 el búho, el somormujo, el ibis,
18 el calamón, el pelícano, el buitre,
19 la cigüeña, la garza según su especie, la abu-
billa y el murciélago.
20 Todo insecto alado que anduviere sobre
cuatro patas, tendréis en abominación.
21 Pero esto comeréis de todo insecto alado que
anda sobre cuatro patas, que tuviere piernas
además de sus patas para saltar con ellas sobre
la tierra;
22 estos comeréis de ellos: la langosta según su
especie, el langostín según su especie, el argol
según su especie, y el hagab según su especie.
23 Todo insecto alado que tenga cuatro patas,
tendréis en abominación.
24 Y por estas cosas seréis inmundos; cualquie-
ra que tocare sus cuerpos muertos será inmundo
hasta la noche,
25 y cualquiera que llevare algo de sus cadáve-
res lavará sus vestidos, y será inmundo hasta la
noche.
26 Todo animal de pezuña, pero que no tiene
pezuña hendida, ni rumia, tendréis por in-
mundo; y cualquiera que los tocare será in-
mundo.
27 Y de todos los animales que andan en cuatro
patas, tendréis por inmundo a cualquiera que
ande sobre sus garras; y todo el que tocare sus
cadáveres será inmundo hasta la noche.
28 Y el que llevare sus cadáveres, lavará sus ves-
tidos, y será inmundo hasta la noche; los ten-
dréis por inmundos.
29 Y tendréis por inmundos a estos animales
que se mueven sobre la tierra: la comadreja, el
ratón, la rana según su especie,
30 el erizo, el cocodrilo, el lagarto, la lagartija y
el camaleón.

10.12-13: [a] Lv. 6.14-18. **10.14-15:** [b] Lv. 7.30-34.
10.17: [c] Lv. 6.24-26.

31 Estos tendréis por inmundos de entre los ani-
males que se mueven, y cualquiera que los toca-
re cuando estuvieren muertos será inmundo
hasta la noche.
32 Y todo aquello sobre que cayere algo de ellos
después de muertos, será inmundo; sea cosa de
madera, vestido, piel, saco, sea cualquier instru-
mento con que se trabaja, será metido en agua,
y quedará inmundo hasta la noche; entonces
quedará limpio.
33 Toda vasija de barro dentro de la cual cayere
alguno de ellos será inmunda, así como todo lo
que estuviere en ella, y quebraréis la vasija.
34 Todo alimento que se come, sobre el cual caye-
re el agua de tales vasijas, será inmundo; y toda
bebida que hubiere en esas vasijas será inmunda.
35 Todo aquello sobre que cayere algo del cadá-
ver de ellos será inmundo; el horno u hornillos
se derribarán; son inmundos, y por inmundos
los tendréis.
36 Con todo, la fuente y la cisterna donde se re-
cogen aguas serán limpias; mas lo que hubiere
tocado en los cadáveres será inmundo.
37 Y si cayere algo de los cadáveres sobre alguna
semilla que se haya de sembrar, será limpia.
38 Mas si se hubiere puesto agua en la semilla, y
cayere algo de los cadáveres sobre ella, la ten-
dréis por inmunda.

39 Y si algún animal que tuviereis para comer
muriere, el que tocare su cadáver será inmundo
hasta la noche.
40 Y el que comiere del cuerpo muerto, lavará
sus vestidos y será inmundo hasta la noche; asi-
mismo el que sacare el cuerpo muerto, lavará
sus vestidos y será inmundo hasta la noche.

41 Y todo reptil que se arrastra sobre la tierra
es abominación; no se comerá.
42 Todo lo que anda sobre el pecho, y todo lo
que anda sobre cuatro o más patas, de todo ani-
mal que se arrastra sobre la tierra, no lo come-
réis, porque es abominación.
43 No hagáis abominables vuestras personas
con ningún animal que se arrastra, ni os conta-
minéis con ellos, ni seáis inmundos por ellos.
44 Porque yo soy Jehová vuestro Dios; vosotros
por tanto os santificaréis, y seréis santos, porque
yo soy santo;[a] así que no contaminéis vuestras
personas con ningún animal que se arrastre
sobre la tierra.
45 Porque yo soy Jehová, que os hago subir de la
tierra de Egipto para ser vuestro Dios: seréis,
pues, santos; porque yo soy santo.

46 Esta es la ley acerca de las bestias, y las aves,
y todo ser viviente que se mueve en las aguas, y
todo animal que se arrastra sobre la tierra,
47 para hacer diferencia entre lo inmundo y lo
limpio, y entre los animales que se pueden co-
mer y los animales que no se pueden comer.

La purificación de la mujer después del parto

12 1 Habló Jehová a Moisés, diciendo:
2 Habla a los hijos de Israel y diles: La
mujer cuando conciba y dé a luz varón, será in-
munda siete días; conforme a los días de su
menstruación será inmunda.
3 Y al octavo día se circuncidará al niño.[a]
4 Mas ella permanecerá treinta y tres días purifi-
cándose de su sangre; ninguna cosa santa toca-
rá, ni vendrá al santuario, hasta cuando sean
cumplidos los días de su purificación.
5 Y si diere a luz hija, será inmunda dos sema-
nas, conforme a su separación, y sesenta y seis
días estará purificándose de su sangre.

6 Cuando los días de su purificación fueren
cumplidos, por hijo o por hija, traerá un cordero
de un año para holocausto, y un palomino o una
tórtola para expiación, a la puerta del taber-
náculo de reunión, al sacerdote;
7 y él los ofrecerá delante de Jehová, y hará ex-
piación por ella, y será limpia del flujo de su
sangre. Esta es la ley para la que diere a luz hijo
o hija.
8 Y si no tiene lo suficiente para un cordero, to-
mará entonces dos tórtolas o dos palominos,[b]
uno para holocausto y otro para expiación; y el
sacerdote hará expiación por ella, y será limpia.

Leyes acerca de la lepra

13 1 Habló Jehová a Moisés y a Aarón, di-
ciendo:
2 Cuando el hombre tuviere en la piel de su
cuerpo hinchazón, o erupción, o mancha blan-
ca, y hubiere en la piel de su cuerpo como llaga
de lepra, será traído a Aarón el sacerdote o a
uno de sus hijos los sacerdotes.
3 Y el sacerdote mirará la llaga en la piel del
cuerpo; si el pelo en la llaga se ha vuelto blanco,
y pareciere la llaga más profunda que la piel de
la carne, llaga de lepra es; y el sacerdote le reco-
nocerá, y le declarará inmundo.
4 Y si en la piel de su cuerpo hubiere mancha
blanca, pero que no pareciere más profunda que
la piel, ni el pelo se hubiere vuelto blanco, en-
tonces el sacerdote encerrará al llagado por
siete días.
5 Y al séptimo día el sacerdote lo mirará; y si la
llaga conserva el mismo aspecto, no habiéndose
extendido en la piel, entonces el sacerdote le
volverá a encerrar por otros siete días.
6 Y al séptimo día el sacerdote le reconocerá de
nuevo; y si parece haberse oscurecido la llaga, y
que no ha cundido en la piel, entonces el sacer-
dote lo declarará limpio: era erupción; y lavará
sus vestidos, y será limpio.
7 Pero si se extendiere la erupción en la piel des-

11.44: [a] Lv. 19.2; 1 P. 1.16. **12.3:** [a] Gn. 17.12.
12.8: [b] Lc. 2.24.

pués que él se mostró al sacerdote para ser limpio, deberá mostrarse otra vez al sacerdote.
8 Y si reconociéndolo el sacerdote ve que la erupción se ha extendido en la piel, lo declarará inmundo: es lepra.

9 Cuando hubiere llaga de lepra en el hombre, será traído al sacerdote.
10 Y éste lo mirará, y si apareciere tumor blanco en la piel, el cual haya mudado el color del pelo, y se descubre asimismo la carne viva,
11 es lepra crónica en la piel de su cuerpo; y le declarará inmundo el sacerdote, y no le encerrará, porque es inmundo.
12 Mas si brotare la lepra cundiendo por la piel, de modo que cubriere toda la piel del llagado desde la cabeza hasta sus pies, hasta donde pueda ver el sacerdote,
13 entonces éste le reconocerá; y si la lepra hubiere cubierto todo su cuerpo, declarará limpio al llagado; toda ella se ha vuelto blanca, y él es limpio.
14 Mas el día que apareciere en él la carne viva, será inmundo.
15 Y el sacerdote mirará la carne viva, y lo declarará inmundo. Es inmunda la carne viva; es lepra.
16 Mas cuando la carne viva cambiare y se volviere blanca, entonces vendrá al sacerdote,
17 y el sacerdote mirará; y si la llaga se hubiere vuelto blanca, el sacerdote declarará limpio al que tenía la llaga, y será limpio.

18 Y cuando en la piel de la carne hubiere divieso, y se sanare,
19 y en el lugar del divieso hubiere una hinchazón, o una mancha blanca rojiza, será mostrado al sacerdote.
20 Y el sacerdote mirará; y si pareciere estar más profunda que la piel, y su pelo se hubiere vuelto blanco, el sacerdote lo declarará inmundo; es llaga de lepra que se originó en el divieso.
21 Y si el sacerdote la considerare, y no apareciere en ella pelo blanco, ni fuere más profunda que la piel, sino oscura, entonces el sacerdote le encerrará por siete días;
22 y si se fuere extendiendo por la piel, entonces el sacerdote lo declarará inmundo; es llaga.
23 Pero si la mancha blanca se estuviere en su lugar, y no se hubiere extendido, es la cicatriz del divieso, y el sacerdote lo declarará limpio.

24 Asimismo cuando hubiere en la piel del cuerpo quemadura de fuego, y hubiere en lo sanado del fuego mancha blanquecina, rojiza o blanca,
25 el sacerdote la mirará; y si el pelo se hubiere vuelto blanco en la mancha, y ésta pareciere ser más profunda que la piel, es lepra que salió en la quemadura; y el sacerdote lo declarará inmundo, por ser llaga de lepra.
26 Mas si el sacerdote la mirare, y no apareciere en la mancha pelo blanco, ni fuere más profunda que la piel, sino que estuviere oscura, le encerrará el sacerdote por siete días.
27 Y al séptimo día el sacerdote la reconocerá; y si se hubiere ido extendiendo por la piel, el sacerdote lo declarará inmundo; es llaga de lepra.
28 Pero si la mancha se estuviere en su lugar, y no se hubiere extendido en la piel, sino que estuviere oscura, es la cicatriz de la quemadura; el sacerdote lo declarará limpio, porque señal de la quemadura es.

29 Y al hombre o mujer que le saliere llaga en la cabeza, o en la barba,
30 el sacerdote mirará la llaga; y si pareciere ser más profunda que la piel, y el pelo de ella fuere amarillento y delgado, entonces el sacerdote le declarará inmundo; es tiña, es lepra de la cabeza o de la barba.
31 Mas cuando el sacerdote hubiere mirado la llaga de la tiña, y no pareciere ser más profunda que la piel, ni hubiere en ella pelo negro, el sacerdote encerrará por siete días al llagado de la tiña;
32 y al séptimo día el sacerdote mirará la llaga; y si la tiña no pareciere haberse extendido, ni hubiere en ella pelo amarillento, ni pareciere la tiña más profunda que la piel,
33 entonces le hará que se rasure, pero no rasurará el lugar afectado; y el sacerdote encerrará por otros siete días al que tiene la tiña.
34 Y al séptimo día mirará el sacerdote la tiña; y si la tiña no hubiere cundido en la piel, ni pareciere ser más profunda que la piel, el sacerdote lo declarará limpio; y lavará sus vestidos y será limpio.
35 Pero si la tiña se hubiere ido extendiendo en la piel después de su purificación,
36 entonces el sacerdote la mirará; y si la tiña hubiere cundido en la piel, no busque el sacerdote el pelo amarillento; es inmundo.
37 Mas si le pareciere que la tiña está detenida, y que ha salido en ella el pelo negro, la tiña está sanada; él está limpio, y limpio lo declarará el sacerdote.

38 Asimismo cuando el hombre o la mujer tuviere en la piel de su cuerpo manchas, manchas blancas,
39 el sacerdote mirará, y si en la piel de su cuerpo aparecieren manchas blancas algo oscurecidas, es empeine que brotó en la piel; está limpia la persona.

40 Y el hombre, cuando se le cayere el cabello, es calvo, pero limpio.
41 Y si hacia su frente se le cayere el cabello, es calvo por delante, pero limpio.
42 Mas cuando en la calva o en la antecalva hubiere llaga blanca rojiza, lepra es que brota en su calva o en su antecalva.

43 Entonces el sacerdote lo mirará, y si parecie-
re la hinchazón de la llaga blanca rojiza en su
calva o en su antecalva, como el parecer de la le-
pra de la piel del cuerpo,
44 leproso es, es inmundo, y el sacerdote lo decla-
rará luego inmundo; en su cabeza tiene la llaga.
45 Y el leproso en quien hubiere llaga llevará
vestidos rasgados y su cabeza descubierta, y
embozado pregonará: ¡Inmundo! ¡Inmundo!
46 Todo el tiempo que la llaga estuviere en él,
será inmundo; estará impuro, y habitará solo;
fuera del campamento será su morada.
47 Cuando en un vestido hubiere plaga de le-
pra, ya sea vestido de lana, o de lino,
48 o en urdimbre o en trama de lino o de lana, o
en cuero, o en cualquiera obra de cuero;
49 y la plaga fuere verdosa, o rojiza, en vestido o
en cuero, en urdimbre o en trama, o en cual-
quiera obra de cuero; plaga es de lepra, y se ha
de mostrar al sacerdote.
50 Y el sacerdote mirará la plaga, y encerrará la
cosa plagada por siete días.
51 Y al séptimo día mirará la plaga; y si se hubie-
re extendido la plaga en el vestido, en la urdim-
bre o en la trama, en el cuero, o en cualquiera
obra que se hace de cuero, lepra maligna es la
plaga; inmunda será.
52 Será quemado el vestido, la urdimbre o tra-
ma de lana o de lino, o cualquiera obra de cuero
en que hubiere tal plaga, porque lepra maligna
es; al fuego será quemada.
53 Y si el sacerdote mirare, y no pareciere que
la plaga se haya extendido en el vestido, en la
urdimbre o en la trama, o en cualquiera obra de
cuero,
54 entonces el sacerdote mandará que laven
donde está la plaga, y lo encerrará otra vez por
siete días.
55 Y el sacerdote mirará después que la plaga
fuere lavada; y si pareciere que la plaga no ha
cambiado de aspecto, aunque no se haya exten-
dido la plaga, inmunda es; la quemarás al fue-
go; es corrosión penetrante, esté lo raído en el
derecho o en el revés de aquella cosa.
56 Mas si el sacerdote la viere, y pareciere que
la plaga se ha oscurecido después que fue lava-
da, la cortará del vestido, del cuero, de la ur-
dimbre o de la trama.
57 Y si apareciere de nuevo en el vestido, la ur-
dimbre o trama, o en cualquiera cosa de cuero,
extendiéndose en ellos, quemarás al fuego
aquello en que estuviere la plaga.
58 Pero el vestido, la urdimbre o la trama, o
cualquiera cosa de cuero que lavares, y que se le
quitare la plaga, se lavará segunda vez, y enton-
ces será limpia.
59 Esta es la ley para la plaga de la lepra del
vestido de lana o de lino, o de urdimbre o de tra-
ma, o de cualquiera cosa de cuero, para que sea
declarada limpia o inmunda.

14 1 Y habló Jehová a Moisés, diciendo:
2 Esta será la ley para el leproso cuando
se limpiare: Será traído al sacerdote,
3 y éste saldrá fuera del campamento y lo exa-
minará; y si ve que está sana la plaga de la lepra
del leproso,
4 el sacerdote mandará luego que se tomen para
el que se purifica dos avecillas vivas, limpias, y
madera de cedro, grana e hisopo.
5 Y mandará el sacerdote matar una avecilla en
un vaso de barro sobre aguas corrientes.
6 Después tomará la avecilla viva, el cedro, la
grana y el hisopo, y los mojará con la avecilla
viva en la sangre de la avecilla muerta sobre las
aguas corrientes;
7 y rociará siete veces sobre el que se purifica de
la lepra, y le declarará limpio; y soltará la aveci-
lla viva en el campo.
8 Y el que se purifica lavará sus vestidos, y raerá
todo su pelo, y se lavará con agua, y será limpio;
y después entrará en el campamento, y morará
fuera de su tienda siete días.
9 Y el séptimo día raerá todo el pelo de su cabe-
za, su barba y las cejas de sus ojos y todo su
pelo, y lavará sus vestidos, y lavará su cuerpo en
agua, y será limpio.
10 El día octavo tomará dos corderos sin de-
fecto, y una cordera de un año sin tacha, y tres
décimas de efa de flor de harina para ofrenda
amasada con aceite, y un log de aceite.
11 Y el sacerdote que le purifica presentará de-
lante de Jehová al que se ha de limpiar, con
aquellas cosas, a la puerta del tabernáculo de
reunión;
12 y tomará el sacerdote un cordero y lo ofrece-
rá por la culpa, con el log de aceite, y lo mecerá
como ofrenda mecida delante de Jehová.
13 Y degollará el cordero en el lugar donde se de-
güella el sacrificio por el pecado y el holocausto,
en el lugar del santuario; porque como la víctima
por el pecado, así también la víctima por la culpa
es del sacerdote; es cosa muy sagrada.
14 Y el sacerdote tomará de la sangre de la vícti-
ma por la culpa, y la pondrá el sacerdote sobre
el lóbulo de la oreja derecha del que se purifica,
sobre el pulgar de su mano derecha y sobre el
pulgar de su pie derecho.
15 Asimismo el sacerdote tomará del log de
aceite, y lo echará sobre la palma de su mano iz-
quierda,
16 y mojará su dedo derecho en el aceite que tie-
ne en su mano izquierda, y esparcirá del aceite
con su dedo siete veces delante de Jehová.
17 Y de lo que quedare del aceite que tiene en su
mano, pondrá el sacerdote sobre el lóbulo de la
oreja derecha del que se purifica, sobre el pul-

gar de su mano derecha y sobre el pulgar de su
pie derecho, encima de la sangre del sacrificio
por la culpa.
18 Y lo que quedare del aceite que tiene en su
mano, lo pondrá sobre la cabeza del que se purifica; y hará el sacerdote expiación por él delante
de Jehová.
19 Ofrecerá luego el sacerdote el sacrificio por el
pecado, y hará expiación por el que se ha de purificar de su inmundicia; y después degollará el
holocausto,
20 y hará subir el sacerdote el holocausto y la
ofrenda sobre el altar. Así hará el sacerdote expiación por él, y será limpio.
21 Mas si fuere pobre, y no tuviere para tanto,
entonces tomará un cordero para ser ofrecido
como ofrenda mecida por la culpa, para reconciliarse, y una décima de efa de flor de harina amasada con aceite para ofrenda, y un log de aceite,
22 y dos tórtolas o dos palominos, según pueda;
uno será para expiación por el pecado, y el otro
para holocausto.
23 Al octavo día de su purificación traerá estas
cosas al sacerdote, a la puerta del tabernáculo
de reunión, delante de Jehová.
24 Y el sacerdote tomará el cordero de la expiación por la culpa, y el log de aceite, y los mecerá
el sacerdote como ofrenda mecida delante de
Jehová.
25 Luego degollará el cordero de la culpa, y el
sacerdote tomará de la sangre de la culpa, y la
pondrá sobre el lóbulo de la oreja derecha del
que se purifica, sobre el pulgar de su mano derecha y sobre el pulgar de su pie derecho.
26 Y el sacerdote echará del aceite sobre la palma de su mano izquierda;
27 y con su dedo derecho el sacerdote rociará
del aceite que tiene en su mano izquierda, siete
veces delante de Jehová.
28 También el sacerdote pondrá del aceite que
tiene en su mano sobre el lóbulo de la oreja derecha del que se purifica, sobre el pulgar de su
mano derecha y sobre el pulgar de su pie derecho, en el lugar de la sangre de la culpa.
29 Y lo que sobre del aceite que el sacerdote tiene en su mano, lo pondrá sobre la cabeza del
que se purifica, para reconciliarlo delante de
Jehová.
30 Asimismo ofrecerá una de las tórtolas o uno
de los palominos, según pueda.
31 Uno en sacrificio de expiación por el pecado,
y el otro en holocausto, además de la ofrenda; y
hará el sacerdote expiación por el que se ha de
purificar, delante de Jehová.
32 Esta es la ley para el que hubiere tenido plaga
de lepra, y no tuviere más para su purificación.
33 Habló también Jehová a Moisés y a Aarón,
diciendo:
34 Cuando hayáis entrado en la tierra de Canaán, la cual yo os doy en posesión, si pusiere yo
plaga de lepra en alguna casa de la tierra de
vuestra posesión,
35 vendrá aquel de quien fuere la casa y dará
aviso al sacerdote, diciendo: Algo como plaga
ha aparecido en mi casa.
36 Entonces el sacerdote mandará desocupar
la casa antes que entre a mirar la plaga, para
que no sea contaminado todo lo que estuviere
en la casa; y después el sacerdote entrará a
examinarla.
37 Y examinará la plaga; y si se vieren manchas
en las paredes de la casa, manchas verdosas o
rojizas, las cuales parecieren más profundas que
la superficie de la pared,
38 el sacerdote saldrá de la casa a la puerta de
ella, y cerrará la casa por siete días.
39 Y al séptimo día volverá el sacerdote, y la
examinará; y si la plaga se hubiere extendido en
las paredes de la casa,
40 entonces mandará el sacerdote, y arrancarán
las piedras en que estuviere la plaga, y las echarán fuera de la ciudad en lugar inmundo.
41 Y hará raspar la casa por dentro alrededor, y
derramarán fuera de la ciudad, en lugar inmundo, el barro que rasparen.
42 Y tomarán otras piedras y las pondrán en lugar de las piedras quitadas; y tomarán otro barro y recubrirán la casa.
43 Y si la plaga volviere a brotar en aquella
casa, después que hizo arrancar las piedras y
raspar la casa, y después que fue recubierta,
44 entonces el sacerdote entrará y la examinará;
y si pareciere haberse extendido la plaga en la
casa, es lepra maligna en la casa; inmunda es.
45 Derribará, por tanto, la tal casa, sus piedras,
sus maderos y toda la mezcla de la casa; y sacarán todo fuera de la ciudad a lugar inmundo.
46 Y cualquiera que entrare en aquella casa durante los días en que la mandó cerrar, será inmundo hasta la noche.
47 Y el que durmiere en aquella casa, lavará sus
vestidos; también el que comiere en la casa lavará sus vestidos.
48 Mas si entrare el sacerdote y la examinare,
y viere que la plaga no se ha extendido en la
casa después que fue recubierta, el sacerdote
declarará limpia la casa, porque la plaga ha
desaparecido.
49 Entonces tomará para limpiar la casa dos
avecillas, y madera de cedro, grana e hisopo;
50 y degollará una avecilla en una vasija de barro sobre aguas corrientes.
51 Y tomará el cedro, el hisopo, la grana y la
avecilla viva, y los mojará en la sangre de la avecilla muerta y en las aguas corrientes, y rociará
la casa siete veces.

52 Y purificará la casa con la sangre de la avecilla, con las aguas corrientes, con la avecilla viva, la madera de cedro, el hisopo y la grana.
53 Luego soltará la avecilla viva fuera de la ciudad sobre la faz del campo. Así hará expiación por la casa, y será limpia.

54 Esta es la ley acerca de toda plaga de lepra y de tiña,
55 y de la lepra del vestido, y de la casa,
56 y acerca de la hinchazón, y de la erupción, y de la mancha blanca,
57 para enseñar cuándo es inmundo, y cuándo limpio. Esta es la ley tocante a la lepra.

Impurezas físicas

15 1 Habló Jehová a Moisés y a Aarón, diciendo:
2 Hablad a los hijos de Israel y decidles: Cualquier varón, cuando tuviere flujo de semen, será inmundo.
3 Y esta será su inmundicia en su flujo: sea que su cuerpo destiló a causa de su flujo, o que deje de destilar a causa de su flujo, él será inmundo.
4 Toda cama en que se acostare el que tuviere flujo, será inmunda; y toda cosa sobre que se sentare, inmunda será.
5 Y cualquiera que tocare su cama lavará sus vestidos; se lavará también a sí mismo con agua, y será inmundo hasta la noche.
6 Y el que se sentare sobre aquello en que se hubiere sentado el que tiene flujo, lavará sus vestidos, se lavará también a sí mismo con agua, y será inmundo hasta la noche.
7 Asimismo el que tocare el cuerpo del que tiene flujo, lavará sus vestidos, y a sí mismo se lavará con agua, y será inmundo hasta la noche.
8 Y si el que tiene flujo escupiere sobre el limpio, éste lavará sus vestidos, y después de haberse lavado con agua, será inmundo hasta la noche.
9 Y toda montura sobre que cabalgare el que tuviere flujo será inmunda.
10 Cualquiera que tocare cualquiera cosa que haya estado debajo de él, será inmundo hasta la noche; y el que la llevare, lavará sus vestidos, y después de lavarse con agua, será inmundo hasta la noche.
11 Y todo aquel a quien tocare el que tiene flujo, y no lavare con agua sus manos, lavará sus vestidos, y a sí mismo se lavará con agua, y será inmundo hasta la noche.
12 La vasija de barro que tocare el que tiene flujo será quebrada, y toda vasija de madera será lavada con agua.

13 Cuando se hubiere limpiado de su flujo el que tiene flujo, contará siete días desde su purificación, y lavará sus vestidos, y lavará su cuerpo en aguas corrientes, y será limpio.
14 Y el octavo día tomará dos tórtolas o dos palominos, y vendrá delante de Jehová a la puerta del tabernáculo de reunión, y los dará al sacerdote;
15 y el sacerdote hará del uno ofrenda por el pecado, y del otro holocausto; y el sacerdote le purificará de su flujo delante de Jehová.

16 Cuando el hombre tuviere emisión de semen, lavará en agua todo su cuerpo, y será inmundo hasta la noche.
17 Y toda vestidura, o toda piel sobre la cual cayere la emisión del semen, se lavará con agua, y será inmunda hasta la noche.
18 Y cuando un hombre yaciere con una mujer y tuviere emisión de semen, ambos se lavarán con agua, y serán inmundos hasta la noche.

19 Cuando la mujer tuviere flujo de sangre, y su flujo fuere en su cuerpo, siete días estará apartada; y cualquiera que la tocare será inmundo hasta la noche.
20 Todo aquello sobre que ella se acostare mientras estuviere separada, será inmundo; también todo aquello sobre que se sentare será inmundo.
21 Y cualquiera que tocare su cama, lavará sus vestidos, y después de lavarse con agua, será inmundo hasta la noche.
22 También cualquiera que tocare cualquier mueble sobre que ella se hubiere sentado, lavará sus vestidos; se lavará luego a sí mismo con agua, y será inmundo hasta la noche.
23 Y lo que estuviere sobre la cama, o sobre la silla en que ella se hubiere sentado, el que lo tocare será inmundo hasta la noche.
24 Si alguno durmiere con ella, y su menstruo fuere sobre él, será inmundo por siete días; y toda cama sobre que durmiere, será inmunda.

25 Y la mujer, cuando siguiere el flujo de su sangre por muchos días fuera del tiempo de su costumbre, o cuando tuviere flujo de sangre más de su costumbre, todo el tiempo de su flujo será inmunda como en los días de su costumbre.
26 Toda cama en que durmiere todo el tiempo de su flujo, le será como la cama de su costumbre; y todo mueble sobre que se sentare, será inmundo, como la impureza de su costumbre.
27 Cualquiera que tocare esas cosas será inmundo; y lavará sus vestidos, y a sí mismo se lavará con agua, y será inmundo hasta la noche.
28 Y cuando fuere libre de su flujo, contará siete días, y después será limpia.
29 Y el octavo día tomará consigo dos tórtolas o dos palominos, y los traerá al sacerdote, a la puerta del tabernáculo de reunión;
30 y el sacerdote hará del uno ofrenda por el pecado, y del otro holocausto; y la purificará el sacerdote delante de Jehová del flujo de su impureza.

31 Así apartaréis de sus impurezas a los hijos de Israel, a fin de que no mueran por sus impurezas por haber contaminado mi tabernáculo que está entre ellos.

32 Esta es la ley para el que tiene flujo, y para el que tiene emisión de semen, viniendo a ser inmundo a causa de ello;

33 y para la que padece su costumbre, y para el que tuviere flujo, sea varón o mujer, y para el hombre que durmiere con mujer inmunda.

El día de la expiación

16 1 Habló Jehová a Moisés después de la muerte de los dos hijos de Aarón, cuando se acercaron delante de Jehová, y murieron.

2 Y Jehová dijo a Moisés: Di a Aarón tu hermano, que no en todo tiempo entre en el santuario detrás del velo,[a] delante del propiciatorio que está sobre el arca, para que no muera; porque yo apareceré en la nube sobre el propiciatorio.

3 Con esto entrará Aarón en el santuario: con un becerro para expiación, y un carnero para holocausto.[b]

4 Se vestirá la túnica santa de lino, y sobre su cuerpo tendrá calzoncillos de lino, y se ceñirá el cinto de lino, y con la mitra de lino se cubrirá. Son las santas vestiduras; con ellas se ha de vestir después de lavar su cuerpo con agua.

5 Y de la congregación de los hijos de Israel tomará dos machos cabríos para expiación, y un carnero para holocausto.

6 Y hará traer Aarón el becerro de la expiación que es suyo, y hará la reconciliación por sí y por su casa.

7 Después tomará los dos machos cabríos y los presentará delante de Jehová, a la puerta del tabernáculo de reunión.

8 Y echará suertes Aarón sobre los dos machos cabríos; una suerte por Jehová, y otra suerte por Azazel.

9 Y hará traer Aarón el macho cabrío sobre el cual cayere la suerte por Jehová, y lo ofrecerá en expiación.

10 Mas el macho cabrío sobre el cual cayere la suerte por Azazel, lo presentará vivo delante de Jehová para hacer la reconciliación sobre él, para enviarlo a Azazel al desierto.

11 Y hará traer Aarón el becerro que era para expiación suya, y hará la reconciliación por sí y por su casa, y degollará en expiación el becerro que es suyo.

12 Después tomará un incensario lleno de brasas de fuego del altar de delante de Jehová, y sus puños llenos del perfume aromático molido, y lo llevará detrás del velo.

13 Y pondrá el perfume sobre el fuego delante de Jehová, y la nube del perfume cubrirá el propiciatorio que está sobre el testimonio, para que no muera.

14 Tomará luego de la sangre del becerro, y la rociará con su dedo hacia el propiciatorio al lado oriental; hacia el propiciatorio esparcirá con su dedo siete veces de aquella sangre.

15 Después degollará el macho cabrío en expiación por el pecado del pueblo, y llevará la sangre detrás del velo adentro,[c] y hará de la sangre como hizo con la sangre del becerro, y la esparcirá sobre el propiciatorio y delante del propiciatorio.

16 Así purificará el santuario, a causa de las impurezas de los hijos de Israel, de sus rebeliones y de todos sus pecados; de la misma manera hará también al tabernáculo de reunión, el cual reside entre ellos en medio de sus impurezas.

17 Ningún hombre estará en el tabernáculo de reunión cuando él entre a hacer la expiación en el santuario, hasta que él salga, y haya hecho la expiación por sí, por su casa y por toda la congregación de Israel.

18 Y saldrá al altar que está delante de Jehová, y lo expiará, y tomará de la sangre del becerro y de la sangre del macho cabrío, y la pondrá sobre los cuernos del altar alrededor.

19 Y esparcirá sobre él de la sangre con su dedo siete veces, y lo limpiará, y lo santificará de las inmundicias de los hijos de Israel.

20 Cuando hubiere acabado de expiar el santuario y el tabernáculo de reunión y el altar, hará traer el macho cabrío vivo;

21 y pondrá Aarón sus dos manos sobre la cabeza del macho cabrío vivo, y confesará sobre él todas las iniquidades de los hijos de Israel, todas sus rebeliones y todos sus pecados, poniéndolos así sobre la cabeza del macho cabrío, y lo enviará al desierto por mano de un hombre destinado para esto.

22 Y aquel macho cabrío llevará sobre sí todas las iniquidades de ellos a tierra inhabitada; y dejará ir el macho cabrío por el desierto.

23 Después vendrá Aarón al tabernáculo de reunión, y se quitará las vestiduras de lino que había vestido para entrar en el santuario, y las pondrá allí.[d]

24 Lavará luego su cuerpo con agua en el lugar del santuario, y después de ponerse sus vestidos saldrá, y hará su holocausto, y el holocausto del pueblo, y hará la expiación por sí y por el pueblo.

25 Y quemará en el altar la grosura del sacrificio por el pecado.

26 El que hubiere llevado el macho cabrío a Azazel, lavará sus vestidos, lavará también con agua su cuerpo, y después entrará en el campamento.

27 Y sacarán fuera del campamento[e] el becerro y el macho cabrío inmolados por el pecado, cuya sangre fue llevada al santuario para hacer la expiación; y quemarán en el fuego su piel, su carne y su estiércol.

16.2: [a] He. 6.19. **16.3:** [b] He. 9.7. **16.15:** [c] He. 9.12.
16.23: [d] Ez. 44.19. **16.27:** [e] He. 13.11.

28 El que los quemare lavará sus vestidos, lava-
rá también su cuerpo con agua, y después podrá
entrar en el campamento.
29 Y esto tendréis por estatuto perpetuo: En el
mes séptimo, a los diez días del mes, afligiréis
vuestras almas, y ninguna obra haréis, ni el na-
tural ni el extranjero que mora entre vosotros.
30 Porque en este día se hará expiación por vo-
sotros,[f] y seréis limpios de todos vuestros peca-
dos delante de Jehová.
31 Día de reposo es para vosotros, y afligiréis
vuestras almas; es estatuto perpetuo.
32 Hará la expiación el sacerdote que fuere un-
gido y consagrado para ser sacerdote en lugar
de su padre; y se vestirá las vestiduras de lino,
las vestiduras sagradas.
33 Y hará la expiación por el santuario santo, y
el tabernáculo de reunión; también hará expia-
ción por el altar, por los sacerdotes y por todo el
pueblo de la congregación.
34 Y esto tendréis como estatuto perpetuo, para
hacer expiación una vez al año por todos los pe-
cados de Israel. Y Moisés lo hizo como Jehová le
mandó.

El santuario único

17 1 Habló Jehová a Moisés, diciendo:
2 Habla a Aarón y a sus hijos, y a todos
los hijos de Israel, y diles: Esto es lo que ha man-
dado Jehová:
3 Cualquier varón de la casa de Israel que dego-
llare buey o cordero o cabra, en el campamento
o fuera de él,
4 y no lo trajere a la puerta del tabernáculo de
reunión para ofrecer ofrenda a Jehová delante
del tabernáculo de Jehová, será culpado de san-
gre el tal varón; sangre derramó; será cortado el
tal varón de entre su pueblo,
5 a fin de que traigan los hijos de Israel sus sacri-
ficios, los que sacrifican en medio del campo,
para que los traigan a Jehová a la puerta del ta-
bernáculo de reunión al sacerdote, y sacrifiquen
ellos sacrificios de paz a Jehová.
6 Y el sacerdote esparcirá la sangre sobre el altar
de Jehová a la puerta del tabernáculo de reunión,
y quemará la grosura en olor grato a Jehová.
7 Y nunca más sacrificarán sus sacrificios a los
demonios, tras de los cuales han fornicado; ten-
drán esto por estatuto perpetuo por sus edades.
8 Les dirás también: Cualquier varón de la casa
de Israel, o de los extranjeros que moran entre vo-
sotros, que ofreciere holocausto o sacrificio,
9 y no lo trajere a la puerta del tabernáculo de
reunión para hacerlo a Jehová, el tal varón será
igualmente cortado de su pueblo.

Prohibición de comer la sangre

10 Si cualquier varón de la casa de Israel, o de
los extranjeros que moran entre ellos, comiere
alguna sangre, yo pondré mi rostro contra la
persona que comiere sangre, y la cortaré de en-
tre su pueblo.[a]
11 Porque la vida de la carne en la sangre está, y
yo os la he dado para hacer expiación sobre el
altar por vuestras almas; y la misma sangre hará
expiación[b] de la persona.
12 Por tanto, he dicho a los hijos de Israel: Ningu-
na persona de vosotros comerá sangre, ni el ex-
tranjero que mora entre vosotros comerá sangre.
13 Y cualquier varón de los hijos de Israel, o de
los extranjeros que moran entre ellos, que caza-
re animal o ave que sea de comer, derramará su
sangre y la cubrirá con tierra.
14 Porque la vida de toda carne es su sangre;
por tanto, he dicho a los hijos de Israel: No co-
meréis la sangre de ninguna carne, porque la
vida de toda carne es su sangre; cualquiera que
la comiere será cortado.
15 Y cualquier persona, así de los naturales como
de los extranjeros, que comiere animal morteci-
no o despedazado por fiera, lavará sus vestidos y
a sí misma se lavará con agua, y será inmunda
hasta la noche; entonces será limpia.
16 Y si no los lavare, ni lavare su cuerpo, llevará
su iniquidad.

Actos de inmoralidad prohibidos

18 1 Hablό Jehová a Moisés, diciendo:
2 Habla a los hijos de Israel, y diles: Yo
soy Jehová vuestro Dios.
3 No haréis como hacen en la tierra de Egipto,
en la cual morasteis; ni haréis como hacen en la
tierra de Canaán, a la cual yo os conduzco, ni
andaréis en sus estatutos.
4 Mis ordenanzas pondréis por obra, y mis esta-
tutos guardaréis, andando en ellos. Yo Jehová
vuestro Dios.
5 Por tanto, guardaréis mis estatutos y mis orde-
nanzas, los cuales haciendo el hombre, vivirá[a]
en ellos. Yo Jehová.
6 Ningún varón se llegue a parienta próxima
alguna, para descubrir su desnudez. Yo Jehová.
7 La desnudez de tu padre, o la desnudez de tu
madre, no descubrirás; tu madre es, no descu-
brirás su desnudez.
8 La desnudez de la mujer de tu padre no descu-
brirás; es la desnudez de tu padre.[b]
9 La desnudez de tu hermana, hija de tu padre o
hija de tu madre, nacida en casa o nacida fuera,
su desnudez no descubrirás.[c]
10 La desnudez de la hija de tu hijo, o de la hija

16.29-34: [f] Lv. 23.26-32; Nm. 29.7-11. **17.10:** [a] Gn. 9.4; Lv. 7.26-27; 19.26; Dt. 12.16, 23; 15.23. **17.11:** [b] He. 9.22. **18.5:** [a] Neh. 9.29; Ez. 18.9; 20.11-13; Lc. 10.28; Ro. 10.5; Gá. 3.12. **18.8:** [b] Lv. 20.11; Dt. 22.30; 27.20. **18.9:** [c] Lv. 20.17; Dt. 27.22.

de tu hija, su desnudez no descubrirás, porque
es la desnudez tuya.
11 La desnudez de la hija de la mujer de tu pa-
dre, engendrada de tu padre, tu hermana es; su
desnudez no descubrirás.
12 La desnudez de la hermana de tu padre no
descubrirás; es parienta de tu padre.
13 La desnudez de la hermana de tu madre no
descubrirás, porque parienta de tu madre es.
14 La desnudez del hermano de tu padre no des-
cubrirás; no llegarás a su mujer; es mujer del
hermano de tu padre.[d]
15 La desnudez de tu nuera no descubrirás; mu-
jer es de tu hijo, no descubrirás su desnudez.[e]
16 La desnudez de la mujer de tu hermano no
descubrirás; es la desnudez de tu hermano.[f]
17 La desnudez de la mujer y de su hija no des-
cubrirás; no tomarás la hija de su hijo, ni la hija
de su hija, para descubrir su desnudez; son pa-
rientas, es maldad.[g]
18 No tomarás mujer juntamente con su herma-
na, para hacerla su rival, descubriendo su des-
nudez delante de ella en su vida.
19 Y no llegarás a la mujer para descubrir su
desnudez mientras esté en su impureza mens-
trual.[h]
20 Además, no tendrás acto carnal con la mujer
de tu prójimo, contaminándote con ella.[i]
21 Y no des hijo tuyo para ofrecerlo por fuego a
Moloc; no contamines así el nombre de tu Dios.[j]
Yo Jehová.
22 No te echarás con varón como con mujer; es
abominación.[k]
23 Ni con ningún animal tendrás ayuntamiento
amancillándote con él, ni mujer alguna se pon-
drá delante de animal para ayuntarse con él; es
perversión.[l]
24 En ninguna de estas cosas os amancilla-
réis; pues en todas estas cosas se han corrompi-
do las naciones que yo echo de delante de
vosotros,
25 y la tierra fue contaminada; y yo visité su mal-
dad sobre ella, y la tierra vomitó sus moradores.
26 Guardad, pues, vosotros mis estatutos y mis
ordenanzas, y no hagáis ninguna de estas abo-
minaciones, ni el natural ni el extranjero que
mora entre vosotros
27 (porque todas estas abominaciones hicieron
los hombres de aquella tierra que fueron antes
de vosotros, y la tierra fue contaminada);
28 no sea que la tierra os vomite por haberla
contaminado, como vomitó a la nación que la
habitó antes de vosotros.
29 Porque cualquiera que hiciere alguna de to-
das estas abominaciones, las personas que las
hicieren serán cortadas de entre su pueblo.
30 Guardad, pues, mi ordenanza, no haciendo
las costumbres abominables que practicaron
antes de vosotros, y no os contaminéis en ellas.
Yo Jehová vuestro Dios.

Leyes de santidad y de justicia

19 1 Habló Jehová a Moisés, diciendo:
2 Habla a toda la congregación de los hi-
jos de Israel, y diles: Santos seréis, porque santo
soy yo Jehová vuestro Dios.[a]
3 Cada uno temerá a su madre y a su padre,[b] y
mis días de reposo* guardaréis.[c] Yo Jehová vues-
tro Dios.
4 No os volveréis a los ídolos,[d] ni haréis para voso-
tros dioses de fundición.[e] Yo Jehová vuestro Dios.
5 Y cuando ofreciereis sacrificio de ofrenda de
paz a Jehová, ofrecedlo de tal manera que seáis
aceptos.
6 Será comido el día que lo ofreciereis, y el día
siguiente; y lo que quedare para el tercer día,
será quemado en el fuego.
7 Y si se comiere el día tercero, será abomina-
ción; no será acepto,
8 y el que lo comiere llevará su delito, por cuan-
to profanó lo santo de Jehová; y la tal persona
será cortada de su pueblo.
9 Cuando siegues la mies de tu tierra, no se-
garás hasta el último rincón de ella, ni espigarás
tu tierra segada.
10 Y no rebuscarás tu viña, ni recogerás el fruto
caído de tu viña; para el pobre y para el extran-
jero lo dejarás.[f] Yo Jehová vuestro Dios.
11 No hurtaréis,[g] y no engañaréis[h] ni menti-
réis el uno al otro.
12 Y no juraréis falsamente por mi nombre,[i] pro-
fanando así el nombre de tu Dios. Yo Jehová.
13 No oprimirás a tu prójimo, ni le robarás.
No retendrás el salario del jornalero en tu casa
hasta la mañana.[j]
14 No maldecirás al sordo, y delante del ciego
no pondrás tropiezo,[k] sino que tendrás temor de
tu Dios. Yo Jehová.
15 No harás injusticia en el juicio, ni favore-
ciendo al pobre ni complaciendo al grande; con
justicia juzgarás a tu prójimo.[l]
16 No andarás chismeando entre tu pueblo. No
atentarás contra la vida de tu prójimo. Yo Jehová.
17 No aborrecerás a tu hermano en tu cora-
zón; razonarás con tu prójimo, para que no par-
ticipes de su pecado.

* Aquí equivale a *sábado*.

18.12-14: [d] Lv. 20.19-20. **18.15:** [e] Lv. 20.12. **18.16:** [f] Lv. 20.21. **18.17:** [g] Lv. 20.14; Dt. 27.23. **18.19:** [h] Lv. 20.18. **18.20:** [i] Lv. 20.10. **18.21:** [j] Lv. 20.1-5. **18.22:** [k] Lv. 20.13. **18.23:** [l] Ex. 22.19; Lv. 20.15-16; Dt. 27.21.
19.2: [a] Lv. 11.44-45; 1 P. 1.16. **19.3:** [b] Ex. 20.12; Dt. 5.16. [c] Ex. 20.8; Dt. 5.12. **19.4:** [d] Lv. 26.1. [e] Ex. 20.4; 34.17; Dt. 5.8; 27.15. **19.9-10:** [f] Lv. 23.22; Dt. 24.19-22. **19.11:** [g] Ex. 20.15; Dt. 5.19. [h] Ex. 20.16; Dt. 5.20. **19.12:** [i] Ex. 20.7; Dt. 5.11; Mt. 5.33. **19.13:** [j] Dt. 24.14-15. **19.14:** [k] Dt. 27.18. **19.15:** [l] Ex. 23.6-8; Dt. 16.19.

18 No te vengarás, ni guardarás rencor a los hijos de tu pueblo, sino amarás a tu prójimo como a ti mismo.[m] Yo Jehová.

19 Mis estatutos guardarás. No harás ayuntar tu ganado con animales de otra especie; tu campo no sembrarás con mezcla de semillas, y no te pondrás vestidos con mezcla de hilos.[n]

20 Si un hombre yaciere con una mujer que fuere sierva desposada con alguno, y no estuviere rescatada, ni le hubiere sido dada libertad, ambos serán azotados; no morirán, por cuanto ella no es libre.

21 Y él traerá a Jehová, a la puerta del tabernáculo de reunión, un carnero en expiación por su culpa.

22 Y con el carnero de la expiación lo reconciliará el sacerdote delante de Jehová, por su pecado que cometió; y se le perdonará su pecado que ha cometido.

23 Y cuando entréis en la tierra, y plantéis toda clase de árboles frutales, consideraréis como incircunciso lo primero de su fruto; tres años os será incircunciso; su fruto no se comerá.

24 Y el cuarto año todo su fruto será consagrado en alabanzas a Jehová.

25 Mas al quinto año comeréis el fruto de él, para que os haga crecer su fruto. Yo Jehová vuestro Dios.

26 No comeréis cosa alguna con sangre.[o] No seréis agoreros, ni adivinos.[p]

27 No haréis tonsura en vuestras cabezas, ni dañaréis la punta de vuestra barba.

28 Y no haréis rasguños en vuestro cuerpo por un muerto, ni imprimiréis en vosotros señal alguna.[q] Yo Jehová.

29 No contaminarás a tu hija haciéndola fornicar,[r] para que no se prostituya la tierra y se llene de maldad.

30 Mis días de reposo* guardaréis, y mi santuario tendréis en reverencia. Yo Jehová.[s]

31 No os volváis a los encantadores ni a los adivinos;[t] no los consultéis, contaminándoos con ellos. Yo Jehová vuestro Dios.

32 Delante de las canas te levantarás, y honrarás el rostro del anciano, y de tu Dios tendrás temor. Yo Jehová.

33 Cuando el extranjero morare con vosotros en vuestra tierra, no le oprimiréis.

34 Como a un natural de vosotros tendréis al extranjero que more entre vosotros, y lo amarás como a ti mismo; porque extranjeros fuisteis en la tierra de Egipto.[u] Yo Jehová vuestro Dios.

35 No hagáis injusticia en juicio, en medida de tierra, en peso ni en otra medida.

36 Balanzas justas, pesas justas y medidas justas tendréis.[v] Yo Jehová vuestro Dios, que os saqué de la tierra de Egipto.

37 Guardad, pues, todos mis estatutos y todas mis ordenanzas, y ponedlos por obra. Yo Jehová.

Penas por actos de inmoralidad

20 1 Habló Jehová a Moisés, diciendo:

2 Dirás asimismo a los hijos de Israel: Cualquier varón de los hijos de Israel, o de los extranjeros que moran en Israel, que ofreciere alguno de sus hijos a Moloc, de seguro morirá; el pueblo de la tierra lo apedreará.

3 Y yo pondré mi rostro contra el tal varón, y lo cortaré de entre su pueblo, por cuanto dio de sus hijos a Moloc, contaminando mi santuario y profanando mi santo nombre.

4 Si el pueblo de la tierra cerrare sus ojos respecto de aquel varón que hubiere dado de sus hijos a Moloc, para no matarle,

5 entonces yo pondré mi rostro contra aquel varón y contra su familia, y le cortaré de entre su pueblo, con todos los que fornicaron en pos de él prostituyéndose con Moloc.

6 Y la persona que atendiere a encantadores o adivinos, para prostituirse tras de ellos, yo pondré mi rostro contra la tal persona, y la cortaré de entre su pueblo.

7 Santificaos, pues, y sed santos, porque yo Jehová soy vuestro Dios.

8 Y guardad mis estatutos, y ponedlos por obra. Yo Jehová que os santifico.

9 Todo hombre que maldijere a su padre o a su madre, de cierto morirá;[a] a su padre o a su madre maldijo; su sangre será sobre él.

10 Si un hombre cometiere adulterio con la mujer de su prójimo, el adúltero y la adúltera indefectiblemente serán muertos.[b]

11 Cualquiera que yaciere con la mujer de su padre, la desnudez de su padre descubrió; ambos han de ser muertos; su sangre será sobre ellos.[c]

12 Si alguno durmiere con su nuera, ambos han de morir; cometieron grave perversión; su sangre será sobre ellos.[d]

13 Si alguno se ayuntare con varón como con mujer, abominación hicieron; ambos han de ser muertos; sobre ellos será su sangre.[e]

14 El que tomare mujer y a la madre de ella, comete vileza; quemarán con fuego a él y a ellas, para que no haya vileza entre vosotros.[f]

15 Cualquiera que tuviere cópula con bestia, ha de ser muerto, y mataréis a la bestia.

16 Y si una mujer se llegare a algún animal para ayuntarse con él, a la mujer y al animal mata-

* Aquí equivale a *sábado*.

19.18: [m] Mt. 5.43; 19.19; 22.39; Mr. 12.31; Lc. 10.27; Ro. 13.9; Gá. 5.14; Stg. 2.8. **19.19:** [n] Dt. 22.9-11. **19.26:** [o] Gn. 9.4; Lv. 7.26-27; 17.10-14; Dt. 12.16, 23; 15.23. [p] Dt. 18.10. **19.27-28:** [q] Lv. 21.5; Dt. 14.1. **19.29:** [r] Dt. 23.17. **19.30:** [s] Lv. 26.2. **19.31:** [t] Dt. 18.11. **19.33-34:** [u] Ex. 22.21; Dt. 24.17-18; 27.19. **19.35-36:** [v] Dt. 25.13-16. **20.9:** [a] Ex. 21.17; Mt. 15.4; Mr. 7.10. **20.10:** [b] Ex. 20.14; Lv. 18.20; Dt. 5.18. **20.11:** [c] Lv. 18.8; Dt. 22.30; 27.20. **20.12:** [d] Lv. 18.15. **20.13:** [e] Lv. 18.22. **20.14:** [f] Lv. 18.17; Dt. 27.23.

rás; morirán indefectiblemente; su sangre será
sobre ellos.[g]
17 Si alguno tomare a su hermana, hija de su
padre o hija de su madre, y viere su desnudez, y
ella viere la suya, es cosa execrable; por tanto
serán muertos a ojos de los hijos de su pueblo;
descubrió la desnudez de su hermana; su peca-
do llevará.[h]
18 Cualquiera que durmiere con mujer mens-
truosa, y descubriere su desnudez, su fuente
descubrió, y ella descubrió la fuente de su san-
gre; ambos serán cortados de entre su pueblo.[i]
19 La desnudez de la hermana de tu madre, o de
la hermana de tu padre, no descubrirás; porque
al descubrir la desnudez de su parienta, su ini-
quidad llevarán.
20 Cualquiera que durmiere con la mujer del
hermano de su padre, la desnudez del hermano
de su padre descubrió; su pecado llevarán; mo-
rirán sin hijos.[j]
21 Y el que tomare la mujer de su hermano, co-
mete inmundicia; la desnudez de su hermano
descubrió; sin hijos serán.[k]
22 Guardad, pues, todos mis estatutos y todas
mis ordenanzas, y ponedlos por obra, no sea
que os vomite la tierra en la cual yo os introduz-
co para que habitéis en ella.
23 Y no andéis en las prácticas de las naciones
que yo echaré de delante de vosotros; porque
ellos hicieron todas estas cosas, y los tuve en
abominación.
24 Pero a vosotros os he dicho: Vosotros posee-
réis la tierra de ellos, y yo os la daré para que la
poseáis por heredad, tierra que fluye leche y
miel. Yo Jehová vuestro Dios, que os he aparta-
do de los pueblos.
25 Por tanto, vosotros haréis diferencia entre
animal limpio e inmundo, y entre ave inmunda
y limpia; y no contaminéis vuestras personas
con los animales, ni con las aves, ni con nada
que se arrastra sobre la tierra, los cuales os he
apartado por inmundos.
26 Habéis, pues, de serme santos, porque yo
Jehová soy santo, y os he apartado de los pue-
blos para que seáis míos.
27 Y el hombre o la mujer que evocare espíri-
tus de muertos o se entregare a la adivinación,
ha de morir; serán apedreados; su sangre será
sobre ellos.

Santidad de los sacerdotes

21 1 Jehová dijo a Moisés: Habla a los sa-
cerdotes hijos de Aarón, y diles que no se
contaminen por un muerto en sus pueblos.
2 Mas por su pariente cercano, por su madre o
por su padre, o por su hijo o por su hermano,
3 o por su hermana virgen, a él cercana, la cual
no haya tenido marido, por ella se contaminará.
4 No se contaminará como cualquier hombre de
su pueblo, haciéndose inmundo.
5 No harán tonsura en su cabeza, ni raerán la pun-
ta de su barba, ni en su carne harán rasguños.[a]
6 Santos serán a su Dios, y no profanarán el
nombre de su Dios, porque las ofrendas encen-
didas para Jehová y el pan de su Dios ofrecen;
por tanto, serán santos.
7 Con mujer ramera o infame no se casarán, ni
con mujer repudiada de su marido; porque el
sacerdote es santo a su Dios.
8 Le santificarás, por tanto, pues el pan de tu
Dios ofrece; santo será para ti, porque santo soy
yo Jehová que os santifico.
9 Y la hija del sacerdote, si comenzare a fornicar,
a su padre deshonra; quemada será al fuego.
10 Y el sumo sacerdote entre sus hermanos,
sobre cuya cabeza fue derramado el aceite de la
unción, y que fue consagrado para llevar las
vestiduras, no descubrirá su cabeza, ni rasgará
sus vestidos,
11 ni entrará donde haya alguna persona muer-
ta; ni por su padre ni por su madre se contami-
nará.
12 Ni saldrá del santuario, ni profanará el san-
tuario de su Dios; porque la consagración por el
aceite de la unción de su Dios está sobre él. Yo
Jehová.
13 Tomará por esposa a una mujer virgen.
14 No tomará viuda, ni repudiada, ni infame ni
ramera, sino tomará de su pueblo una virgen
por mujer,
15 para que no profane su descendencia en sus
pueblos; porque yo Jehová soy el que los santifico.
16 Y Jehová habló a Moisés, diciendo:
17 Habla a Aarón y dile: Ninguno de tus descen-
dientes por sus generaciones, que tenga algún
defecto, se acercará para ofrecer el pan de su
Dios.
18 Porque ningún varón en el cual haya defecto
se acercará; varón ciego, o cojo, o mutilado, o
sobrado,
19 o varón que tenga quebradura de pie o rotura
de mano,
20 o jorobado, o enano, o que tenga nube en el
ojo, o que tenga sarna, o empeine, o testículo
magullado.
21 Ningún varón de la descendencia del sacer-
dote Aarón, en el cual haya defecto, se acercará
para ofrecer las ofrendas encendidas para Jeho-
vá. Hay defecto en él; no se acercará a ofrecer el
pan de su Dios.
22 Del pan de su Dios, de lo muy santo y de las
cosas santificadas, podrá comer.
23 Pero no se acercará tras el velo, ni se acercará

20.15-16: [g] Ex. 22.19; Lv. 18.23; Dt. 27.21. **20.17:** [h] Lv. 18.9; Dt. 27.22. **20.18:** [i] Lv. 18.19. **20.19-20:** [j] Lv. 18.12-14. **20.21:** [k] Lv. 18.16. **21.5:** [a] Lv. 19.27-28; Dt. 14.1.

al altar, por cuanto hay defecto en él; para que
no profane mi santuario, porque yo Jehová soy
el que los santifico.
24 Y Moisés habló esto a Aarón, y a sus hijos, y a
todos los hijos de Israel.

Santidad de las ofrendas

22 1 Habló Jehová a Moisés, diciendo:
2 Di a Aarón y a sus hijos que se absten-
gan de las cosas santas que los hijos de Israel me
han dedicado, y no profanen mi santo nombre.
Yo Jehová.
3 Diles: Todo varón de toda vuestra descenden-
cia en vuestras generaciones, que se acercare a
las cosas sagradas que los hijos de Israel consa-
gran a Jehová, teniendo inmundicia sobre sí,
será cortado de mi presencia. Yo Jehová.
4 Cualquier varón de la descendencia de Aarón
que fuere leproso, o padeciere flujo, no comerá de
las cosas sagradas hasta que esté limpio. El que to-
care cualquiera cosa de cadáveres, o el varón que
hubiere tenido derramamiento de semen,
5 o el varón que hubiere tocado cualquier reptil
por el cual será inmundo, u hombre por el cual
venga a ser inmundo, conforme a cualquiera in-
mundicia suya;
6 la persona que lo tocare será inmunda hasta la
noche, y no comerá de las cosas sagradas antes
que haya lavado su cuerpo con agua.
7 Cuando el sol se pusiere, será limpio; y des-
pués podrá comer las cosas sagradas, porque su
alimento es.
8 Mortecino ni despedazado por fiera no come-
rá, contaminándose en ello. Yo Jehová.
9 Guarden, pues, mi ordenanza, para que no lle-
ven pecado por ello, no sea que así mueran
cuando la profanen. Yo Jehová que los santifico.
10 Ningún extraño comerá cosa sagrada; el
huésped del sacerdote, y el jornalero, no come-
rán cosa sagrada.
11 Mas cuando el sacerdote comprare algún es-
clavo por dinero, éste podrá comer de ella, así
como también el nacido en su casa podrá comer
de su alimento.
12 La hija del sacerdote, si se casare con varón
extraño, no comerá de la ofrenda de las cosas
sagradas.
13 Pero si la hija del sacerdote fuere viuda o re-
pudiada, y no tuviere prole y se hubiere vuelto a
la casa de su padre, como en su juventud, podrá
comer del alimento de su padre; pero ningún
extraño coma de él.
14 Y el que por yerro comiere cosa sagrada, aña-
dirá a ella una quinta parte, y la dará al sacerdo-
te con la cosa sagrada.
15 No profanarán, pues, las cosas santas de los
hijos de Israel, las cuales apartan para Jehová;
16 pues les harían llevar la iniquidad del peca-
do, comiendo las cosas santas de ellos; porque
yo Jehová soy el que los santifico.
17 También habló Jehová a Moisés, diciendo:
18 Habla a Aarón y a sus hijos, y a todos los hijos
de Israel, y diles: Cualquier varón de la casa de Is-
rael, o de los extranjeros en Israel, que ofreciere
su ofrenda en pago de sus votos, o como ofrendas
voluntarias ofrecidas en holocausto a Jehová,
19 para que sea aceptado, ofreceréis macho sin
defecto de entre el ganado vacuno, de entre los
corderos, o de entre las cabras.
20 Ninguna cosa en que haya defecto ofreceréis,
porque no será acepto por vosotros.[a]
21 Asimismo, cuando alguno ofreciere sacrificio
en ofrenda de paz a Jehová para cumplir un voto,
o como ofrenda voluntaria, sea de vacas o de ove-
jas, para que sea aceptado será sin defecto.
22 Ciego, perniquebrado, mutilado, verrugoso,
sarnoso o roñoso, no ofreceréis éstos a Jehová,
ni de ellos pondréis ofrenda encendida sobre el
altar de Jehová.
23 Buey o carnero que tenga de más o de menos,
podrás ofrecer por ofrenda voluntaria; pero en
pago de voto no será acepto.
24 No ofreceréis a Jehová animal con testículos
heridos o magullados, rasgados o cortados, ni
en vuestra tierra lo ofreceréis.
25 Ni de mano de extranjeros tomarás estos ani-
males para ofrecerlos como el pan de vuestro
Dios, porque su corrupción está en ellos; hay en
ellos defecto, no se os aceptarán.
26 Y habló Jehová a Moisés, diciendo:
27 El becerro o el cordero o la cabra, cuando na-
ciere, siete días estará mamando de su madre;
mas desde el octavo día en adelante será acepto
para ofrenda de sacrificio encendido a Jehová.
28 Y sea vaca u oveja, no degollaréis en un mis-
mo día a ella y a su hijo.
29 Y cuando ofreciereis sacrificio de acción de
gracias a Jehová, lo sacrificaréis de manera que
sea aceptable.
30 En el mismo día se comerá; no dejaréis de él
para otro día. Yo Jehová.
31 Guardad, pues, mis mandamientos, y cum-
plidlos. Yo Jehová.
32 Y no profanéis mi santo nombre, para que yo
sea santificado en medio de los hijos de Israel.
Yo Jehová que os santifico,
33 que os saqué de la tierra de Egipto, para ser
vuestro Dios. Yo Jehová.

Las fiestas solemnes

23 1 Habló Jehová a Moisés, diciendo:
2 Habla a los hijos de Israel y diles: Las
fiestas solemnes de Jehová, las cuales procla-
maréis como santas convocaciones, serán estas:

22.20: [a] Dt. 17.1.

3 Seis días se trabajará, mas el séptimo día será de reposo,* santa convocación; ningún trabajo haréis;[a] día de reposo* es de Jehová en dondequiera que habitéis.

4 Estas son las fiestas solemnes de Jehová, las convocaciones santas, a las cuales convocaréis en sus tiempos:

5 En el mes primero, a los catorce del mes, entre las dos tardes, pascua es de Jehová.[b]

6 Y a los quince días de este mes es la fiesta solemne de los panes sin levadura[c] a Jehová; siete días comeréis panes sin levadura.

7 El primer día tendréis santa convocación; ningún trabajo de siervos haréis.

8 Y ofreceréis a Jehová siete días ofrenda encendida; el séptimo día será santa convocación; ningún trabajo de siervo haréis.

9 Y habló Jehová a Moisés, diciendo:

10 Habla a los hijos de Israel y diles: Cuando hayáis entrado en la tierra que yo os doy, y seguéis su mies, traeréis al sacerdote una gavilla por primicia de los primeros frutos de vuestra siega.

11 Y el sacerdote mecerá la gavilla delante de Jehová, para que seáis aceptos; el día siguiente del día de reposo* la mecerá.

12 Y el día que ofrezcáis la gavilla, ofreceréis un cordero de un año, sin defecto, en holocausto a Jehová.

13 Su ofrenda será dos décimas de efa de flor de harina amasada con aceite, ofrenda encendida a Jehová en olor gratísimo; y su libación será de vino, la cuarta parte de un hin.

14 No comeréis pan, ni grano tostado, ni espiga fresca, hasta este mismo día, hasta que hayáis ofrecido la ofrenda de vuestro Dios; estatuto perpetuo es por vuestras edades en dondequiera que habitéis.

15 Y contaréis desde el día que sigue al día de reposo,* desde el día en que ofrecisteis la gavilla de la ofrenda mecida; siete semanas cumplidas serán.

16 Hasta el día siguiente del séptimo día de reposo* contaréis cincuenta días; entonces ofreceréis el nuevo grano a Jehová.

17 De vuestras habitaciones traeréis dos panes para ofrenda mecida, que serán de dos décimas de efa de flor de harina, cocidos con levadura, como primicias para Jehová.

18 Y ofreceréis con el pan siete corderos de un año, sin defecto, un becerro de la vacada, y dos carneros; serán holocausto a Jehová, con su ofrenda y sus libaciones, ofrenda encendida de olor grato para Jehová.

19 Ofreceréis además un macho cabrío por expiación, y dos corderos de un año en sacrificio de ofrenda de paz.

20 Y el sacerdote los presentará como ofrenda mecida delante de Jehová, con el pan de las primicias y los dos corderos; serán cosa sagrada a Jehová para el sacerdote.

21 Y convocaréis en este mismo día santa convocación; ningún trabajo de siervos haréis; estatuto perpetuo en dondequiera que habitéis por vuestras generaciones.[d]

22 Cuando segareis la mies de vuestra tierra, no segaréis hasta el último rincón de ella, ni espigarás tu siega; para el pobre y para el extranjero la dejarás. Yo Jehová vuestro Dios.[e]

23 Y habló Jehová a Moisés, diciendo:

24 Habla a los hijos de Israel y diles: En el mes séptimo, al primero del mes tendréis día de reposo, una conmemoración al son de trompetas, y una santa convocación.

25 Ningún trabajo de siervos haréis; y ofreceréis ofrenda encendida a Jehová.

26 También habló Jehová a Moisés, diciendo:

27 A los diez días de este mes séptimo será el día de expiación;[f] tendréis santa convocación, y afligiréis vuestras almas, y ofreceréis ofrenda encendida a Jehová.

28 Ningún trabajo haréis en este día; porque es día de expiación, para reconciliaros delante de Jehová vuestro Dios.

29 Porque toda persona que no se afligiere en este mismo día, será cortada de su pueblo.

30 Y cualquiera persona que hiciere trabajo alguno en este día, yo destruiré a la tal persona de entre su pueblo.

31 Ningún trabajo haréis; estatuto perpetuo es por vuestras generaciones en dondequiera que habitéis.

32 Día de reposo será a vosotros, y afligiréis vuestras almas, comenzando a los nueve días del mes en la tarde; de tarde a tarde guardaréis vuestro reposo.

33 Y habló Jehová a Moisés, diciendo:

34 Habla a los hijos de Israel y diles: A los quince días de este mes séptimo será la fiesta solemne de los tabernáculos[g] a Jehová por siete días.

35 El primer día habrá santa convocación; ningún trabajo de siervos haréis.

36 Siete días ofreceréis ofrenda encendida a Jehová; el octavo día tendréis santa convocación, y ofreceréis ofrenda encendida a Jehová; es fiesta, ningún trabajo de siervos haréis.

37 Estas son las fiestas solemnes de Jehová, a las que convocaréis santas reuniones, para ofrecer ofrenda encendida a Jehová, holocausto y ofrenda, sacrificio y libaciones, cada cosa en su tiempo,

* Aquí equivale a *sábado*.

23.3: [a] Ex. 20.8-10; 23.12; 31.15; 34.21; 35.2; Dt. 5.12-14. **23.5:** [b] Ex. 12.1-13; Dt. 16.1-2. **23.6-8:** [c] Ex. 12.14-20; 23.15; 34.18; Dt. 16.3-8. **23.15-21:** [d] Ex. 23.16; 34.22; Dt. 16.9-12. **23.22:** [e] Lv. 19.9-10; Dt. 24.19-22. **23.26-32:** [f] Lv. 16.29-34. **23.33-36:** [g] Dt. 16.13-15.

38 además de los días de reposo* de Jehová, de vuestros dones, de todos vuestros votos, y de todas vuestras ofrendas voluntarias que acostumbráis dar a Jehová.

39 Pero a los quince días del mes séptimo, cuando hayáis recogido el fruto de la tierra, haréis fiesta a Jehová por siete días;[h] el primer día será de reposo, y el octavo día será también día de reposo.

40 Y tomaréis el primer día ramas con fruto de árbol hermoso, ramas de palmeras, ramas de árboles frondosos, y sauces de los arroyos, y os regocijaréis delante de Jehová vuestro Dios por siete días.

41 Y le haréis fiesta a Jehová por siete días cada año; será estatuto perpetuo por vuestras generaciones; en el mes séptimo la haréis.

42 En tabernáculos habitaréis siete días; todo natural de Israel habitará en tabernáculos,

43 para que sepan vuestros descendientes que en tabernáculos hice yo habitar a los hijos de Israel cuando los saqué de la tierra de Egipto. Yo Jehová vuestro Dios.

44 Así habló Moisés a los hijos de Israel sobre las fiestas solemnes de Jehová.

Aceite para las lámparas

24 1 Habló Jehová a Moisés, diciendo:

2 Manda a los hijos de Israel que te traigan para el alumbrado aceite puro de olivas machacadas, para hacer arder las lámparas continuamente.

3 Fuera del velo del testimonio, en el tabernáculo de reunión, las dispondrá Aarón desde la tarde hasta la mañana delante de Jehová; es estatuto perpetuo por vuestras generaciones.

4 Sobre el candelero limpio pondrá siempre en orden las lámparas delante de Jehová.

El pan de la proposición

5 Y tomarás flor de harina, y cocerás de ella doce tortas; cada torta será de dos décimas de efa.

6 Y las pondrás en dos hileras, seis en cada hilera, sobre la mesa limpia delante de Jehová.[a]

7 Pondrás también sobre cada hilera incienso puro, y será para el pan como perfume, ofrenda encendida a Jehová.

8 Cada día de reposo* lo pondrá continuamente en orden delante de Jehová, en nombre de los hijos de Israel, como pacto perpetuo.

9 Y será de Aarón y de sus hijos,[b] los cuales lo comerán en lugar santo; porque es cosa muy santa para él, de las ofrendas encendidas a Jehová, por derecho perpetuo.

Castigo del blasfemo

10 En aquel tiempo el hijo de una mujer israelita, el cual era hijo de un egipcio, salió entre los hijos de Israel; y el hijo de la israelita y un hombre de Israel riñeron en el campamento.

11 Y el hijo de la mujer israelita blasfemó el Nombre, y maldijo; entonces lo llevaron a Moisés. Y su madre se llamaba Selomit, hija de Dibri, de la tribu de Dan.

12 Y lo pusieron en la cárcel, hasta que les fuese declarado por palabra de Jehová.

13 Y Jehová habló a Moisés, diciendo:

14 Saca al blasfemo fuera del campamento, y todos los que le oyeron pongan sus manos sobre la cabeza de él, y apedréelo toda la congregación.

15 Y a los hijos de Israel hablarás, diciendo: Cualquiera que maldijere a su Dios, llevará su iniquidad.

16 Y el que blasfemare el nombre de Jehová, ha de ser muerto; toda la congregación lo apedreará; así el extranjero como el natural, si blasfemare el Nombre, que muera.

17 Asimismo el hombre que hiere de muerte a cualquiera persona, que sufra la muerte.[c]

18 El que hiere a algún animal ha de restituirlo, animal por animal.

19 Y el que causare lesión en su prójimo, según hizo, así le sea hecho:

20 rotura por rotura, ojo por ojo, diente por diente;[d] según la lesión que haya hecho a otro, tal se hará a él.

21 El que hiere algún animal ha de restituirlo; mas el que hiere de muerte a un hombre, que muera.

22 Un mismo estatuto tendréis para el extranjero, como para el natural;[e] porque yo soy Jehová vuestro Dios.

23 Y habló Moisés a los hijos de Israel, y ellos sacaron del campamento al blasfemo y lo apedrearon. Y los hijos de Israel hicieron según Jehová había mandado a Moisés.

El año de reposo de la tierra y el año del jubileo

25 1 Jehová habló a Moisés en el monte de Sinaí, diciendo:

2 Habla a los hijos de Israel y diles: Cuando hayáis entrado en la tierra que yo os doy, la tierra guardará reposo para Jehová.

3 Seis años sembrarás tu tierra, y seis años podarás tu viña y recogerás sus frutos.

4 Pero el séptimo año la tierra tendrá descanso, reposo para Jehová; no sembrarás tu tierra, ni podarás tu viña.

5 Lo que de suyo naciere en tu tierra segada, no lo segarás, y las uvas de tu viñedo no vendimiarás; año de reposo será para la tierra.

* Aquí equivale a *sábado*.

23.39-43: [h] Ex. 23.16; 34.22. **24.5-6:** [a] Ex. 25.30.
24.9: [b] Mt. 12.4; Mr. 2.26; Lc. 6.4. **24.17:** [c] Ex. 21.12.
24.20: [d] Ex. 21.23-25; Dt. 19.21; Mt. 5.38. **24.22:** [e] Nm. 15.16.

6 Mas el descanso de la tierra te dará para co-
mer a ti, a tu siervo, a tu sierva, a tu criado, y a
tu extranjero que morare contigo;
7 y a tu animal, y a la bestia que hubiere en tu
tierra, será todo el fruto de ella para comer.[a]
8 Y contarás siete semanas de años, siete ve-
ces siete años, de modo que los días de las siete
semanas de años vendrán a serte cuarenta y
nueve años.
9 Entonces harás tocar fuertemente la trompeta
en el mes séptimo a los diez días del mes; el día
de la expiación haréis tocar la trompeta por
toda vuestra tierra.
10 Y santificaréis el año cincuenta, y pregona-
réis libertad en la tierra a todos sus moradores;
ese año os será de jubileo, y volveréis cada uno
a vuestra posesión, y cada cual volverá a su fa-
milia.
11 El año cincuenta os será jubileo; no sembra-
réis, ni segaréis lo que naciere de suyo en la tie-
rra, ni vendimiaréis sus viñedos,
12 porque es jubileo; santo será a vosotros; el
producto de la tierra comeréis.
13 En este año de jubileo volveréis cada uno a
vuestra posesión.
14 Y cuando vendiereis algo a vuestro prójimo, o
comprareis de mano de vuestro prójimo, no en-
gañe ninguno a su hermano.
15 Conforme al número de los años después
del jubileo comprarás de tu prójimo; confor-
me al número de los años de los frutos te ven-
derá él a ti.
16 Cuanto mayor fuere el número de los años,
aumentarás el precio, y cuanto menor fuere el
número, disminuirás el precio; porque según el
número de las cosechas te venderá él.
17 Y no engañe ninguno a su prójimo, sino te-
med a vuestro Dios; porque yo soy Jehová vues-
tro Dios.
18 Ejecutad, pues, mis estatutos y guardad
mis ordenanzas, y ponedlos por obra, y habita-
réis en la tierra seguros;
19 y la tierra dará su fruto, y comeréis hasta sa-
ciaros, y habitaréis en ella con seguridad.
20 Y si dijereis: ¿Qué comeremos el séptimo
año? He aquí no hemos de sembrar, ni hemos de
recoger nuestros frutos;
21 entonces yo os enviaré mi bendición el sexto
año, y ella hará que haya fruto por tres años.
22 Y sembraréis el año octavo, y comeréis del
fruto añejo; hasta el año noveno, hasta que ven-
ga su fruto, comeréis del añejo.
23 La tierra no se venderá a perpetuidad, por-
que la tierra mía es; pues vosotros forasteros y
extranjeros sois para conmigo.
24 Por tanto, en toda la tierra de vuestra pose-
sión otorgaréis rescate a la tierra.
25 Cuando tu hermano empobreciere, y ven-
diere algo de su posesión, entonces su pariente
más próximo vendrá y rescatará lo que su her-
mano hubiere vendido.
26 Y cuando el hombre no tuviere rescatador, y
consiguiere lo suficiente para el rescate,
27 entonces contará los años desde que vendió,
y pagará lo que quedare al varón a quien ven-
dió, y volverá a su posesión.
28 Mas si no consiguiere lo suficiente para que
se la devuelvan, lo que vendió estará en poder
del que lo compró hasta el año del jubileo; y al
jubileo saldrá, y él volverá a su posesión.
29 El varón que vendiere casa de habitación
en ciudad amurallada, tendrá facultad de redi-
mirla hasta el término de un año desde la ven-
ta; un año será el término de poderse redimir.
30 Y si no fuere rescatada dentro de un año en-
tero, la casa que estuviere en la ciudad amura-
llada quedará para siempre en poder de aquel
que la compró, y para sus descendientes; no sal-
drá en el jubileo.
31 Mas las casas de las aldeas que no tienen
muro alrededor serán estimadas como los terre-
nos del campo; podrán ser rescatadas, y saldrán
en el jubileo.
32 Pero en cuanto a las ciudades de los levitas,
éstos podrán rescatar en cualquier tiempo las
casas en las ciudades de su posesión.
33 Y el que comprare de los levitas saldrá de la
casa vendida, o de la ciudad de su posesión, en
el jubileo, por cuanto las casas de las ciudades
de los levitas son la posesión de ellos entre los
hijos de Israel.
34 Mas la tierra del ejido de sus ciudades no se
venderá, porque es perpetua posesión de ellos.
35 Y cuando tu hermano empobreciere y se
acogiere a ti, tú lo ampararás; como forastero y
extranjero vivirá contigo.[b]
36 No tomarás de él usura ni ganancia, sino tendrás
temor de tu Dios, y tu hermano vivirá contigo.
37 No le darás tu dinero a usura,[c] ni tus víveres a
ganancia.
38 Yo Jehová vuestro Dios, que os saqué de la
tierra de Egipto, para daros la tierra de Canaán,
para ser vuestro Dios.
39 Y cuando tu hermano empobreciere, es-
tando contigo, y se vendiere a ti, no le harás ser-
vir como esclavo.
40 Como criado, como extranjero estará conti-
go; hasta el año del jubileo te servirá.
41 Entonces saldrá libre de tu casa; él y sus hijos
consigo, y volverá a su familia, y a la posesión
de sus padres se restituirá.
42 Porque son mis siervos, los cuales saqué yo
de la tierra de Egipto; no serán vendidos a ma-
nera de esclavos.

25.1-7: [a] Ex. 23.10-11. **25.35:** [b] Dt. 15.7-8.
25.37: [c] Ex. 22.25; Dt. 23.19-20.

43 No te enseñorearás de él con dureza, sino
tendrás temor de tu Dios.
44 Así tu esclavo como tu esclava que tuvieres,
serán de las gentes que están en vuestro alrede-
dor; de ellos podréis comprar esclavos y esclavas.
45 También podréis comprar de los hijos de los fo-
rasteros que viven entre vosotros, y de las familias
de ellos nacidos en vuestra tierra, que están con
vosotros, los cuales podréis tener por posesión.
46 Y los podréis dejar en herencia para vuestros
hijos después de vosotros, como posesión here-
ditaria; para siempre os serviréis de ellos; pero
en vuestros hermanos los hijos de Israel no os
enseñorearéis cada uno sobre su hermano con
dureza.[d]
47 Si el forastero o el extranjero que está con-
tigo se enriqueciere, y tu hermano que está jun-
to a él empobreciere, y se vendiere al forastero o
extranjero que está contigo, o a alguno de la
familia del extranjero;
48 después que se hubiere vendido, podrá ser
rescatado; uno de sus hermanos lo rescatará.
49 O su tío o el hijo de su tío lo rescatará, o un
pariente cercano de su familia lo rescatará; o si
sus medios alcanzaren, él mismo se rescatará.
50 Hará la cuenta con el que lo compró, desde el
año que se vendió a él hasta el año del jubileo; y
ha de apreciarse el precio de su venta conforme
al número de los años, y se contará el tiempo
que estuvo con él conforme al tiempo de un
criado asalariado.
51 Si aún fueren muchos años, conforme a ellos
devolverá para su rescate, del dinero por el cual
se vendió.
52 Y si quedare poco tiempo hasta el año del ju-
bileo, entonces hará un cálculo con él, y devol-
verá su rescate conforme a sus años.
53 Como con el tomado a salario anualmente
hará con él; no se enseñoreará en él con rigor
delante de tus ojos.
54 Y si no se rescatare en esos años, en el año del
jubileo saldrá, él y sus hijos con él.
55 Porque mis siervos son los hijos de Israel; son
siervos míos, a los cuales saqué de la tierra de
Egipto. Yo Jehová vuestro Dios.

Bendiciones de la obediencia

26 1 No haréis para vosotros ídolos,[a] ni escul-
tura,[b] ni os levantaréis estatua, ni pondréis
en vuestra tierra piedra pintada para inclinaros a
ella; porque yo soy Jehová vuestro Dios.
2 Guardad mis días de reposo,* y tened en reve-
rencia mi santuario. Yo Jehová.
3 Si anduviereis en mis decretos y guardareis
mis mandamientos, y los pusiereis por obra,
4 yo daré vuestra lluvia en su tiempo, y la tierra
rendirá sus productos, y el árbol del campo dará
su fruto.
5 Vuestra trilla alcanzará a la vendimia, y la ven-
dimia alcanzará a la sementera, y comeréis
vuestro pan hasta saciaros,[c] y habitaréis seguros
en vuestra tierra.
6 Y yo daré paz en la tierra, y dormiréis, y no ha-
brá quien os espante; y haré quitar de vuestra
tierra las malas bestias, y la espada no pasará
por vuestro país.
7 Y perseguiréis a vuestros enemigos, y caerán a
espada delante de vosotros.
8 Cinco de vosotros perseguirán a ciento, y ciento
de vosotros perseguirán a diez mil, y vuestros ene-
migos caerán a filo de espada delante de vosotros.
9 Porque yo me volveré a vosotros, y os haré cre-
cer, y os multiplicaré, y afirmaré mi pacto con
vosotros.
10 Comeréis lo añejo de mucho tiempo, y pon-
dréis fuera lo añejo para guardar lo nuevo.
11 Y pondré mi morada en medio de vosotros, y
mi alma no os abominará;
12 y andaré entre vosotros, y yo seré vuestro
Dios, y vosotros seréis mi pueblo.[d]
13 Yo Jehová vuestro Dios, que os saqué de la
tierra de Egipto, para que no fueseis sus siervos,
y rompí las coyundas de vuestro yugo, y os he
hecho andar con el rostro erguido.

Consecuencias de la desobediencia

14 Pero si no me oyereis, ni hiciereis todos es-
tos mis mandamientos,
15 y si desdeñareis mis decretos, y vuestra alma
menospreciare mis estatutos, no ejecutando to-
dos mis mandamientos, e invalidando mi pacto,
16 yo también haré con vosotros esto: enviaré
sobre vosotros terror, extenuación y calentura,
que consuman los ojos y atormenten el alma; y
sembraréis en vano vuestra semilla, porque
vuestros enemigos la comerán.
17 Pondré mi rostro contra vosotros, y seréis he-
ridos delante de vuestros enemigos; y los que os
aborrecen se enseñorearán de vosotros, y hui-
réis sin que haya quien os persiga.
18 Y si aun con estas cosas no me oyereis, yo vol-
veré a castigaros siete veces más por vuestros
pecados.
19 Y quebrantaré la soberbia de vuestro orgullo,
y haré vuestro cielo como hierro, y vuestra tie-
rra como bronce.
20 Vuestra fuerza se consumirá en vano, porque
vuestra tierra no dará su producto, y los árboles
de la tierra no darán su fruto.
21 Si anduviereis conmigo en oposición, y no
me quisiereis oír, yo añadiré sobre vosotros siete
veces más plagas según vuestros pecados.

* Aquí equivale a *sábado*.
25.39-46: [d] Ex. 21.2-6; Dt. 15.12-18.
26.1: [a] Lv. 19.4. [b] Ex. 20.4; Dt. 5.8; 16.21-22; 27.15.
26.3-5: [c] Dt. 11.13-15. **26.12:** [d] 2 Co. 6.16.

22 Enviaré también contra vosotros bestias fie-
ras que os arrebaten vuestros hijos, y destruyan
vuestro ganado, y os reduzcan en número, y
vuestros caminos sean desiertos.
23 Y si con estas cosas no fuereis corregidos,
sino que anduviereis conmigo en oposición,
24 yo también procederé en contra de vosotros,
y os heriré aún siete veces por vuestros pecados.
25 Traeré sobre vosotros espada vengadora, en
vindicación del pacto; y si buscareis refugio en
vuestras ciudades, yo enviaré pestilencia entre vo-
sotros, y seréis entregados en mano del enemigo.
26 Cuando yo os quebrante el sustento del pan,
cocerán diez mujeres vuestro pan en un horno,
y os devolverán vuestro pan por peso; y come-
réis, y no os saciaréis.
27 Si aun con esto no me oyereis, sino que
procediereis conmigo en oposición,
28 yo procederé en contra de vosotros con ira, y os
castigaré aún siete veces por vuestros pecados.
29 Y comeréis la carne de vuestros hijos, y come-
réis la carne de vuestras hijas.
30 Destruiré vuestros lugares altos, y derribaré
vuestras imágenes, y pondré vuestros cuerpos
muertos sobre los cuerpos muertos de vuestros
ídolos, y mi alma os abominará.
31 Haré desiertas vuestras ciudades, y asolaré
vuestros santuarios, y no oleré la fragancia de
vuestro suave perfume.
32 Asolaré también la tierra, y se pasmarán por
ello vuestros enemigos que en ella moren;
33 y a vosotros os esparciré entre las naciones, y
desenvainaré espada en pos de vosotros; y vues-
tra tierra estará asolada, y desiertas vuestras
ciudades.
34 Entonces la tierra gozará sus días de repo-
so, todos los días que esté asolada, mientras vo-
sotros estéis en la tierra de vuestros enemigos;
la tierra descansará entonces y gozará sus días
de reposo.
35 Todo el tiempo que esté asolada, descansará
por lo que no reposó en los días de reposo cuan-
do habitabais en ella.
36 Y a los que queden de vosotros infundiré en
sus corazones tal cobardía, en la tierra de sus
enemigos, que el sonido de una hoja que se
mueva los perseguirá, y huirán como ante la es-
pada, y caerán sin que nadie los persiga.
37 Tropezarán los unos con los otros como si hu-
yeran ante la espada, aunque nadie los persiga; y
no podréis resistir delante de vuestros enemigos.
38 Y pereceréis entre las naciones, y la tierra de
vuestros enemigos os consumirá.
39 Y los que queden de vosotros decaerán en las
tierras de vuestros enemigos por su iniquidad; y
por la iniquidad de sus padres decaerán con ellos.
40 Y confesarán su iniquidad, y la iniquidad
de sus padres, por su prevaricación con que pre-
varicaron contra mí; y también porque andu-
vieron conmigo en oposición,
41 yo también habré andado en contra de ellos,
y los habré hecho entrar en la tierra de sus ene-
migos; y entonces se humillará su corazón incir-
cunciso, y reconocerán su pecado.
42 Entonces yo me acordaré de mi pacto con Ja-
cob,[e] y asimismo de mi pacto con Isaac,[f] y tam-
bién de mi pacto con Abraham[g] me acordaré, y
haré memoria de la tierra.
43 Pero la tierra será abandonada por ellos, y
gozará sus días de reposo, estando desierta a
causa de ellos; y entonces se someterán al casti-
go de sus iniquidades; por cuanto menosprecia-
ron mis ordenanzas, y su alma tuvo fastidio de
mis estatutos.
44 Y aun con todo esto, estando ellos en tierra
de sus enemigos, yo no los desecharé, ni los
abominaré para consumirlos, invalidando mi
pacto con ellos; porque yo Jehová soy su Dios.
45 Antes me acordaré de ellos por el pacto anti-
guo, cuando los saqué de la tierra de Egipto a
los ojos de las naciones, para ser su Dios. Yo
Jehová.
46 Estos son los estatutos, ordenanzas y leyes
que estableció Jehová entre sí y los hijos de Is-
rael en el monte de Sinaí por mano de Moisés.

Cosas consagradas a Dios

27
1 Habló Jehová a Moisés, diciendo:
2 Habla a los hijos de Israel y diles:
Cuando alguno hiciere especial voto a Jehová,
según la estimación de las personas que se ha-
yan de redimir, lo estimarás así:
3 En cuanto al varón de veinte años hasta sesen-
ta, lo estimarás en cincuenta siclos de plata, se-
gún el siclo del santuario.
4 Y si fuere mujer, la estimarás en treinta siclos.
5 Y si fuere de cinco años hasta veinte, al varón
lo estimarás en veinte siclos, y a la mujer en diez
siclos.
6 Y si fuere de un mes hasta cinco años, enton-
ces estimarás al varón en cinco siclos de plata, y
a la mujer en tres siclos de plata.
7 Mas si fuere de sesenta años o más, al varón lo
estimarás en quince siclos, y a la mujer en diez
siclos.
8 Pero si fuere muy pobre para pagar tu estima-
ción, entonces será llevado ante el sacerdote,
quien fijará el precio; conforme a la posibilidad
del que hizo el voto, le fijará precio el sacerdote.
9 Y si fuere animal de los que se ofrece ofren-
da a Jehová, todo lo que de los tales se diere a
Jehová será santo.
10 No será cambiado ni trocado, bueno por malo,
ni malo por bueno; y si se permutare un animal

26.42: [e] Gn. 28.13-14. [f] Gn. 26.3-4. [g] Gn. 17.7-8.

por otro, él y el dado en cambio de él serán sa-
grados.
11 Si fuere algún animal inmundo, de que no se
ofrece ofrenda a Jehová, entonces el animal
será puesto delante del sacerdote,
12 y el sacerdote lo valorará, sea bueno o sea
malo; conforme a la estimación del sacerdote, así
será.
13 Y si lo quisiere rescatar, añadirá sobre tu va-
luación la quinta parte.
14 Cuando alguno dedicare su casa consa-
grándola a Jehová, la valorará el sacerdote, sea
buena o sea mala; según la valorare el sacerdo-
te, así quedará.
15 Mas si el que dedicó su casa deseare rescatar-
la, añadirá a tu valuación la quinta parte del va-
lor de ella, y será suya.
16 Si alguno dedicare de la tierra de su pose-
sión a Jehová, tu estimación será conforme a su
siembra; un homer de siembra de cebada se va-
lorará en cincuenta siclos de plata.
17 Y si dedicare su tierra desde el año del jubi-
leo, conforme a tu estimación quedará.
18 Mas si después del jubileo dedicare su tierra,
entonces el sacerdote hará la cuenta del dinero
conforme a los años que quedaren hasta el año
del jubileo, y se rebajará de tu estimación.
19 Y si el que dedicó la tierra quisiere redimirla,
añadirá a tu estimación la quinta parte del pre-
cio de ella, y se le quedará para él.
20 Mas si él no rescatare la tierra, y la tierra se
vendiere a otro, no la rescatará más;
21 sino que cuando saliere en el jubileo, la tierra
será santa para Jehová, como tierra consagra-
da; la posesión de ella será del sacerdote.
22 Y si dedicare alguno a Jehová la tierra que él
compró, que no era de la tierra de su herencia,
23 entonces el sacerdote calculará con él la
suma de tu estimación hasta el año del jubileo, y
aquel día dará tu precio señalado, cosa consa-
grada a Jehová.
24 En el año del jubileo, volverá la tierra a aquél
de quien él la compró, cuya es la herencia de la
tierra.
25 Y todo lo que valorares será conforme al siclo
del santuario; el siclo tiene veinte geras.
26 Pero el primogénito de los animales, que
por la primogenitura es de Jehová, nadie lo de-
dicará; sea buey u oveja, de Jehová es.
27 Mas si fuere de los animales inmundos, lo res-
catarán conforme a tu estimación, y añadirán so-
bre ella la quinta parte de su precio; y si no lo
rescataren, se venderá conforme a tu estimación.
28 Pero no se venderá ni se rescatará ninguna
cosa consagrada, que alguno hubiere dedicado
a Jehová; de todo lo que tuviere, de hombres y
animales, y de las tierras de su posesión, todo lo
consagrado[a] será cosa santísima para Jehová.
29 Ninguna persona separada como anatema
podrá ser rescatada; indefectiblemente ha de
ser muerta.
30 Y el diezmo de la tierra, así de la simiente
de la tierra como del fruto de los árboles, de
Jehová es; es cosa dedicada a Jehová.
31 Y si alguno quisiere rescatar algo del diezmo,
añadirá la quinta parte de su precio por ello.
32 Y todo diezmo de vacas o de ovejas, de todo
lo que pasa bajo la vara, el diezmo será consa-
grado a Jehová.
33 No mirará si es bueno o malo, ni lo cambiará;
y si lo cambiare, tanto él como el que se dio en
cambio serán cosas sagradas; no podrán ser res-
catados.[b]
34 Estos son los mandamientos que ordenó
Jehová a Moisés para los hijos de Israel, en el
monte de Sinaí.

LIBRO CUARTO DE MOISÉS

NÚMEROS

Censo de Israel en Sinaí

1 1 Habló Jehová a Moisés en el desierto de Si-
naí, en el tabernáculo de reunión, en el día
primero del mes segundo, en el segundo año de
su salida de la tierra de Egipto, diciendo:
2 Tomad el censo[a] de toda la congregación de
los hijos de Israel por sus familias, por las casas
de sus padres, con la cuenta de los nombres, to-
dos los varones por sus cabezas.
3 De veinte años arriba, todos los que pueden
salir a la guerra en Israel, los contaréis tú y Aa-
rón por sus ejércitos.
4 Y estará con vosotros un varón de cada tribu,
cada uno jefe de la casa de sus padres.
5 Estos son los nombres de los varones que esta-
rán con vosotros: De la tribu de Rubén, Elisur
hijo de Sedeur.
6 De Simeón, Selumiel hijo de Zurisadai.
7 De Judá, Naasón hijo de Aminadab.
8 De Isacar, Natanael hijo de Zuar.
9 De Zabulón, Eliab hijo de Helón.
10 De los hijos de José: de Efraín, Elisama

27.28: [a] Nm. 18.14. **27.30-33:** [b] Nm. 18.21; Dt. 14.22-29.
1.2: [a] Nm. 26.1-51.

hijo de Amiud; de Manasés, Gamaliel hijo de Pe-
dasur.
11 De Benjamín, Abidán hijo de Gedeoni.
12 De Dan, Ahiezer hijo de Amisadai.
13 De Aser, Pagiel hijo de Ocrán.
14 De Gad, Eliasaf hijo de Deuel.
15 De Neftalí, Ahira hijo de Enán.
16 Estos eran los nombrados de entre la congre-
gación, príncipes de las tribus de sus padres, ca-
pitanes de los millares de Israel.
17 Tomaron, pues, Moisés y Aarón a estos va-
rones que fueron designados por sus nombres,
18 y reunieron a toda la congregación en el día
primero del mes segundo, y fueron agrupados
por familias, según las casas de sus padres, con-
forme a la cuenta de los nombres por cabeza, de
veinte años arriba.
19 Como Jehová lo había mandado a Moisés, los
contó en el desierto de Sinaí.
20 De los hijos de Rubén, primogénito de Is-
rael, por su descendencia, por sus familias, según
las casas de sus padres, conforme a la cuenta de
los nombres por cabeza, todos los varones de
veinte años arriba, todos los que podían salir a la
guerra;
21 los contados de la tribu de Rubén fueron cua-
renta y seis mil quinientos.
22 De los hijos de Simeón, por su descenden-
cia, por sus familias, según las casas de sus pa-
dres, fueron contados conforme a la cuenta de
los nombres por cabeza, todos los varones de
veinte años arriba, todos los que podían salir a
la guerra;
23 los contados de la tribu de Simeón fueron
cincuenta y nueve mil trescientos.
24 De los hijos de Gad, por su descendencia, por
sus familias, según las casas de sus padres, confor-
me a la cuenta de los nombres, de veinte años
arriba, todos los que podían salir a la guerra;
25 los contados de la tribu de Gad fueron cua-
renta y cinco mil seiscientos cincuenta.
26 De los hijos de Judá, por su descendencia,
por sus familias, según las casas de sus padres,
conforme a la cuenta de los nombres, de veinte
años arriba, todos los que podían salir a la guerra;
27 los contados de la tribu de Judá fueron seten-
ta y cuatro mil seiscientos.
28 De los hijos de Isacar, por su descendencia,
por sus familias, según las casas de sus padres,
conforme a la cuenta de los nombres, de veinte
años arriba, todos los que podían salir a la guerra;
29 los contados de la tribu de Isacar fueron cin-
cuenta y cuatro mil cuatrocientos.
30 De los hijos de Zabulón, por su descenden-
cia, por sus familias, según las casas de sus pa-
dres, conforme a la cuenta de sus nombres, de
veinte años arriba, todos los que podían salir a
la guerra;
31 los contados de la tribu de Zabulón fueron
cincuenta y siete mil cuatrocientos.
32 De los hijos de José; de los hijos de Efraín,
por su descendencia, por sus familias, según las
casas de sus padres, conforme a la cuenta de los
nombres, de veinte años arriba, todos los que
podían salir a la guerra;
33 los contados de la tribu de Efraín fueron cua-
renta mil quinientos.
34 Y de los hijos de Manasés, por su descen-
dencia, por sus familias, según las casas de sus
padres, conforme a la cuenta de los nombres, de
veinte años arriba, todos los que podían salir a
la guerra;
35 los contados de la tribu de Manasés fueron
treinta y dos mil doscientos.
36 De los hijos de Benjamín, por su descen-
dencia, por sus familias, según las casas de sus
padres, conforme a la cuenta de los nombres, de
veinte años arriba, todos los que podían salir a
la guerra;
37 los contados de la tribu de Benjamín fueron
treinta y cinco mil cuatrocientos.
38 De los hijos de Dan, por su descendencia, por
sus familias, según las casas de sus padres, confor-
me a la cuenta de los nombres, de veinte años
arriba, todos los que podían salir a la guerra;
39 los contados de la tribu de Dan fueron sesen-
ta y dos mil setecientos.
40 De los hijos de Aser, por su descendencia,
por sus familias, según las casas de sus padres,
conforme a la cuenta de los nombres, de vein-
te años arriba, todos los que podían salir a la
guerra;
41 los contados de la tribu de Aser fueron cua-
renta y un mil quinientos.
42 De los hijos de Neftalí, por su descenden-
cia, por sus familias, según las casas de sus pa-
dres, conforme a la cuenta de los nombres, de
veinte años arriba, todos los que podían salir a
la guerra;
43 los contados de la tribu de Neftalí fueron cin-
cuenta y tres mil cuatrocientos.
44 Estos fueron los contados, los cuales conta-
ron Moisés y Aarón, con los príncipes de Israel,
doce varones, uno por cada casa de sus padres.
45 Y todos los contados de los hijos de Israel por
las casas de sus padres, de veinte años arriba,
todos los que podían salir a la guerra en Israel,
46 fueron todos los contados seiscientos tres mil
quinientos cincuenta.

Nombramiento de los levitas

47 Pero los levitas, según la tribu de sus pa-
dres, no fueron contados entre ellos;
48 porque habló Jehová a Moisés, diciendo:
49 Solamente no contarás la tribu de Leví, ni to-
marás la cuenta de ellos entre los hijos de Israel,

50 sino que pondrás a los levitas en el taber-
náculo del testimonio, y sobre todos sus utensi-
lios, y sobre todas las cosas que le pertenecen;
ellos llevarán el tabernáculo y todos sus enseres,
y ellos servirán en él, y acamparán alrededor del
tabernáculo.
51 Y cuando el tabernáculo haya de trasladarse,
los levitas lo desarmarán, y cuando el taber-
náculo haya de detenerse, los levitas lo arma-
rán; y el extraño que se acercare morirá.
52 Los hijos de Israel acamparán cada uno en su
campamento, y cada uno junto a su bandera,
por sus ejércitos;
53 pero los levitas acamparán alrededor del ta-
bernáculo del testimonio, para que no haya ira
sobre la congregación de los hijos de Israel; y los
levitas tendrán la guarda del tabernáculo del
testimonio.
54 E hicieron los hijos de Israel conforme a todas
las cosas que mandó Jehová a Moisés; así lo
hicieron.

Campamentos y jefes de las tribus

2 1 Habló Jehová a Moisés y a Aarón, dicien-
do:
2 Los hijos de Israel acamparán cada uno junto a
su bandera, bajo las enseñas de las casas de sus
padres; alrededor del tabernáculo de reunión
acamparán.
3 Estos acamparán al oriente, al este: la bandera
del campamento de Judá, por sus ejércitos; y el jefe
de los hijos de Judá, Naasón hijo de Aminadab.
4 Su cuerpo de ejército, con sus contados, seten-
ta y cuatro mil seiscientos.
5 Junto a él acamparán los de la tribu de Isacar;
y el jefe de los hijos de Isacar, Natanael hijo de
Zuar.
6 Su cuerpo de ejército, con sus contados, cin-
cuenta y cuatro mil cuatrocientos.
7 Y la tribu de Zabulón; y el jefe de los hijos de
Zabulón, Eliab hijo de Helón.
8 Su cuerpo de ejército, con sus contados, cin-
cuenta y siete mil cuatrocientos.
9 Todos los contados en el campamento de
Judá, ciento ochenta y seis mil cuatrocientos,
por sus ejércitos, marcharán delante.
10 La bandera del campamento de Rubén es-
tará al sur, por sus ejércitos; y el jefe de los hijos
de Rubén, Elisur hijo de Sedeur.
11 Su cuerpo de ejército, con sus contados, cua-
renta y seis mil quinientos.
12 Acamparán junto a él los de la tribu de Simeón;
y el jefe de los hijos de Simeón, Selumiel hijo de
Zurisadai.
13 Su cuerpo de ejército, con sus contados, cin-
cuenta y nueve mil trescientos.
14 Y la tribu de Gad; y el jefe de los hijos de Gad,
Eliasaf hijo de Reuel.
15 Su cuerpo de ejército, con sus contados, cua-
renta y cinco mil seiscientos cincuenta.
16 Todos los contados en el campamento de Ru-
bén, ciento cincuenta y un mil cuatrocientos
cincuenta, por sus ejércitos, marcharán los se-
gundos.
17 Luego irá el tabernáculo de reunión, con el
campamento de los levitas, en medio de los
campamentos en el orden en que acampan; así
marchará cada uno junto a su bandera.
18 La bandera del campamento de Efraín por
sus ejércitos, al occidente; y el jefe de los hijos
de Efraín, Elisama hijo de Amiud.
19 Su cuerpo de ejército, con sus contados, cua-
renta mil quinientos.
20 Junto a él estará la tribu de Manasés; y el jefe
de los hijos de Manasés, Gamaliel hijo de Pedasur.
21 Su cuerpo de ejército, con sus contados, trein-
ta y dos mil doscientos.
22 Y la tribu de Benjamín; y el jefe de los hijos de
Benjamín, Abidán hijo de Gedeoni.
23 Y su cuerpo de ejército, con sus contados,
treinta y cinco mil cuatrocientos.
24 Todos los contados en el campamento de
Efraín, ciento ocho mil cien, por sus ejércitos,
irán los terceros.
25 La bandera del campamento de Dan estará
al norte, por sus ejércitos; y el jefe de los hijos de
Dan, Ahiezer hijo de Amisadai.
26 Su cuerpo de ejército, con sus contados, se-
senta y dos mil setecientos.
27 Junto a él acamparán los de la tribu de Aser; y
el jefe de los hijos de Aser, Pagiel hijo de Ocrán.
28 Su cuerpo de ejército, con sus contados, cua-
renta y un mil quinientos.
29 Y la tribu de Neftalí; y el jefe de los hijos de
Neftalí, Ahira hijo de Enán.
30 Su cuerpo de ejército, con sus contados, cin-
cuenta y tres mil cuatrocientos.
31 Todos los contados en el campamento de
Dan, ciento cincuenta y siete mil seiscientos,
irán los últimos tras sus banderas.
32 Estos son los contados de los hijos de Is-
rael, según las casas de sus padres; todos los
contados por campamentos, por sus ejércitos,
seiscientos tres mil quinientos cincuenta.
33 Mas los levitas no fueron contados entre los
hijos de Israel, como Jehová lo mandó a Moisés.
34 E hicieron los hijos de Israel conforme a to-
das las cosas que Jehová mandó a Moisés; así
acamparon por sus banderas, y así marcharon
cada uno por sus familias, según las casas de sus
padres.

Censo y deberes de los levitas

3 1 Estos son los descendientes de Aarón y de
Moisés, en el día en que Jehová habló a
Moisés en el monte de Sinaí.

2 Y estos son los nombres de los hijos de Aarón:[a] Nadab el primogénito, Abiú, Eleazar e Itamar.

3 Estos son los nombres de los hijos de Aarón, sacerdotes ungidos, a los cuales consagró para ejercer el sacerdocio.

4 Pero Nadab y Abiú murieron delante de Jehová cuando ofrecieron fuego extraño delante de Jehová[b] en el desierto de Sinaí; y no tuvieron hijos; y Eleazar e Itamar ejercieron el sacerdocio delante de Aarón su padre.

5 Y Jehová habló a Moisés, diciendo:

6 Haz que se acerque la tribu de Leví, y hazla estar delante del sacerdote Aarón, para que le sirvan,

7 y desempeñen el encargo de él, y el encargo de toda la congregación delante del tabernáculo de reunión para servir en el ministerio del tabernáculo;

8 y guarden todos los utensilios del tabernáculo de reunión, y todo lo encargado a ellos por los hijos de Israel, y ministren en el servicio del tabernáculo.

9 Y darás los levitas a Aarón y a sus hijos; le son enteramente dados de entre los hijos de Israel.

10 Y constituirás a Aarón y a sus hijos para que ejerzan su sacerdocio; y el extraño que se acercare, morirá.

11 Habló además Jehová a Moisés, diciendo:

12 He aquí, yo he tomado a los levitas de entre los hijos de Israel en lugar de todos los primogénitos, los primeros nacidos entre los hijos de Israel; serán, pues, míos los levitas.[c]

13 Porque mío es todo primogénito; desde el día en que yo hice morir a todos los primogénitos en la tierra de Egipto, santifiqué para mí a todos los primogénitos en Israel, así de hombres como de animales;[d] míos serán. Yo Jehová.

14 Y Jehová habló a Moisés en el desierto de Sinaí, diciendo:

15 Cuenta los hijos de Leví según las casas de sus padres, por sus familias; contarás todos los varones de un mes arriba.

16 Y Moisés los contó conforme a la palabra de Jehová, como le fue mandado.

17 Los hijos de Leví fueron estos por sus nombres: Gersón, Coat y Merari.

18 Y los nombres de los hijos de Gersón por sus familias son estos: Libni y Simei.

19 Los hijos de Coat por sus familias son: Amram, Izhar, Hebrón y Uziel.

20 Y los hijos de Merari por sus familias: Mahli y Musi. Estas son las familias de Leví, según las casas de sus padres.

21 De Gersón era la familia de Libni y la de Simei; estas son las familias de Gersón.

22 Los contados de ellos conforme a la cuenta de todos los varones de un mes arriba, los contados de ellos fueron siete mil quinientos.

23 Las familias de Gersón acamparán a espaldas del tabernáculo, al occidente;

24 y el jefe del linaje de los gersonitas, Eliasaf hijo de Lael.

25 A cargo de los hijos de Gersón, en el tabernáculo de reunión, estarán el tabernáculo, la tienda y su cubierta, la cortina de la puerta del tabernáculo de reunión,

26 las cortinas del atrio, y la cortina de la puerta del atrio, que está junto al tabernáculo y junto al altar alrededor; asimismo sus cuerdas para todo su servicio.

27 De Coat eran la familia de los amramitas, la familia de los izharitas, la familia de los hebronitas y la familia de los uzielitas; estas son las familias coatitas.

28 El número de todos los varones de un mes arriba era ocho mil seiscientos, que tenían la guarda del santuario.

29 Las familias de los hijos de Coat acamparán al lado del tabernáculo, al sur;

30 y el jefe del linaje de las familias de Coat, Elizafán hijo de Uziel.

31 A cargo de ellos estarán el arca, la mesa, el candelero, los altares, los utensilios del santuario con que ministran, y el velo con todo su servicio.

32 Y el principal de los jefes de los levitas será Eleazar hijo del sacerdote Aarón, jefe de los que tienen la guarda del santuario.

33 De Merari era la familia de los mahlitas y la familia de los musitas; estas son las familias de Merari.

34 Los contados de ellos conforme al número de todos los varones de un mes arriba fueron seis mil doscientos.

35 Y el jefe de la casa del linaje de Merari, Zuriel hijo de Abihail; acamparán al lado del tabernáculo, al norte.

36 A cargo de los hijos de Merari estará la custodia de las tablas del tabernáculo, sus barras, sus columnas, sus basas y todos sus enseres, con todo su servicio;

37 y las columnas alrededor del atrio, sus basas, sus estacas y sus cuerdas.

38 Los que acamparán delante del tabernáculo al oriente, delante del tabernáculo de reunión al este, serán Moisés y Aarón y sus hijos, teniendo la guarda del santuario en lugar de los hijos de Israel; y el extraño que se acercare, morirá.

39 Todos los contados de los levitas, que Moisés y Aarón conforme a la palabra de Jehová contaron por sus familias, todos los varones de un mes arriba, fueron veintidós mil.

3.2: [a] Nm. 26.60. **3.4:** [b] Lv. 10.1-2; Nm. 26.61.
3.12: [c] Ex. 32.26-29. **3.13:** [d] Ex. 13.2.

Rescate de los primogénitos

40 Y Jehová dijo a Moisés: Cuenta todos los
primogénitos varones de los hijos de Israel de
un mes arriba, y cuéntalos por sus nombres.
41 Y tomarás a los levitas para mí en lugar de to-
dos los primogénitos de los hijos de Israel, y los
animales de los levitas en lugar de todos los pri-
mogénitos de los animales de los hijos de Israel.
Yo Jehová.
42 Contó Moisés, como Jehová le mandó, todos
los primogénitos de los hijos de Israel.
43 Y todos los primogénitos varones, conforme
al número de sus nombres, de un mes arriba,
fueron veintidós mil doscientos setenta y tres.
44 Luego habló Jehová a Moisés, diciendo:
45 Toma los levitas en lugar de todos los primo-
génitos de los hijos de Israel, y los animales de
los levitas en lugar de sus animales; y los levitas
serán míos. Yo Jehová.
46 Y para el rescate de los doscientos setenta y
tres de los primogénitos de los hijos de Israel,
que exceden a los levitas,
47 tomarás cinco siclos por cabeza; conforme al
siclo del santuario los tomarás. El siclo tiene
veinte geras.
48 Y darás a Aarón y a sus hijos el dinero del res-
cate de los que exceden.
49 Tomó, pues, Moisés el dinero del rescate de
los que excedían el número de los redimidos por
los levitas,
50 y recibió de los primogénitos de los hijos de
Israel, en dinero, mil trescientos sesenta y cinco
siclos, conforme al siclo del santuario.
51 Y Moisés dio el dinero de los rescates a Aarón
y a sus hijos, conforme a la palabra de Jehová,
según lo que Jehová había mandado a Moisés.

Tareas de los levitas

4 1 Habló Jehová a Moisés y a Aarón, dicien-
do:
2 Toma la cuenta de los hijos de Coat de entre
los hijos de Leví, por sus familias, según las ca-
sas de sus padres,
3 de edad de treinta años arriba hasta cincuenta
años, todos los que entran en compañía para
servir en el tabernáculo de reunión.
4 El oficio de los hijos de Coat en el tabernáculo
de reunión, en el lugar santísimo, será este:
5 Cuando haya de mudarse el campamento, ven-
drán Aarón y sus hijos y desarmarán el velo de la
tienda, y cubrirán con él el arca del testimonio;
6 y pondrán sobre ella la cubierta de pieles de
tejones, y extenderán encima un paño todo de
azul, y le pondrán sus varas.
7 Sobre la mesa de la proposición extenderán
un paño azul, y pondrán sobre ella las escudi-
llas, las cucharas, las copas y los tazones para li-
bar; y el pan continuo estará sobre ella.
8 Y extenderán sobre ella un paño carmesí, y lo
cubrirán con la cubierta de pieles de tejones; y
le pondrán sus varas.
9 Tomarán un paño azul y cubrirán el candelero
del alumbrado, sus lamparillas, sus despabila-
deras, sus platillos, y todos sus utensilios del
aceite con que se sirve;
10 y lo pondrán con todos sus utensilios en una
cubierta de pieles de tejones, y lo colocarán so-
bre unas parihuelas.
11 Sobre el altar de oro extenderán un paño
azul, y lo cubrirán con la cubierta de pieles de
tejones, y le pondrán sus varas.
12 Y tomarán todos los utensilios del servicio de
que hacen uso en el santuario, y los pondrán en
un paño azul, y los cubrirán con una cubierta de
pieles de tejones, y los colocarán sobre unas
parihuelas.
13 Quitarán la ceniza del altar, y extenderán so-
bre él un paño de púrpura;
14 y pondrán sobre él todos sus instrumentos de
que se sirve: las paletas, los garfios, los braseros
y los tazones, todos los utensilios del altar; y ex-
tenderán sobre él la cubierta de pieles de tejo-
nes, y le pondrán además las varas.
15 Y cuando acaben Aarón y sus hijos de cubrir
el santuario y todos los utensilios del santuario,
cuando haya de mudarse el campamento, ven-
drán después de ello los hijos de Coat para lle-
varlos; pero no tocarán cosa santa, no sea que
mueran. Estas serán las cargas de los hijos de
Coat en el tabernáculo de reunión.
16 Pero a cargo de Eleazar hijo del sacerdote
Aarón estará el aceite del alumbrado, el incien-
so aromático, la ofrenda continua y el aceite de
la unción; el cargo de todo el tabernáculo y de
todo lo que está en él, del santuario y de sus
utensilios.
17 Habló también Jehová a Moisés y a Aarón,
diciendo:
18 No haréis que perezca la tribu de las familias
de Coat de entre los levitas.
19 Para que cuando se acerquen al lugar santísi-
mo vivan, y no mueran, haréis con ellos esto:
Aarón y sus hijos vendrán y los pondrán a cada
uno en su oficio y en su cargo.
20 No entrarán para ver cuando cubran las co-
sas santas, porque morirán.
21 Además habló Jehová a Moisés, diciendo:
22 Toma también el número de los hijos de Ger-
són según las casas de sus padres, por sus fami-
lias.
23 De edad de treinta años arriba hasta cin-
cuenta años los contarás; todos los que entran
en compañía para servir en el tabernáculo de
reunión.
24 Este será el oficio de las familias de Gersón,
para ministrar y para llevar:

25 Llevarán las cortinas del tabernáculo, el ta-
bernáculo de reunión, su cubierta, la cubierta
de pieles de tejones que está encima de él, la
cortina de la puerta del tabernáculo de reunión,
26 las cortinas del atrio, la cortina de la puerta
del atrio, que está cerca del tabernáculo y cerca
del altar alrededor, sus cuerdas, y todos los ins-
trumentos de su servicio y todo lo que será he-
cho para ellos; así servirán.
27 Según la orden de Aarón y de sus hijos será
todo el ministerio de los hijos de Gersón en to-
dos sus cargos, y en todo su servicio; y les enco-
mendaréis en guarda todos sus cargos.
28 Este es el servicio de las familias de los hijos
de Gersón en el tabernáculo de reunión; y el
cargo de ellos estará bajo la dirección de Itamar
hijo del sacerdote Aarón.
29 Contarás los hijos de Merari por sus fami-
lias, según las casas de sus padres.
30 Desde el de edad de treinta años arriba hasta
el de cincuenta años los contarás; todos los que
entran en compañía para servir en el tabernácu-
lo de reunión.
31 Este será el deber de su cargo para todo su
servicio en el tabernáculo de reunión: las tablas
del tabernáculo, sus barras, sus columnas y sus
basas,
32 las columnas del atrio alrededor y sus basas,
sus estacas y sus cuerdas, con todos sus instru-
mentos y todo su servicio; y consignarás por sus
nombres todos los utensilios que ellos tienen
que transportar.
33 Este será el servicio de las familias de los hi-
jos de Merari para todo su ministerio en el ta-
bernáculo de reunión, bajo la dirección de
Itamar hijo del sacerdote Aarón.
34 Moisés, pues, y Aarón, y los jefes de la con-
gregación, contaron a los hijos de Coat por sus
familias y según las casas de sus padres,
35 desde el de edad de treinta años arriba hasta
el de edad de cincuenta años; todos los que en-
tran en compañía para ministrar en el taber-
náculo de reunión.
36 Y fueron los contados de ellos por sus fami-
lias, dos mil setecientos cincuenta.
37 Estos fueron los contados de las familias de
Coat, todos los que ministran en el tabernáculo
de reunión, los cuales contaron Moisés y Aarón,
como lo mandó Jehová por medio de Moisés.
38 Y los contados de los hijos de Gersón por
sus familias, según las casas de sus padres,
39 desde el de edad de treinta años arriba hasta
el de edad de cincuenta años, todos los que en-
tran en compañía para ministrar en el taber-
náculo de reunión;
40 los contados de ellos por sus familias, según
las casas de sus padres, fueron dos mil seiscien-
tos treinta.
41 Estos son los contados de las familias de los hi-
jos de Gersón, todos los que ministran en el ta-
bernáculo de reunión, los cuales contaron
Moisés y Aarón por mandato de Jehová.
42 Y los contados de las familias de los hijos
de Merari, por sus familias, según las casas de
sus padres,
43 desde el de edad de treinta años arriba hasta
el de edad de cincuenta años, todos los que en-
tran en compañía para ministrar en el taber-
náculo de reunión;
44 los contados de ellos, por sus familias, fueron
tres mil doscientos.
45 Estos fueron los contados de las familias de
los hijos de Merari, los cuales contaron Moisés y
Aarón, según lo mandó Jehová por medio de
Moisés.
46 Todos los contados de los levitas que Moi-
sés y Aarón y los jefes de Israel contaron por sus
familias, y según las casas de sus padres,
47 desde el de edad de treinta años arriba hasta
el de edad de cincuenta años, todos los que en-
traban para ministrar en el servicio y tener car-
go de obra en el tabernáculo de reunión,
48 los contados de ellos fueron ocho mil qui-
nientos ochenta.
49 Como lo mandó Jehová por medio de Moisés
fueron contados, cada uno según su oficio y se-
gún su cargo; los cuales contó él, como le fue
mandado.

Todo inmundo es echado fuera del campamento

5 1 Jehová habló a Moisés, diciendo:
2 Manda a los hijos de Israel que echen del
campamento a todo leproso, y a todos los que
padecen flujo de semen, y a todo contaminado
con muerto.
3 Así a hombres como a mujeres echaréis; fuera
del campamento los echaréis, para que no con-
taminen el campamento de aquellos entre los
cuales yo habito.
4 Y lo hicieron así los hijos de Israel, y los echa-
ron fuera del campamento; como Jehová dijo a
Moisés, así lo hicieron los hijos de Israel.

Ley sobre la restitución

5 Además habló Jehová a Moisés, diciendo:
6 Di a los hijos de Israel: El hombre o la mujer
que cometiere alguno de todos los pecados con
que los hombres prevarican contra Jehová y
delinquen,
7 aquella persona confesará el pecado que co-
metió, y compensará enteramente el daño, y
añadirá sobre ello la quinta parte, y lo dará a
aquel contra quien pecó.
8 Y si aquel hombre no tuviere pariente al cual
sea resarcido el daño, se dará la indemnización

del agravio a Jehová entregándola al sacerdote,
además del carnero de las expiaciones, con el
cual hará expiación por él.[a]
9 Toda ofrenda de todas las cosas santas que los
hijos de Israel presentaren al sacerdote, suya será.
10 Y lo santificado de cualquiera será suyo; asi-
mismo lo que cualquiera diere al sacerdote, suyo
será.

Ley sobre los celos

11 También Jehová habló a Moisés, diciendo:
12 Habla a los hijos de Israel y diles: Si la mujer
de alguno se descarriare, y le fuere infiel,
13 y alguno cohabitare con ella, y su marido no
lo hubiese visto por haberse ella amancillado
ocultamente, ni hubiere testigo contra ella, ni
ella hubiere sido sorprendida en el acto;
14 si viniere sobre él espíritu de celos, y tuviere
celos de su mujer, habiéndose ella amancilla-
do; o viniere sobre él espíritu de celos, y tuviere
celos de su mujer, no habiéndose ella amanci-
llado;
15 entonces el marido traerá su mujer al sacer-
dote, y con ella traerá su ofrenda, la décima par-
te de un efa de harina de cebada; no echará
sobre ella aceite, ni pondrá sobre ella incienso,
porque es ofrenda de celos, ofrenda recordati-
va, que trae a la memoria el pecado.
16 Y el sacerdote hará que ella se acerque y se
ponga delante de Jehová.
17 Luego tomará el sacerdote del agua santa en
un vaso de barro; tomará también el sacerdote
del polvo que hubiere en el suelo del tabernácu-
lo, y lo echará en el agua.
18 Y hará el sacerdote estar en pie a la mujer de-
lante de Jehová, y descubrirá la cabeza de la
mujer, y pondrá sobre sus manos la ofrenda re-
cordativa, que es la ofrenda de celos; y el sacer-
dote tendrá en la mano las aguas amargas que
acarrean maldición.
19 Y el sacerdote la conjurará y le dirá: Si ningu-
no ha dormido contigo, y si no te has apartado
de tu marido a inmundicia, libre seas de estas
aguas amargas que traen maldición;
20 mas si te has descarriado de tu marido y te
has amancillado, y ha cohabitado contigo algu-
no fuera de tu marido
21 (el sacerdote conjurará a la mujer con jura-
mento de maldición, y dirá a la mujer): Jehová
te haga maldición y execración en medio de tu
pueblo, haciendo Jehová que tu muslo caiga y
que tu vientre se hinche;
22 y estas aguas que dan maldición entren en
tus entrañas, y hagan hinchar tu vientre y caer
tu muslo. Y la mujer dirá: Amén, amén.
23 El sacerdote escribirá estas maldiciones en
un libro, y las borrará con las aguas amargas;
24 y dará a beber a la mujer las aguas amargas
que traen maldición; y las aguas que obran mal-
dición entrarán en ella para amargar.
25 Después el sacerdote tomará de la mano de la
mujer la ofrenda de los celos, y la mecerá delan-
te de Jehová, y la ofrecerá delante del altar.
26 Y tomará el sacerdote un puñado de la ofren-
da en memoria de ella, y lo quemará sobre el al-
tar, y después dará a beber las aguas a la mujer.
27 Le dará, pues, a beber las aguas; y si fuere in-
munda y hubiere sido infiel a su marido, las aguas
que obran maldición entrarán en ella para amar-
gar, y su vientre se hinchará y caerá su muslo; y la
mujer será maldición en medio de su pueblo.
28 Mas si la mujer no fuere inmunda, sino que
estuviere limpia, ella será libre, y será fecunda.
29 Esta es la ley de los celos, cuando la mujer
cometiere infidelidad contra su marido, y se
amancillare;
30 o del marido sobre el cual pasare espíritu de
celos, y tuviere celos de su mujer; la presentará
entonces delante de Jehová, y el sacerdote eje-
cutará en ella toda esta ley.
31 El hombre será libre de iniquidad, y la mujer
llevará su pecado.

El voto de los nazareos

6 1 Habló Jehová a Moisés, diciendo:
2 Habla a los hijos de Israel y diles: El hom-
bre o la mujer que se apartare haciendo voto de
nazareo,[1] para dedicarse a Jehová,
3 se abstendrá de vino y de sidra; no beberá vi-
nagre de vino, ni vinagre de sidra, ni beberá nin-
gún licor de uvas, ni tampoco comerá uvas
frescas ni secas.
4 Todo el tiempo de su nazareato, de todo lo que
se hace de la vid, desde los granillos hasta el ho-
llejo, no comerá.
5 Todo el tiempo del voto de su nazareato no
pasará navaja sobre su cabeza; hasta que sean
cumplidos los días de su apartamiento a Jehová,
será santo; dejará crecer su cabello.
6 Todo el tiempo que se aparte para Jehová,
no se acercará a persona muerta.
7 Ni aun por su padre ni por su madre, ni por su
hermano ni por su hermana, podrá contaminar-
se cuando mueran; porque la consagración de
su Dios tiene sobre su cabeza.
8 Todo el tiempo de su nazareato, será santo
para Jehová.
9 Si alguno muriere súbitamente junto a él, su
cabeza consagrada será contaminada; por tan-
to, el día de su purificación raerá su cabeza; al
séptimo día la raerá.
10 Y el día octavo traerá dos tórtolas o dos palo-
minos al sacerdote, a la puerta del tabernáculo
de reunión.

5.5-8: [a] Lv. 6.1-7. **6.2:** [1] Esto es, *separado,* o *consagrado.*

11 Y el sacerdote ofrecerá el uno en expiación, y
el otro en holocausto; y hará expiación de lo que
pecó a causa del muerto, y santificará su cabeza
en aquel día.
12 Y consagrará para Jehová los días de su na-
zareato, y traerá un cordero de un año en ex-
piación por la culpa; y los días primeros serán
anulados, por cuanto fue contaminado su na-
zareato.
13 Esta es, pues, la ley del nazareo el día que
se cumpliere el tiempo de su nazareato: Vendrá
a la puerta del tabernáculo de reunión,
14 y ofrecerá su ofrenda a Jehová, un cordero de
un año sin tacha en holocausto, y una cordera
de un año sin defecto en expiación, y un carnero
sin defecto por ofrenda de paz.
15 Además un canastillo de tortas sin levadura,
de flor de harina amasadas con aceite, y hojal-
dres sin levadura untadas con aceite, y su ofren-
da y sus libaciones.
16 Y el sacerdote lo ofrecerá delante de Jehová,
y hará su expiación y su holocausto;
17 y ofrecerá el carnero en ofrenda de paz a
Jehová, con el canastillo de los panes sin leva-
dura; ofrecerá asimismo el sacerdote su ofrenda
y sus libaciones.
18 Entonces el nazareo raerá a la puerta del ta-
bernáculo de reunión su cabeza consagrada, y
tomará los cabellos de su cabeza consagrada y
los pondrá sobre el fuego que está debajo de la
ofrenda de paz.
19 Después tomará el sacerdote la espaldilla co-
cida del carnero, una torta sin levadura del ca-
nastillo, y una hojaldre sin levadura, y las
pondrá sobre las manos del nazareo, después
que fuere raída su cabeza consagrada;
20 y el sacerdote mecerá aquello como ofrenda
mecida delante de Jehová, lo cual será cosa santa
del sacerdote, además del pecho mecido y de la
espaldilla separada; después el nazareo podrá
beber vino.
21 Esta es la ley del nazareo que hiciere voto
de su ofrenda a Jehová por su nazareato, ade-
más de lo que sus recursos le permitieren; según
el voto que hiciere, así hará, conforme a la ley
de su nazareato.[a]

La bendición sacerdotal

22 Jehová habló a Moisés, diciendo:
23 Habla a Aarón y a sus hijos y diles: Así bende-
ciréis a los hijos de Israel, diciéndoles:
24 Jehová te bendiga, y te guarde;
25 Jehová haga resplandecer su rostro sobre
ti, y tenga de ti misericordia;
26 Jehová alce sobre ti su rostro,
y ponga en ti paz.
27 Y pondrán mi nombre sobre los hijos de Is-
rael, y yo los bendeciré.

Ofrendas para la dedicación del altar

7 1 Aconteció que cuando Moisés hubo aca-
bado de levantar el tabernáculo, y lo hubo
ungido y santificado, con todos sus utensilios, y
asimismo ungido y santificado el altar y todos
sus utensilios,
2 entonces los príncipes de Israel, los jefes de las
casas de sus padres, los cuales eran los príncipes
de las tribus, que estaban sobre los contados,
ofrecieron;
3 y trajeron sus ofrendas delante de Jehová, seis
carros cubiertos y doce bueyes; por cada dos
príncipes un carro, y cada uno un buey, y los
ofrecieron delante del tabernáculo.
4 Y Jehová habló a Moisés, diciendo:
5 Tómalos de ellos, y serán para el servicio del
tabernáculo de reunión; y los darás a los levitas,
a cada uno conforme a su ministerio.
6 Entonces Moisés recibió los carros y los bue-
yes, y los dio a los levitas.
7 Dos carros y cuatro bueyes dio a los hijos de
Gersón, conforme a su ministerio,
8 y a los hijos de Merari dio cuatro carros y ocho
bueyes, conforme a su ministerio bajo la mano
de Itamar hijo del sacerdote Aarón.
9 Pero a los hijos de Coat no les dio, porque lle-
vaban sobre sí en los hombros el servicio del
santuario.
10 Y los príncipes trajeron ofrendas para la dedi-
cación del altar el día en que fue ungido, ofre-
ciendo los príncipes su ofrenda delante del altar.
11 Y Jehová dijo a Moisés: Ofrecerán su ofren-
da, un príncipe un día, y otro príncipe otro día,
para la dedicación del altar.
12 Y el que ofreció su ofrenda el primer día fue
Naasón hijo de Aminadab, de la tribu de Judá.
13 Su ofrenda fue un plato de plata de ciento
treinta siclos de peso, y un jarro de plata de seten-
ta siclos, al siclo del santuario, ambos llenos de
flor de harina amasada con aceite para ofrenda;
14 una cuchara de oro de diez siclos, llena de in-
cienso;
15 un becerro, un carnero, un cordero de un año
para holocausto;
16 un macho cabrío para expiación;
17 y para ofrenda de paz, dos bueyes, cinco car-
neros, cinco machos cabríos y cinco corderos de
un año. Esta fue la ofrenda de Naasón hijo de
Aminadab.
18 El segundo día ofreció Natanael hijo de
Zuar, príncipe de Isacar.
19 Ofreció como su ofrenda un plato de plata de
ciento treinta siclos de peso, y un jarro de plata
de setenta siclos, al siclo del santuario, ambos
llenos de flor de harina amasada con aceite para
ofrenda;

6.13-21: [a] Hch. 21.23-24.

20 una cuchara de oro de diez siclos, llena de incienso;
21 un becerro, un carnero, un cordero de un año para holocausto;
22 un macho cabrío para expiación;
23 y para ofrenda de paz, dos bueyes, cinco carneros, cinco machos cabríos y cinco corderos de un año. Esta fue la ofrenda de Natanael hijo de Zuar.
24 El tercer día, Eliab hijo de Helón, príncipe de los hijos de Zabulón.
25 Y su ofrenda fue un plato de plata de ciento treinta siclos de peso, y un jarro de plata de setenta siclos, al siclo del santuario, ambos llenos de flor de harina amasada con aceite para ofrenda;
26 una cuchara de oro de diez siclos, llena de incienso;
27 un becerro, un carnero, un cordero de un año para holocausto;
28 un macho cabrío para expiación;
29 y para ofrenda de paz, dos bueyes, cinco carneros, cinco machos cabríos y cinco corderos de un año. Esta fue la ofrenda de Eliab hijo de Helón.
30 El cuarto día, Elisur hijo de Sedeur, príncipe de los hijos de Rubén.
31 Y su ofrenda fue un plato de plata de ciento treinta siclos de peso, y un jarro de plata de setenta siclos, al siclo del santuario, ambos llenos de flor de harina amasada con aceite para ofrenda;
32 una cuchara de oro de diez siclos, llena de incienso;
33 un becerro, un carnero, un cordero de un año para holocausto;
34 un macho cabrío para expiación;
35 y para ofrenda de paz, dos bueyes, cinco carneros, cinco machos cabríos y cinco corderos de un año. Esta fue la ofrenda de Elisur hijo de Sedeur.
36 El quinto día, Selumiel hijo de Zurisadai, príncipe de los hijos de Simeón.
37 Y su ofrenda fue un plato de plata de ciento treinta siclos de peso, y un jarro de plata de setenta siclos, al siclo del santuario, ambos llenos de flor de harina amasada con aceite para ofrenda;
38 una cuchara de oro de diez siclos, llena de incienso;
39 un becerro, un carnero, un cordero de un año para holocausto;
40 un macho cabrío para expiación;
41 y para ofrenda de paz, dos bueyes, cinco carneros, cinco machos cabríos y cinco corderos de un año. Esta fue la ofrenda de Selumiel hijo de Zurisadai.
42 El sexto día, Eliasaf hijo de Deuel, príncipe de los hijos de Gad.
43 Y su ofrenda fue un plato de plata de ciento treinta siclos de peso, y un jarro de plata de setenta siclos, al siclo del santuario, ambos llenos de flor de harina amasada con aceite para ofrenda;
44 una cuchara de oro de diez siclos, llena de incienso;
45 un becerro, un carnero, un cordero de un año para holocausto;
46 un macho cabrío para expiación;
47 y para ofrenda de paz, dos bueyes, cinco carneros, cinco machos cabríos y cinco corderos de un año. Esta fue la ofrenda de Eliasaf hijo de Deuel.
48 El séptimo día, el príncipe de los hijos de Efraín, Elisama hijo de Amiud.
49 Y su ofrenda fue un plato de plata de ciento treinta siclos de peso, y un jarro de plata de setenta siclos, al siclo del santuario, ambos llenos de flor de harina amasada con aceite para ofrenda;
50 una cuchara de oro de diez siclos, llena de incienso;
51 un becerro, un carnero, un cordero de un año para holocausto;
52 un macho cabrío para expiación;
53 y para ofrenda de paz, dos bueyes, cinco carneros, cinco machos cabríos y cinco corderos de un año. Esta fue la ofrenda de Elisama hijo de Amiud.
54 El octavo día, el príncipe de los hijos de Manasés, Gamaliel hijo de Pedasur.
55 Y su ofrenda fue un plato de plata de ciento treinta siclos de peso, y un jarro de plata de setenta siclos, al siclo del santuario, ambos llenos de flor de harina amasada con aceite para ofrenda;
56 una cuchara de oro de diez siclos, llena de incienso;
57 un becerro, un carnero, un cordero de un año para holocausto;
58 un macho cabrío para expiación;
59 y para ofrenda de paz, dos bueyes, cinco carneros, cinco machos cabríos y cinco corderos de un año. Esta fue la ofrenda de Gamaliel hijo de Pedasur.
60 El noveno día, el príncipe de los hijos de Benjamín, Abidán hijo de Gedeoni.
61 Y su ofrenda fue un plato de plata de ciento treinta siclos de peso, y un jarro de plata de setenta siclos, al siclo del santuario, ambos llenos de flor de harina amasada con aceite para ofrenda;
62 una cuchara de oro de diez siclos, llena de incienso;
63 un becerro, un carnero, un cordero de un año para holocausto;
64 un macho cabrío para expiación;
65 y para ofrenda de paz, dos bueyes, cinco carneros, cinco machos cabríos y cinco corderos de un año. Esta fue la ofrenda de Abidán hijo de Gedeoni.
66 El décimo día, el príncipe de los hijos de Dan, Ahiezer hijo de Amisadai.

67 Y su ofrenda fue un plato de plata de ciento
treinta siclos de peso, y un jarro de plata de seten-
ta siclos, al siclo del santuario, ambos llenos de
flor de harina amasada con aceite para ofrenda;
68 una cuchara de oro de diez siclos, llena de in-
cienso;
69 un becerro, un carnero, un cordero de un año
para holocausto;
70 un macho cabrío para expiación;
71 y para ofrenda de paz, dos bueyes, cinco car-
neros, cinco machos cabríos y cinco corderos de
un año. Esta fue la ofrenda de Ahiezer hijo de
Amisadai.

72 El undécimo día, el príncipe de los hijos de
Aser, Pagiel hijo de Ocrán.
73 Y su ofrenda fue un plato de plata de ciento
treinta siclos de peso, y un jarro de plata de seten-
ta siclos, al siclo del santuario, ambos llenos de
flor de harina amasada con aceite para ofrenda;
74 una cuchara de oro de diez siclos, llena de in-
cienso;
75 un becerro, un carnero, un cordero de un año
para holocausto;
76 un macho cabrío para expiación;
77 y para ofrenda de paz, dos bueyes, cinco car-
neros, cinco machos cabríos y cinco corderos
de un año. Esta fue la ofrenda de Pagiel hijo de
Ocrán.

78 El duodécimo día, el príncipe de los hijos
de Neftalí, Ahira hijo de Enán.
79 Su ofrenda fue un plato de plata de ciento
treinta siclos de peso, y un jarro de plata de seten-
ta siclos, al siclo del santuario, ambos llenos de
flor de harina amasada con aceite para ofrenda;
80 una cuchara de oro de diez siclos, llena de in-
cienso;
81 un becerro, un carnero, un cordero de un año
para holocausto;
82 un macho cabrío para expiación;
83 y para ofrenda de paz, dos bueyes, cinco car-
neros, cinco machos cabríos y cinco corderos de
un año. Esta fue la ofrenda de Ahira hijo de
Enán.

84 Esta fue la ofrenda que los príncipes de Is-
rael ofrecieron para la dedicación del altar, el
día en que fue ungido: doce platos de plata,
doce jarros de plata, doce cucharas de oro.
85 Cada plato de ciento treinta siclos, y cada ja-
rro de setenta; toda la plata de la vajilla, dos mil
cuatrocientos siclos, al siclo del santuario.
86 Las doce cucharas de oro llenas de incienso,
de diez siclos cada cuchara, al siclo del santuario;
todo el oro de las cucharas, ciento veinte siclos.
87 Todos los bueyes para holocausto, doce bece-
rros; doce los carneros, doce los corderos de un
año, con su ofrenda, y doce los machos cabríos
para expiación.
88 Y todos los bueyes de la ofrenda de paz, vein-
ticuatro novillos, sesenta los carneros, sesenta
los machos cabríos, y sesenta los corderos de un
año. Esta fue la ofrenda para la dedicación del
altar, después que fue ungido.

89 Y cuando entraba Moisés en el tabernáculo
de reunión, para hablar con Dios, oía la voz que
le hablaba de encima del propiciatorio que esta-
ba sobre el arca del testimonio, de entre los dos
querubines; y hablaba con él.

Aarón enciende las lámparas

8 1 Habló Jehová a Moisés, diciendo:
2 Habla a Aarón y dile: Cuando enciendas
las lámparas, las siete lámparas alumbrarán ha-
cia adelante del candelero.
3 Y Aarón lo hizo así; encendió hacia la parte an-
terior del candelero sus lámparas, como Jehová lo
mandó a Moisés.
4 Y esta era la hechura del candelero, de oro la-
brado a martillo; desde su pie hasta sus flores
era labrado a martillo; conforme al modelo que
Jehová mostró a Moisés, así hizo el candelero.[a]

Consagración de los levitas

5 También Jehová habló a Moisés, diciendo:
6 Toma a los levitas de entre los hijos de Israel, y
haz expiación por ellos.
7 Así harás para expiación por ellos: Rocía sobre
ellos el agua de la expiación, y haz pasar la na-
vaja sobre todo su cuerpo, y lavarán sus vesti-
dos, y serán purificados.
8 Luego tomarán un novillo, con su ofrenda de
flor de harina amasada con aceite; y tomarás
otro novillo para expiación.
9 Y harás que los levitas se acerquen delante del
tabernáculo de reunión, y reunirás a toda la
congregación de los hijos de Israel.
10 Y cuando hayas acercado a los levitas delante
de Jehová, pondrán los hijos de Israel sus ma-
nos sobre los levitas;
11 y ofrecerá Aarón los levitas delante de Jeho-
vá en ofrenda de los hijos de Israel, y servirán en
el ministerio de Jehová.
12 Y los levitas pondrán sus manos sobre las ca-
bezas de los novillos; y ofrecerás el uno por ex-
piación, y el otro en holocausto a Jehová, para
hacer expiación por los levitas.
13 Y presentarás a los levitas delante de Aarón, y
delante de sus hijos, y los ofrecerás en ofrenda a
Jehová.

14 Así apartarás a los levitas de entre los hijos
de Israel, y serán míos los levitas.
15 Después de eso vendrán los levitas a minis-
trar en el tabernáculo de reunión; serán purifi-
cados, y los ofrecerás en ofrenda.
16 Porque enteramente me son dedicados a mí

8.1-4: [a] Ex. 25.31-40; 37.17-24.

los levitas de entre los hijos de Israel, en lugar de todo primer nacido; los he tomado para mí en lugar de los primogénitos de todos los hijos de Israel.[b]

17 Porque mío es todo primogénito de entre los hijos de Israel, así de hombres como de animales; desde el día que yo herí a todo primogénito en la tierra de Egipto, los santifiqué para mí.[c]

18 Y he tomado a los levitas en lugar de todos los primogénitos de los hijos de Israel.

19 Y yo he dado en don los levitas a Aarón y a sus hijos de entre los hijos de Israel, para que ejerzan el ministerio de los hijos de Israel en el tabernáculo de reunión, y reconcilien a los hijos de Israel; para que no haya plaga en los hijos de Israel, al acercarse los hijos de Israel al santuario.

20 Y Moisés y Aarón y toda la congregación de los hijos de Israel hicieron con los levitas conforme a todas las cosas que mandó Jehová a Moisés acerca de los levitas; así hicieron con ellos los hijos de Israel.

21 Y los levitas se purificaron, y lavaron sus vestidos; y Aarón los ofreció en ofrenda delante de Jehová, e hizo Aarón expiación por ellos para purificarlos.

22 Así vinieron después los levitas para ejercer su ministerio en el tabernáculo de reunión delante de Aarón y delante de sus hijos; de la manera que mandó Jehová a Moisés acerca de los levitas, así hicieron con ellos.

23 Luego habló Jehová a Moisés, diciendo:

24 Los levitas de veinticinco años arriba entrarán a ejercer su ministerio en el servicio del tabernáculo de reunión.

25 Pero desde los cincuenta años cesarán de ejercer su ministerio, y nunca más lo ejercerán.

26 Servirán con sus hermanos en el tabernáculo de reunión, para hacer la guardia, pero no servirán en el ministerio. Así harás con los levitas en cuanto a su ministerio.

Celebración de la pascua

9 1 Habló Jehová a Moisés en el desierto de Sinaí, en el segundo año de su salida de la tierra de Egipto, en el mes primero, diciendo:

2 Los hijos de Israel celebrarán la pascua a su tiempo.

3 El decimocuarto día de este mes, entre las dos tardes, la celebraréis a su tiempo; conforme a todos sus ritos y conforme a todas sus leyes la celebraréis.

4 Y habló Moisés a los hijos de Israel para que celebrasen la pascua.

5 Celebraron la pascua en el mes primero, a los catorce días del mes, entre las dos tardes, en el desierto de Sinaí; conforme a todas las cosas que mandó Jehová a Moisés, así hicieron los hijos de Israel.[a]

6 Pero hubo algunos que estaban inmundos a causa de muerto, y no pudieron celebrar la pascua aquel día; y vinieron delante de Moisés y delante de Aarón aquel día,

7 y le dijeron aquellos hombres: Nosotros estamos inmundos por causa de muerto; ¿por qué seremos impedidos de ofrecer ofrenda a Jehová a su tiempo entre los hijos de Israel?

8 Y Moisés les respondió: Esperad, y oiré lo que ordena Jehová acerca de vosotros.

9 Y Jehová habló a Moisés, diciendo:

10 Habla a los hijos de Israel, diciendo: Cualquiera de vosotros o de vuestros descendientes, que estuviere inmundo por causa de muerto o estuviere de viaje lejos, celebrará la pascua a Jehová.

11 En el mes segundo, a los catorce días del mes, entre las dos tardes, la celebrarán; con panes sin levadura y hierbas amargas la comerán.

12 No dejarán del animal sacrificado para la mañana, ni quebrarán hueso de él;[b] conforme a todos los ritos de la pascua la celebrarán.

13 Mas el que estuviere limpio, y no estuviere de viaje, si dejare de celebrar la pascua, la tal persona será cortada de entre su pueblo; por cuanto no ofreció a su tiempo la ofrenda de Jehová, el tal hombre llevará su pecado.

14 Y si morare con vosotros extranjero, y celebrare la pascua a Jehová, conforme al rito de la pascua y conforme a sus leyes la celebrará; un mismo rito tendréis, tanto el extranjero como el natural de la tierra.

La nube sobre el tabernáculo

15 El día que el tabernáculo fue erigido, la nube cubrió el tabernáculo sobre la tienda del testimonio; y a la tarde había sobre el tabernáculo como una apariencia de fuego, hasta la mañana.

16 Así era continuamente: la nube lo cubría de día, y de noche la apariencia de fuego.

17 Cuando se alzaba la nube del tabernáculo, los hijos de Israel partían; y en el lugar donde la nube paraba, allí acampaban los hijos de Israel.

18 Al mandato de Jehová los hijos de Israel partían, y al mandato de Jehová acampaban; todos los días que la nube estaba sobre el tabernáculo, permanecían acampados.

19 Cuando la nube se detenía sobre el tabernáculo muchos días, entonces los hijos de Israel guardaban la ordenanza de Jehová, y no partían.

20 Y cuando la nube estaba sobre el tabernáculo pocos días, al mandato de Jehová acampaban, y al mandato de Jehová partían.

21 Y cuando la nube se detenía desde la tarde hasta la mañana, o cuando a la mañana la nube

8.16: [b] Ex. 32.26-29. **8.17:** [c] Ex. 13.2.
9.1-5: [a] Ex. 12.1-13. **9.12:** [b] Ex. 12.46; Sal. 34.20; Jn. 19.36.

se levantaba, ellos partían; o si había estado un día, y a la noche la nube se levantaba, entonces partían.

22 O si dos días, o un mes, o un año, mientras la nube se detenía sobre el tabernáculo permaneciendo sobre él, los hijos de Israel seguían acampados, y no se movían; mas cuando ella se alzaba, ellos partían.

23 Al mandato de Jehová acampaban, y al mandato de Jehová partían, guardando la ordenanza de Jehová como Jehová lo había dicho por medio de Moisés.

Las trompetas de plata

10 1 Jehová habló a Moisés, diciendo:

2 Hazte dos trompetas de plata; de obra de martillo las harás, las cuales te servirán para convocar la congregación, y para hacer mover los campamentos.

3 Y cuando las tocaren, toda la congregación se reunirá ante ti a la puerta del tabernáculo de reunión.

4 Mas cuando tocaren sólo una, entonces se congregarán ante ti los príncipes, los jefes de los millares de Israel.

5 Y cuando tocareis alarma, entonces moverán los campamentos de los que están acampados al oriente.

6 Y cuando tocareis alarma la segunda vez, entonces moverán los campamentos de los que están acampados al sur; alarma tocarán para sus partidas.

7 Pero para reunir la congregación tocaréis, mas no con sonido de alarma.

8 Y los hijos de Aarón, los sacerdotes, tocarán las trompetas; y las tendréis por estatuto perpetuo por vuestras generaciones.

9 Y cuando saliereis a la guerra en vuestra tierra contra el enemigo que os molestare, tocaréis alarma con las trompetas; y seréis recordados por Jehová vuestro Dios, y seréis salvos de vuestros enemigos.

10 Y en el día de vuestra alegría, y en vuestras solemnidades, y en los principios de vuestros meses, tocaréis las trompetas sobre vuestros holocaustos, y sobre los sacrificios de paz, y os serán por memoria delante de vuestro Dios. Yo Jehová vuestro Dios.

Los israelitas salen de Sinaí

11 En el año segundo, en el mes segundo, a los veinte días del mes, la nube se alzó del tabernáculo del testimonio.

12 Y partieron los hijos de Israel del desierto de Sinaí según el orden de marcha; y se detuvo la nube en el desierto de Parán.

13 Partieron la primera vez al mandato de Jehová por medio de Moisés.

14 La bandera del campamento de los hijos de Judá comenzó a marchar primero, por sus ejércitos; y Naasón hijo de Aminadab estaba sobre su cuerpo de ejército.

15 Sobre el cuerpo de ejército de la tribu de los hijos de Isacar, Natanael hijo de Zuar.

16 Y sobre el cuerpo de ejército de la tribu de los hijos de Zabulón, Eliab hijo de Helón.

17 Después que estaba ya desarmado el tabernáculo, se movieron los hijos de Gersón y los hijos de Merari, que lo llevaban.

18 Luego comenzó a marchar la bandera del campamento de Rubén por sus ejércitos; y Elisur hijo de Sedeur estaba sobre su cuerpo de ejército.

19 Sobre el cuerpo de ejército de la tribu de los hijos de Simeón, Selumiel hijo de Zurisadai.

20 Y sobre el cuerpo de ejército de la tribu de los hijos de Gad, Eliasaf hijo de Deuel.

21 Luego comenzaron a marchar los coatitas llevando el santuario; y entretanto que ellos llegaban, los otros acondicionaron el tabernáculo.

22 Después comenzó a marchar la bandera del campamento de los hijos de Efraín por sus ejércitos; y Elisama hijo de Amiud estaba sobre su cuerpo de ejército.

23 Sobre el cuerpo de ejército de la tribu de los hijos de Manasés, Gamaliel hijo de Pedasur.

24 Y sobre el cuerpo de ejército de la tribu de los hijos de Benjamín, Abidán hijo de Gedeoni.

25 Luego comenzó a marchar la bandera del campamento de los hijos de Dan por sus ejércitos, a retaguardia de todos los campamentos; y Ahiezer hijo de Amisadai estaba sobre su cuerpo de ejército.

26 Sobre el cuerpo de ejército de la tribu de los hijos de Aser, Pagiel hijo de Ocrán.

27 Y sobre el cuerpo de ejército de la tribu de los hijos de Neftalí, Ahira hijo de Enán.

28 Este era el orden de marcha de los hijos de Israel por sus ejércitos cuando partían.

29 Entonces dijo Moisés a Hobab, hijo de Ragüel madianita, su suegro: Nosotros partimos para el lugar del cual Jehová ha dicho: Yo os lo daré. Ven con nosotros, y te haremos bien; porque Jehová ha prometido el bien a Israel.

30 Y él le respondió: Yo no iré, sino que me marcharé a mi tierra y a mi parentela.[a]

31 Y él le dijo: Te ruego que no nos dejes; porque tú conoces los lugares donde hemos de acampar en el desierto, y nos serás en lugar de ojos.

32 Y si vienes con nosotros, cuando tengamos el bien que Jehová nos ha de hacer, nosotros te haremos bien.

33 Así partieron del monte de Jehová camino de tres días; y el arca del pacto de Jehová fue

10.30: [a] Ex. 18.27.

delante de ellos camino de tres días, buscándoles lugar de descanso.

34 Y la nube de Jehová iba sobre ellos de día, desde que salieron del campamento.

35 Cuando el arca se movía, Moisés decía: Levántate, oh Jehová, y sean dispersados tus enemigos, y huyan de tu presencia los que te aborrecen.[b]

36 Y cuando ella se detenía, decía: Vuelve, oh Jehová, a los millares de millares de Israel.

Jehová envía codornices

11 1 Aconteció que el pueblo se quejó a oídos de Jehová; y lo oyó Jehová, y ardió su ira, y se encendió en ellos fuego de Jehová, y consumió uno de los extremos del campamento.

2 Entonces el pueblo clamó a Moisés, y Moisés oró a Jehová, y el fuego se extinguió.

3 Y llamó a aquel lugar Tabera,[2] porque el fuego de Jehová se encendió en ellos.

4 Y la gente extranjera que se mezcló con ellos tuvo un vivo deseo, y los hijos de Israel también volvieron a llorar y dijeron: ¡Quién nos diera a comer carne!

5 Nos acordamos del pescado que comíamos en Egipto de balde, de los pepinos, los melones, los puerros, las cebollas y los ajos;

6 y ahora nuestra alma se seca; pues nada sino este maná ven nuestros ojos.

7 Y era el maná como semilla de culantro, y su color como color de bedelio.

8 El pueblo se esparcía y lo recogía, y lo molía en molinos o lo majaba en morteros, y lo cocía en caldera o hacía de él tortas; su sabor era como sabor de aceite nuevo.[a]

9 Y cuando descendía el rocío sobre el campamento de noche, el maná descendía sobre él.[b]

10 Y oyó Moisés al pueblo, que lloraba por sus familias, cada uno a la puerta de su tienda; y la ira de Jehová se encendió en gran manera; también le pareció mal a Moisés.

11 Y dijo Moisés a Jehová: ¿Por qué has hecho mal a tu siervo? ¿y por qué no he hallado gracia en tus ojos, que has puesto la carga de todo este pueblo sobre mí?

12 ¿Concebí yo a todo este pueblo? ¿Lo engendré yo, para que me digas: Llévalo en tu seno, como lleva la que cría al que mama, a la tierra de la cual juraste a sus padres?

13 ¿De dónde conseguiré yo carne para dar a todo este pueblo? Porque lloran a mí, diciendo: Danos carne que comamos.

14 No puedo yo solo soportar a todo este pueblo, que me es pesado en demasía.

15 Y si así lo haces tú conmigo, yo te ruego que me des muerte, si he hallado gracia en tus ojos; y que yo no vea mi mal.

16 Entonces Jehová dijo a Moisés: Reúneme setenta varones de los ancianos de Israel, que tú sabes que son ancianos del pueblo y sus principales; y tráelos a la puerta del tabernáculo de reunión, y esperen allí contigo.

17 Y yo descenderé y hablaré allí contigo, y tomaré del espíritu que está en ti, y pondré en ellos; y llevarán contigo la carga del pueblo, y no la llevarás tú solo.

18 Pero al pueblo dirás: Santificaos para mañana, y comeréis carne; porque habéis llorado en oídos de Jehová, diciendo: ¡Quién nos diera a comer carne! ¡Ciertamente mejor nos iba en Egipto! Jehová, pues, os dará carne, y comeréis.

19 No comeréis un día, ni dos días, ni cinco días, ni diez días, ni veinte días,

20 sino hasta un mes entero, hasta que os salga por las narices, y la aborrezcáis, por cuanto menospreciasteis a Jehová que está en medio de vosotros, y llorasteis delante de él, diciendo: ¿Para qué salimos acá de Egipto?

21 Entonces dijo Moisés: Seiscientos mil de a pie es el pueblo en medio del cual yo estoy; ¡y tú dices: Les daré carne, y comerán un mes entero!

22 ¿Se degollarán para ellos ovejas y bueyes que les basten? ¿o se juntarán para ellos todos los peces del mar para que tengan abasto?

23 Entonces Jehová respondió a Moisés: ¿Acaso se ha acortado la mano de Jehová? Ahora verás si se cumple mi palabra, o no.

24 Y salió Moisés y dijo al pueblo las palabras de Jehová; y reunió a los setenta varones de los ancianos del pueblo, y los hizo estar alrededor del tabernáculo.

25 Entonces Jehová descendió en la nube, y le habló; y tomó del espíritu que estaba en él, y lo puso en los setenta varones ancianos; y cuando posó sobre ellos el espíritu, profetizaron, y no cesaron.

26 Y habían quedado en el campamento dos varones, llamados el uno Eldad y el otro Medad, sobre los cuales también reposó el espíritu; estaban éstos entre los inscritos, pero no habían venido al tabernáculo; y profetizaron en el campamento.

27 Y corrió un joven y dio aviso a Moisés, y dijo: Eldad y Medad profetizan en el campamento.

28 Entonces respondió Josué hijo de Nun, ayudante de Moisés, uno de sus jóvenes, y dijo: Señor mío Moisés, impídelos.

29 Y Moisés le respondió: ¿Tienes tú celos por mí? Ojalá todo el pueblo de Jehová fuese profeta, y que Jehová pusiera su espíritu sobre ellos.

30 Y Moisés volvió al campamento, él y los ancianos de Israel.

31 Y vino un viento de Jehová, y trajo codornices del mar, y las dejó sobre el campamento, un día de camino a un lado, y un día de camino

10.35: [b] Sal. 68.1. **11.3:** [2] Esto es, *Incendio.*
11.7-8: [a] Ex. 16.31. **11.9:** [b] Ex. 16.13-15.

al otro, alrededor del campamento, y casi dos
codos sobre la faz de la tierra.
32 Entonces el pueblo estuvo levantado todo
aquel día y toda la noche, y todo el día siguien-
te, y recogieron codornices; el que menos, reco-
gió diez montones; y las tendieron para sí a lo
largo alrededor del campamento.
33 Aún estaba la carne entre los dientes de ellos,
antes que fuese masticada, cuando la ira de
Jehová se encendió en el pueblo, e hirió Jehová
al pueblo con una plaga muy grande.
34 Y llamó el nombre de aquel lugar Kibrot-ha-
taava,[3] por cuanto allí sepultaron al pueblo co-
dicioso.
35 De Kibrot-hataava partió el pueblo a Hazerot,
y se quedó en Hazerot.

María y Aarón murmuran contra Moisés

12 1 María y Aarón hablaron contra Moisés
a causa de la mujer cusita que había to-
mado; porque él había tomado mujer cusita.
2 Y dijeron: ¿Solamente por Moisés ha hablado
Jehová? ¿No ha hablado también por nosotros?
Y lo oyó Jehová.
3 Y aquel varón Moisés era muy manso, más que
todos los hombres que había sobre la tierra.
4 Luego dijo Jehová a Moisés, a Aarón y a Ma-
ría: Salid vosotros tres al tabernáculo de reu-
nión. Y salieron ellos tres.
5 Entonces Jehová descendió en la columna
de la nube, y se puso a la puerta del taber-
náculo, y llamó a Aarón y a María; y salieron
ambos.
6 Y él les dijo: Oíd ahora mis palabras. Cuando
haya entre vosotros profeta de Jehová, le apare-
ceré en visión, en sueños hablaré con él.
7 No así a mi siervo Moisés, que es fiel en toda
mi casa.[a]
8 Cara a cara hablaré con él, y claramente, y no
por figuras; y verá la apariencia de Jehová. ¿Por
qué, pues, no tuvisteis temor de hablar contra
mi siervo Moisés?
9 Entonces la ira de Jehová se encendió con-
tra ellos; y se fue.
10 Y la nube se apartó del tabernáculo, y he aquí
que María estaba leprosa como la nieve; y miró
Aarón a María, y he aquí que estaba leprosa.
11 Y dijo Aarón a Moisés: ¡Ah! señor mío, no pon-
gas ahora sobre nosotros este pecado; porque lo-
camente hemos actuado, y hemos pecado.
12 No quede ella ahora como el que nace muer-
to, que al salir del vientre de su madre, tiene ya
medio consumida su carne.
13 Entonces Moisés clamó a Jehová, diciendo:
Te ruego, oh Dios, que la sanes ahora.
14 Respondió Jehová a Moisés: Pues si su padre
hubiera escupido en su rostro, ¿no se avergon-
zaría por siete días? Sea echada fuera del cam-
pamento por siete días,[b] y después volverá a la
congregación.
15 Así María fue echada del campamento siete
días; y el pueblo no pasó adelante hasta que se
reunió María con ellos.
16 Después el pueblo partió de Hazerot, y acam-
paron en el desierto de Parán.

Misión de los doce espías

13 1 Y Jehová habló a Moisés, diciendo:
2 Envía tú hombres que reconozcan la
tierra de Canaán, la cual yo doy a los hijos de Is-
rael; de cada tribu de sus padres enviaréis un
varón, cada uno príncipe entre ellos.
3 Y Moisés los envió desde el desierto de Parán,
conforme a la palabra de Jehová; y todos aque-
llos varones eran príncipes de los hijos de Israel.
4 Estos son sus nombres: De la tribu de Rubén,
Samúa hijo de Zacur.
5 De la tribu de Simeón, Safat hijo de Horí.
6 De la tribu de Judá, Caleb hijo de Jefone.
7 De la tribu de Isacar, Igal hijo de José.
8 De la tribu de Efraín, Oseas hijo de Nun.
9 De la tribu de Benjamín, Palti hijo de Rafú.
10 De la tribu de Zabulón, Gadiel hijo de Sodi.
11 De la tribu de José: de la tribu de Manasés,
Gadi hijo de Susi.
12 De la tribu de Dan, Amiel hijo de Gemali.
13 De la tribu de Aser, Setur hijo de Micael.
14 De la tribu de Neftalí, Nahbi hijo de Vapsi.
15 De la tribu de Gad, Geuel hijo de Maqui.
16 Estos son los nombres de los varones que
Moisés envió a reconocer la tierra; y a Oseas
hijo de Nun le puso Moisés el nombre de Josué.
17 Los envió, pues, Moisés a reconocer la tie-
rra de Canaán, diciéndoles: Subid de aquí al Ne-
guev, y subid al monte,
18 y observad la tierra cómo es, y el pueblo que la
habita, si es fuerte o débil, si poco o numeroso;
19 cómo es la tierra habitada, si es buena o
mala; y cómo son las ciudades habitadas, si son
campamentos o plazas fortificadas;
20 y cómo es el terreno, si es fértil o estéril, si en
él hay árboles o no; y esforzaos, y tomad del fru-
to del país. Y era el tiempo de las primeras uvas.
21 Y ellos subieron, y reconocieron la tierra
desde el desierto de Zin hasta Rehob, entrando
en Hamat.
22 Y subieron al Neguev y vinieron hasta He-
brón; y allí estaban Ahimán, Sesai y Talmai, hi-
jos de Anac. Hebrón fue edificada siete años
antes de Zoán en Egipto.
23 Y llegaron hasta el arroyo de Escol, y de allí
cortaron un sarmiento con un racimo de uvas, el
cual trajeron dos en un palo, y de las granadas y
de los higos.

11.34: [3] Esto es, *Tumbas de los codiciosos.* **12.7:** [a] He. 3.2.
12.14: [b] Nm. 5.2-3.

24 Y se llamó aquel lugar el Valle de Escol,[a] por el racimo que cortaron de allí los hijos de Israel.

25 Y volvieron de reconocer la tierra al fin de cuarenta días.

26 Y anduvieron y vinieron a Moisés y a Aarón, y a toda la congregación de los hijos de Israel, en el desierto de Parán, en Cades, y dieron la información a ellos y a toda la congregación, y les mostraron el fruto de la tierra.

27 Y les contaron, diciendo: Nosotros llegamos a la tierra a la cual nos enviaste, la que ciertamente fluye leche y miel; y este es el fruto de ella.

28 Mas el pueblo que habita aquella tierra es fuerte, y las ciudades muy grandes y fortificadas; y también vimos allí a los hijos de Anac.

29 Amalec habita el Neguev, y el heteo, el jebuseo y el amorreo habitan en el monte, y el cananeo habita junto al mar, y a la ribera del Jordán.

30 Entonces Caleb hizo callar al pueblo delante de Moisés, y dijo: Subamos luego, y tomemos posesión de ella; porque más podremos nosotros que ellos.

31 Mas los varones que subieron con él, dijeron: No podremos subir contra aquel pueblo, porque es más fuerte que nosotros.

32 Y hablaron mal entre los hijos de Israel, de la tierra que habían reconocido, diciendo: La tierra por donde pasamos para reconocerla, es tierra que traga a sus moradores; y todo el pueblo que vimos en medio de ella son hombres de grande estatura.

33 También vimos allí gigantes,[a] hijos de Anac, raza de los gigantes, y éramos nosotros, a nuestro parecer, como langostas; y así les parecíamos a ellos.

Los israelitas se rebelan contra Jehová

14 1 Entonces toda la congregación gritó, y dio voces; y el pueblo lloró aquella noche.

2 Y se quejaron contra Moisés y contra Aarón todos los hijos de Israel; y les dijo toda la multitud: ¡Ojalá muriéramos en la tierra de Egipto; o en este desierto ojalá muriéramos!

3 ¿Y por qué nos trae Jehová a esta tierra para caer a espada, y que nuestras mujeres y nuestros niños sean por presa? ¿No nos sería mejor volvernos a Egipto?

4 Y decían el uno al otro: Designemos un capitán, y volvámonos a Egipto.

5 Entonces Moisés y Aarón se postraron sobre sus rostros delante de toda la multitud de la congregación de los hijos de Israel.

6 Y Josué hijo de Nun y Caleb hijo de Jefone, que eran de los que habían reconocido la tierra, rompieron sus vestidos,

7 y hablaron a toda la congregación de los hijos de Israel, diciendo: La tierra por donde pasamos para reconocerla, es tierra en gran manera buena.

8 Si Jehová se agradare de nosotros, él nos llevará a esta tierra, y nos la entregará; tierra que fluye leche y miel.

9 Por tanto, no seáis rebeldes contra Jehová,[a] ni temáis al pueblo de esta tierra; porque nosotros los comeremos como pan; su amparo se ha apartado de ellos, y con nosotros está Jehová; no los temáis.

10 Entonces toda la multitud habló de apedrearlos.

Pero la gloria de Jehová se mostró en el tabernáculo de reunión a todos los hijos de Israel,

11 y Jehová dijo a Moisés: ¿Hasta cuándo me ha de irritar este pueblo? ¿Hasta cuándo no me creerán, con todas las señales que he hecho en medio de ellos?

12 Yo los heriré de mortandad y los destruiré, y a ti te pondré sobre gente más grande y más fuerte que ellos.

13 Pero Moisés respondió a Jehová: Lo oirán luego los egipcios, porque de en medio de ellos sacaste a este pueblo con tu poder;

14 y lo dirán a los habitantes de esta tierra, los cuales han oído que tú, oh Jehová, estabas en medio de este pueblo, que cara a cara aparecías tú, oh Jehová, y que tu nube estaba sobre ellos, y que de día ibas delante de ellos en columna de nube, y de noche en columna de fuego;

15 y que has hecho morir a este pueblo como a un solo hombre; y las gentes que hubieren oído tu fama hablarán, diciendo:

16 Por cuanto no pudo Jehová meter este pueblo en la tierra de la cual les había jurado, los mató en el desierto.

17 Ahora, pues, yo te ruego que sea magnificado el poder del Señor, como lo hablaste, diciendo:

18 Jehová, tardo para la ira y grande en misericordia, que perdona la iniquidad y la rebelión, aunque de ningún modo tendrá por inocente al culpable; que visita la maldad de los padres sobre los hijos hasta los terceros y hasta los cuartos.[b]

19 Perdona ahora la iniquidad de este pueblo según la grandeza de tu misericordia, y como has perdonado a este pueblo desde Egipto hasta aquí.[c]

Jehová castiga a Israel

20 Entonces Jehová dijo: Yo lo he perdonado conforme a tu dicho.

21 Mas tan ciertamente como vivo yo, y mi gloria llena toda la tierra,

22 todos los que vieron mi gloria y mis señales que he hecho en Egipto y en el desierto, y me han tentado ya diez veces, y no han oído mi voz,

23 no verán la tierra de la cual juré a sus padres; no, ninguno de los que me han irritado la verá.[d]

13.24: [a] Esto es, *del Racimo.* **13.33:** [a] Gn. 6.4.
14.9: [a] He. 3.16. **14.18:** [b] Ex. 20.5-6; 34.6-7; Dt. 5.9-10; 7.9-10. **14.13-19:** [c] Ex. 32.11-14. **14.21-23:** [d] He. 3.18.

24 Pero a mi siervo Caleb, por cuanto hubo en él
otro espíritu, y decidió ir en pos de mí, yo le me-
teré en la tierra donde entró, y su descendencia
la tendrá en posesión.[e]
25 Ahora bien, el amalecita y el cananeo habitan
en el valle; volveos mañana y salid al desierto,
camino del Mar Rojo.
26 Y Jehová habló a Moisés y a Aarón, diciendo:
27 ¿Hasta cuándo oiré esta depravada multitud
que murmura contra mí, las querellas de los hi-
jos de Israel, que de mí se quejan?
28 Diles: Vivo yo, dice Jehová, que según habéis
hablado a mis oídos, así haré yo con vosotros.
29 En este desierto caerán vuestros cuerpos;[f]
todo el número de los que fueron contados de
entre vosotros, de veinte años arriba, los cuales
han murmurado contra mí.
30 Vosotros a la verdad no entraréis en la tierra,
por la cual alcé mi mano y juré que os haría ha-
bitar en ella; exceptuando a Caleb hijo de Jefo-
ne, y a Josué hijo de Nun.
31 Pero a vuestros niños, de los cuales dijisteis
que serían por presa, yo los introduciré, y ellos
conocerán la tierra que vosotros despreciasteis.
32 En cuanto a vosotros, vuestros cuerpos cae-
rán en este desierto.
33 Y vuestros hijos andarán pastoreando en el
desierto cuarenta años,[g] y ellos llevarán vues-
tras rebeldías, hasta que vuestros cuerpos sean
consumidos en el desierto.
34 Conforme al número de los días, de los cua-
renta días en que reconocisteis la tierra, lleva-
réis vuestras iniquidades cuarenta años, un año
por cada día; y conoceréis mi castigo.
35 Yo Jehová he hablado; así haré a toda esta mul-
titud perversa que se ha juntado contra mí; en
este desierto serán consumidos, y ahí morirán.

Muerte de los diez espías malvados

36 Y los varones que Moisés envió a reconocer
la tierra, y que al volver habían hecho murmu-
rar contra él a toda la congregación, desacredi-
tando aquel país,
37 aquellos varones que habían hablado mal de
la tierra, murieron de plaga delante de Jehová.
38 Pero Josué hijo de Nun y Caleb hijo de Jefone
quedaron con vida, de entre aquellos hombres
que habían ido a reconocer la tierra.

La derrota en Horma

39 Y Moisés dijo estas cosas a todos los hijos
de Israel, y el pueblo se enlutó mucho.
40 Y se levantaron por la mañana y subieron a la
cumbre del monte, diciendo: Henos aquí para
subir al lugar del cual ha hablado Jehová; por-
que hemos pecado.
41 Y dijo Moisés: ¿Por qué quebrantáis el manda-
miento de Jehová? Esto tampoco os saldrá bien.
42 No subáis, porque Jehová no está en medio
de vosotros, no seáis heridos delante de vues-
tros enemigos.
43 Porque el amalecita y el cananeo están allí
delante de vosotros, y caeréis a espada; pues
por cuanto os habéis negado a seguir a Jehová,
por eso no estará Jehová con vosotros.
44 Sin embargo, se obstinaron en subir a la cima
del monte; pero el arca del pacto de Jehová, y
Moisés, no se apartaron de en medio del campa-
mento.
45 Y descendieron el amalecita y el cananeo que
habitaban en aquel monte, y los hirieron y los
derrotaron, persiguiéndolos hasta Horma.

Leyes sobre las ofrendas

15 1 Jehová habló a Moisés, diciendo:
2 Habla a los hijos de Israel, y diles:
Cuando hayáis entrado en la tierra de vuestra
habitación que yo os doy,
3 y hagáis ofrenda encendida a Jehová, holo-
causto, o sacrificio, por especial voto, o de vues-
tra voluntad, o para ofrecer en vuestras fiestas
solemnes olor grato a Jehová, de vacas o de
ovejas;
4 entonces el que presente su ofrenda a Jehová
traerá como ofrenda la décima parte de un efa
de flor de harina, amasada con la cuarta parte
de un hin de aceite.
5 De vino para la libación ofrecerás la cuarta
parte de un hin, además del holocausto o del sa-
crificio, por cada cordero.
6 Por cada carnero harás ofrenda de dos déci-
mas de flor de harina, amasada con la tercera
parte de un hin de aceite;
7 y de vino para la libación ofrecerás la tercera
parte de un hin, en olor grato a Jehová.
8 Cuando ofrecieres novillo en holocausto o sa-
crificio, por especial voto, o de paz a Jehová,
9 ofrecerás con el novillo una ofrenda de tres
décimas de flor de harina, amasada con la mi-
tad de un hin de aceite;
10 y de vino para la libación ofrecerás la mitad
de un hin, en ofrenda encendida de olor grato a
Jehová.
11 Así se hará con cada buey, o carnero, o cor-
dero de las ovejas, o cabrito.
12 Conforme al número así haréis con cada uno,
según el número de ellos.
13 Todo natural hará estas cosas así, para ofre-
cer ofrenda encendida de olor grato a Jehová.
14 Y cuando habitare con vosotros extranjero, o
cualquiera que estuviere entre vosotros por vues-
tras generaciones, si hiciere ofrenda encendida
de olor grato a Jehová, como vosotros hiciereis,
así hará él.

14.24: [e] Jos. 14.9-12. **14.29:** [f] He. 3.17.
14.33: [g] Hch. 7.36.

15 Un mismo estatuto tendréis vosotros de la congregación y el extranjero que con vosotros mora; será estatuto perpetuo por vuestras generaciones; como vosotros, así será el extranjero delante de Jehová.

16 Una misma ley y un mismo decreto tendréis, vosotros y el extranjero que con vosotros mora.[a]

17 También habló Jehová a Moisés, diciendo:

18 Habla a los hijos de Israel, y diles: Cuando hayáis entrado en la tierra a la cual yo os llevo,

19 cuando comencéis a comer del pan de la tierra, ofreceréis ofrenda a Jehová.

20 De lo primero que amaséis, ofreceréis una torta en ofrenda; como la ofrenda de la era, así la ofreceréis.

21 De las primicias de vuestra masa daréis a Jehová ofrenda por vuestras generaciones.

22 Y cuando errareis, y no hiciereis todos estos mandamientos que Jehová ha dicho a Moisés,

23 todas las cosas que Jehová os ha mandado por medio de Moisés, desde el día que Jehová lo mandó, y en adelante por vuestras edades,

24 si el pecado fue hecho por yerro con ignorancia de la congregación, toda la congregación ofrecerá un novillo por holocausto en olor grato a Jehová, con su ofrenda y su libación conforme a la ley, y un macho cabrío en expiación.

25 Y el sacerdote hará expiación por toda la congregación de los hijos de Israel; y les será perdonado, porque yerro es; y ellos traerán sus ofrendas, ofrenda encendida a Jehová, y sus expiaciones delante de Jehová por sus yerros.

26 Y será perdonado a toda la congregación de los hijos de Israel, y al extranjero que mora entre ellos, por cuanto es yerro de todo el pueblo.

27 Si una persona pecare por yerro, ofrecerá una cabra de un año para expiación.

28 Y el sacerdote hará expiación por la persona que haya pecado por yerro; cuando pecare por yerro delante de Jehová, la reconciliará, y le será perdonado.[b]

29 El nacido entre los hijos de Israel, y el extranjero que habitare entre ellos, una misma ley tendréis para el que hiciere algo por yerro.

30 Mas la persona que hiciere algo con soberbia, así el natural como el extranjero, ultraja a Jehová; esa persona será cortada de en medio de su pueblo.

31 Por cuanto tuvo en poco la palabra de Jehová, y menospreció su mandamiento, enteramente será cortada esa persona; su iniquidad caerá sobre ella.

Lapidación de un violador del día de reposo

32 Estando los hijos de Israel en el desierto, hallaron a un hombre que recogía leña en día de reposo.*

33 Y los que le hallaron recogiendo leña, lo trajeron a Moisés y a Aarón, y a toda la congregación;

34 y lo pusieron en la cárcel, porque no estaba declarado qué se le había de hacer.

35 Y Jehová dijo a Moisés: Irremisiblemente muera aquel hombre; apedréelo toda la congregación fuera del campamento.

36 Entonces lo sacó la congregación fuera del campamento, y lo apedrearon, y murió, como Jehová mandó a Moisés.

Franjas en los vestidos

37 Y Jehová habló a Moisés, diciendo:

38 Habla a los hijos de Israel, y diles que se hagan franjas en los bordes de sus vestidos,[c] por sus generaciones; y pongan en cada franja de los bordes un cordón de azul.

39 Y os servirá de franja, para que cuando lo veáis os acordéis de todos los mandamientos de Jehová, para ponerlos por obra; y no miréis en pos de vuestro corazón y de vuestros ojos, en pos de los cuales os prostituyáis.

40 Para que os acordéis, y hagáis todos mis mandamientos, y seáis santos a vuestro Dios.

41 Yo Jehová vuestro Dios, que os saqué de la tierra de Egipto, para ser vuestro Dios. Yo Jehová vuestro Dios.

La rebelión de Coré

16 1 Coré hijo de Izhar, hijo de Coat, hijo de Leví, y Datán y Abiram hijos de Eliab, y On hijo de Pelet, de los hijos de Rubén, tomaron gente,

2 y se levantaron contra Moisés con doscientos cincuenta varones de los hijos de Israel, príncipes de la congregación, de los del consejo, varones de renombre.

3 Y se juntaron contra Moisés y Aarón y les dijeron: ¡Basta ya de vosotros! Porque toda la congregación, todos ellos son santos, y en medio de ellos está Jehová; ¿por qué, pues, os levantáis vosotros sobre la congregación de Jehová?

4 Cuando oyó esto Moisés, se postró sobre su rostro;

5 y habló a Coré y a todo su séquito, diciendo: Mañana mostrará Jehová quién es suyo, y quién es santo, y hará que se acerque a él; al que él escogiere, él lo acercará a sí.

6 Haced esto: tomaos incensarios, Coré y todo su séquito,

7 y poned fuego en ellos, y poned en ellos incienso delante de Jehová mañana; y el varón a quien Jehová escogiere, aquel será el santo; esto os baste, hijos de Leví.

8 Dijo más Moisés a Coré: Oíd ahora, hijos de Leví:

9 ¿Os es poco que el Dios de Israel os haya apartado de la congregación de Israel, acercándoos

* Aquí equivale a *sábado*.

15.16: [a] Lv. 24.22. **15.27-28:** [b] Lv. 4.27-31. **15.38:** [c] Dt. 22.12.

a él para que ministréis en el servicio del tabernáculo de Jehová, y estéis delante de la congregación para ministrarles,
10 y que te hizo acercar a ti, y a todos tus hermanos los hijos de Leví contigo? ¿Procuráis también el sacerdocio?
11 Por tanto, tú y todo tu séquito sois los que os juntáis contra Jehová; pues Aarón, ¿qué es, para que contra él murmuréis?
12 Y envió Moisés a llamar a Datán y Abiram, hijos de Eliab; mas ellos respondieron: No iremos allá.
13 ¿Es poco que nos hayas hecho venir de una tierra que destila leche y miel, para hacernos morir en el desierto, sino que también te enseñorees de nosotros imperiosamente?
14 Ni tampoco nos has metido tú en tierra que fluya leche y miel, ni nos has dado heredades de tierras y viñas. ¿Sacarás los ojos de estos hombres? No subiremos.
15 Entonces Moisés se enojó en gran manera, y dijo a Jehová: No mires a su ofrenda; ni aun un asno he tomado de ellos, ni a ninguno de ellos he hecho mal.
16 Después dijo Moisés a Coré: Tú y todo tu séquito, poneos mañana delante de Jehová; tú, y ellos, y Aarón;
17 y tomad cada uno su incensario y poned incienso en ellos, y acercaos delante de Jehová cada uno con su incensario, doscientos cincuenta incensarios; tú también, y Aarón, cada uno con su incensario.
18 Y tomó cada uno su incensario, y pusieron en ellos fuego, y echaron en ellos incienso, y se pusieron a la puerta del tabernáculo de reunión con Moisés y Aarón.
19 Ya Coré había hecho juntar contra ellos toda la congregación a la puerta del tabernáculo de reunión; entonces la gloria de Jehová apareció a toda la congregación.
20 Y Jehová habló a Moisés y a Aarón, diciendo:
21 Apartaos de entre esta congregación, y los consumiré en un momento.
22 Y ellos se postraron sobre sus rostros, y dijeron: Dios, Dios de los espíritus de toda carne, ¿no es un solo hombre el que pecó? ¿Por qué airarte contra toda la congregación?
23 Entonces Jehová habló a Moisés, diciendo:
24 Habla a la congregación y diles: Apartaos de en derredor de la tienda de Coré, Datán y Abiram.
25 Entonces Moisés se levantó y fue a Datán y a Abiram, y los ancianos de Israel fueron en pos de él.
26 Y él habló a la congregación, diciendo: Apartaos ahora de las tiendas de estos hombres impíos, y no toquéis ninguna cosa suya, para que no perezcáis en todos sus pecados.
27 Y se apartaron de las tiendas de Coré, de Datán y de Abiram en derredor; y Datán y Abiram salieron y se pusieron a las puertas de sus tiendas, con sus mujeres, sus hijos y sus pequeñuelos.
28 Y dijo Moisés: En esto conoceréis que Jehová me ha enviado para que hiciese todas estas cosas, y que no las hice de mi propia voluntad.
29 Si como mueren todos los hombres murieren éstos, o si ellos al ser visitados siguen la suerte de todos los hombres, Jehová no me envió.
30 Mas si Jehová hiciere algo nuevo, y la tierra abriere su boca y los tragare con todas sus cosas, y descendieren vivos al Seol, entonces conoceréis que estos hombres irritaron a Jehová.
31 Y aconteció que cuando cesó él de hablar todas estas palabras, se abrió la tierra que estaba debajo de ellos.
32 Abrió la tierra su boca, y los tragó a ellos, a sus casas, a todos los hombres de Coré, y a todos sus bienes.
33 Y ellos, con todo lo que tenían, descendieron vivos al Seol, y los cubrió la tierra, y perecieron de en medio de la congregación.
34 Y todo Israel, los que estaban en derredor de ellos, huyeron al grito de ellos; porque decían: No nos trague también la tierra.
35 También salió fuego de delante de Jehová, y consumió a los doscientos cincuenta hombres que ofrecían el incienso.
36 Entonces Jehová habló a Moisés, diciendo:
37 Di a Eleazar hijo del sacerdote Aarón, que tome los incensarios de en medio del incendio, y derrame más allá el fuego; porque son santificados
38 los incensarios de estos que pecaron contra sus almas; y harán de ellos planchas batidas para cubrir el altar; por cuanto ofrecieron con ellos delante de Jehová, son santificados, y serán como señal a los hijos de Israel.
39 Y el sacerdote Eleazar tomó los incensarios de bronce con que los quemados habían ofrecido; y los batieron para cubrir el altar,
40 en recuerdo para los hijos de Israel, de que ningún extraño que no sea de la descendencia de Aarón se acerque para ofrecer incienso delante de Jehová, para que no sea como Coré y como su séquito; según se lo dijo Jehová por medio de Moisés.
41 El día siguiente, toda la congregación de los hijos de Israel murmuró contra Moisés y Aarón, diciendo: Vosotros habéis dado muerte al pueblo de Jehová.
42 Y aconteció que cuando se juntó la congregación contra Moisés y Aarón, miraron hacia el tabernáculo de reunión, y he aquí la nube lo había cubierto, y apareció la gloria de Jehová.
43 Y vinieron Moisés y Aarón delante del tabernáculo de reunión.
44 Y Jehová habló a Moisés, diciendo:
45 Apartaos de en medio de esta congregación,

y los consumiré en un momento. Y ellos se pos-
traron sobre sus rostros.
46 Y dijo Moisés a Aarón: Toma el incensario, y
pon en él fuego del altar, y sobre él pon incienso,
y ve pronto a la congregación, y haz expiación
por ellos, porque el furor ha salido de la presen-
cia de Jehová; la mortandad ha comenzado.
47 Entonces tomó Aarón el incensario, como
Moisés dijo, y corrió en medio de la congrega-
ción; y he aquí que la mortandad había comen-
zado en el pueblo; y él puso incienso, e hizo
expiación por el pueblo,
48 y se puso entre los muertos y los vivos; y cesó
la mortandad.
49 Y los que murieron en aquella mortandad
fueron catorce mil setecientos, sin los muertos
por la rebelión de Coré.
50 Después volvió Aarón a Moisés a la puerta
del tabernáculo de reunión, cuando la mortan-
dad había cesado.

La vara de Aarón florece

17 1 Luego habló Jehová a Moisés, diciendo:
2 Habla a los hijos de Israel, y toma de
ellos una vara por cada casa de los padres, de
todos los príncipes de ellos, doce varas confor-
me a las casas de sus padres; y escribirás el
nombre de cada uno sobre su vara.
3 Y escribirás el nombre de Aarón sobre la vara
de Leví; porque cada jefe de familia de sus pa-
dres tendrá una vara.
4 Y las pondrás en el tabernáculo de reunión de-
lante del testimonio, donde yo me manifestaré a
vosotros.
5 Y florecerá la vara del varón que yo escoja, y
haré cesar de delante de mí las quejas de los hi-
jos de Israel con que murmuran contra vosotros.
6 Y Moisés habló a los hijos de Israel, y todos los
príncipes de ellos le dieron varas; cada príncipe
por las casas de sus padres una vara, en total
doce varas; y la vara de Aarón estaba entre las
varas de ellos.
7 Y Moisés puso las varas delante de Jehová en
el tabernáculo del testimonio.
8 Y aconteció que el día siguiente vino Moisés
al tabernáculo del testimonio; y he aquí que la
vara de Aarón de la casa de Leví había reverde-
cido, y echado flores, y arrojado renuevos, y
producido almendras.
9 Entonces sacó Moisés todas las varas de delan-
te de Jehová a todos los hijos de Israel; y ellos lo
vieron, y tomaron cada uno su vara.
10 Y Jehová dijo a Moisés: Vuelve la vara de Aa-
rón delante del testimonio,[a] para que se guarde
por señal a los hijos rebeldes; y harás cesar sus
quejas de delante de mí, para que no mueran.
11 E hizo Moisés como le mandó Jehová, así lo
hizo.
12 Entonces los hijos de Israel hablaron a Moi-
sés, diciendo: He aquí nosotros somos muertos,
perdidos somos, todos nosotros somos perdidos.
13 Cualquiera que se acercare, el que viniere al
tabernáculo de Jehová, morirá. ¿Acabaremos
por perecer todos?

Sostenimiento de sacerdotes y levitas

18 1 Jehová dijo a Aarón: Tú y tus hijos, y la
casa de tu padre contigo, llevaréis el pe-
cado del santuario; y tú y tus hijos contigo lle-
varéis el pecado de vuestro sacerdocio.
2 Y a tus hermanos también, la tribu de Leví, la
tribu de tu padre, haz que se acerquen a ti y se
junten contigo, y te servirán; y tú y tus hijos con-
tigo serviréis delante del tabernáculo del testi-
monio.
3 Y guardarán lo que tú ordenes, y el cargo de
todo el tabernáculo; mas no se acercarán a los
utensilios santos ni al altar, para que no mueran
ellos y vosotros.
4 Se juntarán, pues, contigo, y tendrán el cargo
del tabernáculo de reunión en todo el servicio
del tabernáculo; ningún extraño se ha de acer-
car a vosotros.
5 Y tendréis el cuidado del santuario, y el cuida-
do del altar, para que no venga más la ira sobre
los hijos de Israel.
6 Porque he aquí, yo he tomado a vuestros her-
manos los levitas de entre los hijos de Israel, da-
dos a vosotros en don de Jehová, para que sirvan
en el ministerio del tabernáculo de reunión.
7 Mas tú y tus hijos contigo guardaréis vuestro
sacerdocio en todo lo relacionado con el altar, y
del velo adentro, y ministraréis. Yo os he dado
en don el servicio de vuestro sacerdocio; y el ex-
traño que se acercare, morirá.
8 Dijo más Jehová a Aarón: He aquí yo te he
dado también el cuidado de mis ofrendas; todas
las cosas consagradas de los hijos de Israel te he
dado por razón de la unción, y a tus hijos, por
estatuto perpetuo.
9 Esto será tuyo de la ofrenda de las cosas san-
tas, reservadas del fuego; toda ofrenda de ellos,
todo presente suyo, y toda expiación por el pe-
cado de ellos, y toda expiación por la culpa de
ellos, que me han de presentar, será cosa muy
santa para ti y para tus hijos.
10 En el santuario la comerás; todo varón come-
rá de ella; cosa santa será para ti.
11 Esto también será tuyo: la ofrenda elevada de
sus dones, y todas las ofrendas mecidas de los
hijos de Israel, he dado a ti y a tus hijos y a tus
hijas contigo, por estatuto perpetuo; todo lim-
pio en tu casa comerá de ellas.
12 De aceite, de mosto y de trigo, todo lo más es-

17.8-10: [a] He. 9.4.

cogido, las primicias de ello, que presentarán a Jehová, para ti las he dado.

13 Las primicias de todas las cosas de la tierra de ellos, las cuales traerán a Jehová, serán tuyas; todo limpio en tu casa comerá de ellas.

14 Todo lo consagrado por voto[a] en Israel será tuyo.

15 Todo lo que abre matriz, de toda carne que ofrecerán a Jehová, así de hombres como de animales, será tuyo; pero harás que se redima el primogénito del hombre; también harás redimir el primogénito de animal inmundo.

16 De un mes harás efectuar el rescate de ellos, conforme a tu estimación, por el precio de cinco siclos, conforme al siclo del santuario, que es de veinte geras.

17 Mas el primogénito de vaca, el primogénito de oveja y el primogénito de cabra, no redimirás; santificados son; la sangre de ellos rociarás sobre el altar, y quemarás la grosura de ellos, ofrenda encendida en olor grato a Jehová.

18 Y la carne de ellos será tuya; como el pecho de la ofrenda mecida y como la espaldilla derecha, será tuya.

19 Todas las ofrendas elevadas de las cosas santas, que los hijos de Israel ofrecieren a Jehová, las he dado para ti, y para tus hijos y para tus hijas contigo, por estatuto perpetuo; pacto de sal perpetuo es delante de Jehová para ti y para tu descendencia contigo.

20 Y Jehová dijo a Aarón: De la tierra de ellos no tendrás heredad, ni entre ellos tendrás parte. Yo soy tu parte y tu heredad en medio de los hijos de Israel.

21 Y he aquí yo he dado a los hijos de Leví todos los diezmos[b] en Israel por heredad, por su ministerio, por cuanto ellos sirven en el ministerio del tabernáculo de reunión.

22 Y no se acercarán más los hijos de Israel al tabernáculo de reunión, para que no lleven pecado por el cual mueran.

23 Mas los levitas harán el servicio del tabernáculo de reunión, y ellos llevarán su iniquidad; estatuto perpetuo para vuestros descendientes; y no poseerán heredad entre los hijos de Israel.

24 Porque a los levitas he dado por heredad los diezmos de los hijos de Israel, que ofrecerán a Jehová en ofrenda; por lo cual les he dicho: Entre los hijos de Israel no poseerán heredad.

25 Y habló Jehová a Moisés, diciendo:

26 Así hablarás a los levitas, y les dirás: Cuando toméis de los hijos de Israel los diezmos que os he dado de ellos por vuestra heredad, vosotros presentaréis de ellos en ofrenda mecida a Jehová el diezmo de los diezmos.

27 Y se os contará vuestra ofrenda como grano de la era, y como producto del lagar.

28 Así ofreceréis también vosotros ofrenda a Jehová de todos vuestros diezmos que recibáis de los hijos de Israel; y daréis de ellos la ofrenda de Jehová al sacerdote Aarón.

29 De todos vuestros dones ofreceréis toda ofrenda a Jehová; de todo lo mejor de ellos ofreceréis la porción que ha de ser consagrada.

30 Y les dirás: Cuando ofreciereis lo mejor de ellos, será contado a los levitas como producto de la era, y como producto del lagar.

31 Y lo comeréis en cualquier lugar, vosotros y vuestras familias; pues es vuestra remuneración por vuestro ministerio en el tabernáculo de reunión.

32 Y no llevaréis pecado por ello, cuando hubiereis ofrecido la mejor parte de él; y no contaminaréis las cosas santas de los hijos de Israel, y no moriréis.

La purificación de los inmundos

19 1 Jehová habló a Moisés y a Aarón, diciendo:

2 Esta es la ordenanza de la ley que Jehová ha prescrito, diciendo: Di a los hijos de Israel que te traigan una vaca alazana, perfecta, en la cual no haya falta, sobre la cual no se haya puesto yugo;

3 y la daréis a Eleazar el sacerdote, y él la sacará fuera del campamento, y la hará degollar en su presencia.

4 Y Eleazar el sacerdote tomará de la sangre con su dedo, y rociará hacia la parte delantera del tabernáculo de reunión con la sangre de ella siete veces;

5 y hará quemar la vaca ante sus ojos; su cuero y su carne y su sangre, con su estiércol, hará quemar.

6 Luego tomará el sacerdote madera de cedro, e hisopo, y escarlata, y lo echará en medio del fuego en que arde la vaca.

7 El sacerdote lavará luego sus vestidos, lavará también su cuerpo con agua, y después entrará en el campamento; y será inmundo el sacerdote hasta la noche.

8 Asimismo el que la quemó lavará sus vestidos en agua, también lavará en agua su cuerpo, y será inmundo hasta la noche.

9 Y un hombre limpio recogerá las cenizas de la vaca y las pondrá fuera del campamento en lugar limpio, y las guardará la congregación de los hijos de Israel para el agua de purificación; es una expiación.[a]

10 Y el que recogió las cenizas de la vaca lavará sus vestidos, y será inmundo hasta la noche; y será estatuto perpetuo para los hijos de Israel, y para el extranjero que mora entre ellos.

11 El que tocare cadáver de cualquier persona será inmundo siete días.

18.14: [a] Lv. 27.28. **18.21:** [b] Lv. 27.30-33; Dt. 14.22-29.
19.9: [a] He. 9.13.

12 Al tercer día se purificará con aquella agua, y al séptimo día será limpio; y si al tercer día no se purificare, no será limpio al séptimo día.

13 Todo aquel que tocare cadáver de cualquier persona, y no se purificare, el tabernáculo de Jehová contaminó, y aquella persona será cortada de Israel; por cuanto el agua de la purificación no fue rociada sobre él, inmundo será, y su inmundicia será sobre él.

14 Esta es la ley para cuando alguno muera en la tienda: cualquiera que entre en la tienda, y todo el que esté en ella, será inmundo siete días.

15 Y toda vasija abierta, cuya tapa no esté bien ajustada, será inmunda;

16 y cualquiera que tocare algún muerto a espada sobre la faz del campo, o algún cadáver, o hueso humano, o sepulcro, siete días será inmundo.

17 Y para el inmundo tomarán de la ceniza de la vaca quemada de la expiación, y echarán sobre ella agua corriente en un recipiente;

18 y un hombre limpio tomará hisopo, y lo mojará en el agua, y rociará sobre la tienda, sobre todos los muebles, sobre las personas que allí estuvieren, y sobre aquel que hubiere tocado el hueso, o el asesinado, o el muerto, o el sepulcro.

19 Y el limpio rociará sobre el inmundo al tercero y al séptimo día; y cuando lo haya purificado al día séptimo, él lavará luego sus vestidos, y a sí mismo se lavará con agua, y será limpio a la noche.

20 Y el que fuere inmundo, y no se purificare, la tal persona será cortada de entre la congregación, por cuanto contaminó el tabernáculo de Jehová; no fue rociada sobre él el agua de la purificación; es inmundo.

21 Les será estatuto perpetuo; también el que rociare el agua de la purificación lavará sus vestidos; y el que tocare el agua de la purificación será inmundo hasta la noche.

22 Y todo lo que el inmundo tocare, será inmundo; y la persona que lo tocare será inmunda hasta la noche.

Agua de la roca

20 1 Llegaron los hijos de Israel, toda la congregación, al desierto de Zin, en el mes primero, y acampó el pueblo en Cades; y allí murió María, y allí fue sepultada.

2 Y porque no había agua para la congregación, se juntaron contra Moisés y Aarón.

3 Y habló el pueblo contra Moisés, diciendo: ¡Ojalá hubiéramos muerto cuando perecieron nuestros hermanos delante de Jehová!

4 ¿Por qué hiciste venir la congregación de Jehová a este desierto, para que muramos aquí nosotros y nuestras bestias?

5 ¿Y por qué nos has hecho subir de Egipto, para traernos a este mal lugar? No es lugar de sementera, de higueras, de viñas ni de granadas; ni aun de agua para beber.

6 Y se fueron Moisés y Aarón de delante de la congregación a la puerta del tabernáculo de reunión, y se postraron sobre sus rostros; y la gloria de Jehová apareció sobre ellos.

7 Y habló Jehová a Moisés, diciendo:

8 Toma la vara, y reúne la congregación, tú y Aarón tu hermano, y hablad a la peña a vista de ellos; y ella dará su agua, y les sacarás aguas de la peña, y darás de beber a la congregación y a sus bestias.

9 Entonces Moisés tomó la vara de delante de Jehová, como él le mandó.

10 Y reunieron Moisés y Aarón a la congregación delante de la peña, y les dijo: ¡Oíd ahora, rebeldes! ¿Os hemos de hacer salir aguas de esta peña?

11 Entonces alzó Moisés su mano y golpeó la peña con su vara dos veces; y salieron muchas aguas, y bebió la congregación, y sus bestias.

12 Y Jehová dijo a Moisés y a Aarón: Por cuanto no creísteis en mí, para santificarme delante de los hijos de Israel, por tanto, no meteréis esta congregación en la tierra que les he dado.

13 Estas son las aguas de la rencilla,[5] por las cuales contendieron los hijos de Israel con Jehová, y él se santificó en ellos.[a]

Edom rehúsa dar paso a Israel

14 Envió Moisés embajadores al rey de Edom desde Cades, diciendo: Así dice Israel tu hermano: Tú has sabido todo el trabajo que nos ha venido;

15 cómo nuestros padres descendieron a Egipto, y estuvimos en Egipto largo tiempo, y los egipcios nos maltrataron, y a nuestros padres;

16 y clamamos a Jehová, el cual oyó nuestra voz, y envió un ángel, y nos sacó de Egipto; y he aquí estamos en Cades, ciudad cercana a tus fronteras.

17 Te rogamos que pasemos por tu tierra. No pasaremos por labranza, ni por viña, ni beberemos agua de pozos; por el camino real iremos, sin apartarnos a diestra ni a siniestra, hasta que hayamos pasado tu territorio.

18 Edom le respondió: No pasarás por mi país; de otra manera, saldré contra ti armado.

19 Y los hijos de Israel dijeron: Por el camino principal iremos; y si bebiéremos tus aguas yo y mis ganados, daré el precio de ellas; déjame solamente pasar a pie, nada más.

20 Pero él respondió: No pasarás. Y salió Edom contra él con mucho pueblo, y mano fuerte.

21 No quiso, pues, Edom dejar pasar a Israel por su territorio, y se desvió Israel de él.

20.13: [5] Heb. *Meriba.* **20.2-13:** [a] Ex. 17.1-7.

Aarón muere en el Monte Hor

22 Y partiendo de Cades los hijos de Israel,
toda aquella congregación, vinieron al monte
de Hor.
23 Y Jehová habló a Moisés y a Aarón en el mon-
te de Hor, en la frontera de la tierra de Edom, di-
ciendo:
24 Aarón será reunido a su pueblo, pues no en-
trará en la tierra que yo di a los hijos de Israel,
por cuanto fuisteis rebeldes a mi mandamiento
en las aguas de la rencilla.
25 Toma a Aarón y a Eleazar su hijo, y hazlos
subir al monte de Hor,
26 y desnuda a Aarón de sus vestiduras, y viste
con ellas a Eleazar su hijo; porque Aarón será
reunido a su pueblo, y allí morirá.
27 Y Moisés hizo como Jehová le mandó; y
subieron al monte de Hor a la vista de toda la
congregación.
28 Y Moisés desnudó a Aarón de sus vestiduras,
y se las vistió a Eleazar su hijo; y Aarón murió
allí en la cumbre del monte,[b] y Moisés y Eleazar
descendieron del monte.
29 Y viendo toda la congregación que Aarón ha-
bía muerto, le hicieron duelo por treinta días to-
das la familias de Israel.

El rey de Arad ataca a Israel

21 1 Cuando el cananeo, el rey de Arad, que
habitaba en el Neguev, oyó que venía Is-
rael[a] por el camino de Atarim, peleó contra Is-
rael, y tomó de él prisioneros.
2 Entonces Israel hizo voto a Jehová, y dijo: Si
en efecto entregares este pueblo en mi mano, yo
destruiré sus ciudades.
3 Y Jehová escuchó la voz de Israel, y entregó al
cananeo, y los destruyó a ellos y a sus ciudades;
y llamó el nombre de aquel lugar Horma.[6]

La serpiente de bronce

4 Después partieron del monte de Hor, cami-
no del Mar Rojo, para rodear la tierra de Edom;[b]
y se desanimó el pueblo por el camino.
5 Y habló el pueblo contra Dios y contra Moisés:
¿Por qué nos hiciste subir de Egipto para que
muramos en este desierto? Pues no hay pan ni
agua, y nuestra alma tiene fastidio de este pan
tan liviano.
6 Y Jehová envió entre el pueblo serpientes ar-
dientes, que mordían al pueblo; y murió mucho
pueblo de Israel.
7 Entonces el pueblo vino a Moisés y dijo: He-
mos pecado por haber hablado contra Jehová, y
contra ti; ruega a Jehová que quite de nosotros
estas serpientes. Y Moisés oró por el pueblo.
8 Y Jehová dijo a Moisés: Hazte una serpiente
ardiente, y ponla sobre una asta; y cualquiera
que fuere mordido y mirare a ella, vivirá.
9 Y Moisés hizo una serpiente de bronce, y la
puso sobre una asta;[c] y cuando alguna serpiente
mordía a alguno, miraba a la serpiente de bron-
ce, y vivía.

Los israelitas rodean la tierra de Moab

10 Después partieron los hijos de Israel y
acamparon en Obot.
11 Y partiendo de Obot, acamparon en Ije-aba-
rim, en el desierto que está enfrente de Moab, al
nacimiento del sol.
12 Partieron de allí, y acamparon en el valle de
Zered.
13 De allí partieron, y acamparon al otro lado de
Arnón, que está en el desierto, y que sale del te-
rritorio del amorreo; porque Arnón es límite de
Moab, entre Moab y el amorreo.
14 Por tanto se dice en el libro de las batallas de
Jehová:
Lo que hizo en el Mar Rojo,
Y en los arroyos de Arnón;
15 Y a la corriente de los arroyos
Que va a parar en Ar,
Y descansa en el límite de Moab.
16 De allí vinieron a Beer:[7] este es el pozo del
cual Jehová dijo a Moisés: Reúne al pueblo, y les
daré agua.
17 Entonces, cantó Israel este cántico:
Sube, oh pozo; a él cantad;
18 Pozo, el cual cavaron los señores.
Lo cavaron los príncipes del pueblo,
Y el legislador, con sus báculos.
Del desierto vinieron a Matana,
19 y de Matana a Nahaliel, y de Nahaliel a Ba-
mot;
20 y de Bamot al valle que está en los campos de
Moab, y a la cumbre de Pisga, que mira hacia el
desierto.

Israel derrota a Sehón

21 Entonces envió Israel embajadores a
Sehón rey de los amorreos, diciendo:
22 Pasaré por tu tierra; no nos iremos por los
sembrados, ni por las viñas; no beberemos las
aguas de los pozos; por el camino real iremos,
hasta que pasemos tu territorio.
23 Mas Sehón no dejó pasar a Israel por su terri-
torio, sino que juntó Sehón todo su pueblo y sa-
lió contra Israel en el desierto, y vino a Jahaza y
peleó contra Israel.
24 Y lo hirió Israel a filo de espada, y tomó su
tierra desde Arnón hasta Jaboc, hasta los hijos
de Amón; porque la frontera de los hijos de
Amón era fuerte.

20.28: [b] Nm. 33.38; Dt. 10.6. **21.1:** [a] Nm. 33.40.
21.3: [6] Esto es, *Destrucción*. **21.4:** [b] Dt. 2.1.
21.9: [c] Jn. 3.14. **21.16:** [7] Esto es, *Pozo*.

25 Y tomó Israel todas estas ciudades, y habitó
Israel en todas las ciudades del amorreo, en
Hesbón y en todas sus aldeas.
26 Porque Hesbón era la ciudad de Sehón rey de
los amorreos, el cual había tenido guerra antes
con el rey de Moab, y tomado de su poder toda
su tierra hasta Arnón.
27 Por tanto dicen los proverbistas:
Venid a Hesbón,
Edifíquese y repárese la ciudad de Sehón.
28 Porque fuego salió de Hesbón,
Y llama de la ciudad de Sehón,
Y consumió a Ar de Moab,
A los señores de las alturas de Arnón.
29 ¡Ay de ti, Moab!
Pereciste, pueblo de Quemos.
Fueron puestos sus hijos en huida,
Y sus hijas en cautividad,
Por Sehón rey de los amorreos.
30 Mas devastamos el reino de ellos;
Pereció Hesbón hasta Dibón,
Y destruimos hasta Nofa y Medeba.

Israel derrota a Og de Basán

31 Así habitó Israel en la tierra del amorreo.
32 También envió Moisés a reconocer a Jazer; y
tomaron sus aldeas, y echaron al amorreo que
estaba allí.
33 Y volvieron, y subieron camino de Basán; y
salió contra ellos Og rey de Basán, él y todo su
pueblo, para pelear en Edrei.
34 Entonces Jehová dijo a Moisés: No le tengas
miedo, porque en tu mano lo he entregado, a él
y a todo su pueblo, y a su tierra; y harás de él
como hiciste de Sehón rey de los amorreos, que
habitaba en Hesbón.
35 E hirieron a él y a sus hijos, y a toda su gente,
sin que le quedara uno, y se apoderaron de su
tierra.

Balac manda llamar a Balaam

22 1 Partieron los hijos de Israel, y acampa-
ron en los campos de Moab junto al Jor-
dán, frente a Jericó.
2 Y vio Balac hijo de Zipor todo lo que Israel ha-
bía hecho al amorreo.
3 Y Moab tuvo gran temor a causa del pueblo,
porque era mucho; y se angustió Moab a causa
de los hijos de Israel.
4 Y dijo Moab a los ancianos de Madián: Ahora
lamerá esta gente todos nuestros contornos,
como lame el buey la grama del campo. Y Balac
hijo de Zipor era entonces rey de Moab.
5 Por tanto, envió mensajeros a Balaam hijo de
Beor, en Petor, que está junto al río en la tierra de
los hijos de su pueblo, para que lo llamasen, di-
ciendo: Un pueblo ha salido de Egipto, y he aquí
cubre la faz de la tierra, y habita delante de mí.
6 Ven pues, ahora, te ruego, maldíceme este
pueblo, porque es más fuerte que yo; quizá yo
pueda herirlo y echarlo de la tierra; pues yo sé
que el que tú bendigas será bendito, y el que tú
maldigas será maldito.
7 Fueron los ancianos de Moab y los ancianos
de Madián con las dádivas de adivinación en su
mano, y llegaron a Balaam y le dijeron las pala-
bras de Balac.
8 El les dijo: Reposad aquí esta noche, y yo os
daré respuesta según Jehová me hablare. Así los
príncipes de Moab se quedaron con Balaam.
9 Y vino Dios a Balaam, y le dijo: ¿Qué varones
son estos que están contigo?
10 Y Balaam respondió a Dios: Balac hijo de Zi-
por, rey de Moab, ha enviado a decirme:
11 He aquí, este pueblo que ha salido de Egipto
cubre la faz de la tierra; ven pues, ahora, y mal-
dícemelo; quizá podré pelear contra él y echarlo.
12 Entonces dijo Dios a Balaam: No vayas con
ellos, ni maldigas al pueblo, porque bendito es.
13 Así Balaam se levantó por la mañana y dijo
a los príncipes de Balac: Volveos a vuestra tie-
rra, porque Jehová no me quiere dejar ir con vo-
sotros.
14 Y los príncipes de Moab se levantaron, y vi-
nieron a Balac y dijeron: Balaam no quiso venir
con nosotros.
15 Volvió Balac a enviar otra vez más prínci-
pes, y más honorables que los otros;
16 los cuales vinieron a Balaam, y le dijeron: Así
dice Balac, hijo de Zipor: Te ruego que no dejes
de venir a mí;
17 porque sin duda te honraré mucho, y haré
todo lo que me digas; ven, pues, ahora, maldíce-
me a este pueblo.
18 Y Balaam respondió y dijo a los siervos de Ba-
lac: Aunque Balac me diese su casa llena de plata
y oro, no puedo traspasar la palabra de Jehová
mi Dios para hacer cosa chica ni grande.
19 Os ruego, por tanto, ahora, que reposéis aquí
esta noche, para que yo sepa qué me vuelve a
decir Jehová.
20 Y vino Dios a Balaam de noche, y le dijo: Si
vinieron para llamarte estos hombres, levántate
y vete con ellos; pero harás lo que yo te diga.

El ángel y el asna de Balaam

21 Así Balaam se levantó por la mañana, y
enalbardó su asna y fue con los príncipes de
Moab.
22 Y la ira de Dios se encendió porque él iba; y el
ángel de Jehová se puso en el camino por adver-
sario suyo. Iba, pues, él montado sobre su asna,
y con él dos criados suyos.
23 Y el asna vio al ángel de Jehová, que estaba
en el camino con su espada desnuda en su
mano; y se apartó el asna del camino, e iba por

el campo. Entonces azotó Balaam al asna para
hacerla volver al camino.
24 Pero el ángel de Jehová se puso en una sen-
da de viñas que tenía pared a un lado y pared al
otro.
25 Y viendo el asna al ángel de Jehová, se pegó a
la pared, y apretó contra la pared el pie de Ba-
laam; y él volvió a azotarla.
26 Y el ángel de Jehová pasó más allá, y se puso
en una angostura donde no había camino para
apartarse ni a derecha ni a izquierda.
27 Y viendo el asna al ángel de Jehová, se echó
debajo de Balaam; y Balaam se enojó y azotó al
asna con un palo.
28 Entonces Jehová abrió la boca al asna, la cual
dijo a Balaam: ¿Qué te he hecho, que me has
azotado estas tres veces?
29 Y Balaam respondió al asna: Porque te has
burlado de mí. ¡Ojalá tuviera espada en mi
mano, que ahora te mataría!
30 Y el asna dijo a Balaam: ¿No soy yo tu asna?
Sobre mí has cabalgado desde que tú me tienes
hasta este día; ¿he acostumbrado hacerlo así
contigo? Y él respondió: No.
31 Entonces Jehová abrió los ojos de Balaam, y
vio al ángel de Jehová que estaba en el camino, y
tenía su espada desnuda en su mano. Y Balaam
hizo reverencia, y se inclinó sobre su rostro.
32 Y el ángel de Jehová le dijo: ¿Por qué has azo-
tado tu asna estas tres veces? He aquí yo he sali-
do para resistirte, porque tu camino es perverso
delante de mí.
33 El asna me ha visto, y se ha apartado luego de
delante de mí estas tres veces; y si de mí no se
hubiera apartado, yo también ahora te mataría
a ti, y a ella dejaría viva.
34 Entonces Balaam dijo al ángel de Jehová: He
pecado, porque no sabía que tú te ponías delan-
te de mí en el camino; mas ahora, si te parece
mal, yo me volveré.
35 Y el ángel de Jehová dijo a Balaam: Ve con
esos hombres; pero la palabra que yo te diga,
esa hablarás. Así Balaam fue con los príncipes
de Balac.
36 Oyendo Balac que Balaam venía, salió a reci-
birlo a la ciudad de Moab, que está junto al límite
de Arnón, que está al extremo de su territorio.
37 Y Balac dijo a Balaam: ¿No envié yo a llamar-
te? ¿Por qué no has venido a mí? ¿No puedo yo
honrarte?
38 Balaam respondió a Balac: He aquí yo he ve-
nido a ti; mas ¿podré ahora hablar alguna cosa?
La palabra que Dios pusiere en mi boca, esa
hablaré.
39 Y fue Balaam con Balac, y vinieron a Quiriat-
huzot.
40 Y Balac hizo matar bueyes y ovejas, y envió a
Balaam, y a los príncipes que estaban con él.

Balaam bendice a Israel

41 El día siguiente, Balac tomó a Balaam y lo
hizo subir a Bamot-baal, y desde allí vio a los
más cercanos del pueblo.

23 1 Y Balaam dijo a Balac: Edifícame aquí
siete altares, y prepárame aquí siete be-
cerros y siete carneros.
2 Balac hizo como le dijo Balaam; y ofrecieron
Balac y Balaam un becerro y un carnero en cada
altar.
3 Y Balaam dijo a Balac: Ponte junto a tu holo-
causto, y yo iré; quizá Jehová me vendrá al en-
cuentro, y cualquiera cosa que me mostrare, te
avisaré. Y se fue a un monte descubierto.
4 Y vino Dios al encuentro de Balaam, y éste le
dijo: Siete altares he ordenado, y en cada altar
he ofrecido un becerro y un carnero.
5 Y Jehová puso palabra en la boca de Balaam, y
le dijo: Vuelve a Balac, y dile así.
6 Y volvió a él, y he aquí estaba él junto a su ho-
locausto, él y todos los príncipes de Moab.
7 Y él tomó su parábola, y dijo:

De Aram me trajo Balac,
Rey de Moab, de los montes del oriente;
Ven, maldíceme a Jacob,
Y ven, execra a Israel.
8 ¿Por qué maldeciré yo al que Dios
no maldijo?
¿Y por qué he de execrar al que Jehová
no ha execrado?
9 Porque de la cumbre de las peñas lo veré,
Y desde los collados lo miraré;
He aquí un pueblo que habitará
confiado,[8]
Y no será contado entre las naciones.
10 ¿Quién contará el polvo de Jacob,
O el número de la cuarta parte de Israel?
Muera yo la muerte de los rectos,
Y mi postrimería sea como la suya.

11 Entonces Balac dijo a Balaam: ¿Qué me
has hecho? Te he traído para que maldigas a
mis enemigos, y he aquí has proferido bendi-
ciones.
12 El respondió y dijo: ¿No cuidaré de decir lo
que Jehová ponga en mi boca?
13 Y dijo Balac: Te ruego que vengas conmigo
a otro lugar desde el cual los veas; solamente los
más cercanos verás, y no los verás todos; y des-
de allí me los maldecirás.
14 Y lo llevó al campo de Zofim, a la cumbre de
Pisga, y edificó siete altares, y ofreció un bece-
rro y un carnero en cada altar.
15 Entonces él dijo a Balac: Ponte aquí junto a tu
holocausto, y yo iré a encontrar a Dios allí.
16 Y Jehová salió al encuentro de Balaam, y
puso palabra en su boca, y le dijo: Vuelve a Ba-
lac, y dile así.

23.9: [8] *O, solo.*

17 Y vino a él, y he aquí que él estaba junto a su
holocausto, y con él los príncipes de Moab; y le
dijo Balac: ¿Qué ha dicho Jehová?
18 Entonces él tomó su parábola, y dijo:
Balac, levántate y oye;
Escucha mis palabras, hijo de Zipor:
19 Dios no es hombre, para que mienta,
Ni hijo de hombre para que se arrepienta.
El dijo, ¿y no hará?
Habló, ¿y no lo ejecutará?
20 He aquí, he recibido orden de bendecir;
El dio bendición, y no podré revocarla.
21 No ha notado iniquidad en Jacob,
Ni ha visto perversidad en Israel.
Jehová su Dios está con él,
Y júbilo de rey en él.
22 Dios los ha sacado de Egipto;
Tiene fuerzas como de búfalo.
23 Porque contra Jacob no hay agüero,
Ni adivinación contra Israel.
Como ahora, será dicho de Jacob
y de Israel:
¡Lo que ha hecho Dios!
24 He aquí el pueblo que como león
se levantará,
Y como león se erguirá;
No se echará hasta que devore la presa,
Y beba la sangre de los muertos.
25 Entonces Balac dijo a Balaam: Ya que no lo
maldices, tampoco lo bendigas.
26 Balaam respondió y dijo a Balac: ¿No te he
dicho que todo lo que Jehová me diga, eso ten-
go que hacer?
27 Y dijo Balac a Balaam: Te ruego que vengas, te
llevaré a otro lugar; por ventura parecerá bien a
Dios que desde allí me lo maldigas.
28 Y Balac llevó a Balaam a la cumbre de Peor,
que mira hacia el desierto.[g]
29 Entonces Balaam dijo a Balac: Edifícame aquí
siete altares, y prepárame aquí siete becerros y
siete carneros.
30 Y Balac hizo como Balaam le dijo; y ofreció
un becerro y un carnero en cada altar.
24 1 Cuando vio Balaam que parecía bien a
Jehová que él bendijese a Israel, no fue,
como la primera y segunda vez, en busca de
agüero, sino que puso su rostro hacia el desierto;
2 y alzando sus ojos, vio a Israel alojado por sus
tribus; y el Espíritu de Dios vino sobre él.
3 Entonces tomó su parábola, y dijo:
Dijo Balaam hijo de Beor,
Y dijo el varón de ojos abiertos;
4 Dijo el que oyó los dichos de Dios,
El que vio la visión del Omnipotente;
Caído, pero abiertos los ojos:
5 ¡Cuán hermosas son tus tiendas,
oh Jacob,
Tus habitaciones, oh Israel!
6 Como arroyos están extendidas,
Como huertos junto al río,
Como áloes plantados por Jehová,
Como cedros junto a las aguas.
7 De sus manos destilarán aguas,
Y su descendencia será
en muchas aguas;
Enaltecerá su rey más que Agag,
Y su reino será engrandecido.
8 Dios lo sacó de Egipto;
Tiene fuerzas como de búfalo.
Devorará a las naciones enemigas,
Desmenuzará sus huesos,
Y las traspasará con sus saetas.
9 Se encorvará para echarse como león,
Y como leona; ¿quién lo despertará?[a]
Benditos los que te bendijeren,
Y malditos los que te maldijeren.[b]

Profecía de Balaam

10 Entonces se encendió la ira de Balac contra
Balaam, y batiendo sus manos le dijo: Para mal-
decir a mis enemigos te he llamado, y he aquí
los has bendecido ya tres veces.
11 Ahora huye a tu lugar; yo dije que te honraría,
mas he aquí que Jehová te ha privado de honra.
12 Y Balaam le respondió: ¿No lo declaré yo
también a tus mensajeros que me enviaste, di-
ciendo:
13 Si Balac me diese su casa llena de plata y oro,
yo no podré traspasar el dicho de Jehová para
hacer cosa buena ni mala de mi arbitrio, mas lo
que hable Jehová, eso diré yo?
14 He aquí, yo me voy ahora a mi pueblo; por
tanto, ven, te indicaré lo que este pueblo ha de
hacer a tu pueblo en los postreros días.
15 Y tomó su parábola, y dijo:
Dijo Balaam hijo de Beor,
Dijo el varón de ojos abiertos;
16 Dijo el que oyó los dichos de Jehová,
Y el que sabe la ciencia del Altísimo,
El que vio la visión del Omnipotente;
Caído, pero abiertos los ojos:
17 Lo veré, mas no ahora;
Lo miraré, mas no de cerca;
Saldrá ESTRELLA de Jacob,
Y se levantará cetro de Israel,
Y herirá las sienes de Moab,
Y destruirá a todos los hijos de Set.
18 Será tomada Edom,
Será también tomada Seir por sus
enemigos,
E Israel se portará varonilmente.
19 De Jacob saldrá el dominador,
Y destruirá lo que quedare
de la ciudad.

23.28: [g] O, *Jesimón.* **24.9:** [a] Gn. 49.9. [b] Gn. 12.3.

20 Y viendo a Amalec, tomó su parábola y dijo:
Amalec, cabeza de naciones;
Mas al fin perecerá para siempre.
21 Y viendo al ceneo, tomó su parábola y dijo:
Fuerte es tu habitación;
Pon en la peña tu nido;
22 Porque el ceneo será echado,
Cuando Asiria te llevará cautivo.
23 Tomó su parábola otra vez, y dijo:
¡Ay! ¿quién vivirá cuando hiciere Dios
estas cosas?
24 Vendrán naves de la costa
de Quitim,
Y afligirán a Asiria, afligirán también
a Heber;
Mas él también perecerá para siempre.
25 Entonces se levantó Balaam y se fue, y vol-
vió a su lugar; y también Balac se fue por su ca-
mino.

Israel acude a Baal-peor

25 1 Moraba Israel en Sitim; y el pueblo
empezó a fornicar con las hijas de Moab,
2 las cuales invitaban al pueblo a los sacrificios
de sus dioses; y el pueblo comió, y se inclinó a
sus dioses.
3 Así acudió el pueblo a Baal-peor; y el furor de
Jehová se encendió contra Israel.
4 Y Jehová dijo a Moisés: Toma a todos los prín-
cipes del pueblo, y ahórcalos ante Jehová delante
del sol, y el ardor de la ira de Jehová se apartará
de Israel.
5 Entonces Moisés dijo a los jueces de Israel:
Matad cada uno a aquellos de los vuestros que
se han juntado con Baal-peor.
6 Y he aquí un varón de los hijos de Israel vino
y trajo una madianita a sus hermanos, a ojos de
Moisés y de toda la congregación de los hijos de
Israel, mientras lloraban ellos a la puerta del ta-
bernáculo de reunión.
7 Y lo vio Finees hijo de Eleazar, hijo del sacer-
dote Aarón, y se levantó de en medio de la con-
gregación, y tomó una lanza en su mano;
8 y fue tras el varón de Israel a la tienda, y los
alanceó a ambos, al varón de Israel, y a la mujer
por su vientre. Y cesó la mortandad de los hijos
de Israel.
9 Y murieron de aquella mortandad veinticua-
tro mil.
10 Entonces Jehová habló a Moisés, diciendo:
11 Finees hijo de Eleazar, hijo del sacerdote Aa-
rón, ha hecho apartar mi furor de los hijos de Is-
rael, llevado de celo entre ellos; por lo cual yo
no he consumido en mi celo a los hijos de Israel.
12 Por tanto diles: He aquí yo establezco mi pac-
to de paz con él;
13 y tendrá él, y su descendencia después de él,
el pacto del sacerdocio perpetuo, por cuanto
tuvo celo por su Dios e hizo expiación por los hi-
jos de Israel.
14 Y el nombre del varón que fue muerto con
la madianita era Zimri hijo de Salu, jefe de una
familia de la tribu de Simeón.
15 Y el nombre de la mujer madianita muerta
era Cozbi hija de Zur, príncipe de pueblos, padre
de familia en Madián.
16 Y Jehová habló a Moisés, diciendo:
17 Hostigad a los madianitas, y heridlos,
18 por cuanto ellos os afligieron a vosotros con
sus ardides con que os han engañado en lo to-
cante a Baal-peor, y en lo tocante a Cozbi hija
del príncipe de Madián, su hermana, la cual fue
muerta el día de la mortandad por causa de
Baal-peor.

Censo del pueblo en Moab

26 1 Aconteció después de la mortandad,
que Jehová habló a Moisés y a Eleazar
hijo del sacerdote Aarón, diciendo:
2 Tomad el censo[a] de toda la congregación de
los hijos de Israel, de veinte años arriba, por las
casas de sus padres, todos los que pueden salir a
la guerra en Israel.
3 Y Moisés y el sacerdote Eleazar hablaron con
ellos en los campos de Moab, junto al Jordán
frente a Jericó, diciendo:
4 Contaréis el pueblo de veinte años arriba,
como mandó Jehová a Moisés y a los hijos de
Israel que habían salido de tierra de Egipto.
5 Rubén, primogénito de Israel; los hijos de
Rubén: de Enoc, la familia de los enoquitas; de
Falú, la familia de los faluitas;
6 de Hezrón, la familia de los hezronitas; de
Carmi, la familia de los carmitas.
7 Estas son las familias de los rubenitas; y fue-
ron contados de ellas cuarenta y tres mil sete-
cientos treinta.
8 Los hijos de Falú: Eliab.
9 Y los hijos de Eliab: Nemuel, Datán y Abiram.
Estos Datán y Abiram fueron los del consejo de
la congregación, que se rebelaron contra Moisés
y Aarón con el grupo de Coré, cuando se rebela-
ron contra Jehová;
10 y la tierra abrió su boca y los tragó a ellos y a
Coré, cuando aquel grupo murió, cuando con-
sumió el fuego a doscientos cincuenta varones,
para servir de escarmiento.
11 Mas los hijos de Coré no murieron.
12 Los hijos de Simeón por sus familias: de
Nemuel, la familia de los nemuelitas; de Jamín,
la familia de los jaminitas; de Jaquín, la familia
de los jaquinitas;
13 de Zera, la familia de los zeraítas; de Saúl, la
familia de los saulitas.

26.1-51: [a] Nm. 1.1-46.

14 Estas son las familias de los simeonitas, veintidós mil doscientos.
15 Los hijos de Gad por sus familias: de Zefón,
la familia de los zefonitas; de Hagui, la familia de
los haguitas; de Suni, la familia de los sunitas;
16 de Ozni, la familia de los oznitas; de Eri, la familia de los eritas;
17 de Arod, la familia de los aroditas; de Areli, la
familia de los arelitas.
18 Estas son las familias de Gad; y fueron contados de ellas cuarenta mil quinientos.
19 Los hijos de Judá: Er y Onán; y Er y Onán
murieron en la tierra de Canaán.
20 Y fueron los hijos de Judá por sus familias: de
Sela, la familia de los selaítas; de Fares, la familia de los faresitas; de Zera, la familia de los
zeraítas.
21 Y fueron los hijos de Fares: de Hezrón, la familia de los hezronitas; de Hamul, la familia de
los hamulitas.
22 Estas son las familias de Judá, y fueron contados de ellas setenta y seis mil quinientos.
23 Los hijos de Isacar por sus familias; de
Tola, la familia de los tolaítas; de Fúa, la familia
de los funitas;
24 de Jasub, la familia de los jasubitas; de Simrón, la familia de los simronitas.
25 Estas son las familias de Isacar, y fueron contados de ellas sesenta y cuatro mil trescientos.
26 Los hijos de Zabulón por sus familias: de
Sered, la familia de los sereditas; de Elón, la familia de los elonitas; de Jahleel, la familia de los
jahleelitas.
27 Estas son las familias de los zabulonitas, y
fueron contados de ellas sesenta mil quinientos.
28 Los hijos de José por sus familias: Manasés
y Efraín.
29 Los hijos de Manasés: de Maquir, la familia
de los maquiritas; y Maquir engendró a Galaad;
de Galaad, la familia de los galaaditas.
30 Estos son los hijos de Galaad: de Jezer, la familia de los jezeritas; de Helec, la familia de los
helequitas;
31 de Asriel, la familia de los asrielitas; de Siquem, la familia de los siquemitas;
32 de Semida, la familia de los semidaítas; de
Hefer, la familia de los heferitas.
33 Y Zelofehad hijo de Hefer no tuvo hijos sino
hijas; y los nombres de las hijas de Zelofehad
fueron Maala, Noa, Hogla, Milca y Tirsa.
34 Estas son las familias de Manasés; y fueron
contados de ellas cincuenta y dos mil setecientos.
35 Estos son los hijos de Efraín por sus familias: de Sutela, la familia de los sutelaítas; de
Bequer, la familia de los bequeritas; de Tahán, la
familia de los tahanitas.
36 Y estos son los hijos de Sutela: de Erán, la familia de los eranitas.
37 Estas son las familias de los hijos de Efraín; y
fueron contados de ellas treinta y dos mil quinientos. Estos son los hijos de José por sus familias.
38 Los hijos de Benjamín por sus familias: de
Bela, la familia de los belaítas; de Asbel, la familia de los asbelitas; de Ahiram, la familia de los
ahiramitas;
39 de Sufam, la familia de los sufamitas; de Hufam, la familia de los hufamitas.
40 Y los hijos de Bela fueron Ard y Naamán: de
Ard, la familia de los arditas; de Naamán, la familia de los naamitas.
41 Estos son los hijos de Benjamín por sus familias; y fueron contados de ellos cuarenta y cinco
mil seiscientos.
42 Estos son los hijos de Dan por sus familias:
de Súham, la familia de los suhamitas. Estas son
las familias de Dan por sus familias.
43 De las familias de los suhamitas fueron contados sesenta y cuatro mil cuatrocientos.
44 Los hijos de Aser por sus familias: de Imna,
la familia de los imnitas; de Isúi, la familia de
los isuitas; de Bería, la familia de los beriaítas.
45 Los hijos de Bería: de Heber, la familia de los
heberitas; de Malquiel, la familia de los malquielitas.
46 Y el nombre de la hija de Aser fue Sera.
47 Estas son las familias de los hijos de Aser; y
fueron contados de ellas cincuenta y tres mil
cuatrocientos.
48 Los hijos de Neftalí, por sus familias: de
Jahzeel, la familia de los jahzeelitas; de Guni, la
familia de los gunitas;
49 de Jezer, la familia de los jezeritas; de Silem,
la familia de los silemitas.
50 Estas son las familias de Neftalí por sus familias; y fueron contados de ellas cuarenta y cinco
mil cuatrocientos.
51 Estos son los contados de los hijos de Israel, seiscientos un mil setecientos treinta.

Orden para la repartición de la tierra

52 Y habló Jehová a Moisés, diciendo:
53 A éstos se repartirá la tierra en heredad, por
la cuenta de los nombres.
54 A los más darás mayor heredad, y a los menos menor; y a cada uno se le dará su heredad
conforme a sus contados.
55 Pero la tierra será repartida por suerte; y por los
nombres de las tribus de sus padres heredarán.
56 Conforme a la suerte será repartida su heredad entre el grande y el pequeño.[b]

Censo de la tribu de Leví

57 Los contados de los levitas por sus familias
son estos: de Gersón, la familia de los gersoni-

26.52-56: [b] Nm. 34.13; Jos. 14.1-2.

tas; de Coat, la familia de los coatitas; de Merari, la familia de los meraritas.
58 Estas son las familias de los levitas: la familia de los libnitas, la familia de los hebronitas, la familia de los mahlitas, la familia de los musitas, la familia de los coreítas. Y Coat engendró a Amram.
59 La mujer de Amram se llamó Jocabed, hija de Leví, que le nació a Leví en Egipto; ésta dio a luz de Amram a Aarón y a Moisés, y a María su hermana.
60 Y a Aarón le nacieron Nadab, Abiú, Eleazar e Itamar.[c]
61 Pero Nadab y Abiú murieron cuando ofrecieron fuego extraño delante de Jehová.[d]
62 De los levitas fueron contados veintitrés mil, todos varones de un mes arriba; porque no fueron contados entre los hijos de Israel, por cuanto no les había de ser dada heredad entre los hijos de Israel.

Caleb y Josué sobreviven

63 Estos son los contados por Moisés y el sacerdote Eleazar, los cuales contaron los hijos de Israel en los campos de Moab, junto al Jordán frente a Jericó.
64 Y entre éstos ninguno hubo de los contados por Moisés y el sacerdote Aarón, quienes contaron a los hijos de Israel en el desierto de Sinaí.
65 Porque Jehová había dicho de ellos: Morirán en el desierto;[e] y no quedó varón de ellos, sino Caleb hijo de Jefone y Josué hijo de Nun.

Petición de las hijas de Zelofehad

27 1 Vinieron las hijas de Zelofehad hijo de Hefer, hijo de Galaad, hijo de Maquir, hijo de Manasés, de las familias de Manasés hijo de José, los nombres de las cuales eran Maala, Noa, Hogla, Milca y Tirsa;
2 y se presentaron delante de Moisés y delante del sacerdote Eleazar, y delante de los príncipes y de toda la congregación, a la puerta del tabernáculo de reunión, y dijeron:
3 Nuestro padre murió en el desierto; y él no estuvo en la compañía de los que se juntaron contra Jehová en el grupo de Coré, sino que en su propio pecado murió, y no tuvo hijos.
4 ¿Por qué será quitado el nombre de nuestro padre de entre su familia, por no haber tenido hijo? Danos heredad entre los hermanos de nuestro padre.
5 Y Moisés llevó su causa delante de Jehová.
6 Y Jehová respondió a Moisés, diciendo:
7 Bien dicen las hijas de Zelofehad; les darás la posesión de una heredad entre los hermanos de su padre, y traspasarás la heredad de su padre a ellas.[a]
8 Y a los hijos de Israel hablarás, diciendo: Cuando alguno muriere sin hijos, traspasaréis su herencia a su hija.
9 Si no tuviere hija, daréis su herencia a sus hermanos;
10 y si no tuviere hermanos, daréis su herencia a los hermanos de su padre.
11 Y si su padre no tuviere hermanos, daréis su herencia a su pariente más cercano de su linaje, y de éste será; y para los hijos de Israel esto será por estatuto de derecho, como Jehová mandó a Moisés.

Josué es designado como sucesor de Moisés

12 Jehová dijo a Moisés: Sube a este monte Abarim, y verás la tierra que he dado a los hijos de Israel.
13 Y después que la hayas visto, tú también serás reunido a tu pueblo, como fue reunido tu hermano Aarón.
14 Pues fuisteis rebeldes a mi mandato en el desierto de Zin, en la rencilla de la congregación, no santificándome en las aguas a ojos de ellos.[b] Estas son las aguas de la rencilla de Cades en el desierto de Zin.
15 Entonces respondió Moisés a Jehová, diciendo:
16 Ponga Jehová, Dios de los espíritus de toda carne, un varón sobre la congregación,
17 que salga delante de ellos y que entre delante de ellos, que los saque y los introduzca, para que la congregación de Jehová no sea como ovejas sin pastor.
18 Y Jehová dijo a Moisés: Toma a Josué[c] hijo de Nun, varón en el cual hay espíritu, y pondrás tu mano sobre él;
19 y lo pondrás delante del sacerdote Eleazar, y delante de toda la congregación; y le darás el cargo en presencia de ellos.
20 Y pondrás de tu dignidad sobre él, para que toda la congregación de los hijos de Israel le obedezca.
21 El se pondrá delante del sacerdote Eleazar, y le consultará por el juicio del Urim[d] delante de Jehová; por el dicho de él saldrán, y por el dicho de él entrarán, él y todos los hijos de Israel con él, y toda la congregación.
22 Y Moisés hizo como Jehová le había mandado, pues tomó a Josué y lo puso delante del sacerdote Eleazar, y de toda la congregación;
23 y puso sobre él sus manos, y le dio el cargo,[e] como Jehová había mandado por mano de Moisés.

Las ofrendas diarias

28 1 Habló Jehová a Moisés, diciendo:
2 Manda a los hijos de Israel, y diles: Mi ofrenda, mi pan con mis ofrendas encendidas

26.60: [c] Nm. 3.2. **26.61:** [d] Lv. 10.1-2; Nm. 3.4.
26.65: [e] Nm. 14.26-35. **27.7:** [a] Nm. 36.2.
27.12-14: [b] Dt. 3.23-27; 32.48-52. **27.18:** [c] Ex. 24.13.
27.21: [d] Ex. 28.30; 1 S. 28.6. **27.23:** [e] Dt. 31.23.

en olor grato a mí, guardaréis, ofreciéndomelo a
su tiempo.
3 Y les dirás: Esta es la ofrenda encendida que
ofreceréis a Jehová: dos corderos sin tacha de
un año, cada día, será el holocausto continuo.
4 Un cordero ofrecerás por la mañana, y el otro
cordero ofrecerás a la caída de la tarde;
5 y la décima parte de un efa de flor de harina,
amasada con un cuarto de un hin de aceite de
olivas machacadas, en ofrenda.
6 Es holocausto continuo, que fue ordenado en
el monte Sinaí para olor grato, ofrenda encendi-
da a Jehová.
7 Y su libación, la cuarta parte de un hin con
cada cordero; derramarás libación de vino su-
perior ante Jehová en el santuario.
8 Y ofrecerás el segundo cordero a la caída de la
tarde; conforme a la ofrenda de la mañana y
conforme a su libación ofrecerás, ofrenda en-
cendida en olor grato a Jehová.

Ofrendas mensuales y del día de reposo

9 Mas el día de reposo,* dos corderos de un
año sin defecto, y dos décimas de flor de harina
amasada con aceite, como ofrenda, con su
libación.
10 Es el holocausto de cada día de reposo,* ade-
más del holocausto continuo y su libación.[a]
11 Al comienzo de vuestros meses ofreceréis
en holocausto a Jehová dos becerros de la vaca-
da, un carnero, y siete corderos de un año sin
defecto;
12 y tres décimas de flor de harina amasada con
aceite, como ofrenda con cada becerro; y dos
décimas de flor de harina amasada con aceite,
como ofrenda con cada carnero;
13 y una décima de flor de harina amasada con
aceite, en ofrenda que se ofrecerá con cada cor-
dero; holocausto de olor grato, ofrenda encen-
dida a Jehová.
14 Y sus libaciones de vino, medio hin con cada
becerro, y la tercera parte de un hin con cada
carnero, y la cuarta parte de un hin con cada
cordero. Este es el holocausto de cada mes por
todos los meses del año.
15 Y un macho cabrío en expiación se ofrecerá a
Jehová, además del holocausto continuo con su
libación.

Ofrendas de las fiestas solemnes

16 Pero en el mes primero, a los catorce días
del mes, será la pascua de Jehová.[b]
17 Y a los quince días de este mes, la fiesta so-
lemne; por siete días se comerán panes sin leva-
dura.[c]
18 El primer día será santa convocación; ningu-
na obra de siervos haréis.
19 Y ofreceréis como ofrenda encendida en ho-
locausto a Jehová, dos becerros de la vacada, y
un carnero, y siete corderos de un año; serán sin
defecto.
20 Y su ofrenda de harina amasada con aceite:
tres décimas con cada becerro, y dos décimas
con cada carnero;
21 y con cada uno de los siete corderos ofrece-
réis una décima.
22 Y un macho cabrío por expiación, para recon-
ciliaros.
23 Esto ofreceréis además del holocausto de la
mañana, que es el holocausto continuo.
24 Conforme a esto ofreceréis cada uno de los
siete días, vianda y ofrenda encendida en olor
grato a Jehová; se ofrecerá además del holo-
causto continuo, con su libación.
25 Y el séptimo día tendréis santa convocación;
ninguna obra de siervos haréis.
26 Además, el día de las primicias, cuando
presentéis ofrenda nueva a Jehová en vuestras
semanas,[d] tendréis santa convocación; ninguna
obra de siervos haréis.
27 Y ofreceréis en holocausto, en olor grato a
Jehová, dos becerros de la vacada, un carnero,
siete corderos de un año;
28 y la ofrenda de ellos, flor de harina amasada
con aceite, tres décimas con cada becerro, dos
décimas con cada carnero,
29 y con cada uno de los siete corderos una déci-
ma;
30 y un macho cabrío para hacer expiación por
vosotros.
31 Los ofreceréis, además del holocausto conti-
nuo con sus ofrendas, y sus libaciones; serán sin
defecto.
29 1 En el séptimo mes, el primero del mes,
tendréis santa convocación; ninguna
obra de siervos haréis; os será día de sonar las
trompetas.
2 Y ofreceréis holocausto en olor grato a Jehová,
un becerro de la vacada, un carnero, siete cor-
deros de un año sin defecto;
3 y la ofrenda de ellos, de flor de harina amasa-
da con aceite, tres décimas de efa con cada be-
cerro, dos décimas con cada carnero,
4 y con cada uno de los siete corderos, una dé-
cima;
5 y un macho cabrío por expiación, para recon-
ciliaros,
6 además del holocausto del mes y su ofrenda, y
el holocausto continuo y su ofrenda, y sus liba-
ciones conforme a su ley, como ofrenda encen-
dida a Jehová en olor grato.
7 En el diez de este mes séptimo tendréis san-

* Aquí equivale a *sábado*.
28.9-10: [a] Mt. 12.5. **28.16:** [b] Ex. 12.1-13; Dt. 16.1-2.
28.17-25: [c] Ex. 12.14-20; 23.15; 34.18; Dt. 16.3-8.
28.26-31: [d] Ex. 23.16; 34.22; Dt. 16.9-12.

ta convocación, y afligiréis vuestras almas;[a] ninguna obra haréis;
8 y ofreceréis en holocausto a Jehová en olor grato, un becerro de la vacada, un carnero, y siete corderos de un año; serán sin defecto.
9 Y sus ofrendas, flor de harina amasada con aceite, tres décimas de efa con cada becerro, dos décimas con cada carnero,
10 y con cada uno de los siete corderos, una décima;
11 y un macho cabrío por expiación; además de la ofrenda de las expiaciones por el pecado, y del holocausto continuo y de sus ofrendas y de sus libaciones.

12 También a los quince días del mes séptimo tendréis santa convocación; ninguna obra de siervos haréis, y celebraréis fiesta solemne a Jehová por siete días.[b]
13 Y ofreceréis en holocausto, en ofrenda encendida a Jehová en olor grato, trece becerros de la vacada, dos carneros, y catorce corderos de un año; han de ser sin defecto.
14 Y las ofrendas de ellos, de flor de harina amasada con aceite, tres décimas de efa con cada uno de los trece becerros, dos décimas con cada uno de los dos carneros,
15 y con cada uno de los catorce corderos, una décima;
16 y un macho cabrío por expiación, además del holocausto continuo, su ofrenda y su libación.

17 El segundo día, doce becerros de la vacada, dos carneros, catorce corderos de un año sin defecto,
18 y sus ofrendas y sus libaciones con los becerros, con los carneros y con los corderos, según el número de ellos, conforme a la ley;
19 y un macho cabrío por expiación; además del holocausto continuo, y su ofrenda y su libación.

20 El día tercero, once becerros, dos carneros, catorce corderos de un año sin defecto;
21 y sus ofrendas y sus libaciones con los becerros, con los carneros y con los corderos, según el número de ellos, conforme a la ley;
22 y un macho cabrío por expiación, además del holocausto continuo, y su ofrenda y su libación.

23 El cuarto día, diez becerros, dos carneros, catorce corderos de un año sin defecto;
24 sus ofrendas y sus libaciones con los becerros, con los carneros y con los corderos, según el número de ellos, conforme a la ley;
25 y un macho cabrío por expiación; además del holocausto continuo, su ofrenda y su libación.

26 El quinto día, nueve becerros, dos carneros, catorce corderos de un año sin defecto;
27 y sus ofrendas y sus libaciones con los becerros, con los carneros y con los corderos, según el número de ellos, conforme a la ley;
28 y un macho cabrío por expiación, además del holocausto continuo, su ofrenda y su libación.

29 El sexto día, ocho becerros, dos carneros, catorce corderos de un año sin defecto;
30 y sus ofrendas y sus libaciones con los becerros, con los carneros y con los corderos, según el número de ellos, conforme a la ley;
31 y un macho cabrío por expiación, además del holocausto continuo, su ofrenda y su libación.

32 El séptimo día, siete becerros, dos carneros, catorce corderos de un año sin defecto;
33 y sus ofrendas y sus libaciones con los becerros, con los carneros y con los corderos, según el número de ellos, conforme a la ley;
34 y un macho cabrío por expiación, además del holocausto continuo, con su ofrenda y su libación.

35 El octavo día tendréis solemnidad; ninguna obra de siervos haréis.
36 Y ofreceréis en holocausto, en ofrenda encendida de olor grato a Jehová, un becerro, un carnero, siete corderos de un año sin defecto;
37 sus ofrendas y sus libaciones con el becerro, con el carnero y con los corderos, según el número de ellos, conforme a la ley;
38 y un macho cabrío por expiación, además del holocausto continuo, con su ofrenda y su libación.

39 Estas cosas ofreceréis a Jehová en vuestras fiestas solemnes, además de vuestros votos, y de vuestras ofrendas voluntarias, para vuestros holocaustos, y para vuestras ofrendas, y para vuestras libaciones, y para vuestras ofrendas de paz.

40 Y Moisés dijo a los hijos de Israel conforme a todo lo que Jehová le había mandado.

Ley de los votos

30 1 Habló Moisés a los príncipes de las tribus de los hijos de Israel, diciendo: Esto es lo que Jehová ha mandado.
2 Cuando alguno hiciere voto a Jehová, o hiciere juramento ligando su alma con obligación, no quebrantará su palabra; hará conforme a todo lo que salió de su boca.[a]
3 Mas la mujer, cuando hiciere voto a Jehová, y se ligare con obligación en casa de su padre, en su juventud;
4 si su padre oyere su voto, y la obligación con que ligó su alma, y su padre callare a ello, todos los votos de ella serán firmes, y toda obligación con que hubiere ligado su alma, firme será.
5 Mas si su padre le vedare el día que oyere todos sus votos y sus obligaciones con que ella hubiere ligado su alma, no serán firmes; y Jehová la perdonará, por cuanto su padre se lo vedó.

29.7-11: [a] Lv. 16.29-34. **29.12-38:** [b] Ex. 23.16; 34.22; Dt. 16.13-15. **30.2:** [a] Dt. 23.21-23; Mt. 5.33.

6 Pero si fuere casada e hiciere votos, o pronunciare de sus labios cosa con que obligue su alma;

7 si su marido lo oyere, y cuando lo oyere callare a ello, los votos de ella serán firmes, y la obligación con que ligó su alma, firme será.

8 Pero si cuando su marido lo oyó, le vedó, entonces el voto que ella hizo, y lo que pronunció de sus labios con que ligó su alma, será nulo; y Jehová la perdonará.

9 Pero todo voto de viuda o repudiada, con que ligare su alma, será firme.

10 Y si hubiere hecho voto en casa de su marido, y hubiere ligado su alma con obligación de juramento,

11 si su marido oyó, y calló a ello y no le vedó, entonces todos sus votos serán firmes, y toda obligación con que hubiere ligado su alma, firme será.

12 Mas si su marido los anuló el día que los oyó, todo lo que salió de sus labios cuanto a sus votos, y cuanto a la obligación de su alma, será nulo; su marido los anuló, y Jehová la perdonará.

13 Todo voto, y todo juramento obligándose a afligir el alma, su marido lo confirmará, o su marido lo anulará.

14 Pero si su marido callare a ello de día en día, entonces confirmó todos sus votos, y todas las obligaciones que están sobre ella; los confirmó, por cuanto calló a ello el día que lo oyó.

15 Mas si los anulare después de haberlos oído, entonces él llevará el pecado de ella.

16 Estas son las ordenanzas que Jehová mandó a Moisés entre el varón y su mujer, y entre el padre y su hija durante su juventud en casa de su padre.

Venganza de Israel contra Madián

31 1 Jehová habló a Moisés, diciendo:

2 Haz la venganza de los hijos de Israel contra los madianitas; después serás recogido a tu pueblo.

3 Entonces Moisés habló al pueblo, diciendo: Armaos algunos de vosotros para la guerra, y vayan contra Madián y hagan la venganza de Jehová en Madián.

4 Mil de cada tribu de todas las tribus de los hijos de Israel, enviaréis a la guerra.

5 Así fueron dados de los millares de Israel, mil por cada tribu, doce mil en pie de guerra.

6 Y Moisés los envió a la guerra; mil de cada tribu envió; y Finees hijo del sacerdote Eleazar fue a la guerra con los vasos del santuario, y con las trompetas en su mano para tocar.

7 Y pelearon contra Madián, como Jehová lo mandó a Moisés, y mataron a todo varón.

8 Mataron también, entre los muertos de ellos, a los reyes de Madián, Evi, Requem, Zur, Hur y Reba, cinco reyes de Madián; también a Balaam hijo de Beor mataron a espada.

9 Y los hijos de Israel llevaron cautivas a las mujeres de los madianitas, a sus niños, y todas sus bestias y todos sus ganados; y arrebataron todos sus bienes,

10 e incendiaron todas sus ciudades, aldeas y habitaciones.

11 Y tomaron todo el despojo, y todo el botín, así de hombres como de bestias.

12 Y trajeron a Moisés y al sacerdote Eleazar, y a la congregación de los hijos de Israel, los cautivos y el botín y los despojos al campamento, en los llanos de Moab, que están junto al Jordán frente a Jericó.

13 Y salieron Moisés y el sacerdote Eleazar, y todos los príncipes de la congregación, a recibirlos fuera del campamento.

14 Y se enojó Moisés contra los capitanes del ejército, contra los jefes de millares y de centenas que volvían de la guerra,

15 y les dijo Moisés: ¿Por qué habéis dejado con vida a todas las mujeres?

16 He aquí, por consejo de Balaam ellas fueron causa de que los hijos de Israel prevaricasen contra Jehová en lo tocante a Baal-peor,[a] por lo que hubo mortandad en la congregación de Jehová.

17 Matad, pues, ahora a todos los varones de entre los niños; matad también a toda mujer que haya conocido varón carnalmente.

18 Pero a todas las niñas entre las mujeres, que no hayan conocido varón, las dejaréis con vida.

19 Y vosotros, cualquiera que haya dado muerte a persona, y cualquiera que haya tocado muerto, permaneced fuera del campamento siete días, y os purificaréis al tercer día y al séptimo, vosotros y vuestros cautivos.

20 Asimismo purificaréis todo vestido, y toda prenda de pieles, y toda obra de pelo de cabra, y todo utensilio de madera.

Repartición del botín

21 Y el sacerdote Eleazar dijo a los hombres de guerra que venían de la guerra: Esta es la ordenanza de la ley que Jehová ha mandado a Moisés:

22 Ciertamente el oro y la plata, el bronce, hierro, estaño y plomo,

23 todo lo que resiste el fuego, por fuego lo haréis pasar, y será limpio, bien que en las aguas de purificación habrá de purificarse; y haréis pasar por agua todo lo que no resiste el fuego.

24 Además lavaréis vuestros vestidos el séptimo día, y así seréis limpios; y después entraréis en el campamento.

31.16: [a] Nm. 25.1-9.

25 Y Jehová habló a Moisés, diciendo:
26 Toma la cuenta del botín que se ha hecho, así
de las personas como de las bestias, tú y el
sacerdote Eleazar, y los jefes de los padres de la
congregación;
27 y partirás por mitades el botín entre los que
pelearon, los que salieron a la guerra, y toda la
congregación.
28 Y apartarás para Jehová el tributo de los
hombres de guerra que salieron a la guerra; de
quinientos, uno, así de las personas como de los
bueyes, de los asnos y de las ovejas.
29 De la mitad de ellos lo tomarás; y darás al
sacerdote Eleazar la ofrenda de Jehová.
30 Y de la mitad perteneciente a los hijos de Is-
rael tomarás uno de cada cincuenta de las per-
sonas, de los bueyes, de los asnos, de las ovejas
y de todo animal, y los darás a los levitas, que
tienen la guarda del tabernáculo de Jehová.
31 E hicieron Moisés y el sacerdote Eleazar como
Jehová mandó a Moisés.
32 Y fue el botín, el resto del botín que toma-
ron los hombres de guerra, seiscientas setenta y
cinco mil ovejas,
33 setenta y dos mil bueyes,
34 y sesenta y un mil asnos.
35 En cuanto a personas, de mujeres que no ha-
bían conocido varón, eran por todas treinta y
dos mil.
36 Y la mitad, la parte de los que habían salido a
la guerra, fue el número de trescientas treinta y
siete mil quinientas ovejas;
37 y el tributo de las ovejas para Jehová fue seis-
cientas setenta y cinco.
38 De los bueyes, treinta y seis mil; y de ellos el
tributo para Jehová, setenta y dos.
39 De los asnos, treinta mil quinientos; y de ellos
el tributo para Jehová, sesenta y uno.
40 Y de las personas, dieciséis mil; y de ellas el
tributo para Jehová, treinta y dos personas.
41 Y dio Moisés el tributo, para ofrenda elevada
a Jehová, al sacerdote Eleazar, como Jehová lo
mandó a Moisés.
42 Y de la mitad para los hijos de Israel, que
apartó Moisés de los hombres que habían ido a
la guerra
43 (la mitad para la congregación fue: de las
ovejas, trescientas treinta y siete mil quinientas;
44 de los bueyes, treinta y seis mil;
45 de los asnos, treinta mil quinientos;
46 y de las personas, dieciséis mil);
47 de la mitad, pues, para los hijos de Israel, tomó
Moisés uno de cada cincuenta, así de las personas
como de los animales, y los dio a los levitas, que
tenían la guarda del tabernáculo de Jehová, como
Jehová lo había mandado a Moisés.
48 Vinieron a Moisés los jefes de los millares de
aquel ejército, los jefes de millares y de centenas,
49 y dijeron a Moisés: Tus siervos han tomado ra-
zón de los hombres de guerra que están en nues-
tro poder, y ninguno ha faltado de nosotros.
50 Por lo cual hemos ofrecido a Jehová ofrenda,
cada uno de lo que ha hallado, alhajas de oro,
brazaletes, manillas, anillos, zarcillos y cade-
nas, para hacer expiación por nuestras almas
delante de Jehová.
51 Y Moisés y el sacerdote Eleazar recibieron el
oro de ellos, alhajas, todas elaboradas.
52 Y todo el oro de la ofrenda que ofrecieron a
Jehová los jefes de millares y de centenas fue
dieciséis mil setecientos cincuenta siclos.
53 Los hombres del ejército habían tomado bo-
tín cada uno para sí.
54 Recibieron, pues, Moisés y el sacerdote Elea-
zar el oro de los jefes de millares y de centenas,
y lo trajeron al tabernáculo de reunión, por me-
moria de los hijos de Israel delante de Jehová.

Rubén y Gad se establecen al oriente del Jordán

32 1 Los hijos de Rubén y los hijos de Gad
tenían una muy inmensa muchedumbre
de ganado; y vieron la tierra de Jazer y de Ga-
laad, y les pareció el país lugar de ganado.
2 Vinieron, pues, los hijos de Gad y los hijos de
Rubén, y hablaron a Moisés y al sacerdote Elea-
zar, y a los príncipes de la congregación, di-
ciendo:
3 Atarot, Dibón, Jazer, Nimra, Hesbón, Eleale,
Sebam, Nebo y Beón,
4 la tierra que Jehová hirió delante de la congre-
gación de Israel, es tierra de ganado, y tus sier-
vos tienen ganado.
5 Por tanto, dijeron, si hallamos gracia en tus
ojos, dése esta tierra a tus siervos en heredad, y
no nos hagas pasar el Jordán.
6 Y respondió Moisés a los hijos de Gad y a los
hijos de Rubén: ¿Irán vuestros hermanos a la
guerra, y vosotros os quedaréis aquí?
7 ¿Y por qué desanimáis a los hijos de Israel,
para que no pasen a la tierra que les ha dado
Jehová?
8 Así hicieron vuestros padres, cuando los envié
desde Cades-barnea para que viesen la tierra.
9 Subieron hasta el torrente de Escol, y después
que vieron la tierra, desalentaron a los hijos de
Israel para que no viniesen a la tierra que Jeho-
vá les había dado.[a]
10 Y la ira de Jehová se encendió entonces, y
juró diciendo:
11 No verán los varones que subieron de Egipto
de veinte años arriba, la tierra que prometí con
juramento a Abraham, Isaac y Jacob, por cuanto
no fueron perfectos en pos de mí;

32.8-9: [a] Nm. 13.17-33.

12 excepto Caleb hijo de Jefone cenezeo, y Josué hijo de Nun, que fueron perfectos en pos de Jehová.

13 Y la ira de Jehová se encendió contra Israel, y los hizo andar errantes cuarenta años por el desierto, hasta que fue acabada toda aquella generación que había hecho mal delante de Jehová.[b]

14 Y he aquí, vosotros habéis sucedido en lugar de vuestros padres, prole de hombres pecadores, para añadir aún a la ira de Jehová contra Israel.

15 Si os volviereis de en pos de él, él volverá otra vez a dejaros en el desierto, y destruiréis a todo este pueblo.

16 Entonces ellos vinieron a Moisés y dijeron: Edificaremos aquí majadas para nuestro ganado, y ciudades para nuestros niños;

17 y nosotros nos armaremos, e iremos con diligencia delante de los hijos de Israel, hasta que los metamos en su lugar; y nuestros niños quedarán en ciudades fortificadas a causa de los moradores del país.

18 No volveremos a nuestras casas hasta que los hijos de Israel posean cada uno su heredad.

19 Porque no tomaremos heredad con ellos al otro lado del Jordán ni adelante, por cuanto tendremos ya nuestra heredad a este otro lado del Jordán al oriente.

20 Entonces les respondió Moisés: Si lo hacéis así, si os disponéis para ir delante de Jehová a la guerra,

21 y todos vosotros pasáis armados el Jordán delante de Jehová, hasta que haya echado a sus enemigos de delante de sí,

22 y sea el país sojuzgado delante de Jehová; luego volveréis, y seréis libres de culpa para con Jehová, y para con Israel; y esta tierra será vuestra en heredad delante de Jehová.

23 Mas si así no lo hacéis, he aquí habréis pecado ante Jehová; y sabed que vuestro pecado os alcanzará.

24 Edificaos ciudades para vuestros niños, y majadas para vuestras ovejas, y haced lo que ha declarado vuestra boca.

25 Y hablaron los hijos de Gad y los hijos de Rubén a Moisés, diciendo: Tus siervos harán como mi señor ha mandado.

26 Nuestros niños, nuestras mujeres, nuestros ganados y todas nuestras bestias, estarán ahí en las ciudades de Galaad;

27 y tus siervos, armados todos para la guerra, pasarán delante de Jehová a la guerra, de la manera que mi señor dice.

28 Entonces les encomendó Moisés al sacerdote Eleazar, y a Josué hijo de Nun, y a los príncipes de los padres de las tribus de los hijos de Israel.

29 Y les dijo Moisés: Si los hijos de Gad y los hijos de Rubén pasan con vosotros el Jordán, armados todos para la guerra delante de Jehová, luego que el país sea sojuzgado delante de vosotros, les daréis la tierra de Galaad en posesión;

30 mas si no pasan armados con vosotros, entonces tendrán posesión entre vosotros, en la tierra de Canaán.

31 Y los hijos de Gad y los hijos de Rubén respondieron diciendo: Haremos lo que Jehová ha dicho a tus siervos.

32 Nosotros pasaremos armados delante de Jehová a la tierra de Canaán, y la posesión de nuestra heredad será a este lado del Jordán.[c]

33 Así Moisés dio a los hijos de Gad, a los hijos de Rubén, y a la media tribu de Manasés hijo de José, el reino de Sehón rey amorreo y el reino de Og rey de Basán, la tierra con sus ciudades y sus territorios, las ciudades del país alrededor.

34 Y los hijos de Gad edificaron Dibón, Atarot, Aroer,

35 Atarot-sofán, Jazer, Jogbeha,

36 Bet-nimra y Bet-arán, ciudades fortificadas; hicieron también majadas para ovejas.

37 Y los hijos de Rubén edificaron Hesbón, Eleale, Quiriataim,

38 Nebo, Baal-meón (mudados los nombres) y Sibma; y pusieron nombres a las ciudades que edificaron.

39 Y los hijos de Maquir hijo de Manasés fueron a Galaad, y la tomaron, y echaron al amorreo que estaba en ella.

40 Y Moisés dio Galaad a Maquir hijo de Manasés, el cual habitó en ella.

41 También Jair hijo de Manasés fue y tomó sus aldeas, y les puso por nombre Havot-jair.[10]

42 Asimismo Noba fue y tomó Kenat y sus aldeas, y lo llamó Noba, conforme a su nombre.

Jornadas de Israel desde Egipto hasta el Jordán

33 1 Estas son las jornadas de los hijos de Israel, que salieron de la tierra de Egipto por sus ejércitos, bajo el mando de Moisés y Aarón.

2 Moisés escribió sus salidas conforme a sus jornadas por mandato de Jehová. Estas, pues, son sus jornadas con arreglo a sus salidas.

3 De Ramesés salieron en el mes primero, a los quince días del mes primero; el segundo día de la pascua salieron los hijos de Israel con mano poderosa, a vista de todos los egipcios,

4 mientras enterraban los egipcios a los que Jehová había herido de muerte de entre ellos, a todo primogénito; también había hecho Jehová juicios contra sus dioses.

5 Salieron, pues, los hijos de Israel de Ramesés, y acamparon en Sucot.

32.10-13: [b] Nm. 14.26-35. **32.28-32:** [c] Jos. 1.12-15.
32.41: [10] Esto es, *las aldeas de Jair.*

6 Salieron de Sucot y acamparon en Etam, que está al confín del desierto.
7 Salieron de Etam y volvieron sobre Pi-hahirot, que está delante de Baal-zefón, y acamparon delante de Migdol.
8 Salieron de Pi-hahirot y pasaron por en medio del mar al desierto, y anduvieron tres días de camino por el desierto de Etam, y acamparon en Mara.
9 Salieron de Mara y vinieron a Elim, donde había doce fuentes de aguas, y setenta palmeras; y acamparon allí.
10 Salieron de Elim y acamparon junto al Mar Rojo.
11 Salieron del Mar Rojo y acamparon en el desierto de Sin.
12 Salieron del desierto de Sin y acamparon en Dofca.
13 Salieron de Dofca y acamparon en Alús.
14 Salieron de Alús y acamparon en Refidim, donde el pueblo no tuvo aguas para beber.
15 Salieron de Refidim y acamparon en el desierto de Sinaí.
16 Salieron del desierto de Sinaí y acamparon en Kibrot-hataava.
17 Salieron de Kibrot-hataava y acamparon en Hazerot.
18 Salieron de Hazerot y acamparon en Ritma.
19 Salieron de Ritma y acamparon en Rimón-peres.
20 Salieron de Rimón-peres y acamparon en Libna.
21 Salieron de Libna y acamparon en Rissa.
22 Salieron de Rissa y acamparon en Ceelata.
23 Salieron de Ceelata y acamparon en el monte de Sefer.
24 Salieron del monte de Sefer y acamparon en Harada.
25 Salieron de Harada y acamparon en Macelot.
26 Salieron de Macelot y acamparon en Tahat.
27 Salieron de Tahat y acamparon en Tara.
28 Salieron de Tara y acamparon en Mitca.
29 Salieron de Mitca y acamparon en Hasmona.
30 Salieron de Hasmona y acamparon en Moserot.
31 Salieron de Moserot y acamparon en Bene-jaacán.
32 Salieron de Bene-jaacán y acamparon en el monte de Gidgad.
33 Salieron del monte de Gidgad y acamparon en Jotbata.
34 Salieron de Jotbata y acamparon en Abrona.
35 Salieron de Abrona y acamparon en Ezión-geber.
36 Salieron de Ezión-geber y acamparon en el desierto de Zin, que es Cades.
37 Y salieron de Cades y acamparon en el monte de Hor, en la extremidad del país de Edom.
38 Y subió el sacerdote Aarón al monte de Hor, conforme al dicho de Jehová, y allí murió[a] a los cuarenta años de la salida de los hijos de Israel de la tierra de Egipto, en el mes quinto, en el primero del mes.
39 Era Aarón de edad de ciento veintitrés años, cuando murió en el monte de Hor.
40 Y el cananeo, rey de Arad, que habitaba en el Neguev en la tierra de Canaán, oyó que habían venido los hijos de Israel.[b]
41 Y salieron del monte de Hor y acamparon en Zalmona.
42 Salieron de Zalmona y acamparon en Punón.
43 Salieron de Punón y acamparon en Obot.
44 Salieron de Obot y acamparon en Ije-abarim, en la frontera de Moab.
45 Salieron de Ije-abarim y acamparon en Dibón-gad.
46 Salieron de Dibón-gad y acamparon en Almón-diblataim.
47 Salieron de Almón-diblataim y acamparon en los montes de Abarim, delante de Nebo.
48 Salieron de los montes de Abarim y acamparon en los campos de Moab, junto al Jordán, frente a Jericó.
49 Finalmente acamparon junto al Jordán, desde Bet-jesimot hasta Abel-sitim, en los campos de Moab.

Límites y repartición de Canaán

50 Y habló Jehová a Moisés en los campos de Moab junto al Jordán frente a Jericó, diciendo:
51 Habla a los hijos de Israel, y diles: Cuando hayáis pasado el Jordán entrando en la tierra de Canaán,
52 echaréis de delante de vosotros a todos los moradores del país, y destruiréis todos sus ídolos de piedra, y todas sus imágenes de fundición, y destruiréis todos sus lugares altos;
53 y echaréis a los moradores de la tierra, y habitaréis en ella; porque yo os la he dado para que sea vuestra propiedad.
54 Y heredaréis la tierra por sorteo por vuestras familias; a los muchos daréis mucho por herencia, y a los pocos daréis menos por herencia; donde le cayere la suerte, allí la tendrá cada uno; por las tribus de vuestros padres heredaréis.
55 Y si no echareis a los moradores del país de delante de vosotros, sucederá que los que dejareis de ellos serán por aguijones en vuestros ojos y por espinas en vuestros costados, y os afligirán sobre la tierra en que vosotros habitareis.
56 Además, haré a vosotros como yo pensé hacerles a ellos.

34 1 Y Jehová habló a Moisés, diciendo:
2 Manda a los hijos de Israel y diles: Cuando hayáis entrado en la tierra de Canaán,

33.38: [a] Nm. 20.22-28; Dt. 10.6. 33.40: [b] Nm. 21.1.

esto es, la tierra que os ha de caer en herencia,
la tierra de Canaán según sus límites,
3 tendréis el lado del sur desde el desierto de Zin
hasta la frontera de Edom; y será el límite del
sur al extremo del Mar Salado hacia el oriente.
4 Este límite os irá rodeando desde el sur hasta
la subida de Acrabim, y pasará hasta Zin; y se
extenderá del sur a Cades-barnea; y continuará
a Hasar-adar, y pasará hasta Asmón.
5 Rodeará este límite desde Asmón hasta el to-
rrente de Egipto, y sus remates serán al occidente.
6 Y el límite occidental será el Mar Grande;
este límite será el límite occidental.
7 El límite del norte será este: desde el Mar
Grande trazaréis al monte de Hor.
8 Del monte de Hor trazaréis a la entrada de Ha-
mat, y seguirá aquel límite hasta Zedad;
9 y seguirá este límite hasta Zifrón, y terminará
en Hazar-enán; este será el límite del norte.
10 Por límite al oriente trazaréis desde Hazar-
enán hasta Sefam;
11 y bajará este límite desde Sefam a Ribla, al
oriente de Aín; y descenderá el límite, y llegará
a la costa del mar de Cineret, al oriente.
12 Después descenderá este límite al Jordán, y
terminará en el Mar Salado: esta será vuestra
tierra por sus límites alrededor.
13 Y mandó Moisés a los hijos de Israel, di-
ciendo: Esta es la tierra que se os repartirá en
heredades por sorteo, que mandó Jehová que
diese a las nueve tribus, y a la media tribu;[a]
14 porque la tribu de los hijos de Rubén según
las casas de sus padres, y la tribu de los hijos de
Gad según las casas de sus padres, y la media
tribu de Manasés, han tomado su heredad.
15 Dos tribus y media tomaron su heredad a este
lado del Jordán frente a Jericó al oriente, al na-
cimiento del sol.[b]
16 Y habló Jehová a Moisés, diciendo:
17 Estos son los nombres de los varones que os
repartirán la tierra: El sacerdote Eleazar, y Jo-
sué hijo de Nun.
18 Tomaréis también de cada tribu un príncipe,
para dar la posesión de la tierra.
19 Y estos son los nombres de los varones: De la
tribu de Judá, Caleb hijo de Jefone.
20 De la tribu de los hijos de Simeón, Semuel
hijo de Amiud.
21 De la tribu de Benjamín, Elidad hijo de Quis-
lón.
22 De la tribu de los hijos de Dan, el príncipe Bu-
qui hijo de Jogli.
23 De los hijos de José: de la tribu de los hijos de
Manasés, el príncipe Haniel hijo de Efod,
24 y de la tribu de los hijos de Efraín, el príncipe
Kemuel hijo de Siftán.
25 De la tribu de los hijos de Zabulón, el prínci-
pe Elizafán hijo de Parnac.
26 De la tribu de los hijos de Isacar, el príncipe
Paltiel hijo de Azán.
27 De la tribu de los hijos de Aser, el príncipe
Ahiud hijo de Selomi.
28 Y de la tribu de los hijos de Neftalí, el príncipe
Pedael hijo de Amiud.
29 A éstos mandó Jehová que hiciesen la repar-
tición de las heredades a los hijos de Israel en la
tierra de Canaán.

Herencia de los levitas

35 1 Habló Jehová a Moisés en los campos
de Moab, junto al Jordán frente a Jericó,
diciendo:
2 Manda a los hijos de Israel que den a los levi-
tas, de la posesión de su heredad, ciudades en
que habiten; también daréis a los levitas los eji-
dos de esas ciudades alrededor de ellas.
3 Y tendrán ellos las ciudades para habitar, y los
ejidos de ellas serán para sus animales, para sus
ganados y para todas sus bestias.
4 Y los ejidos de las ciudades que daréis a los le-
vitas serán mil codos alrededor, desde el muro
de la ciudad para afuera.
5 Luego mediréis fuera de la ciudad al lado del
oriente dos mil codos, al lado del sur dos mil co-
dos, al lado del occidente dos mil codos, y al
lado del norte dos mil codos, y la ciudad estará
en medio; esto tendrán por los ejidos de las
ciudades.
6 Y de las ciudades que daréis a los levitas, seis
ciudades serán de refugio, las cuales daréis para
que el homicida se refugie allá; y además de és-
tas daréis cuarenta y dos ciudades.
7 Todas las ciudades que daréis a los levitas se-
rán cuarenta y ocho ciudades con sus ejidos.
8 Y en cuanto a las ciudades que diereis de la he-
redad de los hijos de Israel, del que tiene mucho
tomaréis mucho, y del que tiene poco tomaréis
poco; cada uno dará de sus ciudades a los levi-
tas según la posesión que heredará.[a]

Ciudades de refugio

9 Habló Jehová a Moisés, diciendo:
10 Habla a los hijos de Israel, y diles: Cuando
hayáis pasado al otro lado del Jordán a la tierra
de Canaán,
11 os señalaréis ciudades, ciudades de refugio[b]
tendréis, donde huya el homicida que hiriere a
alguno de muerte sin intención.
12 Y os serán aquellas ciudades para refugiarse
del vengador, y no morirá el homicida hasta que
entre en juicio delante de la congregación.
13 De las ciudades, pues, que daréis, tendréis
seis ciudades de refugio.

34.13: [a] Nm. 26.52-56. **34.13-15:** [b] Jos. 14.1-5.
35.1-8: [a] Jos. 21.1-42. **35.9-28:** [b] Jos. 20.1-9.

14 Tres ciudades daréis a este lado del Jordán, y
tres ciudades daréis en la tierra de Canaán, las
cuales serán ciudades de refugio.
15 Estas seis ciudades serán de refugio para los
hijos de Israel, y para el extranjero y el que more
entre ellos, para que huya allá cualquiera que
hiriere de muerte a otro sin intención.
16 Si con instrumento de hierro lo hiriere y
muriere, homicida es; el homicida morirá.
17 Y si con piedra en la mano, que pueda dar
muerte, lo hiriere y muriere, homicida es; el ho-
micida morirá.
18 Y si con instrumento de palo en la mano, que
pueda dar muerte, lo hiriere y muriere, homici-
da es; el homicida morirá.
19 El vengador de la sangre, él dará muerte al
homicida; cuando lo encontrare, él lo matará.
20 Y si por odio lo empujó, o echó sobre él algu-
na cosa por asechanzas, y muere;
21 o por enemistad lo hirió con su mano, y mu-
rió, el heridor morirá; es homicida; el vengador
de la sangre matará al homicida cuando lo
encontrare.
22 Mas si casualmente lo empujó sin enemis-
tades, o echó sobre él cualquier instrumento sin
asechanzas,
23 o bien, sin verlo hizo caer sobre él alguna pie-
dra que pudo matarlo, y muriere, y él no era su
enemigo, ni procuraba su mal;
24 entonces la congregación juzgará entre el
que causó la muerte y el vengador de la sangre
conforme a estas leyes;
25 y la congregación librará al homicida de
mano del vengador de la sangre, y la congrega-
ción lo hará volver a su ciudad de refugio, en la
cual se había refugiado; y morará en ella hasta
que muera el sumo sacerdote, el cual fue ungido
con el aceite santo.
26 Mas si el homicida saliere fuera de los límites
de su ciudad de refugio, en la cual se refugió,
27 y el vengador de la sangre le hallare fuera del
límite de la ciudad de su refugio, y el vengador
de la sangre matare al homicida, no se le culpará
por ello;
28 pues en su ciudad de refugio deberá aquél
habitar hasta que muera el sumo sacerdote; y
después que haya muerto el sumo sacerdote, el
homicida volverá a la tierra de su posesión.

Ley sobre los testigos y sobre el rescate

29 Estas cosas os serán por ordenanza de de-
recho por vuestras edades, en todas vuestras ha-
bitaciones.
30 Cualquiera que diere muerte a alguno, por
dicho de testigos morirá el homicida; mas un
solo testigo no hará fe contra una persona para
que muera.[c]
31 Y no tomaréis precio por la vida del homicida,
porque está condenado a muerte; indefectible-
mente morirá.
32 Ni tampoco tomaréis precio del que huyó a su
ciudad de refugio, para que vuelva a vivir en su
tierra, hasta que muera el sumo sacerdote.
33 Y no contaminaréis la tierra donde estuvie-
reis; porque esta sangre amancillará la tierra, y
la tierra no será expiada de la sangre que fue de-
rramada en ella, sino por la sangre del que la
derramó.
34 No contaminéis, pues, la tierra donde habi-
táis, en medio de la cual yo habito; porque yo
Jehová habito en medio de los hijos de Israel.

Ley del casamiento de las herederas

36 1 Llegaron los príncipes de los padres
de la familia de Galaad hijo de Maquir,
hijo de Manasés, de las familias de los hijos de
José; y hablaron delante de Moisés y de los
príncipes, jefes de las casas paternas de los hi-
jos de Israel,
2 y dijeron: Jehová mandó a mi señor que por
sorteo diese la tierra a los hijos de Israel en po-
sesión; también ha mandado Jehová a mi señor,
que dé la posesión de Zelofehad nuestro herma-
no a sus hijas.[a]
3 Y si ellas se casaren con algunos de los hijos de
las otras tribus de los hijos de Israel, la herencia
de ellas será así quitada de la herencia de nues-
tros padres, y será añadida a la herencia de la
tribu a que se unan; y será quitada de la porción
de nuestra heredad.
4 Y cuando viniere el jubileo de los hijos de Is-
rael, la heredad de ellas será añadida a la here-
dad de la tribu de sus maridos; así la heredad de
ellas será quitada de la heredad de la tribu de
nuestros padres.
5 Entonces Moisés mandó a los hijos de Israel
por mandato de Jehová, diciendo: La tribu de
los hijos de José habla rectamente.
6 Esto es lo que ha mandado Jehová acerca de
las hijas de Zelofehad, diciendo: Cásense como
a ellas les plazca, pero en la familia de la tribu
de su padre se casarán,
7 para que la heredad de los hijos de Israel no
sea traspasada de tribu en tribu; porque cada
uno de los hijos de Israel estará ligado a la here-
dad de la tribu de sus padres.
8 Y cualquiera hija que tenga heredad en las tri-
bus de los hijos de Israel, con alguno de la fami-
lia de la tribu de su padre se casará, para que los
hijos de Israel posean cada uno la heredad de
sus padres,
9 y no ande la heredad rodando de una tribu a
otra, sino que cada una de las tribus de los hijos
de Israel estará ligada a su heredad.

35.30: [c] Dt. 17.6; 19.15. **36.2:** [a] Nm. 27.7.

10 Como Jehová mandó a Moisés, así hicieron
las hijas de Zelofehad.
11 Y así Maala, Tirsa, Hogla, Milca y Noa, hijas
de Zelofehad, se casaron con hijos de sus tíos
paternos.
12 Se casaron en la familia de los hijos de Mana-
sés, hijo de José; y la heredad de ellas quedó en
la tribu de la familia de su padre.
13 Estos son los mandamientos y los estatutos
que mandó Jehová por medio de Moisés a los
hijos de Israel en los campos de Moab, junto al
Jordán, frente a Jericó.

LIBRO QUINTO DE MOISÉS

DEUTERONOMIO

Moisés recuerda a Israel las promesas de Jehová en Horeb

1 1 Estas son las palabras que habló Moisés a
todo Israel a este lado del Jordán en el de-
sierto, en el Arabá frente al Mar Rojo, entre Pa-
rán, Tofel, Labán, Hazerot y Dizahab.
2 Once jornadas hay desde Horeb, camino del
monte de Seir, hasta Cades-barnea.
3 Y aconteció que a los cuarenta años, en el
mes undécimo, el primero del mes, Moisés ha-
bló a los hijos de Israel conforme a todas las
cosas que Jehová le había mandado acerca de
ellos,
4 después que derrotó a Sehón rey de los amo-
rreos,[a] el cual habitaba en Hesbón, y a Og rey de
Basán[b] que habitaba en Astarot en Edrei.
5 De este lado del Jordán, en tierra de Moab, re-
solvió Moisés declarar esta ley, diciendo:
6 Jehová nuestro Dios nos habló en Horeb, di-
ciendo: Habéis estado bastante tiempo en este
monte.
7 Volveos e id al monte del amorreo y a todas
sus comarcas, en el Arabá, en el monte, en los
valles, en el Neguev, y junto a la costa del mar, a
la tierra del cananeo, y al Líbano, hasta el gran
río, el río Eufrates.
8 Mirad, yo os he entregado la tierra; entrad y
poseed la tierra que Jehová juró a vuestros pa-
dres Abraham, Isaac y Jacob, que les daría a
ellos y a su descendencia después de ellos.

Nombramiento de jueces

9 En aquel tiempo yo os hablé diciendo: Yo
solo no puedo llevaros.
10 Jehová vuestro Dios os ha multiplicado, y he
aquí hoy vosotros sois como las estrellas del cie-
lo en multitud.
11 ¡Jehová Dios de vuestros padres os haga mil
veces más de lo que ahora sois, y os bendiga,
como os ha prometido!
12 ¿Cómo llevaré yo solo vuestras molestias,
vuestras cargas y vuestros pleitos?
13 Dadme de entre vosotros, de vuestras tribus,
varones sabios y entendidos y expertos, para
que yo los ponga por vuestros jefes.
14 Y me respondisteis y dijisteis: Bueno es hacer
lo que has dicho.
15 Y tomé a los principales de vuestras tribus,
varones sabios y expertos, y los puse por jefes
sobre vosotros, jefes de millares, de centenas,
de cincuenta y de diez, y gobernadores de vues-
tras tribus.
16 Y entonces mandé a vuestros jueces, dicien-
do: Oíd entre vuestros hermanos, y juzgad jus-
tamente entre el hombre y su hermano, y el
extranjero.
17 No hagáis distinción de persona en el juicio;
así al pequeño como al grande oiréis; no ten-
dréis temor de ninguno, porque el juicio es de
Dios; y la causa que os fuere difícil, la traeréis a
mí, y yo la oiré.
18 Os mandé, pues, en aquel tiempo, todo lo
que habíais de hacer.

Misión de los doce espías

19 Y salidos de Horeb, anduvimos todo aquel
grande y terrible desierto que habéis visto, por
el camino del monte del amorreo, como Jehová
nuestro Dios nos lo mandó; y llegamos hasta
Cades-barnea.
20 Entonces os dije: Habéis llegado al monte del
amorreo, el cual Jehová nuestro Dios nos da.
21 Mira, Jehová tu Dios te ha entregado la tie-
rra; sube y toma posesión de ella, como Jehová
el Dios de tus padres te ha dicho; no temas ni
desmayes.
22 Y vinisteis a mí todos vosotros, y dijisteis:
Enviemos varones delante de nosotros que nos
reconozcan la tierra, y a su regreso nos traigan
razón del camino por donde hemos de subir, y
de las ciudades adonde hemos de llegar.
23 Y el dicho me pareció bien; y tomé doce varo-
nes de entre vosotros, un varón por cada tribu.
24 Y se encaminaron, y subieron al monte, y lle-
garon hasta el valle de Escol, y reconocieron la
tierra.
25 Y tomaron en sus manos del fruto del país, y
nos lo trajeron, y nos dieron cuenta, y dijeron: Es
buena la tierra que Jehová nuestro Dios nos da.

1.4: [a] Nm. 21.21-30. [b] Nm. 21.31-35.

26 Sin embargo, no quisisteis subir, antes fuisteis rebeldes al mandato de Jehová vuestro Dios;[c]

27 y murmurasteis en vuestras tiendas, diciendo: Porque Jehová nos aborrece, nos ha sacado de tierra de Egipto, para entregarnos en manos del amorreo para destruirnos.

28 ¿A dónde subiremos? Nuestros hermanos han atemorizado nuestro corazón, diciendo: Este pueblo es mayor y más alto que nosotros, las ciudades grandes y amuralladas hasta el cielo; y también vimos allí a los hijos de Anac.

29 Entonces os dije: No temáis, ni tengáis miedo de ellos.

30 Jehová vuestro Dios, el cual va delante de vosotros, él peleará por vosotros, conforme a todas las cosas que hizo por vosotros en Egipto delante de vuestros ojos.

31 Y en el desierto[d] has visto que Jehová tu Dios te ha traído, como trae el hombre a su hijo, por todo el camino que habéis andado, hasta llegar a este lugar.

32 Y aun con esto no creísteis a Jehová vuestro Dios,[e]

33 quien iba delante de vosotros por el camino para reconoceros el lugar donde habíais de acampar, con fuego de noche para mostraros el camino por donde anduvieseis, y con nube de día.

Dios castiga a Israel

34 Y oyó Jehová la voz de vuestras palabras, y se enojó, y juró diciendo:

35 No verá hombre alguno de estos, de esta mala generación, la buena tierra que juré que había de dar a vuestros padres,[f]

36 excepto Caleb hijo de Jefone; él la verá, y a él le daré la tierra que pisó, y a sus hijos; porque ha seguido fielmente a Jehová.

37 También contra mí se airó Jehová por vosotros, y me dijo: Tampoco tú entrarás allá.

38 Josué hijo de Nun, el cual te sirve, él entrará allá; anímale, porque él la hará heredar a Israel.

39 Y vuestros niños, de los cuales dijisteis que servirían de botín, y vuestros hijos que no saben hoy lo bueno ni lo malo, ellos entrarán allá, y a ellos la daré, y ellos la heredarán.

40 Pero vosotros volveos e id al desierto, camino del Mar Rojo.

La derrota en Horma

41 Entonces respondisteis y me dijisteis: Hemos pecado contra Jehová; nosotros subiremos y pelearemos, conforme a todo lo que Jehová nuestro Dios nos ha mandado. Y os armasteis cada uno con sus armas de guerra, y os preparasteis para subir al monte.

42 Y Jehová me dijo: Diles: No subáis, ni peleéis, pues no estoy entre vosotros; para que no seáis derrotados por vuestros enemigos.

43 Y os hablé, y no disteis oído; antes fuisteis rebeldes al mandato de Jehová, y persistiendo con altivez subisteis al monte.

44 Pero salió a vuestro encuentro el amorreo, que habitaba en aquel monte, y os persiguieron como hacen las avispas, y os derrotaron en Seir, hasta Horma.

45 Y volvisteis y llorasteis delante de Jehová, pero Jehová no escuchó vuestra voz, ni os prestó oído.

46 Y estuvisteis en Cades por muchos días, los días que habéis estado allí.

Los años en el desierto

2 1 Luego volvimos y salimos al desierto, camino del Mar Rojo, como Jehová me había dicho; y rodeamos el monte de Seir[a] por mucho tiempo.

2 Y Jehová me habló, diciendo:

3 Bastante habéis rodeado este monte; volveos al norte.

4 Y manda al pueblo, diciendo: Pasando vosotros por el territorio de vuestros hermanos los hijos de Esaú,[b] que habitan en Seir, ellos tendrán miedo de vosotros; mas vosotros guardaos mucho.

5 No os metáis con ellos, porque no os daré de su tierra ni aun lo que cubre la planta de un pie; porque yo he dado por heredad a Esaú el monte de Seir.

6 Compraréis de ellos por dinero los alimentos, y comeréis; y también compraréis de ellos el agua, y beberéis;

7 pues Jehová tu Dios te ha bendecido en toda obra de tus manos; él sabe que andas por este gran desierto; estos cuarenta años Jehová tu Dios ha estado contigo, y nada te ha faltado.

8 Y nos alejamos del territorio de nuestros hermanos los hijos de Esaú, que habitaban en Seir, por el camino del Arabá desde Elat y Ezión-geber; y volvimos, y tomamos el camino del desierto de Moab.

9 Y Jehová me dijo: No molestes a Moab,[c] ni te empeñes con ellos en guerra, porque no te daré posesión de su tierra; porque yo he dado a Ar por heredad a los hijos de Lot.

10 (Los emitas habitaron en ella antes, pueblo grande y numeroso, y alto como los hijos de Anac.

11 Por gigantes eran ellos tenidos también, como los hijos de Anac; y los moabitas los llaman emitas.

12 Y en Seir habitaron antes los horeos, a los cuales echaron los hijos de Esaú; y los arrojaron de su presencia, y habitaron en lugar de ellos, como hizo Israel en la tierra que les dio Jehová por posesión.)

1.26: [c] Dt. 9.23; He. 3.16. **1.31:** [d] Hch. 13.18. **1.32:** [e] He. 3.19. **1.34-35:** [f] He. 3.18. **2.1:** [a] Nm. 21.4. **2.4:** [b] Gn. 36.8. **2.9:** [c] Gn. 19.37.

13 Levantaos ahora, y pasad el arroyo de Zered. Y pasamos el arroyo de Zered.

14 Y los días que anduvimos de Cades-barnea hasta cuando pasamos el arroyo de Zered fueron treinta y ocho años; hasta que se acabó toda la generación de los hombres de guerra de en medio del campamento, como Jehová les había jurado.[d]

15 Y también la mano de Jehová vino sobre ellos para destruirlos de en medio del campamento, hasta acabarlos.

16 Y aconteció que después que murieron todos los hombres de guerra de entre el pueblo,

17 Jehová me habló, diciendo:

18 Tú pasarás hoy el territorio de Moab, a Ar.

19 Y cuando te acerques a los hijos de Amón,[e] no los molestes, ni contiendas con ellos; porque no te daré posesión de la tierra de los hijos de Amón, pues a los hijos de Lot la he dado por heredad.

20 (Por tierra de gigantes fue también ella tenida; habitaron en ella gigantes en otro tiempo, a los cuales los amonitas llamaban zomzomeos;

21 pueblo grande y numeroso, y alto, como los hijos de Anac; a los cuales Jehová destruyó delante de los amonitas. Estos sucedieron a aquéllos, y habitaron en su lugar,

22 como hizo Jehová con los hijos de Esaú que habitaban en Seir, delante de los cuales destruyó a los horeos; y ellos sucedieron a éstos, y habitaron en su lugar hasta hoy.

23 Y a los aveos que habitaban en aldeas hasta Gaza, los caftoreos que salieron de Caftor los destruyeron, y habitaron en su lugar.)

24 Levantaos, salid, y pasad el arroyo de Arnón; he aquí he entregado en tu mano a Sehón rey de Hesbón, amorreo, y a su tierra; comienza a tomar posesión de ella, y entra en guerra con él.

25 Hoy comenzaré a poner tu temor y tu espanto sobre los pueblos debajo de todo el cielo, los cuales oirán tu fama, y temblarán y se angustiarán delante de ti.

Israel derrota a Sehón

26 Y envié mensajeros desde el desierto de Cademot a Sehón rey de Hesbón con palabras de paz, diciendo:

27 Pasaré por tu tierra por el camino; por el camino iré, sin apartarme ni a diestra ni a siniestra.

28 La comida me venderás por dinero, y comeré; el agua también me darás por dinero, y beberé; solamente pasaré a pie,

29 como lo hicieron conmigo los hijos de Esaú que habitaban en Seir, y los moabitas que habitaban en Ar; hasta que cruce el Jordán a la tierra que nos da Jehová nuestro Dios.

30 Mas Sehón rey de Hesbón no quiso que pasásemos por el territorio suyo; porque Jehová tu Dios había endurecido su espíritu, y obstinado su corazón para entregarlo en tu mano, como hasta hoy.

31 Y me dijo Jehová: He aquí yo he comenzado a entregar delante de ti a Sehón y a su tierra; comienza a tomar posesión de ella para que la heredes.

32 Y nos salió Sehón al encuentro, él y todo su pueblo, para pelear en Jahaza.

33 Mas Jehová nuestro Dios lo entregó delante de nosotros; y lo derrotamos a él y a sus hijos, y a todo su pueblo.

34 Tomamos entonces todas sus ciudades, y destruimos todas las ciudades, hombres, mujeres y niños; no dejamos ninguno.

35 Solamente tomamos para nosotros los ganados, y los despojos de las ciudades que habíamos tomado.

36 Desde Aroer, que está junto a la ribera del arroyo de Arnón, y la ciudad que está en el valle, hasta Galaad, no hubo ciudad que escapase de nosotros; todas las entregó Jehová nuestro Dios en nuestro poder.

37 Solamente a la tierra de los hijos de Amón no llegamos; ni a todo lo que está a la orilla del arroyo de Jaboc ni a las ciudades del monte, ni a lugar alguno que Jehová nuestro Dios había prohibido.

Israel derrota a Og rey de Basán

3

1 Volvimos, pues, y subimos camino de Basán, y nos salió al encuentro Og rey de Basán para pelear, él y todo su pueblo, en Edrei.

2 Y me dijo Jehová: No tengas temor de él, porque en tu mano he entregado a él y a todo su pueblo, con su tierra; y harás con él como hiciste con Sehón rey amorreo, que habitaba en Hesbón.

3 Y Jehová nuestro Dios entregó también en nuestra mano a Og rey de Basán, y a todo su pueblo, al cual derrotamos hasta acabar con todos.

4 Y tomamos entonces todas sus ciudades; no quedó ciudad que no les tomásemos; sesenta ciudades, toda la tierra de Argob, del reino de Og en Basán.

5 Todas estas eran ciudades fortificadas con muros altos, con puertas y barras, sin contar otras muchas ciudades sin muro.

6 Y las destruimos, como hicimos a Sehón rey de Hesbón, matando en toda ciudad a hombres, mujeres y niños.

7 Y tomamos para nosotros todo el ganado, y los despojos de las ciudades.

8 También tomamos en aquel tiempo la tierra

2.14: [d] Nm. 14.28-35. **2.19:** [e] Gn. 19.38.

desde el arroyo de Arnón hasta el monte de Her-
món, de manos de los dos reyes amorreos que
estaban a este lado del Jordán.
9 (Los sidonios llaman a Hermón, Sirión; y los
amorreos, Senir.)
10 Todas las ciudades de la llanura, y todo Ga-
laad, y todo Basán hasta Salca y Edrei, ciudades
del reino de Og en Basán.
11 Porque únicamente Og rey de Basán había
quedado del resto de los gigantes. Su cama, una
cama de hierro, ¿no está en Rabá de los hijos de
Amón? La longitud de ella es de nueve codos, y
su anchura de cuatro codos, según el codo de un
hombre.

Rubén, Gad y la media tribu de Manasés se establecen al oriente del Jordán

12 Y esta tierra que heredamos en aquel tiem-
po, desde Aroer, que está junto al arroyo de
Arnón, y la mitad del monte de Galaad con sus
ciudades, la di a los rubenitas y a los gaditas;
13 y el resto de Galaad, y todo Basán, del reino
de Og, toda la tierra de Argob, que se llamaba la
tierra de los gigantes, lo di a la media tribu de
Manasés.
14 Jair hijo de Manasés tomó toda la tierra de
Argob hasta el límite con Gesur y Maaca, y la lla-
mó por su nombre, Basán-havot-jair, hasta hoy.
15 Y Galaad se lo di a Maquir.
16 Y a los rubenitas y gaditas les di de Galaad
hasta el arroyo de Arnón, teniendo por límite el
medio del valle, hasta el arroyo de Jaboc, el cual
es límite de los hijos de Amón;
17 también el Arabá, con el Jordán como límite
desde Cineret hasta el mar del Arabá, el Mar Sa-
lado, al pie de las laderas del Pisga al oriente.
18 Y os mandé entonces, diciendo: Jehová
vuestro Dios os ha dado esta tierra por heredad;
pero iréis armados todos los valientes delante
de vuestros hermanos los hijos de Israel.
19 Solamente vuestras mujeres, vuestros hijos y
vuestros ganados (yo sé que tenéis mucho gana-
do), quedarán en las ciudades que os he dado,
20 hasta que Jehová dé reposo a vuestros her-
manos, así como a vosotros, y hereden ellos
también la tierra que Jehová vuestro Dios les da
al otro lado del Jordán; entonces os volveréis
cada uno a la heredad que yo os he dado.[a]
21 Ordené también a Josué en aquel tiempo, di-
ciendo: Tus ojos vieron todo lo que Jehová vues-
tro Dios ha hecho a aquellos dos reyes; así hará
Jehová a todos los reinos a los cuales pasarás tú.
22 No los temáis; porque Jehová vuestro Dios, él
es el que pelea por vosotros.

No se le permite a Moisés entrar a Canaán

23 Y oré a Jehová en aquel tiempo, diciendo:
24 Señor Jehová, tú has comenzado a mostrar a
tu siervo tu grandeza, y tu mano poderosa; por-
que ¿qué dios hay en el cielo ni en la tierra que
haga obras y proezas como las tuyas?
25 Pase yo, te ruego, y vea aquella tierra buena
que está más allá del Jordán, aquel buen monte,
y el Líbano.
26 Pero Jehová se había enojado contra mí a
causa de vosotros, por lo cual no me escuchó; y
me dijo Jehová: Basta, no me hables más de este
asunto.
27 Sube a la cumbre del Pisga y alza tus ojos al
oeste, y al norte, y al sur, y al este, y mira con tus
propios ojos; porque no pasarás el Jordán.[b]
28 Y manda a Josué, y anímalo, y fortalécelo;
porque él ha de pasar delante de este pueblo, y
él les hará heredar la tierra que verás.
29 Y paramos en el valle delante de Bet-peor.

Moisés exhorta a la obediencia

4 1 Ahora, pues, oh Israel, oye los estatutos y
decretos que yo os enseño, para que los eje-
cutéis, y viváis, y entréis y poseáis la tierra que
Jehová el Dios de vuestros padres os da.
2 No añadiréis a la palabra que yo os mando, ni
disminuiréis de ella,[a] para que guardéis los
mandamientos de Jehová vuestro Dios que yo
os ordeno.
3 Vuestros ojos vieron lo que hizo Jehová con
motivo de Baal-peor; que a todo hombre que
fue en pos de Baal-peor destruyó Jehová tu Dios
de en medio de ti.[b]
4 Mas vosotros que seguisteis a Jehová vuestro
Dios, todos estáis vivos hoy.
5 Mirad, yo os he enseñado estatutos y decretos,
como Jehová mi Dios me mandó, para que ha-
gáis así en medio de la tierra en la cual entráis
para tomar posesión de ella.
6 Guardadlos, pues, y ponedlos por obra; porque
esta es vuestra sabiduría y vuestra inteligencia
ante los ojos de los pueblos, los cuales oirán to-
dos estos estatutos, y dirán: Ciertamente pueblo
sabio y entendido, nación grande es esta.
7 Porque ¿qué nación grande hay que tenga dio-
ses tan cercanos a ellos como lo está Jehová
nuestro Dios en todo cuanto le pedimos?
8 Y ¿qué nación grande hay que tenga estatutos
y juicios justos como es toda esta ley que yo
pongo hoy delante de vosotros?

La experiencia de Israel en Horeb

9 Por tanto, guárdate, y guarda tu alma con
diligencia, para que no te olvides de las cosas
que tus ojos han visto, ni se aparten de tu cora-
zón todos los días de tu vida; antes bien, las en-
señarás a tus hijos, y a los hijos de tus hijos.

3.18-20: [a] Jos. 1.12-15. **3.23-27:** [b] Nm. 27.12-14; Dt. 32.48-52. **4.2:** [a] Ap. 22.18-19. **4.3:** [b] Nm. 25.1-9.

10 El día que estuviste delante de Jehová tu Dios
en Horeb, cuando Jehová me dijo: Reúneme el
pueblo, para que yo les haga oír mis palabras,
las cuales aprenderán, para temerme todos los
días que vivieren sobre la tierra, y las enseñarán
a sus hijos;
11 y os acercasteis y os pusisteis al pie del mon-
te; y el monte ardía en fuego hasta en medio de
los cielos con tinieblas, nube y oscuridad;
12 y habló Jehová con vosotros de en medio del
fuego;[c] oísteis la voz de sus palabras, mas a ex-
cepción de oír la voz, ninguna figura visteis.
13 Y él os anunció su pacto, el cual os mandó po-
ner por obra; los diez mandamientos, y los escri-
bió en dos tablas de piedra.[d]
14 A mí también me mandó Jehová en aquel
tiempo que os enseñase los estatutos y juicios,[e]
para que los pusieseis por obra en la tierra a la
cual pasáis a tomar posesión de ella.

Advertencia contra la idolatría

15 Guardad, pues, mucho vuestras almas;
pues ninguna figura visteis el día que Jehová
habló con vosotros de en medio del fuego;
16 para que no os corrompáis y hagáis para vo-
sotros escultura,[f] imagen de figura alguna, efi-
gie de varón o hembra,
17 figura de animal alguno que está en la tierra,
figura de ave alguna alada que vuele por el aire,
18 figura de ningún animal que se arrastre sobre
la tierra, figura de pez alguno que haya en el
agua debajo de la tierra.
19 No sea que alces tus ojos al cielo, y viendo el
sol y la luna y las estrellas, y todo el ejército del
cielo, seas impulsado, y te inclines a ellos y les
sirvas; porque Jehová tu Dios los ha concedido a
todos los pueblos debajo de todos los cielos.
20 Pero a vosotros Jehová os tomó, y os ha saca-
do del horno de hierro, de Egipto, para que seáis
el pueblo de su heredad[g] como en este día.
21 Y Jehová se enojó contra mí por causa de vo-
sotros, y juró que yo no pasaría el Jordán, ni en-
traría en la buena tierra que Jehová tu Dios te
da por heredad.[h]
22 Así que yo voy a morir en esta tierra, y no pa-
saré el Jordán; mas vosotros pasaréis, y posee-
réis aquella buena tierra.
23 Guardaos, no os olvidéis del pacto de Jehová
vuestro Dios, que él estableció con vosotros, y
no os hagáis escultura o imagen de ninguna
cosa que Jehová tu Dios te ha prohibido.
24 Porque Jehová tu Dios es fuego consumidor,[i]
Dios celoso.
25 Cuando hayáis engendrado hijos y nietos,
y hayáis envejecido en la tierra, si os corrompie-
reis e hiciereis escultura o imagen de cualquier
cosa, e hiciereis lo malo ante los ojos de Jehová
vuestro Dios, para enojarlo;
26 yo pongo hoy por testigos al cielo y a la tierra,
que pronto pereceréis totalmente de la tierra
hacia la cual pasáis el Jordán para tomar pose-
sión de ella; no estaréis en ella largos días sin
que seáis destruidos.
27 Y Jehová os esparcirá entre los pueblos, y
quedaréis pocos en número entre las naciones a
las cuales os llevará Jehová.
28 Y serviréis allí a dioses hechos de manos de
hombres, de madera y piedra,[j] que no ven, ni
oyen, ni comen, ni huelen.
29 Mas si desde allí buscares a Jehová tu Dios, lo
hallarás, si lo buscares de todo tu corazón y de
toda tu alma.[k]
30 Cuando estuvieres en angustia, y te alcanza-
ren todas estas cosas, si en los postreros días te
volvieres a Jehová tu Dios, y oyeres su voz;
31 porque Dios misericordioso es Jehová tu
Dios; no te dejará, ni te destruirá, ni se olvidará
del pacto que les juró a tus padres.
32 Porque pregunta ahora si en los tiempos pa-
sados que han sido antes de ti, desde el día que
creó Dios al hombre sobre la tierra, si desde un ex-
tremo del cielo al otro se ha hecho cosa semejante
a esta gran cosa, o se haya oído otra como ella.
33 ¿Ha oído pueblo alguno la voz de Dios, ha-
blando de en medio del fuego, como tú la has
oído, sin perecer?
34 ¿O ha intentado Dios venir a tomar para sí una
nación de en medio de otra nación, con pruebas,
con señales, con milagros y con guerra, y mano
poderosa y brazo extendido, y hechos aterrado-
res como todo lo que hizo con vosotros Jehová
vuestro Dios en Egipto ante tus ojos?
35 A ti te fue mostrado, para que supieses que
Jehová es Dios, y no hay otro fuera de él.[l]
36 Desde los cielos te hizo oír su voz, para ense-
ñarte; y sobre la tierra te mostró su gran fuego,
y has oído sus palabras de en medio del fuego.
37 Y por cuanto él amó a tus padres, escogió a su
descendencia después de ellos, y te sacó de
Egipto con su presencia y con su gran poder,
38 para echar de delante de tu presencia nacio-
nes grandes y más fuertes que tú, y para intro-
ducirte y darte su tierra por heredad, como hoy.
39 Aprende pues, hoy, y reflexiona en tu corazón
que Jehová es Dios arriba en el cielo y abajo en
la tierra, y no hay otro.
40 Y guarda sus estatutos y sus mandamientos,
los cuales yo te mando hoy, para que te vaya
bien a ti y a tus hijos después de ti, y prolongues
tus días sobre la tierra que Jehová tu Dios te da
para siempre.

4.11-12: [c] Ex. 19.16-18; He. 12.18-19. **4.13:** [d] Ex. 31.18.
4.14: [e] Ex. 21.1. **4.16:** [f] Ex. 20.4; Lv. 26.1; Dt. 5.8; 27.15.
4.20: [g] Ex. 19.5; Dt. 7.6; 14.2; 26.18; Tit. 2.14; 1 P. 2.9.
4.21: [h] Nm. 20.12. **4.24:** [i] He. 12.29.
4.27-28: [j] Dt. 28.36. **4.29:** [k] Jer. 29.13. **4.35:** [l] Mr. 12.32.

Las ciudades de refugio al oriente del Jordán

41 Entonces apartó Moisés tres ciudades a
este lado del Jordán al nacimiento del sol,
42 para que huyese allí el homicida que matase
a su prójimo sin intención, sin haber tenido enemistad con él nunca antes; y que huyendo a una
de estas ciudades salvase su vida:
43 Beser en el desierto, en tierra de la llanura,
para los rubenitas; Ramot en Galaad para los
gaditas, y Golán en Basán para los de Manasés.[m]

Moisés recapitula la promulgación de la ley

44 Esta, pues, es la ley que Moisés puso delante de los hijos de Israel.
45 Estos son los testimonios, los estatutos y los
decretos que habló Moisés a los hijos de Israel
cuando salieron de Egipto;
46 a este lado del Jordán, en el valle delante de
Bet-peor, en la tierra de Sehón rey de los amorreos que habitaba en Hesbón, al cual derrotó
Moisés con los hijos de Israel, cuando salieron
de Egipto;
47 y poseyeron su tierra, y la tierra de Og rey de
Basán; dos reyes de los amorreos que estaban
de este lado del Jordán, al oriente.
48 Desde Aroer, que está junto a la ribera del
arroyo de Arnón, hasta el monte de Sion, que es
Hermón;
49 y todo el Arabá de este lado del Jordán, al
oriente, hasta el mar del Arabá, al pie de las laderas del Pisga.

Los Diez Mandamientos

5 1 Llamó Moisés a todo Israel y les dijo: Oye,
Israel, los estatutos y decretos que yo pronuncio hoy en vuestros oídos; aprendedlos, y
guardadlos, para ponerlos por obra.
2 Jehová nuestro Dios hizo pacto con nosotros
en Horeb.
3 No con nuestros padres hizo Jehová este pacto, sino con nosotros todos los que estamos aquí
hoy vivos.
4 Cara a cara habló Jehová con vosotros en el
monte de en medio del fuego.
5 Yo estaba entonces entre Jehová y vosotros,
para declararos la palabra de Jehová; porque
vosotros tuvisteis temor del fuego, y no subisteis
al monte. Dijo:
6 Yo soy Jehová tu Dios, que te saqué de tierra
de Egipto, de casa de servidumbre.
7 No tendrás dioses ajenos delante de mí.
8 No harás para ti escultura, ni imagen alguna
de cosa que está arriba en los cielos, ni abajo en
la tierra, ni en las aguas debajo de la tierra.
9 No te inclinarás a ellas ni las servirás;[a] porque
yo soy Jehová tu Dios, fuerte, celoso, que visito
la maldad de los padres sobre los hijos hasta la
tercera y cuarta generación de los que me aborrecen,
10 y que hago misericordia a millares, a los que
me aman y guardan mis mandamientos.[b]
11 No tomarás el nombre de Jehová tu Dios
en vano;[c] porque Jehová no dará por inocente al
que tome su nombre en vano.
12 Guardarás el día de reposo* para santificarlo, como Jehová tu Dios te ha mandado.[d]
13 Seis días trabajarás, y harás toda tu obra;
14 mas el séptimo día es reposo* a Jehová tu
Dios; ninguna obra harás tú,[e] ni tu hijo, ni tu
hija, ni tu siervo, ni tu sierva, ni tu buey, ni tu
asno, ni ningún animal tuyo, ni el extranjero
que está dentro de tus puertas, para que descanse tu siervo y tu sierva como tú.
15 Acuérdate que fuiste siervo en tierra de Egipto, y que Jehová tu Dios te sacó de allá con
mano fuerte y brazo extendido; por lo cual Jehová tu Dios te ha mandado que guardes el día de
reposo.*
16 Honra a tu padre y a tu madre,[f] como Jehová tu Dios te ha mandado, para que sean prolongados tus días, y para que te vaya bien sobre
la tierra que Jehová tu Dios te da.[g]
17 No matarás.[h]
18 No cometerás adulterio.[i]
19 No hurtarás.[j]
20 No dirás falso testimonio contra tu prójimo.[k]
21 No codiciarás[l] la mujer de tu prójimo, ni
desearás la casa de tu prójimo, ni su tierra, ni su
siervo, ni su sierva, ni su buey, ni su asno, ni
cosa alguna de tu prójimo.

El terror del pueblo

22 Estas palabras habló Jehová a toda vuestra
congregación en el monte, de en medio del fuego, de la nube y de la oscuridad, a gran voz; y no
añadió más. Y las escribió en dos tablas de piedra, las cuales me dio a mí.
23 Y aconteció que cuando vosotros oísteis la voz
de en medio de las tinieblas, y visteis al monte
que ardía en fuego, vinisteis a mí, todos los príncipes de vuestras tribus, y vuestros ancianos,
24 y dijisteis: He aquí Jehová nuestro Dios nos
ha mostrado su gloria y su grandeza, y hemos
oído su voz de en medio del fuego; hoy hemos

* Aquí equivale a *sábado*.

4.41-43: [m] Jos. 20.8-9 **5.8-9:** [a] Ex. 34.17; Lv. 19.4; 26.1; Dt. 4.15-19; 27.15. **5.9-10:** [b] Ex. 34.6-7; Nm. 14.18; Dt. 7.9-10. **5.11:** [c] Lv. 19.12. **5.12:** [d] Ex. 16.23-30; 31.12-14. **5.13-14:** [e] Ex. 23.12; 31.15; 34.21; 35.2; Lv. 23.3. **5.16:** [f] Dt. 27.16; Mt. 15.4; 19.19; Mr. 7.10; 10.19; Lc. 18.20; Ef. 6.2. [g] Ef. 6.3. **5.17:** [h] Gn. 9.6; Lv. 24.17; Mt. 5.21; 19.18; Mr. 10.19; Lc. 18.20; Ro. 13.9; Stg. 2.11. **5.18:** [i] Lv. 20.10; Mt. 5.27; 19.18; Mr. 10.19; Lc. 18.20; Ro. 13.9; Stg. 2.11. **5.19:** [j] Lv. 19.11; Mt. 19.18; Mr. 10.19; Lc. 18.20; Ro. 13.9. **5.20:** [k] Ex. 23.1; Mt. 19.18; Mr. 10.19; Lc. 18.20. **5.21:** [l] Ro. 7.7; 13.9.

visto que Jehová habla al hombre, y éste aún vive.
25 Ahora, pues, ¿por qué vamos a morir? Porque este gran fuego nos consumirá; si oyéremos otra vez la voz de Jehová nuestro Dios, moriremos.
26 Porque ¿qué es el hombre, para que oiga la voz del Dios viviente que habla de en medio del fuego, como nosotros la oímos, y aún viva?
27 Acércate tú, y oye todas las cosas que dijere Jehová nuestro Dios; y tú nos dirás todo lo que Jehová nuestro Dios te dijere, y nosotros oiremos y haremos.[m]
28 Y oyó Jehová la voz de vuestras palabras cuando me hablabais, y me dijo Jehová: He oído la voz de las palabras de este pueblo, que ellos te han hablado; bien está todo lo que han dicho.
29 ¡Quién diera que tuviesen tal corazón, que me temiesen y guardasen todos los días todos mis mandamientos, para que a ellos y a sus hijos les fuese bien para siempre!
30 Ve y diles: Volveos a vuestras tiendas.
31 Y tú quédate aquí conmigo, y te diré todos los mandamientos y estatutos y decretos que les enseñarás, a fin de que los pongan ahora por obra en la tierra que yo les doy por posesión.
32 Mirad, pues, que hagáis como Jehová vuestro Dios os ha mandado; no os apartéis a diestra ni a siniestra.
33 Andad en todo el camino que Jehová vuestro Dios os ha mandado, para que viváis y os vaya bien, y tengáis largos días en la tierra que habéis de poseer.

El gran mandamiento

6 1 Estos, pues, son los mandamientos, estatutos y decretos que Jehová vuestro Dios mandó que os enseñase, para que los pongáis por obra en la tierra a la cual pasáis vosotros para tomarla;
2 para que temas a Jehová tu Dios, guardando todos sus estatutos y sus mandamientos que yo te mando, tú, tu hijo, y el hijo de tu hijo, todos los días de tu vida, para que tus días sean prolongados.
3 Oye, pues, oh Israel, y cuida de ponerlos por obra, para que te vaya bien en la tierra que fluye leche y miel, y os multipliquéis, como te ha dicho Jehová el Dios de tus padres.
4 Oye, Israel: Jehová nuestro Dios, Jehová uno es.[a]
5 Y amarás a Jehová tu Dios de todo tu corazón, y de toda tu alma, y con todas tus fuerzas.[b]
6 Y estas palabras que yo te mando hoy, estarán sobre tu corazón;
7 y las repetirás a tus hijos, y hablarás de ellas estando en tu casa, y andando por el camino, y al acostarte, y cuando te levantes.
8 Y las atarás como una señal en tu mano, y estarán como frontales entre tus ojos;
9 y las escribirás en los postes de tu casa, y en tus puertas.[c]

Exhortaciones a la obediencia

10 Cuando Jehová tu Dios te haya introducido en la tierra que juró a tus padres Abraham,[d] Isaac[e] y Jacob[f] que te daría, en ciudades grandes y buenas que tú no edificaste,
11 y casas llenas de todo bien, que tú no llenaste, y cisternas cavadas que tú no cavaste, viñas y olivares que no plantaste, y luego que comas y te sacies,
12 cuídate de no olvidarte de Jehová, que te sacó de la tierra de Egipto, de casa de servidumbre.
13 A Jehová tu Dios temerás, y a él solo servirás,[g] y por su nombre jurarás.
14 No andaréis en pos de dioses ajenos, de los dioses de los pueblos que están en vuestros contornos;
15 porque el Dios celoso, Jehová tu Dios, en medio de ti está; para que no se inflame el furor de Jehová tu Dios contra ti, y te destruya de sobre la tierra.
16 No tentaréis a Jehová vuestro Dios,[h] como lo tentasteis en Masah.[i]
17 Guardad cuidadosamente los mandamientos de Jehová vuestro Dios, y sus testimonios y sus estatutos que te ha mandado.
18 Y haz lo recto y bueno ante los ojos de Jehová, para que te vaya bien, y entres y poseas la buena tierra que Jehová juró a tus padres;
19 para que él arroje a tus enemigos de delante de ti, como Jehová ha dicho.
20 Mañana cuando te preguntare tu hijo, diciendo: ¿Qué significan los testimonios y estatutos y decretos que Jehová nuestro Dios os mandó?
21 entonces dirás a tu hijo: Nosotros éramos siervos de Faraón en Egipto, y Jehová nos sacó de Egipto con mano poderosa.
22 Jehová hizo señales y milagros grandes y terribles en Egipto, sobre Faraón y sobre toda su casa, delante de nuestros ojos;
23 y nos sacó de allá, para traernos y darnos la tierra que juró a nuestros padres.
24 Y nos mandó Jehová que cumplamos todos estos estatutos, y que temamos a Jehová nuestro Dios, para que nos vaya bien todos los días, y para que nos conserve la vida, como hasta hoy.
25 Y tendremos justicia cuando cuidemos de poner por obra todos estos mandamientos delante de Jehová nuestro Dios, como él nos ha mandado.

5.22-27: [m] He. 12.18-19. **6.4:** [a] Mr. 12.29.
6.5: [b] Mt. 22.37; Mr. 12.30; Lc. 10.27. **6.6-9:** [c] Dt. 11.18-20.
6.10: [d] Gn. 12.7. [e] Gn. 26.3. [f] Gn. 28.13.
6.13: [g] Mt. 4.10; Lc. 4.8. **6.16:** [h] Mt. 4.7; Lc. 4.12.
[i] Ex. 17.1-7.

Advertencias contra la idolatría de Canaán

7 1 Cuando Jehová tu Dios te haya introduci-
do en la tierra en la cual entrarás para to-
marla, y haya echado de delante de ti a muchas
naciones, al heteo, al gergeseo, al amorreo, al
cananeo, al ferezeo, al heveo y al jebuseo, siete
naciones[a] mayores y más poderosas que tú,
2 y Jehová tu Dios las haya entregado delante
de ti, y las hayas derrotado, las destruirás del
todo; no harás con ellas alianza, ni tendrás de
ellas misericordia.
3 Y no emparentarás con ellas; no darás tu hija a
su hijo, ni tomarás a su hija para tu hijo.
4 Porque desviará a tu hijo de en pos de mí, y
servirán a dioses ajenos; y el furor de Jehová se
encenderá sobre vosotros, y te destruirá pronto.
5 Mas así habéis de hacer con ellos: sus altares
destruiréis, y quebraréis sus estatuas, y destrui-
réis sus imágenes de Asera, y quemaréis sus es-
culturas en el fuego.[b]

Un pueblo santo para Jehová

6 Porque tú eres pueblo santo para Jehová tu
Dios; Jehová tu Dios te ha escogido para serle
un pueblo especial,[c] más que todos los pueblos
que están sobre la tierra.
7 No por ser vosotros más que todos los pueblos
os ha querido Jehová y os ha escogido, pues vo-
sotros erais el más insignificante de todos los
pueblos;
8 sino por cuanto Jehová os amó, y quiso guar-
dar el juramento que juró a vuestros padres, os
ha sacado Jehová con mano poderosa, y os ha
rescatado de servidumbre, de la mano de Fa-
raón rey de Egipto.
9 Conoce, pues, que Jehová tu Dios es Dios, Dios
fiel, que guarda el pacto y la misericordia a los
que le aman y guardan sus mandamientos, has-
ta mil generaciones;
10 y que da el pago en persona al que le aborre-
ce, destruyéndolo;[d] y no se demora con el que le
odia, en persona le dará el pago.
11 Guarda, por tanto, los mandamientos, estatu-
tos y decretos que yo te mando hoy que cumplas.

Bendiciones de la obediencia

12 Y por haber oído estos decretos y haberlos
guardado y puesto por obra, Jehová tu Dios
guardará contigo el pacto y la misericordia que
juró a tus padres.
13 Y te amará, te bendecirá y te multiplicará, y
bendecirá el fruto de tu vientre y el fruto de tu
tierra, tu grano, tu mosto, tu aceite, la cría de
tus vacas, y los rebaños de tus ovejas, en la tie-
rra que juró a tus padres que te daría.
14 Bendito serás más que todos los pueblos; no
habrá en ti varón ni hembra estéril, ni en tus
ganados.
15 Y quitará Jehová de ti toda enfermedad; y to-
das las malas plagas de Egipto, que tú conoces,
no las pondrá sobre ti, antes las pondrá sobre to-
dos los que te aborrecieren.
16 Y consumirás a todos los pueblos que te da
Jehová tu Dios; no los perdonará tu ojo, ni servi-
rás a sus dioses, porque te será tropiezo.[e]
17 Si dijeres en tu corazón: Estas naciones son
mucho más numerosas que yo; ¿cómo las podré
exterminar?
18 no tengas temor de ellas; acuérdate bien de
lo que hizo Jehová tu Dios con Faraón y con
todo Egipto;
19 de las grandes pruebas que vieron tus ojos, y
de las señales y milagros, y de la mano poderosa
y el brazo extendido con que Jehová tu Dios te
sacó; así hará Jehová tu Dios con todos los pue-
blos de cuya presencia tú temieres.
20 También enviará Jehová tu Dios avispas so-
bre ellos, hasta que perezcan los que quedaren y
los que se hubieren escondido de delante de ti.
21 No desmayes delante de ellos, porque Jehová
tu Dios está en medio de ti, Dios grande y temible.
22 Y Jehová tu Dios echará a estas naciones de
delante de ti poco a poco; no podrás acabar con
ellas en seguida, para que las fieras del campo
no se aumenten contra ti.
23 Mas Jehová tu Dios las entregará delante de
ti, y él las quebrantará con grande destrozo,
hasta que sean destruidas.
24 El entregará sus reyes en tu mano, y tú des-
truirás el nombre de ellos de debajo del cielo;
nadie te hará frente hasta que los destruyas.
25 Las esculturas de sus dioses quemarás en el
fuego; no codiciarás plata ni oro de ellas para
tomarlo para ti, para que no tropieces en ello,
pues es abominación a Jehová tu Dios;
26 y no traerás cosa abominable a tu casa, para
que no seas anatema; del todo la aborrecerás y
la abominarás, porque es anatema.

La buena tierra que han de poseer

8 1 Cuidaréis de poner por obra todo manda-
miento que yo os ordeno hoy, para que vi-
váis, y seáis multiplicados, y entréis y poseáis la
tierra que Jehová prometió con juramento a
vuestros padres.
2 Y te acordarás de todo el camino por donde te
ha traído Jehová tu Dios estos cuarenta años en
el desierto, para afligirte, para probarte, para
saber lo que había en tu corazón, si habías de
guardar o no sus mandamientos.
3 Y te afligió, y te hizo tener hambre, y te susten-
tó con maná, comida que no conocías tú, ni tus

7.1: [a] Hch. 13.19. **7.5:** [b] Dt. 12.3. **7.6:** [c] Ex. 19.5; Dt. 4.20; 14.2; 26.18; Tit. 2.14; 1 P. 2.9.
7.9-10: [d] Ex. 20.5-6; 34.6-7; Nm. 14.18; Dt. 5.9-10.
7.12-16: [e] Dt. 11.13-17.

padres la habían conocido, para hacerte saber
que no sólo de pan vivirá el hombre, mas de
todo lo que sale de la boca de Jehová vivirá el
hombre.[a]
4 Tu vestido nunca se envejeció sobre ti, ni el pie
se te ha hinchado en estos cuarenta años.
5 Reconoce asimismo en tu corazón, que como
castiga el hombre a su hijo, así Jehová tu Dios te
castiga.
6 Guardarás, pues, los mandamientos de Jehová
tu Dios, andando en sus caminos, y temiéndole.
7 Porque Jehová tu Dios te introduce en la buena tierra, tierra de arroyos, de aguas, de fuentes
y de manantiales, que brotan en vegas y
montes;
8 tierra de trigo y cebada, de vides, higueras y
granados; tierra de olivos, de aceite y de miel;
9 tierra en la cual no comerás el pan con escasez, ni te faltará nada en ella; tierra cuyas piedras son hierro, y de cuyos montes sacarás
cobre.
10 Y comerás y te saciarás, y bendecirás a Jehová tu Dios por la buena tierra que te habrá dado.

Amonestación de no olvidar a Dios

11 Cuídate de no olvidarte de Jehová tu Dios,
para cumplir sus mandamientos, sus decretos y
sus estatutos que yo te ordeno hoy;
12 no suceda que comas y te sacies, y edifiques
buenas casas en que habites,
13 y tus vacas y tus ovejas se aumenten, y la plata y el oro se te multipliquen, y todo lo que tuvieres se aumente;
14 y se enorgullezca tu corazón, y te olvides de
Jehová tu Dios, que te sacó de tierra de Egipto,
de casa de servidumbre;
15 que te hizo caminar por un desierto grande y
espantoso, lleno de serpientes ardientes, y de
escorpiones, y de sed, donde no había agua, y él
te sacó agua de la roca del pedernal;
16 que te sustentó con maná en el desierto, comida que tus padres no habían conocido, afligiéndote y probándote, para a la postre hacerte
bien;[b]
17 y digas en tu corazón: Mi poder y la fuerza de
mi mano me han traído esta riqueza.
18 Sino acuérdate de Jehová tu Dios, porque él
te da el poder para hacer las riquezas, a fin de
confirmar su pacto que juró a tus padres, como
en este día.
19 Mas si llegares a olvidarte de Jehová tu Dios y
anduvieres en pos de dioses ajenos, y les sirvieres y a ellos te inclinares, yo lo afirmo hoy contra vosotros, que de cierto pereceréis.
20 Como las naciones que Jehová destruirá delante de vosotros, así pereceréis, por cuanto no
habréis atendido a la voz de Jehová vuestro
Dios.

Dios destruirá a las naciones de Canaán

9 1 Oye, Israel: tú vas hoy a pasar el Jordán,
para entrar a desposeer a naciones más numerosas y más poderosas que tú, ciudades
grandes y amuralladas hasta el cielo;
2 un pueblo grande y alto, hijos de los anaceos,
de los cuales tienes tú conocimiento, y has oído
decir: ¿Quién se sostendrá delante de los hijos
de Anac?
3 Entiende, pues, hoy, que es Jehová tu Dios el
que pasa delante de ti como fuego consumidor,
que los destruirá y humillará delante de ti; y tú
los echarás, y los destruirás en seguida, como
Jehová te ha dicho.
4 No pienses en tu corazón cuando Jehová tu
Dios los haya echado de delante de ti, diciendo:
Por mi justicia me ha traído Jehová a poseer
esta tierra; pues por la impiedad de estas naciones Jehová las arroja de delante de ti.
5 No por tu justicia, ni por la rectitud de tu corazón entras a poseer la tierra de ellos, sino por la
impiedad de estas naciones Jehová tu Dios las
arroja de delante de ti, y para confirmar la palabra que Jehová juró a tus padres Abraham,
Isaac y Jacob.

La rebelión de Israel en Horeb

6 Por tanto, sabe que no es por tu justicia que
Jehová tu Dios te da esta buena tierra para tomarla; porque pueblo duro de cerviz eres tú.
7 Acuérdate, no olvides que has provocado la ira
de Jehová tu Dios en el desierto; desde el día
que saliste de la tierra de Egipto, hasta que entrasteis en este lugar, habéis sido rebeldes a
Jehová.
8 En Horeb provocasteis a ira a Jehová, y se enojó Jehová contra vosotros para destruiros.
9 Cuando yo subí al monte para recibir las tablas
de piedra, las tablas del pacto que Jehová hizo
con vosotros, estuve entonces en el monte cuarenta días y cuarenta noches,[a] sin comer pan ni
beber agua;
10 y me dio Jehová las dos tablas de piedra escritas con el dedo de Dios; y en ellas estaba escrito según todas las palabras que os habló
Jehová en el monte, de en medio del fuego, el
día de la asamblea.
11 Sucedió al fin de los cuarenta días y cuarenta
noches, que Jehová me dio las dos tablas de piedra, las tablas del pacto.
12 Y me dijo Jehová: Levántate, desciende pronto de aquí, porque tu pueblo que sacaste de
Egipto se ha corrompido; pronto se han apartado del camino que yo les mandé; se han hecho
una imagen de fundición.

8.3: [a] Mt. 4.4; Lc. 4.4. **8.11-16:** [b] Os. 13.5-6.
9.9: [a] Ex. 24.18.

13 Y me habló Jehová, diciendo: He observado a ese pueblo, y he aquí que es pueblo duro de cerviz.
14 Déjame que los destruya, y borre su nombre de debajo del cielo, y yo te pondré sobre una nación fuerte y mucho más numerosa que ellos.
15 Y volví y descendí del monte, el cual ardía en fuego, con las tablas del pacto en mis dos manos.
16 Y miré, y he aquí habíais pecado contra Jehová vuestro Dios; os habíais hecho un becerro de fundición, apartándoos pronto del camino que Jehová os había mandado.
17 Entonces tomé las dos tablas y las arrojé de mis dos manos, y las quebré delante de vuestros ojos.
18 Y me postré delante de Jehová como antes, cuarenta días y cuarenta noches; no comí pan ni bebí agua, a causa de todo vuestro pecado que habíais cometido haciendo el mal ante los ojos de Jehová para enojarlo.
19 Porque temí[b] a causa del furor y de la ira con que Jehová estaba enojado contra vosotros para destruiros. Pero Jehová me escuchó aun esta vez.
20 Contra Aarón también se enojó Jehová en gran manera para destruirlo; y también oré por Aarón en aquel entonces.
21 Y tomé el objeto de vuestro pecado, el becerro que habíais hecho, y lo quemé en el fuego, y lo desmenucé moliéndolo muy bien, hasta que fue reducido a polvo; y eché el polvo de él en el arroyo que descendía del monte.
22 También en Tabera,[c] en Masah[d] y en Kibrot-hataava[e] provocasteis a ira a Jehová.
23 Y cuando Jehová os envió desde Cades-barnea,[f] diciendo: Subid y poseed la tierra que yo os he dado,[g] también fuisteis rebeldes al mandato de Jehová vuestro Dios,[h] y no le creísteis, ni obedecisteis a su voz.
24 Rebeldes habéis sido a Jehová desde el día que yo os conozco.
25 Me postré, pues, delante de Jehová; cuarenta días y cuarenta noches estuve postrado, porque Jehová dijo que os había de destruir.
26 Y oré a Jehová, diciendo: Oh Señor Jehová, no destruyas a tu pueblo y a tu heredad que has redimido con tu grandeza, que sacaste de Egipto con mano poderosa.
27 Acuérdate de tus siervos Abraham, Isaac y Jacob; no mires a la dureza de este pueblo, ni a su impiedad ni a su pecado,
28 no sea que digan los de la tierra de donde nos sacaste: Por cuanto no pudo Jehová introducirlos en la tierra que les había prometido, o porque los aborrecía, los sacó para matarlos en el desierto.
29 Y ellos son tu pueblo y tu heredad, que sacaste con tu gran poder y con tu brazo extendido.

El pacto renovado

10 1 En aquel tiempo Jehová me dijo: Lábrate dos tablas de piedra como las primeras, y sube a mí al monte, y hazte un arca de madera;
2 y escribiré en aquellas tablas las palabras que estaban en las primeras tablas que quebraste; y las pondrás en el arca.
3 E hice un arca de madera de acacia, y labré dos tablas de piedra como las primeras, y subí al monte con las dos tablas en mi mano.
4 Y escribió en las tablas conforme a la primera escritura, los diez mandamientos que Jehová os había hablado en el monte de en medio del fuego, el día de la asamblea; y me las dio Jehová.
5 Y volví y descendí del monte, y puse las tablas en el arca que había hecho; y allí están, como Jehová me mandó.
6 (Después salieron los hijos de Israel de Beerot-bene-jaacán[1] a Mosera; allí murió Aarón,[a] y allí fue sepultado, y en lugar suyo tuvo el sacerdocio su hijo Eleazar.
7 De allí partieron a Gudgoda, y de Gudgoda a Jotbata, tierra de arroyos de aguas.
8 En aquel tiempo apartó Jehová la tribu de Leví[b] para que llevase el arca del pacto de Jehová, para que estuviese delante de Jehová para servirle, y para bendecir en su nombre, hasta hoy,
9 por lo cual Leví no tuvo parte ni heredad con sus hermanos; Jehová es su heredad, como Jehová tu Dios le dijo.)
10 Y yo estuve en el monte como los primeros días, cuarenta días y cuarenta noches;[c] y Jehová también me escuchó esta vez, y no quiso Jehová destruirte.
11 Y me dijo Jehová: Levántate, anda, para que marches delante del pueblo, para que entren y posean la tierra que juré a sus padres que les había de dar.

Lo que Dios exige

12 Ahora, pues, Israel, ¿qué pide Jehová tu Dios de ti, sino que temas a Jehová tu Dios, que andes en todos sus caminos, y que lo ames, y sirvas a Jehová tu Dios con todo tu corazón y con toda tu alma;
13 que guardes los mandamientos de Jehová y sus estatutos, que yo te prescribo hoy, para que tengas prosperidad?
14 He aquí, de Jehová tu Dios son los cielos, y los cielos de los cielos, la tierra, y todas las cosas que hay en ella.

9.19: [b] He. 12.21. **9.22:** [c] Nm. 11.3. [d] Ex. 17.7. [e] Nm. 11.34. **9.23:** [f] Nm. 13.17. [g] Dt. 1.21. [h] Nm. 13.31; Dt. 1.26; He. 3.16. **10.6:** [1] *los pozos de los hijos de Jaacán.* [a] Nm. 20.28; 33.38. **10.8:** [b] Nm. 3.5-8. **10.10:** [c] Ex. 34.28.

15 Solamente de tus padres se agradó Jehová
para amarlos, y escogió su descendencia des-
pués de ellos, a vosotros, de entre todos los pue-
blos, como en este día.
16 Circuncidad, pues, el prepucio de vuestro co-
razón, y no endurezcáis más vuestra cerviz.
17 Porque Jehová vuestro Dios es Dios de dioses
y Señor de señores, Dios grande, poderoso y te-
mible, que no hace acepción de personas,[d] ni
toma cohecho;
18 que hace justicia al huérfano y a la viuda;
que ama también al extranjero dándole pan y
vestido.
19 Amaréis, pues, al extranjero; porque extran-
jeros fuisteis en la tierra de Egipto.
20 A Jehová tu Dios temerás, a él solo servirás, a
él seguirás, y por su nombre jurarás.
21 El es el objeto de tu alabanza, y él es tu Dios,
que ha hecho contigo estas cosas grandes y te-
rribles que tus ojos han visto.
22 Con setenta personas[e] descendieron tus pa-
dres a Egipto, y ahora Jehová te ha hecho como
las estrellas del cielo[f] en multitud.

La grandeza de Jehová

11 1 Amarás, pues, a Jehová tu Dios, y guar-
darás sus ordenanzas, sus estatutos, sus
decretos y sus mandamientos, todos los días.
2 Y comprended hoy, porque no hablo con vues-
tros hijos que no han sabido ni visto el castigo
de Jehová vuestro Dios, su grandeza, su mano
poderosa, y su brazo extendido,
3 y sus señales, y sus obras que hizo en medio de
Egipto a Faraón rey de Egipto, y a toda su tierra;[a]
4 y lo que hizo al ejército de Egipto, a sus caba-
llos y a sus carros; cómo precipitó las aguas del
Mar Rojo sobre ellos, cuando venían tras voso-
tros,[b] y Jehová los destruyó hasta hoy;
5 y lo que ha hecho con vosotros en el desierto,
hasta que habéis llegado a este lugar;
6 y lo que hizo con Datán y Abiram, hijos de
Eliab hijo de Rubén; cómo abrió su boca la tie-
rra, y los tragó con sus familias, sus tiendas, y
todo su ganado, en medio de todo Israel.[c]
7 Mas vuestros ojos han visto todas las grandes
obras que Jehová ha hecho.

Bendiciones de la Tierra Prometida

8 Guardad, pues, todos los mandamientos
que yo os prescribo hoy, para que seáis fortaleci-
dos, y entréis y poseáis la tierra a la cual pasáis
para tomarla;
9 y para que os sean prolongados los días sobre
la tierra, de la cual juró Jehová a vuestros pa-
dres, que había de darla a ellos y a su descen-
dencia, tierra que fluye leche y miel.
10 La tierra a la cual entras para tomarla no es
como la tierra de Egipto de donde habéis salido,
donde sembrabas tu semilla, y regabas con tu
pie, como huerto de hortaliza.
11 La tierra a la cual pasáis para tomarla es tie-
rra de montes y de vegas, que bebe las aguas de
la lluvia del cielo;
12 tierra de la cual Jehová tu Dios cuida; siem-
pre están sobre ella los ojos de Jehová tu Dios,
desde el principio del año hasta el fin.
13 Si obedeciereis cuidadosamente a mis man-
damientos que yo os prescribo hoy, amando a
Jehová vuestro Dios, y sirviéndole con todo vues-
tro corazón, y con toda vuestra alma,
14 yo daré la lluvia de vuestra tierra a su tiempo,
la temprana y la tardía; y recogerás tu grano, tu
vino y tu aceite.
15 Daré también hierba en tu campo para tus
ganados; y comerás, y te saciarás.
16 Guardaos, pues, que vuestro corazón no se
infatúe, y os apartéis y sirváis a dioses ajenos, y
os inclinéis a ellos;
17 y se encienda el furor de Jehová sobre voso-
tros, y cierre los cielos, y no haya lluvia, ni la tie-
rra dé su fruto, y perezcáis pronto de la buena
tierra que os da Jehová.[d]
18 Por tanto, pondréis estas mis palabras en
vuestro corazón y en vuestra alma, y las ataréis
como señal en vuestra mano, y serán por fronta-
les entre vuestros ojos.
19 Y las enseñaréis a vuestros hijos, hablando de
ellas cuando te sientes en tu casa, cuando andes
por el camino, cuando te acuestes, y cuando te
levantes,
20 y las escribirás en los postes de tu casa, y en
tus puertas;[e]
21 para que sean vuestros días, y los días de
vuestros hijos, tan numerosos sobre la tierra que
Jehová juró a vuestros padres que les había de
dar, como los días de los cielos sobre la tierra.
22 Porque si guardareis cuidadosamente todos es-
tos mandamientos que yo os prescribo para que
los cumpláis, y si amareis a Jehová vuestro Dios,
andando en todos sus caminos, y siguiéndole a él,
23 Jehová también echará de delante de voso-
tros a todas estas naciones, y desposeeréis na-
ciones grandes y más poderosas que vosotros.
24 Todo lugar que pisare la planta de vuestro pie
será vuestro; desde el desierto hasta el Líbano,
desde el río Eufrates hasta el mar occidental
será vuestro territorio.
25 Nadie se sostendrá delante de vosotros;[f] mie-
do y temor de vosotros pondrá Jehová vuestro
Dios sobre toda la tierra que pisareis, como él os
ha dicho.

10.17: [d] Hch. 10.34; Ro. 2.11; Gá. 2.6; Ef. 6.9.
10.22: [e] Gn. 46.27. [f] Gn. 15.5; 22.17.
11.3: [a] Ex. 7.8–12.13. **11.4:** [b] Ex. 14.28.
11.6: [c] Nm. 16.31-32. **11.13-17:** [d] Lv. 26.3-5; Dt. 7.12-16;
28.1-14. **11.18-20:** [e] Dt. 6.6-9. **11.24-25:** [f] Jos. 1.3-5.

26 He aquí yo pongo hoy delante de vosotros la bendición y la maldición:
27 la bendición, si oyereis los mandamientos de Jehová vuestro Dios, que yo os prescribo hoy,
28 y la maldición, si no oyereis los mandamientos de Jehová vuestro Dios, y os apartareis del camino que yo os ordeno hoy, para ir en pos de dioses ajenos que no habéis conocido.
29 Y cuando Jehová tu Dios te haya introducido en la tierra a la cual vas para tomarla, pondrás la bendición sobre el monte Gerizim, y la maldición sobre el monte Ebal,[g]
30 los cuales están al otro lado del Jordán, tras el camino del occidente en la tierra del cananeo, que habita en el Arabá frente a Gilgal, junto al encinar de More.
31 Porque vosotros pasáis el Jordán para ir a poseer la tierra que os da Jehová vuestro Dios; y la tomaréis, y habitaréis en ella.
32 Cuidaréis, pues, de cumplir todos los estatutos y decretos que yo presento hoy delante de vosotros.

El santuario único

12 1 Estos son los estatutos y decretos que cuidaréis de poner por obra en la tierra que Jehová el Dios de tus padres te ha dado para que tomes posesión de ella, todos los días que vosotros viviereis sobre la tierra.
2 Destruiréis enteramente todos los lugares donde las naciones que vosotros heredaréis sirvieron a sus dioses, sobre los montes altos, y sobre los collados, y debajo de todo árbol frondoso.
3 Derribaréis sus altares, y quebraréis sus estatuas, y sus imágenes de Asera consumiréis con fuego; y destruiréis las esculturas de sus dioses, y raeréis su nombre de aquel lugar.[a]
4 No haréis así a Jehová vuestro Dios,
5 sino que el lugar que Jehová vuestro Dios escogiere de entre todas vuestras tribus, para poner allí su nombre para su habitación, ése buscaréis, y allá iréis.
6 Y allí llevaréis vuestros holocaustos, vuestros sacrificios, vuestros diezmos, y la ofrenda elevada de vuestras manos, vuestros votos, vuestras ofrendas voluntarias, y las primicias de vuestras vacas y de vuestras ovejas;
7 y comeréis allí delante de Jehová vuestro Dios, y os alegraréis, vosotros y vuestras familias, en toda obra de vuestras manos en la cual Jehová tu Dios te hubiere bendecido.
8 No haréis como todo lo que hacemos nosotros aquí ahora, cada uno lo que bien le parece,
9 porque hasta ahora no habéis entrado al reposo y a la heredad que os da Jehová vuestro Dios.
10 Mas pasaréis el Jordán, y habitaréis en la tierra que Jehová vuestro Dios os hace heredar; y él os dará reposo de todos vuestros enemigos alrededor, y habitaréis seguros.
11 Y al lugar que Jehová vuestro Dios escogiere para poner en él su nombre, allí llevaréis todas las cosas que yo os mando: vuestros holocaustos, vuestros sacrificios, vuestros diezmos, las ofrendas elevadas de vuestras manos, y todo lo escogido de los votos que hubiereis prometido a Jehová.
12 Y os alegraréis delante de Jehová vuestro Dios, vosotros, vuestros hijos, vuestras hijas, vuestros siervos y vuestras siervas, y el levita que habite en vuestras poblaciones; por cuanto no tiene parte ni heredad con vosotros.
13 Cuídate de no ofrecer tus holocaustos en cualquier lugar que vieres;
14 sino que en el lugar que Jehová escogiere, en una de tus tribus, allí ofrecerás tus holocaustos, y allí harás todo lo que yo te mando.

15 Con todo, podrás matar y comer carne en todas tus poblaciones conforme a tu deseo, según la bendición que Jehová tu Dios te haya dado; el inmundo y el limpio la podrá comer, como la de gacela o de ciervo.
16 Solamente que sangre no comeréis;[b] sobre la tierra la derramaréis como agua.
17 Ni comerás en tus poblaciones el diezmo de tu grano, de tu vino o de tu aceite, ni las primicias de tus vacas, ni de tus ovejas, ni los votos que prometieres, ni las ofrendas voluntarias, ni las ofrendas elevadas de tus manos;
18 sino que delante de Jehová tu Dios las comerás, en el lugar que Jehová tu Dios hubiere escogido, tú, tu hijo, tu hija, tu siervo, tu sierva, y el levita que habita en tus poblaciones; te alegrarás delante de Jehová tu Dios de toda la obra de tus manos.
19 Ten cuidado de no desamparar al levita en todos tus días sobre la tierra.

20 Cuando Jehová tu Dios ensanchare tu territorio, como él te ha dicho, y tú dijeres: Comeré carne, porque deseaste comerla, conforme a lo que deseaste podrás comer.
21 Si estuviere lejos de ti el lugar que Jehová tu Dios escogiere para poner allí su nombre, podrás matar de tus vacas y de tus ovejas que Jehová te hubiere dado, como te he mandado yo, y comerás en tus puertas según todo lo que deseares.
22 Lo mismo que se come la gacela y el ciervo, así las podrás comer; el inmundo y el limpio podrán comer también de ellas.
23 Solamente que te mantengas firme en no comer sangre; porque la sangre es la vida, y no comerás la vida juntamente con su carne.
24 No la comerás; en tierra la derramarás como agua.[c]

11.29: [g] Dt. 27.11-14; Jos. 8.33-35. **12.3:** [a] Dt. 7.5.
12.16: [b] Gn. 9.4; Lv. 7.26-27; 17.10-14; 19.26; Dt. 15.23.
12.23-24: [c] Lv. 17.10-14.

25 No comerás de ella, para que te vaya bien a ti y a tus hijos después de ti, cuando hicieres lo recto ante los ojos de Jehová.

26 Pero las cosas que hubieres consagrado, y tus votos, las tomarás, y vendrás con ellas al lugar que Jehová hubiere escogido;

27 y ofrecerás tus holocaustos, la carne y la sangre, sobre el altar de Jehová tu Dios; y la sangre de tus sacrificios será derramada sobre el altar de Jehová tu Dios, y podrás comer la carne.

28 Guarda y escucha todas estas palabras que yo te mando, para que haciendo lo bueno y lo recto ante los ojos de Jehová tu Dios, te vaya bien a ti y a tus hijos después de ti para siempre.

Advertencias contra la idolatría

29 Cuando Jehová tu Dios haya destruido delante de ti las naciones adonde tú vas para poseerlas, y las heredes, y habites en su tierra,

30 guárdate que no tropieces yendo en pos de ellas, después que sean destruidas delante de ti; no preguntes acerca de sus dioses, diciendo: De la manera que servían aquellas naciones a sus dioses, yo también les serviré.

31 No harás así a Jehová tu Dios; porque toda cosa abominable que Jehová aborrece, hicieron ellos a sus dioses; pues aun a sus hijos y a sus hijas quemaban en el fuego a sus dioses.

32 Cuidarás de hacer todo lo que yo te mando; no añadirás a ello, ni de ello quitarás.[d]

13 1 Cuando se levantare en medio de ti profeta, o soñador de sueños, y te anunciare señal o prodigios,

2 y si se cumpliere la señal o prodigio que él te anunció, diciendo: Vamos en pos de dioses ajenos, que no conociste, y sirvámosles;

3 no darás oído a las palabras de tal profeta, ni al tal soñador de sueños; porque Jehová vuestro Dios os está probando, para saber si amáis a Jehová vuestro Dios con todo vuestro corazón, y con toda vuestra alma.

4 En pos de Jehová vuestro Dios andaréis; a él temeréis, guardaréis sus mandamientos y escucharéis su voz, a él serviréis, y a él seguiréis.

5 Tal profeta o soñador de sueños ha de ser muerto, por cuanto aconsejó rebelión contra Jehová vuestro Dios que te sacó de tierra de Egipto y te rescató de casa de servidumbre, y trató de apartarte del camino por el cual Jehová tu Dios te mandó que anduvieses; y así quitarás el mal de en medio de ti.

6 Si te incitare tu hermano, hijo de tu madre, o tu hijo, tu hija, tu mujer o tu amigo íntimo, diciendo en secreto: Vamos y sirvamos a dioses ajenos, que ni tú ni tus padres conocisteis,

7 de los dioses de los pueblos que están en vuestros alrededores, cerca de ti o lejos de ti, desde un extremo de la tierra hasta el otro extremo de ella;

8 no consentirás con él, ni le prestarás oído; ni tu ojo le compadecerá, ni le tendrás misericordia, ni lo encubrirás,

9 sino que lo matarás; tu mano se alzará primero sobre él para matarle, y después la mano de todo el pueblo.

10 Le apedrearás hasta que muera, por cuanto procuró apartarte de Jehová tu Dios, que te sacó de tierra de Egipto, de casa de servidumbre;

11 para que todo Israel oiga, y tema, y no vuelva a hacer en medio de ti cosa semejante a esta.

12 Si oyeres que se dice de alguna de tus ciudades que Jehová tu Dios te da para vivir en ellas,

13 que han salido de en medio de ti hombres impíos que han instigado a los moradores de su ciudad, diciendo: Vamos y sirvamos a dioses ajenos, que vosotros no conocisteis;

14 tú inquirirás, y buscarás y preguntarás con diligencia; y si pareciere verdad, cosa cierta, que tal abominación se hizo en medio de ti,

15 irremisiblemente herirás a filo de espada a los moradores de aquella ciudad, destruyéndola con todo lo que en ella hubiere, y también matarás sus ganados a filo de espada.

16 Y juntarás todo su botín en medio de la plaza, y consumirás con fuego la ciudad y todo su botín, todo ello, como holocausto a Jehová tu Dios, y llegará a ser un montón de ruinas para siempre; nunca más será edificada.

17 Y no se pegará a tu mano nada del anatema, para que Jehová se aparte del ardor de su ira, y tenga de ti misericordia, y tenga compasión de ti, y te multiplique, como lo juró a tus padres,

18 cuando obedecieres a la voz de Jehová tu Dios, guardando todos sus mandamientos que yo te mando hoy, para hacer lo recto ante los ojos de Jehová tu Dios.

14 1 Hijos sois de Jehová vuestro Dios; no os sajaréis, ni os raparéis a causa de muerto.[a]

2 Porque eres pueblo santo a Jehová tu Dios, y Jehová te ha escogido para que le seas un pueblo único[b] de entre todos los pueblos que están sobre la tierra.

Animales limpios e inmundos

3 Nada abominable comerás.

4 Estos son los animales que podréis comer: el buey, la oveja, la cabra,

5 el ciervo, la gacela, el corzo, la cabra montés, el íbice, el antílope y el carnero montés.

6 Y todo animal de pezuñas, que tiene hendidura de dos uñas, y que rumiare entre los animales, ese podréis comer.

12.32: [d] Dt. 4.2; Ap. 22.18-19. **14.1:** [a] Lv. 19.28; 21.5.
14.2: [b] Ex. 19.5-6; Dt. 4.20; 7.6; 26.18; Tit. 2.14; 1 P. 2.9.

7 Pero estos no comeréis, entre los que rumian o entre los que tienen pezuña hendida: camello, liebre y conejo; porque rumian, mas no tienen pezuña hendida, serán inmundos;

8 ni cerdo, porque tiene pezuña hendida, mas no rumia; os será inmundo. De la carne de éstos no comeréis, ni tocaréis sus cuerpos muertos.

9 De todo lo que está en el agua, de estos podréis comer: todo lo que tiene aleta y escama.

10 Mas todo lo que no tiene aleta y escama, no comeréis; inmundo será.

11 Toda ave limpia podréis comer.

12 Y estas son de las que no podréis comer: el águila, el quebrantahuesos, el azor,

13 el gallinazo, el milano según su especie,

14 todo cuervo según su especie,

15 el avestruz, la lechuza, la gaviota y el gavilán según sus especies,

16 el búho, el ibis, el calamón,

17 el pelícano, el buitre, el somormujo,

18 la cigüeña, la garza según su especie, la abubilla y el murciélago.

19 Todo insecto alado será inmundo; no se comerá.

20 Toda ave limpia podréis comer.

21 Ninguna cosa mortecina comeréis; al extranjero que está en tus poblaciones la darás, y él podrá comerla; o véndela a un extranjero, porque tú eres pueblo santo a Jehová tu Dios. No cocerás el cabrito en la leche de su madre.[c]

La ley del diezmo

22 Indefectiblemente diezmarás[d] todo el producto del grano que rindiere tu campo cada año.

23 Y comerás delante de Jehová tu Dios en el lugar que él escogiere para poner allí su nombre, el diezmo de tu grano, de tu vino y de tu aceite, y las primicias de tus manadas y de tus ganados, para que aprendas a temer a Jehová tu Dios todos los días.

24 Y si el camino fuere tan largo que no puedas llevarlo, por estar lejos de ti el lugar que Jehová tu Dios hubiere escogido para poner en él su nombre, cuando Jehová tu Dios te bendijere,

25 entonces lo venderás y guardarás el dinero en tu mano, y vendrás al lugar que Jehová tu Dios escogiere;

26 y darás el dinero por todo lo que deseas, por vacas, por ovejas, por vino, por sidra, o por cualquier cosa que tú deseares; y comerás allí delante de Jehová tu Dios, y te alegrarás tú y tu familia.

27 Y no desampararás al levita que habitare en tus poblaciones; porque no tiene parte ni heredad contigo.

28 Al fin de cada tres años sacarás todo el diezmo de tus productos de aquel año, y lo guardarás en tus ciudades.

29 Y vendrá el levita, que no tiene parte ni heredad contigo, y el extranjero, el huérfano y la viuda que hubiere en tus poblaciones, y comerán y serán saciados; para que Jehová tu Dios te bendiga en toda obra que tus manos hicieren.

El año de remisión

15 1 Cada siete años harás remisión.

2 Y esta es la manera de la remisión: perdonará a su deudor todo aquel que hizo empréstito de su mano, con el cual obligó a su prójimo; no lo demandará más a su prójimo, o a su hermano, porque es pregonada la remisión de Jehová.

3 Del extranjero demandarás el reintegro; pero lo que tu hermano tuviere tuyo, lo perdonará tu mano,

4 para que así no haya en medio de ti mendigo; porque Jehová te bendecirá con abundancia en la tierra que Jehová tu Dios te da por heredad para que la tomes en posesión,

5 si escuchares fielmente la voz de Jehová tu Dios, para guardar y cumplir todos estos mandamientos que yo te ordeno hoy.

6 Ya que Jehová tu Dios te habrá bendecido, como te ha dicho, prestarás entonces a muchas naciones, mas tú no tomarás prestado; tendrás dominio sobre muchas naciones, pero sobre ti no tendrán dominio.

Préstamos a los pobres

7 Cuando haya en medio de ti menesteroso de alguno de tus hermanos en alguna de tus ciudades, en la tierra que Jehová tu Dios te da, no endurecerás tu corazón, ni cerrarás tu mano contra tu hermano pobre,

8 sino abrirás a él tu mano liberalmente, y en efecto le prestarás lo que necesite.[a]

9 Guárdate de tener en tu corazón pensamiento perverso, diciendo: Cerca está el año séptimo, el de la remisión, y mires con malos ojos a tu hermano menesteroso para no darle; porque él podrá clamar contra ti a Jehová, y se te contará por pecado.

10 Sin falta le darás, y no serás de mezquino corazón cuando le des; porque por ello te bendecirá Jehová tu Dios en todos tus hechos, y en todo lo que emprendas.

11 Porque no faltarán menesterosos en medio de la tierra;[b] por eso yo te mando, diciendo: Abrirás tu mano a tu hermano, al pobre y al menesteroso en tu tierra.

Leyes sobre los esclavos

12 Si se vendiere a ti tu hermano hebreo o hebrea, y te hubiere servido seis años, al séptimo le despedirás libre.

14.21: [c] Ex. 23.19; 34.26. **14.22-29:** [d] Lv. 27.30-33; Nm. 18.21. **15.7-8:** [a] Lv. 25.35.
15.11: [b] Mt. 26.11; Mr. 14.7; Jn. 12.8.

13 Y cuando lo despidieres libre, no le enviarás
con las manos vacías.
14 Le abastecerás liberalmente de tus ovejas, de
tu era y de tu lagar; le darás de aquello en que
Jehová te hubiere bendecido.
15 Y te acordarás de que fuiste siervo en la tierra
de Egipto, y que Jehová tu Dios te rescató; por
tanto yo te mando esto hoy.
16 Si él te dijere: No te dejaré; porque te ama a ti
y a tu casa, y porque le va bien contigo;
17 entonces tomarás una lesna, y horadarás su
oreja contra la puerta, y será tu siervo para
siempre; así también harás a tu criada.
18 No te parezca duro cuando le enviares libre,
pues por la mitad del costo de un jornalero te
sirvió seis años; y Jehová tu Dios te bendecirá en
todo cuanto hicieres.[c]

Consagración de los primogénitos machos

19 Consagrarás a Jehová tu Dios todo primo-
génito macho de tus vacas y de tus ovejas;[d] no te
servirás del primogénito de tus vacas, ni trasqui-
larás el primogénito de tus ovejas.
20 Delante de Jehová tu Dios los comerás cada
año, tú y tu familia, en el lugar que Jehová esco-
giere.
21 Y si hubiere en él defecto, si fuere ciego, o
cojo, o hubiere en él cualquier falta, no lo sacri-
ficarás a Jehová tu Dios.
22 En tus poblaciones lo comerás; el inmundo lo
mismo que el limpio comerán de él, como de
una gacela o de un ciervo.
23 Solamente que no comas su sangre;[e] sobre la
tierra la derramarás como agua.

Fiestas anuales

16 1 Guardarás el mes de Abib, y harás pas-
cua[a] a Jehová tu Dios; porque en el mes
de Abib te sacó Jehová tu Dios de Egipto, de
noche.
2 Y sacrificarás la pascua a Jehová tu Dios, de
las ovejas y de las vacas, en el lugar que Jehová
escogiere para que habite allí su nombre.
3 No comerás con ella pan con levadura; siete
días comerás con ella pan sin levadura, pan de
aflicción, porque aprisa saliste de tierra de Egip-
to; para que todos los días de tu vida te acuerdes
del día en que saliste de la tierra de Egipto.
4 Y no se verá levadura contigo en todo tu terri-
torio por siete días; y de la carne que matares en
la tarde del primer día, no quedará hasta la
mañana.
5 No podrás sacrificar la pascua en cualquiera
de las ciudades que Jehová tu Dios te da;
6 sino en el lugar que Jehová tu Dios escogiere
para que habite allí su nombre, sacrificarás la
pascua por la tarde a la puesta del sol, a la hora
que saliste de Egipto.
7 Y la asarás y comerás en el lugar que Jehová tu
Dios hubiere escogido; y por la mañana regresa-
rás y volverás a tu habitación.
8 Seis días comerás pan sin levadura, y el sépti-
mo día será fiesta solemne a Jehová tu Dios; no
trabajarás en él.
9 Siete semanas contarás; desde que comen-
zare a meterse la hoz en las mieses comenzarás
a contar las siete semanas.
10 Y harás la fiesta solemne de las semanas[b] a
Jehová tu Dios; de la abundancia voluntaria de
tu mano será lo que dieres, según Jehová tu
Dios te hubiere bendecido.
11 Y te alegrarás delante de Jehová tu Dios, tú,
tu hijo, tu hija, tu siervo, tu sierva, el levita que
habitare en tus ciudades, y el extranjero, el
huérfano y la viuda que estuvieren en medio de
ti, en el lugar que Jehová tu Dios hubiere escogi-
do para poner allí su nombre.
12 Y acuérdate de que fuiste siervo en Egipto; por
tanto, guardarás y cumplirás estos estatutos.
13 La fiesta solemne de los tabernáculos[c] ha-
rás por siete días, cuando hayas hecho la cose-
cha de tu era y de tu lagar.
14 Y te alegrarás en tus fiestas solemnes, tú, tu
hijo, tu hija, tu siervo, tu sierva, y el levita, el ex-
tranjero, el huérfano y la viuda que viven en tus
poblaciones.
15 Siete días celebrarás fiesta solemne a Jehová
tu Dios en el lugar que Jehová escogiere; porque
te habrá bendecido Jehová tu Dios en todos tus
frutos, y en toda la obra de tus manos, y estarás
verdaderamente alegre.
16 Tres veces cada año aparecerá todo varón
tuyo delante de Jehová tu Dios en el lugar que él
escogiere: en la fiesta solemne de los panes sin
levadura, y en la fiesta solemne de las semanas,
y en la fiesta solemne de los tabernáculos. Y nin-
guno se presentará delante de Jehová con las
manos vacías;
17 cada uno con la ofrenda de su mano, confor-
me a la bendición que Jehová tu Dios te hubiere
dado.

Administración de la justicia

18 Jueces y oficiales pondrás en todas tus ciu-
dades que Jehová tu Dios te dará en tus tribus,
los cuales juzgarán al pueblo con justo juicio.
19 No tuerzas el derecho; no hagas acepción de
personas, ni tomes soborno; porque el soborno
ciega los ojos de los sabios, y pervierte las pala-
bras de los justos.[d]

15.12-18: [c] Lv. 25.39-46. **15.19:** [d] Ex. 13.12.
15.23: [e] Gn. 9.4; Lv. 7.26-27; 17.10-14; 19.26; Dt. 12.16, 23.
16.1-8: [a] Ex. 12.1-20; Lv. 23.5-8; Nm. 28.16-25.
16.9-12: [b] Lv. 23.15-21; Nm. 28.26-31.
16.13-15: [c] Lv. 23.33-36, 39-43; Nm. 29.12-38.
16.19: [d] Ex. 23.6-8; Lv. 19.15.

20 La justicia, la justicia seguirás, para que vivas y heredes la tierra que Jehová tu Dios te da.

21 No plantarás ningún árbol para Asera[e] cerca del altar de Jehová tu Dios, que tú te habrás hecho,

22 ni te levantarás estatua,[f] lo cual aborrece Jehová tu Dios.

17 1 No ofrecerás en sacrificio a Jehová tu Dios, buey o cordero en el cual haya falta o alguna cosa mala, pues es abominación a Jehová tu Dios.

2 Cuando se hallare en medio de ti, en alguna de tus ciudades que Jehová tu Dios te da, hombre o mujer que haya hecho mal ante los ojos de Jehová tu Dios traspasando su pacto,

3 que hubiere ido y servido a dioses ajenos, y se hubiere inclinado a ellos,[a] ya sea al sol, o a la luna, o a todo el ejército del cielo, lo cual yo he prohibido;

4 y te fuere dado aviso, y después que oyeres y hubieres indagado bien, la cosa pareciere de verdad cierta, que tal abominación ha sido hecha en Israel;

5 entonces sacarás a tus puertas al hombre o a la mujer que hubiere hecho esta mala cosa, sea hombre o mujer, y los apedrearás, y así morirán.

6 Por dicho de dos o de tres testigos morirá el que hubiere de morir; no morirá por el dicho de un solo testigo.[b]

7 La mano de los testigos caerá primero sobre él para matarlo, y después la mano de todo el pueblo; así quitarás el mal de en medio de ti.

8 Cuando alguna cosa te fuere difícil en el juicio, entre una clase de homicidio y otra, entre una clase de derecho legal y otra, y entre una clase de herida y otra, en negocios de litigio en tus ciudades; entonces te levantarás y recurrirás al lugar que Jehová tu Dios escogiere;

9 y vendrás a los sacerdotes levitas, y al juez que hubiere en aquellos días, y preguntarás; y ellos te enseñarán la sentencia del juicio.

10 Y harás según la sentencia que te indiquen los del lugar que Jehová escogiere, y cuidarás de hacer según todo lo que te manifiesten.

11 Según la ley que te enseñen, y según el juicio que te digan, harás; no te apartarás ni a diestra ni a siniestra de la sentencia que te declaren.

12 Y el hombre que procediere con soberbia, no obedeciendo al sacerdote que está para ministrar allí delante de Jehová tu Dios, o al juez, el tal morirá; y quitarás el mal de en medio de Israel.

13 Y todo el pueblo oirá, y temerá, y no se ensoberbecerá.

Instrucciones acerca de un rey

14 Cuando hayas entrado en la tierra que Jehová tu Dios te da, y tomes posesión de ella y la habites, y digas: Pondré un rey sobre mí, como todas las naciones que están en mis alrededores;[c]

15 ciertamente pondrás por rey sobre ti al que Jehová tu Dios escogiere; de entre tus hermanos pondrás rey sobre ti; no podrás poner sobre ti a hombre extranjero, que no sea tu hermano.

16 Pero él no aumentará para sí caballos, ni hará volver al pueblo a Egipto con el fin de aumentar caballos;[d] porque Jehová os ha dicho: No volváis nunca por este camino.

17 Ni tomará para sí muchas mujeres, para que su corazón no se desvíe;[e] ni plata ni oro amontonará para sí en abundancia.[f]

18 Y cuando se siente sobre el trono de su reino, entonces escribirá para sí en un libro una copia de esta ley, del original que está al cuidado de los sacerdotes levitas;

19 y lo tendrá consigo, y leerá en él todos los días de su vida, para que aprenda a temer a Jehová su Dios, para guardar todas las palabras de esta ley y estos estatutos, para ponerlos por obra;

20 para que no se eleve su corazón sobre sus hermanos, ni se aparte del mandamiento a diestra ni a siniestra; a fin de que prolongue sus días en su reino, él y sus hijos, en medio de Israel.

Las porciones de los levitas

18 1 Los sacerdotes levitas, es decir, toda la tribu de Leví, no tendrán parte ni heredad en Israel; de las ofrendas quemadas a Jehová y de la heredad de él comerán.

2 No tendrán, pues, heredad entre sus hermanos; Jehová es su heredad, como él les ha dicho.[a]

3 Y este será el derecho de los sacerdotes de parte del pueblo, de los que ofrecieren en sacrificio buey o cordero: darán al sacerdote la espaldilla, las quijadas y el cuajar.

4 Las primicias de tu grano, de tu vino y de tu aceite, y las primicias de la lana de tus ovejas le darás;

5 porque le ha escogido Jehová tu Dios de entre todas tus tribus, para que esté para administrar en el nombre de Jehová, él y sus hijos para siempre.

6 Y cuando saliere un levita de alguna de tus ciudades de entre todo Israel, donde hubiere vivido, y viniere con todo el deseo de su alma al lugar que Jehová escogiere,

7 ministrará en el nombre de Jehová su Dios como todos sus hermanos los levitas que estuvieren allí delante de Jehová.

8 Igual ración a la de los otros comerá, además de sus patrimonios.

16.21: [e] Ex. 34.13. **16.22:** [f] Lv. 26.1.
17.3: [a] Ex. 22.20. **17.6:** [b] Nm. 35.30; Dt. 19.15; Mt. 18.16; 2 Co. 13.1; 1 Ti. 5.19; He. 10.28.
17.14: [c] 1 S. 8.5. **17.16:** [d] 1 R. 10.28; 2 Cr. 1.16; 9.28.
17.17: [e] 1 R. 11.1-8. [f] 1 R. 10.27; 2 Cr. 1.17; 9.27.
18.2: [a] Nm. 18.20.

Amonestación contra costumbres paganas

9 Cuando entres a la tierra que Jehová tu Dios te da, no aprenderás a hacer según las abominaciones de aquellas naciones.
10 No sea hallado en ti quien haga pasar a su hijo o a su hija por el fuego, ni quien practique adivinación, ni agorero,[b] ni sortílego, ni hechicero,[c]
11 ni encantador, ni adivino,[d] ni mago, ni quien consulte a los muertos.
12 Porque es abominación para con Jehová cualquiera que hace estas cosas, y por estas abominaciones Jehová tu Dios echa estas naciones de delante de ti.
13 Perfecto serás delante de Jehová tu Dios.[e]
14 Porque estas naciones que vas a heredar, a agoreros y a adivinos oyen; mas a ti no te ha permitido esto Jehová tu Dios.

Dios promete un profeta como Moisés

15 Profeta de en medio de ti, de tus hermanos, como yo, te levantará Jehová tu Dios; a él oiréis;[f]
16 conforme a todo lo que pediste a Jehová tu Dios en Horeb el día de la asamblea, diciendo: No vuelva yo a oír la voz de Jehová mi Dios, ni vea yo más este gran fuego, para que no muera.
17 Y Jehová me dijo: Han hablado bien en lo que han dicho.
18 Profeta les levantaré de en medio de sus hermanos, como tú; y pondré mis palabras en su boca, y él les hablará todo lo que yo le mandare.
19 Mas a cualquiera que no oyere mis palabras que él hablare en mi nombre, yo le pediré cuenta.[g]
20 El profeta que tuviere la presunción de hablar palabra en mi nombre, a quien yo no le haya mandado hablar, o que hablare en nombre de dioses ajenos, el tal profeta morirá.
21 Y si dijeres en tu corazón: ¿Cómo conoceremos la palabra que Jehová no ha hablado?;
22 si el profeta hablare en nombre de Jehová, y no se cumpliere lo que dijo, ni aconteciere, es palabra que Jehová no ha hablado; con presunción la habló el tal profeta; no tengas temor de él.

Las ciudades de refugio

19 1 Cuando Jehová tu Dios destruya a las naciones cuya tierra Jehová tu Dios te da a ti, y tú las heredes, y habites en sus ciudades, y en sus casas;
2 te apartarás tres ciudades[a] en medio de la tierra que Jehová tu Dios te da para que la poseas.
3 Arreglarás los caminos, y dividirás en tres partes la tierra que Jehová tu Dios te dará en heredad, y será para que todo homicida huya allí.
4 Y este es el caso del homicida que huirá allí, y vivirá: aquel que hiriere a su prójimo sin intención y sin haber tenido enemistad con él anteriormente;
5 como el que fuere con su prójimo al monte a cortar leña, y al dar su mano el golpe con el hacha para cortar algún leño, saltare el hierro del cabo, y diere contra su prójimo y éste muriere; aquél huirá a una de estas ciudades, y vivirá;
6 no sea que el vengador de la sangre, enfurecido, persiga al homicida, y le alcance por ser largo el camino, y le hiera de muerte, no debiendo ser condenado a muerte por cuanto no tenía enemistad con su prójimo anteriormente.
7 Por tanto yo te mando, diciendo: Separarás tres ciudades.
8 Y si Jehová tu Dios ensanchare tu territorio, como lo juró a tus padres, y te diere toda la tierra que prometió dar a tus padres,
9 siempre y cuando guardares todos estos mandamientos que yo te prescribo hoy, para ponerlos por obra; que ames a Jehová tu Dios y andes en sus caminos todos los días; entonces añadirás tres ciudades más a estas tres,
10 para que no sea derramada sangre inocente en medio de la tierra que Jehová tu Dios te da por heredad, y no seas culpado de derramamiento de sangre.
11 Pero si hubiere alguno que aborreciere a su prójimo y lo acechare, y se levantare contra él y lo hiriere de muerte, y muriere; si huyere a alguna de estas ciudades,
12 entonces los ancianos de su ciudad enviarán y lo sacarán de allí, y lo entregarán en mano del vengador de la sangre para que muera.
13 No le compadecerás; y quitarás de Israel la sangre inocente, y te irá bien.
14 En la heredad que poseas en la tierra que Jehová tu Dios te da, no reducirás los límites de la propiedad de tu prójimo,[b] que fijaron los antiguos.

Leyes sobre el testimonio

15 No se tomará en cuenta a un solo testigo contra ninguno en cualquier delito ni en cualquier pecado, en relación con cualquiera ofensa cometida. Sólo por el testimonio de dos o tres testigos se mantendrá la acusación.[c]
16 Cuando se levantare testigo falso contra alguno, para testificar contra él,
17 entonces los dos litigantes se presentarán delante de Jehová, y delante de los sacerdotes y de los jueces que hubiere en aquellos días.
18 Y los jueces inquirirán bien; y si aquel testigo resultare falso, y hubiere acusado falsamente a su hermano,
19 entonces haréis a él como él pensó hacer a su hermano; y quitarás el mal de en medio de ti.

18.10: [b] Lv. 19.26. [c] Ex. 22.18. **18.11:** [d] Lv. 19.31.
18.13: [e] Mt. 5.48. **18.15:** [f] Hch. 3.22; 7.37.
18.19: [g] Hch. 3.23. **19.2:** [a] 19.1-13: Jos. 20.1-9.
19.14: [b] Dt. 27.17. **19.15:** [c] Nm. 35.30; Dt. 17.6; Mt. 18.16; 2 Co. 13.1; 1 Ti. 5.19; He. 10.28.

20 Y los que quedaren oirán y temerán, y no vol-
verán a hacer más una maldad semejante en
medio de ti.
21 Y no le compadecerás; vida por vida, ojo por ojo,
diente por diente,[d] mano por mano, pie por pie.

Leyes sobre la guerra

20 1 Cuando salgas a la guerra contra tus
enemigos, si vieres caballos y carros, y
un pueblo más grande que tú, no tengas temor
de ellos, porque Jehová tu Dios está contigo, el
cual te sacó de tierra de Egipto.
2 Y cuando os acerquéis para combatir, se pon-
drá en pie el sacerdote y hablará al pueblo,
3 y les dirá: Oye, Israel, vosotros os juntáis hoy
en batalla contra vuestros enemigos; no desma-
ye vuestro corazón, no temáis, ni os azoréis, ni
tampoco os desalentéis delante de ellos;
4 porque Jehová vuestro Dios va con vosotros,
para pelear por vosotros contra vuestros enemi-
gos, para salvaros.
5 Y los oficiales hablarán al pueblo, diciendo:
¿Quién ha edificado casa nueva, y no la ha es-
trenado? Vaya, y vuélvase a su casa, no sea que
muera en la batalla, y algún otro la estrene.
6 ¿Y quién ha plantado viña, y no ha disfrutado
de ella? Vaya, y vuélvase a su casa, no sea que
muera en la batalla, y algún otro la disfrute.
7 ¿Y quién se ha desposado con mujer, y no la ha
tomado? Vaya, y vuélvase a su casa, no sea que
muera en la batalla, y algún otro la tome.
8 Y volverán los oficiales a hablar al pueblo, y di-
rán: ¿Quién es hombre medroso y pusilánime?
Vaya, y vuélvase a su casa, y no apoque el cora-
zón de sus hermanos, como el corazón suyo.
9 Y cuando los oficiales acaben de hablar al pue-
blo, entonces los capitanes del ejército tomarán
el mando a la cabeza del pueblo.
10 Cuando te acerques a una ciudad para
combatirla, le intimarás la paz.
11 Y si respondiere: Paz, y te abriere, todo el
pueblo que en ella fuere hallado te será tributa-
rio, y te servirá.
12 Mas si no hiciere paz contigo, y emprendiere
guerra contigo, entonces la sitiarás.
13 Luego que Jehová tu Dios la entregue en tu
mano, herirás a todo varón suyo a filo de espada.
14 Solamente las mujeres y los niños, y los ani-
males, y todo lo que haya en la ciudad, todo su
botín tomarás para ti; y comerás del botín de tus
enemigos, los cuales Jehová tu Dios te entregó.
15 Así harás a todas las ciudades que estén muy
lejos de ti, que no sean de las ciudades de estas
naciones.
16 Pero de las ciudades de estos pueblos que
Jehová tu Dios te da por heredad, ninguna per-
sona dejarás con vida,
17 sino que los destruirás completamente: al he-
teo, al amorreo, al cananeo, al ferezeo, al heveo y
al jebuseo, como Jehová tu Dios te ha mandado;
18 para que no os enseñen a hacer según todas
sus abominaciones que ellos han hecho para sus
dioses, y pequéis contra Jehová vuestro Dios.
19 Cuando sities a alguna ciudad, peleando
contra ella muchos días para tomarla, no des-
truirás sus árboles metiendo hacha en ellos,
porque de ellos podrás comer; y no los talarás,
porque el árbol del campo no es hombre para
venir contra ti en el sitio.
20 Mas el árbol que sepas que no lleva fruto, po-
drás destruirlo y talarlo, para construir baluarte
contra la ciudad que te hace la guerra, hasta
sojuzgarla.

Expiación de un asesinato cuyo autor se desconoce

21 1 Si en la tierra que Jehová tu Dios te da
para que la poseas, fuere hallado al-
guien muerto, tendido en el campo, y no se su-
piere quién lo mató,
2 entonces tus ancianos y tus jueces saldrán y
medirán la distancia hasta las ciudades que es-
tán alrededor del muerto.
3 Y los ancianos de la ciudad más cercana al lu-
gar donde fuere hallado el muerto, tomarán de
las vacas una becerra que no haya trabajado,
que no haya llevado yugo;
4 y los ancianos de aquella ciudad traerán la be-
cerra a un valle escabroso, que nunca haya sido
arado ni sembrado, y quebrarán la cerviz de la
becerra allí en el valle.
5 Entonces vendrán los sacerdotes hijos de Leví,
porque a ellos escogió Jehová tu Dios para que
le sirvan, y para bendecir en el nombre de Jeho-
vá; y por la palabra de ellos se decidirá toda
disputa y toda ofensa.
6 Y todos los ancianos de la ciudad más cercana
al lugar donde fuere hallado el muerto lavarán
sus manos sobre la becerra cuya cerviz fue que-
brada en el valle;
7 y protestarán y dirán: Nuestras manos no han
derramado esta sangre, ni nuestros ojos lo han
visto.
8 Perdona a tu pueblo Israel, al cual redimiste,
oh Jehová; y no culpes de sangre inocente a tu
pueblo Israel. Y la sangre les será perdonada.
9 Y tú quitarás la culpa de la sangre inocente de
en medio de ti, cuando hicieres lo que es recto
ante los ojos de Jehová.

Diversas leyes

10 Cuando salieres a la guerra contra tus ene-
migos, y Jehová tu Dios los entregare en tu
mano, y tomares de ellos cautivos,

19.21: [d] Ex. 21.23-25; Lv. 24.19-20; Mt. 5.38.

11 y vieres entre los cautivos a alguna mujer hermosa, y la codiciares, y la tomares para ti por mujer,
12 la meterás en tu casa; y ella rapará su cabeza, y cortará sus uñas,
13 y se quitará el vestido de su cautiverio, y se quedará en tu casa; y llorará a su padre y a su madre un mes entero; y después podrás llegarte a ella, y tú serás su marido, y ella será tu mujer.
14 Y si no te agradare, la dejarás en libertad; no la venderás por dinero, ni la tratarás como esclava, por cuanto la humillaste.

15 Si un hombre tuviere dos mujeres, la una amada y la otra aborrecida, y la amada y la aborrecida le hubieren dado hijos, y el hijo primogénito fuere de la aborrecida;
16 en el día que hiciere heredar a sus hijos lo que tuviere, no podrá dar el derecho de primogenitura al hijo de la amada con preferencia al hijo de la aborrecida, que es el primogénito;
17 mas al hijo de la aborrecida reconocerá como primogénito, para darle el doble de lo que correspondiere a cada uno de los demás; porque él es el principio de su vigor, y suyo es el derecho de la primogenitura.

18 Si alguno tuviere un hijo contumaz y rebelde, que no obedeciere a la voz de su padre ni a la voz de su madre, y habiéndole castigado, no les obedeciere;
19 entonces lo tomarán su padre y su madre, y lo sacarán ante los ancianos de su ciudad, y a la puerta del lugar donde viva;
20 y dirán a los ancianos de la ciudad: Este nuestro hijo es contumaz y rebelde, no obedece a nuestra voz; es glotón y borracho.
21 Entonces todos los hombres de su ciudad lo apedrearán, y morirá; así quitarás el mal de en medio de ti, y todo Israel oirá, y temerá.

22 Si alguno hubiere cometido algún crimen digno de muerte, y lo hiciereis morir, y lo colgareis en un madero,
23 no dejaréis que su cuerpo pase la noche sobre el madero; sin falta lo enterrarás el mismo día, porque maldito por Dios es el colgado;[a] y no contaminarás tu tierra que Jehová tu Dios te da por heredad.

22 1 Si vieres extraviado el buey de tu hermano, o su cordero, no le negarás tu ayuda; lo volverás a tu hermano.
2 Y si tu hermano no fuere tu vecino, o no lo conocieres, lo recogerás en tu casa, y estará contigo hasta que tu hermano lo busque, y se lo devolverás.
3 Así harás con su asno, así harás también con su vestido, y lo mismo harás con toda cosa de tu hermano que se le perdiere y tú la hallares; no podrás negarle tu ayuda.
4 Si vieres el asno de tu hermano, o su buey, caído en el camino, no te apartarás de él; le ayudarás a levantarlo.[a]

5 No vestirá la mujer traje de hombre, ni el hombre vestirá ropa de mujer; porque abominación es a Jehová tu Dios cualquiera que esto hace.

6 Cuando encuentres por el camino algún nido de ave en cualquier árbol, o sobre la tierra, con pollos o huevos, y la madre echada sobre los pollos o sobre los huevos, no tomarás la madre con los hijos.
7 Dejarás ir a la madre, y tomarás los pollos para ti, para que te vaya bien, y prolongues tus días.

8 Cuando edifiques casa nueva, harás pretil a tu terrado, para que no eches culpa de sangre sobre tu casa, si de él cayere alguno.

9 No sembrarás tu viña con semillas diversas, no sea que se pierda todo, tanto la semilla que sembraste como el fruto de la viña.
10 No ararás con buey y con asno juntamente.
11 No vestirás ropa de lana y lino juntamente.[b]

12 Te harás flecos en las cuatro puntas de tu manto con que te cubras.[c]

Leyes sobre la castidad

13 Cuando alguno tomare mujer, y después de haberse llegado a ella la aborreciere,
14 y le atribuyere faltas que den que hablar, y dijere: A esta mujer tomé, y me llegué a ella, y no la hallé virgen;
15 entonces el padre de la joven y su madre tomarán y sacarán las señales de la virginidad de la doncella a los ancianos de la ciudad, en la puerta;
16 y dirá el padre de la joven a los ancianos: Yo di mi hija a este hombre por mujer, y él la aborrece;
17 y he aquí, él le atribuye faltas que dan que hablar, diciendo: No he hallado virgen a tu hija; pero ved aquí las señales de la virginidad de mi hija. Y extenderán la vestidura delante de los ancianos de la ciudad.
18 Entonces los ancianos de la ciudad tomarán al hombre y lo castigarán;
19 y le multarán en cien piezas de plata, las cuales darán al padre de la joven, por cuanto esparció mala fama sobre una virgen de Israel; y la tendrá por mujer, y no podrá despedirla en todos sus días.
20 Mas si resultare ser verdad que no se halló virginidad en la joven,
21 entonces la sacarán a la puerta de la casa de su padre, y la apedrearán los hombres de su ciudad, y morirá, por cuanto hizo vileza en Israel fornicando en casa de su padre; así quitarás el mal de en medio de ti.

21.23: [a] Gá. 3.13. **22.1-4:** [a] Ex. 23.4-5. **22.9-11:** [b] Lv. 19.19. **22.12:** [c] Nm. 15.37-41.

22 Si fuere sorprendido alguno acostado con
una mujer casada con marido, ambos morirán,
el hombre que se acostó con la mujer, y la mujer
también; así quitarás el mal de Israel.
23 Si hubiere una muchacha virgen desposada con alguno, y alguno la hallare en la ciudad,
y se acostare con ella;
24 entonces los sacaréis a ambos a la puerta de
la ciudad, y los apedrearéis, y morirán; la joven
porque no dio voces en la ciudad, y el hombre
porque humilló a la mujer de su prójimo; así
quitarás el mal de en medio de ti.
25 Mas si un hombre hallare en el campo a la
joven desposada, y la forzare aquel hombre,
acostándose con ella, morirá solamente el hombre que se acostó con ella;
26 mas a la joven no le harás nada; no hay en
ella culpa de muerte; pues como cuando alguno
se levanta contra su prójimo y le quita la vida,
así es en este caso.
27 Porque él la halló en el campo; dio voces la
joven desposada, y no hubo quien la librase.
28 Cuando algún hombre hallare a una joven
virgen que no fuere desposada, y la tomare y se
acostare con ella, y fueren descubiertos;
29 entonces el hombre que se acostó con ella
dará al padre de la joven cincuenta piezas de
plata, y ella será su mujer, por cuanto la humilló; no la podrá despedir en todos sus días.[d]
30 Ninguno tomará la mujer de su padre, ni
profanará el lecho de su padre.[e]

Los excluidos de la congregación

23 1 No entrará en la congregación de
Jehová el que tenga magullados los testículos, o amputado su miembro viril.
2 No entrará bastardo en la congregación de
Jehová; ni hasta la décima generación no entrarán en la congregación de Jehová.
3 No entrará amonita ni moabita en la congregación de Jehová,[a] ni hasta la décima generación de ellos; no entrarán en la congregación
de Jehová para siempre,
4 por cuanto no os salieron a recibir con pan y
agua al camino, cuando salisteis de Egipto, y porque alquilaron contra ti a Balaam hijo de Beor, de
Petor en Mesopotamia, para maldecirte.[b]
5 Mas no quiso Jehová tu Dios oír a Balaam; y
Jehová tu Dios te convirtió la maldición en bendición,[c] porque Jehová tu Dios te amaba.
6 No procurarás la paz de ellos ni su bien en todos los días para siempre.
7 No aborrecerás al edomita, porque es tu
hermano; no aborrecerás al egipcio, porque forastero fuiste en su tierra.
8 Los hijos que nacieren de ellos, en la tercera
generación entrarán en la congregación de
Jehová.

Leyes sanitarias

9 Cuando salieres a campaña contra tus enemigos, te guardarás de toda cosa mala.
10 Si hubiere en medio de ti alguno que no
fuere limpio, por razón de alguna impureza
acontecida de noche, saldrá fuera del campamento, y no entrará en él.
11 Pero al caer la noche se lavará con agua, y
cuando se hubiere puesto el sol, podrá entrar en
el campamento.
12 Tendrás un lugar fuera del campamento
adonde salgas;
13 tendrás también entre tus armas una estaca;
y cuando estuvieres allí fuera, cavarás con ella,
y luego al volverte cubrirás tu excremento;
14 porque Jehová tu Dios anda en medio de tu
campamento, para librarte y para entregar a tus
enemigos delante de ti; por tanto, tu campamento ha de ser santo, para que él no vea en ti
cosa inmunda, y se vuelva de en pos de ti.

Leyes humanitarias

15 No entregarás a su señor el siervo que se
huyere a ti de su amo.
16 Morará contigo, en medio de ti, en el lugar
que escogiere en alguna de tus ciudades, donde
a bien tuviere; no le oprimirás.
17 No haya ramera de entre las hijas de Israel,[d] ni haya sodomita de entre los hijos de
Israel.
18 No traerás la paga de una ramera ni el precio
de un perro a la casa de Jehová tu Dios por ningún voto; porque abominación es a Jehová tu
Dios tanto lo uno como lo otro.
19 No exigirás de tu hermano interés de dinero, ni interés de comestibles, ni de cosa alguna
de que se suele exigir interés.
20 Del extraño podrás exigir interés, mas de tu
hermano no lo exigirás,[e] para que te bendiga
Jehová tu Dios en toda obra de tus manos en la
tierra adonde vas para tomar posesión de ella.
21 Cuando haces voto a Jehová tu Dios, no tardes en pagarlo;[f] porque ciertamente lo demandará Jehová tu Dios de ti, y sería pecado en ti.
22 Mas cuando te abstengas de prometer, no habrá en ti pecado.
23 Pero lo que hubiere salido de tus labios, lo
guardarás y lo cumplirás, conforme lo prometiste a Jehová tu Dios, pagando la ofrenda voluntaria que prometiste con tu boca.
24 Cuando entres en la viña de tu prójimo, podrás comer uvas hasta saciarte; mas no pondrás
en tu cesto.

22.28-29: [d] Ex. 22.16-17. **22.30:** [e] Lv. 18.8; 20.11; Dt. 27.20. **23.3-5:** [a] Neh. 13.1-2. **23.4:** [b] Nm. 22.1-6. **23.5:** [c] Nm. 23.7–24.9. **23.17:** [d] Lv. 19.29. **23.19-20:** [e] Ex. 22.25; Lv. 25.36-37; Dt. 15.7-11. **23.21:** [f] Nm. 30.1-16; Mt. 5.33.

25 Cuando entres en la mies de tu prójimo, po-
drás arrancar espigas con tu mano; mas no apli-
carás hoz a la mies de tu prójimo.

24 1 Cuando alguno tomare mujer y se ca-
sare con ella, si no le agradare por haber
hallado en ella alguna cosa indecente, le escri-
birá carta de divorcio,[a] y se la entregará en su
mano, y la despedirá de su casa.
2 Y salida de su casa, podrá ir y casarse con otro
hombre.
3 Pero si la aborreciere este último, y le escribiere
carta de divorcio, y se la entregare en su mano, y
la despidiere de su casa; o si hubiere muerto el
postrer hombre que la tomó por mujer,
4 no podrá su primer marido, que la despidió,
volverla a tomar para que sea su mujer, después
que fue envilecida; porque es abominación de-
lante de Jehová, y no has de pervertir la tierra
que Jehová tu Dios te da por heredad.
5 Cuando alguno fuere recién casado, no sal-
drá a la guerra, ni en ninguna cosa se le ocupa-
rá; libre estará en su casa por un año, para
alegrar a la mujer que tomó.
6 No tomarás en prenda la muela del molino,
ni la de abajo ni la de arriba; porque sería tomar
en prenda la vida del hombre.
7 Cuando fuere hallado alguno que hubiere
hurtado a uno de sus hermanos los hijos de Is-
rael, y le hubiere esclavizado, o le hubiere ven-
dido, morirá el tal ladrón,[b] y quitarás el mal de
en medio de ti.
8 En cuanto a la plaga de la lepra, ten cuidado
de observar diligentemente y hacer según todo
lo que os enseñaren los sacerdotes levitas; se-
gún yo les he mandado, así cuidaréis de hacer.[c]
9 Acuérdate de lo que hizo Jehová tu Dios a Ma-
ría[d] en el camino, después que salisteis de Egipto.
10 Cuando entregares a tu prójimo alguna
cosa prestada, no entrarás en su casa para to-
marle prenda.
11 Te quedarás fuera, y el hombre a quien pres-
taste te sacará la prenda.
12 Y si el hombre fuere pobre, no te acostarás re-
teniendo aún su prenda.
13 Sin falta le devolverás la prenda cuando el sol
se ponga, para que pueda dormir en su ropa, y
te bendiga; y te será justicia delante de Jehová
tu Dios.[e]
14 No oprimirás al jornalero pobre y meneste-
roso, ya sea de tus hermanos o de los extranjeros
que habitan en tu tierra dentro de tus ciudades.
15 En su día le darás su jornal, y no se pondrá el
sol sin dárselo; pues es pobre, y con él sustenta
su vida; para que no clame contra ti a Jehová, y
sea en ti pecado.[f]
16 Los padres no morirán por los hijos, ni los
hijos por los padres; cada uno morirá por su pe-
cado.[g]
17 No torcerás el derecho del extranjero ni del
huérfano, ni tomarás en prenda la ropa de la
viuda,
18 sino que te acordarás que fuiste siervo en
Egipto, y que de allí te rescató Jehová tu Dios;
por tanto, yo te mando que hagas esto.[h]
19 Cuando siegues tu mies en tu campo, y ol-
vides alguna gavilla en el campo, no volverás
para recogerla; será para el extranjero, para el
huérfano y para la viuda; para que te bendiga
Jehová tu Dios en toda obra de tus manos.
20 Cuando sacudas tus olivos, no recorrerás las
ramas que hayas dejado tras de ti; serán para el
extranjero, para el huérfano y para la viuda.
21 Cuando vendimies tu viña, no rebuscarás tras
de ti; será para el extranjero, para el huérfano y
para la viuda.[i]
22 Y acuérdate que fuiste siervo en tierra de
Egipto; por tanto, yo te mando que hagas esto.

25 1 Si hubiere pleito entre algunos, y acu-
dieren al tribunal para que los jueces los
juzguen, éstos absolverán al justo, y condena-
rán al culpable.
2 Y si el delincuente mereciere ser azotado, en-
tonces el juez le hará echar en tierra, y le hará
azotar en su presencia; según su delito será el
número de azotes.
3 Se podrá dar cuarenta azotes, no más; no sea
que, si lo hirieren con muchos azotes más que
éstos, se sienta tu hermano envilecido delante
de tus ojos.
4 No pondrás bozal al buey cuando trillare.[a]
5 Cuando hermanos habitaren juntos, y mu-
riere alguno de ellos, y no tuviere hijo, la mujer
del muerto no se casará fuera con hombre extra-
ño; su cuñado se llegará a ella, y la tomará por
su mujer, y hará con ella parentesco.
6 Y el primogénito que ella diere a luz sucederá
en el nombre de su hermano muerto, para que
el nombre de éste no sea borrado de Israel.[b]
7 Y si el hombre no quisiere tomar a su cuñada, irá
entonces su cuñada a la puerta, a los ancianos, y
dirá: Mi cuñado no quiere suscitar nombre en Is-
rael a su hermano; no quiere emparentar conmigo.
8 Entonces los ancianos de aquella ciudad lo ha-
rán venir, y hablarán con él; y si él se levantare y
dijere: No quiero tomarla,
9 se acercará entonces su cuñada a él delante de
los ancianos, y le quitará el calzado del pie, y le
escupirá en el rostro, y hablará y dirá: Así será
hecho al varón que no quiere edificar la casa de
su hermano.

24.1: [a] Mt. 5.31; 19.7; Mr. 10.4. **24.7:** [b] Ex. 21.16.
24.8: [c] Lv. 13.1—14.54. **24.9:** [d] Nm. 12.10.
24.10-13: [e] Ex. 22.26-27. **24.14-15:** [f] Lv. 19.13.
24.16: [g] 2 R. 14.6; 2 Cr. 25.4; Ez. 18.20.
24.17-18: [h] Ex. 23.9; Lv. 19.33-34; Dt. 27.19.
24.19-21: [i] Lv. 19.9-10; 23.22. **25.4:** [a] 1 Co. 9.9; 1 Ti. 5.18.
25.5-6: [b] Mt. 22.24; Mr. 12.19; Lc. 20.28.

10 Y se le dará este nombre en Israel: La casa del
descalzado.[c]
11 Si algunos riñeren uno con otro, y se acercare la mujer de uno para librar a su marido de mano del que le hiere, y alargando su mano asiere de sus partes vergonzosas,
12 le cortarás entonces la mano; no la perdonarás.
13 No tendrás en tu bolsa pesa grande y pesa chica,
14 ni tendrás en tu casa efa grande y efa pequeño.
15 Pesa exacta y justa tendrás; efa cabal y justo tendrás, para que tus días sean prolongados sobre la tierra que Jehová tu Dios te da.
16 Porque abominación es a Jehová tu Dios cualquiera que hace esto, y cualquiera que hace injusticia.[d]

Orden de exterminar a Amalec

17 Acuérdate de lo que hizo Amalec contigo en el camino, cuando salías de Egipto;
18 de cómo te salió al encuentro en el camino, y te desbarató la retaguardia de todos los débiles que iban detrás de ti, cuando tú estabas cansado y trabajado; y no tuvo ningún temor de Dios.
19 Por tanto, cuando Jehová tu Dios te dé descanso de todos tus enemigos alrededor, en la tierra que Jehová tu Dios te da por heredad para que la poseas, borrarás la memoria de Amalec de debajo del cielo; no lo olvides.[e]

Primicias y diezmos

26 1 Cuando hayas entrado en la tierra que Jehová tu Dios te da por herencia, y tomes posesión de ella y la habites,
2 entonces tomarás de las primicias de todos los frutos que sacares de la tierra que Jehová tu Dios te da, y las pondrás en una canasta, e irás al lugar que Jehová tu Dios escogiere para hacer habitar allí su nombre.[a]
3 Y te presentarás al sacerdote que hubiere en aquellos días, y le dirás: Declaro hoy a Jehová tu Dios, que he entrado en la tierra que juró Jehová a nuestros padres que nos daría.
4 Y el sacerdote tomará la canasta de tu mano, y la pondrá delante del altar de Jehová tu Dios.
5 Entonces hablarás y dirás delante de Jehová tu Dios: Un arameo a punto de perecer fue mi padre, el cual descendió a Egipto y habitó allí con pocos hombres, y allí creció y llegó a ser una nación grande, fuerte y numerosa;
6 y los egipcios nos maltrataron y nos afligieron, y pusieron sobre nosotros dura servidumbre.
7 Y clamamos a Jehová el Dios de nuestros padres; y Jehová oyó nuestra voz, y vio nuestra aflicción, nuestro trabajo y nuestra opresión;
8 y Jehová nos sacó de Egipto con mano fuerte, con brazo extendido, con grande espanto, y con señales y con milagros;
9 y nos trajo a este lugar, y nos dio esta tierra, tierra que fluye leche y miel.
10 Y ahora, he aquí he traído las primicias del fruto de la tierra que me diste, oh Jehová. Y lo dejarás delante de Jehová tu Dios, y adorarás delante de Jehová tu Dios.
11 Y te alegrarás en todo el bien que Jehová tu Dios te haya dado a ti y a tu casa, así tú como el levita y el extranjero que está en medio de ti.
12 Cuando acabes de diezmar todo el diezmo de tus frutos en el año tercero, el año del diezmo, darás también al levita, al extranjero, al huérfano y a la viuda; y comerán en tus aldeas, y se saciarán.[b]
13 Y dirás delante de Jehová tu Dios: He sacado lo consagrado de mi casa, y también lo he dado al levita, al extranjero, al huérfano y a la viuda, conforme a todo lo que me has mandado; no he transgredido tus mandamientos, ni me he olvidado de ellos.
14 No he comido de ello en mi luto, ni he gastado de ello estando yo inmundo, ni de ello he ofrecido a los muertos; he obedecido a la voz de Jehová mi Dios, he hecho conforme a todo lo que me has mandado.
15 Mira desde tu morada santa, desde el cielo, y bendice a tu pueblo Israel, y a la tierra que nos has dado, como juraste a nuestros padres, tierra que fluye leche y miel.
16 Jehová tu Dios te manda hoy que cumplas estos estatutos y decretos; cuida, pues, de ponerlos por obra con todo tu corazón y con toda tu alma.
17 Has declarado solemnemente hoy que Jehová es tu Dios, y que andarás en sus caminos, y guardarás sus estatutos, sus mandamientos y sus decretos, y que escucharás su voz.
18 Y Jehová ha declarado hoy que tú eres pueblo suyo, de su exclusiva posesión,[c] como te lo ha prometido, para que guardes todos sus mandamientos;
19 a fin de exaltarte sobre todas las naciones que hizo, para loor y fama y gloria, y para que seas un pueblo santo a Jehová tu Dios, como él ha dicho.

Orden de escribir la ley en piedras sobre el Monte Ebal

27 1 Ordenó Moisés, con los ancianos de Israel, al pueblo, diciendo: Guardaréis todos los mandamientos que yo os prescribo hoy.
2 Y el día que pases el Jordán a la tierra que Jehová tu Dios te da, levantarás piedras grandes, y las revocarás con cal;

25.7-10: [c] Rt. 4.7-8. **25.13-16:** [d] Lv. 19.35-36.
25.17-19: [e] Ex. 17.8-14; 1 S. 15.2-9. **26.2:** [a] Ex. 23.19.
26.12: [b] Dt. 14.28-29. **26.18:** [c] Ex. 19.5; Dt. 4.20; 7.6; 14.2; Tit. 2.14; 1 P. 2.9.

3 y escribirás en ellas todas las palabras de esta ley, cuando hayas pasado para entrar en la tierra que Jehová tu Dios te da, tierra que fluye leche y miel, como Jehová el Dios de tus padres te ha dicho.

4 Cuando, pues, hayas pasado el Jordán, levantarás estas piedras que yo os mando hoy, en el monte Ebal, y las revocarás con cal;

5 y edificarás allí un altar a Jehová tu Dios, altar de piedras; no alzarás sobre ellas instrumento de hierro.

6 De piedras enteras edificarás el altar de Jehová tu Dios,[a] y ofrecerás sobre él holocausto a Jehová tu Dios;

7 y sacrificarás ofrendas de paz, y comerás allí, y te alegrarás delante de Jehová tu Dios.

8 Y escribirás muy claramente en las piedras todas las palabras de esta ley.[b]

9 Y Moisés, con los sacerdotes levitas, habló a todo Israel, diciendo: Guarda silencio y escucha, oh Israel; hoy has venido a ser pueblo de Jehová tu Dios.

10 Oirás, pues, la voz de Jehová tu Dios, y cumplirás sus mandamientos y sus estatutos, que yo te ordeno hoy.

Las maldiciones en el monte Ebal

11 Y mandó Moisés al pueblo en aquel día, diciendo:

12 Cuando hayas pasado el Jordán, éstos estarán sobre el monte Gerizim[c] para bendecir al pueblo: Simeón, Leví, Judá, Isacar, José y Benjamín.

13 Y éstos estarán sobre el monte Ebal para pronunciar la maldición: Rubén, Gad, Aser, Zabulón, Dan y Neftalí.

14 Y hablarán los levitas, y dirán a todo varón de Israel en alta voz:

15 Maldito el hombre que hiciere escultura o imagen de fundición,[d] abominación a Jehová, obra de mano de artífice, y la pusiere en oculto. Y todo el pueblo responderá y dirá: Amén.

16 Maldito el que deshonrare a su padre o a su madre.[e] Y dirá todo el pueblo: Amén.

17 Maldito el que redujere el límite de su prójimo.[f] Y dirá todo el pueblo: Amén.

18 Maldito el que hiciere errar al ciego en el camino.[g] Y dirá todo el pueblo: Amén.

19 Maldito el que pervirtiere el derecho del extranjero, del huérfano y de la viuda.[h] Y dirá todo el pueblo: Amén.

20 Maldito el que se acostare con la mujer de su padre,[i] por cuanto descubrió el regazo de su padre. Y dirá todo el pueblo: Amén.

21 Maldito el que se ayuntare con cualquier bestia.[j] Y dirá todo el pueblo: Amén.

22 Maldito el que se acostare con su hermana,[k] hija de su padre, o hija de su madre. Y dirá todo el pueblo: Amén.

23 Maldito el que se acostare con su suegra.[l] Y dirá todo el pueblo: Amén.

24 Maldito el que hiriere a su prójimo ocultamente. Y dirá todo el pueblo: Amén.

25 Maldito el que recibiere soborno para quitar la vida al inocente. Y dirá todo el pueblo: Amén.

26 Maldito el que no confirmare las palabras de esta ley para hacerlas.[m] Y dirá todo el pueblo: Amén.

Bendiciones de la obediencia

28 1 Acontecerá que si oyeres atentamente la voz de Jehová tu Dios, para guardar y poner por obra todos sus mandamientos que yo te prescribo hoy, también Jehová tu Dios te exaltará sobre todas las naciones de la tierra.

2 Y vendrán sobre ti todas estas bendiciones, y te alcanzarán, si oyeres la voz de Jehová tu Dios.

3 Bendito serás tú en la ciudad, y bendito tú en el campo.

4 Bendito el fruto de tu vientre, el fruto de tu tierra, el fruto de tus bestias, la cría de tus vacas y los rebaños de tus ovejas.

5 Benditas serán tu canasta y tu artesa de amasar.

6 Bendito serás en tu entrar, y bendito en tu salir.

7 Jehová derrotará a tus enemigos que se levantaren contra ti; por un camino saldrán contra ti, y por siete caminos huirán de delante de ti.

8 Jehová te enviará su bendición sobre tus graneros, y sobre todo aquello en que pusieres tu mano; y te bendecirá en la tierra que Jehová tu Dios te da.

9 Te confirmará Jehová por pueblo santo suyo, como te lo ha jurado, cuando guardares los mandamientos de Jehová tu Dios, y anduvieres en sus caminos.

10 Y verán todos los pueblos de la tierra que el nombre de Jehová es invocado sobre ti, y te temerán.

11 Y te hará Jehová sobreabundar en bienes, en el fruto de tu vientre, en el fruto de tu bestia, y en el fruto de tu tierra, en el país que Jehová juró a tus padres que te había de dar.

12 Te abrirá Jehová su buen tesoro, el cielo, para enviar la lluvia a tu tierra en su tiempo, y para bendecir toda obra de tus manos. Y prestarás a muchas naciones, y tú no pedirás prestado.

13 Te pondrá Jehová por cabeza, y no por cola; y estarás encima solamente, y no estarás debajo, si obedecieres los mandamientos de Jehová tu

27.5-6: [a] Ex. 20.25. **27.2-8:** [b] Jos. 8.30-32.
27.12: [c] Dt. 11.29; Jos. 8.33-35. **27.15:** [d] Ex. 20.4; 34.17; Lv. 19.4; 26.1; Dt. 4.15-18; 5.8. **27.16:** [e] Ex. 20.12; Dt. 5.16.
27.17: [f] Dt. 19.14. **27.18:** [g] Lv. 19.14.
27.19: [h] Ex. 22.21; 23.9; Lv. 19.33-34; Dt. 24.17-18.
27.20: [i] Lv. 18.8; 20.11; Dt. 22.30. **27.21:** [j] Ex. 22.19; Lv. 18.23; 20.15. **27.22:** [k] Lv. 18.9; 20.17. **27.23:** [l] Lv. 18.7; 20.14.
27.26: [m] Gá. 3.10.

Dios, que yo te ordeno hoy, para que los guardes
y cumplas,
14 y si no te apartares de todas las palabras que
yo te mando hoy, ni a diestra ni a siniestra, para
ir tras dioses ajenos y servirles.[a]

Consecuencias de la desobediencia

15 Pero acontecerá, si no oyeres la voz de
Jehová tu Dios, para procurar cumplir todos sus
mandamientos y sus estatutos que yo te intimo
hoy, que vendrán sobre ti todas estas maldicio-
nes, y te alcanzarán.
16 Maldito serás tú en la ciudad, y maldito en el
campo.
17 Maldita tu canasta, y tu artesa de amasar.
18 Maldito el fruto de tu vientre, el fruto de tu
tierra, la cría de tus vacas, y los rebaños de tus
ovejas.
19 Maldito serás en tu entrar, y maldito en tu sa-
lir.
20 Y Jehová enviará contra ti la maldición,
quebranto y asombro en todo cuanto pusieres
mano e hicieres, hasta que seas destruido, y pe-
rezcas pronto a causa de la maldad de tus obras
por las cuales me habrás dejado.
21 Jehová traerá sobre ti mortandad, hasta que
te consuma de la tierra a la cual entras para to-
mar posesión de ella.
22 Jehová te herirá de tisis, de fiebre, de infla-
mación y de ardor, con sequía, con calamidad
repentina y con añublo; y te perseguirán hasta
que perezcas.
23 Y los cielos que están sobre tu cabeza serán
de bronce, y la tierra que está debajo de ti, de
hierro.
24 Dará Jehová por lluvia a tu tierra polvo y ce-
niza; de los cielos descenderán sobre ti hasta
que perezcas.
25 Jehová te entregará derrotado delante de
tus enemigos; por un camino saldrás contra
ellos, y por siete caminos huirás delante de
ellos; y serás vejado por todos los reinos de la
tierra.
26 Y tus cadáveres servirán de comida a toda
ave del cielo y fiera de la tierra, y no habrá quien
las espante.
27 Jehová te herirá con la úlcera de Egipto, con
tumores, con sarna, y con comezón de que no
puedas ser curado.
28 Jehová te herirá con locura, ceguera y turba-
ción de espíritu;
29 y palparás a mediodía como palpa el ciego en
la oscuridad, y no serás prosperado en tus cami-
nos; y no serás sino oprimido y robado todos los
días, y no habrá quien te salve.
30 Te desposarás con mujer, y otro varón dormi-
rá con ella; edificarás casa, y no habitarás en
ella; plantarás viña, y no la disfrutarás.
31 Tu buey será matado delante de tus ojos, y tú
no comerás de él; tu asno será arrebatado de de-
lante de ti, y no te será devuelto; tus ovejas se-
rán dadas a tus enemigos, y no tendrás quien te
las rescate.
32 Tus hijos y tus hijas serán entregados a otro
pueblo, y tus ojos lo verán, y desfallecerán por
ellos todo el día; y no habrá fuerza en tu mano.
33 El fruto de tu tierra y de todo tu trabajo co-
merá pueblo que no conociste; y no serás sino
oprimido y quebrantado todos los días.
34 Y enloquecerás a causa de lo que verás con
tus ojos.
35 Te herirá Jehová con maligna pústula en las
rodillas y en las piernas, desde la planta de tu
pie hasta tu coronilla, sin que puedas ser
curado.
36 Jehová te llevará a ti, y al rey que hubieres
puesto sobre ti, a nación que no conociste ni tú
ni tus padres; y allá servirás a dioses ajenos, al
palo y a la piedra.
37 Y serás motivo de horror, y servirás de refrán
y de burla a todos los pueblos a los cuales te lle-
vará Jehová.
38 Sacarás mucha semilla al campo, y recogerás
poco, porque la langosta lo consumirá.
39 Plantarás viñas y labrarás, pero no beberás
vino, ni recogerás uvas, porque el gusano se las
comerá.
40 Tendrás olivos en todo tu territorio, mas no te
ungirás con el aceite, porque tu aceituna se
caerá.
41 Hijos e hijas engendrarás, y no serán para ti,
porque irán en cautiverio.
42 Toda tu arboleda y el fruto de tu tierra serán
consumidos por la langosta.
43 El extranjero que estará en medio de ti se ele-
vará sobre ti muy alto, y tú descenderás muy
abajo.
44 El te prestará a ti, y tú no le prestarás a él; él
será por cabeza, y tú serás por cola.
45 Y vendrán sobre ti todas estas maldiciones, y
te perseguirán, y te alcanzarán hasta que perez-
cas; por cuanto no habrás atendido a la voz de
Jehová tu Dios, para guardar sus mandamientos
y sus estatutos, que él te mandó;
46 y serán en ti por señal y por maravilla, y en tu
descendencia para siempre.
47 Por cuanto no serviste a Jehová tu Dios con
alegría y con gozo de corazón, por la abundan-
cia de todas las cosas,
48 servirás, por tanto, a tus enemigos que envia-
re Jehová contra ti, con hambre y con sed y con
desnudez, y con falta de todas las cosas; y él
pondrá yugo de hierro sobre tu cuello, hasta
destruirte.

28.1-14: [a] Dt. 11.13-17.

49 Jehová traerá contra ti una nación de lejos,
del extremo de la tierra, que vuele como águila,
nación cuya lengua no entiendas;
50 gente fiera de rostro, que no tendrá respeto al
anciano, ni perdonará al niño;
51 y comerá el fruto de tu bestia y el fruto de tu
tierra, hasta que perezcas; y no te dejará grano,
ni mosto, ni aceite, ni la cría de tus vacas, ni los
rebaños de tus ovejas, hasta destruirte.
52 Pondrá sitio a todas tus ciudades, hasta que
caigan tus muros altos y fortificados en que tú
confías, en toda tu tierra; sitiará, pues, todas tus
ciudades y toda la tierra que Jehová tu Dios te
hubiere dado.
53 Y comerás el fruto de tu vientre, la carne de
tus hijos y de tus hijas que Jehová tu Dios te dio,
en el sitio y en el apuro con que te angustiará tu
enemigo.
54 El hombre tierno en medio de ti, y el muy de-
licado, mirará con malos ojos a su hermano, y a
la mujer de su seno, y al resto de sus hijos que le
quedaren;
55 para no dar a alguno de ellos de la carne de
sus hijos, que él comiere, por no haberle queda-
do nada, en el asedio y en el apuro con que tu
enemigo te oprimirá en todas tus ciudades.
56 La tierna y la delicada entre vosotros, que
nunca la planta de su pie intentaría sentar sobre
la tierra, de pura delicadeza y ternura, mirará
con malos ojos al marido de su seno, a su hijo, a
su hija,
57 al recién nacido que sale de entre sus pies, y a
sus hijos que diere a luz; pues los comerá[b] ocul-
tamente, por la carencia de todo, en el asedio y
en el apuro con que tu enemigo te oprimirá en
tus ciudades.
58 Si no cuidares de poner por obra todas las
palabras de esta ley que están escritas en este li-
bro, temiendo este nombre glorioso y temible:
JEHOVÁ TU DIOS,
59 entonces Jehová aumentará maravillosamente
tus plagas y las plagas de tu descendencia, plagas
grandes y permanentes, y enfermedades malignas
y duraderas;
60 y traerá sobre ti todos los males de Egipto,
delante de los cuales temiste, y no te dejarán.
61 Asimismo toda enfermedad y toda plaga que
no está escrita en el libro de esta ley, Jehová la
enviará sobre ti, hasta que seas destruido.
62 Y quedaréis pocos en número, en lugar de ha-
ber sido como las estrellas del cielo en multitud,
por cuanto no obedecisteis a la voz de Jehová tu
Dios.
63 Así como Jehová se gozaba en haceros bien y
en multiplicaros, así se gozará Jehová en arrui-
naros y en destruiros; y seréis arrancados de so-
bre la tierra a la cual entráis para tomar posesión
de ella.
64 Y Jehová te esparcirá por todos los pueblos,
desde un extremo de la tierra hasta el otro ex-
tremo; y allí servirás a dioses ajenos que no co-
nociste tú ni tus padres, al leño y a la piedra.
65 Y ni aun entre estas naciones descansarás, ni
la planta de tu pie tendrá reposo; pues allí te
dará Jehová corazón temeroso, y desfalleci-
miento de ojos, y tristeza de alma;
66 y tendrás tu vida como algo que pende delan-
te de ti, y estarás temeroso de noche y de día, y
no tendrás seguridad de tu vida.
67 Por la mañana dirás: ¡Quién diera que fuese
la tarde! y a la tarde dirás: ¡Quién diera que fue-
se la mañana! por el miedo de tu corazón con
que estarás amedrentado, y por lo que verán tus
ojos.
68 Y Jehová te hará volver a Egipto en naves,
por el camino del cual te ha dicho: Nunca más
volverás; y allí seréis vendidos a vuestros ene-
migos por esclavos y por esclavas, y no habrá
quien os compre.

Pacto de Jehová con Israel en Moab

29 1 Estas son las palabras del pacto que
Jehová mandó a Moisés que celebrase
con los hijos de Israel en la tierra de Moab, ade-
más del pacto que concertó con ellos en Horeb.
2 Moisés, pues, llamó a todo Israel, y les dijo:
Vosotros habéis visto todo lo que Jehová ha he-
cho delante de vuestros ojos en la tierra de Egip-
to a Faraón y a todos sus siervos, y a toda su
tierra,
3 las grandes pruebas que vieron vuestros ojos,
las señales y las grandes maravillas.
4 Pero hasta hoy Jehová no os ha dado corazón
para entender, ni ojos para ver, ni oídos para oír.
5 Y yo os he traído cuarenta años en el desierto;
vuestros vestidos no se han envejecido sobre vo-
sotros, ni vuestro calzado se ha envejecido sobre
vuestro pie.
6 No habéis comido pan, ni bebisteis vino ni si-
dra; para que supierais que yo soy Jehová vues-
tro Dios.
7 Y llegasteis a este lugar, y salieron Sehón rey
de Hesbón[a] y Og rey de Basán[b] delante de noso-
tros para pelear, y los derrotamos;
8 y tomamos su tierra, y la dimos por heredad a
Rubén y a Gad y a la media tribu de Manasés.[c]
9 Guardaréis, pues, las palabras de este pacto, y
las pondréis por obra, para que prosperéis en
todo lo que hiciereis.
10 Vosotros todos estáis hoy en presencia de
Jehová vuestro Dios; los cabezas de vuestras tri-
bus, vuestros ancianos y vuestros oficiales, to-
dos los varones de Israel;

28.57: [b] 2 R. 6.28-29; Lm. 4.10. **29.7:** [a] Nm. 21.21-30. [b] Nm. 21.31-35. **29.8:** [c] Nm. 32.33.

11 vuestros niños, vuestras mujeres, y tus ex-
tranjeros que habitan en medio de tu campa-
mento, desde el que corta tu leña hasta el que
saca tu agua;
12 para que entres en el pacto de Jehová tu Dios,
y en su juramento, que Jehová tu Dios concierta
hoy contigo,
13 para confirmarte hoy como su pueblo, y para
que él te sea a ti por Dios, de la manera que él te
ha dicho, y como lo juró a tus padres Abraham,
Isaac y Jacob.
14 Y no solamente con vosotros hago yo este
pacto y este juramento,
15 sino con los que están aquí presentes hoy con
nosotros delante de Jehová nuestro Dios, y con
los que no están aquí hoy con nosotros.
16 Porque vosotros sabéis cómo habitamos en
la tierra de Egipto, y cómo hemos pasado por en
medio de las naciones por las cuales habéis pa-
sado;
17 y habéis visto sus abominaciones y sus ídolos
de madera y piedra, de plata y oro, que tienen
consigo.
18 No sea que haya entre vosotros varón o mu-
jer, o familia o tribu, cuyo corazón se aparte hoy
de Jehová nuestro Dios, para ir a servir a los dio-
ses de esas naciones; no sea que haya en medio
de vosotros raíz que produzca hiel y ajenjo,[d]
19 y suceda que al oír las palabras de esta maldi-
ción, él se bendiga en su corazón, diciendo: Ten-
dré paz, aunque ande en la dureza de mi corazón,
a fin de que con la embriaguez quite la sed.
20 No querrá Jehová perdonarlo, sino que en-
tonces humeará la ira de Jehová y su celo sobre
el tal hombre, y se asentará sobre él toda maldi-
ción escrita en este libro, y Jehová borrará su
nombre de debajo del cielo;
21 y lo apartará Jehová de todas las tribus de Is-
rael para mal, conforme a todas las maldiciones
del pacto escrito en este libro de la ley.
22 Y dirán las generaciones venideras, vues-
tros hijos que se levanten después de vosotros,
y el extranjero que vendrá de lejanas tierras,
cuando vieren las plagas de aquella tierra, y
sus enfermedades de que Jehová la habrá he-
cho enfermar
23 (azufre y sal, abrasada toda su tierra; no será
sembrada, ni producirá, ni crecerá en ella hierba
alguna, como sucedió en la destrucción de Sodo-
ma y de Gomorra,[e] de Adma y de Zeboim, las
cuales Jehová destruyó en su furor y en su ira);
24 más aún, todas las naciones dirán: ¿Por qué
hizo esto Jehová a esta tierra? ¿Qué significa el
ardor de esta gran ira?
25 Y responderán: Por cuanto dejaron el pacto
de Jehová el Dios de sus padres, que él concertó
con ellos cuando los sacó de la tierra de Egipto,
26 y fueron y sirvieron a dioses ajenos, y se incli-
naron a ellos, dioses que no conocían, y que
ninguna cosa les habían dado.
27 Por tanto, se encendió la ira de Jehová contra
esta tierra, para traer sobre ella todas las maldi-
ciones escritas en este libro;
28 y Jehová los desarraigó de su tierra con ira,
con furor y con grande indignación, y los arrojó
a otra tierra, como hoy se ve.
29 Las cosas secretas pertenecen a Jehová nues-
tro Dios; mas las reveladas son para nosotros y
para nuestros hijos para siempre, para que cum-
plamos todas las palabras de esta ley.

Condiciones para la restauración y la bendición

30 1 Sucederá que cuando hubieren venido
sobre ti todas estas cosas, la bendición y
la maldición que he puesto delante de ti, y te
arrepintieres en medio de todas las naciones
adonde te hubiere arrojado Jehová tu Dios,
2 y te convirtieres a Jehová tu Dios, y obedecie-
res a su voz conforme a todo lo que yo te mando
hoy, tú y tus hijos, con todo tu corazón y con
toda tu alma,
3 entonces Jehová hará volver a tus cautivos, y
tendrá misericordia de ti, y volverá a recogerte
de entre todos los pueblos adonde te hubiere es-
parcido Jehová tu Dios.
4 Aun cuando tus desterrados estuvieren en las
partes más lejanas que hay debajo del cielo, de
allí te recogerá Jehová tu Dios, y de allá te
tomará;
5 y te hará volver Jehová tu Dios a la tierra que
heredaron tus padres, y será tuya; y te hará
bien, y te multiplicará más que a tus padres.
6 Y circuncidará Jehová tu Dios tu corazón, y el
corazón de tu descendencia, para que ames a
Jehová tu Dios con todo tu corazón y con toda
tu alma, a fin de que vivas.
7 Y pondrá Jehová tu Dios todas estas maldicio-
nes sobre tus enemigos, y sobre tus aborrecedo-
res que te persiguieron.
8 Y tú volverás, y oirás la voz de Jehová, y pon-
drás por obra todos sus mandamientos que yo te
ordeno hoy.
9 Y te hará Jehová tu Dios abundar en toda obra
de tus manos, en el fruto de tu vientre, en el fru-
to de tu bestia, y en el fruto de tu tierra, para
bien; porque Jehová volverá a gozarse sobre ti
para bien, de la manera que se gozó sobre tus
padres,
10 cuando obedecieres a la voz de Jehová tu
Dios, para guardar sus mandamientos y sus es-
tatutos escritos en este libro de la ley; cuando te
convirtieres a Jehová tu Dios con todo tu cora-
zón y con toda tu alma.

29.18: [d] He. 12.15. 29.23: [e] Gn. 19.24-25.

11 Porque este mandamiento que yo te ordeno hoy no es demasiado difícil para ti, ni está lejos.

12 No está en el cielo, para que digas: ¿Quién subirá por nosotros al cielo, y nos lo traerá y nos lo hará oír para que lo cumplamos?

13 Ni está al otro lado del mar, para que digas: ¿Quién pasará por nosotros el mar, para que nos lo traiga y nos lo haga oír, a fin de que lo cumplamos?

14 Porque muy cerca de ti está la palabra, en tu boca y en tu corazón, para que la cumplas.[a]

15 Mira, yo he puesto delante de ti hoy la vida y el bien, la muerte y el mal;

16 porque yo te mando hoy que ames a Jehová tu Dios, que andes en sus caminos, y guardes sus mandamientos, sus estatutos y sus decretos, para que vivas y seas multiplicado, y Jehová tu Dios te bendiga en la tierra a la cual entras para tomar posesión de ella.

17 Mas si tu corazón se apartare y no oyeres, y te dejares extraviar, y te inclinares a dioses ajenos y les sirvieres,

18 yo os protesto hoy que de cierto pereceréis; no prolongaréis vuestros días sobre la tierra adonde vais, pasando el Jordán, para entrar en posesión de ella.

19 A los cielos y a la tierra llamo por testigos hoy contra vosotros, que os he puesto delante la vida y la muerte, la bendición y la maldición; escoge, pues, la vida, para que vivas tú y tu descendencia;

20 amando a Jehová tu Dios, atendiendo a su voz, y siguiéndole a él; porque él es vida para ti, y prolongación de tus días; a fin de que habites sobre la tierra que juró Jehová a tus padres, Abraham,[b] Isaac[c] y Jacob,[d] que les había de dar.

Josué es instalado como sucesor de Moisés

31 1 Fue Moisés y habló estas palabras a todo Israel,

2 y les dijo: Este día soy de edad de ciento veinte años; no puedo más salir ni entrar; además de esto Jehová me ha dicho: No pasarás este Jordán.[a]

3 Jehová tu Dios, él pasa delante de ti; él destruirá a estas naciones delante de ti, y las heredarás; Josué será el que pasará delante de ti, como Jehová ha dicho.

4 Y hará Jehová con ellos como hizo con Sehón y con Og, reyes de los amorreos, y con su tierra, a quienes destruyó.[b]

5 Y los entregará Jehová delante de vosotros, y haréis con ellos conforme a todo lo que os he mandado.

6 Esforzaos y cobrad ánimo; no temáis, ni tengáis miedo de ellos, porque Jehová tu Dios es el que va contigo; no te dejará, ni te desamparará.

7 Y llamó Moisés a Josué, y le dijo en presencia de todo Israel: Esfuérzate y anímate; porque tú entrarás con este pueblo a la tierra que juró Jehová a sus padres que les daría, y tú se la harás heredar.

8 Y Jehová va delante de ti; él estará contigo, no te dejará, ni te desamparará;[c] no temas ni te intimides.

9 Y escribió Moisés esta ley, y la dio a los sacerdotes hijos de Leví, que llevaban el arca del pacto de Jehová, y a todos los ancianos de Israel.

10 Y les mandó Moisés, diciendo: Al fin de cada siete años,[d] en el año de la remisión, en la fiesta de los tabernáculos,[e]

11 cuando viniere todo Israel a presentarse delante de Jehová tu Dios en el lugar que él escogiere, leerás esta ley delante de todo Israel a oídos de ellos.

12 Harás congregar al pueblo, varones y mujeres y niños, y tus extranjeros que estuvieren en tus ciudades, para que oigan y aprendan, y teman a Jehová vuestro Dios, y cuiden de cumplir todas las palabras de esta ley;

13 y los hijos de ellos que no supieron, oigan, y aprendan a temer a Jehová vuestro Dios todos los días que viviereis sobre la tierra adonde vais, pasando el Jordán, para tomar posesión de ella.

14 Y Jehová dijo a Moisés: He aquí se ha acercado el día de tu muerte; llama a Josué, y esperad en el tabernáculo de reunión para que yo le dé el cargo. Fueron, pues, Moisés y Josué, y esperaron en el tabernáculo de reunión.

15 Y se apareció Jehová en el tabernáculo, en la columna de nube; y la columna de nube se puso sobre la puerta del tabernáculo.

16 Y Jehová dijo a Moisés: He aquí, tú vas a dormir con tus padres, y este pueblo se levantará y fornicará tras los dioses ajenos de la tierra adonde va para estar en medio de ella; y me dejará, e invalidará mi pacto que he concertado con él;

17 y se encenderá mi furor contra él en aquel día; y los abandonaré, y esconderé de ellos mi rostro, y serán consumidos; y vendrán sobre ellos muchos males y angustias, y dirán en aquel día: ¿No me han venido estos males porque no está mi Dios en medio de mí?

18 Pero ciertamente yo esconderé mi rostro en aquel día, por todo el mal que ellos habrán hecho, por haberse vuelto a dioses ajenos.

19 Ahora pues, escribíos este cántico, y enséñalo a los hijos de Israel; ponlo en boca de ellos, para que este cántico me sea por testigo contra los hijos de Israel.

30.12-14: [a] Ro. 10.6-8. **30.20:** [b] Gn. 12.7. [c] Gn. 26.3. [d] Gn. 28.13. **31.2:** [a] Nm. 20.12. **31.4:** [b] Nm. 21.21-35. **31.8:** [c] Jos. 1.5; He. 13.5. **31.10:** [d] Dt. 15.12. [e] Dt. 16.13-15.

20 Porque yo les introduciré en la tierra que juré
a sus padres, la cual fluye leche y miel; y come-
rán y se saciarán, y engordarán; y se volverán a
dioses ajenos y les servirán, y me enojarán, e
invalidarán mi pacto.
21 Y cuando les vinieren muchos males y angus-
tias, entonces este cántico responderá en su
cara como testigo, pues será recordado por la
boca de sus descendientes; porque yo conozco
lo que se proponen de antemano, antes que los
introduzca en la tierra que juré darles.
22 Y Moisés escribió este cántico aquel día, y lo
enseñó a los hijos de Israel.
23 Y dio orden a Josué[f] hijo de Nun, y dijo:
Esfuérzate y anímate,[g] pues tú introducirás a los
hijos de Israel en la tierra que les juré, y yo esta-
ré contigo.

Orden de guardar la ley junto al arca

24 Y cuando acabó Moisés de escribir las pala-
bras de esta ley en un libro hasta concluirse,
25 dio órdenes Moisés a los levitas que llevaban
el arca del pacto de Jehová, diciendo:
26 Tomad este libro de la ley, y ponedlo al lado
del arca del pacto de Jehová vuestro Dios, y esté
allí por testigo contra ti.
27 Porque yo conozco tu rebelión, y tu dura cer-
viz; he aquí que aun viviendo yo con vosotros
hoy, sois rebeldes a Jehová; ¿cuánto más des-
pués que yo haya muerto?
28 Congregad a mí todos los ancianos de vues-
tras tribus, y a vuestros oficiales, y hablaré en
sus oídos estas palabras, y llamaré por testigos
contra ellos a los cielos y a la tierra.
29 Porque yo sé que después de mi muerte, cier-
tamente os corromperéis y os apartaréis del ca-
mino que os he mandado; y que os ha de venir
mal en los postreros días, por haber hecho mal
ante los ojos de Jehová, enojándole con la obra
de vuestras manos.

Cántico de Moisés

30 Entonces habló Moisés a oídos de toda la
congregación de Israel las palabras de este cán-
tico hasta acabarlo.

32 1 Escuchad, cielos, y hablaré;
Y oiga la tierra los dichos de mi boca.
2 Goteará como la lluvia mi enseñanza;
Destilará como el rocío mi razonamiento;
Como la llovizna sobre la grama,
Y como las gotas sobre la hierba;
3 Porque el nombre de Jehová proclamaré.
Engrandeced a nuestro Dios.
4 El es la Roca, cuya obra es perfecta,
Porque todos sus caminos son rectitud;
Dios de verdad, y sin ninguna
iniquidad en él;
Es justo y recto.
5 La corrupción no es suya;
de sus hijos es la mancha,
Generación torcida y perversa.
6 ¿Así pagáis a Jehová,
Pueblo loco e ignorante?
¿No es él tu padre que te creó?
El te hizo y te estableció.
7 Acuérdate de los tiempos antiguos,
Considera los años de muchas
generaciones;
Pregunta a tu padre, y él te declarará;
A tus ancianos, y ellos te dirán.
8 Cuando el Altísimo hizo heredar
a las naciones,
Cuando hizo dividir a los hijos
de los hombres,
Estableció los límites de los pueblos
Según el número de los hijos de Israel.
9 Porque la porción de Jehová
es su pueblo;
Jacob la heredad que le tocó.
10 Le halló en tierra de desierto,
Y en yermo de horrible soledad;
Lo trajo alrededor, lo instruyó,
Lo guardó como a la niña de su ojo.
11 Como el águila que excita su nidada,
Revolotea sobre sus pollos,
Extiende sus alas, los toma,
Los lleva sobre sus plumas,
12 Jehová solo le guió,
Y con él no hubo dios extraño.
13 Lo hizo subir sobre las alturas
de la tierra,
Y comió los frutos del campo,
E hizo que chupase miel de la peña,
Y aceite del duro pedernal;
14 Mantequilla de vacas y leche de ovejas,
Con grosura de corderos,
Y carneros de Basán;
también machos cabríos,
Con lo mejor del trigo;
Y de la sangre de la uva bebiste vino.
15 Pero engordó Jesurún, y tiró coces
(Engordaste, te cubriste de grasa);
Entonces abandonó al Dios que lo hizo,
Y menospreció la Roca de su salvación.
16 Le despertaron a celos con los dioses
ajenos;
Lo provocaron a ira con abominaciones.
17 Sacrificaron a los demonios, y no a Dios;[a]
A dioses que no habían conocido,
A nuevos dioses venidos de cerca,
Que no habían temido vuestros padres.
18 De la Roca que te creó te olvidaste;
Te has olvidado de Dios tu creador.
19 Y lo vio Jehová, y se encendió en ira

31.23: [f] Nm. 27.23. [g] Jos. 1.6. **32.17:** [a] 1 Co. 10.20.

Por el menosprecio de sus hijos
y de sus hijas.
20 Y dijo: Esconderé de ellos mi rostro,
Veré cuál será su fin;
Porque son una generación perversa,
Hijos infieles.
21 Ellos me movieron a celos[b]
con lo que no es Dios;
Me provocaron a ira con sus ídolos;
Yo también los moveré a celos con un
pueblo que no es pueblo,
Los provocaré a ira con una nación
insensata.[c]
22 Porque fuego se ha encendido en mi ira,
Y arderá hasta las profundidades del Seol;
Devorará la tierra y sus frutos,
Y abrasará los fundamentos de los montes.
23 Yo amontonaré males sobre ellos;
Emplearé en ellos mis saetas.
24 Consumidos serán de hambre,
y devorados de fiebre ardiente
Y de peste amarga;
Diente de fieras enviaré también
sobre ellos,
Con veneno de serpientes de la tierra.
25 Por fuera desolará la espada,
Y dentro de las cámaras el espanto;
Así al joven como a la doncella,
Al niño de pecho como al hombre cano.
26 Yo había dicho que los esparciría lejos,
Que haría cesar de entre los hombres
la memoria de ellos,
27 De no haber temido la provocación
del enemigo,
No sea que se envanezcan sus adversarios,
No sea que digan: Nuestra mano poderosa
Ha hecho todo esto, y no Jehová.
28 Porque son nación privada de consejos,
Y no hay en ellos entendimiento.
29 ¡Ojalá fueran sabios,
que comprendieran esto,
Y se dieran cuenta del fin que les espera!
30 ¿Cómo podría perseguir uno a mil,
Y dos hacer huir a diez mil,
Si su Roca no los hubiese vendido,
Y Jehová no los hubiera entregado?
31 Porque la roca de ellos no es como
nuestra Roca,
Y aun nuestros enemigos son de ello jueces.
32 Porque de la vid de Sodoma
es la vid de ellos,
Y de los campos de Gomorra;
Las uvas de ellos son uvas ponzoñosas,
Racimos muy amargos tienen.
33 Veneno de serpientes es su vino,
Y ponzoña cruel de áspides.
34 ¿No tengo yo esto guardado conmigo,
Sellado en mis tesoros?
35 Mía es la venganza[d] y la retribución;
A su tiempo su pie resbalará,
Porque el día de su aflicción está cercano,
Y lo que les está preparado se apresura.
36 Porque Jehová juzgará a su pueblo,
Y por amor de sus siervos se arrepentirá,
Cuando viere que la fuerza pereció,
Y que no queda ni siervo ni libre.
37 Y dirá: ¿Dónde están sus dioses,
La roca en que se refugiaban;
38 Que comían la grosura de sus sacrificios,
Y bebían el vino de sus libaciones?
Levántense, que os ayuden
Y os defiendan.
39 Ved ahora que yo, yo soy,
Y no hay dioses conmigo;
Yo hago morir, y yo hago vivir;
Yo hiero, y yo sano;
Y no hay quien pueda librar de mi mano.
40 Porque yo alzaré a los cielos mi mano,
Y diré: Vivo yo para siempre,
41 Si afilare mi reluciente espada,
Y echare mano del juicio,
Yo tomaré venganza de mis enemigos,
Y daré la retribución
a los que me aborrecen.
42 Embriagaré de sangre mis saetas,
Y mi espada devorará carne;
En la sangre de los muertos
y de los cautivos,
En las cabezas de larga cabellera
del enemigo.
43 Alabad, naciones, a su pueblo,[e]
Porque él vengará la sangre de sus siervos,[f]
Y tomará venganza de sus enemigos,
Y hará expiación por la tierra
de su pueblo.
44 Vino Moisés y recitó todas las palabras de
este cántico a oídos del pueblo, él y Josué hijo
de Nun.
45 Y acabó Moisés de recitar todas estas pala-
bras a todo Israel;
46 y les dijo: Aplicad vuestro corazón a todas las
palabras que yo os testifico hoy, para que las
mandéis a vuestros hijos, a fin de que cuiden de
cumplir todas las palabras de esta ley.
47 Porque no os es cosa vana; es vuestra vida, y
por medio de esta ley haréis prolongar vuestros
días sobre la tierra adonde vais, pasando el Jor-
dán, para tomar posesión de ella.

Se le permite a Moisés contemplar la tierra de Canaán

48 Y habló Jehová a Moisés aquel mismo día,
diciendo:

32.21: [b] 1 Co. 10.22. [c] Ro. 10.19. **32.35:** [d] Ro. 12.19; He. 10.30. **32.43:** [e] Ro. 15.10. [f] Ap. 19.2.

49 Sube a este monte de Abarim, al monte Nebo,
situado en la tierra de Moab que está frente a
Jericó, y mira la tierra de Canaán, que yo doy
por heredad a los hijos de Israel;
50 y muere en el monte al cual subes, y sé unido
a tu pueblo, así como murió Aarón tu hermano
en el monte Hor, y fue unido a su pueblo;
51 por cuanto pecasteis contra mí en medio de
los hijos de Israel en las aguas de Meriba de Ca-
des, en el desierto de Zin; porque no me santifi-
casteis en medio de los hijos de Israel.
52 Verás, por tanto, delante de ti la tierra; mas
no entrarás allá, a la tierra que doy a los hijos de
Israel.[g]

Moisés bendice a las doce tribus de Israel

33 1 Esta es la bendición con la cual bendijo
Moisés varón de Dios a los hijos de Is-
rael, antes que muriese.
2 Dijo:
Jehová vino de Sinaí,
Y de Seir les esclareció;
Resplandeció desde el monte de Parán,
Y vino de entre diez millares de santos,
Con la ley de fuego a su mano derecha.
3 Aun amó a su pueblo;
Todos los consagrados a él estaban
en su mano;
Por tanto, ellos siguieron en tus pasos,
Recibiendo dirección de ti,
4 Cuando Moisés nos ordenó una ley,
Como heredad a la congregación de Jacob.
5 Y fue rey en Jesurún,
Cuando se congregaron los jefes del pueblo
Con las tribus de Israel.
6 Viva Rubén, y no muera;
Y no sean pocos sus varones.
7 Y esta bendición profirió para Judá. Dijo así:
Oye, oh Jehová, la voz de Judá,
Y llévalo a su pueblo;
Sus manos le basten,
Y tú seas su ayuda contra sus enemigos.
8 A Leví dijo:
Tu Tumim y tu Urim[a] sean para tu varón
piadoso,
A quien probaste en Masah,[b]
Con quien contendiste en las aguas
de Meriba,[c]
9 Quien dijo de su padre y de su madre:
Nunca los he visto;
Y no reconoció a sus hermanos,
Ni a sus hijos conoció;
Pues ellos guardaron tus palabras,
Y cumplieron tu pacto.
10 Ellos enseñarán tus juicios a Jacob,
Y tu ley a Israel;
Pondrán el incienso delante de ti,
Y el holocausto sobre tu altar.
11 Bendice, oh Jehová, lo que hicieren,
Y recibe con agrado la obra
de sus manos;
Hiere los lomos de sus enemigos,
Y de los que lo aborrecieren,
para que nunca se levanten.
12 A Benjamín dijo:
El amado de Jehová habitará confiado
cerca de él;
Lo cubrirá siempre,
Y entre sus hombros morará.
13 A José dijo:
Bendita de Jehová sea tu tierra,
Con lo mejor de los cielos, con el rocío,
Y con el abismo que está abajo.
14 Con los más escogidos frutos del sol,
Con el rico producto de la luna,
15 Con el fruto más fino de los montes
antiguos,
Con la abundancia de los collados
eternos,
16 Y con las mejores dádivas de la tierra
y su plenitud;
Y la gracia del que habitó en la zarza
Venga sobre la cabeza de José,
Y sobre la frente de aquel que es príncipe
entre sus hermanos.
17 Como el primogénito de su toro es su gloria,
Y sus astas como astas de búfalo;
Con ellas acorneará a los pueblos juntos
hasta los fines de la tierra;
Ellos son los diez millares de Efraín,
Y ellos son los millares de Manasés.
18 A Zabulón dijo:
Alégrate, Zabulón, cuando salieres;
Y tú, Isacar, en tus tiendas.
19 Llamarán a los pueblos a su monte;
Allí sacrificarán sacrificios de justicia,
Por lo cual chuparán la abundancia
de los mares,
Y los tesoros escondidos de la arena.
20 A Gad dijo:
Bendito el que hizo ensanchar a Gad;
Como león reposa,
Y arrebata brazo y testa.
21 Escoge lo mejor de la tierra para sí,
Porque allí le fue reservada la porción
del legislador.
Y vino en la delantera del pueblo;
Con Israel ejecutó los mandatos y los
justos decretos de Jehová.
22 A Dan dijo:
Dan es cachorro de león
Que salta desde Basán.
23 A Neftalí dijo:
Neftalí, saciado de favores,

32.48-52: [g] Nm. 27.12-14; Dt. 3.23-27.
33.8: [a] Ex. 28.30. [b] Ex. 17.7. [c] Ex. 17.7; Nm. 20.13.

Y lleno de la bendición de Jehová,
Posee el occidente y el sur.
24 A Aser dijo:
Bendito sobre los hijos sea Aser;
Sea el amado de sus hermanos,
Y moje en aceite su pie.
25 Hierro y bronce serán tus cerrojos,
Y como tus días serán tus fuerzas.
26 No hay como el Dios de Jesurún,
Quien cabalga sobre los cielos
para tu ayuda,
Y sobre las nubes con su grandeza.
27 El eterno Dios es tu refugio,
Y acá abajo los brazos eternos;
El echó de delante de ti al enemigo,
Y dijo: Destruye.
28 E Israel habitará confiado, la fuente
de Jacob habitará sola
En tierra de grano y de vino;
También sus cielos destilarán rocío.
29 Bienaventurado tú, oh Israel.
¿Quién como tú,
Pueblo salvo por Jehová,
Escudo de tu socorro,
Y espada de tu triunfo?
Así que tus enemigos serán humillados,
Y tú hollarás sobre sus alturas.

Muerte y sepultura de Moisés

34 1 Subió Moisés de los campos de Moab
al monte Nebo, a la cumbre del Pisga,
que está enfrente de Jericó; y le mostró Jehová
toda la tierra de Galaad hasta Dan,
2 todo Neftalí, y la tierra de Efraín y de Manasés,
toda la tierra de Judá hasta el mar occidental;
3 el Neguev, y la llanura, la vega de Jericó, ciu-
dad de las palmeras, hasta Zoar.
4 Y le dijo Jehová: Esta es la tierra de que juré a
Abraham,[a] a Isaac[b] y a Jacob,[c] diciendo: A tu
descendencia la daré. Te he permitido verla con
tus ojos, mas no pasarás allá.
5 Y murió allí Moisés siervo de Jehová, en la tie-
rra de Moab, conforme al dicho de Jehová.
6 Y lo enterró en el valle, en la tierra de Moab,
enfrente de Bet-peor; y ninguno conoce el lugar
de su sepultura hasta hoy.
7 Era Moisés de edad de ciento veinte años
cuando murió; sus ojos nunca se oscurecieron,
ni perdió su vigor.
8 Y lloraron los hijos de Israel a Moisés en los
campos de Moab treinta días; y así se cumplie-
ron los días del lloro y del luto de Moisés.
9 Y Josué hijo de Nun fue lleno del espíritu de
sabiduría, porque Moisés había puesto sus ma-
nos sobre él; y los hijos de Israel le obedecieron,
e hicieron como Jehová mandó a Moisés.
10 Y nunca más se levantó profeta en Israel
como Moisés, a quien haya conocido Jehová
cara a cara;[d]
11 nadie como él en todas las señales y prodi-
gios que Jehová le envió a hacer en tierra de
Egipto, a Faraón y a todos sus siervos y a toda su
tierra,
12 y en el gran poder y en los hechos grandiosos
y terribles que Moisés hizo a la vista de todo Is-
rael.

JOSUÉ

Preparativos para la conquista

1 1 Aconteció después de la muerte de Moisés
siervo de Jehová, que Jehová habló a Josué
hijo de Nun, servidor de Moisés, diciendo:
2 Mi siervo Moisés ha muerto; ahora, pues, le-
vántate y pasa este Jordán, tú y todo este pue-
blo, a la tierra que yo les doy a los hijos de Israel.
3 Yo os he entregado, como lo había dicho a Moi-
sés, todo lugar que pisare la planta de vuestro pie.
4 Desde el desierto y el Líbano hasta el gran río
Eufrates, toda la tierra de los heteos hasta el
gran mar donde se pone el sol, será vuestro
territorio.
5 Nadie te podrá hacer frente[a] en todos los días
de tu vida; como estuve con Moisés, estaré con-
tigo; no te dejaré, ni te desampararé.[b]
6 Esfuérzate y sé valiente;[c] porque tú repartirás
a este pueblo por heredad la tierra de la cual
juré a sus padres que la daría a ellos.
7 Solamente esfuérzate y sé muy valiente, para
cuidar de hacer conforme a toda la ley que mi
siervo Moisés te mandó; no te apartes de ella ni
a diestra ni a siniestra, para que seas prospera-
do en todas las cosas que emprendas.
8 Nunca se apartará de tu boca este libro de la
ley, sino que de día y de noche meditarás en él,
para que guardes y hagas conforme a todo lo
que en él está escrito; porque entonces harás
prosperar tu camino, y todo te saldrá bien.
9 Mira que te mando que te esfuerces y seas va-
liente; no temas ni desmayes, porque Jehová tu
Dios estará contigo en dondequiera que vayas.
10 Y Josué mandó a los oficiales del pueblo,
diciendo:
11 Pasad por en medio del campamento y man-

34.4: [a] Gn. 12.7. [b] Gn. 26.3. [c] Gn. 28.13.
34.10: [d] Ex. 33.11. **1.3-5:** [a] Dt. 11.24-25. **1.5:** [b] Dt. 31.6, 8; He. 13.5. **1.6:** [c] Dt. 31.6, 7, 23.

dad al pueblo, diciendo: Preparaos comida, por-
que dentro de tres días pasaréis el Jordán para
entrar a poseer la tierra que Jehová vuestro Dios
os da en posesión.
12 También habló Josué a los rubenitas y ga-
ditas y a la media tribu de Manasés, diciendo:
13 Acordaos de la palabra que Moisés, siervo de
Jehová, os mandó diciendo: Jehová vuestro
Dios os ha dado reposo, y os ha dado esta tierra.
14 Vuestras mujeres, vuestros niños y vuestros
ganados quedarán en la tierra que Moisés os ha
dado a este lado del Jordán; mas vosotros, to-
dos los valientes y fuertes, pasaréis armados de-
lante de vuestros hermanos, y les ayudaréis,
15 hasta tanto que Jehová haya dado reposo a
vuestros hermanos como a vosotros, y que ellos
también posean la tierra que Jehová vuestro
Dios les da; y después volveréis vosotros a la tie-
rra de vuestra herencia, la cual Moisés siervo de
Jehová os ha dado, a este lado del Jordán hacia
donde nace el sol; y entraréis en posesión de
ella.[d]
16 Entonces respondieron a Josué, diciendo: No-
sotros haremos todas las cosas que nos has man-
dado, e iremos adondequiera que nos mandes.
17 De la manera que obedecimos a Moisés en to-
das las cosas, así te obedeceremos a ti; solamen-
te que Jehová tu Dios esté contigo, como estuvo
con Moisés.
18 Cualquiera que fuere rebelde a tu manda-
miento, y no obedeciere a tus palabras en todas
las cosas que le mandes, que muera; solamente
que te esfuerces y seas valiente.

Josué envía espías a Jericó

2 1 Josué hijo de Nun envió desde Sitim dos
espías secretamente, diciéndoles: Andad,
reconoced la tierra, y a Jericó. Y ellos fueron, y
entraron en casa de una ramera que se llamaba
Rahab,[a] y posaron allí.
2 Y fue dado aviso al rey de Jericó, diciendo: He
aquí que hombres de los hijos de Israel han ve-
nido aquí esta noche para espiar la tierra.
3 Entonces el rey de Jericó envió a decir a
Rahab: Saca a los hombres que han venido a ti,
y han entrado a tu casa; porque han venido para
espiar toda la tierra.
4 Pero la mujer había tomado a los dos hombres
y los había escondido; y dijo: Es verdad que
unos hombres vinieron a mí, pero no supe de
dónde eran.
5 Y cuando se iba a cerrar la puerta, siendo ya
oscuro, esos hombres se salieron, y no sé a dón-
de han ido; seguidlos aprisa, y los alcanzaréis.
6 Mas ella los había hecho subir al terrado, y los
había escondido entre los manojos de lino que
tenía puestos en el terrado.
7 Y los hombres fueron tras ellos por el camino
del Jordán, hasta los vados; y la puerta fue ce-
rrada después que salieron los perseguidores.
8 Antes que ellos se durmiesen, ella subió al
terrado, y les dijo:
9 Sé que Jehová os ha dado esta tierra; porque
el temor de vosotros ha caído sobre nosotros, y
todos los moradores del país ya han desmayado
por causa de vosotros.
10 Porque hemos oído que Jehová hizo secar las
aguas del Mar Rojo[b] delante de vosotros cuando
salisteis de Egipto, y lo que habéis hecho a los
dos reyes de los amorreos que estaban al otro
lado del Jordán, a Sehón y a Og, a los cuales ha-
béis destruido.[c]
11 Oyendo esto, ha desmayado nuestro cora-
zón; ni ha quedado más aliento en hombre al-
guno por causa de vosotros, porque Jehová
vuestro Dios es Dios arriba en los cielos y abajo
en la tierra.
12 Os ruego pues, ahora, que me juréis por
Jehová, que como he hecho misericordia con
vosotros, así la haréis vosotros con la casa de mi
padre, de lo cual me daréis una señal segura;
13 y que salvaréis la vida a mi padre y a mi ma-
dre, a mis hermanos y hermanas, y a todo lo que
es suyo; y que libraréis nuestras vidas de la
muerte.
14 Ellos le respondieron: Nuestra vida respon-
derá por la vuestra, si no denunciareis este
asunto nuestro; y cuando Jehová nos haya dado
la tierra, nosotros haremos contigo misericordia
y verdad.
15 Entonces ella los hizo descender con una
cuerda por la ventana; porque su casa estaba en
el muro de la ciudad, y ella vivía en el muro.
16 Y les dijo: Marchaos al monte, para que los
que fueron tras vosotros no os encuentren; y es-
tad escondidos allí tres días, hasta que los que
os siguen hayan vuelto; y después os iréis por
vuestro camino.
17 Y ellos le dijeron: Nosotros quedaremos li-
bres de este juramento con que nos has jura-
mentado.
18 He aquí, cuando nosotros entremos en la tie-
rra, tú atarás este cordón de grana a la ventana
por la cual nos descolgaste; y reunirás en tu casa
a tu padre y a tu madre, a tus hermanos y a toda
la familia de tu padre.
19 Cualquiera que saliere fuera de las puertas de
tu casa, su sangre será sobre su cabeza, y noso-
tros sin culpa. Mas cualquiera que se estuviere
en casa contigo, su sangre será sobre nuestra ca-
beza, si mano le tocare.
20 Y si tú denunciares este nuestro asunto, noso-
tros quedaremos libres de este tu juramento con
que nos has juramentado.

1.12-15: [d] Nm. 32.28-32; Dt. 3.18-20; Jos. 22.1-6.
2.1: [a] He. 11.31; Stg. 2.25. **2.10:** [b] Ex. 14.21. [c] Nm. 21.21-35.

21 Ella respondió: Sea así como habéis dicho.
Luego los despidió, y se fueron; y ella ató el cor-
dón de grana a la ventana.
22 Y caminando ellos, llegaron al monte y es-
tuvieron allí tres días, hasta que volvieron los que
los perseguían; y los que los persiguieron busca-
ron por todo el camino, pero no los hallaron.
23 Entonces volvieron los dos hombres; descen-
dieron del monte, y pasaron, y vinieron a Josué
hijo de Nun, y le contaron todas las cosas que les
habían acontecido.
24 Y dijeron a Josué: Jehová ha entregado toda la
tierra en nuestras manos; y también todos los mo-
radores del país desmayan delante de nosotros.

El paso del Jordán

3 1 Josué se levantó de mañana, y él y todos
los hijos de Israel partieron de Sitim y vinie-
ron hasta el Jordán, y reposaron allí antes de
pasarlo.
2 Y después de tres días, los oficiales recorrieron
el campamento,
3 y mandaron al pueblo, diciendo: Cuando veáis
el arca del pacto de Jehová vuestro Dios, y los le-
vitas sacerdotes que la llevan, vosotros saldréis
de vuestro lugar y marcharéis en pos de ella,
4 a fin de que sepáis el camino por donde habéis
de ir; por cuanto vosotros no habéis pasado antes
de ahora por este camino. Pero entre vosotros y
ella haya distancia como de dos mil codos; no os
acercaréis a ella.
5 Y Josué dijo al pueblo: Santificaos, porque
Jehová hará mañana maravillas entre vosotros.
6 Y habló Josué a los sacerdotes, diciendo: To-
mad el arca del pacto, y pasad delante del pue-
blo. Y ellos tomaron el arca del pacto y fueron
delante del pueblo.
7 Entonces Jehová dijo a Josué: Desde este
día comenzaré a engrandecerte delante de los
ojos de todo Israel, para que entiendan que
como estuve con Moisés, así estaré contigo.
8 Tú, pues, mandarás a los sacerdotes que lle-
van el arca del pacto, diciendo: Cuando hayáis
entrado hasta el borde del agua del Jordán, pa-
raréis en el Jordán.
9 Y Josué dijo a los hijos de Israel: Acercaos, y
escuchad las palabras de Jehová vuestro Dios.
10 Y añadió Josué: En esto conoceréis que el
Dios viviente está en medio de vosotros, y que él
echará de delante de vosotros al cananeo, al he-
teo, al heveo, al ferezeo, al gergeseo, al amorreo
y al jebuseo.
11 He aquí, el arca del pacto del Señor de toda la
tierra pasará delante de vosotros en medio del
Jordán.
12 Tomad, pues, ahora doce hombres de las tri-
bus de Israel, uno de cada tribu.
13 Y cuando las plantas de los pies de los sacer-
dotes que llevan el arca de Jehová, Señor de
toda la tierra, se asienten en las aguas del Jor-
dán, las aguas del Jordán se dividirán; porque
las aguas que vienen de arriba se detendrán en
un montón.
14 Y aconteció cuando partió el pueblo de sus
tiendas para pasar el Jordán, con los sacerdotes
delante del pueblo llevando el arca del pacto,
15 cuando los que llevaban el arca entraron en
el Jordán, y los pies de los sacerdotes que lleva-
ban el arca fueron mojados a la orilla del agua
(porque el Jordán suele desbordarse por todas
sus orillas todo el tiempo de la siega),
16 las aguas que venían de arriba se detuvieron
como en un montón bien lejos de la ciudad de
Adam, que está al lado de Saretán, y las que
descendían al mar del Arabá, al Mar Salado, se
acabaron, y fueron divididas; y el pueblo pasó
en dirección de Jericó.
17 Mas los sacerdotes que llevaban el arca del pac-
to de Jehová, estuvieron en seco, firmes en medio
del Jordán, hasta que todo el pueblo hubo acaba-
do de pasar el Jordán; y todo Israel pasó en seco.

Las doce piedras tomadas del Jordán

4 1 Cuando toda la gente hubo acabado de
pasar el Jordán, Jehová habló a Josué, di-
ciendo:
2 Tomad del pueblo doce hombres, uno de cada
tribu,
3 y mandadles, diciendo: Tomad de aquí de en
medio del Jordán, del lugar donde están firmes
los pies de los sacerdotes, doce piedras, las cua-
les pasaréis con vosotros, y levantadlas en el lu-
gar donde habéis de pasar la noche.
4 Entonces Josué llamó a los doce hombres a los
cuales él había designado de entre los hijos de
Israel, uno de cada tribu.
5 Y les dijo Josué: Pasad delante del arca de
Jehová vuestro Dios a la mitad del Jordán, y
cada uno de vosotros tome una piedra sobre su
hombro, conforme al número de las tribus de
los hijos de Israel,
6 para que esto sea señal entre vosotros; y cuan-
do vuestros hijos preguntaren a sus padres ma-
ñana, diciendo: ¿Qué significan estas piedras?
7 les responderéis: Que las aguas del Jordán
fueron divididas delante del arca del pacto de
Jehová; cuando ella pasó el Jordán, las aguas
del Jordán se dividieron; y estas piedras servi-
rán de monumento conmemorativo a los hijos
de Israel para siempre.
8 Y los hijos de Israel lo hicieron así como Jo-
sué les mandó: tomaron doce piedras de en me-
dio del Jordán, como Jehová lo había dicho a
Josué, conforme al número de las tribus de los
hijos de Israel, y las pasaron al lugar donde
acamparon, y las levantaron allí.

9 Josué también levantó doce piedras en medio
del Jordán, en el lugar donde estuvieron los pies
de los sacerdotes que llevaban el arca del pacto;
y han estado allí hasta hoy.
10 Y los sacerdotes que llevaban el arca se para-
ron en medio del Jordán hasta que se hizo todo
lo que Jehová había mandado a Josué que dije-
se al pueblo, conforme a todas las cosas que
Moisés había mandado a Josué; y el pueblo se
dio prisa y pasó.
11 Y cuando todo el pueblo acabó de pasar,
también pasó el arca de Jehová, y los sacerdo-
tes, en presencia del pueblo.
12 También los hijos de Rubén y los hijos de Gad
y la media tribu de Manasés pasaron armados
delante de los hijos de Israel, según Moisés les
había dicho;
13 como cuarenta mil hombres armados, listos
para la guerra, pasaron hacia la llanura de Jeri-
có delante de Jehová.
14 En aquel día Jehová engrandeció a Josué a
los ojos de todo Israel; y le temieron, como ha-
bían temido a Moisés, todos los días de su vida.
15 Luego Jehová habló a Josué, diciendo:
16 Manda a los sacerdotes que llevan el arca del
testimonio, que suban del Jordán.
17 Y Josué mandó a los sacerdotes, diciendo:
Subid del Jordán.
18 Y aconteció que cuando los sacerdotes que
llevaban el arca del pacto de Jehová subieron de
en medio del Jordán, y las plantas de los pies de
los sacerdotes estuvieron en lugar seco, las
aguas del Jordán se volvieron a su lugar, co-
rriendo como antes sobre todos sus bordes.
19 Y el pueblo subió del Jordán el día diez del
mes primero, y acamparon en Gilgal, al lado
oriental de Jericó.
20 Y Josué erigió en Gilgal las doce piedras que
habían traído del Jordán.
21 Y habló a los hijos de Israel, diciendo: Cuan-
do mañana preguntaren vuestros hijos a sus pa-
dres, y dijeren: ¿Qué significan estas piedras?
22 declararéis a vuestros hijos, diciendo: Israel
pasó en seco por este Jordán.
23 Porque Jehová vuestro Dios secó las aguas
del Jordán delante de vosotros, hasta que ha-
bíais pasado, a la manera que Jehová vuestro
Dios lo había hecho en el Mar Rojo, el cual secó
delante de nosotros hasta que pasamos;
24 para que todos los pueblos de la tierra conoz-
can que la mano de Jehová es poderosa; para
que temáis a Jehová vuestro Dios todos los días.

La circuncisión y la pascua en Gilgal

5 1 Cuando todos los reyes de los amorreos
que estaban al otro lado del Jordán al occi-
dente, y todos los reyes de los cananeos que es-
taban cerca del mar, oyeron cómo Jehová había
secado las aguas del Jordán delante de los hijos
de Israel hasta que hubieron pasado, desfalle-
ció su corazón, y no hubo más aliento en ellos
delante de los hijos de Israel.
2 En aquel tiempo Jehová dijo a Josué: Hazte
cuchillos afilados, y vuelve a circuncidar la se-
gunda vez a los hijos de Israel.
3 Y Josué se hizo cuchillos afilados, y circuncidó
a los hijos de Israel en el collado de Aralot.[1]
4 Esta es la causa por la cual Josué los circunci-
dó: Todo el pueblo que había salido de Egipto,
los varones, todos los hombres de guerra, ha-
bían muerto en el desierto, por el camino, des-
pués que salieron de Egipto.
5 Pues todos los del pueblo que habían salido,
estaban circuncidados; mas todo el pueblo que
había nacido en el desierto, por el camino, des-
pués que hubieron salido de Egipto, no estaba
circuncidado.
6 Porque los hijos de Israel anduvieron por el
desierto cuarenta años, hasta que todos los
hombres de guerra que habían salido de Egipto
fueron consumidos, por cuanto no obedecieron
a la voz de Jehová; por lo cual Jehová les juró
que no les dejaría ver la tierra de la cual Jehová
había jurado a sus padres que nos la daría, tie-
rra que fluye leche y miel.[a]
7 A los hijos de ellos, que él había hecho suceder
en su lugar, Josué los circuncidó; pues eran in-
circuncisos, porque no habían sido circuncida-
dos por el camino.
8 Y cuando acabaron de circuncidar a toda la
gente, se quedaron en el mismo lugar en el cam-
pamento, hasta que sanaron.
9 Y Jehová dijo a Josué: Hoy he quitado de voso-
tros el oprobio de Egipto; por lo cual el nombre
de aquel lugar fue llamado Gilgal,[2] hasta hoy.
10 Y los hijos de Israel acamparon en Gilgal, y
celebraron la pascua[b] a los catorce días del mes,
por la tarde, en los llanos de Jericó.
11 Al otro día de la pascua comieron del fruto de
la tierra, los panes sin levadura, y en el mismo
día espigas nuevas tostadas.
12 Y el maná cesó[c] el día siguiente, desde que
comenzaron a comer del fruto de la tierra; y los
hijos de Israel nunca más tuvieron maná, sino
que comieron de los frutos de la tierra de Ca-
naán aquel año.

Josué y el varón con la espada desenvainada

13 Estando Josué cerca de Jericó, alzó sus
ojos y vio un varón que estaba delante de él, el
cual tenía una espada desenvainada en su
mano. Y Josué, yendo hacia él, le dijo: ¿Eres de
los nuestros, o de nuestros enemigos?

5.3: [1] Esto es, *de los Prepucios*. **5.6:** [a] Nm. 14.28-35.
5.9: [2] Heb. *galal*, rodar. **5.10:** [b] Ex. 12.1-13. **5.12:** [c] Ex. 16.35.

14 El respondió: No; mas como Príncipe del ejército de Jehová he venido ahora. Entonces Josué, postrándose sobre su rostro en tierra, le adoró; y le dijo: ¿Qué dice mi Señor a su siervo?

15 Y el Príncipe del ejército de Jehová respondió a Josué: Quita el calzado de tus pies, porque el lugar donde estás es santo. Y Josué así lo hizo.

La toma de Jericó

6 1 Ahora, Jericó estaba cerrada, bien cerrada, a causa de los hijos de Israel; nadie entraba ni salía.

2 Mas Jehová dijo a Josué: Mira, yo he entregado en tu mano a Jericó y a su rey, con sus varones de guerra.

3 Rodearéis, pues, la ciudad todos los hombres de guerra, yendo alrededor de la ciudad una vez; y esto haréis durante seis días.

4 Y siete sacerdotes llevarán siete bocinas de cuernos de carnero delante del arca; y al séptimo día daréis siete vueltas a la ciudad, y los sacerdotes tocarán las bocinas.

5 Y cuando toquen prolongadamente el cuerno de carnero, así que oigáis el sonido de la bocina, todo el pueblo gritará a gran voz, y el muro de la ciudad caerá; entonces subirá el pueblo, cada uno derecho hacia adelante.

6 Llamando, pues, Josué hijo de Nun a los sacerdotes, les dijo: Llevad el arca del pacto, y siete sacerdotes lleven bocinas de cuerno de carnero delante del arca de Jehová.

7 Y dijo al pueblo: Pasad, y rodead la ciudad; y los que están armados pasarán delante del arca de Jehová.

8 Y así que Josué hubo hablado al pueblo, los siete sacerdotes, llevando las siete bocinas de cuerno de carnero, pasaron delante del arca de Jehová, y tocaron las bocinas; y el arca del pacto de Jehová los seguía.

9 Y los hombres armados iban delante de los sacerdotes que tocaban las bocinas, y la retaguardia iba tras el arca, mientras las bocinas sonaban continuamente.

10 Y Josué mandó al pueblo, diciendo: Vosotros no gritaréis, ni se oirá vuestra voz, ni saldrá palabra de vuestra boca, hasta el día que yo os diga: Gritad; entonces gritaréis.

11 Así que él hizo que el arca de Jehová diera una vuelta alrededor de la ciudad, y volvieron luego al campamento, y allí pasaron la noche.

12 Y Josué se levantó de mañana, y los sacerdotes tomaron el arca de Jehová.

13 Y los siete sacerdotes, llevando las siete bocinas de cuerno de carnero, fueron delante del arca de Jehová, andando siempre y tocando las bocinas; y los hombres armados iban delante de ellos, y la retaguardia iba tras el arca de Jehová, mientras las bocinas tocaban continuamente.

14 Así dieron otra vuelta a la ciudad el segundo día, y volvieron al campamento; y de esta manera hicieron durante seis días.

15 Al séptimo día se levantaron al despuntar el alba, y dieron vuelta a la ciudad de la misma manera siete veces; solamente este día dieron vuelta alrededor de ella siete veces.

16 Y cuando los sacerdotes tocaron las bocinas la séptima vez, Josué dijo al pueblo: Gritad, porque Jehová os ha entregado la ciudad.

17 Y será la ciudad anatema a Jehová, con todas las cosas que están en ella; solamente Rahab la ramera vivirá, con todos los que estén en casa con ella, por cuanto escondió a los mensajeros que enviamos.

18 Pero vosotros guardaos del anatema; ni toquéis, ni toméis alguna cosa del anatema, no sea que hagáis anatema el campamento de Israel, y lo turbéis.

19 Mas toda la plata y el oro, y los utensilios de bronce y de hierro, sean consagrados a Jehová, y entren en el tesoro de Jehová.

20 Entonces el pueblo gritó, y los sacerdotes tocaron las bocinas; y aconteció que cuando el pueblo hubo oído el sonido de la bocina, gritó con gran vocerío, y el muro se derrumbó.[a] El pueblo subió luego a la ciudad, cada uno derecho hacia adelante, y la tomaron.

21 Y destruyeron a filo de espada todo lo que en la ciudad había; hombres y mujeres, jóvenes y viejos, hasta los bueyes, las ovejas, y los asnos.

22 Mas Josué dijo a los dos hombres que habían reconocido la tierra: Entrad en casa de la mujer ramera, y haced salir de allí a la mujer y a todo lo que fuere suyo, como lo jurasteis.

23 Y los espías entraron y sacaron a Rahab, a su padre, a su madre, a sus hermanos y todo lo que era suyo; y también sacaron a toda su parentela, y los pusieron fuera del campamento de Israel.

24 Y consumieron con fuego la ciudad, y todo lo que en ella había; solamente pusieron en el tesoro de la casa de Jehová la plata y el oro, y los utensilios de bronce y de hierro.

25 Mas Josué salvó la vida a Rahab la ramera, y a la casa de su padre, y a todo lo que ella tenía; y habitó ella entre los israelitas hasta hoy, por cuanto escondió a los mensajeros que Josué había enviado a reconocer a Jericó.[b]

26 En aquel tiempo hizo Josué un juramento, diciendo: Maldito delante de Jehová el hombre que se levantare y reedificare esta ciudad de Jericó. Sobre su primogénito eche los cimientos de ella, y sobre su hijo menor asiente sus puertas.[c]

27 Estaba, pues, Jehová con Josué, y su nombre se divulgó por toda la tierra.

6.20: [a] He. 11.30 **6.25:** [b] He. 11.31. **6.26:** [c] 1 R. 16.34.

El pecado de Acán

7 1 Pero los hijos de Israel cometieron una
prevaricación en cuanto al anatema; porque Acán hijo de Carmi, hijo de Zabdi, hijo de
Zera, de la tribu de Judá, tomó del anatema; y
la ira de Jehová se encendió contra los hijos de
Israel.
2 Después Josué envió hombres desde Jericó a
Hai, que estaba junto a Bet-avén hacia el oriente
de Bet-el; y les habló diciendo: Subid y reconoced
la tierra. Y ellos subieron y reconocieron a Hai.
3 Y volviendo a Josué, le dijeron: No suba todo
el pueblo, sino suban como dos mil o tres mil
hombres, y tomarán a Hai; no fatigues a todo el
pueblo yendo allí, porque son pocos.
4 Y subieron allá del pueblo como tres mil hombres, los cuales huyeron delante de los de Hai.
5 Y los de Hai mataron de ellos a unos treinta y
seis hombres, y los siguieron desde la puerta
hasta Sebarim, y los derrotaron en la bajada;
por lo cual el corazón del pueblo desfalleció y
vino a ser como agua.
6 Entonces Josué rompió sus vestidos, y se
postró en tierra sobre su rostro delante del arca
de Jehová hasta caer la tarde, él y los ancianos
de Israel; y echaron polvo sobre sus cabezas.
7 Y Josué dijo: ¡Ah, Señor Jehová! ¿Por qué hiciste pasar a este pueblo el Jordán, para entregarnos en las manos de los amorreos, para que
nos destruyan? ¡Ojalá nos hubiéramos quedado
al otro lado del Jordán!
8 ¡Ay, Señor! ¿qué diré, ya que Israel ha vuelto
la espalda delante de sus enemigos?
9 Porque los cananeos y todos los moradores de
la tierra oirán, y nos rodearán, y borrarán nuestro nombre de sobre la tierra; y entonces, ¿qué
harás tú a tu grande nombre?
10 Y Jehová dijo a Josué: Levántate; ¿por qué
te postras así sobre tu rostro?
11 Israel ha pecado, y aun han quebrantado mi
pacto que yo les mandé; y también han tomado
del anatema, y hasta han hurtado, han mentido,
y aun lo han guardado entre sus enseres.
12 Por esto los hijos de Israel no podrán hacer
frente a sus enemigos, sino que delante de sus
enemigos volverán la espalda, por cuanto han
venido a ser anatema; ni estaré más con vosotros, si no destruyereis el anatema de en medio
de vosotros.
13 Levántate, santifica al pueblo, y di: Santificaos para mañana; porque Jehová el Dios de Israel dice así: Anatema hay en medio de ti,
Israel; no podrás hacer frente a tus enemigos,
hasta que hayáis quitado el anatema de en
medio de vosotros.
14 Os acercaréis, pues, mañana por vuestras tribus; y la tribu que Jehová tomare, se acercará
por sus familias; y la familia que Jehová tomare,
se acercará por sus casas; y la casa que Jehová
tomare, se acercará por los varones;
15 y el que fuere sorprendido en el anatema,
será quemado, él y todo lo que tiene, por cuanto
ha quebrantado el pacto de Jehová, y ha cometido maldad en Israel.
16 Josué, pues, levantándose de mañana, hizo
acercar a Israel por sus tribus; y fue tomada la
tribu de Judá.
17 Y haciendo acercar a la tribu de Judá, fue tomada la familia de los de Zera; y haciendo luego
acercar a la familia de los de Zera por los varones, fue tomado Zabdi.
18 Hizo acercar su casa por los varones, y fue tomado Acán hijo de Carmi, hijo de Zabdi, hijo de
Zera, de la tribu de Judá.
19 Entonces Josué dijo a Acán: Hijo mío, da gloria a Jehová el Dios de Israel, y dale alabanza, y
declárame ahora lo que has hecho; no me lo
encubras.
20 Y Acán respondió a Josué diciendo: Verdaderamente yo he pecado contra Jehová el Dios de
Israel, y así y así he hecho.
21 Pues vi entre los despojos un manto babilónico muy bueno, y doscientos siclos de plata, y un
lingote de oro de peso de cincuenta siclos, lo
cual codicié y tomé; y he aquí que está escondido bajo tierra en medio de mi tienda, y el dinero
debajo de ello.
22 Josué entonces envió mensajeros, los cuales
fueron corriendo a la tienda; y he aquí estaba escondido en su tienda, y el dinero debajo de ello.
23 Y tomándolo de en medio de la tienda, lo trajeron a Josué y a todos los hijos de Israel, y lo
pusieron delante de Jehová.
24 Entonces Josué, y todo Israel con él, tomaron
a Acán hijo de Zera, el dinero, el manto, el lingote de oro, sus hijos, sus hijas, sus bueyes, sus
asnos, sus ovejas, su tienda y todo cuanto tenía,
y lo llevaron todo al valle de Acor.
25 Y le dijo Josué: ¿Por qué nos has turbado?
Túrbete Jehová en este día. Y todos los israelitas
los apedrearon, y los quemaron después de apedrearlos.
26 Y levantaron sobre él un gran montón de piedras, que permanece hasta hoy. Y Jehová se volvió del ardor de su ira. Y por esto aquel lugar se
llama el Valle de Acor,[3] hasta hoy.

Toma y destrucción de Hai

8 1 Jehová dijo a Josué: No temas ni desmayes; toma contigo toda la gente de guerra, y
levántate y sube a Hai. Mira, yo he entregado
en tu mano al rey de Hai, a su pueblo, a su ciudad y a su tierra.
2 Y harás a Hai y a su rey como hiciste a Jericó y

7.26: 3 Esto es, *turbación*.

a su rey; sólo que sus despojos y sus bestias tomaréis para vosotros. Pondrás, pues, emboscadas a la ciudad detrás de ella.

3 Entonces se levantaron Josué y toda la gente de guerra, para subir contra Hai; y escogió Josué treinta mil hombres fuertes, los cuales envió de noche.

4 Y les mandó, diciendo: Atended, pondréis emboscada a la ciudad detrás de ella; no os alejaréis mucho de la ciudad, y estaréis todos dispuestos.

5 Y yo y todo el pueblo que está conmigo nos acercaremos a la ciudad; y cuando salgan ellos contra nosotros, como hicieron antes, huiremos delante de ellos.

6 Y ellos saldrán tras nosotros, hasta que los alejemos de la ciudad; porque dirán: Huyen de nosotros como la primera vez. Huiremos, pues, delante de ellos.

7 Entonces vosotros os levantaréis de la emboscada y tomaréis la ciudad; pues Jehová vuestro Dios la entregará en vuestras manos.

8 Y cuando la hayáis tomado, le prenderéis fuego. Haréis conforme a la palabra de Jehová; mirad que os lo he mandado.

9 Entonces Josué los envió; y ellos se fueron a la emboscada, y se pusieron entre Bet-el y Hai, al occidente de Hai; y Josué se quedó aquella noche en medio del pueblo.

10 Levantándose Josué muy de mañana, pasó revista al pueblo, y subió él, con los ancianos de Israel, delante del pueblo contra Hai.

11 Y toda la gente de guerra que con él estaba, subió y se acercó, y llegaron delante de la ciudad, y acamparon al norte de Hai; y el valle estaba entre él y Hai.

12 Y tomó como cinco mil hombres, y los puso en emboscada entre Bet-el y Hai, al occidente de la ciudad.

13 Así dispusieron al pueblo: todo el campamento al norte de la ciudad, y su emboscada al occidente de la ciudad, y Josué avanzó aquella noche hasta la mitad del valle.

14 Y aconteció que viéndolo el rey de Hai, él y su pueblo se apresuraron y madrugaron; y al tiempo señalado, los hombres de la ciudad salieron al encuentro de Israel para combatir, frente al Arabá, no sabiendo que estaba puesta emboscada a espaldas de la ciudad.

15 Entonces Josué y todo Israel se fingieron vencidos y huyeron delante de ellos por el camino del desierto.

16 Y todo el pueblo que estaba en Hai se juntó para seguirles; y siguieron a Josué, siendo así alejados de la ciudad.

17 Y no quedó hombre en Hai ni en Bet-el, que no saliera tras de Israel; y por seguir a Israel dejaron la ciudad abierta.

18 Entonces Jehová dijo a Josué: Extiende la lanza que tienes en tu mano hacia Hai, porque yo la entregaré en tu mano. Y Josué extendió hacia la ciudad la lanza que en su mano tenía.

19 Y levantándose prontamente de su lugar los que estaban en la emboscada, corrieron luego que él alzó su mano, y vinieron a la ciudad, y la tomaron, y se apresuraron a prenderle fuego.

20 Y los hombres de Hai volvieron el rostro, y al mirar, he aquí que el humo de la ciudad subía al cielo, y no pudieron huir ni a una parte ni a otra, porque el pueblo que iba huyendo hacia el desierto se volvió contra los que les seguían.

21 Josué y todo Israel, viendo que los de la emboscada habían tomado la ciudad, y que el humo de la ciudad subía, se volvieron y atacaron a los de Hai.

22 Y los otros salieron de la ciudad a su encuentro, y así fueron encerrados en medio de Israel, los unos por un lado, y los otros por el otro. Y los hirieron hasta que no quedó ninguno de ellos que escapase.

23 Pero tomaron vivo al rey de Hai, y lo trajeron a Josué.

24 Y cuando los israelitas acabaron de matar a todos los moradores de Hai en el campo y en el desierto a donde los habían perseguido, y todos habían caído a filo de espada hasta ser consumidos, todos los israelitas volvieron a Hai, y también la hirieron a filo de espada.

25 Y el número de los que cayeron aquel día, hombres y mujeres, fue de doce mil, todos los de Hai.

26 Porque Josué no retiró su mano que había extendido con la lanza, hasta que hubo destruido por completo a todos los moradores de Hai.

27 Pero los israelitas tomaron para sí las bestias y los despojos de la ciudad, conforme a la palabra de Jehová que le había mandado a Josué.

28 Y Josué quemó a Hai y la redujo a un montón de escombros, asolada para siempre hasta hoy.

29 Y al rey de Hai lo colgó de un madero hasta caer la noche; y cuando el sol se puso, mandó Josué que quitasen del madero su cuerpo, y lo echasen a la puerta de la ciudad; y levantaron sobre él un gran montón de piedras, que permanece hasta hoy.

Lectura de la ley en el monte Ebal

30 Entonces Josué edificó un altar a Jehová Dios de Israel en el monte Ebal,

31 como Moisés siervo de Jehová lo había mandado a los hijos de Israel, como está escrito en el libro de la ley de Moisés, un altar de piedras enteras sobre las cuales nadie alzó hierro;[a] y ofrecieron sobre él holocaustos a Jehová, y sacrificaron ofrendas de paz.

8.31: [a] Ex. 20.25.

32 También escribió allí sobre las piedras una copia de la ley de Moisés, la cual escribió delante de los hijos de Israel.[b]

33 Y todo Israel, con sus ancianos, oficiales y jueces, estaba de pie a uno y otro lado del arca, en presencia de los sacerdotes levitas que llevaban el arca del pacto de Jehová, así los extranjeros como los naturales. La mitad de ellos estaba hacia el monte Gerizim, y la otra mitad hacia el monte Ebal, de la manera que Moisés, siervo de Jehová, lo había mandado antes, para que bendijesen primeramente al pueblo de Israel.

34 Después de esto, leyó todas las palabras de la ley, las bendiciones y las maldiciones, conforme a todo lo que está escrito en el libro de la ley.

35 No hubo palabra alguna de todo cuanto mandó Moisés, que Josué no hiciese leer delante de toda la congregación de Israel, y de las mujeres, de los niños, y de los extranjeros que moraban entre ellos.[c]

Astucia de los gabaonitas

9 1 Cuando oyeron estas cosas todos los reyes que estaban a este lado del Jordán, así en las montañas como en los llanos, y en toda la costa del Mar Grande delante del Líbano, los heteos, amorreos, cananeos, ferezeos, heveos y jebuseos,

2 se concertaron para pelear contra Josué e Israel.

3 Mas los moradores de Gabaón, cuando oyeron lo que Josué había hecho a Jericó y a Hai,

4 usaron de astucia; pues fueron y se fingieron embajadores, y tomaron sacos viejos sobre sus asnos, y cueros viejos de vino, rotos y remendados,

5 y zapatos viejos y recosidos en sus pies, con vestidos viejos sobre sí; y todo el pan que traían para el camino era seco y mohoso.

6 Y vinieron a Josué al campamento en Gilgal, y le dijeron a él y a los de Israel: Nosotros venimos de tierra muy lejana; haced, pues, ahora alianza con nosotros.

7 Y los de Israel respondieron a los heveos: Quizá habitáis en medio de nosotros. ¿Cómo, pues, podremos hacer alianza con vosotros?[a]

8 Ellos respondieron a Josué: Nosotros somos tus siervos. Y Josué les dijo: ¿Quiénes sois vosotros, y de dónde venís?

9 Y ellos respondieron: Tus siervos han venido de tierra muy lejana, por causa del nombre de Jehová tu Dios; porque hemos oído su fama, y todo lo que hizo en Egipto,

10 y todo lo que hizo a los dos reyes de los amorreos que estaban al otro lado del Jordán: a Sehón rey de Hesbón, y a Og rey de Basán, que estaba en Astarot.[b]

11 Por lo cual nuestros ancianos y todos los moradores de nuestra tierra nos dijeron: Tomad en vuestras manos provisión para el camino, e id al encuentro de ellos, y decidles: Nosotros somos vuestros siervos; haced ahora alianza con nosotros.

12 Este nuestro pan lo tomamos caliente de nuestras casas para el camino el día que salimos para venir a vosotros; y helo aquí ahora ya seco y mohoso.

13 Estos cueros de vino también los llenamos nuevos; helos aquí ya rotos; también estos nuestros vestidos y nuestros zapatos están ya viejos a causa de lo muy largo del camino.

14 Y los hombres de Israel tomaron de las provisiones de ellos, y no consultaron a Jehová.

15 Y Josué hizo paz con ellos, y celebró con ellos alianza concediéndoles la vida; y también lo juraron los príncipes de la congregación.

16 Pasados tres días después que hicieron alianza con ellos, oyeron que eran sus vecinos, y que habitaban en medio de ellos.

17 Y salieron los hijos de Israel, y al tercer día llegaron a las ciudades de ellos; y sus ciudades eran Gabaón, Cafira, Beerot y Quiriat-jearim.

18 Y no los mataron los hijos de Israel, por cuanto los príncipes de la congregación les habían jurado por Jehová el Dios de Israel. Y toda la congregación murmuraba contra los príncipes.

19 Mas todos los príncipes respondieron a toda la congregación: Nosotros les hemos jurado por Jehová Dios de Israel; por tanto, ahora no les podemos tocar.

20 Esto haremos con ellos: les dejaremos vivir, para que no venga ira sobre nosotros por causa del juramento que les hemos hecho.

21 Dijeron, pues, de ellos los príncipes: Dejadlos vivir; y fueron constituidos leñadores y aguadores para toda la congregación, concediéndoles la vida, según les habían prometido los príncipes.

22 Y llamándolos Josué, les habló diciendo: ¿Por qué nos habéis engañado, diciendo: Habitamos muy lejos de vosotros, siendo así que moráis en medio de nosotros?

23 Ahora, pues, malditos sois, y no dejará de haber de entre vosotros siervos, y quien corte la leña y saque el agua para la casa de mi Dios.

24 Y ellos respondieron a Josué y dijeron: Como fue dado a entender a tus siervos que Jehová tu Dios había mandado a Moisés su siervo que os había de dar toda la tierra, y que había de destruir a todos los moradores de la tierra delante de vosotros, por esto temimos en gran manera por nuestras vidas a causa de vosotros, e hicimos esto.

25 Ahora, pues, henos aquí en tu mano; lo que te pareciere bueno y recto hacer de nosotros, hazlo.

26 Y él lo hizo así con ellos; pues los libró de la mano de los hijos de Israel, y no los mataron.

8.30-32: [b] Dt. 27.2-8. **8.33-35:** [c] Dt. 11.29; 27.11-14.
9.7: [a] Ex. 23.32; 34.12; Dt. 7.2. **9.10:** [b] Nm. 21.21-35.

27 Y Josué los destinó aquel día a ser leñadores
y aguadores para la congregación, y para el al-
tar de Jehová en el lugar que Jehová eligiese, lo
que son hasta hoy.

Derrota de los amorreos

10 1 Cuando Adonisedec rey de Jerusalén
oyó que Josué había tomado a Hai, y que
la había asolado (como había hecho a Jericó y a
su rey, así hizo a Hai y a su rey), y que los mora-
dores de Gabaón habían hecho paz con los is-
raelitas, y que estaban entre ellos,
2 tuvo gran temor; porque Gabaón era una gran
ciudad, como una de las ciudades reales, y ma-
yor que Hai, y todos sus hombres eran fuertes.
3 Por lo cual Adonisedec rey de Jerusalén envió
a Hoham rey de Hebrón, a Piream rey de Jarmut,
a Jafía rey de Laquis y a Debir rey de Eglón, di-
ciendo:
4 Subid a mí y ayudadme, y combatamos a Ga-
baón; porque ha hecho paz con Josué y con los
hijos de Israel.
5 Y cinco reyes de los amorreos, el rey de Jerusa-
lén, el rey de Hebrón, el rey de Jarmut, el rey de
Laquis y el rey de Eglón, se juntaron y subieron,
ellos con todos sus ejércitos, y acamparon cerca
de Gabaón, y pelearon contra ella.
6 Entonces los moradores de Gabaón envia-
ron a decir a Josué al campamento en Gilgal: No
niegues ayuda a tus siervos; sube prontamente
a nosotros para defendernos y ayudarnos; por-
que todos los reyes de los amorreos que habitan
en las montañas se han unido contra nosotros.
7 Y subió Josué de Gilgal, él y todo el pueblo de
guerra con él, y todos los hombres valientes.
8 Y Jehová dijo a Josué: No tengas temor de
ellos; porque yo los he entregado en tu mano, y
ninguno de ellos prevalecerá delante de ti.
9 Y Josué vino a ellos de repente, habiendo subi-
do toda la noche desde Gilgal.
10 Y Jehová los llenó de consternación delante
de Israel, y los hirió con gran mortandad en Ga-
baón; y los siguió por el camino que sube a Bet-
horón, y los hirió hasta Azeca y Maceda.
11 Y mientras iban huyendo de los israelitas, a la
bajada de Bet-horón, Jehová arrojó desde el cie-
lo grandes piedras sobre ellos hasta Azeca, y
murieron; y fueron más los que murieron por
las piedras del granizo, que los que los hijos de
Israel mataron a espada.
12 Entonces Josué habló a Jehová el día en que
Jehová entregó al amorreo delante de los hijos
de Israel, y dijo en presencia de los israelitas:

Sol, detente en Gabaón;
Y tú, luna, en el valle de Ajalón.

13 Y el sol se detuvo y la luna se paró,
Hasta que la gente se hubo vengado
de sus enemigos.

¿No está escrito esto en el libro de Jaser?[a] Y el
sol se paró en medio del cielo, y no se apresuró
a ponerse casi un día entero.
14 Y no hubo día como aquel, ni antes ni después
de él, habiendo atendido Jehová a la voz de un
hombre; porque Jehová peleaba por Israel.
15 Y Josué, y todo Israel con él, volvió al cam-
pamento en Gilgal.
16 Y los cinco reyes huyeron, y se escondieron
en una cueva en Maceda.
17 Y fue dado aviso a Josué que los cinco reyes
habían sido hallados escondidos en una cueva
en Maceda.
18 Entonces Josué dijo: Rodad grandes piedras
a la entrada de la cueva, y poned hombres junto
a ella para que los guarden;
19 y vosotros no os detengáis, sino seguid a
vuestros enemigos, y heridles la retaguardia, sin
dejarles entrar en sus ciudades; porque Jehová
vuestro Dios los ha entregado en vuestra mano.
20 Y aconteció que cuando Josué y los hijos de
Israel acabaron de herirlos con gran mortandad
hasta destruirlos, los que quedaron de ellos se
metieron en las ciudades fortificadas.
21 Todo el pueblo volvió sano y salvo a Josué, al
campamento en Maceda; no hubo quien moviese
su lengua contra ninguno de los hijos de Israel.
22 Entonces dijo Josué: Abrid la entrada de la
cueva, y sacad de ella a esos cinco reyes.
23 Y lo hicieron así, y sacaron de la cueva a
aquellos cinco reyes: al rey de Jerusalén, al rey
de Hebrón, al rey de Jarmut, al rey de Laquis y
al rey de Eglón.
24 Y cuando los hubieron llevado a Josué, llamó
Josué a todos los varones de Israel, y dijo a los
principales de la gente de guerra que habían ve-
nido con él: Acercaos, y poned vuestros pies so-
bre los cuellos de estos reyes. Y ellos se acercaron
y pusieron sus pies sobre los cuellos de ellos.
25 Y Josué les dijo: No temáis, ni os atemoricéis;
sed fuertes y valientes, porque así hará Jehová a
todos vuestros enemigos contra los cuales pe-
leáis.
26 Y después de esto Josué los hirió y los mató, y
los hizo colgar en cinco maderos; y quedaron
colgados en los maderos hasta caer la noche.
27 Y cuando el sol se iba a poner, mandó Josué
que los quitasen de los maderos, y los echasen
en la cueva donde se habían escondido; y pusie-
ron grandes piedras a la entrada de la cueva, las
cuales permanecen hasta hoy.
28 En aquel mismo día tomó Josué a Maceda,
y la hirió a filo de espada, y mató a su rey; por
completo los destruyó, con todo lo que en ella
tenía vida, sin dejar nada; e hizo al rey de Mace-
da como había hecho al rey de Jericó.

10.13: [a] 2 S. 1.18.

29 Y de Maceda pasó Josué, y todo Israel con él, a Libna; y peleó contra Libna;

30 y Jehová la entregó también a ella y a su rey en manos de Israel; y la hirió a filo de espada, con todo lo que en ella tenía vida, sin dejar nada; e hizo a su rey de la manera como había hecho al rey de Jericó.

31 Y Josué, y todo Israel con él, pasó de Libna a Laquis, y acampó cerca de ella, y la combatió;

32 y Jehová entregó a Laquis en mano de Israel, y la tomó al día siguiente, y la hirió a filo de espada, con todo lo que en ella tenía vida, así como había hecho en Libna.

33 Entonces Horam rey de Gezer subió en ayuda de Laquis; mas a él y a su pueblo destruyó Josué, hasta no dejar a ninguno de ellos.

34 De Laquis pasó Josué, y todo Israel con él, a Eglón; y acamparon cerca de ella, y la combatieron;

35 y la tomaron el mismo día, y la hirieron a filo de espada; y aquel día mató a todo lo que en ella tenía vida, como había hecho en Laquis.

36 Subió luego Josué, y todo Israel con él, de Eglón a Hebrón, y la combatieron.

37 Y tomándola, la hirieron a filo de espada, a su rey y a todas sus ciudades, con todo lo que en ella tenía vida, sin dejar nada; como había hecho a Eglón, así la destruyeron con todo lo que en ella tenía vida.

38 Después volvió Josué, y todo Israel con él, sobre Debir, y combatió contra ella;

39 y la tomó, y a su rey, y a todas sus ciudades; y las hirieron a filo de espada, y destruyeron todo lo que allí dentro tenía vida, sin dejar nada; como había hecho a Hebrón, y como había hecho a Libna y a su rey, así hizo a Debir y a su rey.

40 Hirió, pues, Josué toda la región de las montañas, del Neguev, de los llanos y de las laderas, y a todos sus reyes, sin dejar nada; todo lo que tenía vida lo mató, como Jehová Dios de Israel se lo había mandado.

41 Y los hirió Josué desde Cades-barnea hasta Gaza, y toda la tierra de Gosén hasta Gabaón.

42 Todos estos reyes y sus tierras los tomó Josué de una vez; porque Jehová el Dios de Israel peleaba por Israel.

43 Y volvió Josué, y todo Israel con él, al campamento en Gilgal.

Derrota de la alianza de Jabín

11 1 Cuando oyó esto Jabín rey de Hazor, envió mensaje a Jobab rey de Madón, al rey de Simrón, al rey de Acsaf,

2 y a los reyes que estaban en la región del norte en las montañas, y en el Arabá al sur de Cineret, en los llanos, y en las regiones de Dor al occidente;

3 y al cananeo que estaba al oriente y al occidente, al amorreo, al heteo, al ferezeo, al jebuseo en las montañas, y al heveo al pie de Hermón en tierra de Mizpa.

4 Estos salieron, y con ellos todos sus ejércitos, mucha gente, como la arena que está a la orilla del mar en multitud, con muchísimos caballos y carros de guerra.

5 Todos estos reyes se unieron, y vinieron y acamparon unidos junto a las aguas de Merom, para pelear contra Israel.

6 Mas Jehová dijo a Josué: No tengas temor de ellos, porque mañana a esta hora yo entregaré a todos ellos muertos delante de Israel; desjarretarás sus caballos, y sus carros quemarás a fuego.

7 Y Josué, y toda la gente de guerra con él, vino de repente contra ellos junto a las aguas de Merom.

8 Y los entregó Jehová en manos de Israel, y los hirieron y los siguieron hasta Sidón la grande y hasta Misrefotmaim, y hasta el llano de Mizpa al oriente, hiriéndolos hasta que no les dejaron ninguno.

9 Y Josué hizo con ellos como Jehová le había mandado: desjarretó sus caballos, y sus carros quemó a fuego.

10 Y volviendo Josué, tomó en el mismo tiempo a Hazor, y mató a espada a su rey; pues Hazor había sido antes cabeza de todos estos reinos.

11 Y mataron a espada todo cuanto en ella tenía vida, destruyéndolo por completo, sin quedar nada que respirase; y a Hazor pusieron fuego.

12 Asimismo tomó Josué todas las ciudades de aquellos reyes, y a todos los reyes de ellas, y los hirió a filo de espada, y los destruyó, como Moisés siervo de Jehová lo había mandado.

13 Pero a todas las ciudades que estaban sobre colinas, no las quemó Israel; únicamente a Hazor quemó Josué.

14 Y los hijos de Israel tomaron para sí todo el botín y las bestias de aquellas ciudades; mas a todos los hombres hirieron a filo de espada hasta destruirlos, sin dejar alguno con vida.

15 De la manera que Jehová lo había mandado a Moisés su siervo, así Moisés lo mandó a Josué; y así Josué lo hizo, sin quitar palabra de todo lo que Jehová había mandado a Moisés.

Josué se apodera de toda la tierra

16 Tomó, pues, Josué toda aquella tierra, las montañas, todo el Neguev, toda la tierra de Gosén, los llanos, el Arabá, las montañas de Israel y sus valles.

17 Desde el monte Halac, que sube hacia Seir, hasta Baal-gad en la llanura del Líbano, a la falda del monte Hermón; tomó asimismo a todos sus reyes, y los hirió y mató.

18 Por mucho tiempo tuvo guerra Josué con estos reyes.

19 No hubo ciudad que hiciese paz con los hijos
de Israel, salvo los heveos que moraban en Ga-
baón; todo lo tomaron en guerra.
20 Porque esto vino de Jehová, que endurecía el
corazón de ellos para que resistiesen con guerra
a Israel, para destruirlos, y que no les fuese he-
cha misericordia, sino que fuesen desarraiga-
dos, como Jehová lo había mandado a Moisés.[a]
21 También en aquel tiempo vino Josué y des-
truyó a los anaceos de los montes de Hebrón, de
Debir, de Anab, de todos los montes de Judá y
de todos los montes de Israel; Josué los destru-
yó a ellos y a sus ciudades.
22 Ninguno de los anaceos quedó en la tierra de
los hijos de Israel; solamente quedaron en Gaza,
en Gat y en Asdod.
23 Tomó, pues, Josué toda la tierra, conforme a
todo lo que Jehová había dicho a Moisés; y la
entregó Josué a los israelitas por herencia con-
forme a su distribución según sus tribus; y la tie-
rra descansó de la guerra.

Reyes derrotados por Moisés

12 1 Estos son los reyes de la tierra que los
hijos de Israel derrotaron y cuya tierra
poseyeron al otro lado del Jordán hacia donde
nace el sol, desde el arroyo de Arnón hasta el
monte Hermón, y todo el Arabá al oriente:
2 Sehón rey de los amorreos, que habitaba en
Hesbón, y señoreaba desde Aroer, que está a la
ribera del arroyo de Arnón, y desde en medio
del valle, y la mitad de Galaad, hasta el arroyo
de Jaboc, término de los hijos de Amón;
3 y el Arabá hasta el mar de Cineret, al oriente; y
hasta el mar del Arabá, el Mar Salado, al orien-
te, por el camino de Bet-jesimot, y desde el sur
al pie de las laderas del Pisga.
4 Y el territorio de Og rey de Basán, que había
quedado de los refaítas, el cual habitaba en
Astarot y en Edrei,
5 y dominaba en el monte Hermón, en Salca, en
todo Basán hasta los límites de Gesur y de Maa-
ca, y la mitad de Galaad, territorio de Sehón rey
de Hesbón.[a]
6 A éstos derrotaron Moisés siervo de Jehová y
los hijos de Israel; y Moisés siervo de Jehová dio
aquella tierra en posesión a los rubenitas, a los
gaditas y a la media tribu de Manasés.[b]

Reyes derrotados por Josué

7 Y estos son los reyes de la tierra que derro-
taron Josué y los hijos de Israel, a este lado del
Jordán hacia el occidente, desde Baal-gad en el
llano del Líbano hasta el monte de Halac que
sube hacia Seir; y Josué dio la tierra en posesión
a las tribus de Israel, conforme a su distribución;
8 en las montañas, en los valles, en el Arabá, en
las laderas, en el desierto y en el Neguev; el he-
teo, el amorreo, el cananeo, el ferezeo, el heveo
y el jebuseo.
9 El rey de Jericó, uno; el rey de Hai, que está al
lado de Bet-el, otro;
10 el rey de Jerusalén, otro; el rey de Hebrón, otro;
11 el rey de Jarmut, otro; el rey de Laquis, otro;
12 el rey de Eglón, otro; el rey de Gezer, otro;
13 el rey de Debir, otro; el rey de Geder, otro;
14 el rey de Horma, otro; el rey de Arad, otro;
15 el rey de Libna, otro; el rey de Adulam, otro;
16 el rey de Maceda, otro; el rey de Bet-el, otro;
17 el rey de Tapúa, otro; el rey de Hefer, otro;
18 el rey de Afec, otro; el rey de Sarón, otro;
19 el rey de Madón, otro; el rey de Hazor, otro;
20 el rey de Simron-merón, otro; el rey de Acsaf,
otro;
21 el rey de Taanac, otro; el rey de Meguido, otro;
22 el rey de Cedes, otro; el rey de Jocneam del
Carmelo, otro;
23 el rey de Dor, de la provincia de Dor, otro; el
rey de Goim en Gilgal, otro;
24 el rey de Tirsa, otro; treinta y un reyes por to-
dos.

Tierra aún sin conquistar

13 1 Siendo Josué ya viejo, entrado en
años, Jehová le dijo: Tú eres ya viejo, de
edad avanzada, y queda aún mucha tierra por
poseer.
2 Esta es la tierra que queda: todos los territo-
rios de los filisteos, y todos los de los gesureos;
3 desde Sihor, que está al oriente de Egipto, has-
ta el límite de Ecrón al norte, que se considera
de los cananeos; de los cinco príncipes de los fi-
listeos, el gazeo, el asdodeo, el ascaloneo, el ge-
teo y el ecroneo; también los aveos;
4 al sur toda la tierra de los cananeos, y Mehara,
que es de los sidonios, hasta Afec, hasta los lími-
tes del amorreo;
5 la tierra de los giblitas, y todo el Líbano hacia
donde sale el sol, desde Baal-gad al pie del mon-
te Hermón, hasta la entrada de Hamat;
6 todos los que habitan en las montañas desde
el Líbano hasta Misrefotmaim, todos los sido-
nios; yo los exterminaré delante de los hijos de
Israel; solamente repartirás tú por suerte el
país a los israelitas por heredad,[a] como te he
mandado.
7 Reparte, pues, ahora esta tierra en heredad a
las nueve tribus, y a la media tribu de Manasés.
8 Porque los rubenitas y gaditas y la otra mitad
de Manasés recibieron ya su heredad, la cual les
dio Moisés al otro lado del Jordán al oriente, se-
gún se la dio Moisés siervo de Jehová;[b]
9 desde Aroer, que está a la orilla del arroyo de

11.20: [a] Dt. 7.16. **12.1-5:** [a] Nm. 21.21-35; Dt. 2.26–3.11.
12.6: [b] Nm. 32.33; Dt. 3.12. **13.6:** [a] Nm. 33.54.
13.8: [b] Nm. 32.33; Dt. 3.12.

Arnón, y la ciudad que está en medio del valle, y
toda la llanura de Medeba, hasta Dibón;
10 todas las ciudades de Sehón rey de los amo-
rreos, el cual reinó en Hesbón, hasta los límites
de los hijos de Amón;
11 y Galaad, y los territorios de los gesureos y de
los maacateos, y todo el monte Hermón, y toda
la tierra de Basán hasta Salca;
12 todo el reino de Og en Basán, el cual reinó en
Astarot y en Edrei, el cual había quedado del
resto de los refaítas; pues Moisés los derrotó, y
los echó.
13 Mas a los gesureos y a los maacateos no los
echaron los hijos de Israel, sino que Gesur y
Maaca habitaron entre los israelitas hasta hoy.

El territorio que distribuyó Moisés

14 Pero a la tribu de Leví no dio heredad; los
sacrificios de Jehová Dios de Israel son su here-
dad, como él les había dicho.[c]
15 Dio, pues, Moisés a la tribu de los hijos de
Rubén conforme a sus familias.
16 Y fue el territorio de ellos desde Aroer, que
está a la orilla del arroyo de Arnón, y la ciudad
que está en medio del valle, y toda la llanura
hasta Medeba;
17 Hesbón, con todas sus ciudades que están en
la llanura; Dibón, Bamot-baal, Bet-baal-meón,
18 Jahaza, Cademot, Mefaat,
19 Quiriataim, Sibma, Zaret-sahar en el monte
del valle,
20 Bet-peor, las laderas de Pisga, Bet-jesimot,
21 todas las ciudades de la llanura, y todo el rei-
no de Sehón rey de los amorreos, que reinó en
Hesbón, al cual derrotó Moisés, y a los príncipes
de Madián, Evi, Requem, Zur, Hur y Reba, prín-
cipes de Sehón que habitaban en aquella tierra.
22 También mataron a espada los hijos de Israel
a Balaam el adivino, hijo de Beor, entre los de-
más que mataron.
23 Y el Jordán fue el límite del territorio de los
hijos de Rubén. Esta fue la heredad de los hijos
de Rubén conforme a sus familias, estas ciuda-
des con sus aldeas.
24 Dio asimismo Moisés a la tribu de Gad, a
los hijos de Gad, conforme a sus familias.
25 El territorio de ellos fue Jazer, y todas las ciu-
dades de Galaad, y la mitad de la tierra de los
hijos de Amón hasta Aroer, que está enfrente de
Rabá.
26 Y desde Hesbón hasta Ramat-mizpa, y Beto-
nim; y desde Mahanaim hasta el límite de Debir;
27 y en el valle, Bet-aram, Bet-nimra, Sucot y
Zafón, resto del reino de Sehón rey de Hesbón;
el Jordán y su límite hasta el extremo del mar de
Cineret al otro lado del Jordán, al oriente.
28 Esta es la heredad de los hijos de Gad por sus
familias, estas ciudades con sus aldeas.
29 También dio Moisés heredad a la media tri-
bu de Manasés; y fue para la media tribu de los
hijos de Manasés, conforme a sus familias.
30 El territorio de ellos fue desde Mahanaim,
todo Basán, todo el reino de Og rey de Basán, y
todas las aldeas de Jair que están en Basán, se-
senta poblaciones,
31 y la mitad de Galaad, y Astarot y Edrei, ciu-
dades del reino de Og en Basán, para los hijos
de Maquir hijo de Manasés, para la mitad de los
hijos de Maquir conforme a sus familias.
32 Esto es lo que Moisés repartió en heredad
en los llanos de Moab, al otro lado del Jordán de
Jericó, al oriente.
33 Mas a la tribu de Leví no dio Moisés heredad;
Jehová Dios de Israel es la heredad de ellos,
como él les había dicho.[d]

Canaán repartida por suerte

14 1 Esto, pues, es lo que los hijos de Israel
tomaron por heredad en la tierra de Ca-
naán, lo cual les repartieron el sacerdote Elea-
zar, Josué hijo de Nun, y los cabezas de los
padres de las tribus de los hijos de Israel.
2 Por suerte se les dio su heredad, como Jehová
había mandado a Moisés que se diera a las nue-
ve tribus y a la media tribu.[a]
3 Porque a las dos tribus y a la media tribu les ha-
bía dado Moisés heredad al otro lado del Jordán;[b]
mas a los levitas no les dio heredad entre ellos.
4 Porque los hijos de José fueron dos tribus, Ma-
nasés y Efraín; y no dieron parte a los levitas en
la tierra sino ciudades en que morasen, con los
ejidos de ellas para sus ganados y rebaños.
5 De la manera que Jehová lo había mandado a
Moisés, así lo hicieron los hijos de Israel en el re-
partimiento de la tierra.

Caleb recibe Hebrón

6 Y los hijos de Judá vinieron a Josué en Gil-
gal; y Caleb, hijo de Jefone cenezeo, le dijo: Tú
sabes lo que Jehová dijo a Moisés, varón de
Dios, en Cades-barnea, tocante a mí y a ti.[c]
7 Yo era de edad de cuarenta años cuando Moi-
sés siervo de Jehová me envió de Cades-barnea
a reconocer la tierra; y yo le traje noticias como
lo sentía en mi corazón.[d]
8 Y mis hermanos, los que habían subido conmi-
go, hicieron desfallecer el corazón del pueblo;
pero yo cumplí siguiendo a Jehová mi Dios.
9 Entonces Moisés juró diciendo: Ciertamente la
tierra que holló tu pie será para ti, y para tus hi-
jos en herencia perpetua, por cuanto cumpliste
siguiendo a Jehová mi Dios.[e]

13.14: [c] Dt. 18.1. **13.33:** [d] Nm. 18.20; Dt. 18.2.
14.2: [a] Nm. 26.52-56; 34.13. **14.3:** [b] Nm. 32.33; 34.14-15;
Dt. 3.12-17. **14.6:** [c] Nm. 14.30. **14.7:** [d] Nm. 13.1-30.
14.9: [e] Nm. 14.24.

10 Ahora bien, Jehová me ha hecho vivir, como
él dijo, estos cuarenta y cinco años, desde el tiem-
po que Jehová habló estas palabras a Moisés,
cuando Israel andaba por el desierto; y ahora, he
aquí, hoy soy de edad de ochenta y cinco años.
11 Todavía estoy tan fuerte como el día que Moi-
sés me envió; cual era mi fuerza entonces, tal es
ahora mi fuerza para la guerra, y para salir y
para entrar.
12 Dame, pues, ahora este monte, del cual habló
Jehová aquel día; porque tú oíste en aquel día
que los anaceos están allí, y que hay ciudades
grandes y fortificadas. Quizá Jehová estará con-
migo, y los echaré, como Jehová ha dicho.
13 Josué entonces le bendijo, y dio a Caleb
hijo de Jefone a Hebrón por heredad.
14 Por tanto, Hebrón vino a ser heredad de Ca-
leb hijo de Jefone cenezeo, hasta hoy, por cuan-
to había seguido cumplidamente a Jehová Dios
de Israel.
15 Mas el nombre de Hebrón fue antes Quiriat-
arba;[4] porque Arba fue un hombre grande entre
los anaceos. Y la tierra descansó de la guerra.

El territorio de Judá

15 1 La parte que tocó en suerte a la tribu
de los hijos de Judá, conforme a sus fa-
milias, llegaba hasta la frontera de Edom, te-
niendo el desierto de Zin al sur como extremo
meridional.
2 Y su límite por el lado del sur fue desde la cos-
ta del Mar Salado, desde la bahía que mira ha-
cia el sur;
3 y salía hacia el sur de la subida de Acrabim,
pasando hasta Zin; y subiendo por el sur hasta
Cades-barnea, pasaba a Hezrón, y subiendo por
Adar daba vuelta a Carca.
4 De allí pasaba a Asmón, y salía al arroyo de
Egipto, y terminaba en el mar. Este, pues, os
será el límite del sur.
5 El límite oriental es el Mar Salado hasta la de-
sembocadura del Jordán. Y el límite del lado del
norte, desde la bahía del mar en la desemboca-
dura del Jordán;
6 y sube este límite por Bet-hogla, y pasa al nor-
te de Bet-arabá, y de aquí sube a la piedra de
Bohán hijo de Rubén.
7 Luego sube a Debir desde el valle de Acor; y al
norte mira sobre Gilgal, que está enfrente de la
subida de Adumín, que está al sur del arroyo; y
pasa hasta las aguas de En-semes, y sale a la
fuente de Rogel.
8 Y sube este límite por el valle del hijo de Hi-
nom al lado sur del jebuseo, que es Jerusalén.
Luego sube por la cumbre del monte que está
enfrente del valle de Hinom hacia el occidente,
el cual está al extremo del valle de Refaim, por
el lado del norte.
9 Y rodea este límite desde la cumbre del monte
hasta la fuente de las aguas de Neftoa, y sale a
las ciudades del monte de Efrón, rodeando lue-
go a Baala, que es Quiriat-jearim.
10 Después gira este límite desde Baala hacia el
occidente al monte de Seir; y pasa al lado del
monte de Jearim hacia el norte, el cual es Que-
salón, y desciende a Bet-semes, y pasa a Timna.
11 Sale luego al lado de Ecrón hacia el norte; y
rodea a Sicrón, y pasa por el monte de Baala, y
sale a Jabneel y termina en el mar.
12 El límite del occidente es el Mar Grande. Este
fue el límite de los hijos de Judá, por todo el
contorno, conforme a sus familias.

Caleb conquista Hebrón y Debir

13 Mas a Caleb hijo de Jefone dio su parte en-
tre los hijos de Judá, conforme al mandamiento
de Jehová a Josué; la ciudad de Quiriat-arba pa-
dre de Anac, que es Hebrón.
14 Y Caleb echó de allí a los tres hijos de Anac, a
Sesai, Ahimán y Talmai, hijos de Anac.[a]
15 De aquí subió contra los que moraban en De-
bir; y el nombre de Debir era antes Quiriat-sefer.
16 Y dijo Caleb: Al que atacare a Quiriat-sefer, y
la tomare, yo le daré mi hija Acsa por mujer.
17 Y la tomó Otoniel, hijo de Cenaz hermano de
Caleb; y él le dio su hija Acsa por mujer.
18 Y aconteció que cuando la llevaba, él la per-
suadió que pidiese a su padre tierras para la-
brar. Ella entonces se bajó del asno. Y Caleb le
dijo: ¿Qué tienes?
19 Y ella respondió: Concédeme un don; puesto
que me has dado tierra del Neguev, dame tam-
bién fuentes de aguas. El entonces le dio las
fuentes de arriba, y las de abajo.

Las ciudades de Judá

20 Esta, pues, es la heredad de la tribu de los
hijos de Judá por sus familias.
21 Y fueron las ciudades de la tribu de los hijos
de Judá en el extremo sur, hacia la frontera de
Edom: Cabseel, Edar, Jagur,
22 Cina, Dimona, Adada,
23 Cedes, Hazor, Itnán,
24 Zif, Telem, Bealot,
25 Hazor-hadata, Queriot, Hezrón (que es Hazor),
26 Amam, Sema, Molada,
27 Hazar-gada, Hesmón, Bet-pelet,
28 Hazar-sual, Beerseba, Bizotia,
29 Baala, Iim, Esem,
30 Eltolad, Quesil, Horma,
31 Siclag, Madmana, Sansana,
32 Lebaot, Silhim, Aín y Rimón; por todas vein-
tinueve ciudades con sus aldeas.
33 En las llanuras, Estaol, Zora, Asena,

14.15: [4] Esto es, *la ciudad de Arba.* 15.13-14: [a] Jue. 1.20.

34 Zanoa, En-ganim, Tapúa, Enam,
35 Jarmut, Adulam, Soco, Azeca,
36 Saaraim, Aditaim, Gedera y Gederotaim; catorce ciudades con sus aldeas.
37 Zenán, Hadasa, Migdal-gad,
38 Dileán, Mizpa, Jocteel,
39 Laquis, Boscat, Eglón,
40 Cabón, Lahmam, Quitlis,
41 Gederot, Bet-dagón, Naama y Maceda; dieciséis ciudades con sus aldeas.
42 Libna, Eter, Asán,
43 Jifta, Asena, Nezib,
44 Keila, Aczib y Maresa; nueve ciudades con sus aldeas.
45 Ecrón con sus villas y sus aldeas.
46 Desde Ecrón hasta el mar, todas las que están cerca de Asdod con sus aldeas.
47 Asdod con sus villas y sus aldeas; Gaza con sus villas y sus aldeas hasta el río de Egipto, y el Mar Grande con sus costas.
48 Y en las montañas, Samir, Jatir, Soco,
49 Dana, Quiriat-sana (que es Debir);
50 Anab, Estemoa, Anim,
51 Gosén, Holón y Gilo; once ciudades con sus aldeas.
52 Arab, Duma, Esán,
53 Janum, Bet-tapúa, Afeca,
54 Humta, Quiriat-arba (la cual es Hebrón) y Sior; nueve ciudades con sus aldeas.
55 Maón, Carmel, Zif, Juta,
56 Jezreel, Jocdeam, Zanoa,
57 Caín, Gabaa y Timna; diez ciudades con sus aldeas.
58 Halhul, Bet-sur, Gedor,
59 Maarat, Bet-anot y Eltecón; seis ciudades con sus aldeas.
60 Quiriat-baal (que es Quiriat-jearim) y Rabá; dos ciudades con sus aldeas.
61 En el desierto, Bet-arabá, Midín, Secaca,
62 Nibsán, la Ciudad de la Sal y En-gadi; seis ciudades con sus aldeas.
63 Mas a los jebuseos que habitaban en Jerusalén, los hijos de Judá no pudieron arrojarlos; y ha quedado el jebuseo en Jerusalén con los hijos de Judá hasta hoy.[b]

Territorio de Efraín y de Manasés

16 1 Tocó en suerte a los hijos de José desde el Jordán de Jericó hasta las aguas de Jericó hacia el oriente, hacia el desierto que sube de Jericó por las montañas de Bet-el.
2 Y de Bet-el sale a Luz, y pasa a lo largo del territorio de los arquitas hasta Atarot,
3 y baja hacia el occidente al territorio de los jafletitas, hasta el límite de Bet-horón la de abajo, y hasta Gezer; y sale al mar.
4 Recibieron, pues, su heredad los hijos de José, Manasés y Efraín.
5 Y en cuanto al territorio de los hijos de Efraín por sus familias, el límite de su heredad al lado del oriente fue desde Atarot-adar hasta Bet-horón la de arriba.
6 Continúa el límite hasta el mar, y hasta Micmetat al norte, y da vuelta hacia el oriente hasta Taanat-silo, y de aquí pasa a Janoa.
7 De Janoa desciende a Atarot y a Naarat, y toca Jericó y sale al Jordán.
8 Y de Tapúa se vuelve hacia el mar, al arroyo de Caná, y sale al mar. Esta es la heredad de la tribu de los hijos de Efraín por sus familias.
9 Hubo también ciudades que se apartaron para los hijos de Efraín en medio de la heredad de los hijos de Manasés, todas ciudades con sus aldeas.
10 Pero no arrojaron al cananeo que habitaba en Gezer;[a] antes quedó el cananeo en medio de Efraín, hasta hoy, y fue tributario.

17 1 Se echaron también suertes para la tribu de Manasés, porque fue primogénito de José. Maquir, primogénito de Manasés y padre de Galaad, el cual fue hombre de guerra, tuvo Galaad y Basán.
2 Se echaron también suertes para los otros hijos de Manasés conforme a sus familias: los hijos de Abiezer, los hijos de Helec, los hijos de Asriel, los hijos de Siquem, los hijos de Hefer y los hijos de Semida; éstos fueron los hijos varones de Manasés hijo de José, por sus familias.
3 Pero Zelofehad hijo de Hefer, hijo de Galaad, hijo de Maquir, hijo de Manasés, no tuvo hijos sino hijas, los nombres de las cuales son estos: Maala, Noa, Hogla, Milca y Tirsa.
4 Estas vinieron delante del sacerdote Eleazar y de Josué hijo de Nun, y de los príncipes, y dijeron: Jehová mandó a Moisés que nos diese heredad entre nuestros hermanos.[a] Y él les dio heredad entre los hermanos del padre de ellas, conforme al dicho de Jehová.
5 Y le tocaron a Manasés diez partes además de la tierra de Galaad y de Basán que está al otro lado del Jordán,
6 porque las hijas de Manasés tuvieron heredad entre sus hijos; y la tierra de Galaad fue de los otros hijos de Manasés.
7 Y fue el territorio de Manasés desde Aser hasta Micmetat, que está enfrente de Siquem; y va al sur, hasta los que habitan en Tapúa.
8 La tierra de Tapúa fue de Manasés; pero Tapúa misma, que está junto al límite de Manasés, es de los hijos de Efraín.
9 Desciende este límite al arroyo de Caná, hacia el sur del arroyo. Estas ciudades de Efraín están entre las ciudades de Manasés; y el límite de Manasés es desde el norte del mismo arroyo, y sus salidas son al mar.

15.63: [b] Jue. 1.21; 2 S. 5.6; 1 Cr. 11.4. **16.10:** [a] Jue. 1.29.
17.4: [a] Nm. 27.1-7.

10 Efraín al sur, y Manasés al norte, y el mar es
su límite; y se encuentra con Aser al norte, y con
Isacar al oriente.
11 Tuvo también Manasés en Isacar y en Aser a
Bet-seán y sus aldeas, a Ibleam y sus aldeas, a
los moradores de Dor y sus aldeas, a los mora-
dores de Endor y sus aldeas, a los moradores de
Taanac y sus aldeas, y a los moradores de Me-
guido y sus aldeas; tres provincias.
12 Mas los hijos de Manasés no pudieron arrojar
a los de aquellas ciudades; y el cananeo persis-
tió en habitar en aquella tierra.
13 Pero cuando los hijos de Israel fueron lo sufi-
cientemente fuertes, hicieron tributario al cana-
neo, mas no lo arrojaron.[b]
14 Y los hijos de José hablaron a Josué, di-
ciendo: ¿Por qué nos has dado por heredad una
sola suerte y una sola parte, siendo nosotros un
pueblo tan grande, y que Jehová nos ha bende-
cido hasta ahora?
15 Y Josué les respondió: Si sois pueblo tan gran-
de, subid al bosque, y haceos desmontes allí en la
tierra de los ferezeos y de los refaítas, ya que el
monte de Efraín es estrecho para vosotros.
16 Y los hijos de José dijeron: No nos bastará a
nosotros este monte; y todos los cananeos que
habitan la tierra de la llanura, tienen carros he-
rrados; los que están en Bet-seán y en sus al-
deas, y los que están en el valle de Jezreel.
17 Entonces Josué respondió a la casa de José, a
Efraín y a Manasés, diciendo: Tú eres gran pue-
blo, y tienes grande poder; no tendrás una sola
parte,
18 sino que aquel monte será tuyo; pues aunque
es bosque, tú lo desmontarás y lo poseerás hasta
sus límites más lejanos; porque tú arrojarás al ca-
naneo, aunque tenga carros herrados, y aunque
sea fuerte.

Territorios de las demás tribus

18 1 Toda la congregación de los hijos de Is-
rael se reunió en Silo, y erigieron allí el
tabernáculo de reunión, después que la tierra
les fue sometida.
2 Pero habían quedado de los hijos de Israel
siete tribus a las cuales aún no habían repartido
su posesión.
3 Y Josué dijo a los hijos de Israel: ¿Hasta cuán-
do seréis negligentes para venir a poseer la tie-
rra que os ha dado Jehová el Dios de vuestros
padres?
4 Señalad tres varones de cada tribu, para que
yo los envíe, y que ellos se levanten y recorran la
tierra, y la describan conforme a sus heredades,
y vuelvan a mí.
5 Y la dividirán en siete partes; y Judá quedará
en su territorio al sur, y los de la casa de José en
el suyo al norte.
6 Vosotros, pues, delinearéis la tierra en siete
partes, y me traeréis la descripción aquí, y yo os
echaré suertes aquí delante de Jehová nuestro
Dios.
7 Pero los levitas ninguna parte tienen entre vo-
sotros, porque el sacerdocio de Jehová es la he-
redad de ellos; Gad también y Rubén, y la media
tribu de Manasés, ya han recibido su heredad al
otro lado del Jordán al oriente, la cual les dio
Moisés siervo de Jehová.
8 Levantándose, pues, aquellos varones, fue-
ron; y mandó Josué a los que iban para delinear
la tierra, diciéndoles: Id, recorred la tierra y de-
lineadla, y volved a mí, para que yo os eche
suertes aquí delante de Jehová en Silo.
9 Fueron, pues, aquellos varones y recorrieron
la tierra, delineándola por ciudades en siete
partes en un libro, y volvieron a Josué al campa-
mento en Silo.
10 Y Josué les echó suertes delante de Jehová en
Silo; y allí repartió Josué la tierra a los hijos de
Israel por sus porciones.
11 Y se sacó la suerte de la tribu de los hijos de
Benjamín conforme a sus familias; y el territorio
adjudicado a ella quedó entre los hijos de Judá y
los hijos de José.
12 Fue el límite de ellos al lado del norte desde
el Jordán, y sube hacia el lado de Jericó al norte;
sube después al monte hacia el occidente, y vie-
ne a salir al desierto de Bet-avén.
13 De allí pasa en dirección de Luz, al lado sur
de Luz (que es Bet-el), y desciende de Atarot-
adar al monte que está al sur de Bet-horón la de
abajo.
14 Y tuerce hacia el oeste por el lado sur del
monte que está delante de Bet-horón al sur; y
viene a salir a Quiriat-baal (que es Quiriat-jea-
rim), ciudad de los hijos de Judá. Este es el lado
del occidente.
15 El lado del sur es desde el extremo de Qui-
riat-jearim, y sale al occidente, a la fuente de las
aguas de Neftoa;
16 y desciende este límite al extremo del monte
que está delante del valle del hijo de Hinom,
que está al norte en el valle de Refaim; descien-
de luego al valle de Hinom, al lado sur del jebu-
seo, y de allí desciende a la fuente de Rogel.
17 Luego se inclina hacia el norte y sale a En-se-
mes, y de allí a Gelilot, que está delante de la
subida de Adumín, y desciende a la piedra de
Bohán hijo de Rubén,
18 y pasa al lado que está enfrente del Arabá, y
desciende al Arabá.
19 Y pasa el límite al lado norte de Bet-hogla, y
termina en la bahía norte del Mar Salado, a la
extremidad sur del Jordán; este es el límite sur.

17.12-13: [b] Jue. 1.27-28.

20 Y el Jordán era el límite al lado del oriente.
Esta es la heredad de los hijos de Benjamín por
sus límites alrededor, conforme a sus familias.
21 Las ciudades de la tribu de los hijos de Ben-
jamín, por sus familias, fueron Jericó, Bet-ho-
glá, el valle de Casis,
22 Bet-arabá, Zemaraim, Bet-el,
23 Avim, Pará, Ofra,
24 Quefar-haamoni, Ofni y Geba; doce ciudades
con sus aldeas;
25 Gabaón, Ramá, Beerot,
26 Mizpa, Cafira, Mozah,
27 Requem, Irpeel, Tarala,
28 Zela, Elef, Jebús (que es Jerusalén), Gabaa y
Quiriat; catorce ciudades con sus aldeas. Esta es
la heredad de los hijos de Benjamín conforme a
sus familias.

19 1 La segunda suerte tocó a Simeón, para
la tribu de los hijos de Simeón conforme
a sus familias; y su heredad fue en medio de la
heredad de los hijos de Judá.
2 Y tuvieron en su heredad a Beerseba, Seba,
Molada,
3 Hazar-sual, Bala, Ezem,
4 Eltolad, Betul, Horma,
5 Siclag, Bet-marcabot, Hazar-susa,
6 Bet-lebaot y Saruhén; trece ciudades con sus
aldeas;
7 Aín, Rimón, Eter y Asán; cuatro ciudades con
sus aldeas;
8 y todas las aldeas que estaban alrededor de es-
tas ciudades hasta Baalat-beer, que es Ramat
del Neguev. Esta es la heredad de la tribu de los
hijos de Simeón conforme a sus familias.[a]
9 De la suerte de los hijos de Judá fue sacada la
heredad de los hijos de Simeón, por cuanto la
parte de los hijos de Judá era excesiva para
ellos; así que los hijos de Simeón tuvieron su he-
redad en medio de la de Judá.
10 La tercera suerte tocó a los hijos de Zabu-
lón conforme a sus familias; y el territorio de su
heredad fue hasta Sarid.
11 Y su límite sube hacia el occidente a Marala,
y llega hasta Dabeset, y de allí hasta el arroyo
que está delante de Jocneam;
12 y gira de Sarid hacia el oriente, hacia donde
nace el sol, hasta el límite de Quislot-tabor, sale
a Daberat, y sube a Jafía.
13 Pasando de allí hacia el lado oriental a Gat-he-
fer y a Ita-cazín, sale a Rimón rodeando a Nea.
14 Luego, al norte, el límite gira hacia Hanatón,
viniendo a salir al valle de Jefte-el;
15 y abarca Catat, Naalal, Simrón, Idala y Belén;
doce ciudades con sus aldeas.
16 Esta es la heredad de los hijos de Zabulón con-
forme a sus familias; estas ciudades con sus aldeas.
17 La cuarta suerte correspondió a Isacar, a
los hijos de Isacar conforme a sus familias.
18 Y fue su territorio Jezreel, Quesulot, Sunem,
19 Hafaraim, Sihón, Anaharat,
20 Rabit, Quisión, Abez,
21 Remet, En-ganim, En-hada y Bet-pases.
22 Y llega este límite hasta Tabor, Sahazima y
Bet-semes, y termina en el Jordán; dieciséis ciu-
dades con sus aldeas.
23 Esta es la heredad de la tribu de los hijos de
Isacar conforme a sus familias; estas ciudades
con sus aldeas.
24 La quinta suerte correspondió a la tribu de
los hijos de Aser conforme a sus familias.
25 Y su territorio abarcó Helcat, Halí, Betén, Acsaf,
26 Alamelec, Amad y Miseal; y llega hasta Car-
melo al occidente, y a Sihorlibnat.
27 Después da vuelta hacia el oriente a Bet-da-
gón y llega a Zabulón, al valle de Jefte-el al nor-
te, a Bet-emec y a Neiel, y sale a Cabul al norte.
28 Y abarca a Hebrón, Rehob, Hamón y Caná,
hasta la gran Sidón.
29 De allí este límite tuerce hacia Ramá, y hasta
la ciudad fortificada de Tiro, y gira hacia Hosa, y
sale al mar desde el territorio de Aczib.
30 Abarca también Uma, Afec y Rehob; veinti-
dós ciudades con sus aldeas.
31 Esta es la heredad de la tribu de los hijos de
Aser conforme a sus familias; estas ciudades
con sus aldeas.
32 La sexta suerte correspondió a los hijos de
Neftalí conforme a sus familias.
33 Y abarcó su territorio desde Helef, Alón-saa-
nanim, Adami-neceb y Jabneel, hasta Lacum, y
sale al Jordán.
34 Y giraba el límite hacia el occidente a Aznot-
tabor, y de allí pasaba a Hucoc, y llegaba hasta
Zabulón al sur, y al occidente confinaba con Aser,
y con Judá por el Jordán hacia donde nace el sol.
35 Y las ciudades fortificadas son Sidim, Zer, Ha-
mat, Racat, Cineret,
36 Adama, Ramá, Hazor,
37 Cedes, Edrei, En-hazor,
38 Irón, Migdal-el, Horem, Bet-anat y Bet-se-
mes; diecinueve ciudades con sus aldeas.
39 Esta es la heredad de la tribu de los hijos de
Neftalí conforme a sus familias; estas ciudades
con sus aldeas.
40 La séptima suerte correspondió a la tribu
de los hijos de Dan conforme a sus familias.
41 Y fue el territorio de su heredad, Zora, Estaol,
Ir-semes,
42 Saalabín, Ajalón, Jetla,
43 Elón, Timnat, Ecrón,
44 Elteque, Gibetón, Baalat,
45 Jehúd, Bene-berac, Gat-rimón,
46 Mejarcón y Racón, con el territorio que está
delante de Jope.

19.2-8: [a] 1 Cr. 4.28-33.

47 Y les faltó territorio a los hijos de Dan; y subieron los hijos de Dan y combatieron a Lesem, y tomándola la hirieron a filo de espada, y tomaron posesión de ella y habitaron en ella; y llamaron a Lesem, Dan, del nombre de Dan su padre.[b]
48 Esta es la heredad de la tribu de los hijos de Dan conforme a sus familias; estas ciudades con sus aldeas.

49 Y después que acabaron de repartir la tierra en heredad por sus territorios, dieron los hijos de Israel heredad a Josué hijo de Nun en medio de ellos;
50 según la palabra de Jehová, le dieron la ciudad que él pidió, Timnat-sera, en el monte de Efraín; y él reedificó la ciudad y habitó en ella.

51 Estas son las heredades que el sacerdote Eleazar, y Josué hijo de Nun, y los cabezas de los padres, entregaron por suerte en posesión a las tribus de los hijos de Israel en Silo, delante de Jehová, a la entrada del tabernáculo de reunión; y acabaron de repartir la tierra.

Josué señala ciudades de refugio

20 1 Habló Jehová a Josué, diciendo:
2 Habla a los hijos de Israel y diles: Señalaos las ciudades de refugio, de las cuales yo os hablé por medio de Moisés,[a]
3 para que se acoja allí el homicida que matare a alguno por accidente y no a sabiendas; y os servirán de refugio contra el vengador de la sangre.
4 Y el que se acogiere a alguna de aquellas ciudades, se presentará a la puerta de la ciudad, y expondrá sus razones en oídos de los ancianos de aquella ciudad; y ellos le recibirán consigo dentro de la ciudad, y le darán lugar para que habite con ellos.
5 Si el vengador de la sangre le siguiere, no entregarán en su mano al homicida, por cuanto hirió a su prójimo por accidente, y no tuvo con él ninguna enemistad antes.
6 Y quedará en aquella ciudad hasta que comparezca en juicio delante de la congregación, y hasta la muerte del que fuere sumo sacerdote en aquel tiempo; entonces el homicida podrá volver a su ciudad y a su casa y a la ciudad de donde huyó.

7 Entonces señalaron a Cedes en Galilea, en el monte de Neftalí, Siquem en el monte de Efraín, y Quiriat-arba (que es Hebrón) en el monte de Judá.
8 Y al otro lado del Jordán al oriente de Jericó, señalaron a Beser en el desierto, en la llanura de la tribu de Rubén, Ramot en Galaad de la tribu de Gad, y Golán en Basán de la tribu de Manasés.
9 Estas fueron las ciudades señaladas para todos los hijos de Israel, y para el extranjero que morase entre ellos, para que se acogiese a ellas cualquiera que hiriese a alguno por accidente, a fin de que no muriese por mano del vengador de la sangre, hasta que compareciese delante de la congregación.

Ciudades de los levitas

21 1 Los jefes de los padres de los levitas vinieron al sacerdote Eleazar, a Josué hijo de Nun y a los cabezas de los padres de las tribus de los hijos de Israel,
2 y les hablaron en Silo en la tierra de Canaán, diciendo: Jehová mandó por medio de Moisés que nos fuesen dadas ciudades donde habitar, con sus ejidos para nuestros ganados.[a]
3 Entonces los hijos de Israel dieron de su propia herencia a los levitas, conforme al mandato de Jehová, estas ciudades con sus ejidos.

4 Y la suerte cayó sobre las familias de los coatitas; y los hijos de Aarón el sacerdote, que eran de los levitas, obtuvieron por suerte de la tribu de Judá, de la tribu de Simeón y de la tribu de Benjamín, trece ciudades.

5 Y los otros hijos de Coat obtuvieron por suerte diez ciudades de las familias de la tribu de Efraín, de la tribu de Dan y de la media tribu de Manasés.

6 Los hijos de Gersón obtuvieron por suerte, de las familias de la tribu de Isacar, de la tribu de Aser, de la tribu de Neftalí y de la media tribu de Manasés en Basán, trece ciudades.

7 Los hijos de Merari según sus familias obtuvieron de la tribu de Rubén, de la tribu de Gad y de la tribu de Zabulón, doce ciudades.

8 Dieron, pues, los hijos de Israel a los levitas estas ciudades con sus ejidos, por suertes, como había mandado Jehová por conducto de Moisés.

9 De la tribu de los hijos de Judá, y de la tribu de los hijos de Simeón, dieron estas ciudades que fueron nombradas,
10 las cuales obtuvieron los hijos de Aarón de las familias de Coat, de los hijos de Leví; porque para ellos fue la suerte en primer lugar.
11 Les dieron Quiriat-arba del padre de Anac, la cual es Hebrón, en el monte de Judá, con sus ejidos en sus contornos.
12 Mas el campo de la ciudad y sus aldeas dieron a Caleb hijo de Jefone, por posesión suya.

13 Y a los hijos del sacerdote Aarón dieron Hebrón con sus ejidos como ciudad de refugio para los homicidas; además, Libna con sus ejidos,
14 Jatir con sus ejidos, Estemoa con sus ejidos,
15 Holón con sus ejidos, Debir con sus ejidos,
16 Aín con sus ejidos, Juta con sus ejidos y Bet-semes con sus ejidos; nueve ciudades de estas dos tribus;
17 y de la tribu de Benjamín, Gabaón con sus ejidos, Geba con sus ejidos,

19.47: [b] Jue. 18.27-29. **20.1-9:** [a] Nm. 35.6-32; Dt. 4.41-43; 19.1-13. **21.2:** [a] Nm. 35.1-8.

18 Anatot con sus ejidos, Almón con sus ejidos; cuatro ciudades.

19 Todas las ciudades de los sacerdotes hijos de Aarón son trece con sus ejidos.

20 Mas las familias de los hijos de Coat, levitas, los que quedaban de los hijos de Coat, recibieron por suerte ciudades de la tribu de Efraín.

21 Les dieron Siquem con sus ejidos, en el monte de Efraín, como ciudad de refugio para los homicidas; además, Gezer con su ejidos,

22 Kibsaim con sus ejidos y Bet-horón con sus ejidos; cuatro ciudades.

23 De la tribu de Dan, Elteque con sus ejidos, Gibetón con sus ejidos,

24 Ajalón con sus ejidos y Gat-rimón con sus ejidos; cuatro ciudades.

25 Y de la media tribu de Manasés, Taanac con sus ejidos y Gat-rimón con sus ejidos; dos ciudades.

26 Todas las ciudades para el resto de las familias de los hijos de Coat fueron diez con sus ejidos.

27 A los hijos de Gersón de las familias de los levitas, dieron de la media tribu de Manasés a Golán en Basán con sus ejidos como ciudad de refugio para los homicidas, y además, Beestera con sus ejidos; dos ciudades.

28 De la tribu de Isacar, Cisón con sus ejidos, Daberat con sus ejidos,

29 Jarmut con sus ejidos y En-ganim con sus ejidos; cuatro ciudades.

30 De la tribu de Aser, Miseal con sus ejidos, Abdón con sus ejidos,

31 Helcat con sus ejidos y Rehob con sus ejidos; cuatro ciudades.

32 Y de la tribu de Neftalí, Cedes en Galilea con sus ejidos como ciudad de refugio para los homicidas, y además, Hamot-dor con sus ejidos y Cartán con sus ejidos; tres ciudades.

33 Todas las ciudades de los gersonitas por sus familias fueron trece ciudades con sus ejidos.

34 Y a las familias de los hijos de Merari, levitas que quedaban, se les dio de la tribu de Zabulón, Jocneam con sus ejidos, Carta con sus ejidos,

35 Dimna con sus ejidos y Naalal con sus ejidos; cuatro ciudades.

36 Y de la tribu de Rubén, Beser con sus ejidos, Jahaza con sus ejidos,

37 Cademot con sus ejidos y Mefaat con sus ejidos; cuatro ciudades.

38 De la tribu de Gad, Ramot de Galaad con sus ejidos como ciudad de refugio para los homicidas; además, Mahanaim con sus ejidos,

39 Hesbón con sus ejidos y Jazer con sus ejidos; cuatro ciudades.

40 Todas las ciudades de los hijos de Merari por sus familias, que restaban de las familias de los levitas, fueron por sus suertes doce ciudades.

41 Y todas las ciudades de los levitas en medio de la posesión de los hijos de Israel, fueron cuarenta y ocho ciudades con sus ejidos.

42 Y estas ciudades estaban apartadas la una de la otra, cada cual con sus ejidos alrededor de ella; así fue con todas estas ciudades.

Israel ocupa la tierra

43 De esta manera dio Jehová a Israel toda la tierra que había jurado dar a sus padres, y la poseyeron y habitaron en ella.

44 Y Jehová les dio reposo alrededor, conforme a todo lo que había jurado a sus padres; y ninguno de todos sus enemigos pudo hacerles frente, porque Jehová entregó en sus manos a todos sus enemigos.

45 No faltó palabra de todas las buenas promesas que Jehová había hecho a la casa de Israel; todo se cumplió.

El altar junto al Jordán

22 **1** Entonces Josué llamó a los rubenitas, a los gaditas, y a la media tribu de Manasés,

2 y les dijo: Vosotros habéis guardado todo lo que Moisés siervo de Jehová os mandó, y habéis obedecido a mi voz en todo lo que os he mandado.[a]

3 No habéis dejado a vuestros hermanos en este largo tiempo hasta el día de hoy, sino que os habéis cuidado de guardar los mandamientos de Jehová vuestro Dios.

4 Ahora, pues, que Jehová vuestro Dios ha dado reposo a vuestros hermanos, como lo había prometido, volved, regresad a vuestras tiendas, a la tierra de vuestras posesiones, que Moisés siervo de Jehová os dio al otro lado del Jordán.

5 Solamente que con diligencia cuidéis de cumplir el mandamiento y la ley que Moisés siervo de Jehová os ordenó: que améis a Jehová vuestro Dios, y andéis en todos sus caminos; que guardéis sus mandamientos, y le sigáis a él, y le sirváis de todo vuestro corazón y de toda vuestra alma.

6 Y bendiciéndolos, Josué los despidió, y se fueron a sus tiendas.

7 También a la media tribu de Manasés había dado Moisés posesión en Basán; mas a la otra mitad dio Josué heredad entre sus hermanos a este lado del Jordán, al occidente; y también a éstos envió Josué a sus tiendas, después de haberlos bendecido.

8 Y les habló diciendo: Volved a vuestras tiendas con grandes riquezas, con mucho ganado, con plata, con oro, y bronce, y muchos vestidos; compartid con vuestros hermanos el botín de vuestros enemigos.

9 Así los hijos de Rubén y los hijos de Gad y la media tribu de Manasés, se volvieron, separán-

22.2: [a] Nm. 32.20-32; Jos. 1.12-15.

dose de los hijos de Israel, desde Silo, que está
en la tierra de Canaán, para ir a la tierra de Ga-
laad, a la tierra de sus posesiones, de la cual se
habían posesionado conforme al mandato de
Jehová por conducto de Moisés.
10 Y llegando a los límites del Jordán que está
en la tierra de Canaán, los hijos de Rubén y los
hijos de Gad y la media tribu de Manasés edifi-
caron allí un altar junto al Jordán, un altar de
grande apariencia.
11 Y los hijos de Israel oyeron decir que los hijos
de Rubén y los hijos de Gad y la media tribu de
Manasés habían edificado un altar frente a la
tierra de Canaán, en los límites del Jordán, del
lado de los hijos de Israel.
12 Cuando oyeron esto los hijos de Israel, se jun-
tó toda la congregación de los hijos de Israel en
Silo, para subir a pelear contra ellos.
13 Y enviaron los hijos de Israel a los hijos de
Rubén y a los hijos de Gad y a la media tribu de
Manasés en tierra de Galaad, a Finees hijo del
sacerdote Eleazar,
14 y a diez príncipes con él: un príncipe por cada
casa paterna de todas las tribus de Israel, cada
uno de los cuales era jefe de la casa de sus pa-
dres entre los millares de Israel.
15 Los cuales fueron a los hijos de Rubén y a los
hijos de Gad y a la media tribu de Manasés, en
la tierra de Galaad, y les hablaron diciendo:
16 Toda la congregación de Jehová dice así:
¿Qué transgresión es esta con que prevaricáis
contra el Dios de Israel para apartaros hoy de
seguir a Jehová, edificándoos altar para ser re-
beldes contra Jehová?[b]
17 ¿No ha sido bastante la maldad de Peor, de la
que no estamos aún limpios hasta este día, por
la cual vino la mortandad en la congregación de
Jehová,[c]
18 para que vosotros os apartéis hoy de seguir a
Jehová? Vosotros os rebeláis hoy contra Jehová,
y mañana se airará él contra toda la congrega-
ción de Israel.
19 Si os parece que la tierra de vuestra posesión
es inmunda, pasaos a la tierra de la posesión de
Jehová, en la cual está el tabernáculo de Jeho-
vá, y tomad posesión entre nosotros; pero no os
rebeléis contra Jehová, ni os rebeléis contra no-
sotros, edificándoos altar además del altar de
Jehová nuestro Dios.
20 ¿No cometió Acán hijo de Zera prevaricación
en el anatema, y vino ira sobre toda la congre-
gación de Israel? Y aquel hombre no pereció
solo en su iniquidad.[d]
21 Entonces los hijos de Rubén y los hijos de
Gad y la media tribu de Manasés respondieron y
dijeron a los cabezas de los millares de Israel:
22 Jehová Dios de los dioses, Jehová Dios de los
dioses, él sabe, y hace saber a Israel: si fue por
rebelión o por prevaricación contra Jehová, no
nos salves hoy.
23 Si nos hemos edificado altar para volvernos
de en pos de Jehová, o para sacrificar holocaus-
to u ofrenda, o para ofrecer sobre él ofrendas de
paz, el mismo Jehová nos lo demande.
24 Lo hicimos más bien por temor de que maña-
na vuestros hijos digan a nuestros hijos: ¿Qué
tenéis vosotros con Jehová Dios de Israel?
25 Jehová ha puesto por lindero el Jordán entre
nosotros y vosotros, oh hijos de Rubén e hijos de
Gad; no tenéis vosotros parte en Jehová; y así
vuestros hijos harían que nuestros hijos dejasen
de temer a Jehová.
26 Por esto dijimos: Edifiquemos ahora un altar,
no para holocausto ni para sacrificio,
27 sino para que sea un testimonio entre nosotros
y vosotros, y entre los que vendrán después de
nosotros, de que podemos hacer el servicio de
Jehová delante de él con nuestros holocaustos,
con nuestros sacrificios y con nuestras ofrendas
de paz; y no digan mañana vuestros hijos a los
nuestros: Vosotros no tenéis parte en Jehová.
28 Nosotros, pues, dijimos: Si aconteciere que tal
digan a nosotros, o a nuestras generaciones en lo
por venir, entonces responderemos: Mirad el símil
del altar de Jehová, el cual hicieron nuestros pa-
dres, no para holocaustos o sacrificios, sino para
que fuese testimonio entre nosotros y vosotros.
29 Nunca tal acontezca que nos rebelemos con-
tra Jehová, o que nos apartemos hoy de seguir a
Jehová, edificando altar para holocaustos, para
ofrenda o para sacrificio, además del altar de
Jehová nuestro Dios que está delante de su ta-
bernáculo.
30 Oyendo Finees el sacerdote y los príncipes
de la congregación, y los jefes de los millares de
Israel que con él estaban, las palabras que ha-
blaron los hijos de Rubén y los hijos de Gad y los
hijos de Manasés, les pareció bien todo ello.
31 Y dijo Finees hijo del sacerdote Eleazar a los
hijos de Rubén, a los hijos de Gad y a los hijos de
Manasés: Hoy hemos entendido que Jehová
está entre nosotros, pues que no habéis intenta-
do esta traición contra Jehová. Ahora habéis li-
brado a los hijos de Israel de la mano de Jehová.
32 Y Finees hijo del sacerdote Eleazar, y los
príncipes, dejaron a los hijos de Rubén y a los hi-
jos de Gad, y regresaron de la tierra de Galaad a
la tierra de Canaán, a los hijos de Israel, a los
cuales dieron la respuesta.
33 Y el asunto pareció bien a los hijos de Israel, y
bendijeron a Dios los hijos de Israel; y no habla-
ron más de subir contra ellos en guerra, para
destruir la tierra en que habitaban los hijos de
Rubén y los hijos de Gad.

22.16: [b] Dt. 12.6. **22.17:** [c] Nm. 25.1-9. **22.20:** [d] Jos. 7.1-26.

34 Y los hijos de Rubén y los hijos de Gad pusieron por nombre al altar Ed;[5] porque testimonio es entre nosotros que Jehová es Dios.

Exhortación de Josué al pueblo

23 1 Aconteció, muchos días después que Jehová diera reposo a Israel de todos sus enemigos alrededor, que Josué, siendo ya viejo y avanzado en años,

2 llamó a todo Israel, a sus ancianos, sus príncipes, sus jueces y sus oficiales, y les dijo: Yo ya soy viejo y avanzado en años.

3 Y vosotros habéis visto todo lo que Jehová vuestro Dios ha hecho con todas estas naciones por vuestra causa; porque Jehová vuestro Dios es quien ha peleado por vosotros.

4 He aquí os he repartido por suerte, en herencia para vuestras tribus, estas naciones, así las destruidas como las que quedan, desde el Jordán hasta el Mar Grande, hacia donde se pone el sol.

5 Y Jehová vuestro Dios las echará de delante de vosotros, y las arrojará de vuestra presencia; y vosotros poseeréis sus tierras, como Jehová vuestro Dios os ha dicho.

6 Esforzaos, pues, mucho en guardar y hacer todo lo que está escrito en el libro de la ley de Moisés, sin apartaros de ello ni a diestra ni a siniestra;

7 para que no os mezcléis con estas naciones que han quedado con vosotros, ni hagáis mención ni juréis por el nombre de sus dioses, ni los sirváis, ni os inclinéis a ellos.

8 Mas a Jehová vuestro Dios seguiréis, como habéis hecho hasta hoy.

9 Pues ha arrojado Jehová delante de vosotros grandes y fuertes naciones, y hasta hoy nadie ha podido resistir delante de vuestro rostro.

10 Un varón de vosotros perseguirá a mil;[a] porque Jehová vuestro Dios es quien pelea por vosotros, como él os dijo.[b]

11 Guardad, pues, con diligencia vuestras almas, para que améis a Jehová vuestro Dios.

12 Porque si os apartareis, y os uniereis a lo que resta de estas naciones que han quedado con vosotros, y si concertareis con ellas matrimonios, mezclándoos con ellas, y ellas con vosotros,

13 sabed que Jehová vuestro Dios no arrojará más a estas naciones delante de vosotros, sino que os serán por lazo, por tropiezo, por azote para vuestros costados y por espinas para vuestros ojos, hasta que perezcáis de esta buena tierra que Jehová vuestro Dios os ha dado.

14 Y he aquí que yo estoy para entrar hoy por el camino de toda la tierra; reconoced, pues, con todo vuestro corazón y con toda vuestra alma, que no ha faltado una palabra de todas las buenas palabras que Jehová vuestro Dios había dicho de vosotros; todas os han acontecido, no ha faltado ninguna de ellas.

15 Pero así como ha venido sobre vosotros toda palabra buena que Jehová vuestro Dios os había dicho, también traerá Jehová sobre vosotros toda palabra mala, hasta destruiros de sobre la buena tierra que Jehová vuestro Dios os ha dado,

16 si traspasareis el pacto de Jehová vuestro Dios que él os ha mandado, yendo y honrando a dioses ajenos, e inclinándoos a ellos. Entonces la ira de Jehová se encenderá contra vosotros, y pereceréis prontamente de esta buena tierra que él os ha dado.

Discurso de despedida de Josué

24 1 Reunió Josué a todas las tribus de Israel en Siquem, y llamó a los ancianos de Israel, sus príncipes, sus jueces y sus oficiales; y se presentaron delante de Dios.

2 Y dijo Josué a todo el pueblo: Así dice Jehová, Dios de Israel: Vuestros padres habitaron antiguamente al otro lado del río, esto es, Taré,[a] padre de Abraham y de Nacor; y servían a dioses extraños.

3 Y yo tomé a vuestro padre Abraham del otro lado del río,[b] y lo traje por toda la tierra de Canaán, y aumenté su descendencia, y le di Isaac.[c]

4 A Isaac di Jacob y Esaú.[d] Y a Esaú di el monte de Seir, para que lo poseyese;[e] pero Jacob y sus hijos descendieron a Egipto.[f]

5 Y yo envié a Moisés y a Aarón, y herí a Egipto, conforme a lo que hice en medio de él,[g] y después os saqué.

6 Saqué a vuestros padres de Egipto; y cuando llegaron al mar, los egipcios siguieron a vuestros padres hasta el Mar Rojo con carros y caballería.

7 Y cuando ellos clamaron a Jehová, él puso oscuridad entre vosotros y los egipcios, e hizo venir sobre ellos el mar, el cual los cubrió; y vuestros ojos vieron lo que hice en Egipto.[h] Después estuvisteis muchos días en el desierto.

8 Yo os introduje en la tierra de los amorreos, que habitaban al otro lado del Jordán, los cuales pelearon contra vosotros; mas yo los entregué en vuestras manos, y poseísteis su tierra, y los destruí de delante de vosotros.[i]

9 Después se levantó Balac hijo de Zipor, rey de los moabitas, y peleó contra Israel; y envió a llamar a Balaam hijo de Beor, para que os maldijese.

10 Mas yo no quise escuchar a Balaam, por lo cual os bendijo repetidamente,[j] y os libré de sus manos.

22.34: [5] Esto es, *Testimonio.* **23.10:** [a] Dt. 32.30. [b] Dt. 3.22.
24.2: [a] Gn. 11.27. **24.3:** [b] Gn. 12.1-9. [c] Gn. 21.1-3.
24.4: [d] Gn. 25.24-26. [e] Gn. 36.8. [f] Gn. 46.1-7.
24.5: [g] Ex. 3.1–12.42. **24.6-7:** [h] Ex. 14.1-31.
24.8: [i] Nm. 21.21-35. **24.9-10:** [j] Nm. 22.1–24.25.

11 Pasasteis el Jordán,[k] y vinisteis a Jericó, y los
moradores de Jericó pelearon contra vosotros:[l]
los amorreos, ferezeos, cananeos, heteos, gerge-
seos, heveos y jebuseos, y yo los entregué en
vuestras manos.
12 Y envié delante de vosotros tábanos,[m] los
cuales los arrojaron de delante de vosotros, esto
es, a los dos reyes de los amorreos; no con tu es-
pada, ni con tu arco.
13 Y os di la tierra por la cual nada trabajasteis,
y las ciudades que no edificasteis, en las cuales
moráis; y de las viñas y olivares que no plantas-
teis, coméis.[n]
14 Ahora, pues, temed a Jehová, y servidle
con integridad y en verdad; y quitad de entre
vosotros los dioses a los cuales sirvieron vues-
tros padres al otro lado del río, y en Egipto; y
servid a Jehová.
15 Y si mal os parece servir a Jehová, escogeos
hoy a quién sirváis; si a los dioses a quienes sir-
vieron vuestros padres, cuando estuvieron al
otro lado del río, o a los dioses de los amorreos
en cuya tierra habitáis; pero yo y mi casa servi-
remos a Jehová.
16 Entonces el pueblo respondió y dijo: Nun-
ca tal acontezca, que dejemos a Jehová para ser-
vir a otros dioses;
17 porque Jehová nuestro Dios es el que nos
sacó a nosotros y a nuestros padres de la tierra
de Egipto, de la casa de servidumbre; el que ha
hecho estas grandes señales, y nos ha guarda-
do por todo el camino por donde hemos anda-
do, y en todos los pueblos por entre los cuales
pasamos.
18 Y Jehová arrojó de delante de nosotros a to-
dos los pueblos, y al amorreo que habitaba en
la tierra; nosotros, pues, también serviremos a
Jehová, porque él es nuestro Dios.
19 Entonces Josué dijo al pueblo: No podréis
servir a Jehová, porque él es Dios santo, y Dios
celoso; no sufrirá vuestras rebeliones y vuestros
pecados.
20 Si dejareis a Jehová y sirviereis a dioses aje-
nos, él se volverá y os hará mal, y os consumirá,
después que os ha hecho bien.
21 El pueblo entonces dijo a Josué: No, sino que
a Jehová serviremos.
22 Y Josué respondió al pueblo: Vosotros sois
testigos contra vosotros mismos, de que habéis
elegido a Jehová para servirle. Y ellos respon-
dieron: Testigos somos.
23 Quitad, pues, ahora los dioses ajenos que es-
tán entre vosotros, e inclinad vuestro corazón a
Jehová Dios de Israel.
24 Y el pueblo respondió a Josué: A Jehová nues-
tro Dios serviremos, y a su voz obedeceremos.
25 Entonces Josué hizo pacto con el pueblo el
mismo día, y les dio estatutos y leyes en Siquem.
26 Y escribió Josué estas palabras en el libro de
la ley de Dios; y tomando una gran piedra, la le-
vantó allí debajo de la encina que estaba junto
al santuario de Jehová.
27 Y dijo Josué a todo el pueblo: He aquí esta
piedra nos servirá de testigo, porque ella ha
oído todas las palabras que Jehová nos ha ha-
blado; será, pues, testigo contra vosotros, para
que no mintáis contra vuestro Dios.
28 Y envió Josué al pueblo, cada uno a su pose-
sión.

Muerte de Josué

29 Después de estas cosas murió Josué hijo de
Nun, siervo de Jehová, siendo de ciento diez
años.
30 Y le sepultaron en su heredad en Timnat-
sera,[o] que está en el monte de Efraín, al norte
del monte de Gaas.
31 Y sirvió Israel a Jehová todo el tiempo de
Josué, y todo el tiempo de los ancianos que so-
brevivieron a Josué y que sabían todas las obras
que Jehová había hecho por Israel.

Sepultura de los huesos de José en Siquem

32 Y enterraron en Siquem los huesos de
José, que los hijos de Israel habían traído de
Egipto,[p] en la parte del campo que Jacob com-
pró[q] de los hijos de Hamor padre de Siquem,
por cien piezas de dinero;[6] y fue posesión de
los hijos de José.

Muerte de Eleazar

33 También murió Eleazar hijo de Aarón, y lo
enterraron en el collado de Finees su hijo, que le
fue dado en el monte de Efraín.

24.11: [k] Jos. 3.14-17. [l] Jos. 6.1-21. **24.12:** [m] Ex. 23.28;
Dt. 7.20. **24.13:** [n] Dt. 6.10-11. **24.30:** [o] Jos. 19.49-50.
24.32: [p] Gn. 50.24-25; Ex. 13.19. [q] Gn. 33.19;
Jn. 4.5; Hch. 7.16. [6] Heb. *kesitas.*

JUECES

Judá y Simeón capturan a Adoni-bezec

1 1 Aconteció después de la muerte de Josué, que los hijos de Israel consultaron a Jehová, diciendo: ¿Quién de nosotros subirá primero a pelear contra los cananeos?

2 Y Jehová respondió: Judá subirá; he aquí que yo he entregado la tierra en sus manos.

3 Y Judá dijo a Simeón su hermano: Sube conmigo al territorio que se me ha adjudicado, y peleemos contra el cananeo, y yo también iré contigo al tuyo. Y Simeón fue con él.

4 Y subió Judá, y Jehová entregó en sus manos al cananeo y al ferezeo; e hirieron de ellos en Bezec a diez mil hombres.

5 Y hallaron a Adoni-bezec en Bezec, y pelearon contra él; y derrotaron al cananeo y al ferezeo.

6 Mas Adoni-bezec huyó; y le siguieron y le prendieron, y le cortaron los pulgares de las manos y de los pies.

7 Entonces dijo Adoni-bezec: Setenta reyes, cortados los pulgares de sus manos y de sus pies, recogían las migajas debajo de mi mesa; como yo hice, así me ha pagado Dios. Y le llevaron a Jerusalén, donde murió.

Judá conquista Jerusalén y Hebrón

8 Y combatieron los hijos de Judá a Jerusalén y la tomaron, y pasaron a sus habitantes a filo de espada y pusieron fuego a la ciudad.

9 Después los hijos de Judá descendieron para pelear contra el cananeo que habitaba en las montañas, en el Neguev, y en los llanos.

10 Y marchó Judá contra el cananeo que habitaba en Hebrón, la cual se llamaba antes Quiriat-arba; e hirieron a Sesai, a Ahimán y a Talmai.

Otoniel conquista Debir y recibe a Acsa

11 De allí fue a los que habitaban en Debir, que antes se llamaba Quiriat-sefer.

12 Y dijo Caleb: El que atacare a Quiriat-sefer y la tomare, yo le daré Acsa mi hija por mujer.

13 Y la tomó Otoniel hijo de Cenaz, hermano menor de Caleb; y él le dio Acsa su hija por mujer.

14 Y cuando ella se iba con él, la persuadió que pidiese a su padre un campo. Y ella se bajó del asno, y Caleb le dijo: ¿Qué tienes?

15 Ella entonces le respondió: Concédeme un don; puesto que me has dado tierra del Neguev, dame también fuentes de aguas. Entonces Caleb le dio las fuentes de arriba y las fuentes de abajo.

Extensión de las conquistas de Judá y de Benjamín

16 Y los hijos del ceneo, suegro de Moisés, subieron de la ciudad de las palmeras con los hijos de Judá al desierto de Judá, que está en el Neguev cerca de Arad; y fueron y habitaron con el pueblo.

17 Y fue Judá con su hermano Simeón, y derrotaron al cananeo que habitaba en Sefat, y la asolaron; y pusieron por nombre a la ciudad, Horma.

18 Tomó también Judá a Gaza con su territorio, Ascalón con su territorio y Ecrón con su territorio.

19 Y Jehová estaba con Judá, quien arrojó a los de las montañas; mas no pudo arrojar a los que habitaban en los llanos, los cuales tenían carros herrados.

20 Y dieron Hebrón a Caleb, como Moisés había dicho; y él arrojó de allí a los tres hijos de Anac.[a]

21 Mas al jebuseo que habitaba en Jerusalén no lo arrojaron los hijos de Benjamín, y el jebuseo habitó con los hijos de Benjamín en Jerusalén hasta hoy.[b]

José conquista Bet-el

22 También la casa de José subió contra Bet-el; y Jehová estaba con ellos.

23 Y la casa de José puso espías en Bet-el, ciudad que antes se llamaba Luz.

24 Y los que espiaban vieron a un hombre que salía de la ciudad, y le dijeron: Muéstranos ahora la entrada de la ciudad, y haremos contigo misericordia.

25 Y él les mostró la entrada a la ciudad, y la hirieron a filo de espada; pero dejaron ir a aquel hombre con toda su familia.

26 Y se fue el hombre a la tierra de los heteos, y edificó una ciudad a la cual llamó Luz; y este es su nombre hasta hoy.

Extensión de las conquistas de Manasés y de Efraín

27 Tampoco Manasés arrojó a los de Bet-seán, ni a los de sus aldeas, ni a los de Taanac y sus aldeas, ni a los de Dor y sus aldeas, ni a los habitantes de Ibleam y sus aldeas, ni a los que habitan en Meguido y en sus aldeas; y el cananeo persistía en habitar en aquella tierra.

28 Pero cuando Israel se sintió fuerte hizo al cananeo tributario, mas no lo arrojó.[c]

29 Tampoco Efraín arrojó al cananeo que habitaba en Gezer, sino que habitó el cananeo en medio de ellos en Gezer.[d]

Extensión de las conquistas de las demás tribus

30 Tampoco Zabulón arrojó a los que habitaban en Quitrón, ni a los que habitaban en Naalal, sino que el cananeo habitó en medio de él, y le fue tributario.

1.20: [a] Jos. 15.13-14. **1.21:** [b] Jos. 15.63; 2 S. 5.6; 1 Cr. 11.4. **1.27-28:** [c] Jos. 17.11-13. **1.29:** [d] Jos. 16.10.

31 Tampoco Aser arrojó a los que habitaban
en Aco, ni a los que habitaban en Sidón, en
Ahlab, en Aczib, en Helba, en Afec y en Rehob.
32 Y moró Aser entre los cananeos que habita-
ban en la tierra; pues no los arrojó.
33 Tampoco Neftalí arrojó a los que habitaban
en Bet-semes, ni a los que habitaban en Bet-
anat, sino que moró entre los cananeos que ha-
bitaban en la tierra; mas le fueron tributarios los
moradores de Bet-semes y los moradores de
Bet-anat.
34 Los amorreos acosaron a los hijos de Dan
hasta el monte, y no los dejaron descender a los
llanos.
35 Y el amorreo persistió en habitar en el monte
de Heres, en Ajalón y en Saalbim; pero cuando
la casa de José cobró fuerzas, lo hizo tributario.
36 Y el límite del amorreo fue desde la subida de
Acrabim, desde Sela hacia arriba.

El ángel de Jehová en Boquim

2 1 El ángel de Jehová subió de Gilgal a Bo-
quim, y dijo: Yo os saqué de Egipto, y os in-
troduje en la tierra de la cual había jurado a
vuestros padres, diciendo: No invalidaré jamás
mi pacto con vosotros,
2 con tal que vosotros no hagáis pacto con los
moradores de esta tierra, cuyos altares habéis
de derribar;[a] mas vosotros no habéis atendido a
mi voz. ¿Por qué habéis hecho esto?
3 Por tanto, yo también digo: No los echaré de
delante de vosotros, sino que serán azotes para
vuestros costados, y sus dioses os serán tropeza-
dero.
4 Cuando el ángel de Jehová habló estas pala-
bras a todos los hijos de Israel, el pueblo alzó su
voz y lloró.
5 Y llamaron el nombre de aquel lugar Boquim,[1]
y ofrecieron allí sacrificios a Jehová.

Muerte de Josué

6 Porque ya Josué había despedido al pueblo,
y los hijos de Israel se habían ido cada uno a su
heredad para poseerla.
7 Y el pueblo había servido a Jehová todo el
tiempo de Josué, y todo el tiempo de los ancia-
nos que sobrevivieron a Josué, los cuales habían
visto todas las grandes obras de Jehová, que él
había hecho por Israel.
8 Pero murió Josué hijo de Nun, siervo de Jeho-
vá, siendo de ciento diez años.
9 Y lo sepultaron en su heredad en Timnat-sera,[b]
en el monte de Efraín, al norte del monte de
Gaas.
10 Y toda aquella generación también fue reuni-
da a sus padres. Y se levantó después de ellos
otra generación que no conocía a Jehová, ni la
obra que él había hecho por Israel.

Apostasía de Israel, y la obra de los jueces

11 Después los hijos de Israel hicieron lo malo
ante los ojos de Jehová, y sirvieron a los baales.
12 Dejaron a Jehová el Dios de sus padres, que
los había sacado de la tierra de Egipto, y se fue-
ron tras otros dioses, los dioses de los pueblos
que estaban en sus alrededores, a los cuales
adoraron; y provocaron a ira a Jehová.
13 Y dejaron a Jehová, y adoraron a Baal y a
Astarot.
14 Y se encendió contra Israel el furor de Jeho-
vá, el cual los entregó en manos de robadores
que los despojaron, y los vendió en mano de sus
enemigos de alrededor; y no pudieron ya hacer
frente a sus enemigos.
15 Por dondequiera que salían, la mano de Jeho-
vá estaba contra ellos para mal, como Jehová
había dicho, y como Jehová se lo había jurado; y
tuvieron gran aflicción.
16 Y Jehová levantó jueces que los librasen de
mano de los que les despojaban;
17 pero tampoco oyeron a sus jueces, sino que
fueron tras dioses ajenos, a los cuales adoraron;
se apartaron pronto del camino en que anduvie-
ron sus padres obedeciendo a los mandamien-
tos de Jehová; ellos no hicieron así.
18 Y cuando Jehová les levantaba jueces, Jeho-
vá estaba con el juez, y los libraba de mano de
los enemigos todo el tiempo de aquel juez; por-
que Jehová era movido a misericordia por sus
gemidos a causa de los que los oprimían y afli-
gían.
19 Mas acontecía que al morir el juez, ellos vol-
vían atrás, y se corrompían más que sus padres,
siguiendo a dioses ajenos para servirles, e incli-
nándose delante de ellos; y no se apartaban de
sus obras, ni de su obstinado camino.
20 Y la ira de Jehová se encendió contra Israel, y
dijo: Por cuanto este pueblo traspasa mi pacto
que ordené a sus padres, y no obedece a mi voz,
21 tampoco yo volveré más a arrojar de delante
de ellos a ninguna de las naciones que dejó Jo-
sué cuando murió;
22 para probar con ellas a Israel, si procurarían
o no seguir el camino de Jehová, andando en él,
como lo siguieron sus padres.
23 Por esto dejó Jehová a aquellas naciones, sin
arrojarlas de una vez, y no las entregó en mano
de Josué.

Naciones que fueron dejadas para probar a Israel

3 1 Estas, pues, son las naciones que dejó
Jehová para probar con ellas a Israel, a to-
dos aquellos que no habían conocido todas las
guerras de Canaán;

2.2: [a] Ex. 34.12-13; Dt. 7.2-5. **2.5:** [1] Esto es, *los que lloran.*
2.9: [b] Jos. 19.49-50.

2 solamente para que el linaje de los hijos de Israel conociese la guerra, para que la enseñasen a los que antes no la habían conocido:

3 los cinco príncipes de los filisteos, todos los cananeos, los sidonios, y los heveos que habitaban en el monte Líbano, desde el monte de Baal-hermón hasta llegar a Hamat.

4 Y fueron para probar con ellos a Israel, para saber si obedecerían a los mandamientos de Jehová, que él había dado a sus padres por mano de Moisés.

5 Así los hijos de Israel habitaban entre los cananeos, heteos, amorreos, ferezeos, heveos y jebuseos.

6 Y tomaron de sus hijas por mujeres, y dieron sus hijas a los hijos de ellos, y sirvieron a sus dioses.

Otoniel liberta a Israel de Cusan-risataim

7 Hicieron, pues, los hijos de Israel lo malo ante los ojos de Jehová, y olvidaron a Jehová su Dios, y sirvieron a los baales y a las imágenes de Asera.

8 Y la ira de Jehová se encendió contra Israel, y los vendió en manos de Cusan-risataim rey de Mesopotamia; y sirvieron los hijos de Israel a Cusan-risataim ocho años.

9 Entonces clamaron los hijos de Israel a Jehová; y Jehová levantó un libertador a los hijos de Israel y los libró; esto es, a Otoniel hijo de Cenaz, hermano menor de Caleb.

10 Y el Espíritu de Jehová vino sobre él, y juzgó a Israel, y salió a batalla, y Jehová entregó en su mano a Cusan-risataim rey de Siria, y prevaleció su mano contra Cusan-risataim.

11 Y reposó la tierra cuarenta años; y murió Otoniel hijo de Cenaz.

Aod liberta a Israel de Moab

12 Volvieron los hijos de Israel a hacer lo malo ante los ojos de Jehová; y Jehová fortaleció a Eglón rey de Moab contra Israel, por cuanto habían hecho lo malo ante los ojos de Jehová.

13 Este juntó consigo a los hijos de Amón y de Amalec, y vino e hirió a Israel, y tomó la ciudad de las palmeras.

14 Y sirvieron los hijos de Israel a Eglón rey de los moabitas dieciocho años.

15 Y clamaron los hijos de Israel a Jehová; y Jehová les levantó un libertador, a Aod hijo de Gera, benjamita, el cual era zurdo. Y los hijos de Israel enviaron con él un presente a Eglón rey de Moab.

16 Y Aod se había hecho un puñal de dos filos, de un codo de largo; y se lo ciñó debajo de sus vestidos a su lado derecho.

17 Y entregó el presente a Eglón rey de Moab; y era Eglón hombre muy grueso.

18 Y luego que hubo entregado el presente, despidió a la gente que lo había traído.

19 Mas él se volvió desde los ídolos que están en Gilgal, y dijo: Rey, una palabra secreta tengo que decirte. El entonces dijo: Calla. Y salieron de delante de él todos los que con él estaban.

20 Y se le acercó Aod, estando él sentado solo en su sala de verano. Y Aod dijo: Tengo palabra de Dios para ti. El entonces se levantó de la silla.

21 Entonces alargó Aod su mano izquierda, y tomó el puñal de su lado derecho, y se lo metió por el vientre,

22 de tal manera que la empuñadura entró también tras la hoja, y la gordura cubrió la hoja, porque no sacó el puñal de su vientre; y salió el estiércol.

23 Y salió Aod al corredor, y cerró tras sí las puertas de la sala y las aseguró con el cerrojo.

24 Cuando él hubo salido, vinieron los siervos del rey, los cuales viendo las puertas de la sala cerradas, dijeron: Sin duda él cubre sus pies en la sala de verano.

25 Y habiendo esperado hasta estar confusos, porque él no abría las puertas de la sala, tomaron la llave y abrieron; y he aquí su señor caído en tierra, muerto.

26 Mas entre tanto que ellos se detuvieron, Aod escapó, y pasando los ídolos, se puso a salvo en Seirat.

27 Y cuando había entrado, tocó el cuerno en el monte de Efraín, y los hijos de Israel descendieron con él del monte, y él iba delante de ellos.

28 Entonces él les dijo: Seguidme, porque Jehová ha entregado a vuestros enemigos los moabitas en vuestras manos. Y descendieron en pos de él, y tomaron los vados del Jordán a Moab, y no dejaron pasar a ninguno.

29 Y en aquel tiempo mataron de los moabitas como diez mil hombres, todos valientes y todos hombres de guerra; no escapó ninguno.

30 Así fue subyugado Moab aquel día bajo la mano de Israel; y reposó la tierra ochenta años.

Samgar liberta a Israel de los filisteos

31 Después de él fue Samgar hijo de Anat, el cual mató a seiscientos hombres de los filisteos con una aguijada de bueyes; y él también salvó a Israel.

Débora y Barac derrotan a Sísara

4 1 Después de la muerte de Aod, los hijos de Israel volvieron a hacer lo malo ante los ojos de Jehová.

2 Y Jehová los vendió en mano de Jabín rey de Canaán, el cual reinó en Hazor; y el capitán de su ejército se llamaba Sísara, el cual habitaba en Haroset-goim.

3 Entonces los hijos de Israel clamaron a Jehová, porque aquél tenía novecientos carros herra-

dos, y había oprimido con crueldad a los hijos de Israel por veinte años.

4 Gobernaba en aquel tiempo a Israel una mujer, Débora, profetisa, mujer de Lapidot;

5 y acostumbraba sentarse bajo la palmera de Débora, entre Ramá y Bet-el, en el monte de Efraín; y los hijos de Israel subían a ella a juicio.

6 Y ella envió a llamar a Barac hijo de Abinoam, de Cedes de Neftalí, y le dijo: ¿No te ha mandado Jehová Dios de Israel, diciendo: Ve, junta a tu gente en el monte de Tabor, y toma contigo diez mil hombres de la tribu de Neftalí y de la tribu de Zabulón;

7 y yo atraeré hacia ti al arroyo de Cisón a Sísara, capitán del ejército de Jabín, con sus carros y su ejército, y lo entregaré en tus manos?

8 Barac le respondió: Si tú fueres conmigo, yo iré; pero si no fueres conmigo, no iré.

9 Ella dijo: Iré contigo; mas no será tuya la gloria de la jornada que emprendes, porque en mano de mujer venderá Jehová a Sísara. Y levantándose Débora, fue con Barac a Cedes.

10 Y juntó Barac a Zabulón y a Neftalí en Cedes, y subió con diez mil hombres a su mando; y Débora subió con él.

11 Y Heber ceneo, de los hijos de Hobab suegro de Moisés, se había apartado de los ceneos, y había plantado sus tiendas en el valle de Zaanaim, que está junto a Cedes.

12 Vinieron, pues, a Sísara las nuevas de que Barac hijo de Abinoam había subido al monte de Tabor.

13 Y reunió Sísara todos sus carros, novecientos carros herrados, con todo el pueblo que con él estaba, desde Haroset-goim hasta el arroyo de Cisón.

14 Entonces Débora dijo a Barac: Levántate, porque este es el día en que Jehová ha entregado a Sísara en tus manos. ¿No ha salido Jehová delante de ti? Y Barac descendió del monte de Tabor, y diez mil hombres en pos de él.

15 Y Jehová quebrantó a Sísara, a todos sus carros y a todo su ejército, a filo de espada delante de Barac; y Sísara descendió del carro, y huyó a pie.

16 Mas Barac siguió los carros y el ejército hasta Haroset-goim, y todo el ejército de Sísara cayó a filo de espada, hasta no quedar ni uno.

17 Y Sísara huyó a pie a la tienda de Jael mujer de Heber ceneo; porque había paz entre Jabín rey de Hazor y la casa de Heber ceneo.

18 Y saliendo Jael a recibir a Sísara, le dijo: Ven, señor mío, ven a mí, no tengas temor. Y él vino a ella a la tienda, y ella le cubrió con una manta.

19 Y él le dijo: Te ruego me des de beber un poco de agua, pues tengo sed. Y ella abrió un odre de leche y le dio de beber, y le volvió a cubrir.

20 Y él le dijo: Estate a la puerta de la tienda; y si alguien viniere, y te preguntare, diciendo: ¿Hay aquí alguno? tú responderás que no.

21 Pero Jael mujer de Heber tomó una estaca de la tienda, y poniendo un mazo en su mano, se le acercó calladamente y le metió la estaca por las sienes, y la enclavó en la tierra, pues él estaba cargado de sueño y cansado; y así murió.

22 Y siguiendo Barac a Sísara, Jael salió a recibirlo, y le dijo: Ven, y te mostraré al varón que tú buscas. Y él entró donde ella estaba, y he aquí Sísara yacía muerto con la estaca por la sien.

23 Así abatió Dios aquel día a Jabín, rey de Canaán, delante de los hijos de Israel.

24 Y la mano de los hijos de Israel fue endureciéndose más y más contra Jabín rey de Canaán, hasta que lo destruyeron.

Cántico de Débora y de Barac

5 1 Aquel día cantó Débora con Barac hijo de Abinoam, diciendo:

2 Por haberse puesto al frente los caudillos
 en Israel,
Por haberse ofrecido voluntariamente
 el pueblo,
Load a Jehová.

3 Oíd, reyes; escuchad, oh príncipes;
Yo cantaré a Jehová,
Cantaré salmos a Jehová, el Dios de Israel.

4 Cuando saliste de Seir, oh Jehová,
Cuando te marchaste de los campos
 de Edom,
La tierra tembló, y los cielos destilaron,
Y las nubes gotearon aguas.

5 Los montes temblaron delante de Jehová,
Aquel Sinaí, delante de Jehová
 Dios de Israel.[a]

6 En los días de Samgar hijo de Anat,
En los días de Jael, quedaron
 abandonados los caminos,
Y los que andaban por las sendas se
 apartaban por senderos torcidos.

7 Las aldeas quedaron abandonadas
 en Israel, habían decaído,
Hasta que yo Débora me levanté,
Me levanté como madre en Israel.

8 Cuando escogían nuevos dioses,
La guerra estaba a las puertas;
¿Se veía escudo o lanza
Entre cuarenta mil en Israel?

9 Mi corazón es para vosotros,
 jefes de Israel,
Para los que voluntariamente
 os ofrecisteis entre el pueblo.
Load a Jehová.

10 Vosotros los que cabalgáis en asnas blancas,
Los que presidís en juicio,
Y vosotros los que viajáis, hablad.

5.5: [a] Ex. 19.18.

11 Lejos del ruido de los arqueros,
en los abrevaderos,
Allí repetirán los triunfos de Jehová,
Los triunfos de sus aldeas en Israel;
Entonces marchará hacia las puertas
el pueblo de Jehová.
12 Despierta, despierta, Débora;
Despierta, despierta, entona cántico.
Levántate, Barac, y lleva tus cautivos,
hijo de Abinoam.
13 Entonces marchó el resto de los nobles;
El pueblo de Jehová marchó por él en
contra de los poderosos.
14 De Efraín vinieron los radicados en Amalec,
En pos de ti, Benjamín, entre tus pueblos;
De Maquir descendieron príncipes,
Y de Zabulón los que tenían vara de mando.
15 Caudillos también de Isacar fueron
con Débora;
Y como Barac, también Isacar
Se precipitó a pie en el valle.
Entre las familias de Rubén
Hubo grandes resoluciones del corazón.
16 ¿Por qué te quedaste entre los rediles,
Para oír los balidos de los rebaños?
Entre las familias de Rubén
Hubo grandes propósitos del corazón.
17 Galaad se quedó al otro lado del Jordán;
Y Dan, ¿por qué se estuvo junto
a las naves?
Se mantuvo Aser a la ribera del mar,
Y se quedó en sus puertos.
18 El pueblo de Zabulón expuso su vida
a la muerte,
Y Neftalí en las alturas del campo.
19 Vinieron reyes y pelearon;
Entonces pelearon los reyes de Canaán,
En Taanac, junto a las aguas de Meguido,
Mas no llevaron ganancia alguna
de dinero.
20 Desde los cielos pelearon las estrellas;
Desde sus órbitas pelearon contra Sísara.
21 Los barrió el torrente de Cisón,
El antiguo torrente, el torrente de Cisón.
Marcha, oh alma mía, con poder.
22 Entonces resonaron los cascos
de los caballos
Por el galopar, por el galopar
de sus valientes.
23 Maldecid a Meroz, dijo el ángel de Jehová;
Maldecid severamente a sus moradores,
Porque no vinieron al socorro de Jehová,
Al socorro de Jehová contra los fuertes.
24 Bendita sea entre las mujeres Jael,
Mujer de Heber ceneo;
Sobre las mujeres bendita sea en la tienda.
25 El pidió agua, y ella le dio leche;
En tazón de nobles le presentó crema.
26 Tendió su mano a la estaca,
Y su diestra al mazo de trabajadores,
Y golpeó a Sísara; hirió su cabeza,
Y le horadó, y atravesó sus sienes.
27 Cayó encorvado entre sus pies,
quedó tendido;
Entre sus pies cayó encorvado;
Donde se encorvó, allí cayó muerto.
28 La madre de Sísara se asoma
a la ventana,
Y por entre las celosías a voces dice:
¿Por qué tarda su carro en venir?
¿Por qué las ruedas de sus carros
se detienen?
29 Las más avisadas de sus damas
le respondían,
Y aun ella se respondía a sí misma:
30 ¿No han hallado botín, y lo están
repartiendo?
A cada uno una doncella, o dos;
Las vestiduras de colores para Sísara,
Las vestiduras bordadas de colores;
La ropa de color bordada de ambos
lados, para los jefes de los que
tomaron el botín.
31 Así perezcan todos tus enemigos,
oh Jehová;
Mas los que te aman, sean como el sol
cuando sale en su fuerza.
Y la tierra reposó cuarenta años.

Llamamiento de Gedeón

6 1 Los hijos de Israel hicieron lo malo ante
los ojos de Jehová; y Jehová los entregó en
mano de Madián por siete años.
2 Y la mano de Madián prevaleció contra Israel.
Y los hijos de Israel, por causa de los madiani-
tas, se hicieron cuevas en los montes, y caver-
nas, y lugares fortificados.
3 Pues sucedía que cuando Israel había sembrado,
subían los madianitas y amalecitas y los hijos del
oriente contra ellos; subían y los atacaban.
4 Y acampando contra ellos destruían los frutos de
la tierra, hasta llegar a Gaza; y no dejaban qué co-
mer en Israel, ni ovejas, ni bueyes, ni asnos.
5 Porque subían ellos y sus ganados, y venían
con sus tiendas en grande multitud como lan-
gostas; ellos y sus camellos eran innumerables;
así venían a la tierra para devastarla.
6 De este modo empobrecía Israel en gran ma-
nera por causa de Madián; y los hijos de Israel
clamaron a Jehová.
7 Y cuando los hijos de Israel clamaron a
Jehová, a causa de los madianitas,
8 Jehová envió a los hijos de Israel un varón pro-
feta, el cual les dijo: Así ha dicho Jehová Dios de
Israel: Yo os hice salir de Egipto, y os saqué de la
casa de servidumbre.

9 Os libré de mano de los egipcios, y de mano de todos los que os afligieron, a los cuales eché de delante de vosotros, y os di su tierra;
10 y os dije: Yo soy Jehová vuestro Dios; no temáis a los dioses de los amorreos, en cuya tierra habitáis; pero no habéis obedecido a mi voz.

11 Y vino el ángel de Jehová, y se sentó debajo de la encina que está en Ofra, la cual era de Joás abiezerita; y su hijo Gedeón estaba sacudiendo el trigo en el lagar, para esconderlo de los madianitas.
12 Y el ángel de Jehová se le apareció, y le dijo: Jehová está contigo, varón esforzado y valiente.
13 Y Gedeón le respondió: Ah, señor mío, si Jehová está con nosotros, ¿por qué nos ha sobrevenido todo esto? ¿Y dónde están todas sus maravillas, que nuestros padres nos han contado, diciendo: ¿No nos sacó Jehová de Egipto? Y ahora Jehová nos ha desamparado, y nos ha entregado en mano de los madianitas.
14 Y mirándole Jehová, le dijo: Ve con esta tu fuerza, y salvarás a Israel de la mano de los madianitas. ¿No te envío yo?
15 Entonces le respondió: Ah, señor mío, ¿con qué salvaré yo a Israel? He aquí que mi familia es pobre en Manasés, y yo el menor en la casa de mi padre.
16 Jehová le dijo: Ciertamente yo estaré contigo, y derrotarás a los madianitas como a un solo hombre.
17 Y él respondió: Yo te ruego que si he hallado gracia delante de ti, me des señal de que tú has hablado conmigo.
18 Te ruego que no te vayas de aquí hasta que vuelva a ti, y saque mi ofrenda y la ponga delante de ti. Y él respondió: Yo esperaré hasta que vuelvas.

19 Y entrando Gedeón, preparó un cabrito, y panes sin levadura de un efa de harina; y puso la carne en un canastillo, y el caldo en una olla, y sacándolo se lo presentó debajo de aquella encina.
20 Entonces el ángel de Dios le dijo: Toma la carne y los panes sin levadura, y ponlos sobre esta peña, y vierte el caldo. Y él lo hizo así.
21 Y extendiendo el ángel de Jehová el báculo que tenía en su mano, tocó con la punta la carne y los panes sin levadura; y subió fuego de la peña, el cual consumió la carne y los panes sin levadura. Y el ángel de Jehová desapareció de su vista.
22 Viendo entonces Gedeón que era el ángel de Jehová, dijo: Ah, Señor Jehová, que he visto al ángel de Jehová cara a cara.
23 Pero Jehová le dijo: Paz a ti; no tengas temor, no morirás.
24 Y edificó allí Gedeón altar a Jehová, y lo llamó Jehová-salom;[2] el cual permanece hasta hoy en Ofra de los abiezeritas.

25 Aconteció que la misma noche le dijo Jehová: Toma un toro del hato de tu padre, el segundo toro de siete años, y derriba el altar de Baal que tu padre tiene, y corta también la imagen de Asera que está junto a él;
26 y edifica altar a Jehová tu Dios en la cumbre de este peñasco en lugar conveniente; y tomando el segundo toro, sacrifícalo en holocausto con la madera de la imagen de Asera que habrás cortado.
27 Entonces Gedeón tomó diez hombres de sus siervos, e hizo como Jehová le dijo. Mas temiendo hacerlo de día, por la familia de su padre y por los hombres de la ciudad, lo hizo de noche.

28 Por la mañana, cuando los de la ciudad se levantaron, he aquí que el altar de Baal estaba derribado, y cortada la imagen de Asera que estaba junto a él, y el segundo toro había sido ofrecido en holocausto sobre el altar edificado.
29 Y se dijeron unos a otros: ¿Quién ha hecho esto? Y buscando e inquiriendo, les dijeron: Gedeón hijo de Joás lo ha hecho. Entonces los hombres de la ciudad dijeron a Joás:
30 Saca a tu hijo para que muera, porque ha derribado el altar de Baal y ha cortado la imagen de Asera que estaba junto a él.
31 Y Joás respondió a todos los que estaban junto a él: ¿Contenderéis vosotros por Baal? ¿Defenderéis su causa? Cualquiera que contienda por él, que muera esta mañana. Si es un dios, contienda por sí mismo con el que derribó su altar.
32 Aquel día Gedeón fue llamado Jerobaal, esto es: Contienda Baal contra él, por cuanto derribó su altar.

33 Pero todos los madianitas y amalecitas y los del oriente se juntaron a una, y pasando acamparon en el valle de Jezreel.
34 Entonces el Espíritu de Jehová vino sobre Gedeón, y cuando éste tocó el cuerno, los abiezeritas se reunieron con él.
35 Y envió mensajeros por todo Manasés, y ellos también se juntaron con él; asimismo envió mensajeros a Aser, a Zabulón y a Neftalí, los cuales salieron a encontrarles.

36 Y Gedeón dijo a Dios: Si has de salvar a Israel por mi mano, como has dicho,
37 he aquí que yo pondré un vellón de lana en la era; y si el rocío estuviere en el vellón solamente, quedando seca toda la otra tierra, entonces entenderé que salvarás a Israel por mi mano, como lo has dicho.
38 Y aconteció así, pues cuando se levantó de mañana, exprimió el vellón y sacó de él el rocío, un tazón lleno de agua.
39 Mas Gedeón dijo a Dios: No se encienda tu

6.24: [2] Esto es, *Jehová es paz.*

ira contra mí, si aún hablare esta vez; solamente
probaré ahora otra vez con el vellón. Te ruego
que solamente el vellón quede seco, y el rocío
sobre la tierra.
40 Y aquella noche lo hizo Dios así; sólo el vellón
quedó seco, y en toda la tierra hubo rocío.

Gedeón derrota a los madianitas

7 1 Levantándose, pues, de mañana Jerobaal,
el cual es Gedeón, y todo el pueblo que esta-
ba con él, acamparon junto a la fuente de Ha-
rod; y tenía el campamento de los madianitas al
norte, más allá del collado de More, en el valle.
2 Y Jehová dijo a Gedeón: El pueblo que está
contigo es mucho para que yo entregue a los ma-
dianitas en su mano, no sea que se alabe Israel
contra mí, diciendo: Mi mano me ha salvado.
3 Ahora, pues, haz pregonar en oídos del pue-
blo, diciendo: Quien tema y se estremezca, ma-
drugue y devuélvase[a] desde el monte de Galaad.
Y se devolvieron de los del pueblo veintidós mil,
y quedaron diez mil.
4 Y Jehová dijo a Gedeón: Aún es mucho el
pueblo; llévalos a las aguas, y allí te los probaré;
y del que yo te diga: Vaya éste contigo, irá conti-
go; mas de cualquiera que yo te diga: Este no
vaya contigo, el tal no irá.
5 Entonces llevó el pueblo a las aguas; y Jehová
dijo a Gedeón: Cualquiera que lamiere las aguas
con su lengua como lame el perro, a aquél pon-
drás aparte; asimismo a cualquiera que se do-
blare sobre sus rodillas para beber.
6 Y fue el número de los que lamieron llevando
el agua con la mano a su boca, trescientos hom-
bres; y todo el resto del pueblo se dobló sobre
sus rodillas para beber las aguas.
7 Entonces Jehová dijo a Gedeón: Con estos
trescientos hombres que lamieron el agua os
salvaré, y entregaré a los madianitas en tus ma-
nos; y váyase toda la demás gente cada uno a su
lugar.
8 Y habiendo tomado provisiones para el pue-
blo, y sus trompetas, envió a todos los israelitas
cada uno a su tienda, y retuvo a aquellos tres-
cientos hombres; y tenía el campamento de Ma-
dián abajo en el valle.
9 Aconteció que aquella noche Jehová le dijo:
Levántate, y desciende al campamento; porque
yo lo he entregado en tus manos.
10 Y si tienes temor de descender, baja tú con
Fura tu criado al campamento,
11 y oirás lo que hablan; y entonces tus manos
se esforzarán, y descenderás al campamento. Y
él descendió con Fura su criado hasta los pues-
tos avanzados de la gente armada que estaba en
el campamento.
12 Y los madianitas, los amalecitas y los hijos del
oriente estaban tendidos en el valle como lan-
gostas en multitud, y sus camellos eran innume-
rables como la arena que está a la ribera del mar
en multitud.
13 Cuando llegó Gedeón, he aquí que un hom-
bre estaba contando a su compañero un sueño,
diciendo: He aquí yo soñé un sueño: Veía un pan
de cebada que rodaba hasta el campamento de
Madián, y llegó a la tienda, y la golpeó de tal
manera que cayó, y la trastornó de arriba abajo,
y la tienda cayó.
14 Y su compañero respondió y dijo: Esto no es
otra cosa sino la espada de Gedeón hijo de Joás,
varón de Israel. Dios ha entregado en sus manos
a los madianitas con todo el campamento.
15 Cuando Gedeón oyó el relato del sueño y su
interpretación, adoró; y vuelto al campamento de
Israel, dijo: Levantaos, porque Jehová ha entrega-
do el campamento de Madián en vuestras manos.
16 Y repartiendo los trescientos hombres en tres
escuadrones, dio a todos ellos trompetas en sus
manos, y cántaros vacíos con teas ardiendo den-
tro de los cántaros.
17 Y les dijo: Miradme a mí, y haced como hago
yo; he aquí que cuando yo llegue al extremo del
campamento, haréis vosotros como hago yo.
18 Yo tocaré la trompeta, y todos los que estarán
conmigo; y vosotros tocaréis entonces las trom-
petas alrededor de todo el campamento, y di-
réis: ¡Por Jehová y por Gedeón!
19 Llegaron, pues, Gedeón y los cien hombres
que llevaba consigo, al extremo del campamen-
to, al principio de la guardia de la medianoche,
cuando acababan de renovar los centinelas; y
tocaron las trompetas, y quebraron los cántaros
que llevaban en sus manos.
20 Y los tres escuadrones tocaron las trompetas,
y quebrando los cántaros tomaron en la mano
izquierda las teas, y en la derecha las trompetas
con que tocaban, y gritaron: ¡Por la espada de
Jehová y de Gedeón!
21 Y se estuvieron firmes cada uno en su puesto
en derredor del campamento; entonces todo el
ejército echó a correr dando gritos y huyendo.
22 Y los trescientos tocaban las trompetas; y
Jehová puso la espada de cada uno contra su
compañero en todo el campamento. Y el ejército
huyó hasta Bet-sita, en dirección de Zerera, y
hasta la frontera de Abel-mehola en Tabat.
23 Y juntándose los de Israel, de Neftalí, de Aser
y de todo Manasés, siguieron a los madianitas.
24 Gedeón también envió mensajeros por
todo el monte de Efraín, diciendo: Descended al
encuentro de los madianitas, y tomad los vados
de Bet-bara y del Jordán antes que ellos lleguen.
Y juntos todos los hombres de Efraín, tomaron
los vados de Bet-bara y del Jordán.

7.3: [a] Dt. 20.8.

25 Y tomaron a dos príncipes de los madianitas,
Oreb y Zeeb; y mataron a Oreb en la peña de
Oreb, y a Zeeb lo mataron en el lagar de Zeeb; y
después que siguieron a los madianitas, trajeron
las cabezas de Oreb y de Zeeb a Gedeón al otro
lado del Jordán.

Gedeón captura a los reyes de Madián

8 1 Pero los hombres de Efraín le dijeron:
¿Qué es esto que has hecho con nosotros,
no llamándonos cuando ibas a la guerra contra
Madián? Y le reconvinieron fuertemente.
2 A los cuales él respondió: ¿Qué he hecho yo
ahora comparado con vosotros? ¿No es el rebusco de Efraín mejor que la vendimia de Abiezer?
3 Dios ha entregado en vuestras manos a Oreb y
a Zeeb, príncipes de Madián; ¿y qué he podido
yo hacer comparado con vosotros? Entonces el
enojo de ellos contra él se aplacó, luego que él
habló esta palabra.
4 Y vino Gedeón al Jordán, y pasó él y los trescientos hombres que traía consigo, cansados,
mas todavía persiguiendo.
5 Y dijo a los de Sucot: Yo os ruego que deis a la
gente que me sigue algunos bocados de pan;
porque están cansados, y yo persigo a Zeba y
Zalmuna, reyes de Madián.
6 Y los principales de Sucot respondieron: ¿Están
ya Zeba y Zalmuna en tu mano, para que demos
pan a tu ejército?
7 Y Gedeón dijo: Cuando Jehová haya entregado en mi mano a Zeba y a Zalmuna, yo trillaré
vuestra carne con espinos y abrojos del desierto.
8 De allí subió a Peniel, y les dijo las mismas palabras. Y los de Peniel le respondieron como habían respondido los de Sucot.
9 Y él habló también a los de Peniel, diciendo:
Cuando yo vuelva en paz, derribaré esta torre.
10 Y Zeba y Zalmuna estaban en Carcor, y con
ellos su ejército como de quince mil hombres,
todos los que habían quedado de todo el ejército
de los hijos del oriente; pues habían caído ciento veinte mil hombres que sacaban espada.
11 Subiendo, pues, Gedeón por el camino de los
que habitaban en tiendas al oriente de Noba y
de Jogbeha, atacó el campamento, porque el
ejército no estaba en guardia.
12 Y huyendo Zeba y Zalmuna, él los siguió; y
prendió a los dos reyes de Madián, Zeba y Zalmuna, y llenó de espanto a todo el ejército.
13 Entonces Gedeón hijo de Joás volvió de la
batalla antes que el sol subiese,
14 y tomó a un joven de los hombres de Sucot, y
le preguntó; y él le dio por escrito los nombres
de los principales y de los ancianos de Sucot, setenta y siete varones.
15 Y entrando a los hombres de Sucot, dijo: He
aquí a Zeba y a Zalmuna, acerca de los cuales
me zaheristeis, diciendo: ¿Están ya en tu mano
Zeba y Zalmuna, para que demos nosotros pan
a tus hombres cansados?
16 Y tomó a los ancianos de la ciudad, y espinos
y abrojos del desierto, y castigó con ellos a los
de Sucot.
17 Asimismo derribó la torre de Peniel, y mató a
los de la ciudad.
18 Luego dijo a Zeba y a Zalmuna: ¿Qué aspecto tenían aquellos hombres que matasteis en
Tabor? Y ellos respondieron: Como tú, así eran
ellos; cada uno parecía hijo de rey.
19 Y él dijo: Mis hermanos eran, hijos de mi madre. ¡Vive Jehová, que si les hubierais conservado la vida, yo no os mataría!
20 Y dijo a Jeter su primogénito: Levántate, y
mátalos. Pero el joven no desenvainó su espada,
porque tenía temor, pues era aún muchacho.
21 Entonces dijeron Zeba y Zalmuna: Levántate
tú, y mátanos; porque como es el varón, tal es su
valentía. Y Gedeón se levantó, y mató a Zeba y a
Zalmuna; y tomó los adornos de lunetas que sus
camellos traían al cuello.
22 Y los israelitas dijeron a Gedeón: Sé nuestro señor, tú, y tu hijo, y tu nieto; pues que nos
has librado de mano de Madián.
23 Mas Gedeón respondió: No seré señor sobre
vosotros, ni mi hijo os señoreará: Jehová señoreará sobre vosotros.
24 Y les dijo Gedeón: Quiero haceros una petición; que cada uno me dé los zarcillos de su botín (pues traían zarcillos de oro, porque eran
ismaelitas).
25 Ellos respondieron: De buena gana te los daremos. Y tendiendo un manto, echó allí cada
uno los zarcillos de su botín.
26 Y fue el peso de los zarcillos de oro que él pidió, mil setecientos siclos de oro, sin las planchas y joyeles y vestidos de púrpura que traían
los reyes de Madián, y sin los collares que traían
sus camellos al cuello.
27 Y Gedeón hizo de ellos un efod, el cual hizo
guardar en su ciudad de Ofra; y todo Israel se
prostituyó tras de ese efod en aquel lugar; y fue
tropezadero a Gedeón y a su casa.
28 Así fue subyugado Madián delante de los hijos de Israel, y nunca más volvió a levantar cabeza. Y reposó la tierra cuarenta años en los
días de Gedeón.
29 Luego Jerobaal hijo de Joás fue y habitó en
su casa.
30 Y tuvo Gedeón setenta hijos que constituyeron
su descendencia, porque tuvo muchas mujeres.
31 También su concubina que estaba en Siquem
le dio un hijo, y le puso por nombre Abimelec.
32 Y murió Gedeón hijo de Joás en buena vejez,
y fue sepultado en el sepulcro de su padre Joás,
en Ofra de los abiezeritas.

33 Pero aconteció que cuando murió Gedeón,
los hijos de Israel volvieron a prostituirse yendo
tras los baales, y escogieron por dios a Baal-berit.
34 Y no se acordaron los hijos de Israel de Jeho-
vá su Dios, que los había librado de todos sus
enemigos en derredor;
35 ni se mostraron agradecidos con la casa de
Jerobaal, el cual es Gedeón, conforme a todo el
bien que él había hecho a Israel.

Reinado de Abimelec

9 1 Abimelec hijo de Jerobaal fue a Siquem, a
los hermanos de su madre, y habló con
ellos, y con toda la familia de la casa del padre
de su madre, diciendo:
2 Yo os ruego que digáis en oídos de todos los de
Siquem: ¿Qué os parece mejor, que os gobiernen
setenta hombres, todos los hijos de Jerobaal, o
que os gobierne un solo hombre? Acordaos que
yo soy hueso vuestro, y carne vuestra.
3 Y hablaron por él los hermanos de su madre
en oídos de todos los de Siquem todas estas pa-
labras; y el corazón de ellos se inclinó a favor de
Abimelec, porque decían: Nuestro hermano es.
4 Y le dieron setenta siclos de plata del templo de
Baal-berit, con los cuales Abimelec alquiló hom-
bres ociosos y vagabundos, que le siguieron.
5 Y viniendo a la casa de su padre en Ofra, mató
a sus hermanos los hijos de Jerobaal, setenta va-
rones, sobre una misma piedra; pero quedó Jo-
tam el hijo menor de Jerobaal, que se escondió.
6 Entonces se juntaron todos los de Siquem con
toda la casa de Milo, y fueron y eligieron a Abi-
melec por rey, cerca de la llanura del pilar que
estaba en Siquem.
7 Cuando se lo dijeron a Jotam, fue y se puso
en la cumbre del monte de Gerizim, y alzando
su voz clamó y les dijo: Oídme, varones de Si-
quem, y así os oiga Dios.
8 Fueron una vez los árboles a elegir rey sobre
sí, y dijeron al olivo: Reina sobre nosotros.
9 Mas el olivo respondió: ¿He de dejar mi aceite,
con el cual en mí se honra a Dios y a los hom-
bres, para ir a ser grande sobre los árboles?
10 Y dijeron los árboles a la higuera: Anda tú,
reina sobre nosotros.
11 Y respondió la higuera: ¿He de dejar mi dul-
zura y mi buen fruto, para ir a ser grande sobre
los árboles?
12 Dijeron luego los árboles a la vid: Pues ven
tú, reina sobre nosotros.
13 Y la vid les respondió: ¿He de dejar mi mosto,
que alegra a Dios y a los hombres, para ir a ser
grande sobre los árboles?
14 Dijeron entonces todos los árboles a la zarza:
Anda tú, reina sobre nosotros.
15 Y la zarza respondió a los árboles: Si en ver-
dad me elegís por rey sobre vosotros, venid,
abrigaos bajo de mi sombra; y si no, salga fuego
de la zarza y devore a los cedros del Líbano.
16 Ahora, pues, si con verdad y con integridad
habéis procedido en hacer rey a Abimelec, y si
habéis actuado bien con Jerobaal y con su casa,
y si le habéis pagado conforme a la obra de sus
manos
17 (porque mi padre peleó por vosotros, y expu-
so su vida al peligro para libraros de mano de
Madián,
18 y vosotros os habéis levantado hoy contra la
casa de mi padre, y habéis matado a sus hijos, se-
tenta varones sobre una misma piedra; y habéis
puesto por rey sobre los de Siquem a Abimelec
hijo de su criada, por cuanto es vuestro hermano);
19 si con verdad y con integridad habéis proce-
dido hoy con Jerobaal y con su casa, que gocéis
de Abimelec, y él goce de vosotros.
20 Y si no, fuego salga de Abimelec, que consu-
ma a los de Siquem y a la casa de Milo, y fuego
salga de los de Siquem y de la casa de Milo, que
consuma a Abimelec.
21 Y escapó Jotam y huyó, y se fue a Beer, y allí
se estuvo por miedo de Abimelec su hermano.
22 Después que Abimelec hubo dominado so-
bre Israel tres años,
23 envió Dios un mal espíritu entre Abimelec y
los hombres de Siquem, y los de Siquem se le-
vantaron contra Abimelec;
24 para que la violencia hecha a los setenta hijos
de Jerobaal, y la sangre de ellos, recayera sobre
Abimelec su hermano que los mató, y sobre los
hombres de Siquem que fortalecieron las manos
de él para matar a sus hermanos.
25 Y los de Siquem pusieron en las cumbres de
los montes asechadores que robaban a todos los
que pasaban junto a ellos por el camino; de lo
cual fue dado aviso a Abimelec.
26 Y Gaal hijo de Ebed vino con sus hermanos
y se pasaron a Siquem, y los de Siquem pusieron
en él su confianza.
27 Y saliendo al campo, vendimiaron sus viñe-
dos, y pisaron la uva e hicieron fiesta; y entrando
en el templo de sus dioses, comieron y bebieron,
y maldijeron a Abimelec.
28 Y Gaal hijo de Ebed dijo: ¿Quién es Abimelec,
y qué es Siquem, para que nosotros le sirvamos?
¿No es hijo de Jerobaal, y no es Zebul ayudante
suyo? Servid a los varones de Hamor padre de
Siquem; pero ¿por qué le hemos de servir a él?
29 Ojalá estuviera este pueblo bajo mi mano,
pues yo arrojaría luego a Abimelec, y diría a
Abimelec: Aumenta tus ejércitos, y sal.
30 Cuando Zebul gobernador de la ciudad
oyó las palabras de Gaal hijo de Ebed, se encen-
dió en ira,
31 y envió secretamente mensajeros a Abimelec,
diciendo: He aquí que Gaal hijo de Ebed y sus

hermanos han venido a Siquem, y he aquí que
están sublevando la ciudad contra ti.
32 Levántate, pues, ahora de noche, tú y el pue-
blo que está contigo, y pon emboscadas en el
campo.
33 Y por la mañana al salir el sol madruga y cae
sobre la ciudad; y cuando él y el pueblo que está
con él salgan contra ti, tú harás con él según se
presente la ocasión.
34 Levantándose, pues, de noche Abimelec y
todo el pueblo que con él estaba, pusieron em-
boscada contra Siquem con cuatro compañías.
35 Y Gaal hijo de Ebed salió, y se puso a la entra-
da de la puerta de la ciudad; y Abimelec y todo
el pueblo que con él estaba, se levantaron de la
emboscada.
36 Y viendo Gaal al pueblo, dijo a Zebul: He allí
gente que desciende de las cumbres de los mon-
tes. Y Zebul le respondió: Tú ves la sombra de
los montes como si fueran hombres.
37 Volvió Gaal a hablar, y dijo: He allí gente que
desciende de en medio de la tierra, y una tropa
viene por el camino de la encina de los adivinos.
38 Y Zebul le respondió: ¿Dónde está ahora tu
boca con que decías: ¿Quién es Abimelec para
que le sirvamos? ¿No es este el pueblo que te-
nías en poco? Sal pues, ahora, y pelea con él.
39 Y Gaal salió delante de los de Siquem, y peleó
contra Abimelec.
40 Mas lo persiguió Abimelec, y Gaal huyó de-
lante de él; y cayeron heridos muchos hasta la
entrada de la puerta.
41 Y Abimelec se quedó en Aruma; y Zebul echó
fuera a Gaal y a sus hermanos, para que no mo-
rasen en Siquem.
42 Aconteció el siguiente día, que el pueblo
salió al campo; y fue dado aviso a Abimelec,
43 el cual, tomando gente, la repartió en tres
compañías, y puso emboscadas en el campo; y
cuando miró, he aquí el pueblo que salía de la
ciudad; y se levantó contra ellos y los atacó.
44 Porque Abimelec y la compañía que estaba
con él acometieron con ímpetu, y se detuvieron
a la entrada de la puerta de la ciudad, y las otras
dos compañías acometieron a todos los que es-
taban en el campo, y los mataron.
45 Y Abimelec peleó contra la ciudad todo aquel
día, y tomó la ciudad, y mató al pueblo que en
ella estaba; y asoló la ciudad, y la sembró de sal.
46 Cuando oyeron esto todos los que estaban
en la torre de Siquem, se metieron en la fortale-
za del templo del dios Berit.
47 Y fue dado aviso a Abimelec, de que estaban
reunidos todos los hombres de la torre de Si-
quem.
48 Entonces subió Abimelec al monte de Sal-
món, él y toda la gente que con él estaba; y
tomó Abimelec un hacha en su mano, y cortó
una rama de los árboles, y levantándola se la
puso sobre sus hombros, diciendo al pueblo que
estaba con él: Lo que me habéis visto hacer,
apresuraos a hacerlo como yo.
49 Y todo el pueblo cortó también cada uno su
rama, y siguieron a Abimelec, y las pusieron
junto a la fortaleza, y prendieron fuego con ellas
a la fortaleza, de modo que todos los de la torre
de Siquem murieron, como unos mil hombres y
mujeres.
50 Después Abimelec se fue a Tebes, y puso si-
tio a Tebes, y la tomó.
51 En medio de aquella ciudad había una torre
fortificada, a la cual se retiraron todos los hom-
bres y las mujeres, y todos los señores de la ciu-
dad; y cerrando tras sí las puertas, se subieron
al techo de la torre.
52 Y vino Abimelec a la torre, y combatiéndola,
llegó hasta la puerta de la torre para prenderle
fuego.
53 Mas una mujer dejó caer un pedazo de una
rueda de molino sobre la cabeza de Abimelec, y
le rompió el cráneo.
54 Entonces llamó apresuradamente a su escu-
dero, y le dijo: Saca tu espada y mátame, para
que no se diga de mí: Una mujer lo mató. Y su
escudero le atravesó, y murió.
55 Y cuando los israelitas vieron muerto a Abi-
melec, se fueron cada uno a su casa.
56 Así pagó Dios a Abimelec el mal que hizo con-
tra su padre, matando a sus setenta hermanos.
57 Y todo el mal de los hombres de Siquem lo
hizo Dios volver sobre sus cabezas, y vino sobre
ellos la maldición de Jotam hijo de Jerobaal.

Tola y Jair juzgan a Israel

10 1 Después de Abimelec, se levantó para
librar a Israel Tola hijo de Fúa, hijo de
Dodo, varón de Isacar, el cual habitaba en Sa-
mir en el monte de Efraín.
2 Y juzgó a Israel veintitrés años; y murió, y fue
sepultado en Samir.
3 Tras él se levantó Jair galaadita, el cual juz-
gó a Israel veintidós años.
4 Este tuvo treinta hijos, que cabalgaban sobre
treinta asnos; y tenían treinta ciudades, que se
llaman las ciudades de Jair hasta hoy, las cuales
están en la tierra de Galaad.
5 Y murió Jair, y fue sepultado en Camón.

Jefté liberta a Israel de los amonitas

6 Pero los hijos de Israel volvieron a hacer lo
malo ante los ojos de Jehová, y sirvieron a los
baales y a Astarot, a los dioses de Siria, a los dio-
ses de Sidón, a los dioses de Moab, a los dioses
de los hijos de Amón y a los dioses de los filis-
teos; y dejaron a Jehová, y no le sirvieron.
7 Y se encendió la ira de Jehová contra Israel, y

los entregó en mano de los filisteos, y en mano
de los hijos de Amón;
8 los cuales oprimieron y quebrantaron a los hi-
jos de Israel en aquel tiempo dieciocho años, a
todos los hijos de Israel que estaban al otro lado
del Jordán en la tierra del amorreo, que está en
Galaad.
9 Y los hijos de Amón pasaron el Jordán para ha-
cer también guerra contra Judá y contra Benja-
mín y la casa de Efraín, y fue afligido Israel en
gran manera.
10 Entonces los hijos de Israel clamaron a
Jehová, diciendo: Nosotros hemos pecado con-
tra ti; porque hemos dejado a nuestro Dios, y
servido a los baales.
11 Y Jehová respondió a los hijos de Israel: ¿No
habéis sido oprimidos de Egipto, de los amo-
rreos, de los amonitas, de los filisteos,
12 de los de Sidón, de Amalec y de Maón, y cla-
mando a mí no os libré de sus manos?
13 Mas vosotros me habéis dejado, y habéis servi-
do a dioses ajenos; por tanto, yo no os libraré más.
14 Andad y clamad a los dioses que os habéis
elegido; que os libren ellos en el tiempo de vues-
tra aflicción.
15 Y los hijos de Israel respondieron a Jehová:
Hemos pecado; haz tú con nosotros como bien
te parezca; sólo te rogamos que nos libres en
este día.
16 Y quitaron de entre sí los dioses ajenos, y sir-
vieron a Jehová; y él fue angustiado a causa de
la aflicción de Israel.
17 Entonces se juntaron los hijos de Amón, y
acamparon en Galaad; se juntaron asimismo los
hijos de Israel, y acamparon en Mizpa.
18 Y los príncipes y el pueblo de Galaad dijeron
el uno al otro: ¿Quién comenzará la batalla con-
tra los hijos de Amón? Será caudillo sobre todos
los que habitan en Galaad.

11 1 Jefté galaadita era esforzado y valero-
so; era hijo de una mujer ramera, y el
padre de Jefté era Galaad.
2 Pero la mujer de Galaad le dio hijos, los cuales,
cuando crecieron, echaron fuera a Jefté, dicién-
dole: No heredarás en la casa de nuestro padre,
porque eres hijo de otra mujer.
3 Huyó, pues, Jefté de sus hermanos, y habitó
en tierra de Tob; y se juntaron con él hombres
ociosos, los cuales salían con él.
4 Aconteció andando el tiempo, que los hijos
de Amón hicieron guerra contra Israel.
5 Y cuando los hijos de Amón hicieron guerra
contra Israel, los ancianos de Galaad fueron a
traer a Jefté de la tierra de Tob;
6 y dijeron a Jefté: Ven, y serás nuestro jefe, para
que peleemos contra los hijos de Amón.
7 Jefté respondió a los ancianos de Galaad: ¿No
me aborrecisteis vosotros, y me echasteis de la
casa de mi padre? ¿Por qué, pues, venís ahora a
mí cuando estáis en aflicción?
8 Y los ancianos de Galaad respondieron a Jefté:
Por esta misma causa volvemos ahora a ti, para
que vengas con nosotros y pelees contra los hi-
jos de Amón, y seas caudillo de todos los que
moramos en Galaad.
9 Jefté entonces dijo a los ancianos de Galaad:
Si me hacéis volver para que pelee contra los hi-
jos de Amón, y Jehová los entregare delante de
mí, ¿seré yo vuestro caudillo?
10 Y los ancianos de Galaad respondieron a Jef-
té: Jehová sea testigo entre nosotros, si no hicié-
remos como tú dices.
11 Entonces Jefté vino con los ancianos de Ga-
laad, y el pueblo lo eligió por su caudillo y jefe; y
Jefté habló todas sus palabras delante de Jeho-
vá en Mizpa.
12 Y envió Jefté mensajeros al rey de los amo-
nitas, diciendo: ¿Qué tienes tú conmigo, que
has venido a mí para hacer guerra contra mi
tierra?
13 El rey de los amonitas respondió a los mensa-
jeros de Jefté: Por cuanto Israel tomó mi tierra,
cuando subió de Egipto, desde Arnón hasta Ja-
boc y el Jordán; ahora, pues, devuélvela en paz.
14 Y Jefté volvió a enviar otros mensajeros al rey
de los amonitas,
15 para decirle: Jefté ha dicho así: Israel no
tomó tierra de Moab, ni tierra de los hijos de
Amón.
16 Porque cuando Israel subió de Egipto, andu-
vo por el desierto hasta el Mar Rojo, y llegó a
Cades.
17 Entonces Israel envió mensajeros al rey de
Edom, diciendo: Yo te ruego que me dejes pasar
por tu tierra; pero el rey de Edom no los escu-
chó.[a] Envió también al rey de Moab, el cual tam-
poco quiso; se quedó, por tanto, Israel en Cades.
18 Después, yendo por el desierto, rodeó la tie-
rra de Edom[b] y la tierra de Moab, y viniendo por
el lado oriental de la tierra de Moab, acampó al
otro lado de Arnón, y no entró en territorio de
Moab; porque Arnón es territorio de Moab.
19 Y envió Israel mensajeros a Sehón rey de los
amorreos, rey de Hesbón, diciéndole: Te ruego
que me dejes pasar por tu tierra hasta mi lugar.
20 Mas Sehón no se fio de Israel para darle paso
por su territorio, sino que reuniendo Sehón toda
su gente, acampó en Jahaza, y peleó contra Is-
rael.
21 Pero Jehová Dios de Israel entregó a Sehón y
a todo su pueblo en mano de Israel, y los derro-
tó; y se apoderó Israel de toda la tierra de los
amorreos que habitaban en aquel país.
22 Se apoderaron también de todo el territorio

11.17: [a] Nm. 20.14-21. **11.18:** [b] Nm. 21.4.

del amorreo desde Arnón hasta Jaboc, y desde
el desierto hasta el Jordán.[c]
23 Así que, lo que Jehová Dios de Israel despose-
yó al amorreo delante de su pueblo Israel, ¿pre-
tendes tú apoderarte de él?
24 Lo que te hiciere poseer Quemos tu dios, ¿no
lo poseerías tú? Así, todo lo que desposeyó
Jehová nuestro Dios delante de nosotros, noso-
tros lo poseeremos.
25 ¿Eres tú ahora mejor en algo que Balac hijo
de Zipor, rey de Moab?[d] ¿Tuvo él cuestión con-
tra Israel, o hizo guerra contra ellos?
26 Cuando Israel ha estado habitando por tres-
cientos años a Hesbón y sus aldeas, a Aroer y sus
aldeas, y todas las ciudades que están en el te-
rritorio de Arnón, ¿por qué no las habéis reco-
brado en ese tiempo?
27 Así que, yo nada he pecado contra ti, mas tú
haces mal conmigo peleando contra mí. Jehová,
que es el juez, juzgue hoy entre los hijos de Is-
rael y los hijos de Amón.
28 Mas el rey de los hijos de Amón no atendió a
las razones que Jefté le envió.
29 Y el Espíritu de Jehová vino sobre Jefté; y
pasó por Galaad y Manasés, y de allí pasó a Miz-
pa de Galaad, y de Mizpa de Galaad pasó a los
hijos de Amón.
30 Y Jefté hizo voto a Jehová, diciendo: Si entre-
gares a los amonitas en mis manos,
31 cualquiera que saliere de las puertas de mi
casa a recibirme, cuando regrese victorioso de
los amonitas, será de Jehová, y lo ofreceré en
holocausto.
32 Y fue Jefté hacia los hijos de Amón para pe-
lear contra ellos; y Jehová los entregó en su
mano.
33 Y desde Aroer hasta llegar a Minit, veinte ciu-
dades, y hasta la vega de las viñas, los derrotó
con muy grande estrago. Así fueron sometidos
los amonitas por los hijos de Israel.
34 Entonces volvió Jefté a Mizpa, a su casa; y
he aquí su hija que salía a recibirle con panderos
y danzas, y ella era sola, su hija única; no tenía
fuera de ella hijo ni hija.
35 Y cuando él la vio, rompió sus vestidos, di-
ciendo: ¡Ay, hija mía! en verdad me has abatido,
y tú misma has venido a ser causa de mi dolor;
porque le he dado palabra a Jehová, y no podré
retractarme.[e]
36 Ella entonces le respondió: Padre mío, si le
has dado palabra a Jehová, haz de mí conforme
a lo que prometiste, ya que Jehová ha hecho
venganza en tus enemigos los hijos de Amón.
37 Y volvió a decir a su padre: Concédeme esto:
déjame por dos meses que vaya y descienda por
los montes, y llore mi virginidad, yo y mis com-
pañeras.
38 El entonces dijo: Ve. Y la dejó por dos meses.
Y ella fue con sus compañeras, y lloró su virgini-
dad por los montes.
39 Pasados los dos meses volvió a su padre,
quien hizo de ella conforme al voto que había
hecho. Y ella nunca conoció varón.
40 Y se hizo costumbre en Israel, que de año en
año fueran las doncellas de Israel a endechar a
la hija de Jefté galaadita, cuatro días en el año.

12 1 Entonces se reunieron los varones de
Efraín, y pasaron hacia el norte, y dije-
ron a Jefté: ¿Por qué fuiste a hacer guerra con-
tra los hijos de Amón, y no nos llamaste para
que fuéramos contigo? Nosotros quemaremos
tu casa contigo.
2 Y Jefté les respondió: Yo y mi pueblo teníamos
una gran contienda con los hijos de Amón, y os
llamé, y no me defendisteis de su mano.
3 Viendo, pues, que no me defendíais, arriesgué
mi vida, y pasé contra los hijos de Amón, y Jeho-
vá me los entregó; ¿por qué, pues, habéis subi-
do hoy contra mí para pelear conmigo?
4 Entonces reunió Jefté a todos los varones de
Galaad, y peleó contra Efraín; y los de Galaad
derrotaron a Efraín, porque habían dicho: Voso-
tros sois fugitivos de Efraín, vosotros los galaa-
ditas, en medio de Efraín y de Manasés.
5 Y los galaaditas tomaron los vados del Jordán
a los de Efraín; y aconteció que cuando decían
los fugitivos de Efraín: Quiero pasar, los de Ga-
laad les preguntaban: ¿Eres tú efrateo? Si él
respondía: No,
6 entonces le decían: Ahora, pues, di Shibolet. Y
él decía Sibolet; porque no podía pronunciarlo
correctamente. Entonces le echaban mano, y le
degollaban junto a los vados del Jordán. Y mu-
rieron entonces de los de Efraín cuarenta y dos
mil.
7 Y Jefté juzgó a Israel seis años; y murió Jefté
galaadita, y fue sepultado en una de las ciuda-
des de Galaad.

Ibzán, Elón y Abdón, jueces de Israel

8 Después de él juzgó a Israel Ibzán de Belén,
9 el cual tuvo treinta hijos y treinta hijas, las
cuales casó fuera, y tomó de fuera treinta hijas
para sus hijos; y juzgó a Israel siete años.
10 Y murió Ibzán, y fue sepultado en Belén.
11 Después de él juzgó a Israel Elón zabulonita,
el cual juzgó a Israel diez años.
12 Y murió Elón zabulonita, y fue sepultado en
Ajalón en la tierra de Zabulón.
13 Después de él juzgó a Israel Abdón hijo de Hi-
lel, piratonita.
14 Este tuvo cuarenta hijos y treinta nietos, que
cabalgaban sobre setenta asnos; y juzgó a Israel
ocho años.

11.19-22: [c] Nm. 21.21-24. **11.25:** [d] Nm. 22.1-6.
11.35: [e] Nm. 30.2.

15 Y murió Abdón hijo de Hilel piratonita, y fue
sepultado en Piratón, en la tierra de Efraín, en el
monte de Amalec.

Nacimiento de Sansón

13 1 Los hijos de Israel volvieron a hacer lo
malo ante los ojos de Jehová; y Jehová
los entregó en mano de los filisteos por cuaren-
ta años.
2 Y había un hombre de Zora, de la tribu de Dan,
el cual se llamaba Manoa; y su mujer era estéril,
y nunca había tenido hijos.
3 A esta mujer apareció el ángel de Jehová, y le
dijo: He aquí que tú eres estéril, y nunca has te-
nido hijos; pero concebirás y darás a luz un hijo.
4 Ahora, pues, no bebas vino ni sidra, ni comas
cosa inmunda.
5 Pues he aquí que concebirás y darás a luz un
hijo; y navaja no pasará sobre su cabeza, porque
el niño será nazareo[a] a Dios desde su nacimien-
to, y él comenzará a salvar a Israel de mano de
los filisteos.
6 Y la mujer vino y se lo contó a su marido, di-
ciendo: Un varón de Dios vino a mí, cuyo aspec-
to era como el aspecto de un ángel de Dios,
temible en gran manera; y no le pregunté de
dónde ni quién era, ni tampoco él me dijo su
nombre.
7 Y me dijo: He aquí que tú concebirás, y darás a
luz un hijo; por tanto, ahora no bebas vino, ni si-
dra, ni comas cosa inmunda, porque este niño
será nazareo a Dios desde su nacimiento hasta
el día de su muerte.
8 Entonces oró Manoa a Jehová, y dijo: Ah,
Señor mío, yo te ruego que aquel varón de Dios
que enviaste, vuelva ahora a venir a nosotros, y
nos enseñe lo que hayamos de hacer con el niño
que ha de nacer.
9 Y Dios oyó la voz de Manoa; y el ángel de Dios
volvió otra vez a la mujer, estando ella en el
campo; mas su marido Manoa no estaba con
ella.
10 Y la mujer corrió prontamente a avisarle a su
marido, diciéndole: Mira que se me ha apareci-
do aquel varón que vino a mí el otro día.
11 Y se levantó Manoa, y siguió a su mujer; y
vino al varón y le dijo: ¿Eres tú aquel varón que
habló a la mujer? Y él dijo: Yo soy.
12 Entonces Manoa dijo: Cuando tus palabras se
cumplan, ¿cómo debe ser la manera de vivir del
niño, y qué debemos hacer con él?
13 Y el ángel de Jehová respondió a Manoa: La
mujer se guardará de todas las cosas que yo le
dije.
14 No tomará nada que proceda de la vid; no be-
berá vino ni sidra, y no comerá cosa inmunda;
guardará todo lo que le mandé.
15 Entonces Manoa dijo al ángel de Jehová:
Te ruego nos permitas detenerte, y te preparare-
mos un cabrito.
16 Y el ángel de Jehová respondió a Manoa: Aun-
que me detengas, no comeré de tu pan; mas si
quieres hacer holocausto, ofrécelo a Jehová. Y no
sabía Manoa que aquél fuese ángel de Jehová.
17 Entonces dijo Manoa al ángel de Jehová:
¿Cuál es tu nombre, para que cuando se cumpla
tu palabra te honremos?
18 Y el ángel de Jehová respondió: ¿Por qué pre-
guntas por mi nombre, que es admirable?
19 Y Manoa tomó un cabrito y una ofrenda, y los
ofreció sobre una peña a Jehová; y el ángel hizo
milagro ante los ojos de Manoa y de su mujer.
20 Porque aconteció que cuando la llama subía
del altar hacia el cielo, el ángel de Jehová subió
en la llama del altar ante los ojos de Manoa y de
su mujer, los cuales se postraron en tierra.
21 Y el ángel de Jehová no volvió a aparecer a
Manoa ni a su mujer. Entonces conoció Manoa
que era el ángel de Jehová.
22 Y dijo Manoa a su mujer: Ciertamente mori-
remos, porque a Dios hemos visto.
23 Y su mujer le respondió: Si Jehová nos quisie-
ra matar, no aceptaría de nuestras manos el ho-
locausto y la ofrenda, ni nos hubiera mostrado
todas estas cosas, ni ahora nos habría anuncia-
do esto.
24 Y la mujer dio a luz un hijo, y le puso por nom-
bre Sansón. Y el niño creció, y Jehová lo bendijo.
25 Y el Espíritu de Jehová comenzó a manifes-
tarse en él en los campamentos de Dan, entre
Zora y Estaol.

Sansón y la mujer filistea de Timnat

14 1 Descendió Sansón a Timnat, y vio en
Timnat a una mujer de las hijas de los fi-
listeos.
2 Y subió, y lo declaró a su padre y a su madre,
diciendo: Yo he visto en Timnat una mujer de
las hijas de los filisteos; os ruego que me la to-
méis por mujer.
3 Y su padre y su madre le dijeron: ¿No hay mu-
jer entre las hijas de tus hermanos, ni en todo
nuestro pueblo, para que vayas tú a tomar mu-
jer de los filisteos incircuncisos? Y Sansón res-
pondió a su padre: Tómame ésta por mujer,
porque ella me agrada.
4 Mas su padre y su madre no sabían que esto
venía de Jehová, porque él buscaba ocasión
contra los filisteos; pues en aquel tiempo los fi-
listeos dominaban sobre Israel.
5 Y Sansón descendió con su padre y con su
madre a Timnat; y cuando llegaron a las viñas
de Timnat, he aquí un león joven que venía ru-
giendo hacia él.

13.5: [a] Nm. 6.1-5.

6 Y el Espíritu de Jehová vino sobre Sansón, quien despedazó al león como quien despedaza un cabrito, sin tener nada en su mano; y no declaró ni a su padre ni a su madre lo que había hecho.

7 Descendió, pues, y habló a la mujer; y ella agradó a Sansón.

8 Y volviendo después de algunos días para tomarla, se apartó del camino para ver el cuerpo muerto del león; y he aquí que en el cuerpo del león había un enjambre de abejas, y un panal de miel.

9 Y tomándolo en sus manos, se fue comiéndolo por el camino; y cuando alcanzó a su padre y a su madre, les dio también a ellos que comiesen; mas no les descubrió que había tomado aquella miel del cuerpo del león.

10 Vino, pues, su padre adonde estaba la mujer, y Sansón hizo allí banquete; porque así solían hacer los jóvenes.

11 Y aconteció que cuando ellos le vieron, tomaron treinta compañeros para que estuviesen con él.

12 Y Sansón les dijo: Yo os propondré ahora un enigma, y si en los siete días del banquete me lo declaráis y descifráis, yo os daré treinta vestidos de lino y treinta vestidos de fiesta.

13 Mas si no me lo podéis declarar, entonces vosotros me daréis a mí los treinta vestidos de lino y los vestidos de fiesta. Y ellos respondieron: Propón tu enigma, y lo oiremos.

14 Entonces les dijo:

Del devorador salió comida,
Y del fuerte salió dulzura.

Y ellos no pudieron declararle el enigma en tres días.

15 Al séptimo día dijeron a la mujer de Sansón: Induce a tu marido a que nos declare este enigma, para que no te quememos a ti y a la casa de tu padre. ¿Nos habéis llamado aquí para despojarnos?

16 Y lloró la mujer de Sansón en presencia de él, y dijo: Solamente me aborreces, y no me amas, pues no me declaras el enigma que propusiste a los hijos de mi pueblo. Y él respondió: He aquí que ni a mi padre ni a mi madre lo he declarado, ¿y te lo había de declarar a ti?

17 Y ella lloró en presencia de él los siete días que ellos tuvieron banquete; mas al séptimo día él se lo declaró, porque le presionaba; y ella lo declaró a los hijos de su pueblo.

18 Al séptimo día, antes que el sol se pusiese, los de la ciudad le dijeron:

¿Qué cosa más dulce que la miel?
¿Y qué cosa más fuerte que el león?

Y él les respondió:

Si no araseis con mi novilla,
Nunca hubierais descubierto mi enigma.

19 Y el Espíritu de Jehová vino sobre él, y descendió a Ascalón y mató a treinta hombres de ellos; y tomando sus despojos, dio las mudas de vestidos a los que habían explicado el enigma; y encendido en enojo se volvió a la casa de su padre.

20 Y la mujer de Sansón fue dada a su compañero, al cual él había tratado como su amigo.

15 1 Aconteció después de algún tiempo, que en los días de la siega del trigo Sansón visitó a su mujer con un cabrito, diciendo: Entraré a mi mujer en el aposento. Mas el padre de ella no lo dejó entrar.

2 Y dijo el padre de ella: Me persuadí de que la aborrecías, y la di a tu compañero. Mas su hermana menor, ¿no es más hermosa que ella? Tómala, pues, en su lugar.

3 Entonces le dijo Sansón: Sin culpa seré esta vez respecto de los filisteos, si mal les hiciere.

4 Y fue Sansón y cazó trescientas zorras, y tomó teas, y juntó cola con cola, y puso una tea entre cada dos colas.

5 Después, encendiendo las teas, soltó las zorras en los sembrados de los filisteos, y quemó las mieses amontonadas y en pie, viñas y olivares.

6 Y dijeron los filisteos: ¿Quién hizo esto? Y les contestaron: Sansón, el yerno del timnateo, porque le quitó su mujer y la dio a su compañero. Y vinieron los filisteos y la quemaron a ella y a su padre.

7 Entonces Sansón les dijo: Ya que así habéis hecho, juro que me vengaré de vosotros, y después desistiré.

8 Y los hirió cadera y muslo con gran mortandad; y descendió y habitó en la cueva de la peña de Etam.

Sansón derrota a los filisteos en Lehi

9 Entonces los filisteos subieron y acamparon en Judá, y se extendieron por Lehi.

10 Y los varones de Judá les dijeron: ¿Por qué habéis subido contra nosotros? Y ellos respondieron: A prender a Sansón hemos subido, para hacerle como él nos ha hecho.

11 Y vinieron tres mil hombres de Judá a la cueva de la peña de Etam, y dijeron a Sansón: ¿No sabes tú que los filisteos dominan sobre nosotros? ¿Por qué nos has hecho esto? Y él les respondió: Yo les he hecho como ellos me hicieron.

12 Ellos entonces le dijeron: Nosotros hemos venido para prenderte y entregarte en mano de los filisteos. Y Sansón les respondió: Juradme que vosotros no me mataréis.

13 Y ellos le respondieron, diciendo: No; solamente te prenderemos, y te entregaremos en sus manos; mas no te mataremos. Entonces le ataron con dos cuerdas nuevas, y le hicieron venir de la peña.

14 Y así que vino hasta Lehi, los filisteos salie-

ron gritando a su encuentro; pero el Espíritu de Jehová vino sobre él, y las cuerdas que estaban en sus brazos se volvieron como lino quemado con fuego, y las ataduras se cayeron de sus manos.

15 Y hallando una quijada de asno fresca aún, extendió la mano y la tomó, y mató con ella a mil hombres.

16 Entonces Sansón dijo:

Con la quijada de un asno, un montón,
dos montones;
Con la quijada de un asno maté a mil
hombres.

17 Y acabando de hablar, arrojó de su mano la quijada, y llamó a aquel lugar Ramat-lehi.[3]

18 Y teniendo gran sed, clamó luego a Jehová, y dijo: Tú has dado esta grande salvación por mano de tu siervo; ¿y moriré yo ahora de sed, y caeré en mano de los incircuncisos?

19 Entonces abrió Dios la cuenca que hay en Lehi; y salió de allí agua, y él bebió, y recobró su espíritu, y se reanimó. Por esto llamó el nombre de aquel lugar, En-hacore,[4] el cual está en Lehi, hasta hoy.

20 Y juzgó a Israel en los días de los filisteos veinte años.

Sansón en Gaza

16 1 Fue Sansón a Gaza, y vio allí a una mujer ramera, y se llegó a ella.

2 Y fue dicho a los de Gaza: Sansón ha venido acá. Y lo rodearon, y acecharon toda aquella noche a la puerta de la ciudad; y estuvieron callados toda aquella noche, diciendo: Hasta la luz de la mañana; entonces lo mataremos.

3 Mas Sansón durmió hasta la medianoche; y a la medianoche se levantó, y tomando las puertas de la ciudad con sus dos pilares y su cerrojo, se las echó al hombro, y se fue y las subió a la cumbre del monte que está delante de Hebrón.

Sansón y Dalila

4 Después de esto aconteció que se enamoró de una mujer en el valle de Sorec, la cual se llamaba Dalila.

5 Y vinieron a ella los príncipes de los filisteos, y le dijeron: Engáñale e infórmate en qué consiste su gran fuerza, y cómo lo podríamos vencer, para que lo atemos y lo dominemos; y cada uno de nosotros te dará mil cien siclos de plata.

6 Y Dalila dijo a Sansón: Yo te ruego que me declares en qué consiste tu gran fuerza, y cómo podrás ser atado para ser dominado.

7 Y le respondió Sansón: Si me ataren con siete mimbres verdes que aún no estén enjutos, entonces me debilitaré y seré como cualquiera de los hombres.

8 Y los príncipes de los filisteos le trajeron siete mimbres verdes que aún no estaban enjutos, y ella le ató con ellos.

9 Y ella tenía hombres en acecho en el aposento. Entonces ella le dijo: ¡Sansón, los filisteos contra ti! Y él rompió los mimbres, como se rompe una cuerda de estopa cuando toca el fuego; y no se supo el secreto de su fuerza.

10 Entonces Dalila dijo a Sansón: He aquí tú me has engañado, y me has dicho mentiras; descúbreme, pues, ahora, te ruego, cómo podrás ser atado.

11 Y él le dijo: Si me ataren fuertemente con cuerdas nuevas que no se hayan usado, yo me debilitaré, y seré como cualquiera de los hombres.

12 Y Dalila tomó cuerdas nuevas, y le ató con ellas, y le dijo: ¡Sansón, los filisteos sobre ti! Y los espías estaban en el aposento. Mas él las rompió de sus brazos como un hilo.

13 Y Dalila dijo a Sansón: Hasta ahora me engañas, y tratas conmigo con mentiras. Descúbreme, pues, ahora, cómo podrás ser atado. El entonces le dijo: Si tejieres siete guedejas de mi cabeza con la tela y las asegurares con la estaca.

14 Y ella las aseguró con la estaca, y le dijo: ¡Sansón, los filisteos sobre ti! Mas despertando él de su sueño, arrancó la estaca del telar con la tela.

15 Y ella le dijo: ¿Cómo dices: Yo te amo, cuando tu corazón no está conmigo? Ya me has engañado tres veces, y no me has descubierto aún en qué consiste tu gran fuerza.

16 Y aconteció que, presionándole ella cada día con sus palabras e importunándole, su alma fue reducida a mortal angustia.

17 Le descubrió, pues, todo su corazón, y le dijo: Nunca a mi cabeza llegó navaja; porque soy nazareo de Dios desde el vientre de mi madre. Si fuere rapado, mi fuerza se apartará de mí, y me debilitaré y seré como todos los hombres.

18 Viendo Dalila que él le había descubierto todo su corazón, envió a llamar a los principales de los filisteos, diciendo: Venid esta vez, porque él me ha descubierto todo su corazón. Y los principales de los filisteos vinieron a ella, trayendo en su mano el dinero.

19 Y ella hizo que él se durmiese sobre sus rodillas, y llamó a un hombre, quien le rapó las siete guedejas de su cabeza; y ella comenzó a afligirlo, pues su fuerza se apartó de él.

20 Y le dijo: ¡Sansón, los filisteos sobre ti! Y luego que despertó él de su sueño, se dijo: Esta vez saldré como las otras y me escaparé. Pero él no sabía que Jehová ya se había apartado de él.

21 Mas los filisteos le echaron mano, y le sacaron los ojos, y le llevaron a Gaza; y le ataron con cadenas para que moliese en la cárcel.

15.17: [3] Esto es, *Colina de la Quijada.*
15.19: [4] Esto es, *la fuente del que clamó.*

22 Y el cabello de su cabeza comenzó a crecer, después que fue rapado.

Muerte de Sansón

23 Entonces los principales de los filisteos se juntaron para ofrecer sacrificio a Dagón su dios y para alegrarse; y dijeron: Nuestro dios entregó en nuestras manos a Sansón nuestro enemigo.
24 Y viéndolo el pueblo, alabaron a su dios, diciendo: Nuestro dios entregó en nuestras manos a nuestro enemigo, y al destruidor de nuestra tierra, el cual había dado muerte a muchos de nosotros.
25 Y aconteció que cuando sintieron alegría en su corazón, dijeron: Llamad a Sansón, para que nos divierta. Y llamaron a Sansón de la cárcel, y sirvió de juguete delante de ellos; y lo pusieron entre las columnas.
26 Entonces Sansón dijo al joven que le guiaba de la mano: Acércame, y hazme palpar las columnas sobre las que descansa la casa, para que me apoye sobre ellas.
27 Y la casa estaba llena de hombres y mujeres, y todos los principales de los filisteos estaban allí; y en el piso alto había como tres mil hombres y mujeres, que estaban mirando el escarnio de Sansón.

28 Entonces clamó Sansón a Jehová, y dijo: Señor Jehová, acuérdate ahora de mí, y fortaléceme, te ruego, solamente esta vez, oh Dios, para que de una vez tome venganza de los filisteos por mis dos ojos.
29 Asió luego Sansón las dos columnas de en medio, sobre las que descansaba la casa, y echó todo su peso sobre ellas, su mano derecha sobre una y su mano izquierda sobre la otra.
30 Y dijo Sansón: Muera yo con los filisteos. Entonces se inclinó con toda su fuerza, y cayó la casa sobre los principales, y sobre todo el pueblo que estaba en ella. Y los que mató al morir fueron muchos más que los que había matado durante su vida.
31 Y descendieron sus hermanos y toda la casa de su padre, y le tomaron, y le llevaron, y le sepultaron entre Zora y Estaol, en el sepulcro de su padre Manoa. Y él juzgó a Israel veinte años.

Las imágenes y el sacerdote de Micaía

17 1 Hubo un hombre del monte de Efraín, que se llamaba Micaía,
2 el cual dijo a su madre: Los mil cien siclos de plata que te fueron hurtados, acerca de los cuales maldijiste, y de los cuales me hablaste, he aquí el dinero está en mi poder; yo lo tomé. Entonces la madre dijo: Bendito seas de Jehová, hijo mío.
3 Y él devolvió los mil cien siclos de plata a su madre; y su madre dijo: En verdad he dedicado el dinero a Jehová por mi hijo, para hacer una imagen de talla y una de fundición; ahora, pues, yo te lo devuelvo.
4 Mas él devolvió el dinero a su madre, y tomó su madre doscientos siclos de plata y los dio al fundidor, quien hizo de ellos una imagen de talla y una de fundición, la cual fue puesta en la casa de Micaía.
5 Y este hombre Micaía tuvo casa de dioses, e hizo efod y terafines, y consagró a uno de sus hijos para que fuera su sacerdote.
6 En aquellos días no había rey en Israel; cada uno hacía lo que bien le parecía.[a]

7 Y había un joven de Belén de Judá, de la tribu de Judá, el cual era levita, y forastero allí.
8 Este hombre partió de la ciudad de Belén de Judá para ir a vivir donde pudiera encontrar lugar; y llegando en su camino al monte de Efraín, vino a casa de Micaía.
9 Y Micaía le dijo: ¿De dónde vienes? Y el levita le respondió: Soy de Belén de Judá, y voy a vivir donde pueda encontrar lugar.
10 Entonces Micaía le dijo: Quédate en mi casa, y serás para mí padre y sacerdote; y yo te daré diez siclos de plata por año, vestidos y comida. Y el levita se quedó.
11 Agradó, pues, al levita morar con aquel hombre, y fue para él como uno de sus hijos.
12 Y Micaía consagró al levita, y aquel joven le servía de sacerdote, y permaneció en casa de Micaía.
13 Y Micaía dijo: Ahora sé que Jehová me prosperará, porque tengo un levita por sacerdote.

Micaía y los hombres de Dan

18 1 En aquellos días no había rey en Israel. Y en aquellos días la tribu de Dan buscaba posesión para sí donde habitar, porque hasta entonces no había tenido posesión entre las tribus de Israel.
2 Y los hijos de Dan enviaron de su tribu cinco hombres de entre ellos, hombres valientes, de Zora y Estaol, para que reconociesen y explorasen bien la tierra; y les dijeron: Id y reconoced la tierra. Estos vinieron al monte de Efraín, hasta la casa de Micaía, y allí posaron.
3 Cuando estaban cerca de la casa de Micaía, reconocieron la voz del joven levita; y llegando allá, le dijeron: ¿Quién te ha traído acá? ¿y qué haces aquí? ¿y qué tienes tú por aquí?
4 El les respondió: De esta y de esta manera ha hecho conmigo Micaía, y me ha tomado para que sea su sacerdote.
5 Y ellos le dijeron: Pregunta, pues, ahora a Dios, para que sepamos si ha de prosperar este viaje que hacemos.

17.6: [a] Jue. 21.25.

6 Y el sacerdote les respondió: Id en paz; delan-
te de Jehová está vuestro camino en que andáis.
7 Entonces aquellos cinco hombres salieron, y
vinieron a Lais; y vieron que el pueblo que habi-
taba en ella estaba seguro, ocioso y confiado,
conforme a la costumbre de los de Sidón, sin que
nadie en aquella región les perturbase en cosa al-
guna, ni había quien poseyese el reino. Y estaban
lejos de los sidonios, y no tenían negocios con na-
die.
8 Volviendo, pues, ellos a sus hermanos en Zora
y Estaol, sus hermanos les dijeron: ¿Qué hay? Y
ellos respondieron:
9 Levantaos, subamos contra ellos; porque no-
sotros hemos explorado la región, y hemos visto
que es muy buena; ¿y vosotros no haréis nada?
No seáis perezosos en poneros en marcha para
ir a tomar posesión de la tierra.
10 Cuando vayáis, llegaréis a un pueblo confia-
do y a una tierra muy espaciosa, pues Dios la ha
entregado en vuestras manos; lugar donde no
hay falta de cosa alguna que haya en la tierra.
11 Entonces salieron de allí, de Zora y de
Estaol, seiscientos hombres de la familia de Dan,
armados de armas de guerra.
12 Fueron y acamparon en Quiriat-jearim en
Judá, por lo cual llamaron a aquel lugar el cam-
pamento de Dan, hasta hoy; está al occidente de
Quiriat-jearim.
13 Y de allí pasaron al monte de Efraín, y vinie-
ron hasta la casa de Micaía.
14 Entonces aquellos cinco hombres que ha-
bían ido a reconocer la tierra de Lais dijeron a
sus hermanos: ¿No sabéis que en estas casas
hay efod y terafines, y una imagen de talla y una
de fundición? Mirad, por tanto, lo que habéis de
hacer.
15 Cuando llegaron allá, vinieron a la casa del
joven levita, en casa de Micaía, y le preguntaron
cómo estaba.
16 Y los seiscientos hombres, que eran de los hi-
jos de Dan, estaban armados de sus armas de
guerra a la entrada de la puerta.
17 Y subiendo los cinco hombres que habían ido
a reconocer la tierra, entraron allá y tomaron la
imagen de talla, el efod, los terafines y la ima-
gen de fundición, mientras estaba el sacerdote a
la entrada de la puerta con los seiscientos hom-
bres armados de armas de guerra.
18 Entrando, pues, aquéllos en la casa de Mi-
caía, tomaron la imagen de talla, el efod, los te-
rafines y la imagen de fundición. Y el sacerdote
les dijo: ¿Qué hacéis vosotros?
19 Y ellos le respondieron: Calla, pon la mano
sobre tu boca, y vente con nosotros, para que
seas nuestro padre y sacerdote. ¿Es mejor que
seas tú sacerdote en casa de un solo hombre,
que de una tribu y familia de Israel?
20 Y se alegró el corazón del sacerdote, el cual
tomó el efod y los terafines y la imagen, y se fue
en medio del pueblo.
21 Y ellos se volvieron y partieron, y pusieron
los niños, el ganado y el bagaje por delante.
22 Cuando ya se habían alejado de la casa de
Micaía, los hombres que habitaban en las casas
cercanas a la casa de Micaía se juntaron y si-
guieron a los hijos de Dan.
23 Y dando voces a los de Dan, éstos volvieron
sus rostros, y dijeron a Micaía: ¿Qué tienes, que
has juntado gente?
24 El respondió: Tomasteis mis dioses que yo
hice y al sacerdote, y os vais; ¿qué más me que-
da? ¿Por qué, pues, me decís: ¿Qué tienes?
25 Y los hijos de Dan le dijeron: No des voces
tras nosotros, no sea que los de ánimo colérico
os acometan, y pierdas también tu vida y la vida
de los tuyos.
26 Y prosiguieron los hijos de Dan su camino, y
Micaía, viendo que eran más fuertes que él, vol-
vió y regresó a su casa.
27 Y ellos, llevando las cosas que había hecho
Micaía, juntamente con el sacerdote que tenía,
llegaron a Lais, al pueblo tranquilo y confiado; y
los hirieron a filo de espada, y quemaron la
ciudad.
28 Y no hubo quien los defendiese, porque esta-
ban lejos de Sidón, y no tenían negocios con na-
die. Y la ciudad estaba en el valle que hay junto
a Bet-rehob. Luego reedificaron la ciudad, y
habitaron en ella.
29 Y llamaron el nombre de aquella ciudad Dan,
conforme al nombre de Dan su padre, hijo de Is-
rael, bien que antes se llamaba la ciudad Lais.
30 Y los hijos de Dan levantaron para sí la ima-
gen de talla; y Jonatán hijo de Gersón, hijo de
Moisés, él y sus hijos fueron sacerdotes en la tri-
bu de Dan, hasta el día del cautiverio de la tierra.
31 Así tuvieron levantada entre ellos la imagen
de talla que Micaía había hecho, todo el tiempo
que la casa de Dios estuvo en Silo.

El levita y su concubina

19 1 En aquellos días, cuando no había rey
en Israel, hubo un levita que moraba
como forastero en la parte más remota del
monte de Efraín, el cual había tomado para sí
mujer concubina de Belén de Judá.
2 Y su concubina le fue infiel, y se fue de él a
casa de su padre, a Belén de Judá, y estuvo allá
durante cuatro meses.
3 Y se levantó su marido y la siguió, para hablar-
le amorosamente y hacerla volver; y llevaba
consigo un criado, y un par de asnos; y ella le
hizo entrar en la casa de su padre.
4 Y viéndole el padre de la joven, salió a recibir-
le gozoso; y le detuvo su suegro, el padre de la

joven, y quedó en su casa tres días, comiendo y bebiendo y alojándose allí.

5 Al cuarto día, cuando se levantaron de mañana, se levantó también el levita para irse; y el padre de la joven dijo a su yerno: Conforta tu corazón con un bocado de pan, y después os iréis.

6 Y se sentaron ellos dos juntos, y comieron y bebieron. Y el padre de la joven dijo al varón: Yo te ruego que quieras pasar aquí la noche, y se alegrará tu corazón.

7 Y se levantó el varón para irse, pero insistió su suegro, y volvió a pasar allí la noche.

8 Al quinto día, levantándose de mañana para irse, le dijo el padre de la joven: Conforta ahora tu corazón, y aguarda hasta que decline el día. Y comieron ambos juntos.

9 Luego se levantó el varón para irse, él y su concubina y su criado. Entonces su suegro, el padre de la joven, le dijo: He aquí ya el día declina para anochecer, te ruego que paséis aquí la noche; he aquí que el día se acaba, duerme aquí, para que se alegre tu corazón; y mañana os levantaréis temprano a vuestro camino y te irás a tu casa.

10 Mas el hombre no quiso pasar allí la noche, sino que se levantó y se fue, y llegó hasta enfrente de Jebús, que es Jerusalén, con su par de asnos ensillados, y su concubina.

11 Y estando ya junto a Jebús, el día había declinado mucho; y dijo el criado a su señor: Ven ahora, y vámonos a esta ciudad de los jebuseos, para que pasemos en ella la noche.

12 Y su señor le respondió: No iremos a ninguna ciudad de extranjeros, que no sea de los hijos de Israel, sino que pasaremos hasta Gabaa. Y dijo a su criado:

13 Ven, sigamos hasta uno de esos lugares, para pasar la noche en Gabaa o en Ramá.

14 Pasando, pues, caminaron, y se les puso el sol junto a Gabaa que era de Benjamín.

15 Y se apartaron del camino para entrar a pasar allí la noche en Gabaa; y entrando, se sentaron en la plaza de la ciudad, porque no hubo quien los acogiese en casa para pasar la noche.

16 Y he aquí un hombre viejo que venía de su trabajo del campo al anochecer, el cual era del monte de Efraín, y moraba como forastero en Gabaa; pero los moradores de aquel lugar eran hijos de Benjamín.

17 Y alzando el viejo los ojos, vio a aquel caminante en la plaza de la ciudad, y le dijo: ¿A dónde vas, y de dónde vienes?

18 Y él respondió: Pasamos de Belén de Judá a la parte más remota del monte de Efraín, de donde soy; y había ido a Belén de Judá; mas ahora voy a la casa de Jehová, y no hay quien me reciba en casa.

19 Nosotros tenemos paja y forraje para nuestros asnos, y también tenemos pan y vino para mí y para tu sierva, y para el criado que está con tu siervo; no nos hace falta nada.

20 Y el hombre anciano dijo: Paz sea contigo; tu necesidad toda quede solamente a mi cargo, con tal que no pases la noche en la plaza.

21 Y los trajo a su casa, y dio de comer a sus asnos; y se lavaron los pies, y comieron y bebieron.

22 Pero cuando estaban gozosos, he aquí que los hombres de aquella ciudad, hombres perversos, rodearon la casa, golpeando a la puerta; y hablaron al anciano, dueño de la casa, diciendo: Saca al hombre que ha entrado en tu casa, para que lo conozcamos.

23 Y salió a ellos el dueño de la casa y les dijo: No, hermanos míos, os ruego que no cometáis este mal; ya que este hombre ha entrado en mi casa, no hagáis esta maldad.

24 He aquí mi hija virgen, y la concubina de él; yo os las sacaré ahora; humilladlas y haced con ellas como os parezca, y no hagáis a este hombre cosa tan infame.

25 Mas aquellos hombres no le quisieron oír; por lo que tomando aquel hombre a su concubina, la sacó; y entraron a ella, y abusaron de ella toda la noche hasta la mañana, y la dejaron cuando apuntaba el alba.

26 Y cuando ya amanecía, vino la mujer, y cayó delante de la puerta de la casa de aquel hombre donde su señor estaba, hasta que fue de día.

27 Y se levantó por la mañana su señor, y abrió las puertas de la casa, y salió para seguir su camino; y he aquí la mujer su concubina estaba tendida delante de la puerta de la casa, con las manos sobre el umbral.

28 El le dijo: Levántate, y vámonos; pero ella no respondió. Entonces la levantó el varón, y echándola sobre su asno, se levantó y se fue a su lugar.

29 Y llegando a su casa, tomó un cuchillo, y echó mano de su concubina, y la partió por sus huesos en doce partes, y la envió por todo el territorio de Israel.

30 Y todo el que veía aquello, decía: Jamás se ha hecho ni visto tal cosa, desde el tiempo en que los hijos de Israel subieron de la tierra de Egipto hasta hoy. Considerad esto, tomad consejo, y hablad.

La guerra contra Benjamín

20 1 Entonces salieron todos los hijos de Israel, y se reunió la congregación como un solo hombre, desde Dan hasta Beerseba y la tierra de Galaad, a Jehová en Mizpa.

2 Y los jefes de todo el pueblo, de todas las tribus de Israel, se hallaron presentes en la reunión del pueblo de Dios, cuatrocientos mil hombres de a pie que sacaban espada.

3 Y los hijos de Benjamín oyeron que los hijos de
Israel habían subido a Mizpa. Y dijeron los hijos
de Israel: Decid cómo fue esta maldad.
4 Entonces el varón levita, marido de la mujer
muerta, respondió y dijo: Yo llegué a Gabaa de
Benjamín con mi concubina, para pasar allí la
noche.
5 Y levantándose contra mí los de Gabaa, rodea-
ron contra mí la casa por la noche, con idea de
matarme, y a mi concubina la humillaron de tal
manera que murió.
6 Entonces tomando yo mi concubina, la corté
en pedazos, y la envié por todo el territorio de la
posesión de Israel, por cuanto han hecho mal-
dad y crimen en Israel.
7 He aquí todos vosotros sois hijos de Israel; dad
aquí vuestro parecer y consejo.
8 Entonces todo el pueblo, como un solo hom-
bre, se levantó, y dijeron: Ninguno de nosotros
irá a su tienda, ni volverá ninguno de nosotros a
su casa.
9 Mas esto es ahora lo que haremos a Gabaa:
contra ella subiremos por sorteo.
10 Tomaremos diez hombres de cada ciento por
todas las tribus de Israel, y ciento de cada mil, y
mil de cada diez mil, que lleven víveres para el
pueblo, para que yendo a Gabaa de Benjamín le
hagan conforme a toda la abominación que ha
cometido en Israel.
11 Y se juntaron todos los hombres de Israel
contra la ciudad, ligados como un solo hombre.
12 Y las tribus de Israel enviaron varones por
toda la tribu de Benjamín, diciendo: ¿Qué mal-
dad es esta que ha sido hecha entre vosotros?
13 Entregad, pues, ahora a aquellos hombres
perversos que están en Gabaa, para que los ma-
temos, y quitemos el mal de Israel. Mas los de
Benjamín no quisieron oír la voz de sus herma-
nos los hijos de Israel,
14 sino que los de Benjamín se juntaron de las
ciudades en Gabaa, para salir a pelear contra los
hijos de Israel.
15 Y fueron contados en aquel tiempo los hijos de
Benjamín de las ciudades, veintiséis mil hombres
que sacaban espada, sin los que moraban en Ga-
baa, que fueron por cuenta setecientos hombres
escogidos.
16 De toda aquella gente había setecientos hom-
bres escogidos, que eran zurdos, todos los cuales
tiraban una piedra con la honda a un cabello, y
no erraban.
17 Y fueron contados los varones de Israel,
fuera de Benjamín, cuatrocientos mil hombres
que sacaban espada, todos estos hombres de
guerra.
18 Luego se levantaron los hijos de Israel, y
subieron a la casa de Dios y consultaron a Dios,
diciendo: ¿Quién subirá de nosotros el primero
en la guerra contra los hijos de Benjamín? Y
Jehová respondió: Judá será el primero.
19 Se levantaron, pues, los hijos de Israel por
la mañana, contra Gabaa.
20 Y salieron los hijos de Israel a combatir con-
tra Benjamín, y los varones de Israel ordenaron
la batalla contra ellos junto a Gabaa.
21 Saliendo entonces de Gabaa los hijos de Ben-
jamín, derribaron por tierra aquel día veintidós
mil hombres de los hijos de Israel.
22 Mas reanimándose el pueblo, los varones de
Israel volvieron a ordenar la batalla en el mis-
mo lugar donde la habían ordenado el primer
día.
23 Porque los hijos de Israel subieron y lloraron
delante de Jehová hasta la noche, y consulta-
ron a Jehová, diciendo: ¿Volveremos a pelear
con los hijos de Benjamín nuestros hermanos?
Y Jehová les respondió: Subid contra ellos.
24 Por lo cual se acercaron los hijos de Israel
contra los hijos de Benjamín el segundo día.
25 Y aquel segundo día, saliendo Benjamín de
Gabaa contra ellos, derribaron por tierra otros
dieciocho mil hombres de los hijos de Israel, to-
dos los cuales sacaban espada.
26 Entonces subieron todos los hijos de Israel, y
todo el pueblo, y vinieron a la casa de Dios; y
lloraron, y se sentaron allí en presencia de Jeho-
vá, y ayunaron aquel día hasta la noche; y ofre-
cieron holocaustos y ofrendas de paz delante de
Jehová.
27 Y los hijos de Israel preguntaron a Jehová
(pues el arca del pacto de Dios estaba allí en
aquellos días,
28 y Finees hijo de Eleazar, hijo de Aarón, mi-
nistraba delante de ella en aquellos días), y di-
jeron: ¿Volveremos aún a salir contra los hijos
de Benjamín nuestros hermanos, para pelear, o
desistiremos? Y Jehová dijo: Subid, porque
mañana yo os los entregaré.
29 Y puso Israel emboscadas alrededor de Ga-
baa.
30 Subiendo entonces los hijos de Israel contra
los hijos de Benjamín el tercer día, ordenaron la
batalla delante de Gabaa, como las otras veces.
31 Y salieron los hijos de Benjamín al encuentro
del pueblo, alejándose de la ciudad; y comenza-
ron a herir a algunos del pueblo, matándolos
como las otras veces por los caminos, uno de
los cuales sube a Bet-el, y el otro a Gabaa en el
campo; y mataron unos treinta hombres de Is-
rael.
32 Y los hijos de Benjamín decían: Vencidos son
delante de nosotros, como antes. Mas los hijos
de Israel decían: Huiremos, y los alejaremos de
la ciudad hasta los caminos.
33 Entonces se levantaron todos los de Israel de
su lugar, y se pusieron en orden de batalla en

Baal-tamar; y también las emboscadas de Israel
salieron de su lugar, de la pradera de Gabaa.
34 Y vinieron contra Gabaa diez mil hombres escogidos de todo Israel, y la batalla arreciaba; mas ellos no sabían que ya el desastre se acercaba a ellos.
35 Y derrotó Jehová a Benjamín delante de Israel; y mataron los hijos de Israel aquel día a veinticinco mil cien hombres de Benjamín, todos los cuales sacaban espada.
36 Y vieron los hijos de Benjamín que eran derrotados; y los hijos de Israel cedieron campo a Benjamín, porque estaban confiados en las emboscadas que habían puesto detrás de Gabaa.
37 Y los hombres de las emboscadas acometieron prontamente a Gabaa, y avanzaron e hirieron a filo de espada a toda la ciudad.
38 Y era la señal concertada entre los hombres de Israel y las emboscadas, que hiciesen subir una gran humareda de la ciudad.
39 Luego, pues, que los de Israel retrocedieron en la batalla, los de Benjamín comenzaron a herir y matar a la gente de Israel como treinta hombres, y ya decían: Ciertamente ellos han caído delante de nosotros, como en la primera batalla.
40 Mas cuando la columna de humo comenzó a subir de la ciudad, los de Benjamín miraron hacia atrás; y he aquí que el humo de la ciudad subía al cielo.
41 Entonces se volvieron los hombres de Israel, y los de Benjamín se llenaron de temor, porque vieron que el desastre había venido sobre ellos.
42 Volvieron, por tanto, la espalda delante de Israel hacia el camino del desierto; pero la batalla los alcanzó, y los que salían de las ciudades los destruían en medio de ellos.
43 Así cercaron a los de Benjamín, y los acosaron y hollaron desde Menúha hasta enfrente de Gabaa hacia donde nace el sol.
44 Y cayeron de Benjamín dieciocho mil hombres, todos ellos hombres de guerra.
45 Volviéndose luego, huyeron hacia el desierto, a la peña de Rimón, y de ellos fueron abatidos cinco mil hombres en los caminos; y fueron persiguiéndolos aun hasta Gidom, y mataron de ellos a dos mil hombres.
46 Fueron todos los que de Benjamín murieron aquel día, veinticinco mil hombres que sacaban espada, todos ellos hombres de guerra.
47 Pero se volvieron y huyeron al desierto a la peña de Rimón seiscientos hombres, los cuales estuvieron en la peña de Rimón cuatro meses.
48 Y los hombres de Israel volvieron sobre los hijos de Benjamín, y los hirieron a filo de espada, así a los hombres de cada ciudad como a las bestias y todo lo que fue hallado; asimismo pusieron fuego a todas las ciudades que hallaban.

Mujeres para los benjamitas

21 1 Los varones de Israel habían jurado en Mizpa, diciendo: Ninguno de nosotros dará su hija a los de Benjamín por mujer.
2 Y vino el pueblo a la casa de Dios, y se estuvieron allí hasta la noche en presencia de Dios; y alzando su voz hicieron gran llanto, y dijeron:
3 Oh Jehová Dios de Israel, ¿por qué ha sucedido esto en Israel, que falte hoy de Israel una tribu?
4 Y al día siguiente el pueblo se levantó de mañana, y edificaron allí altar, y ofrecieron holocaustos y ofrendas de paz.
5 Y dijeron los hijos de Israel: ¿Quién de todas las tribus de Israel no subió a la reunión delante de Jehová? Porque se había hecho gran juramento contra el que no subiese a Jehová en Mizpa, diciendo: Sufrirá la muerte.
6 Y los hijos de Israel se arrepintieron a causa de Benjamín su hermano, y dijeron: Cortada es hoy de Israel una tribu.
7 ¿Qué haremos en cuanto a mujeres para los que han quedado? Nosotros hemos jurado por Jehová que no les daremos nuestras hijas por mujeres.
8 Y dijeron: ¿Hay alguno de las tribus de Israel que no haya subido a Jehová en Mizpa? Y hallaron que ninguno de Jabes-galaad había venido al campamento, a la reunión.
9 Porque fue contado el pueblo, y no hubo allí varón de los moradores de Jabes-galaad.
10 Entonces la congregación envió allá a doce mil hombres de los más valientes, y les mandaron, diciendo: Id y herid a filo de espada a los moradores de Jabes-galaad, con las mujeres y niños.
11 Pero haréis de esta manera: mataréis a todo varón, y a toda mujer que haya conocido ayuntamiento de varón.
12 Y hallaron de los moradores de Jabes-galaad cuatrocientas doncellas que no habían conocido ayuntamiento de varón, y las trajeron al campamento en Silo, que está en la tierra de Canaán.
13 Toda la congregación envió luego a hablar a los hijos de Benjamín que estaban en la peña de Rimón, y los llamaron en paz.
14 Y volvieron entonces los de Benjamín, y les dieron por mujeres las que habían guardado vivas de las mujeres de Jabes-galaad; mas no les bastaron éstas.
15 Y el pueblo tuvo compasión de Benjamín, porque Jehová había abierto una brecha entre las tribus de Israel.
16 Entonces los ancianos de la congregación dijeron: ¿Qué haremos respecto de mujeres para los que han quedado? Porque fueron muertas las mujeres de Benjamín.
17 Y dijeron: Tenga Benjamín herencia en los

que han escapado, y no sea exterminada una tri-
bu de Israel.
18 Pero nosotros no les podemos dar mujeres de
nuestras hijas, porque los hijos de Israel han ju-
rado diciendo: Maldito el que diere mujer a los
benjamitas.
19 Ahora bien, dijeron, he aquí cada año hay
fiesta solemne de Jehová en Silo, que está al
norte de Bet-el, y al lado oriental del camino
que sube de Bet-el a Siquem, y al sur de Lebona.
20 Y mandaron a los hijos de Benjamín, dicien-
do: Id, y poned emboscadas en las viñas,
21 y estad atentos; y cuando veáis salir a las hi-
jas de Silo a bailar en corros, salid de las viñas, y
arrebatad cada uno mujer para sí de las hijas de
Silo, e idos a tierra de Benjamín.
22 Y si vinieren los padres de ellas o sus herma-
nos a demandárnoslas, nosotros les diremos:
Hacednos la merced de concedérnoslas, pues
que nosotros en la guerra no tomamos mujeres
para todos; además, no sois vosotros los que se
las disteis, para que ahora seáis culpados.
23 Y los hijos de Benjamín lo hicieron así; y to-
maron mujeres conforme a su número, robán-
dolas de entre las que danzaban; y se fueron, y
volvieron a su heredad, y reedificaron las ciuda-
des, y habitaron en ellas.
24 Entonces los hijos de Israel se fueron también
de allí, cada uno a su tribu y a su familia, salien-
do de allí cada uno a su heredad.
25 En estos días no había rey en Israel; cada
uno hacía lo que bien le parecía.[a]

RUT

Rut y Noemí

1 1 Aconteció en los días que gobernaban los
jueces, que hubo hambre en la tierra. Y un
varón de Belén de Judá fue a morar en los
campos de Moab, él y su mujer, y dos hijos su-
yos.
2 El nombre de aquel varón era Elimelec, y el de
su mujer, Noemí; y los nombres de sus hijos eran
Mahlón y Quelión, efrateos de Belén de Judá.
Llegaron, pues, a los campos de Moab, y se que-
daron allí.
3 Y murió Elimelec, marido de Noemí, y que-
dó ella con sus dos hijos,
4 los cuales tomaron para sí mujeres moabitas;
el nombre de una era Orfa, y el nombre de la
otra, Rut; y habitaron allí unos diez años.
5 Y murieron también los dos, Mahlón y Que-
lión, quedando así la mujer desamparada de sus
dos hijos y de su marido.
6 Entonces se levantó con sus nueras, y regre-
só de los campos de Moab; porque oyó en el
campo de Moab que Jehová había visitado a su
pueblo para darles pan.
7 Salió, pues, del lugar donde había estado, y
con ella sus dos nueras, y comenzaron a cami-
nar para volverse a la tierra de Judá.
8 Y Noemí dijo a sus dos nueras: Andad, volveos
cada una a la casa de su madre; Jehová haga
con vosotras misericordia, como la habéis hecho
con los muertos y conmigo.
9 Os conceda Jehová que halléis descanso, cada
una en casa de su marido. Luego las besó, y ellas
alzaron su voz y lloraron,
10 y le dijeron: Ciertamente nosotras iremos
contigo a tu pueblo.
11 Y Noemí respondió: Volveos, hijas mías;
¿para qué habéis de ir conmigo? ¿Tengo yo más
hijos en el vientre, que puedan ser vuestros
maridos?
12 Volveos, hijas mías, e idos; porque yo ya soy
vieja para tener marido. Y aunque dijese: Espe-
ranza tengo, y esta noche estuviese con marido,
y aun diese a luz hijos,
13 ¿habíais vosotras de esperarlos hasta que
fuesen grandes? ¿Habíais de quedaros sin casar
por amor a ellos? No, hijas mías; que mayor
amargura tengo yo que vosotras, pues la mano
de Jehová ha salido contra mí.
14 Y ellas alzaron otra vez su voz y lloraron; y
Orfa besó a su suegra, mas Rut se quedó con ella.
15 Y Noemí dijo: He aquí tu cuñada se ha vuelto
a su pueblo y a sus dioses; vuélvete tú tras ella.
16 Respondió Rut: No me ruegues que te deje,
y me aparte de ti; porque a dondequiera que tú
fueres, iré yo, y dondequiera que vivieres, viví-
ré. Tu pueblo será mi pueblo, y tu Dios mi Dios.
17 Donde tú murieres, moriré yo, y allí seré sepul-
tada; así me haga Jehová, y aun me añada, que
sólo la muerte hará separación entre nosotras dos.
18 Y viendo Noemí que estaba tan resuelta a ir
con ella, no dijo más.
19 Anduvieron, pues, ellas dos hasta que lle-
garon a Belén; y aconteció que habiendo entra-
do en Belén, toda la ciudad se conmovió por
causa de ellas, y decían: ¿No es ésta Noemí?
20 Y ella les respondía: No me llaméis Noemí,[1]
sino llamadme Mara;[2] porque en grande amar-
gura me ha puesto el Todopoderoso.
21 Yo me fui llena, pero Jehová me ha vuelto con
las manos vacías. ¿Por qué me llamaréis Noemí,
ya que Jehová ha dado testimonio contra mí, y
el Todopoderoso me ha afligido?

21.25: [a] Jue. 17.6. **1.20:** [1] Esto es, *Placentera.*
[2] Esto es, *Amarga.*

22 Así volvió Noemí, y Rut la moabita su nue-
ra con ella; volvió de los campos de Moab, y lle-
garon a Belén al comienzo de la siega de la
cebada.

Rut recoge espigas en el campo de Booz

2 1 Tenía Noemí un pariente de su marido,
hombre rico de la familia de Elimelec, el
cual se llamaba Booz.
2 Y Rut la moabita dijo a Noemí: Te ruego que
me dejes ir al campo, y recogeré espigas[a] en pos
de aquel a cuyos ojos hallare gracia. Y ella le
respondió: Ve, hija mía.
3 Fue, pues, y llegando, espigó en el campo en
pos de los segadores; y aconteció que aquella
parte del campo era de Booz, el cual era de la fa-
milia de Elimelec.
4 Y he aquí que Booz vino de Belén, y dijo a los
segadores: Jehová sea con vosotros. Y ellos res-
pondieron: Jehová te bendiga.
5 Y Booz dijo a su criado el mayordomo de los
segadores: ¿De quién es esta joven?
6 Y el criado, mayordomo de los segadores,
respondió y dijo: Es la joven moabita que volvió
con Noemí de los campos de Moab;
7 y ha dicho: Te ruego que me dejes recoger y
juntar tras los segadores entre las gavillas. Entró,
pues, y está desde por la mañana hasta ahora, sin
descansar ni aun por un momento.
8 Entonces Booz dijo a Rut: Oye, hija mía, no
vayas a espigar a otro campo, ni pases de aquí; y
aquí estarás junto a mis criadas.
9 Mira bien el campo que sieguen, y síguelas;
porque yo he mandado a los criados que no te
molesten. Y cuando tengas sed, ve a las vasijas,
y bebe del agua que sacan los criados.
10 Ella entonces bajando su rostro se inclinó a
tierra, y le dijo: ¿Por qué he hallado gracia en
tus ojos para que me reconozcas, siendo yo ex-
tranjera?
11 Y respondiendo Booz, le dijo: He sabido
todo lo que has hecho con tu suegra después de
la muerte de tu marido, y que dejando a tu pa-
dre y a tu madre y la tierra donde naciste, has
venido a un pueblo que no conociste antes.
12 Jehová recompense tu obra, y tu remunera-
ción sea cumplida de parte de Jehová Dios de
Israel, bajo cuyas alas has venido a refugiarte.
13 Y ella dijo: Señor mío, halle yo gracia de-
lante de tus ojos; porque me has consolado, y
porque has hablado al corazón de tu sierva,
aunque no soy ni como una de tus criadas.
14 Y Booz le dijo a la hora de comer: Ven
aquí, y come del pan, y moja tu bocado en el vi-
nagre. Y ella se sentó junto a los segadores, y él
le dio del potaje, y comió hasta que se sació, y
le sobró.
15 Luego se levantó para espigar. Y Booz mandó
a sus criados, diciendo: Que recoja también es-
pigas entre las gavillas, y no la avergoncéis;
16 y dejaréis también caer para ella algo de los
manojos, y lo dejaréis para que lo recoja, y no la
reprendáis.
17 Espigó, pues, en el campo hasta la noche, y
desgranó lo que había recogido, y fue como un
efa de cebada.
18 Y lo tomó, y se fue a la ciudad; y su suegra vio
lo que había recogido. Sacó también luego lo
que le había sobrado después de haber quedado
saciada, y se lo dio.
19 Y le dijo su suegra: ¿Dónde has espigado
hoy? ¿y dónde has trabajado? Bendito sea el
que te ha reconocido.
Y contó ella a su suegra con quién había tra-
bajado, y dijo: El nombre del varón con quien
hoy he trabajado es Booz.
20 Y dijo Noemí a su nuera: Sea él bendito de
Jehová, pues que no ha rehusado a los vivos la
benevolencia que tuvo para con los que han
muerto. Después le dijo Noemí: Nuestro parien-
te es aquel varón, y uno de los que pueden redi-
mirnos.
21 Y Rut la moabita dijo: Además de esto me ha
dicho: Júntate con mis criadas, hasta que hayan
acabado toda mi siega.
22 Y Noemí respondió a Rut su nuera: Mejor es,
hija mía, que salgas con sus criadas, y que no te
encuentren en otro campo.
23 Estuvo, pues, junto con las criadas de Booz
espigando, hasta que se acabó la siega de la ce-
bada y la del trigo; y vivía con su suegra.

Rut y Booz en la era

3 1 Después le dijo su suegra Noemí: Hija
mía, ¿no he de buscar hogar para ti, para
que te vaya bien?
2 ¿No es Booz nuestro pariente, con cuyas cria-
das tú has estado? He aquí que él avienta esta
noche la parva de las cebadas.
3 Te lavarás, pues, y te ungirás, y vistiéndote tus
vestidos, irás a la era; mas no te darás a conocer
al varón hasta que él haya acabado de comer y
de beber.
4 Y cuando él se acueste, notarás el lugar donde
se acuesta, e irás y descubrirás sus pies, y te
acostarás allí; y él te dirá lo que hayas de hacer.
5 Y ella respondió: Haré todo lo que tú me mandes.
6 Descendió, pues, a la era, e hizo todo lo que
su suegra le había mandado.
7 Y cuando Booz hubo comido y bebido, y su co-
razón estuvo contento, se retiró a dormir a un
lado del montón. Entonces ella vino callada-
mente, y le descubrió los pies y se acostó.
8 Y aconteció que a la medianoche se estreme-

2.2: [a] Lv. 19.9-10; Dt. 24.19.

ció aquel hombre, y se volvió; y he aquí, una
mujer estaba acostada a sus pies.
9 Entonces él dijo: ¿Quién eres? Y ella respondió:
Yo soy Rut tu sierva; extiende el borde de tu capa
sobre tu sierva, por cuanto eres pariente cercano.
10 Y él dijo: Bendita seas tú de Jehová, hija mía;
has hecho mejor tu postrera bondad que la prime-
ra, no yendo en busca de los jóvenes, sean pobres
o ricos.
11 Ahora pues, no temas, hija mía; yo haré con-
tigo lo que tú digas, pues toda la gente de mi
pueblo sabe que eres mujer virtuosa.
12 Y ahora, aunque es cierto que yo soy pariente
cercano, con todo eso hay pariente más cercano
que yo.
13 Pasa aquí la noche, y cuando sea de día, si él
te redimiere, bien, redímate; mas si él no te qui-
siere redimir, yo te redimiré, vive Jehová. Des-
cansa, pues, hasta la mañana.
14 Y después que durmió a sus pies hasta la
mañana, se levantó antes que los hombres pu-
dieran reconocerse unos a otros; porque él dijo:
No se sepa que vino mujer a la era.
15 Después le dijo: Quítate el manto que traes
sobre ti, y tenlo. Y teniéndolo ella, él midió seis
medidas de cebada, y se las puso encima; y ella
se fue a la ciudad.
16 Y cuando llegó a donde estaba su suegra,
ésta le dijo: ¿Qué hay, hija mía? Y le contó ella
todo lo que con aquel varón le había acontecido.
17 Y dijo: Estas seis medidas de cebada me dio,
diciéndome: A fin de que no vayas a tu suegra
con las manos vacías.
18 Entonces Noemí dijo: Espérate, hija mía,
hasta que sepas cómo se resuelve el asunto; por-
que aquel hombre no descansará hasta que con-
cluya el asunto hoy.

Booz se casa con Rut

4 1 Booz subió a la puerta y se sentó allí; y he
aquí pasaba aquel pariente de quien Booz
había hablado, y le dijo: Eh, fulano, ven acá y
siéntate. Y él vino y se sentó.
2 Entonces él tomó a diez varones de los ancia-
nos de la ciudad, y dijo: Sentaos aquí. Y ellos se
sentaron.
3 Luego dijo al pariente: Noemí, que ha vuelto
del campo de Moab, vende una parte de las tie-
rras que tuvo nuestro hermano Elimelec.
4 Y yo decidí hacértelo saber, y decirte que la
compres en presencia de los que están aquí sen-
tados, y de los ancianos de mi pueblo. Si tú quie-
res redimir, redime; y si no quieres redimir,
decláramelo para que yo lo sepa; porque no hay
otro que redima sino tú, y yo después de ti. Y él
respondió: Yo redimiré.
5 Entonces replicó Booz: El mismo día que
compres las tierras de mano de Noemí, debes
tomar también a Rut la moabita, mujer del di-
funto, para que restaures el nombre del muerto
sobre su posesión.
6 Y respondió el pariente: No puedo redimir para
mí, no sea que dañe mi heredad. Redime tú, usan-
do de mi derecho, porque yo no podré redimir.
7 Había ya desde hacía tiempo esta costumbre
en Israel tocante a la redención y al contrato, que
para la confirmación de cualquier negocio, el
uno se quitaba el zapato y lo daba a su compañe-
ro; y esto servía de testimonio en Israel.
8 Entonces el pariente dijo a Booz: Tómalo tú. Y
se quitó el zapato.[a]
9 Y Booz dijo a los ancianos y a todo el pueblo:
Vosotros sois testigos hoy, de que he adquirido
de mano de Noemí todo lo que fue de Elimelec,
y todo lo que fue de Quelión y de Mahlón.
10 Y que también tomo por mi mujer a Rut la
moabita, mujer de Mahlón, para restaurar el
nombre del difunto sobre su heredad, para que
el nombre del muerto no se borre de entre sus
hermanos y de la puerta de su lugar. Vosotros
sois testigos hoy.
11 Y dijeron todos los del pueblo que estaban a
la puerta con los ancianos: Testigos somos.
Jehová haga a la mujer que entra en tu casa
como a Raquel y a Lea, las cuales edificaron la
casa de Israel;[b] y tú seas ilustre en Efrata, y seas
de renombre en Belén.
12 Y sea tu casa como la casa de Fares, el que Ta-
mar dio a luz a Judá,[c] por la descendencia que
de esa joven te dé Jehová.
13 Booz, pues, tomó a Rut, y ella fue su mujer;
y se llegó a ella, y Jehová le dio que concibiese y
diese a luz un hijo.
14 Y las mujeres decían a Noemí: Loado sea
Jehová, que hizo que no te faltase hoy pariente,
cuyo nombre será celebrado en Israel;
15 el cual será restaurador de tu alma, y sustenta-
rá tu vejez; pues tu nuera, que te ama, lo ha dado
a luz; y ella es de más valor para ti que siete hijos.
16 Y tomando Noemí el hijo, lo puso en su rega-
zo, y fue su aya.
17 Y le dieron nombre las vecinas, diciendo: Le
ha nacido un hijo a Noemí; y lo llamaron Obed.
Este es padre de Isaí, padre de David.
18 Estas son las generaciones de Fares:[d] Fares
engendró a Hezrón,
19 Hezrón engendró a Ram, y Ram engendró a
Aminadab,
20 Aminadab engendró a Naasón, y Naasón en-
gendró a Salmón,
21 Salmón engendró a Booz, y Booz engendró a
Obed,
22 Obed engendró a Isaí, e Isaí engendró a David.

4.7-8: [a] Dt. 25.9. **4.11:** [b] Gn. 29.31–35.18.
4.12: [c] Gn. 38.27-30. **4.18:** [d] 1 Cr. 2.5-15; Mt. 1.3-6;
Lc. 3.31-33.

PRIMER LIBRO DE

SAMUEL

Nacimiento de Samuel

1 1 Hubo un varón de Ramataim de Zofim, del monte de Efraín, que se llamaba Elcana hijo de Jeroham, hijo de Eliú, hijo de Tohu, hijo de Zuf, efrateo.

2 Y tenía él dos mujeres; el nombre de una era Ana, y el de la otra, Penina. Y Penina tenía hijos, mas Ana no los tenía.

3 Y todos los años aquel varón subía de su ciudad para adorar y para ofrecer sacrificios a Jehová de los ejércitos en Silo, donde estaban dos hijos de Elí, Ofni y Finees, sacerdotes de Jehová.

4 Y cuando llegaba el día en que Elcana ofrecía sacrificio, daba a Penina su mujer, a todos sus hijos y a todas sus hijas, a cada uno su parte.

5 Pero a Ana daba una parte escogida; porque amaba a Ana, aunque Jehová no le había concedido tener hijos.

6 Y su rival la irritaba, enojándola y entristeciéndola, porque Jehová no le había concedido tener hijos.

7 Así hacía cada año; cuando subía a la casa de Jehová, la irritaba así; por lo cual Ana lloraba, y no comía.

8 Y Elcana su marido le dijo: Ana, ¿por qué lloras? ¿por qué no comes? ¿y por qué está afligido tu corazón? ¿No te soy yo mejor que diez hijos?

9 Y se levantó Ana después que hubo comido y bebido en Silo; y mientras el sacerdote Elí estaba sentado en una silla junto a un pilar del templo de Jehová,

10 ella con amargura de alma oró a Jehová, y lloró abundantemente.

11 E hizo voto, diciendo: Jehová de los ejércitos, si te dignares mirar a la aflicción de tu sierva, y te acordares de mí, y no te olvidares de tu sierva, sino que dieres a tu sierva un hijo varón, yo lo dedicaré a Jehová todos los días de su vida, y no pasará navaja sobre su cabeza.[a]

12 Mientras ella oraba largamente delante de Jehová, Elí estaba observando la boca de ella.

13 Pero Ana hablaba en su corazón, y solamente se movían sus labios, y su voz no se oía; y Elí la tuvo por ebria.

14 Entonces le dijo Elí: ¿Hasta cuándo estarás ebria? Digiere tu vino.

15 Y Ana le respondió diciendo: No, señor mío; yo soy una mujer atribulada de espíritu; no he bebido vino ni sidra, sino que he derramado mi alma delante de Jehová.

16 No tengas a tu sierva por una mujer impía; porque por la magnitud de mis congojas y de mi aflicción he hablado hasta ahora.

17 Elí respondió y dijo: Ve en paz, y el Dios de Israel te otorgue la petición que le has hecho.

18 Y ella dijo: Halle tu sierva gracia delante de tus ojos. Y se fue la mujer por su camino, y comió, y no estuvo más triste.

19 Y levantándose de mañana, adoraron delante de Jehová, y volvieron y fueron a su casa en Ramá. Y Elcana se llegó a Ana su mujer, y Jehová se acordó de ella.

20 Aconteció que al cumplirse el tiempo, después de haber concebido Ana, dio a luz un hijo, y le puso por nombre Samuel, diciendo: Por cuanto lo pedí a Jehová.

21 Después subió el varón Elcana con toda su familia, para ofrecer a Jehová el sacrificio acostumbrado y su voto.

22 Pero Ana no subió, sino dijo a su marido: Yo no subiré hasta que el niño sea destetado, para que lo lleve y sea presentado delante de Jehová, y se quede allá para siempre.

23 Y Elcana su marido le respondió: Haz lo que bien te parezca; quédate hasta que lo destetes; solamente que cumpla Jehová su palabra. Y se quedó la mujer, y crió a su hijo hasta que lo destetó.

24 Después que lo hubo destetado, lo llevó consigo, con tres becerros, un efa de harina, y una vasija de vino, y lo trajo a la casa de Jehová en Silo; y el niño era pequeño.

25 Y matando el becerro, trajeron el niño a Elí.

26 Y ella dijo: ¡Oh, señor mío! Vive tu alma, señor mío, yo soy aquella mujer que estuvo aquí junto a ti orando a Jehová.

27 Por este niño oraba, y Jehová me dio lo que le pedí.

28 Yo, pues, lo dedico también a Jehová; todos los días que viva, será de Jehová.

Y adoró allí a Jehová.

Cántico de Ana

2 1 Y Ana oró y dijo:
Mi corazón se regocija en Jehová,
Mi poder se exalta en Jehová;
Mi boca se ensanchó sobre mis enemigos,
Por cuanto me alegré en tu salvación.
2 No hay santo como Jehová;
Porque no hay ninguno fuera de ti,
Y no hay refugio como el Dios nuestro.
3 No multipliquéis palabras de grandeza
y altanería;
Cesen las palabras arrogantes
de vuestra boca;

1.11: [a] Nm. 6.5.

Porque el Dios de todo saber es Jehová,
Y a él toca el pesar las acciones.
4 Los arcos de los fuertes fueron quebrados,
Y los débiles se ciñeron de poder.
5 Los saciados se alquilaron por pan,
Y los hambrientos dejaron de tener hambre;
Hasta la estéril ha dado a luz siete,
Y la que tenía muchos hijos languidece.
6 Jehová mata, y él da vida;
El hace descender al Seol, y hace subir.
7 Jehová empobrece, y él enriquece;
Abate, y enaltece.
8 El levanta del polvo al pobre,
Y del muladar exalta al menesteroso,
Para hacerle sentarse con príncipes
y heredar un sitio de honor.
Porque de Jehová son las columnas de la tierra,
Y él afirmó sobre ellas el mundo.
9 El guarda los pies de sus santos,
Mas los impíos perecen en tinieblas;
Porque nadie será fuerte por su propia fuerza.
10 Delante de Jehová serán quebrantados sus adversarios,
Y sobre ellos tronará desde los cielos;
Jehová juzgará los confines de la tierra,
Dará poder a su Rey,
Y exaltará el poderío de su Ungido.[a]

11 Y Elcana se volvió a su casa en Ramá; y el
niño ministraba a Jehová delante del sacerdote
Elí.

El pecado de los hijos de Elí

12 Los hijos de Elí eran hombres impíos, y no
tenían conocimiento de Jehová.
13 Y era costumbre de los sacerdotes con el
pueblo, que cuando alguno ofrecía sacrificio,
venía el criado del sacerdote mientras se cocía
la carne, trayendo en su mano un garfio de tres
dientes,
14 y lo metía en el perol, en la olla, en el caldero
o en la marmita; y todo lo que sacaba el garfio,
el sacerdote lo tomaba para sí. De esta manera
hacían con todo israelita que venía a Silo.
15 Asimismo, antes de quemar la grosura, venía
el criado del sacerdote, y decía al que sacrificaba: Da carne que asar para el sacerdote; porque
no tomará de ti carne cocida, sino cruda.
16 Y si el hombre le respondía: Quemen la grosura primero, y después toma tanto como quieras;
él respondía: No, sino dámela ahora mismo; de
otra manera yo la tomaré por la fuerza.
17 Era, pues, muy grande delante de Jehová el
pecado de los jóvenes; porque los hombres menospreciaban las ofrendas de Jehová.
18 Y el joven Samuel ministraba en la presencia de Jehová, vestido de un efod de lino.
19 Y le hacía su madre una túnica pequeña y se
la traía cada año, cuando subía con su marido
para ofrecer el sacrificio acostumbrado.
20 Y Elí bendijo a Elcana y a su mujer, diciendo:
Jehová te dé hijos de esta mujer en lugar del que
pidió a Jehová. Y se volvieron a su casa.
21 Y visitó Jehová a Ana, y ella concibió, y dio
a luz tres hijos y dos hijas. Y el joven Samuel crecía delante de Jehová.
22 Pero Elí era muy viejo; y oía de todo lo que
sus hijos hacían con todo Israel, y cómo dormían con las mujeres que velaban a la puerta
del tabernáculo de reunión.
23 Y les dijo: ¿Por qué hacéis cosas semejantes?
Porque yo oigo de todo este pueblo vuestros malos procederes.
24 No, hijos míos, porque no es buena fama la
que yo oigo; pues hacéis pecar al pueblo de
Jehová.
25 Si pecare el hombre contra el hombre, los
jueces le juzgarán; mas si alguno pecare contra
Jehová, ¿quién rogará por él? Pero ellos no oyeron la voz de su padre, porque Jehová había resuelto hacerlos morir.
26 Y el joven Samuel iba creciendo, y era acepto delante de Dios y delante de los hombres.
27 Y vino un varón de Dios a Elí, y le dijo: Así
ha dicho Jehová: ¿No me manifesté yo claramente a la casa de tu padre, cuando estaban en
Egipto en casa de Faraón?
28 Y yo le escogí por mi sacerdote entre todas las
tribus de Israel, para que ofreciese sobre mi altar, y quemase incienso, y llevase efod delante
de mí;[b] y di a la casa de tu padre todas las ofrendas de los hijos de Israel.[c]
29 ¿Por qué habéis hollado mis sacrificios y mis
ofrendas, que yo mandé ofrecer en el tabernáculo; y has honrado a tus hijos más que a mí,
engordándoos de lo principal de todas las ofrendas de mi pueblo Israel?
30 Por tanto, Jehová el Dios de Israel dice: Yo
había dicho que tu casa y la casa de tu padre andarían delante de mí perpetuamente; mas ahora ha dicho Jehová: Nunca yo tal haga, porque
yo honraré a los que me honran, y los que me
desprecian serán tenidos en poco.
31 He aquí, vienen días en que cortaré tu brazo y
el brazo de la casa de tu padre, de modo que no
haya anciano en tu casa.
32 Verás tu casa humillada, mientras Dios colma
de bienes a Israel; y en ningún tiempo habrá anciano en tu casa.
33 El varón de los tuyos que yo no corte de mi altar, será para consumir tus ojos y llenar tu alma

2.1-10: [a] Lc. 1.46-55. **2.28:** [b] Ex. 28.1-4. [c] Lv. 7.35-36.

de dolor; y todos los nacidos en tu casa morirán
en la edad viril.
34 Y te será por señal esto que acontecerá a tus
dos hijos, Ofni y Finees: ambos morirán en un día.
35 Y yo me suscitaré un sacerdote fiel, que haga
conforme a mi corazón y a mi alma; y yo le edificaré casa firme, y andará delante de mi ungido
todos los días.
36 Y el que hubiere quedado en tu casa vendrá a
postrarse delante de él por una moneda de plata
y un bocado de pan, diciéndole: Te ruego que
me agregues a alguno de los ministerios, para
que pueda comer un bocado de pan.

Jehová llama a Samuel

3 1 El joven Samuel ministraba a Jehová en
presencia de Elí; y la palabra de Jehová escaseaba en aquellos días; no había visión con
frecuencia.
2 Y aconteció un día, que estando Elí acostado en su aposento, cuando sus ojos comenzaban
a oscurecerse de modo que no podía ver,
3 Samuel estaba durmiendo en el templo de
Jehová, donde estaba el arca de Dios; y antes
que la lámpara de Dios fuese apagada,
4 Jehová llamó a Samuel; y él respondió: Heme
aquí.
5 Y corriendo luego a Elí, dijo: Heme aquí; ¿para
qué me llamaste? Y Elí le dijo: Yo no he llamado;
vuelve y acuéstate. Y él se volvió y se acostó.
6 Y Jehová volvió a llamar otra vez a Samuel. Y
levantándose Samuel, vino a Elí y dijo: Heme
aquí; ¿para qué me has llamado? Y él dijo: Hijo
mío, yo no he llamado; vuelve y acuéstate.
7 Y Samuel no había conocido aún a Jehová, ni
la palabra de Jehová le había sido revelada.
8 Jehová, pues, llamó la tercera vez a Samuel. Y
él se levantó y vino a Elí, y dijo: Heme aquí; ¿para qué me has llamado? Entonces entendió Elí
que Jehová llamaba al joven.
9 Y dijo Elí a Samuel: Ve y acuéstate; y si te llamare, dirás: Habla, Jehová, porque tu siervo
oye. Así se fue Samuel, y se acostó en su lugar.
10 Y vino Jehová y se paró, y llamó como las
otras veces: ¡Samuel, Samuel! Entonces Samuel
dijo: Habla, porque tu siervo oye.
11 Y Jehová dijo a Samuel: He aquí haré yo una
cosa en Israel, que a quien la oyere, le retiñirán
ambos oídos.
12 Aquel día yo cumpliré contra Elí todas las cosas que he dicho sobre su casa, desde el principio hasta el fin.
13 Y le mostraré que yo juzgaré su casa para siempre, por la iniquidad que él sabe; porque sus hijos
han blasfemado a Dios, y él no los ha estorbado.
14 Por tanto, yo he jurado a la casa de Elí que la
iniquidad de la casa de Elí no será expiada jamás, ni con sacrificios ni con ofrendas.
15 Y Samuel estuvo acostado hasta la mañana, y abrió las puertas de la casa de Jehová. Y
Samuel temía descubrir la visión a Elí.
16 Llamando, pues, Elí a Samuel, le dijo: Hijo
mío, Samuel. Y él respondió: Heme aquí.
17 Y Elí dijo: ¿Qué es la palabra que te habló? Te
ruego que no me la encubras; así te haga Dios y
aun te añada, si me encubrieres palabra de todo
lo que habló contigo.
18 Y Samuel se lo manifestó todo, sin encubrirle
nada. Entonces él dijo: Jehová es; haga lo que
bien le pareciere.
19 Y Samuel creció, y Jehová estaba con él, y
no dejó caer a tierra ninguna de sus palabras.
20 Y todo Israel, desde Dan hasta Beerseba, conoció que Samuel era fiel profeta de Jehová.
21 Y Jehová volvió a aparecer en Silo; porque
Jehová se manifestó a Samuel en Silo por la palabra de Jehová.

Los filisteos capturan el arca

4 1 Y Samuel habló a todo Israel.
Por aquel tiempo salió Israel a encontrar en
batalla a los filisteos, y acampó junto a Ebenezer, y los filisteos acamparon en Afec.
2 Y los filisteos presentaron la batalla a Israel; y
trabándose el combate, Israel fue vencido delante de los filisteos, los cuales hirieron en la batalla en el campo como a cuatro mil hombres.
3 Cuando volvió el pueblo al campamento, los
ancianos de Israel dijeron: ¿Por qué nos ha herido hoy Jehová delante de los filisteos? Traigamos
a nosotros de Silo el arca del pacto de Jehová,
para que viniendo entre nosotros nos salve de la
mano de nuestros enemigos.
4 Y envió el pueblo a Silo, y trajeron de allá el
arca del pacto de Jehová de los ejércitos, que
moraba entre los querubines;[a] y los dos hijos de
Elí, Ofni y Finees, estaban allí con el arca del
pacto de Dios.
5 Aconteció que cuando el arca del pacto de
Jehová llegó al campamento, todo Israel gritó
con tan gran júbilo que la tierra tembló.
6 Cuando los filisteos oyeron la voz de júbilo, dijeron: ¿Qué voz de gran júbilo es esta en el campamento de los hebreos? Y supieron que el arca
de Jehová había sido traída al campamento.
7 Y los filisteos tuvieron miedo, porque decían:
Ha venido Dios al campamento. Y dijeron: ¡Ay
de nosotros! pues antes de ahora no fue así.
8 ¡Ay de nosotros! ¿Quién nos librará de la mano
de estos dioses poderosos? Estos son los dioses
que hirieron a Egipto con toda plaga en el desierto.
9 Esforzaos, oh filisteos, y sed hombres, para
que no sirváis a los hebreos, como ellos os han
servido a vosotros; sed hombres, y pelead.

4.4: [a] Ex. 25.22.

10 Pelearon, pues, los filisteos, e Israel fue vencido, y huyeron cada cual a sus tiendas; y fue hecha muy grande mortandad, pues cayeron de Israel treinta mil hombres de a pie.

11 Y el arca de Dios fue tomada, y muertos los dos hijos de Elí, Ofni y Finees.

12 Y corriendo de la batalla un hombre de Benjamín, llegó el mismo día a Silo, rotos sus vestidos y tierra sobre su cabeza;

13 y cuando llegó, he aquí que Elí estaba sentado en una silla vigilando junto al camino, porque su corazón estaba temblando por causa del arca de Dios. Llegado, pues, aquel hombre a la ciudad, y dadas las nuevas, toda la ciudad gritó.

14 Cuando Elí oyó el estruendo de la gritería, dijo: ¿Qué estruendo de alboroto es este? Y aquel hombre vino aprisa y dio las nuevas a Elí.

15 Era ya Elí de edad de noventa y ocho años, y sus ojos se habían oscurecido, de modo que no podía ver.

16 Dijo, pues, aquel hombre a Elí: Yo vengo de la batalla, he escapado hoy del combate. Y Elí dijo: ¿Qué ha acontecido, hijo mío?

17 Y el mensajero respondió diciendo: Israel huyó delante de los filisteos, y también fue hecha gran mortandad en el pueblo; y también tus dos hijos, Ofni y Finees, fueron muertos, y el arca de Dios ha sido tomada.

18 Y aconteció que cuando él hizo mención del arca de Dios, Elí cayó hacia atrás de la silla al lado de la puerta, y se desnucó y murió; porque era hombre viejo y pesado. Y había juzgado a Israel cuarenta años.

19 Y su nuera la mujer de Finees, que estaba encinta, cercana al alumbramiento, oyendo el rumor que el arca de Dios había sido tomada, y muertos su suegro y su marido, se inclinó y dio a luz; porque le sobrevinieron sus dolores de repente.

20 Y al tiempo que moría, le decían las que estaban junto a ella: No tengas temor, porque has dado a luz un hijo. Mas ella no respondió, ni se dio por entendida.

21 Y llamó al niño Icabod,[1] diciendo: ¡Traspasada es la gloria de Israel! por haber sido tomada el arca de Dios, y por la muerte de su suegro y de su marido.

22 Dijo, pues: Traspasada es la gloria de Israel; porque ha sido tomada el arca de Dios.

El arca en tierra de los filisteos

5 1 Cuando los filisteos capturaron el arca de Dios, la llevaron desde Eben-ezer a Asdod.

2 Y tomaron los filisteos el arca de Dios, y la metieron en la casa de Dagón, y la pusieron junto a Dagón.

3 Y cuando al siguiente día los de Asdod se levantaron de mañana, he aquí Dagón postrado en tierra delante del arca de Jehová; y tomaron a Dagón y lo volvieron a su lugar.

4 Y volviéndose a levantar de mañana el siguiente día, he aquí que Dagón había caído postrado en tierra delante del arca de Jehová; y la cabeza de Dagón y las dos palmas de sus manos estaban cortadas sobre el umbral, habiéndole quedado a Dagón el tronco solamente.

5 Por esta causa los sacerdotes de Dagón y todos los que entran en el templo de Dagón no pisan el umbral de Dagón en Asdod, hasta hoy.

6 Y se agravó la mano de Jehová sobre los de Asdod, y los destruyó y los hirió con tumores en Asdod y en todo su territorio.

7 Y viendo esto los de Asdod, dijeron: No quede con nosotros el arca del Dios de Israel, porque su mano es dura sobre nosotros y sobre nuestro dios Dagón.

8 Convocaron, pues, a todos los príncipes de los filisteos, y les dijeron: ¿Qué haremos del arca del Dios de Israel? Y ellos respondieron: Pásese el arca del Dios de Israel a Gat. Y pasaron allá el arca del Dios de Israel.

9 Y aconteció que cuando la habían pasado, la mano de Jehová estuvo contra la ciudad con gran quebrantamiento, y afligió a los hombres de aquella ciudad desde el chico hasta el grande, y se llenaron de tumores.

10 Entonces enviaron el arca de Dios a Ecrón. Y cuando el arca de Dios vino a Ecrón, los ecronitas dieron voces, diciendo: Han pasado a nosotros el arca del Dios de Israel para matarnos a nosotros y a nuestro pueblo.

11 Y enviaron y reunieron a todos los príncipes de los filisteos, diciendo: Enviad el arca del Dios de Israel, y vuélvase a su lugar, y no nos mate a nosotros ni a nuestro pueblo; porque había consternación de muerte en toda la ciudad, y la mano de Dios se había agravado allí.

12 Y los que no morían, eran heridos de tumores; y el clamor de la ciudad subía al cielo.

Los filisteos devuelven el arca

6 1 Estuvo el arca de Jehová en la tierra de los filisteos siete meses.

2 Entonces los filisteos, llamando a los sacerdotes y adivinos, preguntaron: ¿Qué haremos del arca de Jehová? Hacednos saber de qué manera la hemos de volver a enviar a su lugar.

3 Ellos dijeron: Si enviáis el arca del Dios de Israel, no la enviéis vacía, sino pagadle la expiación; entonces seréis sanos, y conoceréis por qué no se apartó de vosotros su mano.

4 Y ellos dijeron: ¿Y qué será la expiación que le pagaremos? Ellos respondieron: Conforme al número de los príncipes de los filisteos, cinco tu-

4.21: [1] Esto es, *Sin gloria*.

mores de oro, y cinco ratones de oro, porque una misma plaga ha afligido a todos vosotros y a vuestros príncipes.
5 Haréis, pues, figuras de vuestros tumores, y de vuestros ratones que destruyen la tierra, y daréis gloria al Dios de Israel; quizá aliviará su mano de sobre vosotros y de sobre vuestros dioses, y de sobre vuestra tierra.
6 ¿Por qué endurecéis vuestro corazón, como los egipcios y Faraón endurecieron su corazón? Después que los había tratado así, ¿no los dejaron ir, y se fueron?
7 Haced, pues, ahora un carro nuevo, y tomad luego dos vacas que críen, a las cuales no haya sido puesto yugo, y uncid las vacas al carro, y haced volver sus becerros de detrás de ellas a casa.
8 Tomaréis luego el arca de Jehová, y la pondréis sobre el carro, y las joyas de oro que le habéis de pagar en ofrenda por la culpa, las pondréis en una caja al lado de ella; y la dejaréis que se vaya.
9 Y observaréis; si sube por el camino de su tierra a Bet-semes, él nos ha hecho este mal tan grande; y si no, sabremos que no es su mano la que nos ha herido, sino que esto ocurrió por accidente.

10 Y aquellos hombres lo hicieron así; tomando dos vacas que criaban, las uncieron al carro, y encerraron en casa sus becerros.
11 Luego pusieron el arca de Jehová sobre el carro, y la caja con los ratones de oro y las figuras de sus tumores.
12 Y las vacas se encaminaron por el camino de Bet-semes, y seguían camino recto, andando y bramando, sin apartarse ni a derecha ni a izquierda; y los príncipes de los filisteos fueron tras ellas hasta el límite de Bet-semes.
13 Y los de Bet-semes segaban el trigo en el valle; y alzando los ojos vieron el arca, y se regocijaron cuando la vieron.
14 Y el carro vino al campo de Josué de Bet-semes, y paró allí donde había una gran piedra; y ellos cortaron la madera del carro, y ofrecieron las vacas en holocausto a Jehová.
15 Y los levitas bajaron el arca de Jehová, y la caja que estaba junto a ella, en la cual estaban las joyas de oro, y las pusieron sobre aquella gran piedra; y los hombres de Bet-semes sacrificaron holocaustos y dedicaron sacrificios a Jehová en aquel día.
16 Cuando vieron esto los cinco príncipes de los filisteos, volvieron a Ecrón el mismo día.

17 Estos fueron los tumores de oro que pagaron los filisteos en expiación a Jehová: por Asdod uno, por Gaza uno, por Ascalón uno, por Gat uno, por Ecrón uno.
18 Y los ratones de oro fueron conforme al número de todas las ciudades de los filisteos pertenecientes a los cinco príncipes, así las ciudades fortificadas como las aldeas sin muro. La gran piedra sobre la cual pusieron el arca de Jehová está en el campo de Josué de Bet-semes hasta hoy.

19 Entonces Dios hizo morir a los hombres de Bet-semes, porque habían mirado dentro del arca de Jehová; hizo morir del pueblo a cincuenta mil setenta hombres. Y lloró el pueblo, porque Jehová lo había herido con tan gran mortandad.
20 Y dijeron los de Bet-semes: ¿Quién podrá estar delante de Jehová el Dios santo? ¿A quién subirá desde nosotros?
21 Y enviaron mensajeros a los habitantes de Quiriat-jearim, diciendo: Los filisteos han devuelto el arca de Jehová; descended, pues, y llevadla a vosotros.

7 1 Vinieron los de Quiriat-jearim y llevaron el arca de Jehová, y la pusieron en casa de Abinadab, situada en el collado; y santificaron a Eleazar su hijo para que guardase el arca de Jehová.[a]
2 Desde el día que llegó el arca a Quiriat-jearim pasaron muchos días, veinte años; y toda la casa de Israel lamentaba en pos de Jehová.

Samuel, juez de Israel

3 Habló Samuel a toda la casa de Israel, diciendo: Si de todo vuestro corazón os volvéis a Jehová, quitad los dioses ajenos y a Astarot de entre vosotros, y preparad vuestro corazón a Jehová, y sólo a él servid, y os librará de la mano de los filisteos.
4 Entonces los hijos de Israel quitaron a los baales y a Astarot, y sirvieron sólo a Jehová.

5 Y Samuel dijo: Reunid a todo Israel en Mizpa, y yo oraré por vosotros a Jehová.
6 Y se reunieron en Mizpa, y sacaron agua, y la derramaron delante de Jehová, y ayunaron aquel día, y dijeron allí: Contra Jehová hemos pecado. Y juzgó Samuel a los hijos de Israel en Mizpa.
7 Cuando oyeron los filisteos que los hijos de Israel estaban reunidos en Mizpa, subieron los príncipes de los filisteos contra Israel; y al oír esto los hijos de Israel, tuvieron temor de los filisteos.
8 Entonces dijeron los hijos de Israel a Samuel: No ceses de clamar por nosotros a Jehová nuestro Dios, para que nos guarde de la mano de los filisteos.
9 Y Samuel tomó un cordero de leche y lo sacrificó entero en holocausto a Jehová; y clamó Samuel a Jehová por Israel, y Jehová le oyó.
10 Y aconteció que mientras Samuel sacrificaba el holocausto, los filisteos llegaron para pelear con los hijos de Israel. Mas Jehová tronó aquel día con gran estruendo sobre los filisteos, y los atemorizó, y fueron vencidos delante de Israel.

7.1: [a] 2 S. 6.2-4; 1 Cr. 13.5-7.

11 Y saliendo los hijos de Israel de Mizpa, siguieron a los filisteos, hiriéndolos hasta abajo de Bet-car.

12 Tomó luego Samuel una piedra y la puso entre Mizpa y Sen, y le puso por nombre Eben-ezer,[2] diciendo: Hasta aquí nos ayudó Jehová.

13 Así fueron sometidos los filisteos, y no volvieron más a entrar en el territorio de Israel; y la mano de Jehová estuvo contra los filisteos todos los días de Samuel.

14 Y fueron restituidas a los hijos de Israel las ciudades que los filisteos habían tomado a los israelitas, desde Ecrón hasta Gat; e Israel libró su territorio de mano de los filisteos. Y hubo paz entre Israel y el amorreo.

15 Y juzgó Samuel a Israel todo el tiempo que vivió.

16 Y todos los años iba y daba vuelta a Bet-el, a Gilgal y a Mizpa, y juzgaba a Israel en todos estos lugares.

17 Después volvía a Ramá, porque allí estaba su casa, y allí juzgaba a Israel; y edificó allí un altar a Jehová.

Israel pide rey

8 1 Aconteció que habiendo Samuel envejecido, puso a sus hijos por jueces sobre Israel.

2 Y el nombre de su hijo primogénito fue Joel, y el nombre del segundo, Abías; y eran jueces en Beerseba.

3 Pero no anduvieron los hijos por los caminos de su padre, antes se volvieron tras la avaricia, dejándose sobornar y pervirtiendo el derecho.

4 Entonces todos los ancianos de Israel se juntaron, y vinieron a Ramá para ver a Samuel,

5 y le dijeron: He aquí tú has envejecido, y tus hijos no andan en tus caminos; por tanto, constitúyenos ahora un rey que nos juzgue, como tienen todas las naciones.[a]

6 Pero no agradó a Samuel esta palabra que dijeron: Danos un rey que nos juzgue. Y Samuel oró a Jehová.

7 Y dijo Jehová a Samuel: Oye la voz del pueblo en todo lo que te digan; porque no te han desechado a ti, sino a mí me han desechado, para que no reine sobre ellos.

8 Conforme a todas las obras que han hecho desde el día que los saqué de Egipto hasta hoy, dejándome a mí y sirviendo a dioses ajenos, así hacen también contigo.

9 Ahora, pues, oye su voz; mas protesta solemnemente contra ellos, y muéstrales cómo les tratará el rey que reinará sobre ellos.

10 Y refirió Samuel todas las palabras de Jehová al pueblo que le había pedido rey.

11 Dijo, pues: Así hará el rey que reinará sobre vosotros: tomará vuestros hijos, y los pondrá en sus carros y en su gente de a caballo, para que corran delante de su carro;

12 y nombrará para sí jefes de miles y jefes de cincuentenas; los pondrá asimismo a que aren sus campos y sieguen sus mieses, y a que hagan sus armas de guerra y los pertrechos de sus carros.

13 Tomará también a vuestras hijas para que sean perfumadoras, cocineras y amasadoras.

14 Asimismo tomará lo mejor de vuestras tierras, de vuestras viñas y de vuestros olivares, y los dará a sus siervos.

15 Diezmará vuestro grano y vuestras viñas, para dar a sus oficiales y a sus siervos.

16 Tomará vuestros siervos y vuestras siervas, vuestros mejores jóvenes, y vuestros asnos, y con ellos hará sus obras.

17 Diezmará también vuestros rebaños, y seréis sus siervos.

18 Y clamaréis aquel día a causa de vuestro rey que os habréis elegido, mas Jehová no os responderá en aquel día.

19 Pero el pueblo no quiso oír la voz de Samuel, y dijo: No, sino que habrá rey sobre nosotros;

20 y nosotros seremos también como todas las naciones, y nuestro rey nos gobernará, y saldrá delante de nosotros, y hará nuestras guerras.

21 Y oyó Samuel todas las palabras del pueblo, y las refirió en oídos de Jehová.

22 Y Jehová dijo a Samuel: Oye su voz, y pon rey sobre ellos. Entonces dijo Samuel a los varones de Israel: Idos cada uno a vuestra ciudad.

Saúl es elegido rey

9 1 Había un varón de Benjamín, hombre valeroso, el cual se llamaba Cis, hijo de Abiel, hijo de Zeror, hijo de Becorat, hijo de Afía, hijo de un benjamita.

2 Y tenía él un hijo que se llamaba Saúl, joven y hermoso. Entre los hijos de Israel no había otro más hermoso que él; de hombros arriba sobrepasaba a cualquiera del pueblo.

3 Y se habían perdido las asnas de Cis, padre de Saúl; por lo que dijo Cis a Saúl su hijo: Toma ahora contigo alguno de los criados, y levántate, y ve a buscar las asnas.

4 Y él pasó el monte de Efraín, y de allí a la tierra de Salisa, y no las hallaron. Pasaron luego por la tierra de Saalim, y tampoco. Después pasaron por la tierra de Benjamín, y no las encontraron.

5 Cuando vinieron a la tierra de Zuf, Saúl dijo a su criado que tenía consigo: Ven, volvámonos; porque quizá mi padre, abandonada la preocupación por las asnas, estará acongojado por nosotros.

6 El le respondió: He aquí ahora hay en esta ciudad un varón de Dios, que es hombre insigne;

7.12: [2] Esto es, *Piedra de ayuda.* **8.5:** [a] Dt. 17.14.

todo lo que él dice acontece sin falta. Vamos, pues, allá; quizá nos dará algún indicio acerca del objeto por el cual emprendimos nuestro camino.

7 Respondió Saúl a su criado: Vamos ahora; pero ¿qué llevaremos al varón? Porque el pan de nuestras alforjas se ha acabado, y no tenemos qué ofrecerle al varón de Dios. ¿Qué tenemos?

8 Entonces volvió el criado a responder a Saúl, diciendo: He aquí se halla en mi mano la cuarta parte de un siclo de plata; esto daré al varón de Dios, para que nos declare nuestro camino.

9 (Antiguamente en Israel cualquiera que iba a consultar a Dios, decía así: Venid y vamos al vidente; porque al que hoy se llama profeta, entonces se le llamaba vidente.)

10 Dijo entonces Saúl a su criado: Dices bien; anda, vamos. Y fueron a la ciudad donde estaba el varón de Dios.

11 Y cuando subían por la cuesta de la ciudad, hallaron unas doncellas que salían por agua, a las cuales dijeron: ¿Está en este lugar el vidente?

12 Ellas, respondiéndoles, dijeron: Sí; helo allí delante de ti; date prisa, pues, porque hoy ha venido a la ciudad en atención a que el pueblo tiene hoy un sacrificio en el lugar alto.

13 Cuando entréis en la ciudad, le encontraréis luego, antes que suba al lugar alto a comer; pues el pueblo no comerá hasta que él haya llegado, por cuanto él es el que bendice el sacrificio; después de esto comen los convidados. Subid, pues, ahora, porque ahora le hallaréis.

14 Ellos entonces subieron a la ciudad; y cuando estuvieron en medio de ella, he aquí Samuel venía hacia ellos para subir al lugar alto.

15 Y un día antes que Saúl viniese, Jehová había revelado al oído de Samuel, diciendo:

16 Mañana a esta misma hora yo enviaré a ti un varón de la tierra de Benjamín, al cual ungirás por príncipe sobre mi pueblo Israel, y salvará a mi pueblo de mano de los filisteos; porque yo he mirado a mi pueblo, por cuanto su clamor ha llegado hasta mí.

17 Y luego que Samuel vio a Saúl, Jehová le dijo: He aquí éste es el varón del cual te hablé; éste gobernará a mi pueblo.

18 Acercándose, pues, Saúl a Samuel en medio de la puerta, le dijo: Te ruego que me enseñes dónde está la casa del vidente.

19 Y Samuel respondió a Saúl, diciendo: Yo soy el vidente; sube delante de mí al lugar alto, y come hoy conmigo, y por la mañana te despacharé, y te descubriré todo lo que está en tu corazón.

20 Y de las asnas que se te perdieron hace ya tres días, pierde cuidado de ellas, porque se han hallado. Mas ¿para quién es todo lo que hay de codiciable en Israel, sino para ti y para toda la casa de tu padre?

21 Saúl respondió y dijo: ¿No soy yo hijo de Benjamín, de la más pequeña de las tribus de Israel? Y mi familia ¿no es la más pequeña de todas las familias de la tribu de Benjamín? ¿Por qué, pues, me has dicho cosa semejante?

22 Entonces Samuel tomó a Saúl y a su criado, los introdujo a la sala, y les dio lugar a la cabecera de los convidados, que eran unos treinta hombres.

23 Y dijo Samuel al cocinero: Trae acá la porción que te di, la cual te dije que guardases aparte.

24 Entonces alzó el cocinero una espaldilla, con lo que estaba sobre ella, y la puso delante de Saúl. Y Samuel dijo: He aquí lo que estaba reservado; ponlo delante de ti y come, porque para esta ocasión se te guardó, cuando dije: Yo he convidado al pueblo. Y Saúl comió aquel día con Samuel.

25 Y cuando hubieron descendido del lugar alto a la ciudad, él habló con Saúl en el terrado.

26 Al otro día madrugaron; y al despuntar el alba, Samuel llamó a Saúl, que estaba en el terrado, y dijo: Levántate, para que te despida. Luego se levantó Saúl, y salieron ambos, él y Samuel.

27 Y descendiendo ellos al extremo de la ciudad, dijo Samuel a Saúl: Di al criado que se adelante (y se adelantó el criado), mas espera tú un poco para que te declare la palabra de Dios.

10 1 Tomando entonces Samuel una redoma de aceite, la derramó sobre su cabeza, y lo besó, y le dijo: ¿No te ha ungido Jehová por príncipe sobre su pueblo Israel?

2 Hoy, después que te hayas apartado de mí, hallarás dos hombres junto al sepulcro de Raquel, en el territorio de Benjamín, en Selsa, los cuales te dirán: Las asnas que habías ido a buscar se han hallado; tu padre ha dejado ya de inquietarse por las asnas, y está afligido por vosotros, diciendo: ¿Qué haré acerca de mi hijo?

3 Y luego que de allí sigas más adelante, y llegues a la encina de Tabor, te saldrán al encuentro tres hombres que suben a Dios en Bet-el, llevando uno tres cabritos, otro tres tortas de pan, y el tercero una vasija de vino;

4 los cuales, luego que te hayan saludado, te darán dos panes, los que tomarás de mano de ellos.

5 Después de esto llegarás al collado de Dios donde está la guarnición de los filisteos; y cuando entres allá en la ciudad encontrarás una compañía de profetas que descienden del lugar alto, y delante de ellos salterio, pandero, flauta y arpa, y ellos profetizando.

6 Entonces el Espíritu de Jehová vendrá sobre ti con poder, y profetizarás con ellos, y serás mudado en otro hombre.

7 Y cuando te hayan sucedido estas señales, haz lo que te viniere a la mano, porque Dios está contigo.
8 Luego bajarás delante de mí a Gilgal; entonces descenderé yo a ti para ofrecer holocaustos y sacrificar ofrendas de paz. Espera siete días, hasta que yo venga a ti y te enseñe lo que has de hacer.
9 Aconteció luego, que al volver él la espalda para apartarse de Samuel, le mudó Dios su corazón; y todas estas señales acontecieron en aquel día.
10 Y cuando llegaron allá al collado, he aquí la compañía de los profetas que venía a encontrarse con él; y el Espíritu de Dios vino sobre él con poder, y profetizó entre ellos.
11 Y aconteció que cuando todos los que le conocían antes vieron que profetizaba con los profetas, el pueblo decía el uno al otro: ¿Qué le ha sucedido al hijo de Cis? ¿Saúl también entre los profetas?
12 Y alguno de allí respondió diciendo: ¿Y quién es el padre de ellos? Por esta causa se hizo proverbio: ¿También Saúl entre los profetas?[a]
13 Y cesó de profetizar, y llegó al lugar alto.
14 Un tío de Saúl dijo a él y a su criado: ¿A dónde fuisteis? Y él respondió: A buscar las asnas; y como vimos que no parecían, fuimos a Samuel.
15 Dijo el tío de Saúl: Yo te ruego me declares qué os dijo Samuel.
16 Y Saúl respondió a su tío: Nos declaró expresamente que las asnas habían sido halladas. Mas del asunto del reino, de que Samuel le había hablado, no le descubrió nada.
17 Después Samuel convocó al pueblo delante de Jehová en Mizpa,
18 y dijo a los hijos de Israel: Así ha dicho Jehová el Dios de Israel: Yo saqué a Israel de Egipto, y os libré de mano de los egipcios, y de mano de todos los reinos que os afligieron.
19 Pero vosotros habéis desechado hoy a vuestro Dios, que os guarda de todas vuestras aflicciones y angustias, y habéis dicho: No, sino pon rey sobre nosotros. Ahora, pues, presentaos delante de Jehová por vuestras tribus y por vuestros millares.
20 Y haciendo Samuel que se acercasen todas las tribus de Israel, fue tomada la tribu de Benjamín.
21 E hizo llegar la tribu de Benjamín por sus familias, y fue tomada la familia de Matri; y de ella fue tomado Saúl hijo de Cis. Y le buscaron, pero no fue hallado.
22 Preguntaron, pues, otra vez a Jehová si aún no había venido allí aquel varón. Y respondió Jehová: He aquí que él está escondido entre el bagaje.
23 Entonces corrieron y lo trajeron de allí; y puesto en medio del pueblo, desde los hombros arriba era más alto que todo el pueblo.
24 Y Samuel dijo a todo el pueblo: ¿Habéis visto al que ha elegido Jehová, que no hay semejante a él en todo el pueblo? Entonces el pueblo clamó con alegría, diciendo: ¡Viva el rey!
25 Samuel recitó luego al pueblo las leyes del reino, y las escribió en un libro, el cual guardó delante de Jehová.
26 Y envió Samuel a todo el pueblo cada uno a su casa. Saúl también se fue a su casa en Gabaa, y fueron con él los hombres de guerra cuyos corazones Dios había tocado.
27 Pero algunos perversos dijeron: ¿Cómo nos ha de salvar éste? Y le tuvieron en poco, y no le trajeron presente; mas él disimuló.

Saúl derrota a los amonitas

11 1 Después subió Nahas amonita, y acampó contra Jabes de Galaad. Y todos los de Jabes dijeron a Nahas: Haz alianza con nosotros, y te serviremos.
2 Y Nahas amonita les respondió: Con esta condición haré alianza con vosotros, que a cada uno de todos vosotros saque el ojo derecho, y ponga esta afrenta sobre todo Israel.
3 Entonces los ancianos de Jabes le dijeron: Danos siete días, para que enviemos mensajeros por todo el territorio de Israel; y si no hay nadie que nos defienda, saldremos a ti.
4 Llegando los mensajeros a Gabaa de Saúl, dijeron estas palabras en oídos del pueblo; y todo el pueblo alzó su voz y lloró.
5 Y he aquí Saúl que venía del campo, tras los bueyes; y dijo Saúl: ¿Qué tiene el pueblo, que llora? Y le contaron las palabras de los hombres de Jabes.
6 Al oír Saúl estas palabras, el Espíritu de Dios vino sobre él con poder; y él se encendió en ira en gran manera.
7 Y tomando un par de bueyes, los cortó en trozos y los envió por todo el territorio de Israel por medio de mensajeros, diciendo: Así se hará con los bueyes del que no saliere en pos de Saúl y en pos de Samuel. Y cayó temor de Jehová sobre el pueblo, y salieron como un solo hombre.
8 Y los contó en Bezec; y fueron los hijos de Israel trescientos mil, y treinta mil los hombres de Judá.
9 Y respondieron a los mensajeros que habían venido: Así diréis a los de Jabes de Galaad: Mañana al calentar el sol, seréis librados. Y vinieron los mensajeros y lo anunciaron a los de Jabes, los cuales se alegraron.
10 Y los de Jabes dijeron a los enemigos: Mañana saldremos a vosotros, para que hagáis con nosotros todo lo que bien os pareciere.
11 Aconteció que al día siguiente dispuso Saúl al

10.12: [a] 1 S. 19.23-24.

pueblo en tres compañías, y entraron en medio del campamento a la vigilia de la mañana, e hirieron a los amonitas hasta que el día calentó; y los que quedaron fueron dispersos, de tal manera que no quedaron dos de ellos juntos.

12 El pueblo entonces dijo a Samuel: ¿Quiénes son los que decían: ¿Ha de reinar Saúl sobre nosotros? Dadnos esos hombres, y los mataremos.

13 Y Saúl dijo: No morirá hoy ninguno, porque hoy Jehová ha dado salvación en Israel.

14 Mas Samuel dijo al pueblo: Venid, vamos a Gilgal para que renovemos allí el reino.

15 Y fue todo el pueblo a Gilgal, e invistieron allí a Saúl por rey delante de Jehová en Gilgal. Y sacrificaron allí ofrendas de paz delante de Jehová, y se alegraron mucho allí Saúl y todos los de Israel.

Discurso de Samuel al pueblo

12 1 Dijo Samuel a todo Israel: He aquí, yo he oído vuestra voz en todo cuanto me habéis dicho, y os he puesto rey.

2 Ahora, pues, he aquí vuestro rey va delante de vosotros. Yo soy ya viejo y lleno de canas; pero mis hijos están con vosotros, y yo he andado delante de vosotros desde mi juventud hasta este día.

3 Aquí estoy; atestiguad contra mí delante de Jehová y delante de su ungido, si he tomado el buey de alguno, si he tomado el asno de alguno, si he calumniado a alguien, si he agraviado a alguno, o si de alguien he tomado cohecho para cegar mis ojos con él; y os lo restituiré.

4 Entonces dijeron: Nunca nos has calumniado ni agraviado, ni has tomado algo de mano de ningún hombre.

5 Y él les dijo: Jehová es testigo contra vosotros, y su ungido también es testigo en este día, que no habéis hallado cosa alguna en mi mano. Y ellos respondieron: Así es.

6 Entonces Samuel dijo al pueblo: Jehová que designó a Moisés y a Aarón,[a] y sacó a vuestros padres de la tierra de Egipto, es testigo.

7 Ahora, pues, aguardad, y contenderé con vosotros delante de Jehová acerca de todos los hechos de salvación que Jehová ha hecho con vosotros y con vuestros padres.

8 Cuando Jacob hubo entrado en Egipto, y vuestros padres clamaron a Jehová,[b] Jehová envió a Moisés y a Aarón, los cuales sacaron a vuestros padres de Egipto, y los hicieron habitar en este lugar.

9 Y olvidaron a Jehová su Dios, y él los vendió en mano de Sísara[c] jefe del ejército de Hazor, y en mano de los filisteos,[d] y en mano del rey de Moab,[e] los cuales les hicieron guerra.

10 Y ellos clamaron a Jehová, y dijeron: Hemos pecado, porque hemos dejado a Jehová y hemos servido a los baales y a Astarot; líbranos, pues, ahora de mano de nuestros enemigos, y te serviremos.[f]

11 Entonces Jehová envió a Jerobaal,[g] a Barac,[h] a Jefté[i] y a Samuel,[j] y os libró de mano de vuestros enemigos en derredor, y habitasteis seguros.

12 Y habiendo visto que Nahas rey de los hijos de Amón venía contra vosotros, me dijisteis: No, sino que ha de reinar sobre nosotros un rey;[k] siendo así que Jehová vuestro Dios era vuestro rey.

13 Ahora, pues, he aquí el rey que habéis elegido, el cual pedisteis; ya veis que Jehová ha puesto rey sobre vosotros.

14 Si temiereis a Jehová y le sirviereis, y oyereis su voz, y no fuereis rebeldes a la palabra de Jehová, y si tanto vosotros como el rey que reina sobre vosotros servís a Jehová vuestro Dios, haréis bien.

15 Mas si no oyereis la voz de Jehová, y si fuereis rebeldes a las palabras de Jehová, la mano de Jehová estará contra vosotros como estuvo contra vuestros padres.

16 Esperad aún ahora, y mirad esta gran cosa que Jehová hará delante de vuestros ojos.

17 ¿No es ahora la siega del trigo? Yo clamaré a Jehová, y él dará truenos y lluvias, para que conozcáis y veáis que es grande vuestra maldad que habéis hecho ante los ojos de Jehová, pidiendo para vosotros rey.

18 Y Samuel clamó a Jehová, y Jehová dio truenos y lluvias en aquel día; y todo el pueblo tuvo gran temor de Jehová y de Samuel.

19 Entonces dijo todo el pueblo a Samuel: Ruega por tus siervos a Jehová tu Dios, para que no muramos; porque a todos nuestros pecados hemos añadido este mal de pedir rey para nosotros.

20 Y Samuel respondió al pueblo: No temáis; vosotros habéis hecho todo este mal; pero con todo eso no os apartéis de en pos de Jehová, sino servidle con todo vuestro corazón.

21 No os apartéis en pos de vanidades que no aprovechan ni libran, porque son vanidades.

22 Pues Jehová no desamparará a su pueblo, por su grande nombre; porque Jehová ha querido haceros pueblo suyo.

23 Así que, lejos sea de mí que peque yo contra Jehová cesando de rogar por vosotros; antes os instruiré en el camino bueno y recto.

24 Solamente temed a Jehová y servidle de verdad con todo vuestro corazón, pues considerad cuán grandes cosas ha hecho por vosotros.

25 Mas si perseverareis en hacer mal, vosotros y vuestro rey pereceréis.

12.6: [a] Ex. 6.26. **12.8:** [b] Ex. 2.23. **12.9:** [c] Jue. 4.2. [d] Jue. 13.1. [e] Jue. 3.12. **12.10:** [f] Jue. 10.10-15. **12.11:** [g] Jue. 7.1. [h] Jue. 4.6. [i] Jue. 11.29. [j] 1 S. 3.20. **12.12:** [k] 1 S. 8.19.

Guerra contra los filisteos

13 1 Había ya reinado Saúl un año; y cuando hubo reinado dos años sobre Israel,
2 escogió luego a tres mil hombres de Israel, de los cuales estaban con Saúl dos mil en Micmas y en el monte de Bet-el, y mil estaban con Jonatán en Gabaa de Benjamín; y envió al resto del pueblo cada uno a sus tiendas.
3 Y Jonatán atacó a la guarnición de los filisteos que había en el collado, y lo oyeron los filisteos. E hizo Saúl tocar trompeta por todo el país, diciendo: Oigan los hebreos.
4 Y todo Israel oyó que se decía: Saúl ha atacado a la guarnición de los filisteos; y también que Israel se había hecho abominable a los filisteos. Y se juntó el pueblo en pos de Saúl en Gilgal.
5 Entonces los filisteos se juntaron para pelear contra Israel, treinta mil carros, seis mil hombres de a caballo, y pueblo numeroso como la arena que está a la orilla del mar; y subieron y acamparon en Micmas, al oriente de Bet-avén.
6 Cuando los hombres de Israel vieron que estaban en estrecho (porque el pueblo estaba en aprieto), se escondieron en cuevas, en fosos, en peñascos, en rocas y en cisternas.
7 Y algunos de los hebreos pasaron el Jordán a la tierra de Gad y de Galaad; pero Saúl permanecía aún en Gilgal, y todo el pueblo iba tras él temblando.
8 Y él esperó siete días, conforme al plazo que Samuel había dicho;[a] pero Samuel no venía a Gilgal, y el pueblo se le desertaba.
9 Entonces dijo Saúl: Traedme holocausto y ofrendas de paz. Y ofreció el holocausto.
10 Y cuando él acababa de ofrecer el holocausto, he aquí Samuel que venía; y Saúl salió a recibirle, para saludarle.
11 Entonces Samuel dijo: ¿Qué has hecho? Y Saúl respondió: Porque vi que el pueblo se me desertaba, y que tú no venías dentro del plazo señalado, y que los filisteos estaban reunidos en Micmas,
12 me dije: Ahora descenderán los filisteos contra mí a Gilgal, y yo no he implorado el favor de Jehová. Me esforcé, pues, y ofrecí holocausto.
13 Entonces Samuel dijo a Saúl: Locamente has hecho; no guardaste el mandamiento de Jehová tu Dios que él te había ordenado; pues ahora Jehová hubiera confirmado tu reino sobre Israel para siempre.
14 Mas ahora tu reino no será duradero. Jehová se ha buscado un varón conforme a su corazón,[b] al cual Jehová ha designado para que sea príncipe sobre su pueblo, por cuanto tú no has guardado lo que Jehová te mandó.
15 Y levantándose Samuel, subió de Gilgal a Gabaa de Benjamín. Y Saúl contó la gente que se hallaba con él, como seiscientos hombres.
16 Saúl, pues, y Jonatán su hijo, y el pueblo que con ellos se hallaba, se quedaron en Gabaa de Benjamín; pero los filisteos habían acampado en Micmas.
17 Y salieron merodeadores del campamento de los filisteos en tres escuadrones; un escuadrón marchaba por el camino de Ofra hacia la tierra de Sual,
18 otro escuadrón marchaba hacia Bet-horón, y el tercer escuadrón marchaba hacia la región que mira al valle de Zeboim, hacia el desierto.
19 Y en toda la tierra de Israel no se hallaba herrero; porque los filisteos habían dicho: Para que los hebreos no hagan espada o lanza.
20 Por lo cual todos los de Israel tenían que descender a los filisteos para afilar cada uno la reja de su arado, su azadón, su hacha o su hoz.
21 Y el precio era un pim por las rejas de arado y por los azadones, y la tercera parte de un siclo por afilar las hachas y por componer las aguijadas.
22 Así aconteció que en el día de la batalla no se halló espada ni lanza en mano de ninguno del pueblo que estaba con Saúl y con Jonatán, excepto Saúl y Jonatán su hijo, que las tenían.
23 Y la guarnición de los filisteos avanzó hasta el paso de Micmas.

14 1 Aconteció un día, que Jonatán hijo de Saúl dijo a su criado que le traía las armas: Ven y pasemos a la guarnición de los filisteos, que está de aquel lado. Y no lo hizo saber a su padre.
2 Y Saúl se hallaba al extremo de Gabaa, debajo de un granado que hay en Migrón, y la gente que estaba con él era como seiscientos hombres.
3 Y Ahías hijo de Ahitob, hermano de Icabod, hijo de Finees, hijo de Elí, sacerdote de Jehová en Silo, llevaba el efod; y no sabía el pueblo que Jonatán se hubiese ido.
4 Y entre los desfiladeros por donde Jonatán procuraba pasar a la guarnición de los filisteos, había un peñasco agudo de un lado, y otro del otro lado; el uno se llamaba Boses, y el otro Sene.
5 Uno de los peñascos estaba situado al norte, hacia Micmas, y el otro al sur, hacia Gabaa.
6 Dijo, pues, Jonatán a su paje de armas: Ven, pasemos a la guarnición de estos incircuncisos; quizá haga algo Jehová por nosotros, pues no es difícil para Jehová salvar con muchos o con pocos.
7 Y su paje de armas le respondió: Haz todo lo que tienes en tu corazón; ve, pues aquí estoy contigo a tu voluntad.
8 Dijo entonces Jonatán: Vamos a pasar a esos hombres, y nos mostraremos a ellos.

13.8: [a] 1 S. 10.8. **13.14:** [b] Hch. 13.22.

9 Si nos dijeren así: Esperad hasta que lleguemos
a vosotros, entonces nos estaremos en nuestro
lugar, y no subiremos a ellos.
10 Mas si nos dijeren así: Subid a nosotros, en-
tonces subiremos, porque Jehová los ha entre-
gado en nuestra mano; y esto nos será por señal.
11 Se mostraron, pues, ambos a la guarnición de
los filisteos, y los filisteos dijeron: He aquí los
hebreos, que salen de las cavernas donde se ha-
bían escondido.
12 Y los hombres de la guarnición respondieron
a Jonatán y a su paje de armas, y dijeron: Subid
a nosotros, y os haremos saber una cosa. Enton-
ces Jonatán dijo a su paje de armas: Sube tras
mí, porque Jehová los ha entregado en manos
de Israel.
13 Y subió Jonatán trepando con sus manos y
sus pies, y tras él su paje de armas; y a los que
caían delante de Jonatán, su paje de armas que
iba tras él los mataba.
14 Y fue esta primera matanza que hicieron Jo-
natán y su paje de armas, como veinte hombres,
en el espacio de una media yugada de tierra.
15 Y hubo pánico en el campamento y por el
campo, y entre toda la gente de la guarnición; y
los que habían ido a merodear, también ellos tu-
vieron pánico, y la tierra tembló; hubo, pues,
gran consternación.
16 Y los centinelas de Saúl vieron desde Ga-
baa de Benjamín cómo la multitud estaba turba-
da, e iba de un lado a otro y era deshecha.
17 Entonces Saúl dijo al pueblo que estaba con
él: Pasad ahora revista, y ved quién se haya ido
de los nuestros. Pasaron revista, y he aquí que
faltaba Jonatán y su paje de armas.
18 Y Saúl dijo a Ahías: Trae el arca de Dios. Por-
que el arca de Dios estaba entonces con los hijos
de Israel.
19 Pero aconteció que mientras aún hablaba Saúl
con el sacerdote, el alboroto que había en el cam-
pamento de los filisteos aumentaba, e iba cre-
ciendo en gran manera. Entonces dijo Saúl al
sacerdote: Detén tu mano.
20 Y juntando Saúl a todo el pueblo que con él
estaba, llegaron hasta el lugar de la batalla; y he
aquí que la espada de cada uno estaba vuelta
contra su compañero, y había gran confusión.
21 Y los hebreos que habían estado con los filis-
teos de tiempo atrás, y habían venido con ellos
de los alrededores al campamento, se pusieron
también del lado de los israelitas que estaban
con Saúl y con Jonatán.
22 Asimismo todos los israelitas que se habían
escondido en el monte de Efraín, oyendo que los
filisteos huían, también ellos los persiguieron en
aquella batalla.
23 Así salvó Jehová a Israel aquel día. Y llegó la
batalla hasta Bet-avén.
24 Pero los hombres de Israel fueron puestos
en apuro aquel día; porque Saúl había juramen-
tado al pueblo, diciendo: Cualquiera que coma
pan antes de caer la noche, antes que haya to-
mado venganza de mis enemigos, sea maldito.
Y todo el pueblo no había probado pan.
25 Y todo el pueblo llegó a un bosque, donde ha-
bía miel en la superficie del campo.
26 Entró, pues, el pueblo en el bosque, y he aquí
que la miel corría; pero no hubo quien hiciera
llegar su mano a su boca, porque el pueblo te-
mía el juramento.
27 Pero Jonatán no había oído cuando su padre
había juramentado al pueblo, y alargó la punta
de una vara que traía en su mano, y la mojó en
un panal de miel, y llevó su mano a la boca; y
fueron aclarados sus ojos.
28 Entonces habló uno del pueblo, diciendo: Tu
padre ha hecho jurar solemnemente al pueblo,
diciendo: Maldito sea el hombre que tome hoy
alimento. Y el pueblo desfallecía.
29 Respondió Jonatán: Mi padre ha turbado el
país. Ved ahora cómo han sido aclarados mis
ojos, por haber gustado un poco de esta miel.
30 ¿Cuánto más si el pueblo hubiera comido li-
bremente hoy del botín tomado de sus enemi-
gos? ¿No se habría hecho ahora mayor estrago
entre los filisteos?
31 E hirieron aquel día a los filisteos desde
Micmas hasta Ajalón; pero el pueblo estaba muy
cansado.
32 Y se lanzó el pueblo sobre el botín, y tomaron
ovejas y vacas y becerros, y los degollaron en el
suelo; y el pueblo los comió con sangre.
33 Y le dieron aviso a Saúl, diciendo: El pueblo
peca contra Jehová, comiendo la carne con la
sangre.[a] Y él dijo: Vosotros habéis prevaricado;
rodadme ahora acá una piedra grande.
34 Además dijo Saúl: Esparcíos por el pueblo, y
decidles que me traigan cada uno su vaca, y cada
cual su oveja, y degolladlas aquí, y comed; y no
pequéis contra Jehová comiendo la carne con la
sangre. Y trajo todo el pueblo cada cual por su
mano su vaca aquella noche, y las degollaron
allí.
35 Y edificó Saúl altar a Jehová; este altar fue el
primero que edificó a Jehová.
36 Y dijo Saúl: Descendamos de noche contra
los filisteos, y los saquearemos hasta la mañana,
y no dejaremos de ellos ninguno. Y ellos dije-
ron: Haz lo que bien te pareciere. Dijo luego el
sacerdote: Acerquémonos aquí a Dios.
37 Y Saúl consultó a Dios: ¿Descenderé tras los
filisteos? ¿Los entregarás en mano de Israel?
Mas Jehová no le dio respuesta aquel día.

14.33: [a] Gn. 9.4; Lv. 7.26-27; 17.10-14; 19.26;
Dt. 12.16, 23; 15.23.

38 Entonces dijo Saúl: Venid acá todos los prin-
cipales del pueblo, y sabed y ved en qué ha con-
sistido este pecado hoy;
39 porque vive Jehová que salva a Israel, que
aunque fuere en Jonatán mi hijo, de seguro mo-
rirá. Y no hubo en todo el pueblo quien le res-
pondiese.
40 Dijo luego a todo Israel: Vosotros estaréis a
un lado, y yo y Jonatán mi hijo estaremos al otro
lado. Y el pueblo respondió a Saúl: Haz lo que
bien te pareciere.
41 Entonces dijo Saúl a Jehová Dios de Israel:
Da suerte perfecta. Y la suerte cayó sobre Jona-
tán y Saúl, y el pueblo salió libre.
42 Y Saúl dijo: Echad suertes entre mí y Jonatán
mi hijo. Y la suerte cayó sobre Jonatán.
43 Entonces Saúl dijo a Jonatán: Declárame
lo que has hecho. Y Jonatán se lo declaró y dijo:
Ciertamente gusté un poco de miel con la punta
de la vara que traía en mi mano; ¿y he de morir?
44 Y Saúl respondió: Así me haga Dios y aun me
añada, que sin duda morirás, Jonatán.
45 Entonces el pueblo dijo a Saúl: ¿Ha de morir
Jonatán, el que ha hecho esta grande salvación
en Israel? No será así. Vive Jehová, que no ha de
caer un cabello de su cabeza en tierra, pues que
ha actuado hoy con Dios. Así el pueblo libró de
morir a Jonatán.
46 Y Saúl dejó de seguir a los filisteos; y los filis-
teos se fueron a su lugar.
47 Después de haber tomado posesión del rei-
nado de Israel, Saúl hizo guerra a todos sus ene-
migos en derredor: contra Moab, contra los
hijos de Amón, contra Edom, contra los reyes de
Soba, y contra los filisteos; y adondequiera que
se volvía, era vencedor.
48 Y reunió un ejército y derrotó a Amalec, y li-
bró a Israel de mano de los que lo saqueaban.
49 Y los hijos de Saúl fueron Jonatán, Isúi y
Malquisúa. Y los nombres de sus dos hijas
eran, el de la mayor, Merab, y el de la menor,
Mical.
50 Y el nombre de la mujer de Saúl era Ahi-
noam, hija de Ahimaas. Y el nombre del general
de su ejército era Abner, hijo de Ner tío de Saúl.
51 Porque Cis padre de Saúl, y Ner padre de
Abner, fueron hijos de Abiel.
52 Y hubo guerra encarnizada contra los filis-
teos todo el tiempo de Saúl; y a todo el que Saúl
veía que era hombre esforzado y apto para com-
batir, lo juntaba consigo.

Saúl desobedece y es desechado

15 1 Después Samuel dijo a Saúl: Jehová
me envió a que te ungiese por rey sobre
su pueblo Israel;[a] ahora, pues, está atento a las
palabras de Jehová.
2 Así ha dicho Jehová de los ejércitos: Yo casti-
garé lo que hizo Amalec a Israel al oponérsele
en el camino cuando subía de Egipto.[b]
3 Ve, pues, y hiere a Amalec, y destruye todo lo
que tiene, y no te apiades de él; mata a hom-
bres, mujeres, niños, y aun los de pecho, vacas,
ovejas, camellos y asnos.
4 Saúl, pues, convocó al pueblo y les pasó re-
vista en Telaim, doscientos mil de a pie, y diez
mil hombres de Judá.
5 Y viniendo Saúl a la ciudad de Amalec, puso
emboscada en el valle.
6 Y dijo Saúl a los ceneos: Idos, apartaos y salid
de entre los de Amalec, para que no os destruya
juntamente con ellos; porque vosotros mostras-
teis misericordia a todos los hijos de Israel,
cuando subían de Egipto. Y se apartaron los ce-
neos de entre los hijos de Amalec.
7 Y Saúl derrotó a los amalecitas desde Havila
hasta llegar a Shur, que está al oriente de Egipto.
8 Y tomó vivo a Agag rey de Amalec, pero a todo
el pueblo mató a filo de espada.
9 Y Saúl y el pueblo perdonaron a Agag, y a lo
mejor de las ovejas y del ganado mayor, de los
animales engordados, de los carneros y de todo
lo bueno, y no lo quisieron destruir; mas todo lo
que era vil y despreciable destruyeron.
10 Y vino palabra de Jehová a Samuel, diciendo:
11 Me pesa haber puesto por rey a Saúl, porque
se ha vuelto de en pos de mí, y no ha cumplido
mis palabras. Y se apesadumbró Samuel, y cla-
mó a Jehová toda aquella noche.
12 Madrugó luego Samuel para ir a encontrar a
Saúl por la mañana; y fue dado aviso a Samuel,
diciendo: Saúl ha venido a Carmel, y he aquí se
levantó un monumento, y dio la vuelta, y pasó
adelante y descendió a Gilgal.
13 Vino, pues, Samuel a Saúl, y Saúl le dijo:
Bendito seas tú de Jehová; yo he cumplido la
palabra de Jehová.
14 Samuel entonces dijo: ¿Pues qué balido de
ovejas y bramido de vacas es este que yo oigo
con mis oídos?
15 Y Saúl respondió: De Amalec los han traído;
porque el pueblo perdonó lo mejor de las ovejas
y de las vacas, para sacrificarlas a Jehová tu
Dios, pero lo demás lo destruimos.
16 Entonces dijo Samuel a Saúl: Déjame decla-
rarte lo que Jehová me ha dicho esta noche. Y él
le respondió: Di.
17 Y dijo Samuel: Aunque eras pequeño en
tus propios ojos, ¿no has sido hecho jefe de las
tribus de Israel, y Jehová te ha ungido por rey
sobre Israel?
18 Y Jehová te envió en misión y dijo: Ve, destru-
ye a los pecadores de Amalec, y hazles guerra
hasta que los acabes.

15.1: [a] 1 S. 10.1. **15.2:** [b] Ex. 17.8-14; Dt. 25.17-19.

19 ¿Por qué, pues, no has oído la voz de Jehová, sino que vuelto al botín has hecho lo malo ante los ojos de Jehová?

20 Y Saúl respondió a Samuel: Antes bien he obedecido la voz de Jehová, y fui a la misión que Jehová me envió, y he traído a Agag rey de Amalec, y he destruido a los amalecitas.

21 Mas el pueblo tomó del botín ovejas y vacas, las primicias del anatema, para ofrecer sacrificios a Jehová tu Dios en Gilgal.

22 Y Samuel dijo: ¿Se complace Jehová tanto en los holocaustos y víctimas, como en que se obedezca a las palabras de Jehová? Ciertamente el obedecer es mejor que los sacrificios, y el prestar atención que la grosura de los carneros.

23 Porque como pecado de adivinación es la rebelión, y como ídolos e idolatría la obstinación. Por cuanto tú desechaste la palabra de Jehová, él también te ha desechado para que no seas rey.

24 Entonces Saúl dijo a Samuel: Yo he pecado; pues he quebrantado el mandamiento de Jehová y tus palabras, porque temí al pueblo y consentí a la voz de ellos. Perdona, pues, ahora mi pecado,

25 y vuelve conmigo para que adore a Jehová.

26 Y Samuel respondió a Saúl: No volveré contigo; porque desechaste la palabra de Jehová, y Jehová te ha desechado para que no seas rey sobre Israel.

27 Y volviéndose Samuel para irse, él se asió de la punta de su manto, y éste se rasgó.

28 Entonces Samuel le dijo: Jehová ha rasgado hoy de ti el reino de Israel, y lo ha dado a un prójimo tuyo mejor que tú.

29 Además, el que es la Gloria de Israel no mentirá, ni se arrepentirá, porque no es hombre para que se arrepienta.

30 Y él dijo: Yo he pecado; pero te ruego que me honres delante de los ancianos de mi pueblo y delante de Israel, y vuelvas conmigo para que adore a Jehová tu Dios.

31 Y volvió Samuel tras Saúl, y adoró Saúl a Jehová.

32 Después dijo Samuel: Traedme a Agag rey de Amalec. Y Agag vino a él alegremente. Y dijo Agag: Ciertamente ya pasó la amargura de la muerte.

33 Y Samuel dijo: Como tu espada dejó a las mujeres sin hijos, así tu madre será sin hijo entre las mujeres. Entonces Samuel cortó en pedazos a Agag delante de Jehová en Gilgal.

34 Se fue luego Samuel a Ramá, y Saúl subió a su casa en Gabaa de Saúl.

35 Y nunca después vio Samuel a Saúl en toda su vida; y Samuel lloraba a Saúl; y Jehová se arrepentía de haber puesto a Saúl por rey sobre Israel.

Samuel unge a David

16 1 Dijo Jehová a Samuel: ¿Hasta cuándo llorarás a Saúl, habiéndolo yo desechado para que no reine sobre Israel? Llena tu cuerno de aceite, y ven, te enviaré a Isaí de Belén, porque de sus hijos me he provisto de rey.

2 Y dijo Samuel: ¿Cómo iré? Si Saúl lo supiera, me mataría. Jehová respondió: Toma contigo una becerra de la vacada, y di: A ofrecer sacrificio a Jehová he venido.

3 Y llama a Isaí al sacrificio, y yo te enseñaré lo que has de hacer; y me ungirás al que yo te dijere.

4 Hizo, pues, Samuel como le dijo Jehová; y luego que él llegó a Belén, los ancianos de la ciudad salieron a recibirle con miedo, y dijeron: ¿Es pacífica tu venida?

5 El respondió: Sí, vengo a ofrecer sacrificio a Jehová; santificaos, y venid conmigo al sacrificio. Y santificando él a Isaí y a sus hijos, los llamó al sacrificio.

6 Y aconteció que cuando ellos vinieron, él vio a Eliab, y dijo: De cierto delante de Jehová está su ungido.

7 Y Jehová respondió a Samuel: No mires a su parecer, ni a lo grande de su estatura, porque yo lo desecho; porque Jehová no mira lo que mira el hombre; pues el hombre mira lo que está delante de sus ojos, pero Jehová mira el corazón.

8 Entonces llamó Isaí a Abinadab, y lo hizo pasar delante de Samuel, el cual dijo: Tampoco a éste ha escogido Jehová.

9 Hizo luego pasar Isaí a Sama. Y él dijo: Tampoco a éste ha elegido Jehová.

10 E hizo pasar Isaí siete hijos suyos delante de Samuel; pero Samuel dijo a Isaí: Jehová no ha elegido a éstos.

11 Entonces dijo Samuel a Isaí: ¿Son éstos todos tus hijos? Y él respondió: Queda aún el menor, que apacienta las ovejas. Y dijo Samuel a Isaí: Envía por él, porque no nos sentaremos a la mesa hasta que él venga aquí.

12 Envió, pues, por él, y le hizo entrar; y era rubio, hermoso de ojos, y de buen parecer. Entonces Jehová dijo: Levántate y úngelo, porque éste es.

13 Y Samuel tomó el cuerno del aceite, y lo ungió en medio de sus hermanos; y desde aquel día en adelante el Espíritu de Jehová vino sobre David. Se levantó luego Samuel, y se volvió a Ramá.

David toca para Saúl

14 El Espíritu de Jehová se apartó de Saúl, y le atormentaba un espíritu malo de parte de Jehová.

15 Y los criados de Saúl le dijeron: He aquí ahora, un espíritu malo de parte de Dios te atormenta.

16 Diga, pues, nuestro señor a tus siervos que están delante de ti, que busquen a alguno que

sepa tocar el arpa, para que cuando esté sobre ti
el espíritu malo de parte de Dios, él toque con su
mano, y tengas alivio.
17 Y Saúl respondió a sus criados: Buscadme,
pues, ahora alguno que toque bien, y traédmelo.
18 Entonces uno de los criados respondió di-
ciendo: He aquí yo he visto a un hijo de Isaí de
Belén, que sabe tocar, y es valiente y vigoroso y
hombre de guerra, prudente en sus palabras, y
hermoso, y Jehová está con él.
19 Y Saúl envió mensajeros a Isaí, diciendo:
Envíame a David tu hijo, el que está con las
ovejas.
20 Y tomó Isaí un asno cargado de pan, una vasi-
ja de vino y un cabrito, y lo envió a Saúl por me-
dio de David su hijo.
21 Y viniendo David a Saúl, estuvo delante de
él; y él le amó mucho, y le hizo su paje de armas.
22 Y Saúl envió a decir a Isaí: Yo te ruego que
esté David conmigo, pues ha hallado gracia en
mis ojos.
23 Y cuando el espíritu malo de parte de Dios ve-
nía sobre Saúl, David tomaba el arpa y tocaba
con su mano; y Saúl tenía alivio y estaba mejor,
y el espíritu malo se apartaba de él.

David mata a Goliat

17 1 Los filisteos juntaron sus ejércitos para
la guerra, y se congregaron en Soco, que
es de Judá, y acamparon entre Soco y Azeca, en
Efes-damim.
2 También Saúl y los hombres de Israel se junta-
ron, y acamparon en el valle de Ela, y se pusie-
ron en orden de batalla contra los filisteos.
3 Y los filisteos estaban sobre un monte a un
lado, e Israel estaba sobre otro monte al otro
lado, y el valle entre ellos.
4 Salió entonces del campamento de los filisteos
un paladín, el cual se llamaba Goliat, de Gat, y
tenía de altura seis codos y un palmo.
5 Y traía un casco de bronce en su cabeza, y lle-
vaba una cota de malla; y era el peso de la cota
cinco mil siclos de bronce.
6 Sobre sus piernas traía grebas de bronce, y ja-
balina de bronce entre sus hombros.
7 El asta de su lanza era como un rodillo de te-
lar, y tenía el hierro de su lanza seiscientos siclos
de hierro; e iba su escudero delante de él.
8 Y se paró y dio voces a los escuadrones de Is-
rael, diciéndoles: ¿Para qué os habéis puesto en
orden de batalla? ¿No soy yo el filisteo, y voso-
tros los siervos de Saúl? Escoged de entre voso-
tros un hombre que venga contra mí.
9 Si él pudiere pelear conmigo, y me venciere,
nosotros seremos vuestros siervos; y si yo pu-
diere más que él, y lo venciere, vosotros seréis
nuestros siervos y nos serviréis.
10 Y añadió el filisteo: Hoy yo he desafiado al
campamento de Israel; dadme un hombre que
pelee conmigo.
11 Oyendo Saúl y todo Israel estas palabras del
filisteo, se turbaron y tuvieron gran miedo.
12 Y David era hijo de aquel hombre efrateo de
Belén de Judá, cuyo nombre era Isaí, el cual tenía
ocho hijos; y en el tiempo de Saúl este hombre
era viejo y de gran edad entre los hombres.
13 Y los tres hijos mayores de Isaí habían ido
para seguir a Saúl a la guerra. Y los nombres de
sus tres hijos que habían ido a la guerra eran:
Eliab el primogénito, el segundo Abinadab, y el
tercero Sama;
14 y David era el menor. Siguieron, pues, los tres
mayores a Saúl.
15 Pero David había ido y vuelto, dejando a
Saúl, para apacentar las ovejas de su padre en
Belén.
16 Venía, pues, aquel filisteo por la mañana y
por la tarde, y así lo hizo durante cuarenta días.
17 Y dijo Isaí a David su hijo: Toma ahora para
tus hermanos un efa de este grano tostado, y es-
tos diez panes, y llévalo pronto al campamento
a tus hermanos.
18 Y estos diez quesos de leche los llevarás al
jefe de los mil; y mira si tus hermanos están bue-
nos, y toma prendas de ellos.
19 Y Saúl y ellos y todos los de Israel estaban
en el valle de Ela, peleando contra los filisteos.
20 Se levantó, pues, David de mañana, y dejan-
do las ovejas al cuidado de un guarda, se fue
con su carga como Isaí le había mandado; y lle-
gó al campamento cuando el ejército salía en or-
den de batalla, y daba el grito de combate.
21 Y se pusieron en orden de batalla Israel y los
filisteos, ejército frente a ejército.
22 Entonces David dejó su carga en mano del
que guardaba el bagaje, y corrió al ejército; y
cuando llegó, preguntó por sus hermanos, si
estaban bien.
23 Mientras él hablaba con ellos, he aquí que
aquel paladín que se ponía en medio de los
dos campamentos, que se llamaba Goliat, el fi-
listeo de Gat, salió de entre las filas de los filis-
teos y habló las mismas palabras, y las oyó
David.
24 Y todos los varones de Israel que veían
aquel hombre huían de su presencia, y tenían
gran temor.
25 Y cada uno de los de Israel decía: ¿No habéis
visto aquel hombre que ha salido? El se adelan-
ta para provocar a Israel. Al que le venciere, el
rey le enriquecerá con grandes riquezas, y le
dará su hija, y eximirá de tributos a la casa de su
padre en Israel.
26 Entonces habló David a los que estaban junto
a él, diciendo: ¿Qué harán al hombre que ven-
ciere a este filisteo, y quitare el oprobio de Is-

rael? Porque ¿quién es este filisteo incircunciso,
para que provoque a los escuadrones del Dios
viviente?
27 Y el pueblo le respondió las mismas palabras,
diciendo: Así se hará al hombre que le venciere.
28 Y oyéndole hablar Eliab su hermano mayor
con aquellos hombres, se encendió en ira contra
David y dijo: ¿Para qué has descendido acá? ¿y
a quién has dejado aquellas pocas ovejas en el
desierto? Yo conozco tu soberbia y la malicia de
tu corazón, que para ver la batalla has venido.
29 David respondió: ¿Qué he hecho yo ahora?
¿No es esto mero hablar?
30 Y apartándose de él hacia otros, preguntó de
igual manera; y le dio el pueblo la misma res-
puesta de antes.
31 Fueron oídas las palabras que David había
dicho, y las refirieron delante de Saúl; y él lo
hizo venir.
32 Y dijo David a Saúl: No desmaye el corazón
de ninguno a causa de él; tu siervo irá y peleará
contra este filisteo.
33 Dijo Saúl a David: No podrás tú ir contra
aquel filisteo, para pelear con él; porque tú eres
muchacho, y él un hombre de guerra desde su
juventud.
34 David respondió a Saúl: Tu siervo era pastor
de las ovejas de su padre; y cuando venía un
león, o un oso, y tomaba algún cordero de la ma-
nada,
35 salía yo tras él, y lo hería, y lo libraba de su
boca; y si se levantaba contra mí, yo le echaba
mano de la quijada, y lo hería y lo mataba.
36 Fuese león, fuese oso, tu siervo lo mataba; y
este filisteo incircunciso será como uno de ellos,
porque ha provocado al ejército del Dios viviente.
37 Añadió David: Jehová, que me ha librado de
las garras del león y de las garras del oso, él
también me librará de la mano de este filisteo. Y
dijo Saúl a David: Ve, y Jehová esté contigo.
38 Y Saúl vistió a David con sus ropas, y puso so-
bre su cabeza un casco de bronce, y le armó de
coraza.
39 Y ciñó David su espada sobre sus vestidos, y
probó a andar, porque nunca había hecho la
prueba. Y dijo David a Saúl: Yo no puedo andar
con esto, porque nunca lo practiqué. Y David
echó de sí aquellas cosas.
40 Y tomó su cayado en su mano, y escogió cin-
co piedras lisas del arroyo, y las puso en el saco
pastoril, en el zurrón que traía, y tomó su honda
en su mano, y se fue hacia el filisteo.
41 Y el filisteo venía andando y acercándose a
David, y su escudero delante de él.
42 Y cuando el filisteo miró y vio a David, le tuvo
en poco; porque era muchacho, y rubio, y de
hermoso parecer.
43 Y dijo el filisteo a David: ¿Soy yo perro, para
que vengas a mí con palos? Y maldijo a David
por sus dioses.
44 Dijo luego el filisteo a David: Ven a mí, y daré
tu carne a las aves del cielo y a las bestias del
campo.
45 Entonces dijo David al filisteo: Tú vienes a mí
con espada y lanza y jabalina; mas yo vengo a ti
en el nombre de Jehová de los ejércitos, el Dios
de los escuadrones de Israel, a quien tú has
provocado.
46 Jehová te entregará hoy en mi mano, y yo te
venceré, y te cortaré la cabeza, y daré hoy los
cuerpos de los filisteos a las aves del cielo y a las
bestias de la tierra; y toda la tierra sabrá que
hay Dios en Israel.
47 Y sabrá toda esta congregación que Jehová
no salva con espada y con lanza; porque de
Jehová es la batalla, y él os entregará en nues-
tras manos.
48 Y aconteció que cuando el filisteo se levan-
tó y echó a andar para ir al encuentro de David,
David se dio prisa, y corrió a la línea de batalla
contra el filisteo.
49 Y metiendo David su mano en la bolsa,
tomó de allí una piedra, y la tiró con la honda,
e hirió al filisteo en la frente; y la piedra quedó
clavada en la frente, y cayó sobre su rostro en
tierra.
50 Así venció David al filisteo con honda y
piedra; e hirió al filisteo y lo mató, sin tener Da-
vid espada en su mano.
51 Entonces corrió David y se puso sobre el filis-
teo; y tomando la espada de él y sacándola de su
vaina, lo acabó de matar, y le cortó con ella la
cabeza. Y cuando los filisteos vieron a su pala-
dín muerto, huyeron.
52 Levantándose luego los de Israel y los de
Judá, gritaron, y siguieron a los filisteos hasta
llegar al valle, y hasta las puertas de Ecrón. Y ca-
yeron los heridos de los filisteos por el camino
de Saaraim hasta Gat y Ecrón.
53 Y volvieron los hijos de Israel de seguir tras
los filisteos, y saquearon su campamento.
54 Y David tomó la cabeza del filisteo y la trajo a
Jerusalén, pero las armas de él las puso en su
tienda.
55 Y cuando Saúl vio a David que salía a en-
contrarse con el filisteo, dijo a Abner general del
ejército: Abner, ¿de quién es hijo ese joven? Y
Abner respondió:
56 Vive tu alma, oh rey, que no lo sé. Y el rey
dijo: Pregunta de quién es hijo ese joven.
57 Y cuando David volvía de matar al filisteo,
Abner lo tomó y lo llevó delante de Saúl, tenien-
do David la cabeza del filisteo en su mano.
58 Y le dijo Saúl: Muchacho, ¿de quién eres
hijo? Y David respondió: Yo soy hijo de tu siervo
Isaí de Belén.

Pacto de Jonatán y David

18 1 Aconteció que cuando él hubo acabado de hablar con Saúl, el alma de Jonatán quedó ligada con la de David, y lo amó Jonatán como a sí mismo.
2 Y Saúl le tomó aquel día, y no le dejó volver a casa de su padre.
3 E hicieron pacto Jonatán y David, porque él le amaba como a sí mismo.
4 Y Jonatán se quitó el manto que llevaba, y se lo dio a David, y otras ropas suyas, hasta su espada, su arco y su talabarte.
5 Y salía David a dondequiera que Saúl le enviaba, y se portaba prudentemente. Y lo puso Saúl sobre gente de guerra, y era acepto a los ojos de todo el pueblo, y a los ojos de los siervos de Saúl.

Saúl tiene celos de David

6 Aconteció que cuando volvían ellos, cuando David volvió de matar al filisteo, salieron las mujeres de todas las ciudades de Israel cantando y danzando, para recibir al rey Saúl, con panderos, con cánticos de alegría y con instrumentos de música.
7 Y cantaban las mujeres que danzaban, y decían:
Saúl hirió a sus miles,
Y David a sus diez miles.[a]
8 Y se enojó Saúl en gran manera, y le desagradó este dicho, y dijo: A David dieron diez miles, y a mí miles; no le falta más que el reino.
9 Y desde aquel día Saúl no miró con buenos ojos a David.
10 Aconteció al otro día, que un espíritu malo de parte de Dios tomó a Saúl, y él desvariaba en medio de la casa. David tocaba con su mano como los otros días; y tenía Saúl la lanza en la mano.
11 Y arrojó Saúl la lanza, diciendo: Enclavaré a David a la pared. Pero David lo evadió dos veces.
12 Mas Saúl estaba temeroso de David, por cuanto Jehová estaba con él, y se había apartado de Saúl;
13 por lo cual Saúl lo alejó de sí, y le hizo jefe de mil; y salía y entraba delante del pueblo.
14 Y David se conducía prudentemente en todos sus asuntos, y Jehová estaba con él.
15 Y viendo Saúl que se portaba tan prudentemente, tenía temor de él.
16 Mas todo Israel y Judá amaba a David, porque él salía y entraba delante de ellos.
17 Entonces dijo Saúl a David: He aquí, yo te daré Merab mi hija mayor por mujer, con tal que me seas hombre valiente, y pelees las batallas de Jehová. Mas Saúl decía: No será mi mano contra él, sino que será contra él la mano de los filisteos.
18 Pero David respondió a Saúl: ¿Quién soy yo, o qué es mi vida, o la familia de mi padre en Israel, para que yo sea yerno del rey?
19 Y llegado el tiempo en que Merab hija de Saúl se había de dar a David, fue dada por mujer a Adriel meholatita.
20 Pero Mical la otra hija de Saúl amaba a David; y fue dicho a Saúl, y le pareció bien a sus ojos.
21 Y Saúl dijo: Yo se la daré, para que le sea por lazo, y para que la mano de los filisteos sea contra él. Dijo, pues, Saúl a David por segunda vez: Tú serás mi yerno hoy.
22 Y mandó Saúl a sus siervos: Hablad en secreto a David, diciéndole: He aquí el rey te ama, y todos sus siervos te quieren bien; sé, pues, yerno del rey.
23 Los criados de Saúl hablaron estas palabras a los oídos de David. Y David dijo: ¿Os parece a vosotros que es poco ser yerno del rey, siendo yo un hombre pobre y de ninguna estima?
24 Y los criados de Saúl le dieron la respuesta, diciendo: Tales palabras ha dicho David.
25 Y Saúl dijo: Decid así a David: El rey no desea la dote, sino cien prepucios de filisteos, para que sea tomada venganza de los enemigos del rey. Pero Saúl pensaba hacer caer a David en manos de los filisteos.
26 Cuando sus siervos declararon a David estas palabras, pareció bien la cosa a los ojos de David, para ser yerno del rey. Y antes que el plazo se cumpliese,
27 se levantó David y se fue con su gente, y mató a doscientos hombres de los filisteos; y trajo David los prepucios de ellos y los entregó todos al rey, a fin de hacerse yerno del rey. Y Saúl le dio su hija Mical por mujer.
28 Pero Saúl, viendo y considerando que Jehová estaba con David, y que su hija Mical lo amaba,
29 tuvo más temor de David; y fue Saúl enemigo de David todos los días.
30 Y salieron a campaña los príncipes de los filisteos; y cada vez que salían, David tenía más éxito que todos los siervos de Saúl, por lo cual se hizo de mucha estima su nombre.

Saúl procura matar a David

19 1 Habló Saúl a Jonatán su hijo, y a todos sus siervos, para que matasen a David; pero Jonatán hijo de Saúl amaba a David en gran manera,
2 y dio aviso a David, diciendo: Saúl mi padre procura matarte; por tanto cuídate hasta la mañana, y estate en lugar oculto y escóndete.
3 Y yo saldré y estaré junto a mi padre en el campo donde estés; y hablaré de ti a mi padre, y te haré saber lo que haya.

18.7: [a] 1 S. 21.11; 29.5.

4 Y Jonatán habló bien de David a Saúl su padre, y le dijo: No peque el rey contra su siervo David, porque ninguna cosa ha cometido contra ti, y porque sus obras han sido muy buenas para contigo;

5 pues él tomó su vida en su mano, y mató al filisteo, y Jehová dio gran salvación a todo Israel. Tú lo viste, y te alegraste; ¿por qué, pues, pecarás contra la sangre inocente, matando a David sin causa?

6 Y escuchó Saúl la voz de Jonatán, y juró Saúl: Vive Jehová, que no morirá.

7 Y llamó Jonatán a David, y le declaró todas estas palabras; y él mismo trajo a David a Saúl, y estuvo delante de él como antes.

8 Después hubo de nuevo guerra; y salió David y peleó contra los filisteos, y los hirió con gran estrago, y huyeron delante de él.

9 Y el espíritu malo de parte de Jehová vino sobre Saúl; y estando sentado en su casa tenía una lanza a mano, mientras David estaba tocando.

10 Y Saúl procuró enclavar a David con la lanza a la pared, pero él se apartó de delante de Saúl, el cual hirió con la lanza en la pared; y David huyó, y escapó aquella noche.

11 Saúl envió luego mensajeros a casa de David para que lo vigilasen, y lo matasen a la mañana.[a] Mas Mical su mujer avisó a David, diciendo: Si no salvas tu vida esta noche, mañana serás muerto.

12 Y descolgó Mical a David por una ventana; y él se fue y huyó, y escapó.

13 Tomó luego Mical una estatua, y la puso sobre la cama, y le acomodó por cabecera una almohada de pelo de cabra y la cubrió con la ropa.

14 Y cuando Saúl envió mensajeros para prender a David, ella respondió: Está enfermo.

15 Volvió Saúl a enviar mensajeros para que viesen a David, diciendo: Traédmelo en la cama para que lo mate.

16 Y cuando los mensajeros entraron, he aquí la estatua estaba en la cama, y una almohada de pelo de cabra a su cabecera.

17 Entonces Saúl dijo a Mical: ¿Por qué me has engañado así, y has dejado escapar a mi enemigo? Y Mical respondió a Saúl: Porque él me dijo: Déjame ir; si no, yo te mataré.

18 Huyó, pues, David, y escapó, y vino a Samuel en Ramá, y le dijo todo lo que Saúl había hecho con él. Y él y Samuel se fueron y moraron en Naiot.

19 Y fue dado aviso a Saúl, diciendo: He aquí que David está en Naiot en Ramá.

20 Entonces Saúl envió mensajeros para que trajeran a David, los cuales vieron una compañía de profetas que profetizaban, y a Samuel que estaba allí y los presidía. Y vino el Espíritu de Dios sobre los mensajeros de Saúl, y ellos también profetizaron.

21 Cuando lo supo Saúl, envió otros mensajeros, los cuales también profetizaron. Y Saúl volvió a enviar mensajeros por tercera vez, y ellos también profetizaron.

22 Entonces él mismo fue a Ramá; y llegando al gran pozo que está en Secú, preguntó diciendo: ¿Dónde están Samuel y David? Y uno respondió: He aquí están en Naiot en Ramá.

23 Y fue a Naiot en Ramá; y también vino sobre él el Espíritu de Dios, y siguió andando y profetizando hasta que llegó a Naiot en Ramá.

24 Y él también se despojó de sus vestidos, y profetizó igualmente delante de Samuel, y estuvo desnudo todo aquel día y toda aquella noche. De aquí se dijo: ¿También Saúl entre los profetas?[b]

Amistad de David y Jonatán

20 1 Después David huyó de Naiot en Ramá, y vino delante de Jonatán, y dijo: ¿Qué he hecho yo? ¿Cuál es mi maldad, o cuál mi pecado contra tu padre, para que busque mi vida?

2 El le dijo: En ninguna manera; no morirás. He aquí que mi padre ninguna cosa hará, grande ni pequeña, que no me la descubra; ¿por qué, pues, me ha de encubrir mi padre este asunto? No será así.

3 Y David volvió a jurar diciendo: Tu padre sabe claramente que yo he hallado gracia delante de tus ojos, y dirá: No sepa esto Jonatán, para que no se entristezca; y ciertamente, vive Jehová y vive tu alma, que apenas hay un paso entre mí y la muerte.

4 Y Jonatán dijo a David: Lo que deseare tu alma, haré por ti.

5 Y David respondió a Jonatán: He aquí que mañana será nueva luna,[a] y yo acostumbro sentarme con el rey a comer; mas tú dejarás que me esconda en el campo hasta la tarde del tercer día.

6 Si tu padre hiciere mención de mí, dirás: Me rogó mucho que lo dejase ir corriendo a Belén su ciudad, porque todos los de su familia celebran allá el sacrificio anual.

7 Si él dijere: Bien está, entonces tendrá paz tu siervo; mas si se enojare, sabe que la maldad está determinada de parte de él.

8 Harás, pues, misericordia con tu siervo, ya que has hecho entrar a tu siervo en pacto de Jehová contigo; y si hay maldad en mí, mátame tú, pues no hay necesidad de llevarme hasta tu padre.

9 Y Jonatán le dijo: Nunca tal te suceda; antes bien, si yo supiere que mi padre ha determinado maldad contra ti, ¿no te lo avisaría yo?

19.11: [a] Sal. 59 tít. **19.24:** [b] 1 S. 10.11-12.
20.5: [a] Nm. 28.11.

10 Dijo entonces David a Jonatán: ¿Quién me dará
aviso si tu padre te respondiere ásperamente?
11 Y Jonatán dijo a David: Ven, salgamos al
campo. Y salieron ambos al campo.
12 Entonces dijo Jonatán a David: ¡Jehová
Dios de Israel, sea testigo! Cuando le haya pre-
guntado a mi padre mañana a esta hora, o el día
tercero, si resultare bien para con David, enton-
ces enviaré a ti para hacértelo saber.
13 Pero si mi padre intentare hacerte mal, Jehová
haga así a Jonatán, y aun le añada, si no te lo hi-
ciere saber y te enviare para que te vayas en paz. Y
esté Jehová contigo, como estuvo con mi padre.
14 Y si yo viviere, harás conmigo misericordia
de Jehová, para que no muera,
15 y no apartarás tu misericordia de mi casa
para siempre.[b] Cuando Jehová haya cortado
uno por uno los enemigos de David de la tierra,
no dejes que el nombre de Jonatán sea quitado
de la casa de David.
16 Así hizo Jonatán pacto con la casa de David,
diciendo: Requiéralo Jehová de la mano de los
enemigos de David.
17 Y Jonatán hizo jurar a David otra vez, porque
le amaba, pues le amaba como a sí mismo.
18 Luego le dijo Jonatán: Mañana es nueva
luna, y tú serás echado de menos, porque tu
asiento estará vacío.
19 Estarás, pues, tres días, y luego descenderás
y vendrás al lugar donde estabas escondido el
día que ocurrió esto mismo, y esperarás junto a
la piedra de Ezel.
20 Y yo tiraré tres saetas hacia aquel lado, como
ejercitándome al blanco.
21 Luego enviaré al criado, diciéndole: Ve, busca
las saetas. Y si dijere al criado: He allí las saetas
más acá de ti, tómalas; tú vendrás, porque paz
tienes, y nada malo hay, vive Jehová.
22 Mas si yo dijere al muchacho así: He allí las
saetas más allá de ti; vete, porque Jehová te ha
enviado.
23 En cuanto al asunto de que tú y yo hemos habla-
do, esté Jehová entre nosotros dos para siempre.
24 David, pues, se escondió en el campo, y
cuando llegó la nueva luna, se sentó el rey a co-
mer pan.
25 Y el rey se sentó en su silla, como solía, en el
asiento junto a la pared, y Jonatán se levantó, y
se sentó Abner al lado de Saúl, y el lugar de Da-
vid quedó vacío.
26 Mas aquel día Saúl no dijo nada, porque se
decía: Le habrá acontecido algo, y no está lim-
pio; de seguro no está purificado.
27 Al siguiente día, el segundo día de la nueva
luna, aconteció también que el asiento de David
quedó vacío. Y Saúl dijo a Jonatán su hijo: ¿Por
qué no ha venido a comer el hijo de Isaí hoy ni
ayer?
28 Y Jonatán respondió a Saúl: David me pidió
encarecidamente que le dejase ir a Belén,
29 diciendo: Te ruego que me dejes ir, porque
nuestra familia celebra sacrificio en la ciudad, y
mi hermano me lo ha mandado; por lo tanto, si
he hallado gracia en tus ojos, permíteme ir aho-
ra para visitar a mis hermanos. Por esto, pues,
no ha venido a la mesa del rey.
30 Entonces se encendió la ira de Saúl contra
Jonatán, y le dijo: Hijo de la perversa y rebelde,
¿acaso no sé yo que tú has elegido al hijo de Isaí
para confusión tuya, y para confusión de la ver-
güenza de tu madre?
31 Porque todo el tiempo que el hijo de Isaí vi-
viere sobre la tierra, ni tú estarás firme, ni tu rei-
no. Envía pues, ahora, y tráemelo, porque ha de
morir.
32 Y Jonatán respondió a su padre Saúl y le dijo:
¿Por qué morirá? ¿Qué ha hecho?
33 Entonces Saúl le arrojó una lanza para herir-
lo; de donde entendió Jonatán que su padre es-
taba resuelto a matar a David.
34 Y se levantó Jonatán de la mesa con exaltada
ira, y no comió pan el segundo día de la nueva
luna; porque tenía dolor a causa de David, por-
que su padre le había afrentado.
35 Al otro día, de mañana, salió Jonatán al
campo, al tiempo señalado con David, y un mu-
chacho pequeño con él.
36 Y dijo al muchacho: Corre y busca las saetas
que yo tirare. Y cuando el muchacho iba co-
rriendo, él tiraba la saeta de modo que pasara
más allá de él.
37 Y llegando el muchacho adonde estaba la
saeta que Jonatán había tirado, Jonatán dio vo-
ces tras el muchacho, diciendo: ¿No está la sae-
ta más allá de ti?
38 Y volvió a gritar Jonatán tras el muchacho:
Corre, date prisa, no te pares. Y el muchacho de
Jonatán recogió las saetas, y vino a su señor.
39 Pero ninguna cosa entendió el muchacho; so-
lamente Jonatán y David entendían de lo que se
trataba.
40 Luego dio Jonatán sus armas a su muchacho,
y le dijo: Vete y llévalas a la ciudad.
41 Y luego que el muchacho se hubo ido, se le-
vantó David del lado del sur, y se inclinó tres ve-
ces postrándose hasta la tierra; y besándose el
uno al otro, lloraron el uno con el otro; y David
lloró más.
42 Y Jonatán dijo a David: Vete en paz, porque
ambos hemos jurado por el nombre de Jehová,
diciendo: Jehová esté entre tú y yo, entre tu
descendencia y mi descendencia, para siem-
pre. Y él se levantó y se fue; y Jonatán entró en
la ciudad.

20.15: [b] 2 S. 9.1.

David huye de Saúl

21 1 Vino David a Nob, al sacerdote Ahimelec;[a] y se sorprendió Ahimelec de su encuentro, y le dijo: ¿Cómo vienes tú solo, y nadie contigo?

2 Y respondió David al sacerdote Ahimelec: El rey me encomendó un asunto, y me dijo: Nadie sepa cosa alguna del asunto a que te envío, y lo que te he encomendado; y yo les señalé a los criados un cierto lugar.

3 Ahora, pues, ¿qué tienes a mano? Dame cinco panes, o lo que tengas.

4 El sacerdote respondió a David y dijo: No tengo pan común a la mano, solamente tengo pan sagrado; pero lo daré si los criados se han guardado a lo menos de mujeres.

5 Y David respondió al sacerdote, y le dijo: En verdad las mujeres han estado lejos de nosotros ayer y anteayer; cuando yo salí, ya los vasos de los jóvenes eran santos, aunque el viaje es profano; ¿cuánto más no serán santos hoy sus vasos?

6 Así el sacerdote le dio el pan sagrado, porque allí no había otro pan sino los panes de la proposición,[b] los cuales habían sido quitados de la presencia de Jehová, para poner panes calientes el día que aquéllos fueron quitados.

7 Y estaba allí aquel día detenido delante de Jehová uno de los siervos de Saúl, cuyo nombre era Doeg, edomita, el principal de los pastores de Saúl.

8 Y David dijo a Ahimelec: ¿No tienes aquí a mano lanza o espada? Porque no tomé en mi mano mi espada ni mis armas, por cuanto la orden del rey era apremiante.

9 Y el sacerdote respondió: La espada de Goliat el filisteo, al que tú venciste en el valle de Ela,[c] está aquí envuelta en un velo detrás del efod; si quieres tomarla, tómala; porque aquí no hay otra sino esa. Y dijo David: Ninguna como ella; dámela.

10 Y levantándose David aquel día, huyó de la presencia de Saúl, y se fue a Aquis rey de Gat.

11 Y los siervos de Aquis le dijeron: ¿No es éste David, el rey de la tierra? ¿no es éste de quien cantaban en las danzas, diciendo:

Hirió Saúl a sus miles,
Y David a sus diez miles?[d]

12 Y David puso en su corazón estas palabras, y tuvo gran temor de Aquis rey de Gat.[e]

13 Y cambió su manera de comportarse delante de ellos, y se fingió loco entre ellos,[f] y escribía en las portadas de las puertas, y dejaba correr la saliva por su barba.

14 Y dijo Aquis a sus siervos: He aquí, veis que este hombre es demente; ¿por qué lo habéis traído a mí?

15 ¿Acaso me faltan locos, para que hayáis traído a éste que hiciese de loco delante de mí? ¿Había de entrar éste en mi casa?

22 1 Yéndose luego David de allí, huyó a la cueva de Adulam;[a] y cuando sus hermanos y toda la casa de su padre lo supieron, vinieron allí a él.

2 Y se juntaron con él todos los afligidos, y todo el que estaba endeudado, y todos los que se hallaban en amargura de espíritu, y fue hecho jefe de ellos; y tuvo consigo como cuatrocientos hombres.

3 Y se fue David de allí a Mizpa de Moab, y dijo al rey de Moab: Yo te ruego que mi padre y mi madre estén con vosotros, hasta que sepa lo que Dios hará de mí.

4 Los trajo, pues, a la presencia del rey de Moab, y habitaron con él todo el tiempo que David estuvo en el lugar fuerte.

5 Pero el profeta Gad dijo a David: No te estés en este lugar fuerte; anda y vete a tierra de Judá. Y David se fue, y vino al bosque de Haret.

Saúl mata a los sacerdotes de Nob

6 Oyó Saúl que se sabía de David y de los que estaban con él. Y Saúl estaba sentado en Gabaa, debajo de un tamarisco sobre un alto; y tenía su lanza en su mano, y todos sus siervos estaban alrededor de él.

7 Y dijo Saúl a sus siervos que estaban alrededor de él: Oíd ahora, hijos de Benjamín: ¿Os dará también a todos vosotros el hijo de Isaí tierras y viñas, y os hará a todos vosotros jefes de millares y jefes de centenas,

8 para que todos vosotros hayáis conspirado contra mí, y no haya quien me descubra al oído cómo mi hijo ha hecho alianza con el hijo de Isaí, ni alguno de vosotros que se duela de mí y me descubra cómo mi hijo ha levantado a mi siervo contra mí para que me aceche, tal como lo hace hoy?

9 Entonces Doeg edomita, que era el principal de los siervos de Saúl, respondió y dijo: Yo vi al hijo de Isaí que vino a Nob, a Ahimelec hijo de Ahitob,

10 el cual consultó por él a Jehová y le dio provisiones, y también le dio la espada de Goliat el filisteo.[b]

11 Y el rey envió por el sacerdote Ahimelec hijo de Ahitob, y por toda la casa de su padre, los sacerdotes que estaban en Nob; y todos vinieron al rey.

12 Y Saúl le dijo: Oye ahora, hijo de Ahitob. Y él dijo: Heme aquí, señor mío.

21.1-6: [a] Mt. 12.3-4; Mr. 2.25-26; Lc. 6.3. **21.6:** [b] Lv. 24.5-9. **21.9:** [c] 1 S. 17.51. **21.11:** [d] 1 S. 18.7; 29.5. **21.12:** [e] Sal. 56 tít. **21.13:** [f] Sal. 34 tít. **22.1:** [a] Sal. 57 tít.; Sal. 142 tít. **22.9-10:** [b] Sal. 52 tít.

13 Y le dijo Saúl: ¿Por qué habéis conspirado
contra mí, tú y el hijo de Isaí, cuando le diste
pan y espada, y consultaste por él a Dios, para
que se levantase contra mí y me acechase, como
lo hace hoy día?
14 Entonces Ahimelec respondió al rey, y dijo:
¿Y quién entre todos tus siervos es tan fiel como
David, yerno también del rey, que sirve a tus ór-
denes y es ilustre en tu casa?
15 ¿He comenzado yo desde hoy a consultar por
él a Dios? Lejos sea de mí; no culpe el rey de
cosa alguna a su siervo, ni a toda la casa de mi
padre; porque tu siervo ninguna cosa sabe de
este asunto, grande ni pequeña.
16 Y el rey dijo: Sin duda morirás, Ahimelec, tú
y toda la casa de tu padre.
17 Entonces dijo el rey a la gente de su guardia
que estaba alrededor de él: Volveos y matad a
los sacerdotes de Jehová; porque también la
mano de ellos está con David, pues sabiendo
ellos que huía, no me lo descubrieron. Pero los
siervos del rey no quisieron extender sus ma-
nos para matar a los sacerdotes de Jehová.
18 Entonces dijo el rey a Doeg: Vuelve tú, y arre-
mete contra los sacerdotes. Y se volvió Doeg el
edomita y acometió a los sacerdotes, y mató en
aquel día a ochenta y cinco varones que vestían
efod de lino.
19 Y a Nob, ciudad de los sacerdotes, hirió a filo
de espada; así a hombres como a mujeres, niños
hasta los de pecho, bueyes, asnos y ovejas, todo
lo hirió a filo de espada.
20 Pero uno de los hijos de Ahimelec hijo de
Ahitob, que se llamaba Abiatar, escapó, y huyó
tras David.
21 Y Abiatar dio aviso a David de cómo Saúl ha-
bía dado muerte a los sacerdotes de Jehová.
22 Y dijo David a Abiatar: Yo sabía que estando
allí aquel día Doeg el edomita, él lo había de ha-
cer saber a Saúl. Yo he ocasionado la muerte a
todas las personas de la casa de tu padre.
23 Quédate conmigo, no temas; quien buscare
mi vida, buscará también la tuya; pues conmigo
estarás a salvo.

David en el desierto

23 1 Dieron aviso a David, diciendo: He aquí
que los filisteos combaten a Keila, y ro-
ban las eras.
2 Y David consultó a Jehová, diciendo: ¿Iré a
atacar a estos filisteos? Y Jehová respondió a
David: Ve, ataca a los filisteos, y libra a Keila.
3 Pero los que estaban con David le dijeron: He
aquí que nosotros aquí en Judá estamos con
miedo; ¿cuánto más si fuéremos a Keila contra
el ejército de los filisteos?
4 Entonces David volvió a consultar a Jehová. Y
Jehová le respondió y dijo: Levántate, descien-
de a Keila, pues yo entregaré en tus manos a los
filisteos.
5 Fue, pues, David con sus hombres a Keila, y
peleó contra los filisteos, se llevó sus ganados, y
les causó una gran derrota; y libró David a los
de Keila.
6 Y aconteció que cuando Abiatar hijo de Ahi-
melec huyó siguiendo a David a Keila, descen-
dió con el efod en su mano.
7 Y fue dado aviso a Saúl que David había venido
a Keila. Entonces dijo Saúl: Dios lo ha entregado
en mi mano, pues se ha encerrado entrando en
ciudad con puertas y cerraduras.
8 Y convocó Saúl a todo el pueblo a la batalla
para descender a Keila, y poner sitio a David y a
sus hombres.
9 Mas entendiendo David que Saúl ideaba el mal
contra él, dijo a Abiatar sacerdote: Trae el efod.
10 Y dijo David: Jehová Dios de Israel, tu siervo
tiene entendido que Saúl trata de venir contra
Keila, a destruir la ciudad por causa mía.
11 ¿Me entregarán los vecinos de Keila en sus
manos? ¿Descenderá Saúl, como ha oído tu sier-
vo? Jehová Dios de Israel, te ruego que lo decla-
res a tu siervo. Y Jehová dijo: Sí, descenderá.
12 Dijo luego David: ¿Me entregarán los vecinos
de Keila a mí y a mis hombres en manos de
Saúl? Y Jehová respondió: Os entregarán.
13 David entonces se levantó con sus hombres,
que eran como seiscientos, y salieron de Keila, y
anduvieron de un lugar a otro. Y vino a Saúl la
nueva de que David se había escapado de Keila,
y desistió de salir.
14 Y David se quedó en el desierto en lugares
fuertes, y habitaba en un monte en el desierto
de Zif; y lo buscaba Saúl todos los días, pero
Dios no lo entregó en sus manos.
15 Viendo, pues, David que Saúl había salido
en busca de su vida, se estuvo en Hores, en el
desierto de Zif.
16 Entonces se levantó Jonatán hijo de Saúl y vino
a David a Hores, y fortaleció su mano en Dios.
17 Y le dijo: No temas, pues no te hallará la
mano de Saúl mi padre, y tú reinarás sobre Is-
rael, y yo seré segundo después de ti; y aun Saúl
mi padre así lo sabe.
18 Y ambos hicieron pacto delante de Jehová;[a] y
David se quedó en Hores, y Jonatán se volvió a
su casa.
19 Después subieron los de Zif para decirle a
Saúl en Gabaa: ¿No está David escondido en
nuestra tierra en las peñas de Hores, en el colla-
do de Haquila, que está al sur del desierto?[b]
20 Por tanto, rey, desciende pronto ahora, con-
forme a tu deseo, y nosotros lo entregaremos en
la mano del rey.

23.18: [a] 1 S. 18.3. **23.19:** [b] Sal. 54 tít.

21 Y Saúl dijo: Benditos seáis vosotros de Jehová, que habéis tenido compasión de mí.
22 Id, pues, ahora, aseguraos más, conoced y ved el lugar de su escondite, y quién lo haya visto allí; porque se me ha dicho que él es astuto en gran manera.
23 Observad, pues, e informaos de todos los escondrijos donde se oculta, y volved a mí con información segura, y yo iré con vosotros; y si él estuviere en la tierra, yo le buscaré entre todos los millares de Judá.
24 Y ellos se levantaron, y se fueron a Zif delante de Saúl.

Pero David y su gente estaban en el desierto de Maón, en el Arabá al sur del desierto.
25 Y se fue Saúl con su gente a buscarlo; pero fue dado aviso a David, y descendió a la peña, y se quedó en el desierto de Maón. Cuando Saúl oyó esto, siguió a David al desierto de Maón.
26 Y Saúl iba por un lado del monte, y David con sus hombres por el otro lado del monte, y se daba prisa David para escapar de Saúl; mas Saúl y sus hombres habían encerrado a David y a su gente para capturarlos.
27 Entonces vino un mensajero a Saúl, diciendo: Ven luego, porque los filisteos han hecho una irrupción en el país.
28 Volvió, por tanto, Saúl de perseguir a David, y partió contra los filisteos. Por esta causa pusieron a aquel lugar por nombre Sela-hama-lecot.[3]
29 Entonces David subió de allí y habitó en los lugares fuertes de En-gadi.

David perdona la vida a Saúl en En-gadi

24 1 Cuando Saúl volvió de perseguir a los filisteos, le dieron aviso, diciendo: He aquí David está en el desierto de En-gadi.
2 Y tomando Saúl tres mil hombres escogidos de todo Israel, fue en busca de David y de sus hombres, por las cumbres de los peñascos de las cabras monteses.
3 Y cuando llegó a un redil de ovejas en el camino, donde había una cueva, entró Saúl en ella para cubrir sus pies; y David y sus hombres estaban sentados en los rincones de la cueva.[a]
4 Entonces los hombres de David le dijeron: He aquí el día de que te dijo Jehová: He aquí que entrego a tu enemigo en tu mano, y harás con él como te pareciere. Y se levantó David, y calladamente cortó la orilla del manto de Saúl.
5 Después de esto se turbó el corazón de David, porque había cortado la orilla del manto de Saúl.
6 Y dijo a sus hombres: Jehová me guarde de hacer tal cosa contra mi señor, el ungido de Jehová, que yo extienda mi mano contra él; porque es el ungido de Jehová.
7 Así reprimió David a sus hombres con palabras, y no les permitió que se levantasen contra Saúl. Y Saúl, saliendo de la cueva, siguió su camino.

8 También David se levantó después, y saliendo de la cueva dio voces detrás de Saúl, diciendo: ¡Mi señor el rey! Y cuando Saúl miró hacia atrás, David inclinó su rostro a tierra, e hizo reverencia.
9 Y dijo David a Saúl: ¿Por qué oyes las palabras de los que dicen: Mira que David procura tu mal?
10 He aquí han visto hoy tus ojos cómo Jehová te ha puesto hoy en mis manos en la cueva; y me dijeron que te matase, pero te perdoné, porque dije: No extenderé mi mano contra mi señor, porque es el ungido de Jehová.
11 Y mira, padre mío, mira la orilla de tu manto en mi mano; porque yo corté la orilla de tu manto, y no te maté. Conoce, pues, y ve que no hay mal ni traición en mi mano, ni he pecado contra ti; sin embargo, tú andas a caza de mi vida para quitármela.
12 Juzgue Jehová entre tú y yo, y véngueme de ti Jehová; pero mi mano no será contra ti.
13 Como dice el proverbio de los antiguos: De los impíos saldrá la impiedad; así que mi mano no será contra ti.
14 ¿Tras quién ha salido el rey de Israel? ¿A quién persigues? ¿A un perro muerto? ¿A una pulga?
15 Jehová, pues, será juez, y él juzgará entre tú y yo. El vea y sustente mi causa, y me defienda de tu mano.

16 Y aconteció que cuando David acabó de decir estas palabras a Saúl, Saúl dijo: ¿No es esta la voz tuya, hijo mío David? Y alzó Saúl su voz y lloró,
17 y dijo a David: Más justo eres tú que yo, que me has pagado con bien, habiéndote yo pagado con mal.
18 Tú has mostrado hoy que has hecho conmigo bien; pues no me has dado muerte, habiéndome entregado Jehová en tu mano.
19 Porque ¿quién hallará a su enemigo, y lo dejará ir sano y salvo? Jehová te pague con bien por lo que en este día has hecho conmigo.
20 Y ahora, como yo entiendo que tú has de reinar, y que el reino de Israel ha de ser en tu mano firme y estable,
21 júrame, pues, ahora por Jehová, que no destruirás mi descendencia después de mí, ni borrarás mi nombre de la casa de mi padre.
22 Entonces David juró a Saúl. Y se fue Saúl a su casa, y David y sus hombres subieron al lugar fuerte.

23.28: [3] Esto es, *Peña de las divisiones.* **24.3:** [a] Sal. 57 tít.; Sal. 142 tít.

David y Abigail

25 1 Murió Samuel, y se juntó todo Israel, y
lo lloraron, y lo sepultaron en su casa en
Ramá.
Y se levantó David y se fue al desierto de Parán.
2 Y en Maón había un hombre que tenía su ha-
cienda en Carmel, el cual era muy rico, y tenía
tres mil ovejas y mil cabras. Y aconteció que es-
taba esquilando sus ovejas en Carmel.
3 Y aquel varón se llamaba Nabal, y su mujer,
Abigail. Era aquella mujer de buen entendimien-
to y de hermosa apariencia, pero el hombre era
duro y de malas obras; y era del linaje de Caleb.
4 Y oyó David en el desierto que Nabal esquilaba
sus ovejas.
5 Entonces envió David diez jóvenes y les dijo:
Subid a Carmel e id a Nabal, y saludadle en mi
nombre,
6 y decidle así: Sea paz a ti, y paz a tu familia, y
paz a todo cuanto tienes.
7 He sabido que tienes esquiladores. Ahora, tus
pastores han estado con nosotros; no les trata-
mos mal, ni les faltó nada en todo el tiempo que
han estado en Carmel.
8 Pregunta a tus criados, y ellos te lo dirán. Ha-
llen, por tanto, estos jóvenes gracia en tus ojos,
porque hemos venido en buen día; te ruego que
des lo que tuvieres a mano a tus siervos, y a tu
hijo David.
9 Cuando llegaron los jóvenes enviados por
David, dijeron a Nabal todas estas palabras en
nombre de David, y callaron.
10 Y Nabal respondió a los jóvenes enviados por
David, y dijo: ¿Quién es David, y quién es el hijo
de Isaí? Muchos siervos hay hoy que huyen de
sus señores.
11 ¿He de tomar yo ahora mi pan, mi agua, y la
carne que he preparado para mis esquiladores,
y darla a hombres que no sé de dónde son?
12 Y los jóvenes que había enviado David se vol-
vieron por su camino, y vinieron y dijeron a Da-
vid todas estas palabras.
13 Entonces David dijo a sus hombres: Cíñase
cada uno su espada. Y se ciñó cada uno su espa-
da y también David se ciñó su espada; y subie-
ron tras David como cuatrocientos hombres, y
dejaron doscientos con el bagaje.
14 Pero uno de los criados dio aviso a Abigail
mujer de Nabal, diciendo: He aquí David envió
mensajeros del desierto que saludasen a nuestro
amo, y él los ha zaherido.
15 Y aquellos hombres han sido muy buenos con
nosotros, y nunca nos trataron mal, ni nos faltó
nada en todo el tiempo que anduvimos con
ellos, cuando estábamos en el campo.
16 Muro fueron para nosotros de día y de noche,
todos los días que hemos estado con ellos apa-
centando las ovejas.
17 Ahora, pues, reflexiona y ve lo que has de ha-
cer, porque el mal está ya resuelto contra nues-
tro amo y contra toda su casa; pues él es un
hombre tan perverso, que no hay quien pueda
hablarle.
18 Entonces Abigail tomó luego doscientos
panes, dos cueros de vino, cinco ovejas guisa-
das, cinco medidas de grano tostado, cien raci-
mos de uvas pasas, y doscientos panes de higos
secos, y lo cargó todo en asnos.
19 Y dijo a sus criados: Id delante de mí, y yo os
seguiré luego; y nada declaró a su marido Nabal.
20 Y montando un asno, descendió por una
parte secreta del monte; y he aquí David y sus
hombres venían frente a ella, y ella les salió al
encuentro.
21 Y David había dicho: Ciertamente en vano he
guardado todo lo que éste tiene en el desierto,
sin que nada le haya faltado de todo cuanto es
suyo; y él me ha vuelto mal por bien.
22 Así haga Dios a los enemigos de David y
aun les añada, que de aquí a mañana, de todo
lo que fuere suyo no he de dejar con vida ni un
varón.
23 Y cuando Abigail vio a David, se bajó pron-
tamente del asno, y postrándose sobre su rostro
delante de David, se inclinó a tierra;
24 y se echó a sus pies, y dijo: Señor mío, sobre
mí sea el pecado; mas te ruego que permitas
que tu sierva hable a tus oídos, y escucha las pa-
labras de tu sierva.
25 No haga caso ahora mi señor de ese hombre
perverso, de Nabal; porque conforme a su nom-
bre, así es. El se llama Nabal,[4] y la insensatez
está con él; mas yo tu sierva no vi a los jóvenes
que tú enviaste.
26 Ahora pues, señor mío, vive Jehová, y vive tu
alma, que Jehová te ha impedido el venir a de-
rramar sangre y vengarte por tu propia mano.
Sean, pues, como Nabal tus enemigos, y todos
los que procuran mal contra mi señor.
27 Y ahora este presente que tu sierva ha traído
a mi señor, sea dado a los hombres que siguen a
mi señor.
28 Y yo te ruego que perdones a tu sierva esta
ofensa; pues Jehová de cierto hará casa estable
a mi señor, por cuanto mi señor pelea las bata-
llas de Jehová, y mal no se ha hallado en ti en
tus días.
29 Aunque alguien se haya levantado para per-
seguirte y atentar contra tu vida, con todo, la
vida de mi señor será ligada en el haz de los que
viven delante de Jehová tu Dios, y él arrojará la
vida de tus enemigos como de en medio de la
palma de una honda.
30 Y acontecerá que cuando Jehová haga con mi

25.25: [4] Esto es, *Insensato.*

señor conforme a todo el bien que ha hablado
de ti, y te establezca por príncipe sobre Israel,
31 entonces, señor mío, no tendrás motivo de
pena ni remordimientos por haber derramado
sangre sin causa, o por haberte vengado por ti
mismo. Guárdese, pues, mi señor, y cuando Jeho-
vá haga bien a mi señor, acuérdate de tu sierva.
32 Y dijo David a Abigail: Bendito sea Jehová
Dios de Israel, que te envió para que hoy me en-
contrases.
33 Y bendito sea tu razonamiento, y bendita tú,
que me has estorbado hoy de ir a derramar san-
gre, y a vengarme por mi propia mano.
34 Porque vive Jehová Dios de Israel que me ha
defendido de hacerte mal, que si no te hubieras
dado prisa en venir a mi encuentro, de aquí a
mañana no le hubiera quedado con vida a Nabal
ni un varón.
35 Y recibió David de su mano lo que le había
traído, y le dijo: Sube en paz a tu casa, y mira
que he oído tu voz, y te he tenido respeto.
36 Y Abigail volvió a Nabal, y he aquí que él
tenía banquete en su casa como banquete de
rey; y el corazón de Nabal estaba alegre, y esta-
ba completamente ebrio, por lo cual ella no le
declaró cosa alguna hasta el día siguiente.
37 Pero por la mañana, cuando ya a Nabal se le
habían pasado los efectos del vino, le refirió su
mujer estas cosas; y desmayó su corazón en él, y
se quedó como una piedra.
38 Y diez días después, Jehová hirió a Nabal, y
murió.
39 Luego que David oyó que Nabal había muer-
to, dijo: Bendito sea Jehová, que juzgó la causa de
mi afrenta recibida de mano de Nabal, y ha pre-
servado del mal a su siervo; y Jehová ha vuelto la
maldad de Nabal sobre su propia cabeza. Después
envió David a hablar con Abigail, para tomarla
por su mujer.
40 Y los siervos de David vinieron a Abigail en
Carmel, y hablaron con ella, diciendo: David
nos ha enviado a ti, para tomarte por su mujer.
41 Y ella se levantó e inclinó su rostro a tierra,
diciendo: He aquí tu sierva, que será una sierva
para lavar los pies de los siervos de mi señor.
42 Y levantándose luego Abigail con cinco don-
cellas que le servían, montó en un asno y siguió
a los mensajeros de David, y fue su mujer.
43 También tomó David a Ahinoam de Jezreel, y
ambas fueron sus mujeres.
44 Porque Saúl había dado a su hija Mical mujer
de David a Palti hijo de Lais, que era de Galim.

David perdona la vida a Saúl en Zif

26 1 Vinieron los zifeos a Saúl en Gabaa, di-
ciendo: ¿No está David escondido en el
collado de Haquila, al oriente del desierto?[a]
2 Saúl entonces se levantó y descendió al desier-
to de Zif, llevando consigo tres mil hombres es-
cogidos de Israel, para buscar a David en el
desierto de Zif.
3 Y acampó Saúl en el collado de Haquila, que
está al oriente del desierto, junto al camino. Y
estaba David en el desierto, y entendió que Saúl
le seguía en el desierto.
4 David, por tanto, envió espías, y supo con cer-
teza que Saúl había venido.
5 Y se levantó David, y vino al sitio donde Saúl
había acampado; y miró David el lugar donde
dormían Saúl y Abner hijo de Ner, general de su
ejército. Y estaba Saúl durmiendo en el campa-
mento, y el pueblo estaba acampado en derredor
de él.
6 Entonces David dijo a Ahimelec heteo y a
Abisai hijo de Sarvia, hermano de Joab: ¿Quién
descenderá conmigo a Saúl en el campamento?
Y dijo Abisai: Yo descenderé contigo.
7 David, pues, y Abisai fueron de noche al ejérci-
to; y he aquí que Saúl estaba tendido durmien-
do en el campamento, y su lanza clavada en
tierra a su cabecera; y Abner y el ejército esta-
ban tendidos alrededor de él.
8 Entonces dijo Abisai a David: Hoy ha entregado
Dios a tu enemigo en tu mano; ahora, pues, déja-
me que le hiera con la lanza, y lo enclavaré en la
tierra de un golpe, y no le daré segundo golpe.
9 Y David respondió a Abisai: No le mates; por-
que ¿quién extenderá su mano contra el ungido
de Jehová, y será inocente?
10 Dijo además David: Vive Jehová, que si Jeho-
vá no lo hiriere, o su día llegue para que muera,
o descendiendo en batalla perezca,
11 guárdeme Jehová de extender mi mano con-
tra el ungido de Jehová. Pero toma ahora la lan-
za que está a su cabecera, y la vasija de agua, y
vámonos.
12 Se llevó, pues, David la lanza y la vasija de
agua de la cabecera de Saúl, y se fueron; y no
hubo nadie que viese, ni entendiese, ni velase,
pues todos dormían; porque un profundo sueño
enviado de Jehová había caído sobre ellos.
13 Entonces pasó David al lado opuesto, y se
puso en la cumbre del monte a lo lejos, habien-
do gran distancia entre ellos.
14 Y dio voces David al pueblo, y a Abner hijo de
Ner, diciendo: ¿No respondes, Abner? Entonces
Abner respondió y dijo: ¿Quién eres tú que gri-
tas al rey?
15 Y dijo David a Abner: ¿No eres tú un hombre?
¿y quién hay como tú en Israel? ¿Por qué, pues,
no has guardado al rey tu señor? Porque uno del
pueblo ha entrado a matar a tu señor el rey.
16 Esto que has hecho no está bien. Vive Jehová,
que sois dignos de muerte, porque no habéis

26.1: [a] Sal. 54 tít.

guardado a vuestro señor, al ungido de Jehová.
Mira pues, ahora, dónde está la lanza del rey, y
la vasija de agua que estaba a su cabecera.
17 Y conociendo Saúl la voz de David, dijo:
¿No es esta tu voz, hijo mío David? Y David res-
pondió: Mi voz es, rey señor mío.
18 Y dijo: ¿Por qué persigue así mi señor a su
siervo? ¿Qué he hecho? ¿Qué mal hay en mi
mano?
19 Ruego, pues, que el rey mi señor oiga ahora
las palabras de su siervo. Si Jehová te incita con-
tra mí, acepte él la ofrenda; mas si fueren hijos
de hombres, malditos sean ellos en presencia de
Jehová, porque me han arrojado hoy para que
no tenga parte en la heredad de Jehová, dicien-
do: Ve y sirve a dioses ajenos.
20 No caiga, pues, ahora mi sangre en tierra de-
lante de Jehová, porque ha salido el rey de Israel
a buscar una pulga, así como quien persigue una
perdiz por los montes.
21 Entonces dijo Saúl: He pecado; vuélvete,
hijo mío David, que ningún mal te haré más,
porque mi vida ha sido estimada preciosa hoy a
tus ojos. He aquí yo he hecho neciamente, y he
errado en gran manera.
22 Y David respondió y dijo: He aquí la lanza del
rey; pase acá uno de los criados y tómela.
23 Y Jehová pague a cada uno su justicia y su
lealtad; pues Jehová te había entregado hoy en
mi mano, mas yo no quise extender mi mano
contra el ungido de Jehová.
24 Y he aquí, como tu vida ha sido estimada pre-
ciosa hoy a mis ojos, así sea mi vida a los ojos de
Jehová, y me libre de toda aflicción.
25 Y Saúl dijo a David: Bendito eres tú, hijo mío
David; sin duda emprenderás tú cosas grandes,
y prevalecerás. Entonces David se fue por su ca-
mino, y Saúl se volvió a su lugar.

David entre los filisteos

27 1 Dijo luego David en su corazón: Al fin
seré muerto algún día por la mano de
Saúl; nada, por tanto, me será mejor que fugar-
me a la tierra de los filisteos, para que Saúl no se
ocupe de mí, y no me ande buscando más por
todo el territorio de Israel; y así escaparé de su
mano.
2 Se levantó, pues, David, y con los seiscientos
hombres que tenía consigo se pasó a Aquis hijo
de Maoc, rey de Gat.
3 Y moró David con Aquis en Gat, él y sus hom-
bres, cada uno con su familia; David con sus dos
mujeres, Ahinoam jezreelita y Abigail la que fue
mujer de Nabal el de Carmel.
4 Y vino a Saúl la nueva de que David había hui-
do a Gat, y no lo buscó más.
5 Y David dijo a Aquis: Si he hallado gracia
ante tus ojos, séame dado lugar en alguna de las
aldeas para que habite allí; pues ¿por qué ha de
morar tu siervo contigo en la ciudad real?
6 Y Aquis le dio aquel día a Siclag, por lo cual Si-
clag vino a ser de los reyes de Judá hasta hoy.
7 Fue el número de los días que David habitó en
la tierra de los filisteos, un año y cuatro meses.
8 Y subía David con sus hombres, y hacían in-
cursiones contra los gesuritas, los gezritas y los
amalecitas; porque éstos habitaban de largo
tiempo la tierra, desde como quien va a Shur
hasta la tierra de Egipto.
9 Y asolaba David el país, y no dejaba con vida
hombre ni mujer; y se llevaba las ovejas, las va-
cas, los asnos, los camellos y las ropas, y regre-
saba a Aquis.
10 Y decía Aquis: ¿Dónde habéis merodeado hoy?
Y David decía: En el Neguev de Judá, y el Neguev
de Jerameel, o en el Neguev de los ceneos.
11 Ni hombre ni mujer dejaba David con vida
para que viniesen a Gat; diciendo: No sea que
den aviso de nosotros y digan: Esto hizo David.
Y esta fue su costumbre todo el tiempo que
moró en la tierra de los filisteos.
12 Y Aquis creía a David, y decía: El se ha hecho
abominable a su pueblo de Israel, y será siem-
pre mi siervo.

28 1 Aconteció en aquellos días, que los fi-
listeos reunieron sus fuerzas para pelear
contra Israel. Y dijo Aquis a David: Ten entendi-
do que has de salir conmigo a campaña, tú y tus
hombres.
2 Y David respondió a Aquis: Muy bien, tú sa-
brás lo que hará tu siervo. Y Aquis dijo a David:
Por tanto, yo te constituiré guarda de mi perso-
na durante toda mi vida.

Saúl y la adivina de Endor

3 Ya Samuel había muerto, y todo Israel lo ha-
bía lamentado, y le habían sepultado en Ramá,
su ciudad.[a] Y Saúl había arrojado de la tierra a
los encantadores y adivinos.[b]
4 Se juntaron, pues, los filisteos, y vinieron y
acamparon en Sunem; y Saúl juntó a todo Is-
rael, y acamparon en Gilboa.
5 Y cuando vio Saúl el campamento de los filis-
teos, tuvo miedo, y se turbó su corazón en gran
manera.
6 Y consultó Saúl a Jehová; pero Jehová no le
respondió ni por sueños, ni por Urim,[c] ni por
profetas.
7 Entonces Saúl dijo a sus criados: Buscadme
una mujer que tenga espíritu de adivinación,
para que yo vaya a ella y por medio de ella pre-
gunte. Y sus criados le respondieron: He aquí
hay una mujer en Endor que tiene espíritu de
adivinación.

28.3: [a] 1 S. 25.1. [b] Lv. 20.27; Dt. 18.10-11.
28.6: [c] Nm. 27.21.

8 Y se disfrazó Saúl, y se puso otros vestidos, y se fue con dos hombres, y vinieron a aquella mujer de noche; y él dijo: Yo te ruego que me adivines por el espíritu de adivinación, y me hagas subir a quien yo te dijere.
9 Y la mujer le dijo: He aquí tú sabes lo que Saúl ha hecho, cómo ha cortado de la tierra a los evocadores y a los adivinos. ¿Por qué, pues, pones tropiezo a mi vida, para hacerme morir?
10 Entonces Saúl le juró por Jehová, diciendo: Vive Jehová, que ningún mal te vendrá por esto.
11 La mujer entonces dijo: ¿A quién te haré venir? Y él respondió: Hazme venir a Samuel.
12 Y viendo la mujer a Samuel, clamó en alta voz, y habló aquella mujer a Saúl, diciendo:
13 ¿Por qué me has engañado? pues tú eres Saúl. Y el rey le dijo: No temas. ¿Qué has visto? Y la mujer respondió a Saúl: He visto dioses que suben de la tierra.
14 El le dijo: ¿Cuál es su forma? Y ella respondió: Un hombre anciano viene, cubierto de un manto. Saúl entonces entendió que era Samuel, y humillando el rostro a tierra, hizo gran reverencia.
15 Y Samuel dijo a Saúl: ¿Por qué me has inquietado haciéndome venir? Y Saúl respondió: Estoy muy angustiado, pues los filisteos pelean contra mí, y Dios se ha apartado de mí, y no me responde más, ni por medio de profetas ni por sueños; por esto te he llamado, para que me declares lo que tengo que hacer.
16 Entonces Samuel dijo: ¿Y para qué me preguntas a mí, si Jehová se ha apartado de ti y es tu enemigo?
17 Jehová te ha hecho como dijo por medio de mí; pues Jehová ha quitado el reino de tu mano, y lo ha dado a tu compañero,[d] David.
18 Como tú no obedeciste[e] a la voz de Jehová, ni cumpliste el ardor de su ira contra Amalec, por eso Jehová te ha hecho esto hoy.
19 Y Jehová entregará a Israel también contigo en manos de los filisteos; y mañana estaréis conmigo, tú y tus hijos; y Jehová entregará también al ejército de Israel en mano de los filisteos.
20 Entonces Saúl cayó en tierra cuan grande era, y tuvo gran temor por las palabras de Samuel; y estaba sin fuerzas, porque en todo aquel día y aquella noche no había comido pan.
21 Entonces la mujer vino a Saúl, y viéndolo turbado en gran manera, le dijo: He aquí que tu sierva ha obedecido a tu voz, y he arriesgado mi vida, y he oído las palabras que tú me has dicho.
22 Te ruego, pues, que tú también oigas la voz de tu sierva; pondré yo delante de ti un bocado de pan para que comas, a fin de que cobres fuerzas, y sigas tu camino.
23 Y él rehusó diciendo: No comeré. Pero porfiaron con él sus siervos juntamente con la mujer, y él les obedeció. Se levantó, pues, del suelo, y se sentó sobre una cama.
24 Y aquella mujer tenía en su casa un ternero engordado, el cual mató luego; y tomó harina y la amasó, y coció de ella panes sin levadura.
25 Y lo trajo delante de Saúl y de sus siervos; y después de haber comido, se levantaron, y se fueron aquella noche.

Los filisteos desconfían de David

29 1 Los filisteos juntaron todas sus fuerzas en Afec, e Israel acampó junto a la fuente que está en Jezreel.
2 Y cuando los príncipes de los filisteos pasaban revista a sus compañías de a ciento y de a mil hombres, David y sus hombres iban en la retaguardia con Aquis.
3 Y dijeron los príncipes de los filisteos: ¿Qué hacen aquí estos hebreos? Y Aquis respondió a los príncipes de los filisteos: ¿No es éste David, el siervo de Saúl rey de Israel, que ha estado conmigo por días y años, y no he hallado falta en él desde el día que se pasó a mí hasta hoy?
4 Entonces los príncipes de los filisteos se enojaron contra él, y le dijeron: Despide a este hombre, para que se vuelva al lugar que le señalaste, y no venga con nosotros a la batalla, no sea que en la batalla se nos vuelva enemigo; porque ¿con qué cosa volvería mejor a la gracia de su señor que con las cabezas de estos hombres?
5 ¿No es éste David, de quien cantaban en las danzas, diciendo:

Saúl hirió a sus miles,
Y David a sus diez miles?[a]

6 Y Aquis llamó a David y le dijo: Vive Jehová, que tú has sido recto, y que me ha parecido bien tu salida y tu entrada en el campamento conmigo, y que ninguna cosa mala he hallado en ti desde el día que viniste a mí hasta hoy; mas a los ojos de los príncipes no agradas.
7 Vuélvete, pues, y vete en paz, para no desagradar a los príncipes de los filisteos.
8 Y David respondió a Aquis: ¿Qué he hecho? ¿Qué has hallado en tu siervo desde el día que estoy contigo hasta hoy, para que yo no vaya y pelee contra los enemigos de mi señor el rey?
9 Y Aquis respondió a David, y dijo: Yo sé que tú eres bueno ante mis ojos, como un ángel de Dios; pero los príncipes de los filisteos me han dicho: No venga con nosotros a la batalla.
10 Levántate, pues, de mañana, tú y los siervos de tu señor que han venido contigo; y levantándoos al amanecer, marchad.
11 Y se levantó David de mañana, él y sus hombres, para irse y volver a la tierra de los filisteos; y los filisteos fueron a Jezreel.

28.17: [d] 1 S. 15.28. **28.18:** [e] 1 S. 15.3-9.
29.5: [a] 1 S. 18.7; 21.11.

David derrota a los amalecitas

30 1 Cuando David y sus hombres vinieron
a Siclag al tercer día, los de Amalec ha-
bían invadido el Neguev y a Siclag, y habían
asolado a Siclag y le habían prendido fuego.
2 Y se habían llevado cautivas a las mujeres y a
todos los que estaban allí, desde el menor hasta
el mayor; pero a nadie habían dado muerte,
sino se los habían llevado al seguir su camino.
3 Vino, pues, David con los suyos a la ciudad, y
he aquí que estaba quemada, y sus mujeres y
sus hijos e hijas habían sido llevados cautivos.
4 Entonces David y la gente que con él estaba al-
zaron su voz y lloraron, hasta que les faltaron
las fuerzas para llorar.
5 Las dos mujeres de David, Ahinoam jezreelita
y Abigail la que fue mujer de Nabal el de Car-
mel, también eran cautivas.[a]
6 Y David se angustió mucho, porque el pueblo
hablaba de apedrearlo, pues todo el pueblo es-
taba en amargura de alma, cada uno por sus hi-
jos y por sus hijas; mas David se fortaleció en
Jehová su Dios.
7 Y dijo David al sacerdote Abiatar[b] hijo de
Ahimelec: Yo te ruego que me acerques el efod.
Y Abiatar acercó el efod a David.
8 Y David consultó a Jehová, diciendo: ¿Perse-
guiré a estos merodeadores? ¿Los podré alcan-
zar? Y él le dijo: Síguelos, porque ciertamente
los alcanzarás, y de cierto librarás a los cautivos.
9 Partió, pues, David, él y los seiscientos hom-
bres que con él estaban, y llegaron hasta el to-
rrente de Besor, donde se quedaron algunos.
10 Y David siguió adelante con cuatrocientos
hombres; porque se quedaron atrás doscientos,
que cansados no pudieron pasar el torrente de
Besor.
11 Y hallaron en el campo a un hombre egip-
cio, el cual trajeron a David, y le dieron pan, y
comió, y le dieron a beber agua.
12 Le dieron también un pedazo de masa de hi-
gos secos y dos racimos de pasas. Y luego que
comió, volvió en él su espíritu; porque no había
comido pan ni bebido agua en tres días y tres
noches.
13 Y le dijo David: ¿De quién eres tú, y de dónde
eres? Y respondió el joven egipcio: Yo soy siervo
de un amalecita, y me dejó mi amo hoy hace
tres días, porque estaba yo enfermo;
14 pues hicimos una incursión a la parte del Ne-
guev que es de los cereteos, y de Judá, y al Ne-
guev de Caleb; y pusimos fuego a Siclag.
15 Y le dijo David: ¿Me llevarás tú a esa tropa? Y
él dijo: Júrame por Dios que no me matarás, ni
me entregarás en mano de mi amo, y yo te lleva-
ré a esa gente.
16 Lo llevó, pues; y he aquí que estaban des-
parramados sobre toda aquella tierra, comien-
do y bebiendo y haciendo fiesta, por todo aquel
gran botín que habían tomado de la tierra de los
filisteos y de la tierra de Judá.
17 Y los hirió David desde aquella mañana hasta
la tarde del día siguiente; y no escapó de ellos
ninguno, sino cuatrocientos jóvenes que monta-
ron sobre los camellos y huyeron.
18 Y libró David todo lo que los amalecitas ha-
bían tomado, y asimismo libertó David a sus dos
mujeres.
19 Y no les faltó cosa alguna, chica ni grande, así
de hijos como de hijas, del robo, y de todas las
cosas que les habían tomado; todo lo recuperó
David.
20 Tomó también David todas las ovejas y el ga-
nado mayor; y trayéndolo todo delante, decían:
Este es el botín de David.
21 Y vino David a los doscientos hombres que
habían quedado cansados y no habían podido
seguir a David, a los cuales habían hecho que-
dar en el torrente de Besor; y ellos salieron a re-
cibir a David y al pueblo que con él estaba. Y
cuando David llegó a la gente, les saludó con
paz.
22 Entonces todos los malos y perversos de en-
tre los que habían ido con David, respondieron
y dijeron: Porque no fueron con nosotros, no les
daremos del botín que hemos quitado, sino a
cada uno su mujer y sus hijos; que los tomen y
se vayan.
23 Y David dijo: No hagáis eso, hermanos míos,
de lo que nos ha dado Jehová, quien nos ha
guardado, y ha entregado en nuestra mano a los
merodeadores que vinieron contra nosotros.
24 ¿Y quién os escuchará en este caso? Porque
conforme a la parte del que desciende a la bata-
lla, así ha de ser la parte del que queda con el
bagaje; les tocará parte igual.
25 Desde aquel día en adelante fue esto por ley y
ordenanza en Israel, hasta hoy.
26 Y cuando David llegó a Siclag, envió del
botín a los ancianos de Judá, sus amigos, dicien-
do: He aquí un presente para vosotros del botín
de los enemigos de Jehová.
27 Lo envió a los que estaban en Bet-el, en Ra-
mot del Neguev, en Jatir,
28 en Aroer, en Sifmot, en Estemoa,
29 en Racal, en las ciudades de Jerameel, en las
ciudades del ceneo,
30 en Horma, en Corasán, en Atac,
31 en Hebrón, y en todos los lugares donde Da-
vid había estado con sus hombres.

Muerte de Saúl y de sus hijos

31 1 Los filisteos, pues, pelearon contra Is-
rael, y los de Israel huyeron delante de

30.5: [a] 1 S. 25.42-43. **30.7:** [b] 1 S. 22.20-23.

los filisteos, y cayeron muertos en el monte de
Gilboa.
2 Y siguiendo los filisteos a Saúl y a sus hijos,
mataron a Jonatán, a Abinadab y a Malquisúa,
hijos de Saúl.
3 Y arreció la batalla contra Saúl, y le alcanza-
ron los flecheros, y tuvo gran temor de ellos.
4 Entonces dijo Saúl a su escudero: Saca tu es-
pada, y traspásame con ella, para que no ven-
gan estos incircuncisos y me traspasen, y me
escarnezcan. Mas su escudero no quería, por-
que tenía gran temor. Entonces tomó Saúl su
propia espada y se echó sobre ella.
5 Y viendo su escudero a Saúl muerto, él tam-
bién se echó sobre su espada, y murió con él.
6 Así murió Saúl en aquel día, juntamente con
sus tres hijos, y su escudero, y todos sus varones.
7 Y los de Israel que eran del otro lado del valle,
y del otro lado del Jordán, viendo que Israel ha-
bía huido y que Saúl y sus hijos habían sido
muertos, dejaron las ciudades y huyeron; y los
filisteos vinieron y habitaron en ellas.
8 Aconteció al siguiente día, que viniendo los
filisteos a despojar a los muertos, hallaron a Saúl
y a sus tres hijos tendidos en el monte de Gilboa.
9 Y le cortaron la cabeza, y le despojaron de las
armas; y enviaron mensajeros por toda la tierra
de los filisteos, para que llevaran las buenas
nuevas al templo de sus ídolos y al pueblo.
10 Y pusieron sus armas en el templo de Astarot,
y colgaron su cuerpo en el muro de Bet-sán.
11 Mas oyendo los de Jabes de Galaad esto que
los filisteos hicieron a Saúl,
12 todos los hombres valientes se levantaron, y
anduvieron toda aquella noche, y quitaron el
cuerpo de Saúl y los cuerpos de sus hijos del
muro de Bet-sán; y viniendo a Jabes, los quema-
ron allí.
13 Y tomando sus huesos, los sepultaron debajo
de un árbol en Jabes, y ayunaron siete días.

SEGUNDO LIBRO DE
SAMUEL

David oye de la muerte de Saúl

1 1 Aconteció después de la muerte de Saúl,
que vuelto David de la derrota de los amale-
citas, estuvo dos días en Siclag.
2 Al tercer día, sucedió que vino uno del campa-
mento de Saúl, rotos sus vestidos, y tierra sobre
su cabeza; y llegando a David, se postró en tie-
rra e hizo reverencia.
3 Y le preguntó David: ¿De dónde vienes? Y él
respondió: Me he escapado del campamento de
Israel.
4 David le dijo: ¿Qué ha acontecido? Te ruego
que me lo digas. Y él respondió: El pueblo huyó
de la batalla, y también muchos del pueblo ca-
yeron y son muertos; también Saúl y Jonatán su
hijo murieron.
5 Dijo David a aquel joven que le daba las nue-
vas: ¿Cómo sabes que han muerto Saúl y Jona-
tán su hijo?
6 El joven que le daba las nuevas respondió: Ca-
sualmente vine al monte de Gilboa, y hallé a
Saúl que se apoyaba sobre su lanza, y venían
tras él carros y gente de a caballo.
7 Y mirando él hacia atrás, me vio y me llamó; y
yo dije: Heme aquí.
8 Y me preguntó: ¿Quién eres tú? Y yo le res-
pondí: Soy amalecita.
9 El me volvió a decir: Te ruego que te pongas so-
bre mí y me mates, porque se ha apoderado de
mí la angustia; pues mi vida está aún toda en mí.
10 Yo entonces me puse sobre él y le maté, por-
que sabía que no podía vivir después de su caí-
da; y tomé la corona que tenía en su cabeza, y la
argolla que traía en su brazo, y las he traído acá
a mi señor.[a]
11 Entonces David, asiendo de sus vestidos,
los rasgó; y lo mismo hicieron los hombres que
estaban con él.
12 Y lloraron y lamentaron y ayunaron hasta la
noche, por Saúl y por Jonatán su hijo, por el
pueblo de Jehová y por la casa de Israel, porque
habían caído a filo de espada.
13 Y David dijo a aquel joven que le había traído
las nuevas: ¿De dónde eres tú? Y él respondió:
Yo soy hijo de un extranjero, amalecita.
14 Y le dijo David: ¿Cómo no tuviste temor de
extender tu mano para matar al ungido de
Jehová?
15 Entonces llamó David a uno de sus hombres,
y le dijo: Ve y mátalo. Y él lo hirió, y murió.
16 Y David le dijo: Tu sangre sea sobre tu cabe-
za, pues tu misma boca atestiguó contra ti, di-
ciendo: Yo maté al ungido de Jehová.

David endecha a Saúl y a Jonatán

17 Y endechó David a Saúl y a Jonatán su hijo
con esta endecha,
18 y dijo que debía enseñarse a los hijos de Judá.
He aquí que está escrito en el libro[b] de Jaser.[1]

1.6-10: [a] 1 S. 31.1-6; 1 Cr. 10.1-6. **1.18:** [b] Jos. 10.13.
[1] *O, del justo.*

19 ¡Ha perecido la gloria de Israel
sobre tus alturas!
¡Cómo han caído los valientes!
20 No lo anunciéis en Gat,
Ni deis las nuevas en las plazas de Ascalón;
Para que no se alegren las hijas
de los filisteos,
Para que no salten de gozo las hijas
de los incircuncisos.
21 Montes de Gilboa,
Ni rocío ni lluvia caiga sobre vosotros,
ni seáis tierras de ofrendas;
Porque allí fue desechado el escudo
de los valientes,
El escudo de Saúl, como si no hubiera
sido ungido con aceite.
22 Sin sangre de los muertos,
sin grosura de los valientes,
El arco de Jonatán no volvía atrás,
Ni la espada de Saúl volvió vacía.
23 Saúl y Jonatán, amados y queridos;
Inseparables en su vida, tampoco
en su muerte fueron separados;
Más ligeros eran que águilas,
Más fuertes que leones.
24 Hijas de Israel, llorad por Saúl,
Quien os vestía de escarlata con deleites,
Quien adornaba vuestras ropas
con ornamentos de oro.
25 ¡Cómo han caído los valientes en medio
de la batalla!
¡Jonatán, muerto en tus alturas!
26 Angustia tengo por ti, hermano mío
Jonatán,
Que me fuiste muy dulce.
Más maravilloso me fue tu amor
Que el amor de las mujeres.
27 ¡Cómo han caído los valientes,
Han perecido las armas de guerra!

David es proclamado rey de Judá

2 1 Después de esto aconteció que David con-
sultó a Jehová, diciendo: ¿Subiré a alguna
de las ciudades de Judá? Y Jehová le respondió:
Sube. David volvió a decir: ¿A dónde subiré? Y
él le dijo: A Hebrón.
2 David subió allá, y con él sus dos mujeres, Ahi-
noam jezreelita y Abigail, la que fue mujer de
Nabal el de Carmel.[a]
3 Llevó también David consigo a los hombres
que con él habían estado, cada uno con su fa-
milia; los cuales moraron en las ciudades de
Hebrón.
4 Y vinieron los varones de Judá y ungieron allí
a David por rey sobre la casa de Judá.
Y dieron aviso a David, diciendo: Los de Jabes
de Galaad son los que sepultaron a Saúl.[b]
5 Entonces envió David mensajeros a los de
Jabes de Galaad, diciéndoles: Benditos seáis
vosotros de Jehová, que habéis hecho esta mise-
ricordia con vuestro señor, con Saúl, dándole
sepultura.
6 Ahora, pues, Jehová haga con vosotros miseri-
cordia y verdad; y yo también os haré bien por
esto que habéis hecho.
7 Esfuércense, pues, ahora vuestras manos, y
sed valientes; pues muerto Saúl vuestro señor,
los de la casa de Judá me han ungido por rey so-
bre ellos.

Guerra entre David y la casa de Saúl

8 Pero Abner hijo de Ner, general del ejército
de Saúl, tomó a Is-boset hijo de Saúl, y lo llevó a
Mahanaim,
9 y lo hizo rey sobre Galaad, sobre Gesuri, sobre
Jezreel, sobre Efraín, sobre Benjamín y sobre
todo Israel.
10 De cuarenta años era Is-boset hijo de Saúl
cuando comenzó a reinar sobre Israel, y reinó
dos años. Solamente los de la casa de Judá si-
guieron a David.
11 Y fue el número de los días que David reinó
en Hebrón sobre la casa de Judá, siete años y
seis meses.
12 Abner hijo de Ner salió de Mahanaim a Ga-
baón con los siervos de Is-boset hijo de Saúl,
13 y Joab hijo de Sarvia y los siervos de David
salieron y los encontraron junto al estanque de
Gabaón; y se pararon los unos a un lado del es-
tanque, y los otros al otro lado.
14 Y dijo Abner a Joab: Levántense ahora los jó-
venes, y maniobren delante de nosotros. Y Joab
respondió: Levántense.
15 Entonces se levantaron, y pasaron en número
igual, doce de Benjamín por parte de Is-boset
hijo de Saúl, y doce de los siervos de David.
16 Y cada uno echó mano de la cabeza de su ad-
versario, y metió su espada en el costado de su
adversario, y cayeron a una; por lo que fue lla-
mado aquel lugar, Helcat-hazurim,[2] el cual está
en Gabaón.
17 La batalla fue muy reñida aquel día, y Abner
y los hombres de Israel fueron vencidos por los
siervos de David.
18 Estaban allí los tres hijos de Sarvia: Joab,
Abisai y Asael. Este Asael era ligero de pies
como una gacela del campo.
19 Y siguió Asael tras de Abner, sin apartarse
ni a derecha ni a izquierda.
20 Y miró atrás Abner, y dijo: ¿No eres tú Asael?
Y él respondió: Sí.
21 Entonces Abner le dijo: Apártate a la derecha
o a la izquierda, y echa mano de alguno de los

2.2: [a] 1 S. 25.42-43. **2.4:** [b] 1 S. 31.11-13.
2.16: [2] Esto es, *Campo de filos de espada, de los adversarios, o de los bandos.*

hombres, y toma para ti sus despojos. Pero Asael
no quiso apartarse de en pos de él.
22 Y Abner volvió a decir a Asael: Apártate de en
pos de mí; ¿por qué he de herirte hasta derribar-
te? ¿Cómo levantaría yo entonces mi rostro de-
lante de Joab tu hermano?
23 Y no queriendo él irse, lo hirió Abner con el
regatón de la lanza por la quinta costilla, y le sa-
lió la lanza por la espalda, y cayó allí, y murió en
aquel mismo sitio. Y todos los que venían por
aquel lugar donde Asael había caído y estaba
muerto, se detenían.

24 Mas Joab y Abisai siguieron a Abner; y se
puso el sol cuando llegaron al collado de Amma,
que está delante de Gía, junto al camino del de-
sierto de Gabaón.
25 Y se juntaron los hijos de Benjamín en pos de
Abner, formando un solo ejército; e hicieron alto
en la cumbre del collado.
26 Y Abner dio voces a Joab, diciendo: ¿Consu-
mirá la espada perpetuamente? ¿No sabes tú
que el final será amargura? ¿Hasta cuándo no
dirás al pueblo que se vuelva de perseguir a sus
hermanos?
27 Y Joab respondió: Vive Dios, que si no hubie-
ses hablado, el pueblo hubiera dejado de seguir
a sus hermanos desde esta mañana.
28 Entonces Joab tocó el cuerno, y todo el pue-
blo se detuvo, y no persiguió más a los de Israel,
ni peleó más.

29 Y Abner y los suyos caminaron por el Ara-
bá toda aquella noche, y pasando el Jordán
cruzaron por todo Bitrón y llegaron a Maha-
naim.
30 Joab también volvió de perseguir a Abner, y
juntando a todo el pueblo, faltaron de los sier-
vos de David diecinueve hombres y Asael.
31 Mas los siervos de David hirieron de los de
Benjamín y de los de Abner, a trescientos sesen-
ta hombres, los cuales murieron.
32 Tomaron luego a Asael, y lo sepultaron en el
sepulcro de su padre en Belén. Y caminaron
toda aquella noche Joab y sus hombres, y les
amaneció en Hebrón.

3 1 Hubo larga guerra entre la casa de Saúl y
la casa de David; pero David se iba fortale-
ciendo, y la casa de Saúl se iba debilitando.

Hijos de David nacidos en Hebrón

2 Y nacieron hijos a David en Hebrón; su pri-
mogénito fue Amnón, de Ahinoam jezreelita;
3 su segundo Quileab, de Abigail la mujer de
Nabal el de Carmel; el tercero, Absalón hijo de
Maaca, hija de Talmai rey de Gesur;
4 el cuarto, Adonías hijo de Haguit; el quinto,
Sefatías hijo de Abital;
5 el sexto, Itream, de Egla mujer de David. Estos
le nacieron a David en Hebrón.

Abner pacta con David en Hebrón

6 Como había guerra entre la casa de Saúl y
la de David, aconteció que Abner se esforzaba
por la casa de Saúl.
7 Y había tenido Saúl una concubina que se lla-
maba Rizpa, hija de Aja; y dijo Is-boset a Abner:
¿Por qué te has llegado a la concubina de mi
padre?
8 Y se enojó Abner en gran manera por las pala-
bras de Is-boset, y dijo: ¿Soy yo cabeza de perro
que pertenezca a Judá? Yo he hecho hoy miseri-
cordia con la casa de Saúl tu padre, con sus her-
manos y con sus amigos, y no te he entregado
en mano de David; ¿y tú me haces hoy cargo del
pecado de esta mujer?
9 Así haga Dios a Abner y aun le añada, si como
ha jurado Jehová a David, no haga yo así con él,
10 trasladando el reino de la casa de Saúl,[a] y
confirmando el trono de David sobre Israel y so-
bre Judá, desde Dan hasta Beerseba.
11 Y él no pudo responder palabra a Abner, por-
que le temía.

12 Entonces envió Abner mensajeros a David
de su parte, diciendo: ¿De quién es la tierra? Y
que le dijesen: Haz pacto conmigo, y he aquí
que mi mano estará contigo para volver a ti todo
Israel.
13 Y David dijo: Bien; haré pacto contigo, mas
una cosa te pido: No me vengas a ver sin que
primero traigas a Mical la hija de Saúl, cuando
vengas a verme.
14 Después de esto envió David mensajeros a Is-
boset hijo de Saúl, diciendo: Restitúyeme mi
mujer Mical, la cual desposé conmigo por cien
prepucios de filisteos.[b]
15 Entonces Is-boset envió y se la quitó a su ma-
rido Paltiel hijo de Lais.
16 Y su marido fue con ella, siguiéndola y lloran-
do hasta Bahurim. Y le dijo Abner: Anda, vuél-
vete. Entonces él se volvió.

17 Y habló Abner con los ancianos de Israel,
diciendo: Hace ya tiempo procurabais que Da-
vid fuese rey sobre vosotros.
18 Ahora, pues, hacedlo; porque Jehová ha ha-
blado a David, diciendo: Por la mano de mi sier-
vo David libraré a mi pueblo Israel de mano de
los filisteos, y de mano de todos sus enemigos.
19 Habló también Abner a los de Benjamín; y
fue también Abner a Hebrón a decir a David
todo lo que parecía bien a los de Israel y a toda
la casa de Benjamín.

20 Vino, pues, Abner a David en Hebrón, y
con él veinte hombres; y David hizo banquete a
Abner y a los que con él habían venido.
21 Y dijo Abner a David: Yo me levantaré e iré, y
juntaré a mi señor el rey a todo Israel, para que

3.10: [a] 1 S. 15.28. **3.14:** [b] 1 S. 18.27.

hagan contigo pacto, y tú reines como lo desea
tu corazón. David despidió luego a Abner, y él se
fue en paz.

Joab mata a Abner

22 Y he aquí que los siervos de David y Joab ve-
nían del campo, y traían consigo gran botín. Mas
Abner no estaba con David en Hebrón, pues ya lo
había despedido, y él se había ido en paz.
23 Y luego que llegó Joab y todo el ejército que
con él estaba, fue dado aviso a Joab, diciendo:
Abner hijo de Ner ha venido al rey, y él le ha des-
pedido, y se fue en paz.
24 Entonces Joab vino al rey, y le dijo: ¿Qué has
hecho? He aquí Abner vino a ti; ¿por qué, pues,
le dejaste que se fuese?
25 Tú conoces a Abner hijo de Ner. No ha venido
sino para engañarte, y para enterarse de tu sali-
da y de tu entrada, y para saber todo lo que tú
haces.
26 Y saliendo Joab de la presencia de David,
envió mensajeros tras Abner, los cuales le hicie-
ron volver desde el pozo de Sira, sin que David
lo supiera.
27 Y cuando Abner volvió a Hebrón, Joab lo lle-
vó aparte en medio de la puerta para hablar con
él en secreto; y allí, en venganza de la muerte de
Asael su hermano, le hirió por la quinta costilla,
y murió.
28 Cuando David supo después esto, dijo: Ino-
cente soy yo y mi reino, delante de Jehová, para
siempre, de la sangre de Abner hijo de Ner.
29 Caiga sobre la cabeza de Joab, y sobre toda la
casa de su padre; que nunca falte de la casa de
Joab quien padezca flujo, ni leproso, ni quien
ande con báculo, ni quien muera a espada, ni
quien tenga falta de pan.
30 Joab, pues, y Abisai su hermano, mataron a
Abner, porque él había dado muerte a Asael her-
mano de ellos en la batalla de Gabaón.
31 Entonces dijo David a Joab, y a todo el
pueblo que con él estaba: Rasgad vuestros vesti-
dos, y ceñíos de cilicio, y haced duelo delante de
Abner. Y el rey David iba detrás del féretro.
32 Y sepultaron a Abner en Hebrón; y alzando el
rey su voz, lloró junto al sepulcro de Abner; y
lloró también todo el pueblo.
33 Y endechando el rey al mismo Abner, decía:
¿Había de morir Abner como muere
un villano?
34 Tus manos no estaban atadas, ni tus pies
ligados con grillos;
Caíste como los que caen delante
de malos hombres.
Y todo el pueblo volvió a llorar sobre él.
35 Entonces todo el pueblo vino para persuadir
a David que comiera, antes que acabara el día.
Mas David juró diciendo: Así me haga Dios y
aun me añada, si antes que se ponga el sol gus-
tare yo pan, o cualquiera otra cosa.
36 Todo el pueblo supo esto, y le agradó; pues
todo lo que el rey hacía agradaba a todo el pueblo.
37 Y todo el pueblo y todo Israel entendió aquel
día, que no había procedido del rey el matar a
Abner hijo de Ner.
38 También dijo el rey a sus siervos: ¿No sabéis
que un príncipe y grande ha caído hoy en Israel?
39 Y yo soy débil hoy, aunque ungido rey; y estos
hombres, los hijos de Sarvia, son muy duros
para mí; Jehová dé el pago al que mal hace, con-
forme a su maldad.

Is-boset es asesinado

4 1 Luego que oyó el hijo de Saúl que Abner
había sido muerto en Hebrón, las manos se
le debilitaron, y fue atemorizado todo Israel.
2 Y el hijo de Saúl tenía dos hombres, capitanes
de bandas de merodeadores; el nombre de uno
era Baana, y el del otro, Recab, hijos de Rimón
beerotita, de los hijos de Benjamín (porque Bee-
rot era también contado con Benjamín,
3 pues los beerotitas habían huido a Gitaim, y
moran allí como forasteros hasta hoy).
4 Y Jonatán hijo de Saúl tenía un hijo lisiado
de los pies.[a] Tenía cinco años de edad cuando lle-
gó de Jezreel la noticia de la muerte de Saúl y de
Jonatán, y su nodriza le tomó y huyó; y mientras
iba huyendo apresuradamente, se le cayó el niño
y quedó cojo. Su nombre era Mefi-boset.
5 Los hijos, pues, de Rimón beerotita, Recab y
Baana, fueron y entraron en el mayor calor del
día en casa de Is-boset, el cual estaba durmien-
do la siesta en su cámara.
6 Y he aquí la portera de la casa había estado
limpiando trigo, pero se durmió; y fue así como
Recab y Baana su hermano se introdujeron en la
casa.
7 Cuando entraron en la casa, Is-boset dormía so-
bre su lecho en su cámara; y lo hirieron y lo mata-
ron, y le cortaron la cabeza, y habiéndola tomado,
caminaron toda la noche por el camino del Arabá.
8 Y trajeron la cabeza de Is-boset a David en He-
brón, y dijeron al rey: He aquí la cabeza de Is-
boset hijo de Saúl tu enemigo, que procuraba
matarte; y Jehová ha vengado hoy a mi señor el
rey, de Saúl y de su linaje.
9 Y David respondió a Recab y a su hermano Baa-
na, hijos de Rimón beerotita, y les dijo: Vive Jeho-
vá que ha redimido mi alma de toda angustia,
10 que cuando uno me dio nuevas, diciendo: He
aquí Saúl ha muerto, imaginándose que traía
buenas nuevas, yo lo prendí, y le maté en Siclag
en pago de la nueva.[b]
11 ¿Cuánto más a los malos hombres que mataron

4.4: [a] 2 S. 9.3. **4.10:** [b] 2 S. 1.1-16.

a un hombre justo en su casa, y sobre su cama?
Ahora, pues, ¿no he de demandar yo su sangre
de vuestras manos, y quitaros de la tierra?
12 Entonces David ordenó a sus servidores, y
ellos los mataron, y les cortaron las manos y los
pies, y los colgaron sobre el estanque en He-
brón. Luego tomaron la cabeza de Is-boset, y la
enterraron en el sepulcro de Abner en Hebrón.

David es proclamado rey de Israel

5 1 Vinieron todas las tribus de Israel a David
en Hebrón y hablaron, diciendo: Henos
aquí, hueso tuyo y carne tuya somos.
2 Y aun antes de ahora, cuando Saúl reinaba so-
bre nosotros, eras tú quien sacabas a Israel a la
guerra, y lo volvías a traer. Además Jehová te ha
dicho: Tú apacentarás a mi pueblo Israel, y tú
serás príncipe sobre Israel.
3 Vinieron, pues, todos los ancianos de Israel al
rey en Hebrón, y el rey David hizo pacto con
ellos en Hebrón delante de Jehová; y ungieron a
David por rey sobre Israel.
4 Era David de treinta años cuando comenzó a
reinar, y reinó cuarenta años.
5 En Hebrón reinó sobre Judá siete años y seis
meses, y en Jerusalén reinó treinta y tres años
sobre todo Israel y Judá.[a]

David toma la fortaleza de Sion

6 Entonces marchó el rey con sus hombres a
Jerusalén contra los jebuseos[b] que moraban en
aquella tierra; los cuales hablaron a David, di-
ciendo: Tú no entrarás acá, pues aun los ciegos
y los cojos te echarán (queriendo decir: David
no puede entrar acá).
7 Pero David tomó la fortaleza de Sion, la cual
es la ciudad de David.
8 Y dijo David aquel día: Todo el que hiera a los
jebuseos, suba por el canal y hiera a los cojos y
ciegos aborrecidos del alma de David. Por esto
se dijo: Ciego ni cojo no entrará en la casa.
9 Y David moró en la fortaleza, y le puso por
nombre la Ciudad de David; y edificó alrededor
desde Milo hacia adentro.
10 Y David iba adelantando y engrandeciéndo-
se, y Jehová Dios de los ejércitos estaba con él.

Hiram envía embajadores a David

11 También Hiram rey de Tiro envió embaja-
dores a David, y madera de cedro, y carpinteros,
y canteros para los muros, los cuales edificaron
la casa de David.
12 Y entendió David que Jehová le había confir-
mado por rey sobre Israel, y que había engran-
decido su reino por amor de su pueblo Israel.

Hijos de David nacidos en Jerusalén

13 Y tomó David más concubinas y mujeres
de Jerusalén, después que vino de Hebrón, y le
nacieron más hijos e hijas.
14 Estos son los nombres de los que le nacieron
en Jerusalén: Samúa, Sobab, Natán, Salomón,
15 Ibhar, Elisúa, Nefeg, Jafía,
16 Elisama, Eliada y Elifelet.

David derrota a los filisteos

17 Oyendo los filisteos que David había sido
ungido por rey sobre Israel, subieron todos los
filisteos para buscar a David; y cuando David lo
oyó, descendió a la fortaleza.
18 Y vinieron los filisteos, y se extendieron por el
valle de Refaim.
19 Entonces consultó David a Jehová, diciendo:
¿Iré contra los filisteos? ¿Los entregarás en mi
mano? Y Jehová respondió a David: Ve, porque
ciertamente entregaré a los filisteos en tu mano.
20 Y vino David a Baal-perazim, y allí los venció
David, y dijo: Quebrantó[3] Jehová a mis enemi-
gos delante de mí, como corriente impetuosa.
Por esto llamó el nombre de aquel lugar Baal-
perazim.[4]
21 Y dejaron allí sus ídolos, y David y sus hom-
bres los quemaron.
22 Y los filisteos volvieron a venir, y se exten-
dieron en el valle de Refaim.
23 Y consultando David a Jehová, él le respon-
dió: No subas, sino rodéalos, y vendrás a ellos
enfrente de las balsameras.
24 Y cuando oigas ruido como de marcha por las
copas de las balsameras, entonces te moverás;
porque Jehová saldrá delante de ti a herir el
campamento de los filisteos.
25 Y David lo hizo así, como Jehová se lo había
mandado; e hirió a los filisteos desde Geba has-
ta llegar a Gezer.

David intenta llevar el arca a Jerusalén

6 1 David volvió a reunir a todos los escogidos
de Israel, treinta mil.
2 Y se levantó David y partió de Baala de Judá
con todo el pueblo que tenía consigo, para hacer
pasar de allí el arca de Dios, sobre la cual era in-
vocado el nombre de Jehová de los ejércitos,
que mora entre los querubines.[a]
3 Pusieron el arca de Dios sobre un carro nuevo,
y la llevaron de la casa de Abinadab, que estaba
en el collado;[b] y Uza y Ahío, hijos de Abinadab,
guiaban el carro nuevo.
4 Y cuando lo llevaban de la casa de Abinadab,
que estaba en el collado, con el arca de Dios,
Ahío iba delante del arca.
5 Y David y toda la casa de Israel danzaban de-
lante de Jehová con toda clase de instrumentos

5.4-5: [a] 1 R. 2.11; 1 Cr. 3.4; 29.27. **5.6:** [b] Jos. 15.63; Jue. 1.21.
5.20: [3] Heb. *paraz*. [4] Esto es, *el Señor que quebranta*.
6.2: [a] Ex. 25.22. **6.3:** [b] 1 S. 7.1-2.

de madera de haya; con arpas, salterios, pande-
ros, flautas y címbalos.
6 Cuando llegaron a la era de Nacón, Uza ex-
tendió su mano al arca de Dios, y la sostuvo;
porque los bueyes tropezaban.
7 Y el furor de Jehová se encendió contra Uza, y
lo hirió allí Dios por aquella temeridad, y cayó
allí muerto junto al arca de Dios.
8 Y se entristeció David por haber herido Jehová
a Uza, y fue llamado aquel lugar Pérez-uza,[5]
hasta hoy.
9 Y temiendo David a Jehová aquel día, dijo:
¿Cómo ha de venir a mí el arca de Jehová?
10 De modo que David no quiso traer para sí el
arca de Jehová a la ciudad de David; y la hizo
llevar David a casa de Obed-edom geteo.
11 Y estuvo el arca de Jehová en casa de Obed-
edom geteo tres meses; y bendijo Jehová a
Obed-edom y a toda su casa.[c]

David trae el arca a Jerusalén

12 Fue dado aviso al rey David, diciendo:
Jehová ha bendecido la casa de Obed-edom y
todo lo que tiene, a causa del arca de Dios.
Entonces David fue, y llevó con alegría el arca de
Dios de casa de Obed-edom a la ciudad de David.
13 Y cuando los que llevaban el arca de Dios ha-
bían andado seis pasos, él sacrificó un buey y un
carnero engordado.
14 Y David danzaba con toda su fuerza delante
de Jehová; y estaba David vestido con un efod
de lino.
15 Así David y toda la casa de Israel conducían el
arca de Jehová con júbilo y sonido de trompeta.
16 Cuando el arca de Jehová llegó a la ciudad
de David, aconteció que Mical hija de Saúl miró
desde una ventana, y vio al rey David que salta-
ba y danzaba delante de Jehová; y le menospre-
ció en su corazón.
17 Metieron, pues, el arca de Jehová, y la pusieron
en su lugar en medio de una tienda que David le
había levantado; y sacrificó David holocaustos y
ofrendas de paz delante de Jehová.
18 Y cuando David había acabado de ofrecer los
holocaustos y ofrendas de paz, bendijo al pue-
blo en el nombre de Jehová de los ejércitos.
19 Y repartió a todo el pueblo, y a toda la multi-
tud de Israel, así a hombres como a mujeres, a
cada uno un pan, y un pedazo de carne y una
torta de pasas. Y se fue todo el pueblo, cada uno
a su casa.
20 Volvió luego David para bendecir su casa;[d]
y saliendo Mical a recibir a David, dijo: ¡Cuán
honrado ha quedado hoy el rey de Israel, descu-
briéndose hoy delante de las criadas de sus sier-
vos, como se descubre sin decoro un cualquiera!
21 Entonces David respondió a Mical: Fue de-
lante de Jehová, quien me eligió en preferencia
a tu padre y a toda tu casa, para constituirme
por príncipe sobre el pueblo de Jehová, sobre Is-
rael. Por tanto, danzaré delante de Jehová.
22 Y aun me haré más vil que esta vez, y seré
bajo a tus ojos; pero seré honrado delante de las
criadas de quienes has hablado.
23 Y Mical hija de Saúl nunca tuvo hijos hasta el
día de su muerte.

Pacto de Dios con David

7 1 Aconteció que cuando ya el rey habitaba
en su casa, después que Jehová le había
dado reposo de todos sus enemigos en derredor,
2 dijo el rey al profeta Natán: Mira ahora, yo ha-
bito en casa de cedro, y el arca de Dios está en-
tre cortinas.
3 Y Natán dijo al rey: Anda, y haz todo lo que
está en tu corazón, porque Jehová está contigo.
4 Aconteció aquella noche, que vino palabra
de Jehová a Natán, diciendo:
5 Ve y di a mi siervo David: Así ha dicho Jeho-
vá: ¿Tú me has de edificar casa en que yo
more?
6 Ciertamente no he habitado en casas desde el
día en que saqué a los hijos de Israel de Egipto
hasta hoy, sino que he andado en tienda y en
tabernáculo.
7 Y en todo cuanto he andado con todos los hi-
jos de Israel, ¿he hablado yo palabra a alguna
de las tribus de Israel, a quien haya mandado
apacentar a mi pueblo de Israel, diciendo: ¿Por
qué no me habéis edificado casa de cedro?
8 Ahora, pues, dirás así a mi siervo David: Así ha
dicho Jehová de los ejércitos: Yo te tomé del re-
dil, de detrás de las ovejas, para que fueses prín-
cipe sobre mi pueblo, sobre Israel;
9 y he estado contigo en todo cuanto has anda-
do, y delante de ti he destruido a todos tus ene-
migos, y te he dado nombre grande, como el
nombre de los grandes que hay en la tierra.
10 Además, yo fijaré lugar a mi pueblo Israel y lo
plantaré, para que habite en su lugar y nunca
más sea removido, ni los inicuos le aflijan más,
como al principio,
11 desde el día en que puse jueces sobre mi pue-
blo Israel; y a ti te daré descanso de todos tus
enemigos. Asimismo Jehová te hace saber que
él te hará casa.
12 Y cuando tus días sean cumplidos, y duermas
con tus padres, yo levantaré después de ti a uno
de tu linaje, el cual procederá de tus entrañas, y
afirmaré su reino.
13 El edificará casa a mi nombre, y yo afirmaré
para siempre el trono de su reino.
14 Yo le seré a él padre, y él me será a mí hijo.[a] Y

6.8: [5] Esto es, *el quebrantamiento de Uza.*
6.11: [c] 1 Cr. 26.4-5. **6.19-20:** [d] 1 Cr. 16.43.
7.14: [a] 2 Co. 6.18; He. 1.5; Ap. 21.7.

si él hiciere mal, yo le castigaré con vara de hombres, y con azotes de hijos de hombres;

15 pero mi misericordia no se apartará de él como la aparté de Saúl, al cual quité de delante de ti.

16 Y será afirmada tu casa y tu reino para siempre delante de tu rostro, y tu trono será estable eternamente.

17 Conforme a todas estas palabras, y conforme a toda esta visión, así habló Natán a David.

18 Y entró el rey David y se puso delante de Jehová, y dijo: Señor Jehová, ¿quién soy yo, y qué es mi casa, para que tú me hayas traído hasta aquí?

19 Y aun te ha parecido poco esto, Señor Jehová, pues también has hablado de la casa de tu siervo en lo por venir. ¿Es así como procede el hombre, Señor Jehová?

20 ¿Y qué más puede añadir David hablando contigo? Pues tú conoces a tu siervo, Señor Jehová.

21 Todas estas grandezas has hecho por tu palabra y conforme a tu corazón, haciéndolas saber a tu siervo.

22 Por tanto, tú te has engrandecido, Jehová Dios; por cuanto no hay como tú, ni hay Dios fuera de ti, conforme a todo lo que hemos oído con nuestros oídos.

23 ¿Y quién como tu pueblo, como Israel, nación singular en la tierra? Porque fue Dios para rescatarlo por pueblo suyo, y para ponerle nombre, y para hacer grandezas a su favor, y obras terribles a tu tierra, por amor de tu pueblo que rescataste para ti de Egipto, de las naciones y de sus dioses.

24 Porque tú estableciste a tu pueblo Israel por pueblo tuyo para siempre; y tú, oh Jehová, fuiste a ellos por Dios.

25 Ahora pues, Jehová Dios, confirma para siempre la palabra que has hablado sobre tu siervo y sobre su casa, y haz conforme a lo que has dicho.

26 Que sea engrandecido tu nombre para siempre, y se diga: Jehová de los ejércitos es Dios sobre Israel; y que la casa de tu siervo David sea firme delante de ti.

27 Porque tú, Jehová de los ejércitos, Dios de Israel, revelaste al oído de tu siervo, diciendo: Yo te edificaré casa. Por esto tu siervo ha hallado en su corazón valor para hacer delante de ti esta súplica.

28 Ahora pues, Jehová Dios, tú eres Dios, y tus palabras son verdad, y tú has prometido este bien a tu siervo.

29 Ten ahora a bien bendecir la casa de tu siervo, para que permanezca perpetuamente delante de ti, porque tú, Jehová Dios, lo has dicho, y con tu bendición será bendita la casa de tu siervo para siempre.

David extiende sus dominios

8 1 Después de esto, aconteció que David derrotó a los filisteos y los sometió, y tomó David a Meteg-ama de mano de los filisteos.

2 Derrotó también a los de Moab, y los midió con cordel, haciéndolos tender por tierra; y midió dos cordeles para hacerlos morir, y un cordel entero para preservarles la vida; y fueron los moabitas siervos de David, y pagaron tributo.

3 Asimismo derrotó David a Hadad-ezer hijo de Rehob, rey de Soba, al ir éste a recuperar su territorio al río Eufrates.

4 Y tomó David de ellos mil setecientos hombres de a caballo, y veinte mil hombres de a pie; y desjarretó David los caballos de todos los carros, pero dejó suficientes para cien carros.

5 Y vinieron los sirios de Damasco para dar ayuda a Hadad-ezer rey de Soba; y David hirió de los sirios a veintidós mil hombres.

6 Puso luego David guarnición en Siria de Damasco, y los sirios fueron hechos siervos de David, sujetos a tributo. Y Jehová dio la victoria a David por dondequiera que fue.

7 Y tomó David los escudos de oro que traían los siervos de Hadad-ezer, y los llevó a Jerusalén.

8 Asimismo de Beta y de Berotai, ciudades de Hadad-ezer, tomó el rey David gran cantidad de bronce.

9 Entonces oyendo Toi rey de Hamat, que David había derrotado a todo el ejército de Hadad-ezer,

10 envió Toi a Joram su hijo al rey David, para saludarle pacíficamente y para bendecirle, porque había peleado con Hadad-ezer y lo había vencido; porque Toi era enemigo de Hadad-ezer. Y Joram llevaba en su mano utensilios de plata, de oro y de bronce;

11 los cuales el rey David dedicó a Jehová, con la plata y el oro que había dedicado de todas las naciones que había sometido;

12 de los sirios, de los moabitas, de los amonitas, de los filisteos, de los amalecitas, y del botín de Hadad-ezer hijo de Rehob, rey de Soba.

13 Así ganó David fama. Cuando regresaba de derrotar a los sirios, destrozó a dieciocho mil edomitas en el Valle de la Sal.[a]

14 Y puso guarnición en Edom; por todo Edom puso guarnición, y todos los edomitas fueron siervos de David. Y Jehová dio la victoria a David por dondequiera que fue.

Oficiales de David

15 Y reinó David sobre todo Israel; y David administraba justicia y equidad a todo su pueblo.

16 Joab hijo de Sarvia era general de su ejército, y Josafat hijo de Ahilud era cronista;

8.13: [a] Sal. 60 tít.

17 Sadoc hijo de Ahitob y Ahimelec hijo de Abia-
tar eran sacerdotes; Seraías era escriba;
18 Benaía hijo de Joiada estaba sobre los cere-
teos y peleteos; y los hijos de David eran los
príncipes.

Bondad de David hacia Mefi-boset

9 1 Dijo David: ¿Ha quedado alguno de la
casa de Saúl, a quien haga yo misericordia
por amor de Jonatán?[a]
2 Y había un siervo de la casa de Saúl, que se lla-
maba Siba, al cual llamaron para que viniese a
David. Y el rey le dijo: ¿Eres tú Siba? Y él res-
pondió: Tu siervo.
3 El rey le dijo: ¿No ha quedado nadie de la casa
de Saúl, a quien haga yo misericordia de Dios? Y
Siba respondió al rey: Aún ha quedado un hijo
de Jonatán, lisiado de los pies.[b]
4 Entonces el rey le preguntó: ¿Dónde está? Y
Siba respondió al rey: He aquí, está en casa de
Maquir hijo de Amiel, en Lodebar.
5 Entonces envió el rey David, y le trajo de la
casa de Maquir hijo de Amiel, de Lodebar.
6 Y vino Mefi-boset, hijo de Jonatán hijo de
Saúl, a David, y se postró sobre su rostro e hizo
reverencia. Y dijo David: Mefi-boset. Y él res-
pondió: He aquí tu siervo.
7 Y le dijo David: No tengas temor, porque yo a la
verdad haré contigo misericordia por amor de Jo-
natán tu padre, y te devolveré todas las tierras de
Saúl tu padre; y tú comerás siempre a mi mesa.
8 Y él inclinándose, dijo: ¿Quién es tu siervo,
para que mires a un perro muerto como yo?
9 Entonces el rey llamó a Siba siervo de Saúl,
y le dijo: Todo lo que fue de Saúl y de toda su
casa, yo lo he dado al hijo de tu señor.
10 Tú, pues, le labrarás las tierras, tú con tus hi-
jos y tus siervos, y almacenarás los frutos, para
que el hijo de tu señor tenga pan para comer;
pero Mefi-boset el hijo de tu señor comerá siem-
pre a mi mesa. Y tenía Siba quince hijos y veinte
siervos.
11 Y respondió Siba al rey: Conforme a todo lo
que ha mandado mi señor el rey a su siervo, así
lo hará tu siervo. Mefi-boset, dijo el rey, comerá
a mi mesa, como uno de los hijos del rey.
12 Y tenía Mefi-boset un hijo pequeño, que se
llamaba Micaía. Y toda la familia de la casa de
Siba eran siervos de Mefi-boset.
13 Y moraba Mefi-boset en Jerusalén, porque
comía siempre a la mesa del rey; y estaba lisiado
de ambos pies.

Derrotas de amonitas y sirios

10 1 Después de esto, aconteció que murió
el rey de los hijos de Amón, y reinó en lu-
gar suyo Hanún su hijo.
2 Y dijo David: Yo haré misericordia con Hanún
hijo de Nahas, como su padre la hizo conmigo. Y
envió David sus siervos para consolarlo por su
padre. Mas llegados los siervos de David a la tie-
rra de los hijos de Amón,
3 los príncipes de los hijos de Amón dijeron a
Hanún su señor: ¿Te parece que por honrar Da-
vid a tu padre te ha enviado consoladores? ¿No
ha enviado David sus siervos a ti para reconocer
e inspeccionar la ciudad, para destruirla?
4 Entonces Hanún tomó los siervos de David, les
rapó la mitad de la barba, les cortó los vestidos
por la mitad hasta las nalgas, y los despidió.
5 Cuando se le hizo saber esto a David, envió a
encontrarles, porque ellos estaban en extremo
avergonzados; y el rey mandó que les dijeran:
Quedaos en Jericó hasta que os vuelva a nacer
la barba, y entonces volved.
6 Y viendo los hijos de Amón que se habían
hecho odiosos a David, enviaron los hijos de
Amón y tomaron a sueldo a los sirios de Bet-
rehob y a los sirios de Soba, veinte mil hombres
de a pie, del rey de Maaca mil hombres, y de Is-
tob doce mil hombres.
7 Cuando David oyó esto, envió a Joab con todo
el ejército de los valientes.
8 Y saliendo los hijos de Amón, se pusieron en
orden de batalla a la entrada de la puerta; pero
los sirios de Soba, de Rehob, de Is-tob y de Maa-
ca estaban aparte en el campo.
9 Viendo, pues, Joab que se le presentaba la
batalla de frente y a la retaguardia, entresacó de
todos los escogidos de Israel, y se puso en orden
de batalla contra los sirios.
10 Entregó luego el resto del ejército en mano
de Abisai su hermano, y lo alineó para encon-
trar a los amonitas.
11 Y dijo: Si los sirios pudieren más que yo, tú
me ayudarás; y si los hijos de Amón pudieren
más que tú, yo te daré ayuda.
12 Esfuérzate, y esforcémonos por nuestro pue-
blo, y por las ciudades de nuestro Dios; y haga
Jehová lo que bien le pareciere.
13 Y se acercó Joab, y el pueblo que con él esta-
ba, para pelear contra los sirios; mas ellos huye-
ron delante de él.
14 Entonces los hijos de Amón, viendo que los
sirios habían huido, huyeron también ellos de-
lante de Abisai, y se refugiaron en la ciudad. Se
volvió, pues, Joab de luchar contra los hijos de
Amón, y vino a Jerusalén.
15 Pero los sirios, viendo que habían sido de-
rrotados por Israel, se volvieron a reunir.
16 Y envió Hadad-ezer e hizo salir a los sirios
que estaban al otro lado del Eufrates, los cuales
vinieron a Helam, llevando por jefe a Sobac, ge-
neral del ejército de Hadad-ezer.

9.1: [a] 1 S. 20.15-17. **9.3:** [b] 2 S. 4.4.

17 Cuando fue dado aviso a David, reunió a
todo Israel, y pasando el Jordán vino a Helam; y
los sirios se pusieron en orden de batalla contra
David y pelearon contra él.
18 Mas los sirios huyeron delante de Israel; y Da-
vid mató de los sirios a la gente de setecientos ca-
rros, y cuarenta mil hombres de a caballo; hirió
también a Sobac general del ejército, quien mu-
rió allí.
19 Viendo, pues, todos los reyes que ayudaban a
Hadad-ezer, cómo habían sido derrotados de-
lante de Israel, hicieron paz con Israel y le sir-
vieron; y de allí en adelante los sirios temieron
ayudar más a los hijos de Amón.

David y Betsabé

11 1 Aconteció al año siguiente, en el tiempo
que salen los reyes a la guerra, que David
envió a Joab, y con él a sus siervos y a todo Is-
rael, y destruyeron a los amonitas, y sitiaron a
Rabá; pero David se quedó en Jerusalén.[a]
2 Y sucedió un día, al caer la tarde, que se le-
vantó David de su lecho y se paseaba sobre el te-
rrado de la casa real; y vio desde el terrado a
una mujer que se estaba bañando, la cual era
muy hermosa.
3 Envió David a preguntar por aquella mujer, y
le dijeron: Aquella es Betsabé hija de Eliam, mu-
jer de Urías heteo.
4 Y envió David mensajeros, y la tomó; y vino a
él, y él durmió con ella. Luego ella se purificó de
su inmundicia, y se volvió a su casa.
5 Y concibió la mujer, y envió a hacerlo saber a
David, diciendo: Estoy encinta.
6 Entonces David envió a decir a Joab: Envía-
me a Urías heteo. Y Joab envió a Urías a David.
7 Cuando Urías vino a él, David le preguntó por
la salud de Joab, y por la salud del pueblo, y por
el estado de la guerra.
8 Después dijo David a Urías: Desciende a tu
casa, y lava tus pies. Y saliendo Urías de la casa
del rey, le fue enviado presente de la mesa real.
9 Mas Urías durmió a la puerta de la casa del rey
con todos los siervos de su señor, y no descendió
a su casa.
10 E hicieron saber esto a David, diciendo: Urías
no ha descendido a su casa. Y dijo David a
Urías: ¿No has venido de camino? ¿Por qué,
pues, no descendiste a tu casa?
11 Y Urías respondió a David: El arca e Israel y
Judá están bajo tiendas, y mi señor Joab, y los
siervos de mi señor, en el campo; ¿y había yo de
entrar en mi casa para comer y beber, y a dormir
con mi mujer? Por vida tuya, y por vida de tu
alma, que yo no haré tal cosa.
12 Y David dijo a Urías: Quédate aquí aún hoy, y
mañana te despacharé. Y se quedó Urías en Je-
rusalén aquel día y el siguiente.
13 Y David lo convidó a comer y a beber con él,
hasta embriagarlo. Y él salió a la tarde a dormir
en su cama con los siervos de su señor; mas no
descendió a su casa.
14 Venida la mañana, escribió David a Joab
una carta, la cual envió por mano de Urías.
15 Y escribió en la carta, diciendo: Poned a Urías
al frente, en lo más recio de la batalla, y retiraos
de él, para que sea herido y muera.
16 Así fue que cuando Joab sitió la ciudad, puso
a Urías en el lugar donde sabía que estaban los
hombres más valientes.
17 Y saliendo luego los de la ciudad, pelearon
contra Joab, y cayeron algunos del ejército de los
siervos de David; y murió también Urías heteo.
18 Entonces envió Joab e hizo saber a David to-
dos los asuntos de la guerra.
19 Y mandó al mensajero, diciendo: Cuando
acabes de contar al rey todos los asuntos de la
guerra,
20 si el rey comenzare a enojarse, y te dijere:
¿Por qué os acercasteis demasiado a la ciudad
para combatir? ¿No sabíais lo que suelen arrojar
desde el muro?
21 ¿Quién hirió a Abimelec hijo de Jerobaal?
¿No echó una mujer del muro un pedazo de una
rueda de molino, y murió en Tebes?[b] ¿Por qué os
acercasteis tanto al muro? Entonces tú le dirás:
También tu siervo Urías heteo es muerto.
22 Fue el mensajero, y llegando, contó a Da-
vid todo aquello a que Joab le había enviado.
23 Y dijo el mensajero a David: Prevalecieron
contra nosotros los hombres que salieron contra
nosotros al campo, bien que nosotros les hici-
mos retroceder hasta la entrada de la puerta;
24 pero los flecheros tiraron contra tus siervos
desde el muro, y murieron algunos de los siervos
del rey; y murió también tu siervo Urías heteo.
25 Y David dijo al mensajero: Así dirás a Joab: No
tengas pesar por esto, porque la espada consu-
me, ora a uno, ora a otro; refuerza tu ataque con-
tra la ciudad, hasta que la rindas. Y tú aliéntale.
26 Oyendo la mujer de Urías que su marido
Urías era muerto, hizo duelo por su marido.
27 Y pasado el luto, envió David y la trajo a su
casa; y fue ella su mujer, y le dio a luz un hijo.
Mas esto que David había hecho, fue desagrada-
ble ante los ojos de Jehová.

Natán amonesta a David

12 1 Jehová envió a Natán a David;[a] y vi-
niendo a él, le dijo: Había dos hombres
en una ciudad, el uno rico, y el otro pobre.
2 El rico tenía numerosas ovejas y vacas;
3 pero el pobre no tenía más que una sola corde-
rita, que él había comprado y criado, y que ha-

11.1: [a] 1 Cr. 20.1. **11.21:** [b] Jue. 9.53. **12.1:** [a] Sal. 51 tít.

bía crecido con él y con sus hijos juntamente, comiendo de su bocado y bebiendo de su vaso, y durmiendo en su seno; y la tenía como a una hija.
4 Y vino uno de camino al hombre rico; y éste no quiso tomar de sus ovejas y de sus vacas, para guisar para el caminante que había venido a él, sino que tomó la oveja de aquel hombre pobre, y la preparó para aquel que había venido a él.
5 Entonces se encendió el furor de David en gran manera contra aquel hombre, y dijo a Natán: Vive Jehová, que el que tal hizo es digno de muerte.
6 Y debe pagar la cordera con cuatro tantos, porque hizo tal cosa, y no tuvo misericordia.

7 Entonces dijo Natán a David: Tú eres aquel hombre. Así ha dicho Jehová, Dios de Israel: Yo te ungí por rey sobre Israel, y te libré de la mano de Saúl,
8 y te di la casa de tu señor, y las mujeres de tu señor en tu seno; además te di la casa de Israel y de Judá; y si esto fuera poco, te habría añadido mucho más.
9 ¿Por qué, pues, tuviste en poco la palabra de Jehová, haciendo lo malo delante de sus ojos? A Urías heteo heriste a espada, y tomaste por mujer a su mujer, y a él lo mataste con la espada de los hijos de Amón.
10 Por lo cual ahora no se apartará jamás de tu casa la espada, por cuanto me menospreciaste, y tomaste la mujer de Urías heteo para que fuese tu mujer.
11 Así ha dicho Jehová: He aquí yo haré levantar el mal sobre ti de tu misma casa, y tomaré tus mujeres delante de tus ojos, y las daré a tu prójimo, el cual yacerá con tus mujeres a la vista del sol.
12 Porque tú lo hiciste en secreto; mas yo haré esto delante de todo Israel y a pleno sol.[b]
13 Entonces dijo David a Natán: Pequé contra Jehová. Y Natán dijo a David: También Jehová ha remitido tu pecado; no morirás.
14 Mas por cuanto con este asunto hiciste blasfemar a los enemigos de Jehová, el hijo que te ha nacido ciertamente morirá.
15 Y Natán se volvió a su casa.

Y Jehová hirió al niño que la mujer de Urías había dado a David, y enfermó gravemente.
16 Entonces David rogó a Dios por el niño; y ayunó David, y entró, y pasó la noche acostado en tierra.
17 Y se levantaron los ancianos de su casa, y fueron a él para hacerlo levantar de la tierra; mas él no quiso, ni comió con ellos pan.
18 Y al séptimo día murió el niño; y temían los siervos de David hacerle saber que el niño había muerto, diciendo entre sí: Cuando el niño aún vivía, le hablábamos, y no quería oír nuestra voz; ¿cuánto más se afligirá si le decimos que el niño ha muerto?
19 Mas David, viendo a sus siervos hablar entre sí, entendió que el niño había muerto; por lo que dijo David a sus siervos: ¿Ha muerto el niño? Y ellos respondieron: Ha muerto.
20 Entonces David se levantó de la tierra, y se lavó y se ungió, y cambió sus ropas, y entró a la casa de Jehová, y adoró. Después vino a su casa, y pidió, y le pusieron pan, y comió.
21 Y le dijeron sus siervos: ¿Qué es esto que has hecho? Por el niño, viviendo aún, ayunabas y llorabas; y muerto él, te levantaste y comiste pan.
22 Y él respondió: Viviendo aún el niño, yo ayunaba y lloraba, diciendo: ¿Quién sabe si Dios tendrá compasión de mí, y vivirá el niño?
23 Mas ahora que ha muerto, ¿para qué he de ayunar? ¿Podré yo hacerle volver? Yo voy a él, mas él no volverá a mí.

24 Y consoló David a Betsabé su mujer, y llegándose a ella durmió con ella; y ella le dio a luz un hijo, y llamó su nombre Salomón, al cual amó Jehová,
25 y envió un mensaje por medio de Natán profeta; así llamó su nombre Jedidías,[6] a causa de Jehová.

David captura Rabá

26 Joab peleaba contra Rabá de los hijos de Amón, y tomó la ciudad real.
27 Entonces envió Joab mensajeros a David, diciendo: Yo he puesto sitio a Rabá, y he tomado la ciudad de las aguas.
28 Reúne, pues, ahora al pueblo que queda, y acampa contra la ciudad y tómala, no sea que tome yo la ciudad y sea llamada de mi nombre.
29 Y juntando David a todo el pueblo, fue contra Rabá, y combatió contra ella, y la tomó.
30 Y quitó la corona de la cabeza de su rey, la cual pesaba un talento de oro, y tenía piedras preciosas; y fue puesta sobre la cabeza de David. Y sacó muy grande botín de la ciudad.
31 Sacó además a la gente que estaba en ella, y los puso a trabajar con sierras, con trillos de hierro y hachas de hierro, y además los hizo trabajar en los hornos de ladrillos; y lo mismo hizo a todas las ciudades de los hijos de Amón. Y volvió David con todo el pueblo a Jerusalén.

Amnón y Tamar

13 1 Aconteció después de esto, que teniendo Absalón hijo de David una hermana hermosa que se llamaba Tamar, se enamoró de ella Amnón hijo de David.
2 Y estaba Amnón angustiado hasta enfermarse por Tamar su hermana, pues por ser ella virgen,

12.11-12: [b] 2 S. 16.22. **12.25:** [6] Esto es, *Amado de Jehová.*

le parecía a Amnón que sería difícil hacerle cosa alguna.
3 Y Amnón tenía un amigo que se llamaba Jonadab, hijo de Simea; hermano de David; y Jonadab era hombre muy astuto.
4 Y éste le dijo: Hijo del rey, ¿por qué de día en día vas enflaqueciendo así? ¿No me lo descubrirás a mí? Y Amnón le respondió: Yo amo a Tamar la hermana de Absalón mi hermano.
5 Y Jonadab le dijo: Acuéstate en tu cama, y finge que estás enfermo; y cuando tu padre viniere a visitarte, dile: Te ruego que venga mi hermana Tamar, para que me dé de comer, y prepare delante de mí alguna vianda, para que al verla yo la coma de su mano.
6 Se acostó, pues, Amnón, y fingió que estaba enfermo; y vino el rey a visitarle. Y dijo Amnón al rey: Yo te ruego que venga mi hermana Tamar, y haga delante de mí dos hojuelas, para que coma yo de su mano.
7 Y David envió a Tamar a su casa, diciendo: Ve ahora a casa de Amnón tu hermano, y hazle de comer.
8 Y fue Tamar a casa de su hermano Amnón, el cual estaba acostado; y tomó harina, y amasó, e hizo hojuelas delante de él y las coció.
9 Tomó luego la sartén, y las sacó delante de él; mas él no quiso comer. Y dijo Amnón: Echad fuera de aquí a todos. Y todos salieron de allí.
10 Entonces Amnón dijo a Tamar: Trae la comida a la alcoba, para que yo coma de tu mano. Y tomando Tamar las hojuelas que había preparado, las llevó a su hermano Amnón a la alcoba.
11 Y cuando ella se las puso delante para que comiese, asió de ella, y le dijo: Ven, hermana mía, acuéstate conmigo.
12 Ella entonces le respondió: No, hermano mío, no me hagas violencia; porque no se debe hacer así en Israel. No hagas tal vileza.
13 Porque ¿adónde iría yo con mi deshonra? Y aun tú serías estimado como uno de los perversos en Israel. Te ruego pues, ahora, que hables al rey, que él no me negará a ti.
14 Mas él no la quiso oír, sino que pudiendo más que ella, la forzó, y se acostó con ella.
15 Luego la aborreció Amnón con tan gran aborrecimiento, que el odio con que la aborreció fue mayor que el amor con que la había amado. Y le dijo Amnón: Levántate, y vete.
16 Y ella le respondió: No hay razón; mayor mal es este de arrojarme, que el que me has hecho. Mas él no la quiso oír,
17 sino que llamando a su criado que le servía, le dijo: Echame a ésta fuera de aquí, y cierra tras ella la puerta.
18 Y llevaba ella un vestido de diversos colores, traje que vestían las hijas vírgenes de los reyes. Su criado, pues, la echó fuera, y cerró la puerta tras ella.
19 Entonces Tamar tomó ceniza y la esparció sobre su cabeza, y rasgó la ropa de colores de que estaba vestida, y puesta su mano sobre su cabeza, se fue gritando.

Venganza y huida de Absalón

20 Y le dijo su hermano Absalón: ¿Ha estado contigo tu hermano Amnón? Pues calla ahora, hermana mía; tu hermano es; no se angustie tu corazón por esto. Y se quedó Tamar desconsolada en casa de Absalón su hermano.
21 Y luego que el rey David oyó todo esto, se enojó mucho.
22 Mas Absalón no habló con Amnón ni malo ni bueno; aunque Absalón aborrecía a Amnón, porque había forzado a Tamar su hermana.
23 Aconteció pasados dos años, que Absalón tenía esquiladores en Baal-hazor, que está junto a Efraín; y convidó Absalón a todos los hijos del rey.
24 Y vino Absalón al rey, y dijo: He aquí, tu siervo tiene ahora esquiladores; yo ruego que venga el rey y sus siervos con tu siervo.
25 Y respondió el rey a Absalón: No, hijo mío, no vamos todos, para que no te seamos gravosos. Y aunque porfió con él, no quiso ir, mas le bendijo.
26 Entonces dijo Absalón: Pues si no, te ruego que venga con nosotros Amnón mi hermano. Y el rey le respondió: ¿Para qué ha de ir contigo?
27 Pero como Absalón le importunaba, dejó ir con él a Amnón y a todos los hijos del rey.
28 Y Absalón había dado orden a sus criados, diciendo: Os ruego que miréis cuando el corazón de Amnón esté alegre por el vino; y al decir yo: Herid a Amnón, entonces matadle, y no temáis, pues yo os lo he mandado. Esforzaos, pues, y sed valientes.
29 Y los criados de Absalón hicieron con Amnón como Absalón les había mandado. Entonces se levantaron todos los hijos del rey, y montaron cada uno en su mula, y huyeron.
30 Estando ellos aún en el camino, llegó a David el rumor que decía: Absalón ha dado muerte a todos los hijos del rey, y ninguno de ellos ha quedado.
31 Entonces levantándose David, rasgó sus vestidos, y se echó en tierra, y todos sus criados que estaban junto a él también rasgaron sus vestidos.
32 Pero Jonadab, hijo de Simea hermano de David, habló y dijo: No diga mi señor que han dado muerte a todos los jóvenes hijos del rey, pues sólo Amnón ha sido muerto; porque por mandato de Absalón esto había sido determinado desde el día en que Amnón forzó a Tamar su hermana.
33 Por tanto, ahora no ponga mi señor el rey en su corazón ese rumor que dice: Todos los hijos

del rey han sido muertos; porque sólo Amnón
ha sido muerto.
34 Y Absalón huyó. Entre tanto, alzando sus
ojos el joven que estaba de atalaya, miró, y he
aquí mucha gente que venía por el camino a sus
espaldas, del lado del monte.
35 Y dijo Jonadab al rey: He allí los hijos del rey
que vienen; es así como tu siervo ha dicho.
36 Cuando él acabó de hablar, he aquí los hijos
del rey que vinieron, y alzando su voz lloraron.
Y también el mismo rey y todos sus siervos llora-
ron con muy grandes lamentos.
37 Mas Absalón huyó y se fue a Talmai hijo de
Amiud, rey de Gesur.[a] Y David lloraba por su
hijo todos los días.
38 Así huyó Absalón y se fue a Gesur, y estuvo
allá tres años.
39 Y el rey David deseaba ver a Absalón; pues ya
estaba consolado acerca de Amnón, que había
muerto.

Joab procura el regreso de Absalón

14 1 Conociendo Joab hijo de Sarvia que el
corazón del rey se inclinaba por Absa-
lón,
2 envió Joab a Tecoa, y tomó de allá una mujer
astuta, y le dijo: Yo te ruego que finjas estar de
duelo, y te vistas ropas de luto, y no te unjas con
óleo, sino preséntate como una mujer que desde
mucho tiempo está de duelo por algún muerto;
3 y entrarás al rey, y le hablarás de esta manera.
Y puso Joab las palabras en su boca.
4 Entró, pues, aquella mujer de Tecoa al rey, y
postrándose en tierra sobre su rostro, hizo reve-
rencia, y dijo: ¡Socorro, oh rey!
5 El rey le dijo: ¿Qué tienes? Y ella respondió: Yo
a la verdad soy una mujer viuda y mi marido ha
muerto.
6 Tu sierva tenía dos hijos, y los dos riñeron en el
campo; y no habiendo quien los separase, hirió
el uno al otro, y lo mató.
7 Y he aquí toda la familia se ha levantado con-
tra tu sierva, diciendo: Entrega al que mató a su
hermano, para que le hagamos morir por la vida
de su hermano a quien él mató, y matemos tam-
bién al heredero. Así apagarán el ascua que me
ha quedado, no dejando a mi marido nombre ni
reliquia sobre la tierra.
8 Entonces el rey dijo a la mujer: Vete a tu
casa, y yo daré órdenes con respecto a ti.
9 Y la mujer de Tecoa dijo al rey: Rey señor mío,
la maldad sea sobre mí y sobre la casa de mi pa-
dre; mas el rey y su trono sean sin culpa.
10 Y el rey dijo: Al que hablare contra ti, tráelo a
mí, y no te tocará más.
11 Dijo ella entonces: Te ruego, oh rey, que te
acuerdes de Jehová tu Dios, para que el venga-
dor de la sangre no aumente el daño, y no des-
truya a mi hijo. Y el respondió: Vive Jehová, que
no caerá ni un cabello de la cabeza de tu hijo en
tierra.
12 Y la mujer dijo: Te ruego que permitas que
tu sierva hable una palabra a mi señor el rey. Y
él dijo: Habla.
13 Entonces la mujer dijo: ¿Por qué, pues, has
pensado tú cosa semejante contra el pueblo de
Dios? Porque hablando el rey esta palabra, se
hace culpable él mismo, por cuanto el rey no
hace volver a su desterrado.
14 Porque de cierto morimos, y somos como
aguas derramadas por tierra, que no pueden vol-
ver a recogerse; ni Dios quita la vida, sino que
provee medios para no alejar de sí al desterrado.
15 Y el haber yo venido ahora para decir esto al
rey mi señor, es porque el pueblo me atemorizó;
y tu sierva dijo: Hablaré ahora al rey; quizá él
hará lo que su sierva diga.
16 Pues el rey oirá, para librar a su sierva de
mano del hombre que me quiere destruir a mí y
a mi hijo juntamente, de la heredad de Dios.
17 Tu sierva, pues, dice: Sea ahora de consuelo
la respuesta de mi señor el rey, pues que mi se-
ñor el rey es como un ángel de Dios para discer-
nir entre lo bueno y lo malo. Así Jehová tu Dios
sea contigo.
18 Entonces David respondió y dijo a la mu-
jer: Yo te ruego que no me encubras nada de lo
que yo te preguntare. Y la mujer dijo: Hable mi
señor el rey.
19 Y el rey dijo: ¿No anda la mano de Joab conti-
go en todas estas cosas? La mujer respondió y
dijo: Vive tu alma, rey señor mío, que no hay
que apartarse a derecha ni a izquierda de todo
lo que mi señor el rey ha hablado; porque tu
siervo Joab, él me mandó, y él puso en boca de
tu sierva todas estas palabras.
20 Para mudar el aspecto de las cosas Joab tu
siervo ha hecho esto; pero mi señor es sabio
conforme a la sabiduría de un ángel de Dios,
para conocer lo que hay en la tierra.
21 Entonces el rey dijo a Joab: He aquí yo
hago esto; ve, y haz volver al joven Absalón.
22 Y Joab se postró en tierra sobre su rostro e
hizo reverencia, y después que bendijo al rey,
dijo: Hoy ha entendido tu siervo que he hallado
gracia en tus ojos, rey señor mío, pues ha hecho
el rey lo que su siervo ha dicho.
23 Se levantó luego Joab y fue a Gesur, y trajo a
Absalón a Jerusalén.
24 Mas el rey dijo: Váyase a su casa, y no vea mi
rostro. Y volvió Absalón a su casa, y no vio el
rostro del rey.
25 Y no había en todo Israel ninguno tan ala-
bado por su hermosura como Absalón; desde la

13.37: [a] 2 S. 3.3.

planta de su pie hasta su coronilla no había en él
defecto.
26 Cuando se cortaba el cabello (lo cual hacía al
fin de cada año, pues le causaba molestia, y por
eso se lo cortaba), pesaba el cabello de su cabe-
za doscientos siclos de peso real.
27 Y le nacieron a Absalón tres hijos, y una hija
que se llamó Tamar, la cual era mujer de hermo-
so semblante.
28 Y estuvo Absalón por espacio de dos años
en Jerusalén, y no vio el rostro del rey.
29 Y mandó Absalón por Joab, para enviarlo al
rey, pero él no quiso venir; y envió aun por se-
gunda vez, y no quiso venir.
30 Entonces dijo a sus siervos: Mirad, el campo
de Joab está junto al mío, y tiene allí cebada; id
y prendedle fuego. Y los siervos de Absalón
prendieron fuego al campo.
31 Entonces se levantó Joab y vino a casa de
Absalón, y le dijo: ¿Por qué han prendido fuego
tus siervos a mi campo?
32 Y Absalón respondió a Joab: He aquí yo he
enviado por ti, diciendo que vinieses acá, con el
fin de enviarte al rey para decirle: ¿Para qué
vine de Gesur? Mejor me fuera estar aún allá.
Vea yo ahora el rostro del rey; y si hay en mí
pecado, máteme.
33 Vino, pues, Joab al rey, y se lo hizo saber.
Entonces llamó a Absalón, el cual vino al rey, e
inclinó su rostro a tierra delante del rey; y el rey
besó a Absalón.

Absalón se subleva contra David

15 1 Aconteció después de esto, que Absa-
lón se hizo de carros y caballos, y cin-
cuenta hombres que corriesen delante de él.
2 Y se levantaba Absalón de mañana, y se ponía
a un lado del camino junto a la puerta; y a cual-
quiera que tenía pleito y venía al rey a juicio,
Absalón le llamaba y le decía: ¿De qué ciudad
eres? Y él respondía: Tu siervo es de una de las
tribus de Israel.
3 Entonces Absalón le decía: Mira, tus palabras
son buenas y justas; mas no tienes quien te oiga
de parte del rey.
4 Y decía Absalón: ¡Quién me pusiera por juez
en la tierra, para que viniesen a mí todos los que
tienen pleito o negocio, que yo les haría justicia!
5 Y acontecía que cuando alguno se acercaba
para inclinarse a él, él extendía la mano y lo to-
maba, y lo besaba.
6 De esta manera hacía con todos los israelitas
que venían al rey a juicio; y así robaba Absalón
el corazón de los de Israel.
7 Al cabo de cuatro años, aconteció que Absa-
lón dijo al rey: Yo te ruego me permitas que
vaya a Hebrón, a pagar mi voto que he prometi-
do a Jehová.
8 Porque tu siervo hizo voto cuando estaba en
Gesur en Siria, diciendo: Si Jehová me hiciere
volver a Jerusalén, yo serviré a Jehová.
9 Y el rey le dijo: Ve en paz. Y él se levantó, y fue
a Hebrón.
10 Entonces envió Absalón mensajeros por to-
das las tribus de Israel, diciendo: Cuando oigáis
el sonido de la trompeta diréis: Absalón reina en
Hebrón.
11 Y fueron con Absalón doscientos hombres de
Jerusalén convidados por él, los cuales iban en
su sencillez, sin saber nada.
12 Y mientras Absalón ofrecía los sacrificios, lla-
mó a Ahitofel gilonita, consejero de David, de su
ciudad de Gilo. Y la conspiración se hizo podero-
sa, y aumentaba el pueblo que seguía a Absalón.
13 Y un mensajero vino a David, diciendo: El
corazón de todo Israel se va tras Absalón.
14 Entonces David dijo a todos sus siervos que
estaban con él en Jerusalén: Levantaos y huya-
mos, porque no podremos escapar delante de
Absalón; daos prisa a partir, no sea que apresu-
rándose él nos alcance, y arroje el mal sobre no-
sotros, y hiera la ciudad a filo de espada.
15 Y los siervos del rey dijeron al rey: He aquí,
tus siervos están listos a todo lo que nuestro se-
ñor el rey decida.
16 El rey entonces salió, con toda su familia en
pos de él. Y dejó el rey diez mujeres concubinas,
para que guardasen la casa.
17 Salió, pues, el rey con todo el pueblo que le
seguía, y se detuvieron en un lugar distante.
18 Y todos sus siervos pasaban a su lado, con to-
dos los cereteos y peleteos; y todos los geteos,
seiscientos hombres que habían venido a pie
desde Gat, iban delante del rey.
19 Y dijo el rey a Itai geteo: ¿Para qué vienes
tú también con nosotros? Vuélvete y quédate
con el rey; porque tú eres extranjero, y desterra-
do también de tu lugar.
20 Ayer viniste, ¿y he de hacer hoy que te mue-
vas para ir con nosotros? En cuanto a mí, yo iré
a donde pueda ir; tú vuélvete, y haz volver a tus
hermanos; y Jehová te muestre amor perma-
nente y fidelidad.
21 Y respondió Itai al rey, diciendo: Vive Dios, y
vive mi señor el rey, que o para muerte o para
vida, donde mi señor el rey estuviere, allí estará
también tu siervo.
22 Entonces David dijo a Itai: Ven, pues, y pasa.
Y pasó Itai geteo, y todos sus hombres, y toda su
familia.
23 Y todo el país lloró en alta voz; pasó luego
toda la gente el torrente de Cedrón; asimismo
pasó el rey, y todo el pueblo pasó al camino que
va al desierto.
24 Y he aquí, también iba Sadoc, y con él to-
dos los levitas que llevaban el arca del pacto de

Dios; y asentaron el arca del pacto de Dios. Y
subió Abiatar después que todo el pueblo hubo
acabado de salir de la ciudad.
25 Pero dijo el rey a Sadoc: Vuelve el arca de
Dios a la ciudad. Si yo hallare gracia ante los
ojos de Jehová, él hará que vuelva, y me dejará
verla y a su tabernáculo.
26 Y si dijere: No me complazco en ti; aquí estoy,
haga de mí lo que bien le pareciere.
27 Dijo además el rey al sacerdote Sadoc: ¿No
eres tú el vidente? Vuelve en paz a la ciudad, y
con vosotros vuestros dos hijos; Ahimaas tu
hijo, y Jonatán hijo de Abiatar.
28 Mirad, yo me detendré en los vados del de-
sierto,[a] hasta que venga respuesta de vosotros
que me dé aviso.
29 Entonces Sadoc y Abiatar volvieron el arca de
Dios a Jerusalén, y se quedaron allá.
30 Y David subió la cuesta de los Olivos; y la
subió llorando, llevando la cabeza cubierta y los
pies descalzos. También todo el pueblo que te-
nía consigo cubrió cada uno su cabeza, e iban
llorando mientras subían.
31 Y dieron aviso a David, diciendo: Ahitofel
está entre los que conspiraron con Absalón.
Entonces dijo David: Entorpece ahora, oh Jeho-
vá, el consejo de Ahitofel.
32 Cuando David llegó a la cumbre del monte
para adorar allí a Dios, he aquí Husai arquita
que le salió al encuentro, rasgados sus vestidos,
y tierra sobre su cabeza.
33 Y le dijo David: Si pasares conmigo, me serás
carga.
34 Mas si volvieres a la ciudad, y dijeres a Absalón:
Rey, yo seré tu siervo; como hasta aquí he sido
siervo de tu padre, así seré ahora siervo tuyo; en-
tonces tú harás nulo el consejo de Ahitofel.
35 ¿No estarán allí contigo los sacerdotes Sadoc
y Abiatar? Por tanto, todo lo que oyeres en la
casa del rey, se lo comunicarás a los sacerdotes
Sadoc y Abiatar.
36 Y he aquí que están con ellos sus dos hijos,
Ahimaas el de Sadoc, y Jonatán el de Abiatar;
por medio de ellos me enviaréis aviso de todo lo
que oyereis.
37 Así vino Husai amigo de David a la ciudad; y
Absalón entró en Jerusalén.

16

1 Cuando David pasó un poco más allá
de la cumbre del monte, he aquí Siba el
criado de Mefi-boset,[a] que salía a recibirle con
un par de asnos enalbardados, y sobre ellos
doscientos panes, cien racimos de pasas, cien
panes de higos secos, y un cuero de vino.
2 Y dijo el rey a Siba: ¿Qué es esto? Y Siba res-
pondió: Los asnos son para que monte la familia
del rey, los panes y las pasas para que coman los
criados, y el vino para que beban los que se can-
sen en el desierto.
3 Y dijo el rey: ¿Dónde está el hijo de tu señor? Y
Siba respondió al rey: He aquí él se ha quedado
en Jerusalén, porque ha dicho: Hoy me devolve-
rá la casa de Israel el reino de mi padre.
4 Entonces el rey dijo a Siba: He aquí, sea tuyo
todo lo que tiene Mefi-boset. Y respondió Siba
inclinándose: Rey señor mío, halle yo gracia de-
lante de ti.
5 Y vino el rey David hasta Bahurim; y he aquí
salía uno de la familia de la casa de Saúl, el cual se
llamaba Simei hijo de Gera; y salía maldiciendo,
6 y arrojando piedras contra David, y contra to-
dos los siervos del rey David; y todo el pueblo y
todos los hombres valientes estaban a su dere-
cha y a su izquierda.
7 Y decía Simei, maldiciéndole: ¡Fuera, fuera,
hombre sanguinario y perverso!
8 Jehová te ha dado el pago de toda la sangre de
la casa de Saúl, en lugar del cual tú has reinado,
y Jehová ha entregado el reino en mano de tu
hijo Absalón; y hete aquí sorprendido en tu mal-
dad, porque eres hombre sanguinario.
9 Entonces Abisai hijo de Sarvia dijo al rey:
¿Por qué maldice este perro muerto a mi señor
el rey? Te ruego que me dejes pasar, y le quitaré
la cabeza.
10 Y el rey respondió: ¿Qué tengo yo con voso-
tros, hijos de Sarvia? Si él así maldice, es porque
Jehová le ha dicho que maldiga a David.
¿Quién, pues, le dirá: ¿Por qué lo haces así?
11 Y dijo David a Abisai y a todos sus siervos: He
aquí, mi hijo que ha salido de mis entrañas, ace-
cha mi vida; ¿cuánto más ahora un hijo de Ben-
jamín? Dejadle que maldiga, pues Jehová se lo
ha dicho.
12 Quizá mirará Jehová mi aflicción, y me dará
Jehová bien por sus maldiciones de hoy.
13 Y mientras David y los suyos iban por el cami-
no, Simei iba por el lado del monte delante de
él, andando y maldiciendo, y arrojando piedras
delante de él, y esparciendo polvo.
14 Y el rey y todo el pueblo que con él estaba,
llegaron fatigados, y descansaron allí.
15 Y Absalón y toda la gente suya, los hom-
bres de Israel, entraron en Jerusalén, y con él
Ahitofel.
16 Aconteció luego, que cuando Husai arquita,
amigo de David, vino al encuentro de Absalón,
dijo Husai: ¡Viva el rey, viva el rey!
17 Y Absalón dijo a Husai: ¿Es este tu agradeci-
miento para con tu amigo? ¿Por qué no fuiste
con tu amigo?
18 Y Husai respondió a Absalón: No, sino que de
aquel que eligiere Jehová y este pueblo y todos
los varones de Israel, de aquél seré yo, y con él
me quedaré.

15.28: [a] Sal. 63 tít. **16.1:** [a] 2 S. 9.9-10.

19 ¿Y a quién había yo de servir? ¿No es a su
hijo? Como he servido delante de tu padre, así
seré delante de ti.
20 Entonces dijo Absalón a Ahitofel: Dad
vuestro consejo sobre lo que debemos hacer.
21 Y Ahitofel dijo a Absalón: Llégate a las concu-
binas de tu padre, que él dejó para guardar la
casa; y todo el pueblo de Israel oirá que te has
hecho aborrecible a tu padre, y así se fortalece-
rán las manos de todos los que están contigo.
22 Entonces pusieron para Absalón una tienda
sobre el terrado, y se llegó Absalón a las concu-
binas de su padre, ante los ojos de todo Israel.[b]
23 Y el consejo que daba Ahitofel en aquellos
días, era como si se consultase la palabra de
Dios. Así era todo consejo de Ahitofel, tanto con
David como con Absalón.

Consejos de Ahitofel y de Husai

17 1 Entonces Ahitofel dijo a Absalón: Yo
escogeré ahora doce mil hombres, y me
levantaré y seguiré a David esta noche,
2 y caeré sobre él mientras está cansado y débil
de manos; lo atemorizaré, y todo el pueblo que
está con él huirá, y mataré al rey solo.
3 Así haré volver a ti todo el pueblo (pues tú bus-
cas solamente la vida de un hombre); y cuando
ellos hayan vuelto, todo el pueblo estará en paz.
4 Este consejo pareció bien a Absalón y a todos
los ancianos de Israel.
5 Y dijo Absalón: Llamad también ahora a Hu-
sai arquita, para que asimismo oigamos lo que
él dirá.
6 Cuando Husai vino a Absalón, le habló Absa-
lón, diciendo: Así ha dicho Ahitofel; ¿seguire-
mos su consejo, o no? Di tú.
7 Entonces Husai dijo a Absalón: El consejo que
ha dado esta vez Ahitofel no es bueno.
8 Y añadió Husai: Tú sabes que tu padre y los
suyos son hombres valientes, y que están con
amargura de ánimo, como la osa en el campo
cuando le han quitado sus cachorros. Además,
tu padre es hombre de guerra, y no pasará la
noche con el pueblo.
9 He aquí él estará ahora escondido en alguna
cueva, o en otro lugar; y si al principio cayeren
algunos de los tuyos, quienquiera que lo oyere
dirá: El pueblo que sigue a Absalón ha sido
derrotado.
10 Y aun el hombre valiente, cuyo corazón sea
como corazón de león, desmayará por completo;
porque todo Israel sabe que tu padre es hombre
valiente, y que los que están con él son esforzados.
11 Aconsejo, pues, que todo Israel se junte a ti,
desde Dan hasta Beerseba, en multitud como la
arena que está a la orilla del mar, y que tú en
persona vayas a la batalla.
12 Entonces le acometeremos en cualquier lugar
en donde se hallare, y caeremos sobre él como
cuando el rocío cae sobre la tierra, y ni uno deja-
remos de él y de todos los que están con él.
13 Y si se refugiare en alguna ciudad, todos los
de Israel llevarán sogas a aquella ciudad, y la
arrastraremos hasta el arroyo, hasta que no se
encuentre allí ni una piedra.
14 Entonces Absalón y todos los de Israel dije-
ron: El consejo de Husai arquita es mejor que el
consejo de Ahitofel. Porque Jehová había orde-
nado que el acertado consejo de Ahitofel se frus-
trara, para que Jehová hiciese venir el mal sobre
Absalón.
15 Dijo luego Husai a los sacerdotes Sadoc y
Abiatar: Así y así aconsejó Ahitofel a Absalón y a los
ancianos de Israel; y de esta manera aconsejé yo.
16 Por tanto, enviad inmediatamente y dad avi-
so a David, diciendo: No te quedes esta noche
en los vados del desierto, sino pasa luego el Jor-
dán, para que no sea destruido el rey y todo el
pueblo que con él está.
17 Y Jonatán y Ahimaas estaban junto a la fuen-
te de Rogel, y fue una criada y les avisó, porque
ellos no podían mostrarse viniendo a la ciudad;
y ellos fueron y se lo hicieron saber al rey David.
18 Pero fueron vistos por un joven, el cual lo
hizo saber a Absalón; sin embargo, los dos se
dieron prisa a caminar, y llegaron a casa de un
hombre en Bahurim, que tenía en su patio un
pozo, dentro del cual se metieron.
19 Y tomando la mujer de la casa una manta, la
extendió sobre la boca del pozo, y tendió sobre
ella el grano trillado; y nada se supo del asunto.
20 Llegando luego los criados de Absalón a la casa
de la mujer, le dijeron: ¿Dónde están Ahimaas y
Jonatán? Y la mujer les respondió: Ya han pasado
el vado de las aguas. Y como ellos los buscaron y
no los hallaron, volvieron a Jerusalén.
21 Y después que se hubieron ido, aquéllos sa-
lieron del pozo y se fueron, y dieron aviso al rey
David, diciéndole: Levantaos y daos prisa a pa-
sar las aguas, porque Ahitofel ha dado tal conse-
jo contra vosotros.
22 Entonces David se levantó, y todo el pueblo
que con él estaba, y pasaron el Jordán antes que
amaneciese; ni siquiera faltó uno que no pasase
el Jordán.
23 Pero Ahitofel, viendo que no se había se-
guido su consejo, enalbardó su asno, y se levan-
tó y se fue a su casa a su ciudad; y después de
poner su casa en orden, se ahorcó, y así murió, y
fue sepultado en el sepulcro de su padre.
24 Y David llegó a Mahanaim; y Absalón pasó
el Jordán con toda la gente de Israel.
25 Y Absalón nombró a Amasa jefe del ejército
en lugar de Joab. Amasa era hijo de un varón de

16.22: [b] 2 S. 12.11-12.

Israel llamado Itra, el cual se había llegado a
Abigail hija de Nahas, hermana de Sarvia madre
de Joab.
26 Y acampó Israel con Absalón en tierra de Ga-
laad.
27 Luego que David llegó a Mahanaim, Sobi
hijo de Nahas, de Rabá de los hijos de Amón,
Maquir hijo de Amiel, de Lodebar, y Barzilai ga-
laadita de Rogelim,
28 trajeron a David y al pueblo que estaba con él,
camas, tazas, vasijas de barro, trigo, cebada, ha-
rina, grano tostado, habas, lentejas, garbanzos
tostados,
29 miel, manteca, ovejas, y quesos de vaca, para
que comiesen; porque decían: El pueblo está
hambriento y cansado y sediento en el desierto.

Muerte de Absalón

18 1 David, pues, pasó revista al pueblo que
tenía consigo, y puso sobre ellos jefes de
millares y jefes de centenas.
2 Y envió David al pueblo, una tercera parte bajo
el mando de Joab, una tercera parte bajo el man-
do de Abisai hijo de Sarvia, hermano de Joab, y
una tercera parte al mando de Itai geteo. Y dijo el
rey al pueblo: Yo también saldré con vosotros.
3 Mas el pueblo dijo: No saldrás; porque si noso-
tros huyéremos, no harán caso de nosotros; y
aunque la mitad de nosotros muera, no harán
caso de nosotros; mas tú ahora vales tanto como
diez mil de nosotros. Será, pues, mejor que tú
nos des ayuda desde la ciudad.
4 Entonces el rey les dijo: Yo haré lo que bien os
parezca. Y se puso el rey a la entrada de la puer-
ta, mientras salía todo el pueblo de ciento en
ciento y de mil en mil.
5 Y el rey mandó a Joab, a Abisai y a Itai, diciendo:
Tratad benignamente por amor de mí al joven
Absalón. Y todo el pueblo oyó cuando dio el rey
orden acerca de Absalón a todos los capitanes.
6 Salió, pues, el pueblo al campo contra Is-
rael, y se libró la batalla en el bosque de Efraín.
7 Y allí cayó el pueblo de Israel delante de los
siervos de David, y se hizo allí en aquel día una
gran matanza de veinte mil hombres.
8 Y la batalla se extendió por todo el país; y fue-
ron más los que destruyó el bosque aquel día,
que los que destruyó la espada.
9 Y se encontró Absalón con los siervos de Da-
vid; e iba Absalón sobre un mulo, y el mulo en-
tró por debajo de las ramas espesas de una gran
encina, y se le enredó la cabeza en la encina, y
Absalón quedó suspendido entre el cielo y la tie-
rra; y el mulo en que iba pasó delante.
10 Viéndolo uno, avisó a Joab, diciendo: He aquí
que he visto a Absalón colgado de una encina.
11 Y Joab respondió al hombre que le daba la
nueva: Y viéndolo tú, ¿por qué no le mataste
luego allí echándole a tierra? Me hubiera placi-
do darte diez siclos de plata, y un talabarte.
12 El hombre dijo a Joab: Aunque me pesaras mil
siclos de plata, no extendería yo mi mano contra
el hijo del rey; porque nosotros oímos cuando el
rey te mandó a ti y a Abisai y a Itai, diciendo: Mi-
rad que ninguno toque al joven Absalón.
13 Por otra parte, habría yo hecho traición con-
tra mi vida, pues que al rey nada se le esconde, y
tú mismo estarías en contra.
14 Y respondió Joab: No malgastaré mi tiempo
contigo. Y tomando tres dardos en su mano, los
clavó en el corazón de Absalón, quien estaba
aún vivo en medio de la encina.
15 Y diez jóvenes escuderos de Joab rodearon e
hirieron a Absalón, y acabaron de matarle.
16 Entonces Joab tocó la trompeta, y el pue-
blo se volvió de seguir a Israel, porque Joab de-
tuvo al pueblo.
17 Tomando después a Absalón, le echaron en
un gran hoyo en el bosque, y levantaron sobre él
un montón muy grande de piedras; y todo Israel
huyó, cada uno a su tienda.
18 Y en vida, Absalón había tomado y erigido
una columna, la cual está en el valle del rey;
porque había dicho: Yo no tengo hijo que con-
serve la memoria de mi nombre. Y llamó aquella
columna por su nombre, y así se ha llamado Co-
lumna de Absalón, hasta hoy.
19 Entonces Ahimaas hijo de Sadoc dijo: ¿Co-
rreré ahora, y daré al rey las nuevas de que
Jehová ha defendido su causa de la mano de sus
enemigos?
20 Respondió Joab: Hoy no llevarás las nuevas;
las llevarás otro día; no darás hoy la nueva, por-
que el hijo del rey ha muerto.
21 Y Joab dijo a un etíope: Ve tú, y di al rey lo
que has visto. Y el etíope hizo reverencia ante
Joab, y corrió.
22 Entonces Ahimaas hijo de Sadoc volvió a decir
a Joab: Sea como fuere, yo correré ahora tras el
etíope. Y Joab dijo: Hijo mío, ¿para qué has de
correr tú, si no recibirás premio por las nuevas?
23 Mas él respondió: Sea como fuere, yo correré.
Entonces le dijo: Corre. Corrió, pues, Ahimaas
por el camino de la llanura, y pasó delante del
etíope.
24 Y David estaba sentado entre las dos puer-
tas; y el atalaya había ido al terrado sobre la
puerta en el muro, y alzando sus ojos, miró, y
vio a uno que corría solo.
25 El atalaya dio luego voces, y lo hizo saber al
rey. Y el rey dijo: Si viene solo, buenas nuevas
trae. En tanto que él venía acercándose,
26 vio el atalaya a otro que corría; y dio voces el
atalaya al portero, diciendo: He aquí otro hom-
bre que corre solo. Y el rey dijo: Este también es
mensajero.

27 Y el atalaya volvió a decir: Me parece el co-
rrer del primero como el correr de Ahimaas hijo
de Sadoc. Y respondió el rey: Ese es hombre de
bien, y viene con buenas nuevas.
28 Entonces Ahimaas dijo en alta voz al rey:
Paz. Y se inclinó a tierra delante del rey, y dijo:
Bendito sea Jehová Dios tuyo, que ha entregado
a los hombres que habían levantado sus manos
contra mi señor el rey.
29 Y el rey dijo: ¿El joven Absalón está bien? Y
Ahimaas respondió: Vi yo un gran alboroto cuan-
do envió Joab al siervo del rey y a mí tu siervo;
mas no sé qué era.
30 Y el rey dijo: Pasa, y ponte allí. Y él pasó, y se
quedó de pie.
31 Luego vino el etíope, y dijo: Reciba nuevas
mi señor el rey, que hoy Jehová ha defendido tu
causa de la mano de todos los que se habían le-
vantado contra ti.
32 El rey entonces dijo al etíope: ¿El joven Absa-
lón está bien? Y el etíope respondió: Como aquel
joven sean los enemigos de mi señor el rey, y to-
dos los que se levanten contra ti para mal.
33 Entonces el rey se turbó, y subió a la sala de
la puerta, y lloró; y yendo, decía así: ¡Hijo mío
Absalón, hijo mío, hijo mío Absalón! ¡Quién me
diera que muriera yo en lugar de ti, Absalón,
hijo mío, hijo mío!

David vuelve a Jerusalén

19 1 Dieron aviso a Joab: He aquí el rey llo-
ra, y hace duelo por Absalón.
2 Y se volvió aquel día la victoria en luto para
todo el pueblo; porque oyó decir el pueblo aquel
día que el rey tenía dolor por su hijo.
3 Y entró el pueblo aquel día en la ciudad escon-
didamente, como suele entrar a escondidas el
pueblo avergonzado que ha huido de la batalla.
4 Mas el rey, cubierto el rostro, clamaba en alta
voz: ¡Hijo mío Absalón, Absalón, hijo mío, hijo mío!
5 Entonces Joab vino al rey en la casa, y dijo:
Hoy has avergonzado el rostro de todos tus sier-
vos, que hoy han librado tu vida, y la vida de tus
hijos y de tus hijas, y la vida de tus mujeres, y la
vida de tus concubinas,
6 amando a los que te aborrecen, y aborrecien-
do a los que te aman; porque hoy has declarado
que nada te importan tus príncipes y siervos;
pues hoy me has hecho ver claramente que si
Absalón viviera, aunque todos nosotros estuvié-
ramos muertos, entonces estarías contento.
7 Levántate pues, ahora, y ve afuera y habla
bondadosamente a tus siervos; porque juro por
Jehová que si no sales, no quedará ni un hom-
bre contigo esta noche; y esto te será peor que
todos los males que te han sobrevenido desde tu
juventud hasta ahora.
8 Entonces se levantó el rey y se sentó a la puer-
ta, y fue dado aviso a todo el pueblo, diciendo:
He aquí el rey está sentado a la puerta. Y vino
todo el pueblo delante del rey; pero Israel había
huido, cada uno a su tienda.
9 Y todo el pueblo disputaba en todas las tri-
bus de Israel, diciendo: El rey nos ha librado de
mano de nuestros enemigos, y nos ha salvado
de mano de los filisteos; y ahora ha huido del
país por miedo de Absalón.
10 Y Absalón, a quien habíamos ungido sobre no-
sotros, ha muerto en la batalla. ¿Por qué, pues,
estáis callados respecto de hacer volver al rey?
11 Y el rey David envió a los sacerdotes Sadoc
y Abiatar, diciendo: Hablad a los ancianos de
Judá, y decidles: ¿Por qué seréis vosotros los
postreros en hacer volver el rey a su casa, cuan-
do la palabra de todo Israel ha venido al rey
para hacerle volver a su casa?
12 Vosotros sois mis hermanos; mis huesos y mi
carne sois. ¿Por qué, pues, seréis vosotros los
postreros en hacer volver al rey?
13 Asimismo diréis a Amasa: ¿No eres tú tam-
bién hueso mío y carne mía? Así me haga Dios, y
aun me añada, si no fueres general del ejército
delante de mí para siempre, en lugar de Joab.
14 Así inclinó el corazón de todos los varones de
Judá, como el de un solo hombre, para que envia-
sen a decir al rey: Vuelve tú, y todos tus siervos.
15 Volvió, pues, el rey, y vino hasta el Jordán. Y
Judá vino a Gilgal para recibir al rey y para ha-
cerle pasar el Jordán.
16 Y Simei[a] hijo de Gera, hijo de Benjamín,
que era de Bahurim, se dio prisa y descendió
con los hombres de Judá a recibir al rey David.
17 Con él venían mil hombres de Benjamín; asi-
mismo Siba, criado de la casa de Saúl, con sus
quince hijos y sus veinte siervos, los cuales pasa-
ron el Jordán delante del rey.
18 Y cruzaron el vado para pasar a la familia del
rey, y para hacer lo que a él le pareciera. Enton-
ces Simei hijo de Gera se postró delante del rey
cuando él hubo pasado el Jordán,
19 y dijo al rey: No me culpe mi señor de iniqui-
dad, ni tengas memoria de los males que tu sier-
vo hizo el día en que mi señor el rey salió de
Jerusalén; no los guarde el rey en su corazón.
20 Porque yo tu siervo reconozco haber pecado,
y he venido hoy el primero de toda la casa de
José, para descender a recibir a mi señor el rey.
21 Respondió Abisai hijo de Sarvia y dijo: ¿No
ha de morir por esto Simei, que maldijo al ungi-
do de Jehová?
22 David entonces dijo: ¿Qué tengo yo con voso-
tros, hijos de Sarvia, para que hoy me seáis ad-
versarios? ¿Ha de morir hoy alguno en Israel?
¿Pues no sé yo que hoy soy rey sobre Israel?

19.16: [a] 2 S. 16.5-13.

23 Y dijo el rey a Simei: No morirás. Y el rey se lo
juró.
24 También Mefi-boset[b] hijo de Saúl descen-
dió a recibir al rey; no había lavado sus pies, ni
había cortado su barba, ni tampoco había lava-
do sus vestidos, desde el día en que el rey salió
hasta el día en que volvió en paz.
25 Y luego que vino él a Jerusalén a recibir al
rey, el rey le dijo: Mefi-boset, ¿por qué no fuiste
conmigo?
26 Y él respondió: Rey señor mío, mi siervo me
engañó; pues tu siervo había dicho: Enalbárda-
me un asno, y montaré en él, e iré al rey; porque
tu siervo es cojo.
27 Pero él ha calumniado a tu siervo delante de
mi señor el rey; mas mi señor el rey es como un
ángel de Dios; haz, pues, lo que bien te parezca.
28 Porque toda la casa de mi padre era digna de
muerte delante de mi señor el rey, y tú pusiste a tu
siervo entre los convidados a tu mesa. ¿Qué dere-
cho, pues, tengo aún para clamar más al rey?
29 Y el rey le dijo: ¿Para qué más palabras? Yo he
determinado que tú y Siba os dividáis las tierras.
30 Y Mefi-boset dijo al rey: Deja que él las tome
todas, pues que mi señor el rey ha vuelto en paz
a su casa.
31 También Barzilai[c] galaadita descendió de
Rogelim, y pasó el Jordán con el rey, para acom-
pañarle al otro lado del Jordán.
32 Era Barzilai muy anciano, de ochenta años, y
él había dado provisiones al rey cuando estaba
en Mahanaim, porque era hombre muy rico.
33 Y el rey dijo a Barzilai: Pasa conmigo, y yo te
sustentaré conmigo en Jerusalén.
34 Mas Barzilai dijo al rey: ¿Cuántos años más
habré de vivir, para que yo suba con el rey a Je-
rusalén?
35 De edad de ochenta años soy este día. ¿Podré
distinguir entre lo que es agradable y lo que no
lo es? ¿Tomará gusto ahora tu siervo en lo que
coma o beba? ¿Oiré más la voz de los cantores y
de las cantoras? ¿Para qué, pues, ha de ser tu
siervo una carga para mi señor el rey?
36 Pasará tu siervo un poco más allá del Jordán
con el rey; ¿por qué me ha de dar el rey tan
grande recompensa?
37 Yo te ruego que dejes volver a tu siervo, y que
muera en mi ciudad, junto al sepulcro de mi pa-
dre y de mi madre. Mas he aquí a tu siervo Qui-
mam; que pase él con mi señor el rey, y haz a él
lo que bien te pareciere.
38 Y el rey dijo: Pues pase conmigo Quimam, y
yo haré con él como bien te parezca; y todo lo
que tú pidieres de mí, yo lo haré.
39 Y todo el pueblo pasó el Jordán; y luego que
el rey hubo también pasado, el rey besó a Barzi-
lai, y lo bendijo; y él se volvió a su casa.
40 El rey entonces pasó a Gilgal, y con él pasó
Quimam; y todo el pueblo de Judá acompañaba
al rey, y también la mitad del pueblo de Israel.
41 Y he aquí todos los hombres de Israel vinie-
ron al rey, y le dijeron: ¿Por qué los hombres de
Judá, nuestros hermanos, te han llevado, y han
hecho pasar el Jordán al rey y a su familia, y a
todos los siervos de David con él?
42 Y todos los hombres de Judá respondieron a
todos los de Israel: Porque el rey es nuestro pa-
riente. Mas ¿por qué os enojáis vosotros de eso?
¿Hemos nosotros comido algo del rey? ¿Hemos
recibido de él algún regalo?
43 Entonces respondieron los hombres de Israel, y
dijeron a los de Judá: Nosotros tenemos en el rey
diez partes, y en el mismo David más que voso-
tros. ¿Por qué, pues, nos habéis tenido en poco?
¿No hablamos nosotros los primeros, respecto de
hacer volver a nuestro rey? Y las palabras de los
hombres de Judá fueron más violentas que las de
los hombres de Israel.

Sublevación de Seba

20 1 Aconteció que se hallaba allí un hom-
bre perverso que se llamaba Seba hijo de
Bicri, hombre de Benjamín, el cual tocó la trom-
peta, y dijo: No tenemos nosotros parte en Da-
vid, ni heredad con el hijo de Isaí. ¡Cada uno a
su tienda, Israel![a]
2 Así todos los hombres de Israel abandonaron a
David, siguiendo a Seba hijo de Bicri; mas los de
Judá siguieron a su rey desde el Jordán hasta
Jerusalén.
3 Y luego que llegó David a su casa en Jerusa-
lén, tomó el rey las diez mujeres concubinas[b]
que había dejado para guardar la casa, y las
puso en reclusión, y les dio alimentos; pero nun-
ca más se llegó a ellas, sino que quedaron ence-
rradas hasta que murieron, en viudez perpetua.
4 Después dijo el rey a Amasa: Convócame a
los hombres de Judá para dentro de tres días, y
hállate tú aquí presente.
5 Fue, pues, Amasa para convocar a los de Judá;
pero se detuvo más del tiempo que le había sido
señalado.
6 Y dijo David a Abisai: Seba hijo de Bicri nos
hará ahora más daño que Absalón; toma, pues,
tú los siervos de tu señor, y ve tras él, no sea que
halle para sí ciudades fortificadas, y nos cause
dificultad.
7 Entonces salieron en pos de él los hombres de
Joab, y los cereteos y peleteos y todos los valien-
tes; salieron de Jerusalén para ir tras Seba hijo
de Bicri.
8 Y estando ellos cerca de la piedra grande que
está en Gabaón, les salió Amasa al encuentro. Y

19.24: [b] 2 S. 9.1-13; 16.1-4. **19.31:** [c] 2 S. 17.27-29.
20.1: [a] 1 R. 12.16; 2 Cr. 10.16. **20.3:** [b] 2 S. 16.22.

Joab estaba ceñido de su ropa, y sobre ella tenía
pegado a sus lomos el cinto con una daga en su
vaina, la cual se le cayó cuando él avanzó.
9 Entonces Joab dijo a Amasa: ¿Te va bien, her-
mano mío? Y tomó Joab con la diestra la barba
de Amasa, para besarlo.
10 Y Amasa no se cuidó de la daga que estaba
en la mano de Joab; y éste le hirió con ella en
la quinta costilla, y derramó sus entrañas por
tierra, y cayó muerto sin darle un segundo
golpe.
Después Joab y su hermano Abisai fueron en
persecución de Seba hijo de Bicri.
11 Y uno de los hombres de Joab se paró junto a
él, diciendo: Cualquiera que ame a Joab y a Da-
vid, vaya en pos de Joab.
12 Y Amasa yacía revolcándose en su sangre en
mitad del camino; y todo el que pasaba, al verle,
se detenía; y viendo aquel hombre que todo el
pueblo se paraba, apartó a Amasa del camino al
campo, y echó sobre él una vestidura.
13 Luego que fue apartado del camino, pasaron
todos los que seguían a Joab, para ir tras Seba
hijo de Bicri.
14 Y él pasó por todas las tribus de Israel has-
ta Abel-bet-maaca y todo Barim; y se juntaron, y
lo siguieron también.
15 Y vinieron y lo sitiaron en Abel-bet-maaca, y
pusieron baluarte contra la ciudad, y quedó si-
tiada; y todo el pueblo que estaba con Joab tra-
bajaba por derribar la muralla.
16 Entonces una mujer sabia dio voces en la ciu-
dad, diciendo: Oíd, oíd; os ruego que digáis a
Joab que venga acá, para que yo hable con él.
17 Cuando él se acercó a ella, dijo la mujer:
¿Eres tú Joab? Y él respondió: Yo soy. Ella le
dijo: Oye las palabras de tu sierva. Y él respon-
dió: Oigo.
18 Entonces volvió ella a hablar, diciendo: Anti-
guamente solían decir: Quien preguntare, pre-
gunte en Abel; y así concluían cualquier asunto.
19 Yo soy de las pacíficas y fieles de Israel; pero
tú procuras destruir una ciudad que es madre
en Israel. ¿Por qué destruyes la heredad de
Jehová?
20 Joab respondió diciendo: Nunca tal, nunca
tal me acontezca, que yo destruya ni deshaga.
21 La cosa no es así: mas un hombre del monte
de Efraín, que se llama Seba hijo de Bicri, ha le-
vantado su mano contra el rey David; entregad
a ése solamente, y me iré de la ciudad. Y la mu-
jer dijo a Joab: He aquí su cabeza te será arroja-
da desde el muro.
22 La mujer fue luego a todo el pueblo con su sa-
biduría; y ellos cortaron la cabeza a Seba hijo de
Bicri, y se la arrojaron a Joab. Y él tocó la trom-
peta, y se retiraron de la ciudad, cada uno a su
tienda. Y Joab se volvió al rey a Jerusalén.

Oficiales de David

23 Así quedó Joab sobre todo el ejército de Is-
rael, y Benaía hijo de Joiada sobre los cereteos y
peleteos,
24 y Adoram sobre los tributos, y Josafat hijo de
Ahilud era el cronista.
25 Seva era escriba, y Sadoc y Abiatar, sacerdotes,
26 e Ira jaireo fue también sacerdote de David.

Venganza de los gabaonitas

21 1 Hubo hambre en los días de David por
tres años consecutivos. Y David consultó
a Jehová, y Jehová le dijo: Es por causa de Saúl,
y por aquella casa de sangre, por cuanto mató a
los gabaonitas.
2 Entonces el rey llamó a los gabaonitas, y les
habló. (Los gabaonitas no eran de los hijos de Is-
rael, sino del resto de los amorreos, a los cuales
los hijos de Israel habían hecho juramento;[a]
pero Saúl había procurado matarlos en su celo
por los hijos de Israel y de Judá.)
3 Dijo, pues, David a los gabaonitas: ¿Qué haré
por vosotros, o qué satisfacción os daré, para
que bendigáis la heredad de Jehová?
4 Y los gabaonitas le respondieron: No tenemos
nosotros querella sobre plata ni sobre oro con
Saúl y con su casa; ni queremos que muera
hombre de Israel. Y él les dijo: Lo que vosotros
dijereis, haré.
5 Ellos respondieron al rey: De aquel hombre
que nos destruyó, y que maquinó contra noso-
tros para exterminarnos sin dejar nada de noso-
tros en todo el territorio de Israel,
6 dénsenos siete varones de sus hijos, para que
los ahorquemos delante de Jehová en Gabaa de
Saúl, el escogido de Jehová. Y el rey dijo: Yo los
daré.
7 Y perdonó el rey a Mefi-boset hijo de Jona-
tán, hijo de Saúl, por el juramento de Jehová
que hubo entre ellos, entre David y Jonatán hijo
de Saúl.[b]
8 Pero tomó el rey a dos hijos de Rizpa hija de
Aja, los cuales ella había tenido de Saúl, Armoni
y Mefi-boset, y a cinco hijos de Mical[c] hija de
Saúl, los cuales ella había tenido de Adriel hijo
de Barzilai meholatita,
9 y los entregó en manos de los gabaonitas, y
ellos los ahorcaron en el monte delante de Jeho-
vá; y así murieron juntos aquellos siete, los cua-
les fueron muertos en los primeros días de la
siega, al comenzar la siega de la cebada.
10 Entonces Rizpa hija de Aja tomó una tela
de cilicio y la tendió para sí sobre el peñasco,
desde el principio de la siega hasta que llovió so-
bre ellos agua del cielo; y no dejó que ninguna

21.2: [a] Jos. 9.3-15. **21.7:** [b] 1 S. 20.15-17; 2 S. 9.1-7.
21.8: [c] 1 S. 18.19.

ave del cielo se posase sobre ellos de día, ni fieras del campo de noche.
11 Y fue dicho a David lo que hacía Rizpa hija de
Aja, concubina de Saúl.
12 Entonces David fue y tomó los huesos de Saúl
y los huesos de Jonatán su hijo, de los hombres
de Jabes de Galaad, que los habían hurtado de
la plaza de Bet-sán, donde los habían colgado
los filisteos, cuando los filisteos mataron a Saúl
en Gilboa;[d]
13 e hizo llevar de allí los huesos de Saúl y los
huesos de Jonatán su hijo; y recogieron también
los huesos de los ahorcados.
14 Y sepultaron los huesos de Saúl y los de su
hijo Jonatán en tierra de Benjamín, en Zela, en
el sepulcro de Cis su padre; e hicieron todo lo
que el rey había mandado. Y Dios fue propicio a
la tierra después de esto.

Abisai libra a David del gigante

15 Volvieron los filisteos a hacer la guerra a Israel, y descendió David y sus siervos con él, y
pelearon con los filisteos; y David se cansó.
16 E Isbi-benob, uno de los descendientes de los
gigantes, cuya lanza pesaba trescientos siclos de
bronce, y quien estaba ceñido con una espada
nueva, trató de matar a David;
17 mas Abisai hijo de Sarvia llegó en su ayuda, e
hirió al filisteo y lo mató. Entonces los hombres
de David le juraron, diciendo: Nunca más de
aquí en adelante saldrás con nosotros a la batalla, no sea que apagues la lámpara de Israel.

Los hombres de David matan a los gigantes

18 Otra segunda guerra hubo después en Gob
contra los filisteos; entonces Sibecai husatita
mató a Saf, quien era uno de los descendientes
de los gigantes.
19 Hubo otra vez guerra en Gob contra los filisteos, en la cual Elhanán, hijo de Jaare-oregim
de Belén, mató a Goliat geteo, el asta de cuya
lanza era como el rodillo de un telar.
20 Después hubo otra guerra en Gat, donde había un hombre de gran estatura, el cual tenía
doce dedos en las manos, y otros doce en los
pies, veinticuatro por todos; y también era descendiente de los gigantes.
21 Este desafió a Israel, y lo mató Jonatán, hijo
de Simea hermano de David.
22 Estos cuatro eran descendientes de los gigantes en Gat, los cuales cayeron por mano de David y por mano de sus siervos.

Cántico de liberación de David

22 1 Habló David a Jehová las palabras de
este cántico, el día que Jehová le había
librado de la mano de todos sus enemigos, y de
la mano de Saúl.

2 Dijo:
Jehová es mi roca y mi fortaleza,
y mi libertador;
3 Dios mío, fortaleza mía, en él confiaré;
Mi escudo, y el fuerte de mi salvación,
mi alto refugio;
Salvador mío; de violencia me libraste.
4 Invocaré a Jehová, quien es digno
de ser alabado,
Y seré salvo de mis enemigos.
5 Me rodearon ondas de muerte,
Y torrentes de perversidad
me atemorizaron.
6 Ligaduras del Seol me rodearon;
Tendieron sobre mí lazos de muerte.
7 En mi angustia invoqué a Jehová,
Y clamé a mi Dios;
El oyó mi voz desde su templo,
Y mi clamor llegó a sus oídos.
8 La tierra fue conmovida, y tembló,
Y se conmovieron los cimientos
de los cielos;
Se estremecieron, porque se indignó él.
9 Humo subió de su nariz,
Y de su boca fuego consumidor;
Carbones fueron por él encendidos.
10 E inclinó los cielos, y descendió;
Y había tinieblas debajo de sus pies.
11 Y cabalgó sobre un querubín, y voló;
Voló sobre las alas del viento.
12 Puso tinieblas por su escondedero
alrededor de sí;
Oscuridad de aguas y densas nubes.
13 Por el resplandor de su presencia se
encendieron carbones ardientes.
14 Y tronó desde los cielos Jehová,
Y el Altísimo dio su voz;
15 Envió sus saetas, y los dispersó;
Y lanzó relámpagos, y los destruyó.
16 Entonces aparecieron los torrentes
de las aguas,
Y quedaron al descubierto los cimientos
del mundo;
A la reprensión de Jehová,
Por el soplo del aliento de su nariz.
17 Envió desde lo alto y me tomó;
Me sacó de las muchas aguas.
18 Me libró de poderoso enemigo,
Y de los que me aborrecían, aunque eran
más fuertes que yo.
19 Me asaltaron en el día de mi quebranto;
Mas Jehová fue mi apoyo,
20 Y me sacó a lugar espacioso;
Me libró, porque se agradó de mí.
21 Jehová me ha premiado
conforme a mi justicia;

21.12: [d] 1 S. 31.8-13.

Conforme a la limpieza de mis manos me
ha recompensado.
22 Porque yo he guardado los caminos
de Jehová,
Y no me aparté impíamente de mi Dios.
23 Pues todos sus decretos estuvieron
delante de mí,
Y no me he apartado de sus estatutos.
24 Fui recto para con él,
Y me he guardado de mi maldad;
25 Por lo cual me ha recompensado Jehová
conforme a mi justicia;
Conforme a la limpieza de mis manos
delante de su vista.
26 Con el misericordioso te mostrarás
misericordioso,
Y recto para con el hombre íntegro.
27 Limpio te mostrarás para con el limpio,
Y rígido serás para con el perverso.
28 Porque tú salvas al pueblo afligido,
Mas tus ojos están sobre los altivos
para abatirlos.
29 Tú eres mi lámpara, oh Jehová;
Mi Dios alumbrará mis tinieblas.
30 Contigo desbarataré ejércitos,
Y con mi Dios asaltaré muros.
31 En cuanto a Dios, perfecto es su camino,
Y acrisolada la palabra de Jehová.
Escudo es a todos los que en él esperan.
32 Porque ¿quién es Dios, sino sólo Jehová?
¿Y qué roca hay fuera de nuestro Dios?
33 Dios es el que me ciñe de fuerza,
Y quien despeja mi camino;
34 Quien hace mis pies como de ciervas,[a]
Y me hace estar firme sobre mis alturas;
35 Quien adiestra mis manos para la batalla,
De manera que se doble el arco de bronce
con mis brazos.
36 Me diste asimismo el escudo
de tu salvación,
Y tu benignidad me ha engrandecido.
37 Tú ensanchaste mis pasos debajo de mí,
Y mis pies no han resbalado.
38 Perseguiré a mis enemigos,
y los destruiré,
Y no volveré hasta acabarlos.
39 Los consumiré y los heriré, de modo que
no se levanten;
Caerán debajo de mis pies.
40 Pues me ceñiste de fuerzas para la pelea;
Has humillado a mis enemigos
debajo de mí,
41 Y has hecho que mis enemigos me
vuelvan las espaldas,
Para que yo destruyese a los
que me aborrecen.
42 Clamaron, y no hubo quien los salvase;
Aun a Jehová, mas no les oyó.
43 Como polvo de la tierra los molí;
Como lodo de las calles los pisé
y los trituré.
44 Me has librado de las contiendas del pueblo;
Me guardaste para que fuese cabeza
de naciones;
Pueblo que yo no conocía me servirá.
45 Los hijos de extraños se someterán a mí;
Al oír de mí, me obedecerán.
46 Los extraños se debilitarán,
Y saldrán temblando de sus encierros.
47 Viva Jehová, y bendita sea mi roca,
Y engrandecido sea el Dios de mi
salvación.
48 El Dios que venga mis agravios,
Y sujeta pueblos debajo de mí;
49 El que me libra de enemigos,
Y aun me exalta sobre los que se
levantan contra mí;
Me libraste del varón violento.
50 Por tanto, yo te confesaré entre las
naciones, oh Jehová,
Y cantaré a tu nombre.[b]
51 El salva gloriosamente a su rey,
Y usa de misericordia para con su ungido,
A David y a su descendencia para siempre.

Ultimas palabras de David

23 1 Estas son las palabras postreras de
David.
Dijo David hijo de Isaí,
Dijo aquel varón que fue levantado en alto,
El ungido del Dios de Jacob,
El dulce cantor de Israel:
2 El Espíritu de Jehová ha hablado por mí,
Y su palabra ha estado en mi lengua.
3 El Dios de Israel ha dicho,
Me habló la Roca de Israel:
Habrá un justo que gobierne
entre los hombres,
Que gobierne en el temor de Dios.
4 Será como la luz de la mañana,
Como el resplandor del sol en una
mañana sin nubes,
Como la lluvia que hace brotar la hierba
de la tierra.
5 No es así mi casa para con Dios;
Sin embargo, él ha hecho conmigo pacto
perpetuo,
Ordenado en todas las cosas,
y será guardado,
Aunque todavía no haga él florecer
Toda mi salvación y mi deseo.
6 Mas los impíos serán todos ellos como
espinos arrancados,
Los cuales nadie toma con la mano;

22.34: [a] Hab. 3.19. **22.50:** [b] Ro. 15.9.

7 Sino que el que quiere tocarlos
Se arma de hierro y de asta de lanza,
Y son del todo quemados en su lugar.

Los valientes de David

8 Estos son los nombres de los valientes que
tuvo David: Joseb-basebet el tacmonita, princi-
pal de los capitanes; éste era Adino el eznita, que
mató a ochocientos hombres en una ocasión.
9 Después de éste, Eleazar hijo de Dodo,
ahohíta, uno de los tres valientes que estaban
con David cuando desafiaron a los filisteos que
se habían reunido allí para la batalla, y se ha-
bían alejado los hombres de Israel.
10 Este se levantó e hirió a los filisteos hasta que
su mano se cansó, y quedó pegada su mano a la
espada. Aquel día Jehová dio una gran victoria,
y se volvió el pueblo en pos de él tan sólo para
recoger el botín.
11 Después de éste fue Sama hijo de Age, ara-
rita. Los filisteos se habían reunido en Lehi, don-
de había un pequeño terreno lleno de lentejas, y
el pueblo había huido delante de los filisteos.
12 El entonces se paró en medio de aquel terre-
no y lo defendió, y mató a los filisteos; y Jehová
dio una gran victoria.
13 Y tres de los treinta jefes descendieron y vi-
nieron en tiempo de la siega a David en la cueva
de Adulam; y el campamento de los filisteos es-
taba en el valle de Refaim.
14 David entonces estaba en el lugar fuerte, y
había en Belén una guarnición de los filisteos.
15 Y David dijo con vehemencia: ¡Quién me die-
ra a beber del agua del pozo de Belén que está
junto a la puerta!
16 Entonces los tres valientes irrumpieron por el
campamento de los filisteos, y sacaron agua del
pozo de Belén que estaba junto a la puerta; y to-
maron, y la trajeron a David; mas él no la quiso
beber, sino que la derramó para Jehová, diciendo:
17 Lejos sea de mí, oh Jehová, que yo haga esto.
¿He de beber yo la sangre de los varones que
fueron con peligro de su vida? Y no quiso beber-
la. Los tres valientes hicieron esto.
18 Y Abisai hermano de Joab, hijo de Sarvia,
fue el principal de los treinta. Este alzó su lanza
contra trescientos, a quienes mató, y ganó re-
nombre con los tres.
19 El era el más renombrado de los treinta, y lle-
gó a ser su jefe; mas no igualó a los tres primeros.
20 Después, Benaía hijo de Joiada, hijo de un
varón esforzado, grande en proezas, de Cabseel.
Este mató a dos leones de Moab; y él mismo
descendió y mató a un león en medio de un foso
cuando estaba nevando.
21 También mató él a un egipcio, hombre de
gran estatura; y tenía el egipcio una lanza en su
mano, pero descendió contra él con un palo, y
arrebató al egipcio la lanza de la mano, y lo
mató con su propia lanza.
22 Esto hizo Benaía hijo de Joiada, y ganó re-
nombre con los tres valientes.
23 Fue renombrado entre los treinta, pero no
igualó a los tres primeros. Y lo puso David como
jefe de su guardia personal.
24 Asael hermano de Joab fue de los treinta;
Elhanán hijo de Dodo de Belén,
25 Sama harodita, Elica harodita,
26 Heles paltita, Ira hijo de Iques, tecoíta,
27 Abiezer anatotita, Mebunai husatita,
28 Salmón ahohíta, Maharai netofatita,
29 Heleb hijo de Baana, netofatita, Itai hijo de
Ribai, de Gabaa de los hijos de Benjamín,
30 Benaía piratonita, Hidai del arroyo de Gaas,
31 Abi-albón arbatita, Azmavet barhumita,
32 Eliaba saalbonita, Jonatán de los hijos de Jasén,
33 Sama ararita, Ahíam hijo de Sarar, ararita,
34 Elifelet hijo de Ahasbai, hijo de Maaca, Eliam
hijo de Ahitofel, gilonita,
35 Hezrai carmelita, Paarai arbita,
36 Igal hijo de Natán, de Soba, Bani gadita,
37 Selec amonita, Naharai beerotita, escudero
de Joab hijo de Sarvia,
38 Ira itrita, Gareb itrita,
39 Urías heteo; treinta y siete por todos.

David censa al pueblo

24 1 Volvió a encenderse la ira de Jehová
contra Israel, e incitó a David contra
ellos a que dijese: Ve, haz un censo de Israel y
de Judá.
2 Y dijo el rey a Joab, general del ejército que es-
taba con él: Recorre ahora todas las tribus de Is-
rael, desde Dan hasta Beerseba, y haz un censo
del pueblo, para que yo sepa el número de la
gente.
3 Joab respondió al rey: Añada Jehová tu Dios al
pueblo cien veces tanto como son, y que lo vea
mi señor el rey; mas ¿por qué se complace en
esto mi señor el rey?
4 Pero la palabra del rey prevaleció sobre Joab y
sobre los capitanes del ejército. Salió, pues,
Joab, con los capitanes del ejército, de delante
del rey, para hacer el censo del pueblo de Israel.
5 Y pasando el Jordán acamparon en Aroer, al
sur de la ciudad que está en medio del valle de
Gad y junto a Jazer.
6 Después fueron a Galaad y a la tierra baja de
Hodsi; y de allí a Danjaán y a los alrededores de
Sidón.
7 Fueron luego a la fortaleza de Tiro, y a todas
las ciudades de los heveos y de los cananeos, y
salieron al Neguev de Judá en Beerseba.
8 Después que hubieron recorrido toda la tierra,
volvieron a Jerusalén al cabo de nueve meses y
veinte días.

9 Y Joab dio el censo del pueblo al rey; y fueron
los de Israel ochocientos mil hombres fuertes
que sacaban espada, y los de Judá quinientos
mil hombres.
10 Después que David hubo censado al pueblo,
le pesó en su corazón; y dijo David a Jehová: Yo he
pecado gravemente por haber hecho esto; mas
ahora, oh Jehová, te ruego que quites el pecado de
tu siervo, porque yo he hecho muy neciamente.
11 Y por la mañana, cuando David se hubo le-
vantado, vino palabra de Jehová al profeta Gad,
vidente de David, diciendo:
12 Ve y di a David: Así ha dicho Jehová: Tres co-
sas te ofrezco; tú escogerás una de ellas, para
que yo la haga.
13 Vino, pues, Gad a David, y se lo hizo saber, y le
dijo: ¿Quieres que te vengan siete años de ham-
bre en tu tierra? ¿o que huyas tres meses delante
de tus enemigos y que ellos te persigan? ¿o que
tres días haya peste en tu tierra? Piensa ahora, y
mira qué responderé al que me ha enviado.
14 Entonces David dijo a Gad: En grande angus-
tia estoy; caigamos ahora en mano de Jehová,
porque sus misericordias son muchas, mas no
caiga yo en manos de hombres.
15 Y Jehová envió la peste sobre Israel desde
la mañana hasta el tiempo señalado; y murieron
del pueblo, desde Dan hasta Beerseba, setenta
mil hombres.
16 Y cuando el ángel extendió su mano sobre Je-
rusalén para destruirla, Jehová se arrepintió de
aquel mal, y dijo al ángel que destruía al pue-
blo: Basta ahora; detén tu mano. Y el ángel de
Jehová estaba junto a la era de Arauna jebuseo.
17 Y David dijo a Jehová, cuando vio al ángel que
destruía al pueblo: Yo pequé, yo hice la maldad;
¿qué hicieron estas ovejas? Te ruego que tu mano
se vuelva contra mí, y contra la casa de mi padre.
18 Y Gad vino a David aquel día, y le dijo:
Sube, y levanta un altar a Jehová en la era de
Arauna jebuseo.
19 Subió David, conforme al dicho de Gad, se-
gún había mandado Jehová;
20 y Arauna miró, y vio al rey y a sus siervos que
venían hacia él. Saliendo entonces Arauna, se
inclinó delante del rey, rostro a tierra.
21 Y Arauna dijo: ¿Por qué viene mi señor el rey
a su siervo? Y David respondió: Para comprar de
ti la era, a fin de edificar un altar a Jehová, para
que cese la mortandad del pueblo.
22 Y Arauna dijo a David: Tome y ofrezca mi se-
ñor el rey lo que bien le pareciere; he aquí bue-
yes para el holocausto, y los trillos y los yugos
de los bueyes para leña.
23 Todo esto, oh rey, Arauna lo da al rey. Luego
dijo Arauna al rey: Jehová tu Dios te sea propicio.
24 Y el rey dijo a Arauna: No, sino por precio te lo
compraré; porque no ofreceré a Jehová mi Dios
holocaustos que no me cuesten nada. Entonces
David compró la era y los bueyes por cincuenta
siclos de plata.
25 Y edificó allí David un altar a Jehová, y sacrifi-
có holocaustos y ofrendas de paz; y Jehová oyó
las súplicas de la tierra, y cesó la plaga en Israel.

PRIMER LIBRO DE LOS

REYES

Abisag sirve a David

1 1 Cuando el rey David era viejo y avanzado
en días, le cubrían de ropas, pero no se ca-
lentaba.
2 Le dijeron, por tanto, sus siervos: Busquen
para mi señor el rey una joven virgen, para que
esté delante del rey y lo abrigue, y duerma a su
lado, y entrará en calor mi señor el rey.
3 Y buscaron una joven hermosa por toda la tie-
rra de Israel, y hallaron a Abisag sunamita, y la
trajeron al rey.
4 Y la joven era hermosa; y ella abrigaba al rey, y
le servía; pero el rey nunca la conoció.

Adonías usurpa el trono

5 Entonces Adonías[a] hijo de Haguit se rebeló,
diciendo: Yo reinaré. Y se hizo de carros y de
gente de a caballo, y de cincuenta hombres que
corriesen delante de él.
6 Y su padre nunca le había entristecido en to-
dos sus días con decirle: ¿Por qué haces así?
Además, éste era de muy hermoso parecer; y
había nacido después de Absalón.
7 Y se había puesto de acuerdo con Joab hijo de
Sarvia y con el sacerdote Abiatar, los cuales ayu-
daban a Adonías.
8 Pero el sacerdote Sadoc, y Benaía hijo de Joia-
da, el profeta Natán, Simei, Rei y todos los gran-
des de David, no seguían a Adonías.
9 Y matando Adonías ovejas y vacas y anima-
les gordos junto a la peña de Zohelet, la cual
está cerca de la fuente de Rogel, convidó a todos
sus hermanos los hijos del rey, y a todos los va-
rones de Judá, siervos del rey;
10 pero no convidó al profeta Natán, ni a Be-
naía, ni a los grandes, ni a Salomón su hermano.
11 Entonces habló Natán a Betsabé madre de

1.5: [a] 2 S. 3.4.

Salomón,[b] diciendo: ¿No has oído que reina
Adonías hijo de Haguit, sin saberlo David nues-
tro señor?
12 Ven pues, ahora, y toma mi consejo, para que
conserves tu vida, y la de tu hijo Salomón.
13 Ve y entra al rey David, y dile: Rey señor mío,
¿no juraste a tu sierva, diciendo: Salomón tu
hijo reinará después de mí, y él se sentará en mi
trono? ¿Por qué, pues, reina Adonías?
14 Y estando tú aún hablando con el rey, yo en-
traré tras ti y reafirmaré tus razones.
15 Entonces Betsabé entró a la cámara del rey;
y el rey era muy viejo, y Abisag sunamita le servía.
16 Y Betsabé se inclinó, e hizo reverencia al rey.
Y el rey dijo: ¿Qué tienes?
17 Y ella le respondió: Señor mío, tú juraste a tu
sierva por Jehová tu Dios, diciendo: Salomón tu
hijo reinará después de mí, y él se sentará en mi
trono.
18 Y he aquí ahora Adonías reina, y tú, mi señor
rey, hasta ahora no lo sabes.
19 Ha matado bueyes, y animales gordos, y mu-
chas ovejas, y ha convidado a todos los hijos del
rey, al sacerdote Abiatar, y a Joab general del ejér-
cito; mas a Salomón tu siervo no ha convidado.
20 Entre tanto, rey señor mío, los ojos de todo
Israel están puestos en ti, para que les declares
quién se ha de sentar en el trono de mi señor el
rey después de él.
21 De otra manera sucederá que cuando mi se-
ñor el rey duerma con sus padres, yo y mi hijo
Salomón seremos tenidos por culpables.
22 Mientras aún hablaba ella con el rey, he
aquí vino el profeta Natán.
23 Y dieron aviso al rey, diciendo: He aquí el pro-
feta Natán; el cual, cuando entró al rey, se postró
delante del rey inclinando su rostro a tierra.
24 Y dijo Natán: Rey señor mío, ¿has dicho tú:
Adonías reinará después de mí, y él se sentará
en mi trono?
25 Porque hoy ha descendido, y ha matado bue-
yes y animales gordos y muchas ovejas, y ha con-
vidado a todos los hijos del rey, y a los capitanes
del ejército, y también al sacerdote Abiatar; y he
aquí, están comiendo y bebiendo delante de él, y
han dicho: ¡Viva el rey Adonías!
26 Pero ni a mí tu siervo, ni al sacerdote Sadoc,
ni a Benaía hijo de Joiada, ni a Salomón tu sier-
vo, ha convidado.
27 ¿Es este negocio ordenado por mi señor el
rey, sin haber declarado a tus siervos quién se
había de sentar en el trono de mi señor el rey
después de él?

David proclama rey a Salomón

28 Entonces el rey David respondió y dijo: Lla-
madme a Betsabé. Y ella entró a la presencia del
rey, y se puso delante del rey.
29 Y el rey juró diciendo: Vive Jehová, que ha re-
dimido mi alma de toda angustia,
30 que como yo te he jurado por Jehová Dios de
Israel, diciendo: Tu hijo Salomón reinará des-
pués de mí, y él se sentará en mi trono en lugar
mío; que así lo haré hoy.
31 Entonces Betsabé se inclinó ante el rey, con
su rostro a tierra, y haciendo reverencia al rey,
dijo: Viva mi señor el rey David para siempre.
32 Y el rey David dijo: Llamadme al sacerdote
Sadoc, al profeta Natán, y a Benaía hijo de Joia-
da. Y ellos entraron a la presencia del rey.
33 Y el rey les dijo: Tomad con vosotros los sier-
vos de vuestro señor, y montad a Salomón mi
hijo en mi mula, y llevadlo a Gihón;
34 y allí lo ungirán el sacerdote Sadoc y el profe-
ta Natán como rey sobre Israel, y tocaréis trom-
peta, diciendo: ¡Viva el rey Salomón!
35 Después iréis vosotros detrás de él, y vendrá
y se sentará en mi trono, y él reinará por mí;
porque a él he escogido para que sea príncipe
sobre Israel y sobre Judá.
36 Entonces Benaía hijo de Joiada respondió al
rey y dijo: Amén. Así lo diga Jehová, Dios de mi
señor el rey.
37 De la manera que Jehová ha estado con mi
señor el rey, así esté con Salomón, y haga ma-
yor su trono que el trono de mi señor el rey Da-
vid.
38 Y descendieron el sacerdote Sadoc, el pro-
feta Natán, Benaía hijo de Joiada, y los cereteos
y los peleteos, y montaron a Salomón en la mula
del rey David, y lo llevaron a Gihón.
39 Y tomando el sacerdote Sadoc el cuerno del
aceite del tabernáculo, ungió a Salomón; y toca-
ron trompeta, y dijo todo el pueblo: ¡Viva el rey
Salomón!
40 Después subió todo el pueblo en pos de él, y
cantaba la gente con flautas, y hacían grandes
alegrías, que parecía que la tierra se hundía con
el clamor de ellos.
41 Y lo oyó Adonías, y todos los convidados
que con él estaban, cuando ya habían acabado
de comer. Y oyendo Joab el sonido de la trompe-
ta, dijo: ¿Por qué se alborota la ciudad con es-
truendo?
42 Mientras él aún hablaba, he aquí vino Jona-
tán hijo del sacerdote Abiatar, al cual dijo Ado-
nías: Entra, porque tú eres hombre valiente, y
traerás buenas nuevas.
43 Jonatán respondió y dijo a Adonías: Cierta-
mente nuestro señor el rey David ha hecho rey a
Salomón;
44 y el rey ha enviado con él al sacerdote Sadoc
y al profeta Natán, y a Benaía hijo de Joiada, y
también a los cereteos y a los peleteos, los cua-
les le montaron en la mula del rey;

1.11: [b] 2 S. 12.24.

45 y el sacerdote Sadoc y el profeta Natán lo han
ungido por rey en Gihón, y de allí han subido
con alegrías, y la ciudad está llena de estruendo.
Este es el alboroto que habéis oído.
46 También Salomón se ha sentado en el trono
del reino,
47 y aun los siervos del rey han venido a bendecir a nuestro señor el rey David, diciendo: Dios
haga bueno el nombre de Salomón más que tu
nombre, y haga mayor su trono que el tuyo. Y el
rey adoró en la cama.
48 Además el rey ha dicho así: Bendito sea Jehová Dios de Israel, que ha dado hoy quien se siente en mi trono, viéndolo mis ojos.
49 Ellos entonces se estremecieron, y se levantaron todos los convidados que estaban con
Adonías, y se fue cada uno por su camino.
50 Mas Adonías, temiendo de la presencia de Salomón, se levantó y se fue, y se asió de los cuernos del altar.
51 Y se lo hicieron saber a Salomón, diciendo:
He aquí que Adonías tiene miedo del rey Salomón, pues se ha asido de los cuernos del altar,
diciendo: Júreme hoy el rey Salomón que no
matará a espada a su siervo.
52 Y Salomón dijo: Si él fuere hombre de bien,
ni uno de sus cabellos caerá en tierra; mas si se
hallare mal en él, morirá.
53 Y envió el rey Salomón, y lo trajeron del altar; y él vino, y se inclinó ante el rey Salomón. Y
Salomón le dijo: Vete a tu casa.

Mandato de David a Salomón

2 1 Llegaron los días en que David había de
morir, y ordenó a Salomón su hijo, diciendo:
2 Yo sigo el camino de todos en la tierra; esfuérzate, y sé hombre.
3 Guarda los preceptos de Jehová tu Dios, andando en sus caminos, y observando sus estatutos y
mandamientos, sus decretos y sus testimonios,
de la manera que está escrito en la ley de Moisés,
para que prosperes en todo lo que hagas y en
todo aquello que emprendas;
4 para que confirme Jehová la palabra que me
habló, diciendo: Si tus hijos guardaren mi camino, andando delante de mí con verdad, de todo
su corazón y de toda su alma, jamás, dice, faltará a ti varón en el trono de Israel.
5 Ya sabes tú lo que me ha hecho Joab hijo de
Sarvia, lo que hizo a dos generales del ejército
de Israel, a Abner[a] hijo de Ner y a Amasa[b] hijo de
Jeter, a los cuales él mató, derramando en tiempo de paz la sangre de guerra, y poniendo sangre de guerra en el talabarte que tenía sobre sus
lomos, y en los zapatos que tenía en sus pies.
6 Tú, pues, harás conforme a tu sabiduría; no
dejarás descender sus canas al Seol en paz.
7 Mas a los hijos de Barzilai[c] galaadita harás misericordia, que sean de los convidados a tu mesa;
porque ellos vinieron de esta manera a mí, cuando iba huyendo de Absalón tu hermano.
8 También tienes contigo a Simei hijo de Gera,
hijo de Benjamín, de Bahurim, el cual me maldijo con una maldición fuerte el día que yo iba a
Mahanaim.[d] Mas él mismo descendió a recibirme al Jordán, y yo le juré por Jehová diciendo:
Yo no te mataré a espada.[e]
9 Pero ahora no lo absolverás; pues hombre sabio eres, y sabes cómo debes hacer con él; y harás descender sus canas con sangre al Seol.

Muerte de David

10 Y durmió David con sus padres, y fue sepultado en su ciudad.
11 Los días que reinó David sobre Israel fueron
cuarenta años; siete años reinó en Hebrón, y
treinta y tres años reinó en Jerusalén.[f]
12 Y se sentó Salomón en el trono de David su
padre,[g] y su reino fue firme en gran manera.

Salomón afirma su reino

13 Entonces Adonías hijo de Haguit vino a
Betsabé madre de Salomón; y ella le dijo: ¿Es tu
venida de paz? El respondió: Sí, de paz.
14 En seguida dijo: Una palabra tengo que decirte. Y ella dijo: Di.
15 El dijo: Tú sabes que el reino era mío, y que
todo Israel había puesto en mí su rostro para
que yo reinara; mas el reino fue traspasado, y
vino a ser de mi hermano, porque por Jehová
era suyo.
16 Ahora yo te hago una petición; no me la niegues. Y ella le dijo: Habla.
17 El entonces dijo: Yo te ruego que hables al rey
Salomón (porque él no te lo negará), para que
me dé Abisag sunamita por mujer.
18 Y Betsabé dijo: Bien; yo hablaré por ti al rey.
19 Vino Betsabé al rey Salomón para hablarle
por Adonías. Y el rey se levantó a recibirla, y se
inclinó ante ella, y volvió a sentarse en su trono,
e hizo traer una silla para su madre, la cual se
sentó a su diestra.
20 Y ella dijo: Una pequeña petición pretendo
de ti; no me la niegues. Y el rey le dijo: Pide, madre mía, que yo no te la negaré.
21 Y ella dijo: Dése Abisag sunamita por mujer a
tu hermano Adonías.
22 El rey Salomón respondió y dijo a su madre:
¿Por qué pides a Abisag sunamita para Adonías?
Demanda también para él el reino; porque él es
mi hermano mayor, y ya tiene también al sacerdote Abiatar, y a Joab hijo de Sarvia.
23 Y el rey Salomón juró por Jehová, diciendo:

2.5: [a] 2 S. 3.27. [b] 2 S. 20.10. **2.7:** [c] 2 S. 17.27-29.
2.8: [d] 2 S. 16.5-13. [e] 2 S. 19.16-23.
2.11: [f] 2 S. 5.4-5; 1 Cr. 3.4. **2.12:** [g] 1 Cr. 29.23.

Así me haga Dios y aun me añada, que contra su vida ha hablado Adonías estas palabras.

24 Ahora, pues, vive Jehová, quien me ha confirmado y me ha puesto sobre el trono de David mi padre, y quien me ha hecho casa, como me había dicho, que Adonías morirá hoy.

25 Entonces el rey Salomón envió por mano de Benaía hijo de Joiada, el cual arremetió contra él, y murió.

26 Y el rey dijo al sacerdote Abiatar: Vete a Anatot, a tus heredades, pues eres digno de muerte; pero no te mataré hoy, por cuanto has llevado el arca de Jehová el Señor delante de David mi padre,[h] y además has sido afligido en todas las cosas en que fue afligido mi padre.[i]

27 Así echó Salomón a Abiatar del sacerdocio de Jehová, para que se cumpliese la palabra de Jehová que había dicho sobre la casa de Elí en Silo.[j]

28 Y vino la noticia a Joab; porque también Joab se había adherido a Adonías, si bien no se había adherido a Absalón. Y huyó Joab al tabernáculo de Jehová, y se asió de los cuernos del altar.

29 Y se le hizo saber a Salomón que Joab había huido al tabernáculo de Jehová, y que estaba junto al altar. Entonces envió Salomón a Benaía hijo de Joiada, diciendo: Ve, y arremete contra él.

30 Y entró Benaía al tabernáculo de Jehová, y le dijo: El rey ha dicho que salgas. Y él dijo: No, sino que aquí moriré. Y Benaía volvió con esta respuesta al rey, diciendo: Así dijo Joab, y así me respondió.

31 Y el rey le dijo: Haz como él ha dicho; mátale y entiérrale, y quita de mí y de la casa de mi padre la sangre que Joab ha derramado injustamente.

32 Y Jehová hará volver su sangre sobre su cabeza; porque él ha dado muerte a dos varones más justos y mejores que él, a los cuales mató a espada sin que mi padre David supiese nada: a Abner hijo de Ner, general del ejército de Israel, y a Amasa hijo de Jeter, general del ejército de Judá.

33 La sangre, pues, de ellos recaerá sobre la cabeza de Joab, y sobre la cabeza de su descendencia para siempre; mas sobre David y sobre su descendencia, y sobre su casa y sobre su trono, habrá perpetuamente paz de parte de Jehová.

34 Entonces Benaía hijo de Joiada subió y arremetió contra él, y lo mató; y fue sepultado en su casa en el desierto.

35 Y el rey puso en su lugar a Benaía hijo de Joiada sobre el ejército, y a Sadoc puso el rey por sacerdote en lugar de Abiatar.

36 Después envió el rey e hizo venir a Simei, y le dijo: Edifícate una casa en Jerusalén y mora ahí, y no salgas de allí a una parte ni a otra;

37 porque sabe de cierto que el día que salieres y pasares el torrente de Cedrón, sin duda morirás, y tu sangre será sobre tu cabeza.

38 Y Simei dijo al rey: La palabra es buena; como el rey mi señor ha dicho, así lo hará tu siervo. Y habitó Simei en Jerusalén muchos días.

39 Pero pasados tres años, aconteció que dos siervos de Simei huyeron a Aquis hijo de Maaca, rey de Gat. Y dieron aviso a Simei, diciendo: He aquí que tus siervos están en Gat.

40 Entonces Simei se levantó y ensilló su asno y fue a Aquis en Gat, para buscar a sus siervos. Fue, pues, Simei, y trajo sus siervos de Gat.

41 Luego fue dicho a Salomón que Simei había ido de Jerusalén hasta Gat, y que había vuelto.

42 Entonces el rey envió e hizo venir a Simei, y le dijo: ¿No te hice jurar yo por Jehová, y te protesté diciendo: El día que salieres y fueres acá o allá, sabe de cierto que morirás? Y tú me dijiste: La palabra es buena, yo la obedezco.

43 ¿Por qué, pues, no guardaste el juramento de Jehová, y el mandamiento que yo te impuse?

44 Dijo además el rey a Simei: Tú sabes todo el mal, el cual tu corazón bien sabe, que cometiste contra mi padre David; Jehová, pues, ha hecho volver el mal sobre tu cabeza.

45 Y el rey Salomón será bendito, y el trono de David será firme perpetuamente delante de Jehová.

46 Entonces el rey mandó a Benaía hijo de Joiada, el cual salió y lo hirió, y murió.

Y el reino fue confirmado en la mano de Salomón.

Salomón se casa con la hija de Faraón

3

1 Salomón hizo parentesco con Faraón rey de Egipto, pues tomó la hija de Faraón, y la trajo a la ciudad de David, entre tanto que acababa de edificar su casa, y la casa de Jehová, y los muros de Jerusalén alrededor.

2 Hasta entonces el pueblo sacrificaba en los lugares altos; porque no había casa edificada al nombre de Jehová hasta aquellos tiempos.

Salomón pide sabiduría

3 Mas Salomón amó a Jehová, andando en los estatutos de su padre David; solamente sacrificaba y quemaba incienso en los lugares altos.

4 E iba el rey a Gabaón, porque aquél era el lugar alto principal, y sacrificaba allí; mil holocaustos sacrificaba Salomón sobre aquel altar.

5 Y se le apareció Jehová a Salomón en Gabaón una noche en sueños, y le dijo Dios: Pide lo que quieras que yo te dé.

6 Y Salomón dijo: Tú hiciste gran misericordia a tu siervo David mi padre, porque él anduvo delante de ti en verdad, en justicia, y con rectitud de corazón para contigo; y tú le has reservado esta tu gran misericordia, en que le diste hijo que se sentase en su trono, como sucede en este día.

2.26: [h] 2 S. 15.24. [i] 1 S. 22.20-23. **2.27:** [j] 1 S. 2.27-36.

7 Ahora pues, Jehová Dios mío, tú me has puesto
a mí tu siervo por rey en lugar de David mi pa-
dre; y yo soy joven, y no sé cómo entrar ni salir.
8 Y tu siervo está en medio de tu pueblo al cual
tú escogiste; un pueblo grande, que no se puede
contar ni numerar por su multitud.
9 Da, pues, a tu siervo corazón entendido para
juzgar a tu pueblo, y para discernir entre lo bue-
no y lo malo; porque ¿quién podrá gobernar
este tu pueblo tan grande?
10 Y agradó delante del Señor que Salomón
pidiese esto.
11 Y le dijo Dios: Porque has demandado esto, y
no pediste para ti muchos días, ni pediste para ti
riquezas, ni pediste la vida de tus enemigos,
sino que demandaste para ti inteligencia para
oír juicio,
12 he aquí lo he hecho conforme a tus palabras;
he aquí que te he dado corazón sabio y entendi-
do, tanto que no ha habido antes de ti otro como
tú, ni después de ti se levantará otro como tú.
13 Y aun también te he dado las cosas que no pe-
diste, riquezas y gloria, de tal manera que entre
los reyes ninguno haya como tú en todos tus
días.
14 Y si anduvieres en mis caminos, guardando
mis estatutos y mis mandamientos, como andu-
vo David tu padre, yo alargaré tus días.
15 Cuando Salomón despertó, vio que era
sueño; y vino a Jerusalén, y se presentó delante
del arca del pacto de Jehová, y sacrificó holo-
caustos y ofreció sacrificios de paz, e hizo tam-
bién banquete a todos sus siervos.

Sabiduría y prosperidad de Salomón

16 En aquel tiempo vinieron al rey dos muje-
res rameras, y se presentaron delante de él.
17 Y dijo una de ellas: ¡Ah, señor mío! Yo y esta
mujer morábamos en una misma casa, y yo di a
luz estando con ella en la casa.
18 Aconteció al tercer día después de dar yo a
luz, que ésta dio a luz también, y morábamos
nosotras juntas; ninguno de fuera estaba en
casa, sino nosotras dos en la casa.
19 Y una noche el hijo de esta mujer murió, por-
que ella se acostó sobre él.
20 Y se levantó a medianoche y tomó a mi hijo
de junto a mí, estando yo tu sierva durmiendo, y
lo puso a su lado, y puso al lado mío su hijo
muerto.
21 Y cuando yo me levanté de madrugada para
dar el pecho a mi hijo, he aquí que estaba muer-
to; pero lo observé por la mañana, y vi que no
era mi hijo, el que yo había dado a luz.
22 Entonces la otra mujer dijo: No; mi hijo es el
que vive, y tu hijo es el muerto. Y la otra volvió a
decir: No; tu hijo es el muerto, y mi hijo es el
que vive. Así hablaban delante del rey.
23 El rey entonces dijo: Esta dice: Mi hijo es el
que vive, y tu hijo es el muerto; y la otra dice: No,
mas el tuyo es el muerto, y mi hijo es el que vive.
24 Y dijo el rey: Traedme una espada. Y trajeron
al rey una espada.
25 En seguida el rey dijo: Partid por medio al
niño vivo, y dad la mitad a la una, y la otra mi-
tad a la otra.
26 Entonces la mujer de quien era el hijo vivo,
habló al rey (porque sus entrañas se le conmo-
vieron por su hijo), y dijo: ¡Ah, señor mío! dad a
ésta el niño vivo, y no lo matéis. Mas la otra dijo:
Ni a mí ni a ti; partidlo.
27 Entonces el rey respondió y dijo: Dad a aqué-
lla el hijo vivo, y no lo matéis; ella es su madre.
28 Y todo Israel oyó aquel juicio que había dado
el rey; y temieron al rey, porque vieron que ha-
bía en él sabiduría de Dios para juzgar.
4 1 Reinó, pues, el rey Salomón sobre todo Is-
rael.
2 Y estos fueron los jefes que tuvo: Azarías hijo
del sacerdote Sadoc;
3 Elihoref y Ahías, hijos de Sisa, secretarios; Jo-
safat hijo de Ahilud, canciller;
4 Benaía hijo de Joiada sobre el ejército; Sadoc y
Abiatar, los sacerdotes;
5 Azarías hijo de Natán, sobre los gobernadores;
Zabud hijo de Natán, ministro principal y amigo
del rey;
6 Ahisar, mayordomo; y Adoniram hijo de Abda,
sobre el tributo.
7 Tenía Salomón doce gobernadores sobre
todo Israel, los cuales mantenían al rey y a su
casa. Cada uno de ellos estaba obligado a abas-
tecerlo por un mes en el año.
8 Y estos son los nombres de ellos: el hijo de Hur
en el monte de Efraín;
9 el hijo de Decar en Macaz, en Saalbim, en Bet-
semes, en Elón y en Bet-hanán;
10 el hijo de Hesed en Arubot; éste tenía tam-
bién a Soco y toda la tierra de Hefer;
11 el hijo de Abinadab en todos los territorios de
Dor; éste tenía por mujer a Tafat hija de Salomón;
12 Baana hijo de Ahilud en Taanac y Meguido, en
toda Bet-seán, que está cerca de Saretán, más
abajo de Jezreel, desde Bet-seán hasta Abel-
mehola, y hasta el otro lado de Jocmeam;
13 el hijo de Geber en Ramot de Galaad; éste te-
nía también las ciudades de Jair hijo de Mana-
sés, las cuales estaban en Galaad; tenía también
la provincia de Argob que estaba en Basán, se-
senta grandes ciudades con muro y cerraduras
de bronce;
14 Ahinadab hijo de Iddo en Mahanaim;
15 Ahimaas en Neftalí; éste tomó también por
mujer a Basemat hija de Salomón.
16 Baana hijo de Husai, en Aser y en Alot;
17 Josafat hijo de Parúa, en Isacar;

18 Simei hijo de Ela, en Benjamín;
19 Geber hijo de Uri, en la tierra de Galaad, la tierra
de Sehón rey de los amorreos y de Og rey de Ba-
sán; éste era el único gobernador en aquella tierra.
20 Judá e Israel eran muchos, como la arena
que está junto al mar en multitud, comiendo,
bebiendo y alegrándose.
21 Y Salomón señoreaba sobre todos los reinos
desde el Eufrates hasta la tierra de los filisteos y
el límite con Egipto;[a] y traían presentes, y sirvie-
ron a Salomón todos los días que vivió.
22 Y la provisión de Salomón para cada día
era de treinta coros de flor de harina, sesenta
coros de harina,
23 diez bueyes gordos, veinte bueyes de pasto y
cien ovejas; sin los ciervos, gacelas, corzos y
aves gordas.
24 Porque él señoreaba en toda la región al oes-
te del Eufrates, desde Tifsa hasta Gaza, sobre to-
dos los reyes al oeste del Eufrates; y tuvo paz
por todos lados alrededor.
25 Y Judá e Israel vivían seguros, cada uno de-
bajo de su parra y debajo de su higuera, desde
Dan hasta Beerseba, todos los días de Salomón.
26 Además de esto, Salomón tenía cuarenta mil
caballos en sus caballerizas para sus carros, y
doce mil jinetes.[b]
27 Y estos gobernadores mantenían al rey Salo-
món, y a todos los que a la mesa del rey Salomón
venían, cada uno un mes, y hacían que nada fal-
tase.
28 Hacían también traer cebada y paja para los
caballos y para las bestias de carga, al lugar
donde él estaba, cada uno conforme al turno
que tenía.
29 Y Dios dio a Salomón sabiduría y pruden-
cia muy grandes, y anchura de corazón como la
arena que está a la orilla del mar.
30 Era mayor la sabiduría de Salomón que la de
todos los orientales, y que toda la sabiduría de
los egipcios.
31 Aun fue más sabio que todos los hombres,
más que Etán ezraíta,[c] y que Hemán, Calcol y
Darda, hijos de Mahol; y fue conocido entre to-
das las naciones de alrededor.
32 Y compuso tres mil proverbios,[d] y sus canta-
res fueron mil cinco.[e]
33 También disertó sobre los árboles, desde el
cedro del Líbano hasta el hisopo que nace en la
pared. Asimismo disertó sobre los animales, so-
bre las aves, sobre los reptiles y sobre los peces.
34 Y para oír la sabiduría de Salomón venían de
todos los pueblos y de todos los reyes de la tierra,
adonde había llegado la fama de su sabiduría.

Pacto de Salomón con Hiram

5 1 Hiram rey de Tiro envió también sus sier-
vos a Salomón, luego que oyó que lo habían
ungido por rey en lugar de su padre; porque Hi-
ram siempre había amado a David.
2 Entonces Salomón envió a decir a Hiram:
3 Tú sabes que mi padre David no pudo edificar
casa al nombre de Jehová su Dios, por las gue-
rras que le rodearon, hasta que Jehová puso sus
enemigos bajo las plantas de sus pies.
4 Ahora Jehová mi Dios me ha dado paz por to-
das partes; pues ni hay adversarios, ni mal que
temer.
5 Yo, por tanto, he determinado ahora edificar
casa al nombre de Jehová mi Dios, según lo que
Jehová habló a David mi padre, diciendo: Tu
hijo, a quien yo pondré en lugar tuyo en tu tro-
no, él edificará casa a mi nombre.[a]
6 Manda, pues, ahora, que me corten cedros del
Líbano; y mis siervos estarán con los tuyos, y yo
te daré por tus siervos el salario que tú dijeres;
porque tú sabes bien que ninguno hay entre no-
sotros que sepa labrar madera como los sidonios.
7 Cuando Hiram oyó las palabras de Salo-
món, se alegró en gran manera, y dijo: Bendito
sea hoy Jehová, que dio hijo sabio a David sobre
este pueblo tan grande.
8 Y envió Hiram a decir a Salomón: He oído lo
que me mandaste a decir; yo haré todo lo que te
plazca acerca de la madera de cedro y la madera
de ciprés.
9 Mis siervos la llevarán desde el Líbano al mar,
y la enviaré en balsas por mar hasta el lugar que
tú me señales, y allí se desatará, y tú la tomarás;
y tú cumplirás mi deseo al dar de comer a mi
familia.
10 Dio, pues, Hiram a Salomón madera de cedro
y madera de ciprés, toda la que quiso.
11 Y Salomón daba a Hiram veinte mil coros de
trigo para el sustento de su familia, y veinte co-
ros de aceite puro; esto daba Salomón a Hiram
cada año.
12 Jehová, pues, dio a Salomón sabiduría como
le había dicho; y hubo paz entre Hiram y Salo-
món, e hicieron pacto entre ambos.
13 Y el rey Salomón decretó leva en todo Is-
rael, y la leva fue de treinta mil hombres,
14 los cuales enviaba al Líbano de diez mil en
diez mil, cada mes por turno, viniendo así a estar
un mes en el Líbano, y dos meses en sus casas; y
Adoniram estaba encargado de aquella leva.
15 Tenía también Salomón setenta mil que lle-
vaban las cargas, y ochenta mil cortadores en el
monte;
16 sin los principales oficiales de Salomón que es-
taban sobre la obra, tres mil trescientos, los cua-
les tenían a cargo el pueblo que hacía la obra.
17 Y mandó el rey que trajesen piedras grandes,

4.21: [a] Gn. 15.18; 2 Cr. 9.26. **4.26:** [b] 1 R. 10.26; 2 Cr. 1.14; 9.25. **4.31:** [c] Sal. 89 tít. **4.32:** [d] Pr. 1.1; 10.1; 25.1. [e] Cnt. 1.1.
5.5: [a] 2 S. 7.12-13; 1 Cr. 17.11-12.

piedras costosas, para los cimientos de la casa, y
piedras labradas.
18 Y los albañiles de Salomón y los de Hiram, y
los hombres de Gebal, cortaron y prepararon la
madera y la cantería para labrar la casa.

Salomón edifica el templo

6 1 En el año cuatrocientos ochenta después
que los hijos de Israel salieron de Egipto, el
cuarto año del principio del reino de Salomón
sobre Israel, en el mes de Zif, que es el mes se-
gundo, comenzó él a edificar la casa de Jehová.
2 La casa que el rey Salomón edificó a Jehová te-
nía sesenta codos de largo y veinte de ancho, y
treinta codos de alto.
3 Y el pórtico delante del templo de la casa tenía
veinte codos de largo a lo ancho de la casa, y el
ancho delante de la casa era de diez codos.
4 E hizo a la casa ventanas anchas por dentro y
estrechas por fuera.
5 Edificó también junto al muro de la casa apo-
sentos alrededor, contra las paredes de la casa
alrededor del templo y del lugar santísimo; e
hizo cámaras laterales alrededor.
6 El aposento de abajo era de cinco codos de an-
cho, el de en medio de seis codos de ancho, y el
tercero de siete codos de ancho; porque por fue-
ra había hecho disminuciones a la casa alrede-
dor, para no empotrar las vigas en las paredes
de la casa.
7 Y cuando se edificó la casa, la fabricaron de
piedras que traían ya acabadas, de tal manera
que cuando la edificaban, ni martillos ni hachas
se oyeron en la casa, ni ningún otro instrumento
de hierro.
8 La puerta del aposento de en medio estaba
al lado derecho de la casa; y se subía por una es-
calera de caracol al de en medio, y del aposento
de en medio al tercero.
9 Labró, pues, la casa, y la terminó; y la cubrió
con artesonados de cedro.
10 Edificó asimismo el aposento alrededor de
toda la casa, de altura de cinco codos, el cual se
apoyaba en la casa con maderas de cedro.
11 Y vino palabra de Jehová a Salomón, di-
ciendo:
12 Con relación a esta casa que tú edificas, si an-
duvieres en mis estatutos e hicieres mis decretos,
y guardares todos mis mandamientos andando
en ellos, yo cumpliré contigo mi palabra que ha-
blé a David tu padre;
13 y habitaré en ella en medio de los hijos de Is-
rael, y no dejaré a mi pueblo Israel.
14 Así, pues, Salomón labró la casa y la ter-
minó.
15 Y cubrió las paredes de la casa con tablas de
cedro, revistiéndola de madera por dentro, des-
de el suelo de la casa hasta las vigas de la te-
chumbre; cubrió también el pavimento con
madera de ciprés.
16 Asimismo hizo al final de la casa un edificio
de veinte codos, de tablas de cedro desde el sue-
lo hasta lo más alto; así hizo en la casa un apo-
sento que es el lugar santísimo.[a]
17 La casa, esto es, el templo de adelante, tenía
cuarenta codos.
18 Y la casa estaba cubierta de cedro por dentro,
y tenía entalladuras de calabazas silvestres y de
botones de flores. Todo era cedro; ninguna pie-
dra se veía.
19 Y adornó el lugar santísimo por dentro en
medio de la casa, para poner allí el arca del pac-
to de Jehová.
20 El lugar santísimo estaba en la parte de aden-
tro, el cual tenía veinte codos de largo, veinte de
ancho, y veinte de altura; y lo cubrió de oro pu-
rísimo; asimismo cubrió de oro el altar de cedro.
21 De manera que Salomón cubrió de oro puro
la casa por dentro, y cerró la entrada del santua-
rio con cadenas de oro, y lo cubrió de oro.
22 Cubrió, pues, de oro toda la casa de arriba
abajo, y asimismo cubrió de oro todo el altar
que estaba frente al lugar santísimo.[b]
23 Hizo también en el lugar santísimo dos
querubines[c] de madera de olivo, cada uno de
diez codos de altura.
24 Una ala del querubín tenía cinco codos, y la
otra ala del querubín otros cinco codos; así que
había diez codos desde la punta de una ala has-
ta la punta de la otra.
25 Asimismo el otro querubín tenía diez codos;
porque ambos querubines eran de un mismo ta-
maño y de una misma hechura.
26 La altura del uno era de diez codos, y asimis-
mo la del otro.
27 Puso estos querubines dentro de la casa en el
lugar santísimo, los cuales extendían sus alas, de
modo que el ala de uno tocaba una pared, y el ala
del otro tocaba la otra pared, y las otras dos alas
se tocaban la una a la otra en medio de la casa.
28 Y cubrió de oro los querubines.
29 Y esculpió todas las paredes de la casa alre-
dedor de diversas figuras, de querubines, de pal-
meras y de botones de flores, por dentro y por
fuera.
30 Y cubrió de oro el piso de la casa, por dentro y
por fuera.
31 A la entrada del santuario hizo puertas de
madera de olivo; y el umbral y los postes eran
de cinco esquinas.
32 Las dos puertas eran de madera de olivo; y ta-
lló en ellas figuras de querubines, de palmeras y
de botones de flores, y las cubrió de oro; cubrió
también de oro los querubines y las palmeras.

6.16: [a] Ex. 26.33-34. **6.22:** [b] Ex. 30.1-3.
6.23-28: [c] Ex. 25.18-20.

33 Igualmente hizo a la puerta del templo
postes cuadrados de madera de olivo.
34 Pero las dos puertas eran de madera de ciprés;
y las dos hojas de una puerta giraban, y las otras
dos hojas de la otra puerta también giraban.
35 Y talló en ellas querubines y palmeras y botones de flores, y las cubrió de oro ajustado a las
talladuras.
36 Y edificó el atrio interior de tres hileras de
piedras labradas, y de una hilera de vigas de
cedro.
37 En el cuarto año, en el mes de Zif, se echaron los cimientos de la casa de Jehová.
38 Y en el undécimo año, en el mes de Bul, que
es el mes octavo, fue acabada la casa con todas
sus dependencias, y con todo lo necesario. La
edificó, pues, en siete años.

Otros edificios de Salomón

7 1 Después edificó Salomón su propia casa
en trece años, y la terminó toda.
2 Asimismo edificó la casa del bosque del Líbano, la cual tenía cien codos de longitud, cincuenta codos de anchura y treinta codos de
altura, sobre cuatro hileras de columnas de cedro, con vigas de cedro sobre las columnas.
3 Y estaba cubierta de tablas de cedro arriba sobre las vigas, que se apoyaban en cuarenta y cinco columnas; cada hilera tenía quince columnas.
4 Y había tres hileras de ventanas, una ventana
contra la otra en tres hileras.
5 Todas las puertas y los postes eran cuadrados;
y unas ventanas estaban frente a las otras en
tres hileras.
6 También hizo un pórtico de columnas, que
tenía cincuenta codos de largo y treinta codos
de ancho; y este pórtico estaba delante de las
primeras, con sus columnas y maderos correspondientes.
7 Hizo asimismo el pórtico del trono en que
había de juzgar, el pórtico del juicio, y lo cubrió
de cedro del suelo al techo.
8 Y la casa en que él moraba, en otro atrio
dentro del pórtico, era de obra semejante a ésta.
Edificó también Salomón para la hija de Faraón,
que había tomado por mujer,[a] una casa de hechura semejante a la del pórtico.
9 Todas aquellas obras fueron de piedras costosas, cortadas y ajustadas con sierras según las
medidas, así por dentro como por fuera, desde
el cimiento hasta los remates, y asimismo por
fuera hasta el gran atrio.
10 El cimiento era de piedras costosas, piedras
grandes, piedras de diez codos y piedras de
ocho codos.
11 De allí hacia arriba eran también piedras costosas, labradas conforme a sus medidas, y madera de cedro.
12 Y en el gran atrio alrededor había tres hileras
de piedras labradas, y una hilera de vigas de cedro; y así también el atrio interior de la casa de
Jehová, y el atrio de la casa.

Salomón emplea a Hiram, de Tiro

13 Y envió el rey Salomón, e hizo venir de Tiro
a Hiram,
14 hijo de una viuda de la tribu de Neftalí. Su
padre, que trabajaba en bronce, era de Tiro; e
Hiram era lleno de sabiduría, inteligencia y
ciencia en toda obra de bronce. Este, pues, vino
al rey Salomón, e hizo toda su obra.
15 Y vació dos columnas de bronce; la altura
de cada una era de dieciocho codos, y rodeaba a
una y otra un hilo de doce codos.
16 Hizo también dos capiteles de fundición de
bronce, para que fuesen puestos sobre las cabezas de las columnas; la altura de un capitel era
de cinco codos, y la del otro capitel también de
cinco codos.
17 Había trenzas a manera de red, y unos cordones a manera de cadenas, para los capiteles que
se habían de poner sobre las cabezas de las columnas; siete para cada capitel.
18 Hizo también dos hileras de granadas alrededor de la red, para cubrir los capiteles que estaban en las cabezas de las columnas con las
granadas; y de la misma forma hizo en el otro
capitel.
19 Los capiteles que estaban sobre las columnas
en el pórtico, tenían forma de lirios, y eran de
cuatro codos.
20 Tenían también los capiteles de las dos columnas, doscientas granadas en dos hileras alrededor en cada capitel, encima de su globo, el
cual estaba rodeado por la red.
21 Estas columnas erigió en el pórtico del templo; y cuando hubo alzado la columna del lado
derecho, le puso por nombre Jaquín, y alzando
la columna del lado izquierdo, llamó su nombre
Boaz.
22 Y puso en las cabezas de las columnas tallado
en forma de lirios, y así se acabó la obra de las
columnas.

Mobiliario del templo

23 Hizo fundir asimismo un mar de diez codos de un lado al otro, perfectamente redondo;
su altura era de cinco codos, y lo ceñía alrededor un cordón de treinta codos.
24 Y rodeaban aquel mar por debajo de su borde
alrededor unas bolas como calabazas, diez en
cada codo, que ceñían el mar alrededor en dos
filas, las cuales habían sido fundidas cuando el
mar fue fundido.

7.8: [a] 1 R. 3.1.

25 Y descansaba sobre doce bueyes; tres mira-
ban al norte, tres miraban al occidente, tres mi-
raban al sur, y tres miraban al oriente; sobre
estos se apoyaba el mar, y las ancas de ellos es-
taban hacia la parte de adentro.
26 El grueso del mar era de un palmo menor, y el
borde era labrado como el borde de un cáliz o
de flor de lis; y cabían en él dos mil batos.
27 Hizo también diez basas de bronce, siendo
la longitud de cada basa de cuatro codos, y la
anchura de cuatro codos, y de tres codos la
altura.
28 La obra de las basas era esta: tenían unos ta-
bleros, los cuales estaban entre molduras;
29 y sobre aquellos tableros que estaban entre las
molduras, había figuras de leones, de bueyes y
de querubines; y sobre las molduras de la basa,
así encima como debajo de los leones y de los
bueyes, había unas añadiduras de bajo relieve.
30 Cada basa tenía cuatro ruedas de bronce, con
ejes de bronce, y en sus cuatro esquinas había
repisas de fundición que sobresalían de los fes-
tones, para venir a quedar debajo de la fuente.
31 Y la boca de la fuente entraba un codo en el
remate que salía para arriba de la basa; y la
boca era redonda, de la misma hechura del re-
mate, y éste de codo y medio. Había también so-
bre la boca entalladuras con sus tableros, los
cuales eran cuadrados, no redondos.
32 Las cuatro ruedas estaban debajo de los ta-
bleros, y los ejes de las ruedas nacían en la mis-
ma basa. La altura de cada rueda era de un codo
y medio.
33 Y la forma de las ruedas era como la de las
ruedas de un carro; sus ejes, sus rayos, sus cu-
bos y sus cinchos, todo era de fundición.
34 Asimismo las cuatro repisas de las cuatro es-
quinas de cada basa; y las repisas eran parte de
la misma basa.
35 Y en lo alto de la basa había una pieza redon-
da de medio codo de altura, y encima de la basa
sus molduras y tableros, los cuales salían de ella
misma.
36 E hizo en las tablas de las molduras, y en los
tableros, entalladuras de querubines, de leones
y de palmeras, con proporción en el espacio de
cada una, y alrededor otros adornos.
37 De esta forma hizo diez basas, fundidas de
una misma manera, de una misma medida y de
una misma entalladura.
38 Hizo también diez fuentes de bronce;[b] cada
fuente contenía cuarenta batos, y cada una era
de cuatro codos; y colocó una fuente sobre cada
una de las diez basas.
39 Y puso cinco basas a la mano derecha de la
casa, y las otras cinco a la mano izquierda; y co-
locó el mar al lado derecho de la casa, al orien-
te, hacia el sur.
40 Asimismo hizo Hiram fuentes, y tenazas, y
cuencos. Así terminó toda la obra que hizo a Sa-
lomón para la casa de Jehová:
41 dos columnas, y los capiteles redondos que
estaban en lo alto de las dos columnas; y dos re-
des que cubrían los dos capiteles redondos que
estaban sobre la cabeza de las columnas;
42 cuatrocientas granadas para las dos redes,
dos hileras de granadas en cada red, para cubrir
los dos capiteles redondos que estaban sobre las
cabezas de las columnas;
43 las diez basas, y las diez fuentes sobre las basas;
44 un mar, con doce bueyes debajo del mar;
45 y calderos, paletas, cuencos, y todos los uten-
silios que Hiram hizo al rey Salomón, para la
casa de Jehová, de bronce bruñido.
46 Todo lo hizo fundir el rey en la llanura del Jor-
dán, en tierra arcillosa, entre Sucot y Saretán.
47 Y no inquirió Salomón el peso del bronce de
todos los utensilios, por la gran cantidad de ellos.
48 Entonces hizo Salomón todos los enseres
que pertenecían a la casa de Jehová: un altar de
oro,[c] y una mesa también de oro,[d] sobre la cual
estaban los panes de la proposición;
49 cinco candeleros[e] de oro purísimo a la mano
derecha, y otros cinco a la izquierda, frente al
lugar santísimo; con las flores, las lámparas y
tenazas de oro.
50 Asimismo los cántaros, despabiladeras, ta-
zas, cucharillas e incensarios, de oro purísimo;
también de oro los quiciales de las puertas de la
casa de adentro, del lugar santísimo, y los de las
puertas del templo.
51 Así se terminó toda la obra que dispuso ha-
cer el rey Salomón para la casa de Jehová. Y metió
Salomón lo que David su padre había dedicado,[f]
plata, oro y utensilios; y depositó todo en las teso-
rerías de la casa de Jehová.

Salomón traslada el arca al templo

8 1 Entonces Salomón reunió ante sí en Jeru-
salén a los ancianos de Israel, a todos los je-
fes de las tribus, y a los principales de las
familias de los hijos de Israel, para traer el arca
del pacto de Jehová de la ciudad de David,[a] la
cual es Sion.
2 Y se reunieron con el rey Salomón todos los
varones de Israel en el mes de Etanim, que es el
mes séptimo, en el día de la fiesta solemne.
3 Y vinieron todos los ancianos de Israel, y los
sacerdotes tomaron el arca.
4 Y llevaron el arca de Jehová, y el tabernáculo
de reunión, y todos los utensilios sagrados que
estaban en el tabernáculo, los cuales llevaban
los sacerdotes y levitas.

7.38: *b* Ex. 30.17-21. **7.48:** *c* Ex. 30.1-3. *d* Ex. 25.23-30.
7.49: *e* Ex. 25.31-40. **7.51:** *f* 2 S. 8.11; 1 Cr. 18.11.
8.1: *a* 2 S. 6.12-16; 1 Cr. 15.25-29.

5 Y el rey Salomón, y toda la congregación de Israel que se había reunido con él, estaban con él delante del arca, sacrificando ovejas y bueyes, que por la multitud no se podían contar ni numerar.

6 Y los sacerdotes metieron el arca del pacto de Jehová en su lugar, en el santuario de la casa, en el lugar santísimo, debajo de las alas de los querubines.

7 Porque los querubines tenían extendidas las alas sobre el lugar del arca, y así cubrían los querubines el arca y sus varas por encima.

8 Y sacaron las varas, de manera que sus extremos se dejaban ver desde el lugar santo, que está delante del lugar santísimo, pero no se dejaban ver desde más afuera; y así quedaron hasta hoy.

9 En el arca ninguna cosa había sino las dos tablas de piedra que allí había puesto Moisés en Horeb,[b] donde Jehová hizo pacto con los hijos de Israel, cuando salieron de la tierra de Egipto.

10 Y cuando los sacerdotes salieron del santuario, la nube llenó la casa de Jehová.

11 Y los sacerdotes no pudieron permanecer para ministrar por causa de la nube; porque la gloria de Jehová había llenado la casa de Jehová.[c]

Dedicación del templo

12 Entonces dijo Salomón: Jehová ha dicho que él habitaría en la oscuridad.

13 Yo he edificado casa por morada para ti, sitio en que tú habites para siempre.

14 Y volviendo el rey su rostro, bendijo a toda la congregación de Israel; y toda la congregación de Israel estaba de pie.

15 Y dijo: Bendito sea Jehová, Dios de Israel, que habló a David mi padre lo que con su mano ha cumplido, diciendo:

16 Desde el día que saqué de Egipto a mi pueblo Israel, no he escogido ciudad de todas las tribus de Israel para edificar casa en la cual estuviese mi nombre, aunque escogí a David para que presidiese en mi pueblo Israel.[d]

17 Y David mi padre tuvo en su corazón edificar casa al nombre de Jehová Dios de Israel.

18 Pero Jehová dijo a David mi padre: Cuanto a haber tenido en tu corazón edificar casa a mi nombre, bien has hecho en tener tal deseo.[e]

19 Pero tú no edificarás la casa, sino tu hijo que saldrá de tus lomos, él edificará casa a mi nombre.[f]

20 Y Jehová ha cumplido su palabra que había dicho; porque yo me he levantado en lugar de David mi padre, y me he sentado en el trono de Israel, como Jehová había dicho, y he edificado la casa al nombre de Jehová Dios de Israel.

21 Y he puesto en ella lugar para el arca, en la cual está el pacto de Jehová que él hizo con nuestros padres cuando los sacó de la tierra de Egipto.

22 Luego se puso Salomón delante del altar de Jehová, en presencia de toda la congregación de Israel, y extendiendo sus manos al cielo,

23 dijo: Jehová Dios de Israel, no hay Dios como tú, ni arriba en los cielos ni abajo en la tierra, que guardas el pacto y la misericordia a tus siervos, los que andan delante de ti con todo su corazón;

24 que has cumplido a tu siervo David mi padre lo que le prometiste; lo dijiste con tu boca, y con tu mano lo has cumplido, como sucede en este día.

25 Ahora, pues, Jehová Dios de Israel, cumple a tu siervo David mi padre lo que le prometiste, diciendo: No te faltará varón delante de mí, que se siente en el trono de Israel, con tal que tus hijos guarden mi camino y anden delante de mí como tú has andado delante de mí.[g]

26 Ahora, pues, oh Jehová Dios de Israel, cúmplase la palabra que dijiste a tu siervo David mi padre.

27 Pero ¿es verdad que Dios morará sobre la tierra? He aquí que los cielos, los cielos de los cielos, no te pueden contener; ¿cuánto menos esta casa que yo he edificado?[h]

28 Con todo, tú atenderás a la oración de tu siervo, y a su plegaria, oh Jehová Dios mío, oyendo el clamor y la oración que tu siervo hace hoy delante de ti;

29 que estén tus ojos abiertos de noche y de día sobre esta casa, sobre este lugar del cual has dicho: Mi nombre estará allí;[i] y que oigas la oración que tu siervo haga en este lugar.

30 Oye, pues, la oración de tu siervo, y de tu pueblo Israel; cuando oren en este lugar, también tú lo oirás en el lugar de tu morada, en los cielos; escucha y perdona.

31 Si alguno pecare contra su prójimo, y le tomaren juramento haciéndole jurar, y viniere el juramento delante de tu altar en esta casa;

32 tú oirás desde el cielo y actuarás, y juzgarás a tus siervos, condenando al impío y haciendo recaer su proceder sobre su cabeza, y justificando al justo para darle conforme a su justicia.

33 Si tu pueblo Israel fuere derrotado delante de sus enemigos por haber pecado contra ti, y se volvieren a ti y confesaren tu nombre, y oraren y te rogaren y suplicaren en esta casa,

34 tú oirás en los cielos, y perdonarás el pecado de tu pueblo Israel, y los volverás a la tierra que diste a sus padres.

8.9: [b] Dt. 10.5. **8.10-11:** [c] Ex. 40.34-35. **8.16:** [d] 2 S. 7.4-11; 1 Cr. 17.3-10. **8.17-18:** [e] 2 S. 7.1-3; 1 Cr. 17.1-2. **8.19:** [f] 2 S. 7.12-13; 1 Cr. 17.11-12. **8.25:** [g] 1 R. 2.4. **8.27:** [h] 2 Cr. 2.6. **8.29:** [i] Dt. 12.11.

35 Si el cielo se cerrare y no lloviere, por ha-
ber ellos pecado contra ti, y te rogaren en este
lugar y confesaren tu nombre, y se volvieren del
pecado, cuando los afligieres,
36 tú oirás en los cielos, y perdonarás el pecado
de tus siervos y de tu pueblo Israel, enseñándo-
les el buen camino en que anden; y darás lluvias
sobre tu tierra, la cual diste a tu pueblo por he-
redad.
37 Si en la tierra hubiere hambre, pestilencia,
tizoncillo, añublo, langosta o pulgón; si sus ene-
migos los sitiaren en la tierra en donde habiten;
cualquier plaga o enfermedad que sea;
38 toda oración y toda súplica que hiciere cual-
quier hombre, o todo tu pueblo Israel, cuando
cualquiera sintiere la plaga en su corazón, y ex-
tendiere sus manos a esta casa,
39 tú oirás en los cielos, en el lugar de tu mora-
da, y perdonarás, y actuarás, y darás a cada uno
conforme a sus caminos, cuyo corazón tú cono-
ces (porque sólo tú conoces el corazón de todos
los hijos de los hombres);
40 para que te teman todos los días que vivan
sobre la faz de la tierra que tú diste a nuestros
padres.
41 Asimismo el extranjero, que no es de tu
pueblo Israel, que viniere de lejanas tierras a
causa de tu nombre
42 (pues oirán de tu gran nombre, de tu mano
fuerte y de tu brazo extendido), y viniere a orar
a esta casa,
43 tú oirás en los cielos, en el lugar de tu mora-
da, y harás conforme a todo aquello por lo cual
el extranjero hubiere clamado a ti, para que to-
dos los pueblos de la tierra conozcan tu nombre
y te teman, como tu pueblo Israel, y entiendan
que tu nombre es invocado sobre esta casa que
yo edifiqué.
44 Si tu pueblo saliere en batalla contra sus
enemigos por el camino que tú les mandes, y
oraren a Jehová con el rostro hacia la ciudad
que tú elegiste, y hacia la casa que yo edifiqué a
tu nombre,
45 tú oirás en los cielos su oración y su súplica, y
les harás justicia.
46 Si pecaren contra ti (porque no hay hombre
que no peque), y estuvieres airado contra ellos, y
los entregares delante del enemigo, para que los
cautive y lleve a tierra enemiga, sea lejos o cerca,
47 y ellos volvieren en sí en la tierra donde fue-
ren cautivos; si se convirtieren, y oraren a ti en
la tierra de los que los cautivaron, y dijeren: Pe-
camos, hemos hecho lo malo, hemos cometido
impiedad;
48 y si se convirtieren a ti de todo su corazón y
de toda su alma, en la tierra de sus enemigos
que los hubieren llevado cautivos, y oraren a ti
con el rostro hacia su tierra que tú diste a sus pa-
dres, y hacia la ciudad que tú elegiste y la casa
que yo he edificado a tu nombre,
49 tú oirás en los cielos, en el lugar de tu mora-
da, su oración y su súplica, y les harás justicia.
50 Y perdonarás a tu pueblo que había pecado
contra ti, y todas sus infracciones con que se ha-
yan rebelado contra ti, y harás que tengan de
ellos misericordia los que los hubieren llevado
cautivos;
51 porque ellos son tu pueblo y tu heredad, el
cual tú sacaste de Egipto, de en medio del horno
de hierro.
52 Estén, pues, atentos tus ojos a la oración de
tu siervo y a la plegaria de tu pueblo Israel, para
oírlos en todo aquello por lo cual te invocaren;
53 porque tú los apartaste para ti como heredad
tuya de entre todos los pueblos de la tierra,
como lo dijiste por medio de Moisés tu siervo,
cuando sacaste a nuestros padres de Egipto, oh
Señor Jehová.
54 Cuando acabó Salomón de hacer a Jehová
toda esta oración y súplica, se levantó de estar
de rodillas delante del altar de Jehová con sus
manos extendidas al cielo;
55 y puesto en pie, bendijo a toda la congrega-
ción de Israel, diciendo en voz alta:
56 Bendito sea Jehová, que ha dado paz a su
pueblo Israel, conforme a todo lo que él había
dicho; ninguna palabra de todas sus promesas
que expresó por Moisés su siervo, ha faltado.[j]
57 Esté con nosotros Jehová nuestro Dios, como
estuvo con nuestros padres, y no nos desampare
ni nos deje.
58 Incline nuestro corazón hacia él, para que an-
demos en todos sus caminos, y guardemos sus
mandamientos y sus estatutos y sus decretos,
los cuales mandó a nuestros padres.
59 Y estas mis palabras con que he orado delan-
te de Jehová, estén cerca de Jehová nuestro
Dios de día y de noche, para que él proteja la
causa de su siervo y de su pueblo Israel, cada
cosa en su tiempo;
60 a fin de que todos los pueblos de la tierra se-
pan que Jehová es Dios, y que no hay otro.
61 Sea, pues, perfecto vuestro corazón para con
Jehová nuestro Dios, andando en sus estatutos y
guardando sus mandamientos, como en el día
de hoy.
62 Entonces el rey, y todo Israel con él, sacrifi-
caron víctimas delante de Jehová.
63 Y ofreció Salomón sacrificios de paz, los cua-
les ofreció a Jehová: veintidós mil bueyes y cien-
to veinte mil ovejas. Así dedicaron el rey y todos
los hijos de Israel la casa de Jehová.
64 Aquel mismo día santificó el rey el medio del
atrio, el cual estaba delante de la casa de Jehová;

8.56: [j] Dt. 12.10; Jos 21.44-45.

porque ofreció allí los holocaustos, las ofrendas
y la grosura de los sacrificios de paz, por cuanto
el altar de bronce que estaba delante de Jehová
era pequeño, y no cabían en él los holocaustos,
las ofrendas y la grosura de los sacrificios de
paz.
65 En aquel tiempo Salomón hizo fiesta, y
con él todo Israel, una gran congregación, des-
de donde entran en Hamat hasta el río de Egip-
to, delante de Jehová nuestro Dios, por siete
días y aun por otros siete días, esto es, por ca-
torce días.
66 Y al octavo día despidió al pueblo; y ellos,
bendiciendo al rey, se fueron a sus moradas ale-
gres y gozosos de corazón, por todos los benefi-
cios que Jehová había hecho a David su siervo y
a su pueblo Israel.

Pacto de Dios con Salomón

9 1 Cuando Salomón hubo acabado la obra de
la casa de Jehová, y la casa real, y todo lo
que Salomón quiso hacer,
2 Jehová apareció a Salomón la segunda vez,
como le había aparecido en Gabaón.[a]
3 Y le dijo Jehová: Yo he oído tu oración y tu
ruego que has hecho en mi presencia. Yo he
santificado esta casa que tú has edificado, para
poner mi nombre en ella para siempre; y en
ella estarán mis ojos y mi corazón todos los
días.
4 Y si tú anduvieres delante de mí como anduvo
David tu padre, en integridad de corazón y en
equidad, haciendo todas las cosas que yo te he
mandado, y guardando mis estatutos y mis de-
cretos,
5 yo afirmaré el trono de tu reino sobre Israel
para siempre, como hablé a David tu padre, di-
ciendo: No faltará varón de tu descendencia en
el trono de Israel.[b]
6 Mas si obstinadamente os apartareis de mí vo-
sotros y vuestros hijos, y no guardareis mis
mandamientos y mis estatutos que yo he puesto
delante de vosotros, sino que fuereis y sirviereis
a dioses ajenos, y los adorareis;
7 yo cortaré a Israel de sobre la faz de la tierra
que les he entregado; y esta casa que he santifi-
cado a mi nombre, yo la echaré de delante de
mí, e Israel será por proverbio y refrán a todos
los pueblos;
8 y esta casa, que estaba en estima, cualquiera
que pase por ella se asombrará, y se burlará, y
dirá: ¿Por qué ha hecho así Jehová a esta tierra
y a esta casa?[c]
9 Y dirán: Por cuanto dejaron a Jehová su Dios,
que había sacado a sus padres de tierra de Egip-
to, y echaron mano a dioses ajenos, y los adora-
ron y los sirvieron; por eso ha traído Jehová
sobre ellos todo este mal.

Otras actividades de Salomón

10 Aconteció al cabo de veinte años, cuando
Salomón ya había edificado las dos casas, la
casa de Jehová y la casa real,
11 para las cuales Hiram rey de Tiro había traído
a Salomón madera de cedro y de ciprés, y cuan-
to oro quiso, que el rey Salomón dio a Hiram
veinte ciudades en tierra de Galilea.
12 Y salió Hiram de Tiro para ver las ciudades
que Salomón le había dado, y no le gustaron.
13 Y dijo: ¿Qué ciudades son estas que me has
dado, hermano? Y les puso por nombre, la tierra
de Cabul, nombre que tiene hasta hoy.
14 E Hiram había enviado al rey ciento veinte ta-
lentos de oro.
15 Esta es la razón de la leva que el rey Salo-
món impuso para edificar la casa de Jehová, y
su propia casa, y Milo, y el muro de Jerusalén, y
Hazor, Meguido y Gezer:
16 Faraón el rey de Egipto había subido y toma-
do a Gezer, y la quemó, y dio muerte a los cana-
neos que habitaban la ciudad, y la dio en dote a
su hija la mujer de Salomón.
17 Restauró, pues, Salomón a Gezer y a la baja
Bet-horón,
18 a Baalat, y a Tadmor en tierra del desierto;
19 asimismo todas las ciudades donde Salomón
tenía provisiones, y las ciudades de los carros, y
las ciudades de la gente de a caballo, y todo lo
que Salomón quiso edificar en Jerusalén, en el
Líbano, y en toda la tierra de su señorío.
20 A todos los pueblos que quedaron de los
amorreos, heteos, ferezeos, heveos y jebuseos,
que no eran de los hijos de Israel;
21 a sus hijos que quedaron en la tierra después
de ellos, que los hijos de Israel no pudieron aca-
bar, hizo Salomón que sirviesen con tributo
hasta hoy.
22 Mas a ninguno de los hijos de Israel impuso
Salomón servicio, sino que eran hombres de
guerra, o sus criados, sus príncipes, sus capita-
nes, comandantes de sus carros, o su gente de a
caballo.
23 Y los que Salomón había hecho jefes y vigi-
lantes sobre las obras eran quinientos cincuenta,
los cuales estaban sobre el pueblo que trabajaba
en aquella obra.
24 Y subió la hija de Faraón de la ciudad de
David a su casa que Salomón le había edificado;
entonces edificó él a Milo.
25 Y ofrecía Salomón tres veces cada año[d] ho-
locaustos y sacrificios de paz sobre el altar que
él edificó a Jehová, y quemaba incienso sobre el
que estaba delante de Jehová, después que la
casa fue terminada.

9.2: [a] 1 R. 3.5; 2 Cr. 1.7. **9.5:** [b] 1 R. 2.4.
9.8: [c] 2 R. 25.9; 2 Cr. 36.19. **9.25:** [d] Ex. 23.17; 34.23;
Dt. 16.16.

26 Hizo también el rey Salomón naves en
Ezión-geber, que está junto a Elot en la ribera
del Mar Rojo, en la tierra de Edom.
27 Y envió Hiram en ellas a sus siervos, mari-
neros y diestros en el mar, con los siervos de
Salomón,
28 los cuales fueron a Ofir y tomaron de allí oro,
cuatrocientos veinte talentos, y lo trajeron al rey
Salomón.

La reina de Sabá visita a Salomón

10 1 Oyendo la reina de Sabá[a] la fama que
Salomón había alcanzado por el nom-
bre de Jehová, vino a probarle con preguntas
difíciles.
2 Y vino a Jerusalén con un séquito muy grande,
con camellos cargados de especias, y oro en
gran abundancia, y piedras preciosas; y cuando
vino a Salomón, le expuso todo lo que en su
corazón tenía.
3 Y Salomón le contestó todas sus preguntas, y
nada hubo que el rey no le contestase.
4 Y cuando la reina de Sabá vio toda la sabiduría
de Salomón, y la casa que había edificado,
5 asimismo la comida de su mesa, las habitacio-
nes de sus oficiales, el estado y los vestidos de
los que le servían, sus maestresalas, y sus holo-
caustos que ofrecía en la casa de Jehová, se
quedó asombrada.
6 Y dijo al rey: Verdad es lo que oí en mi tierra
de tus cosas y de tu sabiduría;
7 pero yo no lo creía, hasta que he venido, y mis
ojos han visto que ni aun se me dijo la mitad; es
mayor tu sabiduría y bien, que la fama que yo
había oído.
8 Bienaventurados tus hombres, dichosos estos
tus siervos, que están continuamente delante de
ti, y oyen tu sabiduría.
9 Jehová tu Dios sea bendito, que se agradó de ti
para ponerte en el trono de Israel; porque Jeho-
vá ha amado siempre a Israel, te ha puesto por
rey, para que hagas derecho y justicia.
10 Y dio ella al rey ciento veinte talentos de oro,
y mucha especiería, y piedras preciosas; nunca
vino tan gran cantidad de especias, como la rei-
na de Sabá dio al rey Salomón.
11 La flota de Hiram que había traído el oro
de Ofir, traía también de Ofir mucha madera de
sándalo, y piedras preciosas.
12 Y de la madera de sándalo hizo el rey balaus-
tres para la casa de Jehová y para las casas rea-
les, arpas también y salterios para los cantores;
nunca vino semejante madera de sándalo, ni se
ha visto hasta hoy.
13 Y el rey Salomón dio a la reina de Sabá
todo lo que ella quiso, y todo lo que pidió, ade-
más de lo que Salomón le dio. Y ella se volvió, y
se fue a su tierra con sus criados.

Riquezas y fama de Salomón

14 El peso del oro que Salomón tenía de renta
cada año, era seiscientos sesenta y seis talentos
de oro;
15 sin lo de los mercaderes, y lo de la contrata-
ción de especias, y lo de todos los reyes de Ara-
bia, y de los principales de la tierra.
16 Hizo también el rey Salomón doscientos es-
cudos grandes de oro batido; seiscientos siclos
de oro gastó en cada escudo.
17 Asimismo hizo trescientos escudos de oro ba-
tido, en cada uno de los cuales gastó tres libras
de oro; y el rey los puso en la casa del bosque
del Líbano.
18 Hizo también el rey un gran trono de marfil,
el cual cubrió de oro purísimo.
19 Seis gradas tenía el trono, y la parte alta era
redonda por el respaldo; y a uno y otro lado te-
nía brazos cerca del asiento, junto a los cuales
estaban colocados dos leones.
20 Estaban también doce leones puestos allí so-
bre las seis gradas, de un lado y de otro; en nin-
gún otro reino se había hecho trono semejante.
21 Y todos los vasos de beber del rey Salomón
eran de oro, y asimismo toda la vajilla de la casa
del bosque del Líbano era de oro fino; nada de
plata, porque en tiempo de Salomón no era
apreciada.
22 Porque el rey tenía en el mar una flota de na-
ves de Tarsis, con la flota de Hiram. Una vez
cada tres años venía la flota de Tarsis, y traía
oro, plata, marfil, monos y pavos reales.
23 Así excedía el rey Salomón a todos los re-
yes de la tierra en riquezas y en sabiduría.
24 Toda la tierra procuraba ver la cara de Salo-
món, para oír la sabiduría que Dios había pues-
to en su corazón.
25 Y todos le llevaban cada año sus presentes:
alhajas de oro y de plata, vestidos, armas, espe-
cias aromáticas, caballos y mulos.

Salomón comercia en caballos y en carros

26 Y juntó Salomón carros y gente de a caba-
llo; y tenía mil cuatrocientos carros, y doce mil
jinetes,[b] los cuales puso en las ciudades de los
carros, y con el rey en Jerusalén.
27 E hizo el rey que en Jerusalén la plata llegara
a ser como piedras,[c] y los cedros como cabrahi-
gos de la Sefela en abundancia.
28 Y traían de Egipto caballos y lienzos a Salo-
món;[d] porque la compañía de los mercaderes
del rey compraba caballos y lienzos.
29 Y venía y salía de Egipto, el carro por seis-
cientas piezas de plata, y el caballo por ciento
cincuenta; y así los adquirían por mano de ellos
todos los reyes de los heteos, y de Siria.

10.1-10: [a] Mt. 12.42; Lc. 11.31. **10.26:** [b] 1 R. 4.26.
10.27: [c] Dt. 17.17. **10.28:** [d] Dt. 17.16.

Apostasía y dificultades de Salomón

11 1 Pero el rey Salomón amó, además de la hija de Faraón, a muchas mujeres extranjeras;[a] a las de Moab, a las de Amón, a las de Edom, a las de Sidón, y a las heteas;

2 gentes de las cuales Jehová había dicho a los hijos de Israel: No os llegaréis a ellas, ni ellas se llegarán a vosotros; porque ciertamente harán inclinar vuestros corazones tras sus dioses.[b] A éstas, pues, se juntó Salomón con amor.

3 Y tuvo setecientas mujeres reinas y trescientas concubinas; y sus mujeres desviaron su corazón.

4 Y cuando Salomón era ya viejo, sus mujeres inclinaron su corazón tras dioses ajenos, y su corazón no era perfecto con Jehová su Dios, como el corazón de su padre David.

5 Porque Salomón siguió a Astoret, diosa de los sidonios, y a Milcom, ídolo abominable de los amonitas.

6 E hizo Salomón lo malo ante los ojos de Jehová, y no siguió cumplidamente a Jehová como David su padre.

7 Entonces edificó Salomón un lugar alto a Quemos, ídolo abominable de Moab, en el monte que está enfrente de Jerusalén, y a Moloc, ídolo abominable de los hijos de Amón.

8 Así hizo para todas sus mujeres extranjeras, las cuales quemaban incienso y ofrecían sacrificios a sus dioses.

9 Y se enojó Jehová contra Salomón, por cuanto su corazón se había apartado de Jehová Dios de Israel, que se le había aparecido dos veces,

10 y le había mandado acerca de esto, que no siguiese a dioses ajenos; mas él no guardó lo que le mandó Jehová.

11 Y dijo Jehová a Salomón: Por cuanto ha habido esto en ti, y no has guardado mi pacto y mis estatutos que yo te mandé, romperé de ti el reino, y lo entregaré a tu siervo.

12 Sin embargo, no lo haré en tus días, por amor a David tu padre; lo romperé de la mano de tu hijo.

13 Pero no romperé todo el reino, sino que daré una tribu a tu hijo, por amor a David mi siervo, y por amor a Jerusalén, la cual yo he elegido.

14 Y Jehová suscitó un adversario a Salomón: Hadad edomita, de sangre real, el cual estaba en Edom.

15 Porque cuando David estaba en Edom, y subió Joab el general del ejército a enterrar los muertos, y mató a todos los varones de Edom

16 (porque seis meses habitó allí Joab, y todo Israel, hasta que hubo acabado con todo el sexo masculino en Edom),

17 Hadad huyó, y con él algunos varones edomitas de los siervos de su padre, y se fue a Egipto; era entonces Hadad muchacho pequeño.

18 Y se levantaron de Madián, y vinieron a Parán; y tomando consigo hombres de Parán, vinieron a Egipto, a Faraón rey de Egipto, el cual les dio casa y les señaló alimentos, y aun les dio tierra.

19 Y halló Hadad gran favor delante de Faraón, el cual le dio por mujer la hermana de su esposa, la hermana de la reina Tahpenes.

20 Y la hermana de Tahpenes le dio a luz su hijo Genubat, al cual destetó Tahpenes en casa de Faraón; y estaba Genubat en casa de Faraón entre los hijos de Faraón.

21 Y oyendo Hadad en Egipto que David había dormido con sus padres, y que era muerto Joab general del ejército, Hadad dijo a Faraón: Déjame ir a mi tierra.

22 Faraón le respondió: ¿Por qué? ¿Qué te falta conmigo, que procuras irte a tu tierra? El respondió: Nada; con todo, te ruego que me dejes ir.

23 Dios también levantó por adversario contra Salomón a Rezón hijo de Eliada, el cual había huido de su amo Hadad-ezer, rey de Soba.

24 Y había juntado gente contra él, y se había hecho capitán de una compañía, cuando David deshizo a los de Soba. Después fueron a Damasco y habitaron allí, y le hicieron rey en Damasco.

25 Y fue adversario de Israel todos los días de Salomón; y fue otro mal con el de Hadad, porque aborreció a Israel, y reinó sobre Siria.

26 También Jeroboam hijo de Nabat, efrateo de Sereda, siervo de Salomón, cuya madre se llamaba Zerúa, la cual era viuda, alzó su mano contra el rey.

27 La causa por la cual éste alzó su mano contra el rey fue esta: Salomón, edificando a Milo, cerró el portillo de la ciudad de David su padre.

28 Y este varón Jeroboam era valiente y esforzado; y viendo Salomón al joven que era hombre activo, le encomendó todo el cargo de la casa de José.

29 Aconteció, pues, en aquel tiempo, que saliendo Jeroboam de Jerusalén, le encontró en el camino el profeta Ahías silonita, y éste estaba cubierto con una capa nueva; y estaban ellos dos solos en el campo.

30 Y tomando Ahías la capa nueva que tenía sobre sí, la rompió en doce pedazos,

31 y dijo a Jeroboam: Toma para ti los diez pedazos; porque así dijo Jehová Dios de Israel: He aquí que yo rompo el reino de la mano de Salomón, y a ti te daré diez tribus;

32 y él tendrá una tribu por amor a David mi siervo, y por amor a Jerusalén, ciudad que yo he elegido de todas las tribus de Israel;

33 por cuanto me han dejado, y han adorado a Astoret diosa de los sidonios, a Quemos dios de

11.1: [a] Dt. 17.17. **11.2:** [b] Ex. 34.16; Dt. 7.3-4.

Moab, y a Moloc dios de los hijos de Amón; y no
han andado en mis caminos para hacer lo recto
delante de mis ojos, y mis estatutos y mis decre-
tos, como hizo David su padre.
34 Pero no quitaré nada del reino de sus manos,
sino que lo retendré por rey todos los días de su
vida, por amor a David mi siervo, al cual yo ele-
gí, y quien guardó mis mandamientos y mis es-
tatutos.
35 Pero quitaré el reino de la mano de su hijo, y
lo daré a ti, las diez tribus.
36 Y a su hijo daré una tribu, para que mi siervo
David tenga lámpara todos los días delante de
mí en Jerusalén, ciudad que yo me elegí para
poner en ella mi nombre.
37 Yo, pues, te tomaré a ti, y tú reinarás en todas
las cosas que deseare tu alma, y serás rey sobre
Israel.
38 Y si prestares oído a todas las cosas que te
mandare, y anduvieres en mis caminos, e hicie-
res lo recto delante de mis ojos, guardando mis
estatutos y mis mandamientos, como hizo Da-
vid mi siervo, yo estaré contigo y te edificaré
casa firme, como la edifiqué a David, y yo te
entregaré a Israel.
39 Y yo afligiré a la descendencia de David a
causa de esto, mas no para siempre.
40 Por esto Salomón procuró matar a Jeroboam,
pero Jeroboam se levantó y huyó a Egipto, a Si-
sac rey de Egipto, y estuvo en Egipto hasta la
muerte de Salomón.

Muerte de Salomón

41 Los demás hechos de Salomón, y todo lo
que hizo, y su sabiduría, ¿no está escrito en el li-
bro de los hechos de Salomón?
42 Los días que Salomón reinó en Jerusalén so-
bre todo Israel fueron cuarenta años.
43 Y durmió Salomón con sus padres, y fue se-
pultado en la ciudad de su padre David; y reinó
en su lugar Roboam su hijo.

Rebelión de Israel

12
1 Roboam fue a Siquem, porque todo Israel
había venido a Siquem para hacerle rey.
2 Y aconteció que cuando lo oyó Jeroboam hijo
de Nabat, que aún estaba en Egipto, adonde ha-
bía huido de delante del rey Salomón, y habita-
ba en Egipto,
3 enviaron a llamarle. Vino, pues, Jeroboam, y
toda la congregación de Israel, y hablaron a Ro-
boam, diciendo:
4 Tu padre agravó nuestro yugo, mas ahora dis-
minuye tú algo de la dura servidumbre de tu pa-
dre, y del yugo pesado que puso sobre nosotros,
y te serviremos.
5 Y él les dijo: Idos, y de aquí a tres días volved a
mí. Y el pueblo se fue.
6 Entonces el rey Roboam pidió consejo de los
ancianos que habían estado delante de Salomón
su padre cuando vivía, y dijo: ¿Cómo aconsejáis
vosotros que responda a este pueblo?
7 Y ellos le hablaron diciendo: Si tú fueres hoy
siervo de este pueblo y lo sirvieres, y respon-
diéndoles buenas palabras les hablares, ellos te
servirán para siempre.
8 Pero él dejó el consejo que los ancianos le ha-
bían dado, y pidió consejo de los jóvenes que se
habían criado con él, y estaban delante de él.
9 Y les dijo: ¿Cómo aconsejáis vosotros que res-
pondamos a este pueblo, que me ha hablado di-
ciendo: Disminuye algo del yugo que tu padre
puso sobre nosotros?
10 Entonces los jóvenes que se habían criado
con él le respondieron diciendo: Así hablarás a
este pueblo que te ha dicho estas palabras: Tu
padre agravó nuestro yugo, mas tú disminúye-
nos algo; así les hablarás: El menor dedo de los
míos es más grueso que los lomos de mi padre.
11 Ahora, pues, mi padre os cargó de pesado
yugo, mas yo añadiré a vuestro yugo; mi padre
os castigó con azotes, mas yo os castigaré con
escorpiones.
12 Al tercer día vino Jeroboam con todo el
pueblo a Roboam, según el rey lo había manda-
do, diciendo: Volved a mí al tercer día.
13 Y el rey respondió al pueblo duramente, de-
jando el consejo que los ancianos le habían dado;
14 y les habló conforme al consejo de los jóve-
nes, diciendo: Mi padre agravó vuestro yugo,
pero yo añadiré a vuestro yugo; mi padre os
castigó con azotes, mas yo os castigaré con es-
corpiones.
15 Y no oyó el rey al pueblo; porque era designio
de Jehová para confirmar la palabra que Jehová
había hablado por medio de Ahías silonita a Je-
roboam hijo de Nabat.
16 Cuando todo el pueblo vio que el rey no les
había oído, le respondió estas palabras, diciendo:
¿Qué parte tenemos nosotros con David? No te-
nemos heredad en el hijo de Isaí. ¡Israel, a tus
tiendas![a] ¡Provee ahora en tu casa, David! Enton-
ces Israel se fue a sus tiendas.
17 Pero reinó Roboam sobre los hijos de Israel
que moraban en las ciudades de Judá.
18 Y el rey Roboam envió a Adoram, que estaba
sobre los tributos; pero lo apedreó todo Israel, y
murió. Entonces el rey Roboam se apresuró a
subirse en un carro y huir a Jerusalén.
19 Así se apartó Israel de la casa de David hasta
hoy.
20 Y aconteció que oyendo todo Israel que Jero-
boam había vuelto, enviaron a llamarle a la con-
gregación, y le hicieron rey sobre todo Israel, sin

12.16: [a] 2 S. 20.1.

quedar tribu alguna que siguiese la casa de Da-
vid, sino sólo la tribu de Judá.
21 Y cuando Roboam vino a Jerusalén, reunió
a toda la casa de Judá y a la tribu de Benjamín,
ciento ochenta mil hombres, guerreros escogi-
dos, con el fin de hacer guerra a la casa de Is-
rael, y hacer volver el reino a Roboam hijo de
Salomón.
22 Pero vino palabra de Jehová a Semaías varón
de Dios, diciendo:
23 Habla a Roboam hijo de Salomón, rey de
Judá, y a toda la casa de Judá y de Benjamín, y a
los demás del pueblo, diciendo:
24 Así ha dicho Jehová: No vayáis, ni peleéis con-
tra vuestros hermanos los hijos de Israel; volveos
cada uno a su casa, porque esto lo he hecho yo. Y
ellos oyeron la palabra de Dios, y volvieron y se
fueron, conforme a la palabra de Jehová.

El pecado de Jeroboam

25 Entonces reedificó Jeroboam a Siquem en
el monte de Efraín, y habitó en ella; y saliendo
de allí, reedificó a Penuel.
26 Y dijo Jeroboam en su corazón: Ahora se vol-
verá el reino a la casa de David,
27 si este pueblo subiere a ofrecer sacrificios en
la casa de Jehová en Jerusalén; porque el cora-
zón de este pueblo se volverá a su señor Roboam
rey de Judá, y me matarán a mí, y se volverán a
Roboam rey de Judá.
28 Y habiendo tenido consejo, hizo el rey dos be-
cerros de oro, y dijo al pueblo: Bastante habéis
subido a Jerusalén; he aquí tus dioses, oh Israel,
los cuales te hicieron subir de la tierra de Egipto.[b]
29 Y puso uno en Bet-el, y el otro en Dan.
30 Y esto fue causa de pecado; porque el pueblo
iba a adorar delante de uno hasta Dan.
31 Hizo también casas sobre los lugares altos, e
hizo sacerdotes de entre el pueblo, que no eran
de los hijos de Leví.
32 Entonces instituyó Jeroboam fiesta solemne
en el mes octavo, a los quince días del mes, con-
forme a la fiesta solemne que se celebraba en
Judá; y sacrificó sobre un altar. Así hizo en Bet-
el, ofreciendo sacrificios a los becerros que ha-
bía hecho. Ordenó también en Bet-el sacerdotes
para los lugares altos que él había fabricado.
33 Sacrificó, pues, sobre el altar que él había he-
cho en Bet-el, a los quince días del mes octavo,
el mes que él había inventado de su propio cora-
zón;[c] e hizo fiesta a los hijos de Israel, y subió al
altar para quemar incienso.

Un profeta de Judá amonesta a Jeroboam

13 1 He aquí que un varón de Dios por pala-
bra de Jehová vino de Judá a Bet-el; y
estando Jeroboam junto al altar para quemar
incienso,
2 aquél clamó contra el altar por palabra de Jeho-
vá y dijo: Altar, altar, así ha dicho Jehová: He aquí
que a la casa de David nacerá un hijo llamado Jo-
sías, el cual sacrificará sobre ti a los sacerdotes de
los lugares altos que queman sobre ti incienso, y
sobre ti quemarán huesos de hombres.[a]
3 Y aquel mismo día dio una señal, diciendo:
Esta es la señal de que Jehová ha hablado: he
aquí que el altar se quebrará, y la ceniza que so-
bre él está se derramará.
4 Cuando el rey Jeroboam oyó la palabra del va-
rón de Dios, que había clamado contra el altar de
Bet-el, extendiendo su mano desde el altar, dijo:
¡Prendedle! Mas la mano que había extendido
contra él, se le secó, y no la pudo enderezar.
5 Y el altar se rompió, y se derramó la ceniza del
altar, conforme a la señal que el varón de Dios
había dado por palabra de Jehová.
6 Entonces respondiendo el rey, dijo al varón de
Dios: Te pido que ruegues ante la presencia de
Jehová tu Dios, y ores por mí, para que mi mano
me sea restaurada. Y el varón de Dios oró a
Jehová, y la mano del rey se le restauró, y quedó
como era antes.
7 Y el rey dijo al varón de Dios: Ven conmigo a
casa, y comerás, y yo te daré un presente.
8 Pero el varón de Dios dijo al rey: Aunque me
dieras la mitad de tu casa, no iría contigo, ni co-
mería pan ni bebería agua en este lugar.
9 Porque así me está ordenado por palabra de
Jehová, diciendo: No comas pan, ni bebas agua,
ni regreses por el camino que fueres.
10 Regresó, pues, por otro camino, y no volvió
por el camino por donde había venido a Bet-el.
11 Moraba entonces en Bet-el un viejo profe-
ta, al cual vino su hijo y le contó todo lo que el
varón de Dios había hecho aquel día en Bet-el;
le contaron también a su padre las palabras que
había hablado al rey.
12 Y su padre les dijo: ¿Por qué camino se fue? Y
sus hijos le mostraron el camino por donde ha-
bía regresado el varón de Dios que había venido
de Judá.
13 Y él dijo a sus hijos: Ensilladme el asno. Y
ellos le ensillaron el asno, y él lo montó.
14 Y yendo tras el varón de Dios, le halló senta-
do debajo de una encina, y le dijo: ¿Eres tú el
varón de Dios que vino de Judá? El dijo: Yo soy.
15 Entonces le dijo: Ven conmigo a casa, y come
pan.
16 Mas él respondió: No podré volver contigo, ni
iré contigo, ni tampoco comeré pan ni beberé
agua contigo en este lugar.
17 Porque por palabra de Dios me ha sido dicho:
No comas pan ni bebas agua allí, ni regreses por
el camino por donde fueres.

12.28: [b] Ex. 32.4 **12.32-33:** [c] Lv. 23.33-34.
13.2: [a] 2 R. 23.15-16.

18 Y el otro le dijo, mintiéndole: Yo también soy
profeta como tú, y un ángel me ha hablado por
palabra de Jehová, diciendo: Tráele contigo a tu
casa, para que coma pan y beba agua.
19 Entonces volvió con él, y comió pan en su
casa, y bebió agua.
20 Y aconteció que estando ellos en la mesa,
vino palabra de Jehová al profeta que le había
hecho volver.
21 Y clamó al varón de Dios que había venido de
Judá, diciendo: Así dijo Jehová: Por cuanto has
sido rebelde al mandato de Jehová, y no guardaste el mandamiento que Jehová tu Dios te
había prescrito,
22 sino que volviste, y comiste pan y bebiste
agua en el lugar donde Jehová te había dicho
que no comieses pan ni bebieses agua, no entrará tu cuerpo en el sepulcro de tus padres.
23 Cuando había comido pan y bebido, el que le
había hecho volver le ensilló el asno.
24 Y yéndose, le topó un león en el camino, y le
mató; y su cuerpo estaba echado en el camino, y el
asno junto a él, y el león también junto al cuerpo.
25 Y he aquí unos que pasaban, y vieron el cuerpo que estaba echado en el camino, y el león que
estaba junto al cuerpo; y vinieron y lo dijeron en
la ciudad donde el viejo profeta habitaba.
26 Oyéndolo el profeta que le había hecho
volver del camino, dijo: El varón de Dios es, que
fue rebelde al mandato de Jehová; por tanto,
Jehová le ha entregado al león, que le ha quebrantado y matado, conforme a la palabra de
Jehová que él le dijo.
27 Y habló a sus hijos, y les dijo: Ensilladme un
asno. Y ellos se lo ensillaron.
28 Y él fue, y halló el cuerpo tendido en el camino,
y el asno y el león que estaban junto al cuerpo; el
león no había comido el cuerpo, ni dañado al
asno.
29 Entonces tomó el profeta el cuerpo del varón
de Dios, y lo puso sobre el asno y se lo llevó. Y el
profeta viejo vino a la ciudad, para endecharle y
enterrarle.
30 Y puso el cuerpo en su sepulcro; y le endecharon, diciendo: ¡Ay, hermano mío!
31 Y después que le hubieron enterrado, habló a
sus hijos, diciendo: Cuando yo muera, enterradme en el sepulcro en que está sepultado el varón
de Dios; poned mis huesos junto a los suyos.
32 Porque sin duda vendrá lo que él dijo a voces
por palabra de Jehová contra el altar que está
en Bet-el, y contra todas las casas de los lugares
altos que están en las ciudades de Samaria.
33 Con todo esto, no se apartó Jeroboam de
su mal camino, sino que volvió a hacer sacerdotes de los lugares altos de entre el pueblo, y a
quien quería lo consagraba para que fuese de
los sacerdotes de los lugares altos.
34 Y esto fue causa de pecado a la casa de Jeroboam, por lo cual fue cortada y raída de sobre la
faz de la tierra.

Profecía de Ahías contra Jeroboam

14 1 En aquel tiempo Abías hijo de Jeroboam cayó enfermo.
2 Y dijo Jeroboam a su mujer: Levántate ahora y
disfrázate, para que no te conozcan que eres la
mujer de Jeroboam, y ve a Silo; porque allá está
el profeta Ahías, el que me dijo que yo había de
ser rey sobre este pueblo.
3 Y toma en tu mano diez panes, y tortas, y una
vasija de miel, y ve a él, para que te declare lo
que ha de ser de este niño.
4 Y la mujer de Jeroboam lo hizo así; y se levantó y fue a Silo, y vino a casa de Ahías. Y ya no
podía ver Ahías, porque sus ojos se habían oscurecido a causa de su vejez.
5 Mas Jehová había dicho a Ahías: He aquí
que la mujer de Jeroboam vendrá a consultarte por su hijo, que está enfermo; así y así le
responderás, pues cuando ella viniere, vendrá
disfrazada.
6 Cuando Ahías oyó el sonido de sus pies, al
entrar ella por la puerta, dijo: Entra, mujer de
Jeroboam. ¿Por qué te finges otra? He aquí yo
soy enviado a ti con revelación dura.
7 Ve y di a Jeroboam: Así dijo Jehová Dios de Israel: Por cuanto yo te levanté de en medio del
pueblo, y te hice príncipe sobre mi pueblo Israel,
8 y rompí el reino de la casa de David y te lo entregué a ti; y tú no has sido como David mi siervo, que guardó mis mandamientos y anduvo en
pos de mí con todo su corazón, haciendo solamente lo recto delante de mis ojos,
9 sino que hiciste lo malo sobre todos los que
han sido antes de ti, pues fuiste y te hiciste dioses ajenos e imágenes de fundición para enojarme, y a mí me echaste tras tus espaldas;
10 por tanto, he aquí que yo traigo mal sobre la
casa de Jeroboam, y destruiré de Jeroboam todo
varón, así el siervo como el libre en Israel; y barreré la posteridad de la casa de Jeroboam como
se barre el estiércol, hasta que sea acabada.[a]
11 El que muera de los de Jeroboam en la ciudad, lo comerán los perros, y el que muera en el
campo, lo comerán las aves del cielo; porque
Jehová lo ha dicho.
12 Y tú levántate y vete a tu casa; y al poner tu
pie en la ciudad, morirá el niño.
13 Y todo Israel lo endechará, y le enterrarán;
porque de los de Jeroboam, sólo él será sepultado, por cuanto se ha hallado en él alguna cosa
buena delante de Jehová Dios de Israel, en la
casa de Jeroboam.

14.10: [a] 1 R. 15.29.

14 Y Jehová levantará para sí un rey sobre Israel, el cual destruirá la casa de Jeroboam en este día; y lo hará ahora mismo.
15 Jehová sacudirá a Israel al modo que la caña se agita en las aguas; y él arrancará a Israel de esta buena tierra que había dado a sus padres, y los esparcirá más allá del Eufrates, por cuanto han hecho sus imágenes de Asera, enojando a Jehová.
16 Y él entregará a Israel por los pecados de Jeroboam, el cual pecó, y ha hecho pecar a Israel.
17 Entonces la mujer de Jeroboam se levantó y se marchó, y vino a Tirsa; y entrando ella por el umbral de la casa, el niño murió.
18 Y lo enterraron, y lo endechó todo Israel, conforme a la palabra de Jehová, la cual él había hablado por su siervo el profeta Ahías.
19 Los demás hechos de Jeroboam, las guerras que hizo, y cómo reinó, todo está escrito en el libro de las historias de los reyes de Israel.
20 El tiempo que reinó Jeroboam fue de veintidós años; y habiendo dormido con sus padres, reinó en su lugar Nadab su hijo.

Reinado de Roboam

21 Roboam hijo de Salomón reinó en Judá. De cuarenta y un años era Roboam cuando comenzó a reinar, y diecisiete años reinó en Jerusalén, ciudad que Jehová eligió de todas las tribus de Israel, para poner allí su nombre. El nombre de su madre fue Naama, amonita.
22 Y Judá hizo lo malo ante los ojos de Jehová, y le enojaron más que todo lo que sus padres habían hecho en sus pecados que cometieron.
23 Porque ellos también se edificaron lugares altos, estatuas, e imágenes de Asera, en todo collado alto y debajo de todo árbol frondoso.[b]
24 Hubo también sodomitas[c] en la tierra, e hicieron conforme a todas las abominaciones de las naciones que Jehová había echado delante de los hijos de Israel.
25 Al quinto año del rey Roboam subió Sisac rey de Egipto contra Jerusalén,[d]
26 y tomó los tesoros de la casa de Jehová, y los tesoros de la casa real, y lo saqueó todo; también se llevó todos los escudos de oro que Salomón había hecho.[e]
27 Y en lugar de ellos hizo el rey Roboam escudos de bronce, y los dio a los capitanes de los de la guardia, quienes custodiaban la puerta de la casa real.
28 Cuando el rey entraba en la casa de Jehová, los de la guardia los llevaban; y los ponían en la cámara de los de la guardia.
29 Los demás hechos de Roboam, y todo lo que hizo, ¿no está escrito en las crónicas de los reyes de Judá?
30 Y hubo guerra entre Roboam y Jeroboam todos los días.
31 Y durmió Roboam con sus padres, y fue sepultado con sus padres en la ciudad de David. El nombre de su madre fue Naama, amonita. Y reinó en su lugar Abiam su hijo.

Reinado de Abiam

15 1 En el año dieciocho del rey Jeroboam hijo de Nabat, Abiam comenzó a reinar sobre Judá,
2 y reinó tres años en Jerusalén. El nombre de su madre fue Maaca, hija de Abisalom.
3 Y anduvo en todos los pecados que su padre había cometido antes de él; y no fue su corazón perfecto con Jehová su Dios, como el corazón de David su padre.
4 Mas por amor a David, Jehová su Dios le dio lámpara en Jerusalén,[a] levantando a su hijo después de él, y sosteniendo a Jerusalén;
5 por cuanto David había hecho lo recto ante los ojos de Jehová, y de ninguna cosa que le mandase se había apartado en todos los días de su vida, salvo en lo tocante a Urías heteo.[b]
6 Y hubo guerra entre Roboam, y Jeroboam todos los días de su vida.[c]
7 Los demás hechos de Abiam, y todo lo que hizo, ¿no está escrito en el libro de las crónicas de los reyes de Judá? Y hubo guerra entre Abiam y Jeroboam.
8 Y durmió Abiam con sus padres, y lo sepultaron en la ciudad de David; y reinó Asa su hijo en su lugar.

Reinado de Asa

9 En el año veinte de Jeroboam rey de Israel, Asa comenzó a reinar sobre Judá.
10 Y reinó cuarenta y un años en Jerusalén; el nombre de su madre fue Maaca, hija de Abisalom.
11 Asa hizo lo recto ante los ojos de Jehová, como David su padre.
12 Porque quitó del país a los sodomitas, y quitó todos los ídolos que sus padres habían hecho.[d]
13 También privó a su madre Maaca de ser reina madre, porque había hecho un ídolo de Asera. Además deshizo Asa el ídolo de su madre, y lo quemó junto al torrente de Cedrón.
14 Sin embargo, los lugares altos no se quitaron. Con todo, el corazón de Asa fue perfecto para con Jehová toda su vida.
15 También metió en la casa de Jehová lo que su padre había dedicado, y lo que él dedicó: oro, plata y alhajas.

14.23: [b] 2 R. 17.9-10. **14.24:** [c] Dt. 23.17.
14.25: [d] 2 Cr. 12.2-8. **14.26:** [e] 1 R. 10.16-17; 2 Cr. 9.15-16.
15.4: [a] 1 R. 11.36. **15.5:** [b] 2 S. 11.1-27.
15.6: [c] 2 Cr. 13.3-21. **15.12:** [d] 2 Cr. 15.8-15.

Alianza de Asa con Ben-adad

16 Hubo guerra entre Asa y Baasa rey de Is-
rael, todo el tiempo de ambos.
17 Y subió Baasa rey de Israel contra Judá, y edi-
ficó a Ramá, para no dejar a ninguno salir ni en-
trar a Asa rey de Judá.
18 Entonces tomando Asa toda la plata y el oro
que había quedado en los tesoros de la casa de
Jehová, y los tesoros de la casa real, los entregó
a sus siervos, y los envió el rey Asa a Ben-adad
hijo de Tabrimón, hijo de Hezión, rey de Siria, el
cual residía en Damasco, diciendo:
19 Haya alianza entre nosotros, como entre mi
padre y el tuyo. He aquí yo te envío un presente
de plata y de oro; ve, y rompe tu pacto con Baa-
sa rey de Israel, para que se aparte de mí.
20 Y Ben-adad consintió con el rey Asa, y envió
los príncipes de los ejércitos que tenía contra las
ciudades de Israel, y conquistó Ijón, Dan, Abel-
bet-maaca, y toda Cineret, con toda la tierra de
Neftalí.
21 Oyendo esto Baasa, dejó de edificar a Ramá,
y se quedó en Tirsa.
22 Entonces el rey Asa convocó a todo Judá, sin
exceptuar a ninguno; y quitaron de Ramá la pie-
dra y la madera con que Baasa edificaba, y edifi-
có el rey Asa con ello a Geba de Benjamín, y a
Mizpa.

Muerte de Asa

23 Los demás hechos de Asa, y todo su pode-
río, y todo lo que hizo, y las ciudades que edifi-
có, ¿no está todo escrito en el libro de las
crónicas de los reyes de Judá? Mas en los días
de su vejez enfermó de los pies.
24 Y durmió Asa con sus padres, y fue sepultado
con ellos en la ciudad de David su padre; y reinó
en su lugar Josafat su hijo.

Reinado de Nadab

25 Nadab hijo de Jeroboam comenzó a reinar
sobre Israel en el segundo año de Asa rey de
Judá; y reinó sobre Israel dos años.
26 E hizo lo malo ante los ojos de Jehová, an-
dando en el camino de su padre, y en los peca-
dos con que hizo pecar a Israel.
27 Y Baasa hijo de Ahías, el cual era de la casa
de Isacar, conspiró contra él, y lo hirió Baasa en
Gibetón, que era de los filisteos; porque Nadab
y todo Israel tenían sitiado a Gibetón.
28 Lo mató, pues, Baasa en el tercer año de Asa
rey de Judá, y reinó en lugar suyo.
29 Y cuando él vino al reino, mató a toda la casa
de Jeroboam, sin dejar alma viviente de los de
Jeroboam, hasta raerla, conforme a la palabra
que Jehová habló por su siervo Ahías silonita;[e]
30 por los pecados que Jeroboam había cometi-
do, y con los cuales hizo pecar a Israel; y por su
provocación con que provocó a enojo a Jehová
Dios de Israel.
31 Los demás hechos de Nadab, y todo lo que
hizo, ¿no está todo escrito en el libro de las cró-
nicas de los reyes de Israel?
32 Y hubo guerra entre Asa y Baasa rey de Israel,
todo el tiempo de ambos.

Reinado de Baasa

33 En el tercer año de Asa rey de Judá, co-
menzó a reinar Baasa hijo de Ahías sobre todo
Israel en Tirsa; y reinó veinticuatro años.
34 E hizo lo malo ante los ojos de Jehová, y an-
duvo en el camino de Jeroboam, y en su pecado
con que hizo pecar a Israel.
16 1 Y vino palabra de Jehová a Jehú hijo
de Hanani contra Baasa, diciendo:
2 Por cuanto yo te levanté del polvo y te puse por
príncipe sobre mi pueblo Israel, y has andado en el
camino de Jeroboam, y has hecho pecar a mi pue-
blo Israel, provocándome a ira con tus pecados;
3 he aquí yo barreré la posteridad de Baasa, y la
posteridad de su casa; y pondré su casa como la
casa de Jeroboam hijo de Nabat.
4 El que de Baasa fuere muerto en la ciudad, lo
comerán los perros; y el que de él fuere muerto
en el campo, lo comerán las aves del cielo.
5 Los demás hechos de Baasa, y las cosas que
hizo, y su poderío, ¿no está todo escrito en el li-
bro de las crónicas de los reyes de Israel?
6 Y durmió Baasa con sus padres, y fue sepulta-
do en Tirsa, y reinó en su lugar Ela su hijo.
7 Pero la palabra de Jehová por el profeta Jehú
hijo de Hanani había sido contra Baasa y tam-
bién contra su casa, con motivo de todo lo malo
que hizo ante los ojos de Jehová, provocándole
a ira con las obras de sus manos, para que fuese
hecha como la casa de Jeroboam; y porque la
había destruido.

Reinados de Ela y de Zimri

8 En el año veintiséis de Asa rey de Judá co-
menzó a reinar Ela hijo de Baasa sobre Israel en
Tirsa; y reinó dos años.
9 Y conspiró contra él su siervo Zimri, coman-
dante de la mitad de los carros. Y estando él en
Tirsa, bebiendo y embriagado en casa de Arsa
su mayordomo en Tirsa,
10 vino Zimri y lo hirió y lo mató, en el año vein-
tisiete de Asa rey de Judá; y reinó en lugar suyo.
11 Y luego que llegó a reinar y estuvo sentado
en su trono, mató a toda la casa de Baasa, sin
dejar en ella varón, ni parientes ni amigos.
12 Así exterminó Zimri a toda la casa de Baasa,
conforme a la palabra que Jehová había proferi-
do contra Baasa por medio del profeta Jehú,

15.29: [e] 1 R. 14.10.

13 por todos los pecados de Baasa y los pecados
de Ela su hijo, con los cuales ellos pecaron e hi-
cieron pecar a Israel, provocando a enojo con
sus vanidades a Jehová Dios de Israel.
14 Los demás hechos de Ela, y todo lo que hizo,
¿no está todo escrito en el libro de las crónicas
de los reyes de Israel?
15 En el año veintisiete de Asa rey de Judá,
comenzó a reinar Zimri, y reinó siete días en Tir-
sa; y el pueblo había acampado contra Gibetón,
ciudad de los filisteos.
16 Y el pueblo que estaba en el campamento oyó
decir: Zimri ha conspirado, y ha dado muerte al
rey. Entonces todo Israel puso aquel mismo día
por rey sobre Israel a Omri, general del ejército,
en el campo de batalla.
17 Y subió Omri de Gibetón, y con él todo Israel,
y sitiaron a Tirsa.
18 Mas viendo Zimri tomada la ciudad, se metió
en el palacio de la casa real, y prendió fuego a la
casa consigo; y así murió,
19 por los pecados que había cometido, hacien-
do lo malo ante los ojos de Jehová, y andando
en los caminos de Jeroboam, y en su pecado que
cometió, haciendo pecar a Israel.
20 El resto de los hechos de Zimri, y la conspira-
ción que hizo, ¿no está todo escrito en el libro
de las crónicas de los reyes de Israel?

Reinado de Omri

21 Entonces el pueblo de Israel fue dividido
en dos partes: la mitad del pueblo seguía a Tibni
hijo de Ginat para hacerlo rey, y la otra mitad se-
guía a Omri.
22 Mas el pueblo que seguía a Omri pudo más
que el que seguía a Tibni hijo de Ginat; y Tibni
murió, y Omri fue rey.
23 En el año treinta y uno de Asa rey de Judá,
comenzó a reinar Omri sobre Israel, y reinó
doce años; en Tirsa reinó seis años.
24 Y Omri compró a Semer el monte de Samaria
por dos talentos de plata, y edificó en el monte;
y llamó el nombre de la ciudad que edificó, Sa-
maria, del nombre de Semer, que fue dueño de
aquel monte.
25 Y Omri hizo lo malo ante los ojos de Jeho-
vá, e hizo peor que todos los que habían reinado
antes de él;
26 pues anduvo en todos los caminos de Jero-
boam hijo de Nabat, y en el pecado con el cual
hizo pecar a Israel, provocando a ira a Jehová
Dios de Israel con sus ídolos.
27 Los demás hechos de Omri, y todo lo que hizo,
y las valentías que ejecutó, ¿no está todo escrito
en el libro de las crónicas de los reyes de Israel?
28 Y Omri durmió con sus padres, y fue sepulta-
do en Samaria, y reinó en lugar suyo Acab su
hijo.

Reinado de Acab

29 Comenzó a reinar Acab hijo de Omri sobre
Israel el año treinta y ocho de Asa rey de Judá.
30 Y reinó Acab hijo de Omri sobre Israel en Sa-
maria veintidós años. Y Acab hijo de Omri hizo
lo malo ante los ojos de Jehová, más que todos
los que reinaron antes de él.
31 Porque le fue ligera cosa andar en los peca-
dos de Jeroboam hijo de Nabat, y tomó por mu-
jer a Jezabel, hija de Et-baal rey de los sidonios,
y fue y sirvió a Baal, y lo adoró.
32 E hizo altar a Baal, en el templo de Baal que
él edificó en Samaria.
33 Hizo también Acab una imagen de Asera, ha-
ciendo así Acab más que todos los reyes de Is-
rael que reinaron antes que él, para provocar la
ira de Jehová Dios de Israel.
34 En su tiempo Hiel de Bet-el reedificó a Jericó.
A precio de la vida de Abiram su primogénito
echó el cimiento, y a precio de la vida de Segub
su hijo menor puso sus puertas, conforme a la
palabra que Jehová había hablado por Josué
hijo de Nun.[a]

Elías predice la sequía

17 1 Entonces Elías tisbita, que era de los
moradores de Galaad, dijo a Acab: Vive
Jehová Dios de Israel, en cuya presencia estoy,
que no habrá lluvia ni rocío en estos años, sino
por mi palabra.[a]
2 Y vino a él palabra de Jehová, diciendo:
3 Apártate de aquí, y vuélvete al oriente, y es-
cóndete en el arroyo de Querit, que está frente
al Jordán.
4 Beberás del arroyo; y yo he mandado a los
cuervos que te den allí de comer.
5 Y él fue e hizo conforme a la palabra de Jeho-
vá; pues se fue y vivió junto al arroyo de Querit,
que está frente al Jordán.
6 Y los cuervos le traían pan y carne por la ma-
ñana, y pan y carne por la tarde; y bebía del
arroyo.
7 Pasados algunos días, se secó el arroyo, por-
que no había llovido sobre la tierra.

Elías y la viuda de Sarepta

8 Vino luego a él palabra de Jehová, diciendo:
9 Levántate, vete a Sarepta de Sidón, y mora
allí; he aquí yo he dado orden allí a una mujer
viuda[b] que te sustente.
10 Entonces él se levantó y se fue a Sarepta. Y
cuando llegó a la puerta de la ciudad, he aquí
una mujer viuda que estaba allí recogiendo
leña; y él la llamó, y le dijo: Te ruego que me
traigas un poco de agua en un vaso, para que
beba.

16.34: [a] Jos. 6.26. **17.1:** [a] Stg. 5.17. **17.9:** [b] Lc. 4.25-26.

11 Y yendo ella para traérsela, él la volvió a llamar, y le dijo: Te ruego que me traigas también un bocado de pan en tu mano.

12 Y ella respondió: Vive Jehová tu Dios, que no tengo pan cocido; solamente un puñado de harina tengo en la tinaja, y un poco de aceite en una vasija; y ahora recogía dos leños, para entrar y prepararlo para mí y para mi hijo, para que lo comamos, y nos dejemos morir.

13 Elías le dijo: No tengas temor; ve, haz como has dicho; pero hazme a mí primero de ello una pequeña torta cocida debajo de la ceniza, y tráemela; y después harás para ti y para tu hijo.

14 Porque Jehová Dios de Israel ha dicho así: La harina de la tinaja no escaseará, ni el aceite de la vasija disminuirá, hasta el día en que Jehová haga llover sobre la faz de la tierra.

15 Entonces ella fue e hizo como le dijo Elías; y comió él, y ella, y su casa, muchos días.

16 Y la harina de la tinaja no escaseó, ni el aceite de la vasija menguó, conforme a la palabra que Jehová había dicho por Elías.

17 Después de estas cosas aconteció que cayó enfermo el hijo del ama de la casa; y la enfermedad fue tan grave que no quedó en él aliento.

18 Y ella dijo a Elías: ¿Qué tengo yo contigo, varón de Dios? ¿Has venido a mí para traer a memoria mis iniquidades, y para hacer morir a mi hijo?

19 El le dijo: Dame acá tu hijo. Entonces él lo tomó de su regazo, y lo llevó al aposento donde él estaba, y lo puso sobre su cama.

20 Y clamando a Jehová, dijo: Jehová Dios mío, ¿aun a la viuda en cuya casa estoy hospedado has afligido, haciéndole morir su hijo?

21 Y se tendió sobre el niño tres veces, y clamó a Jehová y dijo: Jehová Dios mío, te ruego que hagas volver el alma de este niño a él.

22 Y Jehová oyó la voz de Elías, y el alma del niño volvió a él, y revivió.

23 Tomando luego Elías al niño, lo trajo del aposento a la casa, y lo dio a su madre, y le dijo Elías: Mira, tu hijo vive.

24 Entonces la mujer dijo a Elías: Ahora conozco que tú eres varón de Dios, y que la palabra de Jehová es verdad en tu boca.

Elías regresa a ver a Acab

18 1 Pasados muchos días, vino palabra de Jehová a Elías en el tercer año, diciendo: Ve, muéstrate a Acab, y yo haré llover sobre la faz de la tierra.

2 Fue, pues, Elías a mostrarse a Acab. Y el hambre era grave en Samaria.

3 Y Acab llamó a Abdías su mayordomo. Abdías era en gran manera temeroso de Jehová.

4 Porque cuando Jezabel destruía a los profetas de Jehová, Abdías tomó a cien profetas y los escondió de cincuenta en cincuenta en cuevas, y los sustentó con pan y agua.

5 Dijo, pues, Acab a Abdías: Ve por el país a todas las fuentes de aguas, y a todos los arroyos, a ver si acaso hallaremos hierba con que conservemos la vida a los caballos y a las mulas, para que no nos quedemos sin bestias.

6 Y dividieron entre sí el país para recorrerlo; Acab fue por un camino, y Abdías fue separadamente por otro.

7 Y yendo Abdías por el camino, se encontró con Elías; y cuando lo reconoció, se postró sobre su rostro y dijo: ¿No eres tú mi señor Elías?

8 Y él respondió: Yo soy; ve, di a tu amo: Aquí está Elías.

9 Pero él dijo: ¿En qué he pecado, para que entregues a tu siervo en mano de Acab para que me mate?

10 Vive Jehová tu Dios, que no ha habido nación ni reino adonde mi señor no haya enviado a buscarte, y todos han respondido: No está aquí; y a reinos y a naciones él ha hecho jurar que no te han hallado.

11 ¿Y ahora tú dices: Ve, di a tu amo: Aquí está Elías?

12 Acontecerá que luego que yo me haya ido, el Espíritu de Jehová te llevará adonde yo no sepa, y al venir yo y dar las nuevas a Acab, al no hallarte él, me matará; y tu siervo teme a Jehová desde su juventud.

13 ¿No ha sido dicho a mi señor lo que hice, cuando Jezabel mataba a los profetas de Jehová; que escondí a cien varones de los profetas de Jehová de cincuenta en cincuenta en cuevas, y los mantuve con pan y agua?

14 ¿Y ahora dices tú: Ve, di a tu amo: Aquí está Elías; para que él me mate?

15 Y le dijo Elías: Vive Jehová de los ejércitos, en cuya presencia estoy, que hoy me mostraré a él.

16 Entonces Abdías fue a encontrarse con Acab, y le dio el aviso; y Acab vino a encontrarse con Elías.

17 Cuando Acab vio a Elías, le dijo: ¿Eres tú el que turbas a Israel?

18 Y él respondió: Yo no he turbado a Israel, sino tú y la casa de tu padre, dejando los mandamientos de Jehová, y siguiendo a los baales.

19 Envía, pues, ahora y congrégame a todo Israel en el monte Carmelo, y los cuatrocientos cincuenta profetas de Baal, y los cuatrocientos profetas de Asera, que comen de la mesa de Jezabel.

Elías y los profetas de Baal

20 Entonces Acab convocó a todos los hijos de Israel, y reunió a los profetas en el monte Carmelo.

21 Y acercándose Elías a todo el pueblo, dijo: ¿Hasta cuándo claudicaréis vosotros entre dos pensamientos? Si Jehová es Dios, seguidle; y si

Baal, id en pos de él. Y el pueblo no respondió palabra.

22 Y Elías volvió a decir al pueblo: Sólo yo he quedado profeta de Jehová; mas de los profetas de Baal hay cuatrocientos cincuenta hombres.

23 Dénsenos, pues, dos bueyes, y escojan ellos uno, y córtenlo en pedazos, y pónganlo sobre leña, pero no pongan fuego debajo; y yo prepararé el otro buey, y lo pondré sobre leña, y ningún fuego pondré debajo.

24 Invocad luego vosotros el nombre de vuestros dioses, y yo invocaré el nombre de Jehová; y el Dios que respondiere por medio de fuego, ése sea Dios. Y todo el pueblo respondió, diciendo: Bien dicho.

25 Entonces Elías dijo a los profetas de Baal: Escogeos un buey, y preparadlo vosotros primero, pues que sois los más; e invocad el nombre de vuestros dioses, mas no pongáis fuego debajo.

26 Y ellos tomaron el buey que les fue dado y lo prepararon, e invocaron el nombre de Baal desde la mañana hasta el mediodía, diciendo: ¡Baal, respóndenos! Pero no había voz, ni quien respondiese; entre tanto, ellos andaban saltando cerca del altar que habían hecho.

27 Y aconteció al mediodía, que Elías se burlaba de ellos, diciendo: Gritad en alta voz, porque dios es; quizá está meditando, o tiene algún trabajo, o va de camino; tal vez duerme, y hay que despertarle.

28 Y ellos clamaban a grandes voces, y se sajaban con cuchillos y con lancetas conforme a su costumbre, hasta chorrear la sangre sobre ellos.

29 Pasó el mediodía, y ellos siguieron gritando frenéticamente hasta la hora de ofrecerse el sacrificio, pero no hubo ninguna voz, ni quien respondiese ni escuchase.

30 Entonces dijo Elías a todo el pueblo: Acercaos a mí. Y todo el pueblo se le acercó; y él arregló el altar de Jehová que estaba arruinado.

31 Y tomando Elías doce piedras, conforme al número de las tribus de los hijos de Jacob, al cual había sido dada palabra de Jehová diciendo, Israel será tu nombre,[a]

32 edificó con las piedras un altar en el nombre de Jehová; después hizo una zanja alrededor del altar, en que cupieran dos medidas de grano.

33 Preparó luego la leña, y cortó el buey en pedazos, y lo puso sobre la leña.

34 Y dijo: Llenad cuatro cántaros de agua, y derramadla sobre el holocausto y sobre la leña. Y dijo: Hacedlo otra vez; y otra vez lo hicieron. Dijo aún: Hacedlo la tercera vez; y lo hicieron la tercera vez,

35 de manera que el agua corría alrededor del altar, y también se había llenado de agua la zanja.

36 Cuando llegó la hora de ofrecerse el holocausto, se acercó el profeta Elías y dijo: Jehová Dios de Abraham, de Isaac y de Israel, sea hoy manifiesto que tú eres Dios en Israel, y que yo soy tu siervo, y que por mandato tuyo he hecho todas estas cosas.

37 Respóndeme, Jehová, respóndeme, para que conozca este pueblo que tú, oh Jehová, eres el Dios, y que tú vuelves a ti el corazón de ellos.

38 Entonces cayó fuego de Jehová, y consumió el holocausto, la leña, las piedras y el polvo, y aun lamió el agua que estaba en la zanja.

39 Viéndolo todo el pueblo, se postraron y dijeron: ¡Jehová es el Dios, Jehová es el Dios!

40 Entonces Elías les dijo: Prended a los profetas de Baal, para que no escape ninguno. Y ellos los prendieron; y los llevó Elías al arroyo de Cisón, y allí los degolló.

Elías ora por lluvia

41 Entonces Elías dijo a Acab: Sube, come y bebe; porque una lluvia grande se oye.

42 Acab subió a comer y a beber. Y Elías subió a la cumbre del Carmelo, y postrándose en tierra, puso su rostro entre las rodillas.

43 Y dijo a su criado: Sube ahora, y mira hacia el mar. Y él subió, y miró, y dijo: No hay nada. Y él le volvió a decir: Vuelve siete veces.

44 A la séptima vez dijo: Yo veo una pequeña nube como la palma de la mano de un hombre, que sube del mar. Y él dijo: Ve, y di a Acab: Unce tu carro y desciende, para que la lluvia no te ataje.

45 Y aconteció, estando en esto, que los cielos se oscurecieron con nubes y viento, y hubo una gran lluvia.[b] Y subiendo Acab, vino a Jezreel.

46 Y la mano de Jehová estuvo sobre Elías, el cual ciñó sus lomos, y corrió delante de Acab hasta llegar a Jezreel.

Elías huye a Horeb

19 1 Acab dio a Jezabel la nueva de todo lo que Elías había hecho, y de cómo había matado a espada a todos los profetas.

2 Entonces envió Jezabel a Elías un mensajero, diciendo: Así me hagan los dioses, y aun me añadan, si mañana a estas horas yo no he puesto tu persona como la de uno de ellos.

3 Viendo, pues, el peligro, se levantó y se fue para salvar su vida, y vino a Beerseba, que está en Judá, y dejó allí a su criado.

4 Y él se fue por el desierto un día de camino, y vino y se sentó debajo de un enebro; y deseando morirse, dijo: Basta ya, oh Jehová, quítame la vida, pues no soy yo mejor que mis padres.

5 Y echándose debajo del enebro, se quedó dormido; y he aquí luego un ángel le tocó, y le dijo: Levántate, come.

6 Entonces él miró, y he aquí a su cabecera una

18.31: [a] Gn. 32.28; 35.10. **18.42-45:** [b] Stg. 5.18.

torta cocida sobre las ascuas, y una vasija de agua; y comió y bebió, y volvió a dormirse.

7 Y volviendo el ángel de Jehová la segunda vez, lo tocó, diciendo: Levántate y come, porque largo camino te resta.

8 Se levantó, pues, y comió y bebió; y fortalecido con aquella comida caminó cuarenta días y cuarenta noches hasta Horeb, el monte de Dios.

9 Y allí se metió en una cueva, donde pasó la noche. Y vino a él palabra de Jehová, el cual le dijo: ¿Qué haces aquí, Elías?

10 El respondió: He sentido un vivo celo por Jehová Dios de los ejércitos; porque los hijos de Israel han dejado tu pacto, han derribado tus altares, y han matado a espada a tus profetas; y sólo yo he quedado, y me buscan para quitarme la vida.[a]

11 El le dijo: Sal fuera, y ponte en el monte delante de Jehová. Y he aquí Jehová que pasaba, y un grande y poderoso viento que rompía los montes, y quebraba las peñas delante de Jehová; pero Jehová no estaba en el viento. Y tras el viento un terremoto; pero Jehová no estaba en el terremoto.

12 Y tras el terremoto un fuego; pero Jehová no estaba en el fuego. Y tras el fuego un silbo apacible y delicado.

13 Y cuando lo oyó Elías, cubrió su rostro con su manto, y salió, y se puso a la puerta de la cueva. Y he aquí vino a él una voz, diciendo: ¿Qué haces aquí, Elías?

14 El respondió: He sentido un vivo celo por Jehová Dios de los ejércitos; porque los hijos de Israel han dejado tu pacto, han derribado tus altares, y han matado a espada a tus profetas; y sólo yo he quedado, y me buscan para quitarme la vida.[a]

15 Y le dijo Jehová: Ve, vuélvete por tu camino, por el desierto de Damasco; y llegarás, y ungirás a Hazael por rey de Siria.[b]

16 A Jehú hijo de Nimsi ungirás por rey sobre Israel;[c] y a Eliseo hijo de Safat, de Abel-mehola, ungirás para que sea profeta en tu lugar.

17 Y el que escapare de la espada de Hazael, Jehú lo matará; y el que escapare de la espada de Jehú, Eliseo lo matará.

18 Y yo haré que queden en Israel siete mil, cuyas rodillas no se doblaron ante Baal,[d] y cuyas bocas no lo besaron.

Llamamiento de Eliseo

19 Partiendo él de allí, halló a Eliseo hijo de Safat, que araba con doce yuntas delante de sí, y él tenía la última. Y pasando Elías por delante de él, echó sobre él su manto.

20 Entonces dejando él los bueyes, vino corriendo en pos de Elías, y dijo: Te ruego que me dejes besar a mi padre y a mi madre, y luego te seguiré. Y él le dijo: Ve, vuelve; ¿qué te he hecho yo?

21 Y se volvió, y tomó un par de bueyes y los mató, y con el arado de los bueyes coció la carne, y la dio al pueblo para que comiesen. Después se levantó y fue tras Elías, y le servía.

Acab derrota a los sirios

20 1 Entonces Ben-adad rey de Siria juntó a todo su ejército, y con él a treinta y dos reyes, con caballos y carros; y subió y sitió a Samaria, y la combatió.

2 Y envió mensajeros a la ciudad a Acab rey de Israel, diciendo:

3 Así ha dicho Ben-adad: Tu plata y tu oro son míos, y tus mujeres y tus hijos hermosos son míos.

4 Y el rey de Israel respondió y dijo: Como tú dices, rey señor mío, yo soy tuyo, y todo lo que tengo.

5 Volviendo los mensajeros otra vez, dijeron: Así dijo Ben-adad: Yo te envié a decir: Tu plata y tu oro, y tus mujeres y tus hijos me darás.

6 Además, mañana a estas horas enviaré yo a ti mis siervos, los cuales registrarán tu casa, y las casas de tus siervos; y tomarán y llevarán todo lo precioso que tengas.

7 Entonces el rey de Israel llamó a todos los ancianos del país, y les dijo: Entended, y ved ahora cómo éste no busca sino mal; pues ha enviado a mí por mis mujeres y mis hijos, y por mi plata y por mi oro, y yo no se lo he negado.

8 Y todos los ancianos y todo el pueblo le respondieron: No le obedezcas, ni hagas lo que te pide.

9 Entonces él respondió a los embajadores de Ben-adad: Decid al rey mi señor: Haré todo lo que mandaste a tu siervo al principio; mas esto no lo puedo hacer. Y los embajadores fueron, y le dieron la respuesta.

10 Y Ben-adad nuevamente le envió a decir: Así me hagan los dioses, y aun me añadan, que el polvo de Samaria no bastará a los puños de todo el pueblo que me sigue.

11 Y el rey de Israel respondió y dijo: Decidle que no se alabe tanto el que se ciñe las armas, como el que las desciñe.

12 Y cuando él oyó esta palabra, estando bebiendo con los reyes en las tiendas, dijo a sus siervos: Disponeos. Y ellos se dispusieron contra la ciudad.

13 Y he aquí un profeta vino a Acab rey de Israel, y le dijo: Así ha dicho Jehová: ¿Has visto esta gran multitud? He aquí yo te la entregaré hoy en tu mano, para que conozcas que yo soy Jehová.

14 Y respondió Acab: ¿Por mano de quién? El dijo: Así ha dicho Jehová: Por mano de los sier-

19.10, 14: [a] Ro. 11.3. **19.15:** [b] 2 R. 8.7-13.
19.16: [c] 2 R. 9.1-6. **19.18:** [d] Ro. 11.4.

vos de los príncipes de las provincias. Y dijo
Acab: ¿Quién comenzará la batalla? Y él respon-
dió: Tú.
15 Entonces él pasó revista a los siervos de los
príncipes de las provincias, los cuales fueron
doscientos treinta y dos. Luego pasó revista a
todo el pueblo, a todos los hijos de Israel, que
fueron siete mil.
16 Y salieron a mediodía. Y estaba Ben-adad
bebiendo y embriagándose en las tiendas, él y
los reyes, los treinta y dos reyes que habían ve-
nido en su ayuda.
17 Y los siervos de los príncipes de las provincias
salieron los primeros. Y Ben-adad había enviado
quien le dio aviso, diciendo: Han salido hom-
bres de Samaria.
18 El entonces dijo: Si han salido por paz, to-
madlos vivos; y si han salido para pelear, to-
madlos vivos.
19 Salieron, pues, de la ciudad los siervos de
los príncipes de las provincias, y en pos de ellos
el ejército.
20 Y mató cada uno al que venía contra él; y hu-
yeron los sirios, siguiéndoles los de Israel. Y el
rey de Siria, Ben-adad, se escapó en un caballo
con alguna gente de caballería.
21 Y salió el rey de Israel, e hirió la gente de a ca-
ballo, y los carros, y deshizo a los sirios causán-
doles gran estrago.
22 Vino luego el profeta al rey de Israel y le
dijo: Ve, fortalécete, y considera y mira lo que
hagas; porque pasado un año, el rey de Siria
vendrá contra ti.
23 Y los siervos del rey de Siria le dijeron: Sus
dioses son dioses de los montes, por eso nos han
vencido; mas si peleáremos con ellos en la lla-
nura, se verá si no los vencemos.
24 Haz, pues, así: Saca a los reyes cada uno de
su puesto, y pon capitanes en lugar de ellos.
25 Y tú fórmate otro ejército como el ejército
que perdiste, caballo por caballo, y carro por ca-
rro; luego pelearemos con ellos en campo raso,
y veremos si no los vencemos. Y él les dio oído, y
lo hizo así.
26 Pasado un año, Ben-adad pasó revista al
ejército de los sirios, y vino a Afec para pelear
contra Israel.
27 Los hijos de Israel fueron también inspeccio-
nados, y tomando provisiones fueron al encuen-
tro de ellos; y acamparon los hijos de Israel
delante de ellos como dos rebañuelos de cabras,
y los sirios llenaban la tierra.
28 Vino entonces el varón de Dios al rey de Is-
rael, y le habló diciendo: Así dijo Jehová: Por
cuanto los sirios han dicho: Jehová es Dios de
los montes, y no Dios de los valles, yo entregaré
toda esta gran multitud en tu mano, para que
conozcáis que yo soy Jehová.
29 Siete días estuvieron acampados los unos
frente a los otros, y al séptimo día se dio la bata-
lla; y los hijos de Israel mataron de los sirios en
un solo día cien mil hombres de a pie.
30 Los demás huyeron a Afec, a la ciudad; y el
muro cayó sobre veintisiete mil hombres que
habían quedado. También Ben-adad vino hu-
yendo a la ciudad, y se escondía de aposento en
aposento.
31 Entonces sus siervos le dijeron: He aquí,
hemos oído de los reyes de la casa de Israel, que
son reyes clementes; pongamos, pues, ahora ci-
licio en nuestros lomos, y sogas en nuestros cue-
llos, y salgamos al rey de Israel, a ver si por
ventura te salva la vida.
32 Ciñeron, pues, sus lomos con cilicio, y sogas a
sus cuellos, y vinieron al rey de Israel y le dije-
ron: Tu siervo Ben-adad dice: Te ruego que viva
mi alma. Y él respondió: Si él vive aún, mi her-
mano es.[1]
33 Esto tomaron aquellos hombres por buen au-
gurio, y se apresuraron a tomar la palabra de su
boca, y dijeron: Tu hermano Ben-adad vive. Y él
dijo: Id y traedle. Ben-adad entonces se presen-
tó a Acab, y él le hizo subir en un carro.
34 Y le dijo Ben-adad: Las ciudades que mi pa-
dre tomó al tuyo, yo las restituiré; y haz plazas
en Damasco para ti, como mi padre las hizo en
Samaria. Y yo, dijo Acab, te dejaré partir con
este pacto. Hizo, pues, pacto con él, y le dejó ir.
35 Entonces un varón de los hijos de los profe-
tas dijo a su compañero por palabra de Dios:
Hiéreme ahora. Mas el otro no quiso herirle.
36 El le dijo: Por cuanto no has obedecido a la
palabra de Jehová, he aquí que cuando te apar-
tes de mí, te herirá un león. Y cuando se apartó
de él, le encontró un león, y le mató.
37 Luego se encontró con otro hombre, y le dijo:
Hiéreme ahora. Y el hombre le dio un golpe, y le
hizo una herida.
38 Y el profeta se fue, y se puso delante del rey
en el camino, y se disfrazó, poniéndose una ven-
da sobre los ojos.
39 Y cuando el rey pasaba, él dio voces al rey, y
dijo: Tu siervo salió en medio de la batalla; y he
aquí que se me acercó un soldado y me trajo un
hombre, diciéndome: Guarda a este hombre, y
si llegare a huir, tu vida será por la suya, o paga-
rás un talento de plata.
40 Y mientras tu siervo estaba ocupado en una y
en otra cosa, el hombre desapareció. Entonces
el rey de Israel le dijo: Esa será tu sentencia; tú
la has pronunciado.
41 Pero él se quitó de pronto la venda de sobre
sus ojos, y el rey de Israel conoció que era de los
profetas.

20.32: [1] O, *¿Vive aún? Es mi hermano.*

42 Y él le dijo: Así ha dicho Jehová: Por cuanto soltaste de la mano el hombre de mi anatema, tu vida será por la suya, y tu pueblo por el suyo.

43 Y el rey de Israel se fue a su casa triste y enojado, y llegó a Samaria.

Acab y la viña de Nabot

21 1 Pasadas estas cosas, aconteció que Nabot de Jezreel tenía allí una viña junto al palacio de Acab rey de Samaria.

2 Y Acab habló a Nabot, diciendo: Dame tu viña para un huerto de legumbres, porque está cercana a mi casa, y yo te daré por ella otra viña mejor que esta; o si mejor te pareciere, te pagaré su valor en dinero.

3 Y Nabot respondió a Acab: Guárdeme Jehová de que yo te dé a ti la heredad de mis padres.

4 Y vino Acab a su casa triste y enojado, por la palabra que Nabot de Jezreel le había respondido, diciendo: No te daré la heredad de mis padres. Y se acostó en su cama, y volvió su rostro, y no comió.

5 Vino a él su mujer Jezabel, y le dijo: ¿Por qué está tan decaído tu espíritu, y no comes?

6 El respondió: Porque hablé con Nabot de Jezreel, y le dije que me diera su viña por dinero, o que si más quería, le daría otra viña por ella; y él respondió: Yo no te daré mi viña.

7 Y su mujer Jezabel le dijo: ¿Eres tú ahora rey sobre Israel? Levántate, y come y alégrate; yo te daré la viña de Nabot de Jezreel.

8 Entonces ella escribió cartas en nombre de Acab, y las selló con su anillo, y las envió a los ancianos y a los principales que moraban en la ciudad con Nabot.

9 Y las cartas que escribió decían así: Proclamad ayuno, y poned a Nabot delante del pueblo;

10 y poned a dos hombres perversos delante de él, que atestigüen contra él y digan: Tú has blasfemado a Dios y al rey. Y entonces sacadlo, y apedreadlo para que muera.

11 Y los de su ciudad, los ancianos y los principales que moraban en su ciudad, hicieron como Jezabel les mandó, conforme a lo escrito en las cartas que ella les había enviado.

12 Y promulgaron ayuno, y pusieron a Nabot delante del pueblo.

13 Vinieron entonces dos hombres perversos, y se sentaron delante de él; y aquellos hombres perversos atestiguaron contra Nabot delante del pueblo, diciendo: Nabot ha blasfemado a Dios y al rey. Y lo llevaron fuera de la ciudad y lo apedrearon, y murió.

14 Después enviaron a decir a Jezabel: Nabot ha sido apedreado y ha muerto.

15 Cuando Jezabel oyó que Nabot había sido apedreado y muerto, dijo a Acab: Levántate y toma la viña de Nabot de Jezreel, que no te la quiso dar por dinero; porque Nabot no vive, sino que ha muerto.

16 Y oyendo Acab que Nabot era muerto, se levantó para descender a la viña de Nabot de Jezreel, para tomar posesión de ella.

17 Entonces vino palabra de Jehová a Elías tisbita, diciendo:

18 Levántate, desciende a encontrarte con Acab rey de Israel, que está en Samaria; he aquí él está en la viña de Nabot, a la cual ha descendido para tomar posesión de ella.

19 Y le hablarás diciendo: Así ha dicho Jehová: ¿No mataste, y también has despojado? Y volverás a hablarle, diciendo: Así ha dicho Jehová: En el mismo lugar donde lamieron los perros la sangre de Nabot, los perros lamerán también tu sangre, tu misma sangre.

20 Y Acab dijo a Elías: ¿Me has hallado, enemigo mío? El respondió: Te he encontrado, porque te has vendido a hacer lo malo delante de Jehová.

21 He aquí yo traigo mal sobre ti, y barreré tu posteridad y destruiré hasta el último varón de la casa de Acab, tanto el siervo como el libre en Israel.

22 Y pondré tu casa como la casa de Jeroboam hijo de Nabat, y como la casa de Baasa hijo de Ahías, por la rebelión con que me provocaste a ira, y con que has hecho pecar a Israel.

23 De Jezabel también ha hablado Jehová, diciendo: Los perros comerán a Jezabel en el muro de Jezreel.[a]

24 El que de Acab fuere muerto en la ciudad, los perros lo comerán, y el que fuere muerto en el campo, lo comerán las aves del cielo.

25 (A la verdad ninguno fue como Acab, que se vendió para hacer lo malo ante los ojos de Jehová; porque Jezabel su mujer lo incitaba.

26 El fue en gran manera abominable, caminando en pos de los ídolos, conforme a todo lo que hicieron los amorreos, a los cuales lanzó Jehová de delante de los hijos de Israel.)

27 Y sucedió que cuando Acab oyó estas palabras, rasgó sus vestidos y puso cilicio sobre su carne, ayunó, y durmió en cilicio, y anduvo humillado.

28 Entonces vino palabra de Jehová a Elías tisbita, diciendo:

29 ¿No has visto cómo Acab se ha humillado delante de mí? Pues por cuanto se ha humillado delante de mí, no traeré el mal en sus días; en los días de su hijo traeré el mal sobre su casa.

Micaías profetiza la derrota de Acab

22 1 Tres años pasaron sin guerra entre los sirios e Israel.

21.23: [a] 2 R. 9.36.

2 Y aconteció al tercer año, que Josafat rey de
Judá descendió al rey de Israel.
3 Y el rey de Israel dijo a sus siervos: ¿No sabéis
que Ramot de Galaad es nuestra, y nosotros no
hemos hecho nada para tomarla de mano del
rey de Siria?
4 Y dijo a Josafat: ¿Quieres venir conmigo a pelear
contra Ramot de Galaad? Y Josafat respondió al
rey de Israel: Yo soy como tú, y mi pueblo como tu
pueblo, y mis caballos como tus caballos.
5 Dijo luego Josafat al rey de Israel: Yo te ruego que consultes hoy la palabra de Jehová.
6 Entonces el rey de Israel reunió a los profetas,
como cuatrocientos hombres, a los cuales dijo:
¿Iré a la guerra contra Ramot de Galaad, o la
dejaré? Y ellos dijeron: Sube, porque Jehová la
entregará en mano del rey.
7 Y dijo Josafat: ¿Hay aún aquí algún profeta de
Jehová, por el cual consultemos?
8 El rey de Israel respondió a Josafat: Aún hay
un varón por el cual podríamos consultar a
Jehová, Micaías hijo de Imla; mas yo le aborrezco, porque nunca me profetiza bien, sino solamente mal. Y Josafat dijo: No hable el rey así.
9 Entonces el rey de Israel llamó a un oficial, y le
dijo: Trae pronto a Micaías hijo de Imla.
10 Y el rey de Israel y Josafat rey de Judá estaban sentados cada uno en su silla, vestidos de
sus ropas reales, en la plaza junto a la entrada
de la puerta de Samaria; y todos los profetas
profetizaban delante de ellos.
11 Y Sedequías hijo de Quenaana se había hecho unos cuernos de hierro, y dijo: Así ha dicho
Jehová: Con éstos acornearás a los sirios hasta
acabarlos.
12 Y todos los profetas profetizaban de la misma
manera, diciendo: Sube a Ramot de Galaad, y
serás prosperado; porque Jehová la entregará
en mano del rey.
13 Y el mensajero que había ido a llamar a Micaías, le habló diciendo: He aquí que las palabras de los profetas a una voz anuncian al rey
cosas buenas; sea ahora tu palabra conforme a
la palabra de alguno de ellos, y anuncia también
buen éxito.
14 Y Micaías respondió: Vive Jehová, que lo que
Jehová me hablare, eso diré.
15 Vino, pues, al rey, y el rey le dijo: Micaías, ¿iremos a pelear contra Ramot de Galaad, o la dejaremos? El le respondió: Sube, y serás prosperado, y
Jehová la entregará en mano del rey.
16 Y el rey le dijo: ¿Hasta cuántas veces he de
exigirte que no me digas sino la verdad en el
nombre de Jehová?
17 Entonces él dijo: Yo vi a todo Israel esparcido
por los montes, como ovejas que no tienen pastor;[a] y Jehová dijo: Estos no tienen señor; vuélvase cada uno a su casa en paz.
18 Y el rey de Israel dijo a Josafat: ¿No te lo había yo dicho? Ninguna cosa buena profetizará él
acerca de mí, sino solamente el mal.
19 Entonces él dijo: Oye, pues, palabra de Jehová: Yo vi a Jehová sentado en su trono, y todo el
ejército de los cielos estaba junto a él, a su derecha y a su izquierda.
20 Y Jehová dijo: ¿Quién inducirá a Acab, para
que suba y caiga en Ramot de Galaad? Y uno decía de una manera, y otro decía de otra.
21 Y salió un espíritu y se puso delante de Jehová, y dijo: Yo le induciré. Y Jehová le dijo: ¿De
qué manera?
22 El dijo: Yo saldré, y seré espíritu de mentira
en boca de todos sus profetas. Y él dijo: Le inducirás, y aun lo conseguirás; ve, pues, y hazlo así.
23 Y ahora, he aquí Jehová ha puesto espíritu de
mentira en la boca de todos tus profetas, y Jehová ha decretado el mal acerca de ti.
24 Entonces se acercó Sedequías hijo de Quenaana y golpeó a Micaías en la mejilla, diciendo: ¿Por dónde se fue de mí el Espíritu de
Jehová para hablarte a ti?
25 Y Micaías respondió: He aquí tú lo verás en
aquel día, cuando te irás metiendo de aposento
en aposento para esconderte.
26 Entonces el rey de Israel dijo: Toma a Micaías, y llévalo a Amón gobernador de la ciudad, y a Joás hijo del rey;
27 y dirás: Así ha dicho el rey: Echad a éste en la
cárcel, y mantenedle con pan de angustia y con
agua de aflicción, hasta que yo vuelva en paz.
28 Y dijo Micaías: Si llegas a volver en paz, Jehová no ha hablado por mí. En seguida dijo: Oíd,
pueblos todos.
29 Subió, pues, el rey de Israel con Josafat rey
de Judá a Ramot de Galaad.
30 Y el rey de Israel dijo a Josafat: Yo me disfrazaré,
y entraré en la batalla; y tú ponte tus vestidos. Y el
rey de Israel se disfrazó, y entró en la batalla.
31 Mas el rey de Siria había mandado a sus
treinta y dos capitanes de los carros, diciendo:
No peleéis ni con grande ni con chico, sino sólo
contra el rey de Israel.
32 Cuando los capitanes de los carros vieron a
Josafat, dijeron: Ciertamente éste es el rey de Israel; y vinieron contra él para pelear con él; mas
el rey Josafat gritó.
33 Viendo entonces los capitanes de los carros
que no era el rey de Israel, se apartaron de él.
34 Y un hombre disparó su arco a la ventura e
hirió al rey de Israel por entre las junturas de la
armadura, por lo que dijo él a su cochero: Da la
vuelta, y sácame del campo, pues estoy herido.
35 Pero la batalla había arreciado aquel día, y el
rey estuvo en su carro delante de los sirios, y a la

22.17: [a] Mt. 9.36; Mr. 6.34.

tarde murió; y la sangre de la herida corría por
el fondo del carro.
36 Y a la puesta del sol salió un pregón por el
campamento, diciendo: ¡Cada uno a su ciudad,
y cada cual a su tierra!
37 Murió, pues, el rey, y fue traído a Samaria;
y sepultaron al rey en Samaria.
38 Y lavaron el carro en el estanque de Samaria;
y los perros lamieron su sangre (y también las
rameras se lavaban allí), conforme a la palabra
que Jehová había hablado.
39 El resto de los hechos de Acab, y todo lo que
hizo, y la casa de marfil que construyó, y todas
las ciudades que edificó, ¿no está escrito en el li-
bro de las crónicas de los reyes de Israel?
40 Y durmió Acab con sus padres, y reinó en su
lugar Ocozías su hijo.

Reinado de Josafat

41 Josafat hijo de Asa comenzó a reinar sobre
Judá en el cuarto año de Acab rey de Israel.
42 Era Josafat de treinta y cinco años cuando co-
menzó a reinar, y reinó veinticinco años en Jeru-
salén. El nombre de su madre fue Azuba hija de
Silhi.
43 Y anduvo en todo el camino de Asa su padre,
sin desviarse de él, haciendo lo recto ante los
ojos de Jehová. Con todo eso, los lugares altos
no fueron quitados; porque el pueblo sacrifica-
ba aún, y quemaba incienso en ellos.
44 Y Josafat hizo paz con el rey de Israel.
45 Los demás hechos de Josafat, y sus haza-
ñas, y las guerras que hizo, ¿no están escritos en
el libro de las crónicas de los reyes de Judá?
46 Barrió también de la tierra el resto de los so-
domitas que había quedado en el tiempo de su
padre Asa.
47 No había entonces rey en Edom; había go-
bernador en lugar de rey.
48 Josafat había hecho naves de Tarsis, las cua-
les habían de ir a Ofir por oro; mas no fueron,
porque se rompieron en Ezión-geber.
49 Entonces Ocozías hijo de Acab dijo a Josafat:
Vayan mis siervos con los tuyos en las naves.
Mas Josafat no quiso.
50 Y durmió Josafat con sus padres, y fue sepul-
tado con ellos en la ciudad de David su padre; y
en su lugar reinó Joram su hijo.

Reinado de Ocozías de Israel

51 Ocozías hijo de Acab comenzó a reinar so-
bre Israel en Samaria, el año diecisiete de Josa-
fat rey de Judá; y reinó dos años sobre Israel.
52 E hizo lo malo ante los ojos de Jehová, y an-
duvo en el camino de su padre, y en el camino
de su madre, y en el camino de Jeroboam hijo
de Nabat, que hizo pecar a Israel;
53 porque sirvió a Baal, y lo adoró, y provocó a
ira a Jehová Dios de Israel, conforme a todas las
cosas que había hecho su padre.

SEGUNDO LIBRO DE LOS

REYES

Muerte de Ocozías

1 1 Después de la muerte de Acab, se rebeló
Moab contra Israel.
2 Y Ocozías cayó por la ventana de una sala
de la casa que tenía en Samaria; y estando en-
fermo, envió mensajeros, y les dijo: Id y consul-
tad a Baal-zebub dios de Ecrón, si he de sanar
de esta mi enfermedad.
3 Entonces el ángel de Jehová habló a Elías tis-
bita, diciendo: Levántate, y sube a encontrarte
con los mensajeros del rey de Samaria, y diles:
¿No hay Dios en Israel, que vais a consultar a
Baal-zebub dios de Ecrón?
4 Por tanto, así ha dicho Jehová: Del lecho en
que estás no te levantarás, sino que ciertamente
morirás. Y Elías se fue.
5 Cuando los mensajeros se volvieron al rey,
él les dijo: ¿Por qué os habéis vuelto?
6 Ellos le respondieron: Encontramos a un va-
rón que nos dijo: Id, y volveos al rey que os en-
vió, y decidle: Así ha dicho Jehová: ¿No hay
Dios en Israel, que tú envías a consultar a Baal-
zebub dios de Ecrón? Por tanto, del lecho en que
estás no te levantarás; de cierto morirás.
7 Entonces él les dijo: ¿Cómo era aquel varón
que encontrasteis, y os dijo tales palabras?
8 Y ellos le respondieron: Un varón que tenía
vestido de pelo, y ceñía sus lomos con un cintu-
rón de cuero.[a] Entonces él dijo: Es Elías tisbita.
9 Luego envió a él un capitán de cincuenta
con sus cincuenta, el cual subió a donde él esta-
ba; y he aquí que él estaba sentado en la cumbre
del monte. Y el capitán le dijo: Varón de Dios, el
rey ha dicho que desciendas.
10 Y Elías respondió y dijo al capitán de cincuen-
ta: Si yo soy varón de Dios, descienda fuego del
cielo, y consúmate con tus cincuenta.[b] Y descen-
dió fuego del cielo, que lo consumió a él y a sus
cincuenta.
11 Volvió el rey a enviar a él otro capitán de
cincuenta con sus cincuenta; y le habló y dijo:

1.8: [a] Mt. 3.4; Mr. 1.6. **1.10:** [b] Lc. 9.54.

Varón de Dios, el rey ha dicho así: Desciende
pronto.
12 Y le respondió Elías y dijo: Si yo soy varón de
Dios, descienda fuego del cielo, y consúmate
con tus cincuenta.[c] Y descendió fuego del cielo,
y lo consumió a él y a sus cincuenta.
13 Volvió a enviar al tercer capitán de cin-
cuenta con sus cincuenta; y subiendo aquel ter-
cer capitán de cincuenta, se puso de rodillas
delante de Elías y le rogó, diciendo: Varón de
Dios, te ruego que sea de valor delante de tus
ojos mi vida, y la vida de estos tus cincuenta
siervos.
14 He aquí ha descendido fuego del cielo, y ha
consumido a los dos primeros capitanes de cin-
cuenta con sus cincuenta; sea estimada ahora
mi vida delante de tus ojos.
15 Entonces el ángel de Jehová dijo a Elías: Des-
ciende con él; no tengas miedo de él. Y él se le-
vantó, y descendió con él al rey.
16 Y le dijo: Así ha dicho Jehová: Por cuanto en-
viaste mensajeros a consultar a Baal-zebub dios
de Ecrón, ¿no hay Dios en Israel para consultar
en su palabra? No te levantarás, por tanto, del
lecho en que estás, sino que de cierto morirás.
17 Y murió conforme a la palabra de Jehová,
que había hablado Elías. Reinó en su lugar Jo-
ram, en el segundo año de Joram hijo de Josa-
fat, rey de Judá; porque Ocozías no tenía hijo.
18 Los demás hechos de Ocozías, ¿no están es-
critos en el libro de las crónicas de los reyes de
Israel?

Eliseo sucede a Elías

2 1 Aconteció que cuando quiso Jehová alzar
a Elías en un torbellino al cielo, Elías venía
con Eliseo de Gilgal.
2 Y dijo Elías a Eliseo: Quédate ahora aquí, por-
que Jehová me ha enviado a Bet-el. Y Eliseo
dijo: Vive Jehová, y vive tu alma, que no te deja-
ré. Descendieron, pues, a Bet-el.
3 Y saliendo a Eliseo los hijos de los profetas que
estaban en Bet-el, le dijeron: ¿Sabes que Jehová
te quitará hoy a tu señor de sobre ti? Y él dijo:
Sí, yo lo sé; callad.
4 Y Elías le volvió a decir: Eliseo, quédate aquí
ahora, porque Jehová me ha enviado a Jericó. Y
él dijo: Vive Jehová, y vive tu alma, que no te
dejaré. Vinieron, pues, a Jericó.
5 Y se acercaron a Eliseo los hijos de los profetas
que estaban en Jericó, y le dijeron: ¿Sabes que
Jehová te quitará hoy a tu señor de sobre ti? El
respondió: Sí, yo lo sé; callad.
6 Y Elías le dijo: Te ruego que te quedes aquí,
porque Jehová me ha enviado al Jordán. Y él
dijo: Vive Jehová, y vive tu alma, que no te deja-
ré. Fueron, pues, ambos.
7 Y vinieron cincuenta varones de los hijos de
los profetas, y se pararon delante a lo lejos; y
ellos dos se pararon junto al Jordán.
8 Tomando entonces Elías su manto, lo dobló, y
golpeó las aguas, las cuales se apartaron a uno y
a otro lado, y pasaron ambos por lo seco.
9 Cuando habían pasado, Elías dijo a Eliseo:
Pide lo que quieras que haga por ti, antes que yo
sea quitado de ti. Y dijo Eliseo: Te ruego que una
doble porción[a] de tu espíritu sea sobre mí.
10 El le dijo: Cosa difícil has pedido. Si me vieres
cuando fuere quitado de ti, te será hecho así;
mas si no, no.
11 Y aconteció que yendo ellos y hablando, he
aquí un carro de fuego con caballos de fuego
apartó a los dos; y Elías subió al cielo en un tor-
bellino.
12 Viéndolo Eliseo, clamaba: ¡Padre mío, padre
mío, carro de Israel y su gente de a caballo![b] Y
nunca más le vio; y tomando sus vestidos, los
rompió en dos partes.
13 Alzó luego el manto de Elías que se le había
caído, y volvió, y se paró a la orilla del Jordán.
14 Y tomando el manto de Elías que se le había
caído, golpeó las aguas, y dijo: ¿Dónde está
Jehová, el Dios de Elías? Y así que hubo golpea-
do del mismo modo las aguas, se apartaron a
uno y a otro lado, y pasó Eliseo.
15 Viéndole los hijos de los profetas que esta-
ban en Jericó al otro lado, dijeron: El espíritu de
Elías reposó sobre Eliseo. Y vinieron a recibirle,
y se postraron delante de él.
16 Y dijeron: He aquí hay con tus siervos cin-
cuenta varones fuertes; vayan ahora y busquen
a tu señor; quizá lo ha levantado el Espíritu de
Jehová, y lo ha echado en algún monte o en al-
gún valle. Y él les dijo: No enviéis.
17 Mas ellos le importunaron, hasta que aver-
gonzándose dijo: Enviad. Entonces ellos envia-
ron cincuenta hombres, los cuales lo buscaron
tres días, mas no lo hallaron.
18 Y cuando volvieron a Eliseo, que se había
quedado en Jericó, él les dijo: ¿No os dije yo que
no fueseis?
19 Y los hombres de la ciudad dijeron a Eli-
seo: He aquí, el lugar en donde está colocada
esta ciudad es bueno, como mi señor ve; mas las
aguas son malas, y la tierra es estéril.
20 Entonces él dijo: Traedme una vasija nueva, y
poned en ella sal. Y se la trajeron.
21 Y saliendo él a los manantiales de las aguas,
echó dentro la sal, y dijo: Así ha dicho Jehová:
Yo sané estas aguas, y no habrá más en ellas
muerte ni enfermedad.
22 Y fueron sanas las aguas hasta hoy, conforme
a la palabra que habló Eliseo.
23 Después subió de allí a Bet-el; y subiendo

1.12: [c] Lc. 9.54. **2.9:** [a] Dt. 21.17. **2.12:** [b] 2 R. 13.14.

por el camino, salieron unos muchachos de la ciudad, y se burlaban de él, diciendo: ¡Calvo, sube! ¡calvo, sube!

24 Y mirando él atrás, los vio, y los maldijo en el nombre de Jehová. Y salieron dos osos del monte, y despedazaron de ellos a cuarenta y dos muchachos.

25 De allí fue al monte Carmelo, y de allí volvió a Samaria.

Reinado de Joram de Israel

3 1 Joram hijo de Acab comenzó a reinar en Samaria sobre Israel el año dieciocho de Josafat rey de Judá; y reinó doce años.

2 E hizo lo malo ante los ojos de Jehová, aunque no como su padre y su madre; porque quitó las estatuas de Baal que su padre había hecho.

3 Pero se entregó a los pecados de Jeroboam hijo de Nabat, que hizo pecar a Israel, y no se apartó de ellos.

Eliseo predice la victoria sobre Moab

4 Entonces Mesa rey de Moab era propietario de ganados, y pagaba al rey de Israel cien mil corderos y cien mil carneros con sus vellones.

5 Pero muerto Acab, el rey de Moab se rebeló contra el rey de Israel.

6 Salió entonces de Samaria el rey Joram, y pasó revista a todo Israel.

7 Y fue y envió a decir a Josafat rey de Judá: El rey de Moab se ha rebelado contra mí: ¿irás tú conmigo a la guerra contra Moab? Y él respondió: Iré, porque yo soy como tú; mi pueblo como tu pueblo, y mis caballos como los tuyos.

8 Y dijo: ¿Por qué camino iremos? Y él respondió: Por el camino del desierto de Edom.

9 Salieron, pues, el rey de Israel, el rey de Judá, y el rey de Edom; y como anduvieron rodeando por el desierto siete días de camino, les faltó agua para el ejército, y para las bestias que los seguían.

10 Entonces el rey de Israel dijo: ¡Ah! que ha llamado Jehová a estos tres reyes para entregarlos en manos de los moabitas.

11 Mas Josafat dijo: ¿No hay aquí profeta de Jehová, para que consultemos a Jehová por medio de él? Y uno de los siervos del rey de Israel respondió y dijo: Aquí está Eliseo hijo de Safat, que servía a Elías.

12 Y Josafat dijo: Este tendrá palabra de Jehová. Y descendieron a él el rey de Israel, y Josafat, y el rey de Edom.

13 Entonces Eliseo dijo al rey de Israel: ¿Qué tengo yo contigo? Ve a los profetas de tu padre, y a los profetas de tu madre. Y el rey de Israel le respondió: No; porque Jehová ha reunido a estos tres reyes para entregarlos en manos de los moabitas.

14 Y Eliseo dijo: Vive Jehová de los ejércitos, en cuya presencia estoy, que si no tuviese respeto al rostro de Josafat rey de Judá, no te mirara a ti, ni te viera.

15 Mas ahora traedme un tañedor. Y mientras el tañedor tocaba, la mano de Jehová vino sobre Eliseo,

16 quien dijo: Así ha dicho Jehová: Haced en este valle muchos estanques.

17 Porque Jehová ha dicho así: No veréis viento, ni veréis lluvia; pero este valle será lleno de agua, y beberéis vosotros, y vuestras bestias y vuestros ganados.

18 Y esto es cosa ligera en los ojos de Jehová; entregará también a los moabitas en vuestras manos.

19 Y destruiréis toda ciudad fortificada y toda villa hermosa, y talaréis todo buen árbol, cegaréis todas las fuentes de aguas, y destruiréis con piedras toda tierra fértil.

20 Aconteció, pues, que por la mañana, cuando se ofrece el sacrificio, he aquí vinieron aguas por el camino de Edom, y la tierra se llenó de aguas.

21 Cuanto todos los de Moab oyeron que los reyes subían a pelear contra ellos, se juntaron desde los que apenas podían ceñir armadura en adelante, y se pusieron en la frontera.

22 Cuando se levantaron por la mañana, y brilló el sol sobre las aguas, vieron los de Moab desde lejos las aguas rojas como sangre;

23 y dijeron: ¡Esto es sangre de espada! Los reyes se han vuelto uno contra otro, y cada uno ha dado muerte a su compañero. Ahora, pues, ¡Moab, al botín!

24 Pero cuando llegaron al campamento de Israel, se levantaron los israelitas y atacaron a los de Moab, los cuales huyeron de delante de ellos; pero los persiguieron matando a los de Moab.

25 Y asolaron las ciudades, y en todas las tierras fértiles echó cada uno su piedra, y las llenaron; cegaron también todas las fuentes de las aguas, y derribaron todos los buenos árboles; hasta que en Kir-hareset solamente dejaron piedras, porque los honderos la rodearon y la destruyeron.

26 Y cuando el rey de Moab vio que era vencido en la batalla, tomó consigo setecientos hombres que manejaban espada, para atacar al rey de Edom; mas no pudieron.

27 Entonces arrebató a su primogénito que había de reinar en su lugar, y lo sacrificó en holocausto sobre el muro. Y hubo grande enojo contra Israel; y se apartaron de él, y se volvieron a su tierra.

El aceite de la viuda

4 1 Una mujer, de las mujeres de los hijos de los profetas, clamó a Eliseo, diciendo: Tu siervo mi marido ha muerto; y tú sabes que tu

siervo era temeroso de Jehová; y ha venido el
acreedor para tomarse dos hijos míos por sier-
vos.
2 Y Eliseo le dijo: ¿Qué te haré yo? Declárame
qué tienes en casa. Y ella dijo: Tu sierva ninguna
cosa tiene en casa, sino una vasija de aceite.
3 El le dijo: Ve y pide para ti vasijas prestadas de
todos tus vecinos, vasijas vacías, no pocas.
4 Entra luego, y enciérrate tú y tus hijos; y echa
en todas las vasijas, y cuando una esté llena,
ponla aparte.
5 Y se fue la mujer, y cerró la puerta encerrándo-
se ella y sus hijos; y ellos le traían las vasijas, y
ella echaba del aceite.
6 Cuando las vasijas estuvieron llenas, dijo a un
hijo suyo: Tráeme aún otras vasijas. Y él dijo: No
hay más vasijas. Entonces cesó el aceite.
7 Vino ella luego, y lo contó al varón de Dios, el
cual dijo: Ve y vende el aceite, y paga a tus acree-
dores; y tú y tus hijos vivid de lo que quede.

Eliseo y la sunamita

8 Aconteció también que un día pasaba Eliseo
por Sunem; y había allí una mujer importante,
que le invitaba insistentemente a que comiese; y
cuando él pasaba por allí, venía a la casa de ella
a comer.
9 Y ella dijo a su marido: He aquí ahora, yo en-
tiendo que éste que siempre pasa por nuestra
casa, es varón santo de Dios.
10 Yo te ruego que hagamos un pequeño apo-
sento de paredes, y pongamos allí cama, mesa,
silla y candelero, para que cuando él viniere a
nosotros, se quede en él.
11 Y aconteció que un día vino él por allí, y se
quedó en aquel aposento, y allí durmió.
12 Entonces dijo a Giezi su criado: Llama a esta su-
namita. Y cuando la llamó, vino ella delante de él.
13 Dijo él entonces a Giezi: Dile: He aquí tú has
estado solícita por nosotros con todo este esme-
ro; ¿qué quieres que haga por ti? ¿Necesitas que
hable por ti al rey, o al general del ejército? Y ella
respondió: Yo habito en medio de mi pueblo.
14 Y él dijo: ¿Qué, pues, haremos por ella? Y
Giezi respondió: He aquí que ella no tiene hijo,
y su marido es viejo.
15 Dijo entonces: Llámala. Y él la llamó, y ella se
paró a la puerta.
16 Y él le dijo: El año que viene, por este tiempo,
abrazarás un hijo. Y ella dijo: No, señor mío, va-
rón de Dios, no hagas burla de tu sierva.
17 Mas la mujer concibió, y dio a luz un hijo el
año siguiente, en el tiempo que Eliseo le había
dicho.
18 Y el niño creció. Pero aconteció un día, que
vino a su padre, que estaba con los segadores;
19 y dijo a su padre: ¡Ay, mi cabeza, mi cabeza!
Y el padre dijo a un criado: Llévalo a su madre.
20 Y habiéndole él tomado y traído a su madre,
estuvo sentado en sus rodillas hasta el medio-
día, y murió.
21 Ella entonces subió, y lo puso sobre la cama
del varón de Dios, y cerrando la puerta, se salió.
22 Llamando luego a su marido, le dijo: Te rue-
go que envíes conmigo a alguno de los criados y
una de las asnas, para que yo vaya corriendo al
varón de Dios, y regrese.
23 El dijo: ¿Para qué vas a verle hoy? No es nue-
va luna, ni día de reposo.* Y ella respondió: Paz.
24 Después hizo enalbardar el asna, y dijo al
criado: Guía y anda; y no me hagas detener en
el camino, sino cuando yo te lo dijere.
25 Partió, pues, y vino al varón de Dios, al monte
Carmelo.
Y cuando el varón de Dios la vio de lejos, dijo
a su criado Giezi: He aquí la sunamita.
26 Te ruego que vayas ahora corriendo a recibir-
la, y le digas: ¿Te va bien a ti? ¿Le va bien a tu
marido, y a tu hijo? Y ella dijo: Bien.
27 Luego que llegó a donde estaba el varón de
Dios en el monte, se asió de sus pies. Y se acercó
Giezi para quitarla; pero el varón de Dios le
dijo: Déjala, porque su alma está en amargura, y
Jehová me ha encubierto el motivo, y no me lo
ha revelado.
28 Y ella dijo: ¿Pedí yo hijo a mi señor? ¿No dije
yo que no te burlases de mí?
29 Entonces dijo él a Giezi: Ciñe tus lomos, y
toma mi báculo en tu mano, y ve; si alguno te
encontrare, no lo saludes, y si alguno te saluda-
re, no le respondas; y pondrás mi báculo sobre
el rostro del niño.
30 Y dijo la madre del niño: Vive Jehová, y vive
tu alma, que no te dejaré.
31 El entonces se levantó y la siguió. Y Giezi ha-
bía ido delante de ellos, y había puesto el báculo
sobre el rostro del niño; pero no tenía voz ni
sentido, y así se había vuelto para encontrar a
Eliseo, y se lo declaró, diciendo: El niño no
despierta.
32 Y venido Eliseo a la casa, he aquí que el
niño estaba muerto tendido sobre su cama.
33 Entrando él entonces, cerró la puerta tras
ambos, y oró a Jehová.
34 Después subió y se tendió sobre el niño, po-
niendo su boca sobre la boca de él, y sus ojos so-
bre sus ojos, y sus manos sobre las manos suyas;
así se tendió sobre él, y el cuerpo del niño entró
en calor.
35 Volviéndose luego, se paseó por la casa a una
y otra parte, y después subió, y se tendió sobre
él nuevamente, y el niño estornudó siete veces,
y abrió sus ojos.
36 Entonces llamó él a Giezi, y le dijo: Llama a

* Aquí equivale a *sábado*.

esta sunamita. Y él la llamó. Y entrando ella, él
le dijo: Toma tu hijo.
37 Y así que ella entró, se echó a sus pies, y se in-
clinó a tierra; y después tomó a su hijo, y salió.

Milagros en beneficio de los profetas

38 Eliseo volvió a Gilgal cuando había una
grande hambre en la tierra. Y los hijos de los
profetas estaban con él, por lo que dijo a su cria-
do: Pon una olla grande, y haz potaje para los
hijos de los profetas.
39 Y salió uno al campo a recoger hierbas, y ha-
lló una como parra montés, y de ella llenó su fal-
da de calabazas silvestres; y volvió, y las cortó
en la olla del potaje, pues no sabía lo que era.
40 Después sirvió para que comieran los hom-
bres; pero sucedió que comiendo ellos de aquel
guisado, gritaron diciendo: ¡Varón de Dios, hay
muerte en esa olla! Y no lo pudieron comer.
41 El entonces dijo: Traed harina. Y la esparció
en la olla, y dijo: Da de comer a la gente. Y no
hubo más mal en la olla.
42 Vino entonces un hombre de Baal-salisa, el
cual trajo al varón de Dios panes de primicias,
veinte panes de cebada, y trigo nuevo en su es-
piga. Y él dijo: Da a la gente para que coma.
43 Y respondió su sirviente: ¿Cómo pondré esto
delante de cien hombres? Pero él volvió a decir:
Da a la gente para que coma, porque así ha di-
cho Jehová: Comerán, y sobrará.
44 Entonces lo puso delante de ellos, y comieron,
y les sobró, conforme a la palabra de Jehová.

Eliseo y Naamán

5 1 Naamán,[a] general del ejército del rey de
Siria, era varón grande delante de su señor,
y lo tenía en alta estima, porque por medio de
él había dado Jehová salvación a Siria. Era este
hombre valeroso en extremo, pero leproso.
2 Y de Siria habían salido bandas armadas, y ha-
bían llevado cautiva de la tierra de Israel a una
muchacha, la cual servía a la mujer de Naamán.
3 Esta dijo a su señora: Si rogase mi señor al
profeta que está en Samaria, él lo sanaría de su
lepra.
4 Entrando Naamán a su señor, le relató dicien-
do: Así y así ha dicho una muchacha que es de la
tierra de Israel.
5 Y le dijo el rey de Siria: Anda, ve, y yo enviaré
cartas al rey de Israel.
Salió, pues, él, llevando consigo diez talentos
de plata, y seis mil piezas de oro, y diez mudas
de vestidos.
6 Tomó también cartas para el rey de Israel, que
decían así: Cuando lleguen a ti estas cartas,
sabe por ellas que yo envío a ti mi siervo Naa-
mán, para que lo sanes de su lepra.
7 Luego que el rey de Israel leyó las cartas, rasgó
sus vestidos, y dijo: ¿Soy yo Dios, que mate y dé
vida, para que éste envíe a mí a que sane un
hombre de su lepra? Considerad ahora, y ved
cómo busca ocasión contra mí.
8 Cuando Eliseo el varón de Dios oyó que el
rey de Israel había rasgado sus vestidos, envió a
decir al rey: ¿Por qué has rasgado tus vestidos?
Venga ahora a mí, y sabrá que hay profeta en
Israel.
9 Y vino Naamán con sus caballos y con su ca-
rro, y se paró a las puertas de la casa de Eliseo.
10 Entonces Eliseo le envió un mensajero, di-
ciendo: Ve y lávate siete veces en el Jordán, y tu
carne se te restaurará, y serás limpio.
11 Y Naamán se fue enojado, diciendo: He aquí
yo decía para mí: Saldrá él luego, y estando en
pie invocará el nombre de Jehová su Dios, y al-
zará su mano y tocará el lugar, y sanará la lepra.
12 Abana y Farfar, ríos de Damasco, ¿no son me-
jores que todas las aguas de Israel? Si me lavare
en ellos, ¿no seré también limpio? Y se volvió, y
se fue enojado.
13 Mas sus criados se le acercaron y le hablaron
diciendo: Padre mío, si el profeta te mandara al-
guna gran cosa, ¿no la harías? ¿Cuánto más, di-
ciéndote: Lávate, y serás limpio?
14 El entonces descendió, y se zambulló siete
veces en el Jordán, conforme a la palabra del
varón de Dios; y su carne se volvió como la car-
ne de un niño, y quedó limpio.
15 Y volvió al varón de Dios, él y toda su com-
pañía, y se puso delante de él, y dijo: He aquí
ahora conozco que no hay Dios en toda la tierra,
sino en Israel. Te ruego que recibas algún pre-
sente de tu siervo.
16 Mas él dijo: Vive Jehová, en cuya presencia
estoy, que no lo aceptaré. Y le instaba que acep-
tara alguna cosa, pero él no quiso.
17 Entonces Naamán dijo: Te ruego, pues, ¿de
esta tierra no se dará a tu siervo la carga de un
par de mulas? Porque de aquí en adelante tu
siervo no sacrificará holocausto ni ofrecerá sa-
crificio a otros dioses, sino a Jehová.
18 En esto perdone Jehová a tu siervo: que
cuando mi señor el rey entrare en el templo de
Rimón para adorar en él, y se apoyare sobre mi
brazo, si yo también me inclinare en el templo
de Rimón; cuando haga tal, Jehová perdone en
esto a tu siervo.
19 Y él le dijo: Ve en paz. Se fue, pues, y caminó
como media legua de tierra.
20 Entonces Giezi, criado de Eliseo el varón
de Dios, dijo entre sí: He aquí mi señor estorbó a
este sirio Naamán, no tomando de su mano las
cosas que había traído. Vive Jehová, que correré
yo tras él y tomaré de él alguna cosa.

5.1-14: [a] Lc. 4.27.

21 Y siguió Giezi a Naamán; y cuando vio Naa-
mán que venía corriendo tras él, se bajó del ca-
rro para recibirle, y dijo: ¿Va todo bien?
22 Y él dijo: Bien. Mi señor me envía a decirte:
He aquí vinieron a mí en esta hora del monte de
Efraín dos jóvenes de los hijos de los profetas; te
ruego que les des un talento de plata, y dos ves-
tidos nuevos.
23 Dijo Naamán: Te ruego que tomes dos talen-
tos. Y le insistió, y ató dos talentos de plata en
dos bolsas, y dos vestidos nuevos, y lo puso todo
a cuestas a dos de sus criados para que lo lleva-
sen delante de él.
24 Y así que llegó a un lugar secreto, él lo tomó
de mano de ellos, y lo guardó en la casa; luego
mandó a los hombres que se fuesen.
25 Y él entró, y se puso delante de su señor. Y
Eliseo le dijo: ¿De dónde vienes, Giezi? Y él dijo:
Tu siervo no ha ido a ninguna parte.
26 El entonces le dijo: ¿No estaba también allí
mi corazón, cuando el hombre volvió de su ca-
rro a recibirte? ¿Es tiempo de tomar plata, y de
tomar vestidos, olivares, viñas, ovejas, bueyes,
siervos y siervas?
27 Por tanto, la lepra de Naamán se te pegará a
ti y a tu descendencia para siempre. Y salió de
delante de él leproso, blanco como la nieve.

Eliseo hace flotar el hacha

6 1 Los hijos de los profetas dijeron a Eliseo:
He aquí, el lugar en que moramos contigo
nos es estrecho.
2 Vamos ahora al Jordán, y tomemos de allí
cada uno una viga, y hagamos allí lugar en que
habitemos. Y él dijo: Andad.
3 Y dijo uno: Te rogamos que vengas con tus
siervos. Y él respondió: Yo iré.
4 Se fue, pues, con ellos; y cuando llegaron al
Jordán, cortaron la madera.
5 Y aconteció que mientras uno derribaba un ár-
bol, se le cayó el hacha en el agua; y gritó di-
ciendo: ¡Ah, señor mío, era prestada!
6 El varón de Dios preguntó: ¿Dónde cayó? Y él
le mostró el lugar. Entonces cortó él un palo, y lo
echó allí; e hizo flotar el hierro.
7 Y dijo: Tómalo. Y él extendió la mano, y lo
tomó.

Eliseo y los sirios

8 Tenía el rey de Siria guerra contra Israel, y
consultando con sus siervos, dijo: En tal y tal lu-
gar estará mi campamento.
9 Y el varón de Dios envió a decir al rey de Is-
rael: Mira que no pases por tal lugar, porque los
sirios van allí.
10 Entonces el rey de Israel envió a aquel lugar
que el varón de Dios había dicho; y así lo hizo
una y otra vez con el fin de cuidarse.
11 Y el corazón del rey de Siria se turbó por
esto; y llamando a sus siervos, les dijo: ¿No me
declararéis vosotros quién de los nuestros es del
rey de Israel?
12 Entonces uno de los siervos dijo: No, rey se-
ñor mío, sino que el profeta Eliseo está en Israel,
el cual declara al rey de Israel las palabras que
tú hablas en tu cámara más secreta.
13 Y él dijo: Id, y mirad dónde está, para que yo
envíe a prenderlo. Y le fue dicho: He aquí que él
está en Dotán.
14 Entonces envió el rey allá gente de a caballo,
y carros, y un gran ejército, los cuales vinieron
de noche, y sitiaron la ciudad.
15 Y se levantó de mañana y salió el que ser-
vía al varón de Dios, y he aquí el ejército que te-
nía sitiada la ciudad, con gente de a caballo y
carros. Entonces su criado le dijo: ¡Ah, señor
mío! ¿qué haremos?
16 El le dijo: No tengas miedo, porque más son
los que están con nosotros que los que están con
ellos.
17 Y oró Eliseo, y dijo: Te ruego, oh Jehová, que
abras sus ojos para que vea. Entonces Jehová
abrió los ojos del criado, y miró; y he aquí que el
monte estaba lleno de gente de a caballo, y de
carros de fuego alrededor de Eliseo.
18 Y luego que los sirios descendieron a él, oró
Eliseo a Jehová, y dijo: Te ruego que hieras con
ceguera a esta gente. Y los hirió con ceguera,
conforme a la petición de Eliseo.
19 Después les dijo Eliseo: No es este el camino,
ni es esta la ciudad; seguidme, y yo os guiaré al
hombre que buscáis. Y los guió a Samaria.
20 Y cuando llegaron a Samaria, dijo Eliseo:
Jehová, abre los ojos de éstos, para que vean. Y
Jehová abrió sus ojos, y miraron, y se hallaban
en medio de Samaria.
21 Cuando el rey de Israel los hubo visto, dijo a
Eliseo: ¿Los mataré, padre mío?
22 El le respondió: No los mates. ¿Matarías tú a
los que tomaste cautivos con tu espada y con tu
arco? Pon delante de ellos pan y agua, para que
coman y beban, y vuelvan a sus señores.
23 Entonces se les preparó una gran comida; y
cuando habían comido y bebido, los envió, y
ellos se volvieron a su señor. Y nunca más vinie-
ron bandas armadas de Siria a la tierra de Israel.

Eliseo y el sitio de Samaria

24 Después de esto aconteció que Ben-adad
rey de Siria reunió todo su ejército, y subió y si-
tió a Samaria.
25 Y hubo gran hambre en Samaria, a conse-
cuencia de aquel sitio; tanto que la cabeza de un
asno se vendía por ochenta piezas de plata, y la
cuarta parte de un cab de estiércol de palomas
por cinco piezas de plata.

26 Y pasando el rey de Israel por el muro, una
mujer le gritó, y dijo: Salva, rey señor mío.
27 Y él dijo: Si no te salva Jehová, ¿de dónde te
puedo salvar yo? ¿Del granero, o del lagar?
28 Y le dijo el rey: ¿Qué tienes? Ella respondió:
Esta mujer me dijo: Da acá tu hijo, y comámoslo
hoy, y mañana comeremos el mío.
29 Cocimos, pues, a mi hijo, y lo comimos.[a] El
día siguiente yo le dije: Da acá tu hijo, y comá-
moslo. Mas ella ha escondido a su hijo.
30 Cuando el rey oyó las palabras de aquella
mujer, rasgó sus vestidos, y pasó así por el
muro; y el pueblo vio el cilicio que traía interior-
mente sobre su cuerpo.
31 Y él dijo: Así me haga Dios, y aun me añada,
si la cabeza de Eliseo hijo de Safat queda sobre
él hoy.
32 Y Eliseo estaba sentado en su casa, y con él
estaban sentados los ancianos; y el rey envió a él
un hombre. Mas antes que el mensajero viniese a
él, dijo él a los ancianos: ¿No habéis visto cómo
este hijo de homicida envía a cortarme la cabe-
za? Mirad, pues, y cuando viniere el mensajero,
cerrad la puerta, e impedidle la entrada. ¿No se
oye tras él el ruido de los pasos de su amo?
33 Aún estaba él hablando con ellos, y he aquí el
mensajero que descendía a él; y dijo: Cierta-
mente este mal de Jehová viene. ¿Para qué he
de esperar más a Jehová?

7
1 Dijo entonces Eliseo: Oíd palabra de Jeho-
vá: Así dijo Jehová: Mañana a estas horas
valdrá el seah de flor de harina un siclo, y dos
seahs de cebada un siclo, a la puerta de Samaria.
2 Y un príncipe sobre cuyo brazo el rey se apoya-
ba, respondió al varón de Dios, y dijo: Si Jehová
hiciese ahora ventanas en el cielo, ¿sería esto
así? Y él dijo: He aquí tú lo verás con tus ojos,
mas no comerás de ello.
3 Había a la entrada de la puerta cuatro hom-
bres leprosos, los cuales dijeron el uno al otro:
¿Para qué nos estamos aquí hasta que muramos?
4 Si tratáremos de entrar en la ciudad, por el
hambre que hay en la ciudad moriremos en ella;
y si nos quedamos aquí, también moriremos.
Vamos, pues, ahora, y pasemos al campamento
de los sirios; si ellos nos dieren la vida, vivire-
mos; y si nos dieren la muerte, moriremos.
5 Se levantaron, pues, al anochecer, para ir al
campamento de los sirios; y llegando a la entra-
da del campamento de los sirios, no había allí
nadie.
6 Porque Jehová había hecho que en el campa-
mento de los sirios se oyese estruendo de carros,
ruido de caballos, y estrépito de gran ejército; y
se dijeron unos a otros: He aquí, el rey de Israel
ha tomado a sueldo contra nosotros a los reyes
de los heteos y a los reyes de los egipcios, para
que vengan contra nosotros.
7 Y así se levantaron y huyeron al anochecer,
abandonando sus tiendas, sus caballos, sus as-
nos, y el campamento como estaba; y habían
huido para salvar sus vidas.
8 Cuando los leprosos llegaron a la entrada del
campamento, entraron en una tienda y comie-
ron y bebieron, y tomaron de allí plata y oro y
vestidos, y fueron y lo escondieron; y vueltos,
entraron en otra tienda, y de allí también toma-
ron, y fueron y lo escondieron.
9 Luego se dijeron el uno al otro: No estamos
haciendo bien. Hoy es día de buena nueva, y no-
sotros callamos; y si esperamos hasta el amane-
cer, nos alcanzará nuestra maldad. Vamos pues,
ahora, entremos y demos la nueva en casa del
rey.
10 Vinieron, pues, y gritaron a los guardas de la
puerta de la ciudad, y les declararon, diciendo:
Nosotros fuimos al campamento de los sirios, y
he aquí que no había allí nadie, ni voz de hom-
bre, sino caballos atados, asnos también atados,
y el campamento intacto.
11 Los porteros gritaron, y lo anunciaron den-
tro, en el palacio del rey.
12 Y se levantó el rey de noche, y dijo a sus sier-
vos: Yo os declararé lo que nos han hecho los si-
rios. Ellos saben que tenemos hambre, y han
salido de las tiendas y se han escondido en el
campo, diciendo: Cuando hayan salido de la
ciudad, los tomaremos vivos, y entraremos en la
ciudad.
13 Entonces respondió uno de sus siervos y dijo:
Tomen ahora cinco de los caballos que han que-
dado en la ciudad (porque los que quedan acá
también perecerán como toda la multitud de Is-
rael que ya ha perecido), y enviemos y veamos
qué hay.
14 Tomaron, pues, dos caballos de un carro, y
envió el rey al campamento de los sirios, dicien-
do: Id y ved.
15 Y ellos fueron, y los siguieron hasta el Jor-
dán; y he aquí que todo el camino estaba lleno
de vestidos y enseres que los sirios habían arro-
jado por la premura. Y volvieron los mensajeros
y lo hicieron saber al rey.
16 Entonces el pueblo salió, y saqueó el cam-
pamento de los sirios. Y fue vendido un seah de
flor de harina por un siclo, y dos seahs de cebada
por un siclo, conforme a la palabra de Jehová.
17 Y el rey puso a la puerta a aquel príncipe so-
bre cuyo brazo él se apoyaba; y lo atropelló el
pueblo a la entrada, y murió, conforme a lo que
había dicho el varón de Dios, cuando el rey
descendió a él.
18 Aconteció, pues, de la manera que el varón
de Dios había hablado al rey, diciendo: Dos

6.29: [a] Dt. 28.57.

seahs de cebada por un siclo, y el seah de flor de
harina será vendido por un siclo mañana a estas
horas, a la puerta de Samaria.
19 A lo cual aquel príncipe había respondido al
varón de Dios, diciendo: Si Jehová hiciese ven-
tanas en el cielo, ¿pudiera suceder esto? Y él
dijo: He aquí tú lo verás con tus ojos, mas no
comerás de ello.
20 Y le sucedió así; porque el pueblo le atropelló
a la entrada, y murió.

Los bienes de la sunamita devueltos

8 1 Habló Eliseo a aquella mujer a cuyo hijo él
había hecho vivir,[a] diciendo: Levántate, vete
tú y toda tu casa a vivir donde puedas; porque
Jehová ha llamado el hambre, la cual vendrá so-
bre la tierra por siete años.
2 Entonces la mujer se levantó, e hizo como el
varón de Dios le dijo; y se fue ella con su familia,
y vivió en tierra de los filisteos siete años.
3 Y cuando habían pasado los siete años, la mujer
volvió de la tierra de los filisteos; después salió
para implorar al rey por su casa y por sus tierras.
4 Y había el rey hablado con Giezi, criado del va-
rón de Dios, diciéndole: Te ruego que me cuen-
tes todas las maravillas que ha hecho Eliseo.
5 Y mientras él estaba contando al rey cómo ha-
bía hecho vivir a un muerto, he aquí que la mu-
jer, a cuyo hijo él había hecho vivir, vino para
implorar al rey por su casa y por sus tierras.
Entonces dijo Giezi: Rey señor mío, esta es la
mujer, y este es su hijo, al cual Eliseo hizo vivir.
6 Y preguntando el rey a la mujer, ella se lo con-
tó. Entonces el rey ordenó a un oficial, al cual
dijo: Hazle devolver todas las cosas que eran su-
yas, y todos los frutos de sus tierras desde el día
que dejó el país hasta ahora.

Hazael reina en Siria

7 Eliseo se fue luego a Damasco; y Ben-adad
rey de Siria estaba enfermo, al cual dieron avi-
so, diciendo: El varón de Dios ha venido aquí.
8 Y el rey dijo a Hazael: Toma en tu mano un
presente, y ve a recibir al varón de Dios, y con-
sulta por él a Jehová, diciendo: ¿Sanaré de esta
enfermedad?
9 Tomó, pues, Hazael en su mano un presente
de entre los bienes de Damasco, cuarenta came-
llos cargados, y fue a su encuentro, y llegando
se puso delante de él, y dijo: Tu hijo Ben-adad
rey de Siria me ha enviado a ti, diciendo: ¿Sana-
ré de esta enfermedad?
10 Y Eliseo le dijo: Ve, dile: Seguramente sana-
rás. Sin embargo, Jehová me ha mostrado que
él morirá ciertamente.
11 Y el varón de Dios le miró fijamente, y estuvo
así hasta hacerlo ruborizarse; luego lloró el va-
rón de Dios.
12 Entonces le dijo Hazael: ¿Por qué llora mi se-
ñor? Y él respondió: Porque sé el mal que harás
a los hijos de Israel; a sus fortalezas pegarás fue-
go, a sus jóvenes matarás a espada, y estrellarás
a sus niños, y abrirás el vientre a sus mujeres
que estén encintas.
13 Y Hazael dijo: Pues, ¿qué es tu siervo, este
perro, para que haga tan grandes cosas? Y res-
pondió Eliseo: Jehová me ha mostrado que tú
serás rey de Siria.[b]
14 Y Hazael se fue, y vino a su señor, el cual le
dijo: ¿Qué te ha dicho Eliseo? Y él respondió:
Me dijo que seguramente sanarás.
15 El día siguiente, tomó un paño y lo metió en
agua, y lo puso sobre el rostro de Ben-adad, y
murió; y reinó Hazael en su lugar.

Reinado de Joram de Judá

16 En el quinto año de Joram hijo de Acab, rey
de Israel, y siendo Josafat rey de Judá, comenzó
a reinar Joram hijo de Josafat, rey de Judá.
17 De treinta y dos años era cuando comenzó a
reinar, y ocho años reinó en Jerusalén.
18 Y anduvo en el camino de los reyes de Israel,
como hizo la casa de Acab, porque una hija de
Acab fue su mujer; e hizo lo malo ante los ojos
de Jehová.
19 Con todo eso, Jehová no quiso destruir a
Judá, por amor a David su siervo, porque había
prometido darle lámpara a él y a sus hijos per-
petuamente.[c]
20 En el tiempo de él se rebeló Edom contra el
dominio de Judá,[d] y pusieron rey sobre ellos.
21 Joram, por tanto, pasó a Zair, y todos sus ca-
rros con él; y levantándose de noche atacó a los
de Edom, los cuales le habían sitiado, y a los ca-
pitanes de los carros; y el pueblo huyó a sus
tiendas.
22 No obstante, Edom se libertó del dominio de
Judá, hasta hoy. También se rebeló Libna en el
mismo tiempo.
23 Los demás hechos de Joram, y todo lo que
hizo, ¿no están escritos en el libro de las cróni-
cas de los reyes de Judá?
24 Y durmió Joram con sus padres, y fue sepul-
tado con ellos en la ciudad de David; y reinó en
lugar suyo Ocozías, su hijo.

Reinado de Ocozías de Judá

25 En el año doce de Joram hijo de Acab, rey
de Israel, comenzó a reinar Ocozías hijo de Jo-
ram, rey de Judá.
26 De veintidós años era Ocozías cuando co-
menzó a reinar, y reinó un año en Jerusalén. El
nombre de su madre fue Atalía, hija de Omri rey
de Israel.

8.1: [a] 2 R. 4.8-37. **8.13:** [b] 1 R. 19.15. **8.19:** [c] 1R. 11.36. **8.20:** [d] Gn. 27.40.

27 Anduvo en el camino de la casa de Acab, e hizo
lo malo ante los ojos de Jehová, como la casa de
Acab; porque era yerno de la casa de Acab.
28 Y fue a la guerra con Joram hijo de Acab a
Ramot de Galaad, contra Hazael rey de Siria; y
los sirios hirieron a Joram.
29 Y el rey Joram se volvió a Jezreel para curar-
se de las heridas que los sirios le hicieron frente
a Ramot, cuando peleó contra Hazael rey de Si-
ria. Y descendió Ocozías hijo de Joram rey de
Judá, a visitar a Joram hijo de Acab en Jezreel,
porque estaba enfermo.

Jehú es ungido rey de Israel

9 1 Entonces el profeta Eliseo llamó a uno de
los hijos de los profetas, y le dijo: Ciñe tus
lomos, y toma esta redoma de aceite en tu
mano, y ve a Ramot de Galaad.
2 Cuando llegues allá, verás allí a Jehú hijo de Jo-
safat hijo de Nimsi; y entrando, haz que se levan-
te de entre sus hermanos, y llévalo a la cámara.
3 Toma luego la redoma de aceite, y derrámala
sobre su cabeza y di: Así dijo Jehová: Yo te he
ungido por rey sobre Israel. Y abriendo la puer-
ta, echa a huir, y no esperes.
4 Fue, pues, el joven, el profeta, a Ramot de
Galaad.
5 Cuando él entró, he aquí los príncipes del ejér-
cito que estaban sentados. Y él dijo: Príncipe,
una palabra tengo que decirte. Jehú dijo: ¿A
cuál de todos nosotros? Y él dijo: A ti, príncipe.
6 Y él se levantó, y entró en casa; y el otro derra-
mó el aceite sobre su cabeza, y le dijo: Así dijo
Jehová Dios de Israel: Yo te he ungido por rey
sobre Israel, pueblo de Jehová.[a]
7 Herirás la casa de Acab tu señor, para que yo
vengue la sangre de mis siervos los profetas, y la
sangre de todos los siervos de Jehová, de la
mano de Jezabel.
8 Y perecerá toda la casa de Acab, y destruiré de
Acab todo varón, así al siervo como al libre en
Israel.
9 Y yo pondré la casa de Acab como la casa de
Jeroboam hijo de Nabat, y como la casa de Baa-
sa hijo de Ahías.
10 Y a Jezabel la comerán los perros en el campo
de Jezreel,[b] y no habrá quien la sepulte. En se-
guida abrió la puerta, y echó a huir.
11 Después salió Jehú a los siervos de su se-
ñor, y le dijeron: ¿Hay paz? ¿Para qué vino a ti
aquel loco? Y él les dijo: Vosotros conocéis al
hombre y sus palabras.
12 Ellos dijeron: Mentira; decláranoslo ahora. Y
él dijo: Así y así me habló, diciendo: Así ha di-
cho Jehová: Yo te he ungido por rey sobre Israel.
13 Entonces cada uno tomó apresuradamente
su manto, y lo puso debajo de Jehú en un trono
alto, y tocaron corneta, y dijeron: Jehú es rey.

Jehú mata a Joram

14 Así conspiró Jehú hijo de Josafat, hijo de
Nimsi, contra Joram. (Estaba entonces Joram
guardando a Ramot de Galaad con todo Israel,
por causa de Hazael rey de Siria;
15 pero se había vuelto el rey Joram a Jezreel,
para curarse de las heridas que los sirios le ha-
bían hecho, peleando contra Hazael rey de Si-
ria.) Y Jehú dijo: Si es vuestra voluntad, ninguno
escape de la ciudad, para ir a dar las nuevas en
Jezreel.
16 Entonces Jehú cabalgó y fue a Jezreel, por-
que Joram estaba allí enfermo. También estaba
Ocozías rey de Judá, que había descendido a
visitar a Joram.
17 Y el atalaya que estaba en la torre de Jez-
reel vio la tropa de Jehú que venía, y dijo: Veo
una tropa. Y Joram dijo: Ordena a un jinete que
vaya a reconocerlos, y les diga: ¿Hay paz?
18 Fue, pues, el jinete a reconocerlos, y dijo: El
rey dice así: ¿Hay paz? Y Jehú le dijo: ¿Qué tie-
nes tú que ver con la paz? Vuélvete conmigo. El
atalaya dio luego aviso, diciendo: El mensajero
llegó hasta ellos, y no vuelve.
19 Entonces envió otro jinete, el cual llegando a
ellos, dijo: El rey dice así: ¿Hay paz? Y Jehú res-
pondió: ¿Qué tienes tú que ver con la paz? Vuél-
vete conmigo.
20 El atalaya volvió a decir: También éste llegó a
ellos y no vuelve; y el marchar del que viene es
como el marchar de Jehú hijo de Nimsi, porque
viene impetuosamente.
21 Entonces Joram dijo: Unce el carro. Y
cuando estaba uncido su carro, salieron Joram
rey de Israel y Ocozías rey de Judá, cada uno en
su carro, y salieron a encontrar a Jehú, al cual
hallaron en la heredad de Nabot de Jezreel.
22 Cuando vio Joram a Jehú, dijo: ¿Hay paz,
Jehú? Y él respondió: ¿Qué paz, con las fornica-
ciones de Jezabel tu madre, y sus muchas hechi-
cerías?
23 Entonces Joram volvió las riendas y huyó, y
dijo a Ocozías: ¡Traición, Ocozías!
24 Pero Jehú entesó su arco, e hirió a Joram en-
tre las espaldas; y la saeta salió por su corazón,
y él cayó en su carro.
25 Dijo luego Jehú a Bidcar su capitán: Tómalo,
y échalo a un extremo de la heredad de Nabot
de Jezreel. Acuérdate que cuando tú y yo íba-
mos juntos con la gente de Acab su padre, Jeho-
vá pronunció esta sentencia sobre él, diciendo:
26 Que yo he visto ayer la sangre de Nabot, y la
sangre de sus hijos, dijo Jehová; y te daré la
paga en esta heredad, dijo Jehová.[c] Tómalo
pues, ahora, y échalo en la heredad de Nabot,
conforme a la palabra de Jehová.

9.6: [a] 1 R. 19.16. **9.10:** [b] 1 R. 21.23. **9.26:** [c] 1 R. 21.19.

Jehú mata a Ocozías

27 Viendo esto Ocozías rey de Judá, huyó por
el camino de la casa del huerto. Y lo siguió Jehú,
diciendo: Herid también a éste en el carro. Y le
hirieron a la subida de Gur, junto a Ibleam. Y
Ocozías huyó a Meguido, pero murió allí.
28 Y sus siervos le llevaron en un carro a Jerusa-
lén, y allá le sepultaron con sus padres, en su se-
pulcro en la ciudad de David.
29 En el undécimo año de Joram hijo de Acab,
comenzó a reinar Ocozías sobre Judá.

Muerte de Jezabel

30 Vino después Jehú a Jezreel; y cuando Je-
zabel lo oyó, se pintó los ojos con antimonio, y
atavió su cabeza, y se asomó a una ventana.
31 Y cuando entraba Jehú por la puerta, ella
dijo: ¿Sucedió bien a Zimri, que mató a su se-
ñor?
32 Alzando él entonces su rostro hacia la venta-
na, dijo: ¿Quién está conmigo? ¿quién? Y se in-
clinaron hacia él dos o tres eunucos.
33 Y él les dijo: Echadla abajo. Y ellos la echa-
ron; y parte de su sangre salpicó en la pared, y
en los caballos; y él la atropelló.
34 Entró luego, y después que comió y bebió,
dijo: Id ahora a ver a aquella maldita, y sepul-
tadla, pues es hija de rey.
35 Pero cuando fueron para sepultarla, no halla-
ron de ella más que la calavera, y los pies, y las
palmas de las manos.
36 Y volvieron, y se lo dijeron. Y él dijo: Esta es
la palabra de Dios, la cual él habló por medio de
su siervo Elías tisbita, diciendo: En la heredad
de Jezreel comerán los perros las carnes de Je-
zabel,[d]
37 y el cuerpo de Jezabel será como estiércol so-
bre la faz de la tierra en la heredad de Jezreel, de
manera que nadie pueda decir: Esta es Jezabel.

Jehú extermina la casa de Acab

10 1 Tenía Acab en Samaria setenta hijos; y
Jehú escribió cartas y las envió a Sama-
ria a los principales de Jezreel, a los ancianos y
a los ayos de Acab, diciendo:
2 Inmediatamente que lleguen estas cartas a vo-
sotros los que tenéis a los hijos de vuestro señor,
y los que tienen carros y gente de a caballo, la
ciudad fortificada, y las armas,
3 escoged al mejor y al más recto de los hijos de
vuestro señor, y ponedlo en el trono de su padre,
y pelead por la casa de vuestro señor.
4 Pero ellos tuvieron gran temor, y dijeron: He
aquí, dos reyes no pudieron resistirle; ¿cómo le
resistiremos nosotros?
5 Y el mayordomo, el gobernador de la ciudad,
los ancianos y los ayos enviaron a decir a Jehú:
Siervos tuyos somos, y haremos todo lo que nos
mandes; no elegiremos por rey a ninguno, haz
lo que bien te parezca.
6 El entonces les escribió la segunda vez, dicien-
do: Si sois míos, y queréis obedecerme, tomad
las cabezas de los hijos varones de vuestro se-
ñor, y venid a mí mañana a esta hora, a Jezreel.
Y los hijos del rey, setenta varones, estaban con
los principales de la ciudad, que los criaban.
7 Cuando las cartas llegaron a ellos, tomaron a
los hijos del rey, y degollaron a los setenta varo-
nes, y pusieron sus cabezas en canastas, y se las
enviaron a Jezreel.
8 Y vino un mensajero que le dio las nuevas, di-
ciendo: Han traído las cabezas de los hijos del
rey. Y él le dijo: Ponedlas en dos montones a la
entrada de la puerta hasta la mañana.
9 Venida la mañana, salió él, y estando en pie
dijo a todo el pueblo: Vosotros sois justos; he
aquí yo he conspirado contra mi señor, y le he
dado muerte; pero ¿quién ha dado muerte a
todos éstos?
10 Sabed ahora que de la palabra que Jehová
habló sobre la casa de Acab, nada caerá en tie-
rra; y que Jehová ha hecho lo que dijo por su
siervo Elías.
11 Mató entonces Jehú a todos los que habían
quedado de la casa de Acab en Jezreel,[a] a todos
sus príncipes, a todos sus familiares, y a sus sa-
cerdotes, hasta que no quedó ninguno.
12 Luego se levantó de allí para ir a Samaria;
y en el camino llegó a una casa de esquileo de
pastores.
13 Y halló allí a los hermanos de Ocozías rey de
Judá, y les dijo: ¿Quiénes sois vosotros? Y ellos
dijeron: Somos hermanos de Ocozías, y hemos
venido a saludar a los hijos del rey, y a los hijos
de la reina.
14 Entonces él dijo: Prendedlos vivos. Y después
que los tomaron vivos, los degollaron junto al
pozo de la casa de esquileo, cuarenta y dos va-
rones, sin dejar ninguno de ellos.
15 Yéndose luego de allí, se encontró con Jo-
nadab hijo de Recab; y después que lo hubo sa-
ludado, le dijo: ¿Es recto tu corazón, como el
mío es recto con el tuyo? Y Jonadab dijo: Lo es.
Pues que lo es, dame la mano. Y él le dio la
mano. Luego lo hizo subir consigo en el carro,
16 y le dijo: Ven conmigo, y verás mi celo por
Jehová. Lo pusieron, pues, en su carro.
17 Y luego que Jehú hubo llegado a Samaria,
mató a todos los que habían quedado de Acab
en Samaria, hasta exterminarlos, conforme a la
palabra de Jehová, que había hablado por Elías.

Jehú extermina el culto de Baal

18 Después reunió Jehú a todo el pueblo, y les

9.36: [d] 1 R. 21.23. **10.11:** [a] Os. 1.4.

dijo: Acab sirvió poco a Baal, mas Jehú lo servirá mucho.
19 Llamadme, pues, luego a todos los profetas de Baal, a todos sus siervos y a todos sus sacerdotes; que no falte uno, porque tengo un gran sacrificio para Baal; cualquiera que faltare no vivirá. Esto hacía Jehú con astucia, para exterminar a los que honraban a Baal.
20 Y dijo Jehú: Santificad un día solemne a Baal. Y ellos convocaron.
21 Y envió Jehú por todo Israel, y vinieron todos los siervos de Baal, de tal manera que no hubo ninguno que no viniese. Y entraron en el templo de Baal, y el templo de Baal se llenó de extremo a extremo.
22 Entonces dijo al que tenía el cargo de las vestiduras: Saca vestiduras para todos los siervos de Baal. Y él les sacó vestiduras.
23 Y entró Jehú con Jonadab hijo de Recab en el templo de Baal, y dijo a los siervos de Baal: Mirad y ved que no haya aquí entre vosotros alguno de los siervos de Jehová, sino sólo los siervos de Baal.
24 Y cuando ellos entraron para hacer sacrificios y holocaustos, Jehú puso fuera a ochenta hombres, y les dijo: Cualquiera que dejare vivo a alguno de aquellos hombres que yo he puesto en vuestras manos, su vida será por la del otro.
25 Y después que acabaron ellos de hacer el holocausto, Jehú dijo a los de su guardia y a los capitanes: Entrad, y matadlos; que no escape ninguno. Y los mataron a espada, y los dejaron tendidos los de la guardia y los capitanes. Y fueron hasta el lugar santo del templo de Baal,
26 y sacaron las estatuas del templo de Baal, y las quemaron.
27 Y quebraron la estatua de Baal, y derribaron el templo de Baal, y lo convirtieron en letrinas hasta hoy.
28 Así exterminó Jehú a Baal de Israel.
29 Con todo eso, Jehú no se apartó de los pecados de Jeroboam hijo de Nabat, que hizo pecar a Israel; y dejó en pie los becerros de oro que estaban en Bet-el y en Dan.[b]
30 Y Jehová dijo a Jehú: Por cuanto has hecho bien ejecutando lo recto delante de mis ojos, e hiciste a la casa de Acab conforme a todo lo que estaba en mi corazón, tus hijos se sentarán sobre el trono de Israel hasta la cuarta generación.
31 Mas Jehú no cuidó de andar en la ley de Jehová Dios de Israel con todo su corazón, ni se apartó de los pecados de Jeroboam, el que había hecho pecar a Israel.
32 En aquellos días comenzó Jehová a cercenar el territorio de Israel; y los derrotó Hazael por todas las fronteras,
33 desde el Jordán al nacimiento del sol, toda la tierra de Galaad, de Gad, de Rubén y de Manasés, desde Aroer que está junto al arroyo de Arnón, hasta Galaad y Basán.
34 Los demás hechos de Jehú, y todo lo que hizo, y toda su valentía, ¿no está escrito en el libro de las crónicas de los reyes de Israel?
35 Y durmió Jehú con sus padres, y lo sepultaron en Samaria; y reinó en su lugar Joacaz su hijo.
36 El tiempo que reinó Jehú sobre Israel en Samaria fue de veintiocho años.

Atalía usurpa el trono

11 1 Cuando Atalía madre de Ocozías vio que su hijo era muerto, se levantó y destruyó toda la descendencia real.
2 Pero Josaba hija del rey Joram, hermana de Ocozías, tomó a Joás hijo de Ocozías y lo sacó furtivamente de entre los hijos del rey a quienes estaban matando, y lo ocultó de Atalía, a él y a su ama, en la cámara de dormir, y en esta forma no lo mataron.
3 Y estuvo con ella escondido en la casa de Jehová seis años; y Atalía fue reina sobre el país.
4 Mas al séptimo año envió Joiada y tomó jefes de centenas, capitanes, y gente de la guardia, y los metió consigo en la casa de Jehová, e hizo con ellos alianza, juramentándolos en la casa de Jehová; y les mostró el hijo del rey.
5 Y les mandó diciendo: Esto es lo que habéis de hacer: la tercera parte de vosotros tendrá la guardia de la casa del rey el día de reposo.*
6 Otra tercera parte estará a la puerta de Shur, y la otra tercera parte a la puerta del postigo de la guardia; así guardaréis la casa, para que no sea allanada.
7 Mas las dos partes de vosotros que salen el día de reposo* tendréis la guardia de la casa de Jehová junto al rey.
8 Y estaréis alrededor del rey por todos lados, teniendo cada uno sus armas en las manos; y cualquiera que entrare en las filas, sea muerto. Y estaréis con el rey cuando salga, y cuando entre.
9 Los jefes de centenas, pues, hicieron todo como el sacerdote Joiada les mandó; y tomando cada uno a los suyos, esto es, los que entraban el día de reposo* y los que salían el día de reposo,* vinieron al sacerdote Joiada.
10 Y el sacerdote dio a los jefes de centenas las lanzas y los escudos que habían sido del rey David, que estaban en la casa de Jehová.
11 Y los de la guardia se pusieron en fila, teniendo cada uno sus armas en sus manos, desde el lado derecho de la casa hasta el lado izquierdo, junto al altar y el templo, en derredor del rey.
12 Sacando luego Joiada al hijo del rey, le puso la corona y el testimonio, y le hicieron rey un-

* Aquí equivale a *sábado.*
10.29: [b] 1 R. 12.28-30.

giéndole; y batiendo las manos dijeron: ¡Viva el
rey!
13 Oyendo Atalía el estruendo del pueblo que
corría, entró al pueblo en el templo de Jehová.
14 Y cuando miró, he aquí que el rey estaba jun-
to a la columna, conforme a la costumbre, y los
príncipes y los trompeteros junto al rey; y todo
el pueblo del país se regocijaba, y tocaban las
trompetas. Entonces Atalía, rasgando sus vesti-
dos, clamó a voz en cuello: ¡Traición, traición!
15 Mas el sacerdote Joiada mandó a los jefes de
centenas que gobernaban el ejército, y les dijo:
Sacadla fuera del recinto del templo, y al que la
siguiere, matadlo a espada. (Porque el sacerdote
dijo que no la matasen en el templo de Jehová.)
16 Le abrieron, pues, paso; y en el camino por
donde entran los de a caballo a la casa del rey,
allí la mataron.
17 Entonces Joiada hizo pacto entre Jehová y
el rey y el pueblo, que serían pueblo de Jehová;
y asimismo entre el rey y el pueblo.
18 Y todo el pueblo de la tierra entró en el tem-
plo de Baal, y lo derribaron; asimismo despeda-
zaron enteramente sus altares y sus imágenes, y
mataron a Matán sacerdote de Baal delante de
los altares. Y el sacerdote puso guarnición sobre
la casa de Jehová.
19 Después tomó a los jefes de centenas, los ca-
pitanes, la guardia y todo el pueblo de la tierra,
y llevaron al rey desde la casa de Jehová, y vi-
nieron por el camino de la puerta de la guardia
a la casa del rey; y se sentó el rey en el trono de
los reyes.
20 Y todo el pueblo de la tierra se regocijó, y la
ciudad estuvo en reposo, habiendo sido Atalía
muerta a espada junto a la casa del rey.
21 Era Joás de siete años cuando comenzó a
reinar.

Reinado de Joás de Judá

12 1 En el séptimo año de Jehú comenzó a
reinar Joás, y reinó cuarenta años en Je-
rusalén. El nombre de su madre fue Sibia, de
Beerseba.
2 Y Joás hizo lo recto ante los ojos de Jehová todo
el tiempo que le dirigió el sacerdote Joiada.
3 Con todo eso, los lugares altos no se quitaron,
porque el pueblo aún sacrificaba y quemaba in-
cienso en los lugares altos.
4 Y Joás dijo a los sacerdotes: Todo el dinero
consagrado que se suele traer a la casa de Jeho-
vá, el dinero del rescate de cada persona según
está estipulado,[a] y todo el dinero que cada uno
de su propia voluntad trae a la casa de Jehová,
5 recíbanlo los sacerdotes, cada uno de mano de
sus familiares, y reparen los portillos del templo
dondequiera que se hallen grietas.
6 Pero en el año veintitrés del rey Joás aún no
habían reparado los sacerdotes las grietas del
templo.
7 Llamó entonces el rey Joás al sumo sacerdote
Joiada y a los sacerdotes, y les dijo: ¿Por qué no
reparáis las grietas del templo? Ahora, pues, no
toméis más el dinero de vuestros familiares,
sino dadlo para reparar las grietas del templo.
8 Y los sacerdotes consintieron en no tomar más
dinero del pueblo, ni tener el cargo de reparar
las grietas del templo.
9 Mas el sumo sacerdote Joiada tomó un arca
e hizo en la tapa un agujero, y la puso junto al
altar, a la mano derecha así que se entra en el
templo de Jehová; y los sacerdotes que guarda-
ban la puerta ponían allí todo el dinero que se
traía a la casa de Jehová.
10 Y cuando veían que había mucho dinero en el
arca, venía el secretario del rey y el sumo sacer-
dote, y contaban el dinero que hallaban en el
templo de Jehová, y lo guardaban.
11 Y daban el dinero suficiente a los que hacían la
obra, y a los que tenían a su cargo la casa de Jeho-
vá; y ellos lo gastaban en pagar a los carpinteros y
maestros que reparaban la casa de Jehová,
12 y a los albañiles y canteros; y en comprar la
madera y piedra de cantería para reparar las
grietas de la casa de Jehová, y en todo lo que se
gastaba en la casa para repararla.
13 Mas de aquel dinero que se traía a la casa de
Jehová, no se hacían tazas de plata, ni despabi-
laderas, ni jofainas, ni trompetas; ni ningún otro
utensilio de oro ni de plata se hacía para el tem-
plo de Jehová;
14 porque lo daban a los que hacían la obra, y
con él reparaban la casa de Jehová.
15 Y no se tomaba cuenta a los hombres en cu-
yas manos el dinero era entregado, para que
ellos lo diesen a los que hacían la obra; porque
lo hacían ellos fielmente.
16 El dinero por el pecado, y el dinero por la cul-
pa, no se llevaba a la casa de Jehová; porque era
de los sacerdotes.[b]
17 Entonces subió Hazael rey de Siria, y peleó
contra Gat, y la tomó. Y se propuso Hazael subir
contra Jerusalén;
18 por lo cual tomó Joás rey de Judá todas las
ofrendas que habían dedicado Josafat y Joram y
Ocozías sus padres, reyes de Judá, y las que él
había dedicado, y todo el oro que se halló en los
tesoros de la casa de Jehová y en la casa del rey,
y lo envió a Hazael rey de Siria; y él se retiró de
Jerusalén.
19 Los demás hechos de Joás, y todo lo que
hizo, ¿no está escrito en el libro de las crónicas
de los reyes de Judá?
20 Y se levantaron sus siervos, y conspiraron en

12.4: [a] Ex. 30.11-16. **12.16:** [b] Lv. 7.7.

conjuración, y mataron a Joás en la casa de Milo, cuando descendía él a Sila;

21 pues Josacar hijo de Simeat y Jozabad hijo de Somer, sus siervos, le hirieron, y murió. Y lo sepultaron con sus padres en la ciudad de David, y reinó en su lugar Amasías su hijo.

Reinado de Joacaz

13 1 En el año veintitrés de Joás hijo de Ocozías, rey de Judá, comenzó a reinar Joacaz hijo de Jehú sobre Israel en Samaria; y reinó diecisiete años.

2 E hizo lo malo ante los ojos de Jehová, y siguió en los pecados de Jeroboam hijo de Nabat, el que hizo pecar a Israel; y no se apartó de ellos.

3 Y se encendió el furor de Jehová contra Israel, y los entregó en mano de Hazael rey de Siria, y en mano de Ben-adad hijo de Hazael, por largo tiempo.

4 Mas Joacaz oró en presencia de Jehová, y Jehová lo oyó; porque miró la aflicción de Israel, pues el rey de Siria los afligía.

5 (Y dio Jehová salvador a Israel, y salieron del poder de los sirios; y habitaron los hijos de Israel en sus tiendas, como antes.

6 Con todo eso, no se apartaron de los pecados de la casa de Jeroboam, el que hizo pecar a Israel; en ellos anduvieron; y también la imagen de Asera permaneció en Samaria.)

7 Porque no le había quedado gente a Joacaz, sino cincuenta hombres de a caballo, diez carros, y diez mil hombres de a pie; pues el rey de Siria los había destruido, y los había puesto como el polvo para hollar.

8 El resto de los hechos de Joacaz, y todo lo que hizo, y sus valentías, ¿no está escrito en el libro de las crónicas de los reyes de Israel?

9 Y durmió Joacaz con sus padres, y lo sepultaron en Samaria, y reinó en su lugar Joás su hijo.

Reinado de Joás de Israel

10 El año treinta y siete de Joás rey de Judá, comenzó a reinar Joás hijo de Joacaz sobre Israel en Samaria; y reinó dieciséis años.

11 E hizo lo malo ante los ojos de Jehová; no se apartó de todos los pecados de Jeroboam hijo de Nabat, el que hizo pecar a Israel; en ellos anduvo.

12 Los demás hechos de Joás, y todo lo que hizo, y el esfuerzo con que guerreó contra Amasías rey de Judá, ¿no está escrito en el libro de las crónicas de los reyes de Israel?

13 Y durmió Joás con sus padres, y se sentó Jeroboam sobre su trono; y Joás fue sepultado en Samaria con los reyes de Israel.

Profecía final y muerte de Eliseo

14 Estaba Eliseo enfermo de la enfermedad de que murió. Y descendió a él Joás rey de Israel, y llorando delante de él, dijo: ¡Padre mío, padre mío, carro de Israel y su gente de a caballo![a]

15 Y le dijo Eliseo: Toma un arco y unas saetas. Tomó él entonces un arco y unas saetas.

16 Luego dijo Eliseo al rey de Israel: Pon tu mano sobre el arco. Y puso él su mano sobre el arco. Entonces puso Eliseo sus manos sobre las manos del rey,

17 y dijo: Abre la ventana que da al oriente. Y cuando él la abrió, dijo Eliseo: Tira. Y tirando él, dijo Eliseo: Saeta de salvación de Jehová, y saeta de salvación contra Siria; porque herirás a los sirios en Afec hasta consumirlos.

18 Y le volvió a decir: Toma las saetas. Y luego que el rey de Israel las hubo tomado, le dijo: Golpea la tierra. Y él la golpeó tres veces, y se detuvo.

19 Entonces el varón de Dios, enojado contra él, le dijo: Al dar cinco o seis golpes, hubieras derrotado a Siria hasta no quedar ninguno; pero ahora sólo tres veces derrotarás a Siria.

20 Y murió Eliseo, y lo sepultaron. Entrado el año, vinieron bandas armadas de moabitas a la tierra.

21 Y aconteció que al sepultar unos a un hombre, súbitamente vieron una banda armada, y arrojaron el cadáver en el sepulcro de Eliseo; y cuando llegó a tocar el muerto los huesos de Eliseo, revivió, y se levantó sobre sus pies.

22 Hazael, pues, rey de Siria, afligió a Israel todo el tiempo de Joacaz.

23 Mas Jehová tuvo misericordia de ellos, y se compadeció de ellos y los miró, a causa de su pacto con Abraham, Isaac y Jacob; y no quiso destruirlos ni echarlos de delante de su presencia hasta hoy.

24 Y murió Hazael rey de Siria, y reinó en su lugar Ben-adad su hijo.

25 Y volvió Joás hijo de Joacaz y tomó de mano de Ben-adad hijo de Hazael las ciudades que éste había tomado en guerra de mano de Joacaz su padre. Tres veces lo derrotó Joás, y restituyó las ciudades a Israel.

Reinado de Amasías

14 1 En el año segundo de Joás hijo de Joacaz rey de Israel, comenzó a reinar Amasías hijo de Joás rey de Judá.

2 Cuando comenzó a reinar era de veinticinco años, y veintinueve años reinó en Jerusalén; el nombre de su madre fue Joadán, de Jerusalén.

3 Y él hizo lo recto ante los ojos de Jehová, aunque no como David su padre; hizo conforme a todas las cosas que había hecho Joás su padre.

4 Con todo eso, los lugares altos no fueron quitados, porque el pueblo aún sacrificaba y quemaba incienso en esos lugares altos.

13.14: [a] 2 R. 2.12.

5 Y cuando hubo afirmado en sus manos el rei-
no, mató a los siervos que habían dado muerte
al rey su padre.
6 Pero no mató a los hijos de los que le dieron
muerte, conforme a lo que está escrito en el li-
bro de la ley de Moisés, donde Jehová mandó
diciendo: No matarán a los padres por los hijos,
ni a los hijos por los padres, sino que cada uno
morirá por su propio pecado.[a]
7 Este mató asimismo a diez mil edomitas en
el Valle de la Sal, y tomó a Sela en batalla, y la
llamó Jocteel, hasta hoy.
8 Entonces Amasías envió mensajeros a Joás
hijo de Joacaz, hijo de Jehú, rey de Israel, di-
ciendo: Ven, para que nos veamos las caras.
9 Y Joás rey de Israel envió a Amasías rey de
Judá esta respuesta: El cardo que está en el Lí-
bano envió a decir al cedro que está en el Líba-
no: Da tu hija por mujer a mi hijo. Y pasaron las
fieras que están en el Líbano, y hollaron el
cardo.
10 Ciertamente has derrotado a Edom, y tu co-
razón se ha envanecido; gloríate pues, mas qué-
date en tu casa. ¿Para qué te metes en un mal,
para que caigas tú y Judá contigo?
11 Pero Amasías no escuchó; por lo cual subió
Joás rey de Israel, y se vieron las caras él y Ama-
sías rey de Judá, en Bet-semes, que es de Judá.
12 Y Judá cayó delante de Israel, y huyeron,
cada uno a su tienda.
13 Además Joás rey de Israel tomó a Amasías
rey de Judá, hijo de Joás hijo de Ocozías, en Bet-
semes; y vino a Jerusalén, y rompió el muro de
Jerusalén desde la puerta de Efraín hasta la
puerta de la esquina, cuatrocientos codos.
14 Y tomó todo el oro, y la plata, y todos los
utensilios que fueron hallados en la casa de
Jehová, y en los tesoros de la casa del rey, y a los
hijos tomó en rehenes, y volvió a Samaria.
15 Los demás hechos que ejecutó Joás, y sus
hazañas, y cómo peleó contra Amasías rey de
Judá, ¿no está escrito en el libro de las crónicas
de los reyes de Israel?
16 Y durmió Joás con sus padres, y fue sepulta-
do en Samaria con los reyes de Israel; y reinó en
su lugar Jeroboam su hijo.
17 Y Amasías hijo de Joás, rey de Judá, vivió
después de la muerte de Joás hijo de Joacaz, rey
de Israel, quince años.
18 Los demás hechos de Amasías, ¿no están es-
critos en el libro de las crónicas de los reyes de
Judá?
19 Conspiraron contra él en Jerusalén, y él huyó
a Laquis; pero le persiguieron hasta Laquis, y
allá lo mataron.
20 Lo trajeron luego sobre caballos, y lo sepulta-
ron en Jerusalén con sus padres, en la ciudad de
David.
21 Entonces todo el pueblo de Judá tomó a Aza-
rías, que era de dieciséis años, y lo hicieron rey
en lugar de Amasías su padre.
22 Reedificó él a Elat, y la restituyó a Judá, des-
pués que el rey durmió con sus padres.

Reinado de Jeroboam II

23 El año quince de Amasías hijo de Joás rey de
Judá, comenzó a reinar Jeroboam hijo de Joás so-
bre Israel en Samaria; y reinó cuarenta y un años.
24 E hizo lo malo ante los ojos de Jehová, y no se
apartó de todos los pecados de Jeroboam hijo
de Nabat, el que hizo pecar a Israel.
25 El restauró los límites de Israel desde la en-
trada de Hamat hasta el mar del Arabá, confor-
me a la palabra de Jehová Dios de Israel, la cual
él había hablado por su siervo Jonás[b] hijo de
Amitai, profeta que fue de Gat-hefer.
26 Porque Jehová miró la muy amarga aflicción
de Israel; que no había siervo ni libre, ni quien
diese ayuda a Israel;
27 y Jehová no había determinado raer el nom-
bre de Israel de debajo del cielo; por tanto, los
salvó por mano de Jeroboam hijo de Joás.
28 Los demás hechos de Jeroboam, y todo lo
que hizo, y su valentía, y todas las guerras que
hizo, y cómo restituyó al dominio de Israel a Da-
masco y Hamat, que habían pertenecido a Judá,
¿no está escrito en el libro de las crónicas de los
reyes de Israel?
29 Y durmió Jeroboam con sus padres, los reyes
de Israel, y reinó en su lugar Zacarías su hijo.

Reinado de Azarías

15 1 En el año veintisiete de Jeroboam rey
de Israel, comenzó a reinar Azarías hijo
de Amasías, rey de Judá.
2 Cuando comenzó a reinar era de dieciséis años,
y cincuenta y dos años reinó en Jerusalén; el
nombre de su madre fue Jecolías, de Jerusalén.
3 E hizo lo recto ante los ojos de Jehová, confor-
me a todas las cosas que su padre Amasías había
hecho.
4 Con todo eso, los lugares altos no se quitaron,
porque el pueblo sacrificaba aún y quemaba in-
cienso en los lugares altos.
5 Mas Jehová hirió al rey con lepra, y estuvo le-
proso hasta el día de su muerte, y habitó en casa
separada, y Jotam hijo del rey tenía el cargo del
palacio, gobernando al pueblo.
6 Los demás hechos de Azarías, y todo lo que
hizo, ¿no está escrito en el libro de las crónicas
de los reyes de Judá?
7 Y durmió Azarías con sus padres,[a] y lo sepulta-
ron con ellos en la ciudad de David, y reinó en
su lugar Jotam su hijo.

14.6: [a] Dt. 24.16. **14.25:** [b] Jon. 1.1. **15.7:** [a] Is. 6.1.

Reinado de Zacarías

8 En el año treinta y ocho de Azarías rey de
Judá, reinó Zacarías hijo de Jeroboam sobre Is-
rael seis meses.
9 E hizo lo malo ante los ojos de Jehová, como
habían hecho sus padres; no se apartó de los pe-
cados de Jeroboam hijo de Nabat, el que hizo
pecar a Israel.
10 Contra él conspiró Salum hijo de Jabes, y lo
hirió en presencia de su pueblo, y lo mató, y rei-
nó en su lugar.
11 Los demás hechos de Zacarías, he aquí que
están escritos en el libro de las crónicas de los
reyes de Israel.
12 Y esta fue la palabra de Jehová que había ha-
blado a Jehú, diciendo: Tus hijos hasta la cuarta
generación se sentarán en el trono de Israel.[b] Y
fue así.

Reinado de Salum

13 Salum hijo de Jabes comenzó a reinar en el
año treinta y nueve de Uzías rey de Judá, y reinó
un mes en Samaria;
14 porque Manahem hijo de Gadi subió de Tirsa
y vino a Samaria, e hirió a Salum hijo de Jabes
en Samaria y lo mató, y reinó en su lugar.
15 Los demás hechos de Salum, y la conspira-
ción que tramó, he aquí que están escritos en el
libro de las crónicas de los reyes de Israel.
16 Entonces Manahem saqueó a Tifsa, y a todos
los que estaban en ella, y también sus alrededo-
res desde Tirsa; la saqueó porque no le habían
abierto las puertas, y abrió el vientre a todas sus
mujeres que estaban encintas.

Reinado de Manahem

17 En el año treinta y nueve de Azarías rey de
Judá, reinó Manahem hijo de Gadi sobre Israel
diez años, en Samaria.
18 E hizo lo malo ante los ojos de Jehová; en todo
su tiempo no se apartó de los pecados de Jero-
boam hijo de Nabat, el que hizo pecar a Israel.
19 Y vino Pul rey de Asiria a atacar la tierra; y
Manahem dio a Pul mil talentos de plata para
que le ayudara a confirmarse en el reino.
20 E impuso Manahem este dinero sobre Israel,
sobre todos los poderosos y opulentos; de cada
uno cincuenta siclos de plata, para dar al rey de
Asiria; y el rey de Asiria se volvió, y no se detuvo
allí en el país.
21 Los demás hechos de Manahem, y todo lo
que hizo, ¿no está escrito en el libro de las cróni-
cas de los reyes de Israel?
22 Y durmió Manahem con sus padres, y reinó
en su lugar Pekaía su hijo.

Reinado de Pekaía

23 En el año cincuenta de Azarías rey de Judá,
reinó Pekaía hijo de Manahem sobre Israel en
Samaria, dos años.
24 E hizo lo malo ante los ojos de Jehová; no se
apartó de los pecados de Jeroboam hijo de Na-
bat, el que hizo pecar a Israel.
25 Y conspiró contra él Peka hijo de Remalías,
capitán suyo, y lo hirió en Samaria, en el palacio
de la casa real, en compañía de Argob y de Arie,
y de cincuenta hombres de los hijos de los galaa-
ditas; y lo mató, y reinó en su lugar.
26 Los demás hechos de Pekaía, y todo lo que
hizo, he aquí que está escrito en el libro de las
crónicas de los reyes de Israel.

Reinado de Peka

27 En el año cincuenta y dos de Azarías rey de
Judá, reinó Peka hijo de Remalías sobre Israel
en Samaria; y reinó veinte años.
28 E hizo lo malo ante los ojos de Jehová; no se
apartó de los pecados de Jeroboam hijo de Na-
bat, el que hizo pecar a Israel.
29 En los días de Peka rey de Israel, vino Ti-
glat-pileser rey de los asirios, y tomó a Ijón,
Abel-bet-maaca, Janoa, Cedes, Hazor, Galaad,
Galilea, y toda la tierra de Neftalí; y los llevó
cautivos a Asiria.
30 Y Oseas hijo de Ela conspiró contra Peka hijo
de Remalías, y lo hirió y lo mató, y reinó en su
lugar, a los veinte años de Jotam hijo de Uzías.
31 Los demás hechos de Peka, y todo lo que
hizo, he aquí que está escrito en el libro de las
crónicas de los reyes de Israel.

Reinado de Jotam

32 En el segundo año de Peka hijo de Rema-
lías rey de Israel, comenzó a reinar Jotam hijo
de Uzías rey de Judá.
33 Cuando comenzó a reinar era de veinticinco
años, y reinó dieciséis años en Jerusalén. El
nombre de su madre fue Jerusa hija de Sadoc.
34 Y él hizo lo recto ante los ojos de Jehová; hizo
conforme a todas las cosas que había hecho su
padre Uzías.
35 Con todo eso, los lugares altos no fueron qui-
tados, porque el pueblo sacrificaba aún, y que-
maba incienso en los lugares altos. Edificó él la
puerta más alta de la casa de Jehová.
36 Los demás hechos de Jotam, y todo lo que
hizo, ¿no está escrito en el libro de las crónicas
de los reyes de Judá?
37 En aquel tiempo comenzó Jehová a enviar
contra Judá a Rezín rey de Siria, y a Peka hijo de
Remalías.
38 Y durmió Jotam con sus padres, y fue sepul-
tado con ellos en la ciudad de David su padre, y
reinó en su lugar Acaz su hijo.

15.12: [b] 2 R. 10.30.

Reinado de Acaz

16 1 En el año diecisiete de Peka hijo de Remalías, comenzó a reinar Acaz hijo de Jotam rey de Judá.

2 Cuando comenzó a reinar Acaz era de veinte años, y reinó en Jerusalén dieciséis años; y no hizo lo recto ante los ojos de Jehová su Dios, como David su padre.

3 Antes anduvo en el camino de los reyes de Israel, y aun hizo pasar por fuego a su hijo, según las prácticas abominables de las naciones que Jehová echó de delante de los hijos de Israel.[a]

4 Asimismo sacrificó y quemó incienso en los lugares altos, y sobre los collados, y debajo de todo árbol frondoso.

5 Entonces Rezín rey de Siria y Peka hijo de Remalías, rey de Israel, subieron a Jerusalén para hacer guerra y sitiar a Acaz; mas no pudieron tomarla.[b]

6 En aquel tiempo el rey de Edom recobró Elat para Edom, y echó de Elat a los hombres de Judá; y los de Edom vinieron a Elat y habitaron allí hasta hoy.

7 Entonces Acaz envió embajadores a Tiglat-pileser rey de Asiria, diciendo: Yo soy tu siervo y tu hijo; sube, y defiéndeme de mano del rey de Siria, y de mano del rey de Israel, que se han levantado contra mí.

8 Y tomando Acaz la plata y el oro que se halló en la casa de Jehová, y en los tesoros de la casa real, envió al rey de Asiria un presente.

9 Y le atendió el rey de Asiria; pues subió el rey de Asiria contra Damasco, y la tomó, y llevó cautivos a los moradores a Kir, y mató a Rezín.

10 Después fue el rey Acaz a encontrar a Tiglat-pileser rey de Asiria en Damasco; y cuando vio el rey Acaz el altar que estaba en Damasco, envió al sacerdote Urías el diseño y la descripción del altar, conforme a toda su hechura.

11 Y el sacerdote Urías edificó el altar; conforme a todo lo que el rey Acaz había enviado de Damasco, así lo hizo el sacerdote Urías, entre tanto que el rey Acaz venía de Damasco.

12 Y luego que el rey vino de Damasco, y vio el altar, se acercó el rey a él, y ofreció sacrificios en él;

13 y encendió su holocausto y su ofrenda, y derramó sus libaciones, y esparció la sangre de sus sacrificios de paz junto al altar.

14 E hizo acercar el altar de bronce[c] que estaba delante de Jehová, en la parte delantera de la casa, entre el altar y el templo de Jehová, y lo puso al lado del altar hacia el norte.

15 Y mandó el rey Acaz al sacerdote Urías, diciendo: En el gran altar encenderás el holocausto de la mañana y la ofrenda de la tarde, y el holocausto del rey y su ofrenda, y asimismo el holocausto de todo el pueblo de la tierra y su ofrenda y sus libaciones; y esparcirás sobre él toda la sangre del holocausto, y toda la sangre del sacrificio. El altar de bronce será mío para consultar en él.

16 E hizo el sacerdote Urías conforme a todas las cosas que el rey Acaz le mandó.

17 Y cortó el rey Acaz los tableros de las basas, y les quitó las fuentes; y quitó también el mar de sobre los bueyes de bronce que estaban debajo de él,[d] y lo puso sobre el suelo de piedra.

18 Asimismo el pórtico para los días de reposo,* que habían edificado en la casa, y el pasadizo de afuera, el del rey, los quitó del templo de Jehová, por causa del rey de Asiria.

19 Los demás hechos que puso por obra Acaz, ¿no están todos escritos en el libro de las crónicas de los reyes de Judá?

20 Y durmió el rey Acaz con sus padres,[e] y fue sepultado con ellos en la ciudad de David, y reinó en su lugar su hijo Ezequías.

Caída de Samaria y cautiverio de Israel

17 1 En el año duodécimo de Acaz rey de Judá, comenzó a reinar Oseas hijo de Ela en Samaria sobre Israel; y reinó nueve años.

2 E hizo lo malo ante los ojos de Jehová, aunque no como los reyes de Israel que habían sido antes de él.

3 Contra éste subió Salmanasar rey de los asirios; y Oseas fue hecho su siervo, y le pagaba tributo.

4 Mas el rey de Asiria descubrió que Oseas conspiraba; porque había enviado embajadores a So, rey de Egipto, y no pagaba tributo al rey de Asiria, como lo hacía cada año; por lo que el rey de Asiria le detuvo, y le aprisionó en la casa de la cárcel.

5 Y el rey de Asiria invadió todo el país, y sitió a Samaria, y estuvo sobre ella tres años.

6 En el año nueve de Oseas, el rey de Asiria tomó Samaria, y llevó a Israel cautivo a Asiria, y los puso en Halah, en Habor junto al río Gozán, y en las ciudades de los medos.

7 Porque los hijos de Israel pecaron contra Jehová su Dios, que los sacó de tierra de Egipto, de bajo la mano de Faraón rey de Egipto, y temieron a dioses ajenos,

8 y anduvieron en los estatutos de las naciones que Jehová había lanzado de delante de los hijos de Israel, y en los estatutos que hicieron los reyes de Israel.

9 Y los hijos de Israel hicieron secretamente cosas no rectas contra Jehová su Dios, edificándose lugares altos en todas sus ciudades, desde las torres de las atalayas hasta las ciudades fortificadas,

10 y levantaron estatuas e imágenes de Asera en

* Aquí equivale a *sábado*.

16.3: [a] Dt. 12.31. **16.5:** [b] Is. 7.1. **16.14:** [c] Ex. 27.1-2; 2 Cr. 4.1. **16.17:** [d] 1 R. 7.23-39; 2 Cr. 4.2-6. **16.20:** [e] Is. 14.28.

todo collado alto, y debajo de todo árbol frondoso,[a]
11 y quemaron allí incienso en todos los lugares altos, a la manera de la naciones que Jehová había traspuesto de delante de ellos, e hicieron cosas muy malas para provocar a ira a Jehová.
12 Y servían a los ídolos, de los cuales Jehová les había dicho: Vosotros no habéis de hacer esto.
13 Jehová amonestó entonces a Israel y a Judá por medio de todos los profetas y de todos los videntes, diciendo: Volveos de vuestros malos caminos, y guardad mis mandamientos y mis ordenanzas, conforme a todas las leyes que yo prescribí a vuestros padres, y que os he enviado por medio de mis siervos los profetas.
14 Mas ellos no obedecieron, antes endurecieron su cerviz, como la cerviz de sus padres, los cuales no creyeron en Jehová su Dios.
15 Y desecharon sus estatutos, y el pacto que él había hecho con sus padres, y los testimonios que él había prescrito a ellos; y siguieron la vanidad, y se hicieron vanos, y fueron en pos de las naciones que estaban alrededor de ellos, de las cuales Jehová les había mandado que no hiciesen a la manera de ellas.
16 Dejaron todos los mandamientos de Jehová su Dios, y se hicieron imágenes fundidas de dos becerros,[b] y también imágenes de Asera, y adoraron a todo el ejército de los cielos, y sirvieron a Baal;
17 e hicieron pasar a sus hijos y a sus hijas por fuego; y se dieron a adivinaciones y agüeros,[c] y se entregaron a hacer lo malo ante los ojos de Jehová, provocándole a ira.
18 Jehová, por tanto, se airó en gran manera contra Israel, y los quitó de delante de su rostro; y no quedó sino sólo la tribu de Judá.
19 Mas ni aun Judá guardó los mandamientos de Jehová su Dios, sino que anduvieron en los estatutos de Israel, los cuales habían ellos hecho.
20 Y desechó Jehová a toda la descendencia de Israel, y los afligió, y los entregó en manos de saqueadores, hasta echarlos de su presencia.
21 Porque separó a Israel de la casa de David, y ellos hicieron rey a Jeroboam hijo de Nabat; y Jeroboam apartó a Israel de en pos de Jehová, y les hizo cometer gran pecado.
22 Y los hijos de Israel anduvieron en todos los pecados de Jeroboam que él hizo, sin apartarse de ellos,
23 hasta que Jehová quitó a Israel de delante de su rostro, como él lo había dicho por medio de todos los profetas sus siervos; e Israel fue llevado cautivo de su tierra a Asiria, hasta hoy.

Asiria puebla de nuevo a Samaria

24 Y trajo el rey de Asiria gente de Babilonia, de Cuta, de Ava, de Hamat y de Sefarvaim, y los puso en las ciudades de Samaria, en lugar de los hijos de Israel; y poseyeron a Samaria, y habitaron en sus ciudades.
25 Y aconteció al principio, cuando comenzaron a habitar allí, que no temiendo ellos a Jehová, envió Jehová contra ellos leones que los mataban.
26 Dijeron, pues, al rey de Asiria: Las gentes que tú trasladaste y pusiste en las ciudades de Samaria, no conocen la ley del Dios de aquella tierra, y él ha echado leones en medio de ellos, y he aquí que los leones los matan, porque no conocen la ley del Dios de la tierra.
27 Y el rey de Asiria mandó, diciendo: Llevad allí a alguno de los sacerdotes que trajisteis de allá, y vaya y habite allí, y les enseñe la ley del Dios del país.
28 Y vino uno de los sacerdotes que habían llevado cautivo de Samaria, y habitó en Bet-el, y les enseñó cómo habían de temer a Jehová.
29 Pero cada nación se hizo sus dioses, y los pusieron en los templos de los lugares altos que habían hecho los de Samaria; cada nación en su ciudad donde habitaba.
30 Los de Babilonia hicieron a Sucot-benot, los de Cuta hicieron a Nergal, y los de Hamat hicieron a Asima.
31 Los aveos hicieron a Nibhaz y a Tartac, y los de Sefarvaim quemaban sus hijos en el fuego para adorar a Adramelec y a Anamelec, dioses de Sefarvaim.
32 Temían a Jehová, e hicieron del bajo pueblo sacerdotes de los lugares altos, que sacrificaban para ellos en los templos de los lugares altos.
33 Temían a Jehová, y honraban a sus dioses, según la costumbre de las naciones de donde habían sido trasladados.
34 Hasta hoy hacen como antes: ni temen a Jehová, ni guardan sus estatutos ni sus ordenanzas, ni hacen según la ley y los mandamientos que prescribió Jehová a los hijos de Jacob, al cual puso el nombre de Israel;[d]
35 con los cuales Jehová había hecho pacto, y les mandó diciendo: No temeréis a otros dioses, ni los adoraréis, ni les serviréis, ni les haréis sacrificios.[e]
36 Mas a Jehová, que os sacó de tierra de Egipto con grande poder y brazo extendido, a éste temeréis,[f] y a éste adoraréis, y a éste haréis sacrificio.
37 Los estatutos y derechos y ley y mandamientos que os dio por escrito, cuidaréis siempre de ponerlos por obra, y no temeréis a dioses ajenos.
38 No olvidaréis el pacto que hice con vosotros, ni temeréis a dioses ajenos;
39 mas temed a Jehová vuestro Dios, y él os librará de mano de todos vuestros enemigos.
40 Pero ellos no escucharon; antes hicieron según su costumbre antigua.

17.10: [a] 1 R. 14.23. **17.16:** [b] 1 R. 12.28. **17.17:** [c] Dt. 18.10. **17.34:** [d] Gn. 32.28; 35.10. **17.35:** [e] Ex. 20.5; Dt. 5.9. **17.36:** [f] Dt. 6.13.

41 Así temieron a Jehová aquellas gentes, y al mismo tiempo sirvieron a sus ídolos; y también sus hijos y sus nietos, según como hicieron sus padres, así hacen hasta hoy.

Reinado de Ezequías

18 1 En el tercer año de Oseas hijo de Ela, rey de Israel, comenzó a reinar Ezequías hijo de Acaz rey de Judá.

2 Cuando comenzó a reinar era de veinticinco años, y reinó en Jerusalén veintinueve años. El nombre de su madre fue Abi hija de Zacarías.

3 Hizo lo recto ante los ojos de Jehová, conforme a todas las cosas que había hecho David su padre.

4 El quitó los lugares altos, y quebró las imágenes, y cortó los símbolos de Asera, e hizo pedazos la serpiente de bronce que había hecho Moisés,[a] porque hasta entonces le quemaban incienso los hijos de Israel; y la llamó Nehustán.[1]

5 En Jehová Dios de Israel puso su esperanza; ni después ni antes de él hubo otro como él entre todos los reyes de Judá.

6 Porque siguió a Jehová, y no se apartó de él, sino que guardó los mandamientos que Jehová prescribió a Moisés.

7 Y Jehová estaba con él; y adondequiera que salía, prosperaba. El se rebeló contra el rey de Asiria, y no le sirvió.

8 Hirió también a los filisteos hasta Gaza y sus fronteras, desde las torres de las atalayas hasta la ciudad fortificada.

Caída de Samaria

9 En el cuarto año del rey Ezequías, que era el año séptimo de Oseas hijo de Ela, rey de Israel, subió Salmanasar rey de los asirios contra Samaria, y la sitió,

10 y la tomaron al cabo de tres años. En el año sexto de Ezequías, el cual era el año noveno de Oseas rey de Israel, fue tomada Samaria.

11 Y el rey de Asiria llevó cautivo a Israel a Asiria, y los puso en Halah, en Habor junto al río Gozán, y en las ciudades de los medos;

12 por cuanto no habían atendido a la voz de Jehová su Dios, sino que habían quebrantado su pacto; y todas las cosas que Moisés siervo de Jehová había mandado, no las habían escuchado, ni puesto por obra.

Senaquerib invade a Judá

13 A los catorce años del rey Ezequías, subió Senaquerib rey de Asiria contra todas las ciudades fortificadas de Judá, y las tomó.

14 Entonces Ezequías rey de Judá envió a decir al rey de Asiria que estaba en Laquis: Yo he pecado; apártate de mí, y haré todo lo que me impongas. Y el rey de Asiria impuso a Ezequías rey de Judá trescientos talentos de plata, y treinta talentos de oro.

15 Dio, por tanto, Ezequías toda la plata que fue hallada en la casa de Jehová, y en los tesoros de la casa real.

16 Entonces Ezequías quitó el oro de las puertas del templo de Jehová y de los quiciales que el mismo rey Ezequías había cubierto de oro, y lo dio al rey de Asiria.

17 Después el rey de Asiria envió contra el rey Ezequías al Tartán, al Rabsaris y al Rabsaces, con un gran ejército, desde Laquis contra Jerusalén, y subieron y vinieron a Jerusalén. Y habiendo subido, vinieron y acamparon junto al acueducto del estanque de arriba, en el camino de la heredad del Lavador.

18 Llamaron luego al rey, y salió a ellos Eliaquim hijo de Hilcías, mayordomo, y Sebna escriba, y Joa hijo de Asaf, canciller.

19 Y les dijo el Rabsaces: Decid ahora a Ezequías: Así dice el gran rey de Asiria: ¿Qué confianza es esta en que te apoyas?

20 Dices (pero son palabras vacías): Consejo tengo y fuerzas para la guerra. Mas ¿en qué confías, que te has rebelado contra mí?

21 He aquí que confías en este báculo de caña cascada, en Egipto, en el cual si alguno se apoyare, se le entrará por la mano y la traspasará. Tal es Faraón rey de Egipto para todos los que en él confían.

22 Y si me decís: Nosotros confiamos en Jehová nuestro Dios, ¿no es éste aquel cuyos lugares altos y altares ha quitado Ezequías, y ha dicho a Judá y a Jerusalén: Delante de este altar adoraréis en Jerusalén?

23 Ahora, pues, yo te ruego que des rehenes a mi señor, el rey de Asiria, y yo te daré dos mil caballos, si tú puedes dar jinetes para ellos.

24 ¿Cómo, pues, podrás resistir a un capitán, al menor de los siervos de mi señor, aunque estés confiado en Egipto con sus carros y su gente de a caballo?

25 ¿Acaso he venido yo ahora sin Jehová a este lugar, para destruirlo? Jehová me ha dicho: Sube a esta tierra, y destrúyela.

26 Entonces dijo Eliaquim hijo de Hilcías, y Sebna y Joa, al Rabsaces: Te rogamos que hables a tus siervos en arameo, porque nosotros lo entendemos, y no hables con nosotros en lengua de Judá a oídos del pueblo que está sobre el muro.

27 Y el Rabsaces les dijo: ¿Me ha enviado mi señor para decir estas palabras a ti y a tu señor, y no a los hombres que están sobre el muro, expuestos a comer su propio estiércol y beber su propia orina con vosotros?

18.4: [a] Nm. 21.9. [1] Esto es, *Cosa de bronce.*

28 Entonces el Rabsaces se puso en pie y clamó a gran voz en lengua de Judá, y habló diciendo: Oíd la palabra del gran rey, el rey de Asiria.

29 Así ha dicho el rey: No os engañe Ezequías, porque no os podrá librar de mi mano.

30 Y no os haga Ezequías confiar en Jehová, diciendo: Ciertamente nos librará Jehová, y esta ciudad no será entregada en mano del rey de Asiria.

31 No escuchéis a Ezequías, porque así dice el rey de Asiria: Haced conmigo paz, y salid a mí, y coma cada uno de su vid y de su higuera, y beba cada uno las aguas de su pozo,

32 hasta que yo venga y os lleve a una tierra como la vuestra, tierra de grano y de vino, tierra de pan y de viñas, tierra de olivas, de aceite, y de miel; y viviréis, y no moriréis. No oigáis a Ezequías, porque os engaña cuando dice: Jehová nos librará.

33 ¿Acaso alguno de los dioses de las naciones ha librado su tierra de la mano del rey de Asiria?

34 ¿Dónde está el dios de Hamat y de Arfad? ¿Dónde está el dios de Sefarvaim, de Hena, y de Iva? ¿Pudieron éstos librar a Samaria de mi mano?

35 ¿Qué dios de todos los dioses de estas tierras ha librado su tierra de mi mano, para que Jehová libre de mi mano a Jerusalén?

36 Pero el pueblo calló, y no le respondió palabra; porque había mandamiento del rey, el cual había dicho: No le respondáis.

37 Entonces Eliaquim hijo de Hilcías, mayordomo, y Sebna escriba, y Joa hijo de Asaf, canciller, vinieron a Ezequías, rasgados sus vestidos, y le contaron las palabras del Rabsaces.

Judá es librado de Senaquerib

19 1 Cuando el rey Ezequías lo oyó, rasgó sus vestidos y se cubrió de cilicio, y entró en la casa de Jehová.

2 Y envió a Eliaquim mayordomo, a Sebna escriba y a los ancianos de los sacerdotes, cubiertos de cilicio, al profeta Isaías hijo de Amoz,

3 para que le dijesen: Así ha dicho Ezequías: Este día es día de angustia, de reprensión y de blasfemia; porque los hijos están a punto de nacer, y la que da a luz no tiene fuerzas.

4 Quizá oirá Jehová tu Dios todas las palabras del Rabsaces, a quien el rey de los asirios su señor ha enviado para blasfemar al Dios viviente, y para vituperar con palabras, las cuales Jehová tu Dios ha oído; por tanto, eleva oración por el remanente que aún queda.

5 Vinieron, pues, los siervos del rey Ezequías a Isaías.

6 E Isaías les respondió: Así diréis a vuestro señor: Así ha dicho Jehová: No temas por las palabras que has oído, con las cuales me han blasfemado los siervos del rey de Asiria.

7 He aquí pondré yo en él un espíritu, y oirá rumor, y volverá a su tierra; y haré que en su tierra caiga a espada.

8 Y regresando el Rabsaces, halló al rey de Asiria combatiendo contra Libna; porque oyó que se había ido de Laquis.

9 Y oyó decir que Tirhaca rey de Etiopía había salido para hacerle guerra. Entonces volvió él y envió embajadores a Ezequías, diciendo:

10 Así diréis a Ezequías rey de Judá: No te engañe tu Dios en quien tú confías, para decir: Jerusalén no será entregada en mano del rey de Asiria.

11 He aquí tú has oído lo que han hecho los reyes de Asiria a todas las tierras, destruyéndolas; ¿y escaparás tú?

12 ¿Acaso libraron sus dioses a las naciones que mis padres destruyeron, esto es, Gozán, Harán, Resef, y los hijos de Edén que estaban en Telasar?

13 ¿Dónde está el rey de Hamat, el rey de Arfad, y el rey de la ciudad de Sefarvaim, de Hena y de Iva?

14 Y tomó Ezequías las cartas de mano de los embajadores; y después que las hubo leído, subió a la casa de Jehová, y las extendió Ezequías delante de Jehová.

15 Y oró Ezequías delante de Jehová, diciendo: Jehová Dios de Israel, que moras entre los querubines,[a] sólo tú eres Dios de todos los reinos de la tierra; tú hiciste el cielo y la tierra.

16 Inclina, oh Jehová, tu oído, y oye; abre, oh Jehová, tus ojos, y mira; y oye las palabras de Senaquerib, que ha enviado a blasfemar al Dios viviente.

17 Es verdad, oh Jehová, que los reyes de Asiria han destruido las naciones y sus tierras;

18 y que echaron al fuego a sus dioses, por cuanto ellos no eran dioses, sino obra de manos de hombres, madera o piedra, y por eso los destruyeron.

19 Ahora, pues, oh Jehová Dios nuestro, sálvanos, te ruego, de su mano, para que sepan todos los reinos de la tierra que sólo tú, Jehová, eres Dios.

20 Entonces Isaías hijo de Amoz envió a decir a Ezequías: Así ha dicho Jehová, Dios de Israel: Lo que me pediste acerca de Senaquerib rey de Asiria, he oído.

21 Esta es la palabra que Jehová ha pronunciado acerca de él: La virgen hija de Sion te menosprecia, te escarnece; detrás de ti mueve su cabeza la hija de Jerusalén.

22 ¿A quién has vituperado y blasfemado? ¿y contra quién has alzado la voz, y levantado en alto tus ojos? Contra el Santo de Israel.

19.15: [a] Ex. 25.22.

23 Por mano de tus mensajeros has vituperado a
Jehová, y has dicho: Con la multitud de mis carros he subido a las alturas de los montes, a lo más inaccesible del Líbano; cortaré sus altos cedros, sus cipreses más escogidos; me alojaré en sus más remotos lugares, en el bosque de sus feraces campos.
24 Yo he cavado y bebido las aguas extrañas, he
secado con las plantas de mis pies todos los ríos de Egipto.
25 ¿Nunca has oído que desde tiempos antiguos
yo lo hice, y que desde los días de la antigüedad lo tengo ideado? Y ahora lo he hecho venir, y tú serás para hacer desolaciones, para reducir las ciudades fortificadas a montones de escombros.
26 Sus moradores fueron de corto poder; fueron
acobardados y confundidos; vinieron a ser como la hierba del campo, y como hortaliza verde, como heno de los terrados, marchitado antes de su madurez.
27 He conocido tu situación, tu salida y tu entra-
da, y tu furor contra mí.
28 Por cuanto te has airado contra mí, por cuanto
tu arrogancia ha subido a mis oídos, yo pondré mi garfio en tu nariz, y mi freno en tus labios, y te haré volver por el camino por donde viniste.
29 Y esto te daré por señal, oh Ezequías: Este
año comeréis lo que nacerá de suyo, y el segundo año lo que nacerá de suyo; y el tercer año sembraréis, y segaréis, y plantaréis viñas, y comeréis el fruto de ellas.
30 Y lo que hubiere escapado, lo que hubiere
quedado de la casa de Judá, volverá a echar raíces abajo, y llevará fruto arriba.
31 Porque saldrá de Jerusalén remanente, y del
monte de Sion los que se salven. El celo de Jehová de los ejércitos hará esto.
32 Por tanto, así dice Jehová acerca del rey de
Asiria: No entrará en esta ciudad, ni echará saeta en ella; ni vendrá delante de ella con escudo, ni levantará contra ella baluarte.
33 Por el mismo camino que vino, volverá, y no
entrará en esta ciudad, dice Jehová.
34 Porque yo ampararé esta ciudad para salvar-
la, por amor a mí mismo, y por amor a David mi siervo.
35 Y aconteció que aquella misma noche salió
el ángel de Jehová, y mató en el campamento de los asirios a ciento ochenta y cinco mil; y cuando se levantaron por la mañana, he aquí que todo era cuerpos de muertos.
36 Entonces Senaquerib rey de Asiria se fue, y
volvió a Nínive, donde se quedó.
37 Y aconteció que mientras él adoraba en el
templo de Nisroc su dios, Adramelec y Sarezer sus hijos lo hirieron a espada, y huyeron a tierra de Ararat. Y reinó en su lugar Esar-hadón su hijo.

Enfermedad de Ezequías

20 1 En aquellos días Ezequías cayó enfermo
de muerte. Y vino a él el profeta Isaías hijo de Amoz, y le dijo: Jehová dice así: Ordena tu casa, porque morirás, y no vivirás.
2 Entonces él volvió su rostro a la pared, y oró a
Jehová y dijo:
3 Te ruego, oh Jehová, te ruego que hagas me-
moria de que he andado delante de ti en verdad y con íntegro corazón, y que he hecho las cosas que te agradan. Y lloró Ezequías con gran lloro.
4 Y antes que Isaías saliese hasta la mitad del
patio, vino palabra de Jehová a Isaías, diciendo:
5 Vuelve, y di a Ezequías, príncipe de mi pueblo:
Así dice Jehová, el Dios de David tu padre: Yo he oído tu oración, y he visto tus lágrimas; he aquí que yo te sano; al tercer día subirás a la casa de Jehová.
6 Y añadiré a tus días quince años, y te libraré a
ti y a esta ciudad de mano del rey de Asiria; y ampararé esta ciudad por amor a mí mismo, y por amor a David mi siervo.
7 Y dijo Isaías: Tomad masa de higos. Y tomán-
dola, la pusieron sobre la llaga, y sanó.
8 Y Ezequías había dicho a Isaías: ¿Qué señal
tendré de que Jehová me sanará, y que subiré a la casa de Jehová al tercer día?
9 Respondió Isaías: Esta señal tendrás de Jeho-
vá, de que hará Jehová esto que ha dicho: ¿Avanzará la sombra diez grados, o retrocederá diez grados?
10 Y Ezequías respondió: Fácil cosa es que la
sombra decline diez grados; pero no que la sombra vuelva atrás diez grados.
11 Entonces el profeta Isaías clamó a Jehová; e
hizo volver la sombra por los grados que había descendido en el reloj de Acaz, diez grados atrás.

Ezequías recibe a los enviados de Babilonia

12 En aquel tiempo Merodac-baladán hijo de
Baladán, rey de Babilonia, envió mensajeros con cartas y presentes a Ezequías, porque había oído que Ezequías había caído enfermo.
13 Y Ezequías los oyó, y les mostró toda la casa
de sus tesoros, plata, oro, y especias, y ungüentos preciosos, y la casa de sus armas, y todo lo que había en sus tesoros; ninguna cosa quedó que Ezequías no les mostrase, así en su casa como en todos sus dominios.
14 Entonces el profeta Isaías vino al rey Eze-
quías, y le dijo: ¿Qué dijeron aquellos varones, y de dónde vinieron a ti? Y Ezequías le respondió: De lejanas tierras han venido, de Babilonia.
15 Y él le volvió a decir: ¿Qué vieron en tu casa?
Y Ezequías respondió: Vieron todo lo que había en mi casa; nada quedó en mis tesoros que no les mostrase.
16 Entonces Isaías dijo a Ezequías: Oye pala-
bra de Jehová:

17 He aquí vienen días en que todo lo que está
en tu casa, y todo lo que tus padres han atesora-
do hasta hoy, será llevado a Babilonia, sin que-
dar nada, dijo Jehová.[a]
18 Y de tus hijos que saldrán de ti, que habrás
engendrado, tomarán, y serán eunucos en el pa-
lacio del rey de Babilonia.[b]
19 Entonces Ezequías dijo a Isaías: La palabra de
Jehová que has hablado, es buena. Después dijo:
Habrá al menos paz y seguridad en mis días.

Muerte de Ezequías

20 Los demás hechos de Ezequías, y todo su
poderío, y cómo hizo el estanque y el conducto,
y metió las aguas en la ciudad, ¿no está escrito
en el libro de las crónicas de los reyes de Judá?
21 Y durmió Ezequías con sus padres, y reinó en
su lugar Manasés su hijo.

Reinado de Manasés

21 1 De doce años era Manasés cuando co-
menzó a reinar, y reinó en Jerusalén cin-
cuenta y cinco años; el nombre de su madre fue
Hepsiba.
2 E hizo lo malo ante los ojos de Jehová,[a] según
las abominaciones de las naciones que Jehová
había echado de delante de los hijos de Israel.
3 Porque volvió a edificar los lugares altos que
Ezequías su padre había derribado, y levantó al-
tares a Baal, e hizo una imagen de Asera, como
había hecho Acab rey de Israel; y adoró a todo el
ejército de los cielos, y rindió culto a aquellas
cosas.
4 Asimismo edificó altares en la casa de Jehová,
de la cual Jehová había dicho: Yo pondré mi
nombre en Jerusalén.[b]
5 Y edificó altares para todo el ejército de los
cielos en los dos atrios de la casa de Jehová.
6 Y pasó a su hijo por fuego, y se dio a observar
los tiempos, y fue agorero, e instituyó encanta-
dores y adivinos, multiplicando así el hacer lo
malo ante los ojos de Jehová, para provocarlo a
ira.
7 Y puso una imagen de Asera que él había he-
cho, en la casa de la cual Jehová había dicho a
David y a Salomón su hijo: Yo pondré mi nom-
bre para siempre en esta casa, y en Jerusalén, a
la cual escogí de todas las tribus de Israel;
8 y no volveré a hacer que el pie de Israel sea
movido de la tierra que di a sus padres, con tal
que guarden y hagan conforme a todas las cosas
que yo les he mandado, y conforme a toda la ley
que mi siervo Moisés les mandó.[c]
9 Mas ellos no escucharon; y Manasés los indujo
a que hiciesen más mal que las naciones que
Jehová destruyó delante de los hijos de Israel.
10 Habló, pues, Jehová por medio de sus sier-
vos los profetas, diciendo:
11 Por cuanto Manasés rey de Judá ha hecho es-
tas abominaciones, y ha hecho más mal que
todo lo que hicieron los amorreos que fueron an-
tes de él, y también ha hecho pecar a Judá con
sus ídolos;
12 por tanto, así ha dicho Jehová el Dios de Is-
rael: He aquí yo traigo tal mal sobre Jerusalén y
sobre Judá, que al que lo oyere le retiñirán am-
bos oídos.
13 Y extenderé sobre Jerusalén el cordel de Sa-
maria y la plomada de la casa de Acab; y limpia-
ré a Jerusalén como se limpia un plato, que se
friega y se vuelve boca abajo.
14 Y desampararé el resto de mi heredad, y lo
entregaré en manos de sus enemigos; y serán
para presa y despojo de todos sus adversarios;
15 por cuanto han hecho lo malo ante mis ojos,
y me han provocado a ira, desde el día que sus
padres salieron de Egipto hasta hoy.
16 Fuera de esto, derramó Manasés mucha
sangre inocente en gran manera, hasta llenar a
Jerusalén de extremo a extremo; además de su
pecado con que hizo pecar a Judá, para que hi-
ciese lo malo ante los ojos de Jehová.
17 Los demás hechos de Manasés, y todo lo
que hizo, y el pecado que cometió, ¿no está todo
escrito en el libro de las crónicas de los reyes de
Judá?
18 Y durmió Manasés con sus padres, y fue se-
pultado en el huerto de su casa, en el huerto de
Uza, y reinó en su lugar Amón su hijo.

Reinado de Amón

19 De veintidós años era Amón cuando co-
menzó a reinar, y reinó dos años en Jerusalén. El
nombre de su madre fue Mesulemet hija de Ha-
ruz, de Jotba.
20 E hizo lo malo ante los ojos de Jehová, como
había hecho Manasés su padre.
21 Y anduvo en todos los caminos en que su pa-
dre anduvo, y sirvió a los ídolos a los cuales ha-
bía servido su padre, y los adoró;
22 y dejó a Jehová el Dios de sus padres, y no an-
duvo en el camino de Jehová.
23 Y los siervos de Amón conspiraron contra él,
y mataron al rey en su casa.
24 Entonces el pueblo de la tierra mató a todos
los que habían conspirado contra el rey Amón; y
puso el pueblo de la tierra por rey en su lugar a
Josías su hijo.
25 Los demás hechos de Amón, ¿no están todos
escritos en el libro de las crónicas de los reyes de
Judá?
26 Y fue sepultado en su sepulcro en el huerto
de Uza, y reinó en su lugar Josías su hijo.

20.17: [a] 2 R. 24.13; 2 Cr. 36.10. **20.18:** [b] 2 R. 24.14-15; Dn. 1.1-7. **21.2:** [a] Jer. 15.4. **21.4:** [b] 2 S. 7.13. **21.7-8:** [c] 1 R. 9.3-5; 2 Cr. 7.12-18.

Reinado de Josías

22 1 Cuando Josías[a] comenzó a reinar era
de ocho años, y reinó en Jerusalén treinta y un años. El nombre de su madre fue Jedida hija de Adaía, de Boscat.
2 E hizo lo recto ante los ojos de Jehová, y anduvo en todo el camino de David su padre, sin apartarse a derecha ni a izquierda.

Hallazgo del libro de la ley

3 A los dieciocho años del rey Josías, envió el rey a Safán hijo de Azalía, hijo de Mesulam, escriba, a la casa de Jehová, diciendo:
4 Ve al sumo sacerdote Hilcías, y dile que recoja el dinero que han traído a la casa de Jehová, que han recogido del pueblo los guardianes de la puerta,
5 y que lo pongan en manos de los que hacen la obra, que tienen a su cargo el arreglo de la casa de Jehová, y que lo entreguen a los que hacen la obra de la casa de Jehová, para reparar las grietas de la casa;
6 a los carpinteros, maestros y albañiles, para comprar madera y piedra de cantería para reparar la casa;
7 y que no se les tome cuenta del dinero cuyo manejo se les confiare, porque ellos proceden con honradez.
8 Entonces dijo el sumo sacerdote Hilcías al escriba Safán: He hallado el libro de la ley en la casa de Jehová. E Hilcías dio el libro a Safán, y lo leyó.
9 Viniendo luego el escriba Safán al rey, dio cuenta al rey y dijo: Tus siervos han recogido el dinero que se halló en el templo, y lo han entregado en poder de los que hacen la obra, que tienen a su cargo el arreglo de la casa de Jehová.
10 Asimismo el escriba Safán declaró al rey, diciendo: El sacerdote Hilcías me ha dado un libro. Y lo leyó Safán delante del rey.
11 Y cuando el rey hubo oído las palabras del libro de la ley, rasgó sus vestidos.
12 Luego el rey dio orden al sacerdote Hilcías, a Ahicam hijo de Safán, a Acbor hijo de Micaías, al escriba Safán y a Asaías siervo del rey, diciendo:
13 Id y preguntad a Jehová por mí, y por el pueblo, y por todo Judá, acerca de las palabras de este libro que se ha hallado; porque grande es la ira de Jehová que se ha encendido contra nosotros, por cuanto nuestros padres no escucharon las palabras de este libro, para hacer conforme a todo lo que nos fue escrito.
14 Entonces fueron el sacerdote Hilcías, y Ahicam, Acbor, Safán y Asaías, a la profetisa Hulda, mujer de Salum hijo de Ticva, hijo de Harhas, guarda de las vestiduras, la cual moraba en Jerusalén en la segunda parte de la ciudad, y hablaron con ella.
15 Y ella les dijo: Así ha dicho Jehová el Dios de Israel: Decid al varón que os envió a mí:
16 Así dijo Jehová: He aquí yo traigo sobre este lugar, y sobre los que en él moran, todo el mal de que habla este libro que ha leído el rey de Judá;
17 por cuanto me dejaron a mí, y quemaron incienso a dioses ajenos, provocándome a ira con toda la obra de sus manos; mi ira se ha encendido contra este lugar, y no se apagará.
18 Mas al rey de Judá que os ha enviado para que preguntaseis a Jehová, diréis así: Así ha dicho Jehová el Dios de Israel: Por cuanto oíste las palabras del libro,
19 y tu corazón se enterneció, y te humillaste delante de Jehová, cuando oíste lo que yo he pronunciado contra este lugar y contra sus moradores, que vendrán a ser asolados y malditos, y rasgaste tus vestidos, y lloraste en mi presencia, también yo te he oído, dice Jehová.
20 Por tanto, he aquí yo te recogeré con tus padres, y serás llevado a tu sepulcro en paz, y no verán tus ojos todo el mal que yo traigo sobre este lugar. Y ellos dieron al rey la respuesta.

23 1 Entonces el rey mandó reunir con él a
todos los ancianos de Judá y de Jerusalén.
2 Y subió el rey a la casa de Jehová con todos los varones de Judá, y con todos los moradores de Jerusalén, con los sacerdotes y profetas y con todo el pueblo, desde el más chico hasta el más grande; y leyó, oyéndolo ellos, todas las palabras del libro del pacto que había sido hallado en la casa de Jehová.
3 Y poniéndose el rey en pie junto a la columna, hizo pacto delante de Jehová, de que irían en pos de Jehová, y guardarían sus mandamientos, sus testimonios y sus estatutos, con todo el corazón y con toda el alma, y que cumplirían las palabras del pacto que estaban escritas en aquel libro. Y todo el pueblo confirmó el pacto.

Reformas de Josías

4 Entonces mandó el rey al sumo sacerdote Hilcías, a los sacerdotes de segundo orden, y a los guardianes de la puerta, que sacasen del templo de Jehová todos los utensilios que habían sido hechos para Baal, para Asera y para todo el ejército de los cielos; y los quemó fuera de Jerusalén en el campo del Cedrón, e hizo llevar las cenizas de ellos a Bet-el.
5 Y quitó a los sacerdotes idólatras que habían puesto los reyes de Judá para que quemasen incienso en los lugares altos en las ciudades de Judá, y en los alrededores de Jerusalén; y asimismo a los que quemaban incienso a Baal, al sol y a la luna, y a los signos del zodíaco, y a todo el ejército de los cielos.

22.1: [a] Jer. 3.6.

6 Hizo también sacar la imagen de Asera fuera de la casa de Jehová, fuera de Jerusalén, al valle del Cedrón, y la quemó en el valle del Cedrón, y la convirtió en polvo, y echó el polvo sobre los sepulcros de los hijos del pueblo.[a]

7 Además derribó los lugares de prostitución idolátrica que estaban en la casa de Jehová, en los cuales tejían las mujeres tiendas para Asera.

8 E hizo venir todos los sacerdotes de las ciudades de Judá, y profanó los lugares altos donde los sacerdotes quemaban incienso, desde Geba hasta Beerseba; y derribó los altares de las puertas que estaban a la entrada de la puerta de Josué, gobernador de la ciudad, que estaban a la mano izquierda, a la puerta de la ciudad.

9 Pero los sacerdotes de los lugares altos no subían al altar de Jehová en Jerusalén, sino que comían panes sin levadura entre sus hermanos.

10 Asimismo profanó a Tofet, que está en el valle del hijo de Hinom,[b] para que ninguno pasase su hijo o su hija por fuego a Moloc.[c]

11 Quitó también los caballos que los reyes de Judá habían dedicado al sol a la entrada del templo de Jehová, junto a la cámara de Natán-melec eunuco, el cual tenía a su cargo los ejidos; y quemó al fuego los carros del sol.

12 Derribó además el rey los altares que estaban sobre la azotea de la sala de Acaz, que los reyes de Judá habían hecho, y los altares que había hecho Manasés en los dos atrios de la casa de Jehová;[d] y de allí corrió y arrojó el polvo al arroyo del Cedrón.

13 Asimismo profanó el rey los lugares altos que estaban delante de Jerusalén, a la mano derecha del monte de la destrucción, los cuales Salomón rey de Israel había edificado a Astoret ídolo abominable de los sidonios, a Quemos ídolo abominable de Moab, y a Milcom ídolo abominable de los hijos de Amón.[e]

14 Y quebró las estatuas, y derribó las imágenes de Asera, y llenó el lugar de ellos de huesos de hombres.

15 Igualmente el altar que estaba en Bet-el, y el lugar alto que había hecho Jeroboam hijo de Nabat,[f] el que hizo pecar a Israel; aquel altar y el lugar alto destruyó, y lo quemó, y lo hizo polvo, y puso fuego a la imagen de Asera.

16 Y se volvió Josías, y viendo los sepulcros que estaban allí en el monte, envió y sacó los huesos de los sepulcros, y los quemó sobre el altar para contaminarlo, conforme a la palabra de Jehová que había profetizado el varón de Dios, el cual había anunciado esto.[g]

17 Después dijo: ¿Qué monumento es este que veo? Y los de la ciudad le respondieron: Este es el sepulcro del varón de Dios que vino de Judá, y profetizó estas cosas que tú has hecho sobre el altar de Bet-el.[h]

18 Y él dijo: Dejadlo; ninguno mueva sus huesos; y así fueron preservados sus huesos, y los huesos del profeta que había venido de Samaria.

19 Y todas las casas de los lugares altos que estaban en las ciudades de Samaria, las cuales habían hecho los reyes de Israel para provocar a ira, las quitó también Josías, e hizo de ellas como había hecho en Bet-el.

20 Mató además sobre los altares a todos los sacerdotes de los lugares altos que allí estaban, y quemó sobre ellos huesos de hombres, y volvió a Jerusalén.

Josías celebra la pascua

21 Entonces mandó el rey a todo el pueblo, diciendo: Haced la pascua a Jehová vuestro Dios, conforme a lo que está escrito en el libro de este pacto.

22 No había sido hecha tal pascua desde los tiempos en que los jueces gobernaban a Israel, ni en todos los tiempos de los reyes de Israel y de los reyes de Judá.

23 A los dieciocho años del rey Josías fue hecha aquella pascua a Jehová en Jerusalén.

Persiste la ira de Jehová contra Judá

24 Asimismo barrió Josías a los encantadores, adivinos y terafines, y todas las abominaciones que se veían en la tierra de Judá y en Jerusalén, para cumplir las palabras de la ley que estaban escritas en el libro que el sacerdote Hilcías había hallado en la casa de Jehová.

25 No hubo otro rey antes de él, que se convirtiese a Jehová de todo su corazón, de toda su alma y de todas sus fuerzas, conforme a toda la ley de Moisés; ni después de él nació otro igual.

26 Con todo eso, Jehová no desistió del ardor con que su gran ira se había encendido contra Judá, por todas las provocaciones con que Manasés le había irritado.

27 Y dijo Jehová: También quitaré de mi presencia a Judá, como quité a Israel, y desecharé a esta ciudad que había escogido, a Jerusalén, y a la casa de la cual había yo dicho: Mi nombre estará allí.

Muerte de Josías

28 Los demás hechos de Josías, y todo lo que hizo, ¿no está todo escrito en el libro de las crónicas de los reyes de Judá?

29 En aquellos días Faraón Necao rey de Egipto subió contra el rey de Asiria al río Eufrates, y salió contra él el rey Josías; pero aquél, así que le vio, lo mató en Meguido.

23.4-6: [a] 2 R. 21.3; 2 Cr. 33.3. **23.10:** [b] Jer. 7.31; 19.1-6; 32.35. [c] Lv. 18.21. **23.12:** [d] 2 R. 21.5; 2 Cr. 33.5. **23.13:** [e] 1 R. 11.7. **23.15:** [f] 1 R. 12.33. **23.16:** [g] 1 R. 13.2. **23.17:** [h] 1 R. 13.30-32.

30 Y sus siervos lo pusieron en un carro, y lo tra-
jeron muerto de Meguido a Jerusalén, y lo se-
pultaron en su sepulcro. Entonces el pueblo de
la tierra tomó a Joacaz hijo de Josías, y lo ungie-
ron y lo pusieron por rey en lugar de su padre.

Reinado y destronamiento de Joacaz

31 De veintitrés años era Joacaz cuando co-
menzó a reinar, y reinó tres meses en Jerusalén.
El nombre de su madre fue Hamutal hija de Je-
remías, de Libna.
32 Y él hizo lo malo ante los ojos de Jehová, con-
forme a todas las cosas que sus padres habían
hecho.
33 Y lo puso preso Faraón Necao en Ribla en la
provincia de Hamat, para que no reinase en Je-
rusalén; e impuso sobre la tierra una multa de
cien talentos de plata, y uno de oro.
34 Entonces Faraón Necao puso por rey a Elia-
quim hijo de Josías, en lugar de Josías su padre,
y le cambió el nombre por el de Joacim; y tomó
a Joacaz y lo llevó a Egipto, y murió allí.[i]
35 Y Joacim pagó a Faraón la plata y el oro; mas
hizo avaluar la tierra para dar el dinero confor-
me al mandamiento de Faraón, sacando la plata
y el oro del pueblo de la tierra, de cada uno se-
gún la estimación de su hacienda, para darlo a
Faraón Necao.

Reinado de Joacim

36 De veinticinco años era Joacim[j] cuando co-
menzó a reinar, y once años reinó en Jerusalén.
El nombre de su madre fue Zebuda hija de Pe-
daías, de Ruma.
37 E hizo lo malo ante los ojos de Jehová, con-
forme a todas las cosas que sus padres habían
hecho.
24 1 En su tiempo subió en campaña Nabu-
codonosor rey de Babilonia.[a] Joacim vino
a ser su siervo por tres años, pero luego volvió y
se rebeló contra él.
2 Pero Jehová envió contra Joacim tropas de cal-
deos, tropas de sirios, tropas de moabitas y tro-
pas de amonitas, los cuales envió contra Judá
para que la destruyesen, conforme a la palabra
de Jehová que había hablado por sus siervos los
profetas.
3 Ciertamente vino esto contra Judá por mandato
de Jehová, para quitarla de su presencia, por los
pecados de Manasés, y por todo lo que él hizo;
4 asimismo por la sangre inocente que derramó,
pues llenó a Jerusalén de sangre inocente; Jeho-
vá, por tanto, no quiso perdonar.
5 Los demás hechos de Joacim, y todo lo que
hizo, ¿no está escrito en el libro de las crónicas
de los reyes de Judá?
6 Y durmió Joacim con sus padres, y reinó en su
lugar Joaquín su hijo.
7 Y nunca más el rey de Egipto salió de su tierra;
porque el rey de Babilonia le tomó todo lo que
era suyo desde el río de Egipto hasta el río
Eufrates.

Joaquín y los nobles son llevados cautivos a Babilonia

8 De dieciocho años era Joaquín cuando co-
menzó a reinar, y reinó en Jerusalén tres me-
ses. El nombre de su madre fue Nehusta hija de
Elnatán, de Jerusalén.
9 E hizo lo malo ante los ojos de Jehová, con-
forme a todas las cosas que había hecho su
padre.
10 En aquel tiempo subieron contra Jerusalén
los siervos de Nabucodonosor rey de Babilonia,
y la ciudad fue sitiada.
11 Vino también Nabucodonosor rey de Babilo-
nia contra la ciudad, cuando sus siervos la te-
nían sitiada.
12 Entonces salió Joaquín rey de Judá al rey de
Babilonia, él y su madre, sus siervos, sus prínci-
pes y sus oficiales; y lo prendió el rey de Babilo-
nia en el octavo año de su reinado.[b]
13 Y sacó de allí todos los tesoros de la casa de
Jehová, y los tesoros de la casa real, y rompió en
pedazos todos los utensilios de oro que había
hecho Salomón rey de Israel en la casa de Jeho-
vá, como Jehová había dicho.
14 Y llevó en cautiverio a toda Jerusalén, a todos
los príncipes, y a todos los hombres valientes,
hasta diez mil cautivos, y a todos los artesanos y
herreros; no quedó nadie, excepto los pobres del
pueblo de la tierra.
15 Asimismo llevó cautivos a Babilonia a Joa-
quín, a la madre del rey, a las mujeres del rey, a
sus oficiales y a los poderosos de la tierra; cauti-
vos los llevó de Jerusalén a Babilonia.[c]
16 A todos los hombres de guerra, que fueron
siete mil, y a los artesanos y herreros, que fue-
ron mil, y a todos los valientes para hacer la
guerra, llevó cautivos el rey de Babilonia.
17 Y el rey de Babilonia puso por rey en lugar de
Joaquín a Matanías su tío, y le cambió el nom-
bre por el de Sedequías.[d]

Reinado de Sedequías

18 De veintiún años era Sedequías cuando co-
menzó a reinar,[e] y reinó en Jerusalén once años.
El nombre de su madre fue Hamutal hija de Je-
remías, de Libna.
19 E hizo lo malo ante los ojos de Jehová, con-
forme a todo lo que había hecho Joacim.
20 Vino, pues, la ira de Jehová contra Jerusalén

23.34: [i] Jer. 22.11-12. **23.36:** [j] Jer. 22.18-19; 26.1-6; 35.1-19.
24.1: [a] Jer. 25.1-38; Dn. 1.1-2. **24.12:** [b] Jer. 22.24-30;
24.1-10; 29.1-2. **24.15:** [c] Ez. 17.12.
24.17: [d] Jer. 37.1; Ez. 17.13. **24.18:** [e] Jer. 27.1-22; 28.1-17.

y Judá, hasta que los echó de su presencia. Y Se-
dequías se rebeló contra el rey de Babilonia.[f]

Caída de Jerusalén

25 1 Aconteció a los nueve años de su reina-
do, en el mes décimo, a los diez días del
mes, que Nabucodonosor rey de Babilonia vino
con todo su ejército contra Jerusalén, y la sitió,[a]
y levantó torres contra ella alrededor.
2 Y estuvo la ciudad sitiada hasta el año undéci-
mo del rey Sedequías.
3 A los nueve días del cuarto mes prevaleció el
hambre en la ciudad, hasta que no hubo pan
para el pueblo de la tierra.
4 Abierta ya una brecha en el muro de la ciu-
dad,[b] huyeron de noche todos los hombres de
guerra por el camino de la puerta que estaba en-
tre los dos muros, junto a los huertos del rey, es-
tando los caldeos alrededor de la ciudad; y el
rey se fue por el camino del Arabá.
5 Y el ejército de los caldeos siguió al rey, y lo
apresó en las llanuras de Jericó, habiendo sido
dispersado todo su ejército.
6 Preso, pues, el rey, le trajeron al rey de Babilo-
nia en Ribla, y pronunciaron contra él sentencia.
7 Degollaron a los hijos de Sedequías en presen-
cia suya, y a Sedequías le sacaron los ojos, y ata-
do con cadenas lo llevaron a Babilonia.[c]

Cautividad de Judá

8 En el mes quinto, a los siete días del mes,
siendo el año diecinueve de Nabucodonosor rey
de Babilonia, vino a Jerusalén Nabuzaradán, ca-
pitán de la guardia, siervo del rey de Babilonia.
9 Y quemó la casa de Jehová,[d] y la casa del rey, y
todas las casas de Jerusalén; y todas las casas de
los príncipes quemó a fuego.
10 Y todo el ejército de los caldeos que estaba
con el capitán de la guardia, derribó los muros
alrededor de Jerusalén.
11 Y a los del pueblo que habían quedado en la
ciudad, a los que se habían pasado al rey de Ba-
bilonia, y a los que habían quedado de la gente
común, los llevó cautivos Nabuzaradán, capitán
de la guardia.
12 Mas de los pobres de la tierra dejó Nabuzara-
dán, capitán de la guardia, para que labrasen
las viñas y la tierra.
13 Y quebraron los caldeos las columnas de
bronce[e] que estaban en la casa de Jehová, y las
basas, y el mar de bronce[f] que estaba en la casa
de Jehová, y llevaron el bronce a Babilonia.
14 Llevaron también los calderos, las paletas, las
despabiladeras, los cucharones, y todos los uten-
silios de bronce con que ministraban;[g]
15 incensarios, cuencos, los que de oro, en oro, y
los que de plata, en plata; todo lo llevó el capi-
tán de la guardia.
16 Las dos columnas, un mar, y las basas que Sa-
lomón había hecho para la casa de Jehová; no
fue posible pesar todo esto.
17 La altura de una columna era de dieciocho co-
dos, y tenía encima un capitel de bronce; la altu-
ra del capitel era de tres codos, y sobre el capitel
había una red y granadas alrededor, todo de
bronce; e igual labor había en la otra columna
con su red.
18 Tomó entonces el capitán de la guardia al
primer sacerdote Seraías, al segundo sacerdote
Sofonías, y tres guardas de la vajilla;
19 y de la ciudad tomó un oficial que tenía a su
cargo los hombres de guerra, y cinco varones de
los consejeros del rey, que estaban en la ciudad,
el principal escriba del ejército, que llevaba el re-
gistro de la gente del país, y sesenta varones del
pueblo de la tierra, que estaban en la ciudad.
20 Estos tomó Nabuzaradán, capitán de la guar-
dia, y los llevó a Ribla al rey de Babilonia.
21 Y el rey de Babilonia los hirió y mató en Ri-
bla, en tierra de Hamat. Así fue llevado cautivo
Judá de sobre su tierra.

El remanente huye a Egipto

22 Y al pueblo que Nabucodonosor rey de Ba-
bilonia dejó en tierra de Judá, puso por gober-
nador a Gedalías hijo de Ahicam, hijo de Safán.
23 Y oyendo todos los príncipes del ejército,
ellos y su gente, que el rey de Babilonia había
puesto por gobernador a Gedalías, vinieron a él
en Mizpa; Ismael hijo de Netanías, Johanán hijo
de Carea, Seraías hijo de Tanhumet netofatita, y
Jaazanías hijo de un maacateo, ellos con los
suyos.
24 Entonces Gedalías les hizo juramento a ellos
y a los suyos, y les dijo: No temáis de ser siervos
de los caldeos; habitad en la tierra, y servid al
rey de Babilonia, y os irá bien.[h]
25 Mas en el mes séptimo vino Ismael hijo de
Netanías, hijo de Elisama, de la estirpe real, y
con él diez varones, e hirieron a Gedalías, y mu-
rió; y también a los de Judá y a los caldeos que
estaban con él en Mizpa.[i]
26 Y levantándose todo el pueblo, desde el me-
nor hasta el mayor, con los capitanes del ejérci-
to, se fueron a Egipto, por temor de los caldeos.[j]

Joaquín es libertado y recibe honores en Babilonia

27 Aconteció a los treinta y siete años del cau-
tiverio de Joaquín rey de Judá, en el mes duodé-
cimo, a los veintisiete días del mes, que Evil-

24.20: [f] Ez. 17.15. **25.1:** [a] Jer. 21.1-10; 34.1-5; Ez. 24.2.
25.4: [b] Ez. 33.21. **25.7:** [c] Ez. 12.13. **25.9:** [d] 1 R. 9.8.
25.13: [e] 1 R. 7.15-22; 2 Cr. 3.15-17. [f] 1 R. 7.23-26; 2 Cr. 4.2-5.
25.14: [g] 1 R. 7.45; 2 Cr. 4.16. **25.22-24:** [h] Jer. 40.7-9.
25.25: [i] Jer. 41.1-3. **25.26:** [j] Jer. 43.5-7.

merodac rey de Babilonia, en el primer año de
su reinado, libertó a Joaquín rey de Judá, sacándolo de la cárcel;
28 y le habló con benevolencia, y puso su trono
más alto que los tronos de los reyes que estaban
con él en Babilonia.
29 Y le cambió los vestidos de prisionero, y comió siempre delante de él todos los días de su
vida.
30 Y diariamente le fue dada su comida de parte del rey, de continuo, todos los días de su
vida.

PRIMER LIBRO DE CRÓNICAS

Descendientes de Adán

1 1 Adán, Set, Enós,
2 Cainán, Mahalaleel, Jared,
3 Enoc, Matusalén, Lamec,
4 Noé, Sem, Cam y Jafet.

Descendientes de los hijos de Noé

5 Los hijos de Jafet: Gomer, Magog, Madai,
Javán, Tubal, Mesec y Tiras.
6 Los hijos de Gomer: Askenaz, Rifat y Togarma.
7 Los hijos de Javán: Elisa, Tarsis, Quitim y Dodanim.
8 Los hijos de Cam: Cus, Mizraim, Fut y Canaán.
9 Los hijos de Cus: Seba, Havila, Sabta, Raama y
Sabteca. Y los hijos de Raama: Seba y Dedán.
10 Cus engendró a Nimrod; éste llegó a ser poderoso en la tierra.
11 Mizraim engendró a Ludim, Anamim, Lehabim, Naftuhim,
12 Patrusim y Casluhim; de éstos salieron los filisteos y los caftoreos.
13 Canaán engendró a Sidón su primogénito,
y a Het,
14 al jebuseo, al amorreo, al gergeseo,
15 al heveo, al araceo, al sineo,
16 al arvadeo, al zemareo y al hamateo.
17 Los hijos de Sem: Elam, Asur, Arfaxad,
Lud, Aram, Uz, Hul, Geter y Mesec.
18 Arfaxad engendró a Sela, y Sela engendró a
Heber.
19 Y a Heber nacieron dos hijos; el nombre del
uno fue Peleg, por cuanto en sus días fue dividida
la tierra; y el nombre de su hermano fue Joctán.
20 Joctán engendró a Almodad, Selef, Hazarmavet y Jera.
21 A Adoram también, a Uzal, Dicla,
22 Ebal, Abimael, Seba,
23 Ofir, Havila y Jobab; todos hijos de Joctán.

Descendientes de Sem

24 Sem, Arfaxad, Sela,
25 Heber, Peleg, Reu,
26 Serug, Nacor, Taré,
27 y Abram, el cual es Abraham.

Descendientes de Ismael y de Cetura

28 Los hijos de Abraham: Isaac e Ismael.
29 Y estas son sus descendencias: el primogénito de Ismael, Nebaiot; después Cedar, Adbeel,
Mibsam,
30 Misma, Duma, Massa, Hadad, Tema,
31 Jetur, Nafis y Cedema; éstos son los hijos de
Ismael.
32 Y Cetura, concubina de Abraham, dio a luz a
Zimram, Jocsán, Medán, Madián, Isbac y Súa.
Los hijos de Jocsán: Seba y Dedán.
33 Los hijos de Madián: Efa, Efer, Hanoc, Abida
y Elda; todos éstos fueron hijos de Cetura.

Descendientes de Esaú

34 Abraham engendró a Isaac, y los hijos de
Isaac fueron Esaú e Israel.
35 Los hijos de Esaú: Elifaz, Reuel, Jeús, Jaalam
y Coré.
36 Los hijos de Elifaz: Temán, Omar, Zefo, Gatam, Cenaz, Timna y Amalec.
37 Los hijos de Reuel: Nahat, Zera, Sama y Miza.
38 Los hijos de Seir: Lotán, Sobal, Zibeón,
Aná, Disón, Ezer y Disán.
39 Los hijos de Lotán: Hori y Homam; y Timna
fue hermana de Lotán.
40 Los hijos de Sobal: Alván, Manahat, Ebal,
Sefo y Onam. Los hijos de Zibeón: Aja y Aná.
41 Disón fue hijo de Aná; y los hijos de Disón:
Amram, Esbán, Itrán y Querán.
42 Los hijos de Ezer: Bilhán, Zaaván y Jaacán.
Los hijos de Disán: Uz y Arán.
43 Y estos son los reyes que reinaron en la tierra de Edom, antes que reinase rey sobre los hijos de Israel: Bela hijo de Beor; y el nombre de
su ciudad fue Dinaba.
44 Muerto Bela, reinó en su lugar Jobab hijo de
Zera, de Bosra.
45 Y muerto Jobab, reinó en su lugar Husam, de
la tierra de los temanitas.
46 Muerto Husam, reinó en su lugar Hadad hijo
de Bedad, el que derrotó a Madián en el campo
de Moab; y el nombre de su ciudad fue Avit.
47 Muerto Hadad, reinó en su lugar Samla de
Masreca.

48 Muerto también Samla, reinó en su lugar
Saúl de Rehobot, que está junto al Eufrates.
49 Y muerto Saúl, reinó en su lugar Baal-hanán
hijo de Acbor.
50 Muerto Baal-hanán, reinó en su lugar Hadad,
el nombre de cuya ciudad fue Pai; y el nombre
de su mujer, Mehetabel hija de Matred, hija de
Mezaab.
51 Muerto Hadad, sucedieron en Edom los jefes
Timna, Alva, Jetet,
52 Aholibama, Ela, Pinón,
53 Cenaz, Temán, Mibzar,
54 Magdiel e Iram. Estos fueron los jefes de Edom.

Los hijos de Israel

2 1 Estos son los hijos de Israel: Rubén, Simeón,
Leví, Judá, Isacar, Zabulón,
2 Dan, José, Benjamín, Neftalí, Gad y Aser.

Descendientes de Judá

3 Los hijos de Judá: Er, Onán y Sela. Estos tres
le nacieron de la hija de Súa, cananea. Y Er, pri-
mogénito de Judá, fue malo delante de Jehová,
quien lo mató.
4 Y Tamar su nuera dio a luz a Fares y a Zera. To-
dos los hijos de Judá fueron cinco.
5 Los hijos de Fares:[a] Hezrón y Hamul.
6 Y los hijos de Zera: Zimri, Etán, Hemán, Calcol
y Dara; por todos cinco.
7 Hijo de Carmi fue Acán, el que perturbó a Is-
rael, porque prevaricó en el anatema.[b]
8 Azarías fue hijo de Etán.
9 Los hijos que nacieron a Hezrón: Jerameel,
Ram y Quelubai.
10 Ram engendró a Aminadab, y Aminadab en-
gendró a Naasón, príncipe de los hijos de Judá.
11 Naasón engendró a Salmón, y Salmón engen-
dró a Booz.
12 Booz engendró a Obed, y Obed engendró a Isaí,
13 e Isaí engendró a Eliab su primogénito, el se-
gundo Abinadab, Simea el tercero,
14 el cuarto Natanael, el quinto Radai,
15 el sexto Ozem, el séptimo David,
16 de los cuales Sarvia y Abigail fueron herma-
nas. Los hijos de Sarvia fueron tres: Abisai, Joab
y Asael.
17 Abigail dio a luz a Amasa, cuyo padre fue Je-
ter ismaelita,
18 Caleb hijo de Hezrón engendró a Jeriot de su
mujer Azuba. Y los hijos de ella fueron Jeser, So-
bab y Ardón.
19 Muerta Azuba, tomó Caleb por mujer a Efra-
ta, la cual dio a luz a Hur.
20 Y Hur engendró a Uri, y Uri engendró a Beza-
leel.
21 Después entró Hezrón a la hija de Maquir
padre de Galaad, la cual tomó siendo él de se-
senta años, y ella dio a luz a Segub.
22 Y Segub engendró a Jair, el cual tuvo veinti-
trés ciudades en la tierra de Galaad.
23 Pero Gesur y Aram tomaron de ellos las ciu-
dades de Jair, con Kenat y sus aldeas, sesenta lu-
gares. Todos éstos fueron de los hijos de Maquir
padre de Galaad.
24 Muerto Hezrón en Caleb de Efrata, Abías mu-
jer de Hezrón dio a luz a Asur padre de Tecoa.
25 Los hijos de Jerameel primogénito de Hez-
rón fueron Ram su primogénito, Buna, Orén,
Ozem y Ahías.
26 Y tuvo Jerameel otra mujer llamada Atara,
que fue madre de Onam.
27 Los hijos de Ram primogénito de Jerameel
fueron Maaz, Jamín y Equer.
28 Y los hijos de Onam fueron Samai y Jada. Los
hijos de Samai: Nadab y Abisur.
29 Y el nombre de la mujer de Abisur fue Abihail,
la cual dio a luz a Ahbán y a Molid.
30 Los hijos de Nadab: Seled y Apaim. Y Seled
murió sin hijos.
31 Isi fue hijo de Apaim, y Sesán hijo de Isi, e
hijo de Sesán, Ahlai.
32 Los hijos de Jada hermano de Samai: Jeter y
Jonatán. Y murió Jeter sin hijos.
33 Los hijos de Jonatán: Pelet y Zaza. Estos fue-
ron los hijos de Jerameel.
34 Y Sesán no tuvo hijos, sino hijas; pero tenía
Sesán un siervo egipcio llamado Jarha.
35 A éste Sesán dio su hija por mujer, y ella dio a
luz a Atai.
36 Atai engendró a Natán, y Natán engendró a
Zabad;
37 Zabad engendró a Eflal, Eflal engendró a
Obed;
38 Obed engendró a Jehú, Jehú engendró a Aza-
rías;
39 Azarías engendró a Heles, Heles engendró a
Elasa;
40 Elasa engendró a Sismai, Sismai engendró a
Salum;
41 Salum engendró a Jecamías, y Jecamías en-
gendró a Elisama.
42 Los hijos de Caleb hermano de Jerameel
fueron: Mesa su primogénito, que fue el padre
de Zif; y los hijos de Maresa padre de Hebrón.
43 Y los hijos de Hebrón: Coré, Tapúa, Requem y
Sema.
44 Sema engendró a Raham padre de Jorcoam,
y Requem engendró a Samai.
45 Maón fue hijo de Samai, y Maón padre de
Bet-sur.
46 Y Efa concubina de Caleb dio a luz a Harán, a
Mosa y a Gazez. Y Harán engendró a Gazez.
47 Los hijos de Jahdai: Regem, Jotam, Gesam,
Pelet, Efa y Saaf.

2.5-15: [a] Rt. 4.18-22; Mt. 1.3-6; Lc. 3.31-33.
2.7: [b] Jos. 7.1.

48 Maaca concubina de Caleb dio a luz a Seber y
a Tirhana.
49 También dio a luz a Saaf padre de Madmana,
y a Seva padre de Macbena y padre de Gibea. Y
Acsa fue hija de Caleb.
50 Estos fueron los hijos de Caleb. Los hijos de
Hur primogénito de Efrata: Sobal padre de Qui-
riat-jearim,
51 Salma padre de Belén, y Haref padre de Bet-
gader.
52 Y los hijos de Sobal padre de Quiriat-jearim
fueron Haroe, la mitad de los manahetitas.
53 Y las familias de Quiriat-jearim fueron los itri-
tas, los futitas, los sumatitas y los misraítas, de
los cuales salieron los zoratitas y los estaolitas.
54 Los hijos de Salma: Belén, y los netofatitas,
Atrot-bet-joab, y la mitad de los manahetitas,
los zoraítas.
55 Y las familias de los escribas que moraban en
Jabes fueron los tirateos, los simeateos y los su-
cateos, los cuales son los ceneos que vinieron de
Hamat padre de la casa de Recab.

Los hijos de David

3 1 Estos son los hijos de David que le nacie-
ron en Hebrón: Amnón el primogénito, de
Ahinoam jezreelita; el segundo, Daniel, de Abi-
gail la de Carmel;
2 el tercero, Absalón hijo de Maaca, hija de Tal-
mai rey de Gesur; el cuarto, Adonías hijo de Ha-
guit;
3 el quinto, Sefatías, de Abital; el sexto, Itream,
de Egla su mujer.
4 Estos seis le nacieron en Hebrón, donde reinó
siete años y seis meses; y en Jerusalén reinó
treinta y tres años.[a]
5 Estos cuatro le nacieron en Jerusalén: Simea,
Sobab, Natán, y Salomón hijo de Bet-súa[b] hija
de Amiel.
6 Y otros nueve: Ibhar, Elisama, Elifelet,
7 Noga, Nefeg, Jafía,
8 Elisama, Eliada y Elifelet.
9 Todos éstos fueron los hijos de David, sin los
hijos de las concubinas. Y Tamar fue hermana
de ellos.

Descendientes de Salomón

10 Hijo de Salomón fue Roboam, cuyo hijo
fue Abías, del cual fue hijo Asa, cuyo hijo fue Jo-
safat,
11 de quien fue hijo Joram, cuyo hijo fue Oco-
zías, hijo del cual fue Joás,
12 del cual fue hijo Amasías, cuyo hijo fue Aza-
rías, e hijo de éste, Jotam.
13 Hijo de éste fue Acaz, del que fue hijo Eze-
quías, cuyo hijo fue Manasés,
14 del cual fue hijo Amón, cuyo hijo fue Josías.
15 Y los hijos de Josías: Johanán su primogéni-
to, el segundo Joacim, el tercero Sedequías, el
cuarto Salum.
16 Los hijos de Joacim: Jeconías su hijo, hijo del
cual fue Sedequías.
17 Y los hijos de Jeconías: Asir, Salatiel,
18 Malquiram, Pedaías, Senazar, Jecamías, Ho-
sama y Nedabías.
19 Los hijos de Pedaías: Zorobabel y Simei. Y los
hijos de Zorobabel: Mesulam, Hananías, y Selo-
mit su hermana;
20 y Hasuba, Ohel, Berequías, Hasadías y Jusab-
hesed; cinco por todos.
21 Los hijos de Hananías: Pelatías y Jesaías; su
hijo, Refaías; su hijo, Arnán; su hijo, Abdías; su
hijo, Secanías.
22 Hijo de Secanías fue Semaías; y los hijos de
Semaías: Hatús, Igal, Barías, Nearías y Safat,
seis.
23 Los hijos de Nearías fueron estos tres: Elioe-
nai, Ezequías y Azricam.
24 Los hijos de Elioenai fueron estos siete: Ho-
davías, Eliasib, Pelaías, Acub, Johanán, Dalaías
y Anani.

Descendientes de Judá

4 1 Los hijos de Judá: Fares, Hezrón, Carmi,
Hur y Sobal.
2 Reaía hijo de Sobal engendró a Jahat, y Jahat
engendró a Ahumai y a Lahad. Estas son las fa-
milias de los zoratitas.
3 Y estas son las del padre de Etam: Jezreel,
Isma e Ibdas. Y el nombre de su hermana fue
Haze-lelponi.
4 Penuel fue padre de Gedor, y Ezer padre de
Husa. Estos fueron los hijos de Hur primogénito
de Efrata, padre de Belén.
5 Asur padre de Tecoa tuvo dos mujeres, Hela y
Naara.
6 Y Naara dio a luz a Ahuzam, Hefer, Temeni y
Ahastari. Estos fueron los hijos de Naara.
7 Los hijos de Hela: Zeret, Jezoar y Etnán.
8 Cos engendró a Anub, a Zobeba, y la familia
de Aharhel hijo de Harum.
9 Y Jabes fue más ilustre que sus hermanos, al
cual su madre llamó Jabes, diciendo: Por cuanto
lo di a luz en dolor.[1]
10 E invocó Jabes al Dios de Israel, diciendo:
¡Oh, si me dieras bendición, y ensancharas mi
territorio, y si tu mano estuviera conmigo, y me
libraras de mal, para que no me dañe! Y le otor-
gó Dios lo que pidió.
11 Quelub hermano de Súa engendró a Mehir, el
cual fue padre de Estón.
12 Y Estón engendró a Bet-rafa, a Paseah, y a
Tehina padre de la ciudad de Nahas; éstos son
los varones de Reca.

3.4: [a] 2 S. 5.4-5; 1 R. 2.11; 1 Cr. 29.27. **3.5:** [b] 2 S. 11.3.
4.9: [1] Heb. *oseb,* dolor.

13 Los hijos de Cenaz: Otoniel y Seraías. Los hijos de Otoniel: Hatat,

14 y Meonotai, el cual engendró a Ofra. Y Seraías engendró a Joab, padre de los habitantes del valle de Carisim,[2] porque fueron artífices.

15 Los hijos de Caleb hijo de Jefone: Iru, Ela y Naam; e hijo de Ela fue Cenaz.

16 Los hijos de Jehalelel: Zif, Zifa, Tirías y Asareel.

17 Y los hijos de Esdras: Jeter, Mered, Efer y Jalón; también engendró a María, a Samai y a Isba padre de Estemoa.

18 Y su mujer Jehudaía dio a luz a Jered padre de Gedor, a Heber padre de Soco y a Jecutiel padre de Zanoa. Estos fueron los hijos de Bitia hija de Faraón, con la cual casó Mered.

19 Y los hijos de la mujer de Hodías, hermana de Naham, fueron el padre de Keila garmita, y Estemoa maacateo.

20 Los hijos de Simón: Amnón, Rina, Ben-hanán y Tilón. Y los hijos de Isi: Zohet y Benzohet.

21 Los hijos de Sela hijo de Judá: Er padre de Leca, y Laada padre de Maresa, y las familias de los que trabajan lino en Bet-asbea;

22 y Joacim, y los varones de Cozeba, Joás, y Saraf, los cuales dominaron en Moab y volvieron a Lehem, según registros antiguos.

23 Estos eran alfareros, y moraban en medio de plantíos y cercados; moraban allá con el rey, ocupados en su servicio.

Descendientes de Simeón

24 Los hijos de Simeón: Nemuel, Jamín, Jarib, Zera, Saúl,

25 y Salum su hijo, Mibsam su hijo y Misma su hijo.

26 Los hijos de Misma: Hamuel su hijo, Zacur su hijo, y Simei su hijo.

27 Los hijos de Simei fueron dieciséis, y seis hijas; pero sus hermanos no tuvieron muchos hijos, ni multiplicaron toda su familia como los hijos de Judá.

28 Y habitaron en Beerseba, Molada, Hazar-sual,

29 Bilha, Ezem, Tolad,

30 Betuel, Horma, Siclag,

31 Bet-marcabot, Hazar-susim, Bet-birai y Saaraim. Estas fueron sus ciudades hasta el reinado de David.

32 Y sus aldeas fueron Etam, Aín, Rimón, Toquén y Asán; cinco pueblos,

33 y todas sus aldeas que estaban en contorno de estas ciudades hasta Baal. Esta fue su habitación, y esta su descendencia.[a]

34 Y Mesobab, Jamlec, Josías hijo de Amasías,

35 Joel, Jehú hijo de Josibías, hijo de Seraías, hijo de Asiel,

36 Elioenai, Jaacoba, Jesohaía, Asaías, Adiel, Jesimiel, Benaía,

37 y Ziza hijo de Sifi, hijo de Alón, hijo de Jedaías, hijo de Simri, hijo de Semaías.

38 Estos, por sus nombres, son los principales entre sus familias; y las casas de sus padres fueron multiplicadas en gran manera.

39 Y llegaron hasta la entrada de Gedor hasta el oriente del valle, buscando pastos para sus ganados.

40 Y hallaron gruesos y buenos pastos, y tierra ancha y espaciosa, quieta y reposada, porque los de Cam la habitaban antes.

41 Y estos que han sido escritos por sus nombres, vinieron en días de Ezequías rey de Judá, y desbarataron sus tiendas y cabañas que allí hallaron, y los destruyeron hasta hoy, y habitaron allí en lugar de ellos; por cuanto había allí pastos para sus ganados.

42 Asimismo quinientos hombres de ellos, de los hijos de Simeón, fueron al monte de Seir, llevando por capitanes a Pelatías, Nearías, Refaías y Uziel, hijos de Isi,

43 y destruyeron a los que habían quedado de Amalec, y habitaron allí hasta hoy.

Descendientes de Rubén

5 1 Los hijos de Rubén primogénito de Israel (porque él era el primogénito, mas como violó el lecho de su padre,[a] sus derechos de primogenitura fueron dados a los hijos de José, hijo de Israel, y no fue contado por primogénito;

2 bien que Judá llegó a ser el mayor sobre sus hermanos, y el príncipe de ellos;[b] mas el derecho de primogenitura fue de José);

3 fueron, pues, los hijos de Rubén primogénito de Israel: Hanoc, Falú, Hezrón y Carmi.

4 Los hijos de Joel: Semaías su hijo, Gog su hijo, Simei su hijo,

5 Micaía su hijo, Reaía su hijo, Baal su hijo,

6 Beera su hijo, el cual fue transportado por Tiglat-pileser rey de los asirios.[c] Este era principal de los rubenitas.

7 Y sus hermanos por sus familias, cuando eran contados en sus descendencias, tenían por príncipes a Jeiel y a Zacarías.

8 Y Bela hijo de Azaz, hijo de Sema, hijo de Joel, habitó en Aroer hasta Nebo y Baal-meón.

9 Habitó también desde el oriente hasta la entrada del desierto, desde el río Eufrates; porque tenía mucho ganado en la tierra de Galaad.

10 Y en los días de Saúl hicieron guerra contra los agarenos, los cuales cayeron en su mano; y ellos habitaron en sus tiendas en toda la región oriental de Galaad.

Descendientes de Gad

11 Y los hijos de Gad habitaron enfrente de ellos en la tierra de Basán hasta Salca.

4.14: [2] Esto es, *de los artífices.* **4.28-33:** [a] Jos. 19.2-8.
5.1: [a] Gn. 35.22; 49.3-4. **5.2:** [b] Gn. 49.8-10.
5.6: [c] 2 R. 15.29.

12 Joel fue el principal en Basán; el segundo Sa-
fán, luego Jaanai, después Safat.
13 Y sus hermanos, según las familias de sus pa-
dres, fueron Micael, Mesulam, Seba, Jorai, Ja-
cán, Zía y Heber; por todos siete.
14 Estos fueron los hijos de Abihail hijo de Huri,
hijo de Jaroa, hijo de Galaad, hijo de Micael,
hijo de Jesisai, hijo de Jahdo, hijo de Buz.
15 También Ahí hijo de Abdiel, hijo de Guni, fue
principal en la casa de sus padres.
16 Y habitaron en Galaad, en Basán y en sus al-
deas, y en todos los ejidos de Sarón hasta salir
de ellos.
17 Todos éstos fueron contados por sus genera-
ciones en días de Jotam rey de Judá y en días de
Jeroboam rey de Israel.

Historia de las dos tribus y media

18 Los hijos de Rubén y de Gad, y la media tri-
bu de Manasés, hombres valientes, hombres
que traían escudo y espada, que entesaban arco,
y diestros en la guerra, eran cuarenta y cuatro
mil setecientos sesenta que salían a batalla.
19 Estos tuvieron guerra contra los agarenos, y
Jetur, Nafis y Nodab.
20 Y fueron ayudados contra ellos, y los agarenos
y todos los que con ellos estaban se rindieron en
sus manos; porque clamaron a Dios en la guerra,
y les fue favorable, porque esperaron en él.
21 Y tomaron sus ganados, cincuenta mil came-
llos, doscientas cincuenta mil ovejas y dos mil
asnos; y cien mil personas.
22 Y cayeron muchos muertos, porque la guerra
era de Dios; y habitaron en sus lugares hasta el
cautiverio.
23 Los hijos de la media tribu de Manasés,
multiplicados en gran manera, habitaron en la
tierra desde Basán hasta Baal-hermón y Senir y
el monte de Hermón.
24 Y estos fueron los jefes de las casas de sus pa-
dres: Efer, Isi, Eliel, Azriel, Jeremías, Hodavías y
Jahdiel, hombres valientes y esforzados, varo-
nes de nombre y jefes de las casas de sus padres.
25 Pero se rebelaron contra el Dios de sus pa-
dres, y se prostituyeron siguiendo a los dioses
de los pueblos de la tierra, a los cuales Jehová
había quitado de delante de ellos;
26 por lo cual el Dios de Israel excitó el espíritu
de Pul[d] rey de los asirios, y el espíritu de Tiglat-
pileser[e] rey de los asirios, el cual transportó a los
rubenitas y gaditas y a la media tribu de Mana-
sés, y los llevó a Halah, a Habor, a Hara y al río
Gozán, hasta hoy.[f]

Descendientes de Leví

6 1 Los hijos de Leví: Gersón, Coat y Merari.
2 Los hijos de Coat: Amram, Izhar, Hebrón y
Uziel.
3 Los hijos de Amram: Aarón, Moisés y María. Los
hijos de Aarón: Nadab, Abiú, Eleazar e Itamar.
4 Eleazar engendró a Finees, Finees engendró a
Abisúa,
5 Abisúa engendró a Buqui, Buqui engendró a
Uzi,
6 Uzi engendró a Zeraías, Zeraías engendró a
Meraiot,
7 Meraiot engendró a Amarías, Amarías engen-
dró a Ahitob,
8 Ahitob engendró a Sadoc, Sadoc engendró a
Ahimaas,
9 Ahimaas engendró a Azarías, Azarías engen-
dró a Johanán,
10 y Johanán engendró a Azarías, el que tuvo el
sacerdocio en la casa que Salomón edificó en Je-
rusalén.
11 Azarías engendró a Amarías, Amarías engen-
dró a Ahitob,
12 Ahitob engendró a Sadoc, Sadoc engendró a
Salum,
13 Salum engendró a Hilcías, Hilcías engendró a
Azarías,
14 Azarías engendró a Seraías, y Seraías engen-
dró a Josadac,
15 y Josadac fue llevado cautivo cuando Jehová
transportó a Judá y a Jerusalén por mano de
Nabucodonosor.
16 Los hijos de Leví: Gersón, Coat y Merari.
17 Y estos son los nombres de los hijos de Ger-
són: Libni y Simei.
18 Los hijos de Coat: Amram, Izhar, Hebrón y
Uziel.
19 Los hijos de Merari: Mahli y Musi. Estas son
las familias de Leví, según sus descendencias.[a]
20 Gersón: Libni su hijo, Jahat su hijo, Zima su
hijo,
21 Joa su hijo, Iddo su hijo, Zera su hijo, Jeatrai
su hijo.
22 Los hijos de Coat: Aminadab su hijo, Coré su
hijo, Asir su hijo,
23 Elcana su hijo, Ebiasaf su hijo, Asir su hijo,
24 Tahat su hijo, Uriel su hijo, Uzías su hijo, y
Saúl su hijo.
25 Los hijos de Elcana: Amasai y Ahimot;
26 Elcana su hijo, Zofai su hijo, Nahat su hijo,
27 Eliab su hijo, Jeroham su hijo, Elcana su hijo.
28 Los hijos de Samuel: el primogénito Vasni, y
Abías.
29 Los hijos de Merari: Mahli, Libni su hijo, Si-
mei su hijo, Uza su hijo,
30 Simea su hijo, Haguía su hijo, Asaías su hijo.

Cantores del templo nombrados por David

31 Estos son los que David puso sobre el servi-

5.26: [d] 2 R. 15.19. [e] 2 R. 15.29. [f] 2 R. 17.6.
6.16-19: [a] Ex. 6.16-19.

cio de canto en la casa de Jehová, después que
el arca tuvo reposo,
32 los cuales servían delante de la tienda del ta-
bernáculo de reunión en el canto, hasta que Sa-
lomón edificó la casa de Jehová en Jerusalén;
después estuvieron en su ministerio según su
costumbre.
33 Estos, pues, con sus hijos, ayudaban: de los
hijos de Coat, el cantor Hemán hijo de Joel, hijo
de Samuel,
34 hijo de Elcana, hijo de Jeroham, hijo de Eliel,
hijo de Toa,
35 hijo de Zuf, hijo de Elcana, hijo de Mahat,
hijo de Amasai,
36 hijo de Elcana, hijo de Joel, hijo de Azarías,
hijo de Sofonías,
37 hijo de Tahat, hijo de Asir, hijo de Ebiasaf,
hijo de Coré,
38 hijo de Izhar, hijo de Coat, hijo de Leví, hijo
de Israel;
39 y su hermano Asaf, el cual estaba a su mano
derecha; Asaf, hijo de Berequías, hijo de Simea,
40 hijo de Micael, hijo de Baasías, hijo de Mal-
quías,
41 hijo de Etni, hijo de Zera, hijo de Adaía,
42 hijo de Etán, hijo de Zima, hijo de Simei,
43 hijo de Jahat, hijo de Gersón, hijo de Leví.
44 Pero a la mano izquierda estaban sus herma-
nos los hijos de Merari, esto es, Etán hijo de Qui-
si, hijo de Abdi, hijo de Maluc,
45 hijo de Hasabías, hijo de Amasías, hijo de Hil-
cías,
46 hijo de Amsi, hijo de Bani, hijo de Semer,
47 hijo de Mahli, hijo de Musi, hijo de Merari,
hijo de Leví.
48 Y sus hermanos los levitas fueron puestos so-
bre todo el ministerio del tabernáculo de la casa
de Dios.

Descendientes de Aarón

49 Mas Aarón y sus hijos ofrecían sacrificios
sobre el altar del holocausto, y sobre el altar del
perfume quemaban incienso, y ministraban en
toda la obra del lugar santísimo, y hacían las ex-
piaciones por Israel conforme a todo lo que Moi-
sés siervo de Dios había mandado.
50 Los hijos de Aarón son estos: Eleazar su hijo,
Finees su hijo, Abisúa su hijo,
51 Buqui su hijo, Uzi su hijo, Zeraías su hijo,
52 Meraiot su hijo, Amarías su hijo, Ahitob su
hijo,
53 Sadoc su hijo, Ahimaas su hijo.

Las ciudades de los levitas

54 Estas son sus habitaciones, conforme a sus
domicilios y sus términos, las de los hijos de Aa-
rón por las familias de los coatitas, porque a
ellos les tocó en suerte.
55 Les dieron, pues, Hebrón en tierra de Judá, y
sus ejidos alrededor de ella.
56 Pero el territorio de la ciudad y sus aldeas se
dieron a Caleb, hijo de Jefone.
57 De Judá dieron a los hijos de Aarón la ciudad
de refugio, esto es, Hebrón; además, Libna con
sus ejidos, Jatir, Estemoa con sus ejidos,
58 Hilén con sus ejidos, Debir con sus ejidos,
59 Asán con sus ejidos y Bet-semes con sus ejidos.
60 Y de la tribu de Benjamín, Geba con sus eji-
dos, Alemet con sus ejidos y Anatot con sus eji-
dos. Todas sus ciudades fueron trece ciudades,
repartidas por sus linajes.
61 A los hijos de Coat que quedaron de su pa-
rentela, dieron por suerte diez ciudades de la
media tribu de Manasés.
62 A los hijos de Gersón, por sus linajes, dieron
de la tribu de Isacar, de la tribu de Aser, de la tri-
bu de Neftalí y de la tribu de Manasés en Basán,
trece ciudades.
63 Y a los hijos de Merari, por sus linajes, de la
tribu de Rubén, de la tribu de Gad y de la tribu
de Zabulón, dieron por suerte doce ciudades.
64 Y los hijos de Israel dieron a los levitas ciuda-
des con sus ejidos.
65 Dieron por suerte de la tribu de los hijos de
Judá, de la tribu de los hijos de Simeón y de la
tribu de los hijos de Benjamín, las ciudades que
nombraron por sus nombres.
66 A las familias de los hijos de Coat dieron
ciudades con sus ejidos de la tribu de Efraín.
67 Les dieron la ciudad de refugio, Siquem con
sus ejidos en el monte de Efraín; además, Gezer
con sus ejidos,
68 Jocmeam con sus ejidos, Bet-horón con sus
ejidos,
69 Ajalón con sus ejidos y Gat-rimón con sus ejidos.
70 De la media tribu de Manasés, Aner con sus
ejidos y Bileam con sus ejidos, para los de las
familias de los hijos de Coat que habían que-
dado.
71 A los hijos de Gersón dieron de la media
tribu de Manasés, Golán en Basán con sus ejidos
y Astarot con sus ejidos.
72 De la tribu de Isacar, Cedes con sus ejidos,
Daberat con sus ejidos,
73 Ramot con sus ejidos y Anem con sus ejidos.
74 De la tribu de Aser, Masal con sus ejidos,
Abdón con sus ejidos,
75 Hucoc con sus ejidos y Rehob con sus ejidos.
76 De la tribu de Neftalí, Cedes en Galilea con
sus ejidos, Hamón con sus ejidos y Quiriataim
con sus ejidos.
77 A los hijos de Merari que habían quedado,
dieron de la tribu de Zabulón, Rimón con sus
ejidos y Tabor con sus ejidos.
78 Del otro lado del Jordán frente a Jericó, al
oriente del Jordán, dieron de la tribu de Rubén,

Beser en el desierto con sus ejidos, Jaza con sus
ejidos,
79 Cademot con sus ejidos y Mefaat con sus eji-
dos.
80 Y de la tribu de Gad, Ramot de Galaad con
sus ejidos, Mahanaim con sus ejidos,
81 Hesbón con sus ejidos y Jazer con sus ejidos.

Descendientes de Isacar

7 1 Los hijos de Isacar fueron cuatro: Tola,
Fúa, Jasub y Simrón.
2 Los hijos de Tola: Uzi, Refaías, Jeriel, Jahmai,
Jibsam y Semuel, jefes de las familias de sus pa-
dres. De Tola fueron contados por sus linajes en
el tiempo de David, veintidós mil seiscientos
hombres muy valerosos.
3 Hijo de Uzi fue Israhías; y los hijos de Israhías:
Micael, Obadías, Joel e Isías; por todos, cinco
príncipes.
4 Y había con ellos en sus linajes, por las familias
de sus padres, treinta y seis mil hombres de gue-
rra; porque tuvieron muchas mujeres e hijos.
5 Y sus hermanos por todas las familias de Isacar,
contados todos por sus genealogías, eran ochen-
ta y siete mil hombres valientes en extremo.

Descendientes de Benjamín

6 Los hijos de Benjamín fueron tres: Bela, Be-
quer y Jediael.
7 Los hijos de Bela: Ezbón, Uzi, Uziel, Jerimot e
Iri; cinco jefes de casas paternas, hombres de
gran valor, y de cuya descendencia fueron con-
tados veintidós mil treinta y cuatro.
8 Los hijos de Bequer: Zemira, Joás, Eliezer,
Elioenai, Omri, Jerimot, Abías, Anatot y Alamet;
todos éstos fueron hijos de Bequer.
9 Y contados por sus descendencias, por sus lina-
jes, los que eran jefes de familias resultaron vein-
te mil doscientos hombres de grande esfuerzo.
10 Hijo de Jediael fue Bilhán; y los hijos de Bil-
hán: Jeús, Benjamín, Aod, Quenaana, Zetán,
Tarsis y Ahisahar.
11 Todos éstos fueron hijos de Jediael, jefes de
familias, hombres muy valerosos, diecisiete mil
doscientos que salían a combatir en la guerra.
12 Supim y Hupim fueron hijos de Hir; y Husim,
hijo de Aher.

Descendientes de Neftalí

13 Los hijos de Neftalí: Jahzeel, Guni, Jezer y
Salum, hijos de Bilha.

Descendientes de Manasés

14 Los hijos de Manasés: Asriel, al cual dio a
luz su concubina la siria, la cual también dio a
luz a Maquir padre de Galaad.
15 Y Maquir tomó mujer de Hupim y Supim,
cuya hermana tuvo por nombre Maaca; y el
nombre del segundo fue Zelofehad. Y Zelofehad
tuvo hijas.
16 Y Maaca mujer de Maquir dio a luz un hijo, y
lo llamó Peres; y el nombre de su hermano fue
Seres, cuyos hijos fueron Ulam y Requem.
17 Hijo de Ulam fue Bedán. Estos fueron los hi-
jos de Galaad, hijo de Maquir, hijo de Manasés.
18 Y su hermana Hamolequet dio a luz a Isod,
Abiezer y Mahala,
19 Y los hijos de Semida fueron Ahián, Siquem,
Likhi y Aniam.

Descendientes de Efraín

20 Los hijos de Efraín: Sutela, Bered su hijo,
Tahat su hijo, Elada su hijo, Tahat su hijo,
21 Zabad su hijo, Sutela su hijo, Ezer y Elad. Mas
los hijos de Gat, naturales de aquella tierra, los
mataron, porque vinieron a tomarles sus ganados.
22 Y Efraín su padre hizo duelo por muchos
días, y vinieron sus hermanos a consolarlo.
23 Después él se llegó a su mujer, y ella concibió
y dio a luz un hijo, al cual puso por nombre Be-
ría, por cuanto había estado en aflicción en su
casa.
24 Y su hija fue Seera, la cual edificó a Bet-ho-
rón la baja y la alta, y a Uzen-seera.
25 Hijo de este Bería fue Refa, y Resef, y Telah su
hijo, y Tahán su hijo,
26 Laadán su hijo, Amiud su hijo, Elisama su
hijo,
27 Nun su hijo, Josué su hijo.
28 Y la heredad y habitación de ellos fue Bet-el
con sus aldeas; y hacia el oriente Naarán, y a la
parte del occidente Gezer y sus aldeas; asimis-
mo Siquem con sus aldeas, hasta Gaza y sus
aldeas;
29 y junto al territorio de los hijos de Manasés,
Bet-seán con sus aldeas, Taanac con sus aldeas,
Meguido con sus aldeas, y Dor con sus aldeas.
En estos lugares habitaron los hijos de José hijo
de Israel.

Descendientes de Aser

30 Los hijos de Aser: Imna, Isúa, Isúi, Bería, y
su hermana Sera.
31 Los hijos de Bería: Heber, y Malquiel, el cual
fue padre de Birzavit.
32 Y Heber engendró a Jaflet, Somer, Hotam, y
Súa hermana de ellos.
33 Los hijos de Jaflet: Pasac, Bimhal y Asvat.
Estos fueron los hijos de Jaflet.
34 Y los hijos de Semer: Ahí, Rohga, Jehúba y
Aram.
35 Los hijos de Helem su hermano: Zofa, Imna,
Seles y Amal.
36 Los hijos de Zofa: Súa, Harnefer, Súal, Beri,
Imra,
37 Beser, Hod, Sama, Silsa, Itrán y Beera.

38 Los hijos de Jeter: Jefone, Pispa y Ara.

39 Y los hijos de Ula: Ara, Haniel y Rezia.

40 Todos éstos fueron hijos de Aser, cabezas de familias paternas, escogidos, esforzados, jefes de príncipes; y contados que fueron por sus linajes entre los que podían tomar las armas, el número de ellos fue veintiséis mil hombres.

Descendientes de Benjamín

8 1 Benjamín engendró a Bela su primogénito, Asbel el segundo, Ahara el tercero,

2 Noha el cuarto, y Rafa el quinto.

3 Y los hijos de Bela fueron Adar, Gera, Abiud,

4 Abisúa, Naamán, Ahoa,

5 Gera, Sefufán e Hiram.

6 Y estos son los hijos de Aod, estos los jefes de casas paternas que habitaron en Geba y fueron transportados a Manahat:

7 Naamán, Ahías y Gera; éste los transportó, y engendró a Uza y a Ahiud.

8 Y Saharaim engendró hijos en la provincia de Moab, después que dejó a Husim y a Baara que eran sus mujeres.

9 Engendró, pues, de Hodes su mujer a Jobab, Sibia, Mesa, Malcam,

10 Jeúz, Saquías y Mirma. Estos son sus hijos, jefes de familias.

11 Mas de Husim engendró a Abitob y a Elpaal.

12 Y los hijos de Elpaal: Heber, Misam y Semed (el cual edificó Ono, y Lod con sus aldeas),

13 Bería también, y Sema, que fueron jefes de las familias de los moradores de Ajalón, los cuales echaron a los moradores de Gat.

14 Y Ahío, Sasac, Jeremot,

15 Zebadías, Arad, Ader,

16 Micael, Ispa y Joha, hijos de Bería.

17 Y Zebadías, Mesulam, Hizqui, Heber,

18 Ismerai, Jezlías y Jobab, hijos de Elpaal.

19 Y Jaquim, Zicri, Zabdi,

20 Elienai, Ziletai, Eliel,

21 Adaías, Beraías y Simrat, hijos de Simei.

22 E Ispán, Heber, Eliel,

23 Abdón, Zicri, Hanán,

24 Hananías, Elam, Anatotías,

25 Ifdaías y Peniel, hijos de Sasac.

26 Y Samserai, Seharías, Atalías,

27 Jaresías, Elías y Zicri, hijos de Jeroham.

28 Estos fueron jefes principales de familias por sus linajes, y habitaron en Jerusalén.

29 Y en Gabaón habitaron Abigabaón, la mujer del cual se llamó Maaca,

30 y su hijo primogénito Abdón, y Zur, Cis, Baal, Nadab,

31 Gedor, Ahío y Zequer.

32 Y Miclot engendró a Simea. Estos también habitaron con sus hermanos en Jerusalén, enfrente de ellos.

33 Ner engendró a Cis, Cis engendró a Saúl, y Saúl engendró a Jonatán, Malquisúa, Abinadab y Es-baal.

34 Hijo de Jonatán fue Merib-baal, y Merib-baal engendró a Micaía.

35 Los hijos de Micaía: Pitón, Melec, Tarea y Acaz.

36 Acaz engendró a Joada, Joada engendró a Alemet, Azmavet y Zimri, y Zimri engendró a Mosa.

37 Mosa engendró a Bina, hijo del cual fue Rafa, hijo del cual fue Elasa, cuyo hijo fue Azel.

38 Los hijos de Azel fueron seis, cuyos nombres son Azricam, Bocru, Ismael, Searías, Obadías y Hanán; todos éstos fueron hijos de Azel.

39 Y los hijos de Esec su hermano: Ulam su primogénito, Jehús el segundo, Elifelet el tercero.

40 Y fueron los hijos de Ulam hombres valientes y vigorosos, flecheros diestros, los cuales tuvieron muchos hijos y nietos, ciento cincuenta. Todos éstos fueron de los hijos de Benjamín.

Los que regresaron de Babilonia

9 1 Contado todo Israel por sus genealogías, fueron escritos en el libro de los reyes de Israel. Y los de Judá fueron transportados a Babilonia por su rebelión.

2 Los primeros moradores que entraron en sus posesiones en las ciudades fueron israelitas, sacerdotes, levitas y sirvientes del templo.

3 Habitaron en Jerusalén, de los hijos de Judá, de los hijos de Benjamín, de los hijos de Efraín y Manasés:[a]

4 Utai hijo de Amiud, hijo de Omri, hijo de Imri, hijo de Bani, de los hijos de Fares hijo de Judá.

5 Y de los silonitas, Asaías el primogénito, y sus hijos.

6 De los hijos de Zera, Jeuel y sus hermanos, seiscientos noventa.

7 Y de los hijos de Benjamín:[b] Salú hijo de Mesulam, hijo de Hodavías, hijo de Asenúa,

8 Ibneías hijo de Jeroham, Ela hijo de Uzi, hijo de Micri, y Mesulam hijo de Sefatías, hijo de Reuel, hijo de Ibnías.

9 Y sus hermanos por sus linajes fueron novecientos cincuenta y seis. Todos estos hombres fueron jefes de familia en sus casas paternas.

10 De los sacerdotes: Jedaías, Joiarib, Jaquín,

11 Azarías hijo de Hilcías, hijo de Mesulam, hijo de Sadoc, hijo de Meraiot, hijo de Ahitob, príncipe de la casa de Dios;

12 Adaía hijo de Jeroham, hijo de Pasur, hijo de Malquías; Masai hijo de Adiel, hijo de Jazera, hijo de Mesulam, hijo de Mesilemit, hijo de Imer,

13 y sus hermanos, jefes de sus casas paternas, en número de mil setecientos sesenta, hombres muy eficaces en la obra del ministerio en la casa de Dios.

14 De los levitas: Semaías hijo de Hasub, hijo

9.2-3: [a] Esd. 2.70; Neh. 7.73; 11.3-4. 9.7: [b] Neh. 11.7.

de Azricam, hijo de Hasabías, de los hijos de
Merari,
15 Bacbacar, Heres, Galal, Matanías hijo de Mi-
caía, hijo de Zicri, hijo de Asaf;
16 Obadías hijo de Semaías, hijo de Galal, hijo
de Jedutún; y Berequías hijo de Asa, hijo de
Elcana, el cual habitó en las aldeas de los neto-
fatitas.
17 Y los porteros:[c] Salum, Acub, Talmón, Ahi-
mán y sus hermanos. Salum era el jefe.
18 Hasta ahora entre las cuadrillas de los hijos
de Leví han sido estos los porteros en la puerta
del rey que está al oriente.
19 Salum hijo de Coré, hijo de Ebiasaf, hijo de
Coré, y sus hermanos los coreítas por la casa de
su padre, tuvieron a su cargo la obra del ministe-
rio, guardando las puertas del tabernáculo, como
sus padres guardaron la entrada del campamen-
to de Jehová.
20 Y Finees hijo de Eleazar fue antes capitán so-
bre ellos; y Jehová estaba con él.
21 Zacarías hijo de Meselemías era portero de la
puerta del tabernáculo de reunión.
22 Todos éstos, escogidos para guardas en las
puertas, eran doscientos doce cuando fueron
contados por el orden de sus linajes en sus vi-
llas, a los cuales constituyó en su oficio David y
Samuel el vidente.
23 Así ellos y sus hijos eran porteros por sus tur-
nos a las puertas de la casa de Jehová, y de la
casa del tabernáculo.
24 Y estaban los porteros a los cuatro lados; al
oriente, al occidente, al norte y al sur.
25 Y sus hermanos que estaban en sus aldeas,
venían cada siete días según su turno para estar
con ellos.
26 Porque cuatro principales de los porteros le-
vitas estaban en el oficio, y tenían a su cargo las
cámaras y los tesoros de la casa de Dios.
27 Estos moraban alrededor de la casa de Dios,
porque tenían el cargo de guardarla, y de abrirla
todas las mañanas.
28 Algunos de éstos tenían a su cargo los
utensilios para el ministerio, los cuales se me-
tían por cuenta, y por cuenta se sacaban.
29 Y otros de ellos tenían el cargo de la vajilla, y
de todos los utensilios del santuario, de la hari-
na, del vino, del aceite, del incienso y de las es-
pecias.
30 Y algunos de los hijos de los sacerdotes ha-
cían los perfumes aromáticos.
31 Matatías, uno de los levitas, primogénito de
Salum coreíta, tenía a su cargo las cosas que se
hacían en sartén.
32 Y algunos de los hijos de Coat, y de sus her-
manos, tenían a su cargo los panes de la propo-
sición, los cuales ponían por orden cada día de
reposo.*
33 También había cantores, jefes de familias
de los levitas, los cuales moraban en las cáma-
ras del templo, exentos de otros servicios, por-
que de día y de noche estaban en aquella obra.
34 Estos eran jefes de familias de los levitas por
sus linajes, jefes que habitaban en Jerusalén.

Genealogía de Saúl

35 En Gabaón habitaba Jehiel padre de Ga-
baón, el nombre de cuya mujer era Maaca;
36 y su hijo primogénito Abdón, luego Zur, Cis,
Baal, Ner, Nadab,
37 Gedor, Ahío, Zacarías y Miclot;
38 y Miclot engendró a Simeam. Estos habita-
ban también en Jerusalén con sus hermanos en-
frente de ellos.
39 Ner engendró a Cis, Cis engendró a Saúl, y
Saúl engendró a Jonatán, Malquisúa, Abinadab
y Es-baal.
40 Hijo de Jonatán fue Merib-baal, y Merib-baal
engendró a Micaía.
41 Y los hijos de Micaía: Pitón, Melec, Tarea y Acaz.
42 Acaz engendró a Jara, Jara engendró a Ale-
met, Azmavet y Zimri, y Zimri engendró a Mosa,
43 y Mosa engendró a Bina, cuyo hijo fue Re-
faías, del que fue hijo Elasa, cuyo hijo fue Azel.
44 Y Azel tuvo seis hijos, los nombres de los cua-
les son: Azricam, Bocru, Ismael, Searías, Oba-
días y Hanán. Estos fueron los hijos de Azel.

Muerte de Saúl y de sus hijos

10 1 Los filisteos pelearon contra Israel; y
huyeron delante de ellos los israelitas, y
cayeron heridos en el monte de Gilboa.
2 Y los filisteos siguieron a Saúl y a sus hijos, y
mataron los filisteos a Jonatán, a Abinadab y a
Malquisúa, hijos de Saúl.
3 Y arreciando la batalla contra Saúl, le alcanza-
ron los flecheros, y fue herido por los flecheros.
4 Entonces dijo Saúl a su escudero: Saca tu es-
pada y traspásame con ella, no sea que vengan
estos incircuncisos y hagan escarnio de mí; pero
su escudero no quiso, porque tenía mucho mie-
do. Entonces Saúl tomó la espada, y se echó
sobre ella.
5 Cuando su escudero vio a Saúl muerto, él tam-
bién se echó sobre su espada y se mató.
6 Así murieron Saúl y sus tres hijos; y toda su
casa murió juntamente con él.
7 Y viendo todos los de Israel que habitaban en
el valle, que habían huido, y que Saúl y sus hijos
eran muertos, dejaron sus ciudades y huyeron,
y vinieron los filisteos y habitaron en ellas.
8 Sucedió al día siguiente, que al venir los fi-
listeos a despojar a los muertos, hallaron a Saúl
y a sus hijos tendidos en el monte de Gilboa.

* Aquí equivale a *sábado*.
9.17: [c] Neh. 11.19.

9 Y luego que le despojaron, tomaron su cabeza
y sus armas, y enviaron mensajeros por toda la
tierra de los filisteos para dar las nuevas a sus
ídolos y al pueblo.
10 Y pusieron sus armas en el templo de sus dio-
ses, y colgaron la cabeza en el templo de Dagón.
11 Y oyendo todos los de Jabes de Galaad lo que
los filisteos habían hecho de Saúl,
12 se levantaron todos los hombres valientes, y
tomaron el cuerpo de Saúl y los cuerpos de sus
hijos, y los trajeron a Jabes; y enterraron sus hue-
sos debajo de una encina en Jabes, y ayunaron
siete días.
13 Así murió Saúl por su rebelión con que pre-
varicó contra Jehová, contra la palabra de Jeho-
vá, la cual no guardó,[a] y porque consultó a una
adivina,[b]
14 y no consultó a Jehová; por esta causa lo
mató, y traspasó el reino a David hijo de Isaí.

David es proclamado rey de Israel

11 1 Entonces todo Israel se juntó a David
en Hebrón, diciendo: He aquí nosotros
somos tu hueso y tu carne.
2 También antes de ahora, mientras Saúl reina-
ba, tú eras quien sacaba a la guerra a Israel, y lo
volvía a traer. También Jehová tu Dios te ha di-
cho: Tú apacentarás a mi pueblo Israel, y tú se-
rás príncipe sobre Israel mi pueblo.
3 Y vinieron todos los ancianos de Israel al rey
en Hebrón, y David hizo con ellos pacto delante
de Jehová; y ungieron a David por rey sobre Is-
rael, conforme a la palabra de Jehová por medio
de Samuel.

David toma la fortaleza de Sion

4 Entonces se fue David con todo Israel a Je-
rusalén, la cual es Jebús; y los jebuseos habita-
ban en aquella tierra.[a]
5 Y los moradores de Jebús dijeron a David: No
entrarás acá. Mas David tomó la fortaleza de
Sion, que es la ciudad de David.
6 Y David había dicho: El que primero derrote a
los jebuseos será cabeza y jefe. Entonces Joab
hijo de Sarvia subió el primero, y fue hecho jefe.
7 Y David habitó en la fortaleza, y por esto la lla-
maron la Ciudad de David.
8 Y edificó la ciudad alrededor, desde Milo hasta
el muro; y Joab reparó el resto de la ciudad.
9 Y David iba adelantando y creciendo, y Jehová
de los ejércitos estaba con él.

Los valientes de David

10 Estos son los principales de los valientes
que David tuvo, y los que le ayudaron en su rei-
no, con todo Israel, para hacerle rey sobre Is-
rael, conforme a la palabra de Jehová.
11 Y este es el número de los valientes que David
tuvo: Jasobeam hijo de Hacmoni, caudillo de
los treinta, el cual blandió su lanza una vez con-
tra trescientos, a los cuales mató.
12 Tras de éste estaba Eleazar hijo de Dodo,
ahohíta, el cual era de los tres valientes.
13 Este estuvo con David en Pasdamim, estando
allí juntos en batalla los filisteos; y había allí una
parcela de tierra llena de cebada, y huyendo el
pueblo delante de los filisteos,
14 se pusieron ellos en medio de la parcela y la
defendieron, y vencieron a los filisteos, porque
Jehová los favoreció con una gran victoria.
15 Y tres de los treinta principales descendie-
ron a la peña a David, a la cueva de Adulam, es-
tando el campamento de los filisteos en el valle
de Refaim.
16 David estaba entonces en la fortaleza, y había
entonces guarnición de los filisteos en Belén.
17 David deseó entonces, y dijo: ¡Quién me die-
ra de beber de las aguas del pozo de Belén, que
está a la puerta!
18 Y aquellos tres rompieron por el campamen-
to de los filisteos, y sacaron agua del pozo de
Belén, que está a la puerta, y la tomaron y la tra-
jeron a David; mas él no la quiso beber, sino que
la derramó para Jehová, y dijo:
19 Guárdeme mi Dios de hacer esto. ¿Había yo
de beber la sangre y la vida de estos varones, que
con peligro de sus vidas la han traído? Y no la
quiso beber. Esto hicieron aquellos tres valientes.
20 Y Abisai, hermano de Joab, era jefe de los
treinta, el cual blandió su lanza contra trescien-
tos y los mató, y ganó renombre con los tres.
21 Fue el más ilustre de los treinta, y fue el jefe
de ellos, pero no igualó a los tres primeros.
22 Benaía hijo de Joiada, hijo de un varón va-
liente de Cabseel, de grandes hechos; él venció
a los dos leones de Moab; también descendió y
mató a un león en medio de un foso, en tiempo
de nieve.
23 El mismo venció a un egipcio, hombre de cin-
co codos de estatura; y el egipcio traía una lanza
como un rodillo de tejedor, mas él descendió
con un báculo, y arrebató al egipcio la lanza de
la mano, y lo mató con su misma lanza.
24 Esto hizo Benaía hijo de Joiada, y fue nom-
brado con los tres valientes.
25 Y fue el más distinguido de los treinta, pero
no igualó a los tres primeros. A éste puso David
en su guardia personal.
26 Y los valientes de los ejércitos: Asael her-
mano de Joab, Elhanan hijo de Dodo de Belén,
27 Samot harodita, Heles pelonita;
28 Ira hijo de Iques tecoíta, Abiezer anatotita,
29 Sibecai husatita, Ilai ahohíta,

10.13: [a] 1 S. 13.8-14; 15.1-24. [b] Lv. 19.31; 20.6; 1 S. 28.7-8.
11.4: [a] Jos. 15.63; Jue. 1.21.

30 Maharai netofatita, Heled hijo de Baana netofatita,
31 Itai hijo de Ribai, de Gabaa de los hijos de Benjamín, Benaía piratonita,
32 Hurai del río Gaas, Abiel arbatita,
33 Azmavet barhumita, Eliaba saalbonita,
34 los hijos de Hasem gizonita, Jonatán hijo de Sage ararita,
35 Ahíam hijo de Sacar ararita, Elifal hijo de Ur,
36 Hefer mequeratita, Ahías pelonita,
37 Hezro carmelita, Naarai hijo de Ezbai,
38 Joel hermano de Natán, Mibhar hijo de Hagrai,
39 Selec amonita, Naharai beerotita, escudero de Joab hijo de Sarvia,
40 Ira itrita, Gareb itrita,
41 Urías heteo, Zabad hijo de Ahlai,
42 Adina hijo de Siza rubenita, príncipe de los rubenitas, y con él treinta,
43 Hanán hijo de Maaca, Josafat mitnita,
44 Uzías astarotita, Sama y Jehiel hijos de Hotam aroerita;
45 Jediael hijo de Simri, y Joha su hermano, tizita,
46 Eliel mahavita, Jerebai y Josavía hijos de Elnaam, Itma moabita,
47 Eliel, Obed, y Jaasiel mesobaíta.

El ejército de David

12 1 Estos son los que vinieron a David en Siclag, estando él aún encerrado por causa de Saúl hijo de Cis, y eran de los valientes que le ayudaron en la guerra.
2 Estaban armados de arcos, y usaban de ambas manos para tirar piedras con honda y saetas con arco. De los hermanos de Saúl de Benjamín:
3 El principal Ahiezer, después Joás, hijos de Semaa gabaatita; Jeziel y Pelet hijos de Azmavet, Beraca, Jehú anatotita,
4 Ismaías gabaonita, valiente entre los treinta, y más que los treinta; Jeremías, Jahaziel, Johanán, Jozabad gederatita,
5 Eluzai, Jerimot, Bealías, Semarías, Sefatías harufita,
6 Elcana, Isías, Azareel, Joezer y Jasobeam, coreítas,
7 y Joela y Zebadías hijos de Jeroham de Gedor.
8 También de los de Gad huyeron y fueron a David, al lugar fuerte en el desierto, hombres de guerra muy valientes para pelear, diestros con escudo y pavés; sus rostros eran como rostros de leones, y eran ligeros como las gacelas sobre las montañas.
9 Ezer el primero, Obadías el segundo, Eliab el tercero,
10 Mismana el cuarto, Jeremías el quinto,
11 Atai el sexto, Eliel el séptimo,
12 Johanán el octavo, Elzabad el noveno,
13 Jeremías el décimo y Macbanai el undécimo.
14 Estos fueron capitanes del ejército de los hijos de Gad. El menor tenía cargo de cien hombres, y el mayor de mil.
15 Estos pasaron el Jordán en el mes primero, cuando se había desbordado por todas sus riberas; e hicieron huir a todos los de los valles al oriente y al poniente.
16 Asimismo algunos de los hijos de Benjamín y de Judá vinieron a David al lugar fuerte.
17 Y David salió a ellos, y les habló diciendo: Si habéis venido a mí para paz y para ayudarme, mi corazón será unido con vosotros; mas si es para entregarme a mis enemigos, sin haber iniquidad en mis manos, véalo el Dios de nuestros padres, y lo demande.
18 Entonces el Espíritu vino sobre Amasai, jefe de los treinta, y dijo: Por ti, oh David, y contigo, oh hijo de Isaí. Paz, paz contigo, y paz con tus ayudadores, pues también tu Dios te ayuda. Y David los recibió, y los puso entre los capitanes de la tropa.
19 También se pasaron a David algunos de Manasés, cuando vino con los filisteos a la batalla contra Saúl (pero David no les ayudó, porque los jefes de los filisteos, habido consejo, lo despidieron, diciendo: Con peligro de nuestras cabezas se pasará a su señor Saúl).
20 Así que viniendo él a Siclag, se pasaron a él de los de Manasés, Adnas, Jozabad, Jediaiel, Micael, Jozabad, Eliú y Ziletai, príncipes de millares de los de Manasés.
21 Estos ayudaron a David contra la banda de merodeadores, pues todos ellos eran hombres valientes, y fueron capitanes en el ejército.
22 Porque entonces todos los días venía ayuda a David, hasta hacerse un gran ejército, como ejército de Dios.
23 Y este es el número de los principales que estaban listos para la guerra, y vinieron a David en Hebrón para traspasarle el reino de Saúl, conforme a la palabra de Jehová:
24 De los hijos de Judá que traían escudo y lanza, seis mil ochocientos, listos para la guerra.
25 De los hijos de Simeón, siete mil cien hombres, valientes y esforzados para la guerra.
26 De los hijos de Leví, cuatro mil seiscientos;
27 asimismo Joiada, príncipe de los del linaje de Aarón, y con él tres mil setecientos,
28 y Sadoc, joven valiente y esforzado, con veintidós de los principales de la casa de su padre.
29 De los hijos de Benjamín hermanos de Saúl, tres mil; porque hasta entonces muchos de ellos se mantenían fieles a la casa de Saúl.
30 De los hijos de Efraín, veinte mil ochocientos, muy valientes, varones ilustres en las casas de sus padres.
31 De la media tribu de Manasés, dieciocho mil, los cuales fueron tomados por lista para venir a poner a David por rey.

32 De los hijos de Isacar, doscientos principales,
entendidos en los tiempos, y que sabían lo que
Israel debía hacer, cuyo dicho seguían todos sus
hermanos.
33 De Zabulón cincuenta mil, que salían a cam-
paña prontos para la guerra, con toda clase de
armas de guerra, dispuestos a pelear sin doblez
de corazón.
34 De Neftalí, mil capitanes, y con ellos treinta y
siete mil con escudo y lanza.
35 De los de Dan, dispuestos a pelear, veintiocho
mil seiscientos.
36 De Aser, dispuestos para la guerra y prepara-
dos para pelear, cuarenta mil.
37 Y del otro lado del Jordán, de los rubenitas y
gaditas y de la media tribu de Manasés, ciento
veinte mil con toda clase de armas de guerra.
38 Todos estos hombres de guerra, dispuestos
para guerrear, vinieron con corazón perfecto a
Hebrón, para poner a David por rey sobre todo Is-
rael; asimismo todos los demás de Israel estaban
de un mismo ánimo para poner a David por rey.
39 Y estuvieron allí con David tres días comien-
do y bebiendo, porque sus hermanos habían
preparado para ellos.
40 También los que les eran vecinos, hasta Isa-
car y Zabulón y Neftalí, trajeron víveres en as-
nos, camellos, mulos y bueyes; provisión de
harina, tortas de higos, pasas, vino y aceite, y
bueyes y ovejas en abundancia, porque en Israel
había alegría.

David propone trasladar el arca a Jerusalén

13 1 Entonces David tomó consejo con los
capitanes de millares y de centenas, y
con todos los jefes.
2 Y dijo David a toda la asamblea de Israel: Si os
parece bien y si es la voluntad de Jehová nues-
tro Dios, enviaremos a todas partes por nuestros
hermanos que han quedado en todas las tierras
de Israel, y por los sacerdotes y levitas que están
con ellos en sus ciudades y ejidos, para que se
reúnan con nosotros;
3 y traigamos el arca de nuestro Dios a nosotros,
porque desde el tiempo de Saúl no hemos hecho
caso de ella.
4 Y dijo toda la asamblea que se hiciese así, por-
que la cosa parecía bien a todo el pueblo.

David intenta traer el arca

5 Entonces David reunió a todo Israel, desde
Sihor de Egipto hasta la entrada de Hamat,
para que trajesen el arca de Dios de Quiriat-
jearim.[a]
6 Y subió David con todo Israel a Baala de Qui-
riat-jearim, que está en Judá, para pasar de allí
el arca de Jehová Dios, que mora entre los que-
rubines,[b] sobre la cual su nombre es invocado.
7 Y llevaron el arca de Dios de la casa de Abina-
dab en un carro nuevo; y Uza y Ahío guiaban el
carro.
8 Y David y todo Israel se regocijaban delante de
Dios con todas sus fuerzas, con cánticos, arpas,
salterios, tamboriles, címbalos y trompetas.
9 Pero cuando llegaron a la era de Quidón,
Uza extendió su mano al arca para sostenerla,
porque los bueyes tropezaban.
10 Y el furor de Jehová se encendió contra Uza,
y lo hirió, porque había extendido su mano al
arca; y murió allí delante de Dios.
11 Y David tuvo pesar, porque Jehová había que-
brantado a Uza; por lo que llamó aquel lugar
Pérez-uza,[3] hasta hoy.
12 Y David temió a Dios aquel día, y dijo: ¿Cómo
he de traer a mi casa el arca de Dios?
13 Y no trajo David el arca a su casa en la ciudad
de David, sino que la llevó a casa de Obed-edom
geteo.
14 Y el arca de Dios estuvo con la familia de Obed-
edom, en su casa, tres meses; y bendijo Jehová la
casa de Obed-edom,[c] y todo lo que tenía.

Hiram envía embajadores a David

14 1 Hiram rey de Tiro envió a David em-
bajadores, y madera de cedro, y albañi-
les y carpinteros, para que le edificasen una
casa.
2 Y entendió David que Jehová lo había confir-
mado como rey sobre Israel, y que había exalta-
do su reino sobre su pueblo Israel.

Hijos de David nacidos en Jerusalén

3 Entonces David tomó también mujeres en
Jerusalén, y engendró David más hijos e hijas.
4 Y estos son los nombres de los que le nacieron
en Jerusalén: Samúa, Sobab, Natán, Salomón,
5 Ibhar, Elisúa, Elpelet,
6 Noga, Nefeg, Jafía,
7 Elisama, Beeliada y Elifelet.

David derrota a los filisteos

8 Oyendo los filisteos que David había sido
ungido rey sobre todo Israel, subieron todos los
filisteos en busca de David. Y cuando David lo
oyó, salió contra ellos.
9 Y vinieron los filisteos, y se extendieron por el
valle de Refaim.
10 Entonces David consultó a Dios, diciendo:
¿Subiré contra los filisteos? ¿Los entregarás en
mi mano? Y Jehová le dijo: Sube, porque yo los
entregaré en tus manos.
11 Subieron, pues, a Baal-perazim, y allí los de-
rrotó David. Dijo luego David: Dios rompió mis
enemigos por mi mano, como se rompen las

13.5: [a] 1 S. 7.1-2. **13.6:** [b] Ex. 25.22. **13.11:** [3] Esto es, *el quebrantamiento de Uza.* **13.14:** [c] 1Cr. 26.4-5.

aguas. Por esto llamaron el nombre de aquel lu-
gar Baal-perazim.[4]
12 Y dejaron allí sus dioses, y David dijo que los
quemasen.
13 Y volviendo los filisteos a extenderse por el
valle,
14 David volvió a consultar a Dios, y Dios le dijo:
No subas tras ellos, sino rodéalos, para venir a
ellos por delante de las balsameras.
15 Y así que oigas venir un estruendo por las
copas de las balsameras, sal luego a la batalla,
porque Dios saldrá delante de ti y herirá el ejér-
cito de los filisteos.
16 Hizo, pues, David como Dios le mandó, y de-
rrotaron al ejército de los filisteos desde Gabaón
hasta Gezer.
17 Y la fama de David fue divulgada por todas
aquellas tierras; y Jehová puso el temor de Da-
vid sobre todas las naciones.

David trae el arca a Jerusalén

15 1 Hizo David también casas para sí en la
ciudad de David, y arregló un lugar para
el arca de Dios, y le levantó una tienda.
2 Entonces dijo David: El arca de Dios no debe
ser llevada sino por los levitas; porque a ellos ha
elegido Jehová para que lleven el arca de Jeho-
vá, y le sirvan perpetuamente.[a]
3 Y congregó David a todo Israel en Jerusalén,
para que pasasen el arca de Jehová a su lugar, el
cual le había él preparado.
4 Reunió también David a los hijos de Aarón y a
los levitas;
5 de los hijos de Coat, Uriel el principal, y sus
hermanos, ciento veinte.
6 De los hijos de Merari, Asaías el principal, y
sus hermanos, doscientos veinte.
7 De los hijos de Gersón, Joel el principal, y sus
hermanos, ciento treinta.
8 De los hijos de Elizafán, Semaías el principal, y
sus hermanos, doscientos.
9 De los hijos de Hebrón, Eliel el principal, y sus
hermanos, ochenta.
10 De los hijos de Uziel, Aminadab el principal,
y sus hermanos, ciento doce.
11 Y llamó David a los sacerdotes Sadoc y Abia-
tar, y a los levitas Uriel, Asaías, Joel, Semaías,
Eliel y Aminadab,
12 y les dijo: Vosotros que sois los principales
padres de las familias de los levitas, santificaos,
vosotros y vuestros hermanos, y pasad el arca
de Jehová Dios de Israel al lugar que le he
preparado;
13 pues por no haberlo hecho así vosotros la pri-
mera vez, Jehová nuestro Dios nos quebrantó,
por cuanto no le buscamos según su ordenanza.
14 Así los sacerdotes y los levitas se santificaron
para traer el arca de Jehová Dios de Israel.
15 Y los hijos de los levitas trajeron el arca de
Dios puesta sobre sus hombros en las barras,
como lo había mandado Moisés, conforme a la
palabra de Jehová.[b]
16 Asimismo dijo David a los principales de
los levitas, que designasen de sus hermanos a
cantores con instrumentos de música, con salte-
rios y arpas y címbalos, que resonasen y alzasen
la voz con alegría.
17 Y los levitas designaron a Hemán hijo de
Joel; y de sus hermanos, a Asaf hijo de Bere-
quías; y de los hijos de Merari y de sus herma-
nos, a Etán hijo de Cusaías.
18 Y con ellos a sus hermanos del segundo or-
den, a Zacarías, Jaaziel, Semiramot, Jehiel, Uni,
Eliab, Benaía, Maasías, Matatías, Elifelehu, Mic-
nías, Obed-edom y Jeiel, los porteros.
19 Así Hemán, Asaf y Etán, que eran cantores,
sonaban címbalos de bronce.
20 Y Zacarías, Aziel, Semiramot, Jehiel, Uni, Eliab,
Maasías y Benaía, con salterios sobre Alamot.
21 Matatías, Elifelehu, Micnías, Obed-edom,
Jeiel y Azazías tenían arpas afinadas en la octa-
va para dirigir.
22 Y Quenanías, principal de los levitas en la
música, fue puesto para dirigir el canto, porque
era entendido en ello.
23 Berequías y Elcana eran porteros del arca.
24 Y Sebanías, Josafat, Natanael, Amasai, Zaca-
rías, Benaía y Eliezer, sacerdotes, tocaban las
trompetas delante del arca de Dios; Obed-edom
y Jehías eran también porteros del arca.
25 David, pues, y los ancianos de Israel y los
capitanes de millares, fueron a traer el arca del
pacto de Jehová, de casa de Obed-edom, con
alegría.
26 Y ayudando Dios a los levitas que llevaban el
arca del pacto de Jehová, sacrificaron siete no-
villos y siete carneros.
27 Y David iba vestido de lino fino, y también to-
dos los levitas que llevaban el arca, y asimismo
los cantores; y Quenanías era maestro de canto
entre los cantores. Llevaba también David sobre
sí un efod de lino.
28 De esta manera llevaba todo Israel el arca del
pacto de Jehová, con júbilo y sonido de bocinas
y trompetas y címbalos, y al son de salterios y
arpas.
29 Pero cuando el arca del pacto de Jehová llegó
a la ciudad de David, Mical, hija de Saúl, miran-
do por una ventana, vio al rey David que saltaba
y danzaba; y lo menospreció en su corazón.

16 1 Así trajeron el arca de Dios, y la pusie-
ron en medio de la tienda que David ha-
bía levantado para ella; y ofrecieron holocaustos
y sacrificios de paz delante de Dios.

14.11: [4] Esto es, *el Señor que quebranta.* **15.2:** [a] Dt. 10.8.
15.15: [b] Ex. 25.14.

2 Y cuando David acabó de ofrecer el holocausto
y los sacrificios de paz, bendijo al pueblo en el
nombre de Jehová.
3 Y repartió a todo Israel, así a hombres como a
mujeres, a cada uno una torta de pan, una pieza
de carne, y una torta de pasas.
4 Y puso delante del arca de Jehová ministros
de los levitas, para que recordasen y confesasen
y loasen a Jehová Dios de Israel:
5 Asaf el primero; el segundo después de él, Za-
carías; Jeiel, Semiramot, Jehiel, Matatías, Eliab,
Benaía, Obed-edom y Jeiel, con sus instrumen-
tos de salterios y arpas; pero Asaf sonaba los
címbalos.
6 También los sacerdotes Benaía y Jahaziel so-
naban continuamente las trompetas delante del
arca del pacto de Dios.

Salmo de acción de gracias de David

7 Entonces, en aquel día, David comenzó a
aclamar a Jehová por mano de Asaf y de sus
hermanos:

8 Alabad a Jehová, invocad su nombre,
Dad a conocer en los pueblos sus obras.
9 Cantad a él, cantadle salmos;
Hablad de todas sus maravillas.
10 Gloriaos en su santo nombre;
Alégrese el corazón de los que buscan
a Jehová.
11 Buscad a Jehová y su poder;
Buscad su rostro continuamente.
12 Haced memoria de las maravillas
que ha hecho,
De sus prodigios, y de los juicios
de su boca,
13 Oh vosotros, hijos de Israel su siervo,
Hijos de Jacob, sus escogidos.
14 Jehová, él es nuestro Dios;
Sus juicios están en toda la tierra.
15 El hace memoria de su pacto
perpetuamente,
Y de la palabra que él mandó para mil
generaciones;
16 Del pacto que concertó con Abraham,[a]
Y de su juramento a Isaac;[b]
17 El cual confirmó a Jacob por estatuto,
Y a Israel por pacto sempiterno,
18 Diciendo: A ti daré la tierra de Canaán,
Porción de tu heredad.[c]
19 Cuando ellos eran pocos en número,
Pocos y forasteros en ella,
20 Y andaban de nación en nación,
Y de un reino a otro pueblo,
21 No permitió que nadie los oprimiese;
Antes por amor de ellos castigó
a los reyes.
22 No toquéis, dijo, a mis ungidos,
Ni hagáis mal a mis profetas.[d]
23 Cantad a Jehová toda la tierra,
Proclamad de día en día su salvación.
24 Cantad entre las gentes su gloria,
Y en todos los pueblos sus maravillas.
25 Porque grande es Jehová,
y digno de suprema alabanza,
Y de ser temido sobre todos los dioses.
26 Porque todos los dioses de los pueblos
son ídolos;
Mas Jehová hizo los cielos.
27 Alabanza y magnificencia delante de él;
Poder y alegría en su morada.
28 Tributad a Jehová, oh familias
de los pueblos,
Dad a Jehová gloria y poder.
29 Dad a Jehová la honra debida
a su nombre;
Traed ofrenda, y venid delante de él;
Postraos delante de Jehová en la
hermosura de la santidad.
30 Temed en su presencia, toda la tierra;
El mundo será aún establecido,
para que no se conmueva.
31 Alégrense los cielos, y gócese la tierra,
Y digan en las naciones: Jehová reina.
32 Resuene el mar, y su plenitud;
Alégrese el campo, y todo lo que
contiene.
33 Entonces cantarán los árboles de los
bosques delante de Jehová,
Porque viene a juzgar la tierra.
34 Aclamad a Jehová, porque él es bueno;
Porque su misericordia es eterna.[e]
35 Y decid: Sálvanos, oh Dios,
salvación nuestra;
Recógenos, y líbranos de las naciones,
Para que confesemos tu santo nombre,
Y nos gloriemos en tus alabanzas.
36 Bendito sea Jehová Dios de Israel,
De eternidad a eternidad.

Y dijo todo el pueblo, Amén, y alabó a Jehová.

Los levitas encargados del arca

37 Y dejó allí, delante del arca del pacto de
Jehová, a Asaf y a sus hermanos, para que mi-
nistrasen de continuo delante del arca, cada
cosa en su día;
38 y a Obed-edom y a sus sesenta y ocho herma-
nos; y a Obed-edom hijo de Jedutún y a Hosa
como porteros.
39 Asimismo al sacerdote Sadoc, y a los sacerdo-
tes sus hermanos, delante del tabernáculo de
Jehová en el lugar alto que estaba en Gabaón,
40 para que sacrificasen continuamente, a ma-
ñana y tarde, holocaustos a Jehová en el altar

16.16: [a] Gn. 12.7. [b] Gn. 26.3. **16.17-18:** [c] Gn. 28.13. **16.21-22:** [d] Gn. 20.3-7. **16.34:** [e] 2 Cr. 5.13; 7.3; Esd. 3.11; Sal. 100.5; 106.1; 107.1; 118.1; 136.1; Jer. 33.11.

del holocausto, conforme a todo lo que está es-
crito en la ley de Jehová, que él prescribió a
Israel;
41 y con ellos a Hemán, a Jedutún y a los otros es-
cogidos declarados por sus nombres, para glorifi-
car a Jehová, porque es eterna su misericordia.
42 Con ellos a Hemán y a Jedutún con trompe-
tas y címbalos para los que tocaban, y con otros
instrumentos de música de Dios; y a los hijos de
Jedutún para porteros.
43 Y todo el pueblo se fue cada uno a su casa;
y David se volvió para bendecir su casa.[f]

Pacto de Dios con David

17 1 Aconteció que morando David en su
casa, dijo David al profeta Natán: He
aquí yo habito en casa de cedro, y el arca del
pacto de Jehová debajo de cortinas.
2 Y Natán dijo a David: Haz todo lo que está en
tu corazón, porque Dios está contigo.
3 En aquella misma noche vino palabra de
Dios a Natán, diciendo:
4 Ve y di a David mi siervo: Así ha dicho Jehová:
Tú no me edificarás casa en que habite.
5 Porque no he habitado en casa alguna desde el
día que saqué a los hijos de Israel hasta hoy; an-
tes estuve de tienda en tienda, y de tabernáculo
en tabernáculo.
6 Por dondequiera que anduve con todo Israel,
¿hablé una palabra a alguno de los jueces de Is-
rael, a los cuales mandé que apacentasen a mi
pueblo, para decirles: ¿Por qué no me edificáis
una casa de cedro?
7 Por tanto, ahora dirás a mi siervo David: Así
ha dicho Jehová de los ejércitos: Yo te tomé del
redil, de detrás de las ovejas, para que fueses
príncipe sobre mi pueblo Israel;
8 y he estado contigo en todo cuanto has anda-
do, y he cortado a todos tus enemigos de delan-
te de ti, y te haré gran nombre, como el nombre
de los grandes en la tierra.
9 Asimismo he dispuesto lugar para mi pueblo
Israel, y lo he plantado para que habite en él y
no sea más removido; ni los hijos de iniquidad
lo consumirán más, como antes,
10 y desde el tiempo que puse los jueces sobre
mi pueblo Israel; mas humillaré a todos tus ene-
migos. Te hago saber, además, que Jehová te
edificará casa.
11 Y cuando tus días sean cumplidos para irte
con tus padres, levantaré descendencia des-
pués de ti, a uno de entre tus hijos, y afirmaré su
reino.
12 El me edificará casa, y yo confirmaré su trono
eternamente.
13 Yo le seré por padre, y él me será por hijo;[a] y
no quitaré de él mi misericordia, como la quité
de aquel que fue antes de ti;
14 sino que lo confirmaré en mi casa y en mi rei-
no eternamente, y su trono será firme para
siempre.
15 Conforme a todas estas palabras, y conforme
a toda esta visión, así habló Natán a David.
16 Y entró el rey David y estuvo delante de
Jehová, y dijo: Jehová Dios, ¿quién soy yo, y
cuál es mi casa, para que me hayas traído hasta
este lugar?
17 Y aun esto, oh Dios, te ha parecido poco, pues
que has hablado de la casa de tu siervo para
tiempo más lejano, y me has mirado como a un
hombre excelente, oh Jehová Dios.
18 ¿Qué más puede añadir David pidiendo de ti
para glorificar a tu siervo? Mas tú conoces a tu
siervo.
19 Oh Jehová, por amor de tu siervo y según tu
corazón, has hecho toda esta grandeza, para ha-
cer notorias todas tus grandezas.
20 Jehová, no hay semejante a ti, ni hay Dios
sino tú, según todas las cosas que hemos oído
con nuestros oídos.
21 ¿Y qué pueblo hay en la tierra como tu pue-
blo Israel, cuyo Dios fuese y se redimiese un
pueblo, para hacerte nombre con grandezas y
maravillas, echando a las naciones de delante
de tu pueblo, que tú rescataste de Egipto?
22 Tú has constituido a tu pueblo Israel por pue-
blo tuyo para siempre; y tú, Jehová, has venido
a ser su Dios.
23 Ahora pues, Jehová, la palabra que has ha-
blado acerca de tu siervo y de su casa, sea firme
para siempre, y haz como has dicho.
24 Permanezca, pues, y sea engrandecido tu
nombre para siempre, a fin de que se diga:
Jehová de los ejércitos, Dios de Israel, es Dios
para Israel. Y sea la casa de tu siervo David fir-
me delante de ti.
25 Porque tú, Dios mío, revelaste al oído a tu
siervo que le has de edificar casa; por eso ha ha-
llado tu siervo motivo para orar delante de ti.
26 Ahora pues, Jehová, tú eres el Dios que has
hablado de tu siervo este bien;
27 y ahora has querido bendecir la casa de tu
siervo, para que permanezca perpetuamente
delante de ti; porque tú, Jehová, la has bendeci-
do, y será bendita para siempre.

David extiende sus dominios

18 1 Después de estas cosas aconteció que
David derrotó a los filisteos, y los humi-
lló, y tomó a Gat y sus villas de mano de los
filisteos.
2 También derrotó a Moab, y los moabitas
fueron siervos de David, trayéndole presentes.
3 Asimismo derrotó David a Hadad-ezer rey

16.43: [f] 2 S. 6.19-20. **17.13:** [a] 2 Co. 6.18; He. 1.5; Ap. 21.7.

de Soba, en Hamat, yendo éste a asegurar su
dominio junto al río Eufrates.
4 Y le tomó David mil carros, siete mil de a caba-
llo, y veinte mil hombres de a pie; y desjarretó
David los caballos de todos los carros, excepto
los de cien carros que dejó.
5 Y viniendo los sirios de Damasco en ayuda de
Hadad-ezer rey de Soba, David hirió de ellos
veintidós mil hombres.
6 Y puso David guarnición en Siria de Damasco,
y los sirios fueron hechos siervos de David, tra-
yéndole presentes; porque Jehová daba la victo-
ria a David dondequiera que iba.
7 Tomó también David los escudos de oro que
llevaban los siervos de Hadad-ezer, y los trajo a
Jerusalén.
8 Asimismo de Tibhat y de Cun, ciudades de Ha-
dad-ezer, tomó David muchísimo bronce, con el
que Salomón hizo el mar de bronce, las colum-
nas, y utensilios de bronce.[a]
9 Y oyendo Toi rey de Hamat que David había
deshecho todo el ejército de Hadad-ezer rey de
Soba,
10 envió a Adoram su hijo al rey David, para sa-
ludarle y bendecirle por haber peleado con Ha-
dad-ezer y haberle vencido; porque Toi tenía
guerra contra Hadad-ezer. Le envió también
toda clase de utensilios de oro, de plata y de
bronce;
11 los cuales el rey David dedicó a Jehová, con
la plata y el oro que había tomado de todas las
naciones de Edom, de Moab, de los hijos de
Amón, de los filisteos y de Amalec.
12 Además de esto, Abisai hijo de Sarvia destro-
zó en el valle de la Sal a dieciocho mil edomitas.[b]
13 Y puso guarnición en Edom, y todos los edo-
mitas fueron siervos de David; porque Jehová
daba el triunfo a David dondequiera que iba.

Oficiales de David

14 Reinó David sobre todo Israel, y juzgaba
con justicia a todo su pueblo.
15 Y Joab hijo de Sarvia era general del ejército,
y Josafat hijo de Ahilud, canciller.
16 Sadoc hijo de Ahitob y Abimelec hijo de Abia-
tar eran sacerdotes, y Savsa, secretario.
17 Y Benaía hijo de Joiada estaba sobre los cere-
teos y peleteos; y los hijos de David eran los
príncipes cerca del rey.

Derrotas de amonitas y sirios

19 1 Después de estas cosas aconteció que
murió Nahas rey de los hijos de Amón, y
reinó en su lugar su hijo.
2 Y dijo David: Manifestaré misericordia con
Hanún hijo de Nahas, porque también su padre
me mostró misericordia. Así David envió emba-
jadores que lo consolasen de la muerte de su pa-
dre. Pero cuando llegaron los siervos de David a
la tierra de los hijos de Amón a Hanún, para
consolarle,
3 los príncipes de los hijos de Amón dijeron a
Hanún: ¿A tu parecer honra David a tu padre,
que te ha enviado consoladores? ¿No vienen
más bien sus siervos a ti para espiar, e inquirir, y
reconocer la tierra?
4 Entonces Hanún tomó los siervos de David y
los rapó, y les cortó los vestidos por la mitad,
hasta las nalgas, y los despachó.
5 Se fueron luego, y cuando llegó a David la no-
ticia sobre aquellos varones, él envió a recibir-
los, porque estaban muy afrentados. El rey
mandó que les dijeran: Estaos en Jericó hasta
que os crezca la barba, y entonces volveréis.
6 Y viendo los hijos de Amón que se habían
hecho odiosos a David, Hanún y los hijos de
Amón enviaron mil talentos de plata para tomar
a sueldo carros y gente de a caballo de Mesopo-
tamia, de Siria, de Maaca y de Soba.
7 Y tomaron a sueldo treinta y dos mil carros, y
al rey de Maaca y a su ejército, los cuales vinie-
ron y acamparon delante de Medeba. Y se junta-
ron también los hijos de Amón de sus ciudades,
y vinieron a la guerra.
8 Oyéndolo David, envió a Joab con todo el ejér-
cito de los hombres valientes.
9 Y los hijos de Amón salieron, y ordenaron la
batalla a la entrada de la ciudad; y los reyes que
habían venido estaban aparte en el campo.
10 Y viendo Joab que el ataque contra él ha-
bía sido dispuesto por el frente y por la reta-
guardia, escogió de los más aventajados que
había en Israel, y con ellos ordenó su ejército
contra los sirios.
11 Puso luego el resto de la gente en mano de
Abisai su hermano, y los ordenó en batalla con-
tra los amonitas.
12 Y dijo: Si los sirios fueren más fuertes que yo,
tú me ayudarás; y si los amonitas fueren más
fuertes que tú, yo te ayudaré.
13 Esfuérzate, y esforcémonos por nuestro pue-
blo, y por las ciudades de nuestro Dios; y haga
Jehová lo que bien le parezca.
14 Entonces se acercó Joab y el pueblo que tenía
consigo, para pelear contra los sirios; mas ellos
huyeron delante de él.
15 Y los hijos de Amón, viendo que los sirios ha-
bían huido, huyeron también ellos delante de
Abisai su hermano, y entraron en la ciudad.
Entonces Joab volvió a Jerusalén.
16 Viendo los sirios que habían caído delante
de Israel, enviaron embajadores, y trajeron a los
sirios que estaban al otro lado del Eufrates, cuyo
capitán era Sofac, general del ejército de Hadad-
ezer.

18.8: [a] 1 R. 7.40-47; 2 Cr. 4.11-18. **18.12:** [b] Sal. 60 tít.

17 Luego que fue dado aviso a David, reunió a
todo Israel, y cruzando el Jordán vino a ellos, y
ordenó batalla contra ellos. Y cuando David
hubo ordenado su tropa contra ellos, pelearon
contra él los sirios.
18 Mas el pueblo sirio huyó delante de Israel; y
mató David de los sirios a siete mil hombres de
los carros, y cuarenta mil hombres de a pie; asi-
mismo mató a Sofac general del ejército.
19 Y viendo los siervos de Hadad-ezer que ha-
bían caído delante de Israel, concertaron paz
con David, y fueron sus siervos; y el pueblo sirio
nunca más quiso ayudar a los hijos de Amón.

David captura a Rabá

20 1 Aconteció a la vuelta del año, en el
tiempo que suelen los reyes salir a la
guerra, que Joab sacó las fuerzas del ejército, y
destruyó la tierra de los hijos de Amón, y vino y
sitió a Rabá. Mas David estaba en Jerusalén;[a] y
Joab batió a Rabá, y la destruyó.
2 Y tomó David la corona de encima de la cabe-
za del rey de Rabá, y la halló de peso de un ta-
lento de oro, y había en ella piedras preciosas; y
fue puesta sobre la cabeza de David. Además de
esto sacó de la ciudad muy grande botín.
3 Sacó también al pueblo que estaba en ella, y lo
puso a trabajar con sierras, con trillos de hierro
y con hachas. Lo mismo hizo David a todas las
ciudades de los hijos de Amón. Y volvió David
con todo el pueblo a Jerusalén.

Los hombres de David matan a los gigantes

4 Después de esto aconteció que se levantó
guerra en Gezer contra los filisteos; y Sibecai
husatita mató a Sipai, de los descendientes de
los gigantes; y fueron humillados.
5 Volvió a levantarse guerra contra los filisteos;
y Elhanán hijo de Jair mató a Lahmi, hermano
de Goliat geteo, el asta de cuya lanza era como
un rodillo de telar.[b]
6 Y volvió a haber guerra en Gat, donde había
un hombre de grande estatura, el cual tenía seis
dedos en pies y manos, veinticuatro por todos; y
era descendiente de los gigantes.
7 Este hombre injurió a Israel, pero lo mató Jo-
natán, hijo de Simea hermano de David.
8 Estos eran descendientes de los gigantes en
Gat, los cuales cayeron por mano de David y de
sus siervos.

David censa al pueblo

21 1 Pero Satanás se levantó contra Israel, e
incitó a David a que hiciese censo de Israel.
2 Y dijo David a Joab y a los príncipes del pueblo:
Id, haced censo de Israel desde Beerseba hasta
Dan, e informadme sobre el número de ellos para
que yo lo sepa.
3 Y dijo Joab: Añada Jehová a su pueblo cien ve-
ces más, rey señor mío; ¿no son todos éstos sier-
vos de mi señor? ¿Para qué procura mi señor
esto, que será para pecado a Israel?
4 Mas la orden del rey pudo más que Joab. Sa-
lió, por tanto, Joab, y recorrió todo Israel, y vol-
vió a Jerusalén y dio la cuenta del número del
pueblo a David.
5 Y había en todo Israel un millón cien mil que
sacaban espada, y de Judá cuatrocientos seten-
ta mil hombres que sacaban espada.
6 Entre éstos no fueron contados los levitas, ni
los hijos de Benjamín, porque la orden del rey
era abominable a Joab.
7 Asimismo esto desagradó a Dios, e hirió a Is-
rael.
8 Entonces dijo David a Dios: He pecado grave-
mente al hacer esto; te ruego que quites la ini-
quidad de tu siervo, porque he hecho muy
locamente.
9 Y habló Jehová a Gad, vidente de David, di-
ciendo:
10 Ve y habla a David, y dile: Así ha dicho Jeho-
vá: Tres cosas te propongo; escoge de ellas una
que yo haga contigo.
11 Y viniendo Gad a David, le dijo: Así ha dicho
Jehová:
12 Escoge para ti: o tres años de hambre, o por
tres meses ser derrotado delante de tus enemi-
gos con la espada de tus adversarios, o por tres
días la espada de Jehová, esto es, la peste en la
tierra, y que el ángel de Jehová haga destruc-
ción en todos los términos de Israel. Mira, pues,
qué responderé al que me ha enviado.
13 Entonces David dijo a Gad: Estoy en grande
angustia. Ruego que yo caiga en la mano de
Jehová, porque sus misericordias son muchas
en extremo; pero que no caiga en manos de
hombres.
14 Así Jehová envió una peste en Israel, y mu-
rieron de Israel setenta mil hombres.
15 Y envió Jehová el ángel a Jerusalén para des-
truirla; pero cuando él estaba destruyendo, miró
Jehová y se arrepintió de aquel mal, y dijo al án-
gel que destruía: Basta ya; detén tu mano. El án-
gel de Jehová estaba junto a la era de Ornán
jebuseo.
16 Y alzando David sus ojos, vio al ángel de Jeho-
vá, que estaba entre el cielo y la tierra, con una
espada desnuda en su mano, extendida contra
Jerusalén. Entonces David y los ancianos se pos-
traron sobre sus rostros, cubiertos de cilicio.
17 Y dijo David a Dios: ¿No soy yo el que hizo
contar el pueblo? Yo mismo soy el que pequé, y
ciertamente he hecho mal; pero estas ovejas,
¿qué han hecho? Jehová Dios mío, sea ahora tu

20.1: [a] 2 S. 11.1. **20.5:** [b] 1 S. 17.4-7.

mano contra mí, y contra la casa de mi padre, y no venga la peste sobre tu pueblo.

18 Y el ángel de Jehová ordenó a Gad que dijese a David que subiese y construyese un altar a Jehová en la era de Ornán jebuseo.

19 Entonces David subió, conforme a la palabra que Gad le había dicho en nombre de Jehová.

20 Y volviéndose Ornán, vio al ángel, por lo que se escondieron cuatro hijos suyos que con él estaban. Y Ornán trillaba el trigo.

21 Y viniendo David a Ornán, miró Ornán, y vio a David; y saliendo de la era, se postró en tierra ante David.

22 Entonces dijo David a Ornán: Dame este lugar de la era, para que edifique un altar a Jehová; dámelo por su cabal precio, para que cese la mortandad en el pueblo.

23 Y Ornán respondió a David: Tómala para ti, y haga mi señor el rey lo que bien le parezca; y aun los bueyes daré para el holocausto, y los trillos para leña, y trigo para la ofrenda; yo lo doy todo.

24 Entonces el rey David dijo a Ornán: No, sino que efectivamente la compraré por su justo precio; porque no tomaré para Jehová lo que es tuyo, ni sacrificaré holocausto que nada me cueste.

25 Y dio David a Ornán por aquel lugar el peso de seiscientos siclos de oro.

26 Y edificó allí David un altar a Jehová, en el que ofreció holocaustos y ofrendas de paz, e invocó a Jehová, quien le respondió por fuego desde los cielos en el altar del holocausto.

27 Entonces Jehová habló al ángel, y éste volvió su espada a la vaina.

El lugar para el templo

28 Viendo David que Jehová le había oído en la era de Ornán jebuseo, ofreció sacrificios allí.

29 Y el tabernáculo de Jehová que Moisés había hecho en el desierto, y el altar del holocausto, estaban entonces en el lugar alto de Gabaón;

30 pero David no pudo ir allá a consultar a Dios, porque estaba atemorizado a causa de la espada del ángel de Jehová.

22 1 Y dijo David: Aquí estará la casa de Jehová Dios, y aquí el altar del holocausto para Israel.

Preparativos para el templo

2 Después mandó David que se reuniese a los extranjeros que había en la tierra de Israel, y señaló de entre ellos canteros que labrasen piedras para edificar la casa de Dios.

3 Asimismo preparó David mucho hierro para la clavazón de las puertas, y para las junturas; y mucho bronce sin peso, y madera de cedro sin cuenta.

4 Porque los sidonios y tirios habían traído a David abundancia de madera de cedro.

5 Y dijo David: Salomón mi hijo es muchacho y de tierna edad, y la casa que se ha de edificar a Jehová ha de ser magnífica por excelencia, para renombre y honra en todas las tierras; ahora, pues, yo le prepararé lo necesario. Y David antes de su muerte hizo preparativos en gran abundancia.

6 Llamó entonces David a Salomón su hijo, y le mandó que edificase casa a Jehová Dios de Israel.

7 Y dijo David a Salomón: Hijo mío, en mi corazón tuve el edificar templo al nombre de Jehová mi Dios.

8 Mas vino a mí palabra de Jehová, diciendo: Tú has derramado mucha sangre, y has hecho grandes guerras; no edificarás casa a mi nombre, porque has derramado mucha sangre en la tierra delante de mí.

9 He aquí te nacerá un hijo, el cual será varón de paz, porque yo le daré paz de todos sus enemigos en derredor; por tanto, su nombre será Salomón,[5] y yo daré paz y reposo sobre Israel en sus días.

10 El edificará casa a mi nombre, y él me será a mí por hijo, y yo le seré por padre; y afirmaré el trono de su reino sobre Israel para siempre.[a]

11 Ahora pues, hijo mío, Jehová esté contigo, y seas prosperado, y edifiques casa a Jehová tu Dios, como él ha dicho de ti.

12 Y Jehová te dé entendimiento y prudencia, para que cuando gobiernes a Israel, guardes la ley de Jehová tu Dios.

13 Entonces serás prosperado, si cuidares de poner por obra los estatutos y decretos que Jehová mandó a Moisés para Israel. Esfuérzate, pues, y cobra ánimo; no temas, ni desmayes.[b]

14 He aquí, yo con grandes esfuerzos he preparado para la casa de Jehová cien mil talentos de oro, y un millón de talentos de plata, y bronce y hierro sin medida, porque es mucho. Asimismo he preparado madera y piedra, a lo cual tú añadirás.

15 Tú tienes contigo muchos obreros, canteros, albañiles, carpinteros, y todo hombre experto en toda obra.

16 Del oro, de la plata, del bronce y del hierro, no hay cuenta. Levántate, y manos a la obra; y Jehová esté contigo.

17 Asimismo mandó David a todos los principales de Israel que ayudasen a Salomón su hijo, diciendo:

18 ¿No está con vosotros Jehová vuestro Dios, el cual os ha dado paz por todas partes? Porque él ha entregado en mi mano a los moradores de la tierra, y la tierra ha sido sometida delante de Jehová, y delante de su pueblo.

22.9: [5] Esto es, *Pacífico.* **22.7-10:** [a] 2S. 7.1-16; 1 Cr. 17.1-14.
22.13: [b] Jos. 1.6-9.

19 Poned, pues, ahora vuestros corazones y vuestros ánimos en buscar a Jehová vuestro Dios; y levantaos, y edificad el santuario de Jehová Dios, para traer el arca del pacto de Jehová, y los utensilios consagrados a Dios, a la casa edificada al nombre de Jehová.

Distribución y deberes de los levitas

23 1 Siendo, pues, David ya viejo y lleno de días, hizo a Salomón su hijo rey sobre Israel.[a]

2 Y juntando a todos los principales de Israel, y a los sacerdotes y levitas,
3 fueron contados los levitas de treinta años arriba; y fue el número de ellos por sus cabezas, contados uno por uno, treinta y ocho mil.
4 De éstos, veinticuatro mil para dirigir la obra de la casa de Jehová, y seis mil para gobernadores y jueces.
5 Además, cuatro mil porteros, y cuatro mil para alabar a Jehová, dijo David, con los instrumentos que he hecho para tributar alabanzas.
6 Y los repartió David en grupos conforme a los hijos de Leví: Gersón, Coat y Merari.

7 Los hijos de Gersón: Laadán y Simei.
8 Los hijos de Laadán, tres: Jehiel el primero, después Zetam y Joel.
9 Los hijos de Simei, tres: Selomit, Haziel y Harán. Estos fueron los jefes de las familias de Laadán.
10 Y los hijos de Simei: Jahat, Zina, Jeús y Bería. Estos cuatro fueron los hijos de Simei.
11 Jahat era el primero, y Zina el segundo; pero Jeús y Bería no tuvieron muchos hijos, por lo cual fueron contados como una familia.

12 Los hijos de Coat: Amram, Izhar, Hebrón y Uziel, ellos cuatro.
13 Los hijos de Amram: Aarón y Moisés. Y Aarón fue apartado para ser dedicado a las cosas más santas, él y sus hijos para siempre, para que quemasen incienso delante de Jehová, y le ministrasen y bendijesen en su nombre, para siempre.[b]
14 Y los hijos de Moisés varón de Dios fueron contados en la tribu de Leví.
15 Los hijos de Moisés fueron Gersón y Eliezer.
16 Hijo de Gersón fue Sebuel el jefe.
17 E hijo de Eliezer fue Rehabías el jefe. Y Eliezer no tuvo otros hijos; mas los hijos de Rehabías fueron muchos.
18 Hijo de Izhar fue Selomit el jefe.
19 Los hijos de Hebrón: Jerías el jefe, Amarías el segundo, Jahaziel el tercero, y Jecamán el cuarto.
20 Los hijos de Uziel: Micaía el jefe, e Isías el segundo.

21 Los hijos de Merari: Mahli y Musi. Los hijos de Mahli: Eleazar y Cis.
22 Y murió Eleazar sin hijos; pero tuvo hijas, y los hijos de Cis, sus parientes, las tomaron por mujeres.
23 Los hijos de Musi: Mahli, Edar y Jeremot, ellos tres.

24 Estos son los hijos de Leví en las familias de sus padres, jefes de familias según el censo de ellos, contados por sus nombres, por sus cabezas, de veinte años arriba, los cuales trabajaban en el ministerio de la casa de Jehová.
25 Porque David dijo: Jehová Dios de Israel ha dado paz a su pueblo Israel, y él habitará en Jerusalén para siempre.
26 Y también los levitas no tendrán que llevar más el tabernáculo y todos los utensilios para su ministerio.[c]
27 Así que, conforme a las postreras palabras de David, se hizo la cuenta de los hijos de Leví de veinte años arriba.
28 Y estaban bajo las órdenes de los hijos de Aarón para ministrar en la casa de Jehová, en los atrios, en las cámaras, y en la purificación de toda cosa santificada, y en la demás obra del ministerio de la casa de Dios.
29 Asimismo para los panes de la proposición, para la flor de harina para el sacrificio, para las hojuelas sin levadura, para lo preparado en sartén, para lo tostado, y para toda medida y cuenta;
30 y para asistir cada mañana todos los días a dar gracias y tributar alabanzas a Jehová, y asimismo por la tarde;
31 y para ofrecer todos los holocaustos a Jehová los días de reposo,* lunas nuevas y fiestas solemnes, según su número y de acuerdo con su rito, continuamente delante de Jehová;
32 y para que tuviesen la guarda del tabernáculo de reunión, y la guarda del santuario, bajo las órdenes de los hijos de Aarón sus hermanos, en el ministerio de la casa de Jehová.[d]

24 1 También los hijos de Aarón fueron distribuidos en grupos. Los hijos de Aarón: Nadab, Abiú, Eleazar e Itamar.
2 Mas como Nadab y Abiú murieron antes que su padre,[a] y no tuvieron hijos, Eleazar e Itamar ejercieron el sacerdocio.
3 Y David, con Sadoc de los hijos de Eleazar, y Ahimelec de los hijos de Itamar, los repartió por sus turnos en el ministerio.
4 Y de los hijos de Eleazar había más varones principales que de los hijos de Itamar; y los repartieron así: De los hijos de Eleazar, dieciséis cabezas de casas paternas; y de los hijos de Itamar, por sus casas paternas, ocho.
5 Los repartieron, pues, por suerte los unos con los otros; porque de los hijos de Eleazar y de los

* Aquí equivale a *sábado*.

23.1: [a] 1 R. 1.1-40. **23.13:** [b] Ex. 28.1. **23.26:** [c] Dt. 10.8. **23.28-32:** [d] Nm. 3.5-9. **24.2:** [a] Lv. 10.1-2.

hijos de Itamar hubo príncipes del santuario, y príncipes de la casa de Dios.

6 Y el escriba Semaías hijo de Natanael, de los levitas, escribió sus nombres en presencia del rey y de los príncipes, y delante de Sadoc el sacerdote, de Ahimelec hijo de Abiatar y de los jefes de las casas paternas de los sacerdotes y levitas, designando por suerte una casa paterna para Eleazar, y otra para Itamar.

7 La primera suerte tocó a Joiarib, la segunda a Jedaías,

8 la tercera a Harim, la cuarta a Seorim,

9 la quinta a Malquías, la sexta a Mijamín,

10 la séptima a Cos, la octava a Abías,

11 la novena a Jesúa, la décima a Secanías,

12 la undécima a Eliasib, la duodécima a Jaquim,

13 la decimatercera a Hupa, la decimacuarta a Jesebeab,

14 la decimaquinta a Bilga, la decimasexta a Imer,

15 la decimaséptima a Hezir, la decimaoctava a Afses,

16 la decimanovena a Petaías, la vigésima a Hezequiel,

17 la vigesimaprimera a Jaquín, la vigesimasegunda a Gamul,

18 la vigesimatercera a Delaía, la vigesimacuarta a Maazías.

19 Estos fueron distribuidos para su ministerio, para que entrasen en la casa de Jehová, según les fue ordenado por Aarón su padre, de la manera que le había mandado Jehová el Dios de Israel.

20 Y de los hijos de Leví que quedaron: Subael, de los hijos de Amram; y de los hijos de Subael, Jehedías.

21 Y de los hijos de Rehabías, Isías el jefe.

22 De los izharitas, Selomot; e hijo de Selomot, Jahat.

23 De los hijos de Hebrón: Jerías el jefe, el segundo Amarías, el tercero Jahaziel, el cuarto Jecamán.

24 Hijo de Uziel, Micaía; e hijo de Micaía, Samir.

25 Hermano de Micaía, Isías; e hijo de Isías, Zacarías.

26 Los hijos de Merari: Mahli y Musi; hijo de Jaazías, Beno.

27 Los hijos de Merari por Jaazías: Beno, Soham, Zacur e Ibri.

28 Y de Mahli, Eleazar, quien no tuvo hijos.

29 Hijo de Cis, Jerameel.

30 Los hijos de Musi: Mahli, Edar y Jerimot. Estos fueron los hijos de los levitas conforme a sus casas paternas.

31 Estos también echaron suertes, como sus hermanos los hijos de Aarón, delante del rey David, y de Sadoc y de Ahimelec, y de los jefes de las casas paternas de los sacerdotes y levitas; el principal de los padres igualmente que el menor de sus hermanos.

Distribución de músicos y cantores

25 1 Asimismo David y los jefes del ejército apartaron para el ministerio a los hijos de Asaf, de Hemán y de Jedutún, para que profetizasen con arpas, salterios y címbalos; y el número de ellos, hombres idóneos para la obra de su ministerio, fue:

2 De los hijos de Asaf: Zacur, José, Netanías y Asarela, hijos de Asaf, bajo la dirección de Asaf, el cual profetizaba bajo las órdenes del rey.

3 De los hijos de Jedutún: Gedalías, Zeri, Jesaías, Hasabías, Matatías y Simei; seis, bajo la dirección de su padre Jedutún, el cual profetizaba con arpa, para aclamar y alabar a Jehová.

4 De los hijos de Hemán: Buquías, Matanías, Uziel, Sebuel, Jeremot, Hananías, Hanani, Eliata, Gidalti, Romanti-ezer, Josbecasa, Maloti, Hotir y Mahaziot.

5 Todos éstos fueron hijos de Hemán, vidente del rey en las cosas de Dios, para exaltar su poder; y Dios dio a Hemán catorce hijos y tres hijas.

6 Y todos éstos estaban bajo la dirección de su padre en la música, en la casa de Jehová, con címbalos, salterios y arpas, para el ministerio del templo de Dios. Asaf, Jedutún y Hemán estaban por disposición del rey.

7 Y el número de ellos, con sus hermanos, instruidos en el canto para Jehová, todos los aptos, fue doscientos ochenta y ocho.

8 Y echaron suertes para servir por turnos, entrando el pequeño con el grande, lo mismo el maestro que el discípulo.

9 La primera suerte salió por Asaf, para José; la segunda para Gedalías, quien con sus hermanos e hijos fueron doce;

10 la tercera para Zacur, con sus hijos y sus hermanos, doce;

11 la cuarta para Izri, con sus hijos y sus hermanos, doce;

12 la quinta para Netanías, con sus hijos y sus hermanos, doce;

13 la sexta para Buquías, con sus hijos y sus hermanos, doce;

14 la séptima para Jesarela, con sus hijos y sus hermanos, doce;

15 la octava para Jesahías, con sus hijos y sus hermanos, doce;

16 la novena para Matanías, con sus hijos y sus hermanos, doce;

17 la décima para Simei, con sus hijos y sus hermanos, doce;

18 la undécima para Azareel, con sus hijos y sus hermanos, doce;

19 la duodécima para Hasabías, con sus hijos y sus hermanos, doce;

20 la decimatercera para Subael, con sus hijos y sus hermanos, doce;

21 la decimacuarta para Matatías, con sus hijos
y sus hermanos, doce;
22 la decimaquinta para Jeremot, con sus hijos y
sus hermanos, doce;
23 la decimasexta para Hananías, con sus hijos y
sus hermanos, doce;
24 la decimaséptima para Josbecasa, con sus hi-
jos y sus hermanos, doce;
25 la decimaoctava para Hanani, con sus hijos y
sus hermanos, doce;
26 la decimanovena para Maloti, con sus hijos y
sus hermanos, doce;
27 la vigésima para Eliata, con sus hijos y sus
hermanos, doce;
28 la vigesimaprimera para Hotir, con sus hijos y
sus hermanos, doce;
29 la vigesimasegunda para Gidalti, con sus hi-
jos y sus hermanos, doce;
30 la vigesimatercera para Mahaziot, con sus hi-
jos y sus hermanos, doce;
31 la vigesimacuarta para Romanti-ezer, con sus
hijos y sus hermanos, doce.

Porteros y oficiales

26 1 También fueron distribuidos los porte-
ros: de los coreítas, Meselemías hijo de
Coré, de los hijos de Asaf.
2 Los hijos de Meselemías: Zacarías el primogé-
nito, Jediael el segundo, Zebadías el tercero,
Jatniel el cuarto,
3 Elam el quinto, Johanán el sexto, Elioenai el
séptimo.
4 Los hijos de Obed-edom: Semaías el primogé-
nito, Jozabad el segundo, Joa el tercero, el cuar-
to Sacar, el quinto Natanael,
5 el sexto Amiel, el séptimo Isacar, el octavo
Peultai; porque Dios había bendecido a Obed-
edom.[a]
6 También de Semaías su hijo nacieron hijos que
fueron señores sobre la casa de sus padres; por-
que eran varones valerosos y esforzados.
7 Los hijos de Semaías: Otni, Rafael, Obed, Elza-
bad, y sus hermanos, hombres esforzados; asi-
mismo Eliú y Samaquías.
8 Todos éstos de los hijos de Obed-edom; ellos
con sus hijos y sus hermanos, hombres robustos
y fuertes para el servicio; sesenta y dos, de
Obed-edom.
9 Y los hijos de Meselemías y sus hermanos, die-
ciocho hombres valientes.
10 De Hosa, de los hijos de Merari: Simri el jefe
(aunque no era el primogénito, mas su padre lo
puso por jefe),
11 el segundo Hilcías, el tercero Tebalías, el
cuarto Zacarías; todos los hijos de Hosa y sus
hermanos fueron trece.
12 Entre éstos se hizo la distribución de los
porteros, alternando los principales de los varo-
nes en la guardia con sus hermanos, para servir
en la casa de Jehová.
13 Echaron suertes, el pequeño con el grande,
según sus casas paternas, para cada puerta.
14 Y la suerte para la del oriente cayó a Selemías.
Y metieron en las suertes a Zacarías su hijo, con-
sejero entendido; y salió la suerte suya para la
del norte.
15 Y para Obed-edom la puerta del sur, y a sus
hijos la casa de provisiones del templo.
16 Para Supim y Hosa, la del occidente, la puer-
ta de Salequet, en el camino de la subida, co-
rrespondiéndose guardia con guardia.
17 Al oriente seis levitas, al norte cuatro de día;
al sur cuatro de día; y a la casa de provisiones de
dos en dos.
18 En la cámara de los utensilios al occidente,
cuatro al camino, y dos en la cámara.
19 Estas son las distribuciones de los porteros,
hijos de los coreítas y de los hijos de Merari.
20 Y de los levitas, Ahías tenía cargo de los te-
soros de la casa de Dios, y de los tesoros de las
cosas santificadas.
21 Cuanto a los hijos de Laadán hijo de Gersón:
de Laadán, los jefes de las casas paternas de
Laadán gersonita fueron los jehielitas.
22 Los hijos de Jehieli, Zetam y Joel su hermano,
tuvieron cargo de los tesoros de la casa de Jehová.
23 De entre los amramitas, de los izharitas, de
los hebronitas y de los uzielitas,
24 Sebuel hijo de Gersón, hijo de Moisés, era
jefe sobre los tesoros.
25 En cuanto a su hermano Eliezer, hijo de éste
era Rehabías, hijo de éste Jesaías, hijo de éste Jo-
ram, hijo de éste Zicri, del que fue hijo Selomit.
26 Este Selomit y sus hermanos tenían a su car-
go todos los tesoros de todas las cosas santifica-
das que había consagrado el rey David, y los
jefes de las casas paternas, los capitanes de mi-
llares y de centenas, y los jefes del ejército;
27 de lo que habían consagrado de las guerras y
de los botines, para reparar la casa de Jehová.
28 Asimismo todas las cosas que había consa-
grado el vidente Samuel, y Saúl hijo de Cis,
Abner hijo de Ner y Joab hijo de Sarvia, y todo
lo que cualquiera consagraba, estaba a cargo de
Selomit y de sus hermanos.
29 De los izharitas, Quenanías y sus hijos eran
gobernadores y jueces sobre Israel en asuntos
exteriores.
30 De los hebronitas, Hasabías y sus hermanos,
hombres de vigor, mil setecientos, gobernaban a
Israel al otro lado del Jordán, al occidente, en
toda la obra de Jehová, y en el servicio del rey.
31 De los hebronitas, Jerías era el jefe de los he-
bronitas repartidos en sus linajes por sus fami-

26.4-5: [a] 2 S. 6.11; 1 Cr. 13.14.

lias. En el año cuarenta del reinado de David se
registraron, y fueron hallados entre ellos hom-
bres fuertes y vigorosos en Jazer de Galaad.
32 Y sus hermanos, hombres valientes, eran dos
mil setecientos, jefes de familias, los cuales el
rey David constituyó sobre los rubenitas, los ga-
ditas y la media tribu de Manasés, para todas las
cosas de Dios y los negocios del rey.

Otros oficiales de David

27 1 Estos son los principales de los hijos de
Israel, jefes de familias, jefes de millares
y de centenas, y oficiales que servían al rey en
todos los negocios de las divisiones que entra-
ban y salían cada mes durante todo el año, sien-
do cada división de veinticuatro mil.
2 Sobre la primera división del primer mes es-
taba Jasobeam hijo de Zabdiel; y había en su di-
visión veinticuatro mil.
3 De los hijos de Fares, él fue jefe de todos los ca-
pitanes de las compañías del primer mes.
4 Sobre la división del segundo mes estaba Do-
dai ahohíta; y Miclot era jefe en su división, en
la que también había veinticuatro mil.
5 El jefe de la tercera división para el tercer mes
era Benaía, hijo del sumo sacerdote Joiada; y en
su división había veinticuatro mil.
6 Este Benaía era valiente entre los treinta y so-
bre los treinta; y en su división estaba Amisabad
su hijo.
7 El cuarto jefe para el cuarto mes era Asael her-
mano de Joab, y después de él Zebadías su hijo;
y en su división había veinticuatro mil.
8 El quinto jefe para el quinto mes era Samhut
izraíta; y en su división había veinticuatro mil.
9 El sexto para el sexto mes era Ira hijo de Iques,
de Tecoa; y en su división veinticuatro mil.
10 El séptimo para el séptimo mes era Heles pelo-
nita, de los hijos de Efraín; y en su división veinti-
cuatro mil.
11 El octavo para el octavo mes era Sibecai hu-
satita, de los zeraítas; y en su división veinticua-
tro mil.
12 El noveno para el noveno mes era Abiezer ana-
totita, de los benjamitas; y en su división veinti-
cuatro mil.
13 El décimo para el décimo mes era Maharai
netofatita, de los zeraítas; y en su división vein-
ticuatro mil.
14 El undécimo para el undécimo mes era Be-
naía piratonita, de los hijos de Efraín; y en su di-
visión veinticuatro mil.
15 El duodécimo para el duodécimo mes era
Heldai netofatita, de Otoniel; y en su división
veinticuatro mil.
16 Asimismo sobre las tribus de Israel: el jefe
de los rubenitas era Eliezer hijo de Zicri; de los
simeonitas, Sefatías, hijo de Maaca.
17 De los levitas, Hasabías hijo de Kemuel; de
los de Aarón, Sadoc.
18 De Judá, Eliú, uno de los hermanos de David;
de los de Isacar, Omri hijo de Micael.
19 De los de Zabulón, Ismaías hijo de Abdías; de
los de Neftalí, Jerimot hijo de Azriel.
20 De los hijos de Efraín, Oseas hijo de Azazías;
de la media tribu de Manasés, Joel hijo de Pe-
daías.
21 De la otra media tribu de Manasés, en Ga-
laad, Iddo hijo de Zacarías; de los de Benjamín,
Jaasiel hijo de Abner.
22 Y de Dan, Azareel hijo de Jeroham. Estos fue-
ron los jefes de las tribus de Israel.
23 Y no tomó David el número de los que eran
de veinte años abajo, por cuanto Jehová había
dicho que él multiplicaría a Israel como las es-
trellas del cielo.[a]
24 Joab hijo de Sarvia había comenzado a con-
tar; pero no acabó, pues por esto vino el castigo
sobre Israel,[b] y así el número no fue puesto en el
registro de las crónicas del rey David.
25 Azmavet hijo de Adiel tenía a su cargo los
tesoros del rey; y Jonatán hijo de Uzías los teso-
ros de los campos, de las ciudades, de las aldeas
y de las torres.
26 Y de los que trabajaban en la labranza de las
tierras, Ezri hijo de Quelub.
27 De las viñas, Simei ramatita; y del fruto de las
viñas para las bodegas, Zabdi sifmita.
28 De los olivares e higuerales de la Sefela, Baal-ha-
nán gederita; y de los almacenes del aceite, Joás.
29 Del ganado que pastaba en Sarón, Sitrai saro-
nita; y del ganado que estaba en los valles, Safat
hijo de Adlai.
30 De los camellos, Obil ismaelita; de las asnas,
Jehedías meronotita;
31 y de las ovejas, Jaziz agareno. Todos estos eran
administradores de la hacienda del rey David.
32 Y Jonatán tío de David era consejero, va-
rón prudente y escriba; y Jehiel hijo de Hacmoni
estaba con los hijos del rey.
33 También Ahitofel era consejero del rey, y Hu-
sai arquita amigo del rey.
34 Después de Ahitofel estaba Joiada hijo de Be-
naía, y Abiatar. Y Joab era el general del ejército
del rey.

Salomón sucede a David

28 1 Reunió David en Jerusalén a todos los
principales de Israel, los jefes de las tri-
bus, los jefes de las divisiones que servían al rey,
los jefes de millares y de centenas, los adminis-
tradores de toda la hacienda y posesión del rey
y de sus hijos, y los oficiales y los más podero-
sos y valientes de sus hombres.

27.23: [a] Gn. 15.5; 22.17; 26.4. **27.24:** [b] 2 S. 24.1-15; 1 Cr. 21.1-14.

2 Y levantándose el rey David, puesto en pie
dijo: Oídme, hermanos míos, y pueblo mío. Yo
tenía el propósito de edificar una casa en la cual
reposara el arca del pacto de Jehová, y para el
estrado de los pies de nuestro Dios; y había ya
preparado todo para edificar.
3 Mas Dios me dijo: Tú no edificarás casa a mi
nombre, porque eres hombre de guerra, y has
derramado mucha sangre.
4 Pero Jehová el Dios de Israel me eligió de toda
la casa de mi padre, para que perpetuamente
fuese rey sobre Israel; porque a Judá escogió por
caudillo, y de la casa de Judá a la familia de mi
padre; y de entre los hijos de mi padre se agradó
de mí para ponerme por rey sobre todo Israel.
5 Y de entre todos mis hijos (porque Jehová me
ha dado muchos hijos), eligió a mi hijo Salomón
para que se siente en el trono del reino de Jehová sobre Israel.
6 Y me ha dicho: Salomón tu hijo, él edificará mi
casa y mis atrios; porque a éste he escogido por
hijo, y yo le seré a él por padre.
7 Asimismo yo confirmaré su reino para siempre, si él se esforzare a poner por obra mis mandamientos y mis decretos, como en este día.[a]
8 Ahora, pues, ante los ojos de todo Israel, congregación de Jehová, y en oídos de nuestro
Dios, guardad e inquirid todos los preceptos de
Jehová vuestro Dios, para que poseáis la buena
tierra, y la dejéis en herencia a vuestros hijos
después de vosotros perpetuamente.
9 Y tú, Salomón, hijo mío, reconoce al Dios de
tu padre, y sírvele con corazón perfecto y con
ánimo voluntario; porque Jehová escudriña los
corazones de todos, y entiende todo intento de
los pensamientos. Si tú le buscares, lo hallarás;
mas si lo dejares, él te desechará para siempre.
10 Mira, pues, ahora, que Jehová te ha elegido
para que edifiques casa para el santuario; esfuérzate, y hazla.
11 Y David dio a Salomón su hijo el plano del
pórtico del templo y sus casas, sus tesorerías, sus
aposentos, sus cámaras y la casa del propiciatorio.
12 Asimismo el plano de todas las cosas que tenía en mente para los atrios de la casa de Jehová, para todas las cámaras alrededor, para las
tesorerías de la casa de Dios, y para las tesorerías de las cosas santificadas.
13 También para los grupos de los sacerdotes y
de los levitas, para toda la obra del ministerio de
la casa de Jehová, y para todos los utensilios del
ministerio de la casa de Jehová.
14 Y dio oro en peso para las cosas de oro, para
todos los utensilios de cada servicio, y plata en
peso para todas las cosas de plata, para todos
los utensilios de cada servicio.
15 Oro en peso para los candeleros de oro, y para
sus lámparas; en peso el oro para cada candelero
y sus lámparas; y para los candeleros de plata,
plata en peso para cada candelero y sus lámparas, conforme al servicio de cada candelero.
16 Asimismo dio oro en peso para las mesas de la
proposición, para cada mesa; del mismo modo
plata para las mesas de plata.
17 También oro puro para los garfios, para los
lebrillos, para las copas y para las tazas de oro;
para cada taza por peso; y para las tazas de plata, por peso para cada taza.
18 Además, oro puro en peso para el altar del incienso, y para el carro de los querubines de oro,
que con las alas extendidas cubrían el arca del
pacto de Jehová.
19 Todas estas cosas, dijo David, me fueron trazadas por la mano de Jehová, que me hizo entender todas las obras del diseño.
20 Dijo además David a Salomón su hijo: Anímate y esfuérzate, y manos a la obra; no temas,
ni desmayes, porque Jehová Dios, mi Dios, estará contigo; él no te dejará ni te desamparará,
hasta que acabes toda la obra para el servicio de
la casa de Jehová.
21 He aquí los grupos de los sacerdotes y de los
levitas, para todo el ministerio de la casa de
Dios, estarán contigo en toda la obra; asimismo
todos los voluntarios e inteligentes para toda
forma de servicio, y los príncipes, y todo el pueblo para ejecutar todas tus órdenes.

29

1 Después dijo el rey David a toda la
asamblea: Solamente a Salomón mi hijo
ha elegido Dios; él es joven y tierno de edad, y
la obra grande; porque la casa no es para hombre, sino para Jehová Dios.
2 Yo con todas mis fuerzas he preparado para la
casa de mi Dios, oro para las cosas de oro, plata
para las cosas de plata, bronce para las de bronce, hierro para las de hierro, y madera para las
de madera; y piedras de ónice, piedras preciosas, piedras negras, piedras de diversos colores,
y toda clase de piedras preciosas, y piedras de
mármol en abundancia.[a]
3 Además de esto, por cuanto tengo mi afecto en
la casa de mi Dios, yo guardo en mi tesoro particular oro y plata que, además de todas las cosas
que he preparado para la casa del santuario, he
dado para la casa de mi Dios:
4 tres mil talentos de oro, de oro de Ofir, y siete
mil talentos de plata refinada para cubrir las paredes de las casas;
5 oro, pues, para las cosas de oro, y plata para
las cosas de plata, y para toda la obra de las manos de los artífices. ¿Y quién quiere hacer hoy
ofrenda voluntaria a Jehová?
6 Entonces los jefes de familia, y los príncipes
de las tribus de Israel, jefes de millares y de cen-

28.2-7: [a] 2 S. 7.1-16; 1 Cr. 17.1-14. **29.1-2:** [a] 1 Cr. 22.5.

tenas, con los administradores de la hacienda
del rey, ofrecieron voluntariamente.
7 Y dieron para el servicio de la casa de Dios cin-
co mil talentos y diez mil dracmas de oro, diez
mil talentos de plata, dieciocho mil talentos de
bronce, y cinco mil talentos de hierro.
8 Y todo el que tenía piedras preciosas las dio
para el tesoro de la casa de Jehová, en mano de
Jehiel gersonita.
9 Y se alegró el pueblo por haber contribuido vo-
luntariamente; porque de todo corazón ofrecie-
ron a Jehová voluntariamente.
10 Asimismo se alegró mucho el rey David, y
bendijo a Jehová delante de toda la congregación;
y dijo David: Bendito seas tú, oh Jehová, Dios de
Israel nuestro padre, desde el siglo y hasta el siglo.
11 Tuya es, oh Jehová, la magnificencia y el po-
der, la gloria, la victoria y el honor; porque to-
das las cosas que están en los cielos y en la tierra
son tuyas. Tuyo, oh Jehová, es el reino,[b] y tú eres
excelso sobre todos.
12 Las riquezas y la gloria proceden de ti, y tú
dominas sobre todo; en tu mano está la fuerza y
el poder, y en tu mano el hacer grande y el dar
poder a todos.
13 Ahora pues, Dios nuestro, nosotros alabamos
y loamos tu glorioso nombre.
14 Porque ¿quién soy yo, y quién es mi pue-
blo, para que pudiésemos ofrecer voluntaria-
mente cosas semejantes? Pues todo es tuyo, y de
lo recibido de tu mano te damos.
15 Porque nosotros, extranjeros y advenedizos
somos delante de ti, como todos nuestros pa-
dres; y nuestros días sobre la tierra, cual sombra
que no dura.
16 Oh Jehová Dios nuestro, toda esta abundan-
cia que hemos preparado para edificar casa a tu
santo nombre, de tu mano es, y todo es tuyo.
17 Yo sé, Dios mío, que tú escudriñas los corazo-
nes, y que la rectitud te agrada; por eso yo con
rectitud de mi corazón voluntariamente te he
ofrecido todo esto, y ahora he visto con alegría
que tu pueblo, reunido aquí ahora, ha dado para
ti espontáneamente.
18 Jehová, Dios de Abraham, de Isaac y de Israel
nuestros padres, conserva perpetuamente esta
voluntad del corazón de tu pueblo, y encamina
su corazón a ti.
19 Asimismo da a mi hijo Salomón corazón per-
fecto, para que guarde tus mandamientos, tus
testimonios y tus estatutos, y para que haga to-
das las cosas, y te edifique la casa para la cual yo
he hecho preparativos.
20 Después dijo David a toda la congregación:
Bendecid ahora a Jehová vuestro Dios. Enton-
ces toda la congregación bendijo a Jehová Dios
de sus padres, e inclinándose adoraron delante
de Jehová y del rey.
21 Y sacrificaron víctimas a Jehová, y ofrecieron
a Jehová holocaustos al día siguiente; mil bece-
rros, mil carneros, mil corderos con sus libacio-
nes, y muchos sacrificios de parte de todo Israel.
22 Y comieron y bebieron delante de Jehová
aquel día con gran gozo; y dieron por segunda
vez la investidura del reino a Salomón hijo de
David, y ante Jehová le ungieron por príncipe, y
a Sadoc por sacerdote.
23 Y se sentó Salomón por rey en el trono de
Jehová en lugar de David su padre,[c] y fue pros-
perado; y le obedeció todo Israel.
24 Y todos los príncipes y poderosos, y todos los
hijos del rey David, prestaron homenaje al rey
Salomón.
25 Y Jehová engrandeció en extremo a Salomón
a ojos de todo Israel, y le dio tal gloria en su rei-
no, cual ningún rey la tuvo antes de él en Israel.

Muerte de David

26 Así reinó David hijo de Isaí sobre todo Israel.
27 El tiempo que reinó sobre Israel fue cuarenta
años. Siete años reinó en Hebrón, y treinta y tres
reinó en Jerusalén.[d]
28 Y murió en buena vejez, lleno de días, de ri-
quezas y de gloria; y reinó en su lugar Salomón
su hijo.
29 Y los hechos del rey David, primeros y postre-
ros, están escritos en el libro de las crónicas de
Samuel vidente, en las crónicas del profeta Na-
tán, y en las crónicas de Gad vidente,
30 con todo lo relativo a su reinado, y su poder, y
los tiempos que pasaron sobre él, y sobre Israel
y sobre todos los reinos de aquellas tierras.

SEGUNDO LIBRO DE CRÓNICAS

Salomón pide sabiduría

1 1 Salomón hijo de David fue afirmado en su
reino, y Jehová su Dios estaba con él, y lo
engrandeció sobremanera.
2 Y convocó Salomón a todo Israel, a jefes de
millares y de centenas, a jueces, y a todos los
príncipes de todo Israel, jefes de familias.
3 Y fue Salomón, y con él toda esta asamblea, al

29.11: [b] Mt. 6.13. **29.23:** [c] 1 R. 2.12.
29.27: [d] 2 S. 5.4-5; 1 Cr. 3.4.

lugar alto que había en Gabaón; porque allí es-
taba el tabernáculo de reunión de Dios, que
Moisés siervo de Jehová había hecho en el de-
sierto.
4 Pero David había traído el arca de Dios de Qui-
riat-jearim al lugar que él le había preparado;
porque él le había levantado una tienda en Jeru-
salén.[a]
5 Asimismo el altar de bronce[b] que había hecho
Bezaleel hijo de Uri, hijo de Hur, estaba allí de-
lante del tabernáculo de Jehová, al cual fue a
consultar Salomón con aquella asamblea.
6 Subió, pues, Salomón allá delante de Jehová,
al altar de bronce que estaba en el tabernáculo
de reunión, y ofreció sobre él mil holocaustos.
7 Y aquella noche apareció Dios a Salomón y
le dijo: Pídeme lo que quieras que yo te dé.
8 Y Salomón dijo a Dios: Tú has tenido con Da-
vid mi padre gran misericordia, y a mí me has
puesto por rey en lugar suyo.
9 Confírmese pues, ahora, oh Jehová Dios, tu
palabra dada a David mi padre; porque tú me
has puesto por rey sobre un pueblo numeroso
como el polvo de la tierra.[c]
10 Dame ahora sabiduría y ciencia, para pre-
sentarme delante de este pueblo; porque
¿quién podrá gobernar a este tu pueblo tan
grande?
11 Y dijo Dios a Salomón: Por cuanto hubo esto
en tu corazón, y no pediste riquezas, bienes o
gloria, ni la vida de los que te quieren mal, ni pe-
diste muchos días, sino que has pedido para ti
sabiduría y ciencia para gobernar a mi pueblo,
sobre el cual te he puesto por rey,
12 sabiduría y ciencia te son dadas; y también te
daré riquezas, bienes y gloria, como nunca tu-
vieron los reyes que han sido antes de ti, ni ten-
drán los que vengan después de ti.
13 Y desde el lugar alto que estaba en Gabaón,
delante del tabernáculo de reunión, volvió Salo-
món a Jerusalén, y reinó sobre Israel.

Salomón comercia en caballos y en carros

14 Y juntó Salomón carros y gente de a caba-
llo; y tuvo mil cuatrocientos carros y doce mil ji-
netes,[d] los cuales puso en las ciudades de los
carros y con el rey en Jerusalén.
15 Y acumuló el rey plata y oro en Jerusalén
como piedras,[e] y cedro como cabrahigos de la
Sefela en abundancia.
16 Y los mercaderes del rey compraban por con-
trato caballos y lienzos finos de Egipto para Sa-
lomón.[f]
17 Y subían y compraban en Egipto un carro por
seiscientas piezas de plata, y un caballo por
ciento cincuenta; y así compraban por medio de
ellos para todos los reyes de los heteos, y para
los reyes de Siria.

Pacto de Salomón con Hiram

2 1 Determinó, pues, Salomón edificar casa al
nombre de Jehová, y casa para su reino.
2 Y designó Salomón setenta mil hombres que
llevasen cargas, y ochenta mil hombres que cor-
tasen en los montes, y tres mil seiscientos que
los vigilasen.
3 Y envió a decir Salomón a Hiram rey de Tiro:
Haz conmigo como hiciste con David mi padre,
enviándole cedros para que edificara para sí
casa en que morase.
4 He aquí, yo tengo que edificar casa al nombre de
Jehová mi Dios, para consagrársela, para quemar
incienso aromático delante de él, y para la coloca-
ción continua de los panes de la proposición, y
para holocaustos a mañana y tarde, en los días de
reposo,* nuevas lunas, y festividades de Jehová
nuestro Dios; lo cual ha de ser perpetuo en Israel.
5 Y la casa que tengo que edificar, ha de ser
grande; porque el Dios nuestro es grande sobre
todos los dioses.
6 Mas ¿quién será capaz de edificarle casa,[a]
siendo que los cielos y los cielos de los cielos no
pueden contenerlo? ¿Quién, pues, soy yo, para
que le edifique casa, sino tan sólo para quemar
incienso delante de él?
7 Envíame, pues, ahora un hombre hábil que
sepa trabajar en oro, en plata, en bronce, en hie-
rro, en púrpura, en grana y en azul, y que sepa
esculpir con los maestros que están conmigo en
Judá y en Jerusalén, los cuales dispuso mi padre.
8 Envíame también madera del Líbano: cedro,
ciprés y sándalo; porque yo sé que tus siervos
saben cortar madera en el Líbano; y he aquí, mis
siervos irán con los tuyos,
9 para que me preparen mucha madera, porque
la casa que tengo que edificar ha de ser grande y
portentosa.
10 Y he aquí, para los trabajadores tus siervos,
cortadores de madera, he dado veinte mil coros
de trigo en grano, veinte mil coros de cebada,
veinte mil batos de vino, y veinte mil batos de
aceite.
11 Entonces Hiram rey de Tiro respondió por
escrito que envió a Salomón: Porque Jehová amó
a su pueblo, te ha puesto por rey sobre ellos.
12 Además decía Hiram: Bendito sea Jehová el
Dios de Israel, que hizo los cielos y la tierra, y
que dio al rey David un hijo sabio, entendido,
cuerdo y prudente, que edifique casa a Jehová,
y casa para su reino.
13 Yo, pues, te he enviado un hombre hábil y
entendido, Hiram-abi,
14 hijo de una mujer de las hijas de Dan, mas su

* Aquí equivale a *sábado*.
1.4: [a] 2 S. 6.1-17; 1 Cr. 13.5-14; 15.25–16.1.
1.5: [b] Ex. 38.1-7. **1.9:** [c] Gn. 13.16; 28.14. **1.14:** [d] 1 R. 4.26.
1.15: [e] Dt. 17.17. **1.16:** [f] Dt. 17.16. **2.6:** [a] 1 R. 8.27; 2 Cr. 6.18.

padre fue de Tiro; el cual sabe trabajar en oro,
plata, bronce y hierro, en piedra y en madera, en
púrpura y en azul, en lino y en carmesí; asimis-
mo sabe esculpir toda clase de figuras, y sacar
toda forma de diseño que se le pida, con tus
hombres peritos, y con los de mi señor David tu
padre.
15 Ahora, pues, envíe mi señor a sus siervos el
trigo y cebada, y aceite y vino, que ha dicho;
16 y nosotros cortaremos en el Líbano la made-
ra que necesites, y te la traeremos en balsas por
el mar hasta Jope, y tú la harás llevar hasta Je-
rusalén.
17 Y contó Salomón todos los hombres extran-
jeros que había en la tierra de Israel, después de
haberlos ya contado David su padre, y fueron ha-
llados ciento cincuenta y tres mil seiscientos.
18 Y señaló de ellos setenta mil para llevar car-
gas, y ochenta mil canteros en la montaña, y
tres mil seiscientos por capataces para hacer
trabajar al pueblo.

Salomón edifica el templo

3 1 Comenzó Salomón a edificar la casa de
Jehová en Jerusalén, en el monte Moriah,
que había sido mostrado a David su padre, en el
lugar que David había preparado en la era de
Ornán jebuseo.
2 Y comenzó a edificar en el mes segundo, a los
dos días del mes, en el cuarto año de su reinado.
3 Estas son las medidas que dio Salomón a los
cimientos de la casa de Dios. La primera, la lon-
gitud, de sesenta codos, y la anchura de veinte
codos.
4 El pórtico que estaba al frente del edificio era
de veinte codos de largo, igual al ancho de la
casa, y su altura de ciento veinte codos; y lo cu-
brió por dentro de oro puro.
5 Y techó el cuerpo mayor del edificio con ma-
dera de ciprés, la cual cubrió de oro fino, e hizo
realzar en ella palmeras y cadenas.
6 Cubrió también la casa de piedras preciosas
para ornamento; y el oro era oro de Parvaim.
7 Así que cubrió la casa, sus vigas, sus umbrales,
sus paredes y sus puertas, con oro; y esculpió
querubines en las paredes.
8 Hizo asimismo el lugar santísimo,[a] cuya lon-
gitud era de veinte codos según el ancho del
frente de la casa, y su anchura de veinte codos;
y lo cubrió de oro fino que ascendía a seiscientos
talentos.
9 Y el peso de los clavos era de uno hasta cin-
cuenta siclos de oro. Cubrió también de oro los
aposentos.
10 Y dentro del lugar santísimo hizo dos que-
rubines[b] de madera, los cuales fueron cubiertos
de oro.
11 La longitud de las alas de los querubines era
de veinte codos; porque una ala era de cinco co-
dos, la cual llegaba hasta la pared de la casa, y la
otra de cinco codos, la cual tocaba el ala del otro
querubín.
12 De la misma manera una ala del otro queru-
bín era de cinco codos, la cual llegaba hasta la
pared de la casa, y la otra era de cinco codos,
que tocaba el ala del otro querubín.
13 Estos querubines tenían las alas extendidas
por veinte codos, y estaban en pie con los ros-
tros hacia la casa.
14 Hizo también el velo[c] de azul, púrpura, car-
mesí y lino, e hizo realzar querubines en él.

Las dos columnas

15 Delante de la casa hizo dos columnas de
treinta y cinco codos de altura cada una, con sus
capiteles encima, de cinco codos.
16 Hizo asimismo cadenas en el santuario, y las
puso sobre los capiteles de las columnas; e hizo
cien granadas, las cuales puso en las cadenas.
17 Y colocó las columnas delante del templo,
una a la mano derecha, y otra a la izquierda; y a
la de la mano derecha llamó Jaquín, y a la de la
izquierda, Boaz.

Mobiliario del templo

4 1 Hizo además un altar de bronce[a] de veinte
codos de longitud, veinte codos de anchura,
y diez codos de altura.
2 También hizo un mar de fundición, el cual te-
nía diez codos de un borde al otro, enteramente
redondo; su altura era de cinco codos, y un cor-
dón de treinta codos de largo lo ceñía alrededor.
3 Y debajo del mar había figuras de calabazas
que lo circundaban, diez en cada codo alrede-
dor; eran dos hileras de calabazas fundidas jun-
tamente con el mar.
4 Estaba asentado sobre doce bueyes, tres de los
cuales miraban al norte, tres al occidente, tres al
sur, y tres al oriente; y el mar descansaba sobre
ellos, y las ancas de ellos estaban hacia adentro.
5 Y tenía de grueso un palmo menor, y el borde
tenía la forma del borde de un cáliz, o de una
flor de lis. Y le cabían tres mil batos.
6 Hizo también diez fuentes,[b] y puso cinco a la de-
recha y cinco a la izquierda, para lavar y limpiar
en ellas lo que se ofrecía en holocausto; pero el
mar era para que los sacerdotes se lavaran en él.
7 Hizo asimismo diez candeleros de oro[c] se-
gún su forma, los cuales puso en el templo, cin-
co a la derecha y cinco a la izquierda.
8 Además hizo diez mesas[d] y las puso en el tem-
plo, cinco a la derecha y cinco a la izquierda;
igualmente hizo cien tazones de oro.

3.8: [a] Ex. 26.33-34. **3.10-13:** [b] Ex. 25.18-20.
3.14: [c] Ex. 26.31. **4.1:** [a] Ex. 27.1-2. **4.6:** [b] Ex. 30.17-21.
4.7: [c] Ex. 25.31-40. **4.8:** [d] Ex. 25.23-30.

9 También hizo el atrio de los sacerdotes, y el
gran atrio, y las portadas del atrio, y cubrió de
bronce las puertas de ellas.
10 Y colocó el mar al lado derecho, hacia el su-
reste de la casa.
11 Hiram también hizo calderos, y palas, y ta-
zones; y acabó Hiram la obra que hacía al rey
Salomón para la casa de Dios.
12 Dos columnas, y los cordones, los capiteles
sobre las cabezas de las dos columnas, y dos re-
des para cubrir las dos esferas de los capiteles
que estaban encima de las columnas;
13 cuatrocientas granadas en las dos redes, dos
hileras de granadas en cada red, para que cu-
briesen las dos esferas de los capiteles que esta-
ban encima de las columnas.
14 Hizo también las basas, sobre las cuales colo-
có las fuentes;
15 un mar, y los doce bueyes debajo de él;
16 y calderos, palas y garfios; de bronce muy
fino hizo todos sus enseres Hiram-abi al rey Sa-
lomón para la casa de Jehová.
17 Los fundió el rey en los llanos del Jordán, en
tierra arcillosa, entre Sucot y Seredata.
18 Y Salomón hizo todos estos enseres en núme-
ro tan grande, que no pudo saberse el peso del
bronce.
19 Así hizo Salomón todos los utensilios para
la casa de Dios, y el altar de oro, y las mesas so-
bre las cuales se ponían los panes de la proposi-
ción;
20 asimismo los candeleros y sus lámparas, de
oro puro, para que las encendiesen delante del
lugar santísimo conforme a la ordenanza.
21 Las flores, lamparillas y tenazas se hicieron
de oro, de oro finísimo;
22 también las despabiladeras, los lebrillos, las
cucharas y los incensarios eran de oro puro. Y
de oro también la entrada de la casa, sus puer-
tas interiores para el lugar santísimo, y las puer-
tas de la casa del templo.

5 1 Acabada toda la obra que hizo Salomón
para la casa de Jehová, metió Salomón las
cosas que David su padre había dedicado;[a] y
puso la plata, y el oro, y todos los utensilios, en
los tesoros de la casa de Dios.

Salomón traslada el arca al templo

2 Entonces Salomón reunió en Jerusalén a los
ancianos de Israel y a todos los príncipes de las
tribus, los jefes de las familias de los hijos de Is-
rael, para que trajesen el arca del pacto de Jeho-
vá de la ciudad de David,[b] que es Sion.
3 Y se congregaron con el rey todos los varones
de Israel, para la fiesta solemne del mes séptimo.
4 Vinieron, pues, todos los ancianos de Israel, y
los levitas tomaron el arca;
5 y llevaron el arca, y el tabernáculo de reunión,
y todos los utensilios del santuario que estaban
en el tabernáculo; los sacerdotes y los levitas los
llevaron.
6 Y el rey Salomón, y toda la congregación de Is-
rael que se había reunido con él delante del
arca, sacrificaron ovejas y bueyes, que por ser
tantos no se pudieron contar ni numerar.
7 Y los sacerdotes metieron el arca del pacto de
Jehová en su lugar, en el santuario de la casa, en el
lugar santísimo, bajo las alas de los querubines;
8 pues los querubines extendían las alas sobre el
lugar del arca, y los querubines cubrían por en-
cima así el arca como sus barras.
9 E hicieron salir las barras, de modo que se vie-
sen las cabezas de las barras del arca delante del
lugar santísimo, mas no se veían desde fuera; y
allí están hasta hoy.
10 En el arca no había más que las dos tablas
que Moisés había puesto en Horeb,[c] con las cua-
les Jehová había hecho pacto con los hijos de Is-
rael, cuando salieron de Egipto.
11 Y cuando los sacerdotes salieron del santua-
rio (porque todos los sacerdotes que se hallaron
habían sido santificados, y no guardaban sus
turnos;
12 y los levitas cantores, todos los de Asaf, los de
Hemán y los de Jedutún, juntamente con sus hi-
jos y sus hermanos, vestidos de lino fino, esta-
ban con címbalos y salterios y arpas al oriente
del altar; y con ellos ciento veinte sacerdotes
que tocaban trompetas),
13 cuando sonaban, pues, las trompetas, y canta-
ban todos a una, para alabar y dar gracias a
Jehová, y a medida que alzaban la voz con trom-
petas y címbalos y otros instrumentos de música,
y alababan a Jehová, diciendo: Porque él es bue-
no, porque su misericordia es para siempre;[d] en-
tonces la casa se llenó de una nube, la casa de
Jehová.
14 Y no podían los sacerdotes estar allí para mi-
nistrar, por causa de la nube; porque la gloria de
Jehová había llenado la casa de Dios.[e]

Dedicación del templo

6 1 Entonces dijo Salomón: Jehová ha dicho
que él habitaría en la oscuridad.
2 Yo, pues, he edificado una casa de morada para
ti, y una habitación en que mores para siempre.
3 Y volviendo el rey su rostro, bendijo a toda la
congregación de Israel; y toda la congregación
de Israel estaba en pie.
4 Y él dijo: Bendito sea Jehová Dios de Israel,
quien con su mano ha cumplido lo que prometió
con su boca a David mi padre, diciendo:

5.1: [a] 2S. 8.11; 1 Cr. 18.11. **5.2:** [b] 2 S. 6.12-15; 1 Cr. 15.25-28.
5.10: [c] Dt. 10.5. **5.13:** [d] 1 Cr. 16.34; 2 Cr. 7.3; Esd. 3.11;
Sal. 100.5; 106.1; 107.1; 118.1; 136.1; Jer. 33.11.
5.13-14: [e] Ex. 40.34-35.

5 Desde el día que saqué a mi pueblo de la tierra
de Egipto, ninguna ciudad he elegido de todas
las tribus de Israel para edificar casa donde es-
tuviese mi nombre, ni he escogido varón que
fuese príncipe sobre mi pueblo Israel.
6 Mas a Jerusalén he elegido para que en ella
esté mi nombre, y a David he elegido para que
esté sobre mi pueblo Israel.
7 Y David mi padre tuvo en su corazón edificar
casa al nombre de Jehová Dios de Israel.
8 Mas Jehová dijo a David mi padre: Respecto a
haber tenido en tu corazón deseo de edificar
casa a mi nombre, bien has hecho en haber teni-
do esto en tu corazón.
9 Pero tú no edificarás la casa, sino tu hijo que
saldrá de tus lomos, él edificará casa a mi
nombre.[a]
10 Y Jehová ha cumplido su palabra que había
dicho, pues me levanté yo en lugar de David mi
padre, y me he sentado en el trono de Israel,
como Jehová había dicho, y he edificado casa al
nombre de Jehová Dios de Israel.
11 Y en ella he puesto el arca, en la cual está el
pacto de Jehová que celebró con los hijos de Is-
rael.

12 Se puso luego Salomón delante del altar de
Jehová, en presencia de toda la congregación de
Israel, y extendió sus manos.
13 Porque Salomón había hecho un estrado de
bronce de cinco codos de largo, de cinco codos
de ancho y de altura de tres codos, y lo había
puesto en medio del atrio; y se puso sobre él, se
arrodilló delante de toda la congregación de Is-
rael, y extendió sus manos al cielo, y dijo:
14 Jehová Dios de Israel, no hay Dios semejante
a ti en el cielo ni en la tierra, que guardas el pac-
to y la misericordia con tus siervos que caminan
delante de ti de todo su corazón;
15 que has guardado a tu siervo David mi padre lo
que le prometiste; tú lo dijiste con tu boca, y con
tu mano lo has cumplido, como se ve en este día.
16 Ahora, pues, Jehová Dios de Israel, cumple a
tu siervo David mi padre lo que le has prometi-
do, diciendo: No faltará de ti varón delante de
mí, que se siente en el trono de Israel, con tal
que tus hijos guarden su camino, andando en
mi ley, como tú has andado delante de mí.[b]
17 Ahora, pues, oh Jehová Dios de Israel, cúm-
plase tu palabra que dijiste a tu siervo David.

18 Mas ¿es verdad que Dios habitará con el
hombre en la tierra? He aquí, los cielos y los cie-
los de los cielos no te pueden contener; ¿cuánto
menos esta casa que he edificado?[c]
19 Mas tú mirarás a la oración de tu siervo, y a
su ruego, oh Jehová Dios mío, para oír el clamor
y la oración con que tu siervo ora delante de ti.
20 Que tus ojos estén abiertos sobre esta casa de
día y de noche, sobre el lugar del cual dijiste: Mi
nombre estará allí;[d] que oigas la oración con
que tu siervo ora en este lugar.
21 Asimismo que oigas el ruego de tu siervo, y
de tu pueblo Israel, cuando en este lugar hicie-
ren oración, que tú oirás desde los cielos, desde
el lugar de tu morada; que oigas y perdones.

22 Si alguno pecare contra su prójimo, y se le
exigiere juramento, y viniere a jurar ante tu al-
tar en esta casa,
23 tú oirás desde los cielos, y actuarás, y juzgarás
a tus siervos, dando la paga al impío, haciendo
recaer su proceder sobre su cabeza, y justifican-
do al justo al darle conforme a su justicia.

24 Si tu pueblo Israel fuere derrotado delante
del enemigo por haber prevaricado contra ti, y
se convirtiere, y confesare tu nombre, y rogare
delante de ti en esta casa,
25 tú oirás desde los cielos, y perdonarás el pe-
cado de tu pueblo Israel, y les harás volver a la
tierra que diste a ellos y a sus padres.

26 Si los cielos se cerraren y no hubiere lluvias,
por haber pecado contra ti, si oraren a ti hacia
este lugar, y confesaren tu nombre, y se convir-
tieren de sus pecados, cuando los afligieres,
27 tú los oirás en los cielos, y perdonarás el pe-
cado de tus siervos y de tu pueblo Israel, y les
enseñarás el buen camino para que anden en él,
y darás lluvia sobre tu tierra, que diste por here-
dad a tu pueblo.

28 Si hubiere hambre en la tierra, o si hubiere
pestilencia, si hubiere tizoncillo o añublo, lan-
gosta o pulgón; o si los sitiaren sus enemigos en
la tierra en donde moren; cualquiera plaga o
enfermedad que sea;
29 toda oración y todo ruego que hiciere cual-
quier hombre, o todo tu pueblo Israel, cualquiera
que conociere su llaga y su dolor en su corazón,
si extendiere sus manos hacia esta casa,
30 tú oirás desde los cielos, desde el lugar de tu
morada, y perdonarás, y darás a cada uno con-
forme a sus caminos, habiendo conocido su co-
razón; porque sólo tú conoces el corazón de los
hijos de los hombres;
31 para que te teman y anden en tus caminos,
todos los días que vivieren sobre la faz de la tie-
rra que tú diste a nuestros padres.

32 Y también al extranjero que no fuere de tu
pueblo Israel, que hubiere venido de lejanas tie-
rras a causa de tu gran nombre y de tu mano po-
derosa, y de tu brazo extendido, si viniere y
orare hacia esta casa,
33 tú oirás desde los cielos, desde el lugar de tu
morada, y harás conforme a todas las cosas por
las cuales hubiere clamado a ti el extranjero;
para que todos los pueblos de la tierra conozcan
tu nombre, y te teman así como tu pueblo Israel,

6.4-9: [a] 2 S. 7.1-13; 1 Cr. 17.1-12. **6.16:** [b] 1 R. 2.4.
6.18: [c] 2 Cr. 2.6. **6.20:** [d] Dt. 12.11.

y sepan que tu nombre es invocado sobre esta
casa que yo he edificado.
34 Si tu pueblo saliere a la guerra contra sus
enemigos por el camino que tú les enviares, y
oraren a ti hacia esta ciudad que tú elegiste, hacia la casa que he edificado a tu nombre,
35 tú oirás desde los cielos su oración y su ruego, y ampararás su causa.
36 Si pecaren contra ti (pues no hay hombre
que no peque), y te enojares contra ellos, y los
entregares delante de sus enemigos, para que
los que los tomaren los lleven cautivos a tierra
de enemigos, lejos o cerca,
37 y ellos volvieren en sí en la tierra donde fueren
llevados cautivos; si se convirtieren, y oraren a ti
en la tierra de su cautividad, y dijeren: Pecamos,
hemos hecho inicuamente, impíamente hemos
hecho;
38 si se convirtieren a ti de todo su corazón y de
toda su alma en la tierra de su cautividad, donde los hubieren llevado cautivos, y oraren hacia
la tierra que tú diste a sus padres, hacia la ciudad
que tú elegiste, y hacia la casa que he edificado
a tu nombre;
39 tú oirás desde los cielos, desde el lugar de tu
morada, su oración y su ruego, y ampararás su
causa, y perdonarás a tu pueblo que pecó contra ti.
40 Ahora, pues, oh Dios mío, te ruego que estén
abiertos tus ojos y atentos tus oídos a la oración
en este lugar.
41 Oh Jehová Dios, levántate ahora para habitar
en tu reposo, tú y el arca de tu poder; oh Jehová
Dios, sean vestidos de salvación tus sacerdotes,
y tus santos se regocijen en tu bondad.
42 Jehová Dios, no rechaces a tu ungido; acuérdate de tus misericordias para con David tu
siervo.[e]

7 1 Cuando Salomón acabó de orar, descendió
fuego de los cielos, y consumió el holocausto
y las víctimas;[a] y la gloria de Jehová llenó la
casa.
2 Y no podían entrar los sacerdotes en la casa de
Jehová, porque la gloria de Jehová había llenado la casa de Jehová.
3 Cuando vieron todos los hijos de Israel descender el fuego y la gloria de Jehová sobre la
casa, se postraron sobre sus rostros en el pavimento y adoraron, y alabaron a Jehová, diciendo: Porque él es bueno, y su misericordia es
para siempre.[b]
4 Entonces el rey y todo el pueblo sacrificaron
víctimas delante de Jehová.
5 Y ofreció el rey Salomón en sacrificio veintidós
mil bueyes, y ciento veinte mil ovejas; y así dedicaron la casa de Dios el rey y todo el pueblo.
6 Y los sacerdotes desempeñaban su ministerio;
también los levitas, con los instrumentos de música de Jehová, los cuales había hecho el rey David para alabar a Jehová porque su misericordia
es para siempre, cuando David alababa por medio de ellos. Asimismo los sacerdotes tocaban
trompetas delante de ellos, y todo Israel estaba
en pie.
7 También Salomón consagró la parte central
del atrio que estaba delante de la casa de Jehová, por cuanto había ofrecido allí los holocaustos, y la grosura de las ofrendas de paz; porque
en el altar de bronce que Salomón había hecho
no podían caber los holocaustos, las ofrendas y
las grosuras.
8 Entonces hizo Salomón fiesta siete días, y
con él todo Israel, una gran congregación, desde la entrada de Hamat hasta el arroyo de
Egipto.
9 Al octavo día hicieron solemne asamblea, porque habían hecho la dedicación del altar en siete días, y habían celebrado la fiesta solemne por
siete días.
10 Y a los veintitrés días del mes séptimo envió
al pueblo a sus hogares, alegres y gozosos de corazón por los beneficios que Jehová había hecho
a David y a Salomón, y a su pueblo Israel.

Pacto de Dios con Salomón

11 Terminó, pues, Salomón la casa de Jehová,
y la casa del rey; y todo lo que Salomón se propuso hacer en la casa de Jehová, y en su propia
casa, fue prosperado.
12 Y apareció Jehová a Salomón de noche, y le
dijo: Yo he oído tu oración, y he elegido para mí
este lugar por casa de sacrificio.
13 Si yo cerrare los cielos para que no haya lluvia, y si mandare a la langosta que consuma la
tierra, o si enviare pestilencia a mi pueblo;
14 si se humillare mi pueblo, sobre el cual mi
nombre es invocado, y oraren, y buscaren mi
rostro, y se convirtieren de sus malos caminos;
entonces yo oiré desde los cielos, y perdonaré
sus pecados, y sanaré su tierra.
15 Ahora estarán abiertos mis ojos y atentos mis
oídos a la oración en este lugar;
16 porque ahora he elegido y santificado esta
casa, para que esté en ella mi nombre para siempre; y mis ojos y mi corazón estarán ahí para
siempre.
17 Y si tú anduvieres delante de mí como anduvo David tu padre, e hicieres todas las cosas que
yo te he mandado, y guardares mis estatutos y
mis decretos,
18 yo confirmaré el trono de tu reino, como pacté con David tu padre, diciendo: No te faltará
varón que gobierne en Israel.[c]

6.41-42: [e] Sal. 132.8-10. **7.1:** [a] Lv. 9.23-24.
7.3: [b] 1 Cr. 16.34; 2 Cr. 5.13; Esd. 3.11; Sal. 100.5; 106.1; 107.1; 118.1; 136.1; Jer. 3.11. **7.18:** [c] 1 R. 2.4.

19 Mas si vosotros os volviereis, y dejareis mis
estatutos y mandamientos que he puesto delan-
te de vosotros, y fuereis y sirviereis a dioses aje-
nos, y los adorareis,
20 yo os arrancaré de mi tierra que os he dado; y
esta casa que he santificado a mi nombre, yo la
arrojaré de mi presencia, y la pondré por burla y
escarnio de todos los pueblos.
21 Y esta casa que es tan excelsa, será espanto a
todo el que pasare, y dirá: ¿Por qué ha hecho así
Jehová a esta tierra y a esta casa?
22 Y se responderá: Por cuanto dejaron a Jehová
Dios de sus padres, que los sacó de la tierra de
Egipto, y han abrazado a dioses ajenos, y los
adoraron y sirvieron; por eso él ha traído todo
este mal sobre ellos.

Otras actividades de Salomón

8 1 Después de veinte años, durante los cuales
Salomón había edificado la casa de Jehová y
su propia casa,
2 reedificó Salomón las ciudades que Hiram le
había dado, y estableció en ellas a los hijos de
Israel.
3 Después vino Salomón a Hamat de Soba, y
la tomó.
4 Y edificó a Tadmor en el desierto, y todas las
ciudades de aprovisionamiento que edificó en
Hamat.
5 Asimismo reedificó a Bet-horón la de arriba y
a Bet-horón la de abajo, ciudades fortificadas,
con muros, puertas y barras;
6 y a Baalat, y a todas las ciudades de provisio-
nes que Salomón tenía; también todas las ciu-
dades de los carros y las de la gente de a caballo,
y todo lo que Salomón quiso edificar en Jerusa-
lén, en el Líbano, y en toda la tierra de su domi-
nio.
7 Y a todo el pueblo que había quedado de los
heteos, amorreos, ferezeos, heveos y jebuseos,
que no eran de Israel,
8 los hijos de los que habían quedado en la tierra
después de ellos, a los cuales los hijos de Israel
no destruyeron del todo, hizo Salomón tributa-
rios hasta hoy.
9 Pero de los hijos de Israel no puso Salomón
siervos en su obra; porque eran hombres de
guerra, y sus oficiales y sus capitanes, y coman-
dantes de sus carros, y su gente de a caballo.
10 Y tenía Salomón doscientos cincuenta gober-
nadores principales, los cuales mandaban sobre
aquella gente.
11 Y pasó Salomón a la hija de Faraón, de la
ciudad de David a la casa que él había edificado
para ella; porque dijo: Mi mujer no morará en la
casa de David rey de Israel, porque aquellas ha-
bitaciones donde ha entrado el arca de Jehová,
son sagradas.
12 Entonces ofreció Salomón holocaustos a
Jehová sobre el altar de Jehová que él había edi-
ficado delante del pórtico,
13 para que ofreciesen cada cosa en su día, con-
forme al mandamiento de Moisés, en los días de
reposo,*,[a] en las nuevas lunas,[b] y en las fiestas
solemnes tres veces en el año,[c] esto es, en la fies-
ta de los panes sin levadura, en la fiesta de las
semanas y en la fiesta de los tabernáculos.
14 Y constituyó los turnos de los sacerdotes en
sus oficios, conforme a lo ordenado por David
su padre, y los levitas en sus cargos, para que
alabasen y ministrasen delante de los sacerdo-
tes, cada cosa en su día; asimismo los porteros
por su orden a cada puerta; porque así lo había
mandado David, varón de Dios.
15 Y no se apartaron del mandamiento del rey,
en cuanto a los sacerdotes y los levitas, y los te-
soros, y todo negocio;
16 porque toda la obra de Salomón estaba pre-
parada desde el día en que se pusieron los ci-
mientos de la casa de Jehová hasta que fue
terminada, hasta que la casa de Jehová fue aca-
bada totalmente.
17 Entonces Salomón fue a Ezión-geber y a
Elot, a la costa del mar en la tierra de Edom.
18 Porque Hiram le había enviado naves por
mano de sus siervos, y marineros diestros en el
mar, los cuales fueron con los siervos de Salo-
món a Ofir, y tomaron de allá cuatrocientos cin-
cuenta talentos de oro, y los trajeron al rey
Salomón.

La reina de Sabá visita a Salomón

9 1 Oyendo la reina de Sabá[a] la fama de Salo-
món, vino a Jerusalén con un séquito muy
grande, con camellos cargados de especias aro-
máticas, oro en abundancia, y piedras precio-
sas, para probar a Salomón con preguntas
difíciles. Y luego que vino a Salomón, habló con
él todo lo que en su corazón tenía.
2 Pero Salomón le respondió a todas sus pregun-
tas, y nada hubo que Salomón no le contestase.
3 Y viendo la reina de Sabá la sabiduría de Salo-
món, y la casa que había edificado,
4 y las viandas de su mesa, las habitaciones de
sus oficiales, el estado de sus criados y los vesti-
dos de ellos, sus maestresalas y sus vestidos, y la
escalinata por donde subía a la casa de Jehová,
se quedó asombrada.
5 Y dijo al rey: Verdad es lo que había oído en
mi tierra acerca de tus cosas y de tu sabiduría;
6 pero yo no creía las palabras de ellos, hasta
que he venido, y mis ojos han visto; y he aquí
que ni aun la mitad de la grandeza de tu sabidu-

* Aquí equivale a *sábado*.

8.13: [a] Nm. 28.9-10. [b] Nm. 28.11-15. [c] Ex. 23.14-17; 34.22-23; Nm. 28.16—29.39; Dt. 16.16. **9.1-9:** [a] Mt. 12.42; Lc. 11.31.

ría me había sido dicha; porque tú superas la
fama que yo había oído.
7 Bienaventurados tus hombres, y dichosos es-
tos siervos tuyos que están siempre delante de
ti, y oyen tu sabiduría.
8 Bendito sea Jehová tu Dios, el cual se ha agra-
dado de ti para ponerte sobre su trono como rey
para Jehová tu Dios; por cuanto tu Dios amó a
Israel para afirmarlo perpetuamente, por eso te
ha puesto por rey sobre ellos, para que hagas
juicio y justicia.
9 Y dio al rey ciento veinte talentos de oro, y
gran cantidad de especias aromáticas, y pie-
dras preciosas; nunca hubo tales especias aro-
máticas como las que dio la reina de Sabá al
rey Salomón.
10 También los siervos de Hiram y los siervos
de Salomón, que habían traído el oro de Ofir, tra-
jeron madera de sándalo, y piedras preciosas.
11 Y de la madera de sándalo el rey hizo gradas
en la casa de Jehová y en las casas reales, y ar-
pas y salterios para los cantores; nunca en la tie-
rra de Judá se había visto madera semejante.
12 Y el rey Salomón dio a la reina de Sabá
todo lo que ella quiso y le pidió, más de lo que
ella había traído al rey. Después ella se volvió y
se fue a su tierra con sus siervos.

Riquezas y fama de Salomón

13 El peso del oro que venía a Salomón cada
año, era seiscientos sesenta y seis talentos de oro,
14 sin lo que traían los mercaderes y negocian-
tes; también todos los reyes de Arabia y los go-
bernadores de la tierra traían oro y plata a
Salomón.
15 Hizo también el rey Salomón doscientos pa-
veses de oro batido, cada uno de los cuales tenía
seiscientos siclos de oro labrado;
16 asimismo trescientos escudos de oro batido,
teniendo cada escudo trescientos siclos de oro; y
los puso el rey en la casa del bosque del Líbano.
17 Hizo además el rey un gran trono de marfil, y
lo cubrió de oro puro.
18 El trono tenía seis gradas, y un estrado de oro
fijado al trono, y brazos a uno y otro lado del
asiento, y dos leones que estaban junto a los
brazos.
19 Había también allí doce leones sobre las seis
gradas, a uno y otro lado. Jamás fue hecho tro-
no semejante en reino alguno.
20 Toda la vajilla del rey Salomón era de oro, y
toda la vajilla de la casa del bosque del Líbano,
de oro puro. En los días de Salomón la plata no
era apreciada.
21 Porque la flota del rey iba a Tarsis con los
siervos de Hiram, y cada tres años solían venir
las naves de Tarsis, y traían oro, plata, marfil,
monos y pavos reales.
22 Y excedió el rey Salomón a todos los reyes
de la tierra en riqueza y en sabiduría.
23 Y todos los reyes de la tierra procuraban ver
el rostro de Salomón, para oír la sabiduría que
Dios le había dado.
24 Cada uno de éstos traía su presente, alhajas
de plata, alhajas de oro, vestidos, armas, perfu-
mes, caballos y mulos, todos los años.
25 Tuvo también Salomón cuatro mil caballeri-
zas para sus caballos y carros, y doce mil jine-
tes,[b] los cuales puso en las ciudades de los ca-
rros, y con el rey en Jerusalén.
26 Y tuvo dominio sobre todos los reyes desde el
Eufrates hasta la tierra de los filisteos, y hasta la
frontera de Egipto.[c]
27 Y acumuló el rey plata en Jerusalén como
piedras,[d] y cedros como los cabrahigos de la Se-
fela en abundancia.
28 Traían también caballos para Salomón, de
Egipto[e] y de todos los países.

Muerte de Salomón

29 Los demás hechos de Salomón, primeros y
postreros, ¿no están todos escritos en los libros
del profeta Natán, en la profecía de Ahías siloni-
ta, y en la profecía del vidente Iddo contra
Jeroboam hijo de Nabat?
30 Reinó Salomón en Jerusalén sobre todo Is-
rael cuarenta años.
31 Y durmió Salomón con sus padres, y lo sepul-
taron en la ciudad de David su padre; y reinó en
su lugar Roboam su hijo.

Rebelión de Israel

10 1 Roboam fue a Siquem, porque en Si-
quem se había reunido todo Israel para
hacerlo rey.
2 Y cuando lo oyó Jeroboam hijo de Nabat, el
cual estaba en Egipto, adonde había huido a
causa del rey Salomón, volvió de Egipto.
3 Y enviaron y le llamaron. Vino, pues, Jeroboam,
y todo Israel, y hablaron a Roboam, diciendo:
4 Tu padre agravó nuestro yugo; ahora alivia
algo de la dura servidumbre y del pesado yugo
con que tu padre nos apremió, y te serviremos.
5 Y él les dijo: Volved a mí de aquí a tres días. Y
el pueblo se fue.
6 Entonces el rey Roboam tomó consejo con
los ancianos que habían estado delante de Sa-
lomón su padre cuando vivía, y les dijo: ¿Cómo
aconsejáis vosotros que responda a este pue-
blo?
7 Y ellos le contestaron diciendo: Si te condujeres
humanamente con este pueblo, y les agradares, y
les hablares buenas palabras, ellos te servirán
siempre.

9.25: [b] 1 R. 4.26. **9.26:** [c] Gn. 15.18; 1 R. 4.21.
9.27: [d] Dt. 17.17. **9.28:** [e] Dt. 17.16.

8 Mas él, dejando el consejo que le dieron los an-
cianos, tomó consejo con los jóvenes que se ha-
bían criado con él, y que estaban a su servicio.
9 Y les dijo: ¿Qué aconsejáis vosotros que respon-
damos a este pueblo, que me ha hablado, dicien-
do: Alivia algo del yugo que tu padre puso sobre
nosotros?
10 Entonces los jóvenes que se habían criado
con él, le contestaron: Así dirás al pueblo que te
ha hablado diciendo: Tu padre agravó nuestro
yugo, mas tú disminuye nuestra carga. Así les
dirás: Mi dedo más pequeño es más grueso que
los lomos de mi padre.
11 Así que, si mi padre os cargó de yugo pesado,
yo añadiré a vuestro yugo; mi padre os castigó
con azotes, y yo con escorpiones.
12 Vino, pues, Jeroboam con todo el pueblo a
Roboam al tercer día, según el rey les había man-
dado diciendo: Volved a mí de aquí a tres días.
13 Y el rey les respondió ásperamente; pues dejó
el rey Roboam el consejo de los ancianos,
14 y les habló conforme al consejo de los jóve-
nes, diciendo: Mi padre hizo pesado vuestro
yugo, pero yo añadiré a vuestro yugo; mi padre
os castigó con azotes, mas yo con escorpiones.
15 Y no escuchó el rey al pueblo; porque la cau-
sa era de Dios, para que Jehová cumpliera la pa-
labra que había hablado por Ahías silonita a
Jeroboam hijo de Nabat.
16 Y viendo todo Israel que el rey no les había
oído, respondió el pueblo al rey, diciendo: ¿Qué
parte tenemos nosotros con David? No tenemos
herencia en el hijo de Isaí. ¡Israel, cada uno a
sus tiendas![a] ¡David, mira ahora por tu casa! Así
se fue todo Israel a sus tiendas.
17 Mas reinó Roboam sobre los hijos de Israel
que habitaban en las ciudades de Judá.
18 Envió luego el rey Roboam a Adoram, que tenía
cargo de los tributos; pero le apedrearon los hijos
de Israel, y murió. Entonces se apresuró el rey Ro-
boam, y subiendo en su carro huyó a Jerusalén.
19 Así se apartó Israel de la casa de David hasta
hoy.

11 1 Cuando vino Roboam a Jerusalén, reu-
nió de la casa de Judá y de Benjamín a
ciento ochenta mil hombres escogidos de gue-
rra, para pelear contra Israel y hacer volver el
reino a Roboam.
2 Mas vino palabra de Jehová a Semaías varón
de Dios, diciendo:
3 Habla a Roboam hijo de Salomón, rey de Judá,
y a todos los israelitas en Judá y Benjamín, di-
ciéndoles:
4 Así ha dicho Jehová: No subáis, ni peleéis con-
tra vuestros hermanos; vuélvase cada uno a su
casa, porque yo he hecho esto. Y ellos oyeron la
palabra de Jehová y se volvieron, y no fueron
contra Jeroboam.

Prosperidad de Roboam

5 Y habitó Roboam en Jerusalén, y edificó ciu-
dades para fortificar a Judá.
6 Edificó Belén, Etam, Tecoa,
7 Bet-sur, Soco, Adulam,
8 Gat, Maresa, Zif,
9 Adoraim, Laquis, Azeca,
10 Zora, Ajalón y Hebrón, que eran ciudades
fortificadas de Judá y Benjamín.
11 Reforzó también las fortalezas, y puso en
ellas capitanes, y provisiones, vino y aceite;
12 y en todas las ciudades puso escudos y lan-
zas. Las fortificó, pues, en gran manera; y Judá
y Benjamín le estaban sujetos.
13 Y los sacerdotes y levitas que estaban en
todo Israel, se juntaron a él desde todos los lu-
gares donde vivían.
14 Porque los levitas dejaban sus ejidos y sus po-
sesiones, y venían a Judá y a Jerusalén; pues Je-
roboam y sus hijos los excluyeron del ministerio
de Jehová.
15 Y él designó sus propios sacerdotes para los
lugares altos, y para los demonios, y para los be-
cerros que él había hecho.[a]
16 Tras aquellos acudieron también de todas las
tribus de Israel los que habían puesto su corazón
en buscar a Jehová Dios de Israel; y vinieron a Je-
rusalén para ofrecer sacrificios a Jehová, el Dios
de sus padres.
17 Así fortalecieron el reino de Judá, y confir-
maron a Roboam hijo de Salomón, por tres
años; porque tres años anduvieron en el camino
de David y de Salomón.
18 Y tomó Roboam por mujer a Mahalat hija
de Jerimot, hijo de David y de Abihail hija de
Eliab, hijo de Isaí,
19 la cual le dio a luz estos hijos: Jeús, Semarías
y Zaham.
20 Después de ella tomó a Maaca hija de Absalón,
la cual le dio a luz Abías, Atai, Ziza y Selomit.
21 Pero Roboam amó a Maaca hija de Absalón
sobre todas sus mujeres y concubinas; porque
tomó dieciocho mujeres y sesenta concubinas, y
engendró veintiocho hijos y sesenta hijas.
22 Y puso Roboam a Abías hijo de Maaca por
jefe y príncipe de sus hermanos, porque quería
hacerle rey.
23 Obró sagazmente, y esparció a todos sus hijos
por todas las tierras de Judá y de Benjamín, y
por todas las ciudades fortificadas, y les dio pro-
visiones en abundancia, y muchas mujeres.

Sisac invade Judá

12 1 Cuando Roboam había consolidado el
reino, dejó la ley de Jehová, y todo Israel
con él.
2 Y por cuanto se habían rebelado contra Jeho-

10.16: [a] 2 S. 20.1. **11.15:** [a] 1 R. 12.31.

vá, en el quinto año del rey Roboam subió Sisac rey de Egipto contra Jerusalén,
3 con mil doscientos carros, y con sesenta mil hombres de a caballo; mas el pueblo que venía con él de Egipto, esto es, de libios, suquienos y etíopes, no tenía número.
4 Y tomó las ciudades fortificadas de Judá, y llegó hasta Jerusalén.
5 Entonces vino el profeta Semaías a Roboam y a los príncipes de Judá, que estaban reunidos en Jerusalén por causa de Sisac, y les dijo: Así ha dicho Jehová: Vosotros me habéis dejado, y yo también os he dejado en manos de Sisac.
6 Y los príncipes de Israel y el rey se humillaron, y dijeron: Justo es Jehová.
7 Y cuando Jehová vio que se habían humillado, vino palabra de Jehová a Semaías, diciendo: Se han humillado; no los destruiré; antes los salvaré en breve, y no se derramará mi ira contra Jerusalén por mano de Sisac.
8 Pero serán sus siervos, para que sepan lo que es servirme a mí, y qué es servir a los reinos de las naciones.

9 Subió, pues, Sisac rey de Egipto a Jerusalén, y tomó los tesoros de la casa de Jehová, y los tesoros de la casa del rey; todo lo llevó, y tomó los escudos de oro que Salomón había hecho.[a]
10 Y en lugar de ellos hizo el rey Roboam escudos de bronce, y los entregó a los jefes de la guardia, los cuales custodiaban la entrada de la casa del rey.
11 Cuando el rey iba a la casa de Jehová, venían los de la guardia y los llevaban, y después los volvían a la cámara de la guardia.
12 Y cuando él se humilló, la ira de Jehová se apartó de él, para no destruirlo del todo; y también en Judá las cosas fueron bien.

13 Fortalecido, pues, Roboam, reinó en Jerusalén; y era Roboam de cuarenta y un años cuando comenzó a reinar, y diecisiete años reinó en Jerusalén, ciudad que escogió Jehová de todas las tribus de Israel para poner en ella su nombre. Y el nombre de la madre de Roboam fue Naama amonita.
14 E hizo lo malo, porque no dispuso su corazón para buscar a Jehová.

15 Las cosas de Roboam, primeras y postreras, ¿no están escritas en los libros del profeta Semaías y del vidente Iddo, en el registro de las familias? Y entre Roboam y Jeroboam hubo guerra constante.
16 Y durmió Roboam con sus padres, y fue sepultado en la ciudad de David; y reinó en su lugar Abías su hijo.

Reinado de Abías

13 1 A los dieciocho años del rey Jeroboam, reinó Abías sobre Judá,
2 y reinó tres años en Jerusalén. El nombre de su madre fue Micaías hija de Uriel de Gabaa.

Y hubo guerra entre Abías y Jeroboam.
3 Entonces Abías ordenó batalla con un ejército de cuatrocientos mil hombres de guerra, valerosos y escogidos; y Jeroboam ordenó batalla contra él con ochocientos mil hombres escogidos, fuertes y valerosos.
4 Y se levantó Abías sobre el monte de Zemaraim, que está en los montes de Efraín, y dijo: Oídme, Jeroboam y todo Israel.
5 ¿No sabéis vosotros que Jehová Dios de Israel dio el reino a David sobre Israel para siempre, a él y a sus hijos, bajo pacto de sal?
6 Pero Jeroboam hijo de Nabat, siervo de Salomón hijo de David, se levantó y rebeló contra su señor.
7 Y se juntaron con él hombres vanos y perversos, y pudieron más que Roboam hijo de Salomón, porque Roboam era joven y pusilánime, y no se defendió de ellos.

8 Y ahora vosotros tratáis de resistir al reino de Jehová en mano de los hijos de David, porque sois muchos, y tenéis con vosotros los becerros de oro que Jeroboam os hizo por dioses.
9 ¿No habéis arrojado vosotros a los sacerdotes de Jehová, a los hijos de Aarón y a los levitas, y os habéis designado sacerdotes a la manera de los pueblos de otras tierras, para que cualquiera venga a consagrarse con un becerro y siete carneros, y así sea sacerdote de los que no son dioses?
10 Mas en cuanto a nosotros, Jehová es nuestro Dios, y no le hemos dejado; y los sacerdotes que ministran delante de Jehová son los hijos de Aarón, y los que están en la obra son levitas,
11 los cuales queman para Jehová los holocaustos cada mañana y cada tarde, y el incienso aromático; y ponen los panes sobre la mesa limpia, y el candelero de oro con sus lámparas para que ardan cada tarde; porque nosotros guardamos la ordenanza de Jehová nuestro Dios, mas vosotros le habéis dejado.
12 Y he aquí Dios está con nosotros por jefe, y sus sacerdotes con las trompetas del júbilo para que suenen contra vosotros. Oh hijos de Israel, no peleéis contra Jehová el Dios de vuestros padres, porque no prosperaréis.

13 Pero Jeroboam hizo tender una emboscada para venir a ellos por la espalda; y estando así delante de ellos, la emboscada estaba a espaldas de Judá.
14 Y cuando miró Judá, he aquí que tenía batalla por delante y a las espaldas; por lo que clamaron a Jehová, y los sacerdotes tocaron las trompetas.
15 Entonces los de Judá gritaron con fuerza; y así que ellos alzaron el grito, Dios desbarató a

12.9: [a] 1 R. 10.16-17; 2 Cr. 9.15-16.

Jeroboam y a todo Israel delante de Abías y de
Judá;
16 y huyeron los hijos de Israel delante de Judá,
y Dios los entregó en sus manos.
17 Y Abías y su gente hicieron en ellos una gran
matanza, y cayeron heridos de Israel quinientos
mil hombres escogidos.
18 Así fueron humillados los hijos de Israel en
aquel tiempo, y los hijos de Judá prevalecieron,
porque se apoyaban en Jehová el Dios de sus
padres.
19 Y siguió Abías a Jeroboam, y le tomó algunas
ciudades, a Bet-el con sus aldeas, a Jesana con
sus aldeas, y a Efraín con sus aldeas.
20 Y nunca más tuvo Jeroboam poder en los días
de Abías; y Jehová lo hirió, y murió.
21 Pero Abías se hizo más poderoso. Tomó ca-
torce mujeres, y engendró veintidós hijos y die-
ciséis hijas.
22 Los demás hechos de Abías, sus caminos y
sus dichos, están escritos en la historia de Iddo
profeta.

Reinado de Asa

14 1 Durmió Abías con sus padres, y fue se-
pultado en la ciudad de David; y reinó
en su lugar su hijo Asa, en cuyos días tuvo so-
siego el país por diez años.
2 E hizo Asa lo bueno y lo recto ante los ojos de
Jehová su Dios.
3 Porque quitó los altares del culto extraño, y los
lugares altos; quebró las imágenes, y destruyó
los símbolos de Asera;
4 y mandó a Judá que buscase a Jehová el Dios
de sus padres, y pusiese por obra la ley y sus
mandamientos.
5 Quitó asimismo de todas las ciudades de Judá
los lugares altos y las imágenes; y estuvo el rei-
no en paz bajo su reinado.
6 Y edificó ciudades fortificadas en Judá, por
cuanto había paz en la tierra, y no había guerra
contra él en aquellos tiempos; porque Jehová le
había dado paz.
7 Dijo, por tanto, a Judá: Edifiquemos estas ciu-
dades, y cerquémoslas de muros con torres,
puertas y barras, ya que la tierra es nuestra; por-
que hemos buscado a Jehová nuestro Dios; le
hemos buscado, y él nos ha dado paz por todas
partes. Edificaron, pues, y fueron prosperados.
8 Tuvo también Asa ejército que traía escudos y
lanzas: de Judá trescientos mil, y de Benjamín
doscientos ochenta mil que traían escudos y en-
tesaban arcos, todos hombres diestros.
9 Y salió contra ellos Zera etíope con un ejér-
cito de un millón de hombres y trescientos ca-
rros; y vino hasta Maresa.
10 Entonces salió Asa contra él, y ordenaron la
batalla en el valle de Sefata junto a Maresa.
11 Y clamó Asa a Jehová su Dios, y dijo: ¡Oh
Jehová, para ti no hay diferencia alguna en dar
ayuda al poderoso o al que no tiene fuerzas!
Ayúdanos, oh Jehová Dios nuestro, porque en ti
nos apoyamos, y en tu nombre venimos contra
este ejército. Oh Jehová, tú eres nuestro Dios;
no prevalezca contra ti el hombre.
12 Y Jehová deshizo a los etíopes delante de Asa
y delante de Judá; y huyeron los etíopes.
13 Y Asa, y el pueblo que con él estaba, los persi-
guieron hasta Gerar; y cayeron los etíopes hasta
no quedar en ellos aliento, porque fueron des-
hechos delante de Jehová y de su ejército. Y les
tomaron muy grande botín.
14 Atacaron también todas las ciudades alrede-
dor de Gerar, porque el terror de Jehová cayó
sobre ellas; y saquearon todas las ciudades, por-
que había en ellas gran botín.
15 Asimismo atacaron las cabañas de los que te-
nían ganado, y se llevaron muchas ovejas y ca-
mellos, y volvieron a Jerusalén.

Reformas religiosas de Asa

15 1 Vino el Espíritu de Dios sobre Azarías
hijo de Obed,
2 y salió al encuentro de Asa, y le dijo: Oídme,
Asa y todo Judá y Benjamín: Jehová estará con
vosotros, si vosotros estuviereis con él; y si le
buscareis, será hallado de vosotros; mas si le de-
jareis, él también os dejará.
3 Muchos días ha estado Israel sin verdadero
Dios y sin sacerdote que enseñara, y sin ley;
4 pero cuando en su tribulación se convirtieron
a Jehová Dios de Israel, y le buscaron, él fue ha-
llado de ellos.
5 En aquellos tiempos no hubo paz, ni para el que
entraba ni para el que salía, sino muchas afliccio-
nes sobre todos los habitantes de las tierras.
6 Y una gente destruía a otra, y una ciudad a
otra ciudad; porque Dios los turbó con toda cla-
se de calamidades.
7 Pero esforzaos vosotros, y no desfallezcan vues-
tras manos, pues hay recompensa para vuestra
obra.
8 Cuando oyó Asa las palabras y la profecía
del profeta Azarías hijo de Obed, cobró ánimo, y
quitó los ídolos abominables de toda la tierra de
Judá y de Benjamín, y de las ciudades que él ha-
bía tomado en la parte montañosa de Efraín; y
reparó el altar de Jehová que estaba delante del
pórtico de Jehová.
9 Después reunió a todo Judá y Benjamín, y con
ellos los forasteros de Efraín, de Manasés y de
Simeón; porque muchos de Israel se habían pasa-
do a él, viendo que Jehová su Dios estaba con él.
10 Se reunieron, pues, en Jerusalén, en el mes
tercero del año decimoquinto del reinado de
Asa.

11 Y en aquel mismo día sacrificaron para Jeho-
vá, del botín que habían traído, setecientos bue-
yes y siete mil ovejas.
12 Entonces prometieron solemnemente que
buscarían a Jehová el Dios de sus padres, de
todo su corazón y de toda su alma;
13 y que cualquiera que no buscase a Jehová el
Dios de Israel, muriese, grande o pequeño, hom-
bre o mujer.
14 Y juraron a Jehová con gran voz y júbilo, al
son de trompetas y de bocinas.
15 Todos los de Judá se alegraron de este jura-
mento; porque de todo su corazón lo juraban, y
de toda su voluntad lo buscaban, y fue hallado
de ellos; y Jehová les dio paz por todas partes.
16 Y aun a Maaca madre del rey Asa, él mismo
la depuso de su dignidad, porque había hecho
una imagen de Asera; y Asa destruyó la imagen,
y la desmenuzó, y la quemó junto al torrente de
Cedrón.
17 Con todo esto, los lugares altos no eran quita-
dos de Israel, aunque el corazón de Asa fue per-
fecto en todos sus días.
18 Y trajo a la casa de Dios lo que su padre había
dedicado, y lo que él había consagrado, plata,
oro y utensilios.
19 Y no hubo más guerra hasta los treinta y cin-
co años del reinado de Asa.

Alianza de Asa con Ben-adad

16 1 En el año treinta y seis del reinado de
Asa, subió Baasa rey de Israel contra
Judá, y fortificó a Ramá, para no dejar salir ni
entrar a ninguno al rey Asa, rey de Judá.
2 Entonces sacó Asa la plata y el oro de los teso-
ros de la casa de Jehová y de la casa real, y envió
a Ben-adad rey de Siria, que estaba en Damas-
co, diciendo:
3 Haya alianza entre tú y yo, como la hubo entre
tu padre y mi padre; he aquí yo te he enviado
plata y oro, para que vengas y deshagas la alian-
za que tienes con Baasa rey de Israel, a fin de
que se retire de mí.
4 Y consintió Ben-adad con el rey Asa, y envió
los capitanes de sus ejércitos contra las ciudades
de Israel; y conquistaron Ijón, Dan, Abel-maim
y las ciudades de aprovisionamiento de Neftalí.
5 Oyendo esto Baasa, cesó de edificar a Ramá, y
abandonó su obra.
6 Entonces el rey Asa tomó a todo Judá, y se lle-
varon de Ramá la piedra y la madera con que
Baasa edificaba, y con ellas edificó a Geba y a
Mizpa.
7 En aquel tiempo vino el vidente Hanani a
Asa rey de Judá, y le dijo: Por cuanto te has apo-
yado en el rey de Siria, y no te apoyaste en Jeho-
vá tu Dios, por eso el ejército del rey de Siria ha
escapado de tus manos.
8 Los etíopes y los libios, ¿no eran un ejército
numerosísimo, con carros y mucha gente de a
caballo? Con todo, porque te apoyaste en Jeho-
vá, él los entregó en tus manos.
9 Porque los ojos de Jehová contemplan toda la
tierra, para mostrar su poder a favor de los que
tienen corazón perfecto para con él. Locamente
has hecho en esto; porque de aquí en adelante
habrá más guerra contra ti.
10 Entonces se enojó Asa contra el vidente y lo
echó en la cárcel, porque se encolerizó grande-
mente a causa de esto. Y oprimió Asa en aquel
tiempo a algunos del pueblo.

Muerte de Asa

11 Mas he aquí los hechos de Asa, primeros y
postreros, están escritos en el libro de los reyes
de Judá y de Israel.
12 En el año treinta y nueve de su reinado, Asa
enfermó gravemente de los pies, y en su enfer-
medad no buscó a Jehová, sino a los médicos.
13 Y durmió Asa con sus padres, y murió en el
año cuarenta y uno de su reinado.
14 Y lo sepultaron en los sepulcros que él había
hecho para sí en la ciudad de David; y lo pusie-
ron en un ataúd, el cual llenaron de perfumes y
diversas especias aromáticas, preparadas por
expertos perfumistas; e hicieron un gran fuego
en su honor.

Reinado de Josafat

17 1 Reinó en su lugar Josafat su hijo, el
cual se hizo fuerte contra Israel.
2 Puso ejércitos en todas las ciudades fortifica-
das de Judá, y colocó gente de guarnición en
tierra de Judá, y asimismo en las ciudades de
Efraín que su padre Asa había tomado.
3 Y Jehová estuvo con Josafat, porque anduvo
en los primeros caminos de David su padre, y no
buscó a los baales,
4 sino que buscó al Dios de su padre, y anduvo
en sus mandamientos, y no según las obras de
Israel.
5 Jehová, por tanto, confirmó el reino en su
mano, y todo Judá dio a Josafat presentes; y
tuvo riquezas y gloria en abundancia.
6 Y se animó su corazón en los caminos de Jeho-
vá, y quitó los lugares altos y las imágenes de
Asera de en medio de Judá.
7 Al tercer año de su reinado envió sus prínci-
pes Ben-hail, Abdías, Zacarías, Natanael y Mi-
caías, para que enseñasen en las ciudades de
Judá;
8 y con ellos a los levitas Semaías, Netanías, Ze-
badías, Asael, Semiramot, Jonatán, Adonías, To-
bías y Tobadonías; y con ellos a los sacerdotes
Elisama y Joram.
9 Y enseñaron en Judá, teniendo consigo el libro

de la ley de Jehová, y recorrieron todas las ciu-
dades de Judá enseñando al pueblo.
10 Y cayó el pavor de Jehová sobre todos los
reinos de las tierras que estaban alrededor de
Judá, y no osaron hacer guerra contra Josafat.
11 Y traían de los filisteos presentes a Josafat, y
tributos de plata. Los árabes también le trajeron
ganados, siete mil setecientos carneros y siete
mil setecientos machos cabríos.
12 Iba, pues, Josafat engrandeciéndose mucho;
y edificó en Judá fortalezas y ciudades de apro-
visionamiento.
13 Tuvo muchas provisiones en las ciudades de
Judá, y hombres de guerra muy valientes en Je-
rusalén.
14 Y este es el número de ellos según sus casas
paternas: de los jefes de los millares de Judá, el
general Adnas, y con él trescientos mil hombres
muy esforzados.
15 Después de él, el jefe Johanán, y con él dos-
cientos ochenta mil.
16 Tras éste, Amasías hijo de Zicri, el cual se ha-
bía ofrecido voluntariamente a Jehová, y con él
doscientos mil hombres valientes.
17 De Benjamín, Eliada, hombre muy valeroso, y
con él doscientos mil armados de arco y escudo.
18 Tras éste, Jozabad, y con él ciento ochenta
mil dispuestos para la guerra.
19 Estos eran siervos del rey, sin los que el rey ha-
bía puesto en las ciudades fortificadas en todo
Judá.

Micaías profetiza la derrota de Acab

18 1 Tenía, pues, Josafat riquezas y gloria
en abundancia; y contrajo parentesco
con Acab.
2 Y después de algunos años descendió a Sama-
ria para visitar a Acab; por lo que Acab mató
muchas ovejas y bueyes para él y para la gente
que con él venía, y le persuadió que fuese con él
contra Ramot de Galaad.
3 Y dijo Acab rey de Israel a Josafat rey de Judá:
¿Quieres venir conmigo contra Ramot de Ga-
laad? Y él respondió: Yo soy como tú, y mi pue-
blo como tu pueblo; iremos contigo a la guerra.
4 Además dijo Josafat al rey de Israel: Te rue-
go que consultes hoy la palabra de Jehová.
5 Entonces el rey de Israel reunió a cuatrocien-
tos profetas, y les preguntó: ¿Iremos a la guerra
contra Ramot de Galaad, o me estaré quieto? Y
ellos dijeron: Sube, porque Dios los entregará
en mano del rey.
6 Pero Josafat dijo: ¿Hay aún aquí algún profeta de
Jehová, para que por medio de él preguntemos?
7 El rey de Israel respondió a Josafat: Aún hay
aquí un hombre por el cual podemos preguntar
a Jehová; mas yo le aborrezco, porque nunca
me profetiza cosa buena, sino siempre mal. Este
es Micaías hijo de Imla. Y respondió Josafat: No
hable así el rey.
8 Entonces el rey de Israel llamó a un oficial, y le
dijo: Haz venir luego a Micaías hijo de Imla.
9 Y el rey de Israel y Josafat rey de Judá estaban
sentados cada uno en su trono, vestidos con sus
ropas reales, en la plaza junto a la entrada de la
puerta de Samaria, y todos los profetas profeti-
zaban delante de ellos.
10 Y Sedequías hijo de Quenaana se había hecho
cuernos de hierro, y decía: Así ha dicho Jehová:
Con estos acornearás a los sirios hasta destruir-
los por completo.
11 De esta manera profetizaban también todos
los profetas, diciendo: Sube contra Ramot de
Galaad, y serás prosperado; porque Jehová la
entregará en mano del rey.
12 Y el mensajero que había ido a llamar a Mi-
caías, le habló diciendo: He aquí las palabras de
los profetas a una voz anuncian al rey cosas
buenas; yo, pues, te ruego que tu palabra sea
como la de uno de ellos, que hables bien.
13 Dijo Micaías: Vive Jehová, que lo que mi Dios
me dijere, eso hablaré. Y vino al rey.
14 Y el rey le dijo: Micaías, ¿iremos a pelear con-
tra Ramot de Galaad, o me estaré quieto? El res-
pondió: Subid, y seréis prosperados, pues serán
entregados en vuestras manos.
15 El rey le dijo: ¿Hasta cuántas veces te conju-
raré por el nombre de Jehová que no me hables
sino la verdad?
16 Entonces Micaías dijo: He visto a todo Israel
derramado por los montes como ovejas sin pas-
tor;[a] y dijo Jehová: Estos no tienen señor; vuél-
vase cada uno en paz a su casa.
17 Y el rey de Israel dijo a Josafat: ¿No te había
yo dicho que no me profetizaría bien, sino mal?
18 Entonces él dijo: Oíd, pues, palabra de Jeho-
vá: Yo he visto a Jehová sentado en su trono, y
todo el ejército de los cielos estaba a su mano
derecha y a su izquierda.
19 Y Jehová preguntó: ¿Quién inducirá a Acab
rey de Israel, para que suba y caiga en Ramot de
Galaad? Y uno decía así, y otro decía de otra
manera.
20 Entonces salió un espíritu que se puso delan-
te de Jehová y dijo: Yo le induciré. Y Jehová le
dijo: ¿De qué modo?
21 Y él dijo: Saldré y seré espíritu de mentira en
la boca de todos sus profetas. Y Jehová dijo: Tú
le inducirás, y lo lograrás; anda y hazlo así.
22 Y ahora, he aquí Jehová ha puesto espíritu de
mentira en la boca de estos tus profetas; pues
Jehová ha hablado el mal contra ti.
23 Entonces Sedequías hijo de Quenaana se le
acercó y golpeó a Micaías en la mejilla, y dijo:

18.16: [a] Mt. 9.36; Mr. 6.34.

¿Por qué camino se fue de mí el Espíritu de Jehová para hablarte a ti?

24 Y Micaías respondió: He aquí tú lo verás aquel día, cuando entres de cámara en cámara para esconderte.

25 Entonces el rey de Israel dijo: Tomad a Micaías, y llevadlo a Amón gobernador de la ciudad, y a Joás hijo del rey,

26 y decidles: El rey ha dicho así: Poned a éste en la cárcel, y sustentadle con pan de aflicción y agua de angustia, hasta que yo vuelva en paz.

27 Y Micaías dijo: Si tú volvieres en paz, Jehová no ha hablado por mí. Dijo además: Oíd, pueblos todos.

28 Subieron, pues, el rey de Israel, y Josafat rey de Judá, a Ramot de Galaad.

29 Y dijo el rey de Israel a Josafat: Yo me disfrazaré para entrar en la batalla, pero tú vístete tus ropas reales. Y se disfrazó el rey de Israel, y entró en la batalla.

30 Había el rey de Siria mandado a los capitanes de los carros que tenía consigo, diciendo: No peleéis con chico ni con grande, sino sólo con el rey de Israel.

31 Cuando los capitanes de los carros vieron a Josafat, dijeron: Este es el rey de Israel. Y lo rodearon para pelear; mas Josafat clamó, y Jehová lo ayudó, y los apartó Dios de él;

32 pues viendo los capitanes de los carros que no era el rey de Israel, desistieron de acosarle.

33 Mas disparando uno el arco a la ventura, hirió al rey de Israel entre las junturas y el coselete. El entonces dijo al cochero: Vuelve las riendas, y sácame del campo, porque estoy mal herido.

34 Y arreció la batalla aquel día, por lo que estuvo el rey de Israel en pie en el carro enfrente de los sirios hasta la tarde; y murió al ponerse el sol.

El profeta Jehú amonesta a Josafat

19 1 Josafat rey de Judá volvió en paz a su casa en Jerusalén.

2 Y le salió al encuentro el vidente Jehú hijo de Hanani, y dijo al rey Josafat: ¿Al impío das ayuda, y amas a los que aborrecen a Jehová? Pues ha salido de la presencia de Jehová ira contra ti por esto.

3 Pero se han hallado en ti buenas cosas, por cuanto has quitado de la tierra las imágenes de Asera, y has dispuesto tu corazón para buscar a Dios.

Josafat nombra jueces

4 Habitó, pues, Josafat en Jerusalén; pero daba vuelta y salía al pueblo, desde Beerseba hasta el monte de Efraín, y los conducía a Jehová el Dios de sus padres.

5 Y puso jueces en todas las ciudades fortificadas de Judá, por todos los lugares.

6 Y dijo a los jueces: Mirad lo que hacéis; porque no juzgáis en lugar de hombre, sino en lugar de Jehová, el cual está con vosotros cuando juzgáis.

7 Sea, pues, con vosotros el temor de Jehová; mirad lo que hacéis, porque con Jehová nuestro Dios no hay injusticia, ni acepción de personas, ni admisión de cohecho.

8 Puso también Josafat en Jerusalén a algunos de los levitas y sacerdotes, y de los padres de familias de Israel, para el juicio de Jehová y para las causas. Y volvieron a Jerusalén.

9 Y les mandó diciendo: Procederéis asimismo con temor de Jehová, con verdad, y con corazón íntegro.

10 En cualquier causa que viniere a vosotros de vuestros hermanos que habitan en las ciudades, en causas de sangre, entre ley y precepto, estatutos y decretos, les amonestaréis que no pequen contra Jehová, para que no venga ira sobre vosotros y sobre vuestros hermanos. Haciendo así, no pecaréis.

11 Y he aquí, el sacerdote Amarías será el que os presida en todo asunto de Jehová, y Zebadías hijo de Ismael, príncipe de la casa de Judá, en todos los negocios del rey; también los levitas serán oficiales en presencia de vosotros. Esforzaos, pues, para hacerlo, y Jehová estará con el bueno.

Victoria sobre Moab y Amón

20 1 Pasadas estas cosas, aconteció que los hijos de Moab y de Amón, y con ellos otros de los amonitas, vinieron contra Josafat a la guerra.

2 Y acudieron algunos y dieron aviso a Josafat, diciendo: Contra ti viene una gran multitud del otro lado del mar, y de Siria; y he aquí están en Hazezon-tamar, que es En-gadi.

3 Entonces él tuvo temor; y Josafat humilló su rostro para consultar a Jehová, e hizo pregonar ayuno a todo Judá.

4 Y se reunieron los de Judá para pedir socorro a Jehová; y también de todas las ciudades de Judá vinieron a pedir ayuda a Jehová.

5 Entonces Josafat se puso en pie en la asamblea de Judá y de Jerusalén, en la casa de Jehová, delante del atrio nuevo;

6 y dijo: Jehová Dios de nuestros padres, ¿no eres tú Dios en los cielos, y tienes dominio sobre todos los reinos de las naciones? ¿No está en tu mano tal fuerza y poder, que no hay quien te resista?

7 Dios nuestro, ¿no echaste tú los moradores de esta tierra delante de tu pueblo Israel, y la diste a la descendencia de Abraham tu amigo[a] para siempre?

20.7: [a] Is. 41.8; Stg. 2.23.

8 Y ellos han habitado en ella, y te han edificado
en ella santuario a tu nombre, diciendo:
9 Si mal viniere sobre nosotros, o espada de castigo, o pestilencia, o hambre, nos presentaremos delante de esta casa, y delante de ti (porque tu nombre está en esta casa), y a causa de nuestras tribulaciones clamaremos a ti, y tú nos oirás y salvarás.
10 Ahora, pues, he aquí los hijos de Amón y de Moab, y los del monte de Seir, a cuya tierra no quisiste que pasase Israel cuando venía de la tierra de Egipto,[b] sino que se apartase de ellos, y no los destruyese;
11 he aquí ellos nos dan el pago viniendo a arrojarnos de la heredad que tú nos diste en posesión.
12 ¡Oh Dios nuestro! ¿no los juzgarás tú? Porque en nosotros no hay fuerza contra tan grande multitud que viene contra nosotros; no sabemos qué hacer, y a ti volvemos nuestros ojos.

13 Y todo Judá estaba en pie delante de Jehová, con sus niños y sus mujeres y sus hijos.
14 Y estaba allí Jahaziel hijo de Zacarías, hijo de Benaía, hijo de Jeiel, hijo de Matanías, levita de los hijos de Asaf, sobre el cual vino el Espíritu de Jehová en medio de la reunión;
15 y dijo: Oíd, Judá todo, y vosotros moradores de Jerusalén, y tú, rey Josafat. Jehová os dice así: No temáis ni os amedrentéis delante de esta multitud tan grande, porque no es vuestra la guerra, sino de Dios.
16 Mañana descenderéis contra ellos; he aquí que ellos subirán por la cuesta de Sis, y los hallaréis junto al arroyo, antes del desierto de Jeruel.
17 No habrá para qué peleéis vosotros en este caso; paraos, estad quietos, y ved la salvación de Jehová con vosotros. Oh Judá y Jerusalén, no temáis ni desmayéis; salid mañana contra ellos, porque Jehová estará con vosotros.[c]

18 Entonces Josafat se inclinó rostro a tierra, y asimismo todo Judá y los moradores de Jerusalén se postraron delante de Jehová, y adoraron a Jehová.
19 Y se levantaron los levitas de los hijos de Coat y de los hijos de Coré, para alabar a Jehová el Dios de Israel con fuerte y alta voz.

20 Y cuando se levantaron por la mañana, salieron al desierto de Tecoa. Y mientras ellos salían, Josafat, estando en pie, dijo: Oídme, Judá y moradores de Jerusalén. Creed en Jehová vuestro Dios, y estaréis seguros; creed a sus profetas, y seréis prosperados.
21 Y habido consejo con el pueblo, puso a algunos que cantasen y alabasen a Jehová, vestidos de ornamentos sagrados, mientras salía la gente armada, y que dijesen: Glorificad a Jehová, porque su misericordia es para siempre.
22 Y cuando comenzaron a entonar cantos de alabanza, Jehová puso contra los hijos de Amón, de Moab y del monte de Seir, las emboscadas de ellos mismos que venían contra Judá, y se mataron los unos a los otros.
23 Porque los hijos de Amón y Moab se levantaron contra los del monte de Seir para matarlos y destruirlos; y cuando hubieron acabado con los del monte de Seir, cada cual ayudó a la destrucción de su compañero.

24 Y luego que vino Judá a la torre del desierto, miraron hacia la multitud, y he aquí yacían ellos en tierra muertos, pues ninguno había escapado.
25 Viniendo entonces Josafat y su pueblo a despojarlos, hallaron entre los cadáveres muchas riquezas, así vestidos como alhajas preciosas, que tomaron para sí, tantos, que no los podían llevar; tres días estuvieron recogiendo el botín, porque era mucho.
26 Y al cuarto día se juntaron en el valle de Beraca; porque allí bendijeron a Jehová, y por esto llamaron el nombre de aquel paraje el valle de Beraca,[1] hasta hoy.
27 Y todo Judá y los de Jerusalén, y Josafat a la cabeza de ellos, volvieron para regresar a Jerusalén gozosos, porque Jehová les había dado gozo librándolos de sus enemigos.
28 Y vinieron a Jerusalén con salterios, arpas y trompetas, a la casa de Jehová.
29 Y el pavor de Dios cayó sobre todos los reinos de aquella tierra, cuando oyeron que Jehová había peleado contra los enemigos de Israel.
30 Y el reino de Josafat tuvo paz, porque su Dios le dio paz por todas partes.

Resumen del reinado de Josafat

31 Así reinó Josafat sobre Judá; de treinta y cinco años era cuando comenzó a reinar, y reinó veinticinco años en Jerusalén. El nombre de su madre fue Azuba, hija de Silhi.
32 Y anduvo en el camino de Asa su padre, sin apartarse de él, haciendo lo recto ante los ojos de Jehová.
33 Con todo eso, los lugares altos no fueron quitados; pues el pueblo aún no había enderezado su corazón al Dios de sus padres.

34 Los demás hechos de Josafat, primeros y postreros, he aquí están escritos en las palabras de Jehú hijo de Hanani, del cual se hace mención en el libro de los reyes de Israel.

35 Pasadas estas cosas, Josafat rey de Judá trabó amistad con Ocozías rey de Israel, el cual era dado a la impiedad,
36 e hizo con él compañía para construir naves que fuesen a Tarsis; y construyeron las naves en Ezión-geber.

20.10: [b] Dt. 2.4-19. **20.15-17:** [c] Dt. 20.1-4.
20.26: [1] Esto es, *Bendición.*

37 Entonces Eliezer hijo de Dodava, de Maresa, profetizó contra Josafat, diciendo: Por cuanto has hecho compañía con Ocozías, Jehová destruirá tus obras. Y las naves se rompieron, y no pudieron ir a Tarsis.

Reinado de Joram de Judá

21 1 Durmió Josafat con sus padres, y lo sepultaron con sus padres en la ciudad de David. Y reinó en su lugar Joram su hijo,

2 quien tuvo por hermanos, hijos de Josafat, a Azarías, Jehiel, Zacarías, Azarías, Micael, y Sefatías. Todos estos fueron hijos de Josafat rey de Judá.

3 Y su padre les había dado muchos regalos de oro y de plata, y cosas preciosas, y ciudades fortificadas en Judá; pero había dado el reino a Joram, porque él era el primogénito.

4 Fue elevado, pues, Joram al reino de su padre; y luego que se hizo fuerte, mató a espada a todos sus hermanos, y también a algunos de los príncipes de Israel.

5 Cuando comenzó a reinar era de treinta y dos años, y reinó ocho años en Jerusalén.

6 Y anduvo en el camino de los reyes de Israel, como hizo la casa de Acab; porque tenía por mujer a la hija de Acab, e hizo lo malo ante los ojos de Jehová.

7 Mas Jehová no quiso destruir la casa de David, a causa del pacto que había hecho con David, y porque le había dicho que le daría lámpara a él y a sus hijos perpetuamente.[a]

8 En los días de éste se rebeló Edom contra el dominio de Judá,[b] y pusieron rey sobre sí.

9 Entonces pasó Joram con sus príncipes, y todos sus carros; y se levantó de noche, y derrotó a los edomitas que le habían sitiado, y a todos los comandantes de sus carros.

10 No obstante, Edom se libertó del dominio de Judá, hasta hoy. También en el mismo tiempo Libna se libertó de su dominio, por cuanto él había dejado a Jehová el Dios de sus padres.

11 Además de esto, hizo lugares altos en los montes de Judá, e hizo que los moradores de Jerusalén fornicasen tras ellos, y a ello impelió a Judá.

12 Y le llegó una carta del profeta Elías, que decía: Jehová el Dios de David tu padre ha dicho así: Por cuanto no has andado en los caminos de Josafat tu padre, ni en los caminos de Asa rey de Judá,

13 sino que has andado en el camino de los reyes de Israel, y has hecho que fornicase Judá y los moradores de Jerusalén, como fornicó la casa de Acab; y además has dado muerte a tus hermanos, a la familia de tu padre, los cuales eran mejores que tú;

14 he aquí Jehová herirá a tu pueblo de una gran plaga, y a tus hijos y a tus mujeres, y a todo cuanto tienes;

15 y a ti con muchas enfermedades, con enfermedad de tus intestinos, hasta que se te salgan a causa de tu persistente enfermedad.

16 Entonces Jehová despertó contra Joram la ira de los filisteos y de los árabes que estaban junto a los etíopes;

17 y subieron contra Judá, e invadieron la tierra, y tomaron todos los bienes que hallaron en la casa del rey, y a sus hijos y a sus mujeres; y no le quedó más hijo sino solamente Joacaz el menor de sus hijos.

18 Después de todo esto, Jehová lo hirió con una enfermedad incurable en los intestinos.

19 Y aconteció que al pasar muchos días, al fin, al cabo de dos años, los intestinos se le salieron por la enfermedad, muriendo así de enfermedad muy penosa. Y no encendieron fuego en su honor, como lo habían hecho con sus padres.

20 Cuando comenzó a reinar era de treinta y dos años, y reinó en Jerusalén ocho años; y murió sin que lo desearan más. Y lo sepultaron en la ciudad de David, pero no en los sepulcros de los reyes.

Reinado de Ocozías de Judá

22 1 Los habitantes de Jerusalén hicieron rey en lugar de Joram a Ocozías su hijo menor; porque una banda armada que había venido con los árabes al campamento, había matado a todos los mayores, por lo cual reinó Ocozías, hijo de Joram rey de Judá.

2 Cuando Ocozías comenzó a reinar era de cuarenta y dos años, y reinó un año en Jerusalén. El nombre de su madre fue Atalía, hija de Omri.

3 También él anduvo en los caminos de la casa de Acab, pues su madre le aconsejaba a que actuase impíamente.

4 Hizo, pues, lo malo ante los ojos de Jehová, como la casa de Acab; porque después de la muerte de su padre, ellos le aconsejaron para su perdición.

5 Y él anduvo en los consejos de ellos, y fue a la guerra con Joram hijo de Acab, rey de Israel, contra Hazael rey de Siria, a Ramot de Galaad, donde los sirios hirieron a Joram.

6 Y volvió para curarse en Jezreel de las heridas que le habían hecho en Ramot, peleando contra Hazael rey de Siria. Y descendió Ocozías hijo de Joram, rey de Judá, para visitar a Joram hijo de Acab en Jezreel, porque allí estaba enfermo.

Jehú mata a Ocozías

7 Pero esto venía de Dios, para que Ocozías fuese destruido viniendo a Joram; porque habiendo venido, salió con Joram contra Jehú hijo de Nimsi, al cual Jehová había ungido para que exterminara la familia de Acab.

21.7: [a] 1 R. 11.36. **21.8:** [b] Gn. 27.40.

8 Y haciendo juicio Jehú contra la casa de Acab,
halló a los príncipes de Judá, y a los hijos de los
hermanos de Ocozías, que servían a Ocozías, y
los mató.
9 Y buscando a Ocozías, el cual se había escondido en Samaria, lo hallaron y lo trajeron a
Jehú, y le mataron; y le dieron sepultura, porque dijeron: Es hijo de Josafat, quien de todo su
corazón buscó a Jehová. Y la casa de Ocozías no
tenía fuerzas para poder retener el reino.

Atalía usurpa el trono

10 Entonces Atalía madre de Ocozías, viendo
que su hijo era muerto, se levantó y exterminó
toda la descendencia real de la casa de Judá.
11 Pero Josabet, hija del rey, tomó a Joás hijo de
Ocozías, y escondiéndolo de entre los demás hijos del rey, a los cuales mataban, le guardó a él y
a su ama en uno de los aposentos. Así lo escondió
Josabet, hija del rey Joram, mujer del sacerdote
Joiada (porque ella era hermana de Ocozías), de
delante de Atalía, y no lo mataron.
12 Y estuvo con ellos escondido en la casa de
Dios seis años. Entre tanto, Atalía reinaba en el
país.

23 1 En el séptimo año se animó Joiada, y
tomó consigo en alianza a los jefes de
centenas Azarías hijo de Jeroham, Ismael hijo
de Johanán, Azarías hijo de Obed, Maasías hijo
de Adaía, y Elisafat hijo de Zicri,
2 los cuales recorrieron el país de Judá, y reunieron a los levitas de todas las ciudades de
Judá y a los príncipes de las familias de Israel, y
vinieron a Jerusalén.
3 Y toda la multitud hizo pacto con el rey en la
casa de Dios. Y Joiada les dijo: He aquí el hijo
del rey, el cual reinará, como Jehová ha dicho
respecto a los hijos de David.[a]
4 Ahora haced esto: una tercera parte de vosotros, los que entran el día de reposo,* estarán de
porteros con los sacerdotes y los levitas.
5 Otra tercera parte, a la casa del rey; y la otra
tercera parte, a la puerta del Cimiento; y todo el
pueblo estará en los patios de la casa de Jehová.
6 Y ninguno entre en la casa de Jehová, sino los
sacerdotes y levitas que ministran; éstos entrarán, porque están consagrados; y todo el pueblo
hará guardia delante de Jehová.
7 Y los levitas rodearán al rey por todas partes, y
cada uno tendrá sus armas en la mano; cualquiera que entre en la casa, que muera; y estaréis con el rey cuando entre y cuando salga.
8 Y los levitas y todo Judá lo hicieron todo
como lo había mandado el sacerdote Joiada; y
tomó cada jefe a los suyos, los que entraban el
día de reposo,* y los que salían el día de reposo;* porque el sacerdote Joiada no dio licencia a
las compañías.
9 Dio también el sacerdote Joiada a los jefes de
centenas las lanzas, los paveses y los escudos
que habían sido del rey David, y que estaban en
la casa de Dios;
10 y puso en orden a todo el pueblo, teniendo
cada uno su espada en la mano, desde el rincón
derecho del templo hasta el izquierdo, hacia el
altar y la casa, alrededor del rey por todas partes.
11 Entonces sacaron al hijo del rey, y le pusieron
la corona y el testimonio, y lo proclamaron rey;
y Joiada y sus hijos lo ungieron, diciendo luego:
¡Viva el rey!
12 Cuando Atalía oyó el estruendo de la gente
que corría, y de los que aclamaban al rey, vino al
pueblo a la casa de Jehová;
13 y mirando, vio al rey que estaba junto a su columna a la entrada, y los príncipes y los trompeteros junto al rey, y que todo el pueblo de la
tierra mostraba alegría, y sonaba bocinas, y los
cantores con instrumentos de música dirigían la
alabanza. Entonces Atalía rasgó sus vestidos, y
dijo: ¡Traición! ¡Traición!
14 Pero el sacerdote Joiada mandó que salieran
los jefes de centenas del ejército, y les dijo: Sacadla fuera del recinto, y al que la siguiere, matadlo a
filo de espada; porque el sacerdote había mandado que no la matasen en la casa de Jehová.
15 Ellos, pues, le echaron mano, y luego que ella
hubo pasado la entrada de la puerta de los caballos de la casa del rey, allí la mataron.
16 Y Joiada hizo pacto entre sí y todo el pueblo y el rey, que serían pueblo de Jehová.
17 Después de esto entró todo el pueblo en el
templo de Baal, y lo derribaron, y también sus
altares; e hicieron pedazos sus imágenes, y mataron delante de los altares a Matán, sacerdote
de Baal.
18 Luego ordenó Joiada los oficios en la casa de
Jehová, bajo la mano de los sacerdotes y levitas,
según David los había distribuido en la casa de
Jehová, para ofrecer a Jehová los holocaustos,
como está escrito en la ley de Moisés, con gozo y
con cánticos, conforme a la disposición de David.
19 Puso también porteros a las puertas de la
casa de Jehová, para que por ninguna vía entrase ningún inmundo.
20 Llamó después a los jefes de centenas, y a los
principales, a los que gobernaban el pueblo y a
todo el pueblo de la tierra, para conducir al rey
desde la casa de Jehová; y cuando llegaron a la
mitad de la puerta mayor de la casa del rey, sentaron al rey sobre el trono del reino.
21 Y se regocijó todo el pueblo del país; y la ciudad estuvo tranquila, después que mataron a
Atalía a filo de espada.

* Aquí equivale a *sábado.*
23.3: [a] 2 S. 7.12.

Reinado de Joás de Judá

24 1 De siete años era Joás cuando comen-
zó a reinar, y cuarenta años reinó en Je-
rusalén. El nombre de su madre fue Sibia, de
Beerseba.
2 E hizo Joás lo recto ante los ojos de Jehová to-
dos los días de Joiada el sacerdote.
3 Y Joiada tomó para él dos mujeres; y engen-
dró hijos e hijas.
4 Después de esto, aconteció que Joás decidió
restaurar la casa de Jehová.
5 Y reunió a los sacerdotes y los levitas, y les
dijo: Salid por las ciudades de Judá, y recoged
dinero de todo Israel, para que cada año sea re-
parada la casa de vuestro Dios; y vosotros po-
ned diligencia en el asunto. Pero los levitas no
pusieron diligencia.
6 Por lo cual el rey llamó al sumo sacerdote Joia-
da y le dijo: ¿Por qué no has procurado que los
levitas traigan de Judá y de Jerusalén la ofrenda
que Moisés siervo de Jehová impuso a la con-
gregación de Israel para el tabernáculo del testi-
monio?[a]
7 Porque la impía Atalía y sus hijos habían des-
truido la casa de Dios, y además habían gastado
en los ídolos todas las cosas consagradas de la
casa de Jehová.
8 Mandó, pues, el rey que hiciesen un arca, la
cual pusieron fuera, a la puerta de la casa de
Jehová;
9 e hicieron pregonar en Judá y en Jerusalén, que
trajesen a Jehová la ofrenda que Moisés siervo de
Dios había impuesto a Israel en el desierto.
10 Y todos los jefes y todo el pueblo se gozaron,
y trajeron ofrendas, y las echaron en el arca has-
ta llenarla.
11 Y cuando venía el tiempo para llevar el arca
al secretario del rey por mano de los levitas,
cuando veían que había mucho dinero, venía el
escriba del rey, y el que estaba puesto por el
sumo sacerdote, y llevaban el arca, y la vacia-
ban, y la volvían a su lugar. Así lo hacían de día
en día, y recogían mucho dinero,
12 y el rey y Joiada lo daban a los que hacían el
trabajo del servicio de la casa de Jehová; y to-
maban canteros y carpinteros que reparasen la
casa de Jehová, y artífices en hierro y bronce
para componer la casa.
13 Hacían, pues, los artesanos la obra, y por sus
manos la obra fue restaurada, y restituyeron la
casa de Dios a su antigua condición, y la consoli-
daron.
14 Y cuando terminaron, trajeron al rey y a Joia-
da lo que quedaba del dinero, e hicieron de él
utensilios para la casa de Jehová, utensilios para
el servicio, morteros, cucharas, vasos de oro y de
plata. Y sacrificaban holocaustos continuamente
en la casa de Jehová todos los días de Joiada.
15 Mas Joiada envejeció, y murió lleno de
días; de ciento treinta años era cuando murió.
16 Y lo sepultaron en la ciudad de David con los
reyes, por cuanto había hecho bien con Israel, y
para con Dios, y con su casa.
17 Muerto Joiada, vinieron los príncipes de
Judá y ofrecieron obediencia al rey; y el rey los
oyó.
18 Y desampararon la casa de Jehová el Dios de
sus padres, y sirvieron a los símbolos de Asera y a
las imágenes esculpidas. Entonces la ira de Dios
vino sobre Judá y Jerusalén por este su pecado.
19 Y les envió profetas para que los volviesen a
Jehová, los cuales les amonestaron; mas ellos
no los escucharon.
20 Entonces el Espíritu de Dios vino sobre Za-
carías hijo del sacerdote Joiada; y puesto en pie,
donde estaba más alto que el pueblo, les dijo:
Así ha dicho Dios: ¿Por qué quebrantáis los
mandamientos de Jehová? No os vendrá bien
por ello; porque por haber dejado a Jehová, él
también os abandonará.
21 Pero ellos hicieron conspiración contra él, y
por mandato del rey lo apedrearon hasta matar-
lo, en el patio de la casa de Jehová.[b]
22 Así el rey Joás no se acordó de la misericordia
que Joiada padre de Zacarías había hecho con
él, antes mató a su hijo, quien dijo al morir:
Jehová lo vea y lo demande.
23 A la vuelta del año subió contra él el ejérci-
to de Siria; y vinieron a Judá y a Jerusalén, y
destruyeron en el pueblo a todos los principales
de él, y enviaron todo el botín al rey a Damasco.
24 Porque aunque el ejército de Siria había veni-
do con poca gente, Jehová entregó en sus ma-
nos un ejército muy numeroso, por cuanto
habían dejado a Jehová el Dios de sus padres.
Así ejecutaron juicios contra Joás.
25 Y cuando se fueron los sirios, lo dejaron
agobiado por sus dolencias; y conspiraron con-
tra él sus siervos a causa de la sangre de los hijos
de Joiada el sacerdote, y lo hirieron en su cama,
y murió. Y lo sepultaron en la ciudad de David,
pero no en los sepulcros de los reyes.
26 Los que conspiraron contra él fueron Zabad
hijo de Simeat amonita, y Jozabad hijo de Sim-
rit moabita.
27 En cuanto a los hijos de Joás, y la multiplica-
ción que hizo de las rentas, y la restauración de
la casa de Jehová, he aquí está escrito en la his-
toria del libro de los reyes. Y reinó en su lugar
Amasías su hijo.

Reinado de Amasías

25 1 De veinticinco años era Amasías cuan-
do comenzó a reinar, y veintinueve años

24.6: [a] Ex. 30.11-16. **24.20-21:** [b] Mt. 23.35; Lc. 11.51.

reinó en Jerusalén; el nombre de su madre fue
Joadán, de Jerusalén.
2 Hizo él lo recto ante los ojos de Jehová, aun-
que no de perfecto corazón.
3 Y luego que fue confirmado en el reino, mató a
los siervos que habían matado al rey su padre.
4 Pero no mató a los hijos de ellos, según lo que
está escrito en la ley, en el libro de Moisés, don-
de Jehová mandó diciendo: No morirán los pa-
dres por los hijos, ni los hijos por los padres;
mas cada uno morirá por su pecado.[a]
5 Reunió luego Amasías a Judá, y con arreglo
a las familias les puso jefes de millares y de cen-
tenas sobre todo Judá y Benjamín. Después
puso en lista a todos los de veinte años arriba, y
fueron hallados trescientos mil escogidos para
salir a la guerra, que tenían lanza y escudo.
6 Y de Israel tomó a sueldo por cien talentos de
plata, a cien mil hombres valientes.
7 Mas un varón de Dios vino a él y le dijo: Rey, no
vaya contigo el ejército de Israel; porque Jehová
no está con Israel, ni con todos los hijos de Efraín.
8 Pero si vas así, si lo haces, y te esfuerzas para
pelear, Dios te hará caer delante de los enemi-
gos; porque en Dios está el poder, o para ayudar,
o para derribar.
9 Y Amasías dijo al varón de Dios: ¿Qué, pues,
se hará de los cien talentos que he dado al ejér-
cito de Israel? Y el varón de Dios respondió:
Jehová puede darte mucho más que esto.
10 Entonces Amasías apartó el ejército de la
gente que había venido a él de Efraín, para que
se fuesen a sus casas; y ellos se enojaron gran-
demente contra Judá, y volvieron a sus casas
encolerizados.
11 Esforzándose entonces Amasías, sacó a su
pueblo, y vino al Valle de la Sal, y mató de los hi-
jos de Seir diez mil.[b]
12 Y los hijos de Judá tomaron vivos a otros diez
mil, los cuales llevaron a la cumbre de un peñas-
co, y de allí los despeñaron, y todos se hicieron
pedazos.
13 Mas los del ejército que Amasías había despe-
dido, para que no fuesen con él a la guerra, in-
vadieron las ciudades de Judá, desde Samaria
hasta Bet-horón, y mataron a tres mil de ellos, y
tomaron gran despojo.
14 Volviendo luego Amasías de la matanza de
los edomitas, trajo también consigo los dioses
de los hijos de Seir, y los puso ante sí por dioses,
y los adoró, y les quemó incienso.
15 Por esto se encendió la ira de Jehová contra
Amasías, y envió a él un profeta, que le dijo:
¿Por qué has buscado los dioses de otra nación,
que no libraron a su pueblo de tus manos?
16 Y hablándole el profeta estas cosas, él le res-
pondió: ¿Te han puesto a ti por consejero del rey?
Déjate de eso. ¿Por qué quieres que te maten? Y
cuando terminó de hablar, el profeta dijo luego:
Yo sé que Dios ha decretado destruirte, porque
has hecho esto, y no obedeciste mi consejo.
17 Y Amasías rey de Judá, después de tomar
consejo, envió a decir a Joás hijo de Joacaz, hijo
de Jehú, rey de Israel: Ven, y veámonos cara a
cara.
18 Entonces Joás rey de Israel envió a decir a
Amasías rey de Judá: El cardo que estaba en el
Líbano envió al cedro que estaba en el Líbano,
diciendo: Da tu hija a mi hijo por mujer. Y he
aquí que las fieras que estaban en el Líbano pa-
saron, y hollaron el cardo.
19 Tú dices: He aquí he derrotado a Edom; y tu
corazón se enaltece para gloriarte. Quédate
ahora en tu casa. ¿Para qué provocas un mal en
que puedas caer tú y Judá contigo?
20 Mas Amasías no quiso oír; porque era la
voluntad de Dios, que los quería entregar en
manos de sus enemigos, por cuanto habían bus-
cado los dioses de Edom.
21 Subió, pues, Joás rey de Israel, y se vieron
cara a cara él y Amasías rey de Judá en la batalla
de Bet-semes, la cual es de Judá.
22 Pero cayó Judá delante de Israel, y huyó cada
uno a su casa.
23 Y Joás rey de Israel apresó en Bet-semes a
Amasías rey de Judá, hijo de Joás, hijo de Joacaz,
y lo llevó a Jerusalén; y derribó el muro de Jeru-
salén desde la puerta de Efraín hasta la puerta
del ángulo, un tramo de cuatrocientos codos.
24 Asimismo tomó todo el oro y la plata, y todos
los utensilios que se hallaron en la casa de Dios
en casa de Obed-edom, y los tesoros de la casa
del rey, y los hijos de los nobles; después volvió
a Samaria.
25 Y vivió Amasías hijo de Joás, rey de Judá,
quince años después de la muerte de Joás hijo
de Joacaz, rey de Israel.
26 Los demás hechos de Amasías, primeros y
postreros, ¿no están escritos en el libro de los re-
yes de Judá y de Israel?
27 Desde el tiempo en que Amasías se apartó de
Jehová, empezaron a conspirar contra él en Je-
rusalén; y habiendo él huido a Laquis, enviaron
tras él a Laquis, y allá lo mataron;
28 y lo trajeron en caballos, y lo sepultaron con
sus padres en la ciudad de Judá.

Reinado de Uzías

26 1 Entonces todo el pueblo de Judá tomó
a Uzías, el cual tenía dieciséis años de
edad, y lo pusieron por rey en lugar de Amasías
su padre.
2 Uzías edificó a Elot, y la restituyó a Judá des-
pués que el rey Amasías durmió con sus padres.

25.4: [a] Dt. 24.16. **25.11:** [b] 2 R. 14.7.

3 De dieciséis años era Uzías cuando comenzó a
reinar, y cincuenta y dos años reinó en Jerusa-
lén. El nombre de su madre fue Jecolías, de Je-
rusalén.
4 E hizo lo recto ante los ojos de Jehová, confor-
me a todas las cosas que había hecho Amasías
su padre.
5 Y persistió en buscar a Dios en los días de Za-
carías, entendido en visiones de Dios; y en estos
días en que buscó a Jehová, él le prosperó.
6 Y salió y peleó contra los filisteos, y rompió
el muro de Gat, y el muro de Jabnia, y el muro
de Asdod; y edificó ciudades en Asdod, y en la
tierra de los filisteos.
7 Dios le dio ayuda contra los filisteos, y contra
los árabes que habitaban en Gur-baal, y contra
los amonitas.
8 Y dieron los amonitas presentes a Uzías, y se
divulgó su fama hasta la frontera de Egipto;
porque se había hecho altamente poderoso.
9 Edificó también Uzías torres en Jerusalén, jun-
to a la puerta del ángulo, y junto a la puerta del
valle, y junto a las esquinas; y las fortificó.
10 Asimismo edificó torres en el desierto, y abrió
muchas cisternas; porque tuvo muchos gana-
dos, así en la Sefela como en las vegas, y viñas y
labranzas, así en los montes como en los llanos
fértiles; porque era amigo de la agricultura.
11 Tuvo también Uzías un ejército de guerreros,
los cuales salían a la guerra en divisiones, de
acuerdo con la lista hecha por mano de Jeiel es-
criba, y de Maasías gobernador, y de Hananías,
uno de los jefes del rey.
12 Todo el número de los jefes de familia, va-
lientes y esforzados, era dos mil seiscientos.
13 Y bajo la mano de éstos estaba el ejército de
guerra, de trescientos siete mil quinientos gue-
rreros poderosos y fuertes, para ayudar al rey
contra los enemigos.
14 Y Uzías preparó para todo el ejército escudos,
lanzas, yelmos, coseletes, arcos, y hondas para
tirar piedras.
15 E hizo en Jerusalén máquinas inventadas por
ingenieros, para que estuviesen en las torres y
en los baluartes, para arrojar saetas y grandes
piedras. Y su fama se extendió lejos, porque fue
ayudado maravillosamente, hasta hacerse po-
deroso.
16 Mas cuando ya era fuerte, su corazón se
enalteció para su ruina; porque se rebeló contra
Jehová su Dios, entrando en el templo de Jeho-
vá para quemar incienso en el altar del incienso.
17 Y entró tras él el sacerdote Azarías, y con él
ochenta sacerdotes de Jehová, varones valientes.
18 Y se pusieron contra el rey Uzías, y le dijeron:
No te corresponde a ti, oh Uzías, el quemar in-
cienso a Jehová, sino a los sacerdotes hijos de
Aarón, que son consagrados para quemarlo.[a]
Sal del santuario, porque has prevaricado, y no
te será para gloria delante de Jehová Dios.
19 Entonces Uzías, teniendo en la mano un in-
censario para ofrecer incienso, se llenó de ira; y
en su ira contra los sacerdotes, la lepra le brotó
en la frente, delante de los sacerdotes en la casa
de Jehová, junto al altar del incienso.
20 Y le miró el sumo sacerdote Azarías, y todos
los sacerdotes, y he aquí la lepra estaba en su
frente; y le hicieron salir apresuradamente de
aquel lugar; y él también se dio prisa a salir, por-
que Jehová lo había herido.
21 Así el rey Uzías fue leproso hasta el día de su
muerte, y habitó leproso en una casa apartada,
por lo cual fue excluido de la casa de Jehová; y
Jotam su hijo tuvo cargo de la casa real, gober-
nando al pueblo de la tierra.
22 Los demás hechos de Uzías, primeros y
postreros, fueron escritos por el profeta Isaías,
hijo de Amoz.
23 Y durmió Uzías con sus padres,[b] y lo sepulta-
ron con sus padres en el campo de los sepulcros
reales; porque dijeron: Leproso es. Y reinó Jo-
tam su hijo en lugar suyo.

Reinado de Jotam

27 1 De veinticinco años era Jotam cuando
comenzó a reinar, y dieciséis años reinó
en Jerusalén. El nombre de su madre fue Jeru-
sa, hija de Sadoc.
2 E hizo lo recto ante los ojos de Jehová, confor-
me a todas las cosas que había hecho Uzías su
padre, salvo que no entró en el santuario de
Jehová. Pero el pueblo continuaba corrompién-
dose.
3 Edificó él la puerta mayor de la casa de Jehová,
y sobre el muro de la fortaleza edificó mucho.
4 Además edificó ciudades en las montañas de
Judá, y construyó fortalezas y torres en los
bosques.
5 También tuvo él guerra con el rey de los hijos
de Amón, a los cuales venció; y le dieron los hi-
jos de Amón en aquel año cien talentos de plata,
diez mil coros de trigo, y diez mil de cebada.
Esto le dieron los hijos de Amón, y lo mismo en
el segundo año y en el tercero.
6 Así que Jotam se hizo fuerte, porque preparó
sus caminos delante de Jehová su Dios.
7 Los demás hechos de Jotam, y todas sus gue-
rras, y sus caminos, he aquí están escritos en el
libro de los reyes de Israel y de Judá.
8 Cuando comenzó a reinar era de veinticinco
años, y dieciséis reinó en Jerusalén.
9 Y durmió Jotam con sus padres, y lo sepulta-
ron en la ciudad de David; y reinó en su lugar
Acaz su hijo.

26.18: [a] Ex. 30.7-8; Nm. 3.10. **26.23:** [b] Is. 6.1.

Reinado de Acaz

28 1 De veinte años era Acaz cuando co-
menzó a reinar, y dieciséis años reinó en
Jerusalén; mas no hizo lo recto ante los ojos de
Jehová, como David su padre.
2 Antes anduvo en los caminos de los reyes de
Israel, y además hizo imágenes fundidas a los
baales.
3 Quemó también incienso en el valle de los hi-
jos de Hinom, e hizo pasar a sus hijos por fuego,
conforme a las abominaciones de las naciones
que Jehová había arrojado de la presencia de los
hijos de Israel.
4 Asimismo sacrificó y quemó incienso en los lu-
gares altos, en los collados, y debajo de todo ár-
bol frondoso.
5 Por lo cual Jehová su Dios lo entregó en ma-
nos del rey de los sirios, los cuales lo derrotaron,
y le tomaron gran número de prisioneros que
llevaron a Damasco. Fue también entregado en
manos del rey de Israel, el cual lo batió con gran
mortandad.
6 Porque Peka hijo de Remalías mató en Judá en
un día ciento veinte mil hombres valientes, por
cuanto habían dejado a Jehová el Dios de sus
padres.[a]
7 Asimismo Zicri, hombre poderoso de Efraín,
mató a Maasías hijo del rey, a Azricam su ma-
yordomo, y a Elcana, segundo después del rey.
8 También los hijos de Israel tomaron cautivos
de sus hermanos a doscientos mil, mujeres, mu-
chachos y muchachas, además de haber tomado
de ellos mucho botín que llevaron a Samaria.
9 Había entonces allí un profeta de Jehová que
se llamaba Obed, el cual salió delante del ejérci-
to cuando entraba en Samaria, y les dijo: He
aquí, Jehová el Dios de vuestros padres, por el
enojo contra Judá, los ha entregado en vuestras
manos; y vosotros los habéis matado con ira que
ha llegado hasta el cielo.
10 Y ahora habéis determinado sujetar a voso-
tros a Judá y a Jerusalén como siervos y siervas;
mas ¿no habéis pecado vosotros contra Jehová
vuestro Dios?
11 Oídme, pues, ahora, y devolved a los cautivos
que habéis tomado de vuestros hermanos; por-
que Jehová está airado contra vosotros.
12 Entonces se levantaron algunos varones de
los principales de los hijos de Efraín, Azarías
hijo de Johanán, Berequías hijo de Mesilemot,
Ezequías hijo de Salum, y Amasa hijo de Hadlai,
contra los que venían de la guerra.
13 Y les dijeron: No traigáis aquí a los cautivos,
porque el pecado contra Jehová estará sobre no-
sotros. Vosotros tratáis de añadir sobre nuestros
pecados y sobre nuestras culpas, siendo muy
grande nuestro delito, y el ardor de la ira contra
Israel.
14 Entonces el ejército dejó los cautivos y el botín
delante de los príncipes y de toda la multitud.
15 Y se levantaron los varones nombrados, y to-
maron a los cautivos, y del despojo vistieron a los
que de ellos estaban desnudos; los vistieron, los
calzaron, y les dieron de comer y de beber, los
ungieron, y condujeron en asnos a todos los dé-
biles, y los llevaron hasta Jericó, ciudad de las
palmeras, cerca de sus hermanos; y ellos volvie-
ron a Samaria.
16 En aquel tiempo envió a pedir el rey Acaz a
los reyes de Asiria que le ayudasen.
17 Porque también los edomitas habían venido y
atacado a los de Judá, y habían llevado cautivos.
18 Asimismo los filisteos se habían extendido por
las ciudades de la Sefela y del Neguev de Judá, y
habían tomado Bet-semes, Ajalón, Gederot, Soco
con sus aldeas, Timna también con sus aldeas, y
Gimzo con sus aldeas; y habitaban en ellas.
19 Porque Jehová había humillado a Judá por
causa de Acaz rey de Israel, por cuanto él había
actuado desenfrenadamente en Judá, y había
prevaricado gravemente contra Jehová.
20 También vino contra él Tiglat-pileser rey de
los asirios, quien lo redujo a estrechez, y no lo
fortaleció.
21 No obstante que despojó Acaz la casa de
Jehová, y la casa real, y las de los príncipes, para
dar al rey de los asirios, éste no le ayudó.
22 Además el rey Acaz en el tiempo que aquél
le apuraba, añadió mayor pecado contra Jehová;
23 porque ofreció sacrificios a los dioses de Da-
masco que le habían derrotado, y dijo: Pues que
los dioses de los reyes de Siria les ayudan, yo
también ofreceré sacrificios a ellos para que me
ayuden; bien que fueron éstos su ruina, y la de
todo Israel.
24 Además de eso recogió Acaz los utensilios de
la casa de Dios, y los quebró, y cerró las puertas
de la casa de Jehová, y se hizo altares en Jerusa-
lén en todos los rincones.
25 Hizo también lugares altos en todas las ciu-
dades de Judá, para quemar incienso a los dio-
ses ajenos, provocando así a ira a Jehová el Dios
de sus padres.
26 Los demás de sus hechos, y todos sus cami-
nos, primeros y postreros, he aquí están escritos
en el libro de los reyes de Judá y de Israel.
27 Y durmió Acaz con sus padres,[b] y lo sepulta-
ron en la ciudad de Jerusalén, pero no lo metie-
ron en los sepulcros de los reyes de Israel; y
reinó en su lugar Ezequías su hijo.

Reinado de Ezequías

29 1 Comenzó a reinar Ezequías siendo de
veinticinco años, y reinó veintinueve años

28.5-6: [a] 2 R. 16.5; Is. 7.1. **28.27:** [b] Is. 14.28.

en Jerusalén. El nombre de su madre fue Abías,
hija de Zacarías.
2 E hizo lo recto ante los ojos de Jehová, confor-
me a todas las cosas que había hecho David su
padre.

Ezequías restablece el culto del templo

3 En el primer año de su reinado, en el mes
primero, abrió las puertas de la casa de Jehová,
y las reparó.
4 E hizo venir a los sacerdotes y levitas, y los
reunió en la plaza oriental.
5 Y les dijo: ¡Oídme, levitas! Santificaos ahora, y
santificad la casa de Jehová el Dios de vuestros
padres, y sacad del santuario la inmundicia.
6 Porque nuestros padres se han rebelado, y han
hecho lo malo ante los ojos de Jehová nuestro
Dios; porque le dejaron, y apartaron sus rostros
del tabernáculo de Jehová, y le volvieron las
espaldas.
7 Y aun cerraron las puertas del pórtico, y apa-
garon las lámparas; no quemaron incienso, ni
sacrificaron holocausto en el santuario al Dios
de Israel.
8 Por tanto, la ira de Jehová ha venido sobre
Judá y Jerusalén, y los ha entregado a turba-
ción, a execración y a escarnio, como veis voso-
tros con vuestros ojos.
9 Y he aquí nuestros padres han caído a espada,
y nuestros hijos, nuestras hijas y nuestras muje-
res fueron llevados cautivos por esto.
10 Ahora, pues, yo he determinado hacer pacto
con Jehová el Dios de Israel, para que aparte de
nosotros el ardor de su ira.
11 Hijos míos, no os engañéis ahora, porque
Jehová os ha escogido a vosotros para que estéis
delante de él y le sirváis, y seáis sus ministros, y
le queméis incienso.
12 Entonces se levantaron los levitas Mahat
hijo de Amasai y Joel hijo de Azarías, de los hi-
jos de Coat; de los hijos de Merari, Cis hijo de
Abdi y Azarías hijo de Jehalelel; de los hijos de
Gersón, Joa hijo de Zima y Edén hijo de Joa;
13 de los hijos de Elizafán, Simri y Jeiel; de los
hijos de Asaf, Zacarías y Matanías;
14 de los hijos de Hemán, Jehiel y Simei; y de los
hijos de Jedutún, Semaías y Uziel.
15 Estos reunieron a sus hermanos, y se santifi-
caron, y entraron, conforme al mandamiento
del rey y las palabras de Jehová, para limpiar la
casa de Jehová.
16 Y entrando los sacerdotes dentro de la casa
de Jehová para limpiarla, sacaron toda la in-
mundicia que hallaron en el templo de Jehová,
al atrio de la casa de Jehová; y de allí los levitas
la llevaron fuera al torrente de Cedrón.
17 Comenzaron a santificarse el día primero del
mes primero, y a los ocho del mismo mes vinie-
ron al pórtico de Jehová; y santificaron la casa
de Jehová en ocho días, y en el día dieciséis del
mes primero terminaron.
18 Entonces vinieron al rey Ezequías y le dije-
ron: Ya hemos limpiado toda la casa de Jehová,
el altar del holocausto, y todos sus instrumen-
tos, y la mesa de la proposición con todos sus
utensilios.
19 Asimismo hemos preparado y santificado to-
dos los utensilios que en su infidelidad había de-
sechado el rey Acaz, cuando reinaba; y he aquí
están delante del altar de Jehová.
20 Y levantándose de mañana, el rey Ezequías
reunió los principales de la ciudad, y subió a la
casa de Jehová.
21 Y presentaron siete novillos, siete carneros,
siete corderos y siete machos cabríos para ex-
piación por el reino, por el santuario y por Judá.
Y dijo a los sacerdotes hijos de Aarón que los
ofreciesen sobre el altar de Jehová.
22 Mataron, pues, los novillos, y los sacerdotes
recibieron la sangre, y la esparcieron sobre el al-
tar; mataron luego los carneros, y esparcieron la
sangre sobre el altar; asimismo mataron los cor-
deros, y esparcieron la sangre sobre el altar.
23 Después hicieron acercar delante del rey y de
la multitud los machos cabríos para la expia-
ción, y pusieron sobre ellos sus manos;
24 y los sacerdotes los mataron, e hicieron ofren-
da de expiación con la sangre de ellos sobre el al-
tar, para reconciliar a todo Israel; porque por
todo Israel mandó el rey hacer el holocausto y la
expiación.
25 Puso también levitas en la casa de Jehová
con címbalos, salterios y arpas, conforme al
mandamiento de David, de Gad vidente del rey,
y del profeta Natán, porque aquel mandamiento
procedía de Jehová por medio de sus profetas.
26 Y los levitas estaban con los instrumentos de
David, y los sacerdotes con trompetas.
27 Entonces mandó Ezequías sacrificar el holo-
causto en el altar; y cuando comenzó el holo-
causto, comenzó también el cántico de Jehová,
con las trompetas y los instrumentos de David
rey de Israel.
28 Y toda la multitud adoraba, y los cantores can-
taban, y los trompeteros sonaban las trompetas;
todo esto duró hasta consumirse el holocausto.
29 Y cuando acabaron de ofrecer, se inclinó el
rey, y todos los que con él estaban, y adoraron.
30 Entonces el rey Ezequías y los príncipes dije-
ron a los levitas que alabasen a Jehová con las
palabras de David y de Asaf vidente; y ellos ala-
baron con gran alegría, y se inclinaron y adora-
ron.
31 Y respondiendo Ezequías, dijo: Vosotros os
habéis consagrado ahora a Jehová; acercaos,
pues, y presentad sacrificios y alabanzas en la

casa de Jehová. Y la multitud presentó sacrificios y alabanzas; y todos los generosos de corazón trajeron holocaustos.

32 Y fue el número de los holocaustos que trajo la congregación, setenta bueyes, cien carneros y doscientos corderos, todo para el holocausto de Jehová.

33 Y las ofrendas fueron seiscientos bueyes y tres mil ovejas.

34 Mas los sacerdotes eran pocos, y no bastaban para desollar los holocaustos; y así sus hermanos los levitas les ayudaron hasta que acabaron la obra, y hasta que los demás sacerdotes se santificaron; porque los levitas fueron más rectos de corazón para santificarse que los sacerdotes.

35 Así, pues, hubo abundancia de holocaustos, con grosura de las ofrendas de paz, y libaciones para cada holocausto. Y quedó restablecido el servicio de la casa de Jehová.

36 Y se alegró Ezequías con todo el pueblo, de que Dios hubiese preparado el pueblo; porque la cosa fue hecha rápidamente.

Ezequías celebra la pascua

30 1 Envió después Ezequías por todo Israel y Judá, y escribió cartas a Efraín y a Manasés, para que viniesen a Jerusalén a la casa de Jehová para celebrar la pascua a Jehová Dios de Israel.

2 Y el rey había tomado consejo con sus príncipes, y con toda la congregación en Jerusalén, para celebrar la pascua en el mes segundo;

3 porque entonces no la podían celebrar, por cuanto no había suficientes sacerdotes santificados, ni el pueblo se había reunido en Jerusalén.[a]

4 Esto agradó al rey y a toda la multitud.

5 Y determinaron hacer pasar pregón por todo Israel, desde Beerseba hasta Dan, para que viniesen a celebrar la pascua a Jehová Dios de Israel, en Jerusalén; porque en mucho tiempo no la habían celebrado al modo que está escrito.

6 Fueron, pues, correos con cartas de mano del rey y de sus príncipes por todo Israel y Judá, como el rey lo había mandado, y decían: Hijos de Israel, volveos a Jehová el Dios de Abraham, de Isaac y de Israel, y él se volverá al remanente que ha quedado de la mano de los reyes de Asiria.

7 No seáis como vuestros padres y como vuestros hermanos, que se rebelaron contra Jehová el Dios de sus padres, y él los entregó a desolación, como vosotros veis.

8 No endurezcáis, pues, ahora vuestra cerviz como vuestros padres; someteos a Jehová, y venid a su santuario, el cual él ha santificado para siempre; y servid a Jehová vuestro Dios, y el ardor de su ira se apartará de vosotros.

9 Porque si os volviereis a Jehová, vuestros hermanos y vuestros hijos hallarán misericordia delante de los que los tienen cautivos, y volverán a esta tierra; porque Jehová vuestro Dios es clemente y misericordioso, y no apartará de vosotros su rostro, si vosotros os volviereis a él.

10 Pasaron, pues, los correos de ciudad en ciudad por la tierra de Efraín y Manasés, hasta Zabulón; mas se reían y burlaban de ellos.

11 Con todo eso, algunos hombres de Aser, de Manasés y de Zabulón se humillaron, y vinieron a Jerusalén.

12 En Judá también estuvo la mano de Dios para darles un solo corazón para cumplir el mensaje del rey y de los príncipes, conforme a la palabra de Jehová.

13 Y se reunió en Jerusalén mucha gente para celebrar la fiesta solemne de los panes sin levadura en el mes segundo, una vasta reunión.

14 Y levantándose, quitaron los altares que había en Jerusalén; quitaron también todos los altares de incienso, y los echaron al torrente de Cedrón.

15 Entonces sacrificaron la pascua, a los catorce días del mes segundo; y los sacerdotes y los levitas llenos de vergüenza se santificaron, y trajeron los holocaustos a la casa de Jehová.

16 Y tomaron su lugar en los turnos de costumbre, conforme a la ley de Moisés varón de Dios; y los sacerdotes esparcían la sangre que recibían de manos de los levitas.

17 Porque había muchos en la congregación que no estaban santificados, y por eso los levitas sacrificaban la pascua por todos los que no se habían purificado, para santificarlos a Jehová.

18 Porque una gran multitud del pueblo de Efraín y Manasés, y de Isacar y Zabulón, no se habían purificado, y comieron la pascua no conforme a lo que está escrito. Mas Ezequías oró por ellos, diciendo: Jehová, que es bueno, sea propicio a todo aquel que ha preparado su corazón para buscar a Dios,

19 a Jehová el Dios de sus padres, aunque no esté purificado según los ritos de purificación del santuario.

20 Y oyó Jehová a Ezequías, y sanó al pueblo.

21 Así los hijos de Israel que estaban en Jerusalén celebraron la fiesta solemne de los panes sin levadura por siete días con grande gozo; y glorificaban a Jehová todos los días los levitas y los sacerdotes, cantando con instrumentos resonantes a Jehová.

22 Y habló Ezequías al corazón de todos los levitas que tenían buena inteligencia en el servicio de Jehová. Y comieron de lo sacrificado en la fiesta solemne por siete días, ofreciendo sacrificios de paz, y dando gracias a Jehová el Dios de sus padres.

30.2-3: [a] Nm. 9.9-11.

23 Y toda aquella asamblea determinó que ce-
lebrasen la fiesta por otros siete días; y la cele-
braron otros siete días con alegría.
24 Porque Ezequías rey de Judá había dado a la
asamblea mil novillos y siete mil ovejas; y tam-
bién los príncipes dieron al pueblo mil novillos y
diez mil ovejas; y muchos sacerdotes ya se ha-
bían santificado.
25 Se alegró, pues, toda la congregación de Judá,
como también los sacerdotes y levitas, y toda la
multitud que había venido de Israel; asimismo
los forasteros que habían venido de la tierra de
Israel, y los que habitaban en Judá.
26 Hubo entonces gran regocijo en Jerusalén;
porque desde los días de Salomón hijo de David
rey de Israel, no había habido cosa semejante en
Jerusalén.
27 Después los sacerdotes y levitas, puestos en
pie, bendijeron al pueblo; y la voz de ellos fue
oída, y su oración llegó a la habitación de su
santuario, al cielo.

31 1 Hechas todas estas cosas, todos los de
Israel que habían estado allí salieron por
las ciudades de Judá, y quebraron las estatuas y
destruyeron las imágenes de Asera, y derriba-
ron los lugares altos y los altares por todo Judá
y Benjamín, y también en Efraín y Manasés,
hasta acabarlo todo. Después se volvieron to-
dos los hijos de Israel a sus ciudades, cada uno
a su posesión.

Ezequías reorganiza el servicio de los sacerdotes y levitas

2 Y arregló Ezequías la distribución de los sa-
cerdotes y de los levitas conforme a sus turnos,
cada uno según su oficio; los sacerdotes y los le-
vitas para ofrecer el holocausto y las ofrendas
de paz, para que ministrasen, para que diesen
gracias y alabasen dentro de las puertas de los
atrios de Jehová.
3 El rey contribuyó de su propia hacienda para
los holocaustos a mañana y tarde, y para los ho-
locaustos de los días de reposo,* nuevas lunas y
fiestas solemnes, como está escrito en la ley de
Jehová.[a]
4 Mandó también al pueblo que habitaba en Je-
rusalén, que diese la porción correspondiente a
los sacerdotes y levitas, para que ellos se dedica-
sen a la ley de Jehová.
5 Y cuando este edicto fue divulgado, los hijos
de Israel dieron muchas primicias de grano,
vino, aceite, miel, y de todos los frutos de la tie-
rra; trajeron asimismo en abundancia los diez-
mos de todas las cosas.[b]
6 También los hijos de Israel y de Judá, que ha-
bitaban en las ciudades de Judá, dieron del mis-
mo modo los diezmos de las vacas y de las
ovejas; y trajeron los diezmos de lo santificado,
de las cosas que habían prometido a Jehová su
Dios, y los depositaron en montones.
7 En el mes tercero comenzaron a formar aque-
llos montones, y terminaron en el mes séptimo.
8 Cuando Ezequías y los príncipes vinieron y
vieron los montones, bendijeron a Jehová, y a
su pueblo Israel.
9 Y preguntó Ezequías a los sacerdotes y a los le-
vitas acerca de esos montones.
10 Y el sumo sacerdote Azarías, de la casa de Sa-
doc, le contestó: Desde que comenzaron a traer
las ofrendas a la casa de Jehová, hemos comido
y nos hemos saciado, y nos ha sobrado mucho,
porque Jehová ha bendecido a su pueblo; y ha
quedado esta abundancia de provisiones.
11 Entonces mandó Ezequías que preparasen
cámaras en la casa de Jehová; y las prepararon.
12 Y en ellas depositaron las primicias y los diez-
mos y las cosas consagradas, fielmente; y dieron
cargo de ello al levita Conanías, el principal, y
Simei su hermano fue el segundo.
13 Y Jehiel, Azazías, Nahat, Asael, Jerimot, Jo-
zabad, Eliel, Ismaquías, Mahat y Benaía, fueron
los mayordomos al servicio de Conanías y de Si-
mei su hermano, por mandamiento del rey Eze-
quías y de Azarías, príncipe de la casa de Dios.
14 Y el levita Coré hijo de Imna, guarda de la
puerta oriental, tenía cargo de las ofrendas vo-
luntarias para Dios, y de la distribución de las
ofrendas dedicadas a Jehová, y de las cosas
santísimas.
15 Y a su servicio estaban Edén, Miniamín, Je-
súa, Semaías, Amarías y Secanías, en las ciuda-
des de los sacerdotes, para dar con fidelidad a
sus hermanos sus porciones conforme a sus gru-
pos, así al mayor como al menor;
16 a los varones anotados por sus linajes, de tres
años arriba, a todos los que entraban en la casa
de Jehová para desempeñar su ministerio según
sus oficios y grupos.
17 También a los que eran contados entre los sa-
cerdotes según sus casas paternas; y a los levitas
de edad de veinte años arriba, conforme a sus
oficios y grupos.
18 Eran inscritos con todos sus niños, sus muje-
res, sus hijos e hijas, toda la multitud; porque
con fidelidad se consagraban a las cosas santas.
19 Del mismo modo para los hijos de Aarón, sacer-
dotes, que estaban en los ejidos de sus ciudades,
por todas las ciudades, los varones nombrados te-
nían cargo de dar sus porciones a todos los varo-
nes de entre los sacerdotes, y a todo el linaje de los
levitas.
20 De esta manera hizo Ezequías en todo Judá;
y ejecutó lo bueno, recto y verdadero delante de
Jehová su Dios.

* Aquí equivale a *sábado*.
31.3: [a] Nm. 28.1–29.39. 31.4-5: [b] Nm. 18.12-13, 21.

21 En todo cuanto emprendió en el servicio de la
casa de Dios, de acuerdo con la ley y los manda-
mientos, buscó a su Dios, lo hizo de todo cora-
zón, y fue prosperado.

Senaquerib invade a Judá

32 1 Después de estas cosas y de esta fideli-
dad, vino Senaquerib rey de los asirios e
invadió a Judá, y acampó contra las ciudades
fortificadas, con la intención de conquistarlas.
2 Viendo, pues, Ezequías la venida de Senaque-
rib, y su intención de combatir a Jerusalén,
3 tuvo consejo con sus príncipes y con sus hom-
bres valientes, para cegar las fuentes de agua que
estaban fuera de la ciudad; y ellos le apoyaron.
4 Entonces se reunió mucho pueblo, y cegaron to-
das las fuentes, y el arroyo que corría a través del
territorio, diciendo: ¿Por qué han de hallar los re-
yes de Asiria muchas aguas cuando vengan?
5 Después con ánimo resuelto edificó Ezequías
todos los muros caídos, e hizo alzar las torres, y
otro muro por fuera; fortificó además a Milo en
la ciudad de David, y también hizo muchas es-
padas y escudos.
6 Y puso capitanes de guerra sobre el pueblo, y
los hizo reunir en la plaza de la puerta de la ciu-
dad, y habló al corazón de ellos, diciendo:
7 Esforzaos y animaos; no temáis, ni tengáis
miedo del rey de Asiria, ni de toda la multitud
que con él viene; porque más hay con nosotros
que con él.
8 Con él está el brazo de carne, mas con noso-
tros está Jehová nuestro Dios para ayudarnos y
pelear nuestras batallas. Y el pueblo tuvo con-
fianza en las palabras de Ezequías rey de Judá.
9 Después de esto, Senaquerib rey de los asi-
rios, mientras sitiaba a Laquis con todas sus
fuerzas, envió sus siervos a Jerusalén para decir
a Ezequías rey de Judá, y a todos los de Judá
que estaban en Jerusalén:
10 Así ha dicho Senaquerib rey de los asirios:
¿En quién confiáis vosotros, al resistir el sitio en
Jerusalén?
11 ¿No os engaña Ezequías para entregaros a
muerte, a hambre y a sed, al decir: Jehová nues-
tro Dios nos librará de la mano del rey de Asiria?
12 ¿No es Ezequías el mismo que ha quitado sus
lugares altos y sus altares, y ha dicho a Judá y a
Jerusalén: Delante de este solo altar adoraréis, y
sobre él quemaréis incienso?
13 ¿No habéis sabido lo que yo y mis padres he-
mos hecho a todos los pueblos de la tierra? ¿Pu-
dieron los dioses de las naciones de esas tierras
librar su tierra de mi mano?
14 ¿Qué dios hubo de entre todos los dioses de
aquellas naciones que destruyeron mis padres,
que pudiese salvar a su pueblo de mis manos?
¿Cómo podrá vuestro Dios libraros de mi mano?
15 Ahora, pues, no os engañe Ezequías, ni os
persuada de ese modo, ni le creáis; que si nin-
gún dios de todas aquellas naciones y reinos
pudo librar a su pueblo de mis manos, y de las
manos de mis padres, ¿cuánto menos vuestro
Dios os podrá librar de mi mano?
16 Y otras cosas más hablaron sus siervos con-
tra Jehová Dios, y contra su siervo Ezequías.
17 Además de esto escribió cartas en que blasfe-
maba contra Jehová el Dios de Israel, y hablaba
contra él, diciendo: Como los dioses de las na-
ciones de los países no pudieron librar a su pue-
blo de mis manos, tampoco el Dios de Ezequías
librará al suyo de mis manos.
18 Y clamaron a gran voz en judaico al pueblo de
Jerusalén que estaba sobre los muros, para es-
pantarles y atemorizarles, a fin de poder tomar la
ciudad.
19 Y hablaron contra el Dios de Jerusalén, como
contra los dioses de los pueblos de la tierra, que
son obra de manos de hombres.

Jehová libra a Ezequías

20 Mas el rey Ezequías y el profeta Isaías hijo
de Amoz oraron por esto, y clamaron al cielo.
21 Y Jehová envió un ángel, el cual destruyó a
todo valiente y esforzado, y a los jefes y capita-
nes en el campamento del rey de Asiria. Este se
volvió, por tanto, avergonzado a su tierra; y en-
trando en el templo de su dios, allí lo mataron a
espada sus propios hijos.
22 Así salvó Jehová a Ezequías y a los moradores
de Jerusalén de las manos de Senaquerib rey de
Asiria, y de las manos de todos; y les dio reposo
por todos lados.
23 Y muchos trajeron a Jerusalén ofrenda a Jeho-
vá, y ricos presentes a Ezequías rey de Judá; y fue
muy engrandecido delante de todas las naciones
después de esto.

Enfermedad de Ezequías

24 En aquel tiempo Ezequías enfermó de
muerte; y oró a Jehová, quien le respondió, y le
dio una señal.
25 Mas Ezequías no correspondió al bien que le
había sido hecho, sino que se enalteció su cora-
zón, y vino la ira contra él, y contra Judá y
Jerusalén.
26 Pero Ezequías, después de haberse enalteci-
do su corazón, se humilló, él y los moradores de
Jerusalén; y no vino sobre ellos la ira de Jehová
en los días de Ezequías.

Ezequías recibe a los enviados de Babilonia

27 Y tuvo Ezequías riquezas y gloria, muchas
en gran manera; y adquirió tesoros de plata y
oro, piedras preciosas, perfumes, escudos, y toda
clase de joyas deseables.

28 Asimismo hizo depósitos para las rentas del
grano, del vino y del aceite, establos para toda
clase de bestias, y apriscos para los ganados.
29 Adquirió también ciudades, y hatos de ovejas
y de vacas en gran abundancia; porque Dios le
había dado muchas riquezas.
30 Este Ezequías cubrió los manantiales de
Gihón la de arriba, y condujo el agua hacia el
occidente de la ciudad de David. Y fue prospera-
do Ezequías en todo lo que hizo.
31 Mas en lo referente a los mensajeros de los
príncipes de Babilonia, que enviaron a él para
saber del prodigio que había acontecido en el
país, Dios lo dejó, para probarle, para hacer co-
nocer todo lo que estaba en su corazón.

Muerte de Ezequías

32 Los demás hechos de Ezequías, y sus mise-
ricordias, he aquí todos están escritos en la pro-
fecía del profeta Isaías hijo de Amoz, en el libro
de los reyes de Judá y de Israel.
33 Y durmió Ezequías con sus padres, y lo sepul-
taron en el lugar más prominente de los sepul-
cros de los hijos de David, honrándole en su
muerte todo Judá y toda Jerusalén; y reinó en
su lugar Manasés su hijo.

Reinado de Manasés

33 1 De doce años era Manasés cuando co-
menzó a reinar, y cincuenta y cinco años
reinó en Jerusalén.
2 Pero hizo lo malo ante los ojos de Jehová,[a]
conforme a las abominaciones de las naciones
que Jehová había echado de delante de los hijos
de Israel.
3 Porque él reedificó los lugares altos que Eze-
quías su padre había derribado, y levantó alta-
res a los baales, e hizo imágenes de Asera, y
adoró a todo el ejército de los cielos, y les rindió
culto.
4 Edificó también altares en la casa de Jehová,
de la cual había dicho Jehová: En Jerusalén es-
tará mi nombre perpetuamente.[b]
5 Edificó asimismo altares a todo el ejército de
los cielos en los dos atrios de la casa de Jehová.
6 Y pasó sus hijos por fuego en el valle del hijo
de Hinom; y observaba los tiempos, miraba en
agüeros, era dado a adivinaciones, y consultaba
a adivinos y encantadores; se excedió en hacer
lo malo ante los ojos de Jehová, hasta encender
su ira.
7 Además de esto puso una imagen fundida que
hizo, en la casa de Dios, de la cual había dicho
Dios a David y a Salomón su hijo: En esta casa y
en Jerusalén, la cual yo elegí sobre todas las tri-
bus de Israel, pondré mi nombre para siempre;
8 y nunca más quitaré el pie de Israel de la tierra
que yo entregué a vuestros padres, a condición
de que guarden y hagan todas las cosas que yo
les he mandado, toda la ley, los estatutos y los
preceptos, por medio de Moisés.[c]
9 Manasés, pues, hizo extraviarse a Judá y a los
moradores de Jerusalén, para hacer más mal
que las naciones que Jehová destruyó delante
de los hijos de Israel.
10 Y habló Jehová a Manasés y a su pueblo,
mas ellos no escucharon;
11 por lo cual Jehová trajo contra ellos los gene-
rales del ejército del rey de los asirios, los cuales
aprisionaron con grillos a Manasés, y atado con
cadenas lo llevaron a Babilonia.
12 Mas luego que fue puesto en angustias, oró a
Jehová su Dios, humillado grandemente en la
presencia del Dios de sus padres.
13 Y habiendo orado a él, fue atendido; pues Dios
oyó su oración y lo restauró a Jerusalén, a su rei-
no. Entonces reconoció Manasés que Jehová era
Dios.
14 Después de esto edificó el muro exterior de
la ciudad de David, al occidente de Gihón, en el
valle, a la entrada de la puerta del Pescado, y
amuralló Ofel, y elevó el muro muy alto; y puso
capitanes de ejército en todas las ciudades fortifi-
cadas de Judá.
15 Asimismo quitó los dioses ajenos, y el ídolo
de la casa de Jehová, y todos los altares que ha-
bía edificado en el monte de la casa de Jehová y
en Jerusalén, y los echó fuera de la ciudad.
16 Reparó luego el altar de Jehová, y sacrificó
sobre él sacrificios de ofrendas de paz y de ala-
banza; y mandó a Judá que sirviesen a Jehová
Dios de Israel.
17 Pero el pueblo aún sacrificaba en los lugares
altos, aunque lo hacía para Jehová su Dios.
18 Los demás hechos de Manasés, y su ora-
ción a su Dios, y las palabras de los videntes que
le hablaron en nombre de Jehová el Dios de Is-
rael, he aquí todo está escrito en las actas de los
reyes de Israel.
19 Su oración también, y cómo fue oído, todos
sus pecados, y su prevaricación, los sitios donde
edificó lugares altos y erigió imágenes de Asera e
ídolos, antes que se humillase, he aquí estas co-
sas están escritas en las palabras de los videntes.
20 Y durmió Manasés con sus padres, y lo sepulta-
ron en su casa; y reinó en su lugar Amón su hijo.

Reinado de Amón

21 De veintidós años era Amón cuando co-
menzó a reinar, y dos años reinó en Jerusalén.
22 E hizo lo malo ante los ojos de Jehová, como
había hecho Manasés su padre; porque ofreció
sacrificios y sirvió a todos los ídolos que su pa-
dre Manasés había hecho.

33.2: [a] Jer. 15.4. **33.4:** [b] 2 S. 7.13. **33.7-8:** [c] 1 R. 9.3-5; 2 Cr. 7.12-18.

23 Pero nunca se humilló delante de Jehová, como se humilló Manasés su padre; antes bien aumentó el pecado.

24 Y conspiraron contra él sus siervos, y lo mataron en su casa.

25 Mas el pueblo de la tierra mató a todos los que habían conspirado contra el rey Amón; y el pueblo de la tierra puso por rey en su lugar a Josías su hijo.

Reinado de Josías

34 1 De ocho años era Josías[a] cuando comenzó a reinar, y treinta y un años reinó en Jerusalén.

2 Este hizo lo recto ante los ojos de Jehová, y anduvo en los caminos de David su padre, sin apartarse a la derecha ni a la izquierda.

Reformas de Josías

3 A los ocho años de su reinado, siendo aún muchacho, comenzó a buscar al Dios de David su padre; y a los doce años comenzó a limpiar a Judá y a Jerusalén de los lugares altos, imágenes de Asera, esculturas, e imágenes fundidas.

4 Y derribaron delante de él los altares de los baales,[b] e hizo pedazos las imágenes del sol, que estaban puestas encima; despedazó también las imágenes de Asera, las esculturas y estatuas fundidas, y las desmenuzó, y esparció el polvo sobre los sepulcros de los que les habían ofrecido sacrificios.

5 Quemó además los huesos de los sacerdotes sobre sus altares,[c] y limpió a Judá y a Jerusalén.

6 Lo mismo hizo en las ciudades de Manasés, Efraín, Simeón y hasta Neftalí, y en los lugares asolados alrededor.

7 Y cuando hubo derribado los altares y las imágenes de Asera, y quebrado y desmenuzado las esculturas, y destruido todos los ídolos por toda la tierra de Israel, volvió a Jerusalén.

Hallazgo del libro de la ley

8 A los dieciocho años de su reinado, después de haber limpiado la tierra y la casa, envió a Safán hijo de Azalía, a Maasías gobernador de la ciudad, y a Joa hijo de Joacaz, canciller, para que reparasen la casa de Jehová su Dios.

9 Vinieron éstos al sumo sacerdote Hilcías, y dieron el dinero que había sido traído a la casa de Jehová, que los levitas que guardaban la puerta habían recogido de mano de Manasés y de Efraín y de todo el remanente de Israel, de todo Judá y Benjamín, y de los habitantes de Jerusalén.

10 Y lo entregaron en mano de los que hacían la obra, que eran mayordomos en la casa de Jehová, los cuales lo daban a los que hacían la obra y trabajaban en la casa de Jehová, para reparar y restaurar el templo.

11 Daban asimismo a los carpinteros y canteros para que comprasen piedra de cantería, y madera para los armazones y para la entabladura de los edificios que habían destruido los reyes de Judá.

12 Y estos hombres procedían con fidelidad en la obra; y eran sus mayordomos Jahat y Abdías, levitas de los hijos de Merari, y Zacarías y Mesulam de los hijos de Coat, para que activasen la obra; y de los levitas, todos los entendidos en instrumentos de música.

13 También velaban sobre los cargadores, y eran mayordomos de los que se ocupaban en cualquier clase de obra; y de los levitas había escribas, gobernadores y porteros.

14 Y al sacar el dinero que había sido traído a la casa de Jehová, el sacerdote Hilcías halló el libro de la ley de Jehová dada por medio de Moisés.

15 Y dando cuenta Hilcías, dijo al escriba Safán: Yo he hallado el libro de la ley en la casa de Jehová. Y dio Hilcías el libro a Safán.

16 Y Safán lo llevó al rey, y le contó el asunto, diciendo: Tus siervos han cumplido todo lo que les fue encomendado.

17 Han reunido el dinero que se halló en la casa de Jehová, y lo han entregado en mano de los encargados, y en mano de los que hacen la obra.

18 Además de esto, declaró el escriba Safán al rey, diciendo: El sacerdote Hilcías me dio un libro. Y leyó Safán en él delante del rey.

19 Luego que el rey oyó las palabras de la ley, rasgó sus vestidos;

20 y mandó a Hilcías y a Ahicam hijo de Safán, y a Abdón hijo de Micaía, y a Safán escriba, y a Asaías siervo del rey, diciendo:

21 Andad, consultad a Jehová por mí y por el remanente de Israel y de Judá acerca de las palabras del libro que se ha hallado; porque grande es la ira de Jehová que ha caído sobre nosotros, por cuanto nuestros padres no guardaron la palabra de Jehová, para hacer conforme a todo lo que está escrito en este libro.

22 Entonces Hilcías y los del rey fueron a Hulda profetisa, mujer de Salum hijo de Ticva, hijo de Harhas, guarda de las vestiduras, la cual moraba en Jerusalén en el segundo barrio, y le dijeron las palabras antes dichas.

23 Y ella respondió: Jehová Dios de Israel ha dicho así: Decid al varón que os ha enviado a mí, que así ha dicho Jehová:

24 He aquí yo traigo mal sobre este lugar, y sobre los moradores de él, todas las maldiciones que están escritas en el libro que leyeron delante del rey de Judá;

25 por cuanto me han dejado, y han ofrecido sa-

34.1: [a] Jer. 3.6. **34.4:** [b] 2 R. 21.3; 2 Cr. 33.3.
34.5: [c] 1 R. 13.2.

crificios a dioses ajenos, provocándome a ira con todas las obras de sus manos; por tanto, se derramará mi ira sobre este lugar, y no se apagará.

26 Mas al rey de Judá, que os ha enviado a consultar a Jehová, así le diréis: Jehová el Dios de Israel ha dicho así: Por cuanto oíste las palabras del libro,

27 y tu corazón se conmovió, y te humillaste delante de Dios al oír sus palabras sobre este lugar y sobre sus moradores, y te humillaste delante de mí, y rasgaste tus vestidos y lloraste en mi presencia, yo también te he oído, dice Jehová.

28 He aquí que yo te recogeré con tus padres, y serás recogido en tu sepulcro en paz, y tus ojos no verán todo el mal que yo traigo sobre este lugar y sobre los moradores de él. Y ellos refirieron al rey la respuesta.

29 Entonces el rey envió y reunió a todos los ancianos de Judá y de Jerusalén.

30 Y subió el rey a la casa de Jehová, y con él todos los varones de Judá, y los moradores de Jerusalén, los sacerdotes, los levitas y todo el pueblo, desde el mayor hasta el más pequeño; y leyó a oídos de ellos todas las palabras del libro del pacto que había sido hallado en la casa de Jehová.

31 Y estando el rey en pie en su sitio, hizo delante de Jehová pacto de caminar en pos de Jehová y de guardar sus mandamientos, sus testimonios y sus estatutos, con todo su corazón y con toda su alma, poniendo por obra las palabras del pacto que estaban escritas en aquel libro.

32 E hizo que se obligaran a ello todos los que estaban en Jerusalén y en Benjamín; y los moradores de Jerusalén hicieron conforme al pacto de Dios, del Dios de sus padres.

33 Y quitó Josías todas las abominaciones de toda la tierra de los hijos de Israel, e hizo que todos los que se hallaban en Israel sirviesen a Jehová su Dios. No se apartaron de en pos de Jehová el Dios de sus padres, todo el tiempo que él vivió.

Josías celebra la pascua

35 1 Josías celebró la pascua a Jehová en Jerusalén, y sacrificaron la pascua a los catorce días del mes primero.

2 Puso también a los sacerdotes en sus oficios, y los confirmó en el ministerio de la casa de Jehová.

3 Y dijo a los levitas que enseñaban a todo Israel, y que estaban dedicados a Jehová: Poned el arca santa en la casa que edificó Salomón hijo de David, rey de Israel, para que no la carguéis más sobre los hombros. Ahora servid a Jehová vuestro Dios, y a su pueblo Israel.

4 Preparaos según las familias de vuestros padres, por vuestros turnos, como lo ordenaron David rey de Israel y Salomón su hijo.[a]

5 Estad en el santuario según la distribución de las familias de vuestros hermanos los hijos del pueblo, y según la distribución de la familia de los levitas.

6 Sacrificad luego la pascua; y después de santificaros, preparad a vuestros hermanos para que hagan conforme a la palabra de Jehová dada por medio de Moisés.

7 Y dio el rey Josías a los del pueblo ovejas, corderos y cabritos de los rebaños, en número de treinta mil, y tres mil bueyes, todo para la pascua, para todos los que se hallaron presentes; esto de la hacienda del rey.

8 También sus príncipes dieron con liberalidad al pueblo y a los sacerdotes y levitas. Hilcías, Zacarías y Jehiel, oficiales de la casa de Dios, dieron a los sacerdotes, para celebrar la pascua, dos mil seiscientas ovejas y trescientos bueyes.

9 Asimismo Conanías, y Semaías y Natanael sus hermanos, y Hasabías, Jeiel y Josabad, jefes de los levitas, dieron a los levitas, para los sacrificios de la pascua, cinco mil ovejas y quinientos bueyes.

10 Preparado así el servicio, los sacerdotes se colocaron en sus puestos, y asimismo los levitas en sus turnos, conforme al mandamiento del rey.

11 Y sacrificaron la pascua; y esparcían los sacerdotes la sangre recibida de mano de los levitas, y los levitas desollaban las víctimas.

12 Tomaron luego del holocausto, para dar conforme a los repartimientos de las familias del pueblo, a fin de que ofreciesen a Jehová según está escrito en el libro de Moisés; y asimismo tomaron de los bueyes.

13 Y asaron la pascua al fuego conforme a la ordenanza;[b] mas lo que había sido santificado lo cocieron en ollas, en calderos y sartenes, y lo repartieron rápidamente a todo el pueblo.

14 Después prepararon para ellos mismos y para los sacerdotes; porque los sacerdotes, hijos de Aarón, estuvieron ocupados hasta la noche en el sacrificio de los holocaustos y de las grosuras; por tanto, los levitas prepararon para ellos mismos y para los sacerdotes hijos de Aarón.

15 Asimismo los cantores hijos de Asaf estaban en su puesto, conforme al mandamiento de David, de Asaf y de Hemán, y de Jedutún vidente del rey;[c] también los porteros estaban a cada puerta; y no era necesario que se apartasen de su ministerio, porque sus hermanos los levitas preparaban para ellos.

16 Así fue preparado todo el servicio de Jehová en aquel día, para celebrar la pascua y para sacrificar los holocaustos sobre el altar de Jehová, conforme al mandamiento del rey Josías.

35.4: [a] 2 Cr. 8.14. **35.13:** [b] Ex. 12.8-9. **35.15:** [c] 1 Cr. 25.1.

17 Y los hijos de Israel que estaban allí celebraron la pascua en aquel tiempo, y la fiesta solemne de los panes sin levadura por siete días.[d]

18 Nunca fue celebrada una pascua como esta en Israel desde los días de Samuel el profeta; ni ningún rey de Israel celebró pascua tal como la que celebró el rey Josías, con los sacerdotes y levitas, y todo Judá e Israel, los que se hallaron allí, juntamente con los moradores de Jerusalén.

19 Esta pascua fue celebrada en el año dieciocho del rey Josías.

Muerte de Josías

20 Después de todas estas cosas, luego de haber reparado Josías la casa de Jehová, Necao rey de Egipto subió para hacer guerra en Carquemis junto al Eufrates; y salió Josías contra él.

21 Y Necao le envió mensajeros, diciendo: ¿Qué tengo yo contigo, rey de Judá? Yo no vengo contra ti hoy, sino contra la casa que me hace guerra; y Dios me ha dicho que me apresure. Deja de oponerte a Dios, quien está conmigo, no sea que él te destruya.

22 Mas Josías no se retiró, sino que se disfrazó para darle batalla, y no atendió a las palabras de Necao, que eran de boca de Dios; y vino a darle batalla en el campo de Meguido.

23 Y los flecheros tiraron contra el rey Josías. Entonces dijo el rey a sus siervos: Quitadme de aquí, porque estoy gravemente herido.

24 Entonces sus siervos lo sacaron de aquel carro, y lo pusieron en un segundo carro que tenía, y lo llevaron a Jerusalén, donde murió; y lo sepultaron en los sepulcros de sus padres. Y todo Judá y Jerusalén hicieron duelo por Josías.

25 Y Jeremías endechó en memoria de Josías. Todos los cantores y cantoras recitan esas lamentaciones sobre Josías hasta hoy; y las tomaron por norma para endechar en Israel, las cuales están escritas en el libro de Lamentos.

26 Los demás hechos de Josías, y sus obras piadosas conforme a lo que está escrito en la ley de Jehová,

27 y sus hechos, primeros y postreros, he aquí están escritos en el libro de los reyes de Israel y de Judá.

Reinado y destronamiento de Joacaz

36 1 Entonces el pueblo de la tierra tomó a Joacaz hijo de Josías, y lo hizo rey en lugar de su padre en Jerusalén.

2 De veintitrés años era Joacaz cuando comenzó a reinar, y tres meses reinó en Jerusalén.

3 Y el rey de Egipto lo quitó de Jerusalén, y condenó la tierra a pagar cien talentos de plata y uno de oro.

4 Y estableció el rey de Egipto a Eliaquim hermano de Joacaz por rey sobre Judá y Jerusalén, y le mudó el nombre en Joacim; y a Joacaz su hermano tomó Necao, y lo llevó a Egipto.[a]

Reinado de Joacim

5 Cuando comenzó a reinar Joacim[b] era de veinticinco años, y reinó once años en Jerusalén; e hizo lo malo ante los ojos de Jehová su Dios.

6 Y subió contra él Nabucodonosor rey de Babilonia,[c] y lo llevó a Babilonia atado con cadenas.

7 También llevó Nabucodonosor a Babilonia de los utensilios de la casa de Jehová, y los puso en su templo en Babilonia.

8 Los demás hechos de Joacim, y las abominaciones que hizo, y lo que en él se halló, está escrito en el libro de los reyes de Israel y de Judá; y reinó en su lugar Joaquín su hijo.

Joaquín es llevado cautivo a Babilonia

9 De ocho años era Joaquín cuando comenzó a reinar, y reinó tres meses y diez días en Jerusalén; e hizo lo malo ante los ojos de Jehová.

10 A la vuelta del año el rey Nabucodonosor envió y lo hizo llevar a Babilonia,[d] juntamente con los objetos preciosos de la casa de Jehová, y constituyó a Sedequías su hermano por rey sobre Judá y Jerusalén.[e]

Reinado de Sedequías

11 De veintiún años era Sedequías[f] cuando comenzó a reinar, y once años reinó en Jerusalén.

12 E hizo lo malo ante los ojos de Jehová su Dios, y no se humilló delante del profeta Jeremías, que le hablaba de parte de Jehová.

13 Se rebeló asimismo contra Nabucodonosor,[g] al cual había jurado por Dios; y endureció su cerviz, y obstinó su corazón para no volverse a Jehová el Dios de Israel.

14 También todos los principales sacerdotes, y el pueblo, aumentaron la iniquidad, siguiendo todas las abominaciones de las naciones, y contaminando la casa de Jehová, la cual él había santificado en Jerusalén.

15 Y Jehová el Dios de sus padres envió constantemente palabra a ellos por medio de sus mensajeros, porque él tenía misericordia de su pueblo y de su habitación.

16 Mas ellos hacían escarnio de los mensajeros de Dios, y menospreciaban sus palabras, burlándose de sus profetas, hasta que subió la ira de Jehová contra su pueblo, y no hubo ya remedio.

Cautividad de Judá

17 Por lo cual trajo contra ellos al rey de los

35.17: [d] Ex. 12.1-20. **36.4:** [a] Jer. 22.11-12. **36.5:** [b] Jer. 22.18-19; 26.1-16; 35.1-19. **36.6:** [c] Jer. 25.1-38; 36.1-32; 45.1-5; Dn. 1.1-2. **36.10:** [d] Jer. 22.24-30; 24.1-10; 29.1-2; Ez. 17.12. [e] Jer. 37.1; Ez. 17.13. **36.11:** [f] Jer. 27.1-22; 28.1-17. **36.13:** [g] Ez. 17.15.

caldeos,[h] que mató a espada a sus jóvenes en la
casa de su santuario, sin perdonar joven ni don-
cella, anciano ni decrépito; todos los entregó en
sus manos.
18 Asimismo todos los utensilios de la casa de
Dios, grandes y chicos, los tesoros de la casa de
Jehová, y los tesoros de la casa del rey y de sus
príncipes, todo lo llevó a Babilonia.
19 Y quemaron la casa de Dios,[i] y rompieron el
muro de Jerusalén, y consumieron a fuego to-
dos sus palacios, y destruyeron todos sus obje-
tos deseables.
20 Los que escaparon de la espada fueron lleva-
dos cautivos a Babilonia, y fueron siervos de él y
de sus hijos, hasta que vino el reino de los persas;
21 para que se cumpliese la palabra de Jehová
por boca de Jeremías, hasta que la tierra hubo
gozado de reposo; porque todo el tiempo de su
asolamiento reposó, hasta que los setenta años
fueron cumplidos.[j]

El decreto de Ciro

22 Mas al primer año de Ciro rey de los per-
sas, para que se cumpliese la palabra de Jehová
por boca de Jeremías, Jehová despertó el espíri-
tu de Ciro rey de los persas, el cual hizo prego-
nar de palabra y también por escrito, por todo
su reino, diciendo:
23 Así dice Ciro, rey de los persas: Jehová, el
Dios de los cielos, me ha dado todos los reinos
de la tierra; y él me ha mandado que le edifique
casa en Jerusalén,[k] que está en Judá. Quien
haya entre vosotros de todo su pueblo, sea
Jehová su Dios con él, y suba.

ESDRAS

El decreto de Ciro

1 1 En el primer año de Ciro rey de Persia,
para que se cumpliese la palabra de Jehová
por boca de Jeremías,[a] despertó Jehová el espí-
ritu de Ciro rey de Persia, el cual hizo pregonar
de palabra y también por escrito por todo su
reino, diciendo:
2 Así ha dicho Ciro rey de Persia: Jehová el
Dios de los cielos me ha dado todos los reinos de
la tierra, y me ha mandado que le edifique casa
en Jerusalén,[b] que está en Judá.
3 Quien haya entre vosotros de su pueblo, sea
Dios con él, y suba a Jerusalén que está en Judá,
y edifique la casa a Jehová Dios de Israel (él es
el Dios), la cual está en Jerusalén.
4 Y a todo el que haya quedado, en cualquier lu-
gar donde more, ayúdenle los hombres de su lu-
gar con plata, oro, bienes y ganados, además de
ofrendas voluntarias para la casa de Dios, la
cual está en Jerusalén.

El regreso a Jerusalén

5 Entonces se levantaron los jefes de las casas
paternas de Judá y de Benjamín, y los sacerdotes
y levitas, todos aquellos cuyo espíritu despertó
Dios para subir a edificar la casa de Jehová, la
cual está en Jerusalén.
6 Y todos los que estaban en sus alrededores les
ayudaron con plata y oro, con bienes y ganado,
y con cosas preciosas, además de todo lo que se
ofreció voluntariamente.
7 Y el rey Ciro sacó los utensilios de la casa de Jeho-
vá, que Nabucodonosor había sacado de Jerusalén,
y los había puesto en la casa de sus dioses.
8 Los sacó, pues, Ciro rey de Persia, por mano de
Mitrídates tesorero, el cual los dio por cuenta a
Sesbasar príncipe de Judá.
9 Y esta es la cuenta de ellos: treinta tazones de
oro, mil tazones de plata, veintinueve cuchillos,
10 treinta tazas de oro, otras cuatrocientas diez
tazas de plata, y otros mil utensilios.
11 Todos los utensilios de oro y de plata eran
cinco mil cuatrocientos. Todos los hizo llevar
Sesbasar con los que subieron del cautiverio de
Babilonia a Jerusalén.

Los que volvieron con Zorobabel

2 1 Estos son los hijos de la provincia que
subieron del cautiverio, de aquellos que Na-
bucodonosor rey de Babilonia había llevado
cautivos a Babilonia, y que volvieron a Jerusalén
y a Judá, cada uno a su ciudad;
2 los cuales vinieron con Zorobabel, Jesúa, Nehe-
mías, Seraías, Reelaías, Mardoqueo, Bilsán, Mis-
par, Bigvai, Rehum y Baana.
El número de los varones del pueblo de Israel:
3 Los hijos de Paros, dos mil ciento setenta y dos.
4 Los hijos de Sefatías, trescientos setenta y dos.
5 Los hijos de Ara, setecientos setenta y cinco.
6 Los hijos de Pahat-moab, de los hijos de Jesúa
y de Joab, dos mil ochocientos doce.
7 Los hijos de Elam, mil doscientos cincuenta y
cuatro.
8 Los hijos de Zatu, novecientos cuarenta y cinco.
9 Los hijos de Zacai, setecientos sesenta.
10 Los hijos de Bani, seiscientos cuarenta y dos.
11 Los hijos de Bebai, seiscientos veintitrés.

36.17: [h] Jer. 21.1-10; 34.1-5. **36.19:** [i] 1 R. 9.8.
36.21: [j] Jer. 25.11; 29.10. **36.23:** [k] Is. 44.28.
1.1: [a] Jer. 25.11; 29.10. **1.2:** [b] Is. 44.28.

12 Los hijos de Azgad, mil doscientos veintidós.
13 Los hijos de Adonicam, seiscientos sesenta y seis.
14 Los hijos de Bigvai, dos mil cincuenta y seis.
15 Los hijos de Adín, cuatrocientos cincuenta y cuatro.
16 Los hijos de Ater, de Ezequías, noventa y ocho.
17 Los hijos de Bezai, trescientos veintitrés.
18 Los hijos de Jora, ciento doce.
19 Los hijos de Hasum, doscientos veintitrés.
20 Los hijos de Gibar, noventa y cinco.
21 Los hijos de Belén, ciento veintitrés.
22 Los varones de Netofa, cincuenta y seis.
23 Los varones de Anatot, ciento veintiocho.
24 Los hijos de Azmavet, cuarenta y dos.
25 Los hijos de Quiriat-jearim, Cafira y Beerot, setecientos cuarenta y tres.
26 Los hijos de Ramá y Geba, seiscientos veintiuno.
27 Los varones de Micmas, ciento veintidós.
28 Los varones de Bet-el y Hai, doscientos veintitrés.
29 Los hijos de Nebo, cincuenta y dos.
30 Los hijos de Magbis, ciento cincuenta y seis.
31 Los hijos del otro Elam, mil doscientos cincuenta y cuatro.
32 Los hijos de Harim, trescientos veinte.
33 Los hijos de Lod, Hadid y Ono, setecientos veinticinco.
34 Los hijos de Jericó, trescientos cuarenta y cinco.
35 Los hijos de Senaa, tres mil seiscientos treinta.

36 Los sacerdotes: los hijos de Jedaías, de la casa de Jesúa, novecientos setenta y tres.
37 Los hijos de Imer, mil cincuenta y dos.
38 Los hijos de Pasur, mil doscientos cuarenta y siete.
39 Los hijos de Harim, mil diecisiete.

40 Los levitas: los hijos de Jesúa y de Cadmiel, de los hijos de Hodavías, setenta y cuatro.
41 Los cantores: los hijos de Asaf, ciento veintiocho.
42 Los hijos de los porteros: los hijos de Salum, los hijos de Ater, los hijos de Talmón, los hijos de Acub, los hijos de Hatita, los hijos de Sobai; por todos, ciento treinta y nueve.

43 Los sirvientes del templo: los hijos de Ziha, los hijos de Hasufa, los hijos de Tabaot,
44 los hijos de Queros, los hijos de Siaha, los hijos de Padón,
45 los hijos de Lebana, los hijos de Hagaba, los hijos de Acub,
46 los hijos de Hagab, los hijos de Salmai, los hijos de Hanán,
47 los hijos de Gidel, los hijos de Gahar, los hijos de Reaía,
48 los hijos de Rezín, los hijos de Necoda, los hijos de Gazam,
49 los hijos de Uza, los hijos de Paseah, los hijos de Besai,
50 los hijos de Asena, los hijos de Meunim, los hijos de Nefusim,
51 los hijos de Bacbuc, los hijos de Hacufa, los hijos de Harhur,
52 los hijos de Bazlut, los hijos de Mehída, los hijos de Harsa,
53 los hijos de Barcos, los hijos de Sísara, los hijos de Tema,
54 los hijos de Nezía, los hijos de Hatifa.

55 Los hijos de los siervos de Salomón: los hijos de Sotai, los hijos de Soferet, los hijos de Peruda,
56 los hijos de Jaala, los hijos de Darcón, los hijos de Gidel,
57 los hijos de Sefatías, los hijos de Hatil, los hijos de Poqueret-hazebaim, los hijos de Ami.

58 Todos los sirvientes del templo, e hijos de los siervos de Salomón, trescientos noventa y dos.

59 Estos fueron los que subieron de Tel-mela, Tel-harsa, Querub, Addán e Imer que no pudieron demostrar la casa de sus padres, ni su linaje, si eran de Israel:
60 los hijos de Delaía, los hijos de Tobías, los hijos de Necoda, seiscientos cincuenta y dos.
61 Y de los hijos de los sacerdotes: los hijos de Habaía, los hijos de Cos, los hijos de Barzilai, el cual tomó mujer de las hijas de Barzilai galaadita, y fue llamado por el nombre de ellas.
62 Estos buscaron su registro de genealogías, y no fue hallado; y fueron excluidos del sacerdocio,
63 y el gobernador les dijo que no comiesen de las cosas más santas, hasta que hubiese sacerdote para consultar con Urim y Tumim.[a]

64 Toda la congregación, unida como un solo hombre, era de cuarenta y dos mil trescientos sesenta,
65 sin contar sus siervos y siervas, los cuales eran siete mil trescientos treinta y siete; y tenían doscientos cantores y cantoras.
66 Sus caballos eran setecientos treinta y seis; sus mulas, doscientas cuarenta y cinco;
67 sus camellos, cuatrocientos treinta y cinco; asnos, seis mil setecientos veinte.

68 Y algunos de los jefes de casas paternas, cuando vinieron a la casa de Jehová que estaba en Jerusalén, hicieron ofrendas voluntarias para la casa de Dios, para reedificarla en su sitio.
69 Según sus fuerzas dieron al tesorero de la obra sesenta y un mil dracmas de oro, cinco mil libras de plata, y cien túnicas sacerdotales.

70 Y habitaron los sacerdotes, los levitas, los del pueblo, los cantores, los porteros y los sirvientes del templo en sus ciudades; y todo Israel en sus ciudades.[b]

2.63: [a] Nm. 27.21. **2.70:** [b] 1 Cr. 9.2; Neh. 11.3.

Restauración del altar y del culto

3 1 Cuando llegó el mes séptimo, y estando los hijos de Israel ya establecidos en las ciudades, se juntó el pueblo como un solo hombre en Jerusalén.

2 Entonces se levantaron Jesúa hijo de Josadac y sus hermanos los sacerdotes, y Zorobabel hijo de Salatiel y sus hermanos, y edificaron el altar del Dios de Israel, para ofrecer sobre él holocaustos, como está escrito en la ley de Moisés varón de Dios.[a]

3 Y colocaron el altar sobre su base, porque tenían miedo de los pueblos de las tierras, y ofrecieron sobre él holocaustos a Jehová, holocaustos por la mañana y por la tarde.[b]

4 Celebraron asimismo la fiesta solemne de los tabernáculos, como está escrito, y holocaustos cada día por orden conforme al rito, cada cosa en su día;[c]

5 además de esto, el holocausto continuo, las nuevas lunas, y todas las fiestas solemnes de Jehová,[d] y todo sacrificio espontáneo, toda ofrenda voluntaria a Jehová.

6 Desde el primer día del mes séptimo comenzaron a ofrecer holocaustos a Jehová; pero los cimientos del templo de Jehová no se habían echado todavía.

7 Y dieron dinero a los albañiles y carpinteros; asimismo comida, bebida y aceite a los sidonios y tirios para que trajesen madera de cedro desde el Líbano por mar a Jope, conforme a la voluntad de Ciro rey de Persia acerca de esto.

Colocación de los cimientos del templo

8 En el año segundo de su venida a la casa de Dios en Jerusalén, en el mes segundo, comenzaron Zorobabel hijo de Salatiel, Jesúa hijo de Josadac y los otros sus hermanos, los sacerdotes y los levitas, y todos los que habían venido de la cautividad a Jerusalén; y pusieron a los levitas de veinte años arriba para que activasen la obra de la casa de Jehová.

9 Jesúa también, sus hijos y sus hermanos, Cadmiel y sus hijos, hijos de Judá, como un solo hombre asistían para activar a los que hacían la obra en la casa de Dios, junto con los hijos de Henadad, sus hijos y sus hermanos, levitas.

10 Y cuando los albañiles del templo de Jehová echaban los cimientos, pusieron a los sacerdotes vestidos de sus ropas y con trompetas, y a los levitas hijos de Asaf con címbalos, para que alabasen a Jehová, según la ordenanza de David rey de Israel.[e]

11 Y cantaban, alabando y dando gracias a Jehová, y diciendo: Porque él es bueno, porque para siempre es su misericordia sobre Israel.[f] Y todo el pueblo aclamaba con gran júbilo, alabando a Jehová porque se echaban los cimientos de la casa de Jehová.

12 Y muchos de los sacerdotes, de los levitas y de los jefes de casas paternas, ancianos que habían visto la casa primera, viendo echar los cimientos de esta casa, lloraban en alta voz, mientras muchos otros daban grandes gritos de alegría.

13 Y no podía distinguir el pueblo el clamor de los gritos de alegría, de la voz del lloro; porque clamaba el pueblo con gran júbilo, y se oía el ruido hasta de lejos.

Los adversarios detienen la obra

4 1 Oyendo los enemigos de Judá y de Benjamín que los venidos de la cautividad edificaban el templo de Jehová Dios de Israel,

2 vinieron a Zorobabel y a los jefes de casas paternas, y les dijeron: Edificaremos con vosotros, porque como vosotros buscamos a vuestro Dios, y a él ofrecemos sacrificios desde los días de Esarhadón rey de Asiria, que nos hizo venir aquí.[a]

3 Zorobabel, Jesúa, y los demás jefes de casas paternas de Israel dijeron: No nos conviene edificar con vosotros casa a nuestro Dios, sino que nosotros solos la edificaremos a Jehová Dios de Israel, como nos mandó el rey Ciro, rey de Persia.

4 Pero el pueblo de la tierra intimidó al pueblo de Judá, y lo atemorizó para que no edificara.

5 Sobornaron además contra ellos a los consejeros para frustrar sus propósitos, todo el tiempo de Ciro rey de Persia y hasta el reinado de Darío rey de Persia.

6 Y en el reinado de Asuero,[b] en el principio de su reinado, escribieron acusaciones contra los habitantes de Judá y de Jerusalén.

7 También en días de Artajerjes escribieron Bislam, Mitrídates, Tabeel y los demás compañeros suyos, a Artajerjes rey de Persia; y la escritura y el lenguaje de la carta eran en arameo.

8 Rehum canciller y Simsai secretario escribieron una carta contra Jerusalén al rey Artajerjes.

9 En tal fecha escribieron Rehum canciller y Simsai secretario, y los demás compañeros suyos los jueces, gobernadores y oficiales, y los de Persia, de Erec, de Babilonia, de Susa, esto es, los elamitas,

10 y los demás pueblos que el grande y glorioso Asnapar transportó e hizo habitar en las ciudades de Samaria y las demás provincias del otro lado del río.

11 Y esta es la copia de la carta que enviaron: Al rey Artajerjes: Tus siervos del otro lado del río te saludan.

3.2: [a] Ex. 27.1. **3.3:** [b] Nm. 28.1-8. **3.4:** [c] Nm. 29.12-38.
3.5: [d] Nm. 28.11–29.39. **3.10:** [e] 1 Cr. 25.1.
3.11: [f] 1 Cr. 16.34; 2 Cr. 5.13; 7.3; Sal. 100.5; 106.1; 107.1; 118.1; 136.1; Jer. 33.11. **4.2:** [a] 2 R. 17.24-41.
4.6: [b] Est. 1.1.

12 Sea notorio al rey, que los judíos que subieron de ti a nosotros vinieron a Jerusalén; y edifican la ciudad rebelde y mala, y levantan los muros y reparan los fundamentos.

13 Ahora sea notorio al rey, que si aquella ciudad fuere reedificada, y los muros fueren levantados, no pagarán tributo, impuesto y rentas, y el erario de los reyes será menoscabado.

14 Siendo que nos mantienen del palacio, no nos es justo ver el menosprecio del rey, por lo cual hemos enviado a hacerlo saber al rey,

15 para que se busque en el libro de las memorias de tus padres. Hallarás en el libro de las memorias, y sabrás que esta ciudad es ciudad rebelde, y perjudicial a los reyes y a las provincias, y que de tiempo antiguo forman en medio de ella rebeliones, por lo que esta ciudad fue destruida.

16 Hacemos saber al rey que si esta ciudad fuere reedificada, y levantados sus muros, la región de más allá del río no será tuya.

17 El rey envió esta respuesta: A Rehum canciller, a Simsai secretario, a los demás compañeros suyos que habitan en Samaria, y a los demás del otro lado del río: Salud y paz.

18 La carta que nos enviasteis fue leída claramente delante de mí.

19 Y por mí fue dada orden y buscaron; y hallaron que aquella ciudad de tiempo antiguo se levanta contra los reyes y se rebela, y se forma en ella sedición;

20 y que hubo en Jerusalén reyes fuertes que dominaron en todo lo que hay más allá del río, y que se les pagaba tributo, impuesto y rentas.

21 Ahora, pues, dad orden que cesen aquellos hombres, y no sea esa ciudad reedificada hasta que por mí sea dada nueva orden.

22 Y mirad que no seáis negligentes en esto; ¿por qué habrá de crecer el daño en perjuicio de los reyes?

23 Entonces, cuando la copia de la carta del rey Artajerjes fue leída delante de Rehum, y de Simsai secretario y sus compañeros, fueron apresuradamente a Jerusalén a los judíos, y les hicieron cesar con poder y violencia.

24 Entonces cesó la obra de la casa de Dios que estaba en Jerusalén, y quedó suspendida hasta el año segundo del reinado de Darío rey de Persia.

Reedificación del templo

5 1 Profetizaron Hageo[a] y Zacarías[b] hijo de Iddo, ambos profetas, a los judíos que estaban en Judá y en Jerusalén en el nombre del Dios de Israel quien estaba sobre ellos.

2 Entonces se levantaron Zorobabel[c] hijo de Salatiel y Jesúa hijo de Josadac, y comenzaron a reedificar la casa de Dios que estaba en Jerusalén; y con ellos los profetas de Dios que les ayudaban.

3 En aquel tiempo vino a ellos Tatnai gobernador del otro lado del río, y Setar-boznai y sus compañeros, y les dijeron así: ¿Quién os ha dado orden para edificar esta casa y levantar estos muros?

4 Ellos también preguntaron: ¿Cuáles son los nombres de los hombres que hacen este edificio?

5 Mas los ojos de Dios estaban sobre los ancianos de los judíos, y no les hicieron cesar hasta que el asunto fuese llevado a Darío; y entonces respondieron por carta sobre esto.

6 Copia de la carta que Tatnai gobernador del otro lado del río, y Setar-boznai, y sus compañeros los gobernadores que estaban al otro lado del río, enviaron al rey Darío.

7 Le enviaron carta, y así estaba escrito en ella: Al rey Darío toda paz.

8 Sea notorio al rey, que fuimos a la provincia de Judea, a la casa del gran Dios, la cual se edifica con piedras grandes; y ya los maderos están puestos en las paredes, y la obra se hace de prisa, y prospera en sus manos.

9 Entonces preguntamos a los ancianos, diciéndoles así: ¿Quién os dio orden para edificar esta casa y para levantar estos muros?

10 Y también les preguntamos sus nombres para hacértelo saber, para escribirte los nombres de los hombres que estaban a la cabeza de ellos.

11 Y nos respondieron diciendo así: Nosotros somos siervos del Dios del cielo y de la tierra, y reedificamos la casa que ya muchos años antes había sido edificada, la cual edificó y terminó el gran rey de Israel.

12 Mas después que nuestros padres provocaron a ira al Dios de los cielos, él los entregó en mano de Nabucodonosor rey de Babilonia, caldeo, el cual destruyó esta casa y llevó cautivo al pueblo a Babilonia.[d]

13 Pero en el año primero de Ciro rey de Babilonia, el mismo rey Ciro dio orden para que esta casa de Dios fuese reedificada.[e]

14 También los utensilios de oro y de plata de la casa de Dios, que Nabucodonosor había sacado del templo que estaba en Jerusalén y los había llevado al templo de Babilonia, el rey Ciro los sacó del templo de Babilonia, y fueron entregados a Sesbasar, a quien había puesto por gobernador;

15 y le dijo: Toma estos utensilios, ve, y llévalos al templo que está en Jerusalén; y sea reedificada la casa de Dios en su lugar.

16 Entonces este Sesbasar vino y puso los cimientos de la casa de Dios, la cual está en Jeru-

5.1: [a] Hag. 1.1. [b] Zac. 1.1. **5.2:** [c] Hag. 1.12; Zac. 4.6-9.
5.12: [d] 2 R. 25.8-12; 2 Cr. 36.17-20; Jer. 52.12-15.
5.13: [e] Esd. 1.2-11.

salén, y desde entonces hasta ahora se edifica, y
aún no está concluida.
17 Y ahora, si al rey parece bien, búsquese en la
casa de los tesoros del rey que está allí en Babi-
lonia, si es así que por el rey Ciro había sido
dada la orden para reedificar esta casa de Dios
en Jerusalén, y se nos envíe a decir la voluntad
del rey sobre esto.
6 1 Entonces el rey Darío dio la orden de bus-
car en la casa de los archivos, donde guar-
daban los tesoros allí en Babilonia.
2 Y fue hallado en Acmeta, en el palacio que está
en la provincia de Media, un libro en el cual es-
taba escrito así: Memoria:
3 En el año primero del rey Ciro, el mismo rey
Ciro dio orden acerca de la casa de Dios, la cual
estaba en Jerusalén, para que fuese la casa ree-
dificada como lugar para ofrecer sacrificios, y
que sus paredes fuesen firmes; su altura de se-
senta codos, y de sesenta codos su anchura;
4 y tres hileras de piedras grandes, y una de ma-
dera nueva; y que el gasto sea pagado por el te-
soro del rey.
5 Y también los utensilios de oro y de plata de la
casa de Dios, los cuales Nabucodonosor sacó del
templo que estaba en Jerusalén y los pasó a Ba-
bilonia, sean devueltos y vayan a su lugar, al
templo que está en Jerusalén, y sean puestos en
la casa de Dios.
6 Ahora, pues, Tatnai gobernador del otro
lado del río, Setar-boznai, y vuestros compañe-
ros los gobernadores que estáis al otro lado del
río, alejaos de allí.
7 Dejad que se haga la obra de esa casa de Dios;
que el gobernador de los judíos y sus ancianos
reedifiquen esa casa de Dios en su lugar.
8 Y por mí es dada orden de lo que habéis de ha-
cer con esos ancianos de los judíos, para reedifi-
car esa casa de Dios; que de la hacienda del rey,
que tiene del tributo del otro lado del río, sean
dados puntualmente a esos varones los gastos,
para que no cese la obra.
9 Y lo que fuere necesario, becerros, carneros y
corderos para holocaustos al Dios del cielo, tri-
go, sal, vino y aceite, conforme a lo que dijeren
los sacerdotes que están en Jerusalén, les sea
dado día por día sin obstáculo alguno,
10 para que ofrezcan sacrificios agradables al Dios
del cielo, y oren por la vida del rey y por sus hijos.
11 También por mí es dada orden, que cualquie-
ra que altere este decreto, se le arranque un ma-
dero de su casa, y alzado, sea colgado en él, y su
casa sea hecha muladar por esto.
12 Y el Dios que hizo habitar allí su nombre, des-
truya a todo rey y pueblo que pusiere su mano
para cambiar o destruir esa casa de Dios, la cual
está en Jerusalén. Yo Darío he dado el decreto;
sea cumplido prontamente.
13 Entonces Tatnai gobernador del otro lado
del río, y Setar-boznai y sus compañeros, hicie-
ron puntualmente según el rey Darío había orde-
nado.
14 Y los ancianos de los judíos edificaban y pros-
peraban, conforme a la profecía del profeta Ha-
geo[a] y de Zacarías[b] hijo de Iddo. Edificaron,
pues, y terminaron, por orden del Dios de Israel,
y por mandato de Ciro, de Darío, y de Artajerjes
rey de Persia.
15 Esta casa fue terminada el tercer día del mes
de Adar, que era el sexto año del reinado del rey
Darío.
16 Entonces los hijos de Israel, los sacerdotes,
los levitas y los demás que habían venido de la
cautividad, hicieron la dedicación de esta casa
de Dios con gozo.
17 Y ofrecieron en la dedicación de esta casa de
Dios cien becerros, doscientos carneros y cua-
trocientos corderos; y doce machos cabríos en
expiación por todo Israel, conforme al número
de las tribus de Israel.
18 Y pusieron a los sacerdotes en sus turnos, y a
los levitas en sus clases, para el servicio de Dios
en Jerusalén, conforme a lo escrito en el libro de
Moisés.
19 También los hijos de la cautividad celebra-
ron la pascua a los catorce días del mes primero.[c]
20 Porque los sacerdotes y los levitas se habían
purificado a una; todos estaban limpios, y sacri-
ficaron la pascua por todos los hijos de la cauti-
vidad, y por sus hermanos los sacerdotes, y por
sí mismos.
21 Comieron los hijos de Israel que habían vuel-
to del cautiverio, con todos aquellos que se ha-
bían apartado de las inmundicias de las gentes
de la tierra para buscar a Jehová Dios de Israel.
22 Y celebraron con regocijo la fiesta solemne de
los panes sin levadura siete días, por cuanto
Jehová los había alegrado, y había vuelto el co-
razón del rey de Asiria hacia ellos, para fortale-
cer sus manos en la obra de la casa de Dios, del
Dios de Israel.

Esdras y sus compañeros llegan a Jerusalén

7 1 Pasadas estas cosas, en el reinado de Arta-
jerjes rey de Persia, Esdras hijo de Seraías,
hijo de Azarías, hijo de Hilcías,
2 hijo de Salum, hijo de Sadoc, hijo de Ahitob,
3 hijo de Amarías, hijo de Azarías, hijo de Me-
raiot,
4 hijo de Zeraías, hijo de Uzi, hijo de Buqui,
5 hijo de Abisúa, hijo de Finees, hijo de Eleazar,
hijo de Aarón, primer sacerdote,
6 este Esdras subió de Babilonia. Era escriba di-
ligente en la ley de Moisés, que Jehová Dios de

6.14: [a] Hag. 1.1. [b] Zac. 1.1. **6.19:** [c] Ex. 12.1-20.

Israel había dado; y le concedió el rey todo lo
que pidió, porque la mano de Jehová su Dios es-
taba sobre Esdras.
7 Y con él subieron a Jerusalén algunos de los
hijos de Israel, y de los sacerdotes, levitas, can-
tores, porteros y sirvientes del templo, en el sép-
timo año del rey Artajerjes.
8 Y llegó a Jerusalén en el mes quinto del año
séptimo del rey.
9 Porque el día primero del primer mes fue el
principio de la partida de Babilonia, y al prime-
ro del mes quinto llegó a Jerusalén, estando con
él la buena mano de Dios.
10 Porque Esdras había preparado su corazón
para inquirir la ley de Jehová y para cumplirla, y
para enseñar en Israel sus estatutos y decretos.
11 Esta es la copia de la carta que dio el rey
Artajerjes al sacerdote Esdras, escriba versado
en los mandamientos de Jehová y en sus estatu-
tos a Israel:
12 Artajerjes rey de reyes, a Esdras, sacerdote y
escriba erudito en la ley del Dios del cielo: Paz.
13 Por mí es dada orden que todo aquel en mi
reino, del pueblo de Israel y de sus sacerdotes y
levitas, que quiera ir contigo a Jerusalén, vaya.
14 Porque de parte del rey y de sus siete conseje-
ros eres enviado a visitar a Judea y a Jerusalén,
conforme a la ley de tu Dios que está en tu mano;
15 y a llevar la plata y el oro que el rey y sus con-
sejeros voluntariamente ofrecen al Dios de Is-
rael, cuya morada está en Jerusalén,
16 y toda la plata y el oro que halles en toda la
provincia de Babilonia, con las ofrendas volun-
tarias del pueblo y de los sacerdotes, que volun-
tariamente ofrecieren para la casa de su Dios, la
cual está en Jerusalén.
17 Comprarás, pues, diligentemente con este
dinero becerros, carneros y corderos, con sus
ofrendas y sus libaciones, y los ofrecerás sobre
el altar de la casa de vuestro Dios, la cual está
en Jerusalén.
18 Y lo que a ti y a tus hermanos os parezca ha-
cer de la otra plata y oro, hacedlo conforme a la
voluntad de vuestro Dios.
19 Los utensilios que te son entregados para el
servicio de la casa de tu Dios, los restituirás de-
lante de Dios en Jerusalén.
20 Y todo lo que se requiere para la casa de tu
Dios, que te sea necesario dar, lo darás de la
casa de los tesoros del rey.
21 Y por mí, Artajerjes rey, es dada orden a to-
dos los tesoreros que están al otro lado del río,
que todo lo que os pida el sacerdote Esdras, es-
criba de la ley del Dios del cielo, se le conceda
prontamente,
22 hasta cien talentos de plata, cien coros de tri-
go, cien batos de vino, y cien batos de aceite; y
sal sin medida.
23 Todo lo que es mandado por el Dios del cielo,
sea hecho prontamente para la casa del Dios del
cielo; pues, ¿por qué habría de ser su ira contra
el reino del rey y de sus hijos?
24 Y a vosotros os hacemos saber que a todos los
sacerdotes y levitas, cantores, porteros, sirvien-
tes del templo y ministros de la casa de Dios,
ninguno podrá imponerles tributo, contribución
ni renta.
25 Y tú, Esdras, conforme a la sabiduría que
tienes de tu Dios, pon jueces y gobernadores
que gobiernen a todo el pueblo que está al otro
lado del río, a todos los que conocen las leyes de
tu Dios; y al que no las conoce, le enseñarás.
26 Y cualquiera que no cumpliere la ley de tu
Dios, y la ley del rey, sea juzgado prontamente,
sea a muerte, a destierro, a pena de multa, o pri-
sión.
27 Bendito Jehová Dios de nuestros padres,
que puso tal cosa en el corazón del rey, para
honrar la casa de Jehová que está en Jerusalén,
28 e inclinó hacia mí su misericordia delante del
rey y de sus consejeros, y de todos los príncipes
poderosos del rey. Y yo, fortalecido por la mano
de mi Dios sobre mí, reuní a los principales de
Israel para que subiesen conmigo.

8 1 Estos son los jefes de casas paternas, y la
genealogía de aquellos que subieron conmi-
go de Babilonia, reinando el rey Artajerjes:
2 De los hijos de Finees, Gersón; de los hijos de
Itamar, Daniel; de los hijos de David, Hatús.
3 De los hijos de Secanías y de los hijos de Paros,
Zacarías, y con él, en la línea de varones, ciento
cincuenta.
4 De los hijos de Pahat-moab, Elioenai hijo de
Zeraías, y con él doscientos varones.
5 De los hijos de Secanías, el hijo de Jahaziel, y
con él trescientos varones.
6 De los hijos de Adín, Ebed hijo de Jonatán, y
con él cincuenta varones.
7 De los hijos de Elam, Jesaías hijo de Atalías, y
con él setenta varones.
8 De los hijos de Sefatías, Zebadías hijo de Mi-
cael, y con él ochenta varones.
9 De los hijos de Joab, Obadías hijo de Jehiel, y
con él doscientos dieciocho varones.
10 De los hijos de Selomit, el hijo de Josifías, y
con él ciento sesenta varones.
11 De los hijos de Bebai, Zacarías hijo de Bebai,
y con él veintiocho varones.
12 De los hijos de Azgad, Johanán hijo de Haca-
tán, y con él ciento diez varones;
13 De los hijos de Adonicam, los postreros, cu-
yos nombres son estos: Elifelet, Jeiel y Semaías,
y con ellos sesenta varones.
14 Y de los hijos de Bigvai, Utai y Zabud, y con
ellos setenta varones.
15 Los reuní junto al río que viene a Ahava, y

acampamos allí tres días; y habiendo buscado
entre el pueblo y entre los sacerdotes, no hallé
allí de los hijos de Leví.
16 Entonces despaché a Eliezer, Ariel, Semaías,
Elnatán, Jarib, Elnatán, Natán, Zacarías y Mesu-
lam, hombres principales, asimismo a Joiarib y
a Elnatán, hombres doctos;
17 y los envié a Iddo, jefe en el lugar llamado
Casifia, y puse en boca de ellos las palabras que
habían de hablar a Iddo, y a sus hermanos los
sirvientes del templo en el lugar llamado Casi-
fia, para que nos trajesen ministros para la casa
de nuestro Dios.
18 Y nos trajeron según la buena mano de nues-
tro Dios sobre nosotros, un varón entendido, de
los hijos de Mahli hijo de Leví, hijo de Israel; a
Serebías con sus hijos y sus hermanos, dieciocho;
19 a Hasabías, y con él a Jesaías de los hijos de
Merari, a sus hermanos y a sus hijos, veinte;
20 y de los sirvientes del templo, a quienes Da-
vid con los príncipes puso para el ministerio de
los levitas, doscientos veinte sirvientes del tem-
plo, todos los cuales fueron designados por sus
nombres.
21 Y publiqué ayuno allí junto al río Ahava,
para afligirnos delante de nuestro Dios, para soli-
citar de él camino derecho para nosotros, y para
nuestros niños, y para todos nuestros bienes.
22 Porque tuve vergüenza de pedir al rey tropa y
gente de a caballo que nos defendiesen del ene-
migo en el camino; porque habíamos hablado al
rey, diciendo: La mano de nuestro Dios es para
bien sobre todos los que le buscan; mas su poder
y su furor contra todos los que le abandonan.
23 Ayunamos, pues, y pedimos a nuestro Dios
sobre esto, y él nos fue propicio.
24 Aparté luego a doce de los principales de
los sacerdotes, a Serebías y a Hasabías, y con
ellos diez de sus hermanos;
25 y les pesé la plata, el oro y los utensilios,
ofrenda que para la casa de nuestro Dios habían
ofrecido el rey y sus consejeros y sus príncipes, y
todo Israel allí presente.
26 Pesé, pues, en manos de ellos seiscientos cin-
cuenta talentos de plata, y utensilios de plata
por cien talentos, y cien talentos de oro;
27 además, veinte tazones de oro de mil drac-
mas, y dos vasos de bronce bruñido muy bueno,
preciados como el oro.
28 Y les dije: Vosotros estáis consagrados a Jeho-
vá, y son santos los utensilios, y la plata y el oro,
ofrenda voluntaria a Jehová Dios de nuestros
padres.
29 Vigilad y guardadlos, hasta que los peséis de-
lante de los príncipes de los sacerdotes y levitas,
y de los jefes de las casas paternas de Israel en Je-
rusalén, en los aposentos de la casa de Jehová.
30 Los sacerdotes y los levitas recibieron el peso
de la plata y del oro y de los utensilios, para
traerlo a Jerusalén a la casa de nuestro Dios.
31 Y partimos del río Ahava el doce del mes
primero, para ir a Jerusalén; y la mano de nues-
tro Dios estaba sobre nosotros, y nos libró de
mano del enemigo y del acechador en el camino.
32 Y llegamos a Jerusalén, y reposamos allí tres
días.
33 Al cuarto día fue luego pesada la plata, el oro
y los utensilios, en la casa de nuestro Dios, por
mano del sacerdote Meremot hijo de Urías, y con
él Eleazar hijo de Finees; y con ellos Jozabad hijo
de Jesúa y Noadías hijo de Binúi, levitas.
34 Por cuenta y por peso se entregó todo, y se
apuntó todo aquel peso en aquel tiempo.
35 Los hijos de la cautividad, los que habían
venido del cautiverio, ofrecieron holocaustos al
Dios de Israel, doce becerros por todo Israel, no-
venta y seis carneros, setenta y siete corderos, y
doce machos cabríos por expiación, todo en ho-
locausto a Jehová.
36 Y entregaron los despachos del rey a sus sá-
trapas y capitanes del otro lado del río, los cua-
les ayudaron al pueblo y a la casa de Dios.

Oración de confesión de Esdras

9 1 Acabadas estas cosas, los príncipes vinieron
a mí, diciendo: El pueblo de Israel y los sacer-
dotes y levitas no se han separado de los pueblos
de las tierras, de los cananeos, heteos, ferezeos,
jebuseos, amonitas, moabitas, egipcios y amo-
rreos, y hacen conforme a sus abominaciones.
2 Porque han tomado de las hijas de ellos para sí
y para sus hijos, y el linaje santo ha sido mezcla-
do con los pueblos de las tierras; y la mano de
los príncipes y de los gobernadores ha sido la
primera en cometer este pecado.
3 Cuando oí esto, rasgué mi vestido y mi manto,
y arranqué pelo de mi cabeza y de mi barba, y
me senté angustiado en extremo.
4 Y se me juntaron todos los que temían las pa-
labras del Dios de Israel, a causa de la prevari-
cación de los del cautiverio; mas yo estuve muy
angustiado hasta la hora del sacrificio de la
tarde.
5 Y a la hora del sacrificio de la tarde me levanté
de mi aflicción, y habiendo rasgado mi vestido y
mi manto, me postré de rodillas, y extendí mis
manos a Jehová mi Dios,
6 y dije:
Dios mío, confuso y avergonzado estoy para
levantar, oh Dios mío, mi rostro a ti, porque
nuestras iniquidades se han multiplicado sobre
nuestra cabeza, y nuestros delitos han crecido
hasta el cielo.
7 Desde los días de nuestros padres hasta este
día hemos vivido en gran pecado; y por nuestras
iniquidades nosotros, nuestros reyes y nuestros

sacerdotes hemos sido entregados en manos de
los reyes de las tierras, a espada, a cautiverio, a
robo, y a vergüenza que cubre nuestro rostro,
como hoy día.
8 Y ahora por un breve momento ha habido mi-
sericordia de parte de Jehová nuestro Dios, para
hacer que nos quedase un remanente libre, y
para darnos un lugar seguro en su santuario, a
fin de alumbrar nuestro Dios nuestros ojos y
darnos un poco de vida en nuestra servidumbre.
9 Porque siervos somos; mas en nuestra servi-
dumbre no nos ha desamparado nuestro Dios,
sino que inclinó sobre nosotros su misericordia
delante de los reyes de Persia, para que se nos
diese vida para levantar la casa de nuestro Dios
y restaurar sus ruinas, y darnos protección en
Judá y en Jerusalén.
10 Pero ahora, ¿qué diremos, oh Dios nuestro,
después de esto? Porque nosotros hemos dejado
tus mandamientos,
11 que prescribiste por medio de tus siervos los
profetas, diciendo: La tierra a la cual entráis
para poseerla, tierra inmunda es a causa de la
inmundicia de los pueblos de aquellas regiones,
por las abominaciones de que la han llenado de
uno a otro extremo con su inmundicia.
12 Ahora, pues, no daréis vuestras hijas a los hi-
jos de ellos, ni sus hijas tomaréis para vuestros
hijos,[a] ni procuraréis jamás su paz ni su prospe-
ridad; para que seáis fuertes y comáis el bien de
la tierra, y la dejéis por heredad a vuestros hijos
para siempre.
13 Mas después de todo lo que nos ha sobreveni-
do a causa de nuestras malas obras, y a causa de
nuestro gran pecado, ya que tú, Dios nuestro,
no nos has castigado de acuerdo con nuestras
iniquidades, y nos diste un remanente como
este,
14 ¿hemos de volver a infringir tus mandamien-
tos, y a emparentar con pueblos que cometen
estas abominaciones? ¿No te indignarías contra
nosotros hasta consumirnos, sin que quedara
remanente ni quien escape?
15 Oh Jehová Dios de Israel, tú eres justo, pues-
to que hemos quedado un remanente que ha es-
capado, como en este día. Henos aquí delante
de ti en nuestros delitos; porque no es posible
estar en tu presencia a causa de esto.

Expulsión de las mujeres extranjeras

10 1 Mientras oraba Esdras y hacía confe-
sión, llorando y postrándose delante de
la casa de Dios, se juntó a él una muy grande
multitud de Israel, hombres, mujeres y niños; y
lloraba el pueblo amargamente.
2 Entonces respondió Secanías hijo de Jehiel, de
los hijos de Elam, y dijo a Esdras: Nosotros hemos
pecado contra nuestro Dios, pues tomamos muje-
res extranjeras de los pueblos de la tierra; mas a
pesar de esto, aún hay esperanza para Israel.
3 Ahora, pues, hagamos pacto con nuestro Dios,
que despediremos a todas las mujeres y los naci-
dos de ellas, según el consejo de mi señor y de
los que temen el mandamiento de nuestro Dios;
y hágase conforme a la ley.
4 Levántate, porque esta es tu obligación, y noso-
tros estaremos contigo; esfuérzate, y pon mano a
la obra.
5 Entonces se levantó Esdras y juramentó a los
príncipes de los sacerdotes y de los levitas, y a
todo Israel, que harían conforme a esto; y ellos
juraron.
6 Se levantó luego Esdras de delante de la
casa de Dios, y se fue a la cámara de Johanán
hijo de Eliasib; e ido allá, no comió pan ni bebió
agua, porque se entristeció a causa del pecado
de los del cautiverio.
7 E hicieron pregonar en Judá y en Jerusalén
que todos los hijos del cautiverio se reuniesen
en Jerusalén;
8 y que el que no viniera dentro de tres días, con-
forme al acuerdo de los príncipes y de los ancia-
nos, perdiese toda su hacienda, y el tal fuese
excluido de la congregación de los del cautiverio.
9 Así todos los hombres de Judá y de Benja-
mín se reunieron en Jerusalén dentro de los tres
días, a los veinte días del mes, que era el mes
noveno; y se sentó todo el pueblo en la plaza de
la casa de Dios, temblando con motivo de aquel
asunto, y a causa de la lluvia.
10 Y se levantó el sacerdote Esdras y les dijo: Vo-
sotros habéis pecado, por cuanto tomasteis mu-
jeres extranjeras, añadiendo así sobre el pecado
de Israel.
11 Ahora, pues, dad gloria a Jehová Dios de
vuestros padres, y haced su voluntad, y apar-
taos de los pueblos de las tierras, y de las muje-
res extranjeras.
12 Y respondió toda la asamblea, y dijeron en
alta voz: Así se haga conforme a tu palabra.
13 Pero el pueblo es mucho, y el tiempo lluvioso,
y no podemos estar en la calle; ni la obra es de
un día ni de dos, porque somos muchos los que
hemos pecado en esto.
14 Sean nuestros príncipes los que se queden en
lugar de toda la congregación, y todos aquellos
que en nuestras ciudades hayan tomado mujeres
extranjeras, vengan en tiempos determinados, y
con ellos los ancianos de cada ciudad, y los jue-
ces de ellas, hasta que apartemos de nosotros el
ardor de la ira de nuestro Dios sobre esto.
15 Solamente Jonatán hijo de Asael y Jahazías
hijo de Ticva se opusieron a esto, y los levitas
Mesulam y Sabetai les ayudaron.

9.12: [a] Ex. 34.11-16; Dt. 7.1-5.

16 Así hicieron los hijos del cautiverio. Y fueron apartados el sacerdote Esdras, y ciertos varones jefes de casas paternas según sus casas paternas; todos ellos por sus nombres se sentaron el primer día del mes décimo para inquirir sobre el asunto.
17 Y terminaron el juicio de todos aquellos que habían tomado mujeres extranjeras, el primer día del mes primero.
18 De los hijos de los sacerdotes que habían tomado mujeres extranjeras, fueron hallados estos: De los hijos de Jesúa hijo de Josadac, y de sus hermanos: Maasías, Eliezer, Jarib y Gedalías.
19 Y dieron su mano en promesa de que despedirían sus mujeres, y ofrecieron como ofrenda por su pecado un carnero de los rebaños por su delito.
20 De los hijos de Imer: Hanani y Zebadías.
21 De los hijos de Harim: Maasías, Elías, Semaías, Jehiel y Uzías.
22 De los hijos de Pasur: Elioenai, Maasías, Ismael, Natanael, Jozabad y Elasa.
23 De los hijos de los levitas: Jozabad, Simei, Kelaía (éste es Kelita), Petaías, Judá y Eliezer.
24 De los cantores: Eliasib; y de los porteros: Salum, Telem y Uri.
25 Asimismo de Israel: De los hijos de Paros: Ramía, Jezías, Malquías, Mijamín, Eleazar, Malquías y Benaía.
26 De los hijos de Elam: Matanías, Zacarías, Jehiel, Abdi, Jeremot y Elías.
27 De los hijos de Zatu: Elioenai, Eliasib, Matanías, Jeremot, Zabad y Aziza.
28 De los hijos de Bebai: Johanán, Hananías, Zabai y Atlai.
29 De los hijos de Bani: Mesulam, Maluc, Adaía, Jasub, Seal y Ramot.
30 De los hijos de Pahat-moab: Adna, Quelal, Benaía, Maasías, Matanías, Bezaleel, Binúi y Manasés.
31 De los hijos de Harim: Eliezer, Isías, Malquías, Semaías, Simeón,
32 Benjamín, Maluc y Semarías.
33 De los hijos de Hasum: Matenai, Matata, Zabad, Elifelet, Jeremai, Manasés y Simei.
34 De los hijos de Bani: Madai, Amram, Uel,
35 Benaía, Bedías, Quelúhi,
36 Vanías, Meremot, Eliasib,
37 Matanías, Matenai, Jaasai,
38 Bani, Binúi, Simei,
39 Selemías, Natán, Adaía,
40 Macnadebai, Sasai, Sarai,
41 Azareel, Selemías, Semarías,
42 Salum, Amarías y José.
43 Y de los hijos de Nebo: Jeiel, Matatías, Zabad, Zebina, Jadau, Joel y Benaía.
44 Todos estos habían tomado mujeres extranjeras; y había mujeres de ellos que habían dado a luz hijos.

NEHEMÍAS

Oración de Nehemías sobre Jerusalén

1 1 Palabras de Nehemías hijo de Hacalías. Aconteció en el mes de Quisleu, en el año veinte, estando yo en Susa, capital del reino,
2 que vino Hanani, uno de mis hermanos, con algunos varones de Judá, y les pregunté por los judíos que habían escapado, que habían quedado de la cautividad, y por Jerusalén.
3 Y me dijeron: El remanente, los que quedaron de la cautividad, allí en la provincia, están en gran mal y afrenta, y el muro de Jerusalén derribado, y sus puertas quemadas a fuego.
4 Cuando oí estas palabras me senté y lloré, e hice duelo por algunos días, y ayuné y oré delante del Dios de los cielos.
5 Y dije: Te ruego, oh Jehová, Dios de los cielos, fuerte, grande y temible, que guarda el pacto y la misericordia a los que le aman y guardan sus mandamientos;
6 esté ahora atento tu oído y abiertos tus ojos para oír la oración de tu siervo, que hago ahora delante de ti día y noche, por los hijos de Israel tus siervos; y confieso los pecados de los hijos de Israel que hemos cometido contra ti; sí, yo y la casa de mi padre hemos pecado.
7 En extremo nos hemos corrompido contra ti, y no hemos guardado los mandamientos, estatutos y preceptos que diste a Moisés tu siervo.
8 Acuérdate ahora de la palabra que diste a Moisés tu siervo, diciendo: Si vosotros pecareis, yo os dispersaré por los pueblos;[a]
9 pero si os volviereis a mí, y guardareis mis mandamientos, y los pusiereis por obra, aunque vuestra dispersión fuere hasta el extremo de los cielos, de allí os recogeré, y os traeré al lugar que escogí para hacer habitar allí mi nombre.[b]
10 Ellos, pues, son tus siervos y tu pueblo, los cuales redimiste con tu gran poder, y con tu mano poderosa.
11 Te ruego, oh Jehová, esté ahora atento tu oído a la oración de tu siervo, y a la oración de tus siervos, quienes desean reverenciar tu nombre; concede ahora buen éxito a tu siervo, y dale

1.8: [a] Lv. 26.33. **1.9:** [b] Dt. 30.1-5.

gracia delante de aquel varón. Porque yo servía
de copero al rey.

Artajerjes envía a Nehemías a Jerusalén

2 1 Sucedió en el mes de Nisán, en el año
veinte del rey Artajerjes, que estando ya el
vino delante de él, tomé el vino y lo serví al rey.
Y como yo no había estado antes triste en su
presencia,
2 me dijo el rey: ¿Por qué está triste tu rostro?
pues no estás enfermo. No es esto sino quebranto
de corazón. Entonces temí en gran manera.
3 Y dije al rey: Para siempre viva el rey. ¿Cómo
no estará triste mi rostro, cuando la ciudad,
casa de los sepulcros de mis padres, está desierta,
y sus puertas consumidas por el fuego?[a]
4 Me dijo el rey: ¿Qué cosa pides? Entonces oré
al Dios de los cielos,
5 y dije al rey: Si le place al rey, y tu siervo ha hallado
gracia delante de ti, envíame a Judá, a la
ciudad de los sepulcros de mis padres, y la reedificaré.
6 Entonces el rey me dijo (y la reina estaba sentada
junto a él): ¿Cuánto durará tu viaje, y
cuándo volverás? Y agradó al rey enviarme, después
que yo le señalé tiempo.
7 Además dije al rey: Si le place al rey, que se me
den cartas para los gobernadores al otro lado
del río, para que me franqueen el paso hasta
que llegue a Judá;
8 y carta para Asaf guarda del bosque del rey, para
que me dé madera para enmaderar las puertas del
palacio de la casa, y para el muro de la ciudad, y la
casa en que yo estaré. Y me lo concedió el rey, según
la benéfica mano de mi Dios sobre mí.
9 Vine luego a los gobernadores del otro lado
del río, y les di las cartas del rey. Y el rey envió
conmigo capitanes del ejército y gente de a caballo.
10 Pero oyéndolo Sanbalat horonita y Tobías el
siervo amonita, les disgustó en extremo que viniese
alguno para procurar el bien de los hijos
de Israel.

Nehemías anima al pueblo a reedificar los muros

11 Llegué, pues, a Jerusalén, y después de estar
allí tres días,
12 me levanté de noche, yo y unos pocos varones
conmigo, y no declaré a hombre alguno lo
que Dios había puesto en mi corazón que hiciese
en Jerusalén; ni había cabalgadura conmigo,
excepto la única en que yo cabalgaba.
13 Y salí de noche por la puerta del Valle hacia la
fuente del Dragón y a la puerta del Muladar; y
observé los muros de Jerusalén que estaban derribados,
y sus puertas que estaban consumidas
por el fuego.
14 Pasé luego a la puerta de la Fuente, y al estanque
del Rey; pero no había lugar por donde
pasase la cabalgadura en que iba.
15 Y subí de noche por el torrente y observé el
muro, y di la vuelta y entré por la puerta del Valle,
y me volví.
16 Y no sabían los oficiales a dónde yo había ido,
ni qué había hecho; ni hasta entonces lo había
declarado yo a los judíos y sacerdotes, ni a los nobles
y oficiales, ni a los demás que hacían la obra.
17 Les dije, pues: Vosotros veis el mal en que
estamos, que Jerusalén está desierta, y sus puertas
consumidas por el fuego; venid, y edifiquemos
el muro de Jerusalén, y no estemos más en
oprobio.
18 Entonces les declaré cómo la mano de mi
Dios había sido buena sobre mí, y asimismo las
palabras que el rey me había dicho. Y dijeron:
Levantémonos y edifiquemos. Así esforzaron
sus manos para bien.
19 Pero cuando lo oyeron Sanbalat horonita, Tobías
el siervo amonita, y Gesem el árabe, hicieron
escarnio de nosotros, y nos despreciaron,
diciendo: ¿Qué es esto que hacéis vosotros? ¿Os
rebeláis contra el rey?
20 Y en respuesta les dije: El Dios de los cielos, él
nos prosperará, y nosotros sus siervos nos levantaremos
y edificaremos, porque vosotros no tenéis
parte ni derecho ni memoria en Jerusalén.

Reparto del trabajo de reedificación

3 1 Entonces se levantó el sumo sacerdote
Eliasib con sus hermanos los sacerdotes, y
edificaron la puerta de las Ovejas. Ellos arreglaron
y levantaron sus puertas hasta la torre de
Hamea, y edificaron hasta la torre de Hananeel.
2 Junto a ella edificaron los varones de Jericó, y
luego edificó Zacur hijo de Imri.
3 Los hijos de Senaa edificaron la puerta del
Pescado; ellos la enmaderaron, y levantaron sus
puertas, con sus cerraduras y sus cerrojos.
4 Junto a ellos restauró Meremot hijo de Urías,
hijo de Cos, y al lado de ellos restauró Mesulam
hijo de Berequías, hijo de Mesezabeel. Junto a
ellos restauró Sadoc hijo de Baana.
5 E inmediato a ellos restauraron los tecoítas;
pero sus grandes no se prestaron para ayudar a
la obra de su Señor.
6 La puerta Vieja fue restaurada por Joiada hijo
de Paseah y Mesulam hijo de Besodías; ellos la
enmaderaron, y levantaron sus puertas, con sus
cerraduras y cerrojos.
7 Junto a ellos restauró Melatías gabaonita, y
Jadón meronotita, varones de Gabaón y de Mizpa,
que estaban bajo el dominio del gobernador
del otro lado del río.

2.3: [a] 2 R. 25.8-10; 2 Cr. 36.19; Jer. 52.12-14.

8 Junto a ellos restauró Uziel hijo de Harhaía, de
los plateros; junto al cual restauró también Ha-
nanías, hijo de un perfumero. Así dejaron repa-
rada a Jerusalén hasta el muro ancho.
9 Junto a ellos restauró también Refaías hijo de
Hur, gobernador de la mitad de la región de Je-
rusalén.
10 Asimismo restauró junto a ellos, y frente a su
casa, Jedaías hijo de Harumaf; y junto a él res-
tauró Hatús hijo de Hasabnías.
11 Malquías hijo de Harim y Hasub hijo de Pahat-
moab restauraron otro tramo, y la torre de los
Hornos.
12 Junto a ellos restauró Salum hijo de Halohes,
gobernador de la mitad de la región de Jerusa-
lén, él con sus hijas.

13 La puerta del Valle la restauró Hanún con
los moradores de Zanoa; ellos la reedificaron, y
levantaron sus puertas, con sus cerraduras y sus
cerrojos, y mil codos del muro, hasta la puerta
del Muladar.
14 Reedificó la puerta del Muladar Malquías hijo
de Recab, gobernador de la provincia de Bet-ha-
querem; él la reedificó, y levantó sus puertas, sus
cerraduras y sus cerrojos.
15 Salum hijo de Colhoze, gobernador de la re-
gión de Mizpa, restauró la puerta de la Fuente; él
la reedificó, la enmaderó y levantó sus puertas,
sus cerraduras y sus cerrojos, y el muro del estan-
que de Siloé hacia el huerto del rey, y hasta las
gradas que descienden de la ciudad de David.
16 Después de él restauró Nehemías hijo de
Azbuc, gobernador de la mitad de la región de
Bet-sur, hasta delante de los sepulcros de David,
y hasta el estanque labrado, y hasta la casa de
los Valientes.
17 Tras él restauraron los levitas; Rehum hijo de
Bani, y junto a él restauró Hasabías, gobernador
de la mitad de la región de Keila, por su región.
18 Después de él restauraron sus hermanos, Ba-
vai hijo de Henadad, gobernador de la mitad de
la región de Keila.
19 Junto a él restauró Ezer hijo de Jesúa, gober-
nador de Mizpa, otro tramo frente a la subida de
la armería de la esquina.
20 Después de él Baruc hijo de Zabai con todo
fervor restauró otro tramo, desde la esquina
hasta la puerta de la casa de Eliasib sumo sacer-
dote.
21 Tras él restauró Meremot hijo de Urías hijo de
Cos otro tramo, desde la entrada de la casa de
Eliasib hasta el extremo de la casa de Eliasib.
22 Después de él restauraron los sacerdotes, los
varones de la llanura.
23 Después de ellos restauraron Benjamín y Ha-
sub, frente a su casa; y después de éstos restau-
ró Azarías hijo de Maasías, hijo de Ananías,
cerca de su casa.
24 Después de él restauró Binúi hijo de Henadad
otro tramo, desde la casa de Azarías hasta el án-
gulo entrante del muro, y hasta la esquina.
25 Palal hijo de Uzai, enfrente de la esquina y la
torre alta que sale de la casa del rey, que está en
el patio de la cárcel. Después de él, Pedaías hijo
de Faros.
26 Y los sirvientes del templo que habitaban
en Ofel restauraron hasta enfrente de la puer-
ta de las Aguas al oriente, y la torre que sobre-
salía.
27 Después de ellos restauraron los tecoítas otro
tramo, enfrente de la gran torre que sobresale,
hasta el muro de Ofel.

28 Desde la puerta de los Caballos restauraron
los sacerdotes, cada uno enfrente de su casa.
29 Después de ellos restauró Sadoc hijo de Imer,
enfrente de su casa; y después de él restauró Se-
maías hijo de Secanías, guarda de la puerta
Oriental.
30 Tras él, Hananías hijo de Selemías y Hanún
hijo sexto de Salaf restauraron otro tramo. Des-
pués de ellos restauró Mesulam hijo de Bere-
quías, enfrente de su cámara.
31 Después de él restauró Malquías hijo del pla-
tero, hasta la casa de los sirvientes del templo y
de los comerciantes, enfrente de la puerta del
Juicio, y hasta la sala de la esquina.
32 Y entre la sala de la esquina y la puerta de las
Ovejas, restauraron los plateros y los comer-
ciantes.

Precauciones contra los enemigos

4 1 Cuando oyó Sanbalat que nosotros edifi-
cábamos el muro, se enojó y se enfureció en
gran manera, e hizo escarnio de los judíos.
2 Y habló delante de sus hermanos y del ejército
de Samaria, y dijo: ¿Qué hacen estos débiles ju-
díos? ¿Se les permitirá volver a ofrecer sus sacri-
ficios? ¿Acabarán en un día? ¿Resucitarán de
los montones del polvo las piedras que fueron
quemadas?
3 Y estaba junto a él Tobías amonita, el cual dijo:
Lo que ellos edifican del muro de piedra, si subie-
re una zorra lo derribará.
4 Oye, oh Dios nuestro, que somos objeto de su
menosprecio, y vuelve el baldón de ellos sobre
su cabeza, y entrégalos por despojo en la tierra
de su cautiverio.
5 No cubras su iniquidad, ni su pecado sea bo-
rrado delante de ti, porque se airaron contra los
que edificaban.
6 Edificamos, pues, el muro, y toda la muralla
fue terminada hasta la mitad de su altura, por-
que el pueblo tuvo ánimo para trabajar.

7 Pero aconteció que oyendo Sanbalat y To-
bías, y los árabes, los amonitas y los de Asdod,
que los muros de Jerusalén eran reparados, por-

que ya los portillos comenzaban a ser cerrados, se encolerizaron mucho;
8 y conspiraron todos a una para venir a atacar a Jerusalén y hacerle daño.
9 Entonces oramos a nuestro Dios, y por causa de ellos pusimos guarda contra ellos de día y de noche.
10 Y dijo Judá: Las fuerzas de los acarreadores se han debilitado, y el escombro es mucho, y no podemos edificar el muro.
11 Y nuestros enemigos dijeron: No sepan, ni vean, hasta que entremos en medio de ellos y los matemos, y hagamos cesar la obra.
12 Pero sucedió que cuando venían los judíos que habitaban entre ellos, nos decían hasta diez veces: De todos los lugares de donde volviereis, ellos caerán sobre vosotros.
13 Entonces por las partes bajas del lugar, detrás del muro, y en los sitios abiertos, puse al pueblo por familias, con sus espadas, con sus lanzas y con sus arcos.
14 Después miré, y me levanté y dije a los nobles y a los oficiales, y al resto del pueblo: No temáis delante de ellos; acordaos del Señor, grande y temible, y pelead por vuestros hermanos, por vuestros hijos y por vuestras hijas, por vuestras mujeres y por vuestras casas.
15 Y cuando oyeron nuestros enemigos que lo habíamos entendido, y que Dios había desbaratado el consejo de ellos, nos volvimos todos al muro, cada uno a su tarea.
16 Desde aquel día la mitad de mis siervos trabajaba en la obra, y la otra mitad tenía lanzas, escudos, arcos y corazas; y detrás de ellos estaban los jefes de toda la casa de Judá.
17 Los que edificaban en el muro, los que acarreaban, y los que cargaban, con una mano trabajaban en la obra, y en la otra tenían la espada.
18 Porque los que edificaban, cada uno tenía su espada ceñida a sus lomos, y así edificaban; y el que tocaba la trompeta estaba junto a mí.
19 Y dije a los nobles, y a los oficiales y al resto del pueblo: La obra es grande y extensa, y nosotros estamos apartados en el muro, lejos unos de otros.
20 En el lugar donde oyereis el sonido de la trompeta, reuníos allí con nosotros; nuestro Dios peleará por nosotros.
21 Nosotros, pues, trabajábamos en la obra; y la mitad de ellos tenían lanzas desde la subida del alba hasta que salían las estrellas.
22 También dije entonces al pueblo: Cada uno con su criado permanezca dentro de Jerusalén, y de noche sirvan de centinela y de día en la obra.
23 Y ni yo ni mis hermanos, ni mis jóvenes, ni la gente de guardia que me seguía, nos quitamos nuestro vestido; cada uno se desnudaba solamente para bañarse.

Abolición de la usura

5 1 Entonces hubo gran clamor del pueblo y de sus mujeres contra sus hermanos judíos.
2 Había quien decía: Nosotros, nuestros hijos y nuestras hijas, somos muchos; por tanto, hemos pedido prestado grano para comer y vivir.
3 Y había quienes decían: Hemos empeñado nuestras tierras, nuestras viñas y nuestras casas, para comprar grano, a causa del hambre.
4 Y había quienes decían: Hemos tomado prestado dinero para el tributo del rey, sobre nuestras tierras y viñas.
5 Ahora bien, nuestra carne es como la carne de nuestros hermanos, nuestros hijos como sus hijos; y he aquí que nosotros dimos nuestros hijos y nuestras hijas a servidumbre, y algunas de nuestras hijas lo están ya, y no tenemos posibilidad de rescatarlas, porque nuestras tierras y nuestras viñas son de otros.
6 Y me enojé en gran manera cuando oí su clamor y estas palabras.
7 Entonces lo medité, y reprendí a los nobles y a los oficiales, y les dije: ¿Exigís interés cada uno a vuestros hermanos?[a] Y convoqué contra ellos una gran asamblea,
8 y les dije: Nosotros según nuestras posibilidades rescatamos a nuestros hermanos judíos que habían sido vendidos a las naciones; ¿y vosotros vendéis aun a vuestros hermanos, y serán vendidos a nosotros? Y callaron, pues no tuvieron qué responder.
9 Y dije: No es bueno lo que hacéis. ¿No andaréis en el temor de nuestro Dios, para no ser oprobio de las naciones enemigas nuestras?
10 También yo y mis hermanos y mis criados les hemos prestado dinero y grano; quitémosles ahora este gravamen.
11 Os ruego que les devolváis hoy sus tierras, sus viñas, sus olivares y sus casas, y la centésima parte del dinero, del grano, del vino y del aceite, que demandáis de ellos como interés.
12 Y dijeron: Lo devolveremos, y nada les demandaremos; haremos así como tú dices. Entonces convoqué a los sacerdotes, y les hice jurar que harían conforme a esto.
13 Además sacudí mi vestido, y dije: Así sacuda Dios de su casa y de su trabajo a todo hombre que no cumpliere esto, y así sea sacudido y vacío. Y respondió toda la congregación: ¡Amén! y alabaron a Jehová. Y el pueblo hizo conforme a esto.
14 También desde el día que me mandó el rey que fuese gobernador de ellos en la tierra de Judá, desde el año veinte del rey Artajerjes hasta el año treinta y dos, doce años, ni yo ni mis hermanos comimos el pan del gobernador.

5.7: [a] Ex. 22.25; Lv. 25.35-37; Dt. 23.19-20.

15 Pero los primeros gobernadores que fueron antes de mí abrumaron al pueblo, y tomaron de ellos por el pan y por el vino más de cuarenta siclos de plata, y aun sus criados se enseñoreaban del pueblo; pero yo no hice así, a causa del temor de Dios.

16 También en la obra de este muro restauré mi parte, y no compramos heredad; y todos mis criados juntos estaban allí en la obra.

17 Además, ciento cincuenta judíos y oficiales, y los que venían de las naciones que había alrededor de nosotros, estaban a mi mesa.

18 Y lo que se preparaba para cada día era un buey y seis ovejas escogidas; también eran preparadas para mí aves, y cada diez días vino en toda abundancia; y con todo esto nunca requerí el pan del gobernador, porque la servidumbre de este pueblo era grave.

19 Acuérdate de mí para bien, Dios mío, y de todo lo que hice por este pueblo.

Maquinaciones de los adversarios

6 **1** Cuando oyeron Sanbalat y Tobías y Gesem el árabe, y los demás de nuestros enemigos, que yo había edificado el muro, y que no quedaba en él portillo (aunque hasta aquel tiempo no había puesto las hojas en las puertas),

2 Sanbalat y Gesem enviaron a decirme: Ven y reunámonos en alguna de las aldeas en el campo de Ono. Mas ellos habían pensado hacerme mal.

3 Y les envié mensajeros, diciendo: Yo hago una gran obra, y no puedo ir; porque cesaría la obra, dejándola yo para ir a vosotros.

4 Y enviaron a mí con el mismo asunto hasta cuatro veces, y yo les respondí de la misma manera.

5 Entonces Sanbalat envió a mí su criado para decir lo mismo por quinta vez, con una carta abierta en su mano,

6 en la cual estaba escrito: Se ha oído entre las naciones, y Gasmu[1] lo dice, que tú y los judíos pensáis rebelaros; y que por eso edificas tú el muro, con la mira, según estas palabras, de ser tú su rey;

7 y que has puesto profetas que proclamen acerca de ti en Jerusalén, diciendo: ¡Hay rey en Judá! Y ahora serán oídas del rey las tales palabras; ven, por tanto, y consultemos juntos.

8 Entonces envié yo a decirle: No hay tal cosa como dices, sino que de tu corazón tú lo inventas.

9 Porque todos ellos nos amedrentaban, diciendo: Se debilitarán las manos de ellos en la obra, y no será terminada. Ahora, pues, oh Dios, fortalece tú mis manos.

10 Vine luego a casa de Semaías hijo de Delaía, hijo de Mehetabel, porque él estaba encerrado; el cual me dijo: Reunámonos en la casa de Dios, dentro del templo, y cerremos las puertas del templo, porque vienen para matarte; sí, esta noche vendrán a matarte.

11 Entonces dije: ¿Un hombre como yo ha de huir? ¿Y quién, que fuera como yo, entraría al templo para salvarse la vida? No entraré.

12 Y entendí que Dios no lo había enviado, sino que hablaba aquella profecía contra mí porque Tobías y Sanbalat lo habían sobornado.

13 Porque fue sobornado para hacerme temer así, y que pecase, y les sirviera de mal nombre con que fuera yo infamado.

14 Acuérdate, Dios mío, de Tobías y de Sanbalat, conforme a estas cosas que hicieron; también acuérdate de Noadías profetisa, y de los otros profetas que procuraban infundirme miedo.

15 Fue terminado, pues, el muro, el veinticinco del mes de Elul, en cincuenta y dos días.

16 Y cuando lo oyeron todos nuestros enemigos, temieron todas las naciones que estaban alrededor de nosotros, y se sintieron humillados, y conocieron que por nuestro Dios había sido hecha esta obra.

17 Asimismo en aquellos días iban muchas cartas de los principales de Judá a Tobías, y las de Tobías venían a ellos.

18 Porque muchos en Judá se habían conjurado con él, porque era yerno de Secanías hijo de Ara; y Johanán su hijo había tomado por mujer a la hija de Mesulam hijo de Berequías.

19 También contaban delante de mí las buenas obras de él, y a él le referían mis palabras. Y enviaba Tobías cartas para atemorizarme.

Nehemías designa dirigentes

7 **1** Luego que el muro fue edificado, y colocadas las puertas, y fueron señalados porteros y cantores y levitas,

2 mandé a mi hermano Hanani, y a Hananías, jefe de la fortaleza de Jerusalén (porque éste era varón de verdad y temeroso de Dios, más que muchos);

3 y les dije: No se abran las puertas de Jerusalén hasta que caliente el sol; y aunque haya gente allí, cerrad las puertas y atrancadlas. Y señalé guardas de los moradores de Jerusalén, cada cual en su turno, y cada uno delante de su casa.

4 Porque la ciudad era espaciosa y grande, pero poco pueblo dentro de ella, y no había casas reedificadas.

Los que volvieron con Zorobabel

5 Entonces puso Dios en mi corazón que reuniese a los nobles y oficiales y al pueblo, para que fuesen empadronados según sus genealogías. Y hallé el libro de la genealogía de los que habían subido antes, y encontré en él escrito así:

6.6: [1] *O, Gesem.*

6 Estos son los hijos de la provincia que subieron
del cautiverio, de los que llevó cautivos Nabuco-
donosor rey de Babilonia, y que volvieron a Je-
rusalén y a Judá, cada uno a su ciudad,
7 los cuales vinieron con Zorobabel, Jesúa, Nehe-
mías, Azarías, Raamías, Nahamani, Mardoqueo,
Bilsán, Misperet, Bigvai, Nehum y Baana. El nú-
mero de los varones del pueblo de Israel:
8 Los hijos de Paros, dos mil ciento setenta y dos.
9 Los hijos de Sefatías, trescientos setenta y dos.
10 Los hijos de Ara, seiscientos cincuenta y dos.
11 Los hijos de Pahat-moab, de los hijos de Jesúa
y de Joab, dos mil ochocientos dieciocho.
12 Los hijos de Elam, mil doscientos cincuenta y
cuatro.
13 Los hijos de Zatu, ochocientos cuarenta y cinco.
14 Los hijos de Zacai, setecientos sesenta.
15 Los hijos de Binúi, seiscientos cuarenta y
ocho.
16 Los hijos de Bebai, seiscientos veintiocho.
17 Los hijos de Azgad, dos mil seiscientos veinti-
dós.
18 Los hijos de Adonicam, seiscientos sesenta y
siete.
19 Los hijos de Bigvai, dos mil sesenta y siete.
20 Los hijos de Adín, seiscientos cincuenta y cinco.
21 Los hijos de Ater, de Ezequías, noventa y
ocho.
22 Los hijos de Hasum, trescientos veintiocho.
23 Los hijos de Bezai, trescientos veinticuatro.
24 Los hijos de Harif, ciento doce.
25 Los hijos de Gabaón, noventa y cinco.
26 Los varones de Belén y de Netofa, ciento
ochenta y ocho.
27 Los varones de Anatot, ciento veintiocho.
28 Los varones de Bet-azmavet, cuarenta y dos.
29 Los varones de Quiriat-jearim, Cafira y Bee-
rot, setecientos cuarenta y tres.
30 Los varones de Ramá y de Geba, seiscientos
veintiuno.
31 Los varones de Micmas, ciento veintidós.
32 Los varones de Bet-el y de Hai, ciento veintitrés.
33 Los varones del otro Nebo, cincuenta y dos.
34 Los hijos del otro Elam, mil doscientos cin-
cuenta y cuatro.
35 Los hijos de Harim, trescientos veinte.
36 Los hijos de Jericó, trescientos cuarenta y cinco.
37 Los hijos de Lod, Hadid y Ono, setecientos
veintiuno.
38 Los hijos de Senaa, tres mil novecientos treinta.
39 Sacerdotes: los hijos de Jedaías, de la casa
de Jesúa, novecientos setenta y tres.
40 Los hijos de Imer, mil cincuenta y dos.
41 Los hijos de Pasur, mil doscientos cuarenta y
siete.
42 Los hijos de Harim, mil diecisiete.
43 Levitas: los hijos de Jesúa, de Cadmiel, de
los hijos de Hodavías, setenta y cuatro.
44 Cantores: los hijos de Asaf, ciento cuarenta
y ocho.
45 Porteros: Los hijos de Salum, los hijos de
Ater, los hijos de Talmón, los hijos de Acub, los
hijos de Hatita y los hijos de Sobai, ciento trein-
ta y ocho.
46 Sirvientes del templo: los hijos de Ziha, los
hijos de Hasufa, los hijos de Tabaot,
47 los hijos de Queros, los hijos de Siaha, los hi-
jos de Padón,
48 los hijos de Lebana, los hijos de Hagaba, los
hijos de Salmai,
49 los hijos de Hanán, los hijos de Gidel, los hi-
jos de Gahar,
50 los hijos de Reaía, los hijos de Rezín, los hijos
de Necoda,
51 los hijos de Gazam, los hijos de Uza, los hijos
de Paseah,
52 los hijos de Besai, los hijos de Mehunim, los
hijos de Nefisesim,
53 los hijos de Bacbuc, los hijos de Hacufa, los
hijos de Harhur,
54 los hijos de Bazlut, los hijos de Mehída, los hi-
jos de Harsa,
55 los hijos de Barcos, los hijos de Sísara, los hi-
jos de Tema,
56 los hijos de Nezía, y los hijos de Hatifa.
57 Los hijos de los siervos de Salomón: los hi-
jos de Sotai, los hijos de Soferet, los hijos de
Perida,
58 los hijos de Jaala, los hijos de Darcón, los hi-
jos de Gidel,
59 los hijos de Sefatías, los hijos de Hatil, los hi-
jos de Poqueret-hazebaim, los hijos de Amón.
60 Todos los sirvientes del templo e hijos de los
siervos de Salomón, trescientos noventa y dos.
61 Y estos son los que subieron de Tel-mela, Tel-
harsa, Querub, Adón e Imer, los cuales no pu-
dieron mostrar la casa de sus padres, ni su ge-
nealogía, si eran de Israel:
62 los hijos de Delaía, los hijos de Tobías y los hi-
jos de Necoda, seiscientos cuarenta y dos.
63 Y de los sacerdotes: los hijos de Habaía, los
hijos de Cos y los hijos de Barzilai, el cual tomó
mujer de las hijas de Barzilai galaadita, y se lla-
mó del nombre de ellas.
64 Estos buscaron su registro de genealogías, y
no se halló; y fueron excluidos del sacerdocio,
65 y les dijo el gobernador que no comiesen de
las cosas más santas, hasta que hubiese sacerdo-
te con Urim y Tumim.[a]
66 Toda la congregación junta era de cuaren-
ta y dos mil trescientos sesenta,
67 sin sus siervos y siervas, que eran siete mil
trescientos treinta y siete; y entre ellos había
doscientos cuarenta y cinco cantores y cantoras.

7.65: [a] Ex. 28.30; Dt. 33.8.

68 Sus caballos, setecientos treinta y seis; sus
mulos, doscientos cuarenta y cinco;
69 camellos, cuatrocientos treinta y cinco; as-
nos, seis mil setecientos veinte.
70 Y algunos de los cabezas de familias dieron
ofrendas para la obra. El gobernador dio para el
tesoro mil dracmas de oro, cincuenta tazones, y
quinientas treinta vestiduras sacerdotales.
71 Los cabezas de familias dieron para el tesoro
de la obra veinte mil dracmas de oro y dos mil
doscientas libras de plata.
72 Y el resto del pueblo dio veinte mil dracmas
de oro, dos mil libras de plata, y sesenta y siete
vestiduras sacerdotales.
73 Y habitaron los sacerdotes, los levitas, los por-
teros, los cantores, los del pueblo, los sirvientes
del templo y todo Israel, en sus ciudades.[b]

Esdras lee la ley al pueblo

Venido el mes séptimo, los hijos de Israel esta-
ban en sus ciudades;
8 1 y se juntó todo el pueblo como un solo
hombre en la plaza que está delante de la
puerta de las Aguas, y dijeron a Esdras el escri-
ba que trajese el libro de la ley de Moisés, la
cual Jehová había dado a Israel.
2 Y el sacerdote Esdras trajo la ley delante de la
congregación, así de hombres como de mujeres
y de todos los que podían entender, el primer
día del mes séptimo.
3 Y leyó en el libro delante de la plaza que está
delante de la puerta de las Aguas, desde el alba
hasta el mediodía, en presencia de hombres y
mujeres y de todos los que podían entender; y los
oídos de todo el pueblo estaban atentos al libro
de la ley.
4 Y el escriba Esdras estaba sobre un púlpito de
madera que habían hecho para ello, y junto a él
estaban Matatías, Sema, Anías, Urías, Hilcías y
Maasías a su mano derecha; y a su mano izquier-
da, Pedaías, Misael, Malquías, Hasum, Hasbada-
na, Zacarías y Mesulam.
5 Abrió, pues, Esdras el libro a ojos de todo el
pueblo, porque estaba más alto que todo el pue-
blo; y cuando lo abrió, todo el pueblo estuvo
atento.
6 Bendijo entonces Esdras a Jehová, Dios gran-
de. Y todo el pueblo respondió: ¡Amén! ¡Amén!
alzando sus manos; y se humillaron y adoraron
a Jehová inclinados a tierra.
7 Y los levitas Jesúa, Bani, Serebías, Jamín,
Acub, Sabetai, Hodías, Maasías, Kelita, Aza-
rías, Jozabed, Hanán y Pelaía, hacían entender
al pueblo la ley; y el pueblo estaba atento en su
lugar.
8 Y leían en el libro de la ley de Dios claramente,
y ponían el sentido, de modo que entendiesen la
lectura.
9 Y Nehemías el gobernador, y el sacerdote
Esdras, escriba, y los levitas que hacían enten-
der al pueblo, dijeron a todo el pueblo: Día san-
to es a Jehová nuestro Dios; no os entristezcáis,
ni lloréis; porque todo el pueblo lloraba oyendo
las palabras de la ley.
10 Luego les dijo: Id, comed grosuras, y bebed
vino dulce, y enviad porciones a los que no tie-
nen nada preparado; porque día santo es a nues-
tro Señor; no os entristezcáis, porque el gozo de
Jehová es vuestra fuerza.
11 Los levitas, pues, hacían callar a todo el pue-
blo, diciendo: Callad, porque es día santo, y no
os entristezcáis.
12 Y todo el pueblo se fue a comer y a beber, y a
obsequiar porciones, y a gozar de grande ale-
gría, porque habían entendido las palabras que
les habían enseñado.
13 Al día siguiente se reunieron los cabezas de
las familias de todo el pueblo, sacerdotes y levi-
tas, a Esdras el escriba, para entender las pala-
bras de la ley.
14 Y hallaron escrito en la ley que Jehová había
mandado por mano de Moisés, que habitasen
los hijos de Israel en tabernáculos en la fiesta so-
lemne del mes séptimo;
15 y que hiciesen saber, y pasar pregón por todas
sus ciudades y por Jerusalén, diciendo: Salid al
monte, y traed ramas de olivo, de olivo silvestre,
de arrayán, de palmeras y de todo árbol frondo-
so, para hacer tabernáculos, como está escrito.[a]
16 Salió, pues, el pueblo, y trajeron ramas e
hicieron tabernáculos, cada uno sobre su terra-
do, en sus patios, en los patios de la casa de
Dios, en la plaza de la puerta de las Aguas, y en
la plaza de la puerta de Efraín.
17 Y toda la congregación que volvió de la cauti-
vidad hizo tabernáculos, y en tabernáculos ha-
bitó; porque desde los días de Josué hijo de Nun
hasta aquel día, no habían hecho así los hijos de
Israel. Y hubo alegría muy grande.
18 Y leyó Esdras en el libro de la ley de Dios cada
día, desde el primer día hasta el último; e hicie-
ron la fiesta solemne por siete días, y el octavo
día fue de solemne asamblea, según el rito.

Esdras confiesa los pecados de Israel

9 1 El día veinticuatro del mismo mes se reu-
nieron los hijos de Israel en ayuno, y con ci-
licio y tierra sobre sí.
2 Y ya se había apartado la descendencia de Is-
rael de todos los extranjeros; y estando en pie,
confesaron sus pecados, y las iniquidades de sus
padres.
3 Y puestos de pie en su lugar, leyeron el libro de
la ley de Jehová su Dios la cuarta parte del día, y

7.73: [b] 1 Cr. 9.2; Neh. 11.3. **8.14-15:** [a] Lv. 23.33-36, 39-43; Dt. 16.13-15.

la cuarta parte confesaron sus pecados y adoraron a Jehová su Dios.

4 Luego se levantaron sobre la grada de los levitas, Jesúa, Bani, Cadmiel, Sebanías, Buni, Serebías, Bani y Quenani, y clamaron en voz alta a Jehová su Dios.

5 Y dijeron los levitas Jesúa, Cadmiel, Bani, Hasabnías, Serebías, Hodías, Sebanías y Petaías: Levantaos, bendecid a Jehová vuestro Dios desde la eternidad hasta la eternidad; y bendígase el nombre tuyo, glorioso y alto sobre toda bendición y alabanza.

6 Tú solo eres Jehová; tú hiciste los cielos, y los cielos de los cielos, con todo su ejército, la tierra y todo lo que está en ella, los mares y todo lo que hay en ellos; y tú vivificas todas estas cosas, y los ejércitos de los cielos te adoran.

7 Tú eres, oh Jehová, el Dios que escogiste a Abram, y lo sacaste de Ur de los caldeos,[a] y le pusiste el nombre Abraham;[b]

8 y hallaste fiel su corazón delante de ti, e hiciste pacto con él para darle la tierra del cananeo, del heteo, del amorreo, del ferezeo, del jebuseo y del gergeseo,[c] para darla a su descendencia; y cumpliste tu palabra, porque eres justo.

9 Y miraste la aflicción de nuestros padres en Egipto,[d] y oíste el clamor de ellos en el Mar Rojo;[e]

10 e hiciste señales y maravillas contra Faraón, contra todos sus siervos, y contra todo el pueblo de su tierra,[f] porque sabías que habían procedido con soberbia contra ellos; y te hiciste nombre grande, como en este día.

11 Dividiste el mar delante de ellos, y pasaron por medio de él en seco;[g] y a sus perseguidores echaste en las profundidades, como una piedra en profundas aguas.[h]

12 Con columna de nube los guiaste de día, y con columna de fuego de noche, para alumbrarles el camino por donde habían de ir.[i]

13 Y sobre el monte de Sinaí descendiste, y hablaste con ellos desde el cielo, y les diste juicios rectos, leyes verdaderas, y estatutos y mandamientos buenos,

14 y les ordenaste el día de reposo* santo para ti, y por mano de Moisés tu siervo les prescribiste mandamientos, estatutos y la ley.[j]

15 Les diste pan del cielo en su hambre,[k] y en su sed les sacaste aguas de la peña;[l] y les dijiste que entrasen a poseer la tierra, por la cual alzaste tu mano y juraste que se la darías.[m]

16 Mas ellos y nuestros padres fueron soberbios, y endurecieron su cerviz, y no escucharon tus mandamientos.

17 No quisieron oír, ni se acordaron de tus maravillas que habías hecho con ellos; antes endurecieron su cerviz, y en su rebelión pensaron poner caudillo para volverse a su servidumbre.[n] Pero tú eres Dios que perdonas, clemente y piadoso, tardo para la ira, y grande en misericordia,[o] porque no los abandonaste.

18 Además, cuando hicieron para sí becerro de fundición y dijeron: Este es tu Dios que te hizo subir de Egipto;[p] y cometieron grandes abominaciones,

19 tú, con todo, por tus muchas misericordias no los abandonaste en el desierto. La columna de nube no se apartó de ellos de día, para guiarlos por el camino, ni de noche la columna de fuego, para alumbrarles el camino por el cual habían de ir.

20 Y enviaste tu buen Espíritu para enseñarles, y no retiraste tu maná de su boca, y agua les diste para su sed.

21 Los sustentaste cuarenta años en el desierto; de ninguna cosa tuvieron necesidad; sus vestidos no se envejecieron, ni se hincharon sus pies.[q]

22 Y les diste reinos y pueblos, y los repartiste por distritos; y poseyeron la tierra de Sehón, la tierra del rey de Hesbón, y la tierra de Og rey de Basán.[r]

23 Multiplicaste sus hijos como las estrellas del cielo,[s] y los llevaste a la tierra de la cual habías dicho a sus padres que habían de entrar a poseerla.[t]

24 Y los hijos vinieron y poseyeron la tierra, y humillaste delante de ellos a los moradores del país, a los cananeos, los cuales entregaste en su mano, y a sus reyes, y a los pueblos de la tierra, para que hiciesen de ellos como quisieran.[u]

25 Y tomaron ciudades fortificadas y tierra fértil, y heredaron casas llenas de todo bien, cisternas hechas, viñas y olivares, y muchos árboles frutales; comieron, se saciaron, y se deleitaron en tu gran bondad.[v]

26 Pero te provocaron a ira, y se rebelaron contra ti, y echaron tu ley tras sus espaldas, y mataron a tus profetas que protestaban contra ellos para convertirlos a ti, e hicieron grandes abominaciones.

27 Entonces los entregaste en mano de sus enemigos, los cuales los afligieron. Pero en el tiempo de su tribulación clamaron a ti, y tú desde los cielos los oíste; y según tu gran misericordia les enviaste libertadores para que los salvasen de mano de sus enemigos.

28 Pero una vez que tenían paz, volvían a hacer lo malo delante de ti, por lo cual los abandonaste en mano de sus enemigos que los dominaron;

* Aquí equivale a *sábado*.

9.7: [a] Gn. 12.1. [b] Gn. 17.5. **9.8:** [c] Gn. 15.18-21. **9.9:** [d] Ex. 3.7. [e] Ex. 14.10-12. **9.10:** [f] Ex. 7.8–12.32. **9.11:** [g] Ex. 14:21-29. [h] Ex. 15.4-5. **9.12:** [i] Ex. 13.21-22. **9.13-14:** [j] Ex. 19.18–23.33. **9.15:** [k] Ex. 16.4-15. [l] Ex. 17.1-7. [m] Dt. 1.21. **9.16-17:** [n] Nm. 14.1-4; Dt. 1.26-33. **9.17:** [o] Ex. 34.6; Nm. 14.18. **9.18:** [p] Ex. 32.1-4. **9.19-21:** [q] Dt. 8.2-4. **9.22:** [r] Nm. 21.21-35. **9.23:** [s] Gn. 15.5; 22.17. [t] Jos. 3.14-17. **9.24:** [u] Jos. 11.23. **9.25:** [v] Dt. 6.10-11.

pero volvían y clamaban otra vez a ti, y tú desde
los cielos los oías y según tus misericordias mu-
chas veces los libraste.[w]
29 Les amonestaste a que se volviesen a tu ley;
mas ellos se llenaron de soberbia, y no oyeron
tus mandamientos, sino que pecaron contra tus
juicios, los cuales si el hombre hiciere, en ellos
vivirá;[x] se rebelaron, endurecieron su cerviz, y
no escucharon.
30 Les soportaste por muchos años, y les testifi-
caste con tu Espíritu por medio de tus profetas,
pero no escucharon;[y] por lo cual los entregaste
en mano de los pueblos de la tierra.
31 Mas por tus muchas misericordias no los con-
sumiste, ni los desamparaste; porque eres Dios
clemente y misericordioso.
32 Ahora pues, Dios nuestro, Dios grande, fuer-
te, temible, que guardas el pacto y la misericor-
dia, no sea tenido en poco delante de ti todo el
sufrimiento que ha alcanzado a nuestros reyes,
a nuestros príncipes, a nuestros sacerdotes, a
nuestros profetas, a nuestros padres y a todo tu
pueblo, desde los días de los reyes de Asiria[z]
hasta este día.
33 Pero tú eres justo en todo lo que ha venido so-
bre nosotros; porque rectamente has hecho,
mas nosotros hemos hecho lo malo.
34 Nuestros reyes, nuestros príncipes, nuestros
sacerdotes y nuestros padres no pusieron por
obra tu ley, ni atendieron a tus mandamientos y
a tus testimonios con que les amonestabas.
35 Y ellos en su reino y en tu mucho bien que les
diste, y en la tierra espaciosa y fértil que entre-
gaste delante de ellos, no te sirvieron, ni se con-
virtieron de sus malas obras.
36 He aquí que hoy somos siervos; henos aquí,
siervos en la tierra que diste a nuestros padres
para que comiesen su fruto y su bien.
37 Y se multiplica su fruto para los reyes que has
puesto sobre nosotros por nuestros pecados,
quienes se enseñorean sobre nuestros cuerpos,
y sobre nuestros ganados, conforme a su volun-
tad, y estamos en grande angustia.

Pacto del pueblo, de guardar la ley

38 A causa, pues, de todo esto, nosotros hace-
mos fiel promesa, y la escribimos, firmada por
nuestros príncipes, por nuestros levitas y por
nuestros sacerdotes.
10 1 Los que firmaron fueron: Nehemías el
gobernador, hijo de Hacalías, y Sedequías,
2 Seraías, Azarías, Jeremías,
3 Pasur, Amarías, Malquías,
4 Hatús, Sebanías, Maluc,
5 Harim, Meremot, Obadías,
6 Daniel, Ginetón, Baruc,
7 Mesulam, Abías, Mijamín,
8 Maazías, Bilgai y Semaías; éstos eran sacerdotes.
9 Y los levitas: Jesúa hijo de Azanías, Binúi de
los hijos de Henadad, Cadmiel,
10 y sus hermanos Sebanías, Hodías, Kelita, Pe-
laías, Hanán,
11 Micaía, Rehob, Hasabías,
12 Zacur, Serebías, Sebanías,
13 Hodías, Bani y Beninu.
14 Los cabezas del pueblo: Paros, Pahat-moab,
Elam, Zatu, Bani,
15 Buni, Azgad, Bebai,
16 Adonías, Bigvai, Adín,
17 Ater, Ezequías, Azur,
18 Hodías, Hasum, Bezai,
19 Harif, Anatot, Nebai,
20 Magpías, Mesulam, Hezir,
21 Mesezabeel, Sadoc, Jadúa,
22 Pelatías, Hanán, Anaías,
23 Oseas, Hananías, Hasub,
24 Halohes, Pilha, Sobec,
25 Rehum, Hasabna, Maasías,
26 Ahías, Hanán, Anán,
27 Maluc, Harim y Baana.
28 Y el resto del pueblo, los sacerdotes, levi-
tas, porteros y cantores, los sirvientes del tem-
plo, y todos los que se habían apartado de los
pueblos de las tierras a la ley de Dios, con sus
mujeres, sus hijos e hijas, todo el que tenía com-
prensión y discernimiento,
29 se reunieron con sus hermanos y sus princi-
pales, para protestar y jurar que andarían en la
ley de Dios, que fue dada por Moisés siervo de
Dios, y que guardarían y cumplirían todos los
mandamientos, decretos y estatutos de Jehová
nuestro Señor.
30 Y que no daríamos nuestras hijas a los pue-
blos de la tierra, ni tomaríamos sus hijas para
nuestros hijos.[a]
31 Asimismo, que si los pueblos de la tierra tra-
jesen a vender mercaderías y comestibles en día
de reposo,* nada tomaríamos de ellos en ese día
ni en otro día santificado; y que el año séptimo
dejaríamos descansar la tierra,[b] y remitiríamos
toda deuda.[c]
32 Nos impusimos además por ley, el cargo de
contribuir cada año con la tercera parte de un
siclo para la obra de la casa de nuestro Dios;[d]
33 para el pan de la proposición y para la ofren-
da continua, para el holocausto continuo, los
días de reposo,* las nuevas lunas, las festivida-
des, y para las cosas santificadas y los sacrificios
de expiación por el pecado de Israel, y para todo
el servicio de la casa de nuestro Dios.

* Aquí equivale a *sábado*.
9.26-28: [w] Jue. 2.11-16. **9.29:** [x] Lv. 18.5.
9.30: [y] 2 R. 17.13-18; 2 Cr. 36.15-16.
9.32: [z] 2 R. 15.19, 29; 17.3-6; Esd. 4.2, 10.
10.30: [a] Ex. 34.16; Dt. 7.3. **10.31:** [b] Ex. 23.10-11; Lv. 25.1-7.
[c] Dt. 15.1-2. **10.32:** [d] Ex. 30.11-16.

34 Echamos también suertes los sacerdotes, los le-
vitas y el pueblo, acerca de la ofrenda de la leña,
para traerla a la casa de nuestro Dios, según las
casas de nuestros padres, en los tiempos determi-
nados cada año, para quemar sobre el altar de
Jehová nuestro Dios, como está escrito en la ley.
35 Y que cada año traeríamos a la casa de Jeho-
vá las primicias de nuestra tierra, y las primicias
del fruto de todo árbol.[e]
36 Asimismo los primogénitos de nuestros hijos
y de nuestros ganados, como está escrito en la
ley; y que traeríamos los primogénitos de nues-
tras vacas y de nuestras ovejas a la casa de nues-
tro Dios, a los sacerdotes que ministran en la
casa de nuestro Dios;[f]
37 que traeríamos también las primicias de
nuestras masas, y nuestras ofrendas, y del fruto
de todo árbol, y del vino y del aceite, para los sa-
cerdotes, a las cámaras de la casa de nuestro
Dios, y el diezmo de nuestra tierra para los levi-
tas;[g] y que los levitas recibirían las décimas de
nuestras labores en todas las ciudades;
38 y que estaría el sacerdote hijo de Aarón con
los levitas, cuando los levitas recibiesen el diez-
mo; y que los levitas llevarían el diezmo del
diezmo[h] a la casa de nuestro Dios, a las cámaras
de la casa del tesoro.
39 Porque a las cámaras del tesoro han de llevar
los hijos de Israel y los hijos de Leví la ofrenda
del grano, del vino y del aceite; y allí estarán los
utensilios del santuario, y los sacerdotes que mi-
nistran, los porteros y los cantores; y no aban-
donaremos la casa de nuestro Dios.

Los habitantes de Jerusalén

11 1 Habitaron los jefes del pueblo en Jeru-
salén; mas el resto del pueblo echó suer-
tes para traer uno de cada diez para que morase
en Jerusalén, ciudad santa, y las otras nueve
partes en las otras ciudades.
2 Y bendijo el pueblo a todos los varones que vo-
luntariamente se ofrecieron para morar en Jeru-
salén.
3 Estos son los jefes de la provincia que mora-
ron en Jerusalén; pero en las ciudades de Judá
habitaron cada uno en su posesión, en sus ciu-
dades; los israelitas, los sacerdotes y levitas, los
sirvientes del templo y los hijos de los siervos de
Salomón.
4 En Jerusalén, pues, habitaron algunos de los
hijos de Judá y de los hijos de Benjamín.[a] De los
hijos de Judá: Ataías hijo de Uzías, hijo de Zaca-
rías, hijo de Amarías, hijo de Sefatías, hijo de
Mahalaleel, de los hijos de Fares,
5 y Maasías hijo de Baruc, hijo de Colhoze, hijo
de Hazaías, hijo de Adaías, hijo de Joiarib, hijo
de Zacarías, hijo de Siloni.
6 Todos los hijos de Fares que moraron en Jerusa-
lén fueron cuatrocientos sesenta y ocho hombres
fuertes.
7 Estos son los hijos de Benjamín:[b] Salú hijo de
Mesulam, hijo de Joed, hijo de Pedaías, hijo de
Colaías, hijo de Maasías, hijo de Itiel, hijo de Je-
saías.
8 Y tras él Gabai y Salai, novecientos veintiocho.
9 Y Joel hijo de Zicri era el prefecto de ellos, y
Judá hijo de Senúa el segundo en la ciudad.
10 De los sacerdotes: Jedaías hijo de Joiarib, Ja-
quín,
11 Seraías hijo de Hilcías, hijo de Mesulam, hijo
de Sadoc, hijo de Meraiot, hijo de Ahitob, prín-
cipe de la casa de Dios,
12 y sus hermanos, los que hacían la obra de la
casa, ochocientos veintidós; y Adaías hijo de Je-
roham, hijo de Pelalías, hijo de Amsi, hijo de Za-
carías, hijo de Pasur, hijo de Malquías,
13 y sus hermanos, jefes de familias, doscientos
cuarenta y dos; y Amasai hijo de Azareel, hijo de
Azai, hijo de Mesilemot, hijo de Imer,
14 y sus hermanos, hombres de gran vigor, cien-
to veintiocho, el jefe de los cuales era Zabdiel
hijo de Gedolim.
15 De los levitas: Semaías hijo de Hasub, hijo de
Azricam, hijo de Hasabías, hijo de Buni;
16 Sabetai y Jozabad, de los principales de los
levitas, capataces de la obra exterior de la casa
de Dios;
17 y Matanías hijo de Micaía, hijo de Zabdi,
hijo de Asaf, el principal, el que empezaba las
alabanzas y acción de gracias al tiempo de la
oración; Bacbuquías el segundo de entre sus
hermanos; y Abda hijo de Samúa, hijo de Ga-
lal, hijo de Jedutún.
18 Todos los levitas en la santa ciudad eran dos-
cientos ochenta y cuatro.
19 Los porteros, Acub, Talmón y sus hermanos,
guardas en las puertas, ciento setenta y dos.
20 Y el resto de Israel, de los sacerdotes y de
los levitas, en todas las ciudades de Judá, cada
uno en su heredad.
21 Los sirvientes del templo habitaban en Ofel; y
Ziha y Gispa tenían autoridad sobre los sirvien-
tes del templo.
22 Y el jefe de los levitas en Jerusalén era Uzi
hijo de Bani, hijo de Hasabías, hijo de Matanías,
hijo de Micaía, de los hijos de Asaf, cantores, so-
bre la obra de la casa de Dios.
23 Porque había mandamiento del rey acerca
de ellos, y distribución para los cantores para
cada día.
24 Y Petaías hijo de Mesezabeel, de los hijos de
Zera hijo de Judá, estaba al servicio del rey en
todo negocio del pueblo.

10.35: [e] Ex. 23.19; 34.26; Dt. 26.2. **10.36:** [f] Ex. 13.2.
10.37: [g] Nm. 18.21. **10.38:** [h] Nm. 18.26.
11.3-4: [a] 1 Cr. 9.2-3; Neh. 7.73. **11.7:** [b] 1 Cr. 9.7.

Lugares habitados fuera de Jerusalén

25 Tocante a las aldeas y sus tierras, algunos
de los hijos de Judá habitaron en Quiriat-arba y
sus aldeas, en Dibón y sus aldeas, en Jecabseel y
sus aldeas,
26 en Jesúa, Molada y Bet-pelet,
27 en Hazar-sual, en Beerseba y sus aldeas,
28 en Siclag, en Mecona y sus aldeas,
29 en En-rimón, en Zora, en Jarmut,
30 en Zanoa, en Adulam y sus aldeas, en Laquis
y sus tierras, y en Azeca y sus aldeas. Y habitaron desde Beerseba hasta el valle de Hinom.
31 Y los hijos de Benjamín habitaron desde Geba,
en Micmas, en Aía, en Bet-el y sus aldeas,
32 en Anatot, Nob, Ananías,
33 Hazor, Ramá, Gitaim,
34 Hadid, Seboim, Nebalat,
35 Lod, y Ono, valle de los artífices;
36 y algunos de los levitas, en los repartimientos
de Judá y de Benjamín.

Sacerdotes y levitas

12 1 Estos son los sacerdotes y levitas que
subieron con Zorobabel hijo de Salatiel,
y con Jesúa: Seraías, Jeremías, Esdras,
2 Amarías, Maluc, Hatús,
3 Secanías, Rehum, Meremot,
4 Iddo, Gineto, Abías,
5 Mijamín, Maadías, Bilga,
6 Semaías, Joiarib, Jedaías,
7 Salú, Amoc, Hilcías y Jedaías. Estos eran los
príncipes de los sacerdotes y sus hermanos en
los días de Jesúa.
8 Y los levitas: Jesúa, Binúi, Cadmiel, Serebías,
Judá y Matanías, que con sus hermanos oficiaba
en los cantos de alabanza.
9 Y Bacbuquías y Uni, sus hermanos, cada cual
en su ministerio.
10 Jesúa engendró a Joiacim, y Joiacim engendró a Eliasib, y Eliasib engendró a Joiada;
11 Joiada engendró a Jonatán, y Jonatán engendró a Jadúa.
12 Y en los días de Joiacim los sacerdotes jefes
de familias fueron: de Seraías, Meraías; de Jeremías, Hananías;
13 de Esdras, Mesulam; de Amarías, Johanán;
14 de Melicú, Jonatán; de Sebanías, José;
15 de Harim, Adna; de Meraiot, Helcai;
16 de Iddo, Zacarías; de Ginetón, Mesulam;
17 de Abías, Zicri; de Miniamín, de Moadías, Piltai;
18 de Bilga, Samúa; de Semaías, Jonatán;
19 de Joiarib, Matenai; de Jedaías, Uzi;
20 de Salai, Calai; de Amoc, Eber;
21 de Hilcías, Hasabías; de Jedaías, Natanael.
22 Los levitas en días de Eliasib, de Joiada, de
Johanán y de Jadúa fueron inscritos por jefes de
familias; también los sacerdotes, hasta el reinado de Darío el persa.
23 Los hijos de Leví, jefes de familias, fueron inscritos en el libro de las crónicas hasta los días de
Johanán hijo de Eliasib.
24 Los principales de los levitas: Hasabías, Serebías, Jesúa hijo de Cadmiel, y sus hermanos delante de ellos, para alabar y dar gracias, conforme
al estatuto de David varón de Dios, guardando su
turno.
25 Matanías, Bacbuquías, Obadías, Mesulam,
Talmón y Acub, guardas, eran porteros para la
guardia a las entradas de las puertas.
26 Estos fueron en los días de Joiacim hijo de Jesúa, hijo de Josadac, y en los días del gobernador Nehemías y del sacerdote Esdras, escriba.

Dedicación del muro

27 Para la dedicación del muro de Jerusalén,
buscaron a los levitas de todos sus lugares para
traerlos a Jerusalén, para hacer la dedicación y
la fiesta con alabanzas y con cánticos, con címbalos, salterios y cítaras.
28 Y fueron reunidos los hijos de los cantores,
así de la región alrededor de Jerusalén como de
las aldeas de los netofatitas;
29 y de la casa de Gilgal, y de los campos de
Geba y de Azmavet; porque los cantores se habían edificado aldeas alrededor de Jerusalén.
30 Y se purificaron los sacerdotes y los levitas; y
purificaron al pueblo, y las puertas, y el muro.
31 Hice luego subir a los príncipes de Judá sobre
el muro, y puse dos coros grandes que fueron en
procesión; el uno a la derecha, sobre el muro,
hacia la puerta del Muladar.
32 E iba tras de ellos Osaías con la mitad de los
príncipes de Judá,
33 y Azarías, Esdras, Mesulam,
34 Judá y Benjamín, Semaías y Jeremías.
35 Y de los hijos de los sacerdotes iban con trompetas Zacarías hijo de Jonatán, hijo de Semaías,
hijo de Matanías, hijo de Micaías, hijo de Zacur,
hijo de Asaf;
36 y sus hermanos Semaías, Azarael, Milalai, Gilalai, Maai, Natanael, Judá y Hanani, con los
instrumentos musicales de David varón de Dios;
y el escriba Esdras delante de ellos.
37 Y a la puerta de la Fuente, en frente de ellos,
subieron por las gradas de la ciudad de David,
por la subida del muro, desde la casa de David
hasta la puerta de las Aguas, al oriente.
38 El segundo coro iba del lado opuesto, y yo en
pos de él, con la mitad del pueblo sobre el muro,
desde la torre de los Hornos hasta el muro
ancho;
39 y desde la puerta de Efraín hasta la puerta
Vieja y a la puerta del Pescado, y la torre de Hananeel, y la torre de Hamea, hasta la puerta de
las Ovejas; y se detuvieron en la puerta de la
Cárcel.

40 Llegaron luego los dos coros a la casa de
Dios; y yo, y la mitad de los oficiales conmigo,
41 y los sacerdotes Eliacim, Maaseías, Minia-
mín, Micaías, Elioenai, Zacarías y Hananías, con
trompetas;
42 y Maasías, Semaías, Eleazar, Uzi, Johanán,
Malquías, Elam y Ezer. Y los cantores cantaban
en alta voz, e Izrahías era el director.
43 Y sacrificaron aquel día numerosas víctimas,
y se regocijaron, porque Dios los había recreado
con grande contentamiento; se alegraron tam-
bién las mujeres y los niños; y el alborozo de Je-
rusalén fue oído desde lejos.

Porciones para sacerdotes y levitas

44 En aquel día fueron puestos varones sobre
las cámaras de los tesoros, de las ofrendas, de
las primicias y de los diezmos, para recoger en
ellas, de los ejidos de las ciudades, las porciones
legales para los sacerdotes y levitas; porque era
grande el gozo de Judá con respecto a los sacer-
dotes y levitas que servían.
45 Y habían cumplido el servicio de su Dios, y el
servicio de la expiación, como también los can-
tores[a] y los porteros,[b] conforme al estatuto de
David y de Salomón su hijo.
46 Porque desde el tiempo de David y de Asaf,
ya de antiguo, había un director de cantores
para los cánticos y alabanzas y acción de gracias
a Dios.
47 Y todo Israel en días de Zorobabel y en días
de Nehemías daba alimentos a los cantores y a
los porteros, cada cosa en su día; consagraban
asimismo sus porciones a los levitas, y los levitas
consagraban parte a los hijos de Aarón.

Reformas de Nehemías

13 1 Aquel día se leyó en el libro de Moisés,
oyéndolo el pueblo, y fue hallado escrito
en él que los amonitas y moabitas no debían en-
trar jamás en la congregación de Dios,
2 por cuanto no salieron a recibir a los hijos de
Israel con pan y agua, sino que dieron dinero a
Balaam para que los maldijera;[a] mas nuestro
Dios volvió la maldición en bendición.[b]
3 Cuando oyeron, pues, la ley, separaron de Is-
rael a todos los mezclados con extranjeros.
4 Y antes de esto el sacerdote Eliasib, siendo
jefe de la cámara de la casa de nuestro Dios, ha-
bía emparentado con Tobías,
5 y le había hecho una gran cámara, en la cual
guardaban antes las ofrendas, el incienso, los
utensilios, el diezmo del grano, del vino y del
aceite, que estaba mandado dar a los levitas, a
los cantores y a los porteros, y la ofrenda de los
sacerdotes.
6 Mas a todo esto, yo no estaba en Jerusalén,
porque en el año treinta y dos de Artajerjes rey
de Babilonia fui al rey; y al cabo de algunos días
pedí permiso al rey
7 para volver a Jerusalén; y entonces supe del
mal que había hecho Eliasib por consideración a
Tobías, haciendo para él una cámara en los
atrios de la casa de Dios.
8 Y me dolió en gran manera; y arrojé todos los
muebles de la casa de Tobías fuera de la cámara,
9 y dije que limpiasen las cámaras, e hice volver
allí los utensilios de la casa de Dios, las ofrendas
y el incienso.
10 Encontré asimismo que las porciones para
los levitas[c] no les habían sido dadas, y que los le-
vitas y cantores que hacían el servicio habían
huido cada uno a su heredad.
11 Entonces reprendí a los oficiales, y dije: ¿Por
qué está la casa de Dios abandonada? Y los re-
uní y los puse en sus puestos.
12 Y todo Judá trajo el diezmo del grano, del
vino y del aceite, a los almacenes.[d]
13 Y puse por mayordomos de ellos al sacerdote
Selemías y al escriba Sadoc, y de los levitas a Pe-
daías; y al servicio de ellos a Hanán hijo de Zacur,
hijo de Matanías; porque eran tenidos por fieles,
y ellos tenían que repartir a sus hermanos.
14 Acuérdate de mí, oh Dios, en orden a esto, y
no borres mis misericordias que hice en la casa
de mi Dios, y en su servicio.
15 En aquellos días vi en Judá a algunos que
pisaban en lagares en el día de reposo,* y que
acarreaban haces, y cargaban asnos con vino, y
también de uvas, de higos y toda suerte de car-
ga, y que traían a Jerusalén en día de reposo;* y
los amonesté acerca del día en que vendían las
provisiones.[e]
16 También había en la ciudad tirios que traían
pescado y toda mercadería, y vendían en día de
reposo* a los hijos de Judá en Jerusalén.
17 Y reprendí a los señores de Judá y les dije:
¿Qué mala cosa es esta que vosotros hacéis, pro-
fanando así el día de reposo?*
18 ¿No hicieron así vuestros padres, y trajo
nuestro Dios todo este mal sobre nosotros y so-
bre esta ciudad? ¿Y vosotros añadís ira sobre Is-
rael profanando el día de reposo?*
19 Sucedió, pues, que cuando iba oscureciendo a
las puertas de Jerusalén antes del día de reposo,*
dije que se cerrasen las puertas, y ordené que no
las abriesen hasta después del día de reposo;* y
puse a las puertas algunos de mis criados, para
que en día de reposo* no introdujeran carga.
20 Y se quedaron fuera de Jerusalén una y dos
veces los negociantes y los que vendían toda es-
pecie de mercancía.

* Aquí equivale a *sábado*.
12.45: [a] 1 Cr. 25.1-8. [b] 1 Cr. 26.12. **13.2:** [a] Nm. 22.1-6.
13.1-2: [b] Dt. 23.3-5. **13.10:** [c] Dt. 12.19. **13.12:** [d] Mal. 3.10.
13.15: [e] Ex. 20.8-10; Dt. 5.12-14; Jer. 17.21-22.

21 Y les amonesté y les dije: ¿Por qué os quedáis vosotros delante del muro? Si lo hacéis otra vez, os echaré mano. Desde entonces no vinieron en día de reposo.*

22 Y dije a los levitas que se purificasen y viniesen a guardar las puertas, para santificar el día del reposo.* También por esto acuérdate de mí, Dios mío, y perdóname según la grandeza de tu misericordia.

23 Vi asimismo en aquellos días a judíos que habían tomado mujeres de Asdod, amonitas, y moabitas;

24 y la mitad de sus hijos hablaban la lengua de Asdod, porque no sabían hablar judaico, sino que hablaban conforme a la lengua de cada pueblo.

25 Y reñí con ellos, y los maldije, y herí a algunos de ellos, y les arranqué los cabellos, y les hice jurar, diciendo: No daréis vuestras hijas a sus hijos, y no tomaréis de sus hijas para vuestros hijos, ni para vosotros mismos.[f]

26 ¿No pecó por esto Salomón, rey de Israel? Bien que en muchas naciones no hubo rey como él, que era amado de su Dios,[g] y Dios lo había puesto por rey sobre todo Israel, aun a él le hicieron pecar las mujeres extranjeras.[h]

27 ¿Y obedeceremos a vosotros para cometer todo este mal tan grande de prevaricar contra nuestro Dios, tomando mujeres extranjeras?

28 Y uno de los hijos de Joiada hijo del sumo sacerdote Eliasib era yerno de Sanbalat[i] horonita; por tanto, lo ahuyenté de mí.

29 Acuérdate de ellos, Dios mío, contra los que contaminan el sacerdocio, y el pacto del sacerdocio y de los levitas.

30 Los limpié, pues, de todo extranjero, y puse a los sacerdotes y levitas por sus grupos, a cada uno en su servicio;

31 y para la ofrenda de la leña en los tiempos señalados, y para las primicias. Acuérdate de mí, Dios mío, para bien.

ESTER

La reina Vasti desafía a Asuero

1 1 Aconteció en los días de Asuero,[a] el Asuero que reinó desde la India hasta Etiopía sobre ciento veintisiete provincias,

2 que en aquellos días, cuando fue afirmado el rey Asuero sobre el trono de su reino, el cual estaba en Susa capital del reino,

3 en el tercer año de su reinado hizo banquete a todos sus príncipes y cortesanos, teniendo delante de él a los más poderosos de Persia y de Media, gobernadores y príncipes de provincias,

4 para mostrar él las riquezas de la gloria de su reino, el brillo y la magnificencia de su poder, por muchos días, ciento ochenta días.

5 Y cumplidos estos días, hizo el rey otro banquete por siete días en el patio del huerto del palacio real a todo el pueblo que había en Susa capital del reino, desde el mayor hasta el menor.

6 El pabellón era de blanco, verde y azul, tendido sobre cuerdas de lino y púrpura en anillos de plata y columnas de mármol; los reclinatorios de oro y de plata, sobre losado de pórfido y de mármol, y de alabastro y de jacinto.

7 Y daban a beber en vasos de oro, y vasos diferentes unos de otros, y mucho vino real, de acuerdo con la generosidad del rey.

8 Y la bebida era según esta ley: Que nadie fuese obligado a beber; porque así lo había mandado el rey a todos los mayordomos de su casa, que se hiciese según la voluntad de cada uno.

9 Asimismo la reina Vasti hizo banquete para las mujeres, en la casa real del rey Asuero.

10 El séptimo día, estando el corazón del rey alegre del vino, mandó a Mehumán, Bizta, Harbona, Bigta, Abagta, Zetar y Carcas, siete eunucos que servían delante del rey Asuero,

11 que trajesen a la reina Vasti a la presencia del rey con la corona regia, para mostrar a los pueblos y a los príncipes su belleza; porque era hermosa.

12 Mas la reina Vasti no quiso comparecer a la orden del rey enviada por medio de los eunucos; y el rey se enojó mucho, y se encendió en ira.

13 Preguntó entonces el rey a los sabios que conocían los tiempos (porque así acostumbraba el rey con todos los que sabían la ley y el derecho;

14 y estaban junto a él Carsena, Setar, Admata, Tarsis, Meres, Marsena y Memucán, siete príncipes de Persia y de Media que veían la cara del rey, y se sentaban los primeros del reino);

15 les preguntó qué se había de hacer con la reina Vasti según la ley, por cuanto no había cumplido la orden del rey Asuero enviada por medio de los eunucos.

16 Y dijo Memucán delante del rey y de los príncipes: No solamente contra el rey ha pecado la reina Vasti, sino contra todos los príncipes, y contra todos los pueblos que hay en todas las provincias del rey Asuero.

* Aquí equivale a *sábado*.

13.23-25: [f] Ex. 34.11-16; Dt. 7.1-5. **13.26:** [g] 2 S. 12.24-25. [h] 1 R. 11.1-8. **13.28:** [i] Neh. 4.1. **1.1:** [a] Esd. 4.6.

17 Porque este hecho de la reina llegará a oídos de todas las mujeres, y ellas tendrán en poca estima a sus maridos, diciendo: El rey Asuero mandó traer delante de sí a la reina Vasti, y ella no vino.

18 Y entonces dirán esto las señoras de Persia y de Media que oigan el hecho de la reina, a todos los príncipes del rey; y habrá mucho menosprecio y enojo.

19 Si parece bien al rey, salga un decreto real de vuestra majestad y se escriba entre las leyes de Persia y de Media, para que no sea quebrantado: Que Vasti no venga más delante del rey Asuero; y el rey haga reina a otra que sea mejor que ella.

20 Y el decreto que dicte el rey será oído en todo su reino, aunque es grande, y todas las mujeres darán honra a sus maridos, desde el mayor hasta el menor.

21 Agradó esta palabra a los ojos del rey y de los príncipes, e hizo el rey conforme al dicho de Memucán;

22 pues envió cartas a todas las provincias del rey, a cada provincia conforme a su escritura, y a cada pueblo conforme a su lenguaje, diciendo que todo hombre afirmase su autoridad en su casa; y que se publicase esto en la lengua de su pueblo.

Ester es proclamada reina

2 1 Pasadas estas cosas, sosegada ya la ira del rey Asuero, se acordó de Vasti y de lo que ella había hecho, y de la sentencia contra ella.

2 Y dijeron los criados del rey, sus cortesanos: Busquen para el rey jóvenes vírgenes de buen parecer;

3 y ponga el rey personas en todas las provincias de su reino, que lleven a todas las jóvenes vírgenes de buen parecer a Susa, residencia real, a la casa de las mujeres, al cuidado de Hegai eunuco del rey, guarda de las mujeres, y que les den sus atavíos;

4 y la doncella que agrade a los ojos del rey, reine en lugar de Vasti. Esto agradó a los ojos del rey, y lo hizo así.

5 Había en Susa residencia real un varón judío cuyo nombre era Mardoqueo hijo de Jair, hijo de Simei, hijo de Cis, del linaje de Benjamín;

6 el cual había sido transportado de Jerusalén con los cautivos que fueron llevados con Jeconías rey de Judá, a quien hizo transportar Nabucodonosor rey de Babilonia.[a]

7 Y había criado a Hadasa, es decir, Ester, hija de su tío, porque era huérfana; y la joven era de hermosa figura y de buen parecer. Cuando su padre y su madre murieron, Mardoqueo la adoptó como hija suya.

8 Sucedió, pues, que cuando se divulgó el mandamiento y decreto del rey, y habían reunido a muchas doncellas en Susa residencia real, a cargo de Hegai, Ester también fue llevada a la casa del rey, al cuidado de Hegai guarda de las mujeres.

9 Y la doncella agradó a sus ojos, y halló gracia delante de él, por lo que hizo darle prontamente atavíos y alimentos, y le dio también siete doncellas especiales de la casa del rey; y la llevó con sus doncellas a lo mejor de la casa de las mujeres.

10 Ester no declaró cuál era su pueblo ni su parentela, porque Mardoqueo le había mandado que no lo declarase.

11 Y cada día Mardoqueo se paseaba delante del patio de la casa de las mujeres, para saber cómo le iba a Ester, y cómo la trataban.

12 Y cuando llegaba el tiempo de cada una de las doncellas para venir al rey Asuero, después de haber estado doce meses conforme a la ley acerca de las mujeres, pues así se cumplía el tiempo de sus atavíos, esto es, seis meses con óleo de mirra y seis meses con perfumes aromáticos y afeites de mujeres,

13 entonces la doncella venía así al rey. Todo lo que ella pedía se le daba, para venir ataviada con ello desde la casa de las mujeres hasta la casa del rey.

14 Ella venía por la tarde, y a la mañana siguiente volvía a la casa segunda de las mujeres, al cargo de Saasgaz eunuco del rey, guarda de las concubinas; no venía más al rey, salvo si el rey la quería y era llamada por nombre.

15 Cuando le llegó a Ester, hija de Abihail tío de Mardoqueo, quien la había tomado por hija, el tiempo de venir al rey, ninguna cosa procuró sino lo que dijo Hegai eunuco del rey, guarda de las mujeres; y ganaba Ester el favor de todos los que la veían.

16 Fue, pues, Ester llevada al rey Asuero a su casa real en el mes décimo, que es el mes de Tebet, en el año séptimo de su reinado.

17 Y el rey amó a Ester más que a todas las otras mujeres, y halló ella gracia y benevolencia delante de él más que todas las demás vírgenes; y puso la corona real en su cabeza, y la hizo reina en lugar de Vasti.

18 Hizo luego el rey un gran banquete a todos sus príncipes y siervos, el banquete de Ester; y disminuyó tributos a las provincias, e hizo y dio mercedes conforme a la generosidad real.

Mardoqueo denuncia una conspiración contra el rey

19 Cuando las vírgenes eran reunidas la segunda vez, Mardoqueo estaba sentado a la puerta del rey.

20 Y Ester, según le había mandado Mardoqueo, no había declarado su nación ni su pueblo; por-

2.6: [a] 2 R. 24.10-16; 2 Cr. 36.10.

que Ester hacía lo que decía Mardoqueo, como cuando él la educaba.

21 En aquellos días, estando Mardoqueo sentado a la puerta del rey, se enojaron Bigtán y Teres, dos eunucos del rey, de la guardia de la puerta, y procuraban poner mano en el rey Asuero.

22 Cuando Mardoqueo entendió esto, lo denunció a la reina Ester, y Ester lo dijo al rey en nombre de Mardoqueo.

23 Se hizo investigación del asunto, y fue hallado cierto; por tanto, los dos eunucos fueron colgados en una horca. Y fue escrito el caso en el libro de las crónicas del rey.

Amán trama la destrucción de los judíos

3 1 Después de estas cosas el rey Asuero engrandeció a Amán hijo de Hamedata agagueo, y lo honró, y puso su silla sobre todos los príncipes que estaban con él.

2 Y todos los siervos del rey que estaban a la puerta del rey se arrodillaban y se inclinaban ante Amán, porque así lo había mandado el rey; pero Mardoqueo ni se arrodillaba ni se humillaba.

3 Y los siervos del rey que estaban a la puerta preguntaron a Mardoqueo: ¿Por qué traspasas el mandamiento del rey?

4 Aconteció que hablándole cada día de esta manera, y no escuchándolos él, lo denunciaron a Amán, para ver si Mardoqueo se mantendría firme en su dicho; porque ya él les había declarado que era judío.

5 Y vio Amán que Mardoqueo ni se arrodillaba ni se humillaba delante de él; y se llenó de ira.

6 Pero tuvo en poco poner mano en Mardoqueo solamente, pues ya le habían declarado cuál era el pueblo de Mardoqueo; y procuró Amán destruir a todos los judíos que había en el reino de Asuero, al pueblo de Mardoqueo.

7 En el mes primero, que es el mes de Nisán, en el año duodécimo del rey Asuero, fue echada Pur, esto es, la suerte, delante de Amán, suerte para cada día y cada mes del año; y salió el mes duodécimo, que es el mes de Adar.

8 Y dijo Amán al rey Asuero: Hay un pueblo esparcido y distribuido entre los pueblos en todas las provincias de tu reino, y sus leyes son diferentes de las de todo pueblo, y no guardan las leyes del rey, y al rey nada le beneficia el dejarlos vivir.

9 Si place al rey, decrete que sean destruidos; y yo pesaré diez mil talentos de plata a los que manejan la hacienda, para que sean traídos a los tesoros del rey.

10 Entonces el rey quitó el anillo de su mano, y lo dio a Amán hijo de Hamedata agagueo, enemigo de los judíos,

11 y le dijo: La plata que ofreces sea para ti, y asimismo el pueblo, para que hagas de él lo que bien te pareciere.

12 Entonces fueron llamados los escribanos del rey en el mes primero, al día trece del mismo, y fue escrito conforme a todo lo que mandó Amán, a los sátrapas del rey, a los capitanes que estaban sobre cada provincia y a los príncipes de cada pueblo, a cada provincia según su escritura, y a cada pueblo según su lengua; en nombre del rey Asuero fue escrito, y sellado con el anillo del rey.

13 Y fueron enviadas cartas por medio de correos a todas las provincias del rey, con la orden de destruir, matar y exterminar a todos los judíos, jóvenes y ancianos, niños y mujeres, en un mismo día, en el día trece del mes duodécimo, que es el mes de Adar, y de apoderarse de sus bienes.

14 La copia del escrito que se dio por mandamiento en cada provincia fue publicada a todos los pueblos, a fin de que estuviesen listos para aquel día.

15 Y salieron los correos prontamente por mandato del rey, y el edicto fue dado en Susa capital del reino. Y el rey y Amán se sentaron a beber; pero la ciudad de Susa estaba conmovida.

Ester promete interceder por su pueblo

4 1 Luego que supo Mardoqueo todo lo que se había hecho, rasgó sus vestidos, se vistió de cilicio y de ceniza, y se fue por la ciudad clamando con grande y amargo clamor.

2 Y vino hasta delante de la puerta del rey; pues no era lícito pasar adentro de la puerta del rey con vestido de cilicio.

3 Y en cada provincia y lugar donde el mandamiento del rey y su decreto llegaba, tenían los judíos gran luto, ayuno, lloro y lamentación; cilicio y ceniza era la cama de muchos.

4 Y vinieron las doncellas de Ester, y sus eunucos, y se lo dijeron. Entonces la reina tuvo gran dolor, y envió vestidos para hacer vestir a Mardoqueo, y hacerle quitar el cilicio; mas él no los aceptó.

5 Entonces Ester llamó a Hatac, uno de los eunucos del rey, que él había puesto al servicio de ella, y lo mandó a Mardoqueo, con orden de saber qué sucedía, y por qué estaba así.

6 Salió, pues, Hatac a ver a Mardoqueo, a la plaza de la ciudad, que estaba delante de la puerta del rey.

7 Y Mardoqueo le declaró todo lo que le había acontecido, y le dio noticia de la plata que Amán había dicho que pesaría para los tesoros del rey a cambio de la destrucción de los judíos.

8 Le dio también la copia del decreto que había sido dado en Susa para que fuesen destruidos, a fin de que la mostrase a Ester y se lo declarase, y le encargara que fuese ante el rey a suplicarle y a interceder delante de él por su pueblo.

9 Vino Hatac y contó a Ester las palabras de Mardoqueo.

10 Entonces Ester dijo a Hatac que le dijese a Mardoqueo:

11 Todos los siervos del rey, y el pueblo de las provincias del rey, saben que cualquier hombre o mujer que entra en el patio interior para ver al rey, sin ser llamado, una sola ley hay respecto a él: ha de morir; salvo aquel a quien el rey extendiere el cetro de oro, el cual vivirá; y yo no he sido llamada para ver al rey estos treinta días.

12 Y dijeron a Mardoqueo las palabras de Ester.

13 Entonces dijo Mardoqueo que respondiesen a Ester: No pienses que escaparás en la casa del rey más que cualquier otro judío.

14 Porque si callas absolutamente en este tiempo, respiro y liberación vendrá de alguna otra parte para los judíos; mas tú y la casa de tu padre pereceréis. ¿Y quién sabe si para esta hora has llegado al reino?

15 Y Ester dijo que respondiesen a Mardoqueo:

16 Ve y reúne a todos los judíos que se hallan en Susa, y ayunad por mí, y no comáis ni bebáis en tres días, noche y día; yo también con mis doncellas ayunaré igualmente, y entonces entraré a ver al rey, aunque no sea conforme a la ley; y si perezco, que perezca.

17 Entonces Mardoqueo fue, e hizo conforme a todo lo que le mandó Ester.

Ester invita al rey y a Amán a un banquete

5 1 Aconteció que al tercer día se vistió Ester su vestido real, y entró en el patio interior de la casa del rey, enfrente del aposento del rey; y estaba el rey sentado en su trono en el aposento real, enfrente de la puerta del aposento.

2 Y cuando vio a la reina Ester que estaba en el patio, ella obtuvo gracia ante sus ojos; y el rey extendió a Ester el cetro de oro que tenía en la mano. Entonces vino Ester y tocó la punta del cetro.

3 Dijo el rey: ¿Qué tienes, reina Ester, y cuál es tu petición? Hasta la mitad del reino se te dará.

4 Y Ester dijo: Si place al rey, vengan hoy el rey y Amán al banquete que he preparado para el rey.

5 Respondió el rey: Daos prisa, llamad a Amán, para hacer lo que Ester ha dicho. Vino, pues, el rey con Amán al banquete que Ester dispuso.

6 Y dijo el rey a Ester en el banquete, mientras bebían vino: ¿Cuál es tu petición, y te será otorgada? ¿Cuál es tu demanda? Aunque sea la mitad del reino, te será concedida.

7 Entonces respondió Ester y dijo: Mi petición y mi demanda es esta:

8 Si he hallado gracia ante los ojos del rey, y si place al rey otorgar mi petición y conceder mi demanda, que venga el rey con Amán a otro banquete que les prepararé; y mañana haré conforme a lo que el rey ha mandado.

9 Y salió Amán aquel día contento y alegre de corazón; pero cuando vio a Mardoqueo a la puerta del palacio del rey, que no se levantaba ni se movía de su lugar, se llenó de ira contra Mardoqueo.

10 Pero se refrenó Amán y vino a su casa, y mandó llamar a sus amigos y a Zeres su mujer,

11 y les refirió Amán la gloria de sus riquezas, y la multitud de sus hijos, y todas las cosas con que el rey le había engrandecido, y con que le había honrado sobre los príncipes y siervos del rey.

12 Y añadió Amán: También la reina Ester a ninguno hizo venir con el rey al banquete que ella dispuso, sino a mí; y también para mañana estoy convidado por ella con el rey.

13 Pero todo esto de nada me sirve cada vez que veo al judío Mardoqueo sentado a la puerta del rey.

14 Y le dijo Zeres su mujer y todos sus amigos: Hagan una horca de cincuenta codos de altura, y mañana di al rey que cuelguen a Mardoqueo en ella; y entra alegre con el rey al banquete. Y agradó esto a los ojos de Amán, e hizo preparar la horca.

Amán se ve obligado a honrar a Mardoqueo

6 1 Aquella misma noche se le fue el sueño al rey, y dijo que le trajesen el libro de las memorias y crónicas, y que las leyeran en su presencia.

2 Entonces hallaron escrito que Mardoqueo había denunciado el complot de Bigtán y de Teres, dos eunucos del rey, de la guardia de la puerta, que habían procurado poner mano en el rey Asuero.[a]

3 Y dijo el rey: ¿Qué honra o qué distinción se hizo a Mardoqueo por esto? Y respondieron los servidores del rey, sus oficiales: Nada se ha hecho con él.

4 Entonces dijo el rey: ¿Quién está en el patio? Y Amán había venido al patio exterior de la casa real, para hablarle al rey para que hiciese colgar a Mardoqueo en la horca que él le tenía preparada.

5 Y los servidores del rey le respondieron: He aquí Amán está en el patio. Y el rey dijo: Que entre.

6 Entró, pues, Amán, y el rey le dijo: ¿Qué se hará al hombre cuya honra desea el rey? Y dijo Amán en su corazón: ¿A quién deseará el rey honrar más que a mí?

7 Y respondió Amán al rey: Para el varón cuya honra desea el rey,

8 traigan el vestido real de que el rey se viste, y el caballo en que el rey cabalga, y la corona real que está puesta en su cabeza;

9 y den el vestido y el caballo en mano de algu-

6.2: [a] Est. 2.21-22.

no de los príncipes más nobles del rey, y vistan a
aquel varón cuya honra desea el rey, y llévenlo
en el caballo por la plaza de la ciudad, y prego-
nen delante de él: Así se hará al varón cuya
honra desea el rey.
10 Entonces el rey dijo a Amán: Date prisa, toma
el vestido y el caballo, como tú has dicho, y haz-
lo así con el judío Mardoqueo, que se sienta a la
puerta real; no omitas nada de todo lo que has
dicho.
11 Y Amán tomó el vestido y el caballo, y vistió a
Mardoqueo, y lo condujo a caballo por la plaza
de la ciudad, e hizo pregonar delante de él: Así
se hará al varón cuya honra desea el rey.
12 Después de esto Mardoqueo volvió a la
puerta real, y Amán se dio prisa para irse a su
casa, apesadumbrado y cubierta su cabeza.
13 Contó luego Amán a Zeres su mujer y a todos
sus amigos, todo lo que le había acontecido.
Entonces le dijeron sus sabios, y Zeres su mujer:
Si de la descendencia de los judíos es ese Mar-
doqueo delante de quien has comenzado a caer,
no lo vencerás, sino que caerás por cierto delan-
te de él.
14 Aún estaban ellos hablando con él, cuando los
eunucos del rey llegaron apresurados, para llevar
a Amán al banquete que Ester había dispuesto.

Amán es ahorcado

7 1 Fue, pues, el rey con Amán al banquete de
la reina Ester.
2 Y en el segundo día, mientras bebían vino, dijo
el rey a Ester: ¿Cuál es tu petición, reina Ester, y
te será concedida? ¿Cuál es tu demanda? Aun-
que sea la mitad del reino, te será otorgada.
3 Entonces la reina Ester respondió y dijo: Oh
rey, si he hallado gracia en tus ojos, y si al rey
place, séame dada mi vida por mi petición, y mi
pueblo por mi demanda.
4 Porque hemos sido vendidos, yo y mi pueblo,
para ser destruidos, para ser muertos y extermi-
nados. Si para siervos y siervas fuéramos vendi-
dos, me callaría; pero nuestra muerte sería para
el rey un daño irreparable.
5 Respondió el rey Asuero, y dijo a la reina
Ester: ¿Quién es, y dónde está, el que ha enso-
berbecido su corazón para hacer esto?
6 Ester dijo: El enemigo y adversario es este
malvado Amán. Entonces se turbó Amán delan-
te del rey y de la reina.
7 Luego el rey se levantó del banquete, encendi-
do en ira, y se fue al huerto del palacio; y se que-
dó Amán para suplicarle a la reina Ester por su
vida; porque vio que estaba resuelto para él el
mal de parte del rey.
8 Después el rey volvió del huerto del palacio al
aposento del banquete, y Amán había caído so-
bre el lecho en que estaba Ester. Entonces dijo el
rey: ¿Querrás también violar a la reina en mi
propia casa? Al proferir el rey esta palabra, le
cubrieron el rostro a Amán.
9 Y dijo Harbona, uno de los eunucos que ser-
vían al rey: He aquí en casa de Amán la horca de
cincuenta codos de altura que hizo Amán para
Mardoqueo, el cual había hablado bien por el
rey. Entonces el rey dijo: Colgadlo en ella.
10 Así colgaron a Amán en la horca que él había
hecho preparar para Mardoqueo; y se apaciguó
la ira del rey.

Decreto de Asuero a favor de los judíos

8 1 El mismo día, el rey Asuero dio a la reina
Ester la casa de Amán enemigo de los ju-
díos; y Mardoqueo vino delante del rey, porque
Ester le declaró lo que él era respecto de ella.
2 Y se quitó el rey el anillo que recogió de Amán,
y lo dio a Mardoqueo. Y Ester puso a Mardo-
queo sobre la casa de Amán.
3 Volvió luego Ester a hablar delante del rey, y
se echó a sus pies, llorando y rogándole que hi-
ciese nula la maldad de Amán agagueo y su de-
signio que había tramado contra los judíos.
4 Entonces el rey extendió a Ester el cetro de
oro, y Ester se levantó, y se puso en pie delante
del rey,
5 y dijo: Si place al rey, y si he hallado gracia de-
lante de él, y si le parece acertado al rey, y yo soy
agradable a sus ojos, que se dé orden escrita
para revocar las cartas que autorizan la trama
de Amán hijo de Hamedata agagueo, que escri-
bió para destruir a los judíos que están en todas
las provincias del rey.
6 Porque ¿cómo podré yo ver el mal que alcan-
zará a mi pueblo? ¿Cómo podré yo ver la des-
trucción de mi nación?
7 Respondió el rey Asuero a la reina Ester y a
Mardoqueo el judío: He aquí yo he dado a Ester
la casa de Amán, y a él han colgado en la horca,
por cuanto extendió su mano contra los judíos.
8 Escribid, pues, vosotros a los judíos como bien
os pareciere, en nombre del rey, y selladlo con el
anillo del rey; porque un edicto que se escribe
en nombre del rey, y se sella con el anillo del rey,
no puede ser revocado.
9 Entonces fueron llamados los escribanos del
rey en el mes tercero, que es Siván, a los veinti-
trés días de ese mes; y se escribió conforme a
todo lo que mandó Mardoqueo, a los judíos, y a
los sátrapas, los capitanes y los príncipes de las
provincias que había desde la India hasta Etio-
pía, ciento veintisiete provincias; a cada provin-
cia según su escritura, y a cada pueblo conforme
a su lengua, a los judíos también conforme a su
escritura y lengua.
10 Y escribió en nombre del rey Asuero, y lo se-
lló con el anillo del rey, y envió cartas por medio

de correos montados en caballos veloces procedentes de los repastos reales;
11 que el rey daba facultad a los judíos que estaban en todas las ciudades, para que se reuniesen y estuviesen a la defensa de su vida, prontos a destruir, y matar, y acabar con toda fuerza armada del pueblo o provincia que viniese contra ellos, y aun sus niños y mujeres, y apoderarse de sus bienes,
12 en un mismo día en todas las provincias del rey Asuero, en el día trece del mes duodécimo, que es el mes de Adar.
13 La copia del edicto que había de darse por decreto en cada provincia, para que fuese conocido por todos los pueblos, decía que los judíos estuviesen preparados para aquel día, para vengarse de sus enemigos.
14 Los correos, pues, montados en caballos veloces, salieron a toda prisa por la orden del rey; y el edicto fue dado en Susa capital del reino.
15 Y salió Mardoqueo de delante del rey con vestido real de azul y blanco, y una gran corona de oro, y un manto de lino y púrpura. La ciudad de Susa entonces se alegró y regocijó;
16 y los judíos tuvieron luz y alegría, y gozo y honra.
17 Y en cada provincia y en cada ciudad donde llegó el mandamiento del rey, los judíos tuvieron alegría y gozo, banquete y día de placer. Y muchos de entre los pueblos de la tierra se hacían judíos, porque el temor de los judíos había caído sobre ellos.

Los judíos destruyen a sus enemigos

9 1 En el mes duodécimo, que es el mes de Adar, a los trece días del mismo mes, cuando debía ser ejecutado el mandamiento del rey y su decreto, el mismo día en que los enemigos de los judíos esperaban enseñorearse de ellos, sucedió lo contrario; porque los judíos se enseñorearon de los que los aborrecían.
2 Los judíos se reunieron en sus ciudades, en todas las provincias del rey Asuero, para descargar su mano sobre los que habían procurado su mal, y nadie los pudo resistir, porque el temor de ellos había caído sobre todos los pueblos.
3 Y todos los príncipes de las provincias, los sátrapas, capitanes y oficiales del rey, apoyaban a los judíos; porque el temor de Mardoqueo había caído sobre ellos.
4 Pues Mardoqueo era grande en la casa del rey, y su fama iba por todas las provincias; Mardoqueo iba engrandeciéndose más y más.
5 Y asolaron los judíos a todos sus enemigos a filo de espada, y con mortandad y destrucción, e hicieron con sus enemigos como quisieron.
6 En Susa capital del reino mataron y destruyeron los judíos a quinientos hombres.
7 Mataron entonces a Parsandata, Dalfón, Aspata,
8 Porata, Adalía, Aridata,
9 Parmasta, Arisai, Aridai y Vaizata,
10 diez hijos de Amán hijo de Hamedata, enemigo de los judíos; pero no tocaron sus bienes.
11 El mismo día se le dio cuenta al rey acerca del número de los muertos en Susa, residencia real.
12 Y dijo el rey a la reina Ester: En Susa capital del reino los judíos han matado a quinientos hombres, y a diez hijos de Amán. ¿Qué habrán hecho en las otras provincias del rey? ¿Cuál, pues, es tu petición? y te será concedida; ¿o qué más es tu demanda? y será hecha.
13 Y respondió Ester: Si place al rey, concédase también mañana a los judíos en Susa, que hagan conforme a la ley de hoy; y que cuelguen en la horca a los diez hijos de Amán.
14 Y mandó el rey que se hiciese así. Se dio la orden en Susa, y colgaron a los diez hijos de Amán.
15 Y los judíos que estaban en Susa se juntaron también el catorce del mes de Adar, y mataron en Susa a trescientos hombres; pero no tocaron sus bienes.

La fiesta de Purim

16 En cuanto a los otros judíos que estaban en las provincias del rey, también se juntaron y se pusieron en defensa de su vida, y descansaron de sus enemigos, y mataron de sus contrarios a setenta y cinco mil; pero no tocaron sus bienes.
17 Esto fue en el día trece del mes de Adar, y reposaron en el día catorce del mismo, y lo hicieron día de banquete y de alegría.
18 Pero los judíos que estaban en Susa se juntaron el día trece y el catorce del mismo mes, y el quince del mismo reposaron y lo hicieron día de banquete y de regocijo.
19 Por tanto, los judíos aldeanos que habitan en las villas sin muro hacen a los catorce del mes de Adar el día de alegría y de banquete, un día de regocijo, y para enviar porciones cada uno a su vecino.
20 Y escribió Mardoqueo estas cosas, y envió cartas a todos los judíos que estaban en todas las provincias del rey Asuero, cercanos y distantes,
21 ordenándoles que celebrasen el día decimocuarto del mes de Adar, y el decimoquinto del mismo, cada año,
22 como días en que los judíos tuvieron paz de sus enemigos, y como el mes que de tristeza se les cambió en alegría, y de luto en día bueno; que los hiciesen días de banquete y de gozo, y para enviar porciones cada uno a su vecino, y dádivas a los pobres.
23 Y los judíos aceptaron hacer, según habían comenzado, lo que les escribió Mardoqueo.
24 Porque Amán hijo de Hamedata agagueo, enemigo de todos los judíos, había ideado con-

tra los judíos un plan para destruirlos, y había echado Pur,[a] que quiere decir suerte, para consumirlos y acabar con ellos.

25 Mas cuando Ester vino a la presencia del rey, él ordenó por carta que el perverso designio que aquél trazó contra los judíos recayera sobre su cabeza; y que colgaran a él y a sus hijos en la horca.

26 Por esto llamaron a estos días Purim, por el nombre Pur. Y debido a las palabras de esta carta, y por lo que ellos vieron sobre esto, y lo que llevó a su conocimiento,

27 los judíos establecieron y tomaron sobre sí, sobre su descendencia y sobre todos los allegados a ellos, que no dejarían de celebrar estos dos días según está escrito tocante a ellos, conforme a su tiempo cada año;

28 y que estos días serían recordados y celebrados por todas las generaciones, familias, provincias y ciudades; que estos días de Purim no dejarían de ser guardados por los judíos, y que su descendencia jamás dejaría de recordarlos.

29 Y la reina Ester hija de Abihail, y Mardoqueo el judío, suscribieron con plena autoridad esta segunda carta referente a Purim.

30 Y fueron enviadas cartas a todos los judíos, a las ciento veintisiete provincias del rey Asuero, con palabras de paz y de verdad,

31 para confirmar estos días de Purim en sus tiempos señalados, según les había ordenado Mardoqueo el judío y la reina Ester, y según ellos habían tomado sobre sí y sobre su descendencia, para conmemorar el fin de los ayunos y de su clamor.

32 Y el mandamiento de Ester confirmó estas celebraciones acerca de Purim, y esto fue registrado en un libro.

Grandeza de Mardoqueo

10 1 El rey Asuero impuso tributo sobre la tierra y hasta las costas del mar.

2 Y todos los hechos de su poder y autoridad, y el relato sobre la grandeza de Mardoqueo, con que el rey le engrandeció, ¿no está escrito en el libro de las crónicas de los reyes de Media y de Persia?

3 Porque Mardoqueo el judío fue el segundo después del rey Asuero, y grande entre los judíos, y estimado por la multitud de sus hermanos, porque procuró el bienestar de su pueblo y habló paz para todo su linaje.

JOB

Las calamidades de Job

1 1 Hubo en tierra de Uz un varón llamado Job; y era este hombre perfecto y recto, temeroso de Dios y apartado del mal.

2 Y le nacieron siete hijos y tres hijas.

3 Su hacienda era siete mil ovejas, tres mil camellos, quinientas yuntas de bueyes, quinientas asnas, y muchísimos criados; y era aquel varón más grande que todos los orientales.

4 E iban sus hijos y hacían banquetes en sus casas, cada uno en su día; y enviaban a llamar a sus tres hermanas para que comiesen y bebiesen con ellos.

5 Y acontecía que habiendo pasado en turno los días del convite, Job enviaba y los santificaba, y se levantaba de mañana y ofrecía holocaustos conforme al número de todos ellos. Porque decía Job: Quizá habrán pecado mis hijos, y habrán blasfemado contra Dios en sus corazones. De esta manera hacía todos los días.

6 Un día vinieron a presentarse delante de Jehová los hijos de Dios, entre los cuales vino también Satanás.

7 Y dijo Jehová a Satanás: ¿De dónde vienes? Respondiendo Satanás a Jehová, dijo: De rodear la tierra y de andar por ella.

8 Y Jehová dijo a Satanás: ¿No has considerado a mi siervo Job, que no hay otro como él en la tierra, varón perfecto y recto, temeroso de Dios y apartado del mal?

9 Respondiendo Satanás a Jehová, dijo: ¿Acaso teme Job a Dios de balde?

10 ¿No le has cercado alrededor a él y a su casa y a todo lo que tiene? Al trabajo de sus manos has dado bendición; por tanto, sus bienes han aumentado sobre la tierra.

11 Pero extiende ahora tu mano y toca todo lo que tiene, y verás si no blasfema contra ti en tu misma presencia.[a]

12 Dijo Jehová a Satanás: He aquí, todo lo que tiene está en tu mano; solamente no pongas tu mano sobre él. Y salió Satanás de delante de Jehová.

13 Y un día aconteció que sus hijos e hijas comían y bebían vino en casa de su hermano el primogénito,

14 y vino un mensajero a Job, y le dijo: Estaban arando los bueyes, y las asnas paciendo cerca de ellos,

15 y acometieron los sabeos y los tomaron, y mataron a los criados a filo de espada; solamente escapé yo para darte la noticia.

16 Aún estaba éste hablando, cuando vino otro que dijo: Fuego de Dios cayó del cielo, que que-

9.24: [a] Est. 3.7. 1.9-11: [a] Ap. 12.10.

mó las ovejas y a los pastores, y los consumió;
solamente escapé yo para darte la noticia.
17 Todavía estaba éste hablando, y vino otro que
dijo: Los caldeos hicieron tres escuadrones, y
arremetieron contra los camellos y se los lleva-
ron, y mataron a los criados a filo de espada; y
solamente escapé yo para darte la noticia.
18 Entre tanto que éste hablaba, vino otro que
dijo: Tus hijos y tus hijas estaban comiendo y be-
biendo vino en casa de su hermano el primogé-
nito;
19 y un gran viento vino del lado del desierto y
azotó las cuatro esquinas de la casa, la cual cayó
sobre los jóvenes, y murieron; y solamente esca-
pé yo para darte la noticia.
20 Entonces Job se levantó, y rasgó su manto, y
rasuró su cabeza, y se postró en tierra y adoró,
21 y dijo: Desnudo salí del vientre de mi madre,
y desnudo volveré allá. Jehová dio, y Jehová
quitó; sea el nombre de Jehová bendito.
22 En todo esto no pecó Job, ni atribuyó a Dios
despropósito alguno.
2 1 Aconteció que otro día vinieron los hijos
de Dios para presentarse delante de Jehová,
y Satanás vino también entre ellos presentán-
dose delante de Jehová.
2 Y dijo Jehová a Satanás: ¿De dónde vienes?
Respondió Satanás a Jehová, y dijo: De rodear
la tierra, y de andar por ella.
3 Y Jehová dijo a Satanás: ¿No has considerado
a mi siervo Job, que no hay otro como él en la
tierra, varón perfecto y recto, temeroso de Dios
y apartado del mal, y que todavía retiene su in-
tegridad, aun cuando tú me incitaste contra él
para que lo arruinara sin causa?
4 Respondiendo Satanás, dijo a Jehová: Piel por
piel, todo lo que el hombre tiene dará por su
vida.
5 Pero extiende ahora tu mano, y toca su hueso
y su carne, y verás si no blasfema contra ti en tu
misma presencia.
6 Y Jehová dijo a Satanás: He aquí, él está en tu
mano; mas guarda su vida.
7 Entonces salió Satanás de la presencia de
Jehová, e hirió a Job con una sarna maligna desde
la planta del pie hasta la coronilla de la cabeza.
8 Y tomaba Job un tiesto para rascarse con él, y
estaba sentado en medio de ceniza.
9 Entonces le dijo su mujer: ¿Aún retienes tu
integridad? Maldice a Dios, y muérete.
10 Y él le dijo: Como suele hablar cualquiera de
las mujeres fatuas, has hablado. ¿Qué? ¿Recibi-
remos de Dios el bien, y el mal no lo recibire-
mos? En todo esto no pecó Job con sus labios.
11 Y tres amigos de Job, Elifaz temanita, Bil-
dad suhita, y Zofar naamatita, luego que oyeron
todo este mal que le había sobrevenido, vinie-
ron cada uno de su lugar; porque habían conve-
nido en venir juntos para condolerse de él y
para consolarle.
12 Los cuales, alzando los ojos desde lejos, no lo
conocieron, y lloraron a gritos; y cada uno de
ellos rasgó su manto, y los tres esparcieron pol-
vo sobre sus cabezas hacia el cielo.
13 Así se sentaron con él en tierra por siete días
y siete noches, y ninguno le hablaba palabra,
porque veían que su dolor era muy grande.

Job maldice el día en que nació

3 1 Después de esto abrió Job su boca, y mal-
dijo su día.[a]
2 Y exclamó Job, y dijo:
3 Perezca el día en que yo nací,
Y la noche en que se dijo:
Varón es concebido.
4 Sea aquel día sombrío,
Y no cuide de él Dios desde arriba,
Ni claridad sobre él resplandezca.
5 Aféenlo tinieblas y sombra de muerte;
Repose sobre él nublado
Que lo haga horrible como día caliginoso.
6 Ocupe aquella noche la oscuridad;
No sea contada entre los días del año,
Ni venga en el número de los meses.
7 ¡Oh, que fuera aquella noche solitaria,
Que no viniera canción alguna en ella!
8 Maldíganla los que maldicen el día,
Los que se aprestan para despertar
a Leviatán.
9 Oscurézcanse las estrellas de su alba;
Espere la luz, y no venga,
Ni vea los párpados de la mañana;
10 Por cuanto no cerró las puertas del
vientre donde yo estaba,
Ni escondió de mis ojos la miseria.
11 ¿Por qué no morí yo en la matriz,
O expiré al salir del vientre?
12 ¿Por qué me recibieron las rodillas?
¿Y a qué los pechos para que mamase?
13 Pues ahora estaría yo muerto, y reposaría;
Dormiría, y entonces tendría descanso,
14 Con los reyes y con los consejeros
de la tierra,
Que reedifican para sí ruinas;
15 O con los príncipes que poseían el oro,
Que llenaban de plata sus casas.
16 ¿Por qué no fui escondido como abortivo,
Como los pequeñitos que nunca vieron
la luz?
17 Allí los impíos dejan de perturbar,
Y allí descansan los de agotadas fuerzas.
18 Allí también reposan los cautivos;
No oyen la voz del capataz.
19 Allí están el chico y el grande,
Y el siervo libre de su señor.

3.1-19: [a] Jer. 20.14-18.

20 ¿Por qué se da luz al trabajado,
Y vida a los de ánimo amargado,
21 Que esperan la muerte, y ella no llega,[b]
Aunque la buscan más que tesoros;
22 Que se alegran sobremanera,
Y se gozan cuando hallan el sepulcro?
23 ¿Por qué se da vida al hombre que no sabe por donde ha de ir,
Y a quien Dios ha encerrado?
24 Pues antes que mi pan viene mi suspiro,
Y mis gemidos corren como aguas.
25 Porque el temor que me espantaba me ha venido,
Y me ha acontecido lo que yo temía.
26 No he tenido paz, no me aseguré, ni estuve reposado;
No obstante, me vino turbación.

Elifaz reprende a Job

4 1 Entonces respondió Elifaz temanita, y dijo:
2 Si probáremos a hablarte, te será molesto;
Pero ¿quién podrá detener las palabras?
3 He aquí, tú enseñabas a muchos,
Y fortalecías las manos débiles;
4 Al que tropezaba enderezaban tus palabras,
Y esforzabas las rodillas que decaían.
5 Mas ahora que el mal ha venido sobre ti, te desalientas;
Y cuando ha llegado hasta ti, te turbas.
6 ¿No es tu temor a Dios tu confianza?
¿No es tu esperanza la integridad de tus caminos?
7 Recapacita ahora; ¿qué inocente se ha perdido?
Y ¿en dónde han sido destruidos los rectos?
8 Como yo he visto, los que aran iniquidad
Y siembran injuria, la siegan.
9 Perecen por el aliento de Dios,
Y por el soplo de su ira son consumidos.
10 Los rugidos del león, y los bramidos del rugiente,
Y los dientes de los leoncillos son quebrantados.
11 El león viejo perece por falta de presa,
Y los hijos de la leona se dispersan.
12 El asunto también me era a mí oculto;
Mas mi oído ha percibido algo de ello.
13 En imaginaciones de visiones nocturnas,
Cuando el sueño cae sobre los hombres,
14 Me sobrevino un espanto y un temblor,
Que estremeció todos mis huesos;
15 Y al pasar un espíritu por delante de mí,
Hizo que se erizara el pelo de mi cuerpo.
16 Paróse delante de mis ojos un fantasma,
Cuyo rostro yo no conocí,
Y quedo, oí que decía:
17 ¿Será el hombre más justo que Dios?
¿Será el varón más limpio que el que lo hizo?
18 He aquí, en sus siervos no confía,
Y notó necedad en sus ángeles;
19 ¡Cuánto más en los que habitan en casas de barro,
Cuyos cimientos están en el polvo,
Y que serán quebrantados por la polilla!
20 De la mañana a la tarde son destruidos,
Y se pierden para siempre, sin haber quien repare en ello.
21 Su hermosura, ¿no se pierde con ellos mismos?
Y mueren sin haber adquirido sabiduría.

5 1 Ahora, pues, da voces; ¿habrá quien te responda?
¿Y a cuál de los santos te volverás?
2 Es cierto que al necio lo mata la ira,
Y al codicioso lo consume la envidia.
3 Yo he visto al necio que echaba raíces,
Y en la misma hora maldije su habitación.
4 Sus hijos estarán lejos de la seguridad;
En la puerta serán quebrantados,
Y no habrá quien los libre.
5 Su mies comerán los hambrientos,
Y la sacarán de entre los espinos,
Y los sedientos beberán su hacienda.
6 Porque la aflicción no sale del polvo,
Ni la molestia brota de la tierra.
7 Pero como las chispas se levantan para volar por el aire,
Así el hombre nace para la aflicción.
8 Ciertamente yo buscaría a Dios,
Y encomendaría a él mi causa;
9 El cual hace cosas grandes e inescrutables,
Y maravillas sin número;
10 Que da la lluvia sobre la faz de la tierra,
Y envía las aguas sobre los campos;
11 Que pone a los humildes en altura,
Y a los enlutados levanta a seguridad;
12 Que frustra los pensamientos de los astutos,
Para que sus manos no hagan nada;
13 Que prende a los sabios en la astucia de ellos,[a]
Y frustra los designios de los perversos.
14 De día tropiezan con tinieblas,
Y a mediodía andan a tientas como de noche.
15 Así libra de la espada al pobre, de la boca de los impíos,
Y de la mano violenta;
16 Pues es esperanza al menesteroso,
Y la iniquidad cerrará su boca.

3.21: [b] Ap. 9.6. **5.13:** [a] 1 Co. 3.19.

17 He aquí, bienaventurado es el hombre
a quien Dios castiga;
Por tanto, no menosprecies la corrección
del Todopoderoso.[b]
18 Porque él es quien hace la llaga,
y él la vendará;
El hiere, y sus manos curan.
19 En seis tribulaciones te librará,
Y en la séptima no te tocará el mal.
20 En el hambre te salvará de la muerte,
Y del poder de la espada en la guerra.
21 Del azote de la lengua serás encubierto;
No temerás la destrucción cuando
viniere.
22 De la destrucción y del hambre te reirás,
Y no temerás de las fieras del campo;
23 Pues aun con las piedras del campo
tendrás tu pacto,
Y las fieras del campo estarán en paz
contigo.
24 Sabrás que hay paz en tu tienda;
Visitarás tu morada, y nada te faltará.
25 Asimismo echarás de ver que tu
descendencia es mucha,
Y tu prole como la hierba de la tierra.
26 Vendrás en la vejez a la sepultura,
Como la gavilla de trigo que se recoge
a su tiempo.
27 He aquí lo que hemos inquirido,
lo cual es así;
Oyelo, y conócelo tú para tu provecho.

Job reprocha la actitud de sus amigos

6 1 Respondió entonces Job, y dijo:
2 ¡Oh, que pesasen justamente mi queja
y mi tormento,
Y se alzasen igualmente en balanza!
3 Porque pesarían ahora más que la arena
del mar;
Por eso mis palabras han sido
precipitadas.
4 Porque las saetas del Todopoderoso
están en mí,
Cuyo veneno bebe mi espíritu;
Y terrores de Dios me combaten.
5 ¿Acaso gime el asno montés junto
a la hierba?
¿Muge el buey junto a su pasto?
6 ¿Se comerá lo desabrido sin sal?
¿Habrá gusto en la clara del huevo?
7 Las cosas que mi alma no quería tocar,
Son ahora mi alimento.
8 ¡Quién me diera que viniese mi petición,
Y que me otorgase Dios lo que anhelo,
9 Y que agradara a Dios quebrantarme;
Que soltara su mano, y acabara conmigo!
10 Sería aún mi consuelo,
Si me asaltase con dolor sin dar más tregua,
Que yo no he escondido las palabras
del Santo.
11 ¿Cuál es mi fuerza para esperar aún?
¿Y cuál mi fin para que tenga aún
paciencia?
12 ¿Es mi fuerza la de las piedras,
O es mi carne de bronce?
13 ¿No es así que ni aun a mí mismo
me puedo valer,
Y que todo auxilio me ha faltado?
14 El atribulado es consolado por su
compañero;
Aun aquel que abandona el temor
del Omnipotente.
15 Pero mis hermanos me traicionaron
como un torrente;
Pasan como corrientes impetuosas
16 Que están escondidas por la helada,
Y encubiertas por la nieve;
17 Que al tiempo del calor son deshechas,
Y al calentarse, desaparecen de su lugar;
18 Se apartan de la senda de su rumbo,
Van menguando, y se pierden.
19 Miraron los caminantes de Temán,
Los caminantes de Sabá esperaron en ellas;
20 Pero fueron avergonzados
por su esperanza;
Porque vinieron hasta ellas,
y se hallaron confusos.
21 Ahora ciertamente como ellas
sois vosotros;
Pues habéis visto el tormento, y teméis.
22 ¿Os he dicho yo: Traedme,
Y pagad por mí de vuestra hacienda;
23 Libradme de la mano del opresor,
Y redimidme del poder de los violentos?
24 Enseñadme, y yo callaré;
Hacedme entender en qué he errado.
25 ¡Cuán eficaces son las palabras rectas!
Pero ¿qué reprende la censura vuestra?
26 ¿Pensáis censurar palabras,
Y los discursos de un desesperado,
que son como el viento?
27 También os arrojáis sobre el huérfano,
Y caváis un hoyo para vuestro amigo.
28 Ahora, pues, si queréis, miradme,
Y ved si digo mentira delante de vosotros.
29 Volved ahora, y no haya iniquidad;
Volved aún a considerar mi justicia en esto.
30 ¿Hay iniquidad en mi lengua?
¿Acaso no puede mi paladar discernir
las cosas inicuas?

Job argumenta contra Dios

7 1 ¿No es acaso brega la vida del hombre
sobre la tierra,
Y sus días como los días del jornalero?

5.17: [b] Pr. 3.11-12; He. 12.5-6.

2 Como el siervo suspira por la sombra,
Y como el jornalero espera el reposo
de su trabajo,
3 Así he recibido meses de calamidad,
Y noches de trabajo me dieron
por cuenta.
4 Cuando estoy acostado, digo: ¿Cuándo
me levantaré?
Mas la noche es larga, y estoy lleno
de inquietudes hasta el alba.
5 Mi carne está vestida de gusanos,
y de costras de polvo;
Mi piel hendida y abominable.
6 Y mis días fueron más veloces que la
lanzadera del tejedor,
Y fenecieron sin esperanza.
7 Acuérdate que mi vida es un soplo,
Y que mis ojos no volverán a ver el bien.
8 Los ojos de los que me ven,
no me verán más;
Fijarás en mí tus ojos, y dejaré de ser.
9 Como la nube se desvanece y se va,
Así el que desciende al Seol no subirá;
10 No volverá más a su casa,
Ni su lugar le conocerá más.
11 Por tanto, no refrenaré mi boca;
Hablaré en la angustia de mi espíritu,
Y me quejaré con la amargura de mi alma.
12 ¿Soy yo el mar, o un monstruo marino,
Para que me pongas guarda?
13 Cuando digo: Me consolará mi lecho,
Mi cama atenuará mis quejas;
14 Entonces me asustas con sueños,
Y me aterras con visiones.
15 Y así mi alma tuvo por mejor la
estrangulación,
Y quiso la muerte más que mis huesos.
16 Abomino de mi vida; no he de vivir
para siempre;
Déjame, pues, porque mis días son vanidad.
17 ¿Qué es el hombre, para que lo
engrandezcas,
Y para que pongas sobre él tu corazón,[a]
18 Y lo visites todas las mañanas,
Y todos los momentos lo pruebes?
19 ¿Hasta cuándo no apartarás de mí
tu mirada,
Y no me soltarás siquiera
hasta que trague mi saliva?
20 Si he pecado, ¿qué puedo hacerte a ti,
oh Guarda de los hombres?
¿Por qué me pones por blanco tuyo,
Hasta convertirme en una carga
para mí mismo?
21 ¿Y por qué no quitas mi rebelión,
y perdonas mi iniquidad?
Porque ahora dormiré en el polvo,
Y si me buscares de mañana, ya no existiré.

Bildad proclama la justicia de Dios

8 1 Respondió Bildad suhita, y dijo:
2 ¿Hasta cuándo hablarás tales cosas,
Y las palabras de tu boca serán como
viento impetuoso?
3 ¿Acaso torcerá Dios el derecho,
O pervertirá el Todopoderoso la justicia?
4 Si tus hijos pecaron contra él,
El los echó en el lugar de su pecado.
5 Si tú de mañana buscares a Dios,
Y rogares al Todopoderoso;
6 Si fueres limpio y recto,
Ciertamente luego se despertará por ti,
Y hará próspera la morada de tu justicia.
7 Y aunque tu principio haya sido pequeño,
Tu postrer estado será muy grande.
8 Porque pregunta ahora a las
generaciones pasadas,
Y disponte para inquirir a los padres
de ellas;
9 Pues nosotros somos de ayer,
y nada sabemos,
Siendo nuestros días sobre la tierra
como sombra.
10 ¿No te enseñarán ellos, te hablarán,
Y de su corazón sacarán palabras?
11 ¿Crece el junco sin lodo?
¿Crece el prado sin agua?
12 Aun en su verdor, y sin haber sido
cortado,
Con todo, se seca primero que toda hierba.
13 Tales son los caminos de todos los que
olvidan a Dios;
Y la esperanza del impío perecerá;
14 Porque su esperanza será cortada,
Y su confianza es tela de araña.
15 Se apoyará él en su casa, mas no
permanecerá ella en pie;
Se asirá de ella, mas no resistirá.
16 A manera de un árbol está verde delante
del sol,
Y sus renuevos salen sobre su huerto;
17 Se van entretejiendo sus raíces
junto a una fuente,
Y enlazándose hasta un lugar pedregoso.
18 Si le arrancaren de su lugar,
Este le negará entonces, diciendo:
Nunca te vi.
19 Ciertamente este será el gozo de su camino;
Y del polvo mismo nacerán otros.
20 He aquí, Dios no aborrece al perfecto,
Ni apoya la mano de los malignos.
21 Aún llenará tu boca de risa,
Y tus labios de júbilo.
22 Los que te aborrecen serán vestidos
de confusión;
Y la habitación de los impíos perecerá.

7.17: [a] Sal. 8.4; 144.3.

Incapacidad de Job para responder a Dios

9 1 Respondió Job, y dijo:
2 Ciertamente yo sé que es así;
¿Y cómo se justificará el hombre con Dios?
3 Si quisiere contender con él,
No le podrá responder a una cosa
entre mil.
4 El es sabio de corazón, y poderoso
en fuerzas;
¿Quién se endureció contra él, y le fue bien?
5 El arranca los montes con su furor,
Y no saben quién los trastornó;
6 El remueve la tierra de su lugar,
Y hace temblar sus columnas;
7 El manda al sol, y no sale;
Y sella las estrellas;
8 El solo extendió los cielos,
Y anda sobre las olas del mar;
9 El hizo la Osa, el Orión y las Pléyades,[a]
Y los lugares secretos del sur;
10 El hace cosas grandes e incomprensibles,
Y maravillosas, sin número.
11 He aquí que él pasará delante de mí,
y yo no lo veré;
Pasará, y no lo entenderé.
12 He aquí, arrebatará; ¿quién le hará restituir?
¿Quién le dirá: ¿Qué haces?
13 Dios no volverá atrás su ira,
Y debajo de él se abaten los que ayudan
a los soberbios.
14 ¿Cuánto menos le responderé yo,
Y hablaré con él palabras escogidas?
15 Aunque fuese yo justo, no respondería;
Antes habría de rogar a mi juez.
16 Si yo le invocara, y él me respondiese,
Aún no creeré que haya escuchado mi voz.
17 Porque me ha quebrantado
con tempestad,
Y ha aumentado mis heridas sin causa.
18 No me ha concedido que tome aliento,
Sino que me ha llenado de amarguras.
19 Si habláremos de su potencia,
por cierto es fuerte;
Si de juicio, ¿quién me emplazará?
20 Si yo me justificare, me condenaría
mi boca;
Si me dijere perfecto, esto me haría inicuo.
21 Si fuese íntegro, no haría caso
de mí mismo;
Despreciaría mi vida.
22 Una cosa resta que yo diga:
Al perfecto y al impío él los consume.
23 Si azote mata de repente,
Se ríe del sufrimiento de los inocentes.
24 La tierra es entregada en manos
de los impíos,
Y él cubre el rostro de sus jueces.
Si no es él, ¿quién es? ¿Dónde está?
25 Mis días han sido más ligeros
que un correo;
Huyeron, y no vieron el bien.
26 Pasaron cual naves veloces;
Como el águila que se arroja
sobre la presa.
27 Si yo dijere: Olvidaré mi queja,
Dejaré mi triste semblante, y me esforzaré,
28 Me turban todos mis dolores;
Sé que no me tendrás por inocente.
29 Yo soy impío;
¿Para qué trabajaré en vano?
30 Aunque me lave con aguas de nieve,
Y limpie mis manos con la limpieza
misma,
31 Aún me hundirás en el hoyo,
Y mis propios vestidos me abominarán.
32 Porque no es hombre como yo,
para que yo le responda,
Y vengamos juntamente a juicio.
33 No hay entre nosotros árbitro
Que ponga su mano sobre nosotros dos.
34 Quite de sobre mí su vara,
Y su terror no me espante.
35 Entonces hablaré, y no le temeré;
Porque en este estado no estoy en mí.

Job lamenta su condición

10 1 Está mi alma hastiada de mi vida;
Daré libre curso a mi queja,
Hablaré con amargura de mi alma.
2 Diré a Dios: No me condenes;
Hazme entender por qué contiendes
conmigo.
3 ¿Te parece bien que oprimas,
Que deseches la obra de tus manos,
Y que favorezcas los designios
de los impíos?
4 ¿Tienes tú acaso ojos de carne?
¿Ves tú como ve el hombre?
5 ¿Son tus días como los días del hombre,
O tus años como los tiempos humanos,
6 Para que inquieras mi iniquidad,
Y busques mi pecado,
7 Aunque tú sabes que no soy impío,
Y que no hay quien de tu mano me libre?
8 Tus manos me hicieron y me formaron;
¿Y luego te vuelves y me deshaces?
9 Acuérdate que como a barro
me diste forma;
¿Y en polvo me has de volver?
10 ¿No me vaciaste como leche,
Y como queso me cuajaste?
11 Me vestiste de piel y carne,
Y me tejiste con huesos y nervios.
12 Vida y misericordia me concediste,
Y tu cuidado guardó mi espíritu.

9.9: [a] Job 38.31; Am. 5.8.

13 Estas cosas tienes guardadas
en tu corazón;
Yo sé que están cerca de ti.
14 Si pequé, tú me has observado,
Y no me tendrás por limpio
de mi iniquidad.
15 Si fuere malo, ¡ay de mí!
Y si fuere justo, no levantaré mi cabeza,
Estando hastiado de deshonra,
y de verme afligido.
16 Si mi cabeza se alzare, cual león
tú me cazas;
Y vuelves a hacer en mí maravillas.
17 Renuevas contra mí tus pruebas,
Y aumentas conmigo tu furor como
tropas de relevo.
18 ¿Por qué me sacaste de la matriz?
Hubiera yo expirado, y ningún ojo me
habría visto.
19 Fuera como si nunca hubiera existido,
Llevado del vientre a la sepultura.
20 ¿No son pocos mis días?
Cesa, pues, y déjame, para que me
consuele un poco,
21 Antes que vaya para no volver,
A la tierra de tinieblas y de sombra
de muerte;
22 Tierra de oscuridad, lóbrega,
Como sombra de muerte y sin orden,
Y cuya luz es como densas tinieblas.

Zofar acusa de maldad a Job

11 1 Respondió Zofar naamatita, y dijo:
2 ¿Las muchas palabras no han
de tener respuesta?
¿Y el hombre que habla mucho será
justificado?
3 ¿Harán tus falacias callar a los hombres?
¿Harás escarnio y no habrá quien te
avergüence?
4 Tú dices: Mi doctrina es pura,
Y yo soy limpio delante de tus ojos.
5 Mas ¡oh, quién diera que Dios hablara,
Y abriera sus labios contigo,
6 Y te declarara los secretos
de la sabiduría,
Que son de doble valor que las riquezas!
Conocerías entonces que Dios te ha
castigado menos de lo que tu iniquidad
merece.
7 ¿Descubrirás tú los secretos de Dios?
¿Llegarás tú a la perfección del
Todopoderoso?
8 Es más alta que los cielos; ¿qué harás?
Es más profunda que el Seol; ¿cómo la
conocerás?
9 Su dimensión es más extensa que la tierra,
Y más ancha que el mar.
10 Si él pasa, y aprisiona, y llama a juicio,
¿Quién podrá contrarrestarle?
11 Porque él conoce a los hombres vanos;
Ve asimismo la iniquidad, ¿y no hará caso?
12 El hombre vano se hará entendido,
Cuando un pollino de asno montés
nazca hombre.
13 Si tú dispusieres tu corazón,
Y extendieres a él tus manos;
14 Si alguna iniquidad hubiere en tu mano,
y la echares de ti,
Y no consintieres que more en tu casa
la injusticia,
15 Entonces levantarás tu rostro limpio
de mancha,
Y serás fuerte, y nada temerás;
16 Y olvidarás tu miseria,
O te acordarás de ella como de aguas
que pasaron.
17 La vida te será más clara que el mediodía;
Aunque oscureciere,
será como la mañana.
18 Tendrás confianza, porque hay esperanza;
Mirarás alrededor, y dormirás seguro.
19 Te acostarás, y no habrá quien te espante;
Y muchos suplicarán tu favor.
20 Pero los ojos de los malos se consumirán,
Y no tendrán refugio;
Y su esperanza será dar su último suspiro.

Job proclama el poder y la sabiduría de Dios

12 1 Respondió entonces Job, diciendo:
2 Ciertamente vosotros sois el pueblo,
Y con vosotros morirá la sabiduría.
3 También tengo yo entendimiento
como vosotros;
No soy yo menos que vosotros;
¿Y quién habrá que no pueda decir otro
tanto?
4 Yo soy uno de quien su amigo se mofa,
Que invoca a Dios, y él le responde;
Con todo, el justo y perfecto
es escarnecido.
5 Aquel cuyos pies van a resbalar
Es como una lámpara despreciada
de aquel que está a sus anchas.
6 Prosperan las tiendas de los ladrones,
Y los que provocan a Dios viven seguros,
En cuyas manos él ha puesto cuanto
tienen.
7 Y en efecto, pregunta ahora a las bestias,
y ellas te enseñarán;
A las aves de los cielos, y ellas te lo
mostrarán;
8 O habla a la tierra, y ella te enseñará;
Los peces del mar te lo declararán también.
9 ¿Qué cosa de todas estas no entiende
Que la mano de Jehová la hizo?

10 En su mano está el alma de todo
viviente,
Y el hálito de todo el género humano.
11 Ciertamente el oído distingue las palabras,
Y el paladar gusta las viandas.
12 En los ancianos está la ciencia,
Y en la larga edad la inteligencia.
13 Con Dios está la sabiduría y el poder;
Suyo es el consejo y la inteligencia.
14 Si él derriba, no hay quien edifique;
Encerrará al hombre, y no habrá quien
le abra.
15 Si él detiene las aguas, todo se seca;
Si las envía, destruyen la tierra.
16 Con él está el poder y la sabiduría;
Suyo es el que yerra, y el que hace errar.
17 El hace andar despojados de consejo
a los consejeros,
Y entontece a los jueces.
18 El rompe las cadenas de los tiranos,
Y les ata una soga a sus lomos.
19 El lleva despojados a los príncipes,
Y trastorna a los poderosos.
20 Priva del habla a los que dicen verdad,
Y quita a los ancianos el consejo.
21 El derrama menosprecio
sobre los príncipes,
Y desata el cinto de los fuertes.
22 El descubre las profundidades
de las tinieblas,
Y saca a luz la sombra de muerte.
23 El multiplica las naciones,
y él las destruye;
Esparce a las naciones, y las vuelve
a reunir.
24 El quita el entendimiento a los jefes del
pueblo de la tierra,
Y los hace vagar como por un yermo sin
camino.
25 Van a tientas, como en tinieblas y sin luz,
Y los hace errar como borrachos.

Job defiende su integridad

13 1 He aquí que todas estas cosas han visto
mis ojos,
Y oído y entendido mis oídos.
2 Como vosotros lo sabéis, lo sé yo;
No soy menos que vosotros.
3 Mas yo hablaría con el Todopoderoso,
Y querría razonar con Dios.
4 Porque ciertamente vosotros sois
fraguadores de mentira;
Sois todos vosotros médicos nulos.
5 Ojalá callarais por completo,
Porque esto os fuera sabiduría.
6 Oíd ahora mi razonamiento,
Y estad atentos a los argumentos
de mis labios.
7 ¿Hablaréis iniquidad por Dios?
¿Hablaréis por él engaño?
8 ¿Haréis acepción de personas a su favor?
¿Contenderéis vosotros por Dios?
9 ¿Sería bueno que él os escudriñase?
¿Os burlaréis de él como quien se burla
de algún hombre?
10 El os reprochará de seguro,
Si solapadamente hacéis acepción
de personas.
11 De cierto su alteza os habría de espantar,
Y su pavor habría de caer sobre vosotros.
12 Vuestras máximas son refranes de ceniza,
Y vuestros baluartes son baluartes de lodo.
13 Escuchadme, y hablaré yo,
Y que me venga después lo que viniere.
14 ¿Por qué quitaré yo mi carne con mis
dientes,
Y tomaré mi vida en mi mano?
15 He aquí, aunque él me matare,
en él esperaré;
No obstante, defenderé delante de él mis
caminos,
16 Y él mismo será mi salvación,
Porque no entrará en su presencia el impío.
17 Oíd con atención mi razonamiento,
Y mi declaración entre en vuestros oídos.
18 He aquí ahora, si yo expusiere mi causa,
Sé que seré justificado.
19 ¿Quién es el que contenderá conmigo?
Porque si ahora yo callara, moriría.
20 A lo menos dos cosas no hagas conmigo;
Entonces no me esconderé de tu rostro:
21 Aparta de mí tu mano,
Y no me asombre tu terror.
22 Llama luego, y yo responderé;
O yo hablaré, y respóndeme tú.
23 ¿Cuántas iniquidades y pecados tengo yo?
Hazme entender mi transgresión
y mi pecado.
24 ¿Por qué escondes tu rostro,
Y me cuentas por tu enemigo?
25 ¿A la hoja arrebatada has de quebrantar,
Y a una paja seca has de perseguir?
26 ¿Por qué escribes contra mí amarguras,
Y me haces cargo de los pecados de mi
juventud?
27 Pones además mis pies en el cepo,
y observas todos mis caminos,
Trazando un límite para las plantas
de mis pies.
28 Y mi cuerpo se va gastando como
de carcoma,
Como vestido que roe la polilla.

Job discurre sobre la brevedad de la vida

14 1 El hombre nacido de mujer,
Corto de días, y hastiado de sinsabores,

2 Sale como una flor y es cortado,
Y huye como la sombra y no permanece.
3 ¿Sobre éste abres tus ojos,
Y me traes a juicio contigo?
4 ¿Quién hará limpio a lo inmundo?
Nadie.
5 Ciertamente sus días están determinados,
Y el número de sus meses está cerca de ti;
Le pusiste límites, de los cuales no
pasará.
6 Si tú lo abandonares, él dejará de ser;
Entre tanto deseará, como el jornalero,
su día.
7 Porque si el árbol fuere cortado, aún
queda de él esperanza;
Retoñará aún, y sus renuevos no faltarán.
8 Si se envejeciere en la tierra su raíz,
Y su tronco fuere muerto en el polvo,
9 Al percibir el agua reverdecerá,
Y hará copa como planta nueva.
10 Mas el hombre morirá, y será cortado;
Perecerá el hombre, ¿y dónde estará él?
11 Como las aguas se van del mar,
Y el río se agota y se seca,
12 Así el hombre yace y no vuelve
a levantarse;
Hasta que no haya cielo, no despertarán,
Ni se levantarán de su sueño.
13 ¡Oh, quién me diera que me escondieses
en el Seol,
Que me encubrieses hasta apaciguarse
tu ira,
Que me pusieses plazo, y de mí te
acordaras!
14 Si el hombre muriere, ¿volverá a vivir?
Todos los días de mi edad esperaré,
Hasta que venga mi liberación.
15 Entonces llamarás, y yo te responderé;
Tendrás afecto a la hechura de tus manos.
16 Pero ahora me cuentas los pasos,
Y no das tregua a mi pecado;
17 Tienes sellada en saco mi prevaricación,
Y tienes cosida mi iniquidad.
18 Ciertamente el monte que cae se deshace,
Y las peñas son removidas de su lugar;
19 Las piedras se desgastan con el agua
impetuosa, que se lleva el polvo de la
tierra;
De igual manera haces tú perecer la
esperanza del hombre.
20 Para siempre serás más fuerte que él,
y él se va;
Demudarás su rostro, y le despedirás.
21 Sus hijos tendrán honores,
pero él no lo sabrá;
O serán humillados, y no entenderá de ello.
22 Mas su carne sobre él se dolerá,
Y se entristecerá en él su alma.

Elifaz reprende a Job

15 1 Respondió Elifaz temanita, y dijo:
2 ¿Proferirá el sabio vana sabiduría,
Y llenará su vientre de viento solano?
3 ¿Disputará con palabras inútiles,
Y con razones sin provecho?
4 Tú también disipas el temor,
Y menoscabas la oración delante de Dios.
5 Porque tu boca declaró tu iniquidad,
Pues has escogido el hablar de los
astutos.
6 Tu boca te condenará, y no yo;
Y tus labios testificarán contra ti.
7 ¿Naciste tú primero que Adán?
¿O fuiste formado antes que los collados?
8 ¿Oíste tú el secreto de Dios,
Y está limitada a ti la sabiduría?
9 ¿Qué sabes tú que no sepamos?
¿Qué entiendes tú que no se halle
en nosotros?
10 Cabezas canas y hombres muy ancianos
hay entre nosotros,
Mucho más avanzados en días
que tu padre.
11 ¿En tan poco tienes las consolaciones
de Dios,
Y las palabras que con dulzura se te dicen?
12 ¿Por qué tu corazón te aleja,
Y por qué guiñan tus ojos,
13 Para que contra Dios vuelvas tu espíritu,
Y saques tales palabras de tu boca?
14 ¿Qué cosa es el hombre para que sea
limpio,
Y para que se justifique el nacido de mujer?
15 He aquí, en sus santos no confía,
Y ni aun los cielos son limpios delante
de sus ojos;
16 ¿Cuánto menos el hombre abominable y vil,
Que bebe la iniquidad como agua?
17 Escúchame; yo te mostraré,
Y te contaré lo que he visto;
18 Lo que los sabios nos contaron
De sus padres, y no lo encubrieron;
19 A quienes únicamente fue dada la tierra,
Y no pasó extraño por en medio de ellos.
20 Todos sus días, el impío es atormentado
de dolor,
Y el número de sus años está escondido
para el violento.
21 Estruendos espantosos hay en sus oídos;
En la prosperidad el asolador vendrá
sobre él.
22 El no cree que volverá de las tinieblas,
Y descubierto está para la espada.
23 Vaga alrededor tras el pan, diciendo:
¿En dónde está?
Sabe que le está preparado día
de tinieblas.

24 Tribulación y angustia le turbarán,
Y se esforzarán contra él como un rey dispuesto para la batalla,
25 Por cuanto él extendió su mano contra Dios,
Y se portó con soberbia contra el Todopoderoso.
26 Corrió contra él con cuello erguido,
Con la espesa barrera de sus escudos.
27 Porque la gordura cubrió su rostro,
E hizo pliegues sobre sus ijares;
28 Y habitó las ciudades asoladas,
Las casas inhabitadas,
Que estaban en ruinas.
29 No prosperará, ni durarán sus riquezas,
Ni extenderá por la tierra su hermosura.
30 No escapará de las tinieblas;
La llama secará sus ramas,
Y con el aliento de su boca perecerá.
31 No confíe el iluso en la vanidad,
Porque ella será su recompensa.
32 El será cortado antes de su tiempo,
Y sus renuevos no reverdecerán.
33 Perderá su agraz como la vid,
Y derramará su flor como el olivo.
34 Porque la congregación de los impíos será asolada,
Y fuego consumirá las tiendas de soborno.
35 Concibieron dolor, dieron a luz iniquidad,
Y en sus entrañas traman engaño.

Job se queja contra Dios

16 1 Respondió Job, y dijo:
2 Muchas veces he oído cosas como estas;
Consoladores molestos sois todos vosotros.
3 ¿Tendrán fin las palabras vacías?
¿O qué te anima a responder?
4 También yo podría hablar como vosotros,
Si vuestra alma estuviera en lugar de la mía;
Yo podría hilvanar contra vosotros palabras,
Y sobre vosotros mover mi cabeza.
5 Pero yo os alentaría con mis palabras,
Y la consolación de mis labios apaciguaría vuestro dolor.
6 Si hablo, mi dolor no cesa;
Y si dejo de hablar, no se aparta de mí.
7 Pero ahora tú me has fatigado;
Has asolado toda mi compañía.
8 Tú me has llenado de arrugas;
testigo es mi flacura,
Que se levanta contra mí para testificar en mi rostro.
9 Su furor me despedazó, y me ha sido contrario;
Crujió sus dientes contra mí;
Contra mí aguzó sus ojos mi enemigo.
10 Abrieron contra mí su boca;
Hirieron mis mejillas con afrenta;
Contra mí se juntaron todos.
11 Me ha entregado Dios al mentiroso,
Y en las manos de los impíos me hizo caer.
12 Próspero estaba, y me desmenuzó;
Me arrebató por la cerviz y me despedazó,
Y me puso por blanco suyo.
13 Me rodearon sus flecheros,
Partió mis riñones, y no perdonó;
Mi hiel derramó por tierra.
14 Me quebrantó de quebranto en quebranto;
Corrió contra mí como un gigante.
15 Cosí cilicio sobre mi piel,
Y puse mi cabeza en el polvo.
16 Mi rostro está inflamado con el lloro,
Y mis párpados entenebrecidos,
17 A pesar de no haber iniquidad en mis manos,
Y de haber sido mi oración pura.
18 ¡Oh tierra! no cubras mi sangre,
Y no haya lugar para mi clamor.
19 Mas he aquí que en los cielos está mi testigo,
Y mi testimonio en las alturas.
20 Disputadores son mis amigos;
Mas ante Dios derramaré mis lágrimas.
21 ¡Ojalá pudiese disputar el hombre con Dios,
Como con su prójimo!
22 Mas los años contados vendrán,
Y yo iré por el camino de donde no volveré.

17 1 Mi aliento se agota, se acortan mis días,
Y me está preparado el sepulcro.
2 No hay conmigo sino escarnecedores,
En cuya amargura se detienen mis ojos.
3 Dame fianza, oh Dios; sea mi protección cerca de ti.
Porque ¿quién querría responder por mí?
4 Porque a éstos has escondido de su corazón la inteligencia;
Por tanto, no los exaltarás.
5 Al que denuncia a sus amigos como presa,
Los ojos de sus hijos desfallecerán.
6 El me ha puesto por refrán de pueblos,
Y delante de ellos he sido como tamboril.
7 Mis ojos se oscurecieron por el dolor,
Y mis pensamientos todos son como sombra.
8 Los rectos se maravillarán de esto,
Y el inocente se levantará contra el impío.
9 No obstante, proseguirá el justo su camino,
Y el limpio de manos aumentará la fuerza.

10 Pero volved todos vosotros, y venid ahora,
Y no hallaré entre vosotros sabio.
11 Pasaron mis días, fueron arrancados
mis pensamientos,
Los designios de mi corazón.
12 Pusieron la noche por día,
Y la luz se acorta delante de las tinieblas.
13 Si yo espero, el Seol es mi casa;
Haré mi cama en las tinieblas.
14 A la corrupción he dicho:
Mi padre eres tú;
A los gusanos: Mi madre y mi hermana.
15 ¿Dónde, pues, estará ahora mi esperanza?
Y mi esperanza, ¿quién la verá?
16 A la profundidad del Seol descenderán,
Y juntamente descansarán en el polvo.

Bildad describe la suerte de los malos

18 1 Respondió Bildad suhita, y dijo:
2 ¿Cuándo pondréis fin a las palabras?
Entended, y después hablemos.
3 ¿Por qué somos tenidos por bestias,
Y a vuestros ojos somos viles?
4 Oh tú, que te despedazas en tu furor,
¿Será abandonada la tierra por tu causa,
Y serán removidas de su lugar las peñas?
5 Ciertamente la luz de los impíos será
apagada,
Y no resplandecerá la centella
de su fuego.
6 La luz se oscurecerá en su tienda,
Y se apagará sobre él su lámpara.
7 Sus pasos vigorosos serán acortados,
Y su mismo consejo lo precipitará.
8 Porque red será echada a sus pies,
Y sobre mallas andará.
9 Lazo prenderá su calcañar;
Se afirmará la trampa contra él.
10 Su cuerda está escondida en la tierra,
Y una trampa le aguarda en la senda.
11 De todas partes lo asombrarán temores,
Y le harán huir desconcertado.
12 Serán gastadas de hambre sus fuerzas,
Y a su lado estará preparado
quebrantamiento.
13 La enfermedad roerá su piel,
Y a sus miembros devorará el
primogénito de la muerte.
14 Su confianza será arrancada de su tienda,
Y al rey de los espantos será conducido.
15 En su tienda morará como si no fuese
suya;
Piedra de azufre será esparcida sobre
su morada.
16 Abajo se secarán sus raíces,
Y arriba serán cortadas sus ramas.
17 Su memoria perecerá de la tierra,
Y no tendrá nombre por las calles.
18 De la luz será lanzado a las tinieblas,
Y echado fuera del mundo.
19 No tendrá hijo ni nieto en su pueblo,
Ni quien le suceda en sus moradas.
20 Sobre su día se espantarán los de occidente,
Y pavor caerá sobre los de oriente.
21 Ciertamente tales son las moradas
del impío,
Y este será el lugar del que no conoció
a Dios.

Job confía en que Dios lo justificará

19 1 Respondió entonces Job, y dijo:
2 ¿Hasta cuándo angustiaréis mi alma,
Y me moleréis con palabras?
3 Ya me habéis vituperado diez veces;
¿No os avergonzáis de injuriarme?
4 Aun siendo verdad que yo haya errado,
Sobre mí recaería mi error.
5 Pero si vosotros os engrandecéis contra mí,
Y contra mí alegáis mi oprobio,
6 Sabed ahora que Dios me ha derribado,
Y me ha envuelto en su red.
7 He aquí, yo clamaré agravio, y no seré oído;
Daré voces, y no habrá juicio.
8 Cercó de vallado mi camino, y no pasaré;
Y sobre mis veredas puso tinieblas.
9 Me ha despojado de mi gloria,
Y quitado la corona de mi cabeza.
10 Me arruinó por todos lados, y perezco;
Y ha hecho pasar mi esperanza como
árbol arrancado.
11 Hizo arder contra mí su furor,
Y me contó para sí entre sus enemigos.
12 Vinieron sus ejércitos a una,
y se atrincheraron en mí,
Y acamparon en derredor de mi tienda.
13 Hizo alejar de mí a mis hermanos,
Y mis conocidos como extraños
se apartaron de mí.
14 Mis parientes se detuvieron,
Y mis conocidos se olvidaron de mí.
15 Los moradores de mi casa y mis criadas
me tuvieron por extraño;
Forastero fui yo a sus ojos.
16 Llamé a mi siervo, y no respondió;
De mi propia boca le suplicaba.
17 Mi aliento vino a ser extraño a mi mujer,
Aunque por los hijos de mis entrañas
le rogaba.
18 Aun los muchachos me menospreciaron;
Al levantarme, hablaban contra mí.
19 Todos mis íntimos amigos me
aborrecieron,
Y los que yo amaba se volvieron contra mí.
20 Mi piel y mi carne se pegaron a mis huesos,
Y he escapado con sólo la piel de mis
dientes.

21 ¡Oh, vosotros mis amigos, tened compasión
de mí, tened compasión de mí!
Porque la mano de Dios me ha tocado.
22 ¿Por qué me perseguís como Dios,
Y ni aun de mi carne os saciáis?
23 ¡Quién diese ahora que mis palabras
fuesen escritas!
¡Quién diese que se escribiesen en un libro;
24 Que con cincel de hierro y con plomo
Fuesen esculpidas en piedra para siempre!
25 Yo sé que mi Redentor vive,
Y al fin se levantará sobre el polvo;
26 Y después de deshecha esta mi piel,
En mi carne he de ver a Dios;
27 Al cual veré por mí mismo,
Y mis ojos lo verán, y no otro,
Aunque mi corazón desfallece dentro de mí.
28 Mas debierais decir: ¿Por qué le
perseguimos?
Ya que la raíz del asunto se halla en mí.
29 Temed vosotros delante de la espada;
Porque sobreviene el furor de la espada
a causa de las injusticias,
Para que sepáis que hay un juicio.

Zofar describe las calamidades de los malos

20 1 Respondió Zofar naamatita, y dijo:
2 Por cierto mis pensamientos
me hacen responder,
Y por tanto me apresuro.
3 La reprensión de mi censura he oído,
Y me hace responder el espíritu de mi
inteligencia.
4 ¿No sabes esto, que así fue siempre,
Desde el tiempo que fue puesto el
hombre sobre la tierra,
5 Que la alegría de los malos es breve,
Y el gozo del impío por un momento?
6 Aunque subiere su altivez hasta el cielo,
Y su cabeza tocare en las nubes,
7 Como su estiércol, perecerá para siempre;
Los que le hubieren visto dirán:
¿Qué hay de él?
8 Como sueño volará, y no será hallado,
Y se disipará como visión nocturna.
9 El ojo que le veía, nunca más le verá,
Ni su lugar le conocerá más.
10 Sus hijos solicitarán el favor
de los pobres,
Y sus manos devolverán lo que él robó.
11 Sus huesos están llenos de su juventud,
Mas con él en el polvo yacerán.
12 Si el mal se endulzó en su boca,
Si lo ocultaba debajo de su lengua,
13 Si le parecía bien, y no lo dejaba,
Sino que lo detenía en su paladar;
14 Su comida se mudará en sus entrañas;
Hiel de áspides será dentro de él.
15 Devoró riquezas, pero las vomitará;
De su vientre las sacará Dios.
16 Veneno de áspides chupará;
Lo matará lengua de víbora.
17 No verá los arroyos, los ríos,
Los torrentes de miel y de leche.
18 Restituirá el trabajo conforme
a los bienes que tomó,
Y no los tragará ni gozará.
19 Por cuanto quebrantó y desamparó
a los pobres,
Robó casas, y no las edificó;
20 Por tanto, no tendrá sosiego
en su vientre,
Ni salvará nada de lo que codiciaba.
21 No quedó nada que no comiese;
Por tanto, su bienestar no será duradero.
22 En el colmo de su abundancia padecerá
estrechez;
La mano de todos los malvados vendrá
sobre él.
23 Cuando se pusiere a llenar su vientre,
Dios enviará sobre él el ardor de su ira,
Y la hará llover sobre él y sobre su comida.
24 Huirá de las armas de hierro,
Y el arco de bronce le atravesará.
25 La saeta le traspasará y saldrá
de su cuerpo,
Y la punta relumbrante saldrá por su hiel;
Sobre él vendrán terrores.
26 Todas las tinieblas están reservadas
para sus tesoros;
Fuego no atizado los consumirá;
Devorará lo que quede en su tienda.
27 Los cielos descubrirán su iniquidad,
Y la tierra se levantará contra él.
28 Los renuevos de su casa serán
transportados;
Serán esparcidos en el día de su furor.
29 Esta es la porción que Dios prepara
al hombre impío,
Y la heredad que Dios le señala
por su palabra.

Job afirma que los malos prosperan

21 1 Entonces respondió Job, y dijo:
2 Oíd atentamente mi palabra,
Y sea esto el consuelo que me deis.
3 Toleradme, y yo hablaré;
Y después que haya hablado, escarneced.
4 ¿Acaso me quejo yo de algún hombre?
¿Y por qué no se ha de angustiar
mi espíritu?
5 Miradme, y espantaos,
Y poned la mano sobre la boca.
6 Aun yo mismo, cuando me acuerdo,
me asombro,
Y el temblor estremece mi carne.

7 ¿Por qué viven los impíos,
Y se envejecen, y aun crecen en riquezas?
8 Su descendencia se robustece a su vista,
Y sus renuevos están delante de sus ojos.
9 Sus casas están a salvo de temor,
Ni viene azote de Dios sobre ellos.
10 Sus toros engendran, y no fallan;
Paren sus vacas, y no malogran su cría.
11 Salen sus pequeñuelos como manada,
Y sus hijos andan saltando.
12 Al son de tamboril y de cítara saltan,
Y se regocijan al son de la flauta.
13 Pasan sus días en prosperidad,
Y en paz descienden al Seol.
14 Dicen, pues, a Dios: Apártate de nosotros,
Porque no queremos el conocimiento
de tus caminos.
15 ¿Quién es el Todopoderoso, para que le
sirvamos?
¿Y de qué nos aprovechará que oremos a él?
16 He aquí que su bien no está en mano de
ellos;
El consejo de los impíos lejos esté de mí.
17 ¡Oh, cuántas veces la lámpara de los
impíos es apagada,
Y viene sobre ellos su quebranto,
Y Dios en su ira les reparte dolores!
18 Serán como la paja delante del viento,
Y como el tamo que arrebata el torbellino.
19 Dios guardará para los hijos de ellos su
violencia;
Le dará su pago, para que conozca.
20 Verán sus ojos su quebranto,
Y beberá de la ira del Todopoderoso.
21 Porque ¿qué deleite tendrá él de su casa
después de sí,
Siendo cortado el número de sus meses?
22 ¿Enseñará alguien a Dios sabiduría,
Juzgando él a los que están elevados?
23 Este morirá en el vigor de su hermosura,
todo quieto y pacífico;
24 Sus vasijas estarán llenas de leche,
Y sus huesos serán regados de tuétano.
25 Y este otro morirá en amargura
de ánimo,
Y sin haber comido jamás con gusto.
26 Igualmente yacerán ellos en el polvo,
Y gusanos los cubrirán.
27 He aquí, yo conozco vuestros
pensamientos,
Y las imaginaciones que contra mí forjáis.
28 Porque decís: ¿Qué hay de la casa del
príncipe,
Y qué de la tienda de las moradas de los
impíos?
29 ¿No habéis preguntado a los que pasan
por los caminos,
Y no habéis conocido su respuesta,
30 Que el malo es preservado en el día de la
destrucción?
Guardado será en el día de la ira.
31 ¿Quién le denunciará en su cara su
camino?
Y de lo que él hizo, ¿quién le dará el pago?
32 Porque llevado será a los sepulcros,
Y sobre su túmulo estarán velando.
33 Los terrones del valle le serán dulces;
Tras de él será llevado todo hombre,
Y antes de él han ido innumerables.
34 ¿Cómo, pues, me consoláis en vano,
Viniendo a parar vuestras respuestas
en falacia?

Elifaz acusa a Job de gran maldad

22 1 Respondió Elifaz temanita, y dijo:
2 ¿Traerá el hombre provecho a Dios?
Al contrario, para sí mismo es
provechoso el hombre sabio.
3 ¿Tiene contentamiento el Omnipotente
en que tú seas justificado,
O provecho de que tú hagas perfectos
tus caminos?[a]
4 ¿Acaso te castiga,
O viene a juicio contigo, a causa
de tu piedad?
5 Por cierto tu malicia es grande,
Y tus maldades no tienen fin.
6 Porque sacaste prenda a tus hermanos
sin causa,
Y despojaste de sus ropas a los desnudos.
7 No diste de beber agua al cansado,
Y detuviste el pan al hambriento.
8 Pero el hombre pudiente tuvo la tierra,
Y habitó en ella el distinguido.
9 A las viudas enviaste vacías,
Y los brazos de los huérfanos fueron
quebrados.
10 Por tanto, hay lazos alrededor de ti,
Y te turba espanto repentino;
11 O tinieblas, para que no veas,
Y abundancia de agua te cubre.
12 ¿No está Dios en la altura de los cielos?
Mira lo encumbrado de las estrellas, cuán
elevadas están.
13 ¿Y dirás tú: ¿Qué sabe Dios?
¿Cómo juzgará a través de la oscuridad?
14 Las nubes le rodearon, y no ve;
Y por el circuito del cielo se pasea.
15 ¿Quieres tú seguir la senda antigua
Que pisaron los hombres perversos,
16 Los cuales fueron cortados antes de tiempo,
Cuyo fundamento fue como un río
derramado?
17 Decían a Dios: Apártate de nosotros.
¿Y qué les había hecho el Omnipotente?

22.2-3: [a] Job 35.6-8.

18 Les había colmado de bienes sus casas.
Pero sea el consejo de ellos lejos de mí.
19 Verán los justos y se gozarán;
Y el inocente los escarnecerá, diciendo:
20 Fueron destruidos nuestros adversarios,
Y el fuego consumió lo que de ellos quedó.
21 Vuelve ahora en amistad con él,
y tendrás paz;
Y por ello te vendrá bien.
22 Toma ahora la ley de su boca,
Y pon sus palabras en tu corazón.
23 Si te volvieres al Omnipotente,
serás edificado;
Alejarás de tu tienda la aflicción;
24 Tendrás más oro que tierra,
Y como piedras de arroyos oro de Ofir;
25 El Todopoderoso será tu defensa,
Y tendrás plata en abundancia.
26 Porque entonces te deleitarás en el
Omnipotente,
Y alzarás a Dios tu rostro.
27 Orarás a él, y él te oirá;
Y tú pagarás tus votos.
28 Determinarás asimismo una cosa,
y te será firme,
Y sobre tus caminos resplandecerá luz.
29 Cuando fueren abatidos, dirás tú:
Enaltecimiento habrá;
Y Dios salvará al humilde de ojos.
30 El libertará al inocente,
Y por la limpieza de tus manos éste será
librado.

Job desea abogar su causa delante de Dios

23 1 Respondió Job, y dijo:
2 Hoy también hablaré con amargura;
Porque es más grave mi llaga que mi
gemido.
3 ¡Quién me diera el saber dónde hallar
a Dios!
Yo iría hasta su silla.
4 Expondría mi causa delante de él,
Y llenaría mi boca de argumentos.
5 Yo sabría lo que él me respondiese,
Y entendería lo que me dijera.
6 ¿Contendería conmigo con grandeza
de fuerza?
No; antes él me atendería.
7 Allí el justo razonaría con él;
Y yo escaparía para siempre de mi juez.
8 He aquí yo iré al oriente, y no lo hallaré;
Y al occidente, y no lo percibiré;
9 Si muestra su poder al norte, yo no lo veré;
Al sur se esconderá, y no lo veré.
10 Mas él conoce mi camino;
Me probará, y saldré como oro.
11 Mis pies han seguido sus pisadas;
Guardé su camino, y no me aparté.
12 Del mandamiento de sus labios nunca me
separé;
Guardé las palabras de su boca más que
mi comida.
13 Pero si él determina una cosa, ¿quién lo
hará cambiar?
Su alma deseó, e hizo.
14 El, pues, acabará lo que ha determinado
de mí;
Y muchas cosas como estas hay en él.
15 Por lo cual yo me espanto en su presencia;
Cuando lo considero, tiemblo a causa de él.
16 Dios ha enervado mi corazón,
Y me ha turbado el Omnipotente.
17 ¿Por qué no fui yo cortado delante de las
tinieblas,
Ni fue cubierto con oscuridad mi rostro?

Job se queja de que Dios es indiferente ante la maldad

24 1 Puesto que no son ocultos los tiempos
al Todopoderoso,
¿Por qué los que le conocen no ven sus días?
2 Traspasan los linderos,
Roban los ganados, y los apacientan.
3 Se llevan el asno de los huérfanos,
Y toman en prenda el buey de la viuda.
4 Hacen apartar del camino a los
menesterosos,
Y todos los pobres de la tierra se esconden.
5 He aquí, como asnos monteses en el
desierto,
Salen a su obra madrugando para robar;
El desierto es mantenimiento de sus hijos.
6 En el campo siegan su pasto,
Y los impíos vendimian la viña ajena.
7 Al desnudo hacen dormir sin ropa,
Sin tener cobertura contra el frío.
8 Con las lluvias de los montes se mojan,
Y abrazan las peñas por falta de abrigo.
9 Quitan el pecho a los huérfanos,
Y de sobre el pobre toman la prenda.
10 Al desnudo hacen andar sin vestido,
Y a los hambrientos quitan las gavillas.
11 Dentro de sus paredes exprimen el aceite,
Pisan los lagares, y mueren de sed.
12 Desde la ciudad gimen los moribundos,
Y claman las almas de los heridos
de muerte,
Pero Dios no atiende su oración.
13 Ellos son los que, rebeldes a la luz,
Nunca conocieron sus caminos,
Ni estuvieron en sus veredas.
14 A la luz se levanta el matador; mata al
pobre y al necesitado,
Y de noche es como ladrón.
15 El ojo del adúltero está aguardando
la noche,

Diciendo: No me verá nadie;
Y esconde su rostro.
16 En las tinieblas minan las casas
Que de día para sí señalaron;
No conocen la luz.
17 Porque la mañana es para todos ellos
como sombra de muerte;
Si son conocidos, terrores de sombra
de muerte los toman.
18 Huyen ligeros como corriente de aguas;
Su porción es maldita en la tierra;
No andarán por el camino de las viñas.
19 La sequía y el calor arrebatan las aguas
de la nieve;
Así también el Seol a los pecadores.
20 Los olvidará el seno materno; de ellos
sentirán los gusanos dulzura;
Nunca más habrá de ellos memoria,
Y como un árbol los impíos serán
quebrantados.
21 A la mujer estéril, que no concebía, afligió,
Y a la viuda nunca hizo bien.
22 Pero a los fuertes adelantó con su poder;
Una vez que se levante, ninguno está
seguro de la vida.
23 El les da seguridad y confianza;
Sus ojos están sobre los caminos de ellos.
24 Fueron exaltados un poco, mas
desaparecen,
Y son abatidos como todos los demás;
Serán encerrados, y cortados como
cabezas de espigas.
25 Y si no, ¿quién me desmentirá ahora,
O reducirá a nada mis palabras?

Bildad niega que el hombre pueda ser justificado delante de Dios

25 1 Respondió Bildad suhita, y dijo:
2 El señorío y el temor están con él;
El hace paz en sus alturas.
3 ¿Tienen sus ejércitos número?
¿Sobre quién no está su luz?
4 ¿Cómo, pues, se justificará el hombre
para con Dios?
¿Y cómo será limpio el que nace de mujer?
5 He aquí que ni aun la misma luna será
resplandeciente,
Ni las estrellas son limpias delante
de sus ojos;
6 ¿Cuánto menos el hombre,
que es un gusano,
Y el hijo de hombre, también gusano?

Job proclama la soberanía de Dios

26 1 Respondió Job, y dijo:
2 ¿En qué ayudaste al que no tiene
poder?
¿Cómo has amparado al brazo sin fuerza?
3 ¿En qué aconsejaste al que no tiene
ciencia,
Y qué plenitud de inteligencia has dado
a conocer?
4 ¿A quién has anunciado palabras,
Y de quién es el espíritu que de ti procede?
5 Las sombras tiemblan en lo profundo,
Los mares y cuanto en ellos mora.
6 El Seol está descubierto delante de él,
y el Abadón no tiene cobertura.
7 El extiende el norte sobre vacío,
Cuelga la tierra sobre nada.
8 Ata las aguas en sus nubes,
Y las nubes no se rompen debajo de ellas.
9 El encubre la faz de su trono,
Y sobre él extiende su nube.
10 Puso límite a la superficie de las aguas,
Hasta el fin de la luz y las tinieblas.
11 Las columnas del cielo tiemblan,
Y se espantan a su reprensión.
12 El agita el mar con su poder,
Y con su entendimiento hiere la
arrogancia suya.
13 Su espíritu adornó los cielos;
Su mano creó la serpiente tortuosa.
14 He aquí, estas cosas son sólo los bordes
de sus caminos;
¡Y cuán leve es el susurro que hemos
oído de él!
Pero el trueno de su poder, ¿quién lo
puede comprender?

Job describe el castigo de los malos

27 1 Reasumió Job su discurso, y dijo:
2 Vive Dios, que ha quitado mi
derecho,
Y el Omnipotente, que amargó el alma
mía,
3 Que todo el tiempo que mi alma esté
en mí,
Y haya hálito de Dios en mis narices,
4 Mis labios no hablarán iniquidad,
Ni mi lengua pronunciará engaño.
5 Nunca tal acontezca que yo os justifique;
Hasta que muera, no quitaré de mí mi
integridad.
6 Mi justicia tengo asida, y no la cederé;
No me reprochará mi corazón en todos
mis días.
7 Sea como el impío mi enemigo,
Y como el inicuo mi adversario.
8 Porque ¿cuál es la esperanza del impío,
por mucho que hubiere robado,
Cuando Dios le quitare la vida?
9 ¿Oirá Dios su clamor
Cuando la tribulación viniere sobre él?
10 ¿Se deleitará en el Omnipotente?
¿Invocará a Dios en todo tiempo?

11 Yo os enseñaré en cuanto a la mano de Dios;
No esconderé lo que hay para con el
Omnipotente.
12 He aquí que todos vosotros lo habéis visto;
¿Por qué, pues, os habéis hecho tan
enteramente vanos?
13 Esta es para con Dios la porción del
hombre impío,
Y la herencia que los violentos han de
recibir del Omnipotente:
14 Si sus hijos fueren multiplicados, serán
para la espada;
Y sus pequeños no se saciarán de pan.
15 Los que de él quedaren, en muerte serán
sepultados,
Y no los llorarán sus viudas.
16 Aunque amontone plata como polvo,
Y prepare ropa como lodo;
17 La habrá preparado él, mas el justo
se vestirá,
Y el inocente repartirá la plata.
18 Edificó su casa como la polilla,
Y como enramada que hizo el guarda.
19 Rico se acuesta, pero por última vez;
Abrirá sus ojos, y nada tendrá.
20 Se apoderarán de él terrores como aguas;
Torbellino lo arrebatará de noche.
21 Le eleva el solano, y se va;
Y tempestad lo arrebatará de su lugar.
22 Dios, pues, descargará sobre él,
y no perdonará;
Hará él por huir de su mano.
23 Batirán las manos sobre él,
Y desde su lugar le silbarán.

El hombre en busca de la sabiduría

28 1 Ciertamente la plata tiene sus veneros,
Y el oro lugar donde se refina.
2 El hierro se saca del polvo,
Y de la piedra se funde el cobre.
3 A las tinieblas ponen término,
Y examinan todo a la perfección,
Las piedras que hay en oscuridad
y en sombra de muerte.
4 Abren minas lejos de lo habitado,
En lugares olvidados,
donde el pie no pasa.
Son suspendidos y balanceados,
lejos de los demás hombres.
5 De la tierra nace el pan,
Y debajo de ella está como convertida
en fuego.
6 Lugar hay cuyas piedras son zafiro,
Y sus polvos de oro.
7 Senda que nunca la conoció ave,
Ni ojo de buitre la vio;
8 Nunca la pisaron animales fieros,
Ni león pasó por ella.
9 En el pedernal puso su mano,
Y trastornó de raíz los montes.
10 De los peñascos cortó ríos,
Y sus ojos vieron todo lo preciado.
11 Detuvo los ríos en su nacimiento,
E hizo salir a luz lo escondido.
12 Mas ¿dónde se hallará la sabiduría?
¿Dónde está el lugar de la inteligencia?
13 No conoce su valor el hombre,
Ni se halla en la tierra de los vivientes.
14 El abismo dice: No está en mí;
Y el mar dijo: Ni conmigo.
15 No se dará por oro,
Ni su precio será a peso de plata.
16 No puede ser apreciada con oro de Ofir,
Ni con ónice precioso, ni con zafiro.
17 El oro no se le igualará, ni el diamante,
Ni se cambiará por alhajas de oro fino.
18 No se hará mención de coral ni de perlas;
La sabiduría es mejor que las piedras
preciosas.
19 No se igualará con ella topacio
de Etiopía;
No se podrá apreciar con oro fino.
20 ¿De dónde, pues, vendrá la sabiduría?
¿Y dónde está el lugar de la inteligencia?
21 Porque encubierta está a los ojos de todo
viviente,
Y a toda ave del cielo es oculta.
22 El Abadón y la muerte dijeron:
Su fama hemos oído con nuestros oídos.
23 Dios entiende el camino de ella,
Y conoce su lugar.
24 Porque él mira hasta los fines de la tierra,
Y ve cuanto hay bajo los cielos.
25 Al dar peso al viento,
Y poner las aguas por medida;
26 Cuando él dio ley a la lluvia,
Y camino al relámpago de los truenos,
27 Entonces la veía él, y la manifestaba;
La preparó y la descubrió también.
28 Y dijo al hombre:
He aquí que el temor del Señor es la
sabiduría,[a]
Y el apartarse del mal, la inteligencia.

Job recuerda su felicidad anterior

29 1 Volvió Job a reanudar su discurso,
y dijo:
2 ¡Quién me volviese como en los meses
pasados,
Como en los días en que Dios me
guardaba,
3 Cuando hacía resplandecer sobre mi
cabeza su lámpara,
A cuya luz yo caminaba en la oscuridad;
4 Como fui en los días de mi juventud,

28.28: [a] Sal. 111.10; Pr. 1.7; 9.10.

Cuando el favor de Dios velaba sobre mi
tienda;
5 Cuando aún estaba conmigo
el Omnipotente,
Y mis hijos alrededor de mí;
6 Cuando lavaba yo mis pasos con leche,
Y la piedra me derramaba ríos de aceite!
7 Cuando yo salía a la puerta a juicio,
Y en la plaza hacía preparar mi asiento,
8 Los jóvenes me veían, y se escondían;
Y los ancianos se levantaban,
y estaban de pie.
9 Los príncipes detenían sus palabras;
Ponían la mano sobre su boca.
10 La voz de los principales se apagaba,
Y su lengua se pegaba a su paladar.
11 Los oídos que me oían me llamaban
bienaventurado,
Y los ojos que me veían me daban
testimonio,
12 Porque yo libraba al pobre que clamaba,
Y al huérfano que carecía de ayudador.
13 La bendición del que se iba a perder
venía sobre mí,
Y al corazón de la viuda yo daba alegría.
14 Me vestía de justicia, y ella me cubría;
Como manto y diadema era mi rectitud.
15 Yo era ojos al ciego,
Y pies al cojo.
16 A los menesterosos era padre,
Y de la causa que no entendía, me
informaba con diligencia;
17 Y quebrantaba los colmillos del inicuo,
Y de sus dientes hacía soltar la presa.
18 Decía yo: En mi nido moriré,
Y como arena multiplicaré mis días.
19 Mi raíz estaba abierta junto a las aguas,
Y en mis ramas permanecía el rocío.
20 Mi honra se renovaba en mí,
Y mi arco se fortalecía en mi mano.
21 Me oían, y esperaban,
Y callaban a mi consejo.
22 Tras mi palabra no replicaban,
Y mi razón destilaba sobre ellos.
23 Me esperaban como a la lluvia,
Y abrían su boca como a la lluvia tardía.
24 Si me reía con ellos, no lo creían;
Y no abatían la luz de mi rostro.
25 Calificaba yo el camino de ellos, y me
sentaba entre ellos como el jefe;
Y moraba como rey en el ejército,
Como el que consuela a los que lloran.

Job lamenta su desdicha actual

30 1 Pero ahora se ríen de mí los más
jóvenes que yo,
A cuyos padres yo desdeñara poner con
los perros de mi ganado.
2 ¿Y de qué me serviría ni aun la fuerza
de sus manos?
No tienen fuerza alguna.
3 Por causa de la pobreza y del hambre
andaban solos;
Huían a la soledad, a lugar tenebroso,
asolado y desierto.
4 Recogían malvas entre los arbustos,
Y raíces de enebro para calentarse.
5 Eran arrojados de entre las gentes,
Y todos les daban grita como tras el ladrón.
6 Habitaban en las barrancas de los arroyos,
En las cavernas de la tierra, y en las rocas.
7 Bramaban entre las matas,
Y se reunían debajo de los espinos.
8 Hijos de viles, y hombres sin nombre,
Más bajos que la misma tierra.
9 Y ahora yo soy objeto de su burla,
Y les sirvo de refrán.
10 Me abominan, se alejan de mí,
Y aun de mi rostro no detuvieron su saliva.
11 Porque Dios desató su cuerda, y me afligió,
Por eso se desenfrenaron delante de mi
rostro.
12 A la mano derecha se levantó el populacho;
Empujaron mis pies,
Y prepararon contra mí caminos
de perdición.
13 Mi senda desbarataron,
Se aprovecharon de mi quebrantamiento,
Y contra ellos no hubo ayudador.
14 Vinieron como por portillo ancho,
Se revolvieron sobre mi calamidad.
15 Se han revuelto turbaciones sobre mí;
Combatieron como viento mi honor,
Y mi prosperidad pasó como nube.
16 Y ahora mi alma está derramada en mí;
Días de aflicción se apoderan de mí.
17 La noche taladra mis huesos,
Y los dolores que me roen no reposan.
18 La violencia deforma mi vestidura; me
ciñe como el cuello de mi túnica.
19 El me derribó en el lodo,
Y soy semejante al polvo y a la ceniza.
20 Clamo a ti, y no me oyes;
Me presento, y no me atiendes.
21 Te has vuelto cruel para mí;
Con el poder de tu mano me persigues.
22 Me alzaste sobre el viento, me hiciste
cabalgar en él,
Y disolviste mi sustancia.
23 Porque yo sé que me conduces
a la muerte,
Y a la casa determinada a todo viviente.
24 Mas él no extenderá la mano contra el
sepulcro;
¿Clamarán los sepultados cuando él los
quebrantare?

25 ¿No lloré yo al afligido?
Y mi alma, ¿no se entristeció sobre
el menesteroso?
26 Cuando esperaba yo el bien, entonces
vino el mal;
Y cuando esperaba luz, vino la oscuridad.
27 Mis entrañas se agitan, y no reposan;
Días de aflicción me han sobrecogido.
28 Ando ennegrecido, y no por el sol;
Me he levantado en la congregación,
y clamado.
29 He venido a ser hermano de chacales,
Y compañero de avestruces.
30 Mi piel se ha ennegrecido y se me cae,
Y mis huesos arden de calor.
31 Se ha cambiado mi arpa en luto,
Y mi flauta en voz de lamentadores.

Job afirma su integridad

31 1 Hice pacto con mis ojos;
¿Cómo, pues, había yo de mirar
a una virgen?
2 Porque ¿qué galardón me daría de arriba
Dios,
Y qué heredad el Omnipotente desde las
alturas?
3 ¿No hay quebrantamiento para el impío,
Y extrañamiento para los que hacen
iniquidad?
4 ¿No ve él mis caminos,
Y cuenta todos mis pasos?
5 Si anduve con mentira,
Y si mi pie se apresuró a engaño,
6 Péseme Dios en balanzas de justicia,
Y conocerá mi integridad.
7 Si mis pasos se apartaron del camino,
Si mi corazón se fue tras mis ojos,
Y si algo se pegó a mis manos,
8 Siembre yo, y otro coma,
Y sea arrancada mi siembra.
9 Si fue mi corazón engañado
acerca de mujer,
Y si estuve acechando a la puerta
de mi prójimo,
10 Muela para otro mi mujer,
Y sobre ella otros se encorven.
11 Porque es maldad e iniquidad
Que han de castigar los jueces.
12 Porque es fuego que devoraría hasta
el Abadón,
Y consumiría toda mi hacienda.
13 Si hubiera tenido en poco el derecho
de mi siervo y de mi sierva,
Cuando ellos contendían conmigo,
14 ¿Qué haría yo cuando Dios se
levantase?
Y cuando él preguntara, ¿qué le
respondería yo?
15 El que en el vientre me hizo a mí,
¿no lo hizo a él?
¿Y no nos dispuso uno mismo en la matriz?
16 Si estorbé el contento de los pobres,
E hice desfallecer los ojos de la viuda;
17 Si comí mi bocado solo,
Y no comió de él el huérfano
18 (Porque desde mi juventud creció
conmigo como con un padre,
Y desde el vientre de mi madre fui guía
de la viuda);
19 Si he visto que pereciera alguno sin vestido,
Y al menesteroso sin abrigo;
20 Si no me bendijeron sus lomos,
Y del vellón de mis ovejas se calentaron;
21 Si alcé contra el huérfano mi mano,
Aunque viese que me ayudaran
en la puerta;
22 Mi espalda se caiga de mi hombro,
Y el hueso de mi brazo sea quebrado.
23 Porque temí el castigo de Dios,
Contra cuya majestad yo no tendría poder.
24 Si puse en el oro mi esperanza,
Y dije al oro: Mi confianza eres tú;
25 Si me alegré de que mis riquezas
se multiplicasen,
Y de que mi mano hallase mucho;
26 Si he mirado al sol cuando resplandecía,
O a la luna cuando iba hermosa,
27 Y mi corazón se engañó en secreto,
Y mi boca besó mi mano;
28 Esto también sería maldad juzgada;
Porque habría negado al Dios soberano.
29 Si me alegré en el quebrantamiento
del que me aborrecía,
Y me regocijé cuando le halló el mal
30 (Ni aun entregué al pecado mi lengua,
Pidiendo maldición para su alma);
31 Si mis siervos no decían:
¿Quién no se ha saciado de su carne?
32 (El forastero no pasaba fuera la noche;
Mis puertas abría al caminante);
33 Si encubrí como hombre mis
transgresiones,
Escondiendo en mi seno mi iniquidad,
34 Porque tuve temor de la gran multitud,
Y el menosprecio de las familias
me atemorizó,
Y callé, y no salí de mi puerta;
35 ¡Quién me diera quien me oyese!
He aquí mi confianza es que el
Omnipotente testificará por mí,
Aunque mi adversario me forme proceso.
36 Ciertamente yo lo llevaría
sobre mi hombro,
Y me lo ceñiría como una corona.
37 Yo le contaría el número de mis pasos,
Y como príncipe me presentaría ante él.

38 Si mi tierra clama contra mí,
Y lloran todos sus surcos;
39 Si comí su sustancia sin dinero,
O afligí el alma de sus dueños,
40 En lugar de trigo me nazcan abrojos,
Y espinos en lugar de cebada.
Aquí terminan las palabras de Job.

Eliú justifica su derecho de contestar a Job

32 1 Cesaron estos tres varones de responder a Job, por cuanto él era justo a sus propios ojos.
2 Entonces Eliú hijo de Baraquel buzita, de la familia de Ram, se encendió en ira contra Job; se encendió en ira, por cuanto se justificaba a sí mismo más que a Dios.
3 Asimismo se encendió en ira contra sus tres amigos, porque no hallaban qué responder, aunque habían condenado a Job.
4 Y Eliú había esperado a Job en la disputa, porque los otros eran más viejos que él.
5 Pero viendo Eliú que no había respuesta en la boca de aquellos tres varones, se encendió en ira.
6 Y respondió Eliú hijo de Baraquel buzita, y dijo:
Yo soy joven, y vosotros ancianos;
Por tanto, he tenido miedo, y he temido declararos mi opinión.
7 Yo decía: Los días hablarán,
Y la muchedumbre de años declarará sabiduría.
8 Ciertamente espíritu hay en el hombre,
Y el soplo del Omnipotente le hace que entienda.
9 No son los sabios los de mucha edad,
Ni los ancianos entienden el derecho.
10 Por tanto, yo dije: Escuchadme;
Declararé yo también mi sabiduría.
11 He aquí yo he esperado a vuestras razones,
He escuchado vuestros argumentos,
En tanto que buscabais palabras.
12 Os he prestado atención,
Y he aquí que no hay de vosotros quien redarguya a Job,
Y responda a sus razones.
13 Para que no digáis: Nosotros hemos hallado sabiduría;
Lo vence Dios, no el hombre.
14 Ahora bien, Job no dirigió contra mí sus palabras,
Ni yo le responderé con vuestras razones.
15 Se espantaron, no respondieron más;
Se les fueron los razonamientos.
16 Yo, pues, he esperado, pero no hablaban;
Más bien callaron y no respondieron más.
17 Por eso yo también responderé mi parte;
También yo declararé mi juicio.
18 Porque lleno estoy de palabras,
Y me apremia el espíritu dentro de mí.
19 De cierto mi corazón está como el vino que no tiene respiradero,
Y se rompe como odres nuevos.
20 Hablaré, pues, y respiraré;
Abriré mis labios, y responderé.
21 No haré ahora acepción de personas,
Ni usaré con nadie de títulos lisonjeros.
22 Porque no sé hablar lisonjas;
De otra manera, en breve mi Hacedor me consumiría.

Eliú censura a Job

33 1 Por tanto, Job, oye ahora mis razones,
Y escucha todas mis palabras.
2 He aquí yo abriré ahora mi boca,
Y mi lengua hablará en mi garganta.
3 Mis razones declararán la rectitud de mi corazón,
Y lo que saben mis labios, lo hablarán con sinceridad.
4 El espíritu de Dios me hizo,
Y el soplo del Omnipotente me dio vida.
5 Respóndeme si puedes;
Ordena tus palabras, ponte en pie.
6 Heme aquí a mí en lugar de Dios, conforme a tu dicho;
De barro fui yo también formado.
7 He aquí, mi terror no te espantará,
Ni mi mano se agravará sobre ti.
8 De cierto tú dijiste a oídos míos,
Y yo oí la voz de tus palabras que decían:
9 Yo soy limpio y sin defecto;
Soy inocente, y no hay maldad en mí.
10 He aquí que él buscó reproches contra mí,
Y me tiene por su enemigo;
11 Puso mis pies en el cepo,
Y vigiló todas mis sendas.
12 He aquí, en esto no has hablado justamente;
Yo te responderé que mayor es Dios que el hombre.
13 ¿Por qué contiendes contra él?
Porque él no da cuenta de ninguna de sus razones.
14 Sin embargo, en una o en dos maneras habla Dios;
Pero el hombre no entiende.
15 Por sueño, en visión nocturna,
Cuando el sueño cae sobre los hombres,
Cuando se adormecen sobre el lecho,
16 Entonces revela al oído de los hombres,
Y les señala su consejo,
17 Para quitar al hombre de su obra,
Y apartar del varón la soberbia.
18 Detendrá su alma del sepulcro,
Y su vida de que perezca a espada.
19 También sobre su cama es castigado
Con dolor fuerte en todos sus huesos,

20 Que le hace que su vida aborrezca el pan,
Y su alma la comida suave.
21 Su carne desfallece, de manera
que no se ve,
Y sus huesos, que antes no se veían,
aparecen.
22 Su alma se acerca al sepulcro,
Y su vida a los que causan la muerte.
23 Si tuviese cerca de él
Algún elocuente mediador muy escogido,
Que anuncie al hombre su deber;
24 Que le diga que Dios tuvo de él
misericordia,
Que lo libró de descender al sepulcro,
Que halló redención;
25 Su carne será más tierna que la del niño,
Volverá a los días de su juventud.
26 Orará a Dios, y éste le amará,
Y verá su faz con júbilo;
Y restaurará al hombre su justicia.
27 El mira sobre los hombres; y al que dijere:
Pequé, y pervertí lo recto,
Y no me ha aprovechado,
28 Dios redimirá su alma para que no pase
al sepulcro,
Y su vida se verá en luz.
29 He aquí, todas estas cosas hace Dios
Dos y tres veces con el hombre,
30 Para apartar su alma del sepulcro,
Y para iluminarlo con la luz de los vivientes.
31 Escucha, Job, y óyeme;
Calla, y yo hablaré.
32 Si tienes razones, respóndeme;
Habla, porque yo te quiero justificar.
33 Y si no, óyeme tú a mí;
Calla, y te enseñaré sabiduría.

Eliú justifica a Dios

34 1 Además Eliú dijo:
2 Oíd, sabios, mis palabras;
Y vosotros, doctos, estadme atentos.
3 Porque el oído prueba las palabras,
Como el paladar gusta lo que uno come.
4 Escojamos para nosotros el juicio,
Conozcamos entre nosotros cuál sea
lo bueno.
5 Porque Job ha dicho: Yo soy justo,
Y Dios me ha quitado mi derecho.
6 ¿He de mentir yo contra mi razón?
Dolorosa es mi herida sin haber hecho yo
transgresión.
7 ¿Qué hombre hay como Job,
Que bebe el escarnio como agua,
8 Y va en compañía con los que hacen
iniquidad,
Y anda con los hombres malos?
9 Porque ha dicho: De nada servirá al hombre
El conformar su voluntad a Dios.
10 Por tanto, varones de inteligencia, oídme:
Lejos esté de Dios la impiedad,
Y del Omnipotente la iniquidad.
11 Porque él pagará al hombre
según su obra,[a]
Y le retribuirá conforme a su camino.
12 Sí, por cierto, Dios no hará injusticia,
Y el Omnipotente no pervertirá
el derecho.
13 ¿Quién visitó por él la tierra?
¿Y quién puso en orden todo el mundo?
14 Si él pusiese sobre el hombre su corazón,
Y recogiese así su espíritu y su aliento,
15 Toda carne perecería juntamente,
Y el hombre volvería al polvo.
16 Si, pues, hay en ti entendimiento, oye esto;
Escucha la voz de mis palabras.
17 ¿Gobernará el que aborrece juicio?
¿Y condenarás tú al que es tan justo?
18 ¿Se dirá al rey: Perverso;
Y a los príncipes: Impíos?
19 ¿Cuánto menos a aquel que no hace
acepción de personas de príncipes,
Ni respeta más al rico que al pobre,
Porque todos son obra de sus manos?
20 En un momento morirán,
Y a medianoche se alborotarán los
pueblos, y pasarán,
Y sin mano será quitado el poderoso.
21 Porque sus ojos están sobre los caminos
del hombre,
Y ve todos sus pasos.
22 No hay tinieblas ni sombra de muerte
Donde se escondan los que hacen maldad.
23 No carga, pues, él al hombre más
de lo justo,
Para que vaya con Dios a juicio.
24 El quebrantará a los fuertes sin
indagación,
Y hará estar a otros en su lugar.
25 Por tanto, él hará notorias las obras
de ellos,
Cuando los trastorne en la noche,
y sean quebrantados.
26 Como a malos los herirá
En lugar donde sean vistos;
27 Por cuanto así se apartaron de él,
Y no consideraron ninguno de sus caminos,
28 Haciendo venir delante de él el clamor
del pobre,
Y que oiga el clamor de los necesitados.
29 Si él diere reposo, ¿quién inquietará?
Si escondiere el rostro, ¿quién lo mirará?
Esto sobre una nación, y lo mismo sobre
un hombre;
30 Haciendo que no reine el hombre impío
Para vejaciones del pueblo.

34.11: [a] Sal. 62.12.

31 De seguro conviene que se diga a Dios:
He llevado ya castigo, no ofenderé ya más;
32 Enséñame tú lo que yo no veo;
Si hice mal, no lo haré más.
33 ¿Ha de ser eso según tu parecer?
El te retribuirá, ora rehúses, ora aceptes, y no yo;
Di, si no, lo que tú sabes.
34 Los hombres inteligentes dirán conmigo,
Y el hombre sabio que me oiga:
35 Que Job no habla con sabiduría,
Y que sus palabras no son con entendimiento.
36 Deseo yo que Job sea probado ampliamente,
A causa de sus respuestas semejantes a las de los hombres inicuos.
37 Porque a su pecado añadió rebeldía;
Bate palmas contra nosotros,
Y contra Dios multiplica sus palabras.

35 1 Prosiguió Eliú en su razonamiento, y dijo:
2 ¿Piensas que es cosa recta lo que has dicho:
Más justo soy yo que Dios?
3 Porque dijiste: ¿Qué ventaja sacaré de ello?
¿O qué provecho tendré de no haber pecado?
4 Yo te responderé razones,
Y a tus compañeros contigo.
5 Mira a los cielos, y ve,
Y considera que las nubes son más altas que tú.
6 Si pecares, ¿qué habrás logrado contra él?
Y si tus rebeliones se multiplicaren, ¿qué le harás tú?
7 Si fueres justo, ¿qué le darás a él?
¿O qué recibirá de tu mano?
8 Al hombre como tú dañará tu impiedad,
Y al hijo de hombre aprovechará tu justicia.[a]
9 A causa de la multitud de las violencias claman,
Y se lamentan por el poderío de los grandes.
10 Y ninguno dice: ¿Dónde está Dios mi Hacedor,
Que da cánticos en la noche,
11 Que nos enseña más que a las bestias de la tierra,
Y nos hace sabios más que a las aves del cielo?
12 Allí clamarán, y él no oirá,
Por la soberbia de los malos.
13 Ciertamente Dios no oirá la vanidad,
Ni la mirará el Omnipotente.
14 ¿Cuánto menos cuando dices que no haces caso de él?
La causa está delante de él; por tanto, aguárdale.
15 Mas ahora, porque en su ira no castiga,
Ni inquiere con rigor,
16 Por eso Job abre su boca vanamente,
Y multiplica palabras sin sabiduría.

Eliú exalta la grandeza de Dios

36 1 Añadió Eliú y dijo:
2 Espérame un poco, y te enseñaré;
Porque todavía tengo razones en defensa de Dios.
3 Tomaré mi saber desde lejos,
Y atribuiré justicia a mi Hacedor.
4 Porque de cierto no son mentira mis palabras;
Contigo está el que es íntegro en sus conceptos.
5 He aquí que Dios es grande, pero no desestima a nadie;
Es poderoso en fuerza de sabiduría.
6 No otorgará vida al impío,
Pero a los afligidos dará su derecho.
7 No apartará de los justos sus ojos;
Antes bien con los reyes los pondrá en trono para siempre,
Y serán exaltados.
8 Y si estuvieren prendidos en grillos,
Y aprisionados en las cuerdas de aflicción,
9 El les dará a conocer la obra de ellos,
Y que prevalecieron sus rebeliones.
10 Despierta además el oído de ellos para la corrección,
Y les dice que se conviertan de la iniquidad.
11 Si oyeren, y le sirvieren,
Acabarán sus días en bienestar,
Y sus años en dicha.
12 Pero si no oyeren, serán pasados a espada,
Y perecerán sin sabiduría.
13 Mas los hipócritas de corazón atesoran para sí la ira,
Y no clamarán cuando él los atare.
14 Fallecerá el alma de ellos en su juventud,
Y su vida entre los sodomitas.
15 Al pobre librará de su pobreza,
Y en la aflicción despertará su oído.
16 Asimismo te apartará de la boca de la angustia
A lugar espacioso, libre de todo apuro,
Y te preparará mesa llena de grosura.
17 Mas tú has llenado el juicio del impío,
En vez de sustentar el juicio y la justicia.
18 Por lo cual teme, no sea que en su ira te quite con golpe,
El cual no puedas apartar de ti con gran rescate.

35.6-8: [a] Job 22.2-3.

19 ¿Hará él estima de tus riquezas, del oro,
O de todas las fuerzas del poder?
20 No anheles la noche,
En que los pueblos desaparecen
de su lugar.
21 Guárdate, no te vuelvas a la iniquidad;
Pues ésta escogiste más bien que la
aflicción.
22 He aquí que Dios es excelso en su poder;
¿Qué enseñador semejante a él?
23 ¿Quién le ha prescrito su camino?
¿Y quién le dirá: Has hecho mal?
24 Acuérdate de engrandecer su obra,
La cual contemplan los hombres.
25 Los hombres todos la ven;
La mira el hombre de lejos.
26 He aquí, Dios es grande, y nosotros
no le conocemos,
Ni se puede seguir la huella de sus años.
27 El atrae las gotas de las aguas,
Al transformarse el vapor en lluvia,
28 La cual destilan las nubes,
Goteando en abundancia
sobre los hombres.
29 ¿Quién podrá comprender la extensión
de las nubes,
Y el sonido estrepitoso de su morada?
30 He aquí que sobre él extiende su luz,
Y cobija con ella las profundidades del mar.
31 Bien que por esos medios castiga
a los pueblos,
A la multitud él da sustento.
32 Con las nubes encubre la luz,
Y le manda no brillar, interponiendo
aquéllas.
33 El trueno declara su indignación,
Y la tempestad proclama su ira
contra la iniquidad.

37 1 Por eso también se estremece mi
corazón,
Y salta de su lugar.
2 Oíd atentamente el estrépito de su voz,
Y el sonido que sale de su boca.
3 Debajo de todos los cielos lo dirige,
Y su luz hasta los fines de la tierra.
4 Después de ella brama el sonido,
Truena él con voz majestuosa;
Y aunque sea oída su voz, no los detiene.
5 Truena Dios maravillosamente con su voz;
El hace grandes cosas, que nosotros
no entendemos.
6 Porque a la nieve dice: Desciende
a la tierra;
También a la llovizna, y a los aguaceros
torrenciales.
7 Así hace retirarse a todo hombre,
Para que los hombres todos reconozcan
su obra.
8 Las bestias entran en su escondrijo,
Y se están en sus moradas.
9 Del sur viene el torbellino,
Y el frío de los vientos del norte.
10 Por el soplo de Dios se da el hielo,
Y las anchas aguas se congelan.
11 Regando también llega a disipar
la densa nube,
Y con su luz esparce la niebla.
12 Asimismo por sus designios se revuelven
las nubes en derredor,
Para hacer sobre la faz del mundo,
En la tierra, lo que él les mande.
13 Unas veces por azote, otras por causa
de su tierra,
Otras por misericordia las hará venir.
14 Escucha esto, Job;
Detente, y considera las maravillas de Dios.
15 ¿Sabes tú cómo Dios las pone en concierto,
Y hace resplandecer la luz de su nube?
16 ¿Has conocido tú las diferencias
de las nubes,
Las maravillas del Perfecto en sabiduría?
17 ¿Por qué están calientes tus vestidos
Cuando él sosiega la tierra con el viento
del sur?
18 ¿Extendiste tú con él los cielos,
Firmes como un espejo fundido?
19 Muéstranos qué le hemos de decir;
Porque nosotros no podemos ordenar las
ideas a causa de las tinieblas.
20 ¿Será preciso contarle cuando yo hablare?
Por más que el hombre razone, quedará
como abismado.
21 Mas ahora ya no se puede mirar la luz
esplendente en los cielos,
Luego que pasa el viento y los limpia,
22 Viniendo de la parte del norte la dorada
claridad.
En Dios hay una majestad terrible.
23 El es Todopoderoso, al cual no
alcanzamos, grande en poder;
Y en juicio y en multitud de justicia
no afligirá.
24 Lo temerán por tanto los hombres;
El no estima a ninguno que cree en su
propio corazón ser sabio.

Jehová convence a Job de su ignorancia

38 1 Entonces respondió Jehová a Job desde un torbellino, y dijo:
2 ¿Quién es ése que oscurece el consejo
Con palabras sin sabiduría?
3 Ahora ciñe como varón tus lomos;
Yo te preguntaré, y tú me contestarás.
4 ¿Dónde estabas tú cuando yo fundaba
la tierra?
Házmelo saber, si tienes inteligencia.

5 ¿Quién ordenó sus medidas, si lo sabes?
¿O quién extendió sobre ella cordel?
6 ¿Sobre qué están fundadas sus bases?
¿O quién puso su piedra angular,
7 Cuando alababan todas las estrellas
del alba,
Y se regocijaban todos los hijos de Dios?
8 ¿Quién encerró con puertas el mar,
Cuando se derramaba saliéndose
de su seno,
9 Cuando puse yo nubes por vestidura suya,
Y por su faja oscuridad,
10 Y establecí sobre él mi decreto,
Le puse puertas y cerrojo,
11 Y dije: Hasta aquí llegarás, y no pasarás
adelante,
Y ahí parará el orgullo de tus olas?[a]
12 ¿Has mandado tú a la mañana en tus días?
¿Has mostrado al alba su lugar,
13 Para que ocupe los fines de la tierra,
Y para que sean sacudidos de ella
los impíos?
14 Ella muda luego de aspecto como barro
bajo el sello,
Y viene a estar como con vestidura;
15 Mas la luz de los impíos es quitada de ellos,
Y el brazo enaltecido es quebrantado.
16 ¿Has entrado tú hasta las fuentes del mar,
Y has andado escudriñando el abismo?
17 ¿Te han sido descubiertas las puertas
de la muerte,
Y has visto las puertas de la sombra
de muerte?
18 ¿Has considerado tú hasta las anchuras
de la tierra?
Declara si sabes todo esto.
19 ¿Por dónde va el camino a la habitación
de la luz,
Y dónde está el lugar de las tinieblas,
20 Para que las lleves a sus límites,
Y entiendas las sendas de su casa?
21 ¡Tú lo sabes! Pues entonces ya habías
nacido,
Y es grande el número de tus días.
22 ¿Has entrado tú en los tesoros de la nieve,
O has visto los tesoros del granizo,
23 Que tengo reservados para el tiempo de
angustia,
Para el día de la guerra y de la batalla?
24 ¿Por qué camino se reparte la luz,
Y se esparce el viento solano sobre la tierra?
25 ¿Quién repartió conducto al turbión,
Y camino a los relámpagos y truenos,
26 Haciendo llover sobre la tierra
deshabitada,
Sobre el desierto, donde no hay hombre,
27 Para saciar la tierra desierta e inculta,
Y para hacer brotar la tierna hierba?
28 ¿Tiene la lluvia padre?
¿O quién engendró las gotas del rocío?
29 ¿De qué vientre salió el hielo?
Y la escarcha del cielo, ¿quién la
engendró?
30 Las aguas se endurecen a manera de piedra,
Y se congela la faz del abismo.
31 ¿Podrás tú atar los lazos de las Pléyades,
O desatarás las ligaduras de Orión?[b]
32 ¿Sacarás tú a su tiempo las
constelaciones de los cielos,
O guiarás a la Osa Mayor con sus hijos?
33 ¿Supiste tú las ordenanzas de los cielos?
¿Dispondrás tú de su potestad
en la tierra?
34 ¿Alzarás tú a las nubes tu voz,
Para que te cubra muchedumbre de aguas?
35 ¿Enviarás tú los relámpagos, para que
ellos vayan?
¿Y te dirán ellos: Henos aquí?
36 ¿Quién puso la sabiduría en el corazón?
¿O quién dio al espíritu inteligencia?
37 ¿Quién puso por cuenta los cielos con
sabiduría?
Y los odres de los cielos, ¿quién los hace
inclinar,
38 Cuando el polvo se ha convertido
en dureza,
Y los terrones se han pegado
unos con otros?
39 ¿Cazarás tú la presa para el león?
¿Saciarás el hambre de los leoncillos,
40 Cuando están echados en las cuevas,
O se están en sus guaridas para acechar?
41 ¿Quién prepara al cuervo su alimento,
Cuando sus polluelos claman a Dios,
Y andan errantes por falta de comida?

39

1 ¿Sabes tú el tiempo en que paren
las cabras monteses?
¿O miraste tú las ciervas cuando están
pariendo?
2 ¿Contaste tú los meses de su preñez,
Y sabes el tiempo cuando han de parir?
3 Se encorvan, hacen salir sus hijos,
Pasan sus dolores.
4 Sus hijos se fortalecen, crecen con el pasto;
Salen, y no vuelven a ellas.
5 ¿Quién echó libre al asno montés,
Y quién soltó sus ataduras?
6 Al cual yo puse casa en la soledad,
Y sus moradas en lugares estériles.
7 Se burla de la multitud de la ciudad;
No oye las voces del arriero.
8 Lo oculto de los montes es su pasto,
Y anda buscando toda cosa verde.
9 ¿Querrá el búfalo servirte a ti,
O quedar en tu pesebre?

38.8-11: [a] Jer. 5.22. **38.31:** [b] Job 9.9; Am. 5.8.

10 ¿Atarás tú al búfalo con coyunda
para el surco?
¿Labrará los valles en pos de ti?
11 ¿Confiarás tú en él, por ser grande
su fuerza,
Y le fiarás tu labor?
12 ¿Fiarás de él para que recoja tu semilla,
Y la junte en tu era?
13 ¿Diste tú hermosas alas al pavo real,
O alas y plumas al avestruz?
14 El cual desampara en la tierra sus huevos,
Y sobre el polvo los calienta,
15 Y olvida que el pie los puede pisar,
Y que puede quebrarlos la bestia del campo.
16 Se endurece para con sus hijos, como si
no fuesen suyos,
No temiendo que su trabajo haya sido
en vano;
17 Porque le privó Dios de sabiduría,
Y no le dio inteligencia.
18 Luego que se levanta en alto,
Se burla del caballo y de su jinete.
19 ¿Diste tú al caballo la fuerza?
¿Vestiste tú su cuello de crines
ondulantes?
20 ¿Le intimidarás tú como a langosta?
El resoplido de su nariz es formidable.
21 Escarba la tierra, se alegra en su fuerza,
Sale al encuentro de las armas;
22 Hace burla del espanto, y no teme,
Ni vuelve el rostro delante de la espada.
23 Contra él suenan la aljaba,
El hierro de la lanza y de la jabalina;
24 Y él con ímpetu y furor escarba la tierra,
Sin importarle el sonido de la trompeta;
25 Antes como que dice entre los clarines:
¡Ea!
Y desde lejos huele la batalla,
El grito de los capitanes, y el vocerío.
26 ¿Vuela el gavilán por tu sabiduría,
Y extiende hacia el sur sus alas?
27 ¿Se remonta el águila por tu
mandamiento,
Y pone en alto su nido?
28 Ella habita y mora en la peña,
En la cumbre del peñasco y de la roca.
29 Desde allí acecha la presa;
Sus ojos observan de muy lejos.
30 Sus polluelos chupan la sangre;
Y donde hubiere cadáveres, allí está ella.

40 1 Además respondió Jehová a Job, y dijo:
2 ¿Es sabiduría contender con el
Omnipotente?
El que disputa con Dios, responda a esto.
3 Entonces respondió Job a Jehová, y dijo:
4 He aquí que yo soy vil; ¿qué te
responderé?
Mi mano pongo sobre mi boca.
5 Una vez hablé, mas no responderé;
Aun dos veces, mas no volveré a hablar.

Manifestaciones del poder de Dios

6 Respondió Jehová a Job desde el torbellino,
y dijo:
7 Cíñete ahora como varón tus lomos;
Yo te preguntaré, y tú me responderás.
8 ¿Invalidarás tú también mi juicio?
¿Me condenarás a mí, para justificarte tú?
9 ¿Tienes tú un brazo como el de Dios?
¿Y truenas con voz como la suya?
10 Adórnate ahora de majestad y de alteza,
Y vístete de honra y de hermosura.
11 Derrama el ardor de tu ira;
Mira a todo altivo, y abátelo.
12 Mira a todo soberbio, y humíllalo,
Y quebranta a los impíos en su sitio.
13 Encúbrelos a todos en el polvo,
Encierra sus rostros en la oscuridad;
14 Y yo también te confesaré
Que podrá salvarte tu diestra.
15 He aquí ahora behemot, el cual hice
como a ti;
Hierba come como buey.
16 He aquí ahora que su fuerza está
en sus lomos,
Y su vigor en los músculos de su vientre.
17 Su cola mueve como un cedro,
Y los nervios de sus muslos están
entretejidos.
18 Sus huesos son fuertes como bronce,
Y sus miembros como barras de hierro.
19 El es el principio de los caminos de Dios;
El que lo hizo, puede hacer que su
espada a él se acerque.
20 Ciertamente los montes producen hierba
para él;
Y toda bestia del campo retoza allá.
21 Se echará debajo de las sombras,
En lo oculto de las cañas y de los lugares
húmedos.
22 Los árboles sombríos lo cubren con su
sombra;
Los sauces del arroyo lo rodean.
23 He aquí, sale de madre el río,
pero él no se inmuta;
Tranquilo está, aunque todo un Jordán se
estrelle contra su boca.
24 ¿Lo tomará alguno cuando está vigilante,
Y horadará su nariz?

41 1 ¿Sacarás tú al leviatán[a] con anzuelo,
O con cuerda que le eches en su lengua?
2 ¿Pondrás tú soga en sus narices,
Y horadarás con garfio su quijada?
3 ¿Multiplicará él ruegos para contigo?
¿Te hablará él lisonjas?

41.1: [a] Sal. 74.14; 104.26; Is. 27.1.

4 ¿Hará pacto contigo
Para que lo tomes por siervo perpetuo?
5 ¿Jugarás con él como con pájaro,
O lo atarás para tus niñas?
6 ¿Harán de él banquete los compañeros?
¿Lo repartirán entre los mercaderes?
7 ¿Cortarás tú con cuchillo su piel,
O con arpón de pescadores su cabeza?
8 Pon tu mano sobre él;
Te acordarás de la batalla, y nunca más volverás.
9 He aquí que la esperanza acerca de él será burlada,
Porque aun a su sola vista se desmayarán.
10 Nadie hay tan osado que lo despierte;
¿Quién, pues, podrá estar delante de mí?
11 ¿Quién me ha dado a mí primero, para que yo restituya?[b]
Todo lo que hay debajo del cielo es mío.
12 No guardaré silencio sobre sus miembros,
Ni sobre sus fuerzas y la gracia de su disposición.
13 ¿Quién descubrirá la delantera de su vestidura?
¿Quién se acercará a él con su freno doble?
14 ¿Quién abrirá las puertas de su rostro?
Las hileras de sus dientes espantan.
15 La gloria de su vestido son escudos fuertes,
Cerrados entre sí estrechamente.
16 El uno se junta con el otro,
Que viento no entra entre ellos.
17 Pegado está el uno con el otro;
Están trabados entre sí, que no se pueden apartar.
18 Con sus estornudos enciende lumbre,
Y sus ojos son como los párpados del alba.
19 De su boca salen hachones de fuego;
Centellas de fuego proceden.
20 De sus narices sale humo,
Como de una olla o caldero que hierve.
21 Su aliento enciende los carbones,
Y de su boca sale llama.
22 En su cerviz está la fuerza,
Y delante de él se esparce el desaliento.
23 Las partes más flojas de su carne están endurecidas;
Están en él firmes, y no se mueven.
24 Su corazón es firme como una piedra,
Y fuerte como la muela de abajo.
25 De su grandeza tienen temor los fuertes,
Y a causa de su desfallecimiento hacen por purificarse.
26 Cuando alguno lo alcanzare,
Ni espada, ni lanza, ni dardo, ni coselete durará.
27 Estima como paja el hierro,
Y el bronce como leño podrido.
28 Saeta no le hace huir;
Las piedras de honda le son como paja.
29 Tiene toda arma por hojarasca,
Y del blandir de la jabalina se burla.
30 Por debajo tiene agudas conchas;
Imprime su agudez en el suelo.
31 Hace hervir como una olla el mar profundo,
Y lo vuelve como una olla de ungüento.
32 En pos de sí hace resplandecer la senda,
Que parece que el abismo es cano.
33 No hay sobre la tierra quien se le parezca;
Animal hecho exento de temor.
34 Menosprecia toda cosa alta;
Es rey sobre todos los soberbios.

Confesión y justificación de Job

42 1 Respondió Job a Jehová, y dijo:
2 Yo conozco que todo lo puedes,
Y que no hay pensamiento que se esconda de ti.
3 ¿Quién es el que oscurece el consejo sin entendimiento?[a]
Por tanto, yo hablaba lo que no entendía;
Cosas demasiado maravillosas para mí, que yo no comprendía.
4 Oye, te ruego, y hablaré;
Te preguntaré, y tú me enseñarás.[b]
5 De oídas te había oído;
Mas ahora mis ojos te ven.
6 Por tanto me aborrezco,
Y me arrepiento en polvo y ceniza.
7 Y aconteció que después que habló Jehová
estas palabras a Job, Jehová dijo a Elifaz tema-
nita: Mi ira se encendió contra ti y tus dos com-
pañeros; porque no habéis hablado de mí lo
recto, como mi siervo Job.
8 Ahora, pues, tomaos siete becerros y siete car-
neros, e id a mi siervo Job, y ofreced holocausto
por vosotros, y mi siervo Job orará por vosotros;
porque de cierto a él atenderé para no trataros
afrentosamente, por cuanto no habéis hablado
de mí con rectitud, como mi siervo Job.
9 Fueron, pues, Elifaz temanita, Bildad suhita y
Zofar naamatita, e hicieron como Jehová les
dijo; y Jehová aceptó la oración de Job.

Restauración de la prosperidad de Job

10 Y quitó Jehová la aflicción de Job, cuando
él hubo orado por sus amigos; y aumentó al do-
ble todas las cosas que habían sido de Job.[c]
11 Y vinieron a él todos sus hermanos y todas
sus hermanas, y todos los que antes le habían

41.11: [b] Ro. 11.35. **42.3:** [a] Job 38.2. **42.4:** [b] Job 38.3.
42.10: [c] Job 1.1-3.

conocido, y comieron con él pan en su casa, y se
condolieron de él, y le consolaron de todo aquel
mal que Jehová había traído sobre él; y cada
uno de ellos le dio una pieza de dinero y un
anillo de oro.
12 Y bendijo Jehová el postrer estado de Job
más que el primero; porque tuvo catorce mil
ovejas, seis mil camellos, mil yuntas de bueyes y
mil asnas,
13 y tuvo siete hijos y tres hijas.
14 Llamó el nombre de la primera, Jemima, el
de la segunda, Cesia, y el de la tercera, Keren-
hapuc.
15 Y no había mujeres tan hermosas como las hi-
jas de Job en toda la tierra; y les dio su padre he-
rencia entre sus hermanos.
16 Después de esto vivió Job ciento cuarenta
años, y vio a sus hijos, y a los hijos de sus hijos,
hasta la cuarta generación.
17 Y murió Job viejo y lleno de días.

SALMOS

Libro I

El justo y los pecadores

1 1 Bienaventurado el varón que no anduvo
en consejo de malos,
Ni estuvo en camino de pecadores,
Ni en silla de escarnecedores se ha
sentado;
2 Sino que en la ley de Jehová está su delicia,
Y en su ley medita de día y de noche.
3 Será como árbol plantado junto
a corrientes de aguas,[a]
Que da su fruto en su tiempo,
Y su hoja no cae;
Y todo lo que hace, prosperará.
4 No así los malos,
Que son como el tamo que arrebata
el viento.
5 Por tanto, no se levantarán los malos
en el juicio,
Ni los pecadores en la congregación
de los justos.
6 Porque Jehová conoce el camino
de los justos;
Mas la senda de los malos perecerá.

El reino del ungido de Jehová

2 1 ¿Por qué se amotinan las gentes,
Y los pueblos piensan cosas vanas?
2 Se levantarán los reyes de la tierra,
Y príncipes consultarán unidos
Contra Jehová y contra su ungido,[a]
diciendo:
3 Rompamos sus ligaduras,
Y echemos de nosotros sus cuerdas.
4 El que mora en los cielos se reirá;
El Señor se burlará de ellos.
5 Luego hablará a ellos en su furor,
Y los turbará con su ira.
6 Pero yo he puesto mi rey
Sobre Sion, mi santo monte.
7 Yo publicaré el decreto;
Jehová me ha dicho: Mi hijo eres tú;
Yo te engendré hoy.[b]
8 Pídeme, y te daré por herencia las naciones,
Y como posesión tuya los confines
de la tierra.
9 Los quebrantarás con vara de hierro;[c]
Como vasija de alfarero los desmenuzarás.
10 Ahora, pues, oh reyes, sed prudentes;
Admitid amonestación, jueces de la tierra.
11 Servid a Jehová con temor,
Y alegraos con temblor.
12 Honrad al Hijo, para que no se enoje,
y perezcáis en el camino;
Pues se inflama de pronto su ira.
Bienaventurados todos los que en él confían.

Oración matutina de confianza en Dios

Salmo de David, cuando huía
de delante de Absalón su hijo.[a]

3 1 ¡Oh Jehová, cuánto se han multiplicado
mis adversarios!
Muchos son los que se levantan contra mí.
2 Muchos son los que dicen de mí:
No hay para él salvación en Dios.
Selah
3 Mas tú, Jehová, eres escudo alrededor de mí;
Mi gloria, y el que levanta mi cabeza.
4 Con mi voz clamé a Jehová,
Y él me respondió desde su monte santo.
Selah
5 Yo me acosté y dormí,
Y desperté, porque Jehová me sustentaba.
6 No temeré a diez millares de gente,
Que pusieren sitio contra mí.
7 Levántate, Jehová; sálvame, Dios mío;
Porque tú heriste a todos mis enemigos
en la mejilla;
Los dientes de los perversos quebrantaste.
8 La salvación es de Jehová;
Sobre tu pueblo sea tu bendición.
Selah

1.3: [a] Jer. 17.8. **2.1-2:** [a] Hch. 4.25-26.
2.7: [b] Hch. 13.33; He. 1.5; 5.5. **2.9:** [c] Ap. 2.26-27; 12.5; 19.15.
3 tít.: [a] 2 S. 15.13—17.22.

Oración vespertina de confianza en Dios

Al músico principal; sobre Neginot.
Salmo de David.

4 1 Respóndeme cuando clamo, oh Dios
de mi justicia.
Cuando estaba en angustia, tú me hiciste
ensanchar;
Ten misericordia de mí, y oye mi oración.
2 Hijos de los hombres, ¿hasta cuándo
volveréis mi honra en infamia,
Amaréis la vanidad, y buscaréis la mentira?
Selah
3 Sabed, pues, que Jehová ha escogido
al piadoso para sí;
Jehová oirá cuando yo a él clamare.
4 Temblad, y no pequéis;[a]
Meditad en vuestro corazón estando
en vuestra cama, y callad.
Selah
5 Ofreced sacrificios de justicia,
Y confiad en Jehová.
6 Muchos son los que dicen: ¿Quién nos
mostrará el bien?
Alza sobre nosotros, oh Jehová, la luz
de tu rostro.
7 Tú diste alegría a mi corazón
Mayor que la de ellos cuando abundaba
su grano y su mosto.
8 En paz me acostaré, y asimismo dormiré;
Porque solo tú, Jehová, me haces vivir
confiado.

Plegaria pidiendo protección

Al músico principal; sobre Nehilot.
Salmo de David.

5 1 Escucha, oh Jehová, mis palabras;
Considera mi gemir.
2 Está atento a la voz de mi clamor,
Rey mío y Dios mío,
Porque a ti oraré.
3 Oh Jehová, de mañana oirás mi voz;
De mañana me presentaré delante de ti,
y esperaré.
4 Porque tú no eres un Dios que se
complace en la maldad;
El malo no habitará junto a ti.
5 Los insensatos no estarán
delante de tus ojos;
Aborreces a todos los que hacen iniquidad.
6 Destruirás a los que hablan mentira;
Al hombre sanguinario y engañador
abominará Jehová.
7 Mas yo por la abundancia de tu
misericordia entraré en tu casa;
Adoraré hacia tu santo templo en tu temor.
8 Guíame, Jehová, en tu justicia, a causa
de mis enemigos;
Endereza delante de mí tu camino.
9 Porque en la boca de ellos no hay
sinceridad;
Sus entrañas son maldad,
Sepulcro abierto es su garganta,
Con su lengua hablan lisonjas.[a]
10 Castígalos, oh Dios;
Caigan por sus mismos consejos;
Por la multitud de sus transgresiones
échalos fuera,
Porque se rebelaron contra ti.
11 Pero alégrense todos los que en ti confían;
Den voces de júbilo para siempre,
porque tú los defiendes;
En ti se regocijen los que aman tu nombre.
12 Porque tú, oh Jehová, bendecirás al justo;
Como con un escudo lo rodearás
de tu favor.

Oración pidiendo misericordia en tiempo de prueba

Al músico principal; en Neginot,
sobre Seminit. Salmo de David.

6 1 Jehová, no me reprendas en tu enojo,
Ni me castigues con tu ira.[a]
2 Ten misericordia de mí, oh Jehová,
porque estoy enfermo;
Sáname, oh Jehová, porque mis huesos
se estremecen.
3 Mi alma también está muy turbada;
Y tú, Jehová, ¿hasta cuándo?
4 Vuélvete, oh Jehová, libra mi alma;
Sálvame por tu misericordia.
5 Porque en la muerte no hay memoria de ti;
En el Seol, ¿quién te alabará?
6 Me he consumido a fuerza de gemir;
Todas las noches inundo de llanto mi lecho,
Riego mi cama con mis lágrimas.
7 Mis ojos están gastados de sufrir;
Se han envejecido a causa de todos mis
angustiadores.
8 Apartaos de mí, todos los hacedores
de iniquidad;[b]
Porque Jehová ha oído la voz de mi lloro.
9 Jehová ha oído mi ruego;
Ha recibido Jehová mi oración.
10 Se avergonzarán y se turbarán mucho
todos mis enemigos;
Se volverán y serán avergonzados
de repente.

Plegaria pidiendo vindicación

Sigaión de David, que cantó a Jehová acerca
de las palabras de Cus hijo de Benjamín.

7 1 Jehová Dios mío, en ti he confiado;
Sálvame de todos los que me persiguen,
y líbrame,

4.4: [a] Ef. 4.26. **5.9:** [a] Ro. 3.13. **6.1:** [a] Sal. 38.1.
6.8: [b] Mt. 7.23; Lc. 13.27.

2 No sea que desgarren mi alma cual león,
Y me destrocen sin que haya quien me libre.
3 Jehová Dios mío, si yo he hecho esto,
Si hay en mis manos iniquidad;
4 Si he dado mal pago al que estaba en paz
conmigo
(Antes he libertado al que sin causa era
mi enemigo),
5 Persiga el enemigo mi alma, y alcáncela;
Huelle en tierra mi vida,
Y mi honra ponga en el polvo.
Selah

6 Levántate, oh Jehová, en tu ira;
Alzate en contra de la furia de mis
angustiadores,
Y despierta en favor mío el juicio
que mandaste.
7 Te rodeará congregación de pueblos,
Y sobre ella vuélvete a sentar en alto.
8 Jehová juzgará a los pueblos;
Júzgame, oh Jehová,
conforme a mi justicia,
Y conforme a mi integridad.
9 Fenezca ahora la maldad de los inicuos,
mas establece tú al justo;
Porque el Dios justo prueba la mente
y el corazón.[a]
10 Mi escudo está en Dios,
Que salva a los rectos de corazón.
11 Dios es juez justo,
Y Dios está airado contra el impío
todos los días.
12 Si no se arrepiente, él afilará su espada;
Armado tiene ya su arco, y lo ha preparado.
13 Asimismo ha preparado armas de muerte,
Y ha labrado saetas ardientes.
14 He aquí, el impío concibió maldad,
Se preñó de iniquidad,
Y dio a luz engaño.
15 Pozo ha cavado, y lo ha ahondado;
Y en el hoyo que hizo caerá.
16 Su iniquidad volverá sobre su cabeza,
Y su agravio caerá sobre su propia
coronilla.
17 Alabaré a Jehová conforme a su justicia,
Y cantaré al nombre de Jehová el
Altísimo.

La gloria de Dios y la honra del hombre

Al músico principal; sobre Gitit.
Salmo de David.

8 1 ¡Oh Jehová, Señor nuestro,
Cuán glorioso es tu nombre en toda la
tierra!
Has puesto tu gloria sobre los cielos;
2 De la boca de los niños y de los que
maman,[a] fundaste la fortaleza,
A causa de tus enemigos,
Para hacer callar al enemigo y al
vengativo.
3 Cuando veo tus cielos, obra de tus dedos,
La luna y las estrellas que tú formaste,
4 Digo: ¿Qué es el hombre, para que
tengas de él memoria,
Y el hijo del hombre, para que lo visites?[b]
5 Le has hecho poco menor que los ángeles,
Y lo coronaste de gloria y de honra.
6 Le hiciste señorear sobre las obras
de tus manos;
Todo lo pusiste debajo de sus pies:[c]
7 Ovejas y bueyes, todo ello,
Y asimismo las bestias del campo,
8 Las aves de los cielos y los peces del mar;
Todo cuanto pasa por los senderos del mar.
9 ¡Oh Jehová, Señor nuestro,
Cuán grande es tu nombre en toda la tierra!

Acción de gracias por la justicia de Dios

Al músico principal; sobre Mut-labén.
Salmo de David.

9 1 Te alabaré, oh Jehová, con todo mi
corazón;
Contaré todas tus maravillas.
2 Me alegraré y me regocijaré en ti;
Cantaré a tu nombre, oh Altísimo.
3 Mis enemigos volvieron atrás;
Cayeron y perecieron delante de ti.
4 Porque has mantenido mi derecho
y mi causa;
Te has sentado en el trono juzgando
con justicia.
5 Reprendiste a las naciones, destruiste al
malo,
Borraste el nombre de ellos eternamente
y para siempre.
6 Los enemigos han perecido; han quedado
desolados para siempre;
Y las ciudades que derribaste,
Su memoria pereció con ellas.
7 Pero Jehová permanecerá para siempre;
Ha dispuesto su trono para juicio.
8 El juzgará al mundo con justicia,
Y a los pueblos con rectitud.
9 Jehová será refugio del pobre,
Refugio para el tiempo de angustia.
10 En ti confiarán los que conocen tu nombre,
Por cuanto tú, oh Jehová,
no desamparaste a los que te buscaron.
11 Cantad a Jehová, que habita en Sion;
Publicad entre los pueblos sus obras.
12 Porque el que demanda la sangre
se acordó de ellos;
No se olvidó del clamor de los afligidos.

7.9: [a] Ap. 2.23. **8.2:** [a] Mt. 21.16. **8.4:** [b] Job 7.17-18; Sal. 144.3; He. 2.6-8. **8.6:** [c] 1 Co. 15.27; Ef. 1.22; He. 2.8.

13 Ten misericordia de mí, Jehová;
Mira mi aflicción que padezco a causa
de los que me aborrecen,
Tú que me levantas de las puertas
de la muerte,
14 Para que cuente yo todas tus alabanzas
En las puertas de la hija de Sion,
Y me goce en tu salvación.
15 Se hundieron las naciones en el hoyo
que hicieron;
En la red que escondieron fue tomado
su pie.
16 Jehová se ha hecho conocer en el juicio
que ejecutó;
En la obra de sus manos fue enlazado
el malo.
Higaion. Selah
17 Los malos serán trasladados al Seol,
Todas las gentes que se olvidan de Dios.
18 Porque no para siempre será olvidado
el menesteroso,
Ni la esperanza de los pobres perecerá
perpetuamente.
19 Levántate, oh Jehová; no se fortalezca
el hombre;
Sean juzgadas las naciones delante de ti.
20 Pon, oh Jehová, temor en ellos;
Conozcan las naciones que no son sino
hombres.
Selah

Plegaria pidiendo la destrucción de los malvados

10 1 ¿Por qué estás lejos, oh Jehová,
Y te escondes en el tiempo de la
tribulación?
2 Con arrogancia el malo persigue
al pobre;
Será atrapado en los artificios
que ha ideado.
3 Porque el malo se jacta del deseo
de su alma,
Bendice al codicioso, y desprecia
a Jehová.
4 El malo, por la altivez de su rostro,
no busca a Dios;
No hay Dios en ninguno de sus
pensamientos.
5 Sus caminos son torcidos en todo tiempo;
Tus juicios los tiene muy lejos de su vista;
A todos sus adversarios desprecia.
6 Dice en su corazón: No seré movido jamás;
Nunca me alcanzará el infortunio.
7 Llena está su boca de maldición,
y de engaños y fraude;[a]
Debajo de su lengua hay vejación
y maldad.
8 Se sienta en acecho cerca de las aldeas;
En escondrijos mata al inocente.
Sus ojos están acechando al desvalido;
9 Acecha en oculto, como el león
desde su cueva;
Acecha para arrebatar al pobre;
Arrebata al pobre trayéndolo a su red.
10 Se encoge, se agacha,
Y caen en sus fuertes garras muchos
desdichados.
11 Dice en su corazón: Dios ha olvidado;
Ha encubierto su rostro; nunca lo verá.
12 Levántate, oh Jehová Dios, alza tu mano;
No te olvides de los pobres.
13 ¿Por qué desprecia el malo a Dios?
En su corazón ha dicho: Tú no lo
inquirirás.
14 Tú lo has visto; porque miras el trabajo y
la vejación, para dar la recompensa
con tu mano;
A ti se acoge el desvalido;
Tú eres el amparo del huérfano.
15 Quebranta tú el brazo del inicuo,
Y persigue la maldad del malo hasta que
no halles ninguna.
16 Jehová es Rey eternamente y para
siempre;
De su tierra han perecido las naciones.
17 El deseo de los humildes oíste, oh
Jehová;
Tú dispones su corazón, y haces atento
tu oído,
18 Para juzgar al huérfano y al oprimido,
A fin de que no vuelva más a hacer
violencia el hombre de la tierra.

El refugio del justo

Al músico principal. Salmo de David.

11 1 En Jehová he confiado;
¿Cómo decís a mi alma,
Que escape al monte cual ave?
2 Porque he aquí, los malos tienden el arco,
Disponen sus saetas sobre la cuerda,
Para asaetear en oculto a los rectos
de corazón.
3 Si fueren destruidos los fundamentos,
¿Qué ha de hacer el justo?
4 Jehová está en su santo templo;
Jehová tiene en el cielo su trono;
Sus ojos ven, sus párpados examinan
a los hijos de los hombres.
5 Jehová prueba al justo;
Pero al malo y al que ama la violencia,
su alma los aborrece.
6 Sobre los malos hará llover calamidades;
Fuego, azufre y viento abrasador será la
porción del cáliz de ellos.

10.7: [a] Ro. 3.14.

7 Porque Jehová es justo, y ama la justicia;
El hombre recto mirará su rostro.

Oración pidiendo ayuda contra los malos

Al músico principal; sobre Seminit.
Salmo de David.

12 1 Salva, oh Jehová, porque se acabaron los piadosos;
Porque han desaparecido los fieles de entre los hijos de los hombres.
2 Habla mentira cada uno con su prójimo;
Hablan con labios lisonjeros, y con doblez de corazón.
3 Jehová destruirá todos los labios lisonjeros,
Y la lengua que habla jactanciosamente;
4 A los que han dicho: Por nuestra lengua prevaleceremos;
Nuestros labios son nuestros; ¿quién es señor de nosotros?
5 Por la opresión de los pobres, por el gemido de los menesterosos,
Ahora me levantaré, dice Jehová;
Pondré en salvo al que por ello suspira.
6 Las palabras de Jehová son palabras limpias,
Como plata refinada en horno de tierra,
Purificada siete veces.
7 Tú, Jehová, los guardarás;
De esta generación los preservarás para siempre.
8 Cercando andan los malos,
Cuando la vileza es exaltada entre los hijos de los hombres.

Plegaria pidiendo ayuda en la aflicción

Al músico principal. Salmo de David.

13 1 ¿Hasta cuándo, Jehová? ¿Me olvidarás para siempre?
¿Hasta cuándo esconderás tu rostro de mí?
2 ¿Hasta cuándo pondré consejos en mi alma,
Con tristezas en mi corazón cada día?
¿Hasta cuándo será enaltecido mi enemigo sobre mí?
3 Mira, respóndeme, oh Jehová Dios mío;
Alumbra mis ojos, para que no duerma de muerte;
4 Para que no diga mi enemigo: Lo vencí.
Mis enemigos se alegrarían, si yo resbalara.
5 Mas yo en tu misericordia he confiado;
Mi corazón se alegrará en tu salvación.
6 Cantaré a Jehová,
Porque me ha hecho bien.

Necedad y corrupción del hombre

Al músico principal. Salmo de David.

14 1 Dice el necio en su corazón:
No hay Dios.
Se han corrompido, hacen obras abominables;
No hay quien haga el bien.
2 Jehová miró desde los cielos sobre los hijos de los hombres,
Para ver si había algún entendido,
Que buscara a Dios.
3 Todos se desviaron, a una se han corrompido;
No hay quien haga lo bueno, no hay ni siquiera uno.[a]
4 ¿No tienen discernimiento todos los que hacen iniquidad,
Que devoran a mi pueblo como si comiesen pan,
Y a Jehová no invocan?
5 Ellos temblaron de espanto;
Porque Dios está con la generación de los justos.
6 Del consejo del pobre se han burlado,
Pero Jehová es su esperanza.
7 ¡Oh, que de Sion saliera la salvación de Israel!
Cuando Jehová hiciere volver a los cautivos de su pueblo,
Se gozará Jacob, y se alegrará Israel.

Los que habitarán en el monte santo de Dios

Salmo de David.

15 1 Jehová, ¿quién habitará en tu tabernáculo?
¿Quién morará en tu monte santo?
2 El que anda en integridad y hace justicia,
Y habla verdad en su corazón.
3 El que no calumnia con su lengua,
Ni hace mal a su prójimo,
Ni admite reproche alguno contra su vecino.
4 Aquel a cuyos ojos el vil es menospreciado,
Pero honra a los que temen a Jehová.
El que aun jurando en daño suyo, no por eso cambia;
5 Quien su dinero no dio a usura,
Ni contra el inocente admitió cohecho.
El que hace estas cosas, no resbalará jamás.

Una herencia escogida

Mictam de David.

16 1 Guárdame, oh Dios, porque en ti he confiado.
2 Oh alma mía, dijiste a Jehová:
Tú eres mi Señor;
No hay para mí bien fuera de ti.
3 Para los santos que están en la tierra,
Y para los íntegros, es toda mi complacencia.

14.1-3: [a] Ro. 3.10-12.

4 Se multiplicarán los dolores de aquellos
que sirven diligentes a otro dios.
No ofreceré yo sus libaciones de sangre,
Ni en mis labios tomaré sus nombres.
5 Jehová es la porción de mi herencia
y de mi copa;
Tú sustentas mi suerte.
6 Las cuerdas me cayeron en lugares
deleitosos,
Y es hermosa la heredad que me ha
tocado.
7 Bendeciré a Jehová que me aconseja;
Aun en las noches me enseña mi
conciencia.
8 A Jehová he puesto siempre delante de mí;
Porque está a mi diestra, no seré
conmovido.
9 Se alegró por tanto mi corazón,
y se gozó mi alma;
Mi carne también reposará
confiadamente;
10 Porque no dejarás mi alma en el Seol,[a]
Ni permitirás que tu santo vea
corrupción.[b]
11 Me mostrarás la senda de la vida;
En tu presencia hay plenitud de gozo;
Delicias a tu diestra para siempre.[c]

Plegaria pidiendo protección contra los opresores

Oración de David.

17 1 Oye, oh Jehová, una causa justa;
está atento a mi clamor.
Escucha mi oración hecha de labios
sin engaño.
2 De tu presencia proceda mi vindicación;
Vean tus ojos la rectitud.
3 Tú has probado mi corazón, me has
visitado de noche;
Me has puesto a prueba, y nada inicuo
hallaste;
He resuelto que mi boca no haga
transgresión.
4 En cuanto a las obras humanas,
por la palabra de tus labios
Yo me he guardado de las sendas
de los violentos.
5 Sustenta mis pasos en tus caminos,
Para que mis pies no resbalen.
6 Yo te he invocado, por cuanto tú me
oirás, oh Dios;
Inclina a mí tu oído, escucha mi palabra.
7 Muestra tus maravillosas misericordias,
tú que salvas a los que se refugian
a tu diestra,
De los que se levantan contra ellos.
8 Guárdame como a la niña de tus ojos;
Escóndeme bajo la sombra de tus alas,
9 De la vista de los malos que me oprimen,
De mis enemigos que buscan mi vida.
10 Envueltos están con su grosura;
Con su boca hablan arrogantemente.
11 Han cercado ahora nuestros pasos;
Tienen puestos sus ojos para echarnos
por tierra.
12 Son como león que desea hacer presa,
Y como leoncillo que está en su escondite.
13 Levántate, oh Jehová;
Sal a su encuentro, póstrales;
Libra mi alma de los malos con tu espada,
14 De los hombres con tu mano, oh Jehová,
De los hombres mundanos, cuya porción
la tienen en esta vida,
Y cuyo vientre está lleno de tu tesoro.
Sacian a sus hijos,
Y aun sobra para sus pequeñuelos.
15 En cuanto a mí, veré tu rostro en justicia;
Estaré satisfecho cuando despierte
a tu semejanza.

Acción de gracias por la victoria

Al músico principal. Salmo de David, siervo de Jehová, el cual dirigió a Jehová las palabras de este cántico el día que le libró Jehová de mano de todos sus enemigos, y de mano de Saúl. Entonces dijo:

18 1 Te amo, oh Jehová, fortaleza mía.
2 Jehová, roca mía y castillo mío,
y mi libertador;
Dios mío, fortaleza mía, en él confiaré;
Mi escudo, y la fuerza de mi salvación,
mi alto refugio.
3 Invocaré a Jehová, quien es digno
de ser alabado,
Y seré salvo de mis enemigos.
4 Me rodearon ligaduras de muerte,
Y torrentes de perversidad me
atemorizaron.
5 Ligaduras del Seol me rodearon,
Me tendieron lazos de muerte.
6 En mi angustia invoqué a Jehová,
Y clamé a mi Dios.
El oyó mi voz desde su templo,
Y mi clamor llegó delante de él,
a sus oídos.
7 La tierra fue conmovida y tembló;
Se conmovieron los cimientos
de los montes,
Y se estremecieron, porque se indignó él.
8 Humo subió de su nariz,
Y de su boca fuego consumidor;
Carbones fueron por él encendidos.
9 Inclinó los cielos, y descendió;
Y había densas tinieblas debajo de sus pies.

16.10: [a] 1 Co. 15.4. [b] Hch. 13.35.
16.8-11: [c] Hch. 2.25-28.

10 Cabalgó sobre un querubín, y voló;
Voló sobre las alas del viento.
11 Puso tinieblas por su escondedero, por
cortina suya alrededor de sí;
Oscuridad de aguas, nubes de los cielos.
12 Por el resplandor de su presencia,
sus nubes pasaron;
Granizo y carbones ardientes.
13 Tronó en los cielos Jehová,
Y el Altísimo dio su voz;
Granizo y carbones de fuego.
14 Envió sus saetas, y los dispersó;
Lanzó relámpagos, y los destruyó.
15 Entonces aparecieron los abismos
de las aguas,
Y quedaron al descubierto los cimientos
del mundo,
A tu reprensión, oh Jehová,
Por el soplo del aliento de tu nariz.
16 Envió desde lo alto; me tomó,
Me sacó de las muchas aguas.
17 Me libró de mi poderoso enemigo,
Y de los que me aborrecían; pues eran
más fuertes que yo.
18 Me asaltaron en el día de mi quebranto,
Mas Jehová fue mi apoyo.
19 Me sacó a lugar espacioso;
Me libró, porque se agradó de mí.
20 Jehová me ha premiado conforme
a mi justicia;
Conforme a la limpieza de mis manos me
ha recompensado.
21 Porque yo he guardado los caminos
de Jehová,
Y no me aparté impíamente de mi Dios.
22 Pues todos sus juicios estuvieron
delante de mí,
Y no me he apartado de sus estatutos.
23 Fui recto para con él, y me he guardado
de mi maldad,
24 Por lo cual me ha recompensado Jehová
conforme a mi justicia;
Conforme a la limpieza de mis manos
delante de su vista.
25 Con el misericordioso te mostrarás
misericordioso,
Y recto para con el hombre íntegro.
26 Limpio te mostrarás para con el limpio,
Y severo serás para con el perverso.
27 Porque tú salvarás al pueblo afligido,
Y humillarás los ojos altivos.
28 Tú encenderás mi lámpara;
Jehová mi Dios alumbrará mis tinieblas.
29 Contigo desbarataré ejércitos,
Y con mi Dios asaltaré muros.
30 En cuanto a Dios, perfecto es su camino,
Y acrisolada la palabra de Jehová;
Escudo es a todos los que en él esperan.
31 Porque ¿quién es Dios sino
sólo Jehová?
¿Y qué roca hay fuera de nuestro Dios?
32 Dios es el que me ciñe de poder,
Y quien hace perfecto mi camino;
33 Quien hace mis pies como de ciervas,[a]
Y me hace estar firme sobre mis alturas;
34 Quien adiestra mis manos para
la batalla,
Para entesar con mis brazos el arco
de bronce.
35 Me diste asimismo el escudo
de tu salvación;
Tu diestra me sustentó,
Y tu benignidad me ha engrandecido.
36 Ensanchaste mis pasos debajo de mí,
Y mis pies no han resbalado.
37 Perseguí a mis enemigos, y los alcancé,
Y no volví hasta acabarlos.
38 Los herí de modo que no se levantasen;
Cayeron debajo de mis pies.
39 Pues me ceñiste de fuerzas para la pelea;
Has humillado a mis enemigos
debajo de mí.
40 Has hecho que mis enemigos me vuelvan
las espaldas,
Para que yo destruya a los que me
aborrecen.
41 Clamaron, y no hubo quien salvase;
Aun a Jehová, pero no los oyó.
42 Y los molí como polvo delante
del viento;
Los eché fuera como lodo de las calles.
43 Me has librado de las contiendas
del pueblo;
Me has hecho cabeza de las naciones;
Pueblo que yo no conocía me sirvió.
44 Al oír de mí me obedecieron;
Los hijos de extraños se sometieron
a mí.
45 Los extraños se debilitaron
Y salieron temblando de sus encierros.
46 Viva Jehová, y bendita sea mi roca,
Y enaltecido sea el Dios de mi salvación;
47 El Dios que venga mis agravios,
Y somete pueblos debajo de mí;
48 El que me libra de mis enemigos,
Y aun me eleva sobre los que se levantan
contra mí;
Me libraste de varón violento.
49 Por tanto yo te confesaré entre las naciones,
oh Jehová,
Y cantaré a tu nombre.[b]
50 Grandes triunfos da a su rey,
Y hace misericordia a su ungido,
A David y a su descendencia,
para siempre.

18.33: [a] Hab. 3.19. **18.49:** [b] Ro. 15.9.

Las obras y la palabra de Dios

Al músico principal. Salmo de David.

19 1 Los cielos cuentan la gloria de Dios,
Y el firmamento anuncia la obra
de sus manos.
2 Un día emite palabra a otro día,
Y una noche a otra noche declara
sabiduría.
3 No hay lenguaje, ni palabras,
Ni es oída su voz.
4 Por toda la tierra salió su voz,
Y hasta el extremo del mundo sus
palabras.[a]
En ellos puso tabernáculo para el sol;
5 Y éste, como esposo que sale de su tálamo,
Se alegra cual gigante para correr
el camino.
6 De un extremo de los cielos es su salida,
Y su curso hasta el término de ellos;
Y nada hay que se esconda de su calor.
7 La ley de Jehová es perfecta,
que convierte el alma;
El testimonio de Jehová es fiel, que hace
sabio al sencillo.
8 Los mandamientos de Jehová son rectos,
que alegran el corazón;
El precepto de Jehová es puro, que
alumbra los ojos.
9 El temor de Jehová es limpio, que
permanece para siempre;
Los juicios de Jehová son verdad,
todos justos.
10 Deseables son más que el oro, y más que
mucho oro afinado;
Y dulces más que miel, y que la que
destila del panal.
11 Tu siervo es además amonestado
con ellos;
En guardarlos hay grande galardón.
12 ¿Quién podrá entender sus propios
errores?
Líbrame de los que me son ocultos.
13 Preserva también a tu siervo
de las soberbias;
Que no se enseñoreen de mí;
Entonces seré íntegro, y estaré limpio
de gran rebelión.
14 Sean gratos los dichos de mi boca y la
meditación de mi corazón delante de ti,
Oh Jehová, roca mía, y redentor mío.

Oración pidiendo la victoria

Al músico principal. Salmo de David.

20 1 Jehová te oiga en el día de conflicto;
El nombre del Dios de Jacob
te defienda.
2 Te envíe ayuda desde el santuario,
Y desde Sion te sostenga.
3 Haga memoria de todas tus ofrendas,
Y acepte tu holocausto.
Selah
4 Te dé conforme al deseo de tu corazón,
Y cumpla todo tu consejo.
5 Nosotros nos alegraremos en tu salvación,
Y alzaremos pendón en el nombre
de nuestro Dios;
Conceda Jehová todas tus peticiones.
6 Ahora conozco que Jehová salva
a su ungido;
Lo oirá desde sus santos cielos
Con la potencia salvadora de su diestra.
7 Estos confían en carros, y aquéllos
en caballos;
Mas nosotros del nombre de Jehová
nuestro Dios tendremos memoria.
8 Ellos flaquean y caen,
Mas nosotros nos levantamos,
y estamos en pie.
9 Salva, Jehová;
Que el Rey nos oiga en el día
que lo invoquemos.

Alabanza por haber sido librado del enemigo

Al músico principal. Salmo de David.

21 1 El rey se alegra en tu poder, oh Jehová;
Y en tu salvación, ¡cómo se goza!
2 Le has concedido el deseo de su corazón,
Y no le negaste la petición de sus labios.
Selah
3 Porque le has salido al encuentro
con bendiciones de bien;
Corona de oro fino has puesto
sobre su cabeza.
4 Vida te demandó, y se la diste;
Largura de días eternamente
y para siempre.
5 Grande es su gloria en tu salvación;
Honra y majestad has puesto sobre él.
6 Porque lo has bendecido para siempre;
Lo llenaste de alegría con tu presencia.
7 Por cuanto el rey confía en Jehová,
Y en la misericordia del Altísimo,
no será conmovido.
8 Alcanzará tu mano a todos tus enemigos;
Tu diestra alcanzará a los que te aborrecen.
9 Los pondrás como horno de fuego
en el tiempo de tu ira;
Jehová los deshará en su ira,
Y fuego los consumirá.
10 Su fruto destruirás de la tierra,
Y su descendencia de entre los hijos
de los hombres.
11 Porque intentaron el mal contra ti;
Fraguaron maquinaciones, mas no
prevalecerán,

19.4: [a] Ro. 10.18.

12 Pues tú los pondrás en fuga;
En tus cuerdas dispondrás saetas
contra sus rostros.
13 Engrandécete, oh Jehová, en tu poder;
Cantaremos y alabaremos tu poderío.

Un grito de angustia y un canto de alabanza

Al músico principal; sobre Ajelet-sahar.
Salmo de David.

22 1 Dios mío, Dios mío, ¿por qué me
has desamparado?[a]
¿Por qué estás tan lejos de mi salvación,
y de las palabras de mi clamor?
2 Dios mío, clamo de día, y no respondes;
Y de noche, y no hay para mí reposo.
3 Pero tú eres santo,
Tú que habitas entre las alabanzas
de Israel.
4 En ti esperaron nuestros padres;
Esperaron, y tú los libraste.
5 Clamaron a ti, y fueron librados;
Confiaron en ti, y no fueron
avergonzados.
6 Mas yo soy gusano, y no hombre;
Oprobio de los hombres, y despreciado
del pueblo.
7 Todos los que me ven me escarnecen;
Estiran la boca, menean la cabeza,[b]
diciendo:
8 Se encomendó a Jehová; líbrele él;
Sálvele, puesto que en él se complacía.[c]
9 Pero tú eres el que me sacó del vientre;
El que me hizo estar confiado desde que
estaba a los pechos de mi madre.
10 Sobre ti fui echado desde antes de nacer;
Desde el vientre de mi madre,
tú eres mi Dios.
11 No te alejes de mí, porque la angustia
está cerca;
Porque no hay quien ayude.
12 Me han rodeado muchos toros;
Fuertes toros de Basán me han cercado.
13 Abrieron sobre mí su boca
Como león rapaz y rugiente.
14 He sido derramado como aguas,
Y todos mis huesos se descoyuntaron;
Mi corazón fue como cera,
Derritiéndose en medio de mis entrañas.
15 Como un tiesto se secó mi vigor,
Y mi lengua se pegó a mi paladar,
Y me has puesto en el polvo de la muerte.
16 Porque perros me han rodeado;
Me ha cercado cuadrilla de malignos;
Horadaron mis manos y mis pies.
17 Contar puedo todos mis huesos;
Entre tanto, ellos me miran y me observan.
18 Repartieron entre sí mis vestidos,
Y sobre mi ropa echaron suertes.[d]
19 Mas tú, Jehová, no te alejes;
Fortaleza mía, apresúrate a socorrerme.
20 Libra de la espada mi alma,
Del poder del perro mi vida.
21 Sálvame de la boca del león,
Y líbrame de los cuernos de los búfalos.
22 Anunciaré tu nombre a mis hermanos;
En medio de la congregación te alabaré.[e]
23 Los que teméis a Jehová, alabadle;
Glorificadle, descendencia toda de Jacob,
Y temedle vosotros, descendencia toda
de Israel.
24 Porque no menospreció ni abominó
la aflicción del afligido,
Ni de él escondió su rostro;
Sino que cuando clamó a él, le oyó.
25 De ti será mi alabanza en la gran
congregación;
Mis votos pagaré delante de los que
le temen.
26 Comerán los humildes, y serán saciados;
Alabarán a Jehová los que le buscan;
Vivirá vuestro corazón para siempre.
27 Se acordarán, y se volverán a Jehová
todos los confines de la tierra,
Y todas las familias de las naciones
adorarán delante de ti.
28 Porque de Jehová es el reino,
Y él regirá las naciones.
29 Comerán y adorarán todos los poderosos
de la tierra;
Se postrarán delante de él todos los que
descienden al polvo,
Aun el que no puede conservar la vida
a su propia alma.
30 La posteridad le servirá;
Esto será contado de Jehová
hasta la postrera generación.
31 Vendrán, y anunciarán su justicia;
A pueblo no nacido aún,
anunciarán que él hizo esto.

Jehová es mi pastor

Salmo de David.

23 1 Jehová es mi pastor; nada me faltará.
2 En lugares de delicados pastos
me hará descansar;
Junto a aguas de reposo me pastoreará.[a]
3 Confortará mi alma;
Me guiará por sendas de justicia por
amor de su nombre.
4 Aunque ande en valle de sombra de muerte,
No temeré mal alguno, porque tú estarás
conmigo;

22.1: [a] Mt. 27.46; Mr. 15.34. **22.7:** [b] Mt. 27.39; Mr. 15.29; Lc. 23.35. **22.8:** [c] Mt. 27.43. **22.18:** [d] Mt. 27.35; Mr. 15.24; Lc. 23.34; Jn. 19.24. **22.22:** [e] He. 2.12.
23.2: [a] Ap. 7.17.

Tu vara y tu cayado me infundirán
aliento.
5 Aderezas mesa delante de mí en
presencia de mis angustiadores;
Unges mi cabeza con aceite; mi copa está
rebosando.
6 Ciertamente el bien y la misericordia me
seguirán todos los días de mi vida,
Y en la casa de Jehová moraré
por largos días.

El rey de gloria

Salmo de David.

24 1 De Jehová es la tierra y su plenitud;[a]
El mundo, y los que en él habitan.
2 Porque él la fundó sobre los mares,
Y la afirmó sobre los ríos.
3 ¿Quién subirá al monte de Jehová?
¿Y quién estará en su lugar santo?
4 El limpio de manos y puro de corazón;[b]
El que no ha elevado su alma a cosas vanas,
Ni jurado con engaño.
5 El recibirá bendición de Jehová,
Y justicia del Dios de salvación.
6 Tal es la generación de los que le buscan,
De los que buscan tu rostro,
oh Dios de Jacob.
Selah
7 Alzad, oh puertas, vuestras cabezas,
Y alzaos vosotras, puertas eternas,
Y entrará el Rey de gloria.
8 ¿Quién es este Rey de gloria?
Jehová el fuerte y valiente,
Jehová el poderoso en batalla.
9 Alzad, oh puertas, vuestras cabezas,
Y alzaos vosotras, puertas eternas,
Y entrará el Rey de gloria.
10 ¿Quién es este Rey de gloria?
Jehová de los ejércitos,
El es el Rey de la gloria.
Selah

David implora dirección, perdón y protección

Salmo de David.

25 1 A ti, oh Jehová, levantaré mi alma.
2 Dios mío, en ti confío;
No sea yo avergonzado,
No se alegren de mí mis enemigos.
3 Ciertamente ninguno de cuantos esperan
en ti será confundido;
Serán avergonzados los que se rebelan
sin causa.
4 Muéstrame, oh Jehová, tus caminos;
Enséñame tus sendas.
5 Encamíname en tu verdad, y enséñame,
Porque tú eres el Dios de mi salvación;
En ti he esperado todo el día.
6 Acuérdate, oh Jehová, de tus piedades
y de tus misericordias,
Que son perpetuas.
7 De los pecados de mi juventud, y de mis
rebeliones, no te acuerdes;
Conforme a tu misericordia acuérdate
de mí,
Por tu bondad, oh Jehová.
8 Bueno y recto es Jehová;
Por tanto, él enseñará a los pecadores
el camino.
9 Encaminará a los humildes por el juicio,
Y enseñará a los mansos su carrera.
10 Todas las sendas de Jehová son
misericordia y verdad,
Para los que guardan su pacto
y sus testimonios.
11 Por amor de tu nombre, oh Jehová,
Perdonarás también mi pecado,
que es grande.
12 ¿Quién es el hombre que teme a Jehová?
El le enseñará el camino que ha
de escoger.
13 Gozará él de bienestar,
Y su descendencia heredará la tierra.
14 La comunión íntima de Jehová
es con los que le temen,
Y a ellos hará conocer su pacto.
15 Mis ojos están siempre hacia Jehová,
Porque él sacará mis pies de la red.
16 Mírame, y ten misericordia de mí,
Porque estoy solo y afligido.
17 Las angustias de mi corazón
se han aumentado;
Sácame de mis congojas.
18 Mira mi aflicción y mi trabajo,
Y perdona todos mis pecados.
19 Mira mis enemigos, cómo se han
multiplicado,
Y con odio violento me aborrecen.
20 Guarda mi alma, y líbrame;
No sea yo avergonzado,
porque en ti confié.
21 Integridad y rectitud me guarden,
Porque en ti he esperado.
22 Redime, oh Dios, a Israel
De todas sus angustias.

Declaración de integridad

Salmo de David.

26 1 Júzgame, oh Jehová, porque yo
en mi integridad he andado;
He confiado asimismo en Jehová
sin titubear.
2 Escudríñame, oh Jehová, y pruébame;
Examina mis íntimos pensamientos
y mi corazón.

24.1: [a] 1 Co. 10.26. **24.4:** [b] Mt. 5.8.

3 Porque tu misericordia está delante
de mis ojos,
Y ando en tu verdad.
4 No me he sentado con hombres hipócritas,
Ni entré con los que andan
simuladamente.
5 Aborrecí la reunión de los malignos,
Y con los impíos nunca me senté.
6 Lavaré en inocencia mis manos,
Y así andaré alrededor de tu altar,
oh Jehová,
7 Para exclamar con voz de acción de gracias,
Y para contar todas tus maravillas.
8 Jehová, la habitación de tu casa he amado,
Y el lugar de la morada de tu gloria.
9 No arrebates con los pecadores mi alma,
Ni mi vida con hombres sanguinarios,
10 En cuyas manos está el mal,
Y su diestra está llena de sobornos.
11 Mas yo andaré en mi integridad;
Redímeme, y ten misericordia de mí.
12 Mi pie ha estado en rectitud;
En las congregaciones bendeciré
a Jehová.

Jehová es mi luz y mi salvación

Salmo de David.

27 1 Jehová es mi luz y mi salvación;
¿de quién temeré?
Jehová es la fortaleza de mi vida; ¿de
quién he de atemorizarme?
2 Cuando se juntaron contra mí los
malignos, mis angustiadores
y mis enemigos,
Para comer mis carnes, ellos tropezaron
y cayeron.
3 Aunque un ejército acampe contra mí,
No temerá mi corazón;
Aunque contra mí se levante guerra,
Yo estaré confiado.
4 Una cosa he demandado a Jehová,
ésta buscaré;
Que esté yo en la casa de Jehová
todos los días de mi vida,
Para contemplar la hermosura de Jehová,
y para inquirir en su templo.
5 Porque él me esconderá en su
tabernáculo en el día del mal;
Me ocultará en lo reservado de su
morada;
Sobre una roca me pondrá en alto.
6 Luego levantará mi cabeza sobre mis
enemigos que me rodean,
Y yo sacrificaré en su tabernáculo
sacrificios de júbilo;
Cantaré y entonaré alabanzas a Jehová.
7 Oye, oh Jehová, mi voz con que a ti clamo;
Ten misericordia de mí, y respóndeme.
8 Mi corazón ha dicho de ti:
Buscad mi rostro.
Tu rostro buscaré, oh Jehová;
9 No escondas tu rostro de mí.
No apartes con ira a tu siervo;
Mi ayuda has sido.
No me dejes ni me desampares,
Dios de mi salvación.
10 Aunque mi padre y mi madre me dejaran,
Con todo, Jehová me recogerá.
11 Enséñame, oh Jehová, tu camino,
Y guíame por senda de rectitud
A causa de mis enemigos.
12 No me entregues a la voluntad
de mis enemigos;
Porque se han levantado contra mí testigos
falsos, y los que respiran crueldad.
13 Hubiera yo desmayado, si no creyese que
veré la bondad de Jehová
En la tierra de los vivientes.
14 Aguarda a Jehová;
Esfuérzate, y aliéntese tu corazón;
Sí, espera a Jehová.

Plegaria pidiendo ayuda, y alabanza por la respuesta

Salmo de David.

28 1 A ti clamaré, oh Jehová.
Roca mía, no te desentiendas de mí,
Para que no sea yo, dejándome tú,
Semejante a los que descienden al sepulcro.
2 Oye la voz de mis ruegos cuando clamo a ti,
Cuando alzo mis manos hacia tu santo
templo.
3 No me arrebates juntamente con los malos,
Y con los que hacen iniquidad,
Los cuales hablan paz con sus prójimos,
Pero la maldad está en su corazón.
4 Dales conforme a su obra,[a] y conforme
a la perversidad de sus hechos;
Dales su merecido conforme
a la obra de sus manos.
5 Por cuanto no atendieron
a los hechos de Jehová,
Ni a la obra de sus manos,
El los derribará, y no los edificará.
6 Bendito sea Jehová,
Que oyó la voz de mis ruegos.
7 Jehová es mi fortaleza y mi escudo;
En él confió mi corazón, y fui ayudado,
Por lo que se gozó mi corazón,
Y con mi cántico le alabaré.
8 Jehová es la fortaleza de su pueblo,
Y el refugio salvador de su ungido.
9 Salva a tu pueblo, y bendice a tu
heredad;
Y pastoréales y susténtales para siempre.

28.4: [a] Ap. 22.12.

Poder y gloria de Jehová

Salmo de David.

29 1 Tributad a Jehová, oh hijos de los poderosos,
Dad a Jehová la gloria y el poder.
2 Dad a Jehová la gloria debida a su nombre;
Adorad a Jehová en la hermosura de la santidad.[a]
3 Voz de Jehová sobre las aguas;
Truena el Dios de gloria,
Jehová sobre las muchas aguas.
4 Voz de Jehová con potencia;
Voz de Jehová con gloria.
5 Voz de Jehová que quebranta los cedros;
Quebrantó Jehová los cedros del Líbano.
6 Los hizo saltar como becerros;
Al Líbano y al Sirión como hijos de búfalos.
7 Voz de Jehová que derrama llamas de fuego;
8 Voz de Jehová que hace temblar el desierto;
Hace temblar Jehová el desierto de Cades.
9 Voz de Jehová que desgaja las encinas,
Y desnuda los bosques;
En su templo todo proclama su gloria.
10 Jehová preside en el diluvio,
Y se sienta Jehová como rey para siempre.
11 Jehová dará poder a su pueblo;
Jehová bendecirá a su pueblo con paz.

Acción de gracias por haber sido librado de la muerte

Salmo cantado en la dedicación de la Casa. Salmo de David.

30 1 Te glorificaré, oh Jehová, porque me has exaltado,
Y no permitiste que mis enemigos se alegraran de mí.
2 Jehová Dios mío,
A ti clamé, y me sanaste.
3 Oh Jehová, hiciste subir mi alma del Seol;
Me diste vida, para que no descendiese a la sepultura.
4 Cantad a Jehová, vosotros sus santos,
Y celebrad la memoria de su santidad.
5 Porque un momento será su ira,
Pero su favor dura toda la vida.
Por la noche durará el lloro,
Y a la mañana vendrá la alegría.
6 En mi prosperidad dije yo:
No seré jamás conmovido,
7 Porque tú, Jehová, con tu favor me afirmaste como monte fuerte.
Escondiste tu rostro, fui turbado.
8 A ti, oh Jehová, clamaré,
Y al Señor suplicaré.
9 ¿Qué provecho hay en mi muerte cuando descienda a la sepultura?
¿Te alabará el polvo? ¿Anunciará tu verdad?
10 Oye, oh Jehová, y ten misericordia de mí;
Jehová, sé tú mi ayudador.
11 Has cambiado mi lamento en baile;
Desataste mi cilicio, y me ceñiste de alegría.
12 Por tanto, a ti cantaré, gloria mía, y no estaré callado.
Jehová Dios mío, te alabaré para siempre.

Declaración de confianza

Al músico principal. Salmo de David.

31 1 En ti, oh Jehová, he confiado; no sea yo confundido jamás;
Líbrame en tu justicia.
2 Inclina a mí tu oído, líbrame pronto;
Sé tú mi roca fuerte, y fortaleza para salvarme.
3 Porque tú eres mi roca y mi castillo;
Por tu nombre me guiarás y me encaminarás.
4 Sácame de la red que han escondido para mí,
Pues tú eres mi refugio.
5 En tu mano encomiendo mi espíritu;[a]
Tú me has redimido, oh Jehová, Dios de verdad.
6 Aborrezco a los que esperan en vanidades ilusorias;
Mas yo en Jehová he esperado.
7 Me gozaré y alegraré en tu misericordia,
Porque has visto mi aflicción;
Has conocido mi alma en las angustias.
8 No me entregaste en mano del enemigo;
Pusiste mis pies en lugar espacioso.
9 Ten misericordia de mí, oh Jehová, porque estoy en angustia;
Se han consumido de tristeza mis ojos, mi alma también y mi cuerpo.
10 Porque mi vida se va gastando de dolor, y mis años de suspirar;
Se agotan mis fuerzas a causa de mi iniquidad, y mis huesos se han consumido.
11 De todos mis enemigos soy objeto de oprobio,
Y de mis vecinos mucho más, y el horror de mis conocidos;
Los que me ven fuera huyen de mí.
12 He sido olvidado de su corazón como un muerto;
He venido a ser como un vaso quebrado.
13 Porque oigo la calumnia de muchos;
El miedo me asalta por todas partes,
Mientras consultan juntos contra mí
E idean quitarme la vida.

29.1-2: [a] Sal. 96.7-9. **31.5:** [a] Lc. 23.46.

14 Mas yo en ti confío, oh Jehová;
Digo: Tú eres mi Dios.
15 En tu mano están mis tiempos;
Líbrame de la mano de mis enemigos
y de mis perseguidores.
16 Haz resplandecer tu rostro sobre
tu siervo;
Sálvame por tu misericordia.
17 No sea yo avergonzado, oh Jehová,
ya que te he invocado;
Sean avergonzados los impíos,
estén mudos en el Seol.
18 Enmudezcan los labios mentirosos,
Que hablan contra el justo cosas duras
Con soberbia y menosprecio.
19 ¡Cuán grande es tu bondad, que has
guardado para los que te temen,
Que has mostrado a los que esperan en
ti, delante de los hijos de los hombres!
20 En lo secreto de tu presencia los
esconderás de la conspiración del
hombre;
Los pondrás en un tabernáculo a cubierto
de contención de lenguas.
21 Bendito sea Jehová,
Porque ha hecho maravillosa
su misericordia para conmigo
en ciudad fortificada.
22 Decía yo en mi premura: Cortado soy
de delante de tus ojos;
Pero tú oíste la voz de mis ruegos
cuando a ti clamaba.
23 Amad a Jehová, todos vosotros sus santos;
A los fieles guarda Jehová,
Y paga abundantemente al que procede
con soberbia.
24 Esforzaos todos vosotros los que esperáis
en Jehová,
Y tome aliento vuestro corazón.

La dicha del perdón

Salmo de David. Masquil.

32 1 Bienaventurado aquel cuya
transgresión ha sido perdonada,
y cubierto su pecado.
2 Bienaventurado el hombre a quien
Jehová no culpa de iniquidad,[a]
Y en cuyo espíritu no hay engaño.
3 Mientras callé, se envejecieron mis huesos
En mi gemir todo el día.
4 Porque de día y de noche se agravó sobre
mí tu mano;
Se volvió mi verdor en sequedades
de verano.
Selah
5 Mi pecado te declaré, y no encubrí
mi iniquidad.
Dije: Confesaré mis transgresiones
a Jehová;
Y tú perdonaste la maldad de mi
pecado.[b]
Selah
6 Por esto orará a ti todo santo en el tiempo
en que puedas ser hallado;
Ciertamente en la inundación de muchas
aguas no llegarán éstas a él.
7 Tú eres mi refugio; me guardarás
de la angustia;
Con cánticos de liberación me rodearás.
Selah
8 Te haré entender, y te enseñaré el camino
en que debes andar;
Sobre ti fijaré mis ojos.
9 No seáis como el caballo, o como el
mulo, sin entendimiento,
Que han de ser sujetados con cabestro
y con freno,
Porque si no, no se acercan a ti.
10 Muchos dolores habrá para el impío;
Mas al que espera en Jehová,
le rodea la misericordia.
11 Alegraos en Jehová y gozaos, justos;
Y cantad con júbilo todos vosotros
los rectos de corazón.

Alabanzas al Creador y Preservador

33 1 Alegraos, oh justos, en Jehová;
En los íntegros es hermosa la alabanza.
2 Aclamad a Jehová con arpa;
Cantadle con salterio y decacordio.
3 Cantadle cántico nuevo;
Hacedlo bien, tañendo con júbilo.
4 Porque recta es la palabra de Jehová,
Y toda su obra es hecha con fidelidad.
5 El ama justicia y juicio;
De la misericordia de Jehová está llena
la tierra.
6 Por la palabra de Jehová fueron hechos
los cielos,
Y todo el ejército de ellos por el aliento
de su boca.
7 El junta como montón las aguas del mar;
El pone en depósitos los abismos.
8 Tema a Jehová toda la tierra;
Teman delante de él todos los habitantes
del mundo.
9 Porque él dijo, y fue hecho;
El mandó, y existió.
10 Jehová hace nulo el consejo de las
naciones,
Y frustra las maquinaciones de los pueblos.
11 El consejo de Jehová permanecerá
para siempre;

32.1-2: [a] Ro. 4.7-8. **32.5:** [b] 2 S. 12.13.

Los pensamientos de su corazón
por todas las generaciones.
12 Bienaventurada la nación cuyo Dios
es Jehová,
El pueblo que él escogió como heredad
para sí.
13 Desde los cielos miró Jehová;
Vio a todos los hijos de los hombres;
14 Desde el lugar de su morada miró
Sobre todos los moradores de la tierra.
15 El formó el corazón de todos ellos;
Atento está a todas sus obras.
16 El rey no se salva por la multitud
del ejército,
Ni escapa el valiente por la mucha
fuerza.
17 Vano para salvarse es el caballo;
La grandeza de su fuerza a nadie
podrá librar.
18 He aquí el ojo de Jehová sobre los
que le temen,
Sobre los que esperan en su misericordia,
19 Para librar sus almas de la muerte,
Y para darles vida en tiempo de hambre.
20 Nuestra alma espera a Jehová;
Nuestra ayuda y nuestro escudo es él.
21 Por tanto, en él se alegrará nuestro
corazón,
Porque en su santo nombre hemos
confiado.
22 Sea tu misericordia, oh Jehová,
sobre nosotros,
Según esperamos en ti.

La protección divina

Salmo de David, cuando mudó su semblante delante de Abimelec,[a] y él lo echó, y se fue.

34 1 Bendeciré a Jehová en todo tiempo;
Su alabanza estará de continuo
en mi boca.
2 En Jehová se gloriará mi alma;
Lo oirán los mansos, y se alegrarán.
3 Engrandeced a Jehová conmigo,
Y exaltemos a una su nombre.
4 Busqué a Jehová, y él me oyó,
Y me libró de todos mis temores.
5 Los que miraron a él fueron alumbrados,
Y sus rostros no fueron avergonzados.
6 Este pobre clamó, y le oyó Jehová,
Y lo libró de todas sus angustias.
7 El ángel de Jehová acampa alrededor
de los que le temen,
Y los defiende.
8 Gustad, y ved que es bueno Jehová;[b]
Dichoso el hombre que confía en él.
9 Temed a Jehová, vosotros sus santos,
Pues nada falta a los que le temen.
10 Los leoncillos necesitan, y tienen hambre;
Pero los que buscan a Jehová no tendrán
falta de ningún bien.
11 Venid, hijos, oídme;
El temor de Jehová os enseñaré.
12 ¿Quién es el hombre que desea vida,
Que desea muchos días para ver el bien?
13 Guarda tu lengua del mal,
Y tus labios de hablar engaño.
14 Apártate del mal, y haz el bien;
Busca la paz, y síguela.
15 Los ojos de Jehová están sobre los justos,
Y atentos sus oídos al clamor de ellos.
16 La ira de Jehová contra los que hacen mal,[c]
Para cortar de la tierra la memoria de ellos.
17 Claman los justos, y Jehová oye,
Y los libra de todas sus angustias.
18 Cercano está Jehová a los quebrantados
de corazón;
Y salva a los contritos de espíritu.
19 Muchas son las aflicciones del justo,
Pero de todas ellas le librará Jehová.
20 El guarda todos sus huesos;
Ni uno de ellos será quebrantado.[d]
21 Matará al malo la maldad,
Y los que aborrecen al justo serán
condenados.
22 Jehová redime el alma de sus siervos,
Y no serán condenados cuantos
en él confían.

Plegaria pidiendo ser librado de los enemigos

Salmo de David.

35 1 Disputa, oh Jehová, con los que
contra mí contienden;
Pelea contra los que me combaten.
2 Echa mano al escudo y al pavés,
Y levántate en mi ayuda.
3 Saca la lanza, cierra contra mis
perseguidores;
Di a mi alma: Yo soy tu salvación.
4 Sean avergonzados y confundidos
los que buscan mi vida;
Sean vueltos atrás y avergonzados
los que mi mal intentan.
5 Sean como el tamo delante del viento,
Y el ángel de Jehová los acose.
6 Sea su camino tenebroso y resbaladizo,
Y el ángel de Jehová los persiga.
7 Porque sin causa escondieron
para mí su red en un hoyo;
Sin causa cavaron hoyo para mi alma.
8 Véngale el quebrantamiento
sin que lo sepa,
Y la red que él escondió lo prenda;
Con quebrantamiento caiga en ella.

34 tít.: [a] 1 S. 21.13-15. **34.8:** [b] 1 P. 2.3.
34.12-16: [c] 1 P. 3.10-12. **34.20:** [d] Ex. 12.46; Nm. 9.12; Jn. 19.36.

9 Entonces mi alma se alegrará en Jehová;
Se regocijará en su salvación.
10 Todos mis huesos dirán: Jehová, ¿quién como tú,
Que libras al afligido del más fuerte que él,
Y al pobre y menesteroso del que le despoja?
11 Se levantan testigos malvados;
De lo que no sé me preguntan;
12 Me devuelven mal por bien,
Para afligir a mi alma.
13 Pero yo, cuando ellos enfermaron, me vestí de cilicio;
Afligí con ayuno mi alma,
Y mi oración se volvía a mi seno.
14 Como por mi compañero, como por mi hermano andaba;
Como el que trae luto por madre, enlutado me humillaba.
15 Pero ellos se alegraron en mi adversidad, y se juntaron;
Se juntaron contra mí gentes despreciables, y yo no lo entendía;
Me despedazaban sin descanso;
16 Como lisonjeros, escarnecedores y truhanes,
Crujieron contra mí sus dientes.
17 Señor, ¿hasta cuándo verás esto?
Rescata mi alma de sus destrucciones, mi vida de los leones.
18 Te confesaré en grande congregación;
Te alabaré entre numeroso pueblo.
19 No se alegren de mí los que sin causa son mis enemigos,
Ni los que me aborrecen sin causa[a] guiñen el ojo.
20 Porque no hablan paz;
Y contra los mansos de la tierra piensan palabras engañosas.
21 Ensancharon contra mí su boca;
Dijeron: ¡Ea, ea, nuestros ojos lo han visto!
22 Tú lo has visto, oh Jehová; no calles;
Señor, no te alejes de mí.
23 Muévete y despierta para hacerme justicia,
Dios mío y Señor mío, para defender mi causa.
24 Júzgame conforme a tu justicia,
Jehová Dios mío,
Y no se alegren de mí.
25 No digan en su corazón: ¡Ea, alma nuestra!
No digan: ¡Le hemos devorado!
26 Sean avergonzados y confundidos a una los que de mi mal se alegran;
Vístanse de vergüenza y de confusión los que se engrandecen contra mí.
27 Canten y alégrense los que están a favor de mi justa causa,
Y digan siempre: Sea exaltado Jehová,
Que ama la paz de su siervo.
28 Y mi lengua hablará de tu justicia
Y de tu alabanza todo el día.

La misericordia de Dios

Al músico principal. Salmo de David, siervo de Jehová.

36 1 La iniquidad del impío me dice al corazón:
No hay temor de Dios delante de sus ojos.[a]
2 Se lisonjea, por tanto, en sus propios ojos,
De que su iniquidad no será hallada y aborrecida.
3 Las palabras de su boca son iniquidad y fraude;
Ha dejado de ser cuerdo y de hacer el bien.
4 Medita maldad sobre su cama;
Está en camino no bueno,
El mal no aborrece.
5 Jehová, hasta los cielos llega tu misericordia,
Y tu fidelidad alcanza hasta las nubes.
6 Tu justicia es como los montes de Dios,
Tus juicios, abismo grande.
Oh Jehová, al hombre y al animal conservas.
7 ¡Cuán preciosa, oh Dios, es tu misericordia!
Por eso los hijos de los hombres se amparan bajo la sombra de tus alas.
8 Serán completamente saciados de la grosura de tu casa,
Y tú los abrevarás del torrente de tus delicias.
9 Porque contigo está el manantial de la vida;
En tu luz veremos la luz.
10 Extiende tu misericordia a los que te conocen,
Y tu justicia a los rectos de corazón.
11 No venga pie de soberbia contra mí,
Y mano de impíos no me mueva.
12 Allí cayeron los hacedores de iniquidad;
Fueron derribados, y no podrán levantarse.

El camino de los malos

Salmo de David.

37 1 No te impacientes a causa de los malignos,
Ni tengas envidia de los que hacen iniquidad.
2 Porque como hierba serán pronto cortados,
Y como la hierba verde se secarán.
3 Confía en Jehová, y haz el bien;
Y habitarás en la tierra, y te apacentarás de la verdad.

35.19: [a] Sal. 69.4; Jn. 15.25. **36.1:** [a] Ro. 3.18.

4 Deléitate asimismo en Jehová,
Y él te concederá las peticiones
de tu corazón.
5 Encomienda a Jehová tu camino,
Y confía en él; y él hará.
6 Exhibirá tu justicia como la luz,
Y tu derecho como el mediodía.
7 Guarda silencio ante Jehová, y espera en él.
No te alteres con motivo del que
prospera en su camino,
Por el hombre que hace maldades.
8 Deja la ira, y desecha el enojo;
No te excites en manera alguna
a hacer lo malo.
9 Porque los malignos serán destruidos,
Pero los que esperan en Jehová, ellos
heredarán la tierra.
10 Pues de aquí a poco no existirá el malo;
Observarás su lugar, y no estará allí.
11 Pero los mansos heredarán la tierra,[a]
Y se recrearán con abundancia de paz.
12 Maquina el impío contra el justo,
Y cruje contra él sus dientes;
13 El Señor se reirá de él;
Porque ve que viene su día.
14 Los impíos desenvainan espada
y entesan su arco,
Para derribar al pobre y al menesteroso,
Para matar a los de recto proceder.
15 Su espada entrará en su mismo corazón,
Y su arco será quebrado.
16 Mejor es lo poco del justo,
Que las riquezas de muchos pecadores.
17 Porque los brazos de los impíos serán
quebrados;
Mas el que sostiene a los justos
es Jehová.
18 Conoce Jehová los días de los perfectos,
Y la heredad de ellos será para siempre.
19 No serán avergonzados en el mal tiempo,
Y en los días de hambre serán saciados.
20 Mas los impíos perecerán,
Y los enemigos de Jehová como la grasa
de los carneros
Serán consumidos; se disiparán
como el humo.
21 El impío toma prestado, y no paga;
Mas el justo tiene misericordia, y da.
22 Porque los benditos de él heredarán
la tierra;
Y los malditos de él serán destruidos.
23 Por Jehová son ordenados los pasos
del hombre,
Y él aprueba su camino.
24 Cuando el hombre cayere,
no quedará postrado,
Porque Jehová sostiene su mano.
25 Joven fui, y he envejecido,
Y no he visto justo desamparado,
Ni su descendencia que mendigue pan.
26 En todo tiempo tiene misericordia, y presta;
Y su descendencia es para bendición.
27 Apártate del mal, y haz el bien,
Y vivirás para siempre.
28 Porque Jehová ama la rectitud,
Y no desampara a sus santos.
Para siempre serán guardados;
Mas la descendencia de los impíos
será destruida.
29 Los justos heredarán la tierra,
Y vivirán para siempre sobre ella.
30 La boca del justo habla sabiduría,
Y su lengua habla justicia.
31 La ley de su Dios está en su corazón;
Por tanto, sus pies no resbalarán.
32 Acecha el impío al justo,
Y procura matarlo.
33 Jehová no lo dejará en sus manos,
Ni lo condenará cuando le juzgaren.
34 Espera en Jehová, y guarda su camino,
Y él te exaltará para heredar la tierra;
Cuando sean destruidos los pecadores,
lo verás.
35 Vi yo al impío sumamente enaltecido,
Y que se extendía como laurel verde.
36 Pero él pasó, y he aquí ya no estaba;
Lo busqué, y no fue hallado.
37 Considera al íntegro, y mira al justo;
Porque hay un final dichoso
para el hombre de paz.
38 Mas los transgresores serán todos a una
destruidos;
La posteridad de los impíos será
extinguida.
39 Pero la salvación de los justos es de Jehová,
Y él es su fortaleza en el tiempo
de la angustia.
40 Jehová los ayudará y los librará;
Los libertará de los impíos, y los salvará,
Por cuanto en él esperaron.

Oración de un penitente

Salmo de David, para recordar.

38 1 Jehová, no me reprendas en tu furor,
Ni me castigues en tu ira.
2 Porque tus saetas cayeron sobre mí,
Y sobre mí ha descendido tu mano.
3 Nada hay sano en mi carne, a causa
de tu ira;
Ni hay paz en mis huesos, a causa
de mi pecado.
4 Porque mis iniquidades se han agravado
sobre mi cabeza;
Como carga pesada se han agravado
sobre mí.

37.11: [a] Mt. 5.5.

5 Hieden y supuran mis llagas,
A causa de mi locura.
6 Estoy encorvado, estoy humillado
en gran manera,
Ando enlutado todo el día.
7 Porque mis lomos están llenos de ardor,
Y nada hay sano en mi carne.
8 Estoy debilitado y molido en gran
manera;
Gimo a causa de la conmoción de mi
corazón.
9 Señor, delante de ti están todos mis deseos,
Y mi suspiro no te es oculto.
10 Mi corazón está acongojado,
me ha dejado mi vigor,
Y aun la luz de mis ojos me falta ya.
11 Mis amigos y mis compañeros se
mantienen lejos de mi plaga,
Y mis cercanos se han alejado.
12 Los que buscan mi vida arman lazos,
Y los que procuran mi mal hablan
iniquidades,
Y meditan fraudes todo el día.
13 Mas yo, como si fuera sordo, no oigo;
Y soy como mudo que no abre la boca.
14 Soy, pues, como un hombre que no oye,
Y en cuya boca no hay reprensiones.
15 Porque en ti, oh Jehová, he esperado;
Tú responderás, Jehová Dios mío.
16 Dije: No se alegren de mí;
Cuando mi pie resbale, no se
engrandezcan sobre mí.
17 Pero yo estoy a punto de caer,
Y mi dolor está delante de mí
continuamente.
18 Por tanto, confesaré mi maldad,
Y me contristaré por mi pecado.
19 Porque mis enemigos están vivos
y fuertes,
Y se han aumentado los que me
aborrecen sin causa.
20 Los que pagan mal por bien
Me son contrarios, por seguir yo lo bueno.
21 No me desampares, oh Jehová;
Dios mío, no te alejes de mí.
22 Apresúrate a ayudarme,
Oh Señor, mi salvación.

El carácter transitorio de la vida

Al músico principal; a Jedutún. Salmo de David.

39 1 Yo dije: Atenderé a mis caminos,
Para no pecar con mi lengua;
Guardaré mi boca con freno,
En tanto que el impío esté delante de mí.
2 Enmudecí con silencio, me callé aun
respecto de lo bueno;
Y se agravó mi dolor.
3 Se enardeció mi corazón dentro de mí;
En mi meditación se encendió fuego,
Y así proferí con mi lengua:
4 Hazme saber, Jehová, mi fin,
Y cuánta sea la medida de mis días;
Sepa yo cuán frágil soy.
5 He aquí, diste a mis días término corto,
Y mi edad es como nada delante de ti;
Ciertamente es completa vanidad todo
hombre que vive.
Selah
6 Ciertamente como una sombra
es el hombre;
Ciertamente en vano se afana;
Amontona riquezas, y no sabe quién
las recogerá.
7 Y ahora, Señor, ¿qué esperaré?
Mi esperanza está en ti.
8 Líbrame de todas mis transgresiones;
No me pongas por escarnio del insensato.
9 Enmudecí, no abrí mi boca,
Porque tú lo hiciste.
10 Quita de sobre mí tu plaga;
Estoy consumido bajo los golpes
de tu mano.
11 Con castigos por el pecado corriges
al hombre,
Y deshaces como polilla lo más estimado
de él;
Ciertamente vanidad es todo hombre.
Selah
12 Oye mi oración, oh Jehová, y escucha
mi clamor.
No calles ante mis lágrimas;
Porque forastero soy para ti,
Y advenedizo, como todos mis padres.
13 Déjame, y tomaré fuerzas,
Antes que vaya y perezca.

Alabanza por la liberación divina

Al músico principal. Salmo de David.

40 1 Pacientemente esperé a Jehová,
Y se inclinó a mí, y oyó mi clamor.
2 Y me hizo sacar del pozo de la
desesperación, del lodo cenagoso;
Puso mis pies sobre peña, y enderezó
mis pasos.
3 Puso luego en mi boca cántico nuevo,
alabanza a nuestro Dios.
Verán esto muchos, y temerán,
Y confiarán en Jehová.
4 Bienaventurado el hombre que puso
en Jehová su confianza,
Y no mira a los soberbios, ni a los
que se desvían tras la mentira.
5 Has aumentado, oh Jehová Dios mío,
tus maravillas;
Y tus pensamientos para con nosotros,

No es posible contarlos ante ti.
Si yo anunciare y hablare de ellos,
No pueden ser enumerados.
6 Sacrificio y ofrenda no te agrada;
Has abierto mis oídos;
Holocausto y expiación no has demandado.
7 Entonces dije: He aquí, vengo;
En el rollo del libro está escrito de mí;
8 El hacer tu voluntad, Dios mío,
me ha agradado,
Y tu ley está en medio de mi corazón.[a]
9 He anunciado justicia en grande
congregación;
He aquí, no refrené mis labios,
Jehová, tú lo sabes.
10 No encubrí tu justicia dentro de mi
corazón;
He publicado tu fidelidad y tu salvación;
No oculté tu misericordia y tu verdad
en grande asamblea.
11 Jehová, no retengas de mí tus
misericordias;
Tu misericordia y tu verdad me guarden
siempre.
12 Porque me han rodeado males sin número;
Me han alcanzado mis maldades,
y no puedo levantar la vista.
Se han aumentado más que los cabellos
de mi cabeza, y mi corazón me falla.
13 Quieras, oh Jehová, librarme;
Jehová, apresúrate a socorrerme.
14 Sean avergonzados y confundidos a una
Los que buscan mi vida para destruirla.
Vuelvan atrás y avergüéncense
Los que mi mal desean;
15 Sean asolados en pago de su afrenta
Los que me dicen: ¡Ea, ea!
16 Gócense y alégrense en ti todos los que
te buscan,
Y digan siempre los que aman tu salvación:
Jehová sea enaltecido.
17 Aunque afligido yo y necesitado,
Jehová pensará en mí.
Mi ayuda y mi libertador eres tú;
Dios mío, no te tardes.

Oración pidiendo salud

Al músico principal. Salmo de David.

41 1 Bienaventurado el que piensa en el
pobre;
En el día malo lo librará Jehová.
2 Jehová lo guardará, y le dará vida;
Será bienaventurado en la tierra,
Y no lo entregarás a la voluntad
de sus enemigos.
3 Jehová lo sustentará sobre el lecho
del dolor;
Mullirás toda su cama en su enfermedad.
4 Yo dije: Jehová, ten misericordia de mí;
Sana mi alma, porque contra ti he pecado.
5 Mis enemigos dicen mal de mí,
preguntando:
¿Cuándo morirá, y perecerá su nombre?
6 Y si vienen a verme, hablan mentira;
Su corazón recoge para sí iniquidad,
Y al salir fuera la divulgan.
7 Reunidos murmuran contra mí todos los
que me aborrecen;
Contra mí piensan mal, diciendo de mí:
8 Cosa pestilencial se ha apoderado de él;
Y el que cayó en cama no volverá
a levantarse.
9 Aun el hombre de mi paz, en quien yo
confiaba, el que de mi pan comía,
Alzó contra mí el calcañar.[a]
10 Mas tú, Jehová, ten misericordia de mí,
y hazme levantar,
Y les daré el pago.
11 En esto conoceré que te he agradado,
Que mi enemigo no se huelgue de mí.
12 En cuanto a mí, en mi integridad
me has sustentado,
Y me has hecho estar delante de ti
para siempre.
13 Bendito sea Jehová, el Dios de Israel,
Por los siglos de los siglos.[b]
Amén y Amén.

LIBRO II

Mi alma tiene sed de Dios

Al músico principal. Masquil de los hijos de Coré.

42 1 Como el ciervo brama por las
corrientes de las aguas,
Así clama por ti, oh Dios, el alma mía.
2 Mi alma tiene sed de Dios, del Dios vivo;
¿Cuándo vendré, y me presentaré
delante de Dios?
3 Fueron mis lágrimas mi pan de día
y de noche,
Mientras me dicen todos los días:
¿Dónde está tu Dios?
4 Me acuerdo de estas cosas, y derramo
mi alma dentro de mí;
De cómo yo fui con la multitud, y la
conduje hasta la casa de Dios,
Entre voces de alegría y de alabanza
del pueblo en fiesta.
5 ¿Por qué te abates, oh alma mía,
Y te turbas dentro de mí?
Espera en Dios; porque aún he de alabarle,
Salvación mía y Dios mío.
6 Dios mío, mi alma está abatida en mí;
Me acordaré, por tanto, de ti desde la
tierra del Jordán,

40.6-8: [a] He. 10.5-7. **41.9:** [a] Mt. 26.24; Mr. 14.21; Lc. 22.22; Jn. 13.18; 17.12. **41.13:** [b] Sal. 106.48.

Y de los hermonitas, desde el monte
de Mizar.
7 Un abismo llama a otro a la voz de tus
cascadas;
Todas tus ondas y tus olas han pasado
sobre mí.
8 Pero de día mandará Jehová su
misericordia,
Y de noche su cántico estará conmigo,
Y mi oración al Dios de mi vida.
9 Diré a Dios: Roca mía, ¿por qué te has
olvidado de mí?
¿Por qué andaré yo enlutado por la
opresión del enemigo?
10 Como quien hiere mis huesos, mis
enemigos me afrentan,
Diciéndome cada día: ¿Dónde está tu Dios?
11 ¿Por qué te abates, oh alma mía,
Y por qué te turbas dentro de mí?
Espera en Dios; porque aún he de alabarle,
Salvación mía y Dios mío.

Plegaria pidiendo vindicación y liberación

43 1 Júzgame, oh Dios, y defiende
mi causa;
Líbrame de gente impía, y del hombre
engañoso e inicuo.
2 Pues que tú eres el Dios de mi fortaleza,
¿por qué me has desechado?
¿Por qué andaré enlutado por la opresión
del enemigo?
3 Envía tu luz y tu verdad; éstas me guiarán;
Me conducirán a tu santo monte,
Y a tus moradas.
4 Entraré al altar de Dios,
Al Dios de mi alegría y de mi gozo;
Y te alabaré con arpa, oh Dios, Dios mío.
5 ¿Por qué te abates, oh alma mía,
Y por qué te turbas dentro de mí?
Espera en Dios; porque aún he de alabarle,
Salvación mía y Dios mío.

Liberaciones pasadas y pruebas presentes

Al músico principal. Masquil de los
hijos de Coré.

44 1 Oh Dios, con nuestros oídos hemos
oído, nuestros padres nos han contado,
La obra que hiciste en sus días, en los
tiempos antiguos.
2 Tú con tu mano echaste las naciones,
y los plantaste a ellos;
Afligiste a los pueblos, y los arrojaste.
3 Porque no se apoderaron de la tierra
por su espada,
Ni su brazo los libró;
Sino tu diestra, y tu brazo, y la luz
de tu rostro,
Porque te complaciste en ellos.
4 Tú, oh Dios, eres mi rey;
Manda salvación a Jacob.
5 Por medio de ti sacudiremos a nuestros
enemigos;
En tu nombre hollaremos a nuestros
adversarios.
6 Porque no confiaré en mi arco,
Ni mi espada me salvará;
7 Pues tú nos has guardado de nuestros
enemigos,
Y has avergonzado a los que nos
aborrecían.
8 En Dios nos gloriaremos todo el tiempo,
Y para siempre alabaremos tu nombre.
Selah

9 Pero nos has desechado, y nos has hecho
avergonzar;
Y no sales con nuestros ejércitos.
10 Nos hiciste retroceder delante del enemigo,
Y nos saquean para sí los que nos
aborrecen.
11 Nos entregas como ovejas al matadero,
Y nos has esparcido entre las naciones.
12 Has vendido a tu pueblo de balde;
No exigiste ningún precio.
13 Nos pones por afrenta de nuestros
vecinos,
Por escarnio y por burla de los que
nos rodean.
14 Nos pusiste por proverbio entre las
naciones;
Todos al vernos menean la cabeza.
15 Cada día mi vergüenza está delante
de mí,
Y la confusión de mi rostro me cubre,
16 Por la voz del que me vitupera y deshonra,
Por razón del enemigo y del vengativo.
17 Todo esto nos ha venido, y no nos hemos
olvidado de ti,
Y no hemos faltado a tu pacto.
18 No se ha vuelto atrás nuestro corazón,
Ni se han apartado de tus caminos
nuestros pasos,
19 Para que nos quebrantases en el lugar
de chacales,
Y nos cubrieses con sombra de muerte.
20 Si nos hubiésemos olvidado del nombre
de nuestro Dios,
O alzado nuestras manos a dios ajeno,
21 ¿No demandaría Dios esto?
Porque él conoce los secretos del corazón.
22 Pero por causa de ti nos matan cada día;
Somos contados como ovejas
para el matadero.[a]
23 Despierta; ¿por qué duermes, Señor?
Despierta, no te alejes para siempre.

44.22: [a] Ro. 8.36.

24 ¿Por qué escondes tu rostro,
Y te olvidas de nuestra aflicción,
y de la opresión nuestra?
25 Porque nuestra alma está agobiada hasta
el polvo,
Y nuestro cuerpo está postrado
hasta la tierra.
26 Levántate para ayudarnos,
Y redímenos por causa de tu
misericordia.

Cántico de las bodas del rey

Al músico principal; sobre Lirios. Masquil de los hijos de Coré. Canción de amores.

45 1 Rebosa mi corazón palabra buena;
Dirijo al rey mi canto;
Mi lengua es pluma de escribiente
muy ligero.
2 Eres el más hermoso de los hijos
de los hombres;
La gracia se derramó en tus labios;
Por tanto, Dios te ha bendecido
para siempre.
3 Ciñe tu espada sobre el muslo, oh valiente,
Con tu gloria y con tu majestad.
4 En tu gloria sé prosperado;
Cabalga sobre palabra de verdad,
de humildad y de justicia,
Y tu diestra te enseñará cosas terribles.
5 Tus saetas agudas,
Con que caerán pueblos debajo de ti,
Penetrarán en el corazón de los enemigos
del rey.
6 Tu trono, oh Dios, es eterno y para
siempre;
Cetro de justicia es el cetro de tu reino.
7 Has amado la justicia y aborrecido
la maldad;
Por tanto, te ungió Dios, el Dios tuyo,
Con óleo de alegría más que a tus
compañeros.[a]
8 Mirra, áloe y casia exhalan todos tus
vestidos;
Desde palacios de marfil te recrean.
9 Hijas de reyes están entre tus ilustres;
Está la reina a tu diestra con oro de Ofir.
10 Oye, hija, y mira, e inclina tu oído;
Olvida tu pueblo, y la casa de tu padre;
11 Y deseará el rey tu hermosura;
E inclínate a él, porque él es tu señor.
12 Y las hijas de Tiro vendrán con presentes;
Implorarán tu favor los ricos del pueblo.
13 Toda gloriosa es la hija del rey en su
morada;
De brocado de oro es su vestido.
14 Con vestidos bordados será llevada al rey;
Vírgenes irán en pos de ella,
Compañeras suyas serán traídas a ti.
15 Serán traídas con alegría y gozo;
Entrarán en el palacio del rey.
16 En lugar de tus padres serán tus hijos,
A quienes harás príncipes en toda
la tierra.
17 Haré perpetua la memoria de tu nombre
en todas las generaciones,
Por lo cual te alabarán los pueblos
eternamente y para siempre.

Dios es nuestro amparo y fortaleza

Al músico principal; de los hijos de Coré. Salmo sobre Alamot.

46 1 Dios es nuestro amparo y fortaleza,
Nuestro pronto auxilio en las
tribulaciones.
2 Por tanto, no temeremos, aunque la
tierra sea removida,
Y se traspasen los montes al corazón del
mar;
3 Aunque bramen y se turben sus aguas,
Y tiemblen los montes a causa de su
braveza.
Selah
4 Del río sus corrientes alegran la ciudad
de Dios,
El santuario de las moradas del Altísimo.
5 Dios está en medio de ella; no será
conmovida.
Dios la ayudará al clarear la mañana.
6 Bramaron las naciones, titubearon
los reinos;
Dio él su voz, se derritió la tierra.
7 Jehová de los ejércitos está con
nosotros;
Nuestro refugio es el Dios de Jacob.
Selah
8 Venid, ved las obras de Jehová,
Que ha puesto asolamientos en la tierra.
9 Que hace cesar las guerras hasta los fines
de la tierra.
Que quiebra el arco, corta la lanza,
Y quema los carros en el fuego.
10 Estad quietos, y conoced que yo soy Dios;
Seré exaltado entre las naciones;
enaltecido seré en la tierra.
11 Jehová de los ejércitos está con nosotros;
Nuestro refugio es el Dios de Jacob.
Selah

Dios, el Rey de toda la tierra

Al músico principal. Salmo de los hijos de Coré.

47 1 Pueblos todos, batid las manos;
Aclamad a Dios con voz de júbilo.
2 Porque Jehová el Altísimo es temible;
Rey grande sobre toda la tierra.

45.6-7: [a] He. 1.8-9.

3 El someterá a los pueblos debajo
de nosotros,
Y a las naciones debajo de nuestros pies.
4 El nos elegirá nuestras heredades;
La hermosura de Jacob, al cual amó.
Selah

5 Subió Dios con júbilo,
Jehová con sonido de trompeta.
6 Cantad a Dios, cantad;
Cantad a nuestro Rey, cantad;
7 Porque Dios es el Rey de toda la tierra;
Cantad con inteligencia.
8 Reinó Dios sobre las naciones;
Se sentó Dios sobre su santo trono.
9 Los príncipes de los pueblos se reunieron
Como pueblo del Dios de Abraham;
10 Porque de Dios son los escudos
de la tierra;
El es muy exaltado.

Hermosura y gloria de Sion

Cántico. Salmo de los hijos de Coré.

48 1 Grande es Jehová, y digno de ser
en gran manera alabado
En la ciudad de nuestro Dios,
en su monte santo.
2 Hermosa provincia, el gozo de toda
la tierra,
Es el monte de Sion, a los lados del norte,
La ciudad del gran Rey.[a]
3 En sus palacios Dios es conocido
por refugio.
4 Porque he aquí los reyes de la tierra
se reunieron;
Pasaron todos.
5 Y viéndola ellos así, se maravillaron,
Se turbaron, se apresuraron a huir.
6 Les tomó allí temblor;
Dolor como de mujer que da a luz.
7 Con viento solano
Quiebras tú las naves de Tarsis.
8 Como lo oímos, así lo hemos visto
En la ciudad de Jehová de los ejércitos,
en la ciudad de nuestro Dios;
La afirmará Dios para siempre.
Selah

9 Nos acordamos de tu misericordia, oh Dios,
En medio de tu templo.
10 Conforme a tu nombre, oh Dios,
Así es tu loor hasta los fines de la tierra;
De justicia está llena tu diestra.
11 Se alegrará el monte de Sion;
Se gozarán las hijas de Judá
Por tus juicios.
12 Andad alrededor de Sion, y rodeadla;
Contad sus torres.
13 Considerad atentamente su antemuro,
Mirad sus palacios;
Para que lo contéis a la generación venidera.
14 Porque este Dios es Dios nuestro
eternamente y para siempre;
El nos guiará aun más allá de la muerte.

La insensatez de confiar en las riquezas

Al músico principal. Salmo de los hijos de Coré.

49 1 Oíd esto, pueblos todos;
Escuchad, habitantes todos del mundo,
2 Así los plebeyos como los nobles,
El rico y el pobre juntamente.
3 Mi boca hablará sabiduría,
Y el pensamiento de mi corazón
inteligencia.
4 Inclinaré al proverbio mi oído;
Declararé con el arpa mi enigma.
5 ¿Por qué he de temer en los días
de adversidad,
Cuando la iniquidad de mis opresores
me rodeare?
6 Los que confían en sus bienes,
Y de la muchedumbre de sus riquezas
se jactan,
7 Ninguno de ellos podrá en manera
alguna redimir al hermano,
Ni dar a Dios su rescate
8 (Porque la redención de su vida
es de gran precio,
Y no se logrará jamás),
9 Para que viva en adelante para siempre,
Y nunca vea corrupción.
10 Pues verá que aun los sabios mueren;
Que perecen del mismo modo que el
insensato y el necio,
Y dejan a otros sus riquezas.
11 Su íntimo pensamiento es que sus casas
serán eternas,
Y sus habitaciones para generación
y generación;
Dan sus nombres a sus tierras.
12 Mas el hombre no permanecerá en honra;
Es semejante a las bestias que perecen.
13 Este su camino es locura;
Con todo, sus descendientes se
complacen en el dicho de ellos.
Selah

14 Como a rebaños que son conducidos al Seol,
La muerte los pastoreará,
Y los rectos se enseñorearán de ellos por
la mañana;
Se consumirá su buen parecer, y el Seol
será su morada.
15 Pero Dios redimirá mi vida del poder del
Seol,
Porque él me tomará consigo.
Selah

48.2: [a] Mt. 5.35.

16 No temas cuando se enriquece alguno,
Cuando aumenta la gloria de su casa;
17 Porque cuando muera no llevará nada,
Ni descenderá tras él su gloria.
18 Aunque mientras viva, llame dichosa a su alma,
Y sea loado cuando prospere,
19 Entrará en la generación de sus padres,
Y nunca más verá la luz.
20 El hombre que está en honra y no entiende,
Semejante es a las bestias que perecen.

Dios juzgará al mundo

Salmo de Asaf.

50 1 El Dios de dioses, Jehová, ha hablado, y convocado la tierra,
Desde el nacimiento del sol hasta donde se pone.
2 De Sion, perfección de hermosura,
Dios ha resplandecido.
3 Vendrá nuestro Dios, y no callará;
Fuego consumirá delante de él,
Y tempestad poderosa le rodeará.
4 Convocará a los cielos de arriba,
Y a la tierra, para juzgar a su pueblo.
5 Juntadme mis santos,
Los que hicieron conmigo pacto con sacrificio.
6 Y los cielos declararán su justicia,
Porque Dios es el juez.
Selah
7 Oye, pueblo mío, y hablaré;
Escucha, Israel, y testificaré contra ti:
Yo soy Dios, el Dios tuyo.
8 No te reprenderé por tus sacrificios,
Ni por tus holocaustos, que están continuamente delante de mí.
9 No tomaré de tu casa becerros,
Ni machos cabríos de tus apriscos.
10 Porque mía es toda bestia del bosque,
Y los millares de animales en los collados.
11 Conozco a todas las aves de los montes,
Y todo lo que se mueve en los campos me pertenece.
12 Si yo tuviese hambre, no te lo diría a ti;
Porque mío es el mundo y su plenitud.
13 ¿He de comer yo carne de toros,
O de beber sangre de machos cabríos?
14 Sacrifica a Dios alabanza,
Y paga tus votos al Altísimo;
15 E invócame en el día de la angustia;
Te libraré, y tú me honrarás.
16 Pero al malo dijo Dios:
¿Qué tienes tú que hablar de mis leyes,
Y que tomar mi pacto en tu boca?
17 Pues tú aborreces la corrección,
Y echas a tu espalda mis palabras.
18 Si veías al ladrón, tú corrías con él,
Y con los adúlteros era tu parte.
19 Tu boca metías en mal,
Y tu lengua componía engaño.
20 Tomabas asiento, y hablabas contra tu hermano;
Contra el hijo de tu madre ponías infamia.
21 Estas cosas hiciste, y yo he callado;
Pensabas que de cierto sería yo como tú;
Pero te reprenderé, y las pondré delante de tus ojos.
22 Entended ahora esto, los que os olvidáis de Dios,
No sea que os despedace, y no haya quien os libre.
23 El que sacrifica alabanza me honrará;
Y al que ordenare su camino,
Le mostraré la salvación de Dios.

Arrepentimiento, y plegaria pidiendo purificación

Al músico principal. Salmo de David, cuando después que se llegó a Betsabé, vino a él Natán el profeta.[a]

51 1 Ten piedad de mí, oh Dios, conforme a tu misericordia;
Conforme a la multitud de tus piedades borra mis rebeliones.
2 Lávame más y más de mi maldad,
Y límpiame de mi pecado.
3 Porque yo reconozco mis rebeliones,
Y mi pecado está siempre delante de mí.
4 Contra ti, contra ti solo he pecado,
Y he hecho lo malo delante de tus ojos;
Para que seas reconocido justo en tu palabra,
Y tenido por puro en tu juicio.[b]
5 He aquí, en maldad he sido formado,
Y en pecado me concibió mi madre.
6 He aquí, tú amas la verdad en lo íntimo,
Y en lo secreto me has hecho comprender sabiduría.
7 Purifícame con hisopo, y seré limpio;
Lávame, y seré más blanco que la nieve.
8 Hazme oír gozo y alegría,
Y se recrearán los huesos que has abatido.
9 Esconde tu rostro de mis pecados,
Y borra todas mis maldades.
10 Crea en mí, oh Dios, un corazón limpio,
Y renueva un espíritu recto dentro de mí.
11 No me eches de delante de ti,
Y no quites de mí tu santo Espíritu.
12 Vuélveme el gozo de tu salvación,
Y espíritu noble me sustente.

51 tít.: [a] 2 S. 12.1-15. **51.4:** [b] Ro. 3.4.

13 Entonces enseñaré a los transgresores
tus caminos,
Y los pecadores se convertirán a ti.
14 Líbrame de homicidios, oh Dios,
Dios de mi salvación;
Cantará mi lengua tu justicia.
15 Señor, abre mis labios,
Y publicará mi boca tu alabanza.
16 Porque no quieres sacrificio,
que yo lo daría;
No quieres holocausto.
17 Los sacrificios de Dios son el espíritu
quebrantado;
Al corazón contrito y humillado no
despreciarás tú, oh Dios.
18 Haz bien con tu benevolencia a Sion;
Edifica los muros de Jerusalén.
19 Entonces te agradarán los sacrificios
de justicia,
El holocausto u ofrenda del todo
quemada;
Entonces ofrecerán becerros sobre tu altar.

Futilidad de la jactancia del malo

Al músico principal. Masquil de David, cuando vino Doeg edomita y dio cuenta a Saúl diciéndole: David ha venido a casa de Ahimelec.[a]

52 1 ¿Por qué te jactas de maldad,
oh poderoso?
La misericordia de Dios es continua.
2 Agravios maquina tu lengua;
Como navaja afilada hace engaño.
3 Amaste el mal más que el bien,
La mentira más que la verdad.
Selah
4 Has amado toda suerte de palabras
perniciosas,
Engañosa lengua.
5 Por tanto, Dios te destruirá para siempre;
Te asolará y te arrancará de tu morada,
Y te desarraigará de la tierra
de los vivientes.
Selah
6 Verán los justos, y temerán;
Se reirán de él, diciendo:
7 He aquí el hombre que no puso a Dios
por su fortaleza,
Sino que confió en la multitud
de sus riquezas,
Y se mantuvo en su maldad.
8 Pero yo estoy como olivo verde
en la casa de Dios;
En la misericordia de Dios confío
eternamente y para siempre.
9 Te alabaré para siempre,
porque lo has hecho así;
Y esperaré en tu nombre, porque es bueno,
delante de tus santos.

Insensatez y maldad de los hombres

Al músico principal; sobre Mahalat. Masquil de David.

53 1 Dice el necio en su corazón: No
hay Dios.
Se han corrompido, e hicieron
abominable maldad;
No hay quien haga bien.
2 Dios desde los cielos miró sobre los hijos
de los hombres,
Para ver si había algún entendido
Que buscara a Dios.
3 Cada uno se había vuelto atrás;
todos se habían corrompido;
No hay quien haga lo bueno, no hay ni
aun uno.[a]
4 ¿No tienen conocimiento todos los que
hacen iniquidad,
Que devoran a mi pueblo como si
comiesen pan,
Y a Dios no invocan?
5 Allí se sobresaltaron de pavor
donde no había miedo,
Porque Dios ha esparcido los huesos del
que puso asedio contra ti;
Los avergonzaste, porque Dios los desechó.
6 ¡Oh, si saliera de Sion la salvación
de Israel!
Cuando Dios hiciere volver de la
cautividad a su pueblo,
Se gozará Jacob, y se alegrará Israel.

Plegaria pidiendo protección contra los enemigos

Al músico principal; en Neginot. Masquil de David, cuando vinieron los zifeos y dijeron a Saúl: ¿No está David escondido en nuestra tierra?[a]

54 1 Oh Dios, sálvame por tu nombre,
Y con tu poder defiéndeme.
2 Oh Dios, oye mi oración;
Escucha las razones de mi boca.
3 Porque extraños se han levantado contra mí,
Y hombres violentos buscan mi vida;
No han puesto a Dios delante de sí.
Selah
4 He aquí, Dios es el que me ayuda;
El Señor está con los que sostienen mi vida.
5 El devolverá el mal a mis enemigos;
Córtalos por tu verdad.
6 Voluntariamente sacrificaré a ti;
Alabaré tu nombre, oh Jehová,
porque es bueno.
7 Porque él me ha librado de toda angustia,
Y mis ojos han visto la ruina de mis
enemigos.

52 tít.: [a] 1 S. 22.9-10. **53.1-3:** [a] Ro. 3.10-12.
54 tít.: [a] 1 S. 23.19; 26.1.

Plegaria pidiendo la destrucción de enemigos traicioneros

Al músico principal; en Neginot. Masquil de David.

55 1 Escucha, oh Dios, mi oración,
Y no te escondas de mi súplica.
2 Está atento, y respóndeme;
Clamo en mi oración, y me conmuevo,
3 A causa de la voz del enemigo,
Por la opresión del impío;
Porque sobre mí echaron iniquidad,
Y con furor me persiguen.
4 Mi corazón está dolorido dentro de mí,
Y terrores de muerte sobre mí han caído.
5 Temor y temblor vinieron sobre mí,
Y terror me ha cubierto.
6 Y dije: ¡Quién me diese alas
como de paloma!
Volaría yo, y descansaría.
7 Ciertamente huiría lejos;
Moraría en el desierto.
Selah
8 Me apresuraría a escapar
Del viento borrascoso, de la tempestad.
9 Destrúyelos, oh Señor; confunde
la lengua de ellos;
Porque he visto violencia y rencilla
en la ciudad.
10 Día y noche la rodean sobre sus muros,
E iniquidad y trabajo hay en medio de ella.
11 Maldad hay en medio de ella,
Y el fraude y el engaño no se apartan
de sus plazas.
12 Porque no me afrentó un enemigo,
Lo cual habría soportado;
Ni se alzó contra mí el que me aborrecía,
Porque me hubiera ocultado de él;
13 Sino tú, hombre, al parecer íntimo mío,
Mi guía, y mi familiar;
14 Que juntos comunicábamos dulcemente
los secretos,
Y andábamos en amistad en la casa de Dios.
15 Que la muerte les sorprenda;
Desciendan vivos al Seol,
Porque hay maldades en sus moradas,
en medio de ellos.
16 En cuanto a mí, a Dios clamaré;
Y Jehová me salvará.
17 Tarde y mañana y a mediodía oraré
y clamaré,
Y él oirá mi voz.
18 El redimirá en paz mi alma de la guerra
contra mí,
Aunque contra mí haya muchos.
19 Dios oirá, y los quebrantará luego,
El que permanece desde la antigüedad;
Por cuanto no cambian,
Ni temen a Dios.
Selah
20 Extendió el inicuo sus manos contra
los que estaban en paz con él;
Violó su pacto.
21 Los dichos de su boca son más blandos
que mantequilla,
Pero guerra hay en su corazón;
Suaviza sus palabras más que el aceite,
Mas ellas son espadas desnudas.
22 Echa sobre Jehová tu carga,
y él te sustentará;
No dejará para siempre caído al justo.
23 Mas tú, oh Dios, harás descender
aquéllos al pozo de perdición.
Los hombres sanguinarios y engañadores
no llegarán a la mitad de sus días;
Pero yo en ti confiaré.

Oración de confianza

Al músico principal; sobre La paloma silenciosa en paraje muy distante. Mictam de David, cuando los filisteos le prendieron en Gat.[a]

56 1 Ten misericordia de mí, oh Dios,
porque me devoraría el hombre;
Me oprime combatiéndome cada día.
2 Todo el día mis enemigos me pisotean;
Porque muchos son los que pelean contra
mí con soberbia.
3 En el día que temo,
Yo en ti confío.
4 En Dios alabaré su palabra;
En Dios he confiado; no temeré;
¿Qué puede hacerme el hombre?
5 Todos los días ellos pervierten mi causa;
Contra mí son todos sus pensamientos
para mal.
6 Se reúnen, se esconden,
Miran atentamente mis pasos,
Como quienes acechan a mi alma.
7 Pésalos según su iniquidad, oh Dios,
Y derriba en tu furor a los pueblos.
8 Mis huidas tú has contado;
Pon mis lágrimas en tu redoma;
¿No están ellas en tu libro?
9 Serán luego vueltos atrás mis enemigos,
el día en que yo clamare;
Esto sé, que Dios está por mí.
10 En Dios alabaré su palabra;
En Jehová su palabra alabaré.
11 En Dios he confiado; no temeré;
¿Qué puede hacerme el hombre?
12 Sobre mí, oh Dios, están tus votos;
Te tributaré alabanzas.
13 Porque has librado mi alma de la muerte,
Y mis pies de caída,
Para que ande delante de Dios
En la luz de los que viven.

56 tít.: [a] 1 S. 21.13-15.

Plegaria pidiendo ser librado de los perseguidores

Al músico principal; sobre No destruyas.
Mictam de David, cuando huyó
de delante de Saúl a la cueva.[a]

57 1 Ten misericordia de mí, oh Dios, ten misericordia de mí;
Porque en ti ha confiado mi alma,
Y en la sombra de tus alas me ampararé
Hasta que pasen los quebrantos.
2 Clamaré al Dios Altísimo,
Al Dios que me favorece.
3 El enviará desde los cielos, y me salvará
De la infamia del que me acosa;
Selah
Dios enviará su misericordia y su verdad.
4 Mi vida está entre leones;
Estoy echado entre hijos de hombres que vomitan llamas;
Sus dientes son lanzas y saetas,
Y su lengua espada aguda.
5 Exaltado seas sobre los cielos, oh Dios;
Sobre toda la tierra sea tu gloria.
6 Red han armado a mis pasos;
Se ha abatido mi alma;
Hoyo han cavado delante de mí;
En medio de él han caído ellos mismos.
Selah

7 Pronto está mi corazón, oh Dios, mi corazón está dispuesto;
Cantaré, y trovaré salmos.
8 Despierta, alma mía; despierta, salterio y arpa;
Me levantaré de mañana.
9 Te alabaré entre los pueblos, oh Señor;
Cantaré de ti entre las naciones.
10 Porque grande es hasta los cielos tu misericordia,
Y hasta las nubes tu verdad.
11 Exaltado seas sobre los cielos, oh Dios;
Sobre toda la tierra sea tu gloria.

Plegaria pidiendo el castigo de los malos

Al músico principal; sobre No destruyas.
Mictam de David.

58 1 Oh congregación, ¿pronunciáis en verdad justicia?
¿Juzgáis rectamente, hijos de los hombres?
2 Antes en el corazón maquináis iniquidades;
Hacéis pesar la violencia de vuestras manos en la tierra.
3 Se apartaron los impíos desde la matriz;
Se descarriaron hablando mentira desde que nacieron.
4 Veneno tienen como veneno de serpiente;
Son como el áspid sordo que cierra su oído,
5 Que no oye la voz de los que encantan,
Por más hábil que el encantador sea.
6 Oh Dios, quiebra sus dientes en sus bocas;
Quiebra, oh Jehová, las muelas de los leoncillos.
7 Sean disipados como aguas que corren;
Cuando disparen sus saetas, sean hechas pedazos.
8 Pasen ellos como el caracol que se deslíe;
Como el que nace muerto, no vean el sol.
9 Antes que vuestras ollas sientan la llama de los espinos,
Así vivos, así airados, los arrebatará él con tempestad.
10 Se alegrará el justo cuando viere la venganza;
Sus pies lavará en la sangre del impío.
11 Entonces dirá el hombre: Ciertamente hay galardón para el justo;
Ciertamente hay Dios que juzga en la tierra.

Oración pidiendo ser librado de los enemigos

Al músico principal; sobre No destruyas.
Mictam de David, cuando envió Saúl,
y vigilaron la casa para matarlo.[a]

59 1 Líbrame de mis enemigos, oh Dios mío;
Ponme a salvo de los que se levantan contra mí.
2 Líbrame de los que cometen iniquidad,
Y sálvame de hombres sanguinarios.
3 Porque he aquí están acechando mi vida;
Se han juntado contra mí poderosos.
No por falta mía, ni pecado mío, oh Jehová;
4 Sin delito mío corren y se aperciben.
Despierta para venir a mi encuentro, y mira.
5 Y tú, Jehová Dios de los ejércitos, Dios de Israel,
Despierta para castigar a todas las naciones;
No tengas misericordia de todos los que se rebelan con iniquidad.
Selah

6 Volverán a la tarde, ladrarán como perros,
Y rodearán la ciudad.
7 He aquí proferirán con su boca;
Espadas hay en sus labios,
Porque dicen: ¿Quién oye?
8 Mas tú, Jehová, te reirás de ellos;
Te burlarás de todas las naciones.
9 A causa del poder del enemigo esperaré en ti,
Porque Dios es mi defensa.
10 El Dios de mi misericordia irá delante de mí;
Dios hará que vea en mis enemigos mi deseo.

57 tít.: [a] 1 S. 22.1; 24.3. **59 tít.:** [a] 1 S. 19.11.

11 No los mates, para que mi pueblo
no olvide;
Dispérsalos con tu poder, y abátelos,
Oh Jehová, escudo nuestro.
12 Por el pecado de su boca, por la palabra
de sus labios,
Sean ellos presos en su soberbia,
Y por la maldición y mentira que profieren.
13 Acábalos con furor, acábalos,
para que no sean;
Y sépase que Dios gobierna en Jacob
Hasta los fines de la tierra.
Selah
14 Vuelvan, pues, a la tarde,
y ladren como perros,
Y rodeen la ciudad.
15 Anden ellos errantes para hallar qué comer;
Y si no se sacian, pasen la noche
quejándose.
16 Pero yo cantaré de tu poder,
Y alabaré de mañana tu misericordia;
Porque has sido mi amparo
Y refugio en el día de mi angustia.
17 Fortaleza mía, a ti cantaré;
Porque eres, oh Dios, mi refugio, el Dios
de mi misericordia.

Plegaria pidiendo ayuda contra el enemigo

Al músico principal; sobre Lirios. Testimonio. Mictam de David, para enseñar, cuando tuvo guerra contra Aram-Naharaim y contra Aram de Soba, y volvió Joab, y destrozó a doce mil de Edom en el valle de la Sal.[a]

60 1 Oh Dios, tú nos has desechado,
nos quebrantaste;
Te has airado; ¡vuélvete a nosotros!
2 Hiciste temblar la tierra, la has hendido;
Sana sus roturas, porque titubea.
3 Has hecho ver a tu pueblo cosas duras;
Nos hiciste beber vino de aturdimiento.
4 Has dado a los que te temen bandera
Que alcen por causa de la verdad.
Selah
5 Para que se libren tus amados,
Salva con tu diestra, y óyeme.
6 Dios ha dicho en su santuario: Yo me
alegraré;
Repartiré a Siquem, y mediré el valle
de Sucot.
7 Mío es Galaad, y mío es Manasés;
Y Efraín es la fortaleza de mi cabeza;
Judá es mi legislador.
8 Moab, vasija para lavarme;
Sobre Edom echaré mi calzado;
Me regocijaré sobre Filistea.
9 ¿Quién me llevará a la ciudad
fortificada?
¿Quién me llevará hasta Edom?
10 ¿No serás tú, oh Dios, que nos habías
desechado,
Y no salías, oh Dios, con nuestros
ejércitos?
11 Danos socorro contra el enemigo,
Porque vana es la ayuda de los hombres.
12 En Dios haremos proezas,
Y él hollará a nuestros enemigos.

Confianza en la protección de Dios

Al músico principal; sobre Neginot. Salmo de David.

61 1 Oye, oh Dios, mi clamor;
A mi oración atiende.
2 Desde el cabo de la tierra clamaré a ti,
cuando mi corazón desmayare.
Llévame a la roca que es más alta que yo,
3 Porque tú has sido mi refugio,
Y torre fuerte delante del enemigo.
4 Yo habitaré en tu tabernáculo para siempre;
Estaré seguro bajo la cubierta de tus alas.
Selah
5 Porque tú, oh Dios, has oído mis votos;
Me has dado la heredad de los que
temen tu nombre.
6 Días sobre días añadirás al rey;
Sus años serán como generación
y generación.
7 Estará para siempre delante de Dios;
Prepara misericordia y verdad
para que lo conserven.
8 Así cantaré tu nombre para siempre,
Pagando mis votos cada día.

Dios, el único refugio

Al músico principal; a Jedutún. Salmo de David.

62 1 En Dios solamente está acallada
mi alma;
De él viene mi salvación.
2 El solamente es mi roca y mi salvación;
Es mi refugio, no resbalaré mucho.
3 ¿Hasta cuándo maquinaréis
contra un hombre,
Tratando todos vosotros de aplastarle
Como pared desplomada y como cerca
derribada?
4 Solamente consultan para arrojarle
de su grandeza.
Aman la mentira;
Con su boca bendicen, pero maldicen
en su corazón.
Selah
5 Alma mía, en Dios solamente reposa,
Porque de él es mi esperanza.
6 El solamente es mi roca y mi salvación.
Es mi refugio, no resbalaré.

60 tít.: [a] 2 S. 8.13; 1 Cr. 18.12.

7 En Dios está mi salvación y mi gloria;
En Dios está mi roca fuerte, y mi refugio.
8 Esperad en él en todo tiempo, oh pueblos;
Derramad delante de él vuestro corazón;
Dios es nuestro refugio.
Selah

9 Por cierto, vanidad son los hijos de los hombres, mentira los hijos de varón;
Pesándolos a todos igualmente en la balanza,
Serán menos que nada.
10 No confiéis en la violencia,
Ni en la rapiña; no os envanezcáis;
Si se aumentan las riquezas, no pongáis el corazón en ellas.
11 Una vez habló Dios;
Dos veces he oído esto:
Que de Dios es el poder,
12 Y tuya, oh Señor, es la misericordia;
Porque tú pagas a cada uno conforme a su obra.[a]

Dios, satisfacción del alma

Salmo de David, cuando estaba en el desierto de Judá.[a]

63 1 Dios, Dios mío eres tú;
De madrugada te buscaré;
Mi alma tiene sed de ti, mi carne te anhela,
En tierra seca y árida donde no hay aguas,
2 Para ver tu poder y tu gloria,
Así como te he mirado en el santuario.
3 Porque mejor es tu misericordia que la vida;
Mis labios te alabarán.
4 Así te bendeciré en mi vida;
En tu nombre alzaré mis manos.
5 Como de meollo y de grosura será saciada mi alma,
Y con labios de júbilo te alabará mi boca,
6 Cuando me acuerde de ti en mi lecho,
Cuando medite en ti en las vigilias de la noche.
7 Porque has sido mi socorro,
Y así en la sombra de tus alas me regocijaré.
8 Está mi alma apegada a ti;
Tu diestra me ha sostenido.
9 Pero los que para destrucción buscaron mi alma
Caerán en los sitios bajos de la tierra.
10 Los destruirán a filo de espada;
Serán porción de los chacales.
11 Pero el rey se alegrará en Dios;
Será alabado cualquiera que jura por él;
Porque la boca de los que hablan mentira será cerrada.

Plegaria pidiendo protección contra enemigos ocultos

Al músico principal. Salmo de David.

64 1 Escucha, oh Dios, la voz de mi queja;
Guarda mi vida del temor del enemigo.
2 Escóndeme del consejo secreto de los malignos,
De la conspiración de los que hacen iniquidad,
3 Que afilan como espada su lengua;
Lanzan cual saeta suya, palabra amarga,
4 Para asaetear a escondidas al íntegro;
De repente lo asaetean, y no temen.
5 Obstinados en su inicuo designio,
Tratan de esconder los lazos,
Y dicen: ¿Quién los ha de ver?
6 Inquieren iniquidades, hacen una investigación exacta;
Y el íntimo pensamiento de cada uno de ellos, así como su corazón, es profundo.
7 Mas Dios los herirá con saeta;
De repente serán sus plagas.
8 Sus propias lenguas los harán caer;
Se espantarán todos los que los vean.
9 Entonces temerán todos los hombres,
Y anunciarán la obra de Dios,
Y entenderán sus hechos.
10 Se alegrará el justo en Jehová, y confiará en él;
Y se gloriarán todos los rectos de corazón.

La generosidad de Dios en la naturaleza

Al músico principal. Salmo. Cántico de David.

65 1 Tuya es la alabanza en Sion, oh Dios,
Y a ti se pagarán los votos.
2 Tú oyes la oración;
A ti vendrá toda carne.
3 Las iniquidades prevalecen contra mí;
Mas nuestras rebeliones tú las perdonarás.
4 Bienaventurado el que tú escogieres y atrajeres a ti,
Para que habite en tus atrios;
Seremos saciados del bien de tu casa,
De tu santo templo.
5 Con tremendas cosas nos responderás tú en justicia,
Oh Dios de nuestra salvación,
Esperanza de todos los términos de la tierra,
Y de los más remotos confines del mar.
6 Tú, el que afirma los montes con su poder,
Ceñido de valentía;
7 El que sosiega el estruendo de los mares, el estruendo de sus ondas,
Y el alboroto de las naciones.

62.12: [a] Job 34.11; Jer. 17.10; Mt. 16.27; Ro. 2.6; Ap. 2.23.
63 tít.: [a] 2 S. 15. 23, 28.

8 Por tanto, los habitantes de los fines de la
tierra temen de tus maravillas.
Tú haces alegrar las salidas de la mañana
y de la tarde.
9 Visitas la tierra, y la riegas;
En gran manera la enriqueces;
Con el río de Dios, lleno de aguas,
Preparas el grano de ellos,
cuando así la dispones.
10 Haces que se empapen sus surcos,
Haces descender sus canales;
La ablandas con lluvias,
Bendices sus renuevos.
11 Tú coronas el año con tus bienes,
Y tus nubes destilan grosura.
12 Destilan sobre los pastizales del desierto,
Y los collados se ciñen de alegría.
13 Se visten de manadas los llanos,
Y los valles se cubren de grano;
Dan voces de júbilo, y aun cantan.

Alabanza por los hechos poderosos de Dios

Al músico principal. Cántico. Salmo.

66 1 Aclamad a Dios con alegría,
toda la tierra.
2 Cantad la gloria de su nombre;
Poned gloria en su alabanza.
3 Decid a Dios: ¡Cuán asombrosas
son tus obras!
Por la grandeza de tu poder se someterán
a ti tus enemigos.
4 Toda la tierra te adorará,
Y cantará a ti;
Cantarán a tu nombre.
Selah
5 Venid, y ved las obras de Dios,
Temible en hechos sobre los hijos
de los hombres.
6 Volvió el mar en seco;[a]
Por el río pasaron a pie;[b]
Allí en él nos alegramos.
7 El señorea con su poder para siempre;
Sus ojos atalayan sobre las naciones;
Los rebeldes no serán enaltecidos.
Selah
8 Bendecid, pueblos, a nuestro Dios,
Y haced oír la voz de su alabanza.
9 El es quien preservó la vida a nuestra
alma,
Y no permitió que nuestros pies resbalasen.
10 Porque tú nos probaste, oh Dios;
Nos ensayaste como se afina la plata.
11 Nos metiste en la red;
Pusiste sobre nuestros lomos
pesada carga.
12 Hiciste cabalgar hombres sobre nuestra
cabeza;
Pasamos por el fuego y por el agua,
Y nos sacaste a abundancia.
13 Entraré en tu casa con holocaustos;
Te pagaré mis votos,
14 Que pronunciaron mis labios
Y habló mi boca, cuando estaba angustiado.
15 Holocaustos de animales engordados
te ofreceré,
Con sahumerio de carneros;
Te ofreceré en sacrificio bueyes y machos
cabríos.
Selah
16 Venid, oíd todos los que teméis a Dios,
Y contaré lo que ha hecho a mi alma.
17 A él clamé con mi boca,
Y fue exaltado con mi lengua.
18 Si en mi corazón hubiese yo mirado
a la iniquidad,
El Señor no me habría escuchado.
19 Mas ciertamente me escuchó Dios;
Atendió a la voz de mi súplica.
20 Bendito sea Dios,
Que no echó de sí mi oración,
ni de mí su misericordia.

Exhortación a las naciones, para que alaben a Dios

Al músico principal; en Neginot. Salmo. Cántico.

67 1 Dios tenga misericordia de nosotros,
y nos bendiga;
Haga resplandecer su rostro sobre nosotros;
Selah
2 Para que sea conocido en la tierra tu camino,
En todas las naciones tu salvación.
3 Te alaben los pueblos, oh Dios;
Todos los pueblos te alaben.
4 Alégrense y gócense las naciones,
Porque juzgarás los pueblos con equidad,
Y pastorearás las naciones en la tierra.
Selah
5 Te alaben los pueblos, oh Dios;
Todos los pueblos te alaben.
6 La tierra dará su fruto;
Nos bendecirá Dios, el Dios nuestro.
7 Bendíganos Dios,
Y témanlo todos los términos de la tierra.

El Dios del Sinaí y del santuario

Al músico principal. Salmo de David. Cántico.

68 1 Levántese Dios, sean esparcidos
sus enemigos,
Y huyan de su presencia los que le
aborrecen.
2 Como es lanzado el humo, los lanzarás;
Como se derrite la cera delante del fuego,
Así perecerán los impíos delante de Dios.

66.6: [a] Ex. 14.21. [b] Jos. 3.14-17.

3 Mas los justos se alegrarán; se gozarán
delante de Dios,
Y saltarán de alegría.
4 Cantad a Dios, cantad salmos a su nombre;
Exaltad al que cabalga sobre los cielos.
JAH es su nombre; alegraos delante de él.
5 Padre de huérfanos y defensor de viudas
Es Dios en su santa morada.
6 Dios hace habitar en familia
a los desamparados;
Saca a los cautivos a prosperidad;
Mas los rebeldes habitan en tierra seca.
7 Oh Dios, cuando tú saliste delante
de tu pueblo,
Cuando anduviste por el desierto,
Selah
8 La tierra tembló;
También destilaron los cielos ante la
presencia de Dios;
Aquel Sinaí tembló delante de Dios,[a]
del Dios de Israel.
9 Abundante lluvia esparciste, oh Dios;
A tu heredad exhausta tú la reanimaste.
10 Los que son de tu grey han morado en ella;
Por tu bondad, oh Dios, has provisto
al pobre.
11 El Señor daba palabra;
Había grande multitud de las que
llevaban buenas nuevas.
12 Huyeron, huyeron reyes de ejércitos,
Y las que se quedaban en casa repartían
los despojos.
13 Bien que fuisteis echados entre los tiestos,
Seréis como alas de paloma cubiertas
de plata,
Y sus plumas con amarillez de oro.
14 Cuando esparció el Omnipotente
los reyes allí,
Fue como si hubiese nevado en el monte
Salmón.
15 Monte de Dios es el monte de Basán;
Monte alto el de Basán.
16 ¿Por qué observáis, oh montes altos,
Al monte que deseó Dios para su morada?
Ciertamente Jehová habitará en él
para siempre.
17 Los carros de Dios se cuentan por
veintenas de millares de millares;
El Señor viene del Sinaí a su santuario.
18 Subiste a lo alto, cautivaste
la cautividad,
Tomaste dones para los hombres,[b]
Y también para los rebeldes, para que
habite entre ellos JAH Dios.
19 Bendito el Señor; cada día nos colma
de beneficios
El Dios de nuestra salvación.
Selah
20 Dios, nuestro Dios ha de salvarnos,
Y de Jehová el Señor es el librar
de la muerte.
21 Ciertamente Dios herirá la cabeza
de sus enemigos,
La testa cabelluda del que camina
en sus pecados.
22 El Señor dijo: De Basán te haré volver;
Te haré volver de las profundidades
del mar;
23 Porque tu pie se enrojecerá de sangre
de tus enemigos,
Y de ella la lengua de tus perros.
24 Vieron tus caminos, oh Dios;
Los caminos de mi Dios, de mi Rey,
en el santuario.
25 Los cantores iban delante, los músicos
detrás;
En medio las doncellas con panderos.
26 Bendecid a Dios en las congregaciones;
Al Señor, vosotros de la estirpe de Israel.
27 Allí estaba el joven Benjamín, señoreador
de ellos,
Los príncipes de Judá en su
congregación,
Los príncipes de Zabulón, los príncipes
de Neftalí.
28 Tu Dios ha ordenado tu fuerza;
Confirma, oh Dios, lo que has hecho
para nosotros.
29 Por razón de tu templo en Jerusalén
Los reyes te ofrecerán dones.
30 Reprime la reunión de gentes armadas,
La multitud de toros con los becerros
de los pueblos,
Hasta que todos se sometan con sus
piezas de plata;
Esparce a los pueblos que se complacen
en la guerra.
31 Vendrán príncipes de Egipto;
Etiopía se apresurará a extender sus
manos hacia Dios.
32 Reinos de la tierra, cantad a Dios,
Cantad al Señor;
Selah
33 Al que cabalga sobre los cielos de los cielos,
que son desde la antigüedad;
He aquí dará su voz, poderosa voz.
34 Atribuid poder a Dios;
Sobre Israel es su magnificencia,
Y su poder está en los cielos.
35 Temible eres, oh Dios, desde tus
santuarios;
El Dios de Israel, él da fuerza y vigor
a su pueblo.
Bendito sea Dios.

68.8: [a] Ex. 19.18. **68.18:** [b] Ef. 4.8.

Un grito de angustia

Al músico principal; sobre Lirios.
Salmo de David.

69 1 Sálvame, oh Dios,
Porque las aguas han entrado hasta
el alma.
2 Estoy hundido en cieno profundo, donde
no puedo hacer pie;
He venido a abismos de aguas, y la
corriente me ha anegado.
3 Cansado estoy de llamar; mi garganta
se ha enronquecido;
Han desfallecido mis ojos esperando
a mi Dios.
4 Se han aumentado más que los cabellos
de mi cabeza los que me aborrecen
sin causa;[a]
Se han hecho poderosos mis enemigos, los
que me destruyen sin tener por qué.
¿Y he de pagar lo que no robé?
5 Dios, tú conoces mi insensatez,
Y mis pecados no te son ocultos.
6 No sean avergonzados por causa mía los
que en ti confían, oh Señor Jehová de
los ejércitos;
No sean confundidos por mí los que te
buscan, oh Dios de Israel.
7 Porque por amor de ti he sufrido afrenta;
Confusión ha cubierto mi rostro.
8 Extraño he sido para mis hermanos,
Y desconocido para los hijos de mi
madre.
9 Porque me consumió el celo de tu casa;[b]
Y los denuestos de los que te vituperaban
cayeron sobre mí.[c]
10 Lloré afligiendo con ayuno mi alma,
Y esto me ha sido por afrenta.
11 Puse además cilicio por mi vestido,
Y vine a serles por proverbio.
12 Hablaban contra mí los que se sentaban
a la puerta,
Y me zaherían en sus canciones
los bebedores.
13 Pero yo a ti oraba, oh Jehová, al tiempo
de tu buena voluntad;
Oh Dios, por la abundancia de tu
misericordia,
Por la verdad de tu salvación, escúchame.
14 Sácame del lodo, y no sea yo sumergido;
Sea yo libertado de los que me aborrecen,
y de lo profundo de las aguas.
15 No me anegue la corriente de las aguas,
Ni me trague el abismo,
Ni el pozo cierre sobre mí su boca.
16 Respóndeme, Jehová, porque benigna
es tu misericordia;
Mírame conforme a la multitud
de tus piedades.
17 No escondas de tu siervo tu rostro,
Porque estoy angustiado; apresúrate,
óyeme.
18 Acércate a mi alma, redímela;
Líbrame a causa de mis enemigos.
19 Tú sabes mi afrenta, mi confusión
y mi oprobio;
Delante de ti están todos mis adversarios.
20 El escarnio ha quebrantado mi corazón,
y estoy acongojado.
Esperé quien se compadeciese de mí,
y no lo hubo;
Y consoladores, y ninguno hallé.
21 Me pusieron además hiel por comida,
Y en mi sed me dieron a beber vinagre.[d]
22 Sea su convite delante de ellos por lazo,
Y lo que es para bien, por tropiezo.
23 Sean oscurecidos sus ojos
para que no vean,
Y haz temblar continuamente
sus lomos.[e]
24 Derrama sobre ellos tu ira,
Y el furor de tu enojo los alcance.
25 Sea su palacio asolado;
En sus tiendas no haya morador.[f]
26 Porque persiguieron al que tú heriste,
Y cuentan del dolor de los que tú
llagaste.
27 Pon maldad sobre su maldad,
Y no entren en tu justicia.
28 Sean raídos del libro de los vivientes,[g]
Y no sean escritos entre los justos.
29 Mas a mí, afligido y miserable,
Tu salvación, oh Dios, me ponga en alto.
30 Alabaré yo el nombre de Dios
con cántico,
Lo exaltaré con alabanza.
31 Y agradará a Jehová más que sacrificio
de buey,
O becerro que tiene cuernos y pezuñas;
32 Lo verán los oprimidos, y se gozarán.
Buscad a Dios, y vivirá vuestro corazón,
33 Porque Jehová oye a los menesterosos,
Y no menosprecia a sus prisioneros.
34 Alábenle los cielos y la tierra,
Los mares, y todo lo que se mueve
en ellos.
35 Porque Dios salvará a Sion, y reedificará
las ciudades de Judá;
Y habitarán allí, y la poseerán.
36 La descendencia de sus siervos
la heredará,
Y los que aman su nombre habitarán
en ella.

69.4: [a] Sal. 35.19; Jn. 15.25. **69.9:** [b] Jn. 2.17. [c] Ro. 15.3.
69.21: [d] Mt. 27.48; Mr. 15.36; Jn. 19.28-29.
69.22-23: [e] Ro. 11.9-10. **69.25:** [f] Hch. 1.20.
69.28: [g] Ap. 3.5; 13.8; 17.8.

Súplica por la liberación

Al músico principal. Salmo de David, para conmemorar.

70 1 Oh Dios, acude a librarme;
Apresúrate, oh Dios, a socorrerme.
2 Sean avergonzados y confundidos
Los que buscan mi vida;
Sean vueltos atrás y avergonzados
Los que mi mal desean.
3 Sean vueltos atrás, en pago de su afrenta hecha,
Los que dicen: ¡Ah! ¡Ah!
4 Gócense y alégrense en ti todos los que te buscan,
Y digan siempre los que aman tu salvación:
Engrandecido sea Dios.
5 Yo estoy afligido y menesteroso;
Apresúrate a mí, oh Dios.
Ayuda mía y mi libertador eres tú;
Oh Jehová, no te detengas.

Oración de un anciano

71 1 En ti, oh Jehová, me he refugiado;
No sea yo avergonzado jamás.
2 Socórreme y líbrame en tu justicia;
Inclina tu oído y sálvame.
3 Sé para mí una roca de refugio, adonde recurra yo continuamente.
Tú has dado mandamiento para salvarme,
Porque tú eres mi roca y mi fortaleza.
4 Dios mío, líbrame de la mano del impío,
De la mano del perverso y violento.
5 Porque tú, oh Señor Jehová, eres mi esperanza,
Seguridad mía desde mi juventud.
6 En ti he sido sustentado desde el vientre;
De las entrañas de mi madre tú fuiste el que me sacó;
De ti será siempre mi alabanza.
7 Como prodigio he sido a muchos,
Y tú mi refugio fuerte.
8 Sea llena mi boca de tu alabanza,
De tu gloria todo el día.
9 No me deseches en el tiempo de la vejez;
Cuando mi fuerza se acabare, no me desampares.
10 Porque mis enemigos hablan de mí,
Y los que acechan mi alma consultaron juntamente,
11 Diciendo: Dios lo ha desamparado;
Perseguidle y tomadle, porque no hay quien le libre.
12 Oh Dios, no te alejes de mí;
Dios mío, acude pronto en mi socorro.
13 Sean avergonzados, perezcan los adversarios de mi alma;
Sean cubiertos de vergüenza y de confusión los que mi mal buscan.
14 Mas yo esperaré siempre,
Y te alabaré más y más.
15 Mi boca publicará tu justicia
Y tus hechos de salvación todo el día,
Aunque no sé su número.
16 Vendré a los hechos poderosos de Jehová el Señor;
Haré memoria de tu justicia, de la tuya sola.
17 Oh Dios, me enseñaste desde mi juventud,
Y hasta ahora he manifestado tus maravillas.
18 Aun en la vejez y las canas, oh Dios, no me desampares,
Hasta que anuncie tu poder a la posteridad,
Y tu potencia a todos los que han de venir,
19 Y tu justicia, oh Dios, hasta lo excelso.
Tú has hecho grandes cosas;
Oh Dios, ¿quién como tú?
20 Tú, que me has hecho ver muchas angustias y males,
Volverás a darme vida,
Y de nuevo me levantarás de los abismos de la tierra.
21 Aumentarás mi grandeza,
Y volverás a consolarme.
22 Asimismo yo te alabaré con instrumento de salterio,
Oh Dios mío; tu verdad cantaré a ti en el arpa,
Oh Santo de Israel.
23 Mis labios se alegrarán cuando cante a ti,
Y mi alma, la cual redimiste.
24 Mi lengua hablará también de tu justicia todo el día;
Por cuanto han sido avergonzados, porque han sido confundidos los que mi mal procuraban.

El reino de un rey justo

Para Salomón.

72 1 Oh Dios, da tus juicios al rey,
Y tu justicia al hijo del rey.
2 El juzgará a tu pueblo con justicia,
Y a tus afligidos con juicio.
3 Los montes llevarán paz al pueblo,
Y los collados justicia.
4 Juzgará a los afligidos del pueblo,
Salvará a los hijos del menesteroso,
Y aplastará al opresor.
5 Te temerán mientras duren el sol
Y la luna, de generación en generación.
6 Descenderá como la lluvia sobre la hierba cortada;
Como el rocío que destila sobre la tierra.

7 Florecerá en sus días justicia,
Y muchedumbre de paz, hasta que no haya luna.
8 Dominará de mar a mar,
Y desde el río hasta los confines de la tierra.[a]
9 Ante él se postrarán los moradores del desierto,
Y sus enemigos lamerán el polvo.
10 Los reyes de Tarsis y de las costas traerán presentes;
Los reyes de Sabá y de Seba ofrecerán dones.
11 Todos los reyes se postrarán delante de él;
Todas las naciones le servirán.
12 Porque él librará al menesteroso que clamare,
Y al afligido que no tuviere quien le socorra.
13 Tendrá misericordia del pobre y del menesteroso,
Y salvará la vida de los pobres.
14 De engaño y de violencia redimirá sus almas,
Y la sangre de ellos será preciosa ante sus ojos.
15 Vivirá, y se le dará del oro de Sabá,
Y se orará por él continuamente;
Todo el día se le bendecirá.
16 Será echado un puñado de grano en la tierra, en las cumbres de los montes;
Su fruto hará ruido como el Líbano,
Y los de la ciudad florecerán como la hierba de la tierra.
17 Será su nombre para siempre,
Se perpetuará su nombre mientras dure el sol.
Benditas serán en él todas las naciones;
Lo llamarán bienaventurado.
18 Bendito Jehová Dios, el Dios de Israel,
El único que hace maravillas.
19 Bendito su nombre glorioso para siempre,
Y toda la tierra sea llena de su gloria.
Amén y Amén.
20 Aquí terminan las oraciones de David, hijo de Isaí.

LIBRO III

El destino de los malos

Salmo de Asaf.

73 1 Ciertamente es bueno Dios para con Israel,
Para con los limpios de corazón.
2 En cuanto a mí, casi se deslizaron mis pies;
Por poco resbalaron mis pasos.
3 Porque tuve envidia de los arrogantes,
Viendo la prosperidad de los impíos.
4 Porque no tienen congojas por su muerte,
Pues su vigor está entero.
5 No pasan trabajos como los otros mortales,
Ni son azotados como los demás hombres.
6 Por tanto, la soberbia los corona;
Se cubren de vestido de violencia.
7 Los ojos se les saltan de gordura;
Logran con creces los antojos del corazón.
8 Se mofan y hablan con maldad de hacer violencia;
Hablan con altanería.
9 Ponen su boca contra el cielo,
Y su lengua pasea la tierra.
10 Por eso Dios hará volver a su pueblo aquí,
Y aguas en abundancia serán extraídas para ellos.
11 Y dicen: ¿Cómo sabe Dios?
¿Y hay conocimiento en el Altísimo?
12 He aquí estos impíos,
Sin ser turbados del mundo, alcanzaron riquezas.
13 Verdaderamente en vano he limpiado mi corazón,
Y lavado mis manos en inocencia;
14 Pues he sido azotado todo el día,
Y castigado todas las mañanas.
15 Si dijera yo: Hablaré como ellos,
He aquí, a la generación de tus hijos engañaría.
16 Cuando pensé para saber esto,
Fue duro trabajo para mí,
17 Hasta que entrando en el santuario de Dios,
Comprendí el fin de ellos.
18 Ciertamente los has puesto en deslizaderos;
En asolamientos los harás caer.
19 ¡Cómo han sido asolados de repente!
Perecieron, se consumieron de terrores.
20 Como sueño del que despierta,
Así, Señor, cuando despertares, menospreciarás su apariencia.
21 Se llenó de amargura mi alma,
Y en mi corazón sentía punzadas.
22 Tan torpe era yo, que no entendía;
Era como una bestia delante de ti.
23 Con todo, yo siempre estuve contigo;
Me tomaste de la mano derecha.
24 Me has guiado según tu consejo,
Y después me recibirás en gloria.
25 ¿A quién tengo yo en los cielos sino a ti?
Y fuera de ti nada deseo en la tierra.
26 Mi carne y mi corazón desfallecen;
Mas la roca de mi corazón y mi porción es Dios para siempre.

72.8: [a] Zac. 9.10.

27 Porque he aquí, los que se alejan de ti perecerán;
Tú destruirás a todo aquel que de ti se aparta.
28 Pero en cuanto a mí, el acercarme a Dios es el bien;
He puesto en Jehová el Señor mi esperanza,
Para contar todas tus obras.

Apelación a Dios en contra del enemigo

Masquil de Asaf.

74 1 ¿Por qué, oh Dios, nos has desechado para siempre?
¿Por qué se ha encendido tu furor contra las ovejas de tu prado?
2 Acuérdate de tu congregación, la que adquiriste desde tiempos antiguos,
La que redimiste para hacerla la tribu de tu herencia;
Este monte de Sion, donde has habitado.
3 Dirige tus pasos a los asolamientos eternos,
A todo el mal que el enemigo ha hecho en el santuario.
4 Tus enemigos vociferan en medio de tus asambleas;
Han puesto sus divisas por señales.
5 Se parecen a los que levantan
El hacha en medio de tupido bosque.
6 Y ahora con hachas y martillos
Han quebrado todas sus entalladuras.
7 Han puesto a fuego tu santuario,
Han profanado el tabernáculo de tu nombre, echándolo a tierra.
8 Dijeron en su corazón: Destruyámoslos de una vez;
Han quemado todas las sinagogas de Dios en la tierra.
9 No vemos ya nuestras señales;
No hay más profeta,
Ni entre nosotros hay quien sepa hasta cuándo.
10 ¿Hasta cuándo, oh Dios, nos afrentará el angustiador?
¿Ha de blasfemar el enemigo perpetuamente tu nombre?
11 ¿Por qué retraes tu mano?
¿Por qué escondes tu diestra en tu seno?
12 Pero Dios es mi rey desde tiempo antiguo;
El que obra salvación en medio de la tierra.
13 Dividiste el mar con tu poder;[a]
Quebrantaste cabezas de monstruos en las aguas.
14 Magullaste las cabezas del leviatán,[b]
Y lo diste por comida a los moradores del desierto.
15 Abriste la fuente y el río;
Secaste ríos impetuosos.
16 Tuyo es el día, tuya también es la noche;
Tú estableciste la luna y el sol.
17 Tú fijaste todos los términos de la tierra;
El verano y el invierno tú los formaste.
18 Acuérdate de esto: que el enemigo ha afrentado a Jehová,
Y pueblo insensato ha blasfemado tu nombre.
19 No entregues a las fieras el alma de tu tórtola,
Y no olvides para siempre la congregación de tus afligidos.
20 Mira al pacto,
Porque los lugares tenebrosos de la tierra están llenos de habitaciones de violencia.
21 No vuelva avergonzado el abatido;
El afligido y el menesteroso alabarán tu nombre.
22 Levántate, oh Dios, aboga tu causa;
Acuérdate de cómo el insensato te injuria cada día.
23 No olvides las voces de tus enemigos;
El alboroto de los que se levantan contra ti sube continuamente.

Dios abate al malo y exalta al justo

Al músico principal; sobre No destruyas.
Salmo de Asaf. Cántico.

75 1 Gracias te damos, oh Dios, gracias te damos,
Pues cercano está tu nombre;
Los hombres cuentan tus maravillas.
2 Al tiempo que señalaré
Yo juzgaré rectamente.
3 Se arruinaban la tierra y sus moradores;
Yo sostengo sus columnas.
Selah
4 Dije a los insensatos: No os infatuéis;
Y a los impíos: No os enorgullezcáis;
5 No hagáis alarde de vuestro poder;
No habléis con cerviz erguida.
6 Porque ni de oriente ni de occidente,
Ni del desierto viene el enaltecimiento.
7 Mas Dios es el juez;
A éste humilla, y a aquél enaltece.
8 Porque el cáliz está en la mano de Jehová, y el vino está fermentado,
Lleno de mistura; y él derrama del mismo;
Hasta el fondo lo apurarán, y lo beberán todos los impíos de la tierra.
9 Pero yo siempre anunciaré
Y cantaré alabanzas al Dios de Jacob.

74.13: [a] Ex. 14.21. **74.14:** [b] Job 41.1; Sal. 104.26; Is. 27.1.

10 Quebrantaré todo el poderío de los
pecadores,
Pero el poder del justo será exaltado.

El Dios de la victoria y del juicio

Al músico principal; sobre Neginot.
Salmo de Asaf. Cántico.

76 1 Dios es conocido en Judá;
En Israel es grande su nombre.
2 En Salem está su tabernáculo,
Y su habitación en Sion.
3 Allí quebró las saetas del arco,
El escudo, la espada y las armas de guerra.
Selah

4 Glorioso eres tú, poderoso más
que los montes de caza.
5 Los fuertes de corazón fueron
despojados, durmieron su sueño;
No hizo uso de sus manos ninguno
de los varones fuertes.
6 A tu reprensión, oh Dios de Jacob,
El carro y el caballo fueron entorpecidos.
7 Tú, temible eres tú;
¿Y quién podrá estar en pie delante de ti
cuando se encienda tu ira?
8 Desde los cielos hiciste oír juicio;
La tierra tuvo temor y quedó suspensa
9 Cuando te levantaste, oh Dios, para juzgar,
Para salvar a todos los mansos de la tierra.
Selah

10 Ciertamente la ira del hombre te alabará;
Tú reprimirás el resto de las iras.
11 Prometed, y pagad a Jehová vuestro Dios;
Todos los que están alrededor de él,
traigan ofrendas al Temible.
12 Cortará él el espíritu de los príncipes;
Temible es a los reyes de la tierra.

Meditación sobre los hechos poderosos de Dios

Al músico principal; para Jedutún. Salmo de Asaf.

77 1 Con mi voz clamé a Dios,
A Dios clamé, y él me escuchará.
2 Al Señor busqué en el día de mi angustia;
Alzaba a él mis manos de noche,
sin descanso;
Mi alma rehusaba consuelo.
3 Me acordaba de Dios, y me conmovía;
Me quejaba, y desmayaba mi espíritu.
Selah

4 No me dejabas pegar los ojos;
Estaba yo quebrantado, y no hablaba.
5 Consideraba los días desde el principio,
Los años de los siglos.
6 Me acordaba de mis cánticos de noche;
Meditaba en mi corazón,
Y mi espíritu inquiría:
7 ¿Desechará el Señor para siempre,
Y no volverá más a sernos propicio?
8 ¿Ha cesado para siempre su misericordia?
¿Se ha acabado perpetuamente su
promesa?
9 ¿Ha olvidado Dios el tener misericordia?
¿Ha encerrado con ira sus piedades?
Selah

10 Dije: Enfermedad mía es esta;
Traeré, pues, a la memoria los años de la
diestra del Altísimo.
11 Me acordaré de las obras de JAH;
Sí, haré yo memoria de tus maravillas
antiguas.
12 Meditaré en todas tus obras,
Y hablaré de tus hechos.
13 Oh Dios, santo es tu camino;
¿Qué dios es grande como nuestro Dios?
14 Tú eres el Dios que hace maravillas;
Hiciste notorio en los pueblos tu poder.
15 Con tu brazo redimiste a tu pueblo,
A los hijos de Jacob y de José.
Selah

16 Te vieron las aguas, oh Dios;
Las aguas te vieron, y temieron;
Los abismos también se estremecieron.
17 Las nubes echaron inundaciones de aguas;
Tronaron los cielos,
Y discurrieron tus rayos.
18 La voz de tu trueno estaba en el torbellino;
Tus relámpagos alumbraron el mundo;
Se estremeció y tembló la tierra.
19 En el mar fue tu camino,
Y tus sendas en las muchas aguas;
Y tus pisadas no fueron conocidas.
20 Condujiste a tu pueblo como ovejas
Por mano de Moisés y de Aarón.

Fidelidad de Dios hacia su pueblo infiel

Masquil de Asaf.

78 1 Escucha, pueblo mío, mi ley;
Inclinad vuestro oído a las palabras
de mi boca.
2 Abriré mi boca en proverbios;
Hablaré cosas escondidas desde tiempos
antiguos,[a]
3 Las cuales hemos oído y entendido;
Que nuestros padres nos las contaron.
4 No las encubriremos a sus hijos,
Contando a la generación venidera las
alabanzas de Jehová,
Y su potencia, y las maravillas que hizo.
5 Él estableció testimonio en Jacob,
Y puso ley en Israel,
La cual mandó a nuestros padres
Que la notificasen a sus hijos;

78.2: [a] Mt. 13.35.

6 Para que lo sepa la generación venidera,
y los hijos que nacerán;
Y los que se levantarán lo cuenten a sus
hijos,
7 A fin de que pongan en Dios su confianza,
Y no se olviden de las obras de Dios;
Que guarden sus mandamientos,
8 Y no sean como sus padres,
Generación contumaz y rebelde;
Generación que no dispuso su corazón,
Ni fue fiel para con Dios su espíritu.
9 Los hijos de Efraín, arqueros armados,
Volvieron las espaldas en el día de la
batalla.
10 No guardaron el pacto de Dios,
Ni quisieron andar en su ley;
11 Sino que se olvidaron de sus obras,
Y de sus maravillas que les había
mostrado.
12 Delante de sus padres hizo maravillas
En la tierra de Egipto,[b] en el campo de
Zoán.
13 Dividió el mar y los hizo pasar;
Detuvo las aguas como en un montón.[c]
14 Les guió de día con nube,
Y toda la noche con resplandor de fuego.[d]
15 Hendió las peñas en el desierto,
Y les dio a beber como de grandes
abismos,
16 Pues sacó de la peña corrientes,
E hizo descender aguas como ríos.[e]
17 Pero aún volvieron a pecar contra él,
Rebelándose contra el Altísimo en el
desierto;
18 Pues tentaron a Dios en su corazón,
Pidiendo comida a su gusto.
19 Y hablaron contra Dios,
Diciendo: ¿Podrá poner mesa en el
desierto?
20 He aquí ha herido la peña, y brotaron
aguas,
Y torrentes inundaron la tierra;
¿Podrá dar también pan?
¿Dispondrá carne para su pueblo?
21 Por tanto, oyó Jehová, y se indignó;
Se encendió el fuego contra Jacob,
Y el furor subió también contra Israel,
22 Por cuanto no habían creído a Dios,
Ni habían confiado en su salvación.
23 Sin embargo, mandó a las nubes de arriba,
Y abrió las puertas de los cielos,
24 E hizo llover sobre ellos maná para que
comiesen,
Y les dio trigo de los cielos.[f]
25 Pan de nobles comió el hombre;
Les envió comida hasta saciarles.
26 Movió el solano en el cielo,
Y trajo con su poder el viento sur,
27 E hizo llover sobre ellos carne como polvo,
Como arena del mar, aves que vuelan.
28 Las hizo caer en medio del campamento,
Alrededor de sus tiendas.
29 Comieron, y se saciaron;
Les cumplió, pues, su deseo.
30 No habían quitado de sí su anhelo,
Aún estaba la comida en su boca,
31 Cuando vino sobre ellos el furor de Dios,
E hizo morir a los más robustos de ellos,
Y derribó a los escogidos de Israel.[g]
32 Con todo esto, pecaron aún,
Y no dieron crédito a sus maravillas.
33 Por tanto, consumió sus días en vanidad,
Y sus años en tribulación.
34 Si los hacía morir, entonces buscaban a
Dios;
Entonces se volvían solícitos en busca suya,
35 Y se acordaban de que Dios era su refugio,
Y el Dios Altísimo su redentor.
36 Pero le lisonjeaban con su boca,
Y con su lengua le mentían;
37 Pues sus corazones no eran rectos con él,[h]
Ni estuvieron firmes en su pacto.
38 Pero él, misericordioso, perdonaba la
maldad, y no los destruía;
Y apartó muchas veces su ira,
Y no despertó todo su enojo.
39 Se acordó de que eran carne,
Soplo que va y no vuelve.
40 ¡Cuántas veces se rebelaron contra él en
el desierto,
Lo enojaron en el yermo!
41 Y volvían, y tentaban a Dios,
Y provocaban al Santo de Israel.
42 No se acordaron de su mano,
Del día que los redimió de la angustia;
43 Cuando puso en Egipto sus señales,
Y sus maravillas en el campo de Zoán;
44 Y volvió sus ríos en sangre,
Y sus corrientes, para que no bebiesen.[i]
45 Envió entre ellos enjambres de moscas[j]
que los devoraban,
Y ranas[k] que los destruían.
46 Dio también a la oruga sus frutos,
Y sus labores a la langosta.[l]
47 Sus viñas destruyó con granizo,
Y sus higuerales con escarcha;
48 Entregó al pedrisco sus bestias,
Y sus ganados a los rayos.[m]
49 Envió sobre ellos el ardor de su ira;
Enojo, indignación y angustia,
Un ejército de ángeles destructores.

78.12: [b] Ex. 7.8–12.32. **78.13:** [c] Ex. 14.21-22.
78.14: [d] Ex. 13.21-22. **78.15-16:** [e] Ex. 17.1-7; Nm. 20.2-13.
78.24: [f] Jn. 6.31. **78.18-31:** [g] Ex. 16.2-15; Nm. 11.4-23, 31-35.
78.37: [h] Hch. 8.21. **78.44:** [i] Ex. 7.17-21.
78.45: [j] Ex. 8.20-24. [k] Ex. 8.1-6. **78.46:** [l] Ex. 10.12-15.
78.47-48: [m] Ex. 9.22-25.

50 Dispuso camino a su furor;
No eximió la vida de ellos de la muerte,
Sino que entregó su vida a la mortandad.
51 Hizo morir a todo primogénito en Egipto,[n]
Las primicias de su fuerza en las tiendas de Cam.
52 Hizo salir a su pueblo como ovejas,
Y los llevó por el desierto como un rebaño.[o]
53 Los guió con seguridad, de modo que no tuvieran temor;
Y el mar cubrió a sus enemigos.[p]
54 Los trajo después a las fronteras de su tierra santa,[q]
A este monte que ganó su mano derecha.
55 Echó las naciones de delante de ellos;[r]
Con cuerdas repartió sus tierras en heredad,
E hizo habitar en sus moradas a las tribus de Israel.
56 Pero ellos tentaron y enojaron al Dios Altísimo,[s]
Y no guardaron sus testimonios;
57 Sino que se volvieron y se rebelaron como sus padres;
Se volvieron como arco engañoso.
58 Le enojaron con sus lugares altos,
Y le provocaron a celo con sus imágenes de talla.
59 Lo oyó Dios y se enojó,
Y en gran manera aborreció a Israel.
60 Dejó, por tanto, el tabernáculo de Silo,
La tienda en que habitó entre los hombres,[t]
61 Y entregó a cautiverio su poderío,
Y su gloria en mano del enemigo.[u]
62 Entregó también su pueblo a la espada,
Y se irritó contra su heredad.
63 El fuego devoró a sus jóvenes,
Y sus vírgenes no fueron loadas en cantos nupciales.
64 Sus sacerdotes cayeron a espada,
Y sus viudas no hicieron lamentación.
65 Entonces despertó el Señor como quien duerme,
Como un valiente que grita excitado del vino,
66 E hirió a sus enemigos por detrás;
Les dio perpetua afrenta.
67 Desechó la tienda de José,
Y no escogió la tribu de Efraín,
68 Sino que escogió la tribu de Judá,
El monte de Sion, al cual amó.
69 Edificó su santuario a manera de eminencia,
Como la tierra que cimentó para siempre.
70 Eligió a David su siervo,
Y lo tomó de las majadas de las ovejas;
71 De tras las paridas lo trajo,
Para que apacentase a Jacob su pueblo,
Y a Israel su heredad.[v]
72 Y los apacentó conforme a la integridad de su corazón,
Los pastoreó con la pericia de sus manos.

Lamento por la destrucción de Jerusalén

Salmo de Asaf.

79 1 Oh Dios, vinieron las naciones a tu heredad;
Han profanado tu santo templo;
Redujeron a Jerusalén a escombros.[a]
2 Dieron los cuerpos de tus siervos por comida a las aves de los cielos,
La carne de tus santos a las bestias de la tierra.
3 Derramaron su sangre como agua en los alrededores de Jerusalén,
Y no hubo quien los enterrase.
4 Somos afrentados de nuestros vecinos,
Escarnecidos y burlados de los que están en nuestros alrededores.
5 ¿Hasta cuándo, oh Jehová? ¿Estarás airado para siempre?
¿Arderá como fuego tu celo?
6 Derrama tu ira sobre las naciones que no te conocen,
Y sobre los reinos que no invocan tu nombre.
7 Porque han consumido a Jacob,
Y su morada han asolado.
8 No recuerdes contra nosotros las iniquidades de nuestros antepasados;
Vengan pronto tus misericordias a encontrarnos,
Porque estamos muy abatidos.
9 Ayúdanos, oh Dios de nuestra salvación, por la gloria de tu nombre;
Y líbranos, y perdona nuestros pecados por amor de tu nombre.
10 Porque dirán las gentes: ¿Dónde está su Dios?
Sea notoria en las gentes, delante de nuestros ojos,
La venganza de la sangre de tus siervos que fue derramada.
11 Llegue delante de ti el gemido de los presos;
Conforme a la grandeza de tu brazo preserva a los sentenciados a muerte,
12 Y devuelve a nuestros vecinos en su seno siete tantos
De su infamia, con que te han deshonrado, oh Jehová.

78.51: [n] Ex. 12.29. **78.52:** [o] Ex. 13.17-22.
78.53: [p] Ex. 14.26-28. **78.54:** [q] Ex. 15.17; Jos. 3.14-17.
78.55: [r] Jos. 11.16-23. **78.56:** [s] Jue. 2.11-15.
78.60: [t] Jos. 18.1; Jer. 7.12-14; 26.6. **78.61:** [u] 1S. 4.4-22.
78.70-71: [v] 1 S. 16.11-12; 2 S. 7.8; 1 Cr. 17.7.
79.1: [a] 2 R. 25.8-10; 2 Cr. 36.17-19; Jer. 52.12-14.

13 Y nosotros, pueblo tuyo, y ovejas de tu prado,
Te alabaremos para siempre;
De generación en generación cantaremos tus alabanzas.

Súplica por la restauración

Al músico principal; sobre Lirios.
Testimonio. Salmo de Asaf.

80 1 Oh Pastor de Israel, escucha;
Tú que pastoreas como a ovejas a José,
Que estás entre querubines,[a] resplandece.
2 Despierta tu poder delante de Efraín,
de Benjamín y de Manasés,
Y ven a salvarnos.
3 Oh Dios, restáuranos;
Haz resplandecer tu rostro, y seremos salvos.
4 Jehová, Dios de los ejércitos,
¿Hasta cuándo mostrarás tu indignación contra la oración de tu pueblo?
5 Les diste a comer pan de lágrimas,
Y a beber lágrimas en gran abundancia.
6 Nos pusiste por escarnio a nuestros vecinos,
Y nuestros enemigos se burlan entre sí.
7 Oh Dios de los ejércitos, restáuranos;
Haz resplandecer tu rostro, y seremos salvos.
8 Hiciste venir una vid de Egipto;
Echaste las naciones, y la plantaste.
9 Limpiaste sitio delante de ella,
E hiciste arraigar sus raíces, y llenó la tierra.
10 Los montes fueron cubiertos de su sombra,
Y con sus sarmientos los cedros de Dios.
11 Extendió sus vástagos hasta el mar,
Y hasta el río sus renuevos.
12 ¿Por qué aportillaste sus vallados,
Y la vendimian todos los que pasan por el camino?
13 La destroza el puerco montés,
Y la bestia del campo la devora.
14 Oh Dios de los ejércitos, vuelve ahora;
Mira desde el cielo, y considera, y visita esta viña,
15 La planta que plantó tu diestra,
Y el renuevo que para ti afirmaste.
16 Quemada a fuego está, asolada;
Perezcan por la reprensión de tu rostro.
17 Sea tu mano sobre el varón de tu diestra,
Sobre el hijo de hombre que para ti afirmaste.
18 Así no nos apartaremos de ti;
Vida nos darás, e invocaremos tu nombre.
19 ¡Oh Jehová, Dios de los ejércitos, restáuranos!
Haz resplandecer tu rostro, y seremos salvos.

Bondad de Dios y perversidad de Israel

Al músico principal; sobre Gitit. Salmo de Asaf.

81 1 Cantad con gozo a Dios,
fortaleza nuestra;
Al Dios de Jacob aclamad con júbilo.
2 Entonad canción, y tañed el pandero,
El arpa deliciosa y el salterio.
3 Tocad la trompeta en la nueva luna,
En el día señalado, en el día de nuestra fiesta solemne.[a]
4 Porque estatuto es de Israel,
Ordenanza del Dios de Jacob.
5 Lo constituyó como testimonio en José
Cuando salió por la tierra de Egipto.
Oí lenguaje que no entendía;
6 Aparté su hombro de debajo de la carga;
Sus manos fueron descargadas de los cestos.
7 En la calamidad clamaste, y yo te libré;
Te respondí en lo secreto del trueno;
Te probé junto a las aguas de Meriba.[b]
Selah
8 Oye, pueblo mío, y te amonestaré.
Israel, si me oyeres,
9 No habrá en ti dios ajeno,
Ni te inclinarás a dios extraño.[c]
10 Yo soy Jehová tu Dios,
Que te hice subir de la tierra de Egipto;
Abre tu boca, y yo la llenaré.
11 Pero mi pueblo no oyó mi voz,
E Israel no me quiso a mí.
12 Los dejé, por tanto, a la dureza de su corazón;
Caminaron en sus propios consejos.
13 ¡Oh, si me hubiera oído mi pueblo,
Si en mis caminos hubiera andado Israel!
14 En un momento habría yo derribado a sus enemigos,
Y vuelto mi mano contra sus adversarios.
15 Los que aborrecen a Jehová se le habrían sometido,
Y el tiempo de ellos sería para siempre.
16 Les sustentaría Dios con lo mejor del trigo,
Y con miel de la peña les saciaría.

Amonestación contra los juicios injustos

Salmo de Asaf.

82 1 Dios está en la reunión de los dioses;
En medio de los dioses juzga.
2 ¿Hasta cuándo juzgaréis injustamente,
Y aceptaréis las personas de los impíos?
Selah
3 Defended al débil y al huérfano;
Haced justicia al afligido y al menesteroso.
4 Librad al afligido y al necesitado;
Libradlo de mano de los impíos.

80.1: [a] Ex. 25.22. **81.3:** [a] Nm. 10.10.
81.7: [b] Ex. 17.7; Nm. 20.13. **81.9:** [c] Ex. 20.2-3; Dt. 5.6-7.

5 No saben, no entienden,
Andan en tinieblas;
Tiemblan todos los cimientos de la tierra.
6 Yo dije: Vosotros sois dioses,[a]
Y todos vosotros hijos del Altísimo;
7 Pero como hombres moriréis,
Y como cualquiera de los príncipes caeréis.
8 Levántate, oh Dios, juzga la tierra;
Porque tú heredarás todas las naciones.

Plegaria pidiendo la destrucción de los enemigos de Israel

Cántico. Salmo de Asaf.

83 1 Oh Dios, no guardes silencio;
No calles, oh Dios, ni te estés quieto.
2 Porque he aquí que rugen tus enemigos,
Y los que te aborrecen alzan cabeza.
3 Contra tu pueblo han consultado astuta y secretamente,
Y han entrado en consejo contra tus protegidos.
4 Han dicho: Venid, y destruyámoslos para que no sean nación,
Y no haya más memoria del nombre de Israel.
5 Porque se confabulan de corazón a una,
Contra ti han hecho alianza
6 Las tiendas de los edomitas y de los ismaelitas,
Moab y los agarenos;
7 Gebal, Amón y Amalec,
Los filisteos y los habitantes de Tiro.
8 También el asirio se ha juntado con ellos;
Sirven de brazo a los hijos de Lot.
Selah
9 Hazles como a Madián,[a]
Como a Sísara, como a Jabín en el arroyo de Cisón;[b]
10 Que perecieron en Endor,
Fueron hechos como estiércol para la tierra.
11 Pon a sus capitanes como a Oreb y a Zeeb;[c]
Como a Zeba y a Zalmuna[d] a todos sus príncipes,
12 Que han dicho: Heredemos para nosotros
Las moradas de Dios.
13 Dios mío, ponlos como torbellinos,
Como hojarascas delante del viento,
14 Como fuego que quema el monte,
Como llama que abrasa el bosque.
15 Persíguelos así con tu tempestad,
Y atérralos con tu torbellino.
16 Llena sus rostros de vergüenza,
Y busquen tu nombre, oh Jehová.
17 Sean afrentados y turbados para siempre;
Sean deshonrados, y perezcan.
18 Y conozcan que tu nombre es Jehová;
Tú solo Altísimo sobre toda la tierra.

Anhelo por la casa de Dios

Al músico principal; sobre Gitit.
Salmo para los hijos de Coré.

84 1 ¡Cuán amables son tus moradas, oh Jehová de los ejércitos!
2 Anhela mi alma y aun ardientemente desea los atrios de Jehová;
Mi corazón y mi carne cantan al Dios vivo.
3 Aun el gorrión halla casa,
Y la golondrina nido para sí, donde ponga sus polluelos,
Cerca de tus altares, oh Jehová de los ejércitos,
Rey mío, y Dios mío.
4 Bienaventurados los que habitan en tu casa;
Perpetuamente te alabarán.
Selah
5 Bienaventurado el hombre que tiene en ti sus fuerzas,
En cuyo corazón están tus caminos.
6 Atravesando el valle de lágrimas lo cambian en fuente,
Cuando la lluvia llena los estanques.
7 Irán de poder en poder;
Verán a Dios en Sion.
8 Jehová Dios de los ejércitos, oye mi oración;
Escucha, oh Dios de Jacob.
Selah
9 Mira, oh Dios, escudo nuestro,
Y pon los ojos en el rostro de tu ungido.
10 Porque mejor es un día en tus atrios que mil fuera de ellos.
Escogería antes estar a la puerta de la casa de mi Dios,
Que habitar en las moradas de maldad.
11 Porque sol y escudo es Jehová Dios;
Gracia y gloria dará Jehová.
No quitará el bien a los que andan en integridad.
12 Jehová de los ejércitos,
Dichoso el hombre que en ti confía.

Súplica por la misericordia de Dios sobre Israel

Al músico principal.
Salmo para los hijos de Coré.

85 1 Fuiste propicio a tu tierra, oh Jehová;
Volviste la cautividad de Jacob.
2 Perdonaste la iniquidad de tu pueblo;
Todos los pecados de ellos cubriste.
Selah
3 Reprimiste todo tu enojo;
Te apartaste del ardor de tu ira.
4 Restáuranos, oh Dios de nuestra salvación,
Y haz cesar tu ira de sobre nosotros.

82.6: [a] Jn. 10.34. **83.9:** [a] Jue. 7.1-23. [b] Jue. 4.6-22.
83.11: [c] Jue. 7.25. [d] Jue. 8.12.

5 ¿Estarás enojado contra nosotros
para siempre?
¿Extenderás tu ira de generación
en generación?
6 ¿No volverás a darnos vida,
Para que tu pueblo se regocije en ti?
7 Muéstranos, oh Jehová, tu misericordia,
Y danos tu salvación.
8 Escucharé lo que hablará Jehová Dios;
Porque hablará paz a su pueblo
y a sus santos,
Para que no se vuelvan a la locura.
9 Ciertamente cercana está su salvación
a los que le temen,
Para que habite la gloria en nuestra tierra.
10 La misericordia y la verdad se encontraron;
La justicia y la paz se besaron.
11 La verdad brotará de la tierra,
Y la justicia mirará desde los cielos.
12 Jehová dará también el bien,
Y nuestra tierra dará su fruto.
13 La justicia irá delante de él,
Y sus pasos nos pondrá por camino.

Oración pidiendo la continuada misericordia de Dios

Oración de David.

86 1 Inclina, oh Jehová, tu oído,
y escúchame,
Porque estoy afligido y menesteroso.
2 Guarda mi alma, porque soy piadoso;
Salva tú, oh Dios mío, a tu siervo
que en ti confía.
3 Ten misericordia de mí, oh Jehová;
Porque a ti clamo todo el día.
4 Alegra el alma de tu siervo,
Porque a ti, oh Señor, levanto mi alma.
5 Porque tú, Señor, eres bueno
y perdonador,
Y grande en misericordia para con todos
los que te invocan.
6 Escucha, oh Jehová, mi oración,
Y está atento a la voz de mis ruegos.
7 En el día de mi angustia te llamaré,
Porque tú me respondes.
8 Oh Señor, ninguno hay como tú
entre los dioses,
Ni obras que igualen tus obras.
9 Todas las naciones que hiciste vendrán y
adorarán delante de ti, Señor,
Y glorificarán tu nombre.[a]
10 Porque tú eres grande, y hacedor
de maravillas;
Sólo tú eres Dios.
11 Enséñame, oh Jehová, tu camino;
caminaré yo en tu verdad;
Afirma mi corazón para que tema
tu nombre.
12 Te alabaré, oh Jehová Dios mío, con todo
mi corazón,
Y glorificaré tu nombre para siempre.
13 Porque tu misericordia es grande para
conmigo,
Y has librado mi alma de las
profundidades del Seol.
14 Oh Dios, los soberbios se levantaron
contra mí,
Y conspiración de violentos ha buscado
mi vida,
Y no te pusieron delante de sí.
15 Mas tú, Señor, Dios misericordioso
y clemente,
Lento para la ira, y grande en
misericordia y verdad,
16 Mírame, y ten misericordia de mí;
Da tu poder a tu siervo,
Y guarda al hijo de tu sierva.
17 Haz conmigo señal para bien,
Y véanla los que me aborrecen, y sean
avergonzados;
Porque tú, Jehová, me ayudaste y me
consolaste.

El privilegio de morar en Sion

A los hijos de Coré. Salmo. Cántico.

87 1 Su cimiento está en el monte santo.
2 Ama Jehová las puertas de Sion
Más que todas las moradas de Jacob.
3 Cosas gloriosas se han dicho de ti,
Ciudad de Dios.
Selah
4 Yo me acordaré de Rahab y de Babilonia
entre los que me conocen;
He aquí Filistea y Tiro, con Etiopía;
Este nació allá.
5 Y de Sion se dirá: Este y aquél han
nacido en ella,
Y el Altísimo mismo la establecerá.
6 Jehová contará al inscribir a los pueblos:
Este nació allí.
Selah
7 Y cantores y tañedores en ella dirán:
Todas mis fuentes están en ti.

Súplica por la liberación de la muerte

Cántico. Salmo para los hijos de Coré.
Al músico principal, para cantar sobre Mahalat.
Masquil de Hemán ezraíta.

88 1 Oh Jehová, Dios de mi salvación,
Día y noche clamo delante de ti.
2 Llegue mi oración a tu presencia;
Inclina tu oído a mi clamor.
3 Porque mi alma está hastiada de males,
Y mi vida cercana al Seol.

86.9: [a] Ap. 15.4.

4 Soy contado entre los que descienden al
sepulcro;
Soy como hombre sin fuerza,
5 Abandonado entre los muertos,
Como los pasados a espada que yacen en
el sepulcro,
De quienes no te acuerdas ya,
Y que fueron arrebatados de tu mano.
6 Me has puesto en el hoyo profundo,
En tinieblas, en lugares profundos.
7 Sobre mí reposa tu ira,
Y me has afligido con todas tus ondas.
Selah
8 Has alejado de mí mis conocidos;
Me has puesto por abominación a ellos;
Encerrado estoy, y no puedo salir.
9 Mis ojos enfermaron a causa de mi aflicción;
Te he llamado, oh Jehová, cada día;
He extendido a ti mis manos.
10 ¿Manifestarás tus maravillas a los muertos?
¿Se levantarán los muertos para alabarte?
Selah
11 ¿Será contada en el sepulcro tu misericordia,
O tu verdad en el Abadón?
12 ¿Serán reconocidas en las tinieblas tus
maravillas,
Y tu justicia en la tierra del olvido?
13 Mas yo a ti he clamado, oh Jehová,
Y de mañana mi oración se presentará
delante de ti.
14 ¿Por qué, oh Jehová, desechas mi alma?
¿Por qué escondes de mí tu rostro?
15 Yo estoy afligido y menesteroso;
Desde la juventud he llevado tus terrores,
he estado medroso.
16 Sobre mí han pasado tus iras,
Y me oprimen tus terrores.
17 Me han rodeado como aguas
continuamente;
A una me han cercado.
18 Has alejado de mí al amigo y al compañero,
Y a mis conocidos has puesto en tinieblas.

Pacto de Dios con David

Masquil de Etán ezraíta.[a]

89 1 Las misericordias de Jehová
cantaré perpetuamente;
De generación en generación haré
notoria tu fidelidad con mi boca.
2 Porque dije: Para siempre será edificada
misericordia;
En los cielos mismos afirmarás tu verdad.
3 Hice pacto con mi escogido;
Juré a David mi siervo, diciendo:
4 Para siempre confirmaré tu descendencia,
Y edificaré tu trono por todas las
generaciones.[b]
Selah
5 Celebrarán los cielos tus maravillas, oh
Jehová,
Tu verdad también en la congregación de
los santos.
6 Porque ¿quién en los cielos se igualará a
Jehová?
¿Quién será semejante a Jehová entre los
hijos de los potentados?
7 Dios temible en la gran congregación de
los santos,
Y formidable sobre todos cuantos están
alrededor de él.
8 Oh Jehová, Dios de los ejércitos,
¿Quién como tú? Poderoso eres, Jehová,
Y tu fidelidad te rodea.
9 Tú tienes dominio sobre la braveza del mar;
Cuando se levantan sus ondas, tú las
sosiegas.
10 Tú quebrantaste a Rahab como a herido
de muerte;
Con tu brazo poderoso esparciste a tus
enemigos.
11 Tuyos son los cielos, tuya también la tierra;
El mundo y su plenitud, tú lo fundaste.
12 El norte y el sur, tú los creaste;
El Tabor y el Hermón cantarán en tu
nombre.
13 Tuyo es el brazo potente;
Fuerte es tu mano, exaltada tu diestra.
14 Justicia y juicio son el cimiento de tu trono;
Misericordia y verdad van delante de tu
rostro.
15 Bienaventurado el pueblo que sabe
aclamarte;
Andará, oh Jehová, a la luz de tu rostro.
16 En tu nombre se alegrará todo el día,
Y en tu justicia será enaltecido.
17 Porque tú eres la gloria de su potencia,
Y por tu buena voluntad acrecentarás
nuestro poder.
18 Porque Jehová es nuestro escudo,
Y nuestro rey es el Santo de Israel.
19 Entonces hablaste en visión a tu santo,
Y dijiste: He puesto el socorro sobre uno
que es poderoso;
He exaltado a un escogido de mi pueblo.
20 Hallé a David[c] mi siervo;
Lo ungí con mi santa unción.[d]
21 Mi mano estará siempre con él,
Mi brazo también lo fortalecerá.
22 No lo sorprenderá el enemigo,
Ni hijo de iniquidad lo quebrantará;
23 Sino que quebrantaré delante de él a sus
enemigos,
Y heriré a los que le aborrecen.

89 tít.: [a] 1 R. 4.31. **89.4:** [b] 2 S. 7.12-16; 1 Cr. 17.11-14; Sal. 132.11; Hch. 2.30. **89.20:** [c] 1 S. 13.14; Hch. 13.22. [d] 1 S. 16.12.

24 Mi verdad y mi misericordia estarán con él,
Y en mi nombre será exaltado su poder.
25 Asimismo pondré su mano sobre el mar,
Y sobre los ríos su diestra.
26 El me clamará: Mi padre eres tú,
Mi Dios, y la roca de mi salvación.
27 Yo también le pondré por primogénito,
El más excelso de los reyes de la tierra.[e]
28 Para siempre le conservaré mi misericordia,
Y mi pacto será firme con él.
29 Pondré su descendencia para siempre,
Y su trono como los días de los cielos.
30 Si dejaren sus hijos mi ley,
Y no anduvieren en mis juicios,
31 Si profanaren mis estatutos,
Y no guardaren mis mandamientos,
32 Entonces castigaré con vara su rebelión,
Y con azotes sus iniquidades.
33 Mas no quitaré de él mi misericordia,
Ni falsearé mi verdad.
34 No olvidaré mi pacto,
Ni mudaré lo que ha salido de mis labios.
35 Una vez he jurado por mi santidad,
Y no mentiré a David.
36 Su descendencia será para siempre,
Y su trono como el sol delante de mí.
37 Como la luna será firme para siempre,
Y como un testigo fiel en el cielo.
Selah
38 Mas tú desechaste y menospreciaste a tu ungido,
Y te has airado con él.
39 Rompiste el pacto de tu siervo;
Has profanado su corona hasta la tierra.
40 Aportillaste todos sus vallados;
Has destruido sus fortalezas.
41 Lo saquean todos los que pasan por el camino;
Es oprobio a sus vecinos.
42 Has exaltado la diestra de sus enemigos;
Has alegrado a todos sus adversarios.
43 Embotaste asimismo el filo de su espada,
Y no lo levantaste en la batalla.
44 Hiciste cesar su gloria,
Y echaste su trono por tierra.
45 Has acortado los días de su juventud;
Le has cubierto de afrenta.
Selah
46 ¿Hasta cuándo, oh Jehová?
¿Te esconderás para siempre?
¿Arderá tu ira como el fuego?
47 Recuerda cuán breve es mi tiempo;
¿Por qué habrás creado en vano a todo hijo de hombre?
48 ¿Qué hombre vivirá y no verá muerte?
¿Librará su vida del poder del Seol?
Selah
49 Señor, ¿dónde están tus antiguas misericordias,
Que juraste a David por tu verdad?
50 Señor, acuérdate del oprobio de tus siervos;
Oprobio de muchos pueblos, que llevo en mi seno.
51 Porque tus enemigos, oh Jehová, han deshonrado,
Porque tus enemigos han deshonrado los pasos de tu ungido.
52 Bendito sea Jehová para siempre.
Amén, y Amén.

LIBRO IV

La eternidad de Dios y la transitoriedad del hombre

Oración de Moisés, varón de Dios.

90 1 Señor, tú nos has sido refugio
De generación en generación.
2 Antes que naciesen los montes
Y formases la tierra y el mundo,
Desde el siglo y hasta el siglo, tú eres Dios.
3 Vuelves al hombre hasta ser quebrantado,
Y dices: Convertíos, hijos de los hombres.
4 Porque mil años delante de tus ojos
Son como el día de ayer, que pasó,[a]
Y como una de las vigilias de la noche.
5 Los arrebatas como con torrente de aguas; son como sueño,
Como la hierba que crece en la mañana.
6 En la mañana florece y crece;
A la tarde es cortada, y se seca.
7 Porque con tu furor somos consumidos,
Y con tu ira somos turbados.
8 Pusiste nuestras maldades delante de ti,
Nuestros yerros a la luz de tu rostro.
9 Porque todos nuestros días declinan a causa de tu ira;
Acabamos nuestros años como un pensamiento.
10 Los días de nuestra edad son setenta años;
Y si en los más robustos son ochenta años,
Con todo, su fortaleza es molestia y trabajo,
Porque pronto pasan, y volamos.
11 ¿Quién conoce el poder de tu ira,
Y tu indignación según que debes ser temido?
12 Enséñanos de tal modo a contar nuestros días,
Que traigamos al corazón sabiduría.
13 Vuélvete, oh Jehová; ¿hasta cuándo?
Y aplácate para con tus siervos.
14 De mañana sácianos de tu misericordia,
Y cantaremos y nos alegraremos todos nuestros días.

89.27: [e] Ap. 1.5. **90.4:** [a] 2 P. 3.8.

15 Alégranos conforme a los días que nos
afligiste,
Y los años en que vimos el mal.
16 Aparezca en tus siervos tu obra,
Y tu gloria sobre sus hijos.
17 Sea la luz de Jehová nuestro Dios sobre
nosotros,
Y la obra de nuestras manos confirma
sobre nosotros;
Sí, la obra de nuestras manos confirma.

Morando bajo la sombra del Omnipotente

91 1 El que habita al abrigo del Altísimo
Morará bajo la sombra del
Omnipotente.
2 Diré yo a Jehová: Esperanza mía,
y castillo mío;
Mi Dios, en quien confiaré.
3 El te librará del lazo del cazador,
De la peste destructora.
4 Con sus plumas te cubrirá,
Y debajo de sus alas estarás seguro;
Escudo y adarga es su verdad.
5 No temerás el terror nocturno,
Ni saeta que vuele de día,
6 Ni pestilencia que ande en oscuridad,
Ni mortandad que en medio del día destruya.
7 Caerán a tu lado mil,
Y diez mil a tu diestra;
Mas a ti no llegará.
8 Ciertamente con tus ojos mirarás
Y verás la recompensa de los impíos.
9 Porque has puesto a Jehová, que es mi
esperanza,
Al Altísimo por tu habitación,
10 No te sobrevendrá mal,
Ni plaga tocará tu morada.
11 Pues a sus ángeles mandará acerca de ti,[a]
Que te guarden en todos tus caminos.
12 En las manos te llevarán,
Para que tu pie no tropiece en piedra.[b]
13 Sobre el león y el áspid pisarás;
Hollarás al cachorro del león y al dragón.[c]
14 Por cuanto en mí ha puesto su amor, yo
también lo libraré;
Le pondré en alto, por cuanto ha
conocido mi nombre.
15 Me invocará, y yo le responderé;
Con él estaré yo en la angustia;
Lo libraré y le glorificaré.
16 Lo saciaré de larga vida,
Y le mostraré mi salvación.

Alabanza por la bondad de Dios

Salmo. Cántico para el día de reposo.*

92 1 Bueno es alabarte, oh Jehová,
Y cantar salmos a tu nombre,
oh Altísimo;
2 Anunciar por la mañana tu
misericordia,
Y tu fidelidad cada noche,
3 En el decacordio y en el salterio,
En tono suave con el arpa.
4 Por cuanto me has alegrado, oh Jehová,
con tus obras;
En las obras de tus manos me gozo.
5 ¡Cuán grandes son tus obras, oh Jehová!
Muy profundos son tus pensamientos.
6 El hombre necio no sabe,
Y el insensato no entiende esto.
7 Cuando brotan los impíos como la hierba,
Y florecen todos los que hacen iniquidad,
Es para ser destruidos eternamente.
8 Mas tú, Jehová, para siempre eres
Altísimo.
9 Porque he aquí tus enemigos, oh Jehová,
Porque he aquí, perecerán tus enemigos;
Serán esparcidos todos los que hacen
maldad.
10 Pero tú aumentarás mis fuerzas como
las del búfalo;
Seré ungido con aceite fresco.
11 Y mirarán mis ojos sobre mis enemigos;
Oirán mis oídos de los que se levantaron
contra mí, de los malignos.
12 El justo florecerá como la palmera;
Crecerá como cedro en el Líbano.
13 Plantados en la casa de Jehová,
En los atrios de nuestro Dios florecerán.
14 Aun en la vejez fructificarán;
Estarán vigorosos y verdes,
15 Para anunciar que Jehová mi fortaleza
es recto,
Y que en él no hay injusticia.

La majestad de Jehová

93 1 Jehová reina; se vistió
de magnificencia;
Jehová se vistió, se ciñó de poder.
Afirmó también el mundo,
y no se moverá.
2 Firme es tu trono desde entonces;
Tú eres eternamente.
3 Alzaron los ríos, oh Jehová,
Los ríos alzaron su sonido;
Alzaron los ríos sus ondas.
4 Jehová en las alturas es más poderoso
Que el estruendo de las muchas aguas,
Más que las recias ondas del mar.
5 Tus testimonios son muy firmes;
La santidad conviene a tu casa,
Oh Jehová, por los siglos y para
siempre.

* Aquí equivale a *sábado*.

91.11: [a] Mt. 4.6; Lc. 4.10. **91.12:** [b] Mt. 4.6; Lc. 4.11. **91.13:** [c] Lc. 10.19.

Oración clamando por venganza

94 1 Jehová, Dios de las venganzas,
Dios de las venganzas, muéstrate.
2 Engrandécete, oh Juez de la tierra;
Da el pago a los soberbios.
3 ¿Hasta cuándo los impíos,
Hasta cuándo, oh Jehová, se gozarán los impíos?
4 ¿Hasta cuándo pronunciarán, hablarán cosas duras,
Y se vanagloriarán todos los que hacen iniquidad?
5 A tu pueblo, oh Jehová, quebrantan,
Y a tu heredad afligen.
6 A la viuda y al extranjero matan,
Y a los huérfanos quitan la vida.
7 Y dijeron: No verá JAH,
Ni entenderá el Dios de Jacob.
8 Entended, necios del pueblo;
Y vosotros, fatuos, ¿cuándo seréis sabios?
9 El que hizo el oído, ¿no oirá?
El que formó el ojo, ¿no verá?
10 El que castiga a las naciones, ¿no reprenderá?
¿No sabrá el que enseña al hombre la ciencia?
11 Jehová conoce los pensamientos de los hombres,
Que son vanidad.[a]
12 Bienaventurado el hombre a quien tú, JAH, corriges,
Y en tu ley lo instruyes,
13 Para hacerle descansar en los días de aflicción,
En tanto que para el impío se cava el hoyo.
14 Porque no abandonará Jehová a su pueblo,
Ni desamparará su heredad,
15 Sino que el juicio será vuelto a la justicia,
Y en pos de ella irán todos los rectos de corazón.
16 ¿Quién se levantará por mí contra los malignos?
¿Quién estará por mí contra los que hacen iniquidad?
17 Si no me ayudara Jehová,
Pronto moraría mi alma en el silencio.
18 Cuando yo decía: Mi pie resbala,
Tu misericordia, oh Jehová, me sustentaba.
19 En la multitud de mis pensamientos dentro de mí,
Tus consolaciones alegraban mi alma.
20 ¿Se juntará contigo el trono de iniquidades
Que hace agravio bajo forma de ley?
21 Se juntan contra la vida del justo,
Y condenan la sangre inocente.
22 Mas Jehová me ha sido por refugio,
Y mi Dios por roca de mi confianza.
23 Y él hará volver sobre ellos su iniquidad,
Y los destruirá en su propia maldad;
Los destruirá Jehová nuestro Dios.

Cántico de alabanza y de adoración

95 1 Venid, aclamemos alegremente a Jehová;
Cantemos con júbilo a la roca de nuestra salvación.
2 Lleguemos ante su presencia con alabanza;
Aclamémosle con cánticos.
3 Porque Jehová es Dios grande,
Y Rey grande sobre todos los dioses.
4 Porque en su mano están las profundidades de la tierra,
Y las alturas de los montes son suyas.
5 Suyo también el mar, pues él lo hizo;
Y sus manos formaron la tierra seca.
6 Venid, adoremos y postrémonos;
Arrodillémonos delante de Jehová nuestro Hacedor.
7 Porque él es nuestro Dios;
Nosotros el pueblo de su prado, y ovejas de su mano.
Si oyereis hoy su voz,
8 No endurezcáis vuestro corazón,[a] como en Meriba,
Como en el día de Masah en el desierto,
9 Donde me tentaron vuestros padres,
Me probaron,[b] y vieron mis obras.
10 Cuarenta años estuve disgustado con la nación,
Y dije: Pueblo es que divaga de corazón,
Y no han conocido mis caminos.
11 Por tanto, juré en mi furor
Que no entrarían en mi reposo.[c,d]

Cántico de alabanza

96 1 Cantad a Jehová cántico nuevo;
Cantad a Jehová, toda la tierra.
2 Cantad a Jehová, bendecid su nombre;
Anunciad de día en día su salvación.
3 Proclamad entre las naciones su gloria,
En todos los pueblos sus maravillas.
4 Porque grande es Jehová, y digno de suprema alabanza;
Temible sobre todos los dioses.
5 Porque todos los dioses de los pueblos son ídolos;
Pero Jehová hizo los cielos.
6 Alabanza y magnificencia delante de él;
Poder y gloria en su santuario.

94.11: [a] 1 Co. 3.20. **95.7-8:** [a] He. 3.15; 4.7. **95.8-9:** [b] Ex. 17.1-7; Nm. 20.2-13. **95.11:** [c] Nm. 14.26-35; Dt. 1.34-36; He. 4.3, 5. **95.7-11:** [d] He. 3.7-11.

7 Tributad a Jehová, oh familias
de los pueblos,
Dad a Jehová la gloria y el poder.
8 Dad a Jehová la honra debida a su
nombre;
Traed ofrendas, y venid a sus atrios.
9 Adorad a Jehová en la hermosura
de la santidad;[a]
Temed delante de él, toda la tierra.
10 Decid entre las naciones: Jehová reina.
También afirmó el mundo,
no será conmovido;
Juzgará a los pueblos en justicia.
11 Alégrense los cielos, y gócese la tierra;
Brame el mar y su plenitud.
12 Regocíjese el campo, y todo lo
que en él está;
Entonces todos los árboles del bosque
rebosarán de contento,
13 Delante de Jehová que vino;
Porque vino a juzgar la tierra.
Juzgará al mundo con justicia,
Y a los pueblos con su verdad.

El dominio y el poder de Jehová

97 1 Jehová reina; regocíjese la tierra,
Alégrense las muchas costas.
2 Nubes y oscuridad alrededor de él;
Justicia y juicio son el cimiento
de su trono.
3 Fuego irá delante de él,
Y abrasará a sus enemigos alrededor.
4 Sus relámpagos alumbraron el mundo;
La tierra vio y se estremeció.
5 Los montes se derritieron como cera
delante de Jehová,
Delante del Señor de toda la tierra.
6 Los cielos anunciaron su justicia,
Y todos los pueblos vieron su gloria.
7 Avergüéncense todos los que sirven
a las imágenes de talla,
Los que se glorían en los ídolos.
Póstrense a él todos los dioses.
8 Oyó Sion, y se alegró;
Y las hijas de Judá,
Oh Jehová, se gozaron por tus juicios.
9 Porque tú, Jehová, eres excelso sobre
toda la tierra;
Eres muy exaltado sobre todos
los dioses.
10 Los que amáis a Jehová, aborreced
el mal;
El guarda las almas de sus santos;
De mano de los impíos los libra.
11 Luz está sembrada para el justo,
Y alegría para los rectos de corazón.
12 Alegraos, justos, en Jehová,
Y alabad la memoria de su santidad.

Alabanza por la justicia de Dios

Salmo.

98 1 Cantad a Jehová cántico nuevo,
Porque ha hecho maravillas;
Su diestra lo ha salvado, y su santo brazo.
2 Jehová ha hecho notoria su salvación;
A vista de las naciones ha descubierto su
justicia.
3 Se ha acordado de su misericordia y de
su verdad para con la casa de Israel;
Todos los términos de la tierra han visto
la salvación de nuestro Dios.
4 Cantad alegres a Jehová, toda la tierra;
Levantad la voz, y aplaudid, y cantad
salmos.
5 Cantad salmos a Jehová con arpa;
Con arpa y voz de cántico.
6 Aclamad con trompetas y sonidos
de bocina,
Delante del rey Jehová.
7 Brame el mar y su plenitud,
El mundo y los que en él habitan;
8 Los ríos batan las manos,
Los montes todos hagan regocijo
9 Delante de Jehová, porque vino a juzgar
la tierra.
Juzgará al mundo con justicia,
Y a los pueblos con rectitud.

Fidelidad de Jehová para con Israel

99 1 Jehová reina; temblarán los pueblos.
El está sentado sobre los querubines,[a]
se conmoverá la tierra.
2 Jehová en Sion es grande,
Y exaltado sobre todos los pueblos.
3 Alaben tu nombre grande y temible;
El es santo.
4 Y la gloria del rey ama el juicio;
Tú confirmas la rectitud;
Tú has hecho en Jacob juicio y justicia.
5 Exaltad a Jehová nuestro Dios,
Y postraos ante el estrado de sus pies;
El es santo.
6 Moisés y Aarón entre sus sacerdotes,
Y Samuel entre los que invocaron su
nombre;
Invocaban a Jehová, y él les respondía.
7 En columna de nube hablaba con ellos;[b]
Guardaban sus testimonios, y el estatuto
que les había dado.
8 Jehová Dios nuestro, tú les respondías;
Les fuiste un Dios perdonador,
Y retribuidor de sus obras.
9 Exaltad a Jehová nuestro Dios,
Y postraos ante su santo monte,
Porque Jehová nuestro Dios es santo.

96.7-9: [a] Sal. 29.1-2. **99.1:** [a] Ex. 25.22. **99.7:** [b] Ex. 33.9.

Exhortación a la gratitud

Salmo de alabanza.

100 1 Cantad alegres a Dios, habitantes
de toda la tierra.
2 Servid a Jehová con alegría;
Venid ante su presencia con regocijo.
3 Reconoced que Jehová es Dios;
El nos hizo, y no nosotros a nosotros
mismos;
Pueblo suyo somos, y ovejas de su prado.
4 Entrad por sus puertas con acción de
gracias,
Por sus atrios con alabanza;
Alabadle, bendecid su nombre.
5 Porque Jehová es bueno; para siempre es
su misericordia,[a]
Y su verdad por todas las generaciones.

Promesa de vivir rectamente

Salmo de David.

101 1 Misericordia y juicio cantaré;
A ti cantaré yo, oh Jehová.
2 Entenderé el camino de la perfección
Cuando vengas a mí.
En la integridad de mi corazón andaré en
medio de mi casa.
3 No pondré delante de mis ojos cosa injusta.
Aborrezco la obra de los que se desvían;
Ninguno de ellos se acercará a mí.
4 Corazón perverso se apartará de mí;
No conoceré al malvado.
5 Al que solapadamente infama a su
prójimo, yo lo destruiré;
No sufriré al de ojos altaneros y de
corazón vanidoso.
6 Mis ojos pondré en los fieles de la tierra,
para que estén conmigo;
El que ande en el camino de la
perfección, éste me servirá.
7 No habitará dentro de mi casa el que
hace fraude;
El que habla mentiras no se afirmará
delante de mis ojos.
8 De mañana destruiré a todos los impíos
de la tierra,
Para exterminar de la ciudad de Jehová a
todos los que hagan iniquidad.

Oración de un afligido

Oración del que sufre, cuando está angustiado,
y delante de Jehová derrama su lamento.

102 1 Jehová, escucha mi oración,
Y llegue a ti mi clamor.
2 No escondas de mí tu rostro en el día de
mi angustia;
Inclina a mí tu oído;
Apresúrate a responderme el día que te
invocare.
3 Porque mis días se han consumido como
humo,
Y mis huesos cual tizón están quemados.
4 Mi corazón está herido, y seco como la
hierba,
Por lo cual me olvido de comer mi pan.
5 Por la voz de mi gemido
Mis huesos se han pegado a mi carne.
6 Soy semejante al pelícano del desierto;
Soy como el búho de las soledades;
7 Velo, y soy
Como el pájaro solitario sobre el tejado.
8 Cada día me afrentan mis enemigos;
Los que contra mí se enfurecen, se han
conjurado contra mí.
9 Por lo cual yo como ceniza a manera de
pan,
Y mi bebida mezclo con lágrimas,
10 A causa de tu enojo y de tu ira;
Pues me alzaste, y me has arrojado.
11 Mis días son como sombra que se va,
Y me he secado como la hierba.
12 Mas tú, Jehová, permanecerás para siempre,
Y tu memoria de generación en
generación.
13 Te levantarás y tendrás misericordia de
Sion,
Porque es tiempo de tener misericordia
de ella, porque el plazo ha llegado.
14 Porque tus siervos aman sus piedras,
Y del polvo de ella tienen compasión.
15 Entonces las naciones temerán el nombre
de Jehová,
Y todos los reyes de la tierra tu gloria;
16 Por cuanto Jehová habrá edificado a
Sion,
Y en su gloria será visto;
17 Habrá considerado la oración de los
desvalidos,
Y no habrá desechado el ruego de ellos.
18 Se escribirá esto para la generación
venidera;
Y el pueblo que está por nacer alabará a
JAH,
19 Porque miró desde lo alto de su santuario;
Jehová miró desde los cielos a la tierra,
20 Para oír el gemido de los presos,
Para soltar a los sentenciados a muerte;
21 Para que publique en Sion el nombre de
Jehová,
Y su alabanza en Jerusalén,
22 Cuando los pueblos y los reinos se
congreguen
En uno para servir a Jehová.
23 El debilitó mi fuerza en el camino;
Acortó mis días.

100.5: [a] 1Cr. 16.34; 2 Cr. 5.13; 7.3; Esd. 3.11; Sal. 106.1; 107.1; 118.1; 136.1; Jer. 33.11.

24 Dije: Dios mío, no me cortes en la mitad
de mis días;
Por generación de generaciones son tus
años.
25 Desde el principio tú fundaste la tierra,
Y los cielos son obra de tus manos.
26 Ellos perecerán, mas tú permanecerás;
Y todos ellos como una vestidura se
envejecerán;
Como un vestido los mudarás, y serán
mudados;
27 Pero tú eres el mismo,
Y tus años no se acabarán.[a]
28 Los hijos de tus siervos habitarán seguros,
Y su descendencia será establecida
delante de ti.

Alabanza por las bendiciones de Dios

Salmo de David.

103 1 Bendice, alma mía, a Jehová,
Y bendiga todo mi ser su santo
nombre.
2 Bendice, alma mía, a Jehová,
Y no olvides ninguno de sus beneficios.
3 El es quien perdona todas tus
iniquidades,
El que sana todas tus dolencias;
4 El que rescata del hoyo tu vida,
El que te corona de favores y misericordias;
5 El que sacia de bien tu boca
De modo que te rejuvenezcas como el
águila.
6 Jehová es el que hace justicia
Y derecho a todos los que padecen
violencia.
7 Sus caminos notificó a Moisés,
Y a los hijos de Israel sus obras.
8 Misericordioso y clemente es Jehová;[a]
Lento para la ira, y grande en
misericordia.
9 No contenderá para siempre,
Ni para siempre guardará el enojo.
10 No ha hecho con nosotros conforme a
nuestras iniquidades,
Ni nos ha pagado conforme a nuestros
pecados.
11 Porque como la altura de los cielos sobre
la tierra,
Engrandeció su misericordia sobre los
que le temen.
12 Cuanto está lejos el oriente del occidente,
Hizo alejar de nosotros nuestras
rebeliones.
13 Como el padre se compadece de los hijos,
Se compadece Jehová de los que le
temen.
14 Porque él conoce nuestra condición;
Se acuerda de que somos polvo.
15 El hombre, como la hierba son sus días;
Florece como la flor del campo,
16 Que pasó el viento por ella, y pereció,
Y su lugar no la conocerá más.
17 Mas la misericordia de Jehová es desde
la eternidad y hasta la eternidad sobre
los que le temen,
Y su justicia sobre los hijos de los hijos;
18 Sobre los que guardan su pacto,
Y los que se acuerdan de sus
mandamientos para ponerlos por obra.
19 Jehová estableció en los cielos su trono,
Y su reino domina sobre todos.
20 Bendecid a Jehová, vosotros sus ángeles,
Poderosos en fortaleza, que ejecutáis su
palabra,
Obedeciendo a la voz de su precepto.
21 Bendecid a Jehová, vosotros todos sus
ejércitos,
Ministros suyos, que hacéis su voluntad.
22 Bendecid a Jehová, vosotras todas sus
obras,
En todos los lugares de su señorío.
Bendice, alma mía, a Jehová.

Dios cuida de su creación

104 1 Bendice, alma mía, a Jehová.
Jehová Dios mío, mucho te has
engrandecido;
Te has vestido de gloria y de
magnificencia.
2 El que se cubre de luz como de vestidura,
Que extiende los cielos como una
cortina,
3 Que establece sus aposentos entre las
aguas,
El que pone las nubes por su carroza,
El que anda sobre las alas del viento;
4 El que hace a los vientos sus mensajeros,
Y a las flamas de fuego sus ministros.[a]
5 El fundó la tierra sobre sus cimientos;
No será jamás removida.
6 Con el abismo, como con vestido, la
cubriste;
Sobre los montes estaban las aguas.
7 A tu reprensión huyeron;
Al sonido de tu trueno se apresuraron;
8 Subieron los montes, descendieron los
valles,
Al lugar que tú les fundaste.
9 Les pusiste término, el cual no
traspasarán,
Ni volverán a cubrir la tierra.
10 Tú eres el que envía las fuentes por los
arroyos;
Van entre los montes;

102.25-27: [a] He. 1.10-12. **103.8:** [a] Stg. 5.11.
104.4: [a] He. 1.7.

11 Dan de beber a todas las bestias del campo;
Mitigan su sed los asnos monteses.
12 A sus orillas habitan las aves de los cielos;
Cantan entre las ramas.
13 El riega los montes desde sus aposentos;
Del fruto de sus obras se sacia la tierra.
14 El hace producir el heno para las bestias,
Y la hierba para el servicio del hombre,
Sacando el pan de la tierra,
15 Y el vino que alegra el corazón del hombre,
El aceite que hace brillar el rostro,
Y el pan que sustenta la vida del hombre.
16 Se llenan de savia los árboles de Jehová,
Los cedros del Líbano que él plantó.
17 Allí anidan las aves;
En las hayas hace su casa la cigüeña.
18 Los montes altos para las cabras monteses;
Las peñas, madrigueras para los conejos.
19 Hizo la luna para los tiempos;
El sol conoce su ocaso.
20 Pones las tinieblas, y es la noche;
En ella corretean todas las bestias de la selva.
21 Los leoncillos rugen tras la presa,
Y para buscar de Dios su comida.
22 Sale el sol, se recogen,
Y se echan en sus cuevas.
23 Sale el hombre a su labor,
Y a su labranza hasta la tarde.
24 ¡Cuán innumerables son tus obras, oh Jehová!
Hiciste todas ellas con sabiduría;
La tierra está llena de tus beneficios.
25 He allí el grande y anchuroso mar,
En donde se mueven seres innumerables,
Seres pequeños y grandes.
26 Allí andan las naves;
Allí este leviatán[b] que hiciste para que jugase en él.
27 Todos ellos esperan en ti,
Para que les des su comida a su tiempo.
28 Les das, recogen;
Abres tu mano, se sacian de bien.
29 Escondes tu rostro, se turban;
Les quitas el hálito, dejan de ser,
Y vuelven al polvo.
30 Envías tu Espíritu, son creados,
Y renuevas la faz de la tierra.
31 Sea la gloria de Jehová para siempre;
Alégrese Jehová en sus obras.
32 El mira a la tierra, y ella tiembla;
Toca los montes, y humean.
33 A Jehová cantaré en mi vida;
A mi Dios cantaré salmos mientras viva.
34 Dulce será mi meditación en él;
Yo me regocijaré en Jehová.
35 Sean consumidos de la tierra los pecadores,
Y los impíos dejen de ser.
Bendice, alma mía, a Jehová.
Aleluya.

Maravillas de Jehová a favor de Israel

105 1 Alabad a Jehová, invocad su nombre;
Dad a conocer sus obras en los pueblos.
2 Cantadle, cantadle salmos;
Hablad de todas sus maravillas.
3 Gloriaos en su santo nombre;
Alégrese el corazón de los que buscan a Jehová.
4 Buscad a Jehová y su poder;
Buscad siempre su rostro.
5 Acordaos de las maravillas que él ha hecho,
De sus prodigios y de los juicios de su boca,
6 Oh vosotros, descendencia de Abraham su siervo,
Hijos de Jacob, sus escogidos.
7 El es Jehová nuestro Dios;
En toda la tierra están sus juicios.
8 Se acordó para siempre de su pacto;
De la palabra que mandó para mil generaciones,
9 La cual concertó con Abraham,[a]
Y de su juramento a Isaac.[b]
10 La estableció a Jacob por decreto,
A Israel por pacto sempiterno,
11 Diciendo: A ti te daré la tierra de Canaán
Como porción de vuestra heredad.[c]
12 Cuando ellos eran pocos en número,
Y forasteros en ella,
13 Y andaban de nación en nación,
De un reino a otro pueblo,
14 No consintió que nadie los agraviase,
Y por causa de ellos castigó a los reyes.
15 No toquéis, dijo, a mis ungidos,
Ni hagáis mal a mis profetas.[d]
16 Trajo hambre sobre la tierra,
Y quebrantó todo sustento de pan.[e]
17 Envió un varón delante de ellos;
A José, que fue vendido por siervo.[f]
18 Afligieron sus pies con grillos;
En cárcel fue puesta su persona.
19 Hasta la hora que se cumplió su palabra,
El dicho de Jehová le probó.[g]
20 Envió el rey, y le soltó;
El señor de los pueblos, y le dejó ir libre.[h]
21 Lo puso por señor de su casa,
Y por gobernador de todas sus posesiones,[i]
22 Para que reprimiera a sus grandes como él quisiese,
Y a sus ancianos enseñara sabiduría.

104.26: [b] Job 41.1; Sal. 74.14; Is. 27.1. **105.9:** [a] Gn. 12.7; 17.8. [b] Gn. 26.3. **105.10-11:** [c] Gn. 28.13. **105.14-15:** [d] Gn. 20.3-7. **105.16:** [e] Gn. 41.53-57. **105.17:** [f] Gn. 37.28; 45.5 **105.18-19:** [g] Gn. 39.20–40.23. **105.20:** [h] Gn. 41.14.

23 Después entró Israel en Egipto,[j]
Y Jacob moró en la tierra de Cam.[k]
24 Y multiplicó su pueblo en gran manera,
Y lo hizo más fuerte que sus enemigos.
25 Cambió el corazón de ellos para que
aborreciesen a su pueblo,
Para que contra sus siervos pensasen mal.[l]
26 Envió a su siervo Moisés,
Y a Aarón, al cual escogió.[m]
27 Puso en ellos las palabras de sus señales,
Y sus prodigios en la tierra de Cam.
28 Envió tinieblas que lo oscurecieron todo;[n]
No fueron rebeldes a su palabra.
29 Volvió sus aguas en sangre,
Y mató sus peces.[o]
30 Su tierra produjo ranas
Hasta en las cámaras de sus reyes.[p]
31 Habló, y vinieron enjambres de moscas,[q]
Y piojos[r] en todos sus términos.
32 Les dio granizo por lluvia,
Y llamas de fuego en su tierra.
33 Destrozó sus viñas y sus higueras,
Y quebró los árboles de su territorio.[s]
34 Habló, y vinieron langostas,
Y pulgón sin número;
35 Y comieron toda la hierba de su país,
Y devoraron el fruto de su tierra.[t]
36 Hirió de muerte a todos los primogénitos
en su tierra,
Las primicias de toda su fuerza.[u]
37 Los sacó con plata y oro;
Y no hubo en sus tribus enfermo.
38 Egipto se alegró de que salieran,
Porque su terror había caído sobre ellos.[v]
39 Extendió una nube por cubierta,
Y fuego para alumbrar la noche.[w]
40 Pidieron, e hizo venir codornices;
Y los sació de pan del cielo.[x]
41 Abrió la peña, y fluyeron aguas;
Corrieron por los sequedales como un río.[y]
42 Porque se acordó de su santa palabra
Dada a Abraham su siervo.
43 Sacó a su pueblo con gozo;
Con júbilo a sus escogidos.
44 Les dio las tierras de las naciones,[z]
Y las labores de los pueblos heredaron;
45 Para que guardasen sus estatutos,
Y cumpliesen sus leyes.
Aleluya.

La rebeldía de Israel

106 1 Aleluya.
Alabad a Jehová, porque él es
bueno;
Porque para siempre es su misericordia.[a]
2 ¿Quién expresará las poderosas obras de
Jehová?
¿Quién contará sus alabanzas?
3 Dichosos los que guardan juicio,
Los que hacen justicia en todo tiempo.
4 Acuérdate de mí, oh Jehová, según tu
benevolencia para con tu pueblo;
Visítame con tu salvación,
5 Para que yo vea el bien
de tus escogidos,
Para que me goce en la alegría
de tu nación,
Y me gloríe con tu heredad.
6 Pecamos nosotros, como nuestros padres;
Hicimos iniquidad, hicimos impiedad.
7 Nuestros padres en Egipto no
entendieron tus maravillas;
No se acordaron de la muchedumbre de
tus misericordias,
Sino que se rebelaron junto al mar, el
Mar Rojo.[b]
8 Pero él los salvó por amor de su nombre,
Para hacer notorio su poder.
9 Reprendió al Mar Rojo y lo secó,[c]
Y les hizo ir por el abismo como por un
desierto.
10 Los salvó de mano del enemigo,
Y los rescató de mano del adversario.
11 Cubrieron las aguas a sus enemigos;
No quedó ni uno de ellos.
12 Entonces creyeron a sus palabras
Y cantaron su alabanza.[d]
13 Bien pronto olvidaron sus obras;
No esperaron su consejo.
14 Se entregaron a un deseo desordenado
en el desierto;
Y tentaron a Dios en la soledad.
15 Y él les dio lo que pidieron;
Mas envió mortandad sobre ellos.[e]
16 Tuvieron envidia de Moisés en el
campamento,
Y contra Aarón, el santo de Jehová.
17 Entonces se abrió la tierra y tragó a
Datán,
Y cubrió la compañía de Abiram.
18 Y se encendió fuego en su junta;
La llama quemó a los impíos.[f]
19 Hicieron becerro en Horeb,
Se postraron ante una imagen de
fundición.[g]

105.21: [i] Gn. 41.39-41. **105.23:** [j] Gn. 46.6. [k] Gn. 47.11.
105.24-25: [l] Ex. 1.7-14. **105.26:** [m] Ex. 3.1–4.17.
105.28: [n] Ex. 10.21-23. **105.29:** [o] Ex. 7.17-21.
105.30: [p] Ex. 8.1-6. **105.31:** [q] Ex. 8.20-24. [r] Ex. 8.16-17.
105.32-33: [s] Ex. 9.22-25. **105.34-35:** [t] Ex. 10.12-15.
105.36: [u] Ex. 12.29. **105.37-38:** [v] Ex. 12.33-36.
105.39: [w] Ex. 13.21-22. **105.40:** [x] Ex. 16.2-15.
105.41: [y] Ex. 17.1-7; Nm. 20.2-13. **105.44:** [z] Jos. 11.16-23.
106.1: [a] 1Cr. 16.34; 2 Cr. 5.13; 7.3; Esd. 3.11; Sal. 100.5; 107.1; 118.1; 136.1; Jer. 33.11. **106.7:** [b] Ex. 14.10-12.
106.9-12: [c] Ex. 14.21-31. **106.12:** [d] Ex. 15.1-21.
106.14-15: [e] Nm. 11.4-34. **106.16-18:** [f] Nm. 16.1-35.
106.19-23: [g] Ex. 32.1-14.

20 Así cambiaron su gloria
Por la imagen de un buey que come hierba.
21 Olvidaron al Dios de su salvación,
Que había hecho grandezas en Egipto,
22 Maravillas en la tierra de Cam,
Cosas formidables sobre el Mar Rojo.
23 Y trató de destruirlos,
De no haberse interpuesto Moisés su escogido delante de él,
A fin de apartar su indignación para que no los destruyese.
24 Pero aborrecieron la tierra deseable;
No creyeron a su palabra,
25 Antes murmuraron en sus tiendas,
Y no oyeron la voz de Jehová.
26 Por tanto, alzó su mano contra ellos
Para abatirlos en el desierto,[h]
27 Y humillar su pueblo entre las naciones,
Y esparcirlos por las tierras.[i]
28 Se unieron asimismo a Baal-peor,
Y comieron los sacrificios de los muertos.
29 Provocaron la ira de Dios con sus obras,
Y se desarrolló la mortandad entre ellos.
30 Entonces se levantó Finees e hizo juicio,
Y se detuvo la plaga;
31 Y le fue contado por justicia
De generación en generación para siempre.[j]
32 También le irritaron en las aguas de Meriba;
Y le fue mal a Moisés por causa de ellos,
33 Porque hicieron rebelar a su espíritu,
Y habló precipitadamente con sus labios.[k]
34 No destruyeron a los pueblos
Que Jehová les dijo;
35 Antes se mezclaron con las naciones,
Y aprendieron sus obras,
36 Y sirvieron a sus ídolos,
Los cuales fueron causa de su ruina.[l]
37 Sacrificaron sus hijos y sus hijas a los demonios,[m]
38 Y derramaron la sangre inocente, la sangre de sus hijos y de sus hijas,
Que ofrecieron en sacrificio a los ídolos de Canaán,
Y la tierra fue contaminada con sangre.[n]
39 Se contaminaron así con sus obras,
Y se prostituyeron con sus hechos.
40 Se encendió, por tanto, el furor de Jehová sobre su pueblo,
Y abominó su heredad;
41 Los entregó en poder de las naciones,
Y se enseñorearon de ellos los que les aborrecían.
42 Sus enemigos los oprimieron,
Y fueron quebrantados debajo de su mano.
43 Muchas veces los libró;
Mas ellos se rebelaron contra su consejo,
Y fueron humillados por su maldad.
44 Con todo, él miraba cuando estaban en angustia,
Y oía su clamor;
45 Y se acordaba de su pacto con ellos,
Y se arrepentía conforme a la muchedumbre de sus misericordias.
46 Hizo asimismo que tuviesen de ellos misericordia todos los que los tenían cautivos.[o]
47 Sálvanos, Jehová Dios nuestro,
Y recógenos de entre las naciones,
Para que alabemos tu santo nombre,
Para que nos gloriemos en tus alabanzas.
48 Bendito Jehová Dios de Israel,
Desde la eternidad y hasta la eternidad;
Y diga todo el pueblo, Amén.
Aleluya.[p]

LIBRO V

Dios libra de la aflicción

107 1 Alabad a Jehová, porque él es bueno;
Porque para siempre es su misericordia.[a]
2 Díganlo los redimidos de Jehová,
Los que ha redimido del poder del enemigo,
3 Y los ha congregado de las tierras,
Del oriente y del occidente,
Del norte y del sur.
4 Anduvieron perdidos por el desierto, por la soledad sin camino,
Sin hallar ciudad en donde vivir.
5 Hambrientos y sedientos,
Su alma desfallecía en ellos.
6 Entonces clamaron a Jehová en su angustia,
Y los libró de sus aflicciones.
7 Los dirigió por camino derecho,
Para que viniesen a ciudad habitable.
8 Alaben la misericordia de Jehová,
Y sus maravillas para con los hijos de los hombres.
9 Porque sacia al alma menesterosa,
Y llena de bien al alma hambrienta.
10 Algunos moraban en tinieblas y sombra de muerte,
Aprisionados en aflicción y en hierros,
11 Por cuanto fueron rebeldes a las palabras de Jehová,
Y aborrecieron el consejo del Altísimo.

106.24-26: [h] Nm. 14.1-35. **106.27:** [i] Lv. 26.33. **106.28-31:** [j] Nm. 25.1-13. **106.32-33:** [k] Nm. 20.2-13. **106.34-36:** [l] Jue. 2.1-3; 3.5-6. **106.37:** [m] 2 R. 17.17. **106.38:** [n] Nm. 35.33. **106.40-46:** [o] Jue. 2.14-18. **106.47-48:** [p] 1 Cr. 16.35-36. **107.1:** [a] 1 Cr. 16.34; 2 Cr. 5.13; 7.3; Esd. 3.11; Sal. 100.5; 106.1; 118.1; 136.1; Jer. 33.11.

12 Por eso quebrantó con el trabajo sus
corazones;
Cayeron, y no hubo quien los ayudase.
13 Luego que clamaron a Jehová en su
angustia,
Los libró de sus aflicciones;
14 Los sacó de las tinieblas y de la sombra
de muerte,
Y rompió sus prisiones.
15 Alaben la misericordia de Jehová,
Y sus maravillas para con los hijos de los
hombres.
16 Porque quebrantó las puertas de bronce,
Y desmenuzó los cerrojos de hierro.
17 Fueron afligidos los insensatos, a causa
del camino de su rebelión
Y a causa de sus maldades;
18 Su alma abominó todo alimento,
Y llegaron hasta las puertas de la muerte.
19 Pero clamaron a Jehová en su angustia,
Y los libró de sus aflicciones.
20 Envió su palabra, y los sanó,
Y los libró de su ruina.
21 Alaben la misericordia de Jehová,
Y sus maravillas para con los hijos de los
hombres;
22 Ofrezcan sacrificios de alabanza,
Y publiquen sus obras con júbilo.
23 Los que descienden al mar en naves,
Y hacen negocio en las muchas aguas,
24 Ellos han visto las obras de Jehová,
Y sus maravillas en las profundidades.
25 Porque habló, e hizo levantar un viento
tempestuoso,
Que encrespa sus ondas.
26 Suben a los cielos, descienden a los
abismos;
Sus almas se derriten con el mal.
27 Tiemblan y titubean como ebrios,
Y toda su ciencia es inútil.
28 Entonces claman a Jehová en su angustia,
Y los libra de sus aflicciones.
29 Cambia la tempestad en sosiego,
Y se apaciguan sus ondas.
30 Luego se alegran, porque se apaciguaron;
Y así los guía al puerto que deseaban.
31 Alaben la misericordia de Jehová,
Y sus maravillas para con los hijos de los
hombres.
32 Exáltenlo en la congregación del pueblo,
Y en la reunión de ancianos lo alaben.
33 El convierte los ríos en desierto,
Y los manantiales de las aguas en
sequedales;
34 La tierra fructífera en estéril,
Por la maldad de los que la habitan.
35 Vuelve el desierto en estanques de aguas,
Y la tierra seca en manantiales.
36 Allí establece a los hambrientos,
Y fundan ciudad en donde vivir.
37 Siembran campos, y plantan viñas,
Y rinden abundante fruto.
38 Los bendice, y se multiplican en gran
manera;
Y no disminuye su ganado.
39 Luego son menoscabados y abatidos
A causa de tiranía, de males y congojas.
40 El esparce menosprecio sobre los
príncipes,
Y les hace andar perdidos, vagabundos
y sin camino.
41 Levanta de la miseria al pobre,
Y hace multiplicar las familias como
rebaños de ovejas.
42 Véanlo los rectos, y alégrense,
Y todos los malos cierren su boca.
43 ¿Quién es sabio y guardará estas cosas,
Y entenderá las misericordias de Jehová?

Petición de ayuda contra el enemigo

Cántico. Salmo de David.

108 1 Mi corazón está dispuesto, oh Dios;
Cantaré y entonaré salmos; esta es
mi gloria.
2 Despiértate, salterio y arpa;
Despertaré al alba.
3 Te alabaré, oh Jehová, entre los pueblos;
A ti cantaré salmos entre las naciones.
4 Porque más grande que los cielos es tu
misericordia,
Y hasta los cielos tu verdad.
5 Exaltado seas sobre los cielos, oh Dios,
Y sobre toda la tierra sea enaltecida tu
gloria.
6 Para que sean librados tus amados,
Salva con tu diestra y respóndeme.
7 Dios ha dicho en su santuario: Yo me
alegraré;
Repartiré a Siquem, y mediré el valle de
Sucot.
8 Mío es Galaad, mío es Manasés,
Y Efraín es la fortaleza de mi cabeza;
Judá es mi legislador.
9 Moab, la vasija para lavarme;
Sobre Edom echaré mi calzado;
Me regocijaré sobre Filistea.
10 ¿Quién me guiará a la ciudad fortificada?
¿Quién me guiará hasta Edom?
11 ¿No serás tú, oh Dios, que nos habías
desechado,
Y no salías, oh Dios, con nuestros
ejércitos?
12 Danos socorro contra el adversario,
Porque vana es la ayuda del hombre.
13 En Dios haremos proezas,
Y él hollará a nuestros enemigos.

Clamor de venganza

Al músico principal. Salmo de David.

109 1 Oh Dios de mi alabanza, no calles;
2 Porque boca de impío y boca
de engañador se han abierto
contra mí;
Han hablado de mí con lengua mentirosa;
3 Con palabras de odio me han rodeado,
Y pelearon contra mí sin causa.
4 En pago de mi amor me han sido
adversarios;
Mas yo oraba.
5 Me devuelven mal por bien,
Y odio por amor.
6 Pon sobre él al impío,
Y Satanás esté a su diestra.
7 Cuando fuere juzgado, salga culpable;
Y su oración sea para pecado.
8 Sean sus días pocos;
Tome otro su oficio.[a]
9 Sean sus hijos huérfanos,
Y su mujer viuda.
10 Anden sus hijos vagabundos, y mendiguen;
Y procuren su pan lejos de sus desolados
hogares.
11 Que el acreedor se apodere de todo lo
que tiene,
Y extraños saqueen su trabajo.
12 No tenga quien le haga misericordia,
Ni haya quien tenga compasión de sus
huérfanos.
13 Su posteridad sea destruida;
En la segunda generación sea borrado su
nombre.
14 Venga en memoria ante Jehová la
maldad de sus padres,
Y el pecado de su madre no sea borrado.
15 Estén siempre delante de Jehová,
Y él corte de la tierra su memoria,
16 Por cuanto no se acordó de hacer
misericordia,
Y persiguió al hombre afligido y
menesteroso,
Al quebrantado de corazón, para darle
muerte.
17 Amó la maldición, y ésta le sobrevino;
Y no quiso la bendición, y ella se alejó de él.
18 Se vistió de maldición como de su vestido,
Y entró como agua en sus entrañas,
Y como aceite en sus huesos.
19 Séale como vestido con que se cubra,
Y en lugar de cinto con que se ciña siempre.
20 Sea este el pago de parte de Jehová a los
que me calumnian,
Y a los que hablan mal contra mi alma.
21 Y tú, Jehová, Señor mío, favoréceme por
amor de tu nombre;
Líbrame, porque tu misericordia es buena.
22 Porque yo estoy afligido y necesitado,
Y mi corazón está herido dentro de mí.
23 Me voy como la sombra cuando declina;
Soy sacudido como langosta.
24 Mis rodillas están debilitadas a causa
del ayuno,
Y mi carne desfallece por falta de gordura.
25 Yo he sido para ellos objeto de oprobio;
Me miraban, y burlándose meneaban su
cabeza.[b]
26 Ayúdame, Jehová Dios mío;
Sálvame conforme a tu misericordia.
27 Y entiendan que esta es tu mano;
Que tú, Jehová, has hecho esto.
28 Maldigan ellos, pero bendice tú;
Levántense, mas sean avergonzados,
y regocíjese tu siervo.
29 Sean vestidos de ignominia los que me
calumnian;
Sean cubiertos de confusión como con
manto.
30 Yo alabaré a Jehová en gran manera con
mi boca,
Y en medio de muchos le alabaré.
31 Porque él se pondrá a la diestra del
pobre,
Para librar su alma de los que le juzgan.

Jehová da dominio al rey

Salmo de David.

110 1 Jehová dijo a mi Señor:
Siéntate a mi diestra,
Hasta que ponga a tus enemigos por
estrado de tus pies.[a]
2 Jehová enviará desde Sion la vara de tu
poder;
Domina en medio de tus enemigos.
3 Tu pueblo se te ofrecerá voluntariamente
en el día de tu poder,
En la hermosura de la santidad.
Desde el seno de la aurora
Tienes tú el rocío de tu juventud.
4 Juró Jehová, y no se arrepentirá:
Tú eres sacerdote para siempre
Según el orden de Melquisedec.[b]
5 El Señor está a tu diestra;
Quebrantará a los reyes en el día
de su ira.
6 Juzgará entre las naciones,
Las llenará de cadáveres;
Quebrantará las cabezas en muchas
tierras.
7 Del arroyo beberá en el camino,
Por lo cual levantará la cabeza.

109.8: [a] Hch. 1.20. **109.25:** [b] Mt. 27.39; Mr. 15.29.
110.1: [a] Mt. 22.44; Mr. 12.36; Lc. 20.42-43; Hch. 2.34-35; 1 Co. 15.25; Ef. 1.20-22; Col. 3.1; He. 1.13; 8.1; 10.12-13.
110.4: [b] He. 5.6; 6.20; 7.17, 21.

Dios cuida de su pueblo

Aleluya.

111 1 Alabaré a Jehová con todo el corazón
En la compañía y congregación de los rectos.
2 Grandes son las obras de Jehová,
Buscadas de todos los que las quieren.
3 Gloria y hermosura es su obra,
Y su justicia permanece para siempre.
4 Ha hecho memorables sus maravillas;
Clemente y misericordioso es Jehová.
5 Ha dado alimento a los que le temen;
Para siempre se acordará de su pacto.
6 El poder de sus obras manifestó a su pueblo,
Dándole la heredad de las naciones.
7 Las obras de sus manos son verdad y juicio;
Fieles son todos sus mandamientos,
8 Afirmados eternamente y para siempre,
Hechos en verdad y en rectitud.
9 Redención ha enviado a su pueblo;
Para siempre ha ordenado su pacto;
Santo y temible es su nombre.
10 El principio de la sabiduría es el temor de Jehová;[a]
Buen entendimiento tienen todos los que practican sus mandamientos;
Su loor permanece para siempre.

Prosperidad del que teme a Jehová

Aleluya.

112 1 Bienaventurado el hombre que teme a Jehová,
Y en sus mandamientos se deleita en gran manera.
2 Su descendencia será poderosa en la tierra;
La generación de los rectos será bendita.
3 Bienes y riquezas hay en su casa,
Y su justicia permanece para siempre.
4 Resplandeció en las tinieblas luz a los rectos;
Es clemente, misericordioso y justo.
5 El hombre de bien tiene misericordia, y presta;
Gobierna sus asuntos con juicio,
6 Por lo cual no resbalará jamás;
En memoria eterna será el justo.
7 No tendrá temor de malas noticias;
Su corazón está firme, confiado en Jehová.
8 Asegurado está su corazón; no temerá,
Hasta que vea en sus enemigos su deseo.
9 Reparte, da a los pobres;
Su justicia permanece para siempre;[a]
Su poder será exaltado en gloria.
10 Lo verá el impío y se irritará;
Crujirá los dientes, y se consumirá.
El deseo de los impíos perecerá.

Dios levanta al pobre

Aleluya.

113 1 Alabad, siervos de Jehová,
Alabad el nombre de Jehová.
2 Sea el nombre de Jehová bendito
Desde ahora y para siempre.
3 Desde el nacimiento del sol hasta donde se pone,
Sea alabado el nombre de Jehová.
4 Excelso sobre todas las naciones es Jehová,
Sobre los cielos su gloria.
5 ¿Quién como Jehová nuestro Dios,
Que se sienta en las alturas,
6 Que se humilla a mirar
En el cielo y en la tierra?
7 El levanta del polvo al pobre,
Y al menesteroso alza del muladar,
8 Para hacerlos sentar con los príncipes,
Con los príncipes de su pueblo.
9 El hace habitar en familia a la estéril,
Que se goza en ser madre de hijos.
Aleluya.

Las maravillas del Exodo

114 1 Cuando salió Israel de Egipto,[a]
La casa de Jacob del pueblo extranjero,
2 Judá vino a ser su santuario,
E Israel su señorío.
3 El mar lo vio, y huyó;[b]
El Jordán se volvió atrás.[c]
4 Los montes saltaron como carneros,
Los collados como corderitos.
5 ¿Qué tuviste, oh mar, que huiste?
¿Y tú, oh Jordán, que te volviste atrás?
6 Oh montes, ¿por qué saltasteis como carneros,
Y vosotros, collados, como corderitos?
7 A la presencia de Jehová tiembla la tierra,
A la presencia del Dios de Jacob,
8 El cual cambió la peña en estanque de aguas,[d]
Y en fuente de aguas la roca.

Dios y los ídolos

115 1 No a nosotros, oh Jehová, no a nosotros,
Sino a tu nombre da gloria,
Por tu misericordia, por tu verdad.

111.10: [a] Job 28.28; Pr. 1.7; 9.10. **112.9:** [a] 2 Co. 9.9.
114.1: [a] Ex. 12.51. **114.3:** [b] Ex. 14.21. [c] Jos. 3.16.
114.8: [d] Ex. 17.1-7; Nm. 20.2-13.

2 ¿Por qué han de decir las gentes:
¿Dónde está ahora su Dios?
3 Nuestro Dios está en los cielos;
Todo lo que quiso ha hecho.
4 Los ídolos de ellos son plata y oro,
Obra de manos de hombres.
5 Tienen boca, mas no hablan;
Tienen ojos, mas no ven;
6 Orejas tienen, mas no oyen;
Tienen narices, mas no huelen;
7 Manos tienen, mas no palpan;
Tienen pies, mas no andan;
No hablan con su garganta.
8 Semejantes a ellos son los que los hacen,
Y cualquiera que confía en ellos.[a]
9 Oh Israel, confía en Jehová;
El es tu ayuda y tu escudo.
10 Casa de Aarón, confiad en Jehová;
El es vuestra ayuda y vuestro escudo.
11 Los que teméis a Jehová, confiad en Jehová;
El es vuestra ayuda y vuestro escudo.
12 Jehová se acordó de nosotros; nos bendecirá;
Bendecirá a la casa de Israel;
Bendecirá a la casa de Aarón.
13 Bendecirá a los que temen a Jehová,
A pequeños y a grandes.[b]
14 Aumentará Jehová bendición sobre vosotros;
Sobre vosotros y sobre vuestros hijos.
15 Benditos vosotros de Jehová,
Que hizo los cielos y la tierra.
16 Los cielos son los cielos de Jehová;
Y ha dado la tierra a los hijos de los hombres.
17 No alabarán los muertos a JAH,
Ni cuantos descienden al silencio;
18 Pero nosotros bendeciremos a JAH
Desde ahora y para siempre.
Aleluya.

Acción de gracias por haber sido librado de la muerte

116 1 Amo a Jehová, pues ha oído
Mi voz y mis súplicas;
2 Porque ha inclinado a mí su oído;
Por tanto, le invocaré en todos mis días.
3 Me rodearon ligaduras de muerte,
Me encontraron las angustias del Seol;
Angustia y dolor había yo hallado.
4 Entonces invoqué el nombre de Jehová, diciendo:
Oh Jehová, libra ahora mi alma.
5 Clemente es Jehová, y justo;
Sí, misericordioso es nuestro Dios.
6 Jehová guarda a los sencillos;
Estaba yo postrado, y me salvó.
7 Vuelve, oh alma mía, a tu reposo,
Porque Jehová te ha hecho bien.
8 Pues tú has librado mi alma de la muerte,
Mis ojos de lágrimas,
Y mis pies de resbalar.
9 Andaré delante de Jehová
En la tierra de los vivientes.
10 Creí; por tanto hablé,[a]
Estando afligido en gran manera.
11 Y dije en mi apresuramiento:
Todo hombre es mentiroso.
12 ¿Qué pagaré a Jehová
Por todos sus beneficios para conmigo?
13 Tomaré la copa de la salvación,
E invocaré el nombre de Jehová.
14 Ahora pagaré mis votos a Jehová
Delante de todo su pueblo.
15 Estimada es a los ojos de Jehová
La muerte de sus santos.
16 Oh Jehová, ciertamente yo soy tu siervo,
Siervo tuyo soy, hijo de tu sierva;
Tú has roto mis prisiones.
17 Te ofreceré sacrificio de alabanza,
E invocaré el nombre de Jehová.
18 A Jehová pagaré ahora mis votos
Delante de todo su pueblo,
19 En los atrios de la casa de Jehová,
En medio de ti, oh Jerusalén.
Aleluya.

Alabanza por la misericordia de Jehová

117 1 Alabad a Jehová, naciones todas;
Pueblos todos, alabadle.[a]
2 Porque ha engrandecido sobre nosotros su misericordia,
Y la fidelidad de Jehová es para siempre.
Aleluya.

Acción de gracias por la salvación recibida de Jehová

118 1 Alabad a Jehová, porque él es bueno;
Porque para siempre es su misericordia.[a]
2 Diga ahora Israel,
Que para siempre es su misericordia.
3 Diga ahora la casa de Aarón,
Que para siempre es su misericordia.
4 Digan ahora los que temen a Jehová,
Que para siempre es su misericordia.
5 Desde la angustia invoqué a JAH,
Y me respondió JAH, poniéndome en lugar espacioso.
6 Jehová está conmigo; no temeré
Lo que me pueda hacer el hombre.[b]

115.4-8: [a] Sal. 135.15-18; Ap. 9.20. **115.13:** [b] Ap. 11.18; 19.5. **116.10:** [a] 2 Co. 4.13. **117.1:** [a] Ro. 15.11. **118.1:** [a] 1 Cr. 16.34; 2 Cr. 5.13; 7.3; Esd. 3.11; Sal. 100.5; 106.1; 107.1; 136.1; Jer. 33.11. **118.6:** [b] He. 13.6.

7 Jehová está conmigo entre los que me ayudan;
Por tanto, yo veré mi deseo en los que me aborrecen.
8 Mejor es confiar en Jehová
Que confiar en el hombre.
9 Mejor es confiar en Jehová
Que confiar en príncipes.
10 Todas las naciones me rodearon;
Mas en el nombre de Jehová yo las destruiré.
11 Me rodearon y me asediaron;
Mas en el nombre de Jehová yo las destruiré.
12 Me rodearon como abejas; se enardecieron como fuego de espinos;
Mas en el nombre de Jehová yo las destruiré.
13 Me empujaste con violencia para que cayese,
Pero me ayudó Jehová.
14 Mi fortaleza y mi cántico es JAH,
Y él me ha sido por salvación.[c]
15 Voz de júbilo y de salvación hay en las tiendas de los justos;
La diestra de Jehová hace proezas.
16 La diestra de Jehová es sublime;
La diestra de Jehová hace valentías.
17 No moriré, sino que viviré,
Y contaré las obras de JAH.
18 Me castigó gravemente JAH,
Mas no me entregó a la muerte.
19 Abridme las puertas de la justicia;
Entraré por ellas, alabaré a JAH.
20 Esta es puerta de Jehová;
Por ella entrarán los justos.
21 Te alabaré porque me has oído,
Y me fuiste por salvación.
22 La piedra que desecharon los edificadores
Ha venido a ser cabeza del ángulo.[d]
23 De parte de Jehová es esto,
Y es cosa maravillosa a nuestros ojos.[e]
24 Este es el día que hizo Jehová;
Nos gozaremos y alegraremos en él.
25 Oh Jehová, sálvanos[f] ahora, te ruego;
Te ruego, oh Jehová, que nos hagas prosperar ahora.
26 Bendito el que viene en el nombre de Jehová;[g]
Desde la casa de Jehová os bendecimos.
27 Jehová es Dios, y nos ha dado luz;
Atad víctimas con cuerdas a los cuernos del altar.
28 Mi Dios eres tú, y te alabaré;
Dios mío, te exaltaré.
29 Alabad a Jehová, porque él es bueno;
Porque para siempre es su misericordia.

Excelencias de la ley de Dios

Alef

119 1 Bienaventurados los perfectos de camino,
Los que andan en la ley de Jehová.
2 Bienaventurados los que guardan sus testimonios,
Y con todo el corazón le buscan;
3 Pues no hacen iniquidad
Los que andan en sus caminos.
4 Tú encargaste
Que sean muy guardados tus mandamientos.
5 ¡Ojalá fuesen ordenados mis caminos
Para guardar tus estatutos!
6 Entonces no sería yo avergonzado,
Cuando atendiese a todos tus mandamientos.
7 Te alabaré con rectitud de corazón
Cuando aprendiere tus justos juicios.
8 Tus estatutos guardaré;
No me dejes enteramente.

Bet

9 ¿Con qué limpiará el joven su camino?
Con guardar tu palabra.
10 Con todo mi corazón te he buscado;
No me dejes desviarme de tus mandamientos.
11 En mi corazón he guardado tus dichos,
Para no pecar contra ti.
12 Bendito tú, oh Jehová;
Enséñame tus estatutos.
13 Con mis labios he contado
Todos los juicios de tu boca.
14 Me he gozado en el camino de tus testimonios
Más que de toda riqueza.
15 En tus mandamientos meditaré;
Consideraré tus caminos.
16 Me regocijaré en tus estatutos;
No me olvidaré de tus palabras.

Guímel

17 Haz bien a tu siervo; que viva,
Y guarde tu palabra.
18 Abre mis ojos, y miraré
Las maravillas de tu ley.
19 Forastero soy yo en la tierra;
No encubras de mí tus mandamientos.
20 Quebrantada está mi alma de desear
Tus juicios en todo tiempo.

118.14: [c] Ex. 15.2; Is. 12.2. **118.22:** [d] Lc. 20.17; Hch. 4.11; 1 P. 2.7. **118.22-23:** [e] Mt. 21.42; Mr. 12.10-11.
118.25: [f] Mt. 21.9; Mr. 11.9; Jn. 12.13.
118.26: [g] Mt. 21.9; 23.39; Mr. 11.10; Lc. 13.35; 19.38; Jn. 12.13.

21 Reprendiste a los soberbios, los malditos,
Que se desvían de tus mandamientos.
22 Aparta de mí el oprobio y el menosprecio,
Porque tus testimonios he guardado.
23 Príncipes también se sentaron y hablaron
contra mí;
Mas tu siervo meditaba en tus estatutos,
24 Pues tus testimonios son mis delicias
Y mis consejeros.

Dálet

25 Abatida hasta el polvo está mi alma;
Vivifícame según tu palabra.
26 Te he manifestado mis caminos,
y me has respondido;
Enséñame tus estatutos.
27 Hazme entender el camino de tus
mandamientos,
Para que medite en tus maravillas.
28 Se deshace mi alma de ansiedad;
Susténtame según tu palabra.
29 Aparta de mí el camino de la mentira,
Y en tu misericordia concédeme tu ley.
30 Escogí el camino de la verdad;
He puesto tus juicios delante de mí.
31 Me he apegado a tus testimonios;
Oh Jehová, no me avergüences.
32 Por el camino de tus mandamientos
correré,
Cuando ensanches mi corazón.

He

33 Enséñame, oh Jehová, el camino de tus
estatutos,
Y lo guardaré hasta el fin.
34 Dame entendimiento, y guardaré tu ley,
Y la cumpliré de todo corazón.
35 Guíame por la senda de tus
mandamientos,
Porque en ella tengo mi voluntad.
36 Inclina mi corazón a tus testimonios,
Y no a la avaricia.
37 Aparta mis ojos, que no vean la vanidad;
Avívame en tu camino.
38 Confirma tu palabra a tu siervo,
Que te teme.
39 Quita de mí el oprobio que he temido,
Porque buenos son tus juicios.
40 He aquí yo he anhelado tus
mandamientos;
Vivifícame en tu justicia.

Vau

41 Venga a mí tu misericordia,
oh Jehová;
Tu salvación, conforme a tu dicho.
42 Y daré por respuesta a mi avergonzador,
Que en tu palabra he confiado.
43 No quites de mi boca en ningún tiempo
la palabra de verdad,
Porque en tus juicios espero.
44 Guardaré tu ley siempre,
Para siempre y eternamente.
45 Y andaré en libertad,
Porque busqué tus mandamientos.
46 Hablaré de tus testimonios delante
de los reyes,
Y no me avergonzaré;
47 Y me regocijaré en tus mandamientos,
Los cuales he amado.
48 Alzaré asimismo mis manos a tus
mandamientos que amé,
Y meditaré en tus estatutos.

Zain

49 Acuérdate de la palabra dada
a tu siervo,
En la cual me has hecho esperar.
50 Ella es mi consuelo en mi aflicción,
Porque tu dicho me ha vivificado.
51 Los soberbios se burlaron mucho de mí,
Mas no me he apartado de tu ley.
52 Me acordé, oh Jehová, de tus juicios
antiguos,
Y me consolé.
53 Horror se apoderó de mí a causa de los
inicuos
Que dejan tu ley.
54 Cánticos fueron para mí tus estatutos
En la casa en donde fui extranjero.
55 Me acordé en la noche de tu nombre,
oh Jehová,
Y guardé tu ley.
56 Estas bendiciones tuve
Porque guardé tus mandamientos.

Chet

57 Mi porción es Jehová;
He dicho que guardaré tus palabras.
58 Tu presencia supliqué de todo corazón;
Ten misericordia de mí según tu palabra.
59 Consideré mis caminos,
Y volví mis pies a tus testimonios.
60 Me apresuré y no me retardé
En guardar tus mandamientos.
61 Compañías de impíos me han rodeado,
Mas no me he olvidado de tu ley.
62 A medianoche me levanto para
alabarte
Por tus justos juicios.
63 Compañero soy yo de todos los que
te temen
Y guardan tus mandamientos.
64 De tu misericordia, oh Jehová, está llena
la tierra;
Enséñame tus estatutos.

Tet

65 Bien has hecho con tu siervo,
Oh Jehová, conforme a tu palabra.
66 Enséñame buen sentido y sabiduría,
Porque tus mandamientos he creído.
67 Antes que fuera yo humillado,
descarriado andaba;
Mas ahora guardo tu palabra.
68 Bueno eres tú, y bienhechor;
Enséñame tus estatutos.
69 Contra mí forjaron mentira los soberbios,
Mas yo guardaré de todo corazón tus
mandamientos.
70 Se engrosó el corazón de ellos como sebo,
Mas yo en tu ley me he regocijado.
71 Bueno me es haber sido humillado,
Para que aprenda tus estatutos.
72 Mejor me es la ley de tu boca
Que millares de oro y plata.

Yod

73 Tus manos me hicieron y me formaron;
Hazme entender, y aprenderé tus
mandamientos.
74 Los que te temen me verán, y se alegrarán,
Porque en tu palabra he esperado.
75 Conozco, oh Jehová, que tus juicios son
justos,
Y que conforme a tu fidelidad me afligiste.
76 Sea ahora tu misericordia para consolarme,
Conforme a lo que has dicho a tu siervo.
77 Vengan a mí tus misericordias, para que
viva,
Porque tu ley es mi delicia.
78 Sean avergonzados los soberbios, porque
sin causa me han calumniado;
Pero yo meditaré en tus mandamientos.
79 Vuélvanse a mí los que te temen
Y conocen tus testimonios.
80 Sea mi corazón íntegro en tus estatutos,
Para que no sea yo avergonzado.

Caf

81 Desfallece mi alma por tu salvación,
Mas espero en tu palabra.
82 Desfallecieron mis ojos por tu palabra,
Diciendo: ¿Cuándo me consolarás?
83 Porque estoy como el odre al humo;
Pero no he olvidado tus estatutos.
84 ¿Cuántos son los días de tu siervo?
¿Cuándo harás juicio contra los que me
persiguen?
85 Los soberbios me han cavado hoyos;
Mas no proceden según tu ley.
86 Todos tus mandamientos son verdad;
Sin causa me persiguen; ayúdame.
87 Casi me han echado por tierra,
Pero no he dejado tus mandamientos.
88 Vivifícame conforme a tu misericordia,
Y guardaré los testimonios de tu boca.

Lámed

89 Para siempre, oh Jehová,
Permanece tu palabra en los cielos.
90 De generación en generación es tu fidelidad;
Tú afirmaste la tierra, y subsiste.
91 Por tu ordenación subsisten todas las
cosas hasta hoy,
Pues todas ellas te sirven.
92 Si tu ley no hubiese sido mi delicia,
Ya en mi aflicción hubiera perecido.
93 Nunca jamás me olvidaré de tus
mandamientos,
Porque con ellos me has vivificado.
94 Tuyo soy yo, sálvame,
Porque he buscado tus mandamientos.
95 Los impíos me han aguardado para
destruirme;
Mas yo consideraré tus testimonios.
96 A toda perfección he visto fin;
Amplio sobremanera es tu mandamiento.

Mem

97 ¡Oh, cuánto amo yo tu ley!
Todo el día es ella mi meditación.
98 Me has hecho más sabio que mis
enemigos con tus mandamientos,
Porque siempre están conmigo.
99 Más que todos mis enseñadores he
entendido,
Porque tus testimonios son mi meditación.
100 Más que los viejos he entendido,
Porque he guardado tus mandamientos;
101 De todo mal camino contuve mis pies,
Para guardar tu palabra.
102 No me aparté de tus juicios,
Porque tú me enseñaste.
103 ¡Cuán dulces son a mi paladar tus palabras!
Más que la miel a mi boca.
104 De tus mandamientos he adquirido
inteligencia;
Por tanto, he aborrecido todo camino de
mentira.

Nun

105 Lámpara es a mis pies tu palabra,
Y lumbrera a mi camino.
106 Juré y ratifiqué
Que guardaré tus justos juicios.
107 Afligido estoy en gran manera;
Vivifícame, oh Jehová, conforme a tu
palabra.
108 Te ruego, oh Jehová, que te sean
agradables los sacrificios voluntarios
de mi boca,
Y me enseñes tus juicios.

109 Mi vida está de continuo en peligro,
Mas no me he olvidado de tu ley.
110 Me pusieron lazo los impíos,
Pero yo no me desvié de tus mandamientos.
111 Por heredad he tomado tus testimonios para siempre,
Porque son el gozo de mi corazón.
112 Mi corazón incliné a cumplir tus estatutos
De continuo, hasta el fin.

Sámec

113 Aborrezco a los hombres hipócritas;
Mas amo tu ley.
114 Mi escondedero y mi escudo eres tú;
En tu palabra he esperado.
115 Apartaos de mí, malignos,
Pues yo guardaré los mandamientos de mi Dios.
116 Susténtame conforme a tu palabra, y viviré;
Y no quede yo avergonzado de mi esperanza.
117 Sosténme, y seré salvo,
Y me regocijaré siempre en tus estatutos.
118 Hollaste a todos los que se desvían de tus estatutos,
Porque su astucia es falsedad.
119 Como escorias hiciste consumir a todos los impíos de la tierra;
Por tanto, yo he amado tus testimonios.
120 Mi carne se ha estremecido por temor de ti,
Y de tus juicios tengo miedo.

Ayin

121 Juicio y justicia he hecho;
No me abandones a mis opresores.
122 Afianza a tu siervo para bien;
No permitas que los soberbios me opriman.
123 Mis ojos desfallecieron por tu salvación,
Y por la palabra de tu justicia.
124 Haz con tu siervo según tu misericordia,
Y enséñame tus estatutos.
125 Tu siervo soy yo, dame entendimiento
Para conocer tus testimonios.
126 Tiempo es de actuar, oh Jehová,
Porque han invalidado tu ley.
127 Por eso he amado tus mandamientos
Más que el oro, y más que oro muy puro.
128 Por eso estimé rectos todos tus mandamientos sobre todas las cosas,
Y aborrecí todo camino de mentira.

Pe

129 Maravillosos son tus testimonios;
Por tanto, los ha guardado mi alma.
130 La exposición de tus palabras alumbra;
Hace entender a los simples.
131 Mi boca abrí y suspiré,
Porque deseaba tus mandamientos.
132 Mírame, y ten misericordia de mí,
Como acostumbras con los que aman tu nombre.
133 Ordena mis pasos con tu palabra,
Y ninguna iniquidad se enseñoree de mí.
134 Líbrame de la violencia de los hombres,
Y guardaré tus mandamientos.
135 Haz que tu rostro resplandezca sobre tu siervo,
Y enséñame tus estatutos.
136 Ríos de agua descendieron de mis ojos,
Porque no guardaban tu ley.

Tsade

137 Justo eres tú, oh Jehová,
Y rectos tus juicios.
138 Tus testimonios, que has recomendado,
Son rectos y muy fieles.
139 Mi celo me ha consumido,
Porque mis enemigos se olvidaron de tus palabras.
140 Sumamente pura es tu palabra,
Y la ama tu siervo.
141 Pequeño soy yo, y desechado,
Mas no me he olvidado de tus mandamientos.
142 Tu justicia es justicia eterna,
Y tu ley la verdad.
143 Aflicción y angustia se han apoderado de mí,
Mas tus mandamientos fueron mi delicia.
144 Justicia eterna son tus testimonios;
Dame entendimiento, y viviré.

Cof

145 Clamé con todo mi corazón; respóndeme, Jehová,
Y guardaré tus estatutos.
146 A ti clamé; sálvame,
Y guardaré tus testimonios.
147 Me anticipé al alba, y clamé;
Esperé en tu palabra.
148 Se anticiparon mis ojos a las vigilias de la noche,
Para meditar en tus mandatos.
149 Oye mi voz conforme a tu misericordia;
Oh Jehová, vivifícame conforme a tu juicio.
150 Se acercaron a la maldad los que me persiguen;
Se alejaron de tu ley.
151 Cercano estás tú, oh Jehová,
Y todos tus mandamientos son verdad.

152 Hace ya mucho que he entendido tus
testimonios,
Que para siempre los has establecido.

Resh

153 Mira mi aflicción, y líbrame,
Porque de tu ley no me he olvidado.
154 Defiende mi causa, y redímeme;
Vivifícame con tu palabra.
155 Lejos está de los impíos la salvación,
Porque no buscan tus estatutos.
156 Muchas son tus misericordias, oh Jehová;
Vivifícame conforme a tus juicios.
157 Muchos son mis perseguidores y mis
enemigos,
Mas de tus testimonios no me he apartado.
158 Veía a los prevaricadores, y me disgustaba,
Porque no guardaban tus palabras.
159 Mira, oh Jehová, que amo tus
mandamientos;
Vivifícame conforme a tu misericordia.
160 La suma de tu palabra es verdad,
Y eterno es todo juicio de tu justicia.

Sin

161 Príncipes me han perseguido sin causa,
Pero mi corazón tuvo temor de tus
palabras.
162 Me regocijo en tu palabra
Como el que halla muchos despojos.
163 La mentira aborrezco y abomino;
Tu ley amo.
164 Siete veces al día te alabo
A causa de tus justos juicios.
165 Mucha paz tienen los que aman tu ley,
Y no hay para ellos tropiezo.
166 Tu salvación he esperado, oh Jehová,
Y tus mandamientos he puesto por obra.
167 Mi alma ha guardado tus testimonios,
Y los he amado en gran manera.
168 He guardado tus mandamientos y tus
testimonios,
Porque todos mis caminos están delante
de ti.

Tau

169 Llegue mi clamor delante de ti, oh Jehová;
Dame entendimiento conforme a tu
palabra.
170 Llegue mi oración delante de ti;
Líbrame conforme a tu dicho.
171 Mis labios rebosarán alabanza
Cuando me enseñes tus estatutos.
172 Hablará mi lengua tus dichos,
Porque todos tus mandamientos son
justicia.
173 Esté tu mano pronta para socorrerme,
Porque tus mandamientos he escogido.
174 He deseado tu salvación, oh Jehová,
Y tu ley es mi delicia.
175 Viva mi alma y te alabe,
Y tus juicios me ayuden.
176 Yo anduve errante como oveja
extraviada; busca a tu siervo,
Porque no me he olvidado de tus
mandamientos.

Plegaria ante el peligro de la lengua engañosa

Cántico gradual.

120

1 A Jehová clamé estando en angustia,
Y él me respondió.
2 Libra mi alma, oh Jehová, del labio
mentiroso,
Y de la lengua fraudulenta.
3 ¿Qué te dará, o qué te aprovechará,
Oh lengua engañosa?
4 Agudas saetas de valiente,
Con brasas de enebro.
5 ¡Ay de mí, que moro en Mesec,
Y habito entre las tiendas de Cedar!
6 Mucho tiempo ha morado mi alma
Con los que aborrecen la paz.
7 Yo soy pacífico;
Mas ellos, así que hablo, me hacen guerra.

Jehová es tu guardador

Cántico gradual.

121

1 Alzaré mis ojos a los montes;
¿De dónde vendrá mi socorro?
2 Mi socorro viene de Jehová,
Que hizo los cielos y la tierra.
3 No dará tu pie al resbaladero,
Ni se dormirá el que te guarda.
4 He aquí, no se adormecerá ni dormirá
El que guarda a Israel.
5 Jehová es tu guardador;
Jehová es tu sombra a tu mano derecha.
6 El sol no te fatigará de día,
Ni la luna de noche.
7 Jehová te guardará de todo mal;
El guardará tu alma.
8 Jehová guardará tu salida y tu entrada
Desde ahora y para siempre.

Oración por la paz de Jerusalén

Cántico gradual; de David.

122

1 Yo me alegré con los que me decían:
A la casa de Jehová iremos.
2 Nuestros pies estuvieron
Dentro de tus puertas, oh Jerusalén.
3 Jerusalén, que se ha edificado
Como una ciudad que está bien
unida entre sí.
4 Y allá subieron las tribus, las tribus de JAH,
Conforme al testimonio dado a Israel,
Para alabar el nombre de Jehová.

5 Porque allá están las sillas del juicio,
Los tronos de la casa de David.
6 Pedid por la paz de Jerusalén;
Sean prosperados los que te aman.
7 Sea la paz dentro de tus muros,
Y el descanso dentro de tus palacios.
8 Por amor de mis hermanos y mis
compañeros
Diré yo: La paz sea contigo.
9 Por amor a la casa de Jehová nuestro Dios
Buscaré tu bien.

Plegaria pidiendo misericordia

Cántico gradual.

123 1 A ti alcé mis ojos,
A ti que habitas en los cielos.
2 He aquí, como los ojos de los siervos
miran a la mano de sus señores,
Y como los ojos de la sierva a la mano de
su señora,
Así nuestros ojos miran a Jehová nuestro
Dios,
Hasta que tenga misericordia de nosotros.
3 Ten misericordia de nosotros, oh Jehová,
ten misericordia de nosotros,
Porque estamos muy hastiados de
menosprecio.
4 Hastiada está nuestra alma
Del escarnio de los que están en holgura,
Y del menosprecio de los soberbios.

Alabanza por haber sido librado de los enemigos

Cántico gradual; de David.

124 1 A no haber estado Jehová
por nosotros,
Diga ahora Israel;
2 A no haber estado Jehová por nosotros,
Cuando se levantaron contra nosotros los
hombres,
3 Vivos nos habrían tragado entonces,
Cuando se encendió su furor contra
nosotros.
4 Entonces nos habrían inundado
las aguas;
Sobre nuestra alma hubiera pasado el
torrente;
5 Hubieran entonces pasado sobre nuestra
alma las aguas impetuosas.
6 Bendito sea Jehová,
Que no nos dio por presa a los dientes de
ellos.
7 Nuestra alma escapó cual ave del lazo de
los cazadores;
Se rompió el lazo, y escapamos nosotros.
8 Nuestro socorro está en el nombre de
Jehová,
Que hizo el cielo y la tierra.

Dios protege a su pueblo

Cántico gradual.

125 1 Los que confían en Jehová
son como el monte de Sion,
Que no se mueve, sino que permanece
para siempre.
2 Como Jerusalén tiene montes alrededor
de ella,
Así Jehová está alrededor de su pueblo
Desde ahora y para siempre.
3 Porque no reposará la vara de la impiedad
sobre la heredad de los justos;
No sea que extiendan los justos sus
manos a la iniquidad.
4 Haz bien, oh Jehová, a los buenos,
Y a los que son rectos en su corazón.
5 Mas a los que se apartan tras sus
perversidades,
Jehová los llevará con los que hacen
iniquidad;
Paz sea sobre Israel.

Oración por la restauración

Cántico gradual.

126 1 Cuando Jehová hiciere volver
la cautividad de Sion,
Seremos como los que sueñan.
2 Entonces nuestra boca se llenará de risa,
Y nuestra lengua de alabanza;
Entonces dirán entre las naciones:
Grandes cosas ha hecho Jehová con éstos.
3 Grandes cosas ha hecho Jehová con
nosotros;
Estaremos alegres.
4 Haz volver nuestra cautividad, oh Jehová,
Como los arroyos del Neguev.
5 Los que sembraron con lágrimas, con
regocijo segarán.
6 Irá andando y llorando el que lleva la
preciosa semilla;
Mas volverá a venir con regocijo,
trayendo sus gavillas.

La prosperidad viene de Jehová

Cántico gradual; para Salomón.

127 1 Si Jehová no edificare la casa,
En vano trabajan los que la edifican;
Si Jehová no guardare la ciudad,
En vano vela la guardia.
2 Por demás es que os levantéis de
madrugada, y vayáis tarde a reposar,
Y que comáis pan de dolores;
Pues que a su amado dará Dios el sueño.
3 He aquí, herencia de Jehová
son los hijos;
Cosa de estima el fruto del vientre.
4 Como saetas en mano del valiente,
Así son los hijos habidos en la juventud.

5 Bienaventurado el hombre que llenó su
aljaba de ellos;
No será avergonzado
Cuando hablare con los enemigos
en la puerta.

La bienaventuranza del que teme a Jehová

Cántico gradual.

128 1 Bienaventurado todo aquel
que teme a Jehová,
Que anda en sus caminos.
2 Cuando comieres el trabajo de tus manos,
Bienaventurado serás, y te irá bien.
3 Tu mujer será como vid que lleva fruto
a los lados de tu casa;
Tus hijos como plantas de olivo alrededor
de tu mesa.
4 He aquí que así será bendecido
el hombre
Que teme a Jehová.
5 Bendígate Jehová desde Sion,
Y veas el bien de Jerusalén todos los días
de tu vida,
6 Y veas a los hijos de tus hijos.
Paz sea sobre Israel.

Plegaria pidiendo la destrucción de los enemigos de Sion

Cántico gradual.

129 1 Mucho me han angustiado
desde mi juventud,
Puede decir ahora Israel;
2 Mucho me han angustiado desde mi
juventud;
Mas no prevalecieron contra mí.
3 Sobre mis espaldas araron los aradores;
Hicieron largos surcos.
4 Jehová es justo;
Cortó las coyundas de los impíos.
5 Serán avergonzados y vueltos atrás
Todos los que aborrecen a Sion.
6 Serán como la hierba de los tejados,
Que se seca antes que crezca;
7 De la cual no llenó el segador su mano,
Ni sus brazos el que hace gavillas.
8 Ni dijeron los que pasaban:
Bendición de Jehová sea sobre vosotros;
Os bendecimos en el nombre de Jehová.

Esperanza en que Jehová dará redención

Cántico gradual.

130 1 De lo profundo, oh Jehová,
a ti clamo.
2 Señor, oye mi voz;
Estén atentos tus oídos
A la voz de mi súplica.
3 JAH, si mirares a los pecados,
¿Quién, oh Señor, podrá mantenerse?
4 Pero en ti hay perdón,
Para que seas reverenciado.
5 Esperé yo a Jehová, esperó mi alma;
En su palabra he esperado.
6 Mi alma espera a Jehová
Más que los centinelas a la mañana,
Más que los vigilantes a la mañana.
7 Espere Israel a Jehová,
Porque en Jehová hay misericordia,
Y abundante redención con él;
8 Y él redimirá a Israel
De todos sus pecados.[a]

Confiando en Dios como un niño

Cántico gradual; de David.

131 1 Jehová, no se ha envanecido mi
corazón, ni mis ojos se enaltecieron;
Ni anduve en grandezas,
Ni en cosas demasiado sublimes para mí.
2 En verdad que me he comportado y he
acallado mi alma
Como un niño destetado de su madre;
Como un niño destetado está mi alma.
3 Espera, oh Israel, en Jehová,
Desde ahora y para siempre.

Plegaria por bendición sobre el santuario

Cántico gradual.

132 1 Acuérdate, oh Jehová, de David,
Y de toda su aflicción;
2 De cómo juró a Jehová,
Y prometió al Fuerte de Jacob:
3 No entraré en la morada de mi casa,
Ni subiré sobre el lecho de mi estrado;
4 No daré sueño a mis ojos,
Ni a mis párpados adormecimiento,
5 Hasta que halle lugar para Jehová,
Morada para el Fuerte de Jacob.
6 He aquí en Efrata lo oímos;
Lo hallamos en los campos del bosque.
7 Entraremos en su tabernáculo;
Nos postraremos ante el estrado de sus pies.
8 Levántate, oh Jehová, al lugar
de tu reposo,
Tú y el arca de tu poder.
9 Tus sacerdotes se vistan de justicia,
Y se regocijen tus santos.
10 Por amor de David tu siervo
No vuelvas de tu ungido el rostro.[a]
11 En verdad juró Jehová a David,
Y no se retractará de ello:
De tu descendencia pondré
sobre tu trono.[b]
12 Si tus hijos guardaren mi pacto,
Y mi testimonio que yo les enseñaré,

130.8: [a] Mt. 1.21; Tit. 2.14. **132.8-10:** [a] 2 Cr. 6.41-42.
132.11: [b] 2 S. 7.12-16; 1 Cr. 17.11-14; Sal. 89.3-4; Hch. 2.30.

Sus hijos también se sentarán
sobre tu trono para siempre.
13 Porque Jehová ha elegido a Sion;
La quiso por habitación para sí.
14 Este es para siempre el lugar
de mi reposo;
Aquí habitaré, porque la he querido.
15 Bendeciré abundantemente su provisión;
A sus pobres saciaré de pan.
16 Asimismo vestiré de salvación a sus
sacerdotes,
Y sus santos darán voces de júbilo.
17 Allí haré retoñar el poder de David;
He dispuesto lámpara a mi ungido.[c]
18 A sus enemigos vestiré de confusión,
Mas sobre él florecerá su corona.

La bienaventuranza del amor fraternal

Cántico gradual; de David.

133 1 ¡Mirad cuán bueno y cuán
delicioso es
Habitar los hermanos juntos en armonía!
2 Es como el buen óleo sobre la cabeza,
El cual desciende sobre la barba,
La barba de Aarón,
Y baja hasta el borde de sus vestiduras;
3 Como el rocío de Hermón,
Que desciende sobre los montes de Sion;
Porque allí envía Jehová bendición,
Y vida eterna.

Exhortación a los guardas del templo

Cántico gradual.

134 1 Mirad, bendecid a Jehová,
Vosotros todos los siervos de Jehová,
Los que en la casa de Jehová estáis por
las noches.
2 Alzad vuestras manos al santuario,
Y bendecid a Jehová.
3 Desde Sion te bendiga Jehová,
El cual ha hecho los cielos y la tierra.

La grandeza del Señor y la vanidad de los ídolos

Aleluya.

135 1 Alabad el nombre de Jehová;
Alabadle, siervos de Jehová;
2 Los que estáis en la casa de Jehová,
En los atrios de la casa de nuestro Dios.
3 Alabad a JAH, porque él es bueno;
Cantad salmos a su nombre, porque él es
benigno.
4 Porque JAH ha escogido a Jacob
para sí,
A Israel por posesión suya.
5 Porque yo sé que Jehová es grande,
Y el Señor nuestro, mayor
que todos los dioses.
6 Todo lo que Jehová quiere, lo hace,
En los cielos y en la tierra, en los mares
y en todos los abismos.
7 Hace subir las nubes de los extremos de
la tierra;
Hace los relámpagos para la lluvia;
Saca de sus depósitos los vientos.
8 El es quien hizo morir a los primogénitos
de Egipto,
Desde el hombre hasta la bestia.
9 Envió señales y prodigios en medio de ti,
oh Egipto,
Contra Faraón, y contra todos sus siervos.
10 Destruyó a muchas naciones,
Y mató a reyes poderosos;
11 A Sehón rey amorreo,
A Og rey de Basán,
Y a todos los reyes de Canaán.
12 Y dio la tierra de ellos en heredad,
En heredad a Israel su pueblo.
13 Oh Jehová, eterno es tu nombre;
Tu memoria, oh Jehová, de generación
en generación.
14 Porque Jehová juzgará a su pueblo,
Y se compadecerá de sus siervos.
15 Los ídolos de las naciones son plata y oro,
Obra de manos de hombres.
16 Tienen boca, y no hablan;
Tienen ojos, y no ven;
17 Tienen orejas, y no oyen;
Tampoco hay aliento en sus bocas.
18 Semejantes a ellos son los que los hacen,
Y todos los que en ellos confían.[a]
19 Casa de Israel, bendecid a Jehová;
Casa de Aarón, bendecid a Jehová;
20 Casa de Leví, bendecid a Jehová;
Los que teméis a Jehová, bendecid a
Jehová.
21 Desde Sion sea bendecido Jehová,
Quien mora en Jerusalén.
Aleluya.

Alabanza por la misericordia eterna de Jehová

136 1 Alabad a Jehová, porque él es
bueno,
Porque para siempre es su misericordia.[a]
2 Alabad al Dios de los dioses,
Porque para siempre es su misericordia.
3 Alabad al Señor de los señores,
Porque para siempre es su misericordia.
4 Al único que hace grandes maravillas,
Porque para siempre es su misericordia.
5 Al que hizo los cielos[b]
con entendimiento,
Porque para siempre es su misericordia.

132.17: [c] 1 R. 11.36. **135.15-18:** [a] Sal. 115.4-8; Ap. 9.20. **136.1:** [a] 1 Cr. 16.34; 2 Cr. 5.13; 7.3; Esd. 3.11; Sal. 100.5; 106.1; 107.1; 118.1; Jer. 33.11. **136.5:** [b] Gn. 1.1.

6 Al que extendió la tierra sobre las aguas,[c]
Porque para siempre es su misericordia.
7 Al que hizo las grandes lumbreras,[d]
Porque para siempre es su misericordia.
8 El sol para que señorease en el día,
Porque para siempre es su misericordia.
9 La luna y las estrellas para que
señoreasen en la noche,
Porque para siempre es su misericordia.
10 Al que hirió a Egipto en sus primogénitos,[e]
Porque para siempre es su misericordia.
11 Al que sacó a Israel de en medio de ellos,[f]
Porque para siempre es su misericordia.
12 Con mano fuerte, y brazo extendido,
Porque para siempre es su misericordia.
13 Al que dividió el Mar Rojo en partes,[g]
Porque para siempre es su misericordia;
14 E hizo pasar a Israel por en medio de él,
Porque para siempre es su misericordia;
15 Y arrojó a Faraón y a su ejército en el
Mar Rojo,
Porque para siempre es su misericordia.
16 Al que pastoreó a su pueblo por el desierto,
Porque para siempre es su misericordia.
17 Al que hirió a grandes reyes,
Porque para siempre es su misericordia;
18 Y mató a reyes poderosos,
Porque para siempre es su misericordia;
19 A Sehón rey amorreo,[h]
Porque para siempre es su misericordia;
20 Y a Og rey de Basán,[i]
Porque para siempre es su misericordia;
21 Y dio la tierra de ellos en heredad,
Porque para siempre es su misericordia;
22 En heredad a Israel su siervo,
Porque para siempre es su misericordia.
23 El es el que en nuestro abatimiento se
acordó de nosotros,
Porque para siempre es su misericordia;
24 Y nos rescató de nuestros enemigos,
Porque para siempre es su misericordia.
25 El que da alimento a todo ser viviente,
Porque para siempre es su misericordia.
26 Alabad al Dios de los cielos,
Porque para siempre es su misericordia.

Lamento de los cautivos en Babilonia

137 1 Junto a los ríos de Babilonia,
Allí nos sentábamos, y aun
llorábamos,
Acordándonos de Sion.
2 Sobre los sauces en medio de ella
Colgamos nuestras arpas.
3 Y los que nos habían llevado cautivos nos
pedían que cantásemos,
Y los que nos habían desolado nos pedían
alegría, diciendo:
Cantadnos algunos de los cánticos de Sion.
4 ¿Cómo cantaremos cántico de Jehová
En tierra de extraños?
5 Si me olvidare de ti, oh Jerusalén,
Pierda mi diestra su destreza.
6 Mi lengua se pegue a mi paladar,
Si de ti no me acordare;
Si no enalteciere a Jerusalén
Como preferente asunto de mi alegría.
7 Oh Jehová, recuerda contra los hijos de
Edom el día de Jerusalén,
Cuando decían: Arrasadla, arrasadla
Hasta los cimientos.
8 Hija de Babilonia la desolada,
Bienaventurado el que te diere el pago
De lo que tú nos hiciste.[a]
9 Dichoso el que tomare y estrellare
tus niños
Contra la peña.

Acción de gracias por el favor de Jehová

Salmo de David.

138 1 Te alabaré con todo mi corazón;
Delante de los dioses te cantaré
salmos.
2 Me postraré hacia tu santo templo,
Y alabaré tu nombre por tu misericordia
y tu fidelidad;
Porque has engrandecido tu nombre, y tu
palabra sobre todas las cosas.
3 El día que clamé, me respondiste;
Me fortaleciste con vigor en mi alma.
4 Te alabarán, oh Jehová, todos los reyes
de la tierra,
Porque han oído los dichos de tu boca.
5 Y cantarán de los caminos de Jehová,
Porque la gloria de Jehová es grande.
6 Porque Jehová es excelso, y atiende al
humilde,
Mas al altivo mira de lejos.
7 Si anduviere yo en medio de la angustia,
tú me vivificarás;
Contra la ira de mis enemigos extenderás
tu mano,
Y me salvará tu diestra.
8 Jehová cumplirá su propósito en mí;
Tu misericordia, oh Jehová, es para siempre;
No desampares la obra de tus manos.

Omnipresencia y omnisciencia de Dios

Al músico principal. Salmo de David.

139 1 Oh Jehová, tú me has examinado
y conocido.
2 Tú has conocido mi sentarme
y mi levantarme;

136.6: [c] Gn. 1.2. **136.7-9:** [d] Gn. 1.16. **136.10:** [e] Ex. 12.29.
136.11: [f] Ex. 12.51. **136.13-15:** [g] Ex. 14.21-29.
136.19: [h] Nm. 21.21-30. **136.20:** [i] Nm. 21.31-35.
137.8: [a] Ap. 18.6.

Has entendido desde lejos mis
pensamientos.
3 Has escudriñado mi andar y mi reposo,
Y todos mis caminos te son conocidos.
4 Pues aún no está la palabra en mi lengua,
Y he aquí, oh Jehová, tú la sabes toda.
5 Detrás y delante me rodeaste,
Y sobre mí pusiste tu mano.
6 Tal conocimiento es demasiado
maravilloso para mí;
Alto es, no lo puedo comprender.
7 ¿A dónde me iré de tu Espíritu?
¿Y a dónde huiré de tu presencia?
8 Si subiere a los cielos, allí estás tú;
Y si en el Seol hiciere mi estrado, he
aquí, allí tú estás.
9 Si tomare las alas del alba
Y habitare en el extremo del mar,
10 Aun allí me guiará tu mano,
Y me asirá tu diestra.
11 Si dijere: Ciertamente las tinieblas me
encubrirán;
Aun la noche resplandecerá alrededor de
mí.
12 Aun las tinieblas no encubren de ti,
Y la noche resplandece como el día;
Lo mismo te son las tinieblas que la luz.
13 Porque tú formaste mis entrañas;
Tú me hiciste en el vientre de mi madre.
14 Te alabaré; porque formidables,
maravillosas son tus obras;
Estoy maravillado,
Y mi alma lo sabe muy bien.
15 No fue encubierto de ti mi cuerpo,
Bien que en oculto fui formado,
Y entretejido en lo más profundo de la
tierra.
16 Mi embrión vieron tus ojos,
Y en tu libro estaban escritas todas
aquellas cosas
Que fueron luego formadas,
Sin faltar una de ellas.
17 ¡Cuán preciosos me son, oh Dios, tus
pensamientos!
¡Cuán grande es la suma de ellos!
18 Si los enumero, se multiplican más que la
arena;
Despierto, y aún estoy contigo.
19 De cierto, oh Dios, harás morir al impío;
Apartaos, pues, de mí, hombres
sanguinarios.
20 Porque blasfemias dicen ellos contra ti;
Tus enemigos toman en vano tu nombre.
21 ¿No odio, oh Jehová, a los que te
aborrecen,
Y me enardezco contra tus enemigos?
22 Los aborrezco por completo;
Los tengo por enemigos.
23 Examíname, oh Dios, y conoce mi
corazón;
Pruébame y conoce mis pensamientos;
24 Y ve si hay en mí camino de perversidad,
Y guíame en el camino eterno.

Súplica de protección contra los perseguidores

Al músico principal. Salmo de David.

140 1 Líbrame, oh Jehová,
del hombre malo;
Guárdame de hombres violentos,
2 Los cuales maquinan males
en el corazón,
Cada día urden contiendas.
3 Aguzaron su lengua como la serpiente;
Veneno de áspid hay debajo de sus labios.[a]
Selah

4 Guárdame, oh Jehová, de manos del impío;
Líbrame de hombres injuriosos,
Que han pensado trastornar mis pasos.
5 Me han escondido lazo y cuerdas los
soberbios;
Han tendido red junto a la senda;
Me han puesto lazos.
Selah

6 He dicho a Jehová: Dios mío eres tú;
Escucha, oh Jehová, la voz de mis
ruegos.
7 Jehová Señor, potente salvador mío,
Tú pusiste a cubierto mi cabeza
en el día de batalla.
8 No concedas, oh Jehová, al impío
sus deseos;
No saques adelante su pensamiento,
para que no se ensoberbezca.
Selah

9 En cuanto a los que por todas partes
me rodean,
La maldad de sus propios labios cubrirá
su cabeza.
10 Caerán sobre ellos brasas;
Serán echados en el fuego,
En abismos profundos de donde no
salgan.
11 El hombre deslenguado no será firme
en la tierra;
El mal cazará al hombre injusto
para derribarle.
12 Yo sé que Jehová tomará a su cargo
la causa del afligido,
Y el derecho de los necesitados.
13 Ciertamente los justos alabarán
tu nombre;
Los rectos morarán en tu presencia.

140.3: [a] Ro. 3.13.

Oración a fin de ser guardado del mal

Salmo de David.

141 1 Jehová, a ti he clamado; apresúrate a mí;
Escucha mi voz cuando te invocare.
2 Suba mi oración delante de ti como el incienso,[a]
El don de mis manos como la ofrenda de la tarde.
3 Pon guarda a mi boca, oh Jehová;
Guarda la puerta de mis labios.
4 No dejes que se incline mi corazón a cosa mala,
A hacer obras impías
Con los que hacen iniquidad;
Y no coma yo de sus deleites.
5 Que el justo me castigue, será un favor,
Y que me reprenda será un excelente bálsamo
Que no me herirá la cabeza;
Pero mi oración será continuamente contra las maldades de aquéllos.
6 Serán despeñados sus jueces,
Y oirán mis palabras, que son verdaderas.
7 Como quien hiende y rompe la tierra,
Son esparcidos nuestros huesos a la boca del Seol.
8 Por tanto, a ti, oh Jehová, Señor, miran mis ojos;
En ti he confiado; no desampares mi alma.
9 Guárdame de los lazos que me han tendido,
Y de las trampas de los que hacen iniquidad.
10 Caigan los impíos a una en sus redes,
Mientras yo pasaré adelante.

Petición de ayuda en medio de la prueba

Masquil de David. Oración que hizo cuando estaba en la cueva.[a]

142 1 Con mi voz clamaré a Jehová;
Con mi voz pediré a Jehová misericordia.
2 Delante de él expondré mi queja;
Delante de él manifestaré mi angustia.
3 Cuando mi espíritu se angustiaba dentro de mí, tú conociste mi senda.
En el camino en que andaba, me escondieron lazo.
4 Mira a mi diestra y observa, pues no hay quien me quiera conocer;
No tengo refugio, ni hay quien cuide de mi vida.
5 Clamé a ti, oh Jehová;
Dije: Tú eres mi esperanza,
Y mi porción en la tierra de los vivientes.
6 Escucha mi clamor, porque estoy muy afligido.
Líbrame de los que me persiguen, porque son más fuertes que yo.
7 Saca mi alma de la cárcel, para que alabe tu nombre;
Me rodearán los justos,
Porque tú me serás propicio.

Súplica de liberación y dirección

Salmo de David.

143 1 Oh Jehová, oye mi oración, escucha mis ruegos;
Respóndeme por tu verdad, por tu justicia.
2 Y no entres en juicio con tu siervo;
Porque no se justificará delante de ti ningún ser humano.[a]
3 Porque ha perseguido el enemigo mi alma;
Ha postrado en tierra mi vida;
Me ha hecho habitar en tinieblas como los ya muertos.
4 Y mi espíritu se angustió dentro de mí;
Está desolado mi corazón.
5 Me acordé de los días antiguos;
Meditaba en todas tus obras;
Reflexionaba en las obras de tus manos.
6 Extendí mis manos a ti,
Mi alma a ti como la tierra sedienta. *Selah*

7 Respóndeme pronto, oh Jehová, porque desmaya mi espíritu;
No escondas de mí tu rostro,
No venga yo a ser semejante a los que descienden a la sepultura.
8 Hazme oír por la mañana tu misericordia,
Porque en ti he confiado;
Hazme saber el camino por donde ande,
Porque a ti he elevado mi alma.
9 Líbrame de mis enemigos, oh Jehová;
En ti me refugio.
10 Enséñame a hacer tu voluntad, porque tú eres mi Dios;
Tu buen espíritu me guíe a tierra de rectitud.
11 Por tu nombre, oh Jehová, me vivificarás;
Por tu justicia sacarás mi alma de angustia.
12 Y por tu misericordia disiparás a mis enemigos,
Y destruirás a todos los adversarios de mi alma,
Porque yo soy tu siervo.

Oración pidiendo socorro y prosperidad

Salmo de David.

144 1 Bendito sea Jehová, mi roca,
Quien adiestra mis manos para la batalla,
Y mis dedos para la guerra;
2 Misericordia mía y mi castillo,

141.2: [a] Ap. 5.8. **142 tít.:** [a] 1 S. 22.1; 24.3.
143.2: [a] Ro. 3.20; Gá. 2.16.

Fortaleza mía y mi libertador,
Escudo mío, en quien he confiado;
El que sujeta a mi pueblo debajo de mí.
3 Oh Jehová, ¿qué es el hombre, para que en él pienses,
O el hijo de hombre, para que lo estimes?[a]
4 El hombre es semejante a la vanidad;
Sus días son como la sombra que pasa.
5 Oh Jehová, inclina tus cielos y desciende;
Toca los montes, y humeen.
6 Despide relámpagos y disípalos,
Envía tus saetas y túrbalos.
7 Envía tu mano desde lo alto;
Redímeme, y sácame de las muchas aguas,
De la mano de los hombres extraños,
8 Cuya boca habla vanidad,
Y cuya diestra es diestra de mentira.
9 Oh Dios, a ti cantaré cántico nuevo;
Con salterio, con decacordio cantaré a ti.
10 Tú, el que da victoria a los reyes,
El que rescata de maligna espada a David su siervo.
11 Rescátame, y líbrame de la mano de los hombres extraños,
Cuya boca habla vanidad,
Y cuya diestra es diestra de mentira.
12 Sean nuestros hijos como plantas crecidas en su juventud,
Nuestras hijas como esquinas labradas como las de un palacio;
13 Nuestros graneros llenos, provistos de toda suerte de grano;
Nuestros ganados, que se multipliquen a millares y decenas de millares en nuestros campos;
14 Nuestros bueyes estén fuertes para el trabajo;
No tengamos asalto, ni que hacer salida,
Ni grito de alarma en nuestras plazas.
15 Bienaventurado el pueblo que tiene esto;
Bienaventurado el pueblo cuyo Dios es Jehová.

Alabanza por la bondad y el poder de Dios

Salmo de alabanza; de David.

145 1 Te exaltaré, mi Dios, mi Rey,
Y bendeciré tu nombre eternamente y para siempre.
2 Cada día te bendeciré,
Y alabaré tu nombre eternamente y para siempre.
3 Grande es Jehová, y digno de suprema alabanza;
Y su grandeza es inescrutable.
4 Generación a generación celebrará tus obras,
Y anunciará tus poderosos hechos.
5 En la hermosura de la gloria de tu magnificencia,
Y en tus hechos maravillosos meditaré.
6 Del poder de tus hechos estupendos hablarán los hombres,
Y yo publicaré tu grandeza.
7 Proclamarán la memoria de tu inmensa bondad,
Y cantarán tu justicia.
8 Clemente y misericordioso es Jehová,
Lento para la ira, y grande en misericordia.
9 Bueno es Jehová para con todos,
Y sus misericordias sobre todas sus obras.
10 Te alaben, oh Jehová, todas tus obras,
Y tus santos te bendigan.
11 La gloria de tu reino digan,
Y hablen de tu poder,
12 Para hacer saber a los hijos de los hombres sus poderosos hechos,
Y la gloria de la magnificencia de su reino.
13 Tu reino es reino de todos los siglos,
Y tu señorío en todas las generaciones.
14 Sostiene Jehová a todos los que caen,
Y levanta a todos los oprimidos.
15 Los ojos de todos esperan en ti,
Y tú les das su comida a su tiempo.
16 Abres tu mano,
Y colmas de bendición a todo ser viviente.
17 Justo es Jehová en todos sus caminos,
Y misericordioso en todas sus obras.
18 Cercano está Jehová a todos los que le invocan,
A todos los que le invocan de veras.
19 Cumplirá el deseo de los que le temen;
Oirá asimismo el clamor de ellos, y los salvará.
20 Jehová guarda a todos los que le aman,
Mas destruirá a todos los impíos.
21 La alabanza de Jehová proclamará mi boca;
Y todos bendigan su santo nombre eternamente y para siempre.

Alabanza por la justicia de Dios

Aleluya.

146 1 Alaba, oh alma mía, a Jehová.
2 Alabaré a Jehová en mi vida;
Cantaré salmos a mi Dios mientras viva.
3 No confiéis en los príncipes,
Ni en hijo de hombre, porque no hay en él salvación.
4 Pues sale su aliento, y vuelve a la tierra;
En ese mismo día perecen sus pensamientos.
5 Bienaventurado aquel cuyo ayudador es el Dios de Jacob,
Cuya esperanza está en Jehová su Dios,

144.3: [a] Job 7.17-18; Sal. 8.4.

6 El cual hizo los cielos y la tierra,
El mar, y todo lo que en ellos hay;
Que guarda verdad para siempre,
7 Que hace justicia a los agraviados,
Que da pan a los hambrientos.
Jehová liberta a los cautivos;
8 Jehová abre los ojos a los ciegos;
Jehová levanta a los caídos;
Jehová ama a los justos.
9 Jehová guarda a los extranjeros;
Al huérfano y a la viuda sostiene,
Y el camino de los impíos trastorna.
10 Reinará Jehová para siempre;
Tu Dios, oh Sion, de generación en generación.
Aleluya.

Alabanza por el favor de Dios hacia Jerusalén

147 1 Alabad a JAH,
Porque es bueno cantar salmos a nuestro Dios;
Porque suave y hermosa es la alabanza.
2 Jehová edifica a Jerusalén;
A los desterrados de Israel recogerá.
3 El sana a los quebrantados de corazón,
Y venda sus heridas.
4 El cuenta el número de las estrellas;
A todas ellas llama por sus nombres.
5 Grande es el Señor nuestro, y de mucho poder;
Y su entendimiento es infinito.
6 Jehová exalta a los humildes,
Y humilla a los impíos hasta la tierra.
7 Cantad a Jehová con alabanza,
Cantad con arpa a nuestro Dios.
8 El es quien cubre de nubes los cielos,
El que prepara la lluvia para la tierra,
El que hace a los montes producir hierba.
9 El da a la bestia su mantenimiento,
Y a los hijos de los cuervos que claman.
10 No se deleita en la fuerza del caballo,
Ni se complace en la agilidad del hombre.
11 Se complace Jehová en los que le temen,
Y en los que esperan en su misericordia.
12 Alaba a Jehová, Jerusalén;
Alaba a tu Dios, oh Sion.
13 Porque fortificó los cerrojos de tus puertas;
Bendijo a tus hijos dentro de ti.
14 El da en tu territorio la paz;
Te hará saciar con lo mejor del trigo.
15 El envía su palabra a la tierra;
Velozmente corre su palabra.
16 Da la nieve como lana,
Y derrama la escarcha como ceniza.
17 Echa su hielo como pedazos;
Ante su frío, ¿quién resistirá?
18 Enviará su palabra, y los derretirá;
Soplará su viento, y fluirán las aguas.
19 Ha manifestado sus palabras a Jacob,
Sus estatutos y sus juicios a Israel.
20 No ha hecho así con ninguna otra de las naciones;
Y en cuanto a sus juicios, no los conocieron.
Aleluya.

Exhortación a la creación, para que alabe a Jehová

Aleluya.

148 1 Alabad a Jehová desde los cielos;
Alabadle en las alturas.
2 Alabadle, vosotros todos sus ángeles;
Alabadle, vosotros todos sus ejércitos.
3 Alabadle, sol y luna;
Alabadle, vosotras todas, lucientes estrellas.
4 Alabadle, cielos de los cielos,
Y las aguas que están sobre los cielos.
5 Alaben el nombre de Jehová;
Porque él mandó, y fueron creados.
6 Los hizo ser eternamente y para siempre;
Les puso ley que no será quebrantada.
7 Alabad a Jehová desde la tierra,
Los monstruos marinos y todos los abismos;
8 El fuego y el granizo, la nieve y el vapor,
El viento de tempestad que ejecuta su palabra;
9 Los montes y todos los collados,
El árbol de fruto y todos los cedros;
10 La bestia y todo animal,
Reptiles y volátiles;
11 Los reyes de la tierra y todos los pueblos,
Los príncipes y todos los jueces de la tierra;
12 Los jóvenes y también las doncellas,
Los ancianos y los niños.
13 Alaben el nombre de Jehová,
Porque sólo su nombre es enaltecido.
Su gloria es sobre tierra y cielos.
14 El ha exaltado el poderío de su pueblo;
Alábenle todos sus santos, los hijos de Israel,
El pueblo a él cercano.
Aleluya.

Exhortación a Israel, para que alabe a Jehová

Aleluya.

149 1 Cantad a Jehová cántico nuevo;
Su alabanza sea en la congregación de los santos.
2 Alégrese Israel en su Hacedor;
Los hijos de Sion se gocen en su Rey.
3 Alaben su nombre con danza;
Con pandero y arpa a él canten.

4 Porque Jehová tiene contentamiento
en su pueblo;
Hermoseará a los humildes
con la salvación.
5 Regocíjense los santos por su gloria,
Y canten aun sobre sus camas.
6 Exalten a Dios con sus gargantas,
Y espadas de dos filos en sus manos,
7 Para ejecutar venganza entre las
naciones,
Y castigo entre los pueblos;
8 Para aprisionar a sus reyes con grillos,
Y a sus nobles con cadenas de hierro;
9 Para ejecutar en ellos el juicio
decretado;
Gloria será esto para todos sus santos.
Aleluya.

Exhortación a alabar a Dios con instrumentos de música

Aleluya.

150 1 Alabad a Dios en su santuario;
Alabadle en la magnificencia
de su firmamento.
2 Alabadle por sus proezas;
Alabadle conforme a la muchedumbre
de su grandeza.
3 Alabadle a son de bocina;
Alabadle con salterio y arpa.
4 Alabadle con pandero y danza;
Alabadle con cuerdas y flautas.
5 Alabadle con címbalos resonantes;
Alabadle con címbalos de júbilo.
6 Todo lo que respira alabe a JAH.
Aleluya.

PROVERBIOS

Motivo de los proverbios

1 1 Los proverbios de Salomón,[a] hijo de David, rey de Israel.
2 Para entender sabiduría y doctrina,
Para conocer razones prudentes,
3 Para recibir el consejo de prudencia,
Justicia, juicio y equidad;
4 Para dar sagacidad a los simples,
Y a los jóvenes inteligencia y cordura.
5 Oirá el sabio, y aumentará el saber,
Y el entendido adquirirá consejo,
6 Para entender proverbio y declaración,
Palabras de sabios, y sus dichos
profundos.
7 El principio de la sabiduría es el temor
de Jehová;[b]
Los insensatos desprecian la sabiduría
y la enseñanza.

Amonestaciones de la Sabiduría

8 Oye, hijo mío, la instrucción de tu padre,
Y no desprecies la dirección de tu madre;
9 Porque adorno de gracia serán a tu
cabeza,
Y collares a tu cuello.
10 Hijo mío, si los pecadores te quisieren
engañar,
No consientas.
11 Si dijeren: Ven con nosotros;
Pongamos asechanzas para derramar
sangre,
Acechemos sin motivo al inocente;
12 Los tragaremos vivos como el Seol,
Y enteros, como los que caen en un
abismo;
13 Hallaremos riquezas de toda clase,
Llenaremos nuestras casas de despojos;
14 Echa tu suerte entre nosotros;
Tengamos todos una bolsa.
15 Hijo mío, no andes en camino con ellos.
Aparta tu pie de sus veredas,
16 Porque sus pies corren hacia el mal,
Y van presurosos a derramar sangre.
17 Porque en vano se tenderá la red
Ante los ojos de toda ave;
18 Pero ellos a su propia sangre ponen
asechanzas,
Y a sus almas tienden lazo.
19 Tales son las sendas de todo el que es
dado a la codicia,
La cual quita la vida de sus poseedores.
20 La sabiduría clama en las calles,
Alza su voz en las plazas;
21 Clama en los principales lugares de
reunión;
En las entradas de las puertas de la
ciudad dice sus razones.[c]
22 ¿Hasta cuándo, oh simples, amaréis la
simpleza,
Y los burladores desearán el burlar,
Y los insensatos aborrecerán la ciencia?
23 Volveos a mi reprensión;
He aquí yo derramaré mi espíritu sobre
vosotros,
Y os haré saber mis palabras.
24 Por cuanto llamé, y no quisisteis oír,
Extendí mi mano, y no hubo quien
atendiese,

1.1: [a] 1 R. 4.32. **1.7:** [b] Job 28.28; Sal. 111.10; Pr. 9.10.
1.20-21: [c] Pr. 8.1-3.

25 Sino que desechasteis todo consejo mío
Y mi reprensión no quisisteis,
26 También yo me reiré en vuestra calamidad,
Y me burlaré cuando os viniere lo que teméis;
27 Cuando viniere como una destrucción lo que teméis,
Y vuestra calamidad llegare como un torbellino;
Cuando sobre vosotros viniere tribulación y angustia.
28 Entonces me llamarán, y no responderé;
Me buscarán de mañana, y no me hallarán.
29 Por cuanto aborrecieron la sabiduría,
Y no escogieron el temor de Jehová,
30 Ni quisieron mi consejo,
Y menospreciaron toda reprensión mía,
31 Comerán del fruto de su camino,
Y serán hastiados de sus propios consejos.
32 Porque el desvío de los ignorantes los matará,
Y la prosperidad de los necios los echará a perder;
33 Mas el que me oyere, habitará confiadamente
Y vivirá tranquilo, sin temor del mal.

Excelencias de la sabiduría

2 1 Hijo mío, si recibieres mis palabras,
Y mis mandamientos guardares dentro de ti,
2 Haciendo estar atento tu oído a la sabiduría;
Si inclinares tu corazón a la prudencia,
3 Si clamares a la inteligencia,
Y a la prudencia dieres tu voz;
4 Si como a la plata la buscares,
Y la escudriñares como a tesoros,
5 Entonces entenderás el temor de Jehová,
Y hallarás el conocimiento de Dios.
6 Porque Jehová da la sabiduría,
Y de su boca viene el conocimiento y la inteligencia.
7 El provee de sana sabiduría a los rectos;
Es escudo a los que caminan rectamente.
8 Es el que guarda las veredas del juicio,
Y preserva el camino de sus santos.
9 Entonces entenderás justicia, juicio
Y equidad, y todo buen camino.
10 Cuando la sabiduría entrare en tu corazón,
Y la ciencia fuere grata a tu alma,
11 La discreción te guardará;
Te preservará la inteligencia,
12 Para librarte del mal camino,
De los hombres que hablan perversidades,
13 Que dejan los caminos derechos,
Para andar por sendas tenebrosas;
14 Que se alegran haciendo el mal,
Que se huelgan en las perversidades del vicio;
15 Cuyas veredas son torcidas,
Y torcidos sus caminos.
16 Serás librado de la mujer extraña,
De la ajena que halaga con sus palabras,
17 La cual abandona al compañero de su juventud,
Y se olvida del pacto de su Dios.
18 Por lo cual su casa está inclinada a la muerte,
Y sus veredas hacia los muertos;
19 Todos los que a ella se lleguen, no volverán,
Ni seguirán otra vez los senderos de la vida.
20 Así andarás por el camino de los buenos,
Y seguirás las veredas de los justos;
21 Porque los rectos habitarán la tierra,
Y los perfectos permanecerán en ella,
22 Mas los impíos serán cortados de la tierra,
Y los prevaricadores serán de ella desarraigados.

Exhortación a la obediencia

3 1 Hijo mío, no te olvides de mi ley,
Y tu corazón guarde mis mandamientos;
2 Porque largura de días y años de vida
Y paz te aumentarán.
3 Nunca se aparten de ti la misericordia y la verdad;
Atalas a tu cuello,
Escríbelas en la tabla de tu corazón;
4 Y hallarás gracia y buena opinión
Ante los ojos de Dios y de los hombres.[a]
5 Fíate de Jehová de todo tu corazón,
Y no te apoyes en tu propia prudencia.
6 Reconócelo en todos tus caminos,
Y él enderezará tus veredas.
7 No seas sabio en tu propia opinión;[b]
Teme a Jehová, y apártate del mal;
8 Porque será medicina a tu cuerpo,
Y refrigerio para tus huesos.
9 Honra a Jehová con tus bienes,
Y con las primicias de todos tus frutos;
10 Y serán llenos tus graneros con abundancia,
Y tus lagares rebosarán de mosto.
11 No menosprecies, hijo mío, el castigo de Jehová,
Ni te fatigues de su corrección;[c]
12 Porque Jehová al que ama castiga,[d]
Como el padre al hijo a quien quiere.[e]

3.4: [a] Lc. 2.52; Ro. 12.17; 2 Co. 8.21. **3.7:** [b] Ro. 12.16. **3.11:** [c] Job 5.17. **3.12:** [d] Ap. 3.19. **3.11-12:** [e] He. 12.5-6.

13 Bienaventurado el hombre que halla la sabiduría,
Y que obtiene la inteligencia;
14 Porque su ganancia es mejor que la ganancia de la plata,
Y sus frutos más que el oro fino.
15 Más preciosa es que las piedras preciosas;
Y todo lo que puedes desear, no se puede comparar a ella.
16 Largura de días está en su mano derecha;
En su izquierda, riquezas y honra.
17 Sus caminos son caminos deleitosos,
Y todas sus veredas paz.
18 Ella es árbol de vida a los que de ella echan mano,
Y bienaventurados son los que la retienen.
19 Jehová con sabiduría fundó la tierra;
Afirmó los cielos con inteligencia.
20 Con su ciencia los abismos fueron divididos,
Y destilan rocío los cielos.
21 Hijo mío, no se aparten estas cosas de tus ojos;
Guarda la ley y el consejo,
22 Y serán vida a tu alma,
Y gracia a tu cuello.
23 Entonces andarás por tu camino confiadamente,
Y tu pie no tropezará.
24 Cuando te acuestes, no tendrás temor,
Sino que te acostarás, y tu sueño será grato.
25 No tendrás temor de pavor repentino,
Ni de la ruina de los impíos cuando viniere,
26 Porque Jehová será tu confianza,
Y él preservará tu pie de quedar preso.
27 No te niegues a hacer el bien a quien es debido,
Cuando tuvieres poder para hacerlo.
28 No digas a tu prójimo: Anda, y vuelve,
Y mañana te daré,
Cuando tienes contigo qué darle.
29 No intentes mal contra tu prójimo
Que habita confiado junto a ti.
30 No tengas pleito con nadie sin razón,
Si no te han hecho agravio.
31 No envidies al hombre injusto,
Ni escojas ninguno de sus caminos.
32 Porque Jehová abomina al perverso;
Mas su comunión íntima es con los justos.
33 La maldición de Jehová está en la casa del impío,
Pero bendecirá la morada de los justos.
34 Ciertamente él escarnecerá a los escarnecedores,
Y a los humildes dará gracia.[f]
35 Los sabios heredarán honra,
Mas los necios llevarán ignominia.

Beneficios de la sabiduría

4 1 Oíd, hijos, la enseñanza de un padre,
Y estad atentos, para que conozcáis cordura.
2 Porque os doy buena enseñanza;
No desamparéis mi ley.
3 Porque yo también fui hijo de mi padre,
Delicado y único delante de mi madre.
4 Y él me enseñaba, y me decía:
Retenga tu corazón mis razones,
Guarda mis mandamientos, y vivirás.
5 Adquiere sabiduría, adquiere inteligencia;
No te olvides ni te apartes de las razones de mi boca;
6 No la dejes, y ella te guardará;
Amala, y te conservará.
7 Sabiduría ante todo; adquiere sabiduría;
Y sobre todas tus posesiones adquiere inteligencia.
8 Engrandécela, y ella te engrandecerá;
Ella te honrará, cuando tú la hayas abrazado.
9 Adorno de gracia dará a tu cabeza;
Corona de hermosura te entregará.
10 Oye, hijo mío, y recibe mis razones,
Y se te multiplicarán años de vida.
11 Por el camino de la sabiduría te he encaminado,
Y por veredas derechas te he hecho andar.
12 Cuando anduvieres, no se estrecharán tus pasos,
Y si corrieres, no tropezarás.
13 Retén el consejo, no lo dejes;
Guárdalo, porque eso es tu vida.
14 No entres por la vereda de los impíos,
Ni vayas por el camino de los malos.
15 Déjala, no pases por ella;
Apártate de ella, pasa.
16 Porque no duermen ellos si no han hecho mal,
Y pierden el sueño si no han hecho caer a alguno.
17 Porque comen pan de maldad, y beben vino de robos;
18 Mas la senda de los justos es como la luz de la aurora,
Que va en aumento hasta que el día es perfecto.
19 El camino de los impíos es como la oscuridad;
No saben en qué tropiezan.
20 Hijo mío, está atento a mis palabras;
Inclina tu oído a mis razones.
21 No se aparten de tus ojos;
Guárdalas en medio de tu corazón;
22 Porque son vida a los que las hallan,
Y medicina a todo su cuerpo.

3.34: [f] Stg. 4.6; 1 P. 5.5.

23 Sobre toda cosa guardada, guarda tu
corazón;
Porque de él mana la vida.
24 Aparta de ti la perversidad de la boca,
Y aleja de ti la iniquidad de los labios.
25 Tus ojos miren lo recto,
Y diríjanse tus párpados hacia lo que
tienes delante.
26 Examina la senda de tus pies,[a]
Y todos tus caminos sean rectos.
27 No te desvíes a la derecha ni a la
izquierda;
Aparta tu pie del mal.

Amonestación contra la impureza

5 1 Hijo mío, está atento a mi sabiduría,
Y a mi inteligencia inclina tu oído,
2 Para que guardes consejo,
Y tus labios conserven la ciencia.
3 Porque los labios de la mujer extraña
destilan miel,
Y su paladar es más blando que el aceite;
4 Mas su fin es amargo como el ajenjo,
Agudo como espada de dos filos.
5 Sus pies descienden a la muerte;
Sus pasos conducen al Seol.
6 Sus caminos son inestables; no los
conocerás,
Si no considerares el camino de vida.
7 Ahora pues, hijos, oídme,
Y no os apartéis de las razones de mi
boca.
8 Aleja de ella tu camino,
Y no te acerques a la puerta de su casa;
9 Para que no des a los extraños tu honor,
Y tus años al cruel;
10 No sea que extraños se sacien de tu
fuerza,
Y tus trabajos estén en casa del extraño;
11 Y gimas al final,
Cuando se consuma tu carne y tu cuerpo,
12 Y digas: ¡Cómo aborrecí el consejo,
Y mi corazón menospreció la reprensión;
13 No oí la voz de los que me instruían,
Y a los que me enseñaban no incliné mi
oído!
14 Casi en todo mal he estado,
En medio de la sociedad y de la
congregación.
15 Bebe el agua de tu misma cisterna,
Y los raudales de tu propio pozo.
16 ¿Se derramarán tus fuentes por las calles,
Y tus corrientes de aguas por las plazas?
17 Sean para ti solo,
Y no para los extraños contigo.
18 Sea bendito tu manantial,
Y alégrate con la mujer de tu juventud,
19 Como cierva amada y graciosa gacela.
Sus caricias te satisfagan en todo tiempo,
Y en su amor recréate siempre.
20 ¿Y por qué, hijo mío, andarás ciego con
la mujer ajena,
Y abrazarás el seno de la extraña?
21 Porque los caminos del hombre están
ante los ojos de Jehová,
Y él considera todas sus veredas.
22 Prenderán al impío sus propias
iniquidades,
Y retenido será con las cuerdas de su
pecado.
23 El morirá por falta de corrección,
Y errará por lo inmenso de su locura.

Amonestación contra la pereza y la falsedad

6 1 Hijo mío, si salieres fiador por tu amigo,
Si has empeñado tu palabra a un
extraño,
2 Te has enlazado con las palabras de tu
boca,
Y has quedado preso en los dichos de tus
labios.
3 Haz esto ahora, hijo mío, y líbrate,
Ya que has caído en la mano de tu
prójimo;
Ve, humíllate, y asegúrate de tu amigo.
4 No des sueño a tus ojos,
Ni a tus párpados adormecimiento;
5 Escápate como gacela de la mano del
cazador,
Y como ave de la mano del que arma lazos.
6 Ve a la hormiga, oh perezoso,
Mira sus caminos, y sé sabio;
7 La cual no teniendo capitán,
Ni gobernador, ni señor,
8 Prepara en el verano su comida,
Y recoge en el tiempo de la siega su
mantenimiento.
9 Perezoso, ¿hasta cuándo has de dormir?
¿Cuándo te levantarás de tu sueño?
10 Un poco de sueño, un poco de dormitar,
Y cruzar por un poco las manos para
reposo;
11 Así vendrá tu necesidad como caminante,
Y tu pobreza como hombre armado.[a]
12 El hombre malo, el hombre depravado,
Es el que anda en perversidad de boca;
13 Que guiña los ojos, que habla con los pies,
Que hace señas con los dedos.
14 Perversidades hay en su corazón; anda
pensando el mal en todo tiempo;
Siembra las discordias.
15 Por tanto, su calamidad vendrá de
repente;
Súbitamente será quebrantado,
y no habrá remedio.

4.26: [a] He. 12.13. **6.10-11:** [a] Pr. 24.33-34.

16 Seis cosas aborrece Jehová,
Y aun siete abomina su alma:
17 Los ojos altivos, la lengua mentirosa,
Las manos derramadoras de sangre inocente,
18 El corazón que maquina pensamientos inicuos,
Los pies presurosos para correr al mal,
19 El testigo falso que habla mentiras,
Y el que siembra discordia entre hermanos.

Amonestación contra el adulterio

20 Guarda, hijo mío, el mandamiento de tu padre,
Y no dejes la enseñanza de tu madre;
21 Atalos siempre en tu corazón,
Enlázalos a tu cuello.
22 Te guiarán cuando andes; cuando duermas te guardarán;
Hablarán contigo cuando despiertes.
23 Porque el mandamiento es lámpara, y la enseñanza es luz,
Y camino de vida las reprensiones que te instruyen,
24 Para que te guarden de la mala mujer,
De la blandura de la lengua de la mujer extraña.
25 No codicies su hermosura en tu corazón,
Ni ella te prenda con sus ojos;
26 Porque a causa de la mujer ramera el hombre es reducido a un bocado de pan;
Y la mujer caza la preciosa alma del varón.
27 ¿Tomará el hombre fuego en su seno
Sin que sus vestidos ardan?
28 ¿Andará el hombre sobre brasas
Sin que sus pies se quemen?
29 Así es el que se llega a la mujer de su prójimo;
No quedará impune ninguno que la tocare.
30 No tienen en poco al ladrón si hurta
Para saciar su apetito cuando tiene hambre;
31 Pero si es sorprendido, pagará siete veces;
Entregará todo el haber de su casa.
32 Mas el que comete adulterio es falto de entendimiento;
Corrompe su alma el que tal hace.
33 Heridas y vergüenza hallará,
Y su afrenta nunca será borrada.
34 Porque los celos son el furor del hombre,
Y no perdonará en el día de la venganza.
35 No aceptará ningún rescate,
Ni querrá perdonar, aunque multipliques los dones.

Las artimañas de la ramera

7 1 Hijo mío, guarda mis razones,
Y atesora contigo mis mandamientos.
2 Guarda mis mandamientos y vivirás,
Y mi ley como las niñas de tus ojos.
3 Lígalos a tus dedos;
Escríbelos en la tabla de tu corazón.
4 Di a la sabiduría: Tú eres mi hermana,
Y a la inteligencia llama parienta;
5 Para que te guarden de la mujer ajena,
Y de la extraña que ablanda sus palabras.
6 Porque mirando yo por la ventana de mi casa,
Por mi celosía,
7 Vi entre los simples,
Consideré entre los jóvenes,
A un joven falto de entendimiento,
8 El cual pasaba por la calle, junto a la esquina,
E iba camino a la casa de ella,
9 A la tarde del día, cuando ya oscurecía,
En la oscuridad y tinieblas de la noche.
10 Cuando he aquí, una mujer le sale al encuentro,
Con atavío de ramera y astuta de corazón.
11 Alborotadora y rencillosa,
Sus pies no pueden estar en casa;
12 Unas veces está en la calle, otras veces en las plazas,
Acechando por todas las esquinas.
13 Se asió de él, y le besó.
Con semblante descarado le dijo:
14 Sacrificios de paz había prometido,
Hoy he pagado mis votos;
15 Por tanto, he salido a encontrarte,
Buscando diligentemente tu rostro, y te he hallado.
16 He adornado mi cama con colchas
Recamadas con cordoncillo de Egipto;
17 He perfumado mi cámara
Con mirra, áloes y canela.
18 Ven, embriaguémonos de amores hasta la mañana;
Alegrémonos en amores.
19 Porque el marido no está en casa;
Se ha ido a un largo viaje.
20 La bolsa de dinero llevó en su mano;
El día señalado volverá a su casa.
21 Lo rindió con la suavidad de sus muchas palabras,
Le obligó con la zalamería de sus labios.
22 Al punto se marchó tras ella,
Como va el buey al degolladero,
Y como el necio a las prisiones para ser castigado;

23 Como el ave que se apresura a la red,
Y no sabe que es contra su vida,
Hasta que la saeta traspasa su corazón.
24 Ahora pues, hijos, oídme,
Y estad atentos a las razones de mi boca.
25 No se aparte tu corazón a sus caminos;
No yerres en sus veredas.
26 Porque a muchos ha hecho caer heridos,
Y aun los más fuertes han sido muertos
por ella.
27 Camino al Seol es su casa,
Que conduce a las cámaras de la muerte.

Excelencia y eternidad de la Sabiduría

8 1 ¿No clama la sabiduría,
Y da su voz la inteligencia?
2 En las alturas junto al camino,
A las encrucijadas de las veredas se para;
3 En el lugar de las puertas, a la entrada de
la ciudad,
A la entrada de las puertas da voces:[a]
4 Oh hombres, a vosotros clamo;
Dirijo mi voz a los hijos de los hombres.
5 Entended, oh simples, discreción;
Y vosotros, necios, entrad en cordura.
6 Oíd, porque hablaré cosas excelentes,
Y abriré mis labios para cosas rectas.
7 Porque mi boca hablará verdad,
Y la impiedad abominan mis labios.
8 Justas son todas las razones de mi boca;
No hay en ellas cosa perversa ni torcida.
9 Todas ellas son rectas al que entiende,
Y razonables a los que han hallado
sabiduría.
10 Recibid mi enseñanza, y no plata;
Y ciencia antes que el oro escogido.
11 Porque mejor es la sabiduría que las
piedras preciosas;
Y todo cuanto se puede desear, no es de
compararse con ella.
12 Yo, la sabiduría, habito con la cordura,
Y hallo la ciencia de los consejos.
13 El temor de Jehová es aborrecer el mal;
La soberbia y la arrogancia, el mal camino,
Y la boca perversa, aborrezco.
14 Conmigo está el consejo y el buen juicio;
Yo soy la inteligencia; mío es el poder.
15 Por mí reinan los reyes,
Y los príncipes determinan justicia.
16 Por mí dominan los príncipes,
Y todos los gobernadores juzgan la tierra.
17 Yo amo a los que me aman,
Y me hallan los que temprano me buscan.
18 Las riquezas y la honra están conmigo;
Riquezas duraderas, y justicia.
19 Mejor es mi fruto que el oro, y que el oro
refinado;
Y mi rédito mejor que la plata escogida.
20 Por vereda de justicia guiaré,
Por en medio de sendas de juicio,
21 Para hacer que los que me aman tengan
su heredad,
Y que yo llene sus tesoros.
22 Jehová me poseía en el principio,
Ya de antiguo, antes de sus obras.[b]
23 Eternamente tuve el principado, desde el
principio,
Antes de la tierra.
24 Antes de los abismos fui engendrada;
Antes que fuesen las fuentes de las
muchas aguas.
25 Antes que los montes fuesen formados,
Antes de los collados, ya había sido yo
engendrada;
26 No había aún hecho la tierra, ni los campos,
Ni el principio del polvo del mundo.
27 Cuando formaba los cielos, allí estaba yo;
Cuando trazaba el círculo sobre la faz del
abismo;
28 Cuando afirmaba los cielos arriba,
Cuando afirmaba las fuentes del abismo;
29 Cuando ponía al mar su estatuto,
Para que las aguas no traspasasen su
mandamiento;
Cuando establecía los fundamentos de la
tierra,
30 Con él estaba yo ordenándolo todo,
Y era su delicia de día en día,
Teniendo solaz delante de él en todo
tiempo.
31 Me regocijo en la parte habitable de su
tierra;
Y mis delicias son con los hijos de los
hombres.
32 Ahora, pues, hijos, oídme,
Y bienaventurados los que guardan mis
caminos.
33 Atended el consejo, y sed sabios,
Y no lo menospreciéis.
34 Bienaventurado el hombre que me
escucha,
Velando a mis puertas cada día,
Aguardando a los postes de mis puertas.
35 Porque el que me halle, hallará la vida,
Y alcanzará el favor de Jehová.
36 Mas el que peca contra mí, defrauda su
alma;
Todos los que me aborrecen aman la
muerte.

La Sabiduría y la mujer insensata

9 1 La sabiduría edificó su casa,
Labró sus siete columnas.
2 Mató sus víctimas, mezcló su vino,
Y puso su mesa.

8.1-3: [a] Pr. 1.20-21. **8.22:** [b] Ap. 3.14.

3 Envió sus criadas;
Sobre lo más alto de la ciudad clamó.
4 Dice a cualquier simple: Ven acá.
A los faltos de cordura dice:
5 Venid, comed mi pan,
Y bebed del vino que yo he mezclado.
6 Dejad las simplezas, y vivid,
Y andad por el camino de la inteligencia.
7 El que corrige al escarnecedor, se acarrea afrenta;
El que reprende al impío, se atrae mancha.
8 No reprendas al escarnecedor, para que no te aborrezca;
Corrige al sabio, y te amará.
9 Da al sabio, y será más sabio;
Enseña al justo, y aumentará su saber.
10 El temor de Jehová es el principio de la sabiduría,[a]
Y el conocimiento del Santísimo es la inteligencia.
11 Porque por mí se aumentarán tus días,
Y años de vida se te añadirán.
12 Si fueres sabio, para ti lo serás;
Y si fueres escarnecedor, pagarás tú solo.
13 La mujer insensata es alborotadora;
Es simple e ignorante.
14 Se sienta en una silla a la puerta de su casa,
En los lugares altos de la ciudad,
15 Para llamar a los que pasan por el camino,
Que van por sus caminos derechos.
16 Dice a cualquier simple: Ven acá.
A los faltos de cordura dijo:
17 Las aguas hurtadas son dulces,
Y el pan comido en oculto es sabroso.
18 Y no saben que allí están los muertos;
Que sus convidados están en lo profundo del Seol.

Contraste entre el justo y el malvado

10 1 Los proverbios de Salomón.
El hijo sabio alegra al padre,
Pero el hijo necio es tristeza de su madre.
2 Los tesoros de maldad no serán de provecho;
Mas la justicia libra de muerte.
3 Jehová no dejará padecer hambre al justo;
Mas la iniquidad lanzará a los impíos.
4 La mano negligente empobrece;
Mas la mano de los diligentes enriquece.
5 El que recoge en el verano es hombre entendido;
El que duerme en el tiempo de la siega es hijo que avergüenza.
6 Hay bendiciones sobre la cabeza del justo;
Pero violencia cubrirá la boca de los impíos.
7 La memoria del justo será bendita;
Mas el nombre de los impíos se pudrirá.
8 El sabio de corazón recibirá los mandamientos;
Mas el necio de labios caerá.
9 El que camina en integridad anda confiado;
Mas el que pervierte sus caminos será quebrantado.
10 El que guiña el ojo acarrea tristeza;
Y el necio de labios será castigado.
11 Manantial de vida es la boca del justo;
Pero violencia cubrirá la boca de los impíos.
12 El odio despierta rencillas;
Pero el amor cubrirá todas las faltas.[a]
13 En los labios del prudente se halla sabiduría;
Mas la vara es para las espaldas del falto de cordura.
14 Los sabios guardan la sabiduría;
Mas la boca del necio es calamidad cercana.
15 Las riquezas del rico son su ciudad fortificada;
Y el desmayo de los pobres es su pobreza.
16 La obra del justo es para vida;
Mas el fruto del impío es para pecado.
17 Camino a la vida es guardar la instrucción;
Pero quien desecha la reprensión, yerra.
18 El que encubre el odio es de labios mentirosos;
Y el que propaga calumnia es necio.
19 En las muchas palabras no falta pecado;
Mas el que refrena sus labios es prudente.
20 Plata escogida es la lengua del justo;
Mas el corazón de los impíos es como nada.
21 Los labios del justo apacientan a muchos,
Mas los necios mueren por falta de entendimiento.
22 La bendición de Jehová es la que enriquece,
Y no añade tristeza con ella.
23 El hacer maldad es como una diversión al insensato;
Mas la sabiduría recrea al hombre de entendimiento.
24 Lo que el impío teme, eso le vendrá;
Pero a los justos les será dado lo que desean.
25 Como pasa el torbellino, así el malo no permanece;
Mas el justo permanece para siempre.
26 Como el vinagre a los dientes, y como el humo a los ojos,
Así es el perezoso a los que lo envían.

9.10: [a] Job 28.28; Sal. 111.10; Pr. 1.7.
10.12: [a] Stg. 5.20; 1 P. 4.8.

27 El temor de Jehová aumentará los días;
Mas los años de los impíos serán acortados.
28 La esperanza de los justos es alegría;
Mas la esperanza de los impíos perecerá.
29 El camino de Jehová es fortaleza al perfecto;
Pero es destrucción a los que hacen maldad.
30 El justo no será removido jamás;
Pero los impíos no habitarán la tierra.
31 La boca del justo producirá sabiduría;
Mas la lengua perversa será cortada.
32 Los labios del justo saben hablar lo que agrada;
Mas la boca de los impíos habla perversidades.

11 1 El peso falso es abominación a Jehová;
Mas la pesa cabal le agrada.
2 Cuando viene la soberbia, viene también la deshonra;
Mas con los humildes está la sabiduría.
3 La integridad de los rectos los encaminará;
Pero destruirá a los pecadores la perversidad de ellos.
4 No aprovecharán las riquezas en el día de la ira;
Mas la justicia librará de muerte.
5 La justicia del perfecto enderezará su camino;
Mas el impío por su impiedad caerá.
6 La justicia de los rectos los librará;
Mas los pecadores serán atrapados en su pecado.
7 Cuando muere el hombre impío, perece su esperanza;
Y la expectación de los malos perecerá.
8 El justo es librado de la tribulación;
Mas el impío entra en lugar suyo.
9 El hipócrita con la boca daña a su prójimo;
Mas los justos son librados con la sabiduría.
10 En el bien de los justos la ciudad se alegra;
Mas cuando los impíos perecen hay fiesta.
11 Por la bendición de los rectos la ciudad será engrandecida;
Mas por la boca de los impíos será trastornada.
12 El que carece de entendimiento menosprecia a su prójimo;
Mas el hombre prudente calla.
13 El que anda en chismes descubre el secreto;
Mas el de espíritu fiel lo guarda todo.
14 Donde no hay dirección sabia, caerá el pueblo;
Mas en la multitud de consejeros hay seguridad.
15 Con ansiedad será afligido el que sale por fiador de un extraño;
Mas el que aborreciere las fianzas vivirá seguro.
16 La mujer agraciada tendrá honra,
Y los fuertes tendrán riquezas.
17 A su alma hace bien el hombre misericordioso;
Mas el cruel se atormenta a sí mismo.
18 El impío hace obra falsa;
Mas el que siembra justicia tendrá galardón firme.
19 Como la justicia conduce a la vida,
Así el que sigue el mal lo hace para su muerte.
20 Abominación son a Jehová los perversos de corazón;
Mas los perfectos de camino le son agradables.
21 Tarde o temprano, el malo será castigado;
Mas la descendencia de los justos será librada.
22 Como zarcillo de oro en el hocico de un cerdo
Es la mujer hermosa y apartada de razón.
23 El deseo de los justos es solamente el bien;
Mas la esperanza de los impíos es el enojo.
24 Hay quienes reparten, y les es añadido más;
Y hay quienes retienen más de lo que es justo, pero vienen a pobreza.
25 El alma generosa será prosperada;
Y el que saciare, él también será saciado.
26 Al que acapara el grano, el pueblo lo maldecirá;
Pero bendición será sobre la cabeza del que lo vende.
27 El que procura el bien buscará favor;
Mas al que busca el mal, éste le vendrá.
28 El que confía en sus riquezas caerá;
Mas los justos reverdecerán como ramas.
29 El que turba su casa heredará viento;
Y el necio será siervo del sabio de corazón.
30 El fruto del justo es árbol de vida;
Y el que gana almas es sabio.
31 Ciertamente el justo será recompensado en la tierra;
¡Cuánto más el impío y el pecador![a]

12 1 El que ama la instrucción ama la sabiduría;
Mas el que aborrece la reprensión es ignorante.
2 El bueno alcanzará favor de Jehová;
Mas él condenará al hombre de malos pensamientos.
3 El hombre no se afirmará por medio de la impiedad;
Mas la raíz de los justos no será removida.

11.31: [a] 1 P. 4.18.

4 La mujer virtuosa es corona de su marido;
Mas la mala, como carcoma en sus huesos.
5 Los pensamientos de los justos son rectitud;
Mas los consejos de los impíos, engaño.
6 Las palabras de los impíos son asechanzas para derramar sangre;
Mas la boca de los rectos los librará.
7 Dios trastornará a los impíos, y no serán más;
Pero la casa de los justos permanecerá firme.
8 Según su sabiduría es alabado el hombre;
Mas el perverso de corazón será menospreciado.
9 Más vale el despreciado que tiene servidores,
Que el que se jacta, y carece de pan.
10 El justo cuida de la vida de su bestia;
Mas el corazón de los impíos es cruel.
11 El que labra su tierra se saciará de pan;
Mas el que sigue a los vagabundos es falto de entendimiento.
12 Codicia el impío la red de los malvados;
Mas la raíz de los justos dará fruto.
13 El impío es enredado en la prevaricación de sus labios;
Mas el justo saldrá de la tribulación.
14 El hombre será saciado de bien del fruto de su boca;
Y le será pagado según la obra de sus manos.
15 El camino del necio es derecho en su opinión;
Mas el que obedece al consejo es sabio.
16 El necio al punto da a conocer su ira;
Mas el que no hace caso de la injuria es prudente.
17 El que habla verdad declara justicia;
Mas el testigo mentiroso, engaño.
18 Hay hombres cuyas palabras son como golpes de espada;
Mas la lengua de los sabios es medicina.
19 El labio veraz permanecerá para siempre;
Mas la lengua mentirosa sólo por un momento.
20 Engaño hay en el corazón de los que piensan el mal;
Pero alegría en el de los que piensan el bien.
21 Ninguna adversidad acontecerá al justo;
Mas los impíos serán colmados de males.
22 Los labios mentirosos son abominación a Jehová;
Pero los que hacen verdad son su contentamiento.
23 El hombre cuerdo encubre su saber;
Mas el corazón de los necios publica la necedad.
24 La mano de los diligentes señoreará;
Mas la negligencia será tributaria.
25 La congoja en el corazón del hombre lo abate;
Mas la buena palabra lo alegra.
26 El justo sirve de guía a su prójimo;
Mas el camino de los impíos les hace errar.
27 El indolente ni aun asará lo que ha cazado;
Pero haber precioso del hombre es la diligencia.
28 En el camino de la justicia está la vida;
Y en sus caminos no hay muerte.

13 1 El hijo sabio recibe el consejo del padre;
Mas el burlador no escucha las reprensiones.
2 Del fruto de su boca el hombre comerá el bien;
Mas el alma de los prevaricadores hallará el mal.
3 El que guarda su boca guarda su alma;
Mas el que mucho abre sus labios tendrá calamidad.
4 El alma del perezoso desea, y nada alcanza;
Mas el alma de los diligentes será prosperada.
5 El justo aborrece la palabra de mentira;
Mas el impío se hace odioso e infame.
6 La justicia guarda al de perfecto camino;
Mas la impiedad trastornará al pecador.
7 Hay quienes pretenden ser ricos, y no tienen nada;
Y hay quienes pretenden ser pobres, y tienen muchas riquezas.
8 El rescate de la vida del hombre está en sus riquezas;
Pero el pobre no oye censuras.
9 La luz de los justos se alegrará;
Mas se apagará la lámpara de los impíos.
10 Ciertamente la soberbia concebirá contienda;
Mas con los avisados está la sabiduría.
11 Las riquezas de vanidad disminuirán;
Pero el que recoge con mano laboriosa las aumenta.
12 La esperanza que se demora es tormento del corazón;
Pero árbol de vida es el deseo cumplido.
13 El que menosprecia el precepto perecerá por ello;
Mas el que teme el mandamiento será recompensado.
14 La ley del sabio es manantial de vida
Para apartarse de los lazos de la muerte.
15 El buen entendimiento da gracia;
Mas el camino de los transgresores es duro.
16 Todo hombre prudente procede con sabiduría;
Mas el necio manifestará necedad.

17 El mal mensajero acarrea desgracia;
Mas el mensajero fiel acarrea salud.
18 Pobreza y vergüenza tendrá el que menosprecia el consejo;
Mas el que guarda la corrección recibirá honra.
19 El deseo cumplido regocija el alma;
Pero apartarse del mal es abominación a los necios.
20 El que anda con sabios, sabio será;
Mas el que se junta con necios será quebrantado.
21 El mal perseguirá a los pecadores,
Mas los justos serán premiados con el bien.
22 El bueno dejará herederos a los hijos de sus hijos;
Pero la riqueza del pecador está guardada para el justo.
23 En el barbecho de los pobres hay mucho pan;
Mas se pierde por falta de juicio.
24 El que detiene el castigo, a su hijo aborrece;
Mas el que lo ama, desde temprano lo corrige.
25 El justo come hasta saciar su alma;
Mas el vientre de los impíos tendrá necesidad.

14

1 La mujer sabia edifica su casa;
Mas la necia con sus manos la derriba.
2 El que camina en su rectitud teme a Jehová;
Mas el de caminos pervertidos lo menosprecia.
3 En la boca del necio está la vara de la soberbia;
Mas los labios de los sabios los guardarán.
4 Sin bueyes el granero está vacío;
Mas por la fuerza del buey hay abundancia de pan.
5 El testigo verdadero no mentirá;
Mas el testigo falso hablará mentiras.
6 Busca el escarnecedor la sabiduría y no la halla;
Mas al hombre entendido la sabiduría le es fácil.
7 Vete de delante del hombre necio,
Porque en él no hallarás labios de ciencia.
8 La ciencia del prudente está en entender su camino;
Mas la indiscreción de los necios es engaño.
9 Los necios se mofan del pecado;
Mas entre los rectos hay buena voluntad.
10 El corazón conoce la amargura de su alma;
Y extraño no se entremeterá en su alegría.
11 La casa de los impíos será asolada;
Pero florecerá la tienda de los rectos.
12 Hay camino que al hombre le parece derecho;
Pero su fin es camino de muerte.[a]
13 Aun en la risa tendrá dolor el corazón;
Y el término de la alegría es congoja.
14 De sus caminos será hastiado el necio de corazón;
Pero el hombre de bien estará contento del suyo.
15 El simple todo lo cree;
Mas el avisado mira bien sus pasos.
16 El sabio teme y se aparta del mal;
Mas el insensato se muestra insolente y confiado.
17 El que fácilmente se enoja hará locuras;
Y el hombre perverso será aborrecido.
18 Los simples heredarán necedad;
Mas los prudentes se coronarán de sabiduría.
19 Los malos se inclinarán delante de los buenos,
Y los impíos a las puertas del justo.
20 El pobre es odioso aun a su amigo;
Pero muchos son los que aman al rico.
21 Peca el que menosprecia a su prójimo;
Mas el que tiene misericordia de los pobres es bienaventurado.
22 ¿No yerran los que piensan el mal?
Misericordia y verdad alcanzarán los que piensan el bien.
23 En toda labor hay fruto;
Mas las vanas palabras de los labios empobrecen.
24 Las riquezas de los sabios son su corona;
Pero la insensatez de los necios es infatuación.
25 El testigo verdadero libra las almas;
Mas el engañoso hablará mentiras.
26 En el temor de Jehová está la fuerte confianza;
Y esperanza tendrán sus hijos.
27 El temor de Jehová es manantial de vida
Para apartarse de los lazos de la muerte.
28 En la multitud del pueblo está la gloria del rey;
Y en la falta de pueblo la debilidad del príncipe.
29 El que tarda en airarse es grande de entendimiento;
Mas el que es impaciente de espíritu enaltece la necedad.
30 El corazón apacible es vida de la carne;
Mas la envidia es carcoma de los huesos.
31 El que oprime al pobre afrenta a su Hacedor;
Mas el que tiene misericordia del pobre, lo honra.

14.12: [a] Pr. 16.25.

32 Por su maldad será lanzado el impío;
Mas el justo en su muerte tiene esperanza.
33 En el corazón del prudente reposa la sabiduría;
Pero no es conocida en medio de los necios.
34 La justicia engrandece a la nación;
Mas el pecado es afrenta de las naciones.
35 La benevolencia del rey es para con el servidor entendido;
Mas su enojo contra el que lo avergüenza.

15 1 La blanda respuesta quita la ira;
Mas la palabra áspera hace subir el furor.
2 La lengua de los sabios adornará la sabiduría;
Mas la boca de los necios hablará sandeces.
3 Los ojos de Jehová están en todo lugar,
Mirando a los malos y a los buenos.
4 La lengua apacible es árbol de vida;
Mas la perversidad de ella es quebrantamiento de espíritu.
5 El necio menosprecia el consejo de su padre;
Mas el que guarda la corrección vendrá a ser prudente.
6 En la casa del justo hay gran provisión;
Pero turbación en las ganancias del impío.
7 La boca de los sabios esparce sabiduría;
No así el corazón de los necios.
8 El sacrificio de los impíos es abominación a Jehová;
Mas la oración de los rectos es su gozo.
9 Abominación es a Jehová el camino del impío;
Mas él ama al que sigue justicia.
10 La reconvención es molesta al que deja el camino;
Y el que aborrece la corrección morirá.
11 El Seol y el Abadón están delante de Jehová;
¡Cuánto más los corazones de los hombres!
12 El escarnecedor no ama al que le reprende,
Ni se junta con los sabios.
13 El corazón alegre hermosea el rostro;
Mas por el dolor del corazón el espíritu se abate.
14 El corazón entendido busca la sabiduría;
Mas la boca de los necios se alimenta de necedades.
15 Todos los días del afligido son difíciles;
Mas el de corazón contento tiene un banquete continuo.
16 Mejor es lo poco con el temor de Jehová,
Que el gran tesoro donde hay turbación.
17 Mejor es la comida de legumbres donde hay amor,
Que de buey engordado donde hay odio.
18 El hombre iracundo promueve contiendas;
Mas el que tarda en airarse apacigua la rencilla.
19 El camino del perezoso es como seto de espinos;
Mas la vereda de los rectos, como una calzada.
20 El hijo sabio alegra al padre;
Mas el hombre necio menosprecia a su madre.
21 La necedad es alegría al falto de entendimiento;
Mas el hombre entendido endereza sus pasos.
22 Los pensamientos son frustrados donde no hay consejo;
Mas en la multitud de consejeros se afirman.
23 El hombre se alegra con la respuesta de su boca;
Y la palabra a su tiempo, ¡cuán buena es!
24 El camino de la vida es hacia arriba al entendido,
Para apartarse del Seol abajo.
25 Jehová asolará la casa de los soberbios;
Pero afirmará la heredad de la viuda.
26 Abominación son a Jehová los pensamientos del malo;
Mas las expresiones de los limpios son limpias.
27 Alborota su casa el codicioso;
Mas el que aborrece el soborno vivirá.
28 El corazón del justo piensa para responder;
Mas la boca de los impíos derrama malas cosas.
29 Jehová está lejos de los impíos;
Pero él oye la oración de los justos.
30 La luz de los ojos alegra el corazón,
Y la buena nueva conforta los huesos.
31 El oído que escucha las amonestaciones de la vida,
Entre los sabios morará.
32 El que tiene en poco la disciplina menosprecia su alma;
Mas el que escucha la corrección tiene entendimiento.
33 El temor de Jehová es enseñanza de sabiduría;
Y a la honra precede la humildad.

Proverbios sobre la vida y la conducta

16 1 Del hombre son las disposiciones del corazón;
Mas de Jehová es la respuesta de la lengua.

2 Todos los caminos del hombre son
limpios en su propia opinión;
Pero Jehová pesa los espíritus.
3 Encomienda a Jehová tus obras,
Y tus pensamientos serán afirmados.
4 Todas las cosas ha hecho Jehová para sí
mismo,
Y aun al impío para el día malo.
5 Abominación es a Jehová todo altivo de
corazón;
Ciertamente no quedará impune.
6 Con misericordia y verdad se corrige el
pecado,
Y con el temor de Jehová los hombres se
apartan del mal.
7 Cuando los caminos del hombre son
agradables a Jehová,
Aun a sus enemigos hace estar en paz
con él.
8 Mejor es lo poco con justicia
Que la muchedumbre de frutos sin
derecho.
9 El corazón del hombre piensa su camino;
Mas Jehová endereza sus pasos.
10 Oráculo hay en los labios del rey;
En juicio no prevaricará su boca.
11 Peso y balanzas justas son de Jehová;
Obra suya son todas las pesas de la bolsa.
12 Abominación es a los reyes hacer
impiedad,
Porque con justicia será afirmado el trono.
13 Los labios justos son el contentamiento
de los reyes,
Y éstos aman al que habla lo recto.
14 La ira del rey es mensajero de muerte;
Mas el hombre sabio la evitará.
15 En la alegría del rostro del rey está la vida,
Y su benevolencia es como nube de lluvia
tardía.
16 Mejor es adquirir sabiduría que oro
preciado;
Y adquirir inteligencia vale más que la
plata.
17 El camino de los rectos se aparta del mal;
Su vida guarda el que guarda su camino.
18 Antes del quebrantamiento es la soberbia,
Y antes de la caída la altivez de espíritu.
19 Mejor es humillar el espíritu con los
humildes
Que repartir despojos con los soberbios.
20 El entendido en la palabra hallará el bien,
Y el que confía en Jehová es
bienaventurado.
21 El sabio de corazón es llamado prudente,
Y la dulzura de labios aumenta el saber.
22 Manantial de vida es el entendimiento al
que lo posee;
Mas la erudición de los necios es necedad.
23 El corazón del sabio hace prudente su
boca,
Y añade gracia a sus labios.
24 Panal de miel son los dichos suaves;
Suavidad al alma y medicina para los
huesos.
25 Hay camino que parece derecho al hombre,
Pero su fin es camino de muerte.[a]
26 El alma del que trabaja, trabaja para sí,
Porque su boca le estimula.
27 El hombre perverso cava en busca del mal,
Y en sus labios hay como llama de fuego.
28 El hombre perverso levanta contienda,
Y el chismoso aparta a los mejores amigos.
29 El hombre malo lisonjea a su prójimo,
Y le hace andar por camino no bueno.
30 Cierra sus ojos para pensar
perversidades;
Mueve sus labios, efectúa el mal.
31 Corona de honra es la vejez
Que se halla en el camino de justicia.
32 Mejor es el que tarda en airarse que el
fuerte;
Y el que se enseñorea de su espíritu, que
el que toma una ciudad.
33 La suerte se echa en el regazo;
Mas de Jehová es la decisión de ella.

17 1 Mejor es un bocado seco, y en paz,
Que casa de contiendas llena de
provisiones.
2 El siervo prudente se enseñoreará del
hijo que deshonra,
Y con los hermanos compartirá la
herencia.
3 El crisol para la plata, y la hornaza para
el oro;
Pero Jehová prueba los corazones.
4 El malo está atento al labio inicuo;
Y el mentiroso escucha la lengua
detractora.
5 El que escarnece al pobre afrenta a su
Hacedor;
Y el que se alegra de la calamidad no
quedará sin castigo.
6 Corona de los viejos son los nietos,
Y la honra de los hijos, sus padres.
7 No conviene al necio la altilocuencia;
¡Cuánto menos al príncipe el labio
mentiroso!
8 Piedra preciosa es el soborno para el que
lo practica;
Adondequiera que se vuelve, halla
prosperidad.
9 El que cubre la falta busca amistad;
Mas el que la divulga, aparta al amigo.
10 La reprensión aprovecha al entendido,
Más que cien azotes al necio.

16.25: [a] Pr. 14.12.

11 El rebelde no busca sino el mal,
Y mensajero cruel será enviado contra él.
12 Mejor es encontrarse con una osa a la cual han robado sus cachorros,
Que con un fatuo en su necedad.
13 El que da mal por bien,
No se apartará el mal de su casa.
14 El que comienza la discordia es como quien suelta las aguas;
Deja, pues, la contienda, antes que se enrede.
15 El que justifica al impío, y el que condena al justo,
Ambos son igualmente abominación a Jehová.
16 ¿De qué sirve el precio en la mano del necio para comprar sabiduría,
No teniendo entendimiento?
17 En todo tiempo ama el amigo,
Y es como un hermano en tiempo de angustia.
18 El hombre falto de entendimiento presta fianzas,
Y sale por fiador en presencia de su amigo.
19 El que ama la disputa, ama la transgresión;
Y el que abre demasiado la puerta busca su ruina.
20 El perverso de corazón nunca hallará el bien,
Y el que revuelve con su lengua caerá en el mal.
21 El que engendra al insensato, para su tristeza lo engendra;
Y el padre del necio no se alegrará.
22 El corazón alegre constituye buen remedio;
Mas el espíritu triste seca los huesos.
23 El impío toma soborno del seno
Para pervertir las sendas de la justicia.
24 En el rostro del entendido aparece la sabiduría;
Mas los ojos del necio vagan hasta el extremo de la tierra.
25 El hijo necio es pesadumbre de su padre,
Y amargura a la que lo dio a luz.
26 Ciertamente no es bueno condenar al justo,
Ni herir a los nobles que hacen lo recto.
27 El que ahorra sus palabras tiene sabiduría;
De espíritu prudente es el hombre entendido.
28 Aun el necio, cuando calla, es contado por sabio;
El que cierra sus labios es entendido.

18 1 Su deseo busca el que se desvía,
Y se entremete en todo negocio.
2 No toma placer el necio en la inteligencia,
Sino en que su corazón se descubra.
3 Cuando viene el impío, viene también el menosprecio,
Y con el deshonrador la afrenta.
4 Aguas profundas son las palabras de la boca del hombre;
Y arroyo que rebosa, la fuente de la sabiduría.
5 Tener respeto a la persona del impío,
Para pervertir el derecho del justo, no es bueno.
6 Los labios del necio traen contienda;
Y su boca los azotes llama.
7 La boca del necio es quebrantamiento para sí,
Y sus labios son lazos para su alma.
8 Las palabras del chismoso son como bocados suaves,
Y penetran hasta las entrañas.
9 También el que es negligente en su trabajo
Es hermano del hombre disipador.
10 Torre fuerte es el nombre de Jehová;
A él correrá el justo, y será levantado.
11 Las riquezas del rico son su ciudad fortificada,
Y como un muro alto en su imaginación.
12 Antes del quebrantamiento se eleva el corazón del hombre,
Y antes de la honra es el abatimiento.
13 Al que responde palabra antes de oír,
Le es fatuidad y oprobio.
14 El ánimo del hombre soportará su enfermedad;
Mas ¿quién soportará al ánimo angustiado?
15 El corazón del entendido adquiere sabiduría;
Y el oído de los sabios busca la ciencia.
16 La dádiva del hombre le ensancha el camino
Y le lleva delante de los grandes.
17 Justo parece el primero que aboga por su causa;
Pero viene su adversario, y le descubre.
18 La suerte pone fin a los pleitos,
Y decide entre los poderosos.
19 El hermano ofendido es más tenaz que una ciudad fuerte,
Y las contiendas de los hermanos son como cerrojos de alcázar.
20 Del fruto de la boca del hombre se llenará su vientre;
Se saciará del producto de sus labios.
21 La muerte y la vida están en poder de la lengua,
Y el que la ama comerá de sus frutos.

22 El que halla esposa halla el bien,
Y alcanza la benevolencia de Jehová.
23 El pobre habla con ruegos,
Mas el rico responde durezas.
24 El hombre que tiene amigos ha de mostrarse amigo;
Y amigo hay más unido que un hermano.

19 1 Mejor es el pobre que camina en integridad,
Que el de perversos labios y fatuo.
2 El alma sin ciencia no es buena,
Y aquel que se apresura con los pies, peca.
3 La insensatez del hombre tuerce su camino,
Y luego contra Jehová se irrita su corazón.
4 Las riquezas traen muchos amigos;
Mas el pobre es apartado de su amigo.
5 El testigo falso no quedará sin castigo,
Y el que habla mentiras no escapará.
6 Muchos buscan el favor del generoso,
Y cada uno es amigo del hombre que da.
7 Todos los hermanos del pobre le aborrecen;
¡Cuánto más sus amigos se alejarán de él!
Buscará la palabra, y no la hallará.
8 El que posee entendimiento ama su alma;
El que guarda la inteligencia hallará el bien.
9 El testigo falso no quedará sin castigo,
Y el que habla mentiras perecerá.
10 No conviene al necio el deleite;
¡Cuánto menos al siervo ser señor de los príncipes!
11 La cordura del hombre detiene su furor,
Y su honra es pasar por alto la ofensa.
12 Como rugido de cachorro de león es la ira del rey,
Y su favor como el rocío sobre la hierba.
13 Dolor es para su padre el hijo necio,
Y gotera continua las contiendas de la mujer.
14 La casa y las riquezas son herencia de los padres;
Mas de Jehová la mujer prudente.
15 La pereza hace caer en profundo sueño,
Y el alma negligente padecerá hambre.
16 El que guarda el mandamiento guarda su alma;
Mas el que menosprecia sus caminos morirá.
17 A Jehová presta el que da al pobre,
Y el bien que ha hecho, se lo volverá a pagar.
18 Castiga a tu hijo en tanto que hay esperanza;
Mas no se apresure tu alma para destruirlo.
19 El de grande ira llevará la pena;
Y si usa de violencias, añadirá nuevos males.
20 Escucha el consejo, y recibe la corrección,
Para que seas sabio en tu vejez.
21 Muchos pensamientos hay en el corazón del hombre;
Mas el consejo de Jehová permanecerá.
22 Contentamiento es a los hombres hacer misericordia;
Pero mejor es el pobre que el mentiroso.
23 El temor de Jehová es para vida,
Y con él vivirá lleno de reposo el hombre;
No será visitado de mal.
24 El perezoso mete su mano en el plato,
Y ni aun a su boca la llevará.
25 Hiere al escarnecedor, y el simple se hará avisado;
Y corrigiendo al entendido, entenderá ciencia.
26 El que roba a su padre y ahuyenta a su madre,
Es hijo que causa vergüenza y acarrea oprobio.
27 Cesa, hijo mío, de oír las enseñanzas
Que te hacen divagar de las razones de sabiduría.
28 El testigo perverso se burlará del juicio,
Y la boca de los impíos encubrirá la iniquidad.
29 Preparados están juicios para los escarnecedores,
Y azotes para las espaldas de los necios.

20 1 El vino es escarnecedor, la sidra alborotadora,
Y cualquiera que por ellos yerra no es sabio.
2 Como rugido de cachorro de león es el terror del rey;
El que lo enfurece peca contra sí mismo.
3 Honra es del hombre dejar la contienda;
Mas todo insensato se envolverá en ella.
4 El perezoso no ara a causa del invierno;
Pedirá, pues, en la siega, y no hallará.
5 Como aguas profundas es el consejo en el corazón del hombre;
Mas el hombre entendido lo alcanzará.
6 Muchos hombres proclaman cada uno su propia bondad,
Pero hombre de verdad, ¿quién lo hallará?
7 Camina en su integridad el justo;
Sus hijos son dichosos después de él.
8 El rey que se sienta en el trono de juicio,
Con su mirar disipa todo mal.
9 ¿Quién podrá decir: Yo he limpiado mi corazón,
Limpio estoy de mi pecado?
10 Pesa falsa y medida falsa,
Ambas cosas son abominación a Jehová.
11 Aun el muchacho es conocido por sus hechos,
Si su conducta fuere limpia y recta.

12 El oído que oye, y el ojo que ve,
Ambas cosas igualmente ha hecho Jehová.
13 No ames el sueño, para que no te
empobrezcas;
Abre tus ojos, y te saciarás de pan.
14 El que compra dice: Malo es, malo es;
Mas cuando se aparta, se alaba.
15 Hay oro y multitud de piedras preciosas;
Mas los labios prudentes son joya preciosa.
16 Quítale su ropa al que salió por fiador del
extraño,
Y toma prenda del que sale fiador por los
extraños.
17 Sabroso es al hombre el pan de mentira;
Pero después su boca será llena de
cascajo.
18 Los pensamientos con el consejo se
ordenan;
Y con dirección sabia se hace la guerra.
19 El que anda en chismes descubre el
secreto;
No te entremetas, pues, con el suelto de
lengua.
20 Al que maldice a su padre o a su madre,
Se le apagará su lámpara en oscuridad
tenebrosa.
21 Los bienes que se adquieren de prisa al
principio,
No serán al final bendecidos.
22 No digas: Yo me vengaré;
Espera a Jehová, y él te salvará.
23 Abominación son a Jehová las pesas falsas,
Y la balanza falsa no es buena.
24 De Jehová son los pasos del hombre;
¿Cómo, pues, entenderá el hombre su
camino?
25 Lazo es al hombre hacer
apresuradamente voto de
consagración,
Y después de hacerlo, reflexionar.
26 El rey sabio avienta a los impíos,
Y sobre ellos hace rodar la rueda.
27 Lámpara de Jehová es el espíritu del
hombre,
La cual escudriña lo más profundo del
corazón.
28 Misericordia y verdad guardan al rey,
Y con clemencia se sustenta su trono.
29 La gloria de los jóvenes es su fuerza,
Y la hermosura de los ancianos es su
vejez.
30 Los azotes que hieren son medicina para
el malo,
Y el castigo purifica el corazón.

21

1 Como los repartimientos de las aguas,
Así está el corazón del rey
en la mano de Jehová;
A todo lo que quiere lo inclina.
2 Todo camino del hombre es recto
en su propia opinión;
Pero Jehová pesa los corazones.
3 Hacer justicia y juicio es a Jehová
Más agradable que sacrificio.
4 Altivez de ojos, y orgullo de corazón,
Y pensamiento de impíos, son pecado.
5 Los pensamientos del diligente
ciertamente tienden a la abundancia;
Mas todo el que se apresura
alocadamente, de cierto va a la
pobreza.
6 Amontonar tesoros con lengua mentirosa
Es aliento fugaz de aquellos que buscan
la muerte.
7 La rapiña de los impíos los destruirá,
Por cuanto no quisieron hacer juicio.
8 El camino del hombre perverso es torcido
y extraño;
Mas los hechos del limpio son rectos.
9 Mejor es vivir en un rincón del terrado
Que con mujer rencillosa en casa
espaciosa.
10 El alma del impío desea el mal;
Su prójimo no halla favor en sus ojos.
11 Cuando el escarnecedor es castigado, el
simple se hace sabio;
Y cuando se le amonesta al sabio,
aprende ciencia.
12 Considera el justo la casa del impío,
Cómo los impíos son trastornados por el
mal.
13 El que cierra su oído al clamor del pobre,
También él clamará, y no será oído.
14 La dádiva en secreto calma el furor,
Y el don en el seno, la fuerte ira.
15 Alegría es para el justo el hacer juicio;
Mas destrucción a los que hacen
iniquidad.
16 El hombre que se aparta del camino de la
sabiduría
Vendrá a parar en la compañía de los
muertos.
17 Hombre necesitado será el que ama el
deleite,
Y el que ama el vino y los ungüentos no
se enriquecerá.
18 Rescate del justo es el impío,
Y por los rectos, el prevaricador.
19 Mejor es morar en tierra desierta
Que con la mujer rencillosa e iracunda.
20 Tesoro precioso y aceite hay en la casa
del sabio;
Mas el hombre insensato todo lo disipa.
21 El que sigue la justicia y la misericordia
Hallará la vida, la justicia y la honra.
22 Tomó el sabio la ciudad de los fuertes,
Y derribó la fuerza en que ella confiaba.

23 El que guarda su boca y su lengua,
Su alma guarda de angustias.
24 Escarnecedor es el nombre del soberbio y presuntuoso
Que obra en la insolencia de su presunción.
25 El deseo del perezoso le mata,
Porque sus manos no quieren trabajar.
26 Hay quien todo el día codicia;
Pero el justo da, y no detiene su mano.
27 El sacrificio de los impíos es abominación;
¡Cuánto más ofreciéndolo con maldad!
28 El testigo mentiroso perecerá;
Mas el hombre que oye, permanecerá en su dicho.
29 El hombre impío endurece su rostro;
Mas el recto ordena sus caminos.
30 No hay sabiduría, ni inteligencia,
Ni consejo, contra Jehová.
31 El caballo se alista para el día de la batalla;
Mas Jehová es el que da la victoria.

22 1 De más estima es el buen nombre que las muchas riquezas,
Y la buena fama más que la plata y el oro.
2 El rico y el pobre se encuentran;
A ambos los hizo Jehová.
3 El avisado ve el mal y se esconde;
Mas los simples pasan y reciben el daño.
4 Riquezas, honra y vida
Son la remuneración de la humildad y del temor de Jehová.
5 Espinos y lazos hay en el camino del perverso;
El que guarda su alma se alejará de ellos.
6 Instruye al niño en su camino,
Y aun cuando fuere viejo no se apartará de él.
7 El rico se enseñorea de los pobres,
Y el que toma prestado es siervo del que presta.
8 El que sembrare iniquidad, iniquidad segará,
Y la vara de su insolencia se quebrará.
9 El ojo misericordioso será bendito,
Porque dio de su pan al indigente.
10 Echa fuera al escarnecedor, y saldrá la contienda,
Y cesará el pleito y la afrenta.
11 El que ama la limpieza de corazón,
Por la gracia de sus labios tendrá la amistad del rey.
12 Los ojos de Jehová velan por la ciencia;
Mas él trastorna las cosas de los prevaricadores.
13 Dice el perezoso: El león está fuera;
Seré muerto en la calle.
14 Fosa profunda es la boca de la mujer extraña;
Aquel contra el cual Jehová estuviere airado caerá en ella.
15 La necedad está ligada en el corazón del muchacho;
Mas la vara de la corrección la alejará de él.
16 El que oprime al pobre para aumentar sus ganancias,
O que da al rico, ciertamente se empobrecerá.

Preceptos y amonestaciones

17 Inclina tu oído y oye las palabras de los sabios,
Y aplica tu corazón a mi sabiduría;
18 Porque es cosa deliciosa, si las guardares dentro de ti;
Si juntamente se afirmaren sobre tus labios.
19 Para que tu confianza sea en Jehová,
Te las he hecho saber hoy a ti también.
20 ¿No te he escrito tres veces
En consejos y en ciencia,
21 Para hacerte saber la certidumbre de las palabras de verdad,
A fin de que vuelvas a llevar palabras de verdad a los que te enviaron?
22 No robes al pobre, porque es pobre,
Ni quebrantes en la puerta al afligido;
23 Porque Jehová juzgará la causa de ellos,
Y despojará el alma de aquellos que los despojaren.
24 No te entremetas con el iracundo,
Ni te acompañes con el hombre de enojos,
25 No sea que aprendas sus maneras,
Y tomes lazo para tu alma.
26 No seas de aquellos que se comprometen,
Ni de los que salen por fiadores de deudas.
27 Si no tuvieres para pagar,
¿Por qué han de quitar tu cama de debajo de ti?
28 No traspases los linderos antiguos
Que pusieron tus padres.
29 ¿Has visto hombre solícito en su trabajo?
Delante de los reyes estará;
No estará delante de los de baja condición.

23 1 Cuando te sientes a comer con algún señor,
Considera bien lo que está delante de ti,
2 Y pon cuchillo a tu garganta,
Si tienes gran apetito.
3 No codicies sus manjares delicados,
Porque es pan engañoso.
4 No te afanes por hacerte rico;
Sé prudente, y desiste.
5 ¿Has de poner tus ojos en las riquezas, siendo ningunas?

Porque se harán alas
Como alas de águila, y volarán al cielo.
6 No comas pan con el avaro,
Ni codicies sus manjares;
7 Porque cual es su pensamiento en su corazón, tal es él.
Come y bebe, te dirá;
Mas su corazón no está contigo.
8 Vomitarás la parte que comiste,
Y perderás tus suaves palabras.
9 No hables a oídos del necio,
Porque menospreciará la prudencia de tus razones.
10 No traspases el lindero antiguo,
Ni entres en la heredad de los huérfanos;
11 Porque el defensor de ellos es el Fuerte,
El cual juzgará la causa de ellos contra ti.
12 Aplica tu corazón a la enseñanza,
Y tus oídos a las palabras de sabiduría.
13 No rehúses corregir al muchacho;
Porque si lo castigas con vara, no morirá.
14 Lo castigarás con vara,
Y librarás su alma del Seol.
15 Hijo mío, si tu corazón fuere sabio,
También a mí se me alegrará el corazón;
16 Mis entrañas también se alegrarán
Cuando tus labios hablaren cosas rectas.
17 No tenga tu corazón envidia de los pecadores,
Antes persevera en el temor de Jehová todo el tiempo;
18 Porque ciertamente hay fin,
Y tu esperanza no será cortada.
19 Oye, hijo mío, y sé sabio,
Y endereza tu corazón al camino.
20 No estés con los bebedores de vino,
Ni con los comedores de carne;
21 Porque el bebedor y el comilón empobrecerán,
Y el sueño hará vestir vestidos rotos.
22 Oye a tu padre, a aquel que te engendró;
Y cuando tu madre envejeciere, no la menosprecies.
23 Compra la verdad, y no la vendas;
La sabiduría, la enseñanza y la inteligencia.
24 Mucho se alegrará el padre del justo,
Y el que engendra sabio se gozará con él.
25 Alégrense tu padre y tu madre,
Y gócese la que te dio a luz.
26 Dame, hijo mío, tu corazón,
Y miren tus ojos por mis caminos.
27 Porque abismo profundo es la ramera,
Y pozo angosto la extraña.
28 También ella, como robador, acecha,
Y multiplica entre los hombres los prevaricadores.
29 ¿Para quién será el ay? ¿Para quién el dolor? ¿Para quién las rencillas?
¿Para quién las quejas? ¿Para quién las heridas en balde?
¿Para quién lo amoratado de los ojos?
30 Para los que se detienen mucho en el vino,
Para los que van buscando la mistura.
31 No mires al vino cuando rojea,
Cuando resplandece su color en la copa.
Se entra suavemente;
32 Mas al fin como serpiente morderá,
Y como áspid dará dolor.
33 Tus ojos mirarán cosas extrañas,
Y tu corazón hablará perversidades.
34 Serás como el que yace en medio del mar,
O como el que está en la punta de un mastelero.
35 Y dirás: Me hirieron, mas no me dolió;
Me azotaron, mas no lo sentí;
Cuando despertare, aún lo volveré a buscar.

24 1 No tengas envidia de los hombres malos,
Ni desees estar con ellos;
2 Porque su corazón piensa en robar,
E iniquidad hablan sus labios.
3 Con sabiduría se edificará la casa,
Y con prudencia se afirmará;
4 Y con ciencia se llenarán las cámaras
De todo bien preciado y agradable.
5 El hombre sabio es fuerte,
Y de pujante vigor el hombre docto.
6 Porque con ingenio harás la guerra,
Y en la multitud de consejeros está la victoria.
7 Alta está para el insensato la sabiduría;
En la puerta no abrirá él su boca.
8 Al que piensa hacer el mal,
Le llamarán hombre de malos pensamientos.
9 El pensamiento del necio es pecado,
Y abominación a los hombres el escarnecedor.
10 Si fueres flojo en el día de trabajo,
Tu fuerza será reducida.
11 Libra a los que son llevados a la muerte;
Salva a los que están en peligro de muerte.
12 Porque si dijeres: Ciertamente no lo supimos,
¿Acaso no lo entenderá el que pesa los corazones?
El que mira por tu alma, él lo conocerá,
Y dará al hombre según sus obras.
13 Come, hijo mío, de la miel, porque es buena,
Y el panal es dulce a tu paladar.
14 Así será a tu alma el conocimiento de la sabiduría;
Si la hallares tendrás recompensa,
Y al fin tu esperanza no será cortada.

15 Oh impío, no aceches la tienda del justo,
No saquees su cámara;
16 Porque siete veces cae el justo, y vuelve a levantarse;
Mas los impíos caerán en el mal.
17 Cuando cayere tu enemigo, no te regocijes,
Y cuando tropezare, no se alegre tu corazón;
18 No sea que Jehová lo mire, y le desagrade,
Y aparte de sobre él su enojo.
19 No te entremetas con los malignos,
Ni tengas envidia de los impíos;
20 Porque para el malo no habrá buen fin,
Y la lámpara de los impíos será apagada.
21 Teme a Jehová, hijo mío, y al rey;
No te entremetas con los veleidosos;
22 Porque su quebrantamiento vendrá de repente;
Y el quebrantamiento de ambos, ¿quién lo comprende?
23 También estos son dichos de los sabios:
Hacer acepción de personas en el juicio no es bueno.
24 El que dijere al malo: Justo eres,
Los pueblos lo maldecirán, y le detestarán las naciones;
25 Mas los que lo reprendieren tendrán felicidad,
Y sobre ellos vendrá gran bendición.
26 Besados serán los labios
Del que responde palabras rectas.
27 Prepara tus labores fuera,
Y disponlas en tus campos,
Y después edificarás tu casa.
28 No seas sin causa testigo contra tu prójimo,
Y no lisonjees con tus labios.
29 No digas: Como me hizo, así le haré;
Daré el pago al hombre según su obra.
30 Pasé junto al campo del hombre perezoso,
Y junto a la viña del hombre falto de entendimiento;
31 Y he aquí que por toda ella habían crecido los espinos,
Ortigas habían ya cubierto su faz,
Y su cerca de piedra estaba ya destruida.
32 Miré, y lo puse en mi corazón;
Lo vi, y tomé consejo.
33 Un poco de sueño, cabeceando otro poco,
Poniendo mano sobre mano otro poco para dormir;
34 Así vendrá como caminante tu necesidad,
Y tu pobreza como hombre armado.[a]

Comparaciones y lecciones morales

25 1 También estos son proverbios de Salomón, los cuales copiaron los varones de Ezequías, rey de Judá:
2 Gloria de Dios es encubrir un asunto;
Pero honra del rey es escudriñarlo.
3 Para la altura de los cielos, y para la profundidad de la tierra,
Y para el corazón de los reyes, no hay investigación.
4 Quita las escorias de la plata,
Y saldrá alhaja al fundidor.
5 Aparta al impío de la presencia del rey,
Y su trono se afirmará en justicia.
6 No te alabes delante del rey,
Ni estés en el lugar de los grandes;
7 Porque mejor es que se te diga: Sube acá,
Y no que seas humillado delante del príncipe
A quien han mirado tus ojos.[a]
8 No entres apresuradamente en pleito,
No sea que no sepas qué hacer al fin,
Después que tu prójimo te haya avergonzado.
9 Trata tu causa con tu compañero,
Y no descubras el secreto a otro,
10 No sea que te deshonre el que lo oyere,
Y tu infamia no pueda repararse.
11 Manzana de oro con figuras de plata
Es la palabra dicha como conviene.
12 Como zarcillo de oro y joyel de oro fino
Es el que reprende al sabio que tiene oído dócil.
13 Como frío de nieve en tiempo de la siega,
Así es el mensajero fiel a los que lo envían,
Pues al alma de su señor da refrigerio.
14 Como nubes y vientos sin lluvia,
Así es el hombre que se jacta de falsa liberalidad.
15 Con larga paciencia se aplaca el príncipe,
Y la lengua blanda quebranta los huesos.
16 ¿Hallaste miel? Come lo que te basta,
No sea que hastiado de ella la vomites.
17 Detén tu pie de la casa de tu vecino,
No sea que hastiado de ti te aborrezca.
18 Martillo y cuchillo y saeta aguda
Es el hombre que habla contra su prójimo falso testimonio.
19 Como diente roto y pie descoyuntado
Es la confianza en el prevaricador en tiempo de angustia.
20 El que canta canciones al corazón afligido
Es como el que quita la ropa en tiempo de frío, o el que sobre el jabón echa vinagre.
21 Si el que te aborrece tuviere hambre, dale de comer pan,
Y si tuviere sed, dale de beber agua;
22 Porque ascuas amontonarás sobre su cabeza,[b]
Y Jehová te lo pagará.

24.33-34: [a] Pr. 6.10-11. **25.6-7:** [a] Lc. 14.8-10.
25.21-22: [b] Ro. 12.20.

23 El viento del norte ahuyenta la lluvia,
Y el rostro airado la lengua detractora.
24 Mejor es estar en un rincón del terrado,
Que con mujer rencillosa en casa espaciosa.
25 Como el agua fría al alma sedienta,
Así son las buenas nuevas de lejanas tierras.
26 Como fuente turbia y manantial corrompido,
Es el justo que cae delante del impío.
27 Comer mucha miel no es bueno,
Ni el buscar la propia gloria es gloria.
28 Como ciudad derribada y sin muro
Es el hombre cuyo espíritu no tiene rienda.

26 1 Como no conviene la nieve en el verano, ni la lluvia en la siega,
Así no conviene al necio la honra.
2 Como el gorrión en su vagar, y como la golondrina en su vuelo,
Así la maldición nunca vendrá sin causa.
3 El látigo para el caballo, el cabestro para el asno,
Y la vara para la espalda del necio.
4 Nunca respondas al necio de acuerdo con su necedad,
Para que no seas tú también como él.
5 Responde al necio como merece su necedad,
Para que no se estime sabio en su propia opinión.
6 Como el que se corta los pies y bebe su daño,
Así es el que envía recado por mano de un necio.
7 Las piernas del cojo penden inútiles;
Así es el proverbio en la boca del necio.
8 Como quien liga la piedra en la honda,
Así hace el que da honra al necio.
9 Espinas hincadas en mano del embriagado,
Tal es el proverbio en la boca de los necios.
10 Como arquero que a todos hiere,
Es el que toma a sueldo insensatos y vagabundos.
11 Como perro que vuelve a su vómito,[a]
Así es el necio que repite su necedad.
12 ¿Has visto hombre sabio en su propia opinión?
Más esperanza hay del necio que de él.
13 Dice el perezoso: El león está en el camino;
El león está en las calles.
14 Como la puerta gira sobre sus quicios,
Así el perezoso se vuelve en su cama.
15 Mete el perezoso su mano en el plato;
Se cansa de llevarla a su boca.
16 En su propia opinión el perezoso es más sabio
Que siete que sepan aconsejar.
17 El que pasando se deja llevar de la ira en pleito ajeno
Es como el que toma al perro por las orejas.
18 Como el que enloquece, y echa llamas
Y saetas y muerte,
19 Tal es el hombre que engaña a su amigo,
Y dice: Ciertamente lo hice por broma.
20 Sin leña se apaga el fuego,
Y donde no hay chismoso, cesa la contienda.
21 El carbón para brasas, y la leña para el fuego;
Y el hombre rencilloso para encender contienda.
22 Las palabras del chismoso son como bocados suaves,
Y penetran hasta las entrañas.
23 Como escoria de plata echada sobre el tiesto
Son los labios lisonjeros y el corazón malo.
24 El que odia disimula con sus labios;
Mas en su interior maquina engaño.
25 Cuando hablare amigablemente, no le creas;
Porque siete abominaciones hay en su corazón.
26 Aunque su odio se cubra con disimulo,
Su maldad será descubierta en la congregación.
27 El que cava foso caerá en él;
Y al que revuelve la piedra, sobre él le volverá.
28 La lengua falsa atormenta al que ha lastimado,
Y la boca lisonjera hace resbalar.

27 1 No te jactes del día de mañana;
Porque no sabes qué dará de sí el día.[a]
2 Alábete el extraño, y no tu propia boca;
El ajeno, y no los labios tuyos.
3 Pesada es la piedra, y la arena pesa;
Mas la ira del necio es más pesada que ambas.
4 Cruel es la ira, e impetuoso el furor;
Mas ¿quién podrá sostenerse delante de la envidia?
5 Mejor es reprensión manifiesta
Que amor oculto.
6 Fieles son las heridas del que ama;
Pero importunos los besos del que aborrece.
7 El hombre saciado desprecia el panal de miel;
Pero al hambriento todo lo amargo es dulce.
8 Cual ave que se va de su nido,
Tal es el hombre que se va de su lugar.

26.11: [a] 2 P. 2.22. **27.1:** [a] Stg. 4.13-16.

9 El ungüento y el perfume alegran el
corazón,
Y el cordial consejo del amigo, al hombre.
10 No dejes a tu amigo, ni al amigo de tu
padre;
Ni vayas a la casa de tu hermano en el
día de tu aflicción.
Mejor es el vecino cerca que el hermano
lejos.
11 Sé sabio, hijo mío, y alegra mi corazón,
Y tendré qué responder al que me agravie.
12 El avisado ve el mal y se esconde;
Mas los simples pasan y llevan el daño.
13 Quítale su ropa al que salió fiador por el
extraño;
Y al que fía a la extraña, tómale prenda.
14 El que bendice a su amigo en alta voz,
madrugando de mañana,
Por maldición se le contará.
15 Gotera continua en tiempo de lluvia
Y la mujer rencillosa, son semejantes;
16 Pretender contenerla es como refrenar el
viento,
O sujetar el aceite en la mano derecha.
17 Hierro con hierro se aguza;
Y así el hombre aguza el rostro de su
amigo.
18 Quien cuida la higuera comerá su fruto,
Y el que mira por los intereses de su
señor, tendrá honra.
19 Como en el agua el rostro corresponde al
rostro,
Así el corazón del hombre al del hombre.
20 El Seol y el Abadón nunca se sacian;
Así los ojos del hombre nunca están
satisfechos.
21 El crisol prueba la plata, y la hornaza el
oro,
Y al hombre la boca del que lo alaba.
22 Aunque majes al necio en un mortero
entre granos de trigo majados con el
pisón,
No se apartará de él su necedad.
23 Sé diligente en conocer el estado de tus
ovejas,
Y mira con cuidado por tus rebaños;
24 Porque las riquezas no duran para
siempre;
¿Y será la corona para perpetuas
generaciones?
25 Saldrá la grama, aparecerá la hierba,
Y se segarán las hierbas de los montes.
26 Los corderos son para tus vestidos,
Y los cabritos para el precio del campo;
27 Y abundancia de leche de las cabras para
tu mantenimiento, para
mantenimiento de tu casa,
Y para sustento de tus criadas.

Proverbios antitéticos

28 1 Huye el impío sin que nadie lo persiga;
Mas el justo está confiado como
un león.
2 Por la rebelión de la tierra sus príncipes
son muchos;
Mas por el hombre entendido y sabio
permanece estable.
3 El hombre pobre y robador de los pobres
Es como lluvia torrencial que deja sin pan.
4 Los que dejan la ley alaban a los impíos;
Mas los que la guardan contenderán con
ellos.
5 Los hombres malos no entienden el juicio;
Mas los que buscan a Jehová entienden
todas las cosas.
6 Mejor es el pobre que camina en su
integridad,
Que el de perversos caminos y rico.
7 El que guarda la ley es hijo prudente;
Mas el que es compañero de glotones
avergüenza a su padre.
8 El que aumenta sus riquezas con usura y
crecido interés,
Para aquel que se compadece de los
pobres las aumenta.
9 El que aparta su oído para no oír la ley,
Su oración también es abominable.
10 El que hace errar a los rectos por el mal
camino,
El caerá en su misma fosa;
Mas los perfectos heredarán el bien.
11 El hombre rico es sabio en su propia
opinión;
Mas el pobre entendido lo escudriña.
12 Cuando los justos se alegran, grande es
la gloria;
Mas cuando se levantan los impíos,
tienen que esconderse los hombres.
13 El que encubre sus pecados no prosperará;
Mas el que los confiesa y se aparta
alcanzará misericordia.
14 Bienaventurado el hombre que siempre
teme a Dios;
Mas el que endurece su corazón caerá en
el mal.
15 León rugiente y oso hambriento
Es el príncipe impío sobre el pueblo pobre.
16 El príncipe falto de entendimiento
multiplicará la extorsión;
Mas el que aborrece la avaricia
prolongará sus días.
17 El hombre cargado de la sangre de alguno
Huirá hasta el sepulcro, y nadie le
detendrá.
18 El que en integridad camina será salvo;
Mas el de perversos caminos caerá en
alguno.

19 El que labra su tierra se saciará de pan;
Mas el que sigue a los ociosos se llenará de pobreza.
20 El hombre de verdad tendrá muchas bendiciones;
Mas el que se apresura a enriquecerse no será sin culpa.
21 Hacer acepción de personas no es bueno;
Hasta por un bocado de pan prevaricará el hombre.
22 Se apresura a ser rico el avaro,
Y no sabe que le ha de venir pobreza.
23 El que reprende al hombre, hallará después mayor gracia
Que el que lisonjea con la lengua.
24 El que roba a su padre o a su madre, y dice que no es maldad,
Compañero es del hombre destruidor.
25 El altivo de ánimo suscita contiendas;
Mas el que confía en Jehová prosperará.
26 El que confía en su propio corazón es necio;
Mas el que camina en sabiduría será librado.
27 El que da al pobre no tendrá pobreza;
Mas el que aparta sus ojos tendrá muchas maldiciones.
28 Cuando los impíos son levantados se esconde el hombre;
Mas cuando perecen, los justos se multiplican.

29 1 El hombre que reprendido endurece la cerviz,
De repente será quebrantado, y no habrá para él medicina.
2 Cuando los justos dominan, el pueblo se alegra;
Mas cuando domina el impío, el pueblo gime.
3 El hombre que ama la sabiduría alegra a su padre;
Mas el que frecuenta rameras perderá los bienes.
4 El rey con el juicio afirma la tierra;
Mas el que exige presentes la destruye.
5 El hombre que lisonjea a su prójimo,
Red tiende delante de sus pasos.
6 En la transgresión del hombre malo hay lazo;
Mas el justo cantará y se alegrará.
7 Conoce el justo la causa de los pobres;
Mas el impío no entiende sabiduría.
8 Los hombres escarnecedores ponen la ciudad en llamas;
Mas los sabios apartan la ira.
9 Si el hombre sabio contendiere con el necio,
Que se enoje o que se ría, no tendrá reposo.
10 Los hombres sanguinarios aborrecen al perfecto,
Mas los rectos buscan su contentamiento.
11 El necio da rienda suelta a toda su ira,
Mas el sabio al fin la sosiega.
12 Si un gobernante atiende la palabra mentirosa,
Todos sus servidores serán impíos.
13 El pobre y el usurero se encuentran;
Jehová alumbra los ojos de ambos.
14 Del rey que juzga con verdad a los pobres,
El trono será firme para siempre.
15 La vara y la corrección dan sabiduría;
Mas el muchacho consentido avergonzará a su madre.
16 Cuando los impíos son muchos, mucha es la transgresión;
Mas los justos verán la ruina de ellos.
17 Corrige a tu hijo, y te dará descanso,
Y dará alegría a tu alma.
18 Sin profecía el pueblo se desenfrena;
Mas el que guarda la ley es bienaventurado.
19 El siervo no se corrige con palabras;
Porque entiende, mas no hace caso.
20 ¿Has visto hombre ligero en sus palabras?
Más esperanza hay del necio que de él.
21 El siervo mimado desde la niñez por su amo,
A la postre será su heredero.
22 El hombre iracundo levanta contiendas,
Y el furioso muchas veces peca.
23 La soberbia del hombre le abate;
Pero al humilde de espíritu sustenta la honra.
24 El cómplice del ladrón aborrece su propia alma;
Pues oye la imprecación y no dice nada.
25 El temor del hombre pondrá lazo;
Mas el que confía en Jehová será exaltado.
26 Muchos buscan el favor del príncipe;
Mas de Jehová viene el juicio de cada uno.
27 Abominación es a los justos el hombre inicuo;
Y abominación es al impío el de caminos rectos.

Las palabras de Agur

30 1 Palabras de Agur, hijo de Jaqué; la pro-
fecía que dijo el varón a Itiel, a Itiel y a
Ucal.
2 Ciertamente más rudo soy yo que ninguno,
Ni tengo entendimiento de hombre.
3 Yo ni aprendí sabiduría,
Ni conozco la ciencia del Santo.

4 ¿Quién subió al cielo, y descendió?
¿Quién encerró los vientos en sus puños?
¿Quién ató las aguas en un paño?
¿Quién afirmó todos los términos de la tierra?
¿Cuál es su nombre, y el nombre de su hijo, si sabes?
5 Toda palabra de Dios es limpia;
El es escudo a los que en él esperan.
6 No añadas a sus palabras, para que no te reprenda,
Y seas hallado mentiroso.
7 Dos cosas te he demandado;
No me las niegues antes que muera:
8 Vanidad y palabra mentirosa aparta de mí;
No me des pobreza ni riquezas;
Manténme del pan necesario;
9 No sea que me sacie, y te niegue, y diga: ¿Quién es Jehová?
O que siendo pobre, hurte,
Y blasfeme el nombre de mi Dios.
10 No acuses al siervo ante su señor,
No sea que te maldiga, y lleves el castigo.
11 Hay generación que maldice a su padre
Y a su madre no bendice.
12 Hay generación limpia en su propia opinión,
Si bien no se ha limpiado de su inmundicia.
13 Hay generación cuyos ojos son altivos
Y cuyos párpados están levantados en alto.
14 Hay generación cuyos dientes son espadas, y sus muelas cuchillos,
Para devorar a los pobres de la tierra, y a los menesterosos de entre los hombres.
15 La sanguijuela tiene dos hijas que dicen: ¡Dame! ¡dame!
Tres cosas hay que nunca se sacian;
Aun la cuarta nunca dice: ¡Basta!
16 El Seol, la matriz estéril,
La tierra que no se sacia de aguas,
Y el fuego que jamás dice: ¡Basta!
17 El ojo que escarnece a su padre
Y menosprecia la enseñanza de la madre,
Los cuervos de la cañada lo saquen,
Y lo devoren los hijos del águila.
18 Tres cosas me son ocultas;
Aun tampoco sé la cuarta:
19 El rastro del águila en el aire;
El rastro de la culebra sobre la peña;
El rastro de la nave en medio del mar;
Y el rastro del hombre en la doncella.
20 El proceder de la mujer adúltera es así:
Come, y limpia su boca
Y dice: No he hecho maldad.
21 Por tres cosas se alborota la tierra,
Y la cuarta ella no puede sufrir:
22 Por el siervo cuando reina;
Por el necio cuando se sacia de pan;
23 Por la mujer odiada cuando se casa;
Y por la sierva cuando hereda a su señora.
24 Cuatro cosas son de las más pequeñas de la tierra,
Y las mismas son más sabias que los sabios:
25 Las hormigas, pueblo no fuerte,
Y en el verano preparan su comida;
26 Los conejos, pueblo nada esforzado,
Y ponen su casa en la piedra;
27 Las langostas, que no tienen rey,
Y salen todas por cuadrillas;
28 La araña que atrapas con la mano,
Y está en palacios de rey.
29 Tres cosas hay de hermoso andar,
Y la cuarta pasea muy bien:
30 El león, fuerte entre todos los animales,
Que no vuelve atrás por nada;
31 El ceñido de lomos; asimismo el macho cabrío;
Y el rey, a quien nadie resiste.
32 Si neciamente has procurado enaltecerte,
O si has pensado hacer mal,
Pon el dedo sobre tu boca.
33 Ciertamente el que bate la leche sacará mantequilla,
Y el que recio se suena las narices sacará sangre;
Y el que provoca la ira causará contienda.

Exhortación a un rey

31 1 Palabras del rey Lemuel; la profecía con que le enseñó su madre.
2 ¿Qué, hijo mío? ¿y qué, hijo de mi vientre?
¿Y qué, hijo de mis deseos?
3 No des a las mujeres tu fuerza,
Ni tus caminos a lo que destruye a los reyes.
4 No es de los reyes, oh Lemuel, no es de los reyes beber vino,
Ni de los príncipes la sidra;
5 No sea que bebiendo olviden la ley,
Y perviertan el derecho de todos los afligidos.
6 Dad la sidra al desfallecido,
Y el vino a los de amargado ánimo.
7 Beban, y olvídense de su necesidad,
Y de su miseria no se acuerden más.
8 Abre tu boca por el mudo
En el juicio de todos los desvalidos.
9 Abre tu boca, juzga con justicia,
Y defiende la causa del pobre y del menesteroso.

Elogio de la mujer virtuosa

10 Mujer virtuosa, ¿quién la hallará?
Porque su estima sobrepasa largamente a la de las piedras preciosas.

11 El corazón de su marido está en ella
confiado,
Y no carecerá de ganancias.
12 Le da ella bien y no mal
Todos los días de su vida.
13 Busca lana y lino,
Y con voluntad trabaja con sus manos.
14 Es como nave de mercader;
Trae su pan de lejos.
15 Se levanta aun de noche
Y da comida a su familia
Y ración a sus criadas.
16 Considera la heredad, y la compra,
Y planta viña del fruto de sus manos.
17 Ciñe de fuerza sus lomos,
Y esfuerza sus brazos.
18 Ve que van bien sus negocios;
Su lámpara no se apaga de noche.
19 Aplica su mano al huso,
Y sus manos a la rueca.
20 Alarga su mano al pobre,
Y extiende sus manos al menesteroso.
21 No tiene temor de la nieve por su familia,
Porque toda su familia está vestida de
ropas dobles.
22 Ella se hace tapices;
De lino fino y púrpura es su vestido.
23 Su marido es conocido en las puertas,
Cuando se sienta con los ancianos
de la tierra.
24 Hace telas, y vende,
Y da cintas al mercader.
25 Fuerza y honor son su vestidura;
Y se ríe de lo por venir.
26 Abre su boca con sabiduría,
Y la ley de clemencia está
en su lengua.
27 Considera los caminos de su casa,
Y no come el pan de balde.
28 Se levantan sus hijos y la llaman
bienaventurada;
Y su marido también la alaba:
29 Muchas mujeres hicieron el bien;
Mas tú sobrepasas a todas.
30 Engañosa es la gracia, y vana la
hermosura;
La mujer que teme a Jehová, ésa será
alabada.
31 Dadle del fruto de sus manos,
Y alábenla en las puertas sus hechos.

ECLESIASTÉS

O EL PREDICADOR

Todo es vanidad

1 1 Palabras del Predicador, hijo de David, rey
en Jerusalén.
2 Vanidad de vanidades, dijo el Predicador;
vanidad de vanidades, todo es vanidad.
3 ¿Qué provecho tiene el hombre de todo su tra-
bajo con que se afana debajo del sol?
4 Generación va, y generación viene; mas la tie-
rra siempre permanece.
5 Sale el sol, y se pone el sol, y se apresura a vol-
ver al lugar de donde se levanta.
6 El viento tira hacia el sur, y rodea al norte; va
girando de continuo, y a sus giros vuelve el vien-
to de nuevo.
7 Los ríos todos van al mar, y el mar no se llena;
al lugar de donde los ríos vinieron, allí vuelven
para correr de nuevo.
8 Todas las cosas son fatigosas más de lo que el
hombre puede expresar; nunca se sacia el ojo de
ver, ni el oído de oír.
9 ¿Qué es lo que fue? Lo mismo que será. ¿Qué
es lo que ha sido hecho? Lo mismo que se hará;
y nada hay nuevo debajo del sol.
10 ¿Hay algo de que se puede decir: He aquí
esto es nuevo? Ya fue en los siglos que nos han
precedido.
11 No hay memoria de lo que precedió, ni tam-
poco de lo que sucederá habrá memoria en los
que serán después.

La experiencia del Predicador

12 Yo el Predicador fui rey sobre Israel en Je-
rusalén.
13 Y di mi corazón a inquirir y a buscar con sabi-
duría sobre todo lo que se hace debajo del cielo;
este penoso trabajo dio Dios a los hijos de los
hombres, para que se ocupen en él.
14 Miré todas las obras que se hacen debajo del
sol; y he aquí, todo ello es vanidad y aflicción de
espíritu.
15 Lo torcido no se puede enderezar, y lo incom-
pleto no puede contarse.
16 Hablé yo en mi corazón, diciendo: He aquí
yo me he engrandecido, y he crecido en sabidu-
ría[a] sobre todos los que fueron antes de mí en
Jerusalén; y mi corazón ha percibido mucha
sabiduría y ciencia.
17 Y dediqué mi corazón a conocer la sabidu-
ría, y también a entender las locuras y los des-
varíos; conocí que aun esto era aflicción de
espíritu.
18 Porque en la mucha sabiduría hay mucha
molestia; y quien añade ciencia, añade dolor.

1.16: [a] 1 R. 4.29-31.

2 1 Dije yo en mi corazón: Ven ahora, te probaré con alegría, y gozarás de bienes. Mas he aquí esto también era vanidad.

2 A la risa dije: Enloqueces; y al placer: ¿De qué sirve esto?

3 Propuse en mi corazón agasajar mi carne con vino, y que anduviese mi corazón en sabiduría, con retención de la necedad, hasta ver cuál fuese el bien de los hijos de los hombres, en el cual se ocuparan debajo del cielo todos los días de su vida.

4 Engrandecí mis obras, edifiqué para mí casas, planté para mí viñas;

5 me hice huertos y jardines, y planté en ellos árboles de todo fruto.

6 Me hice estanques de aguas, para regar de ellos el bosque donde crecían los árboles.

7 Compré siervos y siervas, y tuve siervos nacidos en casa; también tuve posesión grande de vacas y de ovejas, más que todos los que fueron antes de mí en Jerusalén.

8 Me amontoné también plata y oro, y tesoros preciados de reyes y de provincias; me hice de cantores y cantoras, de los deleites de los hijos de los hombres, y de toda clase de instrumentos de música.[a]

9 Y fui engrandecido y aumentado más que todos los que fueron antes de mí en Jerusalén; a más de esto, conservé conmigo mi sabiduría.

10 No negué a mis ojos ninguna cosa que desearan, ni aparté mi corazón de placer alguno, porque mi corazón gozó de todo mi trabajo; y esta fue mi parte de toda mi faena.

11 Miré yo luego todas las obras que habían hecho mis manos, y el trabajo que tomé para hacerlas; y he aquí, todo era vanidad y aflicción de espíritu, y sin provecho debajo del sol.

12 Después volví yo a mirar para ver la sabiduría y los desvaríos y la necedad; porque ¿qué podrá hacer el hombre que venga después del rey? Nada, sino lo que ya ha sido hecho.

13 Y he visto que la sabiduría sobrepasa a la necedad, como la luz a las tinieblas.

14 El sabio tiene sus ojos en su cabeza, mas el necio anda en tinieblas; pero también entendí yo que un mismo suceso acontecerá al uno como al otro.

15 Entonces dije yo en mi corazón: Como sucederá al necio, me sucederá también a mí. ¿Para qué, pues, he trabajado hasta ahora por hacerme más sabio? Y dije en mi corazón, que también esto era vanidad.

16 Porque ni del sabio ni del necio habrá memoria para siempre; pues en los días venideros ya todo será olvidado, y también morirá el sabio como el necio.

17 Aborrecí, por tanto, la vida, porque la obra que se hace debajo del sol me era fastidiosa; por cuanto todo es vanidad y aflicción de espíritu.

18 Asimismo aborrecí todo mi trabajo que había hecho debajo del sol, el cual tendré que dejar a otro que vendrá después de mí.

19 Y ¿quién sabe si será sabio o necio el que se enseñoreará de todo mi trabajo en que yo me afané y en que ocupé debajo del sol mi sabiduría? Esto también es vanidad.

20 Volvió, por tanto, a desesperanzarse mi corazón acerca de todo el trabajo en que me afané, y en que había ocupado debajo del sol mi sabiduría.

21 ¡Que el hombre trabaje con sabiduría, y con ciencia y con rectitud, y que haya de dar su hacienda a hombre que nunca trabajó en ello! También es esto vanidad y mal grande.

22 Porque ¿qué tiene el hombre de todo su trabajo, y de la fatiga de su corazón, con que se afana debajo del sol?

23 Porque todos sus días no son sino dolores, y sus trabajos molestias; aun de noche su corazón no reposa. Esto también es vanidad.

24 No hay cosa mejor para el hombre sino que coma y beba, y que su alma se alegre en su trabajo. También he visto que esto es de la mano de Dios.

25 Porque ¿quién comerá, y quién se cuidará, mejor que yo?

26 Porque al hombre que le agrada, Dios le da sabiduría, ciencia y gozo; mas al pecador da el trabajo de recoger y amontonar, para darlo al que agrada a Dios. También esto es vanidad y aflicción de espíritu.

Todo tiene su tiempo

3 1 Todo tiene su tiempo, y todo lo que se quiere debajo del cielo tiene su hora.

2 Tiempo de nacer, y tiempo de morir; tiempo de plantar, y tiempo de arrancar lo plantado;

3 tiempo de matar, y tiempo de curar; tiempo de destruir, y tiempo de edificar;

4 tiempo de llorar, y tiempo de reír; tiempo de endechar, y tiempo de bailar;

5 tiempo de esparcir piedras, y tiempo de juntar piedras; tiempo de abrazar, y tiempo de abstenerse de abrazar;

6 tiempo de buscar, y tiempo de perder; tiempo de guardar, y tiempo de desechar;

7 tiempo de romper, y tiempo de coser; tiempo de callar, y tiempo de hablar;

8 tiempo de amar, y tiempo de aborrecer; tiempo de guerra, y tiempo de paz.

9 ¿Qué provecho tiene el que trabaja, de aquello en que se afana?

10 Yo he visto el trabajo que Dios ha dado a los hijos de los hombres para que se ocupen en él.

11 Todo lo hizo hermoso en su tiempo; y ha puesto eternidad en el corazón de ellos, sin que

2.4-8: [a] 1 R. 10.23-27; 2 Cr. 9.22-27.

alcance el hombre a entender la obra que ha he-
cho Dios desde el principio hasta el fin.
12 Yo he conocido que no hay para ellos cosa
mejor que alegrarse, y hacer bien en su vida;
13 y también que es don de Dios que todo hom-
bre coma y beba, y goce el bien de toda su labor.
14 He entendido que todo lo que Dios hace será
perpetuo; sobre aquello no se añadirá, ni de ello
se disminuirá; y lo hace Dios, para que delante
de él teman los hombres.
15 Aquello que fue, ya es; y lo que ha de ser, fue
ya; y Dios restaura lo que pasó.

Injusticias de la vida

16 Vi más debajo del sol: en lugar del juicio,
allí impiedad; y en lugar de la justicia, allí ini-
quidad.
17 Y dije yo en mi corazón: Al justo y al impío
juzgará Dios; porque allí hay un tiempo para
todo lo que se quiere y para todo lo que se hace.
18 Dije en mi corazón: Es así, por causa de los
hijos de los hombres, para que Dios los pruebe,
y para que vean que ellos mismos son semejan-
tes a las bestias.
19 Porque lo que sucede a los hijos de los hom-
bres, y lo que sucede a las bestias, un mismo suce-
so es: como mueren los unos, así mueren los
otros, y una misma respiración tienen todos; ni
tiene más el hombre que la bestia; porque todo es
vanidad.
20 Todo va a un mismo lugar; todo es hecho del
polvo, y todo volverá al mismo polvo.
21 ¿Quién sabe que el espíritu de los hijos de los
hombres sube arriba, y que el espíritu del ani-
mal desciende abajo a la tierra?
22 Así, pues, he visto que no hay cosa mejor
para el hombre que alegrarse en su trabajo, por-
que esta es su parte; porque ¿quién lo llevará
para que vea lo que ha de ser después de él?
4 1 Me volví y vi todas las violencias que se
hacen debajo del sol; y he aquí las lágrimas
de los oprimidos, sin tener quien los consuele; y
la fuerza estaba en la mano de sus opresores, y
para ellos no había consolador.
2 Y alabé yo a los finados, los que ya murieron,
más que a los vivientes, los que viven todavía.
3 Y tuve por más feliz que unos y otros al que no
ha sido aún, que no ha visto las malas obras que
debajo del sol se hacen.
4 He visto asimismo que todo trabajo y toda
excelencia de obras despierta la envidia del
hombre contra su prójimo. También esto es va-
nidad y aflicción de espíritu.
5 El necio cruza sus manos y come su misma
carne.
6 Más vale un puño lleno con descanso, que
ambos puños llenos con trabajo y aflicción de
espíritu.
7 Yo me volví otra vez, y vi vanidad debajo del
sol.
8 Está un hombre solo y sin sucesor, que no tiene
hijo ni hermano; pero nunca cesa de trabajar, ni
sus ojos se sacian de sus riquezas, ni se pregunta:
¿Para quién trabajo yo, y defraudo mi alma del
bien? También esto es vanidad, y duro trabajo.
9 Mejores son dos que uno; porque tienen
mejor paga de su trabajo.
10 Porque si cayeren, el uno levantará a su com-
pañero; pero ¡ay del solo! que cuando cayere,
no habrá segundo que lo levante.
11 También si dos durmieren juntos, se calenta-
rán mutuamente; mas ¿cómo se calentará uno
solo?
12 Y si alguno prevaleciere contra uno, dos le re-
sistirán; y cordón de tres dobleces no se rompe
pronto.
13 Mejor es el muchacho pobre y sabio, que el
rey viejo y necio que no admite consejos;
14 porque de la cárcel salió para reinar, aunque
en su reino nació pobre.
15 Vi a todos los que viven debajo del sol cami-
nando con el muchacho sucesor, que estará en
lugar de aquél.
16 No tenía fin la muchedumbre del pueblo que
le seguía; sin embargo, los que vengan después
tampoco estarán contentos de él. Y esto es tam-
bién vanidad y aflicción de espíritu.

La insensatez de hacer votos a la ligera

5 1 Cuando fueres a la casa de Dios, guarda tu
pie; y acércate más para oír que para ofre-
cer el sacrificio de los necios; porque no saben
que hacen mal.
2 No te des prisa con tu boca, ni tu corazón se
apresure a proferir palabra delante de Dios;
porque Dios está en el cielo, y tú sobre la tierra;
por tanto, sean pocas tus palabras.
3 Porque de la mucha ocupación viene el sue-
ño, y de la multitud de las palabras la voz del
necio.
4 Cuando a Dios haces promesa, no tardes en
cumplirla; porque él no se complace en los in-
sensatos. Cumple lo que prometes.
5 Mejor es que no prometas, y no que prometas
y no cumplas.
6 No dejes que tu boca te haga pecar, ni digas
delante del ángel, que fue ignorancia. ¿Por qué
harás que Dios se enoje a causa de tu voz, y que
destruya la obra de tus manos?
7 Donde abundan los sueños, también abun-
dan las vanidades y las muchas palabras; mas
tú, teme a Dios.

La vanidad de la vida

8 Si opresión de pobres y perversión de dere-
cho y de justicia vieres en la provincia, no te ma-

ravilles de ello; porque sobre el alto vigila otro
más alto, y uno más alto está sobre ellos.
9 Además, el provecho de la tierra es para todos;
el rey mismo está sujeto a los campos.
10 El que ama el dinero, no se saciará de dine-
ro; y el que ama el mucho tener, no sacará fruto.
También esto es vanidad.
11 Cuando aumentan los bienes, también au-
mentan los que los consumen. ¿Qué bien, pues,
tendrá su dueño, sino verlos con sus ojos?
12 Dulce es el sueño del trabajador, coma mu-
cho, coma poco; pero al rico no le deja dormir la
abundancia.
13 Hay un mal doloroso que he visto debajo
del sol: las riquezas guardadas por sus dueños
para su mal;
14 las cuales se pierden en malas ocupaciones, y
a los hijos que engendraron, nada les queda en
la mano.
15 Como salió del vientre de su madre, desnudo,
así vuelve, yéndose tal como vino; y nada tiene
de su trabajo para llevar en su mano.
16 Este también es un gran mal, que como vino,
así haya de volver. ¿Y de qué le aprovechó traba-
jar en vano?
17 Además de esto, todos los días de su vida co-
merá en tinieblas, con mucho afán y dolor y mi-
seria.
18 He aquí, pues, el bien que yo he visto: que
lo bueno es comer y beber, y gozar uno del bien
de todo su trabajo con que se fatiga debajo del
sol, todos los días de su vida que Dios le ha
dado; porque esta es su parte.
19 Asimismo, a todo hombre a quien Dios da ri-
quezas y bienes, y le da también facultad para
que coma de ellas, y tome su parte, y goce de su
trabajo, esto es don de Dios.
20 Porque no se acordará mucho de los días de
su vida; pues Dios le llenará de alegría el cora-
zón.
6 1 Hay un mal que he visto debajo del cielo, y
muy común entre los hombres:
2 El del hombre a quien Dios da riquezas y bie-
nes y honra, y nada le falta de todo lo que su
alma desea; pero Dios no le da facultad de dis-
frutar de ello, sino que lo disfrutan los extraños.
Esto es vanidad, y mal doloroso.
3 Aunque el hombre engendrare cien hijos, y vi-
viere muchos años, y los días de su edad fueren
numerosos; si su alma no se sació del bien, y
también careció de sepultura, yo digo que un
abortivo es mejor que él.
4 Porque éste en vano viene, y a las tinieblas va,
y con tinieblas su nombre es cubierto.
5 Además, no ha visto el sol, ni lo ha conocido;
más reposo tiene éste que aquél.
6 Porque si aquél viviere mil años dos veces, sin
gustar del bien, ¿no van todos al mismo lugar?
7 Todo el trabajo del hombre es para su boca,
y con todo eso su deseo no se sacia.
8 Porque ¿qué más tiene el sabio que el necio?
¿Qué más tiene el pobre que supo caminar entre
los vivos?
9 Más vale vista de ojos que deseo que pasa. Y
también esto es vanidad y aflicción de espíritu.
10 Respecto de lo que es, ya ha mucho que tie-
ne nombre, y se sabe que es hombre y que no
puede contender con Aquel que es más podero-
so que él.
11 Ciertamente las muchas palabras multiplican
la vanidad. ¿Qué más tiene el hombre?
12 Porque ¿quién sabe cuál es el bien del hom-
bre en la vida, todos los días de la vida de su va-
nidad, los cuales él pasa como sombra? Porque
¿quién enseñará al hombre qué será después de
él debajo del sol?

Contraste entre la sabiduría y la insensatez

7 1 Mejor es la buena fama que el buen un-
güento; y mejor el día de la muerte que el
día del nacimiento.
2 Mejor es ir a la casa del luto que a la casa del
banquete; porque aquello es el fin de todos los
hombres, y el que vive lo pondrá en su corazón.
3 Mejor es el pesar que la risa; porque con la
tristeza del rostro se enmendará el corazón.
4 El corazón de los sabios está en la casa del
luto; mas el corazón de los insensatos, en la casa
en que hay alegría.
5 Mejor es oír la reprensión del sabio que la can-
ción de los necios.
6 Porque la risa del necio es como el estrépito de
los espinos debajo de la olla. Y también esto es
vanidad.
7 Ciertamente la opresión hace entontecer al sa-
bio, y las dádivas corrompen el corazón.
8 Mejor es el fin del negocio que su principio;
mejor es el sufrido de espíritu que el altivo de
espíritu.
9 No te apresures en tu espíritu a enojarte; por-
que el enojo reposa en el seno de los necios.
10 Nunca digas: ¿Cuál es la causa de que los
tiempos pasados fueron mejores que estos?
Porque nunca de esto preguntarás con sabidu-
ría.
11 Buena es la ciencia con herencia, y provecho-
sa para los que ven el sol.
12 Porque escudo es la ciencia, y escudo es el di-
nero; mas la sabiduría excede, en que da vida a
sus poseedores.
13 Mira la obra de Dios; porque ¿quién podrá
enderezar lo que él torció?
14 En el día del bien goza del bien; y en el día
de la adversidad considera. Dios hizo tanto lo
uno como lo otro, a fin de que el hombre nada
halle después de él.

15 Todo esto he visto en los días de mi vanidad. Justo hay que perece por su justicia, y hay impío que por su maldad alarga sus días.

16 No seas demasiado justo, ni seas sabio con exceso; ¿por qué habrás de destruirte?

17 No hagas mucho mal, ni seas insensato; ¿por qué habrás de morir antes de tu tiempo?

18 Bueno es que tomes esto, y también de aquello no apartes tu mano; porque aquel que a Dios teme, saldrá bien en todo.

19 La sabiduría fortalece al sabio más que diez poderosos que haya en una ciudad.

20 Ciertamente no hay hombre justo en la tierra, que haga el bien y nunca peque.

21 Tampoco apliques tu corazón a todas las cosas que se hablan, para que no oigas a tu siervo cuando dice mal de ti;

22 porque tu corazón sabe que tú también dijiste mal de otros muchas veces.

23 Todas estas cosas probé con sabiduría, diciendo: Seré sabio; pero la sabiduría se alejó de mí.

24 Lejos está lo que fue; y lo muy profundo, ¿quién lo hallará?

25 Me volví y fijé mi corazón para saber y examinar e inquirir la sabiduría y la razón, y para conocer la maldad de la insensatez y el desvarío del error.

26 Y he hallado más amarga que la muerte a la mujer cuyo corazón es lazos y redes, y sus manos ligaduras. El que agrada a Dios escapará de ella; mas el pecador quedará en ella preso.

27 He aquí que esto he hallado, dice el Predicador, pesando las cosas una por una para hallar la razón;

28 lo que aún busca mi alma, y no lo encuentra: un hombre entre mil he hallado, pero mujer entre todas éstas nunca hallé.

29 He aquí, solamente esto he hallado: que Dios hizo al hombre recto, pero ellos buscaron muchas perversiones.

8 1 ¿Quién como el sabio? ¿y quién como el que sabe la declaración de las cosas? La sabiduría del hombre ilumina su rostro, y la tosquedad de su semblante se mudará.

2 Te aconsejo que guardes el mandamiento del rey y la palabra del juramento de Dios.

3 No te apresures a irte de su presencia, ni en cosa mala persistas; porque él hará todo lo que quiere.

4 Pues la palabra del rey es con potestad, ¿y quién le dirá: ¿Qué haces?

5 El que guarda el mandamiento no experimentará mal; y el corazón del sabio discierne el tiempo y el juicio.

6 Porque para todo lo que quisieres hay tiempo y juicio; porque el mal del hombre es grande sobre él;

7 pues no sabe lo que ha de ser; y el cuándo haya de ser, ¿quién se lo enseñará?

8 No hay hombre que tenga potestad sobre el espíritu para retener el espíritu, ni potestad sobre el día de la muerte; y no valen armas en tal guerra, ni la impiedad librará al que la posee.

9 Todo esto he visto, y he puesto mi corazón en todo lo que debajo del sol se hace; hay tiempo en que el hombre se enseñorea del hombre para mal suyo.

Desigualdades de la vida

10 Asimismo he visto a los inicuos sepultados con honra; mas los que frecuentaban el lugar santo fueron luego puestos en olvido en la ciudad donde habían actuado con rectitud. Esto también es vanidad.

11 Por cuanto no se ejecuta luego sentencia sobre la mala obra, el corazón de los hijos de los hombres está en ellos dispuesto para hacer el mal.

12 Aunque el pecador haga mal cien veces, y prolongue sus días, con todo yo también sé que les irá bien a los que a Dios temen, los que temen ante su presencia;

13 y que no le irá bien al impío, ni le serán prolongados los días, que son como sombra; por cuanto no teme delante de la presencia de Dios.

14 Hay vanidad que se hace sobre la tierra: que hay justos a quienes sucede como si hicieran obras de impíos, y hay impíos a quienes acontece como si hicieran obras de justos. Digo que esto también es vanidad.

15 Por tanto, alabé yo la alegría; que no tiene el hombre bien debajo del sol, sino que coma y beba y se alegre; y que esto le quede de su trabajo los días de su vida que Dios le concede debajo del sol.

16 Yo, pues, dediqué mi corazón a conocer sabiduría, y a ver la faena que se hace sobre la tierra (porque hay quien ni de noche ni de día ve sueño en sus ojos);

17 y he visto todas las obras de Dios, que el hombre no puede alcanzar la obra que debajo del sol se hace; por mucho que trabaje el hombre buscándola, no la hallará; aunque diga el sabio que la conoce, no por eso podrá alcanzarla.

9 1 Ciertamente he dado mi corazón a todas estas cosas, para declarar todo esto: que los justos y los sabios, y sus obras, están en la mano de Dios; que sea amor o que sea odio, no lo saben los hombres; todo está delante de ellos.

2 Todo acontece de la misma manera a todos; un mismo suceso ocurre al justo y al impío; al bueno, al limpio y al no limpio; al que sacrifica, y al que no sacrifica; como al bueno, así al que peca; al que jura, como al que teme el juramento.

3 Este mal hay entre todo lo que se hace debajo del sol, que un mismo suceso acontece a todos, y también que el corazón de los hijos de los

hombres está lleno de mal y de insensatez en su
corazón durante su vida; y después de esto se
van a los muertos.
4 Aún hay esperanza para todo aquel que está
entre los vivos; porque mejor es perro vivo que
león muerto.
5 Porque los que viven saben que han de morir;
pero los muertos nada saben, ni tienen más
paga; porque su memoria es puesta en olvido.
6 También su amor y su odio y su envidia fene-
cieron ya; y nunca más tendrán parte en todo lo
que se hace debajo del sol.
7 Anda, y come tu pan con gozo, y bebe tu
vino con alegre corazón; porque tus obras ya
son agradables a Dios.
8 En todo tiempo sean blancos tus vestidos, y
nunca falte ungüento sobre tu cabeza.
9 Goza de la vida con la mujer que amas, to-
dos los días de la vida de tu vanidad que te son
dados debajo del sol, todos los días de tu vani-
dad; porque esta es tu parte en la vida, y en tu
trabajo con que te afanas debajo del sol.
10 Todo lo que te viniere a la mano para hacer,
hazlo según tus fuerzas; porque en el Seol,
adonde vas, no hay obra, ni trabajo, ni ciencia,
ni sabiduría.
11 Me volví y vi debajo del sol, que ni es de los
ligeros la carrera, ni la guerra de los fuertes, ni
aun de los sabios el pan, ni de los prudentes las
riquezas, ni de los elocuentes el favor; sino que
tiempo y ocasión acontecen a todos.
12 Porque el hombre tampoco conoce su tiem-
po; como los peces que son presos en la mala
red, y como las aves que se enredan en lazo, así
son enlazados los hijos de los hombres en el
tiempo malo, cuando cae de repente sobre ellos.
13 También vi esta sabiduría debajo del sol, la
cual me parece grande:
14 una pequeña ciudad, y pocos hombres en
ella; y viene contra ella un gran rey, y la asedia y
levanta contra ella grandes baluartes;
15 y se halla en ella un hombre pobre, sabio, el
cual libra a la ciudad con su sabiduría; y nadie
se acordaba de aquel hombre pobre.
16 Entonces dije yo: Mejor es la sabiduría que la
fuerza, aunque la ciencia del pobre sea menos-
preciada, y no sean escuchadas sus palabras.
17 Las palabras del sabio escuchadas en quie-
tud, son mejores que el clamor del señor entre
los necios.
18 Mejor es la sabiduría que las armas de gue-
rra; pero un pecador destruye mucho bien.

Excelencia de la sabiduría

10 1 Las moscas muertas hacen heder y dar
mal olor al perfume del perfumista; así
una pequeña locura, al que es estimado como
sabio y honorable.
2 El corazón del sabio está a su mano derecha,
mas el corazón del necio a su mano izquierda.
3 Y aun mientras va el necio por el camino, le fal-
ta cordura, y va diciendo a todos que es necio.
4 Si el espíritu del príncipe se exaltare contra ti,
no dejes tu lugar; porque la mansedumbre hará
cesar grandes ofensas.
5 Hay un mal que he visto debajo del sol, a
manera de error emanado del príncipe:
6 la necedad está colocada en grandes alturas, y
los ricos están sentados en lugar bajo.
7 Vi siervos a caballo, y príncipes que andaban
como siervos sobre la tierra.
8 El que hiciere hoyo caerá en él; y al que aporti-
llare vallado, le morderá la serpiente.
9 Quien corta piedras, se hiere con ellas; el que
parte leña, en ello peligra.
10 Si se embotare el hierro, y su filo no fuere
amolado, hay que añadir entonces más fuerza;
pero la sabiduría es provechosa para dirigir.
11 Si muerde la serpiente antes de ser encanta-
da, de nada sirve el encantador.
12 Las palabras de la boca del sabio son llenas
de gracia, mas los labios del necio causan su
propia ruina.
13 El principio de las palabras de su boca es ne-
cedad; y el fin de su charla, nocivo desvarío.
14 El necio multiplica palabras, aunque no sabe
nadie lo que ha de ser; ¿y quién le hará saber lo
que después de él será?
15 El trabajo de los necios los fatiga; porque no
saben por dónde ir a la ciudad.
16 ¡Ay de ti, tierra, cuando tu rey es mucha-
cho, y tus príncipes banquetean de mañana!
17 ¡Bienaventurada tú, tierra, cuando tu rey es
hijo de nobles, y tus príncipes comen a su hora,
para reponer sus fuerzas y no para beber!
18 Por la pereza se cae la techumbre, y por la flo-
jedad de las manos se llueve la casa.
19 Por el placer se hace el banquete, y el vino
alegra a los vivos; y el dinero sirve para todo.
20 Ni aun en tu pensamiento digas mal del rey,
ni en lo secreto de tu cámara digas mal del rico;
porque las aves del cielo llevarán la voz, y las
que tienen alas harán saber la palabra.
11 1 Echa tu pan sobre las aguas; porque
después de muchos días lo hallarás.
2 Reparte a siete, y aun a ocho; porque no sabes
el mal que vendrá sobre la tierra.
3 Si las nubes fueren llenas de agua, sobre la tierra
la derramarán; y si el árbol cayere al sur, o al nor-
te, en el lugar que el árbol cayere, allí quedará.
4 El que al viento observa, no sembrará; y el que
mira a las nubes, no segará.
5 Como tú no sabes cuál es el camino del vien-
to, o cómo crecen los huesos en el vientre de la
mujer encinta, así ignoras la obra de Dios, el
cual hace todas las cosas.

6 Por la mañana siembra tu semilla, y a la tar-
de no dejes reposar tu mano; porque no sabes
cuál es lo mejor, si esto o aquello, o si lo uno y lo
otro es igualmente bueno.
7 Suave ciertamente es la luz, y agradable a
los ojos ver el sol;
8 pero aunque un hombre viva muchos años, y
en todos ellos tenga gozo, acuérdese sin embar-
go que los días de las tinieblas serán muchos.
Todo cuanto viene es vanidad.

Consejos para la juventud

9 Alégrate, joven, en tu juventud, y tome pla-
cer tu corazón en los días de tu adolescencia; y
anda en los caminos de tu corazón y en la vista
de tus ojos; pero sabe, que sobre todas estas co-
sas te juzgará Dios.
10 Quita, pues, de tu corazón el enojo, y apar-
ta de tu carne el mal; porque la adolescencia y la
juventud son vanidad.

12 1 Acuérdate de tu Creador en los días de
tu juventud, antes que vengan los días
malos, y lleguen los años de los cuales digas:
No tengo en ellos contentamiento;
2 antes que se oscurezca el sol, y la luz, y la luna
y las estrellas, y vuelvan las nubes tras la lluvia;
3 cuando temblarán los guardas de la casa, y se
encorvarán los hombres fuertes, y cesarán las
muelas porque han disminuido, y se oscurece-
rán los que miran por las ventanas;
4 y las puertas de afuera se cerrarán, por lo bajo
del ruido de la muela; cuando se levantará a la
voz del ave, y todas las hijas del canto serán
abatidas;
5 cuando también temerán de lo que es alto, y
habrá terrores en el camino; y florecerá el almen-
dro, y la langosta será una carga, y se perderá el
apetito; porque el hombre va a su morada eter-
na, y los endechadores andarán alrededor por
las calles;
6 antes que la cadena de plata se quiebre, y se
rompa el cuenco de oro, y el cántaro se quiebre
junto a la fuente, y la rueda sea rota sobre el
pozo;
7 y el polvo vuelva a la tierra, como era, y el es-
píritu vuelva a Dios que lo dio.
8 Vanidad de vanidades, dijo el Predicador, todo
es vanidad.

Resumen del deber del hombre

9 Y cuanto más sabio fue el Predicador, tanto
más enseñó sabiduría al pueblo; e hizo escuchar,
e hizo escudriñar, y compuso muchos prover-
bios.
10 Procuró el Predicador hallar palabras agrada-
bles, y escribir rectamente palabras de verdad.
11 Las palabras de los sabios son como aguijo-
nes; y como clavos hincados son las de los maes-
tros de las congregaciones, dadas por un Pastor.
12 Ahora, hijo mío, a más de esto, sé amonesta-
do. No hay fin de hacer muchos libros; y el mu-
cho estudio es fatiga de la carne.
13 El fin de todo el discurso oído es este: Teme
a Dios, y guarda sus mandamientos; porque
esto es el todo del hombre.
14 Porque Dios traerá toda obra a juicio, junta-
mente con toda cosa encubierta, sea buena o
sea mala.

CANTAR DE LOS CANTARES

DE SALOMÓN

La esposa y las hijas de Jerusalén

1 1 Cantar de los cantares, el cual es de Sa-
lomón.[a]
2 ¡Oh, si él me besara con besos de su boca!
Porque mejores son tus amores que el vino.
3 A más del olor de tus suaves ungüentos,
Tu nombre es como ungüento
derramado;
Por eso las doncellas te aman.
4 Atráeme; en pos de ti correremos.
El rey me ha metido en sus cámaras;
Nos gozaremos y alegraremos en ti;
Nos acordaremos de tus amores más que
del vino;
Con razón te aman.
5 Morena soy, oh hijas de Jerusalén, pero
codiciable
Como las tiendas de Cedar,
Como las cortinas de Salomón.
6 No reparéis en que soy morena,
Porque el sol me miró.
Los hijos de mi madre se airaron
contra mí;
Me pusieron a guardar las viñas;
Y mi viña, que era mía, no guardé.
7 Hazme saber, oh tú a quien ama mi alma,
Dónde apacientas, dónde sesteas al
mediodía;
Pues ¿por qué había de estar yo como
errante
Junto a los rebaños de tus compañeros?
8 Si tú no lo sabes, oh hermosa entre
las mujeres,

[a] 1.1: 1 R. 4.32.

Ve, sigue las huellas del rebaño,
Y apacienta tus cabritas junto a las
cabañas de los pastores.

La esposa y el esposo

9 A yegua de los carros de Faraón
Te he comparado, amiga mía.
10 Hermosas son tus mejillas entre los
pendientes,
Tu cuello entre los collares.
11 Zarcillos de oro te haremos,
Tachonados de plata.
12 Mientras el rey estaba en su reclinatorio,
Mi nardo dio su olor.
13 Mi amado es para mí un manojito de
mirra,
Que reposa entre mis pechos.
14 Racimo de flores de alheña en las viñas
de En-gadi
Es para mí mi amado.
15 He aquí que tú eres hermosa, amiga mía;
He aquí eres bella; tus ojos son como
palomas.
16 He aquí que tú eres hermoso, amado
mío, y dulce;
Nuestro lecho es de flores.
17 Las vigas de nuestra casa son de cedro,
Y de ciprés los artesonados.

2 1 Yo soy la rosa de Sarón,
Y el lirio de los valles.
2 Como el lirio entre los espinos,
Así es mi amiga entre las doncellas.
3 Como el manzano entre los árboles
silvestres,
Así es mi amado entre los jóvenes;
Bajo la sombra del deseado me senté,
Y su fruto fue dulce a mi paladar.
4 Me llevó a la casa del banquete,
Y su bandera sobre mí fue amor.
5 Sustentadme con pasas, confortadme con
manzanas;
Porque estoy enferma de amor.
6 Su izquierda esté debajo de mi cabeza,
Y su derecha me abrace.
7 Yo os conjuro, oh doncellas de Jerusalén,
Por los corzos y por las ciervas del
campo,
Que no despertéis ni hagáis velar al
amor,
Hasta que quiera.
8 ¡La voz de mi amado! He aquí él viene
Saltando sobre los montes,
Brincando sobre los collados.
9 Mi amado es semejante al corzo,
O al cervatillo.
Helo aquí, está tras nuestra pared,
Mirando por las ventanas,
Atisbando por las celosías.
10 Mi amado habló, y me dijo:
Levántate, oh amiga mía, hermosa mía,
y ven.
11 Porque he aquí ha pasado el invierno,
Se ha mudado, la lluvia se fue;
12 Se han mostrado las flores en la tierra,
El tiempo de la canción ha venido,
Y en nuestro país se ha oído la voz de la
tórtola.
13 La higuera ha echado sus higos,
Y las vides en cierne dieron olor;
Levántate, oh amiga mía, hermosa mía,
y ven.
14 Paloma mía, que estás en los agujeros de
la peña, en lo escondido de escarpados
parajes,
Muéstrame tu rostro, hazme oír tu voz;
Porque dulce es la voz tuya, y hermoso tu
aspecto.
15 Cazadnos las zorras, las zorras pequeñas,
que echan a perder las viñas;
Porque nuestras viñas están en cierne.
16 Mi amado es mío, y yo suya;
El apacienta entre lirios.
17 Hasta que apunte el día, y huyan las
sombras,
Vuélvete, amado mío; sé semejante al
corzo, o como el cervatillo
Sobre los montes de Beter.

El ensueño de la esposa

3 1 Por las noches busqué en mi lecho
al que ama mi alma;
Lo busqué, y no lo hallé.
2 Y dije: Me levantaré ahora, y rodearé por
la ciudad;
Por las calles y por las plazas
Buscaré al que ama mi alma;
Lo busqué, y no lo hallé.
3 Me hallaron los guardas que rondan la
ciudad,
Y les dije: ¿Habéis visto al que ama mi
alma?
4 Apenas hube pasado de ellos un poco,
Hallé luego al que ama mi alma;
Lo así, y no lo dejé,
Hasta que lo metí en casa de mi madre,
Y en la cámara de la que me dio a luz.
5 Yo os conjuro, oh doncellas de Jerusalén,
Por los corzos y por las ciervas del campo,
Que no despertéis ni hagáis velar al amor,
Hasta que quiera.

El cortejo de bodas

6 ¿Quién es ésta que sube del desierto
como columna de humo,
Sahumada de mirra y de incienso
Y de todo polvo aromático?

7 He aquí es la litera de Salomón;
Sesenta valientes la rodean,
De los fuertes de Israel.
8 Todos ellos tienen espadas,
diestros en la guerra;
Cada uno su espada sobre su muslo,
Por los temores de la noche.
9 El rey Salomón se hizo una carroza
De madera del Líbano.
10 Hizo sus columnas de plata,
Su respaldo de oro,
Su asiento de grana,
Su interior recamado de amor
Por las doncellas de Jerusalén.
11 Salid, oh doncellas de Sion, y ved al rey
Salomón
Con la corona con que le coronó su
madre en el día de su desposorio,
Y el día del gozo de su corazón.

El esposo alaba a la esposa

4 1 He aquí que tú eres hermosa, amiga mía;
he aquí que tú eres hermosa;
Tus ojos entre tus guedejas
como de paloma;
Tus cabellos como manada de cabras
Que se recuestan en las laderas
de Galaad.
2 Tus dientes como manadas de ovejas
trasquiladas,
Que suben del lavadero,
Todas con crías gemelas,
Y ninguna entre ellas estéril.
3 Tus labios como hilo de grana,
Y tu habla hermosa;
Tus mejillas, como cachos de granada
detrás de tu velo.
4 Tu cuello, como la torre de David,
edificada para armería;
Mil escudos están colgados en ella,
Todos escudos de valientes.
5 Tus dos pechos, como gemelos de gacela,
Que se apacientan entre lirios.
6 Hasta que apunte el día y huyan
las sombras,
Me iré al monte de la mirra,
Y al collado del incienso.
7 Toda tú eres hermosa, amiga mía,
Y en ti no hay mancha.
8 Ven conmigo desde el Líbano,
oh esposa mía;
Ven conmigo desde el Líbano.
Mira desde la cumbre de Amana,
Desde la cumbre de Senir y de Hermón,
Desde las guaridas de los leones,
Desde los montes de los leopardos.
9 Prendiste mi corazón, hermana,
esposa mía;
Has apresado mi corazón con uno
de tus ojos,
Con una gargantilla de tu cuello.
10 ¡Cuán hermosos son tus amores,
hermana, esposa mía!
¡Cuánto mejores que el vino tus amores,
Y el olor de tus ungüentos que todas las
especias aromáticas!
11 Como panal de miel destilan tus labios,
oh esposa;
Miel y leche hay debajo de tu lengua;
Y el olor de tus vestidos como el olor del
Líbano.
12 Huerto cerrado eres, hermana mía,
esposa mía;
Fuente cerrada, fuente sellada.
13 Tus renuevos son paraíso de granados,
con frutos suaves,
De flores de alheña y nardos;
14 Nardo y azafrán, caña aromática y
canela,
Con todos los árboles de incienso;
Mirra y áloes, con todas las principales
especias aromáticas.
15 Fuente de huertos,
Pozo de aguas vivas,
Que corren del Líbano.
16 Levántate, Aquilón, y ven, Austro;
Soplad en mi huerto, despréndanse sus
aromas.
Venga mi amado a su huerto,
Y coma de su dulce fruta.
5 1 Yo vine a mi huerto, oh hermana,
esposa mía;
He recogido mi mirra y mis aromas;
He comido mi panal y mi miel,
Mi vino y mi leche he bebido.
Comed, amigos; bebed en abundancia,
oh amados.

El tormento de la separación

2 Yo dormía, pero mi corazón velaba.
Es la voz de mi amado que llama:
Abreme, hermana mía, amiga mía,
paloma mía, perfecta mía,
Porque mi cabeza está llena de rocío,
Mis cabellos de las gotas de la noche.
3 Me he desnudado de mi ropa; ¿cómo me
he de vestir?
He lavado mis pies; ¿cómo los he de
ensuciar?
4 Mi amado metió su mano por la
ventanilla,
Y mi corazón se conmovió dentro de mí.
5 Yo me levanté para abrir a mi amado,
Y mis manos gotearon mirra,
Y mis dedos mirra, que corría
Sobre la manecilla del cerrojo.

6 Abrí yo a mi amado;
Pero mi amado se había ido, había ya pasado;
Y tras su hablar salió mi alma.
Lo busqué, y no lo hallé;
Lo llamé, y no me respondió.
7 Me hallaron los guardas que rondan la ciudad;
Me golpearon, me hirieron;
Me quitaron mi manto de encima los guardas de los muros.
8 Yo os conjuro, oh doncellas de Jerusalén, si halláis a mi amado,
Que le hagáis saber que estoy enferma de amor.

La esposa alaba al esposo

9 ¿Qué es tu amado más que otro amado,
Oh la más hermosa de todas las mujeres?
¿Qué es tu amado más que otro amado,
Que así nos conjuras?
10 Mi amado es blanco y rubio,
Señalado entre diez mil.
11 Su cabeza como oro finísimo;
Sus cabellos crespos, negros como el cuervo.
12 Sus ojos, como palomas junto a los arroyos de las aguas,
Que se lavan con leche, y a la perfección colocados.
13 Sus mejillas, como una era de especias aromáticas, como fragantes flores;
Sus labios, como lirios que destilan mirra fragante.
14 Sus manos, como anillos de oro engastados de jacintos;
Su cuerpo, como claro marfil cubierto de zafiros.
15 Sus piernas, como columnas de mármol fundadas sobre basas de oro fino;
Su aspecto como el Líbano, escogido como los cedros.
16 Su paladar, dulcísimo, y todo él codiciable.
Tal es mi amado, tal es mi amigo,
Oh doncellas de Jerusalén.

Mutuo encanto del esposo y de la esposa

6 1 ¿A dónde se ha ido tu amado,
oh la más hermosa de todas las mujeres?
¿A dónde se apartó tu amado,
Y lo buscaremos contigo?
2 Mi amado descendió a su huerto, a las eras de las especias,
Para apacentar en los huertos, y para recoger los lirios.
3 Yo soy de mi amado, y mi amado es mío;
El apacienta entre los lirios.
4 Hermosa eres tú, oh amiga mía, como Tirsa;
De desear, como Jerusalén;
Imponente como ejércitos en orden.
5 Aparta tus ojos de delante de mí,
Porque ellos me vencieron.
Tu cabello es como manada de cabras
Que se recuestan en las laderas de Galaad.
6 Tus dientes, como manadas de ovejas que suben del lavadero,
Todas con crías gemelas,
Y estéril no hay entre ellas.
7 Como cachos de granada son tus mejillas
Detrás de tu velo.
8 Sesenta son las reinas, y ochenta las concubinas,
Y las doncellas sin número;
9 Mas una es la paloma mía, la perfecta mía;
Es la única de su madre,
La escogida de la que la dio a luz.
La vieron las doncellas, y la llamaron bienaventurada;
Las reinas y las concubinas, y la alabaron.
10 ¿Quién es ésta que se muestra como el alba,
Hermosa como la luna,
Esclarecida como el sol,
Imponente como ejércitos en orden?
11 Al huerto de los nogales descendí
A ver los frutos del valle,
Y para ver si brotaban las vides,
Si florecían los granados.
12 Antes que lo supiera, mi alma me puso
Entre los carros de Aminadab.
13 Vuélvete, vuélvete, oh sulamita;
Vuélvete, vuélvete, y te miraremos.
¿Qué veréis en la sulamita?
Algo como la reunión de dos campamentos.
7 1 ¡Cuán hermosos son tus pies en las sandalias,
Oh hija de príncipe!
Los contornos de tus muslos son como joyas,
Obra de mano de excelente maestro.
2 Tu ombligo como una taza redonda
Que no le falta bebida.
Tu vientre como montón de trigo
Cercado de lirios.
3 Tus dos pechos, como gemelos de gacela.
4 Tu cuello, como torre de marfil;
Tus ojos, como los estanques de Hesbón junto a la puerta de Bat-rabim;
Tu nariz, como la torre del Líbano,
Que mira hacia Damasco.
5 Tu cabeza encima de ti, como el Carmelo;
Y el cabello de tu cabeza, como la púrpura del rey
Suspendida en los corredores.
6 ¡Qué hermosa eres, y cuán suave,
Oh amor deleitoso!

7 Tu estatura es semejante a la palmera,
Y tus pechos a los racimos.
8 Yo dije: Subiré a la palmera,
Asiré sus ramas.
Deja que tus pechos sean como racimos de vid,
Y el olor de tu boca como de manzanas,
9 Y tu paladar como el buen vino,
Que se entra a mi amado suavemente,
Y hace hablar los labios de los viejos.
10 Yo soy de mi amado,
Y conmigo tiene su contentamiento.
11 Ven, oh amado mío, salgamos al campo,
Moremos en las aldeas.
12 Levantémonos de mañana a las viñas;
Veamos si brotan las vides, si están en cierne,
Si han florecido los granados;
Allí te daré mis amores.
13 Las mandrágoras han dado olor,
Y a nuestras puertas hay toda suerte de dulces frutas,
Nuevas y añejas, que para ti, oh amado mío, he guardado.

8 1 ¡Oh, si tú fueras como un hermano mío
Que mamó los pechos de mi madre!
Entonces, hallándote fuera, te besaría,
Y no me menospreciarían.
2 Yo te llevaría, te metería en casa de mi madre;
Tú me enseñarías,
Y yo te haría beber vino
Adobado del mosto de mis granadas.
3 Su izquierda esté debajo de mi cabeza,
Y su derecha me abrace.
4 Os conjuro, oh doncellas de Jerusalén,
Que no despertéis ni hagáis velar al amor,
Hasta que quiera.

El poder del amor

5 ¿Quién es ésta que sube del desierto,
Recostada sobre su amado?
Debajo de un manzano te desperté;
Allí tuvo tu madre dolores,
Allí tuvo dolores la que te dio a luz.
6 Ponme como un sello sobre tu corazón,
como una marca sobre tu brazo;
Porque fuerte es como la muerte el amor;
Duros como el Seol los celos;
Sus brasas, brasas de fuego, fuerte llama.
7 Las muchas aguas no podrán apagar el amor,
Ni lo ahogarán los ríos.
Si diese el hombre todos los bienes de su casa por este amor,
De cierto lo menospreciarían.
8 Tenemos una pequeña hermana,
Que no tiene pechos;
¿Qué haremos a nuestra hermana
Cuando de ella se hablare?
9 Si ella es muro,
Edificaremos sobre él un palacio de plata;
Si fuere puerta,
La guarneceremos con tablas de cedro.
10 Yo soy muro, y mis pechos como torres,
Desde que fui en sus ojos como la que halla paz.
11 Salomón tuvo una viña en Baal-hamón,
La cual entregó a guardas,
Cada uno de los cuales debía traer mil monedas de plata por su fruto.
12 Mi viña, que es mía, está delante de mí;
Las mil serán tuyas, oh Salomón,
Y doscientas para los que guardan su fruto.
13 Oh, tú que habitas en los huertos,
Los compañeros escuchan tu voz;
Házmela oír.
14 Apresúrate, amado mío,
Y sé semejante al corzo, o al cervatillo,
Sobre las montañas de los aromas.

ISAÍAS

Una nación pecadora

1 1 Visión de Isaías hijo de Amoz, la cual vio
acerca de Judá y Jerusalén en días de Uzías,[a]
Jotam,[b] Acaz[c] y Ezequías,[d] reyes de Judá.
2 Oíd, cielos, y escucha tú, tierra; porque ha-
bla Jehová: Crié hijos, y los engrandecí, y ellos
se rebelaron contra mí.
3 El buey conoce a su dueño, y el asno el pesebre
de su señor; Israel no entiende, mi pueblo no
tiene conocimiento.
4 ¡Oh gente pecadora, pueblo cargado de mal-
dad, generación de malignos, hijos depravados!
Dejaron a Jehová, provocaron a ira al Santo de
Israel, se volvieron atrás.
5 ¿Por qué querréis ser castigados aún? ¿To-
davía os rebelaréis? Toda cabeza está enferma,
y todo corazón doliente.
6 Desde la planta del pie hasta la cabeza no hay
en él cosa sana, sino herida, hinchazón y podri-
da llaga; no están curadas, ni vendadas, ni sua-
vizadas con aceite.

1.1: [a] 2 R. 15.1-7; 2 Cr. 26.1-23. [b] 2 R. 15.32-38; 2 Cr. 27.1-9. [c] 2 R. 16.1-20; 2 Cr. 28.1-27. [d] 2 R. 18.1–20.21; 2 Cr. 29.1–32.33.

7 Vuestra tierra está destruida, vuestras ciudades puestas a fuego, vuestra tierra delante de vosotros comida por extranjeros, y asolada como asolamiento de extraños.
8 Y queda la hija de Sion como enramada en viña, y como cabaña en melonar, como ciudad asolada.
9 Si Jehová de los ejércitos no nos hubiese dejado un resto pequeño, como Sodoma fuéramos, y semejantes a Gomorra.[e]

Llamamiento al arrepentimiento verdadero

10 Príncipes de Sodoma, oíd la palabra de Jehová; escuchad la ley de nuestro Dios, pueblo de Gomorra.
11 ¿Para qué me sirve, dice Jehová, la multitud de vuestros sacrificios? Hastiado estoy de holocaustos de carneros y de sebo de animales gordos; no quiero sangre de bueyes, ni de ovejas, ni de machos cabríos.
12 ¿Quién demanda esto de vuestras manos, cuando venís a presentaros delante de mí para hollar mis atrios?
13 No me traigáis más vana ofrenda; el incienso me es abominación; luna nueva y día de reposo,* el convocar asambleas, no lo puedo sufrir; son iniquidad vuestras fiestas solemnes.
14 Vuestras lunas nuevas y vuestras fiestas solemnes las tiene aborrecidas mi alma; me son gravosas; cansado estoy de soportarlas.[f]
15 Cuando extendáis vuestras manos, yo esconderé de vosotros mis ojos; asimismo cuando multipliquéis la oración, yo no oiré; llenas están de sangre vuestras manos.
16 Lavaos y limpiaos; quitad la iniquidad de vuestras obras de delante de mis ojos; dejad de hacer lo malo;
17 aprended a hacer el bien; buscad el juicio, restituid al agraviado, haced justicia al huérfano, amparad a la viuda.
18 Venid luego, dice Jehová, y estemos a cuenta: si vuestros pecados fueren como la grana, como la nieve serán emblanquecidos; si fueren rojos como el carmesí, vendrán a ser como blanca lana.
19 Si quisiereis y oyereis, comeréis el bien de la tierra;
20 si no quisiereis y fuereis rebeldes, seréis consumidos a espada; porque la boca de Jehová lo ha dicho.

Juicio y redención de Jerusalén

21 ¿Cómo te has convertido en ramera, oh ciudad fiel? Llena estuvo de justicia, en ella habitó la equidad; pero ahora, los homicidas.
22 Tu plata se ha convertido en escorias, tu vino está mezclado con agua.
23 Tus príncipes, prevaricadores y compañeros de ladrones; todos aman el soborno, y van tras las recompensas; no hacen justicia al huérfano, ni llega a ellos la causa de la viuda.
24 Por tanto, dice el Señor, Jehová de los ejércitos, el Fuerte de Israel: Ea, tomaré satisfacción de mis enemigos, me vengaré de mis adversarios;
25 y volveré mi mano contra ti, y limpiaré hasta lo más puro tus escorias, y quitaré toda tu impureza.
26 Restauraré tus jueces como al principio, y tus consejeros como eran antes; entonces te llamarán Ciudad de justicia, Ciudad fiel.
27 Sion será rescatada con juicio, y los convertidos de ella con justicia.
28 Pero los rebeldes y pecadores a una serán quebrantados, y los que dejan a Jehová serán consumidos.
29 Entonces os avergonzarán las encinas que amasteis, y os afrentarán los huertos que escogisteis.
30 Porque seréis como encina a la que se le cae la hoja, y como huerto al que le faltan las aguas.
31 Y el fuerte será como estopa, y lo que hizo como centella; y ambos serán encendidos juntamente, y no habrá quien apague.

Reinado universal de Jehová

2 1 Lo que vio Isaías hijo de Amoz acerca de Judá y de Jerusalén.
2 Acontecerá en lo postrero de los tiempos, que será confirmado el monte de la casa de Jehová como cabeza de los montes, y será exaltado sobre los collados, y correrán a él todas las naciones.
3 Y vendrán muchos pueblos, y dirán: Venid, y subamos al monte de Jehová, a la casa del Dios de Jacob; y nos enseñará sus caminos, y caminaremos por sus sendas. Porque de Sion saldrá la ley, y de Jerusalén la palabra de Jehová.
4 Y juzgará entre las naciones, y reprenderá a muchos pueblos; y volverán sus espadas en rejas de arado, y sus lanzas en hoces;[a] no alzará espada nación contra nación, ni se adiestrarán más para la guerra.

Juicio de Jehová contra los soberbios

5 Venid, oh casa de Jacob, y caminaremos a la luz de Jehová.
6 Ciertamente tú has dejado tu pueblo, la casa de Jacob, porque están llenos de costumbres traídas del oriente, y de agoreros, como los filisteos; y pactan con hijos de extranjeros.
7 Su tierra está llena de plata y oro, sus tesoros no tienen fin. También está su tierra llena de caballos, y sus carros son innumerables.

* Aquí equivale a *sábado*.
1.9: [e] Gn. 19.24; Ro. 9.29. **1.11-14:** [f] Am. 5.21-22.
2.4: [a] Jl. 3.10.

8 Además su tierra está llena de ídolos, y se han
arrodillado ante la obra de sus manos y ante lo
que fabricaron sus dedos.
9 Y se ha inclinado el hombre, y el varón se ha
humillado; por tanto, no los perdones.
10 Métete en la peña,[b] escóndete en el polvo, de
la presencia temible de Jehová, y del resplandor
de su majestad.
11 La altivez de los ojos del hombre será abati-
da, y la soberbia de los hombres será humillada;
y Jehová solo será exaltado en aquel día.
12 Porque día de Jehová de los ejércitos ven-
drá sobre todo soberbio y altivo, sobre todo
enaltecido, y será abatido;
13 sobre todos los cedros del Líbano altos y er-
guidos, y sobre todas las encinas de Basán;
14 sobre todos los montes altos, y sobre todos
los collados elevados;
15 sobre toda torre alta, y sobre todo muro
fuerte;
16 sobre todas las naves de Tarsis, y sobre todas
las pinturas preciadas.
17 La altivez del hombre será abatida, y la so-
berbia de los hombres será humillada; y solo
Jehová será exaltado en aquel día.
18 Y quitará totalmente los ídolos.
19 Y se meterán en las cavernas de las peñas y
en las aberturas de la tierra, por la presencia te-
mible de Jehová, y por el resplandor de su ma-
jestad, cuando él se levante para castigar la
tierra.
20 Aquel día arrojará el hombre a los topos y
murciélagos sus ídolos de plata y sus ídolos de
oro, que le hicieron para que adorase,
21 y se meterá en las hendiduras de las rocas y
en las cavernas de las peñas, por la presencia
formidable de Jehová, y por el resplandor de su
majestad, cuando se levante para castigar la
tierra.
22 Dejaos del hombre, cuyo aliento está en su
nariz; porque ¿de qué es él estimado?

Juicio de Jehová contra Judá y Jerusalén

3 1 Porque he aquí que el Señor Jehová de los
ejércitos quita de Jerusalén y de Judá al sus-
tentador y al fuerte, todo sustento de pan y
todo socorro de agua;
2 el valiente y el hombre de guerra, el juez y el
profeta, el adivino y el anciano;
3 el capitán de cincuenta y el hombre de respe-
to, el consejero, el artífice excelente y el hábil
orador.
4 Y les pondré jóvenes por príncipes, y mucha-
chos serán sus señores.
5 Y el pueblo se hará violencia unos a otros,
cada cual contra su vecino; el joven se levantará
contra el anciano, y el villano contra el noble.
6 Cuando alguno tomare de la mano a su her-
mano, de la familia de su padre, y le dijere: Tú
tienes vestido, tú serás nuestro príncipe, y toma
en tus manos esta ruina;
7 él jurará aquel día, diciendo: No tomaré ese
cuidado; porque en mi casa ni hay pan, ni qué
vestir; no me hagáis príncipe del pueblo.
8 Pues arruinada está Jerusalén, y Judá ha caí-
do; porque la lengua de ellos y sus obras han
sido contra Jehová para irritar los ojos de su
majestad.
9 La apariencia de sus rostros testifica contra
ellos; porque como Sodoma publican su peca-
do, no lo disimulan. ¡Ay del alma de ellos! por-
que amontonaron mal para sí.
10 Decid al justo que le irá bien, porque comerá
de los frutos de sus manos.
11 ¡Ay del impío! Mal le irá, porque según las
obras de sus manos le será pagado.
12 Los opresores de mi pueblo son muchachos, y
mujeres se enseñorearon de él. Pueblo mío, los
que te guían te engañan, y tuercen el curso de
tus caminos.
13 Jehová está en pie para litigar, y está para
juzgar a los pueblos.
14 Jehová vendrá a juicio contra los ancianos de
su pueblo y contra sus príncipes; porque voso-
tros habéis devorado la viña, y el despojo del
pobre está en vuestras casas.
15 ¿Qué pensáis vosotros que majáis mi pueblo
y moléis las caras de los pobres? dice el Señor,
Jehová de los ejércitos.

Juicio contra las hijas de Sion

16 Asimismo dice Jehová: Por cuanto las hijas
de Sion se ensoberbecen, y andan con cuello er-
guido y con ojos desvergonzados; cuando an-
dan van danzando, y haciendo son con los pies;
17 por tanto, el Señor raerá la cabeza de las hijas
de Sion, y Jehová descubrirá sus vergüenzas.
18 Aquel día quitará el Señor el atavío del cal-
zado, las redecillas, las lunetas,
19 los collares, los pendientes y los brazaletes,
20 las cofias, los atavíos de las piernas, los parti-
dores del pelo, los pomitos de olor y los zarci-
llos,
21 los anillos, y los joyeles de las narices,
22 las ropas de gala, los mantoncillos, los velos,
las bolsas,
23 los espejos, el lino fino, las gasas y los toca-
dos.
24 Y en lugar de los perfumes aromáticos ven-
drá hediondez; y cuerda en lugar de cinturón, y
cabeza rapada en lugar de la compostura del ca-
bello; en lugar de ropa de gala ceñimiento de ci-
licio, y quemadura en vez de hermosura.
25 Tus varones caerán a espada, y tu fuerza en la
guerra.

2.10: [b] Ap. 6.15.

26 Sus puertas se entristecerán y enlutarán, y
ella, desamparada, se sentará en tierra.

4 1 Echarán mano de un hombre siete muje-
res en aquel tiempo, diciendo: Nosotras co-
meremos de nuestro pan, y nos vestiremos de
nuestras ropas; solamente permítenos llevar tu
nombre, quita nuestro oprobio.

Futuro glorioso de Jerusalén

2 En aquel tiempo el renuevo de Jehová será
para hermosura y gloria, y el fruto de la tierra para
grandeza y honra, a los sobrevivientes de Israel.
3 Y acontecerá que el que quedare en Sion, y el
que fuere dejado en Jerusalén, será llamado
santo; todos los que en Jerusalén estén registra-
dos entre los vivientes,
4 cuando el Señor lave las inmundicias de las hi-
jas de Sion, y limpie la sangre de Jerusalén de
en medio de ella, con espíritu de juicio y con es-
píritu de devastación.
5 Y creará Jehová sobre toda la morada del
monte de Sion, y sobre los lugares de sus convo-
caciones, nube y oscuridad de día, y de noche
resplandor de fuego que eche llamas; porque
sobre toda gloria habrá un dosel,
6 y habrá un abrigo para sombra contra el calor
del día, para refugio y escondedero contra el
turbión y contra el aguacero.

Parábola de la viña

5 1 Ahora cantaré por mi amado el cantar de
mi amado a su viña.[a] Tenía mi amado una
viña en una ladera fértil.
2 La había cercado y despedregado y plantado
de vides escogidas; había edificado en medio de
ella una torre, y hecho también en ella un lagar;
y esperaba que diese uvas, y dio uvas silvestres.
3 Ahora, pues, vecinos de Jerusalén y varones
de Judá, juzgad ahora entre mí y mi viña.
4 ¿Qué más se podía hacer a mi viña, que yo no
haya hecho en ella? ¿Cómo, esperando yo que
diese uvas, ha dado uvas silvestres?
5 Os mostraré, pues, ahora lo que haré yo a
mi viña: Le quitaré su vallado, y será consumi-
da; aportillaré su cerca, y será hollada.
6 Haré que quede desierta; no será podada ni
cavada, y crecerán el cardo y los espinos; y aun
a las nubes mandaré que no derramen lluvia
sobre ella.
7 Ciertamente la viña de Jehová de los ejércitos
es la casa de Israel, y los hombres de Judá plan-
ta deliciosa suya. Esperaba juicio, y he aquí vile-
za; justicia, y he aquí clamor.

Ayes sobre los malvados

8 ¡Ay de los que juntan casa a casa, y añaden
heredad a heredad hasta ocuparlo todo! ¿Habi-
taréis vosotros solos en medio de la tierra?
9 Ha llegado a mis oídos de parte de Jehová de
los ejércitos, que las muchas casas han de quedar
asoladas, sin morador las grandes y hermosas.
10 Y diez yugadas de viña producirán un bato, y
un homer de semilla producirá un efa.
11 ¡Ay de los que se levantan de mañana para
seguir la embriaguez; que se están hasta la no-
che, hasta que el vino los enciende!
12 Y en sus banquetes hay arpas, vihuelas, tam-
boriles, flautas y vino, y no miran la obra de
Jehová, ni consideran la obra de sus manos.
13 Por tanto, mi pueblo fue llevado cautivo, por-
que no tuvo conocimiento; y su gloria pereció
de hambre, y su multitud se secó de sed.
14 Por eso ensanchó su interior el Seol, y sin me-
dida extendió su boca; y allá descenderá la glo-
ria de ellos, y su multitud, y su fausto, y el que
en él se regocijaba.
15 Y el hombre será humillado, y el varón será
abatido, y serán bajados los ojos de los altivos.
16 Pero Jehová de los ejércitos será exaltado en
juicio, y el Dios Santo será santificado con justicia.
17 Y los corderos serán apacentados según su
costumbre; y extraños devorarán los campos
desolados de los ricos.
18 ¡Ay de los que traen la iniquidad con cuer-
das de vanidad, y el pecado como con coyundas
de carreta,
19 los cuales dicen: Venga ya, apresúrese su
obra, y veamos; acérquese, y venga el consejo
del Santo de Israel, para que lo sepamos!
20 ¡Ay de los que a lo malo dicen bueno, y a lo
bueno malo; que hacen de la luz tinieblas, y de
las tinieblas luz; que ponen lo amargo por dul-
ce, y lo dulce por amargo!
21 ¡Ay de los sabios en sus propios ojos, y de los
que son prudentes delante de sí mismos!
22 ¡Ay de los que son valientes para beber vino,
y hombres fuertes para mezclar bebida;
23 los que justifican al impío mediante cohecho,
y al justo quitan su derecho!
24 Por tanto, como la lengua del fuego consu-
me el rastrojo, y la llama devora la paja, así será
su raíz como podredumbre, y su flor se desvane-
cerá como polvo; porque desecharon la ley de
Jehová de los ejércitos, y abominaron la palabra
del Santo de Israel.
25 Por esta causa se encendió el furor de Jehová
contra su pueblo, y extendió contra él su mano,
y le hirió; y se estremecieron los montes, y sus
cadáveres fueron arrojados en medio de las ca-
lles. Con todo esto no ha cesado su furor, sino
que todavía su mano está extendida.
26 Alzará pendón a naciones lejanas, y silbará
al que está en el extremo de la tierra; y he aquí
que vendrá pronto y velozmente.

5.1-2: [a] Mt. 21.33; Mr. 12.1; Lc. 20.9.

27 No habrá entre ellos cansado, ni quien tropie-
ce; ninguno se dormirá, ni le tomará sueño; a
ninguno se le desatará el cinto de los lomos, ni
se le romperá la correa de sus sandalias.
28 Sus saetas estarán afiladas, y todos sus arcos
entesados; los cascos de sus caballos parecerán
como de pedernal, y las ruedas de sus carros
como torbellino.
29 Su rugido será como de león; rugirá a mane-
ra de leoncillo, crujirá los dientes, y arrebatará
la presa; se la llevará con seguridad, y nadie se
la quitará.
30 Y bramará sobre él en aquel día como brami-
do del mar; entonces mirará hacia la tierra, y he
aquí tinieblas de tribulación, y en sus cielos se
oscurecerá la luz.

Visión y llamamiento de Isaías

6 1 En el año que murió el rey Uzías[a] vi yo al
Señor sentado sobre un trono alto y subli-
me, y sus faldas llenaban el templo.
2 Por encima de él había serafines; cada uno te-
nía seis alas; con dos cubrían sus rostros, con
dos cubrían sus pies, y con dos volaban.
3 Y el uno al otro daba voces, diciendo: Santo,
santo, santo, Jehová de los ejércitos;[b] toda la tie-
rra está llena de su gloria.
4 Y los quiciales de las puertas se estremecieron
con la voz del que clamaba, y la casa se llenó de
humo.[c]
5 Entonces dije: ¡Ay de mí! que soy muerto; porque
siendo hombre inmundo de labios, y habitando
en medio de pueblo que tiene labios inmundos,
han visto mis ojos al Rey, Jehová de los ejércitos.
6 Y voló hacia mí uno de los serafines, tenien-
do en su mano un carbón encendido, tomado
del altar con unas tenazas;
7 y tocando con él sobre mi boca, dijo: He aquí
que esto tocó tus labios, y es quitada tu culpa, y
limpio tu pecado.
8 Después oí la voz del Señor, que decía: ¿A
quién enviaré, y quién irá por nosotros? Enton-
ces respondí yo: Heme aquí, envíame a mí.
9 Y dijo: Anda, y di a este pueblo: Oíd bien, y no
entendáis; ved por cierto, mas no comprendáis.
10 Engruesa el corazón de este pueblo, y agrava
sus oídos, y ciega sus ojos, para que no vea con
sus ojos, ni oiga con sus oídos, ni su corazón en-
tienda, ni se convierta, y haya para él sanidad.[d]
11 Y yo dije: ¿Hasta cuándo, Señor? Y respondió
él: Hasta que las ciudades estén asoladas y sin
morador, y no haya hombre en las casas, y la tie-
rra esté hecha un desierto;
12 hasta que Jehová haya echado lejos a los
hombres, y multiplicado los lugares abandona-
dos en medio de la tierra.
13 Y si quedare aún en ella la décima parte, ésta
volverá a ser destruida; pero como el roble y la
encina, que al ser cortados aún queda el tronco,
así será el tronco, la simiente santa.

Mensaje de Isaías a Acaz

7 1 Aconteció en los días de Acaz hijo de Jo-
tam, hijo de Uzías, rey de Judá, que Rezín
rey de Siria y Peka hijo de Remalías, rey de Is-
rael, subieron contra Jerusalén para combatir-
la; pero no la pudieron tomar.[a]
2 Y vino la nueva a la casa de David, diciendo:
Siria se ha confederado con Efraín. Y se le estre-
meció el corazón, y el corazón de su pueblo,
como se estremecen los árboles del monte a
causa del viento.
3 Entonces dijo Jehová a Isaías: Sal ahora al
encuentro de Acaz, tú, y Sear-jasub[1] tu hijo, al
extremo del acueducto del estanque de arriba,
en el camino de la heredad del Lavador,
4 y dile: Guarda, y repósate; no temas, ni se tur-
be tu corazón a causa de estos dos cabos de ti-
zón que humean, por el ardor de la ira de Rezín
y de Siria, y del hijo de Remalías.
5 Ha acordado maligno consejo contra ti el sirio,
con Efraín y con el hijo de Remalías, diciendo:
6 Vamos contra Judá y aterroricémosla, y repar-
támosla entre nosotros, y pongamos en medio
de ella por rey al hijo de Tabeel.
7 Por tanto, Jehová el Señor dice así: No subsis-
tirá, ni será.
8 Porque la cabeza de Siria es Damasco, y la ca-
beza de Damasco, Rezín; y dentro de sesenta y
cinco años Efraín será quebrantado hasta dejar
de ser pueblo.
9 Y la cabeza de Efraín es Samaria, y la cabeza
de Samaria el hijo de Remalías. Si vosotros no
creyereis, de cierto no permaneceréis.
10 Habló también Jehová a Acaz, diciendo:
11 Pide para ti señal de Jehová tu Dios, deman-
dándola ya sea de abajo en lo profundo, o de
arriba en lo alto.
12 Y respondió Acaz: No pediré, y no tentaré a
Jehová.
13 Dijo entonces Isaías: Oíd ahora, casa de Da-
vid. ¿Os es poco el ser molestos a los hombres,
sino que también lo seáis a mi Dios?
14 Por tanto, el Señor mismo os dará señal: He
aquí que la virgen concebirá, y dará a luz un
hijo,[b] y llamará su nombre Emanuel.[2]
15 Comerá mantequilla y miel, hasta que sepa
desechar lo malo y escoger lo bueno.
16 Porque antes que el niño sepa desechar lo
malo y escoger lo bueno, la tierra de los dos re-
yes que tú temes será abandonada.

6.1: [a] 2 R. 15.7; 2 Cr. 26.23. **6.3:** [b] Ap. 4.8. **6.4:** [c] Ap. 15.8. **6.9-10:** [d] Mt. 13.14-15; Mr. 4.12; Lc. 8.10; Jn. 12.40; Hch. 28.26-27. **7.1:** [a] 2 R. 16.5; 2 Cr. 28.5-6.
7.3: [1] Esto es, *Un remanente volverá.* **7.14:** [b] Mt. 1.23.
[2] Esto es, *Dios con nosotros.*

17 Jehová hará venir sobre ti, sobre tu pueblo y sobre la casa de tu padre, días cuales nunca vinieron desde el día que Efraín se apartó de Judá, esto es, al rey de Asiria.

18 Y acontecerá que aquel día silbará Jehová a la mosca que está en el fin de los ríos de Egipto, y a la abeja que está en la tierra de Asiria;

19 y vendrán y acamparán todos en los valles desiertos, y en las cavernas de las piedras, y en todos los zarzales, y en todas las matas.

20 En aquel día el Señor raerá con navaja alquilada, con los que habitan al otro lado del río, esto es, con el rey de Asiria, cabeza y pelo de los pies, y aun la barba también quitará.

21 Acontecerá en aquel tiempo, que criará un hombre una vaca y dos ovejas;

22 y a causa de la abundancia de leche que darán, comerá mantequilla; ciertamente mantequilla y miel comerá el que quede en medio de la tierra.

23 Acontecerá también en aquel tiempo, que el lugar donde había mil vides que valían mil siclos de plata, será para espinos y cardos.

24 Con saetas y arco irán allá, porque toda la tierra será espinos y cardos.

25 Y a todos los montes que se cavaban con azada, no llegarán allá por el temor de los espinos y de los cardos, sino que serán para pasto de bueyes y para ser hollados de los ganados.

Sea Jehová vuestro temor

8 1 Me dijo Jehová: Toma una tabla grande, y escribe en ella con caracteres legibles tocante a Maher-salal-hasbaz.[3]

2 Y junté conmigo por testigos fieles al sacerdote Urías y a Zacarías hijo de Jeberequías.

3 Y me llegué a la profetisa, la cual concibió, y dio a luz un hijo. Y me dijo Jehová: Ponle por nombre Maher-salal-hasbaz.

4 Porque antes que el niño sepa decir: Padre mío, y Madre mía, será quitada la riqueza de Damasco y los despojos de Samaria delante del rey de Asiria.

5 Otra vez volvió Jehová a hablarme, diciendo:

6 Por cuanto desechó este pueblo las aguas de Siloé, que corren mansamente, y se regocijó con Rezín y con el hijo de Remalías;

7 he aquí, por tanto, que el Señor hace subir sobre ellos aguas de ríos, impetuosas y muchas, esto es, al rey de Asiria con todo su poder; el cual subirá sobre todos sus ríos, y pasará sobre todas sus riberas;

8 y pasando hasta Judá, inundará y pasará adelante, y llegará hasta la garganta; y extendiendo sus alas, llenará la anchura de tu tierra, oh Emanuel.

9 Reuníos, pueblos, y seréis quebrantados; oíd, todos los que sois de lejanas tierras; ceñíos, y seréis quebrantados; disponeos, y seréis quebrantados.

10 Tomad consejo, y será anulado; proferid palabra, y no será firme, porque Dios está con nosotros.

11 Porque Jehová me dijo de esta manera con mano fuerte, y me enseñó que no caminase por el camino de este pueblo, diciendo:

12 No llaméis conspiración a todas las cosas que este pueblo llama conspiración; ni temáis lo que ellos temen, ni tengáis miedo.

13 A Jehová de los ejércitos, a él santificad;[a] sea él vuestro temor, y él sea vuestro miedo.

14 Entonces él será por santuario; pero a las dos casas de Israel, por piedra para tropezar, y por tropezadero para caer, y por lazo y por red al morador de Jerusalén.

15 Y muchos tropezarán entre ellos, y caerán, y serán quebrantados;[b] y se enredarán y serán apresados.

16 Ata el testimonio, sella la ley entre mis discípulos.

17 Esperaré, pues, a Jehová, el cual escondió su rostro de la casa de Jacob, y en él confiaré.[c]

18 He aquí, yo y los hijos que me dio Jehová[d] somos por señales y presagios en Israel, de parte de Jehová de los ejércitos, que mora en el monte de Sion.

19 Y si os dijeren: Preguntad a los encantadores y a los adivinos, que susurran hablando, responded: ¿No consultará el pueblo a su Dios? ¿Consultará a los muertos por los vivos?

20 ¡A la ley y al testimonio! Si no dijeren conforme a esto, es porque no les ha amanecido.

21 Y pasarán por la tierra fatigados y hambrientos, y acontecerá que teniendo hambre, se enojarán y maldecirán a su rey y a su Dios, levantando el rostro en alto.

22 Y mirarán a la tierra, y he aquí tribulación y tinieblas, oscuridad y angustia; y serán sumidos en las tinieblas.

Nacimiento y reinado del Mesías

9 1 Mas no habrá siempre oscuridad para la que está ahora en angustia, tal como la aflicción que le vino en el tiempo que livianamente tocaron la primera vez a la tierra de Zabulón y a la tierra de Neftalí; pues al fin llenará de gloria el camino del mar, de aquel lado del Jordán, en Galilea de los gentiles.[a]

2 El pueblo que andaba en tinieblas vio gran luz; los que moraban en tierra de sombra de muerte, luz resplandeció sobre ellos.[b]

3 Multiplicaste la gente, y aumentaste la alegría.

8.1: [3] Esto es, *El despojo se apresura, la presa se precipita.*
8.12-13: [a] 1 P. 3.14-15. **8.14-15:** [b] 1 P. 2.8.
8.17: [c] He. 2.13. **8.18:** [d] He. 2.13.
9.1: [a] Mt. 4.15. **9.2:** [b] Mt. 4.16; Lc. 1.79.

Se alegrarán delante de ti como se alegran en la siega, como se gozan cuando reparten despojos.
4 Porque tú quebraste su pesado yugo, y la vara de su hombro, y el cetro de su opresor, como en el día de Madián.
5 Porque todo calzado que lleva el guerrero en el tumulto de la batalla, y todo manto revolcado en sangre, serán quemados, pasto del fuego.
6 Porque un niño nos es nacido, hijo nos es dado, y el principado sobre su hombro; y se llamará su nombre Admirable, Consejero, Dios Fuerte, Padre Eterno, Príncipe de Paz.
7 Lo dilatado de su imperio y la paz no tendrán límite, sobre el trono de David y sobre su reino, disponiéndolo y confirmándolo en juicio y en justicia desde ahora y para siempre.[c] El celo de Jehová de los ejércitos hará esto.

La ira de Jehová contra Israel

8 El Señor envió palabra a Jacob, y cayó en Israel.
9 Y la sabrá todo el pueblo, Efraín y los moradores de Samaria, que con soberbia y con altivez de corazón dicen:
10 Los ladrillos cayeron, pero edificaremos de cantería; cortaron los cabrahigos, pero en su lugar pondremos cedros.
11 Pero Jehová levantará los enemigos de Rezín contra él, y juntará a sus enemigos;
12 del oriente los sirios, y los filisteos del poniente; y a boca llena devorarán a Israel. Ni con todo eso ha cesado su furor, sino que todavía su mano está extendida.
13 Pero el pueblo no se convirtió al que lo castigaba, ni buscó a Jehová de los ejércitos.
14 Y Jehová cortará de Israel cabeza y cola, rama y caña en un mismo día.
15 El anciano y venerable de rostro es la cabeza; el profeta que enseña mentira, es la cola.
16 Porque los gobernadores de este pueblo son engañadores, y sus gobernados se pierden.
17 Por tanto, el Señor no tomará contentamiento en sus jóvenes, ni de sus huérfanos y viudas tendrá misericordia; porque todos son falsos y malignos, y toda boca habla despropósitos. Ni con todo esto ha cesado su furor, sino que todavía su mano está extendida.
18 Porque la maldad se encendió como fuego, cardos y espinos devorará; y se encenderá en lo espeso del bosque, y serán alzados como remolinos de humo.
19 Por la ira de Jehová de los ejércitos se oscureció la tierra, y será el pueblo como pasto del fuego; el hombre no tendrá piedad de su hermano.
20 Cada uno hurtará a la mano derecha, y tendrá hambre, y comerá a la izquierda, y no se saciará; cada cual comerá la carne de su brazo;
21 Manasés a Efraín, y Efraín a Manasés, y ambos contra Judá. Ni con todo esto ha cesado su furor, sino que todavía su mano está extendida.

10 1 ¡Ay de los que dictan leyes injustas, y prescriben tiranía,
2 para apartar del juicio a los pobres, y para quitar el derecho a los afligidos de mi pueblo; para despojar a las viudas, y robar a los huérfanos!
3 ¿Y qué haréis en el día del castigo? ¿A quién os acogeréis para que os ayude, cuando venga de lejos el asolamiento? ¿En dónde dejaréis vuestra gloria?
4 Sin mí se inclinarán entre los presos, y entre los muertos caerán. Ni con todo esto ha cesado su furor, sino que todavía su mano está extendida.

Asiria, instrumento de Dios

5 Oh Asiria,[a] vara y báculo de mi furor, en su mano he puesto mi ira.
6 Le mandaré contra una nación pérfida, y sobre el pueblo de mi ira le enviaré, para que quite despojos, y arrebate presa, y lo ponga para ser hollado como lodo de las calles.
7 Aunque él no lo pensará así, ni su corazón lo imaginará de esta manera, sino que su pensamiento será desarraigar y cortar naciones no pocas.
8 Porque él dice: Mis príncipes, ¿no son todos reyes?
9 ¿No es Calno como Carquemis, Hamat como Arfad, y Samaria como Damasco?
10 Como halló mi mano los reinos de los ídolos, siendo sus imágenes más que las de Jerusalén y de Samaria;
11 como hice a Samaria y a sus ídolos, ¿no haré también así a Jerusalén y a sus ídolos?
12 Pero acontecerá que después que el Señor haya acabado toda su obra en el monte de Sion y en Jerusalén, castigará el fruto de la soberbia del corazón del rey de Asiria, y la gloria de la altivez de sus ojos.
13 Porque dijo: Con el poder de mi mano lo he hecho, y con mi sabiduría, porque he sido prudente; quité los territorios de los pueblos, y saqueé sus tesoros, y derribé como valientes a los que estaban sentados;
14 y halló mi mano como nido las riquezas de los pueblos; y como se recogen los huevos abandonados, así me apoderé yo de toda la tierra; y no hubo quien moviese ala, ni abriese boca y graznase.
15 ¿Se gloriará el hacha contra el que con ella corta? ¿Se ensoberbecerá la sierra contra el que la mueve? ¡Como si el báculo levantase al que lo levanta; como si levantase la vara al que no es leño!
16 Por esto el Señor, Jehová de los ejércitos, enviará debilidad sobre sus robustos, y debajo de

9.7: [c] Lc. 1.32-33. **10.5-34:** [a] Is. 14.24-27; Nah. 1.1–3.19; Sof. 2.13-15.

su gloria encenderá una hoguera como ardor de
fuego.
17 Y la luz de Israel será por fuego, y su Santo
por llama, que abrase y consuma en un día sus
cardos y sus espinos.
18 La gloria de su bosque y de su campo fértil
consumirá totalmente, alma y cuerpo, y vendrá
a ser como abanderado en derrota.
19 Y los árboles que queden en su bosque serán
en número que un niño los pueda contar.
20 Acontecerá en aquel tiempo, que los que
hayan quedado de Israel y los que hayan queda-
do de la casa de Jacob, nunca más se apoyarán
en el que los hirió, sino que se apoyarán con ver-
dad en Jehová, el Santo de Israel.
21 El remanente volverá, el remanente de Jacob
volverá al Dios fuerte.
22 Porque si tu pueblo, oh Israel, fuere como las
arenas del mar, el remanente de él volverá; la
destrucción acordada rebosará justicia.
23 Pues el Señor, Jehová de los ejércitos, hará
consumación ya determinada en medio de la
tierra.[b]
24 Por tanto el Señor, Jehová de los ejércitos,
dice así: Pueblo mío, morador de Sion, no temas
de Asiria. Con vara te herirá, y contra ti alzará
su palo, a la manera de Egipto;
25 mas de aquí a muy poco tiempo se acabará
mi furor y mi enojo, para destrucción de ellos.
26 Y levantará Jehová de los ejércitos azote con-
tra él como la matanza de Madián en la peña de
Oreb, y alzará su vara sobre el mar como hizo
por la vía de Egipto.
27 Acontecerá en aquel tiempo que su carga
será quitada de tu hombro, y su yugo de tu cer-
viz, y el yugo se pudrirá a causa de la unción.
28 Vino hasta Ajat, pasó hasta Migrón; en
Micmas contará su ejército.
29 Pasaron el vado; se alojaron en Geba; Ramá
tembló; Gabaa de Saúl huyó.
30 Grita en alta voz, hija de Galim; haz que se
oiga hacia Lais, pobrecilla Anatot.
31 Madmena se alborotó; los moradores de Ge-
bim huyen.
32 Aún vendrá día cuando reposará en Nob; al-
zará su mano al monte de la hija de Sion, al co-
llado de Jerusalén.
33 He aquí el Señor, Jehová de los ejércitos, desga-
jará el ramaje con violencia, y los árboles de gran
altura serán cortados, y los altos serán humillados.
34 Y cortará con hierro la espesura del bosque, y
el Líbano caerá con estruendo.

Reinado justo del Mesías

11 1 Saldrá una vara del tronco de Isaí, y un
vástago[a] retoñará de sus raíces.[b]
2 Y reposará sobre él el Espíritu de Jehová; espí-
ritu de sabiduría y de inteligencia, espíritu de
consejo y de poder, espíritu de conocimiento y
de temor de Jehová.
3 Y le hará entender diligente en el temor de
Jehová. No juzgará según la vista de sus ojos, ni
argüirá por lo que oigan sus oídos;
4 sino que juzgará con justicia a los pobres, y ar-
güirá con equidad por los mansos de la tierra; y
herirá la tierra con la vara de su boca, y con el
espíritu de sus labios matará al impío.[c]
5 Y será la justicia cinto de sus lomos,[d] y la fideli-
dad ceñidor de su cintura.
6 Morará el lobo con el cordero, y el leopardo
con el cabrito se acostará; el becerro y el león y
la bestia doméstica andarán juntos, y un niño
los pastoreará.
7 La vaca y la osa pacerán, sus crías se echarán
juntas; y el león como el buey comerá paja.
8 Y el niño de pecho jugará sobre la cueva del
áspid, y el recién destetado extenderá su mano
sobre la caverna de la víbora.
9 No harán mal ni dañarán en todo mi santo
monte;[e] porque la tierra será llena del conoci-
miento de Jehová, como las aguas cubren el mar.[f]
10 Acontecerá en aquel tiempo que la raíz de
Isaí,[g] la cual estará puesta por pendón a los pue-
blos, será buscada por las gentes; y su habita-
ción será gloriosa.
11 Asimismo acontecerá en aquel tiempo, que
Jehová alzará otra vez su mano para recobrar el
remanente de su pueblo que aún quede en Asi-
ria, Egipto, Patros, Etiopía, Elam, Sinar y Ha-
mat, y en las costas del mar.
12 Y levantará pendón a las naciones, y juntará
los desterrados de Israel, y reunirá los esparci-
dos de Judá de los cuatro confines de la tierra.
13 Y se disipará la envidia de Efraín, y los enemi-
gos de Judá serán destruidos. Efraín no tendrá
envidia de Judá, ni Judá afligirá a Efraín;
14 sino que volarán sobre los hombros de los fi-
listeos al occidente, saquearán también a los de
oriente; Edom y Moab les servirán, y los hijos de
Amón los obedecerán.
15 Y secará Jehová la lengua del mar de Egipto;
y levantará su mano con el poder de su espíritu
sobre el río, y lo herirá en sus siete brazos, y
hará que pasen por él con sandalias.[h]
16 Y habrá camino para el remanente de su pue-
blo, el que quedó de Asiria, de la manera que lo
hubo para Israel el día que subió de la tierra de
Egipto.

Cántico de acción de gracias

12 1 En aquel día dirás: Cantaré a ti, oh Jeho-
vá; pues aunque te enojaste contra mí, tu
indignación se apartó, y me has consolado.

10.22-23: [b] Ro. 9.27-28. **11.1:** [a] Mt. 2.23. [b] Ap. 5.5; 22.16.
11.4: [c] 2 Ts. 2.8. **11.5:** [d] Ef. 6.14. **11.6-9:** [e] Is. 65.25.
11.9: [f] Hab. 2.14. **11.10:** [g] Ro. 15.12. **11.15:** [h] Ap. 16.12.

2 He aquí Dios es salvación mía; me aseguraré y no temeré; porque mi fortaleza y mi canción es JAH Jehová,[a] quien ha sido salvación para mí.

3 Sacaréis con gozo aguas de las fuentes de la salvación.

4 Y diréis en aquel día: Cantad a Jehová, aclamad su nombre, haced célebres en los pueblos sus obras, recordad que su nombre es engrandecido.

5 Cantad salmos a Jehová, porque ha hecho cosas magníficas; sea sabido esto por toda la tierra.

6 Regocíjate y canta, oh moradora de Sion; porque grande es en medio de ti el Santo de Israel.

Profecía sobre Babilonia

13 1 Profecía sobre Babilonia,[a] revelada a Isaías hijo de Amoz.

2 Levantad bandera sobre un alto monte; alzad la voz a ellos, alzad la mano, para que entren por puertas de príncipes.

3 Yo mandé a mis consagrados, asimismo llamé a mis valientes para mi ira, a los que se alegran con mi gloria.

4 Estruendo de multitud en los montes, como de mucho pueblo; estruendo de ruido de reinos, de naciones reunidas; Jehová de los ejércitos pasa revista a las tropas para la batalla.

5 Vienen de lejana tierra, de lo postrero de los cielos, Jehová y los instrumentos de su ira, para destruir toda la tierra.

6 Aullad, porque cerca está el día de Jehová; vendrá como asolamiento del Todopoderoso.[b]

7 Por tanto, toda mano se debilitará, y desfallecerá todo corazón de hombre,

8 y se llenarán de terror; angustias y dolores se apoderarán de ellos; tendrán dolores como mujer de parto; se asombrará cada cual al mirar a su compañero; sus rostros, rostros de llamas.

9 He aquí el día de Jehová viene, terrible, y de indignación y ardor de ira, para convertir la tierra en soledad, y raer de ella a sus pecadores.

10 Por lo cual las estrellas de los cielos y sus luceros no darán su luz; y el sol se oscurecerá al nacer, y la luna no dará su resplandor.[c]

11 Y castigaré al mundo por su maldad, y a los impíos por su iniquidad; y haré que cese la arrogancia de los soberbios, y abatiré la altivez de los fuertes.

12 Haré más precioso que el oro fino al varón, y más que el oro de Ofir al hombre.

13 Porque haré estremecer los cielos, y la tierra se moverá de su lugar, en la indignación de Jehová de los ejércitos, y en el día del ardor de su ira.

14 Y como gacela perseguida, y como oveja sin pastor, cada cual mirará hacia su pueblo, y cada uno huirá a su tierra.

15 Cualquiera que sea hallado será alanceado; y cualquiera que por ellos sea tomado, caerá a espada.

16 Sus niños serán estrellados delante de ellos; sus casas serán saqueadas, y violadas sus mujeres.

17 He aquí que yo despierto contra ellos a los medos, que no se ocuparán de la plata, ni codiciarán oro.

18 Con arco tirarán a los niños, y no tendrán misericordia del fruto del vientre, ni su ojo perdonará a los hijos.

19 Y Babilonia, hermosura de reinos y ornamento de la grandeza de los caldeos, será como Sodoma y Gomorra, a las que trastornó Dios.[d]

20 Nunca más será habitada, ni se morará en ella de generación en generación; ni levantará allí tienda el árabe, ni pastores tendrán allí majada;

21 sino que dormirán allí las fieras del desierto, y sus casas se llenarán de hurones;[e] allí habitarán avestruces, y allí saltarán las cabras salvajes.

22 En sus palacios aullarán hienas, y chacales en sus casas de deleite; y cercano a llegar está su tiempo, y sus días no se alargarán.

Escarnio contra el rey de Babilonia

14 1 Porque Jehová tendrá piedad de Jacob, y todavía escogerá a Israel, y lo hará reposar en su tierra; y a ellos se unirán extranjeros, y se juntarán a la familia de Jacob.

2 Y los tomarán los pueblos, y los traerán a su lugar; y la casa de Israel los poseerá por siervos y criadas en la tierra de Jehová; y cautivarán a los que los cautivaron, y señorearán sobre los que los oprimieron.

3 Y en el día que Jehová te dé reposo de tu trabajo y de tu temor, y de la dura servidumbre en que te hicieron servir,

4 pronunciarás este proverbio contra el rey de Babilonia, y dirás: ¡Cómo paró el opresor, cómo acabó la ciudad codiciosa de oro!

5 Quebrantó Jehová el báculo de los impíos, el cetro de los señores;

6 el que hería a los pueblos con furor, con llaga permanente, el que se enseñoreaba de las naciones con ira, y las perseguía con crueldad.

7 Toda la tierra está en reposo y en paz; se cantaron alabanzas.

8 Aun los cipreses se regocijaron a causa de ti, y los cedros del Líbano, diciendo: Desde que tú pereciste, no ha subido cortador contra nosotros.

9 El Seol abajo se espantó de ti; despertó muertos que en tu venida saliesen a recibirte, hizo levantar de sus sillas a todos los príncipes de la tierra, a todos los reyes de las naciones.

12.2: [a] Ex. 15.2; Sal. 118.14. **13.1—14.23:** [a] Is. 47.1-15; Jer. 50.1—51.64. **13.6:** [b] Jl. 1.15. **13.10:** [c] Mt. 24.29; Mr. 13.24-25; Lc. 21.25; Ap. 6.12-13; 8.12. **13.19:** [d] Gn. 19.24. **13.21:** [e] Ap. 18.2.

10 Todos ellos darán voces, y te dirán: ¿Tú también te debilitaste como nosotros, y llegaste a ser como nosotros?

11 Descendió al Seol tu soberbia, y el sonido de tus arpas; gusanos serán tu cama, y gusanos te cubrirán.

12 ¡Cómo caíste del cielo,[a] oh Lucero, hijo de la mañana! Cortado fuiste por tierra, tú que debilitabas a las naciones.

13 Tú que decías en tu corazón: Subiré al cielo; en lo alto, junto a las estrellas de Dios, levantaré mi trono, y en el monte del testimonio me sentaré, a los lados del norte;

14 sobre las alturas de las nubes subiré, y seré semejante al Altísimo.

15 Mas tú derribado eres hasta el Seol,[b] a los lados del abismo.

16 Se inclinarán hacia ti los que te vean, te contemplarán, diciendo: ¿Es éste aquel varón que hacía temblar la tierra, que trastornaba los reinos;

17 que puso el mundo como un desierto, que asoló sus ciudades, que a sus presos nunca abrió la cárcel?

18 Todos los reyes de las naciones, todos ellos yacen con honra cada uno en su morada;

19 pero tú echado eres de tu sepulcro como vástago abominable, como vestido de muertos pasados a espada, que descendieron al fondo de la sepultura; como cuerpo muerto hollado.

20 No serás contado con ellos en la sepultura; porque tú destruiste tu tierra, mataste a tu pueblo. No será nombrada para siempre la descendencia de los malignos.

21 Preparad sus hijos para el matadero, por la maldad de sus padres; no se levanten, ni posean la tierra, ni llenen de ciudades la faz del mundo.

22 Porque yo me levantaré contra ellos, dice Jehová de los ejércitos, y raeré de Babilonia el nombre y el remanente, hijo y nieto, dice Jehová.

23 Y la convertiré en posesión de erizos, y en lagunas de agua; y la barreré con escobas de destrucción, dice Jehová de los ejércitos.

Asiria será destruida

24 Jehová de los ejércitos juró diciendo: Ciertamente se hará de la manera que lo he pensado, y será confirmado como lo he determinado;

25 que quebrantaré al asirio[c] en mi tierra, y en mis montes lo hollaré; y su yugo será apartado de ellos, y su carga será quitada de su hombro.

26 Este es el consejo que está acordado sobre toda la tierra, y esta, la mano extendida sobre todas las naciones.

27 Porque Jehová de los ejércitos lo ha determinado, ¿y quién lo impedirá? Y su mano extendida, ¿quién la hará retroceder?

Profecía sobre Filistea

28 En el año que murió el rey Acaz[d] fue esta profecía:

29 No te alegres tú, Filistea[e] toda, por haberse quebrado la vara del que te hería; porque de la raíz de la culebra saldrá áspid, y su fruto, serpiente voladora.

30 Y los primogénitos de los pobres serán apacentados, y los menesterosos se acostarán confiados; mas yo haré morir de hambre tu raíz, y destruiré lo que de ti quedare.

31 Aúlla, oh puerta; clama, oh ciudad; disuelta estás toda tú, Filistea; porque humo vendrá del norte, no quedará uno solo en sus asambleas.

32 ¿Y qué se responderá a los mensajeros de las naciones? Que Jehová fundó a Sion, y que a ella se acogerán los afligidos de su pueblo.

Profecía sobre Moab

15 1 Profecía sobre Moab.[a] Cierto, de noche fue destruida Ar de Moab, puesta en silencio. Cierto, de noche fue destruida Kir de Moab, reducida a silencio.

2 Subió a Bayit y a Dibón, lugares altos, a llorar; sobre Nebo y sobre Medeba aullará Moab; toda cabeza de ella será rapada, y toda barba rasurada.

3 Se ceñirán de cilicio en sus calles; en sus terrados y en sus plazas aullarán todos, deshaciéndose en llanto.

4 Hesbón y Eleale gritarán, hasta Jahaza se oirá su voz; por lo que aullarán los guerreros de Moab, se lamentará el alma de cada uno dentro de él.

5 Mi corazón dará gritos por Moab; sus fugitivos huirán hasta Zoar, como novilla de tres años. Por la cuesta de Luhit subirán llorando, y levantarán grito de quebrantamiento por el camino de Horonaim.

6 Las aguas de Nimrim serán consumidas, y se secará la hierba, se marchitarán los retoños, todo verdor perecerá.

7 Por tanto, las riquezas que habrán adquirido, y las que habrán reservado, las llevarán al torrente de los sauces.

8 Porque el llanto rodeó los límites de Moab; hasta Eglaim llegó su alarido, y hasta Beer-elim su clamor.

9 Y las aguas de Dimón se llenarán de sangre; porque yo traeré sobre Dimón males mayores, leones a los que escaparen de Moab, y a los sobrevivientes de la tierra.

16 1 Enviad cordero al señor de la tierra, desde Sela del desierto al monte de la hija de Sion.

14.12: [a] Ap. 8.10. **14.13-15:** [b] Mt. 11.23; Lc. 10.15.
14.24-27: [c] Is. 10.5-34; Nah. 1.1–3.19; Sof. 2.13-15.
14.28: [d] 2 R. 16.20; 2 Cr. 28.27. **14.29-31:** [e] Jer. 47.1-7; Ez. 25.15-17; Jl. 3.4-8; Am. 1.6-8; Sof. 2.4-7; Zac. 9.5-7.
15.1—16.14: [a] Is. 25.10-12; Jer. 48.1-47; Ez. 25.8-11; Am. 2.1-3; Sof. 2.8-11.

2 Y cual ave espantada que huye de su nido, así
serán las hijas de Moab en los vados de Arnón.
3 Reúne consejo, haz juicio; pon tu sombra en
medio del día como la noche; esconde a los des-
terrados, no entregues a los que andan errantes.
4 Moren contigo mis desterrados, oh Moab; sé
para ellos escondedero de la presencia del de-
vastador; porque el atormentador fenecerá, el
devastador tendrá fin, el pisoteador será consu-
mido de sobre la tierra.
5 Y se dispondrá el trono en misericordia; y so-
bre él se sentará firmemente, en el tabernáculo
de David, quien juzgue y busque el juicio, y
apresure la justicia.
6 Hemos oído la soberbia de Moab; muy gran-
des son su soberbia, su arrogancia y su altivez;
pero sus mentiras no serán firmes.
7 Por tanto, aullará Moab, todo él aullará; gemi-
réis en gran manera abatidos, por las tortas de
uvas de Kir-hareset.
8 Porque los campos de Hesbón fueron tala-
dos, y las vides de Sibma; señores de naciones
pisotearon sus generosos sarmientos; habían
llegado hasta Jazer, y se habían extendido por el
desierto; se extendieron sus plantas, pasaron el
mar.
9 Por lo cual lamentaré con lloro de Jazer por la
viña de Sibma; te regaré con mis lágrimas, oh
Hesbón y Eleale; porque sobre tus cosechas y
sobre tu siega caerá el grito de guerra.
10 Quitado es el gozo y la alegría del campo fér-
til; en las viñas no cantarán, ni se regocijarán;
no pisará vino en los lagares el pisador; he he-
cho cesar el grito del lagarero.
11 Por tanto, mis entrañas vibrarán como arpa
por Moab, y mi corazón por Kir-hareset.
12 Y cuando apareciere Moab cansado sobre los
lugares altos, cuando venga a su santuario a
orar, no le valdrá.
13 Esta es la palabra que pronunció Jehová
sobre Moab desde aquel tiempo;
14 pero ahora Jehová ha hablado, diciendo: Den-
tro de tres años, como los años de un jornalero,
será abatida la gloria de Moab, con toda su gran
multitud; y los sobrevivientes serán pocos, pe-
queños y débiles.

Profecía sobre Damasco

17 1 Profecía sobre Damasco.[a] He aquí que
Damasco dejará de ser ciudad, y será
montón de ruinas.
2 Las ciudades de Aroer están desamparadas, en
majadas se convertirán; dormirán allí, y no ha-
brá quien los espante.
3 Y cesará el socorro de Efraín, y el reino de Da-
masco; y lo que quede de Siria será como la glo-
ria de los hijos de Israel, dice Jehová de los
ejércitos.

Juicio sobre Israel

4 En aquel tiempo la gloria de Jacob se ate-
nuará, y se enflaquecerá la grosura de su carne.
5 Y será como cuando el segador recoge la mies,
y con su brazo siega las espigas; será también
como el que recoge espigas en el valle de Refaim.
6 Y quedarán en él rebuscos, como cuando sacu-
den el olivo; dos o tres frutos en la punta de la
rama, cuatro o cinco en sus ramas más fructífe-
ras, dice Jehová Dios de Israel.
7 En aquel día mirará el hombre a su Hacedor,
y sus ojos contemplarán al Santo de Israel.
8 Y no mirará a los altares que hicieron sus ma-
nos, ni mirará a lo que hicieron sus dedos, ni a
los símbolos de Asera, ni a las imágenes del sol.
9 En aquel día sus ciudades fortificadas serán
como los frutos que quedan en los renuevos y en
las ramas, los cuales fueron dejados a causa de
los hijos de Israel; y habrá desolación.
10 Porque te olvidaste del Dios de tu salvación, y
no te acordaste de la roca de tu refugio; por tan-
to, sembrarás plantas hermosas, y plantarás sar-
miento extraño.
11 El día que las plantes, las harás crecer, y ha-
rás que su simiente brote de mañana; pero la co-
secha será arrebatada en el día de la angustia, y
del dolor desesperado.
12 ¡Ay! multitud de muchos pueblos que ha-
rán ruido como estruendo del mar, y murmullo
de naciones que harán alboroto como bramido
de muchas aguas.
13 Los pueblos harán estrépito como de ruido de
muchas aguas; pero Dios los reprenderá, y hui-
rán lejos; serán ahuyentados como el tamo de
los montes delante del viento, y como el polvo
delante del torbellino.
14 Al tiempo de la tarde, he aquí la turbación,
pero antes de la mañana el enemigo ya no exis-
te. Esta es la parte de los que nos aplastan, y la
suerte de los que nos saquean.

Profecía sobre Etiopía

18 1 ¡Ay de la tierra que hace sombra con
las alas, que está tras los ríos de Etiopía;[a]
2 que envía mensajeros por el mar, y en naves de
junco sobre las aguas! Andad, mensajeros velo-
ces, a la nación de elevada estatura y tez brillan-
te, al pueblo temible desde su principio y
después, gente fuerte y conquistadora, cuya tie-
rra es surcada por ríos.
3 Vosotros, todos los moradores del mundo y
habitantes de la tierra, cuando se levante ban-
dera en los montes, mirad; y cuando se toque
trompeta, escuchad.
4 Porque Jehová me dijo así: Me estaré quie-
to, y los miraré desde mi morada, como sol claro

17.1-3: [a] Jer. 49.23-27; Am. 1.3-5; Zac. 9.1.
18.1-7: [a] Sof. 2.12.

después de la lluvia, como nube de rocío en el
calor de la siega.
5 Porque antes de la siega, cuando el fruto sea
perfecto, y pasada la flor se maduren los frutos,
entonces podará con podaderas las ramitas, y
cortará y quitará las ramas.
6 Y serán dejados todos para las aves de los
montes y para las bestias de la tierra; sobre ellos
tendrán el verano las aves, e invernarán todas
las bestias de la tierra.
7 En aquel tiempo será traída ofrenda a Jeho-
vá de los ejércitos, del pueblo de elevada estatu-
ra y tez brillante, del pueblo temible desde su
principio y después, gente fuerte y conquistado-
ra, cuya tierra es surcada por ríos, al lugar del
nombre de Jehová de los ejércitos, al monte de
Sion.

Profecía sobre Egipto

19 1 Profecía sobre Egipto.[a] He aquí que
Jehová monta sobre una ligera nube, y
entrará en Egipto; y los ídolos de Egipto tem-
blarán delante de él, y desfallecerá el corazón
de los egipcios dentro de ellos.
2 Levantaré egipcios contra egipcios, y cada uno
peleará contra su hermano, cada uno contra su
prójimo; ciudad contra ciudad, y reino contra
reino.
3 Y el espíritu de Egipto se desvanecerá en me-
dio de él, y destruiré su consejo; y preguntarán
a sus imágenes, a sus hechiceros, a sus evocado-
res y a sus adivinos.
4 Y entregaré a Egipto en manos de señor duro,
y rey violento se enseñoreará de ellos, dice el
Señor, Jehová de los ejércitos.
5 Y las aguas del mar faltarán, y el río se ago-
tará y secará.
6 Y se alejarán los ríos, se agotarán y secarán las
corrientes de los fosos; la caña y el carrizo serán
cortados.
7 La pradera de junto al río, de junto a la ribera
del río, y toda sementera del río, se secarán, se
perderán, y no serán más.
8 Los pescadores también se entristecerán; ha-
rán duelo todos los que echan anzuelo en el río,
y desfallecerán los que extienden red sobre las
aguas.
9 Los que labran lino fino y los que tejen redes
serán confundidos,
10 porque todas sus redes serán rotas; y se entris-
tecerán todos los que hacen viveros para peces.
11 Ciertamente son necios los príncipes de
Zoán; el consejo de los prudentes consejeros de
Faraón se ha desvanecido. ¿Cómo diréis a Fa-
raón: Yo soy hijo de los sabios, e hijo de los reyes
antiguos?
12 ¿Dónde están ahora aquellos tus sabios? Que
te digan ahora, o te hagan saber qué es lo que
Jehová de los ejércitos ha determinado sobre
Egipto.
13 Se han desvanecido los príncipes de Zoán, se
han engañado los príncipes de Menfis; engaña-
ron a Egipto los que son la piedra angular de sus
familias.
14 Jehová mezcló espíritu de vértigo en medio
de él; e hicieron errar a Egipto en toda su obra,
como tambalea el ebrio en su vómito.
15 Y no aprovechará a Egipto cosa que haga la
cabeza o la cola, la rama o el junco.
16 En aquel día los egipcios serán como muje-
res; porque se asombrarán y temerán en la pre-
sencia de la mano alta de Jehová de los ejércitos,
que él levantará contra ellos.
17 Y la tierra de Judá será de espanto a Egipto;
todo hombre que de ella se acordare temerá por
causa del consejo que Jehová de los ejércitos
acordó sobre aquél.
18 En aquel tiempo habrá cinco ciudades en
la tierra de Egipto que hablen la lengua de Ca-
naán, y que juren por Jehová de los ejércitos;
una será llamada la ciudad de Herez.
19 En aquel tiempo habrá altar para Jehová
en medio de la tierra de Egipto, y monumento a
Jehová junto a su frontera.
20 Y será por señal y por testimonio a Jehová de
los ejércitos en la tierra de Egipto; porque cla-
marán a Jehová a causa de sus opresores, y él
les enviará salvador y príncipe que los libre.
21 Y Jehová será conocido de Egipto, y los de
Egipto conocerán a Jehová en aquel día, y harán
sacrificio y oblación; y harán votos a Jehová, y
los cumplirán.
22 Y herirá Jehová a Egipto; herirá y sanará, y se
convertirán a Jehová, y les será clemente y los
sanará.
23 En aquel tiempo habrá una calzada de
Egipto a Asiria, y asirios entrarán en Egipto, y
egipcios en Asiria; y los egipcios servirán con los
asirios a Jehová.
24 En aquel tiempo Israel será tercero con
Egipto y con Asiria para bendición en medio de
la tierra;
25 porque Jehová de los ejércitos los bendecirá
diciendo: Bendito el pueblo mío Egipto, y el asi-
rio obra de mis manos, e Israel mi heredad.

Predicción de la conquista de Egipto y de Etiopía por Asiria

20 1 En el año que vino el Tartán a Asdod,
cuando lo envió Sargón rey de Asiria, y
peleó contra Asdod y la tomó;
2 en aquel tiempo habló Jehová por medio de
Isaías hijo de Amoz, diciendo: Ve y quita el cili-
cio de tus lomos, y descalza las sandalias de tus
pies. Y lo hizo así, andando desnudo y descalzo.

19.1-25: [a] Jer. 46.2-26; Ez. 29.1–32.32.

3 Y dijo Jehová: De la manera que anduvo mi siervo Isaías desnudo y descalzo tres años, por señal y pronóstico sobre Egipto y sobre Etiopía,

4 así llevará el rey de Asiria a los cautivos de Egipto y los deportados de Etiopía, a jóvenes y a ancianos, desnudos y descalzos, y descubiertas las nalgas para vergüenza de Egipto.

5 Y se turbarán y avergonzarán de Etiopía su esperanza, y de Egipto su gloria.

6 Y dirá en aquel día el morador de esta costa: Mirad qué tal fue nuestra esperanza, a donde nos acogimos por socorro para ser libres de la presencia del rey de Asiria; ¿y cómo escaparemos nosotros?

Profecía sobre el desierto del mar

21 1 Profecía sobre el desierto del mar. Como torbellino del Neguev, así viene del desierto, de la tierra horrenda.

2 Visión dura me ha sido mostrada. El prevaricador prevarica, y el destructor destruye. Sube, oh Elam; sitia, oh Media. Todo su gemido hice cesar.

3 Por tanto, mis lomos se han llenado de dolor; angustias se apoderaron de mí, como angustias de mujer de parto; me agobié oyendo, y al ver me he espantado.

4 Se pasmó mi corazón, el horror me ha intimidado; la noche de mi deseo se me volvió en espanto.

5 Ponen la mesa, extienden tapices; comen, beben. ¡Levantaos, oh príncipes, ungid el escudo!

6 Porque el Señor me dijo así: Ve, pon centinela que haga saber lo que vea.

7 Y vio hombres montados, jinetes de dos en dos, montados sobre asnos, montados sobre camellos; y miró más atentamente,

8 y gritó como un león: Señor, sobre la atalaya estoy yo continuamente de día, y las noches enteras sobre mi guarda;

9 y he aquí vienen hombres montados, jinetes de dos en dos. Después habló y dijo: Cayó, cayó Babilonia;[a] y todos los ídolos de sus dioses quebrantó en tierra.

10 Oh pueblo mío, trillado y aventado, os he dicho lo que oí de Jehová de los ejércitos, Dios de Israel.

Profecía sobre Duma

11 Profecía sobre Duma. Me dan voces de Seir: Guarda, ¿qué de la noche? Guarda, ¿qué de la noche?

12 El guarda respondió: La mañana viene, y después la noche; preguntad si queréis, preguntad; volved, venid.

Profecía sobre Arabia

13 Profecía sobre Arabia. En el bosque pasaréis la noche en Arabia, oh caminantes de Dedán.

14 Salid a encontrar al sediento; llevadle agua, moradores de tierra de Tema, socorred con pan al que huye.

15 Porque ante la espada huye, ante la espada desnuda, ante el arco entesado, ante el peso de la batalla.

16 Porque así me ha dicho Jehová: De aquí a un año, semejante a años de jornalero, toda la gloria de Cedar será deshecha;

17 y los sobrevivientes del número de los valientes flecheros, hijos de Cedar, serán reducidos; porque Jehová Dios de Israel lo ha dicho.

Profecía sobre el valle de la visión

22 1 Profecía sobre el valle de la visión. ¿Qué tienes ahora, que con todos los tuyos has subido sobre los terrados?

2 Tú, llena de alborotos, ciudad turbulenta, ciudad alegre; tus muertos no son muertos a espada, ni muertos en guerra.

3 Todos tus príncipes juntos huyeron del arco, fueron atados; todos los que en ti se hallaron, fueron atados juntamente, aunque habían huido lejos.

4 Por esto dije: Dejadme, lloraré amargamente; no os afanéis por consolarme de la destrucción de la hija de mi pueblo.

5 Porque día es de alboroto, de angustia y de confusión, de parte del Señor, Jehová de los ejércitos, en el valle de la visión, para derribar el muro, y clamar al monte.

6 Y Elam tomó aljaba, con carros y con jinetes, y Kir sacó el escudo.

7 Tus hermosos valles fueron llenos de carros, y los de a caballo acamparon a la puerta.

8 Y desnudó la cubierta de Judá; y miraste en aquel día hacia la casa de armas del bosque.

9 Visteis las brechas de la ciudad de David, que se multiplicaron; y recogisteis las aguas del estanque de abajo.

10 Y contasteis las casas de Jerusalén, y derribasteis casas para fortificar el muro.

11 Hicisteis foso entre los dos muros para las aguas del estanque viejo; y no tuvisteis respeto al que lo hizo, ni mirasteis de lejos al que lo labró.

12 Por tanto, el Señor, Jehová de los ejércitos, llamó en este día a llanto y a endechas, a raparse el cabello y a vestir cilicio;

13 y he aquí gozo y alegría, matando vacas y degollando ovejas, comiendo carne y bebiendo vino, diciendo: Comamos y bebamos, porque mañana moriremos.[a]

14 Esto fue revelado a mis oídos de parte de Jehová de los ejércitos: Que este pecado no os será perdonado hasta que muráis, dice el Señor, Jehová de los ejércitos.

21.9: [a] Ap. 14.8; 18.2. **22.13:** [a] 1 Co. 15.32.

Sebna será sustituido por Eliaquim

15 Jehová de los ejércitos dice así: Ve, entra a
este tesorero, a Sebna el mayordomo, y dile:
16 ¿Qué tienes tú aquí, o a quién tienes aquí,
que labraste aquí sepulcro para ti, como el que
en lugar alto labra su sepultura, o el que esculpe
para sí morada en una peña?
17 He aquí que Jehová te transportará en duro
cautiverio, y de cierto te cubrirá el rostro.
18 Te echará a rodar con ímpetu, como a bola
por tierra extensa; allá morirás, y allá estarán
los carros de tu gloria, oh vergüenza de la casa
de tu señor.
19 Y te arrojaré de tu lugar, y de tu puesto te em-
pujaré.
20 En aquel día llamaré a mi siervo Eliaquim
hijo de Hilcías,
21 y lo vestiré de tus vestiduras, y lo ceñiré de tu
talabarte, y entregaré en sus manos tu potestad;
y será padre al morador de Jerusalén, y a la casa
de Judá.
22 Y pondré la llave de la casa de David sobre su
hombro; y abrirá, y nadie cerrará; cerrará, y na-
die abrirá.[b]
23 Y lo hincaré como clavo en lugar firme; y será
por asiento de honra a la casa de su padre.
24 Colgarán de él toda la honra de la casa de su
padre, los hijos y los nietos, todos los vasos me-
nores, desde las tazas hasta toda clase de jarros.
25 En aquel día, dice Jehová de los ejércitos, el
clavo hincado en lugar firme será quitado; será
quebrado y caerá, y la carga que sobre él se puso
se echará a perder; porque Jehová habló.

Profecía sobre Tiro

23 1 Profecía sobre Tiro.[a] Aullad, naves de
Tarsis, porque destruida es Tiro hasta no
quedar casa, ni a donde entrar; desde la tierra
de Quitim les es revelado.
2 Callad, moradores de la costa, mercaderes de
Sidón, que pasando el mar te abastecían.
3 Su provisión procedía de las sementeras que
crecen con las muchas aguas del Nilo, de la mies
del río. Fue también emporio de las naciones.
4 Avergüénzate, Sidón, porque el mar, la forta-
leza del mar habló, diciendo: Nunca estuve de
parto, ni di a luz, ni crié jóvenes, ni levanté vír-
genes.
5 Cuando llegue la noticia a Egipto, tendrán do-
lor de las nuevas de Tiro.
6 Pasaos a Tarsis; aullad, moradores de la costa.
7 ¿No era ésta vuestra ciudad alegre, con mu-
chos días de antigüedad? Sus pies la llevarán a
morar lejos.
8 ¿Quién decretó esto sobre Tiro, la que repartía
coronas, cuyos negociantes eran príncipes, cu-
yos mercaderes eran los nobles de la tierra?
9 Jehová de los ejércitos lo decretó, para envile-
cer la soberbia de toda gloria, y para abatir a
todos los ilustres de la tierra.
10 Pasa cual río de tu tierra, oh hija de Tarsis,
porque no tendrás ya más poder.
11 Extendió su mano sobre el mar, hizo temblar
los reinos; Jehová mandó respecto a Canaán,
que sus fortalezas sean destruidas.
12 Y dijo: No te alegrarás más, oh oprimida vir-
gen hija de Sidón. Levántate para pasar a Qui-
tim, y aun allí no tendrás reposo.
13 Mira la tierra de los caldeos. Este pueblo no
existía; Asiria la fundó para los moradores del
desierto. Levantaron sus fortalezas, edificaron
sus palacios; él la convirtió en ruinas.
14 Aullad, naves de Tarsis, porque destruida es
vuestra fortaleza.
15 Acontecerá en aquel día, que Tiro será puesta
en olvido por setenta años, como días de un rey.
Después de los setenta años, cantará Tiro can-
ción como de ramera.
16 Toma arpa, y rodea la ciudad, oh ramera olvi-
dada; haz buena melodía, reitera la canción,
para que seas recordada.
17 Y acontecerá que al fin de los setenta años vi-
sitará Jehová a Tiro; y volverá a comerciar, y
otra vez fornicará con todos los reinos del mun-
do sobre la faz de la tierra.
18 Pero sus negocios y ganancias serán consa-
grados a Jehová; no se guardarán ni se atesora-
rán, porque sus ganancias serán para los que
estuvieren delante de Jehová, para que coman
hasta saciarse, y vistan espléndidamente.

El juicio de Jehová sobre la tierra

24 1 He aquí que Jehová vacía la tierra y la
desnuda, y trastorna su faz, y hace es-
parcir a sus moradores.
2 Y sucederá así como al pueblo, también al
sacerdote; como al siervo, así a su amo; como a
la criada, a su ama; como al que compra, al que
vende; como al que presta, al que toma presta-
do; como al que da a logro, así al que lo recibe.
3 La tierra será enteramente vaciada, y comple-
tamente saqueada; porque Jehová ha pronun-
ciado esta palabra.
4 Se destruyó, cayó la tierra; enfermó, cayó el
mundo; enfermaron los altos pueblos de la tierra.
5 Y la tierra se contaminó bajo sus moradores;
porque traspasaron las leyes, falsearon el dere-
cho, quebrantaron el pacto sempiterno.
6 Por esta causa la maldición consumió la tierra,
y sus moradores fueron asolados; por esta causa
fueron consumidos los habitantes de la tierra, y
disminuyeron los hombres.
7 Se perdió el vino, enfermó la vid, gimieron to-
dos los que eran alegres de corazón.

22.22: [b] Ap. 3.7. **23.1-18:** [a] Ez. 26.1–28.19; Jl. 3.4-8; Am. 1.9-10; Zac. 9.1-4; Mt.11.21-22; Lc. 10.13-14.

8 Cesó el regocijo de los panderos, se acabó el
estruendo de los que se alegran, cesó la alegría
del arpa.
9 No beberán vino con cantar; la sidra les será
amarga a los que la bebieren.
10 Quebrantada está la ciudad por la vanidad;
toda casa se ha cerrado, para que no entre na-
die.
11 Hay clamores por falta de vino en las calles;
todo gozo se oscureció, se desterró la alegría de
la tierra.
12 La ciudad quedó desolada, y con ruina fue
derribada la puerta.
13 Porque así será en medio de la tierra, en me-
dio de los pueblos, como olivo sacudido, como
rebuscos después de la vendimia.
14 Estos alzarán su voz, cantarán gozosos
por la grandeza de Jehová; desde el mar darán
voces.
15 Glorificad por esto a Jehová en los valles; en
las orillas del mar sea nombrado Jehová Dios de
Israel.
16 De lo postrero de la tierra oímos cánticos: Glo-
ria al justo. Y yo dije: ¡Mi desdicha, mi desdicha,
ay de mí! Prevaricadores han prevaricado; y han
prevaricado con prevaricación de desleales.
17 Terror, foso y red sobre ti, oh morador de la
tierra.
18 Y acontecerá que el que huyere de la voz del
terror caerá en el foso; y el que saliere de en me-
dio del foso será preso en la red; porque de lo
alto se abrirán ventanas, y temblarán los ci-
mientos de la tierra.
19 Será quebrantada del todo la tierra, entera-
mente desmenuzada será la tierra, en gran ma-
nera será la tierra conmovida.
20 Temblará la tierra como un ebrio, y será remo-
vida como una choza; y se agravará sobre ella su
pecado, y caerá, y nunca más se levantará.
21 Acontecerá en aquel día, que Jehová casti-
gará al ejército de los cielos en lo alto, y a los re-
yes de la tierra sobre la tierra.
22 Y serán amontonados como se amontona a
los encarcelados en mazmorra, y en prisión que-
darán encerrados, y serán castigados después
de muchos días.
23 La luna se avergonzará, y el sol se confundi-
rá, cuando Jehová de los ejércitos reine en el
monte de Sion y en Jerusalén, y delante de sus
ancianos sea glorioso.

Cántico de alabanza por el favor de Jehová

25 1 Jehová, tú eres mi Dios; te exaltaré,
alabaré tu nombre, porque has hecho
maravillas; tus consejos antiguos son verdad y
firmeza.
2 Porque convertiste la ciudad en montón, la
ciudad fortificada en ruina; el alcázar de los ex-
traños para que no sea ciudad, ni nunca jamás
sea reedificado.
3 Por esto te dará gloria el pueblo fuerte, te te-
merá la ciudad de gentes robustas.
4 Porque fuiste fortaleza al pobre, fortaleza al
menesteroso en su aflicción, refugio contra el
turbión, sombra contra el calor; porque el ímpe-
tu de los violentos es como turbión contra el
muro.
5 Como el calor en lugar seco, así humillarás el
orgullo de los extraños; y como calor debajo de
nube harás marchitar el renuevo de los robustos.
6 Y Jehová de los ejércitos hará en este monte
a todos los pueblos banquete de manjares sucu-
lentos, banquete de vinos refinados, de gruesos
tuétanos y de vinos purificados.
7 Y destruirá en este monte la cubierta con que
están cubiertos todos los pueblos, y el velo que
envuelve a todas las naciones.
8 Destruirá a la muerte para siempre;[a] y enjuga-
rá Jehová el Señor toda lágrima de todos los
rostros;[b] y quitará la afrenta de su pueblo de
toda la tierra; porque Jehová lo ha dicho.
9 Y se dirá en aquel día: He aquí, éste es nues-
tro Dios, le hemos esperado, y nos salvará; éste
es Jehová a quien hemos esperado, nos gozare-
mos y nos alegraremos en su salvación.
10 Porque la mano de Jehová reposará en este
monte; pero Moab[c] será hollado en su mismo si-
tio, como es hollada la paja en el muladar.
11 Y extenderá su mano por en medio de él,
como la extiende el nadador para nadar; y aba-
tirá su soberbia y la destreza de sus manos.
12 Y abatirá la fortaleza de tus altos muros; la
humillará y la echará a tierra, hasta el polvo.

Cántico de confianza en la protección de Jehová

26 1 En aquel día cantarán este cántico en
tierra de Judá: Fuerte ciudad tenemos;
salvación puso Dios por muros y antemuro.
2 Abrid las puertas, y entrará la gente justa,
guardadora de verdades.
3 Tú guardarás en completa paz a aquel cuyo
pensamiento en ti persevera; porque en ti ha
confiado.
4 Confiad en Jehová perpetuamente, porque en
Jehová el Señor está la fortaleza de los siglos.
5 Porque derribó a los que moraban en lugar
sublime; humilló a la ciudad exaltada, la humi-
lló hasta la tierra, la derribó hasta el polvo.
6 La hollará pie, los pies del afligido, los pasos
de los menesterosos.
7 El camino del justo es rectitud; tú, que eres
recto, pesas el camino del justo.
8 También en el camino de tus juicios, oh Jeho-

25.8: [a] 1 Co. 15.54. [b] Ap. 7.17; 21.4. **25.10-12:** [c] Is. 15.1–16.14; Jer. 48.1-47; Ez. 25.8-11; Am. 2.1-3; Sof. 2.8-11.

vá, te hemos esperado; tu nombre y tu memoria
son el deseo de nuestra alma.
9 Con mi alma te he deseado en la noche, y en
tanto que me dure el espíritu dentro de mí, madrugaré a buscarte; porque luego que hay juicios tuyos en la tierra, los moradores del mundo
aprenden justicia.
10 Se mostrará piedad al malvado, y no aprenderá justicia; en tierra de rectitud hará iniquidad, y no mirará a la majestad de Jehová.
11 Jehová, tu mano está alzada, pero ellos no
ven; verán al fin, y se avergonzarán los que envidian a tu pueblo; y a tus enemigos fuego los
consumirá.[a]
12 Jehová, tú nos darás paz, porque también hiciste en nosotros todas nuestras obras.
13 Jehová Dios nuestro, otros señores fuera de ti
se han enseñoreado de nosotros; pero en ti solamente nos acordaremos de tu nombre.
14 Muertos son, no vivirán; han fallecido, no resucitarán; porque los castigaste, y destruiste y
deshiciste todo su recuerdo.
15 Aumentaste el pueblo, oh Jehová, aumentaste el pueblo; te hiciste glorioso; ensanchaste todos los confines de la tierra.
16 Jehová, en la tribulación te buscaron; derramaron oración cuando los castigaste.
17 Como la mujer encinta cuando se acerca el
alumbramiento gime y da gritos en sus dolores,
así hemos sido delante de ti, oh Jehová.
18 Concebimos, tuvimos dolores de parto, dimos a luz viento; ninguna liberación hicimos en
la tierra, ni cayeron los moradores del mundo.
19 Tus muertos vivirán; sus cadáveres resucitarán. ¡Despertad y cantad, moradores del polvo!
porque tu rocío es cual rocío de hortalizas, y la
tierra dará sus muertos.
20 Anda, pueblo mío, entra en tus aposentos,
cierra tras ti tus puertas; escóndete un poquito, por
un momento, en tanto que pasa la indignación.
21 Porque he aquí que Jehová sale de su lugar para
castigar al morador de la tierra por su maldad contra él; y la tierra descubrirá la sangre derramada
sobre ella, y no encubrirá ya más a sus muertos.

Liberación y regreso de Israel

27 1 En aquel día Jehová castigará con su
espada dura, grande y fuerte al leviatán[a]
serpiente veloz, y al leviatán serpiente tortuosa; y matará al dragón que está en el mar.
2 En aquel día cantad acerca de la viña del
vino rojo.
3 Yo Jehová la guardo, cada momento la regaré;
la guardaré de noche y de día, para que nadie la
dañe.
4 No hay enojo en mí. ¿Quién pondrá contra mí
en batalla espinos y cardos? Yo los hollaré, los
quemaré a una.
5 ¿O forzará alguien mi fortaleza? Haga conmigo paz; sí, haga paz conmigo.
6 Días vendrán cuando Jacob echará raíces,
florecerá y echará renuevos Israel, y la faz del
mundo llenará de fruto.
7 ¿Acaso ha sido herido como quien lo hirió, o
ha sido muerto como los que lo mataron?
8 Con medida lo castigarás en sus vástagos. El
los remueve con su recio viento en el día del aire
solano.
9 De esta manera, pues, será perdonada la iniquidad de Jacob, y este será todo el fruto, la remoción de su pecado; cuando haga todas las
piedras del altar como piedras de cal desmenuzadas, y no se levanten los símbolos de Asera ni
las imágenes del sol.
10 Porque la ciudad fortificada será desolada, la
ciudad habitada será abandonada y dejada
como un desierto; allí pastará el becerro, allí
tendrá su majada, y acabará sus ramas.
11 Cuando sus ramas se sequen, serán quebradas; mujeres vendrán a encenderlas; porque
aquel no es pueblo de entendimiento; por tanto,
su Hacedor no tendrá de él misericordia, ni se
compadecerá de él el que lo formó.
12 Acontecerá en aquel día, que trillará Jehová desde el río Eufrates hasta el torrente de
Egipto, y vosotros, hijos de Israel, seréis reunidos uno a uno.
13 Acontecerá también en aquel día, que se tocará con gran trompeta, y vendrán los que habían sido esparcidos en la tierra de Asiria, y los
que habían sido desterrados a Egipto, y adorarán a Jehová en el monte santo, en Jerusalén.

Condenación de Efraín

28 1 ¡Ay de la corona de soberbia de los
ebrios de Efraín, y de la flor caduca de la
hermosura de su gloria, que está sobre la cabeza del valle fértil de los aturdidos del vino!
2 He aquí, Jehová tiene uno que es fuerte y poderoso; como turbión de granizo y como torbellino trastornador, como ímpetu de recias aguas
que inundan, con fuerza derriba a tierra.
3 Con los pies será pisoteada la corona de soberbia de los ebrios de Efraín.
4 Y será la flor caduca de la hermosura de su
gloria que está sobre la cabeza del valle fértil,
como la fruta temprana, la primera del verano,
la cual, apenas la ve el que la mira, se la traga
tan luego como la tiene a mano.
5 En aquel día Jehová de los ejércitos será por
corona de gloria y diadema de hermosura al remanente de su pueblo;
6 y por espíritu de juicio al que se sienta en juicio, y por fuerzas a los que rechacen la batalla
en la puerta.

26.11: [a] He. 10.27. **27.1:** [a] Job 41.1; Sal. 74.14; 104.26.

7 Pero también éstos erraron con el vino, y
con sidra se entontecieron; el sacerdote y el pro-
feta erraron con sidra, fueron trastornados por
el vino; se aturdieron con la sidra, erraron en la
visión, tropezaron en el juicio.
8 Porque toda mesa está llena de vómito y sucie-
dad, hasta no haber lugar limpio.
9 ¿A quién se enseñará ciencia, o a quién se hará
entender doctrina? ¿A los destetados? ¿a los
arrancados de los pechos?
10 Porque mandamiento tras mandamiento,
mandato sobre mandato, renglón tras renglón,
línea sobre línea, un poquito allí, otro poquito
allá;
11 porque en lengua de tartamudos, y en extra-
ña lengua hablará a este pueblo,
12 a los cuales él dijo: Este es el reposo; dad re-
poso al cansado; y este es el refrigerio; mas no
quisieron oír.[a]
13 La palabra, pues, de Jehová les será manda-
miento tras mandamiento, mandato sobre man-
dato, renglón tras renglón, línea sobre línea, un
poquito allí, otro poquito allá; hasta que vayan y
caigan de espaldas, y sean quebrantados, enlaza-
dos y presos.

Amonestación a Jerusalén

14 Por tanto, varones burladores que gober-
náis a este pueblo que está en Jerusalén, oíd la
palabra de Jehová.
15 Por cuanto habéis dicho: Pacto tenemos hecho
con la muerte, e hicimos convenio con el Seol;
cuando pase el turbión del azote, no llegará a no-
sotros, porque hemos puesto nuestro refugio en
la mentira, y en la falsedad nos esconderemos;
16 por tanto, Jehová el Señor dice así: He aquí
que yo he puesto en Sion por fundamento una
piedra, piedra probada, angular, preciosa, de ci-
miento estable; el que creyere, no se apresure.[b]
17 Y ajustaré el juicio a cordel, y a nivel la justi-
cia; y granizo barrerá el refugio de la mentira, y
aguas arrollarán el escondrijo.
18 Y será anulado vuestro pacto con la muerte, y
vuestro convenio con el Seol no será firme;
cuando pase el turbión del azote, seréis de él pi-
soteados.
19 Luego que comience a pasar, él os arrebatará;
porque de mañana en mañana pasará, de día y
de noche; y será ciertamente espanto el entender
lo oído.
20 La cama será corta para poder estirarse, y la
manta estrecha para poder envolverse.
21 Porque Jehová se levantará como en el monte
Perazim,[c] como en el valle de Gabaón[d] se enoja-
rá; para hacer su obra, su extraña obra, y para
hacer su operación, su extraña operación.
22 Ahora, pues, no os burléis, para que no se
aprieten más vuestras ataduras; porque des-
trucción ya determinada sobre toda la tierra he
oído del Señor, Jehová de los ejércitos.
23 Estad atentos, y oíd mi voz; atended, y oíd
mi dicho.
24 El que ara para sembrar, ¿arará todo el día?
¿Romperá y quebrará los terrones de la tierra?
25 Cuando ha igualado su superficie, ¿no derra-
ma el eneldo, siembra el comino, pone el trigo
en hileras, y la cebada en el lugar señalado, y la
avena en su borde apropiado?
26 Porque su Dios le instruye, y le enseña lo recto;
27 que el eneldo no se trilla con trillo, ni sobre el co-
mino se pasa rueda de carreta; sino que con un
palo se sacude el eneldo, y el comino con una vara.
28 El grano se trilla; pero no lo trillará para
siempre, ni lo comprime con la rueda de su ca-
rreta, ni lo quebranta con los dientes de su trillo.
29 También esto salió de Jehová de los ejércitos,
para hacer maravilloso el consejo y engrandecer
la sabiduría.

Ariel y sus enemigos

29 1 ¡Ay de Ariel, de Ariel, ciudad donde
habitó David! Añadid un año a otro, las
fiestas sigan su curso.
2 Mas yo pondré a Ariel en apretura, y será des-
consolada y triste; y será a mí como Ariel.
3 Porque acamparé contra ti alrededor, y te sitiaré
con campamentos, y levantaré contra ti baluartes.
4 Entonces serás humillada, hablarás desde la
tierra, y tu habla saldrá del polvo; y será tu voz
de la tierra como la de un fantasma, y tu habla
susurrará desde el polvo.
5 Y la muchedumbre de tus enemigos será como
polvo menudo, y la multitud de los fuertes como
tamo que pasa; y será repentinamente, en un
momento.
6 Por Jehová de los ejércitos serás visitada con
truenos, con terremotos y con gran ruido, con tor-
bellino y tempestad, y llama de fuego consumidor.
7 Y será como sueño de visión nocturna la multi-
tud de todas las naciones que pelean contra
Ariel, y todos los que pelean contra ella y su for-
taleza, y los que la ponen en apretura.
8 Y les sucederá como el que tiene hambre y
sueña, y le parece que come, pero cuando des-
pierta, su estómago está vacío; o como el que
tiene sed y sueña, y le parece que bebe, pero
cuando despierta, se halla cansado y sediento;
así será la multitud de todas las naciones que
pelearán contra el monte de Sion.

Ceguera e hipocresía de Israel

9 Deteneos y maravillaos; ofuscaos y cegaos;
embriagaos, y no de vino; tambalead, y no de
sidra.

28.11-12: [a] 1 Co. 14.21. **28.16:** [b] Ro. 9.33; 10.11; 1 P. 2.6.
28.21: [c] 2 S. 5.20; 1 Cr. 14.11. [d] Jos. 10.10-12.

10 Porque Jehová derramó sobre vosotros espíritu
de sueño, y cerró los ojos[a] de vuestros profetas, y
puso velo sobre las cabezas de vuestros videntes.
11 Y os será toda visión como palabras de libro
sellado, el cual si dieren al que sabe leer, y le di-
jeren: Lee ahora esto; él dirá: No puedo, porque
está sellado.
12 Y si se diere el libro al que no sabe leer, di-
ciéndole: Lee ahora esto; él dirá: No sé leer.
13 Dice, pues, el Señor: Porque este pueblo se
acerca a mí con su boca, y con sus labios me
honra, pero su corazón está lejos de mí,[b] y su te-
mor de mí no es más que un mandamiento de
hombres que les ha sido enseñado;
14 por tanto, he aquí que nuevamente excitaré
yo la admiración de este pueblo con un prodigio
grande y espantoso; porque perecerá la sabidu-
ría de sus sabios, y se desvanecerá la inteligen-
cia de sus entendidos.[c]
15 ¡Ay de los que se esconden de Jehová, encu-
briendo el consejo, y sus obras están en tinieblas,
y dicen: ¿Quién nos ve, y quién nos conoce?!
16 Vuestra perversidad ciertamente será reputa-
da como el barro del alfarero. ¿Acaso la obra
dirá de su hacedor: No me hizo? ¿Dirá la vasija
de aquel que la ha formado: No entendió?

Redención de Israel

17 ¿No se convertirá de aquí a muy poco tiem-
po el Líbano en campo fructífero, y el campo fér-
til será estimado por bosque?
18 En aquel tiempo los sordos oirán las palabras
del libro, y los ojos de los ciegos verán en medio
de la oscuridad y de las tinieblas.
19 Entonces los humildes crecerán en alegría en
Jehová, y aun los más pobres de los hombres se
gozarán en el Santo de Israel.
20 Porque el violento será acabado, y el escarne-
cedor será consumido; serán destruidos todos
los que se desvelan para hacer iniquidad,
21 los que hacen pecar al hombre en palabra; los
que arman lazo al que reprendía en la puerta, y
pervierten la causa del justo con vanidad.
22 Por tanto, Jehová, que redimió a Abraham,
dice así a la casa de Jacob: No será ahora aver-
gonzado Jacob, ni su rostro se pondrá pálido;
23 porque verá a sus hijos, obra de mis manos
en medio de ellos, que santificarán mi nombre;
y santificarán al Santo de Jacob, y temerán al
Dios de Israel.
24 Y los extraviados de espíritu aprenderán inteli-
gencia, y los murmuradores aprenderán doctrina.

La futilidad de confiar en Egipto

30 1 ¡Ay de los hijos que se apartan, dice
Jehová, para tomar consejo, y no de mí;
para cobijarse con cubierta, y no de mi espíritu,
añadiendo pecado a pecado!
2 Que se apartan para descender a Egipto, y no
han preguntado de mi boca; para fortalecerse
con la fuerza de Faraón, y poner su esperanza
en la sombra de Egipto.
3 Pero la fuerza de Faraón se os cambiará en ver-
güenza, y el amparo en la sombra de Egipto en
confusión.
4 Cuando estén sus príncipes en Zoán, y sus em-
bajadores lleguen a Hanes,
5 todos se avergonzarán del pueblo que no les
aprovecha, ni los socorre, ni les trae provecho; an-
tes les será para vergüenza y aun para oprobio.
6 Profecía sobre las bestias del Neguev: Por
tierra de tribulación y de angustia, de donde sa-
len la leona y el león, la víbora y la serpiente que
vuela, llevan sobre lomos de asnos sus riquezas,
y sus tesoros sobre jorobas de camellos, a un
pueblo que no les será de provecho.
7 Ciertamente Egipto en vano e inútilmente
dará ayuda; por tanto yo le di voces, que su for-
taleza sería estarse quietos.
8 Ve, pues, ahora, y escribe esta visión en una
tabla delante de ellos, y regístrala en un libro,
para que quede hasta el día postrero, eterna-
mente y para siempre.
9 Porque este pueblo es rebelde, hijos mentiro-
sos, hijos que no quisieron oír la ley de Jehová;
10 que dicen a los videntes: No veáis; y a los pro-
fetas: No nos profeticéis lo recto, decidnos cosas
halagüeñas, profetizad mentiras;
11 dejad el camino, apartaos de la senda, quitad
de nuestra presencia al Santo de Israel.
12 Por tanto, el Santo de Israel dice así: Porque
desechasteis esta palabra, y confiasteis en violen-
cia y en iniquidad, y en ello os habéis apoyado;
13 por tanto, os será este pecado como grieta
que amenaza ruina, extendiéndose en una pa-
red elevada, cuya caída viene súbita y repenti-
namente.
14 Y se quebrará como se quiebra un vaso de al-
farero, que sin misericordia lo hacen pedazos;
tanto, que entre los pedazos no se halla tiesto
para traer fuego del hogar, o para sacar agua del
pozo.
15 Porque así dijo Jehová el Señor, el Santo de
Israel: En descanso y en reposo seréis salvos; en
quietud y en confianza será vuestra fortaleza. Y
no quisisteis,
16 sino que dijisteis: No, antes huiremos en caba-
llos; por tanto, vosotros huiréis. Sobre corceles
veloces cabalgaremos; por tanto, serán veloces
vuestros perseguidores.
17 Un millar huirá a la amenaza de uno; a la
amenaza de cinco huiréis vosotros todos, hasta
que quedéis como mástil en la cumbre de un
monte, y como bandera sobre una colina.

29.10: [a] Ro. 11.8. **29.13:** [b] Mt. 15.8-9; Mr. 7.6-7.
29.14: [c] 1 Co. 1.19.

Promesa de la gracia de Dios a Israel

18 Por tanto, Jehová esperará para tener piedad
de vosotros, y por tanto, será exaltado teniendo de
vosotros misericordia; porque Jehová es Dios jus-
to; bienaventurados todos los que confían en él.
19 Ciertamente el pueblo morará en Sion, en Je-
rusalén; nunca más llorarás; el que tiene miseri-
cordia se apiadará de ti; al oír la voz de tu clamor
te responderá.
20 Bien que os dará el Señor pan de congoja y
agua de angustia, con todo, tus maestros nunca
más te serán quitados, sino que tus ojos verán a
tus maestros.
21 Entonces tus oídos oirán a tus espaldas pala-
bra que diga: Este es el camino, andad por él; y
no echéis a la mano derecha, ni tampoco torzáis
a la mano izquierda.
22 Entonces profanarás la cubierta de tus escul-
turas de plata, y la vestidura de tus imágenes
fundidas de oro; las apartarás como trapo as-
queroso; ¡Sal fuera! les dirás.
23 Entonces dará el Señor lluvia a tu semente-
ra, cuando siembres la tierra, y dará pan del fru-
to de la tierra, y será abundante y pingüe; tus
ganados en aquel tiempo serán apacentados en
espaciosas dehesas.
24 Tus bueyes y tus asnos que labran la tierra co-
merán grano limpio, aventado con pala y criba.
25 Y sobre todo monte alto, y sobre todo collado
elevado, habrá ríos y corrientes de aguas el día
de la gran matanza, cuando caerán las torres.
26 Y la luz de la luna será como la luz del sol, y
la luz del sol siete veces mayor, como la luz de
siete días, el día que vendare Jehová la herida
de su pueblo, y curare la llaga que él causó.

El juicio de Jehová sobre Asiria

27 He aquí que el nombre de Jehová viene de
lejos; su rostro encendido, y con llamas de fue-
go devorador; sus labios llenos de ira, y su len-
gua como fuego que consume.
28 Su aliento, cual torrente que inunda; llegará
hasta el cuello, para zarandear a las naciones
con criba de destrucción; y el freno estará en las
quijadas de los pueblos, haciéndoles errar.
29 Vosotros tendréis cántico como de noche
en que se celebra pascua, y alegría de corazón,
como el que va con flauta para venir al monte
de Jehová, al Fuerte de Israel.
30 Y Jehová hará oír su potente voz, y hará ver
el descenso de su brazo, con furor de rostro y
llama de fuego consumidor, con torbellino, tem-
pestad y piedra de granizo.
31 Porque Asiria que hirió con vara, con la voz
de Jehová será quebrantada.
32 Y cada golpe de la vara justiciera que asiente
Jehová sobre él, será con panderos y con arpas;
y en batalla tumultuosa peleará contra ellos.
33 Porque Tofet ya de tiempo está dispuesto y
preparado para el rey, profundo y ancho, cuya
pira es de fuego, y mucha leña; el soplo de Jeho-
vá, como torrente de azufre, lo enciende.

Los egipcios son hombres y no dioses

31 1 ¡Ay de los que descienden a Egipto por
ayuda, y confían en caballos; y su espe-
ranza ponen en carros, porque son muchos, y
en jinetes, porque son valientes; y no miran al
Santo de Israel, ni buscan a Jehová!
2 Pero él también es sabio, y traerá el mal, y no
retirará sus palabras. Se levantará, pues, contra
la casa de los malignos, y contra el auxilio de los
que hacen iniquidad.
3 Y los egipcios hombres son, y no Dios; y sus ca-
ballos carne, y no espíritu; de manera que al ex-
tender Jehová su mano, caerá el ayudador y
caerá el ayudado, y todos ellos desfallecerán a
una.
4 Porque Jehová me dijo a mí de esta manera:
Como el león y el cachorro de león ruge sobre la
presa, y si se reúne cuadrilla de pastores contra
él, no lo espantarán sus voces, ni se acobardará
por el tropel de ellos; así Jehová de los ejércitos
descenderá a pelear sobre el monte de Sion, y
sobre su collado.
5 Como las aves que vuelan, así amparará Jeho-
vá de los ejércitos a Jerusalén, amparando, li-
brando, preservando y salvando.
6 Volved a aquel contra quien se rebelaron
profundamente los hijos de Israel.
7 Porque en aquel día arrojará el hombre sus
ídolos de plata y sus ídolos de oro, que para vo-
sotros han hecho vuestras manos pecadoras.
8 Entonces caerá Asiria por espada no de varón,
y la consumirá espada no de hombre; y huirá de
la presencia de la espada, y sus jóvenes serán
tributarios.
9 Y de miedo pasará su fortaleza, y sus príncipes,
con pavor, dejarán sus banderas, dice Jehová,
cuyo fuego está en Sion, y su horno en Jerusalén.

El Rey justo

32 1 He aquí que para justicia reinará un
rey, y príncipes presidirán en juicio.
2 Y será aquel varón como escondedero contra el
viento, y como refugio contra el turbión; como
arroyos de aguas en tierra de sequedad, como
sombra de gran peñasco en tierra calurosa.
3 No se ofuscarán entonces los ojos de los que
ven, y los oídos de los oyentes oirán atentos.
4 Y el corazón de los necios entenderá para sa-
ber, y la lengua de los tartamudos hablará rápi-
da y claramente.
5 El ruin nunca más será llamado generoso, ni el
tramposo será llamado espléndido.
6 Porque el ruin hablará ruindades, y su corazón

fabricará iniquidad, para cometer impiedad y
para hablar escarnio contra Jehová, dejando va-
cía el alma hambrienta, y quitando la bebida al
sediento.
7 Las armas del tramposo son malas; trama in-
trigas inicuas para enredar a los simples con pa-
labras mentirosas, y para hablar en juicio contra
el pobre.
8 Pero el generoso pensará generosidades, y por
generosidades será exaltado.

Advertencia a las mujeres de Jerusalén

9 Mujeres indolentes, levantaos, oíd mi voz;
hijas confiadas, escuchad mi razón.
10 De aquí a algo más de un año tendréis espan-
to, oh confiadas; porque la vendimia faltará, y
la cosecha no vendrá.
11 Temblad, oh indolentes; turbaos, oh confia-
das; despojaos, desnudaos, ceñid los lomos con
cilicio.
12 Golpeándose el pecho lamentarán por los
campos deleitosos, por la vid fértil.
13 Sobre la tierra de mi pueblo subirán espinos y
cardos, y aun sobre todas las casas en que hay
alegría en la ciudad de alegría.
14 Porque los palacios quedarán desiertos, la
multitud de la ciudad cesará; las torres y forta-
lezas se volverán cuevas para siempre, donde
descansen asnos monteses, y ganados hagan
majada;
15 hasta que sobre nosotros sea derramado el
Espíritu de lo alto, y el desierto se convierta en
campo fértil, y el campo fértil sea estimado por
bosque.
16 Y habitará el juicio en el desierto, y en el cam-
po fértil morará la justicia.
17 Y el efecto de la justicia será paz; y la labor de
la justicia, reposo y seguridad para siempre.
18 Y mi pueblo habitará en morada de paz, en
habitaciones seguras, y en recreos de reposo.
19 Y cuando caiga granizo, caerá en los montes;
y la ciudad será del todo abatida.
20 Dichosos vosotros los que sembráis junto a
todas las aguas, y dejáis libres al buey y al asno.

Jehová traerá salvación

33 1 ¡Ay de ti, que saqueas, y nunca fuiste
saqueado; que haces deslealtad, bien
que nadie contra ti la hizo! Cuando acabes de
saquear, serás tú saqueado; y cuando acabes de
hacer deslealtad, se hará contra ti.
2 Oh Jehová, ten misericordia de nosotros, a
ti hemos esperado; tú, brazo de ellos en la ma-
ñana, sé también nuestra salvación en tiempo
de la tribulación.
3 Los pueblos huyeron a la voz del estruendo;
las naciones fueron esparcidas al levantarte tú.
4 Sus despojos serán recogidos como cuando re-
cogen orugas; correrán sobre ellos como de una
a otra parte corren las langostas.
5 Será exaltado Jehová, el cual mora en las altu-
ras; llenó a Sion de juicio y de justicia.
6 Y reinarán en tus tiempos la sabiduría y la
ciencia, y abundancia de salvación; el temor de
Jehová será su tesoro.
7 He aquí que sus embajadores darán voces
afuera; los mensajeros de paz llorarán amarga-
mente.
8 Las calzadas están deshechas, cesaron los ca-
minantes; ha anulado el pacto, aborreció las
ciudades, tuvo en nada a los hombres.
9 Se enlutó, enfermó la tierra; el Líbano se aver-
gonzó, y fue cortado; Sarón se ha vuelto como
desierto, y Basán y el Carmelo fueron sacudidos.
10 Ahora me levantaré, dice Jehová; ahora
seré exaltado, ahora seré engrandecido.
11 Concebisteis hojarascas, rastrojo daréis a luz;
el soplo de vuestro fuego os consumirá.
12 Y los pueblos serán como cal quemada; como
espinos cortados serán quemados con fuego.
13 Oíd, los que estáis lejos, lo que he hecho; y
vosotros los que estáis cerca, conoced mi poder.
14 Los pecadores se asombraron en Sion, espan-
to sobrecogió a los hipócritas. ¿Quién de noso-
tros morará con el fuego consumidor? ¿Quién
de nosotros habitará con las llamas eternas?
15 El que camina en justicia y habla lo recto; el
que aborrece la ganancia de violencias, el que
sacude sus manos para no recibir cohecho, el
que tapa sus oídos para no oír propuestas san-
guinarias; el que cierra sus ojos para no ver cosa
mala;
16 éste habitará en las alturas; fortaleza de ro-
cas será su lugar de refugio; se le dará su pan, y
sus aguas serán seguras.
17 Tus ojos verán al Rey en su hermosura; ve-
rán la tierra que está lejos.
18 Tu corazón imaginará el espanto, y dirá: ¿Qué
es del escriba? ¿qué del pesador del tributo? ¿qué
del que pone en lista las casas más insignes?
19 No verás a aquel pueblo orgulloso, pueblo de
lengua difícil de entender, de lengua tartamuda
que no comprendas.
20 Mira a Sion, ciudad de nuestras fiestas solem-
nes; tus ojos verán a Jerusalén, morada de quie-
tud, tienda que no será desarmada, ni serán
arrancadas sus estacas, ni ninguna de sus cuer-
das será rota.
21 Porque ciertamente allí será Jehová para con
nosotros fuerte, lugar de ríos, de arroyos muy
anchos, por el cual no andará galera de remos,
ni por él pasará gran nave.
22 Porque Jehová es nuestro juez, Jehová es
nuestro legislador, Jehová es nuestro Rey; él
mismo nos salvará.
23 Tus cuerdas se aflojaron; no afirmaron su

mástil, ni entesaron la vela; se repartirá enton-
ces botín de muchos despojos; los cojos arreba-
tarán el botín.
24 No dirá el morador: Estoy enfermo; al pueblo
que more en ella le será perdonada la iniquidad.

La ira de Jehová contra las naciones

34 1 Acercaos, naciones, juntaos para oír; y
vosotros, pueblos, escuchad. Oiga la tie-
rra y cuanto hay en ella, el mundo y todo lo que
produce.
2 Porque Jehová está airado contra todas las na-
ciones, e indignado contra todo el ejército de
ellas; las destruirá y las entregará al matadero.
3 Y los muertos de ellas serán arrojados, y de sus
cadáveres se levantará hedor; y los montes se
disolverán por la sangre de ellos.
4 Y todo el ejército de los cielos se disolverá, y se
enrollarán los cielos como un libro; y caerá todo
su ejército, como se cae la hoja de la parra, y
como se cae la de la higuera.[a]
5 Porque en los cielos se embriagará mi espa-
da; he aquí que descenderá sobre Edom[b] en jui-
cio, y sobre el pueblo de mi anatema.
6 Llena está de sangre la espada de Jehová, en-
grasada está de grosura, de sangre de corderos
y de machos cabríos, de grosura de riñones de
carneros; porque Jehová tiene sacrificios en
Bosra, y grande matanza en tierra de Edom.
7 Y con ellos caerán búfalos, y toros con bece-
rros; y su tierra se embriagará de sangre, y su
polvo se engrasará de grosura.
8 Porque es día de venganza de Jehová, año
de retribuciones en el pleito de Sion.
9 Y sus arroyos se convertirán en brea, y su pol-
vo en azufre, y su tierra en brea ardiente.
10 No se apagará de noche ni de día, perpetua-
mente subirá su humo;[c] de generación en gene-
ración será asolada, nunca jamás pasará nadie
por ella.
11 Se adueñarán de ella el pelícano y el erizo, la
lechuza y el cuervo morarán en ella; y se exten-
derá sobre ella cordel de destrucción, y niveles
de asolamiento.
12 Llamarán a sus príncipes, príncipes sin reino;
y todos sus grandes serán nada.
13 En sus alcázares crecerán espinos, y ortigas y
cardos en sus fortalezas; y serán morada de cha-
cales, y patio para los pollos de los avestruces.
14 Las fieras del desierto se encontrarán con las
hienas, y la cabra salvaje gritará a su compañe-
ro; la lechuza también tendrá allí morada, y ha-
llará para sí reposo.
15 Allí anidará el búho, pondrá sus huevos, y
sacará sus pollos, y los juntará debajo de sus
alas; también se juntarán allí buitres, cada uno
con su compañera.
16 Inquirid en el libro de Jehová, y leed si faltó al-
guno de ellos; ninguno faltó con su compañera;
porque su boca mandó, y los reunió su mismo
Espíritu.
17 Y él les echó suertes, y su mano les repartió
con cordel; para siempre la tendrán por here-
dad; de generación en generación morarán allí.

Futuro glorioso de Sion

35 1 Se alegrarán el desierto y la soledad; el
yermo se gozará y florecerá como la rosa.
2 Florecerá profusamente, y también se alegrará
y cantará con júbilo; la gloria del Líbano le será
dada, la hermosura del Carmelo y de Sarón.
Ellos verán la gloria de Jehová, la hermosura
del Dios nuestro.
3 Fortaleced las manos cansadas, afirmad las ro-
dillas endebles.[a]
4 Decid a los de corazón apocado: Esforzaos, no
temáis; he aquí que vuestro Dios viene con retri-
bución, con pago; Dios mismo vendrá, y os salvará.
5 Entonces los ojos de los ciegos serán abier-
tos, y los oídos de los sordos se abrirán.
6 Entonces el cojo saltará como un ciervo, y can-
tará la lengua del mudo;[b] porque aguas serán
cavadas en el desierto, y torrentes en la soledad.
7 El lugar seco se convertirá en estanque, y el se-
quedal en manaderos de aguas; en la morada de
chacales, en su guarida, será lugar de cañas y
juncos.
8 Y habrá allí calzada y camino, y será llama-
do Camino de Santidad; no pasará inmundo por
él, sino que él mismo estará con ellos; el que an-
duviere en este camino, por torpe que sea, no se
extraviará.
9 No habrá allí león, ni fiera subirá por él, ni allí
se hallará, para que caminen los redimidos.
10 Y los redimidos de Jehová volverán, y ven-
drán a Sion con alegría; y gozo perpetuo será
sobre sus cabezas; y tendrán gozo y alegría, y
huirán la tristeza y el gemido.

La invasión de Senaquerib

36 1 Aconteció en el año catorce del rey
Ezequías, que Senaquerib rey de Asiria
subió contra todas las ciudades fortificadas de
Judá, y las tomó.
2 Y el rey de Asiria envió al Rabsaces con un gran
ejército desde Laquis a Jerusalén contra el rey
Ezequías; y acampó junto al acueducto del estan-
que de arriba, en el camino de la heredad del La-
vador.
3 Y salió a él Eliaquim hijo de Hilcías, mayor-
domo, y Sebna, escriba, y Joa hijo de Asaf,
canciller,

34.4: [a] Ap. 6.13-14. **34.5-17:** [b] Is. 63.1-6; Jer. 49.7-22; Ez. 25.12-14; 35.1-15; Am. 1.11-12; Abd. 1-14; Mal. 1.2-5. **34.10:** [c] Ap. 14.11; 19.3. **35.3:** [a] He. 12.12. **35.5-6:** [b] Mt. 11.5; Lc. 7.22.

4 a los cuales dijo el Rabsaces: Decid ahora a
Ezequías: El gran rey, el rey de Asiria, dice así:
¿Qué confianza es esta en que te apoyas?
5 Yo digo que el consejo y poderío para la gue-
rra, de que tú hablas, no son más que palabras
vacías. Ahora bien, ¿en quién confías para que
te rebeles contra mí?
6 He aquí que confías en este báculo de caña frá-
gil, en Egipto, en el cual si alguien se apoyare, se
le entrará por la mano, y la atravesará. Tal es Fa-
raón rey de Egipto para con todos los que en él
confían.
7 Y si me decís: En Jehová nuestro Dios confia-
mos; ¿no es éste aquel cuyos lugares altos y cu-
yos altares hizo quitar Ezequías, y dijo a Judá y
a Jerusalén: Delante de este altar adoraréis?
8 Ahora, pues, yo te ruego que des rehenes al
rey de Asiria mi señor, y yo te daré dos mil caba-
llos, si tú puedes dar jinetes que cabalguen so-
bre ellos.
9 ¿Cómo, pues, podrás resistir a un capitán, al
menor de los siervos de mi señor, aunque estés
confiado en Egipto con sus carros y su gente de
a caballo?
10 ¿Acaso vine yo ahora a esta tierra para des-
truirla sin Jehová? Jehová me dijo: Sube a esta
tierra y destrúyela.
11 Entonces dijeron Eliaquim, Sebna y Joa al
Rabsaces: Te rogamos que hables a tus siervos
en arameo, porque nosotros lo entendemos; y
no hables con nosotros en lengua de Judá, por-
que lo oye el pueblo que está sobre el muro.
12 Y dijo el Rabsaces: ¿Acaso me envió mi señor
a que dijese estas palabras a ti y a tu señor, y no
a los hombres que están sobre el muro, expues-
tos a comer su estiércol y beber su orina con vo-
sotros?
13 Entonces el Rabsaces se puso en pie y gritó
a gran voz en lengua de Judá, diciendo: Oíd las
palabras del gran rey, el rey de Asiria.
14 El rey dice así: No os engañe Ezequías, por-
que no os podrá librar.
15 Ni os haga Ezequías confiar en Jehová, di-
ciendo: Ciertamente Jehová nos librará; no será
entregada esta ciudad en manos del rey de Asi-
ria.
16 No escuchéis a Ezequías, porque así dice el
rey de Asiria: Haced conmigo paz, y salid a mí; y
coma cada uno de su viña, y cada uno de su hi-
guera, y beba cada cual las aguas de su pozo,
17 hasta que yo venga y os lleve a una tierra
como la vuestra, tierra de grano y de vino, tierra
de pan y de viñas.
18 Mirad que no os engañe Ezequías diciendo:
Jehová nos librará. ¿Acaso libraron los dioses de
las naciones cada uno su tierra de la mano del
rey de Asiria?
19 ¿Dónde está el dios de Hamat y de Arfad?
¿Dónde está el dios de Sefarvaim? ¿Libraron a
Samaria de mi mano?
20 ¿Qué dios hay entre los dioses de estas tierras
que haya librado su tierra de mi mano, para que
Jehová libre de mi mano a Jerusalén?
21 Pero ellos callaron, y no le respondieron
palabra; porque el rey así lo había mandado, di-
ciendo: No le respondáis.
22 Entonces Eliaquim hijo de Hilcías, mayordo-
mo, y Sebna escriba, y Joa hijo de Asaf, canci-
ller, vinieron a Ezequías, rasgados sus vestidos,
y le contaron las palabras del Rabsaces.

Judá es librado de Senaquerib

37 1 Aconteció, pues, que cuando el rey
Ezequías oyó esto, rasgó sus vestidos, y
cubierto de cilicio vino a la casa de Jehová.
2 Y envió a Eliaquim mayordomo, a Sebna escri-
ba y a los ancianos de los sacerdotes, cubiertos
de cilicio, al profeta Isaías hijo de Amoz.
3 Los cuales le dijeron: Así ha dicho Ezequías:
Día de angustia, de reprensión y de blasfemia es
este día; porque los hijos han llegado hasta el
punto de nacer, y la que da a luz no tiene fuerzas.
4 Quizá oirá Jehová tu Dios las palabras del
Rabsaces, al cual el rey de Asiria su señor envió
para blasfemar al Dios vivo, y para vituperar
con las palabras que oyó Jehová tu Dios; eleva,
pues, oración tú por el remanente que aún ha
quedado.
5 Vinieron, pues, los siervos de Ezequías a
Isaías.
6 Y les dijo Isaías: Diréis así a vuestro señor: Así
ha dicho Jehová: No temas por las palabras que
has oído, con las cuales me han blasfemado los
siervos del rey de Asiria.
7 He aquí que yo pondré en él un espíritu, y oirá
un rumor, y volverá a su tierra; y haré que en su
tierra perezca a espada.
8 Vuelto, pues, el Rabsaces, halló al rey de
Asiria que combatía contra Libna; porque ya ha-
bía oído que se había apartado de Laquis.
9 Mas oyendo decir de Tirhaca rey de Etiopía:
He aquí que ha salido para hacerte guerra; al
oírlo, envió embajadores a Ezequías, diciendo:
10 Así diréis a Ezequías rey de Judá: No te enga-
ñe tu Dios en quien tú confías, diciendo: Jerusa-
lén no será entregada en mano del rey de Asiria.
11 He aquí que tú oíste lo que han hecho los re-
yes de Asiria a todas las tierras, que las destru-
yeron; ¿y escaparás tú?
12 ¿Acaso libraron sus dioses a las naciones que
destruyeron mis antepasados, a Gozán, Harán,
Resef y a los hijos de Edén que moraban en
Telasar?
13 ¿Dónde está el rey de Hamat, el rey de Arfad,
y el rey de la ciudad de Sefarvaim, de Hena y de
Iva?

14 Y tomó Ezequías las cartas de mano de los embajadores, y las leyó; y subió a la casa de Jehová, y las extendió delante de Jehová.

15 Entonces Ezequías oró a Jehová, diciendo:

16 Jehová de los ejércitos, Dios de Israel, que moras entre los querubines,[a] sólo tú eres Dios de todos los reinos de la tierra; tú hiciste los cielos y la tierra.

17 Inclina, oh Jehová, tu oído, y oye; abre, oh Jehová, tus ojos, y mira; y oye todas las palabras de Senaquerib, que ha enviado a blasfemar al Dios viviente.

18 Ciertamente, oh Jehová, los reyes de Asiria destruyeron todas las tierras y sus comarcas,

19 y entregaron los dioses de ellos al fuego; porque no eran dioses, sino obra de manos de hombre, madera y piedra; por eso los destruyeron.

20 Ahora pues, Jehová Dios nuestro, líbranos de su mano, para que todos los reinos de la tierra conozcan que sólo tú eres Jehová.

21 Entonces Isaías hijo de Amoz envió a decir a Ezequías: Así ha dicho Jehová Dios de Israel: Acerca de lo que me rogaste sobre Senaquerib rey de Asiria,

22 estas son las palabras que Jehová habló contra él: La virgen hija de Sion te menosprecia, te escarnece; detrás de ti mueve su cabeza la hija de Jerusalén.

23 ¿A quién vituperaste, y a quién blasfemaste? ¿Contra quién has alzado tu voz, y levantado tus ojos en alto? Contra el Santo de Israel.

24 Por mano de tus siervos has vituperado al Señor, y dijiste: Con la multitud de mis carros subiré a las alturas de los montes, a las laderas del Líbano; cortaré sus altos cedros, sus cipreses escogidos; llegaré hasta sus más elevadas cumbres, al bosque de sus feraces campos.

25 Yo cavé, y bebí las aguas, y con las pisadas de mis pies secaré todos los ríos de Egipto.

26 ¿No has oído decir que desde tiempos antiguos yo lo hice, que desde los días de la antigüedad lo tengo ideado? Y ahora lo he hecho venir, y tú serás para reducir las ciudades fortificadas a montones de escombros.

27 Sus moradores fueron de corto poder; fueron acobardados y confusos, fueron como hierba del campo y hortaliza verde, como heno de los terrados, que antes de sazón se seca.

28 He conocido tu condición, tu salida y tu entrada, y tu furor contra mí.

29 Porque contra mí te airaste, y tu arrogancia ha subido a mis oídos; pondré, pues, mi garfio en tu nariz, y mi freno en tus labios, y te haré volver por el camino por donde viniste.

30 Y esto te será por señal: Comeréis este año lo que nace de suyo, y el año segundo lo que nace de suyo; y el año tercero sembraréis y segaréis, y plantaréis viñas, y comeréis su fruto.

31 Y lo que hubiere quedado de la casa de Judá y lo que hubiere escapado, volverá a echar raíz abajo, y dará fruto arriba.

32 Porque de Jerusalén saldrá un remanente, y del monte de Sion los que se salven. El celo de Jehová de los ejércitos hará esto.

33 Por tanto, así dice Jehová acerca del rey de Asiria: No entrará en esta ciudad, ni arrojará saeta en ella; no vendrá delante de ella con escudo, ni levantará contra ella baluarte.

34 Por el camino que vino, volverá, y no entrará en esta ciudad, dice Jehová.

35 Porque yo ampararé a esta ciudad para salvarla, por amor de mí mismo, y por amor de David mi siervo.

36 Y salió el ángel de Jehová y mató a ciento ochenta y cinco mil en el campamento de los asirios; y cuando se levantaron por la mañana, he aquí que todo era cuerpos de muertos.

37 Entonces Senaquerib rey de Asiria se fue, e hizo su morada en Nínive.

38 Y aconteció que mientras adoraba en el templo de Nisroc su dios, sus hijos Adramelec y Sarezer le mataron a espada, y huyeron a la tierra de Ararat; y reinó en su lugar Esar-hadón su hijo.

Enfermedad de Ezequías

38 1 En aquellos días Ezequías enfermó de muerte. Y vino a él el profeta Isaías hijo de Amoz, y le dijo: Jehová dice así: Ordena tu casa, porque morirás, y no vivirás.

2 Entonces volvió Ezequías su rostro a la pared, e hizo oración a Jehová,

3 y dijo: Oh Jehová, te ruego que te acuerdes ahora que he andado delante de ti en verdad y con íntegro corazón, y que he hecho lo que ha sido agradable delante de tus ojos. Y lloró Ezequías con gran lloro.

4 Entonces vino palabra de Jehová a Isaías, diciendo:

5 Ve y di a Ezequías: Jehová Dios de David tu padre dice así: He oído tu oración, y visto tus lágrimas; he aquí que yo añado a tus días quince años.

6 Y te libraré a ti y a esta ciudad, de mano del rey de Asiria; y a esta ciudad ampararé.

7 Y esto te será señal de parte de Jehová, que Jehová hará esto que ha dicho:

8 He aquí yo haré volver la sombra por los grados que ha descendido con el sol, en el reloj de Acaz, diez grados atrás. Y volvió el sol diez grados atrás, por los cuales había ya descendido.

9 Escritura de Ezequías rey de Judá, de cuando enfermó y sanó de su enfermedad:

10 Yo dije: A la mitad de mis días iré a las puertas del Seol; privado soy del resto de mis años.

37.16: [a] Ex. 25.22.

11 Dije: No veré a JAH, a JAH en la tierra de los
vivientes; ya no veré más hombre con los mora-
dores del mundo.
12 Mi morada ha sido movida y traspasada de
mí, como tienda de pastor. Como tejedor corté
mi vida; me cortará con la enfermedad; me con-
sumirás entre el día y la noche.
13 Contaba yo hasta la mañana. Como un león
molió todos mis huesos; de la mañana a la no-
che me acabarás.
14 Como la grulla y como la golondrina me que-
jaba; gemía como la paloma; alzaba en alto mis
ojos. Jehová, violencia padezco; fortaléceme.
15 ¿Qué diré? El que me lo dijo, él mismo lo ha
hecho. Andaré humildemente todos mis años, a
causa de aquella amargura de mi alma.
16 Oh Señor, por todas estas cosas los hombres
vivirán, y en todas ellas está la vida de mi espíri-
tu; pues tú me restablecerás, y harás que viva.
17 He aquí, amargura grande me sobrevino en
la paz, mas a ti agradó librar mi vida del hoyo de
corrupción; porque echaste tras tus espaldas to-
dos mis pecados.
18 Porque el Seol no te exaltará, ni te alabará la
muerte; ni los que descienden al sepulcro espe-
rarán tu verdad.
19 El que vive, el que vive, éste te dará alabanza,
como yo hoy; el padre hará notoria tu verdad a
los hijos.
20 Jehová me salvará; por tanto cantaremos
nuestros cánticos en la casa de Jehová todos los
días de nuestra vida.
21 Y había dicho Isaías: Tomen masa de higos,
y pónganla en la llaga, y sanará.
22 Había asimismo dicho Ezequías: ¿Qué señal
tendré de que subiré a la casa de Jehová?

Ezequías recibe a los enviados de Babilonia

39 1 En aquel tiempo Merodac-baladán hijo
de Baladán, rey de Babilonia, envió car-
tas y presentes a Ezequías; porque supo que ha-
bía estado enfermo, y que había convalecido.
2 Y se regocijó con ellos Ezequías, y les mostró la
casa de su tesoro, plata y oro, especias, ungüen-
tos preciosos, toda su casa de armas, y todo lo
que se hallaba en sus tesoros; no hubo cosa en
su casa y en todos sus dominios, que Ezequías
no les mostrase.
3 Entonces el profeta Isaías vino al rey Ezequías,
y le dijo: ¿Qué dicen estos hombres, y de dónde
han venido a ti? Y Ezequías respondió: De tierra
muy lejana han venido a mí, de Babilonia.
4 Dijo entonces: ¿Qué han visto en tu casa? Y
dijo Ezequías: Todo lo que hay en mi casa han
visto, y ninguna cosa hay en mis tesoros que no
les haya mostrado.
5 Entonces dijo Isaías a Ezequías: Oye palabra
de Jehová de los ejércitos:
6 He aquí vienen días en que será llevado a Ba-
bilonia todo lo que hay en tu casa, y lo que tus
padres han atesorado hasta hoy; ninguna cosa
quedará, dice Jehová.
7 De tus hijos que saldrán de ti, y que habrás en-
gendrado, tomarán, y serán eunucos en el pala-
cio del rey de Babilonia.[a]
8 Y dijo Ezequías a Isaías: La palabra de Jehová
que has hablado es buena. Y añadió: A lo me-
nos, haya paz y seguridad en mis días.

Jehová consuela a Sion

40 1 Consolaos, consolaos, pueblo mío,
dice vuestro Dios.
2 Hablad al corazón de Jerusalén; decidle a vo-
ces que su tiempo es ya cumplido, que su peca-
do es perdonado; que doble ha recibido de la
mano de Jehová por todos sus pecados.
3 Voz que clama en el desierto: Preparad ca-
mino a Jehová; enderezad calzada en la soledad
a nuestro Dios.[a]
4 Todo valle sea alzado, y bájese todo monte y
collado; y lo torcido se enderece, y lo áspero se
allane.
5 Y se manifestará la gloria de Jehová, y toda
carne juntamente la verá; porque la boca de
Jehová ha hablado.[b]
6 Voz que decía: Da voces. Y yo respondí:
¿Qué tengo que decir a voces? Que toda carne
es hierba, y toda su gloria como flor del campo.
7 La hierba se seca, y la flor se marchita, porque
el viento de Jehová sopló en ella; ciertamente
como hierba es el pueblo.
8 Sécase la hierba, marchítase la flor; mas la pa-
labra del Dios nuestro permanece para siempre.[c]
9 Súbete sobre un monte alto, anunciadora
de Sion; levanta fuertemente tu voz, anunciado-
ra de Jerusalén; levántala, no temas; di a las
ciudades de Judá: ¡Ved aquí al Dios vuestro!
10 He aquí que Jehová el Señor vendrá con poder,
y su brazo señoreará; he aquí que su recompensa
viene con él, y su paga delante de su rostro.[d]
11 Como pastor apacentará su rebaño; en su
brazo llevará los corderos, y en su seno los lleva-
rá; pastoreará suavemente a las recién paridas.

El incomparable Dios de Israel

12 ¿Quién midió las aguas con el hueco de su
mano y los cielos con su palmo, con tres dedos
juntó el polvo de la tierra, y pesó los montes con
balanza y con pesas los collados?
13 ¿Quién enseñó al Espíritu de Jehová, o le
aconsejó enseñándole?[e]
14 ¿A quién pidió consejo para ser avisado?

39.7: [a] Dn. 1.1-7; 2 R. 24.10-16; 2 Cr. 36.10.
40.3: [a] Mt. 3.3; Mr. 1.3; Jn. 1.23. **40.3-5:** [b] Lc. 3.4-6.
40.6-8: [c] Stg. 1.10-11; 1 P. 1.24-25. **40.10:** [d] Is. 62.11;
Ap. 22.12. **40.13:** [e] Ro. 11.34; 1 Co. 2.16.

¿Quién le enseñó el camino del juicio, o le ense-
ñó ciencia, o le mostró la senda de la prudencia?
15 He aquí que las naciones le son como la gota
de agua que cae del cubo, y como menudo pol-
vo en las balanzas le son estimadas; he aquí que
hace desaparecer las islas como polvo.
16 Ni el Líbano bastará para el fuego, ni todos
sus animales para el sacrificio.
17 Como nada son todas las naciones delante de
él; y en su comparación serán estimadas en me-
nos que nada, y que lo que no es.
18 ¿A qué, pues, haréis semejante a Dios, o
qué imagen le compondréis?
19 El artífice prepara la imagen de talla, el plate-
ro le extiende el oro y le funde cadenas de plata.
20 El pobre escoge, para ofrecerle, madera que
no se apolille; se busca un maestro sabio, que le
haga una imagen de talla que no se mueva.
21 ¿No sabéis? ¿No habéis oído? ¿Nunca os lo
han dicho desde el principio? ¿No habéis sido
enseñados desde que la tierra se fundó?
22 El está sentado sobre el círculo de la tierra,
cuyos moradores son como langostas; él extien-
de los cielos como una cortina, los despliega
como una tienda para morar.
23 El convierte en nada a los poderosos, y a los
que gobiernan la tierra hace como cosa vana.
24 Como si nunca hubieran sido plantados,
como si nunca hubieran sido sembrados, como
si nunca su tronco hubiera tenido raíz en la tie-
rra; tan pronto como sopla en ellos se secan, y el
torbellino los lleva como hojarasca.
25 ¿A qué, pues, me haréis semejante o me com-
pararéis? dice el Santo.
26 Levantad en alto vuestros ojos, y mirad quién
creó estas cosas; él saca y cuenta su ejército; a
todas llama por sus nombres; ninguna faltará;
tal es la grandeza de su fuerza, y el poder de su
dominio.
27 ¿Por qué dices, oh Jacob, y hablas tú, Is-
rael: Mi camino está escondido de Jehová, y de
mi Dios pasó mi juicio?
28 ¿No has sabido, no has oído que el Dios eter-
no es Jehová, el cual creó los confines de la tie-
rra? No desfallece, ni se fatiga con cansancio, y
su entendimiento no hay quien lo alcance.
29 El da esfuerzo al cansado, y multiplica las
fuerzas al que no tiene ningunas.
30 Los muchachos se fatigan y se cansan, los jóve-
nes flaquean y caen;
31 pero los que esperan a Jehová tendrán nuevas
fuerzas; levantarán alas como las águilas; correrán,
y no se cansarán; caminarán, y no se fatigarán.

Seguridad de Dios para Israel

41 1 Escuchadme, costas, y esfuércense los
pueblos; acérquense, y entonces hablen;
estemos juntamente a juicio.
2 ¿Quién despertó del oriente al justo, lo llamó
para que le siguiese, entregó delante de él na-
ciones, y le hizo enseñorear de reyes; los entre-
gó a su espada como polvo, como hojarasca que
su arco arrebata?
3 Los siguió, pasó en paz por camino por donde
sus pies nunca habían entrado.
4 ¿Quién hizo y realizó esto? ¿Quién llama las
generaciones desde el principio? Yo Jehová, el
primero, y yo mismo con los postreros.
5 Las costas vieron, y tuvieron temor; los confi-
nes de la tierra se espantaron; se congregaron, y
vinieron.
6 Cada cual ayudó a su vecino, y a su hermano
dijo: Esfuérzate.
7 El carpintero animó al platero, y el que alisaba
con martillo al que batía en el yunque, diciendo:
Buena está la soldadura; y lo afirmó con clavos,
para que no se moviese.
8 Pero tú, Israel, siervo mío eres; tú, Jacob, a
quien yo escogí, descendencia de Abraham mi
amigo.[a]
9 Porque te tomé de los confines de la tierra, y
de tierras lejanas te llamé, y te dije: Mi siervo
eres tú; te escogí, y no te deseché.
10 No temas, porque yo estoy contigo; no des-
mayes, porque yo soy tu Dios que te esfuerzo;
siempre te ayudaré, siempre te sustentaré con la
diestra de mi justicia.
11 He aquí que todos los que se enojan contra ti
serán avergonzados y confundidos; serán como
nada y perecerán los que contienden contigo.
12 Buscarás a los que tienen contienda contigo,
y no los hallarás; serán como nada, y como cosa
que no es, aquellos que te hacen la guerra.
13 Porque yo Jehová soy tu Dios, quien te sostie-
ne de tu mano derecha, y te dice: No temas, yo
te ayudo.
14 No temas, gusano de Jacob, oh vosotros los
pocos de Israel; yo soy tu socorro, dice Jehová;
el Santo de Israel es tu Redentor.
15 He aquí que yo te he puesto por trillo, trillo
nuevo, lleno de dientes; trillarás montes y los
molerás, y collados reducirás a tamo.
16 Los aventarás, y los llevará el viento, y los es-
parcirá el torbellino; pero tú te regocijarás en
Jehová, te gloriarás en el Santo de Israel.
17 Los afligidos y menesterosos buscan las
aguas, y no las hay; seca está de sed su lengua;
yo Jehová los oiré, yo el Dios de Israel no los de-
sampararé.
18 En las alturas abriré ríos, y fuentes en medio
de los valles; abriré en el desierto estanques de
aguas, y manantiales de aguas en la tierra seca.
19 Daré en el desierto cedros, acacias, arrayanes
y olivos; pondré en la soledad cipreses, pinos y
bojes juntamente,

41.8: [a] 2 Cr. 20.7; Stg. 2.23.

20 para que vean y conozcan, y adviertan y en-
tiendan todos, que la mano de Jehová hace esto,
y que el Santo de Israel lo creó.

Dios reta a los falsos dioses

21 Alegad por vuestra causa, dice Jehová; pre-
sentad vuestras pruebas, dice el Rey de Jacob.
22 Traigan, anúnciennos lo que ha de venir; dí-
gannos lo que ha pasado desde el principio, y
pondremos nuestro corazón en ello; sepamos
también su postrimería, y hacednos entender lo
que ha de venir.
23 Dadnos nuevas de lo que ha de ser después,
para que sepamos que vosotros sois dioses; o a
lo menos haced bien, o mal, para que tengamos
qué contar, y juntamente nos maravillemos.
24 He aquí que vosotros sois nada, y vuestras
obras vanidad; abominación es el que os escogió.
25 Del norte levanté a uno, y vendrá; del naci-
miento del sol invocará mi nombre; y pisoteará
príncipes como lodo, y como pisa el barro el al-
farero.
26 ¿Quién lo anunció desde el principio, para
que sepamos; o de tiempo atrás, y diremos: Es
justo? Cierto, no hay quien anuncie; sí, no hay
quien enseñe; ciertamente no hay quien oiga
vuestras palabras.
27 Yo soy el primero que he enseñado estas co-
sas a Sion, y a Jerusalén daré un mensajero de
alegres nuevas.
28 Miré, y no había ninguno; y pregunté de es-
tas cosas, y ningún consejero hubo; les pregun-
té, y no respondieron palabra.
29 He aquí, todos son vanidad, y las obras de
ellos nada; viento y vanidad son sus imágenes
fundidas.

El Siervo de Jehová

42 1 He aquí mi siervo, yo le sostendré; mi
escogido, en quien mi alma tiene con-
tentamiento;[a] he puesto sobre él mi Espíritu; él
traerá justicia a las naciones.
2 No gritará, ni alzará su voz, ni la hará oír en
las calles.
3 No quebrará la caña cascada, ni apagará el pá-
bilo que humeare; por medio de la verdad trae-
rá justicia.
4 No se cansará ni desmayará, hasta que esta-
blezca en la tierra justicia; y las costas esperarán
su ley.[b]
5 Así dice Jehová Dios, Creador de los cielos, y
el que los despliega; el que extiende la tierra y sus
productos; el que da aliento al pueblo que mora
sobre ella,[c] y espíritu a los que por ella andan:
6 Yo Jehová te he llamado en justicia, y te sos-
tendré por la mano; te guardaré y te pondré por
pacto al pueblo, por luz de las naciones,[d]
7 para que abras los ojos de los ciegos, para que
saques de la cárcel a los presos, y de casas de
prisión a los que moran en tinieblas.
8 Yo Jehová; este es mi nombre; y a otro no daré
mi gloria, ni mi alabanza a esculturas.
9 He aquí se cumplieron las cosas primeras, y yo
anuncio cosas nuevas; antes que salgan a luz, yo
os las haré notorias.

Alabanza por la liberación poderosa de Jehová

10 Cantad a Jehová un nuevo cántico, su ala-
banza desde el fin de la tierra; los que descen-
déis al mar, y cuanto hay en él, las costas y los
moradores de ellas.
11 Alcen la voz el desierto y sus ciudades, las al-
deas donde habita Cedar; canten los moradores
de Sela, y desde la cumbre de los montes den
voces de júbilo.
12 Den gloria a Jehová, y anuncien sus loores en
las costas.
13 Jehová saldrá como gigante, y como hombre
de guerra despertará celo; gritará, voceará, se
esforzará sobre sus enemigos.
14 Desde el siglo he callado, he guardado si-
lencio, y me he detenido; daré voces como la que
está de parto; asolaré y devoraré juntamente.
15 Convertiré en soledad montes y collados,
haré secar toda su hierba; los ríos tornaré en is-
las, y secaré los estanques.
16 Y guiaré a los ciegos por camino que no sa-
bían, les haré andar por sendas que no habían
conocido; delante de ellos cambiaré las tinieblas
en luz, y lo escabroso en llanura. Estas cosas les
haré, y no los desampararé.
17 Serán vueltos atrás y en extremo confundidos
los que confían en ídolos, y dicen a las imágenes
de fundición: Vosotros sois nuestros dioses.

Israel no aprende de la disciplina

18 Sordos, oíd, y vosotros, ciegos, mirad para ver.
19 ¿Quién es ciego, sino mi siervo? ¿Quién es
sordo, como mi mensajero que envié? ¿Quién es
ciego como mi escogido, y ciego como el siervo
de Jehová,
20 que ve muchas cosas y no advierte, que abre
los oídos y no oye?
21 Jehová se complació por amor de su justicia
en magnificar la ley y engrandecerla.
22 Mas este es pueblo saqueado y pisoteado, to-
dos ellos atrapados en cavernas y escondidos en
cárceles; son puestos para despojo, y no hay
quien libre; despojados, y no hay quien diga:
Restituid.
23 ¿Quién de vosotros oirá esto? ¿Quién atende-
rá y escuchará respecto al porvenir?

42.1: [a] Mt. 3.17; 17.5; Mr. 1.11; Lc. 3.22; 9.35.
42.1-4: [b] Mt. 12.18-21. **42.5:** [c] Hch. 17.24-25.
42.6: [d] Is. 49.6; Lc. 2.32; Hch. 13.47; 26.23.

24 ¿Quién dio a Jacob en botín, y entregó a Is-
rael a saqueadores? ¿No fue Jehová, contra
quien pecamos? No quisieron andar en sus ca-
minos, ni oyeron su ley.
25 Por tanto, derramó sobre él el ardor de su ira,
y fuerza de guerra; le puso fuego por todas par-
tes, pero no entendió; y le consumió, mas no
hizo caso.

Jehová es el único Redentor

43 1 Ahora, así dice Jehová, Creador tuyo,
oh Jacob, y Formador tuyo, oh Israel: No
temas, porque yo te redimí; te puse nombre,
mío eres tú.
2 Cuando pases por las aguas, yo estaré contigo;
y si por los ríos, no te anegarán. Cuando pases
por el fuego, no te quemarás, ni la llama arderá
en ti.
3 Porque yo Jehová, Dios tuyo, el Santo de Is-
rael, soy tu Salvador; a Egipto he dado por tu
rescate, a Etiopía y a Seba por ti.
4 Porque a mis ojos fuiste de gran estima, fuiste
honorable, y yo te amé; daré, pues, hombres por
ti, y naciones por tu vida.
5 No temas, porque yo estoy contigo; del oriente
traeré tu generación, y del occidente te recogeré.
6 Diré al norte: Da acá; y al sur: No detengas;
trae de lejos mis hijos, y mis hijas de los confines
de la tierra,
7 todos los llamados de mi nombre; para gloria
mía los he creado, los formé y los hice.
8 Sacad al pueblo ciego que tiene ojos, y a los
sordos que tienen oídos.
9 Congréguense a una todas las naciones, y jún-
tense todos los pueblos. ¿Quién de ellos hay que
nos dé nuevas de esto, y que nos haga oír las co-
sas primeras? Presenten sus testigos, y justifí-
quense; oigan, y digan: Verdad es.
10 Vosotros sois mis testigos, dice Jehová, y mi
siervo que yo escogí, para que me conozcáis y
creáis, y entendáis que yo mismo soy; antes de
mí no fue formado dios, ni lo será después de mí.
11 Yo, yo Jehová, y fuera de mí no hay quien salve.
12 Yo anuncié, y salvé, e hice oír, y no hubo entre
vosotros dios ajeno. Vosotros, pues, sois mis tes-
tigos, dice Jehová, que yo soy Dios.
13 Aun antes que hubiera día, yo era; y no hay
quien de mi mano libre. Lo que hago yo, ¿quién
lo estorbará?
14 Así dice Jehová, Redentor vuestro, el Santo
de Israel: Por vosotros envié a Babilonia, e hice
descender como fugitivos a todos ellos, aun a
los caldeos en las naves de que se gloriaban.
15 Yo Jehová, Santo vuestro, Creador de Israel,
vuestro Rey.
16 Así dice Jehová, el que abre camino en el
mar, y senda en las aguas impetuosas;
17 el que saca carro y caballo, ejército y fuerza;
caen juntamente para no levantarse; fenecen,
como pábilo quedan apagados.
18 No os acordéis de las cosas pasadas, ni trai-
gáis a memoria las cosas antiguas.
19 He aquí que yo hago cosa nueva; pronto sal-
drá a luz; ¿no la conoceréis? Otra vez abriré ca-
mino en el desierto, y ríos en la soledad.
20 Las fieras del campo me honrarán, los chaca-
les y los pollos del avestruz; porque daré aguas
en el desierto, ríos en la soledad, para que beba
mi pueblo, mi escogido.
21 Este pueblo he creado para mí; mis alabanzas
publicará.
22 Y no me invocaste a mí, oh Jacob, sino que
de mí te cansaste, oh Israel.
23 No me trajiste a mí los animales de tus holo-
caustos, ni a mí me honraste con tus sacrificios;
no te hice servir con ofrenda, ni te hice fatigar
con incienso.
24 No compraste para mí caña aromática por di-
nero, ni me saciaste con la grosura de tus sacrifi-
cios, sino pusiste sobre mí la carga de tus
pecados, me fatigaste con tus maldades.
25 Yo, yo soy el que borro tus rebeliones por
amor de mí mismo, y no me acordaré de tus pe-
cados.
26 Hazme recordar, entremos en juicio junta-
mente; habla tú para justificarte.
27 Tu primer padre pecó, y tus enseñadores pre-
varicaron contra mí.
28 Por tanto, yo profané los príncipes del san-
tuario, y puse por anatema a Jacob y por opro-
bio a Israel.

Jehová es el único Dios

44 1 Ahora pues, oye, Jacob, siervo mío, y
tú, Israel, a quien yo escogí.
2 Así dice Jehová, Hacedor tuyo, y el que te formó
desde el vientre, el cual te ayudará: No temas,
siervo mío Jacob, y tú, Jesurún, a quien yo escogí.
3 Porque yo derramaré aguas sobre el sequedal,
y ríos sobre la tierra árida; mi Espíritu derrama-
ré sobre tu generación, y mi bendición sobre tus
renuevos;
4 y brotarán entre hierba, como sauces junto a
las riberas de las aguas.
5 Este dirá: Yo soy de Jehová; el otro se llamará
del nombre de Jacob, y otro escribirá con su
mano: A Jehová, y se apellidará con el nombre
de Israel.
6 Así dice Jehová Rey de Israel, y su Redentor,
Jehová de los ejércitos: Yo soy el primero, y yo
soy el postrero,[a] y fuera de mí no hay Dios.
7 ¿Y quién proclamará lo venidero, lo declarará,
y lo pondrá en orden delante de mí, como hago
yo desde que establecí el pueblo antiguo? Anún-
cienles lo que viene, y lo que está por venir.

44.6: [a] Is. 48.12; Ap. 1.17; 22.13.

8 No temáis, ni os amedrentéis; ¿no te lo hice oír
desde la antigüedad, y te lo dije? Luego vosotros
sois mis testigos. No hay Dios sino yo. No hay
Fuerte; no conozco ninguno.

La insensatez de la idolatría

9 Los formadores de imágenes de talla, todos
ellos son vanidad, y lo más precioso de ellos para
nada es útil; y ellos mismos son testigos para su
confusión, de que los ídolos no ven ni entienden.
10 ¿Quién formó un dios, o quién fundió una
imagen que para nada es de provecho?
11 He aquí que todos los suyos serán avergonza-
dos, porque los artífices mismos son hombres.
Todos ellos se juntarán, se presentarán, se asom-
brarán, y serán avergonzados a una.
12 El herrero toma la tenaza, trabaja en las as-
cuas, le da forma con los martillos, y trabaja en
ello con la fuerza de su brazo; luego tiene ham-
bre, y le faltan las fuerzas; no bebe agua, y se
desmaya.
13 El carpintero tiende la regla, lo señala con al-
magre, lo labra con los cepillos, le da figura con
el compás, lo hace en forma de varón, a seme-
janza de hombre hermoso, para tenerlo en casa.
14 Corta cedros, y toma ciprés y encina, que cre-
cen entre los árboles del bosque; planta pino,
que se críe con la lluvia.
15 De él se sirve luego el hombre para quemar, y
toma de ellos para calentarse; enciende tam-
bién el horno, y cuece panes; hace además un
dios, y lo adora; fabrica un ídolo, y se arrodilla
delante de él.
16 Parte del leño quema en el fuego; con parte
de él come carne, prepara un asado, y se sacia;
después se calienta, y dice: ¡Oh! me he calenta-
do, he visto el fuego;
17 y hace del sobrante un dios, un ídolo suyo; se
postra delante de él, lo adora, y le ruega dicien-
do: Líbrame, porque mi dios eres tú.
18 No saben ni entienden; porque cerrados
están sus ojos para no ver, y su corazón para no
entender.
19 No discurre para consigo, no tiene sentido ni
entendimiento para decir: Parte de esto quemé
en el fuego, y sobre sus brasas cocí pan, asé car-
ne, y la comí. ¿Haré del resto de él una abomi-
nación? ¿Me postraré delante de un tronco de
árbol?
20 De ceniza se alimenta; su corazón engañado
le desvía, para que no libre su alma, ni diga: ¿No
es pura mentira lo que tengo en mi mano dere-
cha?

Jehová es el Redentor de Israel

21 Acuérdate de estas cosas, oh Jacob, e Is-
rael, porque mi siervo eres. Yo te formé, siervo
mío eres tú; Israel, no me olvides.
22 Yo deshice como una nube tus rebeliones, y
como niebla tus pecados; vuélvete a mí, porque
yo te redimí.
23 Cantad loores, oh cielos, porque Jehová lo
hizo; gritad con júbilo, profundidades de la tie-
rra; prorrumpid, montes, en alabanza; bosque,
y todo árbol que en él está; porque Jehová redi-
mió a Jacob, y en Israel será glorificado.
24 Así dice Jehová, tu Redentor, que te formó
desde el vientre: Yo Jehová, que lo hago todo,
que extiendo solo los cielos, que extiendo la tie-
rra por mí mismo;
25 que deshago las señales de los adivinos, y en-
loquezco a los agoreros; que hago volver atrás a
los sabios, y desvanezco su sabiduría.[b]
26 Yo, el que despierta la palabra de su siervo, y
cumple el consejo de sus mensajeros; que dice a
Jerusalén: Serás habitada; y a las ciudades de
Judá: Reconstruidas serán, y sus ruinas reedifi-
caré;
27 que dice a las profundidades: Secaos, y tus
ríos haré secar;
28 que dice de Ciro: Es mi pastor, y cumplirá
todo lo que yo quiero,[c] al decir a Jerusalén: Se-
rás edificada; y al templo: Serás fundado.

Encargo de Dios para Ciro

45 1 Así dice Jehová a su ungido, a Ciro, al
cual tomé yo por su mano derecha, para
sujetar naciones delante de él y desatar lomos
de reyes; para abrir delante de él puertas, y las
puertas no se cerrarán:
2 Yo iré delante de ti, y enderezaré los lugares
torcidos; quebrantaré puertas de bronce, y ce-
rrojos de hierro haré pedazos;
3 y te daré los tesoros escondidos, y los secre-
tos muy guardados, para que sepas que yo soy
Jehová, el Dios de Israel, que te pongo nom-
bre.
4 Por amor de mi siervo Jacob, y de Israel mi es-
cogido, te llamé por tu nombre; te puse sobre-
nombre, aunque no me conociste.
5 Yo soy Jehová, y ninguno más hay; no hay
Dios fuera de mí. Yo te ceñiré, aunque tú no me
conociste,
6 para que se sepa desde el nacimiento del sol, y
hasta donde se pone, que no hay más que yo; yo
Jehová, y ninguno más que yo,
7 que formo la luz y creo las tinieblas, que hago
la paz y creo la adversidad. Yo Jehová soy el que
hago todo esto.

Jehová el Creador

8 Rociad, cielos, de arriba, y las nubes desti-
len la justicia; ábrase la tierra, y prodúzcanse la
salvación y la justicia; háganse brotar junta-
mente. Yo Jehová lo he creado.

44.25: [b] 1 Co. 1.20. **44.28:** [c] 2 Cr. 36.23; Esd. 1.2.

9 ¡Ay del que pleitea con su Hacedor! ¡el ties-
to con los tiestos de la tierra! ¿Dirá el barro al
que lo labra: ¿Qué haces?;[a] o tu obra: ¿No tiene
manos?
10 ¡Ay del que dice al padre: ¿Por qué engen-
draste? y a la mujer: ¿Por qué diste a luz?!
11 Así dice Jehová, el Santo de Israel, y su For-
mador: Preguntadme de las cosas por venir;
mandadme acerca de mis hijos, y acerca de la
obra de mis manos.
12 Yo hice la tierra, y creé sobre ella al hombre.
Yo, mis manos, extendieron los cielos, y a todo
su ejército mandé.
13 Yo lo desperté en justicia, y enderezaré todos
sus caminos; él edificará mi ciudad, y soltará
mis cautivos, no por precio ni por dones, dice
Jehová de los ejércitos.
14 Así dice Jehová: El trabajo de Egipto, las
mercaderías de Etiopía, y los sabeos, hombres de
elevada estatura, se pasarán a ti y serán tuyos;
irán en pos de ti, pasarán con grillos; te harán re-
verencia y te suplicarán diciendo: Ciertamente
en ti está Dios, y no hay otro fuera de Dios.
15 Verdaderamente tú eres Dios que te encu-
bres, Dios de Israel, que salvas.
16 Confusos y avergonzados serán todos ellos;
irán con afrenta todos los fabricadores de imá-
genes.
17 Israel será salvo en Jehová con salvación
eterna; no os avergonzaréis ni os afrentaréis,
por todos los siglos.
18 Porque así dijo Jehová, que creó los cielos;
él es Dios, el que formó la tierra, el que la hizo y
la compuso; no la creó en vano, para que fuese
habitada la creó: Yo soy Jehová, y no hay otro.
19 No hablé en secreto, en un lugar oscuro de la
tierra; no dije a la descendencia de Jacob: En
vano me buscáis. Yo soy Jehová que hablo justi-
cia, que anuncio rectitud.

Jehová y los ídolos de Babilonia

20 Reuníos, y venid; juntaos todos los sobrevi-
vientes de entre las naciones. No tienen conoci-
miento aquellos que erigen el madero de su
ídolo, y los que ruegan a un dios que no salva.
21 Proclamad, y hacedlos acercarse, y entren to-
dos en consulta; ¿quién hizo oír esto desde el
principio, y lo tiene dicho desde entonces, sino
yo Jehová? Y no hay más Dios que yo; Dios justo
y Salvador; ningún otro fuera de mí.
22 Mirad a mí, y sed salvos, todos los términos
de la tierra, porque yo soy Dios, y no hay más.
23 Por mí mismo hice juramento, de mi boca sa-
lió palabra en justicia, y no será revocada: Que a
mí se doblará toda rodilla, y jurará toda lengua.[b]
24 Y se dirá de mí: Ciertamente en Jehová está
la justicia y la fuerza; a él vendrán, y todos los
que contra él se enardecen serán avergonzados.
25 En Jehová será justificada y se gloriará toda
la descendencia de Israel.

46 1 Se postró Bel, se abatió Nebo; sus imá-
genes fueron puestas sobre bestias, so-
bre animales de carga; esas cosas que vosotros
solíais llevar son alzadas cual carga, sobre las
bestias cansadas.
2 Fueron humillados, fueron abatidos junta-
mente; no pudieron escaparse de la carga, sino
que tuvieron ellos mismos que ir en cautiverio.
3 Oídme, oh casa de Jacob, y todo el resto de
la casa de Israel, los que sois traídos por mí desde
el vientre, los que sois llevados desde la matriz.
4 Y hasta la vejez yo mismo, y hasta las canas os
soportaré yo; yo hice, yo llevaré, yo soportaré y
guardaré.
5 ¿A quién me asemejáis, y me igualáis, y me
comparáis, para que seamos semejantes?
6 Sacan oro de la bolsa, y pesan plata con balan-
zas, alquilan un platero para hacer un dios de
ello; se postran y adoran.
7 Se lo echan sobre los hombros, lo llevan, y lo
colocan en su lugar; allí se está, y no se mueve
de su sitio. Le gritan, y tampoco responde, ni li-
bra de la tribulación.
8 Acordaos de esto, y tened vergüenza; vol-
ved en vosotros, prevaricadores.
9 Acordaos de las cosas pasadas desde los tiem-
pos antiguos; porque yo soy Dios, y no hay otro
Dios, y nada hay semejante a mí,
10 que anuncio lo por venir desde el principio, y
desde la antigüedad lo que aún no era hecho;
que digo: Mi consejo permanecerá, y haré todo
lo que quiero;
11 que llamo desde el oriente al ave, y de tierra
lejana al varón de mi consejo. Yo hablé, y lo haré
venir; lo he pensado, y también lo haré.
12 Oídme, duros de corazón, que estáis lejos
de la justicia:
13 Haré que se acerque mi justicia; no se alejará,
y mi salvación no se detendrá. Y pondré salva-
ción en Sion, y mi gloria en Israel.

Juicio sobre Babilonia

47 1 Desciende y siéntate en el polvo, vir-
gen hija de Babilonia.[a] Siéntate en la tie-
rra, sin trono, hija de los caldeos; porque nunca
más te llamarán tierna y delicada.
2 Toma el molino y muele harina; descubre tus
guedejas, descalza los pies, descubre las pier-
nas, pasa los ríos.
3 Será tu vergüenza descubierta, y tu deshonra
será vista; haré retribución, y no se librará hom-
bre alguno.
4 Nuestro Redentor, Jehová de los ejércitos es su
nombre, el Santo de Israel.

45.9: [a] Ro. 9.20. **45.23:** [b] Ro. 14.11; Fil. 2.10-11.
47.1-15: [a] Is. 13.1–14.23; Jer. 50.1–51.64.

5 Siéntate, calla, y entra en tinieblas, hija de
los caldeos; porque nunca más te llamarán se-
ñora de reinos.
6 Me enojé contra mi pueblo, profané mi here-
dad, y los entregué en tu mano; no les tuviste
compasión; sobre el anciano agravaste mucho
tu yugo.
7 Dijiste: Para siempre seré señora; y no has pen-
sado en esto, ni te acordaste de tu postrimería.
8 Oye, pues, ahora esto, mujer voluptuosa, tú
que estás sentada confiadamente, tú que dices
en tu corazón: Yo soy, y fuera de mí no hay más;
no quedaré viuda, ni conoceré orfandad.
9 Estas dos cosas te vendrán de repente en un
mismo día, orfandad y viudez;[b] en toda su
fuerza vendrán sobre ti, a pesar de la multi-
tud de tus hechizos y de tus muchos encanta-
mientos.
10 Porque te confiaste en tu maldad, dicien-
do: Nadie me ve. Tu sabiduría y tu misma cien-
cia te engañaron, y dijiste en tu corazón: Yo, y
nadie más.
11 Vendrá, pues, sobre ti mal, cuyo nacimiento
no sabrás; caerá sobre ti quebrantamiento, el
cual no podrás remediar; y destrucción que no
sepas vendrá de repente sobre ti.
12 Estate ahora en tus encantamientos y en la
multitud de tus hechizos, en los cuales te fati-
gaste desde tu juventud; quizá podrás mejorar-
te, quizá te fortalecerás.
13 Te has fatigado en tus muchos consejos. Com-
parezcan ahora y te defiendan los contemplado-
res de los cielos, los que observan las estrellas, los
que cuentan los meses, para pronosticar lo que
vendrá sobre ti.
14 He aquí que serán como tamo; fuego los
quemará, no salvarán sus vidas del poder de la
llama; no quedará brasa para calentarse, ni
lumbre a la cual se sienten.
15 Así te serán aquellos con quienes te fatigaste,
los que traficaron contigo desde tu juventud;
cada uno irá por su camino, no habrá quien te
salve.

Dios reprende la infidelidad de Israel

48 1 Oíd esto, casa de Jacob, que os llamáis
del nombre de Israel, los que salieron de
las aguas de Judá, los que juran en el nombre
de Jehová, y hacen memoria del Dios de Israel,
mas no en verdad ni en justicia;
2 porque de la santa ciudad se nombran, y en el
Dios de Israel confían; su nombre es Jehová de
los ejércitos.
3 Lo que pasó, ya antes lo dije, y de mi boca
salió; lo publiqué, lo hice pronto, y fue reali-
dad.
4 Por cuanto conozco que eres duro, y barra de
hierro tu cerviz, y tu frente de bronce,
5 te lo dije ya hace tiempo; antes que sucediera
te lo advertí, para que no dijeras: Mi ídolo lo
hizo, mis imágenes de escultura y de fundición
mandaron estas cosas.
6 Lo oíste, y lo viste todo; ¿y no lo anunciaréis
vosotros? Ahora, pues, te he hecho oír cosas
nuevas y ocultas que tú no sabías.
7 Ahora han sido creadas, no en días pasados, ni
antes de este día las habías oído, para que no di-
gas: He aquí que yo lo sabía.
8 Sí, nunca lo habías oído, ni nunca lo habías co-
nocido; ciertamente no se abrió antes tu oído;
porque sabía que siendo desleal habías de deso-
bedecer, por tanto te llamé rebelde desde el
vientre.
9 Por amor de mi nombre diferiré mi ira, y para
alabanza mía la reprimiré para no destruirte.
10 He aquí te he purificado, y no como a plata;
te he escogido en horno de aflicción.
11 Por mí, por amor de mí mismo lo haré, para
que no sea amancillado mi nombre, y mi honra
no la daré a otro.
12 Oyeme, Jacob, y tú, Israel, a quien llamé: Yo
mismo, yo el primero, yo también el postrero.[a]
13 Mi mano fundó también la tierra, y mi mano
derecha midió los cielos con el palmo; al llamar-
los yo, comparecieron juntamente.
14 Juntaos todos vosotros, y oíd. ¿Quién hay
entre ellos que anuncie estas cosas? Aquel a
quien Jehová amó ejecutará su voluntad en Ba-
bilonia, y su brazo estará sobre los caldeos.
15 Yo, yo hablé, y le llamé y le traje; por tanto,
será prosperado su camino.
16 Acercaos a mí, oíd esto: desde el principio no
hablé en secreto; desde que eso se hizo, allí es-
taba yo; y ahora me envió Jehová el Señor, y su
Espíritu.
17 Así ha dicho Jehová, Redentor tuyo, el
Santo de Israel: Yo soy Jehová Dios tuyo, que te
enseña provechosamente, que te encamina por
el camino que debes seguir.
18 ¡Oh, si hubieras atendido a mis mandamien-
tos! Fuera entonces tu paz como un río, y tu jus-
ticia como las ondas del mar.
19 Fuera como la arena tu descendencia, y los
renuevos de tus entrañas como los granos de
arena; nunca su nombre sería cortado, ni raído
de mi presencia.
20 Salid de Babilonia,[b] huid de entre los caldeos;
dad nuevas de esto con voz de alegría, publicad-
lo, llevadlo hasta lo postrero de la tierra; decid:
Redimió Jehová a Jacob su siervo.
21 No tuvieron sed cuando los llevó por los de-
siertos; les hizo brotar agua de la piedra; abrió
la peña, y corrieron las aguas.
22 No hay paz para los malos, dijo Jehová.[c]

47.8-9: [b] Ap. 18.7-8. **48.12:** [a] Is. 44.6; Ap. 1.17; 22.13.
48.20: [b] Ap. 18.4. **48.22:** [c] Is. 57.21.

Israel, siervo de Jehová

49 1 Oídme, costas, y escuchad, pueblos le-
janos. Jehová me llamó desde el vientre,
desde las entrañas de mi madre tuvo mi nom-
bre en memoria.
2 Y puso mi boca como espada aguda, me cubrió
con la sombra de su mano; y me puso por saeta
bruñida, me guardó en su aljaba;
3 y me dijo: Mi siervo eres, oh Israel, porque en
ti me gloriaré.
4 Pero yo dije: Por demás he trabajado, en vano
y sin provecho he consumido mis fuerzas; pero
mi causa está delante de Jehová, y mi recom-
pensa con mi Dios.
5 Ahora pues, dice Jehová, el que me formó
desde el vientre para ser su siervo, para hacer
volver a él a Jacob y para congregarle a Israel
(porque estimado seré en los ojos de Jehová, y
el Dios mío será mi fuerza);
6 dice: Poco es para mí que tú seas mi siervo
para levantar las tribus de Jacob, y para que res-
taures el remanente de Israel; también te di por
luz de las naciones,[a] para que seas mi salvación
hasta lo postrero de la tierra.[b]
7 Así ha dicho Jehová, Redentor de Israel, el
Santo suyo, al menospreciado de alma, al abo-
minado de las naciones, al siervo de los tiranos:
Verán reyes, y se levantarán príncipes, y adora-
rán por Jehová; porque fiel es el Santo de Israel,
el cual te escogió.

Dios promete restaurar a Sion

8 Así dijo Jehová: En tiempo aceptable te oí, y
en el día de salvación te ayudé;[c] y te guardaré, y
te daré por pacto al pueblo, para que restaures
la tierra, para que heredes asoladas heredades;
9 para que digas a los presos: Salid; y a los que
están en tinieblas: Mostraos. En los caminos se-
rán apacentados, y en todas las alturas tendrán
sus pastos.
10 No tendrán hambre ni sed, ni el calor ni el sol
los afligirá; porque el que tiene de ellos miseri-
cordia los guiará, y los conducirá a manantiales
de aguas.[d]
11 Y convertiré en camino todos mis montes, y
mis calzadas serán levantadas.
12 He aquí éstos vendrán de lejos; y he aquí és-
tos del norte y del occidente, y éstos de la tierra
de Sinim.
13 Cantad alabanzas, oh cielos, y alégrate,
tierra; y prorrumpid en alabanzas, oh montes;
porque Jehová ha consolado a su pueblo, y de
sus pobres tendrá misericordia.
14 Pero Sion dijo: Me dejó Jehová, y el Señor se
olvidó de mí.
15 ¿Se olvidará la mujer de lo que dio a luz, para
dejar de compadecerse del hijo de su vientre?
Aunque olvide ella, yo nunca me olvidaré de ti.
16 He aquí que en las palmas de las manos te
tengo esculpida; delante de mí están siempre
tus muros.
17 Tus edificadores vendrán aprisa; tus destrui-
dores y tus asoladores saldrán de ti.
18 Alza tus ojos alrededor, y mira: todos éstos se
han reunido, han venido a ti. Vivo yo, dice Jeho-
vá, que de todos, como de vestidura de honra, se-
rás vestida; y de ellos serás ceñida como novia.
19 Porque tu tierra devastada, arruinada y de-
sierta, ahora será estrecha por la multitud de los
moradores, y tus destruidores serán apartados
lejos.
20 Aun los hijos de tu orfandad dirán a tus oí-
dos: Estrecho es para mí este lugar; apártate,
para que yo more.
21 Y dirás en tu corazón: ¿Quién me engendró
éstos? Porque yo había sido privada de hijos y
estaba sola, peregrina y desterrada; ¿quién,
pues, crió éstos? He aquí yo había sido dejada
sola; ¿dónde estaban éstos?
22 Así dijo Jehová el Señor: He aquí, yo ten-
deré mi mano a las naciones, y a los pueblos le-
vantaré mi bandera; y traerán en brazos a tus
hijos, y tus hijas serán traídas en hombros.
23 Reyes serán tus ayos, y sus reinas tus nodri-
zas; con el rostro inclinado a tierra te adorarán,
y lamerán el polvo de tus pies; y conocerás que
yo soy Jehová, que no se avergonzarán los que
esperan en mí.
24 ¿Será quitado el botín al valiente? ¿Será
rescatado el cautivo de un tirano?
25 Pero así dice Jehová: Ciertamente el cautivo
será rescatado del valiente, y el botín será arre-
batado al tirano; y tu pleito yo lo defenderé, y
yo salvaré a tus hijos.
26 Y a los que te despojaron haré comer sus pro-
pias carnes, y con su sangre serán embriagados
como con vino; y conocerá todo hombre que yo
Jehová soy Salvador tuyo y Redentor tuyo, el
Fuerte de Jacob.

Jehová ayuda a quienes confían en él

50 1 Así dijo Jehová: ¿Qué es de la carta de
repudio de vuestra madre, con la cual yo
la repudié? ¿O quiénes son mis acreedores, a
quienes yo os he vendido? He aquí que por
vuestras maldades sois vendidos, y por vuestras
rebeliones fue repudiada vuestra madre.
2 ¿Por qué cuando vine, no hallé a nadie, y
cuando llamé, nadie respondió? ¿Acaso se ha
acortado mi mano para no redimir? ¿No hay en
mí poder para librar? He aquí que con mi re-
prensión hago secar el mar; convierto los ríos en
desierto; sus peces se pudren por falta de agua,
y mueren de sed.

49.6: [a] Is. 42.6; Lc. 2.32; Hch. 26.23. [b] Hch. 13.47.
49.8: [c] 2 Co. 6.2. **49.10:** [d] Ap. 7.16-17.

3 Visto de oscuridad los cielos, y hago como cili-
cio su cubierta.
4 Jehová el Señor me dio lengua de sabios,
para saber hablar palabras al cansado; desper-
tará mañana tras mañana, despertará mi oído
para que oiga como los sabios.
5 Jehová el Señor me abrió el oído, y yo no fui
rebelde, ni me volví atrás.
6 Di mi cuerpo a los heridores, y mis mejillas a
los que me mesaban la barba; no escondí mi ros-
tro de injurias y de esputos.[a]
7 Porque Jehová el Señor me ayudará, por tan-
to no me avergoncé; por eso puse mi rostro como
un pedernal, y sé que no seré avergonzado.
8 Cercano está de mí el que me salva; ¿quién
contenderá conmigo? Juntémonos. ¿Quién es el
adversario de mi causa? Acérquese a mí.
9 He aquí que Jehová el Señor me ayudará;
¿quién hay que me condene? He aquí que todos
ellos se envejecerán como ropa de vestir, serán
comidos por la polilla.
10 ¿Quién hay entre vosotros que teme a Jeho-
vá, y oye la voz de su siervo? El que anda en ti-
nieblas y carece de luz, confíe en el nombre de
Jehová, y apóyese en su Dios.
11 He aquí que todos vosotros encendéis fuego,
y os rodeáis de teas; andad a la luz de vuestro
fuego, y de las teas que encendisteis. De mi
mano os vendrá esto; en dolor seréis sepulta-
dos.

Palabras de consuelo para Sion

51 1 Oídme, los que seguís la justicia, los
que buscáis a Jehová. Mirad a la piedra
de donde fuisteis cortados, y al hueco de la can-
tera de donde fuisteis arrancados.
2 Mirad a Abraham vuestro padre, y a Sara que
os dio a luz; porque cuando no era más que uno
solo lo llamé, y lo bendije y lo multipliqué.
3 Ciertamente consolará Jehová a Sion; conso-
lará todas sus soledades, y cambiará su desierto
en paraíso, y su soledad en huerto de Jehová; se
hallará en ella alegría y gozo, alabanza y voces
de canto.
4 Estad atentos a mí, pueblo mío, y oídme, na-
ción mía; porque de mí saldrá la ley, y mi justicia
para luz de los pueblos.
5 Cercana está mi justicia, ha salido mi salva-
ción, y mis brazos juzgarán a los pueblos; a mí
me esperan los de la costa, y en mi brazo ponen
su esperanza.
6 Alzad a los cielos vuestros ojos, y mirad abajo
a la tierra; porque los cielos serán deshechos
como humo, y la tierra se envejecerá como ropa
de vestir, y de la misma manera perecerán sus
moradores; pero mi salvación será para siem-
pre, mi justicia no perecerá.
7 Oídme, los que conocéis justicia, pueblo en
cuyo corazón está mi ley. No temáis afrenta de
hombre, ni desmayéis por sus ultrajes.
8 Porque como a vestidura los comerá polilla,
como a lana los comerá gusano; pero mi justicia
permanecerá perpetuamente, y mi salvación
por siglos de siglos.
9 Despiértate, despiértate, vístete de poder,
oh brazo de Jehová; despiértate como en el
tiempo antiguo, en los siglos pasados. ¿No eres
tú el que cortó a Rahab, y el que hirió al dragón?
10 ¿No eres tú el que secó el mar, las aguas del
gran abismo; el que transformó en camino las
profundidades del mar para que pasaran los re-
dimidos?
11 Ciertamente volverán los redimidos de Jeho-
vá; volverán a Sion cantando, y gozo perpetuo
habrá sobre sus cabezas; tendrán gozo y alegría,
y el dolor y el gemido huirán.
12 Yo, yo soy vuestro consolador. ¿Quién eres
tú para que tengas temor del hombre, que es
mortal, y del hijo de hombre, que es como heno?
13 Y ya te has olvidado de Jehová tu Hacedor,
que extendió los cielos y fundó la tierra; y todo
el día temiste continuamente del furor del que
aflige, cuando se disponía para destruir. ¿Pero
en dónde está el furor del que aflige?
14 El preso agobiado será libertado pronto; no
morirá en la mazmorra, ni le faltará su pan.
15 Porque yo Jehová, que agito el mar y hago ru-
gir sus ondas, soy tu Dios, cuyo nombre es Jeho-
vá de los ejércitos.
16 Y en tu boca he puesto mis palabras, y con la
sombra de mi mano te cubrí, extendiendo los
cielos y echando los cimientos de la tierra, y di-
ciendo a Sion: Pueblo mío eres tú.
17 Despierta, despierta, levántate, oh Jerusa-
lén, que bebiste de la mano de Jehová el cáliz de
su ira;[a] porque el cáliz de aturdimiento bebiste
hasta los sedimentos.
18 De todos los hijos que dio a luz, no hay quien
la guíe; ni quien la tome de la mano, de todos
los hijos que crió.
19 Estas dos cosas te han acontecido: asola-
miento y quebrantamiento, hambre y espada.
¿Quién se dolerá de ti? ¿Quién te consolará?
20 Tus hijos desmayaron, estuvieron tendidos
en las encrucijadas de todos los caminos, como
antílope en la red, llenos de la indignación de
Jehová, de la ira del Dios tuyo.
21 Oye, pues, ahora esto, afligida, ebria, y no de
vino:
22 Así dijo Jehová tu Señor, y tu Dios, el cual
aboga por su pueblo: He aquí he quitado de tu
mano el cáliz de aturdimiento, los sedimentos
del cáliz de mi ira; nunca más lo beberás.
23 Y lo pondré en mano de tus angustiadores,
que dijeron a tu alma: Inclínate, y pasaremos

50.6: [a] Mt. 26.67; Mr. 14.65. **51.17:** [a] Ap. 14.10; 16.19.

por encima de ti. Y tú pusiste tu cuerpo como
tierra, y como camino, para que pasaran.

Dios librará del cautiverio a Sion

52 1 Despierta, despierta, vístete de poder,
oh Sion; vístete tu ropa hermosa, oh Je-
rusalén, ciudad santa;[a] porque nunca más ven-
drá a ti incircunciso ni inmundo.
2 Sacúdete del polvo; levántate y siéntate, Jeru-
salén; suelta las ataduras de tu cuello, cautiva
hija de Sion.
3 Porque así dice Jehová: De balde fuisteis ven-
didos; por tanto, sin dinero seréis rescatados.
4 Porque así dijo Jehová el Señor: Mi pueblo
descendió a Egipto en tiempo pasado, para mo-
rar allá, y el asirio lo cautivó sin razón.
5 Y ahora ¿qué hago aquí, dice Jehová, ya que
mi pueblo es llevado injustamente? Y los que en
él se enseñorean, lo hacen aullar, dice Jehová, y
continuamente es blasfemado mi nombre[b] todo
el día.
6 Por tanto, mi pueblo sabrá mi nombre por esta
causa en aquel día; porque yo mismo que hablo,
he aquí estaré presente.
7 ¡Cuán hermosos son sobre los montes los pies
del que trae alegres nuevas, del que anuncia la
paz,[c] del que trae nuevas del bien, del que publica
salvación, del que dice a Sion: ¡Tu Dios reina!
8 ¡Voz de tus atalayas! Alzarán la voz, juntamen-
te darán voces de júbilo; porque ojo a ojo verán
que Jehová vuelve a traer a Sion.
9 Cantad alabanzas, alegraos juntamente, sole-
dades de Jerusalén; porque Jehová ha consola-
do a su pueblo, a Jerusalén ha redimido.
10 Jehová desnudó su santo brazo ante los ojos
de todas las naciones, y todos los confines de la
tierra verán la salvación del Dios nuestro.
11 Apartaos, apartaos, salid de ahí, no toquéis
cosa inmunda;[d] salid de en medio de ella; purifi-
caos los que lleváis los utensilios de Jehová.
12 Porque no saldréis apresurados, ni iréis hu-
yendo; porque Jehová irá delante de vosotros, y
os congregará el Dios de Israel.

Sufrimientos del Siervo de Jehová

13 He aquí que mi siervo será prosperado, será
engrandecido y exaltado, y será puesto muy en
alto.
14 Como se asombraron de ti muchos, de tal mane-
ra fue desfigurado de los hombres su parecer, y su
hermosura más que la de los hijos de los hombres,
15 así asombrará él a muchas naciones; los reyes
cerrarán ante él la boca, porque verán lo que nun-
ca les fue contado, y entenderán lo que jamás ha-
bían oído.[e]

53 1 ¿Quién ha creído a nuestro anuncio?[a]
¿y sobre quién se ha manifestado el bra-
zo de Jehová?[b]
2 Subirá cual renuevo delante de él, y como raíz
de tierra seca; no hay parecer en él, ni hermosu-
ra; le veremos, mas sin atractivo para que le
deseemos.
3 Despreciado y desechado entre los hombres,
varón de dolores, experimentado en quebranto;
y como que escondimos de él el rostro, fue me-
nospreciado, y no lo estimamos.
4 Ciertamente llevó él nuestras enfermedades,
y sufrió nuestros dolores;[c] y nosotros le tuvimos
por azotado, por herido de Dios y abatido.
5 Mas él herido fue por nuestras rebeliones, mo-
lido por nuestros pecados; el castigo de nuestra
paz fue sobre él, y por su llaga fuimos nosotros
curados.[d]
6 Todos nosotros nos descarriamos como ove-
jas,[e] cada cual se apartó por su camino; mas
Jehová cargó en él el pecado de todos nosotros.
7 Angustiado él, y afligido, no abrió su boca;
como cordero fue llevado al matadero;[f] y como
oveja delante de sus trasquiladores, enmudeció,
y no abrió su boca.
8 Por cárcel y por juicio fue quitado; y su gene-
ración, ¿quién la contará? Porque fue cortado
de la tierra de los vivientes,[g] y por la rebelión de
mi pueblo fue herido.
9 Y se dispuso con los impíos su sepultura, mas
con los ricos fue en su muerte; aunque nunca
hizo maldad, ni hubo engaño en su boca.[h]
10 Con todo eso, Jehová quiso quebrantarlo,
sujetándole a padecimiento. Cuando haya pues-
to su vida en expiación por el pecado, verá linaje,
vivirá por largos días, y la voluntad de Jehová
será en su mano prosperada.
11 Verá el fruto de la aflicción de su alma, y que-
dará satisfecho; por su conocimiento justificará
mi siervo justo a muchos, y llevará las iniquida-
des de ellos.
12 Por tanto, yo le daré parte con los grandes, y
con los fuertes repartirá despojos; por cuanto
derramó su vida hasta la muerte, y fue contado
con los pecadores,[i] habiendo él llevado el peca-
do de muchos, y orado por los transgresores.

El amor eterno de Jehová hacia Israel

54 1 Regocíjate, oh estéril, la que no daba a
luz; levanta canción y da voces de júbilo,
la que nunca estuvo de parto; porque más son
los hijos de la desamparada que los de la casa-
da,[a] ha dicho Jehová.
2 Ensancha el sitio de tu tienda, y las cortinas de
tus habitaciones sean extendidas; no seas esca-
sa; alarga tus cuerdas, y refuerza tus estacas.

52.1: [a] Ap. 21.2, 27. **52.5:** [b] Ro. 2.24. **52.7:** [c] Nah. 1.15; Ro. 10.15; Ef. 6.15. **52.11:** [d] 2 Co. 6.17. **52.15:** [e] Ro. 15.21. **53.1:** [a] Ro. 10.16. [b] Jn. 12.38. **53.4:** [c] Mt. 8.17. **53.5:** [d] 1 P. 2.24. **53.6:** [e] 1 P. 2.25. **53.7:** [f] Ap. 5.6. **53.7-8:** [g] Hch. 8.32-33. **53.9:** [h] 1 P. 2.22. **53.12:** [i] Mr. 15.28; Lc. 22.37. **54.1:** [a] Gá. 4.27.

3 Porque te extenderás a la mano derecha y a la
mano izquierda; y tu descendencia heredará na-
ciones, y habitará las ciudades asoladas.
4 No temas, pues no serás confundida; y no te
avergüences, porque no serás afrentada, sino
que te olvidarás de la vergüenza de tu juventud,
y de la afrenta de tu viudez no tendrás más me-
moria.
5 Porque tu marido es tu Hacedor; Jehová de los
ejércitos es su nombre; y tu Redentor, el Santo
de Israel; Dios de toda la tierra será llamado.
6 Porque como a mujer abandonada y triste de
espíritu te llamó Jehová, y como a la esposa de
la juventud que es repudiada, dijo el Dios tuyo.
7 Por un breve momento te abandoné, pero te
recogeré con grandes misericordias.
8 Con un poco de ira escondí mi rostro de ti por
un momento; pero con misericordia eterna ten-
dré compasión de ti, dijo Jehová tu Redentor.
9 Porque esto me será como en los días de
Noé, cuando juré que nunca más las aguas de
Noé pasarían sobre la tierra;[b] así he jurado que
no me enojaré contra ti, ni te reñiré.
10 Porque los montes se moverán, y los collados
temblarán, pero no se apartará de ti mi miseri-
cordia, ni el pacto de mi paz se quebrantará,
dijo Jehová, el que tiene misericordia de ti.
11 Pobrecita, fatigada con tempestad, sin con-
suelo; he aquí que yo cimentaré tus piedras so-
bre carbunclo, y sobre zafiros te fundaré.
12 Tus ventanas pondré de piedras preciosas,
tus puertas de piedras de carbunclo, y toda tu
muralla de piedras preciosas.[c]
13 Y todos tus hijos serán enseñados por Jeho-
vá;[d] y se multiplicará la paz de tus hijos.
14 Con justicia serás adornada; estarás lejos de
opresión, porque no temerás, y de temor, por-
que no se acercará a ti.
15 Si alguno conspirare contra ti, lo hará sin mí;
el que contra ti conspirare, delante de ti caerá.
16 He aquí que yo hice al herrero que sopla las
ascuas en el fuego, y que saca la herramienta
para su obra; y yo he creado al destruidor para
destruir.
17 Ninguna arma forjada contra ti prosperará, y
condenarás toda lengua que se levante contra ti
en juicio. Esta es la herencia de los siervos de
Jehová, y su salvación de mí vendrá, dijo Jehová.

Misericordia gratuita para todos

55 1 A todos los sedientos: Venid a las aguas;[a]
y los que no tienen dinero, venid, com-
prad y comed. Venid, comprad sin dinero y sin
precio, vino y leche.
2 ¿Por qué gastáis el dinero en lo que no es pan,
y vuestro trabajo en lo que no sacia? Oídme
atentamente, y comed del bien, y se deleitará
vuestra alma con grosura.
3 Inclinad vuestro oído, y venid a mí; oíd, y vivi-
rá vuestra alma; y haré con vosotros pacto eter-
no, las misericordias firmes a David.[b]
4 He aquí que yo lo di por testigo a los pueblos,
por jefe y por maestro a las naciones.
5 He aquí, llamarás a gente que no conociste, y
gentes que no te conocieron correrán a ti, por
causa de Jehová tu Dios, y del Santo de Israel
que te ha honrado.
6 Buscad a Jehová mientras puede ser halla-
do, llamadle en tanto que está cercano.
7 Deje el impío su camino, y el hombre inicuo
sus pensamientos, y vuélvase a Jehová, el cual
tendrá de él misericordia, y al Dios nuestro, el
cual será amplio en perdonar.
8 Porque mis pensamientos no son vuestros pen-
samientos, ni vuestros caminos mis caminos,
dijo Jehová.
9 Como son más altos los cielos que la tierra, así
son mis caminos más altos que vuestros cami-
nos, y mis pensamientos más que vuestros pen-
samientos.
10 Porque como desciende de los cielos la llu-
via y la nieve, y no vuelve allá, sino que riega la
tierra, y la hace germinar y producir, y da semi-
lla al que siembra, y pan al que come,[c]
11 así será mi palabra que sale de mi boca; no
volverá a mí vacía, sino que hará lo que yo quie-
ro, y será prosperada en aquello para que la
envié.
12 Porque con alegría saldréis, y con paz se-
réis vueltos; los montes y los collados levanta-
rán canción delante de vosotros, y todos los
árboles del campo darán palmadas de aplauso.
13 En lugar de la zarza crecerá ciprés, y en lugar
de la ortiga crecerá arrayán; y será a Jehová por
nombre, por señal eterna que nunca será raída.

Recompensa de los que guardan el pacto de Dios

56 1 Así dijo Jehová: Guardad derecho, y ha-
ced justicia; porque cercana está mi salva-
ción para venir, y mi justicia para manifestarse.
2 Bienaventurado el hombre que hace esto, y el
hijo de hombre que lo abraza; que guarda el día
de reposo* para no profanarlo, y que guarda su
mano de hacer todo mal.
3 Y el extranjero que sigue a Jehová no hable
diciendo: Me apartará totalmente Jehová de su
pueblo. Ni diga el eunuco: He aquí yo soy árbol
seco.
4 Porque así dijo Jehová: A los eunucos que
guarden mis días de reposo,* y escojan lo que
yo quiero, y abracen mi pacto,

* Aquí equivale a *sábado*.
54.9: [b] Gn. 9.8-17. **54.11-12:** [c] Ap. 21.18-21.
54.13: [d] Jn. 6.45. **55.1:** [a] Ap. 21.6; 22.17.
55.3: [b] Hch. 13.34. **55.10:** [c] 2 Co. 9.10.

5 yo les daré lugar en mi casa y dentro de mis
muros, y nombre mejor que el de hijos e hijas;
nombre perpetuo les daré, que nunca perecerá.
6 Y a los hijos de los extranjeros que sigan a
Jehová para servirle, y que amen el nombre de
Jehová para ser sus siervos; a todos los que
guarden el día de reposo* para no profanarlo, y
abracen mi pacto,
7 yo los llevaré a mi santo monte, y los recrearé
en mi casa de oración; sus holocaustos y sus sa-
crificios serán aceptos sobre mi altar; porque mi
casa será llamada casa de oración para todos los
pueblos.[a]
8 Dice Jehová el Señor, el que reúne a los disper-
sos de Israel: Aún juntaré sobre él a sus congre-
gados.
9 Todas las bestias del campo, todas las fieras
del bosque, venid a devorar.
10 Sus atalayas son ciegos, todos ellos ignoran-
tes; todos ellos perros mudos, no pueden ladrar;
soñolientos, echados, aman el dormir.
11 Y esos perros comilones son insaciables; y los
pastores mismos no saben entender; todos ellos
siguen sus propios caminos, cada uno busca su
propio provecho, cada uno por su lado.
12 Venid, dicen, tomemos vino, embriaguémo-
nos de sidra; y será el día de mañana como este,
o mucho más excelente.

Condenación de la idolatría de Israel

57 1 Perece el justo, y no hay quien piense
en ello; y los piadosos mueren, y no hay
quien entienda que de delante de la aflicción es
quitado el justo.
2 Entrará en la paz; descansarán en sus lechos
todos los que andan delante de Dios.
3 Mas vosotros llegaos acá, hijos de la hechice-
ra, generación del adúltero y de la fornicaria.
4 ¿De quién os habéis burlado? ¿Contra quién
ensanchasteis la boca, y alargasteis la lengua?
¿No sois vosotros hijos rebeldes, generación
mentirosa,
5 que os enfervorizáis con los ídolos debajo de
todo árbol frondoso, que sacrificáis los hijos en
los valles, debajo de los peñascos?
6 En las piedras lisas del valle está tu parte;
ellas, ellas son tu suerte; y a ellas derramaste li-
bación, y ofreciste presente. ¿No habré de casti-
gar estas cosas?
7 Sobre el monte alto y empinado pusiste tu
cama; allí también subiste a hacer sacrificio.
8 Y tras la puerta y el umbral pusiste tu recuerdo;
porque a otro, y no a mí, te descubriste, y subiste,
y ensanchaste tu cama, e hiciste con ellos pacto;
amaste su cama dondequiera que la veías.
9 Y fuiste al rey con ungüento, y multiplicaste
tus perfumes, y enviaste tus embajadores lejos,
y te abatiste hasta la profundidad del Seol.
10 En la multitud de tus caminos te cansaste,
pero no dijiste: No hay remedio; hallaste nuevo
vigor en tu mano, por tanto, no te desalentaste.
11 ¿Y de quién te asustaste y temiste, que has
faltado a la fe, y no te has acordado de mí, ni te
vino al pensamiento? ¿No he guardado silencio
desde tiempos antiguos, y nunca me has temido?
12 Yo publicaré tu justicia y tus obras, que no te
aprovecharán.
13 Cuando clames, que te libren tus ídolos;
pero a todos ellos llevará el viento, un soplo los
arrebatará; mas el que en mí confía tendrá la
tierra por heredad, y poseerá mi santo monte.
14 Y dirá: Allanad, allanad; barred el camino,
quitad los tropiezos del camino de mi pueblo.
15 Porque así dijo el Alto y Sublime, el que habi-
ta la eternidad, y cuyo nombre es el Santo: Yo
habito en la altura y la santidad, y con el que-
brantado y humilde de espíritu, para hacer vivir
el espíritu de los humildes, y para vivificar el
corazón de los quebrantados.
16 Porque no contenderé para siempre, ni para
siempre me enojaré; pues decaería ante mí el
espíritu, y las almas que yo he creado.
17 Por la iniquidad de su codicia me enojé, y le
herí, escondí mi rostro y me indigné; y él siguió
rebelde por el camino de su corazón.
18 He visto sus caminos; pero le sanaré, y le pas-
torearé, y le daré consuelo a él y a sus enlutados;
19 produciré fruto de labios: Paz, paz al que está
lejos y al cercano,[a] dijo Jehová; y lo sanaré.
20 Pero los impíos son como el mar en tempes-
tad, que no puede estarse quieto, y sus aguas
arrojan cieno y lodo.
21 No hay paz, dijo mi Dios, para los impíos.[b]

El verdadero ayuno

58 1 Clama a voz en cuello, no te detengas;
alza tu voz como trompeta, y anuncia a
mi pueblo su rebelión, y a la casa de Jacob su
pecado.
2 Que me buscan cada día, y quieren saber mis
caminos, como gente que hubiese hecho justi-
cia, y que no hubiese dejado la ley de su Dios;
me piden justos juicios, y quieren acercarse a
Dios.
3 ¿Por qué, dicen, ayunamos, y no hiciste caso;
humillamos nuestras almas, y no te diste por en-
tendido? He aquí que en el día de vuestro ayuno
buscáis vuestro propio gusto, y oprimís a todos
vuestros trabajadores.
4 He aquí que para contiendas y debates ayu-
náis y para herir con el puño inicuamente; no
ayunéis como hoy, para que vuestra voz sea oída
en lo alto.

* Aquí equivale a *sábado*.
56.7: [a] Mt. 21.13; Mr. 11.17; Lc. 19.46. **57.19:** [a] Ef. 2.13.
57.21: [b] Is. 48.22.

5 ¿Es tal el ayuno que yo escogí, que de día aflija el hombre su alma, que incline su cabeza como junco, y haga cama de cilicio y de ceniza? ¿Llamaréis esto ayuno, y día agradable a Jehová?

6 ¿No es más bien el ayuno que yo escogí, desatar las ligaduras de impiedad, soltar las cargas de opresión, y dejar ir libres a los quebrantados, y que rompáis todo yugo?

7 ¿No es que partas tu pan con el hambriento, y a los pobres errantes albergues en casa; que cuando veas al desnudo, lo cubras, y no te escondas de tu hermano?

8 Entonces nacerá tu luz como el alba, y tu salvación se dejará ver pronto; e irá tu justicia delante de ti, y la gloria de Jehová será tu retaguardia.

9 Entonces invocarás, y te oirá Jehová; clamarás, y dirá él: Heme aquí. Si quitares de en medio de ti el yugo, el dedo amenazador, y el hablar vanidad;

10 y si dieres tu pan al hambriento, y saciares al alma afligida, en las tinieblas nacerá tu luz, y tu oscuridad será como el mediodía.

11 Jehová te pastoreará siempre, y en las sequías saciará tu alma, y dará vigor a tus huesos; y serás como huerto de riego, y como manantial de aguas, cuyas aguas nunca faltan.

12 Y los tuyos edificarán las ruinas antiguas; los cimientos de generación y generación levantarás, y serás llamado reparador de portillos, restaurador de calzadas para habitar.

La observancia del día de reposo

13 Si retrajeres del día de reposo* tu pie, de hacer tu voluntad en mi día santo, y lo llamares delicia, santo, glorioso de Jehová; y lo venerares, no andando en tus propios caminos, ni buscando tu voluntad, ni hablando tus propias palabras,

14 entonces te deleitarás en Jehová; y yo te haré subir sobre las alturas de la tierra, y te daré a comer la heredad de Jacob tu padre; porque la boca de Jehová lo ha hablado.

Confesión del pecado de Israel

59 1 He aquí que no se ha acortado la mano de Jehová para salvar, ni se ha agravado su oído para oír;

2 pero vuestras iniquidades han hecho división entre vosotros y vuestro Dios, y vuestros pecados han hecho ocultar de vosotros su rostro para no oír.

3 Porque vuestras manos están contaminadas de sangre, y vuestros dedos de iniquidad; vuestros labios pronuncian mentira, habla maldad vuestra lengua.

4 No hay quien clame por la justicia, ni quien juzgue por la verdad; confían en vanidad, y hablan vanidades; conciben maldades, y dan a luz iniquidad.

5 Incuban huevos de áspides, y tejen telas de arañas; el que comiere de sus huevos, morirá; y si los apretaren, saldrán víboras.

6 Sus telas no servirán para vestir, ni de sus obras serán cubiertos; sus obras son obras de iniquidad, y obra de rapiña está en sus manos.

7 Sus pies corren al mal, se apresuran para derramar la sangre inocente; sus pensamientos, pensamientos de iniquidad; destrucción y quebrantamiento hay en sus caminos.

8 No conocieron camino de paz,[a] ni hay justicia en sus caminos; sus veredas son torcidas; cualquiera que por ellas fuere, no conocerá paz.

9 Por esto se alejó de nosotros la justicia, y no nos alcanzó la rectitud; esperamos luz, y he aquí tinieblas; resplandores, y andamos en oscuridad.

10 Palpamos la pared como ciegos, y andamos a tientas como sin ojos; tropezamos a mediodía como de noche; estamos en lugares oscuros como muertos.

11 Gruñimos como osos todos nosotros, y gemimos lastimeramente como palomas; esperamos justicia, y no la hay; salvación, y se alejó de nosotros.

12 Porque nuestras rebeliones se han multiplicado delante de ti, y nuestros pecados han atestiguado contra nosotros; porque con nosotros están nuestras iniquidades, y conocemos nuestros pecados:

13 el prevaricar y mentir contra Jehová, y el apartarse de en pos de nuestro Dios; el hablar calumnia y rebelión, concebir y proferir de corazón palabras de mentira.

14 Y el derecho se retiró, y la justicia se puso lejos; porque la verdad tropezó en la plaza, y la equidad no pudo venir.

15 Y la verdad fue detenida, y el que se apartó del mal fue puesto en prisión; y lo vio Jehová, y desagradó a sus ojos, porque pereció el derecho.

16 Y vio que no había hombre, y se maravilló que no hubiera quien se interpusiese; y lo salvó su brazo, y le afirmó su misma justicia.[b]

17 Pues de justicia se vistió como de una coraza,[c] con yelmo de salvación en su cabeza;[d] tomó ropas de venganza por vestidura, y se cubrió de celo como de manto,

18 como para vindicación, como para retribuir con ira a sus enemigos, y dar el pago a sus adversarios; el pago dará a los de la costa.

19 Y temerán desde el occidente el nombre de Jehová, y desde el nacimiento del sol su gloria; porque vendrá el enemigo como río, mas el Espíritu de Jehová levantará bandera contra él.

* Aquí equivale a *sábado*.

59.7-8: [a] Ro. 3.15-17. **59.16:** [b] Is. 63.5. **59.17:** [c] Ef. 6.14. [d] Ef. 6.17; 1 Ts. 5.8.

20 Y vendrá el Redentor a Sion, y a los que se vol-
vieren de la iniquidad en Jacob,[e] dice Jehová.
21 Y este será mi pacto con ellos, dijo Jehová: El
Espíritu mío que está sobre ti, y mis palabras que
puse en tu boca, no faltarán de tu boca, ni de la
boca de tus hijos, ni de la boca de los hijos de tus
hijos, dijo Jehová, desde ahora y para siempre.

La futura gloria de Sion

60 1 Levántate, resplandece; porque ha ve-
nido tu luz, y la gloria de Jehová ha naci-
do sobre ti.
2 Porque he aquí que tinieblas cubrirán la tierra,
y oscuridad las naciones; mas sobre ti amanece-
rá Jehová, y sobre ti será vista su gloria.
3 Y andarán las naciones a tu luz, y los reyes al
resplandor de tu nacimiento.
4 Alza tus ojos alrededor y mira, todos éstos
se han juntado, vinieron a ti; tus hijos vendrán
de lejos, y tus hijas serán llevadas en brazos.
5 Entonces verás, y resplandecerás; se maravi-
llará y ensanchará tu corazón, porque se haya
vuelto a ti la multitud del mar, y las riquezas de
las naciones hayan venido a ti.
6 Multitud de camellos te cubrirá; dromedarios
de Madián y de Efa; vendrán todos los de Sabá;
traerán oro e incienso, y publicarán alabanzas
de Jehová.
7 Todo el ganado de Cedar será juntado para ti;
carneros de Nebaiot te serán servidos; serán ofre-
cidos con agrado sobre mi altar, y glorificaré la
casa de mi gloria.
8 ¿Quiénes son éstos que vuelan como nubes,
y como palomas a sus ventanas?
9 Ciertamente a mí esperarán los de la costa, y
las naves de Tarsis desde el principio, para traer
tus hijos de lejos, su plata y su oro con ellos, al
nombre de Jehová tu Dios, y al Santo de Israel,
que te ha glorificado.
10 Y extranjeros edificarán tus muros, y sus re-
yes te servirán; porque en mi ira te castigué, mas
en mi buena voluntad tendré de ti misericordia.
11 Tus puertas estarán de continuo abiertas; no
se cerrarán de día ni de noche, para que a ti
sean traídas las riquezas de las naciones,[a] y con-
ducidos a ti sus reyes.
12 Porque la nación o el reino que no te sirviere
perecerá, y del todo será asolado.
13 La gloria del Líbano vendrá a ti, cipreses, pi-
nos y bojes juntamente, para decorar el lugar de
mi santuario; y yo honraré el lugar de mis pies.
14 Y vendrán a ti humillados los hijos de los que
te afligieron, y a las pisadas de tus pies se encor-
varán todos los que te escarnecían,[b] y te llama-
rán Ciudad de Jehová, Sion del Santo de Israel.
15 En vez de estar abandonada y aborrecida,
tanto que nadie pasaba por ti, haré que seas una
gloria eterna, el gozo de todos los siglos.
16 Y mamarás la leche de las naciones, el pecho
de los reyes mamarás; y conocerás que yo Jeho-
vá soy el Salvador tuyo y Redentor tuyo, el Fuer-
te de Jacob.
17 En vez de bronce traeré oro, y por hierro
plata, y por madera bronce, y en lugar de pie-
dras hierro; y pondré paz por tu tributo, y justi-
cia por tus opresores.
18 Nunca más se oirá en tu tierra violencia, des-
trucción ni quebrantamiento en tu territorio,
sino que a tus muros llamarás Salvación, y a tus
puertas Alabanza.
19 El sol nunca más te servirá de luz para el
día, ni el resplandor de la luna te alumbrará,
sino que Jehová te será por luz perpetua, y el
Dios tuyo por tu gloria.[c]
20 No se pondrá jamás tu sol, ni menguará tu
luna; porque Jehová te será por luz perpetua, y
los días de tu luto serán acabados.
21 Y tu pueblo, todos ellos serán justos, para
siempre heredarán la tierra; renuevos de mi
plantío, obra de mis manos, para glorificarme.
22 El pequeño vendrá a ser mil, el menor, un
pueblo fuerte. Yo Jehová, a su tiempo haré que
esto sea cumplido pronto.

Buenas nuevas de salvación para Sion

61 1 El Espíritu de Jehová el Señor está so-
bre mí, porque me ungió Jehová; me ha
enviado a predicar buenas nuevas a los abati-
dos,[a] a vendar a los quebrantados de corazón, a
publicar libertad a los cautivos, y a los presos
apertura de la cárcel;
2 a proclamar el año de la buena voluntad de
Jehová,[b] y el día de venganza del Dios nuestro;
a consolar a todos los enlutados;[c]
3 a ordenar que a los afligidos de Sion se les dé
gloria en lugar de ceniza, óleo de gozo en lugar
de luto, manto de alegría en lugar del espíritu
angustiado; y serán llamados árboles de justi-
cia, plantío de Jehová, para gloria suya.
4 Reedificarán las ruinas antiguas, y levantarán
los asolamientos primeros, y restaurarán las
ciudades arruinadas, los escombros de muchas
generaciones.
5 Y extranjeros apacentarán vuestras ovejas,
y los extraños serán vuestros labradores y vues-
tros viñadores.
6 Y vosotros seréis llamados sacerdotes de Jeho-
vá, ministros de nuestro Dios seréis llamados;
comeréis las riquezas de las naciones, y con su
gloria seréis sublimes.
7 En lugar de vuestra doble confusión y de vues-
tra deshonra, os alabarán en sus heredades; por

59.20: [e] Ro. 11.26. **60.11:** [a] Ap. 21.25-26. **60.14:** [b] Ap. 3.9.
60.19: [c] Ap. 21.23; 22.5. **61.1:** [a] Mt. 11.5; Lc. 7.22.
61.1-2: [b] Lc. 4.18-19. **61.2:** [c] Mt. 5.4.

lo cual en sus tierras poseerán doble honra, y
tendrán perpetuo gozo.
8 Porque yo Jehová soy amante del derecho,
aborrecedor del latrocinio para holocausto; por
tanto, afirmaré en verdad su obra, y haré con
ellos pacto perpetuo.
9 Y la descendencia de ellos será conocida entre
las naciones, y sus renuevos en medio de los
pueblos; todos los que los vieren, reconocerán
que son linaje bendito de Jehová.
10 En gran manera me gozaré en Jehová, mi
alma se alegrará en mi Dios; porque me vistió
con vestiduras de salvación, me rodeó de manto
de justicia, como a novio me atavió, y como a
novia adornada con sus joyas.[d]
11 Porque como la tierra produce su renuevo, y
como el huerto hace brotar su semilla, así Jeho-
vá el Señor hará brotar justicia y alabanza de-
lante de todas las naciones.
62 1 Por amor de Sion no callaré, y por
amor de Jerusalén no descansaré, hasta
que salga como resplandor su justicia, y su sal-
vación se encienda como una antorcha.
2 Entonces verán las gentes tu justicia, y todos
los reyes tu gloria; y te será puesto un nombre
nuevo, que la boca de Jehová nombrará.
3 Y serás corona de gloria en la mano de Jehová,
y diadema de reino en la mano del Dios tuyo.
4 Nunca más te llamarán Desamparada, ni tu tie-
rra se dirá más Desolada; sino que serás llamada
Hefzi-bá,[4] y tu tierra, Beula;[5] porque el amor de
Jehová estará en ti, y tu tierra será desposada.
5 Pues como el joven se desposa con la virgen,
se desposarán contigo tus hijos; y como el gozo
del esposo con la esposa, así se gozará contigo el
Dios tuyo.
6 Sobre tus muros, oh Jerusalén, he puesto
guardas; todo el día y toda la noche no callarán ja-
más. Los que os acordáis de Jehová, no reposéis,
7 ni le deis tregua, hasta que restablezca a Jeru-
salén, y la ponga por alabanza en la tierra.
8 Juró Jehová por su mano derecha, y por su po-
deroso brazo: Que jamás daré tu trigo por comi-
da a tus enemigos, ni beberán los extraños el
vino que es fruto de tu trabajo;
9 sino que los que lo cosechan lo comerán, y ala-
barán a Jehová; y los que lo vendimian, lo bebe-
rán en los atrios de mi santuario.
10 Pasad, pasad por las puertas; barred el ca-
mino al pueblo; allanad, allanad la calzada, qui-
tad las piedras, alzad pendón a los pueblos.
11 He aquí que Jehová hizo oír hasta lo último
de la tierra: Decid a la hija de Sion: He aquí vie-
ne tu Salvador; he aquí su recompensa con él, y
delante de él su obra.[a]
12 Y les llamarán Pueblo Santo, Redimidos de
Jehová; y a ti te llamarán Ciudad Deseada, no
desamparada.

El día de la venganza de Jehová

63 1 ¿Quién es éste que viene de Edom,[a] de
Bosra, con vestidos rojos? ¿éste hermoso en
su vestido, que marcha en la grandeza de su poder?
Yo, el que hablo en justicia, grande para salvar.
2 ¿Por qué es rojo tu vestido, y tus ropas como
del que ha pisado en lagar?
3 He pisado yo solo el lagar,[b] y de los pueblos na-
die había conmigo; los pisé con mi ira, y los hollé
con mi furor; y su sangre salpicó mis vestidos, y
manché todas mis ropas.[c]
4 Porque el día de la venganza está en mi cora-
zón, y el año de mis redimidos ha llegado.
5 Miré, y no había quien ayudara, y me maravi-
llé que no hubiera quien sustentase; y me salvó
mi brazo, y me sostuvo mi ira.[d]
6 Y con mi ira hollé los pueblos, y los embriagué
en mi furor, y derramé en tierra su sangre.

Bondad de Jehová hacia Israel

7 De las misericordias de Jehová haré memo-
ria, de las alabanzas de Jehová, conforme a todo
lo que Jehová nos ha dado, y de la grandeza de
sus beneficios hacia la casa de Israel, que les ha
hecho según sus misericordias, y según la
multitud de sus piedades.
8 Porque dijo: Ciertamente mi pueblo son, hijos
que no mienten; y fue su Salvador.
9 En toda angustia de ellos él fue angustiado, y
el ángel de su faz los salvó; en su amor y en su
clemencia los redimió, y los trajo, y los levantó
todos los días de la antigüedad.
10 Mas ellos fueron rebeldes, e hicieron eno-
jar su santo espíritu; por lo cual se les volvió
enemigo, y él mismo peleó contra ellos.
11 Pero se acordó de los días antiguos, de Moisés y
de su pueblo, diciendo: ¿Dónde está el que les hizo
subir del mar con el pastor de su rebaño? ¿dónde el
que puso en medio de él su santo espíritu,
12 el que los guió por la diestra de Moisés con el
brazo de su gloria; el que dividió las aguas delan-
te de ellos,[e] haciéndose así nombre perpetuo,
13 el que los condujo por los abismos, como un
caballo por el desierto, sin que tropezaran?
14 El Espíritu de Jehová los pastoreó, como a
una bestia que desciende al valle; así pastoreas-
te a tu pueblo, para hacerte nombre glorioso.

Plegaria pidiendo misericordia y ayuda

15 Mira desde el cielo, y contempla desde tu
santa y gloriosa morada. ¿Dónde está tu celo, y
tu poder, la conmoción de tus entrañas y tus pie-
dades para conmigo? ¿Se han estrechado?

61.10: [d] Ap. 21.2. **62.4:** [4] Esto es, *Mi deleite está en ella.* **62.4:** [5] Esto es, *Desposada.* **62.11:** [a] Is. 40.10; Ap. 22.12. **63.1-6:** [a] Is. 34.5-17; Jer. 49.7-22; Ez. 25.12-14; 35.1-15; Am. 1.11-12; Abd. 1-14; Mal. 1.2-5. **63.3:** [b] Ap. 14.20; 19.15. [c] Ap. 19.13. **63.5:** [d] Is. 59.16. **63.12:** [e] Ex. 14.21.

16 Pero tú eres nuestro padre, si bien Abraham nos ignora, e Israel no nos conoce; tú, oh Jehová, eres nuestro padre; nuestro Redentor perpetuo es tu nombre.

17 ¿Por qué, oh Jehová, nos has hecho errar de tus caminos, y endureciste nuestro corazón a tu temor? Vuélvete por amor de tus siervos, por las tribus de tu heredad.

18 Por poco tiempo lo poseyó tu santo pueblo; nuestros enemigos han hollado tu santuario.

19 Hemos venido a ser como aquellos de quienes nunca te enseñoreaste, sobre los cuales nunca fue llamado tu nombre.

64 1 ¡Oh, si rompieses los cielos, y descendieras, y a tu presencia se escurriesen los montes,

2 como fuego abrasador de fundiciones, fuego que hace hervir las aguas, para que hicieras notorio tu nombre a tus enemigos, y las naciones temblasen a tu presencia!

3 Cuando, haciendo cosas terribles cuales nunca esperábamos, descendiste, fluyeron los montes delante de ti.

4 Ni nunca oyeron, ni oídos percibieron, ni ojo ha visto a Dios fuera de ti, que hiciese por el que en él espera.[a]

5 Saliste al encuentro del que con alegría hacía justicia, de los que se acordaban de ti en tus caminos; he aquí, tú te enojaste porque pecamos; en los pecados hemos perseverado por largo tiempo; ¿podremos acaso ser salvos?

6 Si bien todos nosotros somos como suciedad, y todas nuestras justicias como trapo de inmundicia; y caímos todos nosotros como la hoja, y nuestras maldades nos llevaron como viento.

7 Nadie hay que invoque tu nombre, que se despierte para apoyarse en ti; por lo cual escondiste de nosotros tu rostro, y nos dejaste marchitar en poder de nuestras maldades.

8 Ahora pues, Jehová, tú eres nuestro padre; nosotros barro, y tú el que nos formaste; así que obra de tus manos somos todos nosotros.

9 No te enojes sobremanera, Jehová, ni tengas perpetua memoria de la iniquidad; he aquí, mira ahora, pueblo tuyo somos todos nosotros.

10 Tus santas ciudades están desiertas, Sion es un desierto, Jerusalén una soledad.

11 La casa de nuestro santuario y de nuestra gloria, en la cual te alabaron nuestros padres, fue consumida al fuego; y todas nuestras cosas preciosas han sido destruidas.

12 ¿Te estarás quieto, oh Jehová, sobre estas cosas? ¿Callarás, y nos afligirás sobremanera?

Castigo de los rebeldes

65 1 Fui buscado por los que no preguntaban por mí; fui hallado por los que no me buscaban.[a] Dije a gente que no invocaba mi nombre: Heme aquí, heme aquí.

2 Extendí mis manos todo el día a pueblo rebelde,[b] el cual anda por camino no bueno, en pos de sus pensamientos;

3 pueblo que en mi rostro me provoca de continuo a ira, sacrificando en huertos, y quemando incienso sobre ladrillos;

4 que se quedan en los sepulcros, y en lugares escondidos pasan la noche; que comen carne de cerdo, y en sus ollas hay caldo de cosas inmundas;

5 que dicen: Estate en tu lugar, no te acerques a mí, porque soy más santo que tú; éstos son humo en mi furor, fuego que arde todo el día.

6 He aquí que escrito está delante de mí; no callaré, sino que recompensaré, y daré el pago en su seno

7 por vuestras iniquidades, dice Jehová, y por las iniquidades de vuestros padres juntamente, los cuales quemaron incienso sobre los montes, y sobre los collados me afrentaron; por tanto, yo les mediré su obra antigua en su seno.

8 Así ha dicho Jehová: Como si alguno hallase mosto en un racimo, y dijese: No lo desperdicies, porque bendición hay en él; así haré yo por mis siervos, que no lo destruiré todo.

9 Sacaré descendencia de Jacob, y de Judá heredero de mis montes; y mis escogidos poseerán por heredad la tierra, y mis siervos habitarán allí.

10 Y será Sarón para habitación de ovejas, y el valle de Acor[c] para majada de vacas, para mi pueblo que me buscó.

11 Pero vosotros los que dejáis a Jehová, que olvidáis mi santo monte, que ponéis mesa para la Fortuna, y suministráis libaciones para el Destino;

12 yo también os destinaré a la espada, y todos vosotros os arrodillaréis al degolladero, por cuanto llamé, y no respondisteis; hablé, y no oísteis, sino que hicisteis lo malo delante de mis ojos, y escogisteis lo que me desagrada.

13 Por tanto, así dijo Jehová el Señor: He aquí que mis siervos comerán, y vosotros tendréis hambre; he aquí que mis siervos beberán, y vosotros tendréis sed; he aquí que mis siervos se alegrarán, y vosotros seréis avergonzados;

14 he aquí que mis siervos cantarán por júbilo del corazón, y vosotros clamaréis por el dolor del corazón, y por el quebrantamiento de espíritu aullaréis.

15 Y dejaréis vuestro nombre por maldición a mis escogidos, y Jehová el Señor te matará, y a sus siervos llamará por otro nombre.

16 El que se bendijere en la tierra, en el Dios de verdad se bendecirá; y el que jurare en la tierra, por el Dios de verdad jurará; porque las angustias primeras serán olvidadas, y serán cubiertas de mis ojos.

64.4: [a] 1 Co. 2.9. **65.1:** [a] Ro. 10.20. **65.2:** [b] Ro. 10.21. **65.10:** [c] Jos. 7.24-26.

Cielos nuevos y tierra nueva

17 Porque he aquí que yo crearé nuevos cielos
y nueva tierra;[d] y de lo primero no habrá memo-
ria, ni más vendrá al pensamiento.
18 Mas os gozaréis y os alegraréis para siempre
en las cosas que yo he creado; porque he aquí
que yo traigo a Jerusalén alegría, y a su pueblo
gozo.
19 Y me alegraré con Jerusalén, y me gozaré con
mi pueblo; y nunca más se oirán en ella voz de
lloro, ni voz de clamor.[e]
20 No habrá más allí niño que muera de pocos
días, ni viejo que sus días no cumpla; porque el
niño morirá de cien años, y el pecador de cien
años será maldito.
21 Edificarán casas, y morarán en ellas; planta-
rán viñas, y comerán el fruto de ellas.
22 No edificarán para que otro habite, ni plan-
tarán para que otro coma; porque según los
días de los árboles serán los días de mi pueblo,
y mis escogidos disfrutarán la obra de sus ma-
nos.
23 No trabajarán en vano, ni darán a luz para
maldición; porque son linaje de los benditos de
Jehová, y sus descendientes con ellos.
24 Y antes que clamen, responderé yo; mientras
aún hablan, yo habré oído.
25 El lobo y el cordero serán apacentados jun-
tos, y el león comerá paja como el buey; y el
polvo será el alimento de la serpiente. No afli-
girán, ni harán mal en todo mi santo monte,
dijo Jehová.[f]

Los juicios de Jehová y la futura prosperidad de Sion

66 1 Jehová dijo así: El cielo es mi trono,[a] y
la tierra estrado de mis pies;[b] ¿dónde
está la casa que me habréis de edificar, y dónde
el lugar de mi reposo?[c]
2 Mi mano hizo todas estas cosas, y así todas es-
tas cosas fueron, dice Jehová; pero miraré a
aquel que es pobre y humilde de espíritu, y que
tiembla a mi palabra.
3 El que sacrifica buey es como si matase a un
hombre; el que sacrifica oveja, como si degolla-
se un perro; el que hace ofrenda, como si ofre-
ciese sangre de cerdo; el que quema incienso,
como si bendijese a un ídolo. Y porque escogie-
ron sus propios caminos, y su alma amó sus
abominaciones,
4 también yo escogeré para ellos escarnios, y
traeré sobre ellos lo que temieron; porque lla-
mé, y nadie respondió; hablé, y no oyeron, sino
que hicieron lo malo delante de mis ojos, y esco-
gieron lo que me desagrada.
5 Oíd palabra de Jehová, vosotros los que
tembláis a su palabra: Vuestros hermanos que
os aborrecen, y os echan fuera por causa de mi
nombre, dijeron: Jehová sea glorificado. Pero él
se mostrará para alegría vuestra, y ellos serán
confundidos.
6 Voz de alboroto de la ciudad, voz del templo,
voz de Jehová que da el pago a sus enemigos.
7 Antes que estuviese de parto, dio a luz; an-
tes que le viniesen dolores, dio a luz hijo.[d]
8 ¿Quién oyó cosa semejante? ¿quién vio tal
cosa? ¿Concebirá la tierra en un día? ¿Nacerá
una nación de una vez? Pues en cuanto Sion es-
tuvo de parto, dio a luz sus hijos.
9 Yo que hago dar a luz, ¿no haré nacer? dijo
Jehová. Yo que hago engendrar, ¿impediré el
nacimiento? dice tu Dios.
10 Alegraos con Jerusalén, y gozaos con ella,
todos los que la amáis; llenaos con ella de gozo,
todos los que os enlutáis por ella;
11 para que maméis y os saciéis de los pechos de
sus consolaciones; para que bebáis, y os delei-
téis con el resplandor de su gloria.
12 Porque así dice Jehová: He aquí que yo ex-
tiendo sobre ella paz como un río, y la gloria de
las naciones como torrente que se desborda; y
mamaréis, y en los brazos seréis traídos, y sobre
las rodillas seréis mimados.
13 Como aquel a quien consuela su madre, así
os consolaré yo a vosotros, y en Jerusalén toma-
réis consuelo.
14 Y veréis, y se alegrará vuestro corazón, y
vuestros huesos reverdecerán como la hierba; y
la mano de Jehová para con sus siervos será co-
nocida, y se enojará contra sus enemigos.
15 Porque he aquí que Jehová vendrá con fue-
go, y sus carros como torbellino, para descar-
gar su ira con furor, y su reprensión con llama
de fuego.
16 Porque Jehová juzgará con fuego y con su es-
pada a todo hombre; y los muertos de Jehová
serán multiplicados.
17 Los que se santifican y los que se purifican
en los huertos, unos tras otros, los que comen
carne de cerdo y abominación y ratón, junta-
mente serán talados, dice Jehová.
18 Porque yo conozco sus obras y sus pensa-
mientos; tiempo vendrá para juntar a todas
las naciones y lenguas; y vendrán, y verán mi
gloria.
19 Y pondré entre ellos señal, y enviaré de los
escapados de ellos a las naciones, a Tarsis, a
Fut y Lud que disparan arco, a Tubal y a Javán,
a las costas lejanas que no oyeron de mí, ni vie-
ron mi gloria; y publicarán mi gloria entre las
naciones.
20 Y traerán a todos vuestros hermanos de en-
tre todas las naciones, por ofrenda a Jehová,

65.17: [d] Is. 66.22; 2 P. 3.13; Ap. 21.1. **65.19:** [e] Ap. 21.4. **65.25:** [f] Is. 11.6-9. **66.1:** [a] Mt. 5.34; 23.22. [b] Mt. 5.35. [c] Hch. 7.49-50. **66.7:** [d] Ap. 12.5.

en caballos, en carros, en literas, en mulos y en
camellos, a mi santo monte de Jerusalén, dice
Jehová, al modo que los hijos de Israel traen la
ofrenda en utensilios limpios a la casa de Jeho-
vá.
21 Y tomaré también de ellos para sacerdotes y
levitas, dice Jehová.
22 Porque como los cielos nuevos y la nueva
tierra[e] que yo hago permanecerán delante de
mí, dice Jehová, así permanecerá vuestra des-
cendencia y vuestro nombre.
23 Y de mes en mes, y de día de reposo* en día
de reposo,* vendrán todos a adorar delante de
mí, dijo Jehová.
24 Y saldrán, y verán los cadáveres de los
hombres que se rebelaron contra mí; porque su
gusano nunca morirá, ni su fuego se apagará,[f] y
serán abominables a todo hombre.

JEREMÍAS

Llamamiento y misión de Jeremías

1 1 Las palabras de Jeremías hijo de Hilcías,
de los sacerdotes que estuvieron en Anatot,
en tierra de Benjamín.
2 Palabra de Jehová que le vino en los días de
Josías[a] hijo de Amón, rey de Judá, en el año de-
cimotercero de su reinado.
3 Le vino también en días de Joacim[b] hijo de Jo-
sías, rey de Judá, hasta el fin del año undécimo
de Sedequías[c] hijo de Josías, rey de Judá, hasta
la cautividad de Jerusalén en el mes quinto.
4 Vino, pues, palabra de Jehová a mí, diciendo:
5 Antes que te formase en el vientre te conocí, y
antes que nacieses te santifiqué, te di por profe-
ta a las naciones.
6 Y yo dije: ¡Ah! ¡ah, Señor Jehová! He aquí, no
sé hablar, porque soy niño.
7 Y me dijo Jehová: No digas: Soy un niño; por-
que a todo lo que te envíe irás tú, y dirás todo lo
que te mande.
8 No temas delante de ellos, porque contigo es-
toy para librarte, dice Jehová.
9 Y extendió Jehová su mano y tocó mi boca, y
me dijo Jehová: He aquí he puesto mis palabras
en tu boca.
10 Mira que te he puesto en este día sobre nacio-
nes y sobre reinos, para arrancar y para destruir,
para arruinar y para derribar, para edificar y
para plantar.
11 La palabra de Jehová vino a mí, diciendo:
¿Qué ves tú, Jeremías? Y dije: Veo una vara de
almendro.[1]
12 Y me dijo Jehová: Bien has visto; porque yo
apresuro[2] mi palabra para ponerla por obra.
13 Vino a mí la palabra de Jehová por segun-
da vez, diciendo: ¿Qué ves tú? Y dije: Veo una
olla que hierve; y su faz está hacia el norte.
14 Me dijo Jehová: Del norte se soltará el mal
sobre todos los moradores de esta tierra.
15 Porque he aquí que yo convoco a todas las fa-
milias de los reinos del norte, dice Jehová; y
vendrán, y pondrá cada uno su campamento a
la entrada de las puertas de Jerusalén, y junto a
todos sus muros en derredor, y contra todas las
ciudades de Judá.
16 Y a causa de toda su maldad, proferiré mis jui-
cios contra los que me dejaron, e incensaron a
dioses extraños, y la obra de sus manos adora-
ron.
17 Tú, pues, ciñe tus lomos, levántate, y hábla-
les todo cuanto te mande; no temas delante de
ellos, para que no te haga yo quebrantar delante
de ellos.
18 Porque he aquí que yo te he puesto en este
día como ciudad fortificada, como columna de
hierro, y como muro de bronce contra toda esta
tierra, contra los reyes de Judá, sus príncipes,
sus sacerdotes, y el pueblo de la tierra.
19 Y pelearán contra ti, pero no te vencerán;
porque yo estoy contigo, dice Jehová, para li-
brarte.

Jehová y la apostasía de Israel

2 1 Vino a mí palabra de Jehová, diciendo:
2 Anda y clama a los oídos de Jerusalén, di-
ciendo: Así dice Jehová: Me he acordado de ti,
de la fidelidad de tu juventud, del amor de tu
desposorio, cuando andabas en pos de mí en el
desierto, en tierra no sembrada.
3 Santo era Israel a Jehová, primicias de sus
nuevos frutos. Todos los que le devoraban eran
culpables; mal venía sobre ellos, dice Jehová.
4 Oíd la palabra de Jehová, casa de Jacob, y
todas las familias de la casa de Israel.
5 Así dijo Jehová: ¿Qué maldad hallaron en mí
vuestros padres, que se alejaron de mí, y se fue-
ron tras la vanidad y se hicieron vanos?
6 Y no dijeron: ¿Dónde está Jehová, que nos
hizo subir de la tierra de Egipto, que nos condu-
jo por el desierto, por una tierra desierta y des-
poblada, por tierra seca y de sombra de muerte,

* Aquí equivale a *sábado*.
66.22: [e] Is. 65.17; 2 P. 3.13; Ap. 21.1. **66.24:** [f] Mr. 9.48.
1.2: [a] 2 R. 22.3–23.27; 2 Cr. 34.8–35.19.
1.3: [b] 2 R. 23.36–24.7; 2 Cr. 36.5-8. [c] 2 R. 24.18–25.21; 2 Cr. 36.11-21. **1.11:** [1] Heb. *shaked.* **1.12:** [2] Heb. *shoked.*

por una tierra por la cual no pasó varón, ni allí
habitó hombre?
7 Y os introduje en tierra de abundancia, para
que comieseis su fruto y su bien; pero entrasteis
y contaminasteis mi tierra, e hicisteis abomina-
ble mi heredad.
8 Los sacerdotes no dijeron: ¿Dónde está Jeho-
vá? y los que tenían la ley no me conocieron; y
los pastores se rebelaron contra mí, y los profe-
tas profetizaron en nombre de Baal, y anduvie-
ron tras lo que no aprovecha.
9 Por tanto, contenderé aún con vosotros, dijo
Jehová, y con los hijos de vuestros hijos pleitearé.
10 Porque pasad a las costas de Quitim y mirad;
y enviad a Cedar, y considerad cuidadosamente,
y ved si se ha hecho cosa semejante a esta.
11 ¿Acaso alguna nación ha cambiado sus dio-
ses, aunque ellos no son dioses? Sin embargo,
mi pueblo ha trocado su gloria por lo que no
aprovecha.
12 Espantaos, cielos, sobre esto, y horrorizaos;
desolaos en gran manera, dijo Jehová.
13 Porque dos males ha hecho mi pueblo: me
dejaron a mí, fuente de agua viva, y cavaron
para sí cisternas, cisternas rotas que no retienen
agua.
14 ¿Es Israel siervo? ¿es esclavo? ¿Por qué ha
venido a ser presa?
15 Los cachorros del león rugieron contra él, al-
zaron su voz, y asolaron su tierra; quemadas es-
tán sus ciudades, sin morador.
16 Aun los hijos de Menfis y de Tafnes te que-
brantaron la coronilla.
17 ¿No te acarreó esto el haber dejado a Jehová
tu Dios, cuando te conducía por el camino?
18 Ahora, pues, ¿qué tienes tú en el camino de
Egipto, para que bebas agua del Nilo? ¿Y qué
tienes tú en el camino de Asiria, para que bebas
agua del Eufrates?
19 Tu maldad te castigará, y tus rebeldías te con-
denarán; sabe, pues, y ve cuán malo y amargo
es el haber dejado tú a Jehová tu Dios, y faltar
mi temor en ti, dice el Señor, Jehová de los
ejércitos.
20 Porque desde muy atrás rompiste tu yugo y
tus ataduras, y dijiste: No serviré. Con todo eso,
sobre todo collado alto y debajo de todo árbol
frondoso te echabas como ramera.
21 Te planté de vid escogida, simiente verdade-
ra toda ella; ¿cómo, pues, te me has vuelto sar-
miento de vid extraña?
22 Aunque te laves con lejía, y amontones jabón
sobre ti, la mancha de tu pecado permanecerá
aún delante de mí, dijo Jehová el Señor.
23 ¿Cómo puedes decir: No soy inmunda, nunca
anduve tras los baales? Mira tu proceder en el
valle, conoce lo que has hecho, dromedaria lige-
ra que tuerce su camino,
24 asna montés acostumbrada al desierto, que
en su ardor olfatea el viento. De su lujuria,
¿quién la detendrá? Todos los que la buscaren
no se fatigarán, porque en el tiempo de su celo
la hallarán.
25 Guarda tus pies de andar descalzos, y tu gar-
ganta de la sed. Mas dijiste: No hay remedio en
ninguna manera, porque a extraños he amado,
y tras ellos he de ir.
26 Como se avergüenza el ladrón cuando es
descubierto, así se avergonzará la casa de Israel,
ellos, sus reyes, sus príncipes, sus sacerdotes y
sus profetas,
27 que dicen a un leño: Mi padre eres tú; y a una
piedra: Tú me has engendrado. Porque me vol-
vieron la cerviz, y no el rostro; y en el tiempo de
su calamidad dicen: Levántate, y líbranos.
28 ¿Y dónde están tus dioses que hiciste para ti?
Levántense ellos, a ver si te podrán librar en el
tiempo de tu aflicción; porque según el número
de tus ciudades, oh Judá, fueron tus dioses.
29 ¿Por qué porfías conmigo? Todos vosotros
prevaricasteis contra mí, dice Jehová.
30 En vano he azotado a vuestros hijos; no han
recibido corrección. Vuestra espada devoró a
vuestros profetas como león destrozador.
31 ¡Oh generación! atended vosotros a la palabra
de Jehová. ¿He sido yo un desierto para Israel, o
tierra de tinieblas? ¿Por qué ha dicho mi pueblo:
Somos libres; nunca más vendremos a ti?
32 ¿Se olvida la virgen de su atavío, o la despo-
sada de sus galas? Pero mi pueblo se ha olvida-
do de mí por innumerables días.
33 ¿Por qué adornas tu camino para hallar
amor? Aun a las malvadas enseñaste tus caminos.
34 Aun en tus faldas se halló la sangre de los po-
bres, de los inocentes. No los hallaste en ningún
delito; sin embargo, en todas estas cosas dices:
35 Soy inocente, de cierto su ira se apartó de mí.
He aquí yo entraré en juicio contigo, porque di-
jiste: No he pecado.
36 ¿Para qué discurres tanto, cambiando tus ca-
minos? También serás avergonzada de Egipto,
como fuiste avergonzada de Asiria.
37 También de allí saldrás con tus manos sobre
tu cabeza, porque Jehová desechó a aquellos en
quienes tú confiabas, y no prosperarás por ellos.

3 1 Dicen: Si alguno dejare a su mujer, y yén-
dose ésta de él se juntare a otro hombre,
¿volverá a ella más? ¿No será tal tierra del todo
amancillada? Tú, pues, has fornicado con mu-
chos amigos; mas ¡vuélvete a mí! dice Jehová.
2 Alza tus ojos a las alturas, y ve en qué lugar no
te hayas prostituido. Junto a los caminos te sen-
tabas para ellos como árabe en el desierto, y con
tus fornicaciones y con tu maldad has contami-
nado la tierra.
3 Por esta causa las aguas han sido detenidas, y

faltó la lluvia tardía; y has tenido frente de ramera, y no quisiste tener vergüenza.
4 A lo menos desde ahora, ¿no me llamarás a
mí, Padre mío, guiador de mi juventud?
5 ¿Guardará su enojo para siempre? ¿Eternamente lo guardará? He aquí que has hablado y hecho cuantas maldades pudiste.

Jehová exhorta a Israel y a Judá al arrepentimiento

6 Me dijo Jehová en días del rey Josías:[a] ¿Has visto lo que ha hecho la rebelde Israel? Ella se va sobre todo monte alto y debajo de todo árbol frondoso, y allí fornica.
7 Y dije: Después de hacer todo esto, se volverá a mí; pero no se volvió, y lo vio su hermana la rebelde Judá.
8 Ella vio que por haber fornicado la rebelde Israel, yo la había despedido y dado carta de repudio; pero no tuvo temor la rebelde Judá su hermana, sino que también fue ella y fornicó.
9 Y sucedió que por juzgar ella cosa liviana su fornicación, la tierra fue contaminada, y adulteró con la piedra y con el leño.
10 Con todo esto, su hermana la rebelde Judá no se volvió a mí de todo corazón, sino fingidamente, dice Jehová.
11 Y me dijo Jehová: Ha resultado justa la rebelde Israel en comparación con la desleal Judá.
12 Ve y clama estas palabras hacia el norte, y di: Vuélvete, oh rebelde Israel, dice Jehová; no haré caer mi ira sobre ti, porque misericordioso soy yo, dice Jehová, no guardaré para siempre el enojo.
13 Reconoce, pues, tu maldad, porque contra Jehová tu Dios has prevaricado, y fornicaste con los extraños debajo de todo árbol frondoso, y no oíste mi voz, dice Jehová.
14 Convertíos, hijos rebeldes, dice Jehová, porque yo soy vuestro esposo; y os tomaré uno de cada ciudad, y dos de cada familia, y os introduciré en Sion;
15 y os daré pastores según mi corazón, que os apacienten con ciencia y con inteligencia.
16 Y acontecerá que cuando os multipliquéis y crezcáis en la tierra, en esos días, dice Jehová, no se dirá más: Arca del pacto de Jehová; ni vendrá al pensamiento, ni se acordarán de ella, ni la echarán de menos, ni se hará otra.
17 En aquel tiempo llamarán a Jerusalén: Trono de Jehová, y todas las naciones vendrán a ella en el nombre de Jehová en Jerusalén; ni andarán más tras la dureza de su malvado corazón.
18 En aquellos tiempos irán de la casa de Judá a la casa de Israel, y vendrán juntamente de la tierra del norte a la tierra que hice heredar a vuestros padres.
19 Yo preguntaba: ¿Cómo os pondré por hijos, y os daré la tierra deseable, la rica heredad de las naciones? Y dije: Me llamaréis: Padre mío, y no os apartaréis de en pos de mí.
20 Pero como la esposa infiel abandona a su compañero, así prevaricasteis contra mí, oh casa de Israel, dice Jehová.
21 Voz fue oída sobre las alturas, llanto de los ruegos de los hijos de Israel; porque han torcido su camino, de Jehová su Dios se han olvidado.
22 Convertíos, hijos rebeldes, y sanaré vuestras rebeliones. He aquí nosotros venimos a ti, porque tú eres Jehová nuestro Dios.
23 Ciertamente vanidad son los collados, y el bullicio sobre los montes; ciertamente en Jehová nuestro Dios está la salvación de Israel.
24 Confusión consumió el trabajo de nuestros padres desde nuestra juventud; sus ovejas, sus vacas, sus hijos y sus hijas.
25 Yacemos en nuestra confusión, y nuestra afrenta nos cubre; porque pecamos contra Jehová nuestro Dios, nosotros y nuestros padres, desde nuestra juventud y hasta este día, y no hemos escuchado la voz de Jehová nuestro Dios.

4 1 Si te volvieres, oh Israel, dice Jehová, vuélvete a mí. Y si quitares de delante de mí tus abominaciones, y no anduvieres de acá para allá,
2 y jurares: Vive Jehová, en verdad, en juicio y en justicia, entonces las naciones serán benditas en él, y en él se gloriarán.
3 Porque así dice Jehová a todo varón de Judá y de Jerusalén: Arad campo para vosotros,[a] y no sembréis entre espinos.
4 Circuncidaos a Jehová, y quitad el prepucio de vuestro corazón, varones de Judá y moradores de Jerusalén; no sea que mi ira salga como fuego, y se encienda y no haya quien la apague, por la maldad de vuestras obras.

Judá es amenazada de invasión

5 Anunciad en Judá, y proclamad en Jerusalén, y decid: Tocad trompeta en la tierra; pregonad, juntaos, y decid: Reuníos, y entrémonos en las ciudades fortificadas.
6 Alzad bandera en Sion, huid, no os detengáis; porque yo hago venir mal del norte, y quebrantamiento grande.
7 El león sube de la espesura, y el destruidor de naciones está en marcha, y ha salido de su lugar para poner tu tierra en desolación; tus ciudades quedarán asoladas y sin morador.
8 Por esto vestíos de cilicio, endechad y aullad; porque la ira de Jehová no se ha apartado de nosotros.
9 En aquel día, dice Jehová, desfallecerá el corazón del rey y el corazón de los príncipes, y los sacerdotes estarán atónitos, y se maravillarán los profetas.

3.6:[a] 2 R. 22.1–23.30; 2 Cr. 34.1–35.27.
4.3: [a] Os. 10.12.

10 Y dije: ¡Ay, ay, Jehová Dios! Verdaderamente
en gran manera has engañado a este pueblo y a
Jerusalén, diciendo: Paz tendréis; pues la espa-
da ha venido hasta el alma.
11 En aquel tiempo se dirá a este pueblo y a
Jerusalén: Viento seco de las alturas del desierto
vino a la hija de mi pueblo, no para aventar, ni
para limpiar.
12 Viento más vehemente que este vendrá a mí;
y ahora yo pronunciaré juicios contra ellos.
13 He aquí que subirá como nube, y su carro
como torbellino; más ligeros son sus caballos
que las águilas. ¡Ay de nosotros, porque entre-
gados somos a despojo!
14 Lava tu corazón de maldad, oh Jerusalén,
para que seas salva. ¿Hasta cuándo permitirás
en medio de ti los pensamientos de iniquidad?
15 Porque una voz trae las nuevas desde Dan, y
hace oír la calamidad desde el monte de Efraín.
16 Decid a las naciones: He aquí, haced oír sobre
Jerusalén: Guardas vienen de tierra lejana, y
lanzarán su voz contra las ciudades de Judá.
17 Como guardas de campo estuvieron en derre-
dor de ella, porque se rebeló contra mí, dice
Jehová.
18 Tu camino y tus obras te hicieron esto; esta es
tu maldad, por lo cual amargura penetrará has-
ta tu corazón.
19 ¡Mis entrañas, mis entrañas! Me duelen las
fibras de mi corazón; mi corazón se agita dentro
de mí; no callaré; porque sonido de trompeta
has oído, oh alma mía, pregón de guerra.
20 Quebrantamiento sobre quebrantamiento es
anunciado; porque toda la tierra es destruida;
de repente son destruidas mis tiendas, en un
momento mis cortinas.
21 ¿Hasta cuándo he de ver bandera, he de oír
sonido de trompeta?
22 Porque mi pueblo es necio, no me conocie-
ron; son hijos ignorantes y no son entendidos;
sabios para hacer el mal, pero hacer el bien no
supieron.
23 Miré a la tierra, y he aquí que estaba asola-
da y vacía; y a los cielos, y no había en ellos luz.
24 Miré a los montes, y he aquí que temblaban,
y todos los collados fueron destruidos.
25 Miré, y no había hombre, y todas las aves del
cielo se habían ido.
26 Miré, y he aquí el campo fértil era un desier-
to, y todas sus ciudades eran asoladas delante
de Jehová, delante del ardor de su ira.
27 Porque así dijo Jehová: Toda la tierra será
asolada; pero no la destruiré del todo.
28 Por esto se enlutará la tierra, y los cielos arri-
ba se oscurecerán, porque hablé, lo pensé, y no
me arrepentí, ni desistiré de ello.
29 Al estruendo de la gente de a caballo y de los
flecheros huyó toda la ciudad; entraron en las
espesuras de los bosques, y subieron a los pe-
ñascos; todas las ciudades fueron abandonadas,
y no quedó en ellas morador alguno.
30 Y tú, destruida, ¿qué harás? Aunque te vistas
de grana, aunque te adornes con atavíos de oro,
aunque pintes con antimonio tus ojos, en vano
te engalanas; te menospreciarán tus amantes,
buscarán tu vida.
31 Porque oí una voz como de mujer que está de
parto, angustia como de primeriza; voz de la
hija de Sion que lamenta y extiende sus manos,
diciendo: ¡Ay ahora de mí! que mi alma desma-
ya a causa de los asesinos.

Impiedad de Jerusalén y de Judá

5 1 Recorred las calles de Jerusalén, y mirad
ahora, e informaos; buscad en sus plazas a
ver si halláis hombre, si hay alguno que haga
justicia, que busque verdad; y yo la perdonaré.
2 Aunque digan: Vive Jehová, juran falsamente.
3 Oh Jehová, ¿no miran tus ojos a la verdad?
Los azotaste, y no les dolió; los consumiste, y
no quisieron recibir corrección; endurecieron
sus rostros más que la piedra, no quisieron con-
vertirse.
4 Pero yo dije: Ciertamente éstos son pobres,
han enloquecido, pues no conocen el camino de
Jehová, el juicio de su Dios.
5 Iré a los grandes, y les hablaré; porque ellos
conocen el camino de Jehová, el juicio de su
Dios. Pero ellos también quebraron el yugo,
rompieron las coyundas.
6 Por tanto, el león de la selva los matará, los
destruirá el lobo del desierto, el leopardo acecha-
rá sus ciudades; cualquiera que de ellas saliere
será arrebatado; porque sus rebeliones se han
multiplicado, se han aumentado sus deslealtades.
7 ¿Cómo te he de perdonar por esto? Sus hijos
me dejaron, y juraron por lo que no es Dios. Los
sacié, y adulteraron, y en casa de rameras se
juntaron en compañías.
8 Como caballos bien alimentados, cada cual re-
linchaba tras la mujer de su prójimo.
9 ¿No había de castigar esto? dijo Jehová. De
una nación como esta, ¿no se había de vengar
mi alma?
10 Escalad sus muros y destruid, pero no del
todo; quitad las almenas de sus muros, porque
no son de Jehová.
11 Porque resueltamente se rebelaron contra mí
la casa de Israel y la casa de Judá, dice Jehová.
12 Negaron a Jehová, y dijeron: El no es, y no
vendrá mal sobre nosotros, ni veremos espada
ni hambre;
13 antes los profetas serán como viento, porque
no hay en ellos palabra; así se hará a ellos.
14 Por tanto, así ha dicho Jehová Dios de los
ejércitos: Porque dijeron esta palabra, he aquí

yo pongo mis palabras en tu boca por fuego, y a
este pueblo por leña, y los consumirá.
15 He aquí yo traigo sobre vosotros gente de le-
jos, oh casa de Israel, dice Jehová; gente robus-
ta, gente antigua, gente cuya lengua ignorarás,
y no entenderás lo que hablare.
16 Su aljaba como sepulcro abierto, todos va-
lientes.
17 Y comerá tu mies y tu pan, comerá a tus hijos
y a tus hijas; comerá tus ovejas y tus vacas, come-
rá tus viñas y tus higueras, y a espada convertirá
en nada tus ciudades fortificadas en que confías.
18 No obstante, en aquellos días, dice Jehová,
no os destruiré del todo.
19 Y cuando dijeren: ¿Por qué Jehová el Dios
nuestro hizo con nosotros todas estas cosas?,
entonces les dirás: De la manera que me dejas-
teis a mí, y servisteis a dioses ajenos en vuestra
tierra, así serviréis a extraños en tierra ajena.
20 Anunciad esto en la casa de Jacob, y haced
que esto se oiga en Judá, diciendo:
21 Oíd ahora esto, pueblo necio y sin corazón,
que tiene ojos y no ve, que tiene oídos y no oye:[a]
22 ¿A mí no me temeréis? dice Jehová. ¿No os
amedrentaréis ante mí, que puse arena por tér-
mino al mar, por ordenación eterna la cual no
quebrantará? Se levantarán tempestades, mas
no prevalecerán; bramarán sus ondas, mas no lo
pasarán.[b]
23 No obstante, este pueblo tiene corazón falso
y rebelde; se apartaron y se fueron.
24 Y no dijeron en su corazón: Temamos ahora a
Jehová Dios nuestro, que da lluvia temprana y
tardía en su tiempo, y nos guarda los tiempos
establecidos de la siega.
25 Vuestras iniquidades han estorbado estas co-
sas, y vuestros pecados apartaron de vosotros el
bien.
26 Porque fueron hallados en mi pueblo impíos;
acechaban como quien pone lazos, pusieron
trampa para cazar hombres.
27 Como jaula llena de pájaros, así están sus ca-
sas llenas de engaño; así se hicieron grandes y
ricos.
28 Se engordaron y se pusieron lustrosos, y sobre-
pasaron los hechos del malo; no juzgaron la cau-
sa, la causa del huérfano; con todo, se hicieron
prósperos, y la causa de los pobres no juzgaron.
29 ¿No castigaré esto? dice Jehová; ¿y de tal
gente no se vengará mi alma?
30 Cosa espantosa y fea es hecha en la tierra;
31 los profetas profetizaron mentira, y los sacer-
dotes dirigían por manos de ellos; y mi pueblo así
lo quiso. ¿Qué, pues, haréis cuando llegue el fin?

El juicio contra Jerusalén y Judá

6 1 Huid, hijos de Benjamín, de en medio de
Jerusalén, y tocad bocina en Tecoa, y alzad
por señal humo sobre Bet-haquerem; porque
del norte se ha visto mal, y quebrantamiento
grande.
2 Destruiré a la bella y delicada hija de Sion.
3 Contra ella vendrán pastores y sus rebaños;
junto a ella plantarán sus tiendas alrededor;
cada uno apacentará en su lugar.
4 Anunciad guerra contra ella; levantaos y asal-
témosla a mediodía. ¡Ay de nosotros! que va ca-
yendo ya el día, que las sombras de la tarde se
han extendido.
5 Levantaos y asaltemos de noche, y destruya-
mos sus palacios.
6 Porque así dijo Jehová de los ejércitos: Cor-
tad árboles, y levantad vallado contra Jerusa-
lén; esta es la ciudad que ha de ser castigada;
toda ella está llena de violencia.
7 Como la fuente nunca cesa de manar sus
aguas, así ella nunca cesa de manar su maldad;
injusticia y robo se oyen en ella; continuamente
en mi presencia, enfermedad y herida.
8 Corrígete, Jerusalén, para que no se aparte mi
alma de ti, para que no te convierta en desierto,
en tierra inhabitada.
9 Así dijo Jehová de los ejércitos: Del todo
rebuscarán como a vid el resto de Israel; vuel-
ve tu mano como vendimiador entre los sar-
mientos.
10 ¿A quién hablaré y amonestaré, para que oi-
gan? He aquí que sus oídos son incircuncisos, y
no pueden escuchar; he aquí que la palabra de
Jehová les es cosa vergonzosa, no la aman.
11 Por tanto, estoy lleno de la ira de Jehová, es-
toy cansado de contenerme; la derramaré sobre
los niños en la calle, y sobre la reunión de los jó-
venes igualmente; porque será preso tanto el
marido como la mujer, tanto el viejo como el
muy anciano.
12 Y sus casas serán traspasadas a otros, sus he-
redades y también sus mujeres; porque exten-
deré mi mano sobre los moradores de la tierra,
dice Jehová.
13 Porque desde el más chico de ellos hasta el
más grande, cada uno sigue la avaricia; y desde
el profeta hasta el sacerdote, todos son enga-
ñadores.
14 Y curan la herida de mi pueblo con liviandad,
diciendo: Paz, paz; y no hay paz.[a]
15 ¿Se han avergonzado de haber hecho abomi-
nación? Ciertamente no se han avergonzado, ni
aun saben tener vergüenza; por tanto, caerán
entre los que caigan; cuando los castigue cae-
rán, dice Jehová.[b]
16 Así dijo Jehová: Paraos en los caminos, y
mirad, y preguntad por las sendas antiguas,
cuál sea el buen camino, y andad por él, y halla-

5.21: [a] Is. 6.9-10; Ez. 12.2; Mr. 9.18. **5.22:** [b] Job 38.8-11.
6.14: [a] Ez. 13.10. **6.12-15:** [b] Jer. 8.10-12.

réis descanso para vuestra alma.[c] Mas dijeron:
No andaremos.
17 Puse también sobre vosotros atalayas, que di-
jesen: Escuchad al sonido de la trompeta. Y dije-
ron ellos: No escucharemos.
18 Por tanto, oíd, naciones, y entended, oh con-
gregación, lo que sucederá.
19 Oye, tierra: He aquí yo traigo mal sobre este
pueblo, el fruto de sus pensamientos; porque no
escucharon mis palabras, y aborrecieron mi ley.
20 ¿Para qué a mí este incienso de Sabá, y la
buena caña olorosa de tierra lejana? Vuestros
holocaustos no son aceptables, ni vuestros sacri-
ficios me agradan.
21 Por tanto, Jehová dice esto: He aquí yo pongo
a este pueblo tropiezos, y caerán en ellos los pa-
dres y los hijos juntamente; el vecino y su com-
pañero perecerán.
22 Así ha dicho Jehová: He aquí que viene
pueblo de la tierra del norte, y una nación gran-
de se levantará de los confines de la tierra.
23 Arco y jabalina empuñarán; crueles son, y no
tendrán misericordia; su estruendo brama como
el mar, y montarán a caballo como hombres dis-
puestos para la guerra, contra ti, oh hija de Sion.
24 Su fama oímos, y nuestras manos se desco-
yuntaron; se apoderó de nosotros angustia, do-
lor como de mujer que está de parto.
25 No salgas al campo, ni andes por el camino;
porque espada de enemigo y temor hay por to-
das partes.
26 Hija de mi pueblo, cíñete de cilicio, y revuél-
cate en ceniza; ponte luto como por hijo único,
llanto de amarguras; porque pronto vendrá so-
bre nosotros el destruidor.
27 Por fortaleza te he puesto en mi pueblo,
por torre; conocerás, pues, y examinarás el ca-
mino de ellos.
28 Todos ellos son rebeldes, porfiados, andan
chismeando; son bronce y hierro; todos ellos
son corruptores.
29 Se quemó el fuelle, por el fuego se ha consu-
mido el plomo; en vano fundió el fundidor, pues
la escoria no se ha arrancado.
30 Plata desechada los llamarán, porque Jehová
los desechó.

Mejorad vuestros caminos y vuestras obras

7 1 Palabra de Jehová que vino a Jeremías, di-
ciendo:
2 Ponte a la puerta de la casa de Jehová, y pro-
clama allí esta palabra, y di: Oíd palabra de
Jehová, todo Judá, los que entráis por estas
puertas para adorar a Jehová.
3 Así ha dicho Jehová de los ejércitos, Dios de Is-
rael: Mejorad vuestros caminos y vuestras obras,
y os haré morar en este lugar.
4 No fiéis en palabras de mentira, diciendo:
Templo de Jehová, templo de Jehová, templo de
Jehová es este.
5 Pero si mejorareis cumplidamente vuestros
caminos y vuestras obras; si con verdad hicie-
reis justicia entre el hombre y su prójimo,
6 y no oprimiereis al extranjero, al huérfano y a
la viuda, ni en este lugar derramareis la sangre
inocente, ni anduviereis en pos de dioses ajenos
para mal vuestro,
7 os haré morar en este lugar, en la tierra que di
a vuestros padres para siempre.
8 He aquí, vosotros confiáis en palabras de
mentira, que no aprovechan.
9 Hurtando, matando, adulterando, jurando en
falso, e incensando a Baal, y andando tras dio-
ses extraños que no conocisteis,
10 ¿vendréis y os pondréis delante de mí en esta
casa sobre la cual es invocado mi nombre, y di-
réis: Librados somos; para seguir haciendo to-
das estas abominaciones?
11 ¿Es cueva de ladrones[a] delante de vuestros
ojos esta casa sobre la cual es invocado mi nom-
bre? He aquí que también yo lo veo, dice Jehová.
12 Andad ahora a mi lugar en Silo, donde hice
morar mi nombre al principio, y ved lo que le
hice por la maldad de mi pueblo Israel.
13 Ahora, pues, por cuanto vosotros habéis he-
cho todas estas obras, dice Jehová, y aunque os
hablé desde temprano y sin cesar, no oísteis, y
os llamé, y no respondisteis;
14 haré también a esta casa sobre la cual es in-
vocado mi nombre, en la que vosotros confiáis,
y a este lugar que di a vosotros y a vuestros pa-
dres, como hice a Silo.[b]
15 Os echaré de mi presencia, como eché a to-
dos vuestros hermanos, a toda la generación de
Efraín.
16 Tú, pues, no ores por este pueblo, ni levan-
tes por ellos clamor ni oración, ni me ruegues;
porque no te oiré.
17 ¿No ves lo que éstos hacen en las ciudades de
Judá y en las calles de Jerusalén?
18 Los hijos recogen la leña, los padres encien-
den el fuego, y las mujeres amasan la masa,
para hacer tortas a la reina del cielo y para hacer
ofrendas a dioses ajenos, para provocarme a ira.
19 ¿Me provocarán ellos a ira? dice Jehová. ¿No
obran más bien ellos mismos su propia confusión?
20 Por tanto, así ha dicho Jehová el Señor: He
aquí que mi furor y mi ira se derramarán sobre
este lugar, sobre los hombres, sobre los animales,
sobre los árboles del campo y sobre los frutos de
la tierra; se encenderán, y no se apagarán.

Castigo de la rebelión de Judá

21 Así ha dicho Jehová de los ejércitos, Dios

6.16: [c] Mt. 11.29. **7.11:** [a] Mt. 21.13; Mr. 11.17; Lc. 19.46.
7.12-14: [b] Jos. 18.1; Sal. 78.60; Jer. 26.6.

de Israel: Añadid vuestros holocaustos sobre
vuestros sacrificios, y comed la carne.
22 Porque no hablé yo con vuestros padres, ni
nada les mandé acerca de holocaustos y de víc-
timas el día que los saqué de la tierra de Egipto.
23 Mas esto les mandé, diciendo: Escuchad mi
voz, y seré a vosotros por Dios, y vosotros me se-
réis por pueblo; y andad en todo camino que os
mande, para que os vaya bien.
24 Y no oyeron ni inclinaron su oído; antes ca-
minaron en sus propios consejos, en la dureza
de su corazón malvado, y fueron hacia atrás y
no hacia adelante,
25 desde el día que vuestros padres salieron de
la tierra de Egipto hasta hoy. Y os envié todos los
profetas mis siervos, enviándolos desde tempra-
no y sin cesar;
26 pero no me oyeron ni inclinaron su oído, sino
que endurecieron su cerviz, e hicieron peor que
sus padres.
27 Tú, pues, les dirás todas estas palabras, pero
no te oirán; los llamarás, y no te responderán.
28 Les dirás, por tanto: Esta es la nación que no
escuchó la voz de Jehová su Dios, ni admitió co-
rrección; pereció la verdad, y de la boca de ellos
fue cortada.
29 Corta tu cabello, y arrójalo, y levanta llan-
to sobre las alturas; porque Jehová ha aborreci-
do y dejado la generación objeto de su ira.
30 Porque los hijos de Judá han hecho lo malo
ante mis ojos, dice Jehová; pusieron sus abomi-
naciones en la casa sobre la cual fue invocado
mi nombre, amancillándola.
31 Y han edificado los lugares altos de Tofet, que
está en el valle del hijo de Hinom,[c] para quemar
al fuego a sus hijos y a sus hijas,[d] cosa que yo no
les mandé, ni subió en mi corazón.
32 Por tanto, he aquí vendrán días, ha dicho
Jehová, en que no se diga más, Tofet, ni valle del
hijo de Hinom, sino Valle de la Matanza; y serán
enterrados en Tofet, por no haber lugar.
33 Y serán los cuerpos muertos de este pueblo
para comida de las aves del cielo y de las bestias
de la tierra; y no habrá quien las espante.
34 Y haré cesar de las ciudades de Judá, y de las
calles de Jerusalén, la voz de gozo y la voz de
alegría, la voz del esposo y la voz de la esposa;[e]
porque la tierra será desolada.
8 1 En aquel tiempo, dice Jehová, sacarán los
huesos de los reyes de Judá, y los huesos
de sus príncipes, y los huesos de los sacerdo-
tes, y los huesos de los profetas, y los huesos
de los moradores de Jerusalén, fuera de sus se-
pulcros;
2 y los esparcirán al sol y a la luna y a todo el
ejército del cielo, a quienes amaron y a quienes
sirvieron, en pos de quienes anduvieron, a quie-
nes preguntaron, y ante quienes se postraron.
No serán recogidos ni enterrados; serán como
estiércol sobre la faz de la tierra.
3 Y escogerá la muerte antes que la vida todo el
resto que quede de esta mala generación, en to-
dos los lugares adonde arroje yo a los que que-
den, dice Jehová de los ejércitos.
4 Les dirás asimismo: Así ha dicho Jehová: El
que cae, ¿no se levanta? El que se desvía, ¿no
vuelve al camino?
5 ¿Por qué es este pueblo de Jerusalén rebelde
con rebeldía perpetua? Abrazaron el engaño, y
no han querido volverse.
6 Escuché y oí; no hablan rectamente, no hay
hombre que se arrepienta de su mal, diciendo:
¿Qué he hecho? Cada cual se volvió a su propia
carrera, como caballo que arremete con ímpetu
a la batalla.
7 Aun la cigüeña en el cielo conoce su tiempo, y
la tórtola y la grulla y la golondrina guardan el
tiempo de su venida; pero mi pueblo no conoce
el juicio de Jehová.
8 ¿Cómo decís: Nosotros somos sabios, y la
ley de Jehová está con nosotros? Ciertamente la
ha cambiado en mentira la pluma mentirosa de
los escribas.
9 Los sabios se avergonzaron, se espantaron y
fueron consternados; he aquí que aborrecieron
la palabra de Jehová; ¿y qué sabiduría tienen?
10 Por tanto, daré a otros sus mujeres, y sus
campos a quienes los conquisten; porque desde
el más pequeño hasta el más grande cada uno
sigue la avaricia; desde el profeta hasta el sacer-
dote todos hacen engaño.
11 Y curaron la herida de la hija de mi pueblo
con liviandad, diciendo: Paz, paz; y no hay paz.[a]
12 ¿Se han avergonzado de haber hecho abomi-
nación? Ciertamente no se han avergonzado en
lo más mínimo, ni supieron avergonzarse; cae-
rán, por tanto, entre los que caigan; cuando los
castigue caerán, dice Jehová.[b]
13 Los cortaré del todo, dice Jehová. No quedarán
uvas en la vid, ni higos en la higuera, y se caerá la
hoja; y lo que les he dado pasará de ellos.
14 ¿Por qué nos estamos sentados? Reuníos, y
entremos en las ciudades fortificadas, y perez-
camos allí; porque Jehová nuestro Dios nos ha
destinado a perecer, y nos ha dado a beber
aguas de hiel, porque pecamos contra Jehová.
15 Esperamos paz, y no hubo bien; día de cura-
ción, y he aquí turbación.
16 Desde Dan se oyó el bufido de sus caballos; al
sonido de los relinchos de sus corceles tembló
toda la tierra; y vinieron y devoraron la tierra y
su abundancia, a la ciudad y a los moradores de
ella.

7.31: [c] 2 R. 23.10; Jer. 32.35. [d] Lv. 18.21.
7.34: [e] Jer. 16.9; 25.10; Ap. 18.23. **8.11:** [a] Ez. 13.10.
8.10-12: [b] Jer. 6.12-15.

17 Porque he aquí que yo envío sobre vosotros
serpientes, áspides contra los cuales no hay en-
cantamiento, y os morderán, dice Jehová.

Lamento sobre Judá y Jerusalén

18 A causa de mi fuerte dolor, mi corazón des-
fallece en mí.
19 He aquí voz del clamor de la hija de mi pue-
blo, que viene de la tierra lejana: ¿No está Jeho-
vá en Sion? ¿No está en ella su Rey? ¿Por qué
me hicieron airar con sus imágenes de talla, con
vanidades ajenas?
20 Pasó la siega, terminó el verano, y nosotros
no hemos sido salvos.
21 Quebrantado estoy por el quebrantamiento
de la hija de mi pueblo; entenebrecido estoy, es-
panto me ha arrebatado.
22 ¿No hay bálsamo en Galaad? ¿No hay allí
médico? ¿Por qué, pues, no hubo medicina para
la hija de mi pueblo?
9 1 ¡Oh, si mi cabeza se hiciese aguas, y mis
ojos fuentes de lágrimas, para que llore día
y noche los muertos de la hija de mi pueblo!
2 ¡Oh, quién me diese en el desierto un albergue
de caminantes, para que dejase a mi pueblo, y
de ellos me apartase! Porque todos ellos son
adúlteros, congregación de prevaricadores.
3 Hicieron que su lengua lanzara mentira como
un arco, y no se fortalecieron para la verdad en
la tierra; porque de mal en mal procedieron, y
me han desconocido, dice Jehová.
4 Guárdese cada uno de su compañero, y en
ningún hermano tenga confianza; porque todo
hermano engaña con falacia, y todo compañero
anda calumniando.
5 Y cada uno engaña a su compañero, y ninguno
habla verdad; acostumbraron su lengua a hablar
mentira, se ocupan de actuar perversamente.
6 Su morada está en medio del engaño; por muy
engañadores no quisieron conocerme, dice Jehová.
7 Por tanto, así ha dicho Jehová de los ejérci-
tos: He aquí que yo los refinaré y los probaré;
porque ¿qué más he de hacer por la hija de mi
pueblo?
8 Saeta afilada es la lengua de ellos; engaño ha-
bla; con su boca dice paz a su amigo, y dentro
de sí pone sus asechanzas.
9 ¿No los he de castigar por estas cosas? dice
Jehová. De tal nación, ¿no se vengará mi alma?
10 Por los montes levantaré lloro y lamenta-
ción, y llanto por los pastizales del desierto; por-
que fueron desolados hasta no quedar quien
pase, ni oírse bramido de ganado; desde las aves
del cielo hasta las bestias de la tierra huyeron, y
se fueron.
11 Reduciré a Jerusalén a un montón de ruinas,
morada de chacales; y convertiré las ciudades de
Judá en desolación en que no quede morador.

Amenaza de ruina y exilio

12 ¿Quién es varón sabio que entienda esto?
¿y a quién habló la boca de Jehová, para que
pueda declararlo? ¿Por qué causa la tierra ha
perecido, ha sido asolada como desierto, hasta
no haber quien pase?
13 Dijo Jehová: Porque dejaron mi ley, la cual di
delante de ellos, y no obedecieron a mi voz, ni
caminaron conforme a ella;
14 antes se fueron tras la imaginación de su co-
razón, y en pos de los baales, según les enseña-
ron sus padres.
15 Por tanto, así ha dicho Jehová de los ejérci-
tos, Dios de Israel: He aquí que a este pueblo yo
les daré a comer ajenjo, y les daré a beber aguas
de hiel.
16 Y los esparciré entre naciones que ni ellos ni
sus padres conocieron; y enviaré espada en pos
de ellos, hasta que los acabe.
17 Así dice Jehová de los ejércitos: Conside-
rad, y llamad plañideras que vengan; buscad a
las hábiles en su oficio;
18 y dense prisa, y levanten llanto por nosotros,
y desháganse nuestros ojos en lágrimas, y nues-
tros párpados se destilen en aguas.
19 Porque de Sion fue oída voz de endecha:
¡Cómo hemos sido destruidos! En gran manera
hemos sido avergonzados, porque abandona-
mos la tierra, porque han destruido nuestras
moradas.
20 Oíd, pues, oh mujeres, palabra de Jehová,
y vuestro oído reciba la palabra de su boca:
Enseñad endechas a vuestras hijas, y lamenta-
ción cada una a su amiga.
21 Porque la muerte ha subido por nuestras ven-
tanas, ha entrado en nuestros palacios, para ex-
terminar a los niños de las calles, a los jóvenes
de las plazas.
22 Habla: Así ha dicho Jehová: Los cuerpos de
los hombres muertos caerán como estiércol so-
bre la faz del campo, y como manojo tras el se-
gador, que no hay quien lo recoja.

El conocimiento de Dios es la gloria del hombre

23 Así dijo Jehová: No se alabe el sabio en su
sabiduría, ni en su valentía se alabe el valiente,
ni el rico se alabe en sus riquezas.
24 Mas alábese en esto el que se hubiere de ala-
bar: en entenderme y conocerme,[a] que yo soy
Jehová, que hago misericordia, juicio y justicia
en la tierra; porque estas cosas quiero, dice
Jehová.
25 He aquí que vienen días, dice Jehová, en
que castigaré a todo circuncidado, y a todo in-
circunciso;
26 a Egipto y a Judá, a Edom y a los hijos de

9.24: [a] 1 Co. 1.31; 2 Co. 10.17.

Amón y de Moab, y a todos los arrinconados en
el postrer rincón, los que moran en el desierto;
porque todas las naciones son incircuncisas, y
toda la casa de Israel es incircuncisa de corazón.

Los falsos dioses y el Dios verdadero

10 1 Oíd la palabra que Jehová ha hablado
sobre vosotros, oh casa de Israel.
2 Así dijo Jehová: No aprendáis el camino de las
naciones, ni de las señales del cielo tengáis te-
mor, aunque las naciones las teman.
3 Porque las costumbres de los pueblos son vani-
dad; porque leño del bosque cortaron, obra de
manos de artífice con buril.
4 Con plata y oro lo adornan; con clavos y marti-
llo lo afirman para que no se mueva.
5 Derechos están como palmera, y no hablan;
son llevados, porque no pueden andar. No ten-
gáis temor de ellos, porque ni pueden hacer mal,
ni para hacer bien tienen poder.
6 No hay semejante a ti, oh Jehová; grande
eres tú, y grande tu nombre en poderío.
7 ¿Quién no te temerá, oh Rey de las naciones?[a]
Porque a ti es debido el temor; porque entre to-
dos los sabios de las naciones y en todos sus rei-
nos, no hay semejante a ti.
8 Todos se infatuarán y entontecerán. Enseñan-
za de vanidades es el leño.
9 Traerán plata batida de Tarsis y oro de Ufaz, obra
del artífice, y de manos del fundidor; los vestirán
de azul y de púrpura, obra de peritos es todo.
10 Mas Jehová es el Dios verdadero; él es Dios
vivo y Rey eterno; a su ira tiembla la tierra, y las
naciones no pueden sufrir su indignación.
11 Les diréis así: Los dioses que no hicieron
los cielos ni la tierra, desaparezcan de la tierra y
de debajo de los cielos.
12 El que hizo la tierra con su poder, el que
puso en orden el mundo con su saber, y exten-
dió los cielos con su sabiduría;
13 a su voz se produce muchedumbre de aguas
en el cielo, y hace subir las nubes de lo postrero
de la tierra; hace los relámpagos con la lluvia, y
saca el viento de sus depósitos.
14 Todo hombre se embrutece, y le falta ciencia;
se avergüenza de su ídolo todo fundidor, porque
mentirosa es su obra de fundición, y no hay es-
píritu en ella.
15 Vanidad son, obra vana; al tiempo de su casti-
go perecerán.
16 No es así la porción de Jacob; porque él es el
Hacedor de todo, e Israel es la vara de su here-
dad; Jehová de los ejércitos es su nombre.

Asolamiento de Judá

17 Recoge de las tierras tus mercaderías, la
que moras en lugar fortificado.
18 Porque así ha dicho Jehová: He aquí que esta
vez arrojaré con honda los moradores de la tie-
rra, y los afligiré, para que lo sientan.
19 ¡Ay de mí, por mi quebrantamiento! mi lla-
ga es muy dolorosa. Pero dije: Ciertamente en-
fermedad mía es esta, y debo sufrirla.
20 Mi tienda está destruida, y todas mis cuerdas
están rotas; mis hijos me han abandonado y pe-
recieron; no hay ya más quien levante mi tien-
da, ni quien cuelgue mis cortinas.
21 Porque los pastores se infatuaron, y no busca-
ron a Jehová; por tanto, no prosperaron, y todo
su ganado se esparció.
22 He aquí que voz de rumor viene, y alboroto
grande de la tierra del norte, para convertir en
soledad todas las ciudades de Judá, en morada
de chacales.
23 Conozco, oh Jehová, que el hombre no es se-
ñor de su camino, ni del hombre que camina es
el ordenar sus pasos.
24 Castígame, oh Jehová, mas con juicio; no con
tu furor, para que no me aniquiles.
25 Derrama tu enojo sobre los pueblos que no te
conocen, y sobre las naciones que no invocan tu
nombre; porque se comieron a Jacob, lo devora-
ron, le han consumido, y han asolado su morada.

El pacto violado

11 1 Palabra que vino de Jehová a Jeremías,
diciendo:
2 Oíd las palabras de este pacto, y hablad a todo
varón de Judá, y a todo morador de Jerusalén.
3 Y les dirás tú: Así dijo Jehová Dios de Israel:
Maldito el varón que no obedeciere las palabras
de este pacto,
4 el cual mandé a vuestros padres el día que los
saqué de la tierra de Egipto, del horno de hierro,
diciéndoles: Oíd mi voz, y cumplid mis pala-
bras, conforme a todo lo que os mando; y me se-
réis por pueblo, y yo seré a vosotros por Dios;
5 para que confirme el juramento que hice a
vuestros padres, que les daría la tierra que fluye
leche y miel, como en este día. Y respondí y dije:
Amén, oh Jehová.
6 Y Jehová me dijo: Pregona todas estas pala-
bras en las ciudades de Judá y en las calles de
Jerusalén, diciendo: Oíd las palabras de este
pacto, y ponedlas por obra.
7 Porque solemnemente protesté a vuestros pa-
dres el día que les hice subir de la tierra de Egip-
to, amonestándoles desde temprano y sin cesar
hasta el día de hoy, diciendo: Oíd mi voz.
8 Pero no oyeron, ni inclinaron su oído, antes se
fueron cada uno tras la imaginación de su mal-
vado corazón; por tanto, traeré sobre ellos todas
las palabras de este pacto, el cual mandé que
cumpliesen, y no lo cumplieron.
9 Y me dijo Jehová: Conspiración se ha halla-

10.7: [a] Ap. 15.4.

do entre los varones de Judá, y entre los moradores de Jerusalén.
10 Se han vuelto a las maldades de sus primeros padres, los cuales no quisieron escuchar mis palabras, y se fueron tras dioses ajenos para servirles; la casa de Israel y la casa de Judá invalidaron mi pacto, el cual había yo concertado con sus padres.
11 Por tanto, así ha dicho Jehová: He aquí yo traigo sobre ellos mal del que no podrán salir; y clamarán a mí, y no los oiré.
12 E irán las ciudades de Judá y los moradores de Jerusalén, y clamarán a los dioses a quienes queman ellos incienso, los cuales no los podrán salvar en el tiempo de su mal.
13 Porque según el número de tus ciudades fueron tus dioses, oh Judá; y según el número de tus calles, oh Jerusalén, pusiste los altares de ignominia, altares para ofrecer incienso a Baal.
14 Tú, pues, no ores por este pueblo, ni levantes por ellos clamor ni oración; porque yo no oiré en el día que en su aflicción clamen a mí.
15 ¿Qué derecho tiene mi amada en mi casa, habiendo hecho muchas abominaciones? ¿Crees que los sacrificios y las carnes santificadas de las víctimas pueden evitarte el castigo? ¿Puedes gloriarte de eso?
16 Olivo verde, hermoso en su fruto y en su parecer, llamó Jehová tu nombre. A la voz de recio estrépito hizo encender fuego sobre él, y quebraron sus ramas.
17 Porque Jehová de los ejércitos que te plantó ha pronunciado mal contra ti, a causa de la maldad que la casa de Israel y la casa de Judá han hecho, provocándome a ira con incensar a Baal.

Complot contra Jeremías

18 Y Jehová me lo hizo saber, y lo conocí; entonces me hiciste ver sus obras.
19 Y yo era como cordero inocente que llevan a degollar, pues no entendía que maquinaban designios contra mí, diciendo: Destruyamos el árbol con su fruto, y cortémoslo de la tierra de los vivientes, para que no haya más memoria de su nombre.
20 Pero, oh Jehová de los ejércitos, que juzgas con justicia, que escudriñas la mente y el corazón, vea yo tu venganza de ellos; porque ante ti he expuesto mi causa.
21 Por tanto, así ha dicho Jehová acerca de los varones de Anatot que buscan tu vida, diciendo: No profetices en nombre de Jehová, para que no mueras a nuestras manos;
22 así, pues, ha dicho Jehová de los ejércitos: He aquí que yo los castigaré; los jóvenes morirán a espada, sus hijos y sus hijas morirán de hambre,
23 y no quedará remanente de ellos, pues yo traeré mal sobre los varones de Anatot, el año de su castigo.

Queja de Jeremías y respuesta de Dios

12 1 Justo eres tú, oh Jehová, para que yo
dispute contigo; sin embargo, alegaré mi causa ante ti. ¿Por qué es prosperado el camino de los impíos, y tienen bien todos los que se portan deslealmente?
2 Los plantaste, y echaron raíces; crecieron y dieron fruto; cercano estás tú en sus bocas, pero lejos de sus corazones.
3 Pero tú, oh Jehová, me conoces; me viste, y probaste mi corazón para contigo; arrebátalos como a ovejas para el degolladero, y señálalos para el día de la matanza.
4 ¿Hasta cuándo estará desierta la tierra, y marchita la hierba de todo el campo? Por la maldad de los que en ella moran, faltaron los ganados y las aves; porque dijeron: No verá Dios nuestro fin.
5 Si corriste con los de a pie, y te cansaron, ¿cómo contenderás con los caballos? Y si en la tierra de paz no estabas seguro, ¿cómo harás en la espesura del Jordán?
6 Porque aun tus hermanos y la casa de tu padre, aun ellos se levantaron contra ti, aun ellos dieron grito en pos de ti. No los creas cuando bien te hablen.
7 He dejado mi casa, desamparé mi heredad, he entregado lo que amaba mi alma en mano de sus enemigos.
8 Mi heredad fue para mí como león en la selva; contra mí dio su rugido; por tanto, la aborrecí.
9 ¿Es mi heredad para mí como ave de rapiña de muchos colores? ¿No están contra ella aves de rapiña en derredor? Venid, reuníos, vosotras todas las fieras del campo, venid a devorarla.
10 Muchos pastores han destruido mi viña, hollaron mi heredad, convirtieron en desierto y soledad mi heredad preciosa.
11 Fue puesta en asolamiento, y lloró sobre mí desolada; fue asolada toda la tierra, porque no hubo hombre que reflexionase.
12 Sobre todas las alturas del desierto vinieron destruidores; porque la espada de Jehová devorará desde un extremo de la tierra hasta el otro; no habrá paz para ninguna carne.
13 Sembraron trigo, y segaron espinos; tuvieron la heredad, mas no aprovecharon nada; se avergonzarán de sus frutos, a causa de la ardiente ira de Jehová.
14 Así dijo Jehová contra todos mis malos vecinos, que tocan la heredad que hice poseer a mi pueblo Israel: He aquí que yo los arrancaré de su tierra, y arrancaré de en medio de ellos a la casa de Judá.
15 Y después que los haya arrancado, volveré y tendré misericordia de ellos, y los haré volver cada uno a su heredad y cada cual a su tierra.
16 Y si cuidadosamente aprendieren los caminos de mi pueblo, para jurar en mi nombre, di-

ciendo: Vive Jehová, así como enseñaron a mi
pueblo a jurar por Baal, ellos serán prosperados
en medio de mi pueblo.
17 Mas si no oyeren, arrancaré esa nación, sa-
cándola de raíz y destruyéndola, dice Jehová.

La señal del cinto podrido

13 1 Así me dijo Jehová: Ve y cómprate un
cinto de lino, y cíñelo sobre tus lomos, y
no lo metas en agua.
2 Y compré el cinto conforme a la palabra de
Jehová, y lo puse sobre mis lomos.
3 Vino a mí segunda vez palabra de Jehová, di-
ciendo:
4 Toma el cinto que compraste, que está sobre
tus lomos, y levántate y vete al Eufrates, y es-
cóndelo allá en la hendidura de una peña.
5 Fui, pues, y lo escondí junto al Eufrates, como
Jehová me mandó.
6 Y sucedió que después de muchos días me dijo
Jehová: Levántate y vete al Eufrates, y toma de
allí el cinto que te mandé esconder allá.
7 Entonces fui al Eufrates, y cavé, y tomé el cin-
to del lugar donde lo había escondido; y he aquí
que el cinto se había podrido; para ninguna
cosa era bueno.
8 Y vino a mí palabra de Jehová, diciendo:
9 Así ha dicho Jehová: Así haré podrir la sober-
bia de Judá, y la mucha soberbia de Jerusalén.
10 Este pueblo malo, que no quiere oír mis pa-
labras, que anda en las imaginaciones de su co-
razón, y que va en pos de dioses ajenos para
servirles, y para postrarse ante ellos, vendrá a ser
como este cinto, que para ninguna cosa es bueno.
11 Porque como el cinto se junta a los lomos del
hombre, así hice juntar a mí toda la casa de Is-
rael y toda la casa de Judá, dice Jehová, para
que me fuesen por pueblo y por fama, por ala-
banza y por honra; pero no escucharon.

La señal de las tinajas llenas

12 Les dirás, pues, esta palabra: Así ha dicho
Jehová, Dios de Israel: Toda tinaja se llenará de
vino. Y ellos te dirán: ¿No sabemos que toda ti-
naja se llenará de vino?
13 Entonces les dirás: Así ha dicho Jehová: He aquí
que yo lleno de embriaguez a todos los moradores
de esta tierra, y a los reyes de la estirpe de David
que se sientan sobre su trono, a los sacerdotes y
profetas, y a todos los moradores de Jerusalén;
14 y los quebrantaré el uno contra el otro, los pa-
dres con los hijos igualmente, dice Jehová; no per-
donaré, ni tendré piedad ni misericordia, para no
destruirlos.

Judá será llevada en cautiverio

15 Escuchad y oíd; no os envanezcáis, pues
Jehová ha hablado.
16 Dad gloria a Jehová Dios vuestro, antes que
haga venir tinieblas, y antes que vuestros pies
tropiecen en montes de oscuridad, y esperéis luz,
y os la vuelva en sombra de muerte y tinieblas.
17 Mas si no oyereis esto, en secreto llorará mi
alma a causa de vuestra soberbia; y llorando
amargamente se desharán mis ojos en lágrimas,
porque el rebaño de Jehová fue hecho cautivo.
18 Di al rey y a la reina: Humillaos, sentaos en
tierra; porque la corona de vuestra gloria ha caí-
do de vuestras cabezas.
19 Las ciudades del Neguev fueron cerradas, y
no hubo quien las abriese; toda Judá fue trans-
portada, llevada en cautiverio fue toda ella.
20 Alzad vuestros ojos, y ved a los que vienen
del norte. ¿Dónde está el rebaño que te fue
dado, tu hermosa grey?
21 ¿Qué dirás cuando él ponga como cabeza so-
bre ti a aquellos a quienes tú enseñaste a ser tus
amigos? ¿No te darán dolores como de mujer
que está de parto?
22 Si dijeres en tu corazón: ¿Por qué me ha so-
brevenido esto? Por la enormidad de tu maldad
fueron descubiertas tus faldas, fueron desnuda-
dos tus calcañares.
23 ¿Mudará el etíope su piel, y el leopardo sus
manchas? Así también, ¿podréis vosotros hacer
bien, estando habituados a hacer mal?
24 Por tanto, yo los esparciré al viento del de-
sierto, como tamo que pasa.
25 Esta es tu suerte, la porción que yo he medi-
do para ti, dice Jehová, porque te olvidaste de
mí y confiaste en la mentira.
26 Yo, pues, descubriré también tus faldas delan-
te de tu rostro, y se manifestará tu ignominia,
27 tus adulterios, tus relinchos, la maldad de tu
fornicación sobre los collados; en el campo vi tus
abominaciones. ¡Ay de ti, Jerusalén! ¿No serás al
fin limpia? ¿Cuánto tardarás tú en purificarte?

Mensaje con motivo de la sequía

14 1 Palabra de Jehová que vino a Jeremías,
con motivo de la sequía.
2 Se enlutó Judá, y sus puertas se despoblaron;
se sentaron tristes en tierra, y subió el clamor de
Jerusalén.
3 Los nobles enviaron sus criados al agua; vinie-
ron a las lagunas, y no hallaron agua; volvieron
con sus vasijas vacías; se avergonzaron, se con-
fundieron, y cubrieron sus cabezas.
4 Porque se resquebrajó la tierra por no haber
llovido en el país, están confusos los labradores,
cubrieron sus cabezas.
5 Aun las ciervas en los campos parían y dejaban
la cría, porque no había hierba.
6 Y los asnos monteses se ponían en las alturas,
aspiraban el viento como chacales; sus ojos se
ofuscaron porque no había hierba.

7 Aunque nuestras iniquidades testifican contra nosotros, oh Jehová, actúa por amor de tu nombre; porque nuestras rebeliones se han multiplicado, contra ti hemos pecado.
8 Oh esperanza de Israel, Guardador suyo en el tiempo de la aflicción, ¿por qué te has hecho como forastero en la tierra, y como caminante que se retira para pasar la noche?
9 ¿Por qué eres como hombre atónito, y como valiente que no puede librar? Sin embargo, tú estás entre nosotros, oh Jehová, y sobre nosotros es invocado tu nombre; no nos desampares.
10 Así ha dicho Jehová acerca de este pueblo: Se deleitaron en vagar, y no dieron reposo a sus pies; por tanto, Jehová no se agrada de ellos; se acordará ahora de su maldad, y castigará sus pecados.
11 Me dijo Jehová: No ruegues por este pueblo para bien.
12 Cuando ayunen, yo no oiré su clamor, y cuando ofrezcan holocausto y ofrenda no lo aceptaré, sino que los consumiré con espada, con hambre y con pestilencia.
13 Y yo dije: ¡Ah! ¡Ah, Señor Jehová! He aquí que los profetas les dicen: No veréis espada, ni habrá hambre entre vosotros, sino que en este lugar os daré paz verdadera.
14 Me dijo entonces Jehová: Falsamente profetizan los profetas en mi nombre; no los envié, ni les mandé, ni les hablé; visión mentirosa, adivinación, vanidad y engaño de su corazón os profetizan.
15 Por tanto, así ha dicho Jehová sobre los profetas que profetizan en mi nombre, los cuales yo no envié, y que dicen: Ni espada ni hambre habrá en esta tierra; con espada y con hambre serán consumidos esos profetas.
16 Y el pueblo a quien profetizan será echado en las calles de Jerusalén por hambre y por espada, y no habrá quien los entierre a ellos, a sus mujeres, a sus hijos y a sus hijas; y sobre ellos derramaré su maldad.
17 Les dirás, pues, esta palabra: Derramen mis ojos lágrimas noche y día, y no cesen; porque de gran quebrantamiento es quebrantada la virgen hija de mi pueblo, de plaga muy dolorosa.
18 Si salgo al campo, he aquí muertos a espada; y si entro en la ciudad, he aquí enfermos de hambre; porque tanto el profeta como el sacerdote anduvieron vagando en la tierra, y no entendieron.
19 ¿Has desechado enteramente a Judá? ¿Ha aborrecido tu alma a Sion? ¿Por qué nos hiciste herir sin que haya remedio? Esperamos paz, y no hubo bien; tiempo de curación, y he aquí turbación.
20 Reconocemos, oh Jehová, nuestra impiedad, la iniquidad de nuestros padres; porque contra ti hemos pecado.
21 Por amor de tu nombre no nos deseches, ni deshonres tu glorioso trono; acuérdate, no invalides tu pacto con nosotros.
22 ¿Hay entre los ídolos de las naciones quien haga llover? ¿y darán los cielos lluvias? ¿No eres tú, Jehová, nuestro Dios? En ti, pues, esperamos, pues tú hiciste todas estas cosas.

La implacable ira de Dios contra Judá

15 1 Me dijo Jehová: Si Moisés[a] y Samuel[b]
se pusieran delante de mí, no estaría mi
voluntad con este pueblo; échalos de mi pre-
sencia, y salgan.
2 Y si te preguntaren: ¿A dónde saldremos? les
dirás: Así ha dicho Jehová: El que a muerte, a
muerte; el que a espada, a espada; el que a
hambre, a hambre; y el que a cautiverio, a cauti-
verio.[c]
3 Y enviaré sobre ellos cuatro géneros de casti-
go, dice Jehová: espada para matar, y perros
para despedazar, y aves del cielo y bestias de la
tierra para devorar y destruir.[d]
4 Y los entregaré para terror a todos los reinos
de la tierra, a causa de Manasés hijo de Eze-
quías, rey de Judá, por lo que hizo en Jerusa-
lén.[e]
5 Porque ¿quién tendrá compasión de ti, oh
Jerusalén? ¿Quién se entristecerá por tu causa,
o quién vendrá a preguntar por tu paz?
6 Tú me dejaste, dice Jehová; te volviste atrás;
por tanto, yo extenderé sobre ti mi mano y te
destruiré; estoy cansado de arrepentirme.
7 Aunque los aventé con aventador hasta las
puertas de la tierra, y dejé sin hijos a mi pueblo
y lo desbaraté, no se volvieron de sus caminos.
8 Sus viudas se me multiplicaron más que la
arena del mar; traje contra ellos destruidor a
mediodía sobre la madre y sobre los hijos; hice
que de repente cayesen terrores sobre la ciu-
dad.
9 Languideció la que dio a luz siete; se llenó de
dolor su alma, su sol se puso siendo aún de día;
fue avergonzada y llena de confusión; y lo que
de ella quede, lo entregaré a la espada delante
de sus enemigos, dice Jehová.
10 ¡Ay de mí, madre mía, que me engendraste
hombre de contienda y hombre de discordia
para toda la tierra! Nunca he dado ni tomado en
préstamo, y todos me maldicen.
11 ¡Sea así, oh Jehová, si no te he rogado por su
bien, si no he suplicado ante ti en favor del ene-
migo en tiempo de aflicción y en época de
angustia!
12 ¿Puede alguno quebrar el hierro, el hierro del
norte y el bronce?

15.1: [a] Ex. 32.11-14; Nm. 14.13-19. [b] 1 S. 7.5-9.
15.2: [c] Ap. 13.10. **15.3:** [d] Ap. 6.8. **15.4:** [e] 2 R. 21.1-16; 2 Cr. 33.1-9.

13 Tus riquezas y tus tesoros entregaré a la ra-
piña sin ningún precio, por todos tus pecados, y
en todo tu territorio.
14 Y te haré servir a tus enemigos en tierra que
no conoces; porque fuego se ha encendido en
mi furor, y arderá sobre vosotros.

Jehová reanima a Jeremías

15 Tú lo sabes, oh Jehová; acuérdate de mí, y
visítame, y véngame de mis enemigos. No me
reproches en la prolongación de tu enojo; sabes
que por amor de ti sufro afrenta.
16 Fueron halladas tus palabras, y yo las comí; y
tu palabra me fue por gozo y por alegría de mi
corazón; porque tu nombre se invocó sobre mí,
oh Jehová Dios de los ejércitos.
17 No me senté en compañía de burladores, ni
me engreí a causa de tu profecía; me senté solo,
porque me llenaste de indignación.
18 ¿Por qué fue perpetuo mi dolor, y mi herida
desahuciada no admitió curación? ¿Serás para
mí como cosa ilusoria, como aguas que no son
estables?
19 Por tanto, así dijo Jehová: Si te convirtie-
res, yo te restauraré, y delante de mí estarás; y si
entresacares lo precioso de lo vil, serás como mi
boca. Conviértanse ellos a ti, y tú no te convier-
tas a ellos.
20 Y te pondré en este pueblo por muro fortifica-
do de bronce, y pelearán contra ti, pero no te
vencerán; porque yo estoy contigo para guar-
darte y para defenderte, dice Jehová.
21 Y te libraré de la mano de los malos, y te redi-
miré de la mano de los fuertes.

Juicio de Jehová contra Judá

16 1 Vino a mí palabra de Jehová, diciendo:
2 No tomarás para ti mujer, ni tendrás hi-
jos ni hijas en este lugar.
3 Porque así ha dicho Jehová acerca de los hijos
y de las hijas que nazcan en este lugar, de sus
madres que los den a luz y de los padres que los
engendren en esta tierra:
4 De dolorosas enfermedades morirán; no serán
plañidos ni enterrados; serán como estiércol sobre
la faz de la tierra; con espada y con hambre serán
consumidos, y sus cuerpos servirán de comida a
las aves del cielo y a las bestias de la tierra.
5 Porque así ha dicho Jehová: No entres en
casa de luto, ni vayas a lamentar, ni los consue-
les; porque yo he quitado mi paz de este pueblo,
dice Jehová, mi misericordia y mis piedades.
6 Morirán en esta tierra grandes y pequeños; no
se enterrarán, ni los plañirán, ni se rasgarán ni
se raerán los cabellos por ellos;
7 ni partirán pan por ellos en el luto para conso-
larlos de sus muertos; ni les darán a beber vaso
de consolaciones por su padre o por su madre.
8 Asimismo no entres en casa de banquete, para
sentarte con ellos a comer o a beber.
9 Porque así ha dicho Jehová de los ejércitos,
Dios de Israel: He aquí que yo haré cesar en este
lugar, delante de vuestros ojos y en vuestros
días, toda voz de gozo y toda voz de alegría, y
toda voz de esposo y toda voz de esposa.[a]
10 Y acontecerá que cuando anuncies a este
pueblo todas estas cosas, te dirán ellos: ¿Por qué
anuncia Jehová contra nosotros todo este mal
tan grande? ¿Qué maldad es la nuestra, o qué
pecado es el nuestro, que hemos cometido con-
tra Jehová nuestro Dios?
11 Entonces les dirás: Porque vuestros padres me
dejaron, dice Jehová, y anduvieron en pos de
dioses ajenos, y los sirvieron, y ante ellos se pos-
traron, y me dejaron a mí y no guardaron mi ley;
12 y vosotros habéis hecho peor que vuestros
padres; porque he aquí que vosotros camináis
cada uno tras la imaginación de su malvado co-
razón, no oyéndome a mí.
13 Por tanto, yo os arrojaré de esta tierra a una
tierra que ni vosotros ni vuestros padres habéis
conocido, y allá serviréis a dioses ajenos de día y
de noche; porque no os mostraré clemencia.
14 No obstante, he aquí vienen días, dice
Jehová, en que no se dirá más: Vive Jehová, que
hizo subir a los hijos de Israel de tierra de Egipto;
15 sino: Vive Jehová, que hizo subir a los hijos de
Israel de la tierra del norte, y de todas las tierras
adonde los había arrojado; y los volveré a su tie-
rra, la cual di a sus padres.
16 He aquí que yo envío muchos pescadores,
dice Jehová, y los pescarán, y después enviaré mu-
chos cazadores, y los cazarán por todo monte y por
todo collado, y por las cavernas de los peñascos.
17 Porque mis ojos están sobre todos sus cami-
nos, los cuales no se me ocultaron, ni su maldad
se esconde de la presencia de mis ojos.
18 Pero primero pagaré al doble su iniquidad y
su pecado; porque contaminaron mi tierra con
los cadáveres de sus ídolos, y de sus abomina-
ciones llenaron mi heredad.
19 Oh Jehová, fortaleza mía y fuerza mía, y
refugio mío en el tiempo de la aflicción, a ti ven-
drán naciones desde los extremos de la tierra, y
dirán: Ciertamente mentira poseyeron nuestros
padres, vanidad, y no hay en ellos provecho.
20 ¿Hará acaso el hombre dioses para sí? Mas
ellos no son dioses.
21 Por tanto, he aquí les enseñaré esta vez, les
haré conocer mi mano y mi poder, y sabrán que
mi nombre es Jehová.

El pecado escrito en el corazón de Judá

17 1 El pecado de Judá escrito está con cin-
cel de hierro y con punta de diamante;

16.9: [a] Jer. 7.34; 25.10; Ap. 18.23.

esculpido está en la tabla de su corazón, y en
los cuernos de sus altares,
2 mientras sus hijos se acuerdan de sus altares y
de sus imágenes de Asera, que están junto a los
árboles frondosos y en los collados altos,
3 sobre las montañas y sobre el campo. Todos
tus tesoros entregaré al pillaje por el pecado de
tus lugares altos en todo tu territorio.
4 Y perderás la heredad que yo te di, y te haré
servir a tus enemigos en tierra que no conociste;
porque fuego habéis encendido en mi furor, que
para siempre arderá.
5 Así ha dicho Jehová: Maldito el varón que
confía en el hombre, y pone carne por su brazo,
y su corazón se aparta de Jehová.
6 Será como la retama en el desierto, y no verá
cuando viene el bien, sino que morará en los se-
quedales en el desierto, en tierra despoblada y
deshabitada.
7 Bendito el varón que confía en Jehová, y
cuya confianza es Jehová.
8 Porque será como el árbol plantado junto a las
aguas,[a] que junto a la corriente echará sus raí-
ces, y no verá cuando viene el calor, sino que su
hoja estará verde; y en el año de sequía no se fa-
tigará, ni dejará de dar fruto.
9 Engañoso es el corazón más que todas las
cosas, y perverso; ¿quién lo conocerá?
10 Yo Jehová, que escudriño la mente, que prue-
bo el corazón,[b] para dar a cada uno según su ca-
mino,[c] según el fruto de sus obras.
11 Como la perdiz que cubre lo que no puso,
es el que injustamente amontona riquezas; en la
mitad de sus días las dejará, y en su postrimería
será insensato.
12 Trono de gloria, excelso desde el principio,
es el lugar de nuestro santuario.
13 ¡Oh Jehová, esperanza de Israel! todos los
que te dejan serán avergonzados; y los que se
apartan de mí serán escritos en el polvo, porque
dejaron a Jehová, manantial de aguas vivas.
14 Sáname, oh Jehová, y seré sano; sálvame,
y seré salvo; porque tú eres mi alabanza.
15 He aquí que ellos me dicen: ¿Dónde está la
palabra de Jehová? ¡Que se cumpla ahora!
16 Mas yo no he ido en pos de ti para incitarte a
su castigo, ni deseé día de calamidad, tú lo sa-
bes. Lo que de mi boca ha salido, fue en tu
presencia.
17 No me seas tú por espanto, pues mi refugio
eres tú en el día malo.
18 Avergüéncense los que me persiguen, y no
me avergüence yo; asómbrense ellos, y yo no
me asombre; trae sobre ellos día malo, y que-
brántalos con doble quebrantamiento.

Observancia del día de reposo

19 Así me ha dicho Jehová: Ve y ponte a la
puerta de los hijos del pueblo, por la cual entran
y salen los reyes de Judá, y ponte en todas las
puertas de Jerusalén,
20 y diles: Oíd la palabra de Jehová, reyes de
Judá, y todo Judá y todos los moradores de Je-
rusalén que entráis por estas puertas.
21 Así ha dicho Jehová: Guardaos por vuestra
vida de llevar carga en el día de reposo,* y de
meterla por las puertas de Jerusalén.[d]
22 Ni saquéis carga de vuestras casas en el día
de reposo,* ni hagáis trabajo alguno, sino santi-
ficad el día de reposo,* como mandé a vuestros
padres.[e]
23 Pero ellos no oyeron, ni inclinaron su oído,
sino endurecieron su cerviz para no oír, ni reci-
bir corrección.
24 No obstante, si vosotros me obedeciereis,
dice Jehová, no metiendo carga por las puertas
de esta ciudad en el día de reposo,* sino que
santificareis el día de reposo,* no haciendo en él
ningún trabajo,
25 entrarán por las puertas de esta ciudad, en
carros y en caballos, los reyes y los príncipes que
se sientan sobre el trono de David, ellos y sus
príncipes, los varones de Judá y los moradores
de Jerusalén; y esta ciudad será habitada para
siempre.
26 Y vendrán de las ciudades de Judá, de los al-
rededores de Jerusalén, de tierra de Benjamín,
de la Sefela, de los montes y del Néguev, trayen-
do holocausto y sacrificio, y ofrenda e incienso,
y trayendo sacrificio de alabanza a la casa de
Jehová.
27 Pero si no me oyereis para santificar el día de
reposo,* y para no traer carga ni meterla por las
puertas de Jerusalén en día de reposo,* yo haré
descender fuego en sus puertas, y consumirá los
palacios de Jerusalén, y no se apagará.

La señal del alfarero y el barro

18 1 Palabra de Jehová que vino a Jeremías,
diciendo:
2 Levántate y vete a casa del alfarero, y allí te
haré oír mis palabras.
3 Y descendí a casa del alfarero, y he aquí que él
trabajaba sobre la rueda.
4 Y la vasija de barro que él hacía se echó a per-
der en su mano; y volvió y la hizo otra vasija, se-
gún le pareció mejor hacerla.
5 Entonces vino a mí palabra de Jehová, di-
ciendo:
6 ¿No podré yo hacer de vosotros como este al-
farero, oh casa de Israel? dice Jehová. He aquí
que como el barro en la mano del alfarero, así
sois vosotros en mi mano, oh casa de Israel.

* Aquí equivale a *sábado*.
17.8: [a] Sal. 1.3. **17.10:** [b] Ap. 2.23. [c] Sal. 62.12.
17.21: [d] Neh. 13.15-22. **17.22:** [e] Ex. 20.8-10; Dt. 5.12-14.

7 En un instante hablaré contra pueblos y contra reinos, para arrancar, y derribar, y destruir.

8 Pero si esos pueblos se convirtieren de su maldad contra la cual hablé, yo me arrepentiré del mal que había pensado hacerles,

9 y en un instante hablaré de la gente y del reino, para edificar y para plantar.

10 Pero si hiciere lo malo delante de mis ojos, no oyendo mi voz, me arrepentiré del bien que había determinado hacerle.

11 Ahora, pues, habla luego a todo hombre de Judá y a los moradores de Jerusalén, diciendo: Así ha dicho Jehová: He aquí que yo dispongo mal contra vosotros, y trazo contra vosotros designios; conviértase ahora cada uno de su mal camino, y mejore sus caminos y sus obras.

12 Y dijeron: Es en vano; porque en pos de nuestros ídolos iremos, y haremos cada uno el pensamiento de nuestro malvado corazón.

13 Por tanto, así dijo Jehová: Preguntad ahora a las naciones, quién ha oído cosa semejante. Gran fealdad ha hecho la virgen de Israel.

14 ¿Faltará la nieve del Líbano de la piedra del campo? ¿Faltarán las aguas frías que corren de lejanas tierras?

15 Porque mi pueblo me ha olvidado, incensando a lo que es vanidad, y ha tropezado en sus caminos, en las sendas antiguas, para que camine por sendas y no por camino transitado,

16 para poner su tierra en desolación, objeto de burla perpetua; todo aquel que pasare por ella se asombrará, y meneará la cabeza.

17 Como viento solano los esparciré delante del enemigo; les mostraré las espaldas y no el rostro, en el día de su perdición.

Conspiración del pueblo y oración de Jeremías

18 Y dijeron: Venid y maquinemos contra Jeremías; porque la ley no faltará al sacerdote, ni el consejo al sabio, ni la palabra al profeta. Venid e hirámoslo de lengua, y no atendamos a ninguna de sus palabras.

19 Oh Jehová, mira por mí, y oye la voz de los que contienden conmigo.

20 ¿Se da mal por bien, para que hayan cavado hoyo a mi alma? Acuérdate que me puse delante de ti para hablar bien por ellos, para apartar de ellos tu ira.

21 Por tanto, entrega sus hijos a hambre, dispérsalos por medio de la espada, y queden sus mujeres sin hijos, y viudas; y sus maridos sean puestos a muerte, y sus jóvenes heridos a espada en la guerra.

22 Oigase clamor de sus casas, cuando traigas sobre ellos ejército de repente; porque cavaron hoyo para prenderme, y a mis pies han escondido lazos.

23 Pero tú, oh Jehová, conoces todo su consejo contra mí para muerte; no perdones su maldad, ni borres su pecado de delante de tu rostro; y tropiecen delante de ti; haz así con ellos en el tiempo de tu enojo.

La señal de la vasija rota

19 1 Así dijo Jehová: Ve y compra una vasija de barro del alfarero, y lleva contigo de los ancianos del pueblo, y de los ancianos de los sacerdotes;

2 y saldrás al valle del hijo de Hinom,[a] que está a la entrada de la puerta oriental, y proclamarás allí las palabras que yo te hablaré.

3 Dirás, pues: Oíd palabra de Jehová, oh reyes de Judá, y moradores de Jerusalén. Así dice Jehová de los ejércitos, Dios de Israel: He aquí que yo traigo mal sobre este lugar, tal que a todo el que lo oyere, le retiñan los oídos.

4 Porque me dejaron, y enajenaron este lugar, y ofrecieron en él incienso a dioses ajenos, los cuales no habían conocido ellos, ni sus padres, ni los reyes de Judá; y llenaron este lugar de sangre de inocentes.

5 Y edificaron lugares altos a Baal, para quemar con fuego a sus hijos en holocaustos al mismo Baal;[b] cosa que no les mandé, ni hablé, ni me vino al pensamiento.

6 Por tanto, he aquí vienen días, dice Jehová, que este lugar no se llamará más Tofet, ni valle del hijo de Hinom, sino Valle de la Matanza.

7 Y desvaneceré el consejo de Judá y de Jerusalén en este lugar, y les haré caer a espada delante de sus enemigos, y en las manos de los que buscan sus vidas; y daré sus cuerpos para comida a las aves del cielo y a las bestias de la tierra.

8 Pondré a esta ciudad por espanto y burla; todo aquel que pasare por ella se asombrará, y se burlará sobre toda su destrucción.

9 Y les haré comer la carne de sus hijos y la carne de sus hijas, y cada uno comerá la carne de su amigo, en el asedio y en el apuro con que los estrecharán sus enemigos y los que buscan sus vidas.

10 Entonces quebrarás la vasija ante los ojos de los varones que van contigo,

11 y les dirás: Así ha dicho Jehová de los ejércitos: Así quebrantaré a este pueblo y a esta ciudad, como quien quiebra una vasija de barro, que no se puede restaurar más; y en Tofet se enterrarán, porque no habrá otro lugar para enterrar.

12 Así haré a este lugar, dice Jehová, y a sus moradores, poniendo esta ciudad como Tofet.

13 Las casas de Jerusalén, y las casas de los reyes de Judá, serán como el lugar de Tofet, inmundas, por todas las casas sobre cuyos tejados ofrecieron incienso a todo el ejército del cielo, y vertieron libaciones a dioses ajenos.

19.2: [a] 2 R. 23.10; Jer. 7.30-32; 32.34-35.
19.5: [b] Lv. 18.21.

14 Y volvió Jeremías de Tofet, adonde le envió Jehová a profetizar, y se paró en el atrio de la casa de Jehová y dijo a todo el pueblo:

15 Así ha dicho Jehová de los ejércitos, Dios de Israel: He aquí, yo traigo sobre esta ciudad y sobre todas sus villas todo el mal que hablé contra ella; porque han endurecido su cerviz para no oír mis palabras.

Profecía contra Pasur

20 1 El sacerdote Pasur hijo de Imer, que presidía como príncipe en la casa de Jehová, oyó a Jeremías que profetizaba estas palabras.

2 Y azotó Pasur al profeta Jeremías, y lo puso en el cepo que estaba en la puerta superior de Benjamín, la cual conducía a la casa de Jehová.

3 Y el día siguiente Pasur sacó a Jeremías del cepo. Le dijo entonces Jeremías: Jehová no ha llamado tu nombre Pasur, sino Magor-misabib.[3]

4 Porque así ha dicho Jehová: He aquí, haré que seas un terror a ti mismo y a todos los que bien te quieren, y caerán por la espada de sus enemigos, y tus ojos lo verán; y a todo Judá entregaré en manos del rey de Babilonia, y los llevará cautivos a Babilonia, y los matará a espada.

5 Entregaré asimismo toda la riqueza de esta ciudad, todo su trabajo y todas sus cosas preciosas; y daré todos los tesoros de los reyes de Judá en manos de sus enemigos, y los saquearán, y los tomarán y los llevarán a Babilonia.

6 Y tú, Pasur, y todos los moradores de tu casa iréis cautivos; entrarás en Babilonia, y allí morirás, y allí serás enterrado tú, y todos los que bien te quieren, a los cuales has profetizado con mentira.

Lamento de Jeremías

7 Me sedujiste, oh Jehová, y fui seducido; más fuerte fuiste que yo, y me venciste; cada día he sido escarnecido, cada cual se burla de mí.

8 Porque cuantas veces hablo, doy voces, grito: Violencia y destrucción; porque la palabra de Jehová me ha sido para afrenta y escarnio cada día.

9 Y dije: No me acordaré más de él, ni hablaré más en su nombre; no obstante, había en mi corazón como un fuego ardiente metido en mis huesos; traté de sufrirlo, y no pude.

10 Porque oí la murmuración de muchos, temor de todas partes: Denunciad, denunciémosle. Todos mis amigos miraban si claudicaría. Quizá se engañará, decían, y prevaleceremos contra él, y tomaremos de él nuestra venganza.

11 Mas Jehová está conmigo como poderoso gigante; por tanto, los que me persiguen tropezarán, y no prevalecerán; serán avergonzados en gran manera, porque no prosperarán; tendrán perpetua confusión que jamás será olvidada.

12 Oh Jehová de los ejércitos, que pruebas a los justos, que ves los pensamientos y el corazón, vea yo tu venganza de ellos; porque a ti he encomendado mi causa.

13 Cantad a Jehová, load a Jehová; porque ha librado el alma del pobre de mano de los malignos.

14 Maldito el día en que nací;[a] el día en que mi madre me dio a luz no sea bendito.

15 Maldito el hombre que dio nuevas a mi padre, diciendo: Hijo varón te ha nacido, haciéndole alegrarse así mucho.

16 Y sea el tal hombre como las ciudades que asoló Jehová, y no se arrepintió; oiga gritos de mañana, y voces a mediodía,

17 porque no me mató en el vientre, y mi madre me hubiera sido mi sepulcro, y su vientre embarazado para siempre.

18 ¿Para qué salí del vientre? ¿Para ver trabajo y dolor, y que mis días se gastasen en afrenta?

Jerusalén será destruida

21 1 Palabra de Jehová que vino a Jeremías, cuando el rey Sedequías envió a él a Pasur hijo de Malquías y al sacerdote Sofonías hijo de Maasías, para que le dijesen:

2 Consulta ahora acerca de nosotros a Jehová, porque Nabucodonosor rey de Babilonia hace guerra contra nosotros;[a] quizá Jehová hará con nosotros según todas sus maravillas, y aquél se irá de sobre nosotros.

3 Y Jeremías les dijo: Diréis así a Sedequías:

4 Así ha dicho Jehová Dios de Israel: He aquí yo vuelvo atrás las armas de guerra que están en vuestras manos, con que vosotros peleáis contra el rey de Babilonia; y a los caldeos que están fuera de la muralla y os tienen sitiados, yo los reuniré en medio de esta ciudad.

5 Pelearé contra vosotros con mano alzada y con brazo fuerte, con furor y enojo e ira grande.

6 Y heriré a los moradores de esta ciudad, y los hombres y las bestias morirán de pestilencia grande.

7 Después, dice Jehová, entregaré a Sedequías rey de Judá, a sus criados, al pueblo y a los que queden de la pestilencia, de la espada y del hambre en la ciudad, en mano de Nabucodonosor rey de Babilonia, en mano de sus enemigos y de los que buscan sus vidas, y él los herirá a filo de espada; no los perdonará, ni tendrá compasión de ellos, ni tendrá de ellos misericordia.

8 Y a este pueblo dirás: Así ha dicho Jehová: He aquí pongo delante de vosotros camino de vida y camino de muerte.

9 El que quedare en esta ciudad morirá a espada, de hambre o de pestilencia; mas el que saliere y

20.3: [3] Esto es, *Terror por todas partes.* **20.14-18:** [a] Job 3.1-19.
21.2: [a] 2 R. 25.1-11; 2 Cr. 36.17-21.

se pasare a los caldeos que os tienen sitiados, vi-
virá, y su vida le será por despojo.
10 Porque mi rostro he puesto contra esta ciu-
dad para mal, y no para bien, dice Jehová; en
mano del rey de Babilonia será entregada, y la
quemará a fuego.
11 Y a la casa del rey de Judá dirás: Oíd pala-
bra de Jehová:
12 Casa de David, así dijo Jehová: Haced de ma-
ñana juicio, y librad al oprimido de mano del
opresor, para que mi ira no salga como fuego, y
se encienda y no haya quien lo apague, por la
maldad de vuestras obras.
13 He aquí yo estoy contra ti, moradora del
valle, y de la piedra de la llanura, dice Jehová;
los que decís: ¿Quién subirá contra nosotros, y
quién entrará en nuestras moradas?
14 Yo os castigaré conforme al fruto de vuestras
obras, dice Jehová, y haré encender fuego en su
bosque, y consumirá todo lo que está alrededor
de él.

Profecías contra los reyes de Judá

22 1 Así dijo Jehová: Desciende a la casa del
rey de Judá, y habla allí esta palabra,
2 y di: Oye palabra de Jehová, oh rey de Judá que
estás sentado sobre el trono de David, tú, y tus
siervos, y tu pueblo que entra por estas puertas.
3 Así ha dicho Jehová: Haced juicio y justicia, y li-
brad al oprimido de mano del opresor, y no enga-
ñéis ni robéis al extranjero, ni al huérfano ni a la
viuda, ni derraméis sangre inocente en este lugar.
4 Porque si efectivamente obedeciereis esta pa-
labra, los reyes que en lugar de David se sientan
sobre su trono, entrarán montados en carros y
en caballos por las puertas de esta casa; ellos, y
sus criados y su pueblo.
5 Mas si no oyereis estas palabras, por mí mismo
he jurado, dice Jehová, que esta casa será de-
sierta.
6 Porque así ha dicho Jehová acerca de la casa
del rey de Judá: Como Galaad eres tú para mí, y
como la cima del Líbano; sin embargo, te conver-
tiré en soledad, y como ciudades deshabitadas.
7 Prepararé contra ti destruidores, cada uno con
sus armas, y cortarán tus cedros escogidos y los
echarán en el fuego.
8 Y muchas gentes pasarán junto a esta ciu-
dad, y dirán cada uno a su compañero: ¿Por qué
hizo así Jehová con esta gran ciudad?
9 Y se les responderá: Porque dejaron el pacto
de Jehová su Dios, y adoraron dioses ajenos y
les sirvieron.
10 No lloréis al muerto, ni de él os condoláis;
llorad amargamente por el que se va, porque no
volverá jamás, ni verá la tierra donde nació.
11 Porque así ha dicho Jehová acerca de Sa-
lum[a] hijo de Josías, rey de Judá, el cual reinó en
lugar de Josías su padre, y que salió de este lu-
gar: No volverá más aquí,
12 sino que morirá en el lugar adonde lo lleva-
ron cautivo, y no verá más esta tierra.
13 ¡Ay del que edifica su casa sin justicia, y sus
salas sin equidad, sirviéndose de su prójimo de
balde, y no dándole el salario de su trabajo!
14 Que dice: Edificaré para mí casa espaciosa, y
salas airosas; y le abre ventanas, y la cubre de
cedro, y la pinta de bermellón.
15 ¿Reinarás, porque te rodeas de cedro? ¿No
comió y bebió tu padre, e hizo juicio y justicia, y
entonces le fue bien?
16 El juzgó la causa del afligido y del menestero-
so, y entonces estuvo bien. ¿No es esto conocer-
me a mí? dice Jehová.
17 Mas tus ojos y tu corazón no son sino para tu
avaricia, y para derramar sangre inocente, y
para opresión y para hacer agravio.
18 Por tanto, así ha dicho Jehová acerca de Joa-
cim[b] hijo de Josías, rey de Judá: No lo llorarán,
diciendo: ¡Ay, hermano mío! y ¡Ay, hermana! ni
lo lamentarán, diciendo: ¡Ay, señor! ¡Ay, su gran-
deza!
19 En sepultura de asno será enterrado, arras-
trándole y echándole fuera de las puertas de
Jerusalén.
20 Sube al Líbano y clama, y en Basán da tu voz,
y grita hacia todas partes; porque todos tus ena-
morados son destruidos.
21 Te he hablado en tus prosperidades, mas di-
jiste: No oiré. Este fue tu camino desde tu juven-
tud, que nunca oíste mi voz.
22 A todos tus pastores pastoreará el viento, y
tus enamorados irán en cautiverio; entonces te
avergonzarás y te confundirás a causa de toda
tu maldad.
23 Habitaste en el Líbano, hiciste tu nido en los
cedros. ¡Cómo gemirás cuando te vinieren dolo-
res, dolor como de mujer que está de parto!
24 Vivo yo, dice Jehová, que si Conías[c] hijo de
Joacim rey de Judá fuera anillo en mi mano de-
recha, aun de allí te arrancaría.
25 Te entregaré en mano de los que buscan tu
vida, y en mano de aquellos cuya vista temes; sí,
en mano de Nabucodonosor rey de Babilonia, y
en mano de los caldeos.
26 Te haré llevar cautivo a ti y a tu madre que te
dio a luz, a tierra ajena en que no nacisteis; y
allá moriréis.
27 Y a la tierra a la cual ellos con toda el alma
anhelan volver, allá no volverán.
28 ¿Es este hombre Conías una vasija despre-
ciada y quebrada? ¿Es un trasto que nadie esti-
ma? ¿Por qué fueron arrojados él y su generación,
y echados a tierra que no habían conocido?

22.11: [a] 2 R. 23.31-34; 2 Cr. 36.1-4. **22.18:** [b] 2 R. 23.36–24.6; 2 Cr. 36.5-7. **22.24:** [c] 2 R. 24.8-15; 2 Cr. 36.9-10.

29 ¡Tierra, tierra, tierra! oye palabra de Jehová.
30 Así ha dicho Jehová: Escribid lo que sucederá
a este hombre privado de descendencia, hom-
bre a quien nada próspero sucederá en todos los
días de su vida; porque ninguno de su descen-
dencia logrará sentarse sobre el trono de David,
ni reinar sobre Judá.

Regreso del remanente

23 1 ¡Ay de los pastores que destruyen y
dispersan las ovejas de mi rebaño! dice
Jehová.
2 Por tanto, así ha dicho Jehová Dios de Israel a
los pastores que apacientan mi pueblo: Vosotros
dispersasteis mis ovejas, y las espantasteis, y no
las habéis cuidado. He aquí que yo castigo la
maldad de vuestras obras, dice Jehová.
3 Y yo mismo recogeré el remanente de mis ovejas
de todas las tierras adonde las eché, y las haré vol-
ver a sus moradas; y crecerán y se multiplicarán.
4 Y pondré sobre ellas pastores que las apacien-
ten; y no temerán más, ni se amedrentarán, ni
serán menoscabadas, dice Jehová.
5 He aquí que vienen días, dice Jehová, en
que levantaré a David renuevo justo, y reinará
como Rey, el cual será dichoso, y hará juicio y
justicia en la tierra.
6 En sus días será salvo Judá, e Israel habitará
confiado; y este será su nombre con el cual le
llamarán: Jehová, justicia nuestra.[a]
7 Por tanto, he aquí que vienen días, dice Jeho-
vá, en que no dirán más: Vive Jehová que hizo
subir a los hijos de Israel de la tierra de Egipto,
8 sino: Vive Jehová que hizo subir y trajo la des-
cendencia de la casa de Israel de tierra del nor-
te, y de todas las tierras adonde yo los había
echado; y habitarán en su tierra.

Denunciación de los falsos profetas

9 A causa de los profetas mi corazón está que-
brantado dentro de mí, todos mis huesos tiem-
blan; estoy como un ebrio, y como hombre a
quien dominó el vino, delante de Jehová, y de-
lante de sus santas palabras.
10 Porque la tierra está llena de adúlteros; a
causa de la maldición la tierra está desierta; los
pastizales del desierto se secaron; la carrera de
ellos fue mala, y su valentía no es recta.
11 Porque tanto el profeta como el sacerdote son
impíos; aun en mi casa hallé su maldad, dice
Jehová.
12 Por tanto, su camino será como resbaladeros
en oscuridad; serán empujados, y caerán en él;
porque yo traeré mal sobre ellos en el año de su
castigo, dice Jehová.
13 En los profetas de Samaria he visto desati-
nos; profetizaban en nombre de Baal, e hicieron
errar a mi pueblo de Israel.
14 Y en los profetas de Jerusalén he visto torpe-
zas; cometían adulterios, y andaban en mentiras,
y fortalecían las manos de los malos, para que
ninguno se convirtiese de su maldad; me fueron
todos ellos como Sodoma,[b] y sus moradores
como Gomorra.
15 Por tanto, así ha dicho Jehová de los ejércitos
contra aquellos profetas: He aquí que yo les
hago comer ajenjos, y les haré beber agua de
hiel; porque de los profetas de Jerusalén salió la
hipocresía sobre toda la tierra.
16 Así ha dicho Jehová de los ejércitos: No es-
cuchéis las palabras de los profetas que os pro-
fetizan; os alimentan con vanas esperanzas;
hablan visión de su propio corazón, no de la boca
de Jehová.
17 Dicen atrevidamente a los que me irritan:
Jehová dijo: Paz tendréis; y a cualquiera que
anda tras la obstinación de su corazón, dicen:
No vendrá mal sobre vosotros.
18 Porque ¿quién estuvo en el secreto de
Jehová, y vio, y oyó su palabra? ¿Quién estuvo
atento a su palabra, y la oyó?
19 He aquí que la tempestad de Jehová saldrá
con furor; y la tempestad que está preparada
caerá sobre la cabeza de los malos.
20 No se apartará el furor de Jehová hasta que
lo haya hecho, y hasta que haya cumplido los
pensamientos de su corazón; en los postreros
días lo entenderéis cumplidamente.
21 No envié yo aquellos profetas, pero ellos
corrían; yo no les hablé, mas ellos profetizaban.
22 Pero si ellos hubieran estado en mi secreto,
habrían hecho oír mis palabras a mi pueblo, y lo
habrían hecho volver de su mal camino, y de la
maldad de sus obras.
23 ¿Soy yo Dios de cerca solamente, dice
Jehová, y no Dios desde muy lejos?
24 ¿Se ocultará alguno, dice Jehová, en escon-
drijos que yo no lo vea? ¿No lleno yo, dice Jeho-
vá, el cielo y la tierra?
25 Yo he oído lo que aquellos profetas dijeron,
profetizando mentira en mi nombre, diciendo:
Soñé, soñé.
26 ¿Hasta cuándo estará esto en el corazón de
los profetas que profetizan mentira, y que profe-
tizan el engaño de su corazón?
27 ¿No piensan cómo hacen que mi pueblo se ol-
vide de mi nombre con sus sueños que cada uno
cuenta a su compañero, al modo que sus padres
se olvidaron de mi nombre por Baal?
28 El profeta que tuviere un sueño, cuente el
sueño; y aquel a quien fuere mi palabra, cuente
mi palabra verdadera. ¿Qué tiene que ver la
paja con el trigo? dice Jehová.
29 ¿No es mi palabra como fuego, dice Jehová, y
como martillo que quebranta la piedra?

23.5-6: [a] Jer. 33.14-16. **23.14:** [b] Gn. 18.20.

30 Por tanto, he aquí que yo estoy contra los pro-
fetas, dice Jehová, que hurtan mis palabras
cada uno de su más cercano.
31 Dice Jehová: He aquí que yo estoy contra los
profetas que endulzan sus lenguas y dicen: El ha
dicho.
32 He aquí, dice Jehová, yo estoy contra los que
profetizan sueños mentirosos, y los cuentan, y ha-
cen errar a mi pueblo con sus mentiras y con sus
lisonjas, y yo no los envié ni les mandé; y ningún
provecho hicieron a este pueblo, dice Jehová.
33 Y cuando te preguntare este pueblo, o el
profeta, o el sacerdote, diciendo: ¿Cuál es la
profecía de Jehová? les dirás: Esta es la profe-
cía: Os dejaré, ha dicho Jehová.
34 Y al profeta, al sacerdote o al pueblo que dije-
re: Profecía de Jehová, yo enviaré castigo sobre
tal hombre y sobre su casa.
35 Así diréis cada cual a su compañero, y cada
cual a su hermano: ¿Qué ha respondido Jehová,
y qué habló Jehová?
36 Y nunca más os vendrá a la memoria decir:
Profecía de Jehová; porque la palabra de cada
uno le será por profecía; pues pervertisteis las
palabras del Dios viviente, de Jehová de los ejér-
citos, Dios nuestro.
37 Así dirás al profeta: ¿Qué te respondió Jeho-
vá, y qué habló Jehová?
38 Mas si dijereis: Profecía de Jehová; por eso
Jehová dice así: Porque dijisteis esta palabra,
Profecía de Jehová, habiendo yo enviado a deci-
ros: No digáis: Profecía de Jehová,
39 por tanto, he aquí que yo os echaré en olvido,
y arrancaré de mi presencia a vosotros y a la ciu-
dad que di a vosotros y a vuestros padres;
40 y pondré sobre vosotros afrenta perpetua, y
eterna confusión que nunca borrará el olvido.

La señal de los higos buenos y malos

24 1 Después de haber transportado Nabu-
codonosor rey de Babilonia a Jeconías
hijo de Joacim, rey de Judá, a los príncipes de
Judá y los artesanos y herreros de Jerusalén, y
haberlos llevado a Babilonia,[a] me mostró Jehová
dos cestas de higos puestas delante del templo
de Jehová.
2 Una cesta tenía higos muy buenos, como bre-
vas; y la otra cesta tenía higos muy malos, que
de malos no se podían comer.
3 Y me dijo Jehová: ¿Qué ves tú, Jeremías? Y
dije: Higos; higos buenos, muy buenos; y malos,
muy malos, que de malos no se pueden comer.
4 Y vino a mí palabra de Jehová, diciendo:
5 Así ha dicho Jehová Dios de Israel: Como a es-
tos higos buenos, así miraré a los transportados
de Judá, a los cuales eché de este lugar a la tie-
rra de los caldeos, para bien.
6 Porque pondré mis ojos sobre ellos para bien,
y los volveré a esta tierra, y los edificaré, y no los
destruiré; los plantaré y no los arrancaré.
7 Y les daré corazón para que me conozcan que
yo soy Jehová; y me serán por pueblo, y yo les
seré a ellos por Dios; porque se volverán a mí de
todo su corazón.
8 Y como los higos malos, que de malos no se
pueden comer, así ha dicho Jehová, pondré a
Sedequías rey de Judá, a sus príncipes y al resto
de Jerusalén que quedó en esta tierra, y a los
que moran en la tierra de Egipto.
9 Y los daré por escarnio y por mal a todos los
reinos de la tierra; por infamia, por ejemplo, por
refrán y por maldición a todos los lugares adon-
de yo los arroje.
10 Y enviaré sobre ellos espada, hambre y pesti-
lencia, hasta que sean exterminados de la tierra
que les di a ellos y a sus padres.

Setenta años de desolación

25 1 Palabra que vino a Jeremías acerca de
todo el pueblo de Judá en el año cuarto
de Joacim[a] hijo de Josías, rey de Judá, el cual
era el año primero de Nabucodonosor rey de
Babilonia;
2 la cual habló el profeta Jeremías a todo el pue-
blo de Judá y a todos los moradores de Jerusa-
lén, diciendo:
3 Desde el año trece de Josías hijo de Amón, rey
de Judá, hasta este día, que son veintitrés años,
ha venido a mí palabra de Jehová, y he hablado
desde temprano y sin cesar; pero no oísteis.
4 Y envió Jehová a vosotros todos sus siervos los
profetas, enviándoles desde temprano y sin ce-
sar; pero no oísteis, ni inclinasteis vuestro oído
para escuchar
5 cuando decían: Volveos ahora de vuestro mal
camino y de la maldad de vuestras obras, y mo-
raréis en la tierra que os dio Jehová a vosotros y
a vuestros padres para siempre;
6 y no vayáis en pos de dioses ajenos, sirviéndo-
les y adorándoles, ni me provoquéis a ira con la
obra de vuestras manos; y no os haré mal.
7 Pero no me habéis oído, dice Jehová, para pro-
vocarme a ira con la obra de vuestras manos
para mal vuestro.
8 Por tanto, así ha dicho Jehová de los ejérci-
tos: Por cuanto no habéis oído mis palabras,
9 he aquí enviaré y tomaré a todas las tribus del
norte, dice Jehová, y a Nabucodonosor rey de
Babilonia, mi siervo, y los traeré contra esta tie-
rra y contra sus moradores, y contra todas estas
naciones en derredor; y los destruiré, y los pon-
dré por escarnio y por burla y en desolación
perpetua.
10 Y haré que desaparezca de entre ellos la voz

24.1: [a] 2 R. 24.12-16; 2 Cr. 36.10. **25.1:** [a] 2 R. 24.1; 2 Cr. 36.5-7; Dn. 1.1-2.

de gozo y la voz de alegría, la voz de desposado
y la voz de desposada,[b] ruido de molino y luz de
lámpara.[c]
11 Toda esta tierra será puesta en ruinas y en es-
panto; y servirán estas naciones al rey de Babi-
lonia setenta años.[d]
12 Y cuando sean cumplidos los setenta años,
castigaré al rey de Babilonia y a aquella nación
por su maldad, ha dicho Jehová, y a la tierra de
los caldeos; y la convertiré en desiertos para
siempre.
13 Y traeré sobre aquella tierra todas mis pala-
bras que he hablado contra ella, con todo lo que
está escrito en este libro, profetizado por Jere-
mías contra todas las naciones.
14 Porque también ellas serán sojuzgadas por
muchas naciones y grandes reyes; y yo les paga-
ré conforme a sus hechos, y conforme a la obra
de sus manos.

La copa de ira para las naciones

15 Porque así me dijo Jehová Dios de Israel:
Toma de mi mano la copa del vino de este furor,
y da a beber de él a todas las naciones a las cua-
les yo te envío.
16 Y beberán, y temblarán y enloquecerán, a
causa de la espada que yo envío entre ellas.
17 Y tomé la copa de la mano de Jehová, y di
de beber a todas las naciones, a las cuales me
envió Jehová:
18 a Jerusalén, a las ciudades de Judá y a sus re-
yes, y a sus príncipes, para ponerlos en ruinas,
en escarnio y en burla y en maldición, como
hasta hoy;
19 a Faraón rey de Egipto, a sus siervos, a sus
príncipes y a todo su pueblo;
20 y a toda la mezcla de naciones, a todos los re-
yes de tierra de Uz, y a todos los reyes de la tie-
rra de Filistea, a Ascalón, a Gaza, a Ecrón y al
remanente de Asdod;
21 a Edom, a Moab y a los hijos de Amón;
22 a todos los reyes de Tiro, a todos los reyes de
Sidón, a los reyes de las costas que están de ese
lado del mar;
23 a Dedán, a Tema y a Buz, y a todos los que se
rapan las sienes;
24 a todos los reyes de Arabia, a todos los reyes
de pueblos mezclados que habitan en el desierto;
25 a todos los reyes de Zimri, a todos los reyes
de Elam, a todos los reyes de Media;
26 a todos los reyes del norte, los de cerca y los de
lejos, los unos con los otros, y a todos los reinos
del mundo que están sobre la faz de la tierra; y el
rey de Babilonia beberá después de ellos.
27 Les dirás, pues: Así ha dicho Jehová de los
ejércitos, Dios de Israel: Bebed, y embriagaos, y
vomitad, y caed, y no os levantéis, a causa de la
espada que yo envío entre vosotros.
28 Y si no quieren tomar la copa de tu mano
para beber, les dirás tú: Así ha dicho Jehová de
los ejércitos: Tenéis que beber.
29 Porque he aquí que a la ciudad en la cual es
invocado mi nombre yo comienzo a hacer mal;
¿y vosotros seréis absueltos? No seréis absuel-
tos; porque espada traigo sobre todos los mora-
dores de la tierra, dice Jehová de los ejércitos.
30 Tú, pues, profetizarás contra ellos todas
estas palabras y les dirás: Jehová rugirá desde lo
alto, y desde su morada santa dará su voz; rugi-
rá fuertemente contra su morada; canción de la-
gareros cantará contra todos los moradores de
la tierra.
31 Llegará el estruendo hasta el fin de la tierra,
porque Jehová tiene juicio contra las naciones;
él es el Juez de toda carne; entregará los impíos
a espada, dice Jehová.
32 Así ha dicho Jehová de los ejércitos: He aquí
que el mal irá de nación en nación, y grande tem-
pestad se levantará de los fines de la tierra.
33 Y yacerán los muertos de Jehová en aquel día
desde un extremo de la tierra hasta el otro; no
se endecharán ni se recogerán ni serán enterra-
dos; como estiércol quedarán sobre la faz de la
tierra.
34 Aullad, pastores, y clamad; revolcaos en el
polvo, mayorales del rebaño; porque cumplidos
son vuestros días para que seáis degollados y es-
parcidos, y caeréis como vaso precioso.
35 Y se acabará la huida de los pastores, y el es-
cape de los mayorales del rebaño.
36 ¡Voz de la gritería de los pastores, y aullido de
los mayorales del rebaño! porque Jehová asoló
sus pastos.
37 Y los pastos delicados serán destruidos por el
ardor de la ira de Jehová.
38 Dejó cual leoncillo su guarida; pues asolada
fue la tierra de ellos por la ira del opresor, y por
el furor de su saña.

Jeremías es amenazado de muerte

26 1 En el principio del reinado de Joacim[a]
hijo de Josías, rey de Judá, vino esta pa-
labra de Jehová, diciendo:
2 Así ha dicho Jehová: Ponte en el atrio de la
casa de Jehová, y habla a todas las ciudades de
Judá, que vienen para adorar en la casa de
Jehová, todas las palabras que yo te mandé ha-
blarles; no retengas palabra.
3 Quizá oigan, y se vuelvan cada uno de su mal
camino, y me arrepentiré yo del mal que pienso
hacerles por la maldad de sus obras.
4 Les dirás, pues: Así ha dicho Jehová: Si no me
oyereis para andar en mi ley, la cual puse ante
vosotros,

25.10: [b] Jer. 7.34; 16.9. [c] Ap. 18.22-23. **25.11:** [d] 2 Cr. 36.21; Jer. 29.10; Dn. 9.2. **26.1:** [a] 2 R. 23.36–24.6; 2 Cr. 36.5-7.

5 para atender a las palabras de mis siervos los
profetas, que yo os envío desde temprano y sin
cesar, a los cuales no habéis oído,
6 yo pondré esta casa como Silo,[b] y esta ciudad
la pondré por maldición a todas las naciones de
la tierra.
7 Y los sacerdotes, los profetas y todo el pue-
blo oyeron a Jeremías hablar estas palabras en
la casa de Jehová.
8 Y cuando terminó de hablar Jeremías todo lo
que Jehová le había mandado que hablase a
todo el pueblo, los sacerdotes y los profetas y
todo el pueblo le echaron mano, diciendo: De
cierto morirás.
9 ¿Por qué has profetizado en nombre de Jeho-
vá, diciendo: Esta casa será como Silo, y esta
ciudad será asolada hasta no quedar morador?
Y todo el pueblo se juntó contra Jeremías en la
casa de Jehová.
10 Y los príncipes de Judá oyeron estas cosas,
y subieron de la casa del rey a la casa de Jehová,
y se sentaron en la entrada de la puerta nueva
de la casa de Jehová.
11 Entonces hablaron los sacerdotes y los profe-
tas a los príncipes y a todo el pueblo, diciendo:
En pena de muerte ha incurrido este hombre;
porque profetizó contra esta ciudad, como voso-
tros habéis oído con vuestros oídos.
12 Y habló Jeremías a todos los príncipes y a
todo el pueblo, diciendo: Jehová me envió a
profetizar contra esta casa y contra esta ciudad,
todas las palabras que habéis oído.
13 Mejorad ahora vuestros caminos y vuestras
obras, y oíd la voz de Jehová vuestro Dios, y se
arrepentirá Jehová del mal que ha hablado con-
tra vosotros.
14 En lo que a mí toca, he aquí estoy en vuestras
manos; haced de mí como mejor y más recto os
parezca.
15 Mas sabed de cierto que si me matáis, sangre
inocente echaréis sobre vosotros, y sobre esta
ciudad y sobre sus moradores; porque en ver-
dad Jehová me envió a vosotros para que dijese
todas estas palabras en vuestros oídos.
16 Y dijeron los príncipes y todo el pueblo a
los sacerdotes y profetas: No ha incurrido este
hombre en pena de muerte, porque en nombre
de Jehová nuestro Dios nos ha hablado.
17 Entonces se levantaron algunos de los ancia-
nos de la tierra y hablaron a toda la reunión del
pueblo, diciendo:
18 Miqueas de Moreset profetizó en tiempo de
Ezequías rey de Judá, y habló a todo el pueblo
de Judá, diciendo: Así ha dicho Jehová de los
ejércitos: Sion será arada como campo, y Jeru-
salén vendrá a ser montones de ruinas, y el
monte de la casa como cumbres de bosque.[c]
19 ¿Acaso lo mataron Ezequías rey de Judá y
todo Judá? ¿No temió a Jehová, y oró en presen-
cia de Jehová, y Jehová se arrepintió del mal que
había hablado contra ellos? ¿Haremos, pues, no-
sotros tan gran mal contra nuestras almas?
20 Hubo también un hombre que profetizaba
en nombre de Jehová, Urías hijo de Semaías, de
Quiriat-jearim, el cual profetizó contra esta ciu-
dad y contra esta tierra, conforme a todas las
palabras de Jeremías;
21 y oyeron sus palabras el rey Joacim y todos
sus grandes, y todos sus príncipes, y el rey pro-
curó matarle; entendiendo lo cual Urías, tuvo
temor, y huyó a Egipto.
22 Y el rey Joacim envió hombres a Egipto, a
Elnatán hijo de Acbor y otros hombres con él, a
Egipto;
23 los cuales sacaron a Urías de Egipto y lo traje-
ron al rey Joacim, el cual lo mató a espada, y
echó su cuerpo en los sepulcros del vulgo.
24 Pero la mano de Ahicam hijo de Safán esta-
ba a favor de Jeremías, para que no lo entrega-
sen en las manos del pueblo para matarlo.

La señal de los yugos

27 1 En el principio del reinado de Joacim[a]
hijo de Josías, rey de Judá, vino esta pa-
labra de Jehová a Jeremías, diciendo:
2 Jehová me ha dicho así: Hazte coyundas y yu-
gos, y ponlos sobre tu cuello;
3 y los enviarás al rey de Edom, y al rey de
Moab, y al rey de los hijos de Amón, y al rey de
Tiro, y al rey de Sidón, por mano de los mensa-
jeros que vienen a Jerusalén a Sedequías rey de
Judá.
4 Y les mandarás que digan a sus señores: Así ha
dicho Jehová de los ejércitos, Dios de Israel: Así
habéis de decir a vuestros señores:
5 Yo hice la tierra, el hombre y las bestias que es-
tán sobre la faz de la tierra, con mi gran poder y
con mi brazo extendido, y la di a quien yo quise.
6 Y ahora yo he puesto todas estas tierras en
mano de Nabucodonosor rey de Babilonia, mi
siervo, y aun las bestias del campo le he dado
para que le sirvan.
7 Y todas las naciones le servirán a él, a su hijo, y
al hijo de su hijo, hasta que venga también el
tiempo de su misma tierra, y la reduzcan a servi-
dumbre muchas naciones y grandes reyes.
8 Y a la nación y al reino que no sirviere a Na-
bucodonosor rey de Babilonia, y que no pusiere
su cuello debajo del yugo del rey de Babilonia,
castigaré a tal nación con espada y con hambre
y con pestilencia, dice Jehová, hasta que la
acabe yo por su mano.
9 Y vosotros no prestéis oído a vuestros profetas,
ni a vuestros adivinos, ni a vuestros soñadores,

26.6: [b] Jos. 18.1; Sal. 78.60; Jer. 7.12-14.
26.18: [c] Mi. 3.12. **27.1:** [a] 2 R. 24.18-20; 2 Cr. 36.11-13.

ni a vuestros agoreros, ni a vuestros encantado-
res, que os hablan diciendo: No serviréis al rey
de Babilonia.
10 Porque ellos os profetizan mentira, para ha-
ceros alejar de vuestra tierra, y para que yo os
arroje y perezcáis.
11 Mas a la nación que sometiere su cuello al
yugo del rey de Babilonia y le sirviere, la dejaré
en su tierra, dice Jehová, y la labrará y morará
en ella.
12 Hablé también a Sedequías rey de Judá
conforme a todas estas palabras, diciendo: So-
meted vuestros cuellos al yugo del rey de Babi-
lonia, y servidle a él y a su pueblo, y vivid.
13 ¿Por qué moriréis tú y tu pueblo a espada, de
hambre y de pestilencia, según ha dicho Jehová
de la nación que no sirviere al rey de Babilonia?
14 No oigáis las palabras de los profetas que os
hablan diciendo: No serviréis al rey de Babilo-
nia; porque os profetizan mentira.
15 Porque yo no los envié, dice Jehová, y ellos
profetizan falsamente en mi nombre, para que
yo os arroje y perezcáis vosotros y los profetas
que os profetizan.
16 También a los sacerdotes y a todo este pue-
blo hablé diciendo: Así ha dicho Jehová: No oi-
gáis las palabras de vuestros profetas que os
profetizan diciendo: He aquí que los utensilios
de la casa de Jehová volverán de Babilonia aho-
ra pronto; porque os profetizan mentira.
17 No los oigáis; servid al rey de Babilonia y vi-
vid; ¿por qué ha de ser desolada esta ciudad?
18 Y si ellos son profetas, y si está con ellos la pa-
labra de Jehová, oren ahora a Jehová de los
ejércitos para que los utensilios que han queda-
do en la casa de Jehová y en la casa del rey de
Judá y en Jerusalén, no vayan a Babilonia.
19 Porque así ha dicho Jehová de los ejércitos
acerca de aquellas columnas, del estanque, de
las basas y del resto de los utensilios que quedan
en esta ciudad,
20 que no quitó Nabucodonosor rey de Babilo-
nia cuando transportó de Jerusalén a Babilonia
a Jeconías hijo de Joacim, rey de Judá, y a todos
los nobles de Judá y de Jerusalén;
21 así, pues, ha dicho Jehová de los ejércitos,
Dios de Israel, acerca de los utensilios que que-
daron en la casa de Jehová, y en la casa del rey
de Judá, y en Jerusalén:
22 A Babilonia serán transportados, y allí esta-
rán hasta el día en que yo los visite, dice Jehová;
y después los traeré y los restauraré a este lugar.

Falsa profecía de Hananías

28 1 Aconteció en el mismo año, en el prin-
cipio del reinado de Sedequías[a] rey de
Judá, en el año cuarto, en el quinto mes, que
Hananías hijo de Azur, profeta que era de Ga-
baón, me habló en la casa de Jehová delante de
los sacerdotes y de todo el pueblo, diciendo:
2 Así habló Jehová de los ejércitos, Dios de Is-
rael, diciendo: Quebranté el yugo del rey de Ba-
bilonia.
3 Dentro de dos años haré volver a este lugar to-
dos los utensilios de la casa de Jehová, que Na-
bucodonosor rey de Babilonia tomó de este
lugar para llevarlos a Babilonia,
4 y yo haré volver a este lugar a Jeconías hijo de
Joacim, rey de Judá, y a todos los transportados
de Judá que entraron en Babilonia, dice Jehová;
porque yo quebrantaré el yugo del rey de
Babilonia.
5 Entonces respondió el profeta Jeremías al
profeta Hananías, delante de los sacerdotes y
delante de todo el pueblo que estaba en la casa
de Jehová.
6 Y dijo el profeta Jeremías: Amén, así lo haga
Jehová. Confirme Jehová tus palabras, con las
cuales profetizaste que los utensilios de la casa
de Jehová, y todos los transportados, han de ser
devueltos de Babilonia a este lugar.
7 Con todo eso, oye ahora esta palabra que yo ha-
blo en tus oídos y en los oídos de todo el pueblo:
8 Los profetas que fueron antes de mí y antes de
ti en tiempos pasados, profetizaron guerra,
aflicción y pestilencia contra muchas tierras y
contra grandes reinos.
9 El profeta que profetiza de paz, cuando se
cumpla la palabra del profeta, será conocido
como el profeta que Jehová en verdad envió.
10 Entonces el profeta Hananías quitó el yugo
del cuello del profeta Jeremías, y lo quebró.
11 Y habló Hananías en presencia de todo el pue-
blo, diciendo: Así ha dicho Jehová: De esta ma-
nera romperé el yugo de Nabucodonosor rey de
Babilonia, del cuello de todas las naciones, den-
tro de dos años. Y siguió Jeremías su camino.
12 Y después que el profeta Hananías rompió el
yugo del cuello del profeta Jeremías, vino pala-
bra de Jehová a Jeremías, diciendo:
13 Ve y habla a Hananías, diciendo: Así ha dicho
Jehová: Yugos de madera quebraste, mas en vez
de ellos harás yugos de hierro.
14 Porque así ha dicho Jehová de los ejércitos,
Dios de Israel: Yugo de hierro puse sobre el cue-
llo de todas estas naciones, para que sirvan a
Nabucodonosor rey de Babilonia, y han de ser-
virle; y aun también le he dado las bestias del
campo.
15 Entonces dijo el profeta Jeremías al profeta
Hananías: Ahora oye, Hananías: Jehová no te
envió, y tú has hecho confiar en mentira a este
pueblo.
16 Por tanto, así ha dicho Jehová: He aquí que
yo te quito de sobre la faz de la tierra; morirás

28.1: [a] 2 R. 24.18-20; 2 Cr. 36.11-13.

en este año, porque hablaste rebelión contra
Jehová.
17 Y en el mismo año murió Hananías, en el mes
séptimo.

Carta de Jeremías a los cautivos

29 1 Estas son las palabras de la carta que el
profeta Jeremías envió de Jerusalén a
los ancianos que habían quedado de los que
fueron transportados, y a los sacerdotes y pro-
fetas y a todo el pueblo que Nabucodonosor lle-
vó cautivo de Jerusalén a Babilonia
2 (después que salió el rey Jeconías, la reina, los
del palacio, los príncipes de Judá y de Jerusa-
lén, los artífices y los ingenieros de Jerusalén),[a]
3 por mano de Elasa hijo de Safán y de Gema-
rías hijo de Hilcías, a quienes envió Sedequías
rey de Judá a Babilonia, a Nabucodonosor rey
de Babilonia. Decía:
4 Así ha dicho Jehová de los ejércitos, Dios de Is-
rael, a todos los de la cautividad que hice trans-
portar de Jerusalén a Babilonia:
5 Edificad casas, y habitadlas; y plantad huer-
tos, y comed del fruto de ellos.
6 Casaos, y engendrad hijos e hijas; dad mujeres
a vuestros hijos, y dad maridos a vuestras hijas,
para que tengan hijos e hijas; y multiplicaos ahí,
y no os disminuyáis.
7 Y procurad la paz de la ciudad a la cual os hice
transportar, y rogad por ella a Jehová; porque
en su paz tendréis vosotros paz.
8 Porque así ha dicho Jehová de los ejércitos,
Dios de Israel: No os engañen vuestros profetas
que están entre vosotros, ni vuestros adivinos;
ni atendáis a los sueños que soñáis.
9 Porque falsamente os profetizan ellos en mi
nombre; no los envié, ha dicho Jehová.
10 Porque así dijo Jehová: Cuando en Babilonia
se cumplan los setenta años,[b] yo os visitaré, y
despertaré sobre vosotros mi buena palabra,
para haceros volver a este lugar.
11 Porque yo sé los pensamientos que tengo acer-
ca de vosotros, dice Jehová, pensamientos de
paz, y no de mal, para daros el fin que esperáis.
12 Entonces me invocaréis, y vendréis y oraréis
a mí, y yo os oiré;
13 y me buscaréis y me hallaréis, porque me
buscaréis de todo vuestro corazón.[c]
14 Y seré hallado por vosotros, dice Jehová, y
haré volver vuestra cautividad, y os reuniré de
todas las naciones y de todos los lugares adonde
os arrojé, dice Jehová; y os haré volver al lugar
de donde os hice llevar.
15 Mas habéis dicho: Jehová nos ha levantado
profetas en Babilonia.
16 Pero así ha dicho Jehová acerca del rey que
está sentado sobre el trono de David, y de todo
el pueblo que mora en esta ciudad, de vuestros
hermanos que no salieron con vosotros en
cautiverio;
17 así ha dicho Jehová de los ejércitos: He aquí
envío yo contra ellos espada, hambre y pestilen-
cia, y los pondré como los higos malos, que de
tan malos no se pueden comer.
18 Los perseguiré con espada, con hambre y con
pestilencia, y los daré por escarnio a todos los
reinos de la tierra, por maldición y por espanto,
y por burla y por afrenta para todas las naciones
entre las cuales los he arrojado;
19 por cuanto no oyeron mis palabras, dice
Jehová, que les envié por mis siervos los profe-
tas, desde temprano y sin cesar; y no habéis es-
cuchado, dice Jehová.
20 Oíd, pues, palabra de Jehová, vosotros todos
los transportados que envié de Jerusalén a
Babilonia.
21 Así ha dicho Jehová de los ejércitos, Dios de
Israel, acerca de Acab hijo de Colaías, y acerca
de Sedequías hijo de Maasías, que os profetizan
falsamente en mi nombre: He aquí los entrego
yo en mano de Nabucodonosor rey de Babilo-
nia, y él los matará delante de vuestros ojos.
22 Y todos los transportados de Judá que están
en Babilonia harán de ellos una maldición, di-
ciendo: Póngate Jehová como a Sedequías y
como a Acab, a quienes asó al fuego el rey de
Babilonia.
23 Porque hicieron maldad en Israel, y cometie-
ron adulterio con las mujeres de sus prójimos,
y falsamente hablaron en mi nombre palabra
que no les mandé; lo cual yo sé y testifico, dice
Jehová.
24 Y a Semaías de Nehelam hablarás, diciendo:
25 Así habló Jehová de los ejércitos, Dios de Is-
rael, diciendo: Tú enviaste cartas en tu nombre
a todo el pueblo que está en Jerusalén, y al
sacerdote Sofonías hijo de Maasías, y a todos los
sacerdotes, diciendo:
26 Jehová te ha puesto por sacerdote en lugar
del sacerdote Joiada, para que te encargues en
la casa de Jehová de todo hombre loco que pro-
fetice, poniéndolo en el calabozo y en el cepo.
27 ¿Por qué, pues, no has reprendido ahora a Je-
remías de Anatot, que os profetiza?
28 Porque él nos envió a decir en Babilonia: Lar-
go será el cautiverio; edificad casas, y habitad-
las; plantad huertos, y comed el fruto de ellos.
29 Y el sacerdote Sofonías había leído esta carta
a oídos del profeta Jeremías.
30 Y vino palabra de Jehová a Jeremías, diciendo:
31 Envía a decir a todos los cautivos: Así ha di-
cho Jehová de Semaías de Nehelam: Porque os
profetizó Semaías, y yo no lo envié, y os hizo
confiar en mentira;

29.1-2: [a] 2 R. 24.12-16; 2 Cr. 36.10. **29.10:** [b] 2 Cr. 36.21; Jer. 25.11; Dn. 9.2. **29.13:** [c] Dt. 4.29.

32 por tanto, así ha dicho Jehová: He aquí que
yo castigaré a Semaías de Nehelam y a su des-
cendencia; no tendrá varón que more entre este
pueblo, ni verá el bien que haré yo a mi pueblo,
dice Jehová; porque contra Jehová ha hablado
rebelión.

Dios promete que los cautivos volverán

30 1 Palabra de Jehová que vino a Jeremías,
diciendo:
2 Así habló Jehová Dios de Israel, diciendo: Escrí-
bete en un libro todas las palabras que te he ha-
blado.
3 Porque he aquí que vienen días, dice Jehová,
en que haré volver a los cautivos de mi pueblo
Israel y Judá, ha dicho Jehová, y los traeré a la
tierra que di a sus padres, y la disfrutarán.
4 Estas, pues, son las palabras que habló
Jehová acerca de Israel y de Judá.
5 Porque así ha dicho Jehová: Hemos oído voz
de temblor; de espanto, y no de paz.
6 Inquirid ahora, y mirad si el varón da a luz;
porque he visto que todo hombre tenía las ma-
nos sobre sus lomos, como mujer que está de
parto, y se han vuelto pálidos todos los rostros.
7 ¡Ah, cuán grande es aquel día! tanto, que no
hay otro semejante a él; tiempo de angustia
para Jacob; pero de ella será librado.
8 En aquel día, dice Jehová de los ejércitos, yo
quebraré su yugo de tu cuello, y romperé tus co-
yundas, y extranjeros no lo volverán más a po-
ner en servidumbre,
9 sino que servirán a Jehová su Dios y a David su
rey, a quien yo les levantaré.
10 Tú, pues, siervo mío Jacob, no temas, dice
Jehová, ni te atemorices, Israel; porque he aquí
que yo soy el que te salvo de lejos a ti y a tu des-
cendencia de la tierra de cautividad; y Jacob
volverá, descansará y vivirá tranquilo, y no
habrá quien le espante.
11 Porque yo estoy contigo para salvarte, dice
Jehová, y destruiré a todas las naciones entre
las cuales te esparcí; pero a ti no te destruiré,
sino que te castigaré con justicia; de ninguna
manera te dejaré sin castigo.[a]
12 Porque así ha dicho Jehová: Incurable es tu
quebrantamiento, y dolorosa tu llaga.
13 No hay quien juzgue tu causa para sanarte;
no hay para ti medicamentos eficaces.
14 Todos tus enamorados te olvidaron; no te
buscan; porque como hiere un enemigo te herí,
con azote de adversario cruel, a causa de la
magnitud de tu maldad y de la multitud de tus
pecados.
15 ¿Por qué gritas a causa de tu quebrantamien-
to? Incurable es tu dolor, porque por la grande-
za de tu iniquidad y por tus muchos pecados te
he hecho esto.
16 Pero serán consumidos todos los que te con-
sumen; y todos tus adversarios, todos irán en
cautiverio; hollados serán los que te hollaron, y
a todos los que hicieron presa de ti daré en presa.
17 Mas yo haré venir sanidad para ti, y sanaré
tus heridas, dice Jehová; porque desechada te
llamaron, diciendo: Esta es Sion, de la que na-
die se acuerda.
18 Así ha dicho Jehová: He aquí yo hago vol-
ver los cautivos de las tiendas de Jacob, y de sus
tiendas tendré misericordia, y la ciudad será
edificada sobre su colina, y el templo será asen-
tado según su forma.
19 Y saldrá de ellos acción de gracias, y voz de
nación que está en regocijo, y los multiplicaré, y
no serán disminuidos; los multiplicaré, y no se-
rán menoscabados.
20 Y serán sus hijos como antes, y su congrega-
ción delante de mí será confirmada; y castigaré
a todos sus opresores.
21 De ella saldrá su príncipe, y de en medio de
ella saldrá su señoreador; y le haré llegar cerca,
y él se acercará a mí; porque ¿quién es aquel
que se atreve a acercarse a mí? dice Jehová.
22 Y me seréis por pueblo, y yo seré vuestro Dios.
23 He aquí, la tempestad de Jehová sale con
furor; la tempestad que se prepara, sobre la ca-
beza de los impíos reposará.
24 No se calmará el ardor de la ira de Jehová,
hasta que haya hecho y cumplido los pensa-
mientos de su corazón; en el fin de los días en-
tenderéis esto.

31 1 En aquel tiempo, dice Jehová, yo seré
por Dios a todas las familias de Israel, y
ellas me serán a mí por pueblo.
2 Así ha dicho Jehová: El pueblo que escapó
de la espada halló gracia en el desierto, cuando
Israel iba en busca de reposo.
3 Jehová se manifestó a mí hace ya mucho tiem-
po, diciendo: Con amor eterno te he amado; por
tanto, te prolongué mi misericordia.
4 Aún te edificaré, y serás edificada, oh virgen
de Israel; todavía serás adornada con tus pan-
deros, y saldrás en alegres danzas.
5 Aún plantarás viñas en los montes de Sama-
ria; plantarán los que plantan, y disfrutarán de
ellas.
6 Porque habrá día en que clamarán los guardas
en el monte de Efraín: Levantaos, y subamos a
Sion, a Jehová nuestro Dios.
7 Porque así ha dicho Jehová: Regocijaos en
Jacob con alegría, y dad voces de júbilo a la ca-
beza de naciones; haced oír, alabad, y decid: Oh
Jehová, salva a tu pueblo, el remanente de Is-
rael.
8 He aquí yo los hago volver de la tierra del nor-
te, y los reuniré de los fines de la tierra, y entre

30.10-11: [a] Jer. 46.27-28.

ellos ciegos y cojos, la mujer que está encinta y
la que dio a luz juntamente; en gran compañía
volverán acá.
9 Irán con lloro, mas con misericordia los haré
volver, y los haré andar junto a arroyos de
aguas, por camino derecho en el cual no tropezarán; porque soy a Israel por padre, y Efraín es
mi primogénito.
10 Oíd palabra de Jehová, oh naciones, y hacedlo saber en las costas que están lejos, y decid: El que esparció a Israel lo reunirá y
guardará, como el pastor a su rebaño.
11 Porque Jehová redimió a Jacob, lo redimió de
mano del más fuerte que él.
12 Y vendrán con gritos de gozo en lo alto de
Sion, y correrán al bien de Jehová, al pan, al
vino, al aceite, y al ganado de las ovejas y de las
vacas; y su alma será como huerto de riego, y
nunca más tendrán dolor.
13 Entonces la virgen se alegrará en la danza,
los jóvenes y los viejos juntamente; y cambiaré
su lloro en gozo, y los consolaré, y los alegraré
de su dolor.
14 Y el alma del sacerdote satisfaré con abundancia, y mi pueblo será saciado de mi bien,
dice Jehová.
15 Así ha dicho Jehová: Voz fue oída en Ramá,
llanto y lloro amargo; Raquel que lamenta por
sus hijos,[a] y no quiso ser consolada acerca de sus
hijos, porque perecieron.[b]
16 Así ha dicho Jehová: Reprime del llanto tu
voz, y de las lágrimas tus ojos; porque salario
hay para tu trabajo, dice Jehová, y volverán de
la tierra del enemigo.
17 Esperanza hay también para tu porvenir, dice
Jehová, y los hijos volverán a su propia tierra.
18 Escuchando, he oído a Efraín que se lamentaba: Me azotaste, y fui castigado como novillo indómito; conviérteme, y seré convertido, porque
tú eres Jehová mi Dios.
19 Porque después que me aparté tuve arrepentimiento, y después que reconocí mi falta, herí
mi muslo; me avergoncé y me confundí, porque
llevé la afrenta de mi juventud.
20 ¿No es Efraín hijo precioso para mí? ¿no es
niño en quien me deleito? pues desde que hablé
de él, me he acordado de él constantemente. Por
eso mis entrañas se conmovieron por él; ciertamente tendré de él misericordia, dice Jehová.
21 Establécete señales, ponte majanos altos,
nota atentamente la calzada; vuélvete por el camino por donde fuiste, virgen de Israel, vuelve a
estas tus ciudades.
22 ¿Hasta cuándo andarás errante, oh hija contumaz? Porque Jehová creará una cosa nueva
sobre la tierra: la mujer rodeará al varón.
23 Así ha dicho Jehová de los ejércitos, Dios
de Israel: Aún dirán esta palabra en la tierra de
Judá y en sus ciudades, cuando yo haga volver
sus cautivos: Jehová te bendiga, oh morada de
justicia, oh monte santo.
24 Y habitará allí Judá, y también en todas sus
ciudades labradores, y los que van con rebaño.
25 Porque satisfaré al alma cansada, y saciaré a
toda alma entristecida.
26 En esto me desperté, y vi, y mi sueño me
fue agradable.

El nuevo pacto

27 He aquí vienen días, dice Jehová, en que
sembraré la casa de Israel y la casa de Judá de
simiente de hombre y de simiente de animal.
28 Y así como tuve cuidado de ellos para arrancar y derribar, y trastornar y perder y afligir, tendré cuidado de ellos para edificar y plantar, dice
Jehová.
29 En aquellos días no dirán más: Los padres comieron las uvas agrias y los dientes de los hijos
tienen la dentera,[c]
30 sino que cada cual morirá por su propia maldad; los dientes de todo hombre que comiere las
uvas agrias, tendrán la dentera.
31 He aquí que vienen días, dice Jehová, en
los cuales haré nuevo pacto[d] con la casa de Israel y con la casa de Judá.
32 No como el pacto que hice con sus padres el
día que tomé su mano para sacarlos de la tierra de Egipto; porque ellos invalidaron mi pacto, aunque fui yo un marido para ellos, dice
Jehová.
33 Pero este es el pacto que haré con la casa de
Israel después de aquellos días, dice Jehová:
Daré mi ley en su mente, y la escribiré en su corazón;[e] y yo seré a ellos por Dios, y ellos me serán por pueblo.
34 Y no enseñará más ninguno a su prójimo, ni
ninguno a su hermano, diciendo: Conoce a
Jehová; porque todos me conocerán, desde el
más pequeño de ellos hasta el más grande, dice
Jehová; porque perdonaré la maldad de ellos, y
no me acordaré más de su pecado.[f,g]
35 Así ha dicho Jehová, que da el sol para luz
del día, las leyes de la luna y de las estrellas para
luz de la noche, que parte el mar, y braman sus
ondas; Jehová de los ejércitos es su nombre:
36 Si faltaren estas leyes delante de mí, dice
Jehová, también la descendencia de Israel faltará para no ser nación delante de mí eternamente.
37 Así ha dicho Jehová: Si los cielos arriba se
pueden medir, y explorarse abajo los fundamentos de la tierra, también yo desecharé toda la

31.15: [a] Gn. 35.16-19. [b] Mt. 2.18. **31.29:** [c] Ez. 18.2.
31.31: [d] Mt. 26.28; Mr. 14.24; Lc. 22.20; 1 Co. 11.25;
2 Co. 3.6. **31.33:** [e] He. 10.16. **31.34:** [f] He. 10.17.
31.31-34: [g] He. 8.8-12.

descendencia de Israel por todo lo que hicieron,
dice Jehová.
38 He aquí que vienen días, dice Jehová, en
que la ciudad será edificada a Jehová, desde la
torre de Hananeel hasta la puerta del Angulo.
39 Y saldrá más allá el cordel de la medida de-
lante de él sobre el collado de Gareb, y rodeará
a Goa.
40 Y todo el valle de los cuerpos muertos y de la
ceniza, y todas las llanuras hasta el arroyo de
Cedrón, hasta la esquina de la puerta de los ca-
ballos al oriente, será santo a Jehová; no será
arrancada ni destruida más para siempre.

Jeremías compra la heredad de Hanameel

32 1 Palabra de Jehová que vino a Jeremías,
el año décimo de Sedequías[a] rey de
Judá, que fue el año decimoctavo de Nabuco-
donosor.
2 Entonces el ejército del rey de Babilonia tenía
sitiada a Jerusalén, y el profeta Jeremías estaba
preso en el patio de la cárcel que estaba en la
casa del rey de Judá.
3 Porque Sedequías rey de Judá lo había puesto
preso, diciendo: ¿Por qué profetizas tú dicien-
do: Así ha dicho Jehová: He aquí yo entrego
esta ciudad en mano del rey de Babilonia, y la
tomará;
4 y Sedequías rey de Judá no escapará de la
mano de los caldeos, sino que de cierto será en-
tregado en mano del rey de Babilonia, y hablará
con él boca a boca, y sus ojos verán sus ojos,
5 y hará llevar a Sedequías a Babilonia, y allá es-
tará hasta que yo le visite; y si peleareis contra
los caldeos, no os irá bien, dice Jehová?
6 Dijo Jeremías: Palabra de Jehová vino a mí,
diciendo:
7 He aquí que Hanameel hijo de Salum tu tío
viene a ti, diciendo: Cómprame mi heredad que
está en Anatot; porque tú tienes derecho a ella
para comprarla.
8 Y vino a mí Hanameel hijo de mi tío, conforme
a la palabra de Jehová, al patio de la cárcel, y
me dijo: Compra ahora mi heredad, que está en
Anatot en tierra de Benjamín, porque tuyo es el
derecho de la herencia, y a ti corresponde el res-
cate; cómprala para ti. Entonces conocí que era
palabra de Jehová.
9 Y compré la heredad de Hanameel, hijo de
mi tío, la cual estaba en Anatot, y le pesé el dine-
ro; diecisiete siclos de plata.
10 Y escribí la carta y la sellé, y la hice certificar
con testigos, y pesé el dinero en balanza.
11 Tomé luego la carta de venta, sellada según
el derecho y costumbre, y la copia abierta.
12 Y di la carta de venta a Baruc hijo de Nerías,
hijo de Maasías, delante de Hanameel el hijo de
mi tío, y delante de los testigos que habían sus-
crito la carta de venta, delante de todos los
judíos que estaban en el patio de la cárcel.
13 Y di orden a Baruc delante de ellos, diciendo:
14 Así ha dicho Jehová de los ejércitos, Dios de
Israel: Toma estas cartas, esta carta de venta
sellada, y esta carta abierta, y ponlas en una
vasija de barro, para que se conserven muchos
días.
15 Porque así ha dicho Jehová de los ejércitos,
Dios de Israel: Aún se comprarán casas, hereda-
des y viñas en esta tierra.
16 Y después que di la carta de venta a Baruc
hijo de Nerías, oré a Jehová, diciendo:
17 ¡Oh Señor Jehová! he aquí que tú hiciste el
cielo y la tierra con tu gran poder, y con tu brazo
extendido, ni hay nada que sea difícil para ti;
18 que haces misericordia a millares, y castigas
la maldad de los padres en sus hijos después de
ellos; Dios grande, poderoso, Jehová de los ejér-
citos es su nombre;
19 grande en consejo, y magnífico en hechos;
porque tus ojos están abiertos sobre todos los
caminos de los hijos de los hombres, para dar a
cada uno según sus caminos, y según el fruto de
sus obras.
20 Tú hiciste señales y portentos en tierra de
Egipto hasta este día, y en Israel, y entre los
hombres; y te has hecho nombre, como se ve en
el día de hoy.
21 Y sacaste a tu pueblo Israel de la tierra de
Egipto con señales y portentos, con mano fuerte
y brazo extendido, y con terror grande;
22 y les diste esta tierra, de la cual juraste a sus
padres que se la darías, la tierra que fluye leche
y miel;
23 y entraron, y la disfrutaron; pero no oyeron
tu voz, ni anduvieron en tu ley; nada hicieron
de lo que les mandaste hacer; por tanto, has he-
cho venir sobre ellos todo este mal.
24 He aquí que con arietes han acometido la ciu-
dad para tomarla, y la ciudad va a ser entregada
en mano de los caldeos que pelean contra ella, a
causa de la espada, del hambre y de la pestilen-
cia; ha venido, pues, a suceder lo que tú dijiste,
y he aquí lo estás viendo.
25 ¡Oh Señor Jehová! ¿y tú me has dicho: Cóm-
prate la heredad por dinero, y pon testigos; aun-
que la ciudad sea entregada en manos de los
caldeos?
26 Y vino palabra de Jehová a Jeremías, di-
ciendo:
27 He aquí que yo soy Jehová, Dios de toda car-
ne; ¿habrá algo que sea difícil para mí?
28 Por tanto, así ha dicho Jehová: He aquí voy a
entregar esta ciudad en mano de los caldeos, y
en mano de Nabucodonosor rey de Babilonia, y
la tomará.[b]

32.1: [a] 2 R. 25.1-7. **32.28:** [b] 2 R. 25.1-11; 2 Cr. 36.17-21.

29 Y vendrán los caldeos que atacan esta ciu-
dad, y la pondrán a fuego y la quemarán, asi-
mismo las casas sobre cuyas azoteas ofrecieron
incienso a Baal y derramaron libaciones a dioses
ajenos, para provocarme a ira.
30 Porque los hijos de Israel y los hijos de Judá
no han hecho sino lo malo delante de mis ojos
desde su juventud; porque los hijos de Israel no
han hecho más que provocarme a ira con la obra
de sus manos, dice Jehová.
31 De tal manera que para enojo mío y para ira
mía me ha sido esta ciudad desde el día que la
edificaron hasta hoy, para que la haga quitar de
mi presencia,
32 por toda la maldad de los hijos de Israel y de
los hijos de Judá, que han hecho para enojarme,
ellos, sus reyes, sus príncipes, sus sacerdotes y
sus profetas, y los varones de Judá y los mora-
dores de Jerusalén.
33 Y me volvieron la cerviz, y no el rostro; y
cuando los enseñaba desde temprano y sin ce-
sar, no escucharon para recibir corrección.
34 Antes pusieron sus abominaciones en la casa
en la cual es invocado mi nombre, contaminán-
dola.[c]
35 Y edificaron lugares altos a Baal, los cuales es-
tán en el valle del hijo de Hinom,[d] para hacer pa-
sar por el fuego sus hijos y sus hijas a Moloc;[e] lo
cual no les mandé, ni me vino al pensamiento
que hiciesen esta abominación, para hacer pecar
a Judá.
36 Y con todo, ahora así dice Jehová Dios de
Israel a esta ciudad, de la cual decís vosotros:
Entregada será en mano del rey de Babilonia a
espada, a hambre y a pestilencia:
37 He aquí que yo los reuniré de todas las tierras
a las cuales los eché con mi furor, y con mi enojo
e indignación grande; y los haré volver a este lu-
gar, y los haré habitar seguramente;
38 y me serán por pueblo, y yo seré a ellos por Dios.
39 Y les daré un corazón, y un camino, para que
me teman perpetuamente, para que tengan bien
ellos, y sus hijos después de ellos.
40 Y haré con ellos pacto eterno, que no me vol-
veré atrás de hacerles bien, y pondré mi temor en
el corazón de ellos, para que no se aparten de mí.
41 Y me alegraré con ellos haciéndoles bien, y
los plantaré en esta tierra en verdad, de todo mi
corazón y de toda mi alma.
42 Porque así ha dicho Jehová: Como traje so-
bre este pueblo todo este gran mal, así traeré so-
bre ellos todo el bien que acerca de ellos hablo.
43 Y poseerán heredad en esta tierra de la cual
vosotros decís: Está desierta, sin hombres y sin
animales, es entregada en manos de los caldeos.
44 Heredades comprarán por dinero, y harán es-
critura y la sellarán y pondrán testigos, en tierra
de Benjamín y en los contornos de Jerusalén, y
en las ciudades de Judá; y en las ciudades de las
montañas, y en las ciudades de la Sefela, y en las
ciudades del Neguev; porque yo haré regresar
sus cautivos, dice Jehová.

Restauración de la prosperidad de Jerusalén

33 1 Vino palabra de Jehová a Jeremías la
segunda vez, estando él aún preso en el
patio de la cárcel, diciendo:
2 Así ha dicho Jehová, que hizo la tierra, Jeho-
vá que la formó para afirmarla; Jehová es su
nombre:
3 Clama a mí, y yo te responderé, y te enseñaré
cosas grandes y ocultas que tú no conoces.
4 Porque así ha dicho Jehová Dios de Israel acer-
ca de las casas de esta ciudad, y de las casas de
los reyes de Judá, derribadas con arietes y con
hachas
5 (porque vinieron para pelear contra los cal-
deos, para llenarlas de cuerpos de hombres
muertos, a los cuales herí yo con mi furor y con
mi ira, pues escondí mi rostro de esta ciudad a
causa de toda su maldad):
6 He aquí que yo les traeré sanidad y medicina;
y los curaré, y les revelaré abundancia de paz y
de verdad.
7 Y haré volver los cautivos de Judá y los cautivos
de Israel, y los restableceré como al principio.
8 Y los limpiaré de toda su maldad con que pe-
caron contra mí; y perdonaré todos sus pecados
con que contra mí pecaron, y con que contra mí
se rebelaron.
9 Y me será a mí por nombre de gozo, de alaban-
za y de gloria, entre todas las naciones de la tie-
rra, que habrán oído todo el bien que yo les
hago; y temerán y temblarán de todo el bien y
de toda la paz que yo les haré.
10 Así ha dicho Jehová: En este lugar, del cual
decís que está desierto sin hombres y sin anima-
les, en las ciudades de Judá y en las calles de Je-
rusalén, que están asoladas, sin hombre y sin
morador y sin animal,
11 ha de oírse aún voz de gozo y de alegría, voz
de desposado y voz de desposada, voz de los
que digan: Alabad a Jehová de los ejércitos, por-
que Jehová es bueno, porque para siempre es su
misericordia;[a] voz de los que traigan ofrendas
de acción de gracias a la casa de Jehová. Porque
volveré a traer los cautivos de la tierra como al
principio, ha dicho Jehová.
12 Así dice Jehová de los ejércitos: En este lu-
gar desierto, sin hombre y sin animal, y en todas
sus ciudades, aún habrá cabañas de pastores
que hagan pastar sus ganados.

32.34: [c] 2 R. 23.10; Jer. 7.30-31; 19.1-6.
32.35: [d] 2 R. 23.10; Jer. 7.31. [e] Lv. 18.21.
33.11: [a] 1 Cr. 16.34; 2 Cr. 5.13; 7.3; Esd. 3.11; Sal. 100.5; 106.1; 107.1; 118.1; 136.1.

13 En las ciudades de las montañas, en las ciu-
dades de la Sefela, en las ciudades del Neguev,
en la tierra de Benjamín, y alrededor de Jerusa-
lén y en las ciudades de Judá, aún pasarán ga-
nados por las manos del que los cuente, ha
dicho Jehová.
14 He aquí vienen días, dice Jehová, en que
yo confirmaré la buena palabra que he hablado
a la casa de Israel y a la casa de Judá.
15 En aquellos días y en aquel tiempo haré bro-
tar a David un Renuevo de justicia, y hará juicio
y justicia en la tierra.
16 En aquellos días Judá será salvo, y Jerusalén
habitará segura, y se le llamará: Jehová, justicia
nuestra.[b]
17 Porque así ha dicho Jehová: No faltará a
David varón que se siente sobre el trono de la
casa de Israel.[c]
18 Ni a los sacerdotes y levitas faltará varón que
delante de mí ofrezca holocausto y encienda
ofrenda, y que haga sacrificio todos los días.[d]
19 Vino palabra de Jehová a Jeremías, diciendo:
20 Así ha dicho Jehová: Si pudiereis invalidar mi
pacto con el día y mi pacto con la noche, de tal
manera que no haya día ni noche a su tiempo,
21 podrá también invalidarse mi pacto con mi
siervo David, para que deje de tener hijo que
reine sobre su trono, y mi pacto con los levitas y
sacerdotes, mis ministros.
22 Como no puede ser contado el ejército del
cielo, ni la arena del mar se puede medir, así
multiplicaré la descendencia de David mi sier-
vo, y los levitas que me sirven.
23 Vino palabra de Jehová a Jeremías, diciendo:
24 ¿No has echado de ver lo que habla este pue-
blo, diciendo: Dos familias que Jehová escogie-
ra ha desechado? Y han tenido en poco a mi
pueblo, hasta no tenerlo más por nación.
25 Así ha dicho Jehová: Si no permanece mi
pacto con el día y la noche, si yo no he puesto las
leyes del cielo y la tierra,
26 también desecharé la descendencia de Jacob,
y de David mi siervo, para no tomar de su des-
cendencia quien sea señor sobre la posteridad de
Abraham, de Isaac y de Jacob. Porque haré vol-
ver sus cautivos, y tendré de ellos misericordia.

Jeremías amonesta a Sedequías

34 1 Palabra de Jehová que vino a Jeremías
cuando Nabucodonosor rey de Babilo-
nia y todo su ejército, y todos los reinos de la
tierra bajo el señorío de su mano, y todos los
pueblos, peleaban contra Jerusalén[a] y contra
todas sus ciudades, la cual dijo:
2 Así ha dicho Jehová Dios de Israel: Ve y habla
a Sedequías rey de Judá, y dile: Así ha dicho
Jehová: He aquí yo entregaré esta ciudad al rey
de Babilonia, y la quemará con fuego;
3 y no escaparás tú de su mano, sino que cierta-
mente serás apresado, y en su mano serás entrega-
do; y tus ojos verán los ojos del rey de Babilonia, y
te hablará boca a boca, y en Babilonia entrarás.
4 Con todo eso, oye palabra de Jehová, Sede-
quías rey de Judá: Así ha dicho Jehová acerca
de ti: No morirás a espada.
5 En paz morirás, y así como quemaron especias
por tus padres, los reyes primeros que fueron
antes de ti, las quemarán por ti, y te endecha-
rán, diciendo, ¡Ay, señor! Porque yo he hablado
la palabra, dice Jehová.
6 Y habló el profeta Jeremías a Sedequías rey
de Judá todas estas palabras en Jerusalén.
7 Y el ejército del rey de Babilonia peleaba con-
tra Jerusalén, y contra todas las ciudades de
Judá que habían quedado, contra Laquis y con-
tra Azeca; porque de las ciudades fortificadas de
Judá éstas habían quedado.

Violación del pacto de libertar a los siervos hebreos

8 Palabra de Jehová que vino a Jeremías, des-
pués que Sedequías hizo pacto con todo el pue-
blo en Jerusalén para promulgarles libertad;
9 que cada uno dejase libre a su siervo y a su
sierva, hebreo y hebrea; que ninguno usase a los
judíos, sus hermanos, como siervos.
10 Y cuando oyeron todos los príncipes, y todo
el pueblo que había convenido en el pacto de
dejar libre cada uno a su siervo y cada uno a su
sierva, que ninguno los usase más como siervos,
obedecieron, y los dejaron.
11 Pero después se arrepintieron, e hicieron vol-
ver a los siervos y a las siervas que habían deja-
do libres, y los sujetaron como siervos y siervas.
12 Vino, pues, palabra de Jehová a Jeremías, di-
ciendo:
13 Así dice Jehová Dios de Israel: Yo hice pacto
con vuestros padres el día que los saqué de tie-
rra de Egipto, de casa de servidumbre, diciendo:
14 Al cabo de siete años dejará cada uno a su
hermano hebreo que le fuere vendido; le servirá
seis años, y lo enviará libre;[b] pero vuestros pa-
dres no me oyeron, ni inclinaron su oído.
15 Y vosotros os habíais hoy convertido, y hecho
lo recto delante de mis ojos, anunciando cada
uno libertad a su prójimo; y habíais hecho pacto
en mi presencia, en la casa en la cual es invocado
mi nombre.
16 Pero os habéis vuelto y profanado mi nom-
bre, y habéis vuelto a tomar cada uno a su siervo
y cada uno a su sierva, que habíais dejado libres
a su voluntad; y los habéis sujetado para que os
sean siervos y siervas.

33.14-16: [b] Jer. 23.5-6. **33.17:** [c] 2 S. 7.12-16; 1 R. 2.4; 1 Cr. 17.11-14. **33.18:** [d] Nm. 3.5-10. **34.1:** [a] 2 R. 25.1-11; 2 Cr. 36.17-21. **34.14:** [b] Ex. 21.2; Dt. 15.12.

17 Por tanto, así ha dicho Jehová: Vosotros no me
habéis oído para promulgar cada uno libertad a
su hermano, y cada uno a su compañero; he aquí
que yo promulgo libertad, dice Jehová, a la espa-
da y a la pestilencia y al hambre; y os pondré por
afrenta ante todos los reinos de la tierra.
18 Y entregaré a los hombres que traspasaron
mi pacto, que no han llevado a efecto las pala-
bras del pacto que celebraron en mi presencia,
dividiendo en dos partes el becerro y pasando
por medio de ellas;
19 a los príncipes de Judá y a los príncipes de Je-
rusalén, a los oficiales y a los sacerdotes y a todo
el pueblo de la tierra, que pasaron entre las par-
tes del becerro,
20 los entregaré en mano de sus enemigos y en
mano de los que buscan su vida; y sus cuerpos
muertos serán comida de las aves del cielo, y de
las bestias de la tierra.
21 Y a Sedequías rey de Judá y a sus príncipes
los entregaré en mano de sus enemigos, y en
mano de los que buscan su vida, y en mano del
ejército del rey de Babilonia, que se ha ido de
vosotros.
22 He aquí, mandaré yo, dice Jehová, y los haré
volver a esta ciudad, y pelearán contra ella y la
tomarán, y la quemarán con fuego; y reduciré a
soledad las ciudades de Judá, hasta no quedar
morador.

Obediencia de los recabitas

35 1 Palabra de Jehová que vino a Jeremías
en días de Joacim[a] hijo de Josías, rey de
Judá, diciendo:
2 Ve a casa de los recabitas y habla con ellos, e
introdúcelos en la casa de Jehová, en uno de los
aposentos, y dales a beber vino.
3 Tomé entonces a Jaazanías hijo de Jeremías,
hijo de Habasinías, a sus hermanos, a todos sus
hijos, y a toda la familia de los recabitas;
4 y los llevé a la casa de Jehová, al aposento de
los hijos de Hanán hijo de Igdalías, varón de
Dios, el cual estaba junto al aposento de los
príncipes, que estaba sobre el aposento de Maa-
sías hijo de Salum, guarda de la puerta.
5 Y puse delante de los hijos de la familia de los
recabitas tazas y copas llenas de vino, y les dije:
Bebed vino.
6 Mas ellos dijeron: No beberemos vino; porque
Jonadab hijo de Recab nuestro padre nos orde-
nó diciendo: No beberéis jamás vino vosotros ni
vuestros hijos;
7 ni edificaréis casa, ni sembraréis sementera, ni
plantaréis viña, ni la retendréis; sino que mora-
réis en tiendas todos vuestros días, para que vi-
váis muchos días sobre la faz de la tierra donde
vosotros habitáis.
8 Y nosotros hemos obedecido a la voz de nues-
tro padre Jonadab hijo de Recab en todas las co-
sas que nos mandó, de no beber vino en todos
nuestros días, ni nosotros, ni nuestras mujeres,
ni nuestros hijos ni nuestras hijas;
9 y de no edificar casas para nuestra morada, y
de no tener viña, ni heredad, ni sementera.
10 Moramos, pues, en tiendas, y hemos obedeci-
do y hecho conforme a todas las cosas que nos
mandó Jonadab nuestro padre.
11 Sucedió, no obstante, que cuando Nabucodo-
nosor rey de Babilonia subió a la tierra, dijimos:
Venid, y ocultémonos en Jerusalén, de la pre-
sencia del ejército de los caldeos y de la presen-
cia del ejército de los de Siria; y en Jerusalén
nos quedamos.
12 Y vino palabra de Jehová a Jeremías, di-
ciendo:
13 Así ha dicho Jehová de los ejércitos, Dios de
Israel: Ve y di a los varones de Judá, y a los mo-
radores de Jerusalén: ¿No aprenderéis a obede-
cer mis palabras? dice Jehová.
14 Fue firme la palabra de Jonadab hijo de Re-
cab, el cual mandó a sus hijos que no bebiesen
vino, y no lo han bebido hasta hoy, por obedecer
al mandamiento de su padre; y yo os he hablado
a vosotros desde temprano y sin cesar, y no me
habéis oído.
15 Y envié a vosotros todos mis siervos los profe-
tas, desde temprano y sin cesar, para deciros:
Volveos ahora cada uno de vuestro mal camino,
y enmendad vuestras obras, y no vayáis tras dio-
ses ajenos para servirles, y viviréis en la tierra
que di a vosotros y a vuestros padres; mas no in-
clinasteis vuestro oído, ni me oísteis.
16 Ciertamente los hijos de Jonadab hijo de Recab
tuvieron por firme el mandamiento que les dio su
padre; pero este pueblo no me ha obedecido.
17 Por tanto, así ha dicho Jehová Dios de los ejér-
citos, Dios de Israel: He aquí traeré yo sobre Judá
y sobre todos los moradores de Jerusalén todo el
mal que contra ellos he hablado; porque les ha-
blé, y no oyeron; los llamé, y no han respondido.
18 Y dijo Jeremías a la familia de los recabi-
tas: Así ha dicho Jehová de los ejércitos, Dios de
Israel: Por cuanto obedecisteis al mandamiento
de Jonadab vuestro padre, y guardasteis todos
sus mandamientos, e hicisteis conforme a todas
las cosas que os mandó;
19 por tanto, así ha dicho Jehová de los ejércitos,
Dios de Israel: No faltará de Jonadab hijo de Recab
un varón que esté en mi presencia todos los días.

El rey quema el rollo

36 1 Aconteció en el cuarto año de Joacim[a]
hijo de Josías, rey de Judá, que vino esta
palabra de Jehová a Jeremías, diciendo:

35.1: [a] 2 R. 23.36–24.6; 2 Cr. 36.5-7.
36.1: [a] 2 R. 24.1; 2 Cr. 36.5-7; Dn. 1.1-2.

2 Toma un rollo de libro, y escribe en él todas las
palabras que te he hablado contra Israel y con-
tra Judá, y contra todas las naciones, desde el
día que comencé a hablarte, desde los días de
Josías hasta hoy.
3 Quizá oiga la casa de Judá todo el mal que yo
pienso hacerles, y se arrepienta cada uno de su
mal camino, y yo perdonaré su maldad y su
pecado.
4 Y llamó Jeremías a Baruc hijo de Nerías, y
escribió Baruc de boca de Jeremías, en un rollo
de libro, todas las palabras que Jehová le había
hablado.
5 Después mandó Jeremías a Baruc, diciendo: A
mí se me ha prohibido entrar en la casa de
Jehová.
6 Entra tú, pues, y lee de este rollo que escribiste
de mi boca, las palabras de Jehová a los oídos
del pueblo, en la casa de Jehová, el día del ayu-
no; y las leerás también a oídos de todos los de
Judá que vienen de sus ciudades.
7 Quizá llegue la oración de ellos a la presencia
de Jehová, y se vuelva cada uno de su mal cami-
no; porque grande es el furor y la ira que ha ex-
presado Jehová contra este pueblo.
8 Y Baruc hijo de Nerías hizo conforme a todas
las cosas que le mandó Jeremías profeta, leyen-
do en el libro las palabras de Jehová en la casa
de Jehová.
9 Y aconteció en el año quinto de Joacim hijo
de Josías, rey de Judá, en el mes noveno, que
promulgaron ayuno en la presencia de Jehová a
todo el pueblo de Jerusalén y a todo el pueblo
que venía de las ciudades de Judá a Jerusalén.
10 Y Baruc leyó en el libro las palabras de Jere-
mías en la casa de Jehová, en el aposento de Ge-
marías hijo de Safán escriba, en el atrio de
arriba, a la entrada de la puerta nueva de la casa
de Jehová, a oídos del pueblo.
11 Y Micaías hijo de Gemarías, hijo de Safán,
habiendo oído del libro todas las palabras de
Jehová,
12 descendió a la casa del rey, al aposento del se-
cretario, y he aquí que todos los príncipes esta-
ban allí sentados, esto es: Elisama secretario,
Delaía hijo de Semaías, Elnatán hijo de Acbor,
Gemarías hijo de Safán, Sedequías hijo de Ana-
nías, y todos los príncipes.
13 Y les contó Micaías todas las palabras que ha-
bía oído cuando Baruc leyó en el libro a oídos
del pueblo.
14 Entonces enviaron todos los príncipes a Jehu-
dí hijo de Netanías, hijo de Selemías, hijo de
Cusi, para que dijese a Baruc: Toma el rollo en el
que leíste a oídos del pueblo, y ven. Y Baruc hijo
de Nerías tomó el rollo en su mano y vino a ellos.
15 Y le dijeron: Siéntate ahora, y léelo a noso-
tros. Y se lo leyó Baruc.
16 Cuando oyeron todas aquellas palabras, cada
uno se volvió espantado a su compañero, y dije-
ron a Baruc: Sin duda contaremos al rey todas
estas palabras.
17 Preguntaron luego a Baruc, diciendo: Cuén-
tanos ahora cómo escribiste de boca de Jere-
mías todas estas palabras.
18 Y Baruc les dijo: El me dictaba de su boca to-
das estas palabras, y yo escribía con tinta en el
libro.
19 Entonces dijeron los príncipes a Baruc: Ve y
escóndete, tú y Jeremías, y nadie sepa dónde
estáis.
20 Y entraron a donde estaba el rey, al atrio,
habiendo depositado el rollo en el aposento de
Elisama secretario; y contaron a oídos del rey
todas estas palabras.
21 Y envió el rey a Jehudí a que tomase el rollo,
el cual lo tomó del aposento de Elisama secreta-
rio, y leyó en él Jehudí a oídos del rey, y a oídos
de todos los príncipes que junto al rey estaban.
22 Y el rey estaba en la casa de invierno en el
mes noveno, y había un brasero ardiendo delan-
te de él.
23 Cuando Jehudí había leído tres o cuatro pla-
nas, lo rasgó el rey con un cortaplumas de escri-
ba, y lo echó en el fuego que había en el brasero,
hasta que todo el rollo se consumió sobre el fue-
go que en el brasero había.
24 Y no tuvieron temor ni rasgaron sus vestidos
el rey y todos sus siervos que oyeron todas estas
palabras.
25 Y aunque Elnatán y Delaía y Gemarías roga-
ron al rey que no quemase aquel rollo, no los
quiso oír.
26 También mandó el rey a Jerameel hijo de Ha-
melec, a Seraías hijo de Azriel y a Selemías hijo
de Abdeel, para que prendiesen a Baruc el escri-
biente y al profeta Jeremías; pero Jehová los
escondió.
27 Y vino palabra de Jehová a Jeremías, después
que el rey quemó el rollo, las palabras que Baruc
había escrito de boca de Jeremías, diciendo:
28 Vuelve a tomar otro rollo, y escribe en él to-
das las palabras primeras que estaban en el pri-
mer rollo que quemó Joacim rey de Judá.
29 Y dirás a Joacim rey de Judá: Así ha dicho
Jehová: Tú quemaste este rollo, diciendo: ¿Por
qué escribiste en él, diciendo: De cierto vendrá el
rey de Babilonia, y destruirá esta tierra, y hará
que no queden en ella ni hombres ni animales?
30 Por tanto, así ha dicho Jehová acerca de Joa-
cim rey de Judá: No tendrá quien se siente sobre
el trono de David; y su cuerpo será echado al ca-
lor del día y al hielo de la noche.
31 Y castigaré su maldad en él, y en su descen-
dencia y en sus siervos; y traeré sobre ellos, y so-
bre los moradores de Jerusalén y sobre los

varones de Judá, todo el mal que les he anuncia-
do y no escucharon.
32 Y tomó Jeremías otro rollo y lo dio a Baruc
hijo de Nerías escriba; y escribió en él de boca
de Jeremías todas las palabras del libro que que-
mó en el fuego Joacim rey de Judá; y aun fueron
añadidas sobre ellas muchas otras palabras
semejantes.

Encarcelamiento de Jeremías

37 1 En lugar de Conías hijo de Joacim rei-
nó el rey Sedequías hijo de Josías, al
cual Nabucodonosor rey de Babilonia constitu-
yó por rey en la tierra de Judá.[a]
2 Pero no obedeció él ni sus siervos ni el pueblo
de la tierra a las palabras de Jehová, las cuales
dijo por el profeta Jeremías.
3 Y envió el rey Sedequías a Jucal hijo de Se-
lemías, y al sacerdote Sofonías hijo de Maasías,
para que dijesen al profeta Jeremías: Ruega
ahora por nosotros a Jehová nuestro Dios.
4 Y Jeremías entraba y salía en medio del pue-
blo; porque todavía no lo habían puesto en la
cárcel.
5 Y cuando el ejército de Faraón había salido de
Egipto, y llegó noticia de ello a oídos de los cal-
deos que tenían sitiada a Jerusalén, se retiraron
de Jerusalén.
6 Entonces vino palabra de Jehová al profeta
Jeremías, diciendo:
7 Así ha dicho Jehová Dios de Israel: Diréis así al
rey de Judá, que os envió a mí para que me con-
sultaseis: He aquí que el ejército de Faraón que
había salido en vuestro socorro, se volvió a su
tierra en Egipto.
8 Y volverán los caldeos y atacarán esta ciudad,
y la tomarán y la pondrán a fuego.
9 Así ha dicho Jehová: No os engañéis a vosotros
mismos, diciendo: Sin duda ya los caldeos se
apartarán de nosotros; porque no se apartarán.
10 Porque aun cuando hirieseis a todo el ejército
de los caldeos que pelean contra vosotros, y
quedasen de ellos solamente hombres heridos,
cada uno se levantará de su tienda, y pondrán
esta ciudad a fuego.
11 Y aconteció que cuando el ejército de los
caldeos se retiró de Jerusalén a causa del ejérci-
to de Faraón,
12 salía Jeremías de Jerusalén para irse a tierra
de Benjamín, para apartarse de en medio del
pueblo.
13 Y cuando fue a la puerta de Benjamín, estaba
allí un capitán que se llamaba Irías hijo de Sele-
mías, hijo de Hananías, el cual apresó al profeta
Jeremías, diciendo: Tú te pasas a los caldeos.
14 Y Jeremías dijo: Falso; no me paso a los cal-
deos. Pero él no lo escuchó, sino prendió Irías a
Jeremías, y lo llevó delante de los príncipes.
15 Y los príncipes se airaron contra Jeremías, y
le azotaron y le pusieron en prisión en la casa
del escriba Jonatán, porque la habían converti-
do en cárcel.
16 Entró, pues, Jeremías en la casa de la cis-
terna, y en las bóvedas. Y habiendo estado allá
Jeremías por muchos días,
17 el rey Sedequías envió y le sacó; y le preguntó
el rey secretamente en su casa, y dijo: ¿Hay pala-
bra de Jehová? Y Jeremías dijo: Hay. Y dijo más:
En mano del rey de Babilonia serás entregado.
18 Dijo también Jeremías al rey Sedequías: ¿En
qué pequé contra ti, y contra tus siervos, y con-
tra este pueblo, para que me pusieseis en la
cárcel?
19 ¿Y dónde están vuestros profetas que os pro-
fetizaban diciendo: No vendrá el rey de Babilo-
nia contra vosotros, ni contra esta tierra?
20 Ahora pues, oye, te ruego, oh rey mi señor;
caiga ahora mi súplica delante de ti, y no me ha-
gas volver a casa del escriba Jonatán, para que
no muera allí.
21 Entonces dio orden el rey Sedequías, y custo-
diaron a Jeremías en el patio de la cárcel, ha-
ciéndole dar una torta de pan al día, de la calle
de los Panaderos, hasta que todo el pan de la
ciudad se gastase. Y quedó Jeremías en el patio
de la cárcel.

Jeremías en la cisterna

38 1 Oyeron Sefatías hijo de Matán, Geda-
lías hijo de Pasur, Jucal hijo de Selemías,
y Pasur hijo de Malquías, las palabras que Jere-
mías hablaba a todo el pueblo, diciendo:
2 Así ha dicho Jehová: El que se quedare en esta
ciudad morirá a espada, o de hambre, o de pes-
tilencia; mas el que se pasare a los caldeos vivi-
rá, pues su vida le será por botín, y vivirá.
3 Así ha dicho Jehová: De cierto será entregada
esta ciudad en manos del ejército del rey de Ba-
bilonia, y la tomará.
4 Y dijeron los príncipes al rey: Muera ahora
este hombre; porque de esta manera hace des-
mayar las manos de los hombres de guerra que
han quedado en esta ciudad, y las manos de
todo el pueblo, hablándoles tales palabras; por-
que este hombre no busca la paz de este pueblo,
sino el mal.
5 Y dijo el rey Sedequías: He aquí que él está en
vuestras manos; pues el rey nada puede hacer
contra vosotros.
6 Entonces tomaron ellos a Jeremías y lo hicie-
ron echar en la cisterna de Malquías hijo de Ha-
melec, que estaba en el patio de la cárcel; y
metieron a Jeremías con sogas. Y en la cisterna
no había agua, sino cieno, y se hundió Jeremías
en el cieno.

37.1: [a] 2 R. 24.17; 2 Cr. 36.10.

7 Y oyendo Ebed-melec, hombre etíope, eu-
nuco de la casa real, que habían puesto a Jere-
mías en la cisterna, y estando sentado el rey a la
puerta de Benjamín,
8 Ebed-melec salió de la casa del rey y habló al
rey, diciendo:
9 Mi señor el rey, mal hicieron estos varones en
todo lo que han hecho con el profeta Jeremías, al
cual hicieron echar en la cisterna; porque allí mo-
rirá de hambre, pues no hay más pan en la ciudad.
10 Entonces mandó el rey al mismo etíope Ebed-
melec, diciendo: Toma en tu poder treinta hom-
bres de aquí, y haz sacar al profeta Jeremías de
la cisterna, antes que muera.
11 Y tomó Ebed-melec en su poder a los hom-
bres, y entró a la casa del rey debajo de la teso-
rería, y tomó de allí trapos viejos y ropas raídas
y andrajosas, y los echó a Jeremías con sogas en
la cisterna.
12 Y dijo el etíope Ebed-melec a Jeremías: Pon
ahora esos trapos viejos y ropas raídas y andra-
josas, bajo los sobacos, debajo de las sogas. Y lo
hizo así Jeremías.
13 De este modo sacaron a Jeremías con sogas, y
lo subieron de la cisterna; y quedó Jeremías en
el patio de la cárcel.

Sedequías consulta secretamente a Jeremías

14 Después envió el rey Sedequías, e hizo
traer al profeta Jeremías a su presencia, en la
tercera entrada de la casa de Jehová. Y dijo el
rey a Jeremías: Te haré una pregunta; no me en-
cubras ninguna cosa.
15 Y Jeremías dijo a Sedequías: Si te lo declara-
re, ¿no es verdad que me matarás? y si te diere
consejo, no me escucharás.
16 Y juró el rey Sedequías en secreto a Jeremías,
diciendo: Vive Jehová que nos hizo esta alma,
que no te mataré, ni te entregaré en mano de es-
tos varones que buscan tu vida.
17 Entonces dijo Jeremías a Sedequías: Así ha
dicho Jehová Dios de los ejércitos, Dios de Is-
rael: Si te entregas en seguida a los príncipes del
rey de Babilonia, tu alma vivirá, y esta ciudad
no será puesta a fuego, y vivirás tú y tu casa.
18 Pero si no te entregas a los príncipes del rey
de Babilonia, esta ciudad será entregada en
mano de los caldeos, y la pondrán a fuego, y tú
no escaparás de sus manos.
19 Y dijo el rey Sedequías a Jeremías: Tengo te-
mor de los judíos que se han pasado a los cal-
deos, no sea que me entreguen en sus manos y
me escarnezcan.
20 Y dijo Jeremías: No te entregarán. Oye ahora
la voz de Jehová que yo te hablo, y te irá bien y
vivirás.
21 Pero si no quieres entregarte, esta es la pala-
bra que me ha mostrado Jehová:
22 He aquí que todas las mujeres que han que-
dado en casa del rey de Judá serán sacadas a los
príncipes del rey de Babilonia; y ellas mismas
dirán: Te han engañado, y han prevalecido con-
tra ti tus amigos; hundieron en el cieno tus pies,
se volvieron atrás.
23 Sacarán, pues, todas tus mujeres y tus hijos a
los caldeos, y tú no escaparás de sus manos,
sino que por mano del rey de Babilonia serás
apresado, y a esta ciudad quemará a fuego.
24 Y dijo Sedequías a Jeremías: Nadie sepa
estas palabras, y no morirás.
25 Y si los príncipes oyeren que yo he hablado
contigo, y vinieren a ti y te dijeren: Decláranos
ahora qué hablaste con el rey, no nos lo encubras,
y no te mataremos; asimismo qué te dijo el rey;
26 les dirás: Supliqué al rey que no me hiciese
volver a casa de Jonatán para que no me murie-
se allí.
27 Y vinieron luego todos los príncipes a Jere-
mías, y le preguntaron; y él les respondió con-
forme a todo lo que el rey le había mandado.
Con esto se alejaron de él, porque el asunto no
se había oído.
28 Y quedó Jeremías en el patio de la cárcel has-
ta el día que fue tomada Jerusalén; y allí estaba
cuando Jerusalén fue tomada.[a]

Caída de Jerusalén

39 1 En el noveno año de Sedequías rey de
Judá, en el mes décimo, vino Nabucodo-
nosor rey de Babilonia con todo su ejército con-
tra Jerusalén, y la sitiaron.
2 Y en el undécimo año de Sedequías, en el mes
cuarto, a los nueve días del mes se abrió brecha
en el muro de la ciudad.
3 Y entraron todos los príncipes del rey de Babi-
lonia, y acamparon a la puerta de en medio:
Nergal-sarezer, Samgar-nebo, Sarsequim el
Rabsaris, Nergal-sarezer el Rabmag y todos los
demás príncipes del rey de Babilonia.
4 Y viéndolos Sedequías rey de Judá y todos los
hombres de guerra, huyeron y salieron de noche
de la ciudad por el camino del huerto del rey,
por la puerta entre los dos muros; y salió el rey
por el camino del Arabá.
5 Pero el ejército de los caldeos los siguió, y al-
canzaron a Sedequías en los llanos de Jericó; y
le tomaron, y le hicieron subir a Ribla en tierra
de Hamat, donde estaba Nabucodonosor rey de
Babilonia, y le sentenció.
6 Y degolló el rey de Babilonia a los hijos de Se-
dequías en presencia de éste en Ribla, haciendo
asimismo degollar el rey de Babilonia a todos
los nobles de Judá.
7 Y sacó los ojos del rey Sedequías, y le aprisio-
nó con grillos para llevarle a Babilonia.

38.28: [a] Ez. 33.21.

8 Y los caldeos pusieron a fuego la casa del rey y las casas del pueblo, y derribaron los muros de Jerusalén.

9 Y al resto del pueblo que había quedado en la ciudad, y a los que se habían adherido a él, con todo el resto del pueblo que había quedado, Nabuzaradán capitán de la guardia los transportó a Babilonia.

10 Pero Nabuzaradán capitán de la guardia hizo quedar en tierra de Judá a los pobres del pueblo que no tenían nada, y les dio viñas y heredades.

Nabucodonosor cuida de Jeremías

11 Y Nabucodonosor había ordenado a Nabuzaradán capitán de la guardia acerca de Jeremías, diciendo:

12 Tómale y vela por él, y no le hagas mal alguno, sino que harás con él como él te dijere.

13 Envió, por tanto, Nabuzaradán capitán de la guardia, y Nabusazbán el Rabsaris, Nergal-sarezer el Rabmag y todos los príncipes del rey de Babilonia;

14 enviaron entonces y tomaron a Jeremías del patio de la cárcel, y lo entregaron a Gedalías hijo de Ahicam, hijo de Safán, para que lo sacase a casa; y vivió entre el pueblo.

Dios promete librar a Ebed-melec

15 Y había venido palabra de Jehová a Jeremías, estando preso en el patio de la cárcel, diciendo;

16 Ve y habla a Ebed-melec etíope, diciendo: Así ha dicho Jehová de los ejércitos, Dios de Israel: He aquí yo traigo mis palabras sobre esta ciudad para mal, y no para bien; y sucederá esto en aquel día en presencia tuya.

17 Pero en aquel día yo te libraré, dice Jehová, y no serás entregado en manos de aquellos a quienes tú temes.

18 Porque ciertamente te libraré, y no caerás a espada, sino que tu vida te será por botín, porque tuviste confianza en mí, dice Jehová.

Jeremías y el remanente con Gedalías

40 1 Palabra de Jehová que vino a Jeremías, después que Nabuzaradán capitán de la guardia le envió desde Ramá, cuando le tomó estando atado con cadenas entre todos los cautivos de Jerusalén y de Judá que iban deportados a Babilonia.

2 Tomó, pues, el capitán de la guardia a Jeremías y le dijo: Jehová tu Dios habló este mal contra este lugar;

3 y lo ha traído y hecho Jehová según lo había dicho; porque pecasteis contra Jehová, y no oísteis su voz, por eso os ha venido esto.

4 Y ahora yo te he soltado hoy de las cadenas que tenías en tus manos. Si te parece bien venir conmigo a Babilonia, ven, y yo velaré por ti; pero si no te parece bien venir conmigo a Babilonia, déjalo. Mira, toda la tierra está delante de ti; ve a donde mejor y más cómodo te parezca ir.

5 Si prefieres quedarte, vuélvete a Gedalías hijo de Ahicam, hijo de Safán, al cual el rey de Babilonia ha puesto sobre todas las ciudades de Judá, y vive con él en medio del pueblo; o ve a donde te parezca más cómodo ir. Y le dio el capitán de la guardia provisiones y un presente, y le despidió.

6 Se fue entonces Jeremías a Gedalías hijo de Ahicam, a Mizpa, y habitó con él en medio del pueblo que había quedado en la tierra.

7 Cuando todos los jefes del ejército que estaban por el campo, ellos y sus hombres, oyeron que el rey de Babilonia había puesto a Gedalías hijo de Ahicam para gobernar la tierra, y que le había encomendado los hombres y las mujeres y los niños, y los pobres de la tierra que no fueron transportados a Babilonia,

8 vinieron luego a Gedalías en Mizpa; esto es, Ismael hijo de Netanías, Johanán y Jonatán hijos de Carea, Seraías hijo de Tanhumet, los hijos de Efai netofatita, y Jezanías hijo de un maacateo, ellos y sus hombres.

9 Y les juró Gedalías hijo de Ahicam, hijo de Safán, a ellos y a sus hombres, diciendo: No tengáis temor de servir a los caldeos; habitad en la tierra, y servid al rey de Babilonia, y os irá bien.[a]

10 Y he aquí que yo habito en Mizpa, para estar delante de los caldeos que vendrán a nosotros; mas vosotros tomad el vino, los frutos del verano y el aceite, y ponedlos en vuestros almacenes, y quedaos en vuestras ciudades que habéis tomado.

11 Asimismo todos los judíos que estaban en Moab, y entre los hijos de Amón, y en Edom, y los que estaban en todas las tierras, cuando oyeron decir que el rey de Babilonia había dejado a algunos en Judá, y que había puesto sobre ellos a Gedalías hijo de Ahicam, hijo de Safán,

12 todos estos judíos regresaron entonces de todos los lugares adonde habían sido echados, y vinieron a tierra de Judá, a Gedalías en Mizpa; y recogieron vino y abundantes frutos.

Conspiración de Ismael contra Gedalías

13 Y Johanán hijo de Carea y todos los príncipes de la gente de guerra que estaban en el campo, vinieron a Gedalías en Mizpa,

14 Y le dijeron: ¿No sabes que Baalis rey de los hijos de Amón ha enviado a Ismael hijo de Netanías para matarte? Mas Gedalías hijo de Ahicam no les creyó.

15 Entonces Johanán hijo de Carea habló a Gedalías en secreto en Mizpa, diciendo: Yo iré aho-

40.7-9: [a] 2 R. 25.22-24.

ra y mataré a Ismael hijo de Netanías, y ningún hombre lo sabrá. ¿Por qué te ha de matar, y todos los judíos que se han reunido a ti se dispersarán, y perecerá el resto de Judá?

16 Pero Gedalías hijo de Ahicam dijo a Johanán hijo de Carea: No hagas esto, porque es falso lo que tú dices de Ismael.

41 1 Aconteció en el mes séptimo que vino Ismael hijo de Netanías, hijo de Elisama, de la descendencia real, y algunos príncipes del rey y diez hombres con él, a Gedalías hijo de Ahicam en Mizpa; y comieron pan juntos allí en Mizpa.

2 Y se levantó Ismael hijo de Netanías y los diez hombres que con él estaban, e hirieron a espada a Gedalías hijo de Ahicam, hijo de Safán, matando así a aquel a quien el rey de Babilonia había puesto para gobernar la tierra.

3 Asimismo mató Ismael a todos los judíos que estaban con Gedalías en Mizpa, y a los soldados caldeos que allí estaban.[a]

4 Sucedió además, un día después que mató a Gedalías, cuando nadie lo sabía aún,

5 que venían unos hombres de Siquem, de Silo y de Samaria, ochenta hombres, raída la barba y rotas las ropas, y rasguñados, y traían en sus manos ofrenda e incienso para llevar a la casa de Jehová.

6 Y de Mizpa les salió al encuentro, llorando, Ismael el hijo de Netanías. Y aconteció que cuando los encontró, les dijo: Venid a Gedalías hijo de Ahicam.

7 Y cuando llegaron dentro de la ciudad, Ismael hijo de Netanías los degolló, y los echó dentro de una cisterna, él y los hombres que con él estaban.

8 Mas entre aquéllos fueron hallados diez hombres que dijeron a Ismael: No nos mates; porque tenemos en el campo tesoros de trigos y cebadas y aceites y miel. Y los dejó, y no los mató entre sus hermanos.

9 Y la cisterna en que echó Ismael todos los cuerpos de los hombres que mató a causa de Gedalías, era la misma que había hecho el rey Asa a causa de Baasa rey de Israel; Ismael hijo de Netanías la llenó de muertos.

10 Después llevó Ismael cautivo a todo el resto del pueblo que estaba en Mizpa, a las hijas del rey y a todo el pueblo que en Mizpa había quedado, el cual había encargado Nabuzaradán capitán de la guardia a Gedalías hijo de Ahicam. Los llevó, pues, cautivos Ismael hijo de Netanías, y se fue para pasarse a los hijos de Amón.

11 Y oyeron Johanán hijo de Carea y todos los príncipes de la gente de guerra que estaban con él, todo el mal que había hecho Ismael hijo de Netanías.

12 Entonces tomaron a todos los hombres y fueron a pelear contra Ismael hijo de Netanías, y lo hallaron junto al gran estanque que está en Gabaón.

13 Y aconteció que cuando todo el pueblo que estaba con Ismael vio a Johanán hijo de Carea y a todos los capitanes de la gente de guerra que estaban con él, se alegraron.

14 Y todo el pueblo que Ismael había traído cautivo de Mizpa se volvió y fue con Johanán hijo de Carea.

15 Pero Ismael hijo de Netanías escapó delante de Johanán con ocho hombres, y se fue a los hijos de Amón.

16 Y Johanán hijo de Carea y todos los capitanes de la gente de guerra que con él estaban tomaron a todo el resto del pueblo que había recobrado de Ismael hijo de Netanías, a quienes llevó de Mizpa después que mató a Gedalías hijo de Ahicam; hombres de guerra, mujeres, niños y eunucos, que Johanán había traído de Gabaón;

17 y fueron y habitaron en Gerutquimam, que está cerca de Belén, a fin de ir y meterse en Egipto,

18 a causa de los caldeos; porque los temían, por haber dado muerte Ismael hijo de Netanías a Gedalías hijo de Ahicam, al cual el rey de Babilonia había puesto para gobernar la tierra.

Mensaje a Johanán

42 1 Vinieron todos los oficiales de la gente de guerra, y Johanán hijo de Carea, Jezanías hijo de Osaías, y todo el pueblo desde el menor hasta el mayor,

2 y dijeron al profeta Jeremías: Acepta ahora nuestro ruego delante de ti, y ruega por nosotros a Jehová tu Dios por todo este resto (pues de muchos hemos quedado unos pocos, como nos ven tus ojos),

3 para que Jehová tu Dios nos enseñe el camino por donde vayamos, y lo que hemos de hacer.

4 Y el profeta Jeremías les dijo: He oído. He aquí que voy a orar a Jehová vuestro Dios, como habéis dicho, y todo lo que Jehová os respondiere, os enseñaré; no os reservaré palabra.

5 Y ellos dijeron a Jeremías: Jehová sea entre nosotros testigo de la verdad y de la lealtad, si no hiciéremos conforme a todo aquello para lo cual Jehová tu Dios te enviare a nosotros.

6 Sea bueno, sea malo, a la voz de Jehová nuestro Dios al cual te enviamos, obedeceremos, para que obedeciendo a la voz de Jehová nuestro Dios nos vaya bien.

7 Aconteció que al cabo de diez días vino palabra de Jehová a Jeremías.

8 Y llamó a Johanán hijo de Carea y a todos los oficiales de la gente de guerra que con él estaban, y a todo el pueblo desde el menor hasta el mayor;

9 y les dijo: Así ha dicho Jehová Dios de Israel, al

41.1-3: [a] 2 R. 25.25.

cual me enviasteis para presentar vuestros rue-
gos en su presencia:
10 Si os quedareis quietos en esta tierra, os edi-
ficaré, y no os destruiré; os plantaré, y no os
arrancaré; porque estoy arrepentido del mal
que os he hecho.
11 No temáis de la presencia del rey de Babilo-
nia, del cual tenéis temor; no temáis de su pre-
sencia, ha dicho Jehová, porque con vosotros
estoy yo para salvaros y libraros de su mano;
12 y tendré de vosotros misericordia, y él tendrá
misericordia de vosotros y os hará regresar a
vuestra tierra.
13 Mas si dijereis: No moraremos en esta tierra, no
obedeciendo así a la voz de Jehová vuestro Dios,
14 diciendo: No, sino que entraremos en la tie-
rra de Egipto, en la cual no veremos guerra, ni
oiremos sonido de trompeta, ni padeceremos
hambre, y allá moraremos;
15 ahora por eso, oíd la palabra de Jehová, re-
manente de Judá: Así ha dicho Jehová de los
ejércitos, Dios de Israel: Si vosotros volviereis
vuestros rostros para entrar en Egipto, y entra-
reis para morar allá,
16 sucederá que la espada que teméis, os alcan-
zará allí en la tierra de Egipto, y el hambre de
que tenéis temor, allá en Egipto os perseguirá; y
allí moriréis.
17 Todos los hombres que volvieren sus rostros
para entrar en Egipto para morar allí, morirán a
espada, de hambre y de pestilencia; no habrá de
ellos quien quede vivo, ni quien escape delante
del mal que traeré yo sobre ellos.
18 Porque así ha dicho Jehová de los ejércitos,
Dios de Israel: Como se derramó mi enojo y mi
ira sobre los moradores de Jerusalén, así se de-
rramará mi ira sobre vosotros cuando entrareis
en Egipto; y seréis objeto de execración y de es-
panto, y de maldición y de afrenta; y no veréis
más este lugar.
19 Jehová habló sobre vosotros, oh remanente
de Judá: No vayáis a Egipto; sabed ciertamente
que os lo aviso hoy.
20 ¿Por qué hicisteis errar vuestras almas? Pues
vosotros me enviasteis a Jehová vuestro Dios,
diciendo: Ora por nosotros a Jehová nuestro
Dios, y haznos saber todas las cosas que Jehová
nuestro Dios dijere, y lo haremos.
21 Y os lo he declarado hoy, y no habéis obedeci-
do a la voz de Jehová vuestro Dios, ni a todas las
cosas por las cuales me envió a vosotros.
22 Ahora, pues, sabed de cierto que a espada, de
hambre y de pestilencia moriréis en el lugar
donde deseasteis entrar para morar allí.

La emigración a Egipto

43 1 Aconteció que cuando Jeremías acabó
de hablar a todo el pueblo todas las pa-
labras de Jehová Dios de ellos, todas estas pala-
bras por las cuales Jehová Dios de ellos le había
enviado a ellos mismos,
2 dijo Azarías hijo de Osaías y Johanán hijo de
Carea, y todos los varones soberbios dijeron a
Jeremías: Mentira dices; no te ha enviado Jeho-
vá nuestro Dios para decir: No vayáis a Egipto
para morar allí,
3 sino que Baruc hijo de Nerías te incita contra
nosotros, para entregarnos en manos de los cal-
deos, para matarnos y hacernos transportar a
Babilonia.
4 No obedeció, pues, Johanán hijo de Carea y
todos los oficiales de la gente de guerra y todo el
pueblo, a la voz de Jehová para quedarse en tie-
rra de Judá,
5 sino que tomó Johanán hijo de Carea y todos
los oficiales de la gente de guerra, a todo el re-
manente de Judá que se había vuelto de todas
las naciones donde había sido echado, para mo-
rar en tierra de Judá;
6 a hombres y mujeres y niños, y a las hijas del
rey y a toda persona que había dejado Nabuza-
radán capitán de la guardia con Gedalías hijo de
Ahicam, hijo de Safán, y al profeta Jeremías y a
Baruc hijo de Nerías,
7 y entraron en tierra de Egipto,[a] porque no obe-
decieron a la voz de Jehová; y llegaron hasta
Tafnes.
8 Y vino palabra de Jehová a Jeremías en Taf-
nes, diciendo:
9 Toma con tu mano piedras grandes, y cúbrelas
de barro en el enladrillado que está a la puerta
de la casa de Faraón en Tafnes, a vista de los
hombres de Judá;
10 y diles: Así ha dicho Jehová de los ejércitos,
Dios de Israel: He aquí yo enviaré y tomaré a
Nabucodonosor rey de Babilonia, mi siervo, y
pondré su trono sobre estas piedras que he es-
condido, y extenderá su pabellón sobre ellas.
11 Y vendrá y asolará la tierra de Egipto; los que
a muerte, a muerte, y los que a cautiverio, a
cautiverio, y los que a espada, a espada.
12 Y pondrá fuego a los templos de los dioses de
Egipto y los quemará, y a ellos los llevará cauti-
vos; y limpiará la tierra de Egipto, como el pas-
tor limpia su capa, y saldrá de allá en paz.
13 Además quebrará las estatuas de Bet-semes,
que está en tierra de Egipto, y los templos de los
dioses de Egipto quemará a fuego.

Jeremías profetiza a los judíos en Egipto

44 1 Palabra que vino a Jeremías acerca de
todos los judíos que moraban en la tierra
de Egipto, que vivían en Migdol, en Tafnes, en
Menfis y en tierra de Patros, diciendo:
2 Así ha dicho Jehová de los ejércitos, Dios de Is-

43.5-7: [a] 2 R. 25.26.

rael: Vosotros habéis visto todo el mal que traje
sobre Jerusalén y sobre todas las ciudades de
Judá; y he aquí que ellas están el día de hoy aso-
ladas; no hay quien more en ellas,
3 a causa de la maldad que ellos cometieron
para enojarme, yendo a ofrecer incienso, hon-
rando a dioses ajenos que ellos no habían cono-
cido, ni vosotros ni vuestros padres.
4 Y envié a vosotros todos mis siervos los profe-
tas, desde temprano y sin cesar, para deciros: No
hagáis esta cosa abominable que yo aborrezco.
5 Pero no oyeron ni inclinaron su oído para con-
vertirse de su maldad, para dejar de ofrecer in-
cienso a dioses ajenos.
6 Se derramó, por tanto, mi ira y mi furor, y se
encendió en las ciudades de Judá y en las calles
de Jerusalén, y fueron puestas en soledad y en
destrucción, como están hoy.
7 Ahora, pues, así ha dicho Jehová de los ejérci-
tos, Dios de Israel: ¿Por qué hacéis tan grande
mal contra vosotros mismos, para ser destruidos
el hombre y la mujer, el muchacho y el niño de
pecho de en medio de Judá, sin que os quede
remanente alguno,
8 haciéndome enojar con las obras de vuestras
manos, ofreciendo incienso a dioses ajenos en la
tierra de Egipto, adonde habéis entrado para vi-
vir, de suerte que os acabéis, y seáis por maldi-
ción y por oprobio a todas las naciones de la
tierra?
9 ¿Os habéis olvidado de las maldades de vues-
tros padres, de las maldades de los reyes de
Judá, de las maldades de sus mujeres, de vues-
tras maldades y de las maldades de vuestras
mujeres, que hicieron en la tierra de Judá y en
las calles de Jerusalén?
10 No se han humillado hasta el día de hoy, ni
han tenido temor, ni han caminado en mi ley ni
en mis estatutos, los cuales puse delante de vo-
sotros y delante de vuestros padres.
11 Por tanto, así ha dicho Jehová de los ejérci-
tos, Dios de Israel: He aquí que yo vuelvo mi
rostro contra vosotros para mal, y para destruir
a todo Judá.
12 Y tomaré el resto de Judá que volvieron sus
rostros para ir a tierra de Egipto para morar allí,
y en tierra de Egipto serán todos consumidos;
caerán a espada, y serán consumidos de hambre;
a espada y de hambre morirán desde el menor
hasta el mayor, y serán objeto de execración, de
espanto, de maldición y de oprobio.
13 Pues castigaré a los que moran en tierra de
Egipto como castigué a Jerusalén, con espada,
con hambre y con pestilencia.
14 Y del resto de los de Judá que entraron en la
tierra de Egipto para habitar allí, no habrá quien
escape, ni quien quede vivo para volver a la tie-
rra de Judá, por volver a la cual suspiran ellos
para habitar allí; porque no volverán sino
algunos fugitivos.
15 Entonces todos los que sabían que sus mu-
jeres habían ofrecido incienso a dioses ajenos, y
todas las mujeres que estaban presentes, una
gran concurrencia, y todo el pueblo que habita-
ba en tierra de Egipto, en Patros, respondieron a
Jeremías, diciendo:
16 La palabra que nos has hablado en nombre
de Jehová, no la oiremos de ti;
17 sino que ciertamente pondremos por obra
toda palabra que ha salido de nuestra boca,
para ofrecer incienso a la reina del cielo, derra-
mándole libaciones, como hemos hecho noso-
tros y nuestros padres, nuestros reyes y nuestros
príncipes, en las ciudades de Judá y en las pla-
zas de Jerusalén, y tuvimos abundancia de pan,
y estuvimos alegres, y no vimos mal alguno.
18 Mas desde que dejamos de ofrecer incienso a
la reina del cielo y de derramarle libaciones, nos
falta todo, y a espada y de hambre somos consu-
midos.
19 Y cuando ofrecimos incienso a la reina del
cielo, y le derramamos libaciones, ¿acaso le hi-
cimos nosotras tortas para tributarle culto, y le
derramamos libaciones, sin consentimiento de
nuestros maridos?
20 Y habló Jeremías a todo el pueblo, a los
hombres y a las mujeres y a todo el pueblo que
le había respondido esto, diciendo:
21 ¿No se ha acordado Jehová, y no ha venido a
su memoria el incienso que ofrecisteis en las
ciudades de Judá, y en las calles de Jerusalén,
vosotros y vuestros padres, vuestros reyes y
vuestros príncipes y el pueblo de la tierra?
22 Y no pudo sufrirlo más Jehová, a causa de la
maldad de vuestras obras, a causa de las abomi-
naciones que habíais hecho; por tanto, vuestra
tierra fue puesta en asolamiento, en espanto y
en maldición, hasta quedar sin morador, como
está hoy.
23 Porque ofrecisteis incienso y pecasteis contra
Jehová, y no obedecisteis a la voz de Jehová, ni
anduvisteis en su ley ni en sus estatutos ni en
sus testimonios; por tanto, ha venido sobre vo-
sotros este mal, como hasta hoy.
24 Y dijo Jeremías a todo el pueblo, y a todas
las mujeres: Oíd palabra de Jehová, todos los de
Judá que estáis en tierra de Egipto.
25 Así ha hablado Jehová de los ejércitos, Dios
de Israel, diciendo: Vosotros y vuestras mujeres
hablasteis con vuestras bocas, y con vuestras
manos lo ejecutasteis, diciendo: Cumpliremos
efectivamente nuestros votos que hicimos, de
ofrecer incienso a la reina del cielo y derramarle
libaciones; confirmáis a la verdad vuestros
votos, y ponéis vuestros votos por obra.
26 Por tanto, oíd palabra de Jehová, todo Judá

que habitáis en tierra de Egipto: He aquí he ju-
rado por mi grande nombre, dice Jehová, que
mi nombre no será invocado más en toda la tie-
rra de Egipto por boca de ningún hombre de
Judá, diciendo: Vive Jehová el Señor.
27 He aquí que yo velo sobre ellos para mal, y no
para bien; y todos los hombres de Judá que es-
tán en tierra de Egipto serán consumidos a es-
pada y de hambre, hasta que perezcan del todo.
28 Y los que escapen de la espada volverán de la
tierra de Egipto a la tierra de Judá, pocos hom-
bres; sabrá, pues, todo el resto de Judá que ha
entrado en Egipto a morar allí, la palabra de
quién ha de permanecer: si la mía, o la suya.
29 Y esto tendréis por señal, dice Jehová, de que
en este lugar os castigo, para que sepáis que de
cierto permanecerán mis palabras para mal so-
bre vosotros.
30 Así ha dicho Jehová: He aquí que yo entrego
a Faraón Hofra rey de Egipto en mano de sus
enemigos, y en mano de los que buscan su vida,
así como entregué a Sedequías rey de Judá en
mano de Nabucodonosor rey de Babilonia,[a] su
enemigo que buscaba su vida.

Mensaje a Baruc

45 1 Palabra que habló el profeta Jeremías
a Baruc hijo de Nerías, cuando escribía
en el libro estas palabras de boca de Jeremías,
en el año cuarto de Joacim[a] hijo de Josías rey de
Judá, diciendo:
2 Así ha dicho Jehová Dios de Israel a ti, oh Ba-
ruc:
3 Tú dijiste: ¡Ay de mí ahora! porque ha añadido
Jehová tristeza a mi dolor; fatigado estoy de ge-
mir, y no he hallado descanso.
4 Así le dirás: Ha dicho Jehová: He aquí que yo
destruyo a los que edifiqué, y arranco a los que
planté, y a toda esta tierra.
5 ¿Y tú buscas para ti grandezas? No las bus-
ques; porque he aquí que yo traigo mal sobre
toda carne, ha dicho Jehová; pero a ti te daré tu
vida por botín en todos los lugares adonde
fueres.

Profecías acerca de Egipto

46 1 Palabra de Jehová que vino al profeta
Jeremías, contra las naciones.
2 Con respecto a Egipto:[a] contra el ejército de
Faraón Necao rey de Egipto, que estaba cerca del
río Eufrates en Carquemis, a quien destruyó Na-
bucodonosor rey de Babilonia, en el año cuarto
de Joacim hijo de Josías, rey de Judá.
3 Preparad escudo y pavés, y venid a la guerra.
4 Uncid caballos y subid, vosotros los jinetes, y
poneos con yelmos; limpiad las lanzas, vestíos
las corazas.
5 ¿Por qué los vi medrosos, retrocediendo? Sus
valientes fueron deshechos, y huyeron sin vol-
ver a mirar atrás; miedo de todas partes, dice
Jehová.
6 No huya el ligero, ni el valiente escape; al nor-
te junto a la ribera del Eufrates tropezaron y
cayeron.
7 ¿Quién es éste que sube como río, y cuyas
aguas se mueven como ríos?
8 Egipto como río se ensancha, y las aguas se
mueven como ríos, y dijo: Subiré, cubriré la tie-
rra, destruiré a la ciudad y a los que en ella
moran.
9 Subid, caballos, y alborotaos, carros, y salgan
los valientes; los etíopes y los de Put que toman
escudo, y los de Lud que toman y entesan arco.
10 Mas ese día será para Jehová Dios de los ejér-
citos día de retribución, para vengarse de sus
enemigos; y la espada devorará y se saciará, y se
embriagará de la sangre de ellos; porque sacrifi-
cio será para Jehová Dios de los ejércitos, en tie-
rra del norte junto al río Eufrates.
11 Sube a Galaad, y toma bálsamo, virgen hija
de Egipto; por demás multiplicarás las medici-
nas; no hay curación para ti.
12 Las naciones oyeron tu afrenta, y tu clamor
llenó la tierra; porque valiente tropezó contra
valiente, y cayeron ambos juntos.
13 Palabra que habló Jehová al profeta Jere-
mías acerca de la venida de Nabucodonosor rey
de Babilonia, para asolar la tierra de Egipto:[b]
14 Anunciad en Egipto, y haced saber en Mig-
dol; haced saber también en Menfis y en Tafnes;
decid: Ponte en pie y prepárate, porque espada
devorará tu comarca.
15 ¿Por qué ha sido derribada tu fortaleza? No
pudo mantenerse firme, porque Jehová la empujó.
16 Multiplicó los caídos, y cada uno cayó sobre
su compañero; y dijeron: Levántate y volvámo-
nos a nuestro pueblo, y a la tierra de nuestro na-
cimiento, huyamos ante la espada vencedora.
17 Allí gritaron: Faraón rey de Egipto es destrui-
do; dejó pasar el tiempo señalado.
18 Vivo yo, dice el Rey, cuyo nombre es Jehová
de los ejércitos, que como Tabor entre los mon-
tes, y como Carmelo junto al mar, así vendrá.
19 Hazte enseres de cautiverio, moradora hija
de Egipto; porque Menfis será desierto, y será
asolada hasta no quedar morador.
20 Becerra hermosa es Egipto; mas viene des-
trucción, del norte viene.
21 Sus soldados mercenarios también en medio
de ella como becerros engordados; porque tam-
bién ellos volvieron atrás, huyeron todos sin pa-
rarse, porque vino sobre ellos el día de su
quebrantamiento, el tiempo de su castigo.

44.30: [a] 2 R. 25.1-7. **45.1:** [a] 2 R. 24.1; 2 Cr. 36.5-7; Dn. 1.1-2.
46.2-26: [a] Is. 19.1-25; Ez. 29.1–32.32.
46.13: [b] Jer. 43.10-13.

22 Su voz saldrá como de serpiente; porque
vendrán los enemigos, y con hachas vendrán a
ella como cortadores de leña.
23 Cortarán sus bosques, dice Jehová, aunque
sean impenetrables; porque serán más numero-
sos que langostas, no tendrán número.
24 Se avergonzará la hija de Egipto; entregada
será en manos del pueblo del norte.
25 Jehová de los ejércitos, Dios de Israel, ha
dicho: He aquí que yo castigo a Amón dios de
Tebas, a Faraón, a Egipto, y a sus dioses y a sus
reyes; así a Faraón como a los que en él confían.
26 Y los entregaré en mano de los que buscan su
vida, en mano de Nabucodonosor rey de Babilo-
nia y en mano de sus siervos; pero después será
habitado como en los días pasados, dice Jehová.
27 Y tú no temas, siervo mío Jacob, ni desma-
yes, Israel; porque he aquí yo te salvaré de lejos,
y a tu descendencia de la tierra de su cautivi-
dad. Y volverá Jacob, y descansará y será pros-
perado, y no habrá quién lo atemorice.
28 Tú, siervo mío Jacob, no temas, dice Jehová,
porque yo estoy contigo; porque destruiré a to-
das las naciones entre las cuales te he dispersa-
do; pero a ti no te destruiré del todo, sino que te
castigaré con justicia; de ninguna manera te de-
jaré sin castigo.[c]

Profecía sobre los filisteos

47 1 Palabra de Jehová que vino al profeta
Jeremías acerca de los filisteos,[a] antes
que Faraón destruyese a Gaza.
2 Así ha dicho Jehová: He aquí que suben
aguas del norte, y se harán torrente; inundarán
la tierra y su plenitud, la ciudad y los moradores
de ella; y los hombres clamarán, y lamentará
todo morador de la tierra.
3 Por el sonido de los cascos de sus caballos, por
el alboroto de sus carros, por el estruendo de
sus ruedas, los padres no cuidaron a los hijos
por la debilidad de sus manos;
4 a causa del día que viene para destrucción de
todos los filisteos, para destruir a Tiro y a Sidón
todo aliado que les queda todavía; porque Jeho-
vá destruirá a los filisteos, al resto de la costa de
Caftor.
5 Gaza fue rapada, Ascalón ha perecido, y el res-
to de su valle; ¿hasta cuándo te sajarás?
6 Oh espada de Jehová, ¿hasta cuándo reposa-
rás? Vuelve a tu vaina, reposa y sosiégate.
7 ¿Cómo reposarás? pues Jehová te ha enviado
contra Ascalón, y contra la costa del mar, allí te
puso.

Profecía sobre Moab

48 1 Acerca de Moab.[a] Así ha dicho Jehová
de los ejércitos, Dios de Israel: ¡Ay de
Nebo! porque fue destruida y avergonzada:
Quiriataim fue tomada; fue confundida Mis-
gab, y desmayó.
2 No se alabará ya más Moab; en Hesbón maqui-
naron mal contra ella, diciendo: Venid, y quité-
mosla de entre las naciones. También tú,
Madmena, serás cortada; espada irá en pos de ti.
3 ¡Voz de clamor de Horonaim, destrucción y
gran quebrantamiento!
4 Moab fue quebrantada; hicieron que se oyese
el clamor de sus pequeños.
5 Porque a la subida de Luhit con llanto subirá el
que llora; porque a la bajada de Horonaim los
enemigos oyeron clamor de quebranto.
6 Huid, salvad vuestra vida, y sed como retama
en el desierto.
7 Pues por cuanto confiaste en tus bienes y en
tus tesoros, tú también serás tomada; y Quemos
será llevado en cautiverio, sus sacerdotes y sus
príncipes juntamente.
8 Y vendrá destruidor a cada una de las ciuda-
des, y ninguna ciudad escapará; se arruinará
también el valle, y será destruida la llanura,
como ha dicho Jehová.
9 Dad alas a Moab, para que se vaya volando;
pues serán desiertas sus ciudades hasta no que-
dar en ellas morador.
10 Maldito el que hiciere indolentemente la
obra de Jehová, y maldito el que detuviere de la
sangre su espada.
11 Quieto estuvo Moab desde su juventud, y
sobre su sedimento ha estado reposado, y no
fue vaciado de vasija en vasija, ni nunca estuvo
en cautiverio; por tanto, quedó su sabor en él, y
su olor no se ha cambiado.
12 Por eso vienen días, ha dicho Jehová, en
que yo le enviaré trasvasadores que le trasva-
sarán; y vaciarán sus vasijas, y romperán sus
odres.
13 Y se avergonzará Moab de Quemos, como la
casa de Israel se avergonzó de Bet-el, su con-
fianza.
14 ¿Cómo, pues, diréis: Somos hombres va-
lientes, y robustos para la guerra?
15 Destruido fue Moab, y sus ciudades asoladas,
y sus jóvenes escogidos descendieron al degolla-
dero, ha dicho el Rey, cuyo nombre es Jehová de
los ejércitos.
16 Cercano está el quebrantamiento de Moab
para venir, y su mal se apresura mucho.
17 Compadeceos de él todos los que estáis alre-
dedor suyo; y todos los que sabéis su nombre,
decid: ¡Cómo se quebró la vara fuerte, el báculo
hermoso!
18 Desciende de la gloria, siéntate en tierra seca,

46.27-28: [c] Jer. 30.10-11. **47.1-7:** [a] Is. 14.29-31; Ez. 25.15-17; Jl. 3.4-8; Am. 1.6-8; Sof. 2.4-7; Zac. 9.5-7.
48.1-47: [a] Is. 15.1–16.14; 25.10-12; Ez. 25.8-11; Am. 2.1-3; Sof. 2.8-11.

moradora hija de Dibón; porque el destruidor
de Moab subió contra ti, destruyó tus fortalezas.
19 Párate en el camino, y mira, oh moradora de
Aroer; pregunta a la que va huyendo, y a la que
escapó; dile: ¿Qué ha acontecido?
20 Se avergonzó Moab, porque fue quebranta-
do; lamentad y clamad; anunciad en Arnón que
Moab es destruido.
21 Vino juicio sobre la tierra de la llanura; so-
bre Holón, sobre Jahaza, sobre Mefaat,
22 sobre Dibón, sobre Nebo, sobre Bet-diblataim,
23 sobre Quiriataim, sobre Bet-gamul, sobre Bet-
meón,
24 sobre Queriot, sobre Bosra y sobre todas las
ciudades de tierra de Moab, las de lejos y las de
cerca.
25 Cortado es el poder de Moab, y su brazo que-
brantado, dice Jehová.
26 Embriagadle, porque contra Jehová se en-
grandeció; y revuélquese Moab sobre su vómi-
to, y sea también él por motivo de escarnio.
27 ¿Y no te fue a ti Israel por motivo de escarnio,
como si lo tomaran entre ladrones? Porque
cuando de él hablaste, tú te has burlado.
28 Abandonad las ciudades y habitad en pe-
ñascos, oh moradores de Moab, y sed como la
paloma que hace nido en la boca de la caverna.
29 Hemos oído la soberbia de Moab, que es muy
soberbio, arrogante, orgulloso, altivo y altanero
de corazón.
30 Yo conozco, dice Jehová, su cólera, pero no
tendrá efecto; sus jactancias no le aprovecharán.
31 Por tanto, yo aullaré sobre Moab; sobre todo
Moab haré clamor, y sobre los hombres de Kir-
hares gemiré.
32 Con llanto de Jazer lloraré por ti, oh vid de
Sibma; tus sarmientos pasaron el mar, llegaron
hasta el mar de Jazer; sobre tu cosecha y sobre
tu vendimia vino el destruidor.
33 Y será cortada la alegría y el regocijo de los
campos fértiles, de la tierra de Moab; y de los la-
gares haré que falte el vino; no pisarán con can-
ción; la canción no será canción.
34 El clamor de Hesbón llega hasta Eleale;
hasta Jahaza dieron su voz; desde Zoar hasta
Horonaim, becerra de tres años; porque tam-
bién las aguas de Nimrim serán destruidas.
35 Y exterminaré de Moab, dice Jehová, a quien
sacrifique sobre los lugares altos, y a quien
ofrezca incienso a sus dioses.
36 Por tanto, mi corazón resonará como flautas
por causa de Moab, asimismo resonará mi co-
razón a modo de flautas por los hombres de
Kir-hares; porque perecieron las riquezas que
habían hecho.
37 Porque toda cabeza será rapada, y toda
barba raída; sobre toda mano habrá rasguños, y
cilicio sobre todo lomo.
38 Sobre todos los terrados de Moab, y en sus
calles, todo él será llanto; porque yo quebran-
té a Moab como a vasija que no agrada, dice
Jehová.
39 ¡Lamentad! ¡Cómo ha sido quebrantado!
¡Cómo volvió la espalda Moab, y fue avergonza-
do! Fue Moab objeto de escarnio y de espanto a
todos los que están en sus alrededores.
40 Porque así ha dicho Jehová: He aquí que
como águila volará, y extenderá sus alas contra
Moab.
41 Tomadas serán las ciudades, y tomadas serán
las fortalezas; y será aquel día el corazón de los
valientes de Moab como el corazón de mujer en
angustias.
42 Y Moab será destruido hasta dejar de ser pue-
blo, porque se engrandeció contra Jehová.
43 Miedo y hoyo y lazo contra ti, oh morador de
Moab, dice Jehová.
44 El que huyere del miedo caerá en el hoyo, y el
que saliere del hoyo será preso en el lazo; por-
que yo traeré sobre él, sobre Moab, el año de su
castigo, dice Jehová.
45 A la sombra de Hesbón se pararon sin fuer-
zas los que huían; mas salió fuego de Hesbón, y
llama de en medio de Sehón, y quemó el rincón
de Moab, y la coronilla de los hijos revoltosos.
46 ¡Ay de ti, Moab! pereció el pueblo de Que-
mos; porque tus hijos fueron puestos presos
para cautividad, y tus hijas para cautiverio.
47 Pero haré volver a los cautivos de Moab en lo
postrero de los tiempos, dice Jehová. Hasta aquí
es el juicio de Moab.

Profecía sobre los amonitas

49 1 Acerca de los hijos de Amón.[a] Así ha di-
cho Jehová: ¿No tiene hijos Israel? ¿No
tiene heredero? ¿Por qué Milcom ha desposeí-
do a Gad, y su pueblo se ha establecido en sus
ciudades?
2 Por tanto, vienen días, ha dicho Jehová, en
que haré oír clamor de guerra en Rabá de los hi-
jos de Amón; y será convertida en montón de
ruinas, y sus ciudades serán puestas a fuego, e
Israel tomará por heredad a los que los tomaron
a ellos, ha dicho Jehová.
3 Lamenta, oh Hesbón, porque destruida es
Hai; clamad, hijas de Rabá, vestíos de cilicio,
endechad, y rodead los vallados, porque Mil-
com fue llevado en cautiverio, sus sacerdotes y
sus príncipes juntamente.
4 ¿Por qué te glorías de los valles? Tu valle se
deshizo, oh hija contumaz, la que confía en sus
tesoros, la que dice: ¿Quién vendrá contra mí?
5 He aquí yo traigo sobre ti espanto, dice el Se-
ñor, Jehová de los ejércitos, de todos tus alre-
dedores; y seréis lanzados cada uno derecho

49.1-6: [a] Ez. 21.28-32; 25.1-7; Am. 1.13-15; Sof. 2.8-11.

hacia adelante, y no habrá quien recoja a los fugitivos.
6 Y después de esto haré volver a los cautivos de los hijos de Amón, dice Jehová.

Profecía sobre Edom

7 Acerca de Edom.[b] Así ha dicho Jehová de los ejércitos: ¿No hay más sabiduría en Temán? ¿Se ha acabado el consejo en los sabios? ¿Se corrompió su sabiduría?
8 Huid, volveos atrás, habitad en lugares profundos, oh moradores de Dedán; porque el quebrantamiento de Esaú traeré sobre él en el tiempo en que lo castigue.
9 Si vendimiadores hubieran venido contra ti, ¿no habrían dejado rebuscos? Si ladrones de noche, ¿no habrían tomado lo que les bastase?
10 Mas yo desnudaré a Esaú, descubriré sus escondrijos, y no podrá esconderse; será destruida su descendencia, sus hermanos y sus vecinos, y dejará de ser.
11 Deja tus huérfanos, yo los criaré; y en mí confiarán tus viudas.
12 Porque así ha dicho Jehová: He aquí que los que no estaban condenados a beber el cáliz, beberán ciertamente; ¿y serás tú absuelto del todo? No serás absuelto, sino que ciertamente beberás.
13 Porque por mí he jurado, dice Jehová, que asolamiento, oprobio, soledad y maldición será Bosra, y todas sus ciudades serán desolaciones perpetuas.
14 La noticia oí, que de Jehová había sido enviado mensajero a las naciones, diciendo: Juntaos y venid contra ella, y subid a la batalla.
15 He aquí que te haré pequeño entre las naciones, menospreciado entre los hombres.
16 Tu arrogancia te engañó, y la soberbia de tu corazón. Tú que habitas en cavernas de peñas, que tienes la altura del monte, aunque alces como águila tu nido, de allí te haré descender, dice Jehová.
17 Y se convertirá Edom en desolación; todo aquel que pasare por ella se asombrará, y se burlará de todas sus calamidades.
18 Como sucedió en la destrucción de Sodoma y de Gomorra y de sus ciudades vecinas,[c] dice Jehová, así no morará allí nadie, ni la habitará hijo de hombre.
19 He aquí que como león subirá de la espesura del Jordán contra la bella y robusta; porque muy pronto le haré huir de ella, y al que fuere escogido la encargaré; porque ¿quién es semejante a mí, y quién me emplazará? ¿Quién será aquel pastor que me podrá resistir?
20 Por tanto, oíd el consejo que Jehová ha acordado sobre Edom, y sus pensamientos que ha resuelto sobre los moradores de Temán. Ciertamente a los más pequeños de su rebaño los arrastrarán, y destruirán sus moradas con ellos.
21 Del estruendo de la caída de ellos la tierra temblará, y el grito de su voz se oirá en el Mar Rojo.
22 He aquí que como águila subirá y volará, y extenderá sus alas contra Bosra; y el corazón de los valientes de Edom será en aquel día como el corazón de mujer en angustias.

Profecía sobre Damasco

23 Acerca de Damasco.[d] Se confundieron Hamat y Arfad, porque oyeron malas nuevas; se derritieron en aguas de desmayo, no pueden sosegarse.
24 Se desmayó Damasco, se volvió para huir, y le tomó temblor y angustia, y dolores le tomaron, como de mujer que está de parto.
25 ¡Cómo dejaron a la ciudad tan alabada, la ciudad de mi gozo!
26 Por tanto, sus jóvenes caerán en sus plazas, y todos los hombres de guerra morirán en aquel día, ha dicho Jehová de los ejércitos.
27 Y haré encender fuego en el muro de Damasco, y consumirá las casas de Ben-adad.

Profecía sobre Cedar y Hazor

28 Acerca de Cedar y de los reinos de Hazor, los cuales asoló Nabucodonosor rey de Babilonia. Así ha dicho Jehová: Levantaos, subid contra Cedar, y destruid a los hijos del oriente.
29 Sus tiendas y sus ganados tomarán; sus cortinas y todos sus utensilios y sus camellos tomarán para sí, y clamarán contra ellos: Miedo alrededor.
30 Huid, idos muy lejos, habitad en lugares profundos, oh moradores de Hazor, dice Jehová; porque tomó consejo contra vosotros Nabucodonosor rey de Babilonia, y contra vosotros ha formado un designio.
31 Levantaos, subid contra una nación pacífica que vive confiadamente, dice Jehová, que ni tiene puertas ni cerrojos, que vive solitaria.
32 Serán sus camellos por botín, y la multitud de sus ganados por despojo; y los esparciré por todos los vientos, arrojados hasta el último rincón; y de todos lados les traeré su ruina, dice Jehová.
33 Hazor será morada de chacales, soledad para siempre; ninguno morará allí, ni la habitará hijo de hombre.

Profecía sobre Elam

34 Palabra de Jehová que vino al profeta Jeremías acerca de Elam, en el principio del reinado de Sedequías rey de Judá, diciendo:

49.7-22: [b] Is. 34.5-17; 63.1-6; Ez. 25.12-14; 35.1-15; Am. 1.11-12; Abd. 1.14; Mal. 1.2-5. **49.18:** [c] Gn. 19.24-25. **49.23-27:** [d] Is. 17.1-3; Am. 1.3-5; Zac. 9.1.

35 Así ha dicho Jehová de los ejércitos: He aquí
que yo quiebro el arco de Elam, parte principal
de su fortaleza.
36 Traeré sobre Elam los cuatro vientos de los
cuatro puntos del cielo, y los aventaré a todos
estos vientos; y no habrá nación a donde no va-
yan fugitivos de Elam.
37 Y haré que Elam se intimide delante de sus
enemigos, y delante de los que buscan su vida; y
traeré sobre ellos mal, y el ardor de mi ira, dice
Jehová; y enviaré en pos de ellos espada hasta
que los acabe.
38 Y pondré mi trono en Elam, y destruiré a su
rey y a su príncipe, dice Jehová.
39 Pero acontecerá en los últimos días, que haré
volver a los cautivos de Elam, dice Jehová.

Profecía sobre Babilonia

50 1 Palabra que habló Jehová contra Babi-
lonia,[a] contra la tierra de los caldeos, por
medio del profeta Jeremías.
2 Anunciad en las naciones, y haced saber; le-
vantad también bandera, publicad, y no encu-
bráis; decid: Tomada es Babilonia, Bel es
confundido, deshecho es Merodac; destruidas
son sus esculturas, quebrados son sus ídolos.
3 Porque subió contra ella una nación del norte,
la cual pondrá su tierra en asolamiento, y no ha-
brá ni hombre ni animal que en ella more; huye-
ron, y se fueron.
4 En aquellos días y en aquel tiempo, dice
Jehová, vendrán los hijos de Israel, ellos y los hi-
jos de Judá juntamente; e irán andando y llo-
rando, y buscarán a Jehová su Dios.
5 Preguntarán por el camino de Sion, hacia don-
de volverán sus rostros, diciendo: Venid, y jun-
témonos a Jehová con pacto eterno que jamás
se ponga en olvido.
6 Ovejas perdidas fueron mi pueblo; sus pas-
tores las hicieron errar, por los montes las desca-
rriaron; anduvieron de monte en collado, y se
olvidaron de sus rediles.
7 Todos los que los hallaban, los devoraban; y
decían sus enemigos: No pecaremos, porque
ellos pecaron contra Jehová morada de justicia,
contra Jehová esperanza de sus padres.
8 Huid de en medio de Babilonia,[b] y salid de
la tierra de los caldeos, y sed como los machos
cabríos que van delante del rebaño.
9 Porque yo levanto y hago subir contra Babilo-
nia reunión de grandes pueblos de la tierra del
norte; desde allí se prepararán contra ella, y
será tomada; sus flechas son como de valiente
diestro, que no volverá vacío.
10 Y Caldea será para botín; todos los que la sa-
quearen se saciarán, dice Jehová.
11 Porque os alegrasteis, porque os gozasteis
destruyendo mi heredad, porque os llenasteis
como novilla sobre la hierba, y relinchasteis
como caballos.
12 Vuestra madre se avergonzó mucho, se afren-
tó la que os dio a luz; he aquí será la última de
las naciones; desierto, sequedal y páramo.
13 Por la ira de Jehová no será habitada, sino
será asolada toda ella; todo hombre que pasare
por Babilonia se asombrará, y se burlará de sus
calamidades.
14 Poneos en orden contra Babilonia alrededor,
todos los que entesáis arco; tirad contra ella, no
escatiméis las saetas, porque pecó contra Jehová.
15 Gritad contra ella en derredor; se rindió; han
caído sus cimientos, derribados son sus muros,
porque es venganza de Jehová. Tomad vengan-
za de ella; haced con ella como ella hizo.
16 Destruid en Babilonia al que siembra, y al
que mete hoz en tiempo de la siega; delante de
la espada destructora cada uno volverá el rostro
hacia su pueblo, cada uno huirá hacia su tierra.
17 Rebaño descarriado es Israel; leones lo dis-
persaron; el rey de Asiria lo devoró primero, Na-
bucodonosor rey de Babilonia lo deshuesó
después.
18 Por tanto, así ha dicho Jehová de los ejérci-
tos, Dios de Israel: Yo castigo al rey de Babilonia
y a su tierra, como castigué al rey de Asiria.
19 Y volveré a traer a Israel a su morada, y pace-
rá en el Carmelo y en Basán; y en el monte de
Efraín y en Galaad se saciará su alma.
20 En aquellos días y en aquel tiempo, dice
Jehová, la maldad de Israel será buscada, y no
aparecerá; y los pecados de Judá, y no se halla-
rán; porque perdonaré a los que yo hubiere
dejado.
21 Sube contra la tierra de Merataim,[4] contra
ella y contra los moradores de Pecod;[5] destruye
y mata en pos de ellos, dice Jehová, y haz con-
forme a todo lo que yo te he mandado.
22 Estruendo de guerra en la tierra, y quebran-
tamiento grande.
23 ¡Cómo fue cortado y quebrado el martillo de
toda la tierra! ¡cómo se convirtió Babilonia en
desolación entre las naciones!
24 Te puse lazos, y fuiste tomada, oh Babilonia,
y tú no lo supiste; fuiste hallada, y aun presa,
porque provocaste a Jehová.
25 Abrió Jehová su tesoro, y sacó los instrumen-
tos de su furor; porque esta es obra de Jehová,
Dios de los ejércitos, en la tierra de los caldeos.
26 Venid contra ella desde el extremo de la tierra;
abrid sus almacenes, convertidla en montón de
ruinas, y destruidla; que no le quede nada.
27 Matad a todos sus novillos; que vayan al ma-
tadero. ¡Ay de ellos! pues ha venido su día, el
tiempo de su castigo.

50.1–51.64: [a] Is. 13.1–14.23; 47.1-15. **50.8:** [b] Ap. 18.4.
50.21: [4] O, *doble rebelión.* [5] O, *castigo.*

28 Voz de los que huyen y escapan de la tierra
de Babilonia, para dar en Sion las nuevas de la
retribución de Jehová nuestro Dios, de la ven-
ganza de su templo.
29 Haced juntar contra Babilonia flecheros, a
todos los que entesan arco; acampad contra ella
alrededor; no escape de ella ninguno; pagadle
según su obra;[c] conforme a todo lo que ella
hizo, haced con ella; porque contra Jehová se
ensoberbeció, contra el Santo de Israel.
30 Por tanto, sus jóvenes caerán en sus plazas, y
todos sus hombres de guerra serán destruidos
en aquel día, dice Jehová.
31 He aquí yo estoy contra ti, oh soberbio,
dice el Señor, Jehová de los ejércitos; porque tu
día ha venido, el tiempo en que te castigaré.
32 Y el soberbio tropezará y caerá, y no tendrá
quien lo levante; y encenderé fuego en sus ciu-
dades, y quemaré todos sus alrededores.
33 Así ha dicho Jehová de los ejércitos: Opri-
midos fueron los hijos de Israel y los hijos de
Judá juntamente; y todos los que los tomaron
cautivos los retuvieron; no los quisieron soltar.
34 El redentor de ellos es el Fuerte; Jehová de
los ejércitos es su nombre; de cierto abogará la
causa de ellos para hacer reposar la tierra, y tur-
bar a los moradores de Babilonia.
35 Espada contra los caldeos, dice Jehová, y
contra los moradores de Babilonia, contra sus
príncipes y contra sus sabios.
36 Espada contra los adivinos, y se entontece-
rán; espada contra sus valientes, y serán que-
brantados.
37 Espada contra sus caballos, contra sus carros,
y contra todo el pueblo que está en medio de
ella, y serán como mujeres; espada contra sus
tesoros, y serán saqueados.
38 Sequedad sobre sus aguas, y se secarán; por-
que es tierra de ídolos, y se entontecen con imá-
genes.
39 Por tanto, allí morarán fieras del desierto y
chacales,[d] morarán también en ella polluelos de
avestruz; nunca más será poblada ni se habitará
por generaciones y generaciones.
40 Como en la destrucción que Dios hizo de So-
doma y de Gomorra y de sus ciudades vecinas,[e]
dice Jehová, así no morará allí hombre, ni hijo
de hombre la habitará.
41 He aquí viene un pueblo del norte, y una na-
ción grande y muchos reyes se levantarán de los
extremos de la tierra.
42 Arco y lanza manejarán; serán crueles, y no
tendrán compasión; su voz rugirá como el mar, y
montarán sobre caballos; se prepararán contra ti
como hombres a la pelea, oh hija de Babilonia.
43 Oyó la noticia el rey de Babilonia, y sus ma-
nos se debilitaron; angustia le tomó, dolor como
de mujer de parto.
44 He aquí que como león subirá de la espesu-
ra del Jordán a la morada fortificada; porque
muy pronto le haré huir de ella, y al que yo esco-
ja la encargaré; porque ¿quién es semejante a
mí? ¿y quién me emplazará? ¿o quién será aquel
pastor que podrá resistirme?
45 Por tanto, oíd la determinación que Jehová ha
acordado contra Babilonia, y los pensamientos
que ha formado contra la tierra de los caldeos:
Ciertamente a los más pequeños de su rebaño los
arrastrarán, y destruirán sus moradas con ellos.
46 Al grito de la toma de Babilonia la tierra tem-
bló, y el clamor se oyó entre las naciones.

Juicios de Jehová contra Babilonia

51 1 Así ha dicho Jehová: He aquí que yo le-
vanto un viento destruidor contra Babi-
lonia, y contra sus moradores que se levantan
contra mí.
2 Y enviaré a Babilonia aventadores que la avien-
ten, y vaciarán su tierra; porque se pondrán con-
tra ella de todas partes en el día del mal.
3 Diré al flechero que entesa su arco, y al que se
enorgullece de su coraza: No perdonéis a sus jó-
venes, destruid todo su ejército.
4 Y caerán muertos en la tierra de los caldeos, y
alanceados en sus calles.
5 Porque Israel y Judá no han enviudado de su
Dios, Jehová de los ejércitos, aunque su tierra
fue llena de pecado contra el Santo de Israel.
6 Huid de en medio de Babilonia, y librad
cada uno su vida, para que no perezcáis a causa
de su maldad; porque el tiempo es de venganza
de Jehová; le dará su pago.
7 Copa de oro fue Babilonia en la mano de Jeho-
vá, que embriagó a toda la tierra; de su vino be-
bieron los pueblos;[a] se aturdieron, por tanto, las
naciones.
8 En un momento cayó Babilonia, y se despeda-
zó; gemid sobre ella; tomad bálsamo para su
dolor, quizá sane.
9 Curamos a Babilonia, y no ha sanado; dejadla,
y vámonos cada uno a su tierra; porque ha lle-
gado hasta el cielo su juicio,[b] y se ha alzado
hasta las nubes.
10 Jehová sacó a luz nuestras justicias; venid, y
contemos en Sion la obra de Jehová nuestro
Dios.
11 Limpiad las saetas, embrazad los escudos;
ha despertado Jehová el espíritu de los reyes de
Media; porque contra Babilonia es su pensa-
miento para destruirla; porque venganza es de
Jehová, y venganza de su templo.
12 Levantad bandera sobre los muros de Babilo-
nia, reforzad la guardia, poned centinelas, dis-

50.29: [c] Ap. 18.6. **50.39:** [d] Ap. 18.2.
50.40: [e] Gn. 19.24-25. **51.7:** [a] Ap. 17.2-4; 18.3.
51.9: [b] Ap. 18.5.

poned celadas; porque deliberó Jehová, y aun
pondrá en efecto lo que ha dicho contra los
moradores de Babilonia.
13 Tú, la que moras entre muchas aguas,[c] rica
en tesoros, ha venido tu fin, la medida de tu co-
dicia.
14 Jehová de los ejércitos juró por sí mismo, di-
ciendo: Yo te llenaré de hombres como de lan-
gostas, y levantarán contra ti gritería.
15 El es el que hizo la tierra con su poder, el
que afirmó el mundo con su sabiduría, y exten-
dió los cielos con su inteligencia.
16 A su voz se producen tumultos de aguas en
los cielos, y hace subir las nubes de lo último de
la tierra; él hace relámpagos con la lluvia, y saca
el viento de sus depósitos.
17 Todo hombre se ha infatuado, y no tiene cien-
cia; se avergüenza todo artífice de su escultura,
porque mentira es su ídolo, no tiene espíritu.
18 Vanidad son, obra digna de burla; en el tiem-
po del castigo perecerán.
19 No es como ellos la porción de Jacob; porque él
es el Formador de todo, e Israel es el cetro de su
herencia; Jehová de los ejércitos es su nombre.
20 Martillo me sois, y armas de guerra; y por
medio de ti quebrantaré naciones, y por medio
de ti destruiré reinos.
21 Por tu medio quebrantaré caballos y a sus ji-
netes, y por medio de ti quebrantaré carros y a
los que en ellos suben.
22 Asimismo por tu medio quebrantaré hombres
y mujeres, y por medio de ti quebrantaré viejos
y jóvenes, y por tu medio quebrantaré jóvenes y
vírgenes.
23 También quebrantaré por medio de ti al pas-
tor y a su rebaño; quebrantaré por tu medio a
labradores y a sus yuntas; a jefes y a príncipes
quebrantaré por medio de ti.
24 Y pagaré a Babilonia y a todos los morado-
res de Caldea, todo el mal que ellos hicieron en
Sion delante de vuestros ojos, dice Jehová.
25 He aquí yo estoy contra ti, oh monte destrui-
dor, dice Jehová, que destruiste toda la tierra; y
extenderé mi mano contra ti, y te haré rodar de
las peñas, y te reduciré a monte quemado.
26 Y nadie tomará de ti piedra para esquina, ni
piedra para cimiento; porque perpetuo asola-
miento serás, ha dicho Jehová.
27 Alzad bandera en la tierra, tocad trompeta
en las naciones, preparad pueblos contra ella;
juntad contra ella los reinos de Ararat, de Mini y
de Askenaz; señalad contra ella capitán, haced
subir caballos como langostas erizadas.
28 Preparad contra ella naciones; los reyes de
Media, sus capitanes y todos sus príncipes, y
todo territorio de su dominio.
29 Temblará la tierra, y se afligirá; porque es con-
firmado contra Babilonia todo el pensamiento de
Jehová, para poner la tierra de Babilonia en sole-
dad, para que no haya morador en ella.
30 Los valientes de Babilonia dejaron de pelear,
se encerraron en sus fortalezas; les faltaron las
fuerzas, se volvieron como mujeres; incendia-
das están sus casas, rotos sus cerrojos.
31 Correo se encontrará con correo, mensajero
se encontrará con mensajero, para anunciar al
rey de Babilonia que su ciudad es tomada por
todas partes.
32 Los vados fueron tomados, y los baluartes
quemados a fuego, y se consternaron los hom-
bres de guerra.
33 Porque así ha dicho Jehová de los ejércitos,
Dios de Israel: La hija de Babilonia es como una
era cuando está de trillar; de aquí a poco le ven-
drá el tiempo de la siega.
34 Me devoró, me desmenuzó Nabucodono-
sor rey de Babilonia, y me dejó como vaso vacío;
me tragó como dragón, llenó su vientre de mis
delicadezas, y me echó fuera.
35 Sobre Babilonia caiga la violencia hecha a mí
y a mi carne, dirá la moradora de Sion; y mi san-
gre caiga sobre los moradores de Caldea, dirá
Jerusalén.
36 Por tanto, así ha dicho Jehová: He aquí que
yo juzgo tu causa y haré tu venganza; y secaré
su mar, y haré que su corriente quede seca.
37 Y será Babilonia montones de ruinas, morada
de chacales, espanto y burla, sin morador.
38 Todos a una rugirán como leones; como
cachorros de leones gruñirán.
39 En medio de su calor les pondré banquetes, y
haré que se embriaguen, para que se alegren, y
duerman eterno sueño y no despierten, dice
Jehová.
40 Los haré traer como corderos al matadero,
como carneros y machos cabríos.
41 ¡Cómo fue apresada Babilonia, y fue toma-
da la que era alabada por toda la tierra! ¡Cómo
vino a ser Babilonia objeto de espanto entre las
naciones!
42 Subió el mar sobre Babilonia; de la multitud
de sus olas fue cubierta.
43 Sus ciudades fueron asoladas, la tierra seca y
desierta, tierra en que no morará nadie, ni pasa-
rá por ella hijo de hombre.
44 Y juzgaré a Bel en Babilonia, y sacaré de su
boca lo que se ha tragado; y no vendrán más na-
ciones a él, y el muro de Babilonia caerá.
45 Salid de en medio de ella, pueblo mío, y sal-
vad cada uno su vida del ardor de la ira de Jehová.
46 Y no desmaye vuestro corazón, ni temáis a
causa del rumor que se oirá por la tierra; en un
año vendrá el rumor, y después en otro año ru-
mor, y habrá violencia en la tierra, dominador
contra dominador.

51.13: [c] Ap. 17.1.

47 Por tanto, he aquí vienen días en que yo
destruiré los ídolos de Babilonia, y toda su tierra
será avergonzada, y todos sus muertos caerán
en medio de ella.
48 Los cielos y la tierra y todo lo que está en ellos
cantarán de gozo sobre Babilonia;[d] porque del norte vendrán contra ella destruidores, dice Jehová.
49 Por los muertos de Israel caerá Babilonia,
como por Babilonia cayeron los muertos de toda
la tierra.[e]
50 Los que escapasteis de la espada, andad,
no os detengáis; acordaos por muchos días de
Jehová, y acordaos de Jerusalén.
51 Estamos avergonzados, porque oímos la
afrenta; la confusión cubrió nuestros rostros,
porque vinieron extranjeros contra los santuarios de la casa de Jehová.
52 Por tanto, vienen días, dice Jehová, en que
yo destruiré sus ídolos, y en toda su tierra gemirán los heridos.
53 Aunque suba Babilonia hasta el cielo, y se
fortifique en las alturas, de mí vendrán a ella
destruidores, dice Jehová.
54 ¡Oyese el clamor de Babilonia, y el gran
quebrantamiento de la tierra de los caldeos!
55 Porque Jehová destruirá a Babilonia, y quitará de ella la mucha jactancia; y bramarán sus
olas, y como sonido de muchas aguas será la voz
de ellos.
56 Porque vino destruidor contra ella, contra
Babilonia, y sus valientes fueron apresados; el
arco de ellos fue quebrado; porque Jehová, Dios
de retribuciones, dará la paga.
57 Y embriagaré a sus príncipes y a sus sabios, a
sus capitanes, a sus nobles y a sus fuertes; y dormirán sueño eterno y no despertarán, dice el
Rey, cuyo nombre es Jehová de los ejércitos.
58 Así ha dicho Jehová de los ejércitos: El
muro ancho de Babilonia será derribado enteramente, y sus altas puertas serán quemadas a
fuego; en vano trabajaron los pueblos, y las naciones se cansaron sólo para el fuego.
59 Palabra que envió el profeta Jeremías a Seraías hijo de Nerías, hijo de Maasías, cuando iba
con Sedequías rey de Judá a Babilonia, en el
cuarto año de su reinado. Y era Seraías el principal camarero.
60 Escribió, pues, Jeremías en un libro todo el
mal que había de venir sobre Babilonia, todas
las palabras que están escritas contra Babilonia.
61 Y dijo Jeremías a Seraías: Cuando llegues a
Babilonia, y veas y leas todas estas cosas,
62 dirás: Oh Jehová, tú has dicho contra este lugar que lo habías de destruir, hasta no quedar en
él morador, ni hombre ni animal, sino que para
siempre ha de ser asolado.
63 Y cuando acabes de leer este libro, le atarás
una piedra, y lo echarás en medio del Eufrates,
64 y dirás: Así se hundirá Babilonia, y no se levantará[f] del mal que yo traigo sobre ella; y serán
rendidos.

Hasta aquí son las palabras de Jeremías.

Reinado de Sedequías

52 1 Era Sedequías de edad de veintiún
años cuando comenzó a reinar, y reinó
once años en Jerusalén. Su madre se llamaba
Hamutal, hija de Jeremías de Libna.
2 E hizo lo malo ante los ojos de Jehová, conforme a todo lo que hizo Joacim.
3 Y a causa de la ira de Jehová contra Jerusalén
y Judá, llegó a echarlos de su presencia. Y se rebeló Sedequías contra el rey de Babilonia.

Caída de Jerusalén

4 Aconteció, por tanto, a los nueve años de su
reinado, en el mes décimo, a los diez días del
mes, que vino Nabucodonosor rey de Babilonia,
él y todo su ejército, contra Jerusalén, y acamparon contra ella,[a] y de todas partes edificaron
contra ella baluartes.
5 Y estuvo sitiada la ciudad hasta el undécimo
año del rey Sedequías.
6 En el mes cuarto, a los nueve días del mes, prevaleció el hambre en la ciudad, hasta no haber
pan para el pueblo.
7 Y fue abierta una brecha en el muro de la ciudad,[b] y todos los hombres de guerra huyeron, y salieron de la ciudad de noche por el camino de la
puerta entre los dos muros que había cerca del jardín del rey, y se fueron por el camino del Arabá, estando aún los caldeos junto a la ciudad alrededor.
8 Y el ejército de los caldeos siguió al rey, y alcanzaron a Sedequías en los llanos de Jericó; y lo
abandonó todo su ejército.
9 Entonces prendieron al rey, y le hicieron venir
al rey de Babilonia, a Ribla en tierra de Hamat,
donde pronunció sentencia contra él.
10 Y degolló el rey de Babilonia a los hijos de Sedequías delante de sus ojos, y también degolló
en Ribla a todos los príncipes de Judá.
11 No obstante, el rey de Babilonia sólo le sacó
los ojos a Sedequías, y le ató con grillos, y lo
hizo llevar a Babilonia;[c] y lo puso en la cárcel
hasta el día en que murió.

Cautividad de Judá

12 Y en el mes quinto, a los diez días del mes,
que era el año diecinueve del reinado de Nabucodonosor rey de Babilonia, vino a Jerusalén
Nabuzaradán capitán de la guardia, que solía
estar delante del rey de Babilonia.
13 Y quemó la casa de Jehová,[d] y la casa del rey,

51.48: [d] Ap. 18.20. **51.49:** [e] Ap. 18.24. **51.63-64:** [f] Ap. 18.21.
52.4: [a] Ez. 24.2. **52.7:** [b] Ez. 33.21. **52.11:** [c] Ez. 12.13.
52.13: [d] 1 R. 9.8.

y todas las casas de Jerusalén; y destruyó con
fuego todo edificio grande.
14 Y todo el ejército de los caldeos, que venía
con el capitán de la guardia, destruyó todos los
muros en derredor de Jerusalén.
15 E hizo transportar Nabuzaradán capitán de la
guardia a los pobres del pueblo, y a toda la otra
gente del pueblo que había quedado en la ciu-
dad, a los desertores que se habían pasado al
rey de Babilonia, y a todo el resto de la multitud
del pueblo.
16 Mas de los pobres del país dejó Nabuzaradán
capitán de la guardia para viñadores y labradores.
17 Y los caldeos quebraron las columnas de
bronce que estaban en la casa de Jehová, y las
basas, y el mar de bronce que estaba en la casa
de Jehová, y llevaron todo el bronce a Babilonia.
18 Se llevaron también los calderos, las palas, las
despabiladeras, los tazones, las cucharas, y todos
los utensilios de bronce con que se ministraba,
19 y los incensarios, tazones, copas, ollas, cande-
leros, escudillas y tazas; lo de oro por oro, y lo de
plata por plata, se llevó el capitán de la guardia.
20 Las dos columnas, un mar, y los doce bueyes
de bronce que estaban debajo de las basas, que
había hecho el rey Salomón en la casa de Jehová;
el peso del bronce de todo esto era incalculable.
21 En cuanto a las columnas, la altura de cada
columna era de dieciocho codos, y un cordón de
doce codos la rodeaba; y su espesor era de cua-
tro dedos, y eran huecas.
22 Y el capitel de bronce que había sobre ella era
de una altura de cinco codos, con una red y gra-
nadas alrededor del capitel, todo de bronce; y lo
mismo era lo de la segunda columna con sus
granadas.
23 Había noventa y seis granadas en cada hilera;
todas ellas eran ciento sobre la red alrededor.[e]
24 Tomó también el capitán de la guardia a
Seraías el principal sacerdote, a Sofonías el se-
gundo sacerdote, y tres guardas del atrio.
25 Y de la ciudad tomó a un oficial que era capi-
tán de los hombres de guerra, a siete hombres
de los consejeros íntimos del rey, que estaban en
la ciudad, y al principal secretario de la milicia,
que pasaba revista al pueblo de la tierra para la
guerra, y sesenta hombres del pueblo que se
hallaron dentro de la ciudad.
26 Los tomó, pues, Nabuzaradán capitán de la
guardia, y los llevó al rey de Babilonia en Ribla.
27 Y el rey de Babilonia los hirió, y los mató en
Ribla en tierra de Hamat. Así Judá fue transpor-
tada de su tierra.
28 Este es el pueblo que Nabucodonosor llevó
cautivo: En el año séptimo, a tres mil veintitrés
hombres de Judá.
29 En el año dieciocho de Nabucodonosor él lle-
vó cautivas de Jerusalén a ochocientas treinta y
dos personas.
30 El año veintitrés de Nabucodonosor, Nabuza-
radán capitán de la guardia llevó cautivas a se-
tecientas cuarenta y cinco personas de los
hombres de Judá; todas las personas en total
fueron cuatro mil seiscientas.

Joaquín es libertado y recibe honores en Babilonia

31 Y sucedió que en el año treinta y siete del
cautiverio de Joaquín rey de Judá, en el mes
duodécimo, a los veinticinco días del mes, Evil-
merodac rey de Babilonia, en el año primero de
su reinado, alzó la cabeza de Joaquín rey de
Judá y lo sacó de la cárcel.
32 Y habló con él amigablemente, e hizo poner
su trono sobre los tronos de los reyes que esta-
ban con él en Babilonia.
33 Le hizo mudar también los vestidos de prisio-
nero, y comía pan en la mesa del rey siempre to-
dos los días de su vida.
34 Y continuamente se le daba una ración de par-
te del rey de Babilonia, cada día durante todos
los días de su vida, hasta el día de su muerte.

LAMENTACIONES
DE JEREMÍAS

Tristezas de Sion la cautiva

1 1 ¡Cómo ha quedado sola la ciudad populosa!
La grande entre las naciones se ha vuelto
como viuda,
La señora de provincias ha sido hecha
tributaria.
2 Amargamente llora en la noche, y sus
lágrimas están en sus mejillas.
No tiene quien la consuele de todos
sus amantes;
Todos sus amigos le faltaron, se le
volvieron enemigos.
3 Judá ha ido en cautiverio a causa de la
aflicción y de la dura servidumbre;
Ella habitó entre las naciones, y no halló
descanso;
Todos sus perseguidores la alcanzaron
entre las estrechuras.
4 Las calzadas de Sion tienen luto, porque

52.17-23: [e] 1 R. 7.15-47.

no hay quien venga a las fiestas
solemnes;
Todas sus puertas están asoladas, sus
sacerdotes gimen,
Sus vírgenes están afligidas, y ella tiene
amargura.
5 Sus enemigos han sido hechos príncipes,
sus aborrecedores fueron prosperados,
Porque Jehová la afligió por la multitud
de sus rebeliones;
Sus hijos fueron en cautividad delante
del enemigo.
6 Desapareció de la hija de Sion toda su
hermosura;
Sus príncipes fueron como ciervos que no
hallan pasto,
Y anduvieron sin fuerzas delante del
perseguidor.
7 Jerusalén, cuando cayó su pueblo en
mano del enemigo y no hubo quien la
ayudase,
Se acordó de los días de su aflicción, y de
sus rebeliones,
Y de todas las cosas agradables que tuvo
desde los tiempos antiguos.
La miraron los enemigos, y se burlaron
de su caída.
8 Pecado cometió Jerusalén, por lo cual
ella ha sido removida;
Todos los que la honraban la han
menospreciado, porque vieron su
vergüenza;
Y ella suspira, y se vuelve atrás.
9 Su inmundicia está en sus faldas, y no se
acordó de su fin;
Por tanto, ella ha descendido
sorprendentemente, y no tiene quien la
consuele.
Mira, oh Jehová, mi aflicción, porque el
enemigo se ha engrandecido.
10 Extendió su mano el enemigo a todas sus
cosas preciosas;
Ella ha visto entrar en su santuario a las
naciones
De las cuales mandaste que no entrasen
en tu congregación.
11 Todo su pueblo buscó su pan suspirando;
Dieron por la comida todas sus cosas
preciosas, para entretener la vida.
Mira, oh Jehová, y ve que estoy abatida.
12 ¿No os conmueve a cuantos pasáis por el
camino?
Mirad, y ved si hay dolor como mi dolor
que me ha venido;
Porque Jehová me ha angustiado en el
día de su ardiente furor.
13 Desde lo alto envió fuego que consume
mis huesos;
Ha extendido red a mis pies,
me volvió atrás,
Me dejó desolada, y con dolor
todo el día.
14 El yugo de mis rebeliones ha sido atado
por su mano;
Ataduras han sido echadas sobre mi
cerviz; ha debilitado mis fuerzas;
Me ha entregado el Señor en manos
contra las cuales no podré
levantarme.
15 El Señor ha hollado a todos mis hombres
fuertes en medio de mí;
Llamó contra mí compañía para
quebrantar a mis jóvenes;
Como lagar ha hollado el Señor a la
virgen hija de Judá.
16 Por esta causa lloro; mis ojos, mis ojos
fluyen aguas,
Porque se alejó de mí el consolador que
dé reposo a mi alma;
Mis hijos son destruidos, porque el
enemigo prevaleció.
17 Sion extendió sus manos;
no tiene quien la consuele;
Jehová dio mandamiento contra Jacob,
que sus vecinos fuesen sus enemigos;
Jerusalén fue objeto de abominación
entre ellos.
18 Jehová es justo; yo contra su palabra
me rebelé.
Oíd ahora, pueblos todos,
y ved mi dolor;
Mis vírgenes y mis jóvenes fueron
llevados en cautiverio.
19 Di voces a mis amantes, mas ellos me
han engañado;
Mis sacerdotes y mis ancianos en la
ciudad perecieron,
Buscando comida para sí con que
entretener su vida.
20 Mira, oh Jehová, estoy atribulada,
mis entrañas hierven.
Mi corazón se trastorna dentro de mí,
porque me rebelé en gran manera.
Por fuera hizo estragos la espada; por
dentro señoreó la muerte.
21 Oyeron que gemía, mas no hay
consolador para mí;
Todos mis enemigos han oído mi mal,
se alegran de lo que tú hiciste.
Harás venir el día que has anunciado,
y serán como yo.
22 Venga delante de ti toda su maldad,
Y haz con ellos como hiciste conmigo
por todas mis rebeliones;
Porque muchos son mis suspiros,
y mi corazón está adolorido.

Las tristezas de Sion vienen de Jehová

2 1 ¡Cómo oscureció el Señor en su furor
a la hija de Sion!
Derribó del cielo a la tierra la hermosura
de Israel,
Y no se acordó del estrado de sus pies en
el día de su furor.
2 Destruyó el Señor, y no perdonó;
Destruyó en su furor todas las tiendas de
Jacob;
Echó por tierra las fortalezas de la hija de
Judá,
Humilló al reino y a sus príncipes.
3 Cortó con el ardor de su ira todo el
poderío de Israel;
Retiró de él su diestra frente al enemigo,
Y se encendió en Jacob como llama de
fuego que ha devorado alrededor.
4 Entesó su arco como enemigo, afirmó su
mano derecha como adversario,
Y destruyó cuanto era hermoso.
En la tienda de la hija de Sion derramó
como fuego su enojo.
5 El Señor llegó a ser como enemigo,
destruyó a Israel;
Destruyó todos sus palacios, derribó sus
fortalezas,
Y multiplicó en la hija de Judá la tristeza
y el lamento.
6 Quitó su tienda como enramada de
huerto;
Destruyó el lugar en donde se
congregaban;
Jehová ha hecho olvidar las fiestas
solemnes y los días de reposo* en Sion,
Y en el ardor de su ira ha desechado al
rey y al sacerdote.
7 Desechó el Señor su altar, menospreció
su santuario;
Ha entregado en mano del enemigo los
muros de sus palacios;
Hicieron resonar su voz en la casa de
Jehová como en día de fiesta.
8 Jehová determinó destruir el muro de la
hija de Sion;
Extendió el cordel, no retrajo su mano de
la destrucción;
Hizo, pues, que se lamentara el
antemuro y el muro; fueron desolados
juntamente.
9 Sus puertas fueron echadas por tierra,
destruyó y quebrantó sus cerrojos;
Su rey y sus príncipes están entre las
naciones donde no hay ley;
Sus profetas tampoco hallaron visión de
Jehová.
10 Se sentaron en tierra, callaron los
ancianos de la hija de Sion;
Echaron polvo sobre sus cabezas, se
ciñeron de cilicio;
Las vírgenes de Jerusalén bajaron sus
cabezas a tierra.
11 Mis ojos desfallecieron de lágrimas, se
conmovieron mis entrañas,
Mi hígado se derramó por tierra a causa
del quebrantamiento de la hija de mi
pueblo,
Cuando desfallecía el niño y el que
mamaba, en las plazas de la ciudad.
12 Decían a sus madres: ¿Dónde está el
trigo y el vino?
Desfallecían como heridos en las calles
de la ciudad,
Derramando sus almas en el regazo de
sus madres.
13 ¿Qué testigo te traeré, o a quién te haré
semejante, hija de Jerusalén?
¿A quién te compararé para consolarte,
oh virgen hija de Sion?
Porque grande como el mar es tu
quebrantamiento; ¿quién te sanará?
14 Tus profetas vieron para ti vanidad y
locura;
Y no descubrieron tu pecado para
impedir tu cautiverio,
Sino que te predicaron vanas profecías y
extravíos.
15 Todos los que pasaban por el camino
batieron las manos sobre ti;
Silbaron, y movieron despectivamente
sus cabezas sobre la hija de Jerusalén,
diciendo:
¿Es esta la ciudad que decían de perfecta
hermosura, el gozo de toda la tierra?
16 Todos tus enemigos abrieron contra ti su
boca;
Se burlaron, y crujieron los dientes;
dijeron: Devorémosla;
Ciertamente este es el día que
esperábamos; lo hemos hallado, lo
hemos visto.
17 Jehová ha hecho lo que tenía
determinado;
Ha cumplido su palabra, la cual él había
mandado desde tiempo antiguo.
Destruyó, y no perdonó;
Y ha hecho que el enemigo se alegre
sobre ti,
Y enalteció el poder de tus adversarios.
18 El corazón de ellos clamaba al Señor;
Oh hija de Sion, echa lágrimas cual
arroyo día y noche;
No descanses, ni cesen las niñas de tus ojos.
19 Levántate, da voces en la noche, al
comenzar las vigilias;

* Aquí equivale a *sábado*.

Derrama como agua tu corazón ante la
presencia del Señor;
Alza tus manos a él implorando la vida
de tus pequeñitos,
Que desfallecen de hambre en las
entradas de todas las calles.
20 Mira, oh Jehová, y considera a quién has
hecho así.
¿Han de comer las mujeres el fruto de
sus entrañas, los pequeñitos a su tierno
cuidado?
¿Han de ser muertos en el santuario del
Señor el sacerdote y el profeta?
21 Niños y viejos yacían por tierra en las
calles;
Mis vírgenes y mis jóvenes cayeron a
espada;
Mataste en el día de tu furor; degollaste,
no perdonaste.
22 Has convocado de todas partes mis
temores, como en un día de
solemnidad;
Y en el día del furor de Jehová no hubo
quien escapase ni quedase vivo;
Los que crié y mantuve, mi enemigo los
acabó.

Esperanza de liberación por la misericordia de Dios

3 1 Yo soy el hombre que ha visto aflicción
bajo el látigo de su enojo.
2 Me guió y me llevó en tinieblas, y no en
luz;
3 Ciertamente contra mí volvió y revolvió
su mano todo el día.
4 Hizo envejecer mi carne y mi piel;
quebrantó mis huesos;
5 Edificó baluartes contra mí, y me rodeó
de amargura y de trabajo.
6 Me dejó en oscuridad, como los ya
muertos de mucho tiempo.
7 Me cercó por todos lados, y no puedo
salir; ha hecho más pesadas mis
cadenas;
8 Aun cuando clamé y di voces, cerró los
oídos a mi oración;
9 Cercó mis caminos con piedra labrada,
torció mis senderos.
10 Fue para mí como oso que acecha, como
león en escondrijos;
11 Torció mis caminos, y me despedazó; me
dejó desolado.
12 Entesó su arco, y me puso como blanco
para la saeta.
13 Hizo entrar en mis entrañas las saetas de
su aljaba.
14 Fui escarnio a todo mi pueblo, burla de
ellos todos los días;
15 Me llenó de amarguras, me embriagó de
ajenjos.
16 Mis dientes quebró con cascajo, me
cubrió de ceniza;
17 Y mi alma se alejó de la paz, me olvidé
del bien,
18 Y dije: Perecieron mis fuerzas, y mi
esperanza en Jehová.
19 Acuérdate de mi aflicción y de mi
abatimiento, del ajenjo y de la hiel;
20 Lo tendré aún en memoria, porque mi
alma está abatida dentro de mí;
21 Esto recapacitaré en mi corazón, por lo
tanto esperaré.
22 Por la misericordia de Jehová no hemos
sido consumidos, porque nunca
decayeron sus misericordias.
23 Nuevas son cada mañana; grande es tu
fidelidad.
24 Mi porción es Jehová, dijo mi alma; por
tanto, en él esperaré.
25 Bueno es Jehová a los que en él esperan,
al alma que le busca.
26 Bueno es esperar en silencio la salvación
de Jehová.
27 Bueno le es al hombre llevar el yugo
desde su juventud.
28 Que se siente solo y calle, porque es Dios
quien se lo impuso;
29 Ponga su boca en el polvo, por si aún hay
esperanza;
30 Dé la mejilla al que le hiere, y sea
colmado de afrentas.
31 Porque el Señor no desecha para
siempre;
32 Antes si aflige, también se compadece
según la multitud de sus misericordias;
33 Porque no aflige ni entristece
voluntariamente a los hijos de los
hombres.
34 Desmenuzar bajo los pies a todos los
encarcelados de la tierra,
35 Torcer el derecho del hombre delante de
la presencia del Altísimo,
36 Trastornar al hombre en su causa, el
Señor no lo aprueba.
37 ¿Quién será aquel que diga que sucedió
algo que el Señor no mandó?
38 ¿De la boca del Altísimo no sale lo malo
y lo bueno?
39 ¿Por qué se lamenta el hombre viviente?
Laméntese el hombre en su pecado.
40 Escudriñemos nuestros caminos, y
busquemos, y volvámonos a Jehová;
41 Levantemos nuestros corazones y manos
a Dios en los cielos;
42 Nosotros nos hemos rebelado, y fuimos
desleales; tú no perdonaste.

43 Desplegaste la ira y nos perseguiste;
mataste, y no perdonaste;
44 Te cubriste de nube para que no pasase
la oración nuestra;
45 Nos volviste en oprobio y abominación
en medio de los pueblos.
46 Todos nuestros enemigos abrieron contra
nosotros su boca;
47 Temor y lazo fueron para nosotros,
asolamiento y quebranto;
48 Ríos de aguas echan mis ojos por el
quebrantamiento de la hija de mi pueblo.
49 Mis ojos destilan y no cesan, porque no
hay alivio
50 Hasta que Jehová mire y vea desde los
cielos;
51 Mis ojos contristaron mi alma por todas
las hijas de mi ciudad.
52 Mis enemigos me dieron caza como a
ave, sin haber por qué;
53 Ataron mi vida en cisterna, pusieron
piedra sobre mí;
54 Aguas cubrieron mi cabeza; yo dije:
Muerto soy.
55 Invoqué tu nombre, oh Jehová, desde la
cárcel profunda;
56 Oíste mi voz; no escondas tu oído al
clamor de mis suspiros.
57 Te acercaste el día que te invoqué;
dijiste: No temas.
58 Abogaste, Señor, la causa de mi alma;
redimiste mi vida.
59 Tú has visto, oh Jehová, mi agravio;
defiende mi causa.
60 Has visto toda su venganza, todos sus
pensamientos contra mí.
61 Has oído el oprobio de ellos, oh Jehová,
todas sus maquinaciones contra mí;
62 Los dichos de los que contra mí se
levantaron, y su designio contra mí
todo el día.
63 Su sentarse y su levantarse mira; yo soy
su canción.
64 Dales el pago, oh Jehová, según la obra
de sus manos.
65 Entrégalos al endurecimiento de corazón;
tu maldición caiga sobre ellos.
66 Persíguelos en tu furor, y quebrántalos de
debajo de los cielos, oh Jehová.

El castigo de Sion consumado

4 1 ¡Cómo se ha ennegrecido el oro!
¡Cómo el buen oro ha perdido su brillo!
Las piedras del santuario están
esparcidas por las encrucijadas de
todas las calles.
2 Los hijos de Sion, preciados y estimados
más que el oro puro,
¡Cómo son tenidos por vasijas de barro,
obra de manos de alfarero!
3 Aun los chacales dan la teta, y
amamantan a sus cachorros;
La hija de mi pueblo es cruel como los
avestruces en el desierto.
4 La lengua del niño de pecho se pegó a su
paladar por la sed;
Los pequeñuelos pidieron pan, y no hubo
quien se lo repartiese.
5 Los que comían delicadamente fueron
asolados en las calles;
Los que se criaron entre púrpura se
abrazaron a los estercoleros.
6 Porque se aumentó la iniquidad de la hija
de mi pueblo más que el pecado de
Sodoma,[a]
Que fue destruida en un momento, sin
que acamparan contra ella compañías.
7 Sus nobles fueron más puros que la
nieve, más blancos que la leche;
Más rubios eran sus cuerpos que el coral,
su talle más hermoso que el zafiro.
8 Oscuro más que la negrura es su aspecto;
no los conocen por las calles;
Su piel está pegada a sus huesos, seca
como un palo.
9 Más dichosos fueron los muertos a
espada que los muertos por el hambre;
Porque éstos murieron poco a poco por
falta de los frutos de la tierra.
10 Las manos de mujeres piadosas cocieron
a sus hijos;[b]
Sus propios hijos les sirvieron de comida
en el día del quebrantamiento de la
hija de mi pueblo.
11 Cumplió Jehová su enojo, derramó el
ardor de su ira;
Y encendió en Sion fuego que consumió
hasta sus cimientos.
12 Nunca los reyes de la tierra, ni todos los
que habitan en el mundo,
Creyeron que el enemigo y el adversario
entrara por las puertas de Jerusalén.
13 Es por causa de los pecados de sus profetas,
y las maldades de sus sacerdotes,
Quienes derramaron en medio de ella la
sangre de los justos.
14 Titubearon como ciegos en las calles,
fueron contaminados con sangre,
De modo que no pudiesen tocarse sus
vestiduras.
15 ¡Apartaos! ¡Inmundos! les gritaban;
¡Apartaos, apartaos, no toquéis!
Huyeron y fueron dispersados; se dijo
entre las naciones:
Nunca más morarán aquí.

4.6: [a] Gn. 19.24. **4.10:** [b] Dt. 28.57; Ez. 5.10

16 La ira de Jehová los apartó, no los mirará
más;
No respetaron la presencia de los
sacerdotes, ni tuvieron compasión de
los viejos.
17 Aun han desfallecido nuestros ojos
esperando en vano nuestro socorro;
En nuestra esperanza aguardamos a una
nación que no puede salvar.
18 Cazaron nuestros pasos, para que no
anduviésemos por nuestras calles;
Se acercó nuestro fin, se cumplieron
nuestros días; porque llegó nuestro fin.
19 Ligeros fueron nuestros perseguidores
más que las águilas del cielo;
Sobre los montes nos persiguieron, en el
desierto nos pusieron emboscadas.
20 El aliento de nuestras vidas, el ungido de
Jehová,
De quien habíamos dicho: A su sombra
tendremos vida entre las naciones, fue
apresado en sus lazos.
21 Gózate y alégrate, hija de Edom, la que
habitas en tierra de Uz;
Aun hasta ti llegará la copa; te
embriagarás, y vomitarás.
22 Se ha cumplido tu castigo, oh hija de Sion;
Nunca más te hará llevar cautiva.
Castigará tu iniquidad, oh hija de Edom;
Descubrirá tus pecados.

Oración del pueblo afligido

5 1 Acuérdate, oh Jehová, de lo que nos
ha sucedido;
Mira, y ve nuestro oprobio.
2 Nuestra heredad ha pasado a extraños,
Nuestras casas a forasteros.
3 Huérfanos somos sin padre;
Nuestras madres son como viudas.
4 Nuestra agua bebemos por dinero;
Compramos nuestra leña por precio.
5 Padecemos persecución sobre nosotros;
Nos fatigamos, y no hay para nosotros
reposo.
6 Al egipcio y al asirio extendimos la
mano, para saciarnos de pan.
7 Nuestros padres pecaron, y han muerto;
Y nosotros llevamos su castigo.
8 Siervos se enseñorearon de nosotros;
No hubo quien nos librase de su mano.
9 Con peligro de nuestras vidas traíamos
nuestro pan
Ante la espada del desierto.
10 Nuestra piel se ennegreció como un horno
A causa del ardor del hambre.
11 Violaron a las mujeres en Sion,
A las vírgenes en las ciudades de Judá.
12 A los príncipes colgaron de las manos;
No respetaron el rostro de los viejos.
13 Llevaron a los jóvenes a moler,
Y los muchachos desfallecieron bajo el
peso de la leña.
14 Los ancianos no se ven más en la puerta,
Los jóvenes dejaron sus canciones.
15 Cesó el gozo de nuestro corazón;
Nuestra danza se cambió en luto.
16 Cayó la corona de nuestra cabeza;
¡Ay ahora de nosotros! porque pecamos.
17 Por esto fue entristecido nuestro corazón,
Por esto se entenebrecieron nuestros ojos,
18 Por el monte de Sion que está asolado;
Zorras andan por él.
19 Mas tú, Jehová, permanecerás para
siempre;
Tu trono de generación en generación.
20 ¿Por qué te olvidas completamente de
nosotros,
Y nos abandonas tan largo tiempo?
21 Vuélvenos, oh Jehová, a ti, y nos
volveremos;
Renueva nuestros días como al principio.
22 Porque nos has desechado;
Te has airado contra nosotros en gran
manera.

EZEQUIEL

La visión de la gloria divina

1 1 Aconteció en el año treinta, en el mes
cuarto, a los cinco días del mes, que estando
yo en medio de los cautivos junto al río Quebar,
los cielos se abrieron,[a] y vi visiones de Dios.
2 En el quinto año de la deportación del rey Joa-
quín,[b] a los cinco días del mes,
3 vino palabra de Jehová al sacerdote Ezequiel
hijo de Buzi, en la tierra de los caldeos, junto al
río Quebar; vino allí sobre él la mano de Jehová.
4 Y miré, y he aquí venía del norte un viento
tempestuoso, y una gran nube, con un fuego en-
volvente, y alrededor de él un resplandor, y en
medio del fuego algo que parecía como bronce
refulgente,
5 y en medio de ella la figura de cuatro seres vi-
vientes.[c] Y esta era su apariencia: había en ellos
semejanza de hombre.

1.1: [a] Ap. 19.11. 1.2: [b] 2 R. 24.10-16; 2 Cr. 36.9-10.
1.5: [c] Ap. 4.6.

6 Cada uno tenía cuatro caras y cuatro alas.
7 Y los pies de ellos eran derechos, y la planta de sus pies como planta de pie de becerro; y centelleaban a manera de bronce muy bruñido.
8 Debajo de sus alas, a sus cuatro lados, tenían manos de hombre; y sus caras y sus alas por los cuatro lados.
9 Con las alas se juntaban el uno al otro. No se volvían cuando andaban, sino que cada uno caminaba derecho hacia adelante.
10 Y el aspecto de sus caras era cara de hombre, y cara de león al lado derecho de los cuatro, y cara de buey a la izquierda en los cuatro; asimismo había en los cuatro cara de águila.[d]
11 Así eran sus caras. Y tenían sus alas extendidas por encima, cada uno dos, las cuales se juntaban; y las otras dos cubrían sus cuerpos.
12 Y cada uno caminaba derecho hacia adelante; hacia donde el espíritu les movía que anduviesen, andaban; y cuando andaban, no se volvían.
13 Cuanto a la semejanza de los seres vivientes, su aspecto era como de carbones de fuego encendidos, como visión de hachones encendidos[e] que andaba entre los seres vivientes; y el fuego resplandecía, y del fuego salían relámpagos.
14 Y los seres vivientes corrían y volvían a semejanza de relámpagos.

15 Mientras yo miraba los seres vivientes, he aquí una rueda sobre la tierra junto a los seres vivientes, a los cuatro lados.
16 El aspecto de las ruedas y su obra era semejante al color del crisólito. Y las cuatro tenían una misma semejanza; su apariencia y su obra eran como rueda en medio de rueda.
17 Cuando andaban, se movían hacia sus cuatro costados; no se volvían cuando andaban.
18 Y sus aros eran altos y espantosos, y llenos de ojos alrededor[f] en las cuatro.
19 Y cuando los seres vivientes andaban, las ruedas andaban junto a ellos; y cuando los seres vivientes se levantaban de la tierra, las ruedas se levantaban.
20 Hacia donde el espíritu les movía que anduviesen, andaban; hacia donde les movía el espíritu que anduviesen, las ruedas también se levantaban tras ellos; porque el espíritu de los seres vivientes estaba en las ruedas.[g]
21 Cuando ellos andaban, andaban ellas, y cuando ellos se paraban, se paraban ellas; asimismo cuando se levantaban de la tierra, las ruedas se levantaban tras ellos; porque el espíritu de los seres vivientes estaba en las ruedas.

22 Y sobre las cabezas de los seres vivientes aparecía una expansión a manera de cristal[h] maravilloso, extendido encima sobre sus cabezas.
23 Y debajo de la expansión las alas de ellos estaban derechas, extendiéndose la una hacia la otra; y cada uno tenía dos alas que cubrían su cuerpo.
24 Y oí el sonido de sus alas cuando andaban, como sonido de muchas aguas,[i] como la voz del Omnipotente, como ruido de muchedumbre, como el ruido de un ejército. Cuando se paraban, bajaban sus alas.
25 Y cuando se paraban y bajaban sus alas, se oía una voz de arriba de la expansión que había sobre sus cabezas.

26 Y sobre la expansión que había sobre sus cabezas se veía la figura de un trono que parecía de piedra de zafiro; y sobre la figura del trono había una semejanza que parecía de hombre sentado sobre él.[j]
27 Y vi apariencia como de bronce refulgente, como apariencia de fuego dentro de ella en derredor, desde el aspecto de sus lomos para arriba; y desde sus lomos para abajo, vi que parecía como fuego, y que tenía resplandor alrededor.[k]
28 Como parece el arco iris que está en las nubes el día que llueve, así era el parecer del resplandor alrededor.

Esta fue la visión de la semejanza de la gloria de Jehová. Y cuando yo la vi, me postré sobre mi rostro, y oí la voz de uno que hablaba.

Llamamiento de Ezequiel

2 1 Me dijo: Hijo de hombre, ponte sobre tus pies, y hablaré contigo.
2 Y luego que me habló, entró el Espíritu en mí y me afirmó sobre mis pies, y oí al que me hablaba.
3 Y me dijo: Hijo de hombre, yo te envío a los hijos de Israel, a gentes rebeldes que se rebelaron contra mí; ellos y sus padres se han rebelado contra mí hasta este mismo día.
4 Yo, pues, te envío a hijos de duro rostro y de empedernido corazón; y les dirás: Así ha dicho Jehová el Señor.
5 Acaso ellos escuchen; pero si no escucharen, porque son una casa rebelde, siempre conocerán que hubo profeta entre ellos.
6 Y tú, hijo de hombre, no les temas, ni tengas miedo de sus palabras, aunque te hallas entre zarzas y espinos, y moras con escorpiones; no tengas miedo de sus palabras, ni temas delante de ellos, porque son casa rebelde.
7 Les hablarás, pues, mis palabras, escuchen o dejen de escuchar; porque son muy rebeldes.
8 Mas tú, hijo de hombre, oye lo que yo te hablo; no seas rebelde como la casa rebelde; abre tu boca, y come lo que yo te doy.

9 Y miré, y he aquí una mano extendida hacia mí, y en ella había un rollo de libro.

1.10: [d] Ez. 10.14; Ap. 4.7. **1.13:** [e] Ap. 4.5. **1.18:** [f] Ap. 4.8. **1.15-21:** [g] Ez. 10.9-13. **1.22:** [h] Ap. 4.6. **1.24:** [i] Ap. 1.14-15; 19.6. **1.26:** [j] Ez. 10.1; Ap. 4.2-3. **1.27:** [k] Ez. 8.2.

10 Y lo extendió delante de mí, y estaba escrito por delante y por detrás;[a] y había escritas en él endechas y lamentaciones y ayes.

3 1 Me dijo: Hijo de hombre, come lo que hallas; come este rollo, y ve y habla a la casa de Israel.

2 Y abrí mi boca, y me hizo comer aquel rollo.

3 Y me dijo: Hijo de hombre, alimenta tu vientre, y llena tus entrañas de este rollo que yo te doy. Y lo comí, y fue en mi boca dulce como miel.[a]

4 Luego me dijo: Hijo de hombre, ve y entra a la casa de Israel, y habla a ellos con mis palabras.

5 Porque no eres enviado a pueblo de habla profunda ni de lengua difícil, sino a la casa de Israel.

6 No a muchos pueblos de habla profunda ni de lengua difícil, cuyas palabras no entiendas; y si a ellos te enviara, ellos te oyeran.

7 Mas la casa de Israel no te querrá oír, porque no me quiere oír a mí; porque toda la casa de Israel es dura de frente y obstinada de corazón.

8 He aquí yo he hecho tu rostro fuerte contra los rostros de ellos, y tu frente fuerte contra sus frentes.

9 Como diamante, más fuerte que pedernal he hecho tu frente; no los temas, ni tengas miedo delante de ellos, porque son casa rebelde.

10 Y me dijo: Hijo de hombre, toma en tu corazón todas mis palabras que yo te hablaré, y oye con tus oídos.

11 Y ve y entra a los cautivos, a los hijos de tu pueblo, y háblales y diles: Así ha dicho Jehová el Señor; escuchen, o dejen de escuchar.

12 Y me levantó el Espíritu, y oí detrás de mí una voz de gran estruendo, que decía: Bendita sea la gloria de Jehová desde su lugar.

13 Oí también el sonido de las alas de los seres vivientes que se juntaban la una con la otra, y el sonido de las ruedas delante de ellos, y sonido de gran estruendo.

14 Me levantó, pues, el Espíritu, y me tomó; y fui en amargura, en la indignación de mi espíritu, pero la mano de Jehová era fuerte sobre mí.

15 Y vine a los cautivos en Tel-abib, que moraban junto al río Quebar, y me senté donde ellos estaban sentados, y allí permanecí siete días atónito entre ellos.

El atalaya de Israel

16 Y aconteció que al cabo de los siete días vino a mí palabra de Jehová, diciendo:

17 Hijo de hombre, yo te he puesto por atalaya a la casa de Israel; oirás, pues, tú la palabra de mi boca, y los amonestarás de mi parte.

18 Cuando yo dijere al impío: De cierto morirás; y tú no le amonestares ni le hablares, para que el impío sea apercibido de su mal camino a fin de que viva, el impío morirá por su maldad, pero su sangre demandaré de tu mano.

19 Pero si tú amonestares al impío, y él no se convirtiere de su impiedad y de su mal camino, él morirá por su maldad, pero tú habrás librado tu alma.

20 Si el justo se apartare de su justicia e hiciere maldad, y pusiere yo tropiezo delante de él, él morirá, porque tú no le amonestaste; en su pecado morirá, y sus justicias que había hecho no vendrán en memoria; pero su sangre demandaré de tu mano.

21 Pero si al justo amonestares para que no peque, y no pecare, de cierto vivirá, porque fue amonestado; y tú habrás librado tu alma.

El profeta mudo

22 Vino allí la mano de Jehová sobre mí, y me dijo: Levántate, y sal al campo, y allí hablaré contigo.

23 Y me levanté y salí al campo; y he aquí que allí estaba la gloria de Jehová, como la gloria que había visto junto al río Quebar; y me postré sobre mi rostro.

24 Entonces entró el Espíritu en mí y me afirmó sobre mis pies, y me habló, y me dijo: Entra, y enciérrate dentro de tu casa.

25 Y tú, oh hijo de hombre, he aquí que pondrán sobre ti cuerdas, y con ellas te ligarán, y no saldrás entre ellos.

26 Y haré que se pegue tu lengua a tu paladar, y estarás mudo, y no serás a ellos varón que reprende; porque son casa rebelde.

27 Mas cuando yo te hubiere hablado, abriré tu boca, y les dirás: Así ha dicho Jehová el Señor: El que oye, oiga; y el que no quiera oír, no oiga; porque casa rebelde son.

Predicción del sitio de Jerusalén

4 1 Tú, hijo de hombre, tómate un adobe, y ponlo delante de ti, y diseña sobre él la ciudad de Jerusalén.

2 Y pondrás contra ella sitio, y edificarás contra ella fortaleza, y sacarás contra ella baluarte, y pondrás delante de ella campamento, y colocarás contra ella arietes alrededor.

3 Tómate también una plancha de hierro, y ponla en lugar de muro de hierro entre ti y la ciudad; afirmarás luego tu rostro contra ella, y será en lugar de cerco, y la sitiarás. Es señal a la casa de Israel.

4 Y tú te acostarás sobre tu lado izquierdo y pondrás sobre él la maldad de la casa de Israel. El número de los días que duermas sobre él, llevarás sobre ti la maldad de ellos.

5 Yo te he dado los años de su maldad por el número de los días, trescientos noventa días; y así llevarás tú la maldad de la casa de Israel.

2.9-10: [a] Ap. 5.1. **3.1-3:** [a] Ap. 10.9-10.

6 Cumplidos éstos, te acostarás sobre tu lado derecho segunda vez, y llevarás la maldad de la casa de Judá cuarenta días; día por año, día por año te lo he dado.
7 Al asedio de Jerusalén afirmarás tu rostro, y descubierto tu brazo, profetizarás contra ella.
8 Y he aquí he puesto sobre ti ataduras, y no te volverás de un lado a otro, hasta que hayas cumplido los días de tu asedio.
9 Y tú toma para ti trigo, cebada, habas, lentejas, millo y avena, y ponlos en una vasija, y hazte pan de ellos el número de los días que te acuestes sobre tu lado; trescientos noventa días comerás de él.
10 La comida que comerás será de peso de veinte siclos al día; de tiempo en tiempo la comerás.
11 Y beberás el agua por medida, la sexta parte de un hin; de tiempo en tiempo la beberás.
12 Y comerás pan de cebada cocido debajo de la ceniza; y lo cocerás a vista de ellos al fuego de excremento humano.
13 Y dijo Jehová: Así comerán los hijos de Israel su pan inmundo, entre las naciones a donde los arrojaré yo.
14 Y dije: ¡Ah, Señor Jehová! he aquí que mi alma no es inmunda, ni nunca desde mi juventud hasta este tiempo comí cosa mortecina ni despedazada, ni nunca en mi boca entró carne inmunda.
15 Y me respondió: He aquí te permito usar estiércol de bueyes en lugar de excremento humano para cocer tu pan.
16 Me dijo luego: Hijo de hombre, he aquí quebrantaré el sustento del pan en Jerusalén; y comerán el pan por peso y con angustia, y beberán el agua por medida y con espanto,
17 para que al faltarles el pan y el agua, se miren unos a otros con espanto, y se consuman en su maldad.

5 1 Y tú, hijo de hombre, tómate un cuchillo agudo, toma una navaja de barbero, y hazla pasar sobre tu cabeza y tu barba; toma después una balanza de pesar y divide los cabellos.
2 Una tercera parte quemarás a fuego en medio de la ciudad, cuando se cumplan los días del asedio; y tomarás una tercera parte y la cortarás con espada alrededor de la ciudad; y una tercera parte esparcirás al viento, y yo desenvainaré espada en pos de ellos.
3 Tomarás también de allí unos pocos en número, y los atarás en la falda de tu manto.
4 Y tomarás otra vez de ellos, y los echarás en medio del fuego, y en el fuego los quemarás; de allí saldrá el fuego a toda la casa de Israel.
5 Así ha dicho Jehová el Señor: Esta es Jerusalén; la puse en medio de las naciones y de las tierras alrededor de ella.
6 Y ella cambió mis decretos y mis ordenanzas en impiedad más que las naciones, y más que las tierras que están alrededor de ella; porque desecharon mis decretos y mis mandamientos, y no anduvieron en ellos.
7 Por tanto, así ha dicho Jehová: ¿Por haberos multiplicado más que las naciones que están alrededor de vosotros, no habéis andado en mis mandamientos, ni habéis guardado mis leyes? Ni aun según las leyes de las naciones que están alrededor de vosotros habéis andado.
8 Así, pues, ha dicho Jehová el Señor: He aquí yo estoy contra ti; sí, yo, y haré juicios en medio de ti ante los ojos de las naciones.
9 Y haré en ti lo que nunca hice, ni jamás haré cosa semejante, a causa de todas tus abominaciones.
10 Por eso los padres comerán a los hijos[a] en medio de ti, y los hijos comerán a sus padres; y haré en ti juicios, y esparciré a todos los vientos todo lo que quedare de ti.
11 Por tanto, vivo yo, dice Jehová el Señor, ciertamente por haber profanado mi santuario con todas tus abominaciones, te quebrantaré yo también; mi ojo no perdonará, ni tampoco tendré yo misericordia.
12 Una tercera parte de ti morirá de pestilencia y será consumida de hambre en medio de ti; y una tercera parte caerá a espada alrededor de ti; y una tercera parte esparciré a todos los vientos, y tras ellos desenvainaré espada.
13 Y se cumplirá mi furor y saciaré en ellos mi enojo, y tomaré satisfacción; y sabrán que yo Jehová he hablado en mi celo, cuando cumpla en ellos mi enojo.
14 Y te convertiré en soledad y en oprobio entre las naciones que están alrededor de ti, a los ojos de todo transeúnte.
15 Y serás oprobio y escarnio y escarmiento y espanto a las naciones que están alrededor de ti, cuando yo haga en ti juicios con furor e indignación, y en reprensiones de ira. Yo Jehová he hablado.
16 Cuando arroje yo sobre ellos las perniciosas saetas del hambre, que serán para destrucción, las cuales enviaré para destruiros, entonces aumentaré el hambre sobre vosotros, y quebrantaré entre vosotros el sustento del pan.
17 Enviaré, pues, sobre vosotros hambre, y bestias feroces que te destruyan; y pestilencia y sangre pasarán por medio de ti, y enviaré sobre ti espada.[b] Yo Jehová he hablado.

Profecía contra los montes de Israel

6 1 Vino a mí palabra de Jehová, diciendo:
2 Hijo de hombre, pon tu rostro hacia los montes de Israel, y profetiza contra ellos.

5.10: [a] Lm. 4.10. **5.17:** [b] Ap. 6.8.

3 Y dirás: Montes de Israel, oíd palabra de Jeho-
vá el Señor: Así ha dicho Jehová el Señor a los
montes y a los collados, a los arroyos y a los va-
lles: He aquí que yo, yo haré venir sobre voso-
tros espada, y destruiré vuestros lugares altos.
4 Vuestros altares serán asolados, y vuestras
imágenes del sol serán quebradas; y haré que
caigan vuestros muertos delante de vuestros
ídolos.
5 Y pondré los cuerpos muertos de los hijos de
Israel delante de sus ídolos, y vuestros huesos
esparciré en derredor de vuestros altares.
6 Dondequiera que habitéis, serán desiertas las
ciudades, y los lugares altos serán asolados,
para que sean asolados y se hagan desiertos
vuestros altares; y vuestros ídolos serán quebra-
dos y acabarán, vuestras imágenes del sol serán
destruidas, y vuestras obras serán deshechas.
7 Y los muertos caerán en medio de vosotros; y
sabréis que yo soy Jehová.

8 Mas dejaré un resto, de modo que tengáis
entre las naciones algunos que escapen de la es-
pada, cuando seáis esparcidos por las tierras.
9 Y los que de vosotros escaparen se acordarán
de mí entre las naciones en las cuales serán cau-
tivos; porque yo me quebranté a causa de su co-
razón fornicario que se apartó de mí, y a causa
de sus ojos que fornicaron tras sus ídolos; y se
avergonzarán de sí mismos, a causa de los ma-
les que hicieron en todas sus abominaciones.
10 Y sabrán que yo soy Jehová; no en vano dije
que les había de hacer este mal.

11 Así ha dicho Jehová el Señor: Palmotea
con tus manos, y golpea con tu pie, y di: ¡Ay, por
todas las grandes abominaciones de la casa de
Israel! porque con espada y con hambre y con
pestilencia caerán.
12 El que esté lejos morirá de pestilencia, el que
esté cerca caerá a espada, y el que quede y sea
asediado morirá de hambre; así cumpliré en
ellos mi enojo.
13 Y sabréis que yo soy Jehová, cuando sus muer-
tos estén en medio de sus ídolos, en derredor de
sus altares, sobre todo collado alto, en todas las
cumbres de los montes, debajo de todo árbol
frondoso y debajo de toda encina espesa, lugares
donde ofrecieron incienso a todos sus ídolos.
14 Y extenderé mi mano contra ellos, y donde-
quiera que habiten haré la tierra más asolada y
devastada que el desierto hacia Diblat; y cono-
cerán que yo soy Jehová.

El fin viene

7 1 Vino a mí palabra de Jehová, diciendo:
2 Tú, hijo de hombre, así ha dicho Jehová el
Señor a la tierra de Israel: El fin, el fin viene so-
bre los cuatro extremos de la tierra.
3 Ahora será el fin sobre ti, y enviaré sobre ti mi
furor, y te juzgaré según tus caminos; y pondré
sobre ti todas tus abominaciones.
4 Y mi ojo no te perdonará, ni tendré misericor-
dia; antes pondré sobre ti tus caminos, y en me-
dio de ti estarán tus abominaciones; y sabréis
que yo soy Jehová.

5 Así ha dicho Jehová el Señor: Un mal, he
aquí que viene un mal.
6 Viene el fin, el fin viene; se ha despertado con-
tra ti; he aquí que viene.
7 La mañana viene para ti, oh morador de la tie-
rra; el tiempo viene, cercano está el día; día de
tumulto, y no de alegría, sobre los montes.
8 Ahora pronto derramaré mi ira sobre ti, y
cumpliré en ti mi furor, y te juzgaré según tus
caminos; y pondré sobre ti tus abominaciones.
9 Y mi ojo no perdonará, ni tendré misericordia;
según tus caminos pondré sobre ti, y en medio
de ti estarán tus abominaciones; y sabréis que
yo Jehová soy el que castiga.

10 He aquí el día, he aquí que viene; ha salido
la mañana; ha florecido la vara, ha reverdecido
la soberbia.
11 La violencia se ha levantado en vara de mal-
dad; ninguno quedará de ellos, ni de su multi-
tud, ni uno de los suyos, ni habrá entre ellos
quien se lamente.
12 El tiempo ha venido, se acercó el día; el que
compra, no se alegre, y el que vende, no llore,
porque la ira está sobre toda la multitud.
13 Porque el que vende no volverá a lo vendido,
aunque queden vivos; porque la visión sobre
toda la multitud no se revocará, y a causa de su
iniquidad ninguno podrá amparar su vida.

14 Tocarán trompeta, y prepararán todas las
cosas, y no habrá quien vaya a la batalla; porque
mi ira está sobre toda la multitud.
15 De fuera espada, de dentro pestilencia y
hambre; el que esté en el campo morirá a espa-
da, y al que esté en la ciudad lo consumirá el
hambre y la pestilencia.
16 Y los que escapen de ellos huirán y estarán
sobre los montes como palomas de los valles, gi-
miendo todos, cada uno por su iniquidad.
17 Toda mano se debilitará, y toda rodilla será
débil como el agua.
18 Se ceñirán también de cilicio, y les cubrirá te-
rror; en todo rostro habrá vergüenza, y todas
sus cabezas estarán rapadas.
19 Arrojarán su plata en las calles, y su oro será
desechado; ni su plata ni su oro podrá librarlos
en el día del furor de Jehová; no saciarán su
alma, ni llenarán sus entrañas, porque ha sido
tropiezo para su maldad.
20 Por cuanto convirtieron la gloria de su orna-
mento en soberbia, e hicieron de ello las imáge-
nes de sus abominables ídolos, por eso se lo
convertí en cosa repugnante.

21 En mano de extraños la entregué para ser sa-
queada, y será presa de los impíos de la tierra, y
la profanarán.
22 Y apartaré de ellos mi rostro, y será violado
mi lugar secreto; pues entrarán en él invasores y
lo profanarán.
23 Haz una cadena, porque la tierra está llena
de delitos de sangre, y la ciudad está llena de
violencia.
24 Traeré, por tanto, los más perversos de las
naciones, los cuales poseerán las casas de ellos;
y haré cesar la soberbia de los poderosos, y sus
santuarios serán profanados.
25 Destrucción viene; y buscarán la paz, y no la
habrá.
26 Quebrantamiento vendrá sobre quebranta-
miento, y habrá rumor sobre rumor; y buscarán
respuesta del profeta, mas la ley se alejará del
sacerdote, y de los ancianos el consejo.
27 El rey se enlutará, y el príncipe se vestirá de
tristeza, y las manos del pueblo de la tierra tem-
blarán; según su camino haré con ellos, y con
los juicios de ellos los juzgaré; y sabrán que yo
soy Jehová.

Visión de las abominaciones en Jerusalén

8 1 En el sexto año, en el mes sexto, a los cin-
co días del mes, aconteció que estaba yo
sentado en mi casa, y los ancianos de Judá esta-
ban sentados delante de mí, y allí se posó sobre
mí la mano de Jehová el Señor.
2 Y miré, y he aquí una figura que parecía de
hombre; desde sus lomos para abajo, fuego; y
desde sus lomos para arriba parecía resplandor,
el aspecto de bronce refulgente.[a]
3 Y aquella figura extendió la mano, y me tomó
por las guedejas de mi cabeza; y el Espíritu me
alzó entre el cielo y la tierra, y me llevó en visio-
nes de Dios a Jerusalén, a la entrada de la puer-
ta de adentro que mira hacia el norte, donde
estaba la habitación de la imagen del celo, la
que provoca a celos.
4 Y he aquí, allí estaba la gloria del Dios de Is-
rael, como la visión que yo había visto en el
campo.[b]
5 Y me dijo: Hijo de hombre, alza ahora tus
ojos hacia el lado del norte. Y alcé mis ojos hacia
el norte, y he aquí al norte, junto a la puerta del
altar, aquella imagen del celo en la entrada.
6 Me dijo entonces: Hijo de hombre, ¿no ves lo
que éstos hacen, las grandes abominaciones que
la casa de Israel hace aquí para alejarme de mi
santuario? Pero vuélvete aún, y verás abomina-
ciones mayores.
7 Y me llevó a la entrada del atrio, y miré, y he
aquí en la pared un agujero.
8 Y me dijo: Hijo de hombre, cava ahora en la
pared. Y cavé en la pared, y he aquí una puerta.
9 Me dijo luego: Entra, y ve las malvadas abomi-
naciones que éstos hacen allí.
10 Entré, pues, y miré; y he aquí toda forma de
reptiles y bestias abominables, y todos los ídolos
de la casa de Israel, que estaban pintados en la
pared por todo alrededor.
11 Y delante de ellos estaban setenta varones de
los ancianos de la casa de Israel, y Jaazanías
hijo de Safán en medio de ellos, cada uno con su
incensario en su mano; y subía una nube espesa
de incienso.
12 Y me dijo: Hijo de hombre, ¿has visto las co-
sas que los ancianos de la casa de Israel hacen
en tinieblas, cada uno en sus cámaras pintadas
de imágenes? Porque dicen ellos: No nos ve
Jehová; Jehová ha abandonado la tierra.
13 Me dijo después: Vuélvete aún, verás abomi-
naciones mayores que hacen éstos.
14 Y me llevó a la entrada de la puerta de la
casa de Jehová, que está al norte; y he aquí mu-
jeres que estaban allí sentadas endechando a
Tamuz.
15 Luego me dijo: ¿No ves, hijo de hombre? Vuél-
vete aún, verás abominaciones mayores que estas.
16 Y me llevó al atrio de adentro de la casa de
Jehová; y he aquí junto a la entrada del templo
de Jehová, entre la entrada y el altar, como vein-
ticinco varones, sus espaldas vueltas al templo
de Jehová y sus rostros hacia el oriente, y adora-
ban al sol, postrándose hacia el oriente.
17 Y me dijo: ¿No has visto, hijo de hombre? ¿Es
cosa liviana para la casa de Judá hacer las abo-
minaciones que hacen aquí? Después que han
llenado de maldad la tierra, se volvieron a mí
para irritarme; he aquí que aplican el ramo a sus
narices.
18 Pues también yo procederé con furor; no per-
donará mi ojo, ni tendré misericordia; y gritarán
a mis oídos con gran voz, y no los oiré.

Visión de la muerte de los culpables

9 1 Clamó en mis oídos con gran voz, dicien-
do: Los verdugos de la ciudad han llegado,
y cada uno trae en su mano su instrumento
para destruir.
2 Y he aquí que seis varones venían del camino
de la puerta de arriba que mira hacia el norte, y
cada uno traía en su mano su instrumento para
destruir. Y entre ellos había un varón vestido de
lino, el cual traía a su cintura un tintero de escri-
bano; y entrados, se pararon junto al altar de
bronce.
3 Y la gloria del Dios de Israel se elevó de en-
cima del querubín, sobre el cual había estado, al
umbral de la casa; y llamó Jehová al varón vesti-
do de lino, que tenía a su cintura el tintero de
escribano,

8.2: [a] Ez. 1.27. **8.4:** [b] Ez. 1.28

4 y le dijo Jehová: Pasa por en medio de la ciudad, por en medio de Jerusalén, y ponles una señal en la frente[a] a los hombres que gimen y que claman a causa de todas las abominaciones que se hacen en medio de ella.

5 Y a los otros dijo, oyéndolo yo: Pasad por la ciudad en pos de él, y matad; no perdone vuestro ojo, ni tengáis misericordia.

6 Matad a viejos, jóvenes y vírgenes, niños y mujeres, hasta que no quede ninguno; pero a todo aquel sobre el cual hubiere señal, no os acercaréis; y comenzaréis por mi santuario. Comenzaron, pues, desde los varones ancianos que estaban delante del templo.

7 Y les dijo: Contaminad la casa, y llenad los atrios de muertos; salid. Y salieron, y mataron en la ciudad.

8 Aconteció que cuando ellos iban matando y quedé yo solo, me postré sobre mi rostro, y clamé y dije: ¡Ah, Señor Jehová! ¿destruirás a todo el remanente de Israel derramando tu furor sobre Jerusalén?

9 Y me dijo: La maldad de la casa de Israel y de Judá es grande sobremanera, pues la tierra está llena de sangre, y la ciudad está llena de perversidad; porque han dicho: Ha abandonado Jehová la tierra, y Jehová no ve.

10 Así, pues, haré yo; mi ojo no perdonará, ni tendré misericordia; haré recaer el camino de ellos sobre sus propias cabezas.

11 Y he aquí que el varón vestido de lino, que tenía el tintero a su cintura, respondió una palabra, diciendo: He hecho conforme a todo lo que me mandaste.

La gloria de Dios abandona el templo

10 1 Miré, y he aquí en la expansión que había sobre la cabeza de los querubines como una piedra de zafiro, que parecía como semejanza de un trono que se mostró sobre ellos.[a]

2 Y habló al varón vestido de lino, y le dijo: Entra en medio de las ruedas debajo de los querubines, y llena tus manos de carbones encendidos de entre los querubines, y espárcelos sobre la ciudad.[b] Y entró a vista mía.

3 Y los querubines estaban a la mano derecha de la casa cuando este varón entró; y la nube llenaba el atrio de adentro.

4 Entonces la gloria de Jehová se elevó de encima del querubín al umbral de la puerta; y la casa fue llena de la nube, y el atrio se llenó del resplandor de la gloria de Jehová.

5 Y el estruendo de las alas de los querubines se oía hasta el atrio de afuera, como la voz del Dios Omnipotente cuando habla.

6 Aconteció, pues, que al mandar al varón vestido de lino, diciendo: Toma fuego de entre las ruedas, de entre los querubines, él entró y se paró entre las ruedas.

7 Y un querubín extendió su mano de en medio de los querubines al fuego que estaba entre ellos, y tomó de él y lo puso en las manos del que estaba vestido de lino, el cual lo tomó y salió.

8 Y apareció en los querubines la figura de una mano de hombre debajo de sus alas.

9 Y miré, y he aquí cuatro ruedas junto a los querubines, junto a cada querubín una rueda; y el aspecto de las ruedas era como de crisólito.

10 En cuanto a su apariencia, las cuatro eran de una misma forma, como si estuviera una en medio de otra.

11 Cuando andaban, hacia los cuatro frentes andaban; no se volvían cuando andaban, sino que al lugar adonde se volvía la primera, en pos de ella iban; ni se volvían cuando andaban.

12 Y todo su cuerpo, sus espaldas, sus manos, sus alas y las ruedas estaban llenos de ojos alrededor[c] en sus cuatro ruedas.

13 A las ruedas, oyéndolo yo, se les gritaba: ¡Rueda![d]

14 Y cada uno tenía cuatro caras. La primera era rostro de querubín; la segunda, de hombre; la tercera, cara de león; la cuarta, cara de águila.[e]

15 Y se levantaron los querubines; este es el ser viviente que vi en el río Quebar.

16 Y cuando andaban los querubines, andaban las ruedas junto con ellos; y cuando los querubines alzaban sus alas para levantarse de la tierra, las ruedas tampoco se apartaban de ellos.

17 Cuando se paraban ellos, se paraban ellas, y cuando ellos se alzaban, se alzaban con ellos; porque el espíritu de los seres vivientes estaba en ellas.

18 Entonces la gloria de Jehová se elevó de encima del umbral de la casa, y se puso sobre los querubines.

19 Y alzando los querubines sus alas, se levantaron de la tierra delante de mis ojos; cuando ellos salieron, también las ruedas se alzaron al lado de ellos; y se pararon a la entrada de la puerta oriental de la casa de Jehová, y la gloria del Dios de Israel estaba por encima sobre ellos.

20 Estos eran los mismos seres vivientes que vi debajo del Dios de Israel junto al río Quebar; y conocí que eran querubines.

21 Cada uno tenía cuatro caras y cada uno cuatro alas, y figuras de manos de hombre debajo de sus alas.

22 Y la semejanza de sus rostros era la de los rostros que vi junto al río Quebar, su misma apariencia y su ser; cada uno caminaba derecho hacia adelante.

9.4: [a] Ap. 7.3; 9.4; 14.1. **10.1:** [a] Ez. 1.26; Ap. 4.2.
10.2: [b] Ap. 8.5. **10.12:** [c] Ap. 4.8. **10.9-13:** [d] Ez. 1.15-21.
10.14: [e] Ez. 1.10; Ap. 4.7.

Reprensión de los príncipes malvados

11 1 El Espíritu me elevó, y me llevó por la
puerta oriental de la casa de Jehová, la
cual mira hacia el oriente; y he aquí a la entra-
da de la puerta veinticinco hombres, entre los
cuales vi a Jaazanías hijo de Azur y a Pelatías
hijo de Benaía, principales del pueblo.
2 Y me dijo: Hijo de hombre, estos son los hom-
bres que maquinan perversidad, y dan en esta
ciudad mal consejo;
3 los cuales dicen: No será tan pronto; edifique-
mos casas; esta será la olla, y nosotros la carne.
4 Por tanto profetiza contra ellos; profetiza, hijo
de hombre.
5 Y vino sobre mí el Espíritu de Jehová, y me
dijo: Di: Así ha dicho Jehová: Así habéis habla-
do, oh casa de Israel, y las cosas que suben a
vuestro espíritu, yo las he entendido.
6 Habéis multiplicado vuestros muertos en esta
ciudad, y habéis llenado de muertos sus calles.
7 Por tanto, así ha dicho Jehová el Señor: Vues-
tros muertos que habéis puesto en medio de
ella, ellos son la carne, y ella es la olla; mas yo os
sacaré a vosotros de en medio de ella.
8 Espada habéis temido, y espada traeré sobre
vosotros, dice Jehová el Señor.
9 Y os sacaré de en medio de ella, y os entregaré en
manos de extraños, y haré juicios entre vosotros.
10 A espada caeréis; en los límites de Israel os
juzgaré, y sabréis que yo soy Jehová.
11 La ciudad no os será por olla, ni vosotros se-
réis en medio de ella la carne; en los límites de
Israel os juzgaré.
12 Y sabréis que yo soy Jehová; porque no ha-
béis andado en mis estatutos, ni habéis obedeci-
do mis decretos, sino según las costumbres de
las naciones que os rodean habéis hecho.
13 Y aconteció que mientras yo profetizaba,
aquel Pelatías hijo de Benaía murió. Entonces
me postré rostro a tierra y clamé con gran voz, y
dije: ¡Ah, Señor Jehová! ¿Destruirás del todo al
remanente de Israel?

Promesa de restauración y renovación

14 Y vino a mí palabra de Jehová, diciendo:
15 Hijo de hombre, tus hermanos, tus herma-
nos, los hombres de tu parentesco y toda la
casa de Israel, toda ella son aquellos a quienes
dijeron los moradores de Jerusalén: Alejaos
de Jehová; a nosotros es dada la tierra en po-
sesión.
16 Por tanto, di: Así ha dicho Jehová el Señor:
Aunque les he arrojado lejos entre las naciones,
y les he esparcido por las tierras, con todo eso
les seré por un pequeño santuario en las tierras
adonde lleguen.
17 Di, por tanto: Así ha dicho Jehová el Señor:
Yo os recogeré de los pueblos, y os congregaré
de las tierras en las cuales estáis esparcidos, y os
daré la tierra de Israel.
18 Y volverán allá, y quitarán de ella todas sus
idolatrías y todas sus abominaciones.
19 Y les daré un corazón, y un espíritu nuevo
pondré dentro de ellos; y quitaré el corazón de
piedra de en medio de su carne, y les daré un co-
razón de carne,
20 para que anden en mis ordenanzas, y guar-
den mis decretos y los cumplan, y me sean por
pueblo, y yo sea a ellos por Dios.[a]
21 Mas a aquellos cuyo corazón anda tras el de-
seo de sus idolatrías y de sus abominaciones, yo
traigo su camino sobre sus propias cabezas, dice
Jehová el Señor.
22 Después alzaron los querubines sus alas, y
las ruedas en pos de ellos; y la gloria del Dios de
Israel estaba sobre ellos.
23 Y la gloria de Jehová se elevó de en medio de
la ciudad, y se puso sobre el monte que está al
oriente de la ciudad.[b]
24 Luego me levantó el Espíritu y me volvió a
llevar en visión del Espíritu de Dios a la tierra de
los caldeos, a los cautivos. Y se fue de mí la vi-
sión que había visto.
25 Y hablé a los cautivos todas las cosas que
Jehová me había mostrado.

Salida de Ezequiel en señal de la cautividad

12 1 Vino a mí palabra de Jehová, diciendo:
2 Hijo de hombre, tú habitas en medio de
casa rebelde, los cuales tienen ojos para ver y no
ven, tienen oídos para oír y no oyen,[a] porque
son casa rebelde.
3 Por tanto tú, hijo de hombre, prepárate ense-
res de marcha, y parte de día delante de sus
ojos; y te pasarás de tu lugar a otro lugar a vista
de ellos, por si tal vez atienden, porque son casa
rebelde.
4 Y sacarás tus enseres de día delante de sus
ojos, como enseres de cautiverio; mas tú saldrás
por la tarde a vista de ellos, como quien sale en
cautiverio.
5 Delante de sus ojos te abrirás paso por entre la
pared, y saldrás por ella.
6 Delante de sus ojos los llevarás sobre tus hom-
bros, de noche los sacarás; cubrirás tu rostro, y
no mirarás la tierra; porque por señal te he dado
a la casa de Israel.
7 Y yo hice así como me fue mandado; saqué
mis enseres de día, como enseres de cautiverio,
y a la tarde me abrí paso por entre la pared con
mi propia mano; salí de noche, y los llevé sobre
los hombros a vista de ellos.
8 Y vino a mí palabra de Jehová por la maña-
na, diciendo:

11.19-20: [a] Ez. 36.26-28. **11.22-23:** [b] Ez. 43.2-5.
12.2: [a] Is. 6.9-10; Jer. 5.21; Mr. 8.18.

9 Hijo de hombre, ¿no te ha dicho la casa de Israel, aquella casa rebelde: ¿Qué haces?

10 Diles: Así ha dicho Jehová el Señor: Esta profecía se refiere al príncipe en Jerusalén, y a toda la casa de Israel que está en medio de ella.

11 Diles: Yo soy vuestra señal; como yo hice, así se hará con vosotros; partiréis al destierro, en cautividad.

12 Y al príncipe que está en medio de ellos llevarán a cuestas de noche, y saldrán; por la pared abrirán paso para sacarlo por ella; cubrirá su rostro para no ver con sus ojos la tierra.

13 Mas yo extenderé mi red sobre él, y caerá preso en mi trampa, y haré llevarlo a Babilonia, a tierra de caldeos, pero no la verá,[b] y allá morirá.

14 Y a todos los que estuvieren alrededor de él para ayudarle, y a todas sus tropas, esparciré a todos los vientos, y desenvainaré espada en pos de ellos.

15 Y sabrán que yo soy Jehová, cuando los esparciere entre las naciones, y los dispersare por la tierra.

16 Y haré que unos pocos de ellos escapen de la espada, del hambre y de la peste, para que cuenten todas sus abominaciones entre las naciones adonde llegaren; y sabrán que yo soy Jehová.

17 Vino a mí palabra de Jehová, diciendo:

18 Hijo de hombre, come tu pan con temblor, y bebe tu agua con estremecimiento y con ansiedad.

19 Y di al pueblo de la tierra: Así ha dicho Jehová el Señor sobre los moradores de Jerusalén y sobre la tierra de Israel: Su pan comerán con temor, y con espanto beberán su agua; porque su tierra será despojada de su plenitud, por la maldad de todos los que en ella moran.

20 Y las ciudades habitadas quedarán desiertas, y la tierra será asolada; y sabréis que yo soy Jehová.

21 Vino a mí palabra de Jehová, diciendo:

22 Hijo de hombre, ¿qué refrán es este que tenéis vosotros en la tierra de Israel, que dice: Se van prolongando los días, y desaparecerá toda visión?

23 Diles, por tanto: Así ha dicho Jehová el Señor: Haré cesar este refrán, y no repetirán más este refrán en Israel. Diles, pues: Se han acercado aquellos días, y el cumplimiento de toda visión.

24 Porque no habrá más visión vana, ni habrá adivinación de lisonjeros en medio de la casa de Israel.

25 Porque yo Jehová hablaré, y se cumplirá la palabra que yo hable; no se tardará más, sino que en vuestros días, oh casa rebelde, hablaré palabra y la cumpliré, dice Jehová el Señor.

26 Y vino a mí palabra de Jehová, diciendo:

27 Hijo de hombre, he aquí que los de la casa de Israel dicen: La visión que éste ve es para de aquí a muchos días, para lejanos tiempos profetiza éste.

28 Diles, por tanto: Así ha dicho Jehová el Señor: No se tardará más ninguna de mis palabras, sino que la palabra que yo hable se cumplirá, dice Jehová el Señor.

Condenación de los falsos profetas

13 1 Vino a mí palabra de Jehová, diciendo:

2 Hijo de hombre, profetiza contra los profetas de Israel que profetizan, y di a los que profetizan de su propio corazón: Oíd palabra de Jehová.

3 Así ha dicho Jehová el Señor: ¡Ay de los profetas insensatos, que andan en pos de su propio espíritu, y nada han visto!

4 Como zorras en los desiertos fueron tus profetas, oh Israel.

5 No habéis subido a las brechas, ni habéis edificado un muro alrededor de la casa de Israel, para que resista firme en la batalla en el día de Jehová.

6 Vieron vanidad y adivinación mentirosa. Dicen: Ha dicho Jehová, y Jehová no los envió; con todo, esperan que él confirme la palabra de ellos.

7 ¿No habéis visto visión vana, y no habéis dicho adivinación mentirosa, pues que decís: Dijo Jehová, no habiendo yo hablado?

8 Por tanto, así ha dicho Jehová el Señor: Por cuanto vosotros habéis hablado vanidad, y habéis visto mentira, por tanto, he aquí yo estoy contra vosotros, dice Jehová el Señor.

9 Estará mi mano contra los profetas que ven vanidad y adivinan mentira; no estarán en la congregación de mi pueblo, ni serán inscritos en el libro de la casa de Israel, ni a la tierra de Israel volverán; y sabréis que yo soy Jehová el Señor.

10 Sí, por cuanto engañaron a mi pueblo, diciendo: Paz, no habiendo paz;[a] y uno edificaba la pared, y he aquí que los otros la recubrían con lodo suelto,

11 di a los recubridores con lodo suelto, que caerá; vendrá lluvia torrencial, y enviaré piedras de granizo que la hagan caer, y viento tempestuoso la romperá.

12 Y he aquí cuando la pared haya caído, ¿no os dirán: ¿Dónde está la embarradura con que la recubristeis?

13 Por tanto, así ha dicho Jehová el Señor: Ha
que la rompa viento tempestuoso con mi ir
lluvia torrencial vendrá con mi furor, y pie
de granizo con enojo para consumir.

14 Así desbarataré la pared que vosotros
bristeis con lodo suelto, y la echaré a t

12.13: [b] 2 R. 25.7; Jer. 52.11. 13.10: [a] Jer. 6.14; 8

será descubierto su cimiento, y caerá, y seréis
consumidos en medio de ella; y sabréis que yo
soy Jehová.
15 Cumpliré así mi furor en la pared y en los que
la recubrieron con lodo suelto; y os diré: No
existe la pared, ni los que la recubrieron,
16 los profetas de Israel que profetizan acerca
de Jerusalén, y ven para ella visión de paz, no
habiendo paz, dice Jehová el Señor.
17 Y tú, hijo de hombre, pon tu rostro contra
las hijas de tu pueblo que profetizan de su pro-
pio corazón, y profetiza contra ellas,
18 y di: Así ha dicho Jehová el Señor: ¡Ay de
aquellas que cosen vendas mágicas para todas
las manos, y hacen velos mágicos para la cabeza
de toda edad, para cazar las almas! ¿Habéis de
cazar las almas de mi pueblo, para mantener así
vuestra propia vida?
19 ¿Y habéis de profanarme entre mi pueblo por
puñados de cebada y por pedazos de pan, ma-
tando a las personas que no deben morir, y dan-
do vida a las personas que no deben vivir,
mintiendo a mi pueblo que escucha la mentira?
20 Por tanto, así ha dicho Jehová el Señor: He
aquí yo estoy contra vuestras vendas mágicas,
con que cazáis las almas al vuelo; yo las libraré
de vuestras manos, y soltaré para que vuelen
como aves las almas que vosotras cazáis volando.
21 Romperé asimismo vuestros velos mágicos, y
libraré a mi pueblo de vuestra mano, y no esta-
rán más como presa en vuestra mano; y sabréis
que yo soy Jehová.
22 Por cuanto entristecisteis con mentiras el
corazón del justo, al cual yo no entristecí, y
fortalecisteis las manos del impío, para que no
se apartase de su mal camino, infundiéndole
ánimo,
23 por tanto, no veréis más visión vana, ni prac-
ticaréis más adivinación; y libraré mi pueblo de
vuestra mano, y sabréis que yo soy Jehová.

Juicio contra los idólatras que consultan al profeta

14 1 Vinieron a mí algunos de los ancianos
de Israel, y se sentaron delante de mí.
2 Y vino a mí palabra de Jehová, diciendo:
3 Hijo de hombre, estos hombres han puesto sus
ídolos en su corazón, y han establecido el tro-
piezo de su maldad delante de su rostro. ¿Acaso
he de ser yo en modo alguno consultado por
ellos?
4 Háblales, por tanto, y diles: Así ha dicho Jeho-
vá el Señor: Cualquier hombre de la casa de Is-
rael que hubiere puesto sus ídolos en su
corazón, y establecido el tropiezo de su maldad
delante de su rostro, y viniere al profeta, yo
hová responderé al que viniere conforme a la
ltitud de sus ídolos,
5 para tomar a la casa de Israel por el corazón,
ya que se han apartado de mí todos ellos por sus
ídolos.
6 Por tanto, di a la casa de Israel: Así dice
Jehová el Señor: Convertíos, y volveos de vues-
tros ídolos, y apartad vuestro rostro de todas
vuestras abominaciones.
7 Porque cualquier hombre de la casa de Israel, y
de los extranjeros que moran en Israel, que se
hubiere apartado de andar en pos de mí, y hubie-
re puesto sus ídolos en su corazón, y establecido
delante de su rostro el tropiezo de su maldad, y
viniere al profeta para preguntarle por mí, yo
Jehová le responderé por mí mismo;
8 y pondré mi rostro contra aquel hombre, y le
pondré por señal y por escarmiento, y lo cortaré
de en medio de mi pueblo; y sabréis que yo soy
Jehová.
9 Y cuando el profeta fuere engañado y hablare
palabra, yo Jehová engañé al tal profeta; y ex-
tenderé mi mano contra él, y lo destruiré de en
medio de mi pueblo Israel.
10 Y llevarán ambos el castigo de su maldad;
como la maldad del que consultare, así será la
maldad del profeta,
11 para que la casa de Israel no se desvíe más de
en pos de mí, ni se contamine más en todas sus
rebeliones; y me sean por pueblo, y yo les sea
por Dios, dice Jehová el Señor.

Justicia del castigo de Jerusalén

12 Vino a mí palabra de Jehová, diciendo:
13 Hijo de hombre, cuando la tierra pecare con-
tra mí rebelándose pérfidamente, y extendiere
yo mi mano sobre ella, y le quebrantare el sus-
tento del pan, y enviare en ella hambre, y corta-
re de ella hombres y bestias,
14 si estuviesen en medio de ella estos tres varo-
nes, Noé, Daniel y Job, ellos por su justicia libra-
rían únicamente sus propias vidas, dice Jehová
el Señor.
15 Y si hiciere pasar bestias feroces por la tierra
y la asolaren, y quedare desolada de modo que
no haya quien pase a causa de las fieras,
16 y estos tres varones estuviesen en medio de
ella, vivo yo, dice Jehová el Señor, ni a sus hijos
ni a sus hijas librarían; ellos solos serían libra-
dos, y la tierra quedaría desolada.
17 O si yo trajere espada sobre la tierra, y dijere:
Espada, pasa por la tierra; e hiciere cortar de
ella hombres y bestias,
18 y estos tres varones estuviesen en medio de
ella, vivo yo, dice Jehová el Señor, no librarían a
sus hijos ni a sus hijas; ellos solos serían librados.
19 O si enviare pestilencia sobre esa tierra y de-
rramare mi ira sobre ella en sangre, para cortar
de ella hombres y bestias,
20 y estuviesen en medio de ella Noé, Daniel y

Job, vivo yo, dice Jehová el Señor, no librarían a
hijo ni a hija; ellos por su justicia librarían sola-
mente sus propias vidas.
21 Por lo cual así ha dicho Jehová el Señor:
¿Cuánto más cuando yo enviare contra Jerusa-
lén mis cuatro juicios terribles, espada, hambre,
fieras y pestilencia,[a] para cortar de ella hombres
y bestias?
22 Sin embargo, he aquí quedará en ella un re-
manente, hijos e hijas, que serán llevados fuera;
he aquí que ellos vendrán a vosotros, y veréis su
camino y sus hechos, y seréis consolados del
mal que hice venir sobre Jerusalén, de todas las
cosas que traje sobre ella.
23 Y os consolarán cuando viereis su camino y
sus hechos, y conoceréis que no sin causa hice
todo lo que he hecho en ella, dice Jehová el
Señor.

Jerusalén es como una vid inútil

15 1 Vino a mí palabra de Jehová, diciendo:
2 Hijo de hombre, ¿qué es la madera de
la vid más que cualquier otra madera? ¿Qué es
el sarmiento entre los árboles del bosque?
3 ¿Tomarán de ella madera para hacer alguna
obra? ¿Tomarán de ella una estaca para colgar
en ella alguna cosa?
4 He aquí, es puesta en el fuego para ser consu-
mida; sus dos extremos consumió el fuego, y la
parte de en medio se quemó; ¿servirá para obra
alguna?
5 He aquí que cuando estaba entera no servía
para obra alguna; ¿cuánto menos después que
el fuego la hubiere consumido, y fuere quema-
da? ¿Servirá más para obra alguna?
6 Por tanto, así ha dicho Jehová el Señor: Como
la madera de la vid entre los árboles del bosque,
la cual di al fuego para que la consumiese, así
haré a los moradores de Jerusalén.
7 Y pondré mi rostro contra ellos; aunque del
fuego se escaparon, fuego los consumirá; y sa-
bréis que yo soy Jehová, cuando pusiere mi ros-
tro contra ellos.
8 Y convertiré la tierra en asolamiento, por cuanto
cometieron prevaricación, dice Jehová el Señor.

Infidelidad de Jerusalén

16 1 Vino a mí palabra de Jehová, diciendo:
2 Hijo de hombre, notifica a Jerusalén
sus abominaciones,
3 y di: Así ha dicho Jehová el Señor sobre Jeru-
salén: Tu origen, tu nacimiento, es de la tierra
de Canaán; tu padre fue amorreo, y tu madre
hetea.
4 Y en cuanto a tu nacimiento, el día que naciste
no fue cortado tu ombligo, ni fuiste lavada con
aguas para limpiarte, ni salada con sal, ni fuiste
envuelta con fajas.
5 No hubo ojo que se compadeciese de ti para
hacerte algo de esto, teniendo de ti misericor-
dia; sino que fuiste arrojada sobre la faz del
campo, con menosprecio de tu vida, en el día
que naciste.
6 Y yo pasé junto a ti, y te vi sucia en tus san-
gres, y cuando estabas en tus sangres te dije:
¡Vive! Sí, te dije, cuando estabas en tus sangres:
¡Vive!
7 Te hice multiplicar como la hierba del campo;
y creciste y te hiciste grande, y llegaste a ser
muy hermosa; tus pechos se habían formado, y
tu pelo había crecido; pero estabas desnuda y
descubierta.
8 Y pasé yo otra vez junto a ti, y te miré, y he
aquí que tu tiempo era tiempo de amores; y ex-
tendí mi manto sobre ti, y cubrí tu desnudez; y
te di juramento y entré en pacto contigo, dice
Jehová el Señor, y fuiste mía.
9 Te lavé con agua, y lavé tus sangres de encima
de ti, y te ungí con aceite;
10 y te vestí de bordado, te calcé de tejón, te ceñí
de lino y te cubrí de seda.
11 Te atavié con adornos, y puse brazaletes en
tus brazos y collar a tu cuello.
12 Puse joyas en tu nariz, y zarcillos en tus ore-
jas, y una hermosa diadema en tu cabeza.
13 Así fuiste adornada de oro y de plata, y tu
vestido era de lino fino, seda y bordado; comiste
flor de harina de trigo, miel y aceite; y fuiste
hermoseada en extremo, prosperaste hasta lle-
gar a reinar.
14 Y salió tu renombre entre las naciones a cau-
sa de tu hermosura; porque era perfecta, a cau-
sa de mi hermosura que yo puse sobre ti, dice
Jehová el Señor.
15 Pero confiaste en tu hermosura, y te prosti-
tuiste a causa de tu renombre, y derramaste tus
fornicaciones a cuantos pasaron; suya eras.
16 Y tomaste de tus vestidos, y te hiciste diversos
lugares altos, y fornicaste sobre ellos; cosa seme-
jante nunca había sucedido, ni sucederá más.
17 Tomaste asimismo tus hermosas alhajas de
oro y de plata que yo te había dado, y te hiciste
imágenes de hombre y fornicaste con ellas;
18 y tomaste tus vestidos de diversos colores y
las cubriste; y mi aceite y mi incienso pusiste de-
lante de ellas.
19 Mi pan también, que yo te había dado, la flor
de la harina, el aceite y la miel, con que yo te
mantuve, pusiste delante de ellas para olc
agradable; y fue así, dice Jehová el Señor.
20 Además de esto, tomaste tus hijos y tus h
que habías dado a luz para mí, y los sacrifi
a ellas para que fuesen consumidos. ¿Eran
cosa tus fornicaciones,
21 para que degollases también a mis hi

14.21: [a] Ap. 6.8.

ofrecieras a aquellas imágenes como ofrenda
que el fuego consumía?
22 Y con todas tus abominaciones y tus fornica-
ciones no te has acordado de los días de tu ju-
ventud, cuando estabas desnuda y descubierta,
cuando estabas envuelta en tu sangre.
23 Y sucedió que después de toda tu maldad
(¡ay, ay de ti! dice Jehová el Señor),
24 te edificaste lugares altos, y te hiciste altar en
todas las plazas.
25 En toda cabeza de camino edificaste lugar
alto, e hiciste abominable tu hermosura, y te
ofreciste a cuantos pasaban, y multiplicaste tus
fornicaciones.
26 Y fornicaste con los hijos de Egipto, tus veci-
nos, gruesos de carnes; y aumentaste tus forni-
caciones para enojarme.
27 Por tanto, he aquí que yo extendí contra ti mi
mano, y disminuí tu provisión ordinaria, y te en-
tregué a la voluntad de las hijas de los filisteos,
que te aborrecen, las cuales se avergüenzan de
tu camino deshonesto.
28 Fornicaste también con los asirios, por no ha-
berte saciado; y fornicaste con ellos y tampoco
te saciaste.
29 Multiplicaste asimismo tu fornicación en la
tierra de Canaán y de los caldeos, y tampoco
con esto te saciaste.
30 ¡Cuán inconstante es tu corazón, dice
Jehová el Señor, habiendo hecho todas estas co-
sas, obras de una ramera desvergonzada,
31 edificando tus lugares altos en toda cabeza
de camino, y haciendo tus altares en todas las
plazas! Y no fuiste semejante a ramera, en que
menospreciaste la paga,
32 sino como mujer adúltera, que en lugar de su
marido recibe a ajenos.
33 A todas las rameras les dan dones; mas tú
diste tus dones a todos tus enamorados; y les
diste presentes, para que de todas partes se lle-
gasen a ti en tus fornicaciones.
34 Y ha sucedido contigo, en tus fornicaciones,
lo contrario de las demás mujeres: porque nin-
guno te ha solicitado para fornicar, y tú das la
paga, en lugar de recibirla; por esto has sido
diferente.
35 Por tanto, ramera, oye palabra de Jehová.
36 Así ha dicho Jehová el Señor: Por cuanto han
sido descubiertas tus desnudeces en tus fornica-
ciones, y tu confusión ha sido manifestada a tus
enamorados, y a los ídolos de tus abominacio-
nes, y en la sangre de tus hijos, los cuales les
diste;
37 por tanto, he aquí que yo reuniré a todos tus
enamorados con los cuales tomaste placer, y a
todos los que amaste, con todos los que aborre-
ciste; y los reuniré alrededor de ti y les descubri-
ré tu desnudez, y ellos verán toda tu desnudez.
38 Y yo te juzgaré por las leyes de las adúlteras,
y de las que derraman sangre; y traeré sobre ti
sangre de ira y de celos.
39 Y te entregaré en manos de ellos; y destruirán
tus lugares altos, y derribarán tus altares, y te
despojarán de tus ropas, se llevarán tus hermo-
sas alhajas, y te dejarán desnuda y descubierta.
40 Y harán subir contra ti muchedumbre de gen-
te, y te apedrearán, y te atravesarán con sus
espadas.
41 Quemarán tus casas a fuego, y harán en ti jui-
cios en presencia de muchas mujeres; y así haré
que dejes de ser ramera, y que ceses de prodigar
tus dones.
42 Y saciaré mi ira sobre ti, y se apartará de ti mi
celo, y descansaré y no me enojaré más.
43 Por cuanto no te acordaste de los días de tu
juventud, y me provocaste a ira en todo esto,
por eso, he aquí yo también traeré tu camino so-
bre tu cabeza, dice Jehová el Señor; pues ni aun
has pensado sobre toda tu lujuria.
44 He aquí, todo el que usa de refranes te apli-
cará a ti el refrán que dice: Cual la madre, tal la
hija.
45 Hija eres tú de tu madre, que desechó a su
marido y a sus hijos; y hermana eres tú de tus
hermanas, que desecharon a sus maridos y a sus
hijos; vuestra madre fue hetea, y vuestro padre
amorreo.
46 Y tu hermana mayor es Samaria, ella y sus hi-
jas, que habitan al norte de ti; y tu hermana me-
nor es Sodoma con sus hijas, la cual habita al
sur de ti.
47 Ni aun anduviste en sus caminos, ni hiciste
según sus abominaciones; antes, como si esto
fuera poco y muy poco, te corrompiste más que
ellas en todos tus caminos.
48 Vivo yo, dice Jehová el Señor, que Sodoma tu
hermana y sus hijas no han hecho como hiciste
tú y tus hijas.
49 He aquí que esta fue la maldad de Sodoma tu
hermana: soberbia, saciedad de pan, y abundan-
cia de ociosidad tuvieron ella y sus hijas; y no for-
taleció la mano del afligido y del menesteroso.
50 Y se llenaron de soberbia, e hicieron abomi-
nación delante de mí, y cuando lo vi las quité.
51 Y Samaria no cometió ni la mitad de tus peca-
dos; porque tú multiplicaste tus abominaciones
más que ellas, y has justificado a tus hermanas
con todas las abominaciones que tú hiciste.
52 Tú también, que juzgaste a tus hermanas, lle-
va tu vergüenza en los pecados que tú hiciste,
más abominables que los de ellas; más justas
son que tú; avergüénzate, pues, tú también, y
lleva tu confusión, por cuanto has justificado a
tus hermanas.
53 Yo, pues, haré volver a sus cautivos, los
cautivos de Sodoma y de sus hijas, y los cautivos

de Samaria y de sus hijas, y haré volver los cau-
tivos de tus cautiverios entre ellas,
54 para que lleves tu confusión, y te avergüen-
ces de todo lo que has hecho, siendo tú motivo
de consuelo para ellas.
55 Y tus hermanas, Sodoma con sus hijas y Sa-
maria con sus hijas, volverán a su primer estado;
tú también y tus hijas volveréis a vuestro primer
estado.
56 No era tu hermana Sodoma digna de men-
ción en tu boca en el tiempo de tus soberbias,
57 antes que tu maldad fuese descubierta. Así
también ahora llevas tú la afrenta de las hijas de
Siria y de todas las hijas de los filisteos, las cua-
les por todos lados te desprecian.
58 Sufre tú el castigo de tu lujuria y de tus abo-
minaciones, dice Jehová.
59 Pero más ha dicho Jehová el Señor: ¿Haré
yo contigo como tú hiciste, que menospreciaste
el juramento para invalidar el pacto?
60 Antes yo tendré memoria de mi pacto que
concerté contigo en los días de tu juventud, y es-
tableceré contigo un pacto sempiterno.
61 Y te acordarás de tus caminos y te avergonza-
rás, cuando recibas a tus hermanas, las mayores
que tú y las menores que tú, las cuales yo te daré
por hijas, mas no por tu pacto,
62 sino por mi pacto que yo confirmaré contigo;
y sabrás que yo soy Jehová;
63 para que te acuerdes y te avergüences, y nun-
ca más abras la boca, a causa de tu vergüenza,
cuando yo perdone todo lo que hiciste, dice
Jehová el Señor.

Parábola de las águilas y la vid

17 1 Vino a mí palabra de Jehová, diciendo:
2 Hijo de hombre, propón una figura, y
compón una parábola a la casa de Israel.
3 Y dirás: Así ha dicho Jehová el Señor: Una
gran águila, de grandes alas y de largos miem-
bros, llena de plumas de diversos colores, vino
al Líbano, y tomó el cogollo del cedro.
4 Arrancó el principal de sus renuevos y lo llevó
a tierra de mercaderes, y lo puso en una ciudad
de comerciantes.
5 Tomó también de la simiente de la tierra, y la
puso en un campo bueno para sembrar, la plan-
tó junto a aguas abundantes, la puso como un
sauce.
6 Y brotó, y se hizo una vid de mucho ramaje, de
poca altura, y sus ramas miraban al águila, y sus
raíces estaban debajo de ella; así que se hizo
una vid, y arrojó sarmientos y echó mugrones.
7 Había también otra gran águila, de grandes
alas y de muchas plumas; y he aquí que esta vid
juntó cerca de ella sus raíces, y extendió hacia
ella sus ramas, para ser regada por ella por los
surcos de su plantío.
8 En un buen campo, junto a muchas aguas, fue
plantada, para que hiciese ramas y diese fruto, y
para que fuese vid robusta.
9 Diles: Así ha dicho Jehová el Señor: ¿Será
prosperada? ¿No arrancará sus raíces, y destrui-
rá su fruto, y se secará? Todas sus hojas lozanas
se secarán; y eso sin gran poder ni mucha gente
para arrancarla de sus raíces.
10 Y he aquí está plantada; ¿será prosperada?
¿No se secará del todo cuando el viento solano
la toque? En los surcos de su verdor se secará.
11 Y vino a mí palabra de Jehová, diciendo:
12 Di ahora a la casa rebelde: ¿No habéis enten-
dido qué significan estas cosas? Diles: He aquí
que el rey de Babilonia vino a Jerusalén, y tomó
a tu rey y a sus príncipes, y los llevó consigo a
Babilonia.
13 Tomó también a uno de la descendencia real
e hizo pacto con él, y le hizo prestar juramento;
y se llevó consigo a los poderosos de la tierra,
14 para que el reino fuese abatido y no se levan-
tase, a fin de que guardando el pacto, permane-
ciese en pie.
15 Pero se rebeló contra él,[a] enviando embaja-
dores a Egipto para que le diese caballos y mu-
cha gente. ¿Será prosperado, escapará el que
estas cosas hizo? El que rompió el pacto, ¿podrá
escapar?
16 Vivo yo, dice Jehová el Señor, que morirá en
medio de Babilonia, en el lugar donde habita el
rey que le hizo reinar, cuyo juramento menos-
preció, y cuyo pacto hecho con él rompió.
17 Y ni con gran ejército ni con mucha compañía
hará Faraón nada por él en la batalla, cuando se
levanten vallados y se edifiquen torres para cor-
tar muchas vidas.
18 Por cuanto menospreció el juramento y que-
brantó el pacto, cuando he aquí que había dado
su mano, y ha hecho todas estas cosas, no esca-
pará.
19 Por tanto, así ha dicho Jehová el Señor: Vivo
yo, que el juramento mío que menospreció, y mi
pacto que ha quebrantado, lo traeré sobre su
misma cabeza.
20 Extenderé sobre él mi red, y será preso en mi
lazo, y lo haré venir a Babilonia, y allí entraré en
juicio con él por su prevaricación con que contra
mí se ha rebelado.
21 Y todos sus fugitivos, con todas sus tropas,
caerán a espada, y los que queden serán espar-
cidos a todos los vientos; y sabréis que yo Jeho-
vá he hablado.
22 Así ha dicho Jehová el Señor: Tomaré
del cogollo de aquel alto cedro, y lo plant
del principal de sus renuevos cortaré un ta
lo plantaré sobre el monte alto y sublime.
23 En el monte alto de Israel lo plantaré, y

17.12-15: [a] 2 R. 24.15-20; 2 Cr. 36.10-13.

ramas, y dará fruto, y se hará magnífico cedro; y
habitarán debajo de él todas las aves de toda es-
pecie; a la sombra de sus ramas habitarán.
24 Y sabrán todos los árboles del campo que yo
Jehová abatí el árbol sublime, levanté el árbol
bajo, hice secar el árbol verde, e hice reverdecer
el árbol seco. Yo Jehová lo he dicho, y lo haré.

El alma que pecare morirá

18 1 Vino a mí palabra de Jehová, diciendo:
2 ¿Qué pensáis vosotros, los que usáis
este refrán sobre la tierra de Israel, que dice: Los
padres comieron las uvas agrias, y los dientes de
los hijos tienen la dentera?[a]
3 Vivo yo, dice Jehová el Señor, que nunca más
tendréis por qué usar este refrán en Israel.
4 He aquí que todas las almas son mías; como el
alma del padre, así el alma del hijo es mía; el
alma que pecare, esa morirá.
5 Y el hombre que fuere justo, e hiciere según
el derecho y la justicia;
6 que no comiere sobre los montes, ni alzare sus
ojos a los ídolos de la casa de Israel, ni violare la
mujer de su prójimo, ni se llegare a la mujer
menstruosa,
7 ni oprimiere a ninguno; que al deudor devol-
viere su prenda, que no cometiere robo, y que
diere de su pan al hambriento y cubriere al des-
nudo con vestido,
8 que no prestare a interés ni tomare usura; que
de la maldad retrajere su mano, e hiciere juicio
verdadero entre hombre y hombre,
9 en mis ordenanzas caminare, y guardare mis
decretos para hacer rectamente, éste es justo;
éste vivirá,[b] dice Jehová el Señor.
10 Mas si engendrare hijo ladrón, derramador
de sangre, o que haga alguna cosa de estas,
11 y que no haga las otras, sino que comiere so-
bre los montes, o violare la mujer de su prójimo,
12 al pobre y menesteroso oprimiere, cometiere
robos, no devolviere la prenda, o alzare sus ojos
a los ídolos e hiciere abominación,
13 prestare a interés y tomare usura; ¿vivirá
éste? No vivirá. Todas estas abominaciones
hizo; de cierto morirá, su sangre será sobre él.
14 Pero si éste engendrare hijo, el cual viere
todos los pecados que su padre hizo, y viéndolos
no hiciere según ellos;
15 no comiere sobre los montes, ni alzare sus
ojos a los ídolos de la casa de Israel; la mujer de
su prójimo no violare,
16 ni oprimiere a nadie, la prenda no retuviere,
ni cometiere robos; al hambriento diere de su
pan, y cubriere con vestido al desnudo;
17 apartare su mano del pobre, interés y usura
no recibiere; guardare mis decretos y anduviere
n mis ordenanzas; éste no morirá por la mal-
ad de su padre; de cierto vivirá.
18 Su padre, por cuanto hizo agravio, despojó
violentamente al hermano, e hizo en medio de
su pueblo lo que no es bueno, he aquí que él mo-
rirá por su maldad.
19 Y si dijereis: ¿Por qué el hijo no llevará el
pecado de su padre? Porque el hijo hizo según el
derecho y la justicia, guardó todos mis estatutos
y los cumplió, de cierto vivirá.
20 El alma que pecare, esa morirá; el hijo no lle-
vará el pecado del padre, ni el padre llevará el
pecado del hijo;[c] la justicia del justo será sobre
él, y la impiedad del impío será sobre él.

El camino de Dios es justo

21 Mas el impío, si se apartare de todos sus
pecados que hizo, y guardare todos mis estatu-
tos e hiciere según el derecho y la justicia, de
cierto vivirá; no morirá.
22 Todas las transgresiones que cometió, no le
serán recordadas; en su justicia que hizo vivirá.
23 ¿Quiero yo la muerte del impío? dice Jehová el
Señor. ¿No vivirá, si se apartare de sus caminos?
24 Mas si el justo se apartare de su justicia y
cometiere maldad, e hiciere conforme a todas
las abominaciones que el impío hizo, ¿vivirá
él? Ninguna de las justicias que hizo le serán
tenidas en cuenta; por su rebelión con que
prevaricó, y por el pecado que cometió, por
ello morirá.
25 Y si dijereis: No es recto el camino del Se-
ñor; oíd ahora, casa de Israel: ¿No es recto mi
camino? ¿no son vuestros caminos torcidos?
26 Apartándose el justo de su justicia, y hacien-
do iniquidad, él morirá por ello; por la iniqui-
dad que hizo, morirá.
27 Y apartándose el impío de su impiedad que
hizo, y haciendo según el derecho y la justicia,
hará vivir su alma.
28 Porque miró y se apartó de todas sus trans-
gresiones que había cometido, de cierto vivirá;
no morirá.
29 Si aún dijere la casa de Israel: No es recto el
camino del Señor; ¿no son rectos mis caminos,
casa de Israel? Ciertamente, vuestros caminos
no son rectos.
30 Por tanto, yo os juzgaré a cada uno según
sus caminos, oh casa de Israel, dice Jehová el Se-
ñor. Convertíos, y apartaos de todas vuestras
transgresiones, y no os será la iniquidad causa de
ruina.
31 Echad de vosotros todas vuestras transgresio-
nes con que habéis pecado, y haceos un corazón
nuevo y un espíritu nuevo. ¿Por qué moriréis,
casa de Israel?
32 Porque no quiero la muerte del que muere,
dice Jehová el Señor; convertíos, pues, y vivi-
réis.

18.2: [a] Jer. 31.29. **18.9:** [b] Lv. 18.5. **18.20:** [c] Dt. 24.16.

Lamentación sobre los príncipes de Israel

19 1 Y tú, levanta endecha sobre los prínci-
pes de Israel.
2 Dirás: ¡Cómo se echó entre los leones tu ma-
dre la leona! Entre los leoncillos crió sus cacho-
rros,
3 e hizo subir uno de sus cachorros; vino a ser
leoncillo, y aprendió a arrebatar la presa, y a de-
vorar hombres.
4 Y las naciones oyeron de él; fue tomado en la
trampa de ellas, y lo llevaron con grillos a la tie-
rra de Egipto.
5 Viendo ella que había esperado mucho tiem-
po, y que se perdía su esperanza, tomó otro de
sus cachorros, y lo puso por leoncillo.
6 Y él andaba entre los leones; se hizo leoncillo,
aprendió a arrebatar la presa, devoró hombres.
7 Saqueó fortalezas, y asoló ciudades; y la tierra
fue desolada, y cuanto había en ella, al estruen-
do de sus rugidos.
8 Arremetieron contra él las gentes de las pro-
vincias de alrededor, y extendieron sobre él su
red, y en el foso fue apresado.
9 Y lo pusieron en una jaula y lo llevaron con ca-
denas, y lo llevaron al rey de Babilonia; lo pusie-
ron en las fortalezas, para que su voz no se
oyese más sobre los montes de Israel.
10 Tu madre fue como una vid en medio de la
viña, plantada junto a las aguas, dando fruto y
echando vástagos a causa de las muchas aguas.
11 Y ella tuvo varas fuertes para cetros de reyes;
y se elevó su estatura por encima entre las ra-
mas, y fue vista por causa de su altura y la multi-
tud de sus sarmientos.
12 Pero fue arrancada con ira, derribada en tie-
rra, y el viento solano secó su fruto; sus ramas
fuertes fueron quebradas y se secaron; las con-
sumió el fuego.
13 Y ahora está plantada en el desierto, en tierra
de sequedad y de aridez.
14 Y ha salido fuego de la vara de sus ramas, que
ha consumido su fruto, y no ha quedado en ella
vara fuerte para cetro de rey.
Endecha es esta, y de endecha servirá.

Modo de proceder de Dios con Israel

20 1 Aconteció en el año séptimo, en el mes
quinto, a los diez días del mes, que vinie-
ron algunos de los ancianos de Israel a consul-
tar a Jehová, y se sentaron delante de mí.
2 Y vino a mí palabra de Jehová, diciendo:
3 Hijo de hombre, habla a los ancianos de Israel,
y diles: Así ha dicho Jehová el Señor: ¿A consul-
tarme venís vosotros? Vivo yo, que no os res-
ponderé, dice Jehová el Señor.
4 ¿Quieres tú juzgarlos? ¿Los quieres juzgar tú,
hijo de hombre? Hazles conocer las abomina-
ciones de sus padres,
5 y diles: Así ha dicho Jehová el Señor: El día
que escogí a Israel, y que alcé mi mano para ju-
rar a la descendencia de la casa de Jacob, cuan-
do me di a conocer a ellos en la tierra de Egipto,
cuando alcé mi mano y les juré diciendo: Yo soy
Jehová vuestro Dios;
6 aquel día que les alcé mi mano, jurando así
que los sacaría de la tierra de Egipto a la tierra
que les había provisto, que fluye leche y miel, la
cual es la más hermosa de todas las tierras;[a]
7 entonces les dije: Cada uno eche de sí las abo-
minaciones de delante de sus ojos, y no os con-
taminéis con los ídolos de Egipto. Yo soy Jehová
vuestro Dios.
8 Mas ellos se rebelaron contra mí, y no qui-
sieron obedecerme; no echó de sí cada uno las
abominaciones de delante de sus ojos, ni deja-
ron los ídolos de Egipto; y dije que derramaría
mi ira sobre ellos, para cumplir mi enojo en ellos
en medio de la tierra de Egipto.
9 Con todo, a causa de mi nombre, para que no
se infamase ante los ojos de las naciones en me-
dio de las cuales estaban, en cuyos ojos fui cono-
cido, actué para sacarlos de la tierra de Egipto.
10 Los saqué de la tierra de Egipto, y los traje al
desierto,
11 y les di mis estatutos, y les hice conocer mis
decretos, por los cuales el hombre que los cum-
pliere vivirá.
12 Y les di también mis días de reposo,* para
que fuesen por señal entre mí y ellos,[b] para que
supiesen que yo soy Jehová que los santifico.
13 Mas se rebeló contra mí la casa de Israel en el
desierto; no anduvieron en mis estatutos, y de-
secharon mis decretos, por los cuales el hombre
que los cumpliere, vivirá;[c] y mis días de reposo*
profanaron en gran manera; dije, por tanto, que
derramaría sobre ellos mi ira en el desierto para
exterminarlos.
14 Pero actué a causa de mi nombre, para que
no se infamase a la vista de las naciones ante cu-
yos ojos los había sacado.
15 También yo les alcé mi mano en el desier-
to, jurando que no los traería a la tierra que les
había dado, que fluye leche y miel, la cual es la
más hermosa de todas las tierras;[d]
16 porque desecharon mis decretos, y no andu-
vieron en mis estatutos, y mis días de reposo*
profanaron, porque tras sus ídolos iba su cora-
zón.
17 Con todo, los perdonó mi ojo, pues no lo
maté, ni los exterminé en el desierto;
18 antes dije en el desierto a sus hijos: No and
en los estatutos de vuestros padres, ni guar
sus leyes, ni os contaminéis con sus ídolos

* Aquí equivale a *sábado*.
20.5-6: [a] Ex. 6.2-8. **20.12:** [b] Ex. 31.13-17.
20.11, 13: [c] Lv. 18.5. **20.15:** [d] Nm. 14.26-35.

19 Yo soy Jehová vuestro Dios; andad en mis es-
tatutos, y guardad mis preceptos, y ponedlos
por obra;
20 y santificad mis días de reposo,* y sean por
señal entre mí y vosotros, para que sepáis que
yo soy Jehová vuestro Dios.
21 Mas los hijos se rebelaron contra mí; no an-
duvieron en mis estatutos, ni guardaron mis de-
cretos para ponerlos por obra, por los cuales el
hombre que los cumpliere vivirá; profanaron
mis días de reposo.*

Dije entonces que derramaría mi ira sobre ellos,
para cumplir mi enojo en ellos en el desierto.
22 Mas retraje mi mano a causa de mi nombre,
para que no se infamase a la vista de las nacio-
nes ante cuyos ojos los había sacado.
23 También les alcé yo mi mano en el desierto,
jurando que los esparciría entre las naciones, y
que los dispersaría por las tierras,[e]
24 porque no pusieron por obra mis decretos,
sino que desecharon mis estatutos y profanaron
mis días de reposo,* y tras los ídolos de sus pa-
dres se les fueron los ojos.
25 Por eso yo también les di estatutos que no eran
buenos, y decretos por los cuales no podrían vivir.
26 Y los contaminé en sus ofrendas cuando ha-
cían pasar por el fuego a todo primogénito, para
desolarlos y hacerles saber que yo soy Jehová.

27 Por tanto, hijo de hombre, habla a la casa
de Israel, y diles: Así ha dicho Jehová el Señor:
Aun en esto me afrentaron vuestros padres
cuando cometieron rebelión contra mí.
28 Porque yo los traje a la tierra sobre la cual ha-
bía alzado mi mano jurando que había de dárse-
la, y miraron a todo collado alto y a todo árbol
frondoso, y allí sacrificaron sus víctimas, y allí
presentaron ofrendas que me irritan, allí pusie-
ron también su incienso agradable, y allí
derramaron sus libaciones.
29 Y yo les dije: ¿Qué es ese lugar alto adonde
vosotros vais? Y fue llamado su nombre Bama[1]
hasta el día de hoy.
30 Di, pues, a la casa de Israel: Así ha dicho
Jehová el Señor: ¿No os contamináis vosotros a
la manera de vuestros padres, y fornicáis tras
sus abominaciones?
31 Porque ofreciendo vuestras ofrendas, hacien-
do pasar vuestros hijos por el fuego, os habéis
contaminado con todos vuestros ídolos hasta hoy;
¿y he de responderos yo, casa de Israel? Vivo yo,
dice Jehová el Señor, que no os responderé.

32 Y no ha de ser lo que habéis pensado. Por-
que vosotros decís: Seamos como las naciones,
como las demás familias de la tierra, que sirven
al palo y a la piedra.

33 Vivo yo, dice Jehová el Señor, que con
ano fuerte y brazo extendido, y enojo derra-
ado, he de reinar sobre vosotros;
34 y os sacaré de entre los pueblos, y os reuniré
de las tierras en que estáis esparcidos, con mano
fuerte y brazo extendido, y enojo derramado;
35 y os traeré al desierto de los pueblos, y allí li-
tigaré con vosotros cara a cara.
36 Como litigué con vuestros padres en el de-
sierto de la tierra de Egipto, así litigaré con vo-
sotros, dice Jehová el Señor.
37 Os haré pasar bajo la vara, y os haré entrar en
los vínculos del pacto;
38 y apartaré de entre vosotros a los rebeldes, y
a los que se rebelaron contra mí; de la tierra de
sus peregrinaciones los sacaré, mas a la tierra de
Israel no entrarán; y sabréis que yo soy Jehová.

39 Y a vosotros, oh casa de Israel, así ha dicho
Jehová el Señor: Andad cada uno tras sus ído-
los, y servidles, si es que a mí no me obedecéis;
pero no profanéis más mi santo nombre con
vuestras ofrendas y con vuestros ídolos.

40 Pero en mi santo monte, en el alto monte
de Israel, dice Jehová el Señor, allí me servirá
toda la casa de Israel, toda ella en la tierra; allí
los aceptaré, y allí demandaré vuestras ofren-
das, y las primicias de vuestros dones, con todas
vuestras cosas consagradas.
41 Como incienso agradable os aceptaré, cuan-
do os haya sacado de entre los pueblos, y os
haya congregado de entre las tierras en que es-
táis esparcidos; y seré santificado en vosotros a
los ojos de las naciones.
42 Y sabréis que yo soy Jehová, cuando os haya
traído a la tierra de Israel, la tierra por la cual
alcé mi mano jurando que la daría a vuestros
padres.
43 Y allí os acordaréis de vuestros caminos, y de
todos vuestros hechos en que os contaminas-
teis; y os aborreceréis a vosotros mismos a cau-
sa de todos vuestros pecados que cometisteis.
44 Y sabréis que yo soy Jehová, cuando haga
con vosotros por amor de mi nombre, no según
vuestros caminos malos ni según vuestras per-
versas obras, oh casa de Israel, dice Jehová el
Señor.

Profecía contra el Neguev

45 Vino a mí palabra de Jehová, diciendo:
46 Hijo de hombre, pon tu rostro hacia el sur,
derrama tu palabra hacia la parte austral, profe-
tiza contra el bosque del Neguev.
47 Y dirás al bosque del Neguev: Oye la palabra
de Jehová: Así ha dicho Jehová el Señor: He
aquí que yo enciendo en ti fuego, el cual consu-
mirá en ti todo árbol verde y todo árbol seco; no
se apagará la llama del fuego; y serán quema-
dos en ella todos los rostros, desde el sur hasta
el norte.

* Aquí equivale a *sábado*.
20.23: [e] Lv. 26.33. **20.29:** [1] Esto es, *lugar alto*.

48 Y verá toda carne que yo Jehová lo encendí;
no se apagará.
49 Y dije: ¡Ah, Señor Jehová! ellos dicen de mí:
¿No profiere éste parábolas?

La espada afilada de Jehová

21 1 Vino a mí palabra de Jehová, diciendo:
2 Hijo de hombre, pon tu rostro contra
Jerusalén, y derrama palabra sobre los santua-
rios, y profetiza contra la tierra de Israel.
3 Dirás a la tierra de Israel: Así ha dicho Jehová:
He aquí que yo estoy contra ti, y sacaré mi espa-
da de su vaina, y cortaré de ti al justo y al impío.
4 Y por cuanto he de cortar de ti al justo y al im-
pío, por tanto, mi espada saldrá de su vaina con-
tra toda carne, desde el sur hasta el norte.
5 Y sabrá toda carne que yo Jehová saqué mi es-
pada de su vaina; no la envainaré más.
6 Y tú, hijo de hombre, gime con quebranta-
miento de tus lomos y con amargura; gime de-
lante de los ojos de ellos.
7 Y cuando te dijeren: ¿Por qué gimes tú? dirás:
Por una noticia que cuando llegue hará que des-
fallezca todo corazón, y toda mano se debilita-
rá, y se angustiará todo espíritu, y toda rodilla
será débil como el agua; he aquí que viene, y se
hará, dice Jehová el Señor.
8 Vino a mí palabra de Jehová, diciendo:
9 Hijo de hombre, profetiza, y di: Así ha dicho
Jehová el Señor: Di: La espada, la espada está
afilada, y también pulida.
10 Para degollar víctimas está afilada, pulida
está para que relumbre. ¿Hemos de alegrarnos?
Al cetro de mi hijo ha despreciado como a un
palo cualquiera.
11 Y la dio a pulir para tenerla a mano; la espa-
da está afilada, y está pulida para entregarla en
mano del matador.
12 Clama y lamenta, oh hijo de hombre; porque
ésta será sobre mi pueblo, será ella sobre todos los
príncipes de Israel; caerán ellos a espada junta-
mente con mi pueblo; hiere, pues, tu muslo;
13 porque está probado. ¿Y qué, si la espada
desprecia aun al cetro? El no será más, dice
Jehová el Señor.
14 Tú, pues, hijo de hombre, profetiza, y bate
una mano contra otra, y duplíquese y triplíque-
se el furor de la espada homicida; esta es la es-
pada de la gran matanza que los traspasará,
15 para que el corazón desmaye, y los estragos
se multipliquen; en todas las puertas de ellos he
puesto espanto de espada. ¡Ah! dispuesta está
para que relumbre, y preparada para degollar.
16 Corta a la derecha, hiere a la izquierda, adon-
de quiera que te vuelvas.
17 Y yo también batiré mi mano contra mi
mano, y haré reposar mi ira. Yo Jehová he ha-
blado.
18 Vino a mí palabra de Jehová, diciendo:
19 Tú, hijo de hombre, traza dos caminos por
donde venga la espada del rey de Babilonia; de
una misma tierra salgan ambos; y pon una señal
al comienzo de cada camino, que indique la
ciudad adonde va.
20 El camino señalarás por donde venga la espa-
da a Rabá de los hijos de Amón, y a Judá contra
Jerusalén, la ciudad fortificada.
21 Porque el rey de Babilonia se ha detenido en
una encrucijada, al principio de los dos cami-
nos, para usar de adivinación; ha sacudido las
saetas, consultó a sus ídolos, miró el hígado.
22 La adivinación señaló a su mano derecha, so-
bre Jerusalén, para dar la orden de ataque, para
dar comienzo a la matanza, para levantar la voz
en grito de guerra, para poner arietes contra las
puertas, para levantar vallados, y edificar torres
de sitio.
23 Mas para ellos esto será como adivinación
mentirosa, ya que les ha hecho solemnes jura-
mentos; pero él trae a la memoria la maldad de
ellos, para apresarlos.
24 Por tanto, así ha dicho Jehová el Señor: Por
cuanto habéis hecho traer a la memoria vues-
tras maldades, manifestando vuestras traicio-
nes, y descubriendo vuestros pecados en todas
vuestras obras; por cuanto habéis venido en me-
moria, seréis entregados en su mano.
25 Y tú, profano e impío príncipe de Israel, cuyo
día ha llegado ya, el tiempo de la consumación
de la maldad,
26 así ha dicho Jehová el Señor: Depón la tiara,
quita la corona; esto no será más así; sea exalta-
do lo bajo, y humillado lo alto.
27 A ruina, a ruina, a ruina lo reduciré, y esto no
será más, hasta que venga aquel cuyo es el dere-
cho, y yo se lo entregaré.

Juicio contra los amonitas

28 Y tú, hijo de hombre, profetiza, y di: Así ha
dicho Jehová el Señor acerca de los hijos de
Amón,[a] y de su oprobio. Dirás, pues: La espada,
la espada está desenvainada para degollar; para
consumir está pulida con resplandor.
29 Te profetizan vanidad, te adivinan mentira,
para que la emplees sobre los cuellos de los ma-
los sentenciados a muerte, cuyo día vino en el
tiempo de la consumación de la maldad.
30 ¿La volveré a su vaina? En el lugar donde te
criaste, en la tierra donde has vivido, te juzgaré,
31 y derramaré sobre ti mi ira; el fuego de m
enojo haré encender sobre ti, y te entregaré
mano de hombres temerarios, artífices
destrucción.
32 Serás pasto del fuego, se empapará la

21.28-32: [a] Jer. 49.1-6; Ez. 25.1-7; Am. 1.13-15; Sc

de tu sangre; no habrá más memoria de ti, por-
que yo Jehová he hablado.

Los pecados de Jerusalén

22 1 Vino a mí palabra de Jehová, diciendo:
2 Tú, hijo de hombre, ¿no juzgarás tú, no
juzgarás tú a la ciudad derramadora de sangre,
y le mostrarás todas sus abominaciones?
3 Dirás, pues: Así ha dicho Jehová el Señor:
¡Ciudad derramadora de sangre en medio de sí,
para que venga su hora, y que hizo ídolos contra
sí misma para contaminarse!
4 En tu sangre que derramaste has pecado, y te
has contaminado en tus ídolos que hiciste; y has
hecho acercar tu día, y has llegado al término de
tus años; por tanto, te he dado en oprobio a las
naciones, y en escarnio a todas las tierras.
5 Las que están cerca de ti y las que están lejos
se reirán de ti, amancillada de nombre, y de
grande turbación.
6 He aquí que los príncipes de Israel, cada
uno según su poder, se esfuerzan en derramar
sangre.
7 Al padre y a la madre despreciaron en ti;[a] al
extranjero trataron con violencia en medio de
ti; al huérfano y a la viuda despojaron en ti.[b]
8 Mis santuarios menospreciaste, y mis días de
reposo* has profanado.[c]
9 Calumniadores hubo en ti para derramar san-
gre; y sobre los montes comieron en ti; hicieron
en medio de ti perversidades.
10 La desnudez del padre descubrieron en ti, y
en ti hicieron violencia a la que estaba inmunda
por su menstruo.
11 Cada uno hizo abominación con la mujer de
su prójimo, cada uno contaminó pervertida-
mente a su nuera, y cada uno violó en ti a su
hermana, hija de su padre.[d]
12 Precio recibieron en ti[e] para derramar san-
gre; interés y usura tomaste,[f] y a tus prójimos
defraudaste con violencia; te olvidaste de mí,
dice Jehová el Señor.
13 Y he aquí que batí mis manos a causa de tu
avaricia que cometiste, y a causa de la sangre
que derramaste en medio de ti.
14 ¿Estará firme tu corazón? ¿Serán fuertes tus
manos en los días en que yo proceda contra ti?
Yo Jehová he hablado, y lo haré.
15 Te dispersaré por las naciones, y te esparciré
por las tierras; y haré fenecer de ti tu inmundicia.
16 Y por ti misma serás degradada a la vista de
las naciones; y sabrás que yo soy Jehová.
17 Vino a mí palabra de Jehová, diciendo:
18 Hijo de hombre, la casa de Israel se me ha
convertido en escoria; todos ellos son bronce y
estaño y hierro y plomo en medio del horno; y
n escorias de plata se convirtieron.
Por tanto, así ha dicho Jehová el Señor: Por
cuanto todos vosotros os habéis convertido en
escorias, por tanto, he aquí que yo os reuniré en
medio de Jerusalén.
20 Como quien junta plata y bronce y hierro y
plomo y estaño en medio del horno, para encen-
der fuego en él para fundirlos, así os juntaré en
mi furor y en mi ira, y os pondré allí, y os fundiré.
21 Yo os juntaré y soplaré sobre vosotros en el fue-
go de mi furor, y en medio de él seréis fundidos.
22 Como se funde la plata en medio del horno,
así seréis fundidos en medio de él; y sabréis que
yo Jehová habré derramado mi enojo sobre
vosotros.
23 Vino a mí palabra de Jehová, diciendo:
24 Hijo de hombre, di a ella: Tú no eres tierra
limpia, ni rociada con lluvia en el día del furor.
25 Hay conjuración de sus profetas en medio de
ella, como león rugiente que arrebata presa; de-
voraron almas, tomaron haciendas y honra,
multiplicaron sus viudas en medio de ella.
26 Sus sacerdotes violaron mi ley, y contamina-
ron mis santuarios; entre lo santo y lo profano
no hicieron diferencia, ni distinguieron entre in-
mundo y limpio;[g] y de mis días de reposo* apar-
taron sus ojos, y yo he sido profanado en medio
de ellos.
27 Sus príncipes en medio de ella son como lo-
bos que arrebatan presa, derramando sangre,
para destruir las almas, para obtener ganancias
injustas.
28 Y sus profetas recubrían con lodo suelto, pro-
fetizándoles vanidad y adivinándoles mentira,
diciendo: Así ha dicho Jehová el Señor; y Jeho-
vá no había hablado.
29 El pueblo de la tierra usaba de opresión y co-
metía robo, al afligido y menesteroso hacía vio-
lencia, y al extranjero oprimía sin derecho.
30 Y busqué entre ellos hombre que hiciese va-
llado y que se pusiese en la brecha delante de
mí, a favor de la tierra, para que yo no la destru-
yese; y no lo hallé.
31 Por tanto, derramé sobre ellos mi ira; con el
ardor de mi ira los consumí; hice volver el cami-
no de ellos sobre su propia cabeza, dice Jehová
el Señor.

Las dos hermanas

23 1 Vino a mí palabra de Jehová, diciendo:
2 Hijo de hombre, hubo dos mujeres, hi-
jas de una madre,
3 las cuales fornicaron en Egipto; en su juventud
fornicaron. Allí fueron apretados sus pechos,
allí fueron estrujados sus pechos virginales.

* Aquí equivale a *sábado*.
22.7: [a] Ex. 20.12; Dt. 5.16. [b] Ex. 22.21-22; Dt. 24.17.
22.8: [c] Lv. 19.30; 26.2. **22.10-11:** [d] Lv. 18.7-20.
22.12: [e] Ex. 23.8; Dt. 16.19. [f] Ex. 22.25; Lv. 25.36-37; Dt. 23.19.
22.26: [g] Lv. 10.10.

4 Y se llamaban, la mayor, Ahola,[2] y su hermana, Aholiba;[3] las cuales llegaron a ser mías, y dieron a luz hijos e hijas. Y se llamaron: Samaria, Ahola; y Jerusalén, Aholiba.

5 Y Ahola cometió fornicación aun estando en mi poder; y se enamoró de sus amantes los asirios, vecinos suyos,

6 vestidos de púrpura, gobernadores y capitanes, jóvenes codiciables todos ellos, jinetes que iban a caballo.

7 Y se prostituyó con ellos, con todos los más escogidos de los hijos de los asirios, y con todos aquellos de quienes se enamoró; se contaminó con todos los ídolos de ellos.

8 Y no dejó sus fornicaciones de Egipto; porque con ella se echaron en su juventud, y ellos comprimieron sus pechos virginales, y derramaron sobre ella su fornicación.

9 Por lo cual la entregué en mano de sus amantes, en mano de los hijos de los asirios, de quienes se había enamorado.

10 Ellos descubrieron su desnudez, tomaron sus hijos y sus hijas, y a ella mataron a espada; y vino a ser famosa entre las mujeres, pues en ella hicieron escarmiento.

11 Y lo vio su hermana Aholiba, y enloqueció de lujuria más que ella; y sus fornicaciones fueron más que las fornicaciones de su hermana.

12 Se enamoró de los hijos de los asirios sus vecinos, gobernadores y capitanes, vestidos de ropas y armas excelentes, jinetes que iban a caballo, todos ellos jóvenes codiciables.

13 Y vi que se había contaminado; un mismo camino era el de ambas.

14 Y aumentó sus fornicaciones; pues cuando vio a hombres pintados en la pared, imágenes de caldeos pintadas de color,

15 ceñidos por sus lomos con talabartes, y tiaras de colores en sus cabezas, teniendo todos ellos apariencia de capitanes, a la manera de los hombres de Babilonia, de Caldea, tierra de su nacimiento,

16 se enamoró de ellos a primera vista, y les envió mensajeros a la tierra de los caldeos.

17 Así, pues, se llegaron a ella los hombres de Babilonia en su lecho de amores, y la contaminaron, y ella también se contaminó con ellos, y su alma se hastió de ellos.

18 Así hizo patentes sus fornicaciones y descubrió sus desnudeces, por lo cual mi alma se hastió de ella, como se había ya hastiado mi alma de su hermana.

19 Aun multiplicó sus fornicaciones, trayendo en memoria los días de su juventud, en los cuales había fornicado en la tierra de Egipto.

20 Y se enamoró de sus rufianes, cuya lujuria es como el ardor carnal de los asnos, y cuyo flujo como flujo de caballos.

21 Así trajiste de nuevo a la memoria la lujuria de tu juventud, cuando los egipcios comprimieron tus pechos, los pechos de tu juventud.

22 Por tanto, Aholiba, así ha dicho Jehová el Señor: He aquí que yo suscitaré contra ti a tus amantes, de los cuales se hastió tu alma, y les haré venir contra ti en derredor;

23 los de Babilonia, y todos los caldeos, los de Pecod, Soa y Coa, y todos los de Asiria con ellos; jóvenes codiciables, gobernadores y capitanes, nobles y varones de renombre, que montan a caballo todos ellos.

24 Y vendrán contra ti carros, carretas y ruedas, y multitud de pueblos. Escudos, paveses y yelmos pondrán contra ti en derredor; y yo pondré delante de ellos el juicio, y por sus leyes te juzgarán.

25 Y pondré mi celo contra ti, y procederán contigo con furor; te quitarán tu nariz y tus orejas, y lo que te quedare caerá a espada. Ellos tomarán a tus hijos y a tus hijas, y tu remanente será consumido por el fuego.

26 Y te despojarán de tus vestidos, y te arrebatarán todos los adornos de tu hermosura.

27 Y haré cesar de ti tu lujuria, y tu fornicación de la tierra de Egipto; y no levantarás ya más a ellos tus ojos, ni nunca más te acordarás de Egipto.

28 Porque así ha dicho Jehová el Señor: He aquí, yo te entrego en mano de aquellos que aborreciste, en mano de aquellos de los cuales se hastió tu alma;

29 los cuales procederán contigo con odio, y tomarán todo el fruto de tu labor, y te dejarán desnuda y descubierta; y se descubrirá la inmundicia de tus fornicaciones, y tu lujuria y tu prostitución.

30 Estas cosas se harán contigo porque fornicaste en pos de las naciones, con las cuales te contaminaste en sus ídolos.

31 En el camino de tu hermana anduviste; yo, pues, pondré su cáliz en tu mano.

32 Así ha dicho Jehová el Señor: Beberás el hondo y ancho cáliz de tu hermana, que es de gran capacidad; de ti se mofarán las naciones, y te escarnecerán.

33 Serás llena de embriaguez y de dolor por el cáliz de soledad y de desolación, por el cáliz de tu hermana Samaria.

34 Lo beberás, pues, y lo agotarás, y quebrarás
sus tiestos; y rasgarás tus pechos, porque yo h
hablado, dice Jehová el Señor.
35 Por tanto, así ha dicho Jehová el Señor:
cuanto te has olvidado de mí, y me has ech
tras tus espaldas, por eso, lleva tú también
juria y tus fornicaciones.

23.4: [2] Esto es, *Tabernáculo de ella.*
[3] Esto es, *Mi tabernáculo en ella.*

36 Y me dijo Jehová: Hijo de hombre, ¿no juz-
garás tú a Ahola y a Aholiba, y les denunciarás
sus abominaciones?
37 Porque han adulterado, y hay sangre en sus
manos, y han fornicado con sus ídolos; y aun a
sus hijos que habían dado a luz para mí, hicie-
ron pasar por el fuego, quemándolos.
38 Aun esto más me hicieron: contaminaron mi
santuario en aquel día, y profanaron mis días de
reposo.*
39 Pues habiendo sacrificado sus hijos a sus ído-
los, entraban en mi santuario el mismo día para
contaminarlo; y he aquí, así hicieron en medio
de mi casa.
40 Además, enviaron por hombres que viniesen
de lejos, a los cuales había sido enviado mensa-
jero, y he aquí vinieron; y por amor de ellos te
lavaste, y pintaste tus ojos, y te ataviaste con
adornos;
41 y te sentaste sobre suntuoso estrado, y fue
preparada mesa delante de él, y sobre ella pusis-
te mi incienso y mi aceite.
42 Y se oyó en ella voz de compañía que se sola-
zaba con ella; y con los varones de la gente co-
mún fueron traídos los sabeos del desierto, y
pusieron pulseras en sus manos, y bellas coro-
nas sobre sus cabezas.
43 Y dije respecto de la envejecida en adulte-
rios: ¿Todavía cometerán fornicaciones con ella,
y ella con ellos?
44 Porque han venido a ella como quien viene a
mujer ramera; así vinieron a Ahola y a Aholiba,
mujeres depravadas.
45 Por tanto, hombres justos las juzgarán por la
ley de las adúlteras, y por la ley de las que derra-
man sangre; porque son adúlteras, y sangre hay
en sus manos.
46 Por lo que así ha dicho Jehová el Señor: Yo
haré subir contra ellas tropas, las entregaré a
turbación y a rapiña,
47 y las turbas las apedrearán, y las atravesarán
con sus espadas; matarán a sus hijos y a sus hi-
jas, y sus casas consumirán con fuego.
48 Y haré cesar la lujuria de la tierra, y escar-
mentarán todas las mujeres, y no harán según
vuestras perversidades.
49 Y sobre vosotras pondrán vuestras perversi-
dades, y pagaréis los pecados de vuestra idola-
tría; y sabréis que yo soy Jehová el Señor.

Parábola de la olla hirviente

24 1 Vino a mí palabra de Jehová en el año
noveno, en el mes décimo, a los diez días
del mes, diciendo:
2 Hijo de hombre, escribe la fecha de este día; el
rey de Babilonia puso sitio a Jerusalén[a] este mis-
mo día.
Y habla por parábola a la casa rebelde, y diles:
Así ha dicho Jehová el Señor: Pon una olla, pon-
la, y echa también en ella agua;
4 junta sus piezas de carne en ella; todas buenas
piezas, pierna y espalda; llénala de huesos esco-
gidos.
5 Toma una oveja escogida, y también enciende
los huesos debajo de ella; haz que hierva bien;
cuece también sus huesos dentro de ella.
6 Pues así ha dicho Jehová el Señor: ¡Ay de la
ciudad de sangres, de la olla herrumbrosa cuya
herrumbre no ha sido quitada! Por sus piezas,
por sus piezas sácala, sin echar suerte sobre
ella.
7 Porque su sangre está en medio de ella; sobre
una piedra alisada la ha derramado; no la de-
rramó sobre la tierra para que fuese cubierta con
polvo.
8 Habiendo, pues, hecho subir la ira para hacer
venganza, yo pondré su sangre sobre la dura
piedra, para que no sea cubierta.
9 Por tanto, así ha dicho Jehová el Señor: ¡Ay de
la ciudad de sangres! Pues también haré yo gran
hoguera,
10 multiplicando la leña, y encendiendo el fue-
go para consumir la carne y hacer la salsa; y los
huesos serán quemados.
11 Asentando después la olla vacía sobre sus
brasas, para que se caldee, y se queme su fondo,
y se funda en ella su suciedad, y se consuma su
herrumbre.
12 En vano se cansó, y no salió de ella su mucha
herrumbre. Sólo en fuego será su herrumbre
consumida.
13 En tu inmunda lujuria padecerás, porque te
limpié, y tú no te limpiaste de tu inmundicia;
nunca más te limpiarás, hasta que yo sacie mi
ira sobre ti.
14 Yo Jehová he hablado; vendrá, y yo lo haré.
No me volveré atrás, ni tendré misericordia, ni
me arrepentiré; según tus caminos y tus obras te
juzgarán, dice Jehová el Señor.

Muerte de la esposa de Ezequiel

15 Vino a mí palabra de Jehová, diciendo:
16 Hijo de hombre, he aquí que yo te quito de
golpe el deleite de tus ojos; no endeches, ni llo-
res, ni corran tus lágrimas.
17 Reprime el suspirar, no hagas luto de mortuo-
rios; ata tu turbante sobre ti, y pon tus zapatos
en tus pies, y no te cubras con rebozo, ni comas
pan de enlutados.
18 Hablé al pueblo por la mañana, y a la tarde
murió mi mujer; y a la mañana hice como me
fue mandado.
19 Y me dijo el pueblo: ¿No nos enseñarás qué
significan para nosotros estas cosas que haces?

* Aquí equivale a *sábado*.
24.2: [a] 2 R. 25.1; Jer. 52.4.

20 Y yo les dije: La palabra de Jehová vino a mí, diciendo:

21 Di a la casa de Israel: Así ha dicho Jehová el Señor: He aquí yo profano mi santuario, la gloria de vuestro poderío, el deseo de vuestros ojos y el deleite de vuestra alma; y vuestros hijos y vuestras hijas que dejasteis caerán a espada.

22 Y haréis de la manera que yo hice; no os cubriréis con rebozo, ni comeréis pan de hombres en luto.

23 Vuestros turbantes estarán sobre vuestras cabezas, y vuestros zapatos en vuestros pies; no endecharéis ni lloraréis, sino que os consumiréis a causa de vuestras maldades, y gemiréis unos con otros.

24 Ezequiel, pues, os será por señal; según todas las cosas que él hizo, haréis; cuando esto ocurra, entonces sabréis que yo soy Jehová el Señor.

25 Y tú, hijo de hombre, el día que yo arrebate a ellos su fortaleza, el gozo de su gloria, el deleite de sus ojos y el anhelo de sus almas, y también sus hijos y sus hijas,

26 ese día vendrá a ti uno que haya escapado para traer las noticias.

27 En aquel día se abrirá tu boca para hablar con el fugitivo, y hablarás, y no estarás más mudo; y les serás por señal, y sabrán que yo soy Jehová.

Profecía contra Amón

25 1 Vino a mí palabra de Jehová, diciendo:

2 Hijo de hombre, pon tu rostro hacia los hijos de Amón,[a] y profetiza contra ellos.

3 Y dirás a los hijos de Amón: Oíd palabra de Jehová el Señor. Así dice Jehová el Señor: Por cuanto dijiste: ¡Ea, bien!, cuando mi santuario era profanado, y la tierra de Israel era asolada, y llevada en cautiverio la casa de Judá;

4 por tanto, he aquí yo te entrego por heredad a los orientales, y pondrán en ti sus apriscos y plantarán en ti sus tiendas; ellos comerán tus sementeras, y beberán tu leche.

5 Y pondré a Rabá por habitación de camellos, y a los hijos de Amón por majada de ovejas; y sabréis que yo soy Jehová.

6 Porque así ha dicho Jehová el Señor: Por cuanto batiste tus manos, y golpeaste con tu pie, y te gozaste en el alma con todo tu menosprecio para la tierra de Israel,

7 por tanto, he aquí yo extenderé mi mano contra ti, y te entregaré a las naciones para ser saqueada; te cortaré de entre los pueblos, y te destruiré de entre las tierras; te exterminaré, y sabrás que yo soy Jehová.

Profecía contra Moab

8 Así ha dicho Jehová el Señor: Por cuanto dijo Moab[b] y Seir: He aquí la casa de Judá es como todas las naciones;

9 por tanto, he aquí yo abro el lado de Moab desde las ciudades, desde sus ciudades que están en su confín, las tierras deseables de Bet-jesimot, Baal-meón y Quiriataim,

10 a los hijos del oriente contra los hijos de Amón; y la entregaré por heredad, para que no haya más memoria de los hijos de Amón entre las naciones.

11 También en Moab haré juicios, y sabrán que yo soy Jehová.

Profecía contra Edom

12 Así ha dicho Jehová el Señor: Por lo que hizo Edom,[c] tomando venganza de la casa de Judá, pues delinquieron en extremo, y se vengaron de ellos;

13 por tanto, así ha dicho Jehová el Señor: Yo también extenderé mi mano sobre Edom, y cortaré de ella hombres y bestias, y la asolaré; desde Temán hasta Dedán caerán a espada.

14 Y pondré mi venganza contra Edom en manos de mi pueblo Israel, y harán en Edom según mi enojo y conforme a mi ira; y conocerán mi venganza, dice Jehová el Señor.

Profecía contra los filisteos

15 Así ha dicho Jehová el Señor: Por lo que hicieron los filisteos[d] con venganza, cuando se vengaron con despecho de ánimo, destruyendo por antiguas enemistades;

16 por tanto, así ha dicho Jehová: He aquí yo extiendo mi mano contra los filisteos, y cortaré a los cereteos, y destruiré el resto que queda en la costa del mar.

17 Y haré en ellos grandes venganzas con reprensiones de ira; y sabrán que yo soy Jehová, cuando haga mi venganza en ellos.

Profecía contra Tiro

26 1 Aconteció en el undécimo año, en el día primero del mes, que vino a mí palabra de Jehová, diciendo:

2 Hijo de hombre, por cuanto dijo Tiro[a] contra Jerusalén: Ea, bien; quebrantada está la que era puerta de las naciones; a mí se volvió; yo seré llena, y ella desierta;

3 por tanto, así ha dicho Jehová el Señor: He aquí yo estoy contra ti, oh Tiro, y haré subir contra ti muchas naciones, como el mar hace subir sus olas.

4 Y demolerán los muros de Tiro, y derribarán

25.1-7: [a] Jer. 49.1-6; Ez. 21.28-32; Am. 1.13-15; Sof. 2.8-1
25.8-11: [b] Is. 15.1—16.14; 25.10-12; Jer. 48.1-47; Am. 2.
Sof. 2.8-11. **25.12-14:** [c] Is. 34.5-17; 63.1-6; Jer. 49.7-22
Ez. 35.1-15; Am. 1.11-12; Abd. 1-14; Mal. 1.2-5.
25.15-17: [d] Is. 14.29-31; Jer. 47.1-7; Jl. 3.4-8; Am. 1.6
Sof. 2.4-7; Zac. 9.5-7.
26.1—28.19: [a] Is. 23.1-18; Jl. 3.4-8; Am. 1.9-10; Za
Mt. 11.21-22; Lc. 10.13-14.

sus torres; y barreré de ella hasta su polvo, y la dejaré como una peña lisa.

5 Tendedero de redes será en medio del mar, porque yo he hablado, dice Jehová el Señor; y será saqueada por las naciones.

6 Y sus hijas que están en el campo serán muertas a espada; y sabrán que yo soy Jehová.

7 Porque así ha dicho Jehová el Señor: He aquí que del norte traigo yo contra Tiro a Nabucodonosor rey de Babilonia, rey de reyes, con caballos y carros y jinetes, y tropas y mucho pueblo.

8 Matará a espada a tus hijas que están en el campo, y pondrá contra ti torres de sitio, y levantará contra ti baluarte, y escudo afirmará contra ti.

9 Y pondrá contra ti arietes, contra tus muros, y tus torres destruirá con hachas.

10 Por la multitud de sus caballos te cubrirá el polvo de ellos; con el estruendo de su caballería y de las ruedas y de los carros, temblarán tus muros, cuando entre por tus puertas como por portillos de ciudad destruida.

11 Con los cascos de sus caballos hollará todas tus calles; a tu pueblo matará a filo de espada, y tus fuertes columnas caerán a tierra.

12 Y robarán tus riquezas y saquearán tus mercaderías; arruinarán tus muros, y tus casas preciosas destruirán; y pondrán tus piedras y tu madera y tu polvo en medio de las aguas.

13 Y haré cesar el estrépito de tus canciones, y no se oirá más el son de tus cítaras.[b]

14 Y te pondré como una peña lisa; tendedero de redes serás, y nunca más serás edificada; porque yo Jehová he hablado, dice Jehová el Señor.

15 Así ha dicho Jehová el Señor a Tiro: ¿No se estremecerán las costas al estruendo de tu caída, cuando griten los heridos, cuando se haga la matanza en medio de ti?

16 Entonces todos los príncipes del mar descenderán de sus tronos, y se quitarán sus mantos, y desnudarán sus ropas bordadas; de espanto se vestirán, se sentarán sobre la tierra, y temblarán a cada momento, y estarán atónitos sobre ti.

17 Y levantarán sobre ti endechas, y te dirán: ¿Cómo pereciste tú, poblada por gente de mar, ciudad que era alabada, que era fuerte en el mar, ella y sus habitantes, que infundían terror a todos los que la rodeaban?

18 Ahora se estremecerán las islas en el día de tu caída; sí, las islas que están en el mar se espantarán a causa de tu fin.[c]

19 Porque así ha dicho Jehová el Señor: Yo te convertiré en ciudad asolada, como las ciudades que no se habitan; haré subir sobre ti el abismo, y las muchas aguas te cubrirán.

Y te haré descender con los que descienden al sepulcro, con los pueblos de otros siglos, y te pondré en las profundidades de la tierra, como los desiertos antiguos, con los que descienden al sepulcro, para que nunca más seas poblada; y daré gloria en la tierra de los vivientes.

21 Te convertiré en espanto, y dejarás de ser; serás buscada, y nunca más serás hallada,[d] dice Jehová el Señor.

27 1 Vino a mí palabra de Jehová, diciendo:

2 Tú, hijo de hombre, levanta endechas sobre Tiro.

3 Dirás a Tiro, que está asentada a las orillas del mar, la que trafica con los pueblos de muchas costas: Así ha dicho Jehová el Señor: Tiro, tú has dicho: Yo soy de perfecta hermosura.

4 En el corazón de los mares están tus confines; los que te edificaron completaron tu belleza.

5 De hayas del monte Senir te fabricaron todo el maderaje; tomaron cedros del Líbano para hacerte el mástil.

6 De encinas de Basán hicieron tus remos; tus bancos de pino de las costas de Quitim, incrustados de marfil.

7 De lino fino bordado de Egipto era tu cortina, para que te sirviese de vela; de azul y púrpura de las costas de Elisa era tu pabellón.

8 Los moradores de Sidón y de Arvad fueron tus remeros; tus sabios, oh Tiro, estaban en ti; ellos fueron tus pilotos.

9 Los ancianos de Gebal y sus más hábiles obreros calafateaban tus junturas; todas las naves del mar y los remeros de ellas fueron a ti para negociar, para participar de tus negocios.

10 Persas y los de Lud y Fut fueron en tu ejército tus hombres de guerra; escudos y yelmos colgaron en ti; ellos te dieron tu esplendor.

11 Y los hijos de Arvad con tu ejército estuvieron sobre tus muros alrededor, y los gamadeos en tus torres; sus escudos colgaron sobre tus muros alrededor; ellos completaron tu hermosura.

12 Tarsis comerciaba contigo por la abundancia de todas tus riquezas; con plata, hierro, estaño y plomo comerciaba en tus ferias.

13 Javán, Tubal y Mesec comerciaban también contigo; con hombres y con utensilios de bronce comerciaban en tus ferias.

14 Los de la casa de Togarma, con caballos y corceles de guerra y mulos, comerciaban en tu mercado.

15 Los hijos de Dedán traficaban contigo; muchas costas tomaban mercadería de tu mano; colmillos de marfil y ébano te dieron por sus pagos.

16 Edom traficaba contigo por la multitud de tus productos; con perlas, púrpura, vestidos bordados, linos finos, corales y rubíes venía a tus ferias.

26.13: [b] Ap. 18.22. **26.16-18:** [c] Ap. 18.9-10.
26.21: [d] Ap. 18.21.

17 Judá y la tierra de Israel comerciaban contigo; con trigos de Minit y Panag, miel, aceite y resina negociaban en tus mercados.

18 Damasco comerciaba contigo por tus muchos productos, por la abundancia de toda riqueza; con vino de Helbón y lana blanca negociaban.

19 Asimismo Dan y el errante Javán vinieron a tus ferias, para negociar en tu mercado con hierro labrado, mirra destilada y caña aromática.

20 Dedán comerciaba contigo en paños preciosos para carros.

21 Arabia y todos los príncipes de Cedar traficaban contigo en corderos y carneros y machos cabríos; en estas cosas fueron tus mercaderes.

22 Los mercaderes de Sabá y de Raama fueron también tus mercaderes; con lo principal de toda especiería, y toda piedra preciosa, y oro, vinieron a tus ferias.

23 Harán, Cane, Edén, y los mercaderes de Sabá, de Asiria y de Quilmad, contrataban contigo.

24 Estos mercaderes tuyos negociaban contigo en varias cosas; en mantos de azul y bordados, y en cajas de ropas preciosas, enlazadas con cordones, y en madera de cedro.

25 Las naves de Tarsis eran como tus caravanas que traían tus mercancías; así llegaste a ser opulenta, te multiplicaste en gran manera en medio de los mares.

26 En muchas aguas te engolfaron tus remeros; viento solano te quebrantó en medio de los mares.

27 Tus riquezas, tus mercaderías, tu tráfico, tus remeros, tus pilotos, tus calafateadores y los agentes de tus negocios, y todos tus hombres de guerra que hay en ti, con toda tu compañía que en medio de ti se halla, caerán en medio de los mares el día de tu caída.

28 Al estrépito de las voces de tus marineros temblarán las costas.

29 Descenderán de sus naves todos los que toman remo; remeros y todos los pilotos del mar se quedarán en tierra,

30 y harán oír su voz sobre ti, y gritarán amargamente, y echarán polvo sobre sus cabezas, y se revolcarán en ceniza.

31 Se raerán por ti los cabellos, se ceñirán de cilicio, y endecharán por ti endechas amargas, con amargura del alma.

32 Y levantarán sobre ti endechas en sus lamentaciones, y endecharán sobre ti, diciendo: ¿Quién como Tiro, como la destruida en medio del mar?

33 Cuando tus mercaderías salían de las naves, saciabas a muchos pueblos; a los reyes de la tierra enriqueciste con la multitud de tus riquezas y de tu comercio.

34 En el tiempo en que seas quebrantada por los mares en lo profundo de las aguas, tu comercio y toda tu compañía caerán en medio de ti.

35 Todos los moradores de las costas se maravillarán sobre ti, y sus reyes temblarán de espanto; demudarán sus rostros.

36 Los mercaderes en los pueblos silbarán contra ti; vendrás a ser espanto, y para siempre dejarás de ser.[a]

28 1 Vino a mí palabra de Jehová, diciendo:

2 Hijo de hombre, di al príncipe de Tiro: Así ha dicho Jehová el Señor: Por cuanto se enalteció tu corazón, y dijiste: Yo soy un dios, en el trono de Dios estoy sentado en medio de los mares (siendo tú hombre y no Dios), y has puesto tu corazón como corazón de Dios;

3 he aquí que tú eres más sabio que Daniel; no hay secreto que te sea oculto.

4 Con tu sabiduría y con tu prudencia has acumulado riquezas, y has adquirido oro y plata en tus tesoros.

5 Con la grandeza de tu sabiduría en tus contrataciones has multiplicado tus riquezas; y a causa de tus riquezas se ha enaltecido tu corazón.

6 Por tanto, así ha dicho Jehová el Señor: Por cuanto pusiste tu corazón como corazón de Dios,

7 por tanto, he aquí yo traigo sobre ti extranjeros, los fuertes de las naciones, que desenvainarán sus espadas contra la hermosura de tu sabiduría, y mancharán tu esplendor.

8 Al sepulcro te harán descender, y morirás con la muerte de los que mueren en medio de los mares.

9 ¿Hablarás delante del que te mate, diciendo: Yo soy Dios? Tú, hombre eres, y no Dios, en la mano de tu matador.

10 De muerte de incircuncisos morirás por mano de extranjeros; porque yo he hablado, dice Jehová el Señor.

11 Vino a mí palabra de Jehová, diciendo:

12 Hijo de hombre, levanta endechas sobre el rey de Tiro, y dile: Así ha dicho Jehová el Señor: Tú eras el sello de la perfección, lleno de sabiduría, y acabado de hermosura.

13 En Edén, en el huerto de Dios estuviste; de toda piedra preciosa era tu vestidura; de cornerina, topacio, jaspe, crisólito, berilo y ónice; de zafiro, carbunclo, esmeralda y oro; los primores de tus tamboriles y flautas estuvieron preparados para ti en el día de tu creación.

14 Tú, querubín grande, protector, yo te puse en el santo monte de Dios, allí estuviste; en medio de las piedras de fuego te paseabas.

15 Perfecto eras en todos tus caminos desde el día que fuiste creado, hasta que se halló en maldad.

16 A causa de la multitud de tus contrataci fuiste lleno de iniquidad, y pecaste; por l yo te eché del monte de Dios, y te arrojé tre las piedras del fuego, oh querubín pr

27.25-36: [a] Ap. 18.11-19.

17 Se enalteció tu corazón a causa de tu hermo-
sura, corrompiste tu sabiduría a causa de tu es-
plendor; yo te arrojaré por tierra; delante de los
reyes te pondré para que miren en ti.
18 Con la multitud de tus maldades y con la ini-
quidad de tus contrataciones profanaste tu san-
tuario; yo, pues, saqué fuego de en medio de ti,
el cual te consumió, y te puse en ceniza sobre la
tierra a los ojos de todos los que te miran.
19 Todos los que te conocieron de entre los pue-
blos se maravillarán sobre ti; espanto serás, y
para siempre dejarás de ser.

Profecía contra Sidón

20 Vino a mí palabra de Jehová, diciendo:
21 Hijo de hombre, pon tu rostro hacia Sidón,[a] y
profetiza contra ella,
22 y dirás: Así ha dicho Jehová el Señor: He aquí
yo estoy contra ti, oh Sidón, y en medio de ti seré
glorificado; y sabrán que yo soy Jehová, cuando
haga en ella juicios, y en ella me santifique.
23 Enviaré a ella pestilencia y sangre en sus ca-
lles, y caerán muertos en medio de ella, con es-
pada contra ella por todos lados; y sabrán que
yo soy Jehová.
24 Y nunca más será a la casa de Israel espina
desgarradora, ni aguijón que le dé dolor, en me-
dio de cuantos la rodean y la menosprecian; y
sabrán que yo soy Jehová.
25 Así ha dicho Jehová el Señor: Cuando re-
coja a la casa de Israel de los pueblos entre los
cuales está esparcida, entonces me santificaré
en ellos ante los ojos de las naciones, y habita-
rán en su tierra, la cual di a mi siervo Jacob.
26 Y habitarán en ella seguros, y edificarán ca-
sas, y plantarán viñas, y vivirán confiadamente,
cuando yo haga juicios en todos los que los des-
pojan en sus alrededores; y sabrán que yo soy
Jehová su Dios.

Profecías contra Egipto

29 1 En el año décimo, en el mes décimo, a
los doce días del mes, vino a mí palabra
de Jehová, diciendo:
2 Hijo de hombre, pon tu rostro contra Faraón
rey de Egipto, y profetiza contra él y contra todo
Egipto.[a]
3 Habla, y di: Así ha dicho Jehová el Señor: He
aquí yo estoy contra ti, Faraón rey de Egipto, el
gran dragón que yace en medio de sus ríos, el
cual dijo: Mío es el Nilo, pues yo lo hice.
4 Yo, pues, pondré garfios en tus quijadas, y pe-
garé los peces de tus ríos a tus escamas, y te sa-
caré de en medio de tus ríos, y todos los peces
le tus ríos saldrán pegados a tus escamas.
Y te dejaré en el desierto a ti y a todos los pe-
s de tus ríos; sobre la faz del campo caerás; no
ás recogido, ni serás juntado; a las fieras de
la tierra y a las aves del cielo te he dado por
comida.
6 Y sabrán todos los moradores de Egipto que
yo soy Jehová, por cuanto fueron báculo de
caña a la casa de Israel.
7 Cuando te tomaron con la mano, te quebraste,
y les rompiste todo el hombro; y cuando se apo-
yaron en ti, te quebraste, y les rompiste sus lo-
mos enteramente.
8 Por tanto, así ha dicho Jehová el Señor: He
aquí que yo traigo contra ti espada, y cortaré de
ti hombres y bestias.
9 Y la tierra de Egipto será asolada y desierta, y
sabrán que yo soy Jehová; por cuanto dijo: El
Nilo es mío, y yo lo hice.
10 Por tanto, he aquí yo estoy contra ti, y contra
tus ríos; y pondré la tierra de Egipto en desola-
ción, en la soledad del desierto, desde Migdol
hasta Sevene, hasta el límite de Etiopía.
11 No pasará por ella pie de hombre, ni pie de
animal pasará por ella, ni será habitada, por
cuarenta años.
12 Y pondré a la tierra de Egipto en soledad en-
tre las tierras asoladas, y sus ciudades entre las
ciudades destruidas estarán desoladas por cua-
renta años; y esparciré a Egipto entre las nacio-
nes, y lo dispersaré por las tierras.
13 Porque así ha dicho Jehová el Señor: Al fin
de cuarenta años recogeré a Egipto de entre los
pueblos entre los cuales fueren esparcidos;
14 y volveré a traer los cautivos de Egipto, y los
llevaré a la tierra de Patros, a la tierra de su ori-
gen; y allí serán un reino despreciable.
15 En comparación con los otros reinos será hu-
milde; nunca más se alzará sobre las naciones;
porque yo los disminuiré, para que no vuelvan a
tener dominio sobre las naciones.
16 Y no será ya más para la casa de Israel apoyo
de confianza, que les haga recordar el pecado
de mirar en pos de ellos; y sabrán que yo soy
Jehová el Señor.
17 Aconteció en el año veintisiete en el mes
primero, el día primero del mes, que vino a mí
palabra de Jehová, diciendo:
18 Hijo de hombre, Nabucodonosor rey de Babi-
lonia hizo a su ejército prestar un arduo servicio
contra Tiro. Toda cabeza ha quedado calva, y
toda espalda desollada; y ni para él ni para su
ejército hubo paga de Tiro, por el servicio que
prestó contra ella.
19 Por tanto, así ha dicho Jehová el Señor; He
aquí que yo doy a Nabucodonosor, rey de Babi-
lonia, la tierra de Egipto; y él tomará sus rique-
zas, y recogerá sus despojos, y arrebatará botín,
y habrá paga para su ejército.
20 Por su trabajo con que sirvió contra ella le he

28.20-26: [a] Jl. 3.4-8; Zac. 9.1-2; Mt. 11.21-22; Lc. 10.13-14.
29.1–32.32: [a] Is. 19.1-25; Jer. 46.2-26.

dado la tierra de Egipto; porque trabajaron para
mí, dice Jehová el Señor.
21 En aquel tiempo haré retoñar el poder de
la casa de Israel. Y abriré tu boca en medio de
ellos, y sabrán que yo soy Jehová.

30 1 Vino a mí palabra de Jehová, diciendo:
2 Hijo de hombre, profetiza, y di: Así ha
dicho Jehová el Señor: Lamentad: ¡Ay de aquel
día!
3 Porque cerca está el día, cerca está el día de
Jehová; día de nublado, día de castigo de las na-
ciones será.
4 Y vendrá espada a Egipto, y habrá miedo en
Etiopía, cuando caigan heridos en Egipto; y to-
marán sus riquezas, y serán destruidos sus fun-
damentos.
5 Etiopía, Fut, Lud, toda Arabia, Libia, y los hijos
de las tierras aliadas, caerán con ellos a filo de
espada.
6 Así ha dicho Jehová: También caerán los que
sostienen a Egipto, y la altivez de su poderío
caerá; desde Migdol hasta Sevene caerán en él a
filo de espada, dice Jehová el Señor.
7 Y serán asolados entre las tierras asoladas, y
sus ciudades serán entre las ciudades desiertas.
8 Y sabrán que yo soy Jehová, cuando ponga
fuego a Egipto, y sean quebrantados todos sus
ayudadores.
9 En aquel tiempo saldrán mensajeros de de-
lante de mí en naves, para espantar a Etiopía la
confiada, y tendrán espanto como en el día de
Egipto; porque he aquí viene.
10 Así ha dicho Jehová el Señor: Destruiré las
riquezas de Egipto por mano de Nabucodonosor
rey de Babilonia.
11 El, y con él su pueblo, los más fuertes de las
naciones, serán traídos para destruir la tierra; y
desenvainarán sus espadas sobre Egipto, y lle-
narán de muertos la tierra.
12 Y secaré los ríos, y entregaré la tierra en ma-
nos de malos, y por mano de extranjeros des-
truiré la tierra y cuanto en ella hay. Yo Jehová he
hablado.
13 Así ha dicho Jehová el Señor: Destruiré
también las imágenes, y destruiré los ídolos de
Menfis; y no habrá más príncipe de la tierra de
Egipto, y en la tierra de Egipto pondré temor.
14 Asolaré a Patros, y pondré fuego a Zoán, y
haré juicios en Tebas.
15 Y derramaré mi ira sobre Sin, fortaleza de
Egipto, y exterminaré a la multitud de Tebas.
16 Y pondré fuego a Egipto; Sin tendrá gran do-
lor, y Tebas será destrozada, y Menfis tendrá
continuas angustias.
17 Los jóvenes de Avén y de Pibeset caerán a filo
de espada, y las mujeres irán en cautiverio.
18 Y en Tafnes se oscurecerá el día, cuando que-
brante yo allí el poder de Egipto, y cesará en ella
la soberbia de su poderío; tiniebla la cubrirá, y
los moradores de sus aldeas irán en cautiverio.
19 Haré, pues, juicios en Egipto, y sabrán que yo
soy Jehová.
20 Aconteció en el año undécimo, en el mes
primero, a los siete días del mes, que vino a mí
palabra de Jehová, diciendo:
21 Hijo de hombre, he quebrado el brazo de Fa-
raón rey de Egipto; y he aquí que no ha sido
vendado poniéndole medicinas, ni poniéndole
faja para ligarlo, a fin de fortalecerlo para que
pueda sostener la espada.
22 Por tanto, así ha dicho Jehová el Señor: Heme
aquí contra Faraón rey de Egipto, y quebraré sus
brazos, el fuerte y el fracturado, y haré que la
espada se le caiga de la mano.
23 Y esparciré a los egipcios entre las naciones, y
los dispersaré por las tierras.
24 Y fortaleceré los brazos del rey de Babilonia,
y pondré mi espada en su mano; mas quebraré
los brazos de Faraón, y delante de aquél gemirá
con gemidos de herido de muerte.
25 Fortaleceré, pues, los brazos del rey de Babi-
lonia, y los brazos de Faraón caerán; y sabrán
que yo soy Jehová, cuando yo ponga mi espada
en la mano del rey de Babilonia, y él la extienda
contra la tierra de Egipto.
26 Y esparciré a los egipcios entre las naciones, y
los dispersaré por las tierras; y sabrán que yo
soy Jehová.

31 1 Aconteció en el año undécimo, en el
mes tercero, el día primero del mes, que
vino a mí palabra de Jehová, diciendo:
2 Hijo de hombre, di a Faraón rey de Egipto, y a su
pueblo: ¿A quién te comparaste en tu grandeza?
3 He aquí era el asirio cedro en el Líbano, de
hermosas ramas, de frondoso ramaje y de gran-
de altura, y su copa estaba entre densas ramas.
4 Las aguas lo hicieron crecer, lo encumbró el abis-
mo; sus ríos corrían alrededor de su pie, y a todos
los árboles del campo enviaba sus corrientes.
5 Por tanto, se encumbró su altura sobre todos
los árboles del campo, y se multiplicaron sus ra-
mas, y a causa de las muchas aguas se alargó su
ramaje que había echado.
6 En sus ramas hacían nido todas las aves del
cielo, y debajo de su ramaje parían todas las
bestias del campo, y a su sombra habitaban mu-
chas naciones.
7 Se hizo, pues, hermoso en su grandeza con la
extensión de sus ramas; porque su raíz estaba
junto a muchas aguas.
8 Los cedros no lo cubrieron en el huerto de
Dios;[a] las hayas no fueron semejantes a sus ra-
mas, ni los castaños fueron semejantes a su ra-
maje; ningún árbol en el huerto de Dios fue
semejante a él en su hermosura.

31.8: [a] Gn. 2.9.

9 Lo hice hermoso con la multitud de sus ramas;
y todos los árboles del Edén, que estaban en el
huerto de Dios, tuvieron de él envidia.
10 Por tanto, así dijo Jehová el Señor: Ya que
por ser encumbrado en altura, y haber levanta-
do su cumbre entre densas ramas, su corazón se
elevó con su altura,
11 yo lo entregaré en manos del poderoso de las
naciones, que de cierto le tratará según su mal-
dad. Yo lo he desechado.
12 Y lo destruirán extranjeros, los poderosos de
las naciones, y lo derribarán; sus ramas caerán
sobre los montes y por todos los valles, y por to-
dos los arroyos de la tierra será quebrado su ra-
maje; y se irán de su sombra todos los pueblos
de la tierra, y lo dejarán.
13 Sobre su ruina habitarán todas las aves del
cielo, y sobre sus ramas estarán todas las bestias
del campo,
14 para que no se exalten en su altura todos los
árboles que crecen junto a las aguas, ni levanten
su copa entre la espesura, ni confíen en su altu-
ra todos los que beben aguas; porque todos es-
tán destinados a muerte, a lo profundo de la
tierra, entre los hijos de los hombres, con los
que descienden a la fosa.
15 Así ha dicho Jehová el Señor: El día que
descendió al Seol, hice hacer luto, hice cubrir
por él el abismo, y detuve sus ríos, y las muchas
aguas fueron detenidas; al Líbano cubrí de tinie-
blas por él, y todos los árboles del campo se des-
mayaron.
16 Del estruendo de su caída hice temblar a las
naciones, cuando las hice descender al Seol con
todos los que descienden a la sepultura; y todos
los árboles escogidos del Edén, y los mejores del
Líbano, todos los que beben aguas, fueron con-
solados en lo profundo de la tierra.
17 También ellos descendieron con él al Seol,
con los muertos a espada, los que fueron su bra-
zo, los que estuvieron a su sombra en medio de
las naciones.
18 ¿A quién te has comparado así en gloria y en
grandeza entre los árboles del Edén? Pues derri-
bado serás con los árboles del Edén en lo profun-
do de la tierra; entre los incircuncisos yacerás,
con los muertos a espada.
Este es Faraón y todo su pueblo, dice Jehová
el Señor.

32 1 Aconteció en el año duodécimo, en el
mes duodécimo, el día primero del mes,
que vino a mí palabra de Jehová, diciendo:
2 Hijo de hombre, levanta endechas sobre Fa-
raón rey de Egipto, y dile: A leoncillo de nacio-
nes eres semejante, y eres como el dragón en los
mares; pues secabas tus ríos, y enturbiabas las
aguas con tus pies, y hollabas sus riberas.
3 Así ha dicho Jehová el Señor: Yo extenderé so-
bre ti mi red con reunión de muchos pueblos, y
te harán subir con mi red.
4 Y te dejaré en tierra, te echaré sobre la faz del
campo, y haré posar sobre ti todas las aves del
cielo, y saciaré de ti a las fieras de toda la tierra.
5 Pondré tus carnes sobre los montes, y llenaré
los valles de tus cadáveres.
6 Y regaré de tu sangre la tierra donde nadas,
hasta los montes; y los arroyos se llenarán de ti.
7 Y cuando te haya extinguido, cubriré los cielos,
y haré entenebrecer sus estrellas; el sol cubriré
con nublado, y la luna no hará resplandecer su
luz.[a]
8 Haré entenebrecer todos los astros brillantes
del cielo por ti, y pondré tinieblas sobre tu tie-
rra, dice Jehová el Señor.
9 Y entristeceré el corazón de muchos pue-
blos, cuando lleve al cautiverio a los tuyos entre
las naciones, por las tierras que no conociste.
10 Y dejaré atónitos por ti a muchos pueblos, y
sus reyes tendrán horror grande a causa de ti,
cuando haga resplandecer mi espada delante de
sus rostros; y todos se sobresaltarán en sus áni-
mos a cada momento en el día de tu caída.
11 Porque así ha dicho Jehová el Señor: La espa-
da del rey de Babilonia vendrá sobre ti.
12 Con espadas de fuertes haré caer tu pueblo;
todos ellos serán los poderosos de las naciones;
y destruirán la soberbia de Egipto, y toda su
multitud será deshecha.
13 Todas sus bestias destruiré de sobre las mu-
chas aguas; ni más las enturbiará pie de hom-
bre, ni pezuña de bestia las enturbiará.
14 Entonces haré asentarse sus aguas, y haré co-
rrer sus ríos como aceite, dice Jehová el Señor.
15 Cuando asuele la tierra de Egipto, y la tierra
quede despojada de todo cuanto en ella hay,
cuando mate a todos los que en ella moran, sa-
brán que yo soy Jehová.
16 Esta es la endecha, y la cantarán; las hijas de
las naciones la cantarán; endecharán sobre Egip-
to y sobre toda su multitud, dice Jehová el Señor.
17 Aconteció en el año duodécimo, a los quin-
ce días del mes, que vino a mí palabra de Jeho-
vá, diciendo:
18 Hijo de hombre, endecha sobre la multitud
de Egipto, y despéñalo a él, y a las hijas de las
naciones poderosas, a lo profundo de la tierra,
con los que descienden a la sepultura.
19 Porque eres tan hermoso, desciende, y yace
con los incircuncisos.
20 Entre los muertos a espada caerá; a la espada
es entregado; traedlo a él y a todos sus pueblos.
21 De en medio del Seol hablarán a él los fuertes
de los fuertes, con los que le ayudaron, que des-
cendieron y yacen con los incircuncisos muertos
a espada.

32.7: [a] Mt. 24.29; Mr. 13.24-25; Lc. 21.25; Ap. 6.12-13; 8.12.

22 Allí está Asiria con toda su multitud; en de-
rredor de él están sus sepulcros; todos ellos ca-
yeron muertos a espada.
23 Sus sepulcros fueron puestos a los lados de la
fosa, y su gente está por los alrededores de su
sepulcro; todos ellos cayeron muertos a espada,
los cuales sembraron el terror en la tierra de los
vivientes.
24 Allí Elam, y toda su multitud por los alre-
dedores de su sepulcro; todos ellos cayeron
muertos a espada, los cuales descendieron incir-
cuncisos a lo más profundo de la tierra, porque
sembraron su terror en la tierra de los vivientes,
mas llevaron su confusión con los que descien-
den al sepulcro.
25 En medio de los muertos le pusieron lecho
con toda su multitud; a sus alrededores están
sus sepulcros; todos ellos incircuncisos, muertos
a espada, porque fue puesto su espanto en la tie-
rra de los vivientes, mas llevaron su confusión
con los que descienden al sepulcro; él fue pues-
to en medio de los muertos.
26 Allí Mesec y Tubal, y toda su multitud; sus
sepulcros en sus alrededores; todos ellos incir-
cuncisos, muertos a espada, porque habían sem-
brado su terror en la tierra de los vivientes.
27 Y no yacerán con los fuertes de los incircunci-
sos que cayeron, los cuales descendieron al Seol
con sus armas de guerra, y sus espadas puestas
debajo de sus cabezas; mas sus pecados estarán
sobre sus huesos, por cuanto fueron terror de
fuertes en la tierra de los vivientes.
28 Tú, pues, serás quebrantado entre los incir-
cuncisos, y yacerás con los muertos a espada.
29 Allí Edom, sus reyes y todos sus príncipes,
los cuales con su poderío fueron puestos con los
muertos a espada; ellos yacerán con los incir-
cuncisos, y con los que descienden al sepulcro.
30 Allí los príncipes del norte, todos ellos, y to-
dos los sidonios, que con su terror descendieron
con los muertos, avergonzados de su poderío,
yacen también incircuncisos con los muertos a
espada, y comparten su confusión con los que
descienden al sepulcro.
31 A éstos verá Faraón, y se consolará sobre
toda su multitud; Faraón muerto a espada, y
todo su ejército, dice Jehová el Señor.
32 Porque puse mi terror en la tierra de los vi-
vientes, también Faraón y toda su multitud ya-
cerán entre los incircuncisos con los muertos a
espada, dice Jehová el Señor.

El deber del atalaya

33 1 Vino a mí palabra de Jehová, diciendo:
2 Hijo de hombre, habla a los hijos de tu
pueblo, y diles: Cuando trajere yo espada sobre
la tierra, y el pueblo de la tierra tomare un hom-
bre de su territorio y lo pusiere por atalaya,
3 y él viere venir la espada sobre la tierra, y toca-
re trompeta y avisare al pueblo,
4 cualquiera que oyere el sonido de la trompeta
y no se apercibiere, y viniendo la espada lo hi-
riere, su sangre será sobre su cabeza.
5 El sonido de la trompeta oyó, y no se aperci-
bió; su sangre será sobre él; mas el que se aper-
cibiere librará su vida.
6 Pero si el atalaya viere venir la espada y no to-
care la trompeta, y el pueblo no se apercibiere, y
viniendo la espada, hiriere de él a alguno, éste
fue tomado por causa de su pecado, pero de-
mandaré su sangre de mano del atalaya.
7 A ti, pues, hijo de hombre, te he puesto por
atalaya a la casa de Israel, y oirás la palabra de
mi boca, y los amonestarás de mi parte.
8 Cuando yo dijere al impío: Impío, de cierto mo-
rirás; si tú no hablares para que se guarde el im-
pío de su camino, el impío morirá por su pecado,
pero su sangre yo la demandaré de tu mano.
9 Y si tú avisares al impío de su camino para que
se aparte de él, y él no se apartare de su camino,
él morirá por su pecado, pero tú libraste tu vida.

El camino de Dios es justo

10 Tú, pues, hijo de hombre, di a la casa de Is-
rael: Vosotros habéis hablado así, diciendo:
Nuestras rebeliones y nuestros pecados están
sobre nosotros, y a causa de ellos somos consu-
midos; ¿cómo, pues, viviremos?
11 Diles: Vivo yo, dice Jehová el Señor, que no
quiero la muerte del impío, sino que se vuelva el
impío de su camino, y que viva. Volveos, volveos
de vuestros malos caminos; ¿por qué moriréis,
oh casa de Israel?
12 Y tú, hijo de hombre, di a los hijos de tu pue-
blo: La justicia del justo no lo librará el día que
se rebelare; y la impiedad del impío no le será
estorbo el día que se volviere de su impiedad; y
el justo no podrá vivir por su justicia el día que
pecare.
13 Cuando yo dijere al justo: De cierto vivirás, y
él confiado en su justicia hiciere iniquidad, to-
das sus justicias no serán recordadas, sino que
morirá por su iniquidad que hizo.
14 Y cuando yo dijere al impío: De cierto mori-
rás; si él se convirtiere de su pecado, e hiciere
según el derecho y la justicia,
15 si el impío restituyere la prenda, devolviere
lo que hubiere robado, y caminare en los estatu-
tos de la vida, no haciendo iniquidad, vivirá
ciertamente y no morirá.
16 No se le recordará ninguno de sus pecados
que había cometido; hizo según el derecho y la
justicia; vivirá ciertamente.
17 Luego dirán los hijos de tu pueblo: No es
recto el camino del Señor; el camino de ellos es
el que no es recto.

18 Cuando el justo se apartare de su justicia, e
hiciere iniquidad, morirá por ello.
19 Y cuando el impío se apartare de su impiedad, e hiciere según el derecho y la justicia, vivirá por ello.
20 Y dijisteis: No es recto el camino del Señor. Yo os juzgaré, oh casa de Israel, a cada uno conforme a sus caminos.

Nuevas de la caída de Jerusalén

21 Aconteció en el año duodécimo de nuestro cautiverio, en el mes décimo, a los cinco días del mes, que vino a mí un fugitivo de Jerusalén, diciendo: La ciudad ha sido conquistada.[a]
22 Y la mano de Jehová había sido sobre mí la tarde antes de llegar el fugitivo, y había abierto mi boca, hasta que vino a mí por la mañana; y abrió mi boca, y ya no más estuve callado.
23 Y vino a mí palabra de Jehová, diciendo:
24 Hijo de hombre, los que habitan aquellos lugares asolados en la tierra de Israel hablan diciendo: Abraham era uno, y poseyó la tierra; pues nosotros somos muchos; a nosotros nos es dada la tierra en posesión.
25 Por tanto, diles: Así ha dicho Jehová el Señor: ¿Comeréis con sangre, y a vuestros ídolos alzaréis vuestros ojos, y derramaréis sangre, y poseeréis vosotros la tierra?
26 Estuvisteis sobre vuestras espadas, hicisteis abominación, y contaminasteis cada cual a la mujer de su prójimo; ¿y habréis de poseer la tierra?
27 Les dirás así: Así ha dicho Jehová el Señor: Vivo yo, que los que están en aquellos lugares asolados caerán a espada, y al que está sobre la faz del campo entregaré a las fieras para que lo devoren; y los que están en las fortalezas y en las cuevas, de pestilencia morirán.
28 Y convertiré la tierra en desierto y en soledad, y cesará la soberbia de su poderío; y los montes de Israel serán asolados hasta que no haya quien pase.
29 Y sabrán que yo soy Jehová, cuando convierta la tierra en soledad y desierto, por todas las abominaciones que han hecho.
30 Y tú, hijo de hombre, los hijos de tu pueblo se mofan de ti junto a las paredes y a las puertas de las casas, y habla el uno con el otro, cada uno con su hermano, diciendo: Venid ahora, y oíd qué palabra viene de Jehová.
31 Y vendrán a ti como viene el pueblo, y estarán delante de ti como pueblo mío, y oirán tus palabras, y no las pondrán por obra; antes hacen halagos con sus bocas, y el corazón de ellos anda en pos de su avaricia.
32 Y he aquí que tú eres a ellos como cantor de amores, hermoso de voz y que canta bien; y oirán tus palabras, pero no las pondrán por obra.
33 Pero cuando ello viniere (y viene ya), sabrán que hubo profeta entre ellos.

Profecía contra los pastores de Israel

34 1 Vino a mí palabra de Jehová, diciendo:
2 Hijo de hombre, profetiza contra los pastores de Israel; profetiza, y di a los pastores: Así ha dicho Jehová el Señor: ¡Ay de los pastores de Israel, que se apacientan a sí mismos! ¿No apacientan los pastores a los rebaños?
3 Coméis la grosura, y os vestís de la lana; la engordada degolláis, mas no apacentáis a las ovejas.
4 No fortalecisteis las débiles, ni curasteis la enferma; no vendasteis la perniquebrada, no volvisteis al redil la descarriada, ni buscasteis la perdida, sino que os habéis enseñoreado de ellas con dureza y con violencia.
5 Y andan errantes por falta de pastor,[a] y son presa de todas las fieras del campo, y se han dispersado.
6 Anduvieron perdidas mis ovejas por todos los montes, y en todo collado alto; y en toda la faz de la tierra fueron esparcidas mis ovejas, y no hubo quien las buscase, ni quien preguntase por ellas.
7 Por tanto, pastores, oíd palabra de Jehová:
8 Vivo yo, ha dicho Jehová el Señor, que por cuanto mi rebaño fue para ser robado, y mis ovejas fueron para ser presa de todas las fieras del campo, sin pastor; ni mis pastores buscaron mis ovejas, sino que los pastores se apacentaron a sí mismos, y no apacentaron mis ovejas;
9 por tanto, oh pastores, oíd palabra de Jehová.
10 Así ha dicho Jehová el Señor: He aquí, yo estoy contra los pastores; y demandaré mis ovejas de su mano, y les haré dejar de apacentar las ovejas; ni los pastores se apacentarán más a sí mismos, pues yo libraré mis ovejas de sus bocas, y no les serán más por comida.
11 Porque así ha dicho Jehová el Señor: He aquí yo, yo mismo iré a buscar mis ovejas, y las reconoceré.
12 Como reconoce su rebaño el pastor el día que está en medio de sus ovejas esparcidas, así reconoceré mis ovejas, y las libraré de todos los lugares en que fueron esparcidas el día del nublado y de la oscuridad.
13 Y yo las sacaré de los pueblos, y las juntaré de las tierras; las traeré a su propia tierra, y las apacentaré en los montes de Israel, por las riberas, y en todos los lugares habitados del país.
14 En buenos pastos las apacentaré, y en los altos montes de Israel estará su aprisco; allí dormirán en buen redil, y en pastos suculentos serán apacentadas sobre los montes de Israel.
15 Yo apacentaré mis ovejas, y yo les daré aprisco, dice Jehová el Señor.

33.21: [a] 2 R. 25.3-10; Jer. 39.2-8; 52.4-14.
34.5: [a] Mt. 9.36; Mr. 6.34.

16 Yo buscaré la perdida, y haré volver al redil la descarriada; vendaré la perniquebrada, y fortaleceré la débil; mas a la engordada y a la fuerte destruiré; las apacentaré con justicia.

17 Mas en cuanto a vosotras, ovejas mías, así ha dicho Jehová el Señor: He aquí yo juzgo entre oveja y oveja, entre carneros y machos cabríos.

18 ¿Os es poco que comáis los buenos pastos, sino que también holláis con vuestros pies lo que de vuestros pastos queda; y que bebiendo las aguas claras, enturbiáis además con vuestros pies las que quedan?

19 Y mis ovejas comen lo hollado de vuestros pies, y beben lo que con vuestros pies habéis enturbiado.

20 Por tanto, así les dice Jehová el Señor: He aquí yo, yo juzgaré entre la oveja engordada y la oveja flaca,

21 por cuanto empujasteis con el costado y con el hombro, y acorneasteis con vuestros cuernos a todas las débiles, hasta que las echasteis y las dispersasteis.

22 Yo salvaré a mis ovejas, y nunca más serán para rapiña; y juzgaré entre oveja y oveja.

23 Y levantaré sobre ellas a un pastor, y él las apacentará; a mi siervo David, él las apacentará, y él les será por pastor.[b]

24 Yo Jehová les seré por Dios, y mi siervo David príncipe en medio de ellos.[c] Yo Jehová he hablado.

25 Y estableceré con ellos pacto de paz, y quitaré de la tierra las fieras; y habitarán en el desierto con seguridad, y dormirán en los bosques.

26 Y daré bendición a ellas y a los alrededores de mi collado, y haré descender la lluvia en su tiempo; lluvias de bendición serán.

27 Y el árbol del campo dará su fruto, y la tierra dará su fruto, y estarán sobre su tierra con seguridad; y sabrán que yo soy Jehová, cuando rompa las coyundas de su yugo, y los libre de mano de los que se sirven de ellos.

28 No serán más por despojo de las naciones, ni las fieras de la tierra las devorarán; sino que habitarán con seguridad, y no habrá quien las espante.

29 Y levantaré para ellos una planta de renombre, y no serán ya más consumidos de hambre en la tierra, ni ya más serán avergonzados por las naciones.

30 Y sabrán que yo Jehová su Dios estoy con ellos, y ellos son mi pueblo, la casa de Israel, dice Jehová el Señor.

31 Y vosotras, ovejas mías, ovejas de mi pasto, hombres sois, y yo vuestro Dios, dice Jehová el Señor.

Profecía contra el Monte Seir

35 1 Vino a mí palabra de Jehová, diciendo:

2 Hijo de hombre, pon tu rostro hacia el monte de Seir,[a] y profetiza contra él,

3 y dile: Así ha dicho Jehová el Señor: He aquí yo estoy contra ti, oh monte de Seir, y extenderé mi mano contra ti, y te convertiré en desierto y en soledad.

4 A tus ciudades asolaré, y tú serás asolado; y sabrás que yo soy Jehová.

5 Por cuanto tuviste enemistad perpetua, y entregaste a los hijos de Israel al poder de la espada en el tiempo de su aflicción, en el tiempo extremadamente malo,

6 por tanto, vivo yo, dice Jehová el Señor, que a sangre te destinaré, y sangre te perseguirá; y porque la sangre no aborreciste, sangre te perseguirá.

7 Y convertiré al monte de Seir en desierto y en soledad, y cortaré de él al que vaya y al que venga.

8 Y llenaré sus montes de sus muertos; en tus collados, en tus valles y en todos tus arroyos, caerán muertos a espada.

9 Yo te pondré en asolamiento perpetuo, y tus ciudades nunca más se restaurarán; y sabréis que yo soy Jehová.

10 Por cuanto dijiste: Las dos naciones y las dos tierras serán mías, y tomaré posesión de ellas; estando allí Jehová;

11 por tanto, vivo yo, dice Jehová el Señor, yo haré conforme a tu ira, y conforme a tu celo con que procediste, a causa de tus enemistades con ellos; y seré conocido en ellos, cuando te juzgue.

12 Y sabrás que yo Jehová he oído todas tus injurias que proferiste contra los montes de Israel, diciendo: Destruidos son, nos han sido dados para que los devoremos.

13 Y os engrandecisteis contra mí con vuestra boca, y multiplicasteis contra mí vuestras palabras. Yo lo oí.

14 Así ha dicho Jehová el Señor: Para que toda la tierra se regocije, yo te haré una desolación.

15 Como te alegraste sobre la heredad de la casa de Israel, porque fue asolada, así te haré a ti; asolado será el monte de Seir, y todo Edom, todo él; y sabrán que yo soy Jehová.

Restauración futura de Israel

36 1 Tú, hijo de hombre, profetiza a los montes de Israel, y di: Montes de Israel, oíd palabra de Jehová.

2 Así ha dicho Jehová el Señor: Por cuanto el enemigo dijo de vosotros: ¡Ea! también las alturas eternas nos han sido dadas por heredad;

3 profetiza, por tanto, y di: Así ha dicho Jehová el Señor: Por cuanto os asolaron y os tragaron de todas partes, para que fueseis heredad de las otras naciones, y se os ha hecho caer en boca de habladores y ser el oprobio de los pueblos,

34.23: [b] Ap. 7.17. **34.24:** [c] Ez. 37.24.
35.1-15: [a] Is. 34.5-17; 63.1-6; Jer. 49.7-22; Ez. 25.12-14; Am. 1.11-12; Abd. 1-14; Mal. 1.2-5.

4 por tanto, montes de Israel, oíd palabra de
Jehová el Señor: Así ha dicho Jehová el Señor a
los montes y a los collados, a los arroyos y a los
valles, a las ruinas y asolamientos y a las ciuda-
des desamparadas, que fueron puestas por bo-
tín y escarnio de las otras naciones alrededor;
5 por eso, así ha dicho Jehová el Señor: He ha-
blado por cierto en el fuego de mi celo contra las
demás naciones, y contra todo Edom, que se
disputaron mi tierra por heredad con alegría, de
todo corazón y con enconamiento de ánimo,
para que sus expulsados fuesen presa suya.
6 Por tanto, profetiza sobre la tierra de Israel, y di
a los montes y a los collados, y a los arroyos y a
los valles: Así ha dicho Jehová el Señor: He aquí,
en mi celo y en mi furor he hablado, por cuanto
habéis llevado el oprobio de las naciones.
7 Por lo cual así ha dicho Jehová el Señor: Yo he
alzado mi mano, he jurado que las naciones
que están a vuestro alrededor han de llevar su
afrenta.

8 Mas vosotros, oh montes de Israel, daréis
vuestras ramas, y llevaréis vuestro fruto para mi
pueblo Israel; porque cerca están para venir.
9 Porque he aquí, yo estoy por vosotros, y a vo-
sotros me volveré, y seréis labrados y sembra-
dos.
10 Y haré multiplicar sobre vosotros hombres, a
toda la casa de Israel, toda ella; y las ciudades
serán habitadas, y edificadas las ruinas.
11 Multiplicaré sobre vosotros hombres y gana-
do, y serán multiplicados y crecerán; y os haré
morar como solíais antiguamente, y os haré ma-
yor bien que en vuestros principios; y sabréis
que yo soy Jehová.
12 Y haré andar hombres sobre vosotros, a mi
pueblo Israel; y tomarán posesión de ti, y les se-
rás por heredad, y nunca más les matarás los
hijos.
13 Así ha dicho Jehová el Señor: Por cuanto di-
cen de vosotros: Comedora de hombres, y mata-
dora de los hijos de tu nación has sido;
14 por tanto, no devorarás más hombres, y nun-
ca más matarás a los hijos de tu nación, dice
Jehová el Señor.
15 Y nunca más te haré oír injuria de naciones,
ni más llevarás denuestos de pueblos, ni harás
más morir a los hijos de tu nación, dice Jehová
el Señor.

16 Vino a mí palabra de Jehová, diciendo:
17 Hijo de hombre, mientras la casa de Israel
moraba en su tierra, la contaminó con sus cami-
nos y con sus obras; como inmundicia de mens-
truosa fue su camino delante de mí.
18 Y derramé mi ira sobre ellos por la sangre que
derramaron sobre la tierra; porque con sus ído-
los la contaminaron.
19 Les esparcí por las naciones, y fueron disper-
sados por las tierras; conforme a sus caminos y
conforme a sus obras les juzgué.
20 Y cuando llegaron a las naciones adonde fue-
ron, profanaron mi santo nombre, diciéndose
de ellos: Estos son pueblo de Jehová, y de la tie-
rra de él han salido.
21 Pero he tenido dolor al ver mi santo nombre
profanado por la casa de Israel entre las nacio-
nes adonde fueron.

22 Por tanto, di a la casa de Israel: Así ha di-
cho Jehová el Señor: No lo hago por vosotros,
oh casa de Israel, sino por causa de mi santo
nombre, el cual profanasteis vosotros entre las
naciones adonde habéis llegado.
23 Y santificaré mi grande nombre, profanado
entre las naciones, el cual profanasteis vosotros
en medio de ellas; y sabrán las naciones que yo
soy Jehová, dice Jehová el Señor, cuando sea
santificado en vosotros delante de sus ojos.
24 Y yo os tomaré de las naciones, y os recogeré
de todas las tierras, y os traeré a vuestro país.
25 Esparciré sobre vosotros agua limpia, y seréis
limpiados de todas vuestras inmundicias; y de
todos vuestros ídolos os limpiaré.
26 Os daré corazón nuevo, y pondré espíritu
nuevo dentro de vosotros; y quitaré de vuestra
carne el corazón de piedra, y os daré un corazón
de carne.
27 Y pondré dentro de vosotros mi Espíritu, y
haré que andéis en mis estatutos, y guardéis mis
preceptos, y los pongáis por obra.
28 Habitaréis en la tierra que di a vuestros pa-
dres, y vosotros me seréis por pueblo, y yo seré a
vosotros por Dios.[a]
29 Y os guardaré de todas vuestras inmundicias;
y llamaré al trigo, y lo multiplicaré, y no os daré
hambre.
30 Multiplicaré asimismo el fruto de los árboles,
y el fruto de los campos, para que nunca más re-
cibáis oprobio de hambre entre las naciones.
31 Y os acordaréis de vuestros malos caminos,
y de vuestras obras que no fueron buenas; y os
avergonzaréis de vosotros mismos por vuestras
iniquidades y por vuestras abominaciones.
32 No lo hago por vosotros, dice Jehová el Se-
ñor, sabedlo bien; avergonzaos y cubríos de
confusión por vuestras iniquidades, casa de
Israel.

33 Así ha dicho Jehová el Señor: El día que os
limpie de todas vuestras iniquidades, haré tam-
bién que sean habitadas las ciudades, y las rui-
nas serán reedificadas.
34 Y la tierra asolada será labrada, en lugar de
haber permanecido asolada a ojos de todos los
que pasaron.
35 Y dirán: Esta tierra que era asolada ha venido
a ser como huerto del Edén; y estas ciudades

36.26-28: [a] Ez. 11.19-20.

que eran desiertas y asoladas y arruinadas, es-
tán fortificadas y habitadas.
36 Y las naciones que queden en vuestros alre-
dedores sabrán que yo reedifiqué lo que estaba
derribado, y planté lo que estaba desolado; yo
Jehová he hablado, y lo haré.
37 Así ha dicho Jehová el Señor: Aún seré so-
licitado por la casa de Israel, para hacerles esto;
multiplicaré los hombres como se multiplican
los rebaños.
38 Como las ovejas consagradas, como las ove-
jas de Jerusalén en sus fiestas solemnes, así las
ciudades desiertas serán llenas de rebaños de
hombres; y sabrán que yo soy Jehová.

El valle de los huesos secos

37 1 La mano de Jehová vino sobre mí, y
me llevó en el Espíritu de Jehová, y me
puso en medio de un valle que estaba lleno de
huesos.
2 Y me hizo pasar cerca de ellos por todo en
derredor; y he aquí que eran muchísimos so-
bre la faz del campo, y por cierto secos en gran
manera.
3 Y me dijo: Hijo de hombre, ¿vivirán estos hue-
sos? Y dije: Señor Jehová, tú lo sabes.
4 Me dijo entonces: Profetiza sobre estos huesos,
y diles: Huesos secos, oíd palabra de Jehová.
5 Así ha dicho Jehová el Señor a estos huesos:
He aquí, yo hago entrar espíritu en vosotros, y
viviréis.
6 Y pondré tendones sobre vosotros, y haré subir
sobre vosotros carne, y os cubriré de piel, y pon-
dré en vosotros espíritu, y viviréis; y sabréis que
yo soy Jehová.
7 Profeticé, pues, como me fue mandado; y
hubo un ruido mientras yo profetizaba, y he
aquí un temblor; y los huesos se juntaron cada
hueso con su hueso.
8 Y miré, y he aquí tendones sobre ellos, y la car-
ne subió, y la piel cubrió por encima de ellos;
pero no había en ellos espíritu.
9 Y me dijo: Profetiza al espíritu, profetiza, hijo
de hombre, y di al espíritu: Así ha dicho Jehová
el Señor: Espíritu, ven de los cuatro vientos, y
sopla sobre estos muertos, y vivirán.
10 Y profeticé como me había mandado, y entró
espíritu en ellos, y vivieron, y estuvieron sobre
sus pies;[a] un ejército grande en extremo.
11 Me dijo luego: Hijo de hombre, todos estos
huesos son la casa de Israel. He aquí, ellos di-
cen: Nuestros huesos se secaron, y pereció nues-
tra esperanza, y somos del todo destruidos.
12 Por tanto, profetiza, y diles: Así ha dicho
Jehová el Señor: He aquí yo abro vuestros se-
pulcros, pueblo mío, y os haré subir de vuestras
sepulturas, y os traeré a la tierra de Israel.
13 Y sabréis que yo soy Jehová, cuando abra
vuestros sepulcros, y os saque de vuestras sepul-
turas, pueblo mío.
14 Y pondré mi Espíritu en vosotros, y viviréis, y
os haré reposar sobre vuestra tierra; y sabréis
que yo Jehová hablé, y lo hice, dice Jehová.

La reunión de Judá e Israel

15 Vino a mí palabra de Jehová, diciendo:
16 Hijo de hombre, toma ahora un palo, y escri-
be en él: Para Judá, y para los hijos de Israel sus
compañeros. Toma después otro palo, y escribe
en él: Para José, palo de Efraín, y para toda la
casa de Israel sus compañeros.
17 Júntalos luego el uno con el otro, para que
sean uno solo, y serán uno solo en tu mano.
18 Y cuando te pregunten los hijos de tu pueblo,
diciendo: ¿No nos enseñarás qué te propones
con eso?,
19 diles: Así ha dicho Jehová el Señor: He aquí,
yo tomo el palo de José que está en la mano de
Efraín, y a las tribus de Israel sus compañeros, y
los pondré con el palo de Judá, y los haré un
solo palo, y serán uno en mi mano.
20 Y los palos sobre que escribas estarán en tu
mano delante de sus ojos,
21 y les dirás: Así ha dicho Jehová el Señor: He
aquí, yo tomo a los hijos de Israel de entre las
naciones a las cuales fueron, y los recogeré de
todas partes, y los traeré a su tierra;
22 y los haré una nación en la tierra, en los mon-
tes de Israel, y un rey será a todos ellos por rey;
y nunca más serán dos naciones, ni nunca más
serán divididos en dos reinos.
23 Ni se contaminarán ya más con sus ídolos,
con sus abominaciones y con todas sus rebelio-
nes; y los salvaré de todas sus rebeliones con las
cuales pecaron, y los limpiaré; y me serán por
pueblo, y yo a ellos por Dios.
24 Mi siervo David será rey sobre ellos,[b] y to-
dos ellos tendrán un solo pastor; y andarán en
mis preceptos, y mis estatutos guardarán, y los
pondrán por obra.
25 Habitarán en la tierra que di a mi siervo Ja-
cob, en la cual habitaron vuestros padres; en
ella habitarán ellos, sus hijos y los hijos de sus
hijos para siempre; y mi siervo David será prín-
cipe de ellos para siempre.
26 Y haré con ellos pacto de paz, pacto perpe-
tuo será con ellos; y los estableceré y los multi-
plicaré, y pondré mi santuario entre ellos para
siempre.
27 Estará en medio de ellos mi tabernáculo, y seré
a ellos por Dios, y ellos me serán por pueblo.[c]
28 Y sabrán las naciones que yo Jehová santifico
a Israel, estando mi santuario en medio de ellos
para siempre.

37.10: [a] Ap. 11.11. **37.24:** [b] Ez. 34.24.
37.27: [c] 2 Co. 6.16; Ap. 21.3.

Profecía contra Gog

38 1 Vino a mí palabra de Jehová, diciendo:
2 Hijo de hombre, pon tu rostro contra
Gog en tierra de Magog,[a] príncipe soberano de
Mesec y Tubal, y profetiza contra él,
3 y di: Así ha dicho Jehová el Señor: He aquí, yo
estoy contra ti, oh Gog, príncipe soberano de
Mesec y Tubal.
4 Y te quebrantaré, y pondré garfios en tus quijadas, y te sacaré a ti y a todo tu ejército, caballos y jinetes, de todo en todo equipados, gran multitud con paveses y escudos, teniendo todos ellos espadas;
5 Persia, Cus y Fut con ellos; todos ellos con escudo y yelmo;
6 Gomer, y todas sus tropas; la casa de Togarma, de los confines del norte, y todas sus tropas; muchos pueblos contigo.
7 Prepárate y apercíbete, tú y toda tu multitud que se ha reunido a ti, y sé tú su guarda.
8 De aquí a muchos días serás visitado; al cabo de años vendrás a la tierra salvada de la espada, recogida de muchos pueblos, a los montes de Israel, que siempre fueron una desolación; mas fue sacada de las naciones, y todos ellos morarán confiadamente.
9 Subirás tú, y vendrás como tempestad; como nublado para cubrir la tierra serás tú y todas tus tropas, y muchos pueblos contigo.
10 Así ha dicho Jehová el Señor: En aquel día subirán palabras en tu corazón, y concebirás mal pensamiento,
11 y dirás: Subiré contra una tierra indefensa, iré contra gentes tranquilas que habitan confiadamente; todas ellas habitan sin muros, y no tienen cerrojos ni puertas;
12 para arrebatar despojos y para tomar botín, para poner tus manos sobre las tierras desiertas ya pobladas, y sobre el pueblo recogido de entre las naciones, que se hace de ganado y posesiones, que mora en la parte central de la tierra.
13 Sabá y Dedán, y los mercaderes de Tarsis y todos sus príncipes, te dirán: ¿Has venido a arrebatar despojos? ¿Has reunido tu multitud para tomar botín, para quitar plata y oro, para tomar ganados y posesiones, para tomar grandes despojos?
14 Por tanto, profetiza, hijo de hombre, y di a Gog: Así ha dicho Jehová el Señor: En aquel tiempo, cuando mi pueblo Israel habite con seguridad, ¿no lo sabrás tú?
15 Vendrás de tu lugar, de las regiones del norte, tú y muchos pueblos contigo, todos ellos a caballo, gran multitud y poderoso ejército,
16 y subirás contra mi pueblo Israel como nublado para cubrir la tierra; será al cabo de los días; y te traeré sobre mi tierra, para que las naciones me conozcan, cuando sea santificado en ti, oh Gog, delante de sus ojos.
17 Así ha dicho Jehová el Señor: ¿No eres tú aquel de quien hablé yo en tiempos pasados por mis siervos los profetas de Israel, los cuales profetizaron en aquellos tiempos que yo te había de traer sobre ellos?
18 En aquel tiempo, cuando venga Gog contra la tierra de Israel, dijo Jehová el Señor, subirá mi ira y mi enojo.
19 Porque he hablado en mi celo, y en el fuego de mi ira: Que en aquel tiempo habrá gran temblor sobre la tierra de Israel;
20 que los peces del mar, las aves del cielo, las bestias del campo y toda serpiente que se arrastra sobre la tierra, y todos los hombres que están sobre la faz de la tierra, temblarán ante mi presencia; y se desmoronarán los montes, y los vallados caerán, y todo muro caerá a tierra.
21 Y en todos mis montes llamaré contra él la espada, dice Jehová el Señor; la espada de cada cual será contra su hermano.
22 Y yo litigaré contra él con pestilencia y con sangre; y haré llover sobre él, sobre sus tropas y sobre los muchos pueblos que están con él, impetuosa lluvia, y piedras de granizo, fuego y azufre.
23 Y seré engrandecido y santificado, y seré conocido ante los ojos de muchas naciones; y sabrán que yo soy Jehová.

39 1 Tú pues, hijo de hombre, profetiza contra Gog, y di: Así ha dicho Jehová el Señor: He aquí yo estoy contra ti, oh Gog, príncipe soberano de Mesec y Tubal.
2 Y te quebrantaré, y te conduciré y te haré subir de las partes del norte, y te traeré sobre los montes de Israel;
3 y sacaré tu arco de tu mano izquierda, y derribaré tus saetas de tu mano derecha.
4 Sobre los montes de Israel caerás tú y todas tus tropas, y los pueblos que fueron contigo; a aves de rapiña de toda especie, y a las fieras del campo, te he dado por comida.
5 Sobre la faz del campo caerás; porque yo he hablado, dice Jehová el Señor.
6 Y enviaré fuego sobre Magog, y sobre los que moran con seguridad en las costas; y sabrán que yo soy Jehová.
7 Y haré notorio mi santo nombre en medio de mi pueblo Israel, y nunca más dejaré profanar mi santo nombre; y sabrán las naciones que yo soy Jehová, el Santo en Israel.
8 He aquí viene, y se cumplirá, dice Jehová el Señor; este es el día del cual he hablado.
9 Y los moradores de las ciudades de Israel saldrán, y encenderán y quemarán armas, escudos, paveses, arcos y saetas, dardos de mano y lanzas; y los quemarán en el fuego por siete años.

38.2: [a] Ap. 20.8.

10 No traerán leña del campo, ni cortarán de los
bosques, sino quemarán las armas en el fuego; y
despojarán a sus despojadores, y robarán a los
que les robaron, dice Jehová el Señor.
11 En aquel tiempo yo daré a Gog lugar para
sepultura allí en Israel, el valle de los que pasan
al oriente del mar; y obstruirá el paso a los tran-
seúntes, pues allí enterrarán a Gog y a toda su
multitud; y lo llamarán el Valle de Hamón-gog.[4]
12 Y la casa de Israel los estará enterrando por
siete meses, para limpiar la tierra.
13 Los enterrará todo el pueblo de la tierra; y
será para ellos célebre el día en que yo sea glori-
ficado, dice Jehová el Señor.
14 Y tomarán hombres a jornal que vayan por
el país con los que viajen, para enterrar a los
que queden sobre la faz de la tierra, a fin de
limpiarla; al cabo de siete meses harán el reco-
nocimiento.
15 Y pasarán los que irán por el país, y el que vea
los huesos de algún hombre pondrá junto a ellos
una señal, hasta que los entierren los sepulture-
ros en el valle de Hamón-gog.
16 Y también el nombre de la ciudad será Hamo-
na;[5] y limpiarán la tierra.
17 Y tú, hijo de hombre, así ha dicho Jehová el
Señor: Di a las aves de toda especie, y a toda fie-
ra del campo: Juntaos, y venid; reuníos de todas
partes a mi víctima que sacrifico para vosotros,
un sacrificio grande sobre los montes de Israel;
y comeréis carne y beberéis sangre.
18 Comeréis carne de fuertes, y beberéis sangre
de príncipes de la tierra; de carneros, de corde-
ros, de machos cabríos, de bueyes y de toros, en-
gordados todos en Basán.
19 Comeréis grosura hasta saciaros, y beberéis
hasta embriagaros de sangre de las víctimas que
para vosotros sacrifiqué.
20 Y os saciaréis sobre mi mesa, de caballos y de
jinetes fuertes y de todos los hombres de guerra,
dice Jehová el Señor.[a]
21 Y pondré mi gloria entre las naciones, y to-
das las naciones verán mi juicio que habré he-
cho, y mi mano que sobre ellos puse.
22 Y de aquel día en adelante sabrá la casa de Is-
rael que yo soy Jehová su Dios.
23 Y sabrán las naciones que la casa de Israel fue
llevada cautiva por su pecado, por cuanto se re-
belaron contra mí, y yo escondí de ellos mi ros-
tro, y los entregué en manos de sus enemigos, y
cayeron todos a espada.
24 Conforme a su inmundicia y conforme a sus
rebeliones hice con ellos, y de ellos escondí mi
rostro.
25 Por tanto, así ha dicho Jehová el Señor:
Ahora volveré la cautividad de Jacob, y tendré
misericordia de toda la casa de Israel, y me mos-
traré celoso por mi santo nombre.
26 Y ellos sentirán su vergüenza, y toda su rebe-
lión con que prevaricaron contra mí, cuando ha-
biten en su tierra con seguridad, y no haya
quien los espante;
27 cuando los saque de entre los pueblos, y los
reúna de la tierra de sus enemigos, y sea santifi-
cado en ellos ante los ojos de muchas naciones.
28 Y sabrán que yo soy Jehová su Dios, cuando
después de haberlos llevado al cautiverio entre
las naciones, los reúna sobre su tierra, sin dejar
allí a ninguno de ellos.
29 Ni esconderé más de ellos mi rostro; porque
habré derramado de mi Espíritu sobre la casa de
Israel, dice Jehová el Señor.

La visión del templo

40 1 En el año veinticinco de nuestro cauti-
verio, al principio del año, a los diez días
del mes, a los catorce años después que la ciu-
dad fue conquistada, en aquel mismo día vino
sobre mí la mano de Jehová, y me llevó allá.
2 En visiones de Dios me llevó a la tierra de Is-
rael, y me puso sobre un monte muy alto, sobre
el cual había un edificio parecido a una gran
ciudad, hacia la parte sur.[a]
3 Me llevó allí, y he aquí un varón, cuyo aspecto
era como aspecto de bronce; y tenía un cordel
de lino en su mano, y una caña de medir;[b] y él
estaba a la puerta.
4 Y me habló aquel varón, diciendo: Hijo de
hombre, mira con tus ojos, y oye con tus oídos, y
pon tu corazón a todas las cosas que te muestro;
porque para que yo te las mostrase has sido traí-
do aquí. Cuenta todo lo que ves a la casa de Is-
rael.
5 Y he aquí un muro fuera de la casa;[c] y la
caña de medir que aquel varón tenía en la mano
era de seis codos de a codo y palmo menor; y
midió el espesor del muro, de una caña, y la al-
tura, de otra caña.
6 Después vino a la puerta que mira hacia el
oriente, y subió por sus gradas, y midió un poste
de la puerta, de una caña de ancho, y el otro
poste, de otra caña de ancho.
7 Y cada cámara tenía una caña de largo, y una
caña de ancho; y entre las cámaras había cinco
codos de ancho; y cada poste de la puerta junto
a la entrada de la puerta por dentro, una caña.
8 Midió asimismo la entrada de la puerta por
dentro, una caña.
9 Midió luego la entrada del portal, de ocho co-
dos, y sus postes de dos codos; y la puerta del
portal estaba por el lado de adentro.
10 Y la puerta oriental tenía tres cámaras a cada

39.11: [4] Esto es, *la multitud de Gog.* **39.16:** [5] Esto es, *multitud.*
39.17-20: [a] Ap. 19.17-18. **40.2:** [a] Ap. 21.10.
40.3: [b] Ap. 11.1; 21.15. **40.5—42.20:** [c] 1 R. 6.1-38;
2 Cr. 3.1-9.

lado, las tres de una medida; también de una
medida los portales a cada lado.
11 Midió el ancho de la entrada de la puerta, de
diez codos, y la longitud del portal, de trece
codos.
12 El espacio delante de las cámaras era de un
codo a un lado, y de otro codo al otro lado; y
cada cámara tenía seis codos por un lado, y seis
codos por el otro.
13 Midió la puerta desde el techo de una cámara
hasta el techo de la otra, veinticinco codos de
ancho, puerta contra puerta.
14 Y midió los postes, de sesenta codos, cada
poste del atrio y del portal todo en derredor.
15 Y desde el frente de la puerta de la entrada
hasta el frente de la entrada de la puerta interior,
cincuenta codos.
16 Y había ventanas estrechas en las cámaras, y
en sus portales por dentro de la puerta alrededor,
y asimismo en los corredores; y las ventanas
estaban alrededor por dentro; y en cada
poste había palmeras.

17 Me llevó luego al atrio exterior, y he aquí
había cámaras, y estaba enlosado todo en derredor;
treinta cámaras había alrededor en aquel
atrio.
18 El enlosado a los lados de las puertas, en proporción
a la longitud de los portales, era el enlosado
más bajo.
19 Y midió la anchura desde el frente de la puerta
de abajo hasta el frente del atrio interior por
fuera, de cien codos hacia el oriente y el norte.

20 Y de la puerta que estaba hacia el norte en
el atrio exterior, midió su longitud y su anchura.
21 Sus cámaras eran tres de un lado, y tres del
otro; y sus postes y sus arcos eran como la medida
de la puerta primera: cincuenta codos de
longitud, y veinticinco de ancho.
22 Y sus ventanas y sus arcos y sus palmeras
eran conforme a la medida de la puerta que estaba
hacia el oriente; y se subía a ella por siete
gradas, y delante de ellas estaban sus arcos.
23 La puerta del atrio interior estaba enfrente de
la puerta hacia el norte, y así al oriente; y midió
de puerta a puerta, cien codos.

24 Me llevó después hacia el sur, y he aquí una
puerta hacia el sur; y midió sus portales y sus arcos
conforme a estas medidas.
25 Y tenía sus ventanas y sus arcos alrededor,
como las otras ventanas; la longitud era de cincuenta
codos, y el ancho de veinticinco codos.
26 Sus gradas eran de siete peldaños, con sus arcos
delante de ellas; y tenía palmeras, una de un
lado, y otra del otro lado, en sus postes.
27 Había también puerta hacia el sur del atrio
interior; y midió de puerta a puerta hacia el sur
cien codos.

28 Me llevó después en el atrio de adentro a la
puerta del sur, y midió la puerta del sur conforme
a estas medidas.
29 Sus cámaras y sus postes y sus arcos eran
conforme a estas medidas, y tenía sus ventanas
y sus arcos alrededor; la longitud era de cincuenta
codos, y de veinticinco codos el ancho.
30 Los arcos alrededor eran de veinticinco codos
de largo, y cinco codos de ancho.
31 Y sus arcos caían afuera al atrio, con palmeras
en sus postes; y sus gradas eran de ocho peldaños.

32 Y me llevó al atrio interior hacia el oriente,
y midió la puerta conforme a estas medidas.
33 Eran sus cámaras y sus postes y sus arcos
conforme a estas medidas, y tenía sus ventanas
y sus arcos alrededor; la longitud era de cincuenta
codos, y la anchura de veinticinco codos.
34 Y sus arcos caían afuera al atrio, con palmeras
en sus postes de un lado y de otro; y sus gradas
eran de ocho peldaños.

35 Me llevó luego a la puerta del norte, y midió
conforme a estas medidas;
36 sus cámaras, sus postes, sus arcos y sus ventanas
alrededor; la longitud era de cincuenta
codos, y de veinticinco codos el ancho.
37 Sus postes caían afuera al atrio, con palmeras
a cada uno de sus postes de un lado y de otro; y
sus gradas eran de ocho peldaños.

38 Y había allí una cámara, y su puerta con
postes de portales; allí lavarán el holocausto.
39 Y en la entrada de la puerta había dos mesas
a un lado, y otras dos al otro, para degollar sobre
ellas el holocausto y la expiación y el sacrificio
por el pecado.
40 A un lado, por fuera de las gradas, a la entrada
de la puerta del norte, había dos mesas; y al
otro lado que estaba a la entrada de la puerta,
dos mesas.
41 Cuatro mesas a un lado, y cuatro mesas al
otro lado, junto a la puerta; ocho mesas, sobre
las cuales degollarán las víctimas.
42 Las cuatro mesas para el holocausto eran de
piedra labrada, de un codo y medio de longitud,
y codo y medio de ancho, y de un codo de altura;
sobre éstas pondrán los utensilios con que
degollarán el holocausto y el sacrificio.
43 Y adentro, ganchos, de un palmo menor, dispuestos
en derredor; y sobre las mesas la carne
de las víctimas.

44 Y fuera de la puerta interior, en el atrio de
adentro que estaba al lado de la puerta del norte,
estaban las cámaras de los cantores, las cuales
miraban hacia el sur; una estaba al lado de la
puerta del oriente que miraba hacia el norte.
45 Y me dijo: Esta cámara que mira hacia el sur
es de los sacerdotes que hacen la guardia del
templo.
46 Y la cámara que mira hacia el norte es de los

sacerdotes que hacen la guardia del altar; estos
son los hijos de Sadoc, los cuales son llamados
de los hijos de Leví para ministrar a Jehová.
47 Y midió el atrio, cien codos de longitud, y
cien codos de anchura; era cuadrado; y el altar
estaba delante de la casa.
48 Y me llevó al pórtico del templo, y midió
cada poste del pórtico, cinco codos de un lado, y
cinco codos de otro; y la anchura de la puerta
tres codos de un lado, y tres codos de otro.
49 La longitud del pórtico, veinte codos, y el an-
cho once codos, al cual subían por gradas; y ha-
bía columnas junto a los postes, una de un lado,
y otra de otro.

41 1 Me introdujo luego en el templo, y mi-
dió los postes, siendo el ancho seis codos
de un lado, y seis codos de otro, que era el an-
cho del tabernáculo.
2 El ancho de la puerta era de diez codos, y los
lados de la puerta, de cinco codos de un lado, y
cinco del otro. Y midió su longitud, de cuarenta
codos, y la anchura de veinte codos.
3 Y pasó al interior, y midió cada poste de la
puerta, de dos codos; y la puerta, de seis codos;
y la anchura de la entrada, de siete codos.
4 Midió también su longitud, de veinte codos, y
la anchura de veinte codos, delante del templo;
y me dijo: Este es el lugar santísimo.
5 Después midió el muro de la casa, de seis
codos; y de cuatro codos la anchura de las cá-
maras, en torno de la casa alrededor.
6 Las cámaras laterales estaban sobrepuestas
unas a otras, treinta en cada uno de los tres pi-
sos; y entraban modillones en la pared de la casa
alrededor, sobre los que estribasen las cámaras,
para que no estribasen en la pared de la casa.
7 Y había mayor anchura en las cámaras de más
arriba; la escalera de caracol de la casa subía
muy alto alrededor por dentro de la casa; por
tanto, la casa tenía más anchura arriba. Del piso
inferior se podía subir al de en medio, y de éste
al superior.
8 Y miré la altura de la casa alrededor; los ci-
mientos de las cámaras eran de una caña entera
de seis codos largos.
9 El ancho de la pared de afuera de las cámaras
era de cinco codos, igual al espacio que quedaba
de las cámaras de la casa por dentro.
10 Y entre las cámaras había anchura de veinte
codos por todos lados alrededor de la casa.
11 La puerta de cada cámara salía al espacio que
quedaba, una puerta hacia el norte, y otra puer-
ta hacia el sur; y el ancho del espacio que que-
daba era de cinco codos por todo alrededor.
12 Y el edificio que estaba delante del espacio
abierto al lado del occidente era de setenta co-
dos; y la pared del edificio, de cinco codos de
grueso alrededor, y noventa codos de largo.
13 Luego midió la casa, cien codos de largo; y
el espacio abierto y el edificio y sus paredes, de
cien codos de longitud.
14 Y el ancho del frente de la casa y del espacio
abierto al oriente era de cien codos.
15 Y midió la longitud del edificio que estaba
delante del espacio abierto que había detrás de
él, y las cámaras de uno y otro lado, cien codos;
y el templo de dentro, y los portales del atrio.
16 Los umbrales y las ventanas estrechas y las
cámaras alrededor de los tres pisos estaba todo
cubierto de madera desde el suelo hasta las ven-
tanas; y las ventanas también cubiertas.
17 Por encima de la puerta, y hasta la casa de
adentro, y afuera de ella, y por toda la pared en
derredor por dentro y por fuera, tomó medidas.
18 Y estaba labrada con querubines y palmeras,
entre querubín y querubín una palmera; y cada
querubín tenía dos rostros;
19 un rostro de hombre hacia la palmera del un
lado, y un rostro de león hacia la palmera del
otro lado, por toda la casa alrededor.
20 Desde el suelo hasta encima de la puerta ha-
bía querubines labrados y palmeras, por toda la
pared del templo.
21 Cada poste del templo era cuadrado, y el
frente del santuario era como el otro frente.
22 La altura del altar de madera era de tres co-
dos, y su longitud de dos codos; y sus esquinas,
su superficie y sus paredes eran de madera. Y me
dijo: Esta es la mesa que está delante de Jehová.
23 El templo y el santuario tenían dos puertas.
24 Y en cada puerta había dos hojas, dos hojas
que giraban; dos hojas en una puerta, y otras
dos en la otra.
25 En las puertas del templo había labrados de
querubines y palmeras, así como los que había
en las paredes; y en la fachada del atrio al exte-
rior había un portal de madera.
26 Y había ventanas estrechas, y palmeras de
uno y otro lado a los lados del pórtico; así eran
las cámaras de la casa y los umbrales.

42 1 Me trajo luego al atrio exterior hacia el
norte, y me llevó a la cámara que estaba
delante del espacio abierto que quedaba en-
frente del edificio, hacia el norte.
2 Por delante de la puerta del norte su longitud
era de cien codos, y el ancho de cincuenta codos.
3 Frente a los veinte codos que había en el atrio
interior, y enfrente del enlosado que había en el
atrio exterior, estaban las cámaras, las unas en-
frente de las otras en tres pisos.
4 Y delante de las cámaras había un corredor de
diez codos de ancho hacia adentro, con una vía
de un codo; y sus puertas daban al norte.
5 Y las cámaras más altas eran más estrechas;
porque las galerías quitaban de ellas más que de
las bajas y de las de en medio del edificio.

6 Porque estaban en tres pisos, y no tenían co-
lumnas como las columnas de los atrios; por
tanto, eran más estrechas que las de abajo y las
de en medio, desde el suelo.
7 Y el muro que estaba afuera enfrente de las cá-
maras, hacia el atrio exterior delante de las cá-
maras, tenía cincuenta codos de largo.
8 Porque la longitud de las cámaras del atrio de
afuera era de cincuenta codos; y delante de la
fachada del templo había cien codos.
9 Y debajo de las cámaras estaba la entrada al
lado oriental, para entrar en él desde el atrio
exterior.
10 A lo largo del muro del atrio, hacia el orien-
te, enfrente del espacio abierto, y delante del
edificio, había cámaras.
11 Y el corredor que había delante de ellas era
semejante al de las cámaras que estaban hacia
el norte; tanto su longitud como su ancho eran
lo mismo, y todas sus salidas, conforme a sus
puertas y conforme a sus entradas.
12 Así también eran las puertas de las cámaras
que estaban hacia el sur; había una puerta al co-
mienzo del corredor que había enfrente del
muro al lado oriental, para quien entraba en las
cámaras.
13 Y me dijo: Las cámaras del norte y las del
sur, que están delante del espacio abierto, son
cámaras santas en las cuales los sacerdotes que
se acercan a Jehová comerán las santas ofren-
das; allí pondrán las ofrendas santas, la ofrenda
y la expiación y el sacrifico por el pecado,
porque el lugar es santo.
14 Cuando los sacerdotes entren, no saldrán del
lugar santo al atrio exterior, sino que allí deja-
rán sus vestiduras con que ministran, porque
son santas; y se vestirán otros vestidos, y así se
acercarán a lo que es del pueblo.
15 Y luego que acabó las medidas de la casa
de adentro, me sacó por el camino de la puerta
que miraba hacia el oriente, y lo midió todo
alrededor.
16 Midió el lado oriental con la caña de medir,
quinientas cañas de la caña de medir alrededor.
17 Midió al lado del norte, quinientas cañas de
la caña de medir alrededor.
18 Midió al lado del sur, quinientas cañas de la
caña de medir.
19 Rodeó al lado del occidente, y midió quinien-
tas cañas de la caña de medir.
20 A los cuatro lados lo midió; tenía un muro
todo alrededor, de quinientas cañas de longitud
y quinientas cañas de ancho, para hacer separa-
ción entre el santuario y el lugar profano.

La gloria de Jehová llena el templo

43 1 Me llevó luego a la puerta, a la puerta
que mira hacia el oriente;
2 y he aquí la gloria del Dios de Israel, que venía
del oriente;[a] y su sonido era como el sonido de
muchas aguas, y la tierra resplandecía a causa
de su gloria.
3 Y el aspecto de lo que vi era como una visión,
como aquella visión que vi cuando vine para
destruir la ciudad; y las visiones eran como la
visión que vi junto al río Quebar; y me postré so-
bre mi rostro.
4 Y la gloria de Jehová entró en la casa por la vía
de la puerta que daba al oriente.
5 Y me alzó el Espíritu y me llevó al atrio inte-
rior; y he aquí que la gloria de Jehová llenó la
casa.

Leyes del templo

6 Y oí uno que me hablaba desde la casa; y un
varón estaba junto a mí,
7 y me dijo: Hijo de hombre, este es el lugar de
mi trono, el lugar donde posaré las plantas de
mis pies, en el cual habitaré entre los hijos de Is-
rael para siempre; y nunca más profanará la
casa de Israel mi santo nombre, ni ellos ni sus
reyes, con sus fornicaciones, ni con los cuerpos
muertos de sus reyes en sus lugares altos.
8 Porque poniendo ellos su umbral junto a mi
umbral, y su contrafuerte junto a mi contrafuer-
te, mediando sólo una pared entre mí y ellos,
han contaminado mi santo nombre con sus abo-
minaciones que hicieron; por tanto, los consumí
en mi furor.
9 Ahora arrojarán lejos de mí sus fornicaciones,
y los cuerpos muertos de sus reyes, y habitaré en
medio de ellos para siempre.
10 Tú, hijo de hombre, muestra a la casa de Is-
rael esta casa, y avergüéncense de sus pecados;
y midan el diseño de ella.
11 Y si se avergonzaren de todo lo que han he-
cho, hazles entender el diseño de la casa, su dis-
posición, sus salidas y sus entradas, y todas sus
formas, y todas sus descripciones, y todas sus
configuraciones, y todas sus leyes; y descríbelo
delante de sus ojos, para que guarden toda su
forma y todas sus reglas, y las pongan por obra.
12 Esta es la ley de la casa: Sobre la cumbre del
monte, el recinto entero, todo en derredor, será
santísimo. He aquí que esta es la ley de la casa.
13 Estas son las medidas del altar por codos
(el codo de a codo y palmo menor). La base, de
un codo, y de un codo el ancho; y su remate por
su borde alrededor, de un palmo. Este será el zó-
calo del altar.
14 Y desde la base, sobre el suelo, hasta el lugar
de abajo, dos codos, y la anchura de un codo; y
desde la cornisa menor hasta la cornisa mayor,
cuatro codos, y el ancho de un codo.

43.2: [a] Ez. 10.3-4, 18-19; 11.22-23.

15 El altar era de cuatro codos, y encima del al-
tar había cuatro cuernos.
16 Y el altar tenía doce codos de largo, y doce de
ancho, cuadrado a sus cuatro lados.
17 El descanso era de catorce codos de longitud y
catorce de anchura en sus cuatro lados, y de me-
dio codo el borde alrededor; y la base de un codo
por todos lados; y sus gradas estaban al oriente.[b]
18 Y me dijo: Hijo de hombre, así ha dicho
Jehová el Señor: Estas son las ordenanzas del
altar el día en que sea hecho, para ofrecer holo-
causto sobre él y para esparcir sobre él sangre.
19 A los sacerdotes levitas que son del linaje de
Sadoc, que se acerquen a mí, dice Jehová el Se-
ñor, para ministrar ante mí, darás un becerro de
la vacada para expiación.
20 Y tomarás de su sangre, y pondrás en los cua-
tro cuernos del altar, y en las cuatro esquinas del
descanso, y en el borde alrededor; así lo limpia-
rás y purificarás.
21 Tomarás luego el becerro de la expiación, y lo
quemarás conforme a la ley de la casa, fuera del
santuario.
22 Al segundo día ofrecerás un macho cabrío sin
defecto, para expiación; y purificarán el altar
como lo purificaron con el becerro.
23 Cuando acabes de expiar, ofrecerás un bece-
rro de la vacada sin defecto, y un carnero sin ta-
cha de la manada;
24 y los ofrecerás delante de Jehová, y los sacer-
dotes echarán sal sobre ellos, y los ofrecerán en
holocausto a Jehová.
25 Por siete días sacrificarán un macho cabrío
cada día en expiación; asimismo sacrificarán el
becerro de la vacada y un carnero sin tacha del
rebaño.
26 Por siete días harán expiación por el altar, y lo
limpiarán, y así lo consagrarán.
27 Y acabados estos días, del octavo día en ade-
lante, los sacerdotes sacrificarán sobre el altar
vuestros holocaustos y vuestras ofrendas de paz;
y me seréis aceptos, dice Jehová el Señor.[c]

44 1 Me hizo volver hacia la puerta exterior
del santuario, la cual mira hacia el orien-
te; y estaba cerrada.
2 Y me dijo Jehová: Esta puerta estará cerrada;
no se abrirá, ni entrará por ella hombre, porque
Jehová Dios de Israel entró por ella; estará, por
tanto, cerrada.
3 En cuanto al príncipe, por ser el príncipe, él se
sentará allí para comer pan delante de Jehová;
por el vestíbulo de la puerta entrará, y por ese
mismo camino saldrá.
4 Y me llevó hacia la puerta del norte por de-
lante de la casa; y miré, y he aquí la gloria de
Jehová había llenado la casa de Jehová; y me
postré sobre mi rostro.
5 Y me dijo Jehová: Hijo de hombre, pon aten-
ción, y mira con tus ojos, y oye con tus oídos
todo lo que yo hablo contigo sobre todas las or-
denanzas de la casa de Jehová, y todas sus le-
yes; y pon atención a las entradas de la casa, y a
todas las salidas del santuario.
6 Y dirás a los rebeldes, a la casa de Israel: Así ha
dicho Jehová el Señor: Basta ya de todas vues-
tras abominaciones, oh casa de Israel;
7 de traer extranjeros, incircuncisos de corazón
e incircuncisos de carne, para estar en mi san-
tuario y para contaminar mi casa; de ofrecer mi
pan, la grosura y la sangre, y de invalidar mi
pacto con todas vuestras abominaciones.
8 Pues no habéis guardado lo establecido acerca
de mis cosas santas, sino que habéis puesto ex-
tranjeros como guardas de las ordenanzas en mi
santuario.
9 Así ha dicho Jehová el Señor: Ningún hijo
de extranjero, incircunciso de corazón e incir-
cunciso de carne, entrará en mi santuario, de to-
dos los hijos de extranjeros que están entre los
hijos de Israel.
10 Y los levitas que se apartaron de mí cuando
Israel se alejó de mí, yéndose tras sus ídolos, lle-
varán su iniquidad.
11 Y servirán en mi santuario como porteros a
las puertas de la casa y sirvientes en la casa;
ellos matarán el holocausto y la víctima para el
pueblo, y estarán ante él para servirle.
12 Por cuanto les sirvieron delante de sus ídolos, y
fueron a la casa de Israel por tropezadero de mal-
dad; por tanto, he alzado mi mano y jurado, dice
Jehová el Señor, que ellos llevarán su iniquidad.
13 No se acercarán a mí para servirme como sa-
cerdotes, ni se acercarán a ninguna de mis cosas
santas, a mis cosas santísimas, sino que llevarán
su vergüenza y las abominaciones que hicieron.
14 Les pondré, pues, por guardas encargados de
la custodia de la casa, para todo el servicio de
ella, y para todo lo que en ella haya de hacerse.
15 Mas los sacerdotes levitas hijos de Sadoc,
que guardaron el ordenamiento del santuario
cuando los hijos de Israel se apartaron de mí,
ellos se acercarán para ministrar ante mí, y de-
lante de mí estarán para ofrecerme la grosura y
la sangre, dice Jehová el Señor.
16 Ellos entrarán en mi santuario, y se acercarán
a mi mesa para servirme, y guardarán mis orde-
nanzas.
17 Y cuando entren por las puertas del atrio in-
terior, se vestirán vestiduras de lino; no llevarán
sobre ellos cosa de lana, cuando ministren en
las puertas del atrio interior y dentro de la casa.
18 Turbantes de lino tendrán sobre sus cabezas,
y calzoncillos de lino sobre sus lomos;[a] no se ce-
ñirán cosa que los haga sudar.

43.13-17: [b] Ex. 27.1-2; 2 Cr. 4.1. **43.18-27:** [c] Ex. 29.35-37.
44.17-18: [a] Ex. 28.39-43; Lv. 16.4.

19 Cuando salgan al atrio exterior, al atrio de afuera, al pueblo, se quitarán las vestiduras con que ministraron, y las dejarán en las cámaras del santuario,[b] y se vestirán de otros vestidos, para no santificar al pueblo con sus vestiduras.

20 Y no se raparán su cabeza, ni dejarán crecer su cabello,[c] sino que lo recortarán solamente.

21 Ninguno de los sacerdotes beberá vino cuando haya de entrar en el atrio interior.[d]

22 Ni viuda ni repudiada tomará por mujer, sino que tomará virgen del linaje de la casa de Israel, o viuda que fuere viuda de sacerdote.[e]

23 Y enseñarán a mi pueblo a hacer diferencia entre lo santo y lo profano, y les enseñarán a discernir entre lo limpio y lo no limpio.[f]

24 En los casos de pleito ellos estarán para juzgar; conforme a mis juicios juzgarán; y mis leyes y mis decretos guardarán en todas mis fiestas solemnes, y santificarán mis días de reposo.*

25 No se acercarán a hombre muerto para contaminarse;[g] pero por padre o madre, hijo o hija, hermano, o hermana que no haya tenido marido, sí podrán contaminarse.

26 Y después de su purificación, le contarán siete días.

27 Y el día que entre al santuario, al atrio interior, para ministrar en el santuario, ofrecerá su expiación, dice Jehová el Señor.

28 Y habrá para ellos heredad; yo seré su heredad,[h] pero no les daréis posesión en Israel; yo soy su posesión.

29 La ofrenda y la expiación y el sacrificio por el pecado comerán, y toda cosa consagrada en Israel será de ellos.

30 Y las primicias de todos los primeros frutos de todo, y toda ofrenda de todo lo que se presente de todas vuestras ofrendas, será de los sacerdotes; asimismo daréis al sacerdote las primicias de todas vuestras masas, para que repose la bendición en vuestras casas.[i]

31 Ninguna cosa mortecina ni desgarrada, así de aves como de animales, comerán los sacerdotes.[j]

45 1 Cuando repartáis por suertes la tierra en heredad, apartaréis una porción para Jehová, que le consagraréis en la tierra, de longitud de veinticinco mil cañas y diez mil de ancho; esto será santificado en todo su territorio alrededor.

2 De esto será para el santuario quinientas cañas de longitud y quinientas de ancho, en cuadro alrededor; y cincuenta codos en derredor para sus ejidos.

3 Y de esta medida medirás en longitud veinticinco mil cañas, y en ancho diez mil, en lo cual estará el santuario y el lugar santísimo.

4 Lo consagrado de esta tierra será para los sacerdotes, ministros del santuario, que se acercan para ministrar a Jehová; y servirá de lugar para sus casas, y como recinto sagrado para el santuario.

5 Asimismo veinticinco mil cañas de longitud y diez mil de ancho, lo cual será para los levitas ministros de la casa, como posesión para sí, con veinte cámaras.

6 Para propiedad de la ciudad señalaréis cinco mil de anchura y veinticinco mil de longitud, delante de lo que se apartó para el santuario; será para toda la casa de Israel.

7 Y la parte del príncipe estará junto a lo que se apartó para el santuario, de uno y otro lado, y junto a la posesión de la ciudad, delante de lo que se apartó para el santuario, y delante de la posesión de la ciudad, desde el extremo occidental hasta el extremo oriental, y la longitud será desde el límite occidental hasta el límite oriental.

8 Esta tierra tendrá por posesión en Israel, y nunca más mis príncipes oprimirán a mi pueblo; y darán la tierra a la casa de Israel conforme a sus tribus.

9 Así ha dicho Jehová el Señor: ¡Basta ya, oh príncipes de Israel! Dejad la violencia y la rapiña. Haced juicio y justicia; quitad vuestras imposiciones de sobre mi pueblo, dice Jehová el Señor.

10 Balanzas justas, efa justo, y bato justo tendréis.[a]

11 El efa y el bato serán de una misma medida: que el bato tenga la décima parte del homer, y la décima parte del homer el efa; la medida de ellos será según el homer.

12 Y el siclo será de veinte geras. Veinte siclos, veinticinco siclos, quince siclos, os serán una mina.

13 Esta será la ofrenda que ofreceréis: la sexta parte de un efa por cada homer del trigo, y la sexta parte de un efa por cada homer de la cebada.

14 La ordenanza para el aceite será que ofreceréis un bato de aceite, que es la décima parte de un coro; diez batos harán un homer; porque diez batos son un homer.

15 Y una cordera del rebaño de doscientas, de las engordadas de Israel, para sacrificio, y para holocausto y para ofrendas de paz, para expiación por ellos, dice Jehová el Señor.

16 Todo el pueblo de la tierra estará obligado a dar esta ofrenda para el príncipe de Israel.

17 Mas al príncipe corresponderá el dar el holocausto y el sacrificio y la libación en las fiestas

* Aquí equivale a *sábado*.

44.19: [b] Lv. 16.23. **44.20:** [c] Lv. 21.5. **44.21:** [d] Lv. 10.9.
44.22: [e] Lv. 21.7, 13-14. **44.23:** [f] Lv. 10.10.
44.24: * Aquí equivale a *sábado*. **44.25:** [g] Lv. 21.1-4.
44.28: [h] Nm. 18.20. **44.29-30:** [i] Nm. 18.8-19.
44.31: [j] Lv. 22.8. **45.10:** [a] Lv. 19.36.

solemnes, en las lunas nuevas, en los días de re-
poso* y en todas las fiestas de la casa de Israel;
él dispondrá la expiación, la ofrenda, el holo-
causto y las ofrendas de paz, para hacer expia-
ción por la casa de Israel.
18 Así ha dicho Jehová el Señor: El mes pri-
mero, el día primero del mes, tomarás de la va-
cada un becerro sin defecto, y purificarás el
santuario.
19 Y el sacerdote tomará de la sangre de la expia-
ción, y pondrá sobre los postes de la casa, y sobre
los cuatro ángulos del descanso del altar, y sobre
los postes de las puertas del atrio interior.
20 Así harás el séptimo día del mes para los que
pecaron por error y por engaño, y harás expia-
ción por la casa.
21 El mes primero, a los catorce días del mes,
tendréis la pascua, fiesta de siete días; se come-
rá pan sin levadura.[b]
22 Aquel día el príncipe sacrificará por sí mismo
y por todo el pueblo de la tierra, un becerro por
el pecado.
23 Y en los siete días de la fiesta solemne ofrece-
rá holocausto a Jehová, siete becerros y siete
carneros sin defecto, cada día de los siete días; y
por el pecado un macho cabrío cada día.
24 Y con cada becerro ofrecerá ofrenda de un
efa, y con cada carnero un efa; y por cada efa un
hin de aceite.
25 En el mes séptimo, a los quince días del mes,
en la fiesta, hará como en estos siete días[c] en
cuanto a la expiación, en cuanto al holocausto,
en cuanto al presente y en cuanto al aceite.
46 1 Así ha dicho Jehová el Señor: La puer-
ta del atrio interior que mira al oriente
estará cerrada los seis días de trabajo, y el día
de reposo* se abrirá; se abrirá también el día de
la luna nueva.
2 Y el príncipe entrará por el camino del portal
de la puerta exterior, y estará en pie junto al um-
bral de la puerta mientras los sacerdotes ofrez-
can su holocausto y sus ofrendas de paz, y
adorará junto a la entrada de la puerta; después
saldrá; pero no se cerrará la puerta hasta la
tarde.
3 Asimismo adorará el pueblo de la tierra delan-
te de Jehová, a la entrada de la puerta, en los
días de reposo* y en las lunas nuevas.
4 El holocausto que el príncipe ofrecerá a Jeho-
vá en el día de reposo* será seis corderos sin de-
fecto, y un carnero sin tacha;
5 y por ofrenda un efa con cada carnero; y con
cada cordero una ofrenda conforme a sus posi-
bilidades, y un hin de aceite con el efa.
6 Mas el día de la luna nueva, un becerro sin ta-
cha de la vacada, seis corderos, y un carnero;
deberán ser sin defecto.
7 Y hará ofrenda de un efa con el becerro, y un
efa con cada carnero; pero con los corderos,
conforme a sus posibilidades; y un hin de aceite
por cada efa.
8 Y cuando el príncipe entrare, entrará por el ca-
mino del portal de la puerta, y por el mismo ca-
mino saldrá.
9 Mas cuando el pueblo de la tierra entrare
delante de Jehová en las fiestas, el que entrare
por la puerta del norte saldrá por la puerta del
sur, y el que entrare por la puerta del sur saldrá
por la puerta del norte; no volverá por la puerta
por donde entró, sino que saldrá por la de en-
frente de ella.
10 Y el príncipe, cuando ellos entraren, entrará
en medio de ellos; y cuando ellos salieren, él
saldrá.
11 Y en las fiestas y en las asambleas solemnes
será la ofrenda un efa con cada becerro, y un efa
con cada carnero; y con los corderos, conforme
a sus posibilidades; y un hin de aceite con cada
efa.
12 Mas cuando el príncipe libremente hiciere
holocausto u ofrendas de paz a Jehová, le abri-
rán la puerta que mira al oriente, y hará su holo-
causto y sus ofrendas de paz, como hace en el
día de reposo;* después saldrá, y cerrarán la
puerta después que saliere.
13 Y ofrecerás en sacrificio a Jehová cada día
en holocausto un cordero de un año sin defecto;
cada mañana lo sacrificarás.
14 Y con él harás todas las mañanas ofrenda de la
sexta parte de un efa, y la tercera parte de un hin
de aceite para mezclar con la flor de harina;
ofrenda para Jehová continuamente, por estatu-
to perpetuo.
15 Ofrecerán, pues, el cordero y la ofrenda y el
aceite, todas las mañanas en holocausto conti-
nuo.
16 Así ha dicho Jehová el Señor: Si el príncipe
diere parte de su heredad a sus hijos, será de
ellos; posesión de ellos será por herencia.
17 Mas si de su heredad diere parte a alguno de
sus siervos, será de él hasta el año del jubileo,[a] y
volverá al príncipe; mas su herencia será de sus
hijos.
18 Y el príncipe no tomará nada de la herencia
del pueblo, para no defraudarlos de su pose-
sión; de lo que él posee dará herencia a sus hi-
jos, a fin de que ninguno de mi pueblo sea
echado de su posesión.
19 Me trajo después por la entrada que estaba
hacia la puerta, a las cámaras santas de los sa-
cerdotes, las cuales miraban al norte, y vi que
había allí un lugar en el fondo del lado de
occidente.

* Aquí equivale a *sábado*.

45.21: [b] Ex. 12.1-20; Nm. 28.16-25. **45.25:** [c] Lv. 23.33-36; Nm. 29.12-38. **46.17:** [a] Lv. 25.10.

20 Y me dijo: Este es el lugar donde los sacerdo-
tes cocerán la ofrenda por el pecado y la expia-
ción; allí cocerán la ofrenda, para no sacarla al
atrio exterior, santificando así al pueblo.
21 Y luego me sacó al atrio exterior, y me llevó
por los cuatro rincones del atrio; y en cada rin-
cón había un patio.
22 En los cuatro rincones del atrio había patios
cercados, de cuarenta codos de longitud y treinta
de ancho; una misma medida tenían los cuatro.
23 Y había una pared alrededor de ellos, alrede-
dor de los cuatro, y abajo fogones alrededor de
las paredes.
24 Y me dijo: Estas son las cocinas, donde los
servidores de la casa cocerán la ofrenda del pue-
blo.

Las aguas salutíferas

47 1 Me hizo volver luego a la entrada de la
casa; y he aquí aguas que salían de de-
bajo del umbral de la casa[a] hacia el oriente;
porque la fachada de la casa estaba al oriente, y
las aguas descendían de debajo, hacia el lado
derecho de la casa, al sur del altar.
2 Y me sacó por el camino de la puerta del norte, y
me hizo dar la vuelta por el camino exterior, fuera
de la puerta, al camino de la que mira al oriente; y
vi que las aguas salían del lado derecho.
3 Y salió el varón hacia el oriente, llevando un
cordel en su mano; y midió mil codos, y me hizo
pasar por las aguas hasta los tobillos.
4 Midió otros mil, y me hizo pasar por las aguas
hasta las rodillas. Midió luego otros mil, y me
hizo pasar por las aguas hasta los lomos.
5 Midió otros mil, y era ya un río que yo no po-
día pasar, porque las aguas habían crecido de
manera que el río no se podía pasar sino a nado.
6 Y me dijo: ¿Has visto, hijo de hombre?
Después me llevó, y me hizo volver por la ri-
bera del río.
7 Y volviendo yo, vi que en la ribera del río había
muchísimos árboles a uno y otro lado.
8 Y me dijo: Estas aguas salen a la región del
oriente, y descenderán al Arabá, y entrarán en
el mar; y entradas en el mar, recibirán sanidad
las aguas.
9 Y toda alma viviente que nadare por donde-
quiera que entraren estos dos ríos, vivirá; y ha-
brá muchísimos peces por haber entrado allá
estas aguas, y recibirán sanidad; y vivirá todo lo
que entrare en este río.
10 Y junto a él estarán los pescadores, y desde
En-gadi hasta En-eglaim será su tendedero de
redes; y por sus especies serán los peces tan nu-
merosos como los peces del Mar Grande.
11 Sus pantanos y sus lagunas no se sanearán;
quedarán para salinas.
12 Y junto al río, en la ribera, a uno y otro lado,
crecerá toda clase de árboles frutales; sus hojas
nunca caerán, ni faltará su fruto. A su tiempo
madurará, porque sus aguas salen del santua-
rio; y su fruto será para comer, y su hoja para
medicina.

Límites y repartición de la tierra

13 Así ha dicho Jehová el Señor: Estos son los
límites en que repartiréis la tierra por heredad
entre las doce tribus de Israel. José tendrá dos
partes.
14 Y la heredaréis así los unos como los otros;
por ella alcé mi mano jurando que la había de
dar a vuestros padres; por tanto, esta será la tie-
rra de vuestra heredad.
15 Y este será el límite de la tierra hacia el
lado del norte; desde el Mar Grande, camino de
Hetlón viniendo a Zedad,
16 Hamat, Berota, Sibraim, que está entre el lí-
mite de Damasco y el límite de Hamat; Hazar-
haticón, que es el límite de Haurán.
17 Y será el límite del norte desde el mar hasta
Hazar-enán en el límite de Damasco al norte, y
al límite de Hamat al lado del norte.
18 Del lado del oriente, en medio de Haurán y
de Damasco, y de Galaad y de la tierra de Israel,
al Jordán; esto mediréis de límite hasta el mar
oriental.
19 Del lado meridional, hacia el sur, desde Ta-
mar hasta las aguas de las rencillas; desde Ca-
des y el arroyo hasta el Mar Grande; y esto será
el lado meridional, al sur.
20 Del lado del occidente el Mar Grande será
el límite hasta enfrente de la entrada de Hamat;
este será el lado occidental.
21 Repartiréis, pues, esta tierra entre vosotros
según las tribus de Israel.
22 Y echaréis sobre ella suertes por heredad
para vosotros, y para los extranjeros que moran
entre vosotros, que entre vosotros han engen-
drado hijos; y los tendréis como naturales entre
los hijos de Israel; echarán suertes con vosotros
para tener heredad entre las tribus de Israel.
23 En la tribu en que morare el extranjero, allí le
daréis su heredad, ha dicho Jehová el Señor.

48 1 Estos son los nombres de las tribus:
Desde el extremo norte por la vía de
Hetlón viniendo a Hamat, Hazar-enán, en los
confines de Damasco, al norte, hacia Hamat,
tendrá Dan una parte, desde el lado oriental
hasta el occidental.
2 Junto a la frontera de Dan, desde el lado del
oriente hasta el lado del mar, tendrá Aser una
parte.
3 Junto al límite de Aser, desde el lado del orien-
te hasta el lado del mar, Neftalí, otra.

47.1: [a] Zac. 14.8; Jn. 7.38; Ap. 22.1.

4 Junto al límite de Neftalí, desde el lado del oriente hasta el lado del mar, Manasés, otra.

5 Junto al límite de Manasés, desde el lado del oriente hasta el lado del mar, Efraín, otra.

6 Junto al límite de Efraín, desde el lado del oriente hasta el lado del mar, Rubén, otra.

7 Junto al límite de Rubén, desde el lado del oriente hasta el lado del mar, Judá, otra.

8 Junto al límite de Judá, desde el lado del oriente hasta el lado del mar, estará la porción que reservaréis de veinticinco mil cañas de anchura, y de longitud como cualquiera de las otras partes, esto es, desde el lado del oriente hasta el lado del mar; y el santuario estará en medio de ella.

9 La porción que reservaréis para Jehová tendrá de longitud veinticinco mil cañas, y diez mil de ancho.

10 La porción santa que pertenecerá a los sacerdotes será de veinticinco mil cañas al norte, y de diez mil de anchura al occidente, y de diez mil de ancho al oriente, y de veinticinco mil de longitud al sur; y el santuario de Jehová estará en medio de ella.

11 Los sacerdotes santificados de los hijos de Sadoc que me guardaron fidelidad, que no erraron cuando erraron los hijos de Israel, como erraron los levitas,

12 ellos tendrán como parte santísima la porción de la tierra reservada, junto al límite de la de los levitas.

13 Y la de los levitas, al lado de los límites de la de los sacerdotes, será de veinticinco mil cañas de longitud, y de diez mil de anchura; toda la longitud de veinticinco mil, y la anchura de diez mil.

14 No venderán nada de ello, ni lo permutarán, ni traspasarán las primicias de la tierra; porque es cosa consagrada a Jehová.

15 Y las cinco mil cañas de anchura que quedan de las veinticinco mil, serán profanas, para la ciudad, para habitación y para ejido; y la ciudad estará en medio.

16 Estas serán sus medidas: al lado del norte cuatro mil quinientas cañas, al lado del sur cuatro mil quinientas, al lado del oriente cuatro mil quinientas, y al lado del occidente cuatro mil quinientas.

17 Y el ejido de la ciudad será al norte de doscientas cincuenta cañas, al sur de doscientas cincuenta, al oriente de doscientas cincuenta, y de doscientas cincuenta al occidente.

18 Y lo que quedare de longitud delante de la porción santa, diez mil cañas al oriente y diez mil al occidente, que será lo que quedará de la porción santa, será para sembrar para los que sirven a la ciudad.

19 Y los que sirvan a la ciudad serán de todas la tribus de Israel.

20 Toda la porción reservada de veinticinco mil cañas por veinticinco mil en cuadro, reservaréis como porción para el santuario, y para la posesión de la ciudad.

21 Y del príncipe será lo que quedare a uno y otro lado de la porción santa y de la posesión de la ciudad, esto es, delante de las veinticinco mil cañas de la porción hasta el límite oriental, y al occidente delante de las veinticinco mil hasta el límite occidental, delante de las partes dichas será del príncipe; porción santa será, y el santuario de la casa estará en medio de ella.

22 De este modo la parte del príncipe será la comprendida desde la porción de los levitas y la porción de la ciudad, entre el límite de Judá y el límite de Benjamín.

23 En cuanto a las demás tribus, desde el lado del oriente hasta el lado del mar, tendrá Benjamín una porción.

24 Junto al límite de Benjamín, desde el lado del oriente hasta el lado del mar, Simeón, otra.

25 Junto al límite de Simeón, desde el lado del oriente hasta el lado del mar, Isacar, otra.

26 Junto al límite de Isacar, desde el lado del oriente hasta el lado del mar, Zabulón, otra.

27 Junto al límite de Zabulón, desde el lado del oriente hasta el lado del mar, Gad, otra.

28 Junto al límite de Gad, al lado meridional al sur, será el límite desde Tamar hasta las aguas de las rencillas, y desde Cades y el arroyo hasta el Mar Grande.

29 Esta es la tierra que repartiréis por suertes en heredad a las tribus de Israel, y estas son sus porciones, ha dicho Jehová el Señor.

30 Y estas son las salidas de la ciudad:[a] al lado del norte, cuatro mil quinientas cañas por medida.

31 Y las puertas de la ciudad serán según los nombres de las tribus de Israel: tres puertas al norte: la puerta de Rubén, una; la puerta de Judá, otra; la puerta de Leví, otra.

32 Al lado oriental cuatro mil quinientas cañas, y tres puertas: la puerta de José, una; la puerta de Benjamín, otra; la puerta de Dan, otra.

33 Al lado del sur, cuatro mil quinientas cañas por medida, y tres puertas: la puerta de Simeón, una; la puerta de Isacar, otra; la puerta de Zabulón, otra.

34 Y al lado occidental cuatro mil quinientas cañas, y sus tres puertas: la puerta de Gad, una; la puerta de Aser, otra; la puerta de Neftalí, otra.

35 En derredor tendrá dieciocho mil cañas. Y el nombre de la ciudad desde aquel día será Jehová-sama.[b]

48.30-34: [a] Ap. 21.12-13. **48.35:** [b] Esto es, *Jehová allí.*

DANIEL

Daniel y sus compañeros en Babilonia

1 1 En el año tercero del reinado de Joacim rey de Judá, vino Nabucodonosor rey de Babilonia a Jerusalén, y la sitió.[a]

2 Y el Señor entregó en sus manos a Joacim rey de Judá, y parte de los utensilios de la casa de Dios; y los trajo a tierra de Sinar, a la casa de su dios, y colocó los utensilios en la casa del tesoro de su dios.

3 Y dijo el rey a Aspenaz, jefe de sus eunucos, que trajese de los hijos de Israel, del linaje real de los príncipes,

4 muchachos en quienes no hubiese tacha alguna, de buen parecer, enseñados en toda sabiduría, sabios en ciencia y de buen entendimiento, e idóneos para estar en el palacio del rey; y que les enseñase las letras y la lengua de los caldeos.[b]

5 Y les señaló el rey ración para cada día, de la provisión de la comida del rey, y del vino que él bebía; y que los criase tres años, para que al fin de ellos se presentasen delante del rey.

6 Entre éstos estaban Daniel, Ananías, Misael y Azarías, de los hijos de Judá.

7 A éstos el jefe de los eunucos puso nombres: puso a Daniel, Beltsasar; a Ananías, Sadrac; a Misael, Mesac; y a Azarías, Abed-nego.

8 Y Daniel propuso en su corazón no contaminarse con la porción de la comida del rey, ni con el vino que él bebía; pidió, por tanto, al jefe de los eunucos que no se le obligase a contaminarse.

9 Y puso Dios a Daniel en gracia y en buena voluntad con el jefe de los eunucos;

10 y dijo el jefe de los eunucos a Daniel: Temo a mi señor el rey, que señaló vuestra comida y vuestra bebida; pues luego que él vea vuestros rostros más pálidos que los de los muchachos que son semejantes a vosotros, condenaréis para con el rey mi cabeza.

11 Entonces dijo Daniel a Melsar, que estaba puesto por el jefe de los eunucos sobre Daniel, Ananías, Misael y Azarías:

12 Te ruego que hagas la prueba con tus siervos por diez días, y nos den legumbres a comer, y agua a beber.

13 Compara luego nuestros rostros con los rostros de los muchachos que comen de la ración de la comida del rey, y haz después con tus siervos según veas.

14 Consintió, pues, con ellos en esto, y probó con ellos diez días.

15 Y al cabo de los diez días pareció el rostro de ellos mejor y más robusto que el de los otros muchachos que comían de la porción de la comida del rey.

16 Así, pues, Melsar se llevaba la porción de la comida de ellos y el vino que habían de beber, y les daba legumbres.

17 A estos cuatro muchachos Dios les dio conocimiento e inteligencia en todas las letras y ciencias; y Daniel tuvo entendimiento en toda visión y sueños.

18 Pasados, pues, los días al fin de los cuales había dicho el rey que los trajesen, el jefe de los eunucos los trajo delante de Nabucodonosor.

19 Y el rey habló con ellos, y no fueron hallados entre todos ellos otros como Daniel, Ananías, Misael y Azarías; así, pues, estuvieron delante del rey.

20 En todo asunto de sabiduría e inteligencia que el rey les consultó, los halló diez veces mejores que todos los magos y astrólogos que había en todo su reino.

21 Y continuó Daniel hasta el año primero del rey Ciro.

Daniel interpreta el sueño de Nabucodonosor

2 1 En el segundo año del reinado de Nabucodonosor, tuvo Nabucodonosor sueños, y se perturbó su espíritu, y se le fue el sueño.

2 Hizo llamar el rey a magos, astrólogos, encantadores y caldeos, para que le explicasen sus sueños. Vinieron, pues, y se presentaron delante del rey.

3 Y el rey les dijo: He tenido un sueño, y mi espíritu se ha turbado por saber el sueño.

4 Entonces hablaron los caldeos al rey en lengua aramea: Rey, para siempre vive; di el sueño a tus siervos, y te mostraremos la interpretación.

5 Respondió el rey y dijo a los caldeos: El asunto lo olvidé; si no me mostráis el sueño y su interpretación, seréis hechos pedazos, y vuestras casas serán convertidas en muladares.

6 Y si me mostrareis el sueño y su interpretación, recibiréis de mí dones y favores y gran honra. Decidme, pues, el sueño y su interpretación.

7 Respondieron por segunda vez, y dijeron: Diga el rey el sueño a sus siervos, y le mostraremos la interpretación.

8 El rey respondió y dijo: Yo conozco ciertamente que vosotros ponéis dilaciones, porque veis que el asunto se me ha ido.

9 Si no me mostráis el sueño, una sola sentencia hay para vosotros. Ciertamente preparáis respuesta mentirosa y perversa que decir delante de mí, entre tanto que pasa el tiempo. Decidme, pues, el sueño, para que yo sepa que me podéis dar su interpretación.

10 Los caldeos respondieron delante del rey, y

1.1: [a] 2 R. 24.1; 2 Cr. 36.5-7. **1.2-4:** [b] 2 R. 20.17-18; Is. 39.7-8; 2 R. 24.10-16; 2 Cr. 36.10.

dijeron: No hay hombre sobre la tierra que pueda declarar el asunto del rey; además de esto, ningún rey, príncipe ni señor preguntó cosa semejante a ningún mago ni astrólogo ni caldeo.

11 Porque el asunto que el rey demanda es difícil, y no hay quien lo pueda declarar al rey, salvo los dioses cuya morada no es con la carne.

12 Por esto el rey con ira y con gran enojo mandó que matasen a todos los sabios de Babilonia.

13 Y se publicó el edicto de que los sabios fueran llevados a la muerte; y buscaron a Daniel y a sus compañeros para matarlos.

14 Entonces Daniel habló sabia y prudentemente a Arioc, capitán de la guardia del rey, que había salido para matar a los sabios de Babilonia.

15 Habló y dijo a Arioc capitán del rey: ¿Cuál es la causa de que este edicto se publique de parte del rey tan apresuradamente? Entonces Arioc hizo saber a Daniel lo que había.

16 Y Daniel entró y pidió al rey que le diese tiempo, y que él mostraría la interpretación al rey.

17 Luego se fue Daniel a su casa e hizo saber lo que había a Ananías, Misael y Azarías, sus compañeros,

18 para que pidiesen misericordias del Dios del cielo sobre este misterio, a fin de que Daniel y sus compañeros no pereciesen con los otros sabios de Babilonia.

19 Entonces el secreto fue revelado a Daniel en visión de noche, por lo cual bendijo Daniel al Dios del cielo.

20 Y Daniel habló y dijo: Sea bendito el nombre de Dios de siglos en siglos, porque suyos son el poder y la sabiduría.

21 El muda los tiempos y las edades; quita reyes, y pone reyes; da la sabiduría a los sabios, y la ciencia a los entendidos.

22 El revela lo profundo y lo escondido; conoce lo que está en tinieblas, y con él mora la luz.

23 A ti, oh Dios de mis padres, te doy gracias y te alabo, porque me has dado sabiduría y fuerza, y ahora me has revelado lo que te pedimos; pues nos has dado a conocer el asunto del rey.

24 Después de esto fue Daniel a Arioc, al cual el rey había puesto para matar a los sabios de Babilonia, y le dijo así: No mates a los sabios de Babilonia; llévame a la presencia del rey, y yo le mostraré la interpretación.

25 Entonces Arioc llevó prontamente a Daniel ante el rey, y le dijo así: He hallado un varón de los deportados de Judá, el cual dará al rey la interpretación.

26 Respondió el rey y dijo a Daniel, al cual llamaban Beltsasar: ¿Podrás tú hacerme conocer el sueño que vi, y su interpretación?

27 Daniel respondió delante del rey, diciendo: El misterio que el rey demanda, ni sabios, ni astrólogos, ni magos ni adivinos lo puede
rey.

28 Pero hay un Dios en los cielos, el cua
los misterios, y él ha hecho saber al rey N
donosor lo que ha de acontecer en los post
días. He aquí tu sueño, y las visiones que has
nido en tu cama:

29 Estando tú, oh rey, en tu cama, te vinieron
pensamientos por saber lo que había de ser en lo por venir; y el que revela los misterios te mostró lo que ha de ser.

30 Y a mí me ha sido revelado este misterio, no porque en mí haya más sabiduría que en todos los vivientes, sino para que se dé a conocer al rey la interpretación, y para que entiendas los pensamientos de tu corazón.

31 Tú, oh rey, veías, y he aquí una gran imagen. Esta imagen, que era muy grande, y cuya gloria era muy sublime, estaba en pie delante de ti, y su aspecto era terrible.

32 La cabeza de esta imagen era de oro fino; su pecho y sus brazos, de plata; su vientre y sus muslos, de bronce;

33 sus piernas, de hierro; sus pies, en parte de hierro y en parte de barro cocido.

34 Estabas mirando, hasta que una piedra fue cortada, no con mano, e hirió a la imagen en sus pies de hierro y de barro cocido, y los desmenuzó.

35 Entonces fueron desmenuzados también el hierro, el barro cocido, el bronce, la plata y el oro, y fueron como tamo de las eras del verano, y se los llevó el viento sin que de ellos quedara rastro alguno. Mas la piedra que hirió a la imagen fue hecha un gran monte que llenó toda la tierra.

36 Este es el sueño; también la interpretación de él diremos en presencia del rey.

37 Tú, oh rey, eres rey de reyes; porque el Dios del cielo te ha dado reino, poder, fuerza y majestad.

38 Y dondequiera que habitan hijos de hombres, bestias del campo y aves del cielo, él los ha entregado en tu mano, y te ha dado el dominio sobre todo; tú eres aquella cabeza de oro.

39 Y después de ti se levantará otro reino inferior al tuyo; y luego un tercer reino de bronce, el cual dominará sobre toda la tierra.

40 Y el cuarto reino será fuerte como hierro; y como el hierro desmenuza y rompe todas las cosas, desmenuzará y quebrantará todo.

41 Y lo que viste de los pies y los dedos, en parte de barro cocido de alfarero y en parte de hierro, será un reino dividido; mas habrá en él algo de la fuerza del hierro, así como viste hierro mezclado con barro cocido.

42 Y por ser los dedos de los pies en parte de hierro y en parte de barro cocido, el reino será en parte fuerte, y en parte frágil.

43 Así como viste el hierro mezclado con barro,

de alianzas humanas;
...no con el otro, como el
...on el barro.
...stos reyes el Dios del cielo le-
...que no será jamás destruido, ni
...jado a otro pueblo; desmenuzará
...a todos estos reinos, pero él perma-
...a siempre,
...manera que viste que del monte fue cor-
...na piedra, no con mano, la cual desmenu-
...el hierro, el bronce, el barro, la plata y el oro.
El gran Dios ha mostrado al rey lo que ha de acontecer en lo por venir; y el sueño es verdadero, y fiel su interpretación.

46 Entonces el rey Nabucodonosor se postró sobre su rostro y se humilló ante Daniel, y mandó que le ofreciesen presentes e incienso.

47 El rey habló a Daniel, y dijo: Ciertamente el Dios vuestro es Dios de dioses, y Señor de los reyes, y el que revela los misterios, pues pudiste revelar este misterio.

48 Entonces el rey engrandeció a Daniel, y le dio muchos honores y grandes dones, y le hizo gobernador de toda la provincia de Babilonia, y jefe supremo de todos los sabios de Babilonia.

49 Y Daniel solicitó del rey, y obtuvo que pusiera sobre los negocios de la provincia de Babilonia a Sadrac, Mesac y Abed-nego; y Daniel estaba en la corte del rey.

Rescatados del horno de fuego

3 1 El rey Nabucodonosor hizo una estatua de oro cuya altura era de sesenta codos, y su anchura de seis codos; la levantó en el campo de Dura, en la provincia de Babilonia.

2 Y envió el rey Nabucodonosor a que se reuniesen los sátrapas, los magistrados y capitanes, oidores, tesoreros, consejeros, jueces, y todos los gobernadores de las provincias, para que viniesen a la dedicación de la estatua que el rey Nabucodonosor había levantado.

3 Fueron, pues, reunidos los sátrapas, magistrados, capitanes, oidores, tesoreros, consejeros, jueces, y todos los gobernadores de las provincias, a la dedicación de la estatua que el rey Nabucodonosor había levantado; y estaban en pie delante de la estatua que había levantado el rey Nabucodonosor.

4 Y el pregonero anunciaba en alta voz: Mándase a vosotros, oh pueblos, naciones y lenguas,

5 que al oír el son de la bocina, de la flauta, del tamboril, del arpa, del salterio, de la zampoña y de todo instrumento de música, os postréis y adoréis la estatua de oro que el rey Nabucodonosor ha levantado;

6 y cualquiera que no se postre y adore, inmediatamente será echado dentro de un horno de fuego ardiendo.

7 Por lo cual, al oír todos los pueblos el son de la bocina, de la flauta, del tamboril, del arpa, del salterio, de la zampoña y de todo instrumento de música, todos los pueblos, naciones y lenguas se postraron y adoraron la estatua de oro que el rey Nabucodonosor había levantado.

8 Por esto en aquel tiempo algunos varones caldeos vinieron y acusaron maliciosamente a los judíos.

9 Hablaron y dijeron al rey Nabucodonosor: Rey, para siempre vive.

10 Tú, oh rey, has dado una ley que todo hombre, al oír el son de la bocina, de la flauta, del tamboril, del arpa, del salterio, de la zampoña y de todo instrumento de música, se postre y adore la estatua de oro;

11 y el que no se postre y adore, sea echado dentro de un horno de fuego ardiendo.

12 Hay unos varones judíos, los cuales pusiste sobre los negocios de la provincia de Babilonia: Sadrac, Mesac y Abed-nego; estos varones, oh rey, no te han respetado; no adoran tus dioses, ni adoran la estatua de oro que has levantado.

13 Entonces Nabucodonosor dijo con ira y con enojo que trajesen a Sadrac, Mesac y Abed-nego. Al instante fueron traídos estos varones delante del rey.

14 Habló Nabucodonosor y les dijo: ¿Es verdad, Sadrac, Mesac y Abed-nego, que vosotros no honráis a mi dios, ni adoráis la estatua de oro que he levantado?

15 Ahora, pues, ¿estáis dispuestos para que al oír el son de la bocina, de la flauta, del tamboril, del arpa, del salterio, de la zampoña y de todo instrumento de música, os postréis y adoréis la estatua que he hecho? Porque si no la adorareis, en la misma hora seréis echados en medio de un horno de fuego ardiendo; ¿y qué dios será aquel que os libre de mis manos?

16 Sadrac, Mesac y Abed-nego respondieron al rey Nabucodonosor, diciendo: No es necesario que te respondamos sobre este asunto.

17 He aquí nuestro Dios a quien servimos puede librarnos del horno de fuego ardiendo; y de tu mano, oh rey, nos librará.

18 Y si no, sepas, oh rey, que no serviremos a tus dioses, ni tampoco adoraremos la estatua que has levantado.

19 Entonces Nabucodonosor se llenó de ira, y se demudó el aspecto de su rostro contra Sadrac, Mesac y Abed-nego, y ordenó que el horno se calentase siete veces más de lo acostumbrado.

20 Y mandó a hombres muy vigorosos que tenía en su ejército, que atasen a Sadrac, Mesac y Abed-nego, para echarlos en el horno de fuego ardiendo.

21 Entonces estos varones fueron atados con sus mantos, sus calzas, sus turbantes y sus vestidos,

y fueron echados dentro del horno de fuego
ardiendo.
22 Y como la orden del rey era apremiante, y lo
habían calentado mucho, la llama del fuego
mató a aquellos que habían alzado a Sadrac,
Mesac y Abed-nego.
23 Y estos tres varones, Sadrac, Mesac y Abed-
nego, cayeron atados dentro del horno de fuego
ardiendo.
24 Entonces el rey Nabucodonosor se espan-
tó, y se levantó apresuradamente y dijo a los de
su consejo: ¿No echaron a tres varones atados
dentro del fuego? Ellos respondieron al rey: Es
verdad, oh rey.
25 Y él dijo: He aquí yo veo cuatro varones suel-
tos, que se pasean en medio del fuego sin sufrir
ningún daño; y el aspecto del cuarto es seme-
jante a hijo de los dioses.
26 Entonces Nabucodonosor se acercó a la
puerta del horno de fuego ardiendo, y dijo: Sa-
drac, Mesac y Abed-nego, siervos del Dios Altísi-
mo, salid y venid. Entonces Sadrac, Mesac y
Abed-nego salieron de en medio del fuego.
27 Y se juntaron los sátrapas, los gobernadores,
los capitanes y los consejeros del rey, para mirar
a estos varones, cómo el fuego no había tenido
poder alguno sobre sus cuerpos, ni aun el cabe-
llo de sus cabezas se había quemado; sus ropas
estaban intactas, y ni siquiera olor de fuego
tenían.
28 Entonces Nabucodonosor dijo: Bendito sea el
Dios de ellos, de Sadrac, Mesac y Abed-nego,
que envió su ángel y libró a sus siervos que con-
fiaron en él, y que no cumplieron el edicto del
rey, y entregaron sus cuerpos antes que servir y
adorar a otro dios que su Dios.
29 Por lo tanto, decreto que todo pueblo, nación
o lengua que dijere blasfemia contra el Dios de
Sadrac, Mesac y Abed-nego, sea descuartizado,
y su casa convertida en muladar; por cuanto no
hay dios que pueda librar como éste.
30 Entonces el rey engrandeció a Sadrac, Mesac
y Abed-nego en la provincia de Babilonia.

La locura de Nabucodonosor

4 1 Nabucodonosor rey, a todos los pueblos,
naciones y lenguas que moran en toda la
tierra: Paz os sea multiplicada.
2 Conviene que yo declare las señales y milagros
que el Dios Altísimo ha hecho conmigo.
3 ¡Cuán grandes son sus señales, y cuán poten-
tes sus maravillas! Su reino, reino sempiterno, y
su señorío de generación en generación.
4 Yo Nabucodonosor estaba tranquilo en mi
casa, y floreciente en mi palacio.
5 Vi un sueño que me espantó, y tendido en
cama, las imaginaciones y visiones de mi cabeza
me turbaron.
6 Por esto mandé que vinieran delante de mí to-
dos los sabios de Babilonia, para que me mos-
trasen la interpretación del sueño.
7 Y vinieron magos, astrólogos, caldeos y adivi-
nos, y les dije el sueño, pero no me pudieron
mostrar su interpretación,
8 hasta que entró delante de mí Daniel, cuyo
nombre es Beltsasar, como el nombre de mi
dios, y en quien mora el espíritu de los dioses
santos. Conté delante de él el sueño, diciendo:
9 Beltsasar, jefe de los magos, ya que he entendi-
do que hay en ti espíritu de los dioses santos, y
que ningún misterio se te esconde, declárame
las visiones de mi sueño que he visto, y su inter-
pretación.
10 Estas fueron las visiones de mi cabeza
mientras estaba en mi cama: Me parecía ver
en medio de la tierra un árbol, cuya altura era
grande.
11 Crecía este árbol, y se hacía fuerte, y su copa
llegaba hasta el cielo, y se le alcanzaba a ver
desde todos los confines de la tierra.
12 Su follaje era hermoso y su fruto abundante,
y había en él alimento para todos. Debajo de él
se ponían a la sombra las bestias del campo, y
en sus ramas hacían morada las aves del cielo, y
se mantenía de él toda carne.
13 Vi en las visiones de mi cabeza mientras es-
taba en mi cama, que he aquí un vigilante y san-
to descendía del cielo.
14 Y clamaba fuertemente y decía así: Derribad
el árbol, y cortad sus ramas, quitadle el follaje, y
dispersad su fruto; váyanse las bestias que están
debajo de él, y las aves de sus ramas.
15 Mas la cepa de sus raíces dejaréis en la tierra,
con atadura de hierro y de bronce entre la hier-
ba del campo; sea mojado con el rocío del cielo,
y con las bestias sea su parte entre la hierba de
la tierra.
16 Su corazón de hombre sea cambiado, y le sea
dado corazón de bestia, y pasen sobre él siete
tiempos.
17 La sentencia es por decreto de los vigilantes,
y por dicho de los santos la resolución, para que
conozcan los vivientes que el Altísimo gobierna
el reino de los hombres, y que a quien él quiere
lo da, y constituye sobre él al más bajo de los
hombres.
18 Yo el rey Nabucodonosor he visto este sueño.
Tú, pues, Beltsasar, dirás la interpretación de él,
porque todos los sabios de mi reino no han podi-
do mostrarme su interpretación; mas tú puedes,
porque mora en ti el espíritu de los dioses santos.
19 Entonces Daniel, cuyo nombre era Beltsasar,
quedó atónito casi una hora, y sus pensamientos
lo turbaban. El rey habló y dijo: Beltsasar, no te
turben ni el sueño ni su interpretación. Beltsasar
respondió y dijo: Señor mío, el sueño sea para tus

enemigos, y su interpretación para los que mal
te quieren.
20 El árbol que viste, que crecía y se hacía fuer-
te, y cuya copa llegaba hasta el cielo, y que se
veía desde todos los confines de la tierra,
21 cuyo follaje era hermoso, y su fruto abundan-
te, y en que había alimento para todos, debajo
del cual moraban las bestias del campo, y en cu-
yas ramas anidaban las aves del cielo,
22 tú mismo eres, oh rey, que creciste y te hiciste
fuerte, pues creció tu grandeza y ha llegado has-
ta el cielo, y tu dominio hasta los confines de la
tierra.
23 Y en cuanto a lo que vio el rey, un vigilante y
santo que descendía del cielo y decía: Cortad el
árbol y destruidlo; mas la cepa de sus raíces de-
jaréis en la tierra, con atadura de hierro y de
bronce en la hierba del campo; y sea mojado
con el rocío del cielo, y con las bestias del campo
sea su parte, hasta que pasen sobre él siete
tiempos;
24 esta es la interpretación, oh rey, y la sentencia
del Altísimo, que ha venido sobre mi señor el
rey:
25 Que te echarán de entre los hombres, y con
las bestias del campo será tu morada, y con hier-
ba del campo te apacentarán como a los bueyes,
y con el rocío del cielo serás bañado; y siete
tiempos pasarán sobre ti, hasta que conozcas
que el Altísimo tiene dominio en el reino de los
hombres, y que lo da a quien él quiere.
26 Y en cuanto a la orden de dejar en la tierra la
cepa de las raíces del mismo árbol, significa que
tu reino te quedará firme, luego que reconozcas
que el cielo gobierna.
27 Por tanto, oh rey, acepta mi consejo: tus peca-
dos redime con justicia, y tus iniquidades ha-
ciendo misericordias para con los oprimidos,
pues tal vez será eso una prolongación de tu
tranquilidad.
28 Todo esto vino sobre el rey Nabucodonosor.
29 Al cabo de doce meses, paseando en el pala-
cio real de Babilonia,
30 habló el rey y dijo: ¿No es ésta la gran Babilo-
nia que yo edifiqué para casa real con la fuerza
de mi poder, y para gloria de mi majestad?
31 Aún estaba la palabra en la boca del rey,
cuando vino una voz del cielo: A ti se te dice, rey
Nabucodonosor: El reino ha sido quitado de ti;
32 y de entre los hombres te arrojarán, y con las
bestias del campo será tu habitación, y como a
los bueyes te apacentarán; y siete tiempos pasa-
rán sobre ti, hasta que reconozcas que el Altísi-
mo tiene el dominio en el reino de los hombres,
y lo da a quien él quiere.
33 En la misma hora se cumplió la palabra sobre
Nabucodonosor, y fue echado de entre los hom-
bres; y comía hierba como los bueyes, y su cuer-
po se mojaba con el rocío del cielo, hasta que su
pelo creció como plumas de águila, y sus uñas
como las de las aves.
34 Mas al fin del tiempo yo Nabucodonosor
alcé mis ojos al cielo, y mi razón me fue devuel-
ta; y bendije al Altísimo, y alabé y glorifiqué al
que vive para siempre, cuyo dominio es sempi-
terno, y su reino por todas las edades.
35 Todos los habitantes de la tierra son conside-
rados como nada; y él hace según su voluntad
en el ejército del cielo, y en los habitantes de la
tierra, y no hay quien detenga su mano, y le
diga: ¿Qué haces?
36 En el mismo tiempo mi razón me fue devuel-
ta, y la majestad de mi reino, mi dignidad y mi
grandeza volvieron a mí, y mis gobernadores y
mis consejeros me buscaron; y fui restablecido
en mi reino, y mayor grandeza me fue añadida.
37 Ahora yo Nabucodonosor alabo, engrandez-
co y glorifico al Rey del cielo, porque todas sus
obras son verdaderas, y sus caminos justos; y él
puede humillar a los que andan con soberbia.

La escritura en la pared

5 1 El rey Belsasar hizo un gran banquete a
mil de sus príncipes, y en presencia de los
mil bebía vino.
2 Belsasar, con el gusto del vino, mandó que tra-
jesen los vasos de oro y de plata que Nabucodo-
nosor su padre había traído del templo de
Jerusalén, para que bebiesen en ellos el rey y
sus grandes, sus mujeres y sus concubinas.
3 Entonces fueron traídos los vasos de oro que
habían traído del templo de la casa de Dios que
estaba en Jerusalén, y bebieron en ellos el rey y
sus príncipes, sus mujeres y sus concubinas.
4 Bebieron vino, y alabaron a los dioses de oro y
de plata, de bronce, de hierro, de madera y de
piedra.
5 En aquella misma hora aparecieron los de-
dos de una mano de hombre, que escribía de-
lante del candelero sobre lo encalado de la
pared del palacio real, y el rey veía la mano que
escribía.
6 Entonces el rey palideció, y sus pensamientos
lo turbaron, y se debilitaron sus lomos, y sus ro-
dillas daban la una contra la otra.
7 El rey gritó en alta voz que hiciesen venir ma-
gos, caldeos y adivinos; y dijo el rey a los sabios
de Babilonia: Cualquiera que lea esta escritura y
me muestre su interpretación, será vestido de
púrpura, y un collar de oro llevará en su cuello,
y será el tercer señor en el reino.
8 Entonces fueron introducidos todos los sabios
del rey, pero no pudieron leer la escritura ni
mostrar al rey su interpretación.
9 Entonces el rey Belsasar se turbó sobremanera,
y palideció, y sus príncipes estaban perplejos.

10 La reina, por las palabras del rey y de sus príncipes, entró a la sala del banquete, y dijo: Rey, vive para siempre; no te turben tus pensamientos, ni palidezca tu rostro.
11 En tu reino hay un hombre en el cual mora el espíritu de los dioses santos, y en los días de tu padre se halló en él luz e inteligencia y sabiduría, como sabiduría de los dioses; al que el rey Nabucodonosor tu padre, oh rey, constituyó jefe sobre todos los magos, astrólogos, caldeos y adivinos,
12 por cuanto fue hallado en él mayor espíritu y ciencia y entendimiento, para interpretar sueños y descifrar enigmas y resolver dudas; esto es, en Daniel, al cual el rey puso por nombre Beltsasar. Llámese, pues, ahora a Daniel, y él te dará la interpretación.

13 Entonces Daniel fue traído delante del rey. Y dijo el rey a Daniel: ¿Eres tú aquel Daniel de los hijos de la cautividad de Judá, que mi padre trajo de Judea?
14 Yo he oído de ti que el espíritu de los dioses santos está en ti, y que en ti se halló luz, entendimiento y mayor sabiduría.
15 Y ahora fueron traídos delante de mí sabios y astrólogos para que leyesen esta escritura y me diesen su interpretación; pero no han podido mostrarme la interpretación del asunto.
16 Yo, pues, he oído de ti que puedes dar interpretaciones y resolver dificultades. Si ahora puedes leer esta escritura y darme su interpretación, serás vestido de púrpura, y un collar de oro llevarás en tu cuello, y serás el tercer señor en el reino.

17 Entonces Daniel respondió y dijo delante del rey: Tus dones sean para ti, y da tus recompensas a otros. Leeré la escritura al rey, y le daré la interpretación.
18 El Altísimo Dios, oh rey, dio a Nabucodonosor tu padre el reino y la grandeza, la gloria y la majestad.
19 Y por la grandeza que le dio, todos los pueblos, naciones y lenguas temblaban y temían delante de él. A quien quería mataba, y a quien quería daba vida; engrandecía a quien quería, y a quien quería humillaba.
20 Mas cuando su corazón se ensoberbeció, y su espíritu se endureció en su orgullo, fue depuesto del trono de su reino, y despojado de su gloria.
21 Y fue echado de entre los hijos de los hombres, y su mente se hizo semejante a la de las bestias, y con los asnos monteses fue su morada. Hierba le hicieron comer como a buey, y su cuerpo fue mojado con el rocío del cielo, hasta que reconoció que el Altísimo Dios tiene dominio sobre el reino de los hombres, y que pone sobre él al que le place.
22 Y tú, su hijo Belsasar, no has humillado tu corazón, sabiendo todo esto;
23 sino que contra el Señor del cielo te has ensoberbecido, e hiciste traer delante de ti los vasos de su casa, y tú y tus grandes, tus mujeres y tus concubinas, bebisteis vino en ellos; además de esto, diste alabanza a dioses de plata y oro, de bronce, de hierro, de madera y de piedra, que ni ven, ni oyen, ni saben; y al Dios en cuya mano está tu vida, y cuyos son todos tus caminos, nunca honraste.

24 Entonces de su presencia fue enviada la mano que trazó esta escritura.
25 Y la escritura que trazó es: MENE, MENE, TEKEL, UPARSIN.
26 Esta es la interpretación del asunto: MENE: Contó Dios tu reino, y le ha puesto fin.
27 TEKEL: Pesado has sido en balanza, y fuiste hallado falto.
28 PERES: Tu reino ha sido roto, y dado a los medos y a los persas.

29 Entonces mandó Belsasar vestir a Daniel de púrpura, y poner en su cuello un collar de oro, y proclamar que él era el tercer señor del reino.

30 La misma noche fue muerto Belsasar rey de los caldeos.
31 Y Darío de Media tomó el reino, siendo de sesenta y dos años.

Daniel en el foso de los leones

6 1 Pareció bien a Darío constituir sobre el reino ciento veinte sátrapas, que gobernasen en todo el reino.
2 Y sobre ellos tres gobernadores, de los cuales Daniel era uno, a quienes estos sátrapas diesen cuenta, para que el rey no fuese perjudicado.
3 Pero Daniel mismo era superior a estos sátrapas y gobernadores, porque había en él un espíritu superior; y el rey pensó en ponerlo sobre todo el reino.
4 Entonces los gobernadores y sátrapas buscaban ocasión para acusar a Daniel en lo relacionado al reino; mas no podían hallar ocasión alguna o falta, porque él era fiel, y ningún vicio ni falta fue hallado en él.
5 Entonces dijeron aquellos hombres: No hallaremos contra este Daniel ocasión alguna para acusarle, si no la hallamos contra él en relación con la ley de su Dios.

6 Entonces estos gobernadores y sátrapas se juntaron delante del rey, y le dijeron así: ¡Rey Darío, para siempre vive!
7 Todos los gobernadores del reino, magistrados, sátrapas, príncipes y capitanes han acordado por consejo que promulgues un edicto real y lo confirmes, que cualquiera que en el espacio de treinta días demande petición de cualquier dios u hombre fuera de ti, oh rey, sea echado en el foso de los leones.

8 Ahora, oh rey, confirma el edicto y fírmalo,
para que no pueda ser revocado, conforme a la
ley de Media y de Persia, la cual no puede ser
abrogada.
9 Firmó, pues, el rey Darío el edicto y la prohibi-
ción.
10 Cuando Daniel supo que el edicto había
sido firmado, entró en su casa, y abiertas las
ventanas de su cámara que daban hacia Jerusa-
lén, se arrodillaba tres veces al día, y oraba y
daba gracias delante de su Dios, como lo solía
hacer antes.
11 Entonces se juntaron aquellos hombres, y ha-
llaron a Daniel orando y rogando en presencia
de su Dios.
12 Fueron luego ante el rey y le hablaron del
edicto real: ¿No has confirmado edicto que cual-
quiera que en el espacio de treinta días pida a
cualquier dios u hombre fuera de ti, oh rey, sea
echado en el foso de los leones? Respondió el rey
diciendo: Verdad es, conforme a la ley de Media
y de Persia, la cual no puede ser abrogada.
13 Entonces respondieron y dijeron delante del
rey: Daniel, que es de los hijos de los cautivos de
Judá, no te respeta a ti, oh rey, ni acata el edicto
que confirmaste, sino que tres veces al día hace
su petición.
14 Cuando el rey oyó el asunto, le pesó en
gran manera, y resolvió librar a Daniel; y hasta
la puesta del sol trabajó para librarle.
15 Pero aquellos hombres rodearon al rey y le
dijeron: Sepas, oh rey, que es ley de Media y de
Persia que ningún edicto u ordenanza que el rey
confirme puede ser abrogado.
16 Entonces el rey mandó, y trajeron a Daniel,
y le echaron en el foso de los leones. Y el rey dijo
a Daniel: El Dios tuyo, a quien tú continuamen-
te sirves, él te libre.
17 Y fue traída una piedra y puesta sobre la
puerta del foso, la cual selló el rey con su anillo
y con el anillo de sus príncipes, para que el
acuerdo acerca de Daniel no se alterase.
18 Luego el rey se fue a su palacio, y se acostó
ayuno; ni instrumentos de música fueron traí-
dos delante de él, y se le fue el sueño.
19 El rey, pues, se levantó muy de mañana, y
fue apresuradamente al foso de los leones.
20 Y acercándose al foso llamó a voces a Daniel
con voz triste, y le dijo: Daniel, siervo del Dios
viviente, el Dios tuyo, a quien tú continuamente
sirves, ¿te ha podido librar de los leones?
21 Entonces Daniel respondió al rey: Oh rey,
vive para siempre.
22 Mi Dios envió su ángel, el cual cerró la boca
de los leones, para que no me hiciesen daño,
porque ante él fui hallado inocente; y aun de-
lante de ti, oh rey, yo no he hecho nada malo.
23 Entonces se alegró el rey en gran manera a
causa de él, y mandó sacar a Daniel del foso; y
fue Daniel sacado del foso, y ninguna lesión se
halló en él, porque había confiado en su Dios.
24 Y dio orden el rey, y fueron traídos aquellos
hombres que habían acusado a Daniel, y fueron
echados en el foso de los leones ellos, sus hijos y
sus mujeres; y aún no habían llegado al fondo
del foso, cuando los leones se apoderaron de
ellos y quebraron todos sus huesos.
25 Entonces el rey Darío escribió a todos los
pueblos, naciones y lenguas que habitan en
toda la tierra: Paz os sea multiplicada.
26 De parte mía es puesta esta ordenanza: Que
en todo el dominio de mi reino todos teman y
tiemblen ante la presencia del Dios de Daniel;
porque él es el Dios viviente y permanece por to-
dos los siglos, y su reino no será jamás destrui-
do, y su dominio perdurará hasta el fin.
27 El salva y libra, y hace señales y maravillas en
el cielo y en la tierra; él ha librado a Daniel del
poder de los leones.
28 Y este Daniel prosperó durante el reinado
de Darío y durante el reinado de Ciro el persa.

Visión de las cuatro bestias

7 1 En el primer año de Belsasar rey de Babi-
lonia tuvo Daniel un sueño, y visiones de su
cabeza mientras estaba en su lecho; luego es-
cribió el sueño, y relató lo principal del asunto.
2 Daniel dijo: Miraba yo en mi visión de noche, y
he aquí que los cuatro vientos del cielo comba-
tían en el gran mar.
3 Y cuatro bestias grandes, diferentes la una de
la otra, subían del mar.[a]
4 La primera era como león, y tenía alas de águi-
la. Yo estaba mirando hasta que sus alas fueron
arrancadas, y fue levantada del suelo y se puso
enhiesta sobre los pies a manera de hombre, y le
fue dado corazón de hombre.
5 Y he aquí otra segunda bestia, semejante a un
oso, la cual se alzaba de un costado más que del
otro, y tenía en su boca tres costillas entre los
dientes; y le fue dicho así: Levántate, devora
mucha carne.
6 Después de esto miré, y he aquí otra, semejan-
te a un leopardo, con cuatro alas de ave en sus
espaldas; tenía también esta bestia cuatro cabe-
zas; y le fue dado dominio.[b]
7 Después de esto miraba yo en las visiones de la
noche, y he aquí la cuarta bestia, espantosa y te-
rrible y en gran manera fuerte, la cual tenía
unos dientes grandes de hierro; devoraba y des-
menuzaba, y las sobras hollaba con sus pies, y
era muy diferente de todas las bestias que vi an-
tes de ella, y tenía diez cuernos.[c]
8 Mientras yo contemplaba los cuernos, he aquí

7.3: [a] Ap. 13.1; 17.8. **7.4-6:** [b] Ap. 13.2.
7.7: [c] Ap. 12.3; 13.1.

que otro cuerno pequeño salía entre ellos, y delante de él fueron arrancados tres cuernos de los primeros; y he aquí que este cuerno tenía ojos como de hombre, y una boca que hablaba grandes cosas.[d]

9 Estuve mirando hasta que fueron puestos tronos,[e] y se sentó un Anciano de días, cuyo vestido era blanco como la nieve, y el pelo de su cabeza como lana limpia;[f] su trono llama de fuego, y las ruedas del mismo, fuego ardiente.
10 Un río de fuego procedía y salía de delante de él; millares de millares le servían, y millones de millones asistían delante de él;[g] el Juez se sentó, y los libros fueron abiertos.[h]
11 Yo entonces miraba a causa del sonido de las grandes palabras que hablaba el cuerno; miraba hasta que mataron a la bestia, y su cuerpo fue destrozado y entregado para ser quemado en el fuego.
12 Habían también quitado a las otras bestias su dominio, pero les había sido prolongada la vida hasta cierto tiempo.

13 Miraba yo en la visión de la noche, y he aquí con las nubes del cielo venía uno como un hijo de hombre,[i] que vino hasta el Anciano de días, y le hicieron acercarse delante de él.
14 Y le fue dado dominio, gloria y reino, para que todos los pueblos, naciones y lenguas le sirvieran;[j] su dominio es dominio eterno, que nunca pasará, y su reino uno que no será destruido.

15 Se me turbó el espíritu a mí, Daniel, en medio de mi cuerpo, y las visiones de mi cabeza me asombraron.
16 Me acerqué a uno de los que asistían, y le pregunté la verdad acerca de todo esto. Y me habló, y me hizo conocer la interpretación de las cosas.
17 Estas cuatro grandes bestias son cuatro reyes que se levantarán en la tierra.
18 Después recibirán el reino los santos del Altísimo, y poseerán el reino hasta el siglo, eternamente y para siempre.[k]

19 Entonces tuve deseo de saber la verdad acerca de la cuarta bestia, que era tan diferente de todas las otras, espantosa en gran manera, que tenía dientes de hierro y uñas de bronce, que devoraba y desmenuzaba, y las sobras hollaba con sus pies;
20 asimismo acerca de los diez cuernos que tenía en su cabeza, y del otro que le había salido, delante del cual habían caído tres; y este mismo cuerno tenía ojos, y boca que hablaba grandes cosas, y parecía más grande que sus compañeros.
21 Y veía yo que este cuerno hacía guerra contra los santos, y los vencía,[l]
22 hasta que vino el Anciano de días, y se dio el juicio a los santos del Altísimo;[m] y llegó el tiempo, y los santos recibieron el reino.

23 Dijo así: La cuarta bestia será un cuarto reino en la tierra, el cual será diferente de todos los otros reinos, y a toda la tierra devorará, trillará y despedazará.
24 Y los diez cuernos significan que de aquel reino se levantarán diez reyes;[n] y tras ellos se levantará otro, el cual será diferente de los primeros, y a tres reyes derribará.
25 Y hablará palabras contra el Altísimo, y a los santos del Altísimo quebrantará, y pensará en cambiar los tiempos y la ley; y serán entregados en su mano hasta tiempo, y tiempos, y medio tiempo.[o]
26 Pero se sentará el Juez, y le quitarán su dominio para que sea destruido y arruinado hasta el fin,
27 y que el reino, y el dominio y la majestad de los reinos debajo de todo el cielo, sea dado al pueblo de los santos del Altísimo,[p] cuyo reino es reino eterno,[q] y todos los dominios le servirán y obedecerán.

28 Aquí fue el fin de sus palabras. En cuanto a mí, Daniel, mis pensamientos me turbaron y mi rostro se demudó; pero guardé el asunto en mi corazón.

Visión del carnero y del macho cabrío

8 1 En el año tercero del reinado del rey Belsasar me apareció una visión a mí, Daniel, después de aquella que me había aparecido antes.
2 Vi en visión; y cuando la vi, yo estaba en Susa, que es la capital del reino en la provincia de Elam; vi, pues, en visión, estando junto al río Ulai.
3 Alcé los ojos y miré, y he aquí un carnero que estaba delante del río, y tenía dos cuernos; y aunque los cuernos eran altos, uno era más alto que el otro; y el más alto creció después.
4 Vi que el carnero hería con los cuernos al poniente, al norte y al sur, y que ninguna bestia podía parar delante de él, ni había quien escapase de su poder; y hacía conforme a su voluntad, y se engrandecía.

5 Mientras yo consideraba esto, he aquí un macho cabrío venía del lado del poniente sobre la faz de toda la tierra, sin tocar tierra; y aquel macho cabrío tenía un cuerno notable entre sus ojos.
6 Y vino hasta el carnero de dos cuernos, que yo había visto en la ribera del río, y corrió contra él con la furia de su fuerza.
7 Y lo vi que llegó junto al carnero, y se levantó contra él y lo hirió, y le quebró sus dos cuernos,

7.8: [d] Ap. 13.5-6. **7.9:** [e] Ap. 20.4. [f] Ap. 1.14.
7.10: [g] Ap. 5.11. [h] Ap. 20.12. **7.13:** [i] Mt. 24.30; 26.64; Mr. 13.26; 14.62; Lc. 21.27; Ap. 1.7, 13; 14.14.
7.14: [j] Ap. 11.15. **7.18:** [k] Ap. 22.5.
7.21: [l] Ap. 13.7. **7.22:** [m] Ap. 20.4. **7.24:** [n] Ap. 17.12.
7.25: [o] Ap. 12.14; 13.5-6. **7.27:** [p] Ap. 20.4. [q] Ap. 22.5.

y el carnero no tenía fuerzas para pararse delan-
te de él; lo derribó, por tanto, en tierra, y lo piso-
teó, y no hubo quien librase al carnero de su
poder.
8 Y el macho cabrío se engrandeció sobremane-
ra; pero estando en su mayor fuerza, aquel gran
cuerno fue quebrado, y en su lugar salieron
otros cuatro cuernos notables hacia los cuatro
vientos del cielo.
9 Y de uno de ellos salió un cuerno pequeño,
que creció mucho al sur, y al oriente, y hacia la
tierra gloriosa.
10 Y se engrandeció hasta el ejército del cielo; y
parte del ejército y de las estrellas echó por tie-
rra,[a] y las pisoteó.
11 Aun se engrandeció contra el príncipe de los
ejércitos, y por él fue quitado el continuo sacrifi-
cio, y el lugar de su santuario fue echado por
tierra.
12 Y a causa de la prevaricación le fue entregado
el ejército junto con el continuo sacrificio; y
echó por tierra la verdad, e hizo cuanto quiso, y
prosperó.
13 Entonces oí a un santo que hablaba; y otro de
los santos preguntó a aquel que hablaba: ¿Hasta
cuándo durará la visión del continuo sacrificio,
y la prevaricación asoladora entregando el san-
tuario y el ejército para ser pisoteados?
14 Y él dijo: Hasta dos mil trescientas tardes y
mañanas; luego el santuario será purificado.
15 Y aconteció que mientras yo Daniel consi-
deraba la visión y procuraba comprenderla, he
aquí se puso delante de mí uno con apariencia
de hombre.
16 Y oí una voz de hombre entre las riberas del
Ulai, que gritó y dijo: Gabriel,[b] enseña a éste la
visión.
17 Vino luego cerca de donde yo estaba; y con su
venida me asombré, y me postré sobre mi ros-
tro. Pero él me dijo: Entiende, hijo de hombre,
porque la visión es para el tiempo del fin.
18 Mientras él hablaba conmigo, caí dormido
en tierra sobre mi rostro; y él me tocó, y me hizo
estar en pie.
19 Y dijo: He aquí yo te enseñaré lo que ha de
venir al fin de la ira; porque eso es para el tiem-
po del fin.
20 En cuanto al carnero que viste, que tenía dos
cuernos, éstos son los reyes de Media y de Per-
sia.
21 El macho cabrío es el rey de Grecia, y el cuer-
no grande que tenía entre sus ojos es el rey pri-
mero.
22 Y en cuanto al cuerno que fue quebrado, y su-
cedieron cuatro en su lugar, significa que cuatro
reinos se levantarán de esa nación, aunque no
con la fuerza de él.
23 Y al fin del reinado de éstos, cuando los
transgresores lleguen al colmo, se levantará un
rey altivo de rostro y entendido en enigmas.
24 Y su poder se fortalecerá, mas no con fuerza
propia; y causará grandes ruinas, y prosperará,
y hará arbitrariamente, y destruirá a los fuertes
y al pueblo de los santos.
25 Con su sagacidad hará prosperar el engaño
en su mano; y en su corazón se engrandecerá, y
sin aviso destruirá a muchos; y se levantará con-
tra el Príncipe de los príncipes, pero será que-
brantado, aunque no por mano humana.
26 La visión de las tardes y mañanas que se ha
referido es verdadera; y tú guarda la visión, por-
que es para muchos días.
27 Y yo Daniel quedé quebrantado, y estuve
enfermo algunos días, y cuando convalecí, aten-
dí los negocios del rey; pero estaba espantado a
causa de la visión, y no la entendía.

Oración de Daniel por su pueblo

9 1 En el año primero de Darío hijo de Asuero,
de la nación de los medos, que vino a ser rey
sobre el reino de los caldeos,
2 en el año primero de su reinado, yo Daniel
miré atentamente en los libros el número de los
años de que habló Jehová al profeta Jeremías,
que habían de cumplirse las desolaciones de Je-
rusalén en setenta años.[a]
3 Y volví mi rostro a Dios el Señor, buscándole
en oración y ruego, en ayuno, cilicio y ceniza.
4 Y oré a Jehová mi Dios e hice confesión dicien-
do: Ahora, Señor, Dios grande, digno de ser te-
mido, que guardas el pacto y la misericordia con
los que te aman y guardan tus mandamientos;
5 hemos pecado, hemos cometido iniquidad,
hemos hecho impíamente, y hemos sido rebel-
des, y nos hemos apartado de tus mandamien-
tos y de tus ordenanzas.
6 No hemos obedecido a tus siervos los profetas,
que en tu nombre hablaron a nuestros reyes, a
nuestros príncipes, a nuestros padres y a todo el
pueblo de la tierra.
7 Tuya es, Señor, la justicia, y nuestra la confu-
sión de rostro, como en el día de hoy lleva todo
hombre de Judá, los moradores de Jerusalén, y
todo Israel, los de cerca y los de lejos, en todas
las tierras adonde los has echado a causa de su
rebelión con que se rebelaron contra ti.
8 Oh Jehová, nuestra es la confusión de rostro,
de nuestros reyes, de nuestros príncipes y de
nuestros padres; porque contra ti pecamos.
9 De Jehová nuestro Dios es el tener misericor-
dia y el perdonar, aunque contra él nos hemos
rebelado,
10 y no obedecimos a la voz de Jehová nuestro
Dios, para andar en sus leyes que él puso delan-

8.10: [a] Ap. 12.4. **8.16:** [b] Lc. 1.19, 26. **9.2:** [a] Jer. 25.11; 29.10.

te de nosotros por medio de sus siervos los pro-
fetas.
11 Todo Israel traspasó tu ley apartándose para
no obedecer tu voz; por lo cual ha caído sobre
nosotros la maldición y el juramento que está
escrito en la ley de Moisés, siervo de Dios; por-
que contra él pecamos.
12 Y él ha cumplido la palabra que habló contra
nosotros y contra nuestros jefes que nos gober-
naron, trayendo sobre nosotros tan grande mal;
pues nunca fue hecho debajo del cielo nada se-
mejante a lo que se ha hecho contra Jerusalén.
13 Conforme está escrito en la ley de Moisés,
todo este mal vino sobre nosotros; y no hemos
implorado el favor de Jehová nuestro Dios, para
convertirnos de nuestras maldades y entender
tu verdad.
14 Por tanto, Jehová veló sobre el mal y lo trajo
sobre nosotros; porque justo es Jehová nuestro
Dios en todas sus obras que ha hecho, porque
no obedecimos a su voz.
15 Ahora pues, Señor Dios nuestro, que sacaste
tu pueblo de la tierra de Egipto con mano pode-
rosa, y te hiciste renombre cual lo tienes hoy;
hemos pecado, hemos hecho impíamente.
16 Oh Señor, conforme a todos tus actos de justi-
cia, apártese ahora tu ira y tu furor de sobre tu
ciudad Jerusalén, tu santo monte; porque a cau-
sa de nuestros pecados, y por la maldad de
nuestros padres, Jerusalén y tu pueblo son el
oprobio de todos en derredor nuestro.
17 Ahora pues, Dios nuestro, oye la oración de
tu siervo, y sus ruegos; y haz que tu rostro res-
plandezca sobre tu santuario asolado, por amor
del Señor.
18 Inclina, oh Dios mío, tu oído, y oye; abre tus
ojos, y mira nuestras desolaciones, y la ciudad
sobre la cual es invocado tu nombre; porque no
elevamos nuestros ruegos ante ti confiados en
nuestras justicias, sino en tus muchas misericor-
dias.
19 Oye, Señor; oh Señor, perdona; presta oído,
Señor, y hazlo; no tardes, por amor de ti mismo,
Dios mío; porque tu nombre es invocado sobre
tu ciudad y sobre tu pueblo.

Profecía de las setenta semanas

20 Aún estaba hablando y orando, y confesan-
do mi pecado y el pecado de mi pueblo Israel, y
derramaba mi ruego delante de Jehová mi Dios
por el monte santo de mi Dios;
21 aún estaba hablando en oración, cuando el
varón Gabriel,[b] a quien había visto en la visión
al principio, volando con presteza, vino a mí
como a la hora del sacrificio de la tarde.
22 Y me hizo entender, y habló conmigo, dicien-
do: Daniel, ahora he salido para darte sabiduría
y entendimiento.
23 Al principio de tus ruegos fue dada la orden,
y yo he venido para enseñártela, porque tú eres
muy amado. Entiende, pues, la orden, y entien-
de la visión.
24 Setenta semanas están determinadas sobre
tu pueblo y sobre tu santa ciudad, para terminar
la prevaricación, y poner fin al pecado, y expiar
la iniquidad, para traer la justicia perdurable, y
sellar la visión y la profecía, y ungir al Santo de
los santos.
25 Sabe, pues, y entiende, que desde la salida de
la orden para restaurar y edificar a Jerusalén
hasta el Mesías Príncipe, habrá siete semanas, y
sesenta y dos semanas; se volverá a edificar la
plaza y el muro en tiempos angustiosos.
26 Y después de las sesenta y dos semanas se
quitará la vida al Mesías, mas no por sí; y el pue-
blo de un príncipe que ha de venir destruirá la
ciudad y el santuario; y su fin será con inunda-
ción, y hasta el fin de la guerra durarán las
devastaciones.
27 Y por otra semana confirmará el pacto con
muchos; a la mitad de la semana hará cesar el sa-
crificio y la ofrenda. Después con la muchedum-
bre de las abominaciones vendrá el desolador,[c]
hasta que venga la consumación, y lo que está
determinado se derrame sobre el desolador.

Visión de Daniel junto al río

10 1 En el año tercero de Ciro rey de Persia
fue revelada palabra a Daniel, llamado
Beltsasar; y la palabra era verdadera, y el con-
flicto grande; pero él comprendió la palabra, y
tuvo inteligencia en la visión.
2 En aquellos días yo Daniel estuve afligido
por espacio de tres semanas.
3 No comí manjar delicado, ni entró en mi boca
carne ni vino, ni me ungí con ungüento, hasta
que se cumplieron las tres semanas.
4 Y el día veinticuatro del mes primero estaba yo
a la orilla del gran río Hidekel.
5 Y alcé mis ojos y miré, y he aquí un varón ves-
tido de lino,[a] y ceñidos sus lomos de oro de
Ufaz.
6 Su cuerpo era como de berilo, y su rostro pare-
cía un relámpago, y sus ojos como antorchas de
fuego, y sus brazos y sus pies como de color de
bronce bruñido, y el sonido de sus palabras
como el estruendo de una multitud.
7 Y sólo yo, Daniel, vi aquella visión, y no la vie-
ron los hombres que estaban conmigo, sino que
se apoderó de ellos un gran temor, y huyeron y
se escondieron.
8 Quedé, pues, yo solo, y vi esta gran visión, y
no quedó fuerza en mí, antes mi fuerza se cam-
bió en desfallecimiento, y no tuve vigor alguno.

9.21: [b] Lc. 1.19, 26. **9.27:** [c] Dn. 11.31; 12.11; Mt. 24.15; Mr. 13.14. **10.5:** [a] Ap. 1.13-15; 19.12.

9 Pero oí el sonido de sus palabras; y al oír el sonido de sus palabras, caí sobre mi rostro en un profundo sueño, con mi rostro en tierra.

10 Y he aquí una mano me tocó, e hizo que me pusiese sobre mis rodillas y sobre las palmas de mis manos.

11 Y me dijo: Daniel, varón muy amado, está atento a las palabras que te hablaré, y ponte en pie; porque a ti he sido enviado ahora. Mientras hablaba esto conmigo, me puse en pie temblando.

12 Entonces me dijo: Daniel, no temas; porque desde el primer día que dispusiste tu corazón a entender y a humillarte en la presencia de tu Dios, fueron oídas tus palabras; y a causa de tus palabras yo he venido.

13 Mas el príncipe del reino de Persia se me opuso durante veintiún días; pero he aquí Miguel,[b] uno de los principales príncipes, vino para ayudarme, y quedé allí con los reyes de Persia.

14 He venido para hacerte saber lo que ha de venir a tu pueblo en los postreros días; porque la visión es para esos días.

15 Mientras me decía estas palabras, estaba yo con los ojos puestos en tierra, y enmudecido.

16 Pero he aquí, uno con semejanza de hijo de hombre tocó mis labios. Entonces abrí mi boca y hablé, y dije al que estaba delante de mí: Señor mío, con la visión me han sobrevenido dolores, y no me queda fuerza.

17 ¿Cómo, pues, podrá el siervo de mi señor hablar con mi señor? Porque al instante me faltó la fuerza, y no me quedó aliento.

18 Y aquel que tenía semejanza de hombre me tocó otra vez, y me fortaleció,

19 y me dijo: Muy amado, no temas; la paz sea contigo; esfuérzate y aliéntate. Y mientras él me hablaba, recobré las fuerzas, y dije: Hable mi señor, porque me has fortalecido.

20 El me dijo: ¿Sabes por qué he venido a ti? Pues ahora tengo que volver para pelear contra el príncipe de Persia; y al terminar con él, el príncipe de Grecia vendrá.

21 Pero yo te declararé lo que está escrito en el libro de la verdad; y ninguno me ayuda contra ellos, sino Miguel[c] vuestro príncipe.

11 1 Y yo mismo, en el año primero de Darío el medo, estuve para animarlo y fortalecerlo.

Los reyes del norte y del sur

2 Y ahora yo te mostraré la verdad. He aquí que aún habrá tres reyes en Persia, y el cuarto se hará de grandes riquezas más que todos ellos; y al hacerse fuerte con sus riquezas, levantará a todos contra el reino de Grecia.

3 Se levantará luego un rey valiente, el cual dominará con gran poder y hará su voluntad.

4 Pero cuando se haya levantado, su reino será quebrantado y repartido hacia los cuatro vientos del cielo; no a sus descendientes, ni según el dominio con que él dominó; porque su reino será arrancado, y será para otros fuera de ellos.

5 Y se hará fuerte el rey del sur; mas uno de sus príncipes será más fuerte que él, y se hará poderoso; su dominio será grande.

6 Al cabo de años harán alianza, y la hija del rey del sur vendrá al rey del norte para hacer la paz. Pero ella no podrá retener la fuerza de su brazo, ni permanecerá él, ni su brazo; porque será entregada ella y los que la habían traído, asimismo su hijo, y los que estaban de parte de ella en aquel tiempo.

7 Pero un renuevo de sus raíces se levantará sobre su trono, y vendrá con ejército contra el rey del norte, y entrará en la fortaleza, y hará en ellos a su arbitrio, y predominará.

8 Y aun a los dioses de ellos, sus imágenes fundidas y sus objetos preciosos de plata y de oro, llevará cautivos a Egipto; y por años se mantendrá él contra el rey del norte.

9 Así entrará en el reino el rey del sur, y volverá a su tierra.

10 Mas los hijos de aquél se airarán, y reunirán multitud de grandes ejércitos; y vendrá apresuradamente e inundará, y pasará adelante; luego volverá y llevará la guerra hasta su fortaleza.

11 Por lo cual se enfurecerá el rey del sur, y saldrá y peleará contra el rey del norte; y pondrá en campaña multitud grande, y toda aquella multitud será entregada en su mano.

12 Y al llevarse él la multitud, se elevará su corazón, y derribará a muchos millares; mas no prevalecerá.

13 Y el rey del norte volverá a poner en campaña una multitud mayor que la primera, y al cabo de algunos años vendrá apresuradamente con gran ejército y con muchas riquezas.

14 En aquellos tiempos se levantarán muchos contra el rey del sur; y hombres turbulentos de tu pueblo se levantarán para cumplir la visión, pero ellos caerán.

15 Vendrá, pues, el rey del norte, y levantará baluartes, y tomará la ciudad fuerte; y las fuerzas del sur no podrán sostenerse, ni sus tropas escogidas, porque no habrá fuerzas para resistir.

16 Y el que vendrá contra él hará su voluntad, y no habrá quien se le pueda enfrentar; y estará en la tierra gloriosa, la cual será consumida en su poder.

17 Afirmará luego su rostro para venir con el poder de todo su reino; y hará con aquél convenios, y le dará una hija de mujeres para destruirle; pero no permanecerá, ni tendrá éxito.

18 Volverá después su rostro a las costas, y to-

10.13: [b] Ap. 12.7. **10.21:** [c] Ap. 12.7.

mará muchas; mas un príncipe hará cesar su
afrenta, y aun hará volver sobre él su oprobio.
19 Luego volverá su rostro a las fortalezas de su
tierra; mas tropezará y caerá, y no será hallado.
20 Y se levantará en su lugar uno que hará
pasar un cobrador de tributos por la gloria del
reino; pero en pocos días será quebrantado,
aunque no en ira, ni en batalla.
21 Y le sucederá en su lugar un hombre despre-
ciable, al cual no darán la honra del reino; pero
vendrá sin aviso y tomará el reino con halagos.
22 Las fuerzas enemigas serán barridas delante
de él como con inundación de aguas; serán del
todo destruidos, junto con el príncipe del pacto.
23 Y después del pacto con él, engañará y subi-
rá, y saldrá vencedor con poca gente.
24 Estando la provincia en paz y en abundancia,
entrará y hará lo que no hicieron sus padres, ni
los padres de sus padres; botín, despojos y ri-
quezas repartirá a sus soldados, y contra las for-
talezas formará sus designios; y esto por un
tiempo.
25 Y despertará sus fuerzas y su ardor contra el
rey del sur con gran ejército; y el rey del sur se
empeñará en la guerra con grande y muy fuerte
ejército; mas no prevalecerá, porque le harán
traición.
26 Aun los que coman de sus manjares le que-
brantarán; y su ejército será destruido, y caerán
muchos muertos.
27 El corazón de estos dos reyes será para hacer
mal, y en una misma mesa hablarán mentira;
mas no servirá de nada, porque el plazo aún no
habrá llegado.
28 Y volverá a su tierra con gran riqueza, y su
corazón será contra el pacto santo; hará su vo-
luntad, y volverá a su tierra.
29 Al tiempo señalado volverá al sur; mas no
será la postrera venida como la primera.
30 Porque vendrán contra él naves de Quitim, y
él se contristará, y volverá, y se enojará contra el
pacto santo, y hará según su voluntad; volverá,
pues, y se entenderá con los que abandonen el
santo pacto.
31 Y se levantarán de su parte tropas que profa-
narán el santuario y la fortaleza, y quitarán el
continuo sacrificio, y pondrán la abominación
desoladora.[a]
32 Con lisonjas seducirá a los violadores del pac-
to; mas el pueblo que conoce a su Dios se esfor-
zará y actuará.
33 Y los sabios del pueblo instruirán a muchos; y
por algunos días caerán a espada y a fuego, en
cautividad y despojo.
34 Y en su caída serán ayudados de pequeño so-
corro; y muchos se juntarán a ellos con lisonjas.
35 También algunos de los sabios caerán para
ser depurados y limpiados y emblanquecidos,
hasta el tiempo determinado; porque aun para
esto hay plazo.
36 Y el rey hará su voluntad, y se ensoberbe-
cerá, y se engrandecerá sobre todo dios;[b] y con-
tra el Dios de los dioses hablará maravillas,[c] y
prosperará, hasta que sea consumada la ira;
porque lo determinado se cumplirá.
37 Del Dios de sus padres no hará caso, ni del
amor de las mujeres; ni respetará a dios alguno,
porque sobre todo se engrandecerá.
38 Mas honrará en su lugar al dios de las fortale-
zas, dios que sus padres no conocieron; lo hon-
rará con oro y plata, con piedras preciosas y con
cosas de gran precio.
39 Con un dios ajeno se hará de las fortalezas
más inexpugnables, y colmará de honores a los
que le reconozcan, y por precio repartirá la
tierra.
40 Pero al cabo del tiempo el rey del sur con-
tenderá con él; y el rey del norte se levantará
contra él como una tempestad, con carros y gen-
te de a caballo, y muchas naves; y entrará por
las tierras, e inundará, y pasará.
41 Entrará a la tierra gloriosa, y muchas provin-
cias caerán; mas éstas escaparán de su mano:
Edom y Moab, y la mayoría de los hijos de
Amón.
42 Extenderá su mano contra las tierras, y no es-
capará el país de Egipto.
43 Y se apoderará de los tesoros de oro y plata, y
de todas las cosas preciosas de Egipto; y los de
Libia y de Etiopía le seguirán.
44 Pero noticias del oriente y del norte lo atemo-
rizarán, y saldrá con gran ira para destruir y ma-
tar a muchos.
45 Y plantará las tiendas de su palacio entre los
mares y el monte glorioso y santo; mas llegará a
su fin, y no tendrá quien le ayude.

El tiempo del fin

12 1 En aquel tiempo se levantará Miguel,[a]
el gran príncipe que está de parte de los
hijos de tu pueblo; y será tiempo de angustia,
cual nunca fue desde que hubo gente hasta en-
tonces;[b] pero en aquel tiempo será libertado tu
pueblo, todos los que se hallen escritos en el
libro.
2 Y muchos de los que duermen en el polvo de la
tierra serán despertados, unos para vida eterna,
y otros para vergüenza y confusión perpetua.[c]
3 Los entendidos resplandecerán como el res-
plandor del firmamento; y los que enseñan la
justicia a la multitud, como las estrellas a perpe-
tua eternidad.

11.31: [a] Dn. 9.27; 12.11; Mt. 24.15; Mr. 13.14.
11.36: [b] 2 Ts. 2.3-4. [c] Ap. 13.5-6. **12.1:** [a] Ap. 12.7.
[b] Mt. 24.21; Mr. 13.19; Ap. 7.14; 12.7.
12.2: [c] Mt. 25.46; Jn. 5.29.

4 Pero tú, Daniel, cierra las palabras y sella el li-
bro[d] hasta el tiempo del fin. Muchos correrán de
aquí para allá, y la ciencia se aumentará.
5 Y yo Daniel miré, y he aquí otros dos que es-
taban en pie, el uno a este lado del río, y el otro
al otro lado del río.
6 Y dijo uno al varón vestido de lino, que estaba
sobre las aguas del río: ¿Cuándo será el fin de
estas maravillas?
7 Y oí al varón vestido de lino, que estaba sobre
las aguas del río, el cual alzó su diestra y su si-
niestra al cielo, y juró por el que vive por los si-
glos,[e] que será por tiempo, tiempos, y la mitad
de un tiempo.[f] Y cuando se acabe la dispersión
del poder del pueblo santo, todas estas cosas
serán cumplidas.
8 Y yo oí, mas no entendí. Y dije: Señor mío,
¿cuál será el fin de estas cosas?
9 El respondió: Anda, Daniel, pues estas pala-
bras están cerradas y selladas hasta el tiempo
del fin.
10 Muchos serán limpios, y emblanquecidos y
purificados; los impíos procederán impíamen-
te,[g] y ninguno de los impíos entenderá, pero los
entendidos comprenderán.
11 Y desde el tiempo que sea quitado el conti-
nuo sacrificio hasta la abominación desolado-
ra,[h] habrá mil doscientos noventa días.
12 Bienaventurado el que espere, y llegue a mil
trescientos treinta y cinco días.
13 Y tú irás hasta el fin, y reposarás, y te levanta-
rás para recibir tu heredad al fin de los días.

OSEAS

La esposa infiel de Oseas, y sus hijos

1 1 Palabra de Jehová que vino a Oseas hijo
de Beeri, en días de Uzías,[a] Jotam,[b] Acaz[c] y
Ezequías,[d] reyes de Judá, y en días de Jero-
boam[e] hijo de Joás, rey de Israel.
2 El principio de la palabra de Jehová por
medio de Oseas. Dijo Jehová a Oseas: Ve, tó-
mate una mujer fornicaria, e hijos de fornica-
ción; porque la tierra fornica apartándose de
Jehová.
3 Fue, pues, y tomó a Gomer hija de Diblaim, la
cual concibió y le dio a luz un hijo.
4 Y le dijo Jehová: Ponle por nombre Jezreel;
porque de aquí a poco yo castigaré a la casa de
Jehú por causa de la sangre de Jezreel,[f] y haré
cesar el reino de la casa de Israel.
5 Y en aquel día quebraré yo el arco de Israel en
el valle de Jezreel.
6 Concibió ella otra vez, y dio a luz una hija. Y
le dijo Dios: Ponle por nombre Lo-ruhama,[1] por-
que no me compadeceré más de la casa de Is-
rael, sino que los quitaré del todo.
7 Mas de la casa de Judá tendré misericordia, y
los salvaré por Jehová su Dios; y no los salvaré
con arco, ni con espada, ni con batalla, ni con
caballos ni jinetes.
8 Después de haber destetado a Lo-ruhama,
concibió y dio a luz un hijo.
9 Y dijo Dios: Ponle por nombre Lo-ammi,[2] por-
que vosotros no sois mi pueblo, ni yo seré vues-
tro Dios.
10 Con todo, será el número de los hijos de Is-
rael como la arena del mar, que no se puede me-
dir ni contar. Y en el lugar en donde les fue
dicho: Vosotros no sois pueblo mío, les será di-
cho: Sois hijos del Dios viviente.[g]
11 Y se congregarán los hijos de Judá y de Israel,
y nombrarán un solo jefe, y subirán de la tierra;
porque el día de Jezreel será grande.

El amor de Jehová hacia su pueblo infiel

2 1 Decid a vuestros hermanos: Ammi;[3] y a
vuestras hermanas: Ruhama.[4]
2 Contended con vuestra madre, contended;
porque ella no es mi mujer, ni yo su marido;
aparte, pues, sus fornicaciones de su rostro, y
sus adulterios de entre sus pechos;
3 no sea que yo la despoje y desnude, la ponga
como el día en que nació, la haga como un de-
sierto, la deje como tierra seca, y la mate de sed.
4 Ni tendré misericordia de sus hijos, porque
son hijos de prostitución.
5 Porque su madre se prostituyó; la que los dio a
luz se deshonró, porque dijo: Iré tras mis aman-
tes, que me dan mi pan y mi agua, mi lana y mi
lino, mi aceite y mi bebida.
6 Por tanto, he aquí yo rodearé de espinos su ca-
mino, y la cercaré con seto, y no hallará sus
caminos.
7 Seguirá a sus amantes, y no los alcanzará; los
buscará, y no los hallará. Entonces dirá: Iré y me
volveré a mi primer marido; porque mejor me
iba entonces que ahora.
8 Y ella no reconoció que yo le daba el trigo, el
vino y el aceite, y que le multipliqué la plata y el
oro que ofrecían a Baal.
9 Por tanto, yo volveré y tomaré mi trigo a su

12.4: [d] Ap. 22.10. **12.7:** [e] Ap. 10.5. [f] Ap. 12.14.
12.10: [g] Ap. 22.11. **12.11:** [h] Dn. 9.27; 11.31; Mt. 24.15;
Mr. 13.14. **1.1:** [a] 2 R. 15.1-7; 2 Cr. 26.1-23. [b] 2 R. 15.32-38;
2 Cr. 27.1-8. [c] 2 R. 16.1-20; 2 Cr. 28.1-27. [d] 2 R. 18.1–20.21;
2 Cr. 29.1–32.33. [e] 2 R. 14.23-29. **1.4:** [f] 2 R. 10.11.
1.6: [1] Esto es, *No compadecida.* **1.9:** [2] Esto es, *No pueblo
mío.* **1.10:** [g] Ro. 9.26. **2.1:** [3] Esto es, *Pueblo mío.*
[4] Esto es, *Compadecida.*

tiempo, y mi vino a su sazón, y quitaré mi lana y
mi lino que había dado para cubrir su desnudez.
10 Y ahora descubriré yo su locura delante de
los ojos de sus amantes, y nadie la librará de mi
mano.
11 Haré cesar todo su gozo, sus fiestas, sus nue-
vas lunas y sus días de reposo,* y todas sus festi-
vidades.
12 Y haré talar sus vides y sus higueras, de las
cuales dijo: Mi salario son, salario que me han
dado mis amantes. Y las reduciré a un matorral,
y las comerán las bestias del campo.
13 Y la castigaré por los días en que incensaba a
los baales, y se adornaba de sus zarcillos y de
sus joyeles, y se iba tras sus amantes y se olvida-
ba de mí, dice Jehová.
14 Pero he aquí que yo la atraeré y la llevaré al
desierto, y hablaré a su corazón.
15 Y le daré sus viñas desde allí, y el valle de
Acor[a] por puerta de esperanza; y allí cantará
como en los tiempos de su juventud, y como en
el día de su subida de la tierra de Egipto.
16 En aquel tiempo, dice Jehová, me llamarás
Ishi,[5] y nunca más me llamarás Baali.[6]
17 Porque quitaré de su boca los nombres de los
baales, y nunca más se mencionarán sus nombres.
18 En aquel tiempo haré para ti pacto con las
bestias del campo, con las aves del cielo y con
las serpientes de la tierra; y quitaré de la tierra
arco y espada y guerra, y te haré dormir segura.
19 Y te desposaré conmigo para siempre; te des-
posaré conmigo en justicia, juicio, benignidad y
misericordia.
20 Y te desposaré conmigo en fidelidad, y cono-
cerás a Jehová.
21 En aquel tiempo responderé, dice Jehová,
yo responderé a los cielos, y ellos responderán a
la tierra.
22 Y la tierra responderá al trigo, al vino y al
aceite, y ellos responderán a Jezreel.[7]
23 Y la sembraré para mí en la tierra, y tendré
misericordia de Lo-ruhama; y diré a Lo-ammi:
Tú eres pueblo mío,[b] y él dirá: Dios mío.

Oseas y la adúltera

3 1 Me dijo otra vez Jehová: Ve, ama a una
mujer amada de su compañero, aunque
adúltera, como el amor de Jehová para con los
hijos de Israel, los cuales miran a dioses ajenos,
y aman tortas de pasas.
2 La compré entonces para mí por quince siclos
de plata y un homer y medio de cebada.
3 Y le dije: Tú serás mía durante muchos días;
no fornicarás, ni tomarás otro varón; lo mismo
haré yo contigo.
4 Porque muchos días estarán los hijos de Israel
sin rey, sin príncipe, sin sacrificio, sin estatua,
sin efod y sin terafines.
5 Después volverán los hijos de Israel, y busca-
rán a Jehová su Dios, y a David su rey; y teme-
rán a Jehová y a su bondad en el fin de los días.

Controversia de Jehová con Israel

4 1 Oíd palabra de Jehová, hijos de Israel,
porque Jehová contiende con los morado-
res de la tierra; porque no hay verdad, ni mise-
ricordia, ni conocimiento de Dios en la tierra.
2 Perjurar, mentir, matar, hurtar y adulterar pre-
valecen, y homicidio tras homicidio se suceden.
3 Por lo cual se enlutará la tierra, y se extenuará
todo morador de ella, con las bestias del campo
y las aves del cielo; y aun los peces del mar mo-
rirán.
4 Ciertamente hombre no contienda ni re-
prenda a hombre, porque tu pueblo es como los
que resisten al sacerdote.
5 Caerás por tanto en el día, y caerá también
contigo el profeta de noche; y a tu madre des-
truiré.
6 Mi pueblo fue destruido, porque le faltó conoci-
miento. Por cuanto desechaste el conocimiento,
yo te echaré del sacerdocio; y porque olvidaste la
ley de tu Dios, también yo me olvidaré de tus hijos.
7 Conforme a su grandeza, así pecaron contra
mí; también yo cambiaré su honra en afrenta.
8 Del pecado de mi pueblo comen, y en su mal-
dad levantan su alma.
9 Y será el pueblo como el sacerdote; le castiga-
ré por su conducta, y le pagaré conforme a sus
obras.
10 Comerán, pero no se saciarán; fornicarán,
mas no se multiplicarán, porque dejaron de ser-
vir a Jehová.
11 Fornicación, vino y mosto quitan el juicio.
12 Mi pueblo a su ídolo de madera pregunta, y el
leño le responde; porque espíritu de fornicacio-
nes lo hizo errar, y dejaron a su Dios para fornicar.
13 Sobre las cimas de los montes sacrificaron, e
incensaron sobre los collados, debajo de las en-
cinas, álamos y olmos que tuviesen buena som-
bra; por tanto, vuestras hijas fornicarán, y
adulterarán vuestras nueras.
14 No castigaré a vuestras hijas cuando forni-
quen, ni a vuestras nueras cuando adulteren;
porque ellos mismos se van con rameras, y con
malas mujeres sacrifican; por tanto, el pueblo
sin entendimiento caerá.
15 Si fornicas tú, Israel, a lo menos no peque
Judá; y no entréis en Gilgal, ni subáis a Bet-
avén, ni juréis: Vive Jehová.
16 Porque como novilla indómita se apartó Is-
rael; ¿los apacentará ahora Jehová como a cor-
deros en lugar espacioso?

* Aquí equivale a *sábado.*

2.15: [a] Jos. 7.24-26. **2.16:** [5] Esto es, *Mi marido.* [6] Esto es, *Mi señor.* **2.22:** [7] Esto es, *Dios siembra.* **2.23:** [b] Ro. 9.25; 1 P. 2.10.

17 Efraín es dado a ídolos; déjalo.
18 Su bebida se corrompió; fornicaron sin cesar;
sus príncipes amaron lo que avergüenza.
19 El viento los ató en sus alas, y de sus sacrifi-
cios serán avergonzados.

Castigo de la apostasía de Israel

5 1 Sacerdotes, oíd esto, y estad atentos, casa
de Israel, y casa del rey, escuchad; porque
para vosotros es el juicio, pues habéis sido lazo
en Mizpa, y red tendida sobre Tabor.
2 Y haciendo víctimas han bajado hasta lo pro-
fundo; por tanto, yo castigaré a todos ellos.
3 Yo conozco a Efraín, e Israel no me es desco-
nocido; porque ahora, oh Efraín, te has prosti-
tuido, y se ha contaminado Israel.
4 No piensan en convertirse a su Dios, porque
espíritu de fornicación está en medio de ellos, y
no conocen a Jehová.
5 La soberbia de Israel le desmentirá en su
cara; Israel y Efraín tropezarán en su pecado, y
Judá tropezará también con ellos.
6 Con sus ovejas y con sus vacas andarán buscan-
do a Jehová, y no le hallarán; se apartó de ellos.
7 Contra Jehová prevaricaron, porque han en-
gendrado hijos extraños; ahora en un solo mes
serán consumidos ellos y sus heredades.
8 Tocad bocina en Gabaa, trompeta en Ramá:
sonad alarma en Bet-avén; tiembla, oh Benja-
mín.
9 Efraín será asolado en el día del castigo; en las
tribus de Israel hice conocer la verdad.
10 Los príncipes de Judá fueron como los que
traspasan los linderos; derramaré sobre ellos
como agua mi ira.
11 Efraín es vejado, quebrantado en juicio, por-
que quiso andar en pos de vanidades.
12 Yo, pues, seré como polilla a Efraín, y como
carcoma a la casa de Judá.
13 Y verá Efraín su enfermedad, y Judá su llaga;
irá entonces Efraín a Asiria, y enviará al rey Jareb;
mas él no os podrá sanar, ni os curará la llaga.
14 Porque yo seré como león a Efraín, y como ca-
chorro de león a la casa de Judá; yo, yo arrebata-
ré, y me iré; tomaré, y no habrá quien liberte.

Insinceridad del arrepentimiento de Israel

15 Andaré y volveré a mi lugar, hasta que re-
conozcan su pecado y busquen mi rostro. En su
angustia me buscarán.
6 1 Venid y volvamos a Jehová; porque él
arrebató, y nos curará; hirió, y nos vendará.
2 Nos dará vida después de dos días; en el tercer
día nos resucitará,[a] y viviremos delante de él.
3 Y conoceremos, y proseguiremos en conocer a
Jehová; como el alba está dispuesta su salida, y
vendrá a nosotros como la lluvia, como la lluvia
tardía y temprana a la tierra.
4 ¿Qué haré a ti, Efraín? ¿Qué haré a ti, oh
Judá? La piedad vuestra es como nube de la ma-
ñana, y como el rocío de la madrugada, que se
desvanece.
5 Por esta causa los corté por medio de los profe-
tas, con las palabras de mi boca los maté; y tus
juicios serán como luz que sale.
6 Porque misericordia quiero, y no sacrificio,[b] y
conocimiento de Dios más que holocaustos.
7 Mas ellos, cual Adán, traspasaron el pacto;
allí prevaricaron contra mí.
8 Galaad, ciudad de hacedores de iniquidad,
manchada de sangre.
9 Y como ladrones que esperan a algún hom-
bre, así una compañía de sacerdotes mata en el
camino hacia Siquem; así cometieron abomi-
nación.
10 En la casa de Israel he visto inmundicia; allí
fornicó Efraín, y se contaminó Israel.
11 Para ti también, oh Judá, está preparada
una siega, cuando yo haga volver el cautiverio
de mi pueblo.

Iniquidad y rebelión de Israel

7 1 Mientras curaba yo a Israel, se descubrió
la iniquidad de Efraín, y las maldades de
Samaria; porque hicieron engaño; y entra el la-
drón, y el salteador despoja por fuera.
2 Y no consideran en su corazón que tengo en
memoria toda su maldad; ahora les rodearán
sus obras; delante de mí están.
3 Con su maldad alegran al rey, y a los príncipes
con sus mentiras.
4 Todos ellos son adúlteros; son como horno en-
cendido por el hornero, que cesa de avivar el
fuego después que está hecha la masa, hasta
que se haya leudado.
5 En el día de nuestro rey los príncipes lo hicie-
ron enfermar con copas de vino; extendió su
mano con los escarnecedores.
6 Aplicaron su corazón, semejante a un horno, a
sus artificios; toda la noche duerme su hornero;
a la mañana está encendido como llama de
fuego.
7 Todos ellos arden como un horno, y devoraron
a sus jueces; cayeron todos sus reyes; no hay en-
tre ellos quien a mí clame.
8 Efraín se ha mezclado con los demás pue-
blos; Efraín fue torta no volteada.
9 Devoraron extraños su fuerza, y él no lo supo;
y aun canas le han cubierto, y él no lo supo.
10 Y la soberbia de Israel testificará contra él en
su cara; y no se volvieron a Jehová su Dios, ni lo
buscaron con todo esto.
11 Efraín fue como paloma incauta, sin en-
tendimiento; llamarán a Egipto, acudirán a
Asiria.

6.2: [a] Lc. 24.46; 1 Co. 15.4. **6.6:** [b] Mt. 9.13; 12.7.

12 Cuando fueren, tenderé sobre ellos mi red;
les haré caer como aves del cielo; les castigaré
conforme a lo que se ha anunciado en sus con-
gregaciones.
13 ¡Ay de ellos! porque se apartaron de mí; des-
trucción vendrá sobre ellos, porque contra mí se
rebelaron; yo los redimí, y ellos hablaron menti-
ras contra mí.
14 Y no clamaron a mí con su corazón cuando
gritaban sobre sus camas; para el trigo y el mos-
to se congregaron, se rebelaron contra mí.
15 Y aunque yo los enseñé y fortalecí sus brazos,
contra mí pensaron mal.
16 Volvieron, pero no al Altísimo; fueron como
arco engañoso; cayeron sus príncipes a espada
por la soberbia de su lengua; esto será su escar-
nio en la tierra de Egipto.

Reprensión de la idolatría de Israel

8 1 Pon a tu boca trompeta. Como águila vie-
ne contra la casa de Jehová, porque traspa-
saron mi pacto, y se rebelaron contra mi ley.
2 A mí clamará Israel: Dios mío, te hemos cono-
cido.
3 Israel desechó el bien; enemigo lo perseguirá.
4 Ellos establecieron reyes, pero no escogidos
por mí; constituyeron príncipes, mas yo no lo
supe; de su plata y de su oro hicieron ídolos
para sí, para ser ellos mismos destruidos.
5 Tu becerro, oh Samaria, te hizo alejarte; se en-
cendió mi enojo contra ellos, hasta que no pu-
dieron alcanzar purificación.
6 Porque de Israel es también éste, y artífice lo
hizo; no es Dios; por lo que será deshecho en pe-
dazos el becerro de Samaria.
7 Porque sembraron viento, y torbellino sega-
rán; no tendrán mies, ni su espiga hará harina; y
si la hiciere, extraños la comerán.
8 Devorado será Israel; pronto será entre las na-
ciones como vasija que no se estima.
9 Porque ellos subieron a Asiria, como asno
montés para sí solo; Efraín con salario alquiló
amantes.
10 Aunque alquilen entre las naciones, ahora las
juntaré, y serán afligidos un poco de tiempo por
la carga del rey y de los príncipes.
11 Porque multiplicó Efraín altares para pe-
car, tuvo altares para pecar.
12 Le escribí las grandezas de mi ley, y fueron te-
nidas por cosa extraña.
13 En los sacrificios de mis ofrendas sacrificaron
carne, y comieron; no los quiso Jehová; ahora se
acordará de su iniquidad, y castigará su pecado;
ellos volverán a Egipto.
14 Olvidó, pues, Israel a su Hacedor, y edificó
templos, y Judá multiplicó ciudades fortifica-
das; mas yo meteré fuego en sus ciudades, el
cual consumirá sus palacios.

Castigo de la persistente infidelidad de Israel

9 1 No te alegres, oh Israel, hasta saltar de
gozo como los pueblos, pues has fornicado
apartándote de tu Dios; amaste salario de ra-
mera en todas las eras de trigo.
2 La era y el lagar no los mantendrán, y les falla-
rá el mosto.
3 No quedarán en la tierra de Jehová, sino que
volverá Efraín a Egipto y a Asiria, donde come-
rán vianda inmunda.
4 No harán libaciones a Jehová, ni sus sacrifi-
cios le serán gratos; como pan de enlutados les
serán a ellos; todos los que coman de él serán in-
mundos. Será, pues, el pan de ellos para sí mis-
mos; ese pan no entrará en la casa de Jehová.
5 ¿Qué haréis en el día de la solemnidad, y en
el día de la fiesta de Jehová?
6 Porque he aquí se fueron ellos a causa de la
destrucción. Egipto los recogerá, Menfis los en-
terrará. La ortiga conquistará lo deseable de su
plata, y espino crecerá en sus moradas.
7 Vinieron los días del castigo,[a] vinieron los
días de la retribución; e Israel lo conocerá. Ne-
cio es el profeta, insensato es el varón de espíri-
tu, a causa de la multitud de tu maldad, y
grande odio.
8 Atalaya es Efraín para con mi Dios; el profeta
es lazo de cazador en todos sus caminos, odio
en la casa de su Dios.
9 Llegaron hasta lo más bajo en su corrupción,
como en los días de Gabaa;[b] ahora se acordará
de su iniquidad, castigará su pecado.
10 Como uvas en el desierto hallé a Israel;
como la fruta temprana de la higuera en su prin-
cipio vi a vuestros padres. Ellos acudieron a
Baal-peor,[c] se apartaron para vergüenza, y se hi-
cieron abominables como aquello que amaron.
11 La gloria de Efraín volará cual ave, de modo
que no habrá nacimientos, ni embarazos, ni
concepciones.
12 Y si llegaren a grandes sus hijos, los quitaré
de entre los hombres, porque ¡ay de ellos tam-
bién, cuando de ellos me aparte!
13 Efraín, según veo, es semejante a Tiro, situa-
do en lugar delicioso; pero Efraín sacará sus hi-
jos a la matanza.
14 Dales, oh Jehová, lo que les has de dar; dales
matriz que aborte, y pechos enjutos.
15 Toda la maldad de ellos fue en Gilgal; allí,
pues, les tomé aversión; por la perversidad de
sus obras los echaré de mi casa; no los amaré
más; todos sus príncipes son desleales.
16 Efraín fue herido, su raíz está seca, no dará
más fruto; aunque engendren, yo mataré lo de-
seable de su vientre.
17 Mi Dios los desechará, porque ellos no le oye-
ron; y andarán errantes entre las naciones.

9.7: [a] Lc. 21.22. **9.9:** [b] Jue. 19.1-30. **9.10:** [c] Nm. 25.1-5.

10 1 Israel es una frondosa viña, que da
abundante fruto para sí mismo; confor-
me a la abundancia de su fruto multiplicó tam-
bién los altares, conforme a la bondad de su
tierra aumentaron sus ídolos.
2 Está dividido su corazón. Ahora serán halla-
dos culpables; Jehová demolerá sus altares, des-
truirá sus ídolos.
3 Seguramente dirán ahora: No tenemos rey,
porque no temimos a Jehová; ¿y qué haría el rey
por nosotros?
4 Han hablado palabras jurando en vano al ha-
cer pacto; por tanto, el juicio florecerá como
ajenjo en los surcos del campo.
5 Por las becerras de Bet-avén[a] serán atemoriza-
dos los moradores de Samaria; porque su pue-
blo lamentará a causa del becerro, y sus
sacerdotes que en él se regocijaban por su glo-
ria, la cual será disipada.
6 Aun será él llevado a Asiria como presente al
rey Jareb; Efraín será avergonzado, e Israel se
avergonzará de su consejo.
7 De Samaria fue cortado su rey como espu-
ma sobre la superficie de las aguas.
8 Y los lugares altos de Avén serán destruidos, el
pecado de Israel; crecerá sobre sus altares espi-
no y cardo. Y dirán a los montes: Cubridnos; y a
los collados: Caed sobre nosotros.[b]
9 Desde los días de Gabaa[c] has pecado, oh Is-
rael; allí estuvieron; no los tomó la batalla en
Gabaa contra los inicuos.
10 Y los castigaré cuando lo desee; y pueblos se
juntarán sobre ellos cuando sean atados por su
doble crimen.
11 Efraín es novilla domada, que le gusta trillar,
mas yo pasaré sobre su lozana cerviz; haré lle-
var yugo a Efraín; arará Judá, quebrará sus te-
rrones Jacob.
12 Sembrad para vosotros en justicia, segad
para vosotros en misericordia; haced para voso-
tros barbecho;[d] porque es el tiempo de buscar a
Jehová, hasta que venga y os enseñe justicia.
13 Habéis arado impiedad, y segasteis iniqui-
dad; comeréis fruto de mentira, porque confias-
te en tu camino y en la multitud de tus valientes.
14 Por tanto, en tus pueblos se levantará alboro-
to, y todas tus fortalezas serán destruidas, como
destruyó Salmán a Bet-arbel en el día de la bata-
lla, cuando la madre fue destrozada con los hi-
jos.
15 Así hará a vosotros Bet-el, por causa de vues-
tra gran maldad; a la mañana será del todo cor-
tado el rey de Israel.

Dios se compadece de su pueblo obstinado

11 1 Cuando Israel era muchacho, yo lo
amé, y de Egipto llamé a mi hijo.[a]
2 Cuanto más yo los llamaba, tanto más se aleja-
ban de mí; a los baales sacrificaban, y a los ídolos
ofrecían sahumerios.
3 Yo con todo eso enseñaba a andar al mismo
Efraín, tomándole de los brazos; y no conoció
que yo le cuidaba.
4 Con cuerdas humanas los atraje, con cuerdas
de amor; y fui para ellos como los que alzan el
yugo de sobre su cerviz, y puse delante de ellos
la comida.
5 No volverá a tierra de Egipto, sino que el asi-
rio mismo será su rey, porque no se quisieron
convertir.
6 Caerá espada sobre sus ciudades, y consumirá
sus aldeas; las consumirá a causa de sus propios
consejos.
7 Entre tanto, mi pueblo está adherido a la rebe-
lión contra mí; aunque me llaman el Altísimo,
ninguno absolutamente me quiere enaltecer.
8 ¿Cómo podré abandonarte, oh Efraín? ¿Te
entregaré yo, Israel? ¿Cómo podré yo hacerte
como Adma, o ponerte como a Zeboim?[b] Mi co-
razón se conmueve dentro de mí, se inflama
toda mi compasión.
9 No ejecutaré el ardor de mi ira, ni volveré para
destruir a Efraín; porque Dios soy, y no hombre, el
Santo en medio de ti; y no entraré en la ciudad.
10 En pos de Jehová caminarán; él rugirá
como león; rugirá, y los hijos vendrán temblan-
do desde el occidente.
11 Como ave acudirán velozmente de Egipto, y
de la tierra de Asiria como paloma; y los haré
habitar en sus casas, dice Jehová.
12 Me rodeó Efraín de mentira, y la casa de Is-
rael de engaño. Judá aún gobierna con Dios, y
es fiel con los santos.

Efraín reprendido por su falsedad y opresión

12 1 Efraín se apacienta de viento, y sigue
al solano; mentira y destrucción aumen-
ta continuamente; porque hicieron pacto con
los asirios, y el aceite se lleva a Egipto.
2 Pleito tiene Jehová con Judá para castigar a
Jacob conforme a sus caminos; le pagará con-
forme a sus obras.
3 En el seno materno tomó por el calcañar a su
hermano,[a] y con su poder venció al ángel.
4 Venció al ángel, y prevaleció; lloró, y le rogó;[b]
en Bet-el le halló,[c] y allí habló con nosotros.
5 Mas Jehová es Dios de los ejércitos; Jehová es
su nombre.
6 Tú, pues, vuélvete a tu Dios; guarda misericor-
dia y juicio, y en tu Dios confía siempre.
7 Mercader que tiene en su mano peso falso,
amador de opresión,

10.5: [a] 1 R. 12.28-29. **10.8:** [b] Lc. 23.30; Ap. 6.16.
10.9: [c] Jue. 19.1-30. **10.12:** [d] Jer. 4.3. **11.1:** [a] Mt. 2.15.
11.8: [b] Dt. 29.23. **12.3:** [a] Gn. 25.26.
12.3-4: [b] Gn. 32.24-26. **12.4:** [c] Gn. 28.10-22.

8 Efraín dijo: Ciertamente he enriquecido, he hallado riquezas para mí; nadie hallará iniquidad en mí, ni pecado en todos mis trabajos.
9 Pero yo soy Jehová tu Dios desde la tierra de Egipto; aún te haré morar en tiendas, como en los días de la fiesta.[d]

10 Y he hablado a los profetas, y aumenté la profecía, y por medio de los profetas usé parábolas.
11 ¿Es Galaad iniquidad? Ciertamente vanidad han sido; en Gilgal sacrificaron bueyes, y sus altares son como montones en los surcos del campo.
12 Pero Jacob huyó a tierra de Aram, Israel sirvió para adquirir mujer, y por adquirir mujer fue pastor.[e]
13 Y por un profeta Jehová hizo subir a Israel de Egipto,[f] y por un profeta fue guardado.
14 Efraín ha provocado a Dios con amarguras; por tanto, hará recaer sobre él la sangre que ha derramado, y su Señor le pagará su oprobio.

Destrucción total de Efraín predicha

13 1 Cuando Efraín hablaba, hubo temor; fue exaltado en Israel; mas pecó en Baal, y murió.
2 Y ahora añadieron a su pecado, y de su plata se han hecho según su entendimiento imágenes de fundición, ídolos, toda obra de artífices, acerca de los cuales dicen a los hombres que sacrifican, que besen los becerros.
3 Por tanto, serán como la niebla de la mañana, y como el rocío de la madrugada que se pasa; como el tamo que la tempestad arroja de la era, y como el humo que sale de la chimenea.

4 Mas yo soy Jehová tu Dios desde la tierra de Egipto; no conocerás, pues, otro dios fuera de mí, ni otro salvador sino a mí.
5 Yo te conocí en el desierto,[a] en tierra seca.
6 En sus pastos se saciaron, y repletos, se ensoberbeció su corazón; por esta causa se olvidaron de mí.
7 Por tanto, yo seré para ellos como león; como un leopardo en el camino los acecharé.
8 Como osa que ha perdido los hijos los encontraré, y desgarraré las fibras de su corazón, y allí los devoraré como león; fiera del campo los despedazará.

9 Te perdiste, oh Israel, mas en mí está tu ayuda.
10 ¿Dónde está tu rey, para que te guarde con todas tus ciudades; y tus jueces, de los cuales dijiste: Dame rey y príncipes?[b]
11 Te di rey en mi furor,[c] y te lo quité en mi ira.[d]
12 Atada está la maldad de Efraín; su pecado está guardado.
13 Dolores de mujer que da a luz le vendrán; es un hijo no sabio, porque ya hace tiempo que no debiera detenerse al punto mismo de nacer.
14 De la mano del Seol los redimiré, los libraré de la muerte. Oh muerte, yo seré tu muerte; y seré tu destrucción, oh Seol;[e] la compasión será escondida de mi vista.
15 Aunque él fructifique entre los hermanos, vendrá el solano, viento de Jehová; se levantará desde el desierto, y se secará su manantial, y se agotará su fuente; él saqueará el tesoro de todas sus preciosas alhajas.
16 Samaria será asolada, porque se rebeló contra su Dios; caerán a espada; sus niños serán estrellados, y sus mujeres encintas serán abiertas.

Súplica a Israel para que vuelva a Jehová

14 1 Vuelve, oh Israel, a Jehová tu Dios; porque por tu pecado has caído.
2 Llevad con vosotros palabras de súplica, y volved a Jehová, y decidle: Quita toda iniquidad, y acepta el bien, y te ofreceremos la ofrenda de nuestros labios.
3 No nos librará el asirio; no montaremos en caballos, ni nunca más diremos a la obra de nuestras manos: Dioses nuestros; porque en ti el huérfano alcanzará misericordia.

4 Yo sanaré su rebelión, los amaré de pura gracia; porque mi ira se apartó de ellos.
5 Yo seré a Israel como rocío; él florecerá como lirio, y extenderá sus raíces como el Líbano.
6 Se extenderán sus ramas, y será su gloria como la del olivo, y perfumará como el Líbano.
7 Volverán y se sentarán bajo su sombra; serán vivificados como trigo, y florecerán como la vid; su olor será como de vino del Líbano.
8 Efraín dirá: ¿Qué más tendré ya con los ídolos? Yo lo oiré, y miraré; yo seré a él como la haya verde; de mí será hallado tu fruto.

9 ¿Quién es sabio para que entienda esto, y prudente para que lo sepa? Porque los caminos de Jehová son rectos, y los justos andarán por ellos; mas los rebeldes caerán en ellos.

12.9: [d] Lv. 23.39-43. **12.12:** [e] Gn. 29.1-20. **12.13:** [f] Ex. 12.50-51. **13.5:** [a] Dt. 8.12-16. **13.10:** [b] 1 S. 8.5-6. **13.11:** [c] 1 S. 10.17-24. [d] 1 S. 15.26. **13.14:** [e] 1 Co. 15.55.

JOEL

Devastación de la tierra por la langosta

1 1 Palabra de Jehová que vino a Joel, hijo de
Petuel.
2 Oíd esto, ancianos, y escuchad, todos los
moradores de la tierra. ¿Ha acontecido esto en
vuestros días, o en los días de vuestros padres?
3 De esto contaréis a vuestros hijos, y vuestros
hijos a sus hijos, y sus hijos a la otra generación.
4 Lo que quedó de la oruga comió el saltón, y lo
que quedó del saltón comió el revoltón; y la lan-
gosta comió lo que del revoltón había quedado.
5 Despertad, borrachos, y llorad; gemid, to-
dos los que bebéis vino, a causa del mosto, por-
que os es quitado de vuestra boca.
6 Porque pueblo fuerte e innumerable subió a
mi tierra; sus dientes son dientes de león,[a] y sus
muelas, muelas de león.
7 Asoló mi vid, y descortezó mi higuera; del
todo la desnudó y derribó; sus ramas quedaron
blancas.
8 Llora tú como joven vestida de cilicio por el
marido de su juventud.
9 Desapareció de la casa de Jehová la ofrenda y
la libación; los sacerdotes ministros de Jehová
están de duelo.
10 El campo está asolado, se enlutó la tierra;
porque el trigo fue destruido, se secó el mosto,
se perdió el aceite.
11 Confundíos, labradores; gemid, viñeros,
por el trigo y la cebada, porque se perdió la mies
del campo.
12 La vid está seca, y pereció la higuera; el
granado también, la palmera y el manzano;
todos los árboles del campo se secaron, por lo
cual se extinguió el gozo de los hijos de los
hombres.
13 Ceñíos y lamentad, sacerdotes; gemid, mi-
nistros del altar; venid, dormid en cilicio, minis-
tros de mi Dios; porque quitada es de la casa de
vuestro Dios la ofrenda y la libación.
14 Proclamad ayuno, convocad a asamblea;
congregad a los ancianos y a todos los morado-
res de la tierra en la casa de Jehová vuestro
Dios, y clamad a Jehová.
15 ¡Ay del día! porque cercano está el día de
Jehová, y vendrá como destrucción por el Todo-
poderoso.[b]
16 ¿No fue arrebatado el alimento de delante de
nuestros ojos, la alegría y el placer de la casa de
nuestro Dios?
17 El grano se pudrió debajo de los terrones,
los graneros fueron asolados, los alfolíes des-
truidos; porque se secó el trigo.
18 ¡Cómo gimieron las bestias! ¡cuán turbados
anduvieron los hatos de los bueyes, porque no
tuvieron pastos! También fueron asolados los
rebaños de las ovejas.
19 A ti, oh Jehová, clamaré; porque fuego
consumió los pastos del desierto, y llama abrasó
todos los árboles del campo.
20 Las bestias del campo bramarán también a ti,
porque se secaron los arroyos de las aguas, y
fuego consumió las praderas del desierto.

2 1 Tocad trompeta en Sion, y dad alarma en
mi santo monte; tiemblen todos los mora-
dores de la tierra, porque viene el día de Jeho-
vá, porque está cercano.
2 Día de tinieblas y de oscuridad, día de nube y
de sombra; como sobre los montes se extiende
el alba, así vendrá un pueblo grande y fuerte;
semejante a él no lo hubo jamás, ni después de
él lo habrá en años de muchas generaciones.
3 Delante de él consumirá fuego, tras de él
abrasará llama; como el huerto del Edén será la
tierra delante de él, y detrás de él como desierto
asolado; ni tampoco habrá quien de él escape.
4 Su aspecto, como aspecto de caballos, y como
gente de a caballo correrán.
5 Como estruendo de carros saltarán sobre las
cumbres de los montes; como sonido de llama
de fuego que consume hojarascas, como pueblo
fuerte dispuesto para la batalla.[a]
6 Delante de él temerán los pueblos; se pondrán
pálidos todos los semblantes.
7 Como valientes correrán, como hombres de
guerra subirán el muro; cada cual marchará por
su camino, y no torcerá su rumbo.
8 Ninguno estrechará a su compañero, cada uno
irá por su carrera; y aun cayendo sobre la espa-
da no se herirán.
9 Irán por la ciudad, correrán por el muro, subi-
rán por las casas, entrarán por las ventanas a
manera de ladrones.
10 Delante de él temblará la tierra, se estre-
mecerán los cielos; el sol y la luna se oscurece-
rán, y las estrellas retraerán su resplandor.[b]
11 Y Jehová dará su orden delante de su ejérci-
to; porque muy grande es su campamento; fuer-
te es el que ejecuta su orden; porque grande es
el día de Jehová, y muy terrible; ¿quién podrá
soportarlo?[c]

La misericordia de Jehová

12 Por eso pues, ahora, dice Jehová, conver-
tíos a mí con todo vuestro corazón, con ayuno y
lloro y lamento.
13 Rasgad vuestro corazón, y no vuestros vesti-
dos, y convertíos a Jehová vuestro Dios; por-

1.6: [a] Ap. 9.8. **1.15:** [b] Is. 13.6. **2.4-5:** [a] Ap. 9.7-9.
2.10: [b] Ap. 8.12. **2.11:** [c] Ap. 6.17.

que misericordioso es y clemente, tardo para la
ira y grande en misericordia, y que se duele del
castigo.
14 ¿Quién sabe si volverá y se arrepentirá y de-
jará bendición tras de él, esto es, ofrenda y liba-
ción para Jehová vuestro Dios?
15 Tocad trompeta en Sion, proclamad ayu-
no, convocad asamblea.
16 Reunid al pueblo, santificad la reunión, jun-
tad a los ancianos, congregad a los niños y a los
que maman, salga de su cámara el novio, y de
su tálamo la novia.
17 Entre la entrada y el altar lloren los sacerdo-
tes ministros de Jehová, y digan: Perdona, oh
Jehová, a tu pueblo, y no entregues al oprobio
tu heredad, para que las naciones se enseñoreen
de ella. ¿Por qué han de decir entre los pueblos:
Dónde está su Dios?
18 Y Jehová, solícito por su tierra, perdonará
a su pueblo.
19 Responderá Jehová, y dirá a su pueblo: He
aquí yo os envío pan, mosto y aceite, y seréis sa-
ciados de ellos; y nunca más os pondré en opro-
bio entre las naciones.
20 Y haré alejar de vosotros al del norte, y lo
echaré en tierra seca y desierta; su faz será ha-
cia el mar oriental, y su fin al mar occidental; y
exhalará su hedor, y subirá su pudrición, porque
hizo grandes cosas.
21 Tierra, no temas; alégrate y gózate, porque
Jehová hará grandes cosas.
22 Animales del campo, no temáis; porque los
pastos del desierto reverdecerán, porque los ár-
boles llevarán su fruto, la higuera y la vid darán
sus frutos.
23 Vosotros también, hijos de Sion, alegraos y
gozaos en Jehová vuestro Dios; porque os ha
dado la primera lluvia a su tiempo, y hará des-
cender sobre vosotros lluvia temprana y tardía
como al principio.
24 Las eras se llenarán de trigo, y los lagares re-
bosarán de vino y aceite.
25 Y os restituiré los años que comió la oruga, el
saltón, el revoltón y la langosta, mi gran ejército
que envié contra vosotros.
26 Comeréis hasta saciaros, y alabaréis el nom-
bre de Jehová vuestro Dios, el cual hizo maravi-
llas con vosotros; y nunca jamás será mi pueblo
avergonzado.
27 Y conoceréis que en medio de Israel estoy yo,
y que yo soy Jehová vuestro Dios, y no hay otro;
y mi pueblo nunca jamás será avergonzado.

Derramamiento del Espíritu de Dios

28 Y después de esto derramaré mi Espíritu
sobre toda carne, y profetizarán vuestros hijos y
vuestras hijas; vuestros ancianos soñarán sue-
ños, y vuestros jóvenes verán visiones.
29 Y también sobre los siervos y sobre las siervas
derramaré mi Espíritu en aquellos días.
30 Y daré prodigios en el cielo y en la tierra,
sangre, y fuego, y columnas de humo.
31 El sol se convertirá en tinieblas, y la luna en
sangre,[d] antes que venga el día grande y espan-
toso de Jehová.
32 Y todo aquel que invocare el nombre de Jeho-
vá será salvo;[e,f] porque en el monte de Sion y en
Jerusalén habrá salvación, como ha dicho Jeho-
vá, y entre el remanente al cual él habrá llamado.

Juicio de Jehová sobre las naciones

3 1 Porque he aquí que en aquellos días, y en
aquel tiempo en que haré volver la cautivi-
dad de Judá y de Jerusalén,
2 reuniré a todas las naciones, y las haré descen-
der al valle de Josafat, y allí entraré en juicio
con ellas a causa de mi pueblo, y de Israel mi he-
redad, a quien ellas esparcieron entre las nacio-
nes, y repartieron mi tierra;
3 y echaron suertes sobre mi pueblo, y dieron
los niños por una ramera, y vendieron las niñas
por vino para beber.
4 Y también, ¿qué tengo yo con vosotras, Tiro
y Sidón,[a] y todo el territorio de Filistea?[b] ¿Que-
réis vengaros de mí? Y si de mí os vengáis, bien
pronto haré yo recaer la paga sobre vuestra
cabeza.
5 Porque habéis llevado mi plata y mi oro, y mis
cosas preciosas y hermosas metisteis en vues-
tros templos;
6 y vendisteis los hijos de Judá y los hijos de Je-
rusalén a los hijos de los griegos, para alejarlos
de su tierra.
7 He aquí yo los levantaré del lugar donde los
vendisteis, y volveré vuestra paga sobre vuestra
cabeza;
8 y venderé vuestros hijos y vuestras hijas a los
hijos de Judá, y ellos los venderán a los sabeos,
nación lejana; porque Jehová ha hablado.
9 Proclamad esto entre las naciones, procla-
mad guerra, despertad a los valientes, acér-
quense, vengan todos los hombres de guerra.
10 Forjad espadas de vuestros azadones, lanzas
de vuestras hoces;[c] diga el débil: Fuerte soy.
11 Juntaos y venid, naciones todas de alrededor,
y congregaos; haz venir allí, oh Jehová, a tus
fuertes.
12 Despiértense las naciones, y suban al valle de
Josafat; porque allí me sentaré para juzgar a to-
das las naciones de alrededor.

2.31: [d] Mt. 24.29; Mr. 13.24-25; Lc. 21.25; Ap. 6.12-13.
2.28-32: [e] Hch. 2.17-21. **2.32:** [f] Ro. 10.13.
3.4-8: [a] Is. 23.1-18; Ez. 26.1–28.26; Am. 1.9-10; Zac. 9.1-4;
Mt. 11.21-22; Lc. 10.13-14. **3.4-8:** [b] Is. 14.29-31;
Jer. 47.1-7; Ez. 25.15-17; Am. 1.6-8; Sof. 2.4-7; Zac. 9.5-7.
3.10: [c] Is. 2.4; Mi. 4.3.

13 Echad la hoz, porque la mies está ya madura.[d] Venid, descended, porque el lagar está lleno,[e] rebosan las cubas; porque mucha es la maldad de ellos.

14 Muchos pueblos en el valle de la decisión; porque cercano está el día de Jehová en el valle de la decisión.

15 El sol y la luna se oscurecerán, y las estrellas retraerán su resplandor.

Liberación de Judá

16 Y Jehová rugirá desde Sion, y dará su voz desde Jerusalén,[f] y temblarán los cielos y la tierra; pero Jehová será la esperanza de su pueblo, y la fortaleza de los hijos de Israel.

17 Y conoceréis que yo soy Jehová vuestro Dios, que habito en Sion, mi santo monte; y Jerusalén será santa, y extraños no pasarán más por ella.

18 Sucederá en aquel tiempo, que los montes destilarán mosto, y los collados fluirán leche, y por todos los arroyos de Judá correrán aguas; y saldrá una fuente de la casa de Jehová, y regará el valle de Sitim.

19 Egipto será destruido, y Edom será vuelto en desierto asolado, por la injuria hecha a los hijos de Judá; porque derramaron en su tierra sangre inocente.

20 Pero Judá será habitada para siempre, y Jerusalén por generación y generación.

21 Y limpiaré la sangre de los que no había limpiado; y Jehová morará en Sion.

AMÓS

Juicios contra las naciones vecinas

1 1 Las palabras de Amós, que fue uno de los pastores de Tecoa, que profetizó acerca de Israel en días de Uzías[a] rey de Judá y en días de Jeroboam[b] hijo de Joás, rey de Israel, dos años antes del terremoto.

2 Dijo: Jehová rugirá desde Sion, y dará su voz desde Jerusalén,[c] y los campos de los pastores se enlutarán, y se secará la cumbre del Carmelo.

3 Así ha dicho Jehová: Por tres pecados de Damasco,[d] y por el cuarto, no revocaré su castigo; porque trillaron a Galaad con trillos de hierro.

4 Prenderé fuego en la casa de Hazael, y consumirá los palacios de Ben-adad.

5 Y quebraré los cerrojos de Damasco, y destruiré a los moradores del valle de Avén, y los gobernadores de Bet-edén; y el pueblo de Siria será transportado a Kir, dice Jehová.

6 Así ha dicho Jehová: Por tres pecados de Gaza, y por el cuarto, no revocaré su castigo; porque llevó cautivo a todo un pueblo para entregarlo a Edom.

7 Prenderé fuego en el muro de Gaza, y consumirá sus palacios.

8 Y destruiré a los moradores de Asdod, y a los gobernadores de Ascalón; y volveré mi mano contra Ecrón, y el resto de los filisteos[e] perecerá, ha dicho Jehová el Señor.

9 Así ha dicho Jehová: Por tres pecados de Tiro,[f] y por el cuarto, no revocaré su castigo; porque entregaron a todo un pueblo cautivo a Edom, y no se acordaron del pacto de hermanos.

10 Prenderé fuego en el muro de Tiro, y consumirá sus palacios.

11 Así ha dicho Jehová: Por tres pecados de Edom,[g] y por el cuarto, no revocaré su castigo; porque persiguió a espada a su hermano, y violó todo afecto natural; y en su furor le ha robado siempre, y perpetuamente ha guardado el rencor.

12 Prenderé fuego en Temán, y consumirá los palacios de Bosra.

13 Así ha dicho Jehová: Por tres pecados de los hijos de Amón,[h] y por el cuarto, no revocaré su castigo; porque para ensanchar sus tierras abrieron a las mujeres de Galaad que estaban encintas.

14 Encenderé fuego en el muro de Rabá, y consumirá sus palacios con estruendo en el día de la batalla, con tempestad en día tempestuoso;

15 y su rey irá en cautiverio, él y todos sus príncipes, dice Jehová.

2 1 Así ha dicho Jehová: Por tres pecados de Moab,[a] y por el cuarto, no revocaré su castigo; porque quemó los huesos del rey de Edom hasta calcinarlos.

2 Prenderé fuego en Moab, y consumirá los palacios de Queriot; y morirá Moab con tumulto, con estrépito y sonido de trompeta.

3 Y quitaré el juez de en medio de él, y mataré con él a todos sus príncipes, dice Jehová.

4 Así ha dicho Jehová: Por tres pecados de

3.13: [d] Ap. 14.14-16. [e] Ap. 14.19-20; 19.15.
3.16: [f] Am. 1.2. **1.1:** [a] 2 R. 15.1-7; 2 Cr. 26.1-23.
[b] 2 R. 14.23-29. **1.2:** [c] Jl. 3.16. **1.3-5:** [d] Is. 17.1-3; Jer. 49.23-27; Zac. 9.1. **1.6-8:** [e] Is. 14.29-31; Jer. 47.1-7; Ez. 25.15-17; Jl. 3.4-8; Sof. 2.4-7; Zac. 9.5-7.
1.9-10: [f] Is. 23.1-18; Ez. 26.1—28.19; Jl. 3.4-8; Zac. 9.1-4; Mt. 11.21-22; Lc. 10.13-14. **1.11-12:** [g] Is. 34.5-17; 63.1-6; Jer. 49.7-22; Ez. 25.12-14; 35.1-15; Abd. 1-14; Mal. 1.2-5.
1.13-15: [h] Jer. 49.1-6; Ez. 21.28-32; 25.1-7; Sof. 2.8-11.
2.1-3: [a] Is. 15.1—16.14; 25.10-12; Jer. 48.1-47; Ez. 25.8-11; Sof. 2.8-11.

Judá, y por el cuarto, no revocaré su castigo;
porque menospreciaron la ley de Jehová, y no
guardaron sus ordenanzas, y les hicieron errar
sus mentiras, en pos de las cuales anduvieron
sus padres.
5 Prenderé, por tanto, fuego en Judá, el cual
consumirá los palacios de Jerusalén.

Juicio contra Israel

6 Así ha dicho Jehová: Por tres pecados de Is-
rael, y por el cuarto, no revocaré su castigo; por-
que vendieron por dinero al justo, y al pobre por
un par de zapatos.
7 Pisotean en el polvo de la tierra las cabezas de
los desvalidos, y tuercen el camino de los humil-
des; y el hijo y su padre se llegan a la misma jo-
ven, profanando mi santo nombre.
8 Sobre las ropas empeñadas se acuestan junto
a cualquier altar; y el vino de los multados be-
ben en la casa de sus dioses.
9 Yo destruí delante de ellos al amorreo,[b] cuya
altura era como la altura de los cedros, y fuerte
como una encina; y destruí su fruto arriba y sus
raíces abajo.
10 Y a vosotros os hice subir de la tierra de Egip-
to, y os conduje por el desierto cuarenta años,
para que entraseis en posesión de la tierra del
amorreo.
11 Y levanté de vuestros hijos para profetas, y de
vuestros jóvenes para que fuesen nazareos.[c]
¿No es esto así, dice Jehová, hijos de Israel?
12 Mas vosotros disteis de beber vino a los na-
zareos, y a los profetas mandasteis diciendo: No
profeticéis.
13 Pues he aquí, yo os apretaré en vuestro lugar,
como se aprieta el carro lleno de gavillas;
14 y el ligero no podrá huir, y al fuerte no le ayu-
dará su fuerza, ni el valiente librará su vida.
15 El que maneja el arco no resistirá, ni escapará
el ligero de pies, ni el que cabalga en caballo sal-
vará su vida.
16 El esforzado de entre los valientes huirá des-
nudo aquel día, dice Jehová.

El rugido del león

3 1 Oíd esta palabra que ha hablado Jehová
contra vosotros, hijos de Israel, contra toda
la familia que hice subir de la tierra de Egipto.
Dice así:
2 A vosotros solamente he conocido de todas las
familias de la tierra; por tanto, os castigaré por
todas vuestras maldades.
3 ¿Andarán dos juntos, si no estuvieren de
acuerdo?
4 ¿Rugirá el león en la selva sin haber presa?
¿Dará el leoncillo su rugido desde su guarida, si
no apresare?
5 ¿Caerá el ave en lazo sobre la tierra, sin haber
cazador? ¿Se levantará el lazo de la tierra, si no
ha atrapado algo?
6 ¿Se tocará la trompeta en la ciudad, y no se al-
borotará el pueblo? ¿Habrá algún mal en la ciu-
dad, el cual Jehová no haya hecho?
7 Porque no hará nada Jehová el Señor, sin que
revele su secreto a sus siervos los profetas.
8 Si el león ruge, ¿quién no temerá? Si habla
Jehová el Señor, ¿quién no profetizará?

Destrucción de Samaria

9 Proclamad en los palacios de Asdod, y en los
palacios de la tierra de Egipto, y decid: Reuníos
sobre los montes de Samaria, y ved las muchas
opresiones en medio de ella, y las violencias co-
metidas en su medio.
10 No saben hacer lo recto, dice Jehová, ateso-
rando rapiña y despojo en sus palacios.
11 Por tanto, Jehová el Señor ha dicho así: Un
enemigo vendrá por todos lados de la tierra, y
derribará tu fortaleza, y tus palacios serán sa-
queados.
12 Así ha dicho Jehová: De la manera que el
pastor libra de la boca del león dos piernas, o la
punta de una oreja, así escaparán los hijos de Is-
rael que moran en Samaria en el rincón de una
cama, y al lado de un lecho.
13 Oíd y testificad contra la casa de Jacob, ha
dicho Jehová Dios de los ejércitos:
14 Que el día que castigue las rebeliones de Is-
rael, castigaré también los altares de Bet-el;[a] y
serán cortados los cuernos del altar, y caerán a
tierra.
15 Y heriré la casa de invierno con la casa de ve-
rano, y las casas de marfil perecerán; y muchas
casas serán arruinadas, dice Jehová.
4 1 Oíd esta palabra, vacas de Basán, que es-
táis en el monte de Samaria, que oprimís a
los pobres y quebrantáis a los menesterosos, que
decís a vuestros señores: Traed, y beberemos.
2 Jehová el Señor juró por su santidad: He aquí,
vienen sobre vosotras días en que os llevarán
con ganchos, y a vuestros descendientes con an-
zuelos de pescador;
3 y saldréis por las brechas una tras otra, y seréis
echadas del palacio, dice Jehová.

Aunque castigado, Israel no aprende

4 Id a Bet-el, y prevaricad; aumentad en Gil-
gal la rebelión, y traed de mañana vuestros sa-
crificios, y vuestros diezmos cada tres días.
5 Y ofreced sacrificio de alabanza con pan leu-
dado, y proclamad, publicad ofrendas volunta-
rias, pues que así lo queréis, hijos de Israel, dice
Jehová el Señor.
6 Os hice estar a diente limpio en todas vues-
tras ciudades, y hubo falta de pan en todos

2.9: [b] Dt. 3.8-11. **2.11:** [c] Nm. 6.1-8. **3.14:** [a] 2 R. 23.15.

vuestros pueblos; mas no os volvisteis a mí, dice
Jehová.
7 También os detuve la lluvia tres meses antes
de la siega; e hice llover sobre una ciudad, y so-
bre otra ciudad no hice llover; sobre una parte
llovió, y la parte sobre la cual no llovió, se secó.
8 Y venían dos o tres ciudades a una ciudad para
beber agua, y no se saciaban; con todo, no os
volvisteis a mí, dice Jehová.
9 Os herí con viento solano y con oruga; la lan-
gosta devoró vuestros muchos huertos y vuestras
viñas, y vuestros higuerales y vuestros olivares;
pero nunca os volvisteis a mí, dice Jehová.
10 Envié contra vosotros mortandad tal como
en Egipto; maté a espada a vuestros jóvenes, con
cautiverio de vuestros caballos, e hice subir el he-
dor de vuestros campamentos hasta vuestras na-
rices; mas no os volvisteis a mí, dice Jehová.
11 Os trastorné como cuando Dios trastornó a
Sodoma y a Gomorra,[a] y fuisteis como tizón es-
capado del fuego; mas no os volvisteis a mí, dice
Jehová.
12 Por tanto, de esta manera te haré a ti, oh Is-
rael; y porque te he de hacer esto, prepárate
para venir al encuentro de tu Dios, oh Israel.
13 Porque he aquí, el que forma los montes, y
crea el viento, y anuncia al hombre su pensa-
miento; el que hace de las tinieblas mañana, y
pasa sobre las alturas de la tierra; Jehová Dios
de los ejércitos es su nombre.

Llamamiento al arrepentimiento

5 1 Oíd esta palabra que yo levanto para la-
mentación sobre vosotros, casa de Israel.
2 Cayó la virgen de Israel, y no podrá levantarse
ya más; fue dejada sobre su tierra, no hay quien
la levante.
3 Porque así ha dicho Jehová el Señor: La ciu-
dad que salga con mil, volverá con ciento, y la
que salga con ciento volverá con diez, en la casa
de Israel.
4 Pero así dice Jehová a la casa de Israel: Bus-
cadme, y viviréis;
5 y no busquéis a Bet-el, ni entréis en Gilgal, ni
paséis a Beerseba; porque Gilgal será llevada en
cautiverio, y Bet-el será deshecha.
6 Buscad a Jehová, y vivid; no sea que acome-
ta como fuego a la casa de José y la consuma,
sin haber en Bet-el quien lo apague.
7 Los que convertís en ajenjo el juicio, y la justi-
cia la echáis por tierra,
8 buscad al que hace las Pléyades y el Orión,[a] y
vuelve las tinieblas en mañana, y hace oscure-
cer el día como noche; el que llama a las aguas
del mar, y las derrama sobre la faz de la tierra;
Jehová es su nombre;
9 que da esfuerzo al despojador sobre el fuerte, y
hace que el despojador venga sobre la fortaleza.
10 Ellos aborrecieron al reprensor en la puerta
de la ciudad, y al que hablaba lo recto abominaron.
11 Por tanto, puesto que vejáis al pobre y recibís
de él carga de trigo, edificasteis casas de piedra
labrada, mas no las habitaréis; plantasteis her-
mosas viñas, mas no beberéis el vino de ellas.
12 Porque yo sé de vuestras muchas rebeliones,
y de vuestros grandes pecados; sé que afligís al
justo, y recibís cohecho, y en los tribunales ha-
céis perder su causa a los pobres.
13 Por tanto, el prudente en tal tiempo calla,
porque el tiempo es malo.
14 Buscad lo bueno, y no lo malo, para que vi-
váis; porque así Jehová Dios de los ejércitos es-
tará con vosotros, como decís.
15 Aborreced el mal, y amad el bien, y estable-
ced la justicia en juicio; quizá Jehová Dios de los
ejércitos tendrá piedad del remanente de José.
16 Por tanto, así ha dicho Jehová, Dios de los
ejércitos: En todas las plazas habrá llanto, y en to-
das las calles dirán: ¡Ay! ¡Ay!, y al labrador llama-
rán a lloro, y a endecha a los que sepan endechar.
17 Y en todas las viñas habrá llanto; porque pa-
saré en medio de ti, dice Jehová.
18 ¡Ay de los que desean el día de Jehová!
¿Para qué queréis este día de Jehová? Será de ti-
nieblas, y no de luz;
19 como el que huye de delante del león, y se en-
cuentra con el oso; o como si entrare en casa y apo-
yare su mano en la pared, y le muerde una culebra.
20 ¿No será el día de Jehová tinieblas, y no luz;
oscuridad, que no tiene resplandor?
21 Aborrecí, abominé vuestras solemnidades,
y no me complaceré en vuestras asambleas.
22 Y si me ofreciereis vuestros holocaustos y vues-
tras ofrendas, no los recibiré, ni miraré a las ofren-
das de paz de vuestros animales engordados.[b]
23 Quita de mí la multitud de tus cantares, pues
no escucharé las salmodias de tus instrumentos.
24 Pero corra el juicio como las aguas, y la justi-
cia como impetuoso arroyo.
25 ¿Me ofrecisteis sacrificios y ofrendas en el
desierto en cuarenta años, oh casa de Israel?
26 Antes bien, llevabais el tabernáculo de vues-
tro Moloc y Quiún, ídolos vuestros, la estrella de
vuestros dioses que os hicisteis.
27 Os haré, pues, transportar más allá de Da-
masco,[c] ha dicho Jehová, cuyo nombre es Dios
de los ejércitos.

Destrucción de Israel

6 1 ¡Ay de los reposados en Sion, y de los con-
fiados en el monte de Samaria, los notables
y principales entre las naciones, a los cuales
acude la casa de Israel!
2 Pasad a Calne, y mirad; y de allí id a la gran

4.11: [a] Gn. 19.24. **5.8:** [a] Job 9.9; 38.31.
5.21-22: [b] Is. 1.11-14. **5.25-27:** [c] Hch. 7.42-43.

Hamat; descended luego a Gat de los filisteos;
ved si son aquellos reinos mejores que estos reinos, si su extensión es mayor que la vuestra,
3 oh vosotros que dilatáis el día malo, y acercáis
la silla de iniquidad.
4 Duermen en camas de marfil, y reposan sobre
sus lechos; y comen los corderos del rebaño, y
los novillos de en medio del engordadero;
5 gorjean al son de la flauta, e inventan instrumentos musicales, como David;
6 beben vino en tazones, y se ungen con los ungüentos más preciosos; y no se afligen por el
quebrantamiento de José.
7 Por tanto, ahora irán a la cabeza de los que
van a cautividad, y se acercará el duelo de los
que se entregan a los placeres.
8 Jehová el Señor juró por sí mismo, Jehová
Dios de los ejércitos ha dicho: Abomino la grandeza de Jacob, y aborrezco sus palacios; y entregaré al enemigo la ciudad y cuanto hay en ella.
9 Y acontecerá que si diez hombres quedaren
en una casa, morirán.
10 Y un pariente tomará a cada uno, y lo quemará para sacar los huesos de casa; y dirá al que estará en los rincones de la casa: ¿Hay aún alguno contigo? Y dirá: No. Y dirá aquél: Calla, porque
no podemos mencionar el nombre de Jehová.
11 Porque he aquí, Jehová mandará, y herirá
con hendiduras la casa mayor, y la casa menor
con aberturas.
12 ¿Correrán los caballos por las peñas? ¿Ararán en ellas con bueyes? ¿Por qué habéis vosotros convertido el juicio en veneno, y el fruto de justicia en ajenjo?
13 Vosotros que os alegráis en nada, que decís:
¿No hemos adquirido poder con nuestra fuerza?
14 Pues he aquí, oh casa de Israel, dice Jehová
Dios de los ejércitos, levantaré yo sobre vosotros
a una nación que os oprimirá desde la entrada
de Hamat hasta el arroyo del Arabá.

Tres visiones de destrucción

7 1 Así me ha mostrado Jehová el Señor: He
aquí, él criaba langostas cuando comenzaba a crecer el heno tardío; y he aquí era el heno
tardío después de las siegas del rey.
2 Y aconteció que cuando acabó de comer la
hierba de la tierra, yo dije: Señor Jehová, perdona ahora; ¿quién levantará a Jacob? porque es
pequeño.
3 Se arrepintió Jehová de esto: No será, dijo
Jehová.
4 Jehová el Señor me mostró así: He aquí,
Jehová el Señor llamaba para juzgar con fuego;
y consumió un gran abismo, y consumió una
parte de la tierra.
5 Y dije: Señor Jehová, cesa ahora; ¿quién levantará a Jacob? porque es pequeño.
6 Se arrepintió Jehová de esto: No será esto tampoco, dijo Jehová el Señor.
7 Me enseñó así: He aquí el Señor estaba sobre un muro hecho a plomo, y en su mano una
plomada de albañil.
8 Jehová entonces me dijo: ¿Qué ves, Amós? Y
dije: Una plomada de albañil. Y el Señor dijo:
He aquí, yo pongo plomada de albañil en medio
de mi pueblo Israel; no lo toleraré más.
9 Los lugares altos de Isaac serán destruidos, y
los santuarios de Israel serán asolados, y me levantaré con espada sobre la casa de Jeroboam.

Amós y Amasías

10 Entonces el sacerdote Amasías de Bet-el
envió a decir a Jeroboam rey de Israel: Amós se
ha levantado contra ti en medio de la casa de Israel; la tierra no puede sufrir todas sus palabras.
11 Porque así ha dicho Amós: Jeroboam morirá
a espada, e Israel será llevado de su tierra en
cautiverio.
12 Y Amasías dijo a Amós: Vidente, vete, huye a
tierra de Judá, y come allá tu pan, y profetiza allá;
13 y no profetices más en Bet-el, porque es santuario del rey, y capital del reino.
14 Entonces respondió Amós, y dijo a Amasías: No soy profeta, ni soy hijo de profeta, sino
que soy boyero, y recojo higos silvestres.
15 Y Jehová me tomó de detrás del ganado, y
me dijo: Ve y profetiza a mi pueblo Israel.
16 Ahora, pues, oye palabra de Jehová. Tú dices: No profetices contra Israel, ni hables contra
la casa de Isaac.
17 Por tanto, así ha dicho Jehová: Tu mujer será
ramera en medio de la ciudad, y tus hijos y tus
hijas caerán a espada, y tu tierra será repartida
por suertes; y tú morirás en tierra inmunda, e Israel será llevado cautivo lejos de su tierra.

El canastillo de fruta de verano

8 1 Así me ha mostrado Jehová el Señor: He
aquí un canastillo de fruta de verano.[1]
2 Y dijo: ¿Qué ves, Amós? Y respondí: Un canastillo
de fruta de verano. Y me dijo Jehová: Ha venido el
fin[2] sobre mi pueblo Israel; no lo toleraré más.
3 Y los cantores del templo gemirán en aquel
día, dice Jehová el Señor; muchos serán los
cuerpos muertos; en todo lugar los echarán fuera en silencio.

El juicio sobre Israel se acerca

4 Oíd esto, los que explotáis a los menesterosos, y arruináis a los pobres de la tierra,
5 diciendo: ¿Cuándo pasará el mes, y venderemos
el trigo; y la semana, y abriremos los graneros del
pan, y achicaremos la medida, y subiremos el precio, y falsearemos con engaño la balanza,

8.1: [1] Heb. *kayits.* **8.2:** [2] Heb. *ha-kets.*

6 para comprar los pobres por dinero, y los ne-
cesitados por un par de zapatos, y venderemos
los desechos del trigo?
7 Jehová juró por la gloria de Jacob: No me
olvidaré jamás de todas sus obras.
8 ¿No se estremecerá la tierra sobre esto? ¿No llo-
rará todo habitante de ella? Subirá toda, como un
río, y crecerá y mermará como el río de Egipto.
9 Acontecerá en aquel día, dice Jehová el Se-
ñor, que haré que se ponga el sol a mediodía, y
cubriré de tinieblas la tierra en el día claro.
10 Y cambiaré vuestras fiestas en lloro, y todos
vuestros cantares en lamentaciones; y haré po-
ner cilicio sobre todo lomo, y que se rape toda
cabeza; y la volveré como en llanto de unigéni-
to, y su postrimería como día amargo.
11 He aquí vienen días, dice Jehová el Señor,
en los cuales enviaré hambre a la tierra, no
hambre de pan, ni sed de agua, sino de oír la pa-
labra de Jehová.
12 E irán errantes de mar a mar; desde el norte
hasta el oriente discurrirán buscando palabra
de Jehová, y no la hallarán.
13 En aquel tiempo las doncellas hermosas y
los jóvenes desmayarán de sed.
14 Los que juran por el pecado de Samaria, y di-
cen: Por tu Dios, oh Dan, y: Por el camino de
Beerseba, caerán, y nunca más se levantarán.

Los juicios de Jehová son ineludibles

9 1 Vi al Señor que estaba sobre el altar, y
dijo: Derriba el capitel, y estremézcanse las
puertas, y hazlos pedazos sobre la cabeza de to-
dos; y al postrero de ellos mataré a espada; no
habrá de ellos quien huya, ni quien escape.
2 Aunque cavasen hasta el Seol, de allá los to-
mará mi mano; y aunque subieren hasta el cie-
lo, de allá los haré descender.
3 Si se escondieren en la cumbre del Carmelo,
allí los buscaré y los tomaré; y aunque se es-
condieren de delante de mis ojos en lo profun-
do del mar, allí mandaré a la serpiente y los
morderá.
4 Y si fueren en cautiverio delante de sus enemi-
gos, allí mandaré la espada, y los matará; y pon-
dré sobre ellos mis ojos para mal, y no para bien.
5 El Señor, Jehová de los ejércitos, es el que
toca la tierra, y se derretirá, y llorarán todos los
que en ella moran; y crecerá toda como un río, y
mermará luego como el río de Egipto.
6 El edificó en el cielo sus cámaras, y ha estable-
cido su expansión sobre la tierra; él llama las
aguas del mar, y sobre la faz de la tierra las de-
rrama; Jehová es su nombre.
7 Hijos de Israel, ¿no me sois vosotros como
hijos de etíopes, dice Jehová? ¿No hice yo subir
a Israel de la tierra de Egipto, y a los filisteos de
Caftor, y de Kir a los arameos?
8 He aquí los ojos de Jehová el Señor están con-
tra el reino pecador, y yo lo asolaré de la faz de
la tierra; mas no destruiré del todo la casa de Ja-
cob, dice Jehová.
9 Porque he aquí yo mandaré y haré que la
casa de Israel sea zarandeada entre todas las
naciones, como se zarandea el grano en una cri-
ba, y no cae un granito en la tierra.
10 A espada morirán todos los pecadores de mi
pueblo, que dicen: No se acercará, ni nos alcan-
zará el mal.

Restauración futura de Israel

11 En aquel día yo levantaré el tabernáculo caí-
do de David, y cerraré sus portillos y levantaré sus
ruinas, y lo edificaré como en el tiempo pasado;
12 para que aquellos sobre los cuales es invoca-
do mi nombre posean el resto de Edom, y a to-
das las naciones, dice Jehová que hace esto.[a]
13 He aquí vienen días, dice Jehová, en que el
que ara alcanzará al segador, y el pisador de las
uvas al que lleve la simiente; y los montes desti-
larán mosto, y todos los collados se derretirán.
14 Y traeré del cautiverio a mi pueblo Israel, y
edificarán ellos las ciudades asoladas, y las habi-
tarán; plantarán viñas, y beberán el vino de ellas,
y harán huertos, y comerán el fruto de ellos.
15 Pues los plantaré sobre su tierra, y nunca más
serán arrancados de su tierra que yo les di, ha
dicho Jehová Dios tuyo.

ABDÍAS

La humillación de Edom

1 Visión de Abdías.
Jehová el Señor ha dicho así en cuanto a
Edom:[a] Hemos oído el pregón de Jehová, y men-
sajero ha sido enviado a las naciones. Levantaos,
y levantémonos contra este pueblo en batalla.
2 He aquí, pequeño te he hecho entre las nacio-
nes; estás abatido en gran manera.
3 La soberbia de tu corazón te ha engañado, tú
que moras en las hendiduras de las peñas, en tu
altísima morada; que dices en tu corazón:
¿Quién me derribará a tierra?
4 Si te remontares como águila, y aunque entre

9.11-12: [a] Hch. 15.16-18.
1-14: [a] Is. 34.5-17; 63.1-6; Jer. 49.7-22; Ez. 25.12-14; 35.1-15; Am. 1.11-12; Mal. 1.2-5.

las estrellas pusieres tu nido, de ahí te derribaré,
dice Jehová.
5 Si ladrones vinieran a ti, o robadores de no-
che (¡cómo has sido destruido!), ¿no hurtarían
lo que les bastase? Si entraran a ti vendimiado-
res, ¿no dejarían algún rebusco?
6 ¡Cómo fueron escudriñadas las cosas de Esaú!
Sus tesoros escondidos fueron buscados.
7 Todos tus aliados te han engañado; hasta los
confines te hicieron llegar; los que estaban en
paz contigo prevalecieron contra ti; los que co-
mían tu pan pusieron lazo debajo de ti; no hay
en ello entendimiento.
8 ¿No haré que perezcan en aquel día, dice
Jehová, los sabios de Edom, y la prudencia del
monte de Esaú?
9 Y tus valientes, oh Temán, serán amedrenta-
dos; porque todo hombre será cortado del mon-
te de Esaú por el estrago.
10 Por la injuria a tu hermano Jacob te cubrirá
vergüenza, y serás cortado para siempre.
11 El día que estando tú delante, llevaban extra-
ños cautivo su ejército, y extraños entraban por
sus puertas, y echaban suertes sobre Jerusalén,
tú también eras como uno de ellos.
12 Pues no debiste tú haber estado mirando en
el día de tu hermano, en el día de su infortunio;
no debiste haberte alegrado de los hijos de Judá
en el día en que se perdieron, ni debiste haberte
jactado en el día de la angustia.
13 No debiste haber entrado por la puerta de mi
pueblo en el día de su quebrantamiento; no, no
debiste haber mirado su mal en el día de su que-
branto, ni haber echado mano a sus bienes en el
día de su calamidad.
14 Tampoco debiste haberte parado en las en-
crucijadas para matar a los que de ellos escapa-
sen; ni debiste haber entregado a los que
quedaban en el día de angustia.

La exaltación de Israel

15 Porque cercano está el día de Jehová sobre
todas las naciones; como tú hiciste se hará con-
tigo; tu recompensa volverá sobre tu cabeza.
16 De la manera que vosotros bebisteis en mi
santo monte, beberán continuamente todas las
naciones; beberán, y engullirán, y serán como si
no hubieran sido.
17 Mas en el monte de Sion habrá un remanente
que se salve; y será santo, y la casa de Jacob re-
cuperará sus posesiones.
18 La casa de Jacob será fuego, y la casa de José
será llama, y la casa de Esaú estopa, y los que-
marán y los consumirán; ni aun resto quedará
de la casa de Esaú, porque Jehová lo ha dicho.
19 Y los del Neguev poseerán el monte de Esaú,
y los de la Sefela a los filisteos; poseerán tam-
bién los campos de Efraín, y los campos de Sa-
maria; y Benjamín a Galaad.
20 Y los cautivos de este ejército de los hijos de
Israel poseerán lo de los cananeos hasta Sarep-
ta; y los cautivos de Jerusalén que están en Se-
farad poseerán las ciudades del Neguev.
21 Y subirán salvadores al monte de Sion para
juzgar al monte de Esaú; y el reino será de
Jehová.

JONÁS

Jonás huye de Jehová

1 1 Vino palabra de Jehová a Jonás[a] hijo de
Amitai, diciendo:
2 Levántate y ve a Nínive, aquella gran ciudad, y
pregona contra ella; porque ha subido su mal-
dad delante de mí.
3 Y Jonás se levantó para huir de la presencia de
Jehová a Tarsis, y descendió a Jope, y halló una
nave que partía para Tarsis; y pagando su pasa-
je, entró en ella para irse con ellos a Tarsis, lejos
de la presencia de Jehová.
4 Pero Jehová hizo levantar un gran viento en
el mar, y hubo en el mar una tempestad tan
grande que se pensó que se partiría la nave.
5 Y los marineros tuvieron miedo, y cada uno
clamaba a su dios; y echaron al mar los enseres
que había en la nave, para descargarla de ellos.
Pero Jonás había bajado al interior de la nave, y
se había echado a dormir.
6 Y el patrón de la nave se le acercó y le dijo:
¿Qué tienes, dormilón? Levántate, y clama a tu
Dios; quizá él tendrá compasión de nosotros, y
no pereceremos.
7 Y dijeron cada uno a su compañero: Venid y
echemos suertes, para que sepamos por causa
de quién nos ha venido este mal. Y echaron
suertes, y la suerte cayó sobre Jonás.
8 Entonces le dijeron ellos: Decláranos ahora
por qué nos ha venido este mal. ¿Qué oficio tie-
nes, y de dónde vienes? ¿Cuál es tu tierra, y de
qué pueblo eres?
9 Y él les respondió: Soy hebreo, y temo a Jeho-
vá, Dios de los cielos, que hizo el mar y la tierra.
10 Y aquellos hombres temieron sobremanera, y
le dijeron: ¿Por qué has hecho esto? Porque
ellos sabían que huía de la presencia de Jehová,
pues él se lo había declarado.

1.1: [a] 2 R. 14.25.

11 Y le dijeron: ¿Qué haremos contigo para que el mar se nos aquiete? Porque el mar se iba embraveciendo más y más.

12 El les respondió: Tomadme y echadme al mar, y el mar se os aquietará; porque yo sé que por mi causa ha venido esta gran tempestad sobre vosotros.

13 Y aquellos hombres trabajaron para hacer volver la nave a tierra; mas no pudieron, porque el mar se iba embraveciendo más y más contra ellos.

14 Entonces clamaron a Jehová y dijeron: Te rogamos ahora, Jehová, que no perezcamos nosotros por la vida de este hombre, ni pongas sobre nosotros la sangre inocente; porque tú, Jehová, has hecho como has querido.

15 Y tomaron a Jonás, y lo echaron al mar; y el mar se aquietó de su furor.

16 Y temieron aquellos hombres a Jehová con gran temor, y ofrecieron sacrificio a Jehová, e hicieron votos.

17 Pero Jehová tenía preparado un gran pez que tragase a Jonás; y estuvo Jonás en el vientre del pez tres días y tres noches.[b]

Oración de Jonás

2 1 Entonces oró Jonás a Jehová su Dios desde el vientre del pez,

2 y dijo:

Invoqué en mi angustia a Jehová,
y él me oyó;
Desde el seno del Seol clamé,
Y mi voz oíste.
3 Me echaste a lo profundo, en medio
de los mares,
Y me rodeó la corriente;
Todas tus ondas y tus olas pasaron sobre mí.
4 Entonces dije: Desechado soy de delante
de tus ojos;
Mas aún veré tu santo templo.
5 Las aguas me rodearon hasta el alma,
Rodeóme el abismo;
El alga se enredó a mi cabeza.
6 Descendí a los cimientos de los montes;
La tierra echó sus cerrojos sobre mí para
siempre;
Mas tú sacaste mi vida de la sepultura,
oh Jehová Dios mío.
7 Cuando mi alma desfallecía en mí,
me acordé de Jehová,
Y mi oración llegó hasta ti en tu santo
templo.
8 Los que siguen vanidades ilusorias,
Su misericordia abandonan.
9 Mas yo con voz de alabanza
te ofreceré sacrificios;
Pagaré lo que prometí.
La salvación es de Jehová.

10 Y mandó Jehová al pez, y vomitó a Jonás en tierra.

Nínive se arrepiente

3 1 Vino palabra de Jehová por segunda vez a Jonás, diciendo:

2 Levántate y ve a Nínive, aquella gran ciudad, y proclama en ella el mensaje que yo te diré.

3 Y se levantó Jonás, y fue a Nínive conforme a la palabra de Jehová. Y era Nínive ciudad grande en extremo, de tres días de camino.

4 Y comenzó Jonás a entrar por la ciudad, camino de un día, y predicaba diciendo: De aquí a cuarenta días Nínive será destruida.

5 Y los hombres de Nínive creyeron a Dios, y proclamaron ayuno, y se vistieron de cilicio desde el mayor hasta el menor de ellos.[a]

6 Y llegó la noticia hasta el rey de Nínive, y se levantó de su silla, se despojó de su vestido, y se cubrió de cilicio y se sentó sobre ceniza.

7 E hizo proclamar y anunciar en Nínive, por mandato del rey y de sus grandes, diciendo: Hombres y animales, bueyes y ovejas, no gusten cosa alguna; no se les dé alimento, ni beban agua;

8 sino cúbranse de cilicio hombres y animales, y clamen a Dios fuertemente; y conviértase cada uno de su mal camino, de la rapiña que hay en sus manos.

9 ¿Quién sabe si se volverá y se arrepentirá Dios, y se apartará del ardor de su ira, y no pereceremos?

10 Y vio Dios lo que hicieron, que se convirtieron de su mal camino; y se arrepintió del mal que había dicho que les haría, y no lo hizo.

El enojo de Jonás

4 1 Pero Jonás se apesadumbró en extremo, y se enojó.

2 Y oró a Jehová y dijo: Ahora, oh Jehová, ¿no es esto lo que yo decía estando aún en mi tierra? Por eso me apresuré a huir a Tarsis; porque sabía yo que tú eres Dios clemente y piadoso, tardo en enojarte, y de grande misericordia,[a] y que te arrepientes del mal.

3 Ahora pues, oh Jehová, te ruego que me quites la vida; porque mejor me es la muerte que la vida.

4 Y Jehová le dijo: ¿Haces tú bien en enojarte tanto?

5 Y salió Jonás de la ciudad, y acampó hacia el oriente de la ciudad, y se hizo allí una enramada, y se sentó debajo de ella a la sombra, hasta ver qué acontecería en la ciudad.

6 Y preparó Jehová Dios una calabacera, la cual creció sobre Jonás para que hiciese sombra

1.17: [b] Mt. 12.40. **3.4-5:** [a] Mt. 12.41; Lc. 11.32.
4.2: [a] Ex. 34.6.

sobre su cabeza, y le librase de su malestar; y Jonás se alegró grandemente por la calabacera.

7 Pero al venir el alba del día siguiente, Dios preparó un gusano, el cual hirió la calabacera, y se secó.

8 Y aconteció que al salir el sol, preparó Dios un recio viento solano, y el sol hirió a Jonás en la cabeza, y se desmayaba, y deseaba la muerte, diciendo: Mejor sería para mí la muerte que la vida.

9 Entonces dijo Dios a Jonás: ¿Tanto te enojas por la calabacera? Y él respondió: Mucho me enojo, hasta la muerte.

10 Y dijo Jehová: Tuviste tú lástima de la calabacera, en la cual no trabajaste, ni tú la hiciste crecer; que en espacio de una noche nació, y en espacio de otra noche pereció.

11 ¿Y no tendré yo piedad de Nínive, aquella gran ciudad donde hay más de ciento veinte mil personas que no saben discernir entre su mano derecha y su mano izquierda, y muchos animales?

MIQUEAS

Lamento sobre Samaria y Jerusalén

1 1 Palabra de Jehová que vino a Miqueas de Moreset en días de Jotam,[a] Acaz[b] y Ezequías,[c] reyes de Judá; lo que vio sobre Samaria y Jerusalén.

2 Oíd, pueblos todos; está atenta, tierra, y cuanto hay en ti; y Jehová el Señor, el Señor desde su santo templo, sea testigo contra vosotros.

3 Porque he aquí, Jehová sale de su lugar, y descenderá y hollará las alturas de la tierra.

4 Y se derretirán los montes debajo de él, y los valles se hendirán como la cera delante del fuego, como las aguas que corren por un precipicio.

5 Todo esto por la rebelión de Jacob, y por los pecados de la casa de Israel. ¿Cuál es la rebelión de Jacob? ¿No es Samaria? ¿Y cuáles son los lugares altos de Judá? ¿No es Jerusalén?

6 Haré, pues, de Samaria montones de ruinas, y tierra para plantar viñas; y derramaré sus piedras por el valle, y descubriré sus cimientos.

7 Y todas sus estatuas serán despedazadas, y todos sus dones serán quemados en fuego, y asolaré todos sus ídolos; porque de dones de rameras los juntó, y a dones de rameras volverán.

8 Por esto lamentaré y aullaré, y andaré despojado y desnudo; haré aullido como de chacales, y lamento como de avestruces.

9 Porque su llaga es dolorosa, y llegó hasta Judá; llegó hasta la puerta de mi pueblo, hasta Jerusalén.

10 No lo digáis en Gat, ni lloréis mucho; revuélcate en el polvo de Bet-le-afra.

11 Pásate, oh morador de Safir, desnudo y con vergüenza; el morador de Zaanán no sale; el llanto de Betesel os quitará su apoyo.

12 Porque los moradores de Marot anhelaron ansiosamente el bien; pues de parte de Jehová el mal había descendido hasta la puerta de Jerusalén.

13 Uncid al carro bestias veloces, oh moradores de Laquis, que fuisteis principio de pecado a la hija de Sion; porque en vosotros se hallaron las rebeliones de Israel.

14 Por tanto, vosotros daréis dones a Moreset-gat; las casas de Aczib serán para engaño a los reyes de Israel.

15 Aun os traeré nuevo poseedor, oh moradores de Maresa; la flor de Israel huirá hasta Adulam.

16 Ráete y trasquílate por los hijos de tus delicias; hazte calvo como águila, porque en cautiverio se fueron de ti.

¡Ay de los que oprimen a los pobres!

2 1 ¡Ay de los que en sus camas piensan iniquidad y maquinan el mal, y cuando llega la mañana lo ejecutan, porque tienen en su mano el poder!

2 Codician las heredades, y las roban; y casas, y las toman; oprimen al hombre y a su casa, al hombre y a su heredad.

3 Por tanto, así ha dicho Jehová: He aquí, yo pienso contra esta familia un mal del cual no sacaréis vuestros cuellos, ni andaréis erguidos; porque el tiempo será malo.

4 En aquel tiempo levantarán sobre vosotros refrán, y se hará endecha de lamentación, diciendo: Del todo fuimos destruidos; él ha cambiado la porción de mi pueblo. ¡Cómo nos quitó nuestros campos! Los dio y los repartió a otros.

5 Por tanto, no habrá quien a suerte reparta heredades en la congregación de Jehová.

6 No profeticéis, dicen a los que profetizan; no les profeticen, porque no les alcanzará vergüenza.

7 Tú que te dices casa de Jacob, ¿se ha acortado el Espíritu de Jehová? ¿Son estas sus obras? ¿No hacen mis palabras bien al que camina rectamente?

8 El que ayer era mi pueblo, se ha levantado como enemigo; de sobre el vestido quitasteis las

1.1: [a] 2 R. 15.32-38; 2 Cr. 27.1-7. [b] 2 R. 16.1-20; 2 Cr. 28.1-27. [c] 2 R. 18.1–20.21; 2 Cr. 29.1–32.33.

capas atrevidamente a los que pasaban, como
adversarios de guerra.
9 A las mujeres de mi pueblo echasteis fuera de
las casas que eran su delicia; a sus niños quitas-
teis mi perpetua alabanza.
10 Levantaos y andad, porque no es este el lugar
de reposo, pues está contaminado, corrompido
grandemente.
11 Si alguno andando con espíritu de falsedad
mintiere diciendo: Yo te profetizaré de vino y de
sidra; este tal será el profeta de este pueblo.
12 De cierto te juntaré todo, oh Jacob; recoge-
ré ciertamente el resto de Israel; lo reuniré
como ovejas de Bosra, como rebaño en medio
de su aprisco; harán estruendo por la multitud
de hombres.
13 Subirá el que abre caminos delante de ellos;
abrirán camino y pasarán la puerta, y saldrán
por ella; y su rey pasará delante de ellos, y a la
cabeza de ellos Jehová.

Acusación contra los dirigentes de Israel

3 1 Dije: Oíd ahora, príncipes de Jacob, y jefes
de la casa de Israel: ¿No concierne a voso-
tros saber lo que es justo?
2 Vosotros que aborrecéis lo bueno y amáis lo
malo, que les quitáis su piel y su carne de sobre
los huesos;
3 que coméis asimismo la carne de mi pueblo, y
les desolláis su piel de sobre ellos, y les quebran-
táis los huesos y los rompéis como para el calde-
ro, y como carnes en olla.
4 Entonces clamaréis a Jehová, y no os res-
ponderá; antes esconderá de vosotros su rostro
en aquel tiempo, por cuanto hicisteis malvadas
obras.
5 Así ha dicho Jehová acerca de los profetas
que hacen errar a mi pueblo, y claman: Paz,
cuando tienen algo que comer, y al que no les da
de comer, proclaman guerra contra él:
6 Por tanto, de la profecía se os hará noche, y os-
curidad del adivinar; y sobre los profetas se
pondrá el sol, y el día se entenebrecerá sobre
ellos.
7 Y serán avergonzados los profetas, y se con-
fundirán los adivinos; y ellos todos cerrarán sus
labios, porque no hay respuesta de Dios.
8 Mas yo estoy lleno de poder del Espíritu de
Jehová, y de juicio y de fuerza, para denunciar a
Jacob su rebelión, y a Israel su pecado.
9 Oíd ahora esto, jefes de la casa de Jacob, y ca-
pitanes de la casa de Israel, que abomináis el
juicio, y pervertís todo el derecho;
10 que edificáis a Sion con sangre, y a Jerusalén
con injusticia.
11 Sus jefes juzgan por cohecho, y sus sacerdo-
tes enseñan por precio, y sus profetas adivinan
por dinero; y se apoyan en Jehová, diciendo:
¿No está Jehová entre nosotros? No vendrá mal
sobre nosotros.
12 Por tanto, a causa de vosotros Sion será ara-
da como campo, y Jerusalén vendrá a ser mon-
tones de ruinas, y el monte de la casa como
cumbres de bosque.[a]

Reinado universal de Jehová

4 1 Acontecerá en los postreros tiempos que
el monte de la casa de Jehová será estable-
cido por cabecera de montes, y más alto que los
collados, y correrán a él los pueblos.
2 Vendrán muchas naciones, y dirán: Venid, y
subamos al monte de Jehová, y a la casa del
Dios de Jacob; y nos enseñará en sus caminos, y
andaremos por sus veredas; porque de Sion sal-
drá la ley, y de Jerusalén la palabra de Jehová.
3 Y él juzgará entre muchos pueblos, y corregirá
a naciones poderosas hasta muy lejos; y marti-
llarán sus espadas para azadones, y sus lanzas
para hoces;[a] no alzará espada nación contra na-
ción, ni se ensayarán más para la guerra.
4 Y se sentará cada uno debajo de su vid y deba-
jo de su higuera,[b] y no habrá quien los amedren-
te; porque la boca de Jehová de los ejércitos lo
ha hablado.
5 Aunque todos los pueblos anden cada uno
en el nombre de su dios, nosotros con todo an-
daremos en el nombre de Jehová nuestro Dios
eternamente y para siempre.

Israel será redimido del cautiverio

6 En aquel día, dice Jehová, juntaré la que co-
jea, y recogeré la descarriada, y a la que afligí;
7 y pondré a la coja como remanente, y a la des-
carriada como nación robusta; y Jehová reinará
sobre ellos en el monte de Sion desde ahora y
para siempre.
8 Y tú, oh torre del rebaño, fortaleza de la hija
de Sion, hasta ti vendrá el señorío primero, el
reino de la hija de Jerusalén.
9 Ahora, ¿por qué gritas tanto? ¿No hay rey en
ti? ¿Pereció tu consejero, que te ha tomado do-
lor como de mujer de parto?
10 Duélete y gime, hija de Sion, como mujer que
está de parto;[c] porque ahora saldrás de la ciu-
dad y morarás en el campo, y llegarás hasta Ba-
bilonia; allí serás librada, allí te redimirá Jehová
de la mano de tus enemigos.
11 Pero ahora se han juntado muchas nacio-
nes contra ti, y dicen: Sea profanada, y vean
nuestros ojos su deseo en Sion.
12 Mas ellos no conocieron los pensamientos de
Jehová, ni entendieron su consejo; por lo cual
los juntó como gavillas en la era.
13 Levántate y trilla, hija de Sion, porque haré

3.12: [a] Jer. 26.18. **4.3:** [a] Jl. 3.10. **4.4:** [b] Zac. 3.10.
4.10: [c] Ap. 12.2.

tu cuerno como de hierro, y tus uñas de bronce, y desmenuzarás a muchos pueblos; y consagrarás a Jehová su botín, y sus riquezas al Señor de toda la tierra.

El reinado del libertador desde Belén

5 1 Rodéate ahora de muros, hija de guerreros; nos han sitiado; con vara herirán en la mejilla al juez de Israel.

2 Pero tú, Belén Efrata, pequeña para estar entre las familias de Judá, de ti me saldrá el que será Señor en Israel;[a] y sus salidas son desde el principio, desde los días de la eternidad.

3 Pero los dejará hasta el tiempo que dé a luz la que ha de dar a luz; y el resto de sus hermanos se volverá con los hijos de Israel.

4 Y él estará, y apacentará con poder de Jehová, con grandeza del nombre de Jehová su Dios; y morarán seguros, porque ahora será engrandecido hasta los fines de la tierra.

5 Y éste será nuestra paz. Cuando el asirio viniere a nuestra tierra, y cuando hollare nuestros palacios, entonces levantaremos contra él siete pastores, y ocho hombres principales;

6 y devastarán la tierra de Asiria a espada, y con sus espadas la tierra de Nimrod;[b] y nos librará del asirio, cuando viniere contra nuestra tierra y hollare nuestros confines.

7 El remanente de Jacob será en medio de muchos pueblos como el rocío de Jehová, como las lluvias sobre la hierba, las cuales no esperan a varón, ni aguardan a hijos de hombres.

8 Asimismo el remanente de Jacob será entre las naciones, en medio de muchos pueblos, como el león entre las bestias de la selva, como el cachorro del león entre las manadas de las ovejas, el cual si pasare, y hollare, y arrebatare, no hay quien escape.

9 Tu mano se alzará sobre tus enemigos, y todos tus adversarios serán destruidos.

10 Acontecerá en aquel día, dice Jehová, que haré matar tus caballos de en medio de ti, y haré destruir tus carros.

11 Haré también destruir las ciudades de tu tierra, y arruinaré todas tus fortalezas.

12 Asimismo destruiré de tu mano las hechicerías, y no se hallarán en ti agoreros.

13 Y haré destruir tus esculturas y tus imágenes de en medio de ti, y nunca más te inclinarás a la obra de tus manos.

14 Arrancaré tus imágenes de Asera de en medio de ti, y destruiré tus ciudades;

15 y con ira y con furor haré venganza en las naciones que no obedecieron.

Controversia de Jehová contra Israel

6 1 Oíd ahora lo que dice Jehová: Levántate, contiende contra los montes, y oigan los collados tu voz.

2 Oíd, montes, y fuertes cimientos de la tierra, el pleito de Jehová; porque Jehová tiene pleito con su pueblo, y altercará con Israel.

3 Pueblo mío, ¿qué te he hecho, o en qué te he molestado? Responde contra mí.

4 Porque yo te hice subir de la tierra de Egipto,[a] y de la casa de servidumbre te redimí; y envié delante de ti a Moisés, a Aarón[b] y a María.[c]

5 Pueblo mío, acuérdate ahora qué aconsejó Balac rey de Moab, y qué le respondió Balaam hijo de Beor,[d] desde Sitim hasta Gilgal,[e] para que conozcas las justicias de Jehová.

Lo que pide Jehová

6 ¿Con qué me presentaré ante Jehová, y adoraré al Dios Altísimo? ¿Me presentaré ante él con holocaustos, con becerros de un año?

7 ¿Se agradará Jehová de millares de carneros, o de diez mil arroyos de aceite? ¿Daré mi primogénito por mi rebelión, el fruto de mis entrañas por el pecado de mi alma?

8 Oh hombre, él te ha declarado lo que es bueno, y qué pide Jehová de ti: solamente hacer justicia, y amar misericordia, y humillarte ante tu Dios.

9 La voz de Jehová clama a la ciudad; es sabio temer a tu nombre. Prestad atención al castigo, y a quien lo establece.

10 ¿Hay aún en casa del impío tesoros de impiedad, y medida escasa que es detestable?

11 ¿Daré por inocente al que tiene balanza falsa y bolsa de pesas engañosas?

12 Sus ricos se colmaron de rapiña, y sus moradores hablaron mentira, y su lengua es engañosa en su boca.

13 Por eso yo también te hice enflaquecer hiriéndote, asolándote por tus pecados.

14 Comerás, y no te saciarás, y tu abatimiento estará en medio de ti; recogerás, mas no salvarás, y lo que salvares, lo entregaré yo a la espada.

15 Sembrarás, mas no segarás; pisarás aceitunas, mas no te ungirás con el aceite; y mosto, mas no beberás el vino.

16 Porque los mandamientos de Omri[f] se han guardado, y toda obra de la casa de Acab;[g] y en los consejos de ellos anduvisteis, para que yo te pusiese en asolamiento, y tus moradores para burla. Llevaréis, por tanto, el oprobio de mi pueblo.

Corrupción moral de Israel

7 1 ¡Ay de mí! porque estoy como cuando han recogido los frutos del verano, como cuando han rebuscado después de la vendimia, y no

5.2: [a] Mt. 2.6; Jn. 7.42. **5.6:** [b] Gn. 10.8-11. **6.4:** [a] Ex. 12.50-51. [b] Ex. 4.10-16. [c] Ex. 15.20. **6.5:** [d] Nm. 22.2–24.25. [e] Jos. 3.1–4.19. **6.16:** [f] 1 R. 16.23-28. [g] 1 R. 16.29-34; 21.25-26.

queda racimo para comer; mi alma deseó los primeros frutos.

2 Faltó el misericordioso de la tierra, y ninguno hay recto entre los hombres; todos acechan por sangre; cada cual arma red a su hermano.

3 Para completar la maldad con sus manos, el príncipe demanda, y el juez juzga por recompensa; y el grande habla el antojo de su alma, y lo confirman.

4 El mejor de ellos es como el espino; el más recto, como zarzal; el día de tu castigo viene, el que anunciaron tus atalayas; ahora será su confusión.

5 No creáis en amigo, ni confiéis en príncipe; de la que duerme a tu lado cuídate, no abras tu boca.

6 Porque el hijo deshonra al padre, la hija se levanta contra la madre, la nuera contra su suegra, y los enemigos del hombre son los de su casa.[a]

7 Mas yo a Jehová miraré, esperaré al Dios de mi salvación; el Dios mío me oirá.

Jehová trae luz y libertad

8 Tú, enemiga mía, no te alegres de mí, porque aunque caí, me levantaré; aunque more en tinieblas, Jehová será mi luz.

9 La ira de Jehová soportaré, porque pequé contra él, hasta que juzgue mi causa y haga mi justicia; él me sacará a luz; veré su justicia.

10 Y mi enemiga lo verá, y la cubrirá vergüenza; la que me decía: ¿Dónde está Jehová tu Dios? Mis ojos la verán; ahora será hollada como lodo de las calles.

11 Viene el día en que se edificarán tus muros; aquel día se extenderán los límites.

12 En ese día vendrán hasta ti desde Asiria y las ciudades fortificadas, y desde las ciudades fortificadas hasta el Río, y de mar a mar, y de monte a monte.

13 Y será asolada la tierra a causa de sus moradores, por el fruto de sus obras.

Compasión de Jehová por Israel

14 Apacienta tu pueblo con tu cayado, el rebaño de tu heredad, que mora solo en la montaña, en campo fértil; busque pasto en Basán y Galaad, como en el tiempo pasado.

15 Yo les mostraré maravillas como el día que saliste de Egipto.

16 Las naciones verán, y se avergonzarán de todo su poderío; pondrán la mano sobre su boca, ensordecerán sus oídos.

17 Lamerán el polvo como la culebra; como las serpientes de la tierra, temblarán en sus encierros; se volverán amedrentados ante Jehová nuestro Dios, y temerán a causa de ti.

18 ¿Qué Dios como tú, que perdona la maldad, y olvida el pecado del remanente de su heredad? No retuvo para siempre su enojo, porque se deleita en misericordia.

19 El volverá a tener misericordia de nosotros; sepultará nuestras iniquidades, y echará en lo profundo del mar todos nuestros pecados.

20 Cumplirás la verdad a Jacob, y a Abraham la misericordia, que juraste a nuestros padres desde tiempos antiguos.

NAHUM

La ira vengadora de Dios

1 1 Profecía sobre Nínive.[a] Libro de la visión de Nahum de Elcos.

2 Jehová es Dios celoso y vengador; Jehová es vengador y lleno de indignación; se venga de sus adversarios, y guarda enojo para sus enemigos.

3 Jehová es tardo para la ira y grande en poder, y no tendrá por inocente al culpable. Jehová marcha en la tempestad y el torbellino, y las nubes son el polvo de sus pies.

4 El amenaza al mar, y lo hace secar, y agosta todos los ríos; Basán fue destruido, y el Carmelo, y la flor del Líbano fue destruida.

5 Los montes tiemblan delante de él, y los collados se derriten; la tierra se conmueve a su presencia, y el mundo, y todos los que en él habitan.

6 ¿Quién permanecerá delante de su ira? ¿y quién quedará en pie en el ardor de su enojo? Su ira se derrama como fuego, y por él se hienden las peñas.

7 Jehová es bueno, fortaleza en el día de la angustia; y conoce a los que en él confían.

8 Mas con inundación impetuosa consumirá a sus adversarios, y tinieblas perseguirán a sus enemigos.

9 ¿Qué pensáis contra Jehová? El hará consumación; no tomará venganza dos veces de sus enemigos.

10 Aunque sean como espinos entretejidos, y estén empapados en su embriaguez, serán consumidos como hojarasca completamente seca.

11 De ti salió el que imaginó mal contra Jehová, un consejero perverso.

12 Así ha dicho Jehová: Aunque reposo tengan, y sean tantos, aun así serán talados, y él pasará. Bastante te he afligido; no te afligiré ya más.

13 Porque ahora quebraré su yugo de sobre ti, y romperé tus coyundas.

7.6: [a] Mt. 10.35-36; Lc. 12.53. **1.1–3.19:** [a] Is. 10.5-34; 14.24-27; Sof. 2.13-15.

14 Mas acerca de ti mandará Jehová, que no
quede ni memoria de tu nombre; de la casa de
tu dios destruiré escultura y estatua de fundi-
ción; allí pondré tu sepulcro, porque fuiste vil.

Anuncio de la caída de Nínive

15 He aquí sobre los montes los pies del que
trae buenas nuevas, del que anuncia la paz.[b] Ce-
lebra, oh Judá, tus fiestas, cumple tus votos;
porque nunca más volverá a pasar por ti el mal-
vado; pereció del todo.

2 1 Subió destruidor contra ti; guarda la for-
taleza, vigila el camino, cíñete los lomos, re-
fuerza mucho tu poder.
2 Porque Jehová restaurará la gloria de Jacob
como la gloria de Israel; porque saqueadores los
saquearon, y estropearon sus mugrones.
3 El escudo de sus valientes estará enrojecido,
los varones de su ejército vestidos de grana; el
carro como fuego de antorchas; el día que se
prepare, temblarán las hayas.
4 Los carros se precipitarán a las plazas, con es-
truendo rodarán por las calles; su aspecto será
como antorchas encendidas, correrán como re-
lámpagos.
5 Se acordará él de sus valientes; se atropellarán
en su marcha; se apresurarán a su muro, y la de-
fensa se preparará.
6 Las puertas de los ríos se abrirán, y el palacio
será destruido.
7 Y la reina será cautiva; mandarán que suba, y
sus criadas la llevarán gimiendo como palomas,
golpeándose sus pechos.
8 Fue Nínive de tiempo antiguo como estanque
de aguas; pero ellos huyen. Dicen: ¡Deteneos,
deteneos!; pero ninguno mira.
9 Saquead plata, saquead oro; no hay fin de las
riquezas y suntuosidad de toda clase de efectos
codiciables.
10 Vacía, agotada y desolada está, y el cora-
zón desfallecido; temblor de rodillas, dolor en
las entrañas, rostros demudados.
11 ¿Qué es de la guarida de los leones, y de la
majada de los cachorros de los leones, donde se
recogía el león y la leona, y los cachorros del
león, y no había quien los espantase?
12 El león arrebataba en abundancia para sus
cachorros, y ahogaba para sus leonas, y llenaba
de presa sus cavernas, y de robo sus guaridas.

Destrucción total de Nínive

13 Heme aquí contra ti, dice Jehová de los
ejércitos. Encenderé y reduciré a humo tus ca-
rros, y espada devorará tus leoncillos; y cortaré
de la tierra tu robo, y nunca más se oirá la voz
de tus mensajeros.

3 1 ¡Ay de ti, ciudad sanguinaria, toda llena de
mentira y de rapiña, sin apartarte del pillaje!
2 Chasquido de látigo, y fragor de ruedas, caba-
llo atropellador, y carro que salta;
3 jinete enhiesto, y resplandor de espada, y res-
plandor de lanza; y multitud de muertos, y mul-
titud de cadáveres; cadáveres sin fin, y en sus
cadáveres tropezarán,
4 a causa de la multitud de las fornicaciones de
la ramera de hermosa gracia, maestra en hechi-
zos, que seduce a las naciones con sus fornica-
ciones, y a los pueblos con sus hechizos.
5 Heme aquí contra ti, dice Jehová de los ejér-
citos, y descubriré tus faldas en tu rostro, y mos-
traré a las naciones tu desnudez, y a los reinos
tu vergüenza.
6 Y echaré sobre ti inmundicias, y te afrentaré, y
te pondré como estiércol.
7 Todos los que te vieren se apartarán de ti, y di-
rán: Nínive es asolada; ¿quién se compadecerá
de ella? ¿Dónde te buscaré consoladores?
8 ¿Eres tú mejor que Tebas, que estaba asen-
tada junto al Nilo, rodeada de aguas, cuyo ba-
luarte era el mar, y aguas por muro?
9 Etiopía era su fortaleza, también Egipto, y eso
sin límite; Fut y Libia fueron sus ayudadores.
10 Sin embargo ella fue llevada en cautiverio;
también sus pequeños fueron estrellados en las
encrucijadas de todas las calles, y sobre sus va-
rones echaron suertes, y todos sus grandes fue-
ron aprisionados con grillos.
11 Tú también serás embriagada, y serás ence-
rrada; tú también buscarás refugio a causa del
enemigo.
12 Todas tus fortalezas serán cual higueras con
brevas, que si las sacuden, caen en la boca del
que las ha de comer.
13 He aquí, tu pueblo será como mujeres en medio
de ti; las puertas de tu tierra se abrirán de par en
par a tus enemigos; fuego consumirá tus cerrojos.
14 Provéete de agua para el asedio, refuerza
tus fortalezas; entra en el lodo, pisa el barro, re-
fuerza el horno.
15 Allí te consumirá el fuego, te talará la espada,
te devorará como pulgón; multiplícate como
langosta, multiplícate como el langostón.
16 Multiplicaste tus mercaderes más que las es-
trellas del cielo; la langosta hizo presa, y voló.
17 Tus príncipes serán como langostas, y tus
grandes como nubes de langostas que se sientan
en vallados en día de frío; salido el sol se van, y
no se conoce el lugar donde están.
18 Durmieron tus pastores, oh rey de Asiria,
reposaron tus valientes; tu pueblo se derramó
por los montes, y no hay quien lo junte.
19 No hay medicina para tu quebradura; tu heri-
da es incurable; todos los que oigan tu fama ba-
tirán las manos sobre ti, porque ¿sobre quién no
pasó continuamente tu maldad?

1.15: [b] Is. 52.7.

HABACUC

Habacuc se queja de injusticia

1 1 La profecía que vio el profeta Habacuc.
2 ¿Hasta cuándo, oh Jehová, clamaré, y no oirás; y daré voces a ti a causa de la violencia, y no salvarás?
3 ¿Por qué me haces ver iniquidad, y haces que vea molestia? Destrucción y violencia están delante de mí, y pleito y contienda se levantan.
4 Por lo cual la ley es debilitada, y el juicio no sale según la verdad; por cuanto el impío asedia al justo, por eso sale torcida la justicia.

Los caldeos castigarán a Judá

5 Mirad entre las naciones, y ved, y asombraos; porque haré una obra en vuestros días, que aun cuando se os contare, no la creeréis.[a]
6 Porque he aquí, yo levanto a los caldeos,[b] nación cruel y presurosa, que camina por la anchura de la tierra para poseer las moradas ajenas.
7 Formidable es y terrible; de ella misma procede su justicia y su dignidad.
8 Sus caballos serán más ligeros que leopardos, y más feroces que lobos nocturnos, y sus jinetes se multiplicarán; vendrán de lejos sus jinetes, y volarán como águilas que se apresuran a devorar.
9 Toda ella vendrá a la presa; el terror va delante de ella, y recogerá cautivos como arena.
10 Escarnecerá a los reyes, y de los príncipes hará burla; se reirá de toda fortaleza, y levantará terraplén y la tomará.
11 Luego pasará como el huracán, y ofenderá atribuyendo su fuerza a su dios.

Protesta de Habacuc

12 ¿No eres tú desde el principio, oh Jehová, Dios mío, Santo mío? No moriremos. Oh Jehová, para juicio lo pusiste; y tú, oh Roca, lo fundaste para castigar.
13 Muy limpio eres de ojos para ver el mal, ni puedes ver el agravio; ¿por qué ves a los menospreciadores, y callas cuando destruye el impío al más justo que él,
14 y haces que sean los hombres como los peces del mar, como reptiles que no tienen quien los gobierne?
15 Sacará a todos con anzuelo, los recogerá con su red, y los juntará en sus mallas; por lo cual se alegrará y se regocijará.
16 Por esto hará sacrificios a su red, y ofrecerá sahumerios a sus mallas; porque con ellas engordó su porción, y engrasó su comida.
17 ¿Vaciará por eso su red, y no tendrá piedad de aniquilar naciones continuamente?

Jehová responde a Habacuc

2 1 Sobre mi guarda estaré, y sobre la fortaleza afirmaré el pie, y velaré para ver lo que se me dirá, y qué he de responder tocante a mi queja.
2 Y Jehová me respondió, y dijo: Escribe la visión, y declárala en tablas, para que corra el que leyere en ella.
3 Aunque la visión tardará aún por un tiempo, mas se apresura hacia el fin, y no mentirá; aunque tardare, espéralo, porque sin duda vendrá, no tardará.[a]
4 He aquí que aquel cuya alma no es recta, se enorgullece; mas el justo por su fe vivirá.[b]
5 Y también, el que es dado al vino es traicionero, hombre soberbio, que no permanecerá; ensanchó como el Seol su alma, y es como la muerte, que no se saciará; antes reunió para sí todas las gentes, y juntó para sí todos los pueblos.

Ayes contra los injustos

6 ¿No han de levantar todos éstos refrán sobre él, y sarcasmos contra él? Dirán: ¡Ay del que multiplicó lo que no era suyo! ¿Hasta cuándo había de acumular sobre sí prenda tras prenda?
7 ¿No se levantarán de repente tus deudores, y se despertarán los que te harán temblar, y serás despojo para ellos?
8 Por cuanto tú has despojado a muchas naciones, todos los otros pueblos te despojarán, a causa de la sangre de los hombres, y de los robos de la tierra, de las ciudades y de todos los que habitan en ellas.
9 ¡Ay del que codicia injusta ganancia para su casa, para poner en alto su nido, para escaparse del poder del mal!
10 Tomaste consejo vergonzoso para tu casa, asolaste muchos pueblos, y has pecado contra tu vida.
11 Porque la piedra clamará desde el muro, y la tabla del enmaderado le responderá.
12 ¡Ay del que edifica la ciudad con sangre, y del que funda una ciudad con iniquidad!
13 ¿No es esto de Jehová de los ejércitos? Los pueblos, pues, trabajarán para el fuego, y las naciones se fatigarán en vano.
14 Porque la tierra será llena del conocimiento de la gloria de Jehová, como las aguas cubren el mar.[c]
15 ¡Ay del que da de beber a su prójimo! ¡Ay de ti, que le acercas tu hiel, y le embriagas para mirar su desnudez!
16 Te has llenado de deshonra más que de hon-

1.5: [a] Hch. 13.41. **1.6:** [b] 2 R. 24.2. **2.3:** [a] He. 10.37.
2.4: [b] Ro. 1.17; Gá. 3.11; He. 10.38. **2.14:** [c] Is. 11.9.

ra; bebe tú también, y serás descubierto; el cáliz
de la mano derecha de Jehová vendrá hasta ti, y
vómito de afrenta sobre tu gloria.
17 Porque la rapiña del Líbano caerá sobre ti, y
la destrucción de las fieras te quebrantará, a
causa de la sangre de los hombres, y del robo de
la tierra, de las ciudades y de todos los que en
ellas habitaban.
18 ¿De qué sirve la escultura que esculpió el
que la hizo? ¿la estatua de fundición que enseña
mentira, para que haciendo imágenes mudas
confíe el hacedor en su obra?
19 ¡Ay del que dice al palo: Despiértate; y a la
piedra muda: Levántate! ¿Podrá él enseñar? He
aquí está cubierto de oro y plata, y no hay espíri-
tu dentro de él.
20 Mas Jehová está en su santo templo; calle
delante de él toda la tierra.

Oración de Habacuc

3 1 Oración del profeta Habacuc, sobre Sigio-
not.

2 Oh Jehová, he oído tu palabra,
y temí.
Oh Jehová, aviva tu obra en medio
de los tiempos,
En medio de los tiempos hazla conocer;
En la ira acuérdate de la misericordia.
3 Dios vendrá de Temán,
Y el Santo desde el monte de Parán.
Selah
Su gloria cubrió los cielos,
Y la tierra se llenó de su alabanza.
4 Y el resplandor fue como la luz;
Rayos brillantes salían de su mano,
Y allí estaba escondido su poder.
5 Delante de su rostro iba mortandad,
Y a sus pies salían carbones encendidos.
6 Se levantó, y midió la tierra;
Miró, e hizo temblar las gentes;
Los montes antiguos fueron
desmenuzados,
Los collados antiguos se humillaron.
Sus caminos son eternos.
7 He visto las tiendas de Cusán en aflicción;
Las tiendas de la tierra de Madián
temblaron.
8 ¿Te airaste, oh Jehová, contra los ríos?
¿Contra los ríos te airaste?
¿Fue tu ira contra el mar
Cuando montaste en tus caballos,
Y en tus carros de victoria?
9 Se descubrió enteramente tu arco;
Los juramentos a las tribus fueron
palabra segura.
Selah
Hendiste la tierra con ríos.
10 Te vieron y tuvieron temor los montes;
Pasó la inundación de las aguas;
El abismo dio su voz,
A lo alto alzó sus manos.
11 El sol y la luna se pararon en su lugar;
A la luz de tus saetas anduvieron,
Y al resplandor de tu fulgente lanza.
12 Con ira hollaste la tierra,
Con furor trillaste las naciones.
13 Saliste para socorrer a tu pueblo,
Para socorrer a tu ungido.
Traspasaste la cabeza de la casa
del impío,
Descubriendo el cimiento
hasta la roca.
Selah
14 Horadaste con sus propios dardos
las cabezas de sus guerreros,
Que como tempestad acometieron
para dispersarme,
Cuyo regocijo era como para devorar
al pobre encubiertamente.
15 Caminaste en el mar con tus caballos,
Sobre la mole de las grandes aguas.
16 Oí, y se conmovieron mis entrañas;
A la voz temblaron mis labios;
Pudrición entró en mis huesos,
y dentro de mí me estremecí;
Si bien estaré quieto en el día de la
angustia,
Cuando suba al pueblo el que lo invadirá
con sus tropas.
17 Aunque la higuera no florezca,
Ni en las vides haya frutos,
Aunque falte el producto del olivo,
Y los labrados no den mantenimiento,
Y las ovejas sean quitadas
de la majada,
Y no haya vacas en los corrales;
18 Con todo, yo me alegraré en Jehová,
Y me gozaré en el Dios de mi salvación.
19 Jehová el Señor es mi fortaleza,
El cual hace mis pies como de ciervas,[a]
Y en mis alturas me hace andar.

Al jefe de los cantores, sobre mis instrumentos de cuerdas.

3.19: [a] 2 S. 22.34; Sal. 18.33.

SOFONÍAS

El día de la ira de Jehová

1 1 Palabra de Jehová que vino a Sofonías hijo
de Cusi, hijo de Gedalías, hijo de Amarías,
hijo de Ezequías, en días de Josías[a] hijo de Amón,
rey de Judá.
2 Destruiré por completo todas las cosas de
sobre la faz de la tierra, dice Jehová.
3 Destruiré los hombres y las bestias; destruiré
las aves del cielo y los peces del mar, y cortaré a
los impíos; y raeré a los hombres de sobre la faz
de la tierra, dice Jehová.
4 Extenderé mi mano sobre Judá, y sobre todos
los habitantes de Jerusalén, y exterminaré de
este lugar los restos de Baal, y el nombre de los
ministros idólatras con sus sacerdotes;
5 y a los que sobre los terrados se postran al ejér-
cito del cielo, y a los que se postran jurando por
Jehová y jurando por Milcom;
6 y a los que se apartan de en pos de Jehová, y a
los que no buscaron a Jehová, ni le consultaron.
7 Calla en la presencia de Jehová el Señor,
porque el día de Jehová está cercano; porque
Jehová ha preparado sacrificio, y ha dispuesto a
sus convidados.
8 Y en el día del sacrificio de Jehová castigaré a
los príncipes, y a los hijos del rey, y a todos los
que visten vestido extranjero.
9 Asimismo castigaré en aquel día a todos los
que saltan la puerta, los que llenan las casas de
sus señores de robo y de engaño.
10 Y habrá en aquel día, dice Jehová, voz de
clamor desde la puerta del Pescado, y aullido
desde la segunda puerta, y gran quebranta-
miento desde los collados.
11 Aullad, habitantes de Mactes, porque todo el
pueblo mercader es destruido; destruidos son
todos los que traían dinero.
12 Acontecerá en aquel tiempo que yo escudri-
ñaré a Jerusalén con linterna, y castigaré a los
hombres que reposan tranquilos como el vino
asentado, los cuales dicen en su corazón: Jeho-
vá ni hará bien ni hará mal.
13 Por tanto, serán saqueados sus bienes, y sus
casas asoladas; edificarán casas, mas no las ha-
bitarán, y plantarán viñas, mas no beberán el
vino de ellas.
14 Cercano está el día grande de Jehová, cer-
cano y muy próximo; es amarga la voz del día
de Jehová; gritará allí el valiente.
15 Día de ira aquel día, día de angustia y de
aprieto, día de alboroto y de asolamiento, día de
tiniebla y de oscuridad, día de nublado y de en-
tenebrecimiento,
16 día de trompeta y de algazara sobre las ciu-
dades fortificadas, y sobre las altas torres.
17 Y atribularé a los hombres, y andarán como
ciegos, porque pecaron contra Jehová; y la san-
gre de ellos será derramada como polvo, y su
carne como estiércol.
18 Ni su plata ni su oro podrá librarlos en el día
de la ira de Jehová, pues toda la tierra será con-
sumida con el fuego de su celo; porque cierta-
mente destrucción apresurada hará de todos los
habitantes de la tierra.

Juicios contra las naciones vecinas

2 1 Congregaos y meditad, oh nación sin pudor,
2 antes que tenga efecto el decreto, y el día
se pase como el tamo; antes que venga sobre vo-
sotros el furor de la ira de Jehová, antes que el
día de la ira de Jehová venga sobre vosotros.
3 Buscad a Jehová todos los humildes de la tie-
rra, los que pusisteis por obra su juicio; buscad
justicia, buscad mansedumbre; quizá seréis
guardados en el día del enojo de Jehová.
4 Porque Gaza será desamparada, y Ascalón aso-
lada; saquearán a Asdod en pleno día, y Ecrón
será desarraigada.
5 ¡Ay de los que moran en la costa del mar, del
pueblo de los cereteos! La palabra de Jehová es
contra vosotros, oh Canaán, tierra de los filis-
teos,[a] y te haré destruir hasta no dejar morador.
6 Y será la costa del mar praderas para pastores,
y corrales de ovejas.
7 Será aquel lugar para el remanente de la casa
de Judá; allí apacentarán; en las casas de Asca-
lón dormirán de noche; porque Jehová su Dios
los visitará, y levantará su cautiverio.
8 Yo he oído las afrentas de Moab,[b] y los de-
nuestos de los hijos de Amón[c] con que deshon-
raron a mi pueblo, y se engrandecieron sobre su
territorio.
9 Por tanto, vivo yo, dice Jehová de los ejércitos,
Dios de Israel, que Moab será como Sodoma, y
los hijos de Amón como Gomorra;[d] campo de
ortigas, y mina de sal, y asolamiento perpetuo;
el remanente de mi pueblo los saqueará, y el re-
manente de mi pueblo los heredará.
10 Esto les vendrá por su soberbia, porque
afrentaron y se engrandecieron contra el pueblo
de Jehová de los ejércitos.
11 Terrible será Jehová contra ellos, porque des-
truirá a todos los dioses de la tierra, y desde sus
lugares se inclinarán a él todas las tierras de las
naciones.

1.1: [a] 2 R. 22.1–23.30; 2 Cr. 34.1–35.27.
2.4-7: [a] Is. 14.29-31; Jer. 47.1-7; Ez. 25.15-17; Jl. 3.4-8;
Am. 1.6-8; Zac. 9.5-7. **2.8-11:** [b] Is. 15.1–16.14; 25.10-12;
Jer. 48.1-47; Ez. 25.8-11; Am. 2.1-3. [c] Jer. 49.1-6;
Ez. 21.28-32; 25.1-7; Am. 1.13-15. **2.9:** [d] Gn. 19.24.

12 También vosotros los de Etiopía[e] seréis muertos con mi espada.

13 Y extenderá su mano sobre el norte, y destruirá a Asiria,[f] y convertirá a Nínive en asolamiento y en sequedal como un desierto.

14 Rebaños de ganado harán en ella majada, todas las bestias del campo; el pelícano también y el erizo dormirán en sus dinteles; su voz cantará en las ventanas; habrá desolación en las puertas, porque su enmaderamiento de cedro será descubierto.

15 Esta es la ciudad alegre que estaba confiada, la que decía en su corazón: Yo, y no más. ¡Cómo fue asolada, hecha guarida de fieras! Cualquiera que pasare junto a ella, se burlará y sacudirá su mano.

El pecado de Jerusalén, y su redención

3 1 ¡Ay de la ciudad rebelde y contaminada y opresora!

2 No escuchó la voz, ni recibió la corrección; no confió en Jehová, no se acercó a su Dios.

3 Sus príncipes en medio de ella son leones rugientes; sus jueces, lobos nocturnos que no dejan hueso para la mañana.

4 Sus profetas son livianos, hombres prevaricadores; sus sacerdotes contaminaron el santuario, falsearon la ley.

5 Jehová en medio de ella es justo, no hará iniquidad; de mañana sacará a luz su juicio, nunca faltará; pero el perverso no conoce la vergüenza.

6 Hice destruir naciones; sus habitaciones están asoladas; hice desiertas sus calles, hasta no quedar quien pase; sus ciudades están asoladas hasta no quedar hombre, hasta no quedar habitante.

7 Dije: Ciertamente me temerá; recibirá corrección, y no será destruida su morada según todo aquello por lo cual la castigué. Mas ellos se apresuraron a corromper todos sus hechos.

8 Por tanto, esperadme, dice Jehová, hasta el día que me levante para juzgaros; porque mi determinación es reunir las naciones, juntar los reinos, para derramar sobre ellos mi enojo, todo el ardor de mi ira; por el fuego de mi celo será consumida toda la tierra.

9 En aquel tiempo devolveré yo a los pueblos pureza de labios, para que todos invoquen el nombre de Jehová, para que le sirvan de común consentimiento.

10 De la región más allá de los ríos de Etiopía me suplicarán; la hija de mis esparcidos traerá mi ofrenda.

11 En aquel día no serás avergonzada por ninguna de tus obras con que te rebelaste contra mí; porque entonces quitaré de en medio de ti a los que se alegran en tu soberbia, y nunca más te ensoberbecerás en mi santo monte.

12 Y dejaré en medio de ti un pueblo humilde y pobre, el cual confiará en el nombre de Jehová.

13 El remanente de Israel no hará injusticia ni dirá mentira, ni en boca de ellos se hallará lengua engañosa;[a] porque ellos serán apacentados, y dormirán, y no habrá quien los atemorice.

14 Canta, oh hija de Sion; da voces de júbilo, oh Israel; gózate y regocíjate de todo corazón, hija de Jerusalén.

15 Jehová ha apartado tus juicios, ha echado fuera tus enemigos; Jehová es Rey de Israel en medio de ti; nunca más verás el mal.

16 En aquel tiempo se dirá a Jerusalén: No temas; Sion, no se debiliten tus manos.

17 Jehová está en medio de ti, poderoso, él salvará; se gozará sobre ti con alegría, callará de amor, se regocijará sobre ti con cánticos.

18 Reuniré a los fastidiados por causa del largo tiempo; tuyos fueron, para quienes el oprobio de ella era una carga.

19 He aquí, en aquel tiempo yo apremiaré a todos tus opresores; y salvaré a la que cojea, y recogeré la descarriada; y os pondré por alabanza y por renombre en toda la tierra.

20 En aquel tiempo yo os traeré, en aquel tiempo os reuniré yo; pues os pondré para renombre y para alabanza entre todos los pueblos de la tierra, cuando levante vuestro cautiverio delante de vuestros ojos, dice Jehová.

HAGEO

Exhortación a edificar el templo

1 1 En el año segundo del rey Darío, en el mes sexto, en el primer día del mes, vino palabra de Jehová por medio del profeta Hageo[a] a Zorobabel hijo de Salatiel, gobernador de Judá, y a Josué hijo de Josadac, sumo sacerdote, diciendo:

2 Así ha hablado Jehová de los ejércitos, diciendo: Este pueblo dice: No ha llegado aún el tiempo, el tiempo de que la casa de Jehová sea reedificada.

3 Entonces vino palabra de Jehová por medio del profeta Hageo, diciendo:

4 ¿Es para vosotros tiempo, para vosotros, de habitar en vuestras casas artesonadas, y esta casa está desierta?

5 Pues así ha dicho Jehová de los ejércitos: Meditad bien sobre vuestros caminos.

6 Sembráis mucho, y recogéis poco; coméis, y

2.12: [e] Is. 18.1-7. **2.13-15:** [f] Is. 10.5-34; 14.24-27; Nah. 1.1–3.19. **3.13:** [a] Ap. 14.5 **1.1:** [a] Esd. 4.24–5.2; 6.14.

no os saciáis; bebéis, y no quedáis satisfechos;
os vestís, y no os calentáis; y el que trabaja a jor-
nal recibe su jornal en saco roto.
7 Así ha dicho Jehová de los ejércitos: Medi-
tad sobre vuestros caminos.
8 Subid al monte, y traed madera, y reedificad
la casa; y pondré en ella mi voluntad, y seré glo-
rificado, ha dicho Jehová.
9 Buscáis mucho, y halláis poco; y encerráis en
casa, y yo lo disiparé en un soplo. ¿Por qué? dice
Jehová de los ejércitos. Por cuanto mi casa está
desierta, y cada uno de vosotros corre a su
propia casa.
10 Por eso se detuvo de los cielos sobre vosotros
la lluvia, y la tierra detuvo sus frutos.
11 Y llamé la sequía sobre esta tierra, y sobre los
montes, sobre el trigo, sobre el vino, sobre el
aceite, sobre todo lo que la tierra produce, sobre
los hombres y sobre las bestias, y sobre todo
trabajo de manos.
12 Y oyó Zorobabel hijo de Salatiel, y Josué
hijo de Josadac, sumo sacerdote, y todo el resto
del pueblo, la voz de Jehová su Dios, y las pala-
bras del profeta Hageo, como le había enviado
Jehová su Dios; y temió el pueblo delante de
Jehová.
13 Entonces Hageo, enviado de Jehová, habló
por mandato de Jehová al pueblo, diciendo: Yo
estoy con vosotros, dice Jehová.
14 Y despertó Jehová el espíritu de Zorobabel
hijo de Salatiel, gobernador de Judá, y el espíritu
de Josué hijo de Josadac, sumo sacerdote, y el es-
píritu de todo el resto del pueblo; y vinieron y
trabajaron en la casa de Jehová de los ejércitos,
su Dios,
15 en el día veinticuatro del mes sexto, en el se-
gundo año del rey Darío.

La gloria del nuevo templo

2 1 En el mes séptimo, a los veintiún días del
mes, vino palabra de Jehová por medio del
profeta Hageo, diciendo:
2 Habla ahora a Zorobabel hijo de Salatiel, go-
bernador de Judá, y a Josué hijo de Josadac,
sumo sacerdote, y al resto del pueblo, diciendo:
3 ¿Quién ha quedado entre vosotros que haya
visto esta casa en su gloria primera,[a] y cómo la
veis ahora? ¿No es ella como nada delante de
vuestros ojos?
4 Pues ahora, Zorobabel, esfuérzate, dice Jeho-
vá; esfuérzate también, Josué hijo de Josadac,
sumo sacerdote; y cobrad ánimo, pueblo todo
de la tierra, dice Jehová, y trabajad; porque yo
estoy con vosotros, dice Jehová de los ejércitos.
5 Según el pacto que hice con vosotros cuando
salisteis de Egipto, así mi Espíritu estará en me-
dio de vosotros,[b] no temáis.
6 Porque así dice Jehová de los ejércitos: De
aquí a poco yo haré temblar los cielos y la tie-
rra,[c] el mar y la tierra seca;
7 y haré temblar a todas las naciones, y vendrá el
Deseado de todas las naciones; y llenaré de glo-
ria esta casa, ha dicho Jehová de los ejércitos.
8 Mía es la plata, y mío es el oro, dice Jehová de
los ejércitos.
9 La gloria postrera de esta casa será mayor que la
primera, ha dicho Jehová de los ejércitos; y daré
paz en este lugar, dice Jehová de los ejércitos.

La infidelidad del pueblo es reprendida

10 A los veinticuatro días del noveno mes, en
el segundo año de Darío, vino palabra de Jeho-
vá por medio del profeta Hageo, diciendo:
11 Así ha dicho Jehová de los ejércitos: Pregunta
ahora a los sacerdotes acerca de la ley, diciendo:
12 Si alguno llevare carne santificada en la falda
de su ropa, y con el vuelo de ella tocare pan, o
vianda, o vino, o aceite, o cualquier otra comi-
da, ¿será santificada? Y respondieron los sacer-
dotes y dijeron: No.
13 Y dijo Hageo: Si un inmundo a causa de cuer-
po muerto[d] tocare alguna cosa de estas, ¿será
inmunda? Y respondieron los sacerdotes, y dije-
ron: Inmunda será.
14 Y respondió Hageo y dijo: Así es este pueblo y
esta gente delante de mí, dice Jehová; y asimis-
mo toda obra de sus manos; y todo lo que aquí
ofrecen es inmundo.
15 Ahora, pues, meditad en vuestro corazón
desde este día en adelante, antes que pongan
piedra sobre piedra en el templo de Jehová.
16 Antes que sucediesen estas cosas, venían al
montón de veinte efas, y había diez; venían al
lagar para sacar cincuenta cántaros, y había
veinte.
17 Os herí con viento solano, con tizoncillo y con
granizo en toda obra de vuestras manos; mas no
os convertisteis a mí, dice Jehová.
18 Meditad, pues, en vuestro corazón, desde
este día en adelante, desde el día veinticuatro
del noveno mes, desde el día que se echó el ci-
miento del templo de Jehová; meditad, pues, en
vuestro corazón.
19 ¿No está aún la simiente en el granero? Ni la
vid, ni la higuera, ni el granado, ni el árbol de
olivo ha florecido todavía; mas desde este día os
bendeciré.

Promesa de Jehová a Zorobabel

20 Vino por segunda vez palabra de Jehová a
Hageo, a los veinticuatro días del mismo mes,
diciendo:
21 Habla a Zorobabel gobernador de Judá, di-
ciendo: Yo haré temblar los cielos y la tierra;

2.3: [a] Esd. 3.12. **2.5:** [b] Ex. 33.14. **2.6:** [c] He. 12.26.
2.13: [d] Nm. 19.11-22.

22 y trastornaré el trono de los reinos, y destruiré la fuerza de los reinos de las naciones; trastornaré los carros y los que en ellos suben, y vendrán abajo los caballos y sus jinetes, cada cual por la espada de su hermano.

23 En aquel día, dice Jehová de los ejércitos, te tomaré, oh Zorobabel hijo de Salatiel, siervo mío, dice Jehová, y te pondré como anillo de sellar; porque yo te escogí, dice Jehová de los ejércitos.

ZACARÍAS

Llamamiento a volver a Jehová

1 1 En el octavo mes del año segundo de Darío, vino palabra de Jehová al profeta Zacarías[a] hijo de Berequías, hijo de Iddo, diciendo:

2 Se enojó Jehová en gran manera contra vuestros padres.

3 Diles, pues: Así ha dicho Jehová de los ejércitos: Volveos a mí, dice Jehová de los ejércitos, y yo me volveré a vosotros, ha dicho Jehová de los ejércitos.

4 No seáis como vuestros padres, a los cuales clamaron los primeros profetas, diciendo: Así ha dicho Jehová de los ejércitos: Volveos ahora de vuestros malos caminos y de vuestras malas obras; y no atendieron, ni me escucharon, dice Jehová.

5 Vuestros padres, ¿dónde están? y los profetas, ¿han de vivir para siempre?

6 Pero mis palabras y mis ordenanzas que mandé a mis siervos los profetas, ¿no alcanzaron a vuestros padres? Por eso volvieron ellos y dijeron: Como Jehová de los ejércitos pensó tratarnos conforme a nuestros caminos, y conforme a nuestras obras, así lo hizo con nosotros.

La visión de los caballos

7 A los veinticuatro días del mes undécimo, que es el mes de Sebat, en el año segundo de Darío, vino palabra de Jehová al profeta Zacarías hijo de Berequías, hijo de Iddo, diciendo:

8 Vi de noche, y he aquí un varón que cabalgaba sobre un caballo alazán,[b] el cual estaba entre los mirtos que había en la hondura; y detrás de él había caballos alazanes, overos y blancos.[c]

9 Entonces dije: ¿Qué son éstos, señor mío? Y me dijo el ángel que hablaba conmigo: Yo te enseñaré lo que son éstos.

10 Y aquel varón que estaba entre los mirtos respondió y dijo: Estos son los que Jehová ha enviado a recorrer la tierra.

11 Y ellos hablaron a aquel ángel de Jehová que estaba entre los mirtos, y dijeron: Hemos recorrido la tierra, y he aquí toda la tierra está reposada y quieta.

12 Respondió el ángel de Jehová y dijo: Oh Jehová de los ejércitos, ¿hasta cuándo no tendrás piedad de Jerusalén, y de las ciudades de Judá, con las cuales has estado airado por espacio de setenta años?

13 Y Jehová respondió buenas palabras, palabras consoladoras, al ángel que hablaba conmigo.

14 Y me dijo el ángel que hablaba conmigo: Clama diciendo: Así ha dicho Jehová de los ejércitos: Celé con gran celo a Jerusalén y a Sion.

15 Y estoy muy airado contra las naciones que están reposadas; porque cuando yo estaba enojado un poco, ellos agravaron el mal.

16 Por tanto, así ha dicho Jehová: Yo me he vuelto a Jerusalén con misericordia; en ella será edificada mi casa, dice Jehová de los ejércitos, y la plomada será tendida sobre Jerusalén.

17 Clama aún, diciendo: Así dice Jehová de los ejércitos: Aún rebosarán mis ciudades con la abundancia del bien, y aún consolará Jehová a Sion, y escogerá todavía a Jerusalén.

Visión de los cuernos y los carpinteros

18 Después alcé mis ojos y miré, y he aquí cuatro cuernos.

19 Y dije al ángel que hablaba conmigo: ¿Qué son éstos? Y me respondió: Estos son los cuernos que dispersaron a Judá, a Israel y a Jerusalén.

20 Me mostró luego Jehová cuatro carpinteros.

21 Y yo dije: ¿Qué vienen éstos a hacer? Y me respondió, diciendo: Aquéllos son los cuernos que dispersaron a Judá, tanto que ninguno alzó su cabeza; mas éstos han venido para hacerlos temblar, para derribar los cuernos de las naciones que alzaron el cuerno sobre la tierra de Judá para dispersarla.

Llamamiento a los cautivos

2 1 Alcé después mis ojos y miré, y he aquí un varón que tenía en su mano un cordel de medir.

2 Y le dije: ¿A dónde vas? Y él me respondió: A medir a Jerusalén, para ver cuánta es su anchura, y cuánta su longitud.

3 Y he aquí, salía aquel ángel que hablaba conmigo, y otro ángel le salió al encuentro,

4 y le dijo: Corre, habla a este joven, diciendo: Sin muros será habitada Jerusalén, a causa de la

1.1: [a] Esd. 4.24—5.1; 6.14. **1.8:** [b] Ap. 6.4. [c] Ap. 6.2.

multitud de hombres y de ganado en medio de
ella.
5 Yo seré para ella, dice Jehová, muro de fuego
en derredor, y para gloria estaré en medio de
ella.
6 Eh, eh, huid de la tierra del norte, dice Jeho-
vá, pues por los cuatro vientos de los cielos os
esparcí, dice Jehová.
7 Oh Sion, la que moras con la hija de Babilonia,
escápate.
8 Porque así ha dicho Jehová de los ejércitos:
Tras la gloria me enviará él a las naciones que os
despojaron; porque el que os toca, toca a la niña
de su ojo.
9 Porque he aquí yo alzo mi mano sobre ellos, y
serán despojo a sus siervos, y sabréis que Jehová
de los ejércitos me envió.
10 Canta y alégrate, hija de Sion; porque he aquí
vengo, y moraré en medio de ti, ha dicho Jehová.
11 Y se unirán muchas naciones a Jehová en
aquel día, y me serán por pueblo, y moraré en
medio de ti; y entonces conocerás que Jehová
de los ejércitos me ha enviado a ti.
12 Y Jehová poseerá a Judá su heredad en la tie-
rra santa, y escogerá aún a Jerusalén.
13 Calle toda carne delante de Jehová; por-
que él se ha levantado de su santa morada.

Visión del sumo sacerdote Josué

3 1 Me mostró al sumo sacerdote Josué,[a] el cual
estaba delante del ángel de Jehová, y Satanás
estaba a su mano derecha para acusarle.[b]
2 Y dijo Jehová a Satanás: Jehová te reprenda,[c]
oh Satanás; Jehová que ha escogido a Jerusalén
te reprenda. ¿No es éste un tizón arrebatado del
incendio?
3 Y Josué estaba vestido de vestiduras viles, y
estaba delante del ángel.
4 Y habló el ángel, y mandó a los que estaban
delante de él, diciendo: Quitadle esas vestiduras
viles. Y a él le dijo: Mira que he quitado de ti tu
pecado, y te he hecho vestir de ropas de gala.
5 Después dijo: Pongan mitra limpia sobre su ca-
beza. Y pusieron una mitra limpia sobre su ca-
beza, y le vistieron las ropas. Y el ángel de
Jehová estaba en pie.
6 Y el ángel de Jehová amonestó a Josué, di-
ciendo:
7 Así dice Jehová de los ejércitos: Si anduvieres
por mis caminos, y si guardares mi ordenanza,
también tú gobernarás mi casa, también guar-
darás mis atrios, y entre éstos que aquí están te
daré lugar.
8 Escucha pues, ahora, Josué sumo sacerdote,
tú y tus amigos que se sientan delante de ti, por-
que son varones simbólicos. He aquí, yo traigo a
mi siervo el Renuevo.[d]
9 Porque he aquí aquella piedra que puse delan-
te de Josué; sobre esta única piedra hay siete
ojos; he aquí yo grabaré su escultura, dice Jeho-
vá de los ejércitos, y quitaré el pecado de la
tierra en un día.
10 En aquel día, dice Jehová de los ejércitos,
cada uno de vosotros convidará a su compañe-
ro, debajo de su vid y debajo de su higuera.[e]

El candelabro de oro y los olivos

4 1 Volvió el ángel que hablaba conmigo, y
me despertó, como un hombre que es des-
pertado de su sueño.
2 Y me dijo: ¿Qué ves? Y respondí: He mirado, y
he aquí un candelabro todo de oro, con un de-
pósito encima, y sus siete lámparas encima del
candelabro, y siete tubos para las lámparas que
están encima de él;
3 Y junto a él dos olivos,[a] el uno a la derecha del
depósito, y el otro a su izquierda.
4 Proseguí y hablé, diciendo a aquel ángel que
hablaba conmigo: ¿Qué es esto, señor mío?
5 Y el ángel que hablaba conmigo respondió y
me dijo: ¿No sabes qué es esto? Y dije: No, señor
mío.
6 Entonces respondió y me habló diciendo: Esta
es palabra de Jehová a Zorobabel,[b] que dice: No
con ejército, ni con fuerza, sino con mi Espíritu,
ha dicho Jehová de los ejércitos.
7 ¿Quién eres tú, oh gran monte? Delante de Zo-
robabel serás reducido a llanura; él sacará la
primera piedra con aclamaciones de: Gracia,
gracia a ella.
8 Vino palabra de Jehová a mí, diciendo:
9 Las manos de Zorobabel echarán el cimiento de
esta casa, y sus manos la acabarán; y conocerás
que Jehová de los ejércitos me envió a vosotros.
10 Porque los que menospreciaron el día de las
pequeñeces se alegrarán, y verán la plomada en
la mano de Zorobabel. Estos siete son los ojos de
Jehová,[c] que recorren toda la tierra.
11 Hablé más, y le dije: ¿Qué significan estos
dos olivos[d] a la derecha del candelabro y a su iz-
quierda?
12 Hablé aún de nuevo, y le dije: ¿Qué signifi-
can las dos ramas de olivo que por medio de dos
tubos de oro vierten de sí aceite como oro?
13 Y me respondió diciendo: ¿No sabes qué es
esto? Y dije: Señor mío, no.
14 Y él dijo: Estos son los dos ungidos que están
delante del Señor de toda la tierra.

El rollo volante

5 1 De nuevo alcé mis ojos y miré, y he aquí
un rollo que volaba.
2 Y me dijo: ¿Qué ves? Y respondí: Veo un rollo

3.1: [a] Esd. 5.2. [b] Ap. 12.10. **3.2:** [c] Jud. 9. **3.8:** [d] Jer. 23.5; 33.15; Zac. 6.12. **3.10:** [e] Mi. 4.4. **4.3:** [a] Ap. 11.4. **4.6:** [b] Esd. 5.2. **4.10:** [c] Ap. 5.6. **4.11:** [d] Ap. 11.4.

que vuela, de veinte codos de largo, y diez codos
de ancho.
3 Entonces me dijo: Esta es la maldición que
sale sobre la faz de toda la tierra; porque todo
aquel que hurta (como está de un lado del rollo)
será destruido; y todo aquel que jura falsamen-
te (como está del otro lado del rollo) será des-
truido.
4 Yo la he hecho salir, dice Jehová de los ejérci-
tos, y vendrá a la casa del ladrón, y a la casa del
que jura falsamente en mi nombre; y permane-
cerá en medio de su casa y la consumirá, con sus
maderas y sus piedras.

La mujer en el efa

5 Y salió aquel ángel que hablaba conmigo, y
me dijo: Alza ahora tus ojos, y mira qué es esto
que sale.
6 Y dije: ¿Qué es? Y él dijo: Este es un efa que
sale. Además dijo: Esta es la iniquidad de ellos
en toda la tierra.
7 Y he aquí, levantaron la tapa de plomo, y una
mujer estaba sentada en medio de aquel efa.
8 Y él dijo: Esta es la Maldad; y la echó dentro del
efa, y echó la masa de plomo en la boca del efa.
9 Alcé luego mis ojos, y miré, y he aquí dos mu-
jeres que salían, y traían viento en sus alas, y te-
nían alas como de cigüeña, y alzaron el efa
entre la tierra y los cielos.
10 Dije al ángel que hablaba conmigo: ¿A dónde
llevan el efa?
11 Y él me respondió: Para que le sea edificada
casa en tierra de Sinar; y cuando esté preparada
lo pondrán sobre su base.

Los cuatro carros

6 1 De nuevo alcé mis ojos y miré, y he aquí
cuatro carros que salían de entre dos mon-
tes; y aquellos montes eran de bronce.
2 En el primer carro había caballos alazanes,[a] en
el segundo carro caballos negros,[b]
3 en el tercer carro caballos blancos,[c] y en el
cuarto carro caballos overos rucios rodados.
4 Respondí entonces y dije al ángel que hablaba
conmigo: Señor mío, ¿qué es esto?
5 Y el ángel me respondió y me dijo: Estos son
los cuatro vientos de los cielos,[d] que salen des-
pués de presentarse delante del Señor de toda la
tierra.
6 El carro con los caballos negros salía hacia la
tierra del norte, y los blancos salieron tras ellos,
y los overos salieron hacia la tierra del sur.
7 Y los alazanes salieron y se afanaron por ir a
recorrer la tierra. Y dijo: Id, recorred la tierra. Y
recorrieron la tierra.
8 Luego me llamó, y me habló diciendo: Mira,
los que salieron hacia la tierra del norte hicieron
reposar mi Espíritu en la tierra del norte.

Coronación simbólica de Josué

9 Vino a mí palabra de Jehová, diciendo:
10 Toma de los del cautiverio a Heldai, a Tobías
y a Jedaías, los cuales volvieron de Babilonia; e
irás tú en aquel día, y entrarás en casa de Josías
hijo de Sofonías.
11 Tomarás, pues, plata y oro, y harás coronas, y
las pondrás en la cabeza del sumo sacerdote Jo-
sué, hijo de Josadac.
12 Y le hablarás, diciendo: Así ha hablado Jeho-
vá de los ejércitos, diciendo: He aquí el varón
cuyo nombre es el Renuevo,[e] el cual brotará de
sus raíces, y edificará el templo de Jehová.
13 El edificará el templo de Jehová, y él llevará
gloria, y se sentará y dominará en su trono, y
habrá sacerdote a su lado; y consejo de paz ha-
brá entre ambos.
14 Las coronas servirán a Helem, a Tobías, a Je-
daías y a Hen hijo de Sofonías, como memoria
en el templo de Jehová.
15 Y los que están lejos vendrán y ayudarán a
edificar el templo de Jehová, y conoceréis que
Jehová de los ejércitos me ha enviado a voso-
tros. Y esto sucederá si oyereis obedientes la voz
de Jehová vuestro Dios.

El ayuno que Dios reprueba

7 1 Aconteció que en el año cuarto del rey Da-
río vino palabra de Jehová a Zacarías, a los
cuatro días del mes noveno, que es Quisleu,
2 cuando el pueblo de Bet-el había enviado a Sa-
rezer, con Regem-melec y sus hombres, a implo-
rar el favor de Jehová,
3 y a hablar a los sacerdotes que estaban en la
casa de Jehová de los ejércitos, y a los profetas,
diciendo: ¿Lloraremos en el mes quinto? ¿Hare-
mos abstinencia como hemos hecho ya algunos
años?
4 Vino, pues, a mí palabra de Jehová de los ejér-
citos, diciendo:
5 Habla a todo el pueblo del país, y a los sacer-
dotes, diciendo: Cuando ayunasteis y llorasteis
en el quinto y en el séptimo mes estos setenta
años, ¿habéis ayunado para mí?
6 Y cuando coméis y bebéis, ¿no coméis y bebéis
para vosotros mismos?
7 ¿No son estas las palabras que proclamó Jeho-
vá por medio de los profetas primeros, cuando
Jerusalén estaba habitada y tranquila, y sus ciu-
dades en sus alrededores y el Neguev y la Sefela
estaban también habitados?

La desobediencia, causa del cautiverio

8 Y vino palabra de Jehová a Zacarías, dicien-
do:
9 Así habló Jehová de los ejércitos, diciendo:

6.2: [a] Ap. 6.4. [b] Ap. 6.5. **6.3:** [c] Ap. 6.2. **6.5:** [d] Ap. 7.1.
6.12: [e] Jer. 23.5; 33.15; Zac. 3.8.

Juzgad conforme a la verdad, y haced misericordia y piedad cada cual con su hermano;
10 no oprimáis a la viuda, al huérfano, al extranjero ni al pobre; ni ninguno piense mal en su corazón contra su hermano.
11 Pero no quisieron escuchar, antes volvieron la espalda, y taparon sus oídos para no oír;
12 y pusieron su corazón como diamante, para no oír la ley ni las palabras que Jehová de los ejércitos enviaba por su Espíritu, por medio de los profetas primeros; vino, por tanto, gran enojo de parte de Jehová de los ejércitos.
13 Y aconteció que así como él clamó, y no escucharon, también ellos clamaron, y yo no escuché, dice Jehová de los ejércitos;
14 sino que los esparcí con torbellino por todas las naciones que ellos no conocían, y la tierra fue desolada tras ellos, sin quedar quien fuese ni viniese; pues convirtieron en desierto la tierra deseable.

Promesa de la restauración de Jerusalén

8 1 Vino a mí palabra de Jehová de los ejércitos, diciendo:
2 Así ha dicho Jehová de los ejércitos: Celé a Sion con gran celo, y con gran ira la celé.
3 Así dice Jehová: Yo he restaurado a Sion, y moraré en medio de Jerusalén; y Jerusalén se llamará Ciudad de la Verdad, y el monte de Jehová de los ejércitos, Monte de Santidad.
4 Así ha dicho Jehová de los ejércitos: Aún han de morar ancianos y ancianas en las calles de Jerusalén, cada cual con bordón en su mano por la multitud de los días.
5 Y las calles de la ciudad estarán llenas de muchachos y muchachas que jugarán en ellas.
6 Así dice Jehová de los ejércitos: Si esto parecerá maravilloso a los ojos del remanente de este pueblo en aquellos días, ¿también será maravilloso delante de mis ojos? dice Jehová de los ejércitos.
7 Así ha dicho Jehová de los ejércitos: He aquí, yo salvo a mi pueblo de la tierra del oriente, y de la tierra donde se pone el sol;
8 y los traeré, y habitarán en medio de Jerusalén; y me serán por pueblo, y yo seré a ellos por Dios en verdad y en justicia.
9 Así ha dicho Jehová de los ejércitos: Esfuércense vuestras manos, los que oís en estos días estas palabras de la boca de los profetas, desde el día que se echó el cimiento a la casa de Jehová de los ejércitos, para edificar el templo.
10 Porque antes de estos días no ha habido paga de hombre ni paga de bestia, ni hubo paz para el que salía ni para el que entraba, a causa del enemigo; y yo dejé a todos los hombres cada cual contra su compañero.
11 Mas ahora no lo haré con el remanente de este pueblo como en aquellos días pasados, dice Jehová de los ejércitos.
12 Porque habrá simiente de paz; la vid dará su fruto, y dará su producto la tierra, y los cielos darán su rocío; y haré que el remanente de este pueblo posea todo esto.
13 Y sucederá que como fuisteis maldición entre las naciones, oh casa de Judá y casa de Israel, así os salvaré y seréis bendición. No temáis, mas esfuércense vuestras manos.
14 Porque así ha dicho Jehová de los ejércitos: Como pensé haceros mal cuando vuestros padres me provocaron a ira, dice Jehová de los ejércitos, y no me arrepentí,
15 así al contrario he pensado hacer bien a Jerusalén y a la casa de Judá en estos días; no temáis.
16 Estas son las cosas que habéis de hacer: Hablad verdad cada cual con su prójimo;[a] juzgad según la verdad y lo conducente a la paz en vuestras puertas.
17 Y ninguno de vosotros piense mal en su corazón contra su prójimo, ni améis el juramento falso; porque todas estas son cosas que aborrezco, dice Jehová.
18 Vino a mí palabra de Jehová de los ejércitos, diciendo:
19 Así ha dicho Jehová de los ejércitos: El ayuno del cuarto mes, el ayuno del quinto, el ayuno del séptimo, y el ayuno del décimo, se convertirán para la casa de Judá en gozo y alegría, y en festivas solemnidades. Amad, pues, la verdad y la paz.
20 Así ha dicho Jehová de los ejércitos: Aún vendrán pueblos, y habitantes de muchas ciudades;
21 y vendrán los habitantes de una ciudad a otra, y dirán: Vamos a implorar el favor de Jehová, y a buscar a Jehová de los ejércitos. Yo también iré.
22 Y vendrán muchos pueblos y fuertes naciones a buscar a Jehová de los ejércitos en Jerusalén, y a implorar el favor de Jehová.
23 Así ha dicho Jehová de los ejércitos: En aquellos días acontecerá que diez hombres de las naciones de toda lengua tomarán del manto a un judío, diciendo: Iremos con vosotros, porque hemos oído que Dios está con vosotros.

Castigo de las naciones vecinas

9 1 La profecía de la palabra de Jehová está contra la tierra de Hadrac y sobre Damasco;[a] porque a Jehová deben mirar los ojos de los hombres, y de todas las tribus de Israel.
2 También Hamat será comprendida en el territorio de éste; Tiro y Sidón,[b] aunque sean muy sabias.

8.16: [a] Ef. 4.25. **9.1:** [a] Is. 17.1-3; Jer. 49.23-27; Am. 1.3-5. **9.1-4:** [b] Is. 23.1-18; Ez. 26.1–28.26; Jl. 3.4-8; Am. 1.9-10; Mt. 11.21-22; Lc. 10.13-14.

3 Bien que Tiro se edificó fortaleza, y amontonó
plata como polvo, y oro como lodo de las calles,
4 he aquí, el Señor la empobrecerá, y herirá en el
mar su poderío, y ella será consumida de fuego.
5 Verá Ascalón, y temerá; Gaza también, y se
dolerá en gran manera; asimismo Ecrón, por-
que su esperanza será confundida; y perecerá el
rey de Gaza, y Ascalón no será habitada.
6 Habitará en Asdod un extranjero, y pondré fin
a la soberbia de los filisteos.[c]
7 Quitaré la sangre de su boca, y sus abominacio-
nes de entre sus dientes, y quedará también un
remanente para nuestro Dios, y serán como capi-
tanes en Judá, y Ecrón será como el jebuseo.
8 Entonces acamparé alrededor de mi casa
como un guarda, para que ninguno vaya ni ven-
ga, y no pasará más sobre ellos el opresor; por-
que ahora miraré con mis ojos.

El futuro rey de Sion

9 Alégrate mucho, hija de Sion; da voces de
júbilo, hija de Jerusalén; he aquí tu rey vendrá a
ti, justo y salvador, humilde, y cabalgando sobre
un asno, sobre un pollino hijo de asna.[d]
10 Y de Efraín destruiré los carros, y los caballos
de Jerusalén, y los arcos de guerra serán que-
brados; y hablará paz a las naciones, y su seño-
río será de mar a mar, y desde el río hasta los
fines de la tierra.[e]
11 Y tú también por la sangre de tu pacto se-
rás salva; yo he sacado tus presos de la cisterna
en que no hay agua.
12 Volveos a la fortaleza, oh prisioneros de espe-
ranza; hoy también os anuncio que os restaura-
ré el doble.
13 Porque he entesado para mí a Judá como
arco, e hice a Efraín su flecha, y despertaré a tus
hijos, oh Sion, contra tus hijos, oh Grecia, y te
pondré como espada de valiente.
14 Y Jehová será visto sobre ellos, y su dardo
saldrá como relámpago; y Jehová el Señor toca-
rá trompeta, e irá entre torbellinos del austro.
15 Jehová de los ejércitos los amparará, y ellos de-
vorarán, y hollarán las piedras de la honda, y be-
berán, y harán estrépito como tomados de vino; y
se llenarán como tazón, o como cuernos del altar.
16 Y los salvará en aquel día Jehová su Dios
como rebaño de su pueblo; porque como pie-
dras de diadema serán enaltecidos en su tierra.
17 Porque ¡cuánta es su bondad, y cuánta su
hermosura! El trigo alegrará a los jóvenes, y el
vino a las doncellas.

Jehová redimirá a su pueblo

10 1 Pedid a Jehová lluvia en la estación tar-
día. Jehová hará relámpagos, y os dará
lluvia abundante, y hierba verde en el campo a
cada uno.
2 Porque los terafines han dado vanos oráculos,
y los adivinos han visto mentira, han hablado
sueños vanos, y vano es su consuelo; por lo cual
el pueblo vaga como ovejas, y sufre porque no
tiene pastor.[a]
3 Contra los pastores se ha encendido mi eno-
jo, y castigaré a los jefes; pero Jehová de los
ejércitos visitará su rebaño, la casa de Judá, y
los pondrá como su caballo de honor en la gue-
rra.
4 De él saldrá la piedra angular, de él la clavija,
de él el arco de guerra, de él también todo apre-
miador.
5 Y serán como valientes que en la batalla hue-
llan al enemigo en el lodo de las calles; y pelea-
rán, porque Jehová estará con ellos; y los que
cabalgan en caballos serán avergonzados.
6 Porque yo fortaleceré la casa de Judá, y
guardaré la casa de José, y los haré volver; por-
que de ellos tendré piedad, y serán como si no
los hubiera desechado; porque yo soy Jehová su
Dios, y los oiré.
7 Y será Efraín como valiente, y se alegrará su
corazón como a causa del vino; sus hijos tam-
bién verán, y se alegrarán; su corazón se gozará
en Jehová.
8 Yo los llamaré con un silbido, y los reuniré,
porque los he redimido; y serán multiplicados
tanto como fueron antes.
9 Bien que los esparciré entre los pueblos, aun
en lejanos países se acordarán de mí; y vivirán
con sus hijos, y volverán.
10 Porque yo los traeré de la tierra de Egipto, y
los recogeré de Asiria; y los traeré a la tierra de
Galaad y del Líbano, y no les bastará.
11 Y la tribulación pasará por el mar, y herirá en
el mar las ondas, y se secarán todas las profun-
didades del río; y la soberbia de Asiria será de-
rribada, y se perderá el cetro de Egipto.
12 Y yo los fortaleceré en Jehová, y caminarán
en su nombre, dice Jehová.
11 1 Oh Líbano, abre tus puertas, y consu-
ma el fuego tus cedros.
2 Aúlla, oh ciprés, porque el cedro cayó, porque
los árboles magníficos son derribados. Aullad,
encinas de Basán, porque el bosque espeso es
derribado.
3 Voz de aullido de pastores, porque su magnifi-
cencia es asolada; estruendo de rugidos de ca-
chorros de leones, porque la gloria del Jordán es
destruida.

Los pastores inútiles

4 Así ha dicho Jehová mi Dios: Apacienta las
ovejas de la matanza,

9.5-7: [c] Is. 14.29-31; Jer. 47.1-7; Ez. 25.15-17; Jl. 3.4-8; Am. 1.6-8; Sof. 2.4-7. **9.9:** [d] Mt. 21.5; Jn. 12.15. **9.10:** [e] Sal. 72.8. **10.2:** [a] Mt. 9.36; Mr. 6.34.

5 a las cuales matan sus compradores, y no se
tienen por culpables; y el que las vende, dice:
Bendito sea Jehová, porque he enriquecido; ni
sus pastores tienen piedad de ellas.
6 Por tanto, no tendré ya más piedad de los mo-
radores de la tierra, dice Jehová; porque he
aquí, yo entregaré los hombres cada cual en
mano de su compañero y en mano de su rey; y
asolarán la tierra, y yo no los libraré de sus ma-
nos.
7 Apacenté, pues, las ovejas de la matanza,
esto es, a los pobres del rebaño. Y tomé para mí
dos cayados: al uno puse por nombre Gracia, y
al otro Ataduras; y apacenté las ovejas.
8 Y destruí a tres pastores en un mes; pues mi
alma se impacientó contra ellos, y también el
alma de ellos me aborreció a mí.
9 Y dije: No os apacentaré; la que muriere, que
muera; y la que se perdiere, que se pierda; y las
que quedaren, que cada una coma la carne de
su compañera.
10 Tomé luego mi cayado Gracia, y lo quebré,
para romper mi pacto que concerté con todos
los pueblos.
11 Y fue deshecho en ese día, y así conocieron
los pobres del rebaño que miraban a mí, que era
palabra de Jehová.
12 Y les dije: Si os parece bien, dadme mi sala-
rio; y si no, dejadlo. Y pesaron por mi salario
treinta piezas de plata.
13 Y me dijo Jehová: Echalo al tesoro; ¡hermoso
precio con que me han apreciado! Y tomé las
treinta piezas de plata, y las eché en la casa de
Jehová al tesoro.[a]
14 Quebré luego el otro cayado, Ataduras, para
romper la hermandad entre Judá e Israel.
15 Y me dijo Jehová: Toma aún los aperos de
un pastor insensato;
16 porque he aquí, yo levanto en la tierra a un
pastor que no visitará las perdidas, ni buscará la
pequeña, ni curará la perniquebrada, ni llevará
la cansada a cuestas, sino que comerá la carne
de la gorda, y romperá sus pezuñas.
17 ¡Ay del pastor inútil que abandona el gana-
do! Hiera la espada su brazo, y su ojo derecho;
del todo se secará su brazo, y su ojo derecho
será enteramente oscurecido.

Liberación futura de Jerusalén

12 1 Profecía de la palabra de Jehová acer-
ca de Israel. Jehová, que extiende los
cielos y funda la tierra, y forma el espíritu del
hombre dentro de él, ha dicho:
2 He aquí yo pongo a Jerusalén por copa que
hará temblar a todos los pueblos de alrededor
contra Judá, en el sitio contra Jerusalén.
3 Y en aquel día yo pondré a Jerusalén por pie-
dra pesada a todos los pueblos; todos los que se
la cargaren serán despedazados, bien que todas
las naciones de la tierra se juntarán contra ella.
4 En aquel día, dice Jehová, heriré con pánico a
todo caballo, y con locura al jinete; mas sobre la
casa de Judá abriré mis ojos, y a todo caballo de
los pueblos heriré con ceguera.
5 Y los capitanes de Judá dirán en su corazón:
Tienen fuerza los habitantes de Jerusalén en
Jehová de los ejércitos, su Dios.
6 En aquel día pondré a los capitanes de Judá
como brasero de fuego entre leña, y como an-
torcha ardiendo entre gavillas; y consumirán a
diestra y a siniestra a todos los pueblos alrede-
dor; y Jerusalén será otra vez habitada en su
lugar, en Jerusalén.
7 Y librará Jehová las tiendas de Judá prime-
ro, para que la gloria de la casa de David y del
habitante de Jerusalén no se engrandezca sobre
Judá.
8 En aquel día Jehová defenderá al morador de
Jerusalén; el que entre ellos fuere débil, en
aquel tiempo será como David; y la casa de Da-
vid como Dios, como el ángel de Jehová delante
de ellos.
9 Y en aquel día yo procuraré destruir a todas
las naciones que vinieren contra Jerusalén.
10 Y derramaré sobre la casa de David, y sobre
los moradores de Jerusalén, espíritu de gracia y
de oración; y mirarán a mí, a quien traspasaron,[a]
y llorarán como se llora por hijo unigénito, afli-
giéndose por él como quien se aflige por el pri-
mogénito.
11 En aquel día habrá gran llanto en Jerusalén,
como el llanto de Hadadrimón en el valle de
Meguido.
12 Y la tierra lamentará, cada linaje aparte; los
descendientes de la casa de David por sí, y sus
mujeres por sí; los descendientes de la casa de
Natán por sí, y sus mujeres por sí;
13 los descendientes de la casa de Leví por sí, y
sus mujeres por sí; los descendientes de Simei
por sí, y sus mujeres por sí;
14 todos los otros linajes, cada uno por sí, y sus
mujeres por sí.

13 1 En aquel tiempo habrá un manantial
abierto para la casa de David y para los
habitantes de Jerusalén, para la purificación
del pecado y de la inmundicia.
2 Y en aquel día, dice Jehová de los ejércitos,
quitaré de la tierra los nombres de las imágenes,
y nunca más serán recordados; y también haré
cortar de la tierra a los profetas y al espíritu de
inmundicia.
3 Y acontecerá que cuando alguno profetizare
aún, le dirán su padre y su madre que lo engen-
draron: No vivirás, porque has hablado menti-
ra en el nombre de Jehová; y su padre y su

11.12-13: [a] Mt. 27.9-10. **12.10:** [a] Jn. 19.37; Ap. 1.7.

madre que lo engendraron le traspasarán cuan-
do profetizare.
4 Y sucederá en aquel tiempo, que todos los
profetas se avergonzarán de su visión cuando
profetizaren; ni nunca más vestirán el manto
velloso para mentir.
5 Y dirá: No soy profeta; labrador soy de la tie-
rra, pues he estado en el campo desde mi juven-
tud.
6 Y le preguntarán: ¿Qué heridas son estas en
tus manos? Y él responderá: Con ellas fui herido
en casa de mis amigos.

El pastor de Jehová es herido

7 Levántate, oh espada, contra el pastor, y
contra el hombre compañero mío, dice Jehová
de los ejércitos. Hiere al pastor, y serán dispersa-
das las ovejas;[a] y haré volver mi mano contra los
pequeñitos.
8 Y acontecerá en toda la tierra, dice Jehová, que
las dos terceras partes serán cortadas en ella, y se
perderán; mas la tercera quedará en ella.
9 Y meteré en el fuego a la tercera parte, y los
fundiré como se funde la plata, y los probaré
como se prueba el oro. El invocará mi nombre, y
yo le oiré, y diré: Pueblo mío; y él dirá: Jehová
es mi Dios.

Jerusalén y las naciones

14 1 He aquí, el día de Jehová viene, y en
medio de ti serán repartidos tus despojos.
2 Porque yo reuniré a todas las naciones para
combatir contra Jerusalén; y la ciudad será to-
mada, y serán saqueadas las casas, y violadas
las mujeres; y la mitad de la ciudad irá en cauti-
verio, mas el resto del pueblo no será cortado de
la ciudad.
3 Después saldrá Jehová y peleará con aquellas
naciones, como peleó en el día de la batalla.
4 Y se afirmarán sus pies en aquel día sobre el
monte de los Olivos, que está en frente de Jeru-
salén al oriente; y el monte de los Olivos se par-
tirá por en medio, hacia el oriente y hacia el
occidente, haciendo un valle muy grande; y la
mitad del monte se apartará hacia el norte, y la
otra mitad hacia el sur.
5 Y huiréis al valle de los montes, porque el valle
de los montes llegará hasta Azal; huiréis de la
manera que huisteis por causa del terremoto en
los días de Uzías rey de Judá; y vendrá Jehová
mi Dios, y con él todos los santos.
6 Y acontecerá que en ese día no habrá luz
clara, ni oscura.
7 Será un día, el cual es conocido de Jehová, que
no será ni día ni noche; pero sucederá que al
caer la tarde habrá luz.
8 Acontecerá también en aquel día, que sal-
drán de Jerusalén aguas vivas,[a] la mitad de ellas
hacia el mar oriental, y la otra mitad hacia el
mar occidental, en verano y en invierno.
9 Y Jehová será rey sobre toda la tierra. En aquel
día Jehová será uno, y uno su nombre.
10 Toda la tierra se volverá como llanura des-
de Geba hasta Rimón al sur de Jerusalén; y ésta
será enaltecida, y habitada en su lugar desde la
puerta de Benjamín hasta el lugar de la puerta
primera, hasta la puerta del Angulo, y desde la
torre de Hananeel hasta los lagares del rey.
11 Y morarán en ella, y no habrá nunca más
maldición,[b] sino que Jerusalén será habitada
confiadamente.
12 Y esta será la plaga con que herirá Jehová a
todos los pueblos que pelearon contra Jerusa-
lén: la carne de ellos se corromperá estando
ellos sobre sus pies, y se consumirán en las
cuencas sus ojos, y la lengua se les deshará en su
boca.
13 Y acontecerá en aquel día que habrá entre
ellos gran pánico enviado por Jehová; y trabará
cada uno de la mano de su compañero, y levan-
tará su mano contra la mano de su compañero.
14 Y Judá también peleará en Jerusalén. Y serán
reunidas las riquezas de todas las naciones de
alrededor: oro y plata, y ropas de vestir, en gran
abundancia.
15 Así también será la plaga de los caballos, de
los mulos, de los camellos, de los asnos, y de to-
das las bestias que estuvieren en aquellos campa-
mentos.
16 Y todos los que sobrevivieren de las naciones
que vinieron contra Jerusalén, subirán de año
en año para adorar al Rey, a Jehová de los ejérci-
tos, y a celebrar la fiesta de los tabernáculos.[c]
17 Y acontecerá que los de las familias de la tie-
rra que no subieren a Jerusalén para adorar al
Rey, Jehová de los ejércitos, no vendrá sobre
ellos lluvia.
18 Y si la familia de Egipto no subiere y no vi-
niere, sobre ellos no habrá lluvia; vendrá la
plaga con que Jehová herirá las naciones que
no subieren a celebrar la fiesta de los taber-
náculos.
19 Esta será la pena del pecado de Egipto, y del
pecado de todas las naciones que no subieren
para celebrar la fiesta de los tabernáculos.
20 En aquel día estará grabado sobre las cam-
panillas de los caballos: SANTIDAD A JEHOVÁ; y
las ollas de la casa de Jehová serán como los ta-
zones del altar.
21 Y toda olla en Jerusalén y Judá será consa-
grada a Jehová de los ejércitos; y todos los que
sacrificaren vendrán y tomarán de ellas, y coce-
rán en ellas; y no habrá en aquel día más merca-
der en la casa de Jehová de los ejércitos.

13.7: [a] Mt. 26.31; Mr. 14.27. **14.8:** [a] Ez. 47.1; Jn. 7.38; Ap. 22.1. **14.11:** [b] Ap. 22.3. **14.16:** [c] Lv. 23.39-43.

MALAQUÍAS

Amor de Jehová por Jacob

1 1 Profecía de la palabra de Jehová contra Israel, por medio de Malaquías.

2 Yo os he amado, dice Jehová; y dijisteis: ¿En qué nos amaste? ¿No era Esaú hermano de Jacob? dice Jehová. Y amé a Jacob,

3 y a Esaú aborrecí,[a] y convertí sus montes en desolación, y abandoné su heredad para los chacales del desierto.

4 Cuando Edom[b] dijere: Nos hemos empobrecido, pero volveremos a edificar lo arruinado; así ha dicho Jehová de los ejércitos: Ellos edificarán, y yo destruiré; y les llamarán territorio de impiedad, y pueblo contra el cual Jehová está indignado para siempre.

5 Y vuestros ojos lo verán, y diréis: Sea Jehová engrandecido más allá de los límites de Israel.

Jehová reprende a los sacerdotes

6 El hijo honra al padre, y el siervo a su señor. Si, pues, soy yo padre, ¿dónde está mi honra? y si soy señor, ¿dónde está mi temor? dice Jehová de los ejércitos a vosotros, oh sacerdotes, que menospreciáis mi nombre. Y decís: ¿En qué hemos menospreciado tu nombre?

7 En que ofrecéis sobre mi altar pan inmundo. Y dijisteis: ¿En qué te hemos deshonrado? En que pensáis que la mesa de Jehová es despreciable.

8 Y cuando ofrecéis el animal ciego para el sacrificio,[c] ¿no es malo? Asimismo cuando ofrecéis el cojo o el enfermo, ¿no es malo? Preséntalo, pues, a tu príncipe; ¿acaso se agradará de ti, o le serás acepto? dice Jehová de los ejércitos.

9 Ahora, pues, orad por el favor de Dios, para que tenga piedad de nosotros. Pero ¿cómo podéis agradarle, si hacéis estas cosas? dice Jehová de los ejércitos.

10 ¿Quién también hay de vosotros que cierre las puertas o alumbre mi altar de balde? Yo no tengo complacencia en vosotros, dice Jehová de los ejércitos, ni de vuestra mano aceptaré ofrenda.

11 Porque desde donde el sol nace hasta donde se pone, es grande mi nombre entre las naciones; y en todo lugar se ofrece a mi nombre incienso y ofrenda limpia, porque grande es mi nombre entre las naciones, dice Jehová de los ejércitos.

12 Y vosotros lo habéis profanado cuando decís: Inmunda es la mesa de Jehová, y cuando decís que su alimento es despreciable.

13 Habéis además dicho: ¡Oh, qué fastidio es esto! y me despreciáis, dice Jehová de los ejércitos; y trajisteis lo hurtado, o cojo, o enfermo, y presentasteis ofrenda. ¿Aceptaré yo eso de vuestra mano? dice Jehová.

14 Maldito el que engaña, el que teniendo machos en su rebaño, promete, y sacrifica a Jehová lo dañado. Porque yo soy Gran Rey, dice Jehová de los ejércitos, y mi nombre es temible entre las naciones.

Reprensión de la infidelidad de Israel

2 1 Ahora, pues, oh sacerdotes, para vosotros es este mandamiento.

2 Si no oyereis, y si no decidís de corazón dar gloria a mi nombre, ha dicho Jehová de los ejércitos, enviaré maldición sobre vosotros, y maldeciré vuestras bendiciones; y aun las he maldecido, porque no os habéis decidido de corazón.

3 He aquí, yo os dañaré la sementera, y os echaré al rostro el estiércol, el estiércol de vuestros animales sacrificados, y seréis arrojados juntamente con él.

4 Y sabréis que yo os envié este mandamiento, para que fuese mi pacto con Leví,[a] ha dicho Jehová de los ejércitos.

5 Mi pacto con él fue de vida y de paz,[b] las cuales cosas yo le di para que me temiera; y tuvo temor de mí, y delante de mi nombre estuvo humillado.

6 La ley de verdad estuvo en su boca, e iniquidad no fue hallada en sus labios; en paz y en justicia anduvo conmigo, y a muchos hizo apartar de la iniquidad.

7 Porque los labios del sacerdote han de guardar la sabiduría, y de su boca el pueblo buscará la ley; porque mensajero es de Jehová de los ejércitos.

8 Mas vosotros os habéis apartado del camino; habéis hecho tropezar a muchos en la ley; habéis corrompido el pacto de Leví, dice Jehová de los ejércitos.

9 Por tanto, yo también os he hecho viles y bajos ante todo el pueblo, así como vosotros no habéis guardado mis caminos, y en la ley hacéis acepción de personas.

10 ¿No tenemos todos un mismo padre? ¿No nos ha creado un mismo Dios? ¿Por qué, pues, nos portamos deslealmente el uno contra el otro, profanando el pacto de nuestros padres?

11 Prevaricó Judá, y en Israel y en Jerusalén se ha cometido abominación; porque Judá ha profanado el santuario de Jehová que él amó, y se casó con hija de dios extraño.

12 Jehová cortará de las tiendas de Jacob al

1.2-3: [a] Ro. 9.13. **1.2-5:** [b] Is. 34.5-17; 63.1-6; Jer. 49.7-22; Ez. 25.12-14; 35.1-15; Am. 1.11-12; Abd. 1-14.
1.8: [c] Dt. 15.21. **2.4:** [a] Nm. 3.11-13. **2.5:** [b] Nm. 25.12.

hombre que hiciere esto, al que vela y al que res-
ponde, y al que ofrece ofrenda a Jehová de los
ejércitos.
13 Y esta otra vez haréis cubrir el altar de
Jehová de lágrimas, de llanto, y de clamor; así
que no miraré más a la ofrenda, para aceptarla
con gusto de vuestra mano.
14 Mas diréis: ¿Por qué? Porque Jehová ha atesti-
guado entre ti y la mujer de tu juventud, contra
la cual has sido desleal, siendo ella tu compañe-
ra, y la mujer de tu pacto.
15 ¿No hizo él uno, habiendo en él abundancia
de espíritu? ¿Y por qué uno? Porque buscaba
una descendencia para Dios. Guardaos, pues,
en vuestro espíritu, y no seáis desleales para con
la mujer de vuestra juventud.
16 Porque Jehová Dios de Israel ha dicho que él
aborrece el repudio, y al que cubre de iniquidad
su vestido, dijo Jehová de los ejércitos. Guar-
daos, pues, en vuestro espíritu, y no seáis des-
leales.

El día del juicio se acerca

17 Habéis hecho cansar a Jehová con vuestras
palabras. Y decís: ¿En qué le hemos cansado?
En que decís: Cualquiera que hace mal agrada a
Jehová, y en los tales se complace; o si no, ¿dón-
de está el Dios de justicia?

3 1 He aquí, yo envío mi mensajero, el cual
preparará el camino delante de mí;[a] y ven-
drá súbitamente a su templo el Señor a quien
vosotros buscáis, y el ángel del pacto, a quien
deseáis vosotros. He aquí viene, ha dicho Jehová
de los ejércitos.
2 ¿Y quién podrá soportar el tiempo de su veni-
da? ¿o quién podrá estar en pie cuando él se
manifieste?[b] Porque él es como fuego purifica-
dor, y como jabón de lavadores.
3 Y se sentará para afinar y limpiar la plata; por-
que limpiará a los hijos de Leví, los afinará como
a oro y como a plata, y traerán a Jehová ofrenda
en justicia.
4 Y será grata a Jehová la ofrenda de Judá y de
Jerusalén, como en los días pasados, y como en
los años antiguos.
5 Y vendré a vosotros para juicio; y seré
pronto testigo contra los hechiceros y adúlte-
ros, contra los que juran mentira, y los que de-
fraudan en su salario al jornalero, a la viuda y
al huérfano, y los que hacen injusticia al ex-
tranjero, no teniendo temor de mí, dice Jehová
de los ejércitos.

El pago de los diezmos

6 Porque yo Jehová no cambio; por esto, hijos
de Jacob, no habéis sido consumidos.
7 Desde los días de vuestros padres os habéis
apartado de mis leyes, y no las guardasteis. Vol-
veos a mí, y yo me volveré a vosotros, ha dicho
Jehová de los ejércitos. Mas dijisteis: ¿En qué
hemos de volvernos?
8 ¿Robará el hombre a Dios? Pues vosotros me
habéis robado. Y dijisteis: ¿En qué te hemos ro-
bado? En vuestros diezmos y ofrendas.
9 Malditos sois con maldición, porque vosotros,
la nación toda, me habéis robado.
10 Traed todos los diezmos al alfolí[c] y haya ali-
mento en mi casa; y probadme ahora en esto,
dice Jehová de los ejércitos, si no os abriré las
ventanas de los cielos, y derramaré sobre voso-
tros bendición hasta que sobreabunde.
11 Reprenderé también por vosotros al devora-
dor, y no os destruirá el fruto de la tierra, ni
vuestra vid en el campo será estéril, dice Jehová
de los ejércitos.
12 Y todas las naciones os dirán bienaventura-
dos; porque seréis tierra deseable, dice Jehová
de los ejércitos.

Diferencia entre el justo y el malo

13 Vuestras palabras contra mí han sido vio-
lentas, dice Jehová. Y dijisteis: ¿Qué hemos ha-
blado contra ti?
14 Habéis dicho: Por demás es servir a Dios.
¿Qué aprovecha que guardemos su ley, y que
andemos afligidos en presencia de Jehová de los
ejércitos?
15 Decimos, pues, ahora: Bienaventurados son
los soberbios, y los que hacen impiedad no sólo
son prosperados, sino que tentaron a Dios y
escaparon.
16 Entonces los que temían a Jehová hablaron
cada uno a su compañero; y Jehová escuchó y
oyó, y fue escrito libro de memoria delante de él
para los que temen a Jehová, y para los que
piensan en su nombre.
17 Y serán para mí especial tesoro, ha dicho
Jehová de los ejércitos, en el día en que yo ac-
túe; y los perdonaré, como el hombre que per-
dona a su hijo que le sirve.
18 Entonces os volveréis, y discerniréis la dife-
rencia entre el justo y el malo, entre el que sirve
a Dios y el que no le sirve.

El advenimiento del día de Jehová

4 1 Porque he aquí, viene el día ardiente
como un horno, y todos los soberbios y
todos los que hacen maldad serán estopa;
aquel día que vendrá los abrasará, ha dicho
Jehová de los ejércitos, y no les dejará ni raíz
ni rama.
2 Mas a vosotros los que teméis mi nombre, na-
cerá el Sol de justicia, y en sus alas traerá salva-

3.1: [a] Mt. 11.10; Mr. 1.2; Lc. 1.76; 7.27. **3.2:** [b] Ap. 6.17.
3.10: [c] Lv. 27.30; Nm. 18.21-24; Dt. 12.5-7; 14.22-29;
Neh. 13.12.

ción; y saldréis, y saltaréis como becerros de la
manada.
3 Hollaréis a los malos, los cuales serán ceniza
bajo las plantas de vuestros pies, en el día en
que yo actúe, ha dicho Jehová de los ejércitos.
4 Acordaos de la ley de Moisés mi siervo, al
cual encargué en Horeb ordenanzas y leyes para
todo Israel.
5 He aquí, yo os envío el profeta Elías,[a] antes
que venga el día de Jehová, grande y terrible.
6 El hará volver el corazón de los padres hacia
los hijos, y el corazón de los hijos hacia los padres, no sea que yo venga y hiera la tierra con
maldición.

4.5: [a] Mt. 11.14; 17.10-13; Mr. 9.11-13; Lc. 1.17; Jn. 1.21.

Nuevo Testamento

EL SANTO EVANGELIO SEGÚN

SAN MATEO

Genealogía de Jesucristo

1 1 Libro de la genealogía de Jesucristo, hijo
de David, hijo de Abraham.
2 Abraham engendró a Isaac, Isaac a Jacob, y
Jacob a Judá y a sus hermanos.
3 Judá engendró de Tamar a Fares y a Zara, Fa-
res a Esrom, y Esrom a Aram.
4 Aram engendró a Aminadab, Aminadab a
Naasón, y Naasón a Salmón.
5 Salmón engendró de Rahab a Booz, Booz en-
gendró de Rut a Obed, y Obed a Isaí.
6 Isaí engendró al rey David, y el rey David en-
gendró a Salomón de la que fue mujer de Urías.
7 Salomón engendró a Roboam, Roboam a
Abías, y Abías a Asa.
8 Asa engendró a Josafat, Josafat a Joram, y Jo-
ram a Uzías.
9 Uzías engendró a Jotam, Jotam a Acaz, y Acaz
a Ezequías.
10 Ezequías engendró a Manasés, Manasés a
Amón, y Amón a Josías.
11 Josías engendró a Jeconías y a sus hermanos,
en el tiempo de la deportación a Babilonia.[a]
12 Después de la deportación a Babilonia, Jeco-
nías engendró a Salatiel, y Salatiel a Zorobabel.
13 Zorobabel engendró a Abiud, Abiud a Elia-
quim, y Eliaquim a Azor.
14 Azor engendró a Sadoc, Sadoc a Aquim, y
Aquim a Eliud.
15 Eliud engendró a Eleazar, Eleazar a Matán,
Matán a Jacob;
16 y Jacob engendró a José, marido de María, de
la cual nació Jesús, llamado el Cristo.
17 De manera que todas las generaciones desde
Abraham hasta David son catorce; desde David
hasta la deportación a Babilonia, catorce; y desde
la deportación a Babilonia hasta Cristo, catorce.

Nacimiento de Jesucristo

18 El nacimiento de Jesucristo fue así: Estan-
do desposada María su madre con José,[b] antes
que se juntasen, se halló que había concebido
del Espíritu Santo.
19 José su marido, como era justo, y no quería
infamarla, quiso dejarla secretamente.
20 Y pensando él en esto, he aquí un ángel del
Señor le apareció en sueños y le dijo: José, hijo
de David, no temas recibir a María tu mujer,
porque lo que en ella es engendrado, del Espíri-
tu Santo es.
21 Y dará a luz un hijo, y llamarás su nombre[c]
JESÚS,[1] porque él salvará a su pueblo de sus pe-
cados.[d]
22 Todo esto aconteció para que se cumpliese lo
dicho por el Señor por medio del profeta, cuan-
do dijo:
23 He aquí, una virgen concebirá y dará a
luz un hijo,
Y llamarás su nombre Emanuel,[e]
que traducido es: Dios con nosotros.
24 Y despertando José del sueño, hizo como el
ángel del Señor le había mandado, y recibió a su
mujer.
25 Pero no la conoció hasta que dio a luz a su
hijo primogénito; y le puso por nombre JESÚS.[f]

La visita de los magos

2 1 Cuando Jesús nació en Belén de Judea en
días del rey Herodes, vinieron del oriente a
Jerusalén unos magos,
2 diciendo: ¿Dónde está el rey de los judíos, que
ha nacido? Porque su estrella hemos visto en el
oriente, y venimos a adorarle.
3 Oyendo esto, el rey Herodes se turbó, y toda
Jerusalén con él.
4 Y convocados todos los principales sacerdotes,
y los escribas del pueblo, les preguntó dónde
había de nacer el Cristo.
5 Ellos le dijeron: En Belén de Judea; porque así
está escrito por el profeta:
6 Y tú, Belén, de la tierra de Judá,
No eres la más pequeña entre los
príncipes de Judá;
Porque de ti saldrá un guiador,
Que apacentará[2] a mi pueblo Israel.[a]
7 Entonces Herodes, llamando en secreto a
los magos, indagó de ellos diligentemente el
tiempo de la aparición de la estrella;
8 y enviándolos a Belén, dijo: Id allá y averiguad
con diligencia acerca del niño; y cuando le halléis,
hacédmelo saber, para que yo también vaya y le
adore.
9 Ellos, habiendo oído al rey, se fueron; y he
aquí la estrella que habían visto en el oriente iba
delante de ellos, hasta que llegando, se detuvo
sobre donde estaba el niño.
10 Y al ver la estrella, se regocijaron con muy
grande gozo.
11 Y al entrar en la casa, vieron al niño con su
madre María, y postrándose, lo adoraron; y
abriendo sus tesoros, le ofrecieron presentes:
oro, incienso y mirra.
12 Pero siendo avisados por revelación en sue-
ños que no volviesen a Herodes, regresaron a su
tierra por otro camino.

1.11: [a] 2 R. 24.14-15; 2 Cr. 36.10; Jer. 27.20. **1.18:** [b] Lc. 1.27.
1.21: [c] Lc. 1.31. [1] Esto es, *Salvador.* [d] Sal. 130.8.
1.23: [e] Is. 7.14. **1.25:** [f] Lc. 2.21. **2.6:** [2] O, *regirá.* [a] *Mi. 5.2.*

Matanza de los niños

13 Después que partieron ellos, he aquí un ángel del Señor apareció en sueños a José y dijo: Levántate y toma al niño y a su madre, y huye a Egipto, y permanece allá hasta que yo te diga; porque acontecerá que Herodes buscará al niño para matarlo.

14 Y él, despertando, tomó de noche al niño y a su madre, y se fue a Egipto,

15 y estuvo allá hasta la muerte de Herodes; para que se cumpliese lo que dijo el Señor por medio del profeta, cuando dijo: De Egipto llamé a mi Hijo.[b]

16 Herodes entonces, cuando se vio burlado por los magos, se enojó mucho, y mandó matar a todos los niños menores de dos años que había en Belén y en todos sus alrededores, conforme al tiempo que había inquirido de los magos.

17 Entonces se cumplió lo que fue dicho por el profeta Jeremías, cuando dijo:

18 Voz fue oída en Ramá,
Grande lamentación, lloro y gemido;
Raquel que llora a sus hijos,
Y no quiso ser consolada, porque
perecieron.[c]

19 Pero después de muerto Herodes, he aquí un ángel del Señor apareció en sueños a José en Egipto,

20 diciendo: Levántate, toma al niño y a su madre, y vete a tierra de Israel, porque han muerto los que procuraban la muerte del niño.

21 Entonces él se levantó, y tomó al niño y a su madre, y vino a tierra de Israel.

22 Pero oyendo que Arquelao reinaba en Judea en lugar de Herodes su padre, tuvo temor de ir allá; pero avisado por revelación en sueños, se fue a la región de Galilea,

23 y vino y habitó en la ciudad que se llama Nazaret,[d] para que se cumpliese lo que fue dicho por los profetas, que habría de ser llamado nazareno.[e]

Predicación de Juan el Bautista

3 1 En aquellos días vino Juan el Bautista predicando en el desierto de Judea,

2 y diciendo: Arrepentíos, porque el reino de los cielos[a] se ha acercado.[b]

3 Pues éste es aquel de quien habló el profeta Isaías, cuando dijo:
Voz del que clama en el desierto:
Preparad el camino del Señor,
Enderezad sus sendas.[c]

4 Y Juan estaba vestido de pelo de camello, y tenía un cinto de cuero alrededor de sus lomos;[d] y su comida era langostas y miel silvestre.

5 Y salía a él Jerusalén, y toda Judea, y toda la provincia de alrededor del Jordán,

6 y eran bautizados por él en el Jordán, confesando sus pecados.

7 Al ver él que muchos de los fariseos y de los saduceos venían a su bautismo, les decía: ¡Generación de víboras![e] ¿Quién os enseñó a huir de la ira venidera?

8 Haced, pues, frutos dignos de arrepentimiento,

9 y no penséis decir dentro de vosotros mismos: A Abraham tenemos por padre;[f] porque yo os digo que Dios puede levantar hijos a Abraham aun de estas piedras.

10 Y ya también el hacha está puesta a la raíz de los árboles; por tanto, todo árbol que no da buen fruto es cortado y echado en el fuego.[g]

11 Yo a la verdad os bautizo en agua para arrepentimiento; pero el que viene tras mí, cuyo calzado yo no soy digno de llevar, es más poderoso que yo; él os bautizará en Espíritu Santo y fuego.

12 Su aventador está en su mano, y limpiará su era; y recogerá su trigo en el granero, y quemará la paja en fuego que nunca se apagará.

El bautismo de Jesús

13 Entonces Jesús vino de Galilea a Juan al Jordán, para ser bautizado por él.

14 Mas Juan se le oponía, diciendo: Yo necesito ser bautizado por ti, ¿y tú vienes a mí?

15 Pero Jesús le respondió: Deja ahora, porque así conviene que cumplamos toda justicia. Entonces le dejó.

16 Y Jesús, después que fue bautizado, subió luego del agua; y he aquí los cielos le fueron abiertos, y vio al Espíritu de Dios que descendía como paloma, y venía sobre él.

17 Y hubo una voz de los cielos, que decía: Este es mi Hijo amado, en quien tengo complacencia.[h]

Tentación de Jesús

4 1 Entonces Jesús fue llevado por el Espíritu al desierto, para ser tentado por el diablo.[a]

2 Y después de haber ayunado cuarenta días y cuarenta noches, tuvo hambre.

3 Y vino a él el tentador, y le dijo: Si eres Hijo de Dios, di que estas piedras se conviertan en pan.

4 El respondió y dijo: Escrito está: No sólo de pan vivirá el hombre, sino de toda palabra que sale de la boca de Dios.[b]

5 Entonces el diablo le llevó a la santa ciudad, y le puso sobre el pináculo del templo,

6 y le dijo: Si eres Hijo de Dios, échate abajo; porque escrito está:

2.15: [b] Os. 11.1. **2.18:** [c] Jer. 31.15. **2.23:** [d] Lc. 2.39. [e] Is. 11.1. **3.2:** [a] Dn. 2.44. [b] Mt. 4.17; Mr. 1.15. **3.3:** [c] Is. 40.3. **3.4:** [d] 2 R. 1.8. **3.7:** [e] Mt. 12.34; 23.33. **3.9:** [f] Jn. 8.33. **3.10:** [g] Mt. 7.19. **3.17:** [h] Is. 42.1; Mt. 12.18; 17.5; Mr. 9.7; Lc. 9.35. **4.1:** [a] He. 2.18; 4.15. **4.4:** [b] Dt. 8.3.

A sus ángeles mandará acerca de ti,[c]
y,
En sus manos te sostendrán,
Para que no tropieces con tu pie en piedra.[d]
7 Jesús le dijo: Escrito está también: No tentarás al Señor tu Dios.[e]
8 Otra vez le llevó el diablo a un monte muy
alto, y le mostró todos los reinos del mundo y la
gloria de ellos,
9 y le dijo: Todo esto te daré, si postrado me adorares.
10 Entonces Jesús le dijo: Vete, Satanás, porque
escrito está: Al Señor tu Dios adorarás, y a él
sólo servirás.[f]
11 El diablo entonces le dejó; y he aquí vinieron
ángeles y le servían.

Jesús principia su ministerio

12 Cuando Jesús oyó que Juan estaba preso,[g]
volvió a Galilea;
13 y dejando a Nazaret, vino y habitó en Capernaum,[h] ciudad marítima, en la región de Zabulón y de Neftalí,
14 para que se cumpliese lo dicho por el profeta
Isaías, cuando dijo:
15 Tierra de Zabulón y tierra de Neftalí,
Camino del mar, al otro lado del Jordán,
Galilea de los gentiles;
16 El pueblo asentado en tinieblas vio gran luz;
Y a los asentados en región de sombra de
muerte,
Luz les resplandeció.[i]
17 Desde entonces comenzó Jesús a predicar, y
a decir: Arrepentíos, porque el reino de los cielos[j] se ha acercado.[k]
18 Andando Jesús junto al mar de Galilea, vio a
dos hermanos, Simón, llamado Pedro, y Andrés
su hermano, que echaban la red en el mar; porque eran pescadores.
19 Y les dijo: Venid en pos de mí, y os haré pescadores de hombres.
20 Ellos entonces, dejando al instante las redes,
le siguieron.
21 Pasando de allí, vio a otros dos hermanos, Jacobo hijo de Zebedeo, y Juan su hermano, en la
barca con Zebedeo su padre, que remendaban
sus redes; y los llamó.
22 Y ellos, dejando al instante la barca y a su padre, le siguieron.
23 Y recorrió Jesús toda Galilea, enseñando
en las sinagogas de ellos, y predicando el evangelio del reino, y sanando toda enfermedad y
toda dolencia en el pueblo.[l]
24 Y se difundió su fama por toda Siria; y le trajeron todos los que tenían dolencias, los afligidos
por diversas enfermedades y tormentos, los endemoniados, lunáticos y paralíticos; y los sanó.
25 Y le siguió mucha gente de Galilea, de Decápolis, de Jerusalén, de Judea y del otro lado del
Jordán.

El Sermón del monte: Las bienaventuranzas

5 1 Viendo la multitud, subió al monte; y sentándose, vinieron a él sus discípulos.
2 Y abriendo su boca les enseñaba, diciendo:
3 Bienaventurados los pobres en espíritu, porque de ellos es el reino de los cielos.
4 Bienaventurados los que lloran,[a] porque
ellos recibirán consolación.
5 Bienaventurados los mansos,[b] porque ellos
recibirán la tierra por heredad.
6 Bienaventurados los que tienen hambre y
sed[c] de justicia, porque ellos serán saciados.
7 Bienaventurados los misericordiosos, porque ellos alcanzarán misericordia.
8 Bienaventurados los de limpio corazón,[d]
porque ellos verán a Dios.
9 Bienaventurados los pacificadores, porque
ellos serán llamados hijos de Dios.
10 Bienaventurados los que padecen persecución por causa de la justicia,[e] porque de ellos es
el reino de los cielos.
11 Bienaventurados sois cuando por mi causa
os vituperen y os persigan, y digan toda clase de
mal contra vosotros, mintiendo.[f]
12 Gozaos y alegraos, porque vuestro galardón
es grande en los cielos; porque así persiguieron
a los profetas[g] que fueron antes de vosotros.

La sal de la tierra

13 Vosotros sois la sal de la tierra; pero si la sal
se desvaneciere, ¿con qué será salada? No sirve
más para nada, sino para ser echada fuera y hollada por los hombres.[h]

La luz del mundo

14 Vosotros sois la luz del mundo;[i] una ciudad
asentada sobre un monte no se puede esconder.
15 Ni se enciende una luz y se pone debajo de un
almud, sino sobre el candelero,[j] y alumbra a todos los que están en casa.
16 Así alumbre vuestra luz delante de los hombres, para que vean vuestras buenas obras, y glorifiquen a vuestro Padre que está en los cielos.[k]

Jesús y la ley

17 No penséis que he venido para abrogar la
ley o los profetas; no he venido para abrogar,
sino para cumplir.

4.6: [c] Sal. 91.11. [d] Sal. 91.12. **4.7:** [e] Dt. 6.16. **4.10:** [f] Dt. 6.13. **4.12:** [g] Mt. 14.3; Mr. 6.17; Lc. 3.19-20. **4.13:** [h] Jn. 2.12. **4.15-16:** [i] Is. 9.1-2. **4.17:** [j] Dn. 2.44. [k] Mt. 3.2. **4.23:** [l] Mt. 9.35; Mr. 1.39. **5.4:** [a] Is. 61.2. **5.5:** [b] Sal. 37.11. **5.6:** [c] Is. 55.1-2. **5.8:** [d] Sal. 24.4. **5.10:** [e] 1 P. 3.14. **5.11:** [f] 1 P. 4.14. **5.12:** [g] 2 Cr. 36.16; Hch. 7.52. **5.13:** [h] Mr. 9.50; Lc. 14.34-35. **5.14:** [i] Jn. 8.12; 9.5. **5.15:** [j] Mr. 4.21; Lc. 8.16; 11.33. **5.16:** [k] 1 P. 2.12.

18 Porque de cierto os digo que hasta que pasen
el cielo y la tierra, ni una jota ni una tilde pasará
de la ley, hasta que todo se haya cumplido.[l]
19 De manera que cualquiera que quebrante
uno de estos mandamientos muy pequeños, y
así enseñe a los hombres, muy pequeño será lla-
mado en el reino de los cielos; mas cualquiera
que los haga y los enseñe, éste será llamado
grande en el reino de los cielos.
20 Porque os digo que si vuestra justicia no fuere
mayor que la de los escribas y fariseos, no entra-
réis en el reino de los cielos.

Jesús y la ira

21 Oísteis que fue dicho a los antiguos: No
matarás;[m] y cualquiera que matare será culpa-
ble de juicio.
22 Pero yo os digo que cualquiera que se enoje
contra su hermano, será culpable de juicio; y
cualquiera que diga: Necio, a su hermano, será
culpable ante el concilio; y cualquiera que le
diga: Fatuo, quedará expuesto al infierno de
fuego.
23 Por tanto, si traes tu ofrenda al altar, y allí te
acuerdas de que tu hermano tiene algo contra
ti,
24 deja allí tu ofrenda delante del altar, y anda,
reconcíliate primero con tu hermano, y enton-
ces ven y presenta tu ofrenda.
25 Ponte de acuerdo con tu adversario pronto,
entre tanto que estás con él en el camino, no sea
que el adversario te entregue al juez, y el juez al
alguacil, y seas echado en la cárcel.
26 De cierto te digo que no saldrás de allí, hasta
que pagues el último cuadrante.

Jesús y el adulterio

27 Oísteis que fue dicho: No cometerás adul-
terio.[n]
28 Pero yo os digo que cualquiera que mira a
una mujer para codiciarla, ya adulteró con ella
en su corazón.
29 Por tanto, si tu ojo derecho te es ocasión de
caer, sácalo, y échalo de ti; pues mejor te es que
se pierda uno de tus miembros, y no que todo tu
cuerpo sea echado al infierno.[o]
30 Y si tu mano derecha te es ocasión de caer,
córtala, y échala de ti; pues mejor te es que se
pierda uno de tus miembros, y no que todo tu
cuerpo sea echado al infierno.[p]

Jesús y el divorcio

31 También fue dicho: Cualquiera que repu-
die a su mujer, dele carta de divorcio.[q]
32 Pero yo os digo que el que repudia a su mujer,
a no ser por causa de fornicación, hace que ella
adultere; y el que se casa con la repudiada, co-
mete adulterio.[r]

Jesús y los juramentos

33 Además habéis oído que fue dicho a los an-
tiguos: No perjurarás,[s] sino cumplirás al Señor
tus juramentos.[t]
34 Pero yo os digo: No juréis en ninguna mane-
ra;[u] ni por el cielo, porque es el trono de Dios;[v]
35 ni por la tierra, porque es el estrado de sus
pies;[w] ni por Jerusalén, porque es la ciudad del
gran Rey.[x]
36 Ni por tu cabeza jurarás, porque no puedes
hacer blanco o negro un solo cabello.
37 Pero sea vuestro hablar: Sí, sí; no, no; porque
lo que es más de esto, de mal procede.

El amor hacia los enemigos

38 Oísteis que fue dicho: Ojo por ojo, y diente
por diente.[y]
39 Pero yo os digo: No resistáis al que es malo;
antes, a cualquiera que te hiera en la mejilla de-
recha, vuélvele también la otra;
40 y al que quiera ponerte a pleito y quitarte la
túnica, déjale también la capa;
41 y a cualquiera que te obligue a llevar carga
por una milla, ve con él dos.
42 Al que te pida, dale; y al que quiera tomar de
ti prestado, no se lo rehúses.
43 Oísteis que fue dicho: Amarás a tu próji-
mo,[z] y aborrecerás a tu enemigo.
44 Pero yo os digo: Amad a vuestros enemigos,
bendecid a los que os maldicen, haced bien a los
que os aborrecen, y orad por los que os ultrajan
y os persiguen;
45 para que seáis hijos de vuestro Padre que
está en los cielos, que hace salir su sol sobre
malos y buenos, y que hace llover sobre justos e
injustos.
46 Porque si amáis a los que os aman, ¿qué re-
compensa tendréis? ¿No hacen también lo mis-
mo los publicanos?
47 Y si saludáis a vuestros hermanos solamente,
¿qué hacéis de más? ¿No hacen también así los
gentiles?
48 Sed, pues, vosotros perfectos, como vuestro
Padre que está en los cielos es perfecto.[a]

Jesús y la limosna

6 1 Guardaos de hacer vuestra justicia delan-
te de los hombres, para ser vistos de ellos;[a]
de otra manera no tendréis recompensa de
vuestro Padre que está en los cielos.
2 Cuando, pues, des limosna, no hagas tocar
trompeta delante de ti, como hacen los hipócri-

5.18: [l] Lc. 16.17. **5.21:** [m] Ex. 20.13; Dt. 5.17. **5.27:** [n] Ex. 20.14; Dt. 5.18. **5.29:** [o] Mt. 18.9; Mr. 9.47. **5.30:** [p] Mt. 18.8; Mr. 9.43. **5.31:** [q] Dt. 24.1-4; Mt. 19.7; Mr. 10.4. **5.32:** [r] Mt. 19.9; Mr. 10.11-12; Lc. 16.18; 1 Co. 7.10-11. **5.33:** [s] Lv. 19.12. [t] Nm. 30.2; Dt. 23.21. **5.34:** [u] Stg. 5.12. [v] Is. 66.1; Mt. 23.22. **5.35:** [w] Is. 66.1. [x] Sal. 48.2. **5.38:** [y] Ex. 21.24; Lv. 24.20; Dt. 19.21. **5.43:** [z] Lv. 19.18. **5.48:** [a] Dt. 18.13. **6.1:** [a] Mt. 23.5.

tas en las sinagogas y en las calles, para ser ala-
bados por los hombres; de cierto os digo que ya
tienen su recompensa.
3 Mas cuando tú des limosna, no sepa tu iz-
quierda lo que hace tu derecha,
4 para que sea tu limosna en secreto; y tu Padre
que ve en lo secreto te recompensará en público.

Jesús y la oración

5 Y cuando ores, no seas como los hipócritas;
porque ellos aman el orar en pie en las sinago-
gas y en las esquinas de las calles, para ser vistos
de los hombres;[b] de cierto os digo que ya tienen
su recompensa.
6 Mas tú, cuando ores, entra en tu aposento, y
cerrada la puerta,[c] ora a tu Padre que está en se-
creto; y tu Padre que ve en lo secreto te recom-
pensará en público.
7 Y orando, no uséis vanas repeticiones, como
los gentiles, que piensan que por su palabrería
serán oídos.
8 No os hagáis, pues, semejantes a ellos; porque
vuestro Padre sabe de qué cosas tenéis necesi-
dad, antes que vosotros le pidáis.
9 Vosotros, pues, oraréis así: Padre nuestro que
estás en los cielos, santificado sea tu nombre.
10 Venga tu reino. Hágase tu voluntad, como en
el cielo, así también en la tierra.
11 El pan nuestro de cada día, dánoslo hoy.
12 Y perdónanos nuestras deudas, como tam-
bién nosotros perdonamos a nuestros deudores.
13 Y no nos metas en tentación, mas líbranos del
mal; porque tuyo es el reino, y el poder, y la glo-
ria,[d] por todos los siglos. Amén.
14 Porque si perdonáis a los hombres sus ofen-
sas, os perdonará también a vosotros vuestro
Padre celestial;
15 mas si no perdonáis a los hombres sus ofen-
sas, tampoco vuestro Padre os perdonará vues-
tras ofensas.[e]

Jesús y el ayuno

16 Cuando ayunéis, no seáis austeros, como
los hipócritas; porque ellos demudan sus rostros
para mostrar a los hombres que ayunan; de cier-
to os digo que ya tienen su recompensa.
17 Pero tú, cuando ayunes, unge tu cabeza y
lava tu rostro,
18 para no mostrar a los hombres que ayunas,
sino a tu Padre que está en secreto; y tu Padre que
ve en lo secreto te recompensará en público.

Tesoros en el cielo

19 No os hagáis tesoros en la tierra, donde la
polilla y el orín corrompen,[f] y donde ladrones
minan y hurtan;
20 sino haceos tesoros en el cielo, donde ni la
polilla ni el orín corrompen, y donde ladrones
no minan ni hurtan.
21 Porque donde esté vuestro tesoro, allí estará
también vuestro corazón.

La lámpara del cuerpo

22 La lámpara del cuerpo es el ojo; así que, si tu
ojo es bueno, todo tu cuerpo estará lleno de luz;
23 pero si tu ojo es maligno, todo tu cuerpo esta-
rá en tinieblas. Así que, si la luz que en ti hay es
tinieblas, ¿cuántas no serán las mismas tinie-
blas?

Dios y las riquezas

24 Ninguno puede servir a dos señores; por-
que o aborrecerá al uno y amará al otro, o esti-
mará al uno y menospreciará al otro. No podéis
servir a Dios y a las riquezas.[3]

El afán y la ansiedad

25 Por tanto os digo: No os afanéis por vuestra
vida, qué habéis de comer o qué habéis de be-
ber; ni por vuestro cuerpo, qué habéis de vestir.
¿No es la vida más que el alimento, y el cuerpo
más que el vestido?
26 Mirad las aves del cielo, que no siembran, ni
siegan, ni recogen en graneros; y vuestro Padre
celestial las alimenta. ¿No valéis vosotros mu-
cho más que ellas?
27 ¿Y quién de vosotros podrá, por mucho que
se afane, añadir a su estatura un codo?
28 Y por el vestido, ¿por qué os afanáis? Consi-
derad los lirios del campo, cómo crecen: no tra-
bajan ni hilan;
29 pero os digo, que ni aun Salomón con toda su
gloria[g] se vistió así como uno de ellos.
30 Y si la hierba del campo que hoy es, y mañana
se echa en el horno, Dios la viste así, ¿no hará
mucho más a vosotros, hombres de poca fe?
31 No os afanéis, pues, diciendo: ¿Qué comere-
mos, o qué beberemos, o qué vestiremos?
32 Porque los gentiles buscan todas estas cosas;
pero vuestro Padre celestial sabe que tenéis ne-
cesidad de todas estas cosas.
33 Mas buscad primeramente el reino de Dios y
su justicia, y todas estas cosas os serán añadi-
das.
34 Así que, no os afanéis por el día de maña-
na, porque el día de mañana traerá su afán. Bas-
ta a cada día su propio mal.

El juzgar a los demás

7 1 No juzguéis, para que no seáis juzgados.
2 Porque con el juicio con que juzgáis, seréis

6.5: [b] Lc. 18.10-14. **6.6:** [c] Is. 26.20. **6.13:** [d] 1 Cr. 29.11. **6.14-15:** [e] Mr. 11.25-26. **6.19:** [f] Stg. 5.2-3. **6.24:** [3] Gr. *Mamón.* **6.29:** [g] 1 R. 10.4-7; 2 Cr. 9.3-6.

juzgados, y con la medida con que medís, os será medido.[a]

3 ¿Y por qué miras la paja que está en el ojo de tu hermano, y no echas de ver la viga que está en tu propio ojo?

4 ¿O cómo dirás a tu hermano: Déjame sacar la paja de tu ojo, y he aquí la viga en el ojo tuyo?

5 ¡Hipócrita! saca primero la viga de tu propio ojo, y entonces verás bien para sacar la paja del ojo de tu hermano.

6 No deis lo santo a los perros, ni echéis vuestras perlas delante de los cerdos, no sea que las pisoteen, y se vuelvan y os despedacen.

La oración, y la regla de oro

7 Pedid, y se os dará; buscad, y hallaréis; llamad, y se os abrirá.

8 Porque todo aquel que pide, recibe; y el que busca, halla; y al que llama, se le abrirá.

9 ¿Qué hombre hay de vosotros, que si su hijo le pide pan, le dará una piedra?

10 ¿O si le pide un pescado, le dará una serpiente?

11 Pues si vosotros, siendo malos, sabéis dar buenas dádivas a vuestros hijos, ¿cuánto más vuestro Padre que está en los cielos dará buenas cosas a los que le pidan?

12 Así que, todas las cosas que queráis que los hombres hagan con vosotros, así también haced vosotros con ellos; porque esto es la ley y los profetas.

La puerta estrecha

13 Entrad por la puerta estrecha; porque ancha es la puerta, y espacioso el camino que lleva a la perdición, y muchos son los que entran por ella;

14 porque estrecha es la puerta, y angosto el camino que lleva a la vida, y pocos son los que la hallan.

Por sus frutos los conoceréis

15 Guardaos de los falsos profetas, que vienen a vosotros con vestidos de ovejas, pero por dentro son lobos rapaces.

16 Por sus frutos los conoceréis. ¿Acaso se recogen uvas de los espinos, o higos de los abrojos?

17 Así, todo buen árbol da buenos frutos, pero el árbol malo da frutos malos.

18 No puede el buen árbol dar malos frutos, ni el árbol malo dar frutos buenos.

19 Todo árbol que no da buen fruto, es cortado y echado en el fuego.[b]

20 Así que, por sus frutos los conoceréis.[c]

Nunca os conocí

21 No todo el que me dice: Señor, Señor, entrará en el reino de los cielos, sino el que hace la voluntad de mi Padre que está en los cielos.

22 Muchos me dirán en aquel día: Señor, Señor, ¿no profetizamos en tu nombre, y en tu nombre echamos fuera demonios, y en tu nombre hicimos muchos milagros?

23 Y entonces les declararé: Nunca os conocí; apartaos de mí, hacedores de maldad.[d]

Los dos cimientos

24 Cualquiera, pues, que me oye estas palabras, y las hace, le compararé a un hombre prudente, que edificó su casa sobre la roca.

25 Descendió lluvia, y vinieron ríos, y soplaron vientos, y golpearon contra aquella casa; y no cayó, porque estaba fundada sobre la roca.

26 Pero cualquiera que me oye estas palabras y no las hace, le compararé a un hombre insensato, que edificó su casa sobre la arena;

27 y descendió lluvia, y vinieron ríos, y soplaron vientos, y dieron con ímpetu contra aquella casa; y cayó, y fue grande su ruina.

28 Y cuando terminó Jesús estas palabras, la gente se admiraba de su doctrina;

29 porque les enseñaba como quien tiene autoridad, y no como los escribas.[e]

Jesús sana a un leproso

8 1 Cuando descendió Jesús del monte, le seguía mucha gente.

2 Y he aquí vino un leproso y se postró ante él, diciendo: Señor, si quieres, puedes limpiarme.

3 Jesús extendió la mano y le tocó, diciendo: Quiero; sé limpio. Y al instante su lepra desapareció.

4 Entonces Jesús le dijo: Mira, no lo digas a nadie; sino ve, muéstrate al sacerdote, y presenta la ofrenda que ordenó Moisés,[a] para testimonio a ellos.

Jesús sana al siervo de un centurión

5 Entrando Jesús en Capernaum, vino a él un centurión, rogándole,

6 y diciendo: Señor, mi criado está postrado en casa, paralítico, gravemente atormentado.

7 Y Jesús le dijo: Yo iré y le sanaré.

8 Respondió el centurión y dijo: Señor, no soy digno de que entres bajo mi techo; solamente di la palabra, y mi criado sanará.

9 Porque también yo soy hombre bajo autoridad, y tengo bajo mis órdenes soldados; y digo a éste: Ve, y va; y al otro: Ven, y viene; y a mi siervo: Haz esto, y lo hace.

10 Al oírlo Jesús, se maravilló, y dijo a los que le seguían: De cierto os digo, que ni aun en Israel he hallado tanta fe.

11 Y os digo que vendrán muchos del oriente y

7.2: [a] Mr. 4.24. **7.19:** [b] Mt. 3.10; Lc. 3.9. **7.20:** [c] Mt. 12.33. **7.23:** [d] Sal. 6.8. **7.28-29:** [e] Mr. 1.22; Lc. 4.32. **8.4:** [a] Lv. 14.1-32.

del occidente, y se sentarán con Abraham e
Isaac y Jacob en el reino de los cielos;[b]
12 mas los hijos del reino serán echados a las ti-
nieblas de afuera; allí será el lloro y el crujir de
dientes.[c]
13 Entonces Jesús dijo al centurión: Ve, y como
creíste, te sea hecho. Y su criado fue sanado en
aquella misma hora.

Jesús sana a la suegra de Pedro

14 Vino Jesús a casa de Pedro, y vio a la sue-
gra de éste postrada en cama, con fiebre.
15 Y tocó su mano, y la fiebre la dejó; y ella se le-
vantó, y les servía.
16 Y cuando llegó la noche, trajeron a él muchos
endemoniados; y con la palabra echó fuera a los
demonios, y sanó a todos los enfermos;
17 para que se cumpliese lo dicho por el profeta
Isaías, cuando dijo: El mismo tomó nuestras en-
fermedades, y llevó nuestras dolencias.[d]

Los que querían seguir a Jesús

18 Viéndose Jesús rodeado de mucha gente,
mandó pasar al otro lado.
19 Y vino un escriba y le dijo: Maestro, te segui-
ré adondequiera que vayas.
20 Jesús le dijo: Las zorras tienen guaridas, y las
aves del cielo nidos; mas el Hijo del Hombre no
tiene dónde recostar su cabeza.
21 Otro de sus discípulos le dijo: Señor, permíte-
me que vaya primero y entierre a mi padre.
22 Jesús le dijo: Sígueme; deja que los muertos
entierren a sus muertos.

Jesús calma la tempestad

23 Y entrando él en la barca, sus discípulos le
siguieron.
24 Y he aquí que se levantó en el mar una tem-
pestad tan grande que las olas cubrían la barca;
pero él dormía.
25 Y vinieron sus discípulos y le despertaron, di-
ciendo: ¡Señor, sálvanos, que perecemos!
26 El les dijo: ¿Por qué teméis, hombres de poca
fe? Entonces, levantándose, reprendió a los
vientos y al mar; y se hizo grande bonanza.
27 Y los hombres se maravillaron, diciendo:
¿Qué hombre es éste, que aun los vientos y el
mar le obedecen?

Los endemoniados gadarenos

28 Cuando llegó a la otra orilla, a la tierra de
los gadarenos, vinieron a su encuentro dos en-
demoniados que salían de los sepulcros, feroces
en gran manera, tanto que nadie podía pasar
por aquel camino.
29 Y clamaron diciendo: ¿Qué tienes con noso-
tros, Jesús, Hijo de Dios? ¿Has venido acá para
atormentarnos antes de tiempo?
30 Estaba paciendo lejos de ellos un hato de mu-
chos cerdos.
31 Y los demonios le rogaron diciendo: Si nos
echas fuera, permítenos ir a aquel hato de cerdos.
32 El les dijo: Id. Y ellos salieron, y se fueron a
aquel hato de cerdos; y he aquí, todo el hato de
cerdos se precipitó en el mar por un despeñade-
ro, y perecieron en las aguas.
33 Y los que los apacentaban huyeron, y vinien-
do a la ciudad, contaron todas las cosas, y lo que
había pasado con los endemoniados.
34 Y toda la ciudad salió al encuentro de Jesús; y
cuando le vieron, le rogaron que se fuera de sus
contornos.

Jesús sana a un paralítico

9 1 Entonces, entrando Jesús en la barca,
pasó al otro lado y vino a su ciudad.
2 Y sucedió que le trajeron un paralítico, tendi-
do sobre una cama; y al ver Jesús la fe de ellos,
dijo al paralítico: Ten ánimo, hijo; tus pecados
te son perdonados.
3 Entonces algunos de los escribas decían den-
tro de sí: Este blasfema.
4 Y conociendo Jesús los pensamientos de
ellos, dijo: ¿Por qué pensáis mal en vuestros co-
razones?
5 Porque, ¿qué es más fácil, decir: Los pecados
te son perdonados, o decir: Levántate y anda?
6 Pues para que sepáis que el Hijo del Hombre
tiene potestad en la tierra para perdonar peca-
dos (dice entonces al paralítico): Levántate,
toma tu cama, y vete a tu casa.
7 Entonces él se levantó y se fue a su casa.
8 Y la gente, al verlo, se maravilló y glorificó a
Dios, que había dado tal potestad a los hombres.

Llamamiento de Mateo

9 Pasando Jesús de allí, vio a un hombre lla-
mado Mateo, que estaba sentado al banco de los
tributos públicos, y le dijo: Sígueme. Y se levan-
tó y le siguió.
10 Y aconteció que estando él sentado a la mesa
en la casa, he aquí que muchos publicanos y pe-
cadores, que habían venido, se sentaron junta-
mente a la mesa con Jesús y sus discípulos.
11 Cuando vieron esto los fariseos, dijeron a los
discípulos: ¿Por qué come vuestro Maestro con
los publicanos y pecadores?[a]
12 Al oír esto Jesús, les dijo: Los sanos no tienen
necesidad de médico, sino los enfermos.
13 Id, pues, y aprended lo que significa:[b] Miseri-
cordia quiero, y no sacrificio.[c] Porque no he ve-
nido a llamar a justos, sino a pecadores, al
arrepentimiento.

8.11: [b] Lc. 13.29. **8.12:** [c] Mt. 22.13; 25.30; Lc. 13.28.
8.17: [d] Is. 53.4. **9.10-11:** [a] Lc. 15.1-2. **9.13:** [b] Mt. 12.7.
[c] Os. 6.6.

La pregunta sobre el ayuno

14 Entonces vinieron a él los discípulos de Juan,
diciendo: ¿Por qué nosotros y los fariseos ayuna-
mos muchas veces, y tus discípulos no ayunan?
15 Jesús les dijo: ¿Acaso pueden los que están
de bodas tener luto entre tanto que el esposo
está con ellos? Pero vendrán días cuando el es-
poso les será quitado, y entonces ayunarán.
16 Nadie pone remiendo de paño nuevo en ves-
tido viejo; porque tal remiendo tira del vestido,
y se hace peor la rotura.
17 Ni echan vino nuevo en odres viejos; de otra
manera los odres se rompen, y el vino se derra-
ma, y los odres se pierden; pero echan el vino
nuevo en odres nuevos, y lo uno y lo otro se con-
servan juntamente.

La hija de Jairo, y la mujer que tocó el manto de Jesús

18 Mientras él les decía estas cosas, vino un
hombre principal y se postró ante él, diciendo:
Mi hija acaba de morir; mas ven y pon tu mano
sobre ella, y vivirá.
19 Y se levantó Jesús, y le siguió con sus discí-
pulos.
20 Y he aquí una mujer enferma de flujo de san-
gre desde hacía doce años, se le acercó por de-
trás y tocó el borde de su manto;
21 porque decía dentro de sí: Si tocare solamen-
te su manto, seré salva.
22 Pero Jesús, volviéndose y mirándola, dijo:
Ten ánimo, hija; tu fe te ha salvado. Y la mujer
fue salva desde aquella hora.
23 Al entrar Jesús en la casa del principal, vien-
do a los que tocaban flautas, y la gente que ha-
cía alboroto,
24 les dijo: Apartaos, porque la niña no está
muerta, sino duerme. Y se burlaban de él.
25 Pero cuando la gente había sido echada fue-
ra, entró, y tomó de la mano a la niña, y ella se
levantó.
26 Y se difundió la fama de esto por toda aquella
tierra.

Dos ciegos reciben la vista

27 Pasando Jesús de allí, le siguieron dos cie-
gos, dando voces y diciendo: ¡Ten misericordia
de nosotros, Hijo de David!
28 Y llegado a la casa, vinieron a él los ciegos; y
Jesús les dijo: ¿Creéis que puedo hacer esto?
Ellos dijeron: Sí, Señor.
29 Entonces les tocó los ojos, diciendo: Confor-
me a vuestra fe os sea hecho.
30 Y los ojos de ellos fueron abiertos. Y Jesús les
encargó rigurosamente, diciendo: Mirad que
nadie lo sepa.
31 Pero salidos ellos, divulgaron la fama de él
por toda aquella tierra.

Un mudo habla

32 Mientras salían ellos, he aquí, le trajeron
un mudo, endemoniado.
33 Y echado fuera el demonio, el mudo habló; y
la gente se maravillaba, y decía: Nunca se ha
visto cosa semejante en Israel.
34 Pero los fariseos decían: Por el príncipe de los
demonios echa fuera los demonios.[d]

La mies es mucha

35 Recorría Jesús todas las ciudades y aldeas,
enseñando en las sinagogas de ellos, y predican-
do el evangelio del reino, y sanando toda enfer-
medad y toda dolencia en el pueblo.[e]
36 Y al ver las multitudes, tuvo compasión de
ellas; porque estaban desamparadas y dispersas
como ovejas que no tienen pastor.[f]
37 Entonces dijo a sus discípulos: A la verdad la
mies es mucha, mas los obreros pocos.
38 Rogad, pues, al Señor de la mies, que envíe
obreros a su mies.[g]

Elección de los doce apóstoles

10 1 Entonces llamando a sus doce discípu-
los, les dio autoridad sobre los espíritus
inmundos, para que los echasen fuera, y para
sanar toda enfermedad y toda dolencia.
2 Los nombres de los doce apóstoles son estos:
primero Simón, llamado Pedro, y Andrés su her-
mano; Jacobo hijo de Zebedeo, y Juan su
hermano;
3 Felipe, Bartolomé, Tomás, Mateo el publicano,
Jacobo hijo de Alfeo, Lebeo, por sobrenombre
Tadeo,
4 Simón el cananista, y Judas Iscariote, el que
también le entregó.

Misión de los doce

5 A estos doce envió Jesús, y les dio instruc-
ciones, diciendo: Por camino de gentiles no va-
yáis, y en ciudad de samaritanos no entréis,
6 sino id antes a las ovejas perdidas de la casa de
Israel.
7 Y yendo, predicad, diciendo: El reino de los
cielos se ha acercado.
8 Sanad enfermos, limpiad leprosos, resucitad
muertos, echad fuera demonios; de gracia reci-
bisteis, dad de gracia.
9 No os proveáis de oro, ni plata, ni cobre en
vuestros cintos;[a]
10 ni de alforja para el camino, ni de dos túni-
cas, ni de calzado, ni de bordón; porque el obre-
ro es digno de su alimento.[b]
11 Mas en cualquier ciudad o aldea donde en-

9.34: [d] Mt. 10.25; 12.24; Mr. 3.22; Lc. 11.15. **9.35:** [e] Mt. 4.23; Mr. 1.39; Lc. 4.44. **9.36:** [f] 1 R. 22.17; 2 Cr. 18.16; Zac. 10.2; Mr. 6.34. **9.37-38:** [g] Lc. 10.2. **10.7-15:** [a] Lc. 10.4-12. **10.10:** [b] 1 Co. 9.14; 1 Ti. 5.18.

tréis, informaos quién en ella sea digno, y posad
allí hasta que salgáis.
12 Y al entrar en la casa, saludadla.
13 Y si la casa fuere digna, vuestra paz vendrá
sobre ella; mas si no fuere digna, vuestra paz se
volverá a vosotros.
14 Y si alguno no os recibiere, ni oyere vuestras
palabras, salid de aquella casa o ciudad, y sacu-
did el polvo de vuestros pies.[c]
15 De cierto os digo que en el día del juicio, será
más tolerable el castigo para la tierra de Sodo-
ma y de Gomorra,[d] que para aquella ciudad.[e]

Persecuciones venideras

16 He aquí, yo os envío como a ovejas en me-
dio de lobos;[f] sed, pues, prudentes como ser-
pientes, y sencillos como palomas.
17 Y guardaos de los hombres, porque os entre-
garán a los concilios, y en sus sinagogas os
azotarán;
18 y aun ante gobernadores y reyes seréis lleva-
dos por causa de mí, para testimonio a ellos y a
los gentiles.
19 Mas cuando os entreguen, no os preocupéis
por cómo o qué hablaréis; porque en aquella
hora os será dado lo que habéis de hablar.
20 Porque no sois vosotros los que habláis, sino
el Espíritu de vuestro Padre que habla en voso-
tros.
21 El hermano entregará a la muerte al herma-
no, y el padre al hijo; y los hijos se levantarán
contra los padres, y los harán morir.[g]
22 Y seréis aborrecidos de todos por causa de mi
nombre;[h] mas el que persevere hasta el fin, éste
será salvo.[i]
23 Cuando os persigan en esta ciudad, huid a la
otra; porque de cierto os digo, que no acabaréis
de recorrer todas las ciudades de Israel, antes
que venga el Hijo del Hombre.
24 El discípulo no es más que su maestro,[j] ni
el siervo más que su señor.[k]
25 Bástale al discípulo ser como su maestro, y
al siervo como su señor. Si al padre de familia
llamaron Beelzebú,[l] ¿cuánto más a los de su
casa?

A quién se debe temer

26 Así que, no los temáis; porque nada hay
encubierto, que no haya de ser manifestado; ni
oculto, que no haya de saberse.[m]
27 Lo que os digo en tinieblas, decidlo en la
luz; y lo que oís al oído, proclamadlo desde las
azoteas.
28 Y no temáis a los que matan el cuerpo, mas el
alma no pueden matar; temed más bien a aquel
que puede destruir el alma y el cuerpo en el in-
fierno.
29 ¿No se venden dos pajarillos por un cuarto?
Con todo, ni uno de ellos cae a tierra sin vuestro
Padre.
30 Pues aun vuestros cabellos están todos con-
tados.
31 Así que, no temáis; más valéis vosotros que
muchos pajarillos.
32 A cualquiera, pues, que me confiese delante
de los hombres, yo también le confesaré delante
de mi Padre que está en los cielos.
33 Y a cualquiera que me niegue delante de los
hombres, yo también le negaré delante de mi
Padre que está en los cielos.[n]

Jesús, causa de división

34 No penséis que he venido para traer paz a la
tierra; no he venido para traer paz, sino espada.
35 Porque he venido para poner en disensión al
hombre contra su padre, a la hija contra su ma-
dre, y a la nuera contra su suegra;
36 y los enemigos del hombre serán los de su
casa.[o]
37 El que ama a padre o madre más que a mí, no
es digno de mí; el que ama a hijo o hija más que
a mí, no es digno de mí;
38 y el que no toma su cruz y sigue en pos de mí,
no es digno de mí.[p]
39 El que halla su vida, la perderá; y el que pier-
de su vida por causa de mí, la hallará.[q]

Recompensas

40 El que a vosotros recibe, a mí me recibe;[r] y
el que me recibe a mí, recibe al que me envió.[s]
41 El que recibe a un profeta por cuanto es pro-
feta, recompensa de profeta recibirá; y el que
recibe a un justo por cuanto es justo, recompen-
sa de justo recibirá.
42 Y cualquiera que dé a uno de estos pequeñi-
tos un vaso de agua fría solamente, por cuanto
es discípulo, de cierto os digo que no perderá su
recompensa.

Los mensajeros de Juan el Bautista

11 1 Cuando Jesús terminó de dar instruc-
ciones a sus doce discípulos, se fue de
allí a enseñar y a predicar en las ciudades de
ellos.
2 Y al oír Juan, en la cárcel, los hechos de
Cristo, le envió dos de sus discípulos,
3 para preguntarle: ¿Eres tú aquel que había de
venir, o esperaremos a otro?

10.14: [c] Hch. 13.51. **10.15:** [d] Gn. 19.24-28. [e] Mt. 11.23-24. **10.16:** [f] Lc. 10.3. **10.17-21:** [g] Mr. 13.9-12; Lc. 12.11-12; 21.12-16. **10.22:** [h] Mt. 24.9; Mr. 13.13; Lc. 21.17. [i] Mt. 24.13; Mr. 13.13. **10.24:** [j] Lc. 6.40. [k] Jn. 13.16; 15.20. **10.25:** [l] Mt. 9.34; 12.24; Mr. 3.22; Lc. 11.15. **10.26:** [m] Mr. 4.22; Lc. 8.17. **10.33:** [n] 2 Ti. 2.12. **10.35-36:** [o] Mi. 7.6. **10.38:** [p] Mt. 16.24; Mr. 8.34; Lc. 9.23. **10.39:** [q] Mt. 16.25; Mr. 8.35; Lc. 9.24; 17.33; Jn. 12.25. **10.40:** [r] Lc. 10.16; Jn. 13.20. [s] Mr. 9.37; Lc. 9.48.

4 Respondiendo Jesús, les dijo: Id, y haced saber a Juan las cosas que oís y veis.
5 Los ciegos ven, los cojos andan, los leprosos son limpiados, los sordos oyen,[a] los muertos son resucitados, y a los pobres es anunciado el evangelio;[b]
6 y bienaventurado es el que no halle tropiezo en mí.
7 Mientras ellos se iban, comenzó Jesús a decir de Juan a la gente: ¿Qué salisteis a ver al desierto? ¿Una caña sacudida por el viento?
8 ¿O qué salisteis a ver? ¿A un hombre cubierto de vestiduras delicadas? He aquí, los que llevan vestiduras delicadas, en las casas de los reyes están.
9 Pero ¿qué salisteis a ver? ¿A un profeta? Sí, os digo, y más que profeta.
10 Porque éste es de quien está escrito:

He aquí, yo envío mi mensajero delante
de tu faz,
El cual preparará tu camino delante de ti.[c]

11 De cierto os digo: Entre los que nacen de mujer no se ha levantado otro mayor que Juan el Bautista; pero el más pequeño en el reino de los cielos, mayor es que él.
12 Desde los días de Juan el Bautista hasta ahora, el reino de los cielos sufre violencia, y los violentos lo arrebatan.
13 Porque todos los profetas y la ley profetizaron hasta Juan.[d]
14 Y si queréis recibirlo, él es aquel Elías que había de venir.[e]
15 El que tiene oídos para oír, oiga.
16 Mas ¿a qué compararé esta generación? Es semejante a los muchachos que se sientan en las plazas, y dan voces a sus compañeros,
17 diciendo: Os tocamos flauta, y no bailasteis; os endechamos, y no lamentasteis.
18 Porque vino Juan, que ni comía ni bebía, y dicen: Demonio tiene.
19 Vino el Hijo del Hombre, que come y bebe, y dicen: He aquí un hombre comilón, y bebedor de vino, amigo de publicanos y de pecadores. Pero la sabiduría es justificada por sus hijos.

Ayes sobre las ciudades impenitentes

20 Entonces comenzó a reconvenir a las ciudades en las cuales había hecho muchos de sus milagros, porque no se habían arrepentido, diciendo:
21 ¡Ay de ti, Corazín! ¡Ay de ti, Betsaida! Porque si en Tiro y en Sidón[f] se hubieran hecho los milagros que han sido hechos en vosotras, tiempo ha que se hubieran arrepentido en cilicio y en ceniza.
22 Por tanto os digo que en el día del juicio, será más tolerable el castigo para Tiro y para Sidón, que para vosotras.
23 Y tú, Capernaum, que eres levantada hasta el cielo, hasta el Hades[4] serás abatida;[g] porque si en Sodoma[h] se hubieran hecho los milagros que han sido hechos en ti, habría permanecido hasta el día de hoy.
24 Por tanto os digo que en el día del juicio, será más tolerable el castigo para la tierra de Sodoma,[i] que para ti.

Venid a mí y descansad

25 En aquel tiempo, respondiendo Jesús, dijo: Te alabo, Padre, Señor del cielo y de la tierra, porque escondiste estas cosas de los sabios y de los entendidos, y las revelaste a los niños.
26 Sí, Padre, porque así te agradó.
27 Todas las cosas me fueron entregadas por mi Padre;[j] y nadie conoce al Hijo, sino el Padre, ni al Padre conoce alguno, sino el Hijo,[k] y aquel a quien el Hijo lo quiera revelar.
28 Venid a mí todos los que estáis trabajados y cargados, y yo os haré descansar.
29 Llevad mi yugo sobre vosotros, y aprended de mí, que soy manso y humilde de corazón; y hallaréis descanso para vuestras almas;[l]
30 porque mi yugo es fácil, y ligera mi carga.

Los discípulos recogen espigas en el día de reposo

12 1 En aquel tiempo iba Jesús por los sembrados en un día de reposo;* y sus discípulos tuvieron hambre, y comenzaron a arrancar espigas[a] y a comer.
2 Viéndolo los fariseos, le dijeron: He aquí tus discípulos hacen lo que no es lícito hacer en el día de reposo.*
3 Pero él les dijo: ¿No habéis leído lo que hizo David, cuando él y los que con él estaban tuvieron hambre;
4 cómo entró en la casa de Dios, y comió los panes de la proposición,[b] que no les era lícito comer ni a él ni a los que con él estaban, sino solamente a los sacerdotes?[c]
5 ¿O no habéis leído en la ley, cómo en el día de reposo* los sacerdotes en el templo profanan el día de reposo,* y son sin culpa?[d]
6 Pues os digo que uno mayor que el templo está aquí.
7 Y si supieseis qué significa:[e] Misericordia quiero, y no sacrificio,[f] no condenaríais a los inocentes;
8 porque el Hijo del Hombre es Señor del día de reposo.*

* Aquí equivale a *sábado*.
11.5: [a] Is. 35.5-6. [b] Is. 61.1. **11.10:** [c] Mal. 3.1.
11.12-13: [d] Lc. 16.16. **11.14:** [e] Mal. 4.5; Mt. 17.10-13; Mr. 9.11-13. **11.21:** [f] Is. 23.1-18; Ez. 26.1–28.26; Jl. 3.4-8; Am. 1.9-10; Zac. 9.2-4. **11.23:** [4] Nombre griego del lugar de los muertos. [g] Is. 14.13-15. [h] Gn. 19.24-28.
11.24: [i] Mt. 10.15; Lc. 10.12. **11.27:** [j] Jn. 3.35. [k] Jn.10.15.
11.29: [l] Jer. 6.16. **12.1:** [a] Dt. 23.25. **12.3-4:** [b] 1 S. 21.1-6.
12.4: [c] Lv. 24.9. **12.5:** [d] Nm. 28.9-10. **12.7:** [e] Mt. 9.13. [f] Os. 6.6.

El hombre de la mano seca

9 Pasando de allí, vino a la sinagoga de ellos.

10 Y he aquí había allí uno que tenía seca una mano; y preguntaron a Jesús, para poder acusarle: ¿Es lícito sanar en el día de reposo?*

11 El les dijo: ¿Qué hombre habrá de vosotros, que tenga una oveja, y si ésta cayere en un hoyo en día de reposo,* no le eche mano, y la levante?[g]

12 Pues ¿cuánto más vale un hombre que una oveja? Por consiguiente, es lícito hacer el bien en los días de reposo.*

13 Entonces dijo a aquel hombre: Extiende tu mano. Y él la extendió, y le fue restaurada sana como la otra.

14 Y salidos los fariseos, tuvieron consejo contra Jesús para destruirle.

El siervo escogido

15 Sabiendo esto Jesús, se apartó de allí; y le siguió mucha gente, y sanaba a todos,

16 y les encargaba rigurosamente que no le descubriesen;

17 para que se cumpliese lo dicho por el profeta Isaías, cuando dijo:

18 He aquí mi siervo, a quien he escogido;
Mi Amado, en quien se agrada mi alma;
Pondré mi Espíritu sobre él,
Y a los gentiles anunciará juicio.
19 No contenderá, ni voceará,
Ni nadie oirá en las calles su voz.
20 La caña cascada no quebrará,
Y el pábilo que humea no apagará,
Hasta que saque a victoria el juicio.
21 Y en su nombre esperarán los gentiles.[h]

La blasfemia contra el Espíritu Santo

22 Entonces fue traído a él un endemoniado, ciego y mudo; y le sanó, de tal manera que el ciego y mudo veía y hablaba.

23 Y toda la gente estaba atónita, y decía: ¿Será éste aquel Hijo de David?

24 Mas los fariseos, al oírlo, decían: Este no echa fuera los demonios sino por Beelzebú, príncipe de los demonios.[i]

25 Sabiendo Jesús los pensamientos de ellos, les dijo: Todo reino dividido contra sí mismo, es asolado, y toda ciudad o casa dividida contra sí misma, no permanecerá.

26 Y si Satanás echa fuera a Satanás, contra sí mismo está dividido; ¿cómo, pues, permanecerá su reino?

27 Y si yo echo fuera los demonios por Beelzebú, ¿por quién los echan vuestros hijos? Por tanto, ellos serán vuestros jueces.

28 Pero si yo por el Espíritu de Dios echo fuera los demonios, ciertamente ha llegado a vosotros el reino de Dios.

29 Porque ¿cómo puede alguno entrar en la casa del hombre fuerte, y saquear sus bienes, si primero no le ata? Y entonces podrá saquear su casa.

30 El que no es conmigo, contra mí es;[j] y el que conmigo no recoge, desparrama.

31 Por tanto os digo: Todo pecado y blasfemia será perdonado a los hombres; mas la blasfemia contra el Espíritu no les será perdonada.

32 A cualquiera que dijere alguna palabra contra el Hijo del Hombre, le será perdonado; pero al que hable contra el Espíritu Santo, no le será perdonado, ni en este siglo ni en el venidero.[k]

33 O haced el árbol bueno, y su fruto bueno, o haced el árbol malo, y su fruto malo; porque por el fruto se conoce el árbol.[l]

34 ¡Generación de víboras![m] ¿Cómo podéis hablar lo bueno, siendo malos? Porque de la abundancia del corazón habla la boca.[n]

35 El hombre bueno, del buen tesoro del corazón saca buenas cosas; y el hombre malo, del mal tesoro saca malas cosas.

36 Mas yo os digo que de toda palabra ociosa que hablen los hombres, de ella darán cuenta en el día del juicio.

37 Porque por tus palabras serás justificado, y por tus palabras serás condenado.

La generación perversa demanda señal

38 Entonces respondieron algunos de los escribas y de los fariseos, diciendo: Maestro, deseamos ver de ti señal.[o]

39 El respondió y les dijo: La generación mala y adúltera demanda señal;[p] pero señal no le será dada, sino la señal del profeta Jonás.

40 Porque como estuvo Jonás en el vientre del gran pez tres días y tres noches,[q] así estará el Hijo del Hombre en el corazón de la tierra tres días y tres noches.

41 Los hombres de Nínive se levantarán en el juicio con esta generación, y la condenarán; porque ellos se arrepintieron a la predicación de Jonás,[r] y he aquí más que Jonás en este lugar.

42 La reina del Sur se levantará en el juicio con esta generación, y la condenará; porque ella vino de los fines de la tierra para oír la sabiduría de Salomón,[s] y he aquí más que Salomón en este lugar.

El espíritu inmundo que vuelve

43 Cuando el espíritu inmundo sale del hombre, anda por lugares secos, buscando reposo, y no lo halla.

* Aquí equivale a *sábado*.

12.11: [g] Lc. 14.5. **12.18-21:** [h] Is. 42.1-4. **12.24:** [i] Mt. 9.34; 10.25. **12.30:** [j] Mr. 9.40. **12.32:** [k] Lc. 12.10. **12.33:** [l] Mt. 7.20; Lc. 6.44. **12.34:** [m] Mt. 3.7; 23.33; Lc. 3.7. [n] Mt. 15.18; Lc. 6.45. **12.38:** [o] Mt. 16.1; Mr. 8.11; Lc. 11.16. **12.39:** [p] Mt. 16.4; Mr. 8.12. **12.40:** [q] Jon. 1.17. **12.41:** [r] Jon. 3.5. **12.42:** [s] 1 R. 10.1-10; 2 Cr. 9. 1-12.

44 Entonces dice: Volveré a mi casa de donde salí; y cuando llega, la halla desocupada, barrida y adornada.
45 Entonces va, y toma consigo otros siete espíritus peores que él, y entrados, moran allí; y el postrer estado de aquel hombre viene a ser peor que el primero. Así también acontecerá a esta mala generación.

La madre y los hermanos de Jesús

46 Mientras él aún hablaba a la gente, he aquí su madre y sus hermanos estaban afuera, y le querían hablar.
47 Y le dijo uno: He aquí tu madre y tus hermanos están afuera, y te quieren hablar.
48 Respondiendo él al que le decía esto, dijo: ¿Quién es mi madre, y quiénes son mis hermanos?
49 Y extendiendo su mano hacia sus discípulos, dijo: He aquí mi madre y mis hermanos.
50 Porque todo aquel que hace la voluntad de mi Padre que está en los cielos, ése es mi hermano, y hermana, y madre.

Parábola del sembrador

13 1 Aquel día salió Jesús de la casa y se sentó junto al mar.
2 Y se le juntó mucha gente; y entrando él en la barca, se sentó,[a] y toda la gente estaba en la playa.
3 Y les habló muchas cosas por parábolas, diciendo: He aquí, el sembrador salió a sembrar.
4 Y mientras sembraba, parte de la semilla cayó junto al camino; y vinieron las aves y la comieron.
5 Parte cayó en pedregales, donde no había mucha tierra; y brotó pronto, porque no tenía profundidad de tierra;
6 pero salido el sol, se quemó; y porque no tenía raíz, se secó.
7 Y parte cayó entre espinos; y los espinos crecieron, y la ahogaron.
8 Pero parte cayó en buena tierra, y dio fruto, cuál a ciento, cuál a sesenta, y cuál a treinta por uno.
9 El que tiene oídos para oír, oiga.

Propósito de las parábolas

10 Entonces, acercándose los discípulos, le dijeron: ¿Por qué les hablas por parábolas?
11 El respondiendo, les dijo: Porque a vosotros os es dado saber los misterios del reino de los cielos; mas a ellos no les es dado.
12 Porque a cualquiera que tiene, se le dará, y tendrá más; pero al que no tiene, aun lo que tiene le será quitado.[b]
13 Por eso les hablo por parábolas: porque viendo no ven, y oyendo no oyen, ni entienden.
14 De manera que se cumple en ellos la profecía de Isaías, que dijo:
De oído oiréis, y no entenderéis;
Y viendo veréis, y no percibiréis.
15 Porque el corazón de este pueblo se ha engrosado,
Y con los oídos oyen pesadamente,
Y han cerrado sus ojos;
Para que no vean con los ojos,
Y oigan con los oídos,
Y con el corazón entiendan,
Y se conviertan,
Y yo los sane.[c]
16 Pero bienaventurados vuestros ojos, porque ven; y vuestros oídos, porque oyen.
17 Porque de cierto os digo, que muchos profetas y justos desearon ver lo que veis, y no lo vieron; y oír lo que oís, y no lo oyeron.[d]

Jesús explica la parábola del sembrador

18 Oíd, pues, vosotros la parábola del sembrador:
19 Cuando alguno oye la palabra del reino y no la entiende, viene el malo, y arrebata lo que fue sembrado en su corazón. Este es el que fue sembrado junto al camino.
20 Y el que fue sembrado en pedregales, éste es el que oye la palabra, y al momento la recibe con gozo;
21 pero no tiene raíz en sí, sino que es de corta duración, pues al venir la aflicción o la persecución por causa de la palabra, luego tropieza.
22 El que fue sembrado entre espinos, éste es el que oye la palabra, pero el afán de este siglo y el engaño de las riquezas ahogan la palabra, y se hace infructuosa.
23 Mas el que fue sembrado en buena tierra, éste es el que oye y entiende la palabra, y da fruto; y produce a ciento, a sesenta, y a treinta por uno.

Parábola del trigo y la cizaña

24 Les refirió otra parábola, diciendo: El reino de los cielos es semejante a un hombre que sembró buena semilla en su campo;
25 pero mientras dormían los hombres, vino su enemigo y sembró cizaña entre el trigo, y se fue.
26 Y cuando salió la hierba y dio fruto, entonces apareció también la cizaña.
27 Vinieron entonces los siervos del padre de familia y le dijeron: Señor, ¿no sembraste buena semilla en tu campo? ¿De dónde, pues, tiene cizaña?
28 El les dijo: Un enemigo ha hecho esto. Y los siervos le dijeron: ¿Quieres, pues, que vayamos y la arranquemos?

13.2: [a] Lc. 5.1-3. **13.12:** [b] Mt. 25.29; Mr. 4.25; Lc. 8.18; 19.26. **13.14-15:** [c] Is. 6.9-10. **13.16-17:** [d] Lc. 10.23-24.

29 El les dijo: No, no sea que al arrancar la cizaña, arranquéis también con ella el trigo.
30 Dejad crecer juntamente lo uno y lo otro hasta la siega; y al tiempo de la siega yo diré a los segadores: Recoged primero la cizaña, y atadla en manojos para quemarla; pero recoged el trigo en mi granero.

Parábola de la semilla de mostaza

31 Otra parábola les refirió, diciendo: El reino de los cielos es semejante al grano de mostaza, que un hombre tomó y sembró en su campo;
32 el cual a la verdad es la más pequeña de todas las semillas; pero cuando ha crecido, es la mayor de las hortalizas, y se hace árbol, de tal manera que vienen las aves del cielo y hacen nidos en sus ramas.

Parábola de la levadura

33 Otra parábola les dijo: El reino de los cielos es semejante a la levadura que tomó una mujer, y escondió en tres medidas de harina, hasta que todo fue leudado.

El uso que Jesús hace de las parábolas

34 Todo esto habló Jesús por parábolas a la gente, y sin parábolas no les hablaba;
35 para que se cumpliese lo dicho por el profeta, cuando dijo:
Abriré en parábolas mi boca;
Declararé cosas escondidas desde la
fundación del mundo.[e]

Jesús explica la parábola de la cizaña

36 Entonces, despedida la gente, entró Jesús en la casa; y acercándose a él sus discípulos, le dijeron: Explícanos la parábola de la cizaña del campo.
37 Respondiendo él, les dijo: El que siembra la buena semilla es el Hijo del Hombre.
38 El campo es el mundo; la buena semilla son los hijos del reino, y la cizaña son los hijos del malo.
39 El enemigo que la sembró es el diablo; la siega es el fin del siglo; y los segadores son los ángeles.
40 De manera que como se arranca la cizaña, y se quema en el fuego, así será en el fin de este siglo.
41 Enviará el Hijo del Hombre a sus ángeles, y recogerán de su reino a todos los que sirven de tropiezo, y a los que hacen iniquidad,
42 y los echarán en el horno de fuego; allí será el lloro y el crujir de dientes.
43 Entonces los justos resplandecerán como el sol en el reino de su Padre. El que tiene oídos para oír, oiga.

El tesoro escondido

44 Además, el reino de los cielos es semejante a un tesoro escondido en un campo, el cual un hombre halla, y lo esconde de nuevo; y gozoso por ello va y vende todo lo que tiene, y compra aquel campo.

La perla de gran precio

45 También el reino de los cielos es semejante a un mercader que busca buenas perlas,
46 que habiendo hallado una perla preciosa, fue y vendió todo lo que tenía, y la compró.

La red

47 Asimismo el reino de los cielos es semejante a una red, que echada en el mar, recoge de toda clase de peces;
48 y una vez llena, la sacan a la orilla; y sentados, recogen lo bueno en cestas, y lo malo echan fuera.
49 Así será al fin del siglo: saldrán los ángeles, y apartarán a los malos de entre los justos,
50 y los echarán en el horno de fuego; allí será el lloro y el crujir de dientes.

Tesoros nuevos y viejos

51 Jesús les dijo: ¿Habéis entendido todas estas cosas? Ellos respondieron: Sí, Señor.
52 El les dijo: Por eso todo escriba docto en el reino de los cielos es semejante a un padre de familia, que saca de su tesoro cosas nuevas y cosas viejas.

Jesús en Nazaret

53 Aconteció que cuando terminó Jesús estas parábolas, se fue de allí.
54 Y venido a su tierra, les enseñaba en la sinagoga de ellos, de tal manera que se maravillaban, y decían: ¿De dónde tiene éste esta sabiduría y estos milagros?
55 ¿No es éste el hijo del carpintero? ¿No se llama su madre María, y sus hermanos, Jacobo, José, Simón y Judas?
56 ¿No están todas sus hermanas con nosotros? ¿De dónde, pues, tiene éste todas estas cosas?
57 Y se escandalizaban de él. Pero Jesús les dijo: No hay profeta sin honra, sino en su propia tierra y en su casa.[f]
58 Y no hizo allí muchos milagros, a causa de la incredulidad de ellos.

Muerte de Juan el Bautista

14 1 En aquel tiempo Herodes el tetrarca oyó la fama de Jesús,
2 y dijo a sus criados: Este es Juan el Bautista; ha resucitado de los muertos, y por eso actúan en él estos poderes.
3 Porque Herodes había prendido a Juan, y le

13.35: [e] Sal. 78.2. **13.57:** [f] Jn. 4.44.

había encadenado y metido en la cárcel, por causa de Herodías, mujer de Felipe su hermano;
4 porque Juan le decía: No te es lícito tenerla.[a,b]
5 Y Herodes quería matarle, pero temía al pueblo; porque tenían a Juan por profeta.
6 Pero cuando se celebraba el cumpleaños de Herodes, la hija de Herodías danzó en medio, y agradó a Herodes,
7 por lo cual éste le prometió con juramento darle todo lo que pidiese.
8 Ella, instruida primero por su madre, dijo: Dame aquí en un plato la cabeza de Juan el Bautista.
9 Entonces el rey se entristeció; pero a causa del juramento, y de los que estaban con él a la mesa, mandó que se la diesen,
10 y ordenó decapitar a Juan en la cárcel.
11 Y fue traída su cabeza en un plato, y dada a la muchacha; y ella la presentó a su madre.
12 Entonces llegaron sus discípulos, y tomaron el cuerpo y lo enterraron; y fueron y dieron las nuevas a Jesús.

Alimentación de los cinco mil

13 Oyéndolo Jesús, se apartó de allí en una barca a un lugar desierto y apartado; y cuando la gente lo oyó, le siguió a pie desde las ciudades.
14 Y saliendo Jesús, vio una gran multitud, y tuvo compasión de ellos, y sanó a los que de ellos estaban enfermos.
15 Cuando anochecía, se acercaron a él sus discípulos, diciendo: El lugar es desierto, y la hora ya pasada; despide a la multitud, para que vayan por las aldeas y compren de comer.
16 Jesús les dijo: No tienen necesidad de irse; dadles vosotros de comer.
17 Y ellos dijeron: No tenemos aquí sino cinco panes y dos peces.
18 El les dijo: Traédmelos acá.
19 Entonces mandó a la gente recostarse sobre la hierba; y tomando los cinco panes y los dos peces, y levantando los ojos al cielo, bendijo, y partió y dio los panes a los discípulos, y los discípulos a la multitud.
20 Y comieron todos, y se saciaron; y recogieron lo que sobró de los pedazos, doce cestas llenas.
21 Y los que comieron fueron como cinco mil hombres, sin contar las mujeres y los niños.

Jesús anda sobre el mar

22 En seguida Jesús hizo a sus discípulos entrar en la barca e ir delante de él a la otra ribera, entre tanto que él despedía a la multitud.
23 Despedida la multitud, subió al monte a orar aparte; y cuando llegó la noche, estaba allí solo.
24 Y ya la barca estaba en medio del mar, azotada por las olas; porque el viento era contrario.
25 Mas a la cuarta vigilia de la noche, Jesús vino a ellos andando sobre el mar.
26 Y los discípulos, viéndole andar sobre el mar, se turbaron, diciendo: ¡Un fantasma! Y dieron voces de miedo.
27 Pero en seguida Jesús les habló, diciendo: ¡Tened ánimo; yo soy, no temáis!
28 Entonces le respondió Pedro, y dijo: Señor, si eres tú, manda que yo vaya a ti sobre las aguas.
29 Y él dijo: Ven. Y descendiendo Pedro de la barca, andaba sobre las aguas para ir a Jesús.
30 Pero al ver el fuerte viento, tuvo miedo; y comenzando a hundirse, dio voces, diciendo: ¡Señor, sálvame!
31 Al momento Jesús, extendiendo la mano, asió de él, y le dijo: ¡Hombre de poca fe! ¿Por qué dudaste?
32 Y cuando ellos subieron en la barca, se calmó el viento.
33 Entonces los que estaban en la barca vinieron y le adoraron, diciendo: Verdaderamente eres Hijo de Dios.

Jesús sana a los enfermos en Genesaret

34 Y terminada la travesía, vinieron a tierra de Genesaret.
35 Cuando le conocieron los hombres de aquel lugar, enviaron noticia por toda aquella tierra alrededor, y trajeron a él todos los enfermos;
36 y le rogaban que les dejase tocar solamente el borde de su manto; y todos los que lo tocaron, quedaron sanos.

Lo que contamina al hombre

15 1 Entonces se acercaron a Jesús ciertos escribas y fariseos de Jerusalén, diciendo:
2 ¿Por qué tus discípulos quebrantan la tradición de los ancianos? Porque no se lavan las manos cuando comen pan.
3 Respondiendo él, les dijo: ¿Por qué también vosotros quebrantáis el mandamiento de Dios por vuestra tradición?
4 Porque Dios mandó diciendo: Honra a tu padre y a tu madre;[a] y: El que maldiga al padre o a la madre, muera irremisiblemente.[b]
5 Pero vosotros decís: Cualquiera que diga a su padre o a su madre: Es mi ofrenda a Dios todo aquello con que pudiera ayudarte,
6 ya no ha de honrar a su padre o a su madre. Así habéis invalidado el mandamiento de Dios por vuestra tradición.
7 Hipócritas, bien profetizó de vosotros Isaías, cuando dijo:

14.4: [a] Lv. 18.16; 20.21. **14.3-4:** [b] Lc. 3.19-20.
15.4: [a] Ex. 20.12; Dt. 5.16. [b] Ex. 21.17; Lv. 20.9.

8 Este pueblo de labios me honra;
Mas su corazón está lejos de mí.
9 Pues en vano me honran,
Enseñando como doctrinas,
mandamientos de hombres.[c]
10 Y llamando a sí a la multitud, les dijo: Oíd, y
entended:
11 No lo que entra en la boca contamina al hom-
bre; mas lo que sale de la boca, esto contamina
al hombre.
12 Entonces acercándose sus discípulos, le dije-
ron: ¿Sabes que los fariseos se ofendieron cuan-
do oyeron esta palabra?
13 Pero respondiendo él, dijo: Toda planta que
no plantó mi Padre celestial, será desarraigada.
14 Dejadlos; son ciegos guías de ciegos; y si el
ciego guiare al ciego, ambos caerán en el
hoyo.[d]
15 Respondiendo Pedro, le dijo: Explícanos esta
parábola.
16 Jesús dijo: ¿También vosotros sois aún sin en-
tendimiento?
17 ¿No entendéis que todo lo que entra en la
boca va al vientre, y es echado en la letrina?
18 Pero lo que sale de la boca, del corazón sale;[e]
y esto contamina al hombre.
19 Porque del corazón salen los malos pensa-
mientos, los homicidios, los adulterios, las for-
nicaciones, los hurtos, los falsos testimonios, las
blasfemias.
20 Estas cosas son las que contaminan al hom-
bre; pero el comer con las manos sin lavar no
contamina al hombre.

La fe de la mujer cananea

21 Saliendo Jesús de allí, se fue a la región de
Tiro y de Sidón.
22 Y he aquí una mujer cananea que había
salido de aquella región clamaba, diciéndole:
¡Señor, Hijo de David, ten misericordia de mí!
Mi hija es gravemente atormentada por un de-
monio.
23 Pero Jesús no le respondió palabra. Entonces
acercándose sus discípulos, le rogaron, dicien-
do: Despídela, pues da voces tras nosotros.
24 El respondiendo, dijo: No soy enviado sino a
las ovejas perdidas de la casa de Israel.
25 Entonces ella vino y se postró ante él, dicien-
do: ¡Señor, socórreme!
26 Respondiendo él, dijo: No está bien tomar el
pan de los hijos, y echarlo a los perrillos.
27 Y ella dijo: Sí, Señor; pero aun los perrillos
comen de las migajas que caen de la mesa de
sus amos.
28 Entonces respondiendo Jesús, dijo: Oh
mujer, grande es tu fe; hágase contigo como
quieres. Y su hija fue sanada desde aquella
hora.

Jesús sana a muchos

29 Pasó Jesús de allí y vino junto al mar de
Galilea; y subiendo al monte, se sentó allí.
30 Y se le acercó mucha gente que traía consigo
a cojos, ciegos, mudos, mancos, y otros muchos
enfermos; y los pusieron a los pies de Jesús, y
los sanó;
31 de manera que la multitud se maravillaba,
viendo a los mudos hablar, a los mancos sana-
dos, a los cojos andar, y a los ciegos ver; y glori-
ficaban al Dios de Israel.

Alimentación de los cuatro mil

32 Y Jesús, llamando a sus discípulos, dijo:
Tengo compasión de la gente, porque ya hace
tres días que están conmigo, y no tienen qué co-
mer; y enviarlos en ayunas no quiero, no sea
que desmayen en el camino.
33 Entonces sus discípulos le dijeron: ¿De dónde
tenemos nosotros tantos panes en el desierto,
para saciar a una multitud tan grande?
34 Jesús les dijo: ¿Cuántos panes tenéis? Y ellos
dijeron: Siete, y unos pocos pececillos.
35 Y mandó a la multitud que se recostase en
tierra.
36 Y tomando los siete panes y los peces, dio
gracias, los partió y dio a sus discípulos, y los
discípulos a la multitud.
37 Y comieron todos, y se saciaron; y recogieron lo
que sobró de los pedazos, siete canastas llenas.
38 Y eran los que habían comido, cuatro mil
hombres, sin contar las mujeres y los niños.
39 Entonces, despedida la gente, entró en la bar-
ca, y vino a la región de Magdala.

La demanda de una señal

16 1 Vinieron los fariseos y los saduceos
para tentarle, y le pidieron que les mos-
trase señal[a] del cielo.
2 Mas él respondiendo, les dijo: Cuando ano-
chece, decís: Buen tiempo; porque el cielo tiene
arreboles.
3 Y por la mañana: Hoy habrá tempestad; por-
que tiene arreboles el cielo nublado. ¡Hipócri-
tas! que sabéis distinguir el aspecto del cielo,
¡mas las señales de los tiempos no podéis!
4 La generación mala y adúltera demanda se-
ñal;[b] pero señal no le será dada, sino la señal del
profeta Jonás.[c] Y dejándolos, se fue.

La levadura de los fariseos

5 Llegando sus discípulos al otro lado, se ha-
bían olvidado de traer pan.
6 Y Jesús les dijo: Mirad, guardaos de la levadu-
ra de los fariseos[d] y de los saduceos.

15.8-9: [c] Is. 29.13. **15.14:** [d] Lc. 6.39. **15.18:** [e] Mt. 12.34.
16.1: [a] Mt. 12.38; Lc. 11.16. **16.4:** [b] Mt. 12.39; Lc. 11.29.
[c] Jon. 3.4-5. **16.6:** [d] Lc. 12.1.

7 Ellos pensaban dentro de sí, diciendo: Esto dice porque no trajimos pan.
8 Y entendiéndolo Jesús, les dijo: ¿Por qué pensáis dentro de vosotros, hombres de poca fe, que no tenéis pan?
9 ¿No entendéis aún, ni os acordáis de los cinco panes entre cinco mil hombres,[e] y cuántas cestas recogisteis?
10 ¿Ni de los siete panes entre cuatro mil,[f] y cuántas canastas recogisteis?
11 ¿Cómo es que no entendéis que no fue por el pan que os dije que os guardaseis de la levadura de los fariseos y de los saduceos?
12 Entonces entendieron que no les había dicho que se guardasen de la levadura del pan, sino de la doctrina de los fariseos y de los saduceos.

La confesión de Pedro

13 Viniendo Jesús a la región de Cesarea de Filipo, preguntó a sus discípulos, diciendo: ¿Quién dicen los hombres que es el Hijo del Hombre?
14 Ellos dijeron: Unos, Juan el Bautista; otros, Elías; y otros, Jeremías, o alguno de los profetas.[g]
15 El les dijo: Y vosotros, ¿quién decís que soy yo?
16 Respondiendo Simón Pedro, dijo: Tú eres el Cristo, el Hijo del Dios viviente.[h]
17 Entonces le respondió Jesús: Bienaventurado eres, Simón, hijo de Jonás, porque no te lo reveló carne ni sangre, sino mi Padre que está en los cielos.
18 Y yo también te digo, que tú eres Pedro,[5] y sobre esta roca[6] edificaré mi iglesia; y las puertas del Hades no prevalecerán contra ella.
19 Y a ti te daré las llaves del reino de los cielos; y todo lo que atares en la tierra será atado en los cielos; y todo lo que desatares en la tierra será desatado en los cielos.[i]
20 Entonces mandó a sus discípulos que a nadie dijesen que él era Jesús el Cristo.

Jesús anuncia su muerte

21 Desde entonces comenzó Jesús a declarar a sus discípulos que le era necesario ir a Jerusalén y padecer mucho de los ancianos, de los principales sacerdotes y de los escribas; y ser muerto, y resucitar al tercer día.
22 Entonces Pedro, tomándolo aparte, comenzó a reconvenirle, diciendo: Señor, ten compasión de ti; en ninguna manera esto te acontezca.
23 Pero él, volviéndose, dijo a Pedro: ¡Quítate de delante de mí, Satanás!; me eres tropiezo, porque no pones la mira en las cosas de Dios, sino en las de los hombres.
24 Entonces Jesús dijo a sus discípulos: Si alguno quiere venir en pos de mí, niéguese a sí mismo, y tome su cruz, y sígame.[j]
25 Porque todo el que quiera salvar su vida, la perderá; y todo el que pierda su vida por causa de mí, la hallará.[k]
26 Porque ¿qué aprovechará al hombre, si ganare todo el mundo, y perdiere su alma? ¿O qué recompensa dará el hombre por su alma?
27 Porque el Hijo del Hombre vendrá en la gloria de su Padre con sus ángeles,[l] y entonces pagará a cada uno conforme a sus obras.[m]
28 De cierto os digo que hay algunos de los que están aquí, que no gustarán la muerte, hasta que hayan visto al Hijo del Hombre viniendo en su reino.

La transfiguración

17 1 Seis días después, Jesús tomó a Pedro, a Jacobo y a Juan su hermano, y los llevó aparte a un monte alto;
2 y se transfiguró delante de ellos,[a] y resplandeció su rostro como el sol, y sus vestidos se hicieron blancos como la luz.
3 Y he aquí les aparecieron Moisés y Elías, hablando con él.
4 Entonces Pedro dijo a Jesús: Señor, bueno es para nosotros que estemos aquí; si quieres, hagamos aquí tres enramadas: una para ti, otra para Moisés, y otra para Elías.
5 Mientras él aún hablaba, una nube de luz los cubrió; y he aquí una voz desde la nube, que decía: Este es mi Hijo amado, en quien tengo complacencia;[b] a él oíd.
6 Al oír esto los discípulos, se postraron sobre sus rostros, y tuvieron gran temor.
7 Entonces Jesús se acercó y los tocó, y dijo: Levantaos, y no temáis.
8 Y alzando ellos los ojos, a nadie vieron sino a Jesús solo.
9 Cuando descendieron del monte, Jesús les mandó, diciendo: No digáis a nadie la visión, hasta que el Hijo del Hombre resucite de los muertos.
10 Entonces sus discípulos le preguntaron, diciendo: ¿Por qué, pues, dicen los escribas que es necesario que Elías venga primero?[c]
11 Respondiendo Jesús, les dijo: A la verdad, Elías viene primero, y restaurará todas las cosas.
12 Mas os digo que Elías ya vino,[d] y no le conocieron, sino que hicieron con él todo lo que quisieron; así también el Hijo del Hombre padecerá de ellos.
13 Entonces los discípulos comprendieron que les había hablado de Juan el Bautista.

16.9: [e] Mt. 14.17-21. **16.10:** [f] Mt. 15.34-38. **16.14:** [g] Mt. 14.1-2; Mr. 6.14-15; Lc. 9.7-8. **16.16:** [h] Jn. 6.68-69. **16.18:** [5] Gr. *Petros.* [6] Gr. *petra.* **16.19:** [i] Mt. 18.18; Jn. 20.23. **16.24:** [j] Mt. 10.38; Lc. 14.27. **16.25:** [k] Mt. 10.39; Lc. 17.33; Jn. 12.25. **16.27:** [l] Mt. 25.31. [m] Sal. 62.12. **17.1-5:** [a] 2 P. 1.17-18. **17.5:** [b] Is. 42.1; Mt. 3.17; 12.18; Mr. 1.11; Lc. 3.22. **17.10:** [c] Mal. 4.5. **17.12:** [d] Mt. 11.14.

Jesús sana a un muchacho lunático

14 Cuando llegaron al gentío, vino a él un
hombre que se arrodilló delante de él, diciendo:
15 Señor, ten misericordia de mi hijo, que es lu-
nático, y padece muchísimo; porque muchas ve-
ces cae en el fuego, y muchas en el agua.
16 Y lo he traído a tus discípulos, pero no le han
podido sanar.
17 Respondiendo Jesús, dijo: ¡Oh generación in-
crédula y perversa! ¿Hasta cuándo he de estar
con vosotros? ¿Hasta cuándo os he de soportar?
Traédmelo acá.
18 Y reprendió Jesús al demonio, el cual salió del
muchacho, y éste quedó sano desde aquella hora.
19 Viniendo entonces los discípulos a Jesús,
aparte, dijeron: ¿Por qué nosotros no pudimos
echarlo fuera?
20 Jesús les dijo: Por vuestra poca fe; porque de
cierto os digo, que si tuviereis fe como un grano
de mostaza, diréis a este monte: Pásate de aquí
allá, y se pasará;[e] y nada os será imposible.
21 Pero este género no sale sino con oración y
ayuno.

Jesús anuncia otra vez su muerte

22 Estando ellos en Galilea, Jesús les dijo: El
Hijo del Hombre será entregado en manos de
hombres,
23 y le matarán; mas al tercer día resucitará. Y
ellos se entristecieron en gran manera.

Pago del impuesto del templo

24 Cuando llegaron a Capernaum, vinieron a
Pedro los que cobraban las dos dracmas,[f] y le di-
jeron: ¿Vuestro Maestro no paga las dos drac-
mas?
25 El dijo: Sí. Y al entrar él en casa, Jesús le habló
primero, diciendo: ¿Qué te parece, Simón? Los re-
yes de la tierra, ¿de quiénes cobran los tributos o
los impuestos? ¿De sus hijos, o de los extraños?
26 Pedro le respondió: De los extraños. Jesús le
dijo: Luego los hijos están exentos.
27 Sin embargo, para no ofenderles, ve al mar, y
echa el anzuelo, y el primer pez que saques, tó-
malo, y al abrirle la boca, hallarás un estatero;[7]
tómalo, y dáselo por mí y por ti.

¿Quién es el mayor?

18 1 En aquel tiempo los discípulos vinie-
ron a Jesús, diciendo: ¿Quién es el ma-
yor en el reino de los cielos?[a]
2 Y llamando Jesús a un niño, lo puso en medio
de ellos,
3 y dijo: De cierto os digo, que si no os volvéis y
os hacéis como niños, no entraréis en el reino de
los cielos.[b]
4 Así que, cualquiera que se humille como este
niño, ése es el mayor en el reino de los cielos.
5 Y cualquiera que reciba en mi nombre a un
niño como este, a mí me recibe.

Ocasiones de caer

6 Y cualquiera que haga tropezar a alguno de
estos pequeños que creen en mí, mejor le fuera
que se le colgase al cuello una piedra de molino
de asno, y que se le hundiese en lo profundo del
mar.
7 ¡Ay del mundo por los tropiezos! porque es
necesario que vengan tropiezos, pero ¡ay de
aquel hombre por quien viene el tropiezo!
8 Por tanto, si tu mano o tu pie te es ocasión de
caer, córtalo y échalo de ti; mejor te es entrar en
la vida cojo o manco, que teniendo dos manos o
dos pies ser echado en el fuego eterno.[c]
9 Y si tu ojo te es ocasión de caer, sácalo y échalo
de ti; mejor te es entrar con un solo ojo en la
vida, que teniendo dos ojos ser echado en el in-
fierno de fuego.[d]

Parábola de la oveja perdida

10 Mirad que no menospreciéis a uno de estos
pequeños; porque os digo que sus ángeles en los
cielos ven siempre el rostro de mi Padre que está
en los cielos.
11 Porque el Hijo del Hombre ha venido para
salvar lo que se había perdido.[e]
12 ¿Qué os parece? Si un hombre tiene cien ove-
jas, y se descarría una de ellas, ¿no deja las no-
venta y nueve y va por los montes a buscar la
que se había descarriado?
13 Y si acontece que la encuentra, de cierto os
digo que se regocija más por aquélla, que por las
noventa y nueve que no se descarriaron.
14 Así, no es la voluntad de vuestro Padre que está
en los cielos, que se pierda uno de estos pequeños.

Cómo se debe perdonar al hermano

15 Por tanto, si tu hermano peca contra ti, ve
y repréndele estando tú y él solos; si te oyere,
has ganado a tu hermano.[f]
16 Mas si no te oyere, toma aún contigo a uno o
dos, para que en boca de dos o tres testigos[g]
conste toda palabra.
17 Si no los oyere a ellos, dilo a la iglesia; y si no
oyere a la iglesia, tenle por gentil y publicano.
18 De cierto os digo que todo lo que atéis en la
tierra, será atado en el cielo; y todo lo que desa-
téis en la tierra, será desatado en el cielo.[h]
19 Otra vez os digo, que si dos de vosotros se pu-
sieren de acuerdo en la tierra acerca de cual-

17.20: [e] Mt. 21.21; Mr. 11.23; 1 Co. 13.2.
17.24: [f] Ex. 30.13; 38.26. **17.27:** [7] Moneda correspondiente a cuatro dracmas. **18.1:** [a] Lc. 22.24. **18.3:** [b] Mr. 10.15; Lc. 18.17. **18.8:** [c] Mt. 5.30. **18.9:** [d] Mt. 5.29. **18.11:** [e] Lc. 19.10. **18.15:** [f] Lc. 17.3. **18.16:** [g] Dt. 17.6; 19.15. **18.18:** [h] Mt. 16.19; Jn. 20.23.

quiera cosa que pidieren, les será hecho por mi
Padre que está en los cielos.
20 Porque donde están dos o tres congregados
en mi nombre, allí estoy yo en medio de ellos.
21 Entonces se le acercó Pedro y le dijo: Señor,
¿cuántas veces perdonaré a mi hermano que pe-
que contra mí? ¿Hasta siete?
22 Jesús le dijo: No te digo hasta siete, sino aun
hasta setenta veces siete.[i]

Los dos deudores

23 Por lo cual el reino de los cielos es semejante
a un rey que quiso hacer cuentas con sus siervos.
24 Y comenzando a hacer cuentas, le fue presen-
tado uno que le debía diez mil talentos.
25 A éste, como no pudo pagar, ordenó su señor
venderle, y a su mujer e hijos, y todo lo que te-
nía, para que se le pagase la deuda.
26 Entonces aquel siervo, postrado, le suplicaba,
diciendo: Señor, ten paciencia conmigo, y yo te
lo pagaré todo.
27 El señor de aquel siervo, movido a misericor-
dia, le soltó y le perdonó la deuda.
28 Pero saliendo aquel siervo, halló a uno de sus
consiervos, que le debía cien denarios; y asien-
do de él, le ahogaba, diciendo: Págame lo que
me debes.
29 Entonces su consiervo, postrándose a sus
pies, le rogaba diciendo: Ten paciencia conmi-
go, y yo te lo pagaré todo.
30 Mas él no quiso, sino fue y le echó en la cár-
cel, hasta que pagase la deuda.
31 Viendo sus consiervos lo que pasaba, se en-
tristecieron mucho, y fueron y refirieron a su se-
ñor todo lo que había pasado.
32 Entonces, llamándole su señor, le dijo: Siervo
malvado, toda aquella deuda te perdoné, por-
que me rogaste.
33 ¿No debías tú también tener misericordia de
tu consiervo, como yo tuve misericordia de ti?
34 Entonces su señor, enojado, le entregó a los
verdugos, hasta que pagase todo lo que le debía.
35 Así también mi Padre celestial hará con voso-
tros si no perdonáis de todo corazón cada uno a
su hermano sus ofensas.

Jesús enseña sobre el divorcio

19 1 Aconteció que cuando Jesús terminó
estas palabras, se alejó de Galilea, y fue
a las regiones de Judea al otro lado del Jordán.
2 Y le siguieron grandes multitudes, y los sanó
allí.
3 Entonces vinieron a él los fariseos, tentán-
dole y diciéndole: ¿Es lícito al hombre repudiar
a su mujer por cualquier causa?
4 Él, respondiendo, les dijo: ¿No habéis leído
que el que los hizo al principio, varón y hembra
los hizo,[a]
5 y dijo: Por esto el hombre dejará padre y ma-
dre, y se unirá a su mujer, y los dos serán una
sola carne?[b]
6 Así que no son ya más dos, sino una sola car-
ne; por tanto, lo que Dios juntó, no lo separe el
hombre.
7 Le dijeron: ¿Por qué, pues, mandó Moisés dar
carta de divorcio, y repudiarla?[c]
8 El les dijo: Por la dureza de vuestro corazón
Moisés os permitió repudiar a vuestras mujeres;
mas al principio no fue así.
9 Y yo os digo que cualquiera que repudia a su
mujer, salvo por causa de fornicación, y se casa
con otra, adultera; y el que se casa con la repu-
diada, adultera.[d]
10 Le dijeron sus discípulos: Si así es la condi-
ción del hombre con su mujer, no conviene
casarse.
11 Entonces él les dijo: No todos son capaces de
recibir esto, sino aquellos a quienes es dado.
12 Pues hay eunucos que nacieron así del vien-
tre de su madre, y hay eunucos que son hechos
eunucos por los hombres, y hay eunucos que a sí
mismos se hicieron eunucos por causa del reino
de los cielos. El que sea capaz de recibir esto,
que lo reciba.

Jesús bendice a los niños

13 Entonces le fueron presentados unos ni-
ños, para que pusiese las manos sobre ellos, y
orase; y los discípulos les reprendieron.
14 Pero Jesús dijo: Dejad a los niños venir a mí, y
no se lo impidáis; porque de los tales es el reino
de los cielos.
15 Y habiendo puesto sobre ellos las manos, se
fue de allí.

El joven rico

16 Entonces vino uno y le dijo: Maestro bue-
no, ¿qué bien haré para tener la vida eterna?
17 El le dijo: ¿Por qué me llamas bueno? Ningu-
no hay bueno sino uno: Dios. Mas si quieres en-
trar en la vida, guarda los mandamientos.
18 Le dijo: ¿Cuáles? Y Jesús dijo: No matarás.[e]
No adulterarás.[f] No hurtarás.[g] No dirás falso tes-
timonio.[h]
19 Honra a tu padre y a tu madre;[i] y, Amarás a tu
prójimo como a ti mismo.[j]
20 El joven le dijo: Todo esto lo he guardado
desde mi juventud. ¿Qué más me falta?
21 Jesús le dijo: Si quieres ser perfecto, anda,
vende lo que tienes, y dalo a los pobres, y ten-
drás tesoro en el cielo; y ven y sígueme.

18.21-22: [i] Lc. 17.3-4. **19.4:** [a] Gn. 1.27; 5.2.
19.5: [b] Gn. 2.24. **19.7:** [c] Dt. 24.1-4; Mt. 5.31.
19.9: [d] Mt. 5.32; 1 Co. 7.10-11. **19.18:** [e] Ex. 20.13; Dt. 5.17.
[f] Ex. 20.14; Dt. 5.18. [g] Ex. 20.15; Dt. 5.19. [h] Ex. 20.16; Dt. 5.20.
19.19: [i] Ex. 20.12; Dt. 5.16. [j] Lv. 19.18.

22 Oyendo el joven esta palabra, se fue triste,
porque tenía muchas posesiones.
23 Entonces Jesús dijo a sus discípulos: De
cierto os digo, que difícilmente entrará un rico
en el reino de los cielos.
24 Otra vez os digo, que es más fácil pasar un ca-
mello por el ojo de una aguja, que entrar un rico
en el reino de Dios.
25 Sus discípulos, oyendo esto, se asombraron
en gran manera, diciendo: ¿Quién, pues, podrá
ser salvo?
26 Y mirándolos Jesús, les dijo: Para los hombres
esto es imposible; mas para Dios todo es posible.
27 Entonces respondiendo Pedro, le dijo: He
aquí, nosotros lo hemos dejado todo, y te hemos
seguido; ¿qué, pues, tendremos?
28 Y Jesús les dijo: De cierto os digo que en la re-
generación, cuando el Hijo del Hombre se siente
en el trono de su gloria,[k] vosotros que me habéis
seguido también os sentaréis sobre doce tronos,
para juzgar a las doce tribus de Israel.[l]
29 Y cualquiera que haya dejado casas, o herma-
nos, o hermanas, o padre, o madre, o mujer, o
hijos, o tierras, por mi nombre, recibirá cien ve-
ces más, y heredará la vida eterna.
30 Pero muchos primeros serán postreros, y pos-
treros, primeros.[m]

Los obreros de la viña

20 1 Porque el reino de los cielos es seme-
jante a un hombre, padre de familia, que
salió por la mañana a contratar obreros para su
viña.
2 Y habiendo convenido con los obreros en un
denario al día, los envió a su viña.
3 Saliendo cerca de la hora tercera del día, vio a
otros que estaban en la plaza desocupados;
4 y les dijo: Id también vosotros a mi viña, y os
daré lo que sea justo. Y ellos fueron.
5 Salió otra vez cerca de las horas sexta y nove-
na, e hizo lo mismo.
6 Y saliendo cerca de la hora undécima, halló a
otros que estaban desocupados; y les dijo: ¿Por
qué estáis aquí todo el día desocupados?
7 Le dijeron: Porque nadie nos ha contratado. El
les dijo: Id también vosotros a la viña, y recibi-
réis lo que sea justo.
8 Cuando llegó la noche, el señor de la viña dijo
a su mayordomo: Llama a los obreros y págales
el jornal,[a] comenzando desde los postreros has-
ta los primeros.
9 Y al venir los que habían ido cerca de la hora
undécima, recibieron cada uno un denario.
10 Al venir también los primeros, pensaron que
habían de recibir más; pero también ellos reci-
bieron cada uno un denario.
11 Y al recibirlo, murmuraban contra el padre
de familia,
12 diciendo: Estos postreros han trabajado una
sola hora, y los has hecho iguales a nosotros,
que hemos soportado la carga y el calor del día.
13 Él, respondiendo, dijo a uno de ellos: Amigo,
no te hago agravio; ¿no conviniste conmigo en
un denario?
14 Toma lo que es tuyo, y vete; pero quiero dar a
este postrero, como a ti.
15 ¿No me es lícito hacer lo que quiero con lo
mío? ¿O tienes tú envidia, porque yo soy bue-
no?
16 Así, los primeros serán postreros, y los pos-
treros, primeros; porque muchos son llamados,
mas pocos escogidos.[b]

Nuevamente Jesús anuncia su muerte

17 Subiendo Jesús a Jerusalén, tomó a sus
doce discípulos aparte en el camino, y les dijo:
18 He aquí subimos a Jerusalén, y el Hijo del
Hombre será entregado a los principales sacer-
dotes y a los escribas, y le condenarán a muerte;
19 y le entregarán a los gentiles para que le es-
carnezcan, le azoten, y le crucifiquen; mas al
tercer día resucitará.

Petición de Santiago y de Juan

20 Entonces se le acercó la madre de los hijos
de Zebedeo con sus hijos, postrándose ante él y
pidiéndole algo.
21 El le dijo: ¿Qué quieres? Ella le dijo: Ordena
que en tu reino se sienten estos dos hijos míos,
el uno a tu derecha, y el otro a tu izquierda.
22 Entonces Jesús respondiendo, dijo: No sabéis
lo que pedís. ¿Podéis beber del vaso que yo he
de beber, y ser bautizados con el bautismo con
que yo soy bautizado? Y ellos le dijeron: Pode-
mos.
23 El les dijo: A la verdad, de mi vaso beberéis, y
con el bautismo con que yo soy bautizado, se-
réis bautizados; pero el sentaros a mi derecha y
a mi izquierda, no es mío darlo, sino a aquellos
para quienes está preparado por mi Padre.
24 Cuando los diez oyeron esto, se enojaron
contra los dos hermanos.
25 Entonces Jesús, llamándolos, dijo: Sabéis
que los gobernantes de las naciones se enseño-
rean de ellas, y los que son grandes ejercen so-
bre ellas potestad.
26 Mas entre vosotros no será así,[c] sino que el
que quiera hacerse grande entre vosotros será
vuestro servidor,
27 y el que quiera ser el primero entre vosotros
será vuestro siervo;[d]
28 como el Hijo del Hombre no vino para ser

19.28: [k] Mt. 25.31. [l] Lc. 22.30. **19.30:** [m] Mt. 20.16; Lc. 13.30. **20.8:** [a] Lv. 19.13; Dt. 24.15. **20.16:** [b] Mt. 19.30; Mr. 10.31; Lc. 13.30. **20.25-26:** [c] Lc. 22.25-26. **20.26-27:** [d] Mt. 23.11; Mr. 9.35; Lc. 22.26.

servido, sino para servir, y para dar su vida en
rescate por muchos.

Dos ciegos reciben la vista

29 Al salir ellos de Jericó, le seguía una gran
multitud.
30 Y dos ciegos que estaban sentados junto al
camino, cuando oyeron que Jesús pasaba, cla-
maron, diciendo: ¡Señor, Hijo de David, ten mi-
sericordia de nosotros!
31 Y la gente les reprendió para que callasen;
pero ellos clamaban más, diciendo: ¡Señor, Hijo
de David, ten misericordia de nosotros!
32 Y deteniéndose Jesús, los llamó, y les dijo:
¿Qué queréis que os haga?
33 Ellos le dijeron: Señor, que sean abiertos
nuestros ojos.
34 Entonces Jesús, compadecido, les tocó los
ojos, y en seguida recibieron la vista; y le
siguieron.

La entrada triunfal en Jerusalén

21 1 Cuando se acercaron a Jerusalén, y vi-
nieron a Betfagé, al monte de los Olivos,
Jesús envió dos discípulos,
2 diciéndoles: Id a la aldea que está enfrente de
vosotros, y luego hallaréis una asna atada, y un
pollino con ella; desatadla, y traédmelos.
3 Y si alguien os dijere algo, decid: El Señor los
necesita; y luego los enviará.
4 Todo esto aconteció para que se cumpliese lo
dicho por el profeta, cuando dijo:
5 Decid a la hija de Sion:
He aquí, tu Rey viene a ti,
Manso, y sentado sobre una asna,
Sobre un pollino, hijo de animal de
carga.[a]
6 Y los discípulos fueron, e hicieron como Jesús
les mandó;
7 y trajeron el asna y el pollino, y pusieron sobre
ellos sus mantos; y él se sentó encima.
8 Y la multitud, que era muy numerosa, tendía
sus mantos en el camino; y otros cortaban ra-
mas de los árboles, y las tendían en el camino.
9 Y la gente que iba delante y la que iba detrás
aclamaba, diciendo: ¡Hosanna[b] al Hijo de Da-
vid! ¡Bendito el que viene en el nombre del Se-
ñor![c] ¡Hosanna en las alturas!
10 Cuando entró él en Jerusalén, toda la ciudad
se conmovió, diciendo: ¿Quién es éste?
11 Y la gente decía: Este es Jesús el profeta, de
Nazaret de Galilea.

Purificación del templo

12 Y entró Jesús en el templo de Dios, y echó
fuera a todos los que vendían y compraban en el
templo, y volcó las mesas de los cambistas, y las
sillas de los que vendían palomas;
13 y les dijo: Escrito está: Mi casa, casa de ora-
ción será llamada;[d] mas vosotros la habéis he-
cho cueva de ladrones.[e]
14 Y vinieron a él en el templo ciegos y cojos,
y los sanó.
15 Pero los principales sacerdotes y los escribas,
viendo las maravillas que hacía, y a los mucha-
chos aclamando en el templo y diciendo: ¡Ho-
sanna al Hijo de David! se indignaron,
16 y le dijeron: ¿Oyes lo que éstos dicen? Y Jesús
les dijo: Sí; ¿nunca leísteis:
De la boca de los niños y de los que
maman
Perfeccionaste la alabanza?[f]
17 Y dejándolos, salió fuera de la ciudad, a Be-
tania, y posó allí.

Maldición de la higuera estéril

18 Por la mañana, volviendo a la ciudad, tuvo
hambre.
19 Y viendo una higuera cerca del camino, vino
a ella, y no halló nada en ella, sino hojas sola-
mente; y le dijo: Nunca jamás nazca de ti fruto.
Y luego se secó la higuera.
20 Viendo esto los discípulos, decían maravi-
llados: ¿Cómo es que se secó en seguida la hi-
guera?
21 Respondiendo Jesús, les dijo: De cierto os
digo, que si tuviereis fe, y no dudareis, no sólo
haréis esto de la higuera, sino que si a este
monte dijereis: Quítate y échate en el mar, será
hecho.[g]
22 Y todo lo que pidiereis en oración, creyendo,
lo recibiréis.

La autoridad de Jesús

23 Cuando vino al templo, los principales sa-
cerdotes y los ancianos del pueblo se acercaron
a él mientras enseñaba, y le dijeron: ¿Con qué
autoridad haces estas cosas? ¿y quién te dio esta
autoridad?
24 Respondiendo Jesús, les dijo: Yo también os
haré una pregunta, y si me la contestáis, tam-
bién yo os diré con qué autoridad hago estas
cosas.
25 El bautismo de Juan, ¿de dónde era? ¿Del
cielo, o de los hombres? Ellos entonces discu-
tían entre sí, diciendo: Si decimos, del cielo, nos
dirá: ¿Por qué, pues, no le creísteis?
26 Y si decimos, de los hombres, tememos al
pueblo; porque todos tienen a Juan por pro-
feta.
27 Y respondiendo a Jesús, dijeron: No sabe-
mos. Y él también les dijo: Tampoco yo os digo
con qué autoridad hago estas cosas.

21.5: [a] Zac. 9.9. **21.9:** [b] Sal. 118.25. [c] Sal. 118.26.
21.13: [d] Is. 56.7. [e] Jer. 7.11. **21.16:** [f] Sal. 8.2.
21.21: [g] Mt. 17.20; 1 Co. 13.2.

Parábola de los dos hijos

28 Pero ¿qué os parece? Un hombre tenía dos
hijos, y acercándose al primero, le dijo: Hijo, ve
hoy a trabajar en mi viña.
29 Respondiendo él, dijo: No quiero; pero des-
pués, arrepentido, fue.
30 Y acercándose al otro, le dijo de la misma ma-
nera; y respondiendo él, dijo: Sí, señor, voy. Y no
fue.
31 ¿Cuál de los dos hizo la voluntad de su pa-
dre? Dijeron ellos: El primero. Jesús les dijo: De
cierto os digo, que los publicanos y las rameras
van delante de vosotros al reino de Dios.
32 Porque vino a vosotros Juan en camino de
justicia, y no le creísteis; pero los publicanos y
las rameras le creyeron;[h] y vosotros, viendo esto,
no os arrepentisteis después para creerle.

Los labradores malvados

33 Oíd otra parábola: Hubo un hombre, padre
de familia, el cual plantó una viña,[i] la cercó de
vallado, cavó en ella un lagar, edificó una torre,
y la arrendó a unos labradores, y se fue lejos.
34 Y cuando se acercó el tiempo de los frutos,
envió sus siervos a los labradores, para que reci-
biesen sus frutos.
35 Mas los labradores, tomando a los siervos, a
uno golpearon, a otro mataron, y a otro ape-
drearon.
36 Envió de nuevo otros siervos, más que los pri-
meros; e hicieron con ellos de la misma manera.
37 Finalmente les envió su hijo, diciendo: Ten-
drán respeto a mi hijo.
38 Mas los labradores, cuando vieron al hijo, di-
jeron entre sí: Este es el heredero; venid, maté-
mosle, y apoderémonos de su heredad.
39 Y tomándole, le echaron fuera de la viña, y le
mataron.
40 Cuando venga, pues, el señor de la viña, ¿qué
hará a aquellos labradores?
41 Le dijeron: A los malos destruirá sin miseri-
cordia, y arrendará su viña a otros labradores,
que le paguen el fruto a su tiempo.
42 Jesús les dijo: ¿Nunca leísteis en las Escri-
turas:

La piedra que desecharon los
edificadores,
Ha venido a ser cabeza del ángulo.
El Señor ha hecho esto,
Y es cosa maravillosa a nuestros ojos?[j]

43 Por tanto os digo, que el reino de Dios será
quitado de vosotros, y será dado a gente que
produzca los frutos de él.
44 Y el que cayere sobre esta piedra será quebran-
tado; y sobre quien ella cayere, le desmenuzará.
45 Y oyendo sus parábolas los principales sa-
cerdotes y los fariseos, entendieron que hablaba
de ellos.
46 Pero al buscar cómo echarle mano, temían al
pueblo, porque éste le tenía por profeta.

Parábola de la fiesta de bodas

22 1 Respondiendo Jesús, les volvió a ha-
blar en parábolas, diciendo:
2 El reino de los cielos es semejante a un rey que
hizo fiesta de bodas a su hijo;
3 y envió a sus siervos a llamar a los convidados
a las bodas; mas éstos no quisieron venir.
4 Volvió a enviar otros siervos, diciendo: Decid a
los convidados: He aquí, he preparado mi comi-
da; mis toros y animales engordados han sido
muertos, y todo está dispuesto; venid a las bodas.
5 Mas ellos, sin hacer caso, se fueron, uno a su
labranza, y otro a sus negocios;
6 y otros, tomando a los siervos, los afrentaron y
los mataron.
7 Al oírlo el rey, se enojó; y enviando sus ejérci-
tos, destruyó a aquellos homicidas, y quemó su
ciudad.
8 Entonces dijo a sus siervos: Las bodas a la ver-
dad están preparadas; mas los que fueron con-
vidados no eran dignos.
9 Id, pues, a las salidas de los caminos, y llamad
a las bodas a cuantos halléis.
10 Y saliendo los siervos por los caminos, junta-
ron a todos los que hallaron, juntamente malos
y buenos; y las bodas fueron llenas de convida-
dos.
11 Y entró el rey para ver a los convidados, y
vio allí a un hombre que no estaba vestido de
boda.
12 Y le dijo: Amigo, ¿cómo entraste aquí, sin es-
tar vestido de boda? Mas él enmudeció.
13 Entonces el rey dijo a los que servían: Atadle
de pies y manos, y echadle en las tinieblas de
afuera; allí será el lloro y el crujir de dientes.[a]
14 Porque muchos son llamados, y pocos esco-
gidos.

La cuestión del tributo

15 Entonces se fueron los fariseos y consulta-
ron cómo sorprenderle en alguna palabra.
16 Y le enviaron los discípulos de ellos con los
herodianos, diciendo: Maestro, sabemos que
eres amante de la verdad, y que enseñas con
verdad el camino de Dios, y que no te cuidas de
nadie, porque no miras la apariencia de los
hombres.
17 Dinos, pues, qué te parece: ¿Es lícito dar tri-
buto a César, o no?
18 Pero Jesús, conociendo la malicia de ellos, les
dijo: ¿Por qué me tentáis, hipócritas?
19 Mostradme la moneda del tributo. Y ellos le
presentaron un denario.

21.32: [h] Lc. 3.12; 7.29-30. **21.33:** [i] Is. 5.1-2.
21.42: [j] Sal. 118.22-23. **22.13:** [a] Mt. 8.12; 25.30; Lc. 13.28.

20 Entonces les dijo: ¿De quién es esta imagen, y
la inscripción?
21 Le dijeron: De César. Y les dijo: Dad, pues, a
César lo que es de César, y a Dios lo que es de
Dios.
22 Oyendo esto, se maravillaron, y dejándole, se
fueron.

La pregunta sobre la resurrección

23 Aquel día vinieron a él los saduceos, que di-
cen que no hay resurrección,[b] y le preguntaron,
24 diciendo: Maestro, Moisés dijo: Si alguno
muriere sin hijos, su hermano se casará con su
mujer, y levantará descendencia a su hermano.[c]
25 Hubo, pues, entre nosotros siete hermanos;
el primero se casó, y murió; y no teniendo des-
cendencia, dejó su mujer a su hermano.
26 De la misma manera también el segundo, y el
tercero, hasta el séptimo.
27 Y después de todos murió también la mujer.
28 En la resurrección, pues, ¿de cuál de los siete
será ella mujer, ya que todos la tuvieron?
29 Entonces respondiendo Jesús, les dijo:
Erráis, ignorando las Escrituras y el poder de
Dios.
30 Porque en la resurrección ni se casarán ni se
darán en casamiento, sino serán como los ánge-
les de Dios en el cielo.
31 Pero respecto a la resurrección de los muer-
tos, ¿no habéis leído lo que os fue dicho por
Dios, cuando dijo:
32 Yo soy el Dios de Abraham, el Dios de Isaac y
el Dios de Jacob?[d] Dios no es Dios de muertos,
sino de vivos.
33 Oyendo esto la gente, se admiraba de su doc-
trina.

El gran mandamiento

34 Entonces los fariseos, oyendo que había
hecho callar a los saduceos, se juntaron a una.
35 Y uno de ellos, intérprete de la ley, preguntó
por tentarle,[e] diciendo:
36 Maestro, ¿cuál es el gran mandamiento en la
ley?
37 Jesús le dijo: Amarás al Señor tu Dios con
todo tu corazón, y con toda tu alma, y con toda
tu mente.[f]
38 Este es el primero y grande mandamiento.
39 Y el segundo es semejante: Amarás a tu próji-
mo como a ti mismo.[g]
40 De estos dos mandamientos depende toda la
ley y los profetas.

¿De quién es hijo el Cristo?

41 Y estando juntos los fariseos, Jesús les pre-
guntó,
42 diciendo: ¿Qué pensáis del Cristo? ¿De quién
es hijo? Le dijeron: De David.
43 El les dijo: ¿Pues cómo David en el Espíritu le
llama Señor, diciendo:
44 Dijo el Señor a mi Señor:
Siéntate a mi derecha,
Hasta que ponga a tus enemigos por
estrado de tus pies?[h]
45 Pues si David le llama Señor, ¿cómo es su
hijo?
46 Y nadie le podía responder palabra; ni osó al-
guno desde aquel día preguntarle más.

Jesús acusa a escribas y fariseos

23 1 Entonces habló Jesús a la gente y a sus
discípulos, diciendo:
2 En la cátedra de Moisés se sientan los escribas
y los fariseos.
3 Así que, todo lo que os digan que guardéis,
guardadlo y hacedlo; mas no hagáis conforme a
sus obras, porque dicen, y no hacen.
4 Porque atan cargas pesadas y difíciles de llevar,
y las ponen sobre los hombros de los hombres;
pero ellos ni con un dedo quieren moverlas.
5 Antes, hacen todas sus obras para ser vistos
por los hombres.[a] Pues ensanchan sus filacte-
rias,[b] y extienden los flecos[c] de sus mantos;
6 y aman los primeros asientos en las cenas, y
las primeras sillas en las sinagogas,
7 y las salutaciones en las plazas, y que los hom-
bres los llamen: Rabí, Rabí.
8 Pero vosotros no queráis que os llamen Rabí;
porque uno es vuestro Maestro, el Cristo, y to-
dos vosotros sois hermanos.
9 Y no llaméis padre vuestro a nadie en la tierra;
porque uno es vuestro Padre, el que está en los
cielos.
10 Ni seáis llamados maestros; porque uno es
vuestro Maestro, el Cristo.
11 El que es el mayor de vosotros, sea vuestro
siervo.[d]
12 Porque el que se enaltece será humillado, y el
que se humilla será enaltecido.[e]
13 Mas ¡ay de vosotros, escribas y fariseos, hi-
pócritas! porque cerráis el reino de los cielos de-
lante de los hombres; pues ni entráis vosotros,
ni dejáis entrar a los que están entrando.
14 ¡Ay de vosotros, escribas y fariseos, hipócri-
tas! porque devoráis las casas de las viudas, y
como pretexto hacéis largas oraciones; por esto
recibiréis mayor condenación.
15 ¡Ay de vosotros, escribas y fariseos, hipócri-
tas! porque recorréis mar y tierra para hacer un
prosélito, y una vez hecho, le hacéis dos veces
más hijo del infierno que vosotros.

22.23: [b] Hch. 23.8. **22.24:** [c] Dt. 25.5. **22.32:** [d] Ex. 3.6.
22.35-40: [e] Lc. 10.25-28. **22.37:** [f] Dt. 6.5.
22.39: [g] Lv. 19.18. **22.44:** [h] Sal. 110.1. **23.5:** [a] Mt. 6.1.
23.5: [b] Dt. 6.8. [c] Nm. 15.38. **23.11:** [d] Mt. 20.26-27;
Mr. 9.35; 10.43-44; Lc. 22.26. **23.12:** [e] Lc. 14.11; 18.14.

16 ¡Ay de vosotros, guías ciegos! que decís: Si
alguno jura por el templo, no es nada; pero si al-
guno jura por el oro del templo, es deudor.
17 ¡Insensatos y ciegos! porque ¿cuál es mayor,
el oro, o el templo que santifica al oro?
18 También decís: Si alguno jura por el altar, no
es nada; pero si alguno jura por la ofrenda que
está sobre él, es deudor.
19 ¡Necios y ciegos! porque ¿cuál es mayor, la
ofrenda, o el altar que santifica la ofrenda?
20 Pues el que jura por el altar, jura por él, y por
todo lo que está sobre él;
21 y el que jura por el templo, jura por él, y por
el que lo habita;
22 y el que jura por el cielo, jura por el trono de
Dios,[f] y por aquel que está sentado en él.
23 ¡Ay de vosotros, escribas y fariseos, hipó-
critas! porque diezmáis la menta y el eneldo y el
comino,[g] y dejáis lo más importante de la ley: la
justicia, la misericordia y la fe. Esto era necesa-
rio hacer, sin dejar de hacer aquello.
24 ¡Guías ciegos, que coláis el mosquito, y tra-
gáis el camello!
25 ¡Ay de vosotros, escribas y fariseos, hipó-
critas! porque limpiáis lo de fuera del vaso y del
plato, pero por dentro estáis llenos de robo y de
injusticia.
26 ¡Fariseo ciego! Limpia primero lo de dentro
del vaso y del plato, para que también lo de fue-
ra sea limpio.
27 ¡Ay de vosotros, escribas y fariseos, hipó-
critas! porque sois semejantes a sepulcros blan-
queados,[h] que por fuera, a la verdad, se
muestran hermosos, mas por dentro están lle-
nos de huesos de muertos y de toda inmundicia.
28 Así también vosotros por fuera, a la verdad,
os mostráis justos a los hombres, pero por den-
tro estáis llenos de hipocresía e iniquidad.
29 ¡Ay de vosotros, escribas y fariseos, hipó-
critas! porque edificáis los sepulcros de los pro-
fetas, y adornáis los monumentos de los justos,
30 y decís: Si hubiésemos vivido en los días de
nuestros padres, no hubiéramos sido sus cóm-
plices en la sangre de los profetas.
31 Así que dais testimonio contra vosotros mis-
mos, de que sois hijos de aquellos que mataron
a los profetas.
32 ¡Vosotros también llenad la medida de vues-
tros padres!
33 ¡Serpientes, generación de víboras![i] ¿Cómo
escaparéis de la condenación del infierno?
34 Por tanto, he aquí yo os envío profetas y sabios
y escribas; y de ellos, a unos mataréis y crucifi-
caréis, y a otros azotaréis en vuestras sinagogas,
y perseguiréis de ciudad en ciudad;
35 para que venga sobre vosotros toda la sangre
justa que se ha derramado sobre la tierra, desde
la sangre de Abel[j] el justo hasta la sangre de Za-
carías[k] hijo de Berequías, a quien matasteis
entre el templo y el altar.
36 De cierto os digo que todo esto vendrá sobre
esta generación.

Lamento de Jesús sobre Jerusalén

37 ¡Jerusalén, Jerusalén, que matas a los pro-
fetas, y apedreas a los que te son enviados!
¡Cuántas veces quise juntar a tus hijos, como la
gallina junta sus polluelos debajo de las alas, y
no quisiste!
38 He aquí vuestra casa os es dejada desierta.
39 Porque os digo que desde ahora no me veréis,
hasta que digáis: Bendito el que viene en el
nombre del Señor.[l]

Jesús predice la destrucción del templo

24 1 Cuando Jesús salió del templo y se iba,
se acercaron sus discípulos para mos-
trarle los edificios del templo.
2 Respondiendo él, les dijo: ¿Veis todo esto? De
cierto os digo, que no quedará aquí piedra sobre
piedra, que no sea derribada.

Señales antes del fin

3 Y estando él sentado en el monte de los Oli-
vos, los discípulos se le acercaron aparte, dicien-
do: Dinos, ¿cuándo serán estas cosas, y qué
señal habrá de tu venida, y del fin del siglo?
4 Respondiendo Jesús, les dijo: Mirad que nadie
os engañe.
5 Porque vendrán muchos en mi nombre, di-
ciendo: Yo soy el Cristo; y a muchos engañarán.
6 Y oiréis de guerras y rumores de guerras; mi-
rad que no os turbéis, porque es necesario que
todo esto acontezca; pero aún no es el fin.
7 Porque se levantará nación contra nación, y
reino contra reino; y habrá pestes, y hambres, y
terremotos en diferentes lugares.
8 Y todo esto será principio de dolores.
9 Entonces os entregarán a tribulación, y os
matarán, y seréis aborrecidos de todas las gen-
tes por causa de mi nombre.[a]
10 Muchos tropezarán entonces, y se entregarán
unos a otros, y unos a otros se aborrecerán.
11 Y muchos falsos profetas se levantarán, y en-
gañarán a muchos;
12 y por haberse multiplicado la maldad, el
amor de muchos se enfriará.
13 Mas el que persevere hasta el fin, éste será
salvo.[b]
14 Y será predicado este evangelio del reino en
todo el mundo, para testimonio a todas las na-
ciones; y entonces vendrá el fin.

23.22: [f] Is. 66.1; Mt. 5.34. **23.23:** [g] Lv. 27.30.
23.27: [h] Hch. 23.3. **23.33:** [i] Mt. 3.7; 12.34; Lc. 3.7.
23.35: [j] Gn. 4.8. [k] 2 Cr. 24.20-21. **23.39:** [l] Sal. 118.26.
24.9: [a] Mt. 10.22. **24.13:** [b] Mt. 10.22.

15 Por tanto, cuando veáis en el lugar santo la
abominación desoladora de que habló el profeta
Daniel[c] (el que lee, entienda),
16 entonces los que estén en Judea, huyan a los
montes.
17 El que esté en la azotea, no descienda para
tomar algo de su casa;
18 y el que esté en el campo, no vuelva atrás
para tomar su capa.[d]
19 Mas ¡ay de las que estén encintas, y de las
que críen en aquellos días!
20 Orad, pues, que vuestra huida no sea en in-
vierno ni en día de reposo;*
21 porque habrá entonces gran tribulación,[e]
cual no la ha habido desde el principio del mun-
do hasta ahora, ni la habrá.
22 Y si aquellos días no fuesen acortados, nadie
sería salvo; mas por causa de los escogidos,
aquellos días serán acortados.
23 Entonces, si alguno os dijere: Mirad, aquí
está el Cristo, o mirad, allí está, no lo creáis.
24 Porque se levantarán falsos Cristos, y falsos
profetas, y harán grandes señales y prodigios,
de tal manera que engañarán, si fuere posible,
aun a los escogidos.
25 Ya os lo he dicho antes.
26 Así que, si os dijeren: Mirad, está en el desier-
to, no salgáis; o mirad, está en los aposentos, no
lo creáis.
27 Porque como el relámpago que sale del orien-
te y se muestra hasta el occidente, así será tam-
bién la venida del Hijo del Hombre.[f]
28 Porque dondequiera que estuviere el cuerpo
muerto, allí se juntarán las águilas.[g]

La venida del Hijo del Hombre

29 E inmediatamente después de la tribula-
ción de aquellos días, el sol se oscurecerá, y la
luna no dará su resplandor, y las estrellas caerán
del cielo,[h] y las potencias de los cielos serán
conmovidas.
30 Entonces aparecerá la señal del Hijo del
Hombre en el cielo; y entonces lamentarán to-
das las tribus de la tierra, y verán al Hijo del
Hombre viniendo sobre las nubes del cielo,[i] con
poder y gran gloria.
31 Y enviará sus ángeles con gran voz de trompe-
ta, y juntarán a sus escogidos, de los cuatro vien-
tos, desde un extremo del cielo hasta el otro.
32 De la higuera aprended la parábola: Cuan-
do ya su rama está tierna, y brotan las hojas, sa-
béis que el verano está cerca.
33 Así también vosotros, cuando veáis todas es-
tas cosas, conoced que está cerca, a las puertas.
34 De cierto os digo, que no pasará esta genera-
ción hasta que todo esto acontezca.
35 El cielo y la tierra pasarán, pero mis palabras
no pasarán.
36 Pero del día y la hora nadie sabe, ni aun los
ángeles de los cielos, sino sólo mi Padre.
37 Mas como en los días de Noé,[j] así será la veni-
da del Hijo del Hombre.
38 Porque como en los días antes del diluvio es-
taban comiendo y bebiendo, casándose y dando
en casamiento, hasta el día en que Noé entró en
el arca,
39 y no entendieron hasta que vino el diluvio y
se los llevó a todos,[k] así será también la venida
del Hijo del Hombre.
40 Entonces estarán dos en el campo; el uno
será tomado, y el otro será dejado.
41 Dos mujeres estarán moliendo en un molino;
la una será tomada, y la otra será dejada.
42 Velad, pues, porque no sabéis a qué hora ha
de venir vuestro Señor.
43 Pero sabed esto, que si el padre de familia su-
piese a qué hora el ladrón habría de venir, vela-
ría, y no dejaría minar su casa.
44 Por tanto, también vosotros estad prepara-
dos; porque el Hijo del Hombre vendrá a la hora
que no pensáis.[l]
45 ¿Quién es, pues, el siervo fiel y prudente, al
cual puso su señor sobre su casa para que les dé
el alimento a tiempo?
46 Bienaventurado aquel siervo al cual, cuando
su señor venga, le halle haciendo así.
47 De cierto os digo que sobre todos sus bienes
le pondrá.
48 Pero si aquel siervo malo dijere en su cora-
zón: Mi señor tarda en venir;
49 y comenzare a golpear a sus consiervos, y
aun a comer y a beber con los borrachos,
50 vendrá el señor de aquel siervo en día que
éste no espera, y a la hora que no sabe,
51 y lo castigará duramente, y pondrá su parte
con los hipócritas; allí será el lloro y el crujir de
dientes.

Parábola de las diez vírgenes

25 1 Entonces el reino de los cielos será se-
mejante a diez vírgenes que tomando
sus lámparas,[a] salieron a recibir al esposo.
2 Cinco de ellas eran prudentes y cinco insen-
satas.
3 Las insensatas, tomando sus lámparas, no to-
maron consigo aceite;
4 mas las prudentes tomaron aceite en sus vasi-
jas, juntamente con sus lámparas.
5 Y tardándose el esposo, cabecearon todas y se
durmieron.

* Aquí equivale a *sábado*.
24.15: [c] Dn. 9.27; 11.31; 12.11. **24.17-18:** [d] Lc. 17.31.
24.21: [e] Dn. 12.1; Ap. 7.14. **24.26-27:** [f] Lc. 17.23-24.
24.28: [g] Lc. 17.37. **24.29:** [h] Is. 13.10; Ez. 32.7; Jl. 2.31;
Ap. 6.12-13. **24.30:** [i] Dn. 7.13; Ap. 1.7. **24.37:** [j] Gn. 6.5-8.
24.39: [k] Gn. 7.6-24. **24.43-44:** [l] Lc. 12.39-40. **25.1:** [a] Lc. 12.35.

6 Y a la medianoche se oyó un clamor: ¡Aquí viene el esposo; salid a recibirle!
7 Entonces todas aquellas vírgenes se levantaron, y arreglaron sus lámparas.
8 Y las insensatas dijeron a las prudentes: Dadnos de vuestro aceite; porque nuestras lámparas se apagan.
9 Mas las prudentes respondieron diciendo: Para que no nos falte a nosotras y a vosotras, id más bien a los que venden, y comprad para vosotras mismas.
10 Pero mientras ellas iban a comprar, vino el esposo; y las que estaban preparadas entraron con él a las bodas; y se cerró la puerta.
11 Después vinieron también las otras vírgenes, diciendo: ¡Señor, señor, ábrenos!
12 Mas él, respondiendo, dijo: De cierto os digo, que no os conozco.[b]
13 Velad, pues, porque no sabéis el día ni la hora en que el Hijo del Hombre ha de venir.

Parábola de los talentos

14 Porque el reino de los cielos es como un hombre que yéndose lejos, llamó a sus siervos y les entregó sus bienes.
15 A uno dio cinco talentos, y a otro dos, y a otro uno, a cada uno conforme a su capacidad; y luego se fue lejos.
16 Y el que había recibido cinco talentos fue y negoció con ellos, y ganó otros cinco talentos.
17 Asimismo el que había recibido dos, ganó también otros dos.
18 Pero el que había recibido uno fue y cavó en la tierra, y escondió el dinero de su señor.
19 Después de mucho tiempo vino el señor de aquellos siervos, y arregló cuentas con ellos.
20 Y llegando el que había recibido cinco talentos, trajo otros cinco talentos, diciendo: Señor, cinco talentos me entregaste; aquí tienes, he ganado otros cinco talentos sobre ellos.
21 Y su señor le dijo: Bien, buen siervo y fiel; sobre poco has sido fiel, sobre mucho te pondré; entra en el gozo de tu señor.
22 Llegando también el que había recibido dos talentos, dijo: Señor, dos talentos me entregaste; aquí tienes, he ganado otros dos talentos sobre ellos.
23 Su señor le dijo: Bien, buen siervo y fiel; sobre poco has sido fiel, sobre mucho te pondré; entra en el gozo de tu señor.
24 Pero llegando también el que había recibido un talento, dijo: Señor, te conocía que eres hombre duro, que siegas donde no sembraste y recoges donde no esparciste;
25 por lo cual tuve miedo, y fui y escondí tu talento en la tierra; aquí tienes lo que es tuyo.
26 Respondiendo su señor, le dijo: Siervo malo y negligente, sabías que siego donde no sembré, y que recojo donde no esparcí.
27 Por tanto, debías haber dado mi dinero a los banqueros, y al venir yo, hubiera recibido lo que es mío con los intereses.
28 Quitadle, pues, el talento, y dadlo al que tiene diez talentos.
29 Porque al que tiene, le será dado, y tendrá más; y al que no tiene, aun lo que tiene le será quitado.[c]
30 Y al siervo inútil echadle en las tinieblas de afuera; allí será el lloro y el crujir de dientes.[d,e]

El juicio de las naciones

31 Cuando el Hijo del Hombre venga en su gloria, y todos los santos ángeles con él,[f] entonces se sentará en su trono de gloria,[g]
32 y serán reunidas delante de él todas las naciones; y apartará los unos de los otros, como aparta el pastor las ovejas de los cabritos.
33 Y pondrá las ovejas a su derecha, y los cabritos a su izquierda.
34 Entonces el Rey dirá a los de su derecha: Venid, benditos de mi Padre, heredad el reino preparado para vosotros desde la fundación del mundo.
35 Porque tuve hambre, y me disteis de comer; tuve sed, y me disteis de beber; fui forastero, y me recogisteis;
36 estuve desnudo, y me cubristeis; enfermo, y me visitasteis; en la cárcel, y vinisteis a mí.
37 Entonces los justos le responderán diciendo: Señor, ¿cuándo te vimos hambriento, y te sustentamos, o sediento, y te dimos de beber?
38 ¿Y cuándo te vimos forastero, y te recogimos, o desnudo, y te cubrimos?
39 ¿O cuándo te vimos enfermo, o en la cárcel, y vinimos a ti?
40 Y respondiendo el Rey, les dirá: De cierto os digo que en cuanto lo hicisteis a uno de estos mis hermanos más pequeños, a mí lo hicisteis.
41 Entonces dirá también a los de la izquierda: Apartaos de mí, malditos, al fuego eterno preparado para el diablo y sus ángeles.
42 Porque tuve hambre, y no me disteis de comer; tuve sed, y no me disteis de beber;
43 fui forastero, y no me recogisteis; estuve desnudo, y no me cubristeis; enfermo, y en la cárcel, y no me visitasteis.
44 Entonces también ellos le responderán diciendo: Señor, ¿cuándo te vimos hambriento, sediento, forastero, desnudo, enfermo, o en la cárcel, y no te servimos?
45 Entonces les responderá diciendo: De cierto

25.11-12: [b] Lc. 13.25. **25.29:** [c] Mt. 13.12; Mr. 4.25; Lc. 8.18. **25.14-30:** [d] Lc. 19.11-27. **25.30:** [e] Mt. 8.12; 22.13; Lc. 13.28. **25.31:** [f] Mt. 16.27. [g] Mt. 19.28.

os digo que en cuanto no lo hicisteis a uno de es-
tos más pequeños, tampoco a mí lo hicisteis.
46 E irán éstos al castigo eterno, y los justos a la
vida eterna.[h]

El complot para prender a Jesús

26 1 Cuando hubo acabado Jesús todas es-
tas palabras, dijo a sus discípulos:
2 Sabéis que dentro de dos días se celebra la
pascua,[a] y el Hijo del Hombre será entregado
para ser crucificado.
3 Entonces los principales sacerdotes, los es-
cribas, y los ancianos del pueblo se reunieron en
el patio del sumo sacerdote llamado Caifás,
4 y tuvieron consejo para prender con engaño a
Jesús, y matarle.
5 Pero decían: No durante la fiesta, para que no
se haga alboroto en el pueblo.

Jesús es ungido en Betania

6 Y estando Jesús en Betania, en casa de Si-
món el leproso,
7 vino a él una mujer, con un vaso de alabastro
de perfume de gran precio, y lo derramó sobre
la cabeza de él, estando sentado a la mesa.[b]
8 Al ver esto, los discípulos se enojaron, dicien-
do: ¿Para qué este desperdicio?
9 Porque esto podía haberse vendido a gran pre-
cio, y haberse dado a los pobres.
10 Y entendiéndolo Jesús, les dijo: ¿Por qué mo-
lestáis a esta mujer? pues ha hecho conmigo
una buena obra.
11 Porque siempre tendréis pobres con voso-
tros,[c] pero a mí no siempre me tendréis.
12 Porque al derramar este perfume sobre mi
cuerpo, lo ha hecho a fin de prepararme para la
sepultura.
13 De cierto os digo que dondequiera que se pre-
dique este evangelio, en todo el mundo, tam-
bién se contará lo que ésta ha hecho, para
memoria de ella.

Judas ofrece entregar a Jesús

14 Entonces uno de los doce, que se llamaba
Judas Iscariote, fue a los principales sacerdotes,
15 y les dijo: ¿Qué me queréis dar, y yo os lo entre-
garé? Y ellos le asignaron treinta piezas de plata.
16 Y desde entonces buscaba oportunidad para
entregarle.

Institución de la Cena del Señor

17 El primer día de la fiesta de los panes sin
levadura, vinieron los discípulos a Jesús, dicién-
dole: ¿Dónde quieres que preparemos para que
comas la pascua?
18 Y él dijo: Id a la ciudad a cierto hombre, y de-
cidle: El Maestro dice: Mi tiempo está cerca; en
tu casa celebraré la pascua con mis discípulos.
19 Y los discípulos hicieron como Jesús les man-
dó, y prepararon la pascua.
20 Cuando llegó la noche, se sentó a la mesa
con los doce.
21 Y mientras comían, dijo: De cierto os digo,
que uno de vosotros me va a entregar.
22 Y entristecidos en gran manera, comenzó
cada uno de ellos a decirle: ¿Soy yo, Señor?
23 Entonces él respondiendo, dijo: El que mete
la mano conmigo en el plato, ése me va a entre-
gar.
24 A la verdad el Hijo del Hombre va, según está
escrito de él,[d] mas ¡ay de aquel hombre por
quien el Hijo del Hombre es entregado! Bueno
le fuera a ese hombre no haber nacido.
25 Entonces respondiendo Judas, el que le en-
tregaba, dijo: ¿Soy yo, Maestro? Le dijo: Tú lo
has dicho.
26 Y mientras comían, tomó Jesús el pan, y
bendijo, y lo partió, y dio a sus discípulos, y dijo:
Tomad, comed; esto es mi cuerpo.
27 Y tomando la copa, y habiendo dado gracias,
les dio, diciendo: Bebed de ella todos;
28 porque esto es mi sangre[e] del nuevo pacto,[f]
que por muchos es derramada para remisión de
los pecados.
29 Y os digo que desde ahora no beberé más de
este fruto de la vid, hasta aquel día en que lo
beba nuevo con vosotros en el reino de mi
Padre.

Jesús anuncia la negación de Pedro

30 Y cuando hubieron cantado el himno, sa-
lieron al monte de los Olivos.
31 Entonces Jesús les dijo: Todos vosotros os es-
candalizaréis de mí esta noche; porque escrito
está: Heriré al pastor, y las ovejas del rebaño se-
rán dispersadas.[g]
32 Pero después que haya resucitado, iré delan-
te de vosotros a Galilea.[h]
33 Respondiendo Pedro, le dijo: Aunque todos
se escandalicen de ti, yo nunca me escandali-
zaré.
34 Jesús le dijo: De cierto te digo que esta no-
che, antes que el gallo cante, me negarás tres
veces.
35 Pedro le dijo: Aunque me sea necesario morir
contigo, no te negaré. Y todos los discípulos di-
jeron lo mismo.

Jesús ora en Getsemaní

36 Entonces llegó Jesús con ellos a un lugar
que se llama Getsemaní, y dijo a sus discípulos:
Sentaos aquí, entre tanto que voy allí y oro.
37 Y tomando a Pedro, y a los dos hijos de Zebe-

25.46: [h] Dn. 12.2. **26.2:** [a] Ex. 12.1-27. **26.7:** [b] Lc. 7.37-38.
26.11: [c] Dt. 15.11. **26.24:** [d] Sal. 41.9. **26.28:** [e] Ex. 24.6-8.
[f] Jer. 31.31-34. **26.31:** [g] Zac. 13.7. **26.32:** [h] Mt. 28.16.

deo, comenzó a entristecerse y a angustiarse en
gran manera.
38 Entonces Jesús les dijo: Mi alma está muy
triste, hasta la muerte; quedaos aquí, y velad
conmigo.
39 Yendo un poco adelante, se postró sobre su
rostro, orando y diciendo: Padre mío, si es posi-
ble, pase de mí esta copa; pero no sea como yo
quiero, sino como tú.
40 Vino luego a sus discípulos, y los halló dur-
miendo, y dijo a Pedro: ¿Así que no habéis podi-
do velar conmigo una hora?
41 Velad y orad, para que no entréis en tenta-
ción; el espíritu a la verdad está dispuesto, pero
la carne es débil.
42 Otra vez fue, y oró por segunda vez, dicien-
do: Padre mío, si no puede pasar de mí esta
copa sin que yo la beba, hágase tu voluntad.
43 Vino otra vez y los halló durmiendo, porque
los ojos de ellos estaban cargados de sueño.
44 Y dejándolos, se fue de nuevo, y oró por ter-
cera vez, diciendo las mismas palabras.
45 Entonces vino a sus discípulos y les dijo: Dor-
mid ya, y descansad. He aquí ha llegado la hora,
y el Hijo del Hombre es entregado en manos de
pecadores.
46 Levantaos, vamos; ved, se acerca el que me
entrega.

Arresto de Jesús

47 Mientras todavía hablaba, vino Judas, uno
de los doce, y con él mucha gente con espadas y
palos, de parte de los principales sacerdotes y
de los ancianos del pueblo.
48 Y el que le entregaba les había dado señal, di-
ciendo: Al que yo besare, ése es; prendedle.
49 Y en seguida se acercó a Jesús y dijo: ¡Salve,
Maestro! Y le besó.
50 Y Jesús le dijo: Amigo, ¿a qué vienes? Enton-
ces se acercaron y echaron mano a Jesús, y le
prendieron.
51 Pero uno de los que estaban con Jesús, exten-
diendo la mano, sacó su espada, e hiriendo a un
siervo del sumo sacerdote, le quitó la oreja.
52 Entonces Jesús le dijo: Vuelve tu espada a su
lugar; porque todos los que tomen espada, a es-
pada perecerán.
53 ¿Acaso piensas que no puedo ahora orar a mi
Padre, y que él no me daría más de doce legio-
nes de ángeles?
54 ¿Pero cómo entonces se cumplirían las Escri-
turas, de que es necesario que así se haga?
55 En aquella hora dijo Jesús a la gente: ¿Como
contra un ladrón habéis salido con espadas y
con palos para prenderme? Cada día me senta-
ba con vosotros enseñando en el templo,[i] y no
me prendisteis.
56 Mas todo esto sucede, para que se cumplan
las Escrituras de los profetas. Entonces todos los
discípulos, dejándole, huyeron.

Jesús ante el concilio

57 Los que prendieron a Jesús le llevaron al
sumo sacerdote Caifás, adonde estaban reuni-
dos los escribas y los ancianos.
58 Mas Pedro le seguía de lejos hasta el patio del
sumo sacerdote; y entrando, se sentó con los al-
guaciles, para ver el fin.
59 Y los principales sacerdotes y los ancianos y
todo el concilio, buscaban falso testimonio con-
tra Jesús, para entregarle a la muerte,
60 y no lo hallaron, aunque muchos testigos fal-
sos se presentaban. Pero al fin vinieron dos testi-
gos falsos,
61 que dijeron: Este dijo: Puedo derribar el tem-
plo de Dios, y en tres días reedificarlo.[j]
62 Y levantándose el sumo sacerdote, le dijo:
¿No respondes nada? ¿Qué testifican éstos
contra ti?
63 Mas Jesús callaba. Entonces el sumo sacer-
dote le dijo: Te conjuro por el Dios viviente,
que nos digas si eres tú el Cristo, el Hijo de
Dios.
64 Jesús le dijo: Tú lo has dicho; y además os
digo, que desde ahora veréis al Hijo del Hombre
sentado a la diestra del poder de Dios, y vinien-
do en las nubes del cielo.[k]
65 Entonces el sumo sacerdote rasgó sus vesti-
duras, diciendo: ¡Ha blasfemado! ¿Qué más ne-
cesidad tenemos de testigos? He aquí, ahora
mismo habéis oído su blasfemia.
66 ¿Qué os parece? Y respondiendo ellos, dije-
ron: ¡Es reo de muerte![l]
67 Entonces le escupieron en el rostro, y le die-
ron de puñetazos, y otros le abofeteaban,[m]
68 diciendo: Profetízanos, Cristo, quién es el
que te golpeó.

Pedro niega a Jesús

69 Pedro estaba sentado fuera en el patio; y se
le acercó una criada, diciendo: Tú también esta-
bas con Jesús el galileo.
70 Mas él negó delante de todos, diciendo: No sé
lo que dices.
71 Saliendo él a la puerta, le vio otra, y dijo a los
que estaban allí: También éste estaba con Jesús
el nazareno.
72 Pero él negó otra vez con juramento: No co-
nozco al hombre.
73 Un poco después, acercándose los que por
allí estaban, dijeron a Pedro: Verdaderamente
también tú eres de ellos, porque aun tu manera
de hablar te descubre.

26.55: [i] Lc. 19.47; 21.37. **26.61:** [j] Jn. 2.19. **26.64:** [k] Dn. 7.13.
26.65-66: [l] Lv. 24.16. **26.67:** [m] Is. 50.6.

74 Entonces él comenzó a maldecir, y a jurar: No conozco al hombre. Y en seguida cantó el gallo.
75 Entonces Pedro se acordó de las palabras de Jesús, que le había dicho: Antes que cante el gallo, me negarás tres veces. Y saliendo fuera, lloró amargamente.

Jesús ante Pilato

27 1 Venida la mañana, todos los principales sacerdotes y los ancianos del pueblo entraron en consejo contra Jesús, para entregarle a muerte.
2 Y le llevaron atado, y le entregaron a Poncio Pilato, el gobernador.

Muerte de Judas

3 Entonces Judas, el que le había entregado, viendo que era condenado, devolvió arrepentido las treinta piezas de plata a los principales sacerdotes y a los ancianos,
4 diciendo: Yo he pecado entregando sangre inocente. Mas ellos dijeron: ¿Qué nos importa a nosotros? ¡Allá tú!
5 Y arrojando las piezas de plata en el templo, salió, y fue y se ahorcó.
6 Los principales sacerdotes, tomando las piezas de plata, dijeron: No es lícito echarlas en el tesoro de las ofrendas, porque es precio de sangre.
7 Y después de consultar, compraron con ellas el campo del alfarero, para sepultura de los extranjeros.
8 Por lo cual aquel campo se llama hasta el día de hoy: Campo de sangre.[a]
9 Así se cumplió lo dicho por el profeta Jeremías, cuando dijo: Y tomaron las treinta piezas de plata, precio del apreciado, según precio puesto por los hijos de Israel;
10 y las dieron para el campo del alfarero, como me ordenó el Señor.[b]

Pilato interroga a Jesús

11 Jesús, pues, estaba en pie delante del gobernador; y éste le preguntó, diciendo: ¿Eres tú el Rey de los judíos? Y Jesús le dijo: Tú lo dices.
12 Y siendo acusado por los principales sacerdotes y por los ancianos, nada respondió.
13 Pilato entonces le dijo: ¿No oyes cuántas cosas testifican contra ti?
14 Pero Jesús no le respondió ni una palabra; de tal manera que el gobernador se maravillaba mucho.

Jesús sentenciado a muerte

15 Ahora bien, en el día de la fiesta acostumbraba el gobernador soltar al pueblo un preso, el que quisiesen.
16 Y tenían entonces un preso famoso llamado Barrabás.
17 Reunidos, pues, ellos, les dijo Pilato: ¿A quién queréis que os suelte: a Barrabás, o a Jesús, llamado el Cristo?
18 Porque sabía que por envidia le habían entregado.
19 Y estando él sentado en el tribunal, su mujer le mandó decir: No tengas nada que ver con ese justo; porque hoy he padecido mucho en sueños por causa de él.
20 Pero los principales sacerdotes y los ancianos persuadieron a la multitud que pidiese a Barrabás, y que Jesús fuese muerto.
21 Y respondiendo el gobernador, les dijo: ¿A cuál de los dos queréis que os suelte? Y ellos dijeron: A Barrabás.
22 Pilato les dijo: ¿Qué, pues, haré de Jesús, llamado el Cristo? Todos le dijeron: ¡Sea crucificado!
23 Y el gobernador les dijo: Pues ¿qué mal ha hecho? Pero ellos gritaban aún más, diciendo: ¡Sea crucificado!
24 Viendo Pilato que nada adelantaba, sino que se hacía más alboroto, tomó agua y se lavó las manos[c] delante del pueblo, diciendo: Inocente soy yo de la sangre de este justo; allá vosotros.
25 Y respondiendo todo el pueblo, dijo: Su sangre sea sobre nosotros, y sobre nuestros hijos.
26 Entonces les soltó a Barrabás; y habiendo azotado a Jesús, le entregó para ser crucificado.
27 Entonces los soldados del gobernador llevaron a Jesús al pretorio, y reunieron alrededor de él a toda la compañía;
28 y desnudándole, le echaron encima un manto de escarlata,
29 y pusieron sobre su cabeza una corona tejida de espinas, y una caña en su mano derecha; e hincando la rodilla delante de él, le escarnecían, diciendo: ¡Salve, Rey de los judíos!
30 Y escupiéndole, tomaban la caña y le golpeaban en la cabeza.
31 Después de haberle escarnecido, le quitaron el manto, le pusieron sus vestidos, y le llevaron para crucificarle.

Crucifixión y muerte de Jesús

32 Cuando salían, hallaron a un hombre de Cirene que se llamaba Simón; a éste obligaron a que llevase la cruz.
33 Y cuando llegaron a un lugar llamado Gólgota, que significa: Lugar de la Calavera,
34 le dieron a beber vinagre mezclado con hiel; pero después de haberlo probado, no quiso beberlo.
35 Cuando le hubieron crucificado, repartieron entre sí sus vestidos, echando suertes,[d] para que se cumpliese lo dicho por el profeta: Partieron

27.3-8: [a] Hch. 1.18-19. **27.9-10:** [b] Zac. 11.12-13.
27.24: [c] Dt. 21.6-9. **27.35:** [d] Sal. 22.18.

entre sí mis vestidos, y sobre mi ropa echaron
suertes.
36 Y sentados le guardaban allí.
37 Y pusieron sobre su cabeza su causa escrita:
ESTE ES JESÚS, EL REY DE LOS JUDÍOS.
38 Entonces crucificaron con él a dos ladrones,
uno a la derecha, y otro a la izquierda.
39 Y los que pasaban le injuriaban, meneando la
cabeza,[e]
40 y diciendo: Tú que derribas el templo, y en
tres días lo reedificas,[f] sálvate a ti mismo; si eres
Hijo de Dios, desciende de la cruz.
41 De esta manera también los principales sa-
cerdotes, escarneciéndole con los escribas y los
fariseos y los ancianos, decían:
42 A otros salvó, a sí mismo no se puede salvar;
si es el Rey de Israel, descienda ahora de la cruz,
y creeremos en él.
43 Confió en Dios; líbrele ahora si le quiere;[g]
porque ha dicho: Soy Hijo de Dios.
44 Lo mismo le injuriaban también los ladrones
que estaban crucificados con él.
45 Y desde la hora sexta hubo tinieblas sobre
toda la tierra hasta la hora novena.
46 Cerca de la hora novena, Jesús clamó a gran
voz, diciendo: Elí, Elí, ¿lama sabactani? Esto es:
Dios mío, Dios mío, ¿por qué me has desampa-
rado?[h]
47 Algunos de los que estaban allí decían, al oír-
lo: A Elías llama éste.
48 Y al instante, corriendo uno de ellos, tomó
una esponja, y la empapó de vinagre, y ponién-
dola en una caña, le dio a beber.[i]
49 Pero los otros decían: Deja, veamos si viene
Elías a librarle.
50 Mas Jesús, habiendo otra vez clamado a gran
voz, entregó el espíritu.
51 Y he aquí, el velo[j] del templo se rasgó en
dos, de arriba abajo; y la tierra tembló, y las ro-
cas se partieron;
52 y se abrieron los sepulcros, y muchos cuerpos
de santos que habían dormido, se levantaron;
53 y saliendo de los sepulcros, después de la re-
surrección de él, vinieron a la santa ciudad, y
aparecieron a muchos.
54 El centurión, y los que estaban con él guar-
dando a Jesús, visto el terremoto, y las cosas que
habían sido hechas, temieron en gran manera, y
dijeron: Verdaderamente éste era Hijo de Dios.
55 Estaban allí muchas mujeres mirando de
lejos, las cuales habían seguido a Jesús desde
Galilea, sirviéndole,
56 entre las cuales estaban María Magdalena,
María la madre de Jacobo y de José, y la madre
de los hijos de Zebedeo.[k]

Jesús es sepultado

57 Cuando llegó la noche, vino un hombre
rico de Arimatea, llamado José, que también
había sido discípulo de Jesús.
58 Este fue a Pilato y pidió el cuerpo de Jesús.
Entonces Pilato mandó que se le diese el cuerpo.
59 Y tomando José el cuerpo, lo envolvió en una
sábana limpia,
60 y lo puso en su sepulcro nuevo, que había la-
brado en la peña; y después de hacer rodar una
gran piedra a la entrada del sepulcro, se fue.
61 Y estaban allí María Magdalena, y la otra Ma-
ría, sentadas delante del sepulcro.

La guardia ante la tumba

62 Al día siguiente, que es después de la pre-
paración, se reunieron los principales sacerdo-
tes y los fariseos ante Pilato,
63 diciendo: Señor, nos acordamos que aquel
engañador dijo, viviendo aún: Después de tres
días resucitaré.[l]
64 Manda, pues, que se asegure el sepulcro has-
ta el tercer día, no sea que vengan sus discípulos
de noche, y lo hurten, y digan al pueblo: Resuci-
tó de entre los muertos. Y será el postrer error
peor que el primero.
65 Y Pilato les dijo: Ahí tenéis una guardia; id,
aseguradlo como sabéis.
66 Entonces ellos fueron y aseguraron el sepul-
cro, sellando la piedra y poniendo la guardia.

La resurrección

28 1 Pasado el día de reposo,* al amanecer
del primer día de la semana, vinieron Ma-
ría Magdalena y la otra María, a ver el sepulcro.
2 Y hubo un gran terremoto; porque un ángel
del Señor, descendiendo del cielo y llegando, re-
movió la piedra, y se sentó sobre ella.
3 Su aspecto era como un relámpago, y su vesti-
do blanco como la nieve.
4 Y de miedo de él los guardas temblaron y se
quedaron como muertos.
5 Mas el ángel, respondiendo, dijo a las muje-
res: No temáis vosotras; porque yo sé que bus-
cáis a Jesús, el que fue crucificado.
6 No está aquí, pues ha resucitado, como dijo.
Venid, ved el lugar donde fue puesto el Señor.
7 E id pronto y decid a sus discípulos que ha re-
sucitado de los muertos, y he aquí va delante de
vosotros a Galilea; allí le veréis. He aquí, os lo
he dicho.
8 Entonces ellas, saliendo del sepulcro con te-
mor y gran gozo, fueron corriendo a dar las nue-
vas a sus discípulos. Y mientras iban a dar las
nuevas a los discípulos,

* Aquí equivale a *sábado*.

27.39: [e] Sal. 22.7; 109.25. **27.40:** [f] Mt. 26.61; Jn. 2.19.
27.43: [g] Sal. 22.8. **27.46:** [h] Sal22.1. **27.48:** [i] Sal.69.21.
27.51: [j] Ex. 26.31-33. **27.55-56:** [k] Lc. 8.2-3. **27.63:** [l] Mt. 16.21;
17.23; 20.19; Mr. 8.31; 9.31; 10.33-34; Lc. 9.22; 18.31-33.

9 he aquí, Jesús les salió al encuentro, diciendo:
¡Salve! Y ellas, acercándose, abrazaron sus pies,
y le adoraron.
10 Entonces Jesús les dijo: No temáis; id, dad las
nuevas a mis hermanos, para que vayan a Gali-
lea, y allí me verán.

El informe de la guardia

11 Mientras ellas iban, he aquí unos de la
guardia fueron a la ciudad, y dieron aviso a los
principales sacerdotes de todas las cosas que ha-
bían acontecido.
12 Y reunidos con los ancianos, y habido conse-
jo, dieron mucho dinero a los soldados,
13 diciendo: Decid vosotros: Sus discípulos vi-
nieron de noche, y lo hurtaron, estando noso-
tros dormidos.
14 Y si esto lo oyere el gobernador, nosotros le
persuadiremos, y os pondremos a salvo.
15 Y ellos, tomando el dinero, hicieron como se
les había instruido. Este dicho se ha divulgado
entre los judíos hasta el día de hoy.

La gran comisión

16 Pero los once discípulos se fueron a Gali-
lea,[a] al monte donde Jesús les había ordenado.
17 Y cuando le vieron, le adoraron; pero algunos
dudaban.
18 Y Jesús se acercó y les habló diciendo:
Toda potestad me es dada en el cielo y en la
tierra.
19 Por tanto, id, y haced discípulos a todas las
naciones,[b] bautizándolos en el nombre del Pa-
dre, y del Hijo, y del Espíritu Santo;
20 enseñándoles que guarden todas las cosas
que os he mandado; y he aquí yo estoy con vo-
sotros todos los días, hasta el fin del mundo.
Amén.

EL SANTO EVANGELIO SEGÚN

SAN MARCOS

Predicación de Juan el Bautista

1 1 Principio del evangelio de Jesucristo, Hijo
de Dios.
2 Como está escrito en Isaías el profeta:
He aquí yo envío mi mensajero delante
de tu faz,
El cual preparará tu camino delante de ti.[a]
3 Voz del que clama en el desierto:
Preparad el camino del Señor;
Enderezad sus sendas.[b]
4 Bautizaba Juan en el desierto, y predicaba el
bautismo de arrepentimiento para perdón de
pecados.
5 Y salían a él toda la provincia de Judea, y to-
dos los de Jerusalén; y eran bautizados por él en
el río Jordán, confesando sus pecados.
6 Y Juan estaba vestido de pelo de camello, y te-
nía un cinto de cuero alrededor de sus lomos;[c] y
comía langostas y miel silvestre.
7 Y predicaba, diciendo: Viene tras mí el que es
más poderoso que yo, a quien no soy digno de
desatar encorvado la correa de su calzado.
8 Yo a la verdad os he bautizado con agua; pero
él os bautizará con Espíritu Santo.

El bautismo de Jesús

9 Aconteció en aquellos días, que Jesús vino
de Nazaret de Galilea, y fue bautizado por Juan
en el Jordán.
10 Y luego, cuando subía del agua, vio abrirse
los cielos, y al Espíritu como paloma que des-
cendía sobre él.
11 Y vino una voz de los cielos que decía: Tú
eres mi Hijo amado; en ti tengo complacencia.[d]

Tentación de Jesús

12 Y luego el Espíritu le impulsó al desierto.
13 Y estuvo allí en el desierto cuarenta días, y
era tentado por Satanás, y estaba con las fieras;
y los ángeles le servían.

Jesús principia su ministerio

14 Después que Juan fue encarcelado, Jesús
vino a Galilea predicando el evangelio del reino
de Dios,
15 diciendo: El tiempo se ha cumplido, y el reino
de Dios[e] se ha acercado; arrepentíos,[f] y creed en
el evangelio.

Jesús llama a cuatro pescadores

16 Andando junto al mar de Galilea, vio a Si-
món y a Andrés su hermano, que echaban la red
en el mar; porque eran pescadores.
17 Y les dijo Jesús: Venid en pos de mí, y haré
que seáis pescadores de hombres.
18 Y dejando luego sus redes, le siguieron.
19 Pasando de allí un poco más adelante, vio a Ja-
cobo hijo de Zebedeo, y a Juan su hermano, tam-
bién ellos en la barca, que remendaban las redes.
20 Y luego los llamó; y dejando a su padre Zebe-
deo en la barca con los jornaleros, le siguieron.

28.16: [a] Mt. 26.32; Mr. 14.28. **28.19:** [b] Hch. 1.8.
1.2: [a] Mal. 3.1. **1.3:** [b] Is. 40.3. **1.6:** [c] 2 R. 1.8. **1.11:** [d] Is. 42.1; Mt. 12.18; 17.5; Mr. 9.7; Lc. 9.35. **1.15:** [e] Dn. 2.44. [f] Mt. 3.2.

Un hombre que tenía un espíritu inmundo

21 Y entraron en Capernaum; y los días de reposo,* entrando en la sinagoga, enseñaba.
22 Y se admiraban de su doctrina; porque les enseñaba como quien tiene autoridad, y no como los escribas.[g]
23 Pero había en la sinagoga de ellos un hombre con espíritu inmundo, que dio voces,
24 diciendo: ¡Ah! ¿qué tienes con nosotros, Jesús nazareno? ¿Has venido para destruirnos? Sé quién eres, el Santo de Dios.
25 Pero Jesús le reprendió, diciendo: ¡Cállate, y sal de él!
26 Y el espíritu inmundo, sacudiéndole con violencia, y clamando a gran voz, salió de él.
27 Y todos se asombraron, de tal manera que discutían entre sí, diciendo: ¿Qué es esto? ¿Qué nueva doctrina es esta, que con autoridad manda aun a los espíritus inmundos, y le obedecen?
28 Y muy pronto se difundió su fama por toda la provincia alrededor de Galilea.

Jesús sana a la suegra de Pedro

29 Al salir de la sinagoga, vinieron a casa de Simón y Andrés, con Jacobo y Juan.
30 Y la suegra de Simón estaba acostada con fiebre; y en seguida le hablaron de ella.
31 Entonces él se acercó, y la tomó de la mano y la levantó; e inmediatamente le dejó la fiebre, y ella les servía.

Muchos sanados al ponerse el sol

32 Cuando llegó la noche, luego que el sol se puso, le trajeron todos los que tenían enfermedades, y a los endemoniados;
33 y toda la ciudad se agolpó a la puerta.
34 Y sanó a muchos que estaban enfermos de diversas enfermedades, y echó fuera muchos demonios; y no dejaba hablar a los demonios, porque le conocían.

Jesús recorre Galilea predicando

35 Levantándose muy de mañana, siendo aún muy oscuro, salió y se fue a un lugar desierto, y allí oraba.
36 Y le buscó Simón, y los que con él estaban;
37 y hallándole, le dijeron: Todos te buscan.
38 El les dijo: Vamos a los lugares vecinos, para que predique también allí; porque para esto he venido.
39 Y predicaba en las sinagogas de ellos en toda Galilea, y echaba fuera los demonios.[h]

Jesús sana a un leproso

40 Vino a él un leproso, rogándole; e hincada la rodilla, le dijo: Si quieres, puedes limpiarme.
41 Y Jesús, teniendo misericordia de él, extendió la mano y le tocó, y le dijo: Quiero, sé limpio.
42 Y así que él hubo hablado, al instante la lepra se fue de aquél, y quedó limpio.
43 Entonces le encargó rigurosamente, y le despidió luego,
44 y le dijo: Mira, no digas a nadie nada, sino ve, muéstrate al sacerdote, y ofrece por tu purificación lo que Moisés mandó,[i] para testimonio a ellos.
45 Pero ido él, comenzó a publicarlo mucho y a divulgar el hecho, de manera que ya Jesús no podía entrar abiertamente en la ciudad, sino que se quedaba fuera en los lugares desiertos; y venían a él de todas partes.

Jesús sana a un paralítico

2 1 Entró Jesús otra vez en Capernaum después de algunos días; y se oyó que estaba en casa.
2 E inmediatamente se juntaron muchos, de manera que ya no cabían ni aun a la puerta; y les predicaba la palabra.
3 Entonces vinieron a él unos trayendo un paralítico, que era cargado por cuatro.
4 Y como no podían acercarse a él a causa de la multitud, descubrieron el techo de donde estaba, y haciendo una abertura, bajaron el lecho en que yacía el paralítico.
5 Al ver Jesús la fe de ellos, dijo al paralítico: Hijo, tus pecados te son perdonados.
6 Estaban allí sentados algunos de los escribas, los cuales cavilaban en sus corazones:
7 ¿Por qué habla éste así? Blasfemias dice. ¿Quién puede perdonar pecados, sino sólo Dios?
8 Y conociendo luego Jesús en su espíritu que cavilaban de esta manera dentro de sí mismos, les dijo: ¿Por qué caviláis así en vuestros corazones?
9 ¿Qué es más fácil, decir al paralítico: Tus pecados te son perdonados, o decirle: Levántate, toma tu lecho y anda?
10 Pues para que sepáis que el Hijo del Hombre tiene potestad en la tierra para perdonar pecados (dijo al paralítico):
11 A ti te digo: Levántate, toma tu lecho, y vete a tu casa.
12 Entonces él se levantó en seguida, y tomando su lecho, salió delante de todos, de manera que todos se asombraron, y glorificaron a Dios, diciendo: Nunca hemos visto tal cosa.

Llamamiento de Leví

13 Después volvió a salir al mar; y toda la gente venía a él, y les enseñaba.
14 Y al pasar, vio a Leví hijo de Alfeo, sentado al

* Aquí equivale a *sábado.*

1.22: [g] Mt. 7.28-29. **1.39:** [h] Mt. 4.23; 9.35. **1.44:** [i] Lv. 14.1-32.

banco de los tributos públicos, y le dijo: Sígue-
me. Y levantándose, le siguió.
15 Aconteció que estando Jesús a la mesa en
casa de él, muchos publicanos y pecadores esta-
ban también a la mesa juntamente con Jesús y
sus discípulos; porque había muchos que le
habían seguido.
16 Y los escribas y los fariseos, viéndole comer
con los publicanos y con los pecadores, dijeron a
los discípulos: ¿Qué es esto, que él come y bebe
con los publicanos y pecadores?
17 Al oír esto Jesús, les dijo: Los sanos no tienen
necesidad de médico, sino los enfermos. No he
venido a llamar a justos, sino a pecadores.

La pregunta sobre el ayuno

18 Y los discípulos de Juan y los de los fariseos
ayunaban; y vinieron, y le dijeron: ¿Por qué los
discípulos de Juan y los de los fariseos ayunan, y
tus discípulos no ayunan?
19 Jesús les dijo: ¿Acaso pueden los que están
de bodas ayunar mientras está con ellos el espo-
so? Entre tanto que tienen consigo al esposo, no
pueden ayunar.
20 Pero vendrán días cuando el esposo les será
quitado, y entonces en aquellos días ayunarán.
21 Nadie pone remiendo de paño nuevo en ves-
tido viejo; de otra manera, el mismo remiendo
nuevo tira de lo viejo, y se hace peor la rotura.
22 Y nadie echa vino nuevo en odres viejos; de
otra manera, el vino nuevo rompe los odres, y el
vino se derrama, y los odres se pierden; pero el
vino nuevo en odres nuevos se ha de echar.

Los discípulos recogen espigas en el día de reposo

23 Aconteció que al pasar él por los sembra-
dos un día de reposo,* sus discípulos, andando,
comenzaron a arrancar espigas.[a]
24 Entonces los fariseos le dijeron: Mira, ¿por
qué hacen en el día de reposo* lo que no es lí-
cito?
25 Pero él les dijo: ¿Nunca leísteis lo que hizo
David cuando tuvo necesidad, y sintió hambre,
él y los que con él estaban;
26 cómo entró en la casa de Dios, siendo Abiatar
sumo sacerdote, y comió los panes de la propo-
sición, de los cuales no es lícito comer sino a los
sacerdotes,[b] y aun dio a los que con él estaban?[c]
27 También les dijo: El día de reposo* fue hecho
por causa del hombre, y no el hombre por causa
del día de reposo.*
28 Por tanto, el Hijo del Hombre es Señor aun
del día de reposo.*

El hombre de la mano seca

3 1 Otra vez entró Jesús en la sinagoga; y ha-
bía allí un hombre que tenía seca una mano.
2 Y le acechaban para ver si en el día de reposo*
le sanaría, a fin de poder acusarle.
3 Entonces dijo al hombre que tenía la mano
seca: Levántate y ponte en medio.
4 Y les dijo: ¿Es lícito en los días de reposo* ha-
cer bien, o hacer mal; salvar la vida, o quitarla?
Pero ellos callaban.
5 Entonces, mirándolos alrededor con enojo,
entristecido por la dureza de sus corazones, dijo
al hombre: Extiende tu mano. Y él la extendió, y
la mano le fue restaurada sana.
6 Y salidos los fariseos, tomaron consejo con los
herodianos contra él para destruirle.

La multitud a la orilla del mar

7 Mas Jesús se retiró al mar con sus discípu-
los, y le siguió gran multitud de Galilea. Y de
Judea,
8 de Jerusalén, de Idumea, del otro lado del Jor-
dán, y de los alrededores de Tiro y de Sidón,
oyendo cuán grandes cosas hacía, grandes mul-
titudes vinieron a él.
9 Y dijo a sus discípulos que le tuviesen siempre
lista la barca, a causa del gentío, para que no le
oprimiesen.
10 Porque había sanado a muchos; de manera
que por tocarle, cuantos tenían plagas caían so-
bre él.[a]
11 Y los espíritus inmundos, al verle, se postra-
ban delante de él, y daban voces, diciendo: Tú
eres el Hijo de Dios.
12 Mas él les reprendía mucho para que no le
descubriesen.

Elección de los doce apóstoles

13 Después subió al monte, y llamó a sí a los
que él quiso; y vinieron a él.
14 Y estableció a doce, para que estuviesen con
él, y para enviarlos a predicar,
15 y que tuviesen autoridad para sanar enferme-
dades y para echar fuera demonios:
16 a Simón, a quien puso por sobrenombre
Pedro;
17 a Jacobo hijo de Zebedeo, y a Juan hermano
de Jacobo, a quienes apellidó Boanerges, esto
es, Hijos del trueno;
18 a Andrés, Felipe, Bartolomé, Mateo, To-
más, Jacobo hijo de Alfeo, Tadeo, Simón el
cananista,
19 y Judas Iscariote, el que le entregó. Y vinie-
ron a casa.

La blasfemia contra el Espíritu Santo

20 Y se agolpó de nuevo la gente, de modo
que ellos ni aun podían comer pan.

* Aquí equivale a *sábado*.
2.23: [a] Dt. 23.25. **2.26:** [b] Lv. 24.9. **2.25-26:** [c] 1 S. 21.1-6.
3.9-10: [a] Mr. 4.1; Lc. 5.1-3.

21 Cuando lo oyeron los suyos, vinieron para
prenderle; porque decían: Está fuera de sí.
22 Pero los escribas que habían venido de Jeru-
salén decían que tenía a Beelzebú, y que por el
príncipe de los demonios echaba fuera los de-
monios.[b]
23 Y habiéndolos llamado, les decía en parábolas:
¿Cómo puede Satanás echar fuera a Satanás?
24 Si un reino está dividido contra sí mismo, tal
reino no puede permanecer.
25 Y si una casa está dividida contra sí misma,
tal casa no puede permanecer.
26 Y si Satanás se levanta contra sí mismo, y se
divide, no puede permanecer, sino que ha llega-
do su fin.
27 Ninguno puede entrar en la casa de un hom-
bre fuerte y saquear sus bienes, si antes no le
ata, y entonces podrá saquear su casa.
28 De cierto os digo que todos los pecados se-
rán perdonados a los hijos de los hombres, y las
blasfemias cualesquiera que sean;
29 pero cualquiera que blasfeme contra el Espí-
ritu Santo, no tiene jamás perdón,[c] sino que es
reo de juicio eterno.
30 Porque ellos habían dicho: Tiene espíritu in-
mundo.

La madre y los hermanos de Jesús

31 Vienen después sus hermanos y su madre,
y quedándose afuera, enviaron a llamarle.
32 Y la gente que estaba sentada alrededor de él
le dijo: Tu madre y tus hermanos están afuera, y
te buscan.
33 El les respondió diciendo: ¿Quién es mi ma-
dre y mis hermanos?
34 Y mirando a los que estaban sentados alrede-
dor de él, dijo: He aquí mi madre y mis hermanos.
35 Porque todo aquel que hace la voluntad de
Dios, ése es mi hermano, y mi hermana, y mi
madre.

Parábola del sembrador

4 1 Otra vez comenzó Jesús a enseñar junto al
mar, y se reunió alrededor de él mucha gen-
te, tanto que entrando en una barca, se sentó
en ella en el mar;[a] y toda la gente estaba en tie-
rra junto al mar.
2 Y les enseñaba por parábolas muchas cosas, y
les decía en su doctrina:
3 Oíd: He aquí, el sembrador salió a sembrar;
4 y al sembrar, aconteció que una parte cayó
junto al camino, y vinieron las aves del cielo y la
comieron.
5 Otra parte cayó en pedregales, donde no tenía
mucha tierra; y brotó pronto, porque no tenía
profundidad de tierra.
6 Pero salido el sol, se quemó; y porque no tenía
raíz, se secó.
7 Otra parte cayó entre espinos; y los espinos
crecieron y la ahogaron, y no dio fruto.
8 Pero otra parte cayó en buena tierra, y dio fru-
to, pues brotó y creció, y produjo a treinta, a se-
senta, y a ciento por uno.
9 Entonces les dijo: El que tiene oídos para oír,
oiga.
10 Cuando estuvo solo, los que estaban cerca de
él con los doce le preguntaron sobre la parábola.
11 Y les dijo: A vosotros os es dado saber el mis-
terio del reino de Dios; mas a los que están fue-
ra, por parábolas todas las cosas;
12 para que viendo, vean y no perciban; y oyen-
do, oigan y no entiendan; para que no se con-
viertan, y les sean perdonados los pecados.[b]
13 Y les dijo: ¿No sabéis esta parábola? ¿Cómo,
pues, entenderéis todas las parábolas?
14 El sembrador es el que siembra la palabra.
15 Y éstos son los de junto al camino: en quienes
se siembra la palabra, pero después que la oyen,
en seguida viene Satanás, y quita la palabra que
se sembró en sus corazones.
16 Estos son asimismo los que fueron sembrados
en pedregales: los que cuando han oído la pala-
bra, al momento la reciben con gozo;
17 pero no tienen raíz en sí, sino que son de cor-
ta duración, porque cuando viene la tribulación
o la persecución por causa de la palabra, luego
tropiezan.
18 Estos son los que fueron sembrados entre es-
pinos: los que oyen la palabra,
19 pero los afanes de este siglo, y el engaño de
las riquezas, y las codicias de otras cosas, entran
y ahogan la palabra, y se hace infructuosa.
20 Y éstos son los que fueron sembrados en bue-
na tierra: los que oyen la palabra y la reciben, y
dan fruto a treinta, a sesenta, y a ciento por uno.

Nada oculto que no haya de ser manifestado

21 También les dijo: ¿Acaso se trae la luz para
ponerla debajo del almud, o debajo de la cama?
¿No es para ponerla en el candelero?[c]
22 Porque no hay nada oculto que no haya de
ser manifestado; ni escondido, que no haya de
salir a luz.[d]
23 Si alguno tiene oídos para oír, oiga.
24 Les dijo también: Mirad lo que oís; porque
con la medida con que medís, os será medido,[e] y
aun se os añadirá a vosotros los que oís.
25 Porque al que tiene, se le dará; y al que no tie-
ne, aun lo que tiene se le quitará.[f]

Parábola del crecimiento de la semilla

26 Decía además: Así es el reino de Dios,

3.22: [b] Mt. 9.34; 10.25. **3.29:** [c] Lc. 12.10. **4.1:** [a] Lc. 5.1-3.
4.12: [b] Is. 6.9-10. **4.21:** [c] Mt. 5.15; Lc. 11.33.
4.22: [d] Mt. 10.26; Lc. 12.2. **4.24:** [e] Mt. 7.2; Lc. 6.38.
4.25: [f] Mt. 13.12; 25.29; Lc. 19.26.

como cuando un hombre echa semilla en la
tierra;
27 y duerme y se levanta, de noche y de día, y la
semilla brota y crece sin que él sepa cómo.
28 Porque de suyo lleva fruto la tierra, primero
hierba, luego espiga, después grano lleno en la
espiga;
29 y cuando el fruto está maduro, en seguida se
mete la hoz, porque la siega ha llegado.

Parábola de la semilla de mostaza

30 Decía también: ¿A qué haremos semejante
el reino de Dios, o con qué parábola lo compara-
remos?
31 Es como el grano de mostaza, que cuando se
siembra en tierra, es la más pequeña de todas
las semillas que hay en la tierra;
32 pero después de sembrado, crece, y se hace la
mayor de todas las hortalizas, y echa grandes
ramas, de tal manera que las aves del cielo pue-
den morar bajo su sombra.

El uso que Jesús hace de las parábolas

33 Con muchas parábolas como estas les ha-
blaba la palabra, conforme a lo que podían oír.
34 Y sin parábolas no les hablaba; aunque a sus
discípulos en particular les declaraba todo.

Jesús calma la tempestad

35 Aquel día, cuando llegó la noche, les dijo:
Pasemos al otro lado.
36 Y despidiendo a la multitud, le tomaron
como estaba, en la barca; y había también con él
otras barcas.
37 Pero se levantó una gran tempestad de vien-
to, y echaba las olas en la barca, de tal manera
que ya se anegaba.
38 Y él estaba en la popa, durmiendo sobre un
cabezal; y le despertaron, y le dijeron: Maestro,
¿no tienes cuidado que perecemos?
39 Y levantándose, reprendió al viento, y dijo al
mar: Calla, enmudece. Y cesó el viento, y se hizo
grande bonanza.
40 Y les dijo: ¿Por qué estáis así amedrentados?
¿Cómo no tenéis fe?
41 Entonces temieron con gran temor, y se de-
cían el uno al otro: ¿Quién es éste, que aun el
viento y el mar le obedecen?

El endemoniado gadareno

5 1 Vinieron al otro lado del mar, a la región
de los gadarenos.
2 Y cuando salió él de la barca, en seguida vino a
su encuentro, de los sepulcros, un hombre con
un espíritu inmundo,
3 que tenía su morada en los sepulcros, y nadie
podía atarle, ni aun con cadenas.
4 Porque muchas veces había sido atado con gri-
llos y cadenas, mas las cadenas habían sido he-
chas pedazos por él, y desmenuzados los grillos;
y nadie le podía dominar.
5 Y siempre, de día y de noche, andaba dando
voces en los montes y en los sepulcros, e hirién-
dose con piedras.
6 Cuando vio, pues, a Jesús de lejos, corrió, y se
arrodilló ante él.
7 Y clamando a gran voz, dijo: ¿Qué tienes con-
migo, Jesús, Hijo del Dios Altísimo? Te conjuro
por Dios que no me atormentes.
8 Porque le decía: Sal de este hombre, espíritu
inmundo.
9 Y le preguntó: ¿Cómo te llamas? Y respondió
diciendo: Legión me llamo; porque somos
muchos.
10 Y le rogaba mucho que no los enviase fuera
de aquella región.
11 Estaba allí cerca del monte un gran hato de
cerdos paciendo.
12 Y le rogaron todos los demonios, diciendo:
Envíanos a los cerdos para que entremos en
ellos.
13 Y luego Jesús les dio permiso. Y saliendo
aquellos espíritus inmundos, entraron en los
cerdos, los cuales eran como dos mil; y el hato
se precipitó en el mar por un despeñadero, y en
el mar se ahogaron.
14 Y los que apacentaban los cerdos huyeron,
y dieron aviso en la ciudad y en los campos. Y
salieron a ver qué era aquello que había suce-
dido.
15 Vienen a Jesús, y ven al que había sido ator-
mentado del demonio, y que había tenido la le-
gión, sentado, vestido y en su juicio cabal; y
tuvieron miedo.
16 Y les contaron los que lo habían visto, cómo
le había acontecido al que había tenido el demo-
nio, y lo de los cerdos.
17 Y comenzaron a rogarle que se fuera de sus
contornos.
18 Al entrar él en la barca, el que había estado
endemoniado le rogaba que le dejase estar con
él.
19 Mas Jesús no se lo permitió, sino que le dijo:
Vete a tu casa, a los tuyos, y cuéntales cuán
grandes cosas el Señor ha hecho contigo, y
cómo ha tenido misericordia de ti.
20 Y se fue, y comenzó a publicar en Decápolis
cuán grandes cosas había hecho Jesús con él; y
todos se maravillaban.

La hija de Jairo, y la mujer que tocó el manto de Jesús

21 Pasando otra vez Jesús en una barca a la
otra orilla, se reunió alrededor de él una gran
multitud; y él estaba junto al mar.
22 Y vino uno de los principales de la sinagoga,

llamado Jairo; y luego que le vio, se postró a sus
pies,
23 y le rogaba mucho, diciendo: Mi hija está
agonizando; ven y pon las manos sobre ella
para que sea salva, y vivirá.
24 Fue, pues, con él; y le seguía una gran mul-
titud, y le apretaban.
25 Pero una mujer que desde hacía doce años
padecía de flujo de sangre,
26 y había sufrido mucho de muchos médicos, y
gastado todo lo que tenía, y nada había aprove-
chado, antes le iba peor,
27 cuando oyó hablar de Jesús, vino por detrás
entre la multitud, y tocó su manto.
28 Porque decía: Si tocare tan solamente su
manto, seré salva.
29 Y en seguida la fuente de su sangre se secó; y
sintió en el cuerpo que estaba sana de aquel azote.
30 Luego Jesús, conociendo en sí mismo el po-
der que había salido de él, volviéndose a la mul-
titud, dijo: ¿Quién ha tocado mis vestidos?
31 Sus discípulos le dijeron: Ves que la multitud
te aprieta, y dices: ¿Quién me ha tocado?
32 Pero él miraba alrededor para ver quién ha-
bía hecho esto.
33 Entonces la mujer, temiendo y temblando,
sabiendo lo que en ella había sido hecho, vino y
se postró delante de él, y le dijo toda la verdad.
34 Y él le dijo: Hija, tu fe te ha hecho salva; ve en
paz, y queda sana de tu azote.
35 Mientras él aún hablaba, vinieron de casa
del principal de la sinagoga, diciendo: Tu hija ha
muerto; ¿para qué molestas más al Maestro?
36 Pero Jesús, luego que oyó lo que se decía, dijo
al principal de la sinagoga: No temas, cree sola-
mente.
37 Y no permitió que le siguiese nadie sino Pe-
dro, Jacobo, y Juan hermano de Jacobo.
38 Y vino a casa del principal de la sinagoga, y
vio el alboroto y a los que lloraban y lamenta-
ban mucho.
39 Y entrando, les dijo: ¿Por qué alborotáis y llo-
ráis? La niña no está muerta, sino duerme.
40 Y se burlaban de él. Mas él, echando fuera a to-
dos, tomó al padre y a la madre de la niña, y a los
que estaban con él, y entró donde estaba la niña.
41 Y tomando la mano de la niña, le dijo: Talita
cumi; que traducido es: Niña, a ti te digo, leván-
tate.
42 Y luego la niña se levantó y andaba, pues te-
nía doce años. Y se espantaron grandemente.
43 Pero él les mandó mucho que nadie lo supie-
se, y dijo que se le diese de comer.

Jesús en Nazaret

6 1 Salió Jesús de allí y vino a su tierra, y le se-
guían sus discípulos.
2 Y llegado el día de reposo,* comenzó a
enseñar en la sinagoga; y muchos, oyéndole, se
admiraban, y decían: ¿De dónde tiene éste es-
tas cosas? ¿Y qué sabiduría es esta que le es
dada, y estos milagros que por sus manos son
hechos?
3 ¿No es éste el carpintero, hijo de María, her-
mano de Jacobo, de José, de Judas y de Simón?
¿No están también aquí con nosotros sus her-
manas? Y se escandalizaban de él.
4 Mas Jesús les decía: No hay profeta sin honra
sino en su propia tierra,[a] y entre sus parientes, y
en su casa.
5 Y no pudo hacer allí ningún milagro, salvo que
sanó a unos pocos enfermos, poniendo sobre
ellos las manos.
6 Y estaba asombrado de la incredulidad de
ellos. Y recorría las aldeas de alrededor, ense-
ñando.

Misión de los doce discípulos

7 Después llamó a los doce, y comenzó a en-
viarlos de dos en dos; y les dio autoridad sobre
los espíritus inmundos.
8 Y les mandó[b] que no llevasen nada para el ca-
mino, sino solamente bordón; ni alforja, ni pan,
ni dinero en el cinto,
9 sino que calzasen sandalias, y no vistiesen dos
túnicas.
10 Y les dijo: Dondequiera que entréis en una
casa, posad en ella hasta que salgáis de aquel lu-
gar.
11 Y si en algún lugar no os recibieren ni os oye-
ren, salid de allí, y sacudid el polvo que está de-
bajo de vuestros pies, para testimonio a ellos.[c]
De cierto os digo que en el día del juicio, será
más tolerable el castigo para los de Sodoma y
Gomorra, que para aquella ciudad.
12 Y saliendo, predicaban que los hombres se
arrepintiesen.
13 Y echaban fuera muchos demonios, y ungían
con aceite a muchos enfermos, y los sanaban.[d]

Muerte de Juan el Bautista

14 Oyó el rey Herodes la fama de Jesús, por-
que su nombre se había hecho notorio; y dijo:
Juan el Bautista ha resucitado de los muertos, y
por eso actúan en él estos poderes.
15 Otros decían: Es Elías. Y otros decían: Es un
profeta, o alguno de los profetas.[e]
16 Al oír esto Herodes, dijo: Este es Juan, el que
yo decapité, que ha resucitado de los muertos.
17 Porque el mismo Herodes había enviado y
prendido a Juan, y le había encadenado en la
cárcel por causa de Herodías, mujer de Felipe su
hermano; pues la había tomado por mujer.

* Aquí equivale a *sábado*.
6.4: [a] Jn. 4.44. **6.8-13:** [b] Lc. 10.4-11. **6.11:** [c] Hch. 13.51.
6.13: [d] Stg. 5.14. **6.14-15:** [e] Mt. 16.14; Mr. 8.28; Lc. 9.19.

18 Porque Juan decía a Herodes: No te es lícito tener la mujer de tu hermano.[f]

19 Pero Herodías le acechaba, y deseaba matarle, y no podía;

20 porque Herodes temía a Juan, sabiendo que era varón justo y santo, y le guardaba a salvo; y oyéndole, se quedaba muy perplejo, pero le escuchaba de buena gana.

21 Pero venido un día oportuno, en que Herodes, en la fiesta de su cumpleaños, daba una cena a sus príncipes y tribunos y a los principales de Galilea,

22 entrando la hija de Herodías, danzó, y agradó a Herodes y a los que estaban con él a la mesa; y el rey dijo a la muchacha: Pídeme lo que quieras, y yo te lo daré.

23 Y le juró: Todo lo que me pidas te daré, hasta la mitad de mi reino.

24 Saliendo ella, dijo a su madre: ¿Qué pediré? Y ella le dijo: La cabeza de Juan el Bautista.

25 Entonces ella entró prontamente al rey, y pidió diciendo: Quiero que ahora mismo me des en un plato la cabeza de Juan el Bautista.

26 Y el rey se entristeció mucho; pero a causa del juramento, y de los que estaban con él a la mesa, no quiso desecharla.

27 Y en seguida el rey, enviando a uno de la guardia, mandó que fuese traída la cabeza de Juan.

28 El guarda fue, le decapitó en la cárcel, y trajo su cabeza en un plato y la dio a la muchacha, y la muchacha la dio a su madre.

29 Cuando oyeron esto sus discípulos, vinieron y tomaron su cuerpo, y lo pusieron en un sepulcro.

Alimentación de los cinco mil

30 Entonces los apóstoles se juntaron con Jesús, y le contaron todo lo que habían hecho, y lo que habían enseñado.

31 El les dijo: Venid vosotros aparte a un lugar desierto, y descansad un poco. Porque eran muchos los que iban y venían, de manera que ni aun tenían tiempo para comer.

32 Y se fueron solos en una barca a un lugar desierto.

33 Pero muchos los vieron ir, y le reconocieron; y muchos fueron allá a pie desde las ciudades, y llegaron antes que ellos, y se juntaron a él.

34 Y salió Jesús y vio una gran multitud, y tuvo compasión de ellos, porque eran como ovejas que no tenían pastor;[g] y comenzó a enseñarles muchas cosas.

35 Cuando ya era muy avanzada la hora, sus discípulos se acercaron a él, diciendo: El lugar es desierto, y la hora ya muy avanzada.

36 Despídelos para que vayan a los campos y aldeas de alrededor, y compren pan, pues no tienen qué comer.

37 Respondiendo él, les dijo: Dadles vosotros de comer. Ellos le dijeron: ¿Que vayamos y compremos pan por doscientos denarios, y les demos de comer?

38 El les dijo: ¿Cuántos panes tenéis? Id y vedlo. Y al saberlo, dijeron: Cinco, y dos peces.

39 Y les mandó que hiciesen recostar a todos por grupos sobre la hierba verde.

40 Y se recostaron por grupos, de ciento en ciento, y de cincuenta en cincuenta.

41 Entonces tomó los cinco panes y los dos peces, y levantando los ojos al cielo, bendijo, y partió los panes, y dio a sus discípulos para que los pusiesen delante; y repartió los dos peces entre todos.

42 Y comieron todos, y se saciaron.

43 Y recogieron de los pedazos doce cestas llenas, y de lo que sobró de los peces.

44 Y los que comieron eran cinco mil hombres.

Jesús anda sobre el mar

45 En seguida hizo a sus discípulos entrar en la barca e ir delante de él a Betsaida, en la otra ribera, entre tanto que él despedía a la multitud.

46 Y después que los hubo despedido, se fue al monte a orar;

47 y al venir la noche, la barca estaba en medio del mar, y él solo en tierra.

48 Y viéndoles remar con gran fatiga, porque el viento les era contrario, cerca de la cuarta vigilia de la noche vino a ellos andando sobre el mar, y quería adelantárseles.

49 Viéndole ellos andar sobre el mar, pensaron que era un fantasma, y gritaron;

50 porque todos le veían, y se turbaron. Pero en seguida habló con ellos, y les dijo: ¡Tened ánimo; yo soy, no temáis!

51 Y subió a ellos en la barca, y se calmó el viento; y ellos se asombraron en gran manera, y se maravillaban.

52 Porque aún no habían entendido lo de los panes, por cuanto estaban endurecidos sus corazones.

Jesús sana a los enfermos en Genesaret

53 Terminada la travesía, vinieron a tierra de Genesaret, y arribaron a la orilla.

54 Y saliendo ellos de la barca, en seguida la gente le conoció.

55 Y recorriendo toda la tierra de alrededor, comenzaron a traer de todas partes enfermos en lechos, a donde oían que estaba.

56 Y dondequiera que entraba, en aldeas, ciudades o campos, ponían en las calles a los que estaban enfermos, y le rogaban que les dejase

6.17-18: [f] Lc. 3.19-20. **6.34:** [g] 1 R. 22.17; 2 Cr. 18.16; Zac. 10.2; Mt. 9.36.

tocar siquiera el borde de su manto; y todos los que le tocaban quedaban sanos.

Lo que contamina al hombre

7 1 Se juntaron a Jesús los fariseos, y algunos de los escribas, que habían venido de Jerusalén;

2 los cuales, viendo a algunos de los discípulos de Jesús comer pan con manos inmundas, esto es, no lavadas, los condenaban.

3 Porque los fariseos y todos los judíos, aferrándose a la tradición de los ancianos, si muchas veces no se lavan las manos, no comen.

4 Y volviendo de la plaza, si no se lavan, no comen. Y otras muchas cosas hay que tomaron para guardar, como los lavamientos de los vasos de beber, y de los jarros, y de los utensilios de metal, y de los lechos.

5 Le preguntaron, pues, los fariseos y los escribas: ¿Por qué tus discípulos no andan conforme a la tradición de los ancianos, sino que comen pan con manos inmundas?

6 Respondiendo él, les dijo: Hipócritas, bien profetizó de vosotros Isaías, como está escrito:

Este pueblo de labios me honra,
Mas su corazón está lejos de mí.
7 Pues en vano me honran,
Enseñando como doctrinas
mandamientos de hombres.[a]

8 Porque dejando el mandamiento de Dios, os aferráis a la tradición de los hombres: los lavamientos de los jarros y de los vasos de beber; y hacéis otras muchas cosas semejantes.

9 Les decía también: Bien invalidáis el mandamiento de Dios para guardar vuestra tradición.

10 Porque Moisés dijo: Honra a tu padre y a tu madre;[b] y: El que maldiga al padre o a la madre, muera irremisiblemente.[c]

11 Pero vosotros decís: Basta que diga un hombre al padre o a la madre: Es Corbán (que quiere decir, mi ofrenda a Dios) todo aquello con que pudiera ayudarte,

12 y no le dejáis hacer más por su padre o por su madre,

13 invalidando la palabra de Dios con vuestra tradición que habéis transmitido. Y muchas cosas hacéis semejantes a estas.

14 Y llamando a sí a toda la multitud, les dijo: Oídme todos, y entended:

15 Nada hay fuera del hombre que entre en él, que le pueda contaminar; pero lo que sale de él, eso es lo que contamina al hombre.

16 Si alguno tiene oídos para oír, oiga.

17 Cuando se alejó de la multitud y entró en casa, le preguntaron sus discípulos sobre la parábola.

18 El les dijo: ¿También vosotros estáis así sin entendimiento? ¿No entendéis que todo lo de fuera que entra en el hombre, no le puede contaminar,

19 porque no entra en su corazón, sino en el vientre, y sale a la letrina? Esto decía, haciendo limpios todos los alimentos.

20 Pero decía, que lo que del hombre sale, eso contamina al hombre.

21 Porque de dentro, del corazón de los hombres, salen los malos pensamientos, los adulterios, las fornicaciones, los homicidios,

22 los hurtos, las avaricias, las maldades, el engaño, la lascivia, la envidia, la maledicencia, la soberbia, la insensatez.

23 Todas estas maldades de dentro salen, y contaminan al hombre.

La fe de la mujer sirofenicia

24 Levantándose de allí, se fue a la región de Tiro y de Sidón; y entrando en una casa, no quiso que nadie lo supiese; pero no pudo esconderse.

25 Porque una mujer, cuya hija tenía un espíritu inmundo, luego que oyó de él, vino y se postró a sus pies.

26 La mujer era griega, y sirofenicia de nación; y le rogaba que echase fuera de su hija al demonio.

27 Pero Jesús le dijo: Deja primero que se sacien los hijos, porque no está bien tomar el pan de los hijos y echarlo a los perrillos.

28 Respondió ella y le dijo: Sí, Señor; pero aun los perrillos, debajo de la mesa, comen de las migajas de los hijos.

29 Entonces le dijo: Por esta palabra, ve; el demonio ha salido de tu hija.

30 Y cuando llegó ella a su casa, halló que el demonio había salido, y a la hija acostada en la cama.

Jesús sana a un sordomudo

31 Volviendo a salir de la región de Tiro, vino por Sidón al mar de Galilea, pasando por la región de Decápolis.

32 Y le trajeron un sordo y tartamudo, y le rogaron que le pusiera la mano encima.

33 Y tomándole aparte de la gente, metió los dedos en las orejas de él, y escupiendo, tocó su lengua;

34 y levantando los ojos al cielo, gimió, y le dijo: Efata, es decir: Sé abierto.

35 Al momento fueron abiertos sus oídos, y se desató la ligadura de su lengua, y hablaba bien.

36 Y les mandó que no lo dijesen a nadie; pero cuanto más les mandaba, tanto más y más lo divulgaban.

37 Y en gran manera se maravillaban, diciendo:

7.6-7: [a] Is. 29.13. **7.10:** [b] Ex. 20.12; Dt. 5.16. [c] Ex. 21.17; Lv. 20.9.

bien lo ha hecho todo; hace a los sordos oír, y a los mudos hablar.

Alimentación de los cuatro mil

8 1 En aquellos días, como había una gran multitud, y no tenían qué comer, Jesús llamó a sus discípulos, y les dijo:

2 Tengo compasión de la gente, porque ya hace tres días que están conmigo, y no tienen qué comer;

3 y si los enviare en ayunas a sus casas, se desmayarán en el camino, pues algunos de ellos han venido de lejos.

4 Sus discípulos le respondieron: ¿De dónde podrá alguien saciar de pan a éstos aquí en el desierto?

5 El les preguntó: ¿Cuántos panes tenéis? Ellos dijeron: Siete.

6 Entonces mandó a la multitud que se recostase en tierra; y tomando los siete panes, habiendo dado gracias, los partió, y dio a sus discípulos para que los pusiesen delante; y los pusieron delante de la multitud.

7 Tenían también unos pocos pececillos; y los bendijo, y mandó que también los pusiesen delante.

8 Y comieron, y se saciaron; y recogieron de los pedazos que habían sobrado, siete canastas.

9 Eran los que comieron, como cuatro mil; y los despidió.

10 Y luego entrando en la barca con sus discípulos, vino a la región de Dalmanuta.

La demanda de una señal

11 Vinieron entonces los fariseos y comenzaron a discutir con él, pidiéndole señal del cielo,[a] para tentarle.

12 Y gimiendo en su espíritu, dijo: ¿Por qué pide señal esta generación?[b] De cierto os digo que no se dará señal a esta generación.

13 Y dejándolos, volvió a entrar en la barca, y se fue a la otra ribera.

La levadura de los fariseos

14 Habían olvidado de traer pan, y no tenían sino un pan consigo en la barca.

15 Y él les mandó, diciendo: Mirad, guardaos de la levadura de los fariseos,[c] y de la levadura de Herodes.

16 Y discutían entre sí, diciendo: Es porque no trajimos pan.

17 Y entendiéndolo Jesús, les dijo: ¿Qué discutís, porque no tenéis pan? ¿No entendéis ni comprendéis? ¿Aún tenéis endurecido vuestro corazón?

18 ¿Teniendo ojos no veis, y teniendo oídos no oís?[d] ¿Y no recordáis?

19 Cuando partí los cinco panes entre cinco mil, ¿cuántas cestas llenas de los pedazos recogisteis? Y ellos dijeron: Doce.

20 Y cuando los siete panes entre cuatro mil, ¿cuántas canastas llenas de los pedazos recogisteis? Y ellos dijeron: Siete.

21 Y les dijo: ¿Cómo aún no entendéis?

Un ciego sanado en Betsaida

22 Vino luego a Betsaida; y le trajeron un ciego, y le rogaron que le tocase.

23 Entonces, tomando la mano del ciego, le sacó fuera de la aldea; y escupiendo en sus ojos, le puso las manos encima, y le preguntó si veía algo.

24 El, mirando, dijo: Veo los hombres como árboles, pero los veo que andan.

25 Luego le puso otra vez las manos sobre los ojos, y le hizo que mirase; y fue restablecido, y vio de lejos y claramente a todos.

26 Y lo envió a su casa, diciendo: No entres en la aldea, ni lo digas a nadie en la aldea.

La confesión de Pedro

27 Salieron Jesús y sus discípulos por las aldeas de Cesarea de Filipo. Y en el camino preguntó a sus discípulos, diciéndoles: ¿Quién dicen los hombres que soy yo?

28 Ellos respondieron: Unos, Juan el Bautista; otros, Elías; y otros, alguno de los profetas.[e]

29 Entonces él les dijo: Y vosotros, ¿quién decís que soy? Respondiendo Pedro, le dijo: Tú eres el Cristo.[f]

30 Pero él les mandó que no dijesen esto de él a ninguno.

Jesús anuncia su muerte

31 Y comenzó a enseñarles que le era necesario al Hijo del Hombre padecer mucho, y ser desechado por los ancianos, por los principales sacerdotes y por los escribas, y ser muerto, y resucitar después de tres días.

32 Esto les decía claramente. Entonces Pedro le tomó aparte y comenzó a reconvenirle.

33 Pero él, volviéndose y mirando a los discípulos, reprendió a Pedro, diciendo: ¡Quítate de delante de mí, Satanás! porque no pones la mira en las cosas de Dios, sino en las de los hombres.

34 Y llamando a la gente y a sus discípulos, les dijo: Si alguno quiere venir en pos de mí, niéguese a sí mismo, y tome su cruz, y sígame.[g]

35 Porque todo el que quiera salvar su vida, la perderá; y todo el que pierda su vida por causa de mí y del evangelio, la salvará.[h]

8.11: [a] Mt. 12.38; Lc. 11.16. **8.12:** [b] Mt. 12.39; Lc. 11.29. **8.15:** [c] Lc. 12.1. **8.18:** [d] Is. 6.9-10; Jer. 5.21; Ez. 12.2. **8.28:** [e] Mr. 6.14-15; Lc. 9.7-8. **8.29:** [f] Jn. 6.68-69. **8.34:** [g] Mt. 10.38; Lc. 14.27. **8.35:** [h] Mt. 10.39; Lc. 17.33; Jn. 12.25.

36 Porque ¿qué aprovechará al hombre si gana-
re todo el mundo, y perdiere su alma?
37 ¿O qué recompensa dará el hombre por su
alma?
38 Porque el que se avergonzare de mí y de
mis palabras en esta generación adúltera y pe-
cadora, el Hijo del Hombre se avergonzará tam-
bién de él, cuando venga en la gloria de su
Padre con los santos ángeles.

9 1 También les dijo: De cierto os digo que
hay algunos de los que están aquí, que no
gustarán la muerte hasta que hayan visto el rei-
no de Dios venido con poder.

La transfiguración

2 Seis días después, Jesús tomó a Pedro, a Ja-
cobo y a Juan, y los llevó aparte solos a un mon-
te alto; y se transfiguró delante de ellos.[a]
3 Y sus vestidos se volvieron resplandecientes,
muy blancos, como la nieve, tanto que ningún
lavador en la tierra los puede hacer tan blan-
cos.
4 Y les apareció Elías con Moisés, que hablaban
con Jesús.
5 Entonces Pedro dijo a Jesús: Maestro, bueno
es para nosotros que estemos aquí; y hagamos
tres enramadas, una para ti, otra para Moisés, y
otra para Elías.
6 Porque no sabía lo que hablaba, pues estaban
espantados.
7 Entonces vino una nube que les hizo sombra, y
desde la nube una voz que decía: Este es mi Hijo
amado;[b] a él oíd.
8 Y luego, cuando miraron, no vieron más a na-
die consigo, sino a Jesús solo.
9 Y descendiendo ellos del monte, les mandó
que a nadie dijesen lo que habían visto, sino
cuando el Hijo del Hombre hubiese resucitado
de los muertos.
10 Y guardaron la palabra entre sí, discutiendo
qué sería aquello de resucitar de los muertos.
11 Y le preguntaron, diciendo: ¿Por qué dicen
los escribas que es necesario que Elías venga
primero?[c]
12 Respondiendo él, les dijo: Elías a la verdad
vendrá primero, y restaurará todas las cosas; ¿y
cómo está escrito del Hijo del Hombre, que pa-
dezca mucho y sea tenido en nada?
13 Pero os digo que Elías ya vino, y le hicieron
todo lo que quisieron, como está escrito de él.

Jesús sana a un muchacho endemoniado

14 Cuando llegó a donde estaban los discípu-
los, vio una gran multitud alrededor de ellos, y
escribas que disputaban con ellos.
15 Y en seguida toda la gente, viéndole, se
asombró, y corriendo a él, le saludaron.
16 El les preguntó: ¿Qué disputáis con ellos?
17 Y respondiendo uno de la multitud, dijo:
Maestro, traje a ti mi hijo, que tiene un espíritu
mudo,
18 el cual, dondequiera que le toma, le sacude; y
echa espumarajos, y cruje los dientes, y se va se-
cando; y dije a tus discípulos que lo echasen fue-
ra, y no pudieron.
19 Y respondiendo él, les dijo: ¡Oh generación
incrédula! ¿Hasta cuándo he de estar con voso-
tros? ¿Hasta cuándo os he de soportar? Traéd-
melo.
20 Y se lo trajeron; y cuando el espíritu vio a Je-
sús, sacudió con violencia al muchacho, quien
cayendo en tierra se revolcaba, echando espu-
marajos.
21 Jesús preguntó al padre: ¿Cuánto tiempo
hace que le sucede esto? Y él dijo: Desde niño.
22 Y muchas veces le echa en el fuego y en el
agua, para matarle; pero si puedes hacer algo,
ten misericordia de nosotros, y ayúdanos.
23 Jesús le dijo: Si puedes creer, al que cree todo
le es posible.
24 E inmediatamente el padre del muchacho
clamó y dijo: Creo; ayuda mi incredulidad.
25 Y cuando Jesús vio que la multitud se agolpa-
ba, reprendió al espíritu inmundo, diciéndole:
Espíritu mudo y sordo, yo te mando, sal de él, y
no entres más en él.
26 Entonces el espíritu, clamando y sacudiéndo-
le con violencia, salió; y él quedó como muerto,
de modo que muchos decían: Está muerto.
27 Pero Jesús, tomándole de la mano, le endere-
zó; y se levantó.
28 Cuando él entró en casa, sus discípulos le
preguntaron aparte: ¿Por qué nosotros no pudi-
mos echarle fuera?
29 Y les dijo: Este género con nada puede salir,
sino con oración y ayuno.

Jesús anuncia otra vez su muerte

30 Habiendo salido de allí, caminaron por Ga-
lilea; y no quería que nadie lo supiese.
31 Porque enseñaba a sus discípulos, y les decía:
El Hijo del Hombre será entregado en manos de
hombres, y le matarán; pero después de muer-
to, resucitará al tercer día.
32 Pero ellos no entendían esta palabra, y tenían
miedo de preguntarle.

¿Quién es el mayor?

33 Y llegó a Capernaum; y cuando estuvo en
casa, les preguntó: ¿Qué disputabais entre voso-
tros en el camino?
34 Mas ellos callaron; porque en el camino ha-
bían disputado entre sí, quién había de ser el
mayor.[d]

9.2-7: [a] 2 P. 1.17-18. **9.7:** [b] Mt. 3.17; Mr. 1.11; Lc. 3.22.
9.11: [c] Mal. 4.5; Mt. 11.14. **9.34:** [d] Lc. 22.24.

35 Entonces él se sentó y llamó a los doce, y les
dijo: Si alguno quiere ser el primero, será el pos-
trero de todos, y el servidor de todos.[e]
36 Y tomó a un niño, y lo puso en medio de ellos;
y tomándole en sus brazos, les dijo:
37 El que reciba en mi nombre a un niño como
este, me recibe a mí; y el que a mí me recibe, no
me recibe a mí sino al que me envió.[f]

El que no es contra nosotros, por nosotros es

38 Juan le respondió diciendo: Maestro, he-
mos visto a uno que en tu nombre echaba fuera
demonios, pero él no nos sigue; y se lo prohibi-
mos, porque no nos seguía.
39 Pero Jesús dijo: No se lo prohibáis; porque
ninguno hay que haga milagro en mi nombre,
que luego pueda decir mal de mí.
40 Porque el que no es contra nosotros, por no-
sotros es.[g]
41 Y cualquiera que os diere un vaso de agua en
mi nombre, porque sois de Cristo, de cierto os
digo que no perderá su recompensa.[h]

Ocasiones de caer

42 Cualquiera que haga tropezar a uno de es-
tos pequeñitos que creen en mí, mejor le fuera si
se le atase una piedra de molino al cuello, y se le
arrojase en el mar.
43 Si tu mano te fuere ocasión de caer, córtala;
mejor te es entrar en la vida manco, que tenien-
do dos manos ir al infierno, al fuego que no pue-
de ser apagado,[i]
44 donde el gusano de ellos no muere, y el fuego
nunca se apaga.
45 Y si tu pie te fuere ocasión de caer, córtalo;
mejor te es entrar a la vida cojo, que teniendo
dos pies ser echado en el infierno, al fuego que
no puede ser apagado,
46 donde el gusano de ellos no muere, y el fuego
nunca se apaga.
47 Y si tu ojo te fuere ocasión de caer, sácalo;
mejor te es entrar en el reino de Dios con un ojo,
que teniendo dos ojos ser echado al infierno,[j]
48 donde el gusano de ellos no muere, y el fuego
nunca se apaga.[k]
49 Porque todos serán salados con fuego, y todo
sacrificio será salado con sal.
50 Buena es la sal; mas si la sal se hace insípi-
da, ¿con qué la sazonaréis?[l] Tened sal en voso-
tros mismos; y tened paz los unos con los
otros.

Jesús enseña sobre el divorcio

10 1 Levantándose de allí, vino a la región
de Judea y al otro lado del Jordán; y vol-
vió el pueblo a juntarse a él, y de nuevo les en-
señaba como solía.
2 Y se acercaron los fariseos y le preguntaron,
para tentarle, si era lícito al marido repudiar a
su mujer.
3 El, respondiendo, les dijo: ¿Qué os mandó
Moisés?
4 Ellos dijeron: Moisés permitió dar carta de di-
vorcio, y repudiarla.[a]
5 Y respondiendo Jesús, les dijo: Por la dureza
de vuestro corazón os escribió este manda-
miento;
6 pero al principio de la creación, varón y hem-
bra los hizo Dios.[b]
7 Por esto dejará el hombre a su padre y a su ma-
dre, y se unirá a su mujer,
8 y los dos serán una sola carne; así que no son
ya más dos, sino uno.[c]
9 Por tanto, lo que Dios juntó, no lo separe el
hombre.
10 En casa volvieron los discípulos a pregun-
tarle de lo mismo,
11 y les dijo: Cualquiera que repudia a su mujer
y se casa con otra, comete adulterio contra ella;
12 y si la mujer repudia a su marido y se casa
con otro, comete adulterio.[d]

Jesús bendice a los niños

13 Y le presentaban niños para que los tocase;
y los discípulos reprendían a los que los presen-
taban.
14 Viéndolo Jesús, se indignó, y les dijo: Dejad a
los niños venir a mí, y no se lo impidáis; porque
de los tales es el reino de Dios.
15 De cierto os digo, que el que no reciba el rei-
no de Dios como un niño, no entrará en él.[e]
16 Y tomándolos en los brazos, poniendo las
manos sobre ellos, los bendecía.

El joven rico

17 Al salir él para seguir su camino, vino uno
corriendo, e hincando la rodilla delante de él, le
preguntó: Maestro bueno, ¿qué haré para here-
dar la vida eterna?
18 Jesús le dijo: ¿Por qué me llamas bueno? Nin-
guno hay bueno, sino sólo uno, Dios.
19 Los mandamientos sabes: No adulteres.[f] No
mates.[g] No hurtes.[h] No digas falso testimonio.[i]
No defraudes. Honra a tu padre y a tu madre.[j]
20 El entonces, respondiendo, le dijo: Maestro,
todo esto lo he guardado desde mi juventud.
21 Entonces Jesús, mirándole, le amó, y le dijo:
Una cosa te falta: anda, vende todo lo que tie-

9.35: [e] Mt. 20.26-27; 23.11; Mr. 10.43-44; Lc. 22.26.
9.37: [f] Mt. 10.40; Lc. 10.16; Jn. 13.20. **9.40:** [g] Mt. 12.30; Lc. 11.23. **9.41:** [h] Mt. 10.42. **9.43:** [i] Mt. 5.30.
9.47: [j] Mt. 5.29. **9.48:** [k] Is. 66.24. **9.50:** [l] Mt. 5.13; Lc. 14.34-35. **10.4:** [a] Dt. 24.1-4; Mt. 5.31. **10.6:** [b] Gn. 1:27; 5.2. **10.7-8:** [c] Gn. 2.24. **10.11-12:** [d] Mt. 5.32; 1 Co. 7.10-11.
10.15: [e] Mt. 18.3. **10.19:** [f] Ex. 20.14; Dt. 5.18. [g] Ex. 20.13; Dt. 5.17. [h] Ex. 20.15; Dt. 5.19. [i] Ex. 20.16; Dt. 5.20. [j] Ex. 20.12; Dt. 5.16.

nes, y dalo a los pobres, y tendrás tesoro en el
cielo; y ven, sígueme, tomando tu cruz.
22 Pero él, afligido por esta palabra, se fue triste,
porque tenía muchas posesiones.
23 Entonces Jesús, mirando alrededor, dijo a
sus discípulos: ¡Cuán difícilmente entrarán en el
reino de Dios los que tienen riquezas!
24 Los discípulos se asombraron de sus pala-
bras; pero Jesús, respondiendo, volvió a decir-
les: Hijos, ¡cuán difícil les es entrar en el reino
de Dios, a los que confían en las riquezas!
25 Más fácil es pasar un camello por el ojo de
una aguja, que entrar un rico en el reino de
Dios.
26 Ellos se asombraban aun más, diciendo entre
sí: ¿Quién, pues, podrá ser salvo?
27 Entonces Jesús, mirándolos, dijo: Para los
hombres es imposible, mas para Dios, no; por-
que todas las cosas son posibles para Dios.
28 Entonces Pedro comenzó a decirle: He aquí,
nosotros lo hemos dejado todo, y te hemos
seguido.
29 Respondió Jesús y dijo: De cierto os digo que
no hay ninguno que haya dejado casa, o herma-
nos, o hermanas, o padre, o madre, o mujer, o
hijos, o tierras, por causa de mí y del evangelio,
30 que no reciba cien veces más ahora en este
tiempo; casas, hermanos, hermanas, madres,
hijos, y tierras, con persecuciones; y en el siglo
venidero la vida eterna.
31 Pero muchos primeros serán postreros, y los
postreros, primeros.[k]

Nuevamente Jesús anuncia su muerte

32 Iban por el camino subiendo a Jerusalén; y
Jesús iba delante, y ellos se asombraron, y le se-
guían con miedo. Entonces volviendo a tomar a
los doce aparte, les comenzó a decir las cosas
que le habían de acontecer:
33 He aquí subimos a Jerusalén, y el Hijo del
Hombre será entregado a los principales sacer-
dotes y a los escribas, y le condenarán a muerte,
y le entregarán a los gentiles;
34 y le escarnecerán, le azotarán, y escupirán en
él, y le matarán; mas al tercer día resucitará.

Petición de Santiago y de Juan

35 Entonces Jacobo y Juan, hijos de Zebedeo,
se le acercaron, diciendo: Maestro, querríamos
que nos hagas lo que pidiéremos.
36 El les dijo: ¿Qué queréis que os haga?
37 Ellos le dijeron: Concédenos que en tu gloria
nos sentemos el uno a tu derecha, y el otro a tu
izquierda.
38 Entonces Jesús les dijo: No sabéis lo que pe-
dís. ¿Podéis beber del vaso que yo bebo, o ser
bautizados con el bautismo con que yo soy bau-
tizado?[l]
39 Ellos dijeron: Podemos. Jesús les dijo: A la
verdad, del vaso que yo bebo, beberéis, y con el
bautismo con que yo soy bautizado, seréis bau-
tizados;
40 pero el sentaros a mi derecha y a mi izquier-
da, no es mío darlo, sino a aquellos para quienes
está preparado.
41 Cuando lo oyeron los diez, comenzaron a
enojarse contra Jacobo y contra Juan.
42 Mas Jesús, llamándolos, les dijo: Sabéis que
los que son tenidos por gobernantes de las na-
ciones se enseñorean de ellas, y sus grandes
ejercen sobre ellas potestad.
43 Pero no será así entre vosotros,[m] sino que el
que quiera hacerse grande entre vosotros será
vuestro servidor,
44 y el que de vosotros quiera ser el primero,
será siervo de todos.[n]
45 Porque el Hijo del Hombre no vino para ser
servido, sino para servir, y para dar su vida en
rescate por muchos.

El ciego Bartimeo recibe la vista

46 Entonces vinieron a Jericó; y al salir de Je-
ricó él y sus discípulos y una gran multitud, Bar-
timeo el ciego, hijo de Timeo, estaba sentado
junto al camino mendigando.
47 Y oyendo que era Jesús nazareno, comenzó a
dar voces y a decir: ¡Jesús, Hijo de David, ten
misericordia de mí!
48 Y muchos le reprendían para que callase,
pero él clamaba mucho más: ¡Hijo de David, ten
misericordia de mí!
49 Entonces Jesús, deteniéndose, mandó lla-
marle; y llamaron al ciego, diciéndole: Ten con-
fianza; levántate, te llama.
50 El entonces, arrojando su capa, se levantó y
vino a Jesús.
51 Respondiendo Jesús, le dijo: ¿Qué quieres
que te haga? Y el ciego le dijo: Maestro, que re-
cobre la vista.
52 Y Jesús le dijo: Vete, tu fe te ha salvado. Y en
seguida recobró la vista, y seguía a Jesús en el
camino.

La entrada triunfal en Jerusalén

11 1 Cuando se acercaban a Jerusalén, jun-
to a Betfagé y a Betania, frente al monte
de los Olivos, Jesús envió dos de sus discípulos,
2 y les dijo: Id a la aldea que está enfrente de vo-
sotros, y luego que entréis en ella, hallaréis un
pollino atado, en el cual ningún hombre ha
montado; desatadlo y traedlo.
3 Y si alguien os dijere: ¿Por qué hacéis eso? decid
que el Señor lo necesita, y que luego lo devolverá.

10.31: [k] Mt. 20.16; Lc. 13.30. **10.38:** [l] Lc. 12.50.
10.42-43: [m] Lc. 22.25-26. **10.43-44:** [n] Mt. 23.11; Mr. 9.35;
Lc. 22.26.

4 Fueron, y hallaron el pollino atado afuera a la
puerta, en el recodo del camino, y lo desataron.
5 Y unos de los que estaban allí les dijeron: ¿Qué
hacéis desatando el pollino?
6 Ellos entonces les dijeron como Jesús había
mandado; y los dejaron.
7 Y trajeron el pollino a Jesús, y echaron sobre él
sus mantos, y se sentó sobre él.
8 También muchos tendían sus mantos por el
camino, y otros cortaban ramas de los árboles, y
las tendían por el camino.
9 Y los que iban delante y los que venían detrás
daban voces, diciendo: ¡Hosanna![a] ¡Bendito el
que viene en el nombre del Señor![b]
10 ¡Bendito el reino de nuestro padre David que
viene! ¡Hosanna en las alturas!
11 Y entró Jesús en Jerusalén, y en el templo; y
habiendo mirado alrededor todas las cosas,
como ya anochecía, se fue a Betania con los doce.

Maldición de la higuera estéril

12 Al día siguiente, cuando salieron de Beta-
nia, tuvo hambre.
13 Y viendo de lejos una higuera que tenía ho-
jas, fue a ver si tal vez hallaba en ella algo; pero
cuando llegó a ella, nada halló sino hojas, pues
no era tiempo de higos.
14 Entonces Jesús dijo a la higuera: Nunca ja-
más coma nadie fruto de ti. Y lo oyeron sus dis-
cípulos.

Purificación del templo

15 Vinieron, pues, a Jerusalén; y entrando Je-
sús en el templo, comenzó a echar fuera a los
que vendían y compraban en el templo; y volcó
las mesas de los cambistas, y las sillas de los que
vendían palomas;
16 y no consentía que nadie atravesase el tem-
plo llevando utensilio alguno.
17 Y les enseñaba, diciendo: ¿No está escrito: Mi
casa será llamada casa de oración para todas las
naciones?[c] Mas vosotros la habéis hecho cueva
de ladrones.[d]
18 Y lo oyeron los escribas y los principales sa-
cerdotes, y buscaban cómo matarle; porque le
tenían miedo, por cuanto todo el pueblo estaba
admirado de su doctrina.
19 Pero al llegar la noche, Jesús salió de la ciu-
dad.

La higuera maldecida se seca

20 Y pasando por la mañana, vieron que la hi-
guera se había secado desde las raíces.
21 Entonces Pedro, acordándose, le dijo: Maes-
tro, mira, la higuera que maldijiste se ha secado.
22 Respondiendo Jesús, les dijo: Tened fe en
Dios.
23 Porque de cierto os digo que cualquiera que
dijere a este monte: Quítate y échate en el mar,
y no dudare en su corazón, sino creyere que será
hecho lo que dice, lo que diga le será hecho.[e]
24 Por tanto, os digo que todo lo que pidiereis
orando, creed que lo recibiréis, y os vendrá.
25 Y cuando estéis orando, perdonad, si tenéis
algo contra alguno, para que también vuestro
Padre que está en los cielos os perdone a voso-
tros vuestras ofensas.
26 Porque si vosotros no perdonáis, tampoco
vuestro Padre que está en los cielos os perdona-
rá vuestras ofensas.[f]

La autoridad de Jesús

27 Volvieron entonces a Jerusalén; y andando
él por el templo, vinieron a él los principales sa-
cerdotes, los escribas y los ancianos,
28 y le dijeron: ¿Con qué autoridad haces estas
cosas, y quién te dio autoridad para hacer estas
cosas?
29 Jesús, respondiendo, les dijo: Os haré yo tam-
bién una pregunta; respondedme, y os diré con
qué autoridad hago estas cosas.
30 El bautismo de Juan, ¿era del cielo, o de los
hombres? Respondedme.
31 Entonces ellos discutían entre sí, diciendo: Si
decimos, del cielo, dirá: ¿Por qué, pues, no le
creísteis?
32 ¿Y si decimos, de los hombres...? Pero temían
al pueblo, pues todos tenían a Juan como un
verdadero profeta.
33 Así que, respondiendo, dijeron a Jesús: No
sabemos. Entonces respondiendo Jesús, les dijo:
Tampoco yo os digo con qué autoridad hago
estas cosas.

Los labradores malvados

12 1 Entonces comenzó Jesús a decirles por
parábolas: Un hombre plantó una viña,[a]
la cercó de vallado, cavó un lagar, edificó una
torre, y la arrendó a unos labradores, y se fue
lejos.
2 Y a su tiempo envió un siervo a los labradores,
para que recibiese de éstos del fruto de la viña.
3 Mas ellos, tomándole, le golpearon, y le envia-
ron con las manos vacías.
4 Volvió a enviarles otro siervo; pero apedreán-
dole, le hirieron en la cabeza, y también le en-
viaron afrentado.
5 Volvió a enviar otro, y a éste mataron; y a otros
muchos, golpeando a unos y matando a otros.
6 Por último, teniendo aún un hijo suyo, amado,
lo envió también a ellos, diciendo: Tendrán res-
peto a mi hijo.
7 Mas aquellos labradores dijeron entre sí: Este

11.9: [a] Sal. 118.25. [b] Sal. 118.26. **11.17:** [c] Is. 56.7. [d] Jer. 7.11. **11.23:** [e] Mt. 17.20; 1 Co. 13.2. **11.25-26:** [f] Mt. 6.14-15. **12.1:** [a] Is. 5.1-2.

es el heredero; venid, matémosle, y la heredad será nuestra.
8 Y tomándole, le mataron, y le echaron fuera de la viña.
9 ¿Qué, pues, hará el señor de la viña? Vendrá, y destruirá a los labradores, y dará su viña a otros.
10 ¿Ni aun esta escritura habéis leído:
La piedra que desecharon los
edificadores
Ha venido a ser cabeza del ángulo;
11 El Señor ha hecho esto,
Y es cosa maravillosa a nuestros ojos?[b]
12 Y procuraban prenderle, porque entendían que decía contra ellos aquella parábola; pero temían a la multitud, y dejándole, se fueron.

La cuestión del tributo

13 Y le enviaron algunos de los fariseos y de los herodianos, para que le sorprendiesen en alguna palabra.
14 Viniendo ellos, le dijeron: Maestro, sabemos que eres hombre veraz, y que no te cuidas de nadie; porque no miras la apariencia de los hombres, sino que con verdad enseñas el camino de Dios. ¿Es lícito dar tributo a César, o no? ¿Daremos, o no daremos?
15 Mas él, percibiendo la hipocresía de ellos, les dijo: ¿Por qué me tentáis? Traedme la moneda para que la vea.
16 Ellos se la trajeron; y les dijo: ¿De quién es esta imagen y la inscripción? Ellos le dijeron: De César.
17 Respondiendo Jesús, les dijo: Dad a César lo que es de César, y a Dios lo que es de Dios. Y se maravillaron de él.

La pregunta sobre la resurrección

18 Entonces vinieron a él los saduceos, que dicen que no hay resurrección,[c] y le preguntaron, diciendo:
19 Maestro, Moisés nos escribió[d] que si el hermano de alguno muriere y dejare esposa, pero no dejare hijos, que su hermano se case con ella, y levante descendencia a su hermano.
20 Hubo siete hermanos; el primero tomó esposa, y murió sin dejar descendencia.
21 Y el segundo se casó con ella, y murió, y tampoco dejó descendencia; y el tercero, de la misma manera.
22 Y así los siete, y no dejaron descendencia; y después de todos murió también la mujer.
23 En la resurrección, pues, cuando resuciten, ¿de cuál de ellos será ella mujer, ya que los siete la tuvieron por mujer?
24 Entonces respondiendo Jesús, les dijo: ¿No erráis por esto, porque ignoráis las Escrituras, y el poder de Dios?
25 Porque cuando resuciten de los muertos, ni se casarán ni se darán en casamiento, sino serán como los ángeles que están en los cielos.
26 Pero respecto a que los muertos resucitan, ¿no habéis leído en el libro de Moisés cómo le habló Dios en la zarza, diciendo: Yo soy el Dios de Abraham, el Dios de Isaac y el Dios de Jacob?[e]
27 Dios no es Dios de muertos, sino Dios de vivos; así que vosotros mucho erráis.

El gran mandamiento

28 Acercándose uno de los escribas, que los había oído disputar, y sabía que les había respondido bien, le preguntó:[f] ¿Cuál es el primer mandamiento de todos?
29 Jesús le respondió: El primer mandamiento de todos es: Oye, Israel; el Señor nuestro Dios, el Señor uno es.
30 Y amarás al Señor tu Dios con todo tu corazón, y con toda tu alma, y con toda tu mente y con todas tus fuerzas.[g] Este es el principal mandamiento.
31 Y el segundo es semejante: Amarás a tu prójimo como a ti mismo.[h] No hay otro mandamiento mayor que éstos.
32 Entonces el escriba le dijo: Bien, Maestro, verdad has dicho, que uno es Dios, y no hay otro fuera de él;[i]
33 y el amarle con todo el corazón, con todo el entendimiento, con toda el alma, y con todas las fuerzas, y amar al prójimo como a uno mismo, es más que todos los holocaustos y sacrificios.[j]
34 Jesús entonces, viendo que había respondido sabiamente, le dijo: No estás lejos del reino de Dios. Y ya ninguno osaba preguntarle.

¿De quién es hijo el Cristo?

35 Enseñando Jesús en el templo, decía: ¿Cómo dicen los escribas que el Cristo es hijo de David?
36 Porque el mismo David dijo por el Espíritu Santo:
Dijo el Señor a mi Señor:
Siéntate a mi diestra,
Hasta que ponga tus enemigos por
estrado de tus pies.[k]
37 David mismo le llama Señor; ¿cómo, pues, es su hijo? Y gran multitud del pueblo le oía de buena gana.

Jesús acusa a los escribas

38 Y les decía en su doctrina: Guardaos de los escribas, que gustan de andar con largas ropas, y aman las salutaciones en las plazas,

12.10-11: [b] Sal. 118.22-23. **12.18:** [c] Hch. 23.8. **12.19:** [d] Dt. 25.5. **12.26:** [e] Ex. 3.6. **12.28-34:** [f] Lc. 10.25-28. **12.29-30:** [g] Dt. 6.4-5. **12.31:** [h] Lv. 19.18. **12.32:** [i] Dt. 4.35. **12.33:** [j] Os. 6.6. **12.36:** [k] Sal. 110.1.

39 y las primeras sillas en las sinagogas, y los primeros asientos en las cenas;

40 que devoran las casas de las viudas, y por pretexto hacen largas oraciones. Estos recibirán mayor condenación.

La ofrenda de la viuda

41 Estando Jesús sentado delante del arca de la ofrenda, miraba cómo el pueblo echaba dinero en el arca; y muchos ricos echaban mucho.

42 Y vino una viuda pobre, y echó dos blancas, o sea un cuadrante.

43 Entonces llamando a sus discípulos, les dijo: De cierto os digo que esta viuda pobre echó más que todos los que han echado en el arca;

44 porque todos han echado de lo que les sobra; pero ésta, de su pobreza echó todo lo que tenía, todo su sustento.

Jesús predice la destrucción del templo

13 1 Saliendo Jesús del templo, le dijo uno de sus discípulos: Maestro, mira qué piedras, y qué edificios.

2 Jesús, respondiendo, le dijo: ¿Ves estos grandes edificios? No quedará piedra sobre piedra, que no sea derribada.

Señales antes del fin

3 Y se sentó en el monte de los Olivos, frente al templo. Y Pedro, Jacobo, Juan y Andrés le preguntaron aparte:

4 Dinos, ¿cuándo serán estas cosas? ¿Y qué señal habrá cuando todas estas cosas hayan de cumplirse?

5 Jesús, respondiéndoles, comenzó a decir: Mirad que nadie os engañe;

6 porque vendrán muchos en mi nombre, diciendo: Yo soy el Cristo; y engañarán a muchos.

7 Mas cuando oigáis de guerras y de rumores de guerras, no os turbéis, porque es necesario que suceda así; pero aún no es el fin.

8 Porque se levantará nación contra nación, y reino contra reino; y habrá terremotos en muchos lugares, y habrá hambres y alborotos; principios de dolores son estos.

9 Pero mirad por vosotros mismos; porque os entregarán a los concilios, y en las sinagogas os azotarán; y delante de gobernadores y de reyes os llevarán por causa de mí, para testimonio a ellos.

10 Y es necesario que el evangelio sea predicado antes a todas las naciones.

11 Pero cuando os trajeren para entregaros, no os preocupéis por lo que habéis de decir, ni lo penséis, sino lo que os fuere dado en aquella hora, eso hablad; porque no sois vosotros los que habláis, sino el Espíritu Santo.[a]

12 Y el hermano entregará a la muerte al hermano, y el padre al hijo; y se levantarán los hijos contra los padres, y los matarán.

13 Y seréis aborrecidos de todos por causa de mi nombre; mas el que persevere hasta el fin, éste será salvo.[b]

14 Pero cuando veáis la abominación desoladora[c] de que habló el profeta Daniel, puesta donde no debe estar (el que lee, entienda), entonces los que estén en Judea huyan a los montes.

15 El que esté en la azotea, no descienda a la casa, ni entre para tomar algo de su casa;

16 y el que esté en el campo, no vuelva atrás a tomar su capa.[d]

17 Mas ¡ay de las que estén encintas, y de las que críen en aquellos días!

18 Orad, pues, que vuestra huida no sea en invierno;

19 porque aquellos días serán de tribulación[e] cual nunca ha habido desde el principio de la creación que Dios creó, hasta este tiempo, ni la habrá.

20 Y si el Señor no hubiese acortado aquellos días, nadie sería salvo; mas por causa de los escogidos que él escogió, acortó aquellos días.

21 Entonces si alguno os dijere: Mirad, aquí está el Cristo; o, mirad, allí está, no le creáis.

22 Porque se levantarán falsos Cristos y falsos profetas, y harán señales y prodigios, para engañar, si fuese posible, aun a los escogidos.

23 Mas vosotros mirad; os lo he dicho todo antes.

La venida del Hijo del Hombre

24 Pero en aquellos días, después de aquella tribulación, el sol se oscurecerá, y la luna no dará su resplandor,

25 y las estrellas caerán del cielo,[f] y las potencias que están en los cielos serán conmovidas.

26 Entonces verán al Hijo del Hombre, que vendrá en las nubes[g] con gran poder y gloria.

27 Y entonces enviará sus ángeles, y juntará a sus escogidos de los cuatro vientos, desde el extremo de la tierra hasta el extremo del cielo.

28 De la higuera aprended la parábola: Cuando ya su rama está tierna, y brotan las hojas, sabéis que el verano está cerca.

29 Así también vosotros, cuando veáis que suceden estas cosas, conoced que está cerca, a las puertas.

30 De cierto os digo, que no pasará esta generación hasta que todo esto acontezca.

31 El cielo y la tierra pasarán, pero mis palabras no pasarán.

32 Pero de aquel día y de la hora nadie sabe,

13.9-11: [a] Mt. 10.17-20; Lc. 12.11-12. **13.13:** [b] Mt. 10.22. **13.14:** [c] Dn. 9.27; 11.31; 12.11. **13.15-16:** [d] Lc. 17.31. **13.19:** [e] Dn. 12.1; Ap. 7.14. **13.24-25:** [f] Is. 13.10; Ez. 32.7; Jl. 2.31; Ap. 6.12-13. **13.26:** [g] Dn. 7.13; Ap. 1.7.

ni aun los ángeles que están en el cielo, ni el
Hijo, sino el Padre.[h]
33 Mirad, velad y orad; porque no sabéis cuán-
do será el tiempo.
34 Es como el hombre que yéndose lejos, dejó su
casa, y dio autoridad a sus siervos, y a cada uno
su obra, y al portero mandó que velase.[i]
35 Velad, pues, porque no sabéis cuándo vendrá
el señor de la casa; si al anochecer, o a la media-
noche, o al canto del gallo, o a la mañana;
36 para que cuando venga de repente, no os ha-
lle durmiendo.
37 Y lo que a vosotros digo, a todos lo digo: Velad.

El complot para prender a Jesús

14 1 Dos días después era la pascua,[a] y la
fiesta de los panes sin levadura; y busca-
ban los principales sacerdotes y los escribas
cómo prenderle por engaño y matarle.
2 Y decían: No durante la fiesta para que no se
haga alboroto del pueblo.

Jesús es ungido en Betania

3 Pero estando él en Betania, en casa de Si-
món el leproso, y sentado a la mesa, vino una
mujer con un vaso de alabastro de perfume de
nardo puro de mucho precio; y quebrando el
vaso de alabastro, se lo derramó sobre su cabe-
za.[b]
4 Y hubo algunos que se enojaron dentro de sí, y
dijeron: ¿Para qué se ha hecho este desperdicio
de perfume?
5 Porque podía haberse vendido por más de
trescientos denarios, y haberse dado a los po-
bres. Y murmuraban contra ella.
6 Pero Jesús dijo: Dejadla, ¿por qué la moles-
táis? Buena obra me ha hecho.
7 Siempre tendréis a los pobres con vosotros,[c] y
cuando queráis les podréis hacer bien; pero a mí
no siempre me tendréis.
8 Esta ha hecho lo que podía; porque se ha anti-
cipado a ungir mi cuerpo para la sepultura.
9 De cierto os digo que dondequiera que se pre-
dique este evangelio, en todo el mundo, también
se contará lo que ésta ha hecho, para memoria
de ella.

Judas ofrece entregar a Jesús

10 Entonces Judas Iscariote, uno de los doce,
fue a los principales sacerdotes para entregárselo.
11 Ellos, al oírlo, se alegraron, y prometieron
darle dinero. Y Judas buscaba oportunidad para
entregarle.

Institución de la Cena del Señor

12 El primer día de la fiesta de los panes sin
levadura, cuando sacrificaban el cordero de la
pascua, sus discípulos le dijeron: ¿Dónde quie-
res que vayamos a preparar para que comas la
pascua?
13 Y envió dos de sus discípulos, y les dijo: Id a
la ciudad, y os saldrá al encuentro un hombre
que lleva un cántaro de agua; seguidle,
14 y donde entrare, decid al señor de la casa: El
Maestro dice: ¿Dónde está el aposento donde he
de comer la pascua con mis discípulos?
15 Y él os mostrará un gran aposento alto ya dis-
puesto; preparad para nosotros allí.
16 Fueron sus discípulos y entraron en la ciu-
dad, y hallaron como les había dicho; y prepara-
ron la pascua.
17 Y cuando llegó la noche, vino él con los
doce.
18 Y cuando se sentaron a la mesa, mientras co-
mían, dijo Jesús: De cierto os digo que uno de
vosotros, que come conmigo, me va a entregar.
19 Entonces ellos comenzaron a entristecerse, y
a decirle uno por uno: ¿Seré yo? Y el otro: ¿Seré
yo?
20 El, respondiendo, les dijo: Es uno de los doce,
el que moja conmigo en el plato.
21 A la verdad el Hijo del Hombre va, según está
escrito de él,[d] mas ¡ay de aquel hombre por
quien el Hijo del Hombre es entregado! Bueno
le fuera a ese hombre no haber nacido.
22 Y mientras comían, Jesús tomó pan y ben-
dijo, y lo partió y les dio, diciendo: Tomad, esto
es mi cuerpo.
23 Y tomando la copa, y habiendo dado gracias,
les dio; y bebieron de ella todos.
24 Y les dijo: Esto es mi sangre[e] del nuevo pacto,[f]
que por muchos es derramada.
25 De cierto os digo que no beberé más del fruto
de la vid, hasta aquel día en que lo beba nuevo
en el reino de Dios.

Jesús anuncia la negación de Pedro

26 Cuando hubieron cantado el himno, salie-
ron al monte de los Olivos.
27 Entonces Jesús les dijo: Todos os escandaliza-
réis de mí esta noche; porque escrito está: Heri-
ré al pastor, y las ovejas serán dispersadas.[g]
28 Pero después que haya resucitado, iré delan-
te de vosotros a Galilea.[h]
29 Entonces Pedro le dijo: Aunque todos se es-
candalicen, yo no.
30 Y le dijo Jesús: De cierto te digo que tú, hoy,
en esta noche, antes que el gallo haya cantado
dos veces, me negarás tres veces.
31 Mas él con mayor insistencia decía: Si me
fuere necesario morir contigo, no te negaré.
También todos decían lo mismo.

13.32: [h] Mt. 24.36. **13.34:** [i] Lc. 12.36-38. **14.1:** [a] Ex. 12.1-27.
14.3: [b] Lc. 7.37-38. **14.7:** [c] Dt. 15.11. **14.21:** [d] Sal. 41.9.
14.24: [e] Ex. 24.6-8. [f] Jer. 31.31-34. **14.27:** [g] Zac. 13.7.
14.28: [h] Mt. 28.16.

Jesús ora en Getsemaní

32 Vinieron, pues, a un lugar que se llama
Getsemaní, y dijo a sus discípulos: Sentaos aquí,
entre tanto que yo oro.
33 Y tomó consigo a Pedro, a Jacobo y a Juan, y
comenzó a entristecerse y a angustiarse.
34 Y les dijo: Mi alma está muy triste, hasta la
muerte; quedaos aquí y velad.
35 Yéndose un poco adelante, se postró en tie-
rra, y oró que si fuese posible, pasase de él aque-
lla hora.
36 Y decía: Abba, Padre, todas las cosas son po-
sibles para ti; aparta de mí esta copa; mas no lo
que yo quiero, sino lo que tú.
37 Vino luego y los halló durmiendo; y dijo a Pe-
dro: Simón, ¿duermes? ¿No has podido velar
una hora?
38 Velad y orad, para que no entréis en tenta-
ción; el espíritu a la verdad está dispuesto, pero
la carne es débil.
39 Otra vez fue y oró, diciendo las mismas pala-
bras.
40 Al volver, otra vez los halló durmiendo, por-
que los ojos de ellos estaban cargados de sueño;
y no sabían qué responderle.
41 Vino la tercera vez, y les dijo: Dormid ya, y
descansad. Basta, la hora ha venido; he aquí, el
Hijo del Hombre es entregado en manos de los
pecadores.
42 Levantaos, vamos; he aquí, se acerca el que
me entrega.

Arresto de Jesús

43 Luego, hablando él aún, vino Judas, que
era uno de los doce, y con él mucha gente con
espadas y palos, de parte de los principales sa-
cerdotes y de los escribas y de los ancianos.
44 Y el que le entregaba les había dado señal, di-
ciendo: Al que yo besare, ése es; prendedle, y
llevadle con seguridad.
45 Y cuando vino, se acercó luego a él, y le dijo:
Maestro, Maestro. Y le besó.
46 Entonces ellos le echaron mano, y le prendieron.
47 Pero uno de los que estaban allí, sacando la
espada, hirió al siervo del sumo sacerdote, cor-
tándole la oreja.
48 Y respondiendo Jesús, les dijo: ¿Como contra
un ladrón habéis salido con espadas y con palos
para prenderme?
49 Cada día estaba con vosotros enseñando en
el templo,[i] y no me prendisteis; pero es así, para
que se cumplan las Escrituras.
50 Entonces todos los discípulos, dejándole, hu-
yeron.

El joven que huyó

51 Pero cierto joven le seguía, cubierto el
cuerpo con una sábana; y le prendieron;
52 mas él, dejando la sábana, huyó desnudo.

Jesús ante el concilio

53 Trajeron, pues, a Jesús al sumo sacerdote;
y se reunieron todos los principales sacerdotes y
los ancianos y los escribas.
54 Y Pedro le siguió de lejos hasta dentro del pa-
tio del sumo sacerdote; y estaba sentado con los
alguaciles, calentándose al fuego.
55 Y los principales sacerdotes y todo el concilio
buscaban testimonio contra Jesús, para entre-
garle a la muerte; pero no lo hallaban.
56 Porque muchos decían falso testimonio con-
tra él, mas sus testimonios no concordaban.
57 Entonces levantándose unos, dieron falso
testimonio contra él, diciendo:
58 Nosotros le hemos oído decir: Yo derribaré
este templo hecho a mano, y en tres días edifica-
ré otro hecho sin mano.[j]
59 Pero ni aun así concordaban en el testimonio.
60 Entonces el sumo sacerdote, levantándose en
medio, preguntó a Jesús, diciendo: ¿No respon-
des nada? ¿Qué testifican éstos contra ti?
61 Mas él callaba, y nada respondía. El sumo
sacerdote le volvió a preguntar, y le dijo: ¿Eres
tú el Cristo, el Hijo del Bendito?
62 Y Jesús le dijo: Yo soy; y veréis al Hijo del
Hombre sentado a la diestra del poder de Dios,
y viniendo en las nubes del cielo.[k]
63 Entonces el sumo sacerdote, rasgando su ves-
tidura, dijo: ¿Qué más necesidad tenemos de
testigos?
64 Habéis oído la blasfemia; ¿qué os parece? Y
todos ellos le condenaron, declarándole ser dig-
no de muerte.[l]
65 Y algunos comenzaron a escupirle, y a cubrir-
le el rostro y a darle de puñetazos, y a decirle:
Profetiza. Y los alguaciles le daban de bofeta-
das.

Pedro niega a Jesús

66 Estando Pedro abajo, en el patio, vino una
de las criadas del sumo sacerdote;
67 y cuando vio a Pedro que se calentaba, mi-
rándole, dijo: Tú también estabas con Jesús el
nazareno.
68 Mas él negó, diciendo: No le conozco, ni sé lo
que dices. Y salió a la entrada; y cantó el gallo.
69 Y la criada, viéndole otra vez, comenzó a de-
cir a los que estaban allí: Este es de ellos.
70 Pero él negó otra vez. Y poco después, los
que estaban allí dijeron otra vez a Pedro: Ver-
daderamente tú eres de ellos; porque eres ga-
lileo, y tu manera de hablar es semejante a la
de ellos.

14.49: [i] Lc. 19.47; 21.37. **14.58:** [j] Jn. 2.19. **14.62:** [k] Dn. 7.13.
14.64: [l] Lv. 24.16.

71 Entonces él comenzó a maldecir, y a jurar: No
conozco a este hombre de quien habláis.
72 Y el gallo cantó la segunda vez. Entonces Pe-
dro se acordó de las palabras que Jesús le había
dicho: Antes que el gallo cante dos veces, me
negarás tres veces. Y pensando en esto, lloraba.

Jesús ante Pilato

15 1 Muy de mañana, habiendo tenido con-
sejo los principales sacerdotes con los an-
cianos, con los escribas y con todo el concilio,
llevaron a Jesús atado, y le entregaron a Pilato.
2 Pilato le preguntó: ¿Eres tú el Rey de los ju-
díos? Respondiendo él, le dijo: Tú lo dices.
3 Y los principales sacerdotes le acusaban
mucho.
4 Otra vez le preguntó Pilato, diciendo: ¿Nada
respondes? Mira de cuántas cosas te acusan.
5 Mas Jesús ni aun con eso respondió; de modo
que Pilato se maravillaba.

Jesús sentenciado a muerte

6 Ahora bien, en el día de la fiesta les soltaba
un preso, cualquiera que pidiesen.
7 Y había uno que se llamaba Barrabás, preso
con sus compañeros de motín que habían come-
tido homicidio en una revuelta.
8 Y viniendo la multitud, comenzó a pedir que
hiciese como siempre les había hecho.
9 Y Pilato les respondió diciendo: ¿Queréis que
os suelte al Rey de los judíos?
10 Porque conocía que por envidia le habían en-
tregado los principales sacerdotes.
11 Mas los principales sacerdotes incitaron a la
multitud para que les soltase más bien a Barra-
bás.
12 Respondiendo Pilato, les dijo otra vez: ¿Qué,
pues, queréis que haga del que llamáis Rey de
los judíos?
13 Y ellos volvieron a dar voces: ¡Crucifícale!
14 Pilato les decía: ¿Pues qué mal ha hecho?
Pero ellos gritaban aun más: ¡Crucifícale!
15 Y Pilato, queriendo satisfacer al pueblo, les
soltó a Barrabás, y entregó a Jesús, después de
azotarle, para que fuese crucificado.
16 Entonces los soldados le llevaron dentro
del atrio, esto es, al pretorio, y convocaron a
toda la compañía.
17 Y le vistieron de púrpura, y poniéndole una
corona tejida de espinas,
18 comenzaron luego a saludarle: ¡Salve, Rey de
los judíos!
19 Y le golpeaban en la cabeza con una caña, y
le escupían, y puestos de rodillas le hacían reve-
rencias.
20 Después de haberle escarnecido, le desnuda-
ron la púrpura, y le pusieron sus propios vesti-
dos, y le sacaron para crucificarle.

Crucifixión y muerte de Jesús

21 Y obligaron a uno que pasaba, Simón de
Cirene, padre de Alejandro y de Rufo,[a] que ve-
nía del campo, a que le llevase la cruz.
22 Y le llevaron a un lugar llamado Gólgota, que
traducido es: Lugar de la Calavera.
23 Y le dieron a beber vino mezclado con mirra;
mas él no lo tomó.
24 Cuando le hubieron crucificado, repartieron
entre sí sus vestidos, echando suertes sobre
ellos[b] para ver qué se llevaría cada uno.
25 Era la hora tercera cuando le crucificaron.
26 Y el título escrito de su causa era: EL REY DE
LOS JUDÍOS.
27 Crucificaron también con él a dos ladrones,
uno a su derecha, y el otro a su izquierda.
28 Y se cumplió la Escritura que dice: Y fue con-
tado con los inicuos.[c]
29 Y los que pasaban le injuriaban, meneando la
cabeza[d] y diciendo: ¡Bah! tú que derribas el
templo de Dios, y en tres días lo reedificas,[e]
30 sálvate a ti mismo, y desciende de la cruz.
31 De esta manera también los principales sa-
cerdotes, escarneciendo, se decían unos a otros,
con los escribas: A otros salvó, a sí mismo no se
puede salvar.
32 El Cristo, Rey de Israel, descienda ahora de la
cruz, para que veamos y creamos. También los
que estaban crucificados con él le injuriaban.
33 Cuando vino la hora sexta, hubo tinieblas
sobre toda la tierra hasta la hora novena.
34 Y a la hora novena Jesús clamó a gran voz, di-
ciendo: Eloi, Eloi, ¿lama sabactani? que traduci-
do es: Dios mío, Dios mío, ¿por qué me has
desamparado?[f]
35 Y algunos de los que estaban allí decían, al
oírlo: Mirad, llama a Elías.
36 Y corrió uno, y empapando una esponja en
vinagre, y poniéndola en una caña, le dio a be-
ber,[g] diciendo: Dejad, veamos si viene Elías a
bajarle.
37 Mas Jesús, dando una gran voz, expiró.
38 Entonces el velo[h] del templo se rasgó en dos,
de arriba abajo.
39 Y el centurión que estaba frente a él, viendo
que después de clamar había expirado así, dijo:
Verdaderamente este hombre era Hijo de Dios.
40 También había algunas mujeres mirando
de lejos, entre las cuales estaban María Magda-
lena, María la madre de Jacobo el menor y de
José, y Salomé,
41 quienes, cuando él estaba en Galilea, le se-
guían y le servían;[i] y otras muchas que habían
subido con él a Jerusalén.

15.21: [a] Ro. 16.13. **15.24:** [b] Sal. 22.18. **15.28:** [c] Is. 53.12.
15.29: [d] Sal. 22.7; 109.25. [e] Mr. 14.58; Jn. 2.19.
15.34: [f] Sal. 22.1. **15.36:** [g] Sal. 69.21. **15.38:** [h] Ex. 26.31-33.
15.40-41: [i] Lc. 8.2-3.

Jesús es sepultado

42 Cuando llegó la noche, porque era la
preparación, es decir, la víspera del día de re-
poso,*
43 José de Arimatea, miembro noble del conci-
lio, que también esperaba el reino de Dios, vino
y entró osadamente a Pilato, y pidió el cuerpo
de Jesús.
44 Pilato se sorprendió de que ya hubiese muer-
to; y haciendo venir al centurión, le preguntó si
ya estaba muerto.
45 E informado por el centurión, dio el cuerpo a
José,
46 el cual compró una sábana, y quitándolo, lo
envolvió en la sábana, y lo puso en un sepulcro
que estaba cavado en una peña, e hizo rodar
una piedra a la entrada del sepulcro.
47 Y María Magdalena y María madre de José
miraban dónde lo ponían.

La resurrección

16 1 Cuando pasó el día de reposo,* María
Magdalena, María la madre de Jacobo, y
Salomé, compraron especias aromáticas para ir
a ungirle.
2 Y muy de mañana, el primer día de la semana,
vinieron al sepulcro, ya salido el sol.
3 Pero decían entre sí: ¿Quién nos removerá la
piedra de la entrada del sepulcro?
4 Pero cuando miraron, vieron removida la pie-
dra, que era muy grande.
5 Y cuando entraron en el sepulcro, vieron a un
joven sentado al lado derecho, cubierto de una
larga ropa blanca; y se espantaron.
6 Mas él les dijo: No os asustéis; buscáis a Jesús
nazareno, el que fue crucificado; ha resucita-
do, no está aquí; mirad el lugar en donde le pu-
sieron.
7 Pero id, decid a sus discípulos, y a Pedro, que
él va delante de vosotros a Galilea;[a] allí le ve-
réis, como os dijo.
8 Y ellas se fueron huyendo del sepulcro, porque
les había tomado temblor y espanto; ni decían
nada a nadie, porque tenían miedo.

Jesús se aparece a María Magdalena

9 Habiendo, pues, resucitado Jesús por la ma-
ñana, el primer día de la semana, apareció pri-
meramente a María Magdalena, de quien había
echado siete demonios.
10 Yendo ella, lo hizo saber a los que habían es-
tado con él, que estaban tristes y llorando.
11 Ellos, cuando oyeron que vivía, y que había
sido visto por ella, no lo creyeron.

Jesús se aparece a dos de sus discípulos

12 Pero después apareció en otra forma a dos
de ellos que iban de camino, yendo al campo.
13 Ellos fueron y lo hicieron saber a los otros; y
ni aun a ellos creyeron.

Jesús comisiona a los apóstoles

14 Finalmente se apareció a los once mismos,
estando ellos sentados a la mesa, y les reprochó
su incredulidad y dureza de corazón, porque
no habían creído a los que le habían visto resu-
citado.
15 Y les dijo: Id por todo el mundo y predicad el
evangelio a toda criatura.[b]
16 El que creyere y fuere bautizado, será salvo;
mas el que no creyere, será condenado.
17 Y estas señales seguirán a los que creen: En
mi nombre echarán fuera demonios; hablarán
nuevas lenguas;
18 tomarán en las manos serpientes, y si bebie-
ren cosa mortífera, no les hará daño; sobre los
enfermos pondrán sus manos, y sanarán.

La ascensión

19 Y el Señor, después que les habló, fue recibido
arriba en el cielo,[c] y se sentó a la diestra de Dios.
20 Y ellos, saliendo, predicaron en todas partes,
ayudándoles el Señor y confirmando la palabra
con las señales que la seguían. Amén.

EL SANTO EVANGELIO SEGÚN

SAN LUCAS

Dedicatoria a Teófilo

1 1 Puesto que ya muchos han tratado de po-
ner en orden la historia de las cosas que en-
tre nosotros han sido ciertísimas,
2 tal como nos lo enseñaron los que desde el
principio lo vieron con sus ojos, y fueron minis-
tros de la palabra,
3 me ha parecido también a mí, después de haber
investigado con diligencia todas las cosas desde
su origen, escribírtelas por orden, oh excelentí-
simo Teófilo,
4 para que conozcas bien la verdad de las cosas
en las cuales has sido instruido.

* Aquí equivale a *sábado.*
16.7: [a] Mt. 26.32; Mr. 14.2. **16.15:** [b] Hch. 1.8.
16.19: [c] Hch. 1.9-11.

Anuncio del nacimiento de Juan

5 Hubo en los días de Herodes, rey de Judea,
un sacerdote llamado Zacarías, de la clase de
Abías;[a] su mujer era de las hijas de Aarón, y se
llamaba Elisabet.
6 Ambos eran justos delante de Dios, y andaban
irreprensibles en todos los mandamientos y or-
denanzas del Señor.
7 Pero no tenían hijo, porque Elisabet era estéril,
y ambos eran ya de edad avanzada.
8 Aconteció que ejerciendo Zacarías el sacerdo-
cio delante de Dios según el orden de su clase,
9 conforme a la costumbre del sacerdocio, le
tocó en suerte ofrecer el incienso, entrando en
el santuario del Señor.
10 Y toda la multitud del pueblo estaba fuera
orando a la hora del incienso.
11 Y se le apareció un ángel del Señor puesto en
pie a la derecha del altar del incienso.
12 Y se turbó Zacarías al verle, y le sobrecogió
temor.
13 Pero el ángel le dijo: Zacarías, no temas; por-
que tu oración ha sido oída, y tu mujer Elisabet te
dará a luz un hijo, y llamarás su nombre Juan.
14 Y tendrás gozo y alegría, y muchos se regoci-
jarán de su nacimiento;
15 porque será grande delante de Dios. No bebe-
rá vino ni sidra,[b] y será lleno del Espíritu Santo,
aun desde el vientre de su madre.
16 Y hará que muchos de los hijos de Israel se
conviertan al Señor Dios de ellos.
17 E irá delante de él con el espíritu y el poder
de Elías, para hacer volver los corazones de los
padres a los hijos,[c] y de los rebeldes a la pruden-
cia de los justos, para preparar al Señor un pue-
blo bien dispuesto.
18 Dijo Zacarías al ángel: ¿En qué conoceré
esto? Porque yo soy viejo, y mi mujer es de edad
avanzada.
19 Respondiendo el ángel, le dijo: Yo soy Ga-
briel,[d] que estoy delante de Dios; y he sido en-
viado a hablarte, y darte estas buenas nuevas.
20 Y ahora quedarás mudo y no podrás hablar,
hasta el día en que esto se haga, por cuanto no
creíste mis palabras, las cuales se cumplirán a
su tiempo.
21 Y el pueblo estaba esperando a Zacarías, y se
extrañaba de que él se demorase en el santua-
rio.
22 Pero cuando salió, no les podía hablar; y
comprendieron que había visto visión en el san-
tuario. Él les hablaba por señas, y permaneció
mudo.
23 Y cumplidos los días de su ministerio, se fue a
su casa.
24 Después de aquellos días concibió su mujer
Elisabet, y se recluyó en casa por cinco meses,
diciendo:
25 Así ha hecho conmigo el Señor en los días en
que se dignó quitar mi afrenta entre los hombres.

Anuncio del nacimiento de Jesús

26 Al sexto mes el ángel Gabriel fue enviado
por Dios a una ciudad de Galilea, llamada
Nazaret,
27 a una virgen desposada con un varón que se
llamaba José, de la casa de David; y el nombre
de la virgen era María.[e]
28 Y entrando el ángel en donde ella estaba,
dijo: ¡Salve, muy favorecida! El Señor es conti-
go; bendita tú entre las mujeres.
29 Mas ella, cuando le vio, se turbó por sus pala-
bras, y pensaba qué salutación sería esta.
30 Entonces el ángel le dijo: María, no temas,
porque has hallado gracia delante de Dios.
31 Y ahora, concebirás en tu vientre, y darás a
luz un hijo, y llamarás su nombre JESÚS.[f]
32 Este será grande, y será llamado Hijo del Altí-
simo; y el Señor Dios le dará el trono de David
su padre;
33 y reinará sobre la casa de Jacob para siem-
pre, y su reino no tendrá fin.[g]
34 Entonces María dijo al ángel: ¿Cómo será
esto? pues no conozco varón.
35 Respondiendo el ángel, le dijo: El Espíritu
Santo vendrá sobre ti, y el poder del Altísimo te
cubrirá con su sombra; por lo cual también el
Santo Ser que nacerá, será llamado Hijo de Dios.
36 Y he aquí tu parienta Elisabet, ella también
ha concebido hijo en su vejez; y este es el sexto
mes para ella, la que llamaban estéril;
37 porque nada hay imposible para Dios.[h]
38 Entonces María dijo: He aquí la sierva del Se-
ñor; hágase conmigo conforme a tu palabra. Y
el ángel se fue de su presencia.

María visita a Elisabet

39 En aquellos días, levantándose María, fue
de prisa a la montaña, a una ciudad de Judá;
40 y entró en casa de Zacarías, y saludó a Eli-
sabet.
41 Y aconteció que cuando oyó Elisabet la salu-
tación de María, la criatura saltó en su vientre; y
Elisabet fue llena del Espíritu Santo,
42 y exclamó a gran voz, y dijo: Bendita tú entre
las mujeres, y bendito el fruto de tu vientre.
43 ¿Por qué se me concede esto a mí, que la ma-
dre de mi Señor venga a mí?
44 Porque tan pronto como llegó la voz de tu sa-
lutación a mis oídos, la criatura saltó de alegría
en mi vientre.
45 Y bienaventurada la que creyó, porque se
cumplirá lo que le fue dicho de parte del Señor.

1.5: [a] 1 Cr. 24.10. **1.15:** [b] Nm. 6.3. **1.17:** [c] Mal. 4.5-6.
1.19: [d] Dn. 8.16; 9.21. **1.27:** [e] Mt. 1.18. **1.31:** [f] Mt. 1.21.
1.32-33: [g] Is. 9.7. **1.37:** [h] Gn. 18.14.

46 Entonces María dijo:[i]
Engrandece mi alma al Señor;
47 Y mi espíritu se regocija en Dios mi
Salvador.
48 Porque ha mirado la bajeza de su sierva;
Pues he aquí, desde ahora me dirán
bienaventurada todas las generaciones.
49 Porque me ha hecho grandes cosas el
Poderoso;
Santo es su nombre,
50 Y su misericordia es de generación en
generación
A los que le temen.
51 Hizo proezas con su brazo;
Esparció a los soberbios en el
pensamiento de sus corazones.
52 Quitó de los tronos a los poderosos,
Y exaltó a los humildes.
53 A los hambrientos colmó de bienes,
Y a los ricos envió vacíos.
54 Socorrió a Israel su siervo,
Acordándose de la misericordia
55 De la cual habló a nuestros padres,
Para con Abraham[j] y su descendencia
para siempre.
56 Y se quedó María con ella como tres meses;
después se volvió a su casa.

Nacimiento de Juan el Bautista

57 Cuando a Elisabet se le cumplió el tiempo
de su alumbramiento, dio a luz un hijo.
58 Y cuando oyeron los vecinos y los parientes
que Dios había engrandecido para con ella su
misericordia, se regocijaron con ella.
59 Aconteció que al octavo día vinieron para cir-
cuncidar al niño;[k] y le llamaban con el nombre
de su padre, Zacarías;
60 pero respondiendo su madre, dijo: No; se lla-
mará Juan.
61 Le dijeron: ¿Por qué? No hay nadie en tu pa-
rentela que se llame con ese nombre.
62 Entonces preguntaron por señas a su padre,
cómo le quería llamar.
63 Y pidiendo una tablilla, escribió, diciendo:
Juan es su nombre. Y todos se maravillaron.
64 Al momento fue abierta su boca y suelta su
lengua, y habló bendiciendo a Dios.
65 Y se llenaron de temor todos sus vecinos; y en
todas las montañas de Judea se divulgaron to-
das estas cosas.
66 Y todos los que las oían las guardaban en su
corazón, diciendo: ¿Quién, pues, será este
niño? Y la mano del Señor estaba con él.

Profecía de Zacarías

67 Y Zacarías su padre fue lleno del Espíritu
Santo, y profetizó, diciendo:
68 Bendito el Señor Dios de Israel,
Que ha visitado y redimido
a su pueblo,
69 Y nos levantó un poderoso Salvador
En la casa de David su siervo,
70 Como habló por boca de sus santos
profetas que fueron desde el principio;
71 Salvación de nuestros enemigos, y de la
mano de todos los que nos
aborrecieron;
72 Para hacer misericordia con nuestros
padres,
Y acordarse de su santo pacto;
73 Del juramento que hizo a Abraham
nuestro padre,
Que nos había de conceder
74 Que, librados de nuestros enemigos,
Sin temor le serviríamos
75 En santidad y en justicia delante de él,
todos nuestros días.
76 Y tú, niño, profeta del Altísimo serás
llamado;
Porque irás delante de la presencia del
Señor, para preparar sus caminos;[l]
77 Para dar conocimiento de salvación a su
pueblo,
Para perdón de sus pecados,
78 Por la entrañable misericordia de nuestro
Dios,
Con que nos visitó desde lo alto la
aurora,
79 Para dar luz a los que habitan en
tinieblas[m] y en sombra de muerte;
Para encaminar nuestros pies por camino
de paz.
80 Y el niño crecía, y se fortalecía en espíritu; y
estuvo en lugares desiertos hasta el día de su
manifestación a Israel.

Nacimiento de Jesús

2 1 Aconteció en aquellos días, que se pro-
mulgó un edicto de parte de Augusto César,
que todo el mundo fuese empadronado.
2 Este primer censo se hizo siendo Cirenio go-
bernador de Siria.
3 E iban todos para ser empadronados, cada
uno a su ciudad.
4 Y José subió de Galilea, de la ciudad de Naza-
ret, a Judea, a la ciudad de David, que se llama
Belén, por cuanto era de la casa y familia de
David;
5 para ser empadronado con María su mujer,
desposada con él, la cual estaba encinta.
6 Y aconteció que estando ellos allí, se cumplie-
ron los días de su alumbramiento.
7 Y dio a luz a su hijo primogénito, y lo envolvió

1.46-55: [i] 1 S. 2.1-10. **1.55:** [j] Gn. 17.7. **1.59:** [k] Lv. 12.3.
1.76: [l] Mal. 3.1. **1.79:** [m] Is. 9.2.

en pañales, y lo acostó en un pesebre, porque no
había lugar para ellos en el mesón.

Los ángeles y los pastores

8 Había pastores en la misma región, que velaban y guardaban las vigilias de la noche sobre
su rebaño.
9 Y he aquí, se les presentó un ángel del Señor, y
la gloria del Señor los rodeó de resplandor; y tuvieron gran temor.
10 Pero el ángel les dijo: No temáis; porque he
aquí os doy nuevas de gran gozo, que será para
todo el pueblo:
11 que os ha nacido hoy, en la ciudad de David,
un Salvador, que es CRISTO el Señor.
12 Esto os servirá de señal: Hallaréis al niño envuelto en pañales, acostado en un pesebre.
13 Y repentinamente apareció con el ángel una
multitud de las huestes celestiales, que alababan a Dios, y decían:
14 ¡Gloria a Dios en las alturas,
Y en la tierra paz, buena voluntad para
con los hombres!
15 Sucedió que cuando los ángeles se fueron de
ellos al cielo, los pastores se dijeron unos a
otros: Pasemos, pues, hasta Belén, y veamos
esto que ha sucedido, y que el Señor nos ha manifestado.
16 Vinieron, pues, apresuradamente, y hallaron
a María y a José, y al niño acostado en el pesebre.
17 Y al verlo, dieron a conocer lo que se les había dicho acerca del niño.
18 Y todos los que oyeron, se maravillaron de lo
que los pastores les decían.
19 Pero María guardaba todas estas cosas, meditándolas en su corazón.
20 Y volvieron los pastores glorificando y alabando a Dios por todas las cosas que habían
oído y visto, como se les había dicho.

Presentación de Jesús en el templo

21 Cumplidos los ocho días para circuncidar
al niño,[a] le pusieron por nombre JESÚS, el cual
le había sido puesto por el ángel[b] antes que fuese concebido.
22 Y cuando se cumplieron los días de la purificación de ellos, conforme a la ley de Moisés, le
trajeron a Jerusalén para presentarle al Señor
23 (como está escrito en la ley del Señor: Todo
varón que abriere la matriz será llamado santo
al Señor[c]),
24 y para ofrecer conforme a lo que se dice en la ley
del Señor: Un par de tórtolas, o dos palominos.[d]
25 Y he aquí había en Jerusalén un hombre llamado Simeón, y este hombre, justo y piadoso,
esperaba la consolación de Israel; y el Espíritu
Santo estaba sobre él.
26 Y le había sido revelado por el Espíritu Santo,
que no vería la muerte antes que viese al Ungido
del Señor.
27 Y movido por el Espíritu, vino al templo. Y
cuando los padres del niño Jesús lo trajeron al
templo, para hacer por él conforme al rito de la ley,
28 él le tomó en sus brazos, y bendijo a Dios, diciendo:
29 Ahora, Señor, despides a tu siervo en paz,
Conforme a tu palabra;
30 Porque han visto mis ojos tu salvación,
31 La cual has preparado en presencia de
todos los pueblos;
32 Luz para revelación a los gentiles,[e]
Y gloria de tu pueblo Israel.
33 Y José y su madre estaban maravillados de
todo lo que se decía de él.
34 Y los bendijo Simeón, y dijo a su madre María: He aquí, éste está puesto para caída y para
levantamiento de muchos en Israel, y para señal
que será contradicha
35 (y una espada traspasará tu misma alma),
para que sean revelados los pensamientos de
muchos corazones.
36 Estaba también allí Ana, profetisa, hija de
Fanuel, de la tribu de Aser, de edad muy avanzada, pues había vivido con su marido siete años
desde su virginidad,
37 y era viuda hacía ochenta y cuatro años; y no
se apartaba del templo, sirviendo de noche y de
día con ayunos y oraciones.
38 Esta, presentándose en la misma hora, daba
gracias a Dios, y hablaba del niño a todos los
que esperaban la redención en Jerusalén.

El regreso a Nazaret

39 Después de haber cumplido con todo lo
prescrito en la ley del Señor, volvieron a Galilea,
a su ciudad de Nazaret.[f]
40 Y el niño crecía y se fortalecía, y se llenaba de
sabiduría; y la gracia de Dios era sobre él.

El niño Jesús en el templo

41 Iban sus padres todos los años a Jerusalén
en la fiesta de la pascua;[g]
42 y cuando tuvo doce años, subieron a Jerusalén conforme a la costumbre de la fiesta.
43 Al regresar ellos, acabada la fiesta, se quedó
el niño Jesús en Jerusalén, sin que lo supiesen
José y su madre.
44 Y pensando que estaba entre la compañía,
anduvieron camino de un día; y le buscaban entre los parientes y los conocidos;
45 pero como no le hallaron, volvieron a Jerusalén buscándole.

2.21: [a] Lv. 12.3. [b] Lc. 1.31. **2.23:** [c] Ex. 13.2, 12.
2.22-24: [d] Lv. 12.6-8. **2.32:** [e] Is. 42.6; 49.6. **2.39:** [f] Mt.2.23.
2.41: [g] Ex. 12.1-27; Dt. 16.1-8.

46 Y aconteció que tres días después le hallaron
en el templo, sentado en medio de los doctores
de la ley, oyéndoles y preguntándoles.
47 Y todos los que le oían, se maravillaban de su
inteligencia y de sus respuestas.
48 Cuando le vieron, se sorprendieron; y le dijo su
madre: Hijo, ¿por qué nos has hecho así? He aquí,
tu padre y yo te hemos buscado con angustia.
49 Entonces él les dijo: ¿Por qué me buscabais?
¿No sabíais que en los negocios de mi Padre me
es necesario estar?
50 Mas ellos no entendieron las palabras que les
habló.
51 Y descendió con ellos, y volvió a Nazaret, y
estaba sujeto a ellos. Y su madre guardaba todas
estas cosas en su corazón.
52 Y Jesús crecía en sabiduría y en estatura, y
en gracia para con Dios y los hombres.[h]

Predicación de Juan el Bautista

3 1 En el año decimoquinto del imperio de Ti-
berio César, siendo gobernador de Judea
Poncio Pilato, y Herodes tetrarca de Galilea, y
su hermano Felipe tetrarca de Iturea y de la
provincia de Traconite, y Lisanias tetrarca de
Abilinia,
2 y siendo sumos sacerdotes Anás y Caifás, vino
palabra de Dios a Juan, hijo de Zacarías, en el
desierto.
3 Y él fue por toda la región contigua al Jordán,
predicando el bautismo del arrepentimiento
para perdón de pecados,
4 como está escrito en el libro de las palabras del
profeta Isaías, que dice:
Voz del que clama en el desierto:
Preparad el camino del Señor;
Enderezad sus sendas.
5 Todo valle se rellenará,
Y se bajará todo monte y collado;
Los caminos torcidos serán enderezados,
Y los caminos ásperos allanados;
6 Y verá toda carne la salvación de Dios.[a]
7 Y decía a las multitudes que salían para ser
bautizadas por él: ¡Oh generación de víboras![b]
¿Quién os enseñó a huir de la ira venidera?
8 Haced, pues, frutos dignos de arrepentimien-
to, y no comencéis a decir dentro de vosotros
mismos: Tenemos a Abraham por padre;[c] por-
que os digo que Dios puede levantar hijos a
Abraham aun de estas piedras.
9 Y ya también el hacha está puesta a la raíz de
los árboles; por tanto, todo árbol que no da
buen fruto se corta y se echa en el fuego.[d]
10 Y la gente le preguntaba, diciendo: Enton-
ces, ¿qué haremos?
11 Y respondiendo, les dijo: El que tiene dos tú-
nicas, dé al que no tiene; y el que tiene qué co-
mer, haga lo mismo.
12 Vinieron también unos publicanos para ser
bautizados,[e] y le dijeron: Maestro, ¿qué hare-
mos?
13 Él les dijo: No exijáis más de lo que os está or-
denado.
14 También le preguntaron unos soldados, di-
ciendo: Y nosotros, ¿qué haremos? Y les dijo:
No hagáis extorsión a nadie, ni calumniéis; y
contentaos con vuestro salario.
15 Como el pueblo estaba en expectativa, pre-
guntándose todos en sus corazones si acaso
Juan sería el Cristo,
16 respondió Juan, diciendo a todos: Yo a la ver-
dad os bautizo en agua; pero viene uno más po-
deroso que yo, de quien no soy digno de desatar
la correa de su calzado; él os bautizará en Espí-
ritu Santo y fuego.
17 Su aventador está en su mano, y limpiará su
era, y recogerá el trigo en su granero, y quemará
la paja en fuego que nunca se apagará.
18 Con estas y otras muchas exhortaciones
anunciaba las buenas nuevas al pueblo.
19 Entonces Herodes el tetrarca, siendo repren-
dido por Juan a causa de Herodías, mujer de Fe-
lipe su hermano, y de todas las maldades que
Herodes había hecho,
20 sobre todas ellas, añadió además esta: ence-
rró a Juan en la cárcel.[f]

El bautismo de Jesús

21 Aconteció que cuando todo el pueblo se
bautizaba, también Jesús fue bautizado; y oran-
do, el cielo se abrió,
22 y descendió el Espíritu Santo sobre él en for-
ma corporal, como paloma, y vino una voz del
cielo que decía: Tú eres mi Hijo amado; en ti
tengo complacencia.[g]

Genealogía de Jesús

23 Jesús mismo al comenzar su ministerio era
como de treinta años, hijo, según se creía, de
José, hijo de Elí,
24 hijo de Matat, hijo de Leví, hijo de Melqui,
hijo de Jana, hijo de José,
25 hijo de Matatías, hijo de Amós, hijo de
Nahum, hijo de Esli, hijo de Nagai,
26 hijo de Maat, hijo de Matatías, hijo de Semei,
hijo de José, hijo de Judá,
27 hijo de Joana, hijo de Resa, hijo de Zoroba-
bel, hijo de Salatiel, hijo de Neri,
28 hijo de Melqui, hijo de Adi, hijo de Cosam,
hijo de Elmodam, hijo de Er,
29 hijo de Josué, hijo de Eliezer, hijo de Jorim,
hijo de Matat,

2.52: [h] 1 S. 2.26; Pr. 3.4. **3.4-6:** [a] Is. 40.3-5. **3.7:** [b] Mt. 12.34; 23.33. **3.8:** [c] Jn. 8. 33. **3.9:** [d] Mt. 7.19. **3.12:** [e] Lc. 7.29. **3.19-20:** [f] Mt. 14.3-4; Mr. 6.17-18. **3.22:** [g] Is. 42.1; Mt. 12.18; 17.5; Mr. 9.7; Lc. 9.35.

30 hijo de Leví, hijo de Simeón, hijo de Judá,
hijo de José, hijo de Jonán, hijo de Eliaquim,
31 hijo de Melea, hijo de Mainán, hijo de Mata-
ta, hijo de Natán,
32 hijo de David, hijo de Isaí, hijo de Obed, hijo
de Booz, hijo de Salmón, hijo de Naasón,
33 hijo de Aminadab, hijo de Aram, hijo de
Esrom, hijo de Fares, hijo de Judá,
34 hijo de Jacob, hijo de Isaac, hijo de Abraham,
hijo de Taré, hijo de Nacor,
35 hijo de Serug, hijo de Ragau, hijo de Peleg,
hijo de Heber, hijo de Sala,
36 hijo de Cainán, hijo de Arfaxad, hijo de Sem,
hijo de Noé, hijo de Lamec,
37 hijo de Matusalén, hijo de Enoc, hijo de Ja-
red, hijo de Mahalaleel, hijo de Cainán,
38 hijo de Enós, hijo de Set, hijo de Adán, hijo de
Dios.

Tentación de Jesús

4 1 Jesús, lleno del Espíritu Santo, volvió del
Jordán, y fue llevado por el Espíritu al
desierto
2 por cuarenta días, y era tentado por el diablo.
Y no comió nada en aquellos días, pasados los
cuales, tuvo hambre.
3 Entonces el diablo le dijo: Si eres Hijo de Dios,
di a esta piedra que se convierta en pan.
4 Jesús, respondiéndole, dijo: Escrito está: No
sólo de pan vivirá el hombre,[a] sino de toda pala-
bra de Dios.
5 Y le llevó el diablo a un alto monte, y le mostró
en un momento todos los reinos de la tierra.
6 Y le dijo el diablo: A ti te daré toda esta potes-
tad, y la gloria de ellos; porque a mí me ha sido
entregada, y a quien quiero la doy.
7 Si tú postrado me adorares, todos serán tuyos.
8 Respondiendo Jesús, le dijo: Vete de mí, Sata-
nás, porque escrito está: Al Señor tu Dios adora-
rás, y a él solo servirás.[b]
9 Y le llevó a Jerusalén, y le puso sobre el pi-
náculo del templo, y le dijo: Si eres Hijo de Dios,
échate de aquí abajo;
10 porque escrito está:

A sus ángeles mandará acerca de ti, que
te guarden;[c]

11 y,

En las manos te sostendrán,
Para que no tropieces con tu pie en piedra.[d]

12 Respondiendo Jesús, le dijo: Dicho está: No
tentarás al Señor tu Dios.[e]
13 Y cuando el diablo hubo acabado toda tenta-
ción, se apartó de él por un tiempo.

Jesús principia su ministerio

14 Y Jesús volvió en el poder del Espíritu a
Galilea, y se difundió su fama por toda la tierra
de alrededor.
15 Y enseñaba en las sinagogas de ellos, y era
glorificado por todos.

Jesús en Nazaret

16 Vino a Nazaret, donde se había criado; y en
el día de reposo* entró en la sinagoga, confor-
me a su costumbre, y se levantó a leer.
17 Y se le dio el libro del profeta Isaías; y habien-
do abierto el libro, halló el lugar donde estaba
escrito:

18 El Espíritu del Señor está sobre mí,
Por cuanto me ha ungido para dar
buenas nuevas a los pobres;
Me ha enviado a sanar a los
quebrantados de corazón;
A pregonar libertad a los cautivos,
Y vista a los ciegos;
A poner en libertad a los oprimidos;
19 A predicar el año agradable del Señor.[f]

20 Y enrollando el libro, lo dio al ministro, y se
sentó; y los ojos de todos en la sinagoga esta-
ban fijos en él.
21 Y comenzó a decirles: Hoy se ha cumplido
esta Escritura delante de vosotros.
22 Y todos daban buen testimonio de él, y estaban
maravillados de las palabras de gracia que salían
de su boca, y decían: ¿No es éste el hijo de José?
23 Él les dijo: Sin duda me diréis este refrán:
Médico, cúrate a ti mismo; de tantas cosas que
hemos oído que se han hecho en Capernaum,
haz también aquí en tu tierra.
24 Y añadió: De cierto os digo, que ningún pro-
feta es acepto en su propia tierra.[g]
25 Y en verdad os digo que muchas viudas había
en Israel en los días de Elías, cuando el cielo fue
cerrado por tres años y seis meses, y hubo una
gran hambre en toda la tierra;[h]
26 pero a ninguna de ellas fue enviado Elías,
sino a una mujer viuda en Sarepta de Sidón.[i]
27 Y muchos leprosos había en Israel en tiempo
del profeta Eliseo; pero ninguno de ellos fue
limpiado, sino Naamán el sirio.[j]
28 Al oír estas cosas, todos en la sinagoga se lle-
naron de ira;
29 y levantándose, le echaron fuera de la ciu-
dad, y le llevaron hasta la cumbre del monte so-
bre el cual estaba edificada la ciudad de ellos,
para despeñarle.
30 Mas él pasó por en medio de ellos, y se fue.

Un hombre que tenía un espíritu inmundo

31 Descendió Jesús a Capernaum, ciudad de
Galilea; y les enseñaba en los días de reposo.*

* Aquí equivale a *sábado*.

4.4: [a] Dt. 8.3. **4.8:** [b] Dt. 6.13. **4.10:** [c] Sal. 91.11.
4.11: [d] Sal. 91.12. **4.12:** [e] Dt. 6.16. **4.18-19:** [f] Is. 61.1-2.
4.24: [g] Jn. 4.44. **4.25:** [h] 1 R. 17.1. **4.26:** [i] 1 R. 17.8-16.
4.27: [j] 2 R. 5.1-14.

32 Y se admiraban de su doctrina, porque su pa-
labra era con autoridad.[k]
33 Estaba en la sinagoga un hombre que tenía
un espíritu de demonio inmundo, el cual excla-
mó a gran voz,
34 diciendo: Déjanos; ¿qué tienes con nosotros,
Jesús nazareno? ¿Has venido para destruirnos?
Yo te conozco quién eres, el Santo de Dios.
35 Y Jesús le reprendió, diciendo: Cállate, y sal
de él. Entonces el demonio, derribándole en
medio de ellos, salió de él, y no le hizo daño al-
guno.
36 Y estaban todos maravillados, y hablaban
unos a otros, diciendo: ¿Qué palabra es esta,
que con autoridad y poder manda a los espíritus
inmundos, y salen?
37 Y su fama se difundía por todos los lugares de
los contornos.

Jesús sana a la suegra de Pedro

38 Entonces Jesús se levantó y salió de la sina-
goga, y entró en casa de Simón. La suegra de Si-
món tenía una gran fiebre; y le rogaron por ella.
39 E inclinándose hacia ella, reprendió a la fie-
bre; y la fiebre la dejó, y levantándose ella al ins-
tante, les servía.

Muchos sanados al ponerse el sol

40 Al ponerse el sol, todos los que tenían en-
fermos de diversas enfermedades los traían a él;
y él, poniendo las manos sobre cada uno de
ellos, los sanaba.
41 También salían demonios de muchos, dando
voces y diciendo: Tú eres el Hijo de Dios. Pero él
los reprendía y no les dejaba hablar, porque sa-
bían que él era el Cristo.

Jesús recorre Galilea predicando

42 Cuando ya era de día, salió y se fue a un lu-
gar desierto; y la gente le buscaba, y llegando a
donde estaba, le detenían para que no se fuera
de ellos.
43 Pero él les dijo: Es necesario que también a
otras ciudades anuncie el evangelio del reino de
Dios; porque para esto he sido enviado.
44 Y predicaba en las sinagogas de Galilea.

La pesca milagrosa

5 1 Aconteció que estando Jesús junto al lago
de Genesaret, el gentío se agolpaba sobre él
para oír la palabra de Dios.
2 Y vio dos barcas que estaban cerca de la orilla
del lago; y los pescadores, habiendo descendido
de ellas, lavaban sus redes.
3 Y entrando en una de aquellas barcas, la cual
era de Simón, le rogó que la apartase de tierra
un poco; y sentándose, enseñaba desde la barca
a la multitud.[a]
4 Cuando terminó de hablar, dijo a Simón: Boga
mar adentro, y echad vuestras redes para pescar.
5 Respondiendo Simón, le dijo: Maestro, toda la
noche hemos estado trabajando, y nada hemos
pescado;[b] mas en tu palabra echaré la red.
6 Y habiéndolo hecho, encerraron gran cantidad
de peces,[c] y su red se rompía.
7 Entonces hicieron señas a los compañeros que
estaban en la otra barca, para que viniesen a
ayudarles; y vinieron, y llenaron ambas barcas,
de tal manera que se hundían.
8 Viendo esto Simón Pedro, cayó de rodillas ante
Jesús, diciendo: Apártate de mí, Señor, porque
soy hombre pecador.
9 Porque por la pesca que habían hecho, el te-
mor se había apoderado de él, y de todos los que
estaban con él,
10 y asimismo de Jacobo y Juan, hijos de Zebe-
deo, que eran compañeros de Simón. Pero Jesús
dijo a Simón: No temas; desde ahora serás pes-
cador de hombres.
11 Y cuando trajeron a tierra las barcas, deján-
dolo todo, le siguieron.

Jesús sana a un leproso

12 Sucedió que estando él en una de las ciu-
dades, se presentó un hombre lleno de lepra, el
cual, viendo a Jesús, se postró con el rostro en
tierra y le rogó, diciendo: Señor, si quieres,
puedes limpiarme.
13 Entonces, extendiendo él la mano, le tocó, di-
ciendo: Quiero; sé limpio. Y al instante la lepra
se fue de él.
14 Y él le mandó que no lo dijese a nadie; sino
ve, le dijo, muéstrate al sacerdote, y ofrece por
tu purificación, según mandó Moisés,[d] para tes-
timonio a ellos.
15 Pero su fama se extendía más y más; y se reu-
nía mucha gente para oírle, y para que les sana-
se de sus enfermedades.
16 Mas él se apartaba a lugares desiertos, y oraba.

Jesús sana a un paralítico

17 Aconteció un día, que él estaba enseñando,
y estaban sentados los fariseos y doctores de la
ley, los cuales habían venido de todas las aldeas
de Galilea, y de Judea y Jerusalén; y el poder del
Señor estaba con él para sanar.
18 Y sucedió que unos hombres que traían en un
lecho a un hombre que estaba paralítico, procu-
raban llevarle adentro y ponerle delante de él.
19 Pero no hallando cómo hacerlo a causa de la
multitud, subieron encima de la casa, y por el
tejado le bajaron con el lecho, poniéndole en
medio, delante de Jesús.

4.32: [k] Mt. 7.28-29. **5.1-3:** [a] Mt. 13.1-2; Mr. 3.9-10; 4.1.
5.5: [b] Jn. 21.3. **5.6:** [c] Jn. 21.6. **5.14:** [d] Lv. 14.1-32.

20 Al ver él la fe de ellos, le dijo: Hombre, tus pecados te son perdonados.

21 Entonces los escribas y los fariseos comenzaron a cavilar, diciendo: ¿Quién es éste que habla blasfemias? ¿Quién puede perdonar pecados sino sólo Dios?

22 Jesús entonces, conociendo los pensamientos de ellos, respondiendo les dijo: ¿Qué caviláis en vuestros corazones?

23 ¿Qué es más fácil, decir: Tus pecados te son perdonados, o decir: Levántate y anda?

24 Pues para que sepáis que el Hijo del Hombre tiene potestad en la tierra para perdonar pecados (dijo al paralítico): A ti te digo: Levántate, toma tu lecho, y vete a tu casa.

25 Al instante, levantándose en presencia de ellos, y tomando el lecho en que estaba acostado, se fue a su casa, glorificando a Dios.

26 Y todos, sobrecogidos de asombro, glorificaban a Dios; y llenos de temor, decían: Hoy hemos visto maravillas.

Llamamiento de Leví

27 Después de estas cosas salió, y vio a un publicano llamado Leví, sentado al banco de los tributos públicos, y le dijo: Sígueme.

28 Y dejándolo todo, se levantó y le siguió.

29 Y Leví le hizo gran banquete en su casa; y había mucha compañía de publicanos y de otros que estaban a la mesa con ellos.

30 Y los escribas y los fariseos murmuraban contra los discípulos, diciendo: ¿Por qué coméis y bebéis con publicanos y pecadores?[e]

31 Respondiendo Jesús, les dijo: Los que están sanos no tienen necesidad de médico, sino los enfermos.

32 No he venido a llamar a justos, sino a pecadores al arrepentimiento.

La pregunta sobre el ayuno

33 Entonces ellos le dijeron: ¿Por qué los discípulos de Juan ayunan muchas veces y hacen oraciones, y asimismo los de los fariseos, pero los tuyos comen y beben?

34 Él les dijo: ¿Podéis acaso hacer que los que están de bodas ayunen, entre tanto que el esposo está con ellos?

35 Mas vendrán días cuando el esposo les será quitado; entonces, en aquellos días ayunarán.

36 Les dijo también una parábola: Nadie corta un pedazo de un vestido nuevo y lo pone en un vestido viejo; pues si lo hace, no solamente rompe el nuevo, sino que el remiendo sacado de él no armoniza con el viejo.

37 Y nadie echa vino nuevo en odres viejos; de otra manera, el vino nuevo romperá los odres y se derramará, y los odres se perderán.

38 Mas el vino nuevo en odres nuevos se ha de echar; y lo uno y lo otro se conservan.

39 Y ninguno que beba del añejo, quiere luego el nuevo; porque dice: El añejo es mejor.

Los discípulos recogen espigas en el día de reposo

6 1 Aconteció en un día de reposo,* que pasando Jesús por los sembrados, sus discípulos arrancaban espigas y comían,[a] restregándolas con las manos.

2 Y algunos de los fariseos les dijeron: ¿Por qué hacéis lo que no es lícito hacer en los días de reposo?*

3 Respondiendo Jesús, les dijo: ¿Ni aun esto habéis leído, lo que hizo David cuando tuvo hambre él, y los que con él estaban;

4 cómo entró en la casa de Dios, y tomó los panes de la proposición, de los cuales no es lícito comer sino sólo a los sacerdotes,[b] y comió, y dio también a los que estaban con él?[c]

5 Y les decía: El Hijo del Hombre es Señor aun del día de reposo.*

El hombre de la mano seca

6 Aconteció también en otro día de reposo,* que él entró en la sinagoga y enseñaba; y estaba allí un hombre que tenía seca la mano derecha.

7 Y le acechaban los escribas y los fariseos, para ver si en el día de reposo* lo sanaría, a fin de hallar de qué acusarle.

8 Mas él conocía los pensamientos de ellos; y dijo al hombre que tenía la mano seca: Levántate, y ponte en medio. Y él, levantándose, se puso en pie.

9 Entonces Jesús les dijo: Os preguntaré una cosa: ¿Es lícito en día de reposo* hacer bien, o hacer mal? ¿salvar la vida, o quitarla?

10 Y mirándolos a todos alrededor, dijo al hombre: Extiende tu mano. Y él lo hizo así, y su mano fue restaurada.

11 Y ellos se llenaron de furor, y hablaban entre sí qué podrían hacer contra Jesús.

Elección de los doce apóstoles

12 En aquellos días él fue al monte a orar, y pasó la noche orando a Dios.

13 Y cuando era de día, llamó a sus discípulos, y escogió a doce de ellos, a los cuales también llamó apóstoles:

14 a Simón, a quien también llamó Pedro, a Andrés su hermano, Jacobo y Juan, Felipe y Bartolomé,

15 Mateo, Tomás, Jacobo hijo de Alfeo, Simón llamado Zelote,

* Aquí equivale a *sábado.*

5.30: [e] Lc. 15.1-2. **6.1:** [a] Dt. 23.25. **6.4:** [b] Lv. 24.9. **6.3-4:** [c] 1 S. 21.1-6.

16 Judas hermano de Jacobo, y Judas Iscariote, que llegó a ser el traidor.

Jesús atiende a una multitud

17 Y descendió con ellos, y se detuvo en un lugar llano, en compañía de sus discípulos y de una gran multitud de gente de toda Judea, de Jerusalén y de la costa de Tiro y de Sidón, que había venido para oírle, y para ser sanados de sus enfermedades;
18 y los que habían sido atormentados de espíritus inmundos eran sanados.
19 Y toda la gente procuraba tocarle, porque poder salía de él y sanaba a todos.

Bienaventuranzas y ayes

20 Y alzando los ojos hacia sus discípulos, decía: Bienaventurados vosotros los pobres, porque vuestro es el reino de Dios.
21 Bienaventurados los que ahora tenéis hambre, porque seréis saciados. Bienaventurados los que ahora lloráis, porque reiréis.
22 Bienaventurados seréis cuando los hombres os aborrezcan, y cuando os aparten de sí, y os vituperen, y desechen vuestro nombre como malo, por causa del Hijo del Hombre.[d]
23 Gozaos en aquel día, y alegraos, porque he aquí vuestro galardón es grande en los cielos; porque así hacían sus padres con los profetas.[e]
24 Mas ¡ay de vosotros, ricos! porque ya tenéis vuestro consuelo.
25 ¡Ay de vosotros, los que ahora estáis saciados! porque tendréis hambre. ¡Ay de vosotros, los que ahora reís! porque lamentaréis y lloraréis.
26 ¡Ay de vosotros, cuando todos los hombres hablen bien de vosotros! porque así hacían sus padres con los falsos profetas.

El amor hacia los enemigos, y la regla de oro

27 Pero a vosotros los que oís, os digo: Amad a vuestros enemigos, haced bien a los que os aborrecen;
28 bendecid a los que os maldicen, y orad por los que os calumnian.
29 Al que te hiera en una mejilla, preséntale también la otra; y al que te quite la capa, ni aun la túnica le niegues.
30 A cualquiera que te pida, dale; y al que tome lo que es tuyo, no pidas que te lo devuelva.
31 Y como queréis que hagan los hombres con vosotros, así también haced vosotros con ellos.
32 Porque si amáis a los que os aman, ¿qué mérito tenéis? Porque también los pecadores aman a los que los aman.
33 Y si hacéis bien a los que os hacen bien, ¿qué mérito tenéis? Porque también los pecadores hacen lo mismo.
34 Y si prestáis a aquellos de quienes esperáis recibir, ¿qué mérito tenéis? Porque también los pecadores prestan a los pecadores, para recibir otro tanto.
35 Amad, pues, a vuestros enemigos, y haced bien, y prestad, no esperando de ello nada; y será vuestro galardón grande, y seréis hijos del Altísimo; porque él es benigno para con los ingratos y malos.
36 Sed, pues, misericordiosos, como también vuestro Padre es misericordioso.

El juzgar a los demás

37 No juzguéis, y no seréis juzgados; no condenéis, y no seréis condenados; perdonad, y seréis perdonados.
38 Dad, y se os dará; medida buena, apretada, remecida y rebosando darán en vuestro regazo; porque con la misma medida con que medís, os volverán a medir.
39 Y les decía una parábola: ¿Acaso puede un ciego guiar a otro ciego? ¿No caerán ambos en el hoyo?[f]
40 El discípulo no es superior a su maestro;[g] mas todo el que fuere perfeccionado, será como su maestro.
41 ¿Por qué miras la paja que está en el ojo de tu hermano, y no echas de ver la viga que está en tu propio ojo?
42 ¿O cómo puedes decir a tu hermano: Hermano, déjame sacar la paja que está en tu ojo, no mirando tú la viga que está en el ojo tuyo? Hipócrita, saca primero la viga de tu propio ojo, y entonces verás bien para sacar la paja que está en el ojo de tu hermano.

Por sus frutos los conoceréis

43 No es buen árbol el que da malos frutos, ni árbol malo el que da buen fruto.
44 Porque cada árbol se conoce por su fruto;[h] pues no se cosechan higos de los espinos, ni de las zarzas se vendimian uvas.
45 El hombre bueno, del buen tesoro de su corazón saca lo bueno; y el hombre malo, del mal tesoro de su corazón saca lo malo; porque de la abundancia del corazón habla la boca.[i]

Los dos cimientos

46 ¿Por qué me llamáis, Señor, Señor, y no hacéis lo que yo digo?
47 Todo aquel que viene a mí, y oye mis palabras y las hace, os indicaré a quién es semejante.
48 Semejante es al hombre que al edificar una casa, cavó y ahondó y puso el fundamento sobre la roca; y cuando vino una inundación, el río dio

6.22: [d] 1 P. 4.14. **6.23:** [e] 2 Cr. 36.16; Hch. 7.52.
6.39: [f] Mt. 15.14. **6.40:** [g] Mt. 10.24-25; Jn. 13.16; 15.20.
6.44: [h] Mt. 12.33. **6.45:** [i] Mt. 12.34.

con ímpetu contra aquella casa, pero no la pudo mover, porque estaba fundada sobre la roca.

49 Mas el que oyó y no hizo, semejante es al hombre que edificó su casa sobre tierra, sin fundamento; contra la cual el río dio con ímpetu, y luego cayó, y fue grande la ruina de aquella casa.

Jesús sana al siervo de un centurión

7 1 Después que hubo terminado todas sus palabras al pueblo que le oía, entró en Capernaum.

2 Y el siervo de un centurión, a quien éste quería mucho, estaba enfermo y a punto de morir.

3 Cuando el centurión oyó hablar de Jesús, le envió unos ancianos de los judíos, rogándole que viniese y sanase a su siervo.

4 Y ellos vinieron a Jesús y le rogaron con solicitud, diciéndole: Es digno de que le concedas esto;

5 porque ama a nuestra nación, y nos edificó una sinagoga.

6 Y Jesús fue con ellos. Pero cuando ya no estaban lejos de la casa, el centurión envió a él unos amigos, diciéndole: Señor, no te molestes, pues no soy digno de que entres bajo mi techo;

7 por lo que ni aun me tuve por digno de venir a ti; pero dí la palabra, y mi siervo será sano.

8 Porque también yo soy hombre puesto bajo autoridad, y tengo soldados bajo mis órdenes; y digo a éste: Vé, y va; y al otro: Ven, y viene; y a mi siervo: Haz esto, y lo hace.

9 Al oír esto, Jesús se maravilló de él, y volviéndose, dijo a la gente que le seguía: Os digo que ni aun en Israel he hallado tanta fe.

10 Y al regresar a casa los que habían sido enviados, hallaron sano al siervo que había estado enfermo.

Jesús resucita al hijo de la viuda de Naín

11 Aconteció después, que él iba a la ciudad que se llama Naín, e iban con él muchos de sus discípulos, y una gran multitud.

12 Cuando llegó cerca de la puerta de la ciudad, he aquí que llevaban a enterrar a un difunto, hijo único de su madre, la cual era viuda; y había con ella mucha gente de la ciudad.

13 Y cuando el Señor la vio, se compadeció de ella, y le dijo: No llores.

14 Y acercándose, tocó el féretro; y los que lo llevaban se detuvieron. Y dijo: Joven, a ti te digo, levántate.

15 Entonces se incorporó el que había muerto, y comenzó a hablar. Y lo dio a su madre.

16 Y todos tuvieron miedo, y glorificaban a Dios, diciendo: Un gran profeta se ha levantado entre nosotros; y: Dios ha visitado a su pueblo.

17 Y se extendió la fama de él por toda Judea, y por toda la región de alrededor.

Los mensajeros de Juan el Bautista

18 Los discípulos de Juan le dieron las nuevas de todas estas cosas. Y llamó Juan a dos de sus discípulos,

19 y los envió a Jesús, para preguntarle: ¿Eres tú el que había de venir, o esperaremos a otro?

20 Cuando, pues, los hombres vinieron a él, dijeron: Juan el Bautista nos ha enviado a ti, para preguntarte: ¿Eres tú el que había de venir, o esperaremos a otro?

21 En esa misma hora sanó a muchos de enfermedades y plagas, y de espíritus malos, y a muchos ciegos les dio la vista.

22 Y respondiendo Jesús, les dijo: Id, haced saber a Juan lo que habéis visto y oído: los ciegos ven, los cojos andan, los leprosos son limpiados, los sordos oyen,[a] los muertos son resucitados, y a los pobres es anunciado el evangelio;[b]

23 y bienaventurado es aquel que no halle tropiezo en mí.

24 Cuando se fueron los mensajeros de Juan, comenzó a decir de Juan a la gente: ¿Qué salisteis a ver al desierto? ¿Una caña sacudida por el viento?

25 Mas ¿qué salisteis a ver? ¿A un hombre cubierto de vestiduras delicadas? He aquí, los que tienen vestidura preciosa y viven en deleites, en los palacios de los reyes están.

26 Mas ¿qué salisteis a ver? ¿A un profeta? Sí, os digo, y más que profeta.

27 Este es de quien está escrito:

He aquí, envío mi mensajero delante de
tu faz,
El cual preparará tu camino delante de ti.[c]

28 Os digo que entre los nacidos de mujeres, no hay mayor profeta que Juan el Bautista; pero el más pequeño en el reino de Dios es mayor que él.

29 Y todo el pueblo y los publicanos, cuando lo oyeron, justificaron a Dios, bautizándose con el bautismo de Juan.

30 Mas los fariseos y los intérpretes de la ley desecharon los designios de Dios respecto de sí mismos, no siendo bautizados por Juan.[d]

31 Y dijo el Señor: ¿A qué, pues, compararé los hombres de esta generación, y a qué son semejantes?

32 Semejantes son a los muchachos sentados en la plaza, que dan voces unos a otros y dicen: Os tocamos flauta, y no bailasteis; os endechamos, y no llorasteis.

33 Porque vino Juan el Bautista, que ni comía pan ni bebía vino, y decís: Demonio tiene.

34 Vino el Hijo del Hombre, que come y bebe, y decís: Este es un hombre comilón y bebedor de vino, amigo de publicanos y de pecadores.

7.22: [a] Is. 35.5-6. **7.22:** [b] Is. 61.1. **7.27:** [c] Mal. 3.1. **7.29-30:** [d] Mt. 21.32; Lc. 3.12.

35 Mas la sabiduría es justificada por todos sus
hijos.

Jesús en el hogar de Simón el fariseo

36 Uno de los fariseos rogó a Jesús que comie-
se con él. Y habiendo entrado en casa del fari-
seo, se sentó a la mesa.
37 Entonces una mujer de la ciudad, que era pe-
cadora, al saber que Jesús estaba a la mesa en
casa del fariseo, trajo un frasco de alabastro con
perfume;
38 y estando detrás de él a sus pies, llorando, co-
menzó a regar con lágrimas sus pies, y los enju-
gaba con sus cabellos; y besaba sus pies, y los
ungía con el perfume.[e]
39 Cuando vio esto el fariseo que le había convi-
dado, dijo para sí: Este, si fuera profeta, conoce-
ría quién y qué clase de mujer es la que le toca,
que es pecadora.
40 Entonces respondiendo Jesús, le dijo: Simón,
una cosa tengo que decirte. Y él le dijo: Di, Maes-
tro.
41 Un acreedor tenía dos deudores: el uno le de-
bía quinientos denarios, y el otro cincuenta;
42 y no teniendo ellos con qué pagar, perdonó a
ambos. Di, pues, ¿cuál de ellos le amará más?
43 Respondiendo Simón, dijo: Pienso que aquel
a quien perdonó más. Y él le dijo: Rectamente
has juzgado.
44 Y vuelto a la mujer, dijo a Simón: ¿Ves esta
mujer? Entré en tu casa, y no me diste agua para
mis pies; mas ésta ha regado mis pies con lágri-
mas, y los ha enjugado con sus cabellos.
45 No me diste beso; mas ésta, desde que entré,
no ha cesado de besar mis pies.
46 No ungiste mi cabeza con aceite; mas ésta ha
ungido con perfume mis pies.
47 Por lo cual te digo que sus muchos pecados le
son perdonados, porque amó mucho; mas aquel
a quien se le perdona poco, poco ama.
48 Y a ella le dijo: Tus pecados te son perdona-
dos.
49 Y los que estaban juntamente sentados a la
mesa, comenzaron a decir entre sí: ¿Quién es
éste, que también perdona pecados?
50 Pero él dijo a la mujer: Tu fe te ha salvado, ve
en paz.

Mujeres que sirven a Jesús

8 1 Aconteció después, que Jesús iba por to-
das las ciudades y aldeas, predicando y
anunciando el evangelio del reino de Dios, y los
doce con él,
2 y algunas mujeres que habían sido sanadas de
espíritus malos y de enfermedades: María, que
se llamaba Magdalena, de la que habían salido
siete demonios,
3 Juana, mujer de Chuza intendente de Hero-
des, y Susana, y otras muchas que le servían de
sus bienes.[a]

Parábola del sembrador

4 Juntándose una gran multitud, y los que de
cada ciudad venían a él, les dijo por parábola:
5 El sembrador salió a sembrar su semilla; y
mientras sembraba, una parte cayó junto al ca-
mino, y fue hollada, y las aves del cielo la
comieron.
6 Otra parte cayó sobre la piedra; y nacida, se
secó, porque no tenía humedad.
7 Otra parte cayó entre espinos, y los espinos
que nacieron juntamente con ella, la ahogaron.
8 Y otra parte cayó en buena tierra, y nació y llevó
fruto a ciento por uno. Hablando estas cosas, de-
cía a gran voz: El que tiene oídos para oír, oiga.
9 Y sus discípulos le preguntaron, diciendo:
¿Qué significa esta parábola?
10 Y él dijo: A vosotros os es dado conocer los
misterios del reino de Dios; pero a los otros por
parábolas, para que viendo no vean, y oyendo
no entiendan.[b]
11 Esta es, pues, la parábola: La semilla es la pa-
labra de Dios.
12 Y los de junto al camino son los que oyen, y
luego viene el diablo y quita de su corazón la
palabra, para que no crean y se salven.
13 Los de sobre la piedra son los que habiendo
oído, reciben la palabra con gozo; pero éstos no
tienen raíces; creen por algún tiempo, y en el
tiempo de la prueba se apartan.
14 La que cayó entre espinos, éstos son los que
oyen, pero yéndose, son ahogados por los afa-
nes y las riquezas y los placeres de la vida, y no
llevan fruto.
15 Mas la que cayó en buena tierra, éstos son los
que con corazón bueno y recto retienen la pala-
bra oída, y dan fruto con perseverancia.

Nada oculto que no haya de ser manifestado

16 Nadie que enciende una luz la cubre con
una vasija, ni la pone debajo de la cama, sino
que la pone en un candelero[c] para que los que
entran vean la luz.
17 Porque nada hay oculto, que no haya de ser
manifestado; ni escondido, que no haya de ser
conocido, y de salir a luz.[d]
18 Mirad, pues, cómo oís; porque a todo el que
tiene, se le dará; y a todo el que no tiene, aun lo
que piensa tener se le quitará.[e]

La madre y los hermanos de Jesús

19 Entonces su madre y sus hermanos vinie-

7.37-38: [e] Mt. 26.7; Mr. 14.3; Jn. 12.3. **8.2-3:** [a] Mt. 27.55-56; Mr. 15.40-41; Lc. 23.49. **8.10:** [b] Is. 6.9-10. **8.16:** [c] Mt. 5.15; Lc. 11.33. **8.17:** [d] Mt. 10.26; Lc. 12.2. **8.18:** [e] Mt. 25.29; Lc. 19.26.

ron a él; pero no podían llegar hasta él por causa de la multitud.
20 Y se le avisó, diciendo: Tu madre y tus hermanos están fuera y quieren verte.
21 Él entonces respondiendo, les dijo: Mi madre y mis hermanos son los que oyen la palabra de Dios, y la hacen.

Jesús calma la tempestad

22 Aconteció un día, que entró en una barca con sus discípulos, y les dijo: Pasemos al otro lado del lago. Y partieron.
23 Pero mientras navegaban, él se durmió. Y se desencadenó una tempestad de viento en el lago; y se anegaban y peligraban.
24 Y vinieron a él y le despertaron, diciendo: ¡Maestro, Maestro, que perecemos! Despertando él, reprendió al viento y a las olas; y cesaron, y se hizo bonanza.
25 Y les dijo: ¿Dónde está vuestra fe? Y atemorizados, se maravillaban, y se decían unos a otros: ¿Quién es éste, que aun a los vientos y a las aguas manda, y le obedecen?

El endemoniado gadareno

26 Y arribaron a la tierra de los gadarenos, que está en la ribera opuesta a Galilea.
27 Al llegar él a tierra, vino a su encuentro un hombre de la ciudad, endemoniado desde hacía mucho tiempo; y no vestía ropa, ni moraba en casa, sino en los sepulcros.
28 Este, al ver a Jesús, lanzó un gran grito, y postrándose a sus pies exclamó a gran voz: ¿Qué tienes conmigo, Jesús, Hijo del Dios Altísimo? Te ruego que no me atormentes.
29 (Porque mandaba al espíritu inmundo que saliese del hombre, pues hacía mucho tiempo que se había apoderado de él; y le ataban con cadenas y grillos, pero rompiendo las cadenas, era impelido por el demonio a los desiertos.)
30 Y le preguntó Jesús, diciendo: ¿Cómo te llamas? Y él dijo: Legión. Porque muchos demonios habían entrado en él.
31 Y le rogaban que no los mandase ir al abismo.
32 Había allí un hato de muchos cerdos que pacían en el monte; y le rogaron que los dejase entrar en ellos; y les dio permiso.
33 Y los demonios, salidos del hombre, entraron en los cerdos; y el hato se precipitó por un despeñadero al lago, y se ahogó.
34 Y los que apacentaban los cerdos, cuando vieron lo que había acontecido, huyeron, y yendo dieron aviso en la ciudad y por los campos.
35 Y salieron a ver lo que había sucedido; y vinieron a Jesús, y hallaron al hombre de quien habían salido los demonios, sentado a los pies de Jesús, vestido, y en su cabal juicio; y tuvieron miedo.
36 Y los que lo habían visto, les contaron cómo había sido salvado el endemoniado.
37 Entonces toda la multitud de la región alrededor de los gadarenos le rogó que se marchase de ellos, pues tenían gran temor. Y Jesús, entrando en la barca, se volvió.
38 Y el hombre de quien habían salido los demonios le rogaba que le dejase estar con él; pero Jesús le despidió, diciendo:
39 Vuélvete a tu casa, y cuenta cuán grandes cosas ha hecho Dios contigo. Y él se fue, publicando por toda la ciudad cuán grandes cosas había hecho Jesús con él.

La hija de Jairo, y la mujer que tocó el manto de Jesús

40 Cuando volvió Jesús, le recibió la multitud con gozo; porque todos le esperaban.
41 Entonces vino un varón llamado Jairo, que era principal de la sinagoga, y postrándose a los pies de Jesús, le rogaba que entrase en su casa;
42 porque tenía una hija única, como de doce años, que se estaba muriendo.
Y mientras iba, la multitud le oprimía.
43 Pero una mujer que padecía de flujo de sangre desde hacía doce años, y que había gastado en médicos todo cuanto tenía, y por ninguno había podido ser curada,
44 se le acercó por detrás y tocó el borde de su manto; y al instante se detuvo el flujo de su sangre.
45 Entonces Jesús dijo: ¿Quién es el que me ha tocado? Y negando todos, dijo Pedro y los que con él estaban: Maestro, la multitud te aprieta y oprime, y dices: ¿Quién es el que me ha tocado?
46 Pero Jesús dijo: Alguien me ha tocado; porque yo he conocido que ha salido poder de mí.
47 Entonces, cuando la mujer vio que no había quedado oculta, vino temblando, y postrándose a sus pies, le declaró delante de todo el pueblo por qué causa le había tocado, y cómo al instante había sido sanada.
48 Y él le dijo: Hija, tu fe te ha salvado; ve en paz.
49 Estaba hablando aún, cuando vino uno de casa del principal de la sinagoga a decirle: Tu hija ha muerto; no molestes más al Maestro.
50 Oyéndolo Jesús, le respondió: No temas; cree solamente, y será salva.
51 Entrando en la casa, no dejó entrar a nadie consigo, sino a Pedro, a Jacobo, a Juan, y al padre y a la madre de la niña.
52 Y lloraban todos y hacían lamentación por ella. Pero él dijo: No lloréis; no está muerta, sino que duerme.
53 Y se burlaban de él, sabiendo que estaba muerta.
54 Mas él, tomándola de la mano, clamó diciendo: Muchacha, levántate.

55 Entonces su espíritu volvió, e inmediatamen-
te se levantó; y él mandó que se le diese de co-
mer.
56 Y sus padres estaban atónitos; pero Jesús les
mandó que a nadie dijesen lo que había suce-
dido.

Misión de los doce discípulos

9 1 Habiendo reunido a sus doce discípulos,
les dio poder y autoridad sobre todos los de-
monios, y para sanar enfermedades.
2 Y los envió a predicar el reino de Dios, y a sa-
nar a los enfermos.
3 Y les dijo:[a] No toméis nada para el camino, ni
bordón, ni alforja, ni pan, ni dinero; ni llevéis
dos túnicas.
4 Y en cualquier casa donde entréis, quedad allí,
y de allí salid.
5 Y dondequiera que no os recibieren, salid de
aquella ciudad, y sacudid el polvo de vuestros
pies en testimonio contra ellos.[b]
6 Y saliendo, pasaban por todas las aldeas,
anunciando el evangelio y sanando por todas
partes.

Muerte de Juan el Bautista

7 Herodes el tetrarca oyó de todas las cosas
que hacía Jesús; y estaba perplejo, porque de-
cían algunos: Juan ha resucitado de los muer-
tos;
8 otros: Elías ha aparecido; y otros: Algún profe-
ta de los antiguos ha resucitado.[c]
9 Y dijo Herodes: A Juan yo le hice decapitar;
¿quién, pues, es éste, de quien oigo tales cosas?
Y procuraba verle.

Alimentación de los cinco mil

10 Vueltos los apóstoles, le contaron todo lo
que habían hecho. Y tomándolos, se retiró apar-
te, a un lugar desierto de la ciudad llamada
Betsaida.
11 Y cuando la gente lo supo, le siguió; y él les
recibió, y les hablaba del reino de Dios, y sanaba
a los que necesitaban ser curados.
12 Pero el día comenzaba a declinar; y acercán-
dose los doce, le dijeron: Despide a la gente,
para que vayan a las aldeas y campos de alrede-
dor, y se alojen y encuentren alimentos; porque
aquí estamos en lugar desierto.
13 Él les dijo: Dadles vosotros de comer. Y dije-
ron ellos: No tenemos más que cinco panes y
dos pescados, a no ser que vayamos nosotros a
comprar alimentos para toda esta multitud.
14 Y eran como cinco mil hombres. Entonces
dijo a sus discípulos: Hacedlos sentar en grupos,
de cincuenta en cincuenta.
15 Así lo hicieron, haciéndolos sentar a todos.
16 Y tomando los cinco panes y los dos pesca-
dos, levantando los ojos al cielo, los bendijo, y
los partió, y dio a sus discípulos para que los pu-
siesen delante de la gente.
17 Y comieron todos, y se saciaron; y recogieron
lo que les sobró, doce cestas de pedazos.

La confesión de Pedro

18 Aconteció que mientras Jesús oraba apar-
te, estaban con él los discípulos; y les preguntó,
diciendo: ¿Quién dice la gente que soy yo?
19 Ellos respondieron: Unos, Juan el Bautista;
otros, Elías; y otros, que algún profeta de los an-
tiguos ha resucitado.[d]
20 Él les dijo: ¿Y vosotros, quién decís que soy?
Entonces respondiendo Pedro, dijo: El Cristo de
Dios.[e]

Jesús anuncia su muerte

21 Pero él les mandó que a nadie dijesen esto,
encargándoselo rigurosamente,
22 y diciendo: Es necesario que el Hijo del Hom-
bre padezca muchas cosas, y sea desechado por
los ancianos, por los principales sacerdotes y
por los escribas, y que sea muerto, y resucite al
tercer día.
23 Y decía a todos: Si alguno quiere venir en
pos de mí, niéguese a sí mismo, tome su cruz
cada día, y sígame.[f]
24 Porque todo el que quiera salvar su vida, la
perderá; y todo el que pierda su vida por causa
de mí, éste la salvará.[g]
25 Pues ¿qué aprovecha al hombre, si gana todo
el mundo, y se destruye o se pierde a sí mismo?
26 Porque el que se avergonzare de mí y de mis
palabras, de éste se avergonzará el Hijo del
Hombre cuando venga en su gloria, y en la del
Padre, y de los santos ángeles.
27 Pero os digo en verdad, que hay algunos de
los que están aquí, que no gustarán la muerte
hasta que vean el reino de Dios.

La transfiguración

28 Aconteció como ocho días después de estas
palabras, que tomó a Pedro, a Juan y a Jacobo, y
subió al monte a orar.[h]
29 Y entre tanto que oraba, la apariencia de su
rostro se hizo otra, y su vestido blanco y res-
plandeciente.
30 Y he aquí dos varones que hablaban con él,
los cuales eran Moisés y Elías;
31 quienes aparecieron rodeados de gloria, y ha-
blaban de su partida, que iba Jesús a cumplir en
Jerusalén.
32 Y Pedro y los que estaban con él estaban ren-

9.3-5: [a] Lc. 10.4-11. **9.5:** [b] Hch. 13.51. **9.7-8:** [c] Mt. 16.14; Mr. 8.28; Lc. 9.19. **9.19:** [d] Mt. 14.1-2; Mr. 6.14-15; Lc. 9.7-8. **9.20:** [e] Jn. 6.68-69. **9.23:** [f] Mt. 10.38; Lc. 14.27. **9.24:** [g] Mt. 10.39; Lc. 17.33; Jn. 12.25. **9.28-35:** [h] 2 P. 1.17-18.

didos de sueño; mas permaneciendo despiertos,
vieron la gloria de Jesús, y a los dos varones que
estaban con él.
33 Y sucedió que apartándose ellos de él, Pedro
dijo a Jesús: Maestro, bueno es para nosotros
que estemos aquí; y hagamos tres enramadas,
una para ti, una para Moisés, y una para Elías;
no sabiendo lo que decía.
34 Mientras él decía esto, vino una nube que los
cubrió; y tuvieron temor al entrar en la nube.
35 Y vino una voz desde la nube, que decía: Este
es mi Hijo amado;[i] a él oíd.
36 Y cuando cesó la voz, Jesús fue hallado solo;
y ellos callaron, y por aquellos días no dijeron
nada a nadie de lo que habían visto.

Jesús sana a un muchacho endemoniado

37 Al día siguiente, cuando descendieron del
monte, una gran multitud les salió al encuentro.
38 Y he aquí, un hombre de la multitud clamó
diciendo: Maestro, te ruego que veas a mi hijo,
pues es el único que tengo;
39 y sucede que un espíritu le toma, y de repente
da voces, y le sacude con violencia, y le hace
echar espuma, y estropeándole, a duras penas
se aparta de él.
40 Y rogué a tus discípulos que le echasen fuera,
y no pudieron.
41 Respondiendo Jesús, dijo: ¡Oh generación in-
crédula y perversa! ¿Hasta cuándo he de estar
con vosotros, y os he de soportar? Trae acá a tu
hijo.
42 Y mientras se acercaba el muchacho, el de-
monio le derribó y le sacudió con violencia;
pero Jesús reprendió al espíritu inmundo, y
sanó al muchacho, y se lo devolvió a su padre.
43 Y todos se admiraban de la grandeza de Dios.

Jesús anuncia otra vez su muerte

Y maravillándose todos de todas las cosas que
hacía, dijo a sus discípulos:
44 Haced que os penetren bien en los oídos estas
palabras; porque acontecerá que el Hijo del
Hombre será entregado en manos de hombres.
45 Mas ellos no entendían estas palabras, pues
les estaban veladas para que no las entendiesen;
y temían preguntarle sobre esas palabras.

¿Quién es el mayor?

46 Entonces entraron en discusión sobre
quién de ellos sería el mayor.[j]
47 Y Jesús, percibiendo los pensamientos de sus
corazones, tomó a un niño y lo puso junto a sí,
48 y les dijo: Cualquiera que reciba a este niño
en mi nombre, a mí me recibe; y cualquiera que
me recibe a mí, recibe al que me envió;[k] porque
el que es más pequeño entre todos vosotros, ése
es el más grande.

El que no es contra nosotros, por nosotros es

49 Entonces respondiendo Juan, dijo: Maes-
tro, hemos visto a uno que echaba fuera demo-
nios en tu nombre; y se lo prohibimos, porque
no sigue con nosotros.
50 Jesús le dijo: No se lo prohibáis; porque el
que no es contra nosotros, por nosotros es.

Jesús reprende a Jacobo y a Juan

51 Cuando se cumplió el tiempo en que él ha-
bía de ser recibido arriba, afirmó su rostro para
ir a Jerusalén.
52 Y envió mensajeros delante de él, los cuales
fueron y entraron en una aldea de los samarita-
nos para hacerle preparativos.
53 Mas no le recibieron, porque su aspecto era
como de ir a Jerusalén.
54 Viendo esto sus discípulos Jacobo y Juan, di-
jeron: Señor, ¿quieres que mandemos que des-
cienda fuego del cielo, como hizo Elías, y los
consuma?[l]
55 Entonces volviéndose él, los reprendió, di-
ciendo: Vosotros no sabéis de qué espíritu sois;
56 porque el Hijo del Hombre no ha venido para
perder las almas de los hombres, sino para sal-
varlas. Y se fueron a otra aldea.

Los que querían seguir a Jesús

57 Yendo ellos, uno le dijo en el camino: Se-
ñor, te seguiré adondequiera que vayas.
58 Y le dijo Jesús: Las zorras tienen guaridas, y
las aves de los cielos nidos; mas el Hijo del Hom-
bre no tiene dónde recostar la cabeza.
59 Y dijo a otro: Sígueme. Él le dijo: Señor, déja-
me que primero vaya y entierre a mi padre.
60 Jesús le dijo: Deja que los muertos entierren a
sus muertos; y tú ve, y anuncia el reino de Dios.
61 Entonces también dijo otro: Te seguiré, Se-
ñor; pero déjame que me despida primero de los
que están en mi casa.[m]
62 Y Jesús le dijo: Ninguno que poniendo su
mano en el arado mira hacia atrás, es apto para
el reino de Dios.

Misión de los setenta

10 1 Después de estas cosas, designó el Se-
ñor también a otros setenta, a quienes
envió de dos en dos delante de él a toda ciudad
y lugar adonde él había de ir.
2 Y les decía: La mies a la verdad es mucha, mas
los obreros pocos; por tanto, rogad al Señor de
la mies que envíe obreros a su mies.[a]
3 Id; he aquí yo os envío como corderos en me-
dio de lobos.[b]

9.35: [i] Is. 42.1; Mt. 3.17; 12.18; Mr. 1.11; Lc. 3.22.
9.46: [j] Lc. 22.24. **9.48:** [k] Mt. 10.40; Lc. 10.16; Jn. 13.20.
9.54: [l] 2 R. 1.9-16. **9.61:** [m] 1 R. 19.20. **10.2:** [a] Mt. 9.37-38.
10.3: [b] Mt. 10.16.

4 No llevéis bolsa, ni alforja, ni calzado; y a nadie saludéis por el camino.

5 En cualquier casa donde entréis, primeramente decid: Paz sea a esta casa.

6 Y si hubiere allí algún hijo de paz, vuestra paz reposará sobre él; y si no, se volverá a vosotros.

7 Y posad en aquella misma casa, comiendo y bebiendo lo que os den; porque el obrero es digno de su salario.[c] No os paséis de casa en casa.

8 En cualquier ciudad donde entréis, y os reciban, comed lo que os pongan delante;

9 y sanad a los enfermos que en ella haya, y decidles: Se ha acercado a vosotros el reino de Dios.

10 Mas en cualquier ciudad donde entréis, y no os reciban, saliendo por sus calles, decid:

11 Aun el polvo de vuestra ciudad, que se ha pegado a nuestros pies, lo sacudimos contra vosotros.[d] Pero esto sabed, que el reino de Dios se ha acercado a vosotros.[e]

12 Y os digo que en aquel día será más tolerable el castigo para Sodoma,[f] que para aquella ciudad.[g]

Ayes sobre las ciudades impenitentes

13 ¡Ay de ti, Corazín! ¡Ay de ti, Betsaida! que si en Tiro y en Sidón[h] se hubieran hecho los milagros que se han hecho en vosotras, tiempo ha que sentadas en cilicio y ceniza, se habrían arrepentido.

14 Por tanto, en el juicio será más tolerable el castigo para Tiro y Sidón, que para vosotras.

15 Y tú, Capernaum, que hasta los cielos eres levantada, hasta el Hades serás abatida.[i]

16 El que a vosotros oye, a mí me oye;[j] y el que a vosotros desecha, a mí me desecha; y el que me desecha a mí, desecha al que me envió.

Regreso de los setenta

17 Volvieron los setenta con gozo, diciendo: Señor, aun los demonios se nos sujetan en tu nombre.

18 Y les dijo: Yo veía a Satanás caer del cielo como un rayo.

19 He aquí os doy potestad de hollar serpientes y escorpiones,[k] y sobre toda fuerza del enemigo, y nada os dañará.

20 Pero no os regocijéis de que los espíritus se os sujetan, sino regocijaos de que vuestros nombres están escritos en los cielos.

Jesús se regocija

21 En aquella misma hora Jesús se regocijó en el Espíritu, y dijo: Yo te alabo, oh Padre, Señor del cielo y de la tierra, porque escondiste estas cosas de los sabios y entendidos, y las has revelado a los niños. Sí, Padre, porque así te agradó.

22 Todas las cosas me fueron entregadas por mi Padre;[l] y nadie conoce quién es el Hijo sino el Padre; ni quién es el Padre, sino el Hijo,[m] y aquel a quien el Hijo lo quiera revelar.

23 Y volviéndose a los discípulos, les dijo aparte: Bienaventurados los ojos que ven lo que vosotros veis;

24 porque os digo que muchos profetas y reyes desearon ver lo que vosotros veis, y no lo vieron; y oír lo que oís, y no lo oyeron.

El buen samaritano

25 Y he aquí un intérprete de la ley se levantó y dijo, para probarle:[n] Maestro, ¿haciendo qué cosa heredaré la vida eterna?

26 Él le dijo: ¿Qué está escrito en la ley? ¿Cómo lees?

27 Aquél, respondiendo, dijo: Amarás al Señor tu Dios con todo tu corazón, y con toda tu alma, y con todas tus fuerzas, y con toda tu mente;[o] y a tu prójimo como a ti mismo.[p]

28 Y le dijo: Bien has respondido; haz esto, y vivirás.[q]

29 Pero él, queriendo justificarse a sí mismo, dijo a Jesús: ¿Y quién es mi prójimo?

30 Respondiendo Jesús, dijo: Un hombre descendía de Jerusalén a Jericó, y cayó en manos de ladrones, los cuales le despojaron; e hiriéndole, se fueron, dejándole medio muerto.

31 Aconteció que descendió un sacerdote por aquel camino, y viéndole, pasó de largo.

32 Asimismo un levita, llegando cerca de aquel lugar, y viéndole, pasó de largo.

33 Pero un samaritano, que iba de camino, vino cerca de él, y viéndole, fue movido a misericordia;

34 y acercándose, vendó sus heridas, echándoles aceite y vino; y poniéndole en su cabalgadura, lo llevó al mesón, y cuidó de él.

35 Otro día al partir, sacó dos denarios, y los dio al mesonero, y le dijo: Cuídamele; y todo lo que gastes de más, yo te lo pagaré cuando regrese.

36 ¿Quién, pues, de estos tres te parece que fue el prójimo del que cayó en manos de los ladrones?

37 Él dijo: El que usó de misericordia con él. Entonces Jesús le dijo: Ve, y haz tú lo mismo.

Jesús visita a Marta y a María

38 Aconteció que yendo de camino, entró en una aldea; y una mujer llamada Marta le recibió en su casa.

10.7: [c] 1 Co. 9.14; 1 Ti. 5.18. **10.10-11:** [d] Hch. 13.51.
10.4-11: [e] Mt. 10. 7-14; Mr. 6.8-11; Lc. 9.3-5.
10.12: [f] Gn. 19.24-28; Mt. 11.24. [g] Mt. 10.15.
10.13: [h] Is. 23.1-18; Ez. 26.1–28.26; Jl. 3.4-8; Am. 1.9-10; Zac. 9.2-4. **10.15:** [i] Is. 14.13-15. **10.16:** [j] Mt. 10.40; Mr. 9.37; Lc. 9.48; Jn. 13.20. **10.19:** [k] Sal. 91.13. **10.22:** [l] Jn. 3.35. [m] Jn. 10.15. **10.25-28:** [n] Mt. 22.35-40; Mr. 12.28-34.
10.27: [o] Dt. 6.5. [p] Lv. 19.18. **10.28:** [q] Lv. 18.5.

39 Esta tenía una hermana que se llamaba Ma-
ría,[r] la cual, sentándose a los pies de Jesús, oía
su palabra.
40 Pero Marta se preocupaba con muchos
quehaceres, y acercándose, dijo: Señor, ¿no te
da cuidado que mi hermana me deje servir sola?
Dile, pues, que me ayude.
41 Respondiendo Jesús, le dijo: Marta, Marta,
afanada y turbada estás con muchas cosas.
42 Pero sólo una cosa es necesaria; y María ha es-
cogido la buena parte, la cual no le será quitada.

Jesús y la oración

11 1 Aconteció que estaba Jesús orando en
un lugar, y cuando terminó, uno de sus
discípulos le dijo: Señor, enséñanos a orar,
como también Juan enseñó a sus discípulos.
2 Y les dijo: Cuando oréis, decid: Padre nuestro
que estás en los cielos, santificado sea tu nom-
bre. Venga tu reino. Hágase tu voluntad, como
en el cielo, así también en la tierra.
3 El pan nuestro de cada día, dánoslo hoy.
4 Y perdónanos nuestros pecados, porque tam-
bién nosotros perdonamos a todos los que nos
deben. Y no nos metas en tentación, mas líbra-
nos del mal.
5 Les dijo también: ¿Quién de vosotros que
tenga un amigo, va a él a medianoche y le dice:
Amigo, préstame tres panes,
6 porque un amigo mío ha venido a mí de viaje,
y no tengo qué ponerle delante;
7 y aquél, respondiendo desde adentro, le dice:
No me molestes; la puerta ya está cerrada, y mis
niños están conmigo en cama; no puedo levan-
tarme, y dártelos?
8 Os digo, que aunque no se levante a dárselos
por ser su amigo, sin embargo por su importuni-
dad se levantará y le dará todo lo que necesite.
9 Y yo os digo: Pedid, y se os dará; buscad, y ha-
llaréis; llamad, y se os abrirá.
10 Porque todo aquel que pide, recibe; y el que
busca, halla; y al que llama, se le abrirá.
11 ¿Qué padre de vosotros, si su hijo le pide pan,
le dará una piedra? ¿o si pescado, en lugar de
pescado, le dará una serpiente?
12 ¿O si le pide un huevo, le dará un escorpión?
13 Pues si vosotros, siendo malos, sabéis dar
buenas dádivas a vuestros hijos, ¿cuánto más
vuestro Padre celestial dará el Espíritu Santo a
los que se lo pidan?

Una casa dividida contra sí misma

14 Estaba Jesús echando fuera un demonio,
que era mudo; y aconteció que salido el demo-
nio, el mudo habló; y la gente se maravilló.
15 Pero algunos de ellos decían: Por Beelzebú, prín-
cipe de los demonios, echa fuera los demonios.[a]
16 Otros, para tentarle, le pedían señal del cielo.[b]
17 Mas él, conociendo los pensamientos de
ellos, les dijo: Todo reino dividido contra sí mis-
mo, es asolado; y una casa dividida contra sí
misma, cae.
18 Y si también Satanás está dividido contra sí
mismo, ¿cómo permanecerá su reino? ya que
decís que por Beelzebú echo yo fuera los
demonios.
19 Pues si yo echo fuera los demonios por Beel-
zebú, ¿vuestros hijos por quién los echan? Por
tanto, ellos serán vuestros jueces.
20 Mas si por el dedo de Dios echo yo fuera los
demonios, ciertamente el reino de Dios ha llega-
do a vosotros.
21 Cuando el hombre fuerte armado guarda su
palacio, en paz está lo que posee.
22 Pero cuando viene otro más fuerte que él y le
vence, le quita todas sus armas en que confiaba,
y reparte el botín.
23 El que no es conmigo, contra mí es;[c] y el que
conmigo no recoge, desparrama.

El espíritu inmundo que vuelve

24 Cuando el espíritu inmundo sale del hom-
bre, anda por lugares secos, buscando reposo; y
no hallándolo, dice: Volveré a mi casa de donde
salí.
25 Y cuando llega, la halla barrida y adornada.
26 Entonces va, y toma otros siete espíritus peo-
res que él; y entrados, moran allí; y el postrer es-
tado de aquel hombre viene a ser peor que el
primero.

Los que en verdad son bienaventurados

27 Mientras él decía estas cosas, una mujer de
entre la multitud levantó la voz y le dijo: Biena-
venturado el vientre que te trajo, y los senos que
mamaste.
28 Y él dijo: Antes bienaventurados los que oyen
la palabra de Dios, y la guardan.

La generación perversa demanda señal

29 Y apiñándose las multitudes, comenzó a
decir: Esta generación es mala; demanda se-
ñal,[d] pero señal no le será dada, sino la señal de
Jonás.
30 Porque así como Jonás fue señal a los ninivi-
tas,[e] también lo será el Hijo del Hombre a esta
generación.
31 La reina del Sur se levantará en el juicio con
los hombres de esta generación, y los condena-
rá; porque ella vino de los fines de la tierra para
oír la sabiduría de Salomón,[f] y he aquí más que
Salomón en este lugar.

10.38-39: [r] Jn. 11.1. **11.15:** [a] Mt. 9.34; 10.25.
11.16: [b] Mt. 12.38; 16.1; Mr. 8.11. **11.23:** [c] Mr. 9.40.
11.29: [d] Mt. 16.4; Mr. 8.12. **11.30:** [e] Jon. 3.4.
11.31: [f] 1 R. 10.1-10; 2 Cr. 9.1-12.

32 Los hombres de Nínive se levantarán en el jui-
cio con esta generación, y la condenarán; por-
que a la predicación de Jonás se arrepintieron,[g]
y he aquí más que Jonás en este lugar.

La lámpara del cuerpo

33 Nadie pone en oculto la luz encendida, ni
debajo del almud, sino en el candelero,[h] para
que los que entran vean la luz.
34 La lámpara del cuerpo es el ojo; cuando tu
ojo es bueno, también todo tu cuerpo está lleno
de luz; pero cuando tu ojo es maligno, también
tu cuerpo está en tinieblas.
35 Mira pues, no suceda que la luz que en ti hay,
sea tinieblas.
36 Así que, si todo tu cuerpo está lleno de luz, no
teniendo parte alguna de tinieblas, será todo lu-
minoso, como cuando una lámpara te alumbra
con su resplandor.

Jesús acusa a fariseos y a intérpretes de la ley

37 Luego que hubo hablado, le rogó un fari-
seo que comiese con él; y entrando Jesús en la
casa, se sentó a la mesa.
38 El fariseo, cuando lo vio, se extrañó de que
no se hubiese lavado antes de comer.
39 Pero el Señor le dijo: Ahora bien, vosotros los
fariseos limpiáis lo de fuera del vaso y del plato,
pero por dentro estáis llenos de rapacidad y de
maldad.
40 Necios, ¿el que hizo lo de fuera, no hizo tam-
bién lo de adentro?
41 Pero dad limosna de lo que tenéis, y entonces
todo os será limpio.
42 Mas ¡ay de vosotros, fariseos! que diezmáis
la menta, y la ruda, y toda hortaliza,[i] y pasáis
por alto la justicia y el amor de Dios. Esto os era
necesario hacer, sin dejar aquello.
43 ¡Ay de vosotros, fariseos! que amáis las pri-
meras sillas en las sinagogas, y las salutaciones
en las plazas.
44 ¡Ay de vosotros, escribas y fariseos, hipócri-
tas! que sois como sepulcros que no se ven, y los
hombres que andan encima no lo saben.
45 Respondiendo uno de los intérpretes de la
ley, le dijo: Maestro, cuando dices esto, también
nos afrentas a nosotros.
46 Y él dijo: ¡Ay de vosotros también, intérpretes
de la ley! porque cargáis a los hombres con car-
gas que no pueden llevar, pero vosotros ni aun
con un dedo las tocáis.
47 ¡Ay de vosotros, que edificáis los sepulcros
de los profetas a quienes mataron vuestros pa-
dres!
48 De modo que sois testigos y consentidores de
los hechos de vuestros padres; porque a la ver-
dad ellos los mataron, y vosotros edificáis sus
sepulcros.
49 Por eso la sabiduría de Dios también dijo: Les
enviaré profetas y apóstoles; y de ellos, a unos
matarán y a otros perseguirán,
50 para que se demande de esta generación la
sangre de todos los profetas que se ha derrama-
do desde la fundación del mundo,
51 desde la sangre de Abel[j] hasta la sangre de
Zacarías,[k] que murió entre el altar y el templo;
sí, os digo que será demandada de esta genera-
ción.
52 ¡Ay de vosotros, intérpretes de la ley! porque
habéis quitado la llave de la ciencia; vosotros
mismos no entrasteis, y a los que entraban se lo
impedisteis.
53 Diciéndoles él estas cosas, los escribas y los
fariseos comenzaron a estrecharle en gran ma-
nera, y a provocarle a que hablase de muchas
cosas;
54 acechándole, y procurando cazar alguna pa-
labra de su boca para acusarle.

La levadura de los fariseos

12 1 En esto, juntándose por millares la
multitud, tanto que unos a otros se atro-
pellaban, comenzó a decir a sus discípulos, pri-
meramente: Guardaos de la levadura de los
fariseos,[a] que es la hipocresía.
2 Porque nada hay encubierto, que no haya de
descubrirse; ni oculto, que no haya de saberse.[b]
3 Por tanto, todo lo que habéis dicho en tinie-
blas, a la luz se oirá; y lo que habéis hablado al
oído en los aposentos, se proclamará en las
azoteas.

A quién se debe temer

4 Mas os digo, amigos míos: No temáis a los
que matan el cuerpo, y después nada más pue-
den hacer.
5 Pero os enseñaré a quién debéis temer: Temed
a aquel que después de haber quitado la vida,
tiene poder de echar en el infierno; sí, os digo, a
éste temed.
6 ¿No se venden cinco pajarillos por dos cuar-
tos? Con todo, ni uno de ellos está olvidado de-
lante de Dios.
7 Pues aun los cabellos de vuestra cabeza están
todos contados. No temáis, pues; más valéis vo-
sotros que muchos pajarillos.

El que me confesare delante de los hombres

8 Os digo que todo aquel que me confesare de-
lante de los hombres, también el Hijo del Hom-
bre le confesará delante de los ángeles de Dios;
9 mas el que me negare delante de los hombres,
será negado delante de los ángeles de Dios.

11.32: [g] Jon. 3.5. **11.33:** [h] Mt. 5.15; Mr. 4.21; Lc. 8.16.
11.42: [i] Lv. 27.30. **11.51:** [j] Gn. 4.8. [k] 2 Cr. 24.20-21.
12.1: [a] Mt. 16.6; Mr. 8.15. **12.2:** [b] Mr. 4.22; Lc. 8.17.

10 A todo aquel que dijere alguna palabra contra el Hijo del Hombre, le será perdonado; pero al que blasfemare contra el Espíritu Santo, no le será perdonado.[c]
11 Cuando os trajeren a las sinagogas, y ante los magistrados y las autoridades, no os preocupéis por cómo o qué habréis de responder, o qué habréis de decir;
12 porque el Espíritu Santo os enseñará en la misma hora lo que debáis decir.[d]

El rico insensato

13 Le dijo uno de la multitud: Maestro, di a mi hermano que parta conmigo la herencia.
14 Mas él le dijo: Hombre, ¿quién me ha puesto sobre vosotros como juez o partidor?
15 Y les dijo: Mirad, y guardaos de toda avaricia; porque la vida del hombre no consiste en la abundancia de los bienes que posee.
16 También les refirió una parábola, diciendo: La heredad de un hombre rico había producido mucho.
17 Y él pensaba dentro de sí, diciendo: ¿Qué haré, porque no tengo dónde guardar mis frutos?
18 Y dijo: Esto haré: derribaré mis graneros, y los edificaré mayores, y allí guardaré todos mis frutos y mis bienes;
19 y diré a mi alma: Alma, muchos bienes tienes guardados para muchos años; repósate, come, bebe, regocíjate.
20 Pero Dios le dijo: Necio, esta noche vienen a pedirte tu alma; y lo que has provisto, ¿de quién será?
21 Así es el que hace para sí tesoro, y no es rico para con Dios.

El afán y la ansiedad

22 Dijo luego a sus discípulos: Por tanto os digo: No os afanéis por vuestra vida, qué comeréis; ni por el cuerpo, qué vestiréis.
23 La vida es más que la comida, y el cuerpo que el vestido.
24 Considerad los cuervos, que ni siembran, ni siegan; que ni tienen despensa, ni granero, y Dios los alimenta. ¿No valéis vosotros mucho más que las aves?
25 ¿Y quién de vosotros podrá con afanarse añadir a su estatura un codo?
26 Pues si no podéis ni aun lo que es menos, ¿por qué os afanáis por lo demás?
27 Considerad los lirios, cómo crecen; no trabajan, ni hilan; mas os digo, que ni aun Salomón con toda su gloria[e] se vistió como uno de ellos.
28 Y si así viste Dios la hierba que hoy está en el campo, y mañana es echada al horno, ¿cuánto más a vosotros, hombres de poca fe?
29 Vosotros, pues, no os preocupéis por lo que habéis de comer, ni por lo que habéis de beber, ni estéis en ansiosa inquietud.
30 Porque todas estas cosas buscan las gentes del mundo; pero vuestro Padre sabe que tenéis necesidad de estas cosas.
31 Mas buscad el reino de Dios, y todas estas cosas os serán añadidas.

Tesoro en el cielo

32 No temáis, manada pequeña, porque a vuestro Padre le ha placido daros el reino.
33 Vended lo que poseéis, y dad limosna; haceos bolsas que no se envejezcan, tesoro en los cielos que no se agote, donde ladrón no llega, ni polilla destruye.
34 Porque donde está vuestro tesoro, allí estará también vuestro corazón.

El siervo vigilante

35 Estén ceñidos vuestros lomos, y vuestras lámparas encendidas;[f]
36 y vosotros sed semejantes a hombres que aguardan a que su señor regrese[g] de las bodas, para que cuando llegue y llame, le abran en seguida.
37 Bienaventurados aquellos siervos a los cuales su señor, cuando venga, halle velando; de cierto os digo que se ceñirá, y hará que se sienten a la mesa, y vendrá a servirles.
38 Y aunque venga a la segunda vigilia, y aunque venga a la tercera vigilia, si los hallare así, bienaventurados son aquellos siervos.
39 Pero sabed esto, que si supiese el padre de familia a qué hora el ladrón había de venir, velaría ciertamente, y no dejaría minar su casa.
40 Vosotros, pues, también, estad preparados, porque a la hora que no penséis, el Hijo del Hombre vendrá.[h]

El siervo infiel

41 Entonces Pedro le dijo: Señor, ¿dices esta parábola a nosotros, o también a todos?
42 Y dijo el Señor: ¿Quién es el mayordomo fiel y prudente al cual su señor pondrá sobre su casa, para que a tiempo les dé su ración?
43 Bienaventurado aquel siervo al cual, cuando su señor venga, le halle haciendo así.
44 En verdad os digo que le pondrá sobre todos sus bienes.
45 Mas si aquel siervo dijere en su corazón: Mi señor tarda en venir; y comenzare a golpear a los criados y a las criadas, y a comer y beber y embriagarse,
46 vendrá el señor de aquel siervo en día que

12.10: [c] Mt. 12.32; Mr. 3.29. **12.11-12:** [d] Mt. 10.19-20; Mr. 13.11; Lc. 21.14-15. **12.27:** [e] 1 R. 10.4-7; 2 Cr. 9.3-6. **12.35:** [f] Mt. 25.1-13. **12.36:** [g] Mr. 13.34-36. **12.39-40:** [h] Mt. 24.43-44.

éste no espera, y a la hora que no sabe, y le castigará duramente, y le pondrá con los infieles.

47 Aquel siervo que conociendo la voluntad de su señor, no se preparó, ni hizo conforme a su voluntad, recibirá muchos azotes.

48 Mas el que sin conocerla hizo cosas dignas de azotes, será azotado poco; porque a todo aquel a quien se haya dado mucho, mucho se le demandará; y al que mucho se le haya confiado, más se le pedirá.

Jesús, causa de división

49 Fuego vine a echar en la tierra; ¿y qué quiero, si ya se ha encendido?

50 De un bautismo tengo que ser bautizado;[i] y ¡cómo me angustio hasta que se cumpla!

51 ¿Pensáis que he venido para dar paz en la tierra? Os digo: No, sino disensión.

52 Porque de aquí en adelante, cinco en una familia estarán divididos, tres contra dos, y dos contra tres.

53 Estará dividido el padre contra el hijo, y el hijo contra el padre; la madre contra la hija, y la hija contra la madre; la suegra contra su nuera, y la nuera contra su suegra.[j]

¿Cómo no reconocéis este tiempo?

54 Decía también a la multitud: Cuando veis la nube que sale del poniente, luego decís: Agua viene; y así sucede.

55 Y cuando sopla el viento del sur, decís: Hará calor; y lo hace.

56 ¡Hipócritas! Sabéis distinguir el aspecto del cielo y de la tierra; ¿y cómo no distinguís este tiempo?

Arréglate con tu adversario

57 ¿Y por qué no juzgáis por vosotros mismos lo que es justo?

58 Cuando vayas al magistrado con tu adversario, procura en el camino arreglarte con él, no sea que te arrastre al juez, y el juez te entregue al alguacil, y el alguacil te meta en la cárcel.

59 Te digo que no saldrás de allí, hasta que hayas pagado aun la última blanca.

Arrepentíos o pereceréis

13 1 En este mismo tiempo estaban allí algunos que le contaban acerca de los galileos cuya sangre Pilato había mezclado con los sacrificios de ellos.

2 Respondiendo Jesús, les dijo: ¿Pensáis que estos galileos, porque padecieron tales cosas, eran más pecadores que todos los galileos?

3 Os digo: No; antes si no os arrepentís, todos pereceréis igualmente.

4 O aquellos dieciocho sobre los cuales cayó la torre en Siloé, y los mató, ¿pensáis que eran más culpables que todos los hombres que habitan en Jerusalén?

5 Os digo: No; antes si no os arrepentís, todos pereceréis igualmente.

Parábola de la higuera estéril

6 Dijo también esta parábola: Tenía un hombre una higuera plantada en su viña, y vino a buscar fruto en ella, y no lo halló.

7 Y dijo al viñador: He aquí, hace tres años que vengo a buscar fruto en esta higuera, y no lo hallo; córtala; ¿para qué inutiliza también la tierra?

8 Él entonces, respondiendo, le dijo: Señor, déjala todavía este año, hasta que yo cave alrededor de ella, y la abone.

9 Y si diere fruto, bien; y si no, la cortarás después.

Jesús sana a una mujer en el día de reposo

10 Enseñaba Jesús en una sinagoga en el día de reposo;*

11 y había allí una mujer que desde hacía dieciocho años tenía espíritu de enfermedad, y andaba encorvada, y en ninguna manera se podía enderezar.

12 Cuando Jesús la vio, la llamó y le dijo: Mujer, eres libre de tu enfermedad.

13 Y puso las manos sobre ella; y ella se enderezó luego, y glorificaba a Dios.

14 Pero el principal de la sinagoga, enojado de que Jesús hubiese sanado en el día de reposo,* dijo a la gente: Seis días hay en que se debe trabajar; en éstos, pues, venid y sed sanados, y no en día de reposo.[a]

15 Entonces el Señor le respondió y dijo: Hipócrita, cada uno de vosotros ¿no desata en el día de reposo* su buey o su asno del pesebre y lo lleva a beber?

16 Y a esta hija de Abraham, que Satanás había atado dieciocho años, ¿no se le debía desatar de esta ligadura en el día de reposo?*

17 Al decir él estas cosas, se avergonzaban todos sus adversarios; pero todo el pueblo se regocijaba por todas las cosas gloriosas hechas por él.

Parábola de la semilla de mostaza

18 Y dijo: ¿A qué es semejante el reino de Dios, y con qué lo compararé?

19 Es semejante al grano de mostaza, que un hombre tomó y sembró en su huerto; y creció, y se hizo árbol grande, y las aves del cielo anidaron en sus ramas.

Parábola de la levadura

20 Y volvió a decir: ¿A qué compararé el reino de Dios?

* Aquí equivale a *sábado.*

12.50: [i] Mr. 10.38. **12.53:** [j] Mi. 7.6. **13.14:** [a] Ex. 20.9-10; Dt. 5.13-14.

21 Es semejante a la levadura, que una mujer
tomó y escondió en tres medidas de harina, hasta que todo hubo fermentado.

La puerta estrecha

22 Pasaba Jesús por ciudades y aldeas, enseñando, y encaminándose a Jerusalén.
23 Y alguien le dijo: Señor, ¿son pocos los que se
salvan? Y él les dijo:
24 Esforzaos a entrar por la puerta angosta; porque os digo que muchos procurarán entrar, y no
podrán.
25 Después que el padre de familia se haya levantado y cerrado la puerta, y estando fuera
empecéis a llamar a la puerta, diciendo: Señor,
Señor, ábrenos, él respondiendo os dirá: No sé
de dónde sois.
26 Entonces comenzaréis a decir: Delante de ti
hemos comido y bebido, y en nuestras plazas
enseñaste.
27 Pero os dirá: Os digo que no sé de dónde sois;
apartaos de mí todos vosotros, hacedores de
maldad.[b]
28 Allí será el llanto y el crujir de dientes,[c] cuando veáis a Abraham, a Isaac, a Jacob y a todos
los profetas en el reino de Dios, y vosotros estéis
excluidos.
29 Porque vendrán del oriente y del occidente,
del norte y del sur, y se sentarán a la mesa en el
reino de Dios.[d]
30 Y he aquí, hay postreros que serán primeros,
y primeros que serán postreros.[e]

Lamento de Jesús sobre Jerusalén

31 Aquel mismo día llegaron unos fariseos, diciéndole: Sal, y vete de aquí, porque Herodes te
quiere matar.
32 Y les dijo: Id, y decid a aquella zorra: He aquí,
echo fuera demonios y hago curaciones hoy y
mañana, y al tercer día termino mi obra.
33 Sin embargo, es necesario que hoy y mañana
y pasado mañana siga mi camino; porque no es
posible que un profeta muera fuera de Jerusalén.
34 ¡Jerusalén, Jerusalén, que matas a los profetas, y apedreas a los que te son enviados!
¡Cuántas veces quise juntar a tus hijos, como
la gallina a sus polluelos debajo de sus alas, y
no quisiste!
35 He aquí, vuestra casa os es dejada desierta; y
os digo que no me veréis, hasta que llegue el
tiempo en que digáis: Bendito el que viene en
nombre del Señor.[f]

Jesús sana a un hidrópico

14 1 Aconteció un día de reposo,* que habiendo entrado para comer en casa de un
gobernante, que era fariseo, éstos le acechaban.
2 Y he aquí estaba delante de él un hombre hidrópico.
3 Entonces Jesús habló a los intérpretes de la ley
y a los fariseos, diciendo: ¿Es lícito sanar en el
día de reposo?*
4 Mas ellos callaron. Y él, tomándole, le sanó, y
le despidió.
5 Y dirigiéndose a ellos, dijo: ¿Quién de vosotros, si su asno o su buey cae en algún pozo, no
lo sacará inmediatamente, aunque sea en día de
reposo?*,[a]
6 Y no le podían replicar a estas cosas.

Los convidados a las bodas

7 Observando cómo escogían los primeros
asientos a la mesa, refirió a los convidados una
parábola, diciéndoles:
8 Cuando fueres convidado por alguno a bodas,
no te sientes en el primer lugar, no sea que otro
más distinguido que tú esté convidado por él,
9 y viniendo el que te convidó a ti y a él, te diga:
Da lugar a éste; y entonces comiences con vergüenza a ocupar el último lugar.
10 Mas cuando fueres convidado, ve y siéntate
en el último lugar, para que cuando venga el
que te convidó, te diga: Amigo, sube más arriba;
entonces tendrás gloria delante de los que se
sientan contigo a la mesa.[b]
11 Porque cualquiera que se enaltece, será humillado; y el que se humilla, será enaltecido.[c]
12 Dijo también al que le había convidado:
Cuando hagas comida o cena, no llames a tus
amigos, ni a tus hermanos, ni a tus parientes, ni
a vecinos ricos; no sea que ellos a su vez te vuelvan a convidar, y seas recompensado.
13 Mas cuando hagas banquete, llama a los pobres, los mancos, los cojos y los ciegos;
14 y serás bienaventurado; porque ellos no te
pueden recompensar, pero te será recompensado en la resurrección de los justos.

Parábola de la gran cena

15 Oyendo esto uno de los que estaban sentados con él a la mesa, le dijo: Bienaventurado el
que coma pan en el reino de Dios.
16 Entonces Jesús le dijo: Un hombre hizo una
gran cena, y convidó a muchos.
17 Y a la hora de la cena envió a su siervo a decir
a los convidados: Venid, que ya todo está preparado.
18 Y todos a una comenzaron a excusarse. El
primero dijo: He comprado una hacienda, y necesito ir a verla; te ruego que me excuses.

* Aquí equivale a *sábado*.
13.27: [b] Sal. 6.8. 13.28: [c] Mt. 22.13; 25.30.
13.28-29: [d] Mt. 8.11-12. 13.30: [e] Mt. 19.30; 20.16; Mr. 10.31.
13.35: [f] Sal. 118.26. 14.5: [a] Mt. 12.11. 14.8-10: [b] Pr. 25.6-7.
14.11: [c] Mt. 23.12; Lc. 18.14.

19 Otro dijo: He comprado cinco yuntas de bueyes, y voy a probarlos; te ruego que me excuses.
20 Y otro dijo: Acabo de casarme, y por tanto no puedo ir.
21 Vuelto el siervo, hizo saber estas cosas a su señor. Entonces enojado el padre de familia, dijo a su siervo: Vé pronto por las plazas y las calles de la ciudad, y trae acá a los pobres, los mancos, los cojos y los ciegos.
22 Y dijo el siervo: Señor, se ha hecho como mandaste, y aún hay lugar.
23 Dijo el señor al siervo: Vé por los caminos y por los vallados, y fuérzalos a entrar, para que se llene mi casa.
24 Porque os digo que ninguno de aquellos hombres que fueron convidados, gustará mi cena.

Lo que cuesta seguir a Cristo

25 Grandes multitudes iban con él; y volviéndose, les dijo:
26 Si alguno viene a mí, y no aborrece a su padre, y madre, y mujer, e hijos, y hermanos, y hermanas, y aun también su propia vida, no puede ser mi discípulo.[d]
27 Y el que no lleva su cruz y viene en pos de mí, no puede ser mi discípulo.[e]
28 Porque ¿quién de vosotros, queriendo edificar una torre, no se sienta primero y calcula los gastos, a ver si tiene lo que necesita para acabarla?
29 No sea que después que haya puesto el cimiento, y no pueda acabarla, todos los que lo vean comiencen a hacer burla de él,
30 diciendo: Este hombre comenzó a edificar, y no pudo acabar.
31 ¿O qué rey, al marchar a la guerra contra otro rey, no se sienta primero y considera si puede hacer frente con diez mil al que viene contra él con veinte mil?
32 Y si no puede, cuando el otro está todavía lejos, le envía una embajada y le pide condiciones de paz.
33 Así, pues, cualquiera de vosotros que no renuncia a todo lo que posee, no puede ser mi discípulo.

Cuando la sal pierde su sabor

34 Buena es la sal; mas si la sal se hiciere insípida, ¿con qué se sazonará?
35 Ni para la tierra ni para el muladar es útil; la arrojan fuera. El que tiene oídos para oír, oiga.

Parábola de la oveja perdida

15 1 Se acercaban a Jesús todos los publicanos y pecadores para oírle,
2 y los fariseos y los escribas murmuraban, diciendo: Este a los pecadores recibe, y con ellos come.[a]
3 Entonces él les refirió esta parábola, diciendo:
4 ¿Qué hombre de vosotros, teniendo cien ovejas, si pierde una de ellas, no deja las noventa y nueve en el desierto, y va tras la que se perdió, hasta encontrarla?
5 Y cuando la encuentra, la pone sobre sus hombros gozoso;
6 y al llegar a casa, reúne a sus amigos y vecinos, diciéndoles: Gozaos conmigo, porque he encontrado mi oveja que se había perdido.
7 Os digo que así habrá más gozo en el cielo por un pecador que se arrepiente, que por noventa y nueve justos que no necesitan de arrepentimiento.

Parábola de la moneda perdida

8 ¿O qué mujer que tiene diez dracmas, si pierde una dracma, no enciende la lámpara, y barre la casa, y busca con diligencia hasta encontrarla?
9 Y cuando la encuentra, reúne a sus amigas y vecinas, diciendo: Gozaos conmigo, porque he encontrado la dracma que había perdido.
10 Así os digo que hay gozo delante de los ángeles de Dios por un pecador que se arrepiente.

Parábola del hijo pródigo

11 También dijo: Un hombre tenía dos hijos;
12 y el menor de ellos dijo a su padre: Padre, dame la parte de los bienes que me corresponde; y les repartió los bienes.
13 No muchos días después, juntándolo todo el hijo menor, se fue lejos a una provincia apartada; y allí desperdició sus bienes viviendo perdidamente.
14 Y cuando todo lo hubo malgastado, vino una gran hambre en aquella provincia, y comenzó a faltarle.
15 Y fue y se arrimó a uno de los ciudadanos de aquella tierra, el cual le envió a su hacienda para que apacentase cerdos.
16 Y deseaba llenar su vientre de las algarrobas que comían los cerdos, pero nadie le daba.
17 Y volviendo en sí, dijo: ¡Cuántos jornaleros en casa de mi padre tienen abundancia de pan, y yo aquí perezco de hambre!
18 Me levantaré e iré a mi padre, y le diré: Padre, he pecado contra el cielo y contra ti.
19 Ya no soy digno de ser llamado tu hijo; hazme como a uno de tus jornaleros.
20 Y levantándose, vino a su padre. Y cuando aún estaba lejos, lo vio su padre, y fue movido a misericordia, y corrió, y se echó sobre su cuello, y le besó.
21 Y el hijo le dijo: Padre, he pecado contra el cielo y contra ti, y ya no soy digno de ser llamado tu hijo.

14.26: [d] Mt. 10.37. **14.27:** [e] Mt. 10.38; 16.24; Mr. 8.34; Lc. 9.23. **15.1-2:** [a] Lc. 5.29-30.

22 Pero el padre dijo a sus siervos: Sacad el me-
jor vestido, y vestidle; y poned un anillo en su
mano, y calzado en sus pies.
23 Y traed el becerro gordo y matadlo, y coma-
mos y hagamos fiesta;
24 porque este mi hijo muerto era, y ha revivido;
se había perdido, y es hallado. Y comenzaron a
regocijarse.
25 Y su hijo mayor estaba en el campo; y
cuando vino, y llegó cerca de la casa, oyó la mú-
sica y las danzas;
26 y llamando a uno de los criados, le preguntó
qué era aquello.
27 Él le dijo: Tu hermano ha venido; y tu padre
ha hecho matar el becerro gordo, por haberle
recibido bueno y sano.
28 Entonces se enojó, y no quería entrar. Salió
por tanto su padre, y le rogaba que entrase.
29 Mas él, respondiendo, dijo al padre: He aquí,
tantos años te sirvo, no habiéndote desobedeci-
do jamás, y nunca me has dado ni un cabrito
para gozarme con mis amigos.
30 Pero cuando vino este tu hijo, que ha consu-
mido tus bienes con rameras, has hecho matar
para él el becerro gordo.
31 Él entonces le dijo: Hijo, tú siempre estás
conmigo, y todas mis cosas son tuyas.
32 Mas era necesario hacer fiesta y regocijarnos,
porque este tu hermano era muerto, y ha revivi-
do; se había perdido, y es hallado.

Parábola del mayordomo infiel

16 1 Dijo también a sus discípulos: Había
un hombre rico que tenía un mayordo-
mo, y éste fue acusado ante él como disipador
de sus bienes.
2 Entonces le llamó, y le dijo: ¿Qué es esto que
oigo acerca de ti? Da cuenta de tu mayordomía,
porque ya no podrás más ser mayordomo.
3 Entonces el mayordomo dijo para sí: ¿Qué
haré? Porque mi amo me quita la mayordomía.
Cavar, no puedo; mendigar, me da vergüenza.
4 Ya sé lo que haré para que cuando se me quite
de la mayordomía, me reciban en sus casas.
5 Y llamando a cada uno de los deudores de su
amo, dijo al primero: ¿Cuánto debes a mi amo?
6 Él dijo: Cien barriles de aceite. Y le dijo: Toma
tu cuenta, siéntate pronto, y escribe cincuenta.
7 Después dijo a otro: Y tú, ¿cuánto debes? Y él
dijo: Cien medidas de trigo. Él le dijo: Toma tu
cuenta, y escribe ochenta.
8 Y alabó el amo al mayordomo malo por haber
hecho sagazmente; porque los hijos de este si-
glo son más sagaces en el trato con sus semejan-
tes que los hijos de luz.
9 Y yo os digo: Ganad amigos por medio de las
riquezas injustas, para que cuando éstas falten,
os reciban en las moradas eternas.
10 El que es fiel en lo muy poco, también en lo
más es fiel; y el que en lo muy poco es injusto,
también en lo más es injusto.
11 Pues si en las riquezas injustas no fuisteis fie-
les, ¿quién os confiará lo verdadero?
12 Y si en lo ajeno no fuisteis fieles, ¿quién os
dará lo que es vuestro?
13 Ningún siervo puede servir a dos señores;
porque o aborrecerá al uno y amará al otro, o
estimará al uno y menospreciará al otro. No po-
déis servir a Dios[a] y a las riquezas.[1]
14 Y oían también todas estas cosas los fari-
seos, que eran avaros, y se burlaban de él.
15 Entonces les dijo: Vosotros sois los que os jus-
tificáis a vosotros mismos delante de los hom-
bres; mas Dios conoce vuestros corazones;
porque lo que los hombres tienen por sublime,
delante de Dios es abominación.

La ley y el reino de Dios

16 La ley y los profetas eran hasta Juan; desde
entonces el reino de Dios es anunciado, y todos
se esfuerzan por entrar en él.[b]
17 Pero más fácil es que pasen el cielo y la tierra,
que se frustre una tilde de la ley.[c]

Jesús enseña sobre el divorcio

18 Todo el que repudia a su mujer, y se casa
con otra, adultera; y el que se casa con la repu-
diada del marido, adultera.[d]

El rico y Lázaro

19 Había un hombre rico, que se vestía de
púrpura y de lino fino, y hacía cada día banque-
te con esplendidez.
20 Había también un mendigo llamado Lázaro,
que estaba echado a la puerta de aquél, lleno de
llagas,
21 y ansiaba saciarse de las migajas que caían de
la mesa del rico; y aun los perros venían y le la-
mían las llagas.
22 Aconteció que murió el mendigo, y fue lleva-
do por los ángeles al seno de Abraham; y murió
también el rico, y fue sepultado.
23 Y en el Hades alzó sus ojos, estando en tor-
mentos, y vio de lejos a Abraham, y a Lázaro en
su seno.
24 Entonces él, dando voces, dijo: Padre
Abraham, ten misericordia de mí, y envía a Lá-
zaro para que moje la punta de su dedo en agua,
y refresque mi lengua; porque estoy atormenta-
do en esta llama.
25 Pero Abraham le dijo: Hijo, acuérdate que re-
cibiste tus bienes en tu vida, y Lázaro también

16.13: [a] Mt. 6.24. [1] Gr. *Mamón.* **16.16:** [b] Mt. 11.12-13.
16.17: [c] Mt. 5.18. **16.18:** [d] Mt. 5.32; Mr. 10.11-12;
1 Co. 7.10-11.

males; pero ahora éste es consolado aquí, y tú atormentado.
26 Además de todo esto, una gran sima está puesta entre nosotros y vosotros, de manera que los que quisieren pasar de aquí a vosotros, no pueden, ni de allá pasar acá.
27 Entonces le dijo: Te ruego, pues, padre, que le envíes a la casa de mi padre,
28 porque tengo cinco hermanos, para que les testifique, a fin de que no vengan ellos también a este lugar de tormento.
29 Y Abraham le dijo: A Moisés y a los profetas tienen; óiganlos.
30 Él entonces dijo: No, padre Abraham; pero si alguno fuere a ellos de entre los muertos, se arrepentirán.
31 Mas Abraham le dijo: Si no oyen a Moisés y a los profetas, tampoco se persuadirán aunque alguno se levantare de los muertos.

Ocasiones de caer

17 1 Dijo Jesús a sus discípulos: Imposible es que no vengan tropiezos; mas ¡ay de aquel por quien vienen!
2 Mejor le fuera que se le atase al cuello una piedra de molino y se le arrojase al mar, que hacer tropezar a uno de estos pequeñitos.
3 Mirad por vosotros mismos. Si tu hermano pecare contra ti, repréndele; y si se arrepintiere, perdónale.[a]
4 Y si siete veces al día pecare contra ti, y siete veces al día volviere a ti, diciendo: Me arrepiento; perdónale.

Auméntanos la fe

5 Dijeron los apóstoles al Señor: Auméntanos la fe.
6 Entonces el Señor dijo: Si tuvierais fe como un grano de mostaza, podríais decir a este sicómoro: Desarráigate, y plántate en el mar; y os obedecería.

El deber del siervo

7 ¿Quién de vosotros, teniendo un siervo que ara o apacienta ganado, al volver él del campo, luego le dice: Pasa, siéntate a la mesa?
8 ¿No le dice más bien: Prepárame la cena, cíñete, y sírveme hasta que haya comido y bebido; y después de esto, come y bebe tú?
9 ¿Acaso da gracias al siervo porque hizo lo que se le había mandado? Pienso que no.
10 Así también vosotros, cuando hayáis hecho todo lo que os ha sido ordenado, decid: Siervos inútiles somos, pues lo que debíamos hacer, hicimos.

Diez leprosos son limpiados

11 Yendo Jesús a Jerusalén, pasaba entre Samaria y Galilea.
12 Y al entrar en una aldea, le salieron al encuentro diez hombres leprosos, los cuales se pararon de lejos
13 y alzaron la voz, diciendo: ¡Jesús, Maestro, ten misericordia de nosotros!
14 Cuando él los vio, les dijo: Id, mostraos a los sacerdotes.[b] Y aconteció que mientras iban, fueron limpiados.
15 Entonces uno de ellos, viendo que había sido sanado, volvió, glorificando a Dios a gran voz,
16 y se postró rostro en tierra a sus pies, dándole gracias; y éste era samaritano.
17 Respondiendo Jesús, dijo: ¿No son diez los que fueron limpiados? Y los nueve, ¿dónde están?
18 ¿No hubo quien volviese y diese gloria a Dios sino este extranjero?
19 Y le dijo: Levántate, vete; tu fe te ha salvado.

La venida del Reino

20 Preguntado por los fariseos, cuándo había de venir el reino de Dios, les respondió y dijo: El reino de Dios no vendrá con advertencia,
21 ni dirán: Helo aquí, o helo allí;[c] porque he aquí el reino de Dios está entre vosotros.
22 Y dijo a sus discípulos: Tiempo vendrá cuando desearéis ver uno de los días del Hijo del Hombre, y no lo veréis.
23 Y os dirán: Helo aquí, o helo allí. No vayáis, ni los sigáis.
24 Porque como el relámpago que al fulgurar resplandece desde un extremo del cielo hasta el otro, así también será el Hijo del Hombre en su día.
25 Pero primero es necesario que padezca mucho, y sea desechado por esta generación.
26 Como fue en los días de Noé,[d] así también será en los días del Hijo del Hombre.
27 Comían, bebían, se casaban y se daban en casamiento, hasta el día en que entró Noé en el arca, y vino el diluvio y los destruyó a todos.[e]
28 Asimismo como sucedió en los días de Lot;[f] comían, bebían, compraban, vendían, plantaban, edificaban;
29 mas el día en que Lot salió de Sodoma, llovió del cielo fuego y azufre, y los destruyó a todos.
30 Así será el día en que el Hijo del Hombre se manifieste.
31 En aquel día, el que esté en la azotea, y sus bienes en casa, no descienda a tomarlos; y el que en el campo, asimismo no vuelva atrás.[g]
32 Acordaos de la mujer de Lot.[h]
33 Todo el que procure salvar su vida, la perderá; y todo el que la pierda, la salvará.[i]
34 Os digo que en aquella noche estarán dos en una cama; el uno será tomado, y el otro será dejado.

17.3: [a] Mt. 18.15. **17.14:** [b] Lv. 14.1-32.
17.20-21: [c] Mr. 13.21-22. **17.26:** [d] Gn. 6.5-8.
17.27: [e] Gn. 7.6-24. **17.28-29:** [f] Gn. 18.20–19.25.
17.31: [g] Mt. 24.17-18; Mr. 13.15-16. **17.32:** [h] Gn. 19.26.
17.33: [i] Mt. 10.39; 16.25; Mr. 8.35; Lc. 9.24; Jn. 12.25.

35 Dos mujeres estarán moliendo juntas; la una será tomada, y la otra dejada.

36 Dos estarán en el campo; el uno será tomado, y el otro dejado.

37 Y respondiendo, le dijeron: ¿Dónde, Señor? Él les dijo: Donde estuviere el cuerpo, allí se juntarán también las águilas.

Parábola de la viuda y el juez injusto

18 1 También les refirió Jesús una parábola sobre la necesidad de orar siempre, y no desmayar,

2 diciendo: Había en una ciudad un juez, que ni temía a Dios, ni respetaba a hombre.

3 Había también en aquella ciudad una viuda, la cual venía a él, diciendo: Hazme justicia de mi adversario.

4 Y él no quiso por algún tiempo; pero después de esto dijo dentro de sí: Aunque ni temo a Dios, ni tengo respeto a hombre,

5 sin embargo, porque esta viuda me es molesta, le haré justicia, no sea que viniendo de continuo, me agote la paciencia.

6 Y dijo el Señor: Oíd lo que dijo el juez injusto.

7 ¿Y acaso Dios no hará justicia a sus escogidos, que claman a él día y noche? ¿Se tardará en responderles?

8 Os digo que pronto les hará justicia. Pero cuando venga el Hijo del Hombre, ¿hallará fe en la tierra?

Parábola del fariseo y el publicano

9 A unos que confiaban en sí mismos como justos, y menospreciaban a los otros, dijo también esta parábola:

10 Dos hombres subieron al templo a orar: uno era fariseo, y el otro publicano.

11 El fariseo, puesto en pie, oraba consigo mismo de esta manera: Dios, te doy gracias porque no soy como los otros hombres, ladrones, injustos, adúlteros, ni aun como este publicano;

12 ayuno dos veces a la semana, doy diezmos de todo lo que gano.

13 Mas el publicano, estando lejos, no quería ni aun alzar los ojos al cielo, sino que se golpeaba el pecho, diciendo: Dios, sé propicio a mí, pecador.

14 Os digo que éste descendió a su casa justificado antes que el otro; porque cualquiera que se enaltece, será humillado; y el que se humilla será enaltecido.[a]

Jesús bendice a los niños

15 Traían a él los niños para que los tocase; lo cual viendo los discípulos, les reprendieron.

16 Mas Jesús, llamándolos, dijo: Dejad a los niños venir a mí, y no se lo impidáis; porque de los tales es el reino de Dios.

17 De cierto os digo, que el que no recibe el reino de Dios como un niño, no entrará en él.

El joven rico

18 Un hombre principal le preguntó, diciendo: Maestro bueno, ¿qué haré para heredar la vida eterna?

19 Jesús le dijo: ¿Por qué me llamas bueno? Ninguno hay bueno, sino sólo Dios.

20 Los mandamientos sabes: No adulterarás;[b] no matarás;[c] no hurtarás;[d] no dirás falso testimonio;[e] honra a tu padre y a tu madre.[f]

21 Él dijo: Todo esto lo he guardado desde mi juventud.

22 Jesús, oyendo esto, le dijo: Aún te falta una cosa: vende todo lo que tienes, y dalo a los pobres, y tendrás tesoro en el cielo; y ven, sígueme.

23 Entonces él, oyendo esto, se puso muy triste, porque era muy rico.

24 Al ver Jesús que se había entristecido mucho, dijo: ¡Cuán difícilmente entrarán en el reino de Dios los que tienen riquezas!

25 Porque es más fácil pasar un camello por el ojo de una aguja, que entrar un rico en el reino de Dios.

26 Y los que oyeron esto dijeron: ¿Quién, pues, podrá ser salvo?

27 Él les dijo: Lo que es imposible para los hombres, es posible para Dios.

28 Entonces Pedro dijo: He aquí, nosotros hemos dejado nuestras posesiones y te hemos seguido.

29 Y él les dijo: De cierto os digo, que no hay nadie que haya dejado casa, o padres, o hermanos, o mujer, o hijos, por el reino de Dios,

30 que no haya de recibir mucho más en este tiempo, y en el siglo venidero la vida eterna.

Nuevamente Jesús anuncia su muerte

31 Tomando Jesús a los doce, les dijo: He aquí subimos a Jerusalén, y se cumplirán todas las cosas escritas por los profetas acerca del Hijo del Hombre.

32 Pues será entregado a los gentiles, y será escarnecido, y afrentado, y escupido.

33 Y después que le hayan azotado, le matarán; mas al tercer día resucitará.

34 Pero ellos nada comprendieron de estas cosas, y esta palabra les era encubierta, y no entendían lo que se les decía.

Un ciego de Jericó recibe la vista

35 Aconteció que acercándose Jesús a Jericó, un ciego estaba sentado junto al camino mendigando;

18.14: [a] Mt. 23.12; Lc. 14.11. **18.20:** [b] Ex. 20.14; Dt. 5.18. [c] Ex. 20.13; Dt. 5.17. [d] Ex. 20.15; Dt. 5.19. [e] Ex. 20.16; Dt. 5.20. [f] Ex. 20.12; Dt. 5.16.

36 y al oír a la multitud que pasaba, preguntó qué era aquello.

37 Y le dijeron que pasaba Jesús nazareno.

38 Entonces dio voces, diciendo: ¡Jesús, Hijo de David, ten misericordia de mí!

39 Y los que iban delante le reprendían para que callase; pero él clamaba mucho más: ¡Hijo de David, ten misericordia de mí!

40 Jesús entonces, deteniéndose, mandó traerle a su presencia; y cuando llegó, le preguntó,

41 diciendo: ¿Qué quieres que te haga? Y él dijo: Señor, que reciba la vista.

42 Jesús le dijo: Recíbela, tu fe te ha salvado.

43 Y luego vio, y le seguía, glorificando a Dios; y todo el pueblo, cuando vio aquello, dio alabanza a Dios.

Jesús y Zaqueo

19 1 Habiendo entrado Jesús en Jericó, iba pasando por la ciudad.

2 Y sucedió que un varón llamado Zaqueo, que era jefe de los publicanos, y rico,

3 procuraba ver quién era Jesús; pero no podía a causa de la multitud, pues era pequeño de estatura.

4 Y corriendo delante, subió a un árbol sicómoro para verle; porque había de pasar por allí.

5 Cuando Jesús llegó a aquel lugar, mirando hacia arriba, le vio, y le dijo: Zaqueo, date prisa, desciende, porque hoy es necesario que pose yo en tu casa.

6 Entonces él descendió aprisa, y le recibió gozoso.

7 Al ver esto, todos murmuraban, diciendo que había entrado a posar con un hombre pecador.

8 Entonces Zaqueo, puesto en pie, dijo al Señor: He aquí, Señor, la mitad de mis bienes doy a los pobres; y si en algo he defraudado a alguno, se lo devuelvo cuadruplicado.

9 Jesús le dijo: Hoy ha venido la salvación a esta casa; por cuanto él también es hijo de Abraham.

10 Porque el Hijo del Hombre vino a buscar y a salvar lo que se había perdido.[a]

Parábola de las diez minas

11 Oyendo ellos estas cosas, prosiguió Jesús y dijo una parábola, por cuanto estaba cerca de Jerusalén, y ellos pensaban que el reino de Dios se manifestaría inmediatamente.

12 Dijo, pues: Un hombre noble se fue a un país lejano, para recibir un reino y volver.

13 Y llamando a diez siervos suyos, les dio diez minas,[2] y les dijo: Negociad entre tanto que vengo.

14 Pero sus conciudadanos le aborrecían, y enviaron tras él una embajada, diciendo: No queremos que éste reine sobre nosotros.

15 Aconteció que vuelto él, después de recibir el reino, mandó llamar ante él a aquellos siervos a los cuales había dado el dinero, para saber lo que había negociado cada uno.

16 Vino el primero, diciendo: Señor, tu mina ha ganado diez minas.

17 Él le dijo: Está bien, buen siervo; por cuanto en lo poco has sido fiel, tendrás autoridad sobre diez ciudades.

18 Vino otro, diciendo: Señor, tu mina ha producido cinco minas.

19 Y también a éste dijo: Tú también sé sobre cinco ciudades.

20 Vino otro, diciendo: Señor, aquí está tu mina, la cual he tenido guardada en un pañuelo;

21 porque tuve miedo de ti, por cuanto eres hombre severo, que tomas lo que no pusiste, y siegas lo que no sembraste.

22 Entonces él le dijo: Mal siervo, por tu propia boca te juzgo. Sabías que yo era hombre severo, que tomo lo que no puse, y que siego lo que no sembré;

23 ¿por qué, pues, no pusiste mi dinero en el banco, para que al volver yo, lo hubiera recibido con los intereses?

24 Y dijo a los que estaban presentes: Quitadle la mina, y dadla al que tiene las diez minas.

25 Ellos le dijeron: Señor, tiene diez minas.

26 Pues yo os digo que a todo el que tiene, se le dará; mas al que no tiene, aun lo que tiene se le quitará.[b]

27 Y también a aquellos mis enemigos que no querían que yo reinase sobre ellos, traedlos acá, y decapitadlos delante de mí.[c]

La entrada triunfal en Jerusalén

28 Dicho esto, iba delante subiendo a Jerusalén.

29 Y aconteció que llegando cerca de Betfagé y de Betania, al monte que se llama de los Olivos, envió dos de sus discípulos,

30 diciendo: Id a la aldea de enfrente, y al entrar en ella hallaréis un pollino atado, en el cual ningún hombre ha montado jamás; desatadlo, y traedlo.

31 Y si alguien os preguntare: ¿Por qué lo desatáis? le responderéis así: Porque el Señor lo necesita.

32 Fueron los que habían sido enviados, y hallaron como les dijo.

33 Y cuando desataban el pollino, sus dueños les dijeron: ¿Por qué desatáis el pollino?

34 Ellos dijeron: Porque el Señor lo necesita.

35 Y lo trajeron a Jesús; y habiendo echado sus mantos sobre el pollino, subieron a Jesús encima.

36 Y a su paso tendían sus mantos por el camino.

19.10: [a] Mt. 18.11.M **19.10:** [b] Mt. 13.12; Mr. 4.25; Lc. 8.18. **19.11-27:** [c] Mt. 25. 14-30. **19.13:** [2] Moneda que correspondía a 100 dracmas.

37 Cuando llegaban ya cerca de la bajada del
monte de los Olivos, toda la multitud de los discípulos, gozándose, comenzó a alabar a Dios a grandes voces por todas las maravillas que habían visto,
38 diciendo: ¡Bendito el rey que viene en el
nombre del Señor;[d] paz en el cielo, y gloria en las alturas!
39 Entonces algunos de los fariseos de entre la
multitud le dijeron: Maestro, reprende a tus discípulos.
40 Él, respondiendo, les dijo: Os digo que si és-
tos callaran, las piedras clamarían.
41 Y cuando llegó cerca de la ciudad, al verla,
lloró sobre ella,
42 diciendo: ¡Oh, si también tú conocieses, a lo
menos en este tu día, lo que es para tu paz! Mas ahora está encubierto de tus ojos.
43 Porque vendrán días sobre ti, cuando tus ene-
migos te rodearán con vallado, y te sitiarán, y por todas partes te estrecharán,
44 y te derribarán a tierra, y a tus hijos dentro de
ti, y no dejarán en ti piedra sobre piedra, por cuanto no conociste el tiempo de tu visitación.

Purificación del templo

45 Y entrando en el templo, comenzó a echar
fuera a todos los que vendían y compraban en él,
46 diciéndoles: Escrito está: Mi casa es casa de
oración;[e] mas vosotros la habéis hecho cueva de ladrones.[f]
47 Y enseñaba cada día en el templo;[g] pero los
principales sacerdotes, los escribas y los principales del pueblo procuraban matarle.
48 Y no hallaban nada que pudieran hacerle, por-
que todo el pueblo estaba suspenso oyéndole.

La autoridad de Jesús

20 1 Sucedió un día, que enseñando Jesús
al pueblo en el templo, y anunciando el evangelio, llegaron los principales sacerdotes y los escribas, con los ancianos,
2 y le hablaron diciendo: Dinos: ¿con qué auto-
ridad haces estas cosas? ¿o quién es el que te ha dado esta autoridad?
3 Respondiendo Jesús, les dijo: Os haré yo tam-
bién una pregunta; respondedme:
4 El bautismo de Juan, ¿era del cielo, o de los
hombres?
5 Entonces ellos discutían entre sí, diciendo: Si
decimos, del cielo, dirá: ¿Por qué, pues, no le creísteis?
6 Y si decimos, de los hombres, todo el pueblo
nos apedreará; porque están persuadidos de que Juan era profeta.
7 Y respondieron que no sabían de dónde fuese.
8 Entonces Jesús les dijo: Yo tampoco os diré
con qué autoridad hago estas cosas.

Los labradores malvados

9 Comenzó luego a decir al pueblo esta pará-
bola: Un hombre plantó una viña,[a] la arrendó a labradores, y se ausentó por mucho tiempo.
10 Y a su tiempo envió un siervo a los labrado-
res, para que le diesen del fruto de la viña; pero los labradores le golpearon, y le enviaron con las manos vacías.
11 Volvió a enviar otro siervo; mas ellos a éste
también, golpeado y afrentado, le enviaron con las manos vacías.
12 Volvió a enviar un tercer siervo; mas ellos
también a éste echaron fuera, herido.
13 Entonces el señor de la viña dijo: ¿Qué haré?
Enviaré a mi hijo amado; quizá cuando le vean a él, le tendrán respeto.
14 Mas los labradores, al verle, discutían entre
sí, diciendo: Este es el heredero; venid, matémosle, para que la heredad sea nuestra.
15 Y le echaron fuera de la viña, y le mataron.
¿Qué, pues, les hará el señor de la viña?
16 Vendrá y destruirá a estos labradores, y dará
su viña a otros. Cuando ellos oyeron esto, dijeron: ¡Dios nos libre!
17 Pero él, mirándolos, dijo: ¿Qué, pues, es lo
que está escrito:

La piedra que desecharon los
edificadores
Ha venido a ser cabeza del ángulo?[b]

18 Todo el que cayere sobre aquella piedra, será
quebrantado; mas sobre quien ella cayere, le desmenuzará.

La cuestión del tributo

19 Procuraban los principales sacerdotes y los
escribas echarle mano en aquella hora, porque comprendieron que contra ellos había dicho esta parábola; pero temieron al pueblo.
20 Y acechándole enviaron espías que se simula-
sen justos, a fin de sorprenderle en alguna palabra, para entregarle al poder y autoridad del gobernador.
21 Y le preguntaron, diciendo: Maestro, sabe-
mos que dices y enseñas rectamente, y que no haces acepción de persona, sino que enseñas el camino de Dios con verdad.
22 ¿Nos es lícito dar tributo a César, o no?
23 Mas él, comprendiendo la astucia de ellos, les
dijo: ¿Por qué me tentáis?
24 Mostradme la moneda. ¿De quién tiene la
imagen y la inscripción? Y respondiendo dijeron: De César.
25 Entonces les dijo: Pues dad a César lo que es
de César, y a Dios lo que es de Dios.
26 Y no pudieron sorprenderle en palabra algu-

19.38: [d] Sal. 118.26. **19.46:** [e] Is. 56.7. [f] Jer. 7.11.
19.47: [g] Lc. 21.37. **20.9:** [a] Is. 5.1-2. **20.17:** [b] Sal. 118.22.

na delante del pueblo, sino que maravillados de su respuesta, callaron.

La pregunta sobre la resurrección

27 Llegando entonces algunos de los saduceos, los cuales niegan haber resurrección,[c] le preguntaron,

28 diciendo: Maestro, Moisés nos escribió: Si el hermano de alguno muriere teniendo mujer, y no dejare hijos, que su hermano se case con ella, y levante descendencia a su hermano.[d]

29 Hubo, pues, siete hermanos; y el primero tomó esposa, y murió sin hijos.

30 Y la tomó el segundo, el cual también murió sin hijos.

31 La tomó el tercero, y así todos los siete, y murieron sin dejar descendencia.

32 Finalmente murió también la mujer.

33 En la resurrección, pues, ¿de cuál de ellos será mujer, ya que los siete la tuvieron por mujer?

34 Entonces respondiendo Jesús, les dijo: Los hijos de este siglo se casan, y se dan en casamiento;

35 mas los que fueren tenidos por dignos de alcanzar aquel siglo y la resurrección de entre los muertos, ni se casan, ni se dan en casamiento.

36 Porque no pueden ya más morir, pues son iguales a los ángeles, y son hijos de Dios, al ser hijos de la resurrección.

37 Pero en cuanto a que los muertos han de resucitar, aun Moisés lo enseñó en el pasaje de la zarza, cuando llama al Señor, Dios de Abraham, Dios de Isaac y Dios de Jacob.[e]

38 Porque Dios no es Dios de muertos, sino de vivos, pues para él todos viven.

39 Respondiéndole algunos de los escribas, dijeron: Maestro, bien has dicho.

40 Y no osaron preguntarle nada más.

¿De quién es hijo el Cristo?

41 Entonces él les dijo: ¿Cómo dicen que el Cristo es hijo de David?

42 Pues el mismo David dice en el libro de los Salmos:

Dijo el Señor a mi Señor:
Siéntate a mi diestra,
43 Hasta que ponga a tus enemigos por
estrado de tus pies.[f]

44 David, pues, le llama Señor; ¿cómo entonces es su hijo?

Jesús acusa a los escribas

45 Y oyéndole todo el pueblo, dijo a sus discípulos:

46 Guardaos de los escribas, que gustan de andar con ropas largas, y aman las salutaciones en las plazas, y las primeras sillas en las sinagogas, y los primeros asientos en las cenas;

47 que devoran las casas de las viudas, y por pretexto hacen largas oraciones; éstos recibirán mayor condenación.

La ofrenda de la viuda

21 1 Levantando los ojos, vio a los ricos que echaban sus ofrendas en el arca de las ofrendas.

2 Vio también a una viuda muy pobre, que echaba allí dos blancas.

3 Y dijo: En verdad os digo, que esta viuda pobre echó más que todos.

4 Porque todos aquéllos echaron para las ofrendas de Dios de lo que les sobra; mas ésta, de su pobreza echó todo el sustento que tenía.

Jesús predice la destrucción del templo

5 Y a unos que hablaban de que el templo estaba adornado de hermosas piedras y ofrendas votivas, dijo:

6 En cuanto a estas cosas que veis, días vendrán en que no quedará piedra sobre piedra, que no sea destruida.

Señales antes del fin

7 Y le preguntaron, diciendo: Maestro, ¿cuándo será esto? ¿y qué señal habrá cuando estas cosas estén para suceder?

8 Él entonces dijo: Mirad que no seáis engañados; porque vendrán muchos en mi nombre, diciendo: Yo soy el Cristo, y: El tiempo está cerca. Mas no vayáis en pos de ellos.

9 Y cuando oigáis de guerras y de sediciones, no os alarméis; porque es necesario que estas cosas acontezcan primero; pero el fin no será inmediatamente.

10 Entonces les dijo: Se levantará nación contra nación, y reino contra reino;

11 y habrá grandes terremotos, y en diferentes lugares hambres y pestilencias; y habrá terror y grandes señales del cielo.

12 Pero antes de todas estas cosas os echarán mano, y os perseguirán, y os entregarán a las sinagogas y a las cárceles, y seréis llevados ante reyes y ante gobernadores por causa de mi nombre.

13 Y esto os será ocasión para dar testimonio.

14 Proponed en vuestros corazones no pensar antes cómo habéis de responder en vuestra defensa;

15 porque yo os daré palabra y sabiduría, la cual no podrán resistir ni contradecir todos los que se opongan.[a]

16 Mas seréis entregados aun por vuestros padres, y hermanos, y parientes, y amigos; y matarán a algunos de vosotros;

17 y seréis aborrecidos de todos por causa de mi nombre.

20.27: [c] Hch. 23.8. **20.28:** [d] Dt. 25.5. **20.37:** [e] Ex. 3.6. **20.42-43:** [f] Sal. 110.1. **21.14-15:** [a] Lc. 12.11-12.

18 Pero ni un cabello de vuestra cabeza perecerá.
19 Con vuestra paciencia ganaréis vuestras almas.
20 Pero cuando viereis a Jerusalén rodeada de
ejércitos, sabed entonces que su destrucción ha
llegado.
21 Entonces los que estén en Judea, huyan a los
montes; y los que en medio de ella, váyanse; y
los que estén en los campos, no entren en ella.
22 Porque estos son días de retribución,[b] para que
se cumplan todas las cosas que están escritas.
23 Mas ¡ay de las que estén encintas, y de las
que críen en aquellos días! porque habrá gran
calamidad en la tierra, e ira sobre este pueblo.
24 Y caerán a filo de espada, y serán llevados
cautivos a todas las naciones; y Jerusalén será
hollada por los gentiles, hasta que los tiempos
de los gentiles se cumplan.

La venida del Hijo del Hombre

25 Entonces habrá señales en el sol, en la luna
y en las estrellas,[c] y en la tierra angustia de las
gentes, confundidas a causa del bramido del
mar y de las olas;
26 desfalleciendo los hombres por el temor y la
expectación de las cosas que sobrevendrán en la
tierra; porque las potencias de los cielos serán
conmovidas.
27 Entonces verán al Hijo del Hombre, que vendrá en una nube[d] con poder y gran gloria.
28 Cuando estas cosas comiencen a suceder, ergutos y levantad vuestra cabeza, porque vuestra
redención está cerca.
29 También les dijo una parábola: Mirad la higuera y todos los árboles.
30 Cuando ya brotan, viéndolo, sabéis por vosotros mismos que el verano está ya cerca.
31 Así también vosotros, cuando veáis que suceden estas cosas, sabed que está cerca el reino de
Dios.
32 De cierto os digo, que no pasará esta generación hasta que todo esto acontezca.
33 El cielo y la tierra pasarán, pero mis palabras
no pasarán.
34 Mirad también por vosotros mismos, que
vuestros corazones no se carguen de glotonería
y embriaguez y de los afanes de esta vida, y venga de repente sobre vosotros aquel día.
35 Porque como un lazo vendrá sobre todos los
que habitan sobre la faz de toda la tierra.
36 Velad, pues, en todo tiempo orando que seáis
tenidos por dignos de escapar de todas estas cosas que vendrán, y de estar en pie delante del
Hijo del Hombre.
37 Y enseñaba de día en el templo;[e] y de noche, saliendo, se estaba en el monte que se llama de los Olivos.
38 Y todo el pueblo venía a él por la mañana,
para oírle en el templo.

El complot para matar a Jesús

22 1 Estaba cerca la fiesta de los panes sin
levadura, que se llama la pascua.[a]
2 Y los principales sacerdotes y los escribas buscaban cómo matarle; porque temían al pueblo.
3 Y entró Satanás en Judas, por sobrenombre
Iscariote, el cual era uno del número de los doce;
4 y éste fue y habló con los principales sacerdotes, y con los jefes de la guardia, de cómo se lo
entregaría.
5 Ellos se alegraron, y convinieron en darle dinero.
6 Y él se comprometió, y buscaba una oportunidad para entregárselo a espaldas del pueblo.

Institución de la Cena del Señor

7 Llegó el día de los panes sin levadura, en el
cual era necesario sacrificar el cordero de la
pascua.
8 Y Jesús envió a Pedro y a Juan, diciendo: Id,
preparadnos la pascua para que la comamos.
9 Ellos le dijeron: ¿Dónde quieres que la preparemos?
10 Él les dijo: He aquí, al entrar en la ciudad os saldrá al encuentro un hombre que lleva un cántaro
de agua; seguidle hasta la casa donde entrare,
11 y decid al padre de familia de esa casa: El
Maestro te dice: ¿Dónde está el aposento donde
he de comer la pascua con mis discípulos?
12 Entonces él os mostrará un gran aposento
alto ya dispuesto; preparad allí.
13 Fueron, pues, y hallaron como les había dicho; y prepararon la pascua.
14 Cuando era la hora, se sentó a la mesa, y
con él los apóstoles.
15 Y les dijo: ¡Cuánto he deseado comer con vosotros esta pascua antes que padezca!
16 Porque os digo que no la comeré más, hasta
que se cumpla en el reino de Dios.
17 Y habiendo tomado la copa, dio gracias, y
dijo: Tomad esto, y repartidlo entre vosotros;
18 porque os digo que no beberé más del fruto
de la vid, hasta que el reino de Dios venga.
19 Y tomó el pan y dio gracias, y lo partió y les
dio, diciendo: Esto es mi cuerpo, que por vosotros es dado; haced esto en memoria de mí.
20 De igual manera, después que hubo cenado,
tomó la copa, diciendo: Esta copa es el nuevo pacto[b] en mi sangre,[c] que por vosotros se derrama.
21 Mas he aquí, la mano del que me entrega está
conmigo en la mesa.
22 A la verdad el Hijo del Hombre va, según lo
que está determinado;[d] pero ¡ay de aquel hombre por quien es entregado!

21.22: [b] Os. 9.7. **21.25:** [c] Is. 13.10; Ez. 32.7; Jl. 2.31; Ap. 6.12-13. **21.27:** [d] Dn. 7.13; Ap. 1.7. **21.37:** [e] Lc. 19.47. **22.1:** [a] Ex. 12.1-27. **22.20:** [b] Jer. 31.31-34. [c] Ex. 24.6-8. **22.22:** [d] Sal. 41.9.

23 Entonces ellos comenzaron a discutir entre
sí, quién de ellos sería el que había de hacer
esto.

La grandeza en el servicio

24 Hubo también entre ellos una disputa so-
bre quién de ellos sería el mayor.[e]
25 Pero él les dijo: Los reyes de las naciones se
enseñorean de ellas, y los que sobre ellas tienen
autoridad son llamados bienhechores;
26 mas no así vosotros,[f] sino sea el mayor entre
vosotros como el más joven, y el que dirige,
como el que sirve.[g]
27 Porque, ¿cuál es mayor, el que se sienta a la
mesa, o el que sirve? ¿No es el que se sienta a la
mesa? Mas yo estoy entre vosotros como el que
sirve.[h]
28 Pero vosotros sois los que habéis permane-
cido conmigo en mis pruebas.
29 Yo, pues, os asigno un reino, como mi Padre
me lo asignó a mí,
30 para que comáis y bebáis a mi mesa en mi rei-
no, y os sentéis en tronos juzgando a las doce
tribus de Israel.[i]

Jesús anuncia la negación de Pedro

31 Dijo también el Señor: Simón, Simón, he
aquí Satanás os ha pedido para zarandearos
como a trigo;
32 pero yo he rogado por ti, que tu fe no falte;
y tú, una vez vuelto, confirma a tus hermanos.
33 El le dijo: Señor, dispuesto estoy a ir contigo
no sólo a la cárcel, sino también a la muerte.
34 Y él le dijo: Pedro, te digo que el gallo no can-
tará hoy antes que tú niegues tres veces que me
conoces.

Bolsa, alforja y espada

35 Y a ellos dijo: Cuando os envié sin bolsa,
sin alforja, y sin calzado,[j] ¿os faltó algo? Ellos di-
jeron: Nada.
36 Y les dijo: Pues ahora, el que tiene bolsa, tó-
mela, y también la alforja; y el que no tiene es-
pada, venda su capa y compre una.
37 Porque os digo que es necesario que se cum-
pla todavía en mí aquello que está escrito: Y fue
contado con los inicuos;[k] porque lo que está es-
crito de mí, tiene cumplimiento.
38 Entonces ellos dijeron: Señor, aquí hay dos
espadas. Y él les dijo: Basta.

Jesús ora en Getsemaní

39 Y saliendo, se fue, como solía, al monte de
los Olivos; y sus discípulos también le siguieron.
40 Cuando llegó a aquel lugar, les dijo: Orad que
no entréis en tentación.
41 Y él se apartó de ellos a distancia como de un
tiro de piedra; y puesto de rodillas oró,
42 diciendo: Padre, si quieres, pasa de mí esta
copa; pero no se haga mi voluntad, sino la tuya.
43 Y se le apareció un ángel del cielo para forta-
lecerle.
44 Y estando en agonía, oraba más intensamen-
te; y era su sudor como grandes gotas de sangre
que caían hasta la tierra.
45 Cuando se levantó de la oración, y vino a sus
discípulos, los halló durmiendo a causa de la
tristeza;
46 y les dijo: ¿Por qué dormís? Levantaos, y orad
para que no entréis en tentación.

Arresto de Jesús

47 Mientras él aún hablaba, se presentó una
turba; y el que se llamaba Judas, uno de los
doce, iba al frente de ellos; y se acercó hasta Je-
sús para besarle.
48 Entonces Jesús le dijo: Judas, ¿con un beso
entregas al Hijo del Hombre?
49 Viendo los que estaban con él lo que había
de acontecer, le dijeron: Señor, ¿heriremos a
espada?
50 Y uno de ellos hirió a un siervo del sumo
sacerdote, y le cortó la oreja derecha.
51 Entonces respondiendo Jesús, dijo: Basta ya;
dejad. Y tocando su oreja, le sanó.
52 Y Jesús dijo a los principales sacerdotes, a los
jefes de la guardia del templo y a los ancianos,
que habían venido contra él: ¿Como contra un
ladrón habéis salido con espadas y palos?
53 Habiendo estado con vosotros cada día en el
templo,[l] no extendisteis las manos contra mí;
mas esta es vuestra hora, y la potestad de las
tinieblas.

Pedro niega a Jesús

54 Y prendiéndole, le llevaron, y le conduje-
ron a casa del sumo sacerdote. Y Pedro le seguía
de lejos.
55 Y habiendo ellos encendido fuego en medio
del patio, se sentaron alrededor; y Pedro se sen-
tó también entre ellos.
56 Pero una criada, al verle sentado al fuego, se
fijó en él, y dijo: También éste estaba con él.
57 Pero él lo negó, diciendo: Mujer, no lo conozco.
58 Un poco después, viéndole otro, dijo: Tú tam-
bién eres de ellos. Y Pedro dijo: Hombre, no lo
soy.
59 Como una hora después, otro afirmaba, di-
ciendo: Verdaderamente también éste estaba
con él, porque es galileo.
60 Y Pedro dijo: Hombre, no sé lo que dices. Y en

22.24: [e] Mt. 18.1; Mr. 9.34; Lc. 9.46. **22.25-26:** [f] Mt. 20.25-27; Mr. 10.42-44. **22.26:** [g] Mt. 23.11; Mr. 9.35. **22.27:** [h] Jn. 13.12-15. **22.30:** [i] Mt. 19.28. **22.35:** [j] Mt. 10.9-10; Mr. 6.8-9; Lc. 9.3; 10.4. **22.37:** [k] Is. 53.12. **22.53:** [l] Lc. 19.47; 21.37.

seguida, mientras él todavía hablaba, el gallo
cantó.
61 Entonces, vuelto el Señor, miró a Pedro; y Pedro se acordó de la palabra del Señor, que le había dicho: Antes que el gallo cante, me negarás tres veces.
62 Y Pedro, saliendo fuera, lloró amargamente.

Jesús escarnecido y azotado

63 Y los hombres que custodiaban a Jesús se burlaban de él y le golpeaban;
64 y vendándole los ojos, le golpeaban el rostro, y le preguntaban, diciendo: Profetiza, ¿quién es el que te golpeó?
65 Y decían otras muchas cosas injuriándole.

Jesús ante el concilio

66 Cuando era de día, se juntaron los ancianos del pueblo, los principales sacerdotes y los escribas, y le trajeron al concilio, diciendo:
67 ¿Eres tú el Cristo? Dínoslo. Y les dijo: Si os lo dijere, no creeréis;
68 y también si os preguntare, no me responderéis, ni me soltaréis.
69 Pero desde ahora el Hijo del Hombre se sentará a la diestra del poder de Dios.
70 Dijeron todos: ¿Luego eres tú el Hijo de Dios? Y él les dijo: Vosotros decís que lo soy.
71 Entonces ellos dijeron: ¿Qué más testimonio necesitamos? porque nosotros mismos lo hemos oído de su boca.

Jesús ante Pilato

23 1 Levantándose entonces toda la muchedumbre de ellos, llevaron a Jesús a Pilato.
2 Y comenzaron a acusarle, diciendo: A éste hemos hallado que pervierte a la nación, y que prohibe dar tributo a César, diciendo que él mismo es el Cristo, un rey.
3 Entonces Pilato le preguntó, diciendo: ¿Eres tú el Rey de los judíos? Y respondiéndole él, dijo: Tú lo dices.
4 Y Pilato dijo a los principales sacerdotes, y a la gente: Ningún delito hallo en este hombre.
5 Pero ellos porfiaban, diciendo: Alborota al pueblo, enseñando por toda Judea, comenzando desde Galilea hasta aquí.

Jesús ante Herodes

6 Entonces Pilato, oyendo decir, Galilea, preguntó si el hombre era galileo.
7 Y al saber que era de la jurisdicción de Herodes, le remitió a Herodes, que en aquellos días también estaba en Jerusalén.
8 Herodes, viendo a Jesús, se alegró mucho, porque hacía tiempo que deseaba verle; porque había oído muchas cosas acerca de él, y esperaba verle hacer alguna señal.
9 Y le hacía muchas preguntas, pero él nada le respondió.
10 Y estaban los principales sacerdotes y los escribas acusándole con gran vehemencia.
11 Entonces Herodes con sus soldados le menospreció y escarneció, vistiéndole de una ropa espléndida; y volvió a enviarle a Pilato.
12 Y se hicieron amigos Pilato y Herodes aquel día; porque antes estaban enemistados entre sí.

Jesús sentenciado a muerte

13 Entonces Pilato, convocando a los principales sacerdotes, a los gobernantes, y al pueblo,
14 les dijo: Me habéis presentado a éste como un hombre que perturba al pueblo; pero habiéndole interrogado yo delante de vosotros, no he hallado en este hombre delito alguno de aquellos de que le acusáis.
15 Y ni aun Herodes, porque os remití a él; y he aquí, nada digno de muerte ha hecho este hombre.
16 Le soltaré, pues, después de castigarle.
17 Y tenía necesidad de soltarles uno en cada fiesta.
18 Mas toda la multitud dio voces a una, diciendo: ¡Fuera con éste, y suéltanos a Barrabás!
19 Este había sido echado en la cárcel por sedición en la ciudad, y por un homicidio.
20 Les habló otra vez Pilato, queriendo soltar a Jesús;
21 pero ellos volvieron a dar voces, diciendo: ¡Crucifícale, crucifícale!
22 Él les dijo por tercera vez: ¿Pues qué mal ha hecho éste? Ningún delito digno de muerte he hallado en él; le castigaré, pues, y le soltaré.
23 Mas ellos instaban a grandes voces, pidiendo que fuese crucificado. Y las voces de ellos y de los principales sacerdotes prevalecieron.
24 Entonces Pilato sentenció que se hiciese lo que ellos pedían;
25 y les soltó a aquel que había sido echado en la cárcel por sedición y homicidio, a quien habían pedido; y entregó a Jesús a la voluntad de ellos.

Crucifixión y muerte de Jesús

26 Y llevándole, tomaron a cierto Simón de Cirene, que venía del campo, y le pusieron encima la cruz para que la llevase tras Jesús.
27 Y le seguía gran multitud del pueblo, y de mujeres que lloraban y hacían lamentación por él.
28 Pero Jesús, vuelto hacia ellas, les dijo: Hijas de Jerusalén, no lloréis por mí, sino llorad por vosotras mismas y por vuestros hijos.
29 Porque he aquí vendrán días en que dirán: Bienaventuradas las estériles, y los vientres que no concibieron, y los pechos que no criaron.

30 Entonces comenzarán a decir a los montes: Caed sobre nosotros; y a los collados: Cubridnos.[a]
31 Porque si en el árbol verde hacen estas cosas, ¿en el seco, qué no se hará?
32 Llevaban también con él a otros dos, que eran malhechores, para ser muertos.
33 Y cuando llegaron al lugar llamado de la Calavera, le crucificaron allí, y a los malhechores, uno a la derecha y otro a la izquierda.
34 Y Jesús decía: Padre, perdónalos, porque no saben lo que hacen. Y repartieron entre sí sus vestidos, echando suertes.[b]
35 Y el pueblo estaba mirando; y aun los gobernantes se burlaban de él, diciendo: A otros salvó; sálvese a sí mismo, si éste es el Cristo, el escogido de Dios.
36 Los soldados también le escarnecían, acercándose y presentándole vinagre,
37 y diciendo: Si tú eres el Rey de los judíos, sálvate a ti mismo.
38 Había también sobre él un título escrito con letras griegas, latinas y hebreas: ESTE ES EL REY DE LOS JUDÍOS.
39 Y uno de los malhechores que estaban colgados le injuriaba, diciendo: Si tú eres el Cristo, sálvate a ti mismo y a nosotros.
40 Respondiendo el otro, le reprendió, diciendo: ¿Ni aun temes tú a Dios, estando en la misma condenación?
41 Nosotros, a la verdad, justamente padecemos, porque recibimos lo que merecieron nuestros hechos; mas éste ningún mal hizo.
42 Y dijo a Jesús: Acuérdate de mí cuando vengas en tu reino.
43 Entonces Jesús le dijo: De cierto te digo que hoy estarás conmigo en el paraíso.
44 Cuando era como la hora sexta, hubo tinieblas sobre toda la tierra hasta la hora novena.
45 Y el sol se oscureció, y el velo[c] del templo se rasgó por la mitad.
46 Entonces Jesús, clamando a gran voz, dijo: Padre, en tus manos encomiendo mi espíritu.[d] Y habiendo dicho esto, expiró.
47 Cuando el centurión vio lo que había acontecido, dio gloria a Dios, diciendo: Verdaderamente este hombre era justo.
48 Y toda la multitud de los que estaban presentes en este espectáculo, viendo lo que había acontecido, se volvían golpeándose el pecho.
49 Pero todos sus conocidos, y las mujeres[e] que le habían seguido desde Galilea, estaban lejos mirando estas cosas.

Jesús es sepultado

50 Había un varón llamado José, de Arimatea, ciudad de Judea, el cual era miembro del concilio, varón bueno y justo.
51 Este, que también esperaba el reino de Dios, y no había consentido en el acuerdo ni en los hechos de ellos,
52 fue a Pilato, y pidió el cuerpo de Jesús.
53 Y quitándolo, lo envolvió en una sábana, y lo puso en un sepulcro abierto en una peña, en el cual aún no se había puesto a nadie.
54 Era día de la preparación, y estaba para comenzar el día de reposo.*
55 Y las mujeres que habían venido con él desde Galilea, siguieron también, y vieron el sepulcro, y cómo fue puesto su cuerpo.
56 Y vueltas, prepararon especias aromáticas y ungüentos; y descansaron el día de reposo,* conforme al mandamiento.[f]

La resurrección

24 1 El primer día de la semana, muy de mañana, vinieron al sepulcro, trayendo las especias aromáticas que habían preparado, y algunas otras mujeres con ellas.
2 Y hallaron removida la piedra del sepulcro;
3 y entrando, no hallaron el cuerpo del Señor Jesús.
4 Aconteció que estando ellas perplejas por esto, he aquí se pararon junto a ellas dos varones con vestiduras resplandecientes;
5 y como tuvieron temor, y bajaron el rostro a tierra, les dijeron: ¿Por qué buscáis entre los muertos al que vive?
6 No está aquí, sino que ha resucitado. Acordaos de lo que os habló, cuando aún estaba en Galilea,
7 diciendo: Es necesario que el Hijo del Hombre sea entregado en manos de hombres pecadores, y que sea crucificado, y resucite al tercer día.[a]
8 Entonces ellas se acordaron de sus palabras,
9 y volviendo del sepulcro, dieron nuevas de todas estas cosas a los once, y a todos los demás.
10 Eran María Magdalena, y Juana, y María madre de Jacobo, y las demás con ellas, quienes dijeron estas cosas a los apóstoles.
11 Mas a ellos les parecían locura las palabras de ellas, y no las creían.
12 Pero levantándose Pedro, corrió al sepulcro; y cuando miró dentro, vio los lienzos solos, y se fue a casa maravillándose de lo que había sucedido.

En el camino a Emaús

13 Y he aquí, dos de ellos iban el mismo día a una aldea llamada Emaús, que estaba a sesenta estadios de Jerusalén.
14 E iban hablando entre sí de todas aquellas cosas que habían acontecido.

* Aquí equivale a *sábado*.
23.30: [a] Os. 10.8; Ap. 6.16. **23.34:** [b] Sal. 22.18. **23.45:** [c] Ex. 26.31-33. **23.46:** [d] Sal. 31.5. **23.49:** [e] Lc. 8.2-3. **23.56:** [f] Ex. 20.10; Dt. 5.14. **24.6-7:** [a] Mt. 16.21; 17.22-23; 20.18-19; Mr. 8.31; 9.31; 10.33-34; Lc. 9.22; 18.31-33.

15 Sucedió que mientras hablaban y discutían
entre sí, Jesús mismo se acercó, y caminaba con
ellos.
16 Mas los ojos de ellos estaban velados, para
que no le conociesen.
17 Y les dijo: ¿Qué pláticas son estas que tenéis
entre vosotros mientras camináis, y por qué es-
táis tristes?
18 Respondiendo uno de ellos, que se llamaba
Cleofas, le dijo: ¿Eres tú el único forastero en
Jerusalén que no has sabido las cosas que en
ella han acontecido en estos días?
19 Entonces él les dijo: ¿Qué cosas? Y ellos le di-
jeron: De Jesús nazareno, que fue varón profe-
ta, poderoso en obra y en palabra delante de
Dios y de todo el pueblo;
20 y cómo le entregaron los principales sacerdo-
tes y nuestros gobernantes a sentencia de muer-
te, y le crucificaron.
21 Pero nosotros esperábamos que él era el que
había de redimir a Israel; y ahora, además de
todo esto, hoy es ya el tercer día que esto ha
acontecido.
22 Aunque también nos han asombrado unas
mujeres de entre nosotros, las que antes del día
fueron al sepulcro;
23 y como no hallaron su cuerpo, vinieron di-
ciendo que también habían visto visión de ánge-
les, quienes dijeron que él vive.
24 Y fueron algunos de los nuestros al sepulcro,
y hallaron así como las mujeres habían dicho,
pero a él no le vieron.
25 Entonces él les dijo: ¡Oh insensatos, y tardos
de corazón para creer todo lo que los profetas
han dicho!
26 ¿No era necesario que el Cristo padeciera es-
tas cosas, y que entrara en su gloria?
27 Y comenzando desde Moisés, y siguiendo por
todos los profetas, les declaraba en todas las
Escrituras lo que de él decían.
28 Llegaron a la aldea adonde iban, y él hizo
como que iba más lejos.
29 Mas ellos le obligaron a quedarse, diciendo:
Quédate con nosotros, porque se hace tarde, y
el día ya ha declinado. Entró, pues, a quedarse
con ellos.
30 Y aconteció que estando sentado con ellos a la
mesa, tomó el pan y lo bendijo, lo partió, y les dio.
31 Entonces les fueron abiertos los ojos, y le re-
conocieron; mas él se desapareció de su vista.
32 Y se decían el uno al otro: ¿No ardía nuestro
corazón en nosotros, mientras nos hablaba en el
camino, y cuando nos abría las Escrituras?
33 Y levantándose en la misma hora, volvieron a
Jerusalén, y hallaron a los once reunidos, y a los
que estaban con ellos,
34 que decían: Ha resucitado el Señor verdade-
ramente, y ha aparecido a Simón.
35 Entonces ellos contaban las cosas que les ha-
bían acontecido en el camino, y cómo le habían
reconocido al partir el pan.

Jesús se aparece a los discípulos

36 Mientras ellos aún hablaban de estas co-
sas, Jesús se puso en medio de ellos, y les dijo:
Paz a vosotros.
37 Entonces, espantados y atemorizados, pensa-
ban que veían espíritu.
38 Pero él les dijo: ¿Por qué estáis turbados, y
vienen a vuestro corazón estos pensamientos?
39 Mirad mis manos y mis pies, que yo mismo
soy; palpad, y ved; porque un espíritu no tiene
carne ni huesos, como veis que yo tengo.
40 Y diciendo esto, les mostró las manos y los
pies.
41 Y como todavía ellos, de gozo, no lo creían, y
estaban maravillados, les dijo: ¿Tenéis aquí algo
de comer?
42 Entonces le dieron parte de un pez asado, y
un panal de miel.
43 Y él lo tomó, y comió delante de ellos.
44 Y les dijo: Estas son las palabras que os ha-
blé, estando aún con vosotros: que era necesa-
rio que se cumpliese todo lo que está escrito de
mí en la ley de Moisés, en los profetas y en los
salmos.
45 Entonces les abrió el entendimiento, para
que comprendiesen las Escrituras;
46 y les dijo: Así está escrito, y así fue necesario
que el Cristo padeciese,[b] y resucitase de los
muertos al tercer día;[c]
47 y que se predicase en su nombre el arrepenti-
miento y el perdón de pecados en todas las na-
ciones, comenzando desde Jerusalén.
48 Y vosotros sois testigos de estas cosas.
49 He aquí, yo enviaré la promesa de mi Padre[d]
sobre vosotros; pero quedaos vosotros en la ciu-
dad de Jerusalén, hasta que seáis investidos de
poder desde lo alto.

La ascensión

50 Y los sacó fuera hasta Betania, y alzando
sus manos, los bendijo.
51 Y aconteció que bendiciéndolos, se separó de
ellos, y fue llevado arriba al cielo.[e]
52 Ellos, después de haberle adorado, volvieron
a Jerusalén con gran gozo;
53 y estaban siempre en el templo, alabando y
bendiciendo a Dios. Amén.

24.46: [b] Is. 53.1-12. [c] Os. 6.2. **24.49:** [d] Hch. 1.4.
24.50-51: [e] Hch. 1.9-11.8.

EL SANTO EVANGELIO SEGÚN

SAN JUAN

El Verbo hecho carne

1 1 En el principio era el Verbo, y el Verbo era
con Dios, y el Verbo era Dios.
2 Este era en el principio con Dios.
3 Todas las cosas por él fueron hechas, y sin él
nada de lo que ha sido hecho, fue hecho.
4 En él estaba la vida, y la vida era la luz de los
hombres.
5 La luz en las tinieblas resplandece, y las tinie-
blas no prevalecieron contra ella.
6 Hubo un hombre enviado de Dios, el cual se
llamaba Juan.[a]
7 Este vino por testimonio, para que diese testi-
monio de la luz, a fin de que todos creyesen por él.
8 No era él la luz, sino para que diese testimonio
de la luz.
9 Aquella luz verdadera, que alumbra a todo
hombre, venía a este mundo.
10 En el mundo estaba, y el mundo por él fue he-
cho; pero el mundo no le conoció.
11 A lo suyo vino, y los suyos no le recibieron.
12 Mas a todos los que le recibieron, a los que
creen en su nombre, les dio potestad de ser he-
chos hijos de Dios;
13 los cuales no son engendrados de sangre, ni
de voluntad de carne, ni de voluntad de varón,
sino de Dios.
14 Y aquel Verbo fue hecho carne, y habitó en-
tre nosotros (y vimos su gloria, gloria como del
unigénito del Padre), lleno de gracia y de
verdad.
15 Juan dio testimonio de él, y clamó diciendo:
Este es de quien yo decía: El que viene después
de mí, es antes de mí; porque era primero que yo.
16 Porque de su plenitud tomamos todos, y gra-
cia sobre gracia.
17 Pues la ley por medio de Moisés fue dada,
pero la gracia y la verdad vinieron por medio de
Jesucristo.
18 A Dios nadie le vio jamás; el unigénito Hijo,
que está en el seno del Padre, él le ha dado a co-
nocer.

Testimonio de Juan el Bautista

19 Este es el testimonio de Juan, cuando los
judíos enviaron de Jerusalén sacerdotes y levi-
tas para que le preguntasen: ¿Tú, quién eres?
20 Confesó, y no negó, sino confesó: Yo no soy el
Cristo.
21 Y le preguntaron: ¿Qué pues? ¿Eres tú Elías?[b]
Dijo: No soy. ¿Eres tú el profeta?[c] Y respondió: No.
22 Le dijeron: ¿Pues quién eres? para que demos
respuesta a los que nos enviaron. ¿Qué dices de
ti mismo?
23 Dijo: Yo soy la voz de uno que clama en el de-
sierto: Enderezad el camino del Señor, como
dijo el profeta Isaías.[d]
24 Y los que habían sido enviados eran de los
fariseos.
25 Y le preguntaron, y le dijeron: ¿Por qué, pues,
bautizas, si tú no eres el Cristo, ni Elías, ni el
profeta?
26 Juan les respondió diciendo: Yo bautizo con
agua; mas en medio de vosotros está uno a
quien vosotros no conocéis.
27 Este es el que viene después de mí, el que es
antes de mí, del cual yo no soy digno de desatar
la correa del calzado.
28 Estas cosas sucedieron en Betábara, al otro
lado del Jordán, donde Juan estaba bautizando.

El Cordero de Dios

29 El siguiente día vio Juan a Jesús que venía
a él, y dijo: He aquí el Cordero de Dios, que qui-
ta el pecado del mundo.
30 Este es aquel de quien yo dije: Después de mí
viene un varón, el cual es antes de mí; porque
era primero que yo.
31 Y yo no le conocía; mas para que fuese mani-
festado a Israel, por esto vine yo bautizando con
agua.
32 También dio Juan testimonio, diciendo: Vi al
Espíritu que descendía del cielo como paloma, y
permaneció sobre él.
33 Y yo no le conocía; pero el que me envió a
bautizar con agua, aquél me dijo: Sobre quien
veas descender el Espíritu y que permanece so-
bre él, ése es el que bautiza con el Espíritu Santo.
34 Y yo le vi, y he dado testimonio de que éste es
el Hijo de Dios.

Los primeros discípulos

35 El siguiente día otra vez estaba Juan, y dos
de sus discípulos.
36 Y mirando a Jesús que andaba por allí, dijo:
He aquí el Cordero de Dios.
37 Le oyeron hablar los dos discípulos, y siguie-
ron a Jesús.
38 Y volviéndose Jesús, y viendo que le seguían,
les dijo: ¿Qué buscáis? Ellos le dijeron: Rabí
(que traducido es, Maestro), ¿dónde moras?
39 Les dijo: Venid y ved. Fueron, y vieron donde
moraba, y se quedaron con él aquel día; porque
era como la hora décima.
40 Andrés, hermano de Simón Pedro, era uno de

1.6: [a] Mt. 3.1; Mr. 1.4; Lc. 3.1-2. **1.21:** [b] Mal. 4.5. [c] Dt. 18.15, 18.
1.23: [d] Is. 40.3.

los dos que habían oído a Juan, y habían seguido a Jesús.
41 Este halló primero a su hermano Simón, y le dijo: Hemos hallado al Mesías (que traducido es, el Cristo).
42 Y le trajo a Jesús. Y mirándole Jesús, dijo: Tú eres Simón, hijo de Jonás; tú serás llamado Cefas[1] (que quiere decir, Pedro[2]).

Jesús llama a Felipe y a Natanael

43 El siguiente día quiso Jesús ir a Galilea, y halló a Felipe, y le dijo: Sígueme.
44 Y Felipe era de Betsaida, la ciudad de Andrés y Pedro.
45 Felipe halló a Natanael, y le dijo: Hemos hallado a aquél de quien escribió Moisés en la ley, así como los profetas: a Jesús, el hijo de José, de Nazaret.
46 Natanael le dijo: ¿De Nazaret puede salir algo de bueno? Le dijo Felipe: Ven y ve.
47 Cuando Jesús vio a Natanael que se le acercaba, dijo de él: He aquí un verdadero israelita, en quien no hay engaño.
48 Le dijo Natanael: ¿De dónde me conoces? Respondió Jesús y le dijo: Antes que Felipe te llamara, cuando estabas debajo de la higuera, te vi.
49 Respondió Natanael y le dijo: Rabí, tú eres el Hijo de Dios; tú eres el Rey de Israel.
50 Respondió Jesús y le dijo: ¿Porque te dije: Te vi debajo de la higuera, crees? Cosas mayores que estas verás.
51 Y le dijo: De cierto, de cierto os digo: De aquí adelante veréis el cielo abierto, y a los ángeles de Dios que suben y descienden[e] sobre el Hijo del Hombre.

Las bodas de Caná

2 1 Al tercer día se hicieron unas bodas en Caná de Galilea; y estaba allí la madre de Jesús.
2 Y fueron también invitados a las bodas Jesús y sus discípulos.
3 Y faltando el vino, la madre de Jesús le dijo: No tienen vino.
4 Jesús le dijo: ¿Qué tienes conmigo, mujer? Aún no ha venido mi hora.
5 Su madre dijo a los que servían: Haced todo lo que os dijere.[a]
6 Y estaban allí seis tinajas de piedra para agua, conforme al rito de la purificación de los judíos, en cada una de las cuales cabían dos o tres cántaros.
7 Jesús les dijo: Llenad estas tinajas de agua. Y las llenaron hasta arriba.
8 Entonces les dijo: Sacad ahora, y llevadlo al maestresala. Y se lo llevaron.
9 Cuando el maestresala probó el agua hecha vino, sin saber él de dónde era, aunque lo sabían los sirvientes que habían sacado el agua, llamó al esposo,
10 y le dijo: Todo hombre sirve primero el buen vino, y cuando ya han bebido mucho, entonces el inferior; mas tú has reservado el buen vino hasta ahora.
11 Este principio de señales hizo Jesús en Caná de Galilea, y manifestó su gloria; y sus discípulos creyeron en él.
12 Después de esto descendieron a Capernaum,[b] él, su madre, sus hermanos y sus discípulos; y estuvieron allí no muchos días.

Jesús purifica el templo

13 Estaba cerca la pascua[c] de los judíos; y subió Jesús a Jerusalén,
14 y halló en el templo a los que vendían bueyes, ovejas y palomas, y a los cambistas allí sentados.
15 Y haciendo un azote de cuerdas, echó fuera del templo a todos, y las ovejas y los bueyes; y esparció las monedas de los cambistas, y volcó las mesas;
16 y dijo a los que vendían palomas: Quitad de aquí esto, y no hagáis de la casa de mi Padre casa de mercado.
17 Entonces se acordaron sus discípulos que está escrito: El celo de tu casa me consume.[d]
18 Y los judíos respondieron y le dijeron: ¿Qué señal nos muestras, ya que haces esto?
19 Respondió Jesús y les dijo: Destruid este templo, y en tres días lo levantaré.[e]
20 Dijeron luego los judíos: En cuarenta y seis años fue edificado este templo, ¿y tú en tres días lo levantarás?
21 Mas él hablaba del templo de su cuerpo.
22 Por tanto, cuando resucitó de entre los muertos, sus discípulos se acordaron que había dicho esto; y creyeron la Escritura y la palabra que Jesús había dicho.

Jesús conoce a todos los hombres

23 Estando en Jerusalén en la fiesta de la pascua, muchos creyeron en su nombre, viendo las señales que hacía.
24 Pero Jesús mismo no se fiaba de ellos, porque conocía a todos,
25 y no tenía necesidad de que nadie le diese testimonio del hombre, pues él sabía lo que había en el hombre.

Jesús y Nicodemo

3 1 Había un hombre de los fariseos que se llamaba Nicodemo, un principal entre los judíos.

1.42:[1] De la palabra *piedra* en arameo y en griego, respectivamente. [2] De la palabra *piedra* en arameo y en griego, respectivamente. **1.51:** [e] Gn. 28.12. **2.5:** [a] Gn. 41.55. **2.12:** [b] Mt. 4.13. **2.13:** [c] Ex. 12.1-27. **2.17:** [d] Sal. 69.9. **2.19:** [e] Mt. 26.61; 27.40; Mr. 14.58; 15.29.

2 Este vino a Jesús de noche, y le dijo: Rabí, sa-
bemos que has venido de Dios como maestro;
porque nadie puede hacer estas señales que tú
haces, si no está Dios con él.
3 Respondió Jesús y le dijo: De cierto, de cierto
te digo, que el que no naciere de nuevo, no pue-
de ver el reino de Dios.
4 Nicodemo le dijo: ¿Cómo puede un hombre
nacer siendo viejo? ¿Puede acaso entrar por se-
gunda vez en el vientre de su madre, y nacer?
5 Respondió Jesús: De cierto, de cierto te digo,
que el que no naciere de agua y del Espíritu, no
puede entrar en el reino de Dios.
6 Lo que es nacido de la carne, carne es; y lo que
es nacido del Espíritu,[3] espíritu es.
7 No te maravilles de que te dije: Os es necesario
nacer de nuevo.
8 El viento[4] sopla de donde quiere, y oyes su so-
nido; mas ni sabes de dónde viene, ni a dónde
va; así es todo aquel que es nacido del Espíritu.
9 Respondió Nicodemo y le dijo: ¿Cómo puede
hacerse esto?
10 Respondió Jesús y le dijo: ¿Eres tú maestro
de Israel, y no sabes esto?
11 De cierto, de cierto te digo, que lo que sabe-
mos hablamos, y lo que hemos visto, testifica-
mos; y no recibís nuestro testimonio.
12 Si os he dicho cosas terrenales, y no creéis,
¿cómo creeréis si os dijere las celestiales?
13 Nadie subió al cielo, sino el que descendió del
cielo; el Hijo del Hombre, que está en el cielo.
14 Y como Moisés levantó la serpiente en el de-
sierto,[a] así es necesario que el Hijo del Hombre
sea levantado,
15 para que todo aquel que en él cree, no se
pierda, mas tenga vida eterna.

De tal manera amó Dios al mundo

16 Porque de tal manera amó Dios al mundo,
que ha dado a su Hijo unigénito, para que todo
aquel que en él cree, no se pierda, mas tenga
vida eterna.
17 Porque no envió Dios a su Hijo al mundo para
condenar al mundo, sino para que el mundo sea
salvo por él.
18 El que en él cree, no es condenado; pero el
que no cree, ya ha sido condenado, porque no
ha creído en el nombre del unigénito Hijo de
Dios.
19 Y esta es la condenación: que la luz vino al
mundo, y los hombres amaron más las tinieblas
que la luz, porque sus obras eran malas.
20 Porque todo aquel que hace lo malo, aborre-
ce la luz y no viene a la luz, para que sus obras
no sean reprendidas.
21 Mas el que practica la verdad viene a la luz,
para que sea manifiesto que sus obras son he-
chas en Dios.

El amigo del esposo

22 Después de esto, vino Jesús con sus discí-
pulos a la tierra de Judea, y estuvo allí con ellos,
y bautizaba.
23 Juan bautizaba también en Enón, junto a Sa-
lim, porque había allí muchas aguas; y venían, y
eran bautizados.
24 Porque Juan no había sido aún encarcelado.[b]
25 Entonces hubo discusión entre los discípu-
los de Juan y los judíos acerca de la purificación.
26 Y vinieron a Juan y le dijeron: Rabí, mira que
el que estaba contigo al otro lado del Jordán, de
quien tú diste testimonio, bautiza, y todos vie-
nen a él.
27 Respondió Juan y dijo: No puede el hombre
recibir nada, si no le fuere dado del cielo.
28 Vosotros mismos me sois testigos de que dije:
Yo no soy el Cristo,[c] sino que soy enviado delan-
te de él.
29 El que tiene la esposa, es el esposo; mas el
amigo del esposo, que está a su lado y le oye, se
goza grandemente de la voz del esposo; así
pues, este mi gozo está cumplido.
30 Es necesario que él crezca, pero que yo
mengüe.

El que viene de arriba

31 El que de arriba viene, es sobre todos; el
que es de la tierra, es terrenal, y cosas terrenales
habla; el que viene del cielo, es sobre todos.
32 Y lo que vio y oyó, esto testifica; y nadie reci-
be su testimonio.
33 El que recibe su testimonio, éste atestigua
que Dios es veraz.
34 Porque el que Dios envió, las palabras de Dios
habla; pues Dios no da el Espíritu por medida.
35 El Padre ama al Hijo, y todas las cosas ha en-
tregado en su mano.[d]
36 El que cree en el Hijo tiene vida eterna;
pero el que rehúsa creer en el Hijo no verá la
vida, sino que la ira de Dios está sobre él.

Jesús y la mujer samaritana

4 1 Cuando, pues, el Señor entendió que los
fariseos habían oído decir: Jesús hace y
bautiza más discípulos que Juan
2 (aunque Jesús no bautizaba, sino sus discí-
pulos),
3 salió de Judea, y se fue otra vez a Galilea.
4 Y le era necesario pasar por Samaria.
5 Vino, pues, a una ciudad de Samaria llamada
Sicar, junto a la heredad que Jacob dio a su hijo
José.[a]

3.6:[3] La misma palabra griega significa tanto *viento* como *espíritu.* **3.8:**[4] La misma palabra griega significa tanto *viento* como *espíritu.* **3.14:** [a] Nm. 21.9. **3.24:** [b] Mt. 14.3; Mr. 6.17; Lc. 3.19-20. **3.28:** [c] Jn. 1.20. **3.35:** [d] Mt. 11.27; Lc. 10.22. **4.5:** [a] Gn. 33.19; Jos. 24.32.

6 Y estaba allí el pozo de Jacob. Entonces Jesús, cansado del camino, se sentó así junto al pozo. Era como la hora sexta.

7 Vino una mujer de Samaria a sacar agua; y Jesús le dijo: Dame de beber.

8 Pues sus discípulos habían ido a la ciudad a comprar de comer.

9 La mujer samaritana le dijo: ¿Cómo tú, siendo judío, me pides a mí de beber, que soy mujer samaritana? Porque judíos y samaritanos no se tratan entre sí.[b]

10 Respondió Jesús y le dijo: Si conocieras el don de Dios, y quién es el que te dice: Dame de beber; tú le pedirías, y él te daría agua viva.

11 La mujer le dijo: Señor, no tienes con qué sacarla, y el pozo es hondo. ¿De dónde, pues, tienes el agua viva?

12 ¿Acaso eres tú mayor que nuestro padre Jacob, que nos dio este pozo, del cual bebieron él, sus hijos y sus ganados?

13 Respondió Jesús y le dijo: Cualquiera que bebiere de esta agua, volverá a tener sed;

14 mas el que bebiere del agua que yo le daré, no tendrá sed jamás; sino que el agua que yo le daré será en él una fuente de agua que salte para vida eterna.

15 La mujer le dijo: Señor, dame esa agua, para que no tenga yo sed, ni venga aquí a sacarla.

16 Jesús le dijo: Ve, llama a tu marido, y ven acá.

17 Respondió la mujer y dijo: No tengo marido. Jesús le dijo: Bien has dicho: No tengo marido;

18 porque cinco maridos has tenido, y el que ahora tienes no es tu marido; esto has dicho con verdad.

19 Le dijo la mujer: Señor, me parece que tú eres profeta.

20 Nuestros padres adoraron en este monte, y vosotros decís que en Jerusalén es el lugar donde se debe adorar.

21 Jesús le dijo: Mujer, créeme, que la hora viene cuando ni en este monte ni en Jerusalén adoraréis al Padre.

22 Vosotros adoráis lo que no sabéis; nosotros adoramos lo que sabemos; porque la salvación viene de los judíos.

23 Mas la hora viene, y ahora es, cuando los verdaderos adoradores adorarán al Padre en espíritu y en verdad; porque también el Padre tales adoradores busca que le adoren.

24 Dios es Espíritu; y los que le adoran, en espíritu y en verdad es necesario que adoren.

25 Le dijo la mujer: Sé que ha de venir el Mesías, llamado el Cristo; cuando él venga nos declarará todas las cosas.

26 Jesús le dijo: Yo soy, el que habla contigo.

27 En esto vinieron sus discípulos, y se maravillaron de que hablaba con una mujer; sin embargo, ninguno dijo: ¿Qué preguntas? o, ¿Qué hablas con ella?

28 Entonces la mujer dejó su cántaro, y fue a la ciudad, y dijo a los hombres:

29 Venid, ved a un hombre que me ha dicho todo cuanto he hecho. ¿No será éste el Cristo?

30 Entonces salieron de la ciudad, y vinieron a él.

31 Entre tanto, los discípulos le rogaban, diciendo: Rabí, come.

32 El les dijo: Yo tengo una comida que comer, que vosotros no sabéis.

33 Entonces los discípulos decían unos a otros: ¿Le habrá traído alguien de comer?

34 Jesús les dijo: Mi comida es que haga la voluntad del que me envió, y que acabe su obra.

35 ¿No decís vosotros: Aún faltan cuatro meses para que llegue la siega? He aquí os digo: Alzad vuestros ojos y mirad los campos, porque ya están blancos para la siega.

36 Y el que siega recibe salario, y recoge fruto para vida eterna, para que el que siembra goce juntamente con el que siega.

37 Porque en esto es verdadero el dicho: Uno es el que siembra, y otro es el que siega.

38 Yo os he enviado a segar lo que vosotros no labrasteis; otros labraron, y vosotros habéis entrado en sus labores.

39 Y muchos de los samaritanos de aquella ciudad creyeron en él por la palabra de la mujer, que daba testimonio diciendo: Me dijo todo lo que he hecho.

40 Entonces vinieron los samaritanos a él y le rogaron que se quedase con ellos; y se quedó allí dos días.

41 Y creyeron muchos más por la palabra de él,

42 y decían a la mujer: Ya no creemos solamente por tu dicho, porque nosotros mismos hemos oído, y sabemos que verdaderamente éste es el Salvador del mundo, el Cristo.

Jesús sana al hijo de un noble

43 Dos días después, salió de allí y fue a Galilea.

44 Porque Jesús mismo dio testimonio de que el profeta no tiene honra en su propia tierra.[c]

45 Cuando vino a Galilea, los galileos le recibieron, habiendo visto todas las cosas que había hecho en Jerusalén, en la fiesta;[d] porque también ellos habían ido a la fiesta.

46 Vino, pues, Jesús otra vez a Caná de Galilea, donde había convertido el agua en vino.[e] Y había en Capernaum un oficial del rey, cuyo hijo estaba enfermo.

47 Este, cuando oyó que Jesús había llegado de Judea a Galilea, vino a él y le rogó que descen-

4.9: [b] Esd. 4.1-5; Neh. 4.1-2. **4.44:** [c] Mt. 13.57; Mr. 6.4; Lc. 4.24. **4.45:** [d] Jn. 2.23. **4.46:** [e] Jn. 2.1-11.

diese y sanase a su hijo, que estaba a punto de
morir.
48 Entonces Jesús le dijo: Si no viereis señales y
prodigios, no creeréis.
49 El oficial del rey le dijo: Señor, desciende an-
tes que mi hijo muera.
50 Jesús le dijo: Ve, tu hijo vive. Y el hombre cre-
yó la palabra que Jesús le dijo, y se fue.
51 Cuando ya él descendía, sus siervos salieron
a recibirle, y le dieron nuevas, diciendo: Tu hijo
vive.
52 Entonces él les preguntó a qué hora había co-
menzado a estar mejor. Y le dijeron: Ayer a las
siete le dejó la fiebre.
53 El padre entonces entendió que aquella era la
hora en que Jesús le había dicho: Tu hijo vive; y
creyó él con toda su casa.
54 Esta segunda señal hizo Jesús, cuando fue de
Judea a Galilea.

El paralítico de Betesda

5 1 Después de estas cosas había una fiesta de
los judíos, y subió Jesús a Jerusalén.
2 Y hay en Jerusalén, cerca de la puerta de las
ovejas, un estanque, llamado en hebreo Betes-
da, el cual tiene cinco pórticos.
3 En éstos yacía una multitud de enfermos, cie-
gos, cojos y paralíticos, que esperaban el movi-
miento del agua.
4 Porque un ángel descendía de tiempo en tiempo
al estanque, y agitaba el agua; y el que primero
descendía al estanque después del movimiento
del agua, quedaba sano de cualquier enferme-
dad que tuviese.
5 Y había allí un hombre que hacía treinta y
ocho años que estaba enfermo.
6 Cuando Jesús lo vio acostado, y supo que lle-
vaba ya mucho tiempo así, le dijo: ¿Quieres ser
sano?
7 Señor, le respondió el enfermo, no tengo quien
me meta en el estanque cuando se agita el agua;
y entre tanto que yo voy, otro desciende antes
que yo.
8 Jesús le dijo: Levántate, toma tu lecho, y anda.
9 Y al instante aquel hombre fue sanado, y tomó
su lecho, y anduvo. Y era día de reposo* aquel
día.
10 Entonces los judíos dijeron a aquel que ha-
bía sido sanado: Es día de reposo;* no te es líci-
to llevar tu lecho.[a]
11 El les respondió: El que me sanó, él mismo
me dijo: Toma tu lecho y anda.
12 Entonces le preguntaron: ¿Quién es el que te
dijo: Toma tu lecho y anda?
13 Y el que había sido sanado no sabía quién
fuese, porque Jesús se había apartado de la gen-
te que estaba en aquel lugar.
14 Después le halló Jesús en el templo, y le dijo:
Mira, has sido sanado; no peques más, para que
no te venga alguna cosa peor.
15 El hombre se fue, y dio aviso a los judíos, que
Jesús era el que le había sanado.
16 Y por esta causa los judíos perseguían a Je-
sús, y procuraban matarle, porque hacía estas
cosas en el día de reposo.*
17 Y Jesús les respondió: Mi Padre hasta ahora
trabaja, y yo trabajo.
18 Por esto los judíos aun más procuraban ma-
tarle, porque no sólo quebrantaba el día de re-
poso,* sino que también decía que Dios era su
propio Padre, haciéndose igual a Dios.

La autoridad del Hijo

19 Respondió entonces Jesús, y les dijo: De
cierto, de cierto os digo: No puede el Hijo hacer
nada por sí mismo, sino lo que ve hacer al Pa-
dre; porque todo lo que el Padre hace, también
lo hace el Hijo igualmente.
20 Porque el Padre ama al Hijo, y le muestra todas
las cosas que él hace; y mayores obras que estas le
mostrará, de modo que vosotros os maravilléis.
21 Porque como el Padre levanta a los muertos,
y les da vida, así también el Hijo a los que quiere
da vida.
22 Porque el Padre a nadie juzga, sino que todo
el juicio dio al Hijo,
23 para que todos honren al Hijo como honran
al Padre. El que no honra al Hijo, no honra al Pa-
dre que le envió.
24 De cierto, de cierto os digo: El que oye mi
palabra, y cree al que me envió, tiene vida eter-
na; y no vendrá a condenación, mas ha pasado
de muerte a vida.
25 De cierto, de cierto os digo: Viene la hora, y
ahora es, cuando los muertos oirán la voz del
Hijo de Dios; y los que la oyeren vivirán.
26 Porque como el Padre tiene vida en sí mismo,
así también ha dado al Hijo el tener vida en sí
mismo;
27 y también le dio autoridad de hacer juicio,
por cuanto es el Hijo del Hombre.
28 No os maravilléis de esto; porque vendrá
hora cuando todos los que están en los sepul-
cros oirán su voz;
29 y los que hicieron lo bueno, saldrán a resu-
rrección de vida; mas los que hicieron lo malo, a
resurrección de condenación.[b]

Testigos de Cristo

30 No puedo yo hacer nada por mí mismo; se-
gún oigo, así juzgo; y mi juicio es justo, porque
no busco mi voluntad, sino la voluntad del que
me envió, la del Padre.

* Aquí equivale a *sábado*.
5.10: [a] Neh. 13.19; Jer. 17.21. **5.29:** [b] Dn. 12.2.

31 Si yo doy testimonio acerca de mí mismo, mi testimonio no es verdadero.
32 Otro es el que da testimonio acerca de mí, y sé que el testimonio que da de mí es verdadero.
33 Vosotros enviasteis mensajeros a Juan, y él dio testimonio de la verdad.[c]
34 Pero yo no recibo testimonio de hombre alguno; mas digo esto, para que vosotros seáis salvos.
35 El era antorcha que ardía y alumbraba; y vosotros quisisteis regocijaros por un tiempo en su luz.
36 Mas yo tengo mayor testimonio que el de Juan; porque las obras que el Padre me dio para que cumpliese, las mismas obras que yo hago, dan testimonio de mí, que el Padre me ha enviado.
37 También el Padre que me envió ha dado testimonio de mí.[d] Nunca habéis oído su voz, ni habéis visto su aspecto,
38 ni tenéis su palabra morando en vosotros; porque a quien él envió, vosotros no creéis.
39 Escudriñad las Escrituras; porque a vosotros os parece que en ellas tenéis la vida eterna; y ellas son las que dan testimonio de mí;
40 y no queréis venir a mí para que tengáis vida.
41 Gloria de los hombres no recibo.
42 Mas yo os conozco, que no tenéis amor de Dios en vosotros.
43 Yo he venido en nombre de mi Padre, y no me recibís; si otro viniere en su propio nombre, a ése recibiréis.
44 ¿Cómo podéis vosotros creer, pues recibís gloria los unos de los otros, y no buscáis la gloria que viene del Dios único?
45 No penséis que yo voy a acusaros delante del Padre; hay quien os acusa, Moisés, en quien tenéis vuestra esperanza.
46 Porque si creyeseis a Moisés, me creeríais a mí, porque de mí escribió él.
47 Pero si no creéis a sus escritos, ¿cómo creeréis a mis palabras?

Alimentación de los cinco mil

6 1 Después de esto, Jesús fue al otro lado del mar de Galilea, el de Tiberias.
2 Y le seguía gran multitud, porque veían las señales que hacía en los enfermos.
3 Entonces subió Jesús a un monte, y se sentó allí con sus discípulos.
4 Y estaba cerca la pascua, la fiesta de los judíos.
5 Cuando alzó Jesús los ojos, y vio que había venido a él gran multitud, dijo a Felipe: ¿De dónde compraremos pan para que coman éstos?
6 Pero esto decía para probarle; porque él sabía lo que había de hacer.
7 Felipe le respondió: Doscientos denarios de pan no bastarían para que cada uno de ellos tomase un poco.
8 Uno de sus discípulos, Andrés, hermano de Simón Pedro, le dijo:
9 Aquí está un muchacho, que tiene cinco panes de cebada y dos pececillos; mas ¿qué es esto para tantos?
10 Entonces Jesús dijo: Haced recostar la gente. Y había mucha hierba en aquel lugar; y se recostaron como en número de cinco mil varones.
11 Y tomó Jesús aquellos panes, y habiendo dado gracias, los repartió entre los discípulos, y los discípulos entre los que estaban recostados; asimismo de los peces, cuanto querían.
12 Y cuando se hubieron saciado, dijo a sus discípulos: Recoged los pedazos que sobraron, para que no se pierda nada.
13 Recogieron, pues, y llenaron doce cestas de pedazos, que de los cinco panes de cebada sobraron a los que habían comido.
14 Aquellos hombres entonces, viendo la señal que Jesús había hecho, dijeron: Este verdaderamente es el profeta que había de venir al mundo.
15 Pero entendiendo Jesús que iban a venir para apoderarse de él y hacerle rey, volvió a retirarse al monte él solo.

Jesús anda sobre el mar

16 Al anochecer, descendieron sus discípulos al mar,
17 y entrando en una barca, iban cruzando el mar hacia Capernaum. Estaba ya oscuro, y Jesús no había venido a ellos.
18 Y se levantaba el mar con un gran viento que soplaba.
19 Cuando habían remado como veinticinco o treinta estadios, vieron a Jesús que andaba sobre el mar y se acercaba a la barca; y tuvieron miedo.
20 Mas él les dijo: Yo soy; no temáis.
21 Ellos entonces con gusto le recibieron en la barca, la cual llegó en seguida a la tierra adonde iban.

La gente busca a Jesús

22 El día siguiente, la gente que estaba al otro lado del mar vio que no había habido allí más que una sola barca, y que Jesús no había entrado en ella con sus discípulos, sino que éstos se habían ido solos.
23 Pero otras barcas habían arribado de Tiberias junto al lugar donde habían comido el pan después de haber dado gracias el Señor.
24 Cuando vio, pues, la gente que Jesús no estaba allí, ni sus discípulos, entraron en las barcas y fueron a Capernaum, buscando a Jesús.

5.33: [c] Jn. 1.19-27; 3.27-30. **5.37:** [d] Mt. 3.17; Mr. 1.11; Lc. 3.22.

Jesús, el pan de vida

25 Y hallándole al otro lado del mar, le dijeron: Rabí, ¿cuándo llegaste acá?

26 Respondió Jesús y les dijo: De cierto, de cierto os digo que me buscáis, no porque habéis visto las señales, sino porque comisteis el pan y os saciasteis.

27 Trabajad, no por la comida que perece, sino por la comida que a vida eterna permanece, la cual el Hijo del Hombre os dará; porque a éste señaló Dios el Padre.

28 Entonces le dijeron: ¿Qué debemos hacer para poner en práctica las obras de Dios?

29 Respondió Jesús y les dijo: Esta es la obra de Dios, que creáis en el que él ha enviado.

30 Le dijeron entonces: ¿Qué señal, pues, haces tú, para que veamos, y te creamos? ¿Qué obra haces?

31 Nuestros padres comieron el maná en el desierto,[a] como está escrito: Pan del cielo les dio a comer.[b]

32 Y Jesús les dijo: De cierto, de cierto os digo: No os dio Moisés el pan del cielo, mas mi Padre os da el verdadero pan del cielo.

33 Porque el pan de Dios es aquel que descendió del cielo y da vida al mundo.

34 Le dijeron: Señor, danos siempre este pan.

35 Jesús les dijo: Yo soy el pan de vida; el que a mí viene, nunca tendrá hambre; y el que en mí cree, no tendrá sed jamás.

36 Mas os he dicho, que aunque me habéis visto, no creéis.

37 Todo lo que el Padre me da, vendrá a mí; y al que a mí viene, no le echo fuera.

38 Porque he descendido del cielo, no para hacer mi voluntad, sino la voluntad del que me envió.

39 Y esta es la voluntad del Padre, el que me envió: Que de todo lo que me diere, no pierda yo nada, sino que lo resucite en el día postrero.

40 Y esta es la voluntad del que me ha enviado: Que todo aquél que ve al Hijo, y cree en él, tenga vida eterna; y yo le resucitaré en el día postrero.

41 Murmuraban entonces de él los judíos, porque había dicho: Yo soy el pan que descendió del cielo.

42 Y decían: ¿No es éste Jesús, el hijo de José, cuyo padre y madre nosotros conocemos? ¿Cómo, pues, dice éste: Del cielo he descendido?

43 Jesús respondió y les dijo: No murmuréis entre vosotros.

44 Ninguno puede venir a mí, si el Padre que me envió no le trajere; y yo le resucitaré en el día postrero.

45 Escrito está en los profetas: Y serán todos enseñados por Dios.[c] Así que, todo aquel que oyó al Padre, y aprendió de él, viene a mí.

46 No que alguno haya visto al Padre, sino aquel que vino de Dios; éste ha visto al Padre.

47 De cierto, de cierto os digo: El que cree en mí, tiene vida eterna.

48 Yo soy el pan de vida.

49 Vuestros padres comieron el maná en el desierto, y murieron.

50 Este es el pan que desciende del cielo, para que el que de él come, no muera.

51 Yo soy el pan vivo que descendió del cielo; si alguno comiere de este pan, vivirá para siempre; y el pan que yo daré es mi carne, la cual yo daré por la vida del mundo.

52 Entonces los judíos contendían entre sí, diciendo: ¿Cómo puede éste darnos a comer su carne?

53 Jesús les dijo: De cierto, de cierto os digo: Si no coméis la carne del Hijo del Hombre, y bebéis su sangre, no tenéis vida en vosotros.

54 El que come mi carne y bebe mi sangre, tiene vida eterna; y yo le resucitaré en el día postrero.

55 Porque mi carne es verdadera comida, y mi sangre es verdadera bebida.

56 El que come mi carne y bebe mi sangre, en mí permanece, y yo en él.

57 Como me envió el Padre viviente, y yo vivo por el Padre, asimismo el que me come, él también vivirá por mí.

58 Este es el pan que descendió del cielo; no como vuestros padres comieron el maná, y murieron; el que come de este pan, vivirá eternamente.

59 Estas cosas dijo en la sinagoga, enseñando en Capernaum.

Palabras de vida eterna

60 Al oírlas, muchos de sus discípulos dijeron: Dura es esta palabra; ¿quién la puede oír?

61 Sabiendo Jesús en sí mismo que sus discípulos murmuraban de esto, les dijo: ¿Esto os ofende?

62 ¿Pues qué, si viereis al Hijo del Hombre subir adonde estaba primero?

63 El espíritu es el que da vida; la carne para nada aprovecha; las palabras que yo os he hablado son espíritu y son vida.

64 Pero hay algunos de vosotros que no creen. Porque Jesús sabía desde el principio quiénes eran los que no creían, y quién le había de entregar.

65 Y dijo: Por eso os he dicho que ninguno puede venir a mí, si no le fuere dado del Padre.

66 Desde entonces muchos de sus discípulos volvieron atrás, y ya no andaban con él.

67 Dijo entonces Jesús a los doce: ¿Queréis acaso iros también vosotros?

6.31: [a] Ex. 16.4, 15. **6.31:** [b] Sal. 78.24. **6.45:** [c] Is. 54.13.

68 Le respondió Simón Pedro: Señor, ¿a quién iremos? Tú tienes palabras de vida eterna.
69 Y nosotros hemos creído y conocemos que tú eres el Cristo, el Hijo del Dios viviente.[d]
70 Jesús les respondió: ¿No os he escogido yo a vosotros los doce, y uno de vosotros es diablo?
71 Hablaba de Judas Iscariote, hijo de Simón; porque éste era el que le iba a entregar, y era uno de los doce.

Incredulidad de los hermanos de Jesús

7 1 Después de estas cosas, andaba Jesús en Galilea; pues no quería andar en Judea, porque los judíos procuraban matarle.
2 Estaba cerca la fiesta de los judíos, la de los tabernáculos;[a]
3 y le dijeron sus hermanos: Sal de aquí, y vete a Judea, para que también tus discípulos vean las obras que haces.
4 Porque ninguno que procura darse a conocer hace algo en secreto. Si estas cosas haces, manifiéstate al mundo.
5 Porque ni aun sus hermanos creían en él.
6 Entonces Jesús les dijo: Mi tiempo aún no ha llegado, mas vuestro tiempo siempre está presto.
7 No puede el mundo aborreceros a vosotros; mas a mí me aborrece, porque yo testifico de él, que sus obras son malas.
8 Subid vosotros a la fiesta; yo no subo todavía a esa fiesta, porque mi tiempo aún no se ha cumplido.
9 Y habiéndoles dicho esto, se quedó en Galilea.

Jesús en la fiesta de los tabernáculos

10 Pero después que sus hermanos habían subido, entonces él también subió a la fiesta, no abiertamente, sino como en secreto.
11 Y le buscaban los judíos en la fiesta, y decían: ¿Dónde está aquél?
12 Y había gran murmullo acerca de él entre la multitud, pues unos decían: Es bueno; pero otros decían: No, sino que engaña al pueblo.
13 Pero ninguno hablaba abiertamente de él, por miedo a los judíos.
14 Mas a la mitad de la fiesta subió Jesús al templo, y enseñaba.
15 Y se maravillaban los judíos, diciendo: ¿Cómo sabe éste letras, sin haber estudiado?
16 Jesús les respondió y dijo: Mi doctrina no es mía, sino de aquel que me envió.
17 El que quiera hacer la voluntad de Dios, conocerá si la doctrina es de Dios, o si yo hablo por mi propia cuenta.
18 El que habla por su propia cuenta, su propia gloria busca; pero el que busca la gloria del que le envió, éste es verdadero, y no hay en él injusticia.
19 ¿No os dio Moisés la ley, y ninguno de vosotros cumple la ley? ¿Por qué procuráis matarme?
20 Respondió la multitud y dijo: Demonio tienes; ¿quién procura matarte?
21 Jesús respondió y les dijo: Una obra hice, y todos os maravilláis.
22 Por cierto, Moisés os dio la circuncisión[b] (no porque sea de Moisés, sino de los padres[c]); y en el día de reposo* circuncidáis al hombre.
23 Si recibe el hombre la circuncisión en el día de reposo,* para que la ley de Moisés no sea quebrantada, ¿os enojáis conmigo porque en el día de reposo* sané completamente a un hombre?[d]
24 No juzguéis según las apariencias, sino juzgad con justo juicio.

¿Es éste el Cristo?

25 Decían entonces unos de Jerusalén: ¿No es éste a quien buscan para matarle?
26 Pues mirad, habla públicamente, y no le dicen nada. ¿Habrán reconocido en verdad los gobernantes que éste es el Cristo?
27 Pero éste, sabemos de dónde es; mas cuando venga el Cristo, nadie sabrá de dónde sea.
28 Jesús entonces, enseñando en el templo, alzó la voz y dijo: A mí me conocéis, y sabéis de dónde soy; y no he venido de mí mismo, pero el que me envió es verdadero, a quien vosotros no conocéis.
29 Pero yo le conozco, porque de él procedo, y él me envió.
30 Entonces procuraban prenderle; pero ninguno le echó mano, porque aún no había llegado su hora.
31 Y muchos de la multitud creyeron en él, y decían: El Cristo, cuando venga, ¿hará más señales que las que éste hace?

Los fariseos envían alguaciles para prender a Jesús

32 Los fariseos oyeron a la gente que murmuraba de él estas cosas; y los principales sacerdotes y los fariseos enviaron alguaciles para que le prendiesen.
33 Entonces Jesús dijo: Todavía un poco de tiempo estaré con vosotros, e iré al que me envió.
34 Me buscaréis, y no me hallaréis; y a donde yo estaré, vosotros no podréis venir.
35 Entonces los judíos dijeron entre sí: ¿Adónde se irá éste, que no le hallemos? ¿Se irá a los dispersos entre los griegos, y enseñará a los griegos?
36 ¿Qué significa esto que dijo: Me buscaréis, y no me hallaréis; y a donde yo estaré, vosotros no podréis venir?

* Aquí equivale a *sábado.*

6.68-69: [d] Mt. 16.16; Mr. 8.29; Lc. 9.20. **7.2:** [a] Lv. 23.34; Dt. 16.13. **7.22:** [b] Lv. 12.3. [c] Gn. 17.10. **7.23:** [d] Jn. 5.9.

Ríos de agua viva

37 En el último y gran día de la fiesta,[e] Jesús
se puso en pie y alzó la voz, diciendo: Si alguno
tiene sed, venga a mí y beba.
38 El que cree en mí, como dice la Escritura, de
su interior correrán ríos de agua viva.[f]
39 Esto dijo del Espíritu que habían de recibir
los que creyesen en él; pues aún no había veni-
do el Espíritu Santo, porque Jesús no había sido
aún glorificado.

División entre la gente

40 Entonces algunos de la multitud, oyendo
estas palabras, decían: Verdaderamente éste es
el profeta.
41 Otros decían: Este es el Cristo. Pero algunos
decían: ¿De Galilea ha de venir el Cristo?
42 ¿No dice la Escritura que del linaje de David,
y de la aldea de Belén,[g] de donde era David, ha
de venir el Cristo?
43 Hubo entonces disensión entre la gente a
causa de él.
44 Y algunos de ellos querían prenderle; pero
ninguno le echó mano.

¡Nunca ha hablado hombre así!

45 Los alguaciles vinieron a los principales sa-
cerdotes y a los fariseos; y éstos les dijeron: ¿Por
qué no le habéis traído?
46 Los alguaciles respondieron: ¡Jamás hombre
alguno ha hablado como este hombre!
47 Entonces los fariseos les respondieron: ¿Tam-
bién vosotros habéis sido engañados?
48 ¿Acaso ha creído en él alguno de los gober-
nantes, o de los fariseos?
49 Mas esta gente que no sabe la ley, maldita
es.
50 Les dijo Nicodemo, el que vino a él de noche,[h]
el cual era uno de ellos:
51 ¿Juzga acaso nuestra ley a un hombre si pri-
mero no le oye, y sabe lo que ha hecho?
52 Respondieron y le dijeron: ¿Eres tú también
galileo? Escudriña y ve que de Galilea nunca se
ha levantado profeta.

La mujer adúltera

53 Cada uno se fue a su casa;
8 1 y Jesús se fue al monte de los Olivos.
2 Y por la mañana volvió al templo, y todo el
pueblo vino a él; y sentado él, les enseñaba.
3 Entonces los escribas y los fariseos le trajeron
una mujer sorprendida en adulterio; y ponién-
dola en medio,
4 le dijeron: Maestro, esta mujer ha sido sor-
prendida en el acto mismo de adulterio.
5 Y en la ley nos mandó Moisés apedrear a tales
mujeres.[a] Tú, pues, ¿qué dices?
6 Mas esto decían tentándole, para poder acusar-
le. Pero Jesús, inclinado hacia el suelo, escribía
en tierra con el dedo.
7 Y como insistieran en preguntarle, se endere-
zó y les dijo: El que de vosotros esté sin pecado
sea el primero en arrojar la piedra contra ella.
8 E inclinándose de nuevo hacia el suelo, siguió
escribiendo en tierra.
9 Pero ellos, al oír esto, acusados por su concien-
cia, salían uno a uno, comenzando desde los
más viejos hasta los postreros; y quedó solo Je-
sús, y la mujer que estaba en medio.
10 Enderezándose Jesús, y no viendo a nadie
sino a la mujer, le dijo: Mujer, ¿dónde están los
que te acusaban? ¿Ninguno te condenó?
11 Ella dijo: Ninguno, Señor. Entonces Jesús le
dijo: Ni yo te condeno; vete, y no peques más.

Jesús, la luz del mundo

12 Otra vez Jesús les habló, diciendo: Yo soy
la luz del mundo;[b] el que me sigue, no andará
en tinieblas, sino que tendrá la luz de la vida.
13 Entonces los fariseos le dijeron: Tú das testi-
monio acerca de ti mismo; tu testimonio no es
verdadero.[c]
14 Respondió Jesús y les dijo: Aunque yo doy
testimonio acerca de mí mismo, mi testimonio
es verdadero, porque sé de dónde he venido y a
dónde voy; pero vosotros no sabéis de dónde
vengo, ni a dónde voy.
15 Vosotros juzgáis según la carne; yo no juzgo a
nadie.
16 Y si yo juzgo, mi juicio es verdadero; porque
no soy yo solo, sino yo y el que me envió, el Pa-
dre.
17 Y en vuestra ley está escrito que el testimonio
de dos hombres es verdadero.
18 Yo soy el que doy testimonio de mí mismo, y
el Padre que me envió da testimonio de mí.
19 Ellos le dijeron: ¿Dónde está tu Padre? Res-
pondió Jesús: Ni a mí me conocéis, ni a mi Pa-
dre; si a mí me conocieseis, también a mi Padre
conoceríais.
20 Estas palabras habló Jesús en el lugar de las
ofrendas, enseñando en el templo; y nadie le
prendió, porque aún no había llegado su hora.

A donde yo voy, vosotros no podéis venir

21 Otra vez les dijo Jesús: Yo me voy, y me
buscaréis, pero en vuestro pecado moriréis; a
donde yo voy, vosotros no podéis venir.
22 Decían entonces los judíos: ¿Acaso se matará
a sí mismo, que dice: A donde yo voy, vosotros
no podéis venir?
23 Y les dijo: Vosotros sois de abajo, yo soy de

7.37: [e] Lv. 23.36. **7.38:** [f] Ez. 47.1; Zac. 14.8.
7.42: [g] Mi. 5.2. **7.50:** [h] Jn. 3.1-2. **8.5:** [a] Lv. 20.10;
Dt. 22.22-24. **8.12:** [b] Mt. 5.14; Jn. 9.5. **8.13:** [c] Jn. 5.31.

arriba; vosotros sois de este mundo, yo no soy de este mundo.

24 Por eso os dije que moriréis en vuestros pecados; porque si no creéis que yo soy, en vuestros pecados moriréis.

25 Entonces le dijeron: ¿Tú quién eres? Entonces Jesús les dijo: Lo que desde el principio os he dicho.

26 Muchas cosas tengo que decir y juzgar de vosotros; pero el que me envió es verdadero; y yo, lo que he oído de él, esto hablo al mundo.

27 Pero no entendieron que les hablaba del Padre.

28 Les dijo, pues, Jesús: Cuando hayáis levantado al Hijo del Hombre, entonces conoceréis que yo soy, y que nada hago por mí mismo, sino que según me enseñó el Padre, así hablo.

29 Porque el que me envió, conmigo está; no me ha dejado solo el Padre, porque yo hago siempre lo que le agrada.

30 Hablando él estas cosas, muchos creyeron en él.

La verdad os hará libres

31 Dijo entonces Jesús a los judíos que habían creído en él: Si vosotros permaneciereis en mi palabra, seréis verdaderamente mis discípulos;

32 y conoceréis la verdad, y la verdad os hará libres.

33 Le respondieron: Linaje de Abraham somos,[d] y jamás hemos sido esclavos de nadie. ¿Cómo dices tú: Seréis libres?

34 Jesús les respondió: De cierto, de cierto os digo, que todo aquel que hace pecado, esclavo es del pecado.

35 Y el esclavo no queda en la casa para siempre; el hijo sí queda para siempre.

36 Así que, si el Hijo os libertare, seréis verdaderamente libres.

37 Sé que sois descendientes de Abraham; pero procuráis matarme, porque mi palabra no halla cabida en vosotros.

38 Yo hablo lo que he visto cerca del Padre; y vosotros hacéis lo que habéis oído cerca de vuestro padre.

Sois de vuestro padre el diablo

39 Respondieron y le dijeron: Nuestro padre es Abraham. Jesús les dijo: Si fueseis hijos de Abraham, las obras de Abraham haríais.

40 Pero ahora procuráis matarme a mí, hombre que os he hablado la verdad, la cual he oído de Dios; no hizo esto Abraham.

41 Vosotros hacéis las obras de vuestro padre. Entonces le dijeron: Nosotros no somos nacidos de fornicación; un padre tenemos, que es Dios.

42 Jesús entonces les dijo: Si vuestro padre fuese Dios, ciertamente me amaríais; porque yo de Dios he salido, y he venido; pues no he venido de mí mismo, sino que él me envió.

43 ¿Por qué no entendéis mi lenguaje? Porque no podéis escuchar mi palabra.

44 Vosotros sois de vuestro padre el diablo, y los deseos de vuestro padre queréis hacer. El ha sido homicida desde el principio, y no ha permanecido en la verdad, porque no hay verdad en él. Cuando habla mentira, de suyo habla; porque es mentiroso, y padre de mentira.

45 Y a mí, porque digo la verdad, no me creéis.

46 ¿Quién de vosotros me redarguye de pecado? Pues si digo la verdad, ¿por qué vosotros no me creéis?

47 El que es de Dios, las palabras de Dios oye; por esto no las oís vosotros, porque no sois de Dios.

La preexistencia de Cristo

48 Respondieron entonces los judíos, y le dijeron: ¿No decimos bien nosotros, que tú eres samaritano, y que tienes demonio?

49 Respondió Jesús: Yo no tengo demonio, antes honro a mi Padre; y vosotros me deshonráis.

50 Pero yo no busco mi gloria; hay quien la busca, y juzga.

51 De cierto, de cierto os digo, que el que guarda mi palabra, nunca verá muerte.

52 Entonces los judíos le dijeron: Ahora conocemos que tienes demonio. Abraham murió, y los profetas; y tú dices: El que guarda mi palabra, nunca sufrirá muerte.

53 ¿Eres tú acaso mayor que nuestro padre Abraham, el cual murió? ¡Y los profetas murieron! ¿Quién te haces a ti mismo?

54 Respondió Jesús: Si yo me glorifico a mí mismo, mi gloria nada es; mi Padre es el que me glorifica, el que vosotros decís que es vuestro Dios.

55 Pero vosotros no le conocéis; mas yo le conozco, y si dijere que no le conozco, sería mentiroso como vosotros; pero le conozco, y guardo su palabra.

56 Abraham vuestro padre se gozó de que había de ver mi día; y lo vio, y se gozó.

57 Entonces le dijeron los judíos: Aún no tienes cincuenta años, ¿y has visto a Abraham?

58 Jesús les dijo: De cierto, de cierto os digo: Antes que Abraham fuese, yo soy.

59 Tomaron entonces piedras para arrojárselas; pero Jesús se escondió y salió del templo; y atravesando por en medio de ellos, se fue.

Jesús sana a un ciego de nacimiento

9 1 Al pasar Jesús, vio a un hombre ciego de nacimiento.

2 Y le preguntaron sus discípulos, diciendo:

8.33: [d] Mt. 3.9; Lc. 3.8.

Rabí, ¿quién pecó, éste o sus padres, para que
haya nacido ciego?
3 Respondió Jesús: No es que pecó éste, ni sus
padres, sino para que las obras de Dios se mani-
fiesten en él.
4 Me es necesario hacer las obras del que me en-
vió, entre tanto que el día dura; la noche viene,
cuando nadie puede trabajar.
5 Entre tanto que estoy en el mundo, luz soy del
mundo.[a]
6 Dicho esto, escupió en tierra, e hizo lodo con
la saliva, y untó con el lodo los ojos del ciego,
7 y le dijo: Ve a lavarte en el estanque de Siloé
(que traducido es, Enviado). Fue entonces, y se
lavó, y regresó viendo.
8 Entonces los vecinos, y los que antes le habían
visto que era ciego, decían: ¿No es éste el que se
sentaba y mendigaba?
9 Unos decían: El es; y otros: A él se parece. El
decía: Yo soy.
10 Y le dijeron: ¿Cómo te fueron abiertos los
ojos?
11 Respondió él y dijo: Aquel hombre que se llama
Jesús hizo lodo, me untó los ojos, y me dijo: Ve al
Siloé, y lávate; y fui, y me lavé, y recibí la vista.
12 Entonces le dijeron: ¿Dónde está él? El dijo:
No sé.

Los fariseos interrogan al ciego sanado

13 Llevaron ante los fariseos al que había sido
ciego.
14 Y era día de reposo* cuando Jesús había he-
cho el lodo, y le había abierto los ojos.
15 Volvieron, pues, a preguntarle también los fa-
riseos cómo había recibido la vista. El les dijo:
Me puso lodo sobre los ojos, y me lavé, y veo.
16 Entonces algunos de los fariseos decían: Ese
hombre no procede de Dios, porque no guarda
el día de reposo.* Otros decían: ¿Cómo puede
un hombre pecador hacer estas señales? Y había
disensión entre ellos.
17 Entonces volvieron a decirle al ciego: ¿Qué
dices tú del que te abrió los ojos? Y él dijo: Que
es profeta.
18 Pero los judíos no creían que él había sido
ciego, y que había recibido la vista, hasta que
llamaron a los padres del que había recibido la
vista,
19 y les preguntaron, diciendo: ¿Es éste vuestro
hijo, el que vosotros decís que nació ciego? ¿Có-
mo, pues, ve ahora?
20 Sus padres respondieron y les dijeron: Sabe-
mos que éste es nuestro hijo, y que nació ciego;
21 pero cómo vea ahora, no lo sabemos; o quién
le haya abierto los ojos, nosotros tampoco lo sa-
bemos; edad tiene, preguntadle a él; él hablará
por sí mismo.
22 Esto dijeron sus padres, porque tenían miedo
de los judíos, por cuanto los judíos ya habían
acordado que si alguno confesase que Jesús era
el Mesías, fuera expulsado de la sinagoga.
23 Por eso dijeron sus padres: Edad tiene, pre-
guntadle a él.
24 Entonces volvieron a llamar al hombre que
había sido ciego, y le dijeron: Da gloria a Dios;
nosotros sabemos que ese hombre es pecador.
25 Entonces él respondió y dijo: Si es pecador,
no lo sé; una cosa sé, que habiendo yo sido cie-
go, ahora veo.
26 Le volvieron a decir: ¿Qué te hizo? ¿Cómo te
abrió los ojos?
27 El les respondió: Ya os lo he dicho, y no ha-
béis querido oír; ¿por qué lo queréis oír otra
vez? ¿Queréis también vosotros haceros sus
discípulos?
28 Y le injuriaron, y dijeron: Tú eres su discípu-
lo; pero nosotros, discípulos de Moisés somos.
29 Nosotros sabemos que Dios ha hablado a
Moisés; pero respecto a ése, no sabemos de dón-
de sea.
30 Respondió el hombre, y les dijo: Pues esto es
lo maravilloso, que vosotros no sepáis de dónde
sea, y a mí me abrió los ojos.
31 Y sabemos que Dios no oye a los pecadores;
pero si alguno es temeroso de Dios, y hace su
voluntad, a ése oye.
32 Desde el principio no se ha oído decir que al-
guno abriese los ojos a uno que nació ciego.
33 Si éste no viniera de Dios, nada podría hacer.
34 Respondieron y le dijeron: Tú naciste del
todo en pecado, ¿y nos enseñas a nosotros? Y le
expulsaron.

Ceguera espiritual

35 Oyó Jesús que le habían expulsado; y ha-
llándole, le dijo: ¿Crees tú en el Hijo de Dios?
36 Respondió él y dijo: ¿Quién es, Señor, para
que crea en él?
37 Le dijo Jesús: Pues le has visto, y el que habla
contigo, él es.
38 Y él dijo: Creo, Señor; y le adoró.
39 Dijo Jesús: Para juicio he venido yo a este
mundo; para que los que no ven, vean, y los que
ven, sean cegados.
40 Entonces algunos de los fariseos que estaban
con él, al oír esto, le dijeron: ¿Acaso nosotros so-
mos también ciegos?
41 Jesús les respondió: Si fuerais ciegos, no ten-
dríais pecado; mas ahora, porque decís: Vemos,
vuestro pecado permanece.

Parábola del redil

10 1 De cierto, de cierto os digo: El que no
entra por la puerta en el redil de las ove-

* Aquí equivale a *sábado.*
9.5: [a] Mt. 5.14; Jn. 8.12.

jas, sino que sube por otra parte, ése es ladrón y
salteador.
2 Mas el que entra por la puerta, el pastor de las
ovejas es.
3 A éste abre el portero, y las ovejas oyen su voz;
y a sus ovejas llama por nombre, y las saca.
4 Y cuando ha sacado fuera todas las propias, va
delante de ellas; y las ovejas le siguen, porque
conocen su voz.
5 Mas al extraño no seguirán, sino huirán de él,
porque no conocen la voz de los extraños.
6 Esta alegoría les dijo Jesús; pero ellos no en-
tendieron qué era lo que les decía.

Jesús, el buen pastor

7 Volvió, pues, Jesús a decirles: De cierto, de
cierto os digo: Yo soy la puerta de las ovejas.
8 Todos los que antes de mí vinieron, ladrones
son y salteadores; pero no los oyeron las ovejas.
9 Yo soy la puerta; el que por mí entrare, será
salvo; y entrará, y saldrá, y hallará pastos.
10 El ladrón no viene sino para hurtar y matar y
destruir; yo he venido para que tengan vida, y
para que la tengan en abundancia.
11 Yo soy el buen pastor;[a] el buen pastor su vida
da por las ovejas.
12 Mas el asalariado, y que no es el pastor, de
quien no son propias las ovejas, ve venir al lobo
y deja las ovejas y huye, y el lobo arrebata las
ovejas y las dispersa.
13 Así que el asalariado huye, porque es asala-
riado, y no le importan las ovejas.
14 Yo soy el buen pastor; y conozco mis ovejas, y
las mías me conocen,
15 así como el Padre me conoce, y yo conozco al
Padre;[b] y pongo mi vida por las ovejas.
16 También tengo otras ovejas que no son de
este redil; aquéllas también debo traer, y oirán
mi voz; y habrá un rebaño, y un pastor.
17 Por eso me ama el Padre, porque yo pongo mi
vida, para volverla a tomar.
18 Nadie me la quita, sino que yo de mí mismo
la pongo. Tengo poder para ponerla, y tengo po-
der para volverla a tomar. Este mandamiento
recibí de mi Padre.
19 Volvió a haber disensión entre los judíos
por estas palabras.
20 Muchos de ellos decían: Demonio tiene, y
está fuera de sí; ¿por qué le oís?
21 Decían otros: Estas palabras no son de ende-
moniado. ¿Puede acaso el demonio abrir los
ojos de los ciegos?

Los judíos rechazan a Jesús

22 Celebrábase en Jerusalén la fiesta de la de-
dicación. Era invierno,
23 y Jesús andaba en el templo por el pórtico de
Salomón.
24 Y le rodearon los judíos y le dijeron: ¿Hasta
cuándo nos turbarás el alma? Si tú eres el Cris-
to, dínoslo abiertamente.
25 Jesús les respondió: Os lo he dicho, y no
creéis; las obras que yo hago en nombre de mi
Padre, ellas dan testimonio de mí;
26 pero vosotros no creéis, porque no sois de
mis ovejas, como os he dicho.
27 Mis ovejas oyen mi voz, y yo las conozco, y
me siguen,
28 y yo les doy vida eterna; y no perecerán ja-
más, ni nadie las arrebatará de mi mano.
29 Mi Padre que me las dio, es mayor que todos, y
nadie las puede arrebatar de la mano de mi Padre.
30 Yo y el Padre uno somos.
31 Entonces los judíos volvieron a tomar pie-
dras para apedrearle.
32 Jesús les respondió: Muchas buenas obras os
he mostrado de mi Padre; ¿por cuál de ellas me
apedreáis?
33 Le respondieron los judíos, diciendo: Por buena
obra no te apedreamos, sino por la blasfemia;[c]
porque tú, siendo hombre, te haces Dios.
34 Jesús les respondió: ¿No está escrito en vues-
tra ley: Yo dije, dioses sois?[d]
35 Si llamó dioses a aquellos a quienes vino la
palabra de Dios
(y la Escritura no puede ser quebrantada),
36 ¿al que el Padre santificó y envió al mundo,
vosotros decís: Tú blasfemas, porque dije: Hijo
de Dios soy?
37 Si no hago las obras de mi Padre, no me
creáis.
38 Mas si las hago, aunque no me creáis a mí,
creed a las obras, para que conozcáis y creáis
que el Padre está en mí, y yo en el Padre.
39 Procuraron otra vez prenderle, pero él se es-
capó de sus manos.
40 Y se fue de nuevo al otro lado del Jordán,
al lugar donde primero había estado bautizando
Juan;[e] y se quedó allí.
41 Y muchos venían a él, y decían: Juan, a la
verdad, ninguna señal hizo; pero todo lo que
Juan dijo de éste, era verdad.
42 Y muchos creyeron en él allí.

Muerte de Lázaro

11 1 Estaba entonces enfermo uno llamado
Lázaro, de Betania, la aldea de María y
de Marta su hermana.[a]
2 (María, cuyo hermano Lázaro estaba enfermo,
fue la que ungió al Señor con perfume, y le enju-
gó los pies con sus cabellos.[b])
3 Enviaron, pues, las hermanas para decir a Je-
sús: Señor, he aquí el que amas está enfermo.

10.11-13: [a] Ez. 34.11-12. **10.15:** [b] Mt. 11.27; Lc. 10.22.
10.33: [c] Lv. 24.16. **10.34:** [d] Sal. 82.6. **10.40:** [e] Jn. 1.28.
11.1: [a] Lc. 10.38-39. **11.2:** [b] Jn. 12.3.

4 Oyéndolo Jesús, dijo: Esta enfermedad no es para muerte, sino para la gloria de Dios, para que el Hijo de Dios sea glorificado por ella.

5 Y amaba Jesús a Marta, a su hermana y a Lázaro.

6 Cuando oyó, pues, que estaba enfermo, se quedó dos días más en el lugar donde estaba.

7 Luego, después de esto, dijo a los discípulos: Vamos a Judea otra vez.

8 Le dijeron los discípulos: Rabí, ahora procuraban los judíos apedrearte, ¿y otra vez vas allá?

9 Respondió Jesús: ¿No tiene el día doce horas? El que anda de día, no tropieza, porque ve la luz de este mundo;

10 pero el que anda de noche, tropieza, porque no hay luz en él.

11 Dicho esto, les dijo después: Nuestro amigo Lázaro duerme; mas voy para despertarle.

12 Dijeron entonces sus discípulos: Señor, si duerme, sanará.

13 Pero Jesús decía esto de la muerte de Lázaro; y ellos pensaron que hablaba del reposar del sueño.

14 Entonces Jesús les dijo claramente: Lázaro ha muerto;

15 y me alegro por vosotros, de no haber estado allí, para que creáis; mas vamos a él.

16 Dijo entonces Tomás, llamado Dídimo, a sus condiscípulos: Vamos también nosotros, para que muramos con él.

Jesús, la resurrección y la vida

17 Vino, pues, Jesús, y halló que hacía ya cuatro días que Lázaro estaba en el sepulcro.

18 Betania estaba cerca de Jerusalén, como a quince estadios;

19 y muchos de los judíos habían venido a Marta y a María, para consolarlas por su hermano.

20 Entonces Marta, cuando oyó que Jesús venía, salió a encontrarle; pero María se quedó en casa.

21 Y Marta dijo a Jesús: Señor, si hubieses estado aquí, mi hermano no habría muerto.

22 Mas también sé ahora que todo lo que pidas a Dios, Dios te lo dará.

23 Jesús le dijo: Tu hermano resucitará.

24 Marta le dijo: Yo sé que resucitará en la resurrección, en el día postrero.

25 Le dijo Jesús: Yo soy la resurrección y la vida; el que cree en mí, aunque esté muerto, vivirá.

26 Y todo aquel que vive y cree en mí, no morirá eternamente. ¿Crees esto?

27 Le dijo: Sí, Señor; yo he creído que tú eres el Cristo, el Hijo de Dios, que has venido al mundo.

Jesús llora ante la tumba de Lázaro

28 Habiendo dicho esto, fue y llamó a María su hermana, diciéndole en secreto: El Maestro está aquí y te llama.

29 Ella, cuando lo oyó, se levantó de prisa y vino a él.

30 Jesús todavía no había entrado en la aldea, sino que estaba en el lugar donde Marta le había encontrado.

31 Entonces los judíos que estaban en casa con ella y la consolaban, cuando vieron que María se había levantado de prisa y había salido, la siguieron, diciendo: Va al sepulcro a llorar allí.

32 María, cuando llegó a donde estaba Jesús, al verle, se postró a sus pies, diciéndole: Señor, si hubieses estado aquí, no habría muerto mi hermano.

33 Jesús entonces, al verla llorando, y a los judíos que la acompañaban, también llorando, se estremeció en espíritu y se conmovió,

34 y dijo: ¿Dónde le pusisteis? Le dijeron: Señor, ven y ve.

35 Jesús lloró.

36 Dijeron entonces los judíos: Mirad cómo le amaba.

37 Y algunos de ellos dijeron: ¿No podía éste, que abrió los ojos al ciego, haber hecho también que Lázaro no muriera?

Resurrección de Lázaro

38 Jesús, profundamente conmovido otra vez, vino al sepulcro. Era una cueva, y tenía una piedra puesta encima.

39 Dijo Jesús: Quitad la piedra. Marta, la hermana del que había muerto, le dijo: Señor, hiede ya, porque es de cuatro días.

40 Jesús le dijo: ¿No te he dicho que si crees, verás la gloria de Dios?

41 Entonces quitaron la piedra de donde había sido puesto el muerto. Y Jesús, alzando los ojos a lo alto, dijo: Padre, gracias te doy por haberme oído.

42 Yo sabía que siempre me oyes; pero lo dije por causa de la multitud que está alrededor, para que crean que tú me has enviado.

43 Y habiendo dicho esto, clamó a gran voz: ¡Lázaro, ven fuera!

44 Y el que había muerto salió, atadas las manos y los pies con vendas, y el rostro envuelto en un sudario. Jesús les dijo: Desatadle, y dejadle ir.

El complot para matar a Jesús

45 Entonces muchos de los judíos que habían venido para acompañar a María, y vieron lo que hizo Jesús, creyeron en él.

46 Pero algunos de ellos fueron a los fariseos y les dijeron lo que Jesús había hecho.

47 Entonces los principales sacerdotes y los fariseos reunieron el concilio, y dijeron: ¿Qué haremos? Porque este hombre hace muchas señales.

48 Si le dejamos así, todos creerán en él; y ven-

drán los romanos, y destruirán nuestro lugar
santo y nuestra nación.
49 Entonces Caifás, uno de ellos, sumo sacerdo-
te aquel año, les dijo: Vosotros no sabéis nada;
50 ni pensáis que nos conviene que un hombre
muera por el pueblo, y no que toda la nación pe-
rezca.
51 Esto no lo dijo por sí mismo, sino que como
era el sumo sacerdote aquel año, profetizó que
Jesús había de morir por la nación;
52 y no solamente por la nación, sino también
para congregar en uno a los hijos de Dios que
estaban dispersos.
53 Así que, desde aquel día acordaron matarle.
54 Por tanto, Jesús ya no andaba abiertamen-
te entre los judíos, sino que se alejó de allí a la
región contigua al desierto, a una ciudad llama-
da Efraín; y se quedó allí con sus discípulos.
55 Y estaba cerca la pascua de los judíos; y
muchos subieron de aquella región a Jerusalén
antes de la pascua, para purificarse.
56 Y buscaban a Jesús, y estando ellos en el tem-
plo, se preguntaban unos a otros: ¿Qué os pare-
ce? ¿No vendrá a la fiesta?
57 Y los principales sacerdotes y los fariseos
habían dado orden de que si alguno supiese
dónde estaba, lo manifestase, para que le
prendiesen.

Jesús es ungido en Betania

12 1 Seis días antes de la pascua, vino Jesús
a Betania, donde estaba Lázaro, el que
había estado muerto, y a quien había resucita-
do de los muertos.
2 Y le hicieron allí una cena; Marta servía, y Lá-
zaro era uno de los que estaban sentados a la
mesa con él.
3 Entonces María tomó una libra de perfume de
nardo puro, de mucho precio, y ungió los pies
de Jesús, y los enjugó con sus cabellos;[a] y la casa
se llenó del olor del perfume.
4 Y dijo uno de sus discípulos, Judas Iscariote
hijo de Simón, el que le había de entregar:
5 ¿Por qué no fue este perfume vendido por tres-
cientos denarios, y dado a los pobres?
6 Pero dijo esto, no porque se cuidara de los po-
bres, sino porque era ladrón, y teniendo la bol-
sa, sustraía de lo que se echaba en ella.
7 Entonces Jesús dijo: Déjala; para el día de mi
sepultura ha guardado esto.
8 Porque a los pobres siempre los tendréis con
vosotros,[b] mas a mí no siempre me tendréis.

El complot contra Lázaro

9 Gran multitud de los judíos supieron enton-
ces que él estaba allí, y vinieron, no solamente
por causa de Jesús, sino también para ver a Lá-
zaro, a quien había resucitado de los muertos.
10 Pero los principales sacerdotes acordaron dar
muerte también a Lázaro,
11 porque a causa de él muchos de los judíos se
apartaban y creían en Jesús.

La entrada triunfal en Jerusalén

12 El siguiente día, grandes multitudes que
habían venido a la fiesta, al oír que Jesús venía a
Jerusalén,
13 tomaron ramas de palmera y salieron a reci-
birle, y clamaban: ¡Hosanna![c] ¡Bendito el que
viene en el nombre del Señor,[d] el Rey de Israel!
14 Y halló Jesús un asnillo, y montó sobre él,
como está escrito:
15 No temas, hija de Sion;
He aquí tu Rey viene,
Montado sobre un pollino de asna.[e]
16 Estas cosas no las entendieron sus discípulos
al principio; pero cuando Jesús fue glorificado,
entonces se acordaron de que estas cosas esta-
ban escritas acerca de él, y de que se las habían
hecho.
17 Y daba testimonio la gente que estaba con él
cuando llamó a Lázaro del sepulcro, y le resuci-
tó de los muertos.
18 Por lo cual también había venido la gente a
recibirle, porque había oído que él había hecho
esta señal.
19 Pero los fariseos dijeron entre sí: Ya veis que
no conseguís nada. Mirad, el mundo se va tras él.

Unos griegos buscan a Jesús

20 Había ciertos griegos entre los que habían
subido a adorar en la fiesta.
21 Estos, pues, se acercaron a Felipe, que era de
Betsaida de Galilea, y le rogaron, diciendo: Se-
ñor, quisiéramos ver a Jesús.
22 Felipe fue y se lo dijo a Andrés; entonces
Andrés y Felipe se lo dijeron a Jesús.
23 Jesús les respondió diciendo: Ha llegado la
hora para que el Hijo del Hombre sea glorificado.
24 De cierto, de cierto os digo, que si el grano de
trigo no cae en la tierra y muere, queda solo;
pero si muere, lleva mucho fruto.
25 El que ama su vida, la perderá; y el que abo-
rrece su vida en este mundo, para vida eterna la
guardará.[f]
26 Si alguno me sirve, sígame; y donde yo estu-
viere, allí también estará mi servidor. Si alguno
me sirviere, mi Padre le honrará.

Jesús anuncia su muerte

27 Ahora está turbada mi alma; ¿y qué diré?
¿Padre, sálvame de esta hora? Mas para esto he
llegado a esta hora.

12.3: [a] Lc. 7.37-38. **12.8:** [b] Dt. 15.11. **12.13:** [c] Sal. 118.25. [d] Sal. 118.26. **12.15:** [e] Zac. 9.9. **12.25:** [f] Mt. 10.39; 16.25; Mr. 8.35; Lc. 9.24; 17.33.

28 Padre, glorifica tu nombre. Entonces vino
una voz del cielo: Lo he glorificado, y lo glorifi-
caré otra vez.
29 Y la multitud que estaba allí, y había oído la
voz, decía que había sido un trueno. Otros de-
cían: Un ángel le ha hablado.
30 Respondió Jesús y dijo: No ha venido esta voz
por causa mía, sino por causa de vosotros.
31 Ahora es el juicio de este mundo; ahora el
príncipe de este mundo será echado fuera.
32 Y yo, si fuere levantado de la tierra, a todos
atraeré a mí mismo.
33 Y decía esto dando a entender de qué muerte
iba a morir.
34 Le respondió la gente: Nosotros hemos oído
de la ley, que el Cristo permanece para siempre.[g]
¿Cómo, pues, dices tú que es necesario que el
Hijo del Hombre sea levantado? ¿Quién es este
Hijo del Hombre?
35 Entonces Jesús les dijo: Aún por un poco está
la luz entre vosotros; andad entre tanto que te-
néis luz, para que no os sorprendan las tinie-
blas; porque el que anda en tinieblas, no sabe a
dónde va.
36 Entre tanto que tenéis la luz, creed en la luz,
para que seáis hijos de luz.

Incredulidad de los judíos

Estas cosas habló Jesús, y se fue y se ocultó de
ellos.
37 Pero a pesar de que había hecho tantas seña-
les delante de ellos, no creían en él;
38 para que se cumpliese la palabra del profeta
Isaías, que dijo:

Señor, ¿quién ha creído a nuestro
anuncio?
¿Y a quién se ha revelado el brazo del
Señor?[h]

39 Por esto no podían creer, porque también
dijo Isaías:

40 Cegó los ojos de ellos, y endureció su
corazón;
Para que no vean con los ojos, y
entiendan con el corazón,
Y se conviertan, y yo los sane.[i]

41 Isaías dijo esto cuando vio su gloria, y habló
acerca de él.
42 Con todo eso, aun de los gobernantes, mu-
chos creyeron en él; pero a causa de los fariseos
no lo confesaban, para no ser expulsados de la
sinagoga.
43 Porque amaban más la gloria de los hombres
que la gloria de Dios.

Las palabras de Jesús juzgarán a los hombres

44 Jesús clamó y dijo: El que cree en mí, no
cree en mí, sino en el que me envió;
45 y el que me ve, ve al que me envió.
46 Yo, la luz, he venido al mundo, para que
todo aquel que cree en mí no permanezca en ti-
nieblas.
47 Al que oye mis palabras, y no las guarda, yo
no le juzgo; porque no he venido a juzgar al
mundo, sino a salvar al mundo.
48 El que me rechaza, y no recibe mis palabras,
tiene quien le juzgue; la palabra que he habla-
do, ella le juzgará en el día postrero.
49 Porque yo no he hablado por mi propia cuen-
ta; el Padre que me envió, él me dio manda-
miento de lo que he de decir, y de lo que he de
hablar.
50 Y sé que su mandamiento es vida eterna. Así
pues, lo que yo hablo, lo hablo como el Padre
me lo ha dicho.

Jesús lava los pies de sus discípulos

13 1 Antes de la fiesta de la pascua, sabien-
do Jesús que su hora había llegado para
que pasase de este mundo al Padre, como había
amado a los suyos que estaban en el mundo, los
amó hasta el fin.
2 Y cuando cenaban, como el diablo ya había
puesto en el corazón de Judas Iscariote, hijo de
Simón, que le entregase,
3 sabiendo Jesús que el Padre le había dado to-
das las cosas en las manos, y que había salido de
Dios, y a Dios iba,
4 se levantó de la cena, y se quitó su manto, y to-
mando una toalla, se la ciñó.
5 Luego puso agua en un lebrillo, y comenzó a
lavar los pies de los discípulos, y a enjugarlos
con la toalla con que estaba ceñido.
6 Entonces vino a Simón Pedro; y Pedro le dijo:
Señor, ¿tú me lavas los pies?
7 Respondió Jesús y le dijo: Lo que yo hago, tú
no lo comprendes ahora; mas lo entenderás des-
pués.
8 Pedro le dijo: No me lavarás los pies jamás. Je-
sús le respondió: Si no te lavare, no tendrás par-
te conmigo.
9 Le dijo Simón Pedro: Señor, no sólo mis pies,
sino también las manos y la cabeza.
10 Jesús le dijo: El que está lavado, no necesita
sino lavarse los pies, pues está todo limpio; y vo-
sotros limpios estáis, aunque no todos.
11 Porque sabía quién le iba a entregar; por eso
dijo: No estáis limpios todos.
12 Así que, después que les hubo lavado los
pies, tomó su manto, volvió a la mesa, y les dijo:
¿Sabéis lo que os he hecho?
13 Vosotros me llamáis Maestro, y Señor; y decís
bien, porque lo soy.
14 Pues si yo, el Señor y el Maestro, he lavado

12.34: [g] Sal. 110.4; Is. 9.7; Ez. 37.25; Dn. 7.14.
12.38: [h] Is. 53.1. **12.40:** [i] Is. 6.10.

vuestros pies, vosotros también debéis lavaros los pies los unos a los otros.

15 Porque ejemplo os he dado, para que como yo os he hecho, vosotros también hagáis.[a]

16 De cierto, de cierto os digo: El siervo no es mayor que su señor,[b] ni el enviado es mayor que el que le envió.

17 Si sabéis estas cosas, bienaventurados seréis si las hiciereis.

18 No hablo de todos vosotros; yo sé a quienes he elegido; mas para que se cumpla la Escritura: El que come pan conmigo, levantó contra mí su calcañar.[c]

19 Desde ahora os lo digo antes que suceda, para que cuando suceda, creáis que yo soy.

20 De cierto, de cierto os digo: El que recibe al que yo enviare, me recibe a mí; y el que me recibe a mí, recibe al que me envió.[d]

Jesús anuncia la traición de Judas

21 Habiendo dicho Jesús esto, se conmovió en espíritu, y declaró y dijo: De cierto, de cierto os digo, que uno de vosotros me va a entregar.

22 Entonces los discípulos se miraban unos a otros, dudando de quién hablaba.

23 Y uno de sus discípulos, al cual Jesús amaba, estaba recostado al lado de Jesús.

24 A éste, pues, hizo señas Simón Pedro, para que preguntase quién era aquel de quien hablaba.

25 El entonces, recostado cerca del pecho de Jesús, le dijo: Señor, ¿quién es?

26 Respondió Jesús: A quien yo diere el pan mojado, aquél es. Y mojando el pan, lo dio a Judas Iscariote hijo de Simón.

27 Y después del bocado, Satanás entró en él. Entonces Jesús le dijo: Lo que vas a hacer, hazlo más pronto.

28 Pero ninguno de los que estaban a la mesa entendió por qué le dijo esto.

29 Porque algunos pensaban, puesto que Judas tenía la bolsa, que Jesús le decía: Compra lo que necesitamos para la fiesta; o que diese algo a los pobres.

30 Cuando él, pues, hubo tomado el bocado, luego salió; y era ya de noche.

El nuevo mandamiento

31 Entonces, cuando hubo salido, dijo Jesús: Ahora es glorificado el Hijo del Hombre, y Dios es glorificado en él.

32 Si Dios es glorificado en él, Dios también le glorificará en sí mismo, y en seguida le glorificará.

33 Hijitos, aún estaré con vosotros un poco. Me buscaréis; pero como dije a los judíos, así os digo ahora a vosotros: A donde yo voy, vosotros no podéis ir.[e]

34 Un mandamiento nuevo os doy: Que os améis unos a otros;[f] como yo os he amado, que también os améis unos a otros.

35 En esto conocerán todos que sois mis discípulos, si tuviereis amor los unos con los otros.

Jesús anuncia la negación de Pedro

36 Le dijo Simón Pedro: Señor, ¿a dónde vas? Jesús le respondió: A donde yo voy, no me puedes seguir ahora; mas me seguirás después.

37 Le dijo Pedro: Señor, ¿por qué no te puedo seguir ahora? Mi vida pondré por ti.

38 Jesús le respondió: ¿Tu vida pondrás por mí? De cierto, de cierto te digo: No cantará el gallo, sin que me hayas negado tres veces.

Jesús, el camino al Padre

14 1 No se turbe vuestro corazón; creéis en Dios, creed también en mí.

2 En la casa de mi Padre muchas moradas hay; si así no fuera, yo os lo hubiera dicho; voy, pues, a preparar lugar para vosotros.

3 Y si me fuere y os preparare lugar, vendré otra vez, y os tomaré a mí mismo, para que donde yo estoy, vosotros también estéis.

4 Y sabéis a dónde voy, y sabéis el camino.

5 Le dijo Tomás: Señor, no sabemos a dónde vas; ¿cómo, pues, podemos saber el camino?

6 Jesús le dijo: Yo soy el camino, y la verdad, y la vida; nadie viene al Padre, sino por mí.

7 Si me conocieseis, también a mi Padre conoceríais; y desde ahora le conocéis, y le habéis visto.

8 Felipe le dijo: Señor, muéstranos el Padre, y nos basta.

9 Jesús le dijo: ¿Tanto tiempo hace que estoy con vosotros, y no me has conocido, Felipe? El que me ha visto a mí, ha visto al Padre; ¿cómo, pues, dices tú: Muéstranos el Padre?

10 ¿No crees que yo soy en el Padre, y el Padre en mí? Las palabras que yo os hablo, no las hablo por mi propia cuenta, sino que el Padre que mora en mí, él hace las obras.

11 Creedme que yo soy en el Padre, y el Padre en mí; de otra manera, creedme por las mismas obras.

12 De cierto, de cierto os digo: El que en mí cree, las obras que yo hago, él las hará también; y aun mayores hará, porque yo voy al Padre.

13 Y todo lo que pidiereis al Padre en mi nombre, lo haré, para que el Padre sea glorificado en el Hijo.

14 Si algo pidiereis en mi nombre, yo lo haré.

La promesa del Espíritu Santo

15 Si me amáis, guardad mis mandamientos.

13.12-15: [a] Lc. 22.27. **13.16:** [b] Mt. 10.24; Lc. 6.40; Jn. 15.20. **13.18:** [c] Sal. 41.9. **13.20:** [d] Mt. 10.40; Mr. 9.37; Lc. 9.48; 10.16. **13.33:** [e] Jn. 7.34. **13.34:** [f] Jn. 15.12, 17. 1 Jn. 3.23; 2 Jn. 5.

16 Y yo rogaré al Padre, y os dará otro Consola-
dor, para que esté con vosotros para siempre:
17 el Espíritu de verdad, al cual el mundo no
puede recibir, porque no le ve, ni le conoce; pero
vosotros le conocéis, porque mora con vosotros,
y estará en vosotros.
18 No os dejaré huérfanos; vendré a vosotros.
19 Todavía un poco, y el mundo no me verá
más; pero vosotros me veréis; porque yo vivo,
vosotros también viviréis.
20 En aquel día vosotros conoceréis que yo estoy
en mi Padre, y vosotros en mí, y yo en vosotros.
21 El que tiene mis mandamientos, y los guarda,
ése es el que me ama; y el que me ama, será
amado por mi Padre, y yo le amaré, y me mani-
festaré a él.
22 Le dijo Judas (no el Iscariote): Señor, ¿cómo es
que te manifestarás a nosotros, y no al mundo?
23 Respondió Jesús y le dijo: El que me ama, mi
palabra guardará; y mi Padre le amará, y ven-
dremos a él, y haremos morada con él.
24 El que no me ama, no guarda mis palabras; y
la palabra que habéis oído no es mía, sino del
Padre que me envió.
25 Os he dicho estas cosas estando con voso-
tros.
26 Mas el Consolador, el Espíritu Santo, a quien
el Padre enviará en mi nombre, él os enseñará
todas las cosas, y os recordará todo lo que yo os
he dicho.
27 La paz os dejo, mi paz os doy; yo no os la doy
como el mundo la da. No se turbe vuestro cora-
zón, ni tenga miedo.
28 Habéis oído que yo os he dicho: Voy, y vengo
a vosotros. Si me amarais, os habríais regocija-
do, porque he dicho que voy al Padre; porque el
Padre mayor es que yo.
29 Y ahora os lo he dicho antes que suceda, para
que cuando suceda, creáis.
30 No hablaré ya mucho con vosotros; porque
viene el príncipe de este mundo, y él nada tiene
en mí.
31 Mas para que el mundo conozca que amo al
Padre, y como el Padre me mandó, así hago. Le-
vantaos, vamos de aquí.

Jesús, la vid verdadera

15 1 Yo soy la vid verdadera, y mi Padre es
el labrador.
2 Todo pámpano que en mí no lleva fruto, lo
quitará; y todo aquel que lleva fruto, lo limpia-
rá, para que lleve más fruto.
3 Ya vosotros estáis limpios por la palabra que os
he hablado.
4 Permaneced en mí, y yo en vosotros. Como el
pámpano no puede llevar fruto por sí mismo, si
no permanece en la vid, así tampoco vosotros, si
no permanecéis en mí.
5 Yo soy la vid, vosotros los pámpanos; el que per-
manece en mí, y yo en él, éste lleva mucho fruto;
porque separados de mí nada podéis hacer.
6 El que en mí no permanece, será echado fuera
como pámpano, y se secará; y los recogen, y los
echan en el fuego, y arden.
7 Si permanecéis en mí, y mis palabras perma-
necen en vosotros, pedid todo lo que queréis, y
os será hecho.
8 En esto es glorificado mi Padre, en que llevéis
mucho fruto, y seáis así mis discípulos.
9 Como el Padre me ha amado, así también yo
os he amado; permaneced en mi amor.
10 Si guardareis mis mandamientos, permane-
ceréis en mi amor; así como yo he guardado los
mandamientos de mi Padre, y permanezco en
su amor.
11 Estas cosas os he hablado, para que mi gozo
esté en vosotros, y vuestro gozo sea cumplido.
12 Este es mi mandamiento: Que os améis
unos a otros,[a] como yo os he amado.
13 Nadie tiene mayor amor que este, que uno
ponga su vida por sus amigos.
14 Vosotros sois mis amigos, si hacéis lo que yo
os mando.
15 Ya no os llamaré siervos, porque el siervo no
sabe lo que hace su señor; pero os he llamado
amigos, porque todas las cosas que oí de mi Pa-
dre, os las he dado a conocer.
16 No me elegisteis vosotros a mí, sino que yo os
elegí a vosotros, y os he puesto para que vayáis
y llevéis fruto, y vuestro fruto permanezca; para
que todo lo que pidiereis al Padre en mi nombre,
él os lo dé.
17 Esto os mando: Que os améis unos a otros.

El mundo os aborrecerá

18 Si el mundo os aborrece, sabed que a mí
me ha aborrecido antes que a vosotros.
19 Si fuerais del mundo, el mundo amaría lo
suyo; pero porque no sois del mundo, antes yo
os elegí del mundo, por eso el mundo os abo-
rrece.
20 Acordaos de la palabra que yo os he dicho: El
siervo no es mayor que su señor.[b] Si a mí me han
perseguido, también a vosotros os perseguirán;
si han guardado mi palabra, también guardarán
la vuestra.
21 Mas todo esto os harán por causa de mi nom-
bre, porque no conocen al que me ha enviado.
22 Si yo no hubiera venido, ni les hubiera habla-
do, no tendrían pecado; pero ahora no tienen
excusa por su pecado.
23 El que me aborrece a mí, también a mi Padre
aborrece.
24 Si yo no hubiese hecho entre ellos obras que

15.12: [a] Jn. 13.34; 15.17; 1 Jn. 3.23; 2 Jn. 5.
15.20: [b] Mt. 10.24; Lc. 6.40; Jn. 13.16.

ningún otro ha hecho, no tendrían pecado; pero
ahora han visto y han aborrecido a mí y a mi
Padre.
25 Pero esto es para que se cumpla la palabra
que está escrita en su ley: Sin causa me aborre-
cieron.[c]
26 Pero cuando venga el Consolador, a quien yo
os enviaré del Padre, el Espíritu de verdad, el
cual procede del Padre, él dará testimonio acer-
ca de mí.
27 Y vosotros daréis testimonio también, porque
habéis estado conmigo desde el principio.
16 1 Estas cosas os he hablado, para que no
tengáis tropiezo.
2 Os expulsarán de las sinagogas; y aun viene la
hora cuando cualquiera que os mate, pensará
que rinde servicio a Dios.
3 Y harán esto porque no conocen al Padre ni a mí.
4 Mas os he dicho estas cosas, para que cuando
llegue la hora, os acordéis de que ya os lo había
dicho.

La obra del Espíritu Santo

Esto no os lo dije al principio, porque yo esta-
ba con vosotros.
5 Pero ahora voy al que me envió; y ninguno de
vosotros me pregunta: ¿A dónde vas?
6 Antes, porque os he dicho estas cosas, tristeza
ha llenado vuestro corazón.
7 Pero yo os digo la verdad: Os conviene que yo
me vaya; porque si no me fuera, el Consolador
no vendría a vosotros; mas si me fuere, os lo
enviaré.
8 Y cuando él venga, convencerá al mundo de
pecado, de justicia y de juicio.
9 De pecado, por cuanto no creen en mí;
10 de justicia, por cuanto voy al Padre, y no me
veréis más;
11 y de juicio, por cuanto el príncipe de este
mundo ha sido ya juzgado.
12 Aún tengo muchas cosas que deciros, pero
ahora no las podéis sobrellevar.
13 Pero cuando venga el Espíritu de verdad, él os
guiará a toda la verdad; porque no hablará por su
propia cuenta, sino que hablará todo lo que oyere,
y os hará saber las cosas que habrán de venir.
14 El me glorificará; porque tomará de lo mío, y
os lo hará saber.
15 Todo lo que tiene el Padre es mío; por eso dije
que tomará de lo mío, y os lo hará saber.

La tristeza se convertirá en gozo

16 Todavía un poco, y no me veréis; y de nue-
vo un poco, y me veréis; porque yo voy al Padre.
17 Entonces se dijeron algunos de sus discípulos
unos a otros: ¿Qué es esto que nos dice: Todavía
un poco y no me veréis; y de nuevo un poco, y
me veréis; y, porque yo voy al Padre?
18 Decían, pues: ¿Qué quiere decir con: Todavía
un poco? No entendemos lo que habla.
19 Jesús conoció que querían preguntarle, y les
dijo: ¿Preguntáis entre vosotros acerca de esto
que dije: Todavía un poco y no me veréis, y de
nuevo un poco y me veréis?
20 De cierto, de cierto os digo, que vosotros llo-
raréis y lamentaréis, y el mundo se alegrará;
pero aunque vosotros estéis tristes, vuestra tris-
teza se convertirá en gozo.
21 La mujer cuando da a luz, tiene dolor, porque
ha llegado su hora; pero después que ha dado a
luz un niño, ya no se acuerda de la angustia, por
el gozo de que haya nacido un hombre en el
mundo.
22 También vosotros ahora tenéis tristeza; pero
os volveré a ver, y se gozará vuestro corazón, y
nadie os quitará vuestro gozo.
23 En aquel día no me preguntaréis nada. De
cierto, de cierto os digo, que todo cuanto pidie-
reis al Padre en mi nombre, os lo dará.
24 Hasta ahora nada habéis pedido en mi nom-
bre; pedid, y recibiréis, para que vuestro gozo
sea cumplido.

Yo he vencido al mundo

25 Estas cosas os he hablado en alegorías; la
hora viene cuando ya no os hablaré por alego-
rías, sino que claramente os anunciaré acerca
del Padre.
26 En aquel día pediréis en mi nombre; y no os
digo que yo rogaré al Padre por vosotros,
27 pues el Padre mismo os ama, porque vosotros
me habéis amado, y habéis creído que yo salí de
Dios.
28 Salí del Padre, y he venido al mundo; otra vez
dejo el mundo, y voy al Padre.
29 Le dijeron sus discípulos: He aquí ahora
hablas claramente, y ninguna alegoría dices.
30 Ahora entendemos que sabes todas las cosas,
y no necesitas que nadie te pregunte; por esto
creemos que has salido de Dios.
31 Jesús les respondió: ¿Ahora creéis?
32 He aquí la hora viene, y ha venido ya, en que
seréis esparcidos cada uno por su lado, y me de-
jaréis solo; mas no estoy solo, porque el Padre
está conmigo.
33 Estas cosas os he hablado para que en mí ten-
gáis paz. En el mundo tendréis aflicción; pero
confiad, yo he vencido al mundo.

Jesús ora por sus discípulos

17 1 Estas cosas habló Jesús, y levantando
los ojos al cielo, dijo: Padre, la hora ha
llegado; glorifica a tu Hijo, para que también tu
Hijo te glorifique a ti;

15.25: [c] Sal. 35.19; 69.4.

2 como le has dado potestad sobre toda carne, para que dé vida eterna a todos los que le diste.
3 Y esta es la vida eterna: que te conozcan a ti, el único Dios verdadero, y a Jesucristo, a quien has enviado.
4 Yo te he glorificado en la tierra; he acabado la obra que me diste que hiciese.
5 Ahora pues, Padre, glorifícame tú al lado tuyo, con aquella gloria que tuve contigo antes que el mundo fuese.

6 He manifestado tu nombre a los hombres que del mundo me diste; tuyos eran, y me los diste, y han guardado tu palabra.
7 Ahora han conocido que todas las cosas que me has dado, proceden de ti;
8 porque las palabras que me diste, les he dado; y ellos las recibieron, y han conocido verdaderamente que salí de ti, y han creído que tú me enviaste.
9 Yo ruego por ellos; no ruego por el mundo, sino por los que me diste; porque tuyos son,
10 y todo lo mío es tuyo, y lo tuyo mío; y he sido glorificado en ellos.
11 Y ya no estoy en el mundo; mas éstos están en el mundo, y yo voy a ti. Padre santo, a los que me has dado, guárdalos en tu nombre, para que sean uno, así como nosotros.
12 Cuando estaba con ellos en el mundo, yo los guardaba en tu nombre; a los que me diste, yo los guardé, y ninguno de ellos se perdió, sino el hijo de perdición, para que la Escritura se cumpliese.[a]
13 Pero ahora voy a ti; y hablo esto en el mundo, para que tengan mi gozo cumplido en sí mismos.
14 Yo les he dado tu palabra; y el mundo los aborreció, porque no son del mundo, como tampoco yo soy del mundo.
15 No ruego que los quites del mundo, sino que los guardes del mal.
16 No son del mundo, como tampoco yo soy del mundo.
17 Santifícalos en tu verdad; tu palabra es verdad.
18 Como tú me enviaste al mundo, así yo los he enviado al mundo.
19 Y por ellos yo me santifico a mí mismo, para que también ellos sean santificados en la verdad.

20 Mas no ruego solamente por éstos, sino también por los que han de creer en mí por la palabra de ellos,
21 para que todos sean uno; como tú, oh Padre, en mí, y yo en ti, que también ellos sean uno en nosotros; para que el mundo crea que tú me enviaste.
22 La gloria que me diste, yo les he dado, para que sean uno, así como nosotros somos uno.
23 Yo en ellos, y tú en mí, para que sean perfectos en unidad, para que el mundo conozca que tú me enviaste, y que los has amado a ellos como también a mí me has amado.
24 Padre, aquellos que me has dado, quiero que donde yo estoy, también ellos estén conmigo, para que vean mi gloria que me has dado; porque me has amado desde antes de la fundación del mundo.
25 Padre justo, el mundo no te ha conocido, pero yo te he conocido, y éstos han conocido que tú me enviaste.
26 Y les he dado a conocer tu nombre, y lo daré a conocer aún, para que el amor con que me has amado, esté en ellos, y yo en ellos.

Arresto de Jesús

18 1 Habiendo dicho Jesús estas cosas, salió con sus discípulos al otro lado del torrente de Cedrón, donde había un huerto, en el cual entró con sus discípulos.
2 Y también Judas, el que le entregaba, conocía aquel lugar, porque muchas veces Jesús se había reunido allí con sus discípulos.
3 Judas, pues, tomando una compañía de soldados, y alguaciles de los principales sacerdotes y de los fariseos, fue allí con linternas y antorchas, y con armas.
4 Pero Jesús, sabiendo todas las cosas que le habían de sobrevenir, se adelantó y les dijo: ¿A quién buscáis?
5 Le respondieron: A Jesús nazareno. Jesús les dijo: Yo soy. Y estaba también con ellos Judas, el que le entregaba.
6 Cuando les dijo: Yo soy, retrocedieron, y cayeron a tierra.
7 Volvió, pues, a preguntarles: ¿A quién buscáis? Y ellos dijeron: A Jesús nazareno.
8 Respondió Jesús: Os he dicho que yo soy; pues si me buscáis a mí, dejad ir a éstos;
9 para que se cumpliese aquello que había dicho: De los que me diste, no perdí ninguno.
10 Entonces Simón Pedro, que tenía una espada, la desenvainó, e hirió al siervo del sumo sacerdote, y le cortó la oreja derecha. Y el siervo se llamaba Malco.
11 Jesús entonces dijo a Pedro: Mete tu espada en la vaina; la copa[a] que el Padre me ha dado, ¿no la he de beber?

Jesús ante el sumo sacerdote

12 Entonces la compañía de soldados, el tribuno y los alguaciles de los judíos, prendieron a Jesús y le ataron,
13 y le llevaron primeramente a Anás; porque era suegro de Caifás, que era sumo sacerdote aquel año.
14 Era Caifás el que había dado el consejo a los

17.12: [a] Sal. 41.9. **18.11:** [a] Mt. 26.39; Mr. 14.36; Lc. 22.42.

judíos, de que convenía que un solo hombre muriese por el pueblo.[b]

Pedro en el patio de Anás

15 Y seguían a Jesús Simón Pedro y otro discípulo. Y este discípulo era conocido del sumo sacerdote, y entró con Jesús al patio del sumo sacerdote;
16 mas Pedro estaba fuera, a la puerta. Salió, pues, el discípulo que era conocido del sumo sacerdote, y habló a la portera, e hizo entrar a Pedro.
17 Entonces la criada portera dijo a Pedro: ¿No eres tú también de los discípulos de este hombre? Dijo él: No lo soy.
18 Y estaban en pie los siervos y los alguaciles que habían encendido un fuego; porque hacía frío, y se calentaban; y también con ellos estaba Pedro en pie, calentándose.

Anás interroga a Jesús

19 Y el sumo sacerdote preguntó a Jesús acerca de sus discípulos y de su doctrina.
20 Jesús le respondió: Yo públicamente he hablado al mundo; siempre he enseñado en la sinagoga y en el templo, donde se reúnen todos los judíos, y nada he hablado en oculto.
21 ¿Por qué me preguntas a mí? Pregunta a los que han oído, qué les haya yo hablado; he aquí, ellos saben lo que yo he dicho.
22 Cuando Jesús hubo dicho esto, uno de los alguaciles, que estaba allí, le dio una bofetada, diciendo: ¿Así respondes al sumo sacerdote?
23 Jesús le respondió: Si he hablado mal, testifica en qué está el mal; y si bien, ¿por qué me golpeas?
24 Anás entonces le envió atado a Caifás, el sumo sacerdote.

Pedro niega a Jesús

25 Estaba, pues, Pedro en pie, calentándose. Y le dijeron: ¿No eres tú de sus discípulos? El negó, y dijo: No lo soy.
26 Uno de los siervos del sumo sacerdote, pariente de aquel a quien Pedro había cortado la oreja, le dijo: ¿No te vi yo en el huerto con él?
27 Negó Pedro otra vez; y en seguida cantó el gallo.

Jesús ante Pilato

28 Llevaron a Jesús de casa de Caifás al pretorio. Era de mañana, y ellos no entraron en el pretorio para no contaminarse, y así poder comer la pascua.
29 Entonces salió Pilato a ellos, y les dijo: ¿Qué acusación traéis contra este hombre?
30 Respondieron y le dijeron: Si éste no fuera malhechor, no te lo habríamos entregado.
31 Entonces les dijo Pilato: Tomadle vosotros, y juzgadle según vuestra ley. Y los judíos le dijeron: A nosotros no nos está permitido dar muerte a nadie;
32 para que se cumpliese la palabra que Jesús había dicho, dando a entender de qué muerte iba a morir.[c]
33 Entonces Pilato volvió a entrar en el pretorio, y llamó a Jesús y le dijo: ¿Eres tú el Rey de los judíos?
34 Jesús le respondió: ¿Dices tú esto por ti mismo, o te lo han dicho otros de mí?
35 Pilato le respondió: ¿Soy yo acaso judío? Tu nación, y los principales sacerdotes, te han entregado a mí. ¿Qué has hecho?
36 Respondió Jesús: Mi reino no es de este mundo; si mi reino fuera de este mundo, mis servidores pelearían para que yo no fuera entregado a los judíos; pero mi reino no es de aquí.
37 Le dijo entonces Pilato: ¿Luego, eres tú rey? Respondió Jesús: Tú dices que yo soy rey. Yo para esto he nacido, y para esto he venido al mundo, para dar testimonio a la verdad. Todo aquel que es de la verdad, oye mi voz.
38 Le dijo Pilato: ¿Qué es la verdad?

Y cuando hubo dicho esto, salió otra vez a los judíos, y les dijo: Yo no hallo en él ningún delito.
39 Pero vosotros tenéis la costumbre de que os suelte uno en la pascua. ¿Queréis, pues, que os suelte al Rey de los judíos?
40 Entonces todos dieron voces de nuevo, diciendo: No a éste, sino a Barrabás. Y Barrabás era ladrón.

19 **1** Así que, entonces tomó Pilato a Jesús, y le azotó.
2 Y los soldados entretejieron una corona de espinas, y la pusieron sobre su cabeza, y le vistieron con un manto de púrpura;
3 y le decían: ¡Salve, Rey de los judíos! y le daban de bofetadas.
4 Entonces Pilato salió otra vez, y les dijo: Mirad, os lo traigo fuera, para que entendáis que ningún delito hallo en él.
5 Y salió Jesús, llevando la corona de espinas y el manto de púrpura. Y Pilato les dijo: ¡He aquí el hombre!
6 Cuando le vieron los principales sacerdotes y los alguaciles, dieron voces, diciendo: ¡Crucifícale! ¡Crucifícale! Pilato les dijo: Tomadle vosotros, y crucificadle; porque yo no hallo delito en él.
7 Los judíos le respondieron: Nosotros tenemos una ley, y según nuestra ley debe morir, porque se hizo a sí mismo Hijo de Dios.
8 Cuando Pilato oyó decir esto, tuvo más miedo.
9 Y entró otra vez en el pretorio, y dijo a Jesús: ¿De dónde eres tú? Mas Jesús no le dio respuesta.
10 Entonces le dijo Pilato: ¿A mí no me hablas?

18.14: [b] Jn. 11.49-50. **18.32:** [c] Jn. 3.14; 12.32.

¿No sabes que tengo autoridad para crucificarte, y que tengo autoridad para soltarte?
11 Respondió Jesús: Ninguna autoridad tendrías contra mí, si no te fuese dada de arriba; por tanto, el que a ti me ha entregado, mayor pecado tiene.
12 Desde entonces procuraba Pilato soltarle; pero los judíos daban voces, diciendo: Si a éste sueltas, no eres amigo de César; todo el que se hace rey, a César se opone.
13 Entonces Pilato, oyendo esto, llevó fuera a Jesús, y se sentó en el tribunal en el lugar llamado el Enlosado, y en hebreo Gabata.
14 Era la preparación de la pascua, y como la hora sexta. Entonces dijo a los judíos: ¡He aquí vuestro Rey!
15 Pero ellos gritaron: ¡Fuera, fuera, crucifícale! Pilato les dijo: ¿A vuestro Rey he de crucificar? Respondieron los principales sacerdotes: No tenemos más rey que César.
16 Así que entonces lo entregó a ellos para que fuese crucificado. Tomaron, pues, a Jesús, y le llevaron.

Crucifixión y muerte de Jesús

17 Y él, cargando su cruz, salió al lugar llamado de la Calavera, y en hebreo, Gólgota;
18 y allí le crucificaron, y con él a otros dos, uno a cada lado, y Jesús en medio.
19 Escribió también Pilato un título, que puso sobre la cruz, el cual decía: JESÚS NAZARENO, REY DE LOS JUDÍOS.
20 Y muchos de los judíos leyeron este título; porque el lugar donde Jesús fue crucificado estaba cerca de la ciudad, y el título estaba escrito en hebreo, en griego y en latín.
21 Dijeron a Pilato los principales sacerdotes de los judíos: No escribas: Rey de los judíos; sino, que él dijo: Soy Rey de los judíos.
22 Respondió Pilato: Lo que he escrito, he escrito.
23 Cuando los soldados hubieron crucificado a Jesús, tomaron sus vestidos, e hicieron cuatro partes, una para cada soldado. Tomaron también su túnica, la cual era sin costura, de un solo tejido de arriba abajo.
24 Entonces dijeron entre sí: No la partamos, sino echemos suertes sobre ella, a ver de quién será. Esto fue para que se cumpliese la Escritura, que dice:

Repartieron entre sí mis vestidos,
Y sobre mi ropa echaron suertes.[a]

Y así lo hicieron los soldados.
25 Estaban junto a la cruz de Jesús su madre, y la hermana de su madre, María mujer de Cleofas, y María Magdalena.
26 Cuando vio Jesús a su madre, y al discípulo a quien él amaba, que estaba presente, dijo a su madre: Mujer, he ahí tu hijo.
27 Después dijo al discípulo: He ahí tu madre. Y desde aquella hora el discípulo la recibió en su casa.
28 Después de esto, sabiendo Jesús que ya todo estaba consumado, dijo, para que la Escritura se cumpliese:[b] Tengo sed.
29 Y estaba allí una vasija llena de vinagre; entonces ellos empaparon en vinagre una esponja, y poniéndola en un hisopo, se la acercaron a la boca.
30 Cuando Jesús hubo tomado el vinagre, dijo: Consumado es. Y habiendo inclinado la cabeza, entregó el espíritu.

El costado de Jesús traspasado

31 Entonces los judíos, por cuanto era la preparación de la pascua, a fin de que los cuerpos no quedasen en la cruz en el día de reposo* (pues aquel día de reposo* era de gran solemnidad), rogaron a Pilato que se les quebrasen las piernas, y fuesen quitados de allí.
32 Vinieron, pues, los soldados, y quebraron las piernas al primero, y asimismo al otro que había sido crucificado con él.
33 Mas cuando llegaron a Jesús, como le vieron ya muerto, no le quebraron las piernas.
34 Pero uno de los soldados le abrió el costado con una lanza, y al instante salió sangre y agua.
35 Y el que lo vio da testimonio, y su testimonio es verdadero; y él sabe que dice verdad, para que vosotros también creáis.
36 Porque estas cosas sucedieron para que se cumpliese la Escritura: No será quebrado hueso suyo.[c]
37 Y también otra Escritura dice: Mirarán al que traspasaron.[d]

Jesús es sepultado

38 Después de todo esto, José de Arimatea, que era discípulo de Jesús, pero secretamente por miedo de los judíos, rogó a Pilato que le permitiese llevarse el cuerpo de Jesús; y Pilato se lo concedió. Entonces vino, y se llevó el cuerpo de Jesús.
39 También Nicodemo, el que antes había visitado a Jesús de noche,[e] vino trayendo un compuesto de mirra y de áloes, como cien libras.
40 Tomaron, pues, el cuerpo de Jesús, y lo envolvieron en lienzos con especias aromáticas, según es costumbre sepultar entre los judíos.
41 Y en el lugar donde había sido crucificado, había un huerto, y en el huerto un sepulcro nuevo, en el cual aún no había sido puesto ninguno.
42 Allí, pues, por causa de la preparación de la

* Aquí equivale a *sábado*.
19.24: [a] Sal. 22.18. **19.28:** [b] Sal. 69.21. **19.36:** [c] Ex. 12.46; Nm. 9.12; Sal. 34.20. **19.37:** [d] Zac. 12.10; Ap. 1.7. **19.39:** [e] Jn. 3.1-2.

pascua de los judíos, y porque aquel sepulcro
estaba cerca, pusieron a Jesús.

La resurrección

20 1 El primer día de la semana, María
Magdalena fue de mañana, siendo aún
oscuro, al sepulcro; y vio quitada la piedra del
sepulcro.
2 Entonces corrió, y fue a Simón Pedro y al otro
discípulo, aquel al que amaba Jesús, y les dijo:
Se han llevado del sepulcro al Señor, y no sabe-
mos dónde le han puesto.
3 Y salieron Pedro y el otro discípulo, y fueron al
sepulcro.
4 Corrían los dos juntos; pero el otro discípulo
corrió más aprisa que Pedro, y llegó primero al
sepulcro.
5 Y bajándose a mirar, vio los lienzos puestos
allí, pero no entró.
6 Luego llegó Simón Pedro tras él, y entró en el
sepulcro, y vio los lienzos puestos allí,
7 y el sudario, que había estado sobre la cabeza
de Jesús, no puesto con los lienzos, sino enrolla-
do en un lugar aparte.
8 Entonces entró también el otro discípulo,
que había venido primero al sepulcro; y vio, y
creyó.
9 Porque aún no habían entendido la Escritura,
que era necesario que él resucitase de los
muertos.
10 Y volvieron los discípulos a los suyos.

Jesús se aparece a María Magdalena

11 Pero María estaba fuera llorando junto al
sepulcro; y mientras lloraba, se inclinó para mi-
rar dentro del sepulcro;
12 y vio a dos ángeles con vestiduras blancas,
que estaban sentados el uno a la cabecera, y el
otro a los pies, donde el cuerpo de Jesús había
sido puesto.
13 Y le dijeron: Mujer, ¿por qué lloras? Les dijo:
Porque se han llevado a mi Señor, y no sé dónde
le han puesto.
14 Cuando había dicho esto, se volvió, y vio a Je-
sús que estaba allí; mas no sabía que era Jesús.
15 Jesús le dijo: Mujer, ¿por qué lloras? ¿A quién
buscas? Ella, pensando que era el hortelano, le
dijo: Señor, si tú lo has llevado, dime dónde lo
has puesto, y yo lo llevaré.
16 Jesús le dijo: ¡María! Volviéndose ella, le dijo:
¡Raboni! (que quiere decir, Maestro).
17 Jesús le dijo: No me toques, porque aún no
he subido a mi Padre; mas ve a mis hermanos, y
diles: Subo a mi Padre y a vuestro Padre, a mi
Dios y a vuestro Dios.
18 Fue entonces María Magdalena para dar a los
discípulos las nuevas de que había visto al Se-
ñor, y que él le había dicho estas cosas.

Jesús se aparece a los discípulos

19 Cuando llegó la noche de aquel mismo día,
el primero de la semana, estando las puertas ce-
rradas en el lugar donde los discípulos estaban
reunidos por miedo de los judíos, vino Jesús, y
puesto en medio, les dijo: Paz a vosotros.
20 Y cuando les hubo dicho esto, les mostró las
manos y el costado. Y los discípulos se regocija-
ron viendo al Señor.
21 Entonces Jesús les dijo otra vez: Paz a voso-
tros. Como me envió el Padre, así también yo os
envío.
22 Y habiendo dicho esto, sopló, y les dijo: Reci-
bid el Espíritu Santo.
23 A quienes remitiereis los pecados, les son re-
mitidos; y a quienes se los retuviereis, les son re-
tenidos.[a]

Incredulidad de Tomás

24 Pero Tomás, uno de los doce, llamado Dídi-
mo, no estaba con ellos cuando Jesús vino.
25 Le dijeron, pues, los otros discípulos: Al Se-
ñor hemos visto. El les dijo: Si no viere en sus
manos la señal de los clavos, y metiere mi dedo
en el lugar de los clavos, y metiere mi mano en
su costado, no creeré.
26 Ocho días después, estaban otra vez sus
discípulos dentro, y con ellos Tomás. Llegó Je-
sús, estando las puertas cerradas, y se puso en
medio y les dijo: Paz a vosotros.
27 Luego dijo a Tomás: Pon aquí tu dedo, y mira
mis manos; y acerca tu mano, y métela en mi
costado; y no seas incrédulo, sino creyente.
28 Entonces Tomás respondió y le dijo: ¡Señor
mío, y Dios mío!
29 Jesús le dijo: Porque me has visto, Tomás,
creíste; bienaventurados los que no vieron, y
creyeron.

El propósito del libro

30 Hizo además Jesús muchas otras señales
en presencia de sus discípulos, las cuales no es-
tán escritas en este libro.
31 Pero éstas se han escrito para que creáis que
Jesús es el Cristo, el Hijo de Dios, y para que cre-
yendo, tengáis vida en su nombre.

Jesús se aparece a siete de sus discípulos

21 1 Después de esto, Jesús se manifestó
otra vez a sus discípulos junto al mar de
Tiberias; y se manifestó de esta manera:
2 Estaban juntos Simón Pedro, Tomás llamado
el Dídimo, Natanael el de Caná de Galilea, los
hijos de Zebedeo, y otros dos de sus discípulos.
3 Simón Pedro les dijo: Voy a pescar. Ellos le di-
jeron: Vamos nosotros también contigo. Fueron,

20.23: [a] Mt. 16.19; 18.18.

y entraron en una barca; y aquella noche no pescaron nada.[a]

4 Cuando ya iba amaneciendo, se presentó Jesús en la playa; mas los discípulos no sabían que era Jesús.

5 Y les dijo: Hijitos, ¿tenéis algo de comer? Le respondieron: No.

6 El les dijo: Echad la red a la derecha de la barca, y hallaréis. Entonces la echaron, y ya no la podían sacar, por la gran cantidad de peces.[b]

7 Entonces aquel discípulo a quien Jesús amaba dijo a Pedro: ¡Es el Señor! Simón Pedro, cuando oyó que era el Señor, se ciñó la ropa (porque se había despojado de ella), y se echó al mar.

8 Y los otros discípulos vinieron con la barca, arrastrando la red de peces, pues no distaban de tierra sino como doscientos codos.

9 Al descender a tierra, vieron brasas puestas, y un pez encima de ellas, y pan.

10 Jesús les dijo: Traed de los peces que acabáis de pescar.

11 Subió Simón Pedro, y sacó la red a tierra, llena de grandes peces, ciento cincuenta y tres; y aun siendo tantos, la red no se rompió.

12 Les dijo Jesús: Venid, comed. Y ninguno de los discípulos se atrevía a preguntarle: ¿Tú, quién eres? sabiendo que era el Señor.

13 Vino, pues, Jesús, y tomó el pan y les dio, y asimismo del pescado.

14 Esta era ya la tercera vez que Jesús se manifestaba a sus discípulos, después de haber resucitado de los muertos.

Apacienta mis ovejas

15 Cuando hubieron comido, Jesús dijo a Simón Pedro: Simón, hijo de Jonás, ¿me amas más que éstos? Le respondió: Sí, Señor; tú sabes que te amo. El le dijo: Apacienta mis corderos.

16 Volvió a decirle la segunda vez: Simón, hijo de Jonás, ¿me amas? Pedro le respondió: Sí, Señor; tú sabes que te amo. Le dijo: Pastorea mis ovejas.

17 Le dijo la tercera vez: Simón, hijo de Jonás, ¿me amas? Pedro se entristeció de que le dijese la tercera vez: ¿Me amas? y le respondió: Señor, tú lo sabes todo; tú sabes que te amo. Jesús le dijo: Apacienta mis ovejas.

18 De cierto, de cierto te digo: Cuando eras más joven, te ceñías, e ibas a donde querías; mas cuando ya seas viejo, extenderás tus manos, y te ceñirá otro, y te llevará a donde no quieras.

19 Esto dijo, dando a entender con qué muerte había de glorificar a Dios. Y dicho esto, añadió: Sígueme.

El discípulo amado

20 Volviéndose Pedro, vio que les seguía el discípulo a quien amaba Jesús, el mismo que en la cena se había recostado al lado de él, y le había dicho: Señor, ¿quién es el que te ha de entregar?[c]

21 Cuando Pedro le vio, dijo a Jesús: Señor, ¿y qué de éste?

22 Jesús le dijo: Si quiero que él quede hasta que yo venga, ¿qué a ti? Sígueme tú.

23 Este dicho se extendió entonces entre los hermanos, que aquel discípulo no moriría. Pero Jesús no le dijo que no moriría, sino: Si quiero que él quede hasta que yo venga, ¿qué a ti?

24 Este es el discípulo que da testimonio de estas cosas, y escribió estas cosas; y sabemos que su testimonio es verdadero.

25 Y hay también otras muchas cosas que hizo Jesús, las cuales si se escribieran una por una, pienso que ni aun en el mundo cabrían los libros que se habrían de escribir. Amén.

HECHOS

DE LOS APÓSTOLES

La promesa del Espíritu Santo

1 1 En el primer tratado, oh Teófilo,[a] hablé acerca de todas las cosas que Jesús comenzó a hacer y a enseñar,

2 hasta el día en que fue recibido arriba, después de haber dado mandamientos por el Espíritu Santo a los apóstoles que había escogido;

3 a quienes también, después de haber padecido, se presentó vivo con muchas pruebas indubitables, apareciéndoseles durante cuarenta días y hablándoles acerca del reino de Dios.

4 Y estando juntos, les mandó que no se fueran de Jerusalén, sino que esperasen la promesa del Padre,[b] la cual, les dijo, oísteis de mí.

5 Porque Juan ciertamente bautizó con agua, mas vosotros seréis bautizados con el Espíritu Santo[c] dentro de no muchos días.

La ascensión

6 Entonces los que se habían reunido le preguntaron, diciendo: Señor, ¿restaurarás el reino a Israel en este tiempo?

7 Y les dijo: No os toca a vosotros saber los tiem-

1.1: [a] Lc. 1.1-4. **1.4:** [b] Lc. 24.49. **1.5:** [c] Mt. 3.11; Mr. 1.8; Lc. 3.16; Jn. 1.33.

pos o las sazones, que el Padre puso en su sola
potestad;
8 pero recibiréis poder, cuando haya venido so-
bre vosotros el Espíritu Santo, y me seréis testi-
gos en Jerusalén, en toda Judea, en Samaria, y
hasta lo último de la tierra.[d]
9 Y habiendo dicho estas cosas, viéndolo ellos,
fue alzado, y le recibió una nube que le ocultó
de sus ojos.[e]
10 Y estando ellos con los ojos puestos en el
cielo, entre tanto que él se iba, he aquí se pu-
sieron junto a ellos dos varones con vestiduras
blancas,
11 los cuales también les dijeron: Varones gali-
leos, ¿por qué estáis mirando al cielo? Este mis-
mo Jesús, que ha sido tomado de vosotros al
cielo, así vendrá como le habéis visto ir al cielo.

Elección del sucesor de Judas

12 Entonces volvieron a Jerusalén desde el
monte que se llama del Olivar, el cual está cerca
de Jerusalén, camino de un día de reposo.*
13 Y entrados, subieron al aposento alto, donde
moraban Pedro y Jacobo, Juan, Andrés, Felipe,
Tomás, Bartolomé, Mateo, Jacobo hijo de Alfeo,
Simón el Zelote y Judas hermano de Jacobo.[f]
14 Todos éstos perseveraban unánimes en ora-
ción y ruego, con las mujeres, y con María la
madre de Jesús, y con sus hermanos.
15 En aquellos días Pedro se levantó en medio
de los hermanos
(y los reunidos eran como ciento veinte en nú-
mero), y dijo:
16 Varones hermanos, era necesario que se cum-
pliese la Escritura en que el Espíritu Santo habló
antes por boca de David acerca de Judas, que
fue guía de los que prendieron a Jesús,
17 y era contado con nosotros, y tenía parte en
este ministerio.
18 Este, pues, con el salario de su iniquidad ad-
quirió un campo, y cayendo de cabeza, se reventó
por la mitad, y todas sus entrañas se derrama-
ron.
19 Y fue notorio a todos los habitantes de Jeru-
salén, de tal manera que aquel campo se llama
en su propia lengua, Acéldama, que quiere de-
cir, Campo de sangre.[g]
20 Porque está escrito en el libro de los Salmos:
Sea hecha desierta su habitación,
Y no haya quien more en ella;[h]
y:
Tome otro su oficio.[i]
21 Es necesario, pues, que de estos hombres
que han estado juntos con nosotros todo el
tiempo que el Señor Jesús entraba y salía entre
nosotros,
22 comenzando desde el bautismo de Juan[j] has-
ta el día en que de entre nosotros fue recibido
arriba,[k] uno sea hecho testigo con nosotros, de
su resurrección.
23 Y señalaron a dos: a José, llamado Barsabás,
que tenía por sobrenombre Justo, y a Matías.
24 Y orando, dijeron: Tú, Señor, que conoces los
corazones de todos, muestra cuál de estos dos
has escogido,
25 para que tome la parte de este ministerio y
apostolado, de que cayó Judas por transgresión,
para irse a su propio lugar.
26 Y les echaron suertes, y la suerte cayó sobre
Matías; y fue contado con los once apóstoles.

La venida del Espíritu Santo

2 1 Cuando llegó el día de Pentecostés,[a] esta-
ban todos unánimes juntos.
2 Y de repente vino del cielo un estruendo como
de un viento recio que soplaba, el cual llenó
toda la casa donde estaban sentados;
3 y se les aparecieron lenguas repartidas, como
de fuego, asentándose sobre cada uno de ellos.
4 Y fueron todos llenos del Espíritu Santo, y co-
menzaron a hablar en otras lenguas, según el
Espíritu les daba que hablasen.
5 Moraban entonces en Jerusalén judíos, va-
rones piadosos, de todas las naciones bajo el
cielo.
6 Y hecho este estruendo, se juntó la multitud; y
estaban confusos, porque cada uno les oía ha-
blar en su propia lengua.
7 Y estaban atónitos y maravillados, diciendo:
Mirad, ¿no son galileos todos estos que hablan?
8 ¿Cómo, pues, les oímos nosotros hablar cada
uno en nuestra lengua en la que hemos nacido?
9 Partos, medos, elamitas, y los que habitamos
en Mesopotamia, en Judea, en Capadocia, en el
Ponto y en Asia,
10 en Frigia y Panfilia, en Egipto y en las regio-
nes de Africa más allá de Cirene, y romanos aquí
residentes, tanto judíos como prosélitos,
11 cretenses y árabes, les oímos hablar en nues-
tras lenguas las maravillas de Dios.
12 Y estaban todos atónitos y perplejos, dicién-
dose unos a otros: ¿Qué quiere decir esto?
13 Mas otros, burlándose, decían: Están llenos
de mosto.

Primer discurso de Pedro

14 Entonces Pedro, poniéndose en pie con los
once, alzó la voz y les habló diciendo: Varones
judíos, y todos los que habitáis en Jerusalén,
esto os sea notorio, y oíd mis palabras.

* Aquí equivale a *sábado*.
1.8: [d] Mt. 28.19; Mr. 16.15; Lc. 24.47-48. **1.9:** [e] Mr. 16.19; Lc. 24.50-51. **1.13:** [f] Mt. 10.2-4; Mr. 3.16-19; Lc. 6.14-16. **1.18-19:** [g] Mt. 27.3-8. **1.20:** [h] Sal. 69.25. [i] Sal. 109.8. **1.22:** [j] Mt. 3.16; Mr. 1.9; Lc. 3.21. [k] Mr. 16.19; Lc. 24.51. **2.1:** [a] Lv. 23.15-21; Dt. 16.9-11.

15 Porque éstos no están ebrios, como vosotros suponéis, puesto que es la hora tercera del día.

16 Mas esto es lo dicho por el profeta Joel:

17 Y en los postreros días, dice Dios,
Derramaré de mi Espíritu sobre toda carne,
Y vuestros hijos y vuestras hijas
profetizarán;
Vuestros jóvenes verán visiones,
Y vuestros ancianos soñarán sueños;
18 Y de cierto sobre mis siervos y sobre mis
siervas en aquellos días
Derramaré de mi Espíritu, y profetizarán.
19 Y daré prodigios arriba en el cielo,
Y señales abajo en la tierra,
Sangre y fuego y vapor de humo;
20 El sol se convertirá en tinieblas,
Y la luna en sangre,
Antes que venga el día del Señor,
Grande y manifiesto;
21 Y todo aquel que invocare el nombre del
Señor, será salvo.[b]

22 Varones israelitas, oíd estas palabras: Jesús nazareno, varón aprobado por Dios entre vosotros con las maravillas, prodigios y señales que Dios hizo entre vosotros por medio de él, como vosotros mismos sabéis;

23 a éste, entregado por el determinado consejo y anticipado conocimiento de Dios, prendisteis y matasteis por manos de inicuos, crucificándole;[c]

24 al cual Dios levantó,[d] sueltos los dolores de la muerte, por cuanto era imposible que fuese retenido por ella.

25 Porque David dice de él:
Veía al Señor siempre delante de mí;
Porque está a mi diestra, no seré
conmovido.
26 Por lo cual mi corazón se alegró, y se
gozó mi lengua,
Y aun mi carne descansará en esperanza;
27 Porque no dejarás mi alma en el Hades,
Ni permitirás que tu Santo vea
corrupción.
28 Me hiciste conocer los caminos de la vida;
Me llenarás de gozo con tu presencia.[e]

29 Varones hermanos, se os puede decir libremente del patriarca David, que murió y fue sepultado, y su sepulcro está con nosotros hasta el día de hoy.

30 Pero siendo profeta, y sabiendo que con juramento Dios le había jurado que de su descendencia, en cuanto a la carne, levantaría al Cristo para que se sentase en su trono,[f]

31 viéndolo antes, habló de la resurrección de Cristo, que su alma no fue dejada en el Hades, ni su carne vio corrupción.

32 A este Jesús resucitó Dios, de lo cual todos nosotros somos testigos.

33 Así que, exaltado por la diestra de Dios, y habiendo recibido del Padre la promesa del Espíritu Santo, ha derramado esto que vosotros veis y oís.

34 Porque David no subió a los cielos; pero él mismo dice:
Dijo el Señor a mi Señor:
Siéntate a mi diestra,
35 Hasta que ponga a tus enemigos por
estrado de tus pies.[g]

36 Sepa, pues, ciertísimamente toda la casa de Israel, que a este Jesús a quien vosotros crucificasteis, Dios le ha hecho Señor y Cristo.

37 Al oír esto, se compungieron de corazón, y dijeron a Pedro y a los otros apóstoles: Varones hermanos, ¿qué haremos?

38 Pedro les dijo: Arrepentíos, y bautícese cada uno de vosotros en el nombre de Jesucristo para perdón de los pecados; y recibiréis el don del Espíritu Santo.

39 Porque para vosotros es la promesa, y para vuestros hijos, y para todos los que están lejos; para cuantos el Señor nuestro Dios llamare.

40 Y con otras muchas palabras testificaba y les exhortaba, diciendo: Sed salvos de esta perversa generación.

41 Así que, los que recibieron su palabra fueron bautizados; y se añadieron aquel día como tres mil personas.

42 Y perseveraban en la doctrina de los apóstoles, en la comunión unos con otros, en el partimiento del pan y en las oraciones.

La vida de los primeros cristianos

43 Y sobrevino temor a toda persona; y muchas maravillas y señales eran hechas por los apóstoles.

44 Todos los que habían creído estaban juntos, y tenían en común todas las cosas;[h]

45 y vendían sus propiedades y sus bienes, y lo repartían a todos según la necesidad de cada uno.[i]

46 Y perseverando unánimes cada día en el templo, y partiendo el pan en las casas, comían juntos con alegría y sencillez de corazón,

47 alabando a Dios, y teniendo favor con todo el pueblo. Y el Señor añadía cada día a la iglesia los que habían de ser salvos.

Curación de un cojo

3 1 Pedro y Juan subían juntos al templo a la hora novena, la de la oración.

2 Y era traído un hombre cojo de nacimiento, a quien ponían cada día a la puerta del templo

2.17-21: [b] Jl. 2.28-32. **2.23:** [c] Mt. 27.35; Mr. 15.24; Lc. 23.33; Jn. 19.18. **2.24:** [d] Mt. 28. 5-6; Mr. 16.6; Lc. 24.5. **2.25-28:** [e] Sal. 16.8-11. **2.30:** [f] Sal. 89. 3-4; 132.11. **2.34-35:** [g] Sal. 110.1. **2.44:** [h] Hch. 4.32-35. **2.45:** [i] Mt. 19.21; Mr. 10.21; Lc. 12.33; 18.22.

que se llama la Hermosa, para que pidiese limosna de los que entraban en el templo.

3 Este, cuando vio a Pedro y a Juan que iban a entrar en el templo, les rogaba que le diesen limosna.

4 Pedro, con Juan, fijando en él los ojos, le dijo: Míranos.

5 Entonces él les estuvo atento, esperando recibir de ellos algo.

6 Mas Pedro dijo: No tengo plata ni oro, pero lo que tengo te doy; en el nombre de Jesucristo de Nazaret, levántate y anda.

7 Y tomándole por la mano derecha le levantó; y al momento se le afirmaron los pies y tobillos;

8 y saltando, se puso en pie y anduvo; y entró con ellos en el templo, andando, y saltando, y alabando a Dios.

9 Y todo el pueblo le vio andar y alabar a Dios.

10 Y le reconocían que era el que se sentaba a pedir limosna a la puerta del templo, la Hermosa; y se llenaron de asombro y espanto por lo que le había sucedido.

Discurso de Pedro en el pórtico de Salomón

11 Y teniendo asidos a Pedro y a Juan el cojo que había sido sanado, todo el pueblo, atónito, concurrió a ellos al pórtico que se llama de Salomón.

12 Viendo esto Pedro, respondió al pueblo: Varones israelitas, ¿por qué os maravilláis de esto? ¿o por qué ponéis los ojos en nosotros, como si por nuestro poder o piedad hubiésemos hecho andar a éste?

13 El Dios de Abraham, de Isaac y de Jacob, el Dios de nuestros padres, ha glorificado a su Hijo Jesús, a quien vosotros entregasteis y negasteis delante de Pilato, cuando éste había resuelto ponerle en libertad.

14 Mas vosotros negasteis al Santo y al Justo, y pedisteis que se os diese un homicida,[a]

15 y matasteis al Autor de la vida, a quien Dios ha resucitado de los muertos, de lo cual nosotros somos testigos.

16 Y por la fe en su nombre, a éste, que vosotros veis y conocéis, le ha confirmado su nombre; y la fe que es por él ha dado a éste esta completa sanidad en presencia de todos vosotros.

17 Mas ahora, hermanos, sé que por ignorancia lo habéis hecho, como también vuestros gobernantes.

18 Pero Dios ha cumplido así lo que había antes anunciado por boca de todos sus profetas, que su Cristo había de padecer.

19 Así que, arrepentíos y convertíos, para que sean borrados vuestros pecados; para que vengan de la presencia del Señor tiempos de refrigerio,

20 y él envíe a Jesucristo, que os fue antes anunciado;

21 a quien de cierto es necesario que el cielo reciba hasta los tiempos de la restauración de todas las cosas, de que habló Dios por boca de sus santos profetas que han sido desde tiempo antiguo.

22 Porque Moisés dijo a los padres: El Señor vuestro Dios os levantará profeta de entre vuestros hermanos, como a mí; a él oiréis en todas las cosas que os hable;[b]

23 y toda alma que no oiga a aquel profeta, será desarraigada del pueblo.[c]

24 Y todos los profetas desde Samuel en adelante, cuantos han hablado, también han anunciado estos días.

25 Vosotros sois los hijos de los profetas, y del pacto que Dios hizo con nuestros padres, diciendo a Abraham: En tu simiente serán benditas todas las familias de la tierra.[d]

26 A vosotros primeramente, Dios, habiendo levantado a su Hijo, lo envió para que os bendijese, a fin de que cada uno se convierta de su maldad.

Pedro y Juan ante el concilio

4 1 Hablando ellos al pueblo, vinieron sobre ellos los sacerdotes con el jefe de la guardia del templo, y los saduceos,

2 resentidos de que enseñasen al pueblo, y anunciasen en Jesús la resurrección de entre los muertos.

3 Y les echaron mano, y los pusieron en la cárcel hasta el día siguiente, porque era ya tarde.

4 Pero muchos de los que habían oído la palabra, creyeron; y el número de los varones era como cinco mil.

5 Aconteció al día siguiente, que se reunieron en Jerusalén los gobernantes, los ancianos y los escribas,

6 y el sumo sacerdote Anás, y Caifás y Juan y Alejandro, y todos los que eran de la familia de los sumos sacerdotes;

7 y poniéndoles en medio, les preguntaron: ¿Con qué potestad, o en qué nombre, habéis hecho vosotros esto?

8 Entonces Pedro, lleno del Espíritu Santo, les dijo: Gobernantes del pueblo, y ancianos de Israel:

9 Puesto que hoy se nos interroga acerca del beneficio hecho a un hombre enfermo, de qué manera éste haya sido sanado,

10 sea notorio a todos vosotros, y a todo el pueblo de Israel, que en el nombre de Jesucristo de Nazaret, a quien vosotros crucificasteis y a

3.14: [a] Mt. 27.15-23; Mr. 15.6-14; Lc. 23.13-23; Jn. 19.12-15. **3.22:** [b] Dt. 18.15-16. **3.23:** [c] Dt. 18.19. **3.25:** [d] Gn. 22.18.

quien Dios resucitó de los muertos, por él este
hombre está en vuestra presencia sano.
11 Este Jesús es la piedra reprobada por voso-
tros los edificadores, la cual ha venido a ser ca-
beza del ángulo.[a]
12 Y en ningún otro hay salvación; porque no
hay otro nombre bajo el cielo, dado a los hom-
bres, en que podamos ser salvos.
13 Entonces viendo el denuedo de Pedro y de
Juan, y sabiendo que eran hombres sin letras y
del vulgo, se maravillaban; y les reconocían que
habían estado con Jesús.
14 Y viendo al hombre que había sido sanado,
que estaba en pie con ellos, no podían decir
nada en contra.
15 Entonces les ordenaron que saliesen del con-
cilio; y conferenciaban entre sí,
16 diciendo: ¿Qué haremos con estos hombres?
Porque de cierto, señal manifiesta ha sido hecha
por ellos, notoria a todos los que moran en Jeru-
salén, y no lo podemos negar.
17 Sin embargo, para que no se divulgue más
entre el pueblo, amenacémosles para que no ha-
blen de aquí en adelante a hombre alguno en
este nombre.
18 Y llamándolos, les intimaron que en ninguna
manera hablasen ni enseñasen en el nombre de
Jesús.
19 Mas Pedro y Juan respondieron diciéndoles:
Juzgad si es justo delante de Dios obedecer a vo-
sotros antes que a Dios;
20 porque no podemos dejar de decir lo que he-
mos visto y oído.
21 Ellos entonces les amenazaron y les soltaron,
no hallando ningún modo de castigarles, por
causa del pueblo; porque todos glorificaban a
Dios por lo que se había hecho,
22 ya que el hombre en quien se había hecho este
milagro de sanidad, tenía más de cuarenta años.

Los creyentes piden confianza y valor

23 Y puestos en libertad, vinieron a los suyos y
contaron todo lo que los principales sacerdotes
y los ancianos les habían dicho.
24 Y ellos, habiéndolo oído, alzaron unánimes la
voz a Dios, y dijeron: Soberano Señor, tú eres el
Dios que hiciste el cielo y la tierra, el mar y todo
lo que en ellos hay;[b]
25 que por boca de David tu siervo dijiste:
¿Por qué se amotinan las gentes,
Y los pueblos piensan cosas vanas?
26 Se reunieron los reyes de la tierra,
Y los príncipes se juntaron en uno
Contra el Señor, y contra su Cristo.[c]
27 Porque verdaderamente se unieron en esta
ciudad contra tu santo Hijo Jesús, a quien un-
giste, Herodes[d] y Poncio Pilato,[e] con los gentiles
y el pueblo de Israel,
28 para hacer cuanto tu mano y tu consejo ha-
bían antes determinado que sucediera.
29 Y ahora, Señor, mira sus amenazas, y conce-
de a tus siervos que con todo denuedo hablen tu
palabra,
30 mientras extiendes tu mano para que se ha-
gan sanidades y señales y prodigios mediante el
nombre de tu santo Hijo Jesús.
31 Cuando hubieron orado, el lugar en que esta-
ban congregados tembló; y todos fueron llenos
del Espíritu Santo, y hablaban con denuedo la
palabra de Dios.

Todas las cosas en común

32 Y la multitud de los que habían creído era
de un corazón y un alma; y ninguno decía ser
suyo propio nada de lo que poseía, sino que te-
nían todas las cosas en común.[f]
33 Y con gran poder los apóstoles daban testi-
monio de la resurrección del Señor Jesús, y
abundante gracia era sobre todos ellos.
34 Así que no había entre ellos ningún necesitado;
porque todos los que poseían heredades o casas,
las vendían, y traían el precio de lo vendido,
35 y lo ponían a los pies de los apóstoles; y se re-
partía a cada uno según su necesidad.[g]
36 Entonces José, a quien los apóstoles pusie-
ron por sobrenombre Bernabé (que traducido
es, Hijo de consolación), levita, natural de Chi-
pre,
37 como tenía una heredad, la vendió y trajo el
precio y lo puso a los pies de los apóstoles.

Ananías y Safira

5 1 Pero cierto hombre llamado Ananías, con
Safira su mujer, vendió una heredad,
2 y sustrajo del precio, sabiéndolo también su
mujer; y trayendo sólo una parte, la puso a los
pies de los apóstoles.
3 Y dijo Pedro: Ananías, ¿por qué llenó Satanás
tu corazón para que mintieses al Espíritu Santo,
y sustrajeses del precio de la heredad?
4 Reteniéndola, ¿no se te quedaba a ti? y vendi-
da, ¿no estaba en tu poder? ¿Por qué pusiste
esto en tu corazón? No has mentido a los hom-
bres, sino a Dios.
5 Al oír Ananías estas palabras, cayó y expiró. Y
vino un gran temor sobre todos los que lo
oyeron.
6 Y levantándose los jóvenes, lo envolvieron, y
sacándolo, lo sepultaron.
7 Pasado un lapso como de tres horas, sucedió
que entró su mujer, no sabiendo lo que había
acontecido.

4.11: [a] Sal. 118.22. **4.24:** [b] Ex. 20.11; Sal. 146.6.
4.25-26: [c] Sal. 2.1-2. **4.27:** [d] Lc. 23.7-11. [e] Mt. 27.1-2; Mr.
15.1; Lc. 23.1; Jn. 18.28-29. **4.32:** [f] Hch. 2.44-45.
4.34-35: [g] Mt. 19.21; Mr. 10.21; Lc. 12.33; 18.22.

8 Entonces Pedro le dijo: Dime, ¿vendisteis en tanto la heredad? Y ella dijo: Sí, en tanto.

9 Y Pedro le dijo: ¿Por qué convinisteis en tentar al Espíritu del Señor? He aquí a la puerta los pies de los que han sepultado a tu marido, y te sacarán a ti.

10 Al instante ella cayó a los pies de él, y expiró; y cuando entraron los jóvenes, la hallaron muerta; y la sacaron, y la sepultaron junto a su marido.

11 Y vino gran temor sobre toda la iglesia, y sobre todos los que oyeron estas cosas.

Muchas señales y maravillas

12 Y por la mano de los apóstoles se hacían muchas señales y prodigios en el pueblo; y estaban todos unánimes en el pórtico de Salomón.

13 De los demás, ninguno se atrevía a juntarse con ellos; mas el pueblo los alababa grandemente.

14 Y los que creían en el Señor aumentaban más, gran número así de hombres como de mujeres;

15 tanto que sacaban los enfermos a las calles, y los ponían en camas y lechos, para que al pasar Pedro, a lo menos su sombra cayese sobre alguno de ellos.

16 Y aun de las ciudades vecinas muchos venían a Jerusalén, trayendo enfermos y atormentados de espíritus inmundos; y todos eran sanados.

Pedro y Juan son perseguidos

17 Entonces levantándose el sumo sacerdote y todos los que estaban con él, esto es, la secta de los saduceos, se llenaron de celos;

18 y echaron mano a los apóstoles y los pusieron en la cárcel pública.

19 Mas un ángel del Señor, abriendo de noche las puertas de la cárcel y sacándolos, dijo:

20 Id, y puestos en pie en el templo, anunciad al pueblo todas las palabras de esta vida.

21 Habiendo oído esto, entraron de mañana en el templo, y enseñaban.

Entre tanto, vinieron el sumo sacerdote y los que estaban con él, y convocaron al concilio y a todos los ancianos de los hijos de Israel, y enviaron a la cárcel para que fuesen traídos.

22 Pero cuando llegaron los alguaciles, no los hallaron en la cárcel; entonces volvieron y dieron aviso,

23 diciendo: Por cierto, la cárcel hemos hallado cerrada con toda seguridad, y los guardas afuera de pie ante las puertas; mas cuando abrimos, a nadie hallamos dentro.

24 Cuando oyeron estas palabras el sumo sacerdote y el jefe de la guardia del templo y los principales sacerdotes, dudaban en qué vendría a parar aquello.

25 Pero viniendo uno, les dio esta noticia: He aquí, los varones que pusisteis en la cárcel están en el templo, y enseñan al pueblo.

26 Entonces fue el jefe de la guardia con los alguaciles, y los trajo sin violencia, porque temían ser apedreados por el pueblo.

27 Cuando los trajeron, los presentaron en el concilio, y el sumo sacerdote les preguntó,

28 diciendo: ¿No os mandamos estrictamente que no enseñaseis en ese nombre? Y ahora habéis llenado a Jerusalén de vuestra doctrina, y queréis echar sobre nosotros la sangre de ese hombre.[a]

29 Respondiendo Pedro y los apóstoles, dijeron: Es necesario obedecer a Dios antes que a los hombres.

30 El Dios de nuestros padres levantó a Jesús, a quien vosotros matasteis colgándole en un madero.

31 A éste, Dios ha exaltado con su diestra por Príncipe y Salvador, para dar a Israel arrepentimiento y perdón de pecados.

32 Y nosotros somos testigos suyos de estas cosas, y también el Espíritu Santo, el cual ha dado Dios a los que le obedecen.

33 Ellos, oyendo esto, se enfurecían y querían matarlos.

34 Entonces levantándose en el concilio un fariseo llamado Gamaliel, doctor de la ley, venerado de todo el pueblo, mandó que sacasen fuera por un momento a los apóstoles,

35 y luego dijo: Varones israelitas, mirad por vosotros lo que vais a hacer respecto a estos hombres.

36 Porque antes de estos días se levantó Teudas, diciendo que era alguien. A éste se unió un número como de cuatrocientos hombres; pero él fue muerto, y todos los que le obedecían fueron dispersados y reducidos a nada.

37 Después de éste, se levantó Judas el galileo, en los días del censo, y llevó en pos de sí a mucho pueblo. Pereció también él, y todos los que le obedecían fueron dispersados.

38 Y ahora os digo: Apartaos de estos hombres, y dejadlos; porque si este consejo o esta obra es de los hombres, se desvanecerá;

39 mas si es de Dios, no la podréis destruir; no seáis tal vez hallados luchando contra Dios.

40 Y convinieron con él; y llamando a los apóstoles, después de azotarlos, les intimaron que no hablasen en el nombre de Jesús, y los pusieron en libertad.

41 Y ellos salieron de la presencia del concilio, gozosos de haber sido tenidos por dignos de padecer afrenta por causa del Nombre.

42 Y todos los días, en el templo y por las casas, no cesaban de enseñar y predicar a Jesucristo.

5.28: [a] Mt. 27.25.

Elección de siete diáconos

6 1 En aquellos días, como creciera el número
de los discípulos, hubo murmuración de los
griegos contra los hebreos, de que las viudas de
aquéllos eran desatendidas en la distribución
diaria.
2 Entonces los doce convocaron a la multitud de
los discípulos, y dijeron: No es justo que noso-
tros dejemos la palabra de Dios, para servir a las
mesas.
3 Buscad, pues, hermanos, de entre vosotros a
siete varones de buen testimonio, llenos del
Espíritu Santo y de sabiduría, a quienes encar-
guemos de este trabajo.
4 Y nosotros persistiremos en la oración y en el
ministerio de la palabra.
5 Agradó la propuesta a toda la multitud; y eli-
gieron a Esteban, varón lleno de fe y del Espí-
ritu Santo, a Felipe, a Prócoro, a Nicanor, a
Timón, a Parmenas, y a Nicolás prosélito de
Antioquía;
6 a los cuales presentaron ante los apóstoles,
quienes, orando, les impusieron las manos.
7 Y crecía la palabra del Señor, y el número de
los discípulos se multiplicaba grandemente en
Jerusalén; también muchos de los sacerdotes
obedecían a la fe.

Arresto de Esteban

8 Y Esteban, lleno de gracia y de poder, hacía
grandes prodigios y señales entre el pueblo.
9 Entonces se levantaron unos de la sinagoga
llamada de los libertos, y de los de Cirene, de
Alejandría, de Cilicia y de Asia, disputando con
Esteban.
10 Pero no podían resistir a la sabiduría y al
Espíritu con que hablaba.
11 Entonces sobornaron a unos para que dijesen
que le habían oído hablar palabras blasfemas
contra Moisés y contra Dios.
12 Y soliviantaron al pueblo, a los ancianos y a
los escribas; y arremetiendo, le arrebataron, y le
trajeron al concilio.
13 Y pusieron testigos falsos que decían: Este
hombre no cesa de hablar palabras blasfemas
contra este lugar santo y contra la ley;
14 pues le hemos oído decir que ese Jesús de Na-
zaret destruirá este lugar, y cambiará las cos-
tumbres que nos dio Moisés.
15 Entonces todos los que estaban sentados en
el concilio, al fijar los ojos en él, vieron su rostro
como el rostro de un ángel.

Defensa y muerte de Esteban

7 1 El sumo sacerdote dijo entonces: ¿Es esto
así?
2 Y él dijo:
Varones hermanos y padres, oíd: El Dios de la
gloria apareció a nuestro padre Abraham, es-
tando en Mesopotamia, antes que morase en
Harán,
3 y le dijo: Sal de tu tierra y de tu parentela, y
ven a la tierra que yo te mostraré.[a]
4 Entonces salió de la tierra de los caldeos y ha-
bitó en Harán;[b] y de allí, muerto su padre, Dios
le trasladó a esta tierra, en la cual vosotros habi-
táis ahora.[c]
5 Y no le dio herencia en ella, ni aun para asen-
tar un pie; pero le prometió que se la daría en
posesión, y a su descendencia después de él,[d]
cuando él aún no tenía hijo.
6 Y le dijo Dios así: Que su descendencia sería
extranjera en tierra ajena, y que los reducirían a
servidumbre y los maltratarían, por cuatrocien-
tos años.
7 Mas yo juzgaré, dijo Dios, a la nación de la
cual serán siervos; y después de esto saldrán y
me servirán en este lugar.[e]
8 Y le dio el pacto de la circuncisión;[f] y así
Abraham engendró a Isaac,[g] y le circuncidó al
octavo día; e Isaac a Jacob,[h] y Jacob a los doce
patriarcas.[i]
9 Los patriarcas, movidos por envidia,[j] vendie-
ron a José para Egipto;[k] pero Dios estaba con él,[l]
10 y le libró de todas sus tribulaciones, y le dio
gracia y sabiduría delante de Faraón rey de
Egipto, el cual lo puso por gobernador sobre
Egipto y sobre toda su casa.[m]
11 Vino entonces hambre en toda la tierra de
Egipto y de Canaán, y grande tribulación; y
nuestros padres no hallaban alimentos.[n]
12 Cuando oyó Jacob que había trigo en Egipto,
envió a nuestros padres la primera vez.[o]
13 Y en la segunda, José se dio a conocer a sus
hermanos,[p] y fue manifestado a Faraón el linaje
de José.[q]
14 Y enviando José, hizo venir a su padre Jacob,[r]
y a toda su parentela, en número de setenta y
cinco personas.[s]
15 Así descendió Jacob a Egipto,[t] donde murió
él,[u] y también nuestros padres;
16 los cuales fueron trasladados a Siquem, y
puestos en el sepulcro que a precio de dinero
compró Abraham de los hijos de Hamor en Si-
quem.[v]
17 Pero cuando se acercaba el tiempo de la
promesa, que Dios había jurado a Abraham, el
pueblo creció y se multiplicó en Egipto,

7.2-3: [a] Gn. 12.1. **7.4:** [b] Gn. 11.31. [c] Gn. 12.4.
7.5: [d] Gn. 12.7; 13.15; 15.18; 17.8. **7.6-7:** [e] Gn. 15.13-14.
7.8: [f] Gn. 17.10-14. [g] Gn. 21.2-4. [h] Gn. 25.26. [i] Gn. 29.31–35.18.
7.9: [j] Gn. 37.11. [k] Gn. 37.28. [l] Gn. 39.2, 21.
7.10: [m] Gn. 41.39-41. **7.11:** [n] Gn. 41.54-57.
7.12: [o] Gn. 42.1-2. **7.13:** [p] Gn. 45.1. [q] Gn. 45.16.
7.14: [r] Gn. 45.9-10, 17-18. [s] Gn. 46.27. **7.15:** [t] Gn. 46.1-7.
[u] Gn. 49.33. **7.16:** [v] Gn. 23.3-16; 33.19; 50.7-13; Jos. 24.32.

18 hasta que se levantó en Egipto otro rey que
no conocía a José.[w]
19 Este rey, usando de astucia con nuestro pue-
blo, maltrató a nuestros padres,[x] a fin de que ex-
pusiesen a la muerte a sus niños, para que no se
propagasen.[y]
20 En aquel mismo tiempo nació Moisés, y fue
agradable a Dios; y fue criado tres meses en
casa de su padre.[z]
21 Pero siendo expuesto a la muerte, la hija de
Faraón le recogió y le crió como a hijo suyo.[a]
22 Y fue enseñado Moisés en toda la sabiduría
de los egipcios; y era poderoso en sus palabras y
obras.
23 Cuando hubo cumplido la edad de cuaren-
ta años, le vino al corazón el visitar a sus herma-
nos, los hijos de Israel.
24 Y al ver a uno que era maltratado, lo defen-
dió, e hiriendo al egipcio, vengó al oprimido.
25 Pero él pensaba que sus hermanos compren-
dían que Dios les daría libertad por mano suya;
mas ellos no lo habían entendido así.
26 Y al día siguiente, se presentó a unos de ellos
que reñían, y los ponía en paz, diciendo: Varo-
nes, hermanos sois, ¿por qué os maltratáis el
uno al otro?
27 Entonces el que maltrataba a su prójimo le
rechazó, diciendo: ¿Quién te ha puesto por go-
bernante y juez sobre nosotros?
28 ¿Quieres tú matarme, como mataste ayer al
egipcio?
29 Al oír esta palabra, Moisés huyó, y vivió como
extranjero en tierra de Madián,[b] donde engen-
dró dos hijos.[c]
30 Pasados cuarenta años, un ángel se le apa-
reció en el desierto del monte Sinaí, en la llama
de fuego de una zarza.
31 Entonces Moisés, mirando, se maravilló de la
visión; y acercándose para observar, vino a él la
voz del Señor:
32 Yo soy el Dios de tus padres, el Dios de
Abraham, el Dios de Isaac, y el Dios de Jacob. Y
Moisés, temblando, no se atrevía a mirar.
33 Y le dijo el Señor: Quita el calzado de tus
pies, porque el lugar en que estás es tierra santa.
34 Ciertamente he visto la aflicción de mi pue-
blo que está en Egipto, y he oído su gemido, y he
descendido para librarlos. Ahora, pues, ven, te
enviaré a Egipto.[d]
35 A este Moisés, a quien habían rechazado,
diciendo: ¿Quién te ha puesto por gobernante y
juez?, a éste lo envió Dios como gobernante y li-
bertador por mano del ángel que se le apareció
en la zarza.
36 Este los sacó, habiendo hecho prodigios y se-
ñales en tierra de Egipto,[e] y en el Mar Rojo,[f] y en
el desierto por cuarenta años.[g]
37 Este Moisés es el que dijo a los hijos de Israel:
Profeta os levantará el Señor vuestro Dios de
entre vuestros hermanos, como a mí;[h] a él
oiréis.
38 Este es aquel Moisés que estuvo en la congre-
gación en el desierto con el ángel que le hablaba
en el monte Sinaí,[i] y con nuestros padres, y que
recibió palabras de vida que darnos;
39 al cual nuestros padres no quisieron obede-
cer, sino que le desecharon, y en sus corazones
se volvieron a Egipto,
40 cuando dijeron a Aarón: Haznos dioses que
vayan delante de nosotros; porque a este Moi-
sés, que nos sacó de la tierra de Egipto, no sabe-
mos qué le haya acontecido.[j]
41 Entonces hicieron un becerro, y ofrecieron
sacrificio al ídolo, y en las obras de sus manos se
regocijaron.[k]
42 Y Dios se apartó, y los entregó a que rindie-
sen culto al ejército del cielo; como está escrito
en el libro de los profetas:
¿Acaso me ofrecisteis víctimas y
sacrificios
En el desierto por cuarenta años, casa de
Israel?
43 Antes bien llevasteis el tabernáculo de
Moloc,
Y la estrella de vuestro dios Renfán,
Figuras que os hicisteis para adorarlas.
Os transportaré, pues, más allá de
Babilonia.[l]
44 Tuvieron nuestros padres el tabernáculo
del testimonio en el desierto, como había orde-
nado Dios cuando dijo a Moisés que lo hiciese
conforme al modelo que había visto.[m]
45 El cual, recibido a su vez por nuestros padres,
lo introdujeron con Josué[n] al tomar posesión de
la tierra de los gentiles, a los cuales Dios arrojó
de la presencia de nuestros padres, hasta los
días de David.
46 Este halló gracia delante de Dios, y pidió pro-
veer tabernáculo para el Dios de Jacob.[o]
47 Mas Salomón le edificó casa;[p]
48 si bien el Altísimo no habita en templos he-
chos de mano, como dice el profeta:
49 El cielo es mi trono,
Y la tierra el estrado de mis pies.
¿Qué casa me edificaréis? dice el Señor;
¿O cuál es el lugar de mi reposo?
50 ¿No hizo mi mano todas estas cosas?[q]
51 ¡Duros de cerviz, e incircuncisos de cora-
zón y de oídos! Vosotros resistís siempre al Espí-

7.17-18: [w] Ex. 1.7-8. **7.19:** [x] Ex. 1.10-11. [y] Ex. 1.22.
7.20: [z] Ex. 2.2. **7.21:** [a] Ex. 2.3-10. **7.23-29:** [b] Ex. 2.11-15.
7.29: [c] Ex. 18.3-4. **7.30-34:** [d] Ex. 3.1-10. **7.36:** [e] Ex. 7.3.
[f] Ex. 14.21. [g] Nm. 14.33. **7.37:** [h] Dt. 18.15, 18.
7.38: [i] Ex. 19.1–20.17; Dt. 5.1-33. **7.40:** [j] Ex. 32.1.
7.41: [k] Ex. 32.2-6. **7.42-43:** [l] Am. 5.25-27. **7.44:** [m] Ex. 25.9, 40.
7.45: [n] Jos. 3.14-17. **7.46:** [o] 2 S. 7.1-16; 1 Cr. 17.1-14.
7.47: [p] 1 R. 6.1-38; 2 Cr. 3.1-17. **7.49-50:** [q] Is. 66.1-2.

ritu Santo; como vuestros padres, así también
vosotros.[r]
52 ¿A cuál de los profetas no persiguieron vues-
tros padres? Y mataron a los que anunciaron de
antemano la venida del Justo, de quien vosotros
ahora habéis sido entregadores y matadores;
53 vosotros que recibisteis la ley por disposición
de ángeles, y no la guardasteis.
54 Oyendo estas cosas, se enfurecían en sus
corazones, y crujían los dientes contra él.
55 Pero Esteban, lleno del Espíritu Santo, pues-
tos los ojos en el cielo, vio la gloria de Dios, y a
Jesús que estaba a la diestra de Dios,
56 y dijo: He aquí, veo los cielos abiertos, y al
Hijo del Hombre que está a la diestra de Dios.
57 Entonces ellos, dando grandes voces, se ta-
paron los oídos, y arremetieron a una contra
él.
58 Y echándole fuera de la ciudad, le apedrea-
ron; y los testigos pusieron sus ropas a los pies
de un joven que se llamaba Saulo.
59 Y apedreaban a Esteban, mientras él invoca-
ba y decía: Señor Jesús, recibe mi espíritu.
60 Y puesto de rodillas, clamó a gran voz: Señor,
no les tomes en cuenta este pecado. Y habiendo
dicho esto, durmió.

Saulo persigue a la iglesia

8 1 Y Saulo consentía en su muerte. En aquel
día hubo una gran persecución contra la
iglesia que estaba en Jerusalén; y todos fueron
esparcidos por las tierras de Judea y de Sama-
ria, salvo los apóstoles.
2 Y hombres piadosos llevaron a enterrar a Este-
ban, e hicieron gran llanto sobre él.
3 Y Saulo asolaba la iglesia, y entrando casa por
casa, arrastraba a hombres y a mujeres, y los en-
tregaba en la cárcel.[a]

Predicación del evangelio en Samaria

4 Pero los que fueron esparcidos iban por to-
das partes anunciando el evangelio.
5 Entonces Felipe, descendiendo a la ciudad de
Samaria, les predicaba a Cristo.
6 Y la gente, unánime, escuchaba atentamente
las cosas que decía Felipe, oyendo y viendo las
señales que hacía.
7 Porque de muchos que tenían espíritus inmun-
dos, salían éstos dando grandes voces; y mu-
chos paralíticos y cojos eran sanados;
8 así que había gran gozo en aquella ciudad.
9 Pero había un hombre llamado Simón, que
antes ejercía la magia en aquella ciudad, y había
engañado a la gente de Samaria, haciéndose pa-
sar por algún grande.
10 A éste oían atentamente todos, desde el más
pequeño hasta el más grande, diciendo: Este es
el gran poder de Dios.
11 Y le estaban atentos, porque con sus artes
mágicas les había engañado mucho tiempo.
12 Pero cuando creyeron a Felipe, que anuncia-
ba el evangelio del reino de Dios y el nombre de
Jesucristo, se bautizaban hombres y mujeres.
13 También creyó Simón mismo, y habiéndose
bautizado, estaba siempre con Felipe; y viendo
las señales y grandes milagros que se hacían,
estaba atónito.
14 Cuando los apóstoles que estaban en Jeru-
salén oyeron que Samaria había recibido la pa-
labra de Dios, enviaron allá a Pedro y a Juan;
15 los cuales, habiendo venido, oraron por ellos
para que recibiesen el Espíritu Santo;
16 porque aún no había descendido sobre nin-
guno de ellos, sino que solamente habían sido
bautizados en el nombre de Jesús.
17 Entonces les imponían las manos, y recibían
el Espíritu Santo.
18 Cuando vio Simón que por la imposición de
las manos de los apóstoles se daba el Espíritu
Santo, les ofreció dinero,
19 diciendo: Dadme también a mí este poder,
para que cualquiera a quien yo impusiere las
manos reciba el Espíritu Santo.
20 Entonces Pedro le dijo: Tu dinero perezca
contigo, porque has pensado que el don de Dios
se obtiene con dinero.
21 No tienes tú parte ni suerte en este asunto,
porque tu corazón no es recto delante de Dios.[b]
22 Arrepiéntete, pues, de esta tu maldad, y rue-
ga a Dios, si quizá te sea perdonado el pensa-
miento de tu corazón;
23 porque en hiel de amargura y en prisión de
maldad veo que estás.
24 Respondiendo entonces Simón, dijo: Rogad
vosotros por mí al Señor, para que nada de esto
que habéis dicho venga sobre mí.
25 Y ellos, habiendo testificado y hablado la
palabra de Dios, se volvieron a Jerusalén, y en
muchas poblaciones de los samaritanos anun-
ciaron el evangelio.

Felipe y el etíope

26 Un ángel del Señor habló a Felipe, dicien-
do: Levántate y ve hacia el sur, por el camino
que desciende de Jerusalén a Gaza, el cual es
desierto.
27 Entonces él se levantó y fue. Y sucedió que un
etíope, eunuco, funcionario de Candace reina
de los etíopes, el cual estaba sobre todos sus te-
soros, y había venido a Jerusalén para adorar,
28 volvía sentado en su carro, y leyendo al pro-
feta Isaías.
29 Y el Espíritu dijo a Felipe: Acércate y júntate a
ese carro.

7.51: [r] Is. 63.10. **8.1-3:** [a] Hch. 22.4-5; 26.9-11.
8.21: [b] Sal. 78.37

viados por Cornelio, los cuales, preguntando
por la casa de Simón, llegaron a la puerta.
18 Y llamando, preguntaron si moraba allí un Si-
món que tenía por sobrenombre Pedro.
19 Y mientras Pedro pensaba en la visión, le dijo
el Espíritu: He aquí, tres hombres te buscan.
20 Levántate, pues, y desciende y no dudes de ir
con ellos, porque yo los he enviado.
21 Entonces Pedro, descendiendo a donde esta-
ban los hombres que fueron enviados por Cor-
nelio, les dijo: He aquí, yo soy el que buscáis;
¿cuál es la causa por la que habéis venido?
22 Ellos dijeron: Cornelio el centurión, varón
justo y temeroso de Dios, y que tiene buen testi-
monio en toda la nación de los judíos, ha recibi-
do instrucciones de un santo ángel, de hacerte
venir a su casa para oír tus palabras.
23 Entonces, haciéndoles entrar, los hospedó. Y
al día siguiente, levantándose, se fue con ellos;
y le acompañaron algunos de los hermanos de
Jope.

24 Al otro día entraron en Cesarea. Y Cornelio
los estaba esperando, habiendo convocado a sus
parientes y amigos más íntimos.
25 Cuando Pedro entró, salió Cornelio a recibir-
le, y postrándose a sus pies, adoró.
26 Mas Pedro le levantó, diciendo: Levántate,
pues yo mismo también soy hombre.
27 Y hablando con él, entró, y halló a muchos
que se habían reunido.
28 Y les dijo: Vosotros sabéis cuán abominable
es para un varón judío juntarse o acercarse a un
extranjero; pero a mí me ha mostrado Dios que
a ningún hombre llame común o inmundo;
29 por lo cual, al ser llamado, vine sin replicar.
Así que pregunto: ¿Por qué causa me habéis he-
cho venir?

30 Entonces Cornelio dijo: Hace cuatro días
que a esta hora yo estaba en ayunas; y a la hora
novena, mientras oraba en mi casa, vi que se
puso delante de mí un varón con vestido res-
plandeciente,
31 y dijo: Cornelio, tu oración ha sido oída, y tus
limosnas han sido recordadas delante de Dios.
32 Envía, pues, a Jope, y haz venir a Simón el
que tiene por sobrenombre Pedro, el cual mora
en casa de Simón, un curtidor, junto al mar; y
cuando llegue, él te hablará.
33 Así que luego envié por ti; y tú has hecho bien
en venir. Ahora, pues, todos nosotros estamos
aquí en la presencia de Dios, para oír todo lo
que Dios te ha mandado.

34 Entonces Pedro, abriendo la boca, dijo: En
verdad comprendo que Dios no hace acepción
de personas,[a]
35 sino que en toda nación se agrada del que le
teme y hace justicia.
36 Dios envió mensaje a los hijos de Israel,
anunciando el evangelio de la paz por me[dio de]
Jesucristo; éste es Señor de todos.
37 Vosotros sabéis lo que se divulgó por toda Ju-
dea, comenzando desde Galilea, después del
bautismo que predicó Juan:
38 cómo Dios ungió con el Espíritu Santo y con
poder a Jesús de Nazaret, y cómo éste anduvo
haciendo bienes y sanando a todos los oprimi-
dos por el diablo, porque Dios estaba con él.
39 Y nosotros somos testigos de todas las cosas
que Jesús hizo en la tierra de Judea y en Jerusa-
lén; a quien mataron colgándole en un madero.
40 A éste levantó Dios al tercer día, e hizo que se
manifestase;
41 no a todo el pueblo, sino a los testigos que
Dios había ordenado de antemano, a nosotros
que comimos y bebimos con él después que re-
sucitó de los muertos.
42 Y nos mandó que predicásemos al pueblo, y
testificásemos que él es el que Dios ha puesto
por Juez de vivos y muertos.
43 De éste dan testimonio todos los profetas,
que todos los que en él creyeren, recibirán per-
dón de pecados por su nombre.

44 Mientras aún hablaba Pedro estas pala-
bras, el Espíritu Santo cayó sobre todos los que
oían el discurso.
45 Y los fieles de la circuncisión que habían veni-
do con Pedro se quedaron atónitos de que tam-
bién sobre los gentiles se derramase el don del
Espíritu Santo.
46 Porque los oían que hablaban en lenguas, y
que magnificaban a Dios.
47 Entonces respondió Pedro: ¿Puede acaso al-
guno impedir el agua, para que no sean bautiza-
dos estos que han recibido el Espíritu Santo
también como nosotros?
48 Y mandó bautizarles en el nombre del Señor
Jesús. Entonces le rogaron que se quedase por
algunos días.

Informe de Pedro a la iglesia de Jerusalén

11 1 Oyeron los apóstoles y los hermanos
que estaban en Judea, que también los
gentiles habían recibido la palabra de Dios.
2 Y cuando Pedro subió a Jerusalén, disputaban
con él los que eran de la circuncisión,
3 diciendo: ¿Por qué has entrado en casa de
hombres incircuncisos, y has comido con ellos?
4 Entonces comenzó Pedro a contarles por or-
den lo sucedido, diciendo:
5 Estaba yo en la ciudad de Jope orando, y vi en
éxtasis una visión; algo semejante a un gran
lienzo que descendía, que por las cuatro puntas
era bajado del cielo y venía hasta mí.
6 Cuando fijé en él los ojos, consideré y vi cua-

10.34: [a] Dt. 10.17.

drúpedos terrestres, y fieras, y reptiles, y aves
del cielo.
7 Y oí una voz que me decía: Levántate, Pedro,
mata y come.
8 Y dije: Señor, no; porque ninguna cosa común
o inmunda entró jamás en mi boca.
9 Entonces la voz me respondió del cielo por se-
gunda vez: Lo que Dios limpió, no lo llames tú
común.
10 Y esto se hizo tres veces, y volvió todo a ser
llevado arriba al cielo.
11 Y he aquí, luego llegaron tres hombres a la
casa donde yo estaba, enviados a mí desde Ce-
sarea.
12 Y el Espíritu me dijo que fuese con ellos sin
dudar. Fueron también conmigo estos seis her-
manos, y entramos en casa de un varón,
13 quien nos contó cómo había visto en su casa
un ángel, que se puso en pie y le dijo: Envía
hombres a Jope, y haz venir a Simón, el que tie-
ne por sobrenombre Pedro;
14 él te hablará palabras por las cuales serás sal-
vo tú, y toda tu casa.
15 Y cuando comencé a hablar, cayó el Espíritu
Santo sobre ellos también, como sobre nosotros
al principio.
16 Entonces me acordé de lo dicho por el Señor,
cuando dijo: Juan ciertamente bautizó en agua,
mas vosotros seréis bautizados con el Espíritu
Santo.[a]
17 Si Dios, pues, les concedió también el mismo
don que a nosotros que hemos creído en el Se-
ñor Jesucristo, ¿quién era yo que pudiese estor-
bar a Dios?
18 Entonces, oídas estas cosas, callaron, y glori-
ficaron a Dios, diciendo: ¡De manera que tam-
bién a los gentiles ha dado Dios arrepentimiento
para vida!

La iglesia en Antioquía

19 Ahora bien, los que habían sido esparcidos
a causa de la persecución que hubo con motivo
de Esteban,[b] pasaron hasta Fenicia, Chipre y
Antioquía, no hablando a nadie la palabra, sino
sólo a los judíos.
20 Pero había entre ellos unos varones de Chipre
y de Cirene, los cuales, cuando entraron en
Antioquía, hablaron también a los griegos,
anunciando el evangelio del Señor Jesús.
21 Y la mano del Señor estaba con ellos, y gran
número creyó y se convirtió al Señor.
22 Llegó la noticia de estas cosas a oídos de la
iglesia que estaba en Jerusalén; y enviaron a
Bernabé que fuese hasta Antioquía.
23 Este, cuando llegó, y vio la gracia de Dios, se
regocijó, y exhortó a todos a que con propósito
de corazón permaneciesen fieles al Señor.
24 Porque era varón bueno, y lleno del Espíritu
Santo y de fe. Y una gran multitud fue agregada
al Señor.
25 Después fue Bernabé a Tarso para buscar a
Saulo; y hallándole, le trajo a Antioquía.
26 Y se congregaron allí todo un año con la igle-
sia, y enseñaron a mucha gente; y a los discípu-
los se les llamó cristianos por primera vez en
Antioquía.
27 En aquellos días unos profetas descendie-
ron de Jerusalén a Antioquía.
28 Y levantándose uno de ellos, llamado Agabo,[c]
daba a entender por el Espíritu, que vendría una
gran hambre en toda la tierra habitada; la cual
sucedió en tiempo de Claudio.
29 Entonces los discípulos, cada uno conforme a
lo que tenía, determinaron enviar socorro a los
hermanos que habitaban en Judea;
30 lo cual en efecto hicieron, enviándolo a los
ancianos por mano de Bernabé y de Saulo.

Jacobo, muerto; Pedro, encarcelado

12 1 En aquel mismo tiempo el rey Herodes
echó mano a algunos de la iglesia para
maltratarles.
2 Y mató a espada a Jacobo, hermano de Juan.
3 Y viendo que esto había agradado a los judíos,
procedió a prender también a Pedro. Eran en-
tonces los días de los panes sin levadura.
4 Y habiéndole tomado preso, le puso en la cár-
cel, entregándole a cuatro grupos de cuatro sol-
dados cada uno, para que le custodiasen; y se
proponía sacarle al pueblo después de la pascua.[a]
5 Así que Pedro estaba custodiado en la cárcel;
pero la iglesia hacía sin cesar oración a Dios por
él.

Pedro es librado de la cárcel

6 Y cuando Herodes le iba a sacar, aquella
misma noche estaba Pedro durmiendo entre dos
soldados, sujeto con dos cadenas, y los guardas
delante de la puerta custodiaban la cárcel.
7 Y he aquí que se presentó un ángel del Señor, y
una luz resplandeció en la cárcel; y tocando a
Pedro en el costado, le despertó, diciendo: Le-
vántate pronto. Y las cadenas se le cayeron de
las manos.
8 Le dijo el ángel: Cíñete, y átate las sandalias. Y
lo hizo así. Y le dijo: Envuélvete en tu manto, y
sígueme.
9 Y saliendo, le seguía; pero no sabía que era
verdad lo que hacía el ángel, sino que pensaba
que veía una visión.
10 Habiendo pasado la primera y la segunda
guardia, llegaron a la puerta de hierro que daba
a la ciudad, la cual se les abrió por sí misma; y

11.16: [a] Hch. 1.5. **11.19:** [b] Hch. 8.1-4. **11.28:** [c] Hch. 21.10.
12.4: [a] Ex. 12.1-27.

salidos, pasaron una calle, y luego el ángel se
apartó de él.
11 Entonces Pedro, volviendo en sí, dijo: Ahora
entiendo verdaderamente que el Señor ha en-
viado su ángel, y me ha librado de la mano de
Herodes, y de todo lo que el pueblo de los judíos
esperaba.
12 Y habiendo considerado esto, llegó a casa
de María la madre de Juan, el que tenía por so-
brenombre Marcos, donde muchos estaban
reunidos orando.
13 Cuando llamó Pedro a la puerta del patio, sa-
lió a escuchar una muchacha llamada Rode,
14 la cual, cuando reconoció la voz de Pedro, de
gozo no abrió la puerta, sino que corriendo
adentro, dio la nueva de que Pedro estaba a la
puerta.
15 Y ellos le dijeron: Estás loca. Pero ella asegu-
raba que así era. Entonces ellos decían: ¡Es su
ángel!
16 Mas Pedro persistía en llamar; y cuando
abrieron y le vieron, se quedaron atónitos.
17 Pero él, haciéndoles con la mano señal de que
callasen, les contó cómo el Señor le había sacado
de la cárcel. Y dijo: Haced saber esto a Jacobo y a
los hermanos. Y salió, y se fue a otro lugar.
18 Luego que fue de día, hubo no poco albo-
roto entre los soldados sobre qué había sido de
Pedro.
19 Mas Herodes, habiéndole buscado sin hallar-
le, después de interrogar a los guardas, ordenó
llevarlos a la muerte. Después descendió de Ju-
dea a Cesarea y se quedó allí.

Muerte de Herodes

20 Y Herodes estaba enojado contra los de
Tiro y de Sidón; pero ellos vinieron de acuerdo
ante él, y sobornado Blasto, que era camarero
mayor del rey, pedían paz, porque su territorio
era abastecido por el del rey.
21 Y un día señalado, Herodes, vestido de ropas
reales, se sentó en el tribunal y les arengó.
22 Y el pueblo aclamaba gritando: ¡Voz de Dios,
y no de hombre!
23 Al momento un ángel del Señor le hirió, por
cuanto no dio la gloria a Dios; y expiró comido
de gusanos.
24 Pero la palabra del Señor crecía y se multi-
plicaba.
25 Y Bernabé y Saulo, cumplido su servicio,
volvieron de Jerusalén, llevando también consi-
go a Juan, el que tenía por sobrenombre Mar-
cos.

Bernabé y Saulo comienzan su primer viaje misionero

13 1 Había entonces en la iglesia que estaba
en Antioquía, profetas y maestros: Ber-
nabé, Simón el que se llamaba Niger, Lucio de
Cirene, Manaén el que se había criado junto
con Herodes el tetrarca, y Saulo.
2 Ministrando éstos al Señor, y ayunando, dijo el
Espíritu Santo: Apartadme a Bernabé y a Saulo
para la obra a que los he llamado.
3 Entonces, habiendo ayunado y orado, les im-
pusieron las manos y los despidieron.

Los apóstoles predican en Chipre

4 Ellos, entonces, enviados por el Espíritu
Santo, descendieron a Seleucia, y de allí nave-
garon a Chipre.
5 Y llegados a Salamina, anunciaban la palabra
de Dios en las sinagogas de los judíos. Tenían
también a Juan de ayudante.
6 Y habiendo atravesado toda la isla hasta Pafos,
hallaron a cierto mago, falso profeta, judío, lla-
mado Barjesús,
7 que estaba con el procónsul Sergio Paulo, va-
rón prudente. Este, llamando a Bernabé y a Sau-
lo, deseaba oír la palabra de Dios.
8 Pero les resistía Elimas, el mago (pues así se
traduce su nombre), procurando apartar de la
fe al procónsul.
9 Entonces Saulo, que también es Pablo, lleno
del Espíritu Santo, fijando en él los ojos,
10 dijo: ¡Oh, lleno de todo engaño y de toda
maldad, hijo del diablo, enemigo de toda justi-
cia! ¿No cesarás de trastornar los caminos rec-
tos del Señor?
11 Ahora, pues, he aquí la mano del Señor está
contra ti, y serás ciego, y no verás el sol por al-
gún tiempo. E inmediatamente cayeron sobre él
oscuridad y tinieblas; y andando alrededor, bus-
caba quien le condujese de la mano.
12 Entonces el procónsul, viendo lo que había
sucedido, creyó, maravillado de la doctrina del
Señor.

Pablo y Bernabé en Antioquía de Pisidia

13 Habiendo zarpado de Pafos, Pablo y sus
compañeros arribaron a Perge de Panfilia; pero
Juan, apartándose de ellos, volvió a Jerusalén.
14 Ellos, pasando de Perge, llegaron a Antioquía
de Pisidia; y entraron en la sinagoga un día de
reposo* y se sentaron.
15 Y después de la lectura de la ley y de los pro-
fetas, los principales de la sinagoga mandaron a
decirles: Varones hermanos, si tenéis alguna pa-
labra de exhortación para el pueblo, hablad.
16 Entonces Pablo, levantándose, hecha señal
de silencio con la mano, dijo:
Varones israelitas, y los que teméis a Dios,
oíd:
17 El Dios de este pueblo de Israel escogió a

* Aquí equivale a *sábado*.

nuestros padres, y enalteció al pueblo, siendo ellos extranjeros en tierra de Egipto,[a] y con brazo levantado los sacó de ella.[b]

18 Y por un tiempo como de cuarenta años los soportó en el desierto;[c]

19 y habiendo destruido siete naciones en la tierra de Canaán,[d] les dio en herencia su territorio.[e]

20 Después, como por cuatrocientos cincuenta años, les dio jueces[f] hasta el profeta Samuel.[g]

21 Luego pidieron rey,[h] y Dios les dio a Saúl hijo de Cis, varón de la tribu de Benjamín,[i] por cuarenta años.

22 Quitado éste,[j] les levantó por rey a David, de quien dio también testimonio diciendo: He hallado a David hijo de Isaí, varón conforme a mi corazón, quien hará todo lo que yo quiero.[k]

23 De la descendencia de éste, y conforme a la promesa, Dios levantó a Jesús por Salvador a Israel.

24 Antes de su venida, predicó Juan el bautismo de arrepentimiento[l] a todo el pueblo de Israel.

25 Mas cuando Juan terminaba su carrera, dijo: ¿Quién pensáis que soy? No soy yo él;[m] mas he aquí viene tras mí uno de quien no soy digno de desatar el calzado de los pies.[n]

26 Varones hermanos, hijos del linaje de Abraham, y los que entre vosotros teméis a Dios, a vosotros es enviada la palabra de esta salvación.

27 Porque los habitantes de Jerusalén y sus gobernantes, no conociendo a Jesús, ni las palabras de los profetas que se leen todos los días de reposo,* las cumplieron al condenarle.

28 Y sin hallar en él causa digna de muerte, pidieron a Pilato que se le matase.[o]

29 Y habiendo cumplido todas las cosas que de él estaban escritas, quitándolo del madero, lo pusieron en el sepulcro.[p]

30 Mas Dios le levantó de los muertos.

31 Y él se apareció durante muchos días a los que habían subido juntamente con él de Galilea a Jerusalén,[q] los cuales ahora son sus testigos ante el pueblo.

32 Y nosotros también os anunciamos el evangelio de aquella promesa hecha a nuestros padres,

33 la cual Dios ha cumplido a los hijos de ellos, a nosotros, resucitando a Jesús; como está escrito también en el salmo segundo: Mi hijo eres tú, yo te he engendrado hoy.[r]

34 Y en cuanto a que le levantó de los muertos para nunca más volver a corrupción, lo dijo así: Os daré las misericordias fieles de David.[s]

35 Por eso dice también en otro salmo: No permitirás que tu Santo vea corrupción.[t]

36 Porque a la verdad David, habiendo servido a su propia generación según la voluntad de Dios, durmió, y fue reunido con sus padres, y vio corrupción.

37 Mas aquel a quien Dios levantó, no vio corrupción.

38 Sabed, pues, esto, varones hermanos: que por medio de él se os anuncia perdón de pecados,

39 y que de todo aquello de que por la ley de Moisés no pudisteis ser justificados, en él es justificado todo aquel que cree.

40 Mirad, pues, que no venga sobre vosotros lo que está dicho en los profetas:

41 Mirad, oh menospreciadores, y
asombraos, y desapareced;
Porque yo hago una obra en vuestros días,
Obra que no creeréis, si alguien os la
contare.[u]

42 Cuando salieron ellos de la sinagoga de los judíos, los gentiles les rogaron que el siguiente día de reposo* les hablasen de estas cosas.

43 Y despedida la congregación, muchos de los judíos y de los prosélitos piadosos siguieron a Pablo y a Bernabé, quienes hablándoles, les persuadían a que perseverasen en la gracia de Dios.

44 El siguiente día de reposo* se juntó casi toda la ciudad para oír la palabra de Dios.

45 Pero viendo los judíos la muchedumbre, se llenaron de celos, y rebatían lo que Pablo decía, contradiciendo y blasfemando.

46 Entonces Pablo y Bernabé, hablando con denuedo, dijeron: A vosotros a la verdad era necesario que se os hablase primero la palabra de Dios; mas puesto que la desecháis, y no os juzgáis dignos de la vida eterna, he aquí, nos volvemos a los gentiles.

47 Porque así nos ha mandado el Señor, diciendo:

Te he puesto para luz de los gentiles,
A fin de que seas para salvación hasta lo
último de la tierra.[v]

48 Los gentiles, oyendo esto, se regocijaban y glorificaban la palabra del Señor, y creyeron todos los que estaban ordenados para vida eterna.

49 Y la palabra del Señor se difundía por toda aquella provincia.

50 Pero los judíos instigaron a mujeres piadosas y distinguidas, y a los principales de la ciudad, y levantaron persecución contra Pablo y Bernabé, y los expulsaron de sus límites.

* Aquí equivale a *sábado*.

13.17: [a] Ex. 1.7. [b] Ex. 12.51. **13.18:** [c] Nm. 14.34; Dt. 1.31. **13.19:** [d] Dt. 7.1. [e] Jos. 14.1. **13.20:** [f] Jue. 2.16. [g] 1 S. 3.20. **13.21:** [h] 1 S. 8.5. [i] 1 S. 10.21. **13.22:** [j] 1 S. 13.14. [k] 1 S. 16.12; Sal. 89.20. **13.24:** [l] Mr. 1.4; Lc. 3.3. **13.25:** [m] Jn. 1.20. [n] Mt. 3.11; Mr. 1.7; Lc. 3.16; Jn. 1.27. **13.28:** [o] Mt. 27.22-23; Mr. 15.13-14; Lc. 23.21-23; Jn. 19.15. **13.29:** [p] Mt. 27.57-61; Mr. 15.42-47; Lc. 23.50-56; Jn. 19.38-42. **13.31:** [q] Hch. 1.3. **13.33:** [r] Sal. 2.7. **13.34:** [s] Is. 55.3. **13.35:** [t] Sal. 16.10. **13.41:** [u] Hab. 1.5. **13.47:** [v] Is. 42.6; 49.6.

51 Ellos entonces, sacudiendo contra ellos el
polvo de sus pies,[w] llegaron a Iconio.
52 Y los discípulos estaban llenos de gozo y del
Espíritu Santo.

Pablo y Bernabé en Iconio

14 1 Aconteció en Iconio que entraron jun-
tos en la sinagoga de los judíos, y habla-
ron de tal manera que creyó una gran multitud
de judíos, y asimismo de griegos.
2 Mas los judíos que no creían excitaron y co-
rrompieron los ánimos de los gentiles contra los
hermanos.
3 Por tanto, se detuvieron allí mucho tiempo,
hablando con denuedo, confiados en el Señor, el
cual daba testimonio a la palabra de su gracia,
concediendo que se hiciesen por las manos de
ellos señales y prodigios.
4 Y la gente de la ciudad estaba dividida: unos
estaban con los judíos, y otros con los apóstoles.
5 Pero cuando los judíos y los gentiles, junta-
mente con sus gobernantes, se lanzaron a afren-
tarlos y apedrearlos,
6 habiéndolo sabido, huyeron a Listra y Derbe,
ciudades de Licaonia, y a toda la región circun-
vecina,
7 y allí predicaban el evangelio.

Pablo es apedreado en Listra

8 Y cierto hombre de Listra estaba sentado,
imposibilitado de los pies, cojo de nacimiento,
que jamás había andado.
9 Este oyó hablar a Pablo, el cual, fijando en él
sus ojos, y viendo que tenía fe para ser sanado,
10 dijo a gran voz: Levántate derecho sobre tus
pies. Y él saltó, y anduvo.
11 Entonces la gente, visto lo que Pablo había
hecho, alzó la voz, diciendo en lengua licaónica:
Dioses bajo la semejanza de hombres han des-
cendido a nosotros.
12 Y a Bernabé llamaban Júpiter, y a Pablo, Mer-
curio, porque éste era el que llevaba la palabra.
13 Y el sacerdote de Júpiter, cuyo templo estaba
frente a la ciudad, trajo toros y guirnaldas de-
lante de las puertas, y juntamente con la mu-
chedumbre quería ofrecer sacrificios.
14 Cuando lo oyeron los apóstoles Bernabé y Pa-
blo, rasgaron sus ropas, y se lanzaron entre la
multitud, dando voces
15 y diciendo: Varones, ¿por qué hacéis esto?
Nosotros también somos hombres semejantes a
vosotros, que os anunciamos que de estas vani-
dades os convirtáis al Dios vivo, que hizo el cielo
y la tierra, el mar, y todo lo que en ellos hay.
16 En las edades pasadas él ha dejado a todas
las gentes andar en sus propios caminos;
17 si bien no se dejó a sí mismo sin testimonio,
haciendo bien, dándonos lluvias del cielo y
tiempos fructíferos, llenando de sustento y de
alegría nuestros corazones.
18 Y diciendo estas cosas, difícilmente lograron
impedir que la multitud les ofreciese sacrificio.
19 Entonces vinieron unos judíos de Antioquía
y de Iconio, que persuadieron a la multitud, y
habiendo apedreado a Pablo, le arrastraron fue-
ra de la ciudad, pensando que estaba muerto.
20 Pero rodeándole los discípulos, se levantó y
entró en la ciudad; y al día siguiente salió con
Bernabé para Derbe.
21 Y después de anunciar el evangelio a aquella
ciudad y de hacer muchos discípulos, volvieron
a Listra, a Iconio y a Antioquía,
22 confirmando los ánimos de los discípulos, ex-
hortándoles a que permaneciesen en la fe, y di-
ciéndoles: Es necesario que a través de muchas
tribulaciones entremos en el reino de Dios.
23 Y constituyeron ancianos en cada iglesia, y
habiendo orado con ayunos, los encomendaron
al Señor en quien habían creído.

El regreso a Antioquía de Siria

24 Pasando luego por Pisidia, vinieron a Pan-
filia.
25 Y habiendo predicado la palabra en Perge,
descendieron a Atalia.
26 De allí navegaron a Antioquía, desde donde
habían sido encomendados a la gracia de Dios
para la obra que habían cumplido.
27 Y habiendo llegado, y reunido a la iglesia, re-
firieron cuán grandes cosas había hecho Dios
con ellos, y cómo había abierto la puerta de la fe
a los gentiles.
28 Y se quedaron allí mucho tiempo con los dis-
cípulos.

El concilio en Jerusalén

15 1 Entonces algunos que venían de Judea
enseñaban a los hermanos: Si no os cir-
cuncidáis conforme al rito de Moisés,[a] no po-
déis ser salvos.
2 Como Pablo y Bernabé tuviesen una discusión
y contienda no pequeña con ellos, se dispuso
que subiesen Pablo y Bernabé a Jerusalén, y al-
gunos otros de ellos, a los apóstoles y a los an-
cianos, para tratar esta cuestión.
3 Ellos, pues, habiendo sido encaminados por la
iglesia, pasaron por Fenicia y Samaria, contan-
do la conversión de los gentiles; y causaban
gran gozo a todos los hermanos.
4 Y llegados a Jerusalén, fueron recibidos por
la iglesia y los apóstoles y los ancianos, y refi-
rieron todas las cosas que Dios había hecho con
ellos.
5 Pero algunos de la secta de los fariseos, que

13.51: [w] Mt. 10.14; Mr. 6.11; Lc. 9.5; 10.11. **15.1:** [a] Lv. 12.3.

habían creído, se levantaron diciendo: Es nece-
sario circuncidarlos, y mandarles que guarden
la ley de Moisés.
6 Y se reunieron los apóstoles y los ancianos
para conocer de este asunto.
7 Y después de mucha discusión, Pedro se levan-
tó y les dijo: Varones hermanos, vosotros sabéis
cómo ya hace algún tiempo que Dios escogió
que los gentiles oyesen por mi boca la palabra
del evangelio y creyesen.[b]
8 Y Dios, que conoce los corazones, les dio testi-
monio, dándoles el Espíritu Santo[c] lo mismo
que a nosotros;[d]
9 y ninguna diferencia hizo entre nosotros y
ellos, purificando por la fe sus corazones.
10 Ahora, pues, ¿por qué tentáis a Dios, ponien-
do sobre la cerviz de los discípulos un yugo que
ni nuestros padres ni nosotros hemos podido lle-
var?
11 Antes creemos que por la gracia del Señor Je-
sús seremos salvos, de igual modo que ellos.
12 Entonces toda la multitud calló, y oyeron a
Bernabé y a Pablo, que contaban cuán grandes
señales y maravillas había hecho Dios por me-
dio de ellos entre los gentiles.
13 Y cuando ellos callaron, Jacobo respondió di-
ciendo: Varones hermanos, oídme.
14 Simón ha contado cómo Dios visitó por pri-
mera vez a los gentiles, para tomar de ellos pue-
blo para su nombre.
15 Y con esto concuerdan las palabras de los
profetas, como está escrito:
16 Después de esto volveré
Y reedificaré el tabernáculo de David,
que está caído;
Y repararé sus ruinas,
Y lo volveré a levantar,
17 Para que el resto de los hombres busque
al Señor,
Y todos los gentiles, sobre los cuales es
invocado mi nombre,
18 Dice el Señor, que hace conocer todo esto
desde tiempos antiguos.[e]
19 Por lo cual yo juzgo que no se inquiete a los
gentiles que se convierten a Dios,
20 sino que se les escriba que se aparten de las
contaminaciones de los ídolos,[f] de fornicación,[g]
de ahogado y de sangre.[h]
21 Porque Moisés desde tiempos antiguos tiene
en cada ciudad quien lo predique en las sinago-
gas, donde es leído cada día de reposo.*
22 Entonces pareció bien a los apóstoles y a
los ancianos, con toda la iglesia, elegir de entre
ellos varones y enviarlos a Antioquía con Pablo y
Bernabé: a Judas que tenía por sobrenombre
Barsabás, y a Silas, varones principales entre los
hermanos;
23 y escribir por conducto de ellos: Los apósto-
les y los ancianos y los hermanos, a los herma-
nos de entre los gentiles que están en Antioquía,
en Siria y en Cilicia, salud.
24 Por cuanto hemos oído que algunos que han
salido de nosotros, a los cuales no dimos orden,
os han inquietado con palabras, perturbando
vuestras almas, mandando circuncidaros y
guardar la ley,
25 nos ha parecido bien, habiendo llegado a un
acuerdo, elegir varones y enviarlos a vosotros
con nuestros amados Bernabé y Pablo,
26 hombres que han expuesto su vida por el
nombre de nuestro Señor Jesucristo.
27 Así que enviamos a Judas y a Silas, los cuales
también de palabra os harán saber lo mismo.
28 Porque ha parecido bien al Espíritu Santo, y a
nosotros, no imponeros ninguna carga más que
estas cosas necesarias:
29 que os abstengáis de lo sacrificado a ídolos,
de sangre, de ahogado y de fornicación; de las
cuales cosas si os guardareis, bien haréis. Pasad-
lo bien.
30 Así, pues, los que fueron enviados descen-
dieron a Antioquía, y reuniendo a la congrega-
ción, entregaron la carta;
31 habiendo leído la cual, se regocijaron por la
consolación.
32 Y Judas y Silas, como ellos también eran pro-
fetas, consolaron y confirmaron a los hermanos
con abundancia de palabras.
33 Y pasando algún tiempo allí, fueron despedi-
dos en paz por los hermanos, para volver a
aquellos que los habían enviado.
34 Mas a Silas le pareció bien el quedarse allí.
35 Y Pablo y Bernabé continuaron en Antioquía,
enseñando la palabra del Señor y anunciando el
evangelio con otros muchos.

Pablo se separa de Bernabé, y comienza su segundo viaje misionero

36 Después de algunos días, Pablo dijo a Ber-
nabé: Volvamos a visitar a los hermanos en to-
das las ciudades en que hemos anunciado la
palabra del Señor, para ver cómo están.
37 Y Bernabé quería que llevasen consigo a
Juan, el que tenía por sobrenombre Marcos;
38 pero a Pablo no le parecía bien llevar consigo
al que se había apartado de ellos desde Panfilia,[i]
y no había ido con ellos a la obra.
39 Y hubo tal desacuerdo entre ellos, que se se-
pararon el uno del otro; Bernabé, tomando a
Marcos, navegó a Chipre,
40 y Pablo, escogiendo a Silas, salió encomenda-
do por los hermanos a la gracia del Señor,

* Aquí equivale a *sábado*.
15.7: [b] Hch. 10.1-43. **15.8:** [c] Hch. 10.44. [d] Hch. 2.4.
15.16-18: [e] Am. 9.11-12. **15.20:** [f] Ex. 34.15-17. [g] Lv. 18.6-23.
[h] Lv. 17.10-16. **15.38:** [i] Hch. 13.13.

41 y pasó por Siria y Cilicia, confirmando a las
iglesias.

Timoteo acompaña a Pablo y a Silas

16 1 Después llegó a Derbe y a Listra; y he
aquí, había allí cierto discípulo llamado
Timoteo, hijo de una mujer judía creyente, pero
de padre griego;
2 y daban buen testimonio de él los hermanos
que estaban en Listra y en Iconio.
3 Quiso Pablo que éste fuese con él; y tomándo-
le, le circuncidó por causa de los judíos que ha-
bía en aquellos lugares; porque todos sabían
que su padre era griego.
4 Y al pasar por las ciudades, les entregaban las
ordenanzas que habían acordado los apóstoles y
los ancianos que estaban en Jerusalén, para que
las guardasen.
5 Así que las iglesias eran confirmadas en la fe, y
aumentaban en número cada día.

La visión del varón macedonio

6 Y atravesando Frigia y la provincia de Gala-
cia, les fue prohibido por el Espíritu Santo ha-
blar la palabra en Asia;
7 y cuando llegaron a Misia, intentaron ir a Biti-
nia, pero el Espíritu no se lo permitió.
8 Y pasando junto a Misia, descendieron a Troas.
9 Y se le mostró a Pablo una visión de noche: un
varón macedonio estaba en pie, rogándole y di-
ciendo: Pasa a Macedonia y ayúdanos.
10 Cuando vio la visión, en seguida procuramos
partir para Macedonia, dando por cierto que
Dios nos llamaba para que les anunciásemos el
evangelio.

Encarcelados en Filipos

11 Zarpando, pues, de Troas, vinimos con
rumbo directo a Samotracia, y el día siguiente a
Neápolis;
12 y de allí a Filipos, que es la primera ciudad de
la provincia de Macedonia, y una colonia; y es-
tuvimos en aquella ciudad algunos días.
13 Y un día de reposo* salimos fuera de la puer-
ta, junto al río, donde solía hacerse la oración; y
sentándonos, hablamos a las mujeres que se
habían reunido.
14 Entonces una mujer llamada Lidia, vendedo-
ra de púrpura, de la ciudad de Tiatira, que ado-
raba a Dios, estaba oyendo; y el Señor abrió el
corazón de ella para que estuviese atenta a lo
que Pablo decía.
15 Y cuando fue bautizada, y su familia, nos
rogó diciendo: Si habéis juzgado que yo sea fiel
al Señor, entrad en mi casa, y posad. Y nos obli-
gó a quedarnos.
16 Aconteció que mientras íbamos a la ora-
ción, nos salió al encuentro una muchacha que
tenía espíritu de adivinación, la cual daba gran
ganancia a sus amos, adivinando.
17 Esta, siguiendo a Pablo y a nosotros, daba vo-
ces, diciendo: Estos hombres son siervos del
Dios Altísimo, quienes os anuncian el camino de
salvación.
18 Y esto lo hacía por muchos días; mas desa-
gradando a Pablo, éste se volvió y dijo al espíri-
tu: Te mando en el nombre de Jesucristo, que
salgas de ella. Y salió en aquella misma hora.
19 Pero viendo sus amos que había salido la es-
peranza de su ganancia, prendieron a Pablo y a Si-
las, y los trajeron al foro, ante las autoridades;
20 y presentándolos a los magistrados, dijeron:
Estos hombres, siendo judíos, alborotan nuestra
ciudad,
21 y enseñan costumbres que no nos es lícito re-
cibir ni hacer, pues somos romanos.
22 Y se agolpó el pueblo contra ellos; y los ma-
gistrados, rasgándoles las ropas, ordenaron
azotarles con varas.
23 Después de haberles azotado mucho, los
echaron en la cárcel, mandando al carcelero
que los guardase con seguridad.
24 El cual, recibido este mandato, los metió en
el calabozo de más adentro, y les aseguró los
pies en el cepo.
25 Pero a medianoche, orando Pablo y Silas,
cantaban himnos a Dios; y los presos los oían.
26 Entonces sobrevino de repente un gran te-
rremoto, de tal manera que los cimientos de
la cárcel se sacudían; y al instante se abrieron
todas las puertas, y las cadenas de todos se
soltaron.
27 Despertando el carcelero, y viendo abiertas
las puertas de la cárcel, sacó la espada y se iba a
matar, pensando que los presos habían huido.
28 Mas Pablo clamó a gran voz, diciendo: No te
hagas ningún mal, pues todos estamos aquí.
29 El entonces, pidiendo luz, se precipitó aden-
tro, y temblando, se postró a los pies de Pablo y
de Silas;
30 y sacándolos, les dijo: Señores, ¿qué debo ha-
cer para ser salvo?
31 Ellos dijeron: Cree en el Señor Jesucristo, y
serás salvo, tú y tu casa.
32 Y le hablaron la palabra del Señor a él y a to-
dos los que estaban en su casa.
33 Y él, tomándolos en aquella misma hora de la
noche, les lavó las heridas; y en seguida se bau-
tizó él con todos los suyos.
34 Y llevándolos a su casa, les puso la mesa; y se
regocijó con toda su casa de haber creído a Dios.
35 Cuando fue de día, los magistrados enviaron
alguaciles a decir: Suelta a aquellos hombres.
36 Y el carcelero hizo saber estas palabras a Pablo:

* Aquí equivale a *sábado*.

Los magistrados han mandado a decir que se os suelte; así que ahora salid, y marchaos en paz.
37 Pero Pablo les dijo: Después de azotarnos públicamente sin sentencia judicial, siendo ciudadanos romanos, nos echaron en la cárcel, ¿y ahora nos echan encubiertamente? No, por cierto, sino vengan ellos mismos a sacarnos.
38 Y los alguaciles hicieron saber estas palabras a los magistrados, los cuales tuvieron miedo al oír que eran romanos.
39 Y viniendo, les rogaron; y sacándolos, les pidieron que salieran de la ciudad.
40 Entonces, saliendo de la cárcel, entraron en casa de Lidia, y habiendo visto a los hermanos, los consolaron, y se fueron.

El alboroto en Tesalónica

17 1 Pasando por Anfípolis y Apolonia, llegaron a Tesalónica, donde había una sinagoga de los judíos.
2 Y Pablo, como acostumbraba, fue a ellos, y por tres días de reposo* discutió con ellos,
3 declarando y exponiendo por medio de las Escrituras, que era necesario que el Cristo padeciese, y resucitase de los muertos; y que Jesús, a quien yo os anuncio, decía él, es el Cristo.
4 Y algunos de ellos creyeron, y se juntaron con Pablo y con Silas; y de los griegos piadosos gran número, y mujeres nobles no pocas.
5 Entonces los judíos que no creían, teniendo celos, tomaron consigo a algunos ociosos, hombres malos, y juntando una turba, alborotaron la ciudad; y asaltando la casa de Jasón, procuraban sacarlos al pueblo.
6 Pero no hallándolos, trajeron a Jasón y a algunos hermanos ante las autoridades de la ciudad, gritando: Estos que trastornan el mundo entero también han venido acá;
7 a los cuales Jasón ha recibido; y todos éstos contravienen los decretos de César, diciendo que hay otro rey, Jesús.
8 Y alborotaron al pueblo y a las autoridades de la ciudad, oyendo estas cosas.
9 Pero obtenida fianza de Jasón y de los demás, los soltaron.

Pablo y Silas en Berea

10 Inmediatamente, los hermanos enviaron de noche a Pablo y a Silas hasta Berea. Y ellos, habiendo llegado, entraron en la sinagoga de los judíos.
11 Y éstos eran más nobles que los que estaban en Tesalónica, pues recibieron la palabra con toda solicitud, escudriñando cada día las Escrituras para ver si estas cosas eran así.
12 Así que creyeron muchos de ellos, y mujeres griegas de distinción, y no pocos hombres.
13 Cuando los judíos de Tesalónica supieron que también en Berea era anunciada la palabra de Dios por Pablo, fueron allá, y también alborotaron a las multitudes.
14 Pero inmediatamente los hermanos enviaron a Pablo que fuese hacia el mar; y Silas y Timoteo se quedaron allí.
15 Y los que se habían encargado de conducir a Pablo le llevaron a Atenas; y habiendo recibido orden para Silas y Timoteo, de que viniesen a él lo más pronto que pudiesen, salieron.

Pablo en Atenas

16 Mientras Pablo los esperaba en Atenas, su espíritu se enardecía viendo la ciudad entregada a la idolatría.
17 Así que discutía en la sinagoga con los judíos y piadosos, y en la plaza cada día con los que concurrían.
18 Y algunos filósofos de los epicúreos y de los estoicos disputaban con él; y unos decían: ¿Qué querrá decir este palabrero? Y otros: Parece que es predicador de nuevos dioses; porque les predicaba el evangelio de Jesús, y de la resurrección.
19 Y tomándole, le trajeron al Areópago, diciendo: ¿Podremos saber qué es esta nueva enseñanza de que hablas?
20 Pues traes a nuestros oídos cosas extrañas. Queremos, pues, saber qué quiere decir esto.
21 (Porque todos los atenienses y los extranjeros residentes allí, en ninguna otra cosa se interesaban sino en decir o en oír algo nuevo.)
22 Entonces Pablo, puesto en pie en medio del Areópago, dijo: Varones atenienses, en todo observo que sois muy religiosos;
23 porque pasando y mirando vuestros santuarios, hallé también un altar en el cual estaba esta inscripción: AL DIOS NO CONOCIDO. Al que vosotros adoráis, pues, sin conocerle, es a quien yo os anuncio.
24 El Dios que hizo el mundo y todas las cosas que en él hay, siendo Señor del cielo y de la tierra, no habita en templos hechos por manos humanas,
25 ni es honrado por manos de hombres, como si necesitase de algo; pues él es quien da a todos vida y aliento y todas las cosas.[a]
26 Y de una sangre ha hecho todo el linaje de los hombres, para que habiten sobre toda la faz de la tierra; y les ha prefijado el orden de los tiempos, y los límites de su habitación;
27 para que busquen a Dios, si en alguna manera, palpando, puedan hallarle, aunque ciertamente no está lejos de cada uno de nosotros.
28 Porque en él vivimos, y nos movemos, y so-

* Aquí equivale a *sábado.*
17.24-25: [a] Is. 42.5.

mos; como algunos de vuestros propios poetas
también han dicho: Porque linaje suyo somos.
29 Siendo, pues, linaje de Dios, no debemos
pensar que la Divinidad sea semejante a oro, o
plata, o piedra, escultura de arte y de imagina-
ción de hombres.
30 Pero Dios, habiendo pasado por alto los tiem-
pos de esta ignorancia, ahora manda a todos los
hombres en todo lugar, que se arrepientan;
31 por cuanto ha establecido un día en el cual
juzgará al mundo con justicia, por aquel varón a
quien designó, dando fe a todos con haberle le-
vantado de los muertos.
32 Pero cuando oyeron lo de la resurrección
de los muertos, unos se burlaban, y otros de-
cían: Ya te oiremos acerca de esto otra vez.
33 Y así Pablo salió de en medio de ellos.
34 Mas algunos creyeron, juntándose con él; en-
tre los cuales estaba Dionisio el areopagita, una
mujer llamada Dámaris, y otros con ellos.

Pablo en Corinto

18 1 Después de estas cosas, Pablo salió de
Atenas y fue a Corinto.
2 Y halló a un judío llamado Aquila, natural
del Ponto, recién venido de Italia con Priscila
su mujer, por cuanto Claudio había mandado
que todos los judíos saliesen de Roma. Fue a
ellos,
3 y como era del mismo oficio, se quedó con
ellos, y trabajaban juntos, pues el oficio de ellos
era hacer tiendas.
4 Y discutía en la sinagoga todos los días de re-
poso,* y persuadía a judíos y a griegos.
5 Y cuando Silas y Timoteo vinieron de Mace-
donia, Pablo estaba entregado por entero a la
predicación de la palabra, testificando a los ju-
díos que Jesús era el Cristo.
6 Pero oponiéndose y blasfemando éstos, les
dijo, sacudiéndose los vestidos: Vuestra sangre
sea sobre vuestra propia cabeza; yo, limpio;
desde ahora me iré a los gentiles.
7 Y saliendo de allí, se fue a la casa de uno lla-
mado Justo, temeroso de Dios, la cual estaba
junto a la sinagoga.
8 Y Crispo, el principal de la sinagoga, creyó en
el Señor con toda su casa; y muchos de los co-
rintios, oyendo, creían y eran bautizados.
9 Entonces el Señor dijo a Pablo en visión de no-
che: No temas, sino habla, y no calles;
10 porque yo estoy contigo, y ninguno pondrá
sobre ti la mano para hacerte mal, porque yo
tengo mucho pueblo en esta ciudad.
11 Y se detuvo allí un año y seis meses, enseñán-
doles la palabra de Dios.
12 Pero siendo Galión procónsul de Acaya, los
judíos se levantaron de común acuerdo contra
Pablo, y le llevaron al tribunal,
13 diciendo: Este persuade a los hombres a hon-
rar a Dios contra la ley.
14 Y al comenzar Pablo a hablar, Galión dijo a
los judíos: Si fuera algún agravio o algún crimen
enorme, oh judíos, conforme a derecho yo os
toleraría.
15 Pero si son cuestiones de palabras, y de nom-
bres, y de vuestra ley, vedlo vosotros; porque yo
no quiero ser juez de estas cosas.
16 Y los echó del tribunal.
17 Entonces todos los griegos, apoderándose de
Sóstenes, principal de la sinagoga, le golpeaban
delante del tribunal; pero a Galión nada se le
daba de ello.
18 Mas Pablo, habiéndose detenido aún mu-
chos días allí, después se despidió de los herma-
nos y navegó a Siria, y con él Priscila y Aquila,
habiéndose rapado la cabeza en Cencrea, por-
que tenía hecho voto.[a]
19 Y llegó a Efeso, y los dejó allí; y entrando en
la sinagoga, discutía con los judíos,
20 los cuales le rogaban que se quedase con
ellos por más tiempo; mas no accedió,
21 sino que se despidió de ellos, diciendo: Es ne-
cesario que en todo caso yo guarde en Jerusalén
la fiesta que viene; pero otra vez volveré a voso-
tros, si Dios quiere. Y zarpó de Efeso.

Pablo regresa a Antioquía y comienza su tercer viaje misionero

22 Habiendo arribado a Cesarea, subió para sa-
ludar a la iglesia, y luego descendió a Antioquía.
23 Y después de estar allí algún tiempo, salió, re-
corriendo por orden la región de Galacia y de
Frigia, confirmando a todos los discípulos.

Apolos predica en Efeso

24 Llegó entonces a Efeso un judío llamado
Apolos, natural de Alejandría, varón elocuente,
poderoso en las Escrituras.
25 Este había sido instruido en el camino del Se-
ñor; y siendo de espíritu fervoroso, hablaba y en-
señaba diligentemente lo concerniente al Señor,
aunque solamente conocía el bautismo de Juan.
26 Y comenzó a hablar con denuedo en la sina-
goga; pero cuando le oyeron Priscila y Aquila, le
tomaron aparte y le expusieron más exactamen-
te el camino de Dios.
27 Y queriendo él pasar a Acaya, los hermanos le
animaron, y escribieron a los discípulos que le
recibiesen; y llegado él allá, fue de gran prove-
cho a los que por la gracia habían creído;
28 porque con gran vehemencia refutaba públi-
camente a los judíos, demostrando por las Escri-
turas que Jesús era el Cristo.

* Aquí equivale a *sábado*.
18.18: [a] Nm. 6.18.

Pablo en Efeso

19 1 Aconteció que entre tanto que Apolos
estaba en Corinto, Pablo, después de re-
correr las regiones superiores, vino a Efeso, y
hallando a ciertos discípulos,
2 les dijo: ¿Recibisteis el Espíritu Santo cuando
creísteis? Y ellos le dijeron: Ni siquiera hemos
oído si hay Espíritu Santo.
3 Entonces dijo: ¿En qué, pues, fuisteis bautiza-
dos? Ellos dijeron: En el bautismo de Juan.
4 Dijo Pablo: Juan bautizó con bautismo de
arrepentimiento, diciendo al pueblo que creye-
sen en aquel que vendría después de él, esto es,
en Jesús el Cristo.[a]
5 Cuando oyeron esto, fueron bautizados en el
nombre del Señor Jesús.
6 Y habiéndoles impuesto Pablo las manos, vino
sobre ellos el Espíritu Santo; y hablaban en len-
guas, y profetizaban.
7 Eran por todos unos doce hombres.
8 Y entrando Pablo en la sinagoga, habló con
denuedo por espacio de tres meses, discutiendo
y persuadiendo acerca del reino de Dios.
9 Pero endureciéndose algunos y no creyendo,
maldiciendo el Camino delante de la multitud,
se apartó Pablo de ellos y separó a los discípu-
los, discutiendo cada día en la escuela de uno
llamado Tiranno.
10 Así continuó por espacio de dos años, de ma-
nera que todos los que habitaban en Asia, judíos
y griegos, oyeron la palabra del Señor Jesús.
11 Y hacía Dios milagros extraordinarios por
mano de Pablo,
12 de tal manera que aun se llevaban a los enfer-
mos los paños o delantales de su cuerpo, y las
enfermedades se iban de ellos, y los espíritus
malos salían.
13 Pero algunos de los judíos, exorcistas ambulan-
tes, intentaron invocar el nombre del Señor Jesús
sobre los que tenían espíritus malos, diciendo: Os
conjuro por Jesús, el que predica Pablo.
14 Había siete hijos de un tal Esceva, judío, jefe
de los sacerdotes, que hacían esto.
15 Pero respondiendo el espíritu malo, dijo: A
Jesús conozco, y sé quién es Pablo; pero voso-
tros, ¿quiénes sois?
16 Y el hombre en quien estaba el espíritu malo,
saltando sobre ellos y dominándolos, pudo más
que ellos, de tal manera que huyeron de aquella
casa desnudos y heridos.
17 Y esto fue notorio a todos los que habitaban
en Efeso, así judíos como griegos; y tuvieron te-
mor todos ellos, y era magnificado el nombre
del Señor Jesús.
18 Y muchos de los que habían creído venían,
confesando y dando cuenta de sus hechos.
19 Asimismo muchos de los que habían practi-
cado la magia trajeron los libros y los quemaron
delante de todos; y hecha la cuenta de su precio,
hallaron que era cincuenta mil piezas de plata.
20 Así crecía y prevalecía poderosamente la pa-
labra del Señor.
21 Pasadas estas cosas, Pablo se propuso en
espíritu ir a Jerusalén, después de recorrer Ma-
cedonia y Acaya, diciendo: Después que haya
estado allí, me será necesario ver también a
Roma.
22 Y enviando a Macedonia a dos de los que le
ayudaban, Timoteo y Erasto, él se quedó por al-
gún tiempo en Asia.

El alboroto en Efeso

23 Hubo por aquel tiempo un disturbio no pe-
queño acerca del Camino.
24 Porque un platero llamado Demetrio, que ha-
cía de plata templecillos de Diana, daba no poca
ganancia a los artífices;
25 a los cuales, reunidos con los obreros del mis-
mo oficio, dijo: Varones, sabéis que de este ofi-
cio obtenemos nuestra riqueza;
26 pero veis y oís que este Pablo, no solamente
en Efeso, sino en casi toda Asia, ha apartado a
muchas gentes con persuasión, diciendo que no
son dioses los que se hacen con las manos.
27 Y no solamente hay peligro de que este nues-
tro negocio venga a desacreditarse, sino tam-
bién que el templo de la gran diosa Diana sea
estimado en nada, y comience a ser destruida la
majestad de aquella a quien venera toda Asia, y
el mundo entero.
28 Cuando oyeron estas cosas, se llenaron de
ira, y gritaron, diciendo: ¡Grande es Diana de
los efesios!
29 Y la ciudad se llenó de confusión, y a una se
lanzaron al teatro, arrebatando a Gayo y a Aris-
tarco, macedonios, compañeros de Pablo.
30 Y queriendo Pablo salir al pueblo, los discípu-
los no le dejaron.
31 También algunas de las autoridades de Asia,
que eran sus amigos, le enviaron recado, rogán-
dole que no se presentase en el teatro.
32 Unos, pues, gritaban una cosa, y otros otra;
porque la concurrencia estaba confusa, y los
más no sabían por qué se habían reunido.
33 Y sacaron de entre la multitud a Alejandro,
empujándole los judíos. Entonces Alejandro,
pedido silencio con la mano, quería hablar en su
defensa ante el pueblo.
34 Pero cuando le conocieron que era judío, to-
dos a una voz gritaron casi por dos horas:
¡Grande es Diana de los efesios!
35 Entonces el escribano, cuando había apaci-
guado a la multitud, dijo: Varones efesios, ¿y
quién es el hombre que no sabe que la ciudad de

19.4: [a] Mt. 3.11; Mr. 1.4, 7-8; Lc. 3.4, 16; Jn. 1.26-27.

los efesios es guardiana del templo de la gran
diosa Diana, y de la imagen venida de Júpiter?
36 Puesto que esto no puede contradecirse, es
necesario que os apacigüéis, y que nada hagáis
precipitadamente.
37 Porque habéis traído a estos hombres, sin ser
sacrílegos ni blasfemadores de vuestra diosa.
38 Que si Demetrio y los artífices que están con
él tienen pleito contra alguno, audiencias se
conceden, y procónsules hay; acúsense los unos
a los otros.
39 Y si demandáis alguna otra cosa, en legítima
asamblea se puede decidir.
40 Porque peligro hay de que seamos acusados
de sedición por esto de hoy, no habiendo ningu-
na causa por la cual podamos dar razón de este
concurso.
41 Y habiendo dicho esto, despidió la asamblea.

Viaje de Pablo a Macedonia y Grecia

20 1 Después que cesó el alboroto, llamó
Pablo a los discípulos, y habiéndolos ex-
hortado y abrazado, se despidió y salió para ir a
Macedonia.
2 Y después de recorrer aquellas regiones, y de
exhortarles con abundancia de palabras, llegó a
Grecia.
3 Después de haber estado allí tres meses, y
siéndole puestas asechanzas por los judíos para
cuando se embarcase para Siria, tomó la deci-
sión de volver por Macedonia.
4 Y le acompañaron hasta Asia, Sópater de Be-
rea, Aristarco y Segundo de Tesalónica, Gayo de
Derbe, y Timoteo; y de Asia, Tíquico y Trófimo.
5 Estos, habiéndose adelantado, nos esperaron
en Troas.
6 Y nosotros, pasados los días de los panes sin
levadura, navegamos de Filipos, y en cinco días
nos reunimos con ellos en Troas, donde nos que-
damos siete días.

Visita de despedida de Pablo en Troas

7 El primer día de la semana, reunidos los dis-
cípulos para partir el pan, Pablo les enseñaba,
habiendo de salir al día siguiente; y alargó el
discurso hasta la medianoche.
8 Y había muchas lámparas en el aposento alto
donde estaban reunidos;
9 y un joven llamado Eutico, que estaba sentado
en la ventana, rendido de un sueño profundo,
por cuanto Pablo disertaba largamente, vencido
del sueño cayó del tercer piso abajo, y fue
levantado muerto.
10 Entonces descendió Pablo y se echó sobre él, y
abrazándole, dijo: No os alarméis, pues está vivo.
11 Después de haber subido, y partido el pan y
comido, habló largamente hasta el alba; y así
salió.
12 Y llevaron al joven vivo, y fueron grandemen-
te consolados.

Viaje de Troas a Mileto

13 Nosotros, adelantándonos a embarcarnos,
navegamos a Asón para recoger allí a Pablo, ya
que así lo había determinado, queriendo él ir
por tierra.
14 Cuando se reunió con nosotros en Asón, to-
mándole a bordo, vinimos a Mitilene.
15 Navegando de allí, al día siguiente llegamos
delante de Quío, y al otro día tomamos puerto
en Samos; y habiendo hecho escala en Trogilio,
al día siguiente llegamos a Mileto.
16 Porque Pablo se había propuesto pasar de lar-
go a Efeso, para no detenerse en Asia, pues se
apresuraba por estar el día de Pentecostés, si le
fuese posible, en Jerusalén.

Discurso de despedida de Pablo en Mileto

17 Enviando, pues, desde Mileto a Efeso, hizo
llamar a los ancianos de la iglesia.
18 Cuando vinieron a él, les dijo:
Vosotros sabéis cómo me he comportado en-
tre vosotros todo el tiempo, desde el primer día
que entré en Asia,
19 sirviendo al Señor con toda humildad, y con
muchas lágrimas, y pruebas que me han venido
por las asechanzas de los judíos;
20 y cómo nada que fuese útil he rehuido de anun-
ciaros y enseñaros, públicamente y por las casas,
21 testificando a judíos y a gentiles acerca del
arrepentimiento para con Dios, y de la fe en
nuestro Señor Jesucristo.
22 Ahora, he aquí, ligado yo en espíritu, voy a Je-
rusalén, sin saber lo que allá me ha de acontecer;
23 salvo que el Espíritu Santo por todas las ciu-
dades me da testimonio, diciendo que me espe-
ran prisiones y tribulaciones.
24 Pero de ninguna cosa hago caso, ni estimo
preciosa mi vida para mí mismo, con tal que
acabe mi carrera[a] con gozo, y el ministerio que
recibí del Señor Jesús, para dar testimonio del
evangelio de la gracia de Dios.
25 Y ahora, he aquí, yo sé que ninguno de todos
vosotros, entre quienes he pasado predicando el
reino de Dios, verá más mi rostro.
26 Por tanto, yo os protesto en el día de hoy, que
estoy limpio de la sangre de todos;
27 porque no he rehuido anunciaros todo el con-
sejo de Dios.
28 Por tanto, mirad por vosotros, y por todo el
rebaño en que el Espíritu Santo os ha puesto por
obispos, para apacentar la iglesia del Señor, la
cual él ganó por su propia sangre.
29 Porque yo sé que después de mi partida en-

20.24: [a] 2 Ti. 4.7.

trarán en medio de vosotros lobos rapaces, que
no perdonarán al rebaño.
30 Y de vosotros mismos se levantarán hombres
que hablen cosas perversas para arrastrar tras sí
a los discípulos.
31 Por tanto, velad, acordándoos que por tres
años, de noche y de día, no he cesado de amo-
nestar con lágrimas a cada uno.
32 Y ahora, hermanos, os encomiendo a Dios, y
a la palabra de su gracia, que tiene poder para
sobreedificaros y daros herencia con todos los
santificados.
33 Ni plata ni oro ni vestido de nadie he codiciado.
34 Antes vosotros sabéis que para lo que me ha
sido necesario a mí y a los que están conmigo,
estas manos me han servido.
35 En todo os he enseñado que, trabajando así,
se debe ayudar a los necesitados, y recordar las
palabras del Señor Jesús, que dijo: Más biena-
venturado es dar que recibir.
36 Cuando hubo dicho estas cosas, se puso de
rodillas, y oró con todos ellos.
37 Entonces hubo gran llanto de todos; y echán-
dose al cuello de Pablo, le besaban,
38 doliéndose en gran manera por la palabra
que dijo, de que no verían más su rostro. Y le
acompañaron al barco.

Viaje de Pablo a Jerusalén

21 1 Después de separarnos de ellos, zarpa-
mos y fuimos con rumbo directo a Cos, y
al día siguiente a Rodas, y de allí a Pátara.
2 Y hallando un barco que pasaba a Fenicia, nos
embarcamos, y zarpamos.
3 Al avistar Chipre, dejándola a mano izquierda,
navegamos a Siria, y arribamos a Tiro, porque el
barco había de descargar allí.
4 Y hallados los discípulos, nos quedamos allí
siete días; y ellos decían a Pablo por el Espíritu,
que no subiese a Jerusalén.
5 Cumplidos aquellos días, salimos, acompa-
ñándonos todos, con sus mujeres e hijos, hasta
fuera de la ciudad; y puestos de rodillas en la
playa, oramos.
6 Y abrazándonos los unos a los otros, subimos
al barco y ellos se volvieron a sus casas.
7 Y nosotros completamos la navegación, sa-
liendo de Tiro y arribando a Tolemaida; y ha-
biendo saludado a los hermanos, nos quedamos
con ellos un día.
8 Al otro día, saliendo Pablo y los que con él es-
tábamos, fuimos a Cesarea; y entrando en casa
de Felipe[a] el evangelista, que era uno de los sie-
te, posamos con él.
9 Este tenía cuatro hijas doncellas que profetiza-
ban.
10 Y permaneciendo nosotros allí algunos días,
descendió de Judea un profeta llamado Agabo,[b]
11 quien viniendo a vernos, tomó el cinto de Pa-
blo, y atándose los pies y las manos, dijo: Esto
dice el Espíritu Santo: Así atarán los judíos en
Jerusalén al varón de quien es este cinto, y le
entregarán en manos de los gentiles.
12 Al oír esto, le rogamos nosotros y los de aquel
lugar, que no subiese a Jerusalén.
13 Entonces Pablo respondió: ¿Qué hacéis lloran-
do y quebrantándome el corazón? Porque yo es-
toy dispuesto no sólo a ser atado, mas aun a morir
en Jerusalén por el nombre del Señor Jesús.
14 Y como no le pudimos persuadir, desistimos,
diciendo: Hágase la voluntad del Señor.
15 Después de esos días, hechos ya los prepa-
rativos, subimos a Jerusalén.
16 Y vinieron también con nosotros de Cesarea
algunos de los discípulos, trayendo consigo a
uno llamado Mnasón, de Chipre, discípulo anti-
guo, con quien nos hospedaríamos.

Arresto de Pablo en el templo

17 Cuando llegamos a Jerusalén, los herma-
nos nos recibieron con gozo.
18 Y al día siguiente Pablo entró con nosotros a
ver a Jacobo, y se hallaban reunidos todos los
ancianos;
19 a los cuales, después de haberles saludado,
les contó una por una las cosas que Dios había
hecho entre los gentiles por su ministerio.
20 Cuando ellos lo oyeron, glorificaron a Dios, y
le dijeron: Ya ves, hermano, cuántos millares de
judíos hay que han creído; y todos son celosos
por la ley.
21 Pero se les ha informado en cuanto a ti, que
enseñas a todos los judíos que están entre los
gentiles a apostatar de Moisés, diciéndoles que
no circunciden a sus hijos, ni observen las cos-
tumbres.
22 ¿Qué hay, pues? La multitud se reunirá de
cierto, porque oirán que has venido.
23 Haz, pues, esto que te decimos: Hay entre no-
sotros cuatro hombres que tienen obligación de
cumplir voto.
24 Tómalos contigo, purifícate con ellos, y paga
sus gastos para que se rasuren la cabeza;[c] y to-
dos comprenderán que no hay nada de lo que se
les informó acerca de ti, sino que tú también an-
das ordenadamente, guardando la ley.
25 Pero en cuanto a los gentiles que han creído,
nosotros les hemos escrito determinando que
no guarden nada de esto; solamente que se abs-
tengan de lo sacrificado a los ídolos, de sangre,
de ahogado y de fornicación.[d]
26 Entonces Pablo tomó consigo a aquellos hom-
bres, y al día siguiente, habiéndose purificado
con ellos, entró en el templo, para anunciar el

21.8: [a] Hch. 6.5; 8.5. **21.10:** [b] Hch. 11.28.
21.23-24: [c] Nm. 6.13-20. **21.25:** [d] Hch. 15.29.

cumplimiento de los días de la purificación, cuando había de presentarse la ofrenda por cada uno de ellos.

27 Pero cuando estaban para cumplirse los siete días, unos judíos de Asia, al verle en el templo, alborotaron a toda la multitud y le echaron mano,

28 dando voces: ¡Varones israelitas, ayudad! Este es el hombre que por todas partes enseña a todos contra el pueblo, la ley y este lugar; y además de esto, ha metido a griegos en el templo, y ha profanado este santo lugar.

29 Porque antes habían visto con él en la ciudad a Trófimo,[e] de Efeso, a quien pensaban que Pablo había metido en el templo.

30 Así que toda la ciudad se conmovió, y se agolpó el pueblo; y apoderándose de Pablo, le arrastraron fuera del templo, e inmediatamente cerraron las puertas.

31 Y procurando ellos matarle, se le avisó al tribuno de la compañía, que toda la ciudad de Jerusalén estaba alborotada.

32 Este, tomando luego soldados y centuriones, corrió a ellos. Y cuando ellos vieron al tribuno y a los soldados, dejaron de golpear a Pablo.

33 Entonces, llegando el tribuno, le prendió y le mandó atar con dos cadenas, y preguntó quién era y qué había hecho.

34 Pero entre la multitud, unos gritaban una cosa, y otros otra; y como no podía entender nada de cierto a causa del alboroto, le mandó llevar a la fortaleza.

35 Al llegar a las gradas, aconteció que era llevado en peso por los soldados a causa de la violencia de la multitud;

36 porque la muchedumbre del pueblo venía detrás, gritando: ¡Muera!

Defensa de Pablo ante el pueblo

37 Cuando comenzaron a meter a Pablo en la fortaleza, dijo al tribuno: ¿Se me permite decirte algo? Y él dijo: ¿Sabes griego?

38 ¿No eres tú aquel egipcio que levantó una sedición antes de estos días, y sacó al desierto los cuatro mil sicarios?

39 Entonces dijo Pablo: Yo de cierto soy hombre judío de Tarso, ciudadano de una ciudad no insignificante de Cilicia; pero te ruego que me permitas hablar al pueblo.

40 Y cuando él se lo permitió, Pablo, estando en pie en las gradas, hizo señal con la mano al pueblo. Y hecho gran silencio, habló en lengua hebrea, diciendo:

22 1 Varones hermanos y padres, oíd ahora mi defensa ante vosotros.

2 Y al oír que les hablaba en lengua hebrea, guardaron más silencio. Y él les dijo:

3 Yo de cierto soy judío, nacido en Tarso de Cilicia, pero criado en esta ciudad, instruido a los pies de Gamaliel,[a] estrictamente conforme a la ley de nuestros padres, celoso de Dios, como hoy lo sois todos vosotros.

4 Perseguía yo este Camino hasta la muerte, prendiendo y entregando en cárceles a hombres y mujeres;

5 como el sumo sacerdote también me es testigo, y todos los ancianos, de quienes también recibí cartas para los hermanos, y fui a Damasco para traer presos a Jerusalén también a los que estuviesen allí, para que fuesen castigados.[b]

Pablo relata su conversión

6 Pero aconteció que yendo yo, al llegar cerca de Damasco, como a mediodía, de repente me rodeó mucha luz del cielo;

7 y caí al suelo, y oí una voz que me decía: Saulo, Saulo, ¿por qué me persigues?

8 Yo entonces respondí: ¿Quién eres, Señor? Y me dijo: Yo soy Jesús de Nazaret, a quien tú persigues.

9 Y los que estaban conmigo vieron a la verdad la luz, y se espantaron; pero no entendieron la voz del que hablaba conmigo.

10 Y dije: ¿Qué haré, Señor? Y el Señor me dijo: Levántate, y ve a Damasco, y allí se te dirá todo lo que está ordenado que hagas.

11 Y como yo no veía a causa de la gloria de la luz, llevado de la mano por los que estaban conmigo, llegué a Damasco.

12 Entonces uno llamado Ananías, varón piadoso según la ley, que tenía buen testimonio de todos los judíos que allí moraban,

13 vino a mí, y acercándose, me dijo: Hermano Saulo, recibe la vista. Y yo en aquella misma hora recobré la vista y lo miré.

14 Y él dijo: El Dios de nuestros padres te ha escogido para que conozcas su voluntad, y veas al Justo, y oigas la voz de su boca.

15 Porque serás testigo suyo a todos los hombres, de lo que has visto y oído.

16 Ahora, pues, ¿por qué te detienes? Levántate y bautízate, y lava tus pecados, invocando su nombre.

Pablo es enviado a los gentiles

17 Y me aconteció, vuelto a Jerusalén, que orando en el templo me sobrevino un éxtasis.

18 Y le vi que me decía: Date prisa, y sal prontamente de Jerusalén; porque no recibirán tu testimonio acerca de mí.

19 Yo dije: Señor, ellos saben que yo encarcelaba y azotaba en todas las sinagogas a los que creían en ti;

21.29: [e] Hch. 20.4. **22.3:** [a] Hch. 5.34-39.
22.4-5: [b] Hch. 8.3; 26.9-11.

20 y cuando se derramaba la sangre de Esteban tu testigo, yo mismo también estaba presente, y consentía en su muerte, y guardaba las ropas de los que le mataban.[c]

21 Pero me dijo: Ve, porque yo te enviaré lejos a los gentiles.

Pablo en manos del tribuno

22 Y le oyeron hasta esta palabra; entonces alzaron la voz, diciendo: Quita de la tierra a tal hombre, porque no conviene que viva.

23 Y como ellos gritaban y arrojaban sus ropas y lanzaban polvo al aire,

24 mandó el tribuno que le metiesen en la fortaleza, y ordenó que fuese examinado con azotes, para saber por qué causa clamaban así contra él.

25 Pero cuando le ataron con correas, Pablo dijo al centurión que estaba presente: ¿Os es lícito azotar a un ciudadano romano sin haber sido condenado?

26 Cuando el centurión oyó esto, fue y dio aviso al tribuno, diciendo: ¿Qué vas a hacer? Porque este hombre es ciudadano romano.

27 Vino el tribuno y le dijo: Dime, ¿eres tú ciudadano romano? El dijo: Sí.

28 Respondió el tribuno: Yo con una gran suma adquirí esta ciudadanía. Entonces Pablo dijo: Pero yo lo soy de nacimiento.

29 Así que, luego se apartaron de él los que le iban a dar tormento; y aun el tribuno, al saber que era ciudadano romano, también tuvo temor por haberle atado.

Pablo ante el concilio

30 Al día siguiente, queriendo saber de cierto la causa por la cual le acusaban los judíos, le soltó de las cadenas, y mandó venir a los principales sacerdotes y a todo el concilio, y sacando a Pablo, le presentó ante ellos.

23 1 Entonces Pablo, mirando fijamente al concilio, dijo: Varones hermanos, yo con toda buena conciencia he vivido delante de Dios hasta el día de hoy.

2 El sumo sacerdote Ananías ordenó entonces a los que estaban junto a él, que le golpeasen en la boca.

3 Entonces Pablo le dijo: ¡Dios te golpeará a ti, pared blanqueada![a] ¿Estás tú sentado para juzgarme conforme a la ley, y quebrantando la ley me mandas golpear?

4 Los que estaban presentes dijeron: ¿Al sumo sacerdote de Dios injurias?

5 Pablo dijo: No sabía, hermanos, que era el sumo sacerdote; pues escrito está: No maldecirás a un príncipe de tu pueblo.[b]

6 Entonces Pablo, notando que una parte era de saduceos y otra de fariseos, alzó la voz en el concilio: Varones hermanos, yo soy fariseo,[c] hijo de fariseo; acerca de la esperanza y de la resurrección de los muertos se me juzga.

7 Cuando dijo esto, se produjo disensión entre los fariseos y los saduceos, y la asamblea se dividió.

8 Porque los saduceos dicen que no hay resurrección,[d] ni ángel, ni espíritu; pero los fariseos afirman estas cosas.

9 Y hubo un gran vocerío; y levantándose los escribas de la parte de los fariseos, contendían, diciendo: Ningún mal hallamos en este hombre; que si un espíritu le ha hablado, o un ángel, no resistamos a Dios.

10 Y habiendo grande disensión, el tribuno, teniendo temor de que Pablo fuese despedazado por ellos, mandó que bajasen soldados y le arrebatasen de en medio de ellos, y le llevasen a la fortaleza.

11 A la noche siguiente se le presentó el Señor y le dijo: Ten ánimo, Pablo, pues como has testificado de mí en Jerusalén, así es necesario que testifiques también en Roma.

Complot contra Pablo

12 Venido el día, algunos de los judíos tramaron un complot y se juramentaron bajo maldición, diciendo que no comerían ni beberían hasta que hubiesen dado muerte a Pablo.

13 Eran más de cuarenta los que habían hecho esta conjuración,

14 los cuales fueron a los principales sacerdotes y a los ancianos y dijeron: Nosotros nos hemos juramentado bajo maldición, a no gustar nada hasta que hayamos dado muerte a Pablo.

15 Ahora pues, vosotros, con el concilio, requerid al tribuno que le traiga mañana ante vosotros, como que queréis indagar alguna cosa más cierta acerca de él; y nosotros estaremos listos para matarle antes que llegue.

16 Mas el hijo de la hermana de Pablo, oyendo hablar de la celada, fue y entró en la fortaleza, y dio aviso a Pablo.

17 Pablo, llamando a uno de los centuriones, dijo: Lleva a este joven ante el tribuno, porque tiene cierto aviso que darle.

18 El entonces tomándole, le llevó al tribuno, y dijo: El preso Pablo me llamó y me rogó que trajese ante ti a este joven, que tiene algo que hablarte.

19 El tribuno, tomándole de la mano y retirándose aparte, le preguntó: ¿Qué es lo que tienes que decirme?

20 El le dijo: Los judíos han convenido en rogarte que mañana lleves a Pablo ante el concilio,

22.20: [c] Hch. 7.58. **23.3:** [a] Mt. 23.27-28; Lc. 11.44. **23.5:** [b] Ex. 22.28. **23.6:** [c] Hch. 26.5; Fil. 3.5. **23.8:** [d] Mt. 22.23; Mr. 12.18; Lc. 20.27.

como que van a inquirir alguna cosa más cierta acerca de él.

21 Pero tú no les creas; porque más de cuarenta hombres de ellos le acechan, los cuales se han juramentado bajo maldición, a no comer ni beber hasta que le hayan dado muerte; y ahora están listos esperando tu promesa.

22 Entonces el tribuno despidió al joven, mandándole que a nadie dijese que le había dado aviso de esto.

Pablo es enviado a Félix el gobernador

23 Y llamando a dos centuriones, mandó que preparasen para la hora tercera de la noche doscientos soldados, setenta jinetes y doscientos lanceros, para que fuesen hasta Cesarea;

24 y que preparasen cabalgaduras en que poniendo a Pablo, le llevasen en salvo a Félix el gobernador.

25 Y escribió una carta en estos términos:

26 Claudio Lisias al excelentísimo gobernador Félix: Salud.

27 A este hombre, aprehendido por los judíos, y que iban ellos a matar, lo libré yo acudiendo con la tropa, habiendo sabido que era ciudadano romano.

28 Y queriendo saber la causa por qué le acusaban, le llevé al concilio de ellos;

29 y hallé que le acusaban por cuestiones de la ley de ellos, pero que ningún delito tenía digno de muerte o de prisión.

30 Pero al ser avisado de asechanzas que los judíos habían tendido contra este hombre, al punto le he enviado a ti, intimando también a los acusadores que traten delante de ti lo que tengan contra él. Pásalo bien.

31 Y los soldados, tomando a Pablo como se les ordenó, le llevaron de noche a Antípatris.

32 Y al día siguiente, dejando a los jinetes que fuesen con él, volvieron a la fortaleza.

33 Cuando aquéllos llegaron a Cesarea, y dieron la carta al gobernador, presentaron también a Pablo delante de él.

34 Y el gobernador, leída la carta, preguntó de qué provincia era; y habiendo entendido que era de Cilicia,

35 le dijo: Te oiré cuando vengan tus acusadores. Y mandó que le custodiasen en el pretorio de Herodes.

Defensa de Pablo ante Félix

24 1 Cinco días después, descendió el sumo sacerdote Ananías con algunos de los ancianos y un cierto orador llamado Tértulo, y comparecieron ante el gobernador contra Pablo.

2 Y cuando éste fue llamado, Tértulo comenzó a acusarle, diciendo:

Como debido a ti gozamos de gran paz, y muchas cosas son bien gobernadas en el pueblo por tu prudencia,

3 oh excelentísimo Félix, lo recibimos en todo tiempo y en todo lugar con toda gratitud.

4 Pero por no molestarte más largamente, te ruego que nos oigas brevemente conforme a tu equidad.

5 Porque hemos hallado que este hombre es una plaga, y promotor de sediciones entre todos los judíos por todo el mundo, y cabecilla de la secta de los nazarenos.

6 Intentó también profanar el templo; y prendiéndole, quisimos juzgarle conforme a nuestra ley.

7 Pero interviniendo el tribuno Lisias, con gran violencia le quitó de nuestras manos,

8 mandando a sus acusadores que viniesen a ti. Tú mismo, pues, al juzgarle, podrás informarte de todas estas cosas de que le acusamos.

9 Los judíos también confirmaban, diciendo ser así todo.

10 Habiéndole hecho señal el gobernador a Pablo para que hablase, éste respondió:

Porque sé que desde hace muchos años eres juez de esta nación, con buen ánimo haré mi defensa.

11 Como tú puedes cerciorarte, no hace más de doce días que subí a adorar a Jerusalén;

12 y no me hallaron disputando con ninguno, ni amotinando a la multitud; ni en el templo, ni en las sinagogas ni en la ciudad;

13 ni te pueden probar las cosas de que ahora me acusan.

14 Pero esto te confieso, que según el Camino que ellos llaman herejía, así sirvo al Dios de mis padres, creyendo todas las cosas que en la ley y en los profetas están escritas;

15 teniendo esperanza en Dios, la cual ellos también abrigan, de que ha de haber resurrección de los muertos, así de justos como de injustos.

16 Y por esto procuro tener siempre una conciencia sin ofensa ante Dios y ante los hombres.

17 Pero pasados algunos años, vine a hacer limosnas a mi nación y presentar ofrendas.

18 Estaba en ello, cuando unos judíos de Asia me hallaron purificado en el templo, no con multitud ni con alboroto.[a]

19 Ellos debieran comparecer ante ti y acusarme, si contra mí tienen algo.

20 O digan éstos mismos si hallaron en mí alguna cosa mal hecha, cuando comparecí ante el concilio,

21 a no ser que estando entre ellos prorrumpí en alta voz: Acerca de la resurrección de los muertos soy juzgado hoy por vosotros.[b]

22 Entonces Félix, oídas estas cosas, estando bien informado de este Camino, les aplazó, di-

24.17-18: [a] Hch. 21.17-28. **24.21:** [b] Hch. 23.6.

ciendo: Cuando descendiere el tribuno Lisias,
acabaré de conocer de vuestro asunto.
23 Y mandó al centurión que se custodiase a Pa-
blo, pero que se le concediese alguna libertad, y
que no impidiese a ninguno de los suyos servirle
o venir a él.
24 Algunos días después, viniendo Félix con
Drusila su mujer, que era judía, llamó a Pablo, y
le oyó acerca de la fe en Jesucristo.
25 Pero al disertar Pablo acerca de la justicia, del
dominio propio y del juicio venidero, Félix se es-
pantó, y dijo: Ahora vete; pero cuando tenga
oportunidad te llamaré.
26 Esperaba también con esto, que Pablo le die-
ra dinero para que le soltase; por lo cual muchas
veces lo hacía venir y hablaba con él.
27 Pero al cabo de dos años recibió Félix por su-
cesor a Porcio Festo; y queriendo Félix congra-
ciarse con los judíos, dejó preso a Pablo.

Pablo apela a César

25 1 Llegado, pues, Festo a la provincia,
subió de Cesarea a Jerusalén tres días
después.
2 Y los principales sacerdotes y los más influyen-
tes de los judíos se presentaron ante él contra
Pablo, y le rogaron,
3 pidiendo contra él, como gracia, que le hiciese
traer a Jerusalén; preparando ellos una celada
para matarle en el camino.
4 Pero Festo respondió que Pablo estaba custo-
diado en Cesarea, adonde él mismo partiría en
breve.
5 Los que de vosotros puedan, dijo, desciendan
conmigo, y si hay algún crimen en este hombre,
acúsenle.
6 Y deteniéndose entre ellos no más de ocho o
diez días, venido a Cesarea, al siguiente día se
sentó en el tribunal, y mandó que fuese traído
Pablo.
7 Cuando éste llegó, lo rodearon los judíos que
habían venido de Jerusalén, presentando contra
él muchas y graves acusaciones, las cuales no
podían probar;
8 alegando Pablo en su defensa: Ni contra la ley
de los judíos, ni contra el templo, ni contra Cé-
sar he pecado en nada.
9 Pero Festo, queriendo congraciarse con los ju-
díos, respondiendo a Pablo dijo: ¿Quieres subir
a Jerusalén, y allá ser juzgado de estas cosas
delante de mí?
10 Pablo dijo: Ante el tribunal de César estoy,
donde debo ser juzgado. A los judíos no les he
hecho ningún agravio, como tú sabes muy bien.
11 Porque si algún agravio, o cosa alguna digna
de muerte he hecho, no rehúso morir; pero si
nada hay de las cosas de que éstos me acusan,
nadie puede entregarme a ellos. A César apelo.
12 Entonces Festo, habiendo hablado con el con-
sejo, respondió: A César has apelado; a César irás.

Pablo ante Agripa y Berenice

13 Pasados algunos días, el rey Agripa y Bere-
nice vinieron a Cesarea para saludar a Festo.
14 Y como estuvieron allí muchos días, Festo ex-
puso al rey la causa de Pablo, diciendo: Un hom-
bre ha sido dejado preso por Félix,
15 respecto al cual, cuando fui a Jerusalén, se
me presentaron los principales sacerdotes y los
ancianos de los judíos, pidiendo condenación
contra él.
16 A éstos respondí que no es costumbre de los
romanos entregar alguno a la muerte antes que
el acusado tenga delante a sus acusadores, y
pueda defenderse de la acusación.
17 Así que, habiendo venido ellos juntos acá, sin
ninguna dilación, al día siguiente, sentado en el
tribunal, mandé traer al hombre.
18 Y estando presentes los acusadores, ningún
cargo presentaron de los que yo sospechaba,
19 sino que tenían contra él ciertas cuestiones
acerca de su religión, y de un cierto Jesús, ya
muerto, el que Pablo afirmaba estar vivo.
20 Yo, dudando en cuestión semejante, le pre-
gunté si quería ir a Jerusalén y allá ser juzgado
de estas cosas.
21 Mas como Pablo apeló para que se le reserva-
se para el conocimiento de Augusto, mandé que
le custodiasen hasta que le enviara yo a César.
22 Entonces Agripa dijo a Festo: Yo también
quisiera oír a ese hombre. Y él le dijo: Mañana
le oirás.
23 Al otro día, viniendo Agripa y Berenice con
mucha pompa, y entrando en la audiencia con
los tribunos y principales hombres de la ciudad,
por mandato de Festo fue traído Pablo.
24 Entonces Festo dijo: Rey Agripa, y todos los
varones que estáis aquí juntos con nosotros,
aquí tenéis a este hombre, respecto del cual
toda la multitud de los judíos me ha demandado
en Jerusalén y aquí, dando voces que no debe
vivir más.
25 Pero yo, hallando que ninguna cosa digna de
muerte ha hecho, y como él mismo apeló a Au-
gusto, he determinado enviarle a él.
26 Como no tengo cosa cierta que escribir a mi
señor, le he traído ante vosotros, y mayormente
ante ti, oh rey Agripa, para que después de exa-
minarle, tenga yo qué escribir.
27 Porque me parece fuera de razón enviar un
preso, y no informar de los cargos que haya en
su contra.

Defensa de Pablo ante Agripa

26 1 Entonces Agripa dijo a Pablo: Se te per-
mite hablar por ti mismo. Pablo enton-

ces, extendiendo la mano, comenzó así su defensa:

2 Me tengo por dichoso, oh rey Agripa, de que haya de defenderme hoy delante de ti de todas las cosas de que soy acusado por los judíos.

3 Mayormente porque tú conoces todas las costumbres y cuestiones que hay entre los judíos; por lo cual te ruego que me oigas con paciencia.

Vida anterior de Pablo

4 Mi vida, pues, desde mi juventud, la cual desde el principio pasé en mi nación, en Jerusalén, la conocen todos los judíos;

5 los cuales también saben que yo desde el principio, si quieren testificarlo, conforme a la más rigurosa secta de nuestra religión, viví fariseo.[a]

6 Y ahora, por la esperanza de la promesa que hizo Dios a nuestros padres soy llamado a juicio;

7 promesa cuyo cumplimiento esperan que han de alcanzar nuestras doce tribus, sirviendo constantemente a Dios de día y de noche. Por esta esperanza, oh rey Agripa, soy acusado por los judíos.

8 ¡Qué! ¿Se juzga entre vosotros cosa increíble que Dios resucite a los muertos?

Pablo el perseguidor

9 Yo ciertamente había creído mi deber hacer muchas cosas contra el nombre de Jesús de Nazaret;

10 lo cual también hice en Jerusalén. Yo encerré en cárceles a muchos de los santos, habiendo recibido poderes de los principales sacerdotes; y cuando los mataron, yo di mi voto.

11 Y muchas veces, castigándolos en todas las sinagogas, los forcé a blasfemar; y enfurecido sobremanera contra ellos, los perseguí hasta en las ciudades extranjeras.[b]

Pablo relata su conversión

12 Ocupado en esto, iba yo a Damasco con poderes y en comisión de los principales sacerdotes,

13 cuando a mediodía, oh rey, yendo por el camino, vi una luz del cielo que sobrepasaba el resplandor del sol, la cual me rodeó a mí y a los que iban conmigo.

14 Y habiendo caído todos nosotros en tierra, oí una voz que me hablaba, y decía en lengua hebrea: Saulo, Saulo, ¿por qué me persigues? Dura cosa te es dar coces contra el aguijón.

15 Yo entonces dije: ¿Quién eres, Señor? Y el Señor dijo: Yo soy Jesús, a quien tú persigues.

16 Pero levántate, y ponte sobre tus pies; porque para esto he aparecido a ti, para ponerte por ministro y testigo de las cosas que has visto, y de aquellas en que me apareceré a ti,

17 librándote de tu pueblo, y de los gentiles, a quienes ahora te envío,

18 para que abras sus ojos, para que se conviertan de las tinieblas a la luz, y de la potestad de Satanás a Dios; para que reciban, por la fe que es en mí, perdón de pecados y herencia entre los santificados.

Pablo obedece a la visión

19 Por lo cual, oh rey Agripa, no fui rebelde a la visión celestial,

20 sino que anuncié primeramente a los que están en Damasco,[c] y Jerusalén,[d] y por toda la tierra de Judea, y a los gentiles, que se arrepintiesen y se convirtiesen a Dios, haciendo obras dignas de arrepentimiento.

21 Por causa de esto los judíos, prendiéndome en el templo, intentaron matarme.

22 Pero habiendo obtenido auxilio de Dios, persevero hasta el día de hoy, dando testimonio a pequeños y a grandes, no diciendo nada fuera de las cosas que los profetas y Moisés dijeron que habían de suceder:

23 Que el Cristo había de padecer, y ser el primero de la resurrección de los muertos, para anunciar luz al pueblo y a los gentiles.[e]

Pablo insta a Agripa a que crea

24 Diciendo él estas cosas en su defensa, Festo a gran voz dijo: Estás loco, Pablo; las muchas letras te vuelven loco.

25 Mas él dijo: No estoy loco, excelentísimo Festo, sino que hablo palabras de verdad y de cordura.

26 Pues el rey sabe estas cosas, delante de quien también hablo con toda confianza. Porque no pienso que ignora nada de esto; pues no se ha hecho esto en algún rincón.

27 ¿Crees, oh rey Agripa, a los profetas? Yo sé que crees.

28 Entonces Agripa dijo a Pablo: Por poco me persuades a ser cristiano.

29 Y Pablo dijo: ¡Quisiera Dios que por poco o por mucho, no solamente tú, sino también todos los que hoy me oyen, fueseis hechos tales cual yo soy, excepto estas cadenas!

30 Cuando había dicho estas cosas, se levantó el rey, y el gobernador, y Berenice, y los que se habían sentado con ellos;

31 y cuando se retiraron aparte, hablaban entre sí, diciendo: Ninguna cosa digna ni de muerte ni de prisión ha hecho este hombre.

32 Y Agripa dijo a Festo: Podía este hombre ser puesto en libertad, si no hubiera apelado a César.

26.5: [a] Hch. 23.6; Fil. 3.5. **26.9-11:** [b] Hch. 8.3; 22.4-5.
26.20: [c] Hch. 9.20. [d] Hch. 9.28-29. **26.23:** [e] Is. 42.6; 49.6.

Pablo es enviado a Roma

27 1 Cuando se decidió que habíamos de navegar para Italia, entregaron a Pablo y a algunos otros presos a un centurión llamado Julio, de la compañía Augusta.

2 Y embarcándonos en una nave adramitena que iba a tocar los puertos de Asia, zarpamos, estando con nosotros Aristarco, macedonio de Tesalónica.

3 Al otro día llegamos a Sidón; y Julio, tratando humanamente a Pablo, le permitió que fuese a los amigos, para ser atendido por ellos.

4 Y haciéndonos a la vela desde allí, navegamos a sotavento de Chipre, porque los vientos eran contrarios.

5 Habiendo atravesado el mar frente a Cilicia y Panfilia, arribamos a Mira, ciudad de Licia.

6 Y hallando allí el centurión una nave alejandrina que zarpaba para Italia, nos embarcó en ella.

7 Navegando muchos días despacio, y llegando a duras penas frente a Gnido, porque nos impedía el viento, navegamos a sotavento de Creta, frente a Salmón.

8 Y costeándola con dificultad, llegamos a un lugar que llaman Buenos Puertos, cerca del cual estaba la ciudad de Lasea.

9 Y habiendo pasado mucho tiempo, y siendo ya peligrosa la navegación, por haber pasado ya el ayuno, Pablo les amonestaba,

10 diciéndoles: Varones, veo que la navegación va a ser con perjuicio y mucha pérdida, no sólo del cargamento y de la nave, sino también de nuestras personas.

11 Pero el centurión daba más crédito al piloto y al patrón de la nave, que a lo que Pablo decía.

12 Y siendo incómodo el puerto para invernar, la mayoría acordó zarpar también de allí, por si pudiesen arribar a Fenice, puerto de Creta que mira al nordeste y sudeste, e invernar allí.

La tempestad en el mar

13 Y soplando una brisa del sur, pareciéndoles que ya tenían lo que deseaban, levaron anclas e iban costeando Creta.

14 Pero no mucho después dio contra la nave un viento huracanado llamado Euroclidón.

15 Y siendo arrebatada la nave, y no pudiendo poner proa al viento, nos abandonamos a él y nos dejamos llevar.

16 Y habiendo corrido a sotavento de una pequeña isla llamada Clauda, con dificultad pudimos recoger el esquife.

17 Y una vez subido a bordo, usaron de refuerzos para ceñir la nave; y teniendo temor de dar en la Sirte, arriaron las velas y quedaron a la deriva.

18 Pero siendo combatidos por una furiosa tempestad, al siguiente día empezaron a alijar,

19 y al tercer día con nuestras propias manos arrojamos los aparejos de la nave.

20 Y no apareciendo ni sol ni estrellas por muchos días, y acosados por una tempestad no pequeña, ya habíamos perdido toda esperanza de salvarnos.

21 Entonces Pablo, como hacía ya mucho que no comíamos, puesto en pie en medio de ellos, dijo: Habría sido por cierto conveniente, oh varones, haberme oído, y no zarpar de Creta tan sólo para recibir este perjuicio y pérdida.

22 Pero ahora os exhorto a tener buen ánimo, pues no habrá ninguna pérdida de vida entre vosotros, sino solamente de la nave.

23 Porque esta noche ha estado conmigo el ángel del Dios de quien soy y a quien sirvo,

24 diciendo: Pablo, no temas; es necesario que comparezcas ante César; y he aquí, Dios te ha concedido todos los que navegan contigo.

25 Por tanto, oh varones, tened buen ánimo; porque yo confío en Dios que será así como se me ha dicho.

26 Con todo, es necesario que demos en alguna isla.

27 Venida la decimacuarta noche, y siendo llevados a través del mar Adriático, a la medianoche los marineros sospecharon que estaban cerca de tierra;

28 y echando la sonda, hallaron veinte brazas; y pasando un poco más adelante, volviendo a echar la sonda, hallaron quince brazas.

29 Y temiendo dar en escollos, echaron cuatro anclas por la popa, y ansiaban que se hiciese de día.

30 Entonces los marineros procuraron huir de la nave, y echando el esquife al mar, aparentaban como que querían largar las anclas de proa.

31 Pero Pablo dijo al centurión y a los soldados: Si éstos no permanecen en la nave, vosotros no podéis salvaros.

32 Entonces los soldados cortaron las amarras del esquife y lo dejaron perderse.

33 Cuando comenzó a amanecer, Pablo exhortaba a todos que comiesen, diciendo: Este es el decimocuarto día que veláis y permanecéis en ayunas, sin comer nada.

34 Por tanto, os ruego que comáis por vuestra salud; pues ni aun un cabello de la cabeza de ninguno de vosotros perecerá.

35 Y habiendo dicho esto, tomó el pan y dio gracias a Dios en presencia de todos, y partiéndolo, comenzó a comer.

36 Entonces todos, teniendo ya mejor ánimo, comieron también.

37 Y éramos todas las personas en la nave doscientas setenta y seis.

38 Y ya satisfechos, aligeraron la nave, echando el trigo al mar.

El naufragio

39 Cuando se hizo de día, no reconocían la tierra, pero veían una ensenada que tenía playa, en la cual acordaron varar, si pudiesen, la nave.

40 Cortando, pues, las anclas, las dejaron en el mar, largando también las amarras del timón; e izada al viento la vela de proa, enfilaron hacia la playa.

41 Pero dando en un lugar de dos aguas, hicieron encallar la nave; y la proa, hincada, quedó inmóvil, y la popa se abría con la violencia del mar.

42 Entonces los soldados acordaron matar a los presos, para que ninguno se fugase nadando.

43 Pero el centurión, queriendo salvar a Pablo, les impidió este intento, y mandó que los que pudiesen nadar se echasen los primeros, y saliesen a tierra;

44 y los demás, parte en tablas, parte en cosas de la nave. Y así aconteció que todos se salvaron saliendo a tierra.

Pablo en la isla de Malta

28 1 Estando ya a salvo, supimos que la isla se llamaba Malta.

2 Y los naturales nos trataron con no poca humanidad; porque encendiendo un fuego, nos recibieron a todos, a causa de la lluvia que caía, y del frío.

3 Entonces, habiendo recogido Pablo algunas ramas secas, las echó al fuego; y una víbora, huyendo del calor, se le prendió en la mano.

4 Cuando los naturales vieron la víbora colgando de su mano, se decían unos a otros: Ciertamente este hombre es homicida, a quien, escapado del mar, la justicia no deja vivir.

5 Pero él, sacudiendo la víbora en el fuego, ningún daño padeció.

6 Ellos estaban esperando que él se hinchase, o cayese muerto de repente; mas habiendo esperado mucho, y viendo que ningún mal le venía, cambiaron de parecer y dijeron que era un dios.

7 En aquellos lugares había propiedades del hombre principal de la isla, llamado Publio, quien nos recibió y hospedó solícitamente tres días.

8 Y aconteció que el padre de Publio estaba en cama, enfermo de fiebre y de disentería; y entró Pablo a verle, y después de haber orado, le impuso las manos, y le sanó.

9 Hecho esto, también los otros que en la isla tenían enfermedades, venían, y eran sanados;

10 los cuales también nos honraron con muchas atenciones; y cuando zarpamos, nos cargaron de las cosas necesarias.

Pablo llega a Roma

11 Pasados tres meses, nos hicimos a la vela en una nave alejandrina que había invernado en la isla, la cual tenía por enseña a Cástor y Pólux.

12 Y llegados a Siracusa, estuvimos allí tres días.

13 De allí, costeando alrededor, llegamos a Regio; y otro día después, soplando el viento sur, llegamos al segundo día a Puteoli,

14 donde habiendo hallado hermanos, nos rogaron que nos quedásemos con ellos siete días; y luego fuimos a Roma,

15 de donde, oyendo de nosotros los hermanos, salieron a recibirnos hasta el Foro de Apio y las Tres Tabernas; y al verlos, Pablo dio gracias a Dios y cobró aliento.

16 Cuando llegamos a Roma, el centurión entregó los presos al prefecto militar, pero a Pablo se le permitió vivir aparte, con un soldado que le custodiase.

Pablo predica en Roma

17 Aconteció que tres días después, Pablo convocó a los principales de los judíos, a los cuales, luego que estuvieron reunidos, les dijo: Yo, varones hermanos, no habiendo hecho nada contra el pueblo, ni contra las costumbres de nuestros padres, he sido entregado preso desde Jerusalén en manos de los romanos;

18 los cuales, habiéndome examinado, me querían soltar, por no haber en mí ninguna causa de muerte.

19 Pero oponiéndose los judíos, me vi obligado a apelar a César;[a] no porque tenga de qué acusar a mi nación.

20 Así que por esta causa os he llamado para veros y hablaros; porque por la esperanza de Israel estoy sujeto con esta cadena.

21 Entonces ellos le dijeron: Nosotros ni hemos recibido de Judea cartas acerca de ti, ni ha venido alguno de los hermanos que haya denunciado o hablado algún mal de ti.

22 Pero querríamos oír de ti lo que piensas; porque de esta secta nos es notorio que en todas partes se habla contra ella.

23 Y habiéndole señalado un día, vinieron a él muchos a la posada, a los cuales les declaraba y les testificaba el reino de Dios desde la mañana hasta la tarde, persuadiéndoles acerca de Jesús, tanto por la ley de Moisés como por los profetas.

24 Y algunos asentían a lo que se decía, pero otros no creían.

25 Y como no estuviesen de acuerdo entre sí, al retirarse, les dijo Pablo esta palabra: Bien habló el Espíritu Santo por medio del profeta Isaías a nuestros padres, diciendo:

26 Ve a este pueblo, y diles:
De oído oiréis, y no entenderéis;
Y viendo veréis, y no percibiréis;
27 Porque el corazón de este pueblo se ha engrosado,
Y con los oídos oyeron pesadamente,

28.19: [a] Hch. 25.11.

Y sus ojos han cerrado,
Para que no vean con los ojos,
Y oigan con los oídos,
Y entiendan de corazón,
Y se conviertan,
Y yo los sane.[b]
28 Sabed, pues, que a los gentiles es enviada
esta salvación de Dios; y ellos oirán.
29 Y cuando hubo dicho esto, los judíos se fue-
ron, teniendo gran discusión entre sí.
30 Y Pablo permaneció dos años enteros en
una casa alquilada, y recibía a todos los que a él
venían,
31 predicando el reino de Dios y enseñando
acerca del Señor Jesucristo, abiertamente y sin
impedimento.

LA EPÍSTOLA DEL APÓSTOL SAN PABLO A LOS
ROMANOS

Salutación

1 1 Pablo, siervo de Jesucristo, llamado a ser
apóstol, apartado para el evangelio de Dios,
2 que él había prometido antes por sus profetas
en las santas Escrituras,
3 acerca de su Hijo, nuestro Señor Jesucristo,
que era del linaje de David según la carne,
4 que fue declarado Hijo de Dios con poder, se-
gún el Espíritu de santidad, por la resurrección
de entre los muertos,
5 y por quien recibimos la gracia y el apostola-
do, para la obediencia a la fe en todas las nacio-
nes por amor de su nombre;
6 entre las cuales estáis también vosotros, lla-
mados a ser de Jesucristo;
7 a todos los que estáis en Roma, amados de Dios,
llamados a ser santos: Gracia y paz a vosotros, de
Dios nuestro Padre y del Señor Jesucristo.

Deseo de Pablo de visitar Roma

8 Primeramente doy gracias a mi Dios me-
diante Jesucristo con respecto a todos vosotros,
de que vuestra fe se divulga por todo el mundo.
9 Porque testigo me es Dios, a quien sirvo en mi
espíritu en el evangelio de su Hijo, de que sin ce-
sar hago mención de vosotros siempre en mis
oraciones,
10 rogando que de alguna manera tenga al fin,
por la voluntad de Dios, un próspero viaje para
ir a vosotros.
11 Porque deseo veros, para comunicaros algún
don espiritual, a fin de que seáis confirmados;
12 esto es, para ser mutuamente confortados
por la fe que nos es común a vosotros y a mí.
13 Pero no quiero, hermanos, que ignoréis
que muchas veces me he propuesto ir a voso-
tros[a] (pero hasta ahora he sido estorbado), para
tener también entre vosotros algún fruto, como
entre los demás gentiles.
14 A griegos y a no griegos, a sabios y a no sa-
bios soy deudor.
15 Así que, en cuanto a mí, pronto estoy a
anunciaros el evangelio también a vosotros que
estáis en Roma.

El poder del evangelio

16 Porque no me avergüenzo del evangelio,
porque es poder de Dios para salvación a todo
aquel que cree; al judío primeramente, y tam-
bién al griego.
17 Porque en el evangelio la justicia de Dios se
revela por fe y para fe, como está escrito: Mas el
justo por la fe vivirá.[b]

La culpabilidad del hombre

18 Porque la ira de Dios se revela desde el cie-
lo contra toda impiedad e injusticia de los hom-
bres que detienen con injusticia la verdad;
19 porque lo que de Dios se conoce les es mani-
fiesto, pues Dios se lo manifestó.
20 Porque las cosas invisibles de él, su eterno po-
der y deidad, se hacen claramente visibles des-
de la creación del mundo, siendo entendidas
por medio de las cosas hechas, de modo que no
tienen excusa.
21 Pues habiendo conocido a Dios, no le glorifi-
caron como a Dios, ni le dieron gracias, sino que
se envanecieron en sus razonamientos, y su ne-
cio corazón fue entenebrecido.
22 Profesando ser sabios, se hicieron necios,
23 y cambiaron la gloria del Dios incorruptible
en semejanza de imagen de hombre corruptible,
de aves, de cuadrúpedos y de reptiles.
24 Por lo cual también Dios los entregó a la in-
mundicia, en las concupiscencias de sus corazo-
nes, de modo que deshonraron entre sí sus
propios cuerpos,
25 ya que cambiaron la verdad de Dios por la
mentira, honrando y dando culto a las criaturas
antes que al Creador, el cual es bendito por los
siglos. Amén.
26 Por esto Dios los entregó a pasiones ver-
gonzosas; pues aun sus mujeres cambiaron el
uso natural por el que es contra naturaleza,
27 y de igual modo también los hombres, dejan-
do el uso natural de la mujer, se encendieron en
su lascivia unos con otros, cometiendo hechos

28.26-27: [b] Is. 6.9-10. **1.13:** [a] Hch. 19.21. **1.17:** [b] Hab. 2.4.

vergonzosos hombres con hombres, y recibien-
do en sí mismos la retribución debida a su
extravío.
28 Y como ellos no aprobaron tener en cuenta
a Dios, Dios los entregó a una mente reprobada,
para hacer cosas que no convienen;
29 estando atestados de toda injusticia, fornica-
ción, perversidad, avaricia, maldad; llenos de
envidia, homicidios, contiendas, engaños y
malignidades;
30 murmuradores, detractores, aborrecedores
de Dios, injuriosos, soberbios, altivos, invento-
res de males, desobedientes a los padres,
31 necios, desleales, sin afecto natural, implaca-
bles, sin misericordia;
32 quienes habiendo entendido el juicio de Dios,
que los que practican tales cosas son dignos de
muerte, no sólo las hacen, sino que también se
complacen con los que las practican.

El justo juicio de Dios

2 1 Por lo cual eres inexcusable, oh hombre,
quienquiera que seas tú que juzgas; pues en
lo que juzgas a otro, te condenas a ti mismo;[a]
porque tú que juzgas haces lo mismo.
2 Mas sabemos que el juicio de Dios contra los
que practican tales cosas es según verdad.
3 ¿Y piensas esto, oh hombre, tú que juzgas a los
que tal hacen, y haces lo mismo, que tú escapa-
rás del juicio de Dios?
4 ¿O menosprecias las riquezas de su benigni-
dad, paciencia y longanimidad, ignorando que
su benignidad te guía al arrepentimiento?
5 Pero por tu dureza y por tu corazón no arrepen-
tido, atesoras para ti mismo ira para el día de la
ira y de la revelación del justo juicio de Dios,
6 el cual pagará a cada uno conforme a sus
obras:[b]
7 vida eterna a los que, perseverando en bien
hacer, buscan gloria y honra e inmortalidad,
8 pero ira y enojo a los que son contenciosos y
no obedecen a la verdad, sino que obedecen a la
injusticia;
9 tribulación y angustia sobre todo ser humano
que hace lo malo, el judío primeramente y tam-
bién el griego,
10 pero gloria y honra y paz a todo el que hace
lo bueno, al judío primeramente y también al
griego;
11 porque no hay acepción de personas para con
Dios.[c]
12 Porque todos los que sin ley han pecado,
sin ley también perecerán; y todos los que bajo
la ley han pecado, por la ley serán juzgados;
13 porque no son los oidores de la ley los justos
ante Dios, sino los hacedores de la ley serán jus-
tificados.
14 Porque cuando los gentiles que no tienen ley,
hacen por naturaleza lo que es de la ley, éstos,
aunque no tengan ley, son ley para sí mismos,
15 mostrando la obra de la ley escrita en sus co-
razones, dando testimonio su conciencia, y acu-
sándoles o defendiéndoles sus razonamientos,
16 en el día en que Dios juzgará por Jesucristo
los secretos de los hombres, conforme a mi
evangelio.

Los judíos y la ley

17 He aquí, tú tienes el sobrenombre de judío,
y te apoyas en la ley, y te glorías en Dios,
18 y conoces su voluntad, e instruido por la ley
apruebas lo mejor,
19 y confías en que eres guía de los ciegos, luz
de los que están en tinieblas,
20 instructor de los indoctos, maestro de niños,
que tienes en la ley la forma de la ciencia y de la
verdad.
21 Tú, pues, que enseñas a otro, ¿no te enseñas
a ti mismo? Tú que predicas que no se ha de
hurtar, ¿hurtas?
22 Tú que dices que no se ha de adulterar, ¿adul-
teras? Tú que abominas de los ídolos, ¿cometes
sacrilegio?
23 Tú que te jactas de la ley, ¿con infracción de
la ley deshonras a Dios?
24 Porque como está escrito, el nombre de Dios
es blasfemado entre los gentiles por causa de
vosotros.[d]
25 Pues en verdad la circuncisión aprovecha,
si guardas la ley; pero si eres transgresor de la
ley, tu circuncisión viene a ser incircuncisión.
26 Si, pues, el incircunciso guardare las orde-
nanzas de la ley, ¿no será tenida su incircunci-
sión como circuncisión?
27 Y el que físicamente es incircunciso, pero
guarda perfectamente la ley, te condenará a ti,
que con la letra de la ley y con la circuncisión
eres transgresor de la ley.
28 Pues no es judío el que lo es exteriormente, ni
es la circuncisión la que se hace exteriormente
en la carne;
29 sino que es judío el que lo es en lo interior, y
la circuncisión es la del corazón, en espíritu, no
en letra; la alabanza del cual no viene de los
hombres, sino de Dios.
3 1 ¿Qué ventaja tiene, pues, el judío? ¿o de
qué aprovecha la circuncisión?
2 Mucho, en todas maneras. Primero, cierta-
mente, que les ha sido confiada la palabra de
Dios.
3 ¿Pues qué, si algunos de ellos han sido incré-
dulos? ¿Su incredulidad habrá hecho nula la fi-
delidad de Dios?
4 De ninguna manera; antes bien sea Dios ve-

2.1: [a] Mt. 7.1; Lc. 6.37. **2.6:** [b] Sal. 62.12. **2.11:** [c] Dt. 10.17.
2.24: [d] Is. 52.5.

raz, y todo hombre mentiroso; como está escrito:

Para que seas justificado en tus palabras,
Y venzas cuando fueres juzgado.[a]

5 Y si nuestra injusticia hace resaltar la justicia de Dios, ¿qué diremos? ¿Será injusto Dios que da castigo? (Hablo como hombre.)
6 En ninguna manera; de otro modo, ¿cómo juzgaría Dios al mundo?
7 Pero si por mi mentira la verdad de Dios abundó para su gloria, ¿por qué aún soy juzgado como pecador?
8 ¿Y por qué no decir (como se nos calumnia, y como algunos, cuya condenación es justa, afirman que nosotros decimos): Hagamos males para que vengan bienes?

No hay justo

9 ¿Qué, pues? ¿Somos nosotros mejores que ellos? En ninguna manera; pues ya hemos acusado a judíos y a gentiles, que todos están bajo pecado.
10 Como está escrito:
No hay justo, ni aun uno;
11 No hay quien entienda,
No hay quien busque a Dios.
12 Todos se desviaron, a una se hicieron inútiles;
No hay quien haga lo bueno, no hay ni siquiera uno.[b]
13 Sepulcro abierto es su garganta;
Con su lengua engañan.[c]
Veneno de áspides hay debajo de sus labios;[d]
14 Su boca está llena de maldición y de amargura.[e]
15 Sus pies se apresuran para derramar sangre;
16 Quebranto y desventura hay en sus caminos;
17 Y no conocieron camino de paz.[f]
18 No hay temor de Dios delante de sus ojos.[g]
19 Pero sabemos que todo lo que la ley dice, lo dice a los que están bajo la ley, para que toda boca se cierre y todo el mundo quede bajo el juicio de Dios;
20 ya que por las obras de la ley ningún ser humano será justificado delante de él;[h] porque por medio de la ley es el conocimiento del pecado.

La justicia es por medio de la fe

21 Pero ahora, aparte de la ley, se ha manifestado la justicia de Dios, testificada por la ley y por los profetas;
22 la justicia de Dios por medio de la fe en Jesucristo,[i] para todos los que creen en él. Porque no hay diferencia,
23 por cuanto todos pecaron, y están destituidos de la gloria de Dios,
24 siendo justificados gratuitamente por su gracia, mediante la redención que es en Cristo Jesús,
25 a quien Dios puso como propiciación por medio de la fe en su sangre, para manifestar su justicia, a causa de haber pasado por alto, en su paciencia, los pecados pasados,
26 con la mira de manifestar en este tiempo su justicia, a fin de que él sea el justo, y el que justifica al que es de la fe de Jesús.
27 ¿Dónde, pues, está la jactancia? Queda excluida. ¿Por cuál ley? ¿Por la de las obras? No, sino por la ley de la fe.
28 Concluimos, pues, que el hombre es justificado por fe sin las obras de la ley.
29 ¿Es Dios solamente Dios de los judíos? ¿No es también Dios de los gentiles? Ciertamente, también de los gentiles.
30 Porque Dios es uno, y él justificará por la fe a los de la circuncisión, y por medio de la fe a los de la incircuncisión.
31 ¿Luego por la fe invalidamos la ley? En ninguna manera, sino que confirmamos la ley.

El ejemplo de Abraham

4 1 ¿Qué, pues, diremos que halló Abraham, nuestro padre según la carne?
2 Porque si Abraham fue justificado por las obras, tiene de qué gloriarse, pero no para con Dios.
3 Porque ¿qué dice la Escritura? Creyó Abraham a Dios, y le fue contado por justicia.[a]
4 Pero al que obra, no se le cuenta el salario como gracia, sino como deuda;
5 mas al que no obra, sino cree en aquel que justifica al impío, su fe le es contada por justicia.
6 Como también David habla de la bienaventuranza del hombre a quien Dios atribuye justicia sin obras,
7 diciendo:
Bienaventurados aquellos cuyas iniquidades son perdonadas,
Y cuyos pecados son cubiertos.
8 Bienaventurado el varón a quien el Señor no inculpa de pecado.[b]
9 ¿Es, pues, esta bienaventuranza solamente para los de la circuncisión, o también para los de la incircuncisión? Porque decimos que a Abraham le fue contada la fe por justicia.
10 ¿Cómo, pues, le fue contada? ¿Estando en la circuncisión, o en la incircuncisión? No en la circuncisión, sino en la incircuncisión.

3.4: [a] Sal. 51.4. **3.10-12:** [b] Sal. 14.1-3; 53.1-3. **3.13:** [c] Sal. 5.9. [d] Sal. 140.3. **3.14:** [e] Sal. 10.7. **3.15-17:** [f] Is. 59.7-8. **3.18:** [g] Sal. 36.1. **3.20:** [h] Sal. 143.2; Gá. 2.16. **3.22:** [i] Gá. 2.16. **4.3:** [a] Gn. 15.6; Gá. 3.6. **4.7-8:** [b] Sal. 32.1-2.

11 Y recibió la circuncisión[c] como señal, como
sello de la justicia de la fe que tuvo estando aún
incircunciso; para que fuese padre de todos los
creyentes no circuncidados, a fin de que tam-
bién a ellos la fe les sea contada por justicia;
12 y padre de la circuncisión, para los que no so-
lamente son de la circuncisión, sino que tam-
bién siguen las pisadas de la fe que tuvo nuestro
padre Abraham antes de ser circuncidado.

La promesa realizada mediante la fe

13 Porque no por la ley fue dada a Abraham o
a su descendencia la promesa de que sería here-
dero del mundo,[d] sino por la justicia de la fe.
14 Porque si los que son de la ley son los herede-
ros, vana resulta la fe, y anulada la promesa.[e]
15 Pues la ley produce ira; pero donde no hay
ley, tampoco hay transgresión.
16 Por tanto, es por fe, para que sea por gra-
cia, a fin de que la promesa sea firme para toda
su descendencia; no solamente para la que es de
la ley, sino también para la que es de la fe de
Abraham, el cual es padre de todos nosotros[f]
17 (como está escrito: Te he puesto por padre de
muchas gentes[g]) delante de Dios, a quien creyó,
el cual da vida a los muertos, y llama las cosas
que no son, como si fuesen.
18 El creyó en esperanza contra esperanza, para
llegar a ser padre de muchas gentes, conforme a
lo que se le había dicho: Así será tu descendencia.[h]
19 Y no se debilitó en la fe al considerar su cuer-
po, que estaba ya como muerto (siendo de casi
cien años[i]), o la esterilidad de la matriz de Sara.
20 Tampoco dudó, por incredulidad, de la pro-
mesa de Dios, sino que se fortaleció en fe, dando
gloria a Dios,
21 plenamente convencido de que era también
poderoso para hacer todo lo que había prome-
tido;
22 por lo cual también su fe le fue contada por
justicia.
23 Y no solamente con respecto a él se escribió
que le fue contada,
24 sino también con respecto a nosotros a quie-
nes ha de ser contada, esto es, a los que creemos
en el que levantó de los muertos a Jesús, Señor
nuestro,
25 el cual fue entregado por nuestras transgre-
siones, y resucitado para nuestra justificación.

Resultados de la justificación

5 1 Justificados, pues, por la fe, tenemos paz
para con Dios por medio de nuestro Señor
Jesucristo;
2 por quien también tenemos entrada por la fe a
esta gracia en la cual estamos firmes, y nos glo-
riamos en la esperanza de la gloria de Dios.
3 Y no sólo esto, sino que también nos gloriamos
en las tribulaciones, sabiendo que la tribulación
produce paciencia;
4 y la paciencia, prueba; y la prueba, esperanza;
5 y la esperanza no avergüenza; porque el amor
de Dios ha sido derramado en nuestros corazo-
nes por el Espíritu Santo que nos fue dado.
6 Porque Cristo, cuando aún éramos débiles,
a su tiempo murió por los impíos.
7 Ciertamente, apenas morirá alguno por un
justo; con todo, pudiera ser que alguno osara
morir por el bueno.
8 Mas Dios muestra su amor para con nosotros,
en que siendo aún pecadores, Cristo murió por
nosotros.
9 Pues mucho más, estando ya justificados en su
sangre, por él seremos salvos de la ira.
10 Porque si siendo enemigos, fuimos reconci-
liados con Dios por la muerte de su Hijo, mucho
más, estando reconciliados, seremos salvos por
su vida.
11 Y no sólo esto, sino que también nos gloria-
mos en Dios por el Señor nuestro Jesucristo, por
quien hemos recibido ahora la reconciliación.

Adán y Cristo

12 Por tanto, como el pecado entró en el mun-
do por un hombre, y por el pecado la muerte,[a]
así la muerte pasó a todos los hombres, por
cuanto todos pecaron.
13 Pues antes de la ley, había pecado en el mun-
do; pero donde no hay ley, no se inculpa de pe-
cado.
14 No obstante, reinó la muerte desde Adán has-
ta Moisés, aun en los que no pecaron a la mane-
ra de la transgresión de Adán, el cual es figura
del que había de venir.
15 Pero el don no fue como la transgresión;
porque si por la transgresión de aquel uno mu-
rieron los muchos, abundaron mucho más para
los muchos la gracia y el don de Dios por la gra-
cia de un hombre, Jesucristo.
16 Y con el don no sucede como en el caso de
aquel uno que pecó; porque ciertamente el jui-
cio vino a causa de un solo pecado para conde-
nación, pero el don vino a causa de muchas
transgresiones para justificación.
17 Pues si por la transgresión de uno solo reinó
la muerte, mucho más reinarán en vida por uno
solo, Jesucristo, los que reciben la abundancia
de la gracia y del don de la justicia.
18 Así que, como por la transgresión de uno
vino la condenación a todos los hombres, de la
misma manera por la justicia de uno vino a to-
dos los hombres la justificación de vida.
19 Porque así como por la desobediencia de un

4.11: [c] Gn. 17.10. **4.13:** [d] Gá. 3.29. **4.14:** [e] Gá. 3.18.
4.16: [f] Gá. 3.7. **4.17:** [g] Gn 17.5. **4.18:** [h] Gn. 15.5.
4.19: [i] Gn. 17.17. **5.12:** [a] Gn. 3.6.

hombre los muchos fueron constituidos pecado-
res, así también por la obediencia de uno, los
muchos serán constituidos justos.
20 Pero la ley se introdujo para que el pecado
abundase; mas cuando el pecado abundó, so-
breabundó la gracia;
21 para que así como el pecado reinó para muer-
te, así también la gracia reine por la justicia
para vida eterna mediante Jesucristo, Señor
nuestro.

Muertos al pecado

6 1 ¿Qué, pues, diremos? ¿Perseveraremos en
el pecado para que la gracia abunde?
2 En ninguna manera. Porque los que hemos
muerto al pecado, ¿cómo viviremos aún en él?
3 ¿O no sabéis que todos los que hemos sido
bautizados en Cristo Jesús, hemos sido bautiza-
dos en su muerte?
4 Porque somos sepultados juntamente con él
para muerte por el bautismo, a fin de que como
Cristo resucitó de los muertos por la gloria del
Padre, así también nosotros andemos en vida
nueva.[a]
5 Porque si fuimos plantados juntamente con
él en la semejanza de su muerte, así también lo
seremos en la de su resurrección;
6 sabiendo esto, que nuestro viejo hombre fue
crucificado juntamente con él, para que el cuer-
po del pecado sea destruido, a fin de que no sir-
vamos más al pecado.
7 Porque el que ha muerto, ha sido justificado
del pecado.
8 Y si morimos con Cristo, creemos que también
viviremos con él;
9 sabiendo que Cristo, habiendo resucitado de
los muertos, ya no muere; la muerte no se ense-
ñorea más de él.
10 Porque en cuanto murió, al pecado murió
una vez por todas; mas en cuanto vive, para
Dios vive.
11 Así también vosotros consideraos muertos al
pecado, pero vivos para Dios en Cristo Jesús,
Señor nuestro.
12 No reine, pues, el pecado en vuestro cuer-
po mortal, de modo que lo obedezcáis en sus
concupiscencias;
13 ni tampoco presentéis vuestros miembros al
pecado como instrumentos de iniquidad, sino
presentaos vosotros mismos a Dios como vivos
de entre los muertos, y vuestros miembros a
Dios como instrumentos de justicia.
14 Porque el pecado no se enseñoreará de voso-
tros; pues no estáis bajo la ley, sino bajo la
gracia.

Siervos de la justicia

15 ¿Qué, pues? ¿Pecaremos, porque no esta-
mos bajo la ley, sino bajo la gracia? En ninguna
manera.
16 ¿No sabéis que si os sometéis a alguien como
esclavos para obedecerle, sois esclavos de aquel
a quien obedecéis, sea del pecado para muerte,
o sea de la obediencia para justicia?
17 Pero gracias a Dios, que aunque erais escla-
vos del pecado, habéis obedecido de corazón a
aquella forma de doctrina a la cual fuisteis en-
tregados;
18 y libertados del pecado, vinisteis a ser siervos
de la justicia.
19 Hablo como humano, por vuestra humana
debilidad; que así como para iniquidad presen-
tasteis vuestros miembros para servir a la in-
mundicia y a la iniquidad, así ahora para
santificación presentad vuestros miembros para
servir a la justicia.
20 Porque cuando erais esclavos del pecado,
erais libres acerca de la justicia.
21 ¿Pero qué fruto teníais de aquellas cosas de
las cuales ahora os avergonzáis? Porque el fin
de ellas es muerte.
22 Mas ahora que habéis sido libertados del peca-
do y hechos siervos de Dios, tenéis por vuestro
fruto la santificación, y como fin, la vida eterna.
23 Porque la paga del pecado es muerte, mas la
dádiva de Dios es vida eterna en Cristo Jesús Se-
ñor nuestro.

Analogía tomada del matrimonio

7 1 ¿Acaso ignoráis, hermanos (pues hablo
con los que conocen la ley), que la ley se en-
señorea del hombre entre tanto que éste vive?
2 Porque la mujer casada está sujeta por la ley al
marido mientras éste vive; pero si el marido
muere, ella queda libre de la ley del marido.
3 Así que, si en vida del marido se uniere a otro
varón, será llamada adúltera; pero si su marido
muriere, es libre de esa ley, de tal manera que si
se uniere a otro marido, no será adúltera.
4 Así también vosotros, hermanos míos, ha-
béis muerto a la ley mediante el cuerpo de Cris-
to, para que seáis de otro, del que resucitó de los
muertos, a fin de que llevemos fruto para Dios.
5 Porque mientras estábamos en la carne, las
pasiones pecaminosas que eran por la ley obra-
ban en nuestros miembros llevando fruto para
muerte.
6 Pero ahora estamos libres de la ley, por haber
muerto para aquella en que estábamos sujetos,
de modo que sirvamos bajo el régimen nuevo del
Espíritu y no bajo el régimen viejo de la letra.

El pecado que mora en mí

7 ¿Qué diremos, pues? ¿La ley es pecado? En

6.4: [a] Col. 2.12.

ninguna manera. Pero yo no conocí el pecado
sino por la ley; porque tampoco conociera la co-
dicia, si la ley no dijera: No codiciarás.[a]
8 Mas el pecado, tomando ocasión por el man-
damiento, produjo en mí toda codicia; porque
sin la ley el pecado está muerto.
9 Y yo sin la ley vivía en un tiempo; pero venido
el mandamiento, el pecado revivió y yo morí.
10 Y hallé que el mismo mandamiento que era
para vida, a mí me resultó para muerte;
11 porque el pecado, tomando ocasión por el
mandamiento, me engañó, y por él me mató.
12 De manera que la ley a la verdad es santa, y el
mandamiento santo, justo y bueno.
13 ¿Luego lo que es bueno, vino a ser muerte
para mí? En ninguna manera; sino que el peca-
do, para mostrarse pecado, produjo en mí la
muerte por medio de lo que es bueno, a fin de
que por el mandamiento el pecado llegase a ser
sobremanera pecaminoso.
14 Porque sabemos que la ley es espiritual; mas
yo soy carnal, vendido al pecado.
15 Porque lo que hago, no lo entiendo; pues no
hago lo que quiero, sino lo que aborrezco, eso
hago.[b]
16 Y si lo que no quiero, esto hago, apruebo que
la ley es buena.
17 De manera que ya no soy yo quien hace aque-
llo, sino el pecado que mora en mí.
18 Y yo sé que en mí, esto es, en mi carne, no
mora el bien; porque el querer el bien está en
mí, pero no el hacerlo.
19 Porque no hago el bien que quiero, sino el
mal que no quiero, eso hago.
20 Y si hago lo que no quiero, ya no lo hago yo,
sino el pecado que mora en mí.
21 Así que, queriendo yo hacer el bien, hallo
esta ley: que el mal está en mí.
22 Porque según el hombre interior, me deleito
en la ley de Dios;
23 pero veo otra ley en mis miembros, que se re-
bela contra la ley de mi mente, y que me lleva
cautivo a la ley del pecado que está en mis
miembros.
24 ¡Miserable de mí! ¿quién me librará de este
cuerpo de muerte?
25 Gracias doy a Dios, por Jesucristo Señor
nuestro. Así que, yo mismo con la mente sirvo a
la ley de Dios, mas con la carne a la ley del
pecado.

Viviendo en el Espíritu

8 1 Ahora, pues, ninguna condenación hay para
los que están en Cristo Jesús, los que no andan
conforme a la carne, sino conforme al Espíritu.
2 Porque la ley del Espíritu de vida en Cristo Je-
sús me ha librado de la ley del pecado y de la
muerte.
3 Porque lo que era imposible para la ley, por
cuanto era débil por la carne, Dios, enviando a su
Hijo en semejanza de carne de pecado y a causa
del pecado, condenó al pecado en la carne;
4 para que la justicia de la ley se cumpliese en
nosotros, que no andamos conforme a la carne,
sino conforme al Espíritu.
5 Porque los que son de la carne piensan en las
cosas de la carne; pero los que son del Espíritu,
en las cosas del Espíritu.
6 Porque el ocuparse de la carne es muerte, pero
el ocuparse del Espíritu es vida y paz.
7 Por cuanto los designios de la carne son ene-
mistad contra Dios; porque no se sujetan a la ley
de Dios, ni tampoco pueden;
8 y los que viven según la carne no pueden agra-
dar a Dios.
9 Mas vosotros no vivís según la carne, sino
según el Espíritu, si es que el Espíritu de Dios
mora en vosotros. Y si alguno no tiene el Espíri-
tu de Cristo, no es de él.
10 Pero si Cristo está en vosotros, el cuerpo en
verdad está muerto a causa del pecado, mas el
espíritu vive a causa de la justicia.
11 Y si el Espíritu de aquel que levantó de los
muertos a Jesús mora en vosotros, el que levan-
tó de los muertos a Cristo Jesús vivificará tam-
bién vuestros cuerpos mortales por su Espíritu
que mora en vosotros.
12 Así que, hermanos, deudores somos, no a
la carne, para que vivamos conforme a la carne;
13 porque si vivís conforme a la carne, moriréis;
mas si por el Espíritu hacéis morir las obras de la
carne, viviréis.
14 Porque todos los que son guiados por el Espí-
ritu de Dios, éstos son hijos de Dios.
15 Pues no habéis recibido el espíritu de esclavi-
tud para estar otra vez en temor, sino que habéis
recibido el espíritu de adopción, por el cual cla-
mamos: ¡Abba, Padre!
16 El Espíritu mismo da testimonio a nuestro es-
píritu, de que somos hijos de Dios.
17 Y si hijos, también herederos;[a] herederos de
Dios y coherederos con Cristo, si es que padece-
mos juntamente con él, para que juntamente
con él seamos glorificados.
18 Pues tengo por cierto que las aflicciones
del tiempo presente no son comparables con la
gloria venidera que en nosotros ha de manifes-
tarse.
19 Porque el anhelo ardiente de la creación es el
aguardar la manifestación de los hijos de Dios.
20 Porque la creación fue sujetada a vanidad, no
por su propia voluntad, sino por causa del que
la sujetó en esperanza;
21 porque también la creación misma será liber-

7.7: [a] Ex. 20.17; Dt. 5.21. **7.15:** [b] Gá. 5.17.
8.15-17: [a] Gá. 4.5-7.

tada de la esclavitud de corrupción, a la libertad
gloriosa de los hijos de Dios.
22 Porque sabemos que toda la creación gime a
una, y a una está con dolores de parto hasta
ahora;
23 y no sólo ella, sino que también nosotros mis-
mos, que tenemos las primicias del Espíritu, no-
sotros también gemimos dentro de nosotros
mismos, esperando la adopción, la redención de
nuestro cuerpo.
24 Porque en esperanza fuimos salvos; pero la
esperanza que se ve, no es esperanza; porque lo
que alguno ve, ¿a qué esperarlo?
25 Pero si esperamos lo que no vemos, con pa-
ciencia lo aguardamos.
26 Y de igual manera el Espíritu nos ayuda en
nuestra debilidad; pues qué hemos de pedir como
conviene, no lo sabemos, pero el Espíritu mismo
intercede por nosotros con gemidos indecibles.
27 Mas el que escudriña los corazones sabe cuál
es la intención del Espíritu, porque conforme a
la voluntad de Dios intercede por los santos.

Más que vencedores

28 Y sabemos que a los que aman a Dios, to-
das las cosas les ayudan a bien, esto es, a los que
conforme a su propósito son llamados.
29 Porque a los que antes conoció, también los
predestinó para que fuesen hechos conformes a
la imagen de su Hijo, para que él sea el primogé-
nito entre muchos hermanos.
30 Y a los que predestinó, a éstos también llamó;
y a los que llamó, a éstos también justificó; y a
los que justificó, a éstos también glorificó.
31 ¿Qué, pues, diremos a esto? Si Dios es por
nosotros, ¿quién contra nosotros?
32 El que no escatimó ni a su propio Hijo, sino
que lo entregó por todos nosotros, ¿cómo no
nos dará también con él todas las cosas?
33 ¿Quién acusará a los escogidos de Dios? Dios
es el que justifica.
34 ¿Quién es el que condenará? Cristo es el que
murió; más aun, el que también resucitó, el que
además está a la diestra de Dios, el que también
intercede por nosotros.
35 ¿Quién nos separará del amor de Cristo?
¿Tribulación, o angustia, o persecución, o ham-
bre, o desnudez, o peligro, o espada?
36 Como está escrito:

> Por causa de ti somos muertos todo el
> tiempo;
> Somos contados como ovejas de
> matadero.[b]

37 Antes, en todas estas cosas somos más que
vencedores por medio de aquel que nos amó.
38 Por lo cual estoy seguro de que ni la muerte,
ni la vida, ni ángeles, ni principados, ni potesta-
des, ni lo presente, ni lo por venir,
39 ni lo alto, ni lo profundo, ni ninguna otra
cosa creada nos podrá separar del amor de Dios,
que es en Cristo Jesús Señor nuestro.

La elección de Israel

9 1 Verdad digo en Cristo, no miento, y mi
conciencia me da testimonio en el Espíritu
Santo,
2 que tengo gran tristeza y continuo dolor en mi
corazón.
3 Porque deseara yo mismo ser anatema, sepa-
rado de Cristo, por amor a mis hermanos, los
que son mis parientes según la carne;
4 que son israelitas, de los cuales son la adop-
ción, la gloria, el pacto, la promulgación de la
ley, el culto y las promesas;
5 de quienes son los patriarcas, y de los cuales,
según la carne, vino Cristo, el cual es Dios sobre
todas las cosas, bendito por los siglos. Amén.
6 No que la palabra de Dios haya fallado; por-
que no todos los que descienden de Israel son is-
raelitas,
7 ni por ser descendientes de Abraham, son to-
dos hijos; sino: En Isaac te será llamada descen-
dencia.[a]
8 Esto es: No los que son hijos según la carne
son los hijos de Dios, sino que los que son hijos
según la promesa son contados como descen-
dientes.
9 Porque la palabra de la promesa es esta: Por
este tiempo vendré, y Sara tendrá un hijo.[b]
10 Y no sólo esto, sino también cuando Rebeca
concibió de uno, de Isaac nuestro padre
11 (pues no habían aún nacido, ni habían hecho
aún ni bien ni mal, para que el propósito de Dios
conforme a la elección permaneciese, no por las
obras sino por el que llama),
12 se le dijo: El mayor servirá al menor.[c]
13 Como está escrito: A Jacob amé, mas a Esaú
aborrecí.[d]
14 ¿Qué, pues, diremos? ¿Que hay injusticia
en Dios? En ninguna manera.
15 Pues a Moisés dice: Tendré misericordia del
que yo tenga misericordia, y me compadeceré
del que yo me compadezca.[e]
16 Así que no depende del que quiere, ni del que
corre, sino de Dios que tiene misericordia.
17 Porque la Escritura dice a Faraón: Para esto
mismo te he levantado, para mostrar en ti mi
poder, y para que mi nombre sea anunciado por
toda la tierra.[f]
18 De manera que de quien quiere, tiene miseri-
cordia, y al que quiere endurecer, endurece.
19 Pero me dirás: ¿Por qué, pues, inculpa?
porque ¿quién ha resistido a su voluntad?

8.36: [b] Sal. 44.22. **9.7:** [a] Gn. 21.12. **9.9:** [b] Gn. 18.10.
9.12: [c] Gn. 25.23. **9.13:** [d] Mal. 1.2-3. **9.15:** [e] Ex. 33.19.
9.17: [f] Ex. 9.16.

20 Mas antes, oh hombre, ¿quién eres tú, para
que alterques con Dios? ¿Dirá el vaso de barro
al que lo formó: ¿Por qué me has hecho así?[g]
21 ¿O no tiene potestad el alfarero sobre el ba-
rro, para hacer de la misma masa un vaso para
honra y otro para deshonra?
22 ¿Y qué, si Dios, queriendo mostrar su ira y ha-
cer notorio su poder, soportó con mucha pacien-
cia los vasos de ira preparados para destrucción,
23 y para hacer notorias las riquezas de su glo-
ria, las mostró para con los vasos de misericor-
dia que él preparó de antemano para gloria,
24 a los cuales también ha llamado, esto es, a
nosotros, no sólo de los judíos, sino también de
los gentiles?
25 Como también en Oseas dice:

Llamaré pueblo mío al que no era mi
 pueblo,
Y a la no amada, amada.[h]

26 Y en el lugar donde se les dijo: Vosotros
 no sois pueblo mío,
Allí serán llamados hijos del Dios
 viviente.[i]

27 También Isaías clama tocante a Israel: Si
fuere el número de los hijos de Israel como la
arena del mar, tan sólo el remanente será salvo;
28 porque el Señor ejecutará su sentencia sobre
la tierra en justicia y con prontitud.[j]
29 Y como antes dijo Isaías:

Si el Señor de los ejércitos no nos
 hubiera dejado descendencia,
Como Sodoma habríamos venido a ser, y
 a Gomorra seríamos semejantes.[k]

La justicia que es por fe

30 ¿Qué, pues, diremos? Que los gentiles, que
no iban tras la justicia, han alcanzado la justicia,
es decir, la justicia que es por fe;
31 mas Israel, que iba tras una ley de justicia, no
la alcanzó.
32 ¿Por qué? Porque iban tras ella no por fe, sino
como por obras de la ley, pues tropezaron en la
piedra de tropiezo,
33 como está escrito:

He aquí pongo en Sion piedra de
 tropiezo y roca de caída;
Y el que creyere en él, no será
 avergonzado.[l]

10 1 Hermanos, ciertamente el anhelo de
mi corazón, y mi oración a Dios por
Israel, es para salvación.
2 Porque yo les doy testimonio de que tienen
celo de Dios, pero no conforme a ciencia.
3 Porque ignorando la justicia de Dios, y procu-
rando establecer la suya propia, no se han suje-
tado a la justicia de Dios;
4 porque el fin de la ley es Cristo, para justicia a
todo aquel que cree.
5 Porque de la justicia que es por la ley Moisés
escribe así: El hombre que haga estas cosas, vi-
virá por ellas.[a]
6 Pero la justicia que es por la fe dice así: No di-
gas en tu corazón: ¿Quién subirá al cielo? (esto
es, para traer abajo a Cristo);
7 o, ¿quién descenderá al abismo? (esto es, para
hacer subir a Cristo de entre los muertos).
8 Mas ¿qué dice? Cerca de ti está la palabra, en
tu boca y en tu corazón.[b] Esta es la palabra de fe
que predicamos:
9 que si confesares con tu boca que Jesús es el
Señor, y creyeres en tu corazón que Dios le le-
vantó de los muertos, serás salvo.
10 Porque con el corazón se cree para justicia,
pero con la boca se confiesa para salvación.
11 Pues la Escritura dice: Todo aquel que en él
creyere, no será avergonzado.[c]
12 Porque no hay diferencia entre judío y griego,
pues el mismo que es Señor de todos, es rico
para con todos los que le invocan;
13 porque todo aquel que invocare el nombre
del Señor, será salvo.[d]
14 ¿Cómo, pues, invocarán a aquel en el cual
no han creído? ¿Y cómo creerán en aquel de
quien no han oído? ¿Y cómo oirán sin haber
quien les predique?
15 ¿Y cómo predicarán si no fueren enviados?
Como está escrito: ¡Cuán hermosos son los pies
de los que anuncian la paz, de los que anuncian
buenas nuevas![e]
16 Mas no todos obedecieron al evangelio; pues
Isaías dice: Señor, ¿quién ha creído a nuestro
anuncio?[f]
17 Así que la fe es por el oír, y el oír, por la pala-
bra de Dios.
18 Pero digo: ¿No han oído? Antes bien,

Por toda la tierra ha salido la voz de
 ellos,
Y hasta los fines de la tierra sus
 palabras.[g]

19 También digo: ¿No ha conocido esto Israel?
Primeramente Moisés dice:

Yo os provocaré a celos con un pueblo
 que no es pueblo;
Con pueblo insensato os provocaré a ira.[h]

20 E Isaías dice resueltamente:

Fui hallado de los que no me buscaban;
Me manifesté a los que no preguntaban
 por mí.[i]

21 Pero acerca de Israel dice: Todo el día ex-
tendí mis manos a un pueblo rebelde y contra-
dictor.[j]

9.20: [g] Is. 45.9. **9.25:** [h] Os. 2.23. **9.26:** [i] Os. 1.10.
9.27-28: [j] Is. 10.22-23. **9.29:** [k] Is. 1.9. **9.33:** [l] Is. 28.16.
10.5: [a] Lv. 18.5. **10.6-8:** [b] Dt. 30.12-14. **10.11:** [c] Is. 28.16.
10.13: [d] Jl. 2.32. **10.15:** [e] Is. 52.7. **10.16:** [f] Is. 53.1.
10.18: [g] Sal. 19.4. **10.19:** [h] Dt. 32.21. **10.20:** [i] Is. 65.1.
10.21: [j] Is. 65.2.

El remanente de Israel

11 1 Digo, pues: ¿Ha desechado Dios a su
pueblo? En ninguna manera. Porque
también yo soy israelita, de la descendencia de
Abraham, de la tribu de Benjamín.[a]
2 No ha desechado Dios a su pueblo, al cual des-
de antes conoció. ¿O no sabéis qué dice de Elías
la Escritura, cómo invoca a Dios contra Israel,
diciendo:
3 Señor, a tus profetas han dado muerte, y tus
altares han derribado; y sólo yo he quedado, y
procuran matarme?[b]
4 Pero ¿qué le dice la divina respuesta? Me he
reservado siete mil hombres, que no han dobla-
do la rodilla delante de Baal.[c]
5 Así también aun en este tiempo ha quedado
un remanente escogido por gracia.
6 Y si por gracia, ya no es por obras; de otra
manera la gracia ya no es gracia. Y si por obras,
ya no es gracia; de otra manera la obra ya no es
obra.
7 ¿Qué pues? Lo que buscaba Israel, no lo ha
alcanzado; pero los escogidos sí lo han alcanza-
do, y los demás fueron endurecidos;
8 como está escrito: Dios les dio espíritu de estu-
por, ojos con que no vean y oídos con que no oi-
gan, hasta el día de hoy.[d]
9 Y David dice:
Sea vuelto su convite en trampa y en red,
En tropezadero y en retribución;
10 Sean oscurecidos sus ojos para que no
vean,
Y agóbiales la espalda para siempre.[e]

La salvación de los gentiles

11 Digo, pues: ¿Han tropezado los de Israel
para que cayesen? En ninguna manera; pero
por su transgresión vino la salvación a los genti-
les, para provocarles a celos.
12 Y si su transgresión es la riqueza del mundo,
y su defección la riqueza de los gentiles, ¿cuán-
to más su plena restauración?
13 Porque a vosotros hablo, gentiles. Por
cuanto yo soy apóstol a los gentiles, honro mi
ministerio,
14 por si en alguna manera pueda provocar a ce-
los a los de mi sangre, y hacer salvos a algunos
de ellos.
15 Porque si su exclusión es la reconciliación del
mundo, ¿qué será su admisión, sino vida de en-
tre los muertos?
16 Si las primicias son santas, también lo es la
masa restante; y si la raíz es santa, también lo
son las ramas.
17 Pues si algunas de las ramas fueron des-
gajadas, y tú, siendo olivo silvestre, has sido injer-
tado en lugar de ellas, y has sido hecho partici-
pante de la raíz y de la rica savia del olivo,
18 no te jactes contra las ramas; y si te jactas,
sabe que no sustentas tú a la raíz, sino la raíz a
ti.
19 Pues las ramas, dirás, fueron desgajadas para
que yo fuese injertado.
20 Bien; por su incredulidad fueron desgajadas,
pero tú por la fe estás en pie. No te ensoberbez-
cas, sino teme.
21 Porque si Dios no perdonó a las ramas natu-
rales, a ti tampoco te perdonará.
22 Mira, pues, la bondad y la severidad de Dios;
la severidad ciertamente para con los que caye-
ron, pero la bondad para contigo, si permaneces
en esa bondad; pues de otra manera tú también
serás cortado.
23 Y aun ellos, si no permanecieren en increduli-
dad, serán injertados, pues poderoso es Dios
para volverlos a injertar.
24 Porque si tú fuiste cortado del que por natu-
raleza es olivo silvestre, y contra naturaleza
fuiste injertado en el buen olivo, ¿cuánto más
éstos, que son las ramas naturales, serán injer-
tados en su propio olivo?

La restauración de Israel

25 Porque no quiero, hermanos, que ignoréis
este misterio, para que no seáis arrogantes en
cuanto a vosotros mismos: que ha acontecido a
Israel endurecimiento en parte, hasta que haya
entrado la plenitud de los gentiles;
26 y luego todo Israel será salvo, como está es-
crito:
Vendrá de Sion el Libertador,
Que apartará de Jacob la impiedad.[f]
27 Y este será mi pacto con ellos,
Cuando yo quite sus pecados.[g]
28 Así que en cuanto al evangelio, son enemi-
gos por causa de vosotros; pero en cuanto a la
elección, son amados por causa de los padres.
29 Porque irrevocables son los dones y el llama-
miento de Dios.
30 Pues como vosotros también en otro tiempo
erais desobedientes a Dios, pero ahora habéis
alcanzado misericordia por la desobediencia
de ellos,
31 así también éstos ahora han sido desobedien-
tes, para que por la misericordia concedida a
vosotros, ellos también alcancen misericordia.
32 Porque Dios sujetó a todos en desobediencia,
para tener misericordia de todos.
33 ¡Oh profundidad de las riquezas de la sabi-
duría y de la ciencia de Dios! ¡Cuán insondables
son sus juicios, e inescrutables sus caminos!
34 Porque ¿quién entendió la mente del Señor?
¿O quién fue su consejero?[h]

11.1: [a] Fil. 3.5. **11.3:** [b] 1 R. 19.10, 14. **11.4:** [c] 1 R. 19.18. **11.8:** [d] Dt. 29.4; Is. 29.10. **11.9-10:** [e] Sal. 69.22-23. **11.26:** [f] Is. 59.20. **11.27:** [g] Jer. 31.33-34. **11.34:** [h] Is. 40.13.

35 ¿O quién le dio a él primero, para que le fuese recompensado?[i]

36 Porque de él, y por él, y para él, son todas las cosas. A él sea la gloria por los siglos. Amén.

Deberes cristianos

12 1 Así que, hermanos, os ruego por las misericordias de Dios, que presentéis vuestros cuerpos en sacrificio vivo, santo, agradable a Dios, que es vuestro culto racional.

2 No os conforméis a este siglo, sino transformaos por medio de la renovación de vuestro entendimiento, para que comprobéis cuál sea la buena voluntad de Dios, agradable y perfecta.

3 Digo, pues, por la gracia que me es dada, a cada cual que está entre vosotros, que no tenga más alto concepto de sí que el que debe tener, sino que piense de sí con cordura, conforme a la medida de fe que Dios repartió a cada uno.

4 Porque de la manera que en un cuerpo tenemos muchos miembros, pero no todos los miembros tienen la misma función,

5 así nosotros, siendo muchos, somos un cuerpo en Cristo,[a] y todos miembros los unos de los otros.

6 De manera que, teniendo diferentes dones, según la gracia que nos es dada,[b] si el de profecía, úsese conforme a la medida de la fe;

7 o si de servicio, en servir; o el que enseña, en la enseñanza;

8 el que exhorta, en la exhortación; el que reparte, con liberalidad; el que preside, con solicitud; el que hace misericordia, con alegría.

9 El amor sea sin fingimiento. Aborreced lo malo, seguid lo bueno.

10 Amaos los unos a los otros con amor fraternal; en cuanto a honra, prefiriéndoos los unos a los otros.

11 En lo que requiere diligencia, no perezosos; fervientes en espíritu, sirviendo al Señor;

12 gozosos en la esperanza; sufridos en la tribulación; constantes en la oración;

13 compartiendo para las necesidades de los santos; practicando la hospitalidad.

14 Bendecid a los que os persiguen;[c] bendecid, y no maldigáis.

15 Gozaos con los que se gozan; llorad con los que lloran.

16 Unánimes entre vosotros; no altivos, sino asociándoos con los humildes. No seáis sabios en vuestra propia opinión.[d]

17 No paguéis a nadie mal por mal; procurad lo bueno delante de todos los hombres.

18 Si es posible, en cuanto dependa de vosotros, estad en paz con todos los hombres.

19 No os venguéis vosotros mismos, amados míos, sino dejad lugar a la ira de Dios; porque escrito está: Mía es la venganza, yo pagaré, dice el Señor.[e]

20 Así que, si tu enemigo tuviere hambre, dale de comer; si tuviere sed, dale de beber; pues haciendo esto, ascuas de fuego amontonarás sobre su cabeza.[f]

21 No seas vencido de lo malo, sino vence con el bien el mal.

13 1 Sométase toda persona a las autoridades superiores; porque no hay autoridad sino de parte de Dios, y las que hay, por Dios han sido establecidas.

2 De modo que quien se opone a la autoridad, a lo establecido por Dios resiste; y los que resisten, acarrean condenación para sí mismos.

3 Porque los magistrados no están para infundir temor al que hace el bien, sino al malo. ¿Quieres, pues, no temer la autoridad? Haz lo bueno, y tendrás alabanza de ella;

4 porque es servidor de Dios para tu bien. Pero si haces lo malo, teme; porque no en vano lleva la espada, pues es servidor de Dios, vengador para castigar al que hace lo malo.

5 Por lo cual es necesario estarle sujetos, no solamente por razón del castigo, sino también por causa de la conciencia.

6 Pues por esto pagáis también los tributos, porque son servidores de Dios que atienden continuamente a esto mismo.

7 Pagad a todos lo que debéis: al que tributo, tributo; al que impuesto, impuesto; al que respeto, respeto; al que honra, honra.[a]

8 No debáis a nadie nada, sino el amaros unos a otros; porque el que ama al prójimo, ha cumplido la ley.

9 Porque: No adulterarás,[b] no matarás,[c] no hurtarás,[d] no dirás falso testimonio,[e] no codiciarás,[f] y cualquier otro mandamiento, en esta sentencia se resume: Amarás a tu prójimo como a ti mismo.[g]

10 El amor no hace mal al prójimo; así que el cumplimiento de la ley es el amor.

11 Y esto, conociendo el tiempo, que es ya hora de levantarnos del sueño; porque ahora está más cerca de nosotros nuestra salvación que cuando creímos.

12 La noche está avanzada, y se acerca el día. Desechemos, pues, las obras de las tinieblas, y vistámonos las armas de la luz.

13 Andemos como de día, honestamente; no en glotonerías y borracheras, no en lujurias y lascivias, no en contiendas y envidia,

14 sino vestíos del Señor Jesucristo, y no proveáis para los deseos de la carne.

11.35: [i] Job 41.11. **12.4-5:** [a] 1 Co. 12.12.
12.6-8: [b] 1 Co. 12.4-11. **12.14:** [c] Lc. 6.28. **12.16:** [d] Pr. 3.7.
12.19: [e] Dt. 32.35. **12.20:** [f] Pr. 25.21-22.
13.6-7: [a] Mt. 22.21; Mr. 12.17; Lc. 20.25. **13.9:** [b] Ex. 20.14; Dt. 5.18. [c] Ex. 20.13; Dt. 5.17. [d] Ex. 20.15; Dt. 5.19. [e] Ex. 20.16; Dt. 5.20. [f] Ex. 20.17; Dt. 5.21. [g] Lv. 19.18.

Los débiles en la fe

14 1 Recibid al débil en la fe, pero no para
contender sobre opiniones.
2 Porque uno cree que se ha de comer de todo;
otro, que es débil, come legumbres.
3 El que come, no menosprecie al que no come,
y el que no come, no juzgue al que come; por-
que Dios le ha recibido.
4 ¿Tú quién eres, que juzgas al criado ajeno?
Para su propio señor está en pie, o cae; pero es-
tará firme, porque poderoso es el Señor para ha-
cerle estar firme.
5 Uno hace diferencia entre día y día; otro
juzga iguales todos los días. Cada uno esté ple-
namente convencido en su propia mente.
6 El que hace caso del día, lo hace para el Señor;
y el que no hace caso del día, para el Señor no lo
hace. El que come, para el Señor come, porque
da gracias a Dios; y el que no come, para el Se-
ñor no come, y da gracias a Dios.[a]
7 Porque ninguno de nosotros vive para sí, y nin-
guno muere para sí.
8 Pues si vivimos, para el Señor vivimos; y si
morimos, para el Señor morimos. Así pues,
sea que vivamos, o que muramos, del Señor
somos.
9 Porque Cristo para esto murió y resucitó, y vol-
vió a vivir, para ser Señor así de los muertos
como de los que viven.
10 Pero tú, ¿por qué juzgas a tu hermano? O
tú también, ¿por qué menosprecias a tu herma-
no? Porque todos compareceremos ante el tri-
bunal de Cristo.[b]
11 Porque escrito está:

Vivo yo, dice el Señor, que ante mí se
doblará toda rodilla,
Y toda lengua confesará a Dios.[c]

12 De manera que cada uno de nosotros dará a
Dios cuenta de sí.
13 Así que, ya no nos juzguemos más los unos
a los otros, sino más bien decidid no poner tro-
piezo u ocasión de caer al hermano.
14 Yo sé, y confío en el Señor Jesús, que nada es
inmundo en sí mismo; mas para el que piensa
que algo es inmundo, para él lo es.
15 Pero si por causa de la comida tu hermano es
contristado, ya no andas conforme al amor. No
hagas que por la comida tuya se pierda aquel
por quien Cristo murió.
16 No sea, pues, vituperado vuestro bien;
17 porque el reino de Dios no es comida ni bebi-
da, sino justicia, paz y gozo en el Espíritu San-
to.
18 Porque el que en esto sirve a Cristo, agrada a
Dios, y es aprobado por los hombres.
19 Así que, sigamos lo que contribuye a la paz y
a la mutua edificación.
20 No destruyas la obra de Dios por causa de la
comida. Todas las cosas a la verdad son limpias;
pero es malo que el hombre haga tropezar a
otros con lo que come.
21 Bueno es no comer carne, ni beber vino, ni
nada en que tu hermano tropiece, o se ofenda, o
se debilite.
22 ¿Tienes tú fe? Tenla para contigo delante de
Dios. Bienaventurado el que no se condena a sí
mismo en lo que aprueba.
23 Pero el que duda sobre lo que come, es con-
denado, porque no lo hace con fe; y todo lo que
no proviene de fe, es pecado.
15 1 Así que, los que somos fuertes debe-
mos soportar las flaquezas de los débi-
les, y no agradarnos a nosotros mismos.
2 Cada uno de nosotros agrade a su prójimo en
lo que es bueno, para edificación.
3 Porque ni aun Cristo se agradó a sí mismo; an-
tes bien, como está escrito: Los vituperios de los
que te vituperaban, cayeron sobre mí.[a]
4 Porque las cosas que se escribieron antes, para
nuestra enseñanza se escribieron, a fin de que
por la paciencia y la consolación de las Escritu-
ras, tengamos esperanza.
5 Pero el Dios de la paciencia y de la consolación
os dé entre vosotros un mismo sentir según Cris-
to Jesús,
6 para que unánimes, a una voz, glorifiquéis al
Dios y Padre de nuestro Señor Jesucristo.

El evangelio a los gentiles

7 Por tanto, recibíos los unos a los otros,
como también Cristo nos recibió, para gloria de
Dios.
8 Pues os digo, que Cristo Jesús vino a ser siervo
de la circuncisión para mostrar la verdad de
Dios, para confirmar las promesas hechas a los
padres,
9 y para que los gentiles glorifiquen a Dios por
su misericordia, como está escrito:

Por tanto, yo te confesaré entre los
gentiles,
Y cantaré a tu nombre.[b]

10 Y otra vez dice:

Alegraos, gentiles, con su pueblo.[c]

11 Y otra vez:

Alabad al Señor todos los gentiles,
Y magnificadle todos los pueblos.[d]

12 Y otra vez dice Isaías:

Estará la raíz de Isaí,
Y el que se levantará a regir los gentiles;
Los gentiles esperarán en él.[e]

13 Y el Dios de esperanza os llene de todo gozo
y paz en el creer, para que abundéis en esperan-
za por el poder del Espíritu Santo.

14.1-6: [a] Col. 2.16. **14.10:** [b] 2 Co. 5.10. **14.11:** [c] Is. 45.23.
15.3: [a] Sal. 69.9. **15.9:** [b] 2 S. 22.50; Sal. 18.49.
15.10: [c] Dt. 32.43. **15.11:** [d] Sal. 117.1. **15.12:** [e] Is. 11.10.

14 Pero estoy seguro de vosotros, hermanos míos, de que vosotros mismos estáis llenos de bondad, llenos de todo conocimiento, de tal manera que podéis amonestaros los unos a los otros.

15 Mas os he escrito, hermanos, en parte con atrevimiento, como para haceros recordar, por la gracia que de Dios me es dada

16 para ser ministro de Jesucristo a los gentiles, ministrando el evangelio de Dios, para que los gentiles le sean ofrenda agradable, santificada por el Espíritu Santo.

17 Tengo, pues, de qué gloriarme en Cristo Jesús en lo que a Dios se refiere.

18 Porque no osaría hablar sino de lo que Cristo ha hecho por medio de mí para la obediencia de los gentiles, con la palabra y con las obras,

19 con potencia de señales y prodigios, en el poder del Espíritu de Dios; de manera que desde Jerusalén, y por los alrededores hasta Ilírico, todo lo he llenado del evangelio de Cristo.

20 Y de esta manera me esforcé a predicar el evangelio, no donde Cristo ya hubiese sido nombrado, para no edificar sobre fundamento ajeno,

21 sino, como está escrito:

Aquellos a quienes nunca les fue
anunciado acerca de él, verán;
Y los que nunca han oído de él,
entenderán.[f]

Pablo se propone ir a Roma

22 Por esta causa me he visto impedido muchas veces de ir a vosotros.[g]

23 Pero ahora, no teniendo más campo en estas regiones, y deseando desde hace muchos años ir a vosotros,

24 cuando vaya a España, iré a vosotros; porque espero veros al pasar, y ser encaminado allá por vosotros, una vez que haya gozado con vosotros.

25 Mas ahora voy a Jerusalén para ministrar a los santos.

26 Porque Macedonia y Acaya tuvieron a bien hacer una ofrenda para los pobres que hay entre los santos que están en Jerusalén.[h]

27 Pues les pareció bueno, y son deudores a ellos; porque si los gentiles han sido hechos participantes de sus bienes espirituales, deben también ellos ministrarles de los materiales.[i]

28 Así que, cuando haya concluido esto, y les haya entregado este fruto, pasaré entre vosotros rumbo a España.

29 Y sé que cuando vaya a vosotros, llegaré con abundancia de la bendición del evangelio de Cristo.

30 Pero os ruego, hermanos, por nuestro Señor Jesucristo y por el amor del Espíritu, que me ayudéis orando por mí a Dios,

31 para que sea librado de los rebeldes que están en Judea, y que la ofrenda de mi servicio a los santos en Jerusalén sea acepta;

32 para que con gozo llegue a vosotros por la voluntad de Dios, y que sea recreado juntamente con vosotros.

33 Y el Dios de paz sea con todos vosotros. Amén.

Saludos personales

16 1 Os recomiendo además nuestra hermana Febe, la cual es diaconisa de la iglesia en Cencrea;

2 que la recibáis en el Señor, como es digno de los santos, y que la ayudéis en cualquier cosa en que necesite de vosotros; porque ella ha ayudado a muchos, y a mí mismo.

3 Saludad a Priscila y a Aquila,[a] mis colaboradores en Cristo Jesús,

4 que expusieron su vida por mí; a los cuales no sólo yo doy gracias, sino también todas las iglesias de los gentiles.

5 Saludad también a la iglesia de su casa. Saludad a Epeneto, amado mío, que es el primer fruto de Acaya para Cristo.

6 Saludad a María, la cual ha trabajado mucho entre vosotros.

7 Saludad a Andrónico y a Junias, mis parientes y mis compañeros de prisiones, los cuales son muy estimados entre los apóstoles, y que también fueron antes de mí en Cristo.

8 Saludad a Amplias, amado mío en el Señor.

9 Saludad a Urbano, nuestro colaborador en Cristo Jesús, y a Estaquis, amado mío.

10 Saludad a Apeles, aprobado en Cristo. Saludad a los de la casa de Aristóbulo.

11 Saludad a Herodión, mi pariente. Saludad a los de la casa de Narciso, los cuales están en el Señor.

12 Saludad a Trifena y a Trifosa, las cuales trabajan en el Señor. Saludad a la amada Pérsida, la cual ha trabajado mucho en el Señor.

13 Saludad a Rufo,[b] escogido en el Señor, y a su madre y mía.

14 Saludad a Asíncrito, a Flegonte, a Hermas, a Patrobas, a Hermes y a los hermanos que están con ellos.

15 Saludad a Filólogo, a Julia, a Nereo y a su hermana, a Olimpas y a todos los santos que están con ellos.

16 Saludaos los unos a los otros con ósculo santo. Os saludan todas las iglesias de Cristo.

17 Mas os ruego, hermanos, que os fijéis en los que causan divisiones y tropiezos en contra

15.21: [f] Is.52.15. **15.22:** [g] Ro. 1.13.
15.25-26: [h] 1 Co. 16.1-4. **15.27:** [i] 1 Co. 9.11.
16.3: [a] Hch. 18.2. **16.13:** [b] Mr. 15.21.

de la doctrina que vosotros habéis aprendido, y que os apartéis de ellos.

18 Porque tales personas no sirven a nuestro Señor Jesucristo, sino a sus propios vientres, y con suaves palabras y lisonjas engañan los corazones de los ingenuos.

19 Porque vuestra obediencia ha venido a ser notoria a todos, así que me gozo de vosotros; pero quiero que seáis sabios para el bien, e ingenuos para el mal.

20 Y el Dios de paz aplastará en breve a Satanás bajo vuestros pies. La gracia de nuestro Señor Jesucristo sea con vosotros.

21 Os saludan Timoteo[c] mi colaborador, y Lucio, Jasón y Sosípater, mis parientes.

22 Yo Tercio, que escribí la epístola, os saludo en el Señor.

23 Os saluda Gayo,[d] hospedador mío y de toda la iglesia. Os saluda Erasto,[e] tesorero de la ciudad, y el hermano Cuarto.

24 La gracia de nuestro Señor Jesucristo sea con todos vosotros. Amén.

Doxología final

25 Y al que puede confirmaros según mi evangelio y la predicación de Jesucristo, según la revelación del misterio que se ha mantenido oculto desde tiempos eternos,

26 pero que ha sido manifestado ahora, y que por las Escrituras de los profetas, según el mandamiento del Dios eterno, se ha dado a conocer a todas las gentes para que obedezcan a la fe,

27 al único y sabio Dios, sea gloria mediante Jesucristo para siempre. Amén.

PRIMERA EPÍSTOLA DEL APÓSTOL SAN PABLO A LOS

CORINTIOS

Salutación

1 1 Pablo, llamado a ser apóstol de Jesucristo por la voluntad de Dios, y el hermano Sóstenes,

2 a la iglesia de Dios que está en Corinto,[a] a los santificados en Cristo Jesús, llamados a ser santos con todos los que en cualquier lugar invocan el nombre de nuestro Señor Jesucristo, Señor de ellos y nuestro:

3 Gracia y paz a vosotros, de Dios nuestro Padre y del Señor Jesucristo.

Acción de gracias por dones espirituales

4 Gracias doy a mi Dios siempre por vosotros, por la gracia de Dios que os fue dada en Cristo Jesús;

5 porque en todas las cosas fuisteis enriquecidos en él, en toda palabra y en toda ciencia;

6 así como el testimonio acerca de Cristo ha sido confirmado en vosotros,

7 de tal manera que nada os falta en ningún don, esperando la manifestación de nuestro Señor Jesucristo;

8 el cual también os confirmará hasta el fin, para que seáis irreprensibles en el día de nuestro Señor Jesucristo.

9 Fiel es Dios, por el cual fuisteis llamados a la comunión con su Hijo Jesucristo nuestro Señor.

¿Está dividido Cristo?

10 Os ruego, pues, hermanos, por el nombre de nuestro Señor Jesucristo, que habléis todos una misma cosa, y que no haya entre vosotros divisiones, sino que estéis perfectamente unidos en una misma mente y en un mismo parecer.

11 Porque he sido informado acerca de vosotros, hermanos míos, por los de Cloé, que hay entre vosotros contiendas.

12 Quiero decir, que cada uno de vosotros dice: Yo soy de Pablo; y yo de Apolos;[b] y yo de Cefas; y yo de Cristo.

13 ¿Acaso está dividido Cristo? ¿Fue crucificado Pablo por vosotros? ¿O fuisteis bautizados en el nombre de Pablo?

14 Doy gracias a Dios de que a ninguno de vosotros he bautizado, sino a Crispo[c] y a Gayo,[d]

15 para que ninguno diga que fuisteis bautizados en mi nombre.

16 También bauticé a la familia de Estéfanas;[e] de los demás, no sé si he bautizado a algún otro.

17 Pues no me envió Cristo a bautizar, sino a predicar el evangelio; no con sabiduría de palabras, para que no se haga vana la cruz de Cristo.

Cristo, poder y sabiduría de Dios

18 Porque la palabra de la cruz es locura a los que se pierden; pero a los que se salvan, esto es, a nosotros, es poder de Dios.

19 Pues está escrito:

Destruiré la sabiduría de los sabios,

16.21: [c] Hch. 16.1. **16.23:** [d] Hch. 19.29; 1 Co. 1.14. [e] 2 Ti. 4.20. **1.2:** [a] Hch. 18.1. **1.12:** [b] Hch. 18.24. **1.14:** [c] Hch. 18.8. [d] Hch. 19.29; Ro. 16.23. **1.16:** [e] 1 Co. 16.15.

Y desecharé el entendimiento de los
entendidos.[f]
20 ¿Dónde está el sabio? ¿Dónde está el escri-
ba? ¿Dónde está el disputador de este siglo?
¿No ha enloquecido Dios la sabiduría del mun-
do?[g]
21 Pues ya que en la sabiduría de Dios, el mundo
no conoció a Dios mediante la sabiduría, agradó
a Dios salvar a los creyentes por la locura de la
predicación.
22 Porque los judíos piden señales, y los griegos
buscan sabiduría;
23 pero nosotros predicamos a Cristo crucifica-
do, para los judíos ciertamente tropezadero, y
para los gentiles locura;
24 mas para los llamados, así judíos como grie-
gos, Cristo poder de Dios, y sabiduría de Dios.
25 Porque lo insensato de Dios es más sabio que
los hombres, y lo débil de Dios es más fuerte que
los hombres.
26 Pues mirad, hermanos, vuestra vocación,
que no sois muchos sabios según la carne, ni
muchos poderosos, ni muchos nobles;
27 sino que lo necio del mundo escogió Dios,
para avergonzar a los sabios; y lo débil del mun-
do escogió Dios, para avergonzar a lo fuerte;
28 y lo vil del mundo y lo menospreciado esco-
gió Dios, y lo que no es, para deshacer lo que es,
29 a fin de que nadie se jacte en su presencia.
30 Mas por él estáis vosotros en Cristo Jesús, el
cual nos ha sido hecho por Dios sabiduría, justi-
ficación, santificación y redención;
31 para que, como está escrito: El que se gloría,
gloríese en el Señor.[h]

Proclamando a Cristo crucificado

2 1 Así que, hermanos, cuando fui a vosotros
para anunciaros el testimonio de Dios, no
fui con excelencia de palabras o de sabiduría.
2 Pues me propuse no saber entre vosotros cosa
alguna sino a Jesucristo, y a éste crucificado.
3 Y estuve entre vosotros con debilidad, y mu-
cho temor y temblor;[a]
4 y ni mi palabra ni mi predicación fue con pala-
bras persuasivas de humana sabiduría, sino con
demostración del Espíritu y de poder,
5 para que vuestra fe no esté fundada en la sa-
biduría de los hombres, sino en el poder de
Dios.

La revelación por el Espíritu de Dios

6 Sin embargo, hablamos sabiduría entre los
que han alcanzado madurez; y sabiduría, no de
este siglo, ni de los príncipes de este siglo, que
perecen.
7 Mas hablamos sabiduría de Dios en misterio,
la sabiduría oculta, la cual Dios predestinó antes
de los siglos para nuestra gloria,
8 la que ninguno de los príncipes de este siglo
conoció; porque si la hubieran conocido, nunca
habrían crucificado al Señor de gloria.
9 Antes bien, como está escrito:
Cosas que ojo no vio, ni oído oyó,
Ni han subido en corazón de hombre,
Son las que Dios ha preparado para los
que le aman.[b]
10 Pero Dios nos las reveló a nosotros por el
Espíritu; porque el Espíritu todo lo escudriña,
aun lo profundo de Dios.
11 Porque ¿quién de los hombres sabe las cosas
del hombre, sino el espíritu del hombre que está
en él? Así tampoco nadie conoció las cosas de
Dios, sino el Espíritu de Dios.
12 Y nosotros no hemos recibido el espíritu del
mundo, sino el Espíritu que proviene de Dios,
para que sepamos lo que Dios nos ha concedido,
13 lo cual también hablamos, no con palabras
enseñadas por sabiduría humana, sino con las
que enseña el Espíritu, acomodando lo espiri-
tual a lo espiritual.
14 Pero el hombre natural no percibe las cosas
que son del Espíritu de Dios, porque para él son
locura, y no las puede entender, porque se han
de discernir espiritualmente.
15 En cambio el espiritual juzga todas las cosas;
pero él no es juzgado de nadie.
16 Porque ¿quién conoció la mente del Señor?
¿Quién le instruirá?[c] Mas nosotros tenemos la
mente de Cristo.

Colaboradores de Dios

3 1 De manera que yo, hermanos, no pude ha-
blaros como a espirituales, sino como a car-
nales, como a niños en Cristo.
2 Os di a beber leche, y no vianda;[a] porque aún
no erais capaces, ni sois capaces todavía,
3 porque aún sois carnales; pues habiendo entre
vosotros celos, contiendas y disensiones, ¿no
sois carnales, y andáis como hombres?
4 Porque diciendo el uno: Yo ciertamente soy de
Pablo; y el otro: Yo soy de Apolos,[b] ¿no sois car-
nales?
5 ¿Qué, pues, es Pablo, y qué es Apolos? Ser-
vidores por medio de los cuales habéis creído; y
eso según lo que a cada uno concedió el Señor.
6 Yo planté,[c] Apolos regó;[d] pero el crecimiento
lo ha dado Dios.
7 Así que ni el que planta es algo, ni el que riega,
sino Dios, que da el crecimiento.
8 Y el que planta y el que riega son una misma
cosa; aunque cada uno recibirá su recompensa
conforme a su labor.

1.19: [f] Is. 29.14. **1.20:** [g] Is. 44.25. **1.31:** [h] Jer. 9.24.
2.3: [a] Hch. 18.9. **2.9:** [b] Is. 64.4. **2.16:** [c] Is. 40.13.
3.2: [a] He. 5.12-13 **3.4:** [b] 1 Co. 1.12. **3.6:** [c] Hch. 18.4-11.
[d] Hch. 18.24-28.

9 Porque nosotros somos colaboradores de Dios,
y vosotros sois labranza de Dios, edificio de
Dios.
10 Conforme a la gracia de Dios que me ha
sido dada, yo como perito arquitecto puse el
fundamento, y otro edifica encima; pero cada
uno mire cómo sobreedifica.
11 Porque nadie puede poner otro fundamento
que el que está puesto, el cual es Jesucristo.
12 Y si sobre este fundamento alguno edificare
oro, plata, piedras preciosas, madera, heno,
hojarasca,
13 la obra de cada uno se hará manifiesta; por-
que el día la declarará, pues por el fuego será re-
velada; y la obra de cada uno cuál sea, el fuego
la probará.
14 Si permaneciere la obra de alguno que so-
breedificó, recibirá recompensa.
15 Si la obra de alguno se quemare, él sufrirá
pérdida, si bien él mismo será salvo, aunque así
como por fuego.
16 ¿No sabéis que sois templo de Dios, y que
el Espíritu de Dios mora en vosotros?[e]
17 Si alguno destruyere el templo de Dios, Dios
le destruirá a él; porque el templo de Dios, el
cual sois vosotros, santo es.
18 Nadie se engañe a sí mismo; si alguno en-
tre vosotros se cree sabio en este siglo, hágase
ignorante, para que llegue a ser sabio.
19 Porque la sabiduría de este mundo es insen-
satez para con Dios; pues escrito está: El prende
a los sabios en la astucia de ellos.[f]
20 Y otra vez: El Señor conoce los pensamientos
de los sabios, que son vanos.[g]
21 Así que, ninguno se gloríe en los hombres;
porque todo es vuestro:
22 sea Pablo, sea Apolos, sea Cefas, sea el mun-
do, sea la vida, sea la muerte, sea lo presente,
sea lo por venir, todo es vuestro,
23 y vosotros de Cristo, y Cristo de Dios.

El ministerio de los apóstoles

4 1 Así, pues, ténganos los hombres por ser-
vidores de Cristo, y administradores de los
misterios de Dios.
2 Ahora bien, se requiere de los administrado-
res, que cada uno sea hallado fiel.
3 Yo en muy poco tengo el ser juzgado por voso-
tros, o por tribunal humano; y ni aun yo me juz-
go a mí mismo.
4 Porque aunque de nada tengo mala concien-
cia, no por eso soy justificado; pero el que me
juzga es el Señor.
5 Así que, no juzguéis nada antes de tiempo,
hasta que venga el Señor, el cual aclarará tam-
bién lo oculto de las tinieblas, y manifestará las
intenciones de los corazones; y entonces cada
uno recibirá su alabanza de Dios.
6 Pero esto, hermanos, lo he presentado
como ejemplo en mí y en Apolos por amor de
vosotros, para que en nosotros aprendáis a no
pensar más de lo que está escrito, no sea que
por causa de uno, os envanezcáis unos contra
otros.
7 Porque ¿quién te distingue? ¿o qué tienes que
no hayas recibido? Y si lo recibiste, ¿por qué te
glorías como si no lo hubieras recibido?
8 Ya estáis saciados, ya estáis ricos, sin noso-
tros reináis. ¡Y ojalá reinaseis, para que nosotros
reinásemos también juntamente con vosotros!
9 Porque según pienso, Dios nos ha exhibido a
nosotros los apóstoles como postreros, como a
sentenciados a muerte; pues hemos llegado a
ser espectáculo al mundo, a los ángeles y a los
hombres.
10 Nosotros somos insensatos por amor de Cris-
to, mas vosotros prudentes en Cristo; nosotros
débiles, mas vosotros fuertes; vosotros honora-
bles, mas nosotros despreciados.
11 Hasta esta hora padecemos hambre, tenemos
sed, estamos desnudos, somos abofeteados, y
no tenemos morada fija.
12 Nos fatigamos trabajando con nuestras pro-
pias manos;[a] nos maldicen, y bendecimos; pa-
decemos persecución, y la soportamos.
13 Nos difaman, y rogamos; hemos venido a ser
hasta ahora como la escoria del mundo, el dese-
cho de todos.
14 No escribo esto para avergonzaros, sino
para amonestaros como a hijos míos amados.
15 Porque aunque tengáis diez mil ayos en
Cristo, no tendréis muchos padres; pues en
Cristo Jesús yo os engendré por medio del evan-
gelio.
16 Por tanto, os ruego que me imitéis.[b]
17 Por esto mismo os he enviado a Timoteo,
que es mi hijo amado y fiel en el Señor, el cual
os recordará mi proceder en Cristo, de la mane-
ra que enseño en todas partes y en todas las
iglesias.
18 Mas algunos están envanecidos, como si yo
nunca hubiese de ir a vosotros.
19 Pero iré pronto a vosotros, si el Señor quiere,
y conoceré, no las palabras, sino el poder de los
que andan envanecidos.
20 Porque el reino de Dios no consiste en pala-
bras, sino en poder.
21 ¿Qué queréis? ¿Iré a vosotros con vara, o con
amor y espíritu de mansedumbre?

Un caso de inmoralidad juzgado

5 1 De cierto se oye que hay entre vosotros
fornicación, y tal fornicación cual ni aun se

3.16: [e] 1 Co. 6.19; 2 Co. 6.16. **3.19:** [f] Job 5.13.
3.20: [g] Sal. 94.11. **4.12:** [a] Hch. 18.3. **4.16:** [b] 1 Co. 11.1;
Fil. 3.17.

nombra entre los gentiles; tanto que alguno tiene la mujer de su padre.[a]

2 Y vosotros estáis envanecidos. ¿No debierais más bien haberos lamentado, para que fuese quitado de en medio de vosotros el que cometió tal acción?

3 Ciertamente yo, como ausente en cuerpo, pero presente en espíritu, ya como presente he juzgado al que tal cosa ha hecho.

4 En el nombre de nuestro Señor Jesucristo, reunidos vosotros y mi espíritu, con el poder de nuestro Señor Jesucristo,

5 el tal sea entregado a Satanás para destrucción de la carne, a fin de que el espíritu sea salvo en el día del Señor Jesús.

6 No es buena vuestra jactancia. ¿No sabéis que un poco de levadura leuda toda la masa?[b]

7 Limpiaos, pues, de la vieja levadura, para que seáis nueva masa, sin levadura como sois; porque nuestra pascua,[c] que es Cristo, ya fue sacrificada por nosotros.

8 Así que celebremos la fiesta, no con la vieja levadura, ni con la levadura de malicia y de maldad, sino con panes sin levadura,[d] de sinceridad y de verdad.

9 Os he escrito por carta, que no os juntéis con los fornicarios;

10 no absolutamente con los fornicarios de este mundo, o con los avaros, o con los ladrones, o con los idólatras; pues en tal caso os sería necesario salir del mundo.

11 Más bien os escribí que no os juntéis con ninguno que, llamándose hermano, fuere fornicario, o avaro, o idólatra, o maldiciente, o borracho, o ladrón; con el tal ni aun comáis.

12 Porque ¿qué razón tendría yo para juzgar a los que están fuera? ¿No juzgáis vosotros a los que están dentro?

13 Porque a los que están fuera, Dios juzgará. Quitad, pues, a ese perverso de entre vosotros.

Litigios delante de los incrédulos

6 1 ¿Osa alguno de vosotros, cuando tiene algo contra otro, ir a juicio delante de los injustos, y no delante de los santos?

2 ¿O no sabéis que los santos han de juzgar al mundo? Y si el mundo ha de ser juzgado por vosotros, ¿sois indignos de juzgar cosas muy pequeñas?

3 ¿O no sabéis que hemos de juzgar a los ángeles? ¿Cuánto más las cosas de esta vida?

4 Si, pues, tenéis juicios sobre cosas de esta vida, ¿ponéis para juzgar a los que son de menor estima en la iglesia?

5 Para avergonzaros lo digo. ¿Pues qué, no hay entre vosotros sabio, ni aun uno, que pueda juzgar entre sus hermanos,

6 sino que el hermano con el hermano pleitea en juicio, y esto ante los incrédulos?

7 Así que, por cierto es ya una falta en vosotros que tengáis pleitos entre vosotros mismos. ¿Por qué no sufrís más bien el agravio? ¿Por qué no sufrís más bien el ser defraudados?

8 Pero vosotros cometéis el agravio, y defraudáis, y esto a los hermanos.

9 ¿No sabéis que los injustos no heredarán el reino de Dios? No erréis; ni los fornicarios, ni los idólatras, ni los adúlteros, ni los afeminados, ni los que se echan con varones,

10 ni los ladrones, ni los avaros, ni los borrachos, ni los maldicientes, ni los estafadores, heredarán el reino de Dios.

11 Y esto erais algunos; mas ya habéis sido lavados, ya habéis sido santificados, ya habéis sido justificados en el nombre del Señor Jesús, y por el Espíritu de nuestro Dios.

Glorificad a Dios en vuestro cuerpo

12 Todas las cosas me son lícitas, mas no todas convienen;[a] todas las cosas me son lícitas, mas yo no me dejaré dominar de ninguna.

13 Las viandas para el vientre, y el vientre para las viandas; pero tanto al uno como a las otras destruirá Dios. Pero el cuerpo no es para la fornicación, sino para el Señor, y el Señor para el cuerpo.

14 Y Dios, que levantó al Señor, también a nosotros nos levantará con su poder.

15 ¿No sabéis que vuestros cuerpos son miembros de Cristo? ¿Quitaré, pues, los miembros de Cristo y los haré miembros de una ramera? De ningún modo.

16 ¿O no sabéis que el que se une con una ramera, es un cuerpo con ella? Porque dice: Los dos serán una sola carne.[b]

17 Pero el que se une al Señor, un espíritu es con él.

18 Huid de la fornicación. Cualquier otro pecado que el hombre cometa, está fuera del cuerpo; mas el que fornica, contra su propio cuerpo peca.

19 ¿O ignoráis que vuestro cuerpo es templo del Espíritu Santo, el cual está en vosotros,[c] el cual tenéis de Dios, y que no sois vuestros?

20 Porque habéis sido comprados por precio; glorificad, pues, a Dios en vuestro cuerpo y en vuestro espíritu, los cuales son de Dios.

Problemas del matrimonio

7 1 En cuanto a las cosas de que me escribisteis, bueno le sería al hombre no tocar mujer;

2 pero a causa de las fornicaciones, cada uno tenga su propia mujer, y cada una tenga su propio marido.

5.1: [a] Dt. 22.30. **5.6:** [b] Gá. 5.9. **5.7:** [c] Ex. 12.5.
5.8: [d] Ex. 13.7; Dt. 16.3. **6.12:** [a] 1 Co. 10.23. **6.16:** [b] Gn. 2.24.
6.19: [c] 1 Co. 3.16; 2 Co. 6.16.

3 El marido cumpla con la mujer el deber conyugal, y asimismo la mujer con el marido.

4 La mujer no tiene potestad sobre su propio cuerpo, sino el marido; ni tampoco tiene el marido potestad sobre su propio cuerpo, sino la mujer.

5 No os neguéis el uno al otro, a no ser por algún tiempo de mutuo consentimiento, para ocuparos sosegadamente en la oración; y volved a juntaros en uno, para que no os tiente Satanás a causa de vuestra incontinencia.

6 Mas esto digo por vía de concesión, no por mandamiento.

7 Quisiera más bien que todos los hombres fuesen como yo; pero cada uno tiene su propio don de Dios, uno a la verdad de un modo, y otro de otro.

8 Digo, pues, a los solteros y a las viudas, que bueno les fuera quedarse como yo;

9 pero si no tienen don de continencia, cásense, pues mejor es casarse que estarse quemando.

10 Pero a los que están unidos en matrimonio, mando, no yo, sino el Señor: Que la mujer no se separe del marido;

11 y si se separa, quédese sin casar, o reconcíliese con su marido; y que el marido no abandone a su mujer.[a]

12 Y a los demás yo digo, no el Señor: Si algún hermano tiene mujer que no sea creyente, y ella consiente en vivir con él, no la abandone.

13 Y si una mujer tiene marido que no sea creyente, y él consiente en vivir con ella, no lo abandone.

14 Porque el marido incrédulo es santificado en la mujer, y la mujer incrédula en el marido; pues de otra manera vuestros hijos serían inmundos, mientras que ahora son santos.

15 Pero si el incrédulo se separa, sepárese; pues no está el hermano o la hermana sujeto a servidumbre en semejante caso, sino que a paz nos llamó Dios.

16 Porque ¿qué sabes tú, oh mujer, si quizá harás salvo a tu marido? ¿O qué sabes tú, oh marido, si quizá harás salva a tu mujer?

17 Pero cada uno como el Señor le repartió, y como Dios llamó a cada uno, así haga; esto ordeno en todas las iglesias.

18 ¿Fue llamado alguno siendo circunciso? Quédese circunciso. ¿Fue llamado alguno siendo incircunciso? No se circuncide.

19 La circuncisión nada es, y la incircuncisión nada es, sino el guardar los mandamientos de Dios.

20 Cada uno en el estado en que fue llamado, en él se quede.

21 ¿Fuiste llamado siendo esclavo? No te dé cuidado; pero también, si puedes hacerte libre, procúralo más.

22 Porque el que en el Señor fue llamado siendo esclavo, liberto es del Señor; asimismo el que fue llamado siendo libre, esclavo es de Cristo.

23 Por precio fuisteis comprados; no os hagáis esclavos de los hombres.

24 Cada uno, hermanos, en el estado en que fue llamado, así permanezca para con Dios.

25 En cuanto a las vírgenes no tengo mandamiento del Señor; mas doy mi parecer, como quien ha alcanzado misericordia del Señor para ser fiel.

26 Tengo, pues, esto por bueno a causa de la necesidad que apremia; que hará bien el hombre en quedarse como está.

27 ¿Estás ligado a mujer? No procures soltarte. ¿Estás libre de mujer? No procures casarte.

28 Mas también si te casas, no pecas; y si la doncella se casa, no peca; pero los tales tendrán aflicción de la carne, y yo os la quisiera evitar.

29 Pero esto digo, hermanos: que el tiempo es corto; resta, pues, que los que tienen esposa sean como si no la tuviesen;

30 y los que lloran, como si no llorasen; y los que se alegran, como si no se alegrasen; y los que compran, como si no poseyesen;

31 y los que disfrutan de este mundo, como si no lo disfrutasen; porque la apariencia de este mundo se pasa.

32 Quisiera, pues, que estuvieseis sin congoja. El soltero tiene cuidado de las cosas del Señor, de cómo agradar al Señor;

33 pero el casado tiene cuidado de las cosas del mundo, de cómo agradar a su mujer.

34 Hay asimismo diferencia entre la casada y la doncella. La doncella tiene cuidado de las cosas del Señor, para ser santa así en cuerpo como en espíritu; pero la casada tiene cuidado de las cosas del mundo, de cómo agradar a su marido.

35 Esto lo digo para vuestro provecho; no para tenderos lazo, sino para lo honesto y decente, y para que sin impedimento os acerquéis al Señor.

36 Pero si alguno piensa que es impropio para su hija virgen que pase ya de edad, y es necesario que así sea, haga lo que quiera, no peca; que se case.

37 Pero el que está firme en su corazón, sin tener necesidad, sino que es dueño de su propia voluntad, y ha resuelto en su corazón guardar a su hija virgen, bien hace.

38 De manera que el que la da en casamiento hace bien, y el que no la da en casamiento hace mejor.

39 La mujer casada está ligada por la ley mientras su marido vive; pero si su marido muriere, libre es para casarse con quien quiera, con tal que sea en el Señor.

40 Pero a mi juicio, más dichosa será si se quedare así; y pienso que también yo tengo el Espíritu de Dios.

7.10-11: [a] Mt. 5.32; 19.9; Mr. 10.11-12; Lc. 16.18.

Lo sacrificado a los ídolos

8 1 En cuanto a lo sacrificado a los ídolos, sa-
bemos que todos tenemos conocimiento. El
conocimiento envanece, pero el amor edifica.
2 Y si alguno se imagina que sabe algo, aún no
sabe nada como debe saberlo.
3 Pero si alguno ama a Dios, es conocido por él.
4 Acerca, pues, de las viandas que se sacrifi-
can a los ídolos, sabemos que un ídolo nada es
en el mundo, y que no hay más que un Dios.
5 Pues aunque haya algunos que se llamen dio-
ses, sea en el cielo, o en la tierra (como hay mu-
chos dioses y muchos señores),
6 para nosotros, sin embargo, sólo hay un Dios,
el Padre, del cual proceden todas las cosas, y no-
sotros somos para él; y un Señor, Jesucristo, por
medio del cual son todas las cosas, y nosotros
por medio de él.
7 Pero no en todos hay este conocimiento;
porque algunos, habituados hasta aquí a los ído-
los, comen como sacrificado a ídolos, y su con-
ciencia, siendo débil, se contamina.
8 Si bien la vianda no nos hace más aceptos ante
Dios; pues ni porque comamos, seremos más, ni
porque no comamos, seremos menos.
9 Pero mirad que esta libertad vuestra no venga
a ser tropezadero para los débiles.
10 Porque si alguno te ve a ti, que tienes conoci-
miento, sentado a la mesa en un lugar de ídolos,
la conciencia de aquel que es débil, ¿no será es-
timulada a comer de lo sacrificado a los ídolos?
11 Y por el conocimiento tuyo, se perderá el her-
mano débil por quien Cristo murió.
12 De esta manera, pues, pecando contra los
hermanos e hiriendo su débil conciencia, contra
Cristo pecáis.
13 Por lo cual, si la comida le es a mi hermano
ocasión de caer, no comeré carne jamás, para no
poner tropiezo a mi hermano.

Los derechos de un apóstol

9 1 ¿No soy apóstol? ¿No soy libre? ¿No he
visto a Jesús el Señor nuestro? ¿No sois vo-
sotros mi obra en el Señor?
2 Si para otros no soy apóstol, para vosotros
ciertamente lo soy; porque el sello de mi aposto-
lado sois vosotros en el Señor.
3 Contra los que me acusan, esta es mi defensa:
4 ¿Acaso no tenemos derecho de comer y beber?
5 ¿No tenemos derecho de traer con nosotros
una hermana por mujer como también los otros
apóstoles, y los hermanos del Señor, y Cefas?
6 ¿O sólo yo y Bernabé no tenemos derecho de
no trabajar?
7 ¿Quién fue jamás soldado a sus propias expen-
sas? ¿Quién planta viña y no come de su fruto?
¿O quién apacienta el rebaño y no toma de la le-
che del rebaño?
8 ¿Digo esto sólo como hombre? ¿No dice
esto también la ley?
9 Porque en la ley de Moisés está escrito: No
pondrás bozal al buey que trilla.[a] ¿Tiene Dios
cuidado de los bueyes,
10 o lo dice enteramente por nosotros? Pues por
nosotros se escribió; porque con esperanza debe
arar el que ara, y el que trilla, con esperanza de
recibir del fruto.
11 Si nosotros sembramos entre vosotros lo es-
piritual, ¿es gran cosa si segáremos de vosotros
lo material?[b]
12 Si otros participan de este derecho sobre vo-
sotros, ¿cuánto más nosotros?
Pero no hemos usado de este derecho, sino
que lo soportamos todo, por no poner ningún
obstáculo al evangelio de Cristo.
13 ¿No sabéis que los que trabajan en las cosas
sagradas, comen del templo, y que los que sir-
ven al altar, del altar participan?[c]
14 Así también ordenó el Señor a los que anun-
cian el evangelio, que vivan del evangelio.[d]
15 Pero yo de nada de esto me he aprovecha-
do, ni tampoco he escrito esto para que se haga
así conmigo; porque prefiero morir, antes que
nadie desvanezca esta mi gloria.
16 Pues si anuncio el evangelio, no tengo por
qué gloriarme; porque me es impuesta necesi-
dad; y ¡ay de mí si no anunciare el evangelio!
17 Por lo cual, si lo hago de buena voluntad,
recompensa tendré; pero si de mala voluntad, la
comisión me ha sido encomendada.
18 ¿Cuál, pues, es mi galardón? Que predicando
el evangelio, presente gratuitamente el evange-
lio de Cristo, para no abusar de mi derecho en el
evangelio.
19 Por lo cual, siendo libre de todos, me he he-
cho siervo de todos para ganar a mayor número.
20 Me he hecho a los judíos como judío, para
ganar a los judíos; a los que están sujetos a la
ley (aunque yo no esté sujeto a la ley) como su-
jeto a la ley, para ganar a los que están sujetos a
la ley;
21 a los que están sin ley, como si yo estuviera sin
ley (no estando yo sin ley de Dios, sino bajo la ley
de Cristo), para ganar a los que están sin ley.
22 Me he hecho débil a los débiles, para ganar a
los débiles; a todos me he hecho de todo, para
que de todos modos salve a algunos.
23 Y esto hago por causa del evangelio, para ha-
cerme copartícipe de él.
24 ¿No sabéis que los que corren en el estadio,
todos a la verdad corren, pero uno solo se lleva
el premio? Corred de tal manera que lo obten-
gáis.
25 Todo aquel que lucha, de todo se abstiene;

9.9: [a] Dt. 25.4. **9.11:** [b] Ro. 15.27. **9.13:** [c] Dt. 18.1.
9.14: [d] Mt. 10.10; Lc. 10.7.

ellos, a la verdad, para recibir una corona corruptible, pero nosotros, una incorruptible.
26 Así que, yo de esta manera corro, no como a la ventura; de esta manera peleo, no como quien golpea el aire,
27 sino que golpeo mi cuerpo, y lo pongo en servidumbre, no sea que habiendo sido heraldo para otros, yo mismo venga a ser eliminado.

Amonestaciones contra la idolatría

10 1 Porque no quiero, hermanos, que ignoréis que nuestros padres todos estuvieron bajo la nube,[a] y todos pasaron el mar;[b]
2 y todos en Moisés fueron bautizados en la nube y en el mar,
3 y todos comieron el mismo alimento espiritual,[c]
4 y todos bebieron la misma bebida espiritual;[d] porque bebían de la roca espiritual que los seguía, y la roca era Cristo.
5 Pero de los más de ellos no se agradó Dios; por lo cual quedaron postrados en el desierto.[e]
6 Mas estas cosas sucedieron como ejemplos para nosotros, para que no codiciemos cosas malas, como ellos codiciaron.[f]
7 Ni seáis idólatras, como algunos de ellos, según está escrito: Se sentó el pueblo a comer y a beber, y se levantó a jugar.[g]
8 Ni forniquemos, como algunos de ellos fornicaron, y cayeron en un día veintitrés mil.[h]
9 Ni tentemos al Señor, como también algunos de ellos le tentaron, y perecieron por las serpientes.[i]
10 Ni murmuréis, como algunos de ellos murmuraron, y perecieron por el destructor.[j]
11 Y estas cosas les acontecieron como ejemplo, y están escritas para amonestarnos a nosotros, a quienes han alcanzado los fines de los siglos.
12 Así que, el que piensa estar firme, mire que no caiga.
13 No os ha sobrevenido ninguna tentación que no sea humana; pero fiel es Dios, que no os dejará ser tentados más de lo que podéis resistir, sino que dará también juntamente con la tentación la salida, para que podáis soportar.
14 Por tanto, amados míos, huid de la idolatría.
15 Como a sensatos os hablo; juzgad vosotros lo que digo.
16 La copa de bendición que bendecimos, ¿no es la comunión de la sangre de Cristo? El pan que partimos, ¿no es la comunión del cuerpo de Cristo?[k]
17 Siendo uno solo el pan, nosotros, con ser muchos, somos un cuerpo; pues todos participamos de aquel mismo pan.
18 Mirad a Israel según la carne; los que comen de los sacrificios, ¿no son partícipes del altar?[l]
19 ¿Qué digo, pues? ¿Que el ídolo es algo, o que sea algo lo que se sacrifica a los ídolos?
20 Antes digo que lo que los gentiles sacrifican, a los demonios lo sacrifican, y no a Dios;[m] y no quiero que vosotros os hagáis partícipes con los demonios.
21 No podéis beber la copa del Señor, y la copa de los demonios; no podéis participar de la mesa del Señor, y de la mesa de los demonios.
22 ¿O provocaremos a celos al Señor?[n] ¿Somos más fuertes que él?

Haced todo para la gloria de Dios

23 Todo me es lícito, pero no todo conviene;[o] todo me es lícito, pero no todo edifica.
24 Ninguno busque su propio bien, sino el del otro.
25 De todo lo que se vende en la carnicería, comed, sin preguntar nada por motivos de conciencia;
26 porque del Señor es la tierra y su plenitud.[p]
27 Si algún incrédulo os invita, y queréis ir, de todo lo que se os ponga delante comed, sin preguntar nada por motivos de conciencia.
28 Mas si alguien os dijere: Esto fue sacrificado a los ídolos; no lo comáis, por causa de aquel que lo declaró, y por motivos de conciencia; porque del Señor es la tierra y su plenitud.
29 La conciencia, digo, no la tuya, sino la del otro. Pues ¿por qué se ha de juzgar mi libertad por la conciencia de otro?
30 Y si yo con agradecimiento participo, ¿por qué he de ser censurado por aquello de que doy gracias?
31 Si, pues, coméis o bebéis, o hacéis otra cosa, hacedlo todo para la gloria de Dios.
32 No seáis tropiezo ni a judíos, ni a gentiles, ni a la iglesia de Dios;
33 como también yo en todas las cosas agrado a todos, no procurando mi propio beneficio, sino el de muchos, para que sean salvos.

11 1 Sed imitadores de mí,[a] así como yo de Cristo.

Atavío de las mujeres

2 Os alabo, hermanos, porque en todo os acordáis de mí, y retenéis las instrucciones tal como os las entregué.
3 Pero quiero que sepáis que Cristo es la cabeza de todo varón, y el varón es la cabeza de la mujer, y Dios la cabeza de Cristo.

10.1: [a] Ex. 13.21-22. [b] Ex. 14.22-29. **10.3:** [c] Ex. 16.35. **10.4:** [d] Ex. 17.6; Nm. 20.11. **10.5:** [e] Nm. 14.29-30. **10.6:** [f] Nm. 11.4. **10.7:** [g] Ex. 32.6. **10.8:** [h] Nm. 25.1-18. **10.9:** [i] Nm. 21.5-6. **10.10:** [j] Nm. 16.41-49. **10.16:** [k] Mt. 26.26-28; Mr. 14.22-24; Lc. 22.19-20. **10.18:** [l] Lv. 7.6. **10.20:** [m] Dt. 32.17. **10.22:** [n] Dt. 32.21. **10.23:** [o] 1 Co. 6.12. **10.26:** [p] Sal. 24.1. **11.1:** [a] 1 Co. 4.16; Fil. 3.17.

4 Todo varón que ora o profetiza con la cabeza
cubierta, afrenta su cabeza.
5 Pero toda mujer que ora o profetiza con la ca-
beza descubierta, afrenta su cabeza; porque lo
mismo es que si se hubiese rapado.
6 Porque si la mujer no se cubre, que se corte
también el cabello; y si le es vergonzoso a la mu-
jer cortarse el cabello o raparse, que se cubra.
7 Porque el varón no debe cubrirse la cabeza,
pues él es imagen y gloria de Dios;[b] pero la mu-
jer es gloria del varón.
8 Porque el varón no procede de la mujer, sino la
mujer del varón,
9 y tampoco el varón fue creado por causa de la
mujer, sino la mujer por causa del varón.[c]
10 Por lo cual la mujer debe tener señal de auto-
ridad sobre su cabeza, por causa de los ángeles.
11 Pero en el Señor, ni el varón es sin la mujer, ni
la mujer sin el varón;
12 porque así como la mujer procede del varón,
también el varón nace de la mujer; pero todo
procede de Dios.
13 Juzgad vosotros mismos: ¿Es propio que la
mujer ore a Dios sin cubrirse la cabeza?
14 La naturaleza misma ¿no os enseña que al va-
rón le es deshonroso dejarse crecer el cabello?
15 Por el contrario, a la mujer dejarse crecer el
cabello le es honroso; porque en lugar de velo le
es dado el cabello.
16 Con todo eso, si alguno quiere ser contencio-
so, nosotros no tenemos tal costumbre, ni las
iglesias de Dios.

Abusos en la Cena del Señor

17 Pero al anunciaros esto que sigue, no os
alabo; porque no os congregáis para lo mejor,
sino para lo peor.
18 Pues en primer lugar, cuando os reunís como
iglesia, oigo que hay entre vosotros divisiones; y
en parte lo creo.
19 Porque es preciso que entre vosotros haya di-
sensiones, para que se hagan manifiestos entre
vosotros los que son aprobados.
20 Cuando, pues, os reunís vosotros, esto no es
comer la cena del Señor.
21 Porque al comer, cada uno se adelanta a to-
mar su propia cena; y uno tiene hambre, y otro
se embriaga.
22 Pues qué, ¿no tenéis casas en que comáis y
bebáis? ¿O menospreciáis la iglesia de Dios, y
avergonzáis a los que no tienen nada? ¿Qué os
diré? ¿Os alabaré? En esto no os alabo.

Institución de la Cena del Señor

23 Porque yo recibí del Señor lo que también
os he enseñado: Que el Señor Jesús, la noche
que fue entregado, tomó pan;
24 y habiendo dado gracias, lo partió, y dijo: To-
mad, comed; esto es mi cuerpo que por vosotros
es partido; haced esto en memoria de mí.
25 Asimismo tomó también la copa, después de
haber cenado, diciendo: Esta copa es el nuevo
pacto[d] en mi sangre;[e] haced esto todas las veces
que la bebiereis, en memoria de mí.
26 Así, pues, todas las veces que comiereis este
pan, y bebiereis esta copa, la muerte del Señor
anunciáis hasta que él venga.

Tomando la Cena indignamente

27 De manera que cualquiera que comiere
este pan o bebiere esta copa del Señor indigna-
mente, será culpado del cuerpo y de la sangre
del Señor.
28 Por tanto, pruébese cada uno a sí mismo, y
coma así del pan, y beba de la copa.
29 Porque el que come y bebe indignamente, sin
discernir el cuerpo del Señor, juicio come y bebe
para sí.
30 Por lo cual hay muchos enfermos y debilita-
dos entre vosotros, y muchos duermen.
31 Si, pues, nos examinásemos a nosotros mis-
mos, no seríamos juzgados;
32 mas siendo juzgados, somos castigados por el
Señor, para que no seamos condenados con el
mundo.
33 Así que, hermanos míos, cuando os reunís
a comer, esperaos unos a otros.
34 Si alguno tuviere hambre, coma en su casa,
para que no os reunáis para juicio. Las demás
cosas las pondré en orden cuando yo fuere.

Dones espirituales

12 1 No quiero, hermanos, que ignoréis
acerca de los dones espirituales.
2 Sabéis que cuando erais gentiles, se os extra-
viaba llevándoos, como se os llevaba, a los ído-
los mudos.
3 Por tanto, os hago saber que nadie que hable
por el Espíritu de Dios llama anatema a Jesús; y
nadie puede llamar a Jesús Señor, sino por el
Espíritu Santo.
4 Ahora bien, hay diversidad de dones, pero
el Espíritu es el mismo.
5 Y hay diversidad de ministerios, pero el Señor
es el mismo.
6 Y hay diversidad de operaciones, pero Dios,
que hace todas las cosas en todos, es el mismo.
7 Pero a cada uno le es dada la manifestación
del Espíritu para provecho.
8 Porque a éste es dada por el Espíritu palabra
de sabiduría; a otro, palabra de ciencia según el
mismo Espíritu;
9 a otro, fe por el mismo Espíritu; y a otro, dones
de sanidades por el mismo Espíritu.

11.7: [b] Gn. 1.26. **11.8-9:** [c] Gn. 2.18-23. **11.25:** [d] Jer. 31.31-34.
[e] Ex. 24.6-8.

10 A otro, el hacer milagros; a otro, profecía; a otro, discernimiento de espíritus; a otro, diversos géneros de lenguas; y a otro, interpretación de lenguas.

11 Pero todas estas cosas las hace uno y el mismo Espíritu, repartiendo a cada uno en particular como él quiere.[a]

12 Porque así como el cuerpo es uno, y tiene muchos miembros, pero todos los miembros del cuerpo, siendo muchos, son un solo cuerpo, así también Cristo.[b]

13 Porque por un solo Espíritu fuimos todos bautizados en un cuerpo, sean judíos o griegos, sean esclavos o libres; y a todos se nos dio a beber de un mismo Espíritu.

14 Además, el cuerpo no es un solo miembro, sino muchos.

15 Si dijere el pie: Porque no soy mano, no soy del cuerpo, ¿por eso no será del cuerpo?

16 Y si dijere la oreja: Porque no soy ojo, no soy del cuerpo, ¿por eso no será del cuerpo?

17 Si todo el cuerpo fuese ojo, ¿dónde estaría el oído? Si todo fuese oído, ¿dónde estaría el olfato?

18 Mas ahora Dios ha colocado los miembros cada uno de ellos en el cuerpo, como él quiso.

19 Porque si todos fueran un solo miembro, ¿dónde estaría el cuerpo?

20 Pero ahora son muchos los miembros, pero el cuerpo es uno solo.

21 Ni el ojo puede decir a la mano: No te necesito, ni tampoco la cabeza a los pies: No tengo necesidad de vosotros.

22 Antes bien los miembros del cuerpo que parecen más débiles, son los más necesarios;

23 y a aquellos del cuerpo que nos parecen menos dignos, a éstos vestimos más dignamente; y los que en nosotros son menos decorosos, se tratan con más decoro.

24 Porque los que en nosotros son más decorosos, no tienen necesidad; pero Dios ordenó el cuerpo, dando más abundante honor al que le faltaba,

25 para que no haya desavenencia en el cuerpo, sino que los miembros todos se preocupen los unos por los otros.

26 De manera que si un miembro padece, todos los miembros se duelen con él, y si un miembro recibe honra, todos los miembros con él se gozan.

27 Vosotros, pues, sois el cuerpo de Cristo, y miembros cada uno en particular.

28 Y a unos puso Dios en la iglesia, primeramente apóstoles, luego profetas, lo tercero maestros,[c] luego los que hacen milagros, después los que sanan, los que ayudan, los que administran, los que tienen don de lenguas.

29 ¿Son todos apóstoles? ¿son todos profetas? ¿todos maestros? ¿hacen todos milagros?

30 ¿Tienen todos dones de sanidad? ¿hablan todos lenguas? ¿interpretan todos?

31 Procurad, pues, los dones mejores. Mas yo os muestro un camino aun más excelente.

La preeminencia del amor

13 1 Si yo hablase lenguas humanas y angélicas, y no tengo amor, vengo a ser como metal que resuena, o címbalo que retiñe.

2 Y si tuviese profecía, y entendiese todos los misterios y toda ciencia, y si tuviese toda la fe, de tal manera que trasladase los montes,[a] y no tengo amor, nada soy.

3 Y si repartiese todos mis bienes para dar de comer a los pobres, y si entregase mi cuerpo para ser quemado, y no tengo amor, de nada me sirve.

4 El amor es sufrido, es benigno; el amor no tiene envidia, el amor no es jactancioso, no se envanece;

5 no hace nada indebido, no busca lo suyo, no se irrita, no guarda rencor;

6 no se goza de la injusticia, mas se goza de la verdad.

7 Todo lo sufre, todo lo cree, todo lo espera, todo lo soporta.

8 El amor nunca deja de ser; pero las profecías se acabarán, y cesarán las lenguas, y la ciencia acabará.

9 Porque en parte conocemos, y en parte profetizamos;

10 mas cuando venga lo perfecto, entonces lo que es en parte se acabará.

11 Cuando yo era niño, hablaba como niño, pensaba como niño, juzgaba como niño; mas cuando ya fui hombre, dejé lo que era de niño.

12 Ahora vemos por espejo, oscuramente; mas entonces veremos cara a cara. Ahora conozco en parte; pero entonces conoceré como fui conocido.

13 Y ahora permanecen la fe, la esperanza y el amor, estos tres; pero el mayor de ellos es el amor.

El hablar en lenguas

14 1 Seguid el amor; y procurad los dones espirituales, pero sobre todo que profeticéis.

2 Porque el que habla en lenguas no habla a los hombres, sino a Dios; pues nadie le entiende, aunque por el Espíritu habla misterios.

3 Pero el que profetiza habla a los hombres para edificación, exhortación y consolación.

4 El que habla en lengua extraña, a sí mismo se edifica; pero el que profetiza, edifica a la iglesia.

12.4-11: [a] Ro. 12.6-8. **12.12:** [b] Ro. 12.4-5. **12.28:** [c] Ef. 4.11. **13.2:** [a] Mt. 17.20; 21.21; Mr. 11.23.

5 Así que, quisiera que todos vosotros hablaseis
en lenguas, pero más que profetizaseis; porque
mayor es el que profetiza que el que habla en
lenguas, a no ser que las interprete para que la
iglesia reciba edificación.
6 Ahora pues, hermanos, si yo voy a vosotros
hablando en lenguas, ¿qué os aprovechará, si
no os hablare con revelación, o con ciencia, o
con profecía, o con doctrina?
7 Ciertamente las cosas inanimadas que produ-
cen sonidos, como la flauta o la cítara, si no die-
ren distinción de voces, ¿cómo se sabrá lo que se
toca con la flauta o con la cítara?
8 Y si la trompeta diere sonido incierto, ¿quién
se preparará para la batalla?
9 Así también vosotros, si por la lengua no
diereis palabra bien comprensible, ¿cómo se
entenderá lo que decís? Porque hablaréis al
aire.
10 Tantas clases de idiomas hay, seguramente,
en el mundo, y ninguno de ellos carece de signi-
ficado.
11 Pero si yo ignoro el valor de las palabras, seré
como extranjero para el que habla, y el que ha-
bla será como extranjero para mí.
12 Así también vosotros; pues que anheláis do-
nes espirituales, procurad abundar en ellos para
edificación de la iglesia.
13 Por lo cual, el que habla en lengua extraña,
pida en oración poder interpretarla.
14 Porque si yo oro en lengua desconocida, mi
espíritu ora, pero mi entendimiento queda sin
fruto.
15 ¿Qué, pues? Oraré con el espíritu, pero oraré
también con el entendimiento; cantaré con el
espíritu, pero cantaré también con el entendi-
miento.
16 Porque si bendices sólo con el espíritu, el que
ocupa lugar de simple oyente, ¿cómo dirá el
Amén a tu acción de gracias? pues no sabe lo
que has dicho.
17 Porque tú, a la verdad, bien das gracias; pero
el otro no es edificado.
18 Doy gracias a Dios que hablo en lenguas más
que todos vosotros;
19 pero en la iglesia prefiero hablar cinco pala-
bras con mi entendimiento, para enseñar tam-
bién a otros, que diez mil palabras en lengua
desconocida.
20 Hermanos, no seáis niños en el modo de
pensar, sino sed niños en la malicia, pero madu-
ros en el modo de pensar.
21 En la ley está escrito: En otras lenguas y con
otros labios hablaré a este pueblo; y ni aun así
me oirán, dice el Señor.[a]
22 Así que, las lenguas son por señal, no a los
creyentes, sino a los incrédulos; pero la profe-
cía, no a los incrédulos, sino a los creyentes.
23 Si, pues, toda la iglesia se reúne en un solo
lugar, y todos hablan en lenguas, y entran in-
doctos o incrédulos, ¿no dirán que estáis lo-
cos?
24 Pero si todos profetizan, y entra algún incré-
dulo o indocto, por todos es convencido, por to-
dos es juzgado;
25 lo oculto de su corazón se hace manifiesto; y
así, postrándose sobre el rostro, adorará a Dios,
declarando que verdaderamente Dios está entre
vosotros.
26 ¿Qué hay, pues, hermanos? Cuando os reu-
nís, cada uno de vosotros tiene salmo, tiene doc-
trina, tiene lengua, tiene revelación, tiene
interpretación. Hágase todo para edificación.
27 Si habla alguno en lengua extraña, sea esto por
dos, o a lo más tres, y por turno; y uno interprete.
28 Y si no hay intérprete, calle en la iglesia, y ha-
ble para sí mismo y para Dios.
29 Asimismo, los profetas hablen dos o tres, y
los demás juzguen.
30 Y si algo le fuere revelado a otro que estuvie-
re sentado, calle el primero.
31 Porque podéis profetizar todos uno por uno,
para que todos aprendan, y todos sean exhortados.
32 Y los espíritus de los profetas están sujetos a
los profetas;
33 pues Dios no es Dios de confusión, sino de
paz.
Como en todas las iglesias de los santos,
34 vuestras mujeres callen en las congregacio-
nes; porque no les es permitido hablar, sino que
estén sujetas, como también la ley lo dice.
35 Y si quieren aprender algo, pregunten en
casa a sus maridos; porque es indecoroso que
una mujer hable en la congregación.
36 ¿Acaso ha salido de vosotros la palabra de
Dios, o sólo a vosotros ha llegado?
37 Si alguno se cree profeta, o espiritual, reco-
nozca que lo que os escribo son mandamientos
del Señor.
38 Mas el que ignora, ignore.
39 Así que, hermanos, procurad profetizar, y no
impidáis el hablar lenguas;
40 pero hágase todo decentemente y con orden.

La resurrección de los muertos

15 1 Además os declaro, hermanos, el evan-
gelio que os he predicado, el cual tam-
bién recibisteis, en el cual también perseveráis;
2 por el cual asimismo, si retenéis la palabra
que os he predicado, sois salvos, si no creísteis
en vano.
3 Porque primeramente os he enseñado lo
que asimismo recibí: Que Cristo murió por
nuestros pecados, conforme a las Escrituras;[a]

14.21: [a] Is. 28.11-12. **15.3:** [a] Is. 53.5-12.

4 y que fue sepultado, y que resucitó al tercer
día, conforme a las Escrituras;[b]
5 y que apareció a Cefas,[c] y después a los doce.[d]
6 Después apareció a más de quinientos herma-
nos a la vez, de los cuales muchos viven aún, y
otros ya duermen.
7 Después apareció a Jacobo; después a todos
los apóstoles;
8 y al último de todos, como a un abortivo, me
apareció a mí.[e]
9 Porque yo soy el más pequeño de los apósto-
les, que no soy digno de ser llamado apóstol,
porque perseguí a la iglesia de Dios.[f]
10 Pero por la gracia de Dios soy lo que soy; y su
gracia no ha sido en vano para conmigo, antes
he trabajado más que todos ellos; pero no yo,
sino la gracia de Dios conmigo.
11 Porque o sea yo o sean ellos, así predicamos,
y así habéis creído.
12 Pero si se predica de Cristo que resucitó de
los muertos, ¿cómo dicen algunos entre voso-
tros que no hay resurrección de muertos?
13 Porque si no hay resurrección de muertos,
tampoco Cristo resucitó.
14 Y si Cristo no resucitó, vana es entonces nues-
tra predicación, vana es también vuestra fe.
15 Y somos hallados falsos testigos de Dios; por-
que hemos testificado de Dios que él resucitó a
Cristo, al cual no resucitó, si en verdad los
muertos no resucitan.
16 Porque si los muertos no resucitan, tampoco
Cristo resucitó;
17 y si Cristo no resucitó, vuestra fe es vana; aún
estáis en vuestros pecados.
18 Entonces también los que durmieron en Cris-
to perecieron.
19 Si en esta vida solamente esperamos en Cris-
to, somos los más dignos de conmiseración de
todos los hombres.
20 Mas ahora Cristo ha resucitado de los
muertos; primicias de los que durmieron es
hecho.
21 Porque por cuanto la muerte entró por un
hombre, también por un hombre la resurrección
de los muertos.
22 Porque así como en Adán todos mueren, tam-
bién en Cristo todos serán vivificados.
23 Pero cada uno en su debido orden: Cristo, las
primicias; luego los que son de Cristo, en su ve-
nida.
24 Luego el fin, cuando entregue el reino al Dios
y Padre, cuando haya suprimido todo dominio,
toda autoridad y potencia.
25 Porque preciso es que él reine hasta que
haya puesto a todos sus enemigos debajo de
sus pies.[g]
26 Y el postrer enemigo que será destruido es la
muerte.
27 Porque todas las cosas las sujetó debajo de
sus pies.[h] Y cuando dice que todas las cosas han
sido sujetadas a él, claramente se exceptúa
aquel que sujetó a él todas las cosas.
28 Pero luego que todas las cosas le estén suje-
tas, entonces también el Hijo mismo se sujetará
al que le sujetó a él todas las cosas, para que
Dios sea todo en todos.
29 De otro modo, ¿qué harán los que se bauti-
zan por los muertos, si en ninguna manera los
muertos resucitan? ¿Por qué, pues, se bautizan
por los muertos?
30 ¿Y por qué nosotros peligramos a toda hora?
31 Os aseguro, hermanos, por la gloria que de
vosotros tengo en nuestro Señor Jesucristo, que
cada día muero.
32 Si como hombre batallé en Efeso contra fie-
ras, ¿qué me aprovecha? Si los muertos no resu-
citan, comamos y bebamos, porque mañana
moriremos.[i]
33 No erréis; las malas conversaciones corrom-
pen las buenas costumbres.
34 Velad debidamente, y no pequéis; porque al-
gunos no conocen a Dios; para vergüenza vues-
tra lo digo.
35 Pero dirá alguno: ¿Cómo resucitarán los
muertos? ¿Con qué cuerpo vendrán?
36 Necio, lo que tú siembras no se vivifica, si no
muere antes.
37 Y lo que siembras no es el cuerpo que ha de
salir, sino el grano desnudo, ya sea de trigo o de
otro grano;
38 pero Dios le da el cuerpo como él quiso, y a
cada semilla su propio cuerpo.
39 No toda carne es la misma carne, sino que una
carne es la de los hombres, otra carne la de las
bestias, otra la de los peces, y otra la de las aves.
40 Y hay cuerpos celestiales, y cuerpos terrena-
les; pero una es la gloria de los celestiales, y otra
la de los terrenales.
41 Una es la gloria del sol, otra la gloria de la
luna, y otra la gloria de las estrellas, pues una
estrella es diferente de otra en gloria.
42 Así también es la resurrección de los muer-
tos. Se siembra en corrupción, resucitará en in-
corrupción.
43 Se siembra en deshonra, resucitará en gloria;
se siembra en debilidad, resucitará en poder.
44 Se siembra cuerpo animal, resucitará cuerpo
espiritual. Hay cuerpo animal, y hay cuerpo
espiritual.
45 Así también está escrito: Fue hecho el primer
hombre Adán alma viviente;[j] el postrer Adán,
espíritu vivificante.

15.4: [b] Sal. 16.8-10; Os. 6.2. **15.5:** [c] Lc. 24.34. [d] Mt. 28.16-17; Mr. 16.14; Lc. 24.36; Jn. 20.19. **15.8:** [e] Hch. 9.3-6. **15.9:** [f] Hch. 8.3. **15.25:** [g] Sal. 110.1. **15.27:** [h] Sal. 8.6. **15.32:** [i] Is. 22.13. **15.45:** [j] Gn. 2.7.

46 Mas lo espiritual no es primero, sino lo ani-
mal; luego lo espiritual.
47 El primer hombre es de la tierra, terrenal; el
segundo hombre, que es el Señor, es del cielo.
48 Cual el terrenal, tales también los terrenales;
y cual el celestial, tales también los celestiales.
49 Y así como hemos traído la imagen del terre-
nal, traeremos también la imagen del celestial.
50 Pero esto digo, hermanos: que la carne y la
sangre no pueden heredar el reino de Dios, ni la
corrupción hereda la incorrupción.
51 He aquí, os digo un misterio: No todos dor-
miremos; pero todos seremos transformados,
52 en un momento, en un abrir y cerrar de ojos,
a la final trompeta; porque se tocará la trompe-
ta, y los muertos serán resucitados incorrupti-
bles, y nosotros seremos transformados.[k]
53 Porque es necesario que esto corruptible se
vista de incorrupción, y esto mortal se vista de
inmortalidad.
54 Y cuando esto corruptible se haya vestido de
incorrupción, y esto mortal se haya vestido de
inmortalidad, entonces se cumplirá la palabra
que está escrita: Sorbida es la muerte en victo-
ria.[l]
55 ¿Dónde está, oh muerte, tu aguijón? ¿Dónde,
oh sepulcro, tu victoria?[m]
56 ya que el aguijón de la muerte es el pecado, y
el poder del pecado, la ley.
57 Mas gracias sean dadas a Dios, que nos da la
victoria por medio de nuestro Señor Jesucristo.
58 Así que, hermanos míos amados, estad fir-
mes y constantes, creciendo en la obra del Se-
ñor siempre, sabiendo que vuestro trabajo en el
Señor no es en vano.

La ofrenda para los santos

16 1 En cuanto a la ofrenda para los san-
tos,[a] haced vosotros también de la ma-
nera que ordené en las iglesias de Galacia.
2 Cada primer día de la semana cada uno de vo-
sotros ponga aparte algo, según haya prospera-
do, guardándolo, para que cuando yo llegue no
se recojan entonces ofrendas.
3 Y cuando haya llegado, a quienes hubiereis
designado por carta, a éstos enviaré para que
lleven vuestro donativo a Jerusalén.
4 Y si fuere propio que yo también vaya, irán
conmigo.

Planes de Pablo

5 Iré a vosotros, cuando haya pasado por Ma-
cedonia,[b] pues por Macedonia tengo que pasar.
6 Y podrá ser que me quede con vosotros, o aun
pase el invierno, para que vosotros me encami-
néis a donde haya de ir.
7 Porque no quiero veros ahora de paso, pues
espero estar con vosotros algún tiempo, si el Se-
ñor lo permite.
8 Pero estaré en Efeso hasta Pentecostés;[c]
9 porque se me ha abierto puerta grande y efi-
caz, y muchos son los adversarios.[d]
10 Y si llega Timoteo,[e] mirad que esté con vo-
sotros con tranquilidad, porque él hace la obra
del Señor así como yo.
11 Por tanto, nadie le tenga en poco, sino enca-
minadle en paz, para que venga a mí, porque le
espero con los hermanos.
12 Acerca del hermano Apolos, mucho le ro-
gué que fuese a vosotros con los hermanos, mas
de ninguna manera tuvo voluntad de ir por aho-
ra; pero irá cuando tenga oportunidad.

Salutaciones finales

13 Velad, estad firmes en la fe; portaos varo-
nilmente, y esforzaos.
14 Todas vuestras cosas sean hechas con amor.
15 Hermanos, ya sabéis que la familia de Esté-
fanas[f] es las primicias de Acaya, y que ellos se
han dedicado al servicio de los santos.
16 Os ruego que os sujetéis a personas como
ellos, y a todos los que ayudan y trabajan.
17 Me regocijo con la venida de Estéfanas, de
Fortunato y de Acaico, pues ellos han suplido
vuestra ausencia.
18 Porque confortaron mi espíritu y el vuestro;
reconoced, pues, a tales personas.
19 Las iglesias de Asia os saludan. Aquila y
Priscila,[g] con la iglesia que está en su casa, os sa-
ludan mucho en el Señor.
20 Os saludan todos los hermanos. Saludaos los
unos a los otros con ósculo santo.
21 Yo, Pablo, os escribo esta salutación de mi
propia mano.
22 El que no amare al Señor Jesucristo, sea ana-
tema. El Señor viene.[1]
23 La gracia del Señor Jesucristo esté con voso-
tros.
24 Mi amor en Cristo Jesús esté con todos voso-
tros. Amén.

15.51-52: [k] 1 Ts. 4.15-17. **15.54:** [l] Is. 25.8.
15.55: [m] Os. 13.14. **16.1:** [a] Ro. 15.25-26.
16.5: [b] Hch. 19.21. **16.8:** [c] Lv. 23.15-21; Dt. 16.9-11.
16.8-9: [d] Hch. 19.8-10. **16.10:** [e] 1 Co. 4.17.
16.15: [f] 1 Co. 1.16. **16.19:** [g] Hch. 18.2.
16.22: [1] Gr. del arameo, *Maran-ata.*

SEGUNDA EPÍSTOLA DEL APÓSTOL SAN PABLO A LOS

CORINTIOS

Salutación

1 1 Pablo, apóstol de Jesucristo por la voluntad de Dios, y el hermano Timoteo, a la iglesia de Dios que está en Corinto,[a] con todos los santos que están en toda Acaya:
2 Gracia y paz a vosotros, de Dios nuestro Padre y del Señor Jesucristo.

Aflicciones de Pablo

3 Bendito sea el Dios y Padre de nuestro Señor Jesucristo, Padre de misericordias y Dios de toda consolación,
4 el cual nos consuela en todas nuestras tribulaciones, para que podamos también nosotros consolar a los que están en cualquier tribulación, por medio de la consolación con que nosotros somos consolados por Dios.
5 Porque de la manera que abundan en nosotros las aflicciones de Cristo, así abunda también por el mismo Cristo nuestra consolación.
6 Pero si somos atribulados, es para vuestra consolación y salvación; o si somos consolados, es para vuestra consolación y salvación, la cual se opera en el sufrir las mismas aflicciones que nosotros también padecemos.
7 Y nuestra esperanza respecto de vosotros es firme, pues sabemos que así como sois compañeros en las aflicciones, también lo sois en la consolación.
8 Porque hermanos, no queremos que ignoréis acerca de nuestra tribulación que nos sobrevino en Asia;[b] pues fuimos abrumados sobremanera más allá de nuestras fuerzas, de tal modo que aun perdimos la esperanza de conservar la vida.
9 Pero tuvimos en nosotros mismos sentencia de muerte, para que no confiásemos en nosotros mismos, sino en Dios que resucita a los muertos;
10 el cual nos libró, y nos libra, y en quien esperamos que aún nos librará, de tan gran muerte;
11 cooperando también vosotros a favor nuestro con la oración, para que por muchas personas sean dadas gracias a favor nuestro por el don concedido a nosotros por medio de muchos.

Por qué Pablo pospuso su visita a Corinto

12 Porque nuestra gloria es esta: el testimonio de nuestra conciencia, que con sencillez y sinceridad de Dios, no con sabiduría humana, sino con la gracia de Dios, nos hemos conducido en el mundo, y mucho más con vosotros.
13 Porque no os escribimos otras cosas de las que leéis, o también entendéis; y espero que hasta el fin las entenderéis;
14 como también en parte habéis entendido que somos vuestra gloria, así como también vosotros la nuestra, para el día del Señor Jesús.
15 Con esta confianza quise ir primero a vosotros, para que tuvieseis una segunda gracia,
16 y por vosotros pasar a Macedonia,[c] y desde Macedonia venir otra vez a vosotros, y ser encaminado por vosotros a Judea.
17 Así que, al proponerme esto, ¿usé quizá de ligereza? ¿O lo que pienso hacer, lo pienso según la carne, para que haya en mí Sí y No?
18 Mas, como Dios es fiel, nuestra palabra a vosotros no es Sí y No.
19 Porque el Hijo de Dios, Jesucristo, que entre vosotros ha sido predicado por nosotros, por mí, Silvano y Timoteo,[d] no ha sido Sí y No; mas ha sido Sí en él;
20 porque todas las promesas de Dios son en él Sí, y en él Amén, por medio de nosotros, para la gloria de Dios.
21 Y el que nos confirma con vosotros en Cristo, y el que nos ungió, es Dios,
22 el cual también nos ha sellado, y nos ha dado las arras del Espíritu en nuestros corazones.
23 Mas yo invoco a Dios por testigo sobre mi alma, que por ser indulgente con vosotros no he pasado todavía a Corinto.
24 No que nos enseñoreemos de vuestra fe, sino que colaboramos para vuestro gozo; porque por la fe estáis firmes.

2 1 Esto, pues, determiné para conmigo, no ir otra vez a vosotros con tristeza.
2 Porque si yo os contristo, ¿quién será luego el que me alegre, sino aquel a quien yo contristé?
3 Y esto mismo os escribí, para que cuando llegue no tenga tristeza de parte de aquellos de quienes me debiera gozar; confiando en vosotros todos que mi gozo es el de todos vosotros.
4 Porque por la mucha tribulación y angustia del corazón os escribí con muchas lágrimas, no para que fueseis contristados, sino para que supieseis cuán grande es el amor que os tengo.

Pablo perdona al ofensor

5 Pero si alguno me ha causado tristeza, no me la ha causado a mí solo, sino en cierto modo (por no exagerar) a todos vosotros.
6 Le basta a tal persona esta reprensión hecha por muchos;
7 así que, al contrario, vosotros más bien debéis

1.1: [a] Hch. 18.1. 1.8: [b] 1 Co. 15.32. 1.16: [c] Hch. 19.21. 1.19: [d] Hch. 18.5.

perdonarle y consolarle, para que no sea consu-
mido de demasiada tristeza.
8 Por lo cual os ruego que confirméis el amor
para con él.
9 Porque también para este fin os escribí, para
tener la prueba de si vosotros sois obedientes en
todo.
10 Y al que vosotros perdonáis, yo también; por-
que también yo lo que he perdonado, si algo he
perdonado, por vosotros lo he hecho en presen-
cia de Cristo,
11 para que Satanás no gane ventaja alguna so-
bre nosotros; pues no ignoramos sus maquina-
ciones.

Ansiedad de Pablo en Troas

12 Cuando llegué a Troas para predicar el
evangelio de Cristo, aunque se me abrió puerta
en el Señor,
13 no tuve reposo en mi espíritu, por no haber
hallado a mi hermano Tito; así, despidiéndome
de ellos, partí para Macedonia.[a]

Triunfantes en Cristo

14 Mas a Dios gracias, el cual nos lleva siem-
pre en triunfo en Cristo Jesús, y por medio de
nosotros manifiesta en todo lugar el olor de su
conocimiento.
15 Porque para Dios somos grato olor de Cristo
en los que se salvan, y en los que se pierden;
16 a éstos ciertamente olor de muerte para
muerte, y a aquéllos olor de vida para vida. Y
para estas cosas, ¿quién es suficiente?
17 Pues no somos como muchos, que medran
falsificando la palabra de Dios, sino que con sin-
ceridad, como de parte de Dios, y delante de
Dios, hablamos en Cristo.

Ministros del nuevo pacto

3 1 ¿Comenzamos otra vez a recomendarnos
a nosotros mismos? ¿O tenemos necesidad,
como algunos, de cartas de recomendación
para vosotros, o de recomendación de voso-
tros?
2 Nuestras cartas sois vosotros, escritas en nues-
tros corazones, conocidas y leídas por todos los
hombres;
3 siendo manifiesto que sois carta de Cristo ex-
pedida por nosotros, escrita no con tinta, sino
con el Espíritu del Dios vivo; no en tablas de pie-
dra,[a] sino en tablas de carne del corazón.
4 Y tal confianza tenemos mediante Cristo
para con Dios;
5 no que seamos competentes por nosotros mis-
mos para pensar algo como de nosotros mis-
mos, sino que nuestra competencia proviene de
Dios,
6 el cual asimismo nos hizo ministros competen-
tes de un nuevo pacto,[b] no de la letra, sino del
espíritu; porque la letra mata, mas el espíritu
vivifica.
7 Y si el ministerio de muerte grabado con le-
tras en piedras fue con gloria, tanto que los hijos
de Israel no pudieron fijar la vista en el rostro de
Moisés a causa de la gloria de su rostro,[c] la cual
había de perecer,
8 ¿cómo no será más bien con gloria el ministe-
rio del espíritu?
9 Porque si el ministerio de condenación fue con
gloria, mucho más abundará en gloria el minis-
terio de justificación.
10 Porque aun lo que fue glorioso, no es glorioso
en este respecto, en comparación con la gloria
más eminente.
11 Porque si lo que perece tuvo gloria, mucho
más glorioso será lo que permanece.
12 Así que, teniendo tal esperanza, usamos de
mucha franqueza;
13 y no como Moisés, que ponía un velo sobre su
rostro,[d] para que los hijos de Israel no fijaran la
vista en el fin de aquello que había de ser
abolido.
14 Pero el entendimiento de ellos se embotó;
porque hasta el día de hoy, cuando leen el anti-
guo pacto, les queda el mismo velo no descu-
bierto, el cual por Cristo es quitado.
15 Y aun hasta el día de hoy, cuando se lee a
Moisés, el velo está puesto sobre el corazón de
ellos.
16 Pero cuando se conviertan al Señor, el velo se
quitará.
17 Porque el Señor es el Espíritu; y donde está el
Espíritu del Señor, allí hay libertad.
18 Por tanto, nosotros todos, mirando a cara
descubierta como en un espejo la gloria del Se-
ñor, somos transformados de gloria en gloria en
la misma imagen, como por el Espíritu del
Señor.

4 1 Por lo cual, teniendo nosotros este minis-
terio según la misericordia que hemos reci-
bido, no desmayamos.
2 Antes bien renunciamos a lo oculto y vergon-
zoso, no andando con astucia, ni adulterando la
palabra de Dios, sino por la manifestación de la
verdad recomendándonos a toda conciencia
humana delante de Dios.
3 Pero si nuestro evangelio está aún encubierto,
entre los que se pierden está encubierto;
4 en los cuales el dios de este siglo cegó el enten-
dimiento de los incrédulos, para que no les res-
plandezca la luz del evangelio de la gloria de
Cristo, el cual es la imagen de Dios.
5 Porque no nos predicamos a nosotros mismos,

2.12-13: [a] Hch. 20.1. **3.3:** [a] Ex. 24.12. **3.6:** [b] Jer. 31.31-34. **3.7:** [c] Ex. 34.29. **3.13:** [d] Ex. 34.33.

sino a Jesucristo como Señor, y a nosotros como
vuestros siervos por amor de Jesús.
6 Porque Dios, que mandó que de las tinieblas
resplandeciese la luz,[a] es el que resplandeció en
nuestros corazones, para iluminación del cono-
cimiento de la gloria de Dios en la faz de Jesu-
cristo.

Viviendo por la fe

7 Pero tenemos este tesoro en vasos de barro,
para que la excelencia del poder sea de Dios, y
no de nosotros,
8 que estamos atribulados en todo, mas no an-
gustiados; en apuros, mas no desesperados;
9 perseguidos, mas no desamparados; derriba-
dos, pero no destruidos;
10 llevando en el cuerpo siempre por todas par-
tes la muerte de Jesús, para que también la vida
de Jesús se manifieste en nuestros cuerpos.
11 Porque nosotros que vivimos, siempre esta-
mos entregados a muerte por causa de Jesús,
para que también la vida de Jesús se manifieste
en nuestra carne mortal.
12 De manera que la muerte actúa en nosotros,
y en vosotros la vida.
13 Pero teniendo el mismo espíritu de fe, con-
forme a lo que está escrito: Creí, por lo cual ha-
blé,[b] nosotros también creemos, por lo cual
también hablamos,
14 sabiendo que el que resucitó al Señor Jesús, a
nosotros también nos resucitará con Jesús, y
nos presentará juntamente con vosotros.
15 Porque todas estas cosas padecemos por
amor a vosotros, para que abundando la gracia
por medio de muchos, la acción de gracias so-
breabunde para gloria de Dios.
16 Por tanto, no desmayamos; antes aunque
este nuestro hombre exterior se va desgastando,
el interior no obstante se renueva de día en día.
17 Porque esta leve tribulación momentánea
produce en nosotros un cada vez más excelente
y eterno peso de gloria;
18 no mirando nosotros las cosas que se ven,
sino las que no se ven; pues las cosas que se ven
son temporales, pero las que no se ven son
eternas.
5 1 Porque sabemos que si nuestra morada te-
rrestre, este tabernáculo, se deshiciere, te-
nemos de Dios un edificio, una casa no hecha
de manos, eterna, en los cielos.
2 Y por esto también gemimos, deseando ser re-
vestidos de aquella nuestra habitación celestial;
3 pues así seremos hallados vestidos, y no des-
nudos.
4 Porque asimismo los que estamos en este ta-
bernáculo gemimos con angustia; porque no
quisiéramos ser desnudados, sino revestidos,
para que lo mortal sea absorbido por la vida.
5 Mas el que nos hizo para esto mismo es Dios,
quien nos ha dado las arras del Espíritu.
6 Así que vivimos confiados siempre, y sa-
biendo que entre tanto que estamos en el cuer-
po, estamos ausentes del Señor
7 (porque por fe andamos, no por vista);
8 pero confiamos, y más quisiéramos estar au-
sentes del cuerpo, y presentes al Señor.
9 Por tanto procuramos también, o ausentes o
presentes, serle agradables.
10 Porque es necesario que todos nosotros com-
parezcamos ante el tribunal de Cristo,[a] para que
cada uno reciba según lo que haya hecho mien-
tras estaba en el cuerpo, sea bueno o sea malo.

El ministerio de la reconciliación

11 Conociendo, pues, el temor del Señor, per-
suadimos a los hombres; pero a Dios le es mani-
fiesto lo que somos; y espero que también lo sea
a vuestras conciencias.
12 No nos recomendamos, pues, otra vez a vo-
sotros, sino os damos ocasión de gloriaros por
nosotros, para que tengáis con qué responder a
los que se glorían en las apariencias y no en el
corazón.
13 Porque si estamos locos, es para Dios; y si so-
mos cuerdos, es para vosotros.
14 Porque el amor de Cristo nos constriñe, pen-
sando esto: que si uno murió por todos, luego
todos murieron;
15 y por todos murió, para que los que viven, ya
no vivan para sí, sino para aquel que murió y re-
sucitó por ellos.
16 De manera que nosotros de aquí en ade-
lante a nadie conocemos según la carne; y aun
si a Cristo conocimos según la carne, ya no lo
conocemos así.
17 De modo que si alguno está en Cristo, nueva
criatura es; las cosas viejas pasaron; he aquí to-
das son hechas nuevas.
18 Y todo esto proviene de Dios, quien nos re-
concilió consigo mismo por Cristo, y nos dio el
ministerio de la reconciliación;
19 que Dios estaba en Cristo reconciliando con-
sigo al mundo, no tomándoles en cuenta a los
hombres sus pecados, y nos encargó a nosotros
la palabra de la reconciliación.
20 Así que, somos embajadores en nombre de
Cristo, como si Dios rogase por medio de noso-
tros; os rogamos en nombre de Cristo: Reconci-
liaos con Dios.
21 Al que no conoció pecado, por nosotros lo
hizo pecado, para que nosotros fuésemos he-
chos justicia de Dios en él.
6 1 Así, pues, nosotros, como colaboradores
suyos, os exhortamos también a que no re-
cibáis en vano la gracia de Dios.

4.6: [a] Gn. 1.3. **4.13:** [b] Sal. 116.10. **5.10:** [a] Ro. 14.10.

2 Porque dice:
En tiempo aceptable te he oído,
Y en día de salvación te he socorrido.[a]
He aquí ahora el tiempo aceptable; he aquí
ahora el día de salvación.
3 No damos a nadie ninguna ocasión de tropie-
zo, para que nuestro ministerio no sea vitupe-
rado;
4 antes bien, nos recomendamos en todo como
ministros de Dios, en mucha paciencia, en tribu-
laciones, en necesidades, en angustias;
5 en azotes, en cárceles,[b] en tumultos, en traba-
jos, en desvelos, en ayunos;
6 en pureza, en ciencia, en longanimidad, en
bondad, en el Espíritu Santo, en amor sincero,
7 en palabra de verdad, en poder de Dios, con
armas de justicia a diestra y a siniestra;
8 por honra y por deshonra, por mala fama y por
buena fama; como engañadores, pero veraces;
9 como desconocidos, pero bien conocidos;
como moribundos, mas he aquí vivimos; como
castigados, mas no muertos;
10 como entristecidos, mas siempre gozosos;
como pobres, mas enriqueciendo a muchos;
como no teniendo nada, mas poseyéndolo todo.
11 Nuestra boca se ha abierto a vosotros, oh
corintios; nuestro corazón se ha ensanchado.
12 No estáis estrechos en nosotros, pero sí sois
estrechos en vuestro propio corazón.
13 Pues, para corresponder del mismo modo
(como a hijos hablo), ensanchaos también voso-
tros.

Somos templo del Dios viviente

14 No os unáis en yugo desigual con los incré-
dulos; porque ¿qué compañerismo tiene la justi-
cia con la injusticia? ¿Y qué comunión la luz con
las tinieblas?
15 ¿Y qué concordia Cristo con Belial? ¿O qué
parte el creyente con el incrédulo?
16 ¿Y qué acuerdo hay entre el templo de Dios y
los ídolos? Porque vosotros sois el templo del
Dios viviente,[c] como Dios dijo:
Habitaré y andaré entre ellos,
Y seré su Dios,
Y ellos serán mi pueblo.[d]
17 Por lo cual,
Salid de en medio de ellos, y apartaos,
dice el Señor,
Y no toquéis lo inmundo;
Y yo os recibiré,[e]
18 Y seré para vosotros por Padre,
Y vosotros me seréis hijos e hijas, dice el
Señor Todopoderoso.[f]

7 1 Así que, amados, puesto que tenemos tales
promesas, limpiémonos de toda contamina-
ción de carne y de espíritu, perfeccionando la
santidad en el temor de Dios.

Regocijo de Pablo al arrepentirse los corintios

2 Admitidnos: a nadie hemos agraviado, a
nadie hemos corrompido, a nadie hemos enga-
ñado.
3 No lo digo para condenaros; pues ya he dicho
antes que estáis en nuestro corazón, para morir
y para vivir juntamente.
4 Mucha franqueza tengo con vosotros; mucho
me glorío con respecto de vosotros; lleno estoy
de consolación; sobreabundo de gozo en todas
nuestras tribulaciones.
5 Porque de cierto, cuando vinimos a Mace-
donia,[a] ningún reposo tuvo nuestro cuerpo, sino
que en todo fuimos atribulados; de fuera, con-
flictos; de dentro, temores.
6 Pero Dios, que consuela a los humildes, nos
consoló con la venida de Tito;
7 y no sólo con su venida, sino también con la
consolación con que él había sido consolado en
cuanto a vosotros, haciéndonos saber vuestro
gran afecto, vuestro llanto, vuestra solicitud por
mí, de manera que me regocijé aun más.
8 Porque aunque os contristé con la carta, no me
pesa, aunque entonces lo lamenté; porque veo
que aquella carta, aunque por algún tiempo, os
contristó.
9 Ahora me gozo, no porque hayáis sido contris-
tados, sino porque fuisteis contristados para
arrepentimiento; porque habéis sido contrista-
dos según Dios, para que ninguna pérdida pade-
cieseis por nuestra parte.
10 Porque la tristeza que es según Dios produce
arrepentimiento para salvación, de que no hay
que arrepentirse; pero la tristeza del mundo
produce muerte.
11 Porque he aquí, esto mismo de que hayáis
sido contristados según Dios, ¡qué solicitud pro-
dujo en vosotros, qué defensa, qué indignación,
qué temor, qué ardiente afecto, qué celo, y qué
vindicación! En todo os habéis mostrado lim-
pios en el asunto.
12 Así que, aunque os escribí, no fue por causa
del que cometió el agravio, ni por causa del que
lo padeció, sino para que se os hiciese manifies-
ta nuestra solicitud que tenemos por vosotros
delante de Dios.
13 Por esto hemos sido consolados en vuestra
consolación; pero mucho más nos gozamos por
el gozo de Tito, que haya sido confortado su es-
píritu por todos vosotros.
14 Pues si de algo me he gloriado con él respecto
de vosotros, no he sido avergonzado, sino que
así como en todo os hemos hablado con verdad,
también nuestro gloriarnos con Tito resultó
verdad.

6.2: [a] Is. 49.8. **6.5:** [b] Hch. 16.23. **6.16:** [c] 1 Co. 3.16; 6.19. [d] Lv. 26.12; Ez. 37.27. **6.17:** [e] Is. 52.11. **6.18:** [f] 2 S. 7.14; 1 Cr. 17.13. **7.5:** [a] 2 Co. 2.13.

15 Y su cariño para con vosotros es aun más
abundante, cuando se acuerda de la obediencia
de todos vosotros, de cómo lo recibisteis con te-
mor y temblor.
16 Me gozo de que en todo tengo confianza en
vosotros.

La ofrenda para los santos

8 1 Asimismo, hermanos, os hacemos saber la
gracia de Dios que se ha dado a las iglesias
de Macedonia;
2 que en grande prueba de tribulación, la abun-
dancia de su gozo y su profunda pobreza abun-
daron en riquezas de su generosidad.
3 Pues doy testimonio de que con agrado han
dado conforme a sus fuerzas, y aun más allá de
sus fuerzas,
4 pidiéndonos con muchos ruegos que les con-
cediésemos el privilegio de participar en este
servicio para los santos.[a]
5 Y no como lo esperábamos, sino que a sí mis-
mos se dieron primeramente al Señor, y luego a
nosotros por la voluntad de Dios;
6 de manera que exhortamos a Tito para que tal
como comenzó antes, asimismo acabe también
entre vosotros esta obra de gracia.
7 Por tanto, como en todo abundáis, en fe, en
palabra, en ciencia, en toda solicitud, y en vues-
tro amor para con nosotros, abundad también
en esta gracia.
8 No hablo como quien manda, sino para po-
ner a prueba, por medio de la diligencia de
otros, también la sinceridad del amor vuestro.
9 Porque ya conocéis la gracia de nuestro Señor
Jesucristo, que por amor a vosotros se hizo po-
bre, siendo rico, para que vosotros con su pobre-
za fueseis enriquecidos.
10 Y en esto doy mi consejo; porque esto os con-
viene a vosotros, que comenzasteis antes, no
sólo a hacerlo, sino también a quererlo, desde el
año pasado.
11 Ahora, pues, llevad también a cabo el hacer-
lo, para que como estuvisteis prontos a querer,
así también lo estéis en cumplir conforme a lo
que tengáis.
12 Porque si primero hay la voluntad dispuesta,
será acepta según lo que uno tiene, no según lo
que no tiene.
13 Porque no digo esto para que haya para otros
holgura, y para vosotros estrechez,
14 sino para que en este tiempo, con igualdad,
la abundancia vuestra supla la escasez de ellos,
para que también la abundancia de ellos supla
la necesidad vuestra, para que haya igualdad,
15 como está escrito: El que recogió mucho, no
tuvo más, y el que poco, no tuvo menos.[b]
16 Pero gracias a Dios que puso en el corazón
de Tito la misma solicitud por vosotros.
17 Pues a la verdad recibió la exhortación; pero
estando también muy solícito, por su propia vo-
luntad partió para ir a vosotros.
18 Y enviamos juntamente con él al hermano
cuya alabanza en el evangelio se oye por todas
las iglesias;
19 y no sólo esto, sino que también fue designa-
do por las iglesias como compañero de nuestra
peregrinación para llevar este donativo, que es
administrado por nosotros para gloria del Señor
mismo, y para demostrar vuestra buena volun-
tad;
20 evitando que nadie nos censure en cuanto a
esta ofrenda abundante que administramos,
21 procurando hacer las cosas honradamente,
no sólo delante del Señor sino también delante
de los hombres.[c]
22 Enviamos también con ellos a nuestro her-
mano, cuya diligencia hemos comprobado repe-
tidas veces en muchas cosas, y ahora mucho
más diligente por la mucha confianza que tiene
en vosotros.
23 En cuanto a Tito, es mi compañero y colabo-
rador para con vosotros; y en cuanto a nuestros
hermanos, son mensajeros de las iglesias, y glo-
ria de Cristo.
24 Mostrad, pues, para con ellos ante las iglesias
la prueba de vuestro amor, y de nuestro gloriar-
nos respecto de vosotros.

9 1 Cuanto a la ministración para los santos,
es por demás que yo os escriba;
2 pues conozco vuestra buena voluntad, de la
cual yo me glorío entre los de Macedonia, que
Acaya está preparada desde el año pasado; y
vuestro celo ha estimulado a la mayoría.
3 Pero he enviado a los hermanos, para que
nuestro gloriarnos de vosotros no sea vano en
esta parte; para que como lo he dicho, estéis
preparados;
4 no sea que si vinieren conmigo algunos mace-
donios, y os hallaren desprevenidos, nos aver-
goncemos nosotros, por no decir vosotros, de
esta nuestra confianza.
5 Por tanto, tuve por necesario exhortar a los
hermanos que fuesen primero a vosotros y pre-
parasen primero vuestra generosidad antes
prometida, para que esté lista como de genero-
sidad, y no como de exigencia nuestra.
6 Pero esto digo: El que siembra escasamente,
también segará escasamente; y el que siembra
generosamente, generosamente también segará.
7 Cada uno dé como propuso en su corazón: no
con tristeza, ni por necesidad, porque Dios ama
al dador alegre.
8 Y poderoso es Dios para hacer que abunde en
vosotros toda gracia, a fin de que, teniendo

8.1-4: [a] Ro. 15.26. **8.15:** [b] Ex. 16.18. **8.21:** [c] Pr. 3.4.

siempre en todas las cosas todo lo suficiente,
abundéis para toda buena obra;
9 como está escrito:

Repartió, dio a los pobres;
Su justicia permanece para siempre.[a]

10 Y el que da semilla al que siembra, y pan al
que come,[b] proveerá y multiplicará vuestra se-
mentera, y aumentará los frutos de vuestra
justicia,
11 para que estéis enriquecidos en todo para
toda liberalidad, la cual produce por medio de
nosotros acción de gracias a Dios.
12 Porque la ministración de este servicio no so-
lamente suple lo que a los santos falta, sino que
también abunda en muchas acciones de gracias
a Dios;
13 pues por la experiencia de esta ministración
glorifican a Dios por la obediencia que profesáis
al evangelio de Cristo, y por la liberalidad de
vuestra contribución para ellos y para todos;
14 asimismo en la oración de ellos por vosotros,
a quienes aman a causa de la superabundante
gracia de Dios en vosotros.
15 ¡Gracias a Dios por su don inefable!

Pablo defiende su ministerio

10 1 Yo Pablo os ruego por la mansedumbre
y ternura de Cristo, yo que estando pre-
sente ciertamente soy humilde entre vosotros,
mas ausente soy osado para con vosotros;
2 ruego, pues, que cuando esté presente, no ten-
ga que usar de aquella osadía con que estoy dis-
puesto a proceder resueltamente contra algunos
que nos tienen como si anduviésemos según la
carne.
3 Pues aunque andamos en la carne, no milita-
mos según la carne;
4 porque las armas de nuestra milicia no son
carnales, sino poderosas en Dios para la des-
trucción de fortalezas,
5 derribando argumentos y toda altivez que se
levanta contra el conocimiento de Dios, y lle-
vando cautivo todo pensamiento a la obedien-
cia a Cristo,
6 y estando prontos para castigar toda desobe-
diencia, cuando vuestra obediencia sea per-
fecta.
7 Miráis las cosas según la apariencia. Si algu-
no está persuadido en sí mismo que es de Cristo,
esto también piense por sí mismo, que como él
es de Cristo, así también nosotros somos de
Cristo.
8 Porque aunque me gloríe algo más todavía de
nuestra autoridad, la cual el Señor nos dio para
edificación y no para vuestra destrucción, no
me avergonzaré;
9 para que no parezca como que os quiero ame-
drentar por cartas.
10 Porque a la verdad, dicen, las cartas son du-
ras y fuertes; mas la presencia corporal débil, y
la palabra menospreciable.
11 Esto tenga en cuenta tal persona, que así
como somos en la palabra por cartas, estando
ausentes, lo seremos también en hechos, estan-
do presentes.
12 Porque no nos atrevemos a contarnos ni a
compararnos con algunos que se alaban a sí
mismos; pero ellos, midiéndose a sí mismos por
sí mismos, y comparándose consigo mismos, no
son juiciosos.
13 Pero nosotros no nos gloriaremos desmedi-
damente, sino conforme a la regla que Dios nos
ha dado por medida, para llegar también hasta
vosotros.
14 Porque no nos hemos extralimitado, como si
no llegásemos hasta vosotros, pues fuimos los
primeros en llegar hasta vosotros con el evange-
lio de Cristo.
15 No nos gloriamos desmedidamente en tra-
bajos ajenos, sino que esperamos que confor-
me crezca vuestra fe seremos muy engrande-
cidos entre vosotros, conforme a nuestra
regla;
16 y que anunciaremos el evangelio en los luga-
res más allá de vosotros, sin entrar en la obra de
otro para gloriarnos en lo que ya estaba prepa-
rado.
17 Mas el que se gloría, gloríese en el Señor;[a]
18 porque no es aprobado el que se alaba a sí
mismo, sino aquel a quien Dios alaba.

11 1 ¡Ojalá me toleraseis un poco de locura!
Sí, toleradme.
2 Porque os celo con celo de Dios; pues os he
desposado con un solo esposo, para presentaros
como una virgen pura a Cristo.
3 Pero temo que como la serpiente con su astu-
cia engañó a Eva,[a] vuestros sentidos sean de al-
guna manera extraviados de la sincera fidelidad
a Cristo.
4 Porque si viene alguno predicando a otro Je-
sús que el que os hemos predicado, o si recibís
otro espíritu que el que habéis recibido, u otro
evangelio que el que habéis aceptado, bien lo
toleráis;
5 y pienso que en nada he sido inferior a aque-
llos grandes apóstoles.
6 Pues aunque sea tosco en la palabra, no lo soy
en el conocimiento; en todo y por todo os lo he-
mos demostrado.
7 ¿Pequé yo humillándome a mí mismo, para
que vosotros fueseis enaltecidos, por cuanto os
he predicado el evangelio de Dios de balde?
8 He despojado a otras iglesias, recibiendo sala-
rio para serviros a vosotros.

9.9: [a] Sal. 112.9. **9.10:** [b] Is. 55.10. **10.17:** [a] Jer. 9.24.
11.3: [a] Gn. 3.1-5, 13.

9 Y cuando estaba entre vosotros y tuve necesi-
dad, a ninguno fui carga, pues lo que me falta-
ba, lo suplieron los hermanos que vinieron de
Macedonia,[b] y en todo me guardé y me guarda-
ré de seros gravoso.
10 Por la verdad de Cristo que está en mí, que no
se me impedirá esta mi gloria en las regiones de
Acaya.
11 ¿Por qué? ¿Porque no os amo? Dios lo sabe.
12 Mas lo que hago, lo haré aún, para quitar
la ocasión a aquellos que la desean, a fin de que
en aquello en que se glorían, sean hallados se-
mejantes a nosotros.
13 Porque éstos son falsos apóstoles, obreros
fraudulentos, que se disfrazan como apóstoles
de Cristo.
14 Y no es maravilla, porque el mismo Satanás
se disfraza como ángel de luz.
15 Así que, no es extraño si también sus minis-
tros se disfrazan como ministros de justicia;
cuyo fin será conforme a sus obras.

Sufrimientos de Pablo como apóstol

16 Otra vez digo: Que nadie me tenga por
loco; o de otra manera, recibidme como a loco,
para que yo también me gloríe un poquito.
17 Lo que hablo, no lo hablo según el Señor, sino
como en locura, con esta confianza de gloriar-
me.
18 Puesto que muchos se glorían según la carne,
también yo me gloriaré;
19 porque de buena gana toleráis a los necios,
siendo vosotros cuerdos.
20 Pues toleráis si alguno os esclaviza, si alguno
os devora, si alguno toma lo vuestro, si alguno
se enaltece, si alguno os da de bofetadas.
21 Para vergüenza mía lo digo, para eso fuimos
demasiado débiles.

Pero en lo que otro tenga osadía (hablo con
locura), también yo tengo osadía.
22 ¿Son hebreos? Yo también. ¿Son israelitas?
Yo también. ¿Son descendientes de Abraham?
También yo.
23 ¿Son ministros de Cristo? (Como si estuviera
loco hablo.) Yo más; en trabajos más abundan-
te; en azotes sin número; en cárceles[c] más; en
peligros de muerte muchas veces.
24 De los judíos cinco veces he recibido cuarenta
azotes menos uno.[d]
25 Tres veces he sido azotado con varas;[e] una
vez apedreado;[f] tres veces he padecido naufra-
gio; una noche y un día he estado como náufra-
go en alta mar;
26 en caminos muchas veces; en peligros de
ríos, peligros de ladrones, peligros de los de mi
nación,[g] peligros de los gentiles,[h] peligros en la
ciudad, peligros en el desierto, peligros en el
mar, peligros entre falsos hermanos;
27 en trabajo y fatiga, en muchos desvelos, en
hambre y sed, en muchos ayunos, en frío y en
desnudez;
28 y además de otras cosas, lo que sobre mí se
agolpa cada día, la preocupación por todas las
iglesias.
29 ¿Quién enferma, y yo no enfermo? ¿A quién
se le hace tropezar, y yo no me indigno?
30 Si es necesario gloriarse, me gloriaré en lo
que es de mi debilidad.
31 El Dios y Padre de nuestro Señor Jesucristo,
quien es bendito por los siglos, sabe que no
miento.
32 En Damasco, el gobernador de la provincia
del rey Aretas guardaba la ciudad de los damas-
cenos para prenderme;
33 y fui descolgado del muro en un canasto por
una ventana, y escapé de sus manos.[i]

El aguijón en la carne

12 1 Ciertamente no me conviene gloriar-
me; pero vendré a las visiones y a las re-
velaciones del Señor.
2 Conozco a un hombre en Cristo, que hace ca-
torce años (si en el cuerpo, no lo sé; si fuera del
cuerpo, no lo sé; Dios lo sabe) fue arrebatado
hasta el tercer cielo.
3 Y conozco al tal hombre (si en el cuerpo, o fue-
ra del cuerpo, no lo sé; Dios lo sabe),
4 que fue arrebatado al paraíso, donde oyó pala-
bras inefables que no le es dado al hombre
expresar.
5 De tal hombre me gloriaré; pero de mí mismo
en nada me gloriaré, sino en mis debilidades.
6 Sin embargo, si quisiera gloriarme, no sería in-
sensato, porque diría la verdad; pero lo dejo,
para que nadie piense de mí más de lo que en mí
ve, u oye de mí.
7 Y para que la grandeza de las revelaciones no
me exaltase desmedidamente, me fue dado un
aguijón en mi carne, un mensajero de Satanás
que me abofetee, para que no me enaltezca
sobremanera;
8 respecto a lo cual tres veces he rogado al Se-
ñor, que lo quite de mí.
9 Y me ha dicho: Bástate mi gracia; porque mi
poder se perfecciona en la debilidad. Por tanto,
de buena gana me gloriaré más bien en mis de-
bilidades, para que repose sobre mí el poder de
Cristo.
10 Por lo cual, por amor a Cristo me gozo en las
debilidades, en afrentas, en necesidades, en
persecuciones, en angustias; porque cuando soy
débil, entonces soy fuerte.
11 Me he hecho un necio al gloriarme; voso-

11.9: [b] Fil. 4.15-18. **11.23:** [c] Hch. 16.23. **11.24:** [d] Dt. 25.3.
11.25: [e] Hch. 16.22. [f] Hch. 14.19. **11.26:** [g] Hch. 9.23.
[h] Hch. 14.5. **11.32-33:** [i] Hch. 9.23-25.

tros me obligasteis a ello, pues yo debía ser alabado por vosotros; porque en nada he sido menos que aquellos grandes apóstoles, aunque nada soy.
12 Con todo, las señales de apóstol han sido hechas entre vosotros en toda paciencia, por señales, prodigios y milagros.
13 Porque ¿en qué habéis sido menos que las otras iglesias, sino en que yo mismo no os he sido carga? ¡Perdonadme este agravio!

Pablo anuncia su tercera visita

14 He aquí, por tercera vez estoy preparado para ir a vosotros; y no os seré gravoso, porque no busco lo vuestro, sino a vosotros, pues no deben atesorar los hijos para los padres, sino los padres para los hijos.
15 Y yo con el mayor placer gastaré lo mío, y aun yo mismo me gastaré del todo por amor de vuestras almas, aunque amándoos más, sea amado menos.
16 Pero admitiendo esto, que yo no os he sido carga, sino que como soy astuto, os prendí por engaño,
17 ¿acaso os he engañado por alguno de los que he enviado a vosotros?
18 Rogué a Tito, y envié con él al hermano. ¿Os engañó acaso Tito? ¿No hemos procedido con el mismo espíritu y en las mismas pisadas?
19 ¿Pensáis aún que nos disculpamos con vosotros? Delante de Dios en Cristo hablamos; y todo, muy amados, para vuestra edificación.
20 Pues me temo que cuando llegue, no os halle tales como quiero, y yo sea hallado de vosotros cual no queréis; que haya entre vosotros contiendas, envidias, iras, divisiones, maledicencias, murmuraciones, soberbias, desórdenes;
21 que cuando vuelva, me humille Dios entre vosotros, y quizá tenga que llorar por muchos de los que antes han pecado, y no se han arrepentido de la inmundicia y fornicación y lascivia que han cometido.

13 1 Esta es la tercera vez que voy a vosotros. Por boca de dos o de tres testigos[a] se decidirá todo asunto.
2 He dicho antes, y ahora digo otra vez como si estuviera presente, y ahora ausente lo escribo a los que antes pecaron, y a todos los demás, que si voy otra vez, no seré indulgente;
3 pues buscáis una prueba de que habla Cristo en mí, el cual no es débil para con vosotros, sino que es poderoso en vosotros.
4 Porque aunque fue crucificado en debilidad, vive por el poder de Dios. Pues también nosotros somos débiles en él, pero viviremos con él por el poder de Dios para con vosotros.
5 Examinaos a vosotros mismos si estáis en la fe; probaos a vosotros mismos. ¿O no os conocéis a vosotros mismos, que Jesucristo está en vosotros, a menos que estéis reprobados?
6 Mas espero que conoceréis que nosotros no estamos reprobados.
7 Y oramos a Dios que ninguna cosa mala hagáis; no para que nosotros aparezcamos aprobados, sino para que vosotros hagáis lo bueno, aunque nosotros seamos como reprobados.
8 Porque nada podemos contra la verdad, sino por la verdad.
9 Por lo cual nos gozamos de que seamos nosotros débiles, y que vosotros estéis fuertes; y aun oramos por vuestra perfección.
10 Por esto os escribo estando ausente, para no usar de severidad cuando esté presente, conforme a la autoridad que el Señor me ha dado para edificación, y no para destrucción.

Saludos y doxología final

11 Por lo demás, hermanos, tened gozo, perfeccionaos, consolaos, sed de un mismo sentir, y vivid en paz; y el Dios de paz y de amor estará con vosotros.
12 Saludaos unos a otros con ósculo santo.
13 Todos los santos os saludan.
14 La gracia del Señor Jesucristo, el amor de Dios, y la comunión del Espíritu Santo sean con todos vosotros. Amén.

LA EPÍSTOLA DEL APÓSTOL SAN PABLO A LOS

GÁLATAS

Salutación

1 1 Pablo, apóstol (no de hombres ni por hombre, sino por Jesucristo y por Dios el Padre que lo resucitó de los muertos),
2 y todos los hermanos que están conmigo, a las iglesias de Galacia:
3 Gracia y paz sean a vosotros, de Dios el Padre y de nuestro Señor Jesucristo,
4 el cual se dio a sí mismo por nuestros pecados para librarnos del presente siglo malo, conforme a la voluntad de nuestro Dios y Padre,
5 a quien sea la gloria por los siglos de los siglos. Amén.

13.1: [a] Dt. 17.6; 19.15.

No hay otro evangelio

6 Estoy maravillado de que tan pronto os hayáis alejado del que os llamó por la gracia de Cristo, para seguir un evangelio diferente.
7 No que haya otro, sino que hay algunos que os perturban y quieren pervertir el evangelio de Cristo.
8 Mas si aun nosotros, o un ángel del cielo, os anunciare otro evangelio diferente del que os hemos anunciado, sea anatema.
9 Como antes hemos dicho, también ahora lo repito: Si alguno os predica diferente evangelio del que habéis recibido, sea anatema.
10 Pues, ¿busco ahora el favor de los hombres, o el de Dios? ¿O trato de agradar a los hombres? Pues si todavía agradara a los hombres, no sería siervo de Cristo.

El ministerio de Pablo

11 Mas os hago saber, hermanos, que el evangelio anunciado por mí, no es según hombre;
12 pues yo ni lo recibí ni lo aprendí de hombre alguno, sino por revelación de Jesucristo.
13 Porque ya habéis oído acerca de mi conducta en otro tiempo en el judaísmo, que perseguía sobremanera a la iglesia de Dios, y la asolaba;[a]
14 y en el judaísmo aventajaba a muchos de mis contemporáneos en mi nación, siendo mucho más celoso de las tradiciones de mis padres.[b]
15 Pero cuando agradó a Dios, que me apartó desde el vientre de mi madre, y me llamó por su gracia,
16 revelar a su Hijo en mí,[c] para que yo le predicase entre los gentiles, no consulté en seguida con carne y sangre,
17 ni subí a Jerusalén a los que eran apóstoles antes que yo; sino que fui a Arabia, y volví de nuevo a Damasco.
18 Después, pasados tres años, subí a Jerusalén[d] para ver a Pedro, y permanecí con él quince días;
19 pero no vi a ningún otro de los apóstoles, sino a Jacobo el hermano del Señor.
20 En esto que os escribo, he aquí delante de Dios que no miento.
21 Después fui a las regiones de Siria y de Cilicia,
22 y no era conocido de vista a las iglesias de Judea, que eran en Cristo;
23 solamente oían decir: Aquel que en otro tiempo nos perseguía, ahora predica la fe que en otro tiempo asolaba.
24 Y glorificaban a Dios en mí.

2 1 Después, pasados catorce años, subí otra vez a Jerusalén[a] con Bernabé, llevando también conmigo a Tito.
2 Pero subí según una revelación, y para no correr o haber corrido en vano, expuse en privado a los que tenían cierta reputación el evangelio que predico entre los gentiles.
3 Mas ni aun Tito, que estaba conmigo, con todo y ser griego, fue obligado a circuncidarse;
4 y esto a pesar de los falsos hermanos introducidos a escondidas, que entraban para espiar nuestra libertad que tenemos en Cristo Jesús, para reducirnos a esclavitud,
5 a los cuales ni por un momento accedimos a someternos, para que la verdad del evangelio permaneciese con vosotros.
6 Pero de los que tenían reputación de ser algo (lo que hayan sido en otro tiempo nada me importa; Dios no hace acepción de personas[b]), a mí, pues, los de reputación nada nuevo me comunicaron.
7 Antes por el contrario, como vieron que me había sido encomendado el evangelio de la incircuncisión, como a Pedro el de la circuncisión
8 (pues el que actuó en Pedro para el apostolado de la circuncisión, actuó también en mí para con los gentiles),
9 y reconociendo la gracia que me había sido dada, Jacobo, Cefas y Juan, que eran considerados como columnas, nos dieron a mí y a Bernabé la diestra en señal de compañerismo, para que nosotros fuésemos a los gentiles, y ellos a la circuncisión.
10 Solamente nos pidieron que nos acordásemos de los pobres; lo cual también procuré con diligencia hacer.

Pablo reprende a Pedro en Antioquía

11 Pero cuando Pedro vino a Antioquía, le resistí cara a cara, porque era de condenar.
12 Pues antes que viniesen algunos de parte de Jacobo, comía con los gentiles; pero después que vinieron, se retraía y se apartaba, porque tenía miedo de los de la circuncisión.
13 Y en su simulación participaban también los otros judíos, de tal manera que aun Bernabé fue también arrastrado por la hipocresía de ellos.
14 Pero cuando vi que no andaban rectamente conforme a la verdad del evangelio, dije a Pedro delante de todos: Si tú, siendo judío, vives como los gentiles y no como judío, ¿por qué obligas a los gentiles a judaizar?
15 Nosotros, judíos de nacimiento, y no pecadores de entre los gentiles,
16 sabiendo que el hombre no es justificado por las obras de la ley,[c] sino por la fe de Jesucristo,[d] nosotros también hemos creído en Jesucristo, para ser justificados por la fe de Cristo y no por

1.13: [a] Hch. 8.3; 22.4-5; 26.9-11. **1.14:** [b] Hch. 22.3. **1.15-16:** [c] Hch. 9.3-6; 22.6-10; 26.13-18. **1.18:** [d] Hch. 9.26-30. **2.1:**[a] Hch. 11.30; 15.2. **2.6:** [b] Dt. 10.17. **2.16:** [c] Sal. 143.2; Ro. 3.20. [d] Ro. 3.22.

las obras de la ley, por cuanto por las obras de la
ley nadie será justificado.
17 Y si buscando ser justificados en Cristo, tam-
bién nosotros somos hallados pecadores, ¿es
por eso Cristo ministro de pecado? En ninguna
manera.
18 Porque si las cosas que destruí, las mismas
vuelvo a edificar, transgresor me hago.
19 Porque yo por la ley soy muerto para la ley, a
fin de vivir para Dios.
20 Con Cristo estoy juntamente crucificado, y ya
no vivo yo, mas vive Cristo en mí; y lo que ahora
vivo en la carne, lo vivo en la fe del Hijo de Dios,
el cual me amó y se entregó a sí mismo por mí.
21 No desecho la gracia de Dios; pues si por la
ley fuese la justicia, entonces por demás murió
Cristo.

El Espíritu se recibe por la fe

3 1 ¡Oh gálatas insensatos! ¿quién os fascinó
para no obedecer a la verdad, a vosotros
ante cuyos ojos Jesucristo fue ya presentado
claramente entre vosotros como crucificado?
2 Esto solo quiero saber de vosotros: ¿Recibis-
teis el Espíritu por las obras de la ley, o por el oír
con fe?
3 ¿Tan necios sois? ¿Habiendo comenzado por
el Espíritu, ahora vais a acabar por la carne?
4 ¿Tantas cosas habéis padecido en vano? si es
que realmente fue en vano.
5 Aquel, pues, que os suministra el Espíritu, y
hace maravillas entre vosotros, ¿lo hace por las
obras de la ley, o por el oír con fe?

El pacto de Dios con Abraham

6 Así Abraham creyó a Dios, y le fue contado
por justicia.[a]
7 Sabed, por tanto, que los que son de fe, éstos
son hijos de Abraham.[b]
8 Y la Escritura, previendo que Dios había de
justificar por la fe a los gentiles, dio de antema-
no la buena nueva a Abraham, diciendo: En ti
serán benditas todas las naciones.[c]
9 De modo que los de la fe son bendecidos con el
creyente Abraham.
10 Porque todos los que dependen de las
obras de la ley están bajo maldición, pues escri-
to está: Maldito todo aquel que no permanecie-
re en todas las cosas escritas en el libro de la ley,
para hacerlas.[d]
11 Y que por la ley ninguno se justifica para con
Dios, es evidente, porque: El justo por la fe vivirá;[e]
12 y la ley no es de fe, sino que dice: El que hicie-
re estas cosas vivirá por ellas.[f]
13 Cristo nos redimió de la maldición de la ley,
hecho por nosotros maldición (porque está es-
crito: Maldito todo el que es colgado en un ma-
dero[g]),
14 para que en Cristo Jesús la bendición de
Abraham alcanzase a los gentiles, a fin de que
por la fe recibiésemos la promesa del Espíritu.
15 Hermanos, hablo en términos humanos:
Un pacto, aunque sea de hombre, una vez ratifi-
cado, nadie lo invalida, ni le añade.
16 Ahora bien, a Abraham fueron hechas las
promesas, y a su simiente. No dice: Y a las si-
mientes, como si hablase de muchos, sino como
de uno: Y a tu simiente,[h] la cual es Cristo.
17 Esto, pues, digo: El pacto previamente ratifi-
cado por Dios para con Cristo, la ley que vino
cuatrocientos treinta años después,[i] no lo abro-
ga, para invalidar la promesa.
18 Porque si la herencia es por la ley, ya no es
por la promesa;[j] pero Dios la concedió a
Abraham mediante la promesa.

El propósito de la ley

19 Entonces, ¿para qué sirve la ley? Fue aña-
dida a causa de las transgresiones, hasta que vi-
niese la simiente a quien fue hecha la promesa;
y fue ordenada por medio de ángeles en mano
de un mediador.
20 Y el mediador no lo es de uno solo; pero Dios
es uno.
21 ¿Luego la ley es contraria a las promesas
de Dios? En ninguna manera; porque si la ley
dada pudiera vivificar, la justicia fuera verdade-
ramente por la ley.
22 Mas la Escritura lo encerró todo bajo pecado,
para que la promesa que es por la fe en Jesucris-
to fuese dada a los creyentes.
23 Pero antes que viniese la fe, estábamos
confinados bajo la ley, encerrados para aquella
fe que iba a ser revelada.
24 De manera que la ley ha sido nuestro ayo,
para llevarnos a Cristo, a fin de que fuésemos
justificados por la fe.
25 Pero venida la fe, ya no estamos bajo ayo,
26 pues todos sois hijos de Dios por la fe en Cris-
to Jesús;
27 porque todos los que habéis sido bautizados
en Cristo, de Cristo estáis revestidos.
28 Ya no hay judío ni griego; no hay esclavo ni li-
bre; no hay varón ni mujer; porque todos voso-
tros sois uno en Cristo Jesús.
29 Y si vosotros sois de Cristo, ciertamente linaje
de Abraham sois, y herederos según la promesa.[k]
4 1 Pero también digo: Entre tanto que el he-
redero es niño, en nada difiere del esclavo,
aunque es señor de todo;
2 sino que está bajo tutores y curadores hasta el
tiempo señalado por el padre.

3.6: [a] Gn. 15.6; Ro. 4.3. **3.7:** [b] Ro. 4.16. **3.8:** [c] Gn. 12.3. **3.10:** [d] Dt. 27.26. **3.11:** [e] Hab. 2.4. **3.12:** [f] Lv. 18.5. **3.13:** [g] Dt. 21.23. **3.16:** [h] Gn. 12.7. **3.17:** [i] Ex. 12.40. **3.18:** [j] Ro. 4.14. **3.29:** [k] Ro. 4.13.

3 Así también nosotros, cuando éramos niños, estábamos en esclavitud bajo los rudimentos del mundo.

4 Pero cuando vino el cumplimiento del tiempo, Dios envió a su Hijo, nacido de mujer y nacido bajo la ley,

5 para que redimiese a los que estaban bajo la ley, a fin de que recibiésemos la adopción de hijos.

6 Y por cuanto sois hijos, Dios envió a vuestros corazones el Espíritu de su Hijo, el cual clama: ¡Abba, Padre!

7 Así que ya no eres esclavo, sino hijo; y si hijo, también heredero de Dios por medio de Cristo.[a]

Exhortación contra el volver a la esclavitud

8 Ciertamente, en otro tiempo, no conociendo a Dios, servíais a los que por naturaleza no son dioses;

9 mas ahora, conociendo a Dios, o más bien, siendo conocidos por Dios, ¿cómo es que os volvéis de nuevo a los débiles y pobres rudimentos, a los cuales os queréis volver a esclavizar?

10 Guardáis los días, los meses, los tiempos y los años.

11 Me temo de vosotros, que haya trabajado en vano con vosotros.

12 Os ruego, hermanos, que os hagáis como yo, porque yo también me hice como vosotros. Ningún agravio me habéis hecho.

13 Pues vosotros sabéis que a causa de una enfermedad del cuerpo os anuncié el evangelio al principio;

14 y no me despreciasteis ni desechasteis por la prueba que tenía en mi cuerpo, antes bien me recibisteis como a un ángel de Dios, como a Cristo Jesús.

15 ¿Dónde, pues, está esa satisfacción que experimentabais? Porque os doy testimonio de que si hubieseis podido, os hubierais sacado vuestros propios ojos para dármelos.

16 ¿Me he hecho, pues, vuestro enemigo, por deciros la verdad?

17 Tienen celo por vosotros, pero no para bien, sino que quieren apartaros de nosotros para que vosotros tengáis celo por ellos.

18 Bueno es mostrar celo en lo bueno siempre, y no solamente cuando estoy presente con vosotros.

19 Hijitos míos, por quienes vuelvo a sufrir dolores de parto, hasta que Cristo sea formado en vosotros,

20 quisiera estar con vosotros ahora mismo y cambiar de tono, pues estoy perplejo en cuanto a vosotros.

Alegoría de Sara y Agar

21 Decidme, los que queréis estar bajo la ley: ¿no habéis oído la ley?

22 Porque está escrito que Abraham tuvo dos hijos; uno de la esclava,[b] el otro de la libre.[c]

23 Pero el de la esclava nació según la carne; mas el de la libre, por la promesa.

24 Lo cual es una alegoría, pues estas mujeres son los dos pactos; el uno proviene del monte Sinaí, el cual da hijos para esclavitud; éste es Agar.

25 Porque Agar es el monte Sinaí en Arabia, y corresponde a la Jerusalén actual, pues ésta, junto con sus hijos, está en esclavitud.

26 Mas la Jerusalén de arriba, la cual es madre de todos nosotros, es libre.

27 Porque está escrito:

Regocíjate, oh estéril, tú que no das a luz;
Prorrumpe en júbilo y clama, tú que no tienes dolores de parto;
Porque más son los hijos de la desolada, que de la que tiene marido.[d]

28 Así que, hermanos, nosotros, como Isaac, somos hijos de la promesa.

29 Pero como entonces el que había nacido según la carne perseguía al que había nacido según el Espíritu,[e] así también ahora.

30 Mas ¿qué dice la Escritura? Echa fuera a la esclava y a su hijo, porque no heredará el hijo de la esclava con el hijo de la libre.[f]

31 De manera, hermanos, que no somos hijos de la esclava, sino de la libre.

Estad firmes en la libertad

5 1 Estad, pues, firmes en la libertad con que Cristo nos hizo libres, y no estéis otra vez sujetos al yugo de esclavitud.

2 He aquí, yo Pablo os digo que si os circuncidáis, de nada os aprovechará Cristo.

3 Y otra vez testifico a todo hombre que se circuncida, que está obligado a guardar toda la ley.

4 De Cristo os desligasteis, los que por la ley os justificáis; de la gracia habéis caído.

5 Pues nosotros por el Espíritu aguardamos por fe la esperanza de la justicia;

6 porque en Cristo Jesús ni la circuncisión vale algo, ni la incircuncisión, sino la fe que obra por el amor.

7 Vosotros corríais bien; ¿quién os estorbó para no obedecer a la verdad?

8 Esta persuasión no procede de aquel que os llama.

9 Un poco de levadura leuda toda la masa.[a]

10 Yo confío respecto de vosotros en el Señor, que no pensaréis de otro modo; mas el que os perturba llevará la sentencia, quienquiera que sea.

11 Y yo, hermanos, si aún predico la circunci-

4.5-7: [a] Ro. 8.15-17. **4.22:** [b] Gn. 16.15. [c] Gn. 21.2. **4.27:** [d] Is. 54.1. **4.29:** [e] Gn. 21.9. **4.30:** [f] Gn. 21.10. **5.9:** [a] 1 Co. 5.6.

sión, ¿por qué padezco persecución todavía? En
tal caso se ha quitado el tropiezo de la cruz.
12 ¡Ojalá se mutilasen los que os perturban!
13 Porque vosotros, hermanos, a libertad fuis-
teis llamados; solamente que no uséis la liber-
tad como ocasión para la carne, sino servíos por
amor los unos a los otros.
14 Porque toda la ley en esta sola palabra se
cumple: Amarás a tu prójimo como a ti mismo.[b]
15 Pero si os mordéis y os coméis unos a otros, mi-
rad que también no os consumáis unos a otros.

Las obras de la carne y el fruto del Espíritu

16 Digo, pues: Andad en el Espíritu, y no sa-
tisfagáis los deseos de la carne.
17 Porque el deseo de la carne es contra el Espí-
ritu, y el del Espíritu es contra la carne; y éstos
se oponen entre sí, para que no hagáis lo que
quisiereis.[c]
18 Pero si sois guiados por el Espíritu, no estáis
bajo la ley.
19 Y manifiestas son las obras de la carne, que
son: adulterio, fornicación, inmundicia, lascivia,
20 idolatría, hechicerías, enemistades, pleitos,
celos, iras, contiendas, disensiones, herejías,
21 envidias, homicidios, borracheras, orgías, y co-
sas semejantes a estas; acerca de las cuales os amo-
nesto, como ya os lo he dicho antes, que los que
practican tales cosas no heredarán el reino de Dios.
22 Mas el fruto del Espíritu es amor, gozo, paz,
paciencia, benignidad, bondad, fe,
23 mansedumbre, templanza; contra tales cosas
no hay ley.
24 Pero los que son de Cristo han crucificado la
carne con sus pasiones y deseos.
25 Si vivimos por el Espíritu, andemos tam-
bién por el Espíritu.
26 No nos hagamos vanagloriosos, irritándonos
unos a otros, envidiándonos unos a otros.
6 1 Hermanos, si alguno fuere sorprendido en
alguna falta, vosotros que sois espirituales,
restauradle con espíritu de mansedumbre, con-
siderándote a ti mismo, no sea que tú también
seas tentado.
2 Sobrellevad los unos las cargas de los otros, y
cumplid así la ley de Cristo.
3 Porque el que se cree ser algo, no siendo nada,
a sí mismo se engaña.
4 Así que, cada uno someta a prueba su propia
obra, y entonces tendrá motivo de gloriarse sólo
respecto de sí mismo, y no en otro;
5 porque cada uno llevará su propia carga.
6 El que es enseñado en la palabra, haga par-
tícipe de toda cosa buena al que lo instruye.
7 No os engañéis; Dios no puede ser burlado:
pues todo lo que el hombre sembrare, eso tam-
bién segará.
8 Porque el que siembra para su carne, de la car-
ne segará corrupción; mas el que siembra para
el Espíritu, del Espíritu segará vida eterna.
9 No nos cansemos, pues, de hacer bien; porque
a su tiempo segaremos, si no desmayamos.
10 Así que, según tengamos oportunidad, haga-
mos bien a todos, y mayormente a los de la fa-
milia de la fe.

Pablo se gloría en la cruz de Cristo

11 Mirad con cuán grandes letras os escribo
de mi propia mano.
12 Todos los que quieren agradar en la carne, és-
tos os obligan a que os circuncidéis, solamente
para no padecer persecución a causa de la cruz
de Cristo.
13 Porque ni aun los mismos que se circuncidan
guardan la ley; pero quieren que vosotros os cir-
cuncidéis, para gloriarse en vuestra carne.
14 Pero lejos esté de mí gloriarme, sino en la
cruz de nuestro Señor Jesucristo, por quien el
mundo me es crucificado a mí, y yo al mundo.
15 Porque en Cristo Jesús ni la circuncisión vale
nada, ni la incircuncisión, sino una nueva
creación.
16 Y a todos los que anden conforme a esta re-
gla, paz y misericordia sea a ellos, y al Israel de
Dios.
17 De aquí en adelante nadie me cause moles-
tias; porque yo traigo en mi cuerpo las marcas
del Señor Jesús.

Bendición final

18 Hermanos, la gracia de nuestro Señor Je-
sucristo sea con vuestro espíritu. Amén.

LA EPÍSTOLA DEL APÓSTOL SAN PABLO A LOS

EFESIOS

Salutación

1 1 Pablo, apóstol de Jesucristo por la volun-
tad de Dios, a los santos y fieles en Cristo Je-
sús que están en Efeso:[a]
2 Gracia y paz a vosotros, de Dios nuestro Padre
y del Señor Jesucristo.

Bendiciones espirituales en Cristo

3 Bendito sea el Dios y Padre de nuestro Se-
ñor Jesucristo, que nos bendijo con toda ben-
dición espiritual en los lugares celestiales en
Cristo,

5.14: [b] Lv. 19.18. **5.17:** [c] Ro. 7.15-23. **1.1:** [a] Hch. 18.19-21; 19.1.

4 según nos escogió en él antes de la fundación
del mundo, para que fuésemos santos y sin
mancha delante de él,
5 en amor habiéndonos predestinado para ser
adoptados hijos suyos por medio de Jesucristo,
según el puro afecto de su voluntad,
6 para alabanza de la gloria de su gracia, con la
cual nos hizo aceptos en el Amado,
7 en quien tenemos redención por su sangre, el
perdón de pecados[b] según las riquezas de su
gracia,
8 que hizo sobreabundar para con nosotros en
toda sabiduría e inteligencia,
9 dándonos a conocer el misterio de su volun-
tad, según su beneplácito, el cual se había pro-
puesto en sí mismo,
10 de reunir todas las cosas en Cristo, en la dis-
pensación del cumplimiento de los tiempos, así
las que están en los cielos, como las que están en
la tierra.
11 En él asimismo tuvimos herencia, habien-
do sido predestinados conforme al propósito del
que hace todas las cosas según el designio de su
voluntad,
12 a fin de que seamos para alabanza de su glo-
ria, nosotros los que primeramente esperába-
mos en Cristo.
13 En él también vosotros, habiendo oído la pa-
labra de verdad, el evangelio de vuestra salva-
ción, y habiendo creído en él, fuisteis sellados
con el Espíritu Santo de la promesa,
14 que es las arras de nuestra herencia hasta la
redención de la posesión adquirida, para ala-
banza de su gloria.

El espíritu de sabiduría y de revelación

15 Por esta causa también yo, habiendo oído
de vuestra fe en el Señor Jesús, y de vuestro
amor para con todos los santos,
16 no ceso de dar gracias por vosotros, haciendo
memoria de vosotros en mis oraciones,
17 para que el Dios de nuestro Señor Jesucristo,
el Padre de gloria, os dé espíritu de sabiduría y
de revelación en el conocimiento de él,
18 alumbrando los ojos de vuestro entendimien-
to, para que sepáis cuál es la esperanza a que él
os ha llamado, y cuáles las riquezas de la gloria
de su herencia en los santos,
19 y cuál la supereminente grandeza de su po-
der para con nosotros los que creemos, según la
operación del poder de su fuerza,
20 la cual operó en Cristo, resucitándole de los
muertos y sentándole a su diestra[c] en los lugares
celestiales,
21 sobre todo principado y autoridad y poder
y señorío, y sobre todo nombre que se nom-
bra, no sólo en este siglo, sino también en el
venidero;
22 y sometió todas las cosas bajo sus pies,[d] y
lo dio por cabeza sobre todas las cosas a la
iglesia,
23 la cual es su cuerpo,[e] la plenitud de Aquel
que todo lo llena en todo.

Salvos por gracia

2 1 Y él os dio vida a vosotros, cuando esta-
bais muertos en vuestros delitos y pecados,
2 en los cuales anduvisteis en otro tiempo, si-
guiendo la corriente de este mundo, conforme
al príncipe de la potestad del aire, el espíritu
que ahora opera en los hijos de desobediencia,
3 entre los cuales también todos nosotros vivi-
mos en otro tiempo en los deseos de nuestra
carne, haciendo la voluntad de la carne y de los
pensamientos, y éramos por naturaleza hijos de
ira, lo mismo que los demás.
4 Pero Dios, que es rico en misericordia, por su
gran amor con que nos amó,
5 aun estando nosotros muertos en pecados, nos
dio vida juntamente con Cristo[a] (por gracia sois
salvos),
6 y juntamente con él nos resucitó, y asimismo
nos hizo sentar en los lugares celestiales con
Cristo Jesús,
7 para mostrar en los siglos venideros las abun-
dantes riquezas de su gracia en su bondad para
con nosotros en Cristo Jesús.
8 Porque por gracia sois salvos por medio de la
fe; y esto no de vosotros, pues es don de Dios;
9 no por obras, para que nadie se gloríe.
10 Porque somos hechura suya, creados en Cristo
Jesús para buenas obras, las cuales Dios preparó
de antemano para que anduviésemos en ellas.

Reconciliación por medio de la cruz

11 Por tanto, acordaos de que en otro tiempo
vosotros, los gentiles en cuanto a la carne, erais
llamados incircuncisión por la llamada circunci-
sión hecha con mano en la carne.
12 En aquel tiempo estabais sin Cristo, alejados
de la ciudadanía de Israel y ajenos a los pactos
de la promesa, sin esperanza y sin Dios en el
mundo.
13 Pero ahora en Cristo Jesús, vosotros que en
otro tiempo estabais lejos, habéis sido hechos
cercanos por la sangre de Cristo.
14 Porque él es nuestra paz, que de ambos pue-
blos hizo uno, derribando la pared intermedia
de separación,
15 aboliendo en su carne las enemistades, la ley
de los mandamientos expresados en ordenan-
zas,[b] para crear en sí mismo de los dos un solo y
nuevo hombre, haciendo la paz,

1.7: [b] Col. 1.14. **1.20:** [c] Sal. 110.1. **1.22:** [d] Sal. 8.6.
1.22-23: [e] Col. 1.18. **2.1-5:** [a] Col. 2.13.
2.15: [b] Col. 2.14.

16 y mediante la cruz reconciliar con Dios a ambos en un solo cuerpo,[c] matando en ella las enemistades.

17 Y vino y anunció las buenas nuevas de paz a vosotros que estabais lejos, y a los que estaban cerca;[d]

18 porque por medio de él los unos y los otros tenemos entrada por un mismo Espíritu al Padre.

19 Así que ya no sois extranjeros ni advenedizos, sino conciudadanos de los santos, y miembros de la familia de Dios,

20 edificados sobre el fundamento de los apóstoles y profetas, siendo la principal piedra del ángulo Jesucristo mismo,

21 en quien todo el edificio, bien coordinado, va creciendo para ser un templo santo en el Señor;

22 en quien vosotros también sois juntamente edificados para morada de Dios en el Espíritu.

Ministerio de Pablo a los gentiles

3 1 Por esta causa yo Pablo, prisionero de Cristo Jesús por vosotros los gentiles;

2 si es que habéis oído de la administración de la gracia de Dios que me fue dada para con vosotros;

3 que por revelación me fue declarado el misterio, como antes lo he escrito brevemente,

4 leyendo lo cual podéis entender cuál sea mi conocimiento en el misterio de Cristo,

5 misterio que en otras generaciones no se dio a conocer a los hijos de los hombres, como ahora es revelado a sus santos apóstoles y profetas por el Espíritu:

6 que los gentiles son coherederos y miembros del mismo cuerpo, y copartícipes de la promesa en Cristo Jesús por medio del evangelio,[a]

7 del cual yo fui hecho ministro por el don de la gracia de Dios que me ha sido dado según la operación de su poder.

8 A mí, que soy menos que el más pequeño de todos los santos, me fue dada esta gracia de anunciar entre los gentiles el evangelio de las inescrutables riquezas de Cristo,

9 y de aclarar a todos cuál sea la dispensación del misterio escondido desde los siglos en Dios, que creó todas las cosas;

10 para que la multiforme sabiduría de Dios sea ahora dada a conocer por medio de la iglesia a los principados y potestades en los lugares celestiales,

11 conforme al propósito eterno que hizo en Cristo Jesús nuestro Señor,

12 en quien tenemos seguridad y acceso con confianza por medio de la fe en él;

13 por lo cual pido que no desmayéis a causa de mis tribulaciones por vosotros, las cuales son vuestra gloria.

El amor que excede a todo conocimiento

14 Por esta causa doblo mis rodillas ante el Padre de nuestro Señor Jesucristo,

15 de quien toma nombre toda familia en los cielos y en la tierra,

16 para que os dé, conforme a las riquezas de su gloria, el ser fortalecidos con poder en el hombre interior por su Espíritu;

17 para que habite Cristo por la fe en vuestros corazones, a fin de que, arraigados y cimentados en amor,

18 seáis plenamente capaces de comprender con todos los santos cuál sea la anchura, la longitud, la profundidad y la altura,

19 y de conocer el amor de Cristo, que excede a todo conocimiento, para que seáis llenos de toda la plenitud de Dios.

20 Y a Aquel que es poderoso para hacer todas las cosas mucho más abundantemente de lo que pedimos o entendemos, según el poder que actúa en nosotros,

21 a él sea gloria en la iglesia en Cristo Jesús por todas las edades, por los siglos de los siglos. Amén.

La unidad del Espíritu

4 1 Yo pues, preso en el Señor, os ruego que andéis como es digno de la vocación con que fuisteis llamados,

2 con toda humildad y mansedumbre, soportándoos con paciencia los unos a los otros en amor,[a]

3 solícitos en guardar la unidad del Espíritu en el vínculo de la paz;

4 un cuerpo, y un Espíritu, como fuisteis también llamados en una misma esperanza de vuestra vocación;

5 un Señor, una fe, un bautismo,

6 un Dios y Padre de todos, el cual es sobre todos, y por todos, y en todos.

7 Pero a cada uno de nosotros fue dada la gracia conforme a la medida del don de Cristo.

8 Por lo cual dice:

Subiendo a lo alto, llevó cautiva la
cautividad,
Y dio dones a los hombres.[b]

9 Y eso de que subió, ¿qué es, sino que también había descendido primero a las partes más bajas de la tierra?

10 El que descendió, es el mismo que también subió por encima de todos los cielos para llenarlo todo.

11 Y él mismo constituyó a unos, apóstoles; a otros, profetas; a otros, evangelistas; a otros, pastores y maestros,

12 a fin de perfeccionar a los santos para la obra del ministerio, para la edificación del cuerpo de Cristo,

2.16: [c] Col. 1.20. **2.17:** [d] Is. 57.19. **3.4-6:** [a] Col. 1.26-27.
4.2: [a] Col. 3.12-13. **4.8:** [b] Sal. 68.18.

13 hasta que todos lleguemos a la unidad de la
fe y del conocimiento del Hijo de Dios, a un varón perfecto, a la medida de la estatura de la plenitud de Cristo;
14 para que ya no seamos niños fluctuantes, llevados por doquiera de todo viento de doctrina, por estratagema de hombres que para engañar emplean con astucia las artimañas del error,
15 sino que siguiendo la verdad en amor, crezcamos en todo en aquel que es la cabeza, esto es, Cristo,
16 de quien todo el cuerpo, bien concertado y unido entre sí por todas las coyunturas que se ayudan mutuamente, según la actividad propia de cada miembro, recibe su crecimiento para ir edificándose en amor.[c]

La nueva vida en Cristo

17 Esto, pues, digo y requiero en el Señor: que ya no andéis como los otros gentiles, que andan en la vanidad de su mente,
18 teniendo el entendimiento entenebrecido, ajenos de la vida de Dios por la ignorancia que en ellos hay, por la dureza de su corazón;
19 los cuales, después que perdieron toda sensibilidad, se entregaron a la lascivia para cometer con avidez toda clase de impureza.
20 Mas vosotros no habéis aprendido así a Cristo,
21 si en verdad le habéis oído, y habéis sido por él enseñados, conforme a la verdad que está en Jesús.
22 En cuanto a la pasada manera de vivir, despojaos del viejo hombre,[d] que está viciado conforme a los deseos engañosos,
23 y renovaos en el espíritu de vuestra mente,
24 y vestíos del nuevo hombre,[e] creado según Dios[f] en la justicia y santidad de la verdad.
25 Por lo cual, desechando la mentira, hablad verdad cada uno con su prójimo;[g] porque somos miembros los unos de los otros.
26 Airaos, pero no pequéis;[h] no se ponga el sol sobre vuestro enojo,
27 ni deis lugar al diablo.
28 El que hurtaba, no hurte más, sino trabaje, haciendo con sus manos lo que es bueno, para que tenga qué compartir con el que padece necesidad.
29 Ninguna palabra corrompida salga de vuestra boca, sino la que sea buena para la necesaria edificación, a fin de dar gracia a los oyentes.
30 Y no contristéis al Espíritu Santo de Dios, con el cual fuisteis sellados para el día de la redención.
31 Quítense de vosotros toda amargura, enojo, ira, gritería y maledicencia, y toda malicia.
32 Antes sed benignos unos con otros, misericordiosos, perdonándoos unos a otros, como Dios también os perdonó a vosotros en Cristo.[i]

Andad como hijos de luz

5 1 Sed, pues, imitadores de Dios como hijos amados.
2 Y andad en amor, como también Cristo nos amó, y se entregó a sí mismo por nosotros, ofrenda y sacrificio a Dios en olor fragante.[a]
3 Pero fornicación y toda inmundicia, o avaricia, ni aun se nombre entre vosotros, como conviene a santos;
4 ni palabras deshonestas, ni necedades, ni truhanerías, que no convienen, sino antes bien acciones de gracias.
5 Porque sabéis esto, que ningún fornicario, o inmundo, o avaro, que es idólatra, tiene herencia en el reino de Cristo y de Dios.
6 Nadie os engañe con palabras vanas, porque por estas cosas viene la ira de Dios sobre los hijos de desobediencia.
7 No seáis, pues, partícipes con ellos.
8 Porque en otro tiempo erais tinieblas, mas ahora sois luz en el Señor; andad como hijos de luz
9 (porque el fruto del Espíritu es en toda bondad, justicia y verdad),
10 comprobando lo que es agradable al Señor.
11 Y no participéis en las obras infructuosas de las tinieblas, sino más bien reprendedlas;
12 porque vergonzoso es aun hablar de lo que ellos hacen en secreto.
13 Mas todas las cosas, cuando son puestas en evidencia por la luz, son hechas manifiestas; porque la luz es lo que manifiesta todo.
14 Por lo cual dice:

Despiértate, tú que duermes,
Y levántate de los muertos,
Y te alumbrará Cristo.

15 Mirad, pues, con diligencia cómo andéis, no como necios sino como sabios,
16 aprovechando bien el tiempo,[b] porque los días son malos.
17 Por tanto, no seáis insensatos, sino entendidos de cuál sea la voluntad del Señor.
18 No os embriaguéis con vino, en lo cual hay disolución; antes bien sed llenos del Espíritu,
19 hablando entre vosotros con salmos, con himnos y cánticos espirituales, cantando y alabando al Señor en vuestros corazones;
20 dando siempre gracias por todo al Dios y Padre, en el nombre de nuestro Señor Jesucristo.[c]

Someteos los unos a los otros

21 Someteos unos a otros en el temor de Dios.

4.16: [c] Col. 2.19. **4.22:** [d] Col. 3.9. **4.24:** [e] Col. 3.10. [f] Gn. 1.26. **4.25:** [g] Zac. 8.16. **4.26:** [h] Sal. 4.4. **4.32:** [i] Col. 3.13. **5.2:** [a] Ex. 29.18. **5.16:** [b] Col. 4.5. **5.19-20:** [c] Col. 3.16-17.

22 Las casadas estén sujetas a sus propios maridos,[d] como al Señor;

23 porque el marido es cabeza de la mujer, así como Cristo es cabeza de la iglesia, la cual es su cuerpo, y él es su Salvador.

24 Así que, como la iglesia está sujeta a Cristo, así también las casadas lo estén a sus maridos en todo.

25 Maridos, amad a vuestras mujeres,[e] así como Cristo amó a la iglesia, y se entregó a sí mismo por ella,

26 para santificarla, habiéndola purificado en el lavamiento del agua por la palabra,

27 a fin de presentársela a sí mismo, una iglesia gloriosa, que no tuviese mancha ni arruga ni cosa semejante, sino que fuese santa y sin mancha.

28 Así también los maridos deben amar a sus mujeres como a sus mismos cuerpos. El que ama a su mujer, a sí mismo se ama.

29 Porque nadie aborreció jamás a su propia carne, sino que la sustenta y la cuida, como también Cristo a la iglesia,

30 porque somos miembros de su cuerpo, de su carne y de sus huesos.

31 Por esto dejará el hombre a su padre y a su madre, y se unirá a su mujer, y los dos serán una sola carne.[f]

32 Grande es este misterio; mas yo digo esto respecto de Cristo y de la iglesia.

33 Por lo demás, cada uno de vosotros ame también a su mujer como a sí mismo; y la mujer respete a su marido.

6 1 Hijos, obedeced en el Señor a vuestros padres, porque esto es justo.[a]

2 Honra a tu padre y a tu madre, que es el primer mandamiento con promesa;

3 para que te vaya bien, y seas de larga vida sobre la tierra.[b]

4 Y vosotros, padres, no provoquéis a ira a vuestros hijos,[c] sino criadlos en disciplina y amonestación del Señor.

5 Siervos, obedeced a vuestros amos terrenales con temor y temblor, con sencillez de vuestro corazón, como a Cristo;

6 no sirviendo al ojo, como los que quieren agradar a los hombres, sino como siervos de Cristo, de corazón haciendo la voluntad de Dios;

7 sirviendo de buena voluntad, como al Señor y no a los hombres,

8 sabiendo que el bien que cada uno hiciere, ése recibirá del Señor, sea siervo o sea libre.[d]

9 Y vosotros, amos, haced con ellos lo mismo, dejando las amenazas, sabiendo que el Señor de ellos y vuestro está en los cielos,[e] y que para él no hay acepción de personas.[f]

La armadura de Dios

10 Por lo demás, hermanos míos, fortaleceos en el Señor, y en el poder de su fuerza.

11 Vestíos de toda la armadura de Dios, para que podáis estar firmes contra las asechanzas del diablo.

12 Porque no tenemos lucha contra sangre y carne, sino contra principados, contra potestades, contra los gobernadores de las tinieblas de este siglo, contra huestes espirituales de maldad en las regiones celestes.

13 Por tanto, tomad toda la armadura de Dios, para que podáis resistir en el día malo, y habiendo acabado todo, estar firmes.

14 Estad, pues, firmes, ceñidos vuestros lomos con la verdad,[g] y vestidos con la coraza de justicia,[h]

15 y calzados los pies con el apresto del evangelio de la paz.[i]

16 Sobre todo, tomad el escudo de la fe, con que podáis apagar todos los dardos de fuego del maligno.

17 Y tomad el yelmo de la salvación,[j] y la espada del Espíritu, que es la palabra de Dios;

18 orando en todo tiempo con toda oración y súplica en el Espíritu, y velando en ello con toda perseverancia y súplica por todos los santos;

19 y por mí, a fin de que al abrir mi boca me sea dada palabra para dar a conocer con denuedo el misterio del evangelio,

20 por el cual soy embajador en cadenas; que con denuedo hable de él, como debo hablar.

Salutaciones finales

21 Para que también vosotros sepáis mis asuntos, y lo que hago, todo os lo hará saber Tíquico,[k] hermano amado y fiel ministro en el Señor,

22 el cual envié a vosotros para esto mismo, para que sepáis lo tocante a nosotros, y que consuele vuestros corazones.[l]

23 Paz sea a los hermanos, y amor con fe, de Dios Padre y del Señor Jesucristo.

24 La gracia sea con todos los que aman a nuestro Señor Jesucristo con amor inalterable. Amén.

5.22: [d] Col. 3.18; 1 P. 3.1. **5.25:** [e] Col. 3.19; 1 P. 3.7. **5.31:** [f] Gn. 2.24. **6.1:** [a] Col. 3.20. **6.2-3:** [b] Ex. 20.12; Dt. 5.16. **6.4:** [c] Col. 3.21. **6.5-8:** [d] Col. 3.22-25. **6.9:** [e] Col. 4.1. [f] Dt. 10.17; Col. 3.25. **6.14:** [g] Is. 11.5. [h] Is. 59.17. **6.15:** [i] Is. 52.7. **6.17:** [j] Is. 59.17. **6.21:** [k] Hch. 20.4; 2 Ti. 4.12. **6.21-22:** [l] Col. 4.7-8.

LA EPÍSTOLA DEL APÓSTOL SAN PABLO A LOS

FILIPENSES

Salutación

1 1 Pablo y Timoteo, siervos de Jesucristo, a todos los santos en Cristo Jesús que están en Filipos,[a] con los obispos y diáconos:

2 Gracia y paz a vosotros, de Dios nuestro Padre y del Señor Jesucristo.

Oración de Pablo por los creyentes

3 Doy gracias a mi Dios siempre que me acuerdo de vosotros,

4 siempre en todas mis oraciones rogando con gozo por todos vosotros,

5 por vuestra comunión en el evangelio, desde el primer día hasta ahora;

6 estando persuadido de esto, que el que comenzó en vosotros la buena obra, la perfeccionará hasta el día de Jesucristo;

7 como me es justo sentir esto de todos vosotros, por cuanto os tengo en el corazón; y en mis prisiones, y en la defensa y confirmación del evangelio, todos vosotros sois participantes conmigo de la gracia.

8 Porque Dios me es testigo de cómo os amo a todos vosotros con el entrañable amor de Jesucristo.

9 Y esto pido en oración, que vuestro amor abunde aun más y más en ciencia y en todo conocimiento,

10 para que aprobéis lo mejor, a fin de que seáis sinceros e irreprensibles para el día de Cristo,

11 llenos de frutos de justicia que son por medio de Jesucristo, para gloria y alabanza de Dios.

Para mí el vivir es Cristo

12 Quiero que sepáis, hermanos, que las cosas que me han sucedido, han redundado más bien para el progreso del evangelio,

13 de tal manera que mis prisiones[b] se han hecho patentes en Cristo en todo el pretorio, y a todos los demás.

14 Y la mayoría de los hermanos, cobrando ánimo en el Señor con mis prisiones, se atreven mucho más a hablar la palabra sin temor.

15 Algunos, a la verdad, predican a Cristo por envidia y contienda; pero otros de buena voluntad.

16 Los unos anuncian a Cristo por contención, no sinceramente, pensando añadir aflicción a mis prisiones;

17 pero los otros por amor, sabiendo que estoy puesto para la defensa del evangelio.

18 ¿Qué, pues? Que no obstante, de todas maneras, o por pretexto o por verdad, Cristo es anunciado; y en esto me gozo, y me gozaré aún.

19 Porque sé que por vuestra oración y la suministración del Espíritu de Jesucristo, esto resultará en mi liberación,

20 conforme a mi anhelo y esperanza de que en nada seré avergonzado; antes bien con toda confianza, como siempre, ahora también será magnificado Cristo en mi cuerpo, o por vida o por muerte.

21 Porque para mí el vivir es Cristo, y el morir es ganancia.

22 Mas si el vivir en la carne resulta para mí en beneficio de la obra, no sé entonces qué escoger.

23 Porque de ambas cosas estoy puesto en estrecho, teniendo deseo de partir y estar con Cristo, lo cual es muchísimo mejor;

24 pero quedar en la carne es más necesario por causa de vosotros.

25 Y confiado en esto, sé que quedaré, que aún permaneceré con todos vosotros, para vuestro provecho y gozo de la fe,

26 para que abunde vuestra gloria de mí en Cristo Jesús por mi presencia otra vez entre vosotros.

27 Solamente que os comportéis como es digno del evangelio de Cristo, para que o sea que vaya a veros, o que esté ausente, oiga de vosotros que estáis firmes en un mismo espíritu, combatiendo unánimes por la fe del evangelio,

28 y en nada intimidados por los que se oponen, que para ellos ciertamente es indicio de perdición, mas para vosotros de salvación; y esto de Dios.

29 Porque a vosotros os es concedido a causa de Cristo, no sólo que creáis en él, sino también que padezcáis por él,

30 teniendo el mismo conflicto que habéis visto en mí,[c] y ahora oís que hay en mí.

Humillación y exaltación de Cristo

2 1 Por tanto, si hay alguna consolación en Cristo, si algún consuelo de amor, si alguna comunión del Espíritu, si algún afecto entrañable, si alguna misericordia,

2 completad mi gozo, sintiendo lo mismo, teniendo el mismo amor, unánimes, sintiendo una misma cosa.

3 Nada hagáis por contienda o por vanagloria; antes bien con humildad, estimando cada uno a los demás como superiores a él mismo;

4 no mirando cada uno por lo suyo propio, sino cada cual también por lo de los otros.

1.1: [a] Hch. 16.12. **1.13:** [b] Hch. 28.30. **1.30:** [c] Hch. 16.19-40.

5 Haya, pues, en vosotros este sentir que hubo
también en Cristo Jesús,
6 el cual, siendo en forma de Dios, no estimó el
ser igual a Dios como cosa a que aferrarse,
7 sino que se despojó a sí mismo, tomando for-
ma de siervo, hecho semejante a los hombres;
8 y estando en la condición de hombre, se humi-
lló a sí mismo, haciéndose obediente hasta la
muerte, y muerte de cruz.
9 Por lo cual Dios también le exaltó hasta lo
sumo, y le dio un nombre que es sobre todo
nombre,
10 para que en el nombre de Jesús se doble toda
rodilla de los que están en los cielos, y en la tie-
rra, y debajo de la tierra;
11 y toda lengua confiese[a] que Jesucristo es el
Señor, para gloria de Dios Padre.

Luminares en el mundo

12 Por tanto, amados míos, como siempre ha-
béis obedecido, no como en mi presencia sola-
mente, sino mucho más ahora en mi ausencia,
ocupaos en vuestra salvación con temor y
temblor,
13 porque Dios es el que en vosotros produce
así el querer como el hacer, por su buena vo-
luntad.
14 Haced todo sin murmuraciones y contien-
das,
15 para que seáis irreprensibles y sencillos, hijos
de Dios sin mancha en medio de una generación
maligna y perversa,[b] en medio de la cual res-
plandecéis como luminares en el mundo;
16 asidos de la palabra de vida, para que en el
día de Cristo yo pueda gloriarme de que no he
corrido en vano, ni en vano he trabajado.
17 Y aunque sea derramado en libación sobre el
sacrificio y servicio de vuestra fe, me gozo y re-
gocijo con todos vosotros.
18 Y asimismo gozaos y regocijaos también vo-
sotros conmigo.

Timoteo y Epafrodito

19 Espero en el Señor Jesús enviaros pronto a
Timoteo, para que yo también esté de buen áni-
mo al saber de vuestro estado;
20 pues a ninguno tengo del mismo ánimo, y
que tan sinceramente se interese por vosotros.
21 Porque todos buscan lo suyo propio, no lo
que es de Cristo Jesús.
22 Pero ya conocéis los méritos de él, que como
hijo a padre ha servido conmigo en el evangelio.
23 Así que a éste espero enviaros, luego que yo
vea cómo van mis asuntos;
24 y confío en el Señor que yo también iré pron-
to a vosotros.
25 Mas tuve por necesario enviaros a Epafro-
dito, mi hermano y colaborador y compañero de
milicia, vuestro mensajero, y ministrador de mis
necesidades;
26 porque él tenía gran deseo de veros a todos
vosotros, y gravemente se angustió porque ha-
bíais oído que había enfermado.
27 Pues en verdad estuvo enfermo, a punto de
morir; pero Dios tuvo misericordia de él, y no
solamente de él, sino también de mí, para que
yo no tuviese tristeza sobre tristeza.
28 Así que le envío con mayor solicitud, para
que al verle de nuevo, os gocéis, y yo esté con
menos tristeza.
29 Recibidle, pues, en el Señor, con todo gozo, y
tened en estima a los que son como él;
30 porque por la obra de Cristo estuvo próximo
a la muerte, exponiendo su vida para suplir lo
que faltaba en vuestro servicio por mí.

Prosigo al blanco

3 1 Por lo demás, hermanos, gozaos en el Se-
ñor. A mí no me es molesto el escribiros las
mismas cosas, y para vosotros es seguro.
2 Guardaos de los perros, guardaos de los ma-
los obreros, guardaos de los mutiladores del
cuerpo.
3 Porque nosotros somos la circuncisión, los
que en espíritu servimos a Dios y nos gloria-
mos en Cristo Jesús, no teniendo confianza en
la carne.
4 Aunque yo tengo también de qué confiar en la
carne. Si alguno piensa que tiene de qué confiar
en la carne, yo más:
5 circuncidado al octavo día, del linaje de Israel,
de la tribu de Benjamín,[a] hebreo de hebreos; en
cuanto a la ley, fariseo;[b]
6 en cuanto a celo, perseguidor de la iglesia;[c]
en cuanto a la justicia que es en la ley, irrepren-
sible.
7 Pero cuantas cosas eran para mí ganancia,
las he estimado como pérdida por amor de
Cristo.
8 Y ciertamente, aun estimo todas las cosas
como pérdida por la excelencia del conocimien-
to de Cristo Jesús, mi Señor, por amor del cual
lo he perdido todo, y lo tengo por basura, para
ganar a Cristo,
9 y ser hallado en él, no teniendo mi propia jus-
ticia, que es por la ley, sino la que es por la fe de
Cristo, la justicia que es de Dios por la fe;
10 a fin de conocerle, y el poder de su resurrec-
ción, y la participación de sus padecimientos,
llegando a ser semejante a él en su muerte,
11 si en alguna manera llegase a la resurrección
de entre los muertos.
12 No que lo haya alcanzado ya, ni que ya sea
perfecto; sino que prosigo, por ver si logro asir

2.10-11: [a] Is. 45.23. **2.15:** [b] Dt. 32.5. **3.5:** [a] Ro. 11.1. **3.5:** [b] Hch. 23.6; 26.5. **3.6:** [c] Hch. 8.3; 22.4; 26.9-11.

aquello para lo cual fui también asido por Cristo
Jesús.
13 Hermanos, yo mismo no pretendo haberlo ya
alcanzado; pero una cosa hago: olvidando cier-
tamente lo que queda atrás, y extendiéndome a
lo que está delante,
14 prosigo a la meta, al premio del supremo lla-
mamiento de Dios en Cristo Jesús.
15 Así que, todos los que somos perfectos, esto
mismo sintamos; y si otra cosa sentís, esto tam-
bién os lo revelará Dios.
16 Pero en aquello a que hemos llegado, siga-
mos una misma regla, sintamos una misma
cosa.
17 Hermanos, sed imitadores de mí,[d] y mirad
a los que así se conducen según el ejemplo que
tenéis en nosotros.
18 Porque por ahí andan muchos, de los cuales
os dije muchas veces, y aun ahora lo digo lloran-
do, que son enemigos de la cruz de Cristo;
19 el fin de los cuales será perdición, cuyo dios
es el vientre, y cuya gloria es su vergüenza; que
sólo piensan en lo terrenal.
20 Mas nuestra ciudadanía está en los cielos, de
donde también esperamos al Salvador, al Señor
Jesucristo;
21 el cual transformará el cuerpo de la humilla-
ción nuestra, para que sea semejante al cuerpo
de la gloria suya, por el poder con el cual puede
también sujetar a sí mismo todas las cosas.

Regocijaos en el Señor siempre

4 1 Así que, hermanos míos amados y desea-
dos, gozo y corona mía, estad así firmes en
el Señor, amados.
2 Ruego a Evodia y a Síntique, que sean de un
mismo sentir en el Señor.
3 Asimismo te ruego también a ti, compañero
fiel, que ayudes a éstas que combatieron junta-
mente conmigo en el evangelio, con Clemente
también y los demás colaboradores míos, cuyos
nombres están en el libro de la vida.
4 Regocijaos en el Señor siempre. Otra vez
digo: ¡Regocijaos!
5 Vuestra gentileza sea conocida de todos los
hombres. El Señor está cerca.
6 Por nada estéis afanosos, sino sean conocidas
vuestras peticiones delante de Dios en toda ora-
ción y ruego, con acción de gracias.
7 Y la paz de Dios, que sobrepasa todo entendi-
miento, guardará vuestros corazones y vuestros
pensamientos en Cristo Jesús.

En esto pensad

8 Por lo demás, hermanos, todo lo que es ver-
dadero, todo lo honesto, todo lo justo, todo lo
puro, todo lo amable, todo lo que es de buen
nombre; si hay virtud alguna, si algo digno de
alabanza, en esto pensad.
9 Lo que aprendisteis y recibisteis y oísteis y vis-
teis en mí, esto haced; y el Dios de paz estará
con vosotros.

Dádivas de los filipenses

10 En gran manera me gocé en el Señor de
que ya al fin habéis revivido vuestro cuidado de
mí; de lo cual también estabais solícitos, pero os
faltaba la oportunidad.
11 No lo digo porque tenga escasez, pues he
aprendido a contentarme, cualquiera que sea
mi situación.
12 Sé vivir humildemente, y sé tener abundancia;
en todo y por todo estoy enseñado, así para estar
saciado como para tener hambre, así para tener
abundancia como para padecer necesidad.
13 Todo lo puedo en Cristo que me fortalece.
14 Sin embargo, bien hicisteis en participar
conmigo en mi tribulación.
15 Y sabéis también vosotros, oh filipenses, que
al principio de la predicación del evangelio,
cuando partí de Macedonia, ninguna iglesia
participó conmigo en razón de dar y recibir, sino
vosotros solos;
16 pues aun a Tesalónica[a] me enviasteis una y
otra vez para mis necesidades.[b]
17 No es que busque dádivas, sino que busco
fruto que abunde en vuestra cuenta.
18 Pero todo lo he recibido, y tengo abundancia;
estoy lleno, habiendo recibido de Epafrodito lo
que enviasteis; olor fragante,[c] sacrificio acepto,
agradable a Dios.
19 Mi Dios, pues, suplirá todo lo que os falta con-
forme a sus riquezas en gloria en Cristo Jesús.
20 Al Dios y Padre nuestro sea gloria por los si-
glos de los siglos. Amén.

Salutaciones finales

21 Saludad a todos los santos en Cristo Jesús.
Los hermanos que están conmigo os saludan.
22 Todos los santos os saludan, y especialmente
los de la casa de César.
23 La gracia de nuestro Señor Jesucristo sea
con todos vosotros. Amén.

3.17: [d] 1 Co. 4.16; 11.1. **4.16:** [a] Hch. 17.1.
4.15-16: [b] 2 Co. 11.9. **4.18:** [c] Ex. 29.18.

LA EPÍSTOLA DEL APÓSTOL SAN PABLO A LOS

COLOSENSES

Salutación

1 1 Pablo, apóstol de Jesucristo por la voluntad de Dios, y el hermano Timoteo,

2 a los santos y fieles hermanos en Cristo que están en Colosas: Gracia y paz sean a vosotros, de Dios nuestro Padre y del Señor Jesucristo.

Pablo pide que Dios les conceda sabiduría espiritual

3 Siempre orando por vosotros, damos gracias a Dios, Padre de nuestro Señor Jesucristo,

4 habiendo oído de vuestra fe en Cristo Jesús, y del amor que tenéis a todos los santos,

5 a causa de la esperanza que os está guardada en los cielos, de la cual ya habéis oído por la palabra verdadera del evangelio,

6 que ha llegado hasta vosotros, así como a todo el mundo, y lleva fruto y crece también en vosotros, desde el día que oísteis y conocisteis la gracia de Dios en verdad,

7 como lo habéis aprendido de Epafras,[a] nuestro consiervo amado, que es un fiel ministro de Cristo para vosotros,

8 quien también nos ha declarado vuestro amor en el Espíritu.

9 Por lo cual también nosotros, desde el día que lo oímos, no cesamos de orar por vosotros, y de pedir que seáis llenos del conocimiento de su voluntad en toda sabiduría e inteligencia espiritual,

10 para que andéis como es digno del Señor, agradándole en todo, llevando fruto en toda buena obra, y creciendo en el conocimiento de Dios;

11 fortalecidos con todo poder, conforme a la potencia de su gloria, para toda paciencia y longanimidad;

12 con gozo dando gracias al Padre que nos hizo aptos para participar de la herencia de los santos en luz;

13 el cual nos ha librado de la potestad de las tinieblas, y trasladado al reino de su amado Hijo,

14 en quien tenemos redención por su sangre, el perdón de pecados.[b]

Reconciliación por medio de la muerte de Cristo

15 El es la imagen del Dios invisible, el primogénito de toda creación.

16 Porque en él fueron creadas todas las cosas, las que hay en los cielos y las que hay en la tierra, visibles e invisibles; sean tronos, sean dominios, sean principados, sean potestades; todo fue creado por medio de él y para él.

17 Y él es antes de todas las cosas, y todas las cosas en él subsisten;

18 y él es la cabeza del cuerpo que es la iglesia,[c] él que es el principio, el primogénito de entre los muertos, para que en todo tenga la preeminencia;

19 por cuanto agradó al Padre que en él habitase toda plenitud,

20 y por medio de él reconciliar consigo todas las cosas, así las que están en la tierra como las que están en los cielos, haciendo la paz mediante la sangre de su cruz.[d]

21 Y a vosotros también, que erais en otro tiempo extraños y enemigos en vuestra mente, haciendo malas obras, ahora os ha reconciliado

22 en su cuerpo de carne, por medio de la muerte, para presentaros santos y sin mancha e irreprensibles delante de él;

23 si en verdad permanecéis fundados y firmes en la fe, y sin moveros de la esperanza del evangelio que habéis oído, el cual se predica en toda la creación que está debajo del cielo; del cual yo Pablo fui hecho ministro.

Ministerio de Pablo a los gentiles

24 Ahora me gozo en lo que padezco por vosotros, y cumplo en mi carne lo que falta de las aflicciones de Cristo por su cuerpo, que es la iglesia;

25 de la cual fui hecho ministro, según la administración de Dios que me fue dada para con vosotros, para que anuncie cumplidamente la palabra de Dios,

26 el misterio que había estado oculto desde los siglos y edades, pero que ahora ha sido manifestado a sus santos,

27 a quienes Dios quiso dar a conocer las riquezas de la gloria de este misterio entre los gentiles; que es Cristo en vosotros, la esperanza de gloria,

28 a quien anunciamos, amonestando a todo hombre, y enseñando a todo hombre en toda sabiduría, a fin de presentar perfecto en Cristo Jesús a todo hombre;

29 para lo cual también trabajo, luchando según la potencia de él, la cual actúa poderosamente en mí.

2 1 Porque quiero que sepáis cuán gran lucha sostengo por vosotros, y por los que están en Laodicea, y por todos los que nunca han visto mi rostro;

2 para que sean consolados sus corazones, unidos en amor, hasta alcanzar todas las riquezas

1.7: [a] Col. 4.12; Flm. 23. **1.14:** [b] Ef. 1.7. **1.18:** [c] Ef. 1.22-23. **1.20:** [d] Ef. 2.16.

de pleno entendimiento, a fin de conocer el mis-
terio de Dios el Padre, y de Cristo,
3 en quien están escondidos todos los tesoros de
la sabiduría y del conocimiento.
4 Y esto lo digo para que nadie os engañe con
palabras persuasivas.
5 Porque aunque estoy ausente en cuerpo, no
obstante en espíritu estoy con vosotros, gozán-
dome y mirando vuestro buen orden y la firme-
za de vuestra fe en Cristo.
6 Por tanto, de la manera que habéis recibido
al Señor Jesucristo, andad en él;
7 arraigados y sobreedificados en él, y confirma-
dos en la fe, así como habéis sido enseñados,
abundando en acciones de gracias.

Plenitud de vida en Cristo

8 Mirad que nadie os engañe por medio de fi-
losofías y huecas sutilezas, según las tradiciones
de los hombres, conforme a los rudimentos del
mundo, y no según Cristo.
9 Porque en él habita corporalmente toda la ple-
nitud de la Deidad,
10 y vosotros estáis completos en él, que es la ca-
beza de todo principado y potestad.
11 En él también fuisteis circuncidados con cir-
cuncisión no hecha a mano, al echar de vosotros
el cuerpo pecaminoso carnal, en la circuncisión
de Cristo;
12 sepultados con él en el bautismo, en el cual
fuisteis también resucitados con él, mediante la fe
en el poder de Dios que le levantó de los muertos.[a]
13 Y a vosotros, estando muertos en pecados y
en la incircuncisión de vuestra carne, os dio vida
juntamente con él,[b] perdonándoos todos los
pecados,
14 anulando el acta de los decretos que había
contra nosotros, que nos era contraria, quitán-
dola de en medio y clavándola en la cruz,[c]
15 y despojando a los principados y a las potes-
tades, los exhibió públicamente, triunfando so-
bre ellos en la cruz.
16 Por tanto, nadie os juzgue en comida o en
bebida, o en cuanto a días de fiesta, luna nueva
o días de reposo,*,[d]
17 todo lo cual es sombra de lo que ha de venir;
pero el cuerpo es de Cristo.
18 Nadie os prive de vuestro premio, afectando
humildad y culto a los ángeles, entremetiéndose
en lo que no ha visto, vanamente hinchado por
su propia mente carnal,
19 y no asiéndose de la Cabeza, en virtud de
quien todo el cuerpo, nutriéndose y uniéndose
por las coyunturas y ligamentos, crece con el
crecimiento que da Dios.[e]
20 Pues si habéis muerto con Cristo en cuanto
a los rudimentos del mundo, ¿por qué, como si
vivieseis en el mundo, os sometéis a preceptos
21 tales como: No manejes, ni gustes, ni aun to-
ques
22 (en conformidad a mandamientos y doctri-
nas de hombres), cosas que todas se destruyen
con el uso?
23 Tales cosas tienen a la verdad cierta reputa-
ción de sabiduría en culto voluntario, en humil-
dad y en duro trato del cuerpo; pero no tienen
valor alguno contra los apetitos de la carne.
3 1 Si, pues, habéis resucitado con Cristo,
buscad las cosas de arriba, donde está Cris-
to sentado a la diestra de Dios.[a]
2 Poned la mira en las cosas de arriba, no en las
de la tierra.
3 Porque habéis muerto, y vuestra vida está es-
condida con Cristo en Dios.
4 Cuando Cristo, vuestra vida, se manifieste, en-
tonces vosotros también seréis manifestados
con él en gloria.

La vida antigua y la nueva

5 Haced morir, pues, lo terrenal en vosotros:
fornicación, impureza, pasiones desordenadas,
malos deseos y avaricia, que es idolatría;
6 cosas por las cuales la ira de Dios viene sobre
los hijos de desobediencia,
7 en las cuales vosotros también anduvisteis en
otro tiempo cuando vivíais en ellas.
8 Pero ahora dejad también vosotros todas estas
cosas: ira, enojo, malicia, blasfemia, palabras
deshonestas de vuestra boca.
9 No mintáis los unos a los otros, habiéndoos
despojado del viejo hombre[b] con sus hechos,
10 y revestido del nuevo,[c] el cual conforme a la
imagen del que lo creó[d] se va renovando hasta el
conocimiento pleno,
11 donde no hay griego ni judío, circuncisión ni
incircuncisión, bárbaro ni escita, siervo ni libre,
sino que Cristo es el todo, y en todos.
12 Vestíos, pues, como escogidos de Dios, san-
tos y amados, de entrañable misericordia, de
benignidad, de humildad, de mansedumbre, de
paciencia;
13 soportándoos unos a otros, y perdonándoos
unos a otros[e] si alguno tuviere queja contra
otro. De la manera que Cristo os perdonó, así
también hacedlo vosotros.[f]
14 Y sobre todas estas cosas vestíos de amor, que
es el vínculo perfecto.
15 Y la paz de Dios gobierne en vuestros corazo-
nes, a la que asimismo fuisteis llamados en un
solo cuerpo; y sed agradecidos.
16 La palabra de Cristo more en abundancia en

* Aquí equivale a *sábado*.
2.12: [a] Ro. 6.4. **2.13:** [b] Ef. 2.1-5. **2.14:** [c] Ef. 2.15.
2.16: [d] Ro. 14.1-6. **2.19:** [e] Ef. 4.16. **3.1:** [a] Sal. 110.1.
3.9: [b] Ef. 4.22. **3.10:** [c] Ef. 4.24. [d] Gn. 1.26. **3.12-13:** [e] Ef. 4.2.
3.13: [f] Ef. 4.32.

vosotros, enseñándoos y exhortándoos unos a
otros en toda sabiduría, cantando con gracia en
vuestros corazones al Señor con salmos e him-
nos y cánticos espirituales.
17 Y todo lo que hacéis, sea de palabra o de he-
cho, hacedlo todo en el nombre del Señor Jesús,
dando gracias a Dios Padre por medio de él.[g]

Deberes sociales de la nueva vida

18 Casadas, estad sujetas a vuestros maridos,[h]
como conviene en el Señor.
19 Maridos, amad a vuestras mujeres,[i] y no seáis
ásperos con ellas.
20 Hijos, obedeced a vuestros padres en todo,
porque esto agrada al Señor.[j]
21 Padres, no exasperéis a vuestros hijos,[k] para
que no se desalienten.
22 Siervos, obedeced en todo a vuestros amos
terrenales, no sirviendo al ojo, como los que
quieren agradar a los hombres, sino con cora-
zón sincero, temiendo a Dios.
23 Y todo lo que hagáis, hacedlo de corazón,
como para el Señor y no para los hombres;
24 sabiendo que del Señor recibiréis la recom-
pensa de la herencia, porque a Cristo el Señor
servís.
25 Mas el que hace injusticia, recibirá la injusti-
cia que hiciere,[l] porque no hay acepción de per-
sonas.[m]

4 1 Amos, haced lo que es justo y recto con
vuestros siervos, sabiendo que también vo-
sotros tenéis un Amo en los cielos.[a]
2 Perseverad en la oración, velando en ella
con acción de gracias;
3 orando también al mismo tiempo por noso-
tros, para que el Señor nos abra puerta para la
palabra, a fin de dar a conocer el misterio de
Cristo, por el cual también estoy preso,
4 para que lo manifieste como debo hablar.
5 Andad sabiamente para con los de afuera,
redimiendo el tiempo.[b]
6 Sea vuestra palabra siempre con gracia, sazo-
nada con sal, para que sepáis cómo debéis res-
ponder a cada uno.

Salutaciones finales

7 Todo lo que a mí se refiere, os lo hará saber
Tíquico,[c] amado hermano y fiel ministro y con-
siervo en el Señor,
8 el cual he enviado a vosotros para esto mismo,
para que conozca lo que a vosotros se refiere, y
conforte vuestros corazones,[d]
9 con Onésimo,[e] amado y fiel hermano, que es
uno de vosotros. Todo lo que acá pasa, os lo ha-
rán saber.
10 Aristarco,[f] mi compañero de prisiones, os
saluda, y Marcos[g] el sobrino de Bernabé, acerca
del cual habéis recibido mandamientos; si fuere
a vosotros, recibidle;
11 y Jesús, llamado Justo; que son los únicos de
la circuncisión que me ayudan en el reino de
Dios, y han sido para mí un consuelo.
12 Os saluda Epafras,[h] el cual es uno de voso-
tros, siervo de Cristo, siempre rogando encare-
cidamente por vosotros en sus oraciones, para
que estéis firmes, perfectos y completos en todo
lo que Dios quiere.
13 Porque de él doy testimonio de que tiene
gran solicitud por vosotros, y por los que están
en Laodicea, y los que están en Hierápolis.
14 Os saluda Lucas[i] el médico amado, y Demas.[j]
15 Saludad a los hermanos que están en Laodi-
cea, y a Ninfas y a la iglesia que está en su casa.
16 Cuando esta carta haya sido leída entre voso-
tros, haced que también se lea en la iglesia de
los laodicenses, y que la de Laodicea la leáis
también vosotros.
17 Decid a Arquipo:[k] Mira que cumplas el minis-
terio que recibiste en el Señor.
18 La salutación de mi propia mano, de Pablo.
Acordaos de mis prisiones. La gracia sea con vo-
sotros. Amén.

PRIMERA EPÍSTOLA DEL APÓSTOL SAN PABLO A LOS

TESALONICENSES

Salutación

1 1 Pablo, Silvano y Timoteo, a la iglesia de
los tesalonicenses[a] en Dios Padre y en el
Señor Jesucristo: Gracia y paz sean a vosotros,
de Dios nuestro Padre y del Señor Jesucristo.

Ejemplo de los tesalonicenses

2 Damos siempre gracias a Dios por todos vo-
sotros, haciendo memoria de vosotros en nues-
tras oraciones,
3 acordándonos sin cesar delante del Dios y
Padre nuestro de la obra de vuestra fe, del

3.16-17: [g] Ef. 5.19-20. **3.18:** [h] Ef. 5.22; 1 P. 3.1. **3.19:** [i] Ef. 5.25; 1 P. 3.7. **3.20:** [j] Ef. 6.1. **3.21:** [k] Ef. 6.4. **3.22-25:** [l] Ef. 6.5-8. **3.25:** [m] Dt. 10.17; Ef. 6.9. **4.1:** [a] Ef. 6.9. **4.5:** [b] Ef. 5.16. **4.7:** [c] Hch. 20.4; 2 Ti. 4.12. **4.7-8:** [d] Ef. 6.21-22. **4.9:** [e] Flm. 10-12. **4.10:** [f] Hch. 19.29; 27.2; Flm. 24. **4.10:** [g] Hch. 12.12, 25; 13.13; 15.37-39. **4.12:** [h] Col. 1.7; Flm. 23. **4.14:** [i] 2 Ti. 4.11; Flm. 24. [j] 2 Ti. 4.10; Flm. 24. **4.17:** [k] Flm. 2. **1.1:** [a] Hch. 17.1.

trabajo de vuestro amor y de vuestra constancia
en la esperanza en nuestro Señor Jesucristo.
4 Porque conocemos, hermanos amados de
Dios, vuestra elección;
5 pues nuestro evangelio no llegó a vosotros en
palabras solamente, sino también en poder, en
el Espíritu Santo y en plena certidumbre, como
bien sabéis cuáles fuimos entre vosotros por
amor de vosotros.
6 Y vosotros vinisteis a ser imitadores de noso-
tros y del Señor, recibiendo la palabra en medio
de gran tribulación,[b] con gozo del Espíritu San-
to,
7 de tal manera que habéis sido ejemplo a todos
los de Macedonia y de Acaya que han creído.
8 Porque partiendo de vosotros ha sido divulga-
da la palabra del Señor, no sólo en Macedonia y
Acaya, sino que también en todo lugar vuestra
fe en Dios se ha extendido, de modo que noso-
tros no tenemos necesidad de hablar nada;
9 porque ellos mismos cuentan de nosotros la
manera en que nos recibisteis, y cómo os con-
vertisteis de los ídolos a Dios, para servir al Dios
vivo y verdadero,
10 y esperar de los cielos a su Hijo, al cual resu-
citó de los muertos, a Jesús, quien nos libra de la
ira venidera.

Ministerio de Pablo en Tesalónica

2 1 Porque vosotros mismos sabéis, herma-
nos, que nuestra visita a vosotros no resultó
vana;
2 pues habiendo antes padecido y sido ultraja-
dos en Filipos,[a] como sabéis, tuvimos denuedo
en nuestro Dios para anunciaros el evangelio de
Dios en medio de gran oposición.[b]
3 Porque nuestra exhortación no procedió de
error ni de impureza, ni fue por engaño,
4 sino que según fuimos aprobados por Dios
para que se nos confiase el evangelio, así habla-
mos; no como para agradar a los hombres, sino
a Dios, que prueba nuestros corazones.
5 Porque nunca usamos de palabras lisonjeras,
como sabéis, ni encubrimos avaricia; Dios es
testigo;
6 ni buscamos gloria de los hombres; ni de voso-
tros, ni de otros, aunque podíamos seros carga
como apóstoles de Cristo.
7 Antes fuimos tiernos entre vosotros, como la
nodriza que cuida con ternura a sus propios
hijos.
8 Tan grande es nuestro afecto por vosotros, que
hubiéramos querido entregaros no sólo el evan-
gelio de Dios, sino también nuestras propias
vidas; porque habéis llegado a sernos muy que-
ridos.
9 Porque os acordáis, hermanos, de nuestro
trabajo y fatiga; cómo trabajando de noche y de
día, para no ser gravosos a ninguno de vosotros,
os predicamos el evangelio de Dios.
10 Vosotros sois testigos, y Dios también, de
cuán santa, justa e irreprensiblemente nos com-
portamos con vosotros los creyentes;
11 así como también sabéis de qué modo, como
el padre a sus hijos, exhortábamos y consolába-
mos a cada uno de vosotros,
12 y os encargábamos que anduvieseis como es
digno de Dios, que os llamó a su reino y gloria.
13 Por lo cual también nosotros sin cesar da-
mos gracias a Dios, de que cuando recibisteis la
palabra de Dios que oísteis de nosotros, la reci-
bisteis no como palabra de hombres, sino según
es en verdad, la palabra de Dios, la cual actúa en
vosotros los creyentes.
14 Porque vosotros, hermanos, vinisteis a ser
imitadores de las iglesias de Dios en Cristo Jesús
que están en Judea; pues habéis padecido de los
de vuestra propia nación[c] las mismas cosas que
ellas padecieron de los judíos,
15 los cuales mataron al Señor Jesús y a sus pro-
pios profetas, y a nosotros nos expulsaron;[d] y no
agradan a Dios, y se oponen a todos los hom-
bres,
16 impidiéndonos hablar a los gentiles para que
éstos se salven; así colman ellos siempre la me-
dida de sus pecados, pues vino sobre ellos la ira
hasta el extremo.

Ausencia de Pablo de la iglesia

17 Pero nosotros, hermanos, separados de vo-
sotros por un poco de tiempo, de vista pero no
de corazón, tanto más procuramos con mucho
deseo ver vuestro rostro;
18 por lo cual quisimos ir a vosotros, yo Pablo
ciertamente una y otra vez; pero Satanás nos
estorbó.
19 Porque ¿cuál es nuestra esperanza, o gozo, o
corona de que me gloríe? ¿No lo sois vosotros,
delante de nuestro Señor Jesucristo, en su
venida?
20 Vosotros sois nuestra gloria y gozo.
3 1 Por lo cual, no pudiendo soportarlo más,
acordamos quedarnos solos en Atenas,[a]
2 y enviamos a Timoteo nuestro hermano, servi-
dor de Dios y colaborador nuestro en el evange-
lio de Cristo, para confirmaros y exhortaros
respecto a vuestra fe,
3 a fin de que nadie se inquiete por estas tribula-
ciones; porque vosotros mismos sabéis que para
esto estamos puestos.
4 Porque también estando con vosotros, os pre-
decíamos que íbamos a pasar tribulaciones,
como ha acontecido y sabéis.

1.6: [b] Hch. 17.5-9. **2.2:** [a] Hch. 16.19-24. [b] Hch. 17.1-9.
2.14: [c] Hch. 17.5. **2.15:** [d] Hch. 9.23, 29; 13.45, 50; 14.2, 5, 19;
17.5, 13; 18.12. **3.1:** [a] Hch. 17.15.

5 Por lo cual también yo, no pudiendo soportar más, envié para informarme de vuestra fe, no sea que os hubiese tentado el tentador, y que nuestro trabajo resultase en vano.

6 Pero cuando Timoteo volvió de vosotros a nosotros,[b] y nos dio buenas noticias de vuestra fe y amor, y que siempre nos recordáis con cariño, deseando vernos, como también nosotros a vosotros,

7 por ello, hermanos, en medio de toda nuestra necesidad y aflicción fuimos consolados de vosotros por medio de vuestra fe;

8 porque ahora vivimos, si vosotros estáis firmes en el Señor.

9 Por lo cual, ¿qué acción de gracias podremos dar a Dios por vosotros, por todo el gozo con que nos gozamos a causa de vosotros delante de nuestro Dios,

10 orando de noche y de día con gran insistencia, para que veamos vuestro rostro, y completemos lo que falte a vuestra fe?

11 Mas el mismo Dios y Padre nuestro, y nuestro Señor Jesucristo, dirija nuestro camino a vosotros.

12 Y el Señor os haga crecer y abundar en amor unos para con otros y para con todos, como también lo hacemos nosotros para con vosotros,

13 para que sean afirmados vuestros corazones, irreprensibles en santidad delante de Dios nuestro Padre, en la venida de nuestro Señor Jesucristo con todos sus santos.

La vida que agrada a Dios

4 1 Por lo demás, hermanos, os rogamos y exhortamos en el Señor Jesús, que de la manera que aprendisteis de nosotros cómo os conviene conduciros y agradar a Dios, así abundéis más y más.

2 Porque ya sabéis qué instrucciones os dimos por el Señor Jesús;

3 pues la voluntad de Dios es vuestra santificación; que os apartéis de fornicación;

4 que cada uno de vosotros sepa tener su propia esposa en santidad y honor;

5 no en pasión de concupiscencia, como los gentiles que no conocen a Dios;

6 que ninguno agravie ni engañe en nada a su hermano; porque el Señor es vengador de todo esto, como ya os hemos dicho y testificado.

7 Pues no nos ha llamado Dios a inmundicia, sino a santificación.

8 Así que, el que desecha esto, no desecha a hombre, sino a Dios, que también nos dio su Espíritu Santo.

9 Pero acerca del amor fraternal no tenéis necesidad de que os escriba, porque vosotros mismos habéis aprendido de Dios que os améis unos a otros;

10 y también lo hacéis así con todos los hermanos que están por toda Macedonia. Pero os rogamos, hermanos, que abundéis en ello más y más;

11 y que procuréis tener tranquilidad, y ocuparos en vuestros negocios, y trabajar con vuestras manos de la manera que os hemos mandado,

12 a fin de que os conduzcáis honradamente para con los de afuera, y no tengáis necesidad de nada.

La venida del Señor

13 Tampoco queremos, hermanos, que ignoréis acerca de los que duermen, para que no os entristezcáis como los otros que no tienen esperanza.

14 Porque si creemos que Jesús murió y resucitó, así también traerá Dios con Jesús a los que durmieron en él.

15 Por lo cual os decimos esto en palabra del Señor: que nosotros que vivimos, que habremos quedado hasta la venida del Señor, no precederemos a los que durmieron.

16 Porque el Señor mismo con voz de mando, con voz de arcángel, y con trompeta de Dios, descenderá del cielo; y los muertos en Cristo resucitarán primero.

17 Luego nosotros los que vivimos, los que hayamos quedado, seremos arrebatados juntamente con ellos en las nubes para recibir al Señor en el aire, y así estaremos siempre con el Señor.[a]

18 Por tanto, alentaos los unos a los otros con estas palabras.

5 1 Pero acerca de los tiempos y de las ocasiones, no tenéis necesidad, hermanos, de que yo os escriba.

2 Porque vosotros sabéis perfectamente que el día del Señor vendrá así como ladrón en la noche;[a]

3 que cuando digan: Paz y seguridad, entonces vendrá sobre ellos destrucción repentina, como los dolores a la mujer encinta, y no escaparán.

4 Mas vosotros, hermanos, no estáis en tinieblas, para que aquel día os sorprenda como ladrón.

5 Porque todos vosotros sois hijos de luz e hijos del día; no somos de la noche ni de las tinieblas.

6 Por tanto, no durmamos como los demás, sino velemos y seamos sobrios.

7 Pues los que duermen, de noche duermen, y los que se embriagan, de noche se embriagan.

8 Pero nosotros, que somos del día, seamos sobrios, habiéndonos vestido con la coraza de fe y de amor, y con la esperanza de salvación como yelmo.[b]

9 Porque no nos ha puesto Dios para ira, sino para alcanzar salvación por medio de nuestro Señor Jesucristo,

3.6: [b] Hch. 18.5. **4.15-17:** [a] 1 Co. 15.51-52. **5.2:** [a] Mt. 24.43; Lc. 12.39; 2 P. 3.10. **5.8:** [b] Is. 59.17.

10 quien murió por nosotros para que ya sea que velemos, o que durmamos, vivamos juntamente con él.

11 Por lo cual, animaos unos a otros, y edificaos unos a otros, así como lo hacéis.

Pablo exhorta a los hermanos

12 Os rogamos, hermanos, que reconozcáis a los que trabajan entre vosotros, y os presiden en el Señor, y os amonestan;

13 y que los tengáis en mucha estima y amor por causa de su obra. Tened paz entre vosotros.

14 También os rogamos, hermanos, que amonestéis a los ociosos, que alentéis a los de poco ánimo, que sostengáis a los débiles, que seáis pacientes para con todos.

15 Mirad que ninguno pague a otro mal por mal; antes seguid siempre lo bueno unos para con otros, y para con todos.

16 Estad siempre gozosos.

17 Orad sin cesar.

18 Dad gracias en todo, porque esta es la voluntad de Dios para con vosotros en Cristo Jesús.

19 No apaguéis al Espíritu.

20 No menospreciéis las profecías.

21 Examinadlo todo; retened lo bueno.

22 Absteneos de toda especie de mal.

23 Y el mismo Dios de paz os santifique por completo; y todo vuestro ser, espíritu, alma y cuerpo, sea guardado irreprensible para la venida de nuestro Señor Jesucristo.

24 Fiel es el que os llama, el cual también lo hará.

Salutaciones y bendición final

25 Hermanos, orad por nosotros.

26 Saludad a todos los hermanos con ósculo santo.

27 Os conjuro por el Señor, que esta carta se lea a todos los santos hermanos.

28 La gracia de nuestro Señor Jesucristo sea con vosotros. Amén.

SEGUNDA EPÍSTOLA DEL APÓSTOL SAN PABLO A LOS

TESALONICENSES

Salutación

1 1 Pablo, Silvano y Timoteo, a la iglesia de los tesalonicenses[a] en Dios nuestro Padre y en el Señor Jesucristo:

2 Gracia y paz a vosotros, de Dios nuestro Padre y del Señor Jesucristo.

Dios juzgará a los pecadores en la venida de Cristo

3 Debemos siempre dar gracias a Dios por vosotros, hermanos, como es digno, por cuanto vuestra fe va creciendo, y el amor de todos y cada uno de vosotros abunda para con los demás;

4 tanto, que nosotros mismos nos gloriamos de vosotros en las iglesias de Dios, por vuestra paciencia y fe en todas vuestras persecuciones y tribulaciones que soportáis.

5 Esto es demostración del justo juicio de Dios, para que seáis tenidos por dignos del reino de Dios, por el cual asimismo padecéis.

6 Porque es justo delante de Dios pagar con tribulación a los que os atribulan,

7 y a vosotros que sois atribulados, daros reposo con nosotros, cuando se manifieste el Señor Jesús desde el cielo con los ángeles de su poder,

8 en llama de fuego, para dar retribución a los que no conocieron a Dios, ni obedecen al evangelio de nuestro Señor Jesucristo;

9 los cuales sufrirán pena de eterna perdición, excluidos de la presencia del Señor y de la gloria de su poder,

10 cuando venga en aquel día para ser glorificado en sus santos y ser admirado en todos los que creyeron (por cuanto nuestro testimonio ha sido creído entre vosotros).

11 Por lo cual asimismo oramos siempre por vosotros, para que nuestro Dios os tenga por dignos de su llamamiento, y cumpla todo propósito de bondad y toda obra de fe con su poder,

12 para que el nombre de nuestro Señor Jesucristo sea glorificado en vosotros, y vosotros en él, por la gracia de nuestro Dios y del Señor Jesucristo.

Manifestación del hombre de pecado

2 1 Pero con respecto a la venida de nuestro Señor Jesucristo, y nuestra reunión con él,[a] os rogamos, hermanos,

2 que no os dejéis mover fácilmente de vuestro modo de pensar, ni os conturbéis, ni por espíritu, ni por palabra, ni por carta como si fuera nuestra, en el sentido de que el día del Señor está cerca.

3 Nadie os engañe en ninguna manera; porque no vendrá sin que antes venga la apostasía, y se manifieste el hombre de pecado, el hijo de perdición,

4 el cual se opone y se levanta contra todo lo que se llama Dios o es objeto de culto;[b] tanto que se sienta en el templo de Dios como Dios, haciéndose pasar por Dios.

5 ¿No os acordáis que cuando yo estaba todavía con vosotros, os decía esto?

1.1: [a] Hch. 17.1. **2.1:** [a] 1 Ts. 4.15-17. **2.4:** [b] Dn. 11.36.

6 Y ahora vosotros sabéis lo que lo detiene, a fin
de que a su debido tiempo se manifieste.
7 Porque ya está en acción el misterio de la iniqui-
dad; sólo que hay quien al presente lo detiene,
hasta que él a su vez sea quitado de en medio.
8 Y entonces se manifestará aquel inicuo, a quien
el Señor matará con el espíritu de su boca,[c] y des-
truirá con el resplandor de su venida;
9 inicuo cuyo advenimiento es por obra de Sata-
nás, con gran poder y señales y prodigios menti-
rosos,[d]
10 y con todo engaño de iniquidad para los que
se pierden, por cuanto no recibieron el amor de
la verdad para ser salvos.
11 Por esto Dios les envía un poder engañoso,
para que crean la mentira,
12 a fin de que sean condenados todos los que
no creyeron a la verdad, sino que se complacie-
ron en la injusticia.

Escogidos para salvación

13 Pero nosotros debemos dar siempre gra-
cias a Dios respecto a vosotros, hermanos ama-
dos por el Señor, de que Dios os haya escogido
desde el principio para salvación, mediante la
santificación por el Espíritu y la fe en la verdad,
14 a lo cual os llamó mediante nuestro evange-
lio, para alcanzar la gloria de nuestro Señor Je-
sucristo.
15 Así que, hermanos, estad firmes, y retened la
doctrina que habéis aprendido, sea por palabra,
o por carta nuestra.
16 Y el mismo Jesucristo Señor nuestro, y Dios
nuestro Padre, el cual nos amó y nos dio consola-
ción eterna y buena esperanza por gracia,
17 conforte vuestros corazones, y os confirme en
toda buena palabra y obra.

Que la palabra de Dios sea glorificada

3 1 Por lo demás, hermanos, orad por noso-
tros, para que la palabra del Señor corra y
sea glorificada, así como lo fue entre vosotros,
2 y para que seamos librados de hombres per-
versos y malos; porque no es de todos la fe.
3 Pero fiel es el Señor, que os afirmará y guarda-
rá del mal.
4 Y tenemos confianza respecto a vosotros en el
Señor, en que hacéis y haréis lo que os hemos
mandado.
5 Y el Señor encamine vuestros corazones al
amor de Dios, y a la paciencia de Cristo.

El deber de trabajar

6 Pero os ordenamos, hermanos, en el
nombre de nuestro Señor Jesucristo, que os
apartéis de todo hermano que ande desordena-
damente, y no según la enseñanza que recibis-
teis de nosotros.
7 Porque vosotros mismos sabéis de qué manera
debéis imitarnos; pues nosotros no anduvimos
desordenadamente entre vosotros,
8 ni comimos de balde el pan de nadie, sino que
trabajamos con afán y fatiga día y noche, para
no ser gravosos a ninguno de vosotros;
9 no porque no tuviésemos derecho, sino por
daros nosotros mismos un ejemplo para que nos
imitaseis.
10 Porque también cuando estábamos con voso-
tros, os ordenábamos esto: Si alguno no quiere
trabajar, tampoco coma.
11 Porque oímos que algunos de entre vosotros
andan desordenadamente, no trabajando en
nada, sino entremetiéndose en lo ajeno.
12 A los tales mandamos y exhortamos por
nuestro Señor Jesucristo, que trabajando sose-
gadamente, coman su propio pan.
13 Y vosotros, hermanos, no os canséis de hacer
bien.
14 Si alguno no obedece a lo que decimos por
medio de esta carta, a ése señaladlo, y no os jun-
téis con él, para que se avergüence.
15 Mas no lo tengáis por enemigo, sino amones-
tadle como a hermano.

Bendición final

16 Y el mismo Señor de paz os dé siempre
paz en toda manera. El Señor sea con todos vo-
sotros.
17 La salutación es de mi propia mano, de Pa-
blo, que es el signo en toda carta mía; así escribo.
18 La gracia de nuestro Señor Jesucristo sea con
todos vosotros. Amén.

PRIMERA EPÍSTOLA DEL APÓSTOL SAN PABLO A

TIMOTEO

Salutación

1 1 Pablo, apóstol de Jesucristo por mandato
de Dios nuestro Salvador, y del Señor Jesu-
cristo nuestra esperanza,
2 a Timoteo,[a] verdadero hijo en la fe: Gracia, mi-
sericordia y paz, de Dios nuestro Padre y de
Cristo Jesús nuestro Señor.

Advertencia contra falsas doctrinas

3 Como te rogué que te quedases en Efeso,
cuando fui a Macedonia, para que mandases a
algunos que no enseñen diferente doctrina,
4 ni presten atención a fábulas y genealogías in-
terminables, que acarrean disputas más bien

2.8: [c] Is. 11.4. **2.9:** [d] Mt. 24.24. **1.2:** [a] Hch. 16.1.

que edificación de Dios que es por fe, así te encargo ahora.

5 Pues el propósito de este mandamiento es el amor nacido de corazón limpio, y de buena conciencia, y de fe no fingida,

6 de las cuales cosas desviándose algunos, se apartaron a vana palabrería,

7 queriendo ser doctores de la ley, sin entender ni lo que hablan ni lo que afirman.

8 Pero sabemos que la ley es buena, si uno la usa legítimamente;

9 conociendo esto, que la ley no fue dada para el justo, sino para los transgresores y desobedientes, para los impíos y pecadores, para los irreverentes y profanos, para los parricidas y matricidas, para los homicidas,

10 para los fornicarios, para los sodomitas, para los secuestradores, para los mentirosos y perjuros, y para cuanto se oponga a la sana doctrina,

11 según el glorioso evangelio del Dios bendito, que a mí me ha sido encomendado.

El ministerio de Pablo

12 Doy gracias al que me fortaleció, a Cristo Jesús nuestro Señor, porque me tuvo por fiel, poniéndome en el ministerio,

13 habiendo yo sido antes blasfemo, perseguidor[b] e injuriador; mas fui recibido a misericordia porque lo hice por ignorancia, en incredulidad.

14 Pero la gracia de nuestro Señor fue más abundante con la fe y el amor que es en Cristo Jesús.

15 Palabra fiel y digna de ser recibida por todos: que Cristo Jesús vino al mundo para salvar a los pecadores, de los cuales yo soy el primero.

16 Pero por esto fui recibido a misericordia, para que Jesucristo mostrase en mí el primero toda su clemencia, para ejemplo de los que habrían de creer en él para vida eterna.

17 Por tanto, al Rey de los siglos, inmortal, invisible, al único y sabio Dios, sea honor y gloria por los siglos de los siglos. Amén.

18 Este mandamiento, hijo Timoteo, te encargo, para que conforme a las profecías que se hicieron antes en cuanto a ti, milites por ellas la buena milicia,

19 manteniendo la fe y buena conciencia, desechando la cual naufragaron en cuanto a la fe algunos,

20 de los cuales son Himeneo y Alejandro, a quienes entregué a Satanás para que aprendan a no blasfemar.

Instrucciones sobre la oración

2

1 Exhorto ante todo, a que se hagan rogativas, oraciones, peticiones y acciones de gracias, por todos los hombres;

2 por los reyes y por todos los que están en eminencia, para que vivamos quieta y reposadamente en toda piedad y honestidad.

3 Porque esto es bueno y agradable delante de Dios nuestro Salvador,

4 el cual quiere que todos los hombres sean salvos y vengan al conocimiento de la verdad.

5 Porque hay un solo Dios, y un solo mediador entre Dios y los hombres, Jesucristo hombre,

6 el cual se dio a sí mismo en rescate por todos, de lo cual se dio testimonio a su debido tiempo.

7 Para esto yo fui constituido predicador y apóstol (digo verdad en Cristo, no miento), y maestro de los gentiles en fe y verdad.[a]

8 Quiero, pues, que los hombres oren en todo lugar, levantando manos santas, sin ira ni contienda.

9 Asimismo que las mujeres se atavíen de ropa decorosa, con pudor y modestia; no con peinado ostentoso, ni oro, ni perlas, ni vestidos costosos,[b]

10 sino con buenas obras, como corresponde a mujeres que profesan piedad.

11 La mujer aprenda en silencio, con toda sujeción.

12 Porque no permito a la mujer enseñar, ni ejercer dominio sobre el hombre, sino estar en silencio.

13 Porque Adán fue formado primero,[c] después Eva;[d]

14 y Adán no fue engañado, sino que la mujer, siendo engañada, incurrió en transgresión.[e]

15 Pero se salvará engendrando hijos, si permaneciere en fe, amor y santificación, con modestia.

Requisitos de los obispos

3

1 Palabra fiel: Si alguno anhela obispado, buena obra desea.

2 Pero es necesario que el obispo sea irreprensible, marido de una sola mujer, sobrio, prudente, decoroso, hospedador, apto para enseñar;

3 no dado al vino, no pendenciero, no codicioso de ganancias deshonestas, sino amable, apacible, no avaro;

4 que gobierne bien su casa, que tenga a sus hijos en sujeción con toda honestidad

5 (pues el que no sabe gobernar su propia casa, ¿cómo cuidará de la iglesia de Dios?);

6 no un neófito, no sea que envaneciéndose caiga en la condenación del diablo.

7 También es necesario que tenga buen testimonio de los de afuera, para que no caiga en descrédito y en lazo del diablo.[a]

1.13: [b] Hch. 8.3; 9.4-5. **2.7:** [a] 2 Ti. 1.11. **2.9:** [b] 1 P. 3.3. **2.13:** [c] Gn. 2.7. [d] Gn. 2.21-22. **2.14:** [e] Gn. 3.1-6. **3.2-7:** [a] Tit. 1.6-9.

Requisitos de los diáconos

8 Los diáconos asimismo deben ser honestos,
sin doblez, no dados a mucho vino, no codicio-
sos de ganancias deshonestas;
9 que guarden el misterio de la fe con limpia
conciencia.
10 Y éstos también sean sometidos a prueba pri-
mero, y entonces ejerzan el diaconado, si son
irreprensibles.
11 Las mujeres asimismo sean honestas, no ca-
lumniadoras, sino sobrias, fieles en todo.
12 Los diáconos sean maridos de una sola mujer,
y que gobiernen bien sus hijos y sus casas.
13 Porque los que ejerzan bien el diaconado, ga-
nan para sí un grado honroso, y mucha confian-
za en la fe que es en Cristo Jesús.

El misterio de la piedad

14 Esto te escribo, aunque tengo la esperanza
de ir pronto a verte,
15 para que si tardo, sepas cómo debes condu-
cirte en la casa de Dios, que es la iglesia del Dios
viviente, columna y baluarte de la verdad.
16 E indiscutiblemente, grande es el misterio de
la piedad:

Dios fue manifestado en carne,
Justificado en el Espíritu,
Visto de los ángeles,
Predicado a los gentiles,
Creído en el mundo,
Recibido arriba en gloria.

Predicción de la apostasía

4 1 Pero el Espíritu dice claramente que en los
postreros tiempos algunos apostatarán de
la fe, escuchando a espíritus engañadores y a
doctrinas de demonios;
2 por la hipocresía de mentirosos que, teniendo
cauterizada la conciencia,
3 prohibirán casarse, y mandarán abstenerse de
alimentos que Dios creó para que con acción de
gracias participasen de ellos los creyentes y los
que han conocido la verdad.
4 Porque todo lo que Dios creó es bueno, y nada es
de desecharse, si se toma con acción de gracias;
5 porque por la palabra de Dios y por la oración
es santificado.

Un buen ministro de Jesucristo

6 Si esto enseñas a los hermanos, serás buen
ministro de Jesucristo, nutrido con las palabras
de la fe y de la buena doctrina que has seguido.
7 Desecha las fábulas profanas y de viejas. Ejer-
cítate para la piedad;
8 porque el ejercicio corporal para poco es pro-
vechoso, pero la piedad para todo aprovecha,
pues tiene promesa de esta vida presente, y de
la venidera.
9 Palabra fiel es esta, y digna de ser recibida por
todos.
10 Que por esto mismo trabajamos y sufrimos
oprobios, porque esperamos en el Dios viviente,
que es el Salvador de todos los hombres, mayor-
mente de los que creen.
11 Esto manda y enseña.
12 Ninguno tenga en poco tu juventud, sino sé
ejemplo de los creyentes en palabra, conducta,
amor, espíritu, fe y pureza.
13 Entre tanto que voy, ocúpate en la lectura, la
exhortación y la enseñanza.
14 No descuides el don que hay en ti, que te fue
dado mediante profecía con la imposición de las
manos del presbiterio.
15 Ocúpate en estas cosas; permanece en ellas,
para que tu aprovechamiento sea manifiesto a
todos.
16 Ten cuidado de ti mismo y de la doctrina;
persiste en ello, pues haciendo esto, te salvarás
a ti mismo y a los que te oyeren.

Deberes hacia los demás

5 1 No reprendas al anciano, sino exhórtale
como a padre; a los más jóvenes, como a
hermanos;
2 a las ancianas, como a madres; a las jovenci-
tas, como a hermanas, con toda pureza.
3 Honra a las viudas que en verdad lo son.
4 Pero si alguna viuda tiene hijos, o nietos,
aprendan éstos primero a ser piadosos para con
su propia familia, y a recompensar a sus padres;
porque esto es lo bueno y agradable delante de
Dios.
5 Mas la que en verdad es viuda y ha quedado
sola, espera en Dios, y es diligente en súplicas y
oraciones noche y día.
6 Pero la que se entrega a los placeres, viviendo
está muerta.
7 Manda también estas cosas, para que sean
irreprensibles;
8 porque si alguno no provee para los suyos, y
mayormente para los de su casa, ha negado la
fe, y es peor que un incrédulo.
9 Sea puesta en la lista sólo la viuda no menor
de sesenta años, que haya sido esposa de un
solo marido,
10 que tenga testimonio de buenas obras; si ha
criado hijos; si ha practicado la hospitalidad; si
ha lavado los pies de los santos; si ha socorrido a
los afligidos; si ha practicado toda buena obra.
11 Pero viudas más jóvenes no admitas; porque
cuando, impulsadas por sus deseos, se rebelan
contra Cristo, quieren casarse,
12 incurriendo así en condenación, por haber
quebrantado su primera fe.
13 Y también aprenden a ser ociosas, andando
de casa en casa; y no solamente ociosas, sino

también chismosas y entremetidas, hablando lo que no debieran.

14 Quiero, pues, que las viudas jóvenes se casen, críen hijos, gobiernen su casa; que no den al adversario ninguna ocasión de maledicencia.

15 Porque ya algunas se han apartado en pos de Satanás.

16 Si algún creyente o alguna creyente tiene viudas, que las mantenga, y no sea gravada la iglesia, a fin de que haya lo suficiente para las que en verdad son viudas.

17 Los ancianos que gobiernan bien, sean tenidos por dignos de doble honor, mayormente los que trabajan en predicar y enseñar.

18 Pues la Escritura dice: No pondrás bozal al buey que trilla;[a] y: Digno es el obrero de su salario.[b]

19 Contra un anciano no admitas acusación sino con dos o tres testigos.[c]

20 A los que persisten en pecar, repréndelos delante de todos, para que los demás también teman.

21 Te encarezco delante de Dios y del Señor Jesucristo, y de sus ángeles escogidos, que guardes estas cosas sin prejuicios, no haciendo nada con parcialidad.

22 No impongas con ligereza las manos a ninguno, ni participes en pecados ajenos. Consérvate puro.

23 Ya no bebas agua, sino usa de un poco de vino por causa de tu estómago y de tus frecuentes enfermedades.

24 Los pecados de algunos hombres se hacen patentes antes que ellos vengan a juicio, mas a otros se les descubren después.

25 Asimismo se hacen manifiestas las buenas obras; y las que son de otra manera, no pueden permanecer ocultas.

6 1 Todos los que están bajo el yugo de esclavitud, tengan a sus amos por dignos de todo honor, para que no sea blasfemado el nombre de Dios y la doctrina.

2 Y los que tienen amos creyentes, no los tengan en menos por ser hermanos, sino sírvanles mejor, por cuanto son creyentes y amados los que se benefician de su buen servicio. Esto enseña y exhorta.

Piedad y contentamiento

3 Si alguno enseña otra cosa, y no se conforma a las sanas palabras de nuestro Señor Jesucristo, y a la doctrina que es conforme a la piedad,

4 está envanecido, nada sabe, y delira acerca de cuestiones y contiendas de palabras, de las cuales nacen envidias, pleitos, blasfemias, malas sospechas,

5 disputas necias de hombres corruptos de entendimiento y privados de la verdad, que toman la piedad como fuente de ganancia; apártate de los tales.

6 Pero gran ganancia es la piedad acompañada de contentamiento;

7 porque nada hemos traído a este mundo, y sin duda nada podremos sacar.

8 Así que, teniendo sustento y abrigo, estemos contentos con esto.

9 Porque los que quieren enriquecerse caen en tentación y lazo, y en muchas codicias necias y dañosas, que hunden a los hombres en destrucción y perdición;

10 porque raíz de todos los males es el amor al dinero, el cual codiciando algunos, se extraviaron de la fe, y fueron traspasados de muchos dolores.

La buena batalla de la fe

11 Mas tú, oh hombre de Dios, huye de estas cosas, y sigue la justicia, la piedad, la fe, el amor, la paciencia, la mansedumbre.

12 Pelea la buena batalla de la fe, echa mano de la vida eterna, a la cual asimismo fuiste llamado, habiendo hecho la buena profesión delante de muchos testigos.

13 Te mando delante de Dios, que da vida a todas las cosas, y de Jesucristo, que dio testimonio de la buena profesión delante de Poncio Pilato,[a]

14 que guardes el mandamiento sin mácula ni reprensión, hasta la aparición de nuestro Señor Jesucristo,

15 la cual a su tiempo mostrará el bienaventurado y solo Soberano, Rey de reyes, y Señor de señores,

16 el único que tiene inmortalidad, que habita en luz inaccesible; a quien ninguno de los hombres ha visto ni puede ver, al cual sea la honra y el imperio sempiterno. Amén.

17 A los ricos de este siglo manda que no sean altivos, ni pongan la esperanza en las riquezas, las cuales son inciertas, sino en el Dios vivo, que nos da todas las cosas en abundancia para que las disfrutemos.

18 Que hagan bien, que sean ricos en buenas obras, dadivosos, generosos;

19 atesorando para sí buen fundamento para lo por venir, que echen mano de la vida eterna.

Encargo final de Pablo a Timoteo

20 Oh Timoteo, guarda lo que se te ha encomendado, evitando las profanas pláticas sobre cosas vanas, y los argumentos de la falsamente llamada ciencia,

21 la cual profesando algunos, se desviaron de la fe. La gracia sea contigo. Amén.

5.18: [a] Dt. 25.4. [b] Mt. 10.10; Lc. 10.7. **5.19:** [c] Dt. 17.6; 19.15. **6.13:** [a] Jn. 18.37.

SEGUNDA EPÍSTOLA DEL APÓSTOL SAN PABLO A

TIMOTEO

Salutación

1 1 Pablo, apóstol de Jesucristo por la voluntad de Dios, según la promesa de la vida que es en Cristo Jesús,

2 a Timoteo,[a] amado hijo: Gracia, misericordia y paz, de Dios Padre y de Jesucristo nuestro Señor.

Testificando de Cristo

3 Doy gracias a Dios, al cual sirvo desde mis mayores con limpia conciencia, de que sin cesar me acuerdo de ti en mis oraciones noche y día;

4 deseando verte, al acordarme de tus lágrimas, para llenarme de gozo;

5 trayendo a la memoria la fe no fingida que hay en ti, la cual habitó primero en tu abuela Loida, y en tu madre[b] Eunice, y estoy seguro que en ti también.

6 Por lo cual te aconsejo que avives el fuego del don de Dios que está en ti por la imposición de mis manos.

7 Porque no nos ha dado Dios espíritu de cobardía, sino de poder, de amor y de dominio propio.

8 Por tanto, no te avergüences de dar testimonio de nuestro Señor, ni de mí, preso suyo, sino participa de las aflicciones por el evangelio según el poder de Dios,

9 quien nos salvó y llamó con llamamiento santo, no conforme a nuestras obras, sino según el propósito suyo y la gracia que nos fue dada en Cristo Jesús antes de los tiempos de los siglos,

10 pero que ahora ha sido manifestada por la aparición de nuestro Salvador Jesucristo, el cual quitó la muerte y sacó a luz la vida y la inmortalidad por el evangelio,

11 del cual yo fui constituido predicador, apóstol y maestro de los gentiles.[c]

12 Por lo cual asimismo padezco esto; pero no me avergüenzo, porque yo sé a quién he creído, y estoy seguro que es poderoso para guardar mi depósito para aquel día.

13 Retén la forma de las sanas palabras que de mí oíste, en la fe y amor que es en Cristo Jesús.

14 Guarda el buen depósito por el Espíritu Santo que mora en nosotros.

15 Ya sabes esto, que me abandonaron todos los que están en Asia, de los cuales son Figelo y Hermógenes.

16 Tenga el Señor misericordia de la casa de Onesíforo, porque muchas veces me confortó, y no se avergonzó de mis cadenas,

17 sino que cuando estuvo en Roma, me buscó solícitamente y me halló.

18 Concédale el Señor que halle misericordia cerca del Señor en aquel día. Y cuánto nos ayudó en Efeso, tú lo sabes mejor.

Un buen soldado de Jesucristo

2 1 Tú, pues, hijo mío, esfuérzate en la gracia que es en Cristo Jesús.

2 Lo que has oído de mí ante muchos testigos, esto encarga a hombres fieles que sean idóneos para enseñar también a otros.

3 Tú, pues, sufre penalidades como buen soldado de Jesucristo.

4 Ninguno que milita se enreda en los negocios de la vida, a fin de agradar a aquel que lo tomó por soldado.

5 Y también el que lucha como atleta, no es coronado si no lucha legítimamente.

6 El labrador, para participar de los frutos, debe trabajar primero.

7 Considera lo que digo, y el Señor te dé entendimiento en todo.

8 Acuérdate de Jesucristo, del linaje de David, resucitado de los muertos conforme a mi evangelio,

9 en el cual sufro penalidades, hasta prisiones a modo de malhechor; mas la palabra de Dios no está presa.

10 Por tanto, todo lo soporto por amor de los escogidos, para que ellos también obtengan la salvación que es en Cristo Jesús con gloria eterna.

11 Palabra fiel es esta:

Si somos muertos con él, también
viviremos con él;
12 Si sufrimos, también reinaremos con él;
Si le negáremos, él también nos negará.[a]
13 Si fuéremos infieles, él permanece fiel;
El no puede negarse a sí mismo.

Un obrero aprobado

14 Recuérdales esto, exhortándoles delante del Señor a que no contiendan sobre palabras, lo cual para nada aprovecha, sino que es para perdición de los oyentes.

15 Procura con diligencia presentarte a Dios aprobado, como obrero que no tiene de qué avergonzarse, que usa bien la palabra de verdad.

16 Mas evita profanas y vanas palabrerías, porque conducirán más y más a la impiedad.

17 Y su palabra carcomerá como gangrena; de los cuales son Himeneo y Fileto,

18 que se desviaron de la verdad, diciendo que la resurrección ya se efectuó, y trastornan la fe de algunos.

1.2: [a] Hch. 16.1. **1.5:** [b] Hch. 16.1. **1.11:** [c] 1 Ti. 2.7.
2.12: [a] Mt. 10.33; Lc. 12.9.

19 Pero el fundamento de Dios está firme, te-
niendo este sello: Conoce el Señor a los que son
suyos; y: Apártese de iniquidad todo aquel que
invoca el nombre de Cristo.
20 Pero en una casa grande, no solamente hay
utensilios de oro y de plata, sino también de ma-
dera y de barro; y unos son para usos honrosos,
y otros para usos viles.
21 Así que, si alguno se limpia de estas cosas,
será instrumento para honra, santificado, útil al
Señor, y dispuesto para toda buena obra.
22 Huye también de las pasiones juveniles, y si-
gue la justicia, la fe, el amor y la paz, con los que
de corazón limpio invocan al Señor.
23 Pero desecha las cuestiones necias e insensa-
tas, sabiendo que engendran contiendas.
24 Porque el siervo del Señor no debe ser con-
tencioso, sino amable para con todos, apto para
enseñar, sufrido;
25 que con mansedumbre corrija a los que se
oponen, por si quizá Dios les conceda que se
arrepientan para conocer la verdad,
26 y escapen del lazo del diablo, en que están
cautivos a voluntad de él.

Carácter de los hombres en los postreros días

3 1 También debes saber esto: que en los pos-
treros días vendrán tiempos peligrosos.
2 Porque habrá hombres amadores de sí mis-
mos, avaros, vanagloriosos, soberbios, blasfe-
mos, desobedientes a los padres, ingratos,
impíos,
3 sin afecto natural, implacables, calumniado-
res, intemperantes, crueles, aborrecedores de lo
bueno,
4 traidores, impetuosos, infatuados, amadores
de los deleites más que de Dios,
5 que tendrán apariencia de piedad, pero nega-
rán la eficacia de ella; a éstos evita.
6 Porque de éstos son los que se meten en las ca-
sas y llevan cautivas a las mujercillas cargadas
de pecados, arrastradas por diversas concupis-
cencias.
7 Estas siempre están aprendiendo, y nunca
pueden llegar al conocimiento de la verdad.
8 Y de la manera que Janes y Jambres resistie-
ron a Moisés,[a] así también éstos resisten a la
verdad; hombres corruptos de entendimiento,
réprobos en cuanto a la fe.
9 Mas no irán más adelante; porque su insensa-
tez será manifiesta a todos, como también lo fue
la de aquéllos.
10 Pero tú has seguido mi doctrina, conducta,
propósito, fe, longanimidad, amor, paciencia,
11 persecuciones, padecimientos, como los que
me sobrevinieron en Antioquía,[b] en Iconio,[c] en
Listra;[d] persecuciones que he sufrido, y de todas
me ha librado el Señor.
12 Y también todos los que quieren vivir piado-
samente en Cristo Jesús padecerán persecución;
13 mas los malos hombres y los engañadores
irán de mal en peor, engañando y siendo enga-
ñados.
14 Pero persiste tú en lo que has aprendido y te
persuadiste, sabiendo de quién has aprendido;
15 y que desde la niñez has sabido las Sagradas
Escrituras, las cuales te pueden hacer sabio para
la salvación por la fe que es en Cristo Jesús.
16 Toda la Escritura es inspirada por Dios, y útil
para enseñar, para redargüir, para corregir, para
instruir en justicia,
17 a fin de que el hombre de Dios sea perfecto,
enteramente preparado para toda buena obra.

Predica la palabra

4 1 Te encarezco delante de Dios y del Señor
Jesucristo, que juzgará a los vivos y a los
muertos en su manifestación y en su reino,
2 que prediques la palabra; que instes a tiempo
y fuera de tiempo; redarguye, reprende, exhor-
ta con toda paciencia y doctrina.
3 Porque vendrá tiempo cuando no sufrirán la
sana doctrina, sino que teniendo comezón de
oír, se amontonarán maestros conforme a sus
propias concupiscencias,
4 y apartarán de la verdad el oído y se volverán
a las fábulas.
5 Pero tú sé sobrio en todo, soporta las afliccio-
nes, haz obra de evangelista, cumple tu ministe-
rio.
6 Porque yo ya estoy para ser sacrificado, y el
tiempo de mi partida está cercano.
7 He peleado la buena batalla, he acabado la ca-
rrera, he guardado la fe.
8 Por lo demás, me está guardada la corona de
justicia, la cual me dará el Señor, juez justo, en
aquel día; y no sólo a mí, sino también a todos
los que aman su venida.

Instrucciones personales

9 Procura venir pronto a verme,
10 porque Demas[a] me ha desamparado, aman-
do este mundo, y se ha ido a Tesalónica. Cres-
cente fue a Galacia, y Tito[b] a Dalmacia.
11 Sólo Lucas[c] está conmigo. Toma a Marcos[d] y
tráele contigo, porque me es útil para el ministe-
rio.
12 A Tíquico[e] lo envié a Efeso.
13 Trae, cuando vengas, el capote que dejé en
Troas[f] en casa de Carpo, y los libros, mayormen-
te los pergaminos.

3.8: [a] Ex. 7.11. **3.11:** [b] Hch. 13.14-52. [c] Hch. 14.1-7. [d] Hch. 14.8-20. **4.10:** [a] Col. 4.14; Flm. 24. [b] 2 Co. 8.23; Gá. 2.3; Tit. 1.4. **4.11:** [c] Col. 4.14; Flm. 24. [d] Hch. 12.12, 25; 13.13; 15.37-39; Col. 4.10; Flm. 24. **4.12:** [e] Hch. 20.4; Ef. 6.21-22; Col. 4.7-8. **4.13:** [f] Hch. 20.6.

14 Alejandro[g] el calderero me ha causado mu-
chos males; el Señor le pague conforme a sus
hechos.
15 Guárdate tú también de él, pues en gran ma-
nera se ha opuesto a nuestras palabras.
16 En mi primera defensa ninguno estuvo a mi
lado, sino que todos me desampararon; no les
sea tomado en cuenta.
17 Pero el Señor estuvo a mi lado, y me dio fuer-
zas, para que por mí fuese cumplida la predica-
ción, y que todos los gentiles oyesen. Así fui
librado de la boca del león.
18 Y el Señor me librará de toda obra mala, y me
preservará para su reino celestial. A él sea gloria
por los siglos de los siglos. Amén.

Saludos y bendición final

19 Saluda a Prisca y a Aquila,[h] y a la casa de
Onesíforo.[i]
20 Erasto[j] se quedó en Corinto, y a Trófimo[k] dejé
en Mileto enfermo.
21 Procura venir antes del invierno. Eubulo te
saluda, y Pudente, Lino, Claudia y todos los
hermanos.
22 El Señor Jesucristo esté con tu espíritu. La
gracia sea con vosotros. Amén.

LA EPÍSTOLA DEL APÓSTOL SAN PABLO A

TITO

Salutación

1 1 Pablo, siervo de Dios y apóstol de Jesucris-
to, conforme a la fe de los escogidos de Dios
y el conocimiento de la verdad que es según la
piedad,
2 en la esperanza de la vida eterna, la cual Dios,
que no miente, prometió desde antes del princi-
pio de los siglos,
3 y a su debido tiempo manifestó su palabra por
medio de la predicación que me fue encomen-
dada por mandato de Dios nuestro Salvador,
4 a Tito,[a] verdadero hijo en la común fe: Gracia,
misericordia y paz, de Dios Padre y del Señor Je-
sucristo nuestro Salvador.

Requisitos de ancianos y obispos

5 Por esta causa te dejé en Creta, para que co-
rrigieses lo deficiente, y establecieses ancianos
en cada ciudad, así como yo te mandé;
6 el que fuere irreprensible, marido de una sola
mujer, y tenga hijos creyentes que no estén acu-
sados de disolución ni de rebeldía.
7 Porque es necesario que el obispo sea irrepren-
sible, como administrador de Dios; no soberbio,
no iracundo, no dado al vino, no pendenciero,
no codicioso de ganancias deshonestas,
8 sino hospedador, amante de lo bueno, sobrio,
justo, santo, dueño de sí mismo,
9 retenedor de la palabra fiel tal como ha sido
enseñada, para que también pueda exhortar
con sana enseñanza y convencer a los que con-
tradicen.[b]
10 Porque hay aún muchos contumaces, habla-
dores de vanidades y engañadores, mayormen-
te los de la circuncisión,
11 a los cuales es preciso tapar la boca; que tras-
tornan casas enteras, enseñando por ganancia
deshonesta lo que no conviene.
12 Uno de ellos, su propio profeta, dijo: Los cre-
tenses, siempre mentirosos, malas bestias, glo-
tones ociosos.
13 Este testimonio es verdadero; por tanto, re-
préndelos duramente, para que sean sanos en la
fe,
14 no atendiendo a fábulas judaicas, ni a man-
damientos de hombres que se apartan de la
verdad.
15 Todas las cosas son puras para los puros, mas
para los corrompidos e incrédulos nada les es
puro; pues hasta su mente y su conciencia están
corrompidas.
16 Profesan conocer a Dios, pero con los hechos
lo niegan, siendo abominables y rebeldes, re-
probados en cuanto a toda buena obra.

Enseñanza de la sana doctrina

2 1 Pero tú habla lo que está de acuerdo con la
sana doctrina.
2 Que los ancianos sean sobrios, serios, pruden-
tes, sanos en la fe, en el amor, en la paciencia.
3 Las ancianas asimismo sean reverentes en su
porte; no calumniadoras, no esclavas del vino,
maestras del bien;
4 que enseñen a las mujeres jóvenes a amar a
sus maridos y a sus hijos,
5 a ser prudentes, castas, cuidadosas de su casa,
buenas, sujetas a sus maridos, para que la pala-
bra de Dios no sea blasfemada.
6 Exhorta asimismo a los jóvenes a que sean
prudentes;
7 presentándote tú en todo como ejemplo de
buenas obras; en la enseñanza mostrando inte-
gridad, seriedad,

4.14: [g] 1 Ti. 1.20. **4.19:** [h] Hch. 18.2. [i] 2 Ti. 1.16-17.
4.20: [j] Hch. 19.22; Ro. 16.23. [k] Hch. 20.4; 21.29.
1.4: [a] 2 Co. 8.23; Gá. 2.3; 2 Ti. 4.10. **1.6-9:** [b] 1 Ti. 3.2-7.

8 palabra sana e irreprochable, de modo que el
adversario se avergüence, y no tenga nada malo
que decir de vosotros.
9 Exhorta a los siervos a que se sujeten a sus amos,
que agraden en todo, que no sean respondones;
10 no defraudando, sino mostrándose fieles en
todo, para que en todo adornen la doctrina de
Dios nuestro Salvador.
11 Porque la gracia de Dios se ha manifestado
para salvación a todos los hombres,
12 enseñándonos que, renunciando a la impie-
dad y a los deseos mundanos, vivamos en este
siglo sobria, justa y piadosamente,
13 aguardando la esperanza bienaventurada y
la manifestación gloriosa de nuestro gran Dios y
Salvador Jesucristo,
14 quien se dio a sí mismo por nosotros para re-
dimirnos de toda iniquidad[a] y purificar para sí
un pueblo propio,[b] celoso de buenas obras.
15 Esto habla, y exhorta y reprende con toda
autoridad. Nadie te menosprecie.

Justificados por gracia

3 1 Recuérdales que se sujeten a los gober-
nantes y autoridades, que obedezcan, que
estén dispuestos a toda buena obra.
2 Que a nadie difamen, que no sean pendencie-
ros, sino amables, mostrando toda mansedum-
bre para con todos los hombres.
3 Porque nosotros también éramos en otro tiem-
po insensatos, rebeldes, extraviados, esclavos
de concupiscencias y deleites diversos, viviendo
en malicia y envidia, aborrecibles, y aborrecién-
donos unos a otros.
4 Pero cuando se manifestó la bondad de Dios
nuestro Salvador, y su amor para con los hombres,
5 nos salvó, no por obras de justicia que noso-
tros hubiéramos hecho, sino por su misericor-
dia, por el lavamiento de la regeneración y por
la renovación en el Espíritu Santo,
6 el cual derramó en nosotros abundantemente
por Jesucristo nuestro Salvador,
7 para que justificados por su gracia, viniésemos
a ser herederos conforme a la esperanza de la
vida eterna.
8 Palabra fiel es esta, y en estas cosas quiero
que insistas con firmeza, para que los que creen
en Dios procuren ocuparse en buenas obras.
Estas cosas son buenas y útiles a los hombres.
9 Pero evita las cuestiones necias, y genealogías,
y contenciones, y discusiones acerca de la ley;
porque son vanas y sin provecho.
10 Al hombre que cause divisiones, después de
una y otra amonestación deséchalo,
11 sabiendo que el tal se ha pervertido, y peca y
está condenado por su propio juicio.

Instrucciones personales

12 Cuando envíe a ti a Artemas o a Tíquico,[a]
apresúrate a venir a mí en Nicópolis, porque allí
he determinado pasar el invierno.
13 A Zenas intérprete de la ley, y a Apolos,[b] en-
camínales con solicitud, de modo que nada les
falte.
14 Y aprendan también los nuestros a ocuparse
en buenas obras para los casos de necesidad,
para que no sean sin fruto.

Salutaciones y bendición final

15 Todos los que están conmigo te saludan.
Saluda a los que nos aman en la fe.
La gracia sea con todos vosotros. Amén.

LA EPÍSTOLA DEL APÓSTOL SAN PABLO A

FILEMÓN

Salutación

1 1 Pablo, prisionero de Jesucristo, y el her-
mano Timoteo, al amado Filemón, colabo-
rador nuestro,
2 y a la amada hermana Apia, y a Arquipo[a] nues-
tro compañero de milicia, y a la iglesia que está
en tu casa:
3 Gracia y paz a vosotros, de Dios nuestro Padre
y del Señor Jesucristo.

El amor y la fe de Filemón

4 Doy gracias a mi Dios, haciendo siempre
memoria de ti en mis oraciones,
5 porque oigo del amor y de la fe que tienes
hacia el Señor Jesús, y para con todos los san-
tos;
6 para que la participación de tu fe sea eficaz en
el conocimiento de todo el bien que está en vo-
sotros por Cristo Jesús.
7 Pues tenemos gran gozo y consolación en tu
amor, porque por ti, oh hermano, han sido con-
fortados los corazones de los santos.

Pablo intercede por Onésimo

8 Por lo cual, aunque tengo mucha libertad en
Cristo para mandarte lo que conviene,
9 más bien te ruego por amor, siendo como soy,
Pablo ya anciano, y ahora, además, prisionero
de Jesucristo;

2.14: [a] Sal. 130.8. [b] Ex. 19.5; Dt. 4.20; 7.6; 14.2; 26.18; 1 P. 2.9. **3.12:** [a] Hch. 20.4; Ef. 6.21-22; Col. 4.7-8; 2 Ti. 4.12. **3.13:** [b] Hch. 18.24; 1 Co. 16.12. **2:** [a] Col. 4.17.

10 te ruego por mi hijo Onésimo,[1, b] a quien en-
gendré en mis prisiones,
11 el cual en otro tiempo te fue inútil, pero aho-
ra a ti y a mí nos es útil,
12 el cual vuelvo a enviarte; tú, pues, recíbele
como a mí mismo.
13 Yo quisiera retenerle conmigo, para que en
lugar tuyo me sirviese en mis prisiones por el
evangelio;
14 pero nada quise hacer sin tu consentimiento,
para que tu favor no fuese como de necesidad,
sino voluntario.
15 Porque quizá para esto se apartó de ti por
algún tiempo, para que le recibieses para siem-
pre;
16 no ya como esclavo, sino como más que es-
clavo, como hermano amado, mayormente para
mí, pero cuánto más para ti, tanto en la carne
como en el Señor.
17 Así que, si me tienes por compañero, recíbele
como a mí mismo.
18 Y si en algo te dañó, o te debe, ponlo a mi
cuenta.
19 Yo Pablo lo escribo de mi mano, yo lo pagaré;
por no decirte que aun tú mismo te me debes
también.
20 Sí, hermano, tenga yo algún provecho de ti
en el Señor; conforta mi corazón en el Señor.
21 Te he escrito confiando en tu obedien-
cia, sabiendo que harás aun más de lo que te
digo.
22 Prepárame también alojamiento; porque es-
pero que por vuestras oraciones os seré conce-
dido.

Salutaciones y bendición final

23 Te saludan Epafras,[c] mi compañero de pri-
siones por Cristo Jesús,
24 Marcos,[d] Aristarco,[e] Demas[f] y Lucas,[g] mis co-
laboradores.
25 La gracia de nuestro Señor Jesucristo sea
con vuestro espíritu. Amén.

LA EPÍSTOLA A LOS

HEBREOS

Dios ha hablado por su Hijo

1 1 Dios, habiendo hablado muchas veces y
de muchas maneras en otro tiempo a los pa-
dres por los profetas,
2 en estos postreros días nos ha hablado por el
Hijo, a quien constituyó heredero de todo, y por
quien asimismo hizo el universo;
3 el cual, siendo el resplandor de su gloria, y la
imagen misma de su sustancia, y quien sustenta
todas las cosas con la palabra de su poder, ha-
biendo efectuado la purificación de nuestros pe-
cados por medio de sí mismo, se sentó a la
diestra de la Majestad en las alturas,
4 hecho tanto superior a los ángeles, cuanto he-
redó más excelente nombre que ellos.

El Hijo, superior a los ángeles

5 Porque ¿a cuál de los ángeles dijo Dios jamás:
Mi Hijo eres tú,
Yo te he engendrado hoy,[a]
y otra vez:
Yo seré a él Padre,
Y él me será a mí hijo?[b]
6 Y otra vez, cuando introduce al Primogénito
en el mundo, dice:
Adórenle todos los ángeles de Dios.[c]
7 Ciertamente de los ángeles dice:
El que hace a sus ángeles espíritus,
Y a sus ministros llama de fuego.[d]
8 Mas del Hijo dice:
Tu trono, oh Dios, por el siglo del siglo;
Cetro de equidad es el cetro de tu reino.
9 Has amado la justicia, y aborrecido la
maldad,
Por lo cual te ungió Dios, el Dios tuyo,
Con óleo de alegría más que a tus
compañeros.[e]
10 Y:
Tú, oh Señor, en el principio fundaste la
tierra,
Y los cielos son obra de tus manos.
11 Ellos perecerán, mas tú permaneces;
Y todos ellos se envejecerán como una
vestidura,
12 Y como un vestido los envolverás, y serán
mudados;
Pero tú eres el mismo,
Y tus años no acabarán.[f]
13 Pues, ¿a cuál de los ángeles dijo Dios jamás:
Siéntate a mi diestra,
Hasta que ponga a tus enemigos por
estrado de tus pies?[g]
14 ¿No son todos espíritus ministradores, en-
viados para servicio a favor de los que serán he-
rederos de la salvación?

10:[1] Esto es, *útil* (v. 11) o *provechoso* (v. 20). [b] Col. 4.9.
23: [c] Col. 1.7; 4.12. **24:** [d] Hch. 12.12, 25; 13.13; 15.37-39;
Col. 4.10. [e] Hch. 19.29; 27.2; Col. 4.10. [f] Col. 4.14; 2 Ti. 4.10.
[g] Col. 4.14; 2 Ti. 4.11. **1.5:** [a] Sal. 2.7. [b] 2 S. 7.14; 1 Cr. 17.13.
1.6: [c] Dt. 32.43 (Gr.). **1.7:** [d] Sal. 104.4. **1.8-9:** [e] Sal. 45.6-7.
1.10-12: [f] Sal. 102.25-27. **1.13:** [g] Sal. 110.1.

Una salvación tan grande

2 1 Por tanto, es necesario que con más diligencia atendamos a las cosas que hemos oído, no sea que nos deslicemos.
2 Porque si la palabra dicha por medio de los ángeles fue firme, y toda transgresión y desobediencia recibió justa retribución,
3 ¿cómo escaparemos nosotros, si descuidamos una salvación tan grande? La cual, habiendo sido anunciada primeramente por el Señor, nos fue confirmada por los que oyeron,
4 testificando Dios juntamente con ellos, con señales y prodigios y diversos milagros y repartimientos del Espíritu Santo según su voluntad.

El autor de la salvación

5 Porque no sujetó a los ángeles el mundo venidero, acerca del cual estamos hablando;
6 pero alguien testificó en cierto lugar, diciendo:

¿Qué es el hombre, para que te acuerdes de él,
O el hijo del hombre, para que le visites?
7 Le hiciste un poco menor que los ángeles,
Le coronaste de gloria y de honra,
Y le pusiste sobre las obras de tus manos;
8 Todo lo sujetaste bajo sus pies.[a]

Porque en cuanto le sujetó todas las cosas, nada dejó que no sea sujeto a él; pero todavía no vemos que todas las cosas le sean sujetas.
9 Pero vemos a aquel que fue hecho un poco menor que los ángeles, a Jesús, coronado de gloria y de honra, a causa del padecimiento de la muerte, para que por la gracia de Dios gustase la muerte por todos.
10 Porque convenía a aquel por cuya causa son todas las cosas, y por quien todas las cosas subsisten, que habiendo de llevar muchos hijos a la gloria, perfeccionase por aflicciones al autor de la salvación de ellos.
11 Porque el que santifica y los que son santificados, de uno son todos; por lo cual no se avergüenza de llamarlos hermanos,
12 diciendo:

Anunciaré a mis hermanos tu nombre,
En medio de la congregación te alabaré.[b]

13 Y otra vez:

Yo confiaré en él.[c]

Y de nuevo:

He aquí, yo y los hijos que Dios me dio.[d]

14 Así que, por cuanto los hijos participaron de carne y sangre, él también participó de lo mismo, para destruir por medio de la muerte al que tenía el imperio de la muerte, esto es, al diablo,
15 y librar a todos los que por el temor de la muerte estaban durante toda la vida sujetos a servidumbre.
16 Porque ciertamente no socorrió a los ángeles, sino que socorrió a la descendencia de Abraham.
17 Por lo cual debía ser en todo semejante a sus hermanos, para venir a ser misericordioso y fiel sumo sacerdote en lo que a Dios se refiere, para expiar los pecados del pueblo.
18 Pues en cuanto él mismo padeció siendo tentado, es poderoso para socorrer a los que son tentados.

Jesús es superior a Moisés

3 1 Por tanto, hermanos santos, participantes del llamamiento celestial, considerad al apóstol y sumo sacerdote de nuestra profesión, Cristo Jesús;
2 el cual es fiel al que le constituyó, como también lo fue Moisés en toda la casa de Dios.[a]
3 Porque de tanto mayor gloria que Moisés es estimado digno éste, cuanto tiene mayor honra que la casa el que la hizo.
4 Porque toda casa es hecha por alguno; pero el que hizo todas las cosas es Dios.
5 Y Moisés a la verdad fue fiel en toda la casa de Dios, como siervo, para testimonio de lo que se iba a decir;
6 pero Cristo como hijo sobre su casa, la cual casa somos nosotros, si retenemos firme hasta el fin la confianza y el gloriarnos en la esperanza.

El reposo del pueblo de Dios

7 Por lo cual, como dice el Espíritu Santo:

Si oyereis hoy su voz,
8 No endurezcáis vuestros corazones,
Como en la provocación, en el día de la tentación en el desierto,
9 Donde me tentaron vuestros padres; me probaron,
Y vieron mis obras cuarenta años.
10 A causa de lo cual me disgusté contra esa generación,
Y dije: Siempre andan vagando en su corazón,
Y no han conocido mis caminos.
11 Por tanto, juré en mi ira:
No entrarán en mi reposo.[b]

12 Mirad, hermanos, que no haya en ninguno de vosotros corazón malo de incredulidad para apartarse del Dios vivo;
13 antes exhortaos los unos a los otros cada día, entre tanto que se dice: Hoy; para que ninguno de vosotros se endurezca por el engaño del pecado.
14 Porque somos hechos participantes de Cristo, con tal que retengamos firme hasta el fin nuestra confianza del principio,
15 entre tanto que se dice:

Si oyereis hoy su voz,

2.6-8: [a] Sal. 8.4-6. **2.12:** [b] Sal. 22.22. **2.13:** [c] Is. 8.17. [d] Is. 8.18. **3.2:** [a] Nm. 12.7. **3.7-11:** [b] Sal. 95.7-11.

No endurezcáis vuestros corazones, como
en la provocación.[c]
16 ¿Quiénes fueron los que, habiendo oído, le
provocaron? ¿No fueron todos los que salieron
de Egipto por mano de Moisés?
17 ¿Y con quiénes estuvo él disgustado cuarenta
años? ¿No fue con los que pecaron, cuyos cuerpos cayeron en el desierto?
18 ¿Y a quiénes juró que no entrarían en su reposo, sino a aquellos que desobedecieron?[d]
19 Y vemos que no pudieron entrar a causa de
incredulidad.

4 1 Temamos, pues, no sea que permaneciendo aún la promesa de entrar en su reposo,
alguno de vosotros parezca no haberlo alcanzado.
2 Porque también a nosotros se nos ha anunciado la buena nueva como a ellos; pero no les
aprovechó el oír la palabra, por no ir acompañada de fe en los que la oyeron.
3 Pero los que hemos creído entramos en el reposo, de la manera que dijo:

Por tanto, juré en mi ira,
No entrarán en mi reposo;[a]

aunque las obras suyas estaban acabadas desde
la fundación del mundo.
4 Porque en cierto lugar dijo así del séptimo día:
Y reposó Dios de todas sus obras en el séptimo
día.[b]
5 Y otra vez aquí: No entrarán en mi reposo.[c]
6 Por lo tanto, puesto que falta que algunos entren en él, y aquellos a quienes primero se les
anunció la buena nueva no entraron por causa
de desobediencia,
7 otra vez determina un día: Hoy, diciendo después de tanto tiempo, por medio de David,
como se dijo:

Si oyereis hoy su voz,
No endurezcáis vuestros corazones.[d]

8 Porque si Josué les hubiera dado el reposo,[e]
no hablaría después de otro día.
9 Por tanto, queda un reposo para el pueblo de
Dios.
10 Porque el que ha entrado en su reposo, también ha reposado de sus obras, como Dios de las
suyas.[f]
11 Procuremos, pues, entrar en aquel reposo,
para que ninguno caiga en semejante ejemplo
de desobediencia.
12 Porque la palabra de Dios es viva y eficaz, y
más cortante que toda espada de dos filos; y
penetra hasta partir el alma y el espíritu, las coyunturas y los tuétanos, y discierne los pensamientos y las intenciones del corazón.
13 Y no hay cosa creada que no sea manifiesta
en su presencia; antes bien todas las cosas están
desnudas y abiertas a los ojos de aquel a quien
tenemos que dar cuenta.

Jesús el gran sumo sacerdote

14 Por tanto, teniendo un gran sumo sacerdote que traspasó los cielos, Jesús el Hijo de Dios,
retengamos nuestra profesión.
15 Porque no tenemos un sumo sacerdote que
no pueda compadecerse de nuestras debilidades, sino uno que fue tentado en todo según
nuestra semejanza, pero sin pecado.
16 Acerquémonos, pues, confiadamente al trono de la gracia, para alcanzar misericordia y hallar gracia para el oportuno socorro.

5 1 Porque todo sumo sacerdote tomado de
entre los hombres es constituido a favor de
los hombres en lo que a Dios se refiere, para
que presente ofrendas y sacrificios por los
pecados;
2 para que se muestre paciente con los ignorantes y extraviados, puesto que él también está rodeado de debilidad;
3 y por causa de ella debe ofrecer por los pecados, tanto por sí mismo como también por el
pueblo.[a]
4 Y nadie toma para sí esta honra, sino el que es
llamado por Dios, como lo fue Aarón.[b]
5 Así tampoco Cristo se glorificó a sí mismo
haciéndose sumo sacerdote, sino el que le dijo:

Tú eres mi Hijo,
Yo te he engendrado hoy.[c]

6 Como también dice en otro lugar:

Tú eres sacerdote para siempre,
Según el orden de Melquisedec.[d]

7 Y Cristo, en los días de su carne, ofreciendo
ruegos y súplicas con gran clamor y lágrimas al
que le podía librar de la muerte,[e] fue oído a causa de su temor reverente.
8 Y aunque era Hijo, por lo que padeció aprendió la obediencia;
9 y habiendo sido perfeccionado, vino a ser autor de eterna salvación para todos los que le
obedecen;
10 y fue declarado por Dios sumo sacerdote según el orden de Melquisedec.

Advertencia contra la apostasía

11 Acerca de esto tenemos mucho que decir, y
difícil de explicar, por cuanto os habéis hecho
tardos para oír.
12 Porque debiendo ser ya maestros, después de
tanto tiempo, tenéis necesidad de que se os
vuelva a enseñar cuáles son los primeros rudimentos de las palabras de Dios; y habéis llegado
a ser tales que tenéis necesidad de leche, y no de
alimento sólido.

3.15: [c] Sal. 95.7-8. **3.16-18:** [d] Nm. 14.1-35. **4.3:** [a] Sal. 95.11.
4.4: [b] Gn. 2.2. **4.5:** [c] Sal. 95.11. **4.7:** [d] Sal. 95.7-8.
4.8: [e] Dt. 31.7; Jos. 22.4. **4.10:** [f] Gn. 2.2. **5.3:** [a] Lv. 9.7.
5.4: [b] Ex. 28.1. **5.5:** [c] Sal. 2.7. **5.6:** [d] Sal. 110.4.
5.7: [e] Mt. 26.36-46; Mr. 14.32-42; Lc. 22.39-46.

13 Y todo aquel que participa de la leche es inexperto en la palabra de justicia, porque es niño;[f]

14 pero el alimento sólido es para los que han alcanzado madurez, para los que por el uso tienen los sentidos ejercitados en el discernimiento del bien y del mal.

6 1 Por tanto, dejando ya los rudimentos de la doctrina de Cristo, vamos adelante a la perfección; no echando otra vez el fundamento del arrepentimiento de obras muertas, de la fe en Dios,

2 de la doctrina de bautismos, de la imposición de manos, de la resurrección de los muertos y del juicio eterno.

3 Y esto haremos, si Dios en verdad lo permite.

4 Porque es imposible que los que una vez fueron iluminados y gustaron del don celestial, y fueron hechos partícipes del Espíritu Santo,

5 y asimismo gustaron de la buena palabra de Dios y los poderes del siglo venidero,

6 y recayeron, sean otra vez renovados para arrepentimiento, crucificando de nuevo para sí mismos al Hijo de Dios y exponiéndole a vituperio.

7 Porque la tierra que bebe la lluvia que muchas veces cae sobre ella, y produce hierba provechosa a aquellos por los cuales es labrada, recibe bendición de Dios;

8 pero la que produce espinos y abrojos es reprobada, está próxima a ser maldecida,[a] y su fin es el ser quemada.

9 Pero en cuanto a vosotros, oh amados, estamos persuadidos de cosas mejores, y que pertenecen a la salvación, aunque hablamos así.

10 Porque Dios no es injusto para olvidar vuestra obra y el trabajo de amor que habéis mostrado hacia su nombre, habiendo servido a los santos y sirviéndoles aún.

11 Pero deseamos que cada uno de vosotros muestre la misma solicitud hasta el fin, para plena certeza de la esperanza,

12 a fin de que no os hagáis perezosos, sino imitadores de aquellos que por la fe y la paciencia heredan las promesas.

13 Porque cuando Dios hizo la promesa a Abraham, no pudiendo jurar por otro mayor, juró por sí mismo,

14 diciendo: De cierto te bendeciré con abundancia y te multiplicaré grandemente.[b]

15 Y habiendo esperado con paciencia, alcanzó la promesa.

16 Porque los hombres ciertamente juran por uno mayor que ellos, y para ellos el fin de toda controversia es el juramento para confirmación.

17 Por lo cual, queriendo Dios mostrar más abundantemente a los herederos de la promesa la inmutabilidad de su consejo, interpuso juramento;

18 para que por dos cosas inmutables, en las cuales es imposible que Dios mienta, tengamos un fortísimo consuelo los que hemos acudido para asirnos de la esperanza puesta delante de nosotros.

19 La cual tenemos como segura y firme ancla del alma, y que penetra hasta dentro del velo,[c]

20 donde Jesús entró por nosotros como precursor, hecho sumo sacerdote para siempre según el orden de Melquisedec.[d]

El sacerdocio de Melquisedec

7 1 Porque este Melquisedec, rey de Salem, sacerdote del Dios Altísimo, que salió a recibir a Abraham que volvía de la derrota de los reyes, y le bendijo,

2 a quien asimismo dio Abraham los diezmos de todo;[a] cuyo nombre significa primeramente Rey de justicia, y también Rey de Salem, esto es, Rey de paz;

3 sin padre, sin madre, sin genealogía; que ni tiene principio de días, ni fin de vida, sino hecho semejante al Hijo de Dios, permanece sacerdote para siempre.

4 Considerad, pues, cuán grande era éste, a quien aun Abraham el patriarca dio diezmos del botín.

5 Ciertamente los que de entre los hijos de Leví reciben el sacerdocio, tienen mandamiento de tomar del pueblo los diezmos según la ley,[b] es decir, de sus hermanos, aunque éstos también hayan salido de los lomos de Abraham.

6 Pero aquel cuya genealogía no es contada de entre ellos, tomó de Abraham los diezmos, y bendijo al que tenía las promesas.

7 Y sin discusión alguna, el menor es bendecido por el mayor.

8 Y aquí ciertamente reciben los diezmos hombres mortales; pero allí, uno de quien se da testimonio de que vive.

9 Y por decirlo así, en Abraham pagó el diezmo también Leví, que recibe los diezmos;

10 porque aún estaba en los lomos de su padre cuando Melquisedec le salió al encuentro.

11 Si, pues, la perfección fuera por el sacerdocio levítico (porque bajo él recibió el pueblo la ley), ¿qué necesidad habría aún de que se levantase otro sacerdote, según el orden de Melquisedec, y que no fuese llamado según el orden de Aarón?

12 Porque cambiado el sacerdocio, necesario es que haya también cambio de ley;

13 y aquel de quien se dice esto, es de otra tribu, de la cual nadie sirvió al altar.

14 Porque manifiesto es que nuestro Señor vino

5.12-13: [f] 1 Co. 3.2. **6.8:** [a] Gn. 3.17-18. **6.14:** [b] Gn. 22.16-17. **6.19:** [c] Lv. 16.2. **6.20:** [d] Sal. 110.4. **7.1-2:** [a] Gn. 14.17-20. **7.5:** [b] Nm. 18.21.

de la tribu de Judá, de la cual nada habló Moisés
tocante al sacerdocio.
15 Y esto es aun más manifiesto, si a semejanza
de Melquisedec se levanta un sacerdote distinto,
16 no constituido conforme a la ley del manda-
miento acerca de la descendencia, sino según el
poder de una vida indestructible.
17 Pues se da testimonio de él:
Tú eres sacerdote para siempre,
Según el orden de Melquisedec.[c]
18 Queda, pues, abrogado el mandamiento an-
terior a causa de su debilidad e ineficacia
19 (pues nada perfeccionó la ley), y de la intro-
ducción de una mejor esperanza, por la cual nos
acercamos a Dios.
20 Y esto no fue hecho sin juramento;
21 porque los otros ciertamente sin juramento
fueron hechos sacerdotes; pero éste, con el jura-
mento del que le dijo:
Juró el Señor, y no se arrepentirá:
Tú eres sacerdote para siempre,
Según el orden de Melquisedec.[d]
22 Por tanto, Jesús es hecho fiador de un mejor
pacto.
23 Y los otros sacerdotes llegaron a ser mu-
chos, debido a que por la muerte no podían con-
tinuar;
24 mas éste, por cuanto permanece para siem-
pre, tiene un sacerdocio inmutable;
25 por lo cual puede también salvar perpetua-
mente a los que por él se acercan a Dios, vivien-
do siempre para interceder por ellos.
26 Porque tal sumo sacerdote nos convenía:
santo, inocente, sin mancha, apartado de los pe-
cadores, y hecho más sublime que los cielos;
27 que no tiene necesidad cada día, como aque-
llos sumos sacerdotes, de ofrecer primero sacri-
ficios por sus propios pecados, y luego por los
del pueblo;[e] porque esto lo hizo una vez para
siempre, ofreciéndose a sí mismo.
28 Porque la ley constituye sumos sacerdotes a
débiles hombres; pero la palabra del juramento,
posterior a la ley, al Hijo, hecho perfecto para
siempre.

El mediador de un nuevo pacto

8 1 Ahora bien, el punto principal de lo que
venimos diciendo es que tenemos tal sumo
sacerdote, el cual se sentó a la diestra del trono
de la Majestad en los cielos,[a]
2 ministro del santuario, y de aquel verdadero
tabernáculo que levantó el Señor, y no el
hombre.
3 Porque todo sumo sacerdote está constituido
para presentar ofrendas y sacrificios; por lo cual
es necesario que también éste tenga algo que
ofrecer.
4 Así que, si estuviese sobre la tierra, ni siquiera
sería sacerdote, habiendo aún sacerdotes que
presentan las ofrendas según la ley;
5 los cuales sirven a lo que es figura y sombra de
las cosas celestiales, como se le advirtió a Moi-
sés cuando iba a erigir el tabernáculo, diciéndo-
le: Mira, haz todas las cosas conforme al modelo
que se te ha mostrado en el monte.[b]
6 Pero ahora tanto mejor ministerio es el suyo,
cuanto es mediador de un mejor pacto, estable-
cido sobre mejores promesas.
7 Porque si aquel primero hubiera sido sin de-
fecto, ciertamente no se hubiera procurado lu-
gar para el segundo.
8 Porque reprendiéndolos dice:
He aquí vienen días, dice el Señor,
En que estableceré con la casa de Israel y
la casa de Judá un nuevo pacto;
9 No como el pacto que hice con sus
padres
El día que los tomé de la mano para
sacarlos de la tierra de Egipto;
Porque ellos no permanecieron en mi
pacto,
Y yo me desentendí de ellos, dice el
Señor.
10 Por lo cual, este es el pacto que haré con
la casa de Israel
Después de aquellos días, dice el Señor:
Pondré mis leyes en la mente de ellos,
Y sobre su corazón las escribiré;
Y seré a ellos por Dios,
Y ellos me serán a mí por pueblo;
11 Y ninguno enseñará a su prójimo,
Ni ninguno a su hermano, diciendo:
Conoce al Señor;
Porque todos me conocerán,
Desde el menor hasta el mayor de ellos.
12 Porque seré propicio a sus injusticias,
Y nunca más me acordaré de sus pecados
y de sus iniquidades.[c]
13 Al decir: Nuevo pacto, ha dado por viejo al
primero; y lo que se da por viejo y se envejece,
está próximo a desaparecer.
9 1 Ahora bien, aun el primer pacto tenía or-
denanzas de culto y un santuario terrenal.
2 Porque el tabernáculo[a] estaba dispuesto así:
en la primera parte, llamada el Lugar Santo, es-
taban el candelabro,[b] la mesa y los panes de la
proposición.[c]
3 Tras el segundo velo estaba la parte del taber-
náculo llamada el Lugar Santísimo,[d]
4 el cual tenía un incensario de oro[e] y el arca del
pacto cubierta de oro por todas partes,[f] en la
que estaba una urna de oro que contenía el

7.17: [c] Sal. 110.4. **7.21:** [d] Sal. 110.4. **7.27:** [e] Lv. 9.7.
8.1: [a] Sal. 110.1. **8.5:** [b] Ex. 25.40. **8.8-12:** [c] Jer. 31.31-34.
9.2: [a] Ex. 26.1-30. [b] Ex. 25.31-40. [c] Ex. 25.23-30.
9.3: [d] Ex. 26.31-33. **9.4:** [e] Ex. 30.1-6. [f] Ex. 25.10-16.

maná,[g] la vara de Aarón que reverdeció,[h] y las tablas del pacto;[i]

5 y sobre ella los querubines de gloria que cubrían el propiciatorio;[j] de las cuales cosas no se puede ahora hablar en detalle.

6 Y así dispuestas estas cosas, en la primera parte del tabernáculo entran los sacerdotes continuamente para cumplir los oficios del culto;[k]

7 pero en la segunda parte, sólo el sumo sacerdote una vez al año, no sin sangre, la cual ofrece por sí mismo y por los pecados de ignorancia del pueblo;[l]

8 dando el Espíritu Santo a entender con esto que aún no se había manifestado el camino al Lugar Santísimo, entre tanto que la primera parte del tabernáculo estuviese en pie.

9 Lo cual es símbolo para el tiempo presente, según el cual se presentan ofrendas y sacrificios que no pueden hacer perfecto, en cuanto a la conciencia, al que practica ese culto,

10 ya que consiste sólo de comidas y bebidas, de diversas abluciones, y ordenanzas acerca de la carne, impuestas hasta el tiempo de reformar las cosas.

11 Pero estando ya presente Cristo, sumo sacerdote de los bienes venideros, por el más amplio y más perfecto tabernáculo, no hecho de manos, es decir, no de esta creación,

12 y no por sangre de machos cabríos ni de becerros, sino por su propia sangre, entró una vez para siempre en el Lugar Santísimo, habiendo obtenido eterna redención.

13 Porque si la sangre de los toros y de los machos cabríos,[m] y las cenizas de la becerra[n] rociadas a los inmundos, santifican para la purificación de la carne,

14 ¿cuánto más la sangre de Cristo, el cual mediante el Espíritu eterno se ofreció a sí mismo sin mancha a Dios, limpiará vuestras conciencias de obras muertas para que sirváis al Dios vivo?

15 Así que, por eso es mediador de un nuevo pacto,[1] para que interviniendo muerte para la remisión de las transgresiones que había bajo el primer pacto, los llamados reciban la promesa de la herencia eterna.

16 Porque donde hay testamento,[2] es necesario que intervenga muerte del testador.

17 Porque el testamento con la muerte se confirma; pues no es válido entre tanto que el testador vive.

18 De donde ni aun el primer pacto fue instituido sin sangre.

19 Porque habiendo anunciado Moisés todos los mandamientos de la ley a todo el pueblo, tomó la sangre de los becerros y de los machos cabríos, con agua, lana escarlata e hisopo, y roció el mismo libro y también a todo el pueblo,

20 diciendo: Esta es la sangre del pacto que Dios os ha mandado.[o]

21 Y además de esto, roció también con la sangre el tabernáculo y todos los vasos del ministerio.[p]

22 Y casi todo es purificado, según la ley, con sangre; y sin derramamiento de sangre no se hace remisión.[q]

El sacrificio de Cristo quita el pecado

23 Fue, pues, necesario que las figuras de las cosas celestiales fuesen purificadas así; pero las cosas celestiales mismas, con mejores sacrificios que estos.

24 Porque no entró Cristo en el santuario hecho de mano, figura del verdadero, sino en el cielo mismo para presentarse ahora por nosotros ante Dios;

25 y no para ofrecerse muchas veces, como entra el sumo sacerdote en el Lugar Santísimo cada año con sangre ajena.

26 De otra manera le hubiera sido necesario padecer muchas veces desde el principio del mundo; pero ahora, en la consumación de los siglos, se presentó una vez para siempre por el sacrificio de sí mismo para quitar de en medio el pecado.

27 Y de la manera que está establecido para los hombres que mueran una sola vez, y después de esto el juicio,

28 así también Cristo fue ofrecido una sola vez para llevar los pecados de muchos; y aparecerá por segunda vez, sin relación con el pecado, para salvar a los que le esperan.

10 1 Porque la ley, teniendo la sombra de los bienes venideros, no la imagen misma de las cosas, nunca puede, por los mismos sacrificios que se ofrecen continuamente cada año, hacer perfectos a los que se acercan.

2 De otra manera cesarían de ofrecerse, pues los que tributan este culto, limpios una vez, no tendrían ya más conciencia de pecado.

3 Pero en estos sacrificios cada año se hace memoria de los pecados;

4 porque la sangre de los toros y de los machos cabríos no puede quitar los pecados.

5 Por lo cual, entrando en el mundo dice:

Sacrificio y ofrenda no quisiste;
Mas me preparaste cuerpo.

6 Holocaustos y expiaciones por el pecado
no te agradaron.

7 Entonces dije: He aquí que vengo, oh
Dios, para

9.4: [g] Ex. 16.33. [h] Nm. 17.8-10. [i] Ex. 25.16; Dt. 10.3-5.
9.5: [j] Ex. 25.18-22. **9.6:** [k] Nm. 18.2-6. **9.7:** [l] Lv. 16.2-34.
9.13: [m] Lv. 16.15-16. [n] Nm. 19.9, 17-19. **9.15:** [1] La misma palabra griega significa tanto *pacto* como *testamento*.
9.16: [2] La misma palabra griega significa tanto *pacto* como *testamento*. **9.19-20:** [o] Ex. 24.6-8. **9.21:** [p] Lv. 8.15.
9.22: [q] Lv. 17.11.

hacer tu voluntad,
Como en el rollo del libro está escrito de
mí.[a]
8 Diciendo primero: Sacrificio y ofrenda y holo-
caustos y expiaciones por el pecado no quisiste,
ni te agradaron (las cuales cosas se ofrecen
según la ley),
9 y diciendo luego: He aquí que vengo, oh Dios,
para hacer tu voluntad; quita lo primero, para
establecer esto último.
10 En esa voluntad somos santificados mediante
la ofrenda del cuerpo de Jesucristo hecha una
vez para siempre.
11 Y ciertamente todo sacerdote está día tras
día ministrando y ofreciendo muchas veces los
mismos sacrificios, que nunca pueden quitar los
pecados;[b]
12 pero Cristo, habiendo ofrecido una vez para
siempre un solo sacrificio por los pecados, se ha
sentado a la diestra de Dios,
13 de ahí en adelante esperando hasta que sus
enemigos sean puestos por estrado de sus pies;[c]
14 porque con una sola ofrenda hizo perfectos
para siempre a los santificados.
15 Y nos atestigua lo mismo el Espíritu Santo;
porque después de haber dicho:
16 Este es el pacto que haré con ellos
Después de aquellos días, dice el Señor:
Pondré mis leyes en sus corazones,
Y en sus mentes las escribiré,[d]
17 añade:
Y nunca más me acordaré de sus pecados
y transgresiones.[e]
18 Pues donde hay remisión de éstos, no hay
más ofrenda por el pecado.
19 Así que, hermanos, teniendo libertad para
entrar en el Lugar Santísimo por la sangre de Je-
sucristo,
20 por el camino nuevo y vivo que él nos abrió a
través del velo, esto es, de su carne,
21 y teniendo un gran sacerdote sobre la casa de
Dios,
22 acerquémonos con corazón sincero, en plena
certidumbre de fe, purificados los corazones[f] de
mala conciencia, y lavados los cuerpos con agua
pura.[g]
23 Mantengamos firme, sin fluctuar, la profe-
sión de nuestra esperanza, porque fiel es el que
prometió.
24 Y considerémonos unos a otros para estimu-
larnos al amor y a las buenas obras;
25 no dejando de congregarnos, como algunos
tienen por costumbre, sino exhortándonos; y
tanto más, cuanto veis que aquel día se acerca.

Advertencia al que peca deliberadamente

26 Porque si pecáremos voluntariamente des-
pués de haber recibido el conocimiento de la
verdad, ya no queda más sacrificio por los
pecados,
27 sino una horrenda expectación de juicio, y de
hervor de fuego que ha de devorar a los adver-
sarios.[h]
28 El que viola la ley de Moisés, por el testimo-
nio de dos o de tres testigos muere irremisible-
mente.[i]
29 ¿Cuánto mayor castigo pensáis que mere-
cerá el que pisoteare al Hijo de Dios, y tuviere
por inmunda la sangre del pacto[j] en la cual fue
santificado, e hiciere afrenta al Espíritu de
gracia?
30 Pues conocemos al que dijo: Mía es la ven-
ganza, yo daré el pago, dice el Señor.[k] Y otra
vez: El Señor juzgará a su pueblo.[l]
31 ¡Horrenda cosa es caer en manos del Dios
vivo!
32 Pero traed a la memoria los días pasados,
en los cuales, después de haber sido iluminados,
sostuvisteis gran combate de padecimientos;
33 por una parte, ciertamente, con vituperios y
tribulaciones fuisteis hechos espectáculo; y por
otra, llegasteis a ser compañeros de los que es-
taban en una situación semejante.
34 Porque de los presos también os compadecis-
teis, y el despojo de vuestros bienes sufristeis
con gozo, sabiendo que tenéis en vosotros una
mejor y perdurable herencia en los cielos.
35 No perdáis, pues, vuestra confianza, que tie-
ne grande galardón;
36 porque os es necesaria la paciencia, para que
habiendo hecho la voluntad de Dios, obtengáis
la promesa.
37 Porque aún un poquito,
Y el que ha de venir vendrá, y no tardará.
38 Mas el justo vivirá por fe;
Y si retrocediere, no agradará a mi
alma.[m]
39 Pero nosotros no somos de los que retroce-
den para perdición, sino de los que tienen fe
para preservación del alma.

La fe

11 1 Es, pues, la fe la certeza de lo que se es-
pera, la convicción de lo que no se ve.
2 Porque por ella alcanzaron buen testimonio
los antiguos.
3 Por la fe entendemos haber sido constituido el
universo por la palabra de Dios,[a] de modo que lo
que se ve fue hecho de lo que no se veía.
4 Por la fe Abel ofreció a Dios más excelente
sacrificio que Caín, por lo cual alcanzó testimo-

10.5-7: [a] Sal. 40.6-8. **10.11:** [b] Ex. 29.38. **10.12-13:** [c] Sal. 110.1. **10.16:** [d] Jer. 31.33. **10.17:** [e] Jer. 31.34. **10.22:** [f] Lv. 8.30. [g] Lv. 8.6. **10.27:** [h] Is. 26.11. **10.28:** [i] Dt. 17.6; 19.15. **10.29:** [j] Ex. 24.8. **10.30:** [k] Dt. 32.35. [l] Dt. 32.36. **10.37-38:** [m] Hab. 2.3-4. **11.3:** [a] Gn. 1.1.

nio de que era justo, dando Dios testimonio de sus ofrendas; y muerto, aún habla por ella.[b]

5 Por la fe Enoc fue traspuesto para no ver muerte, y no fue hallado, porque lo traspuso Dios; y antes que fuese traspuesto, tuvo testimonio de haber agradado a Dios.[c]

6 Pero sin fe es imposible agradar a Dios; porque es necesario que el que se acerca a Dios crea que le hay, y que es galardonador de los que le buscan.

7 Por la fe Noé, cuando fue advertido por Dios acerca de cosas que aún no se veían, con temor preparó el arca en que su casa se salvase;[d] y por esa fe condenó al mundo, y fue hecho heredero de la justicia que viene por la fe.

8 Por la fe Abraham, siendo llamado, obedeció para salir al lugar que había de recibir como herencia; y salió sin saber a dónde iba.[e]

9 Por la fe habitó como extranjero en la tierra prometida como en tierra ajena, morando en tiendas con Isaac y Jacob, coherederos de la misma promesa;[f]

10 porque esperaba la ciudad que tiene fundamentos, cuyo arquitecto y constructor es Dios.

11 Por la fe también la misma Sara, siendo estéril, recibió fuerza para concebir; y dio a luz aun fuera del tiempo de la edad,[g] porque creyó que era fiel quien lo había prometido.

12 Por lo cual también, de uno, y ése ya casi muerto, salieron como las estrellas del cielo en multitud,[h] y como la arena innumerable que está a la orilla del mar.[i]

13 Conforme a la fe murieron todos éstos sin haber recibido lo prometido, sino mirándolo de lejos, y creyéndolo, y saludándolo, y confesando que eran extranjeros y peregrinos sobre la tierra.[j]

14 Porque los que esto dicen, claramente dan a entender que buscan una patria;

15 pues si hubiesen estado pensando en aquella de donde salieron, ciertamente tenían tiempo de volver.

16 Pero anhelaban una mejor, esto es, celestial; por lo cual Dios no se avergüenza de llamarse Dios de ellos; porque les ha preparado una ciudad.

17 Por la fe Abraham, cuando fue probado, ofreció a Isaac; y el que había recibido las promesas ofrecía su unigénito,[k]

18 habiéndosele dicho: En Isaac te será llamada descendencia;[l]

19 pensando que Dios es poderoso para levantar aun de entre los muertos, de donde, en sentido figurado, también le volvió a recibir.

20 Por la fe bendijo Isaac a Jacob y a Esaú respecto a cosas venideras.[m]

21 Por la fe Jacob, al morir, bendijo a cada uno de los hijos de José, y adoró apoyado sobre el extremo de su bordón.[n]

22 Por la fe José, al morir, mencionó la salida de los hijos de Israel, y dio mandamiento acerca de sus huesos.[o]

23 Por la fe Moisés, cuando nació, fue escondido por sus padres por tres meses,[p] porque le vieron niño hermoso, y no temieron el decreto del rey.[q]

24 Por la fe Moisés, hecho ya grande, rehusó llamarse hijo de la hija de Faraón,[r]

25 escogiendo antes ser maltratado con el pueblo de Dios, que gozar de los deleites temporales del pecado,

26 teniendo por mayores riquezas el vituperio de Cristo que los tesoros de los egipcios; porque tenía puesta la mirada en el galardón.

27 Por la fe dejó a Egipto,[s] no temiendo la ira del rey; porque se sostuvo como viendo al Invisible.

28 Por la fe celebró la pascua y la aspersión de la sangre, para que el que destruía a los primogénitos no los tocase a ellos.[t]

29 Por la fe pasaron el Mar Rojo como por tierra seca; e intentando los egipcios hacer lo mismo, fueron ahogados.[u]

30 Por la fe cayeron los muros de Jericó después de rodearlos siete días.[v]

31 Por la fe Rahab la ramera no pereció juntamente con los desobedientes,[w] habiendo recibido a los espías en paz.[x]

32 ¿Y qué más digo? Porque el tiempo me faltaría contando de Gedeón,[y] de Barac,[z] de Sansón,[a] de Jefté,[b] de David,[c] así como de Samuel[d] y de los profetas;

33 que por fe conquistaron reinos, hicieron justicia, alcanzaron promesas, taparon bocas de leones,[e]

34 apagaron fuegos impetuosos,[f] evitaron filo de espada, sacaron fuerzas de debilidad, se hicieron fuertes en batallas, pusieron en fuga ejércitos extranjeros.

35 Las mujeres recibieron sus muertos mediante resurrección;[g] mas otros fueron atormentados, no aceptando el rescate, a fin de obtener mejor resurrección.

36 Otros experimentaron vituperios y azotes, y a más de esto prisiones y cárceles.[h]

37 Fueron apedreados,[i] aserrados, puestos a

11.4: [b] Gn. 4.3-10. **11.5:** [c] Gn. 5.21-24. **11.7:** [d] Gn. 6.13-22. **11.8:** [e] Gn. 12.1-5. **11.9:** [f] Gn. 35.27. **11.11:** [g] Gn. 18.11-14; 21.2. **11.12:** [h] Gn. 15.5. [i] Gn. 22.17. **11.13:** [j] Gn. 23.4. **11.17:** [k] Gn. 22.1-14. **11.18:** [l] Gn. 21.12. **11.20:** [m] Gn. 27.27-29, 39-40. **11.21:** [n] Gn. 47.31–48.20. **11.22:** [o] Gn. 50.24-25; Ex. 13.19. **11.23:** [p] Ex. 2.2. [q] Ex. 1.22. **11.24:** [r] Ex. 2.10-12. **11.27:** [s] Ex. 2.15. **11.28:** [t] Ex. 12.21-30. **11.29:** [u] Ex. 14.21-31. **11.30:** [v] Jos. 6.12-21. **11.31:** [w] Jos. 6.22-25. [x] Jos. 2.1-21. **11.32:** [y] Jue. 6.11–8.32. [z] Jue. 4.6–5.31. [a] Jue. 13.2–16.31. [b] Jue. 11.1–12.7. [c] 1 S. 16.1–1 R. 2.11. [d] 1 S. 1.1–25.1. **11.33:** [e] Dn. 6.1-27. **11.34:** [f] Dn. 3.1-30. **11.35:** [g] 1 R. 17.17-24; 2 R. 4.25-37. **11.36:** [h] 1 R. 22.26-27; 2 Cr. 18.25-26; Jer. 20.2; 37.15; 38.6. **11.37:** [i] 2 Cr. 24.21.

prueba, muertos a filo de espada; anduvieron
de acá para allá cubiertos de pieles de ovejas y
de cabras, pobres, angustiados, maltratados;
38 de los cuales el mundo no era digno; errando
por los desiertos, por los montes, por las cuevas
y por las cavernas de la tierra.
39 Y todos éstos, aunque alcanzaron buen tes-
timonio mediante la fe, no recibieron lo prome-
tido;
40 proveyendo Dios alguna cosa mejor para no-
sotros, para que no fuesen ellos perfeccionados
aparte de nosotros.

Puestos los ojos en Jesús

12 1 Por tanto, nosotros también, teniendo
en derredor nuestro tan grande nube de
testigos, despojémonos de todo peso y del peca-
do que nos asedia, y corramos con paciencia la
carrera que tenemos por delante,
2 puestos los ojos en Jesús, el autor y consuma-
dor de la fe, el cual por el gozo puesto delante
de él sufrió la cruz, menospreciando el oprobio,
y se sentó a la diestra del trono de Dios.
3 Considerad a aquel que sufrió tal contradic-
ción de pecadores contra sí mismo, para que
vuestro ánimo no se canse hasta desmayar.
4 Porque aún no habéis resistido hasta la sangre,
combatiendo contra el pecado;
5 y habéis ya olvidado la exhortación que como
a hijos se os dirige, diciendo:
Hijo mío, no menosprecies la disciplina
del Señor,
Ni desmayes cuando eres reprendido por él;
6 Porque el Señor al que ama, disciplina,
Y azota a todo el que recibe por hijo.[a]
7 Si soportáis la disciplina, Dios os trata como a
hijos; porque ¿qué hijo es aquel a quien el pa-
dre no disciplina?
8 Pero si se os deja sin disciplina, de la cual to-
dos han sido participantes, entonces sois bastar-
dos, y no hijos.
9 Por otra parte, tuvimos a nuestros padres te-
rrenales que nos disciplinaban, y los venerába-
mos. ¿Por qué no obedeceremos mucho mejor
al Padre de los espíritus, y viviremos?
10 Y aquéllos, ciertamente por pocos días nos
disciplinaban como a ellos les parecía, pero éste
para lo que nos es provechoso, para que partici-
pemos de su santidad.
11 Es verdad que ninguna disciplina al presente
parece ser causa de gozo, sino de tristeza; pero
después da fruto apacible de justicia a los que
en ella han sido ejercitados.

Los que rechazan la gracia de Dios

12 Por lo cual, levantad las manos caídas y las
rodillas paralizadas;[b]
13 y haced sendas derechas para vuestros pies,[c]
para que lo cojo no se salga del camino, sino que
sea sanado.
14 Seguid la paz con todos, y la santidad, sin la
cual nadie verá al Señor.
15 Mirad bien, no sea que alguno deje de alcan-
zar la gracia de Dios; que brotando alguna raíz
de amargura,[d] os estorbe, y por ella muchos
sean contaminados;
16 no sea que haya algún fornicario, o profano,
como Esaú, que por una sola comida vendió su
primogenitura.[e]
17 Porque ya sabéis que aun después, deseando
heredar la bendición, fue desechado, y no hubo
oportunidad para el arrepentimiento, aunque la
procuró con lágrimas.[f]
18 Porque no os habéis acercado al monte que
se podía palpar, y que ardía en fuego, a la oscu-
ridad, a las tinieblas y a la tempestad,
19 al sonido de la trompeta, y a la voz que habla-
ba, la cual los que la oyeron rogaron que no se
les hablase más,[g]
20 porque no podían soportar lo que se ordena-
ba: Si aun una bestia tocare el monte, será ape-
dreada, o pasada con dardo;[h]
21 y tan terrible era lo que se veía, que Moisés
dijo: Estoy espantado y temblando;[i]
22 sino que os habéis acercado al monte de Sion, a
la ciudad del Dios vivo, Jerusalén la celestial, a la
compañía de muchos millares de ángeles,
23 a la congregación de los primogénitos que
están inscritos en los cielos, a Dios el Juez de
todos, a los espíritus de los justos hechos per-
fectos,
24 a Jesús el Mediador del nuevo pacto, y a la
sangre rociada que habla mejor que la de Abel.[j]
25 Mirad que no desechéis al que habla. Por-
que si no escaparon aquellos que desecharon al
que los amonestaba en la tierra,[k] mucho menos
nosotros, si desecháremos al que amonesta
desde los cielos.
26 La voz del cual conmovió entonces la tierra,
pero ahora ha prometido, diciendo: Aún una
vez, y conmoveré no solamente la tierra, sino
también el cielo.[l]
27 Y esta frase: Aún una vez, indica la remoción
de las cosas movibles, como cosas hechas, para
que queden las inconmovibles.
28 Así que, recibiendo nosotros un reino incon-
movible, tengamos gratitud, y mediante ella
sirvamos a Dios agradándole con temor y reve-
rencia;
29 porque nuestro Dios es fuego consumidor.[m]

12.5-6: [a] Job 5.17; Pr. 3.11-12. **12.12:** [b] Is. 35.3.
12.13: [c] Pr. 4.26. **12.15:** [d] Dt. 29.18.
12.16: [e] Gn. 25.29-34. **12.17:** [f] Gn. 27.30-40.
12.18-19: [g] Ex. 19.16-22; 20.18-21; Dt. 4.11-12; 5.22-27.
12.20: [h] Ex. 19.12-13. **12.21:** [i] Dt. 9.19. **12.24:** [j] Gn. 4.10.
12.25: [k] Ex. 20.19. **12.26:** [l] Hag. 2.6. **12.29:** [m] Dt. 4.24.

Deberes cristianos

13 1 Permanezca el amor fraternal.
2 No os olvidéis de la hospitalidad, porque por ella algunos, sin saberlo, hospedaron ángeles.[a]
3 Acordaos de los presos, como si estuvierais presos juntamente con ellos; y de los maltratados, como que también vosotros mismos estáis en el cuerpo.
4 Honroso sea en todos el matrimonio, y el lecho sin mancilla; pero a los fornicarios y a los adúlteros los juzgará Dios.
5 Sean vuestras costumbres sin avaricia, contentos con lo que tenéis ahora; porque él dijo: No te desampararé, ni te dejaré;[b]
6 de manera que podemos decir confiadamente:

El Señor es mi ayudador; no temeré
Lo que me pueda hacer el hombre.[c]

7 Acordaos de vuestros pastores, que os hablaron la palabra de Dios; considerad cuál haya sido el resultado de su conducta, e imitad su fe.
8 Jesucristo es el mismo ayer, y hoy, y por los siglos.
9 No os dejéis llevar de doctrinas diversas y extrañas; porque buena cosa es afirmar el corazón con la gracia, no con viandas, que nunca aprovecharon a los que se han ocupado de ellas.
10 Tenemos un altar, del cual no tienen derecho de comer los que sirven al tabernáculo.
11 Porque los cuerpos de aquellos animales cuya sangre a causa del pecado es introducida en el santuario por el sumo sacerdote, son quemados fuera del campamento.[d]
12 Por lo cual también Jesús, para santificar al pueblo mediante su propia sangre, padeció fuera de la puerta.
13 Salgamos, pues, a él, fuera del campamento, llevando su vituperio;
14 porque no tenemos aquí ciudad permanente, sino que buscamos la por venir.
15 Así que, ofrezcamos siempre a Dios, por medio de él, sacrificio de alabanza, es decir, fruto de labios que confiesan su nombre.
16 Y de hacer bien y de la ayuda mutua no os olvidéis; porque de tales sacrificios se agrada Dios.
17 Obedeced a vuestros pastores, y sujetaos a ellos; porque ellos velan por vuestras almas, como quienes han de dar cuenta; para que lo hagan con alegría, y no quejándose, porque esto no os es provechoso.
18 Orad por nosotros; pues confiamos en que tenemos buena conciencia, deseando conducirnos bien en todo.
19 Y más os ruego que lo hagáis así, para que yo os sea restituido más pronto.

Bendición y salutaciones finales

20 Y el Dios de paz que resucitó de los muertos a nuestro Señor Jesucristo, el gran pastor de las ovejas, por la sangre del pacto eterno,
21 os haga aptos en toda obra buena para que hagáis su voluntad, haciendo él en vosotros lo que es agradable delante de él por Jesucristo; al cual sea la gloria por los siglos de los siglos. Amén.
22 Os ruego, hermanos, que soportéis la palabra de exhortación, pues os he escrito brevemente.
23 Sabed que está en libertad nuestro hermano Timoteo, con el cual, si viniere pronto, iré a veros.
24 Saludad a todos vuestros pastores, y a todos los santos. Los de Italia os saludan.
25 La gracia sea con todos vosotros. Amén.

LA EPÍSTOLA UNIVERSAL DE

SANTIAGO

Salutación

1 1 Santiago,[a] siervo de Dios y del Señor Jesucristo, a las doce tribus que están en la dispersión: Salud.

La sabiduría que viene de Dios

2 Hermanos míos, tened por sumo gozo cuando os halléis en diversas pruebas,
3 sabiendo que la prueba de vuestra fe produce paciencia.
4 Mas tenga la paciencia su obra completa, para que seáis perfectos y cabales, sin que os falte cosa alguna.
5 Y si alguno de vosotros tiene falta de sabiduría, pídala a Dios, el cual da a todos abundantemente y sin reproche, y le será dada.
6 Pero pida con fe, no dudando nada; porque el que duda es semejante a la onda del mar, que es arrastrada por el viento y echada de una parte a otra.
7 No piense, pues, quien tal haga, que recibirá cosa alguna del Señor.
8 El hombre de doble ánimo es inconstante en todos sus caminos.

13.2: [a] Gn. 18.1-8; 19.1-3. **13.5:** [b] Dt. 31.6, 8; Jos. 1.5. **13.6:** [c] Sal. 118.6. **13.11:** [d] Lv. 16.27. **1.1:** [a] Mt. 13.55; Mr. 6.3; Hch. 15.13; Gá. 1.19.

9 El hermano que es de humilde condición,
gloríese en su exaltación;
10 pero el que es rico, en su humillación; porque
él pasará como la flor de la hierba.
11 Porque cuando sale el sol con calor abrasa-
dor, la hierba se seca,[b] su flor se cae, y perece su
hermosa apariencia; así también se marchitará
el rico en todas sus empresas.

Soportando las pruebas

12 Bienaventurado el varón que soporta la
tentación; porque cuando haya resistido la
prueba, recibirá la corona de vida, que Dios ha
prometido a los que le aman.
13 Cuando alguno es tentado, no diga que es
tentado de parte de Dios; porque Dios no puede
ser tentado por el mal, ni él tienta a nadie;
14 sino que cada uno es tentado, cuando de su
propia concupiscencia es atraído y seducido.
15 Entonces la concupiscencia, después que ha
concebido, da a luz el pecado; y el pecado, sien-
do consumado, da a luz la muerte.
16 Amados hermanos míos, no erréis.
17 Toda buena dádiva y todo don perfecto des-
ciende de lo alto, del Padre de las luces, en el
cual no hay mudanza, ni sombra de variación.
18 El, de su voluntad, nos hizo nacer por la pala-
bra de verdad, para que seamos primicias de sus
criaturas.

Hacedores de la palabra

19 Por esto, mis amados hermanos, todo hom-
bre sea pronto para oír, tardo para hablar, tardo
para airarse;
20 porque la ira del hombre no obra la justicia
de Dios.
21 Por lo cual, desechando toda inmundicia y
abundancia de malicia, recibid con mansedum-
bre la palabra implantada, la cual puede salvar
vuestras almas.
22 Pero sed hacedores de la palabra, y no tan
solamente oidores, engañándoos a vosotros
mismos.
23 Porque si alguno es oidor de la palabra
pero no hacedor de ella, éste es semejante al
hombre que considera en un espejo su rostro
natural.
24 Porque él se considera a sí mismo, y se va, y
luego olvida cómo era.
25 Mas el que mira atentamente en la perfecta
ley, la de la libertad, y persevera en ella, no sien-
do oidor olvidadizo, sino hacedor de la obra,
éste será bienaventurado en lo que hace.
26 Si alguno se cree religioso entre vosotros, y
no refrena su lengua, sino que engaña su cora-
zón, la religión del tal es vana.
27 La religión pura y sin mácula delante de Dios
el Padre es esta: Visitar a los huérfanos y a las
viudas en sus tribulaciones, y guardarse sin
mancha del mundo.

Amonestación contra la parcialidad

2 1 Hermanos míos, que vuestra fe en nuestro
glorioso Señor Jesucristo sea sin acepción
de personas.
2 Porque si en vuestra congregación entra un
hombre con anillo de oro y con ropa espléndi-
da, y también entra un pobre con vestido an-
drajoso,
3 y miráis con agrado al que trae la ropa esplén-
dida y le decís: Siéntate tú aquí en buen lugar; y
decís al pobre: Estate tú allí en pie, o siéntate
aquí bajo mi estrado;
4 ¿no hacéis distinciones entre vosotros mismos,
y venís a ser jueces con malos pensamientos?
5 Hermanos míos amados, oíd: ¿No ha elegido
Dios a los pobres de este mundo, para que sean
ricos en fe y herederos del reino que ha prometi-
do a los que le aman?
6 Pero vosotros habéis afrentado al pobre. ¿No
os oprimen los ricos, y no son ellos los mismos
que os arrastran a los tribunales?
7 ¿No blasfeman ellos el buen nombre que fue
invocado sobre vosotros?
8 Si en verdad cumplís la ley real, conforme a
la Escritura: Amarás a tu prójimo como a ti mis-
mo,[a] bien hacéis;
9 pero si hacéis acepción de personas, cometéis
pecado, y quedáis convictos por la ley como
transgresores.
10 Porque cualquiera que guardare toda la ley,
pero ofendiere en un punto, se hace culpable de
todos.
11 Porque el que dijo: No cometerás adulterio,[b]
también ha dicho: No matarás.[c] Ahora bien, si
no cometes adulterio, pero matas, ya te has he-
cho transgresor de la ley.
12 Así hablad, y así haced, como los que habéis
de ser juzgados por la ley de la libertad.
13 Porque juicio sin misericordia se hará con
aquel que no hiciere misericordia; y la miseri-
cordia triunfa sobre el juicio.

La fe sin obras es muerta

14 Hermanos míos, ¿de qué aprovechará si al-
guno dice que tiene fe, y no tiene obras? ¿Podrá
la fe salvarle?
15 Y si un hermano o una hermana están desnu-
dos, y tienen necesidad del mantenimiento de
cada día,
16 y alguno de vosotros les dice: Id en paz, ca-
lentaos y saciaos, pero no les dais las cosas
que son necesarias para el cuerpo, ¿de qué
aprovecha?

1.10-11: [b] Is. 40.6-7. **2.8:** [a] Lv. 19.18. **2.11:** [b] Ex. 20.14;
Dt. 5.18. [c] Ex. 20.13; Dt. 5.17.

17 Así también la fe, si no tiene obras, es muerta en sí misma.

18 Pero alguno dirá: Tú tienes fe, y yo tengo obras. Muéstrame tu fe sin tus obras, y yo te mostraré mi fe por mis obras.

19 Tú crees que Dios es uno; bien haces. También los demonios creen, y tiemblan.

20 ¿Mas quieres saber, hombre vano, que la fe sin obras es muerta?

21 ¿No fue justificado por las obras Abraham nuestro padre, cuando ofreció a su hijo Isaac sobre el altar?[d]

22 ¿No ves que la fe actuó juntamente con sus obras, y que la fe se perfeccionó por las obras?

23 Y se cumplió la Escritura que dice: Abraham creyó a Dios, y le fue contado por justicia,[e] y fue llamado amigo de Dios.[f]

24 Vosotros veis, pues, que el hombre es justificado por las obras, y no solamente por la fe.

25 Asimismo también Rahab la ramera, ¿no fue justificada por obras, cuando recibió a los mensajeros y los envió por otro camino?[g]

26 Porque como el cuerpo sin espíritu está muerto, así también la fe sin obras está muerta.

La lengua

3 1 Hermanos míos, no os hagáis maestros muchos de vosotros, sabiendo que recibiremos mayor condenación.

2 Porque todos ofendemos muchas veces. Si alguno no ofende en palabra, éste es varón perfecto, capaz también de refrenar todo el cuerpo.

3 He aquí nosotros ponemos freno en la boca de los caballos para que nos obedezcan, y dirigimos así todo su cuerpo.

4 Mirad también las naves; aunque tan grandes, y llevadas de impetuosos vientos, son gobernadas con un muy pequeño timón por donde el que las gobierna quiere.

5 Así también la lengua es un miembro pequeño, pero se jacta de grandes cosas. He aquí, ¡cuán grande bosque enciende un pequeño fuego!

6 Y la lengua es un fuego, un mundo de maldad. La lengua está puesta entre nuestros miembros, y contamina todo el cuerpo, e inflama la rueda de la creación, y ella misma es inflamada por el infierno.

7 Porque toda naturaleza de bestias, y de aves, y de serpientes, y de seres del mar, se doma y ha sido domada por la naturaleza humana;

8 pero ningún hombre puede domar la lengua, que es un mal que no puede ser refrenado, llena de veneno mortal.

9 Con ella bendecimos al Dios y Padre, y con ella maldecimos a los hombres, que están hechos a la semejanza de Dios.[a]

10 De una misma boca proceden bendición y maldición. Hermanos míos, esto no debe ser así.

11 ¿Acaso alguna fuente echa por una misma abertura agua dulce y amarga?

12 Hermanos míos, ¿puede acaso la higuera producir aceitunas, o la vid higos? Así también ninguna fuente puede dar agua salada y dulce.

La sabiduría de lo alto

13 ¿Quién es sabio y entendido entre vosotros? Muestre por la buena conducta sus obras en sabia mansedumbre.

14 Pero si tenéis celos amargos y contención en vuestro corazón, no os jactéis, ni mintáis contra la verdad;

15 porque esta sabiduría no es la que desciende de lo alto, sino terrenal, animal, diabólica.

16 Porque donde hay celos y contención, allí hay perturbación y toda obra perversa.

17 Pero la sabiduría que es de lo alto es primeramente pura, después pacífica, amable, benigna, llena de misericordia y de buenos frutos, sin incertidumbre ni hipocresía.

18 Y el fruto de justicia se siembra en paz para aquellos que hacen la paz.

La amistad con el mundo

4 1 ¿De dónde vienen las guerras y los pleitos entre vosotros? ¿No es de vuestras pasiones, las cuales combaten en vuestros miembros?

2 Codiciáis, y no tenéis; matáis y ardéis de envidia, y no podéis alcanzar; combatís y lucháis, pero no tenéis lo que deseáis, porque no pedís.

3 Pedís, y no recibís, porque pedís mal, para gastar en vuestros deleites.

4 ¡Oh almas adúlteras! ¿No sabéis que la amistad del mundo es enemistad contra Dios? Cualquiera, pues, que quiera ser amigo del mundo, se constituye enemigo de Dios.

5 ¿O pensáis que la Escritura dice en vano: El Espíritu que él ha hecho morar en nosotros nos anhela celosamente?

6 Pero él da mayor gracia. Por esto dice: Dios resiste a los soberbios, y da gracia a los humildes.[a]

7 Someteos, pues, a Dios; resistid al diablo, y huirá de vosotros.

8 Acercaos a Dios, y él se acercará a vosotros. Pecadores, limpiad las manos; y vosotros los de doble ánimo, purificad vuestros corazones.

9 Afligíos, y lamentad, y llorad. Vuestra risa se convierta en lloro, y vuestro gozo en tristeza.

10 Humillaos delante del Señor, y él os exaltará.

Juzgando al hermano

11 Hermanos, no murmuréis los unos de los otros. El que murmura del hermano y juzga a su hermano, murmura de la ley y juzga a la ley;

2.21: [d] Gn. 22.1-14. **2.23:** [e] Gn. 15.6. [f] 2 Cr. 20.7; Is. 41.8. **2.25:** [g] Jos. 2.1-21. **3.9:** [a] Gn. 1.26. **4.6:** [a] Pr. 3.34.

pero si tú juzgas a la ley, no eres hacedor de la ley, sino juez.

12 Uno solo es el dador de la ley, que puede salvar y perder; pero tú, ¿quién eres para que juzgues a otro?

No os gloriéis del día de mañana

13 ¡Vamos ahora! los que decís: Hoy y mañana iremos a tal ciudad, y estaremos allá un año, y traficaremos, y ganaremos;

14 cuando no sabéis lo que será mañana.[b] Porque ¿qué es vuestra vida? Ciertamente es neblina que se aparece por un poco de tiempo, y luego se desvanece.

15 En lugar de lo cual deberíais decir: Si el Señor quiere, viviremos y haremos esto o aquello.

16 Pero ahora os jactáis en vuestras soberbias. Toda jactancia semejante es mala;

17 y al que sabe hacer lo bueno, y no lo hace, le es pecado.

Contra los ricos opresores

5 1 ¡Vamos ahora, ricos! Llorad y aullad por las miserias que os vendrán.

2 Vuestras riquezas están podridas, y vuestras ropas están comidas de polilla.

3 Vuestro oro y plata están enmohecidos; y su moho testificará contra vosotros, y devorará del todo vuestras carnes como fuego. Habéis acumulado tesoros para los días postreros.[a]

4 He aquí, clama el jornal de los obreros que han cosechado vuestras tierras, el cual por engaño no les ha sido pagado por vosotros; y los clamores de los que habían segado han entrado en los oídos del Señor de los ejércitos.[b]

5 Habéis vivido en deleites sobre la tierra, y sido disolutos; habéis engordado vuestros corazones como en día de matanza.

6 Habéis condenado y dado muerte al justo, y él no os hace resistencia.

Sed pacientes y orad

7 Por tanto, hermanos, tened paciencia hasta la venida del Señor. Mirad cómo el labrador espera el precioso fruto de la tierra, aguardando con paciencia hasta que reciba la lluvia temprana y la tardía.

8 Tened también vosotros paciencia, y afirmad vuestros corazones; porque la venida del Señor se acerca.

9 Hermanos, no os quejéis unos contra otros, para que no seáis condenados; he aquí, el juez está delante de la puerta.

10 Hermanos míos, tomad como ejemplo de aflicción y de paciencia a los profetas que hablaron en nombre del Señor.

11 He aquí, tenemos por bienaventurados a los que sufren. Habéis oído de la paciencia de Job,[c] y habéis visto el fin del Señor, que el Señor es muy misericordioso y compasivo.[d]

12 Pero sobre todo, hermanos míos, no juréis, ni por el cielo, ni por la tierra, ni por ningún otro juramento; sino que vuestro sí sea sí, y vuestro no sea no, para que no caigáis en condenación.[e]

13 ¿Está alguno entre vosotros afligido? Haga oración. ¿Está alguno alegre? Cante alabanzas.

14 ¿Está alguno enfermo entre vosotros? Llame a los ancianos de la iglesia, y oren por él, ungiéndole con aceite[f] en el nombre del Señor.

15 Y la oración de fe salvará al enfermo, y el Señor lo levantará; y si hubiere cometido pecados, le serán perdonados.

16 Confesaos vuestras ofensas unos a otros, y orad unos por otros, para que seáis sanados. La oración eficaz del justo puede mucho.

17 Elías era hombre sujeto a pasiones semejantes a las nuestras, y oró fervientemente para que no lloviese, y no llovió sobre la tierra por tres años y seis meses.[g]

18 Y otra vez oró, y el cielo dio lluvia, y la tierra produjo su fruto.[h]

19 Hermanos, si alguno de entre vosotros se ha extraviado de la verdad, y alguno le hace volver,

20 sepa que el que haga volver al pecador del error de su camino, salvará de muerte un alma, y cubrirá multitud de pecados.[i]

PRIMERA EPÍSTOLA UNIVERSAL DE

SAN PEDRO APÓSTOL

Salutación

1 1 Pedro, apóstol de Jesucristo, a los expatriados de la dispersión en el Ponto, Galacia, Capadocia, Asia y Bitinia,

2 elegidos según la presciencia de Dios Padre en santificación del Espíritu, para obedecer y ser rociados con la sangre de Jesucristo: Gracia y paz os sean multiplicadas.

Una esperanza viva

3 Bendito el Dios y Padre de nuestro Señor Jesucristo, que según su grande misericordia nos

4.13-14: [b] Pr. 27.1. **5.2-3:** [a] Mt. 6.19.
5.4: [b] Dt. 24.14-15. **5.11:** [c] Job 1.21-22; 2.10.
[d] Sal. 103.8. **5.12:** [e] Mt. 5.34-37. **5.14:** [f] Mr. 6.13.
5.17: [g] 1 R. 17.1; 18.1. **5.18:** [h] 1 R. 18.42-45.
5.20: [i] Pr. 10.12.

hizo renacer para una esperanza viva, por la
resurrección de Jesucristo de los muertos,
4 para una herencia incorruptible, incontaminada e inmarcesible, reservada en los cielos para
vosotros,
5 que sois guardados por el poder de Dios mediante la fe, para alcanzar la salvación que está
preparada para ser manifestada en el tiempo
postrero.
6 En lo cual vosotros os alegráis, aunque ahora
por un poco de tiempo, si es necesario, tengáis
que ser afligidos en diversas pruebas,
7 para que sometida a prueba vuestra fe, mucho
más preciosa que el oro, el cual aunque perecedero se prueba con fuego, sea hallada en alabanza, gloria y honra cuando sea manifestado
Jesucristo,
8 a quien amáis sin haberle visto, en quien creyendo, aunque ahora no lo veáis, os alegráis con
gozo inefable y glorioso;
9 obteniendo el fin de vuestra fe, que es la salvación de vuestras almas.
10 Los profetas que profetizaron de la gracia
destinada a vosotros, inquirieron y diligentemente indagaron acerca de esta salvación,
11 escudriñando qué persona y qué tiempo indicaba el Espíritu de Cristo que estaba en
ellos, el cual anunciaba de antemano los sufrimientos de Cristo, y las glorias que vendrían
tras ellos.
12 A éstos se les reveló que no para sí mismos,
sino para nosotros, administraban las cosas que
ahora os son anunciadas por los que os han predicado el evangelio por el Espíritu Santo enviado del cielo; cosas en las cuales anhelan mirar
los ángeles.

Llamamiento a una vida santa

13 Por tanto, ceñid los lomos de vuestro entendimiento, sed sobrios, y esperad por completo
en la gracia que se os traerá cuando Jesucristo
sea manifestado;
14 como hijos obedientes, no os conforméis a los
deseos que antes teníais estando en vuestra ignorancia;
15 sino, como aquel que os llamó es santo, sed
también vosotros santos en toda vuestra manera de vivir;
16 porque escrito está: Sed santos, porque yo
soy santo.[a]
17 Y si invocáis por Padre a aquel que sin acepción de personas juzga según la obra de cada
uno, conducíos en temor todo el tiempo de
vuestra peregrinación;
18 sabiendo que fuisteis rescatados de vuestra
vana manera de vivir, la cual recibisteis de vuestros padres, no con cosas corruptibles, como oro
o plata,
19 sino con la sangre preciosa de Cristo, como
de un cordero sin mancha y sin contaminación,
20 ya destinado desde antes de la fundación del
mundo, pero manifestado en los postreros tiempos por amor de vosotros,
21 y mediante el cual creéis en Dios, quien le resucitó de los muertos y le ha dado gloria, para
que vuestra fe y esperanza sean en Dios.
22 Habiendo purificado vuestras almas por la
obediencia a la verdad, mediante el Espíritu,
para el amor fraternal no fingido, amaos unos a
otros entrañablemente, de corazón puro;
23 siendo renacidos, no de simiente corruptible,
sino de incorruptible, por la palabra de Dios que
vive y permanece para siempre.
24 Porque:

Toda carne es como hierba,
Y toda la gloria del hombre como flor de
la hierba.
La hierba se seca, y la flor se cae;
25 Mas la palabra del Señor permanece para
siempre.[b]

Y esta es la palabra que por el evangelio os ha
sido anunciada.

2 1 Desechando, pues, toda malicia, todo engaño, hipocresía, envidias, y todas las detracciones,
2 desead, como niños recién nacidos, la leche
espiritual no adulterada, para que por ella crezcáis para salvación,
3 si es que habéis gustado la benignidad del
Señor.[a]

La piedra viva

4 Acercándoos a él, piedra viva, desechada
ciertamente por los hombres, mas para Dios escogida y preciosa,
5 vosotros también, como piedras vivas, sed edificados como casa espiritual y sacerdocio santo,
para ofrecer sacrificios espirituales aceptables a
Dios por medio de Jesucristo.
6 Por lo cual también contiene la Escritura:

He aquí, pongo en Sion la principal
piedra del ángulo, escogida, preciosa;
Y el que creyere en él, no será
avergonzado.[b]

7 Para vosotros, pues, los que creéis, él es precioso; pero para los que no creen,

La piedra que los edificadores
desecharon,
Ha venido a ser la cabeza del ángulo;[c]

8 y:

Piedra de tropiezo, y roca que hace caer,[d]

porque tropiezan en la palabra, siendo desobedientes; a lo cual fueron también destinados.

1.16: [a] Lv. 11.44-45; 19.2. **1.24-25:** [b] Is. 40.6-9. **2.3:** [a] Sal. 34.8.
2.6: [b] Is. 28.16. **2.7:** [c] Sal. 118.22. **2.8:** [d] Is. 8.14-15.

El pueblo de Dios

9 Mas vosotros sois linaje escogido, real sa-
cerdocio, nación santa,[e] pueblo adquirido por
Dios,[f] para que anunciéis las virtudes de aquel
que os llamó de las tinieblas a su luz admirable;
10 vosotros que en otro tiempo no erais pueblo,
pero que ahora sois pueblo de Dios; que en otro
tiempo no habíais alcanzado misericordia, pero
ahora habéis alcanzado misericordia.[g]

Vivid como siervos de Dios

11 Amados, yo os ruego como a extranjeros y
peregrinos, que os abstengáis de los deseos car-
nales que batallan contra el alma,
12 manteniendo buena vuestra manera de vivir
entre los gentiles; para que en lo que murmuran
de vosotros como de malhechores, glorifiquen a
Dios en el día de la visitación, al considerar
vuestras buenas obras.
13 Por causa del Señor someteos a toda insti-
tución humana, ya sea al rey, como a superior,
14 ya a los gobernadores, como por él enviados
para castigo de los malhechores y alabanza de
los que hacen bien.
15 Porque esta es la voluntad de Dios: que ha-
ciendo bien, hagáis callar la ignorancia de los
hombres insensatos;
16 como libres, pero no como los que tienen la
libertad como pretexto para hacer lo malo, sino
como siervos de Dios.
17 Honrad a todos. Amad a los hermanos. Te-
med a Dios. Honrad al rey.
18 Criados, estad sujetos con todo respeto a
vuestros amos; no solamente a los buenos y afa-
bles, sino también a los difíciles de soportar.
19 Porque esto merece aprobación, si alguno a
causa de la conciencia delante de Dios, sufre
molestias padeciendo injustamente.
20 Pues ¿qué gloria es, si pecando sois abofetea-
dos, y lo soportáis? Mas si haciendo lo bueno su-
frís, y lo soportáis, esto ciertamente es aprobado
delante de Dios.
21 Pues para esto fuisteis llamados; porque tam-
bién Cristo padeció por nosotros, dejándonos
ejemplo, para que sigáis sus pisadas;
22 el cual no hizo pecado, ni se halló engaño en
su boca;[h]
23 quien cuando le maldecían, no respondía con
maldición; cuando padecía, no amenazaba,
sino encomendaba la causa al que juzga justa-
mente;
24 quien llevó él mismo nuestros pecados en su
cuerpo sobre el madero, para que nosotros, es-
tando muertos a los pecados, vivamos a la justi-
cia; y por cuya herida fuisteis sanados.[i]
25 Porque vosotros erais como ovejas descarria-
das,[j] pero ahora habéis vuelto al Pastor y Obispo
de vuestras almas.

Deberes conyugales

3 1 Asimismo vosotras, mujeres, estad sujetas
a vuestros maridos;[a] para que también los
que no creen a la palabra, sean ganados sin pa-
labra por la conducta de sus esposas,
2 considerando vuestra conducta casta y respe-
tuosa.
3 Vuestro atavío no sea el externo de peinados
ostentosos, de adornos de oro o de vestidos lu-
josos,[b]
4 sino el interno, el del corazón, en el incorrupti-
ble ornato de un espíritu afable y apacible, que
es de grande estima delante de Dios.
5 Porque así también se ataviaban en otro tiem-
po aquellas santas mujeres que esperaban en
Dios, estando sujetas a sus maridos;
6 como Sara obedecía a Abraham, llamándole
señor;[c] de la cual vosotras habéis venido a ser
hijas, si hacéis el bien, sin temer ninguna ame-
naza.
7 Vosotros, maridos, igualmente, vivid con
ellas sabiamente,[d] dando honor a la mujer como
a vaso más frágil, y como a coherederas de la
gracia de la vida, para que vuestras oraciones
no tengan estorbo.

Una buena conciencia

8 Finalmente, sed todos de un mismo sentir,
compasivos, amándoos fraternalmente, miseri-
cordiosos, amigables;
9 no devolviendo mal por mal, ni maldición por
maldición, sino por el contrario, bendiciendo,
sabiendo que fuisteis llamados para que hereda-
seis bendición.
10 Porque:
El que quiere amar la vida
Y ver días buenos,
Refrene su lengua de mal,
Y sus labios no hablen engaño;
11 Apártese del mal, y haga el bien;
Busque la paz, y sígala.
12 Porque los ojos del Señor están sobre los
justos,
Y sus oídos atentos a sus oraciones;
Pero el rostro del Señor está contra
aquellos que hacen el mal.[e]
13 ¿Y quién es aquel que os podrá hacer daño,
si vosotros seguís el bien?
14 Mas también si alguna cosa padecéis por cau-
sa de la justicia, bienaventurados sois.[f] Por tan-
to, no os amedrentéis por temor de ellos, ni os
conturbéis,
15 sino santificad a Dios el Señor en vuestros co-

2.9: [e] Ex. 19.5-6. [f] Dt. 4.20; 7.6; 14.2; 26.18; Tit. 2.14.
2.10: [g] Os. 2.23. **2.22:** [h] Is. 53.9. **2.24:** [i] Is. 53.5.
2.25: [j] Is. 53.6. **3.1:** [a] Ef. 5.22; Col. 3.18. **3.3:** [b] 1 Ti. 2.9.
3.6: [c] Gn. 18.12. **3.7:** [d] Ef. 5.25; Col. 3.19.
3.10-12: [e] Sal. 34.12-16. **3.14:** [f] Mt. 5.10.

razones,[g] y estad siempre preparados para pre-
sentar defensa con mansedumbre y reverencia
ante todo el que os demande razón de la espe-
ranza que hay en vosotros;
16 teniendo buena conciencia, para que en lo
que murmuran de vosotros como de malhecho-
res, sean avergonzados los que calumnian vues-
tra buena conducta en Cristo.
17 Porque mejor es que padezcáis haciendo el
bien, si la voluntad de Dios así lo quiere, que ha-
ciendo el mal.
18 Porque también Cristo padeció una sola vez
por los pecados, el justo por los injustos, para
llevarnos a Dios, siendo a la verdad muerto en
la carne, pero vivificado en espíritu;
19 en el cual también fue y predicó a los espíri-
tus encarcelados,
20 los que en otro tiempo desobedecieron, cuan-
do una vez esperaba la paciencia de Dios en los
días de Noé, mientras se preparaba el arca, en la
cual pocas personas, es decir, ocho, fueron sal-
vadas por agua.[h]
21 El bautismo que corresponde a esto ahora
nos salva (no quitando las inmundicias de la
carne, sino como la aspiración de una buena
conciencia hacia Dios) por la resurrección de
Jesucristo,
22 quien habiendo subido al cielo está a la dies-
tra de Dios; y a él están sujetos ángeles, autori-
dades y potestades.

Buenos administradores de la gracia de Dios

4 1 Puesto que Cristo ha padecido por noso-
tros en la carne, vosotros también armaos
del mismo pensamiento; pues quien ha padeci-
do en la carne, terminó con el pecado,
2 para no vivir el tiempo que resta en la carne,
conforme a las concupiscencias de los hombres,
sino conforme a la voluntad de Dios.
3 Baste ya el tiempo pasado para haber hecho lo
que agrada a los gentiles, andando en lascivias,
concupiscencias, embriagueces, orgías, disipa-
ción y abominables idolatrías.
4 A éstos les parece cosa extraña que vosotros
no corráis con ellos en el mismo desenfreno de
disolución, y os ultrajan;
5 pero ellos darán cuenta al que está preparado
para juzgar a los vivos y a los muertos.
6 Porque por esto también ha sido predicado el
evangelio a los muertos, para que sean juzgados
en carne según los hombres, pero vivan en espí-
ritu según Dios.
7 Mas el fin de todas las cosas se acerca; sed,
pues, sobrios, y velad en oración.
8 Y ante todo, tened entre vosotros ferviente amor;
porque el amor cubrirá multitud de pecados.[a]
9 Hospedaos los unos a los otros sin murmura-
ciones.
10 Cada uno según el don que ha recibido, mi-
nístrelo a los otros, como buenos administrado-
res de la multiforme gracia de Dios.
11 Si alguno habla, hable conforme a las pala-
bras de Dios; si alguno ministra, ministre con-
forme al poder que Dios da, para que en todo
sea Dios glorificado por Jesucristo, a quien per-
tenecen la gloria y el imperio por los siglos de
los siglos. Amén.

Padeciendo como cristianos

12 Amados, no os sorprendáis del fuego de
prueba que os ha sobrevenido, como si alguna
cosa extraña os aconteciese,
13 sino gozaos por cuanto sois participantes de
los padecimientos de Cristo, para que también
en la revelación de su gloria os gocéis con gran
alegría.
14 Si sois vituperados por el nombre de Cristo,
sois bienaventurados, porque el glorioso Espíri-
tu de Dios reposa sobre vosotros. Ciertamente,
de parte de ellos, él es blasfemado, pero por
vosotros es glorificado.
15 Así que, ninguno de vosotros padezca como
homicida, o ladrón, o malhechor, o por entre-
meterse en lo ajeno;
16 pero si alguno padece como cristiano, no se
avergüence, sino glorifique a Dios por ello.
17 Porque es tiempo de que el juicio comience
por la casa de Dios; y si primero comienza por
nosotros, ¿cuál será el fin de aquellos que no
obedecen al evangelio de Dios?
18 Y:

Si el justo con dificultad se salva,
¿En dónde aparecerá el impío y el
pecador?[b]

19 De modo que los que padecen según la vo-
luntad de Dios, encomienden sus almas al fiel
Creador, y hagan el bien.

Apacentad la grey de Dios

5 1 Ruego a los ancianos que están entre vo-
sotros, yo anciano también con ellos, y testi-
go de los padecimientos de Cristo, que soy
también participante de la gloria que será
revelada:
2 Apacentad la grey de Dios[a] que está entre vo-
sotros, cuidando de ella, no por fuerza, sino vo-
luntariamente; no por ganancia deshonesta,
sino con ánimo pronto;
3 no como teniendo señorío sobre los que están
a vuestro cuidado, sino siendo ejemplos de la
grey.
4 Y cuando aparezca el Príncipe de los pastores,
vosotros recibiréis la corona incorruptible de
gloria.

3.14-15: [g] Is. 8.12-13. **3.20:** [h] Gn. 6.1–7.24. **4.8:** [a] Pr. 10.12.
4.18: [b] Pr. 11.31. **5.2:** [a] Jn. 21.15-17.

5 Igualmente, jóvenes, estad sujetos a los ancianos; y todos, sumisos unos a otros, revestíos de humildad; porque:

Dios resiste a los soberbios,
Y da gracia a los humildes.[b]

6 Humillaos, pues, bajo la poderosa mano de Dios, para que él os exalte cuando fuere tiempo;[c]
7 echando toda vuestra ansiedad sobre él, porque él tiene cuidado de vosotros.
8 Sed sobrios, y velad; porque vuestro adversario el diablo, como león rugiente, anda alrededor buscando a quien devorar;
9 al cual resistid firmes en la fe, sabiendo que los mismos padecimientos se van cumpliendo en vuestros hermanos en todo el mundo.
10 Mas el Dios de toda gracia, que nos llamó a su gloria eterna en Jesucristo, después que hayáis padecido un poco de tiempo, él mismo os perfeccione, afirme, fortalezca y establezca.
11 A él sea la gloria y el imperio por los siglos de los siglos. Amén.

Salutaciones finales

12 Por conducto de Silvano,[d] a quien tengo por hermano fiel, os he escrito brevemente, amonestándoos, y testificando que ésta es la verdadera gracia de Dios, en la cual estáis.
13 La iglesia que está en Babilonia, elegida juntamente con vosotros, y Marcos[e] mi hijo, os saludan.
14 Saludaos unos a otros con ósculo de amor. Paz sea con todos vosotros los que estáis en Jesucristo. Amén.

SEGUNDA EPÍSTOLA UNIVERSAL DE

SAN PEDRO APÓSTOL

Salutación

1 1 Simón Pedro, siervo y apóstol de Jesucristo, a los que habéis alcanzado, por la justicia de nuestro Dios y Salvador Jesucristo, una fe igualmente preciosa que la nuestra:
2 Gracia y paz os sean multiplicadas, en el conocimiento de Dios y de nuestro Señor Jesús.

Partícipes de la naturaleza divina

3 Como todas las cosas que pertenecen a la vida y a la piedad nos han sido dadas por su divino poder, mediante el conocimiento de aquel que nos llamó por su gloria y excelencia,
4 por medio de las cuales nos ha dado preciosas y grandísimas promesas, para que por ellas llegaseis a ser participantes de la naturaleza divina, habiendo huido de la corrupción que hay en el mundo a causa de la concupiscencia;
5 vosotros también, poniendo toda diligencia por esto mismo, añadid a vuestra fe virtud; a la virtud, conocimiento;
6 al conocimiento, dominio propio; al dominio propio, paciencia; a la paciencia, piedad;
7 a la piedad, afecto fraternal; y al afecto fraternal, amor.
8 Porque si estas cosas están en vosotros, y abundan, no os dejarán estar ociosos ni sin fruto en cuanto al conocimiento de nuestro Señor Jesucristo.
9 Pero el que no tiene estas cosas tiene la vista muy corta; es ciego, habiendo olvidado la purificación de sus antiguos pecados.
10 Por lo cual, hermanos, tanto más procurad hacer firme vuestra vocación y elección; porque haciendo estas cosas, no caeréis jamás.
11 Porque de esta manera os será otorgada amplia y generosa entrada en el reino eterno de nuestro Señor y Salvador Jesucristo.
12 Por esto, yo no dejaré de recordaros siempre estas cosas, aunque vosotros las sepáis, y estéis confirmados en la verdad presente.
13 Pues tengo por justo, en tanto que estoy en este cuerpo, el despertaros con amonestación;
14 sabiendo que en breve debo abandonar el cuerpo, como nuestro Señor Jesucristo me ha declarado.
15 También yo procuraré con diligencia que después de mi partida vosotros podáis en todo momento tener memoria de estas cosas.

Testigos presenciales de la gloria de Cristo

16 Porque no os hemos dado a conocer el poder y la venida de nuestro Señor Jesucristo siguiendo fábulas artificiosas, sino como habiendo visto con nuestros propios ojos su majestad.
17 Pues cuando él recibió de Dios Padre honra y gloria, le fue enviada desde la magnífica gloria una voz que decía: Este es mi Hijo amado, en el cual tengo complacencia.
18 Y nosotros oímos esta voz enviada del cielo, cuando estábamos con él en el monte santo.[a]
19 Tenemos también la palabra profética más segura, a la cual hacéis bien en estar atentos como a una antorcha que alumbra en lugar oscuro, hasta que el día esclarezca y el lucero de la mañana salga en vuestros corazones;

5.5: [b] Pr. 3.34. **5.6:** [c] Mt. 23.12; Lc. 14.11; 18.14. **5.12:** [d] Hch. 15.22, 40. **5.13:** [e] Hch. 12.12, 25; 13.13; 15.37-39; Col. 4.10; Flm. 24. **1.17-18:** [a] Mt. 17.1-5; Mr. 9.2-7; Lc. 9.28-35.

20 entendiendo primero esto, que ninguna profe-
cía de la Escritura es de interpretación privada,
21 porque nunca la profecía fue traída por vo-
luntad humana, sino que los santos hombres de
Dios hablaron siendo inspirados por el Espíritu
Santo.

Falsos profetas y falsos maestros

2 1 Pero hubo también falsos profetas entre el
pueblo, como habrá entre vosotros falsos
maestros, que introducirán encubiertamente
herejías destructoras, y aun negarán al Señor
que los rescató, atrayendo sobre sí mismos
destrucción repentina.
2 Y muchos seguirán sus disoluciones, por causa
de los cuales el camino de la verdad será blasfe-
mado,
3 y por avaricia harán mercadería de vosotros
con palabras fingidas. Sobre los tales ya de largo
tiempo la condenación no se tarda, y su perdi-
ción no se duerme.
4 Porque si Dios no perdonó a los ángeles que
pecaron, sino que arrojándolos al infierno los
entregó a prisiones de oscuridad, para ser reser-
vados al juicio;
5 y si no perdonó al mundo antiguo, sino que
guardó a Noé, pregonero de justicia, con otras
siete personas, trayendo el diluvio sobre el
mundo de los impíos;[a]
6 y si condenó por destrucción a las ciudades de
Sodoma y de Gomorra, reduciéndolas a ceniza[b]
y poniéndolas de ejemplo a los que habían de
vivir impíamente,
7 y libró al justo Lot, abrumado por la nefanda
conducta de los malvados[c]
8 (porque este justo, que moraba entre ellos,
afligía cada día su alma justa, viendo y oyendo
los hechos inicuos de ellos),
9 sabe el Señor librar de tentación a los piado-
sos, y reservar a los injustos para ser castigados
en el día del juicio;
10 y mayormente a aquellos que, siguiendo la
carne, andan en concupiscencia e inmundicia, y
desprecian el señorío.
Atrevidos y contumaces, no temen decir mal
de las potestades superiores,
11 mientras que los ángeles, que son mayores en
fuerza y en potencia, no pronuncian juicio de
maldición contra ellas delante del Señor.
12 Pero éstos, hablando mal de cosas que no en-
tienden, como animales irracionales, nacidos
para presa y destrucción, perecerán en su pro-
pia perdición,
13 recibiendo el galardón de su injusticia, ya
que tienen por delicia el gozar de deleites cada
día. Estos son inmundicias y manchas, quienes
aun mientras comen con vosotros, se recrean en
sus errores.
14 Tienen los ojos llenos de adulterio, no se sa-
cian de pecar, seducen a las almas inconstantes,
tienen el corazón habituado a la codicia, y son
hijos de maldición.
15 Han dejado el camino recto, y se han extra-
viado siguiendo el camino de Balaam hijo de
Beor, el cual amó el premio de la maldad,
16 y fue reprendido por su iniquidad; pues una
muda bestia de carga, hablando con voz de
hombre, refrenó la locura del profeta.[d]
17 Estos son fuentes sin agua, y nubes empu-
jadas por la tormenta; para los cuales la más
densa oscuridad está reservada para siempre.
18 Pues hablando palabras infladas y vanas, se-
ducen con concupiscencias de la carne y disolu-
ciones a los que verdaderamente habían huido
de los que viven en error.
19 Les prometen libertad, y son ellos mismos es-
clavos de corrupción. Porque el que es vencido
por alguno es hecho esclavo del que lo venció.
20 Ciertamente, si habiéndose ellos escapado de
las contaminaciones del mundo, por el conoci-
miento del Señor y Salvador Jesucristo, enre-
dándose otra vez en ellas son vencidos, su
postrer estado viene a ser peor que el primero.
21 Porque mejor les hubiera sido no haber co-
nocido el camino de la justicia, que después de
haberlo conocido, volverse atrás del santo
mandamiento que les fue dado.
22 Pero les ha acontecido lo del verdadero pro-
verbio: El perro vuelve a su vómito,[e] y la puerca
lavada a revolcarse en el cieno.

El día del Señor vendrá

3 1 Amados, esta es la segunda carta que os
escribo, y en ambas despierto con exhorta-
ción vuestro limpio entendimiento,
2 para que tengáis memoria de las palabras que
antes han sido dichas por los santos profetas, y
del mandamiento del Señor y Salvador dado
por vuestros apóstoles;
3 sabiendo primero esto, que en los postreros
días vendrán burladores, andando según sus
propias concupiscencias,[a]
4 y diciendo: ¿Dónde está la promesa de su ad-
venimiento? Porque desde el día en que los pa-
dres durmieron, todas las cosas permanecen así
como desde el principio de la creación.
5 Estos ignoran voluntariamente, que en el
tiempo antiguo fueron hechos por la palabra de
Dios los cielos, y también la tierra, que proviene
del agua y por el agua subsiste,[b]
6 por lo cual el mundo de entonces pereció ane-
gado en agua;[c]
7 pero los cielos y la tierra que existen ahora, es-

2.5: [a] Gn. 6.1–7.24. **2.6:** [b] Gn. 19.24. **2.7:** [c] Gn. 19.1-16.
2.15-16: [d] Nm. 22.4-35. **2.22:** [e] Pr. 26.11. **3.3:** [a] Jud. 18.
3.5: [b] Gn. 1.6-8. **3.6:** [c] Gn. 7.11.

tán reservados por la misma palabra, guardados para el fuego en el día del juicio y de la perdición de los hombres impíos.

8 Mas, oh amados, no ignoréis esto: que para con el Señor un día es como mil años, y mil años como un día.[d]

9 El Señor no retarda su promesa, según algunos la tienen por tardanza, sino que es paciente para con nosotros, no queriendo que ninguno perezca, sino que todos procedan al arrepentimiento.

10 Pero el día del Señor vendrá como ladrón en la noche;[e] en el cual los cielos pasarán con grande estruendo, y los elementos ardiendo serán deshechos, y la tierra y las obras que en ella hay serán quemadas.

11 Puesto que todas estas cosas han de ser deshechas, ¡cómo no debéis vosotros andar en santa y piadosa manera de vivir,

12 esperando y apresurándoos para la venida del día de Dios, en el cual los cielos, encendiéndose, serán deshechos, y los elementos, siendo quemados, se fundirán!

13 Pero nosotros esperamos, según sus promesas, cielos nuevos y tierra nueva, en los cuales mora la justicia.[f]

14 Por lo cual, oh amados, estando en espera de estas cosas, procurad con diligencia ser hallados por él sin mancha e irreprensibles, en paz.

15 Y tened entendido que la paciencia de nuestro Señor es para salvación; como también nuestro amado hermano Pablo, según la sabiduría que le ha sido dada, os ha escrito,

16 casi en todas sus epístolas, hablando en ellas de estas cosas; entre las cuales hay algunas difíciles de entender, las cuales los indoctos e inconstantes tuercen, como también las otras Escrituras, para su propia perdición.

17 Así que vosotros, oh amados, sabiéndolo de antemano, guardaos, no sea que arrastrados por el error de los inicuos, caigáis de vuestra firmeza.

18 Antes bien, creced en la gracia y el conocimiento de nuestro Señor y Salvador Jesucristo. A él sea gloria ahora y hasta el día de la eternidad. Amén.

PRIMERA EPÍSTOLA UNIVERSAL DE
SAN JUAN APÓSTOL

La palabra de vida

1 1 Lo que era desde el principio,[a] lo que hemos oído, lo que hemos visto con nuestros ojos, lo que hemos contemplado, y palparon nuestras manos tocante al Verbo de vida

2 (porque la vida fue manifestada, y la hemos visto,[b] y testificamos, y os anunciamos la vida eterna, la cual estaba con el Padre, y se nos manifestó);

3 lo que hemos visto y oído, eso os anunciamos, para que también vosotros tengáis comunión con nosotros; y nuestra comunión verdaderamente es con el Padre, y con su Hijo Jesucristo.

4 Estas cosas os escribimos, para que vuestro gozo sea cumplido.

Dios es luz

5 Este es el mensaje que hemos oído de él, y os anunciamos: Dios es luz, y no hay ningunas tinieblas en él.

6 Si decimos que tenemos comunión con él, y andamos en tinieblas, mentimos, y no practicamos la verdad;

7 pero si andamos en luz, como él está en luz, tenemos comunión unos con otros, y la sangre de Jesucristo su Hijo nos limpia de todo pecado.

8 Si decimos que no tenemos pecado, nos engañamos a nosotros mismos, y la verdad no está en nosotros.

9 Si confesamos nuestros pecados, él es fiel y justo para perdonar nuestros pecados, y limpiarnos de toda maldad.

10 Si decimos que no hemos pecado, le hacemos a él mentiroso, y su palabra no está en nosotros.

Cristo, nuestro abogado

2 1 Hijitos míos, estas cosas os escribo para que no pequéis; y si alguno hubiere pecado, abogado tenemos para con el Padre, a Jesucristo el justo.

2 Y él es la propiciación por nuestros pecados; y no solamente por los nuestros, sino también por los de todo el mundo.

3 Y en esto sabemos que nosotros le conocemos, si guardamos sus mandamientos.

4 El que dice: Yo le conozco, y no guarda sus mandamientos, el tal es mentiroso, y la verdad no está en él;

5 pero el que guarda su palabra, en éste verdaderamente el amor de Dios se ha perfeccionado; por esto sabemos que estamos en él.

3.8: [d] Sal. 90.4. **3.10:** [e] Mt. 24.43; Lc. 12.39; 1 Ts. 5.2; Ap. 16.15. **3.13:** [f] Is. 65.17; 66.22; Ap. 21.1. **1.1:** [a] Jn. 1.1. **1.2:** [b] Jn. 1.14.

6 El que dice que permanece en él, debe andar como él anduvo.

El nuevo mandamiento

7 Hermanos, no os escribo mandamiento nuevo,[a] sino el mandamiento antiguo que habéis tenido desde el principio; este mandamiento antiguo es la palabra que habéis oído desde el principio.
8 Sin embargo, os escribo un mandamiento nuevo, que es verdadero en él y en vosotros, porque las tinieblas van pasando, y la luz verdadera ya alumbra.
9 El que dice que está en la luz, y aborrece a su hermano, está todavía en tinieblas.
10 El que ama a su hermano, permanece en la luz, y en él no hay tropiezo.
11 Pero el que aborrece a su hermano está en tinieblas, y anda en tinieblas, y no sabe a dónde va, porque las tinieblas le han cegado los ojos.

12 Os escribo a vosotros, hijitos, porque vuestros pecados os han sido perdonados por su nombre.
13 Os escribo a vosotros, padres, porque conocéis al que es desde el principio. Os escribo a vosotros, jóvenes, porque habéis vencido al maligno. Os escribo a vosotros, hijitos, porque habéis conocido al Padre.
14 Os he escrito a vosotros, padres, porque habéis conocido al que es desde el principio. Os he escrito a vosotros, jóvenes, porque sois fuertes, y la palabra de Dios permanece en vosotros, y habéis vencido al maligno.

15 No améis al mundo, ni las cosas que están en el mundo. Si alguno ama al mundo, el amor del Padre no está en él.
16 Porque todo lo que hay en el mundo, los deseos de la carne, los deseos de los ojos, y la vanagloria de la vida, no proviene del Padre, sino del mundo.
17 Y el mundo pasa, y sus deseos; pero el que hace la voluntad de Dios permanece para siempre.

El anticristo

18 Hijitos, ya es el último tiempo; y según vosotros oísteis que el anticristo viene, así ahora han surgido muchos anticristos; por esto conocemos que es el último tiempo.
19 Salieron de nosotros, pero no eran de nosotros; porque si hubiesen sido de nosotros, habrían permanecido con nosotros; pero salieron para que se manifestase que no todos son de nosotros.
20 Pero vosotros tenéis la unción del Santo, y conocéis todas las cosas.
21 No os he escrito como si ignoraseis la verdad, sino porque la conocéis, y porque ninguna mentira procede de la verdad.
22 ¿Quién es el mentiroso, sino el que niega que Jesús es el Cristo? Este es anticristo, el que niega al Padre y al Hijo.
23 Todo aquel que niega al Hijo, tampoco tiene al Padre. El que confiesa al Hijo, tiene también al Padre.
24 Lo que habéis oído desde el principio, permanezca en vosotros. Si lo que habéis oído desde el principio permanece en vosotros, también vosotros permaneceréis en el Hijo y en el Padre.
25 Y esta es la promesa que él nos hizo, la vida eterna.

26 Os he escrito esto sobre los que os engañan.
27 Pero la unción que vosotros recibisteis de él permanece en vosotros, y no tenéis necesidad de que nadie os enseñe; así como la unción misma os enseña todas las cosas, y es verdadera, y no es mentira, según ella os ha enseñado, permaneced en él.

28 Y ahora, hijitos, permaneced en él, para que cuando se manifieste, tengamos confianza, para que en su venida no nos alejemos de él avergonzados.
29 Si sabéis que él es justo, sabed también que todo el que hace justicia es nacido de él.

Hijos de Dios

3 1 Mirad cuál amor nos ha dado el Padre, para que seamos llamados hijos de Dios;[a] por esto el mundo no nos conoce, porque no le conoció a él.
2 Amados, ahora somos hijos de Dios, y aún no se ha manifestado lo que hemos de ser; pero sabemos que cuando él se manifieste, seremos semejantes a él, porque le veremos tal como él es.
3 Y todo aquel que tiene esta esperanza en él, se purifica a sí mismo, así como él es puro.

4 Todo aquel que comete pecado, infringe también la ley; pues el pecado es infracción de la ley.
5 Y sabéis que él apareció para quitar nuestros pecados,[b] y no hay pecado en él.
6 Todo aquel que permanece en él, no peca; todo aquel que peca, no le ha visto, ni le ha conocido.
7 Hijitos, nadie os engañe; el que hace justicia es justo, como él es justo.
8 El que practica el pecado es del diablo; porque el diablo peca desde el principio. Para esto apareció el Hijo de Dios, para deshacer las obras del diablo.
9 Todo aquel que es nacido de Dios, no practica el pecado, porque la simiente de Dios permanece en él; y no puede pecar, porque es nacido de Dios.
10 En esto se manifiestan los hijos de Dios, y los

2.7: [a] Jn. 13.34. **3.1:** [a] Jn. 1.12. **3.5:** [b] Jn. 1.29.

hijos del diablo: todo aquel que no hace justicia, y que no ama a su hermano, no es de Dios.

11 Porque este es el mensaje que habéis oído desde el principio: Que nos amemos unos a otros.[c]

12 No como Caín, que era del maligno y mató a su hermano.[d] ¿Y por qué causa le mató? Porque sus obras eran malas, y las de su hermano justas.

13 Hermanos míos, no os extrañéis si el mundo os aborrece.

14 Nosotros sabemos que hemos pasado de muerte a vida,[e] en que amamos a los hermanos. El que no ama a su hermano, permanece en muerte.

15 Todo aquel que aborrece a su hermano es homicida; y sabéis que ningún homicida tiene vida eterna permanente en él.

16 En esto hemos conocido el amor, en que él puso su vida por nosotros; también nosotros debemos poner nuestras vidas por los hermanos.

17 Pero el que tiene bienes de este mundo y ve a su hermano tener necesidad, y cierra contra él su corazón, ¿cómo mora el amor de Dios en él?

18 Hijitos míos, no amemos de palabra ni de lengua, sino de hecho y en verdad.

19 Y en esto conocemos que somos de la verdad, y aseguraremos nuestros corazones delante de él;

20 pues si nuestro corazón nos reprende, mayor que nuestro corazón es Dios, y él sabe todas las cosas.

21 Amados, si nuestro corazón no nos reprende, confianza tenemos en Dios;

22 y cualquiera cosa que pidiéremos la recibiremos de él, porque guardamos sus mandamientos, y hacemos las cosas que son agradables delante de él.

23 Y este es su mandamiento: Que creamos en el nombre de su Hijo Jesucristo, y nos amemos unos a otros como nos lo ha mandado.[f]

24 Y el que guarda sus mandamientos, permanece en Dios, y Dios en él. Y en esto sabemos que él permanece en nosotros, por el Espíritu que nos ha dado.

El Espíritu de Dios y el espíritu del anticristo

4 1 Amados, no creáis a todo espíritu, sino probad los espíritus si son de Dios; porque muchos falsos profetas han salido por el mundo.

2 En esto conoced el Espíritu de Dios: Todo espíritu que confiesa que Jesucristo ha venido en carne, es de Dios;

3 y todo espíritu que no confiesa que Jesucristo ha venido en carne, no es de Dios; y este es el espíritu del anticristo, el cual vosotros habéis oído que viene, y que ahora ya está en el mundo.

4 Hijitos, vosotros sois de Dios, y los habéis vencido; porque mayor es el que está en vosotros, que el que está en el mundo.

5 Ellos son del mundo; por eso hablan del mundo, y el mundo los oye.

6 Nosotros somos de Dios; el que conoce a Dios, nos oye; el que no es de Dios, no nos oye. En esto conocemos el espíritu de verdad y el espíritu de error.

Dios es amor

7 Amados, amémonos unos a otros; porque el amor es de Dios. Todo aquel que ama, es nacido de Dios, y conoce a Dios.

8 El que no ama, no ha conocido a Dios; porque Dios es amor.

9 En esto se mostró el amor de Dios para con nosotros, en que Dios envió a su Hijo unigénito al mundo, para que vivamos por él.

10 En esto consiste el amor: no en que nosotros hayamos amado a Dios, sino en que él nos amó a nosotros, y envió a su Hijo en propiciación por nuestros pecados.

11 Amados, si Dios nos ha amado así, debemos también nosotros amarnos unos a otros.

12 Nadie ha visto jamás a Dios.[a] Si nos amamos unos a otros, Dios permanece en nosotros, y su amor se ha perfeccionado en nosotros.

13 En esto conocemos que permanecemos en él, y él en nosotros, en que nos ha dado de su Espíritu.

14 Y nosotros hemos visto y testificamos que el Padre ha enviado al Hijo, el Salvador del mundo.

15 Todo aquel que confiese que Jesús es el Hijo de Dios, Dios permanece en él, y él en Dios.

16 Y nosotros hemos conocido y creído el amor que Dios tiene para con nosotros. Dios es amor; y el que permanece en amor, permanece en Dios, y Dios en él.

17 En esto se ha perfeccionado el amor en nosotros, para que tengamos confianza en el día del juicio; pues como él es, así somos nosotros en este mundo.

18 En el amor no hay temor, sino que el perfecto amor echa fuera el temor; porque el temor lleva en sí castigo. De donde el que teme, no ha sido perfeccionado en el amor.

19 Nosotros le amamos a él, porque él nos amó primero.

20 Si alguno dice: Yo amo a Dios, y aborrece a su hermano, es mentiroso. Pues el que no ama a su hermano a quien ha visto, ¿cómo puede amar a Dios a quien no ha visto?

21 Y nosotros tenemos este mandamiento de él: El que ama a Dios, ame también a su hermano.

3.11: [c] Jn. 13.34. **3.12:** [d] Gn. 4.8. **3.14:** [e] Jn. 5.24.
3.23: [f] Jn. 13.34; 15.12, 17. **4.12:** [a] Jn. 1.18.

La fe que vence al mundo

5 1 Todo aquel que cree que Jesús es el Cristo, es nacido de Dios; y todo aquel que ama al que engendró, ama también al que ha sido engendrado por él.

2 En esto conocemos que amamos a los hijos de Dios, cuando amamos a Dios, y guardamos sus mandamientos.

3 Pues este es el amor a Dios, que guardemos sus mandamientos;[a] y sus mandamientos no son gravosos.

4 Porque todo lo que es nacido de Dios vence al mundo; y esta es la victoria que ha vencido al mundo, nuestra fe.

5 ¿Quién es el que vence al mundo, sino el que cree que Jesús es el Hijo de Dios?

El testimonio del Espíritu

6 Este es Jesucristo, que vino mediante agua y sangre; no mediante agua solamente, sino mediante agua y sangre. Y el Espíritu es el que da testimonio; porque el Espíritu es la verdad.

7 Porque tres son los que dan testimonio en el cielo: el Padre, el Verbo y el Espíritu Santo; y estos tres son uno.

8 Y tres son los que dan testimonio en la tierra: el Espíritu, el agua y la sangre; y estos tres concuerdan.

9 Si recibimos el testimonio de los hombres, mayor es el testimonio de Dios; porque este es el testimonio con que Dios ha testificado acerca de su Hijo.

10 El que cree en el Hijo de Dios, tiene el testimonio en sí mismo; el que no cree a Dios, le ha hecho mentiroso, porque no ha creído en el testimonio que Dios ha dado acerca de su Hijo.

11 Y este es el testimonio: que Dios nos ha dado vida eterna; y esta vida está en su Hijo.[b]

12 El que tiene al Hijo, tiene la vida; el que no tiene al Hijo de Dios no tiene la vida.

El conocimiento de la vida eterna

13 Estas cosas os he escrito a vosotros que creéis en el nombre del Hijo de Dios, para que sepáis que tenéis vida eterna, y para que creáis en el nombre del Hijo de Dios.

14 Y esta es la confianza que tenemos en él, que si pedimos alguna cosa conforme a su voluntad, él nos oye.

15 Y si sabemos que él nos oye en cualquiera cosa que pidamos, sabemos que tenemos las peticiones que le hayamos hecho.

16 Si alguno viere a su hermano cometer pecado que no sea de muerte, pedirá, y Dios le dará vida; esto es para los que cometen pecado que no sea de muerte. Hay pecado de muerte, por el cual yo no digo que se pida.

17 Toda injusticia es pecado; pero hay pecado no de muerte.

18 Sabemos que todo aquel que ha nacido de Dios, no practica el pecado, pues Aquel que fue engendrado por Dios le guarda, y el maligno no le toca.

19 Sabemos que somos de Dios, y el mundo entero está bajo el maligno.

20 Pero sabemos que el Hijo de Dios ha venido, y nos ha dado entendimiento para conocer al que es verdadero; y estamos en el verdadero, en su Hijo Jesucristo. Este es el verdadero Dios, y la vida eterna.

21 Hijitos, guardaos de los ídolos. Amén.

SEGUNDA EPÍSTOLA DE

SAN JUAN APÓSTOL

Salutación

1 El anciano a la señora elegida y a sus hijos, a quienes yo amo en la verdad; y no sólo yo, sino también todos los que han conocido la verdad,

2 a causa de la verdad que permanece en nosotros, y estará para siempre con nosotros:

3 Sea con vosotros gracia, misericordia y paz, de Dios Padre y del Señor Jesucristo, Hijo del Padre, en verdad y en amor.

Permaneced en la doctrina de Cristo

4 Mucho me regocijé porque he hallado a algunos de tus hijos andando en la verdad, conforme al mandamiento que recibimos del Padre.

5 Y ahora te ruego, señora, no como escribiéndote un nuevo mandamiento, sino el que hemos tenido desde el principio, que nos amemos unos a otros.[a]

6 Y este es el amor, que andemos según sus mandamientos. Este es el mandamiento: que andéis en amor, como vosotros habéis oído desde el principio.

7 Porque muchos engañadores han salido por el mundo, que no confiesan que Jesucristo ha venido en carne. Quien esto hace es el engañador y el anticristo.

8 Mirad por vosotros mismos, para que no perdáis el fruto de vuestro trabajo, sino que recibáis galardón completo.

9 Cualquiera que se extravía, y no persevera en la doctrina de Cristo, no tiene a Dios; el que per-

5.3: [a] Jn. 14.15. 5.11: [b] Jn. 3.36. 5: [a] Jn. 13.34; 15.12,17.

severa en la doctrina de Cristo, ése sí tiene al
Padre y al Hijo.
10 Si alguno viene a vosotros, y no trae esta doc-
trina, no lo recibáis en casa, ni le digáis: ¡Bien-
venido!
11 Porque el que le dice: ¡Bienvenido! participa
en sus malas obras.

Espero ir a vosotros

12 Tengo muchas cosas que escribiros, pero
no he querido hacerlo por medio de papel y tin-
ta, pues espero ir a vosotros y hablar cara a cara,
para que nuestro gozo sea cumplido.
13 Los hijos de tu hermana, la elegida, te salu-
dan. Amén.

TERCERA EPÍSTOLA DE
SAN JUAN APÓSTOL

Salutación

1 El anciano a Gayo,[a] el amado, a quien amo
en la verdad.
2 Amado, yo deseo que tú seas prosperado en
todas las cosas, y que tengas salud, así como
prospera tu alma.
3 Pues mucho me regocijé cuando vinieron los
hermanos y dieron testimonio de tu verdad, de
cómo andas en la verdad.
4 No tengo yo mayor gozo que este, el oír que
mis hijos andan en la verdad.

Elogio de la hospitalidad de Gayo

5 Amado, fielmente te conduces cuando pres-
tas algún servicio a los hermanos, especialmen-
te a los desconocidos,
6 los cuales han dado ante la iglesia testimonio de tu
amor; y harás bien en encaminarlos como es digno
de su servicio a Dios, para que continúen su viaje.
7 Porque ellos salieron por amor del nombre de
El, sin aceptar nada de los gentiles.
8 Nosotros, pues, debemos acoger a tales perso-
nas, para que cooperemos con la verdad.

La oposición de Diótrefes

9 Yo he escrito a la iglesia; pero Diótrefes, al
cual le gusta tener el primer lugar entre ellos, no
nos recibe.
10 Por esta causa, si yo fuere, recordaré las
obras que hace parloteando con palabras malig-
nas contra nosotros; y no contento con estas co-
sas, no recibe a los hermanos, y a los que
quieren recibirlos se lo prohíbe, y los expulsa de
la iglesia.

Buen testimonio acerca de Demetrio

11 Amado, no imites lo malo, sino lo bueno.
El que hace lo bueno es de Dios; pero el que
hace lo malo, no ha visto a Dios.
12 Todos dan testimonio de Demetrio, y aun la
verdad misma; y también nosotros damos testi-
monio, y vosotros sabéis que nuestro testimonio
es verdadero.

Salutaciones finales

13 Yo tenía muchas cosas que escribirte, pero
no quiero escribírtelas con tinta y pluma,
14 porque espero verte en breve, y hablaremos
cara a cara.
15 La paz sea contigo. Los amigos te salu-
dan. Saluda tú a los amigos, a cada uno en
particular.

LA EPÍSTOLA UNIVERSAL DE
SAN JUDAS APÓSTOL

Salutación

1 Judas,[a] siervo de Jesucristo, y hermano de
Jacobo, a los llamados, santificados en Dios Pa-
dre, y guardados en Jesucristo:
2 Misericordia y paz y amor os sean multiplicados.

Falsas doctrinas y falsos maestros

3 Amados, por la gran solicitud que tenía de
escribiros acerca de nuestra común salvación,
me ha sido necesario escribiros exhortándoos
que contendáis ardientemente por la fe que ha
sido una vez dada a los santos.
4 Porque algunos hombres han entrado encu-
biertamente, los que desde antes habían sido
destinados para esta condenación, hombres im-
píos, que convierten en libertinaje la gracia de
nuestro Dios, y niegan a Dios el único soberano,
y a nuestro Señor Jesucristo.
5 Mas quiero recordaros, ya que una vez lo
habéis sabido, que el Señor, habiendo salvado al
pueblo sacándolo de Egipto,[b] después destruyó
a los que no creyeron.[c]

1: [a] Hch. 19.29; Ro. 16.23; 1 Co. 1.14. 1: [a] Mt. 13.55; Mr. 6.3.
5: [b] Ex. 12.51. [c] Nm. 14.29-30.

6 Y a los ángeles que no guardaron su dignidad,
sino que abandonaron su propia morada, los ha
guardado bajo oscuridad, en prisiones eternas,
para el juicio del gran día;
7 como Sodoma y Gomorra y las ciudades veci-
nas, las cuales de la misma manera que aqué-
llos, habiendo fornicado e ido en pos de vicios
contra naturaleza, fueron puestas por ejemplo,
sufriendo el castigo del fuego eterno.[d]
8 No obstante, de la misma manera también
estos soñadores mancillan la carne, rechazan la
autoridad y blasfeman de las potestades supe-
riores.
9 Pero cuando el arcángel Miguel[e] contendía con
el diablo, disputando con él por el cuerpo de Moi-
sés,[f] no se atrevió a proferir juicio de maldición
contra él, sino que dijo: El Señor te reprenda.[g]
10 Pero éstos blasfeman de cuantas cosas no co-
nocen; y en las que por naturaleza conocen, se
corrompen como animales irracionales.
11 ¡Ay de ellos! porque han seguido el camino
de Caín,[h] y se lanzaron por lucro en el error de
Balaam,[i] y perecieron en la contradicción de
Coré.[j]
12 Estos son manchas en vuestros ágapes, que
comiendo impúdicamente con vosotros se apa-
cientan a sí mismos; nubes sin agua, llevadas de
acá para allá por los vientos; árboles otoñales,
sin fruto, dos veces muertos y desarraigados;
13 fieras ondas del mar, que espuman su propia
vergüenza; estrellas errantes, para las cuales
está reservada eternamente la oscuridad de las
tinieblas.
14 De éstos también profetizó Enoc,[k] séptimo
desde Adán, diciendo: He aquí, vino el Señor
con sus santas decenas de millares,
15 para hacer juicio contra todos, y dejar con-
victos a todos los impíos de todas sus obras im-
pías que han hecho impíamente, y de todas las
cosas duras que los pecadores impíos han habla-
do contra él.
16 Estos son murmuradores, querellosos, que
andan según sus propios deseos, cuya boca ha-
bla cosas infladas, adulando a las personas para
sacar provecho.

Amonestaciones y exhortaciones

17 Pero vosotros, amados, tened memoria de
las palabras que antes fueron dichas por los
apóstoles de nuestro Señor Jesucristo;
18 los que os decían: En el postrer tiempo habrá
burladores, que andarán según sus malvados
deseos.[l]
19 Estos son los que causan divisiones; los sen-
suales, que no tienen al Espíritu.
20 Pero vosotros, amados, edificándoos sobre
vuestra santísima fe, orando en el Espíritu Santo,
21 conservaos en el amor de Dios, esperando la
misericordia de nuestro Señor Jesucristo para
vida eterna.
22 A algunos que dudan, convencedlos.
23 A otros salvad, arrebatándolos del fuego; y
de otros tened misericordia con temor, aborre-
ciendo aun la ropa contaminada por su carne.

Doxología

24 Y a aquel que es poderoso para guardaros
sin caída, y presentaros sin mancha delante de
su gloria con gran alegría,
25 al único y sabio Dios, nuestro Salvador, sea
gloria y majestad, imperio y potencia, ahora y
por todos los siglos. Amén.

EL APOCALIPSIS

DE SAN JUAN

La revelación de Jesucristo

1 1 La revelación de Jesucristo, que Dios le
dio, para manifestar a sus siervos las cosas
que deben suceder pronto; y la declaró en-
viándola por medio de su ángel a su siervo
Juan,
2 que ha dado testimonio de la palabra de Dios,
y del testimonio de Jesucristo, y de todas las co-
sas que ha visto.
3 Bienaventurado el que lee, y los que oyen las
palabras de esta profecía, y guardan las cosas en
ella escritas; porque el tiempo está cerca.

Salutaciones a las siete iglesias

4 Juan, a las siete iglesias que están en Asia:
Gracia y paz a vosotros, del que es y que era y
que ha de venir,[a] y de los siete espíritus que es-
tán delante de su trono;[b]
5 y de Jesucristo el testigo fiel, el primogénito de
los muertos, y el soberano de los reyes de la tie-
rra.[c] Al que nos amó, y nos lavó de nuestros pe-
cados con su sangre,
6 y nos hizo reyes y sacerdotes para Dios, su
Padre;[d] a él sea gloria e imperio por los siglos de
los siglos. Amén.
7 He aquí que viene con las nubes,[e] y todo ojo le

7: [d] Gn. 19.1-24. **9:** [e] Dn. 10.13, 21; 12.1; Ap. 12.7. [f] Dt. 34.6. [g] Zac. 3.2. **11:** [h] Gn. 4.3-8 [i] Nm. 22.1-35. [j] Nm. 16.1-35. **14:** [k] Gn. 5.21-24. **18:** [l] 2 P. 3.3. **1.4:** [a] Ex. 3.14. [b] Ap. 4.5. **1.5:** [c] Sal. 89.27. **1.6:** [d] Ex. 19.6; Ap. 5.10. **1.7:** [e] Dn. 7.13; Mt. 24.30; Mr. 13.26; Lc. 21.27; 1 Ts. 4.17.

verá, y los que le traspasaron;[f] y todos los linajes
de la tierra harán lamentación por él.[g] Sí, amén.
8 Yo soy el Alfa y la Omega,[h] principio y fin,
dice el Señor, el que es y que era y que ha de ve-
nir,[i] el Todopoderoso.

Una visión del Hijo del Hombre

9 Yo Juan, vuestro hermano, y copartícipe
vuestro en la tribulación, en el reino y en la pa-
ciencia de Jesucristo, estaba en la isla llamada
Patmos, por causa de la palabra de Dios y el tes-
timonio de Jesucristo.
10 Yo estaba en el Espíritu en el día del Señor, y
oí detrás de mí una gran voz como de trompeta,
11 que decía: Yo soy el Alfa y la Omega, el pri-
mero y el último. Escribe en un libro lo que ves,
y envíalo a las siete iglesias que están en Asia: a
Efeso, Esmirna, Pérgamo, Tiatira, Sardis, Fila-
delfia y Laodicea.
12 Y me volví para ver la voz que hablaba con-
migo; y vuelto, vi siete candeleros de oro,
13 y en medio de los siete candeleros, a uno se-
mejante al Hijo del Hombre,[j] vestido de una
ropa que llegaba hasta los pies, y ceñido por el
pecho con un cinto de oro.[k]
14 Su cabeza y sus cabellos eran blancos como
blanca lana, como nieve;[l] sus ojos como llama
de fuego;
15 y sus pies semejantes al bronce bruñido,[m] re-
fulgente como en un horno; y su voz como es-
truendo de muchas aguas.[n]
16 Tenía en su diestra siete estrellas; de su
boca salía una espada aguda de dos filos; y su
rostro era como el sol cuando resplandece en
su fuerza.
17 Cuando le vi, caí como muerto a sus pies. Y
él puso su diestra sobre mí, diciéndome: No te-
mas; yo soy el primero y el último;[o]
18 y el que vivo, y estuve muerto; mas he aquí
que vivo por los siglos de los siglos, amén. Y ten-
go las llaves de la muerte y del Hades.
19 Escribe las cosas que has visto, y las que son,
y las que han de ser después de estas.
20 El misterio de las siete estrellas que has visto
en mi diestra, y de los siete candeleros de oro:
las siete estrellas son los ángeles de las siete
iglesias, y los siete candeleros que has visto, son
las siete iglesias.

Mensajes a las siete iglesias: El mensaje a Efeso

2 1 Escribe al ángel de la iglesia en Efeso: El
que tiene las siete estrellas en su diestra, el
que anda en medio de los siete candeleros de
oro, dice esto:
2 Yo conozco tus obras, y tu arduo trabajo y
paciencia; y que no puedes soportar a los malos,
y has probado a los que se dicen ser apóstoles, y
no lo son, y los has hallado mentirosos;
3 y has sufrido, y has tenido paciencia, y has tra-
bajado arduamente por amor de mi nombre, y
no has desmayado.
4 Pero tengo contra ti, que has dejado tu primer
amor.
5 Recuerda, por tanto, de dónde has caído, y
arrepiéntete, y haz las primeras obras; pues si
no, vendré pronto a ti, y quitaré tu candelero de
su lugar, si no te hubieres arrepentido.
6 Pero tienes esto, que aborreces las obras de los
nicolaítas, las cuales yo también aborrezco.
7 El que tiene oído, oiga lo que el Espíritu dice a
las iglesias. Al que venciere, le daré a comer del
árbol de la vida,[a] el cual está en medio del paraí-
so de Dios.

El mensaje a Esmirna

8 Y escribe al ángel de la iglesia en Esmirna:
El primero y el postrero,[b] el que estuvo muerto y
vivió, dice esto:
9 Yo conozco tus obras, y tu tribulación, y tu
pobreza (pero tú eres rico), y la blasfemia de los
que se dicen ser judíos, y no lo son, sino sinago-
ga de Satanás.
10 No temas en nada lo que vas a padecer. He
aquí, el diablo echará a algunos de vosotros en
la cárcel, para que seáis probados, y tendréis tri-
bulación por diez días. Sé fiel hasta la muerte, y
yo te daré la corona de la vida.
11 El que tiene oído, oiga lo que el Espíritu dice
a las iglesias. El que venciere, no sufrirá daño de
la segunda muerte.[c]

El mensaje a Pérgamo

12 Y escribe al ángel de la iglesia en Pérgamo:
El que tiene la espada aguda de dos filos dice
esto:
13 Yo conozco tus obras, y dónde moras, don-
de está el trono de Satanás; pero retienes mi
nombre, y no has negado mi fe, ni aun en los
días en que Antipas mi testigo fiel fue muerto
entre vosotros, donde mora Satanás.
14 Pero tengo unas pocas cosas contra ti: que
tienes ahí a los que retienen la doctrina de Ba-
laam, que enseñaba a Balac a poner tropiezo
ante los hijos de Israel, a comer de cosas sacrifi-
cadas a los ídolos, y a cometer fornicación.[d]
15 Y también tienes a los que retienen la doctri-
na de los nicolaítas, la que yo aborrezco.
16 Por tanto, arrepiéntete; pues si no, vendré a ti
pronto, y pelearé contra ellos con la espada de
mi boca.

1.7: [f] Zac. 12.10; Jn. 19.34, 37. [g] Zac. 12.10-14; Mt. 24.30. **1.8:** [h] Ap. 22.13. [i] Ex. 3.14. **1.13:** [j] Dn. 7.13. [k] Dn. 10.5. **1.14:** [l] Dn. 7.9. **1.14-15:** [m] Dn. 10.6. **1.15:** [n] Ez. 1.24. **1.17:** [o] Is. 44.6; 48.12; Ap. 2.8; 22.13. **2.7:** [a] Gn. 2.9; Ap. 22.2. **2.8:** [b] Is. 44.6; 48.12; Ap. 1.17; 22.13. **2.11:** [c] Ap. 20.14; 21.8. **2.14:** [d] Nm. 25.1-3; 31.16.

17 El que tiene oído, oiga lo que el Espíritu dice
a las iglesias. Al que venciere, daré a comer del
maná escondido,[e] y le daré una piedrecita blan-
ca, y en la piedrecita escrito un nombre nuevo,
el cual ninguno conoce sino aquel que lo recibe.

El mensaje a Tiatira

18 Y escribe al ángel de la iglesia en Tiatira: El
Hijo de Dios, el que tiene ojos como llama de
fuego, y pies semejantes al bronce bruñido, dice
esto:
19 Yo conozco tus obras, y amor, y fe, y servi-
cio, y tu paciencia, y que tus obras postreras son
más que las primeras.
20 Pero tengo unas pocas cosas contra ti: que to-
leras que esa mujer Jezabel,[f] que se dice profeti-
sa, enseñe y seduzca a mis siervos a fornicar y a
comer cosas sacrificadas a los ídolos.
21 Y le he dado tiempo para que se arrepienta,
pero no quiere arrepentirse de su fornicación.
22 He aquí, yo la arrojo en cama, y en gran tri-
bulación a los que con ella adulteran, si no se
arrepienten de las obras de ella.
23 Y a sus hijos heriré de muerte, y todas las
iglesias sabrán que yo soy el que escudriña la
mente y el corazón;[g] y os daré a cada uno según
vuestras obras.[h]
24 Pero a vosotros y a los demás que están en
Tiatira, a cuantos no tienen esa doctrina, y no
han conocido lo que ellos llaman las profundi-
dades de Satanás, yo os digo: No os impondré
otra carga;
25 pero lo que tenéis, retenedlo hasta que yo
venga.
26 Al que venciere y guardare mis obras hasta el
fin, yo le daré autoridad sobre las naciones,
27 y las regirá con vara de hierro, y serán que-
bradas como vaso de alfarero;[i] como yo también
la he recibido de mi Padre;
28 y le daré la estrella de la mañana.
29 El que tiene oído, oiga lo que el Espíritu dice
a las iglesias.

El mensaje a Sardis

3 1 Escribe al ángel de la iglesia en Sardis: El
que tiene los siete espíritus de Dios, y las
siete estrellas, dice esto:
Yo conozco tus obras, que tienes nombre de
que vives, y estás muerto.
2 Sé vigilante, y afirma las otras cosas que están
para morir; porque no he hallado tus obras per-
fectas delante de Dios.
3 Acuérdate, pues, de lo que has recibido y oído;
y guárdalo, y arrepiéntete. Pues si no velas, ven-
dré sobre ti como ladrón, y no sabrás a qué hora
vendré sobre ti.[a]
4 Pero tienes unas pocas personas en Sardis que
no han manchado sus vestiduras; y andarán
conmigo en vestiduras blancas, porque son
dignas.
5 El que venciere será vestido de vestiduras
blancas; y no borraré su nombre del libro de la
vida,[b] y confesaré su nombre delante de mi Pa-
dre, y delante de sus ángeles.[c]
6 El que tiene oído, oiga lo que el Espíritu dice a
las iglesias.

El mensaje a Filadelfia

7 Escribe al ángel de la iglesia en Filadelfia:
Esto dice el Santo, el Verdadero, el que tiene la
llave de David, el que abre y ninguno cierra, y
cierra y ninguno abre:[d]
8 Yo conozco tus obras; he aquí, he puesto de-
lante de ti una puerta abierta, la cual nadie pue-
de cerrar; porque aunque tienes poca fuerza,
has guardado mi palabra, y no has negado mi
nombre.
9 He aquí, yo entrego de la sinagoga de Satanás
a los que se dicen ser judíos y no lo son, sino que
mienten; he aquí, yo haré que vengan y se pos-
tren a tus pies,[e] y reconozcan que yo te he
amado.
10 Por cuanto has guardado la palabra de mi pa-
ciencia, yo también te guardaré de la hora de la
prueba que ha de venir sobre el mundo entero,
para probar a los que moran sobre la tierra.
11 He aquí, yo vengo pronto; retén lo que tienes,
para que ninguno tome tu corona.
12 Al que venciere, yo lo haré columna en el
templo de mi Dios, y nunca más saldrá de allí; y
escribiré sobre él el nombre de mi Dios, y el
nombre de la ciudad de mi Dios, la nueva Jeru-
salén, la cual desciende del cielo,[f] de mi Dios, y
mi nombre nuevo.
13 El que tiene oído, oiga lo que el Espíritu dice
a las iglesias.

El mensaje a Laodicea

14 Y escribe al ángel de la iglesia en Laodicea:
He aquí el Amén, el testigo fiel y verdadero, el
principio de la creación de Dios,[g] dice esto:
15 Yo conozco tus obras, que ni eres frío ni ca-
liente. ¡Ojalá fueses frío o caliente!
16 Pero por cuanto eres tibio, y no frío ni calien-
te, te vomitaré de mi boca.
17 Porque tú dices: Yo soy rico, y me he enrique-
cido, y de ninguna cosa tengo necesidad; y no
sabes que tú eres un desventurado, miserable,
pobre, ciego y desnudo.
18 Por tanto, yo te aconsejo que de mí compres

2.17: [e] Ex. 16.14-15. **2.20:** [f] 1 R. 16.31; 2 R. 9.22, 30. **2.23:** [g] Sal. 7.9; Jer. 17.10. [h] Sal. 62.12. **2.26-27:** [i] Sal. 2.8-9. **3.3:** [a] Mt. 24.43-44; Lc. 12.39-40; Ap. 16.15. **3.5:** [b] Ex. 32.32-33; Sal. 69.28; Ap. 20.12. [c] Mt. 10.32; Lc. 12.8. **3.7:** [d] Is. 22.22. **3.9:** [e] Is. 60.14. **3.12:** [f] Ap. 21.2. **3.14:** [g] Pr. 8.22.

oro refinado en fuego, para que seas rico, y ves-
tiduras blancas para vestirte, y que no se descu-
bra la vergüenza de tu desnudez; y unge tus
ojos con colirio, para que veas.
19 Yo reprendo y castigo a todos los que amo;[h]
sé, pues, celoso, y arrepiéntete.
20 He aquí, yo estoy a la puerta y llamo; si algu-
no oye mi voz y abre la puerta, entraré a él, y ce-
naré con él, y él conmigo.
21 Al que venciere, le daré que se siente conmi-
go en mi trono, así como yo he vencido, y me he
sentado con mi Padre en su trono.
22 El que tiene oído, oiga lo que el Espíritu dice
a las iglesias.

La adoración celestial

4 1 Después de esto miré, y he aquí una puer-
ta abierta en el cielo; y la primera voz que
oí, como de trompeta, hablando conmigo, dijo:
Sube acá, y yo te mostraré las cosas que sucede-
rán después de estas.
2 Y al instante yo estaba en el Espíritu; y he
aquí, un trono establecido en el cielo, y en el tro-
no, uno sentado.
3 Y el aspecto del que estaba sentado era seme-
jante a piedra de jaspe y de cornalina; y había
alrededor del trono un arco iris, semejante en
aspecto a la esmeralda.[a]
4 Y alrededor del trono había veinticuatro tro-
nos; y vi sentados en los tronos a veinticuatro
ancianos, vestidos de ropas blancas, con coro-
nas de oro en sus cabezas.
5 Y del trono salían relámpagos y truenos[b] y vo-
ces; y delante del trono ardían siete lámparas
de fuego,[c] las cuales son los siete espíritus de
Dios.[d]
6 Y delante del trono había como un mar de
vidrio semejante al cristal;[e] y junto al trono, y al-
rededor del trono, cuatro seres vivientes llenos
de ojos delante y detrás.
7 El primer ser viviente era semejante a un león;
el segundo era semejante a un becerro; el terce-
ro tenía rostro como de hombre; y el cuarto era
semejante a un águila volando.[f]
8 Y los cuatro seres vivientes tenían cada uno
seis alas, y alrededor y por dentro estaban llenos
de ojos;[g] y no cesaban día y noche de decir: San-
to, santo, santo es el Señor Dios Todopoderoso,[h]
el que era, el que es, y el que ha de venir.
9 Y siempre que aquellos seres vivientes dan
gloria y honra y acción de gracias al que está
sentado en el trono, al que vive por los siglos de
los siglos,
10 los veinticuatro ancianos se postran delante
del que está sentado en el trono, y adoran al que
vive por los siglos de los siglos, y echan sus coro-
nas delante del trono, diciendo:
11 Señor, digno eres de recibir la gloria y la hon-
ra y el poder; porque tú creaste todas las cosas,
y por tu voluntad existen y fueron creadas.

El rollo y el Cordero

5 1 Y vi en la mano derecha del que estaba
sentado en el trono un libro escrito por den-
tro y por fuera,[a] sellado con siete sellos.
2 Y vi a un ángel fuerte que pregonaba a gran
voz: ¿Quién es digno de abrir el libro y desatar
sus sellos?
3 Y ninguno, ni en el cielo ni en la tierra ni debajo
de la tierra, podía abrir el libro, ni aun mirarlo.
4 Y lloraba yo mucho, porque no se había halla-
do a ninguno digno de abrir el libro, ni de leerlo,
ni de mirarlo.
5 Y uno de los ancianos me dijo: No llores. He
aquí que el León de la tribu de Judá,[b] la raíz de
David,[c] ha vencido para abrir el libro y desatar
sus siete sellos.
6 Y miré, y vi que en medio del trono y de los
cuatro seres vivientes, y en medio de los ancia-
nos, estaba en pie un Cordero como inmolado,[d]
que tenía siete cuernos, y siete ojos,[e] los cuales
son los siete espíritus de Dios enviados por toda
la tierra.
7 Y vino, y tomó el libro de la mano derecha del
que estaba sentado en el trono.
8 Y cuando hubo tomado el libro, los cuatro se-
res vivientes y los veinticuatro ancianos se pos-
traron delante del Cordero; todos tenían arpas,
y copas de oro llenas de incienso, que son las
oraciones de los santos;[f]
9 y cantaban un nuevo cántico, diciendo: Digno
eres de tomar el libro y de abrir sus sellos; por-
que tú fuiste inmolado, y con tu sangre nos has
redimido para Dios, de todo linaje y lengua y
pueblo y nación;
10 y nos has hecho para nuestro Dios reyes y sa-
cerdotes,[g] y reinaremos sobre la tierra.
11 Y miré, y oí la voz de muchos ángeles alrede-
dor del trono, y de los seres vivientes, y de los an-
cianos; y su número era millones de millones,[h]
12 que decían a gran voz: El Cordero que fue in-
molado es digno de tomar el poder, las riquezas,
la sabiduría, la fortaleza, la honra, la gloria y la
alabanza.
13 Y a todo lo creado que está en el cielo, y sobre
la tierra, y debajo de la tierra, y en el mar, y a to-
das las cosas que en ellos hay, oí decir: Al que
está sentado en el trono, y al Cordero, sea la ala-
banza, la honra, la gloria y el poder, por los si-
glos de los siglos.

3.19: [h] Pr. 3.12. **4.2-3:** [a] Ez. 1.26-28; 10.1. **4.5:** [b] Ex. 19.16; Ap. 8.5; 11.19; 16.18. [c] Ez. 1.13. [d] Ap. 1.4. **4.6:** [e] Ez. 1.22. **4.6-7:** [f] Ez. 1.5-10; 10.14. **4.8:** [g] Ez. 1.18; 10.12. [h] Is. 6.2-3. **5.1:** [a] Ez. 2.9-10. **5.5:** [b] Gn. 49.9-10. [c] Is. 11.1. **5.6:** [d] Is. 53.7. [e] Zac. 4.10. **5.8:** [f] Sal. 141.2. **5.10:** [g] Ex. 19.6; Ap. 1.6. **5.11:** [h] Dn. 7.10.

14 Los cuatro seres vivientes decían: Amén; y los veinticuatro ancianos se postraron sobre sus rostros y adoraron al que vive por los siglos de los siglos.

Los sellos

6 1 Vi cuando el Cordero abrió uno de los sellos, y oí a uno de los cuatro seres vivientes decir como con voz de trueno: Ven y mira.

2 Y miré, y he aquí un caballo blanco;[a] y el que lo montaba tenía un arco; y le fue dada una corona, y salió venciendo, y para vencer.

3 Cuando abrió el segundo sello, oí al segundo ser viviente, que decía: Ven y mira.

4 Y salió otro caballo, bermejo;[b] y al que lo montaba le fue dado poder de quitar de la tierra la paz, y que se matasen unos a otros; y se le dio una gran espada.

5 Cuando abrió el tercer sello, oí al tercer ser viviente, que decía: Ven y mira. Y miré, y he aquí un caballo negro;[c] y el que lo montaba tenía una balanza en la mano.

6 Y oí una voz de en medio de los cuatro seres vivientes, que decía: Dos libras de trigo por un denario, y seis libras de cebada por un denario; pero no dañes el aceite ni el vino.

7 Cuando abrió el cuarto sello, oí la voz del cuarto ser viviente, que decía: Ven y mira.

8 Miré, y he aquí un caballo amarillo, y el que lo montaba tenía por nombre Muerte, y el Hades le seguía; y le fue dada potestad sobre la cuarta parte de la tierra, para matar con espada, con hambre, con mortandad, y con las fieras de la tierra.[d]

9 Cuando abrió el quinto sello, vi bajo el altar las almas de los que habían sido muertos por causa de la palabra de Dios y por el testimonio que tenían.

10 Y clamaban a gran voz, diciendo: ¿Hasta cuándo, Señor, santo y verdadero, no juzgas y vengas nuestra sangre en los que moran en la tierra?

11 Y se les dieron vestiduras blancas, y se les dijo que descansasen todavía un poco de tiempo, hasta que se completara el número de sus consiervos y sus hermanos, que también habían de ser muertos como ellos.

12 Miré cuando abrió el sexto sello, y he aquí hubo un gran terremoto;[e] y el sol se puso negro como tela de cilicio, y la luna se volvió toda como sangre;

13 y las estrellas del cielo cayeron sobre la tierra,[f] como la higuera deja caer sus higos cuando es sacudida por un fuerte viento.

14 Y el cielo se desvaneció como un pergamino que se enrolla;[g] y todo monte y toda isla se removió de su lugar.[h]

15 Y los reyes de la tierra, y los grandes, los ricos, los capitanes, los poderosos, y todo siervo y todo libre, se escondieron en las cuevas y entre las peñas de los montes;[i]

16 y decían a los montes y a las peñas: Caed sobre nosotros, y escondednos[j] del rostro de aquel que está sentado sobre el trono, y de la ira del Cordero;

17 porque el gran día de su ira ha llegado; ¿y quién podrá sostenerse en pie?[k]

Los 144 mil sellados

7 1 Después de esto vi a cuatro ángeles en pie sobre los cuatro ángulos de la tierra, que detenían los cuatro vientos[a] de la tierra, para que no soplase viento alguno sobre la tierra, ni sobre el mar, ni sobre ningún árbol.

2 Vi también a otro ángel que subía de donde sale el sol, y tenía el sello del Dios vivo; y clamó a gran voz a los cuatro ángeles, a quienes se les había dado el poder de hacer daño a la tierra y al mar,

3 diciendo: No hagáis daño a la tierra, ni al mar, ni a los árboles, hasta que hayamos sellado en sus frentes a los siervos de nuestro Dios.[b]

4 Y oí el número de los sellados: ciento cuarenta y cuatro mil sellados de todas las tribus de los hijos de Israel.

5 De la tribu de Judá, doce mil sellados. De la tribu de Rubén, doce mil sellados. De la tribu de Gad, doce mil sellados.

6 De la tribu de Aser, doce mil sellados. De la tribu de Neftalí, doce mil sellados. De la tribu de Manasés, doce mil sellados.

7 De la tribu de Simeón, doce mil sellados. De la tribu de Leví, doce mil sellados. De la tribu de Isacar, doce mil sellados.

8 De la tribu de Zabulón, doce mil sellados. De la tribu de José, doce mil sellados. De la tribu de Benjamín, doce mil sellados.

La multitud vestida de ropas blancas

9 Después de esto miré, y he aquí una gran multitud, la cual nadie podía contar, de todas naciones y tribus y pueblos y lenguas, que estaban delante del trono y en la presencia del Cordero, vestidos de ropas blancas, y con palmas en las manos;

10 y clamaban a gran voz, diciendo: La salvación pertenece a nuestro Dios que está sentado en el trono, y al Cordero.

11 Y todos los ángeles estaban en pie alrededor del trono, y de los ancianos y de los cuatro seres

6.2: [a] Zac. 1.8; 6.3. **6.4:** [b] Zac. 1.8; 6.2. **6.5:** [c] Zac. 6.2, 6. **6.8:** [d] Jer. 15.3; Ez. 5.12, 17; 14.21. **6.12:** [e] Ap. 11.13; 16.18. **6.12-13:** [f] Is. 13.10; Ez. 32.7; Jl. 2.31; Mt. 24.29; Mr. 13.24-25; Lc. 21.25. **6.13-14:** [g] Is. 34.4. **6.14:** [h] Ap. 16.20. **6.15:** [i] Is. 2.10. **6.16:** [j] Os. 10.8; Lc. 23.30. **6.17:** [k] Jl. 2.11; Mal. 3.2. **7.1:** [a] Zac. 6.5. **7.3:** [b] Ez. 9.4.

vivientes; y se postraron sobre sus rostros delan-
te del trono, y adoraron a Dios,
12 diciendo: Amén. La bendición y la gloria y la
sabiduría y la acción de gracias y la honra y el
poder y la fortaleza, sean a nuestro Dios por los
siglos de los siglos. Amén.
13 Entonces uno de los ancianos habló, di-
ciéndome: Estos que están vestidos de ropas
blancas, ¿quiénes son, y de dónde han venido?
14 Yo le dije: Señor, tú lo sabes. Y él me dijo:
Estos son los que han salido de la gran tribula-
ción,[c] y han lavado sus ropas, y las han emblan-
quecido en la sangre del Cordero.
15 Por esto están delante del trono de Dios, y le
sirven día y noche en su templo; y el que está
sentado sobre el trono extenderá su tabernáculo
sobre ellos.
16 Ya no tendrán hambre ni sed, y el sol no caerá
más sobre ellos, ni calor alguno;[d]
17 porque el Cordero que está en medio del tro-
no los pastoreará,[e] y los guiará a fuentes de
aguas de vida;[f] y Dios enjugará toda lágrima de
los ojos de ellos.[g]

El séptimo sello

8 1 Cuando abrió el séptimo sello, se hizo si-
lencio en el cielo como por media hora.
2 Y vi a los siete ángeles que estaban en pie ante
Dios; y se les dieron siete trompetas.
3 Otro ángel vino entonces y se paró ante el al-
tar,[a] con un incensario de oro; y se le dio mucho
incienso para añadirlo a las oraciones de todos
los santos, sobre el altar de oro que estaba
delante del trono.
4 Y de la mano del ángel subió a la presencia de
Dios el humo del incienso con las oraciones de
los santos.
5 Y el ángel tomó el incensario, y lo llenó del
fuego del altar,[b] y lo arrojó a la tierra;[c] y hubo
truenos, y voces, y relámpagos, y un terremoto.[d]

Las trompetas

6 Y los siete ángeles que tenían las siete trom-
petas se dispusieron a tocarlas.
7 El primer ángel tocó la trompeta, y hubo
granizo y fuego[e] mezclados con sangre, que fue-
ron lanzados sobre la tierra; y la tercera parte
de los árboles se quemó, y se quemó toda la
hierba verde.
8 El segundo ángel tocó la trompeta, y como
una gran montaña ardiendo en fuego fue preci-
pitada en el mar; y la tercera parte del mar se
convirtió en sangre.
9 Y murió la tercera parte de los seres vivientes
que estaban en el mar, y la tercera parte de las
naves fue destruida.
10 El tercer ángel tocó la trompeta, y cayó del
cielo una gran estrella,[f] ardiendo como una an-
torcha, y cayó sobre la tercera parte de los ríos,
y sobre las fuentes de las aguas.
11 Y el nombre de la estrella es Ajenjo. Y la ter-
cera parte de las aguas se convirtió en ajenjo; y
muchos hombres murieron a causa de esas
aguas, porque se hicieron amargas.
12 El cuarto ángel tocó la trompeta, y fue he-
rida la tercera parte del sol, y la tercera parte de
la luna, y la tercera parte de las estrellas, para
que se oscureciese la tercera parte de ellos,[g] y no
hubiese luz en la tercera parte del día, y
asimismo de la noche.
13 Y miré, y oí a un ángel volar por en medio del
cielo, diciendo a gran voz: ¡Ay, ay, ay, de los que
moran en la tierra, a causa de los otros toques de
trompeta que están para sonar los tres ángeles!

9 1 El quinto ángel tocó la trompeta, y vi una
estrella que cayó del cielo a la tierra; y se le
dio la llave del pozo del abismo.
2 Y abrió el pozo del abismo, y subió humo del
pozo como humo de un gran horno; y se oscure-
ció el sol y el aire por el humo del pozo.
3 Y del humo salieron langostas sobre la tierra;[a]
y se les dio poder, como tienen poder los escor-
piones de la tierra.
4 Y se les mandó que no dañasen a la hierba de
la tierra, ni a cosa verde alguna, ni a ningún ár-
bol, sino solamente a los hombres que no tuvie-
sen el sello de Dios en sus frentes.[b]
5 Y les fue dado, no que los matasen, sino que
los atormentasen cinco meses; y su tormento
era como tormento de escorpión cuando hiere
al hombre.
6 Y en aquellos días los hombres buscarán la
muerte, pero no la hallarán; y ansiarán morir,
pero la muerte huirá de ellos.[c]
7 El aspecto de las langostas era semejante a
caballos preparados para la guerra;[d] en las cabe-
zas tenían como coronas de oro; sus caras eran
como caras humanas;
8 tenían cabello como cabello de mujer; sus
dientes eran como de leones;[e]
9 tenían corazas como corazas de hierro; el rui-
do de sus alas era como el estruendo de muchos
carros[f] de caballos corriendo a la batalla;
10 tenían colas como de escorpiones, y también
aguijones; y en sus colas tenían poder para da-
ñar a los hombres durante cinco meses.
11 Y tienen por rey sobre ellos al ángel del abis-
mo, cuyo nombre en hebreo es Abadón, y en
griego, Apolión.[1]

7.14: [c] Dn. 12.1; Mt. 24.21; Mr. 13.19. **7.16:** [d] Is. 49.10. **7.17:** [e] Sal. 23.1; Ez. 34.23. [f] Sal. 23.2; Is. 49.10. [g] Is. 25.8. **8.3:** [a] Ex. 30.1. **8.5:** [b] Lv. 16.12. [c] Ez. 10.2. [d] Ap. 11.19; 16.18. **8.7:** [e] Ex. 9.23-25. **8.10:** [f] Is. 14.12. **8.12:** [g] Is. 13.10; Ez. 32.7; Jl. 2.10. **9.3:** [a] Ex. 10.12-15. **9.4:** [b] Ez. 9.4. **9.6:** [c] Job 3.21. **9.7:** [d] Jl. 2.4. **9.8:** [e] Jl. 1.6. **9.9:** [f] Jl. 2.5. **9.11:** [1] O, *destructor.*

12 El primer ay pasó; he aquí, vienen aún dos
ayes después de esto.
13 El sexto ángel tocó la trompeta, y oí una
voz de entre los cuatro cuernos del altar de oro[g]
que estaba delante de Dios,
14 diciendo al sexto ángel que tenía la trompeta:
Desata a los cuatro ángeles que están atados
junto al gran río Eufrates.
15 Y fueron desatados los cuatro ángeles que es-
taban preparados para la hora, día, mes y año, a
fin de matar a la tercera parte de los hombres.
16 Y el número de los ejércitos de los jinetes era
doscientos millones. Yo oí su número.
17 Así vi en visión los caballos y a sus jinetes, los
cuales tenían corazas de fuego, de zafiro y de
azufre. Y las cabezas de los caballos eran como
cabezas de leones; y de su boca salían fuego,
humo y azufre.
18 Por estas tres plagas fue muerta la tercera
parte de los hombres; por el fuego, el humo y el
azufre que salían de su boca.
19 Pues el poder de los caballos estaba en su
boca y en sus colas; porque sus colas, semejan-
tes a serpientes, tenían cabezas, y con ellas
dañaban.
20 Y los otros hombres que no fueron muertos
con estas plagas, ni aun así se arrepintieron de
las obras de sus manos, ni dejaron de adorar a
los demonios, y a las imágenes de oro, de plata,
de bronce, de piedra y de madera, las cuales no
pueden ver, ni oír, ni andar;[h]
21 y no se arrepintieron de sus homicidios, ni de
sus hechicerías, ni de su fornicación, ni de sus
hurtos.

El ángel con el librito

10 1 Vi descender del cielo a otro ángel
fuerte, envuelto en una nube, con el
arco iris sobre su cabeza; y su rostro era como
el sol, y sus pies como columnas de fuego.
2 Tenía en su mano un librito abierto; y puso su
pie derecho sobre el mar, y el izquierdo sobre la
tierra;
3 y clamó a gran voz, como ruge un león; y
cuando hubo clamado, siete truenos emitieron
sus voces.
4 Cuando los siete truenos hubieron emitido sus
voces, yo iba a escribir; pero oí una voz del cielo
que me decía: Sella las cosas que los siete true-
nos han dicho, y no las escribas.
5 Y el ángel que vi en pie sobre el mar y sobre la
tierra, levantó su mano al cielo,
6 y juró por el que vive por los siglos de los siglos,
que creó el cielo y las cosas que están en él, y la
tierra y las cosas que están en ella, y el mar y las
cosas que están en él, que el tiempo no sería más,
7 sino que en los días de la voz del séptimo án-
gel, cuando él comience a tocar la trompeta, el
misterio de Dios se consumará, como él lo anun-
ció a sus siervos los profetas.[a]
8 La voz que oí del cielo habló otra vez conmi-
go, y dijo: Ve y toma el librito que está abierto en
la mano del ángel que está en pie sobre el mar y
sobre la tierra.
9 Y fui al ángel, diciéndole que me diese el librito.
Y él me dijo: Toma, y cómelo; y te amargará el
vientre, pero en tu boca será dulce como la miel.
10 Entonces tomé el librito de la mano del ángel, y
lo comí; y era dulce en mi boca como la miel, pero
cuando lo hube comido, amargó mi vientre.[b]
11 Y él me dijo: Es necesario que profetices otra
vez sobre muchos pueblos, naciones, lenguas y
reyes.

Los dos testigos

11 1 Entonces me fue dada una caña seme-
jante a una vara de medir, y se me dijo:
Levántate, y mide el templo de Dios,[a] y el altar,
y a los que adoran en él.
2 Pero el patio que está fuera del templo déjalo
aparte, y no lo midas, porque ha sido entregado
a los gentiles; y ellos hollarán la ciudad santa[b]
cuarenta y dos meses.
3 Y daré a mis dos testigos que profeticen por
mil doscientos sesenta días, vestidos de cilicio.
4 Estos testigos son los dos olivos, y los dos
candeleros que están en pie delante del Dios de
la tierra.[c]
5 Si alguno quiere dañarlos, sale fuego de la
boca de ellos, y devora a sus enemigos; y si algu-
no quiere hacerles daño, debe morir él de la
misma manera.
6 Estos tienen poder para cerrar el cielo, a fin de
que no llueva en los días de su profecía;[d] y tie-
nen poder sobre las aguas para convertirlas en
sangre,[e] y para herir la tierra con toda plaga,
cuantas veces quieran.
7 Cuando hayan acabado su testimonio, la bes-
tia que sube del abismo[f] hará guerra contra
ellos, y los vencerá[g] y los matará.
8 Y sus cadáveres estarán en la plaza de la gran-
de ciudad que en sentido espiritual se llama So-
doma[h] y Egipto, donde también nuestro Señor
fue crucificado.
9 Y los de los pueblos, tribus, lenguas y naciones
verán sus cadáveres por tres días y medio, y no
permitirán que sean sepultados.
10 Y los moradores de la tierra se regocijarán so-
bre ellos y se alegrarán, y se enviarán regalos
unos a otros; porque estos dos profetas habían
atormentado a los moradores de la tierra.

9.13: [g] Ex. 30.1-3. **9.20:** [h] Sal. 115.4-7; 135.15-17; Dn. 5.4. **10.5-7:** [a] Dn. 12.7. **10.8-10:** [b] Ez. 2.8–3.3. **11.1:** [a] Ez. 40.3. **11.2:** [b] Lc. 21.24. **11.4:** [c] Zac. 4.3, 11-14. **11.6:** [d] 1 R. 17.1. [e] Ex. 7.17-19. **11.7:** [f] Dn. 7.3; Ap. 13.5-7; 17.8. [g] Dn. 7.21. **11.8:** [h] Is. 1.9-10.

11 Pero después de tres días y medio entró en
ellos el espíritu de vida enviado por Dios, y se le-
vantaron sobre sus pies,[i] y cayó gran temor so-
bre los que los vieron.
12 Y oyeron una gran voz del cielo, que les de-
cía: Subid acá. Y subieron al cielo en una nube;[j]
y sus enemigos los vieron.
13 En aquella hora hubo un gran terremoto,[k] y
la décima parte de la ciudad se derrumbó, y por
el terremoto murieron en número de siete mil
hombres; y los demás se aterrorizaron, y dieron
gloria al Dios del cielo.
14 El segundo ay pasó; he aquí, el tercer ay
viene pronto.

La séptima trompeta

15 El séptimo ángel tocó la trompeta, y hubo
grandes voces en el cielo, que decían: Los reinos
del mundo han venido a ser de nuestro Señor y de
su Cristo; y él reinará por los siglos de los siglos.[l]
16 Y los veinticuatro ancianos que estaban sen-
tados delante de Dios en sus tronos, se postra-
ron sobre sus rostros, y adoraron a Dios,
17 diciendo: Te damos gracias, Señor Dios Todo-
poderoso, el que eres y que eras y que has de ve-
nir, porque has tomado tu gran poder, y has
reinado.
18 Y se airaron las naciones, y tu ira ha venido, y
el tiempo de juzgar a los muertos, y de dar el ga-
lardón a tus siervos los profetas, a los santos, y a
los que temen tu nombre, a los pequeños y a los
grandes,[m] y de destruir a los que destruyen la
tierra.
19 Y el templo de Dios fue abierto en el cielo,
y el arca de su pacto se veía en el templo. Y hubo
relámpagos, voces, truenos, un terremoto[n] y
grande granizo.[o]

La mujer y el dragón

12 1 Apareció en el cielo una gran señal:
una mujer vestida del sol, con la luna de-
bajo de sus pies, y sobre su cabeza una corona
de doce estrellas.[a]
2 Y estando encinta, clamaba con dolores de
parto, en la angustia del alumbramiento.[b]
3 También apareció otra señal en el cielo: he
aquí un gran dragón escarlata, que tenía siete
cabezas y diez cuernos,[c] y en sus cabezas siete
diademas;
4 y su cola arrastraba la tercera parte de las es-
trellas del cielo, y las arrojó sobre la tierra.[d] Y el
dragón se paró frente a la mujer que estaba para
dar a luz, a fin de devorar a su hijo tan pronto
como naciese.
5 Y ella dio a luz un hijo varón,[e] que regirá con
vara de hierro a todas las naciones;[f] y su hijo fue
arrebatado para Dios y para su trono.
6 Y la mujer huyó al desierto, donde tiene lugar
preparado por Dios, para que allí la sustenten
por mil doscientos sesenta días.
7 Después hubo una gran batalla en el cielo:
Miguel[g] y sus ángeles luchaban contra el dra-
gón; y luchaban el dragón y sus ángeles;
8 pero no prevalecieron, ni se halló ya lugar
para ellos en el cielo.
9 Y fue lanzado fuera el gran dragón, la serpien-
te antigua,[h] que se llama diablo y Satanás, el
cual engaña al mundo entero; fue arrojado a la
tierra,[i] y sus ángeles fueron arrojados con él.
10 Entonces oí una gran voz en el cielo, que de-
cía: Ahora ha venido la salvación, el poder, y el
reino de nuestro Dios, y la autoridad de su Cris-
to; porque ha sido lanzado fuera el acusador de
nuestros hermanos,[j] el que los acusaba delante
de nuestro Dios día y noche.
11 Y ellos le han vencido por medio de la sangre
del Cordero y de la palabra del testimonio de
ellos, y menospreciaron sus vidas hasta la muerte.
12 Por lo cual alegraos, cielos, y los que moráis
en ellos. ¡Ay de los moradores de la tierra y del
mar! porque el diablo ha descendido a vosotros
con gran ira, sabiendo que tiene poco tiempo.
13 Y cuando vio el dragón que había sido
arrojado a la tierra, persiguió a la mujer que ha-
bía dado a luz al hijo varón.
14 Y se le dieron a la mujer las dos alas de la
gran águila, para que volase de delante de la
serpiente al desierto, a su lugar, donde es sus-
tentada por un tiempo, y tiempos, y la mitad de
un tiempo.[k]
15 Y la serpiente arrojó de su boca, tras la mujer,
agua como un río, para que fuese arrastrada por
el río.
16 Pero la tierra ayudó a la mujer, pues la tierra
abrió su boca y tragó el río que el dragón había
echado de su boca.
17 Entonces el dragón se llenó de ira contra la
mujer; y se fue a hacer guerra contra el resto de
la descendencia de ella, los que guardan los
mandamientos de Dios y tienen el testimonio de
Jesucristo.

Las dos bestias

13 1 Me paré sobre la arena del mar, y vi
subir del mar una bestia[a] que tenía siete
cabezas y diez cuernos; y en sus cuernos diez
diademas; y sobre sus cabezas, un nombre blas-
femo.[b]
2 Y la bestia que vi era semejante a un leopardo,
y sus pies como de oso, y su boca como boca de

11.11: [i] Ez. 37.10. **11.12:** [j] 2 R. 2.11. **11.13:** [k] Ap. 6.12; 16.18. **11.15:** [l] Dn. 7.14, 27. **11.18:** [m] Sal. 115.13. **11.19:** [n] Ap. 8.5; 16.18. [o] Ap. 16.21. **12.1:** [a] Gn. 37.9. **12.2:** [b] Mi. 4.10. **12.3:** [c] Dn. 7.7. **12.4:** [d] Dn. 8.10. **12.5:** [e] Is. 66.7. [f] Sal. 2.9. **12.7:** [g] Dn. 10.13, 21; 12.1; Jud. 9. **12.9:** [h] Gn. 3.1. [i] Lc. 10.18. **12.10:** [j] Job 1.9-11; Zac. 3.1. **12.14:** [k] Dn. 7.25; 12.7. **13.1:** [a] Dn. 7.3. [b] Ap. 17.3, 7-12.

león.[c] Y el dragón le dio su poder y su trono, y
grande autoridad.
3 Vi una de sus cabezas como herida de muerte,
pero su herida mortal fue sanada; y se maravilló
toda la tierra en pos de la bestia,
4 y adoraron al dragón que había dado autori-
dad a la bestia, y adoraron a la bestia, dicien-
do: ¿Quién como la bestia, y quién podrá luchar
contra ella?
5 También se le dio boca que hablaba grandes
cosas y blasfemias; y se le dio autoridad para ac-
tuar cuarenta y dos meses.
6 Y abrió su boca en blasfemias contra Dios,[d]
para blasfemar de su nombre, de su tabernácu-
lo, y de los que moran en el cielo.
7 Y se le permitió hacer guerra contra los santos,
y vencerlos.[e] También se le dio autoridad sobre
toda tribu, pueblo, lengua y nación.
8 Y la adoraron todos los moradores de la tierra
cuyos nombres no estaban escritos en el libro de
la vida[f] del Cordero que fue inmolado desde el
principio del mundo.
9 Si alguno tiene oído, oiga.
10 Si alguno lleva en cautividad, va en cautivi-
dad;[g] si alguno mata a espada, a espada debe ser
muerto. Aquí está la paciencia y la fe de los santos.
11 Después vi otra bestia que subía de la tie-
rra; y tenía dos cuernos semejantes a los de un
cordero, pero hablaba como dragón.
12 Y ejerce toda la autoridad de la primera bes-
tia en presencia de ella, y hace que la tierra y los
moradores de ella adoren a la primera bestia,
cuya herida mortal fue sanada.
13 También hace grandes señales, de tal manera
que aun hace descender fuego del cielo a la tie-
rra delante de los hombres.
14 Y engaña a los moradores de la tierra con las
señales que se le ha permitido hacer en presen-
cia de la bestia, mandando a los moradores de
la tierra que le hagan imagen a la bestia que tie-
ne la herida de espada, y vivió.
15 Y se le permitió infundir aliento a la imagen
de la bestia, para que la imagen hablase e hicie-
se matar a todo el que no la adorase.
16 Y hacía que a todos, pequeños y grandes, ri-
cos y pobres, libres y esclavos, se les pusiese
una marca en la mano derecha, o en la frente;
17 y que ninguno pudiese comprar ni vender,
sino el que tuviese la marca o el nombre de la
bestia, o el número de su nombre.
18 Aquí hay sabiduría. El que tiene entendi-
miento, cuente el número de la bestia, pues es
número de hombre. Y su número es seiscientos
sesenta y seis.

El cántico de los 144 mil

14 1 Después miré, y he aquí el Cordero es-
taba en pie sobre el monte de Sion, y con
él ciento cuarenta y cuatro mil, que tenían el
nombre de él y el de su Padre escrito en la frente.[a]
2 Y oí una voz del cielo como estruendo de mu-
chas aguas, y como sonido de un gran trueno; y
la voz que oí era como de arpistas que tocaban
sus arpas.
3 Y cantaban un cántico nuevo delante del tro-
no, y delante de los cuatro seres vivientes, y de
los ancianos; y nadie podía aprender el cántico
sino aquellos ciento cuarenta y cuatro mil que
fueron redimidos de entre los de la tierra.
4 Estos son los que no se contaminaron con mu-
jeres, pues son vírgenes. Estos son los que si-
guen al Cordero por dondequiera que va. Estos
fueron redimidos de entre los hombres como
primicias para Dios y para el Cordero;
5 y en sus bocas no fue hallada mentira,[b] pues
son sin mancha delante del trono de Dios.

El mensaje de los tres ángeles

6 Vi volar por en medio del cielo a otro ángel,
que tenía el evangelio eterno para predicarlo a
los moradores de la tierra, a toda nación, tribu,
lengua y pueblo,
7 diciendo a gran voz: Temed a Dios, y dadle
gloria, porque la hora de su juicio ha llegado; y
adorad a aquel que hizo el cielo y la tierra, el
mar y las fuentes de las aguas.
8 Otro ángel le siguió, diciendo: Ha caído, ha
caído Babilonia,[c] la gran ciudad, porque ha he-
cho beber a todas las naciones del vino del furor
de su fornicación.
9 Y el tercer ángel los siguió, diciendo a gran
voz: Si alguno adora a la bestia y a su imagen, y
recibe la marca en su frente o en su mano,
10 él también beberá del vino de la ira de Dios,
que ha sido vaciado puro en el cáliz de su ira;[d] y
será atormentado con fuego y azufre[e] delante
de los santos ángeles y del Cordero;
11 y el humo de su tormento sube por los siglos
de los siglos.[f] Y no tienen reposo de día ni de no-
che los que adoran a la bestia y a su imagen, ni
nadie que reciba la marca de su nombre.
12 Aquí está la paciencia de los santos, los
que guardan los mandamientos de Dios y la fe
de Jesús.
13 Oí una voz que desde el cielo me decía:
Escribe: Bienaventurados de aquí en adelante
los muertos que mueren en el Señor. Sí, dice el
Espíritu, descansarán de sus trabajos, porque
sus obras con ellos siguen.

La tierra es segada

14 Miré, y he aquí una nube blanca; y sobre la

13.2: [c] Dn. 7.4-6. **13.5-6:** [d] Dn. 7.8, 25; 11.36. **13.7:** [e] Dn. 7.21. **13.8:** [f] Sal. 69.28. **13.10:** [g] Jer. 15.2. **14.1:** [a] Ez. 9.4; Ap. 7.3. **14.5:** [b] Sof. 3.13. **14.8:** [c] Is. 21.9; Ap. 18.2. **14.10:** [d] Is. 51.17. [e] Gn. 19.24. **14.11:** [f] Is. 34.10.

nube uno sentado semejante al Hijo del Hom-
bre,[g] que tenía en la cabeza una corona de oro, y
en la mano una hoz aguda.
15 Y del templo salió otro ángel, clamando a
gran voz al que estaba sentado sobre la nube:
Mete tu hoz, y siega; porque la hora de segar
ha llegado, pues la mies de la tierra está ma-
dura.[h]
16 Y el que estaba sentado sobre la nube metió
su hoz en la tierra, y la tierra fue segada.
17 Salió otro ángel del templo que está en el
cielo, teniendo también una hoz aguda.
18 Y salió del altar otro ángel, que tenía poder
sobre el fuego, y llamó a gran voz al que tenía la
hoz aguda, diciendo: Mete tu hoz aguda, y ven-
dimia los racimos de la tierra, porque sus uvas
están maduras.
19 Y el ángel arrojó su hoz en la tierra, y vendi-
mió la viña de la tierra, y echó las uvas en el
gran lagar de la ira de Dios.
20 Y fue pisado el lagar[i] fuera de la ciudad, y del
lagar salió sangre hasta los frenos de los caba-
llos, por mil seiscientos estadios.

Los ángeles con las siete postreras plagas

15 1 Vi en el cielo otra señal, grande y admi-
rable: siete ángeles que tenían las siete
plagas postreras; porque en ellas se consumaba
la ira de Dios.
2 Vi también como un mar de vidrio mezclado
con fuego; y a los que habían alcanzado la victo-
ria sobre la bestia y su imagen, y su marca y el
número de su nombre, en pie sobre el mar de vi-
drio, con las arpas de Dios.
3 Y cantan el cántico de Moisés[a] siervo de Dios, y
el cántico del Cordero, diciendo: Grandes y ma-
ravillosas son tus obras, Señor Dios Todopode-
roso; justos y verdaderos son tus caminos, Rey
de los santos.
4 ¿Quién no te temerá, oh Señor, y glorificará tu
nombre?[b] pues sólo tú eres santo; por lo cual to-
das las naciones vendrán y te adorarán,[c] porque
tus juicios se han manifestado.
5 Después de estas cosas miré, y he aquí fue
abierto en el cielo el templo del tabernáculo del
testimonio;[d]
6 y del templo salieron los siete ángeles que te-
nían las siete plagas, vestidos de lino limpio y
resplandeciente, y ceñidos alrededor del pecho
con cintos de oro.
7 Y uno de los cuatro seres vivientes dio a los
siete ángeles siete copas de oro, llenas de la
ira de Dios, que vive por los siglos de los si-
glos.
8 Y el templo se llenó de humo[e] por la gloria de
Dios, y por su poder; y nadie podía entrar en el
templo hasta que se hubiesen cumplido las siete
plagas de los siete ángeles.

Las copas de ira

16 1 Oí una gran voz que decía desde el
templo a los siete ángeles: Id y derra-
mad sobre la tierra las siete copas de la ira de
Dios.
2 Fue el primero, y derramó su copa sobre la
tierra, y vino una úlcera maligna y pestilente[a]
sobre los hombres que tenían la marca de la bes-
tia, y que adoraban su imagen.
3 El segundo ángel derramó su copa sobre el
mar, y éste se convirtió en sangre como de
muerto; y murió todo ser vivo que había en el
mar.
4 El tercer ángel derramó su copa sobre los
ríos, y sobre las fuentes de las aguas, y se convir-
tieron en sangre.[b]
5 Y oí al ángel de las aguas, que decía: Justo eres
tú, oh Señor, el que eres y que eras, el Santo,
porque has juzgado estas cosas.
6 Por cuanto derramaron la sangre de los santos
y de los profetas, también tú les has dado a be-
ber sangre; pues lo merecen.
7 También oí a otro, que desde el altar decía:
Ciertamente, Señor Dios Todopoderoso, tus jui-
cios son verdaderos y justos.
8 El cuarto ángel derramó su copa sobre el
sol, al cual fue dado quemar a los hombres con
fuego.
9 Y los hombres se quemaron con el gran calor, y
blasfemaron el nombre de Dios, que tiene poder
sobre estas plagas, y no se arrepintieron para
darle gloria.
10 El quinto ángel derramó su copa sobre el
trono de la bestia; y su reino se cubrió de tinie-
blas,[c] y mordían de dolor sus lenguas,
11 y blasfemaron contra el Dios del cielo por sus
dolores y por sus úlceras, y no se arrepintieron
de sus obras.
12 El sexto ángel derramó su copa sobre el
gran río Eufrates; y el agua de éste se secó, para
que estuviese preparado el camino a los reyes
del oriente.[d]
13 Y vi salir de la boca del dragón, y de la boca
de la bestia, y de la boca del falso profeta, tres
espíritus inmundos a manera de ranas;
14 pues son espíritus de demonios, que hacen
señales, y van a los reyes de la tierra en todo el
mundo, para reunirlos a la batalla de aquel gran
día del Dios Todopoderoso.
15 He aquí, yo vengo como ladrón.[e] Bienaventu-
rado el que vela, y guarda sus ropas, para que
no ande desnudo, y vean su vergüenza.

14.14: [g] Dn. 7.13. **14.15:** [h] Jl. 3.13. **14.20:** [i] Is. 63.3; Ap. 19.15. **15.3:** [a] Ex. 15.1. **15.4:** [b] Jer. 10.7. [c] Sal. 86.9. **15.5:** [d] Ex. 40.34. **15.8:** [e] 1 R. 8.10-11; 2 Cr. 5.13-14; Is. 6.4. **16.2:** [a] Ex. 9.10. **16.4:** [b] Ex. 7.17-21. **16.10:** [c] Ex. 10.21. **16.12:** [d] Is. 11.15-16. **16.15:** [e] Mt. 24.43-44; Lc. 12.39-40; Ap. 3.3.

16 Y los reunió en el lugar que en hebreo se lla-
ma Armagedón.[f]
17 El séptimo ángel derramó su copa por el
aire; y salió una gran voz del templo del cielo,
del trono, diciendo: Hecho está.
18 Entonces hubo relámpagos y voces y truenos,
y un gran temblor de tierra, un terremoto[g] tan
grande, cual no lo hubo jamás desde que los
hombres han estado sobre la tierra.
19 Y la gran ciudad fue dividida en tres partes, y
las ciudades de las naciones cayeron; y la gran
Babilonia vino en memoria delante de Dios,
para darle el cáliz del vino del ardor de su ira.[h]
20 Y toda isla huyó, y los montes no fueron ha-
llados.[i]
21 Y cayó del cielo sobre los hombres un enorme
granizo[j] como del peso de un talento; y los hom-
bres blasfemaron contra Dios por la plaga del gra-
nizo; porque su plaga fue sobremanera grande.

Condenación de la gran ramera

17 1 Vino entonces uno de los siete ángeles
que tenían las siete copas, y habló con-
migo diciéndome: Ven acá, y te mostraré la sen-
tencia contra la gran ramera, la que está
sentada sobre muchas aguas;[a]
2 con la cual han fornicado los reyes de la tierra,
y los moradores de la tierra se han embriagado
con el vino de su fornicación.[b]
3 Y me llevó en el Espíritu al desierto; y vi a una
mujer sentada sobre una bestia escarlata llena
de nombres de blasfemia, que tenía siete cabe-
zas y diez cuernos.[c]
4 Y la mujer estaba vestida de púrpura y escarla-
ta, y adornada de oro, de piedras preciosas y de
perlas, y tenía en la mano un cáliz de oro[d] lleno
de abominaciones y de la inmundicia de su
fornicación;
5 y en su frente un nombre escrito, un misterio:
BABILONIA LA GRANDE, LA MADRE DE LAS
RAMERAS Y DE LAS ABOMINACIONES DE LA
TIERRA.
6 Vi a la mujer ebria de la sangre de los santos, y
de la sangre de los mártires de Jesús; y cuando
la vi, quedé asombrado con gran asombro.
7 Y el ángel me dijo: ¿Por qué te asombras? Yo
te diré el misterio de la mujer, y de la bestia que
la trae, la cual tiene las siete cabezas y los diez
cuernos.
8 La bestia que has visto, era, y no es; y está para
subir del abismo[e] e ir a perdición; y los morado-
res de la tierra, aquellos cuyos nombres no es-
tán escritos desde la fundación del mundo en el
libro de la vida,[f] se asombrarán viendo la bestia
que era y no es, y será.
9 Esto, para la mente que tenga sabiduría: Las
siete cabezas son siete montes, sobre los cuales
se sienta la mujer,
10 y son siete reyes. Cinco de ellos han caído;
uno es, y el otro aún no ha venido; y cuando
venga, es necesario que dure breve tiempo.
11 La bestia que era, y no es, es también el octa-
vo; y es de entre los siete, y va a la perdición.
12 Y los diez cuernos que has visto, son diez re-
yes,[g] que aún no han recibido reino; pero por
una hora recibirán autoridad como reyes junta-
mente con la bestia.
13 Estos tienen un mismo propósito, y entrega-
rán su poder y su autoridad a la bestia.
14 Pelearán contra el Cordero, y el Cordero los
vencerá, porque él es Señor de señores y Rey de
reyes; y los que están con él son llamados y ele-
gidos y fieles.
15 Me dijo también: Las aguas que has visto
donde la ramera se sienta, son pueblos, muche-
dumbres, naciones y lenguas.
16 Y los diez cuernos que viste en la bestia, éstos
aborrecerán a la ramera, y la dejarán desolada y
desnuda; y devorarán sus carnes, y la quemarán
con fuego;
17 porque Dios ha puesto en sus corazones el
ejecutar lo que él quiso: ponerse de acuerdo, y
dar su reino a la bestia, hasta que se cumplan las
palabras de Dios.
18 Y la mujer que has visto es la gran ciudad que
reina sobre los reyes de la tierra.

La caída de Babilonia

18 1 Después de esto vi a otro ángel descen-
der del cielo con gran poder; y la tierra
fue alumbrada con su gloria.
2 Y clamó con voz potente, diciendo: Ha caído,
ha caído la gran Babilonia,[a] y se ha hecho habi-
tación de demonios y guarida de todo espíritu
inmundo, y albergue de toda ave inmunda y
aborrecible.[b]
3 Porque todas las naciones han bebido del vino
del furor de su fornicación;[c] y los reyes de la tie-
rra han fornicado con ella, y los mercaderes de
la tierra se han enriquecido de la potencia de
sus deleites.
4 Y oí otra voz del cielo, que decía: Salid de ella,
pueblo mío,[d] para que no seáis partícipes de sus
pecados, ni recibáis parte de sus plagas;
5 porque sus pecados han llegado hasta el cie-
lo,[e] y Dios se ha acordado de sus maldades.
6 Dadle a ella como ella os ha dado,[f] y pagadle
doble según sus obras; en el cáliz en que ella
preparó bebida, preparadle a ella el doble.
7 Cuanto ella se ha glorificado y ha vivido en de-

16.16: [f] 2 R. 23.29; 2 Cr. 35.22. **16.18:** [g] Ap. 8.5; 11.13, 19. **16.19:** [h] Is. 51.17. **16.20:** [i] Ap. 6.14. **16.21:** [j] Ex. 9.23; Ap. 11.19. **17.1:** [a] Jer. 51.13. **17.2:** [b] Jer. 51.7. **17.3:** [c] Ap. 13.1. **17.4:** [d] Jer. 51.7. **17.8:** [e] Dn. 7.3; Ap. 11.7. [f] Sal. 69.28. **17.12:** [g] Dn. 7.24. **18.2:** [a] Is. 21.9. [b] Is. 13.21; Jer. 50.39. **18.3:** [c] Jer. 51.7. **18.4:** [d] Is. 48.20; Jer. 50.8. **18.5:** [e] Jer. 51.9. **18.6:** [f] Sal. 137.8; Jer. 50.29.

leites, tanto dadle de tormento y llanto; porque
dice en su corazón: Yo estoy sentada como rei-
na, y no soy viuda, y no veré llanto;
8 por lo cual en un solo día vendrán sus plagas;[g]
muerte, llanto y hambre, y será quemada con
fuego; porque poderoso es Dios el Señor, que la
juzga.
9 Y los reyes de la tierra que han fornicado
con ella, y con ella han vivido en deleites, llora-
rán y harán lamentación sobre ella, cuando
vean el humo de su incendio,
10 parándose lejos por el temor de su tormento,
diciendo: ¡Ay, ay, de la gran ciudad de Babilo-
nia, la ciudad fuerte; porque en una hora vino
tu juicio![h]
11 Y los mercaderes de la tierra lloran y hacen
lamentación sobre ella, porque ninguno compra
más sus mercaderías;
12 mercadería de oro, de plata, de piedras pre-
ciosas, de perlas, de lino fino, de púrpura, de
seda, de escarlata, de toda madera olorosa, de
todo objeto de marfil, de todo objeto de madera
preciosa, de cobre, de hierro y de mármol;
13 y canela, especias aromáticas, incienso, mi-
rra, olíbano, vino, aceite, flor de harina, trigo,
bestias, ovejas, caballos y carros, y esclavos,
almas de hombres.
14 Los frutos codiciados por tu alma se aparta-
ron de ti, y todas las cosas exquisitas y espléndi-
das te han faltado, y nunca más las hallarás.
15 Los mercaderes de estas cosas, que se han
enriquecido a costa de ella, se pararán lejos por
el temor de su tormento, llorando y lamentan-
do,
16 y diciendo: ¡Ay, ay, de la gran ciudad, que es-
taba vestida de lino fino, de púrpura y de escar-
lata, y estaba adornada de oro, de piedras
preciosas y de perlas!
17 Porque en una hora han sido consumidas tan-
tas riquezas. Y todo piloto, y todos los que via-
jan en naves, y marineros, y todos los que
trabajan en el mar, se pararon lejos;
18 y viendo el humo de su incendio, dieron vo-
ces, diciendo: ¿Qué ciudad era semejante a esta
gran ciudad?
19 Y echaron polvo sobre sus cabezas, y dieron
voces, llorando y lamentando, diciendo: ¡Ay, ay
de la gran ciudad, en la cual todos los que tenían
naves en el mar se habían enriquecido de sus ri-
quezas; pues en una hora ha sido desolada![i]
20 Alégrate sobre ella, cielo,[j] y vosotros, santos,
apóstoles y profetas; porque Dios os ha hecho
justicia en ella.
21 Y un ángel poderoso tomó una piedra,
como una gran piedra de molino, y la arrojó en
el mar, diciendo: Con el mismo ímpetu será de-
rribada Babilonia,[k] la gran ciudad, y nunca más
será hallada.[l]
22 Y voz de arpistas, de músicos, de flautistas y
de trompeteros no se oirá más en ti;[m] y ningún
artífice de oficio alguno se hallará más en ti, ni
ruido de molino se oirá más en ti.
23 Luz de lámpara no alumbrará más en ti, ni
voz de esposo y de esposa se oirá más en ti;[n] por-
que tus mercaderes eran los grandes de la tie-
rra; pues por tus hechicerías fueron engañadas
todas las naciones.
24 Y en ella se halló la sangre de los profetas y
de los santos, y de todos los que han sido muer-
tos en la tierra.[o]

Alabanzas en el cielo

19 1 Después de esto oí una gran voz de
gran multitud en el cielo, que decía:
¡Aleluya! Salvación y honra y gloria y poder son
del Señor Dios nuestro;
2 porque sus juicios son verdaderos y justos; pues
ha juzgado a la gran ramera que ha corrompido
a la tierra con su fornicación, y ha vengado la
sangre de sus siervos de la mano de ella.[a]
3 Otra vez dijeron: ¡Aleluya! Y el humo de ella
sube por los siglos de los siglos.[b]
4 Y los veinticuatro ancianos y los cuatro seres
vivientes se postraron en tierra y adoraron a
Dios, que estaba sentado en el trono, y decían:
¡Amén! ¡Aleluya!
5 Y salió del trono una voz que decía: Alabad a
nuestro Dios todos sus siervos, y los que le te-
méis, así pequeños como grandes.[c]
6 Y oí como la voz de una gran multitud, como
el estruendo de muchas aguas,[d] y como la voz
de grandes truenos, que decía: ¡Aleluya, porque
el Señor nuestro Dios Todopoderoso reina!
7 Gocémonos y alegrémonos y démosle gloria;
porque han llegado las bodas del Cordero, y su
esposa se ha preparado.
8 Y a ella se le ha concedido que se vista de lino
fino, limpio y resplandeciente; porque el lino
fino es las acciones justas de los santos.

La cena de las bodas del Cordero

9 Y el ángel me dijo: Escribe: Bienaventura-
dos los que son llamados a la cena de las bodas[e]
del Cordero. Y me dijo: Estas son palabras ver-
daderas de Dios.
10 Yo me postré a sus pies para adorarle. Y él me
dijo: Mira, no lo hagas; yo soy consiervo tuyo, y
de tus hermanos que retienen el testimonio de
Jesús. Adora a Dios; porque el testimonio de Je-
sús es el espíritu de la profecía.

18.7-8: [g] Is. 47.8-9. **18.9-10:** [h] Ez. 26.16-18.
18.11-19: [i] Ez. 27.25-36. **18.20:** [j] Jer. 51.48.
18.21: [k] Jer. 51.63-64. [l] Ez. 26.21. **18.22:** [m] Ez. 26.13.
18.22-23: [n] Jer. 25.10. **18.24:** [o] Jer. 51.49. **19.2:** [a] Dt. 32.43.
19.3: [b] Is. 34.10. **19.5:** [c] Sal. 115.13. **19.6:** [d] Ez. 1.24.
19.9: [e] Mt. 22.2-3.

El jinete del caballo blanco

11 Entonces vi el cielo abierto;[f] y he aquí un caballo blanco, y el que lo montaba se llamaba Fiel y Verdadero, y con justicia juzga y pelea.
12 Sus ojos eran como llama de fuego,[g] y había en su cabeza muchas diademas; y tenía un nombre escrito que ninguno conocía sino él mismo.
13 Estaba vestido de una ropa teñida en sangre; y su nombre es: EL VERBO DE DIOS.
14 Y los ejércitos celestiales, vestidos de lino finísimo, blanco y limpio, le seguían en caballos blancos.
15 De su boca sale una espada aguda, para herir con ella a las naciones, y él las regirá con vara de hierro;[h] y él pisa el lagar del vino del furor y de la ira del Dios Todopoderoso.[i]
16 Y en su vestidura y en su muslo tiene escrito este nombre: REY DE REYES Y SEÑOR DE SEÑORES.
17 Y vi a un ángel que estaba en pie en el sol, y clamó a gran voz, diciendo a todas las aves que vuelan en medio del cielo: Venid, y congregaos a la gran cena de Dios,
18 para que comáis carnes de reyes y de capitanes, y carnes de fuertes, carnes de caballos y de sus jinetes, y carnes de todos, libres y esclavos, pequeños y grandes.[j]
19 Y vi a la bestia, a los reyes de la tierra y a sus ejércitos, reunidos para guerrear contra el que montaba el caballo, y contra su ejército.
20 Y la bestia fue apresada, y con ella el falso profeta que había hecho delante de ella las señales con las cuales había engañado a los que recibieron la marca de la bestia, y habían adorado su imagen.[k] Estos dos fueron lanzados vivos dentro de un lago de fuego que arde con azufre.
21 Y los demás fueron muertos con la espada que salía de la boca del que montaba el caballo, y todas las aves se saciaron de las carnes de ellos.

Los mil años

20 1 Vi a un ángel que descendía del cielo, con la llave del abismo, y una gran cadena en la mano.
2 Y prendió al dragón, la serpiente antigua,[a] que es el diablo y Satanás, y lo ató por mil años;
3 y lo arrojó al abismo, y lo encerró, y puso su sello sobre él, para que no engañase más a las naciones, hasta que fuesen cumplidos mil años; y después de esto debe ser desatado por un poco de tiempo.
4 Y vi tronos, y se sentaron sobre ellos los que recibieron facultad de juzgar;[b] y vi las almas de los decapitados por causa del testimonio de Jesús y por la palabra de Dios, los que no habían adorado a la bestia ni a su imagen, y que no recibieron la marca en sus frentes ni en sus manos; y vivieron y reinaron con Cristo mil años.
5 Pero los otros muertos no volvieron a vivir hasta que se cumplieron mil años. Esta es la primera resurrección.
6 Bienaventurado y santo el que tiene parte en la primera resurrección; la segunda muerte no tiene potestad sobre éstos, sino que serán sacerdotes de Dios y de Cristo, y reinarán con él mil años.
7 Cuando los mil años se cumplan, Satanás será suelto de su prisión,
8 y saldrá a engañar a las naciones que están en los cuatro ángulos de la tierra, a Gog y a Magog,[c] a fin de reunirlos para la batalla; el número de los cuales es como la arena del mar.
9 Y subieron sobre la anchura de la tierra, y rodearon el campamento de los santos y la ciudad amada; y de Dios descendió fuego del cielo, y los consumió.
10 Y el diablo que los engañaba fue lanzado en el lago de fuego y azufre, donde estaban la bestia y el falso profeta; y serán atormentados día y noche por los siglos de los siglos.

El juicio ante el gran trono blanco

11 Y vi un gran trono blanco y al que estaba sentado en él, de delante del cual huyeron la tierra y el cielo, y ningún lugar se encontró para ellos.
12 Y vi a los muertos, grandes y pequeños, de pie ante Dios; y los libros fueron abiertos, y otro libro fue abierto, el cual es el libro de la vida; y fueron juzgados los muertos por las cosas que estaban escritas en los libros, según sus obras.[d]
13 Y el mar entregó los muertos que había en él; y la muerte y el Hades entregaron los muertos que había en ellos; y fueron juzgados cada uno según sus obras.
14 Y la muerte y el Hades fueron lanzados al lago de fuego. Esta es la muerte segunda.
15 Y el que no se halló inscrito en el libro de la vida fue lanzado al lago de fuego.

Cielo nuevo y tierra nueva

21 1 Vi un cielo nuevo y una tierra nueva;[a] porque el primer cielo y la primera tierra pasaron, y el mar ya no existía más.
2 Y yo Juan vi la santa ciudad,[b] la nueva Jerusalén, descender del cielo, de Dios,[c] dispuesta como una esposa ataviada para su marido.[d]
3 Y oí una gran voz del cielo que decía: He aquí el tabernáculo de Dios con los hombres, y él morará con ellos; y ellos serán su pueblo,[e] y Dios mismo estará con ellos como su Dios.

19.11: [f] Ez. 1.1. **19.12:** [g] Dn. 10.6. **19.15:** [h] Sal. 2.9. [i] Is. 63.3; Jl. 3.13; Ap. 14.20. **19.17-18:** [j] Ez. 39.17-20. **19.20:** [k] Ap. 13.1-18. **20.2:** [a] Gn. 3.1. **20.4:** [b] Dn. 7.9, 22. **20.8:** [c] Ez. 38.1-16. **20.11-12:** [d] Dn. 7.9-10. **21.1:** [a] Is. 65.17; 66.22; 2 P. 3.13. **21.2:** [b] Is. 52.1. [c] Ap. 3.12. [d] Is. 61.10. **21.3:** [e] Ez. 37.27.

4 Enjugará Dios toda lágrima de los ojos de
ellos; y ya no habrá muerte,[f] ni habrá más llan-
to, ni clamor, ni dolor;[g] porque las primeras co-
sas pasaron.
5 Y el que estaba sentado en el trono dijo: He
aquí, yo hago nuevas todas las cosas. Y me dijo:
Escribe; porque estas palabras son fieles y ver-
daderas.
6 Y me dijo: Hecho está. Yo soy el Alfa y la Ome-
ga, el principio y el fin. Al que tuviere sed, yo le
daré gratuitamente[h] de la fuente del agua de la
vida.
7 El que venciere heredará todas las cosas, y yo
seré su Dios, y él será mi hijo.[i]
8 Pero los cobardes e incrédulos, los abomina-
bles y homicidas, los fornicarios y hechiceros,
los idólatras y todos los mentirosos tendrán su
parte en el lago que arde con fuego y azufre,
que es la muerte segunda.

La nueva Jerusalén

9 Vino entonces a mí uno de los siete ángeles
que tenían las siete copas llenas de las siete pla-
gas postreras, y habló conmigo, diciendo: Ven
acá, yo te mostraré la desposada, la esposa del
Cordero.
10 Y me llevó en el Espíritu a un monte grande y
alto, y me mostró la gran ciudad santa de Jeru-
salén,[j] que descendía del cielo, de Dios,
11 teniendo la gloria de Dios. Y su fulgor era se-
mejante al de una piedra preciosísima, como
piedra de jaspe, diáfana como el cristal.
12 Tenía un muro grande y alto con doce puer-
tas; y en las puertas, doce ángeles, y nombres
inscritos, que son los de las doce tribus de los hi-
jos de Israel;
13 al oriente tres puertas; al norte tres puertas;
al sur tres puertas; al occidente tres puertas.[k]
14 Y el muro de la ciudad tenía doce cimientos,
y sobre ellos los doce nombres de los doce após-
toles del Cordero.
15 El que hablaba conmigo tenía una caña de
medir, de oro, para medir la ciudad, sus puertas
y su muro.[l]
16 La ciudad se halla establecida en cuadro, y su
longitud es igual a su anchura; y él midió la ciu-
dad con la caña, doce mil estadios; la longitud,
la altura y la anchura de ella son iguales.
17 Y midió su muro, ciento cuarenta y cuatro co-
dos, de medida de hombre, la cual es de ángel.
18 El material de su muro era de jaspe; pero la
ciudad era de oro puro, semejante al vidrio
limpio;
19 y los cimientos del muro de la ciudad estaban
adornados con toda piedra preciosa. El primer
cimiento era jaspe; el segundo, zafiro; el terce-
ro, ágata; el cuarto, esmeralda;
20 el quinto, ónice; el sexto, cornalina; el sépti-
mo, crisólito; el octavo, berilo; el noveno, topa-
cio; el décimo, crisopraso; el undécimo, jacinto;
el duodécimo, amatista.
21 Las doce puertas eran doce perlas;[m] cada una
de las puertas era una perla. Y la calle de la ciu-
dad era de oro puro, transparente como vidrio.
22 Y no vi en ella templo; porque el Señor
Dios Todopoderoso es el templo de ella, y el
Cordero.
23 La ciudad no tiene necesidad de sol ni de
luna que brillen en ella; porque la gloria de Dios
la ilumina,[n] y el Cordero es su lumbrera.
24 Y las naciones que hubieren sido salvas anda-
rán a la luz de ella; y los reyes de la tierra trae-
rán su gloria y honor a ella.
25 Sus puertas nunca serán cerradas de día,
pues allí no habrá noche.
26 Y llevarán la gloria y la honra de las naciones
a ella.[o]
27 No entrará en ella ninguna cosa inmunda,[p] o
que hace abominación y mentira, sino solamen-
te los que están inscritos en el libro de la vida
del Cordero.

22 1 Después me mostró un río limpio de
agua de vida,[a] resplandeciente como
cristal, que salía del trono de Dios y del Corde-
ro.
2 En medio de la calle de la ciudad, y a uno y
otro lado del río, estaba el árbol de la vida,[b] que
produce doce frutos, dando cada mes su fruto; y
las hojas del árbol eran para la sanidad de las
naciones.
3 Y no habrá más maldición;[c] y el trono de Dios
y del Cordero estará en ella, y sus siervos le ser-
virán,
4 y verán su rostro, y su nombre estará en sus
frentes.
5 No habrá allí más noche; y no tienen necesi-
dad de luz de lámpara, ni de luz del sol, porque
Dios el Señor los iluminará;[d] y reinarán por los
siglos de los siglos.[e]

La venida de Cristo está cerca

6 Y me dijo: Estas palabras son fieles y verda-
deras. Y el Señor, el Dios de los espíritus de los
profetas, ha enviado su ángel, para mostrar a
sus siervos las cosas que deben suceder pronto.
7 ¡He aquí, vengo pronto! Bienaventurado el
que guarda las palabras de la profecía de este
libro.
8 Yo Juan soy el que oyó y vio estas cosas. Y
después que las hube oído y visto, me postré

21.4: [f] Is. 25.8. [g] Is. 65.19. **21.6:** [h] Is. 55.1.
21.7: [i] 2 S. 7.14; 1 Cr. 17.13. **21.10:** [j] Ez. 40.2.
21.12-13: [k] Ez. 48.30-34. **21.15:** [l] Ez. 40.3.
21.18-21: [m] Is. 54.11-12. **21.23:** [n] Is. 60.19. **21.25-26:** [o] Is. 60.11.
21.27: [p] Is. 52.1. **22.1:** [a] Ez. 47.1; Zac.14.8. **22.2:** [b] Gn. 2.9.
22.3: [c] Zac. 14.11. **22.5:** [d] Is. 60.19. [e] Dn. 7.18.

para adorar a los pies del ángel que me mostra-
ba estas cosas.
9 Pero él me dijo: Mira, no lo hagas; porque yo
soy consiervo tuyo, de tus hermanos los profe-
tas, y de los que guardan las palabras de este li-
bro. Adora a Dios.
10 Y me dijo: No selles las palabras de la pro-
fecía de este libro, porque el tiempo está cerca.
11 El que es injusto, sea injusto todavía; y el que
es inmundo, sea inmundo todavía; y el que es
justo, practique la justicia todavía; y el que es
santo, santifíquese todavía.[f]
12 He aquí yo vengo pronto, y mi galardón
conmigo,[g] para recompensar a cada uno según
sea su obra.[h]
13 Yo soy el Alfa y la Omega,[i] el principio y el fin,
el primero y el último.[j]
14 Bienaventurados los que lavan sus ropas,
para tener derecho al árbol de la vida,[k] y para
entrar por las puertas en la ciudad.
15 Mas los perros estarán fuera, y los hechice-
ros, los fornicarios, los homicidas, los idólatras,
y todo aquel que ama y hace mentira.
16 Yo Jesús he enviado mi ángel para daros
testimonio de estas cosas en las iglesias. Yo soy
la raíz y el linaje de David,[l] la estrella resplande-
ciente de la mañana.
17 Y el Espíritu y la Esposa dicen: Ven. Y el
que oye, diga: Ven. Y el que tiene sed, venga; y
el que quiera, tome del agua de la vida gratuita-
mente.[m]
18 Yo testifico a todo aquel que oye las pala-
bras de la profecía de este libro: Si alguno aña-
diere a estas cosas, Dios traerá sobre él las
plagas que están escritas en este libro.
19 Y si alguno quitare de las palabras del libro
de esta profecía,[n] Dios quitará su parte del libro
de la vida, y de la santa ciudad y de las cosas
que están escritas en este libro.
20 El que da testimonio de estas cosas dice:
Ciertamente vengo en breve. Amén; sí, ven, Se-
ñor Jesús.
21 La gracia de nuestro Señor Jesucristo sea con
todos vosotros. Amén.

22.11: [f] Dn. 12.10. **22.12:** [g] Is. 40.10; 62.11. [h] Sal. 28.4.
22.13: [i] Ap. 1.8. [j] Is. 44.6; 48.12; Ap. 1.17; 2.8.
22.14: [k] Gn. 2.9; 3.22. **22.16:** [l] Is. 11.1. **22.17:** [m] Is. 55.1.
22.18-19: [n] Dt. 4.2; 12.32.

El mundo antiguo
(c. 650 a.C.)
Mar Caspio
MEDIA
PERSIA
ASIRIA
ELAM
Carquemis
Nínive
Asur
Ecbatana
Susa
Babilonia
Río Tigris
Río Éufrates
Ribla
Damasco
Samaria
Jerusalén
DESIERTO ARÁBIGO
Mar Mediterráneo
Tanis
Menfis
EGIPTO
Elat
Río Nilo
Mar Rojo
0
200
400
600
Kilómetros
© 2000, Sociedades Bíblicas Unidas

La división de las tribus

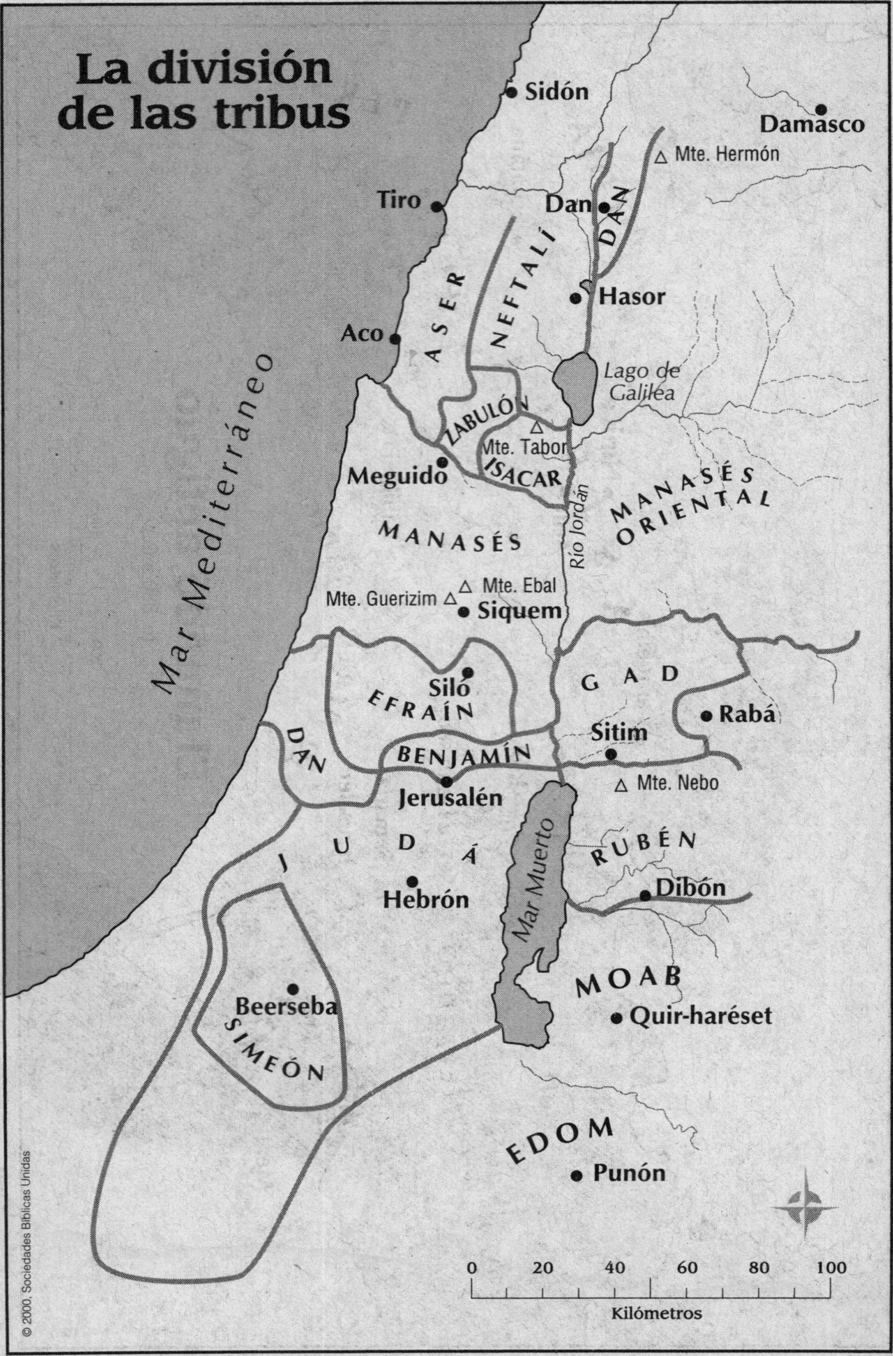

Palestina en tiempos de Jesús
Tetrarquía de Felipo
Tetrarquía de Herodes Antipas
Bajo Poncio Pilato
Decápolis
Sidón
Sarepta
Tiro
FENICIA
Damasco
Mte. Hermón
Cesarea de Filipo
GAULANITIDE
TRACONÍTIDE
Cafarnaúm
Betsaida
Tolemaida
Caná
Lago de Galilea
Mte. Carmelo
Tiberias
Nazaret
GALILEA
Gadara
Dor
DECÁPOLIS
Cesarea
Escitópolis
Mar Mediterráneo
Gerasa
Samaria
Mte. Guerizim
Río Jordán
Sicar
SAMARIA
PEREA
Jope
Arimatea
Filadelfia
Jabnia
Emaús
Jericó
Qumrán
Jerusalén
Azoto
Medebá
Ascalón
Belén
JUDEA
Mar Muerto
Gaza
Hebrón
Maqueronte
Masada
Rafia
Beerseba
NABATEOS
0 20 40 60 80 100
Kilómetros
© 2000, Sociedades Bíblicas Unidas

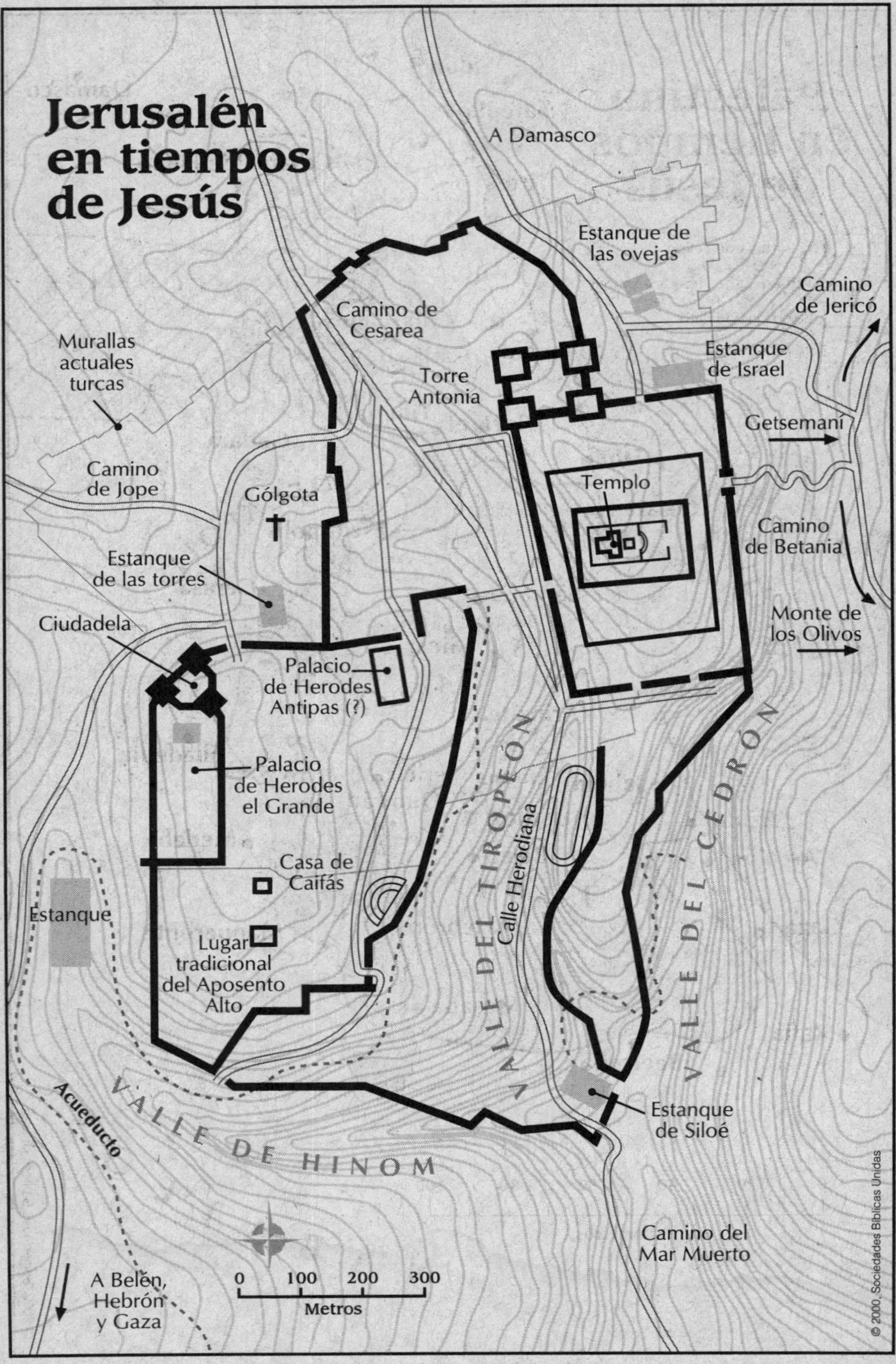
Jerusalén en tiempos de Jesús
A Damasco
Estanque de las ovejas
Camino de Jericó
Camino de Cesarea
Murallas actuales turcas
Estanque de Israel
Torre Antonia
Getsemaní
Camino de Jope
Templo
Gólgota
Camino de Betania
Estanque de las torres
Monte de los Olivos
Ciudadela
Palacio de Herodes Antipas (?)
Palacio de Herodes el Grande
Casa de Caifás
Estanque
Lugar tradicional del Aposento Alto
VALLE DEL TIROPEÓN
Calle Herodiana
VALLE DEL CEDRÓN
Acueducto
VALLE DE HINOM
Estanque de Siloé
Camino del Mar Muerto
A Belén, Hebrón y Gaza
0 100 200 300
Metros